中国大百科全书

（第二版简明版）

5

中国大百科全书出版社

李学勤 Li Xueqin (1933-03-28～) 中国历史学家、古文字学家。北京市人。1952年肄业于清华大学哲学系。1952～1953年在中国科学院考古研究所参加编著《殷虚文字缀合》。1954年到中国科学院历史研究所工作，1985～1988年任中国社会科学院历史研究所副所长，1991～1998年任所长。1999年任清华大学思想文化研究所所长。1995年任“夏商周断代工程”首席科学家，次年任专家组组长。2001年获“‘九五’国家重点科技攻关计划突出贡献者”称号。先后任中国社会科学院历史研究所研究员、学术委员会副主任，中国社会科学院研究生院历史系主任，中国科学院自然科学史研究所学术委员会委员，国务院学位委员会委员。并任中国先秦史学会理事长，中国古文字研究会理事等。1985年被选为美国东方学会荣誉会员，1997年当选为国际欧亚科学院院士。并任日本关西大学客座教授、澳大利亚国立大学远东系客座研究员、泰国华侨崇圣大学名誉教授、美国达默思大学蒙哥马利研究员、台湾新竹“清华大学”中文系客座教授。

李学勤长期致力于汉以前的历史文化的研究，注重将文献与考古学、古文字学成果相结合，在甲骨学、青铜器、战国文字、简牍帛书及其相关历史文化的研究领域均有重要建树。多次前往欧、美、澳、日、香港等国家和地区，考察研究当地公私收藏的中国古代文物，并与国外学者及中国香港学者合作进行搜集和研究，出版《英国所藏甲骨集》(1986、1992)、《欧洲所藏中国青铜器遗珠》(1995)、《瑞典斯德哥尔摩远东古物博物馆所藏甲骨集》(1999)等。已出版的专著有《中国青铜器的奥秘》(1980)、《古文字学初阶》(1985)、《走出疑古时代》(1994)、《简帛佚籍与学术史》(1994、2001)、《殷墟甲骨分期研究》(1996)、《夏商周年代学札记》(1999)、《张家山汉墓竹简》(2001)、《重写学术史》(2002)等。已发表论文近500篇。

李雪峰 Li Xuefeng (1907-01-19～2003-03-15) 中华人民共和国全国人民代表大会常务委员会副委员长。山西永济人。卒于北京。1931年考入山西大学教育学院。1933年加入中国共产党。历任中共北平市委书记、平汉线省委宣传部部长。抗日战争时期，历任中共太行区委书记、太行军区政委。解放战争时期，历任中共中央中原局副书记、华中局常委。中华人民共和国建立后，历任中共中央副秘书长、中央书记处第三办公室主任、第八届中央书记处书记，中共中央华北局第一书记。1965年当选为第三届全国人大常委会副委员长。1966年5月兼任中共北京市委第一书记，8月当选为第八届中央政治局候补委员。1968年任河北省革命委员会主任。1969年当选为第九届中央政治局候补委员。1973年被错误地开除党籍。1982年中共中央决定恢复其党籍。后当选为政协第六届全国委员会常委。1985年当选为中共中央顾问委员会委员。著有《李雪峰回忆录》。

李雪健 Li Xuejian (1954-02～) 中国影视演员。生于山东菏泽。少年时代随父母迁入贵州凯里。19岁参军。后调至空军政治部话剧团任话剧演员。转业后到中央实验话剧院任演员。1982年初涉影坛，在电影《天山行》中扮演指导员余海洲。1990年在50集连续剧《渴望》中成功扮演宋大成，获金鹰奖最佳男配角奖。后又因在影片《焦裕禄》中饰演焦裕禄而获1991年第14届《大众电影》百花奖和第11届中国电影金鸡奖最佳男主角奖。主演的其他作品有《四十不惑》、《横空出世》、《幸福时光》、《吴清源》等影片；《一代天骄》、《水浒传》、《赵树理》、《新上海滩》等电视剧。

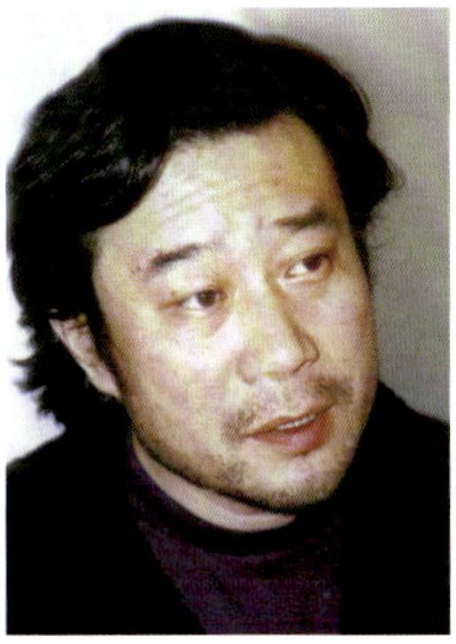

李薰 Li Xun (1913-11-20～1983-03-20) 中国冶金学家。生于湖南邵东，卒于赴昆明途中。1936年毕业于湖南大学矿冶工程系。1940年获英国设菲尔德大学冶金学院哲学博士学位，毕业后留院任研究员，后任研究部负责人；1951年获冶金学博士学位。同年回国，创建中国科学院金属研究所，任研究员、所长。历任中国科学院沈阳分院院长、中国科学院副院长、中国金属学会副理事长。1955年当选中国科学院学部委员（院士）。早期从事合金钢质量，特别是钢中含氢问题的研究。1956年获国家自然科学奖。他对中国新型金属材料的开拓性研究，对中国钢铁工业、航空航天工业和原子能工业的发展都作出了贡献；他重视基础理论与应用技术的研究，在中国金属学、金属物理和高温物性测试等方面做了大量的组织与研究工作。《中国大百科全书·矿冶》卷冶金编辑委员会副主任，《金属学报》创刊人和主编。

李雅普诺夫 Lyapunov, Aleksandr Mikhailovich (1857-06-06～1918-11-03) 俄国力学家和数学家，稳定性理论创始人。生于雅罗斯拉夫，卒于敖德萨。1880年毕业于彼得堡大学物理数学系并留校任教。在切比雪夫院士的影响下，从事力学系统稳定性的研究。在流体稳定性、位势理论、概率论、微分方程与稳定性等方面发表一系列论文。1892年在莫斯科大学通过博士论文《论运动稳定性一般问题》，采用数学分析中有关极限的ε-δ语言严格定义稳定、渐近稳定、不稳定等概念，奠定了稳定性理论的基础。1901年当选为俄罗斯科学院院士。20世纪中叶以来，李雅普诺夫稳定性理论得到很大发展，在线性系统、非线性系统、分布参数系统、随机系统、最优控制领域成为研究系统稳定性的最重要的理论方法。因妻子死于肺结核病而自杀。

李延年 Li Yannian (?～约前87) 中国汉代宫廷音乐家。中山（今河北定州）人。出身倡家。善作曲及歌、舞。汉武帝时入宫为宦者，因其妹得到武帝宠幸，更由于他本人的音乐才能出众，汉武帝整饬乐府时，命他担任乐府的协律都尉。其妹李夫人亡，李延年受其弟李季奸乱后宫的牵累，被族诛。李延年才华出众，《史记》上说他“每为新声变曲，闻者莫不感动”。元鼎六年（公元前111）前后，他曾为当时的著名文人司马相如等所写的19首郊祀歌词作曲。李延年还根据张骞从西域带回的《摩诃兜勒》，改写成汉代最早的横吹曲《新声二十八解》。这些乐曲流传甚久，直到数百年后的晋代尚能演奏其中的《黄鹄》、《陇头》、《出关》、《入关》等10首。这种将西域音调改编为新曲的创作实践，促进了民族音乐文化的交流。

李延寿 Li Yanshou 中国唐初史学家。字遐龄。相（今河南安阳）人。参加编撰《五代史志》、《晋书》。其父李大师，曾参加隋末农民起义，拟以编年体撰写《南史》、《北史》，未成书而卒。李延寿继承父亲遗志，历经16年编成《南史》、《北史》。

李俨 Li Yan (1892-08-22～1963-01-04) 中国数学史家、铁路工程专家。原名禄骥，字乐知。福建闽侯人。生于福州，卒于北京。1913年唐山路矿学堂肄业。长期在陇海铁路局工作，1935年起任该局副总工程师。自新文化运动起，即从事中国数学遗产的研究与整理工作，与钱宝琮同为中国数学史学科的开拓者与奠基者，同时竭力搜求中算古籍，他的中算藏书富甲天下（逝世后捐赠研究室）。1955年调入中国科学院历史研究所任一级研究员。同年当选为中国科学院哲学社会科学部学部委员（院士）。1957年组建中国自然科学史研究室（自然科学史研究所的前身），任主任。1958年当选为全国人大代表。主要著作有《中国算学史》、《中国数学大纲》(上、下册)、《中算史论丛》五集、《中国古代数学史料》等。他的数学史著述结集收入《李俨钱宝琮科学史全集》。

李冶 Li Ye (1192～1279) 中国金元时期数学家、文学家、史学家。原名李治，字仁卿，号敬斋。真定栾城（今属河北）人。金代曾任河南钧州地方长官，入元后长期在封龙山（今河北元氏）隐居讲学。著有《测圆海镜》12卷、《益古演段》3卷、《泛说》40卷、《敬斋古今黈》40卷、《壁书丛削》12卷。数学上的主要成就是天元术，即利用对天元式的各种计算列出所需求解的方程式。《测圆海镜》讲述已知直角三角形有关各线段之长，求解其内切、傍切、圆直径长度的方法，是中国古代特有的几何学。《益古演段》3卷是天元术初学者的入门书。

李仪祉 Li Yizhi (1882-02-20～1938-03-08) 中国水利科学家。陕西蒲城人。生于蒲城富塬村，卒于西安。1909年毕业于京师大学堂，经选派赴德国皇家工程大学学习土木工程。辛亥革命爆发，他毅然归国。1913年再度赴德国但泽工业大学专修水利。1915年学成回国，参与创建南京河海工程专门学校（今河海大学）并任教务长。1922年秋，出任陕西省水利局局长兼渭北水利工程总局总工程师，开始筹划引泾灌溉。1924年先后兼任陕西省教育厅厅长、西北大学校长。1926年曾任北京大学教授。1928年任华北水利委员会委员长。1930年冬引泾工程开工，1932年夏完成第一期工程，命名为泾惠渠。1931年他和水利界著名人士共同倡议成立中国水利工程学会，同时还共同创办会刊《水利》月刊。他重视实验研究，1935年任在天津设立的中国第一水工试验所董事长。1933年夏至1935年，任黄河水利委员会委员长兼总工程师，多次亲赴黄河各地查勘，首次提出治理黄河应上中下游并重，防洪、航运、灌溉、水电兼顾，并在中游干支流修建蓄洪水库和进行水土保持试验等。他通过以上各项工程实践和治理计划，引进西方水利科学技术，成为中国近代水利界的先导。重要论著收录在《李仪祉水利论著选集》中。

李益 Li Yi (748～829) 中国唐代诗人。字君虞。陇西姑臧（今甘肃武威）人。代宗大历四年(769)中进士，建中四年(783)举书判拔萃。任郑县主簿。久不迁，4次从军。德宗贞元十三年(797)，任幽州节度使刘济从事，有《献刘济》诗。十六年游扬州等地，写反映江南风光的优美诗篇。宪宗元和后入朝，历任秘书少监、集贤学士、右散骑常侍、太子宾客、左散骑常侍。文宗大和元年(827)以礼部尚书致仕。

李益是中唐边塞诗人代表。曾历朔方、邠宁、幽州，自编从军诗50首，主要抒写士卒久戍思归怨情，虽有壮语，却多感伤，已失盛唐乐观豪迈精神。长于绝句，尤工七言。明胡应麟《诗薮》云：“七言绝，开元之下，便当以李益为第一，如《夜上西城》、《从军北征》、《受降》等，皆可与太白、龙标(王昌龄)竞爽”，律诗《喜见外弟又言别》、《同崔邠登鹳雀楼》皆名篇。

《李益集》2卷，入《唐百家诗》。《李君虞集》2卷，见《唐百名家全集》。

李瑛 Li Ying (1926-12-08～) 中国诗人。河北丰润人。生于辽宁锦州。1945年考入北京大学中文系，并开始在刊物上发表诗作，1948年结集为《枪》出版。1949年参加中国人民解放军，随军南下，任新华社部队总分社记者。1950年回北京，到解放军总政治部工作。1955年后，历任解放军文艺出版社编辑、社长，中国人民解放军总政治部文化部部长，中国文联副主席等职。从50年代初至1992年，已出版《野战诗集》、《战场上的节日》、《天安门上的红灯》、《早晨》、《静静的哨所》、《红柳集》、《枣林村集》、《红花满山》、《难忘的一九七六》、《在燃烧的战场》、《我骄傲，我是一棵树》、《战士们万岁》、《山草青青》等30多部诗集。作品多表现军旅生活，也有不少国际题材的诗作，诗风质朴清新。此外还出版诗论集《对诗的思考》。

李膺 Li Ying (110～169) 中国西汉名士。颍川襄城(今属河南）人。字元礼。桓帝时，任司隶校尉，与太学生共同反对宦官。见党锢。

李邕 Li Yong (678～747) 中国唐代书法家。字泰和。广陵江都（今江苏扬州）人。曾任户部员外郎、陈州刺史，天宝初官至汲郡、北海太守，时称“李北海”。他工文，尤长碑颂。善行书，并继李世民《晋祠铭》后以行书书写碑文。其书豪挺、拗峭，结体茂密。传世作品有《叶有道先生碑》、《端州石室记》、《麓山寺碑》、《云麾将军李思训碑》、《云麾将军李秀碑》等。

《云麾将军李秀碑》

李永波 Li Yongbo (1962-09-18～) 中国羽毛球运动员、教练员。辽宁大连人。1981年入选中国羽毛球队。长期与田秉毅合作参加男子双打比赛，共参加7次世界杯羽毛球赛：获第8届冠军，第4、第5、第7和第9届亚军，第10、11届季军。在4次世界羽毛球锦标赛男双比赛中，第4届获亚军，第5、第6届获冠军，第7届获季军。在1986年、1988年和1990年参加的第14～16届汤姆斯杯赛中与队友合作均夺魁，实现三连冠。1986年、1990年在第10届和第11届亚洲运动会羽毛球比赛中分别获男子双打亚军、冠军。1992年获第25届奥林匹克运动会羽毛球比赛男子双打季军。1992年退役，改任国家羽毛球队教练、副总教练、总教练。2002年获国际羽毛球联合会颁发的突出贡献奖。2008年在第29届奥运会上，以李永波为总教练的中国羽毛球队获得男女单打和女双3枚金牌。

李渔 Li Yu (1610～1680) 中国清代戏曲理论家、戏曲作家。本名仙侣，号天徒，后改名渔，字笠翁，又名笠鸿、谪凡。别署有笠道人、湖上笠翁、觉世稗官、随庵主人、新亭樵客等。浙江兰溪人。少年时代在如皋及原籍度过。30岁前，他几次参加乡试，均落第。弘光元年(1645)，曾一度在金华同知许檄彩处做幕宾，约顺治五年(1648)以后，移家杭州，过着“卖赋以糊其口，吮毫挥洒怡如”(黄鹤山农《玉搔头》序)的生活，他的小说和戏曲作品大部分写于此时。顺治十四年（1657）前后，迁居金陵，结交了不少社会名流，如吴伟业、尤侗、王士禛、周亮工等人，与他们有唱和之作。他的生活来源除开设“芥子园”书铺，编写出版书籍以外，还以家姬组成戏班，亲自编写剧本，组织排演，周游各地，在达官贵人之间“打抽丰”。康熙十六年（1677），迁回杭州，3年后去世，葬于西湖方家峪外莲花峰。

李渔生平著述甚丰，有传奇《笠翁十种曲》，又有“湖上笠翁阅定绣刻传奇八种”，还有诗文集《一家言》，小说《织锦迴文传》，短篇小说集《十二楼》、《无声戏》，编辑有《芥子园画谱初集》、《资治新书》等。李渔的戏曲理论见于《一家言》之《闲情偶寄》，主要是对戏曲艺术形式的探讨。他把舞台演出和观众放在首要地位，词采、音律都处于从属地位。这是李渔戏曲理论的真髓，也是他对以前的戏曲理论的一种必要的纠正。

李煜 Li Yu（937～978） 中国五代词人，南唐后主。原名从嘉，字重光，号钟隐，又号钟峰白莲居士。即位后改名煜。徐州（今属江苏）人。中主李璟第六子，宋太祖建隆二年（961）即位于金陵。在位15年，称臣于宋。开宝八年（975），宋师攻陷金陵，被迫降宋，幽囚于汴京。太平兴国三年（978），被宋太宗毒死。

李煜政治才能低下，治国无方，艺术才能却高超杰出，既工书善画，能诗擅词，又精通音乐。其书法，自创“金错刀”、“撮襟”诸体。其词亦自成家，亡国前的词既有彻夜欢歌、白日舞会的描述，又有“奴为出来难，教君恣意怜”（〔菩萨蛮〕）的动人爱情；亡国后则是悲惨世界，只有“梦里”才能“一晌贪欢”，总是把过去的欢乐和现在的痛苦作对比，构成过去和现在、欢乐和痛苦相互对比映衬的二重组合语境。〔虞美人〕“春花秋月何时了”、〔浪淘沙〕“帘外雨潺潺”、〔乌夜啼〕“林花谢了春红”、“无言独上西楼”等是他后期的代表作。在词史上，李煜有着独特的地位和贡献。他把应歌娱乐、偏重写艳情的词作初步转变为抒写个人情志的新型抒情诗，使词开始注重表现词人自己独有的人生感受，赋予词体鲜明的艺术个性，为词作提供了新的抒情范式，并建立起一种清新自然、文雅秀美的语言风格。

李煜原有文集30卷，已佚，部分诗文见于《全唐诗》和《全唐文》。今有王仲闻《南唐二主词校订》（1957）和詹安泰校注《李璟李煜词》（1958），颇完善。存词可靠者有38首。

李渊 Li Yuan（566～635） 中国唐朝开国皇帝。见唐高祖李渊。

李元昊 Li Yuanhao（1003～1048） 中国西夏第一代皇帝。见西夏景宗李元昊。

李源潮 Li Yuanchao（1950-11～ ） 中国共产党中央政治局委员、中央书记处书记、中央组织部部长。江苏涟水人。1978年3月加入中国共产党。1968年11月参加工作。

1968～1972年在江苏省大丰县上海农场工作。1972～1974年在上海师范大学数学系学习。1974～1975年在上海市南昌中学任教。1975～1978年担任上海市卢湾区业余工专教师。1978～1982年在复旦大学数学系数学专业学习，任系团总支副书记、书记。1982～1983年任复旦大学管理系教师、校团委副书记。1983年任共青团上海市委副书记、书记。1983～1990年任共青团中央书记处书记（其间：1988～1990年在北京大学经济管理学院学习，获硕士学位）。1990～1993年任中共中央对外宣传小组一局局长。1993～1996年任中共中央对外宣传小组副组长、中共中央对外宣传办公室副主任、国务院新闻办公室副主任（1991～1995年在中共中央党校研究生部科学社会主义专业学习，获博士学位）。1996～2000年任文化部副部长、党组副书记。2000～2001年任中共江苏省委副书记。2001～2002年任中共江苏省委副书记、中共南京市委书记。2002～2003年任中共江苏省委书记、中共南京市委书记。2003～2007年任中共江苏省委书记、江苏省人大常委会主任。2007年任中共中央政治局委员、中央书记处书记、中央组织部部长。中共十六届中央候补委员，十七届中央委员、中央政治局委员、中央书记处书记。全国政协七届常委，八、九届委员。

李约瑟 Needham, Joseph（1900-12-09～1995-03-24） 英国科技史家、生物化学家。以《中国科学技术史》著称于世。原名J.尼达姆。因尊崇中国古代学者老子（传说姓李），

遂以李姓，取中国姓名李约瑟。生于伦敦一个中产家庭，卒于剑桥。1918年进剑桥大学，1924年获博士学位。1931年出版《化学胚胎学》（3卷）。1933年起任威廉·邓爵士生物化学讲座高级讲师。1942年发表《生物化学与形态发生》。1943年任英国驻华大使馆科学参赞。1946年任联合国教科文组织科学部第一任主任。1948年回剑桥大学，开始研究写作《中国科学技术史》。1952年参加国际科学委员会调查，并确认美军在朝鲜和中国境内使用细菌武器。1966年起担任冈维尔-基兹学院院长，1972～1976年兼任国际科学史与科学哲学联合会主席。1941年当选英国皇家学会会员，1971年当选英国学术院院士，是当时英国唯一的两院院士。

1937年，从鲁桂珍、王应睐和沈诗章3位来剑桥大学的中国学者处了解到中国曾对世界科学技术作过重大贡献，便对中国科技史产生浓厚兴趣，开始学习中文。鲁桂珍后来成为他中国科学史研究中的亲密合作者和晚年伴侣。1943～1946年，跑遍当时中国尚未沦陷的10个省份，为中国科研单位提供图书、仪器；把中国优秀学者送到国外进修学习，优秀论文送到国外发表，并出版《中国科学》（1945）、《科学前哨》（1948），向西方介绍中国科学。第1卷于1954年出版，到他去世时共出版4卷16册。他是中英友好协会的创始人之一，并长期担任会长。为中国科学院外籍院士（首批），并曾获中国国家自然科学奖一等奖（1983）、中华人民共和国国际科学技术合作奖（1995）。

李再雯 Li Zaiwen（1922～1967-12-21） 中国评剧演员。工旦。祖籍山东。生于天津。5岁随父逃荒至北京，被白玉霜收做养女，受其熏陶，渐通戏理。20世纪30年代中期，以小白玉霜艺名开始舞台生涯，时年14岁。1937年北归，初给白玉霜配戏，以后艺术魅力竟逐渐超越养母，成为20世纪40～50年代评剧艺术的代表人物之一，在京津一带享有盛名。代表剧目有《玉堂春》、《临江驿》、《打狗劝夫》、《劝爱宝》、《珍珠衫》、《红娘》等。1953年加入中国评剧团后，主演加工整理的《秦香莲》，摄制成影片。李再雯长于青衣戏。她扮相大方，善用眼睛传神。表演风格轻淡素雅，细腻含蓄；唱腔圆润醇洌，低回婉转。

李昭道 Li Zhaodao 中国唐代画家。唐宗室，李思训之子。玄宗开元中曾任太原府仓曹直集贤院，官至太子中舍人。善画山水，继承家学，并能变父之体，有所创新，造诣精深，后世称之为“小李将军”。其作品现很少见到，传为他的《春山行旅图》、《明皇幸蜀图》等，可能系后人摹本。

李兆麟 Li Zhaolin（1910-11-02～1946-03-09） 东北抗日联军创建人和领导人。原名李超兰，化名张寿篯。生于辽宁辽阳。九一八事变后，在家乡组织抗日义勇军。1932年5月加入中国共产主义青年团，同

年转入中国共产党。次年8月调中共满洲省委军委工作。1934年起任珠河反日游击队副队长、哈东支队政治委员、东北抗日联军第6军政治部主任、北满抗日联军总政治部主任。曾与赵尚志指挥打宾州，克五常堡，与李延禄部配合袭击洼洪，攻占林口，指挥老钱柜等战斗，创建松花江下游汤原抗日游击根据地。1939年5月任东北抗日联军第3路军总指挥，率部开展松嫩平原游击战，攻克讷河、克山、肇源等县城。1941年当抗联部队遭受严重挫折时，和周保中等组织整训部队，继续坚持战斗，曾任东北抗联教导旅政治副旅长。抗日战争胜利后，任滨江省（后并入黑龙江省）副省长等职。曾积极揭露国民党反动派的内战阴谋，1946年在哈尔滨被国民党特务杀害。为纪念他，哈尔滨市将道里公园改名为兆麟公园。

李兆焯 Li Zhaozhuo (1944-09～) 中国人民政治协商会议全国委员会副主席。大学学历，工程师。壮族。广西平果人。1974年6月加入中国共产党，1968年9月参加工作。1963年入广西大学土木系农田水利工程专业学习。1968～1970年在解放军6901、0547部队劳动锻炼。1970年后历任广西壮族自治区德保县都安公社技术员，县水电局技术员、秘书、副局长，县基建局副局长，县计委副主任。1982～1983年入中共广西壮族自治区委党校培训班学习。1983年后任广西壮族自治区德保县经委主任、中共德保县委书记，百色地委副书记、行署专员，地委书记。1993年后任广西壮族自治区防城港市委书记、市人大常委会主任。1995年后任中共南宁市委书记。1997年后任中共广西壮族自治区党委副书记、广西壮族自治区人民政府主席。2003年、2008年任全国政协十届、十一届副主席。中共十五至十七届中央委员。

李振声 Li Zhensheng (1931-02-25～) 中国小麦遗传育种学家。生于山东淄博。1951年毕业于山东农学院农学系。历任中国科学院西北植物研究所研究员、西安分院院长，陕西省科学院院长，中国科学院副院长等职。1991年当选为中国科学院学部委员（院士）。长期从事小麦与偃麦草远缘杂交及小麦染色体工程研究，先后培育出小偃麦八倍体、异附加系、异代换系和易位系等杂种类型，以及高产、抗病小麦优良品种小偃4号、5号、6号。在小麦染色体工程研究方面，探索了蓝粒小麦多胚乳蓝色色素遗传规律，创造了蓝粒单体小麦。利用自花结实缺体小麦，建立了选育小麦异代换系新方法及缺体回交法。2006年获国家最高科学技术奖。著有《植物远缘杂交概说》、《小麦远缘杂交》等。

李正敏 Li Zhengmin (1919-03-01～1973-12-12) 中国秦腔演员。工旦。原名正堂，字艺华。生于陕西长安，卒于西安。他12岁入正俗社学艺，拜高登岳、党甘亭为师，习小旦、正旦。20岁即驰名西北。擅演剧目甚多。唱腔韵味醇厚，节奏鲜明，唱法精巧细腻，并重视人物内心情感的表达。一些著名唱段脍炙人口，有“秦腔正宗”之誉，世称“敏家”，对后辈秦腔演员的演唱艺术影响颇大。1935年，百代公司曾将他的《探窑》、《五典坡》、《二度梅·重台》、《黛玉葬花》等戏的唱段，录成唱片。

李政道 Lee, Tsung-Dao (1926-11-24～) 美籍华裔理论物理学家。生于中国上海。1945年在昆明西南联合大学随物理学家吴大猷研究近代物理。1946年入芝加哥大学研究院，1950年获博士学位。1956年任哥伦比亚大学教授。1960年任普林斯顿高级研究院教授。1964年任哥伦比亚大学第一任费米物理讲座教授。1956年，与杨振宁合作，提出弱相互作用中宇称不守恒的结论。1957年，吴健雄用实验证实了他们的理论结论。为此，李政道和杨振宁获得了1957年诺贝尔物理学奖。1964年以后，对某些弱相互作用中发生的破坏时间反演不变性现象的解释，作出许多重要贡献。李政道曾协助中国科学院高能物理研究所建造正负电子对撞机和同步辐射设备，并多次回中国访问讲学。1994年当选中国科学院外籍院士。

李之藻 Li Zhizao (1565～1630) 中国明代科学家。天主教徒。字振之，号我存，又号凉庵、存园叟。杭州人。明万历二十六年（1598）中进士，授南京工部员外郎。曾与利玛窦等耶稣会士交往，并接触天主教教义与西方科学，三十一年时曾任福建学政，曾以工部分司职到山东治理河道，在开州兴修水利。三十八年受洗入天主教。三十九年邀请郭居静、金尼阁两位传教士到家乡传教。四十一年任南京太仆寺少卿，建议采用西方历法。天启元年（1621）任光禄寺少卿。为对付后金军进逼辽西，力主制造西洋火炮以抗后金。天启三年时曾被罢官回籍，从事著译。崇祯二年（1629）历局新设后，与徐光启共任历局监督，任用龙华民、汤若望等传教士译书修历。著译有《乾坤体义》、《名理探》、《同文算指》等；编有《天学初函》52卷。

李贽 Li Zhi (1527～1602) 中国明代思想家、文学家。原名林载贽，嘉靖三十一年（1552）中举后，改姓李，后为避穆宗讳，易名贽。号卓吾、笃吾，又号宏甫，别号温陵居士。福建泉州晋江人。万历五年（1577）任云南姚安知府。九年，至湖广黄安（今湖北红安）讲学。十二年，李贽孑身移居麻城龙潭湖上芝佛院，研读佛经，编写《初潭集》。二十九年被迫流浪。三十年，以“敢倡乱道，惑世诬民”罪被捕入狱而自杀。李贽受王守仁和泰州学派的影响很深。他公开以“异端”自居，反对礼教，抨击道学，认为儒学经典六经、《论语》、《孟子》不过是史官臣子对当时政事的赞美之语，并非“万世之至论”。反对“咸以孔子之是非为是非”，提出天理、人欲没有区别的见解，主张“穿衣吃饭，即是人伦物理”，不掩饰道德的功利实质。早年反对程朱理学“理在气先”、“理能生气”的观点，认为世界“惟是阴阳二气”，“天下万物，皆生于两，不生于一”。在文学方面，重视小说、戏曲的地位，将《西厢记》和《水浒传》称作“古今至文”，并将它们与六经、《论语》、《孟子》并提。他反对复古摹拟，主张创作必须抒发己见。晚年爱史学，据历代正史著《藏书》，又广搜明史资料撰《续藏书》。他打破儒学家正统教条，以自己的观点来重新评价历史人物。著有《焚书》、《续焚书》、《李氏文集》等。

李烛尘 Li Zhuchen (1882-09-16～1968-10-07) 中国政治活动家、实业家，中国民主建国会、中华全国工商业联合会的领导人之一，民族化学工业的开拓者，全国政协副主席。湖南永顺人。卒于北京。土家族，清末秀才。1909年毕业于湖南常德湘西师范学校。1912年赴日本东京高等工业学校学习。1918年回国后，历任天津市久大精盐公司技师、厂长，永利制碱公司副总经理，参加创立久（大）永（利）黄（海）化工集团。抗日战争时期将工厂迁往西南，任迁川工业联合会理事长、中国工业协进会常务理事、国民参政

会参政员。抗战胜利后，1945年参加发起成立**中国民主建国会**，任常务理事。1946年以社会贤达身份参加重庆政治协商会议。在天津从事工业恢复工作，任永利制碱公司副总经理、久大盐业公司总经理和天津市工业协会理事长。1949年参加中国人民政治协商会议第一届全体会议。中华人民共和国建立后，历任中央人民政府委员，华北行政委员会副主任，食品工业部部长，轻工业部部长，天津市工商联主任，中华全国工商联一届、二届、三届执委会副主任，民建中央副主任，全国政协第四届副主席。

李凖 Li Zhun (1928-05-17～2000-02-02) 中国蒙古族小说家。河南洛阳人。卒于北京。原姓木华梨。只上过一年中学，当过盐号学徒、邮递员、银行职员、教师等。靠自学走上文学创作道路。

1953年，短篇小说《不能走那条路》在《河南日报》发表。因尖锐地触及农村社会主义革命的重大课题，引起热烈反响。嗣后，又陆续发表《白杨树》、《孟广泰老头》、《雨》、《陈桥渡口》、《冰化雪消》等短篇和中篇，反映了50年代前期处于变革中的农村社会风貌。1954年，调河南文联，从事专业创作。作品逐步形成乐观幽默的喜剧风格。1960年发表短篇小说《李双双小传》，被认为是他的代表作。小说女主人公李双双具有鲜明的个性特点，敢于向私有观念和习惯势力挑战，体现了社会主义建设时代农村新人的成长。改编成电影后，李双双几乎成了家喻户晓的人物。稍后，他又发表《耕耘记》，描写了掌握科学知识的新一代农民，也获得成功。

1969年，李凖全家落户河南西华县屈庄，与黄泛区人民共同生活了4年。这期间创作了长篇小说《黄河东流去》，其上、下集分别于1979年和1984年出版，并于1985年获第二届茅盾文学奖。他还创作了同一题材的电影剧本《大河奔流》。

1956年以后，他自著、改编了近20部电影剧本，除影响最大的《李双双》外，还有《老兵新传》、《牧马人》、《高山下的花环》、《双雄会》、《清凉寺的钟声》等。其主要电影剧作收入《走乡集》和《李凖电影剧本选》。

李凖的小说具有洗练鲜明、平易流畅、浑厚朴实的艺术格调。所作50多篇小说，陆续结集有《芦花放白的时候》(1957)、《夜走骆驼岭》(1959)、《车轮的辙印》(1959)、《春笋集》(1962)、《李双双小传》(1977)等。

李自成起义 Li Zicheng's Uprising 中国明末李自成领导的农民起义。李自成原名鸿基，陕西米脂人，家世业农。自成以家贫，为人牧羊，略识文字，及长为银川驿卒。明天启、崇祯年间，陕北连年旱荒，农民纷起暴动。崇祯三年（1630），自成以裁驿卒失业，遂投活动于西川的不沾泥张存孟部。后因张存孟败降，自为一军。

起义的发展和胜利 不久，自成投闯王高迎祥，为八队闯将，转战陕、晋、畿南、豫楚等地。九年七月，迎祥被俘牺牲，自成承袭闯王名号，转战于陕南及四川东北部地区。十三年二月，自成军在奉节鱼腹山失利，再次潜伏商雒山（今陕西商州东南）中。

图1 大顺政权“工政府屯田清吏司契”印文

同年，河南省发生严重灾荒，农民纷起暴动。十一月中旬，起义军经陕南商州突出武关，转战河南，农民争附。不久，文士牛金星、宋献策、李岩等先后来投。十四年初下洛阳，杀明福王朱常洵，开仓济贫，声势迅速扩大。此后，3次围攻开封。明军主力被消火，起义军控制河南全省，部众近百万，李自成起义军成为明末农民起义军的主力。

自占领洛阳始，李自成渐将过去的流动作战改为每得一城，分兵据守的军事战略。两年多席卷河南五府数十州县，及湖广荆、襄诸府。十六年二月，改襄阳为襄京，成立新顺政府，自成自号奉天倡义文武大元帅，罗汝才为代天抚民威德大将军。辖区西起潼关，东至归德（今河南商丘）、汝宁（今河南汝南），北滨黄河，南至松滋、枝江、澧州（今湖南澧县），派遣地方官吏者凡70多州县。

起义军雄踞荆襄，遂图谋取京师。李自成采纳谋士顾君恩之策，先取陕西，作为根据地。十六年九月，起义军于河南郏县大败孙传庭，杀伤明军4万多人，获器仗辎重数十万计。此后起义军分两路进兵陕西，十七年正月，攻克西安，乘胜取宁夏、兰州、西宁、永昌、庄浪等地。

起义军占领西安后，即正式定国号为大顺，改元永昌，以崇祯十七年为永昌元年。并改西安为长安。李自成改名自晟，称王。同年二月，起义军分两路进攻北京。三月十八日围困京师。次日攻入北京。明思宗自缢于煤山（今景山）。明朝灭亡。

政治经济纲领 起义军起义过程中，针对明朝地权集中与赋税繁重的情况，提出“均田免粮”口号。攻占西安后，又以“贵贱均田”及“五年不征”相号召。在河南等地到处传播“不当差、不纳粮”的歌谣。“均田免粮”并未真正实行，只是个别地方官曾经实行过改变封建地权的措施。如在某些地区大顺地方官府默许农民进行自发的夺地斗争。起义军亦实行籍没富室政策，以解决军饷，兼济贫穷。但在这一口号下，劫掠平民、殃及无辜之事亦时有发生。起义军还实行平买平卖，保护工商的政策。起义军进北京后，令市民照常营业。山东畿辅运河航行的商船不绝。

起义的失败 起义军占领北京后，北方的劲敌只余驻防山海关外的明总兵**吴三桂**。自成失于轻敌，仅派人携金银锦缎前往招抚。三桂先接受招抚，后闻自成在北京向明官追饷，并闻家属被拘，遂归山海关起兵反叛，并向清军求援。自成率刘宗敏、李过东征，四月二十一日至山海关。为防三桂东退，自成出奇兵2万绕至三桂军后，自己则率军从西面合围夹击。在吴三桂军动摇之际，清多尔衮发兵夹击。因众寡悬殊，两面受敌，农民军败退北京。

图2 永昌通宝 （陕西历史博物馆藏）

农民军的战败引起北京人心惶恐。起义军的很多将官经不起都市豪华生活的诱惑，日趋骄奢淫逸，士卒也各身怀重货，无有斗志。军心涣散，纪律松弛。永昌元年（1644）四月二十九日，自成仓促即帝位，次日即离北京南下，经晋入陕，试图仍以陕西为基地再起。五月转战至湖北东南各州县。九月至九宫山（一云通山，一云通城），为地主乡团所围困。李自成牺牲，余部由刘宗敏、李过率领南下，联明御清。

李宗仁 Li Zongren (1891-08-13～1969-01-30) 中华民国时期爱国将领，新桂系首领，南京国民政府副总统、代总统。国民党军陆军一级上将。字德邻。广西临桂人。卒于北京。

早年就读于广西陆军小学堂、广西陆军速成学校。1910年加入中国同盟会。1916年投桂军，先后参加护国战争、护法战争，因战功由排长递升营长。1922年自任广西自治军第二路总司令，后改所部为定桂军。1923～1925年在孙中山领导的大元帅府支持

下，联合黄绍竑、白崇禧之讨贼军，组成定桂讨贼联军，李宗仁任总指挥，先后消灭了旧桂系军阀陆荣廷、沈鸿英部，击退入桂云南军阀唐继尧部，统一了广西，成为新桂系首领。1926年李、黄、白部改编为国民革命军第7军，李任军长，指挥所部参加北伐战争，转战湘、鄂、赣、皖、苏等省。1927年后，历任南京国民党政府第3路军总指挥、西征军总指挥、第4集团军总司令等职。1929年蒋桂战争中桂军败北，李出走香港，旋返桂。翌年出兵湖南策应冯玉祥、阎锡山反蒋作战，受挫撤回广西。1937年抗日战争爆发后，先后任第五战区司令长官、汉中行营主任，指挥徐州会战诸役。在台儿庄会战中，集中优势兵力歼灭日军万余人，鼓舞了全国军民的抗战热忱。1945年抗战胜利后任北平行辕主任、国民党政府副总统。1949年1月蒋介石"引退"后任代总统，4月派代表团到北平（今北京）与中国共产党进行和平谈判，由于国民党反动派一再策划"划江而治"的阴谋，导致和谈破裂。12月去美国。1955年提出反对"台湾托管"和"台湾独立"，主张国共再度和谈，中国问题由中国人自己解决。1965年在周恩来安排下，毅然回国，声明愿为实现祖国早日统一作贡献。

里 li　中国长度单位。市里的简称。1929年2月中华民国政府公布《度量衡法》时，规定1里等于1 500市尺，即500米。在中国历史上，里的大小在不同时期不尽相同。例如，在周以前300步为1里，秦至隋亦为300步1里，而唐至清则360步为1里；加上步制不同，里的实际长度很不相同。

里昂 Lyon　法国第三大城市。罗讷-阿尔卑斯大区首府，罗讷省首府。位于法国东南部，索恩河与罗讷河汇合处的布赫斯克半岛上。市区人口48.07万（2007），大市区126万。城市建在阿尔卑斯冰碛丘陵上，海拔169米。气候兼有地中海型和大陆性特征。原为渔村，最早定居着高卢人，公元前16年为高卢的行政中心。公元2世纪已为大商业中心，人口达20万，但此后近1 000年间地位衰落。13世纪成为宗教中心，1312年并入法兰西王国，18世纪形成工业城市，19世纪成为铁路和金融中心。20世纪以来，郊区扩展迅速，里昂同周围56个城镇组成"城市共同体"。工业以化工为主，冶金、汽车、制药、电子、纺织、印刷业都较发达。为世界高级丝织品最大产地之一。为仅次于巴黎的法国第二大博览会中心。交通四通八达，拥有高速公路、电气化铁路和内河航道，是法国东南部运输网枢纽。科研和教育事业也很发达，梅里尔生物制品研究所为世界最大的同类研究所之一。有20所高校。设有博物馆、剧院等，里昂还是法国的"美食之都"。

里昂工人起义 Workers' Uprisings in Lyon　1831年和1834年法国里昂工人的两次武装起义。里昂是法国丝织业中心。1831年初里昂工人掀起一场以要求提高工价为主要内容的运动。1831年11月21日工人举行抗议示威，与军警发生冲突，转为自发的武装起义。工人一度占领里昂城。起义很快被七月王朝政府调来的军队所镇压。

1834年4月9日里昂再度爆发丝织工人起义。这次起义还提出废除君主制度，建立共和政体的口号。起义群众同政府军在里昂郊区和市内激战6天，终因力量悬殊被政府军镇压。

里昂惕夫 Leontief, Wassily (1906-08-05～1999-02-05)　美籍俄裔经济学家。生于圣彼得堡，卒于纽约。1925年获列宁格勒大学文学硕士学位。同年留学德国，1928年获柏林大学哲学博士学位。曾任德国基尔大学世界经济研究所研究助理、中国国民党政府铁道部顾问。1931年由德国移居美国，先后任美国全国经济研究局研究助理、哈佛大学经济学教授、纽约大学经济学教授和经济分析研究所所长。1973年获诺贝尔经济学奖。里昂惕夫最重要的贡献是从30年代开始研究投入产出分析法，即在编制反映各部门间产品量交流情况的"投入产出表"的基础上，用数学方法研究各部门产品生产和分配的关系。这种方法在世界各国迅速传播并广泛运用，并被联合国规定为国民经济核算体系中的一个重要组成部分。他在70年代领导一个小组，从事世界经济模式的研究，对2000年的世界经济情景进行了预测。著有《美国经济结构，1919～1929》、《美国经济结构研究：投入产出分析中理论和经验的探索》、《投入产出经济学》、《经济学论文集：理论与推理》、《经济学论文集：理论、事实与政策》等。

里贝罗 Ribeiro, Aquilino Gomes (1885-09-13～1963-05-27)　葡萄牙小说家。生于塞尔南塞列，卒于里斯本。曾参加创办《新园地》文学杂志。一生发表作品近百部，包括长篇小说、短篇小说集、文学评论和翻译作品。主要是乡土小说。作品通过山村农民的语言、情爱、仇恨、贪婪、原始的荣誉感以及殴斗、复仇等，将内地山区近似原始的世界逼真地呈现在读者面前。主要有《魔鬼的土地》(1919)、《玛利亚迪尼西斯》(1922) 和《农牧之神在树林中行走》(1926)，情节生动曲折，人物栩栩如生，语言丰富多彩，被认为是葡萄牙当代文学作品中的佳作。

里德 Reed, Walter (1851-09-13～1902-11-23)　美国病理学家。生于弗吉尼亚州格洛斯特，卒于华盛顿。1869年获弗吉尼亚大学医学博士学位。1870年获第二医学博士学位。1874年任军医。1890年于约翰斯·霍普金斯医院学习病理学。1893年任陆军医学院细菌学教授。1898年主持研究美军中的伤寒病流行情况及病因，有效地控制了该病的流行。1900年里德确认黄热病不是通过直接接触或经被服等传染，而是由蚊传播。1901年证明黄热病的病原是滤过性病毒。著述的《伤寒调查报告》是流行学的经典。

里德伯常数 Rydberg constant　基本物理常数之一。常出现在氢、碱金属原子等能级公式或光谱波数公式中，1890年J.R.里德伯列出氢原子光谱波数公式时引入。不计及原子核的运动时的里德伯常数记为R_∞，2006年国际推荐值是R_∞=10 973 731.568 527 (73) 米$^{-1}$。玻尔氢原子理论得出里德伯常数R_∞与电子质量m_e、电子电荷e、普朗克常数h、真空光速c和真空介电常数ε_0等基本物理常数的关系为：

$$R_\infty=\frac{m_e e^4}{8\varepsilon_0^2 h^3 c}$$

这一关系后来进一步由量子力学得出。由于R_∞能以很高的精度确定，传统上它是计算式中其他基本常数的基础；反之，从不同物理领域实验获得的这些基本常数的组合与R_∞的符合程度是物理基本理论自洽性的很好检验。

N.玻尔还考虑了原子核的运动导出不同原子质量M的里德伯常数为：

$$R=\frac{R_\infty}{1+\frac{m_e}{M}}$$

里德伯常数依赖于原子质量的微小差别曾

被用来鉴别同位素。

里尔 Lille 法国北部城市，北部－加来海峡大区首府，北部省首府。位于德勒河畔，距比利时边界仅14千米。人口约22.49万(2005)。11世纪为要塞，1713年归属法国。两次世界大战中均被德国占领并遭到严重破坏，战后重建。法国北部工商业重镇，与附近的图尔宽、鲁贝组成里尔工业区城市群。法国传统纺织工业中心，其他工业有钢铁、机械、食品、化工等部门。古迹有军事城堡、维埃耶证券交易所等。法国北部交通枢纽。高速公路、高速铁路南接巴黎，北连加来。河运方便。南郊建有莱斯坎机场。文化教育发达，设有高校、博物馆等。

里尔市中心的戴高乐将军广场

里尔克 Rilke, Rainer Maria (1875-12-04～1926-12-29) 奥地利诗人。生于捷克布拉格，卒于瑞士瓦尔蒙。1895～1896年曾在布拉格、慕尼黑和柏林的大学学习。后两度旅游俄国，拜访L.N.托尔斯泰。1902年旅居巴黎，结识雕塑家A.罗丹，此后的12年里以巴黎为中心，浪迹各国。他写了《论罗丹》，还当了8个月罗丹的秘书。第一次世界大战时被征入伍。1922年迁居瑞士穆佐。1926年因患白血病逝世。

在慕尼黑和柏林期间开始创作。1894年出版处女作诗集《生活与诗歌》。《图像集》(1902)收入1898～1901年间的部分诗作，以抒情的形式描画历史的和传奇的人物的图像。长篇组诗《祈祷书》(1905)赞美无所不在的上帝其实是人生的化身。在巴黎时期，诗风发生了变化，创作了大量“事物诗”，1907年和1908年分别结集为《新诗集》和《新诗续集》出版。1904年在罗马开始创作的长篇日记体小说《马尔特·劳里茨·布里格随笔》，没有连贯的情节，打乱了时间顺序，追忆、现实和梦幻随着意识的流动交织在一起，流露出对人生的恐惧与绝望，是德语文学中较早的现代派小说。晚年最主要的是《杜依诺哀歌》(1923)和《献给奥尔弗斯的十四行诗》两部诗集，表现对存在的哲学思考。诗中采用大胆的比喻和奇特的象征，艺术上臻于完美，但诗意朦胧晦涩。

里根 Reagan, Ronald Wilson (1911-02-06～2004-06-05) 美国第40任总统(1981～1989)。生于伊利诺伊州坦皮科镇一个贫寒家庭，卒于洛杉矶。1937年到好莱坞当演员。1947年被选为好莱坞电影演员工会主席，任职7年。1954～1962年任通用电气公司电视节目主持人。他初为民主党人，1962年登记为共和党人。1966年当选为加州州长，并连任8年。1980年当选总统。1984年又以压倒优势连任。1989年1月届满卸任。在任期间，他制定和实施非常保守的内外政策。在国际上，他否定60年代末以来的缓和外交，实行以遏制苏联扩张为中心内容的政策，重振美国经济军事实力，加强美国与西欧、日本的传统联盟，支持第三世界的“民主力量”，有节制地对苏联采取以冷战为主、缓和为辅的政策，称为里根主义。到1987年为止，他以一次严重经济衰退为代价，取得低速经济增长的成果，并扭转了美苏争霸不利于美国的形势。

里根主义 Reagan Doctrine 美国里根政府提出的与苏联争夺第三世界的对外政策。1986年3月14日，第40任总统R.W.里根在题为《自由、地区安全与全球和平》的外交咨文中，修正了以往美国对外提供援助以是否反共为标准的做法，提出了反对任何形式(不论它是来自左的还是右的方面)的暴政的对外援助政策。里根认为，苏联在政治、经济等方面已陷入困境，第三世界的局势发展对美国有利；美国应采取对苏强硬政策，以“低烈度战争”方式支持亲苏国家中的反政府武装活动，甚至可以采取军事行动直接介入反政府活动不明显的亲苏国家，支持那里的“自由战士”，以便将苏联在这些国家和地区所取得的政治和军事进展“有限地推回去”；对于第三世界中的亲美“独裁政府”，则要施加影响，促使其实行“民主化”改革，避免因内部动乱而为苏联所用。里根主义的目标是要在苏联力量衰弱的形势下，与其争夺第三世界。

里海 Caspian Sea 世界上最大的封闭性内陆海。又称海迹湖。位于欧洲和亚洲之间，东、南、西三面分别被卡拉库姆沙漠、厄尔布尔士山脉和大高加索山脉所环绕。南北长约1 200千米，东西平均宽为320千米，面积约为39.4万平方千米。海岸线全长约7 000千米。平均深度为180米，最大水深为1 025米。封闭的里海的水位位于世界平均海平面以下，平均水位-28.5米。

海底自北向南倾斜，海水南深北浅，沿岸伏尔加河和乌拉尔河等130余条河流多于北岸注入。海水盐度因此差别极大，一般北部平均盐度小于1.0，而南部则高达13.0。海区气候呈海洋性特征。但中亚内陆炎热干燥的干旱气候又使海区蒸发强烈，使里海海面一直处于不断缩小的状态。近年来，中亚灌溉农业的发展，特别是伏尔加河、乌拉尔河各运河的开通，使注入里海的水量骤减。自20世纪起，海面缩减加剧，剧减的海面已威胁到沿岸的良港。里海重要港口有巴库、阿斯特拉罕、阿克套、克拉斯诺沃茨克和恩泽利等。每年北部海区有2个月的冰期，南部海区终年通航。

里海鱼类资源丰富，主要鱼种有鲟、鲑、鲱、鲈、鲤等。沿岸海滨有较大油田。盐类资源储量丰富，产食盐和芒硝。

里加 Riga 拉脱维亚首都，全国最大城市。位于道加瓦河口两岸，距波罗的海里加湾15千米。人口70万(2009)。1201年建要塞。1282年加入汉萨同盟，发展为波罗的海重要贸易中心。1581、1621年曾先后被波兰和瑞典占领。1710年并入俄国，19世纪末已成为俄国主要海港和工商业中心之一。1918～1940年为独立的拉脱维亚首都。第二次世界大战中被德军占领，城市破坏严重。战后属苏联拉脱维亚苏维埃社会主义共和国，直至1991年拉脱维亚再度独立。全国最大的工业城市，机械、金

圣彼得大教堂

属加工尤为发达。生产电气化铁路车辆、电车、内燃机车、船舶和摩托车等；还有电子、仪表、纺织、木材加工、建材和食品等工业部门。港口年吞吐量2 536万吨（2006）；也是海洋渔船队基地。有多条铁路、公路干线通达，并设全国唯一的国际机场。城市沿河岸延伸30千米。旧城位于道加瓦河和城市运河之间，街道狭窄，保存有骑士团城堡、圣彼得大教堂、彼得一世宫等中世纪古建筑，1994年里加旧城历史区作为文化遗产列入《世界遗产名录》。新城建在城市运河河湾区，为重要行政、文化、商业和港区所在。工业企业主要分布在东北部和东郊。

里甲 lijia 中国明代社会基层组织。城市中的里又称坊，近城者则称厢。每里为110户。洪武三年（1370）始在江南个别地区实行。十四年，推行于全国城乡。一里之中多推丁粮较多的10户为里长，其余100户分为10甲，甲设甲首。里长对上级官府负责，管束所属人户，统计本里人户丁产的消长变化，监督人户生产事宜，调理里内民刑纠纷，并以丁粮和财产多寡为序，按赋役黄册排年应役。以里甲为单位编派的徭役称里役或甲役，有正役和杂泛差役两种。里甲正役是里甲人户应当的重要差役。里长和甲首为10年轮役制。每年由里长一名偕同甲首督率一甲10户应役，其余9里长及9甲人户在此后9年内轮流应役。里甲正役主要项目是：①征收税粮。②办运上贡物料。③支应官府的公用。由于里长“放富差贫”，导致徭役严重不均。明代中叶后，随着一条鞭法的实行，里甲正役逐渐摊入地亩，折银征收，雇募应役，里甲10年应役之法逐步废弃。

里姆斯基－科萨科夫 Rimsky-Korsakov, Nikolay Andreyevich（1844-03-18～1908-06-21） 俄国作曲家、教育家、指挥家。生于诺夫哥罗德省季赫温市一贵族家庭，卒于卢加附近的柳边斯克庄园。7岁学钢琴。10岁开始作曲。12岁入圣彼得堡海军士官学校学习。1859～1860年从卡尼列学钢琴。1861年认识M.A.巴拉基列夫、V.V.斯塔索夫、M.穆索尔斯基等人，思想上和艺术上受到很大启示，成为“强力集团”最年轻的成员。1862年于海军士官学校毕业，获海军准尉军衔，并经历两年半艰辛的海上生活。1865年返回圣彼得堡，在巴拉基列夫指导下完成了《第一交响曲》，同年上演，引起人们注意。60年代还写了交响音画《萨德科》(1867,1892年修订）及《第二交响曲》(《安塔尔》，1863，后改称交响组曲，1897年修订）和若干声乐浪漫曲。1872年完成第一部历史题材的歌剧《普斯科夫的姑娘》，次年在圣彼得堡玛丽亚歌剧院上演。1873～1875年致力于提高作曲技术。从70年代初起他身兼多职，从事各种音乐活动：在圣彼得堡音乐学院任教（1871～1903），在帝国海军部所属各吹奏乐团任监察员（1873～1884），也任过免费音乐学校校长（1874～1881）。他记录编纂民歌，审编修订M.I.格林卡歌剧总谱，指挥歌剧和交响乐演出，领导别利亚耶夫小组，还在宫廷唱诗班任主管助理等。

自70年代末起，里姆斯基－科萨科夫的创作进入高潮，先后写了14部歌剧。其中著名的有：民间生活气息浓郁的《五月之夜》(根据N.V.果戈理中篇小说改编，1878年完成，1880年上演)；富有哲理含义的童话歌剧《雪姑娘》(根据A.N.奥斯特洛夫斯基的童话，1881年完成，1882年上演)；俄国古代生活与幻想世界交替、场面宏伟的《萨德科》(取材于民间传说，1896年完成，1897年上演)；为农家妇女鸣不平的《沙皇的新娘》(根据L.A.梅伊同名剧本，1898年完成，1899年上演)；嘲弄君王昏庸的《萨尔坦沙皇的童话》(根据A.S.普希金原著，1900年完成并上演)；以神话题材揭露沙皇专制腐朽的《不死的卡谢》(根据E.M.彼得罗夫斯基的歌剧脚本，1902年完成并上演)；以古代俄罗斯人与鞑靼人的民族冲突传说为内容的《隐城基捷日与费芙罗尼亚姑娘的传奇》(根据古罗斯传说，1905年完成，1907年上演)；以讽刺笔调影射沙皇的《金鸡》(根据普希金童话，1907年完成，1908年上演)。在交响乐创作方面最出色的是异国情调的作品《西班牙随想曲》(1887)和交响组曲《山鲁佐德》(取材于阿拉伯民间传说《一千零一夜》，又译《天方夜谭》，1888)。此外还写有钢琴协奏曲、室内器乐重奏、康塔塔、合唱和声乐浪漫曲等。80年代，在穆索尔斯基和A.P.鲍罗丁相继去世以后，他承担了整理遗稿，组织曲谱的出版、演出等繁重工作。1905年俄国革命运动高涨，里姆斯基－科萨科夫因支持圣彼得堡音乐学院学生罢课被解职。学生们为了声援他，在A.K.格拉祖诺夫指导下，组织上演了歌剧《不死的卡谢》，结果作品遭到查禁，作者本人受到监视。直到1905年底音乐学院获得自治权后，他才返校任职。

里姆斯基－科萨科夫歌剧作品剧照

里姆斯基－科萨科夫的创作以歌剧和交响乐为主，题材大多取自历史、文学和民间神话传说。音乐以俄罗斯民歌为基础，同时汲取了东方民族音调，既具有鲜明的俄罗斯民族特征，又具有异国风味。作品多以艳丽的旋律和配器，描绘风俗景物和神话境界而著称。著作有《和声学实用教程》(1886)、《管弦乐法原理》(1913)和自传《我的音乐生活》(1909)，都有中译本。从事音乐教育活动长达37年，教学经验丰富，培养了许多音乐人才。著名的学生有：A.K.格拉祖诺夫、A.K.利亚多夫、A.S.阿连斯基、I.F.斯特拉文斯基、N.Ya.米亚斯科夫斯基等。

里士满 Richmond 美国弗吉尼亚州首府。位于该州东部，跨詹姆斯河两岸，东距大西洋145千米。市区面积155.7平方千米，人口20.2万（2008），其中黑人占1/2以上；以里士满为中心的大都市区人口122.56万（2008）。1637年始建定居点。1737年设镇。1779年定为州首府。1782年设市，属美国最早的城市之列。19世纪铁路的通达促进了城市发展。附近地区盛产烟草，城市以烟草市场和制烟中心驰名，菲利普·莫里斯烟厂堪称世界最大、最现代化的烟厂之一。其他工业有纺织、造纸、化学、制药、计算机原件、印刷、食品等。旅游业较盛。也是州商业、金融中心。为詹姆斯河下游深水河港，远洋货轮可直达；3条铁路干线经此；国际机场在城东南。市内保留众多历史性建筑，如圣约翰教堂（1741）、州议会大厦（1785）、大法官J.马歇尔的故居（1790）、“南部邦联”的白宫（1818，现为博物馆）、瓦伦丁博物馆（1812）等。有里士满大学（1830）、弗吉尼亚联合大学（1865）等20所高等院校。弗吉尼亚美术博物馆是美国第一座州办的艺术博物馆。里士满国家战场公园保留着南北战争时期的战场遗址。城西的好莱坞墓地则是美国前总统J.门罗、副总统J.泰勒等许多名人的安息之地。

里氏震级 Richter scale 描述地震强度的一个观测量。自从1935年美国地震学家C.F.里克特首先提出量度浅源地震的震级M后，1945年美国地震学家B.古登堡提出了用于测定远震和深源地震的面波震级M_s。同时，对于面波不发育的深震的强度用体波震级m_b描述（见震级）。通常，面波震级M_s比较适用于从远处测定的浅源大地震震级。而且，各国地震机构的面波震级测定结果比较一致，因此世界各国在公布和交换有关震级的资料时，多使用面波震级，通常称它为里氏震级。

里斯 Riis, Jacob August (1849-05-03～1914-05-26) 美国新闻记者、社会纪实摄影的先驱者之一。生于丹麦，卒于美国巴里。19世纪80年代，他对纽约贫民窟的生活状况进行调查，并使用刚发明的镁光粉闪光

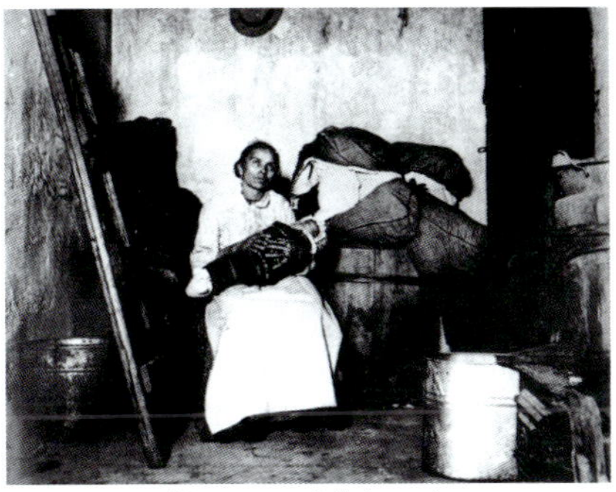

《拾破烂人家》(1888)

法进行拍摄。1889年，他拍摄的21张记录纽约贫民窟生活的照片以《另一半人是怎样生活的》为题发表。次年，收录他拍摄的贫民窟生活的照片和文字报道的同名书籍出版，引起社会的广泛关注。此后，他又发表了揭露纽约自来水污染问题的报道摄影《纽约的太阳》。里斯通过摄影手段报道社会问题、揭露社会不公，掀起了一场社会改革的宣传运动，促使政府立法改进住房、公共卫生和童工劳动政策。此后，里斯继续关注下层平民的生活状况，出版十多本书，影响最大的是自传《一个美国人的成长》(1901)。他通过摄影报道发起了摄影史上的第一次社会改革运动，使摄影具有影响社会的划时代意义，对其后美国纪实摄影的发展产生了深远影响。

里斯本 Lisbon; Lisboa 葡萄牙首都和最大城市，里斯本区首府。欧洲大陆最西端的海滨城市。位于欧洲西南部的大西洋沿岸，地处特茹河入海口北岸的7个山丘上，故又称“七丘城”。城市依山而建，地处地震带上，历史上曾发生多次破坏性地震。市区面积82.88平方千米，人口47.99万(2010)。都市区人口290万。属地中海型气候，受加那利寒流影响，冬温多雨，夏凉干燥，多雾。

贝伦塔

公元前为腓尼基人始建。公元前205～公元409年的罗马人统治时期，成为南欧繁华的商埠。8世纪始为摩尔人统治。1147年被葡萄牙人夺取，1256年成为葡萄牙国都。1372～1373年间，被卡斯蒂利亚人围困并遭到焚烧。15～16世纪地理大发现后成为西欧大西洋沿岸与地中海区域间及东西方贸易的枢纽。1755年的大地震使整个城市陷入灾难。19世纪初里斯本处于法国和英国的交替控制之下。全国综合工业中心。重要部门有造船、电子、化学、炼油、冶金、水泥、纺织、玻璃和钻石切割等。葡萄牙最大的港口，也是世界最大的软木输出港。全国最大的交通枢纽，有国际铁路干线。有全国最大的国际机场。也是旅游业和商业中心。

城市呈方格状布局，保留了许多古建筑。具有罗马-哥特式建筑的热罗尼莫斯修道院（又译圣哲罗姆派修道院）和位于特茹河畔高35米的航海纪念塔贝伦塔（建于1515年），1983年作为文化遗产均已列入《世界遗产名录》。城中最高点为圣乔治城堡，城堞巍峨，城顶高耸着圣乔治王子的塑像。城内还有古老的皇宫、广场、修道院等古迹。在特茹河上修建的第一座大桥建于1966年，以当时执政的总理萨拉扎尔命名，后改称4月25日大桥，全长3 018米，是欧洲长悬索铁桥之一。有里斯本大学等多所大学及科学研究机构，还有博物馆、大剧院等。西郊大西洋沿岸有海滨浴场，是葡萄牙著名的旅游区。

里韦拉 Rivera, Diego (1886-12-08～1957-11-25) 墨西哥壁画家。与J.C.奥罗斯科、D.A.西凯罗斯并称“壁画三杰”。生于瓜纳华托，卒于墨西哥城。1896年入圣卡洛斯学院。1907年去欧洲，1922年回国。旅欧期间他热衷于西班牙古典绘画，向往印象派，接触了P.毕加索、G.布拉克、P.克利等现代派画家，并受其影响。1920年在巴黎邂逅西凯罗斯。1922年回国后与西凯罗斯、奥罗斯科等人开展壁画运动，为国立预科学校画壁画《创造》，接着又装饰教育部大厅。1926～1927年为国立农业大学作壁画，标志着他创作的新境界，其中表现了西班牙人的掠夺、革命战争中的伤亡等情景。1930～1934年应聘去美国，为大学和银行制作壁画。1933年为洛克菲勒中心绘制的大壁画，因其中画了列宁和托洛茨基头像而遭捣毁。1934年回国开始为艺术宫作画。1935年绘制大型壁画，表现墨西哥的历史，通过描绘斗争、征伐、革命、独立，表现他对社会变革的思想。1948年为普拉多大饭店画壁画《星期日下午中央林荫道的梦》，并在壁画正中题“上帝不存在”这几个

《运花者》

字，批判对大主教的盲目信仰。里韦拉重视印第安文化传统，把土著艺术的风格融合到自己的艺术中，同时还受立体主义的影响，创作了平易明快、逼真动人的壁画。

里韦拉 Rivera, José Eustasio (1889-02-19～1928-12-09) 哥伦比亚诗人、小说家。生于内依瓦，卒于美国纽约。先后获硕士及法学博士学位，作为律师参与在外国石油公司工作的工人状况调查。曾担任高等师范学校教师、督学和政府职务。1921年发表一部包括168首十四行诗的诗集《希望之乡》。长篇小说《旋涡》(1924)分为《草原》、《林莽》和《旋涡》三部分。

小说写诗人柯瓦和爱丽西亚为争取婚姻自由逃离波哥大后失散，柯瓦为寻找情人进入原始森林，目睹了橡胶工人所遭受的残酷的剥削和压迫，与他们共同向邪恶势力、向大自然抗争。后来他虽然找到了爱丽西亚，但是他们仍没有逃脱死亡的命运。小说深刻的社会内容以及新颖的写作技巧，被认为是拉丁美洲文学的一个重要流派“大地小说”的扛鼎之作。

里歇 Richet, Charles Robert (1850-08-26～1935-12-04) 法国生理学家。生于巴黎，卒于巴黎。1876年毕业于巴黎大学医学系，1877年获医学博士学位，1878年获科学博士学位。毕业后在巴黎大学医学院任教，1887年任巴黎大学生理学教授。

1888年里歇证明给动物注射细菌后其体内可产生抗体。又证实被动免疫现象。1890年12月16日他第一次将抗血清注入人体，开创现代血清疗法的先河。发现机体与一种物质接触后，对该物质的敏感性大大增高，称这一现象为过敏反应。因发现和研究过敏反应而获诺贝尔生理学或医学

奖。主要著作有《心理学论文集》、《生理学辞典》、《过敏反应》等。

里耶古城 Liye 中国战国中晚期至秦代城市。位于湖南省龙山县里耶镇西水河边。始建于战国中晚期。是楚人为了加强湘西边陲的防御而建。秦朝统一后，这座城池作为洞庭郡下辖的迁陵县治所被继续沿用，后毁于秦末农民战争。可能在汉初，在废墟上第二次筑城。里耶古城首次发掘于2002年，同年被国务院公布为全国重点文物保护单位。古城平面呈长方形，城墙经夯筑而成，南、西、北三面有护城壕环绕。城址南北长210.4米，东西残宽103～107米。古城最重要的发现为深14.3米、井圈方形的一号井及井内出土的37 000余枚秦代木质简牍，它们是秦王政二十五年至秦二世二年（前222～前208）洞庭郡迁陵县政府档案，涉及当时社会各个层面。里耶秦简的大量出土，印证、补充了原本十分匮乏的秦代史料，对于研究秦代历史具有重要意义，是秦代考古继秦始皇陵兵马俑之后的又一重大发现。简牍之外，文字材料还有笥牌、封泥匣、封泥等。

里耶卡 Rijeka 克罗地亚最大的港口城市，也是地中海沿岸主要港口城市之一。位于亚得里亚海北部克瓦内尔湾北岸。人口14.38万（2001）。公元3世纪罗马人在此设居民点，15世纪起先后受奥地利、匈牙利、意大利等国统治，1947年归南斯拉夫。1991年属独立的克罗地亚。港阔水深，年吞吐量约2 000万吨。有铁路、公路通往萨格勒布、的里雅斯特（意）等地，是地中海通往中欧最近的通道。主要工业有造船、炼油、石油加工、造纸、食品等。输油管道通达匈牙利、捷克等国。城市外貌体现典型意大利风格。市内有许多巴罗克式建筑，保留13世纪城堡、14世纪教堂等古迹。设有里耶卡大学。

里约集团 Rio Group 拉丁美洲地区性组织。1986年12月17～18日，孔塔多拉集团四成员国（墨西哥、哥伦比亚、巴拿马和委内瑞拉）和利马集团四成员国（阿根廷、巴西、秘鲁和乌拉圭）的八国外长在巴西里约热内卢举行会议，决定建立政治磋商和协商常设机构，被称为八国集团。1990年3月，外长会议决定八国集团易名为里约集团。其宗旨是就利马地区的政治、经济、社会等重大问题进行磋商，协调彼此立场，并决定采取相应的行动，以促进拉美政治、经济及一体化事业的发展。成员国后增加到19个，目前已增加到22个。集团最高级别的政治磋商会议是首脑会议，每年举行一次，轮流在各成员国举行。到2010年已举行了23次。自1990年起，中国和里约集团每年都定期举行对话，到2007年已举行了17次对话。

里约热内卢 Rio de Janeiro 巴西第二大城市和经济、文化中心，全国最大的进口港。位于巴西东南部瓜纳巴拉湾西岸，南临大西洋。市区面积1 255平方千米，市区人口约614万（2006）；包括14个郊区市在内的大里约热内卢面积5 384平方千米，人口1 157万（2005）。

里约热内卢马拉卡纳体育场

城市背山面海，市域内有山脉、丘陵、平原、海滩、沼泽、潟湖和岛屿，地势崎岖不平。曾为巴西首都。年平均气温23℃，平均年降水量1 100毫米。是巴西仅次于圣保罗的经济中心，以第三产业为主。拥有规模颇大的印刷、纺织、服装、食品、冶金、汽车、造船、机械、石油加工、化学、家具等工业部门，其中印刷业和服装业在全国占有主导地位。南美著名的旅游胜地。旅游业是其经济的支柱之一。海滩风光迷人，旅游设施完备，每年2月举行三天三夜的“狂欢节”，吸引着大批国内外游客。全国最重要的交通中心，有铁路和公路通圣保罗、桑托斯、贝洛奥里藏特、巴西利亚以及东北部的萨尔瓦多等大城市。市区有3个机场，其中加利昂国际机场是世界上设备最先进的机场之一。是世界著名的天然深水良港，能停泊巨型海轮，年吞吐量达3 500万吨以上，进口占全国1/4，出口占全国1/5（次于桑托斯）。市内交通发达，地下铁道连通格洛里亚、蒂茹卡和博塔福古。全国主要文化中心，有里约热内卢联邦大学（1920）等高等学府和许多科研机构、图书馆。拥有世界最大的马拉卡纳体育场和全国最大的公园、动物园、植物园等。

俚语 slang 常带有方言特点和粗俗性的词语。任何国家的语言中都有俚语，而且社会各阶层都使用某些俚语。俚语的使用、普及和可接受程度都是可以变化的，某一时期的俚语也可能在其后的时代变成规范词语。《新五代史·王彦章传》：“彦章武人，不知书，常为俚语谓人曰：‘豹死留皮，人死留名。’”

理 中国古代哲学的重要范畴。本义为治玉，引申为治理。作为哲学概念出现于战国时期。《管子·心术》说：“理也者，明分以谕义之意也。”孟子以理为人心所具有的道德观念，“心之所同然者何也？谓理也，义也”。韩非明确提出“理者，成物之文也”，理指事物的纹理、条理、法则。北宋以后，理成为程朱理学的最高哲学范畴。程颢、程颐认为理是“形而上者”，是事物之“所以然者”，万事万物都是从理派生出来的。朱熹进一步发展了二程的思想，提出“宇宙之间，一理而已”，“未有天地之先，毕竟也只是理，有此理，便有此天地”，理是超越天地万物而永恒存在的本体，是产生万物的根源。在这里，理实际上是被绝对化了的伦理纲常。后来的一些气学论者把理解释成气所固有的客观规律。王夫之认为理是“物之固然，事之所以然也”。戴震在此基础上提出“分理”的思想，以理为标志事物互相区别的本质属性。

理查逊 Richardson, Samuel（1689-07-31～1761-07-04） 英国小说家。生于德比麦克沃斯，卒于帕森斯格林。16岁给出版商当学徒。1721年自行开办印刷厂。除经营出版业外，也从事写作。代表作《帕米拉，又名美德受到了奖赏》（1740～1741）是一个女仆拒绝男主人求爱而最后又嫁给男主人的故事。小说继承了现实主义小说传统，同时又注重描写人物感情，分析心理活动，具有感伤主义特色。第二部小说《克拉丽莎，又名一位青年妇女的故事》（1747～1748）和第三部小说《查尔斯·葛兰底森爵士》（1753），也都以青年男女的爱情生活为主要内容。三部作品都采用了书信体和第一人称的叙述形式，心理描写细腻动人。

理查兹 Richards, Dickinson Woodruff（1895-10-30～1973-02-23） 美国心脏病学家。生于美国新泽西州奥兰治，卒于康涅狄格州累克维尔。1917年获耶鲁大学文学学士学位，1923年获哥伦比亚大学医学博士学位。1928年在哥伦比亚内外科医师学院进行研究。1945～1961年任贝尔维尤医院第一分院院长，1947～1961年兼哥伦比

亚大学兰伯尔特医学讲座教授。美国国家科学院院士。

1940年起与A.F.库尔南合作改进W.福斯曼的心脏导管插入术，并首先成功地将其应用于创伤性休克的血液动力研究，又推广到先天性心脏病的诊断。1956年获诺贝尔生理学或医学奖。代表作是与A.P.菲什曼合著的《血液循环》。

理查兹 Richards, Theodore William (1868-01-31～1928-04-02) 美国物理化学家。生于宾夕法尼亚州日耳曼敦，卒于马萨诸塞州剑桥。1882年入哈弗福德学院，先学天文学，后改学化学。1885年毕业后入哈佛大学深造，1888年获博士学位。后获哈佛大学的旅行奖学金，到过欧洲一些大学访问，接触到V.迈尔和**瑞利**等著名化学家。1889年回国，任哈佛大学助教，同时进行原子量的测定工作。1894年升为讲师，1901年任化学教授。1907年任柏林大学教授。1912年任吉布斯实验室主任。美国国家科学院和法国科学院院士。曾两次当选为美国化学会会长。

他改进了重量法测定原子量的技术，发明了浊度计，引用了石英仪器等。他首先测定了氧的原子量，然后重新测定了铜、钡、锶、钙、锌、镁、镍、钴、铁、银及碳和氮的原子量。测得由铀衰变生成的铅的原子量是206.08，从钍衰变而来的铅的原子量是208，普通的铅的原子量是207.2。这为**同位素**的存在提供了一方面的证据，并进一步证实了放射性衰变理论。因精确测定大量化学元素的原子量而获1914年诺贝尔化学奖。还曾获戴维奖章、法拉第奖章、吉布斯奖章、富兰克林奖章。

理藩院 Court of Colonial Affairs 中国清代管理蒙古、回、藏等少数民族事务的中央机构。清于崇德元年（1636）设蒙古衙门；三年六月改称理藩院，属礼部。顺治元年（1644），改置尚书、侍郎；十八年定官制同六部，理藩院尚书亦入议政之列。咸丰十年十二月（1861年1月）成立总理各国事务衙门以前，兼办对俄外交事务。光绪三十三年（1907）九月，改为理藩部，清亡遂废。理藩院初掌蒙古事，随着清廷全国政权的建立，更为总管蒙古、西藏、新疆等各少数民族地区事务的中央机构。清统治者通过理藩院实施对各少数民族地区的统治，加强与他们的联系。康熙年间，修订《理藩院则例》，用法规固定了对少数民族地区统治的各项措施。以后又四次校修。理藩院六司分掌爵禄、朝贡、定界、官制、兵刑、户口、耕牧、赋税、驿站、贸易、宗教等政令。理藩院所辖，先后尚有内馆、外馆、蒙古学、唐古特学、托忒学、俄罗斯学，木兰围场、喇嘛印务处，则例馆等机构。此外还派司员，笔帖式等常驻少数民族地方，处理特定事务，定期轮换。

理论地理学 theoretical geography 对地理学各分支理论和**地球表层**一般规律进行总结、概括的学科。是现代地理学三大基础支柱（理论地理学、**应用地理学**、**实验地理学**）之一。1962年，美国地理学家W.邦吉出版《理论地理学》，是第一本理论地理学作品。

理论地理学的研究对象是地球表层自然因素和人文因素相互作用产生的各种地理现象、地理事实的普遍性规律。主要研究以下内容。①空间结构和空间行为，包括空间尺度、区位论、空间尺度关联、空间行为。②地理过程，包括物理过程、化学过程、生态过程、人文过程。③时空耦合，研究不同“时间断面”上空间结构的联系，研究在不同空间结构背景下的地理过程。④人地关系，包括环境及其变化对人类活动和社会发展的影响，人类对环境的利用和影响，人类对环境变化的感知和响应。⑤区域系统综合，包括区域综合、区域关系。

理论力学 theoretical mechanics 研究物体机械运动基本规律的学科。**力学**分支。它是**一般力学**各分支学科的基础。理论力学通常分为三个部分：**静力学**、**运动学**与**动力学**。静力学研究作用于物体上的力系的简化理论及力系平衡条件；运动学只从几何角度研究物体机械运动特性而不涉及物体的受力；动力学则研究物体机械运动与受力的关系。动力学是理论力学的核心内容。理论力学的研究方法是从一些由经验或实验归纳出的反映客观规律的基本公理或定律出发，经过数学演绎得出物体机械运动在一般情况下的规律及具体问题中的特征。理论力学中的物体主要指**质点**、**刚体**及刚体系，当物体的变形不能忽略时，则成为变形体力学（如**材料力学**、**弹性力学**等）的讨论对象。

在中国，“理论力学”这一学科名词的特定含义是20世纪50年代由苏联引入的；在欧美国家，相应内容的学科则称为静力学与动力学，是工程力学的主要部分。

理念 idea 一种理想的、永恒的、精神性的普遍范型。该词源于古希腊文，原意为形象。西方哲学家曾从不同的角度加以使用。或指思想的理念，或指客观的理念。**柏拉图**认为理念是一种离开具体事物而独立存在的精神实体。中世纪**经院哲学**称理念为共相。I.**康德**将一些超越经验的概念称为理性的理念，必须设定的理想。G.W.F.**黑格尔**称之为一种客观的理性或精神。

理气 regulating qi-flowing method 中医临床运用调理气机的药物治疗**气滞证**和**气逆证**的治法。体现中医治法中的**消法**。理气法具有调理气机，恢复脏腑正常功能的作用。气的运行失常所致的病证常见的有气滞证和气逆证。气滞证常见胸胁胀满，胁肋疼痛，妇女月经不调、痛经，疝气腹痛或脘腹胀满疼痛，呕恶食少，腹鸣腹痛等症；气逆证常见咳喘，恶心呕吐，嗳气，呃逆等。气滞宜疏，气逆宜降，故理气又分为行气和降气。

理气剂 carminative formula; qi regulated formula 以辛温香窜的理气药为主要组成，具有疏畅气机，调整脏腑功能等作用，用于治疗气滞证的一类中医方剂。主要治疗肝胆、脾胃气滞所致胸胁胀痛、脘腹胀满、嗳气吞酸、恶心食少、大便失常，或疝气痛、月经不调、痛经，以及胃气上逆、呕吐、呃逆、肺气上逆之咳喘等证。根据作用不同，理气剂可分为行气剂、降气剂。理气剂多辛温香燥，易伤津耗气，勿使过剂，孕妇慎用。

《理想国》 *Republic* **柏拉图**的著作。又译《共和国》、《国家篇》。副标题为《国家或正义论》。大约写作于公元前386年柏拉图开办学园时。该书从**正义**这一概念出发，系统论述了理想国的一般性质，采用对话体写成。全书共10卷，大致可分为四大部分。

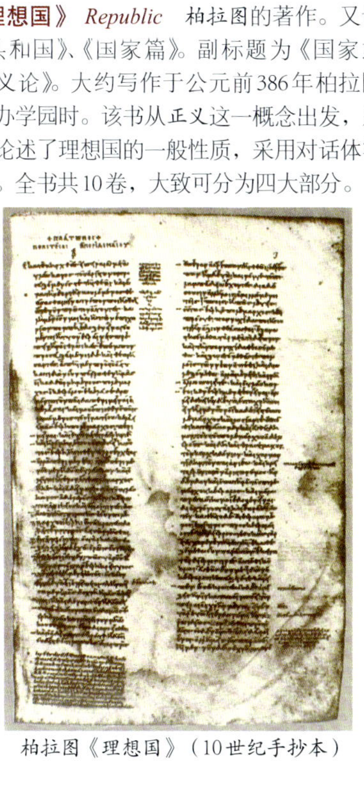

柏拉图《理想国》（10世纪手抄本）

主要内容包括：①讨论什么是正义以及什么是正义的国家（即理想国）。柏拉图从国家起源于劳动分工的观点出发，把公民按先天禀赋的优劣分为治国者、武士、劳动者3个等级。当3个等级各尽其职，各安其位时，国家便达到了正义的境界。②描述理想国的图景。在理想国中，最高统治者由通晓理念论的哲学家担任；治国者和武士两个等级实行公产、公妻制，以消除统治者的私欲；还有一套完备的教育制度，对公民逐步进行音乐、体育、数学到最高的哲学的终身教育。③讨论了理想国堕落为4种现实政体的演进过程。理想政体因3个等级的婚配不善发生混杂，引起争斗，堕落为军人政体；军人政体财富聚于少数人手中，使寡头政体出现；贫富矛盾发展到一定程度，民众就会起来革命要求分享财富和权力，产生民主政体；民主政体发展到极端又为僭主政体所取代。④讨论了荷马等人诗歌的弊端，同时进一步发挥作者的理念论。最后，柏拉图提出灵魂不灭和来世报应的观点以劝诫人们多行正义。《理想国》在政治思想史上占有重要的地位。它是西方第一部集中论述政治问题的著作。书中许多观点及所采用的从抽象原则出发，运用推理研究国家本源的方法，对后世产生了深远影响，对理想国家的描述开西方历史乌托邦思想的先河。

理想流体 ideal fluid 忽略黏性效应的流体。为分析流体流动而建立的一种流体的简化模型。理想流体忽略了流动过程中的热传导，不考虑因黏滞性引起的流体在同其接触的物体表面的附着，也忽略流体的内摩擦。因此，理想流体在流动时不承受剪切应力。此处“理想”一词在流体力学中是指没有黏性之意。为了区别理想气体中的“理想”，现在已普遍采用更确切的表述，即无黏流体。采用理想流体模型可使对流体流动问题的研究得到简化，且又不失流动的主要特性，还能相当准确地反映客观实际的流动。

理想气体 ideal gas 研究气体性质的一个物理模型。从微观上看，理想气体的分子有质量，无体积，是质点；每个分子在气体中的运动是独立的，与其他分子无相互作用，碰到容器器壁之前做匀速直线运动；理想气体分子只与器壁发生碰撞，碰撞过程中气体分子在单位时间里施加于器壁单位面积冲量的统计平均值，宏观上表现为气体的压强。

从宏观上看，理想气体是一种无限稀薄的气体，它遵从理想气体状态方程和焦耳内能定律。

理想气体状态方程 equation of state of ideal gas 描述理想气体状态变化规律的方程。质量为M的理想气体，其状态参量压强p、体积V和绝对温度T之间的函数关系为：

$$pV=\frac{M}{\mu}RT=nRT$$

式中μ和n分别是理想气体的摩尔质量和摩尔数；R是气体常量。对于混合理想气体，其压强p是各组成部分的分压强p_1、p_2……之和，故：

$$pV=(p_1+p_2+\cdots)V=(n_1+n_2+\cdots)RT$$

式中n_1、n_2……是各组成部分的摩尔数。

以上两式可由理想气体严格遵循的气体实验定律得出，也可由气体动理论导出。在压强为几个大气压以下时，各种实际气体近似遵循理想气体状态方程，压强越低，符合越好，在压强趋于零的极限下，严格遵循。

理想溶液 ideal solution 溶液中的任一组分在全部浓度范围内都遵守拉乌尔定律的溶液。又称理想液体混合物。一些分子结构与性质相近的液体混合而成的溶液具有（或近似具有）理想溶液的特征，如水与重水、四氯化碳与四氯化硅、左旋樟脑与右旋樟脑、苯与甲苯等。当两种或两种以上的液体在等温等压条件下混合，形成理想溶液时，混合前后既不发生体积变化，也没有热效应。

理性电影 rational film S.M.爱森斯坦在1927年拍摄影片《十月》时使用的一个术语。关于理性电影的观念，在他1923年发表的《杂耍蒙太奇》一文中就已萌芽。他认为，在革命的新时代，应当加强艺术的认识功能和参与生活的能力，使它成为影响人们的思想意识和吸引人们参加革命活动的媒介。他在1929年发表的《前景》一文中提出，应当用理性电影消除“逻辑语言”同“形象语言”的分离状态，用辩证的电影语言和电影隐喻将它们综合起来。不久，他又在《在单镜头画面之外》(1929)一文中，为“单镜头画面符号”的原理和“理性蒙太奇”细胞的理论奠定了基础，并详细论述了两个镜头之和会产生新的概念的观点。理性电影理论对20世纪20年代苏联的电影创作，如对V.I.普多夫金的《母亲》(1926)、《圣彼得堡的末日》(1927)、A.P.杜甫仁科的《兵工厂》(1929)等都有所影响。这一理论从20年代起一直存在争议，但直至今天仍然受到世界电影理论家们的重视。

理性情绪疗法 rational-emotion therapy A.埃利斯20世纪90年代开始创立的认知治疗学派的疗法之一。又译合理情绪疗法或理性情绪行为疗法。适用于对各种情绪障碍、家庭婚姻方面及人际关系方面问题的咨询与治疗。

理性情绪疗法的基本理论为ABC理论。A指诱发性事件；B指个体在遇到诱发性事件之后产生的信念，即他对这一事件的看法、解释；C指在特定的情境下个体对事件的情绪及行为反应的结果。ABC理论认为，诱发性事件A只是引起个体情绪及行为反应的间接原因，而B，即经历了这一事件的个体对事件的看法和解释，才是引起人的情绪及行为反应C的直接起因。理性情绪疗法认为，情绪障碍是由人的非理性信念造成的，因此，要帮助来访者以合理的思维方式代替不合理的思维方式，最大限度地减少非理性信念的影响，以改变认知为主来减少以至消除个体的情绪障碍。

理性情绪疗法在治疗过程中广泛应用认知为主的治疗方法，也采用大量的行为治疗方法。

理性人 rational man 在经济研究中假设的、一定条件下具有典型理性行为的经济活动主体。既可以是消费者、厂商，又可以是从事任何经济活动的人。又称经济人。

理性认识 rational cognition 认识过程的高级阶段和高级形式，是人们凭借抽象思维把握到的关于事物的本质、内部联系的认识。理性认识以抽象性、间接性、普遍性为特征，以事物的本质、规律为对象和内容。

理性预期学派 rational expectation school 20世纪70年代在美国形成的一个宏观经济学流派。又称新古典宏观经济学。70年代以后美国经济出现严重通货膨胀和经济停滞并存的滞胀，引发了凯恩斯主义的危机，理性预期理论在这种背景下出现。这一流派的宗旨在于论证任何形式的政府干预都是无效的，主张恢复经济自由主义传统，让市场机制充分发挥自动调节作用，以实现经济稳定增长，保障充分就业。理性预期假说早在1961年即由J.F.穆思提出，但未引起注意，70年代后逐渐被R.E.卢卡斯、T.J.萨金特、N.华莱士和R.J.巴罗等人所发挥，遂形成了一个几与“凯恩斯革命”相提并论的“理性预期革命”。这一学派认为人是有理性的，他们会根据自己所得到的信息，对未来作出合乎实际和相关理论的预测，而且从总体上说人们的预期不会犯系统的错误。他们据此指出，实行凯恩斯主义扩张性财政政策或货币政策以扩大就业，只能在短期内奏效，因为就业率超过自然就业率，必然使实际通货膨胀率超过预期通货膨胀率，这样一来，又会促使厂商调整对未来生产的预期，从而使生产和就业率又回到自然率水平，这表明扩张性政策终于无效。他们还相信，如无特殊的干扰，市场可以连续出清，从而实现市场持续均衡。根据理性预期理论，政府应放弃实行相机抉择的财政金融政策，应把财政政策和金融政策的目标放在防止和减少通货膨胀，而不是失业上，把最理想的物价水平作为其唯一的政策目标。

理学 Neo-Confucianism 中国宋元明清时期的哲学思潮。又称道学。它产生于北宋，盛行于南宋与元、明时代，清中期以后逐渐衰落，但其影响一直延续到近代。广义的理学，泛指以讨论天道性命问题为中心的整个哲学思潮，包括各种不同学派；狭义的理学，专指程颢、程颐、朱熹为代表的、以理为最高范畴的学说，即程朱理学。理学是北宋以后社会经济政治发展的理论表现，是中国古代哲学长期发展的结果，特别是批判佛、道哲学的直接产物。理学在中国哲学史上占有特别重要的地位，它持续时间很长，社会影响很大，讨论的问题也十分广泛。

研究内容 概括说来，理学讨论的问题主要有：①本体论问题，即世界的本原问题。在这个问题上，理学家虽然有不同的回答，但都否认人格神和彼岸世界的存在。张载提出气本论哲学，认为太虚之气是万物的本原。二程建立"天即理"的理本论哲学，认为观念性的理是世界的本原。朱熹提出理为"本"，气为"具"的学说。陆九渊、王守仁以心为本原，认为"心即理也"。②心性论问题，即人性的来源和心、性、情的关系问题。张载提出天地之性与气质之性和心统性情的学说，认为天地之性来源于太虚之气。程颢提出了心即天以及性无内外的命题，把心、性、天统一起来。程颐则提出性即理的命题，把性说成形而上之理。朱熹认为心之本体即是性，是未发之中；心之作用便是情，是已发之和；性和情是体用关系，而心是"主宰"。陆九渊认为，心即是性，即是理。王守仁提出心之本体即是性，即是至善。③认识论问题，即认识的来源和认识方法问题。张载首先提出"见闻之知"与"德性之知"两种知识，并提倡穷理尽性之学，成为理学家共同讨论的问题。二程提出格物致知的认识学说；朱熹提出"即物穷理"的系统方法；陆九渊强调"反观"；王守仁则提出致良知说，认为格物致知就是致吾心之良知于事事物物，从而完成由内向外的认识路线。

理学流派 理学流派纷纭复杂，北宋中期有周敦颐的濂学、邵雍的象数学、张载的关学、二程的洛学、司马光的朔学，南宋时有朱熹的闽学、陆九渊兄弟的江西之学，明中期则有王守仁的阴阳学等等。尽管这些学派具有不同的理论体系和特点，但按其基本观点和影响来分，主要有三大派别，即张载为代表的气一元论哲学；二程、朱熹为代表的理一元论哲学；陆九渊、王守仁为代表的心一元论哲学。

历史地位和影响 理学作为儒、释、道三教长期冲突融合的结晶和道德形而上学的重建，是宋明时期的哲学理论形态，也是中国哲学史上非常重要的一个新发展阶段，理学家对形而上学等哲学问题的思考与探讨，大大深化了中国古代的理论思维水平，成为中国古代哲学发展的顶峰，可谓是理论思维的一次飞跃。理学一方面作为中国古代社会后期官方的意识形态，对中央集权的中国古代宗法社会的统治起了稳定和维护作用；另一方面，理学中关于"气"的系统学说，关于"一物两体"、"物皆有对"等的辩证法思想，具有合理的价值，特别是心学一系的理学家强调道德主体的价值和个体的自觉，对后世思想家起着一定的思想解放和早期启蒙的作用。理学还传播和影响到东南亚各国，尤其是韩国、日本和越南三国，分别形成了源自中国而又结合其本国实际的气学派、朱子学派和阳明学派。

理血 managing disorder of blood system 中医临床用于治疗由于血液运行异常所致的血瘀证和出血证的治法。气虚、跌仆损伤、寒热邪气等均可使血液的运行发生异常而形成血瘀证或出血证。血瘀证是由于血液运行不畅、瘀滞或体内离经之血未能消散而引起的病证。临床常见胸胁疼痛，瘀积包块，外伤瘀肿，妇女痛经、经闭、产后恶露不行等证。出血证是由于血液溢出血脉之外而引起的病证。常见的有吐血、咳血、衄血、便血、尿血、妇女崩漏等。血瘀证治疗宜用活血化瘀法，出血证治疗宜用止血法。治疗血瘀证和出血证，须探致病原因，审因论治，理血法常与补气、清热、温经散寒等治法配合使用。

理一分殊 principle is one but its manifestations are many 中国宋明理学中论述一理与万物关系的重要命题。北宋理学家程颐在吸纳唐代华严宗的"一即一切，一切即一"思想和禅宗的"月印万川"观念的基础上，概括、发挥张载《西铭》思想时提出了"理一分殊"命题。程颐的弟子及再传弟子都很重视"理一分殊"，但没有从本体论角度进行系统阐发。朱熹接受程颐等人的观点，并融合佛教的思想，将理一分殊作为其理本论哲学的重要命题。朱熹从理论角度指出，总合天地万物之理，只是一个理，分开来，每个事物都各自有一个理，然而千差万殊的事物都是那个理一的体现。朱熹将一般概念性的理，安置到每一具体事物之中，实际上是把观念的东西当作事物的根源。明代的罗钦顺改造了朱熹的理一分殊说，以理为气之理。认为理便是一气变化的理，因其唯一，所以称理一；在其成形之后，其分则殊，便是分殊。理一存在于分殊之中。明末清初的王夫之批判了朱熹理一分殊说的逻辑矛盾，并将朱熹学说中的理气关系颠倒过来，从本末、大小方面重新论述了理一分殊。

锂 lithium 化学元素，元素符号Li，原子序数3，原子量6.941，属周期系IA族，碱金属。最轻的金属元素。元素的英文名来源于希腊文lithos(石头)。1817年瑞典J.A.阿弗韦聪在分析透锂长石矿时发现。1818年英国H.戴维电解碳酸锂制得金属锂。锂在地壳中的含量为$2.0\times10^{-3}\%$，分布很广，但量都很少，如海水中约含$0.17\times10^{-4}\%$，已经发现的含锂矿物约145种，可作生产原料的只有锂辉石$LiAlSi_2O_6$、锂云母$K(Li,Al)_3[(Si,Al)_4O_{10}](F,OH)_2$和透锂长石$LiAlSi_4O_{10}$等。天然锂由锂－6(7.59%)和锂－7(92.41%)两种稳定同位素组成。

锂是银白色金属，比较软，可用小刀切割。密度0.534克/厘米^3，莫氏硬度0.6，熔点180.50℃，沸点1 342℃。氧化态+1。锂较活泼，室温下与空气中氧、氮、水汽等发生反应，必须保存于固态石蜡中或密封于充有氩气的铁皮筒中。锂的化学性质与周期表对角位置的镁更相似。与其他碱金属元素不同的是：锂在室温下与水反应较缓慢；在常温下或加热下能与氮直接反应生成氮化锂（其他碱金属要在高温、放电下反应）；在过量氧气中受热反应生成氧化锂（其他碱金属生成过氧化物或超氧化物）；在碱金属氯化物中，只有氯化锂具有共价性，可溶于有机溶剂，受热水解。锂的弱酸盐如氟化锂、碳酸锂、磷酸锂都难溶于水。锂的挥发性盐的火焰呈深红色，可用以定性检出锂。重要化合物有氧化锂、碳酸锂、氢氧化锂、氢化锂、氢化铝锂等。

金属锂由电解熔融的氯化锂和氯化钾低共熔混合物制备。锂的电化当量高，用作锂电池电极。在冶金工业中锂用作脱氧剂。氢化锂是最轻便的可携带氢源。锂－6受热中子照射时产生氚，可用于核武器，也可作核聚变堆的核燃料。锂还用于制造多种合金、药物、试剂等。

鲤 *Cyprinus carpio*; carp 鲤形目鲤科鲤属的一种。又称鲤子、鲤拐子。为中型淡水经济鱼类。鲤起源于东亚，现广泛分布于亚洲和欧洲。是中国分布最广、养殖最早的鱼类。

体延长，略侧扁，腹部圆，头后背部稍隆起。口下位，须两对。侧线鳞35～40。背鳍基部长，具分枝鳍条20枚左右；臀鳍基部短。鳔两室。体背灰黑色，体侧金黄色，腹部白色，背鳍、尾鳍基部微黑，臀鳍与尾鳍下叶橙红色。喜栖息于泥底的水草丛中，能适应各种不良环境。杂食性，主要摄食底栖无脊椎动物。人工养殖时，摄食糠麸、豆饼等人工饲料。一般春季产卵，生殖季节是4～6月。卵橙黄色，具黏性。

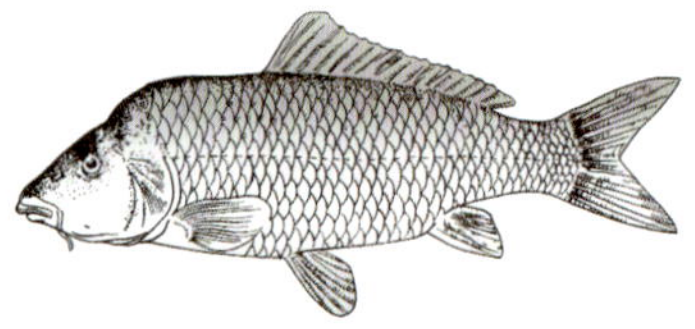

产卵时须具备能使受精卵附着发育的水生植物或鱼巢。鲤生长速度快，一般1龄鱼体重为0.5～0.75千克，2龄鱼可达2千克，最大个体可重达18千克左右。

鲤脂多味美，大部分供鲜销，其余制罐头或制咸干品。具有不规则五彩斑纹的花鲤和红黄色深浅不一的色鲤以及日本锦鲤，通常被放养供游人观赏。鲤在民间视为吉祥物，佛教则常将其作为放生物。

鲤形目 Cypriniformes; carplike fishes 硬骨鱼纲辐鳍鱼亚纲一目。现生淡水鱼类中最大的一目。有6科256属2 422种。主要分布于亚洲东南部，其次为北美洲、非洲及欧洲。中国约有156属563种。体前端4、5椎骨已特化与内耳联系，成为韦伯氏器；口常能伸缩，无齿；头无鳞；无脂背鳍（少数鳅科鱼类例外）；下咽骨镰刀状且有齿1～4行（双孔鲤科无齿；鳃膜条骨3；左右顶骨互连；有肌隔骨刺即肌间骨）；有或无圆鳞；须有或无；终生不入海（仅雅罗鱼属有2种海边越冬索食）。

鲤形目鱼类适应性很强：有耐非洲及东南亚热带高水温的鲃亚科鱼类，也有耐西伯利亚严寒的鉤属、鮠属等；既有平原鱼类，又有能适应海拔高程5 200米高寒山区的高原鳅属；有大型平原上层水域的鲢、鳙、鳡鱼等，也有体最长仅25毫米的小似鮈；有鳡等大型凶猛肉食性鱼类，也有大型食浮游植物的鲢、食草的草鱼及食固着藻类的齐口裂腹鱼等。

澧水 Lishui River 中国湖南省西北部河流。源于桑植县北部的杉木界，东流至津市小渡口入**洞庭湖**。干流全长388千米，流域面积1.84万平方千米。主要支流有绿水、溇水、溇水、道水等。桑植以上为上游。桑植至石门为中游。石门至小渡口为下游，地势低平，自新安市至澧县全为冲积平原，常年可通100～200吨级驳轮。澧水流域与长江三峡、清江处于同一暴雨区，易与长江分流入松滋河的洪水相遇，造成下游洪灾。枯水期长。水位变幅10～15米，具山溪性河流特色。水能蕴藏量205.13万千瓦。澧水流域内矿产以磷、煤、铁、盐为主，铜、铅、锌、硫磺、芒硝等亦具一定储量。森林蓄积量596万立方米。**张家界国家森林公园**即在张家界市、桑植县、慈利县交界处。

醴陵瓷 Liling porcelain 中国湖南省醴陵市生产的瓷器。创始于清雍正年间。1906年清政府官员熊希龄经奏请政府批准在醴陵创立官办湖南醴陵瓷业学堂。又招商集股，成立湖南瓷业公司，发展细瓷生产，创造出具有独特风格的釉下五彩瓷。醴陵瓷以白瓷、釉中彩与釉下彩细瓷见著。工艺精细，瓷质洁白细腻，釉面光润，透光度高，机械强度高，热稳定性好。釉中彩与釉下彩瓷色彩绚丽，清雅明快，无铅、镉溶出。多种产品被选为国家用瓷。

醴陵市 Liling City 中国湖南省辖县级市。位于省境东部，湘江支流渌水中游，东邻江西省。面积2 157平方千米。人口103万(2008)，有汉、回、傣、壮等民族。秦、汉属长沙郡，东汉置醴陵县。隋废入长沙县。唐复置醴陵县。1985年撤县建县级市。由**株洲市**代管。矿藏有高岭土、煤、金、锰、钨、铅、锌等。农作物有水稻、甘薯、油菜、花生、玉米、高粱、辣椒等。还有油茶、茶叶、柑橘和松、杉、楠竹等。工业有轻工、食品、建材、机械、电子、陶瓷、采矿、化工等，以生产高频瓷、理化瓷等著称。名胜古迹有西山先农坛、东富寺、李立三故居等。

力 force 不同物体或同一物体的不同部分之间的相互作用。前者称物体所受的外力，后者称物体的内力。外力或改变物体的形状，或改变物体的运动状态，或同时改变两者。因此也可认为力是产生物体形变或加速度的原因。由于力是矢量，且研究力使物体变形和转动的作用时仍考虑力的作用点，所以称大小、方向和作用点是力的三要素。自然界只存在4种性质力：强力、弱力、电磁力和引力。强力、弱力只在原子核的范围内起作用，宏观物体间只有后两种力。分子力包括内聚力、附着力、黏性力、摩擦力、弹性力等，本质上都是电磁力；但由于分子间的极化作用，分子力和距离的10^6次或更多次方成反比，稍稍离开作用力就降为零，属于近程力。万有引力和一般的电磁力属于长程力。力的量纲是LMT^{-2}，在国际单位制中，力的单位为牛顿。

力的独立作用原理 principle of physical independence of forces 一质点同时受几个力作用，各力分别产生自己的效果而不互相影响。这是**I.牛顿**作为牛顿第二定律的推理而首先提出的，现被视为静力学的一个基本公理。这几个力合称力系，因此这原理又可表达为力系的总作用是各力的分别作用的叠加，而称为力的叠加原理。如求力系产生的加速度时，可按本原理先求出各力产生的分加速度，然后用矢量加法求出加速度；也可先求出合力，再用合力直接求出加速度。

力化学 mechanochemistry 研究物质受机械力的作用而发生化学或物理化学变化的化学分支学科。物质在机械力的作用下会发生各种物理化学结构和性质的变化，包括晶型转变、结晶度降低、表面性质改变并产生活化作用、化学结构改变、诱发机械力化学反应。力化学研究对象的特殊性使其具有与热化学不同的特点，例如力化学反应与热化学反应常有不同机理，反应速率有时比热化学反应快几个数量级，受温度、压力等外界条件影响小，可建立有别于热化学平衡的力化学平衡等。力化学是一门交叉学科，已在固体材料的改性，新型无机、有机及高分子材料的合成，磁性材料的研制，冶金等领域得到广泛的应用。

力矩 force, moment of 力对物体产生转动作用的物理量。量纲为L^2MT^{-2}，SI单位为N·m。可分为力对轴的矩和力对点的矩。力对轴的矩是力对物体产生绕某一轴转动作用的物理量。它是代数量，其大小等于力在垂直于该轴的平面上的分力同此分力作用线到该轴垂直距离的乘积。力矩的不同转向用正负号表示，按右手螺旋定则确定：四指沿分力方向，且掌心面向转轴而握拳，大拇指方向与该轴正向一致取正号，反之取负号。力对点的矩是力对物体产生绕某一点转动作用的物理量，该点称为矩心。它是矢量，等于力作用点位置矢$\boldsymbol{r}$和力矢$\boldsymbol{F}$的叉积：$\boldsymbol{M}=\boldsymbol{r}\times\boldsymbol{F}$；方向由**右手螺旋定则**确定。力矩$\boldsymbol{M}$在过矩心的直角坐标轴上的投影为$M_x$、$M_y$、$M_z$。可以证明$M_x$、$M_y$、$M_z$就是$\boldsymbol{F}$对$x$、$y$、$z$轴的矩。

力偶 couple 大小相等、方向相反、作用线不在同一直线上的一对力（$\boldsymbol{F}$与$\boldsymbol{F}'$）。力偶对物体产生转动效应。力偶的二力对空间任一点之矩的和是一常矢量，称为力偶矩$\boldsymbol{M}$。一力偶可用与其作用面平行、力偶矩相等的另一力偶代替，而不改变其对刚

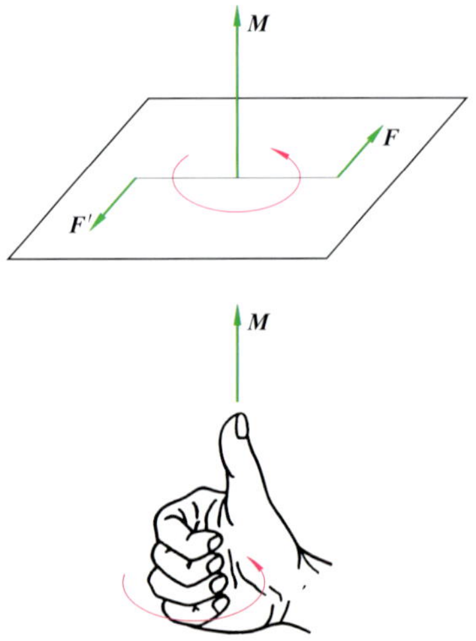

力偶与力偶矩

体的转动效应。力偶矩方向线与力偶作用面垂直并按右手螺旋定则确定其指向（见图）。***M***的大小等于力和力偶臂（力偶的二力线间的垂直距离）的乘积。作用在刚体上的力偶矩是自由矢，可以自由平移。作用在变形体上的力偶矩不能自由平移，否则会产生不同的扭转效应。力偶矩的量纲与力矩的相同。

力群 Li Qun（1912-12-25～ ） 中国版画家、美术评论家。原名郝丽春。生于山西灵石。1931年考入杭州艺术专科学校，学习西画。1933年与曹白等组织木铃木刻研究会，同年参加中国左翼美术家联盟，从事进步美术活动。1935年与江丰等组织上海木刻工作者协会。抗日战争爆发后，到安徽省做抗战宣传工作，并主编木刻刊物《铁军》。1938年，与马达等组织中华全国木刻界抗敌协会，并出版《中国木刻选集》。1942年参加延安文艺座谈会。在延安期间创作木刻《饮》、《伐木》、《丰衣足食图》等。抗战胜利后，任晋绥边区文联美术部部长、《晋绥人民画报》主编，并创作木刻《送马》、《王贵与李香香》插图等。早期

《饮》（中国美术馆藏）

作品风格粗犷，以黑白为主，技法上较多受外国版画的影响。40年代后汲取了民间、民族美术的营养，简洁明快，富于抒情性，在中国现代版画中独树一帜。

1949年以后，力群先后被选为中国文联委员，全国美术工作者协会常务理事。1953年调任人民美术出版社副总编辑。1955年调中国美术家协会任书记处书记和《美术》副主编。1956年任《版画》主编。1977年任山西省文联副主席。1980年当选为中国版画家协会副主席并任复刊后的《版画》主编。

先后出版有《木刻讲座》、《访问苏联画家》、《力群美术论文选集》、《梅花香自苦寒来》等。

力系 force system 作用在物体或系统上的一群力。当诸力作用线在同一平面时，称为平面力系；作用线不在同一平面，称为空间力系；作用线汇交于一点，称为汇交力系；作用线互相平行称为平行力系；作用线既不汇交也不平行，称为任意力系。两力系对刚体的作用相同时称为等效力系。当受力作用的刚体平衡时，力系称为平衡力系。作用在质点系上的力系根据力的来源可分为外力系与内力系，作用于非自由质点系上的力系也可分为约束力系与主动力系。单个力与力偶是最基本的两种力系。任意力系可通过力系的简化理论简化成四种情况：单个力（称为力系的合力）、力偶、由一个力和一个力偶组成的力螺旋以及平衡力系。

力学 mechanics 研究物质机械运动规律的科学。自然界物质有宇观、宏观、细观与微观等多种层次。通常理解的力学以研究天然的或人工的宏观对象为主；但由于学科的互相渗透，有时也涉及宇观或细观甚至微观各层次中的对象以及有关的规律。机械运动亦即力学运动是物质在时间、空间中的位置变化，包括移动、转动、流动、变形、振动、波动、扩散等，而平衡或静止，则是其中的一种特殊情况。机械运动是物质运动的最基本的形式。物质运动的其他形式还有热运动、电磁运动、原子及其内部的运动和化学运动等。机械运动常与其他运动形式共同存在，只是在研究力学问题时只突出地考虑机械运动这种形式；如果其他运动形式对机械运动有较大影响，或者需要考虑它们之间的相互作用，便会在力学同其他学科之间形成交叉学科或边缘学科。力是物质间的一种相互作用，机械运动状态的变化是由这种相互作用引起的。静止和运动状态不变，都意味着各作用力在某种意义上的平衡。力学，可以说是力和（机械）运动的科学。“力学”一词译自英语mechanics（源于希腊语μηχαγη——机械）。mechanics在19世纪50年代作为学科名词传入中国，译作重学，后来改译作力学。

发展简史 力学知识最早起源于对自然现象的观察和在生产劳动中的经验。古希腊的阿基米德初步奠定了静力学即平衡理论的基础。伽利略在实验研究和理论分析的基础上，最早阐明自由落体运动的规律，提出加速度的概念。I.牛顿提出的物体运动三定律标志着力学开始成为一门科学。伽利略与牛顿奠定了动力学的基础。此后力学的进展在于它所考虑的对象由单个的自由质点转向受约束的质点和受约束的质点系；这方面的标志是J.le R.达朗贝尔提出的达朗贝尔原理和J.-L.拉格朗日建立的分析力学。L.欧拉又进一步把牛顿运动定律推广用于刚体和理想流体的运动方程。欧拉建立理想流体的力学方程可看作是连续介质力学的肇端。在此以前，有关固体的弹性、流体的黏性、气体的可压缩性等的物质属性方程已经陆续建立。运动定律和物性定律这两者的结合，促使弹性固体力学基本理论和黏性流体力学基本理论孪生于世，在这方面作出贡献的主要有C.-L.-M.-H.纳维、A.-L.柯西、S.-D.泊松、G.G.斯托克斯等人。弹性力学和流体力学基本方程的建立，使得力学逐渐脱离物理学而成为独立学科。另一方面，从拉格朗日分析力学基础上发展起来的哈密顿体系，继续在物理学中起作用。从牛顿到哈密顿的理论体系组成物理学中的经典力学或牛顿力学。由于涉及弹性和流体的方程当时难于求解，许多应用力学问题还须依靠经验或半经验的方法解决。到20世纪初，实际应用同数学理论在流体力学和固体力学中开始结合，使力学获得蓬勃发展，创立了许多新的理论并解决了工程技术中大量的关键性问题。这种理论和实际密切结合的力学的先导者是L.普朗特和T.von卡门。20世纪60年代电子计算机又使力学在应用和理论上有了新的进展，在与航空和航天工程技术和其他各种工程技术以及自然科学的其他学科的结合中，力学开拓出新的应用领域。70年代以来混沌理论方面的进展，说明确定性动力学系统中广泛存在长期不可预测性，使人们对于以牛顿运动定律为基础的经典力学有了新的认识。

学科性质 力学同物理学、数学等学科一样，是一门基础科学，它所阐明的规律带有普遍的性质。当力学逐渐从物理学中独立出来后，就在工程技术的推动下按自身逻辑进一步演化。20世纪初，相对论指出牛顿力学不适用于速度接近光速或者宇宙尺度内的物体运动；20年代，量子论指出牛顿力学不适用于微观世界。这反映人们对力学认识的深化，即认识到物质在不同层次上的机械运动规律是不同的。力学与数学在发展中始终相互推动，相互促进。一种力学理论往往和相应的一个数学分支相伴产生，如运动基本定律和微积分，运动方程的求解和常微分方程，弹性力学及流体力学的基本方程和数学分析理论。但力学还需要实验作基础。力学又是一门技术科学，它是许多工程技术的理论基础，又在广泛的应用过程中不断得到发展。工程学中许多关键性的进展都有赖于力学中有关运动规律、强度、刚度等问题的解决。力学和工程学的结合促使了工程力学各个分支的形成和发展。力学作为一门技术科学，并不能代替工程学，只指出工程技术中解决力学问题的途径，而工程学则从更综合的角度考虑具体任务的完成。同样地，工程力学也不能代替力学，因为力学还有探索自然界一般规律的任务。

研究方法　根据观察、科学实验和生产过程中积累的经验与数据，可提炼出量与量之间的定性的或数量的关系。为了使这种关系反映事物的本质，必须抓住起主要作用的因素，摒弃或暂时摒弃一些次要因素。力学中把这种过程称为建立模型。在模型的基础上可以运用已知的规律（必要时作一些假设）以及合适的数学工具进行理论上的演绎工作，导出新的结论。然后再用新的观测、工程实践或者科学实验对其加以验证。在理论演绎中，为了使理论具有更高的概括性和更广泛的适用性，往往采用一些无量纲参数如雷诺数、马赫数、泊松比等。这些参数既反映物理本质，又是单纯的数字，不受尺寸、单位制、工程性质、实验装置类型的牵制。采用上述无量纲参数以及通过有关的量纲分析可使得这种验证能在更广泛的范围内进行。以上为从整体上看的力学研究方法。从局部看来，力学研究可能只使用纯数学的推理和计算或实验技术，以及天文观测和考察自然现象中积累数据。

分支学科　力学的各分支学科是由于研究方法以及研究对象的不同而形成的，它可粗分为**静力学**、**运动学**和**动力学**三部分，也可区分为**固体力学**、**流体力学**和**一般力学**三个分支。它又可按研究时所采用的主要手段分为理论分析、实验研究和数值计算三个方面。力学与工程技术和其他自然科学方面的结合形成工程力学或应用力学各分支以及多种交叉学科，诸如**土力学**、工业空气动力学、**生物力学**、**地质力学**等。

《历代地理指掌图》 *Atlas of the Past Dynasties*　中国现存最早的历史地图集。又称《地理指掌图》。北宋税安礼撰，南宋赵亮夫增补。宋代曾多次刊印，今所见多为明代刻本。共有图44幅，每幅图都有图名，图后均附说明。上自帝喾，下至宋朝，各代地图至少1幅，多则5幅。第1幅是“古今华夷区域总要图”。图中海岸线、河流、长城等的轮廓，与刘豫阜昌七年（1136）上石的《**华夷图**》很相似，特别是第1幅图后附的图说与《华夷图》上注记的文字说明基本一致。第27幅“唐十道图”的西部有“星宿海”名，此名称在地图上出现可能以此图为最早，反映了唐代**侯君集**等亲临河源实地观察的结果。44幅图中，有两幅是绘法上完全不同的天象分野图（第36、37幅）和一幅表示唐代僧一行提出的天下山河之象存乎两戒的“唐一行山河两戒图”（第38幅），最后一幅（第44幅）“圣朝升改废置州郡图”（明刻本改“圣”为“宋”），有南宋建置。

《历代名画记》 *History of Famous Paintings across Dynasties*　中国第一部绘画通史著作。唐代张彦远著。**张彦远**，字爱宾，蒲州猗氏（今山西临猗）人。出身富收藏的宰相世家，学问渊博，擅书画。官至大理卿。著有《**法书要录**》、《彩笺诗集》等。《历代名画记》成书于大中元年（847），是他盛年之力作。

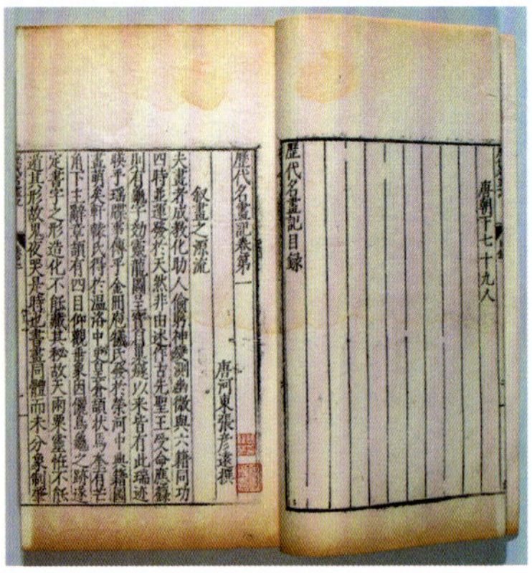

《历代名画记》书影

全书10卷，可分为3部分：①原书卷一全部与卷二前2节，是对绘画历史发展的评述与绘画理论的阐述。②原书卷二后3节与卷三，是关于鉴识收藏方面的叙述。③原书卷四至卷十，系370余名画家传记，始自传说时代，终于会昌元年（841），大体按时代先后排列。

此书总结了前人有关画史和画论的研究成果，继承发展了史与论相结合的传统，开创了编写绘画通史的完备体例。作者尽可能占有丰富资料，从当时达到的理论认识水平探讨绘画史的发展过程及内在联系，并以系统的绘画史实支持其理论认识。全书以大量篇幅阐述绘画史及某些画科史的发展演进，讨论重大的理论问题。传记部分则分等列传，在寓褒贬、明高下的同时，较全面地汇集画家生平、思想、创作等有关资料，充分引证前人的评价，又不为前人所局限，做到有分寸地评价画家的得失。此外，作者更能从绘画创作欣赏的全过程着眼，把著录、鉴藏、流传、名价以至装裱也纳入了研究画史的必要组成部分，对于中国画史的研究提出了完整的体系。此书长期以来被认为是中国第一部系统完整的绘画通史，亦具有当时绘画“百科全书”的性质。

《历代诗话》 *Comments on Poetry across Dynasties*　中国古代诗论著作。清代吴景旭撰。吴景旭，明末清初人，生卒年不详。字旦生，一号仁山。归安（今浙江湖州）人。筑堂名南山，有《南山堂自订诗》。《历代诗话》以天干数分为10集，共80卷。评论《**诗经**》、《楚辞》、赋、古乐府、汉魏六朝诗、杜诗、唐诗、宋诗、金元诗及明诗。每条各立标题，先引旧说于前，后杂采诸书以相考证，或辨是非，或参异闻，或作引申，或加补缀；自主新说时则列诗篇于前，而以己意作发挥。但主要解释词句，并无系统条贯的理论主张。此书取材宏富，兼能钩贯众说；但所引不尽采自原书，且贪多务得、失于检择，还有一些明显的错误。此书有嘉庆刊本，另有吴兴嘉业堂刊本，属《吴兴先哲遗书》，其中错字甚多。1958年中华书局上海编辑所标点出版，是现今流传的佳本。

《历代诗话》（丛书） *Comments on Poetry across Dynasties* (series)　中国古代诗话丛书。清代何文焕辑。书成于乾隆三十五年（1770）。何文焕，字也夫。嘉善（今属浙江）人。此书共收诗话27种，起自萧梁，迄于明代。计：梁代钟嵘《**诗品**》1种；唐代皎然《诗式》、**司空图**《诗品》共2种；宋代**欧阳修**《六一诗话》、**司马光**《温公续诗话》、刘攽《中山诗话》、**陈师道**《后山诗话》、魏泰《临汉隐居诗话》、周紫芝《竹坡诗话》、**吕本中**《紫微诗话》、许觊《彦周诗话》、叶少蕴《石林诗话》、强幼安《唐子西文录》、张表臣《珊瑚钩诗话》、葛立方《韵语阳秋》、**周必大**《二老堂诗话》、**姜夔**《白石诗说》、**严羽**《沧浪诗话》及**尤袤**（或廖莹中）《全唐诗话》共16种；元代蒋正子《山房随笔》、杨载《诗法家数》、范梈《木天禁语》及《诗学禁脔》共4种；明代**徐祯卿**《谈艺录》、王世懋《艺圃撷余》、朱承爵《存余堂诗话》、顾元庆《夷白斋诗话》共4种；末附何氏自撰《历代诗话考索》1种。所选以议论精确，文笔有致，能发新义为标准，但对于一些内容可采而传本讹误较多、时无善本校订的诗话，则不予收录。即便如此，刊本仍有不少讹误。1981年中华书局校点本出版时参考别本，对所收诸书全部作了校勘，补其残缺，改正误文及清人避讳字。其中，《临汉隐居诗话》1种，因原刊残缺过多，用知不足斋丛书本抽换。

历法 calendar　推算**年**、**月**、**日**的时间长度和它们之间的关系，制定时间序列的法则。由于生产和生活的需要，古代人就希望知道昼夜、月相和季节的变化规律，以及更长时间的计量方法。世界各文明古国很早就开始根据天象观测制定历法。

定出年、月、日的长度，是制定历法的主要环节。日的长度是根据**太阳**每天的视运动定出的；年的月数和日数以及月的日数，有的按天象定出，有的是人为定出的。按天象确定的年和月所包括的日数不是简单的有理数，如按季节变化确定的年（即回归年）为365.242 20…日，按月相变化确定的月（即朔望月）为29.530 59…日，而制定的历法必须使年的月数和月的日数为整数。各国历代制定的历法，侧重点各不相同。大体可分为三类：一类称阳历，其中年的日数平均约等于回归年，月的日数和年的月数则人为规定，如**公历**、**儒略历**等；一类称阴历，其中月的日数平均约等于朔望月，年的月数则人为规定，如伊斯兰教历、希腊历等；另一类称阴阳历，其中月的日数平均约等于朔望月，而年的日数平均约等于回归年，如中国现在还采用的农历、藏历等。

此外，确定年首、月首、节气以及比年更长的时间单位，也是制定历法的内容。

历史 history “历史”一词，在中国最早出现于《三国志·吴主传》。明代万历年间，袁了凡作《历史纲鉴补》，历史即历代史籍之意。在西方，history的含义即“讲故事”。近代，“历史”一词，则受日本的影响，含义发生了重要变化。大约在明代末年，日本人翻刻《历史纲鉴补》，在日本流行。清末传入中国，国人皆用“历史”一词，与“史”字含义相同。历史有两种含义：①客观历史。广义的历史，指客观存在的一切事物的运动变化过程，通常包括自然史和社会史两大类。狭义的历史，指人类社会以往的运动变化过程，也就是社会史，它是历史学研究的主要对象。人类社会的历史有以下几个特点：第一，人类社会史首先是生产发展的历史。劳动创造了人，人类在劳动和社会生产过程中，既满足了自身生存的物质需要，同时又创造了精神和文化生活需要。第二，客观存在性。人类社会史是生产方式不断更替和发展的历史，是不以人的意志为转移的客观存在。第三，规律性。人类社会历史发展的总趋势，是由客观条件决定的，是必然的、有规律的。第四，主体性和多样性。人类社会历史是人有意识、有目的的活动的结果，人类历史活动是一种自觉的、有意识的、有目的的创造性活动，这就决定了人类社会历史的主体性和多样性，使客观历史变得丰富多彩。②历史学。即研究和阐述人类社会以往的运动变化过程并探索其变化规律的学科。马克思主义认为，历史学是社会意识形态的一部分，具有鲜明的时代性和阶级性，其主要任务是按照事物变化发展的时序性(历史的和逻辑的顺序)，运用具体历史事实，阐明人类社会历史从原始社会到有阶级的文明社会，再到具有更高文明的共产主义社会的发展规律。历史学的研究对象甚为广泛，人类以及与人类生存有关的环境的一切运动变化过程均在历史学的研究范围之内，世界各国、各民族的历史，从远古到现代均可作综合的、分期的或分类的研究。概述史学一般原理和研究方法的史学概论，研究史学本身之发展的史学史，研究史料及其运用方法的史料学，研究人类生存环境的环境史等，均可包括在历史学研究的范围之内。

历史辩证法 historical dialectics 历史唯物主义以及整个马克思主义的辩证法。德国社会民主党左翼领袖F.梅林宣传历史唯物主义使用的概念。关于社会历史发展的朴素的辩证法思想早已有之。在17世纪，意大利历史学家、哲学家G.维柯在唯心主义基础上就已经提出人类历史是按自然的必然性有规律的发展过程的观点。法国哲学家C.-L.de S.孟德斯鸠进一步提出社会发展规律是社会本身所固有的并非由外部强加于社会的看法。法国哲学家J.-J.卢梭在《论人类不平等的起源和基础》一书中，把不平等的产生看作历史的进步同时又是一种退步，贯注了历史在矛盾中前进运动的思想。德国哲学家G.W.F.黑格尔是近代唯心辩证法哲学最著名的代表。他把辩证法运用于社会历史领域，建立了客观唯心主义的辩证的历史哲学理论。黑格尔力求把社会历史描绘为一个相互联系的统一整体，从总的联系上证明人类社会是从低级到高级不断产生新东西、不断完善的前进上升的合乎规律的运动过程，试图找出隐藏在历史人物动机背后起支配作用的最后动因。

庞贝出土的《亚历山大镶嵌画》

K.马克思和F.恩格斯在人类思想史上第一次把唯物主义和辩证法结合起来考察社会历史现象，揭示了历史发展的一般规律，创立了唯物主义的历史辩证法，即历史唯物主义。历史辩证法揭示了社会历史本身所固有的以对立统一规律为核心的客观规律性。它阐释了社会历史中的主观因素与客观因素、人的有目的的活动与历史规律的本质关系，揭示了生产力和生产关系、经济基础和上层建筑的矛盾，从而科学地揭示了社会历史发展的辩证性质。

历史观 view of history 人们对社会历史总的、根本的看法，是世界观的重要组成部分。社会存在和社会意识的关系、历史运动的形式、历史发展中的决定性因素等三个问题，是历史观所要回答的基本问题。历史观具有时代性和阶级性，不同历史时期、不同阶级都有各自不同的历史观。在具体表现形式上，历史观又具有复杂性和多样性。不仅不同时代、不同阶级和阶层的历史观不同，而且同一阶级和阶层在不同的历史时期，其历史观也有差别。甚至同一阶级和阶层在同一时期的不同人物，由于各自的身世、经历不同，其历史观也有各自的特点。人类步入文明时代以来，历史观主要有神意史观、循环史观、英雄史观、人文史观、进化史观和马克思主义唯物史观。历史观的不同，从根本上决定了历史认识的理论和方法的差异。

历史画 historical painting 以历史事件为题材的绘画。广义包括以神话传说、宗教故事为题材的绘画及描绘当代事件的绘画。成为历史画题材的事件，往往是众所周知的大事，并常有民族英雄出场；它所描绘的人物、环境、情节都有一定的历史根据，但画家在表现上，一般都呈现理想化、典型化的方法。因此，历史画的意义，不仅在于对史实的忠实记录，更在于对事件的重大历史意义和宏伟场面情节的追求。美术的认识作用和教育作用，在历史画中表现得最为突出。

历史画的起源，在西方可追溯至古代的美索不达米亚和埃及。庞贝出土的《亚历山大镶嵌画》，是迄今所见历史画早期优秀作品。14世纪起，历史画在文艺复兴时代的意大利广泛流行。至19世纪初期，历史画被新古典主义和学院派奉为最正统、最高贵的绘画题材。在印象主义兴起后，历史画的正统地位迅速崩溃。中国的历史画始于汉代，现存汉代墓室壁画及画像石和画像砖上都有表现，唐代历史画比较兴盛，阎立本《步辇图》就是描绘重大历史事件的作品。宋代以后，历史画随着水墨山水画和花鸟画的兴盛而式微。直到20世纪，历史画才重又获得生机。

历史纪年法 记录历史年代的方法。纪年法要求确定纪元即纪年起算的年份，然后按时间顺序持续地记录年代。中国古代丰富的史书为历史纪年提供了大量可靠的资料，西汉司马迁《史记》中的《十二诸侯年表》从西周共和元年，即公元前841年起，依序递记年代；其《六国年表》又接续纪年至秦朝末年。此后历朝史书代代相续，纪年记事，从未间断。因此，西周共和元年即公元前841年是中国有确切纪年的开始，从这时起中国有了系统而连续的历史纪年。

中国历史上使用过的纪年法有近20种，大致可以分为年号国号纪年、干支纪年、外来纪年法等几个体系。此外还有一些为某宗教或民族专用的纪年法，如道教纪年法、藏历纪年法、蒙历纪年法和傣历纪年法等。

年号国号纪年体系包括帝王纪年法、年号纪年法和国号纪年法。帝王纪年法是以帝王在位的年次来纪年，只有年数而无年号，如周宣王元年。年号纪年法始于汉武帝。年号是古代帝王为记在位之年而用的名号，年号纪年就是用这些名号来记录年序，如汉武帝的元封元年、太初三年等。每个年号使用的时间长短不一，皇帝根据需要可随时更换年号，汉武帝在位时用了11个年号，而明清两朝则多数是一个皇帝只用一个年号。年号是政权的标志，用不用这个朝代的年号，即表明对此政权的承认与否；在史书的记载中，当几个政权并存时，以某年号纪年，就涉及以某政权为正统、以其他政权为偏霸的问题。因年号纪年使用时间很长，历史上出现了重复使用的年号。辛亥革命推翻帝制，建立中华民国后，废除年号纪年，使用国号纪年，以1912年为中华民国元年。1949年中华人民共和国建立后，采用公元纪年，中华民国纪年法遂告终止，仅台湾地区仍在使用。

干支纪年、岁阳岁名纪年、动物纪年皆与干支有关。干支纪年法是中国独创、流行时间最长的纪年法，始行于战国时期，至今仍广泛使用。干支是天干、地支的合称。天干有：甲、乙、丙、丁、戊、己、庚、辛、壬、癸；地支有：子、丑、寅、卯、辰、巳、午、未、申、酉、戌、亥。以10天干与12地支依序组合，可以出现甲子、乙丑至癸亥等60个干支。干支纪年就是以60干支顺序纪年，周而复始，不断延续。从商代甲骨文中可以看到，干支最早用于纪日；在中国，干支不仅用于纪年，而且用于纪月、纪日、纪时。古代的岁阳岁名纪年，是用10个岁阳和12个岁名搭配成60个单位顺序纪年的。这60个单位和60干支相当，如以岁阳“阏逢”和岁名“摄提格”组成的“阏逢摄提格”，即相当于甲寅年。动物纪年也与干支相关，以十二生肖对应地支，就可反复纪年。动物纪年在元朝使用较多。

中国还吸收、使用了一些外来的纪年法，如在西部一些地区曾使用的回历纪年法，在佛教的宗教活动中使用的佛历纪年法，包括法定使用的公元纪年法，也是一种外来纪年法。公元意为公共的纪元，公元纪年法又称公历、西历。它源于基督教纪年，罗马教士将推定的耶稣诞生年定为公元元年，以此顺序纪年。公元纪年以千年为“千纪”，以百年为“世纪”，2001年至3000年是公元的第三千纪，2001年至2100年为21世纪。辛亥革命后，公元纪年法逐渐在社会流行；1949年中华人民共和国建立后，因公元纪年法在国际国内使用的普遍性，便将其确定为中国的纪年方法。

由于历史纪年法的多样，有些纪年法间的换算比较复杂，故需借助年表、历表等工具书来解决。陈垣编撰的《中西回史日历》和《二十史朔闰表》，可以检换自汉朝开始两千多年间中历、西历、回历的年月日，是纪年换算的重要工具书。

历史教科书问题 Japanese history textbook controversies 第二次世界大战后日本政府纵容、支持日本右翼保守势力多次篡改历史教科书而引发的争端。日本右翼保守势力否认乃至美化近代日本对外侵略历史的行为，引起了亚洲被侵略国家的强烈抗议。

首次出现教科书问题是1955年8月，保守政党民主党提出“教科书问题令人担心”，对战后教育改革表示不满，蓄意恢复战前的教育制度。

20世纪60年代和70年代，都有右翼势力代表人物鼓吹战前教育，日本右翼思潮进一步抬头。1982年6月是日本篡改教科书的高潮。当时，日本文部省在审定高中二、三年级的历史教科书时篡改史实，将其中记述的对外侵略一概称为“进出”或“进入”，把对中国的全面侵略改为“全面进攻”，并对南京大屠杀等历史事实进行淡化或删改。而1986年再次发生篡改教科书问题，送审的《新编日本史》把日本发动的太平洋战争说成是从欧美列强统治下“解放”亚洲的战争。7月，日本文部省竟然把这本教科书审定为“合格”。

1992年慰安妇问题被揭露出来。1996年6月，文部省发表教科书审定结果，在日本中学全部7种版本的历史教科书中出现了关于慰安妇的记述。1996年9月，“光明日本”议员联盟一致通过了要求重新修订教科书制度的议案，要求删除所有中学教科书中有关慰安妇的内容。

每次日本右翼势力篡改史实的做法都一再激起亚洲各国人民的强烈愤慨和声讨。迫于国内外舆论压力，日方对书中一些明显的错误和篡改的史实作了一定修改，并重新完成审定。同年8月，官房长官宫泽喜一发表谈话，称“将以负责任的态度进行鉴定”。2001年3月，文部科学省要求新历史教科书编撰会对书中明显与历史事实不符的记述进行修改。迫于中、韩等国压力及日本国内正义人士的呼声，日方对教科书中明显歪曲历史、美化侵略的陈述进行了删改，增加了表述日本在侵略中强征劳工、杀害中国军民等内容，初步统计修改了大约137处；但问题仍然很多，没有改变书中歪曲历史、美化侵略的内容。

历史剧 history play 戏剧种类之一。取材于历史事件和历史人物的剧目。历史剧作为戏剧艺术的一个种类，并不要求作品拘泥于历史事件的自然进程和详情细节，而要求剧作家把创作的重心置于对历史人物的把握、表现和解释上。人物的历史可传性和真实性，应该是剧作家所遵循的基本原则。在实现这一原则时，剧作家可以根据塑造典型人物的需要，对历史事件进行取舍、加工，不仅可以改变它的自然进程，而且可以进行局部的虚构。

历史纪实剧是历史剧的一个极端。它更注重对历史现象的忠实再现，按照历史提供的确凿人物关系设计剧作结构，并以历史事件的自然进程安排剧情进展。历史剧的另一个极端是历史故事剧。这类作品的人物和事件并没有或少有历史依据，而是取材于某些曾经流传的历史故事。

历史散文 historical prose 春秋战国时期记述历史人物的思想、活动和历史事件的散文。见先秦散文。

历史唯物主义 historical materialism 关于人类社会发展一般规律的科学。马克思主义哲学的重要组成部分，科学的社会历史观和认识、改造社会的一般方法论。又称唯物史观。历史唯物主义为马克思和恩格斯所创立。他们称它为唯物主义历史理论或唯物主义历史观。V.I.列宁称历史唯物主义为科学的社会学，唯一的科学的历史观和社会科学的唯一科学方法即唯物主义的方法。E.伯恩斯坦等则把它歪曲为经济唯物论。历史唯物主义作为科学的历史理论，它既是特定的社会历史条件的产物，又是人类认识发展的必然结果。自从马克思和恩格斯在19世纪40年代创立了这一崭新的历史观以后，它不断在实践中接受检验，内容上不断充实，形式上日臻完善，正在并且还将在新的实践中继续发展。历史唯物主义以历史条件和社会关系作为理解人及其历史活动的出发点，正确解决了社会存在和社会意识的关系这个社会历史观的基本问题。它认为在社会生活中不是人们的意识决定人们的存在，而是人们的社会存在决定人们的意识，不是社会的精神生活和政治生活决定社会的物质生活，而是社会的物质生活制约着社会的精神生活和政治生活。历史唯物主义不否认社会意识、社会的精神生活和政治生活在社会发展中的重大作用。历史唯物主义是人类科学思想中的伟大成果，为人类认识开辟了一个新的广阔的科学领域。实现了整个社会历史观的变革，实现了哲学的变革，为马克思主义政治经济学和科学社会主义奠定了历史理论基础。

历史唯心主义 historical idealism 把社会现象及其发展的终极原因归结为精神因素的社会历史观。又称唯心史观。

历史唯心主义的产生可以追溯到奴隶社会。但其唯心主义观点在古代只涉及国家、政治等某些领域，还不是对人类社会整体的认识。较为成型的历史唯心主义是封建社会形成的唯心主义的神学历史观。在中世纪的欧洲，唯心主义历史观依附于神学，成为神学的一个分支。神学家奥古斯丁把全部社会历史说成是上帝信徒和魔鬼信徒之间斗争的历史。新兴资产阶级针对以神为中心的神学历史观，提出了以人为中心的人性论、人道主义的历史观。这种历史观以不变的人性为衡量历史进步的尺度，把理性即人们对自己本性的理解看成是社会发展的动力。近代资产阶级哲学家G.W.F.黑格尔则把历史基础归结为“理性”、“精神”。历史唯物主义产生以后，现代资产阶级的历史哲学同这一科学的历史观相对抗，继续以新的形式宣扬唯心史观。历史唯心主义可以归结为两种理论形态：主张人的主观意志决定历史的主观唯心主义历史观和主张某种神秘的精神实体决定历史的客观唯心主义历史观。它们共同的基本主张是：①把社会历史归结为意识史，无视物质生产活动，颠倒社会存在和社会意识的真实关系。②认为只有帝王将相、英雄豪杰等少数杰出人物才是历史的主宰。③抹杀历史发展的客观规律。

历史唯心主义本质上是对社会历史本来面貌的歪曲，对人类的认识、真理的发展起着阻碍的作用。但是，作为人类探究社会历史本质过程的一定发展阶段，它的存在又有其历史的原因和不可避免性。

历史小说 historical novel 小说类别名。以历史人物和历史事件为题材的小说。优秀历史小说以史实为基础，经过不违背历史生活真实和文学艺术真实的创作，再现一定历史时期的社会生活面貌和历史发展趋势。由于历史真实和艺术加工所占比重的差异，中国传统的历史小说又大体上分为杂史体和讲史体两大类。杂史体历史小说的渊源可追溯到上古神话传说。如先秦的《穆天子传》，汉代的《吴越春秋》、《汉武故事》之类。之后的《十六国春秋》、《明皇杂录》、《炀帝艳史》等都属此类。其中人物事件，虽也见于史籍，但小说踵事增华，虚构过多，且时杂仙怪不经之事，历史价值不高，但在艺术上开小说体例的先河。讲史体历史小说源于宋元话本的民间讲史，到元代演变为文人据讲史底本加工而成的平话，明清又发展为章回体演义小说。这类历史小说侧重历史事实，语言多是“文不甚深，言不甚俗”的半文半白形式，故而适于普及历史知识，比杂史体小说更具历史价值，如《东周列国志》、《说秦汉》、《说三分》、《三国志演义》、《隋唐演义》、《宋宫十八朝演义》，近代有蔡东藩的系列作品《中国历代史演义》等。

历史循环论 history，circulation theory of 主张人类社会的变化是简单的重复循环过程的历史理论。“历史循环”是一种古老的观念。中国战国末期的邹衍曾提出“五德终始”说，用当时流行的五行解释历史的变迁和王朝的更换。他认为历史是所谓五德的相继更替、周而复始的循环。18世纪意大利思想家G.维柯认为历史的变化经过3个阶段：神的时代、英雄时代、凡人时代。历史变化经历了这个阶段以后，就会重新回复到原始时代，如此周而复始，循环不已。历史循环论承认历史按一定秩序变化，但曲解了历史变化的客观规律。社会从低级向高级的发展并不是简单的循环，而是基于生产力发展的生产关系和社会形态不断发展和上升的过程。

历史哲学 history, philosophy of 有二义：广义指研究社会历史最一般规律或研究认识这些规律的方法的边缘性学科；狭义指近现代西方哲学中关于历史演变规律和关于历史理解性质的学说。在马克思主义哲学中，“历史哲学”一词专指那种用幻想的联系代替历史真实联系的社会历史观。最早把历史发展规律的研究作为专题，在唤醒人们的“历史意识”方面作出贡献的是18世纪意大利的思想家G.维柯。18世纪法国启蒙思想家伏尔泰明确使用了“历史哲学”一词，意指人们对历史的理解应超越堆积的史实，达到一种哲学的或理性的认识。近现代西方的唯心主义历史哲学主要围绕两个问题进行讨论：①历史演变的规律是什么；②历史理解的性质是什么。对前者的回答形成了思辨的历史哲学，对后者的回答形成了分析的或批判的历史哲学。

在19世纪占主导地位的是思辨的历史哲学。有影响的著作有I.康德的《一个世界公民观点之下的普遍历史观念》和G.W.F.黑格尔的《历史哲学讲演录》，第一次世界大战后思辨的历史哲学出现了新的变化。O.斯本格勒的《西方的没落》与A.J.汤因比的《历史研究》为这一阶段的代表著作。从20世纪初开始，思辨的历史哲学逐渐被分析的或批判的历史哲学所代替。英国哲学家F.H.布拉德雷的《批判历史学的前程》，通常被认为是分析的历史哲学的开端。分析学派的代表人物意大利的新黑格尔主义者B.克罗齐和英国的R.G.柯林伍德提出，一切人类的历史活动都渗透着人们的思想，所以历史学的任务就是要对这些过去的思想进行反思。克罗齐认为一切历史都是当代史；柯林伍德则认为一切历史都是思想史，历史学就是重演过去的思想。

而思辨的历史哲学在企图把历史的经验世界纳入一个逻辑结构时，失之于武断。但某些古典的思辨历史哲学触及历史哲学根本问题的某些方面，有其时代的合理性及其洞见的深刻性。分析派把历史的理解局限于语言和逻辑的分析，尽管语言意义和逻辑概念的分析，有助于人们思想的澄清和认识的深化，但它终究不是而且不能代替人们对客观历史的认识。

历史主义 historicism 一种研究历史的观点和方法。18世纪中叶，G.维柯、J.-J.卢梭、J.G.von赫尔德等人，在对唯理论批判中，形成历史主义的萌芽。18世纪末至19世纪初，在反对法国资产阶级革命思潮的影响下，由德国的柏克、G.von胡果、G.W.F.黑格尔、L.von兰克等形成其思想体系。历史主义把所有现象都看作是一个自然变化和发展的过程，前后相续；各个时代、民族、国家以至于个人都根据历史条件或自身的属性，表现自己的独特性和价值，但不存在共同的规律，一切历史事物都有其存在的理由，对历史只应取同情、了解、客观的态度，如实记述，不加评论。科学的历史主义是在马克思主义诞生以后，是辩证唯物主义和历史唯物主义的重要方面。马克思主义历史主义的基本要求，就是要把人类社会的历史当作一个按照一定规律不断发展变化的客观过程，在观察、分析和研究任何历史事件和历史人物时，都要有历史的、发展的观点，把问题提到一定的范围之内，联系具体条件进行具体分析，对历史事件全面、客观地加以评价。

厉无畏 Li Wuwei（1942-11～ ） 中国人民政治协商会议全国委员会副主席，中国国民党革命委员会中央委员会常务副主席。浙江东阳人。研究生学历，经济学硕士学位，研究员。1959～1960年任安徽省宿县宿东煤矿筹备处试用干部。1960～1961年任上海市海宁路二小、武进路二小代课教师。1961～1964年在家办补习班。

1964～1965年任上海市南湖中学代课教师。1965～1966年为上海市横浜房管所、大华造纸厂临时工。1966～1971年为上海市百花塑料制品厂临时工。1971～1979年为上海市车辆配件七厂临时工、厂校教师、厂技术组工作人员。1979～1982年为上海市社会科学院研究生部工业经济专业硕士研究生。1982～1988年任上海市社会科学院部门经济研究所工业经济研究室科研人员，数量经济与统计理论研究室副主任、主任，所长助理。1988～1996年任民革上海市委会副主委。1988～1997年任上海市社会科学院部门经济研究所副所长（其间：1988～1989年为美国密苏里圣路易斯大学访问学者）。1996～1998年任上海市政协副主席。1996～2007年任民革上海市委会主委。1996～2008年任上海市社会科学院部门经济研究所所长。1997～2007年任民革中央副主席。1998～2008年任上海市人大常委会副主任。2007～2008年任民革中央常务副主席。2008年任全国政协十一届副主席。是全国政协八届委员，全国政协八届四次会议增选为常务委员，全国政协九届常务委员，全国政协十一届副主席；十届全国人大常委会委员。

厉以宁 Li Yining (1930-11-22～) 中国经济学家。江苏仪征人。生于南京。1955年北京大学经济系毕业后留校，曾长期从事资料编译工作，后转为教学。历任北京大学光华管理学院院长、教授，中国民主同盟中央名誉副主席，第七、八、九届全国人大常委，全国政协第十届常委。长期从事社会主义经济理论、西方经济理论和教育经济学的教学与研究。20世纪80年代以来，结合中国的现实经济问题，提出了“二次调节论”、“平衡非目标论”、“所有制改革理论”，以及社会主义经济建设要以对“人”的研究为最高层次等观点。主要著作有《二十世纪的英国经济，“英国病”研究》(合著)、《教育经济学》、《消费经济学》、《简明西方经济学》、《体制、目标、人：经济学面临的挑战》、《社会主义政治经济学》、《经济体制改革的探索》、《非均衡的中国经济》、《股份制与现代市场经济》、《经济学的伦理问题》、《转型发展理论》、《超越市场与超越政府》、《资本主义的起源》等。

立案 case-filing 司法机关在其管辖范围内对犯罪案件或民事纠纷、行政纠纷进行审查后，决定作为诉讼案件进行侦查或审判的诉讼活动。

在刑事诉讼中，司法机关对于报案、控告、举报和自首的材料经过审查，认为有犯罪事实需要追究刑事责任的，应写出刑事立案报告，经单位主管负责人批准决定立案；认为没有犯罪事实，或者犯罪事实显著轻微，以及属于其他依照法律不需要追究刑事责任的情形，则写出不予立案报告，经单位主管负责人决定不予立案。法律规定，对被害人控告而决定不予立案的，应当将不立案的原因和根据书面通知控告人，控告人如果不服，可以申请复议，办案机关应当及时复议。人民检察院对公安机关应当立案侦查而不立案侦查的情况实行法律监督。

在民事诉讼中，《中华人民共和国民事诉讼法》第112条规定：“人民法院收到起诉状或者口头起诉，经审查，认为符合起诉条件的，应当在7日内立案，并通知当事人；认为不符合起诉条件的，应当在7日内裁定不予受理；原告对裁定不服的，可以提起上诉。”在行政诉讼中，《中华人民共和国行政诉讼法》也有类似规定。

立法机关 legislative body 政治权力中的立法权的行使机构。在三权分立的体制下，议会或国会是立法机关，专门从事立法活动。各国立法机关的实际构成存在差异：有的国家反映民意的立法机构只有一个，例如印度的大国民议会；有的则是两个，如美国、日本的参、众两院；还有少数国家实行多院制。在实际立法活动中，立法机关的立法权经常受到行政机关的限制甚至左右。如《美利坚合众国宪法》规定，众议院及参议院通过的法案须送交合众国总统签署，总统对法案享有否决权。1958年《法兰西共和国宪法》规定，“法律应由议会投票通过”(第34条)，但又规定“政府为执行其施政纲领，可以要求议会授权自己在一定期限内以法令方式采取通常属于法律范围内的措施”(第38条)。

立法解释 legislative interpretation 泛指依法有权制定法律规范的国家权力机关（或其常设机关），尤其指宪法规定拥有立法权的机关对法律规范所作的解释。在中国，宪法和法律的解释权属于全国人民代表大会常务委员会；地方性法规的解释权属于制定该法规的机关。1982年《中华人民共和国宪法》规定：全国人民代表大会常务委员会有权“解释宪法”、“解释法律”。立法解释的方式有时在本法律的某些条文中作出，如《中华人民共和国刑法》第91～99条的规定、《中华人民共和国刑事诉讼法》总则第9章“其他规定”；有时以报告或文件的形式对所颁布的法律加以说明，如法律起草单位向立法机关所作的并经后者通过的该项法律草案的说明。立法解释和所解释的法律规范本身具有同等的法律效力。

立法权 legislative power 国家权力机关或代议机关依照法定程序，制定、修改和废止法律的权力。立法权是国家权力的重要组成部分，行使立法权的权力机关通常被称为立法机关。这里的法指普通法律，不包括宪法和行政法规等。宪法的制定和修改另有规定（见宪法）。立法机关委托政府或其他机关就某一方面事项进行立法，制定行政法规、条例等，称授权立法，这一立法权称为委托立法权。

2000年3月15日，中国第九届全国人民代表大会第三次会议通过了《中华人民共和国立法法》。该法对立法权限，全国人民代表大会及其常务委员会的立法程序，地方性法规、自治条例和单行条例、规章的制定程序作了规定。根据中国现行宪法和有关法律的规定，全国人大及其常委会行使国家立法权。国务院根据宪法和法律，有权制定行政法规。国务院各部、委员会、中国人民银行、审计署和具有行政管理职能的直属机构，可以根据法律和国务院的行政法规、决定、命令，在本部门的权限范围内，制定规章。省、自治区、直辖市和较大的市的人民政府，可以根据法律、行政法规和本省、自治区、直辖市的地方性法规，制定规章。中央军事委员会根据宪法和法律，制定军事法规；中央军事委员会各总部、军兵种、军区，可以根据法律和中央军事委员会的军事法规、决定、命令，在其权限范围内，制定军事规章。省、自治区、直辖市和较大的市的人民代表大会及其常务委员会根据本行政区域的具体情况和实际需要，在不同宪法、法律、行政法规相抵触的前提下，可以制定地方性法规。民族自治地方的人民代表大会有权依照当地民族的政治、经济和文化特点，制定自治条例和单行条例。

立鹤方壶 Square Kettle with a Standing Crane 中国春秋中期青铜器。又称莲鹤方壶。1923年在河南新郑出土。共两件，一藏河南博物院，一藏故宫博物院。后者通高118厘米，宽54厘米，重64.28千克。造

型仍为西周后期以来流行的方壶样式，但遍布器身的各种装饰造成瑰丽的效果，反映了审美观念的重要变化。壶盖上部为两重骈列的莲瓣形装饰，盖心有一将飞而未翔、形象生动写实的立鹤，学术界认为是春秋时代精神的象征。战国以后，青铜壶盖以立鸟为饰的数量渐多，而立鹤方壶为此类器物的已知最早实例。

立交桥 grade separation bridge 线路（道路、铁路等）交叉时，为了保证交通互不干扰而建造的桥梁。跨越既有线路的桥梁又称

跨线桥。在地下穿过的称地道桥。立交桥广泛应用于高速公路和城市道路中，在交通繁忙地段常做成多层次立交。为了减少噪声，多采用预应力混凝土桥。

跨线桥　可分为分离式和互通式两种。前者只保证上下层线路的车辆各自独立通行，后者能使上下层车辆相互通行。为此，后者必须修建平面和立面上布置复杂的迂回匝道，占用很多土地。且受桥位附近既有建筑物（地面和地下的）的干扰和施工期限的限制。

跨线桥的造型与交会线路的性质和宽度有关。当路面宽的干道跨过次级道路时，桥下的空间就显得长而窄，如做成单跨桥梁，则桥下线路必须有保证行车安全的措施；当主要道路在桥下穿过时，桥下的空间便会显得矮而宽，此时宜将桥下空间划分成几个部分，以增加行人舒畅的感觉。

地道桥　从底下穿越既有线路的地道桥由桥洞、引道和附属结构组成。桥洞是由顶板、底板、侧墙与内墙互相灌筑成整体的封闭式框架，断面呈箱形，故又称箱形桥，常用钢筋混凝土建成；引道用1%～3%的纵坡和地面道路相接；附属结构有挡土墙、泵站和排水管道等。设计地道桥应注意净空、通风、照明、排水和防冰（严寒地带）等要求。修建地道桥时，往往需拆迁地下管线，附属工程量大，远不如修建跨线桥经济。

立克次氏体　*Rickettsia*　介于细菌与病毒之间，似细菌但比细菌小的一类微生物。立克次氏体科一属。形态多样，有球形或双球形，小杆状，单独的、成链状或不规则细胞的集合体，无孢子，不运动。含有DNA和RNA两种核酸。该微生物由美国病理学家H.T.立克次在对斑点热和斑疹伤寒病进行研究时发现并进行了描述，后受该病原体感染而去世，为纪念他而将此微生物命名为立克次氏体。立克次氏体革兰氏染色阴性，二分裂法进行繁殖，有氧代谢，它是脊椎动物（包括人）和节肢动物（蚤、螨、蜱等）的专性细胞内寄生菌和病原菌，具有高度的传染性，对次氯酸钠、石炭酸以及磺胺、抗生素等敏感；在56℃环境条件中30分钟即可杀死。模式菌种是普氏立克次氏体。

立克次氏体病　rickettsial diseases　由一组对人类有致病性的立克次氏体感染所致的传染病。绝大多数是自然疫源性疾病。主要有斑疹伤寒、斑点热、恙虫病、Q热、战壕热等。病原为立克次氏体，以鼠类为储存宿主，由某些节肢动物如虱、蚤、蜱或螨为媒介传给人类。潜伏期多在2～14日内。表现有高热、头痛、精神症状（如谵妄、狂躁、昏迷等）、皮疹（Q热无皮疹）等，有的有皮肤溃疡及焦痂。诊断主要依据典型临床表现。确诊可作立克次氏体分离及血清学检查。氯霉素或四环素族抗生素治疗有特效。

立陶宛　Lithuania; Lietuva　欧洲东北部国家。位于波罗的海东岸。北界拉脱维亚，东南邻白俄罗斯，西与俄罗斯加里宁格勒州和波兰毗连。面积6.53万平方千米。人口328.1万（2010）。民族构成比较单一，以立陶宛族为主，占总人口83.5%；余为波兰族（6.7%）、俄罗斯族（6.3%），以及白俄罗斯、乌克兰、犹太等族。居民主要信奉天主教，部分信奉东正教、基督教新教、犹太教等。立陶宛语为官方语言，通用俄语。首都维尔纽斯。

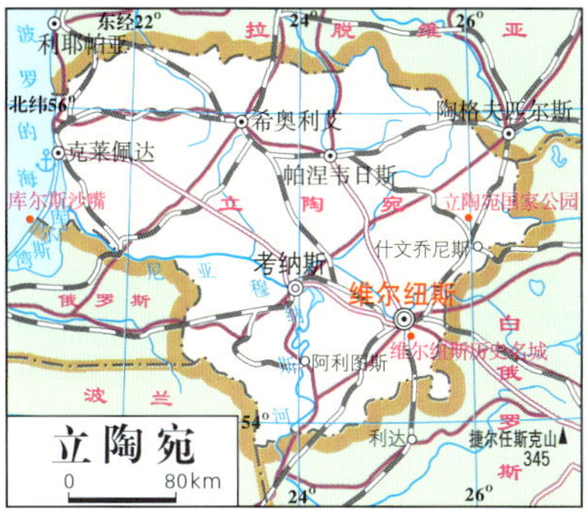

全境以平原为主，东部和西部低丘起伏，平均海拔200米左右。属温带海洋性气候向温带大陆性气候。白俄罗斯涅曼河从东南部流入境内，称尼亚穆纳斯河。境内多湖泊。主要自然资源有泥炭和石灰石、白云石、砂石等矿物建筑材料，海岸一带以出产琥珀闻名。森林覆盖率约30%。

5～6世纪出现阶级社会。12世纪起受日耳曼人统治。1240年建立立陶宛大公国。1558～1583年，立陶宛参加了反俄国的立窝尼亚战争。1569年根据《卢布林联合条约》，与波兰合并成立波兰–立陶宛王国。1795～1815年立陶宛（除克莱佩达边区外）并入俄国。第一次世界大战期间被德国占领。1919年1月建立苏维埃政权。同年2月立陶宛和白俄罗斯联合组成立陶宛–白俄罗斯苏维埃社会主义共和国，8月资产阶级政权宣布成立立陶宛共和国。1939年8月根据苏联同德国签订《苏德互不侵犯条约》，立陶宛划入苏联版图。1940年6月重建苏维埃政权，同年7月21日成立立陶宛苏维埃社会主义共和国，8月3日正式加入苏联。1990年3月11日立陶宛最高苏维埃通过“关于恢复独立的立陶宛国家”的决议，宣告国家独立。1991年9月6日，苏联承认立陶宛独立。

立陶宛政体实行立法、行政、司法三权分立的议会制。议会为一院制，普选产生141席议员，任期4年。议会是国家最高立法机关。总统是国家元首兼武装力量最高统帅。政党众多，主要政党有社会民主党、自由中间联盟、新联盟、祖国联盟等。司法机构分最高法院、上诉法院、地区法院和地方法院。宪法法院负责裁定政府行为是否符合宪法。奉行面向西方、回归欧洲的外交政策，积极谋求加入欧盟和北约组织，同时与拉脱维亚、爱沙尼亚朝三国一体化的方向积极迈进。1991年9月被接纳为联合国成员国。2000年12月加入世界贸易组织。2004年5月加入欧洲联盟。截至2009年底，已与世界154个国家建交。1991年9月14日与中国建交。

经济发展水平较高。独立后推行市场经济和私有化改革等政策，自1995年起经济开始止跌回升，2009年人均国内生产总值约为8 010欧元。工业是国民经济的主体，以重工业为主。重要部门有能源、炼油、化肥、精密仪器、纺织、食品加工、电子、电机和无线电器材、计算机设备、仪表和机床

立陶宛首都维尔纽斯

制造、木材加工和纸浆、造纸等。电能充裕，核电发电量已占总发电量80%，每年有一半左右的电力供出口。炼油业发达，在马热伊基艾建有一座炼油能力为1 200万吨的大炼油厂。农业用地约占国土面积的45%，以畜牧业为主，多饲养乳牛、肉猪和家禽；种植小麦、亚麻、甜菜、马铃薯、蔬菜等。著名的疗养地。主要景点有陶拉盖、帕兰加、德鲁斯基宁凯等。交通运输发达，境内铁路通车里程1 775.3千米，公路21 279千米。主要海港克莱佩达为不冻港。拥有3个国际机场。货币名称为立特，实行与欧元挂钩汇率制。2009年进出口贸易总额为248.68亿欧元，同比下降33.2%。历年外贸逆差。主要贸易伙伴为俄罗斯、德国、白俄罗斯、拉脱维亚、乌克兰、英国和波兰。国家财政支出略大于收入。

文化教育事业发达，全国基本无文盲。2008—2009学年度共有各类院校1 600余所，注册学生总数为76万。主要报刊有《立陶宛晨报》、《共和国报》、《晚间消息报》、《考纳斯日报》等。有立陶宛通讯社（ELTA）和波罗的海通讯社（BNS）等。设有5家主要电视台和多家广播电台。

立陶宛大公国 Lithuania, Grand Duchy of 13～16世纪东欧封建国家。13世纪前期，明多夫格（1230～1263年在位）统一立陶宛各部落，在涅曼河下游地区建立了早期封建国家。13世纪末至14世纪兼并白俄罗斯、乌克兰和罗斯的西部领土，建都维尔诺。此时波兰和立陶宛同时受到日耳曼人条顿骑士团的侵略和莫斯科公国的袭扰，为了对付其共同敌人，两国于1385年8月在维尔诺近郊的克列沃村签订条约。后通过立陶宛大公瓦迪斯瓦夫二世·亚盖洛（1351～1434）与波兰女王雅德维佳联姻并加冕为波兰国王的方式，使立陶宛和波兰联合，史称克列沃联合。1569年7月，波兰与立陶宛在卢布林重新签订联盟条约，规定两国有一个共同的议会、共同的选王制和执行一致的对外政策，原来属于立陶宛的乌克兰地区直接并入波兰版图，史称卢布林合并。从此两国正式合并。18世纪中期以后，随着波兰国势急剧衰落和沙皇俄国瓜分波兰，立陶宛为沙俄所兼并。

立陶宛人 Lithuanians 东欧波罗的海沿岸地区的民族。自称列图维亚人。主要分布在立陶宛共和国，部分分布在俄罗斯、拉脱维亚、白俄罗斯、波兰等国。属欧罗巴人种波罗的海类型。使用**立陶宛语**。文字采用拉丁字母。多信天主教，少数信东正教。其远祖可追溯为公元前2000年前后就已居住在涅曼河和道加瓦河流域的农牧部落立陶宛人、奥克什泰特人、热麦特人、日穆德人、斯卡尔瓦人等。9～12世纪，逐渐形成了立陶宛部族。13世纪上半叶，建立立陶宛大公国。虽先后受日耳曼人和沙俄帝国统治，但始终保持自己独特的民族文化和生活习俗。现代农业发达，农产品主要为长纤维亚麻、马铃薯、谷物、豆类和甜菜等。电子工业、电器生产发展迅速。东部地区的农民多住用圆木柱架成的壁桁式单间房屋，西部地区住拥有前屋和储藏室的多间房屋。传统的民族服装是用粗麻布缝制的翻领长衬衫。

立陶宛人在跳舞

立陶宛语 Lithuanian language 立陶宛的官方语言。属印欧语系**波罗的语族**东支，是此语族仅存的两种语言之一（另一种为**拉脱维亚语**）。除立陶宛外，白俄罗斯、美国、巴西、阿根廷、中欧和西欧地区也有数量不等的使用者。立陶宛语方言歧异很大，主要分为两支：低地立陶宛语和高地立陶宛语。现代标准语以高地立陶宛语的一种次方言为基础，形成于19世纪末20世纪初。立陶宛语保留了古老的音高重音、曲折变化及某些形式区别、特别是体词的形式区别。构词的主要手段是借助后缀、前缀和复合构词法。语法上分阳性和阴性，单数和复数；有7个格；动词有3个人称、4种时态。18世纪前曾采用哥特体字母，以后改用以拉丁字母为基础的文字，共有33个字母。基本语序为主－动－宾型。

立体电影 stereoscopic motion picture 利用人的双眼视角差和会聚功能等特性拍摄，放映时产生立体效果的电影。它是由从类似人两眼的不同视角拍制的、具有水平视角差的两幅画面组成的，放映时两幅画面重叠在银幕上呈双影，通过特制眼镜或幕前辐射状半锥形透镜光栅，观众左眼看到的是从左视角拍摄的画面，右眼看到的是从右视角拍摄的画面，通过双眼的会聚功能，合成为立体视觉影像。采用幕前辐射状半锥形透镜光栅的立体电影受观众厅座位区位置的严格限制。在戴眼镜观看的立体电影中，广泛采用彩色眼镜法和偏光眼镜法。彩色眼镜法是初期立体电影的常用方法。偏光眼镜法的立体电影，从立体电影产生的1922年开始一直备受重视。1985年在日本筑波博览会上展出了70毫米大银幕彩色立体电影。20世纪60年代以来，中国拍摄的立体电影属偏光立体电影。苏联在70年代研试了全息立体电影，观看时不必戴眼镜，有很大的影像范围，且比普通电影有更大的深度感。这种电影仍在研究试验阶段。

立体化学 stereochemistry 研究分子在三维空间内的结构和反应行为的**化学**。许多分子具有三维结构，因此不仅是众多的**有机化合物**领域，还有其他各化学分支，特别是迅速发展的分子生物学领域，立体化学已经渗入其中。

分类 通常分为静态立体化学和动态立体化学。前者是分子结构的立体化学，处理立体异构的种类、结构和命名。后者是反应的立体化学，分析各类化学反应的立体化学要求和结果，包括立体异构体的分离和相互转变，往往又与反应机理交织在一起。

简史 立体化学起源于19世纪初期，J.-B.毕奥发现若干有机化合物具有旋转偏振光的性质。1848年L.巴斯德首次成功地从**外消旋体**中分离出右旋和左旋的酒石酸钠铵盐，提出右旋和左旋酒石酸分子间呈对映形态。1874年J.H.**范托夫**和J.-A.勒贝尔分别独立提出碳化合物的正四面体立体结构，四个取代基在四面体的顶端。这样碳化合物Cabcd（取代基$a \neq b \neq c \neq d$）能排列成两个互为镜像的**对映体**，从而奠定了有机立体化学的基础。20世纪初，A.**韦尔纳**提出配位理论，使立体化学在无机化学领域得到发展。

20世纪40年代O.哈塞尔证实环己烷分子呈椅式**构象**。随后，D.H.R.**巴顿**的构象分析理论深入到各学科的研究之中。20世纪60年代，R.B.**伍德沃德**和R.霍夫曼发现的分子轨道对称守恒原理，说明周环反应和有关反应的立体专一性。

20世纪50年代，L.**鲍林**等发现α-角蛋白的螺旋空间结构，后J.D.沃森和F.H.C.克里克阐明了脱氧核糖核酸的双螺旋结构。1951年J.M.比富特测得右旋酒石酸铷钠盐的绝对**构型**。由R.S.卡恩、C.K.英戈尔德和V.普雷洛格等人发展的顺序规则方法，用*R/S*系统指明分子绝对构型有了可能。

发展 20世纪90年代开始，药审部门提倡对单一立体异构体进行药理和临床试验。化学家首先要提供对映纯化合物，进而研究药物分子和生物体中受体或**酶**作用是否立体选择的匹配。

若干**手性不对称合成**方法已广泛用于工业生产。20世纪末，去对称合成方法用于不同类型的对称分子，可双向合成后，去对称形成各种立体异构体，是立体化学基础知识在合成化学中应用的成果之一。

21世纪又揭开蛋白组学研究的篇章。运用分子生物学各种手段，对蛋白质、核酸、糖类和脂类各种形式复合物的三维精细结构和功能的研究，揭示生命活动的规律和本质，对科技工作者提出极大的挑战。

立体声 stereophonic sound 一种重发声场空间信息的技术。主要用在电影、电视、家庭放声、多媒体与虚拟现实等方面。早在1881年的巴黎电器展览会上就进行了以两个传声器连接数对耳机而作成双通路立体声的表演。瑞利也曾介绍过其双耳听觉效应的研究结果。1931年出现了声级差型双通路立体声系统，包括一对左右对称地布置在倾听者前方的扬声器，通过改变扬声器对之间的信号声级差而产生倾听者前方一定角度范围内的声响分布。从70年代开始发展能重发整个水平面（甚至三维空间）声场空间信息的平面（或空间）环绕立体声系统，采用多于两个重发通路，故也称多通路环绕声系统。90年代发展的5.1通路环绕声系统采用前方左、中、右以及左环绕、右环绕共5个全频带通路，加上一路低频效果通路，被国际电信联盟（ITU）推荐作为多通路声的国际标准。

20世纪80年代，还出现了一种虚拟（立体）声重发系统，能在耳机（或扬声器）重发中虚拟出三维空间的声响效果。

立体效应 steric effect 分子中某些原子或基团彼此接近而引起的空间阻碍和偏离正常键角而引起的分子内的张力。又称空间效应。在有机化学中，取代基或分子结构的立体效应对反应活性有重要影响。立体效应普遍存在于有机化学反应中，在许多情况下，空间阻碍降低反应速率。然而在有些反应中，立体效应有可能增加反应速率，如在单分子亲核取代反应中，三烷基取代卤代烷的烷基增大时，导致正碳离子的形成，从而提高了反应速率。立体效应也经常被应用于控制反应的立体化学特征，提高反应的立体选择性（如非对映选择性和对映选择性等）。

立体主义 cubism 西方现代艺术史上的运动和流派。又称立方主义。1908年始于法国。这个名称的出现含有偶然性。1908年，G.布拉克在卡恩韦勒画廊展出作品，评论家L.沃塞列斯在《吉尔·布拉斯》杂志上评论说："布拉克先生将每件事物都还原了……成为立方体"，这种画风因此得名。立体主义的主将是P.毕加索和布拉克。毕加索的油画《弹曼多林的少女》(1910)，被认为是包含了立体主义因素的作品。20世纪初巴黎画坛异常活跃。继野兽主义崛起后，另一群文艺家常在蒙马尔特的"流动洗衣房"聚会。参加的有毕加索、布拉克、

毕加索作《弹曼多林的少女》

M.洛朗森、G.阿波利奈尔、A.萨尔蒙、M.雷纳尔、J.格里斯、F.莱热等。支持他们的有画商D.-H.卡恩韦勒，他于1907年在巴黎开办了画廊，这便是被人们称为立体主义的社团。1910年，以J.维荣为中心，建立起新的立体派社团，称作皮托集团。他们赋予分析的立体主义以秩序和规则，从而促进了立体主义朝着更为抽象和主观的方向发展。从1912年开始，毕加索等又进行综合的立体主义的试验。综合的立体主义不再从解剖、分析一定的对象着手，而是利用多种不同素材的组合去创造新的母题，并且采用实物拼贴的手法，试图使艺术家接近生活中平凡的真实。立体主义是富有理念的艺术流派，追求几何形体的美，追求形式排列组合所产生的美感。它否定了从一个视点观察事物和表现事物的传统方法，把从不同的视点所观察和理解的，形诸画面，从而表现出时间的持续性。这样做显然不依靠视觉经验和感性认识，而主要依靠理性、观念和思维。立体主义有浓厚的形式主义倾向，但它在艺术形式上的探索，又给现代工艺美术等注重形式美的实用艺术领域以推动作用。

吏读 idu 朝鲜文创制前借用汉字的音和义标记朝鲜语的一种特殊的文字形式。又称吏札、吏吐、吏道。相传为新罗神文王（681～692年在位）时期的鸿儒薛聪所创。此前已有不少早期吏读碑文。薛聪的贡献是把历代吏读文献归纳整理，使这种文字形式更加系统和定型。高丽李朝时期，吏读主要用于公私文书。吏读的特点：实词大致用汉语词，这些词进入句子时一般都按朝鲜语的语序，添加用汉字标记的表示语法意义的附加成分，这些附加成分朝鲜语称为"吐"。朝鲜文创制后，三种书面形式同时使用，一直延续到19世纪末。现存的吏读文献有碑文、《大明律直解》和一些文书契约等，是研究古代朝鲜语极为珍贵的资料。

丽鲷科 Cichlidae; cichlids 鲈形目一科。因许多种类具鲜艳的色彩和奇异的形态且像鲷类得名。共有84属680种。分布在南美、中美、非洲、西南亚地区和印度。中部非洲水域种类最多。中国已引进此科丽鲷属的4种鱼类进行养殖。体长椭圆形，侧扁；被以中等大的栉鳞；侧线中断为二，上侧线近于体背缘，下侧线沿尾部中轴延伸至尾鳍基底；上下颌齿通常为圆锥形；犁骨与腭骨一般无齿；下咽骨愈合，略呈三角形；头部每侧仅有1个鼻孔；鳃盖膜相连或否；鳃膜条骨5～6；背鳍1个，基部长；鳍棘部长于鳍条部；臀鳍至少具3鳍棘，胸位。属栖息于热带水域的淡水鱼类。这种鱼类都以不同的形式表现出对后代的保护。摄食习性多种多样，如丽鲷属（曾误称为非洲鲫鱼）的某些鱼，吃残渣和浮游植物；丽体鲷属鱼类吃底栖生物。多为观赏鱼类，能在水族箱中生活和顺利地繁殖。

丽江古城 Old Town of Lijiang 中国保存完整的纳西族聚居的古镇。位于云南省丽江市古城区。纳西族先民羌人于南北朝时迁此，南宋时始建城市。1258年元世祖忽必烈

丽江古城鸟瞰

设丽江军民宣抚司，因此城名丽江。丽江古城始建于南宋末年，西靠狮子山，北依象山、金虹山，南向开阔平坝。玉泉河水分为东河、西河、中河进入城中，再流布全城；又如碧玉砚台，故名大研镇。1986年国务院公布古城为国家历史文化名城。1997年作为文化遗产列入《世界遗产名录》。

丽江古城格局不同于中原地区的城镇，以四周青山为天然屏障，没有围合的城墙，无十字相交的道路，显示出依山傍水的自然古朴的本色。古城中心400平方米的方形广场称“四方街”，以此为中心有6条放射形的街道向四方伸展，街道间联络着数十条小巷，城内没有不能走通的死巷。路面铺砌着丽江特有的彩花石板。主街傍河，小巷临渠，极具特色。河道上有造型各异的石桥、木桥300多座。城里建有多处的3眼泉井，上井饮用、中塘洗菜、下池漂衣洗物，是丽江人合理用水的典范杰作。

古城中保存有明清时代的民居3 000多幢。这些建筑受白、汉、藏族影响，同时又有纳西族自己的特色。一般为两层木结构楼房，顺水依山或跨水临渠而建。临街大多为店铺，前铺后楼。民居既讲究结构布局，又追求雕刻彩绘装饰。门楼斗栱重叠、照壁飞檐翘角，外廊宽敞明亮，门窗隔扇雕饰精美图案，天井院子种花植木刻意布置。

古迹有木氏土司府邸、明代创建的五凤楼等。五凤楼原址在古城西北芒山福国寺内，1974年移建于黑龙潭畔，为省级文保单位。原为福国寺藏经楼，三层木构建筑，三叠八角共24个飞檐。因从任何角度望去都有五个飞檐，俗称“五凤楼”。现为丽江县民族博物馆。古城附近的大宝积宫、大定阁等庙宇，有珍贵的明代壁画。

丽江市 Lijiang City 中国云南省辖地级市。位于省境西北部，北和东与四川省相连。辖古城区和玉龙纳西族自治县、宁蒗彝族自治县、永胜县、华坪县。面积21 219平方千米。人口59万（2010），有汉、纳西、白、彝、傈僳等民族。1950年置丽江专区，1970年改丽江地区。2002年撤地区设丽江市。地形以山地为主，间有盆地和河谷小平坝。气候类型复杂多样。矿产有铜、铁、银、铝、钨、无烟煤、黑色花岗石和大理石等。农业主产水稻、玉米、小麦、蚕豆、大豆、马铃薯和花生、烤烟、甘蔗、冬早蔬菜、苹果等。畜牧养殖以猪、黄牛、水牛、牦牛、山羊、马、骡等为主，丽江马以品种优良著称，山羊板皮也较著名。山区盛产云杉、冷杉、铁杉、云南松、栎类等用材林，以及核桃、板栗、花椒和中药材。工业有煤炭、电力、冶金、建材、陶瓷、农机修造、粮油加工、竹木、工艺等。交通运输以公路为主。名胜古迹有玉龙雪山风景名胜区、泸沽湖、程海、虎跳峡、老君山、狮子山、鸡冠山、丽江古城、宝山古石城、丽江壁画、仙人洞、比依溶洞、玉峰寺、普济寺铜瓦殿、玉泉公园等。丽江是国家历史文化名城。

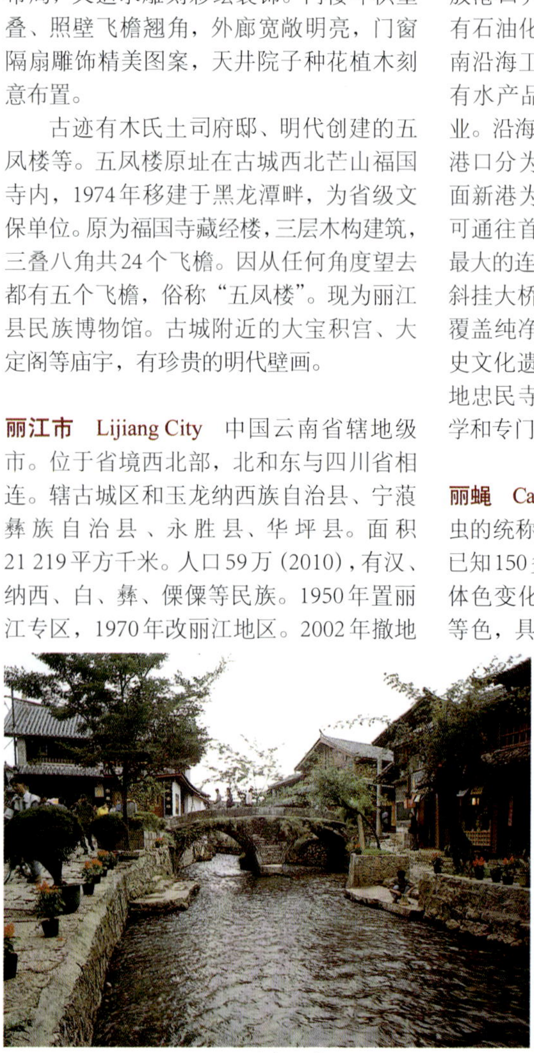

丽江临水人家

丽水 Yŏsu 韩国南海岸丽水半岛南端港口城市，水产业和新兴重化工业中心。南临丽水湾。包括半岛及其周围岛屿。面积498.10平方千米。人口约31.5万。天然良港。历史上曾为朝鲜海军基地。1949年开放港口并建市。1979年建成丽川工业区，有石油化工和化学肥料工业等，已成为东南沿海工业带内的重化工业基地。其他还有水产品、加工、造船、纺织、机械等工业。沿海渔产丰富，有刀鱼、燕鱼、鲅鱼等。港口分为两个部分，西面旧港为渔港，东面新港为商港。至首尔有定期航班。铁路可通往首尔等主要城市。1984年建成国内最大的连接市区与突山岛之间长达450米的斜挂大桥。沿海有闲丽海上国立公园和以覆盖纯净黑沙海滩而闻名的海水浴场。历史文化遗址有李朝时期朝鲜海军总部所在地忠民寺等。设有丽水工业大学、丽水大学和专门培养弱智少儿的丽水黎明学校等。

丽蝇 Calliphoridae; blow fly 双翅目丽蝇科昆虫的统称。全世界已知1 000种以上，中国已知150多种。分布广泛。成虫体中到大型，体色变化很大，多数呈青、绿、蓝或黄褐等色，具金属光泽，少数种类底色黑，覆淡色粉被。一般雄性两复眼接近，额较狭；雌性眼远离，额较宽；少数种类两性额均宽。触角芒一般为长羽状，少数为长栉状。卵长圆筒形。幼虫有3个龄期，蛆状，胸部3节，腹部8节。蛹为围蛹。

成虫多喜在室外活动，某些种类成虫系捕食性，如孟蝇属捕食蚁幼虫及白蚁。成虫除在肉、鱼、腐肉上产卵外，也可在人、畜的伤口内产卵，引起蝇蛆症。一般卵生，少数蚴生，即产生活的幼虫，繁殖数量极大。对人体的危害除造成骚扰外，部分种类具医学上的重要性，例如，大头金蝇可机械性地传播肠道传染病，蛆症金蝇是专性蝇蛆症的病原昆虫，引起人畜的蝇蛆病。

利比里亚 Liberia 非洲西部国家。西南濒临大西洋，海岸线长537千米，北、西北、东与几内亚、塞拉利昂、科特迪瓦相邻。面积111 370平方千米。人口347万（2009）。首都蒙罗维亚，其他主要城市布坎南。共有22个部族，人数较多的有克佩勒、巴萨、丹、克鲁、格雷博、马诺、洛马、戈拉、曼丁哥、贝尔等族和19世纪来自美国南部黑人移民后裔。居民40%信奉拜物教，40%信奉基督教，20%信奉伊斯兰教。官方语言为英语。

地理 地势东北高西南低。自沿海向内陆分为三种地形：沿海为宽30～70千米以上、海拔100米以下的平原和准平原；中部为海拔200～500米的丘陵和高原，有一系列东北—西南向海拔350～600米的山脉；北部为海拔700米以上的高原山地，最高峰武蒂维山，海拔1 381米。河流众多，较大河流发源于几内亚，其中卡瓦拉河长516千米，次为塞斯托斯河、圣保罗河、洛法河与马诺河。热带季风气候，年平均气温25℃，雨量充沛，年降水量沿海为2 500～3 000毫米，内陆为1 500～2 000毫米。内陆高原为热带草原区，其余大部分为热带雨林区。

历史 9～10世纪撒哈拉沙漠边缘的中、西非地区居民移入定居。15世纪下半叶，葡萄牙殖民者侵占山角和梅苏拉多角，贩运奴隶，掠取资源。随后荷、英、法等殖民者接踵而至。1821年美国殖民协会以价值300美元实物向当地酋长强行购得沿海13 300平方千米土地，随后，建立以今蒙罗维亚为中心的美国黑人移民区，1824年命

名为利比里亚（拉丁语意为“自由”）。1838年成立利比里亚联邦，由美国殖民协会派任总督；1847年7月26日宣告独立，建立利比里亚共和国。另一黑人移民区于1854年2月4日建立马里兰共和国，1857年并入利比里亚。按1986年宪法规定实行“三权分立”政治体制，总统是国家元首，任期6年，可连任两届。国民议会为最高立法机构，分参众两院。司法机构设最高法院、地方初级法院和特别军事法庭。实行多党制，主要政党有团结党、民主变革大会自由党、全国爱国党等。

利比里亚奉行独立自主、平等互惠的对外政策，重视发展与西方大国关系，重视国际组织与地区组织的作用。

1977年2月17日同中国建交，1989年10月10日中止外交关系。1993年8月10日，中国和利比里亚恢复外交关系，1997年9月9日再次中止外交关系。2003年10月11日两国同时宣布重新恢复大使级外交关系。

经济 2009年国内生产总值9亿美元，人均国内生产总值225美元。天然橡胶、木材和铁矿生产是国民经济支柱。橡胶、铁矿砂产量和出口量居非洲前列。2000年上半年开始执行国际货币基金组织的监督计划，包括改善金融状况、实行贸易自由化、改革公务员制度和实行国有企业改革等。货币单位为利比里亚元。

全国3/4人口以从事农业为生。天然橡胶为主要经济作物，蒙罗维亚东北有大规模种植园。橡胶产量为10万吨（2006）。其他经济作物有咖啡、可可、柯拉果、油棕、甘蔗、花生、棉花等。粮食作物有薯类、稻谷和玉米。粮产自给率60%。森林面积479万公顷，占国土面积58%，是非洲最大林区之一，盛产红木、黑檀等名贵热带木材，木刻手工艺品闻名西非。林姆巴山区以独特的动植物和自然景观著称。

首都蒙罗维亚总统府

全国10%人口从事矿业和制造业。矿产资源中铁矿砂储量估计40亿吨。其他矿产为金刚石、黄金、铝土、铜、铅、锰、锌、钶、钽、重晶石、蓝晶石等。金刚石主要产区在洛法河流域。加工工业主要有炼油，水泥，橡胶加工，铁矿石加工，化工，饮料和鱼、乳类加工，棕油榨制，面粉，农具等。

交通运输主要靠公路。公路总长11 000千米，其中全天候公路2 036千米，柏油路739千米。铁路490千米，均用于铁矿砂运输，由蒙罗维亚和布坎南通往矿区。海运在世界上占有特殊地位。2009年底，世界上有2 926艘船只悬挂利比里亚船旗，是世界第二大方便旗船国。有蒙罗维亚、格林维尔、哈珀、布坎南和罗伯茨等5个主要港口；布坎南为铁矿砂运输专用港，年吞吐量约1 200万吨。格林维尔以木材及其制品出口为主。罗伯茨国际机场是非洲最大机场之一，有班机往来于首都和各州之间。

外贸连年逆差，2009年外贸总额7.1亿美元，逆差3.9亿美元。铁矿砂、天然橡胶和木材约占出口值的70%。其他出口产品有黄金、金刚石、木材、咖啡、可可等。进口原料、燃料、消费品、机械、车辆等。

文化 实行小学、中学12年教育制度。中小学免费。全国共有中小学1 830所。高等院校有利比里亚大学、杜伯曼技术学院和考廷顿学院等。利比里亚大学为综合性大学，在校学生约1.6万人。有20多种报纸和杂志。《调查者报》和《新闻报》为发行量最大的报纸。利比里亚通讯社为官方新闻机构。利比里亚广播公司是官方广播电视机构，下设广播电台和电视台。

利比亚 Libya; Lībīyā 非洲北部国家。全称大阿拉伯利比亚人民社会主义民众国。北濒地中海，陆邻埃及、苏丹、尼日尔、乍得、突尼斯和阿尔及利亚。海岸线长1 900余千米，面积176万平方千米。人口564.1万（2009）。首都的黎波里。97%是利比亚阿拉伯人（见利比亚人），另有少数黑人、图阿雷格人、犹太人和欧洲人。阿拉伯语为国语。绝大多数居民信仰伊斯兰教。

地理 典型的沙漠国家，地处撒哈拉沙漠地区，全境95%以上地区为荒漠和半荒漠。大部是海拔300～500米的低高原，并受宽阔低地所分割。其中北部沿海有狭窄平原，海岸主要是平直沙岸，缺乏优良港湾。南部边境地势较高，为海拔1 000～2 000米高原山地，贝泰峰海拔2 286米，是全国最高峰。西北部与南部多砾漠、石漠；余为沙漠，间有低地和绿洲。广大高原地区动植物贫乏，富石油、天然气资源，还有铁、钾、锰、磷酸盐、铜、锡和硫磺等矿。

北部沿海为地中海型气候，冬季温湿，夏季干热，1月平均气温11℃，7月28℃；内地广大地区属热带荒漠气候，干热少雨，1月平均气温17℃，7月38℃，气温日较差和年较差均大，夏季受南方干热的吉卜利风影响，多沙尘暴；中西部的塞卜哈绝对最高气温48.9℃，是世界最干燥地区之一。降水稀少，变率很大，年降水量一般不足100毫米，甚至连年无雨。仅北部沿海地带降水量在100～400毫米，其中山地在400毫米以上。境内无常年性河流，地下水源丰富，井泉分布较广，为主要水源。

历史 古代利比亚居民为柏柏尔人、图阿雷格人和图布人。公元前7世纪左右迦太基人入侵。前201年利比亚人在反抗迦太基统治的斗争中曾建立统一的努米底亚王国。前2世纪被罗马帝国占领。公元7世纪后阿拉伯人打败东罗马帝国的拜占廷人，并征服当地的柏柏尔人，带来了阿拉伯文化和伊斯兰教，发展了畜牧业生产。16世纪奥斯曼帝国攻占的黎波里塔尼亚和昔兰尼加，控制了沿海地区，并成为其一个行省。1912年10月意土战争后成为意大利殖民地，此后利比亚人民进行了长达20年的利比亚抗意战争。1943年初，法、英分别占领利比亚南、北部。第二次世界大战后，联合国对利比亚全境行使管辖权。1951年12月24日，利比亚宣告独立，成立联邦制联合王国。1963年4月15日取消联邦制，改名利比亚王国。1969年9月1日，以卡扎菲为首的“自由军官组织”推翻伊德里斯王朝，成立阿拉伯利比亚共和国。1977年改国名为阿拉伯利比亚人民社会主义民众国。1986年4月起使用现国名。现政府致力于维护国家独立和主权，兴办社会福利事业。1969年12月颁布临时宪法。1973年，卡扎菲发动“文化革命”，宣布停止执行一切现行法律。

利比亚的议会称总人民大会，为国家最高权力机构。利比亚政府称总人民委员会，为国家最高行政机构。总人民委员会1976年11月举行第一次大会后，每年召开一次例会，必要时召开特别会议。常设机构是总人民大会秘书处。

利比亚禁止一切政党活动。1988年卡扎菲将正规军改编为“民众国卫队”。1989年9月成立全国临时防务人民委员会（总司令部），卡扎菲任武装部队最高统帅。

经济 原以农牧业为主。自20世纪50年代发现石油以来，石油工业迅速发展，经济面貌发生巨变。1961年开始出口原油，2009年出口石油创汇319亿美元，成为世界主要石油生产国和出口国。石油成为国家的经济命脉和重要支柱，财政收入的60%来自石油。1992～1999年受国际制裁期间，石油生产和运输能力遭到严重打击，经济下滑。其间及以后因政府作出若干让步并采取新的经济政策，随着石油价格的飙升，经济形势好转。近30年来炼油、天然气加工、石化工业相继建立，电力、钢铁、载重汽车、制药等化工、食品、建筑及建材、造纸、纺织等工业也应运而生，其中以米苏拉塔钢铁联合企业规模较大。2009年国内生产总值695.9亿美元，人均国内生产总值约12 336美元。货币单位为利比亚第纳尔。

农业人口占全国总人口的24%，可耕地仅占全国总面积的1.2%，耕地大部分为灌溉地。近一半的粮食和畜牧产品依赖进口。主要农产品有大麦、小麦、玉米、花生、柑橘、橄榄、椰枣、烟草、蔬菜等。畜牧业在农业中占重要地位。牧民和半牧民占农业人口的一半以上。沿海地区渔业资源丰富，金枪鱼、沙丁鱼捕捞业较盛。

交通以公路为主，总长25 535千米，无铁路。沿海干线国家公路，是国内交通运输大动脉和联系埃及、突尼斯等沿海国家的重要通道，次为的黎波里经塞卜哈至阿尔及利亚边境和塞卜哈至乍得与尼日尔公路。海运业发达，在1 900千米海岸线上有18个港口和岸外锚地。的黎波里、班加西为综合性大商港。米苏拉塔是米苏拉塔市和出口加工区服务的商港。扎维耶、拉斯拉努夫、图卜鲁格、卜雷加、锡德拉、祖韦提奈等为重要石油输出港。拥有非洲最大油船队。的黎波里、班加西和米苏拉塔有国际航空港。

世界主要石油输出国之一，原油和油制品占历年出口总值的95%以上。主要进口货物为粮食等初级农产品、食品、机械、建材、运输设备、电器、化工和轻工产品以及武器装备。主要贸易对象为意大利、

大莱普提斯考古遗址

德国、西班牙、韩国、法国、英国、土耳其、日本、突尼斯等。外贸常年均呈顺差，2009年外贸总额约552亿美元。

文化 实行全面免费教育制，并对6～15岁未成年人实行义务教育。全国有15所高等院校。主要有：的黎波里法塔赫大学、纳赛尔大学、卜雷加明星大学、拜达奥马尔·黎赫塔尔大学、行胡恩电器学院、贝尼·贝利德电子学院、布拉克技术学院、加特体育学院等。主要报刊有《新黎明报》、《绿色进军周报》、《民众国周报》等。官方通讯社称民众国通讯社。民众国广播电台（1957）用阿拉伯语和英语从的黎波里和班加西播出。1996年5月开设电视卫星频道，向阿拉伯地区传送电视节目。境内保留有若干历史文化遗迹：塔德拉尔特·阿卡库斯岩画，位于与阿尔及利亚交界处，存有古代数千件古代岩画，1985年被列入《世界遗产名录》；大莱普提斯考古遗址位于沿海胡姆斯地区，保存有腓尼基古城和古罗马城众多遗迹，1982年被列入《世界遗产名录》。其他列入《世界遗产名录》的还有位于与突尼斯、阿尔及利亚交界处的古达米斯古镇，位于滨海地区的塞卜拉泰考古遗址，以及位于绿山区的昔兰尼考古遗址。地中海沿岸气候宜人，的黎波里、班加西、胡姆斯等城镇风光秀丽，亦为旅游景区。

对外关系 奉行独立自主、不结盟和反霸政策，维护民族独立和国家主权，主张同非洲、伊斯兰国家加强合作。支持巴勒斯坦和阿拉伯国家（人民）恢复民族权利和收复失地的斗争，主张非洲和阿拉伯统一，提出建立“非洲联盟”的设想，并倡导成立“萨赫勒-撒哈拉国家联合体”。迄今已同近百个国家建立了外交关系。1978年8月9日同中国建交。

“九一”革命后，与美国关系紧张。1980年美指责利比亚支持国际恐怖主义，两国关系迅速恶化。1981年8月，两国在苏尔特湾发生空战。1988年12月发生**洛克比空难**事件后，两国关系进一步恶化。美、英和利比亚于2003年3月达成协议，利比亚同意承担洛克比案责任并支付总额27亿美元和对270名遇难家属进行赔偿，利、美

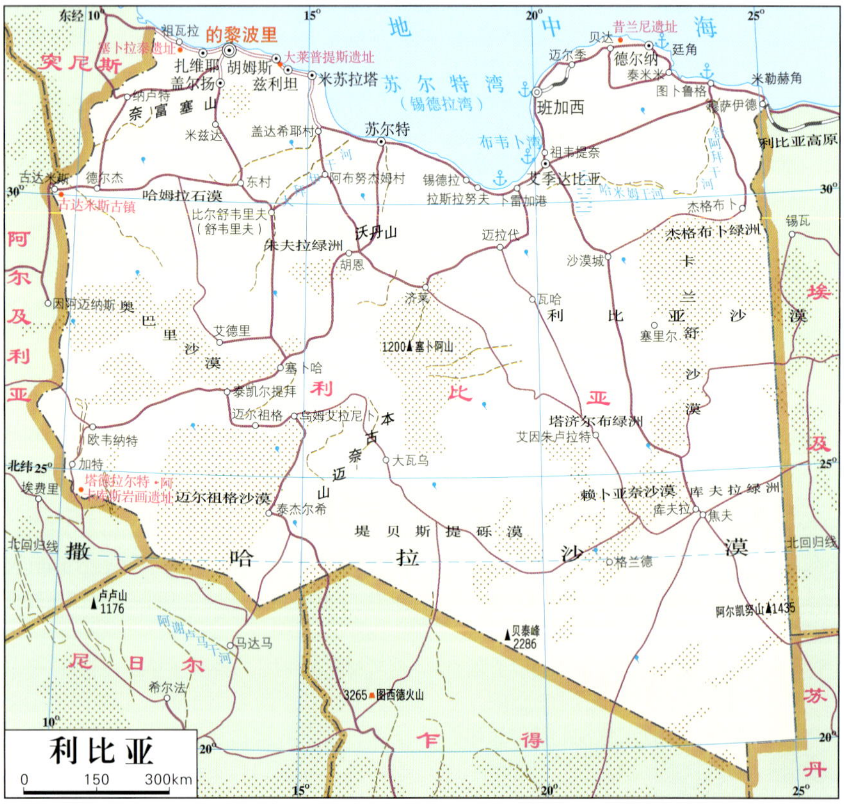

关系随之开始缓和。2006年美宣布全面恢复与利比亚的外交关系。

欧盟是利比亚第一大贸易伙伴，90%以上石油向欧盟国家出口。1999年联合国宣布中止对利比亚制裁后，欧盟率先取消对利比亚单方面制裁。利比亚是阿拉伯马格里布联盟成员国。

利比亚抗意战争 Libyan War of Resistance against Italy 1912年利比亚人民发动的反对意大利侵略的战争。

第一阶段从1912至1921年。开始是群众性的自发斗争，很快就得到由伊斯兰教塞努西教派为主的抵抗组织的领导，明确提出要使利比亚成为独立的阿拉伯国家。大规模的抵抗战争迫使意大利先后同意承认昔兰尼加地区的独立和的黎波里塔尼亚地区的自治权利。1922年意大利再次发动侵略利比亚的战争，第二阶段战争开始。利比亚人民在民族英雄奥马尔·穆赫塔尔领导下在全国城乡组织游击战争，重创意军。意大利投入重兵，使用了飞机、大炮等最新式武器进行惨绝人寰的大屠杀。1931年，奥马尔·穆赫塔尔被俘牺牲。历时20年之久的有组织的抵抗战争结束。

利比亚人 Libyans 北非大阿拉伯利比亚人民社会主义民众国的主体民族。又称利比亚阿拉伯人。约572万人（2005）。主要分布在北部的黎波里塔尼亚和昔兰尼加沿海地带。属欧罗巴人种地中海类型。使用阿拉伯语，属阿非罗-亚细亚语系闪米特语族。有文字。多信仰伊斯兰教，属逊尼派。

由阿拉伯人和土著柏柏尔人长期融合而成，含有腓尼基人、犹太人、希腊人和罗马人的成分。7～11世纪，阿拉伯人陆续迁入利比亚，绝大部分为11世纪涌入的苏莱姆部落的后裔。柏柏尔人多属贝拉尼斯人和穆德齐兹人两大部落，11世纪起，大部分人阿拉伯化。16世纪起受奥斯曼土耳其人统治。16～18世纪，土耳其士兵同当地阿拉伯人或柏柏尔人妇女通婚，其后裔构

穿着传统服饰的利比亚柏柏尔族妇女

成今日聚居在沿海地区米苏拉塔的古卢格里人。传统社会允许一夫多妻。男女均行割礼。按父系续谱、居住和继承财产。主要从事农业，种植大麦、小麦、玉米、橄榄、枣椰、烟草、花生和阿尔法草。20世纪50年代发现石油以来，经济迅速发展。昔兰尼加内地多为半游牧民；的黎波里塔尼亚内地及费赞地区多为游牧民，饲养牛、羊、骆驼和马。

利比亚沙漠 Lībīyah, Aṣ Ṣaḥrā' al; Libyan Desert 北非撒哈拉沙漠的一部分。在尼罗河以西的埃及、苏丹、利比亚境内，从利比亚东部起，经埃及西部，延伸至苏丹西北端。面积约200万平方千米，海拔400～500米，最高点为三国交界处的欧韦纳特山，海拔1 934米；最低处为埃及的盖塔拉洼地，在海平面以下133米。地势自南向北微缓倾斜。西部以石漠为主，东部以流沙为主。地表大部覆盖流沙，形成面积广大的沙海，巨大的新月形沙丘高30～40米，宽200～300米。在风力作用下，流沙每年平均向西南流动15米。世界上最干燥地区之一，降水十分稀少，地表水贫乏。地下水埋藏较深，出露处形成绿洲，如锡瓦、库夫拉、哈里杰、拜哈里耶、达赫拉绿洲等。居民多集中在绿洲。主产椰枣。北部富石油资源。利比亚沙漠埃及部分称西部沙漠。

利伯维尔 Libreville 加蓬首都和最大城市。位于国境西北加蓬河口北岸，面临大西洋。人口约60万（2008）。坐落在沿海平原上。靠近赤道，属典型热带雨林气候，终年高温多雨；年平均最高气温29.6℃，年降水量2 648毫米，分配较均匀，2～4月和10～11月为多雨期。16世纪后蓬圭人和芳人陆续来此定居。1839年城市由法国人始建，成为法国的殖民据点。1849年因在此安置被释黑奴，取名利伯维尔，法语意为“自由城”。1888～1904年成为法属赤道非洲首府。1960年国家独立后定为首都，并成为全国经济文化中心。木材加工业中心，多锯木厂、胶合板厂等，还有食品、纺织、印染、水泥、船舶修造等工业，以及粮食、榨油和可可等农产品加工业。全国第一大海港，1974年东南16千米处的奥文多深水港建成，水深11.5米，可停泊2万吨级货轮。主要出口原木和锰。有铁路直通内陆，连接矿区和林区；公路通全国主要城市；利伯维尔机场为大型国际航空港。创建于1970年的国立奥马尔·邦戈大学是全国唯一综合性大学。城市建设现代化水平较高，热带海滨风光秀丽，旅游业发展很快。

利川市 Lichuan City 中国湖北省恩施土家族苗族自治州辖县级市。位于省境西南部，北、西面与重庆市接壤。面积4 603平方千米。人口65万（2010），聚居着汉、土家、苗、回等20个民族。其中少数民族人口占总人口的46%。土家族为世居民族。清雍正十三年（1735）设利川县。1986年撤县，设立县级利川市。气候垂直差异显著。从低山、二高山到高山分属中亚热带、南温带、中温带气候。矿产资源有煤、铁、铜、金、银和天然气、钾盐、卤水、磷、大理石、萤石等。农业以发展水稻、玉米、小麦、大豆、油菜、烤烟、茶叶、莼菜、柑橘和生猪、牛、家禽等为主。利川是中国水杉之乡，山区富林业资源。工业以卷烟、煤炭、电力、化工、建材、采盐等为主。名胜古迹有腾龙洞、鱼木寨、福宝山水库和星斗山植物园、大小井古建筑群等。

利胆药 choleretics 刺激肝脏增加胆汁分泌的一类药物。分为两大类：①促使肝脏分泌胆盐、胆色素等固体成分的药物，即固体利胆药，它不刺激水分的分泌。②促使肝脏分泌富于水分的胆汁，即水分利胆药，而固体成分的总量并不增加。前者产生胆汁的比重不下降，而后者产生胆汁的比重、黏度和固体浓度均减少。胆维他、利胆醇（苯丙利胆醇）属于固体利胆药。去氢胆酸、雄去氧胆酸、舒胆灵、利胆酚（柳氨酚）属于水分利胆药。牛胆酸钠也可能是水分利胆药。利胆药禁用于阻塞性黄疸，特别是完全性阻塞性黄疸患者。

利改税 replacement of profit by tax 中国改革国家与国有企业利润分配关系的一项措施。国有企业向国家缴纳利润改为交纳税金办法的简称。目的在于通过建立适应中国国情的多层次、多税种和多环节调节的税制新体系，把国家与国有企业之间的分配关系通过税收形式，以法律为依据稳定下来，使国有企业逐步走上自主经营、自负盈亏的道路。利改税分两步进行，第一步从1983年1月起，第二步从1984年10月起。按照国务院1984年9月18日批准颁布的《国营企业第二步利改税试行办法》及各税条例（草案）和征收办法，设置产品税、增值税、盐税、营业税、资源税、城市维护建设税、房产税、土地使用税、车船使用税、国有企业所得税和国有企业调节税等11项税种，连同原来征收的一些税种，初步建立了新的税制调节体系。

1987年推行多种形式的企业承包经营责任制以后，实际上停止实行利改税。1993年12月国务院发布一系列条例，全面更替了有关利改税的规定。

利簋 Gui of Officer Li 中国西周初期的青铜器。为名利的官吏所作。1976年出土于陕西省临潼县（今西安市临潼区）周代窖藏，是已知年代最早的西周铜器之一。现藏中

国国家博物馆。簋通高28厘米、口径22厘米，重7.95千克。侈口，深腹，圈足下附方座，兽头形双耳下饰垂珥，为西周早期簋的典型形制。腹和方座饰兽面纹、夔纹，圈足饰夔纹，皆以云雷纹为地。内底铸铭文4行32字，记述了周武王征伐商纣在甲子日早晨，其时岁星正当其位，印证了《逸周书·世俘解》、《尚书·牧誓》、《史记·周本纪》等文献对武王伐商历日的记载，有重要史料价值。

利基家族 Leakey family　一个为古人类学发展作出重大贡献的家族。包括三代人：L.S.B.利基和夫人M.D.利基，儿子R.E.F.利基和儿媳M.G.利基，以及孙女L.N.利基。

L.S.B.利基（Louis Seymour Bazett Leakey，1903-08-07～1972-10-01）又称路易斯·利基、老利基。英国传教士的儿子。生于肯尼亚的卡贝泰。1922～1926年在英国剑桥大学学习语言学、考古学和人类学。后回到肯尼亚工作。1935年在东非发现当时未被确认的南方古猿化石。1951年在坦桑尼亚奥杜瓦伊峡谷（又译奥杜韦峡谷）开始系统挖掘工作。1940～1961年任内罗毕的科里登纪念博物馆（后为肯尼亚国家博物馆）研究员。主要著作有与人合著的《东非人类化石》、《人类的起源》等。

路易斯·利基（老利基）

M.D.利基（Mary Douglas Leakey，1913-02-06～1996-12-09）又称利基夫人、玛丽·利基。原姓尼科尔（Nicol）。生于伦敦，在法国攻读史前考古学，1936年与L.S.B.利基结婚。她将现代考古学技术引入东非的发掘工作，发现阿舍利遗址（见**阿舍利文化**）；1960年在奥杜瓦伊峡谷建立永久性基地，长期指挥发掘工作，有一系列重大发现。丈夫去世后，独自去坦桑尼亚的莱托里发掘，又有重要发现。主要著作有《奥杜瓦伊峡谷系列（第三册）》等。

R.E.F.利基（Richard Erskine Frere Leakey，1944-12-09～ ）又称理查德·利基、小利基。生于内罗毕。老利基夫妇次子。在与父母一起工作中获得古人类学知识，自学成为古人类学家。1974年为肯尼亚国家博物馆馆长。他组建、领导国际性的多学科考察队在图尔卡纳湖和奥英河地区取得许多重要发现，创立纪念利基非洲史前学国际研究所；积极培养肯尼亚研究人员。主要著作有《人类的演化》等。

利基家族的主要贡献在于一系列人科化石的发现和研究。老利基夫妇1959年在奥杜瓦伊峡谷发现一个粗壮型**南方古猿**的头骨，创立东非人，现改称为南方古猿包氏种；1960、1963年发现的化石在1964年被定名为**能人**。利基夫人在莱托里遗址发现的化石共代表26个人，被归入南方古猿阿法种。小利基及其领导的工作组在肯尼亚图尔卡纳湖以东地区发现许多完整的人科化石，提供了早期人科成员两性分异根据，并最后证明纤细型和粗壮型南方古猿确实是不同的类型，而不是两性差别。1972年发现了编号为KNM-ER1470号头骨，现被命名为**鲁道夫人**。

老利基的儿媳M.G.利基（Meare G.Leakey，1942～ ）即米芙·利基则在1995年肯尼亚图尔卡纳湖西南发现南方古猿湖畔种，随后又发现扁脸肯尼亚人。老利基孙女L.N.利基（Louise N.Leakey，1972～ ）也参与了扁脸肯尼亚人化石的发现和研究论文的撰写工作。

除了人科化石以外，老利基夫妇还发现原康修尔猿、肯尼亚古猿等古猿化石，并在奥杜瓦伊遗址重建了从将近200万年前到10万年前的旧石器时代文化序列，证明了石器技术和文化发展的历史过程是从简单的石制砍砸工具到相对复杂、精致的多功能的手斧及其他工具，使奥杜瓦伊遗址因所发现文化之早、跨越时间之长而成为旧石器时代早期阶段的典型范例。

利基家族的发现把人类起源的历史从距今几十万年推到100多万年前进而到300多万年以前、400万多年以前，大大促进了人们对人类自身起源和历史的了解，进一步肯定了非洲是人类起源地，发展了人类起源的理论，还复原了人类历史早期阶段的文化发展序列。

利科 Ricoeur, Paul（1913-02-27～2005-05-20）法国哲学家。现象学解释学的主要代表。生于法国瓦伦斯，卒于沙特奈马拉布里。早年就学于巴黎大学哲学系。1948年起先后任教于斯特拉斯堡大学、巴黎大学、巴黎第十大学、卢汶大学和芝加哥大学。他在60年代以前致力于**现象学**和**存在主义**研究，提出了意志现象学学说。60年代初转向解释学研究，建立了现象学解释学。60年代末起专注于各种语言哲学问题，从而扩大了对解释学的研究范围。他的哲学思想具有较明显的综合性和折衷性，在欧美哲学及人文科学界有较大影响。著有《意志哲学》、《解释的冲突》等。

利库德集团 Likud　以色列右翼党的联盟。“利库德”在希伯来语中意为“团结”、“联合”。1973年9月由加哈尔集团、国家党、自由中心及人民党组成，又称全国自由联盟。1977年在议会选举中首次获胜，从而打破工党执政29年的局面。此后，利库德集团多次单独或与工党联合执政。与工党联合执政时，两党领袖轮流担任总理。在以色列的三次总理直选中，利库德集团分别于1996年和2001年的选举中获胜，B.内塔尼亚胡和A.**沙龙**先后出任总理。2003年沙龙又在大选中获胜，连任总理。2003年底，沙龙提出从加沙地带和约旦河西岸部分地区撤离的“单边行动计划”，但遭到极右势力的强烈反对。2005年，沙龙强力推行“单边行动计划”，造成党内分裂，沙龙另组前进党，B.内塔尼亚胡当选为利库德集团领袖。2006年，利库德集团在第17届议会选举中严重受挫，仅获得12个议席，降为以色列第三大党。2007年内塔尼亚胡再次当选利库德集团主席，2009年内塔尼亚胡第二次出任总理。利库德集团的最高权力机构是代表大会。中央委员会为党代会闭幕期间的最高领导机构，由1 300人组成。拥有党员15万人左右。利库德集团的纲领指出，以色列人拥有以色列国的权利是永恒的，不容争辩。

利隆圭 Lilongwe　马拉维首都和第二大城市。处于国家中西部利隆圭河两岸肥沃高原。人口约66.9万（2008）。独立后，为促进国家中、北部地区社会经济发展，1965年被选定为发展中心，1968年始建，1975年首都从松巴迁此。城市由旧城和新区两部分组成，旧城主要为服务业中心，新区设为政府机构和使馆区。现为国家政治中心，中部商业交通中心。周围是富饶的烟叶、花生、玉米产区和养畜区，中部地区农产品集散于此。工业区位于城市的北部，以烟草加工为主，还有肉类加工、服装、家具等工厂。全国重要交通枢纽。4条干线公路在此交会。有新国际机场和东西走向的铁路。

利率 interest rate 一定时期内利息量与本金的比率。利息率的简称。利率水平受多种因素影响：①平均利润率。利息是借贷资本的伴生物，是利润的一部分，因此，利率不能超过平均利润率，且随平均利润率的变动而变动。②资金供求状况。利率实际上是借贷资本的价格。市场上资本供应越紧张，利率就上升，反之，则下降。③借贷期限。利率随借贷期限的长短而不同。通常，借贷期限越长，利率越高，反之越低。④预期价格变动率。从存款来看，如预期物价上涨率高于存款利率，那么储户就会产生"存钱不如购物"的心理而大量提取存款，发生"挤兑"现象，甚至引发金融危机；从贷款来看，预期物价上涨率过高，贷款利率过低同样会给银行造成损失，银行必须提高利率水平以弥补这种损失。⑤银行费用。银行作为经营货币资金的企业，扣除经营费用以后应有一定的盈余，因此保持存贷款的合理利差是调整利率水平的又一重要影响因素。⑥国家宏观经济政策。利率政策是国家宏观经济政策的重要工具，中央银行的贴现率政策起着引导市场利率走向的重要作用。此外，利率的高低还受借贷资本的风险大小、历史因素和社会习惯等影响。

利马 Lima 秘鲁首都和利马省首府、全国最大城市。位于沿海地区中部里马克河下游河畔，太平洋与西科迪勒拉山脉之间的滨海沙漠绿洲上。包括郊区和卫星城镇在内人口821万(2009)。气候终年温和。平均年降水量31毫米。1535年由西班牙殖民者所建。1544年成为秘鲁总督辖区首府。1821年秘鲁独立后成为首都，为全国政治、经济和文化中心。第二次世界大战后，工业兴起，居民大量涌入，城市急剧膨胀。主要有纺织、食品、皮革、服装、塑料、制药、化学、金属加工和石油提炼等部门。全国交通枢纽。有公路、铁路。有国际机场。市区有政府宫、市政大厦、大主教宫和古教堂等著名建筑。有圣马科斯大学等十几所大学。城内有博物馆51座。旅游胜地有帕查卡马克遗址、普鲁丘科和卡哈马基利亚印加和前印加时期文化遗址。

利马圣马丁广场

利马 Lima, Jorge de (1895-04-23～1953-11-15) 巴西诗人。生于乌尼昂，卒于里约热内卢。曾在医科大学求学，毕业后行医。历任阿拉戈斯州众议员，里约热内卢市议员、议长。曾在多所学校任教。他的诗歌创作不断进行革新。初期作品因袭帕尔纳斯派的风格，后来成为现代主义诗人。1925年以后，以诗歌反映东北部地区居民尤其是黑人的生活。《那个黑女人富洛》(1928) 一诗描写一个黑人女仆的故事，由于风格清新、情节感人而脍炙人口。1935年以后成为宗教诗人。他的诗作还有《亚历山德里诺斯十四》(1914)、《黑人诗集》(1938)、《十四行诗集》(1949) 等。另外著有《所罗门和女人们》(1927)、《天使》(1934) 等小说以及传记和论文集。

利马索尔 Lemesos; Limassol 塞浦路斯一大港，利马索尔行政区首府。又名莱梅索斯。位于南部海岸的中段，濒阿克罗蒂里湾。人口约15.69万。公元前腓尼基时代已有聚落。1191年，参加十字军东侵的英格兰国王理查一世在此登陆，并在城堡要塞的教堂里与纳瓦拉王国的公主贝伦加里娅成婚。城堡现辟为地区博物馆。独立后，开始扩建码头设施，增设新港，停靠大型船舶。1974年因土耳其派军进入塞浦路斯北部，大量希族难民来此，导致人口急剧增加，很快代替阿莫霍斯托斯成为塞浦路斯最大港口，并且建立了浮船坞。工业中心，生产鞋靴、纺织品、家具、水泥、罐头等，加工铬和石棉，葡萄酒、烧酒、啤酒和果汁的生产尤其发达。贸易中心，出口葡萄酒、饮料、水果、蔬菜。每年7月举行狂欢节和艺术节，9月举行葡萄酒节。市区以西有英国军事基地阿克罗蒂里。

《利马宣言》 *Declaration of Lima on Industrial Development and Cooperation* 1975年3月12～27日在秘鲁首都利马举行的第2届联合国工业发展组织大会通过的关于发展中国家工业化问题的文件。全称为《关于工业发展与合作的利马宣言》。宣言确定发展中国家实现工业化的若干指导原则，提出发展中国家工业发展的目标。为此，大会制订了《行动计划》，提出具体的建议和措施：发展中国家要拟订长期工业化计划和战略；发达国家要逐渐消除或减低各种贸易障碍，增加从发展中国家进口半制成品和制成品，扩大技术援助，资助发展中国家的工业发展；加强发展中国家与发达国家之间在贸易、资金转移、技术转让、工业生产等方面的合作；国际社会和发达国家应采取特别措施，加速最不发达国家、发展中内陆国和群岛国的工业发展。

利玛窦 Ricci, Matteo (1552-10-06～1610-05-11) 旅居中国的意大利耶稣会传教士，学者。字西泰，号清泰、西江。生于意大利马切拉塔，卒于中国北京。1571年在罗马加入耶稣会，在耶稣会主办的罗马学院学习哲学和神学，并从师数学家C.克拉维乌斯学习天算。后被耶稣会派到中国传教，1582年抵澳门，次年获准入居广东肇庆。1589年移居韶州。1601年到北京，进呈自鸣钟、《万国图志》等方物，得明神宗信任，敕居北京。1610年在北京病殁。在中国传教期间，习汉语，着儒服，行儒家礼仪，是第一位阅读中国文学并对中国典籍进行钻研的西方学者。除传播宗教教义外，还广交中国官员和社会名流，传播西方天文、数学、地理等科学技术知识。与士大夫沈一贯、叶向高、徐光启、李之藻、杨廷筠等均有交往。同时，又向欧洲介绍中国国情，为明代中西文化交流作出了重要贡献。其著译，数学方面有与徐光启合译的《几何原本》，地理学方面有世界地图《坤舆万国全图》，语言学方面有《西字奇迹》(今改名《明末罗马字注音文章》)。《西字奇迹》以西法之音，通中国之音，使向来被人看作繁难的反切，变成简易的东西，是中国汉字拉丁化道路之始。1608年末，利玛窦根据在中国传教期间的经历和见闻，开始把所了解的中国情况用意大利文记述下来，1615年以《基督教远征中国史》为题，在德国出版。该书对研究明代中西交通史、耶稣会士在华传教史和明朝后期历史，都具有重要史料价值。中译本名为《利玛窦中国札记》。

利尿药 diuretics 促进肾脏排尿功能从而增加尿量的药物。其作用系通过抑制肾小管钠及水重吸收而发挥。临床常用利尿药消除各种疾病(如肾脏病、心力衰竭、肝硬化等)的水肿及体腔积液，也常用其治疗高血压（常与其他降压药配伍应用）。临床上根据利尿效能差异将利尿药分为如下三类：①高效能利尿药。主要作用于髓襻升支的髓质部和皮质部，故又称襻利尿药。能使滤过钠的15%～25%排出体外，药物剂量增加时，利尿作用将进一步增强。②中效能利尿药。主要作用于髓襻升支皮质部及远端肾小管近段。使滤过钠的5%～10%排出体外。当肾小球滤过率低于25毫升/分钟时即不能发挥利尿作用。③低效能利尿药。主要作用于远端肾小管及集合管皮质段，使滤过钠的5%左右排出体外，同时潴留钾，故又称潴钾利尿药。应用利尿药须注意水、电解质及酸碱平衡。长期服用还须注意对糖、脂及嘌呤代谢的影响。噻嗪类利尿药及襻利尿药有可能升高血糖、血脂及血尿酸（抑制尿酸排泄），应予监测。

利皮父子 Lippi, Fra Filippo and Filippino 意大利画家。F.F.利皮（Fra Filippo Lippi，约1406～1469－10－08/10） 生于佛罗伦萨，卒于斯波莱托。1421年入佛罗伦萨卡尔米内修道院，50年代被聘赴普拉托一修道院作画。他的代表作品是表现圣母和圣婴耶稣的图画，用色明丽，形象柔和。

《圣贝尔纳德的幻觉》(乌菲齐美术馆藏)

F.利皮（Filippino Lippi，约1457～1504－04－18） 生于普拉托，卒于佛罗伦萨。F.F.利皮之子。继承其父衣钵，后又受S.博蒂切利较大影响。代表作《圣贝尔纳德的幻觉》(1486)，线条流畅，人物精美。1485年，被聘续成佛罗伦萨卡尔米内教堂中的布兰卡奇礼拜堂壁画。

利平科特 Lippincott, Joshua Ballinger (1813－03－18～1886－01－05) 美国出版商。生于伯灵顿，卒于费城。1827年在费城克拉克书店当职员，19岁升任经理。1836年收购该书店，更名为利平科特公司，出版宗教和文学书籍。1850年又收购费城地区最大的图书批发店，并赢得“书业拿破仑”称号。南北战争开始后，公司改出医学书籍。他出版的《美利坚合众国药典》是世界上迄今为止连续出版时间最长的专业参考书。1885年重新组建利平科特出版公司，是美国第一家具有现代出版公司职能与规模的大型出版企业，现仍是美国著名的医学专业出版公司。

利普斯科姆 Lipscomb, William Nunn, Jr. (1919－12－09～2010－04－14) 美国物理化学家。生于俄亥俄州克利夫兰，卒于马萨诸塞州剑桥。1941年毕业于肯塔基州立大学。1946年获加州理工学院博士学位。第二次世界大战期间在美国科研与开发计划署工作，1946～1959年，在明尼苏达大学任教，1954年升为教授。1959年起，任哈佛大学化学系教授。1960年当选为美国科学艺术研究院院士。1961年成为美国国家科学院院士。他利用低温X射线衍射方法等测定了多种硼烷结构。根据他测定的结果，硼烷分子具有代表性的结构是一种笼状的空间三维结构，并经核磁共振试验验证。他的研究结果表明：硼烷是一种缺电子化合物，属于三中心两电子键结构。由此可解释B—H—B和B—B—B键，圆满地阐明了硼烷分子的复杂结构。他还通过数学方法推算出硼烷及其离子可能存在的数目，预示了它们的结构。由于在研究硼烷结构方面的突出贡献而获1976年诺贝尔化学奖。著有《硼氢化物》和《硼氢化物及其有关化合物的核磁共振研究》等。

利润 profit 企业销售产品的收入扣除成本价格和税金以后的余额。在不同的社会条件下，利润的内涵不同，体现的社会关系不同。

资本主义制度下的利润是剩余价值的转化形式，它表现为商品价值超过成本价格的余额。利润实际上来源于资本家用可变资本购买的劳动力在生产过程中所创造的剩余价值，但却在现象上表现为资本家全部预付资本所带来的增加额。剩余价值和利润不仅在质上是相同的，剩余价值是利润的本质，利润是剩余价值的现象形式，而且在量上也是相等的；剩余价值和利润所不同的只是，剩余价值是对可变资本而言的，利润是对全部资本而言的。因此，剩余价值一旦转化为利润，剩余价值的起源以及它所反映的资本剥削雇佣劳动的关系就被掩盖了。在资本主义社会，利润所造成的假象就是：它是资本的产物，同劳动完全无关。

在公有制作为唯一所有制形式的计划经济时代，利润已经不是作为剩余价值的转化形式，而是作为考核企业经营状况的一个价值化的指标；利润所表明的不再是“资本增殖”，而是公有资产的“保值增值”。在中国社会主义市场经济条件下，由于存在不同的所有制形式和生产方式，因而，不同的生产方式对于同一个利润概念，其含义和实质是不同的。就纯粹的公有企业和公有资产来说，利润的含义和计划经济时代是相同的；就采取了资本主义生产方式的企业和私人资本来说，利润仍然是剩余价值的转化形式，所体现的仍然是资本对雇佣劳动的关系。

利润最大化原则 profit maximization, principle of 经济学中对企业行为模式的一种一般性假定。它认为利润是企业追求的唯一目标，也即企业行为所追求的目标就是使其利润达到最大化。该原则是微观经济学中关于经济人基本假设的一个具体体现。

利润指企业在一定时期内总收益与总成本之间的差额，又称经济利润或超额利润。这里的总成本是包含了正常利润在内的成本。正常利润通常指企业家才能的报酬，它属于隐成本。

在经济学中，企业实现利润最大化的必要条件是：企业应该选择最优的产量，使得最后一单位产品所带来的边际收益等于所付出的边际成本。由此，边际收益等于边际成本也被称为厂商实现利润最大化的原则。

利什曼虫 *Leishmania* 原生动物门动鞭毛纲动体目锥虫科利什曼虫属种类的统称。又称利什曼原虫。种类多，寄生于人、哺乳动物（犬、鼠等）和某些爬行类动物（蜥蜴等）。生活史有两个时期：一是寄生在脊椎动物的脾、肝、骨髓、淋巴结、黏膜等的网状内皮系统的巨噬细胞及其他细胞，并在其中进行繁殖。该期虫体呈椭圆或圆形。另一时期寄生在白蛉的消化道中。以二分裂方式繁殖，待白蛉下次吸血时，再把虫体接种到新的宿主。所有寄生人体的利什曼虫都是动物源性的，它们的贮存宿主为犬、狐、啮齿类等哺乳动物以及某些爬行类如蜥蜴等。

利什曼原虫病 leishmaniases 利什曼原虫引起的寄生虫病。又称利什曼病，由白蛉或罗蛉传播。临床表现有三种，即内脏利什曼病、皮肤利什曼病和黏膜皮肤利什曼病。

内脏利什曼病 又称黑热病。由杜氏利什曼原虫引起，在中国曾为严重危害人类健康的五大寄生虫病之一，经积极防治今已少见。分为三种类型：①人源性。②犬源性。③野生动物源性。潜伏期3～5个月，起病缓慢，临床表现为发冷、发热、盗汗、疲乏、无力、肝脏和脾脏肿大。诊断主要依据在骨髓涂片中找到利什曼原虫的无鞭毛体，血清免疫学试验检测抗体或抗原对诊断具有重要价值。

皮肤利什曼病　主要有东方疖。分两种：干性东方疖（城区皮肤利什曼病），由热带利什曼原虫引起。湿性东方疖（乡村皮肤利什曼病）则由硕大利什曼原虫引起。

黏膜皮肤利什曼病　又称鼻咽黏膜利什曼病，由巴西利什曼原虫引起。初起时体表皮肤出现类似东方疖的原发病灶，可自愈。但1～2年后鼻腔、口腔和咽部黏膜出现转移性病灶并破溃，破坏软组织和软骨，产生变形和毁容。

治疗　利什曼原虫病以五价锑剂（如葡萄糖酸锑钠）治疗有效，抗锑患者可用戊烷脒或两性霉素B治疗。

利市　cash gift as a token of congratulation　节庆时派发的喜钱。流行于中国、日本等国家。在中国又称红包、封包，是汉族民间礼俗。此俗最早源于被誉为文财神的陶朱公，即春秋时期越王勾践的大臣范蠡。他在陶邑经商发了大财，却淡薄金钱，每年岁末拿出大笔资金返还生意伙伴，称为“利市”，即利于交易，送出去的钱越多就越能生财。清代以前，民间多以正方形红纸包裹铜钱，封作利市，用以新年贺岁或赠与他人。光绪末年，始出现印制的利市封，将红纸印上金字吉语或吉庆图案，专作贺岁、贺喜的封包。20世纪80年代以来，新年贺岁或喜庆活动派利市之俗日益盛行，利市封的图案设计也更加精美。日本过新年时父母也给未成年的子女发利市。

利手　handedness　人类或其他物种，包括哺乳类、鸟类等使用左“手”或右“手”的偏好。又称优势手。利手可分为右利手、左利手和双利手。有研究指出，哺乳类一般多为右利，鸟类一般多为左利。人类中，大多数是右利手。人类的利手偏好大约出现在出生前几个月。约有5%～8%的儿童天生是左利手。尽管从外表看人类身体很对称，但内部许多器官是不对称的。利手可能与脑部的不对称有关。研究者发现，控制左右上肢的大脑皮层相应区域的体积相差7%。同时，利手还可能与语言功能的侧化有关：大多数人的语言中枢在左脑，30%的左利手的语言中枢在右半脑，而只有5%的右利手的语言中枢在右脑。尚难以判断利手是由先天遗传还是由后天养育引起。如果父母两人中有一人或两人是左利手，其子女是左利手的可能性增加，但养子不存在这种相关。难产会延迟利手的形成，并稍微增加了左利手的概率。这些都暗示利手的倾向有遗传因素的影响，但利手可以在幼年通过教育、训练加以改变。

利水通淋　relieving stranguria by inducing diuresis　中医临床运用具有利水祛湿作用的药物治疗淋证的方法。淋证指小便涩痛，滴沥不畅，常伴有尿急、尿频。淋证有虚实寒热的不同，实者因湿热结聚、流注膀胱，表现为少腹急满，小便浑赤、溺时涩痛，淋沥不尽或癃闭不通，咽干口燥，渴欲饮冷等；虚者由中气下陷或肾虚气化无力而成。利水通淋法具有通利水道，清除湿热，恢复膀胱气化功能的作用，主要用于实热证。常用的药物有木通、车前子、灯芯、萹蓄、瞿麦、滑石、赤茯苓、栀子等。代表方剂有八正散、五淋散、石韦散等。虚证之淋，多伴有气虚或肾虚的证候，治疗当以健脾益气、益肾化气为主，方如补中益气汤、金匮肾气丸、知柏地黄汤。

利斯特氏菌病　listeriosis　由单核细胞增多性利斯特氏菌所致的感染。遍及世界各地，是人畜共患的*传染病*。人类感染有增多趋势，特别是新生儿、老年人、孕妇及免疫功能低下者易感性更高。患病孕妇可引起流产或早产，体内的病原体可通过胎盘或产道感染胎儿或新生儿。本病一般为散发，婴儿室内偶可发生小流行。传染源主要是病畜、患者及健康带菌者，人与人之间也可直接传播。发病高峰在夏季，主要通过吸入、食入或直接接触污染物而传播。病死率较高，如脑膜炎患者应用抗菌药物治疗后的病死率仍为30%。临床表现以脑膜炎最常见，还可引起败血症、心内膜炎、关节炎、腹膜炎及胆囊炎；或表现为化脓性皮肤感染或结膜炎、淋巴结炎；胎儿感染后可发生流产、胎死宫内、新生儿严重播散性利斯特氏菌病。确诊有赖于分离致病菌。治疗常用青霉素、四环素、红霉素。预防措施主要是消灭带菌动物，积极治疗患病孕妇，牛奶应消毒、肉类应煮熟才能食用。

利他行为　altruistic behaviour　个人出于自愿而不期望任何形式回报帮助他人的行为。利他行为者可能需要做出某种程度的个人牺牲，但却会给他人带来实在的益处。西方社会心理学家研究利他行为包括两方面：一是人们在一般社会交往中的利他行为；二是人们在紧急事件中的利他行为，即*旁观者介入*行为。在非紧急情况下的一般社会交往中，社会规范对个人的行为具有重要的制约作用。实验表明这种遵循社会规范的行为在人与人之间是互相的，而且在程度上也是相应的。社会规范的制约作用还表现为在遇到有人需要相助时，会自觉地将提供帮助视为自己的责任。交往中的榜样作用也是影响利他行为的重要因素。实验证明，人会不自觉地按照情境中榜样的行为方式行动，或采取利他行为，或在一边袖手旁观。除上述环境因素外，个人内部的心理状态如个人的认识评价，对产生利他行为也有影响。此外，人在交往中因伤害过他人而产生的内疚感也可以成为采取利他行为的动力。

利特尔　Little, Arthur Dehone (1863-12-15～1935-08-01)　美国化学工程的先驱。生于波士顿，卒于缅因州东北港。1885年肄业于麻省理工学院。1886年他在美国首创了商业性咨询研究所。1900年，又与W.H.华克尔合作在波士顿成立工业咨询公司，后改称利特尔咨询公司，成为举世闻名的咨询机构。1915年首先提出*单元操作*的概念。在皮革、氯酸钾、醋酸纤维素的制造和木材应用等方面作出了贡献。曾任美国化学会会长及美国化学工程师协会会长。先后获美国匹兹堡大学（1918）、英国曼彻斯特大学（1929）、美国塔夫茨大学（1930）、美国哥伦比亚大学（1931）等名誉博士学位。1931年获珀金奖章。

利特伍德　Littlewood, Joan (1914-10-06～2002-09-20)　英国戏剧导演。生于伦敦，卒于伦敦。皇家戏剧艺术学院毕业后和一批业余戏剧爱好者在曼彻斯特创建了“戏剧联盟”。1945年利特伍德组织名为“戏剧工作室”的试验性剧团。1955年，剧团应邀代表英国参加巴黎国际戏剧节，演出了无名氏的《费韦夏姆的阿登》和*B.琼森*的《狐狸》，从而声名大振。利特伍德的导演特点是不拘泥于剧本，演员参与剧本的编写，甚至演出时可以即兴发挥灵活处理台词，可以与观众交流。利特伍德还使用一切可能的艺术手段以取得特殊的戏剧效果，如在演出中插入音乐、歌曲和细腻的动作等。

利托-罗曼诸方言　Rhaeto-Romance dialects　分布于瑞士东南部和意大利北部的三种罗曼语方言的总称。又称利托-罗曼诸语言。属印欧语系*罗曼语族*。它包括弗留利语、拉迪恩语和罗曼什语。使用人口近60万，其中90%在意大利。三种罗曼语方言有若干共同点，但没有共同的历史和文学传统。这些方言过去分布的地区比现在广，北部远达多瑙河流域，后由于处在**德语**和**意大利语**两大语言之间，故只在人口稀少、交通不便的山区得以幸存。三种方言中，罗曼什语于1938年被瑞士政府列为第4种官方语言，居德语、**法语**、意大利语之后，分布于瑞士与奥地利、意大利两国接壤的格里松斯州（也称格劳宾登州），使用人口约5万。弗留利语分布于意大利北部与奥地利、原南斯拉夫两国接壤的地区，使用人口50余万，但没有取得官方语言的地位。拉迪恩语分布于意大利阿迪杰河流域，使用人口1万多。

利瓦绿洲 Liwa Oasis 阿拉伯联合酋长国的绿洲群。位于国境南部，靠近沙特阿拉伯边境，是沙丘区一弧形洼地内30余个小绿洲的统称，东西延绵分布，总长约65千米。洼地底部与沙丘低坡上，多种植椰枣树，近年还种植蔬菜。比较大的居民点有马里耶、阿塞卜、艾拉丹、朱赖拉和塞尔瓦尼耶等，新的居民点还在不断增多。与沿海地区有良好的公路相通，塞尔瓦尼耶有新建的机场。约有5 000人。1/3居民冬季雨后到周围放牧，夏季草场干枯时再返回绿洲。地质勘探表明，地下有丰富的油藏分布，已着手开发。

《利维坦》 *Leviathan* 英国哲学家、政治思想家T.霍布斯的代表作，也是近代西方第一部系统阐述国家学说的著作。全称为《利维坦，或教会国家和市民国家的实质、形式和权力》。1651年在伦敦出版。利维坦是《圣经》中提到的一种巨大海兽名称的音译，借以表示国家具有威慑一切的权力。

全书分4篇。第1篇“论人类”，阐述作者关于国家学说的理论基础，即机械唯物主义哲学和功利主义伦理学。他将人的生命看作一种机械运动，趋利避害、自我保存是人性的根本原则。在没有政治权威的自然状态中，人们为了私利而争斗，形成一切人反对一切人的战争状态。第2篇“论国家”，集中论述作者的国家学说，是全书的主体。主要论述感情是支配人行为的首要因素，自然状态中的人出于对死亡的畏惧，在理性的指引下，通过契约组成国家。主权是国家的本质，主权者的权力是绝对的、不可分割的，臣民对主权者必须绝对服从，但又强调国家的作用在于保护个人的安全。第3篇“论基督教体系的国家”和第4篇“论黑暗的王国”，用世俗的观点系统阐述了教会与国家的关系，论证了国家与主权者的绝对权威。

《利维坦》1651年初版扉页

利文斯敦 Livingstone, David（1813-03-19～1873-05-01） 英国传教士，非洲地理考察家。生于苏格兰布兰泰尔，卒于赞比亚奇坦博。1836年在格拉斯哥大学攻读希腊文、医学和神学，1840年获医学学位。1841年到贝专纳（今博茨瓦纳）的开普敦任传教士，一面传教，一面从事地理考察。40年代后期遍游贝专纳北部，并于1849年到达恩加米湖。

从1852年开始，为了传教和开辟内陆的贸易通道，利文斯敦对非洲中南部进行了3次长途考察。第一次为1852～1856年，这使他成为历史上有记载的第一个横越非洲大陆的欧洲人。在考察中，他发现了赞比亚河上的大瀑布，并以英国女王的名字命名为维多利亚瀑布。他写的《南非考察和传教旅行》一书1857年出版。1858年利文斯敦在英政府资助下第二次去非洲，先后考察了赞比西河、希雷河和鲁伍马河流域及马拉维湖和尼亚萨湖地区，但未能找到通向内陆的水道。1865年发表了《赞比西河及其支流探险记》。第三次考察从1866年开始，目的之一是勘察中非分水岭和尼罗河的源头。他勘察了大湖地区，并考察刚果河河源。1868年发现坦噶尼喀湖。但在试图搞清坦噶尼喀湖水的流向时染病。1871年3月抱病到达卢阿拉巴河注入刚果河处的尼扬圭，1872年再次向南探察尼罗河河源，因病重逝世。

利物浦 Liverpool 英国第二大商港，默西赛德郡首府。位于英格兰西岸，默西河口，临爱尔兰海。面积约113平方千米。人口44.23万（2009）。原为渔村。1207年始建城堡。15世纪中叶成为与爱尔兰贸易的重要港口城市。1880年设市。第二次世界大战时曾遭破坏，战后重建。现已成为现代化港口，最高潮位时河口水深8.4米。腹地宽广且经济发达，建有许多现代化码头。利物浦港是英国大油港之一。英国重要的造船和修船中心，船舶修理、机器制造、食品、制药、化学、汽车等工业发达。对外贸易输出量居全国首位，输入量仅次于伦敦。有运河通利兹、曼彻斯特。沿岸有英国最大的糖厂。默西河建有两条隧道。有英格兰最大的教堂，还有市政大厅和大学。

利物浦市区景观

利息 interest 借款人（债务人）因使用借入货币或资本而支付给贷款人（债权人）的报酬。又称子金，母金（本金）的对称。利息是由一定数量的本金通过借贷行为后产生出来的，在不同的生产方式中体现着不同的社会经济关系。在资本主义生产方式中，利息是平均利润的分割，而**利润**是**剩余价值**的转化形态，因而，利息反映的是资本家与雇佣劳动者之间剥削与被剥削的关系。在社会主义生产方式中，利息来源于联合劳动者的纯收入，它体现了联合劳动者之间的分配关系。

利息本身有数量上的限制。贷款人放弃了能够增殖的货币资本（或货币资金），因而必须要获得报酬，这样利息就不能为零，更不能是负数。借款人借用货币资本（货币资金）的目的是为了获得利润，因而不可能将其收入的全部以利息的形式交给贷款人，因此，贷款人的利息和企业的利润二者之间有着相同的上、下限，即资本（或资金）的平均利润>利息>零。利息的多少受平均利润率、市场竞争、借贷资本（或借贷资金）供求情况、借贷风险的大小、借贷时间的长短、商品价格水平、银行费用开支、社会习惯、国家利率水平、国家经济政策与货币政策等因素的影响。

利息通常分为年息、月息、日息三种，包括存款利息、贷款利息和各种债券发生的利息。一定时期内利息量和本金的比率是利息率（见**利率**）。

利息率 interest rate 一定时期内利息量与本金的比率。见**利率**。

利息税 interest tax 专门针对个人的银行存款利息所得征收的税。个人收入所得税的一项。目的是调节个人收入的差距，同时增加财政收入。中国的利息税只限于对个人银行储蓄存款的利息征税，并由银行代扣代缴。个人投资的分红不属于利息税的调整范围，个人购买国债的利息所得也无须缴纳利息税。利息税的特点是：①调节范围广；②对个人收入影响不大；③由银行系统代征；④没有起征点，即没有免征额的规定，凡是银行储蓄利息一律上税；⑤税率一致。

利血平 reserpine 吲哚型生物碱，分子式 $C_{33}H_{40}N_2O_9$。存在于萝芙木属多种植物中，

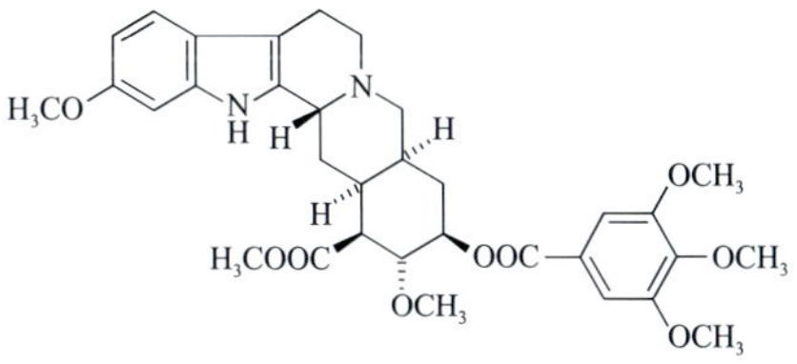

在催吐萝芙木中，含量最高可达1%。熔点264～265℃（分解），比旋光$[\alpha]_D^{23}$－117.7（氯仿），$[\alpha]_D^{26}$－164（吡啶）或－168（二甲基甲酰胺）。弱碱性；易溶于氯仿、二氯甲烷、冰醋酸，能溶于苯、乙酸乙酯，稍溶于丙酮、甲醇、乙醇、乙醚、乙酸和柠檬酸的稀水溶液，难溶于水。它的溶液放置一定时间后变黄，并有显著的荧光，加酸和曝光后荧光增强。利血平能降低血压和减慢心率，作用缓慢、温和而持久，降压灵中也含有利血平。利血平对中枢神经系统有持久的安定作用，是很好的镇静药。

利雅得 Riyadh; Ar Riyād 沙特阿拉伯首都和最大城市。位于内志高原中部哈尼法干涸河谷中，海拔591米，东距波斯湾海岸386千米，西南距麦加770千米。人口约584万（2007）。终年炎热干燥，7月平均气温33℃，最高气温可达45℃，1月平均气温14℃。平均年降水量81毫米。周围是由田野、种植园、椰枣林、花园和清泉组成的绿洲。“利雅得”在阿拉伯文中就是“花园”一词的复数。18世纪中叶始建。1818年成为沙特王室的都城，1932年正式成为王国的首都。随着石油的开采而迅速发展为现代化的新型城市。工业有炼油、石油化工、水泥、纺织、食品等部门。有铁路东通达曼港，公路西通吉达港、麦加、麦地那以及国内许多城市。北郊有国际机场。原有坚固的城墙和碉堡，现城墙大部分已拆除。市区依地形纵向展开，南北长约30千米，东西宽约10千米。有可同时供1.5万穆斯林祈祷的大清真寺。市西的纳西里耶区，是王宫和亲王们的宅第区。有伊本·沙特伊斯兰大学（1950）、沙特国王大学（1951）、利雅得大学（1956）。西

利雅得市容

北16千米有沙特故都、沙特部族的发祥地德拉耶的遗址。

利益集团 interest group 在现代政治学研究领域，特指那些由于特定的利益而集合在一起，有组织地参与政府过程表达意见的社会群体。美国的各种压力集团、院外集团，其他西方国家的各种“政治社团”等，都属于利益集团。

资本主义民主、宪政原则和多党制度，是西方国家利益集团产生的前提和条件，利益集团和集团政治本身又是对资本主义民主和法制的补充和完善。

利益集团不是政党，但现代政党政治是利益集团存在和发展的制度基础，而且与政党的活动交织在一起。依托美国的两党制，以国会为核心，借助高度发达的新闻媒体，美国成为利益集团活动最为典型和最为发达的国家。其利益集团存在的历史比较长，社会覆盖面最为广泛，对主要政党的意见综合和政府决策的影响非常大。从社会功能上讲，利益集团主要是在政府过程中以意见表达的方式参与国家机关的决策或决策施行活动。作为政治体系中的重要组成部分，各国承认能够维护和促进本国政治统治的利益集团，给予它们特定的法律地位。

西方国家特别是美国的利益集团主要表现为各种各样的压力团体。它们大多是在一些产业性、行业性、专业性、职业性的组织和与一定的族裔有关的群体的基础上发展起来，或是由这些社会团体扩展职能而形成的。比如，美国的劳联－产联、美国退休人员协会（AARP）、全美制造商协会等，日本经济团体联合会，英国的英国企业协会，等等。

利益集团的活动方式多为以直接接触的方式“接近”政府，从而比较直接地影响国家机关的决策。

沥青 pitch 黑色到暗褐色的固态或半固态黏稠状有机物质。包括天然沥青、煤焦油沥青和石油沥青等。存在于自然界或由煤的干馏、石油炼制过程制得。主要由大分子的烃类和非烃类混合物组成。基本上以碳和氢两元素为主，还有少量的硫、氮、氧元素和极微量的铁、镍、钒等50余种其他元素。不同种类的沥青，元素含量各异。沥青是由上千种化合物组成的混合物，目前还不能将沥青按其化学结构分类，只能根据沥青在某些选择溶剂中的溶解性分成几种不同的组分，通常为饱和分、芳香分、沥青质和胶质。沥青的比重一般为1.15～1.25，有光泽。在温度足够低时呈脆性，易断裂，断面平整，呈介壳状。加热时逐渐融化。可溶于二硫化碳，不溶于水。沥青的黏结性、抗水性、防腐性、耐热性和流变性等性能良好。可用于涂料、塑料、橡胶、筑路、防水材料等方面。经调制的特种沥青可作为碳素材料的原料。

沥青铀矿 pitchblende 晶质铀矿的隐晶质变种，化学组成为 $UO_{2.16\sim2.70}$。形态多样，常呈肾状、球粒状、钟乳状、皮壳状、致密块状等胶状集合体形式产出。黑色，水化后呈暗绿色。沥青光泽，风化后呈土状光泽。莫氏硬度3～5，密度6.5～8.5克/厘米^3。硬度和密度随含氧系数和含水量的增加而降低。贝壳状断口，无解理，常具干裂纹。具电磁性。主要产于中、低温热液铀矿床中，也呈块状、浸染状和细脉状产于沉积、沉积变质和淋积型铀矿床中。与晶质铀矿、铀黑、白铁矿、黄铁矿、自然硒等共生。一般不含或微含钍，是自然界中发育最为广泛的最重要的工业铀矿物。

隶农 coloni 古代罗马时代，3世纪以前主要指租地耕种的人，4～5世纪主要指介于自由民与奴隶之间的农业劳动者。古拉丁文colonus译作隶农，又译为“科洛尼”（coloni，为colonus的复数形式）。本意为“自耕农”，泛指小块土地的佃耕者。

隶农最早于公元前2世纪在意大利出现。由于公民权和土地开始分离，商品经济一定程度的发展，部分罗马公民租种他人土地，成为隶农。1世纪起，随着罗马帝国大地产制盛行，隶农制也逐渐流行，同时隶农的地位不断恶化。3世纪时，劳动力日益缺乏，罗马政府和大庄园主逐步采用强制手段把隶农固着在土地上。

4～5世纪，隶农的地位进一步发生变化。但是，隶农不同于奴隶，法律仍然承认他们是自由民。隶农也不同于中世纪的依附农民，因为除了所耕种的土地以外，依附农民是自己财产的所有者。

罗马帝国后期隶农制的发展，标志着奴隶占有制社会内部封建制生产关系进入一个新的阶段。

隶书 official script 中国古代汉字的一种书体。自战国晚期在秦国文字俗体的基础上产生，一直沿用到汉末。一般把战国晚期到西汉早期的隶书视为古隶（又称秦隶），其面貌比较古拙，用笔带有篆文的特点。到西汉昭帝、宣帝时，隶书发展成一种在写法、结体上都有规范的字体，一般称汉隶或八分。到东汉中期，人们在日常生活中又对隶书进行改造，产生了一种新面貌的隶书，有人称其为新隶体。用笔呈现出由八分向楷书过渡的面貌。

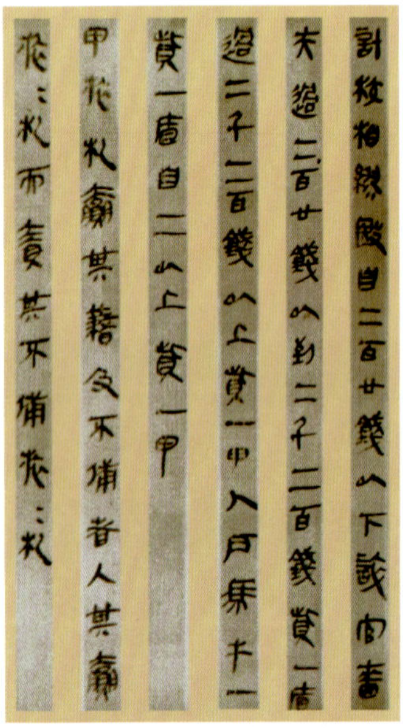

秦隶（云梦秦简《效律》）

隶书又称佐书。《说文·叙》说王莽时有六书，“四曰佐书，即秦隶书”。汉代人常把官府文书等所用隶书书体称为史书。汉代官府里从事文书工作的官吏是书佐和史，如《论衡·效力》：“治书定簿，佐、史之力也。”《后汉书·百官志》：“书佐干主文书。”从“佐书”、“史书”这两个名称来看，隶书得名的原因似当以“令隶人佐书”之说为是。

《荔镜记》 *Story of Litchi and Mirror* 明代传奇作品。作者佚名。现存明嘉靖四十五年（1566）刊本。福建建阳麻沙镇崇化里新安余氏坊刻印。封面题作“班曲荔镜戏文”。系据“前本《荔枝记》”“校正重刊”。作品根据流传于闽南、粤东的陈三、五娘故事编演。叙述泉州人陈三（陈伯卿）送兄长赴广南任所，途经潮州，在元宵灯市与五娘（黄碧琚）相遇，互相爱慕。五娘父母将五娘许配富豪林大。下聘之日，被五娘踏坏聘礼，打走媒人。翌年，陈三重游潮州，五娘倚楼，投荔枝、手帕定情。陈三遂乔装磨镜匠，卖身黄家为奴，两人相偕出奔。陈三被捕入狱，得兄长陈伯贤救助，终与五娘团圆。此剧明、清两代一再被官府禁演（见《揭阳县志·风俗篇》与《厦门志》卷十五），但受到人民群众的欢迎。《荔镜记》用潮州、泉州方言写成，一些曲调用“潮腔”演唱，并且描绘了潮州和泉州的地方风俗，构成全剧浓郁的地方色彩。这部作品在福建、广东的地方剧种中影响很大，梨园戏、潮剧、高甲戏、莆仙戏、芗剧等都有这个剧目。

荔枝 *Litchi chinensis*; lychee 无患子科荔枝属的一种。常绿乔木。此属有两个种，主要分布于北纬20°～28°热带及亚热带地区。原产中国。现作为经济栽培的国家有美国、印度、南非、泰国、马达加斯加、菲律宾、越南、毛里求斯、澳大利亚、巴基斯坦和斯里兰卡等。中国的主产区为广东、福建、台湾、广西、四川等省（自治区），云南、贵州和浙江也有少量栽培。

树高一般不超过10米。根系强大，须根上有菌根真菌共生。羽状复叶互生或对生，革质绿色。圆锥花序顶生，花小，杂性。核果状果实圆、卵圆或心脏形，外果皮革质具瘤状突起。可食部分是假种皮，乳白色或黄腊色，半透明。种子椭圆形，褐赤色有光泽。果实营养丰富，分早、中、晚熟三类，以糯米糍、桂味、妃子笑和香荔最为名贵。生长适温23～26℃。用高枝压条或高接法繁殖。幼苗带土定植。配置5%～10%的授粉树，以提高坐果率。荔枝可鲜食，制荔枝干和果汁，可罐藏和酿酒；果壳可提取单宁；根可入药。荔枝开花多、花期长，是良好的蜜源作物。

郦道元 Li Daoyuan (469/472～527) 中国北魏官员地理学家。字善长。范阳涿县（今河北涿州）人。生于仕宦家庭，北魏太和十八年（494）出任尚书郎，以后历任颍川太守、东荆州刺史、御史中尉等职，孝昌三年（527）任关右大使时，在阴盘驿（今陕西西安市临潼区附近）为雍州刺史萧宝寅杀害。曾随孝文帝巡视北方各地，借职官之便历游黄淮地区。一生勤于读书和著述。《魏书》本传：“道元好学，历览奇书。撰注《水经》四十卷，《本志》十三篇，又为《七聘》及诸文，皆行于世。”但除《水经注》外，其余著作都已亡佚。

《水经注》是郦道元为《水经》所作的注文。《水经》全书1万余字，叙天下之水“百三十七”，作者不详，撰述年代多数学者同意三国。

《水经注》40卷，全文超过《水经》20余倍。叙流“一千二百五十二”，近于《水经》的10倍。《水经注》以河川为纲，综合记述流经地区的山陵、湖泊、气候、水文、土壤、植被、郡县、城池、关塞、名胜、亭障和社会经济、民风习俗等内容，还收有大量沿革地理和地名的资料。《水经注》描述的地域范围，大体上是西汉王朝的辖境，部分涉及域外。在注文中指名引用的文献达470余种，金石碑刻达350余种，另有大量未指明来源的地图、方志、歌谣、谚语等。这些文献、碑刻等大多由于他的引用保存至今。郦道元十分重视实地考察，在注文中，纠正了《水经》的许多错误，并指出文献引用处的正误。由于当时南北分裂，郦道元的足迹未能到达南方，因此此部分的注文时有差错。

《水经注》是中国古代地理名著，亦是当时处于世界前列水平的地理著作；同时在历史学、金石学、语言学、文学、地名学和科学史等方面也有很高的价值。它的成就和价值很早被人们所认识，历代对它的研究形成一门专门学问——郦学。

栗钙土 castanozem 温带半干旱区草原植被下形成的具有栗色腐殖质层和钙积层的土壤。亚洲、南北美洲和非洲的干草原地带均有分布；中国主要分布于内蒙古境内。

栗钙土的腐殖质累积过程较强，表土形成较为深厚的腐殖质层，心土为灰白色钙积层。栗钙土土类划分7个亚类。暗栗钙土、典型栗钙土和淡栗钙土3个亚类代表由偏湿润至偏干旱的类型，也反映土壤腐殖质累积由强至弱的变化；草甸栗钙土、盐化栗钙土和碱化栗钙土3个亚类则分别是向草甸土、盐土和碱土的过渡类型；而栗钙土性土亚类属弱发育类型。

栗钙土区是中国最重要的牧区和农牧交错区，生态恶化如草场退化和土壤沙化等现象严重。应合理安排草场，分区轮牧，防止草场退化。

栗原小卷 Kurihara Komaki (1945-03-14～) 日本影视演员。少年时期曾学过小提琴和芭蕾舞，1963年入俳优座演员训练所，翌年开始在电视剧中露面。第一部银幕作品是根据她主演的同名电视剧改编的《高梅斯的名字叫高梅斯·流沙》。1972年在《忍川》中扮演了一个虽然不幸但很坚强的女子，获第27届《每日电影》女演员演技奖。

她饰演的角色大部分性格外向，有主见且刚强，如《望乡》中的女记者、中日合拍电视剧《望乡之星》中的长谷川照。出演的其他影片有《莫斯科之恋》、《八甲田山》、《未发出的三封信》、《菩提树之丘》、《花的季节》、《给未来的留言》、《擦镜子的男人》等。1991年她在中国导演谢晋的影片《清凉寺钟声》中饰演一位日本母亲，获得赞誉。

砾岩 conglomerate 粒径大于2毫米的圆状和次圆状的砾石占岩石总量30%以上的碎屑岩。砾岩中碎屑组分主要是岩屑，只有少量矿物碎屑，填隙物为砂、粉砂、黏土物质和化学沉淀物质。根据砾石大小，砾岩分为巨砾（>256毫米）砾岩、卵石

（64～256毫米）砾岩、砾石（2～64毫米）砾岩。砾石砾岩可细分为粗砾（16～64毫米）砾岩、中砾（4～16毫米）砾岩和细砾（2～4毫米）砾岩。根据砾石成分的复杂性，砾岩可分为单成分砾岩和复成分砾岩。根据砾岩在地质剖面中的位置，可分为底砾岩和层间砾岩。底砾岩常位于海侵层序的底部，与下伏岩层呈不整合或假整合接触，代表了一定地质时期的侵蚀沉积间断。层间砾岩整合地产于地层内部，不代表任何侵蚀间断。根据成因还可分为河流砾岩、滨岸砾岩、冰碛砾岩等。

巨厚的砾岩层往往形成于大规模的造山运动之后，是强烈地壳抬升的有力证据。砾岩的成分、结构、砾石排列方位和砾岩体的形态反映陆源区母岩成分、剥蚀和沉积速度、搬运距离、水流方向和盆地边界等自然条件。这些对岩相古地理的研究都是非常重要的。此外，古砾石层常是重要的储水层，砾岩的填隙物中常含金、铂、金刚石等贵重矿产，砾岩还可作建筑材料。

《笠翁十种曲》 *Collection of Ten Scripts by Li Yu* 中国清代戏曲作家、戏曲理论家李渔的传奇作品合集。有金陵翼圣堂原刻本等多种版本行世。包括《奈何天》、《比目鱼》、《蜃中楼》、《怜香伴》、《风筝误》、《慎鸾交》、《凰求凤》、《巧团圆》、《玉搔头》、《意中缘》等10种传奇。《十种曲》几乎全是表现才子佳人、婚姻爱情的喜剧、闹剧。除《风筝误》、《比目鱼》、《蜃中楼》较有意义，大部分作品格调不高，趣味庸俗。但就写作技巧而言，在情节、结构的安排，曲文和宾白流畅通俗，音调铿锵等方面，仍有一定成就。《十种曲》在当时传演甚盛，对后世也有影响。《风筝误》、《奈何天》演出最盛，其他剧目如《意中缘》、《比目鱼》、《玉搔头》等，在秦腔、晋剧、川剧、京剧、越剧等剧种中，都有改编演出。日本青木正儿《中国近世戏曲史》说，《十种曲》流入日本者亦多，当时言及中国戏曲，无有不称笠翁者。

粒子加速器 particle accelerator 用人工方法产生高速带电粒子的装置。探索原子核和粒子的性质、内部结构和相互作用的重要工具，在工农业生产、医疗卫生、科学技术等方面也都有重要而广泛的应用。

自从E.卢瑟福1919年用天然放射性元素放射出来的α射线轰击氮原子首次实现元素的人工转变以后，物理学家就认识到要想认识原子核，必须用高速粒子来变革原子核。天然放射性提供的粒子能量有限，只有几兆电子伏特（MeV），天然的宇宙射线中粒子的能量虽然很高，但是粒子流极为微弱，例如能量为10^{14}电子伏特（eV）的粒子每小时在1平方米的面积上平均只降临一个，而且无法支配宇宙射线中粒子的种类、数量和能量，难于开展研究工作。为了开展有预期目标的实验研究，人们研制和建造了多种粒子加速器，性能不断提高。应用粒子加速器发现了绝大部分新的超铀元素和合成了上千种新的人工放射性核素，并系统深入地研究原子核的基本结构及其变化规律，促使原子核物理学迅速发展成熟起来。高能加速器的发展又使人们发现包括重子、介子、轻子和各种共振态粒子在内的几百种粒子，建立粒子物理学。近几十年来，加速器的应用已远远超出原子核物理和粒子物理领域，在诸如材料科学、表面物理、分子生物学、光化学等其他科技领域都有重要应用。在工、农、医各个领域中广泛用于同位素生产、肿瘤诊断与治疗、射线消毒、无损探伤、高分子辐照聚合、材料辐照改性、离子注入、离子束微量分析以及空间辐射模拟、核爆炸模拟等方面。迄今世界各地建造了数以千计的粒子加速器，其中一小部分用于原子核和粒子物理的基础研究，继续向提高能量和改善束流品质方向发展；大部分都是应用于工、农、医各领域的低能和中能加速器。

粒子加速器的结构一般包括3个主要部分：①粒子源。用以提供所需加速的粒子，有电子、正电子、质子、反质子以及重离子等。②真空加速系统。其中有一定形态的加速电场，并且为了使粒子在不受空气分子散射的条件下加速，整个系统放在真空度极高的真空室内。③导引、聚焦系统。用一定形态的电磁场来引导并约束被加速的粒子束，使之沿预定轨道接受电场的加速。所有这些都要求高、精、尖技术的综合和配合。加速器要向更高能量、更大流强和更好束流品质的方向发展，关键是要突破现有加速器利用常规电磁场加速和约束粒子的原理和技术。正在研究中的新加速原理和新技术，旨在以数量级的幅度提高电磁场强。这些新领域主要有：激光加速，利用现代大功率激光提供的极强电场；集团加速，利用单粒子与一个包含许多粒子组成的集团发生多次弹性碰撞，使单粒子最终具有与集团系统相近的庞大能量；尾场加速，利用低能强流电子束与加速结构相互作用产生的尾随于该电子束的强电场，来加速另一高能弱流电子束等。

加速器的效能指标是粒子所能达到的能量和粒子流的强度（流强）。按照粒子能量的大小，加速器可分为低能加速器（能量小于10^8eV）、中能加速器（能量在10^8～10^9eV）、高能加速器（能量在10^9～10^{12}eV）和超高能加速器（能量在10^{12}eV以上）。

粒子加速器按其作用原理不同可分为静电加速器、直线加速器、回旋加速器、电子感应加速器、同步回旋加速器、对撞机等。

粒子束武器 particle beam weapon 利用接近光速的电子、质子、原子、离子等高能粒子流摧毁目标或使之失效的定向能武器。主要由粒子源、粒子加速器、聚焦和瞄准设备等组成。其工作原理是：加速器将粒子源产生的电子、质子或离子加速到接近光速，并用磁场聚焦成密集的束流射向目标，靠束流的高能及电荷迁移效应摧毁目标或使之失效。根据粒子是否带电，这种武器分为中性粒子束武器和带电粒子束武器两类。①中性粒子束武器。这种武器工作时，先将负离子（如负氢离子）在加速器中加速到高能量，并用磁场聚焦和控制射向，在束流离开武器时剥掉负离子上的附加电子，形成中性粒子射向目标。由于中性粒子束与大气作用强烈，易产生电离，所以不宜在大气中传输，只能在外层空间使用。②带电粒子束武器。这种武器工作时，先将电子束或正离子束在加速器中加速到高能量，并用磁场进行聚焦和准直后使之射向目标。

粒子束使目标失效的机理主要是：①利用高速粒子的动能破坏目标结构。②高能粒子可引起目标战斗部中的炸药爆炸。③高能粒子穿过电子设备时，可引起脉冲电流，使电子设备失效。

粒子物理学 particle physics 研究比原子核更深层次的微观世界中物质的结构、性质，和在很高能量下这些物质相互转化及其产生原因和规律的物理学分支。又称高能物理学。其发展大致经历三个阶段。

第一阶段（1897～1937）可追溯到1897年J.J.汤姆孙发现第一个基本粒子电子。1932年J.查德威克在用α粒子轰击核的实验中发现了中子，随即人们认识到原子核是由质子和中子构成的，从而形成所有物质都是由基本的结构单元——质子、中子、电子构成的统一图像。质子、中子、电子

和A.爱因斯坦提出并被A.H.康普顿等人实验证实的光子、W.泡利假设存在的中微子（1956年最终被实验证实）以及P.A.M.狄拉克预言并被C.D.安德森1932年在宇宙线中观察到的正电子都被认为是基本粒子或亚原子粒子。

在此阶段，理论上建立了量子力学，这是微观粒子运动普遍遵从的基本规律。在相对论量子力学的基础上，通过场的量子化初步建立量子场论，很好地解决了场的粒子性和描述粒子的产生、湮没等问题。随着原子核物理的发展，发现在相当于原子核大小的范围内除了引力相互作用、电磁相互作用之外，还存在比电磁作用更强的强相互作用和介于电磁作用和引力作用之间的弱相互作用，前者是核子结合成核的核力，后者引起原子核的β衰变。对于核力的研究认识到核力是通过交换介子而产生的，并根据核力的电荷无关性建立起同位旋概念。

第二阶段（1937～1964） 先后陆续发现了众多的粒子。1937年从宇宙线中发现μ子，后来证实它不参与强作用，它和与之相伴的μ中微子同电子及与之相伴的电子中微子可归入一类，统称为轻子。1947年发现$\pi^{\pm}$介子，1950年发现π^0介子，1947年还发现奇异粒子。50年代粒子加速器和各种粒子探测器有了很大发展，从而开始了用加速器研究并大量发现基本粒子的新时期，各种粒子的反粒子被证实；发现了为数不少的寿命极短的共振态。基本粒子的大量发现，其中大部分是强子，人们怀疑这些基本粒子的基本性。人们尝试将强子进行分类，提出强子分类的“八重法”。

这一阶段理论上最重要的进展是重正化理论的建立和相互作用中对称性的研究。关于描述电磁场量子化的量子电动力学，通过重正化方法消除了发散困难，对于电子和μ子反常磁矩以及兰姆移位的理论计算与实验结果精确符合。量子电动力学经受众多实验检验，成为描述电磁相互作用的成功的基本理论。对称性与守恒定律联系在一起，关于相互作用中对称性的研究，最为重要的结果是1956年李政道、杨振宁提出弱作用下宇称不守恒，1957年被吴健雄等人的实验及其他实验证实，这些实验同时也证实了在弱作用下电荷共轭宇称不守恒。这些研究推动弱作用理论的进展。

第三阶段（1964～　）以提出强子结构的夸克模型为标志。1964年M.盖耳－曼和G.兹韦克在强子分类八重法的基础上分别提出强子由夸克构成，夸克共有上夸克u、下夸克d和奇异夸克s三种，它们的电荷、重子数为分数。夸克模型可以说明当时已发现的各种强子。夸克模型得到后来进行的高能电子、高能中微子对质子和中子的深度非弹性散射实验的支持，实验显示出质子和中子内部存在点状结构，这些点状结构可以认为是夸克存在的证据。1974年发现J/ψ粒子，其独特性质必须引入一种新的粲夸克c，1977年发现另外一种独特的新粒子Υ，必须引入第五种夸克，称为底夸克b。另一方面，1975年发现重轻子τ，与τ相伴的τ中微子，于是轻子共有6种。迄今的实验尚未发现轻子有内部结构。人们相信轻子是与夸克属于同一层次的粒子。轻子与夸克的对称性意味着存在第六种夸克。1995年，美国费米国家实验室发现第六种夸克，顶夸克t。

这一阶段理论上最重要的进展是建立电弱统一理论和强相互作用研究的进展。1961年S.L.格拉肖提出电磁作用和弱作用的统一模型，其基础是杨振宁和R.L.米尔斯于1954年提出的非阿贝耳规范理论。按照这一模型，光子是传递电磁作用的粒子，传递弱作用的粒子是$W^{\pm}$和Z^0粒子，但是$W^{\pm}$、Z^0是否具有静质量，理论上如何重正化问题没有解决。1967～1968年在对称性自发破缺的基础上，S.温伯格、萨拉姆发展了格拉肖的电弱统一模型，建立了电弱统一的完善理论，阐明了规范场粒子$W^{\pm}$、Z^0是可以有静质量的，理论预言它们的质量在80～100吉电子伏特（GeV），此外还预言存在弱中性流。1973年观察到弱中性流，1983年发现$W^{\pm}$、Z^0粒子，其质量（$m_W \approx$ 80GeV，$m_Z \approx$ 90GeV）及特性同理论上期待的完全相符。关于强作用的研究，1973年G.霍夫特、D.J.格罗斯等人发展了量子色动力学理论。量子色动力学与量子电动力学一样，也是一种定域规范理论。在这个理论中，夸克之间的强相互作用是由于夸克具有色荷交换色胶子而产生的，胶子没有静质量，但带有色荷。强相互作用具有渐近自由的性质，即夸克之间的强相互作用并不是随着它们的距离增大而减弱，而是相反；当它们相距很近而处于强子内部时，相互作用很弱，可近似地看成是自由的，从而能够说明夸克和胶子的禁闭性质、轻子对强子深度非弹性散射的异常现象以及喷注现象等。

粒子物理的发展前景　20世纪70年代到世纪末，大量的高能物理实验证实了粒子物理中的标准模型理论。这一理论是近半世纪探索微观世界规律的极重要的成就，已经受到了实验检验并正在继续发展。粒子物理如今面临着两大科学难题：真空对称性自发破缺和夸克囚禁。揭示它们的本质并寻找解决两大难题的途径将是粒子物理学家在进入21世纪以后面临的艰巨任务，这很可能导致物理学中新的动力学规律的诞生，促进科学技术的发展。科学家们正在建造一系列的高能加速器并进行实验探索。由于能量提高极限和经费投资的限制，加速器已很难达到更高能量。科学家们正在通过加强国际合作实现建造超高能量对撞机（如直线对撞机等）发展高能物理实验。同时，科学家们也在发展非加速器物理实验，并与天文观测相结合探讨自然界奥秘。最新的发展使得粒子物理学、天文学和宇宙学交叉发展，联手解决面临的难题，最终揭示超出于标准模型新的微观物理规律。

傈僳语　Lisu language　属汉藏语系藏缅语族彝语支。在中国主要分布于云南省怒江傈僳族自治州。方言差别不大，能互相通话。在缅甸、泰国北部也有使用者。语言特点：塞音、塞擦音、擦音分清浊两套；韵母以单元音为主，分松紧两类；有4个声调。词序和虚词是表达语法意义的主要手段。句子成分的次序是主语－宾语－谓语。人称代词、名词修饰名词时位于中心词之前。形容词、数量词组修饰名词时在中心词之后。有表示主语、宾语、状语、定语和各种语气的助词。有丰富的四音格名词和三音叠韵形容词。傈僳族先后分别使用过3种文字，中华人民共和国建立后创制了拉丁字母形式的新文字。

傈僳族　Lisu　中国少数民族。主要聚居在云南省，少部分在四川省。人口63.5万（2000）。使用傈僳语。文字有老傈僳文、“格框式”拼音文、表音节文和新傈僳文4种，只有新、老傈僳文在傈僳族地区同时使用。8世纪以前，其先民便居住在四川雅砻江和金沙江西岸广大地区。16世纪大批进入怒江地区。此后陆续有大批往西、往南迁徙，形成现在的分布状况。经济以农业为主。使用一种自然历，又称花鸟历。妇女上穿右衽短衣，下穿百片各色布料制成的“百花裙”，头上饰以红白色料珠，胸前有彩色料珠串成的项圈。男子一般着短衫，裤长过膝，有的以青布包头。以玉米、荞麦、马铃薯为主食。住房是竹篾房、木楞房和土木结构房。婚姻行一夫一妻制。人死后行土葬。节日以阔时节和刀杆节最为重要。阔时节在每年公历12月20日。农历二月初八为刀杆节。过去信奉原始宗教，崇拜自然，相信万物有灵。部分人信仰基督教。1954年建立了怒江傈僳族自治区（1957年改称自治州），1985年建立了维西傈僳族自治县，并在云

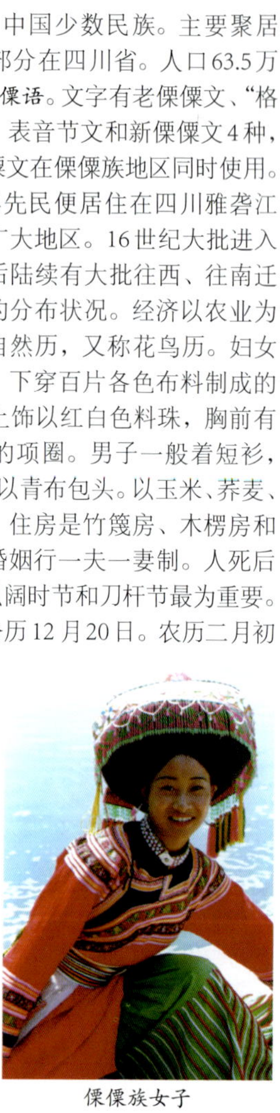
傈僳族女子

南、四川与其他民族建立了29个民族乡。

痢疾 dysentery 由细菌和阿米巴引起的肠道传染病。中医学指以腹痛，里急后重，泻下物赤白脓血、大便次数增多而量少为主要临床特征的肠道急性传染疾病；又称肠澼、下利或滞下等。见**细菌性痢疾**、**阿米巴病**。

溧阳市 Liyang City 中国江苏省辖县级市。位于省境南部。面积1 535平方千米。人口75万(2010)。春秋时属吴，称溧阳。秦置溧阳县。1990年撤县设市。由**常州市**代管。境内低山丘陵和平原低地各半。矿产有石灰岩、大理石、高岭土、陶土、铜、铁、煤等。农作物有水稻、小麦、油菜、棉花等。工业有棉纺织、丝绸、化工、机械、电子、食品、建材等。名胜古迹有天目湖、唐石刻井栏、明楠木厅、广惠庵碑等。

连分数 continued fraction 形如

$$a_0+\cfrac{b_1}{a_1+\cfrac{b_2}{a_2+\ddots+\cfrac{b_n}{a_n}}}$$

的分数称为有限连分数，式中$a_0,a_1,\cdots,a_n,b_1,\cdots,b_n$是非零复数(称为连分数的元素)。当$n$等于无穷大时，该表达式称为无限连分数。当$b_j$均等于1时，它们相应地简记为$[a_0,a_1,\cdots,a_n],[a_0,a_1,\cdots,a_n,\cdots]$。当$b_j$均等于1，$a_0$是整数，$a_1,a_2,\cdots$都是正整数时，称为简单连分数，简称连分数，以下所说的连分数都是简单连分数。对这种形式的分数的研究可追溯至**毕达哥拉斯**和**阿基米德**，英国数学家J.沃利斯首先用了连分数这一术语(1695)。在计算平方根的近似值，求解佩尔方程，求齿轮的配齿比等问题中显示出了它的作用。

借助辗转相除法，任一有理数$\alpha=u_0/u_1$均可表成有限简单连分数$[a_0,a_1,\cdots,a_n]$，其中a_j是u_0,u_1辗转相除时依次得到的不完全商。如规定$a_n>1$，则此表示法唯一。无限连分数的值定义为其前$n+1$个元素组成的有限连分数$[a_0,a_1,\cdots,a_n]$的值当n趋于无穷时的极限。每个实无理数可以唯一地表示成无限连分数，并且每个无限连分数的值一定是实无理数。

对于无限连分数$[a_0,a_1,\cdots,a_n,\cdots]$，若存在正整数$k$和下标$m\geqslant 0$，使对所有$l\geqslant m$有$a_l=a_{l+k}$，则称它是循环连分数，当$m=0$时则称它是纯循环连分数，具有这种性质的最小的$k$称为它的周期，并记为$[a_0,a_1,\cdots,a_{m-1},\dot{a}_m,\dot{a}_{m+k-1}]$。

设$\alpha=[a_0,a_1,\cdots,a_n,\cdots]$是一个有限或无限连分数，称$[a_0,a_1,\cdots,a_n]=p_n/q_n(q_n>0)$是它的第$n$个渐近分数，及$[a_n,a_{n+1},\cdots]$为它的第$n$个完全商。例如，103 993/33 102＝[3,7,15,1,292]，它的各个渐近分数依次是3,[3,7]=22/7,[3,7,15]=333/106,[3,7,15,1]=355/113，及它本身，其中的22/7和355/113就分别是**圆周率**π的近似值——祖冲之的“约率”和“密率”；又如，$(1+5^{1/2})/2=[1,1,\cdots,1,1,\cdots]$的第$n(\geqslant 1)$个渐近分数是$F_{n+2}/F_{n+1}$，式中$F_n$是**斐波那契数**。

连分数的概念已被大大推广，它的元素甚至可以是函数，形成了丰富的理论。连分数不仅是数论研究的对象，也是在许多数学分支中广为应用的重要工具（特别在丢番图逼近论中），并可应用于某些实际问题的数值计算。

连杆机构 linkage 由若干刚性构件通过低副（转动副、移动副）**联接**形成的刚性杆系，按构件上各点的运动平面相互平行或不平行，分平面连杆机构和空间连杆机构。平面连杆机构广泛用于各种机械和仪器中，最常用的是四杆机构，构件数目最少，且能转换运动。多于四杆的平面连杆机构称多杆机构，它能实现一些复杂的运动，但杆多且稳定性差。空间连杆机构有结构紧凑、运动多样、工作灵活可靠等特点，可应用于工业机器人，但设计困难，制造较复杂。机构中两端分别与主动和从动构件铰接以传递运动和力的杆件称连杆。如在往复活塞式动力机械和**压缩机**中，用连杆来连接活塞与曲柄。连杆多为钢件，其主体部分的截面多为圆形或工字形，两端孔内装有青铜衬套或滚针轴承，供装人轴销而构成铰接。

连歌 renga 日本诗歌的一种形式。即将**和歌**的上句（5、7、5）和下句（7、7）分别由两个以上的人交替咏出，包括“短连歌”（又称一句连歌）和“长连歌”。长连歌一般以“百韵”(百句)为主，还有“歌仙”(36句)、“世吉”(44句)、“五十韵”(50句)、“千句”(百韵十卷)等。短连歌最早见于《**万叶集**》，主要流行于平安时代。进入镰仓时代以后，长连歌占据了主流地位。

连歌通过前后句之间的衔接带来意想不到的变化，具有较强的即兴性、娱乐性和大众性。在创作风格上形成了以滑稽为主的“无心连歌”和以诗意情趣为主的“有心连歌”两派，后“有心连歌”占据主导地位。南北朝时期，二条良基将自古以来的连歌收集起来，编撰了具有准敕撰集性质的《菟玖波集》(20卷)，从而使连歌获得了与和歌同等重要的地位。良基提倡以幽玄美为理念的连歌创作。室町时代中期，连歌终于达到鼎盛，取代了已经衰退的和歌而成为诗歌的中心。宗祇是连歌的集大成者，编有连歌集《竹林抄》、《新撰菟玖波集》，并撰有《吾妻问答》等连歌论著。室町末期，以幽玄美为理想的有心连歌渐渐失去了活力，取而代之的是以诙谐、滑稽为风格更接近百姓生活的“俳谐连歌”，代表人物为宗长、宗鉴和荒木田守武等，主要作品有《犬筑波集》(宗鉴编)、《守武千句》等。江户时代的俳谐(又称“连句”)即在这种俳谐连歌的基础上发展起来。

连环画 serial pictures 以多幅画面表现故事情节的绘画。通常采用文图结合的形式，也有的只以绘画形式出现。早期的连环画可以追溯到公元前15世纪，如埃及的《名王功迹》(雕刻)、《死者之书》(绘画)等。中国战国时代的铜器画已有记载攻战事迹的连环画。在西汉墓的壁画上有表现完整故事的连环画，如洛阳汉墓壁画《二桃杀三士》。南北朝和隋唐时代，敦煌等地的石窟壁画使连环画形式发展得丰富多彩。到明清时代，连环画面通过木刻印刷出版，更接近今天的连环画。20世纪初叶，在上海形成并开始广泛流传的通俗图画读物始称连环画，俗称“小人书”。中华人民共和国建立后，连环画作为一种通俗的传播文化的艺术形式得到迅速发展，形成中国当代美术的一个主要画种。

连环画在体裁上，根据篇幅分短篇、中篇和长篇，还有的以几册、几十册连续表现一个题材的画库和套书(如《**水浒传**》、《**三国演义**》连环画库等)。根据画种的不同，连环画分为单色连环画、彩色连环画、漫画连环画、木刻连环画、剪纸连环画等多种形式。根据电影、电视的图像和摄影图片编制的连环画，称为电影连环画、电视连环画和摄影连环画。

连环画的题材，大多根据文学作品移植，也有些是作者根据自己掌握的素材编创出来的。连环画还介绍名人事迹，传播历史、地理、科技等方面的知识。由于题材丰富多样，艺术形式一般又具有通俗普

刘继卣作连环画《大闹天宫》中的一页

及的特点，因而长期以来以特有的群众性、文娱性和知识性而拥有众多读者。

连霍高速公路 Lianyungang-Huo' erguosi Expressway 中国东起江苏连云港，西至新疆霍尔果斯口岸的高速公路。国家高速公路网编号为G30。途经徐州、开封、郑州、洛阳、西安、宝鸡、兰州、酒泉、哈密、乌鲁木齐、奎屯，全长约4 280千米。这条路原来标准较低。20世纪80年代末，确定按国家公路主干线进行建设。2002年底，江苏、河南、陕西段已建成高速公路，兰州、乌鲁木齐等大、中城市附近部分路段已建成高速公路和一级公路。2010年41%的部分为高速公路，其他为一级公路。是最长的横贯中国东西的高等级公路。连霍公路向西可通往哈萨克斯坦及欧洲，因而又被称为亚欧大陆桥公路。

连阔如 Lian Kuoru (1902～1971-08-18) 中国北京评书艺人。本名毕连寿，笔名云游客。满族。北京人。幼年失学，酷爱评书。28岁拜李杰恩为师学说《西汉》，后从张诚斌学说《东汉》。

20世纪30～40年代，在电台演播《东汉》、《水浒》、《隋唐》和《明英烈》等长篇。他嗓音宽厚洪亮，口技摹学精彩，表演传神，善于讲评，尤以《东汉》中对武打技艺的评说、《水浒》中对社会风情与民俗事象的描摹与《三国》中对世态人情的评述最见功力与特色，使其评书说演自成一格，人称“连派”。中华人民共和国建立后，积极参加曲艺改革。1951年随“中国人民赴朝慰问团”慰问中国人民志愿军。编演的新节目以反映红军长征内容的《飞夺泸定桥》、《强渡大渡河》和《智取娄山关》等影响较大。女儿连丽如秉承父业，也是评书演员。评书表演之外，连阔如注意搜集和研究北方江湖艺人的艺术资料与行艺方式等，并陆续撰文发表，1938年结集为《江湖丛谈》出版，1988年被中国曲艺出版社纳入“中国曲艺研究资料丛书”校订再版。

连斯基 Lensky, Aleksandr Pavlovich (1847-10-01～1908-10-13) 俄国演员、导演、戏剧教育家。1876年加盟莫斯科小剧院。连斯基善于把创作激情与技巧结合起来，从而创造了鲜明的舞台形象。他创造的舞台形象有《哈姆雷特》中的同名主人公，《智慧的痛苦》中的恰茨基、法穆索夫等。他撰写了许多表演艺术的论文，如《面部表情与化装》等，还培养出一大批小剧院演员，对戏剧美学的发展作出了贡献。

连锁商店 chain store 在核心企业或总公司的领导下，由众多小规模的、分散的、经营同类商品和服务的零售店，采取共同的方针，统一行动，实行集中采购和分散销售，通过规范化的经营实现规模经营效益的商业联合体。按经营形式划分，有正规连锁、特许连锁和自由连锁。连锁商店的特点是：①分散经营，集中管理。总部负责连锁店的开发、设计，保持各连锁店在产品、服务、店名、店貌以及经营管理、经营理念等方面的一致性，实现商业活动质量的标准化。②总部的配送中心专门负责采购且保证及时配送，各连锁店只负责销售的具体工作，实现专业化管理。③总部统一制定政策，集中控制商流、物流和信息流等，各连锁店只需负责具体操作，实现资源最优配置，获取规模经济效益。

连台本戏 multi-part series of traditional Chinese opera 中国戏曲演出形式之一。一部情节连贯、有头有尾的戏曲作品称为“本戏”。剧情比较复杂、篇幅较长、需要若干次连续演出才能展现全貌的作品，称“连台本戏”。据《东京梦华录》，宋代开封便有连演数日的《目连救母》杂剧。元代杂剧一般为1本4折，《西厢记》有5本21折，《西游记》6本24出（折），就分别要演5～6次。但真正称为“连台本戏”的演出，则始于清代徽班进京之后。一部本戏即使不是很长，也难一次演完，必须分为若干本，连续演出，每次演出一二本。每本篇幅不长，大多包含相对完整的一段情节，一两个比较精彩的场面。每当演出淡季，各戏班更是争相以看家本戏招徕顾客。如著名的三庆班以“大轴子”即“本戏”著称，代表作有32本的《三国志》等。

连香树 *Cercidiphyllum japonicum*; China katsuratree 连香树科连香树属的单一种。分布于中国山西、河南、陕西、甘肃、安徽、浙江、江西、湖北、四川等省。日本也有分布。落叶乔木；枝有长短枝之分。单叶，在长枝上叶近对生，宽卵形、椭圆形或三角形；在短枝上叶互生，圆心形或肾形。花小，单性异株，先叶开花，无花被；雄花常4朵丛生成短总状，雄蕊多数；雌花4～8朵丛生，心皮2～6，离生，子房上位，1室；花期4～5月。蓇葖果圆柱形，微弯；种子数枚，扁平四角形，一端具翅；果期8月。生长在海拔2 200～2 700米杂木林中。木材纹理直，结构细，可制家具；树皮和叶可提制栲胶。列为国家重点保护的古老孑遗植物。

连续函数 continuous function 自变量连续变动时函数值也连续变动的函数。

函数连续性的确切定义要借助于极限概念。设$f:X\to Y$是一个在点a处附近有定义的函数。若当$x\to a$时，函数$f(x)$的极限恰好是$f(a)$，也即

$$\lim_{x\to a}f(x)=f(a)$$

则称函数f在点a处连续。若函数f在其定义域中的每一点都连续，则称f是连续函数。

也可以用ε-δ的语言来叙述函数$y=f(x)$在一点a处连续的定义。设$y=f(x)$在点a处附近有定义。若对任意的正数ε，存在一个正数δ，使得当$|x-a|<\delta$时，$|f(x)-f(a)|<\varepsilon$，则称$y=f(x)$在点a处连续。

可以证明，初等函数在其定义域内是连续的。两个连续函数的加、减、乘、除（除数不为零）的结果还是连续函数。连续函数复合以连续函数仍是连续函数。因此，初等函数是连续函数。

并非所有的函数都是连续的。例如，狄利克雷函数处处不连续。而符号函数

$$\operatorname{sgn}x=\begin{cases}1 & 当x>0\\ 0 & 当x=0\\ -1 & 当x<0\end{cases}$$

在点$x=0$是不连续的。又如，函数$y=x-[x]$在每一个整数点$x=n$是不连续的，式中$[x]$表示不超过x的最大整数。

函数的定义域内的不连续的点称为间断点。间断点可分作3类：①设函数f在一点a附近有定义。若当x自a的左方和右方趋向a时$f(x)$有极限并相等，但该极限不等于其函数值$f(a)$，这时点a被称为可去间断点。②若当x自a的左方和右方趋向a时$f(x)$分别有极限存在，但该两极限不相等，这时点a被称为f的第一类间断点。上述函数$y=\operatorname{sgn}x$和$y=x-[x]$的间断点都是第一类间断点。③除了上述两类间断点之外的其他间断点都被称为第二类间断点。例如，狄利克雷函数在任意点都是第二类间断点。

一个在一个闭区间连续的函数总是在该区间上（黎曼）可积的。

连续介质 continuum 流体力学或固体力学研究的基本假设之一。认为流体或固体质点在空间是连续而无空隙分布的，且质点具有宏观物理量如质量、速度、压强、温度等，都是空间和时间的连续函数，满足一定的物理定律（如质量守恒定律、牛顿运动定律、能量守恒定律、热力学定律等）。所谓质点指微观充分大、宏观充分小的分子团，又称微团。其尺度比分子或分子运动尺度足够大，可以包含“无数”的分子，而比所研究力学问题的特征尺度足够小。实际流体的结构在一般情况下非常接近连

续介质模型。有了连续介质假设，就可以在流体力学研究中广泛运用数学分析这一工具。

连续统假设 continuum hypothesis;CH 集合论中关于连续统的势（即基数）的一个假设。由G.康托尔于1878年提出。连续统即实数集（直线上点的集合），连续统的势用C表示。在康托尔以前，数学家们对无穷的理解一直是混沌一团。直到1874年康托尔发现无穷也有大小之分，其中最小的称为可数无穷，除此之外，还有不可数无穷。自然数集就是可数无穷集合之一，实数集是不可数无穷集的一个例子。这两个集合之间无法建立一一对应关系，即两个集合的势不同。康托尔证明了：任一集合A的幂集$P(A)$的势都大于A的势。同时他还证明：连续统的势与自然数集的幂集的势是相等的。所谓连续统问题是指：是否存在其势大于自然数集的势而又小于实数集的势的集合。康托尔猜测，实数集的一切无穷子集或者与自然数集等势或者与连续统等势。康托尔的这个猜测就称连续统假设。

连续统问题在D.希尔伯特1900年提出的《数学问题》中位居第一（见希尔伯特问题）。包括希尔伯特在内的许多数学家都曾致力于这一著名难题的研究，但在相当长的一段时期内没有进展。因而人们怀疑这一问题在数学的现状下是无法解决的。1938年，K.哥德尔证得了CH相对于ZF系统的协调性。1963年，P.J.科恩又证明了CH相对于ZF系统的独立性，即：若ZF系统是协调的，则在ZFC系统中，CH是不可证明的。综上所述，即得：在ZF系统中，CH是不可判定的。见公理集合论。

哥德尔和科恩的成果被誉为20世纪数学基础研究中的两个最重大成就。科恩创立的力迫法已在集合论中得到广泛的应用。运用这一方法，人们已经证明了一大批数学命题的独立性。

由于在ZFC系统中无法决定连续统假设是否成立，甚至附加直观上可靠的大基数公理（例如可测基数存在公理）仍然无法推出CH，因而包括哥德尔在内的一些数学家认为CH不可信，想用新一代的公理来取代CH。在这一方面，由D.A.马丁等人在1970年提出的马丁公理是最佳的选择，它与力迫法相辅相成，结合发展，最后得到一条马丁极大原理。这一原理有着广泛的应用，目前尚在进一步研究中。

连云港市 Lianyungang City 中国江苏省辖地级市。位于省境东北部，东滨黄海，北邻山东省。辖新浦、海州、连云3区和赣榆、东海、灌云、灌南4县。面积7 446平方千米。人口439万（2010）。有汉、回、满、蒙古、朝鲜等民族。秦置朐县，东魏初设青州，武定七年（549）改称海州。1933年在灌云县老窑筑港，取港前的连岛和港后的云台山首字定名连云港。1936年于连云港置连云市，1949年改称新海连市，1961年改称连云港市。矿产有磷矿、蛇纹石、水晶、石英和大理石等，锦屏磷矿为全国六大磷矿之一。农作物有小麦、玉米、大豆、水稻、棉花、花生等，全国重点商品粮基地之一。云雾茶旧为朝廷贡品，是江苏三大名茶之一。滩涂年育对虾苗占全国1/2以上。海州湾渔场是中国八大渔场之一。主要经济鱼类有带鱼、鳓鱼、黄鱼。前三岛海域为江苏海珍品基地，产刺参、扇贝、鲍鱼等。淮北盐场是全国四大海盐产区之一。工业以制盐、化工、纺织、食品、机械、建材、塑料等为主。建有国家级连云港经济技术开发区。连云港港为中国八大港口之一，现代化国际枢纽港。连云港是中国重要的海陆交通枢纽。为陇海铁路东端点、新欧亚大陆桥的东方桥头堡。全国重点旅游城市和江苏三大旅游区之一。云台山风景名胜区由花果山、锦屏山、宿城万寿山、海滨等景区组成。东海县有羽山、西双湖等旅游景点。赣榆县海头镇传为东渡日本方士徐福故里，建有徐福祠。

连州市 Lianzhou City 中国广东省辖县级市。位于省境北部，邻接湖南省。面积2 661平方千米。人口37万（2010）。西汉置桂阳县，隋开皇十年（590）置连州。1912年改连县，1994年撤连县设连州市。由清远市代管。农业主产稻、甘薯、玉米、花生、油茶、油桐、烟草等。盛产黄精、玉竹等药材。矿藏有煤、铁、铅、锡、钨、锰、金、汉白玉等。工业有建材、采矿、氮肥、电力、造纸、木材加工等。名胜古迹有慧光塔、燕喜亭和大云洞摩崖石刻、连江三峡、潭岭水库等。

连坐 中国古代因他人犯罪而使与犯罪者有一定关系的人连带受刑的制度。又称相坐、随坐、从坐、缘坐。传连坐起源于夏。商鞅相秦时立相坐之法：①十家为伍，有问题要互相纠举揭发，否则连坐。如不告奸，腰斩；匿奸与降敌同罪。②怠贫收孥法，对于因怠惰而贫苦的平民收录其妻子，没入官府为奴婢。③里典和伍老也因其该管范围有人“犯罪”未检举而连坐。汉承秦制，初期连坐的范围也很广泛，文帝前元三年（前177）废收孥相坐律令（《汉书·文帝纪》），但实际上只是缩小了连坐的范围，使免坐者增多。晋时因免坐渐多而有“免坐律”。晋明帝（322～325年在位）时夷三族不及妇人，凡从坐的母、妻、姐妹等皆没入官府为奴婢。唐律对谋反、恶逆、不道，凡不在族诛之列的，如年十五以下的子及母女妻妾、祖孙兄弟姐妹，都没入官府充当奴婢。但有例外：凡男夫年八十及有笃疾，妇人年六十及有废疾的，女已订婚尚未嫁出的，媳已订婚尚未娶入的，儿子被人收养或出家、入道的，都不缘坐。明、清律规定：凡谋反大逆不在族诛之列的年十五以下男子及母女妻妾姐妹、子的妻妾，都给功臣家为奴。清律还扩大缘坐范围，对于奸党、交结近侍、反狱、邪教诸项，都有缘坐。中华民国政府在一定区域实施保甲制度，也以戒严令、行政命令规定连坐办法。

莲花 *Nelumbo nucifera*; hindu lotus/east Indian lily 睡莲科莲属的一种。宿根水生植物。又称荷花、荷、芙蕖、水芙蓉等。莲原指其果实，习称莲蓬；后花、果实都泛称为莲。其地下茎的肥大部分称莲藕，简称藕。中国南北各地广泛种植，武汉、杭州等城市收集和培育的品种尤多。

莲喜相对稳定的静水，忌涨落悬殊和风浪较大的流水，水深一般不宜超过1.5米。生长季茎叶最适温度为25～30℃。要求日照充足，不宜长期在室内栽培。土质以富含有机质的黏壤土为宜。莲子寿命特别长，千年古莲子仍能萌发新株。莲以分株繁殖较常用，也可播种繁殖。均宜在春季转暖后进行。砌池植莲，并依水建立桥、榭，构成观荷景区，是中国式园林建筑的传统手法，各地名胜风景均广泛应用。也适用于点缀庭园水面，净化水体，或作盆栽。藕和莲子营养丰富，生食、熟食均宜。藕可加工成藕粉、蜜饯等。莲花花瓣、嫩叶可食。莲各部分均可入药。

莲花生 Padmasaṃbhava 印度僧人。乌苌国（今巴基斯坦斯瓦特河谷一带）人。初名莲花光明，因通晓声明及各种明处，得名莲花金刚。旋又依一真言阿阇黎寂色学事、行、瑜伽三部密法，得密号莲花生。再随瑜伽师乐天和瑜伽母乐持学习无上瑜伽部密法。从佛吉祥智学习后，颇得老师的心传，成为证得现法涅槃的四大弟子之一。公元8世纪中叶，吐蕃赞普赤松德赞邀请印度高僧寂护到西藏弘法，寂护到西藏后广宣佛法，但受到了西藏原有的本教

布达拉宫持明殿内的莲花生塑像

徒的反对，寂护向赤松德赞推荐了莲花生，希望借他的咒术“调伏魔障，显扬佛教”。入藏之后，以密教法术降伏鬼怪，压制本教。与寂护一道主持修建了西藏第一座寺庙**桑耶寺**。对西藏佛教贡献巨大，受到西藏佛教各派的共同敬仰，尊称他为洛本仁波且（轨范师宝）、古如仁波且（师尊宝），通称白麦迥乃（莲花生）。著述很多，收入甘珠尔和丹珠尔的有8种。西藏佛教**宁玛派**以其为祖师。

莲花尊 lotus-shaped zun 中国南北朝陶瓷器造型。以浮雕式莲花为装饰主题，并使与造型融为一体的青釉瓷器。造型由以前的圆硕向瘦削高耸演变，端庄俊秀，与这个时期绘画、雕塑中的秀骨清像风神一致。北方作品多胎体厚重，造型较质朴；南方多秀丽巧致。出土于河北景县的仰覆莲花尊为同类器物的代表作，尊高66.5厘米，

仰覆莲花尊（河北景县出土，故宫博物院藏）

口径19.2厘米，由上下7层仰覆莲花瓣构成尊腹与底座的外形，颈略细长，塑花鸟云龙，器形端庄挺秀。江苏南京、湖北武昌和山东淄博等地出土的莲花尊器型则不尽相同。

涟源市 Lianyuan City 中国湖南省辖县级市。位于省境中部，涟水上游。面积1 895平方千米。人口100万（2010）。有汉、侗、土家、苗、回等民族。1951年置蓝田县。因与陕西省蓝田县重名，又因地处涟水上游，于1952年更名涟源县。1987年撤县建市。由娄底市代管。矿产有煤、铁、锰、锑、铅、锌、钒、磷、重晶石等。农作物有水稻、小麦、甘薯、油菜、茶等。黑山羊为优良品种。黑山羊、茶叶、柑橘等为外销产品。工业有采矿、冶金、化工、机械、建材等。名胜古迹有飞水洞瀑布、观音洞、药王殿等。

联邦诗人 poets of the confederation school 加拿大英语文学史上1870～1920年间的诗人，主要代表人物为C.G.D.罗伯茨、W.B.卡尔曼、A.兰普曼和D.C.司各特等。他们以爱国主义热情赞美加拿大的自然风光，作品富于乡土特色。

罗伯茨（Charles George Douglas Roberts，1860～1943）生于道格拉斯。毕业于新不伦瑞克大学。一生发表过诗歌、小说等60部作品。主要诗集有《奥利昂》（1880）、《不同的心境》（1886）和《平日之歌》（1893），小说有《大地之谜》（1896）、《老林深处》（1900）以及《知心》（1906）等。所著《加拿大历史》是第一部优秀的加拿大民族史书。

卡尔曼（William Bliss Carman，1861～1929-06-08）是罗伯茨的表弟，生于弗雷德里克顿。曾先后就学于新不伦瑞克、爱丁堡、哈佛等大学。一生大部分时间客居美国。他富于想象，并善于在写景中抒发内心的感情，但常带有神秘色彩的幻想。《大普瑞湖的低潮》（1893）是他的代表作。其他诗集有《萨福，抒情诗百首》（1905）和《流浪者之歌》（1894～1912）。

兰普曼（Archibald Lampan，1861～1899）生于肯特。毕业于多伦多大学特里尼迪学院。在渥太华邮政部任职，直至病逝。擅长写自然景色和对自然的感受的抒情诗。代表作《热》和《牧草》。晚期作品常以人与社会的隔阂为主题。出版有诗集《大地抒情诗》（1896）、《阿尔塞尼》（1899）、《兰普曼诗集》（1900）和《诗选》（1947）。

司各特（Duncan Campbell Scott，1862～1947）毕业于魁北克斯坦斯德大学。在印第安事务部任职。作品的地区色彩鲜明，以叙事诗见长。《阿尔的风笛手》在叙事中描绘出北部地区的风光。主要诗集为《魔屋及其他》（1893）、《新世界抒情诗及民谣》（1905）。短篇小说集有《瓦伊格村庄》（1896）和《埃尔斯佩的魔法》（1923）。

联邦制 federation 复合制国家结构的主要形式，由若干享有相对主权的完整的政治实体为组成单位的统一国家。在联邦制国家中，国家整体与其组成部分的权限范围由联邦宪法规定，它们各自在规定的权限范围内享有最高权力，并直接行使于人民，相互间不得进行任何干涉。联邦制国家强调中央政权的最高地位和权力，拥有统一的最高权力机关和联邦政府；有统一的宪法和法律，但联邦成员也有自己的宪法和法律，联邦法律高于各成员的法律；联邦制国家的公民有统一国籍；在对外关系及国际事务中，联邦政府拥有统一的主权和外交权，有的联邦制国家的组成成员在某些问题上可以成为国际交往主体。至21世纪初，世界上有20多个国家实行联邦制，其中，美国、加拿大、瑞士、澳大利亚等为典型的联邦制国家。

联苯 biphenyl; diphenyl 一种**芳烃**，分子式$C_{12}H_{10}$。

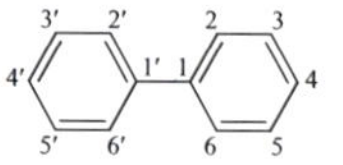

存在于煤焦油中。为无色片状晶体；熔点71℃，沸点255.9℃，相对密度0.866 0（20/4℃）。不溶于水，溶于乙醇、乙醚和苯等有机溶剂。热稳定性高，其蒸气不易分解。化学性质与**苯**相似，容易起**取代反应**。工业上联苯由苯在高温（750～850℃）下去氢制得。长期以来，联苯单独或与二苯醚混合后作为载热体使用。联苯、三联苯等组成的山都蜡可用作核电站的载热体。

联苯胺 benzidine **联苯**衍生的**胺**，分子式（4-$H_2NC_6H_4$—）$_2$。又称4,4′-二氨基联苯。

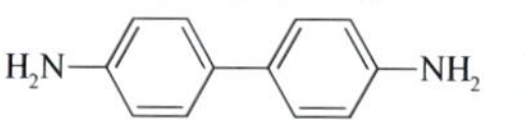

白色针状晶体或淡红色粉末晶体，在空气中颜色逐渐加深。熔点128℃，沸点400℃（740毫米汞柱）。微溶于水，稍溶于乙醇和乙醚。应避光密封保存。联苯胺的化学性质与**苯胺**类似，它与亚硝酸反应生成重氮盐，此盐与酚类或芳香胺类化合物偶联，可得到多种偶氮染料。在工业中联苯胺是由硝基苯还原，生成氢化偶氮苯，再经重排反应制得。联苯胺曾是染料工业的重要中间体，由于它的毒性很强，现已改用其他无毒或低毒的中间体。联苯胺固体和蒸气都能通过皮肤迅速进入体内，引起恶心、呕吐，损害肝和肾脏。联苯胺及其盐都是致癌物质。

《联合报》 *United Daily News* 中国台湾四大民营报纸之一。由《全民日报》、《民族报》、《经济时报》3家小型报纸采用合伙方式于1951年9月16日开始在台北出版的联合版。

1957年6月20日正式定名为《联合报》。提出"正派办报"。日发行量曾超过百万份，成为台湾最有影响力的报纸之一。1982年9月16日，《联合报》在台湾中文报纸中率先采用电脑排版技术。每天出版对开13～16张（42～64版）。

经过多年发展已逐渐形成以《联合报》为核心的文化出版集团，通称"联合报系"。属下在台湾出版的报纸有《经济日报》、《联合晚报》等；在海外出版的报纸有《世界日报》（泰国，1955年创刊）、《世界日报》（美国，1976年创刊）、《欧洲日报》（法国，1982年创刊）等。还有通讯社和出版公司。

联合东印度公司 Vereenigde Oostindische Compagnie; VOC 17～19世纪荷兰殖民者对印度尼西亚进行经济掠夺和殖民扩张的机构。即荷兰东印度公司。1602年3月，荷兰各有关公司合并组成联合东印度公司，以建立对香料贸易的垄断。总部设在阿姆斯特丹。根据同年荷兰议会授予的特许状，联合东印度公司不仅是拥有从好望角至麦哲伦海峡广大地区贸易垄断权的商业公司，还是一个拥有国家权力的殖民机构，有权从事战争、拥有武装、修建堡垒、发行货币、任命官吏、缔结条约和设置法官。1610年，公司在印尼设立总督，统管公司在亚洲的各项事务。在17世纪中期完成对香料贸易的垄断和香料产地——马鲁古群岛的控制。17世纪60年代后，公司活动转为殖民扩张。到18世纪，公司在爪哇确立了殖民统治，并在苏门答腊等外岛海岸地区建立根据地。公司在政治上实行分而治之的政策，建立公司直辖地和藩属土邦两种占领制度。在经济上，实行垄断贸易和强迫供应，实物定额纳税，咖啡强迫种植制和贩卖奴隶制。军事上，实行雇佣兵制度，以雅加达为总部，在重要地区派驻重兵，在殖民据点设防筑垒，同时派出军队控制藩属土邦。18世纪末，公司连年用兵，战费支出浩大，负债累累。

联合东印度公司宪章和封印

1795年荷兰爆发革命，1800年1月1日公司正式被解散，公司的领地和财产归荷兰政府所有。

联合古陆 Pangaea 推断曾存在于地史时期的单一超级古大陆。又称泛古陆、泛大陆。据推测，这一超级大陆约占地球表面积的一半。环绕联合古陆的原始大洋称泛大洋或联合古洋。由于现代的太平洋是泛大洋的残留海域，故泛大洋又称古太平洋。德国气象学家A.L.魏格纳冲破固定论者的陆桥说和大陆永存说的束缚，于1912年提出**大陆漂移说**。他认为，各大陆在古生代晚期曾为统一的大陆（即联合古陆），侏罗纪以后开始分裂、漂移，逐渐演变成现代的海陆分布。30年代，南非地质学家A.L.迪图瓦则认为，大陆解体之前不是一个而是两个超级大陆，即北方的**劳亚古陆**和南方的**冈瓦纳古陆**，两大陆之间为**特提斯海**。70年代，美国学者R.S.迪茨和J.C.霍尔登等认为，二叠纪时地球上只存在一个联合古陆、一个古太平洋和一个古地中海（特提斯海）。古生代各大陆的连接或分离漂移的依据，主要是岩石构造组合、古地磁极移轨迹以及古生物化石分布资料。而上述几种资料的研究分析结论并非经常一致，因此各大陆块的相互关系仍然只是一种推测。

研究联合古陆的存在及分裂、漂移，对于促进地质学的发展、掌握地震和火山活动规律、探索成矿规律等，具有重要意义。

联合国 United Nations **第二次世界大战**后为维护国际和平与安全而建立的国际组织。1942年1月1日，中、苏、美、英等26个反法西斯同盟国家代表在华盛顿签署《**联合国家宣言**》，保证继续对德、日、意等轴心国协同作战。"联合国"一词，是在1941年12月起草宣言过程中，由美国总统F.D.罗斯福提出的。美国认为，只有建立一个以几大国组成的国际安全机构为核心的单一的普遍性国际组织，才能维持战后世界秩序和国际和平。1945年4月25日，来自50个国家（波兰因故未参加）的282名代表在美国旧金山举行联合国国际组织会议。6月26日，51国代表签署《**联合国宪章**》（波兰事后补签）。宪章规定，联合国安全理事会决定实质性问题时采取"大国一致"规则，即中、法、苏、英、美5个常任理事国拥有"否决权"。同年10月24日，联合国正式成立。51个宪章签字国为创始会员国。中国是联合国的创始会员国之一，但由于美国的阻挠，中华人民共和国在联合国的合法权利直到1971年10月才得到恢复。《联合国宪章》规定，联合国作为协调各国行动的中心，宗旨是维护国际和平与安全，发展各国之间的友好关系，促进国际合作。联合国遵循"所有会

员国主权平等"、"各会员国应该忠实履行它们依宪章规定所承担的义务"和"各会员国应该用和平的方法解决它们的国际争端"等原则。联合国的主要机构有6个：①联合国大会。联合国主要的审议机构。大会有权讨论宪章范围内的政治、经济、社会、托管、法律等问题，并向会员国或安全理事会提出建议。②安全理事会。负有维护和平与安全的主要责任的机构，在联合国各机构中，只有安理会有权作出根据宪章规定各会员国必须执行的决定。安理会由中、法、苏、英、美5个常任理事国和10个非常任理事国组成。常任理事国在实质性问题上拥有"否决权"。③**联合国经济及社会理事会**。在大会权力之下负责协调联合国和各专门机构的工作，研究国际经济、社会、文化、教育、卫生等事项，并就这些问题向大会、各会员国和专门机构提出建议。④托管理事会。负责监督托管领土的管理，以促进托管领土的自治或向独立方向逐渐发展。⑤国际法院。联合国的主要司法机构。⑥秘书处。任务是为联合国其他机构服务，并执行这些机构制定的计划和政策。秘书处的首脑是秘书长，由大会根据安理会的推荐任命。联合国其他机构有：**联合国贸易和发展会议**，联合国儿童基金会，**世界粮食计划署**，**联合国开发计划署**，**联合国环境规划署**等。这些机构在促进世界社会、经济、文化、教育、卫生的发展和保护妇女儿童、环境等方面，做了大量工作。

联合国总部设在美国纽约，联合国欧洲办事处设在瑞士日内瓦。联合国大会、安全理事会和其他机构的会议，通常都在总部举行。总部机关刊物有《联合国纪事》、

联合国会员国

会员国名	加入年月日	会员国名	加入年月日
亚洲国家(47)			
中　国	1945-10-24	蒙　古	1961-10-27
伊　朗	1945-10-24	科威特	1963-05-14
黎巴嫩	1945-10-24	马尔代夫	1965-09-21
菲律宾	1945-10-24	新加坡	1965-09-21
沙特阿拉伯	1945-10-24	巴　林	1971-09-21
叙利亚	1945-10-24	不　丹	1971-09-21
土耳其	1945-10-24	卡塔尔	1971-09-21
印　度	1945-10-30	阿　曼	1971-10-07
伊拉克	1945-12-21	阿拉伯联合酋长国	1971-12-09
阿富汗	1946-11-19	孟加拉国	1974-09-17
泰　国	1946-12-16	越　南	1977-09-20
巴基斯坦	1947-09-30	文　莱	1984-09-21
也　门	1947-09-30	韩　国	1991-09-17
缅　甸	1948-04-19	朝　鲜	1991-09-17
以色列	1949-05-11	土库曼斯坦	1992-03-02
印度尼西亚	1950-09-28	乌兹别克斯坦	1992-03-02
柬埔寨	1955-12-14	塔吉克斯坦	1992-03-02
斯里兰卡	1955-12-14	阿塞拜疆	1992-03-02
约　旦	1955-12-14	吉尔吉斯斯坦	1992-03-02
老　挝	1955-12-14	哈萨克斯坦	1992-03-02
尼泊尔	1955-12-14	亚美尼亚	1992-03-02
日　本	1956-12-18	格鲁吉亚	1992-07-31
马来西亚	1957-09-17	东帝汶	2002-09-27
塞浦路斯	1960-09-20		
非洲国家(53)			
埃　及	1945-10-24	塞拉利昂	1961-09-27
利比里亚	1945-11-02	毛里塔尼亚	1961-10-27
南　非	1945-11-07	坦桑尼亚	1961-12-14
埃塞俄比亚	1945-11-13	布隆迪	1962-09-18
利比亚	1955-12-14	卢旺达	1962-09-18
摩洛哥	1956-11-12	阿尔及利亚	1962-10-08
苏　丹	1956-11-12	乌干达	1962-12-25
突尼斯	1956-11-12	肯尼亚	1963-12-16
加　纳	1957-03-08	马拉维	1964-12-01
几内亚	1958-12-12	赞比亚	1964-12-01
喀麦隆	1960-09-20	冈比亚	1965-09-21
中非共和国	1960-09-20	博茨瓦纳	1966-10-17
乍　得	1960-09-20	莱索托	1966-10-17
贝　宁	1960-09-20	毛里求斯	1968-04-24
加　蓬	1960-09-20	斯威士兰	1968-09-24
科特迪瓦	1960-09-20	赤道几内亚	1968-11-12
马达加斯加	1960-09-20	几内亚比绍	1974-09-17
尼日尔	1960-09-20	佛得角	1975-09-16
刚果（布）	1960-09-20	莫桑比克	1975-09-16
索马里	1960-09-20	圣多美和普林西比	1975-09-16
多　哥	1960-09-20	科摩罗	1975-11-12
布基纳法索	1960-09-20	塞舌尔	1976-09-21
刚果（金）	1960-09-20	安哥拉	1976-12-01
马　里	1960-09-28	吉布提	1977-09-20
塞内加尔	1960-09-28	津巴布韦	1980-08-25
尼日利亚	1960-10-07	纳米比亚	1990-04-23
厄立特里亚	1993-05-28	南苏丹	2011-07-14
欧洲国家(43)			
白俄罗斯	1945-10-24	罗马尼亚	1955-12-14
丹　麦	1945-10-24	西班牙	1955-12-14
法　国	1945-10-24	马耳他	1964-12-01
卢森堡	1945-10-24	德　国	1973-09-18
波　兰	1945-10-24	列支敦士登	1990-09-18
乌克兰	1945-10-24	爱沙尼亚	1991-09-17
俄罗斯	1945-10-24	拉脱维亚	1991-09-17
英　国	1945-10-24	立陶宛	1991-09-17
希　腊	1945-10-25	圣马力诺	1992-03-02
挪　威	1945-11-27	摩尔多瓦	1992-03-02
荷　兰	1945-12-10	波斯尼亚和黑塞哥维那	1992-05-22
比利时	1945-12-27	斯洛文尼亚	1992-05-22
冰　岛	1946-11-19	克罗地亚	1992-05-22
瑞　典	1946-11-19	捷　克	1993-01-19
阿尔巴尼亚	1955-12-14	斯洛伐克	1993-01-19
奥地利	1955-12-14	马其顿	1993-04-08
保加利亚	1955-12-14	摩纳哥	1993-05-28
芬　兰	1955-12-14	安道尔	1993-07-28
匈牙利	1955-12-14	塞尔维亚	2000-11-01
意大利	1955-12-14	瑞　士	2002-09-10
爱尔兰	1955-12-14	黑　山	2006-06-28
葡萄牙	1955-12-14		
北美洲国家(2)			
美　国	1945-10-24	加拿大	1945-11-09
拉丁美洲国家(33)			
阿根廷	1945-10-24	洪都拉斯	1945-12-17
巴　西	1945-10-24	乌拉圭	1945-12-18
智　利	1945-10-24	厄瓜多尔	1945-12-21
古　巴	1945-10-24	牙买加	1962-09-18
多米尼加共和国	1945-10-24	特立尼达和多巴哥	1962-09-18
萨尔瓦多	1945-10-24	圭亚那	1966-09-20
海　地	1945-10-24	巴巴多斯	1966-12-09
尼加拉瓜	1945-10-24	巴哈马	1973-09-18
巴拉圭	1945-10-24	格林纳达	1974-09-17
秘　鲁	1945-10-31	苏里南	1975-12-04
哥斯达黎加	1945-11-02	多米尼克	1978-12-18
哥伦比亚	1945-11-05	圣卢西亚	1979-09-18
墨西哥	1945-11-07	圣文森特和格林纳丁斯	1980-09-16
巴拿马	1945-11-13	伯利兹	1981-09-25
玻利维亚	1945-11-14	安提瓜和巴布达	1981-11-11
委内瑞拉	1945-11-15	圣基茨和尼维斯	1983-09-23
危地马拉	1945-11-21		
大洋洲国家（14）			
新西兰	1945-10-24	马绍尔群岛	1991-09-17
澳大利亚	1945-11-01	密克罗尼西亚联邦	1991-09-17
斐济群岛	1970-10-13	帕　劳	1994-12-15
巴布亚新几内亚	1975-10-10	基里巴斯	1999-09-14
萨摩亚	1976-12-15	瑙　鲁	1999-09-14
所罗门群岛	1978-09-19	汤　加	1999-09-14
瓦努阿图	1981-09-15	图瓦卢	2000-09-05

注：1.本表统计截至2011年7月，共有联合国会员国193个。
2.观察员国：梵蒂冈、巴勒斯坦。
3.一些国际组织也有观察员地位。

《联合国年鉴》等。到2008年为止，联合国共有192个成员国（见表）。

《联合国海洋法公约》 *United Nations Convention on the Law of the Sea* 各种海洋法中最重要的国际公约。由联合国第三次海洋法会议通过。1982年12月10日订于牙买加蒙特哥湾。《公约》于1994年11月16日生效。

《公约》共分为17个部分，计320条，9个附件。第一部分是《公约》的用语和范围，第二部分是领海和毗连区，第三部分是用于国际航行的海峡，第四部分是群岛国，第五部分是专属经济区，第六部分是大陆架，第七部分是公海，第八部分是岛屿制度，第九部分是闭海或半闭海，第十部分是内陆国出入海洋的权利和过境自由，第十一部分是国家管辖范围以外的海床和海底及其底土区域，第十二部分是海洋环境的保护和保全，第十三部分是海洋科学研究，第十四部分是海洋技术的发展和转让，第十五部分是争端的解决，第十六部分是一般规定，第十七部分是最后条款。附件一是高度洄游鱼类，附件二是大陆架界限委员会，附件三是探矿、勘探和开发的基本原则，附件四是企业部章程，附件五是调解，附件六是国际海洋法法庭规约，附件七是仲裁，附件八是特别仲裁，附件九是国际组织的参加。《公约》编纂了国际海洋法的习惯规则，规定了12海里领海宽度，肯定了200海里专属经济区制度，确定了沿海国对大陆架的自然资源的主权权利。《公约》明确宣布，国家管辖范围以外的海床和洋底区域及其底土以及该区域的资源为人类的共同继承财产，其勘探和开发应为全人类的利益而进行。

联合国环境规划署 United Nations Environment Program; UNEP 联合国统筹全世界环保工作的组织。1973年1月成立。总部设在肯尼亚首都内罗毕。

宗旨 促进环境领域内的国际合作，并提出政策建议；在联合国系统内提供指导和协调环境规划总政策，并审查规划的定期报告；审查世界环境状况，以确保正在出现的、具有国际广泛影响的环境问题得到各国政府的适当考虑；经常审查国家与国际环境政策和措施对发展中国家带来的影响和费用增加的问题；促进环境知识的取得和情报的交流。

组织机构 ①理事会。领导机构，由58个成员国组成，任期4年，每两年改选其成员的1/2，可以连任。理事会每年举行一次。②秘书处。常设机构，任务是贯彻和执行理事会的决定，也是联合国系统内环境活动和协调中心。③环境基金。

主要活动 ①环境评估。具体工作部门包括全球环境监测系统、全球资料查询系统、国际潜在有毒化学品中心等。②环境管理。包括人类居住区的环境规划和人类健康与环境卫生、陆地生态系统、海洋、能源、自然灾害、环境与发展、环境法等。③支持性措施。包括环境教育和培训、环境情报的技术协助等。

联合国环境与发展大会 United Nations Conference on Environment and Development 联合国召开的一次级别最高、规模最大、影响最为深远的国际环境会议。简称环发大会。又称地球高峰会议。1992年6月3～14日在巴西里约热内卢市举行。参加大会的有183个国家的代表团，以及70多个联合国机构和国际组织的代表。有102位国家元首和政府首脑出席。

这次大会是在全球环境持续恶化、发展问题更趋严重的情况下召开的。会议围绕环境与发展这一主题，在维护发展中国家主权和发展权、发达国家提供资金和技术等根本问题上进行了艰苦的谈判。讨论通过了两个纲领性文件：《里约环境与发展宣言》（又称《地球宪章》）和《21世纪议程》（又称《全球行动计划》）。通过《关于森林问题的原则声明》。有153个国家及欧洲共同体正式签署《气候变化框架公约》和《生物多样性公约》。会议文件的通过和公约的共同签署，不仅有利于保护全球生态环境和生物资源，而且明确提出共同的、但有区别的责任，发达国家应承担更多的义务，同时也照顾到发展中国家的特殊情况和利益。这次会议的成果具有积极意义，在人类环境保护与持续发展进程上迈出了重要的一步。

《联合国家宣言》 *Declaration by United Nations* 1942年1月美、英、苏、中等26国签署的反对德、意、日三国同盟（1940）及其附从者的联合宣言。1941年12月，美国对日宣战。英国首相W.丘吉尔立即率领军政要员访问华盛顿，与F.D.罗斯福等美国政府高官商讨对付德、意、日的整个战略和作战计划。会议期间，美国建议由所有对轴心国作战的同盟国国家签署一个共同宣言，即《联合国家宣言》。美国提出的宣言草案经与英国和苏联政府磋商并加以修改后，用急电发给各同盟国政府。1942年1月1日，26个国家的《联合国家宣言》开始签字。宣言称：本宣言签字国政府对于1941年8月14日美利坚合众国总统与大不列颠及北爱尔兰联合王国首相所作联合宣言称为《大西洋宪章》内所载宗旨与原则的共同立案业已表示赞同，深信完全战胜它们的敌国对于保卫生命、自由、独立和宗教自由并对于保全其本国和其他各国的人权和正义非常重要，同时，它们现在正对力图征服世界的野蛮和残暴的力量从事共同的斗争。

《联合国家宣言》的签订标志着反法西斯同盟的正式建立和加强，同时也为联合国组织的建立奠定了基础。

联合国教育、科学及文化组织 United Nations Educational, Scientific and Cultural Organization; UNESCO 联合国系统的专门机构之一。简称联合国教科文组织。1946年11月成立，总部设在法国巴黎。在伦敦签署联合国教科文组织章程时有成员国44个，至2009年10月有成员国193个。中国是该组织的创始国之一。其宗旨是推动各国在教育、科学和文化方面的交流与合作，促进各国人民之间的相互了解和维护世界的和平与稳定。

组织机构 主要设会员国大会、执行局和秘书处。大会是组织的最高机构，由会员国的代表组成，一般每年举行一次，负责决定政策和计划，通过预算，选举执行局委员，任命总干事，向会员国提出有关教育、科学及文化的建议。在大会休会期间，执行局监督该组织各项计划的实施，每年至少举行两次会议。委员任期4年。总干事是行政首脑，一般任期4年，可以连任。秘书处是日常工作机构，分成若干部门，分别实施教育、自然科学、社会科学、文化和交流领域的业务活动，或进行行政和计划工作，各部门由一名助理总干事领导。

联合国教科文组织在亚洲、非洲和拉丁美洲设有地区办事处。会员国一般都设立联合国教科文组织国家委员会。许多国家还在巴黎设有常驻教科文组织代表团。

下设机构 ①国际教育局。地址在瑞士日内瓦。任务是协助筹备和组织一般两年一次的国际公共教育会议，出版国际教育年鉴和比较教育研究丛书等。②国际教育规划研究所。地址在法国巴黎。主要活动包括组织教育计划和教育行政管理方面的人员培训和开展有关教育计划、教育改

联合国教育、科学及文化组织巴黎总部

革评价方法、教育与劳动就业关系的合作研究。③联合国教科文组织教育研究所。设在德国汉堡。主要研究终身教育理论及其在教育制度、教育内容、师资培训等方面的实施。④欧洲高等教育中心。设在罗马尼亚布加勒斯特。主要任务是组织欧洲地区会员国在高等教育领域的合作和交流。

主要任务 ①教育方面。在拉丁美洲开展了圣地亚哥计划，在亚洲实施卡拉奇计划，在阿拉伯实施贝鲁特计划等。②自然科学方面。推进天然资源、干燥、潮湿地带的开发，海洋学、水资源、地震学等基础科学各领域的国际研究合作体制。③社会科学和人文科学方面。开展社会和经济发展、人权问题等人文科学的基础研究。④文化活动方面。保护世界文化遗产，推进对东西方文化价值的相互评价，促进与此相关的图书馆、博物馆的发展。⑤宣传和情报收集、整理和传输方面。编辑出版《世界教育调查》丛书、《统计报告与研究》丛刊、《统计年鉴》及《世界教育报告》等，建立数据库。

联合国经济及社会理事会 United Nations Economic and Social Council; ECOSOC 联合国六个主要机构之一。在联合国大会权力之下，负责协调联合国及各专门机构的经济和社会活动。简称经社理事会。1945年10月24日成立。总部设在美国**纽约**。有理事国54个。理事国任期3年，每年由联合国大会改选1/3，可连选连任。

宗旨与职能 为讨论全球性或跨学科性质的国际经济及社会问题，并为就此类问题制定面向各会员国和整个联合国系统的政策建议提供中心讲坛；从事或发起关于国际经济、社会、文化、教育、卫生及其他有关事项的研究和报告，并提出有关建议；促进对人权和基本自由的尊重和遵守；就其职权范围内的事项，召开国际会议和起草提交大会的公约草案；与各专门机构商订协定，以确定这些机构与联合国的关系；通过同各专门机构磋商和向其提出建议，以及通过向大会和联合国各会员国提出建议来协调各专门机构的活动；经大会许可，为联合国会员国服务，并在专门机构的请求下为专门机构服务；同与经社理事会所处理事项有关的非政府组织磋商。

组织机构 理事会会议。通常每年举行两次：春季会议在纽约联合国总部举行，着重研究社会问题；夏季会议在日内瓦举行，着重研究经济问题。决议以简单多数通过，每个理事国享有一个投票权。经社理事会下设可持续发展委员会、人权委员会、统计委员会、人口与发展委员会、社会发展委员会、妇女地位委员会、麻醉品委员会、预防犯罪和刑事司法委员会、科技促进发展委员会9个职司委员会及联合国森林论坛。经社理事会与15个联合国专门机构建立了工作关系。它们是**国际劳工组织**，**联合国粮食及农业组织**，**联合国教育、科学及文化组织**，**世界卫生组织**，**国际货币基金组织**，**国际复兴开发银行**，**国际开发协会**，国际金融公司，**国际民航组织**，**万国邮政联盟**，**国际电信联盟**，世界气象组织，**国际海事组织**，**世界知识产权组织**以及**国际农业发展基金会**。**国际原子能机构**和**世界贸易组织**虽不是联合国专门机构，但因关系密切，也被列为建立工作关系的机构。自1998年起，经社理事会每年与国际复兴开发银行、国际货币基金组织、世界贸易组织及**联合国贸易和发展会议**举行对话会，以加强国际发展合作政策的连续性和一致性。为促进地区经济社会发展，经社理事会按地区设立亚洲及太平洋经济社会委员会、非洲经济委员会、西亚经济社会委员会、欧洲经济委员会，以及拉丁美洲和加勒比经济委员会5个区域委员会。同时，它还积极倡导与民间社会和非政府组织建立伙伴关系。

主要活动 大多通过各区域经济委员会进行。经社理事会于2005年6月29日至7月27日在纽约举行实质性会议，主题为“实现国际商定的发展目标，包括《千年宣言》各项目标，以及执行联合国各次主要会议和首脑会议的成果：进展、挑战和机会”。

联合国开发计划署 United Nations Development Program; UNDP 负责联合国系统多边技术援助计划的管理机构。简称开发署。是联合国发展系统最大的多边无偿援助机构。1965年成立。总部设在美国**纽约**。

宗旨 向**发展中国家**和地区提供技术援助，促进经济和社会可持续发展。通过系统的和持续不断的无偿援助，帮助发展中国家加速经济和社会发展。冷战结束后，活动宗旨从传统的技术援助转向以“人类可持续发展”为目标，将消除贫困、增加就业、妇女参与发展和环境保护作为今后援助的重点。

组织机构 ①管理委员会。领导机构，由**联合国经济及社会理事会**选举48人组成，席位按地区分配，任期3年，每年改选1/3，可连任连选。②机构间咨询局。由联合国秘书长和有关参加机构的行政负责人组成。③秘书处。职能机构，由行政局、规划政策审评局、特别活动局、图们江地区开发项目管理委员会、防治荒漠化办公室和亚太、非洲、拉美和加勒比、阿拉伯国家、欧洲和独联体5个地区局及134个常驻受援国和地区的代表处组成。署长由联合国秘书长任命，联大认可，任期4年。

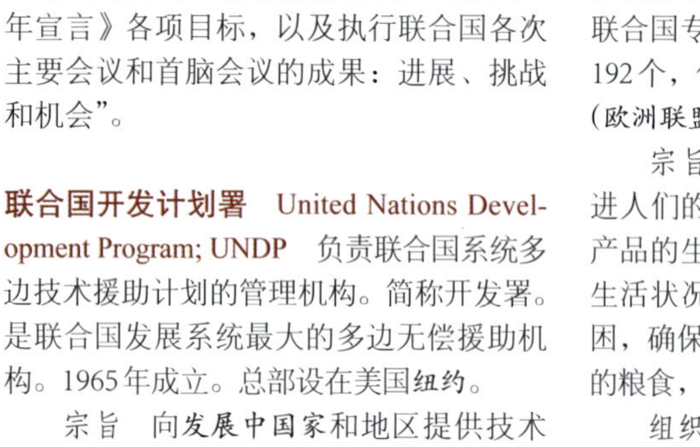

2004年12月5日，联合国开发计划署在卡塔尔首都多哈召开会议

主要活动 开发署的援助项目是无偿的，其资金主要来源于各国政府的自愿捐款。联合国开发计划署对联合国成员国（主要是发展中国家）的发展计划及地区间或全球性的开发计划提供技术援助。援助项目包括社会经济发展的一切领域。援助方式：①向发展中国家派遣专家。②提供研究资金和人员培训方面的资金。③提供各种技术设备、服务设备。

联合国粮食及农业组织 Food and Agriculture Organization of the United Nations; FAO 联合国系统从事粮食及农业开发与援助的专门机构。简称粮农组织。1945年10月16日在加拿大魁北克成立。1946年12月成为联合国专门机构。至2007年11月，有成员192个，包括191个成员国，1个成员组织（**欧洲联盟**）。

宗旨 通过与各国政府合作，不断改进人们的营养和生活水平，提高粮食和农产品的生产与流通效率，改善农村人口的生活状况；促进农业发展，消灭饥饿与贫困，确保人们随时随地获得健康生活所需的粮食，为世界经济发展作出贡献。

组织机构 ①大会。最高权力机构，全体成员国参加，每两年召开一次会议。②理事会。由大会选举的49个理事国组成，一般每两年至少开会3次。由大会选出一位独立主席（任期两年，可以连任）和49个理事国。理事国按地区分配原则选出，任期3年，可连任，每年改选其中的1/3。理事会下设8个部门，即财政部、总务与信息部、经济社会政策部、技术合作部、农业部、渔业部、林业部、可持续发展部。③秘书处。为执行机构，负责人为总干事，由大会选出，任期6年，可连任。总干事在大会和理事会的监督下指导粮农组织的工作。④区域代表处和联络办事处。粮农组织在亚太、非洲、拉美、近东、欧洲和北美6个区域以及联合国纽约总部和日内瓦分部设有区域代表或联络办事处。

主要活动 业务范围相当广泛，包括农、林、牧、渔的生产、科技、政策及经济各方面。它搜集、整理、分析并向世界各国传

播有关粮农生产和贸易的信息；向成员国提供技术援助；动员国际社会进行农业投资，并利用其技术优势执行国际开发和金融机构的农业发展项目；向成员国提供粮农政策和计划的咨询服务；讨论国际粮农领域的重大问题，制定有关国际行为准则和法规，加强成员之间的磋商与合作。

联合国贸易和发展会议 United Nations Conference on Trade and Development; UNCTAD 联合国大会审议国际贸易、投资和发展问题的机构。简称贸发会议。依据1964年12月30日第19届联合国大会通过的1995号决议设立，秘书处设在瑞士日内瓦。至2008年4月，有成员国193个。

宗旨 促进国际贸易，特别是加速发展中国家的经济和贸易发展；制定国际贸易和有关经济发展问题的原则和政策；推动发展中国家和发达国家就国际经济、贸易领域的重大问题进行谈判；检查和协调联合国系统其他机构在国际贸易和经济发展方面的各项活动。

组织机构 ①大会。由各成员国参加的最高权力机构，通常每4年举行一次。②理事会。贸发会议常设机构，每年开会两次，必要时召开理事会特别会议。理事会会议主要是审议世界经济贸易形势，大会决议的执行情况和重大的国际经济贸易问题。理事会下设3个专业委员会：货物、服务及商品贸易委员会，投资、技术及相关金融问题委员会，企业、商业便利及发展委员会。③秘书处。办事机构，秘书长由联合国秘书长任命，联合国大会认可。

1983年6月，第6届联合国贸易和发展会议在贝尔格莱德举行

主要活动 贸发会议是讨论国际贸易和发展问题的一个重要场所。1964～2008年已召开12届会议，在加强国际合作，推动南北谈判，促进改革不公正、不平等的国际经济关系，建立国际经济新秩序，维护第三世界国家的正当权益方面，发挥了积极作用。

联合国人类环境会议 United Nations Conference on the Human Environment 世界各国政府共同探讨当代世界环境问题的第一次全球性国际会议。1972年6月5～16日在瑞典斯德哥尔摩举行。113个国家的1 300多名代表出席。会议通过了《联合国人类环境会议宣言》，提出关于保护人类环境问题的26条原则。宣言指出：保护和改善人类环境是关系到全世界各国人民的幸福和经济发展的重要问题，也是全世界各国人民的迫切希望和各国政府的责任。会议还通过了《行动计划》，为各国政府和国际组织规定了有关的任务和方针。《行动计划》包括全球环境评估计划、环境管理活动及教育和培训3个部分。为了促进公众对环境问题的关注，会议同意将每年的6月5日定为“世界环境日”。同时决定成立联合国环境规划署，总部设在肯尼亚首都内罗毕。联合国人类环境会议首次将环境保护作为人类目标写入国际文件中，它提高了全世界对环境问题的认识，开启了关于环境问题的国际性对话和合作，成为人类环境保护史上的一个里程碑。

联合国世界人口大会 United Nations Conference on World Population 联合国主办召开的第一次国家政府间的国际人口大会。又称布加勒斯特世界人口大会。1974年8月19～30日在罗马尼亚首都布加勒斯特召开。来自136个国家政府的代表，一些地区的代表、观察员以及联合国有关机构、国际机构组织与非政府组织的代表，共3 000人出席大会。

大会最后通过了20项决议和4项建议，并经讨论协商后通过了《世界人口行动计划》。大会通过的20项决议主要涉及农村发展、妇女地位、粮食生产、人口研究、种族隔离、地区合作等问题。大会通过的4项建议为：①开展研究老年人口和青年人口问题；②加强人口中心和研究人员培训；③筹备联合国人口住区展览会议；④召开人口、资源和环境问题座谈会。大会通过的《世界人口行动计划》阐述了世界人口状况，提出了制定人口政策的原则和目标，以及各国政府的责任，同时提出开展人口行动的建议。《世界人口行动计划》成为有关世界人口发展的纲领性文件。

联合国维持和平部队 United Nations Peacekeeping Forces 根据联合国有关决议建立的一支特种部队。1956年成立。受联合国大会或安全理事会委派，活跃于国际上有冲突的国家和地区。作用是阻止冲突扩大化，防止冲突再起，并帮助在战争中受害的平民百姓，为最终政治解决冲突创造条件。维和部队有两个显著特征：①非强制性。它的进驻与活动，需经联合国安理会或大会决定，并获得有关各方同意，然后授权联合国秘书长组织。进驻后，一旦进驻国政府提出撤军要求，必须立即撤出。②中立性。其成员必须来自与冲突双方无直接利害关系的国家。在执行任务时，除进行自卫外，不得擅自使用武力。必须严守中立，不得卷入冲突中的任何一方。联合国维持和平部队的总司令是联合国秘书长。部队的人员由联合国成员国自愿提供。维持和平部队由武装部队的分遣队组成，士兵可以配备轻型防御性武器。联合国维持和平部队为维护和恢复地区和平、帮助解决地区冲突作出了积极贡献。1988年挪威诺贝尔奖委员会将诺贝尔和平奖授予该组织。

《联合国宪章》 *The Charter of the United Nations* 联合国组织的总章程。1945年4月25日至6月26日在美国旧金山举行的“联合国国际组织会议”制定，并于同年10月正式生效。共19章，111条。规定联合国的宗旨是维护国际和平与安全；发展国家间友好关系；进行国际合作，以解决国际经济、社会、文化和人道主义性质的问题，并且促进对于全体人类的人权和基本自由的尊重，构成协调各国行动的中心，以达到上述目的。为实现联合国的宗旨，宪章规定联合国及各成员应遵循如下原则：①所有会员国主权平等。②会员国忠实履行依宪章规定所承担的义务。③和平解决会员国间的国际争端。④会员国不得以不符合宪章宗旨的任何方式进行武力威胁或使用武力。⑤联合国不得干涉任何国家的国内事务，但不应妨碍联合国对威胁、破坏和平行为和侵略行为采取强制行动。《宪章》还规定了各成员国的权利和义务以及联合国6个主要机构的职权范围，规定了安理会5个常任理事国在任何实质性问题上一致的原则。

1945年6月，中国代表团参加《联合国宪章》签字仪式

联合内阁 coalition cabinet 实行内阁制的国家，由议会中两个以上的政党联合组成的政府。又称混合内阁。主要出现在多党制国家。这些国家常因主要政党之间力量均等，没有一个政党能在议会中占有半数以上席位，无法实行一党组阁，只能由几个党结成联盟，形成议会中的多数，联合

组成政府。几个政党联合执政，往往因政见不同而产生分歧，互相争斗，导致政府危机，造成政局不稳，政府更迭频繁。但也有的国家多党长期联盟，联合执政，政府比较稳定，如瑞士联邦自1959年以后，长期由激进民主党、基督教民主党、社会民主党和中间民主联盟联合组织政府。在某些两党制国家，有时为了对付战争或国内发生的政治经济危机，也采用联合内阁，以便共渡难关。

联合收割机 combine harvester 一次完成多项收获工序的农作物收获机械。其中以一次完成谷类作物的收割、脱粒、分离茎秆、清除杂物等工序，从田间直接获得清洁谷粒的谷物联合收割机应用最广。因此通常联合收割机即指谷物联合收割机。主要用于小麦、水稻的收获。有些机型经过局部改装和调整，还可收获大豆、玉米、油菜子、向日葵、牧草子等。

联合收割机按行走和配用动力的方式分自走式、牵引式和拖拉机配挂式；按行走部件的类型有轮式、履带式和半履带式；按谷物进入机器的方式有全喂入型和半喂入型。全喂入型联合收割机是将割下的作物全部喂入机器。半喂入型联合收割机是将割下禾秆的上端带穗部分送入脱粒装置，其余大部分茎秆不进入机器，因而不设分离装置，简化了结构，所需动力也较小。

20世纪90年代，中国试验生产了用于水稻和小麦收获的割前脱粒型联合收割机。这类机型由于全部茎秆不进入机器，谷粒含杂量大大减少，可以简化机器结构，降低能耗，具有较好的发展前景。

联合运输 combined transportation 采用两种以上运输方式或者一种运输方式以两程以上运输完成旅客或货物位移的运输活动。简称联运。联合运输针对托运人是一次收费，一票到底；针对承运人是联合运输经营人总承揽，分别与第一、第二或第三承运人签订运输合同，组织和协调运输，全程理赔。

按运输对象分为货物联合运输和旅客联合运输；按参与的运输方式，分为铁路水路联运、铁路公路联运、铁路公路水路联运、公路航空联运、管道水路联运等；按运输区域，分为国际联合运输和国内联合运输。国际联合运输又分为国际铁路、国际水运、国际公路联合运输，国际铁路公路、铁路水运、铁路公路水运、公路水运联合运输。国际货物多式联运是国际货物联合运输的高级形式。

联合运输的作用主要有：①促进流通，推动经济发展。②沟通各种运输方式之间的横向联系，促进综合运输体系的建立。③提高运输效率。将原来单一的运输变为有序又有计划的运输，将原来逐一托运变为一次托运，减少中间的中转换装环节，节约了等待时间。④方便货主，减少物资流通费用。

《联合早报》 *United Morning News* 新加坡唯一的华文对开日报。新加坡读者最多的报纸，主导新加坡华文报市场。有政府机关报性质。1983年3月由《南洋商报》与《星洲日报》合并而成，属新加坡规模最大的媒体出版与印刷机构——新加坡报业控股公司。内容严谨，注重国内外大事的报道与分析。每天出刊共46版（包括副刊）。20世纪90年代发行量平时20.1万份，星期日22万份。1995年5月通过“亚洲一号站”进入互联网，为东南亚国家上网的首家华文报。

联华影业公司 Lianhua Film Corp. 中国早期私营电影企业。全称为联华影业制片印刷有限公司。1930年成立。由罗明佑的华北电影有限公司、黎民伟的民新影片公司、吴性栽的大中华百合影片公司、但杜宇的上海影戏公司等电影机构合并而成。除在香港成立总管理处外，在上海设分管理处，在北京设分厂，并建立演员养成所。1928～1932年共拍摄《故都春梦》、《野草闲花》、《恋爱与义务》等长故事片28部。1933～1934年间，摄制了《三个摩登女性》、《母性之光》、《渔光曲》、《大路》、《神女》等影片，被当时舆论肯定为“新派”电影的代表。1936年8月，因经济困难，由华安电影公司接管，但仍沿用联华名义发行，拍摄了《狼山喋血记》、《联华交响曲》等有声故事影片以及有声戏曲片《斩经堂》等。1937年8月因抗日战争爆发而停办。

联接 joint 利用不同方式将机械零件联成一体。是构成机器的重要环节。按被联接件间的相互关系，机械联接分为静联接和动联接。机器工作时，被联接件间不允许产生相对运动的联接称为静联接；可以有相对运动的联接称为动联接。联接通常指静联接。机械静联接按联接件能否无损拆开分为可拆联接和不可拆联接。可拆联接有螺纹联接、销联接、键联接和花键联接等。不可拆联接有铆接、焊接和胶接等。

螺纹联接 用螺纹件（或被联接件的螺纹部分）将被联接件联成一体。常用的螺纹联接件有螺栓、双头螺柱、螺钉和紧定螺钉等，多为标准件。

键联接 用键将轴与带毂零件联成一体。键是标准件，安放在轴与轮毂的键槽中，分为平键、半圆键和斜键3类。

花键联接 依靠轴和轮毂上纵向齿的相互啮合来传递扭矩，是联接轴与带毂零件的常用方式。花键已标准化，按齿形的不同分为矩形花键、渐开线花键和三角形花键3种。

铆接 用铆钉将被联接件联成一体的不可拆联接。在用板材、型材制造的金属结构和机械设备中，铆接是最常用的联接方式之一。铆合方法有冷铆和热铆两种。铆钉是一种标准紧固件，分实心和空心两类。被铆件一边不便操作时可用单边铆合的铆钉，又称盲铆铆钉。轻金属结构（如飞机机翼）中，铆接至今还是联接的主要形式。

胶接 利用胶黏剂在联接面上产生的机械结合力、物理吸附力和化学键合力而使两个胶接件联接起来的工艺方法。胶接不仅适用于同种材料，也适用于异种材料。

联句诗 中国古代诗歌体裁。由两人或多人共作，每人一句或多句，联结成篇的诗。旧传最早的联句始于汉武帝时《柏梁台诗》，全诗七言，26句，分别由26人出句，一句一意，相联而成，每句用韵，后人又称其为“柏梁体”。但据后人考订，此诗系伪托之作，并不可靠。晋宋时不少人作诗已用联句，今存陶渊明、鲍照、谢朓等人诗作中均有此种形式。大抵为一人作4句，并有较完整的意思，所以有些学者曾以此认为后来的五言绝句由此而来。唐代用联句作诗的更多。联句作诗初无定式，有一人一句一韵，两句一韵乃至两句以上者，依次而下，联成一篇；后来习惯于用一人出上句，继者须对成一联，再出上句，轮流相续，最后结篇。联句诗多为友人间宴饮时酬酢游戏之作，难有佳篇。

联觉 synesthesia 刺激对一种感觉器官的作用会引起另一种感觉器官活动的现象。人们所获得的外界信息绝大部分是依靠视觉和听觉获得的，所以视听联觉现象最为普遍。

常见的还有颜色和温度觉的联觉，如看到红、黄颜色觉得温暖、兴奋；看到蓝、绿色觉得清凉、安静等。

色听联觉是听到一种声音会引起某种颜色的感觉。一般是在激动人心的音乐反复刺激下闭着眼睛引起的。色听倾向强者称为色听者。各人的音色关系不尽相同，但对于个人，音和色的联系却是相当稳定的。一般听到的声音越低沉，体验到的颜色越深；音调越高则颜色越浅。

一种称为光幻觉的色觉可引起味、触、痛、嗅或温度的感觉。此外，还有“语-色联觉”，即某些词汇也会引起某种色觉。俄国抽象派艺术家W.康定斯基曾进行过联觉实验，试图用鲜明的色调对比来引起非视觉的反应。艺术家、文学家也常用艺术联觉作为一种创作手段。

"联盟"号飞船 Soyuz spacecraft 俄罗斯(苏联)第三个载人飞船系列。能乘坐3名航天员，具有轨道机动交会和空间对接能力。它既能自主飞行，为载人空间站接送

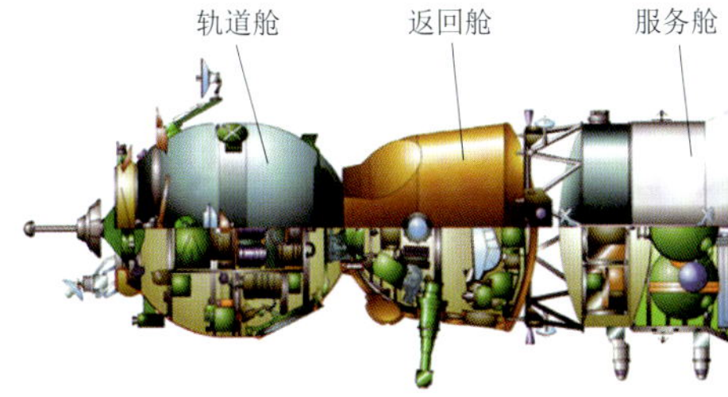

"联盟"号飞船示意图

航天员，在对接后又可作为空间站的构件舱联合飞行。从1967年4月至2001年底，共发射了88艘飞船。

"联盟"号飞船由近似球形的轨道舱、钟形返回舱和圆柱形服务舱组成。飞船的最大直径2.7米，总长7.5米，起飞质量约6.8吨。飞船单独自主飞行时间3～30天，对接在空间站上的飞行时间120天。

"联盟"号载人飞船已发展了三代。第一代"联盟"号，主要用于试验载人飞船与空间站的交会、对接和机动飞行；第二代"联盟"T号，改进了座舱设施，提高了生命保障系统的可靠性和生活环境的舒适性；第三代"联盟"TM号，改进最大的是对接系统，可以使飞船在任何姿态下与"和平"号空间站对接。

联绵字 disyllabic roots 汉语中两个字连缀在一起不能分开来讲的双音节词。从语言的角度来说，就是"联绵词"。联绵词在汉语里起源很早。在先秦以前的上古时代，除了单音词以外，就是复合词和联绵词，不过联绵词所占的数量不是太多。联绵的名称见于宋代张有所著的《复古编》。联绵字可以分为三类：一类是双声字，一类是叠韵字，一类是非双声叠韵字。例如"犹豫"、"荏苒"是双声，"彷徨"、"徘徊"是叠韵，"淡漠"、"滂沱"既非双声，也非叠韵。在这三类之外，有人把"叠字"(又称重言)也列入联绵字之内。如王国维所作《联绵字谱》。有的联绵字在书写形式上不尽一致，例如"逶迤"或作"委移"，"逍遥"或作"消摇"等。

联省自治 Association Province Autonomous Movement 1920～1923年间中国各省地方军阀和部分知识界人士倡导的政治主张。最早提出这一主张的是湖南军阀谭延闿、赵恒惕。1919年12月，湖南人民取得驱逐北洋军阀张敬尧的胜利。次年7月，谭延闿趁机倡议"联省自治"。随后，继谭而起的赵恒惕也通电声称"省相联结，则举国有提挈并进之道"。谭、赵主张，以其利于地方军阀割据自保，迅即得到四川、广西、云南、贵州、浙江、广东、江西、陕西、福建等10余省军阀的响应。自1921年夏起，"联省自治"一度成为最时髦的政治口号。其间，赵恒惕甚至希望通过援鄂战争，在汉口成立一个全国统一的"联省自治政府"。后因战争失败而破灭。1922年直系军阀单独控制北京政权，极力推行纳"自治"潮流于直系"法统"之下，西南联治派纷纷附和。1923年后"联省自治"声浪逐渐沉寂。与此同时，一些知识界人士也曾组织团体，倡导"联省自治"，但他们与地方军阀不同，在一定程度上反映了社会各界的民主要求。

联想 association 意识中的两件或更多事物形成的联系。一般来说，在空间上和时间上同时出现或相继出现，在外部特征和意义上相似或相反的事物，反映在人脑中并建立联系，以后只要其中一个事物出现，就会在头脑中引起与之相联系的另一事物的出现，这便是联想。

联想有各种分类方法。一般按照联想产生的内容分为接近联想、对比联想、相似联想和关系联想。在实验中运用联想有两种，即自由联想和控制联想。还有的心理学家把联想分为简单联想和复杂联想，后者又称意义联想。

联想控股有限公司 Legend Holdings Limited 中国从信息产业发展起来的非相关多元化投资控股公司。简称联想控股。1984年成立。总部设在北京。前身是中国科学院计算所新技术发展公司，由中国科学院计算所11名科研人员凭借20万元人民币创立。经过20多年的发展，探索出一条有特

上海"联想"笔记本电脑制造中心生产车间

色的"贸－工－技"高科技产业化发展道路，逐步成为一家涉及电子计算机、风险投资、房地产三大行业及五大业务单元的非相关多元化经营格局，在多个领域内拥有领先企业，在世界范围内具有影响力的国际化控股公司。

联想控股采用母子公司治理结构，旗下主要子公司包括：联想集团有限公司(简称联想集团)、神州数码控股有限公司、联想投资有限公司、北京融科智地房地产开发有限公司和弘毅投资有限公司等。其中，联想集团有限公司以个人电脑业务著称，自1996年以来稳居中国市场份额第一的位置。2003年4月将其英文标识从"Legend"更换为"Lenovo"，并在全球范围内注册。2005年5月完成对国际商用机器公司(IBM)个人电脑事业部的收购，成为全球个人电脑市场的领先者。联想集团将总部设在美国罗利，同时在中国北京和美国罗利设立两个主要运营中心，在全球拥有25 000多名员工。

廉江市 Lianjiang City 中国广东省辖县级市。位于省境西南部，雷州半岛北部，与广西接壤，濒临北部湾。面积2 835平方千米。人口162万(2008)，有汉、壮等民族。唐武德五年(622)置石城县，天宝元年(742)改称廉江县。1993年撤县设市。由湛江市代管。矿产有金、银、铝、锌、铜、花岗岩、石灰岩、滑石等，有"花岗岩王国"之称。建山塘水库2 000余个，其中鹤地水库有"人造海洋"之誉。盛产红橙、香蕉、龙眼、荔枝、红杨桃、茶叶、罗非鱼、对虾、生猪、北京鸭、广海鸡等。工业以卷烟、建材、食品、机械、印刷、皮革、服装、工艺品为主。名胜古迹有鹤湖、龙湖潭、双峰嶂、玉枢宫、文渊塔等。

廉颇 Lian Po 中国战国后期赵国名将。生卒年不详。周赧王三十二年(前283)，廉颇率军攻齐获胜，赵惠文王封其为上卿。曾居功骄傲，对出身低微、资历甚浅的蔺相如位居己上不服，后知蔺相如顾全大局，确有相才，遂负荆请罪，结成生死之交，协力抗秦。廉颇为将刚勇，用兵持重，多次率军击败齐、魏等国。五十五年，秦、赵长平之战，廉颇为赵军主将，初战失利后，鉴于秦军势盛，但远离国土，不能久战，即固垒坚守，阻止了秦军的进攻。后赵孝成王中秦离间计，以赵括代廉颇为主将，改变廉颇战法，终致赵军惨败。赵孝成王十五年(前251)，廉颇率军击败攻赵的燕军，受封信平君，摄行相国职。赵悼襄王时，廉颇不得志，出奔魏都大梁(今河南开封)。后赵国屡遭秦军攻击，拟再任廉颇为将抗秦。廉颇亦急欲归国效力，因权臣作梗，未能遂愿。后居楚，忧虑而逝。

廉想涉 Yeom Sang-seop (1897-08-30～1963-03-14) 韩国小说家、评论家。原名尚燮，号横步。生于汉城(今首尔)。1918年入日本庆应大学文学预科。1919年参加

三一运动，被囚禁5个月。1920年回国，任《东亚日报》记者，与金亿等人创立“废墟”社，并发行杂志《废墟》。1929年任《朝鲜日报》艺术部长。1936年到中国东北任《满鲜日报》主编和编辑部长。1945年回国任《亲乡新闻社》编辑部长。1959年成为韩国艺术院终身会员。

廉想涉的创作前期主要是写实主义，作品基调深沉，充满悲剧色彩和感伤情绪；后期转入自然主义，作品色彩明朗，描写细致、冷静、客观。长篇小说《三代》是他的代表作。作品以汉城一世家赵氏家族为中心，真实地描绘了由近代化带来的传统家族制度的兴亡盛衰，揭示了传统家族制灭亡的历史必然性。为韩国最典型的自然主义作家。

鲢 *Hypophthalmichthys molitrix*; silver carp 鲤形目鲤科鲢属的一种。又称白鲢、鲢子、鲂鱼等。体侧扁；眼小，侧下位；口宽，下颌略向上方倾斜；无须；皮质腹棱自胸

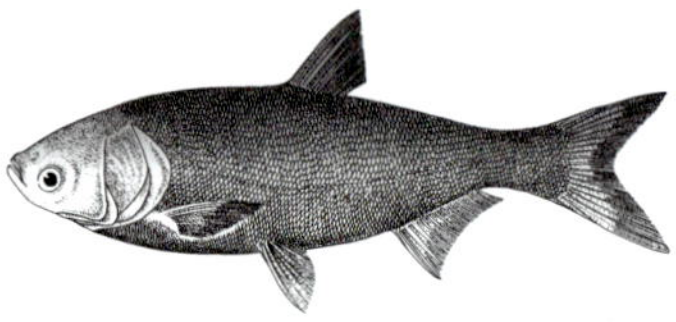

鳍基间到肛门；胸鳍末端仅伸至腹鳍起点或稍后；体呈银白色，各鳍灰白色。为黑龙江、黄河、长江、珠江和海南省及越南北部的特产鱼。生活于水的中上层。天然产量很大。幼鱼以浮游动物为食，成鱼吃浮游植物为主。可人工饲养。是中国四大家养鱼类之一，生长迅速，疾病少，是优良的养殖鱼类。

脸谱 types of facial make-up in Chinese opera 中国戏曲图案化的性格化装。一般用于净、丑脚色所扮演的各种人物，生、旦脚色很少采用。脸谱要以夸张的色彩和线条来改变演员的本来面目，这同略施彩墨以达到美化效果的生、旦化装恰成对比。因此历来又把生、旦化装称为素面、洁面或俊扮，而把脸谱称为花面。戏曲脸谱通常分净脚脸谱与丑脚脸谱两大类。从历史上看，先有丑脚脸谱。据现有资料判断，最早的正面人物的图案化性格化装，出现于元代。净脚脸谱得到比较全面的发展，

昆曲脸谱
《火焰山》牛魔王

汉调二黄脸谱
《红逼宫》司马师

秦腔脸谱
秦始皇

中路梆子脸谱
《金水桥》秦英

是在昆、弋诸腔盛行以后。随着剧目的丰富和传奇容量的扩大，昆、弋诸腔的净、丑脚色，已明确分化为大面（正净）、二面（副净）和三面（丑）三个行当，各个行当已能扮演众多的不同性格的正、反面人物。表演艺术上的重大进步，促使昆、弋脸谱达到了新的规模。其后，梆子、皮黄兴起，净脚又有重唱与重做之分，一批注重身段、表情的“架子花面”多精于勾脸。这都推动脸谱艺术进一步精致化、多样化。脸谱的基本谱式只有十几种，但由于色彩、线条的种种变化，加之长期的艺术积累，使脸谱不断丰富，不少剧种脸谱有上百个甚至几百个之多，成为中国戏曲在世界剧坛上独放异彩的鲜明标识。

练习曲 study 有两种：一种为乐器演奏的技术训练而写的乐曲；一种为音乐会练习曲，由前者派生而来，并逐渐演变为一种炫技性的艺术作品而在音乐会上演奏。M.克莱门蒂的《前奏曲和练习曲》与《通向诗国之路》（一译《艺术津梁》），是近代最早的钢琴练习曲。F.F.肖邦的作品10和25，熔技术性和艺术性于一炉，为音乐会练习曲的范例。

炼丹术 alchemy 中国古代的一种特殊方术。内容非常复杂，其中心目标为用人工方法制作既可使人“长生”，又能用以“点金”的万应灵丹——“神丹”，故又称金丹术、炼金术、点金术、黄白术等。

简史 中国古代先民很早就有相信神仙和成仙的想法。在战国时期及秦代，方士们认为，云母、水玉、石胆、丹砂、松实、茯苓、天门冬、兰草等就是仙人所食、有度世之功的灵药；服用这些灵药的作用失败之后，约在公元前2世纪的汉代初年便兴起了通过化学实验操作的人工修炼来试制金丹神药。基本方法是把五金八石等矿物药放在上下式的土釜中烧炼，而取其飞升的精华物。

东汉炼丹术活动已很兴盛，据说已有《火记》（即炉火术、炼丹术的著述）600篇。当时大概有两个流派。一派是推崇“还丹”、“金液”。所言“还丹”是指“水银锻化还复为丹”之“丹”（应为红色氧化汞）；“金液”词意“黄金水”，实际上是一种黄色的悬浊液（被视为有黄金的内质）。传世遗作《黄帝九鼎神丹经》、《太清金液神丹经》和《三十六水法》有所阐述。另一流派是推崇“铅汞还丹”，是混合烧炼铅、汞所得金黄色之铅汞混合氧化物。传世遗著有魏伯阳的《周易参同契》，对铅汞还丹论述颇详，并对炼丹术的理论有所阐发。这时道教已经建立，从此炼丹术士就都是道士了。

魏晋南北朝炼丹术已活跃于大江南北的各洞天神府。晋代葛洪的《抱朴子内篇》可谓一部炼丹术总结性的全面论述。与此同时，也兴起了以铜铅百矿为原料，炼制人工“黄金”（药金）、“白银”（药银）的方技，称为黄白术。

唐代炼丹术的发展达到了鼎盛时期。这时以硫磺、水银合炼而成的人工丹砂，被尊为“金砂大丹”，它和“铅汞还丹”成为两大旗帜。这时炼丹术的理论思考也趋于成熟，但也更多了玄学说教，神秘主义色彩加重。由于“金石酷烈”，金丹多含铅、汞、砷毒，唐代朝野上下多有服丹损身丧命者，因此到了宋代，服食长生的活动有所收敛。但欺世盗名以发财致富为目的的黄白术活动这时更加盛行，乃至泛滥。炼丹术设备在这时期则有长足进步，有了精巧的金属丹炉和水火鼎（代替了上下釜）、结构布局复杂的丹台及飞汞炉（汞蒸馏器）、沐浴器（研钵）等辅助设备。

明代服食金丹的风气曾出现过回光返照，喧嚣一时。到了清代，炼丹术活动逐步消亡。

主要内容 中国炼丹术的理论指导经历代炼丹家的创意、阐发和充实，至唐代趋于完整、系统，大致可归纳为：①“借求外物以自坚固”的信念，相信服食那些“入火百炼不销，埋之毕天不朽”的黄金、白银和那种“见火易飞，去质轻化，烧之愈久，变化愈妙”的易升华物质，如丹砂（硫化汞）可炼人身体，令人不老不死，并可无翼而飞，羽化成仙。因此，他们非常重视金黄色的铅丹（四氧化三铅）、雄黄（四硫化四砷，认为含黄金的内质）、红色的丹砂（认为与血同色，是生命、灵魂的物质）和水银（见火轻化易飞，也属灵魂物质），这样千余年中他们始终围绕人工升炼金砂、还丹为核心进行修炼。②相信阴阳学说是“造化的神功，天地之大法”。于是炼丹术中进行药物配伍时皆遵循令阳药与阴药交媾的原则。唐代炼丹家张九垓的《金石灵砂论》谓：“一阴一阳曰道。圣人法阴阳，夺造化……阴阳之药各禀其性而服之，所以有度世之期，不死之理也。”③鉴于冶金中矿石向金属转变及自然界中矿物的共生关系，如银总与铅共生，游离金常存于铜、铅矿石中，因此认为宇宙中金石物质随着时间的推移，会自然地朝着更加精美、完善的方向提高自己，而他们把自己设计的

丹鼎就设想是一个小宇宙。当金石物质被放入其中，靠着阴阳的配媾，置于模拟天地造化之功的丹台上，辅之以水火相济的促进，加之符咒的运用便可以极大地加速金石药物的完善进程。一个时辰可相当大宇宙中的一年，于是丹砂在丹鼎中孕育一年便可相当自然界中4 320年，故能修炼成仙人采食之“天座金砂”，所以自信金砂神丹可得，长生成仙可求。

影响和作用　中国炼丹术追求的目的虽以失败告终，但虔诚的方士们，前仆后继经1 800年的奋斗，切实地进行了原始化学实验，观察了众多的化学反应，却合成了一系列有用的无机制剂，它们虽未能让人长生久视，但并未随着炼丹术的消亡而被抛弃，都被收录于本草学的典籍，并得到药性、药理学的研究，尤其在明、清两代的疡科圣药领域中成了主角。方士们在黄白术的失败过程中却创造了一些重要合金（如黄铜、砷白铜、银汞合金等），还最早试验了胆水炼铜，为古代冶金学作出了贡献。唐代他们更从硝石、硫磺合炼而引发爆燃的祸事中总结了教训，进而又与军事家合作，发明了**黑火药**，为人类社会文明的进步作出了辉煌的贡献。

炼金术　alchemy　在古代和中古时代，中国、希腊、印度、阿拉伯和西欧先后兴起、盛行的制造“灵丹妙药”的**方术**。这种灵丹妙药可以分为两大类：一类是用来饵服，企图借此获得长生不死甚至羽化成仙；另一类是用来点化廉价金属（或称贱金属）成为黄金、白银等贵金属，目的是发财致富。所以这种方术应称为广义的炼丹术或金丹术。中国古代比较侧重于修炼前一类“灵丹”，故称为**炼丹术**；西方则更侧重于后一类“妙药”，习称为炼金术。这类方术都是通过化学手段、化学实验来研究、实施，因此被视为**化学**的雏形。

恋父情结　Electra complex　**精神分析**学说的概念。又称厄勒克特拉情结。S.**弗洛伊德**认为，人类的**心理发展**即是性心理的发展，从婴儿期就已开始。幼年时期对异性父母的眷恋和对同性父母情敌般的敌视，是人类普遍存在的特征之一。女孩首先把直接照顾她的母亲作为爱的对象。在性器期，她逐渐发现自己没有男性生殖器，因而埋怨母亲并忌妒母亲、亲近父亲，试图取代母亲的位置。弗洛伊德将这种被压抑在**无意识**中的女孩幼年时的情感和观念称为恋父情结。厄勒克特拉是古希腊神话故事中的人物。

恋母情结　Oedipus complex　**精神分析**学说的概念。又称俄狄浦斯情结。典故出自古希腊神话《俄狄浦斯王》：神谕俄狄浦斯命中注定要弑父娶母，虽然他的家人和他本人竭力避免这一厄运的发生，但他还是在不知不觉中犯下了这两重大罪。S.**弗洛伊德**认为，男孩大约在4～5岁时逐渐产生对母亲强烈的性恋和占有欲，并因而把父亲与母亲的特殊关系当成他亲近母亲的障碍，于是忌妒父亲、欲取而代之，但又怕被父亲阉割，不得不把对母亲的性恋和占有欲**压抑**到**无意识**中而成为**情结**。

俄狄浦斯情结理论是弗洛伊德精神分析学说形成和发展的重要基石。后人对它的评价和争论使它在整个精神分析理论中的地位更加凸显。正是该理论把精神分析学同其他心理学派区分开来，成为反对者的众矢之的，也导致了精神分析运动的分裂。

链反应　chain reaction　通过在反应过程中交替和重复产生的活性中间组分（**自由基**或自由原子）而使反应持续进行的**化学反应**。

例如：氢H_2和氯Cl_2生成氯化氢HCl的反应：

$$H_2+Cl_2 \longrightarrow 2HCl$$

开始用光引发，产生活性中间体Cl自由基：

$$Cl_2 \xrightarrow{h\nu} 2Cl\cdot$$

随之，在下述发生的反应中，通过活性中间组分H和Cl自由基的交替产生，使反应能持续地进行下去：

$$Cl\cdot+H_2 \longrightarrow HCl+H\cdot$$

$$H\cdot+Cl_2 \longrightarrow HCl+Cl\cdot$$

上述反应可循环进行，就像一个个链条，持续不断，直至活性中间组分消失为止。反应的活性中间组分（自由基或自由原子）称为链载体。

链反应的机理一般包括三个步骤：①链引发。依靠热、光、引发剂等作用，在反应体系中产生最初的链载体的反应，一般是由稳定分子分解为自由基的反应。②链传递。链载体的再生反应，即是旧的链载体消失和新的链载体产生的过程，一般是自由基和稳定分子之间的反应。③链终止。链载体的消亡过程，一般是自由基结合成稳定分子的反应，链终止反应可在体相发生，也可在表面上发生。

在链传递反应中，每消失掉一个旧的链载体只产生一个新的链载体的反应称为直链反应；若每消失掉一个旧的链载体，产生两个或两个以上新的链载体，称为支链反应。

链球　hammer throw　**田径运动**中投掷项目之一。运动员双手握链球把手，站在投掷圈后缘，经预摆和旋转后，用全身力量并借助于链球在预摆和旋转中获得的离心力，以最快的出手速度和最适宜的出手角度，将链球从肩斜上方掷出并获得尽可能的远度。掷链球是从16世纪苏格兰矿工工余掷带木柄的大铁锤游戏演变而来。尽管如此，链球仍以hammer（铁锤）来命名。1900年第2届**奥林匹克运动会**将掷链球列为男子比赛项目。女子掷链球比赛分别于1999年、2000年和2002年被列为**世界田径锦标赛**、奥运会和世界杯田径赛的比赛项目。现在规定掷链球比赛在直径2.135米的投掷圈内投掷，投掷圈周围设有U形护笼，链球出手后必须落在34.92°角的扇形区内。

连续旋转分解图

楝科　Meliaceae; chinaberry family　双子叶植物纲蔷薇亚纲一个科。约50属1 400种，广布于热带，少数分布于亚热带，极少分布至温带。中国有15属约60种，大部分产于华南和西南，少数属达到长江以北，香椿最北达辽宁南部。通常为乔木或灌木；小枝常有皮孔。叶互生，稀对生，通常为1～3回羽状复叶，少数为3小叶或单叶；无托叶。花两性或杂性，或雌雄异株，常为圆锥花序，间为总状花序或穗状花序；通常5基数；萼浅杯状或短管状，全缘，4～5齿裂；花瓣4～5，稀3，有时多至14枚，雄蕊花丝通常合生成不同形状的雄蕊管。为花瓣的2倍，或与花瓣等数；子房上位，分离或与花盘合生，4～5室，稀1～3室，也有多达20室的。果为蒴果、浆果或核果；种子常有假种皮，有时具膜质翅。

楝科许多种类木材（尤其是心材）优良，如著名的桃花心木和非洲桃花心木等的木材硬度适宜、芳香、耐腐、色泽佳丽。有的种类入药，如楝树和川楝的根、茎皮可提取川楝素，有止痛、杀虫的功能，也可作农药；地黄连全株有祛风湿、镇痛的功能，用于治疗骨折、瘫痪、跌打、风湿、胃痛等。有些种类的花芳香，为熏茶香料，如米仔兰。有些植物的种子富含植物油，如山楝属、崖摩属等。有许多种的木材，如椿属含芳香油、树皮含树脂。香椿的幼叶供蔬食。

良心 conscience 人们对自己行为的是非、善恶和应负的道德责任的一种稳定的自觉意识。在中国，良心一词最早见于《孟子·告子上》，意为仁义之心，包含恻隐、羞耻、恭敬等情感。良心是一定的社会关系和道德关系的反映，是人们的各种道德情感、情绪在自我意识中的统一，是人们在履行对他人和社会的义务过程中形成的道德责任感和自我评价能力。良心是历史的、具体的、社会的范畴，是一定社会生活和社会关系的反映，是人们在实践过程中逐渐形成的，不是与生俱来的，因而也没有所谓抽象的良心。良心对于人们的行为具有判断、指导和监督的作用。

良性前列腺增生 benign hyperplasia of the prostate 发生于前列腺部位的良性增生病变。又称良性前列腺肥大。老年男性的常见疾病。增生腺体位于膀胱颈，使尿路梗阻，引起尿频和排尿困难。早期膀胱壁肌层增厚可以克服颈部阻力排尽尿液，随着腺体增大，阻力逐渐超过了膀胱的代偿能力，尿液便残留膀胱，症状随之加重，甚至发生尿潴留或上尿路积水。

病因 年龄老化和双氢睾酮异常积聚是致病主要因素。

临床表现 最初为刺激性症状，如尿频、尿急、夜尿增多，早期与前列腺充血刺激有关，随着增生加重，膀胱排尿压力增大使膀胱处于激惹状态也是产生尿频、尿急的原因。膀胱出口梗阻后出现排尿踌躇、尿线变细、腹压排尿、间断排尿和终末滴沥等症状。应梗阻严重时，膀胱代偿能力下降，不能排尽尿液，出现残余尿。随着残余尿量的增加，膀胱有效容量减少，尿频愈加严重，慢性尿潴留时可发生充盈性尿失禁。合并膀胱结石时可出现血尿、排尿疼痛伴尿线中断。长期慢性尿潴留常合并泌尿系统感染，表现为尿频、尿急和尿痛。严重者出现高热、腰痛等上尿路感染症状。若长期得不到缓解，可造成肾功能的损害。严重者甚至出现乏力、贫血等肾功能衰竭症状。应了解有无神经系统疾病和糖尿病等病史，这些疾病可能影响到膀胱逼尿肌的功能而造成排尿困难。

辅助检查 B超可了解前列腺的大小和质地，测定残余尿量，了解有无上尿路积水等。尿流率是良性前列腺增生的基本检查之一。排尿量在150～500毫升范围的尿流率结果较为可靠，男性最大尿流率正常值应在15毫升/秒以上。怀疑可能存在逼尿肌功能障碍，如有神经系统疾病或严重糖尿病或盆腔手术后等病史，或准备进行手术治疗者，应做尿动力学检查，以了解有无膀胱出口梗阻，逼尿肌的功能是否正常。

诊断 腹部检查有无因慢性尿潴留所致下腹胀满，直肠指诊可了解前列腺的大小、质地、有无硬结，以及肛门外括约肌和球海绵体肌反射。一般体检和神经系统检查有助于鉴别诊断。实验室检查包括血尿常规、尿培养和血生化。

前列腺肥大

治疗 轻度症状可等待观察，禁忌饮酒，少吃辣椒，防止便秘等即可明显改善症状；中度至重度症状可采用药物或外科手术。外科手术治疗的绝对指征有：①反复尿潴留。②反复血尿。③膀胱结石。④继发于良性前列腺增生的肾功能不全。

良渚文化 Liangzhu Culture 中国新石器时代末期文化。以浙江杭州余杭区良渚遗址而命名。主要分布在太湖地区。由崧泽文化演变而来，其后发展为马桥文化。年代约为公元前3300～前2000年。

经济以农业为主，普遍种植粳稻和籼稻。已有成套农具，除传统的耜、铲、镰、刀以外，新出现如三角形石犁和“耘田器”等。家畜有猪、狗、鸡等。也从事采集和渔猎。制陶、纺织、竹木器制作、髹漆、制玉等家庭手工业发达。陶器普遍轮制，流行灰黑陶和黑皮陶，以刻划有纤细禽鸟纹、蟠螭纹的鼎、壶及漆绘陶器最有特色。有的陶壶上还发现有刻划陶文。出土有用家蚕丝织成的残绢片、丝带、丝线和苎麻织物。朱漆嵌玉高柄杯，为中国已知最早的嵌玉漆器。竹木器广泛应用于生活和生产方面，钱山漾遗址即出土整、残竹编器物200多件和不少木器。制玉工艺代表了中国新石器时代工艺的最高成就，在当时各原始文化中处于领先地位。大至重6 500克的玉琮（被称为“琮王”）、直径20多厘米的玉璧，小至玉管、玉珠和玉质镶嵌附件，琢制都很精良。玉器种类有琮、璧、钺、冠状器、三叉形器、璜、玦、带钩及各种动物等30种以上，采用了多种雕琢技法，主题图像是由细线加浮雕组成，具有神灵崇拜含义的神人兽面纹，代表良渚文化的“神徽”。

兽面纹玉琮

聚落在形态和规模上形成等级。良渚遗址群在40余平方千米范围内有遗址130多处，大致分三大群。西部以莫角山遗址为中心的一群，周围分布着50多处遗址，包括人工堆筑的大型基址、居民点和显贵专用墓地等。坐落在高出周围地面3～5米的高台上，发掘出土大面积的夯土建筑基址和成排的木柱遗迹，表明它具有地区中心聚落的性质。这里发现的良渚古城，面积达290多万平方米，是中国新石器时代最大的城址，很可能是整个良渚文化的统治中心，具有“王都”的性质。在江苏吴江龙南遗址和余杭庙前遗址则发现普通聚落，房址为半地穴式和干栏式建筑。墓地和墓葬的等级分化也很明显。墓地大致分为祭坛墓地、土墩墓地和普通墓地几种。祭坛墓地的墓一般较大，随葬品丰富而精致，个别墓中有人殉和人牲，可能是贵族专用墓地。土墩墓地的墓略小，随葬少量陶、石、玉器，可能是平民墓地。普通墓地一般都是小墓，仅随葬几件陶器或没有随葬品，可能是穷人的墓葬。墓葬表现出的财富占有和等级的差别巨大，表明当时社会已出现阶级和私有制。良渚文化已跨进了文明时代的门槛。

凉山 Liangshan Mountain 中国四川盆地和川西南山地间大凉山和小凉山的总称。因山高气寒，故称凉山。中国东部湿润亚热带气候和西部干湿交替亚热带气候的分界线。彝族最大聚居区。习惯上以四川省美姑县境内的黄茅埂为界，以西称大凉山，以东为小凉山。大凉山位于安宁河和黄茅埂之间，南北纵贯数百千米，海拔大多在2 000～3 000米，尤以小相岭最高，海拔4 791米。小凉山指黄茅埂以东的雷波、马边、峨边和屏山一带山地，东西长100多千米。凉山为四川铁、铜、铅、锌、镍、磷等矿产的主要产地。其东北坡有大熊猫栖息，建有马边自然保护区和美姑大风顶自然保护区。

凉山彝族自治州 Liangshan Yi Autonomous Prefecture 中国四川省辖自治州。位于省境西南部，北起大渡河，南达金沙江，

身着民族服装的彝族妇女

邻云南省。辖西昌市和盐源、德昌、会理、会东、宁南、普格、布拖、金阳、昭觉、喜德、冕宁、越西、甘洛、美姑、雷波15县以及木里藏族自治县。面积60 423平方千米。人口453万（2010），有彝、藏、回、苗、傈僳、纳西、布依、傣、壮、白、汉等民族，为全国最大的彝族聚居区和四川省民族类别最多的地区。自治州人民政府驻西昌市。汉武帝元鼎六年（前111）始建越巂郡。至元代大小凉山分属建昌路（今西昌）和马湖路（今屏山）。明改置建昌卫，清改宁远府，而北部地区则分属叙州府（今宜宾）和嘉定府（今乐山）。民国时期分属西昌、乐山两专员公署。1939年划入西康省，1950年设立西昌专区，1952年建立凉山彝族自治区（1955年改称自治州），1955年撤销西康省后并入四川省。矿产以稀土、铁矿石、铜、铅、锌、锡等为丰富。金沙江、雅砻江、大渡河水能资源丰富，开发潜力大，建有雷波溪洛渡等大型水电站。安宁河两岸地区，为四川省仅次于成都平原的第二大平原，有“川西南粮仓”之称，为全国和四川省农业开发的重点地区。主要生产水稻、玉米、马铃薯、小麦、荞麦、甘蔗、油菜子、花生、烤烟、蔬菜、蚕桑、水果、魔芋、蓖麻、花卉等。畜牧养殖以猪、牛、羊等为主。工业以冶金、电力、建材、机械、卷烟、制糖、皮革、食品等为主。地处川、滇交通要道，成昆铁路纵贯州境。有以西昌市为中心，以108国道和雅攀高速公路，以及宜西、美马、美峨、九江等公路为主骨架的公路运输网。西昌机场是西南地区大型全天候机场。风景名胜有“川南胜景”泸山、邛海、螺髻山等风景名胜区，盐源泸沽湖、雷波马湖、龙潭溶洞、西昌土林、美姑大风顶自然保护区，以及普格温泉瀑布、光海寺地震碑林、彝海结盟碑等。

梁 Liang Dynasty 中国南朝第三个王朝。萧衍创建。都建康。梁初疆域与齐末略同，北以淮河与北魏为界。历4帝，共56年。

世系表

①武帝萧衍（502～549）——②简文帝纲（549～552）
　　└③元帝绎（552～555）——④敬帝方智（555～557）

萧衍（464～549），字叔达，小字练儿，南兰陵中都里（今江苏常州西北）人，南齐宗室，官至雍州刺史，镇襄阳。永元二年（500），萧衍兄萧懿被齐东昏侯萧宝卷杀害，三年，萧衍自襄阳举兵东下，攻占建康，并于次年称帝。国号梁，建元天监，历史上又称萧梁。

梁朝56年中，萧衍在位长达48年。其统治具有如下特点：①优容士族。如专设谱局，改订士族百家谱；下诏州、郡、县，置州望、郡宗、乡豪各一人，专掌搜荐人物，特别是东晋以来湮没不显的旧族；增设官职，满足士族入仕要求。但梁世士族业已全面腐朽，在实际政务中仍须使用寒人。②宽纵皇族。如削弱典签权势，给诸王以实权，对他们的横征暴敛甚至公开抢掠也不闻不问。结果到了萧衍晚年，皇室间的相互残杀较之宋、齐两代更为残酷。③提倡佛教，不顾劳民伤财，大规模兴建佛寺。创立三教同源说，调和释、儒、道三者矛盾。三次舍身同泰寺，公卿等以巨资奉赎。④徭役繁重，役及女丁。赋税由过去的计资改为计丁。他责令地方官“上献”，因而莫不竞相聚敛。梁世用法，对劳苦大众极其严酷。民众犯法连坐，老幼不免；一人逃亡，举家罚作苦役。人民纷纷逃亡或奋起反抗，各种规模的农民起义接连不断。侯景之乱前夕，更是达到“人人厌苦，家家思乱”的严重地步。

梁南康简王萧绩墓前石神道柱（江苏句容）

此时北魏虽日趋衰落，但由于萧衍昏庸无能，故几次对魏战争均未取得成果，反而给人民带来很大灾难。

太清元年（547），东魏大将侯景降梁，萧衍不顾朝臣反对，认为“得景则塞北可清，机会难得”，侯景、萧渊明率军攻打东魏，结果渊明被俘，侯景叛梁。萧衍的子孙们伺机夺取帝位，不惜勾结外援，导致梁朝疆土丧失大半。承圣三年（554），王僧辩、陈霸先在建康立萧方智（萧绎之子）为梁王。王僧辩畏齐，立萧渊明为帝。陈霸先袭杀王僧辩，复立萧方智为帝（梁敬帝）。太平二年（557），陈霸先称帝，建立陈朝。梁亡。

梁方仲 Liang Fangzhong（1908-07-19～1970-05-18） 中国经济史学家。原名嘉官。广东番禺（今广州）人。1930年考入清华研究院经济系，主修财政学，专攻明代田赋史。1934年2月，入中央研究院社会科学研究所，仍以明代田赋制度为研究课题。他于1935年发表长篇论文《明代户口、田地赋税统计》，运用经济计量学方法研究明代社会经济史；1936年又发表了对明代田赋史带有总结性的论文《一条鞭法》，该文被译为日文、英文在日、美发表，受到国内外学者的重视。他逐步形成一整套研究中国社会经济史的独特看法。1950年后，梁方仲重新分析所掌握的史料，进一步深入研究一条鞭法。1951～1952年连续发表了《明代一条鞭法的论战》、《明代一条鞭法年表》等论文和专著，基本上完成了以一条鞭法为中心的明代田赋制度的科学研究。以后，全力编著《中国历代户口、田地、田赋统计》一书。这本76万字的巨著是中国自前汉迄清末2 100多年历代人口、田地、田赋的大型历史统计专书。他从中国的正史、政书、方志、文集、笔记和档案等200多部文献史料中，搜剔出历代户口、田地、田赋的大量数据，加以科学的考核测算，综合编辑制成242个统计表格和6个统计图表，使读者一目了然，获得国内外专家的高度评价。

梁鼓角横吹曲 中国北朝乐府歌曲名。宋郭茂倩《乐府诗集》著录在“横吹曲辞”中。共有66曲。主要是北朝民歌。因是南朝梁乐府官署所采集和使用，故称“梁鼓角横吹曲”。有《企喻歌》、《琅邪王歌》等。歌辞大都很短，很鲜明地反映了北方少数民族的民情风俗。风格粗犷，豪迈刚健，与南朝民歌的婉转靡丽不同。歌辞有些原是用鲜卑等族语言，经过了汉译。其中最为著名的是《木兰诗》。

梁光烈 Liang Guanglie（1940-12～ ） 中国共产党中央军事委员会委员，中华人民共和国中央军事委员会委员，国务院国务委员兼国防部部长、国务院党组成员。上将军衔。四川三台人。1959年加入中国共产党。1958年1月入伍，河南大学党政干部班毕业，在职大专学历。1958～1960年任陆军第一军一师二团工兵连战士、班长。1960～1961年任陆军第一军一师二团工兵连副排长。1961～1962年任陆军第一军一

师二团工兵连排长。1962～1963年任陆军第一军一师二团特务连司务长。1963～1966年任陆军第一军一师二团司令部作训股参谋（其间：1963～1964年在解放军信阳步兵学校学习）。1966年任陆军第一军一师司令部工兵科参谋。1966～1970年任陆军第一军一师司令部作训科参谋。1970～1971年任武汉军区司令部作战部参谋。1971～1974年任武汉军区司令部作战部作战一科副科长。1974～1979年任武汉军区司令部作战部副部长（其间：1975～1976年在军政大学军事系学习）。1979～1981年任陆军第二十军五十八师副师长。1981～1983年任陆军第二十军五十八师师长（其间：1982～1983年在解放军军事学院速成班学习）。1983～1985年任陆军第二十军副军长。1985～1990年任陆军第二十集团军军长（其间：1984～1986年在河南大学党政干部班学习；1987年8～12月在国防大学进修系学习）。1990～1993年任陆军第五十四集团军军长。1993～1995年任北京军区参谋长。1995～1997年任北京军区副司令员。1997～1999年任沈阳军区司令员。1999～2002年任南京军区司令员。2002年任中央军事委员会委员。2003年任中华人民共和国中央军事委员会委员。2002～2007年任解放军总参谋长、总参谋部党委书记。2008年任国务委员兼国防部部长、国务院党组成员。是中共十三届、十四届中央候补委员，十五届、十六届、十七届中央委员，十六届一中全会任中央军事委员会委员；第十届全国人大第一次会议任命为中华人民共和国中央军事委员会委员；中共十七届一中全会任中央军事委员会委员；十一届全国人大一次会议任命为中华人民共和国中央军事委员会委员。

梁冀 Liang Ji（?～159） 中国东汉外戚和权臣。安定乌氏（今甘肃平凉西北）人。大将军梁商之子，顺帝、桓帝两皇后之兄。初任黄门侍郎，转侍中，虎贲中郎将，越骑、步兵校尉，执金吾等职。永和元年（136）拜河南尹。六年，继父商任大将军。顺帝死，冲帝年幼，梁太后临朝，冀以外戚专权。冲帝夭死，皇太后与梁冀定策禁中，迎立质帝。质帝不满梁冀骄横，称之为“跋扈将军”。冀遂将他毒死，再立桓帝。冀以援立有功，益加骄横，朝会与三公绝席；十日一入，平尚书事，机事大小，莫不听其决断，天子形同傀儡。梁冀执政20年，一门前后7侯，3皇后，6贵人，2大将军，夫人、女食邑称君者7人，尚公主者3人，其余卿、将、尹、校57人，势力遍布朝廷，一时穷极满盛。梁冀夫妻生性贪恣，依仗权势多方搜刮财物，当时，四方贡物必须先将上等的献送梁冀，皇帝御府仅得其次。

梁冀专权自恣，极力诛除异己。延熹元年（158），太史令陈授借日食之变，劾奏梁冀，冀即指使洛阳令将其拷掠致死。桓帝对梁冀专权素有不满，得知陈授死讯大怒；加以梁冀刺杀贵人邓猛姊婿邴尊事发，桓帝遂与宦官单超等五人密谋诛冀。次年，桓帝令兵包围梁冀府第，收冀大将军印绶，徙封比景都乡侯。梁冀即日与妻自杀，子胤及诸梁宗亲无长少皆弃市。梁冀家财折卖合30余万万，以充王府，用减天下税租之半。

梁九 Liang Jiu 中国清代建筑匠师。顺天府（今北京市）人。生于明代天启年间，卒年不详。梁九曾拜冯巧为师。冯巧是明末著名的工匠，技艺精湛，曾任职于工部，多次负责宫殿营造事务。冯巧死后，梁九接替他到工部任职。清代初年宫廷内的重要建筑工程都由梁九负责营造。康熙三十四年（1695）紫禁城内主要殿堂太和殿焚毁，由梁九主持重建。动工以前，他按十分之一的比例制作了太和殿的木模型，其形制、构造、装修一如实物，据之以施工，当时被誉为绝技。他重建的太和殿保存至今。

梁楷 Liang Kai 中国南宋画家。原籍东平（今属山东）。嘉泰年间（1201～1204）任画院待诏。为人豪宕不羁，嗜酒自乐，传曾把宁宗赐给的金带挂于院内，不受而去。故有“梁风（疯）子”的别号。善画人物、山水、佛道、鬼神、花鸟。其绘画风格多样而有变化，既有用笔比较工整的画院流行体貌，也有工写结合的风格，以独创的大笔泼墨、酣畅淋漓的减笔画最具影响力。现存梁楷的作品有《八高僧故事图》、《释迦出山图》、《泼墨仙人图》、《六祖图》、《太白行吟图》（传）及《秋柳飞鸦图》等。其中《泼墨仙人图》为纸本水墨，大笔泼扫，水墨酣畅，仙人蹒跚的醉态极为生动突出，是梁楷减笔画中的代表作。

梁龙 *Diplodocus* 生存于大约1.5亿年前侏罗纪晚期的北美大陆上的一类巨型恐龙。体长近30米，是地球上有史以来最长的陆生动物之一。梁龙在恐龙大家庭中属于蜥脚类恐龙。这类恐龙一般体型巨大，以植物为食，中国的马门溪龙就是其中的代表，是恐龙世界当中的长脖子冠军；国外的代表有长达40米的地震龙。梁龙的脖子和尾巴都很长，相对而言身体很短，据估计，它的体重至多只有十几吨。梁龙头很小，细小的牙齿长在嘴的前部，鼻孔长在头的顶部。尾巴细长。过去，古生物学家们认为梁龙可能像长颈鹿一样抬起长长的脖子啃食树叶，但现在很多人发现梁龙很难抬起又长又重的脖子，它更可能是以水草为食。营群居生活，可能用它长尾巴自卫或者用后腿和尾巴一起站立，用前肢来自卫，因为它前肢上长有一个巨大弯曲的爪。

梁启超 Liang Qichao（1873-02-23～1929-01-19） 中国近代思想家、学者，戊戌维新运动（见戊戌变法）领袖之一。字卓如，号任公，别号饮冰室主人。广东新会人。卒于北京。自幼接受传统教育，1889年中举。1890年赴京会试，不中。回粤路经上海，看到介绍世界地理的《瀛环志略》和上海机器局所译西书，眼界大开。同年结识康有为，投其门下。1891年就读于万木草堂，接受康有为的思想学说，并由此走上改良维新的道路，时人合称康梁。

1895年春再次赴京会试，协助康有为发动在京应试举人联名请愿的公车上书。维新运动期间，梁启超表现活跃，曾主北京《万国公报》（后改名《中外纪闻》）和上海《时务报》笔政，又赴澳门筹办《知新报》。他的许多政论在社会上有很大影响。1897年，任长沙时务学堂总教习，在湖南宣传变法思想。1898年回京，积极参加“百日维新”。7月3日（五月十五），受光绪帝召见，奉命进呈所著《变法通议》，赏六品衔，负责办理京师大学堂译书局事务。9月，政变发生，梁启超逃亡日本，一度与孙中山为首的革命派有过接触。在日期间，先后创办《清议报》和《新民丛报》，鼓吹改良，反对革命。同时也大量介绍西方社会政治学说，在当时的知识分子中影响很大。1905～1907年，改良派与革命派的论战达到高潮，梁启超作为改良派的主将，遭到革命派的反对。

1906年，清政府宣布“预备仿行宪政”，梁启超立即表示支持。1907年10月，在东京建立“政闻社”，期望推动清政府实行君主立宪。由于清政府并不真心实行宪政，政闻社也因受到查禁而宣告解散。武昌起义爆发后，他一度宣扬虚君共和，企图使革命派与清政府妥协。民国初年又支持袁世凯，并承袁意，将民主党与共和党、统一党合并，改建进步党，与国民党争夺政治权力。1913年，进步党“人才内阁”成立，梁启超出任司法总长。袁世凯帝制自为的野心日益暴露，梁启超反对袁氏称帝，1915年8月，发表《异哉所谓国体问题者》一文进行猛烈抨击，旋与**蔡锷**策划武力反袁的**护国战争**。1916年，梁启超赴两广地区，积极参加反袁斗争，为护国运动的兴起和发展作出了重要贡献。袁世凯死后，梁启超依附**段祺瑞**。他拉拢一些政客，组建宪政研究会，与支持黎元洪的宪政商榷会对抗。1917年7月，段祺瑞掌握北洋政府大权。梁启超拥段有功，出任财政总长兼盐务总署督办。9月，孙中山发动**护法战争**。11月，段内阁被迫下台，梁启超也随之辞职，从此退出政坛。

1918年底，梁启超赴欧，亲身了解到西方社会的许多问题和弊端。回国之后，即宣扬西方文明已经破产，主张光大传统文化，用东方的“固有文明”来“拯救世界”。梁启超也是一位著名学者。他兴趣广泛，学识渊博，在文学、史学、哲学、佛学等诸多领域，都有较深的造诣。1901～1902年，先后撰写了《中国史叙论》和《新史学》，批判封建史学，发动“史学革命”。欧游归来之后，主要从事文化教育和学术研究活动，写下了《清代学术概论》、《中国近三百年学术史》、《先秦政治思想史》、《中国历史研究法》、《中国文化史》等具有很高的学术价值的著作。他一生著述宏富，所遗《饮冰室合集》计148卷，1 000余万字。

《梁山伯与祝英台》 *Butterfly Lovers* 中国戏曲作品。故事源于在民间广为流传的梁山伯与祝英台传说。见**梁祝传说**。

梁山县 Liangshan County 中国山东省济宁市辖县。位于省境西南部。面积963平方千米。人口73万（2010），有汉、回、蒙古、满等民族。秦于范邑置范阳县，西汉改范县，北魏又置寿张县，后经历代分划、改置。1939年置昆山县，1949年改梁山县，以境内梁山得名。矿产有煤、天然气、铁、铅、石膏等。农作物以小麦、玉米、大豆、甘薯、谷子、棉花、蔬菜为主，是山东省优质棉生产基地。工业以纺织、机械为主。《**水浒传**》之水泊梁山在该县。名胜古迹有梁山

梁山泊遗址

泊遗址、黑风口、八角琉璃井、程咬金庙、唐卢国公墓、秦甘罗墓、梁孝王墓、永安寺起义纪念地等。

梁实秋 Liang Shiqiu（1903-01-06～1987-11-03） 中国作家、文学批评家、翻译家。原籍浙江杭县（今杭州）。生于北京，卒于台北。本名治华，字实秋，曾用笔名秋郎、

子佳。1915年夏考入清华学校，在校期间组织过文学社，并开始新诗写作。1923年赴美留学。从1926年回国至抗战爆发，他先后任教于南京东南大学、上海暨南大学、青岛大学、北京大学，其间曾兼任过报纸副刊编辑，参与创办《新月》、《自由评论》等杂志，是**新月社**的主要成员。抗战爆发至1949年，梁实秋曾在重庆任过国民参政会参政员，教育部特邀编辑兼教科用书编辑委员会常务委员。1938年接编《中央日报》副刊《平明》，引发“与抗战无关论”的论争。此后为报刊写过专栏小品，还曾任教于北京师范大学和中山大学。

1949年移居中国台湾，曾任教于台湾大学、台湾省立师范大学，1966年自师范大学退休。1967年完成《莎士比亚戏剧全集》37卷的翻译并出版。1972年起移居美国西雅图。1949年后，他出版了《雅舍小品》（4辑）、《秋实杂忆》、《西雅图杂记》等文艺作品和《英国文学史》等学术著作。

梁士诒 Liang Shiyi（1869-05-05～1933-04-09） 中华民国时期旧交通系首领。字翼夫，号燕孙。生于广东三水，卒于上海。1894年中进士。1905年任铁路总文案。1907年起奉派为邮传部京汉等五铁路提调、交通银行帮理、铁路总局局长。武昌起义后，参与**袁世凯**胁迫清帝退位，先后任袁大总统府秘书长、交通银行总理，署财政部次长。1915年，在筹措经费的同时，又发起组织“各省请愿联合会”，上书参政院请变更国体，为袁世凯称帝制造“民意”。

袁死后，被列为帝制祸首，受到通缉。1918年经皖系政客疏通，任交通银行董事长、安福国会参议院议长。1921年12月，由**张作霖**推荐为国务总理。后因奉行亲日外交政策，激起民愤，被趁机发动倒阁运动的直系军阀**吴佩孚**赶出北京。1922年5月第一次直奉战争后，遭直系褫职通缉。1925年2月，应**段祺瑞**之邀，出席北京临时执政府“善后会议”。1928年，再遭南京国民政府通缉，逃往香港。1932年应邀北上参加**蒋介石**召开的“国难会议”。

梁式桥 beam bridge 以受弯为主的主梁作为承重构件的桥梁。主梁可以是实腹梁或桁架梁（空腹梁）。实腹梁构造简单，制造、架设和维修均较方便，广泛用于中、小跨度桥梁，但在材料利用上不够经济。桁架梁的杆件承受轴向力，材料能充分利用，自重较轻，跨越能力大，多用于建造大跨度桥梁。按照主梁的静力体系，分为简支梁桥、连续梁桥和悬臂梁桥。

简支梁桥 主梁以孔为单元，两端设有支座，是静定结构。一般适用于中、小跨度，结构简单，制造、运输和架设均甚方便，多做成标准设计，以便于构件生产工艺工业化、施工机械化，提高质量，降低造价。1937年建成的浙江省杭州**钱塘江桥**是中国自行设计并监造的第一座现代公铁两用钢桁架简支梁桥，主跨65.84米。1969年建成的成昆铁路三堆子金沙江单线铁路桥（跨度192米），是国内钢桁简支梁桥中跨度最大的。国外著名的混凝土简支梁桥如1977年建成的跨度76米的奥地利阿尔姆桥，采用双预应力，跨中梁高仅2.5米。钢桁架简支梁的最大跨度为1974年建成的美国切斯特—特拉华公路桥，其主跨挂孔的跨度达250.54米。

连续梁桥 主梁若干孔为一联，连续支承在几个支座上，是超静定结构。当跨度较大时，采用连续梁较省材料，更适合用悬臂拼装或悬臂灌筑、纵向拖拉或顶推法施工。中国第一座跨越长江的公铁两用钢桁架连续梁桥是主跨128米的湖北**武汉长江大桥**（1957）。1968年建成的江苏**南京长江大桥**，是中国首次自主设计、制造和施工的大型公铁两用钢桁连续梁桥，主跨160米。1992年建成的九江长江大桥是当时同类桥型最大跨度，主孔为跨径216米的刚梁柔拱组合结构，边孔为最大跨径162米的连续桁梁。国外著名连续梁桥有挪威瓦罗德2号公路桥，混凝土连续梁桥，260米（1994）。巴西瓜纳巴拉湾公路桥，钢箱连续梁桥，300米（1974）。美国阿斯托里亚公路桥，钢桁架连续梁桥，375.6米（1966）。

悬臂梁桥 上部结构由锚固孔、悬臂和悬挂孔组成，悬挂孔支承在悬臂上，用铰相联。有单悬臂梁桥（三跨构成，中跨

英国福斯湾双线铁路桥

较大以满足通航要求）和双悬臂梁桥（可构成多跨的长大梁桥）。中国首座钢筋混凝土悬臂梁桥，系1922年建成的主跨36.58米的上海四川路桥。1964年建成首座钢筋混凝土箱形悬臂梁桥是广西南宁邕江公路桥（主跨55米）。1965年建成的重庆嘉陵江公路桥，是主跨88米的钢桁架双悬臂梁桥。国外著名的钢桁架悬臂梁桥有：加拿大魁北克桥（1918），主跨548.6米；英国福斯湾双线铁路桥（1890），主跨521.2米；日本港大桥（1974），为主跨510米的双层公路桥。

梁式桥为桥梁的基本体系之一，使用广泛，在桥梁建筑中占有很大比例，其上部结构可以是木结构、钢结构、钢筋混凝土结构、预应力混凝土结构或钢筋混凝土桥面板和钢梁的组合结构。

梁守槃 Liang Shoupan（1916–04–13～2009–09–05） 中国火箭技术专家。生于福建福州，卒于北京。1937年毕业于清华大学机械工程系，1939年获美国麻省理工学院航空工程硕士学位。1940年回国后，历任西南联大、浙江大学航空工程系教授，哈尔滨军事工程学院空军工程系教授、教授会主任。1956年后历任国防部五院研究室主任、设计部主任、研究所所长、三分院副院长，七机部三院副院长、总工程师，航天部科技委副主任，航空航天部、航天工业总公司高级技术顾问。第三、四、五届全国人民代表大会代表，全国政协第三、六、七届委员。1980年当选中国科学院学部委员（院士）。国际宇航科学院院士。

梁守槃早年从事航空工程教育，1956年起参与开拓中国导弹与航天事业。组织设计中国第一批火箭发动机试车台，领导主持发动机和推进剂的研究与试验。主持中国自行研制的第一种地地导弹初期阶段的设计。作为海防导弹武器系统的首任总设计师，在多种型号导弹研制中解决了许多关键技术问题。1988年获国家科技进步奖特等奖。著作有《飞机发动机》等。

《梁书》 *History of Liang Dynasty* 记述中国南朝萧梁一代历史的纪传体史书。唐姚思廉撰。含本纪6卷，列传50卷，共56卷。姚思廉，本名简，以字行，雍州万年（今陕西西安）人。父姚察，在梁朝以文才著称。陈时任吏部尚书，领大著作。陈灭后入隋，任秘书丞，隋文帝杨坚命他继续修撰早已着手的梁、陈两代历史。大业二年（606）姚察死，遗嘱思廉继续完成这两部史书。贞观初，姚思廉任著作郎、弘文馆学士。后官至散骑常侍。贞观三年（629），奉诏撰梁、陈二史。他参考诸家著述，贞观十年撰成《梁书》。

梁树权 Liang Shuquan（1912–09–17～2006–12–09） 中国分析化学家。字德彬，号漱泉。生于山东烟台，卒于北京。1933年毕业于燕京大学化学系，获理学士学位。1937年获德国慕尼黑大学自然哲学博士学位，继在奥地利维也纳大学分析化学系从事无机微量化学研究。1938年回国，历任成都华西大学化学系副教授、重庆大学化学系教授、中央研究院化学研究所研究员及中国科学院物理化学研究所、长春综合研究所、沈阳金属研究所、上海有机化学研究所和化学研究所研究员。曾任《化学学报》主编，英国国际性分析化学杂志《塔兰塔》顾问编委。1955年当选中国科学院学部委员（院士）。1939年发表的有关《铁原子量修订》的博士论文中的数值（55.850，后换算为55.847），于次年为国际原子量委员会所采用并沿用多年。以包头白云矿稀土及稀有元素分析方法研究项目，与共同工作者同获1978年全国科学大会奖。著译有《铁矿分析法》、《容量分析法》、《无机微量分析》等十余种，发表论文百余篇。

梁漱溟 Liang Shuming（1893–10–18～1988–06–23） 中国哲学家、教育家、社会活动家。原名梁焕鼎，字寿铭。原籍广西桂林，生于北京，卒于北京。早年曾入中国同盟会。1917～1924年任北京大学印度哲学讲席讲师。曾任河南村治学院教务长。1931年在山东邹平创办山东乡村建设研究院，任研究部主任、院长。1940年参与发起中国民主政团同盟，后赴香港创办《光明报》。1946年作为中国民主同盟的代表，参与国共和谈。中华人民共和国建立后曾任中国人民政治协商会议委员、常委。著作有《印度哲学概论》、《东西文化及其哲学》、《中国民族自救运动之最后觉醒》、《乡村建设理论》、《中国文化要义》、《人心与人生》、《东方学术概观》、《我的努力与反省》等。

早年曾一度崇信佛教，后转向儒家，以H.柏格森的生命哲学解读儒家哲学。建立了以“生活”为核心概念的宇宙观，提出了直觉主义的认识论和以“意欲”为评判标准的文化观。中华人民共和国建立后试图转向马克思主义立场。20世纪80年代后，其思想再次引起学界重视。

梁漱溟提出的“乡村建设理论”及其所从事的乡村建设运动，致力于探索新的教育方法，实现中国社会的变革。尽管最终失败了，却是一种有意义的尝试。

梁思成 Liang Sicheng（1901–04–20～1972–01–09） 中国建筑学家、建筑史学家、建筑教育家。梁启超长子。广东新会人。生于日本东京，卒于北京。1923年毕业于清华学校。1924～1927年在美国宾夕法尼亚大学学习建筑，获学士和硕士学位。1928年回国，创办东北大学建筑系并担任系主任至1931年。他是中国近代建筑教育的奠基者之一。1931～1946年任中国营造学社法式组主任，1948年当选为中央研究院院士。1946年创办清华大学建筑系并担任系主任直至逝世。1946年10月至1947年，任美国耶鲁大学客座教授、联合国总部大厦设计建筑师顾问团中国代表。在此期间，美国普林斯顿大学授予他名誉文学博士学位。1949年任北平市人民政府都市计划委员会副主任，1953年起任中国建筑学会副理事长，1955年当选为中国科学院学部委员（院士）。1959年加入中国共产党。是第一、二、三届全国人民代表大会代表，第二、三、四届中国人民政治协商会议委员。

长期研究中国古代建筑，为中国建筑

史的研究做了开创性的工作。在中国营造学社期间，首先应用近代科学的勘察、测量、制图技术和比较、分析的方法进行古建筑的调查研究，发表了《蓟县独乐寺观音阁山门考》、《记五台山佛光寺建筑》等专文10多篇，以及《清式营造则例》等著作。1931～1943年，梁思成及同事对15个省2 000多项古建筑和文物进行了调查研究，积累了大量资料。1943年写成《中国建筑史》和英文版《图像中国建筑史》，1965年完成《营造法式注释》(卷上)。

是中国文物建筑保护的开创者。1935年作出了《杭州六和塔复原状计划》和《曲阜孔庙之建筑及其修葺计划》，抗日战争期间担任"战区文物保存委员会"副主任。1949年以后，以巨大热情投入新中国的重大建设，积极参与北京和其他城市以及文物建筑的保护工作。他主张从古建筑的整体环境上进行保护，主张在修复中"整旧如旧"，对复建古建筑采取慎重态度。这些见解都成为国家《文物保护法》中的重要内容。

梁思成是国徽的主要设计人，领导和参与"人民英雄纪念碑"的设计。设计的扬州鉴真纪念堂方案，获得建设部全国优秀设计一等奖，被授予国家自然科学奖一等奖。2001年《梁思成全集》出版。

梁思永 Liang Siyong (1904-11-13～1954-04-02) 中国考古学家。梁启超次子。广东新会人。生于日本横滨，卒于北京。清华学校留美预备班毕业后去美国哈佛大学研究院攻读考古学和人类学，获硕士学位。归国后在中央研究院历史语言研究所考古组工作，对中国田野考古走上科学的轨道起了积极的推进作用。先后主持和参加的重要发掘有昂昂溪遗址、城子崖遗址、两城镇遗址、安阳殷墟、侯家庄商王陵区、后冈遗址等。中华人民共和国建立后，任中国科学院考古研究所副所长，为研究所的建立和考古事业的发展作出了贡献。主要学术成就：通过后冈遗址的发掘，第一次从地层学上判定仰韶文化、龙山文化和商文化的相对年代关系，解决了中国考古学上的这一关键性问题；在侯家庄商王陵区主持了中国考古学史上少有的大规模发掘，发掘10座大型陵墓和上千座人牲祭祀坑；用英文发表的《山西西阴村史前遗址的新石器时代的陶器》一文，是中国国内对仰韶文化认真进行比较研究的第一篇论著；最早对龙山文化作综合性论述，并探讨了龙山文化和商文化的密切关系；主持编写的《城子崖》是中国第一部田野考古报告。单篇论文汇编为《梁思永考古论文集》。

梁武帝萧衍 Emperor Wudi of Liang Dynasty (464～549) 中国南朝梁的创建者。字叔达。南兰陵（今江苏常州西北）人。曾与兄萧懿参与萧鸾（齐明帝）的夺取政权活动，后任雍州刺史，镇守襄阳。500年，获悉萧懿在齐朝内乱中被杀，即起兵夺取帝位，建立梁朝。502～549年在位。萧衍擅长文学，精音乐，善书法。笃信佛教，广建寺院，亲临讲经说法。编纂《众经要钞》。曾三次舍身同泰寺，公卿等以成亿的钱奉赎。547年东魏大将侯景降梁。次年侯景与梁宗室萧正德勾结攻破建康（今南京），549年攻下台城，梁武帝饥病死。原有文集已佚。明人辑有《梁武帝御制集》。

梁晓声 Liang Xiaosheng (1949-09-22～) 中国作家。生于黑龙江哈尔滨，原籍山东荣成。曾用名梁昭生。1968年赴黑龙江生产建设兵团劳动。1974年入上海复旦大学中文系学习。1977年到北京电影制片厂任编辑、编剧。1989年调中国儿童电影制片厂任编剧、艺术委员会副主任。2000年随制片厂并入中国电影集团，任编剧。2002年起任北京语言大学人文学院教授。

他1971年开始发表作品。主要作品：《这是一片神奇的土地》、《黑纽扣》等小说集多部，《从复旦到北影》、《一个作家的自白》等纪实文学多部，《雪城》、《浮城》、《泯灭》等长篇小说多部，以及散文随笔集多种。小说或写"知青"在严峻的自然环境和荒谬的社会现实面前经受的考验与磨炼，具有英雄主义和浪漫主义色彩，如《这是一片神奇的土地》、《今夜有暴风雪》等，成为"知青文学"的重要作品；或用近乎纪实的手法写普通人的生活，写他们的质朴、困顿和弱点，作品冷峻而平实，如《父亲》、《母亲》、《老师》等；或以荒诞、象征等手法讽喻社会和人性的荒谬，如《浮城》、《尾巴》、《失聪》等。他的作品（包括影视）曾获多项全国奖。

梁晓天 Liang Xiaotian (1923-07-28～2009-09-29) 中国有机化学家、药物化学家。生于河南舞阳，卒于北京。1946年毕业于中央大学化学工程系。1952年获美国华盛顿大学有机化学博士学位。1952～1954年在哈佛大学化学系从事博士后研究。1955年回国后，历任中国医学科学院药物研究所研究员，北京大学、兰州大学化学系兼职教授，中医研究院中药研究所兼职研究员。还任中国化学会理事长，中国质谱学会理事长，以及联邦德国《药用植物》杂志和在英国出版的国际性《四面体》杂志编委。1980年当选中国科学院学部委员（院士）。是在中国最早利用核磁共振等谱学手段的研究者之一。在天然产物方面，善于应用新的谱学技术进行天然有机化合物的结构测定，在核磁氢谱方面，对几种系统的解析法进行了简化。1994年获中国医学科学奖。与人合著《生物化学实验法》、《仪器分析》(1965)，著有《核磁共振》，发表论文300余篇。

梁羽生 Liang Yusheng (1924-02-28～2009-01-22) 中国香港武侠小说家。原名陈文统，笔名梁慧如、冯瑜宁等。祖籍广西蒙山。卒于悉尼。出身于书香世家。自幼便会写诗填词。抗日战争后，就读于广州岭南大学经济系，1949年毕业后在香港《大公报》工作。

1952年，香港武术界太极门与白鹤门约定在澳门新花园擂台比武一事轰动整个香港，《大公报》的晚报《今晚报》的编者借题发挥，向读者预告从比赛的第二天起将有精彩的武侠小说连载满足读者。梁羽生被迫执笔连载，创作了香港新派武侠小说的第一部作品《龙虎斗京华》。从此走上了新派武侠小说的创作道路，出版了《七剑下天山》、《江湖三女侠》、《萍踪剑影录》、《白发魔女传》等35部武侠小说，其中很多部被译成外文，并先后搬上银幕。梁羽生于1984年封笔，转入修订工作。

作为新派武侠小说的创始者，他对武功的描写颇具想象力，故事情节扣人心弦，人物形象也较鲜明。作者擅长在小说中运用古典诗词烘托气氛，语言典雅，显示出中国文化的气韵。另外，他以反映时代精神、创造典型和具有艺术感染力三条标准创作武侠小说，也显示出较多的新文学传统的影响。

梁元帝萧绎 Emperor Yuandi of Liang Dynasty (508～554) 中国南朝梁皇帝。字世诚，小字七符。萧衍第七子。552～554年

在位。天监十三年(514)封湘东郡王，镇江陵。后任侍中、丹阳尹。普通七年(526)出任荆州刺史，都督荆、湘、郢、益、宁、南梁六州诸军事，控制长江中上游。太清二年(548)侯景围建康，梁各路援军集结于建康城外有二三十万之多。而萧绎无意平叛，只派儿子萧方智等率军万人往救，后又派王僧辩率舟师万人增援。次年三月，侯景攻破台城，王僧辩舟师尽没。不久，又命王僧辩击溃在郢州（今湖北武汉市武昌）都督中外诸军事的六兄萧纶；并向西魏称臣，袭杀益州刺史萧纪（萧衍第八子）。萧绎剪除兄弟的目的达到后，便于天正元年(552)在江陵即位称帝，年号承圣。承圣三年(554)九月西魏宇文泰派于谨、宇文护率军五万南攻江陵。十一月江陵城陷，萧绎被俘遭害。次年其子萧方智在建康称帝，追尊为元帝，庙号世祖。萧绎盲一目，少聪颖，好读书，善画，能为五言诗，但性矫饰，多猜忌。藏书14万卷，于江陵城破时自己烧毁。著述颇丰，凡20种，400余卷，今仅存《金楼子》。

梁赞诺夫 Ryazanov, Eldar Aleksandrovich (1927-11-18～) 俄罗斯电影导演。生于萨马拉（古比雪夫）。1950年毕业于苏联国立电影学院导演系。1956年处女作《狂欢之夜》问世。之后，相继拍摄出一系列喜剧片。他的喜剧别具一格，有喜剧散文之称。如《曲折的成功之路》(1969)、《命运的嘲弄》(1976)、

《办公室的故事》(1977)、《车库》(1980)、《两个人的车站》(1982)等。1984年拍摄的《残酷的罗曼史》获第18届全苏电影节大奖。1991年拍摄的《天堂》获当年国家文艺奖金。苏联解体后，他拍摄的影片有《预言》(1993)、《你好，傻瓜》(1996)、《老朽》(2000)、《静静的港湾》(2001)和《卧室的钥匙》(2002)等。著作有《这些不严肃的影片》、《喜剧片的痛苦面目》和《没有做的总结》。2001年起任俄罗斯电影科学院总裁。

梁祝传说 legend of Liang Shanbo and Zhu Yingtai 中国民间传说。讲述一对青年男女因不能自主结合，最终含冢化蝶的爱情悲剧。记载梁祝传说的最早文献是初唐梁载言的《十道四蕃志》。晚唐张读的《宣室志》记载了这一传说的全貌。基本情节：上虞祝氏女英台女扮男装与会稽梁山伯同窗三载。祝英台回家二年后，山伯访之，方知其为女子。告其父母求聘，但英台已许配马氏子。山伯后为鄞令。病死后葬于鄮城西。一日英台乘舟路过墓地，得知有山伯墓，登岸号恸，地忽然裂陷，英台于是与山伯并埋于墓中。晋丞相谢安奏表其墓曰：义妇冢。

明代**冯梦龙**《古今小说·李秀卿义结黄贞女》“入话”列举的几个女扮男装的传说中也有梁祝传说，其中已经有英台与梁山伯合葬后双双化为彩蝶的结尾。与现在传说不同的是英台只有兄嫂没有父亲；她与山伯分别时没有暗示自己是女子；对马家婚事没有表示反对。梁祝传说在元代已被编成戏曲。元杂剧有《祝英台》剧目。《录鬼簿》记有《祝英台死嫁梁山伯》的全题。明代有《同窗记》，还有《英伯相别回家》的单出。其他如《山伯千里赴约》、《楼台会》、《祝庄访友》等都是以这个传说为题材的戏曲传统剧目，现代戏曲有川剧和越剧的《柳荫记》与《梁山伯与祝英台》等。文学、音乐、舞蹈等领域也都有根据梁祝题材创作的作品，具有广泛的世界影响。经过话本、戏曲的不断再创作，祝英台有抗婚行动，增强了反对包办婚姻的意义。

量具 measure 在机械制造中，用来测量工件几何量（长度、角度、形位误差、表面粗糙度等）的各种器具，测量工具和测量仪器的总称。按其用途和结构可分为标准量具、通用量具和专用量具3类：

标准量具 只代表某一个固定尺寸，可作为标准用来校对或调整其他测量工具，或作为标准与被测工件比较。如量块、直角尺、角度量规、曲线样板等。

通用量具 一种有刻度值的，可以度量一定范围内各种尺寸，并能得出具体数值的计量工具。根据其工作原理和结构特征又可分为：①固定刻度量具。如钢尺、卷尺等，可配合内、外卡钳使用，也可直接度量校阅工件。此种量具在所有通用量具中测量精度最低。②游标量具。利用游标原理进行测量和读值，有游标卡尺（见**卡尺**）、游标高度尺、游标量角器、深度游标卡尺、齿厚游标卡尺等。③螺旋测微量具。利用螺旋测微原理进行测量和读数（见**千分尺**），有外径千分尺、内径千分尺、深度千分尺、螺纹千分尺、板厚千分尺、V形测砧千分尺等。

专用量具 只能测量一个或几个特定的尺寸，或只能测量某一种零件的某一尺寸。极限量规是一种使用广泛、结构简单的量具，有塞规和卡规，分别用来测量内、外尺寸。极限量规只用来判定零件是否合格，不能测出具体尺寸数值。

粮仓 grain storage 储藏粮食的专用建筑物。按其用途分为：设于粮食产区的收纳库，设于交通枢纽处的中转库，供粮食加工和销售用的供应库，以及储备粮食以应付自然灾害等特殊情况的储备库等。

粮仓建筑的类型主要有房式仓和筒式仓两大类。房式仓有平房仓和楼房仓两种。在中国一般为平房仓，多以砖墙、钢筋混凝土屋架或钢屋架为承重结构，采用双坡屋顶、砖砌拱形屋顶或砖砌薄壳屋面。楼房仓可节约用地，便于机械化操作，但造价较高，一般为钢筋混凝土结构或砖混结构。筒式仓又称筒仓、立筒仓。有土圆仓、钢筋混凝土筒仓和钢板立筒仓等类型。欧美各国和日本等多使用机械化程度很高的钢筋混凝土筒仓。钢板立筒仓（见图）多由

钢板立筒仓

波形钢板装配而成，具有耐水、防潮、密闭性能好的优点，投资和维修费用较钢筋混凝土筒仓低，但抗震和绝热性能较差。此外，在发达国家还有用玻璃纤维增强聚酯树脂做成的塑料筒仓。

粮仓建筑应满足隔热、防潮、通风、密闭、防鼠、防雀、防虫、防火、防混杂等项要求。还应设有相应的配套建筑和设施，包括化验室、干燥室、选种室、晒场、机房等。

粮农组织 Food and Agriculture Organization of the United Nations; FAO 联合国系统从事粮食及农业开发与援助的专门机构。全称**联合国粮食及农业组织**。

粮票 grain coupon; food coupon 中国供城乡人口购买粮食或粮食制成品的一种票证。发行粮票是对粮食实行统购统销政策后为保证粮食按计划供应所采取的一种措施。1955年开始实行。分为全国通用粮票和地方粮票。全国通用粮票由当时的粮食部印发，在全国范围内通行，票面额分0.5市斤、1市斤、3市斤、5市斤4种。地方粮票由各省、市、自治区粮食局印发，在地区范围内使用。票面额各地不一，一般有1市两、2市两、5市两、1市斤、2市斤、5市斤、10市斤等几种。另外各省、市、自治区为保证外宾、华侨的粮食供应，还

印发有一种侨汇专用粮票，按银行侨汇款额折算发给。有的省、市、自治区还以地区机动粮为基础发行有不含食油指标的粮券和划拨票等。各种粮票票面规定的数额均以成品粮计算。粮票只是购粮的凭证，本身不具有价值，不属有价证券，不许在市场买卖流通。随着粮食生产的发展，粮票已经取消。

粮食流通体制改革 grain circulation, institutional reform of 中国在计划经济体制向社会主义市场经济体制转型期间，对粮食流通体制所实施的改革。整个经济体制改革的重要组成部分。主要内容包括对粮食价格、购销、储备、补贴和粮食进出口体制的改革，以及相应的政策调整。

1953～1978年，中国实行粮食计划收购和计划供应的流通体制和经济政策，简称粮食统购统销。1979年以后，中国农村陆续实行家庭联产承包责任制，推动了粮食流通体制的改革。改革分为3个主要阶段：①1979～1984年，对统购统销体制实行部分改革，政府大幅度提高粮食收购价格，逐步减少粮食统购数量，恢复集市贸易，开展议购议销，发展多渠道经营。②1985～1992年，实行合同定购和市场收购的“双轨制”。定购价和市场价并存，用合同定购取代统购统销。③1992年以后。随着社会主义市场经济目标的确立，粮食流通体制改革进一步加快。1992年4月1日，在全国范围内实现了粮食“购销同价”。1993年底，各地陆续取消了实行多年的粮食供应票证，98%的县放开了粮食价格和购销。在此基础上，国家先后推出了建立健全粮食储备体系，建立粮食风险基金，加快国有粮食企业改革；企业的政策性业务和经营性业务分离；实行“米袋子”省长负责制；逐步建立统一、开放、竞争、有序的粮食市场体系和粮食内外贸协调统一体制等一系列新的改革措施。

2002年11月召开的中共十六大提出深化粮食流通体制改革，是全面搞活农产品流通、健全农产品市场体系的关键环节。2004年5月26日《粮食流通管理条例》正式对外颁布，赋予了粮食行政管理部门管理全社会的粮食流通和对市场主体准入资格审查的职能。同年5月31日《国务院关于进一步深化粮食流通体制改革的意见》明确宣布，2004年全面放开粮食收购市场，实现粮食购销市场化和市场主体多元化。2006年4月12日国务院常务会议审议并原则通过的《国务院关于完善粮食流通体制改革政策措施的意见》，要求加快推进国有粮食购销企业改革，切实转换企业经营机制；积极培育和规范粮食市场，加快建立全国统一开放、竞争有序的粮食市场体系；进一步加强和改善粮食宏观调控，确保国家粮食安全。

粮食统购统销 agricultural products, state monopoly over purchase and marketing of 1953年1月中国政府根据粮食供应的严峻形势制定的对粮食的统一收购和统一分配的政策和制度。粮食计划收购和计划供应的简称。主要内容：①生产粮食的农民按照国家规定的收购粮种、收购价格和计划收购的分配数量，将余粮售给国家。②农民在缴纳公粮和计划收购粮以外的余粮，可以自由储存和自由使用，但严禁投机倒把、扰乱市场。③一切有关粮食经营和粮食加工的粮店和工厂，统一归粮食部门领导。④所有私营粮商、私营粮食加工厂，一律不许私自经营粮食或自购原料、自销成品。⑤城市居民凭证供应粮食，集镇、经济作物区、灾区和一般农村的缺粮户采取由上级政府颁发控制数字和群众民主评议相结合的办法，确定需要供应的数量。⑥对于熟食业、食品工业等所需粮食，旅店、火车、轮船等供应旅客膳食用粮和其他工业用粮，一律由国家粮食部门有计划地予以供应。

1985年起，国家不再向农民下达农产品统购任务，改为按照不同情况，实行合同定购和市场收购。随着商品生产的发展和经济体制改革的深入，中国对农产品的计划收购和计划供应已全部取消，供求由市场决定。

粮长制 tax captain, system of 中国明朝的税粮制度。始创于洪武四年（1371）。其法，每州县按征收粮额分为若干粮区，区设粮长。最初粮长先在粮区内纳粮最多之大户中公推，后为政府指派。行粮长制的目的，在于杜绝官吏之侵渔，便于民户就地交纳，以保证税收。明初，还具有基层政治首领的职能，职权为率同里长丈量土地、编造鱼鳞图册及黄册制度、劝导农民耕种生产、检举逃避税粮人户、呈报灾荒和蠲免事宜、揭发不法官吏和地方顽民等。有的还兼掌听讼理狱之权。后粮长职权仅限于税粮的征解。粮长制也渐有变化，表现为：①粮长由永充制变为轮充制和朋充制，即粮长亲朋可继充其职。②粮长人数逐渐增加。③缩小粮区范围，易于催征。④粮长职能和性质发生变化。明初粮长具有半官性质，国家为保证粮赋征运，对粮长特加优渥，并赐予部分赦免权。永乐以后，粮长改为轮充、朋充以后，一般民户皆须承充，粮长一职已成为单纯的封建徭役。一条鞭法推行后，粮长制名存实亡。

两岸“三通” “three direct links” across the Taiwan Straits 中国大陆与台湾之间开展的通邮、通航、通商等经济联系。1979年，全国人民代表大会常务委员会发表《告台湾同胞书》，首倡台湾海峡两岸之间实现直接“三通”，并予以积极推动。这一顺应时代发展需要的合理主张，得到两岸人民的认同，取得不断进展。①通邮方面。1979年，大陆方面先后对台开办平信、挂号信和电话、电报等项业务。1989年，两岸邮件总包互相直封并经香港、澳门转运。1993年4月，海峡两岸关系协会与台湾海峡交流基金会（下称“两会”）签署《两岸挂号函件查询、补偿事宜协议》，两岸邮政部门正式互办挂号函件业务。1996年起，两岸建立电信路由，相继开办了数据通信、移动电话漫游及互联网等多项业务。通过1999年、2000年先后建成的中美、亚欧、亚太海底光缆，两岸建立了直达通信路由。2008年11月4日，两会签署《海峡两岸邮政合作协议》，12月15日，两岸实现直接通邮。②通航方面。1995年12月和1996年8月，澳门航空和港龙航空公司的飞机经澳门和香港机场换班号，一机到底飞行两岸。2003年实现台商春节包机，台湾航空公司的飞机从台北、高雄经停港澳机场至上海飞行。2005年台商春节包机实现两岸航空公司“共同参与、多点开放、直接对飞、双向载客”。2006年6月，增加了清明、端午、中秋传统节日的客运包机。2008年6月13日，“两会”签署了《海峡两岸包机会谈纪要》，同年11月4日，又签署了《海峡两岸空运协议》。12月15日，两岸实现了双向、直接空中通航。2009年4月，《海峡两岸空运补充协议》签署，同年8月31日，两岸定期航班正式启动。在海上通航方面，1979年起，大陆方面允许台湾船舶到大陆港口靠泊作业。1997年，在福州、厦门与台湾高雄港之间进行国际贸易货物转口运输。1998年，实现两岸经营国际航线的集装箱班轮可以直接挂靠两岸港口，两岸贸易货运船舶经

2005年1月29日8时整，中国国际航空公司CA1087号航班从北京首都机场起飞，直达台湾高雄

第三地换单不换船，一船到底航行两岸。2001年起，逐步实现福建沿海与金门、马祖、澎湖海上客货直航。2008年11月，《海峡两岸海运协议》签署，同年12月15日，两岸海运直航全面启动。③通商方面。1979年，大陆方面对台湾产品开放市场。1988年，国务院颁布了《关于台湾同胞投资的规定》。1994年，全国人大通过了《台湾同胞投资保护法》。1999年，国务院制定了《台湾同胞投资保护法实施细则》。这些政策和法规的出台，大大促进了两岸经贸交流，并吸引众多台商到大陆投资兴业。

2009年，两岸就大陆资本赴台投资事宜达成共识，开始受理大陆企业赴台投资申请。

2010年，两岸签署《海峡两岸经济合作框架协议》，标志着两岸经济合作、制度化、机制化、自由化的开始。

两党制 two-party system 两个主要的政党通过议会或总统竞选轮流执政的一种政党制度。实行两党制的国家，除两个主要政党外，其他政党在政治生活中的作用和

《哈珀周刊》反对美国两党制的漫画（1874）

影响都无法与两大政党相抗衡。1832年英国议会改革选举法颁布后，两大党轮流执政的制度正式确立。两党制有以下两种：①内阁制的两党制，以英国为典型。两大政党通过议会竞选争夺执政地位，形成了一党在朝、一党在野、轮流执政的格局。②总统制的两党制，以美国为典型。即两个主要政党通过总统竞选争夺执政地位。由取得总统职位的政党组织政府，执掌政权。当选的总统成为*执政党*的当然领袖，竞选失败的政党则成为*在野党*。按照三权分立的政治体制，美国国会和总统的竞选分别进行，两者的结果没有必然的联系，因而执政党不一定同时是国会的多数党。

两江师范学堂 Liangjiang Normal College 中国近代最早设立的师范学校之一。校址在南京，为清末两江总督*张之洞*所创建。初名三江师范学堂，于1902年开始筹建，1904年10月开学。全堂分设三科：3年毕业的本科、2年毕业的速成科和1年毕业的最速成科。设有附属小学堂1所。以培养高、初两级小学堂教员为宗旨。课程主要有修身、历史、地理、文学、算学、教育、理化、图画、体操等，另加法制、理财、农业、英文为随意科。至1905年末，三江师范学堂易名两江，并陆续增设第三和第四分类科，数学、理化、农学博物、图画手工、历史舆地等选科和补习科；同时改为以培养初级师范学堂和中学堂教员为宗旨的优级师范学堂。1911年武昌起义后，两江师范学堂因战事停办。1914年就原址改设南京高等师范学校。

两京十三布政使司 Two Capitals and Thirteen Provincial Administration Commissions 中国明代直辖地区的省级地方行政机构和区划。明朝建立初期仍袭元制实行行省制。洪武元年（1368）建南京，罢江南行省，以所领直隶中书省。同年，置山东行省，二年及以后又陆续增置。九年改浙江、江西、福建、北平、广西、四川、山东、广东、河南、陕西、湖广、江西十二行省为承宣布政使司，是为布政使司设置之始。承宣意为“承流宣播”，上承朝廷，下播政令。十一年改南京为京师。十五年置云南布政使司。永乐元年（1403）燕王朱棣即位，以北平布政使司为北京，称行在；京师仍称南京。五年用兵安南，置交趾布政使司。十一年置贵州布政使司。宣德三年（1428）安南恢复独立，罢交趾布政使司。自此定为两京、十三布政使司。北京曾屡次改称，正统六年（1441）定称京师。京师又称北直隶，南京又称南直隶。

布政使司仅主管民政，又设提刑按察使司掌刑狱，都指挥使司掌军政，合称都、布、按三司，遇大事由三司会商。每一布政使司设左、右布政使各一人，贵州仅设一人。布政使司别称藩司、藩府、薇垣，布政使别称藩台、方伯。两京不设布政使司，政务直隶六部。布政使司职掌与元行省虽有差异，但作为行政区划并无本质上不同，所以习惯上也称布政使司为省。两京、十三布政使司，俗称十五省。

元行省的设置，原起于军事征服，不但辖境过大，而且往往与自然界线和传统经济区域不相一致，明代经过调整后，一般较元代为合理，它奠定了清代及今天内地省级行政区划的基础。

两栖动物 Amphibia; amphibian *脊索动物门*两栖纲动物的统称。一类具五趾型四肢的变温动物。现生两栖动物皮肤裸露，个体发育有变态，生活于水中的幼体以鳃呼吸，营陆地生活的成体以肺呼吸。现生的有*蚓螈目*、*有尾目*、*无尾目*3目，约40科500属5 000种。除南极洲和海洋性岛屿外，遍布全球。中国现有11科50属320余种，主要分布于秦岭以南，华南和西南山区属种最多。两栖动物既有从鱼类继承下来适于水生的性状，如卵和幼体的形态及产卵方式等；又有新生的适应于陆栖的性状，如感觉器、运动装置及呼吸循环系统等。变态既是一种新生适应，又反映了由水到陆主要器官系统的改变过程。

现代两栖动物皮肤裸露而湿润，通透性强，在湿润状态下为肺的辅助器官。有毒腺。心房2个，心室1个，新陈代谢率低，对潮湿温暖环境条件的依赖性强。头扁平而短，骨片少，骨化程度弱；枕髁2个。有颈椎和荐椎各1枚，躯椎和尾椎的数目因种类而异。肋骨短或无，无胸廓。主要由鼻瓣和口腔的动作将空气压入（而不是吸入）肺内。肩带悬于肌肉之间，腰带与荐椎相关联。指4、趾5。有内鼻孔、眼睑、泪腺和肉质舌。有中耳，耳盖骨与耳柱骨（镫骨）为本纲特有的复合结构；通过中耳可将声波传导到内耳。大脑分为两个半球。脑神经10对。

个体发育有变态。以体外受精为主，卵生，卵小而多。幼体有侧线器官，以鳃呼吸。成体与幼体形态上的差别越显著（如无尾目），变态也越剧烈，对繁衍后代也越有利。在变态的两个阶段不能完全脱离水域或潮湿小生境。有水栖、陆栖、树栖和穴居等。摄取动物性食物（蛙类*蝌蚪*刮取植物性食物为主）。鱼、蛇、鸟、兽等都能成为它们的天敌。

已知最早的两栖动物是发现于格陵兰泥盆纪晚期的鱼石螈，尚保留着鱼类性状残余。石炭纪两栖类得到空前发展，广泛繁殖于沼泽地带。二叠纪晚期起，两栖类的发展开始有衰退的趋势，到三叠纪末，古代两栖类的两个亚纲已基本绝灭（大洋洲和中国报道有侏罗纪迷齿类）。

两栖鲵 *Amphiuma*; Congo eel 两栖鲵科两栖鲵属动物的统称。有3种，仅见于美国东南部，包括密西西比河南半段河谷和沿弗吉尼亚海滩。体形长，全长最大者达1米多，小者如一指两栖鲵全长小于30厘米。头部眼小，无眼睑，吻部无鼻唇沟；有前颌骨和上颌骨，无泪骨；下颌的前关节骨与隅骨愈合，上、下颌均有齿，无舌。躯干长，浑圆，椎体双凹型。无“Y”字形前趾软骨；四肢很短小而细弱，仅有1～3趾，其趾数多少因种而异。体色因种或个体不同差异甚大，背面呈深褐色至黑色等，腹面呈深灰色，背腹之间颜色无明显界线；

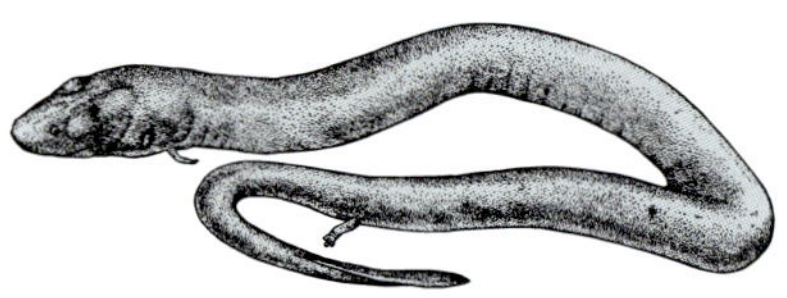

而三指两栖鲵的背面有深色或浅色斑，腹面呈黄色且有稀疏小点斑。

多生活在沼泽地的低凹处，几乎完全水栖。白天常栖息在水生植物、石块间或其他隐蔽物中，幼体有时栖于动物的外壳内；黄昏后活动频繁，常将头部和前躯从隐蔽处伸出探望，伺机猎获，以蠕虫、软体动物、甲壳类、昆虫、小鱼、蛙和蛇等为食。卵群产在低凹处的树根、倒木或水边其他潮湿环境中，1～2年繁殖1次，产卵150～350粒，卵在卵胶带内形成念珠状。卵在陆地上发育，雌鲵常以身体盘曲卵群，有护卵习性。刚孵化的幼体全长可达40～75毫米，尾长10毫米，具外鳃和四肢。幼体在雨水冲刷下或雨后水位升高后进入水中生活。约4年雌鲵达性成熟，全长约330毫米。人工饲养条件下可存活25年左右。

两栖作战 amphibious warfare 从海上以海军和登陆部队向敌方海岸进攻的军事行动。见**登陆作战**。

两审终审制 system of the court of second instance being the final instance 一个案件经过两级法院审理即告终结的法律制度。根据中国的有关法律规定，当事人不服地方各级人民法院第一审的判决和裁定，有权向上一级人民法院**上诉**，要求上一级人民法院对案件进行第二次审判；地方各级人民检察院认为本级人民法院第一审的判决或裁定确有错误，应当向上一级人民法院提出**抗诉**。经第二审人民法院对案件进行审理，所作出的判决和裁定是终审判决和裁定，立即发生法律效力，当事人不服不得再提起上诉，人民检察院也不能再提起抗诉。最高人民法院对第一审案件所作的判决和裁定是终审的判决和裁定。

两税 中国宋至明中叶所实行的最基本的土地税。宋承唐制，两税按纳税时间分为夏税和秋税。夏税主要有丝、棉、丝织品、大小麦、钱币等，秋税征收稻、粟、豆类、草等。在南方，夏税以税钱折纳税物的情况较为普遍，而北方一般没有夏税钱。宋代以平均每亩地纳税一斗，作为天下的通法，但各地一般都依田地的肥瘠，将两税分成若干等级。除了个别地区外，每亩田地的两税额并不算重。但是，官府却用各种名义进行加税，使两税成为很重的负担。官僚、地主又千方百计将两税转嫁给农民。宋代还有包揽赋税输纳的"揽户"，他们与官吏相勾结，对纳税者进行中间剥削，更加重了农民的两税负担。

金循宋制，民田征收两税（唯**猛安谋克**户只征牛头税）。夏税每亩3合，秋税每亩5升，又纳秸1束（15斤）。元代税粮制度南北不同，江南地区沿用宋制征夏、秋两税。明代全国田赋通行两税制，夏税征米、麦、钱、钞、绢。秋税征米、钱、钞、绢。大抵以米麦为主，丝绢及钞次之。万历时推行**一条鞭法**，赋税制度发生变化。

两税法 two-tax system 中国唐代后期用以代替**租庸调**制的赋税制度。开始实行于德宗建中元年（780）。由于土地兼并逐步发展，失去土地而逃亡的农民很多。农民逃亡，政府往往责成邻保代纳租庸调，结果迫使更多的农民逃亡，租庸调制的维持已经十分困难。与此同时，按垦田面积征收的地税和按贫富等级征收的户税逐渐重要起来。安史之乱以后，赋税制度非常混乱，赋税制度的改革势在必行。大历十四年（779）五月，唐德宗即位，宰相**杨炎**建议实行两税法。到次年（建中元年）正月，正式以敕诏公布。两税法的主要原则是只要在当地有资产、土地，就算当地人，上籍征税。同时不再按照丁、中的原则征租、庸、调，而是按贫富等级征财产税及土地税。这是中国土地制度和赋税制度的一大变化。从此以后，再没有一个由国家规定的土地兼并限额（畔限）。同时征税对象不再以人丁为主，而以财产、土地为主，而且愈来愈以土地为主。具体办法：①将建中以前正税、杂税及杂徭合并为一个总额，即所谓"两税元额"。②将这个元额摊派到每户，分别按垦田面积和户等高下摊分。以后各州、县的元额都不准减少。③每年分夏、秋两次征收，因此被称为两税。④无固定居处的商人，所在州县依照其收入的1/30征税。⑤租、庸、杂徭悉省，但丁额不废。

两税法把中唐极端紊乱的税制统一起来，在一定程度上减轻了人民的负担，但是实行中的弊病也不少：①长期不调整户等，不能贯彻贫富分等负担的原则。②两税中户税部分的税额是以钱计算，因政府征钱，市面上钱币流通量不足，不久就产生钱重物轻的现象，农民要贱卖绢帛、谷物或其他产品以交纳税钱，增加了负担。③两税制下土地合法买卖，土地兼并更加盛行，富人勒逼贫民卖地而不移税，产去税存，到后来无法交纳，只有逃亡。于是土地集中达到前所未有的程度，而农民沦为佃户、庄客者更多。由于没有更好的税制来代替，这种税制就成为后代封建统治者所奉行的基本税制。

两性化合物 amphoteric compound 既能表现出酸性，又能表现出碱性的化合物。两性化合物包括两性氧化物、两性氢氧化物等，它们既能与**酸**又能与**碱**作用生成**盐**，如：铝的氧化物Al_2O_3：

$$Al_2O_3+6HCl \longrightarrow 2AlCl_3+3H_2O$$

$$Al_2O_3+2NaOH+3H_2O \longrightarrow 2NaAl(OH)_4$$

能生成两性化合物的元素的特点是：氧化数适中，一般为+2～+4，个别是+5；最外层电子数为8～18个，如氢氧化锌中锌的最外层电子数为18；少数是8电子结构，如氢氧化铝中的铝；个别是2电子结构，如氢氧化铍中的铍。金属的两性氧化物和氢氧化物都难溶于水。

按照不同的**酸碱理论**，两性化合物的范围不尽相同。

两性畸形 hermaphroditism 具有两性的生殖腺或外生殖器表现为异性的一类不多见的发育异常现象。前者为真两性畸形，后者为假两性畸形，又称半阴阳。多与**染色体**异常和**基因**缺陷有关。有多种类型，临床表现各异。诊断时要作染色体核型、性的表现型、**性激素**等检查，必要时剖腹检查内生殖器。常需根据解剖学条件，靠手术建立适当性别。常用方法是：①切除睾丸，将外阴改为女性，并制造人工阴道，可恢复正常女性性交功能。②也可用前臂皮瓣一期再造阴茎并恢复男性性功能。需要补充性激素。治疗时应考虑患者的心理性别。

两伊战争 Iran-Iraq War 在伊朗和伊拉克之间持续8年之久的战争。这是一场因长期领土争端、宗教纠纷和民族矛盾引发的战争。阿拉伯河是伊朗和伊拉克之间的界河，它既是伊拉克唯一的出海口，又是伊朗的经济命脉。围绕阿拉伯河主权的归属，导致了两伊之间几个世纪的争斗。1971年曾发生武装冲突。1979年2月，伊朗发生推翻**巴列维王朝**的革命，**霍梅尼**作为精神领袖回到伊朗掌权。1980年9月22日，伊拉克总统**萨达姆·侯赛因**在伊朗新政权立足未稳之时，下令对伊朗的军事目标进行"威慑性打击"，战争爆发。战争的第一年，伊拉克占领了伊朗2万平方千米土地。第二年，伊朗军队转入反攻，不仅收复失地，还占领了包括法奥半岛在内的大片伊拉克国土，而伊拉克凭借空军优势掌握了制空权。双方开始了拉锯战。进入1988年，伊拉克在战场上日益占优势，收回失地以后进入伊朗腹地。7月18日，伊朗突然宣布无条件

2003年9月27日，伊拉克妇女要求联合国协助寻找两伊战争中的失踪亲人

接受它先前拒绝的联合国安理会第598号停火决议。两伊战争结束。

两伊战争历时8年，双方死亡约100万人，伤170万人，经济损失约8 000亿美元。

量 quantity 事物存在的规定性之一。事物存在的规模、等级、发展程度及内部要素的排列、组合、结构等。可以用数与形式表示。同一事物的量可以有不同的方面，如体积、重量、硬度、发展水平等。人们可以根据自己的需要专门研究事物某方面的量，利用它们为实践服务。在认识事物的质的基础上进一步认识事物的量，对于准确估量某一事物的地位和作用极为重要。现代科学对数量分析的精确程度要求越来越高，这是人类认识发展的必然趋势。

量变 quantitative change 事物在数量上的增减和场所的更换，或是构成事物的成分、要素在排列次序和结构形式上的变化。又称渐变。事物运动的基本状态之一，与质变相对。事物的量变由事物内部矛盾引起，表现为微小的、不显著的、逐渐的和缓慢的发展变化，呈现出事物的统一、静止、平衡、相持等状态。量变时，事物的质保持暂时的稳定。量变积聚着破坏这种稳定状态的因素，达到一定关节点，就会引起事物的质变。量变体现着事物存在和发展的连续性，又是事物质变的准备阶段。

量纲分析 dimensional analysis 根据一切量所必须具有的形式来分析判断事物之间在数量上存在内在因果关系的方法。通过量纲分析可以检查反映物理现象规律的方程在计量方面是否正确，甚至可提供寻找物理现象某些规律的线索。

除任一物理量的定义给出的被定义量同有关量之间的关系之外，物理定理与定律也给出了物理量之间的规律性联系。当一个单位制的基本量确定后，其他量就可通过既定的关系或定律，定义为用基本量表示的导出量，并通过代数式表示为基本量的幂次乘积。

量纲 物理量的基本构成成分统称为量纲。国际单位制（SI）中7个基本量的量纲分别是：长度L、质量M、时间T、电流I、温度Θ、物质的量N和发光强度J。于是任一物理量Q在SI制中的量纲可以表示为一组基本量的量纲的幂次积，即$\dim Q = L^{\alpha}M^{\beta}T^{\gamma}I^{\delta}\Theta^{\varepsilon}N^{\zeta}J^{\eta}$，$\alpha$、$\beta$、$\gamma$、$\delta$、$\varepsilon$、$\zeta$、$\eta$称为量纲指数。表中列出写成上面形式的一些物理量的量纲，其中1表示无量纲，即其量纲积内基本量的量纲指数均为零。由于选取的基本量不同，同一个物理量在不同单位制里的量纲可以不同。例如高斯单位制和电磁学的MKSA制中的基本量分别是长度、质量和时间与长度、质量、时间和电流，电量q的量纲则分别为$L^{3/2}M^{1/2}T^{-1}$和IT。无量纲量的数值与所选用的单位制无关，用纯数表示。

量纲分析

量	量纲	量	量纲
速度	LT^{-1}	磁通	$L^2MT^{-2}I^{-1}$
力	LMT^{-2}	亮度	$L^{-2}J$
能量	L^2MT^{-2}	摩尔熵	$L_2MT^{-2}\Theta^{-1}N^{-1}$
熵	$L^2MT^{-2}\Theta^{-1}$	法拉第常量	TIN^{-1}
电势	$L^2MT^{-3}I^{-1}$	平面角	1
介电长量	$L^{-3}M^{-1}T^4I^2$	相对密度	1

物理量之间通过理论和实验建立起一定的因果关系，必须在单位尺度的主观任意变换下不受破坏，这一性质称为关系式的“完整性”。保证多项式关系的完整性有两种办法：①要求出现在算式中的一切参量都是无量纲纯数。②要求式中所有各项具有完全相同的量纲，也就是每一项的每一基本量纲都有相同的幂次，即所谓量纲的齐次性。

量纲分析的原理 即Π定理。若有一个量纲齐次性的方程，其中包含由m个独立的基本量所定义的n个物理量，则此方程必可演化为一个包含有$(n-m)$个独立的无量纲乘积的关系式。即如有一个包含n个变量$q_1, q_2, \cdots, q_n$的量纲齐次性的方程为$F(q_1, q_2, \cdots, q_n)=0$，则必可得一个包含$k=n-m$个独立的无量纲积的关系式$f(\pi_1, \pi_2\cdots, \pi_k)=0$。

从研究一个过程中各物理量的量纲及其间的关系，可以推导出必须加于这些物理量的某些限制，这是量纲分析的主要作用。这种方法虽然普遍而且简单，但不能给出完全确定的解。在一些较为复杂包含很多物理量的过程中，有的不能从数学上严格求解，有的甚至列不出确切描述这一过程的方程。量纲分析得出的变量之间必须遵守的关系式，可以减少问题的不确定因素。在此基础上，应用相似理论，通过模型试验，确定关系式的一般函数形式，有很大的实际意义。

量刑 sentencing discretion 法院依据刑事法律，对于构成犯罪的行为人，在分析刑事责任轻重的基础上，确定是否判处刑罚、判处何种刑罚以及对所判刑罚是否立即执行的审判活动。

量刑具有以下特征：①量刑的主体是国家的审判机关，在中国为人民法院。②量刑的对象只能是犯罪人。③量刑的前提是定罪。④量刑的内容是依据刑法，决定对犯罪人是否判处刑罚、判处何种刑罚以及对所判刑罚是否立即执行等。

量刑的一般原则 《中华人民共和国刑法》明确规定如下量刑原则：“对于犯罪分子决定刑罚的时候，应当根据犯罪的事实、犯罪的性质、情节和对于社会的危害程度，依照本法的有关规定判处。”其中包括两个基本内容：①量刑必须以犯罪事实为根据。②量刑必须以刑法规定为准绳。

量刑情节 法院在依法对犯罪人裁量决定刑罚时所需要考虑的、据以决定刑罚轻重或者免予刑事处罚的各种事实情况。在刑事案件中，凡与犯罪行为或者犯罪人有关，能够表明社会危害性程度，能够影响刑事责任程度的所有事实情况，除了属于犯罪构成要件当然决定着量刑以外，其他也都属于量刑情节的范围。量刑情节可分为法定情节和酌定情节。法定情节指刑法明文规定的量刑情节。法定的量刑情节就功能而言，或属于从重处罚的情节，或属于从轻、减轻、免除处罚的情节。从重处罚，是指在法定刑的限度以内，判处相对较重的刑罚。从轻处罚，是指在法定刑的限度以内，判处相对较轻的刑罚。减轻处罚，是指判处低于法定最低刑的刑罚。免除处罚，是指对犯罪人作有罪宣告，但免除其刑罚处罚。酌定情节即指刑法虽然没有明文规定，但在量刑时也需要酌情考虑的情节。主要有：犯罪的动机；犯罪的手段；犯罪的时间、地点；犯罪人的一贯表现；犯罪后的态度等。

量子 quantum 现代物理的重要概念。最早是M.普朗克在1900年提出的。他假设黑体辐射中的辐射能量是不连续的，只能取能量基本单位的整数倍。后来的研究表明，不但能量表现出这种不连续的分离化性质，其他物理量诸如角动量、自旋、电荷等也都表现出这种不连续的量子化现象。这同以牛顿力学为代表的经典物理有根本的区别。量子化现象主要表现在微观物理世界。描写微观物理世界的物理理论是量子力学。现代物理学中将遵守量子力学规律的有关物理量和现象等统称为量子的，包括：①量子力学的最小单位或者载体，如能量量子、电荷量子、光量子、声子及固体中的激子等；②当一个物理体系需要用量子力学描写时，称这个体系是量子的；③特别强调那些只有量子力学规律才能允许出现的现象才称为量子的，如量子纠缠、量子隧穿等。

量子场论 quantum field theory 根据量子力学原理建立的场的理论，研究粒子性质和相互作用的基本理论。

19世纪末，物理学认识到两种不同的物理实在：实物和场，场是连续弥散在整个空间的。20世纪20年代在波粒二象性的基础上建立了描述微观粒子运动的基本理论量子力学，它在原子、分子以及固体领域中取得极大的成功。在量子力学中，对于电子的描述是量子化的，但对于电磁场的描述仍然是经典的，理论没有反映波场的粒子性，不能容纳光子，也不能描述光子和电子的产生和湮没过程。20年代末30年代初，通过P.A.M.狄拉克、E.P.约旦、E.P.维格纳以及W.K.海森伯、W.泡利等人的工作，初步建立起场的量子理论，以后不断发展，成为近代物理各个分支包括粒子物理、统计物理、核物理和凝聚态物理的共同的理论基础。

量子场论的基本物理图像是：①最基本的物理实在是一系列的场，除此之外没有任何其他的存在。每一种粒子对应于一种场，场没有不可入性，它充满全空间。对应于各种不同粒子的场在空间互相重叠。例如对应于π介子、电子中微子和光子的场分别为π介子场、电子中微子场和电磁场，它们互相重叠地充满全空间。场遵从狭义相对论和量子理论的原则。②场的激发态表现为相应的粒子，场的不同激发态表现为粒子数和运动状态不同。③场用复数描写，与此相应，场的激发也用复数描写，互为复共轭的两种激发表现为粒子和反粒子。④场的能量最低状态称为基态。所有的场都处于基态即为物理上的真空。⑤相互作用存在于场之间，无论是处于基态还是处于激发态的场都同样可与其他场相互作用。

量子电动力学 quantum electrodynamics; QED 关于电磁相互作用的量子理论，研究量子化的电子场和量子化的电磁场以及它们之间相互作用过程，是量子场论中发展最为成熟的分支。

麦克斯韦电磁场理论是经典电磁现象的基本理论，但是它不能说明微观世界广泛存在的波粒二象性，也不能说明微观世界广泛存在的粒子对的产生和湮没现象。20世纪20年代发展了量子力学，是微观粒子运动的基本理论，它在原子、分子以及固体领域中取得极大成功；但是它也不能处理粒子对产生和湮没这种量子系统粒子数发生变化的问题。量子电动力学是在经典电动力学和量子力学的基础上发展起来的。20年代末P.A.M.狄拉克、W.K.海森伯和W.泡利等人相继提出辐射的量子理论，奠定了量子电动力学的理论基础。到40年代经R.P.费因曼、J.S.施温格、朝永振一郎等人提出重正化方法，解决量子电动力学中的发散困难，得出与实验精确符合的结果，使得量子电动力学成为物理学中最成功的理论。

按照量子电动力学，电磁场是量子化的，它一份一份地激发，每一份是一个光量子，它能够反映光子的发射和吸收；电子场也是量子化的，它也是一份一份地激发，每一份是一个电子或一个正电子，它能够反映电子对的产生和湮没。电磁相互作用过程归结为光子和电子的产生（场的激发）、湮没（场激发的消失）和相互转化（一种场的激发转化为另一种场的激发）的过程。根据量子电动力学的这种图像，能够很好地说明光电现象、荧光现象、磷光现象、康普顿效应、轫致辐射、电子对的产生和湮没等，并且通过重正化处理，对于电子、μ子反常磁矩和氢光谱的兰姆移位的理论计算与实验结果，达到令人赞叹的符合一致。

量子电动力学的胜利，鼓舞物理学家进一步探索弱相互作用、强相互作用的类似量子理论。量子电动力学建立起来的重正化方法不仅用于粒子物理学，对于统计物理学也是有用的工具。

量子电子学 quantum electronics 基于电子的量子跃迁研究（包括激光振荡的理论以及由激光提供的强的相干光场所产生的光学现象）和相关器件的科学与技术。

量子电子学的核心器件是微波激射器（共振腔尺度和波长可比）和激光器（共振腔尺度远大于波长）。电子在不同能级间发生跃迁，同时伴随能量的吸收或释放。高能级上的电子会自发跃迁到低能级，同时会发射一个光子（以光子的形式释放能量的跃迁称为辐射跃迁），光子的能量等于两能级的能量差。传统光源所发的光都是由自发辐射产生的，因而是非相干的。除自发跃迁外，如果一个量子系统处于光场中，不仅会出现电子自低能级向高能级的受激吸收，还会出现自高能级向低能级的受激辐射。受激辐射所产生的电磁波与入射电磁波同频率、同方向、同相位、同偏振，是相干电磁波。入射电磁波可通过受激辐射得到相干放大。受激辐射的概念由A.爱因斯坦在1917年提出，奠定了激光的物理基础。受激发射和受激吸收互为逆过程，它们同时发生。

1960年，美国人T.H.梅曼制成第一台激光器，工作物质是红宝石。随后制作出了原理及性能各异的激光器，包括气体激光器、染料激光器、固体激光器、半导体激光器、二极管激光器、离子激光器、量子阱激光器、微腔激光器等。

伴随着激光和激光器的研究，形成了众多的分支学科，如激光物理、激光技术、非线性光学、激光光谱学、量子光学、量子信息、光子学、光通信和全息光学等。这些分支学科互相渗透交叉，并没有明确的分界线。近年来，量子电子学的研究取得的成果有：凭借超短脉冲技术，已能够获得亚飞秒激光脉冲，并尝试控制阿（10^{-18}）秒时间尺度上的微观动力学；研发出光"电路"和用于制作大容量新型光纤的光子晶体结构；半导体量子点正用来制作高宽带光放大器和非线性光开关，目的是增加通信系统的带宽，发展全光系统；一些新型激光器被研制成功，包括太赫量子级联激光器、二极管泵浦全固态激光器、X射线激光器等。

量子光学 quantum optics 以辐射的量子理论研究光的产生、传输、检测及光与物质相互作用的学科。到了19世纪，特别在光的电磁理论建立后，在解释光的反射、折射、干涉、衍射和偏振等与光的传播有关的现象时，光的波动理论取得了完全的成功。19世纪末和20世纪初发现了黑体辐射规律和光电效应等另一类光学现象，在解释这些涉及光的产生及光与物质相互作用的现象时，旧的波动理论遇到了无法克服的困难。1900年，M.普朗克为解决黑体辐射规律问题提出了能量子假设，并得到了黑体辐射的普朗克公式，很好地解释了黑体辐射规律。1905年，A.爱因斯坦提出了光子假设，成功地解释了光电效应。爱因斯坦认为光子不仅具有能量，而且与普通实物粒子一样具有质量和动量（见光的二象性）。1923年，A.H.康普顿利用光子与自由电子的弹性碰撞过程解释了X射线的散射实验（见康普顿效应）。与此同时，各种光谱仪器的普遍使用促进了光谱学的发展，通过原子光谱来探索原子内部的结构及其发光机制导致了量子力学的建立。所有这一切为量子光学奠定了基础。20世纪60年代激光的问世大大地推动了量子光学的发展，在激光理论中建立了半经典理论和全量子理论。半经典理论把物质看成是遵守量子力学规律的粒子集合体，而激光光场则遵守经典的麦克斯韦电磁方程组。此理论能较好地解决有关激光与物质相互作用的许多问题，但不能解释与辐射场量子化有关的现象，例如激光的相干统计性和物质的自发辐射行为等。在全量子理论中，把激光场看成是量子化了的光子群，这种理论体系能对辐射场的量子涨落现象以及涉及激光与物质相互作用的各种现象给予严格而全面的描述。对激光的产生机理，包括对自发辐射和受激辐射更详细的研究，以及对激光的传输、检测和统计性等的研究是目前量子光学的主要研究课题。

量子化学 quantum chemistry 应用量子力学的基本原理和方法研究化学问题的基础科学。1927年至50年代末建立和发展了三种化学键理论以及分子间相互作用（包括范德瓦耳斯力和氢键）的量子化学研究。其中，价键理论是由L.鲍林在W.H.海特勒和F.伦敦的氢分子结构工作的基础上发展而成，其图像与经典原子价理论接近。分子轨道理论是原子轨道理论对分子的推广，是一种以单电子近似为基础的化学键理论。由于计算较简便，又得到光电子能谱实验支持，使该理论在化学键理论中占主导地位。配位场理论是说明和解释配位化合物的结构和性能的理论。在化学键理论基础上建立和发展了量子化学计算方法，其中有严格计算的从头算法、半经验计算的全略微分重叠和间略微分重叠等方法以及加减法等。借助高性能计算机技术辅助，采用各种量子化学通用计算机程序，对原子数较多的分子进行定量或半定量的计算，加速了量子化学向其他学科的渗透。

量子化学研究范围包括稳定和不稳定分子的结构、性能及其结构与性能之间的关系；分子与分子之间的相互作用；分子与分子之间的相互碰撞和相互反应等问题。量子化学基础研究主要是寻求量子化学中的自身规律，建立量子化学的多体方法和计算方法等。应用研究是利用量子化学方法处理化学问题，用量子化学的结果解释化学现象。

量子化学与其他化学分支学科的结合促进了化学学科的发展。化学键理论与结构化学和合成化学的发展紧密相联、互相促进。量子化学的研究结果在其他化学分支学科的直接应用，建立了一些边缘学科，主要有量子有机化学、量子无机化学、量子生物和药物化学、表面吸附和催化中的量子理论、分子间相互作用的量子化学理论和分子反应动力学的量子理论等。量子化学在其他化学分支学科（如催化与表面化学、原子簇化学、分子动态学、生物与药物大分子化学等）研究中也将发挥更大的作用。

量子力学 quantum mechanics 微观粒子运动规律的基本理论，是研究原子、分子、凝聚态物质以至原子核和粒子的结构、性质的基础理论。微观粒子表现出一系列区别于宏观微粒的性质，根本之点在于微观粒子具有波粒二象性，从而它所遵从的运动规律也与宏观粒子根本不同。在量子力学建立之前，N.玻尔曾根据M.普朗克、A.爱因斯坦等人提出的量子概念发展了前期量子论（见玻尔氢原子理论），能够部分地说明原子的若干性质，然而这理论应用解决的问题有限以及理论中存在不和谐因素，都不能令人满意。1925年W.K.海森伯、M.玻恩和E.P.约旦等人着眼于对前期量子论的批判，沿着对应原理的思路，从粒子的粒子性出发，用矩阵的形式来描述粒子体系的运动规律，发展了矩阵力学。1926年E.薛定谔则根据L.V.德布罗意的波粒二象性假说，从粒子的波动性出发，用波动方程来描述粒子体系的运动规律解决了许多理论和实际问题。这就是波动力学。不久薛定谔等人证明矩阵力学和波动力学在数学上是完全等价的，于是两种理论融合为量子力学。以后得到P.A.M.狄拉克等人进一步发展，使得量子力学成为理论上严谨、方法上齐备的崭新理论。

量子力学与经典力学有根本的差别。量子力学中，粒子的状态用波函数$\Psi(r, t)$描述，它是坐标r和时间t的复数函数。波函数的绝对值的二次方$|\Psi(r, t)|^2=\Psi^*(r, t)\Psi(r, t)$，表示在时刻$t$、坐标$r$处找到粒子的概率密度。粒子的状态随时间变化的规律，即波函数所满足的运动方程，当粒子速度不太大的非相对论情况下是薛定谔方程。此外，还必须满足波函数单值、有界、连续的条件。当粒子速度很大的相对论情况下，薛定谔方程由狄拉克方程或克莱因－戈登方程取代。量子力学中力学量用线性算符表示，每次测量一个力学量所得的结果只可能是对应算符的所有本征值中的一个。当粒子处于某一力学量算符的本征态时，测量该力学量所得的值是确定的，就是该本征态的本征值；当粒子处于某一确定的状态而非力学量算符的本征态时，该力学量不具有确定值，可具有一系列的可能值，这些可能值就是该力学量算符的全部本征值，该力学量的期望值是全部本征值的加权平均。量子力学中全同的微观粒子不可分辨，在全同粒子组成的系统中，任意交换两个全同粒子，不改变系统的状态。

根据量子力学原理建立起系统的计算方法，可以计算系统束缚态和非束缚态的种种性质。量子力学对于原子、分子、固体以及微观粒子的碰撞散射等众多问题得到与实验符合得很好的结果，获得极大的成功。

量子力学后来又有了发展。在高能情形下，粒子的转化是一种普遍现象。所有的粒子（光子、电子、介子、核子等）必须用统一的方式处理，这样才能把粒子的产生、湮没和转化反映到理论中去，在量子力学的基础上发展了量子场论，已成为粒子物理、统计物理、凝聚态理论和核理论中的基本理论工具。

量子频率标准 quantum frequency standard 能产生标准频率信号用来进行频率和时间测量的计量装置。以原子（或分子、离子等，下同）内部量子跃迁的发射或吸收频率为参考标准。原子在两个能量为E_m和E_n的状态间发生跃迁时，发射或吸收频率为ν_0的辐射，$\nu_0=|E_m-E_n|/h$，式中h为普朗克常数。由于原子内部状态不易受外界干扰，这种跃迁频率比较稳定，所以20世纪40年代后为世界各国接受为频率标准。周期运动的频率和周期互为倒数，所以频率标准也是时间标准。1967年，第十三届国际计量大会决定，以无干扰的^{133}Cs原子基态超精细跃迁的辐射周期的9 192 631 770倍持续时间为国际时间单位的1秒，这个自然秒长由铯束原子频率标准来实现。连续运转的量子频标（原子钟）已作为主要的守时工具，与天文守时手段互相补充。量子频标对精确测定物理常数，确定原子、分子能级，检验量子电动力学和相对论理论都有重要贡献。在天文、大地测量、通信、导航、精密仪器校正等科学技术领域，都发挥了重要作用，在现代计量学中占有特殊重要的地位。

量子色动力学 quantum chromodynamics; QCD 强相互作用的量子理论。其基本组元是带有分数电荷、自旋为1/2的夸克和自旋为1的胶子。夸克和胶子之间以及胶子之间通过色荷进行相互作用。这种色相互作用是规范不变的，可重正化的。

按照强子结构的夸克模型，所有的重子都由3个夸克组成，所有介子都由一对正反夸克组成。为了与泡利不相容原理相一致，重子内部的3个夸克分别处于不同的状态，夸克内部存在一种新的自由度，夸克分处于该自由度的不同状态，而重子作为整体并不显示这种内部自由度的性质。这种情形与颜色的情形十分相似，红、蓝、绿3原色组合为无色，一种颜色和它的互补色组合为无色。因此借用色彩学上的意思，把强子的这种内部自由度称为色自由度，夸克具有色荷，夸克和反夸克的色是互补的，3种不同色荷的夸克组成的重子是无色的，正反夸克组成的介子也是无色的。

在量子电动力学中，电磁作用是荷电粒子之间交换光子而相互作用；在量子色动力学中，夸克由于带色荷而产生强相互作用，夸克之间交换胶子。与电磁相互作用不同，光子是不带电荷的，而胶子是带色荷的，因此胶子之间还可直接有强相互作用。

量子色动力学得到一些实验的支持，它能够说明轻子对强子深度非弹性散射的异常现象、喷注现象以及夸克的色禁闭问题。

量子生物学 quantum biology 运用量子力学的理论和方法研究生命现象的科学。是量子力学向生命科学渗透而形成的交叉学科。

研究方法 量子力学把分子中的原子核看成是一骨架，外围电子则在此骨架附近运动。电子不但具有粒子性，同时还有波动性，因此电子的运动可用一个波函数Ψ加以描述，这个波函数应满足量子力学的基本方程，即薛定谔方程：$\hat{H}\Psi=E\Psi$，式中$\hat{H}$称为哈密顿算符，E是体系的能量。波函数Ψ是描述整个微观体系电子运动状态的函数，在实际计算时需对每个电子的运动状态给予合理的描述（例如每个电子给予一个原子轨道），并加以适当组合（例如将原子轨道线性组合为分子轨道）。这样就可对上式求解得到一系列结果，其中最重要的是能量指数与结构指数。能量指数说明体系的能量状态，如总能量、跃迁能、最高填满分子轨道（即电离能，HOMO）、最低空分子轨道（即电子亲和势，LUMO）；结构指数说明分子的结构特征，如键级（双键性的大小）、自由价（参与化学反应的能力）、电子电荷等。

研究内容　了解生物分子的电子结构，就有可能探讨分子之间的相互作用，进而理解生物学活性的本质。因此量子生物学研究的内容，实际上涉及分子生物学的全部问题。例如重要生物大分子的物理性质、各级结构与功能；酶的结构与催化作用机理；酶与底物、配体与受体、抗体与抗原之间的识别，即特异相互作用；大分子的构象与溶剂效应，活体中的电子转移、质子转移与能量迁移及转换；遗传与突变的量子机理；致癌物质的结构与致癌活性；药物作用机理等。

量子数　quantum number　表征原子、分子、原子核或亚原子粒子状态和性质的数。通常取整数或半整数分立值。量子数是这些粒子系统内部一定相互作用下存在某些守恒量的反映，与这些守恒量相联系的量子数又称为好量子数，它们可表征粒子系统的状态和性质。在原子物理学中，对于单电子原子（包括碱金属原子）处于一定的状态，有一定的能量、轨道角动量、自旋角动量和总角动量。表征其性质的量子数是主量子数n、角量子数l、自旋量子数$s=1/2$，和总角动量量子数j；在弱磁场中，表征状态的量子数要增加总角动量磁量子数m_j；在强磁场中，LS耦合解除，表征其状态的量子数是主量子数n、角量子数l、轨道磁量子数m_l和自旋磁量子数m_s；对于多电子原子（LS情形），单个电子的量子数不是好量子数，表征原子状态的量子数是总轨道角动量量子数L、总自旋角动量量子数S以及LS耦合的总角动量量子数J。在分子物理学中，分子内部还有振动和转动，表征分子状态除了有电子态的量子数外，还有振动量子数和转动量子数。在核物理学和粒子物理学中，表征核和亚原子粒子的状态和性质有电荷、角动量、宇称、轻子数、重子数、同位旋及其第三分量、超荷、G宇称等。

量子统计　quantum statistics　以量子力学为基础建立起来的统计物理学。量子统计物理学的简称。

与经典的统计物理学不同，量子统计认为微观粒子的运动遵循量子力学的规律而不是遵循经典力学即牛顿力学的规律。在量子统计中，微观运动状态用量子态描述，量子态是由各种可能的不连续的能级组成的，因而微观运动状态具有不连续性；而在经典统计中，系统的微观运动状态用广义坐标和广义动量描述，微观运动状态具有连续性，表现为相点在相空间中描绘的轨迹。在量子统计中，认为同类微观粒子具有全同性，不可分辨，两个在不同位置的相同粒子的交换并不出现新的状态；而在经典统计中，同类粒子是可分辨的，其间的交换意味着不同的微观运动状态，这是量子统计与经典统计的又一个重要区别。

然而，量子统计与经典统计的研究对象和研究方法是相同的，即都是根据对物质微观结构和相互作用的认识，用概率统计的方法，为由大量粒子组成的系统的宏观物理性质及其所遵循的宏观规律提供微观解释，并揭示由大量微观粒子组成的系统所固有的统计规律性。由于量子统计与经典统计的区别在于对微观运动状态的描述，而不在于统计方法，所以经典统计的系综概念仍然适用。

全同的微观粒子分成两类：费米子和玻色子。费米子是自旋为半整数（即自旋为$\hbar/2$，$\hbar=h/2\pi$，h是普朗克常量）的基本粒子，如轻子和重子，费米子遵从泡利不相容原理，每个量子态上至多只能有一个粒子。玻色子是具有整数自旋的微观粒子，如光子、α粒子等，玻色子不遵从泡利不相容原理，每个量子态上占据的粒子数不限。由费米子和玻色子组成的理想系统遵循不同的统计规律，分别称为费米－狄拉克统计和玻色－爱因斯坦统计。在高温和低密度条件下，当量子效应可以忽略时，上述两种量子统计近似地趋于经典的麦克斯韦－玻耳兹曼统计。但在有些问题如热辐射中，量子效应不可忽略，经典统计明显地失效。

量子跃迁　quantum transition　量子力学中微观体系由一个状态突然改变成另一个状态的过程。微观体系的束缚态都具有离散的能谱，它的能量不能连续地改变，即只能发生跃迁。量子跃迁通常在两个能量确定的状态之间发生，伴有能量放出或吸收的过程，以满足能量守恒定律。原子体系由高（低）能级跃迁到低（高）能级时，要放出（吸收）相当于二能级差额的能量。这一过程以放出（吸收）一个频率为ν的光子（$h\nu=E_{高}-E_{低}$）的形式，或者与其他原子碰撞的形式完成。原子的外界存在有与能级差相应的频率的电磁场时，放出或吸收光子的过程就有一定的发生概率，称为受激辐射和受激吸收。外界不存在相应频率的电磁场甚至是真空时，原子仍有一定的概率由高能级向低能级跃迁而发射光子，这一过程称为自发辐射。并不是任意两个状态之间都能发生跃迁，而是要满足一定条件，即两个状态的量子数要满足一定关系才能发生跃迁，这一关系称为跃迁的选择定则。

辽朝　Liao Dynasty　契丹族在中国北方地区建立的王朝。916年，阿保机在今内蒙古西拉木伦河流域建契丹国，947年建国号辽。983年曾改号大契丹国，1066年以后，复号大辽。习惯上自916年契丹建国至1125年为女真所灭，统称为辽朝。辽亡后，耶律大石西迁到中亚楚河流域，重建辽国，史称西辽。1211年，乃蛮部屈出律篡位，1218年为蒙古所灭。

辽的建国和发展　辽太祖（阿保机）在汉人官员的帮助下，参照汉族国家的模式，建立起初具规模的国家机器。契丹国家按地区统治各族，并制定了法律。神册三年（918），辽太祖开始在潢河（今西拉木伦河）以北建造了皇都（今内蒙古巴林左旗南），后更名上京临潢府，成为契丹国家的统治中心。以后又颁行文字。天赞四年（925），甘州回鹘可汗向契丹国遣使贡献。次年，辽太祖灭渤海，在此建东丹国，封长子耶律倍为东丹王，统治渤海地区。

辽太宗继位后，领兵南下掳掠。后唐河东节度使石敬瑭在契丹援助下，建立后晋。石敬瑭将燕云十六州地奉献给契丹。辽穆宗统治时期，胁迫民户作奴隶，并加强了对奴隶的镇压。贵族中也多次出现谋反事件。辽景宗乾亨元年（979），宋太宗领兵北上，攻打辽南京。韩德让与耶律休哥、耶律斜轸等击败宋兵，权势日盛。辽景宗病死后，辽圣宗继位，由萧太后执政。统和年间，辽军多次击败宋军。统和二十二年（1004），与宋订立澶渊之盟。两国各守旧界，此后不再有大的战事。辽圣宗还发动了东侵高丽的战争，迫使高丽国王显宗请和，向辽纳贡。辽圣宗在辽国内确立了封建制的统治，还修订法律。又在上京以南建新都中京大定府（今辽宁宁城西大名城）。汉文明在辽朝得到进一步的传播。辽

辽朝世系表

辽太祖耶律亿（916～926）—太宗耶律德光（927～947）—世宗耶律阮（947～951）—穆宗耶律璟（951～969）—景宗耶律贤（969～982）—

圣宗耶律隆绪（982～1031）—兴宗耶律宗真（1031～1055）—道宗耶律洪基（1055～1101）—天祚帝耶律延禧（1101～1125）—西辽德宗耶律大石（1131～1143）—

感天后塔不烟（1143～1150）—仁宗耶律夷列（1151～1164）—承天后普速完（1164～1178）—直鲁古（1178～1211）—屈出律（1211～1218）

图1　白瓷鸡冠壶（仿皮囊式的鸡冠壶，便于马上携带，是典型的辽代瓷器）

朝在圣宗统治下，形成全盛时期。

辽道宗统治时期，辽进入衰乱时期。契丹贵族之间不断相互倾轧。南院枢密使耶律乙辛权势显赫，专擅朝政。辽圣宗末年以后，处在封建压迫下的各族人民不断举行武装起义。北方诸族相继兴起，西北有鞑靼，东北有女真。乾统元年（1101），天祚帝耶律延禧继位。天庆四年，阿骨打统领女真诸部兵在出河店（今黑龙江肇源西南）大败辽兵。次年，阿骨打建立金朝。天庆五年秋，辽天祚帝耶律延禧统率契丹和汉兵出征。辽兵大败于金。十年，金军攻占上京临潢府。保大二年（1122），攻占中京大定府。天祚帝逃入夹山（今内蒙古萨拉齐西北大青山中）。汉人宰相李处温与皇族耶律大石等，在南京拥立耶律淳称帝，号为北辽。保大四年，天祚帝自夹山出兵，败溃。次年被金兵俘虏，辽亡。金兵灭辽后，耶律大石召集西北地区18个部落，设置官员，重新组成统治机构。延庆七年（1130），耶律大石建号称帝，号天祐皇帝，又号古儿汗，仍用辽国号，史称西辽，又称哈喇契丹（黑契丹）。1218年被蒙古军所灭。

政治制度　辽太宗时期，统治地区西至流沙，东至黑龙江流域及原属渤海的地区，北至胪朐河（今克鲁伦河）南部包括燕云十六州地。建都在潢河流域的上京。辽代制度在太祖、太宗和世宗时逐步建立。辽圣宗时都中京，各项制度也有所改革。①斡鲁朵制。辽代皇帝各有自己的斡鲁朵，构成独立的经济军事单位。②头下制。帝后以下的贵族俘掳的奴隶，从事农业生产，称为头下或投下。③捺钵。皇帝在四季出外游猎，其行在称为捺钵。夏季和冬季，皇帝即在捺钵与北、南大臣会议国事，捺钵成为政治活动的中心。④枢密院。契丹枢密院又称北枢密院，汉人枢密院称南枢密院。北、南枢密使参预国政，听决狱讼。⑤中央官制。辽代中枢官制分为北面官与南面官两大系统。北面官管理契丹政事，南面官管理汉人事务。辽世宗以后，北院枢密使是最高的军事行政官员。南枢密院是综理汉人军政的最高官衙。⑥地方官制。地方官制基本上沿袭后唐制度设州、县。州有刺史州、节度州之分。县设县令。汉人、渤海人等聚居区为州县制，属辽南面官系统；而契丹人、奚人等地方统治体制为部族制，属辽北面官系统。⑦法律。辽太祖建国后，即诏定法律，以统治契丹及北方诸族人。汉人仍依原有的汉法。辽兴宗在重熙五年（1036）正式颁布《重熙条制》。辽道宗咸雍六年（1070）改定为《咸雍条制》。辽圣宗时，北、南枢密院综理军政，并理讼事。后又在南面官中仿汉人制度设大理寺审理重大罪案。⑧科举。辽圣宗时始置科举取士。只限汉人文士考试，契丹人不得应试。

经济　辽代国内各民族从事不同的生产职业，各族交流了生产经验，在一些部门取得了成就。①渔猎。契丹族以渔猎为基本的生产方法。辽代皇帝和随行官员，四季也在捺钵进行渔猎活动。②畜牧。畜牧业在辽代经济中占有重要的地位。以马、羊为主。③农业。辽代农业主要在汉人地区和渤海人住地。汉人、渤海人地区以种麦、粟、稻为主，契丹和奚人地区，多种穄米。④手工业。室韦、渤海的冶铁技术传入契丹，经过各族人民的共同创造，生产出著名的镔铁。用金银制作的各种器物，都达到相当高的工艺水平。辽代瓷器生产颇为发达，具有特色。上京和中京都有专门的机构，从事多种丝织品的生产。印刷和造纸也得到发展。⑤商业。辽代的五京是各地区的政治中心，也是商业贸易的中心。东北和西北诸部落，通过贡赐或以物相易，进行物产交换。辽朝与周邻诸国的贸易，也不断发展。宋朝和辽朝先后在边地州军设置榷场，在官员控制下进行商品交换，征收商税。辽与高丽、日本的贸易发达。⑥交通。契丹居地至南京、西京主要是骑马或驾牛车。海路交通主要通过渤海地区。

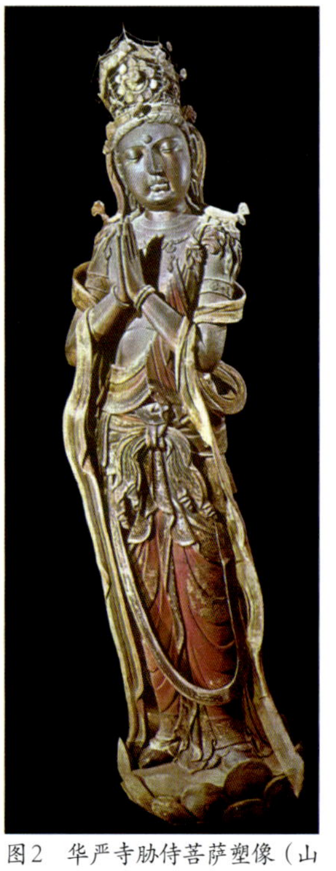

图2　华严寺胁侍菩萨塑像（山西大同华严寺薄伽教藏，殿内有泥塑31躯，均为辽塑精品）

宗教与文化　辽朝建立后，佛教逐渐在契丹贵族中传播。汉人、渤海人居住地区，仍继承唐代的文化传统。辽圣宗以后，汉族的封建文明为契丹贵族所接受，在辽朝得到发展。辽代佛教以**华严宗**为最盛。辽圣宗以后，对佛教典籍的刊校，作出两大业绩。一是石经的刊刻，一是雕印大藏。辽代的佛教建筑，有自己独特的风格。现存北京天宁寺砖塔、宁城（辽中京）砖塔和山西应县木塔，为前代所未有。这种新形制为金代所继承，形成独特风格的辽金塔。辽圣宗时，依仿汉人的修史传统，撰修辽朝的历史。辽天祚帝时，耶律俨（汉人）修成《皇朝实录》70卷，是元人所修《辽史》的主要依据。

辽东半岛　Liaodong Peninsula　中国三大半岛之一。位于辽宁省南部，由千山山脉向西南延伸到海洋中所构成。其中金州以南部分又称旅大半岛。半岛南端老铁山隔渤海海峡和**山东半岛**遥遥相望，形成**渤海**和**黄海**的分界。北部可以鸭绿江口和大清河口连线为界，习惯上包括沈丹铁路以西到浑河、大辽河地区。面积约3.7万余平方千米。

千山山脉构成半岛的脊梁，属于新华夏系隆起带的一部分，北起连山关，南到老铁山，长约340千米，一般海拔不到500米。鞍山东郊的**千山**平均海拔400米，由花岗岩构成，是东北三大名山之一。辽东半岛海岸线长1 000余千米，沿岸有**长山群岛**等岛屿，绝大部分分布在黄海。鸭绿江口到大洋河为淤泥质平原海岸，大洋河到大沙河为基岩淤泥海岸，长兴岛到西崴子为基岩砂砾海岸，大沙河到长兴岛为典型基岩港湾海岸，岬湾曲折，有大连湾、旅顺口等良港。

地处暖温带北部，属半湿润季风气候。年平均气温8～10℃，年降水量550～900毫米，60%集中在夏季。地带性植被为落叶阔叶林，主要树种有赤松、麻栎、栓皮栎、槲栎等，林间灌木主要有崖椒、胡枝子、照白杜鹃等，老铁山是候鸟迁飞必经之地，建有老铁山自然保护区。附近的蛇岛栖息大量蝮蛇，1980年蛇岛被列为中国自然保护区。半岛最南端的旅顺已辟为综合性风景名胜区。

半岛具有果树和两熟作物生长的良好条件，为果树、柞蚕和花生的主要产区。蕴藏多种金属矿床，有钢铁、镁矿、建材等工业。半岛海岸线长，滩涂广阔，岛屿众多，沿岸有制盐、芦苇加工等工业，另有渔业和浅海水产养殖业，产海参、鲍鱼、扇贝等。

辽东湾　Liaodong Gulf　中国纬度最高的海湾。位于渤海北部，在长兴岛与秦皇岛连线以北。为地堑型凹陷。湾底地形自顶端及东西两侧向中央倾斜，东侧深于西侧，最大水深32米。全湾被第三纪以来的厚层沉积物覆盖。湾水盐度多低于30。辽东湾是中国边海水温最低、冰情最重处，每年都有固体冰出现，受西北风影响，东岸又较西岸为重。春季融冰，成为低温中心。辽东湾为半日潮，湾顶潮差达5米。滩涂宽广，除捕捞水产品、种苇、晒盐外，海水养殖和围垦都有一定规模。较大港口有营口、秦皇岛和葫芦岛等。

辽河 Liaohe River 中国北方地区大河之一。主流上游老哈河源于河北省七老图山脉光头山，汇合西拉木伦河后称西辽河，于台河口歧分为南北2支，南支为主流西辽河，北支为新开河。至双辽汇合后南下，到福德店汇合东辽河后始称辽河。经铁岭后转向西南流，至六间房再歧分为二：一股南流为外辽河，到三岔河汇浑河、太子河后称大辽河，经营口市注入**渤海**；另一股西南流称双台子河，经盘山南汇绕阳河注入渤海。1958年以后，在六间房堵截外辽河流路，使浑河、太子河成为独立水系，辽河主流由盘山南入渤海。辽河流经河北、内蒙古、吉林和辽宁4省区，全长1 394千米。流域面积20.16万平方千米。辽河属树枝状水系，东西宽南北窄。

干支流概况 主流上游流经黄土丘陵，汇合坤都河、英金河、崩河、羊肠子河后流入海拔400米以下的平原。西辽河接纳南岸支流教来河后地势降到300米以下，河谷广阔，至昌图福德店，长882千米，平均比降0.75‰，水量大增。向南穿过辽北低丘，接纳招苏台河、清河、柴河、泛河等，进入海拔50米以下的平原，至石佛寺长210千米，比降0.2‰。下游穿流冲积平原，北岸有秀水河、养息牧河、柳河等汇入，至六间房长198千米。南流为河口区，地面高程已在20米以下。六间房至双台子河口长104千米。

气候与水文 流域属温带大陆性季风气候。年降水量350～1 000毫米，山地多于平原，从东南向西北递减，65%水量集中在4～9月。辽河流域夏季暴雨强度大、频率高、集流快，常使水位陡涨陡落，形成下游洪涝。辽河各支流含沙量老哈河为27.4千克/米^3。辽河干流的铁岭年平均含沙量3.6千克/米^3。辽河含沙量仅次于**黄河**、**海河**，年平均输沙量2 098万吨。

经济概况 辽河流域东部和西部山地分布红松、油松、落叶松和以栎属为主的杂木林。辽河上游沙地草原以牧草为主。辽河下游平原是中国开发较早地区，盛产大豆、小麦、高粱、玉米、水稻等，沿海有苇塘。矿产有铁、石油、煤和有色金属等，是中国主要工业分布区之一。

辽河三角洲上占地5 600公顷的黑嘴鸥繁殖地是世界上唯一的黑嘴鸥繁殖地。

辽河入海口处的红海滩

辽陵 Mausoleums of Liao Dynasty 中国辽代帝陵共5处陵区，太祖耶律阿保机和贞烈皇太后、齐天太后的祖陵在内蒙古自治区巴林左旗，太宗耶律德光和穆宗耶律璟的怀陵以及圣宗、兴宗和道宗庆陵在巴林右旗，东丹人皇王和世宗显陵、景宗和天祚帝乾陵在辽宁北镇。诸陵多位于山谷中，或“凿山为殿”，或“依山为陵”，地面原有享殿、石雕像等。陵区附近均设有专门守护陵园的州城——奉陵邑。辽亡后遭金兵破坏，庆陵被挖掘一空。1939年日本侵华期间，日本人曾调查和发掘庆陵。1949年后，中国文物考古部门对辽陵多次进行勘测、调查和抢救性发掘。1988年国务院公布辽陵及奉陵邑为全国重点文物保护单位。

庆陵东陵《四季风光山水画》局部

5处陵区中的辽庆陵由圣宗耶律隆绪的永庆陵（东陵）、兴宗耶律宗真的永兴陵（中陵）、道宗耶律洪基的永福陵（西陵）组成。陵地范围东西长约5千米、南北宽约3千米。三陵均发现陵门、神道和享殿遗迹。中陵享殿西南方残存石刻陀罗尼经幢1座。墓室结构相同，均为砖室墓，有3个正室，2个侧室，墓门和墓室内彩绘壁画。其中东陵保存较好，各室之间有长甬道相连，墓内全长21.2米、最宽15.5米、最高约6.5米。东陵壁画主要有人物、出行图、散乐图、四季山水画和装饰图案等。人物像上方墨书契丹小字榜题。中室四壁所绘四季风光山水画最具特色，构图严谨，形象生动，再现了辽代皇室“四时捺钵”之所（“捺钵”即行帐）的秀美景色。三陵中残存部分帝、后石刻哀册，分别用汉字、契丹小字镌刻。庆陵中的契丹小字哀册和榜题是发现最早的契丹小字资料，有很高的学术价值。

辽宁大学 Liaoning University 中国综合性大学。校址在沈阳。1958年建校，由东北财经学院、沈阳师范学院、沈阳俄文专科学校合并组成。设有文学、历史、哲学与公共管理、经济、管理、国际关系、法学、外国语等20多个学院。有培养学士、硕士和博士的教学体系；有世界经济、国民经济学和金融学等国家重点学科和国家经济学基础人才培养基地等。图书馆馆藏文献234万册，出版物有《辽宁大学学报》。

辽宁省 Liaoning Province 简称辽。位于中国东北地区南部，是东北经济区和环渤海经济区的主要接合部。西南与河北省临界，西北与内蒙古自治区毗邻，东北与吉林省接壤，东南隔鸭绿江与朝鲜相望，南临渤海和黄海。辽东半岛向西南延伸，与山东半岛对峙。辖14个地级市，17个县级市、19个县、8个自治县、56个市辖区（见表）。面积15万平方千米。山地丘陵约占全省总面积的60%，平原约占33%，水面及其他约占7%。人口4 375万（2010）。有汉、满、蒙古、回、朝鲜、锡伯等44个民族。省会为**沈阳市**。

建制沿革 辽宁是中国开发较早地区。旧石器时代、新石器时代遗址和商、周青铜器分布广泛。周为燕国辖境，公元前3世纪燕在北部筑长城，设立辽东、辽西和右北平等郡。汉推行军垦，还大力移民，使辽宁经济、文化发展加快。668年唐统一辽宁全境，置安东都护府（辽阳）、营州都督府（朝阳）。以后辽、金、元都以辽阳为行政中心。明初辽宁划归山东布政使司管辖，同时设辽东都指挥使司辖铁岭等25卫。清初辽宁为盛京将军辖地，为维护满族“发祥”地，禁止到长白山区伐木、狩猎、挖参、捕貂和淘金、采珠，在山海关、开原、凤城一带设柳条边，划封禁区，严格限制移民。19世纪初禁令渐弛。光绪三十三年（1907）改盛京为奉天省。1929年改奉天省为辽宁省，取辽河流域安宁之意。1949年分设辽东、辽西两省。1954年两省合并复设辽宁省。

辽宁省行政区划表（2010）

沈阳市	**铁岭市**	太子河区　灯塔市	**营口市**
沈河区　和平区	银州区　清河区	辽阳县	站前区　西市区
大东区　皇姑区	调兵山市　开原市	**鞍山市**	鲅鱼圈区　老边区
铁西区　苏家屯区	铁岭县　西丰县	铁东区　铁西区	大石桥市　盖州市
东陵区　于洪区	昌图县	立山区　千山区	**盘锦市**
沈北新区　新民市	**抚顺市**	海城市　台安县	兴隆台区　双台子区
辽中县　康平县	顺城区　新抚区	岫岩满族自治县	大洼县　盘山县
法库县	东洲区　望花区	**丹东市**	**锦州市**
朝阳市	抚顺县	振兴区　元宝区	太和区　古塔区
双塔区　龙城区	新宾满族自治县	振安区　凤城市	凌河区　凌海市
北票市　凌源市	清原满族自治县	东港市	北镇市　黑山县
朝阳县　建平县	**本溪市**	宽甸满族自治县	义县
喀喇沁左翼蒙古族	平山区　溪湖区	**大连市**	**葫芦岛市**
自治县	明山区　南芬区	西岗区　中山区	龙港区　连山区
阜新市	本溪满族自治县	沙河口区　甘井子区	南票区　兴城市
细河区　海州区	桓仁满族自治县	旅顺口区　金州区	绥中县　建昌县
新邱区　太平区	**辽阳市**	瓦房店市　普兰店市	
清河门区　彰武县	白塔区　文圣区	庄河市　长海县	
阜新蒙古族自治县	宏伟区　弓长岭区		

自然条件　辽宁省南临黄海、渤海，铁、煤储量丰富，自然条件优异。

辽宁大地构造除开原、彰武一线以北属吉黑古生代准褶皱系外，全属中朝准地台。地势大体上从东南部和西北部向中央倾斜，东、西两侧为低山丘陵，中部为广阔的平原。辽宁省属温带、暖温带季风气候。1月气温－18～－5℃，7月气温22～26℃，无霜期125～215天，年降水量440～1 130毫米，是东北地区光照最多，热量最富，降水最丰的省份。受地势和海洋的影响，降水自东向西递减。年平均气温从东北到西南渐增，气候有明显区域差异。在辽宁河网系统中，东部各河多具有山溪特征，水清流急；西部各河上游水土流失较严重，下游因地势低平，流速缓慢，泥沙淤积，与华北地区河流的水文特征相近。**辽河**为省内第一大河，**鸭绿江**是省的第二大河。此外，还有浑河、太子河、绕阳河、大凌河、小凌河等。

辽东低山丘陵生长赤松和栎类林等阔叶林，主要树种有麻栎、槲树、赤杨等，天然林少，多为果园、苇场和灌丛。辽西低山丘陵生长油松和栎类林为主的落叶阔叶林，间有侧柏，但植被破坏严重。

省境南部在中国综合自然区划中，隶属于华北湿润半湿润地区的辽东－山东半岛落叶阔叶林区的辽东半岛亚区和华北平原半旱生落叶阔叶林区的辽河下游平原亚区；北部隶属于东北湿润半湿润温带地区的东北东部山地针阔叶混交林区的长白山亚区、东北平原森林草原区的山前台地亚区和松嫩平原亚区。

经济概况　辽宁省已成为全国门类比较齐全，基础比较雄厚的重工业基地。同时，也是全国重要的柞蚕、苹果、海洋渔业产区。

工业化水平高，在国民经济中占有重要地位。已形成了以冶金、机械、石油化工、电子及建材等为主体，工业门类较齐全的工业体系。①机械工业。在各工业部门中居重要地位，是优先发展的支柱产业之一，以生产重型机械、工业专用设备、交通运输设备和电气机械及器材为主。②冶金工业。有全国最大的钢铁工业基地，形成了以鞍钢、本钢、抚钢、大钢4大钢厂为重点，地方大中型钢铁企业为骨干，原料和辅助原料基本自给配套的生产体系。③能源工业。石油、煤炭和电力工业所占比重较大。④化学工业。全国最早的化工生产基地之一。主要以基本化学原料、橡胶加工、有机原料、化肥、农药和合成材料等为主。⑤电子工业。辽宁工业的重要支柱产业之一，已形成以彩显、通信设备、计算机、电力电子装置等产品为重点，以新一代消费类电子产品及关键设备为基础的产业格局。⑥纺织工业。中国老纺织工业基地之一。纺织工业中棉、麻、丝、毛纺及化纤俱全。辽宁省柞蚕丝产量居全国第一，主要集中在丹东，是中国传统外销产品。

辽宁省土地资源丰富，类型多样，黄、渤海区海洋资源丰富，对发展海水养殖业及多种经营有利。全省大部分地区农作物一年一熟。农业结构有种植业比重下降、林牧渔业比重上升的趋势。种植业是全省农业的主要部门。粮食作物以玉米、稻谷、大豆等为主，经济作物以油料、烟叶等为主。油料作物以花生为主，是东北地区重要花生产区。森林覆盖率32.97%。全省森林主要集中在东部山地和西部山地。盛产苹果、葡萄、山楂等各种水果。东部山地有大片柞蚕场，年产柞蚕茧占全国很大比重。畜牧业为农村经济的支柱产业。主要以发展商品瘦肉型猪、高产蛋鸡、优质肉鸡、小肥牛及山绵羊等为主。渔业以海洋渔业为主。南部黄、渤海水产资源丰富，鱼虾种类70多种，贝藻类30多种，以对虾、毛虾有名。全省海水养殖以发展对虾、扇贝、海带和贻贝等为主。

中国交通运输业发达省份之一。由于地处东北边境，又临黄、渤两海，在陆上和海上、国内和国际上的运输地位都十分重要。交通运输以铁路为骨干，配合海洋，联系公路、内河、航空和管道运输，构成了现代交通运输网。主要铁路干线有京沈、哈大、沈吉、沈丹、大郑、锦承等。是全国铁路平均密度较高的省份之一。全省公路已基本形成了以沈阳为中心，辐射连接大连、鞍山、抚顺、本溪、营口、辽阳、铁岭等省辖市。辽宁沿海岛屿众多，有多处水深浪平、经冬不冻的海湾可作港口，海运发展较快，是东北地区“海上门户”。大连港是中国北方大港，港阔水深，不淤不冻，是中国第三大综合港和中国北方油运、客运、粮运中心及集装箱枢纽、散矿物和钢铁转运基地。大连鲇鱼湾10万吨级油港和营口新港（鲅鱼圈港），对大连港起分流作用。航空运输以沈阳为中心，拥有沈阳桃仙机场、大连周水子机场等4个航空港。随着东北石油资源开发和大连鲇鱼湾油港建成，管道运输有较快发展。

文教科技　拥有**大连理工大学**、**东北大学**、大连海事大学、**辽宁大学**等高等院校，并承担了几百项国家科研项目和国际合作项目。

名胜古迹　辽宁山川秀丽，历史悠久，名胜古迹众多。属于全国重点文物保护单位的有19个，其中有清入关前的皇宫——沈阳故宫，以及清代三陵（沈阳明陵、福陵、新宾永陵）。在建筑史上占有重要地位的辽代奉国寺和辽阳白塔，有全国仅存的五大镇山之一的北镇医巫闾山山神庙——北镇庙。营口金牛山人骨化石、朝阳新石器时代的牛

辽宁盘锦辽河油田

河梁遗址和绥中姜女石大型秦汉遗址举世闻名。此外，有千山、大连海滨、丹东鸭绿江、金州金石滩、兴城等国家级风景名胜区。有国家历史文化名城沈阳。

辽沈战役 Liaoxi-Shenyang Campaign 中国解放战争时期，中国人民解放军东北野战军在辽宁西部和沈阳、长春地区对国民党军队进行的一次战略决战性战役。1948年9月12日，东北野战军70万人，在司令员林彪、政委罗荣桓指挥下，遵照中共中央的决战部署，发动辽沈战役。当时，东北战场上国民党军东北“剿总”总司令卫立煌集团总兵力为55万人，分别收缩在长春、沈阳、锦州3个孤立地区。自9月12日起，中国人民解放军首先以主力南下奔袭北宁线（今京沈铁路），扫清了锦州外围之敌并迅速包围锦州；同时将由华北、山东及沈阳赶来增援的国民党军阻击在塔山、黑山、大虎山等地区。10月15日解放军攻克锦州，全歼国民党军10万余人，俘东北“剿总”副总司令范汉杰，切断了国民党军从陆上逃往关内的道路。17日，长春国民党第60军军长曾泽生率2万余人起义；19日，东北“剿总”副总司令郑洞国率所部7万余人投降，长春即告解放。这时，蒋介石仍企图夺回锦州，占领营口，打通陆地和海上的退路。东北野战军攻占锦州后，立即回师组织辽西会战，于10月26～28日在黑山、大虎山及其以东地区围歼廖耀湘兵团10万余人，生俘廖耀湘。随即乘胜前进，于11月2日解放沈阳，歼敌13万余人，同日攻占营口，歼国民党军1.4万余人。至此，辽沈战役结束。此役，除国民党军第52军军部及25师一部万余人从营口乘船逃跑外，共歼国民党47.2万人，解放了全东北，为解放平津和全华北创造了有利条件。

东北野战军在辽西展开围歼战

辽圣宗耶律隆绪 Emperor Shengzong of Liao Dynasty (971～1031) 中国辽代皇帝。字文殊奴。辽景宗长子。乾亨四年（982），景宗死，嗣位为皇帝，改元统和。母萧太后奉遗诏摄政，任室昉、韩德让及耶律斜轸、耶律休哥等以为辅佐，和辑契丹贵族，任用汉人士大夫，积极整治弊蠹，改革法度。史称统和之政，“务在息民薄赋，以故法度修明”。统和四年，辽军大败宋北伐之师，俘获宋骁将杨业。二十二年，圣宗奉萧太后深入河北，十一月兵迫澶渊。宋真宗领兵亲征。双方达成和议，史称澶渊之盟。此后，辽宋间基本上保持长期的和平相处。二十七年，萧太后死，耶律隆绪主政。向高丽及西北诸部发动战争。次年大举亲征，进焚开城而还。以后连岁遣军侵掠，开泰七年（1018）大败于茶、陀二河之间。在西北，开泰元年，沿边诸部皆叛，阻卜（鞑靼）国兵进围镇州。二年乌古、敌烈部叛。太平六年（1026），辽军征甘州回鹘，失利，阻卜诸部复叛，很快被平复。开泰六年，辽军且远征喀什噶尔，声威远播于中亚。

在圣宗统治时期，辽的国力达到全盛并出现了一些引人注目的变化，在刑法和科举等方面出现了重大的变革，同时，奴隶制因素削弱，封建制因素加强，汉化加深，说明封建制的统治在逐渐确立。

辽圣宗精射法，晓音律，好绘画，崇信佛教和道教。他推崇诗人白居易，以契丹文翻译《白居易讽谏集》。所作曲达百余首，说明他的汉文化修养颇高。

《辽诗话》 *Notes on Liao Dynasty Poetries* 中国辽代诗歌及本事汇编。清周春辑。周春（1729～1815），浙江海宁人。乾隆十九年（1754）进士，曾任广西岑谿知县。著有《松霭诗钞》、《辽金元姓谱》等。辽代诗歌后世流传甚少，周春乃仿《全唐诗话》的体例辑《辽诗话》，所采以正史为主，以地方志、笔记小说为辅，凡事与辽代有关及后人咏辽事者皆载入，共200余则。此书为研究辽代文学提供了较丰富的资料。《辽诗话》初为1卷，成于乾隆二十二年（1757），有《昭代丛书》本。后增订为2卷，成于乾隆二十七年（1762）。1992年岳麓书社出版有《全辽诗话》，即在此书基础上增订补充而成。

《辽史》 *History of Liao Dynasty* 记录中国辽代史事的纪传体史书。元脱脱等奉敕修。全书116卷，包括本纪30卷、志31卷、表8卷、列传45卷。记载辽代和建国以前的契丹及西辽的历史。末一卷是《国语解》，凡官制、宫卫、部族等以契丹语为称号者，多参考史文，略加注释；也解释了部分非契丹语的名物制度。辽曾编修《起居注》、《日历》、《实录》和《国史》，最后由宰相耶律俨集成一代《实录》。金代两次纂修《辽史》，都以这部《实录》作底本，但未能最后完成。元末顺帝至正三年（1343），脱脱任纂修三史都总裁，决定辽、金、宋“各与正统，各系其年号”，草率从事，前后费时不到一年，记录简略，重复甚多，错讹、疏略及相互牴牾之处也不少，史笔不够规范，不少人有名无姓。由于辽代的记载流传不多，《辽史》以外，有关的资料极少，因此它成为辽代的唯一史书。1976年中华书局出版的标点校勘本，是比较好的版本。

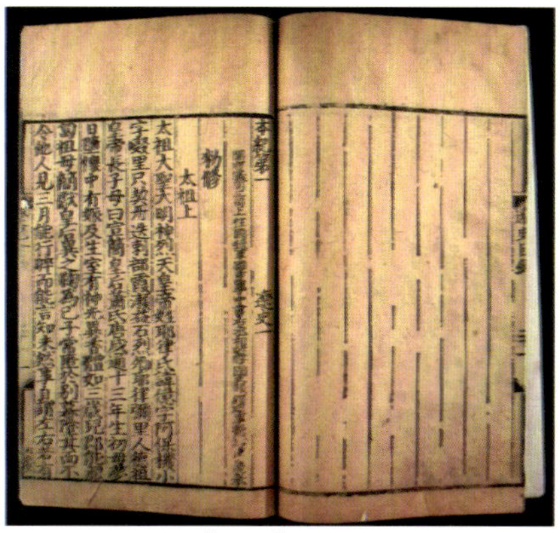

《辽史》书影

辽太宗耶律德光 Emperor Taizong of Liao Dynasty (902～947) 中国辽代皇帝。字德谨，契丹名尧骨（或译耀屈之）。阿保机次子。天赞元年（922）冬，任天下兵马大元帅。三年，从辽太祖西征。四年冬和天显元年（926）春，从征渤海国。辽太祖死，述律皇后摄政。天显二年冬，其长兄耶律倍根据辽太祖的遗愿，率群臣请于述律后立耶律德光为帝，仍以天显为年号。十一年，太原军阀石敬瑭为后唐主所攻，遣使乞援于契丹，太宗乃亲率辽军长驱入援，败后唐兵，册石敬瑭为后晋皇帝。从此契丹的势力伸入华北平原。会同元年（938），始改革官制，整订赋税。会同三年，辽太宗把北部乌古地区肥美而近便的土地拨给南北院中的契丹贵族，令其前往耕种。五年，石敬瑭死，子石重贵立，在给契丹的表文中称臣不称孙，两国关系恶化。七年和八年，辽太宗两次兴师伐后晋，一再受挫。但他仍坚持南进。九年，辽太宗倾师南征，后晋兵溃。次年正月，辽灭后晋，辽太宗入汴京（今河南开封），改国号契丹为辽，改元大同。在连年南征中，辽军强掠中原人民的财富，中原人民纷纷起义反抗。同时，契丹族人民也死伤惨重，厌战心理逐渐滋长。辽太宗在汴京驻留不足三月，就被迫仓促北返。行至栾城病死。

辽太祖耶律亿 Emperor Taizu of Liao Dynasty (872～926) 中国辽朝的创立者。契丹名阿保机，小字啜里只。出身迭剌部的显贵家族。这个家族拥有世选本部夷离堇（军事首领）的特权。9世纪末，耶律亿任遥辇氏痕德堇可汗的挞马狘沙里（扈卫官），率领挞马部（扈卫队）战胜了近邻诸小部，并击溃以蒲古只为首杀害于越（联盟执政者）耶律释鲁的部落豪强。901年，被推为迭剌部夷离堇，主管遥辇氏联盟的军事。又破室韦、乌古、女真等部，俘奚人，掠汉地，因功在903年任于越。907年，痕德堇可汗死，契丹贵族奉耶律亿为可汗，称天皇帝（太祖）。耶律亿通汉语，任用韩知古、韩延徽、康默记等有才学的汉人为谋士，并采纳韩延徽的建策，置州县，立城郭，定赋税，模仿汉地的制度来管理在战争中俘掠的大量汉人。他建立了一支精锐而忠诚的亲军“腹心部”，讨平黑车子室韦、奚等部，尽有其地，确立了森严的仪卫制度。916年，耶律亿大会群臣、属部，称大圣大明天皇帝，庙号辽太祖，建元神册，立长子耶律倍为皇太子。随后，亲征突厥、吐谷浑、党项等部，转掠代北，掳获许多人畜。神册三年（918），任康默记为版筑使，在潢河以北营建皇都（后称上京，在今内蒙古巴林左旗境）。六年，诏定法律，正班爵。大批降人、俘虏的迁入使辽的实力渐趋雄厚，在长城以北草原上出现了农田、村落、城郭、矿冶、作坊以及寺院与孔庙。又进一步加强政权建设，在参酌旧俗的基础上，援引汉人文法，强化了皇权统治。根据契丹与汉人经济生活的不同，对部落和州县各因俗施治。由于汉人增多，朝中专设汉儿司主其事。天显元年（926），辽太祖领兵灭渤海国，七月，在归途中病逝，葬祖州。

辽天祚帝耶律延禧 Emperor Tianzuodi of Liao Dynasty (1075～1128) 中国辽朝末代皇帝。字延宁，契丹名阿果。辽道宗孙。父耶律濬，道宗立为皇太子，大康三年（1077）以耶律乙辛构谗废为庶人，旋被耶律乙辛遣人刺杀。大安七年（1091），耶律延禧以皇孙受封总北、南院枢密使事，天下兵马大元帅。乾统元年（1101）正月，辽道宗死，耶律延禧嗣帝位。道宗后期，阶级矛盾和民族矛盾已十分尖锐。天庆四年（1114），女真部酋长完颜阿骨打起兵反辽，两败辽师。次年正月，阿骨打即皇帝位，建国号大金。九月，陷黄龙府（今吉林农安）。十二月，天祚帝亲征金朝，全军溃败。保大二年（1122）正月，金陷中京大定府（今辽宁宁城西大名城）。天祚帝闻讯后急走西京大同府（今山西大同）一带，遂乘轻骑逃入夹山（今内蒙古萨拉齐西北大青山中）。在南京析津府（今北京）的秦晋国王耶律淳被拥立为天锡皇帝，据有南京道等地，天祚帝所有仅沙漠以北及西南、西北路两招讨府诸番部族而已。六月，金兵击败来援的谟葛失与西夏军，天祚帝辗转逃亡于天德军（今内蒙古乌拉特前旗北）、云内州（今内蒙古呼和浩特西南）等地。四年七月，复率来投的耶律大石军与阴山谟葛失兵，出夹山，谋为恢复。耶律大石谏阻，不从，因而擅率所部北走，自立为王。天祚帝东进，与金人战于奄遏下水，兵溃，西走。五年，至应州（今山西应县），为金兵所俘。辽亡。

辽西走廊 Liaoxi Corridor 中国东北地区通往关内的交通要道。辽宁省粮食和水果产区之一。位于省境西部锦州至山海关间沿海狭长地带，长180千米，宽20～30千米，为东北-西南走向的海蚀冲积平原。地势自西北向东南倾斜，由海拔500余米降到50米以下。低丘突出平原上成为孤峰或延伸入海形成半岛和岛屿。海岸线长330千米。走廊地面平坦，光热资源丰富，土质肥沃。走廊北靠松岭，南临渤海，京沈铁路、京哈公路并行纵贯，是交通要道。沿海有葫芦岛港可泊海轮。走廊自古为兵家必争的战略要地，明清宁（兴城）锦之战、松锦之战及解放战争时期的辽沈战役均在此进行。

辽阳壁画墓 Mural Tombs at Liaoyang 中国东汉魏晋时期石室壁画墓群。分布在辽阳市北郊太子河两岸。早年多次被盗，20世纪初发现，50年代曾部分清理。一些墓主应属当时割据辽东的公孙氏政权望族。1961年国务院将墓群定名为辽阳汉壁画墓群，公布为全国重点文物保护单位。

墓葬均有坟丘。墓室以石板构筑多室墓，平面略呈方形，大墓边长约7米，小墓边长3～4米。壁画直接绘于石壁上。内容主要表现墓主的经历和生活，包括门卒门犬、百戏乐舞、车骑仪仗、宴饮庖厨、楼阁宅院、武库仓廪等。壁画多以墨线勾勒，再用矿物颜料平涂施色。构图严谨，形象生动，已注意比例和透视关系，有时采用近似写意的画法。辽阳汉墓壁画是中国最早发现的汉墓壁画，在中国美术史上有重要地位。

车马出行图局部（棒台子墓出土。场面宏大，绘有175人、127匹马、10辆车）

辽阳市 Liaoyang City 中国辽宁省辖地级市。位于省境中部，太子河南岸。辖白塔、文圣、宏伟、弓长岭、太子河5区和辽阳县，代管灯塔市。面积4 741平方千米。人口约186万（2010），有汉、满、回、朝鲜、蒙古、锡伯等民族。汉置辽阳县。1938年析辽阳县城设辽阳市。属温带半湿润大陆性季风气候。矿产有铁、铜、金、菱镁矿、煤、石油、天然气、石灰岩、石膏、白云母等。辽阳是塞外著名的鱼米之乡，主产水稻、玉米、高粱、大豆、棉花等，是辽宁省重点产粮区，已形成粮、水果、鱼、蔬菜四大生产基地。工业以石油、化纤为主，次为纺织、机械、冶金、建材、造纸、食品、塑料等。化学工业产值占工业总产值的1/2，有化纤城之称。名胜古迹有西汉村落遗址、辽阳壁画墓群、辽阳白塔、东京城、东京陵、燕州城遗址等。

辽源市 Liaoyuan City 中国吉林省辖地级市。位于省境中南部，东辽河、辉发河上游。辖龙山、西安2区和东丰县、东辽县。面积5 125平方千米。人口约118万（2010），有汉、满、朝鲜、回、蒙古等17个民族。清朝时此地被划为盛京围场，1902年开放围场，在围场西部设置西安县，1948年析西安县城区及矿区设西安市。因与陕西省西安市重名，故1952年改为辽源市，以地处东辽河源头而得名。矿产有煤、铁、石灰岩、白浆土、红黏土等。农业主产玉米、大豆、高粱等，为全国商品粮和玉米出口基地。工业以汽车配件、纺织、化工、机械、食品、冶金、建材、电力、塑料、制药、造纸等为主。名胜古迹有东辽河源头碑亭、东丰皇家鹿苑、石驿古栈道、东丰龟岛旅游度假区、寿山、龟山、龙首山、南照山公园等。

聊城市 Liaocheng City 中国山东省辖地级市。位于省境西部，西邻河南、河北省。辖东昌府区及冠县、莘县、阳谷、东阿、茌平、高唐6县，代管临清市。面积8 714平方千米。人口约579万（2010），有汉、回、蒙古、藏、维吾尔、苗等民族。春秋战国为齐国地。秦置聊城县，属东郡。隋开皇十六年（596）置博州，后废。唐武德四年（621）复置，治聊城。元初为博州路，至元十三年（1276）改东昌路。明清为东昌府。1967年改为聊城地区。1983年建聊城市（县级），1997年撤销聊城地区和县级聊城市，设立地级聊城市。矿产有煤、石油、天然气、石灰岩、石膏、铁等，阳谷-茌平煤田和东昌府煤矿区闻名。农业主产小麦、玉米、大豆、水稻、棉花等，是中国重要的商品粮、棉、蔬菜、淡水养殖、果品生产基地。工业有机械、纺织、化工、电力、医药、食品等，东阿阿胶为国家金奖产品。京九铁路、邯济铁路、济馆高速公路在此交会，是山东省第二大交通枢纽。公路有泰临、济邯、禹范、聊位等十多条干线。水运有京杭运河等。古运河、东昌湖、聊城古城形成了“城中有湖，湖中有城，城湖一体”的独特的古城格局和风貌，是中国北方水城，被誉为“东方威尼斯”。还有光岳楼、聊城铁塔、山陕会馆、海源阁、曹植墓、舍利塔、鳌头矶、景阳冈等名胜古迹。聊城是国家历史文化名城。

《聊斋志异》 *Strange Tales from Make-do Studio* 中国清代文言短篇小说集。作者**蒲松龄**。此书故事来源颇为广泛，有作者的见闻，有借鉴过去的题材，有采于民间的传说，有作者的想象虚构。作者笔下生辉，使这些故事充实多彩，有其进步的思想内容和独特的艺术风格。

思想内容 ①揭露统治阶级对人民的残害、压迫，反映人民的奋起反抗斗争。这是全书最富思想性，最具进步意义的部分。如《野狗》、《公孙九娘》等描写了清初统治者对无辜百姓野蛮屠杀的场面；《乱离二则》写清兵将女俘当做牛马标价出卖的野蛮行径。作者还着力刻画了贪官污吏和土豪劣绅对百姓的欺诈，在《红玉》、《梅女》中，作者尖锐指出：“天下之官虎而吏狼者，比比也。”在当时能如此仗义执言，实为难能可贵。作者还用不少的笔墨写出人民的反抗，对他们表示深切的同情，塑造了一个个反抗压迫的人物形象：席方平、聂政、郎王柱等，在激发被压迫者的斗争意识方面，有一定的积极意义。②揭露科举制度的弊端。作者通过《神女》、《素秋》、《司文郎》、《于去恶》等作品，或抨击科场的行贿受贿和营私舞弊，或讥讽不学无术、颟顸无能的考官，其言辞激烈，感情鲜明。科场取士“黜佳士而进凡庸”(《三生》)的腐败状况，使一些读书人心灵扭曲，行为卑琐，作者在对他们嘲笑之余，更寄托了无限的同情。③反对封建礼教，赞颂真诚的爱情与婚姻。这类作品在书中数量最多，

《聊斋志异图》册页之一（清人绘，中国国家博物馆藏）

写得最生动，最惊心动魄。作者不仅写人和人的相爱，还写了许多人与鬼狐精灵的爱情。如《青凤》、《香玉》、《婴宁》、《小谢》、《红玉》等作品，都反映了广大青年男女对真正的爱情的向往和追求。在《瑞云》、《乔女》、《阿宝》等故事中，作者塑造了一系列“情种”、“情痴”的形象。在《鸦头》、《连城》、《晚霞》、《连琐》中，作者对男女青年为爱情而反抗封建礼教的行为给予充分的肯定。

《聊斋志异》中还有不少颇有教益的故事，有的批判浅薄、庸俗的社会风气，歌颂高尚的道德情操，如《劳山道士》、《镜听》、《云翠仙》等。有的颂扬了女子的聪颖才智，描写儿童的胆量和智谋，表现民间艺人的高超技巧。还有的富有寓言意味，包含某种生活哲理。书中也有一些落后消极的东西，如宗教迷信、宿命论和因果报应等思想。

艺术特色 《聊斋志异》在艺术上的主要特色是想象丰富，构思奇妙，情节曲折，境界瑰丽。其基本样式是历史传记和传奇的结合。从体裁上看，《聊斋志异》大部分作品具备短篇小说的体制。但也有部分作品篇幅短小、记述简略，还有少量作品记述作者自身见闻，类似随笔杂录。作者塑造了一系列栩栩如生、性格鲜明的人物形象。同是狐狸幻化的女性，婴宁、小翠、青凤各有千秋；同是痴情男子，孙子楚、耿去病、乔生互不雷同。作者描写人物的手法多种多样。他常把人的性格同花妖狐魅等原型的特征完美地结合起来，既写出它们原有的物性，又赋予它们人的面貌和性格。另外，蒲松龄还善于通过心理描写，细节点染和环境、气氛的渲染来刻画人物性格。《聊斋志异》的故事情节曲折完整，引人入胜。该书记人叙事，似幻似真，并能于曲折多变中叙次周密、脉络贯通。作者的想象力是很丰富和惊人的。谈狐说鬼，写仙描神，百幻并作，无奇不有，展示出一个个神奇瑰丽的世界，极大地增强了故事情节的感染力。其语言也很有特色，典雅工丽而又生动活泼。作者创造性地运用了古代的文学语言，并且大量提炼和融汇了当时的方言俗语，词汇异常丰富。无论是抒情写景，还是叙事状物，都是多姿多彩、曲尽形态。人物语言雅俗结合，诙谐有趣，颇多传神之笔。

《聊斋志异》在当时流传很广。它对清代后出的文言短篇小说有很大影响。其版本很多。1962年中华书局上海编辑所出版了张友鹤辑校的《聊斋志异》会校会注会评本（共491篇），是较为完备的本子。

寮人 Laotian 泛指亚洲中南半岛老挝人民民主共和国居民。约580万人(2005)。特指佬人，约占全国人口的2/3，是老挝人口占多数的民族。属蒙古人种南亚类型。

挑担的老挝女子

使用老挝语，属汉藏语系壮侗语族，与泰语相近。有在古代孟文基础上创制的文字。佬人笃信小乘佛教。20世纪60年代初，寮国战斗部队把老挝数十种民族按居住地势高低，分别划分为“老龙”、“老听”和“老松”三大族系。老龙人指居住在平原或河谷低地的民族，包括佬人、卢人、泰人、越人、贺人等支系，以佬人为主。佬人主要分布在中、下寮地区。与中国的壮族、布依族、傣族，以及缅甸的掸人、泰国的泰人、越南的京人等，有着密切的历史关系，同源于中国古代的百越。早在公元初期，佬人即已定居泰国和老挝境内。农业以种水稻为主，家庭手工业有纺织、制伞、制陶等。村寨保留农村公社制残余。一般住木墙高脚屋。主食大米，尤喜糯米。男子穿对襟无领上衣和纱笼，妇女穿对襟或右襟无领上衣和筒裙。妇女多盘发为髻，有些地方还以发髻的位置表示婚否。男子婚前须先剃度为僧。盛行火葬。

燎原计划 liaoyuan program 中国深入进行农村教育改革实验，推动农村教育，为当地农业生产和农村经济发展服务的一项活动。主要立足于提高农村劳动者素质，增强农村基层组织运用科学技术的能力。主要内容是：通过农村的各级各类学校的相对优势，在广大农村开展科学试验、示范，科技培训，信息服务，建立各种科技服务实体，编写乡土教材，渗透职业技术教育，大力发展职业技术教育、成人教育、电化教育等多种形式横向联合、纵向辐射的办学网络。做到经济建设规划与发展教育、培养人才规划同步，经济发展与培养人才、提高劳动者素质同步，使科教兴农战略落到实处，从而使农村教育转向主要为经济服务兼顾升学的轨道上来。

1988年8月，国家教委在河北南宫召开全国会议，正式部署实施燎原计划。1995年，国家教委在全国实施“燎原计划百千万工程”，并得到各地较好的贯彻。十多年来，燎原计划既定的任务已基本完成。

钌 **ruthenium** 化学元素。元素符号Ru，原子序数44，原子量101.07，属周期系Ⅷ族，铂系元素。地壳中钌的含量约为$0.4\times10^{-7}\%$，常与其他铂系元素共存、也存在于镍黄铁矿及辉石中。钌是银白色的金属；熔点2 334℃，沸点4 150℃，密度12.41克/厘米^3(20℃)；质硬而脆，不易加工，但耐磨性强。钌的氧化态0、+1、+2、+3、+4、+5、+6、+7、+8，最常见的是+2、+3、+4和+8。化学性质不活泼，可稳定存在于空气和潮湿环境中。不受冷热酸或王水的侵蚀，溶于熔融的强碱、过氧化钠、碳酸盐、氰化物等溶液，可被卤素和氢氧化物侵蚀。在空气中加热至900℃时，金属钌表面产生一层蓝黑色的二氧化钌薄膜；至1 000℃左右生成四氧化钌和三氧化钌。钌易形成配合物，有良好的催化性能。

钌是提取铂过程中的副产品，将得到的氯合钌（Ⅲ）酸铵$(NH_4)_3RuCl_6$灼烧后，在氢气流中加热还原成钌粉。钌是铂和钯的有效硬化剂，并与这些金属做成合金，用于抗磨的电焊材料。锇钌合金可制笔尖和仪表枢轴。钌金合金可作电气触点。钌是多功能催化剂，加入二氧化钌的硫化镉可在光照下催化分解硫化氢。钌-106放出γ射线用于医疗，可以杀死癌细胞。

四氧化钌是剧毒的挥发性氧化物，对人的眼结膜和上呼吸道有强烈的刺激作用。

蓼科 **Polygonaceae; buckwheat family** 双子叶植物纲石竹亚纲的一科。约40属800种，主要分布于北温带，少数在热带。中国产11属200余种。蓼属分布于全国各地；大黄属分布于西北、西南及华北的山区；沙拐枣属、木蓼属分布于西北的荒漠、半荒漠地区；冰岛蓼属分布于西北及青藏高原的高山区；翼蓼属、翅果蓼属为中国的特有属。一年生或多年生草本，稀为灌木或小乔木。茎通常具膨大的节。叶为单叶，互生，有托叶鞘。花两性，稀为单性，辐射对称；花序由若干小聚伞花序排成总状、穗状或圆锥状，花有时单生；花被片3～6；雄蕊6～9，极少为16，有花盘；雌蕊1，子房上位，1室。瘦果卵形，具3棱或扁平，通常包于宿存的花被内；胚弯生或直立，胚乳丰富。

蓼科植物如掌叶大黄、药用大黄、萹蓄、何首乌、拳参等为中药材。栽培作物有荞麦等。观赏植物有红蓼、珊瑚藤等。有些种类为蜜源植物。

廖冰兄 Liao Bingxiong (1915－10－21～2006－09－22) 中国漫画家。原名东生，因其妹名廖冰，故以冰兄为笔名。广西武宣人。卒于广州。1932年至抗战前夕，经常在上海、广州、香港报刊上发表漫画。1938年在广州举办个人抗战漫画展。1940年后任《阵中画报》编辑、中华教育电影制片厂动画设计等。1946年举办个人“猫国春秋漫画展”，轰动一时。1950年后历任华南文艺学院教授、广东木偶剧团美术设计、广州市文联副主席等职。1957年被错划为右派分子。1987年当选中国美术家协会理事、美协广东分会副主席，任广州漫画学会名誉会长等职。

《教授之餐》(1945)

廖冰兄主要创作政治和社会讽刺漫画，内容严肃，通俗易懂。主要有《猫国春秋》、《打油诗词》、《噩梦录》及《自嘲》等。他将广东民间木版纸马神像朴拙的线刻和夸张有力的造型吸收到漫画上，严肃的内容、浪漫主义的手法和民间的装饰风格，构成了廖冰兄漫画艺术的特色。出版有漫画专集《冰兄漫画——1932至1982年作品选》。

廖承志 Liao Chengzhi (1908－09－25～1983－06－10) 中国无产阶级革命家，社会活动家，全国人大常委会副委员长。廖仲恺之子。广东惠阳人。生于日本东京，卒于北京。早先就读于广州岭南大学，父亲被暗杀后又赴日本早稻田大学留学。1925年加入中国国民党。1928年加入中国共产党。后被派往德国，任汉堡国际海员俱乐部支委书记。1930年赴莫斯科参加职工国际第五次代表大会，1932年回国。任中华全国总工会宣传部长、全国海员工会党团书记。1933年参加中国工农红军，任红四方面军总政治部秘书长。1934年参加长征。1937年参加筹备出版中共中央政治理论刊物《解放》杂志。抗日战争爆发后，奉中共中央之命去香港主持抗日民族统一战线工作，组织八路军办事处，为新四军、八路军筹集资金和物资。1942年在广东乐昌被国民党逮捕。1946年1月出狱后历任中共南方局委员、晋冀鲁豫中央局宣传部长、中央宣传部副部长、新华社社长。中华人民共和国建立后，历任中共中央对外联络部副部长、统战部副部长，共青团中央书记、全国青年联合会主席、华侨事务委员会主任、国务院外事办公室副主任、外交部顾问、中国人民保卫世界和平委员会副主席、中国亚非团结委员会主席、中苏友好协会副会长、中日友好协会会长。中共第七、八、十、十一、十二届中央委员。中共第十二届中央政治局委员，第五届全国人大常委会副委员长。擅长漫画。

廖汉生 Liao Hansheng (1911－11－14～2006－10－05) 中国无产阶级革命家，中国人民解放军政治工作领导者，全国人大常委会副委员长。土家族。生于湖南桑植，卒于北京。1929年任湖北鹤峰游击队第四大队副队长。1933年加入中国共产党。历任红军第3军政治部秘书、7师党委书记、9师政治委员、红二方面军政治部组织部部长、红二军团师政治委员。参加了长征。抗日战争时期，任八路军120师358旅716团副团长、政治委员，独立第2旅副政治委员、代旅长。解放战争时期，任晋北野战军副政治委员，晋绥军区第1纵队政治委员，第一野战军1军政治委员。中华人民共和国建立后，任第1兵团军政治委员兼青海省军区政治委员和中共青海省委书记，西北军区政治部主任、副政治委员，国防部副部长，军事学院院长，北京军区政治委员，军事科学院政治委员，南京军区、沈阳军区第一政治委员，国防委员会委员。中共第八届候补中央委员，第十一、十二届中央委员。1955年被授予中将军衔。第六届、七届全国人大常委会副委员长。

廖晖 Liao Hui (1942－05～) 中国人民政治协商会议全国委员会副主席。爱国人士廖仲恺之孙，廖承志之子。广东惠阳人。1965年12月加入中国共产党。1960～1965年在哈尔滨军事工程学院导弹工程系学习。毕业后任解放军空军高射炮兵独立4师3营1连引导技师。1972年任空军驻国营七六一厂军工产品质量检验军事代表。1975年任北京军区空军司令部高射炮兵处参谋。1980年任解放军总参谋部装备部科技处副团职参谋。1983年后历任国务院侨务办公室副主任、中共党组成员，第一副主任、中共党组副书记。1984～1997年任国务院侨务办公室主任、中共党组书记。1997年后任国务院港澳事务办公室主任、中共党组书记。全国政协第十届、十一届副主席。中共第十二至十七届中央委员。

廖山涛 Liao Shantao (1920-01-04～1997-06-06) 中国数学家。生于湖南衡山，卒于北京。1938～1942年在西南联合大学数学系学习。1950～1952年在美国芝加哥大学研究生院学习，1955年获博士学位。1956年回国任北京大学数学系教授。1986年当选第三世界科学院院士，1991年当选中国科学院学部委员（院士）。获1978年全国科学大会奖、1982年国家自然科学奖二等奖、1986年第三世界科学院首届数学奖、1987年国家自然科学奖一等奖。主要从事基础数学研究，特别是在代数拓扑和微分动力系统两个领域的研究取得国际一流的重要成果。在代数拓扑的周期变换、同伦论与纤维丛等问题上有重要贡献。20世纪60年代初，首先提出并研究了被国际上称为李雅普诺夫指数的基本概念，相继提出有所不同的“典范方程组”和“阻碍集”两大基本理论，由此形成独具特色的研究体系，取得C^1封闭引理、星号系统基本定理、极小歧变集构造定理等成果，在C^1稳定性猜测研究中首先取得突破性成果。有《同伦论基础》(1981，与刘旺金合作）等专著。

廖耀湘 Liao Yaoxiang (1906～1968-12-02) 中国国民党军将领，爱国民主人士。别号建楚。湖南邵阳北乡酿溪镇（今新邵县县城）人。1921年入长沙私立岳云中学求学。1925年到湖南陆军第3师叶开鑫部第3旅教导总队当学兵。1926年7月考入黄埔军官学校第六期，1928年毕业。1930年以上士军衔公费赴法国留学，学习机械化骑兵，1936年毕业回国，在南京桂永清教导总队骑兵连任少校连长。1937年升该队旅部中校主任参谋。11月，日军攻陷南京，赴武汉任军官训练总队上校大队长。1938年初，国民党政府军事委员会成立机械化师（番号200师），廖耀湘任少将参谋长。1941年任入缅印远征军第五军第22师副师长，赴缅甸作战。1942年8月初到达印度的迪不鲁加尔，编入中国驻印军。1944年8月，中国驻印军编为新1军、新6军两个军，廖耀湘任新6军军长。1945年8月日本投降后，新6军空运到上海待命。1946年1月，调往东北内战战场，在秦皇岛登陆。1948年10月，在辽沈战役中被俘。1961年被特赦，任全国政协文史资料委员会专员。1964年任第四届全国政协委员。

廖仲恺 Liao Zhongkai (1877-04-23～1925-08-20) 中华民国时期民主革命家、国民党左派首领。原名恩煦，以字行。原籍广东归善（今惠阳）。生于美国旧金山，卒于广州。1902年赴日留学。1905年加入中国同盟会。武昌起义后，任广东军政府财政司长。1913年随孙中山亡命日本，次年加入中华革命党，从此成为孙中山革命事业的得力助手。第一次护法运动失败后，任上海《建设》杂志编辑，大力宣传孙中山学说。1921年4月，回粤就任中华民国政府财政部次长等职，积极筹措军费，支持孙中山出师北伐。1922年9月，受孙中山委派，前往日本东京与苏俄代表会谈，奠定了《孙文越飞宣言》的基础。1923年，先后任广州陆海军大元帅府财政部长和广东省长，并以国民党临时中央执行委员身份，积极协助孙中山改组国民党，实行联俄、容共、扶助农工政策。1924年1月，当选为国民党一届中央执行委员、常务委员、政治委员会委员。先后任国民党工人部长、农民部长等职，成了“无产阶级的好朋友”。1925年孙中山逝世后，积极采取建立党军，平定杨希闵、刘震寰叛乱等措施，巩固广东革命政权。不久，即遭暗杀。

列昂诺夫 Leonov, Leonid Maksimovich (1899-05-31～1994-08-08) 苏联作家。生于莫斯科，卒于莫斯科。十月革命后参加红军，1922年复员，成为专业作家。长篇小说《獾》(1924) 描写贫农谢苗和巴维尔兄弟革命后所走的两条截然不同的生活道路，反映了两种不同伦理道德的冲突和正义与邪恶之间的斗争，再现了俄罗斯半个世纪的历史变迁，具有很强的哲理性和艺术性。其他主要作品还有长篇小说《贼》(1927)、《索契河》(1930)、《金字塔》(未完成)，剧本《侵略》(1942)，政论集《文学与时代》(1964) 等。

列班·扫马 Rabban Sauma (?～1294) 中国元代基督教聂斯脱利派教士，最早访问欧洲各国的中国旅行家。大都人，出身于信奉基督教聂斯脱利派的突厥族（当是畏兀儿）富家。东胜州（今内蒙古托克托）人马忽思来向他学习。约在至元十二年(1275)，二人决意赴耶路撒冷朝圣，从大都出发，抵伊利汗国蔑剌哈城（今伊朗阿塞拜疆马腊格），谒见了聂斯脱利派教长马儿·腆合，但因叙利亚北部常有战乱，去耶路撒冷朝圣的计划未能实现，便寓居毛夕里（今伊拉克摩苏尔）附近教堂。马儿·腆合召二人至报达（今伊拉克巴格达），任命马忽思为大都和汪古部主教，改其名为雅八·阿罗诃；扫马为教会巡视总监，遣返东方，因伊利汗国与察合台汗国发生战争，道路不通，还居寓所。1281年，马儿·腆合去世，马忽思被选为新教长，称雅八·阿罗诃三世。1287年，伊利汗阿鲁浑欲联合基督教国家攻取耶路撒冷和叙利亚，遣扫马出使罗马教廷及英、法等国。扫马使团经君士坦丁堡至罗马，恰遇教皇虚位，于是继续西行抵巴黎，向法国国王腓力四世呈交了阿鲁浑汗的信件和礼品。又到法国西南部的波尔多城，会见英国国王爱德华一世。法、英两王都同意与伊利汗国建立联盟。1288年，再至罗马呈交国书，新教皇尼古拉斯四世厚赠礼品遣归。扫马圆满完成出使任务，受到阿鲁浑汗的嘉奖，特许在都城桃里寺（今伊朗阿塞拜疆大不里士）宫门旁兴建教堂一所，命他管领。后移居蔑剌哈，又建一宏伟教堂。1293年去报达，辅佐雅八·阿罗诃三世管理教务，直到去世。扫马的出使，对促进东西文化交流起了一定作用。

列宾 Repin, Ilya Yefimovich (1844-07-24～1930-09-29) 俄国画家，巡回展览画派的代表画家之一。生于乌克兰丘古耶夫，卒于圣彼得堡附近的彼纳塔。列宾自小跟丘古耶夫的圣像画师学画圣像。1863年秋末到圣彼得堡求学，翌年1月成为皇家美术学院的学生。1871年参加学院的毕业生命题创作竞赛，获得金质大奖章。同时，他开始构思《伏尔加河上的纤夫》。这幅揭示社会现实生活的作品，使俄国风俗画增添了新的语言。

1873年5月，列宾去法国进修，1876年回到俄国，进入了创作上的盛期。在故乡，他完成了作品《祭司长》(1877)，画中塑造了俄国僧侣阶级性格粗暴、妄自尊大的典型特征。之后又创作了《库尔斯克省的宗教行列》(1880～1883)。他借助小城镇的宗

图1 《查波罗什人写信给苏丹王》

图2 《伊凡雷帝杀子》(特列恰可夫画廊藏)

教习俗，反映80年代俄国人民的生活，揭示了农村中由于资本主义的发展而导致阶级分化的加剧。在历史画《索菲亚公主》和《伊凡雷帝杀子》(1885)中，画家把历史人物复杂、矛盾的精神面貌通过戏剧性的场面揭示出来。另一幅历史画《查波罗什人写信给苏丹王》，表现了查波罗什人热爱自由和勇敢豪迈的性格。列宾还创作了以19世纪后期俄国民粹派反对沙皇专制的政治斗争为题材的一组油画，闻名的有《拒绝临刑前的忏悔》、《意外的归来》和《宣传者被捕》。

列宾还是出色的肖像画家，把肖像画称作“最有现实意义的绘画体裁”。他为同时代的名人作了一系列肖像。1901～1903年，列宾绘制了巨幅群像画《国务会议》。列宾后期的作品，如《决斗》、《多么自由》、《果戈理焚稿》以及描绘1905年革命事件的油画和铅笔速写稿等，已不能与早期作品相比，在绘画语言上缺乏鲜明的表现力。

列宾在改革后的皇家美术学院任教14年，为俄国绘画学派培养了一代后起之秀。在晚年，他以自传体的形式写了回忆录《抚今追昔》。

列宾绘画雕塑建筑学院 Repin Institute of Painting, Sculpture and Architecture 俄罗斯最高美术学府。简称列宾美术学院。位于俄罗斯圣彼得堡市。隶属于苏联美术研究院，设有**油画**、**雕塑**、**版画**、建筑、美术史和美术理论等系科。建于1757年11月17日，原名三大艺术学院（绘画、雕塑、建筑）。1764～1918年改称俄罗斯皇家美术学院。在此期间，皇家美术学院一直是俄罗斯美术教育和创作的中心，为19世纪美术事业的繁荣奠定了基础。最早一代俄罗斯油画家A.P.洛先科、F.S.罗科托夫和I.Ye.**列宾**、V.I.**苏里科夫**、V.M.**瓦斯涅佐夫**、V.A.**谢罗夫**等人，都是学院的学生。19世纪中期，学院提倡古典主义和宗教、神话题材，排斥现实主义画家。1863年，以油画系学生I.N.**克拉姆斯科伊**为首的14名毕业生，组成圣彼得堡自由美术家协会，成为后来**巡回展览画派**的前身。1918年，俄罗斯皇家美术学院改组，建立国立自由美术家工作室。其间一度受到无产阶级文化派的影响，倡导**立体主义**和结构主义，现实主义和民族传统遭到否定。1923年改称高等美术-技术学校。1929～1931年，又改名为无产阶级美术学院，现实主义美术家被解聘，教学秩序混乱。1932年，学校改称全俄罗斯美术学院，重新恢复了学院的传统。卫国战争期间，学院疏散到乌兹别克加盟共和国（今乌兹别克斯坦）撒马尔罕市，1944年迁回列宁格勒（今圣彼得堡）。1947年8月5日，以全俄罗斯美术学院为基础，在莫斯科创建苏联美术研究院，在列宁格勒组建苏联美术研究院隶属的列宾绘画雕塑建筑学院。现已成为中俄文化交流的重要美术学府之一。

列宾美术学院 Repin Academy of Fine Arts 俄罗斯最高美术学府。全称**列宾绘画雕塑建筑学院**，位于俄罗斯圣彼得堡市。

列当科 Orobanchaceae; broomrape family 双子叶植物纲菊亚纲的一科。有15属约150种，主要分布于北温带。中国有9属40种3变种，主要分布于西部。寄生草本，无叶绿素或只有少许叶绿素。叶鳞形，互生。花单生于叶腋或苞腋，常集成顶生总状或穗状花序；两性，萼2～5裂，花冠5裂，二唇形，裂片覆瓦状排列。雄蕊4，2强，着生花冠上；雌蕊由2(稀3)心皮结合而成，子房上位，常1室。蒴果室背裂开。肉苁蓉属植物在中国仅见于西北部的盐碱地和砂地，以**肉苁蓉**、苁蓉较著名，供药用。在中国广布的野菰，在东北、北部、西部产的列当、黄花列当等，全草供药用。

《列那狐的故事》 *Reynard the Fox* 中世纪法国民间长篇叙事诗。法文*Roman de Renart*。长达25 000行，由许多以列那狐为主人公的8音节法语诗篇组成。诗的作者大多无从考查，诗篇产生的年代是12世纪中叶至13世纪末。法国现代语言学者吕西安·富莱将这些各自独立的诗篇按情节顺序编辑成为体系完整的《列那狐的故事》。作品讲述的是代表新兴市民阶级的列那狐在面对狮王的强权、公狼的霸道、雄鸡的弱小无助时，总是能以自己的聪明机警左右逢源。它一方面欺压平民百姓，一方面同强权豪门钩心斗角，乃至战胜强大的对手。叙事诗所展示的是中世纪法国各种社会力量矛盾和斗争的错综复杂的局面。作品以出色的喜剧手法以及市民文学机智幽默的风格，对后来的文学产生了较大影响。

《列那狐的故事》插图

列宁 Lenin, Vladimir Ilich (1870-04-22～1924-01-21) 苏联共产党和国际共产主义运动的领袖，苏维埃国家的创始人。出生于俄国辛比尔斯克（今乌里扬诺夫斯克），卒于莫斯科附近哥尔克。原名弗拉基米尔·伊塞奇·乌里扬诺夫，1901年改用假姓列宁。

1887年进喀山大学法律系学习，因参加学生运动被捕，流放到喀山附近的柯库什基诺村。1888年回到喀山，成为喀山马克思主义小组的积极分子。1889年举家迁居萨马拉，组织了当地第一个马克思主义小组。

1893年，移居圣彼得堡，为在俄国建立一个无产阶级革命政党做了大量工作。1895年，把彼得堡各马克思主义小组统一起来，建立工人阶级解放斗争协会，标志着科学社会主义与俄国工人运动开始结合。同年12月，被捕入狱。1897年2月被流放到东西伯利亚。

1900年2月流放期满。7月17日动身去德国，开始长达5年的政治侨居者生活。12月，与G.V.**普列汉诺夫**共同创办全俄第一张马克思主义的政治报纸《火星报》，并写了《中国的战争》，谴责沙皇俄国侵略中国、镇压义和团运动的罪行。

1903年7～8月，出席俄国社会民主工党第二次代表大会。1905年4月，主持在伦敦召开的党的第三次代表大会，当选为中央委员。11月，从国外返回彼得堡，直接领导第一次俄国革命。1906年4月和1907年5月出席党的第四次（统一）和第五次代表大会。在“五大”上被选为中央委员。

1907年8月，出席**第二国际**斯图加特大会，与修正主义者进行斗争。12月，再次流亡国外。

1912年1月，领导在布拉格举行的党的第六次代表会议。会议决定将孟什维克驱逐出党。从此布尔什维克成为一个独立的无产阶级革命政党。

第一次世界大战期间，列宁侨居瑞士。1916年在《帝国主义是资本主义的最高阶段》一书中全面分析帝国主义的本质、特征和基本矛盾，揭示它的产生、发展和灭亡的客观规律，指出帝国主义是无产阶级社会革命的前夜。

1917年二月革命后，列宁于4月回到彼得格勒，发表《四月提纲》，提出从资产阶级民主革命过渡到社会主义革命的方针和"一切政权归苏维埃"的口号。七月事件后在秘密状态下领导党的第六次代表大会。9月，写成《国家与革命》一书。10月20日秘密回到彼得格勒，准备发动武装起义。1917年11月7日（俄历10月25日），领导彼得格勒十月武装起义取得胜利。翌日，在全俄第二次苏维埃代表大会上宣布了《**和平法令**》和《**土地法令**》，并当选为苏维埃俄国人民委员会主席。

1918年3月，在排除党内外的破坏干扰以后，与德国签订《布列斯特－立陶夫斯克和约》，退出了帝国主义战争，使苏维埃国家取得暂时的和平喘息时机。

1918年7月，苏维埃俄国进入国内战争和反对外国武装干涉时期。11月，列宁任工农国防委员会主席。1918～1920年间，领导全党和全国人民胜利地击退14个资本主义国家的武装干涉和国内反动阶级的叛乱（见**苏俄国内战争**）。1918年8月遭社会革命党人反革命分子暗害，身受重伤，在疗养期间仍不断关心党和国家的大事。

1919年3月，列宁主持**第三国际**成立大会。亲自领导了第三国际的前4次代表大会。在1919年8月俄共（布）第八次代表大会上，通过以列宁为首的委员会起草的新党纲。1920年12月，列宁提出共产主义就是苏维埃政权加全国电气化的口号。1921年提出以**新经济政策**代替**战时共产主义**政策。在1921年3月党的第十次代表大会的报告中指出向新经济政策过渡的必要性，对新经济政策作了理论上和政治上的论述。

1922年5月患脑出血症。12月病情开始加重。在病中口授《日记摘录》、《论合作制》、《论我国革命》、《宁肯少些，但要好些》等文章和信件。1923年病情恶化。1924年与世长辞。

列宁继承并发展了马克思、恩格斯的思想和事业，在新的历史条件下全面地发展了马克思主义，创立了列宁主义。

列宁格勒 Leningrad 俄罗斯第二大城市**圣彼得堡**苏联时期的名称。

列宁主义 Leninism V.I.**列宁**在新的历史条件下发展马克思主义所形成的科学理论体系。列宁从新的历史条件出发，将**马克思主义**与俄国革命实际以及国际工人运动和共产主义运动实际相结合，创造性地回答了帝国主义时代共产主义运动提出的一系列重大问题，丰富和发展了无产阶级世界观、无产阶级革命等理论。列宁主义的基本原理具有普遍意义，它与马克思主义一起成为各国马克思主义政党的指导思想的理论基础。因此，人们常把它和马克思主义合称马克思列宁主义。

列宁对马克思主义发展所作的贡献是多方面的，他提出的新思想、新观点是很丰富的，构成列宁主义的核心内容主要有以下6个方面。

关于帝国主义理论　列宁主义最基本的内容是总结《**资本论**》出版以后半个世纪资本主义的发展过程，揭示帝国主义形成、发展和必然灭亡的规律。列宁全面分析帝国主义的基本特征后，指出垄断是帝国主义的本质，垄断使资本主义的固有矛盾，特别是帝国主义国家内无产阶级和资产阶级的矛盾、殖民地半殖民地人民和帝国主义的矛盾、各帝国主义国家之间的矛盾达到空前尖锐的程度，从而得出帝国主义是无产阶级社会革命的前夜，帝国主义为社会主义准备了物质条件的结论。

关于无产阶级革命理论　根据对帝国主义的科学分析，列宁进一步揭示资本主义经济政治发展不平衡的规律，科学地阐明社会主义在一国或数国首先胜利的可能性，特别是在世界资本主义体系最薄弱的环节可能首先获得胜利。列宁详细分析了资产阶级民主革命和社会主义革命两个阶段的区别和联系，指出无产阶级应该牢牢掌握民主革命的领导权，联合农民，孤立资产阶级，把民主革命引向彻底胜利，并及时地转变为社会主义革命。强调工人阶级只有与农民结成巩固的联盟才能取得民主革命和社会主义革命的胜利。列宁根据第一次世界大战期间各资本主义国家军事官僚机器普遍加强的事实，强调通过暴力革命打碎旧的国家机器的必要性。实践证明，无产阶级政党必须从实际情况出发确定自己的革命道路。

关于无产阶级专政理论　无产阶级夺取政权后，必须建立自己崭新的国家机器，实行无产阶级专政。列宁根据俄国革命的实际经验，对无产阶级专政理论作了系统阐述。论证了无产阶级专政的必要性，阐明无产阶级专政是工人阶级领导的以工农联盟为基础的新型国家，是新型民主和专政相结合的政治制度。无产阶级专政的任务是镇压被推翻的剥削阶级的反抗，防御国外敌人的侵略和颠覆，变革生产资料所有制，组织社会主义经济建设，提高人们的共产主义觉悟，最终消灭阶级差别，实现共产主义。根据国家情况的不同，无产阶级专政可以有多种政治形式。

关于社会主义建设理论　列宁领导创立世界上第一个社会主义国家，开始了史无前例的建设社会主义的探索。列宁科学地阐明了俄国无产阶级夺取政权、建设社会主义的必要性和必然性；强调在推翻剥削阶级的统治以后，必须把社会主义经济建设作为根本任务提到各项工作的首位；大力发展社会生产力，实现电气化，加强社会主义的物质基础；通过各种形式，有条件地利用外国资本，引进先进的科学技术，建立用现代科学技术装备起来的机器大工业；实行有计划的经济管理，创造高于资本主义的劳动生产率；必须对农业进行社会主义改造；大力发展文化教育事业，提高人民的文化水平，培养掌握先进科学技术的专门人才；宣传共产主义道德风尚，克服资产阶级思想和旧的习惯势力的影响；注意国家政权的建设，创造条件吸收人民群众参加管理工作，保障人民的民主权利，健全社会主义法制。

关于民族、殖民地问题理论　列宁指出民族问题上分离和统一两种历史趋向，在帝国主义时代民族纲领的两点要求：一是坚持民族平等和被压迫民族的自决，反对一切民族压迫。二是坚持国际主义原则，反对反动的资产阶级民族主义。从帝国主义时代世界分成压迫民族和被压迫民族这一基本事实出发，指出民族问题与殖民地问题的联系，民族问题由局部的国内问题扩大为世界范围反对帝国主义总问题的一部分，民族殖民地问题已与国际无产阶级革命总问题联系起来。号召全世界无产阶级和被压迫民族联合起来共同斗争。

关于无产阶级政党建设理论　党的建设理论在列宁主义中占有特殊的地位。列宁提出了建立新型政党的一系列重要原则。党是用科学社会主义思想武装的工人阶级的先进部队，是一个严密组织起来的整体。党应该领导工人阶级的其他群众性组织。党必须密切联系群众，实行严格的民主集中制。所有党员都必须遵守党的统一纪律。

列宁主义是世界无产阶级和被压迫人民的一面战斗旗帜。坚持列宁主义的基本原理，要善于从实际出发加以运用和发展，才能取得革命与建设事业的胜利。

列朋 Le Bon, Gustave（1841-05-07～1931-12-13） 法国社会心理学家。又译勒朋。生于诺让勒罗特鲁，卒于巴黎。在获得医学博士学位之后，游历了欧洲、北非和亚洲，写了数本有关人类学和考古学的著作。晚年兴趣转向社会心理学。著有《群众心理学》、《法国革命和革命心理学》等。

列朋以对群体心理特征的研究而著称。他认为，"民族的精神"或"种族的灵魂"是整个社会生活的基础。一个民族、种族或一种文明都具有民族的精神，即共同的感情、利益和思维方式。国家精神是从人

们心中无形的民族精神的非理性途径中产生的，并支配了一切社会制度的形式。历史就是民族或种族性格的产物，民族或种族性格是社会进步的主要力量。列朋的思想对分析社会心理学产生了较大影响，同时也成为现代意识形态研究中不可或缺的内容。

列斯加夫特 Lesgaft, Piotr Frantsevich (1837-09-21～1909-11-28) 俄国教育家，体育科学体系的创始人。生于圣彼得堡，卒于埃及。毕业于圣彼得堡外科医科大学，获医学博士学位，先后担任过大学讲师、教授。1872年由于维护唯物主义的信念，遭到沙皇迫害，被大学免职。1874年被陆军部招聘，从事军事教育工作，为探求培养体操教师的组织机构，曾游历欧洲各国。1901年发表《学龄儿童体育入门》第二部，该书被认为是俄国体育科学体系的基石。他培养的教师遍布各城市。1905年开办私立体育专科学校。他在体育科学方面的创造性实践与理论，在俄国体育史上占有极为重要的地位，并对后来苏联体育的形成与发展也有深远的影响。

列斯科夫 Leskov, Nikolay Semyonovich (1831-02-16～1895-03-05) 俄国作家。生于奥廖尔，卒于圣彼得堡。10岁入省立中学读书，16岁丧父辍学。做过法院办事员、基辅税务人员。1861年迁居圣彼得堡，专事文学创作。一生著作颇丰，主要创作了短篇小说《已经熄灭的故事》(1862)、《左撇子》(1881)、《太太和乡下丫头》(1894)，中篇小说《姆钦斯克县的麦克白夫人》(1865)、《在遥远的地方》(1873)，长篇小说《走投无路》(1864)、《结仇》(1870～1871)、《大堂神父》(1872)，讽刺社会不良现象的小品《笑和愁》(1871)等。题材广泛，语言生动，极富戏剧性和幽默感，有"语言魔术师"等美誉。

列维–布留尔 Lévy-Bruhl, Lucien (1857-04-10～1939-03-13) 法国社会学家、哲学家、民族学家，法国社会学年鉴派的重要成员。又译莱维–布律尔、列维–布吕尔。犹太人。生于巴黎，卒于巴黎。1879年毕业于巴黎高等师范学校。1884年取得博士学位。1899～1927年在巴黎大学任教，1908年起任教授，曾任民族志研究所所长。1917年当选为法国道德与政治科学院院士。著有《低级社会中的智力机能》、《原始人的心灵》、《原始人的灵魂》等。

列维–布留尔早期研究西方哲学史，其著作《孔德的哲学》较有影响。以后，重点研究原始人的思维方式。他认为，原始人的思维具有自己特殊的规律，使用一种

不同于文明人的逻辑方式，即所谓"前逻辑"受"互渗律"的支配，以为个人与外界通过神秘的方式相互渗透，并以此认识和把握外界。指导列维–布留尔全部研究的核心概念，是É.涂尔干的"集体表象"。列维–布留尔对"集体表象"给出明确、透彻的解释，并在这一思想指导下进行深入的研究。

列维–斯特劳斯 Lévi-Strauss, Claude (1908-11-28～2009-10-30) 法国人类学家、哲学家、社会学家，结构主义哲学创始人。生于布鲁塞尔，卒于巴黎。1927～1932年在法国巴黎大学就学，1929年获法学硕士学位。1934～1939年在巴西圣保罗大学任社会学教授。1941年因德国法西斯迫害犹太人而流亡美国，任

社会研究新校的客座教授。1949年回法国任法国人类博物馆副馆长。1959年以后任法兰西学院社会人类学教授和该校的社会人类学实验室主任。列维–斯特劳斯流亡美国期间，于1945年发表了《语言学和人类学中的结构分析》一文，第一次提出了把音位学的结构分析法运用到人类学研究上来的观点。50年代之后，西方人类学界掀起了结构主义热。因此，列维–斯特劳斯被誉为人类学结构主义学派的领袖。后来，这个学派的影响逐步下降。著有《亲属关系的初级结构》、《苦闷的热带》、《野性的思维》、《结构人类学》、《神话集》等。

列维坦 Levitan, Isaak Ilich (1860-08-18～1900-07-22) 俄国画家。生于立陶宛基巴尔塔一个铁路职工家庭，卒于莫斯科。早年在莫斯科绘画雕塑建筑学校学习。青年时代，由于他的犹太血统，受到大俄罗斯沙文主义的压迫，他的作品充满了忧郁，但他热爱大自然，画面基调明丽欢快。

列维坦学生年代的作品《林间小路》(又名《索柯尔尼基之秋》，1879)为当时收藏家和艺术鉴赏家特列恰可夫看中，这对列维坦是极大的鼓舞。1884年毕业后专事风景画创作。到1888年左右，他崭露头角，在《伏尔加河组画》中，显示了他的才华。组画中的《傍晚》、《雨后》、《白桦丛》，已是相当成熟的作品。他善于抓住景色中平凡的角落，表达大自然内在的意蕴。

19世纪90年代，是列维坦创作的盛期。4幅作品《深渊旁》(1892)、《弗拉基米尔路》(1892)、《晚钟》(1892)和《墓地上空》(1894)，是他在风景画中表现时代气息的探索。与《伏尔加河组画》对俄罗斯自然景色的赞美不同，表达了当时压抑的社会情绪。90年代中期，俄国革命运动面临新的高潮，社会上进步势力的活跃，影响到列维坦的精神面貌，创作了一系列基调愉快和欢乐的作品，如《伏尔加河上的清风》、《三月》和《金色的秋天》。之后，他因健康原因到意大利、瑞士、法国疗养，其间画了不少风景画。在这阶段中，列维坦研究印象派画家的技法，但他没有流于对光、色客观的追求，而是对形象进行高度的概括。在他后期的一些作品中，如《春天·大水》、《农村中的月夜》、《黄昏里的

《春天·大水》(1897，特列恰可夫画廊藏)

草垛》、《夏天的傍晚》，可以看到上述的特点。从1898年起，列维坦回到他的母校从事教学工作。

列维坦 Levitan, Yury Borisovich (1914-09-19～1983-08-04) 苏联播音员。生于弗拉基米尔，卒于莫斯科。17岁开始在全苏广播电台工作，毕生从事广播事业。许多年间，有关苏联国家生活的重大事件的新闻几乎都是由他播报的。特别在1941～1945年卫国战争期间，他广播的苏联新闻局战报、最高统帅部命令等影响很大。晚年主持"老战士来信"节目，深受广大苏联听众的欢迎。列维坦语音纯正，声音浑厚，播音风格庄重朴实，为苏联几代人所熟知与喜爱。

列文虎克 Leeuwenhoek, Antonie van (1632-10-24～1723-08-26) 荷兰显微镜学家，微生物学的开拓者。生于代尔夫特，卒于代尔夫特。列文虎克在放大透镜下所观察的对象有晶体、矿物、植物、动物、微生物、污水等。1674年他开始观察细菌和原生动物。他还测算了它们的大小。1677年他首次描述了昆虫、狗和人的精子。1684年他准确地描述了红细胞，证明马尔皮基推测的毛细血管是真实存在的。1702年他在细心观察了轮虫以后，指出在所有露天积水中都可以找到微生物。他追踪观察了许多低等动物和昆虫的生活史，证明它们都自卵孵出，并经历了幼虫等阶段，而不是从沙子、河泥或露水中自然发生的。1673～1723年，列文虎克的发现大多数都发表在《皇家学会哲学学报》上；由他提供的第一幅细菌绘图也在1683年该学报上刊出。1680年当选该学会会员。

列文虎克是第一个用放大透镜看到细菌和原生动物的人。对18世纪和19世纪初期细菌学和原生动物学研究的发展起了奠基作用。

列支敦士登 Liechtenstein 欧洲中部内陆国。位于瑞士与奥地利之间。南北长24千米，东西宽5～10千米，面积160.5平方千米。人口约3.59万(2009)。居民中列支敦士登人占66.9%，外籍居民占33.1%，80%以上居民信奉天主教。德语为官方语言，通用德语阿勒曼尼语方言。首都瓦杜兹。

地处阿尔卑斯山脉中段，国土的2/3为山地。南部近瑞士边界处的前格劳峰海拔2 599米，为全国最高峰。西部为莱茵河上游冲积平原，约占国土的1/3。列支敦士登气候温和，1月平均气温-4.5℃，7月19.9℃。平均年降水量1 090毫米。森林覆盖率约35%。

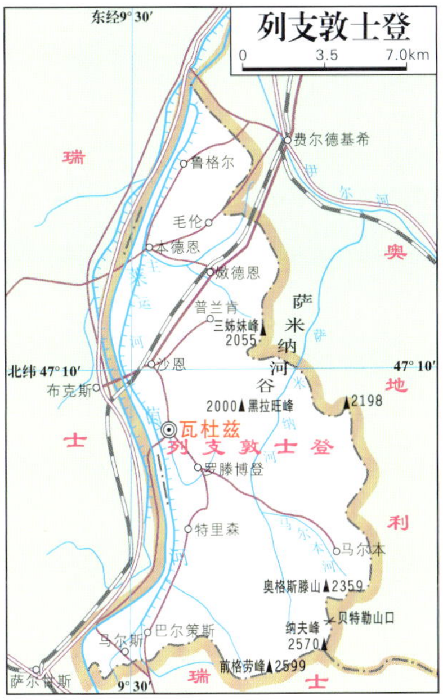

公元5世纪起，日耳曼族的阿勒曼尼人到此定居。10世纪后属神圣罗马帝国瓦杜兹和施伦贝格两贵族领地。1719年两领地合并成立列支敦士登公国。1806年作为主权国家加入“莱茵联盟”。1815年转入“德意志联盟”。1852年与奥匈帝国结成关税同盟。1866年再次宣布独立。1868年宣布永久中立，废除军队。1950年9月14日中列两国建立了外交关系。

国家实行议会民主的君主立宪制政体，公爵为国家元首，拥有最高决定权，世袭。一院制议会行使立法权。由25名普选的议员组成，任期4年。主要政党为激进公民党、祖国联盟和自由名单。公爵根据议会建议任命5名政府成员，包括首相、副首相和3名兼职的大臣，任期4年。司法机构分地方、中级和最高三级法院，最高法院的5名法官由公爵根据议会推荐任命，任期4年。

第二次世界大战后，政府采取低税政策，并立法保护银行利益，吸引大量外资，大力发展工业，金融业、旅游业等也有长足发展，改变了原以农业为主的经济结构。2008年在全国从业人口构成中，农业仅占0.8%，旅游业、金融和保险等服务业占57%；人均国内生产总值14.3万瑞士法郎。技术密集型工业产品享有国际声誉，如精密机械和仪表、真空镀膜产品、电子设备、光学镜片、假牙、药品等。95%工业产品供出口，在国际市场有竞争力。传统农业仍以畜牧业为主，草地牧场约占国土面积的35%；种植麦类、马铃薯、玉米、葡萄等。境内有公路250千米，连接几乎所有城镇、乡村。境内无高速公路和铁路。境内无机场。对外贸易长期保持顺差，2009年出口额相当于进口额的1.6倍，主要贸易伙伴是德国、美国、瑞士以及其他欧盟国家。

瓦杜兹城堡

教育体制为幼儿园2年，小学5年，初中4年，高中4年。全国无文盲。中学毕业多数到瑞士、奥地利上大学。2000年成立全国第一所高等学校——列支敦士登人文科学大学。职业教育与瑞士合作。发行2份日报和1份周报。设私营广播电台和电视台各1家。

列支敦士登人 Liechtensteiners 居住在中欧中部奥地利共和国和瑞士联邦之间的内陆民族。属欧罗巴人种。语言为德语，口语使用德语的阿勒曼尼方言。多信奉天主教。主要由古代雷托人与日耳曼部落群的阿勒曼尼人结合而成。另有一个人数不多的法语民族集团，系13世纪自瑞士迁入，亦懂德语。列支敦士登人于1719年建立公国。1815～1866年为德意志联盟的一部分。1866年独立。多从事工业、服务行业。主要生产精密工具、光学仪器、牙医用品等。以邮票印刷著称。

《列子》 *Liezi* 中国道家典籍之一。又称《冲虚至德真经》。传战国列御寇著。《汉书·艺文志》著录《列子》8篇，早佚。今本《列子》8篇由晋人张湛编成。书中抄录一些先秦材料，但从思想内容看是反映魏晋思潮的作品。此书真伪从唐柳宗元到近人梁启超、马叙伦等均有辨证，其中以马氏《列子伪书考》论证最为精当。《列子》内多为民间故事、寓言和神话传说，以不生不化为根本。其中《杨朱》篇宣扬纵欲腐化、颓废堕落思想，与《孟子》、《淮南子》所述杨朱思想不同，当是晋人假托杨朱而作。唐天宝元年(742)诏号《列子》为《冲虚真经》，成为道教经典。宋景德中又尊为《冲虚至德真经》。注本有张湛《列子注》、今人杨伯峻《列子集释》等。

鴷形目 Piciformes; woodpeckers 鸟纲一目。包括鴗鴷科、蓬头鴷科、须鴷科、响密鴷科、巨嘴鸟科、啄木鸟科6科，约有400种；除大洋洲及南极外，分布于全世界。中国只有须鴷科8种、响密鴷科1种和啄木鸟科29种。中型攀禽。嘴强如凿，适于凿木。翅有第5枚次级飞羽。尾为平尾或楔尾，羽轴坚硬而富有弹性，在攀树时起支架作用。脚短而强，呈对趾型，第2、3趾向前，第1、4趾向后。雌雄相似。善攀树干。舌长而能伸缩自如，舌尖具逆钩，用以钩取树干中的蠹虫为食。在自己凿成的树洞中营巢。雏鸟为晚成性。

猎豹 *Acinonyx jubatus*; cheetah 食肉目猫科猎豹属的单型种。现分布于非洲。外形似豹，但身材比豹瘦削，四肢细长，趾爪较直，不像猫科动物那样能将爪全部缩进。体长120～130厘米，体重约30千克；尾长约76厘米；肩高75厘米；头小而圆；全身毛色淡黄并杂有许多小黑点。栖息于有丛林或疏林的干燥地区，平时独居，仅在交配季节成对，也有由母豹带领4～5只幼豹的群体。猎豹是奔跑最快的哺乳动物，每小时可达120千米。以羚羊等中、小型动物为食。除以高速追击的方式进行捕食外，也采取伏击方法，隐匿在草丛或灌木丛中，待猎物接近时突然窜出猎取。每胎产2～5仔。寿命约15年。由于人类长期的滥猎，印度、中亚等地已绝灭，在非洲西南部各地也已稀有，为世界珍稀动物。

猎户座 Orion 冬夜星空中最好认的一个星座。不仅位于天球赤道上，亦为冬季星座的中心。座内目视星等亮于6等的星有155颗，其中有1等星2颗，2等星5颗，3等星3颗，4等星15颗。α、β、γ和κ（中名参宿四、参宿七、参宿五、参宿六）构成一个大矩形。猎户座最亮的星为位于腰带西南方的β星（Rigel），亮度为0.12星等，是一颗蓝白色亮星，中文名称为参宿七。而第二亮的α星（Betelgeuse）位于腰带东北方，与β星相对，是一红色变星，平均亮度0.5（变化范围0.4～1.3），为猎户的右肩，中文名称为参宿四。

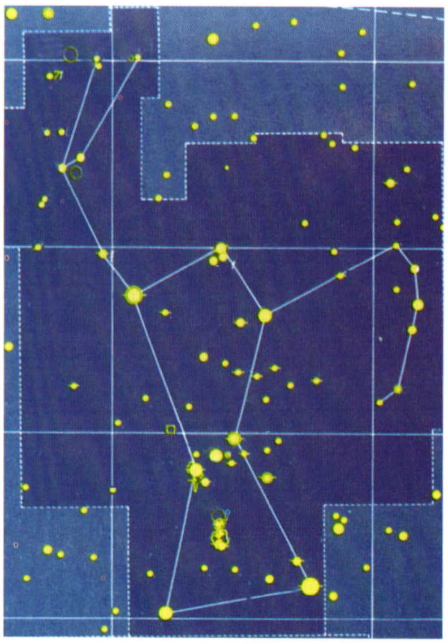

猎户星座图

猎隼 *Falco cherrug*; saker falcon 隼形目隼科隼属的一种。分布于中国、埃及、苏丹、阿尔及利亚、突尼斯和印度。为中型猛禽，全长400～600毫米。上体呈暗褐色，下体呈白色。头顶呈暗褐色，具淡色纵纹。眉纹呈白色，眼下有显著黑色纹。

栖息于低山丘陵和山脚平原地区，常在无林或疏林地带活动。主要以小型鸟类、野兔、鼠类、蛙类等为食。繁殖期为每年的4～6月，营巢于树上或悬崖岩石上，有时也利用其他鸟的旧巢。每窝产卵3～5枚。由雌雄亲鸟轮流孵化，孵化期为28天。对控制农林害兽、害虫起一定的积极作用。由于猎隼性格凶猛、飞翔迅捷，是中东地区传统的猎鹰，用以捕杀野兔等猎物。

猎头 head hunting 为祭祀、血族复仇或显耀武力而猎取外敌首级的行为。又称猎首。中国旧时的台湾少数民族部分部族、佤族以及印度半岛、印度尼西亚、美拉尼西亚、美洲和非洲等地一些民族曾有此俗。最早发生于各民族的原始社会阶段。初民们相信，猎得敌人首级才能得到神灵保佑，使诸事顺利，消灾免难，获得丰收或有其他好运。佤族一般在每年春播前或秋收前猎取敌人头颅以祭祀谷神。猎头之后，举行接头、祭头、送头的宗教祭祀仪式，以祈求五谷丰登、百姓安康。近代社会赋予“猎头”新的含义，特指搜寻和网罗人才。

猎头公司 head hunting company 物色高级经营管理人才或高级专业技术人才并为其获得新的职位牵线搭桥的中介公司。西方社会为各行各业寻找、聘请卓有成效的高级人才的第三产业。这种公司的工作方法是，首先搜集高级人才的有关情报，建立人才信息库。待有客户前来求助时，由公司帮助猎取对象联系和介绍，若双方皆有意向，则促成双方直接交谈，签订协议后，猎取对象即到客户企业工作。公司做成一笔生意一般收取相当于高级人才1/3年薪的费用。中国一些大城市也出现了同样性质的公司。

裂变反应堆 fission reactor 实现可控裂变链式反应的装置。又称核反应堆，简称反应堆、堆。1942年E.费米领导的科学小组建成世界上第一座人工裂变反应堆，首次实现了可控核裂变链式反应。开始阶段反应堆主要服务于军事目的，50年代中期以后大量建造用于各种研究工作的反应堆，并开始建立用于发电的核电站。

反应堆的主要组成：①核燃料。又称裂变材料。一般是浓缩铀，即提高了铀-235（^{235}U）成分的铀，也可以用天然铀，制成棒状，排列在堆芯，体积超过临界体积。②减速剂。由于热中子对^{235}U的裂变截面较大，而裂变放出快中子，需要用减速剂将中子慢化，常用的减速剂是石墨或重水，快中子与它们作弹性碰撞，可很快减速成热中子。③控制棒。插入堆芯能大量吸收中子，可使反应减慢或停止；反之，提出堆芯，反应则可加速进行。常用的控制棒是镉棒或硼钢棒，镉或硼对慢中子有很大的俘获截面。④冷却剂。循环流过堆芯，从堆芯取出反应所产生的大量热能，再通过二级热交换器将热能传送到堆外供发电或作其他能源用，常用的冷却剂有加压的水或重水、氦或二氧化碳，或液态金属钠，它们具有较高的导热性能。⑤反射层。一般情况下，堆芯周围设有反射层，把外逸的中子反射回堆芯，以减少中子的损失。反射层外是堆的壳体，壳体外面是防止射线伤害人体的混凝土保护墙；反应堆内还设有其他控制系统，以保证安全和调整功率。

反应堆有多种用途，如可提供大量的核能，用于动力发电或推动核潜艇的动力堆；可获得各种能量的中子流，进行核物理或其他方面的实验研究；可生产多种放射性核素；还可用来生产钚-239（^{239}Pu）、铀-233（^{233}U）等核燃料，将自然界相对含量较多的铀-238（^{238}U）和钍-232（^{232}Th）放在反应堆中用中子照射，生成复合核铀-239（^{239}U）和钍-233（^{233}Th），然后经过两次β衰变得到很好的裂变材料^{239}Pu和^{233}U。动力堆的主要类型有压水堆、沸水堆、重水堆、熔盐堆、气冷堆等。

裂变化学 fission chemistry 核化学中以化学的方法为主，结合核物理技术，研究重原子核裂变规律和裂变产物的学科。1938年O.哈恩等发现铀核分裂现象时，就是用严密的化学逻辑进行分析，从而得出原子核分裂这一重大科学结论的。

研究范围 ①在自然界寻找可裂变核素，研究可裂变核素存在的条件，确定它们的性质、生产方法和应用价值。②研究裂变产物的产额同其质量和电荷的关系，运用归纳的方法总结实验事实，分析、探索各种核素发生分裂的内在规律，最后得出对裂变现象的合理解释。③研究裂变产物分离和分析的方法以及重核发生裂变后产生新的核素，放出中子、γ射线和中微子等现象。

应用 核能的利用、核爆炸和核能发电等用途都给裂变化学研究提出了课题，核燃料后处理和核裂片的利用更是与裂变化学密切相关，例如核反应堆中燃料燃耗的测定、核弹装料性质的分析、利用裂变在晶体中产生的径迹测定年代。

裂变径迹法定年 fission track dating 根据铀-238的自发裂变碎片在矿物中生成的径迹数目而建立的定年方法。自然界能发生自发裂变的重核有铀-238、铀-235和钍-232，其中铀-238产生的径迹数目约占99.97%，铀-235和钍-232贡献的份额在年龄测定中可忽略不计。

裂变径迹是带有正电荷和能量的裂变碎片在其路径范围对矿物造成的辐射损伤，非常细小，要用高倍电子显微镜才能看到。通过选用适当的化学试剂在一定的条件下对矿物颗粒磨光面进行蚀刻处理，损伤区物质发生优先溶解，蚀刻后的径迹在普通光学显微镜下容易辨认和计数。铀-238的自发裂变径迹数目与矿物的铀含量和形成年龄成正比，铀含量可以通过中子照射使样品中铀-235产生诱发裂变径迹的办法加以确定。此时，在自发裂变径迹和诱发裂变径迹的蚀刻条件完全相同以及照射条件（热中子剂量）选定的情况下，依据蚀刻后矿物颗粒表面观测到的自发裂变径迹密度与诱发裂变径迹密度之比值，就能计算年龄。

裂变径迹法定年范围约100年至20多亿年。常用的定年矿物有白云母、榍石、磷灰石、绿帘石、锆石、天然玻璃和合成玻璃。裂变径迹法定年的基本前提是矿物形成后保持封闭系统，即没有铀的丢失和自发裂变径迹的消减。大多数矿物中的裂变径迹在常温下可以保持长期稳定，但在温度增高时裂变径迹会变细小直至消失，这一特征称为退火。由于不同矿物随温度和受热时间的退火行为不一致，因而提供了有关岩石和地质体所经历的热事件信息。裂变径迹法已成为热年代学研究的重要工具，对于探讨火成岩体热历史，沉积盆地热演化史和确定构造隆起（冷却）速度方面是一种有效的手段。

裂变链式反应 fission chain reaction 以中子为媒介而维持的自持的裂变反应。例如铀-235（^{235}U）核吸收一个中子后发生裂变，同时平均放出2～3个中子，除去损耗，如果还有一个中子能引起另一个^{235}U核发生裂变，则可使裂变自持地进行下去。仅仅一个核裂变释放的能量只有3.4×10^{-11}焦耳（J），和通常所使用的能量相比是微不足道的。为了使核裂变能达到实际利用的程度，必须使大量的核发生裂变，这就必须维持裂变链式反应。在裂变反应中，中子有3种可能的归宿：引起裂变、被吸收和逸出核燃料。天然铀的主要成分是铀-238（^{238}U）和^{235}U，^{235}U仅占0.71%。^{235}U是很好的裂变燃料，任何能量的中子都可使它裂变，且对热中子有很大的裂变截面；而热中子不能引起^{238}U裂变，^{238}U吸收热中子可发生(n, γ)反应。中子被吸收和逸出核燃料属于损失。为了实现裂变链式反应，必须减小这两种损失，使得后一代裂变过程得到的中子数与前一代引起裂变的中子数的比值，即中子的增殖系数$k\geqslant1$。

裂盾目 Schizomida 蛛形纲的一目。已知1科3属170种。分布于非洲、亚洲和美洲的热带地区。中国已知的一种是分布在台湾的索氏裂盾蝎。体长不足1厘米，体柔软。最显著的特征是前体分成三部分：前面的一大区由一块大的前盾板覆盖，小的中区（第3步足）有一对小的中盾板，稍大的后区（第4步足）有一对较大的后盾板覆盖。无眼。腹部12节。第1节形成腹柄；第2～9节宽，各有背板和腹板；第10～12节细，组成后腹部，其背板和腹板愈合；后面有由1～4节组成的短鞭，鞭的形状雌、雄不同。多为陆生，生活在石块下、倒木下或落叶层中，为隐居动物区系的重要组成部分。

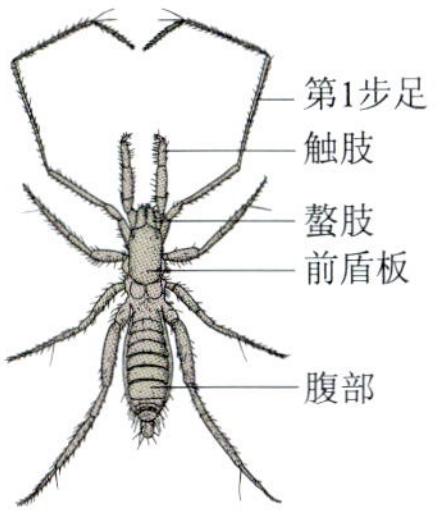

裂盾蝎的背面

裂谷 rift valley 两侧以高角度正断层为边界的长条状地壳下陷带。伸展构造作用的产物，它使地壳减薄和破裂。一旦地壳全部断离，新生的洋壳就会在其间生成。因此反映了大陆裂解、被动大陆边缘和洋盆形成的过程。如果这一过程在洋壳出现以前中止，夭折的裂谷称为拗拉谷。A.M.C.森格(1978)等提出裂谷有两种成因类型：①主动型裂谷。热地幔上升流的长期作用使岩石圈底部减薄、上拱并破裂，演化中上拱和火山活动先于拗陷，由此形成的裂谷空间上往往与全球中脊系相连。②被动型裂谷。地壳的伸展或剪切作用使岩石圈减薄、破裂，引发软流圈物质被动上涌，演化中拗陷要先于火山作用。因此主动型的裂陷出现以前先有一段穹状拱曲的历史，裂谷在其上成大致120°交角的三叉形分布，其中的两支持续发展成为洋盆，第三支夭折成为拗拉谷（见图）。

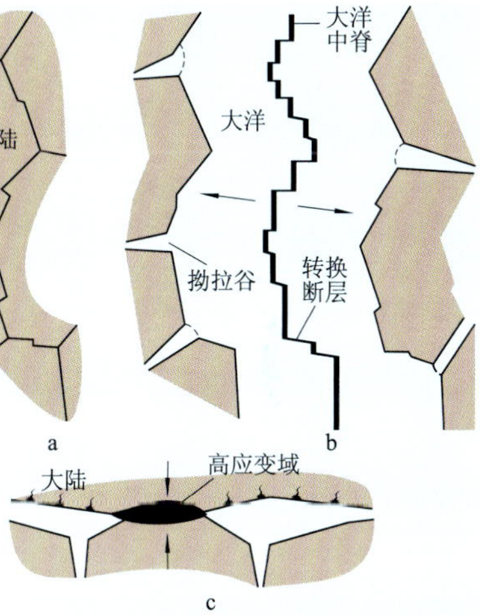

三叉裂谷系的演化

离散板块边界的大洋中脊上发育现今规模最大的裂谷系。由玄武岩组成的海岭高出附近洋底1～3千米，顶部裂谷内填充着新鲜的枕状和席状熔岩。新生的洋壳沿此带涌现并推挤两侧板块背向运动。

裂谷系以其线状形态，特别是碱性双模式火山杂岩的广泛发育为特点。在经受剥蚀的古裂谷系中还发育完美的以歪碱正长岩为代表的环形杂岩体群。它们都是识别地质时期古裂谷的重要标志。

裂化 cracking 在较高温度下，使重质油中分子量较大的分子分解为较小的分子，转变为裂化气、汽油、柴油等的石油炼制过程。

热裂化 只靠加热产生的裂化过程。一般以重质馏分油或渣油为原料，以获得裂化气、汽油和柴油。反应温度约在450～500℃。产品的质量较差，后逐步为催化裂化所取代。

催化裂化 采用硅酸铝类型催化剂的裂化过程。一般以重质馏分油或重质馏分油掺入部分渣油或单用渣油为原料，生产裂化气、汽油和柴油。所产的汽油的辛烷值高，安定性好。

加氢裂化 在高的氢气压力和催化剂存在下的裂化。原料通常为原油蒸馏得的重质馏分油或渣油，产品为性质较好的汽油、喷气燃料和柴油或润滑油。油品的安定性好。催化剂是载在酸性载体（如氧化铝、分子筛）上的金属（如铁、钨、钼、钴等）硫化物，具有加氢和裂化双功能作用。

裂解 pyrolysis 分子量较大的轻质油或气体烃类在高温作用下分子发生断裂、脱氢、聚合、缩合等反应，主要生成低分子量的烃类和少量大分子产物的化学过程。按裂解原料不同可分两大类：一类以天然气（主要为甲烷）为原料，目的产物为乙炔和炭黑；另一类以碳数为二或大于二的烃类为原料，主要目的是制取乙烯，同时可获得丙烯、丁烯、丁二烯、苯、甲苯和二甲苯，作为石油化工的基础原料。

影响因素主要有：①原料。采用氢碳比高、分子量较小、含芳烃少的原料时，产物中乙烯收率较高。②温度。反应温度与停留时间是相关的。在相同的原料转化深度下，提高反应温度、缩短反应时间，有利于提高乙烯产率。管式炉裂解温度已提高到900℃，停留时间缩短到0.1秒。③压力。降低反应压力，有利于裂解反应。可以采用把水蒸气与原料混合以降低烃类分压的方法，且可减少烃类在反应管中的停留时间，减少管壁上结焦，延长操作周期。

裂膜纤维织物 fibrillated fiber fabric 将高分子聚合物薄膜割裂成扁丝或劈裂成网络纤维织成的化学纤维织物。产品表面平整，强力好，透气拒湿，耐腐蚀，耐摩擦，比重小，可用作扁线袋、粗布袋、麻袋等。航海用缆绳、锚索、运输带、起重吊索甚至钢丝绳中的芯丝都可用裂膜纤维制作。还可用作地毯底布、人造草坪和路基布。矿用安全雷管和引燃绳索，使用裂膜纤维织物效果较好。主要原料为丙纶，采用平纹或三枚斜纹组织交织。制造工艺简单，产量高，成本低。

裂叶荆芥 *Schizonepeta tenuifolia*; fineleaf schizonepeta 唇形科裂叶荆芥属的一种。分布于中国东北、华北、西北至西南多省区。一年生直立草本。高达1米，有灰白色短柔毛。叶对生，叶片指状3裂，长达3.5厘米，宽达2.5厘米，稀多裂，下面有腺点。轮伞花序多花，组成顶生有间断的假穗状花序，花两性；萼狭钟状，有5齿；花冠青紫色；雄蕊4，2强。小坚果矩圆三棱状，有小点。花期7～9月，果期9～10月。生于山区路边杂草地、干旱地草丛中。全草入药，有解表散风、透疹的功用。

鬣狗 Hyaenidae; hyena 食肉目鬣狗科动物的统称。共4属4种，分布于非洲和印度。体型颇似犬，具长颈，后肢较前肢短弱，躯体较短，肩高而臀低；颈后的背中线有长鬣毛；牙齿大，颌部粗而强，能咬开骨头。斑

鬣狗仅见于非洲，体型较大，耳形圆，全身淡黄褐色，衬有棕黑色的斑点或花纹；背上无鬣毛。成群活动，营猎食生活。性较凶狠，富进攻性。夜晚出来觅食，除寻觅腐肉外，能猎捕羚羊，甚至咬死家畜。

邻苯二酚 catechol 苯分子中两个相邻的氢原子被两个羟基取代的二元酚，分子式1,2-$C_6H_4(OH)_2$。又称儿茶酚。多数以衍生物的形式存在于自然界。无色晶体；熔点105℃，沸点245℃（750毫米汞柱），密度1.149 3克/厘米^3（21℃）。溶于水、乙醇、乙醚、丙酮。可水汽蒸馏，能升华。邻苯二酚是一种强还原剂，易被氧化成邻苯醌；在室温下可还原费林溶液和氧化银溶液；与氯化亚砜反应，生成亚硫酸邻苯二酚酯；与邻苯二胺反应生成吩嗪：

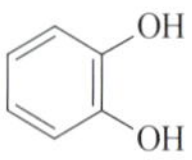

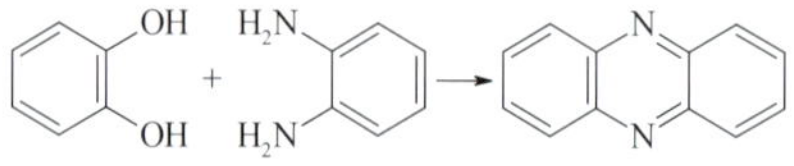

邻苯二酚最早由干馏原儿茶酸或蒸馏儿茶提取液得到，后来发现干馏某些植物和碱熔融某些树脂等也能得到。工业上是通过重氮化邻氨基苯酚后水解，或在高压釜中水解邻氯苯酚制得。邻苯二酚常用作显影剂，但不如对苯二酚作用强；也可作试剂、消毒剂等。

邻苯二甲酸 phthalic acid 两个羧基分别与苯环中相邻的两个碳原子相连而成的二元芳香羧酸。分子式1,2-$C_6H_4(COOH)_2$。

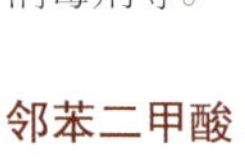

无色单斜晶体；密度1.593克/厘米^3；加热至200℃以上即生成邻苯二甲酸酐；溶于乙醇，微溶于水和乙醚。邻苯二甲酸可形成邻苯二甲酸单酯和双酯；它的苯环上也可发生取代反应。邻苯二甲酸可由邻苯二甲酸酐水解制得，由于邻苯二甲酸与邻苯二甲酸酐具有相似的化学性质，工业上往往直接生产邻苯二甲酸酐。在应用中可用邻苯二甲酸酐代替邻苯二甲酸。邻苯二甲酸是合成树脂、纤维、药物等的原料。

邻苯二甲酸酐 phthalic anhydride 邻苯二甲酸分子内失去一分子水而形成的环状酸酐，分子式1,2-$C_6H_4(CO)_2O$。简称苯酐，又称酞酸酐。无色晶体；熔点131.6℃，沸点295℃（升华）；微溶于冷水、乙醚，易溶于热苯、乙醇、乙酸。邻苯二甲酸酐可发生水解、醇解和氨解反应，与芳烃反应可合成蒽醌衍生物。工业上在五氧化钒催化下，由萘与空气在350～360℃进行气相氧化制得邻苯二甲酸酐，也可用空气氧化邻二甲苯制得。邻苯二甲酸酐可代替邻苯二甲酸使用，主要与一元醇反应形成酯，如邻苯二甲酸二丁酯、邻苯二甲酸二辛酯，它们都是重要的增塑剂。与多元醇（如甘油、季戊四醇）缩聚生成聚芳酯树脂，用于油漆工业；若与乙二醇和不饱和酸缩聚，则生成不饱和聚酯树脂，可制造绝缘漆和玻璃纤维增强塑料。邻苯二甲酸酐也是合成苯甲酸、对苯二甲酸的原料，也用于药物合成。

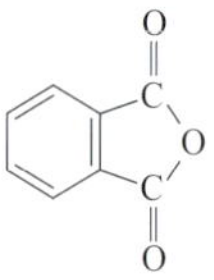

林白 Lindbergh, Charles Augustus (1902-02-04～1974-08-26) 美国飞行家。生于底特律，卒于夏威夷。1925年为少尉飞行员，从事航空邮运。1927年5月20日，林白单人驾驶一架仅有一般飞行仪表的“圣路易斯精神”号单翼机从纽约罗斯福机场起飞，21日在巴黎布尔歇机场降落，不着陆飞越大西洋成功，飞行时间33小时30分，航程5 810千米，实际飞越大西洋水面时间为28小时，林白因此而闻名于世。1929年，林白由妻陪同完成欧、亚、非洲之间的勘察飞行，航程46 400千米。1933年为测试北、南大西洋航线，林白又飞行48 280千米。第二次世界大战后，林白任美国航空公司和美国空军技术顾问。

林彪 Lin Biao (1907-12-05～1971-09-13) 中国军事家。湖北黄冈人。1925年在广州黄埔军官学校加入中国共产党。1926年参加北伐战争，在叶挺独立团任排长。1927年参加了中国共产党领导的八一南昌起义，后随军进入井冈山革命根据地。土地革命战争时期，先后任中国工农红军的营长、团长、纵队司令员、军长、军团长等职。参加过位于江

西东南部和福建西部的中央革命根据地第一至第五次反“围剿”作战和红一方面军的长征。到达陕北后，任中国抗日红军大学、抗日军政大学校长。抗日战争爆发后，任八路军第115师师长，同聂荣臻等在山西东北部指挥过平型关战役。1938年赴苏联就医，1942年1月回国。解放战争时期，先后任东北民主联军总司令，东北军区、第四野战军、华中军区司令员等职，参与指挥辽沈、平津等战役。中华人民共和国建立后，曾任中央人民政府委员、中南军政委员会主席、中央人民政府人民革命军事委员会副主席、国务院副总理、国防部部长、中共中央军委副主席、中共中央副主席等职。1955年被授予中华人民共和国元帅军衔和一级八一勋章、一级独立自由勋章、一级解放勋章。“文化大革命”期间，他组织反革命集团，同江青反革命集团互相勾结，有预谋地大规模地诬陷迫害党和国家领导人，阴谋夺取党和国家的最高权力。1971年9月8日，他下达武装政变手令，妄图杀害中共中央主席毛泽东。在毛泽东、周恩来领导下，中国共产党粉碎了这次政变。阴谋败露后，他于1971年9月13日和妻子叶群、儿子林立果等人仓皇乘飞机出逃，在蒙古温都尔汗地区机毁人亡。1973年8月20日，中共中央决定开除其党籍。1981年1月23日，中华人民共和国最高人民法院特别法庭确认其为林彪反革命集团案主犯。

林彪反革命集团 Lin Biao Counterrevolution Group 在中国“文化大革命”中形成的，以林彪为首，为夺取中国共产党和国家的最高权力而进行阴谋活动的反革命集团。主要成员有林彪、叶群、林立果、江腾蛟、陈伯达、黄永胜、吴法宪、李作鹏、邱会作等人。

1965年至1966年春，在林彪诬告打击总参谋长罗瑞卿时，吴法宪、李作鹏、邱会作等人就为其积极编造假材料、作伪证。“文化大革命”初期，吴法宪、李作鹏、邱会作、黄永胜等人一度受到冲击。在林彪的保护下，1967年夏，他们通过“五一三”事件进入军委办事组，紧密追随林彪，初步形成林彪集团。1968年林彪、江青一伙制造“杨余傅”事件后，林彪集团得到进一步发展，掌握了中央军委的很大权力。“文化大革命”中，他们和江青集团互相勾结，共同制造了大批打击陷害党和国家领导人及广大群众的冤假错案。1969年4月中共九大召开后，林彪作为毛泽东的“接班人”列入党章，林彪集团的主要骨干叶群、黄永胜、吴法宪、李作鹏、邱会作都进入了中央政治局。同时，中央政治局常委陈伯达由于在中央文革小组受到江青等人排挤，也投靠林彪集团。

1970年，在筹备召开第四届全国人大的过程中，林彪集团与江青集团发生了争夺权力的斗争。在1970年8月的中共九届二中全会上，林彪集团阴谋制造分裂，企图攫取更多权力，遭到毛泽东的严厉批评，陈伯达被隔离审查。其后，中共党内开展批陈整风运动，林彪集团的骨干成员受到毛泽东的批评。由此，林彪集团开始策划反革命武装政变阴谋，林彪的妻子叶群、儿子林立果具体指挥空军内的周宇驰、于新野、江腾蛟等人进行了一系列活动，组成“联合舰队”和“战斗小分队”等。1971年3月，林立果、周宇驰等人制定了武装政变计划《“571工程”纪要》，提出了种种谋害毛泽东的方案。8月15日，毛泽东出发南巡，沿途揭露了林彪等人的分裂活动。林彪、叶群知道后，十分惊恐，决定实施发动武装政变的计划。林彪于9月8日下达手令：“盼照立果、宇驰同志转达的命令办。”林立果、周宇驰分别进行了谋害毛泽东的部署，同时为南逃广州、另立中央作了准备。9月12日，毛泽东突然提前回到北京，打乱了林彪集团的计划，使他们陷入慌乱之中。当晚，林彪集团紧急调256号专机到山海关机场，被周恩来得知并追问。林彪等人感到南逃广州已不可能，决定北逃苏联。9月13日0时32分，林彪、叶群、林立果、刘沛丰等乘坐256号专机，在机组人员不齐和未加满油的情况下强行起飞，仓皇出逃。1时50分在蒙古人民共和国境内温都尔汗机毁人亡。史称九一三事件。其后，周宇驰、于新野劫持直升机外逃未遂，自杀身亡，其他林彪集团骨干分子也相继被捕。9月24日，黄永胜、吴法宪、李作鹏、邱会作等人也被隔离审查。林彪集团宣告覆灭。中共中央陆续将林彪事件通报全党和全国人民，在全国开展“批林整风”运动。林彪事件在国内外引起了极大震动，它是“文化大革命”中林彪等人野心急剧膨胀而产生的恶果，也在客观上宣告了“文化大革命”的理论和实践的失败。

1973年8月20日，中共中央批准中央专案组《关于林彪反党集团反革命罪行的审查报告》，开除林彪、陈伯达、叶群、黄永胜、吴法宪、李作鹏、邱会作等人的党籍，撤销他们在党内外的一切职务。1980年11月20日，最高人民法院特别法庭开庭审判林彪、江青两个反革命集团案主犯。1981年1月25日，特别法庭经过审理后，确认林彪、江青集团都是以夺取中国共产党和国家的最高权力为目的而进行阴谋活动的反革命集团，林彪、叶群、林立果、陈伯达、黄永胜、吴法宪、李作鹏、邱会作、江腾蛟是林彪、江青反革命集团案的主犯，分别判处陈伯达、黄永胜、吴法宪、李作鹏、邱会作、江腾蛟有期徒刑。林彪反革命集团的其他案犯也分别被判刑。

林波波河 Limpopo River 非洲东南部河流。上源克罗科迪尔河（即鳄鱼河）出自约翰内斯堡附近海拔1 300米的高地，自南向北流，接纳马里科河后称林波波河，流向东北转东，构成南非与博茨瓦纳、津巴布韦的界河，进入莫桑比克后折向东南，在宗圭内附近注入印度洋。全长约1 800千米，流域面积38.5万平方千米。河口年平均流量170米^3/秒。上游支流多间歇河，水量少；中游切穿南非高原边缘山地，多峡谷和急流、险滩，有沙谢河等支流汇入；下游为平原河流，帕富里以下河段比降每千米在0.6米以下，接纳象河、尚加内河等支流，水量增大，河道展宽2倍。沿岸多沼泽、湖泊。博茨瓦纳在林波波河的支流上修建了哈博罗内、尼瓦内、沙谢3座水库。象河汇入处以下河段可终年通航。

林伯渠 Lin Boqu (1886-03-20～1960-05-29) 马克思主义者，中国无产阶级革命家、政治活动家，全国人大常委会副委员长。名祖涵，字伯渠，以字行。湖南安福（今临澧）人。卒于北京。1904年赴日留学。次年加入中国同盟会，从此长期追随孙中山从事民主革命。1921年1月，在上海参加共产主义小组。次年以中共党员个人身份加入中国国民党。后被孙中山委任为总务部副部长，参与国民党改组的筹备工作。1924年出席国民党一大，当选为中央执行委员会候补委员。次年出任农民部长。1927年8月参加南昌起义，失败后赴苏学习革命理论和经验。1932年回国后进入江西中央苏区，任临时中央政府国民经济部长、财政部长等职。1935年10月，经一年长征到达陕北。1937年起长期任陕甘宁边区政府主席，领导边区政权建设和经济建设。1945年当选为第七届中共中央委员和政治局委员。1947年随中共中央留守陕北。中华人民共和国建立后，任中央人民政府委员兼秘书长。1954年9月当选为全国人大常委会副委员长。

林逋 Lin Bu (967～1028) 中国北宋诗人。字君复。钱塘（今浙江杭州）人。长期漫游于江淮一带，后半生隐居西湖孤山，赏梅养鹤，终生不仕，自称“以梅为妻，以鹤为子”。与范仲淹、梅尧臣有诗唱和。卒谥和靖先生。其诗风格淡远，内容多写西湖的优美景色，反映隐逸生活和闲适情趣。如七律《孤山寺端上人房写望》一诗，清冷幽静，闲淡浑远，是其诗风的典型体现。咏梅诗如“疏影横斜水清浅，暗香浮动月黄昏”(《山园小梅》)，成功地描绘出梅花清幽香逸的风姿，是千古传诵的名句。现存《林和靖诗集》4卷、《补遗》1卷，近300首，有《四部丛刊》本。

林昌彝 Lin Changyi (1803～1876) 中国学者、诗人、诗评家。字惠常，又字芗溪。福建侯官(今福州)人。清道光十九年(1839)举人，八次会试不中。咸丰三年(1853)因献《三礼通释》，得赐教职，掌建宁、邵武教席，不久辞归。同治年间一度掌教廉州海门书院。

他与魏源及族兄林则徐为挚友，留心时务，尤痛愤鸦片战争之败。作为经学家兼诗人，林昌彝的诗以雅驯之词表达愤世刺时之情，骨气坚苍，沉雄矫健。有《衣讔山房诗集》8卷(其中掺入魏源诗若干首)，《小石渠阁文集》6卷，而影响更大的是他的《射鹰楼诗话》24卷。

他在道光末年写成的《射鹰楼诗话》，“意专主射鹰”(隐射射英)，其次则为“有关风化者”，因此与一般的谈诗之作不同，而具有关切时务的明显倾向。主要突出表现了爱国反侵略思想，通过选录、品评作品和检讨前人诗论，表达了作者的论诗主张。虽是诗话，于有关风化之事，诸如花会的赌博、吸食鸦片之害及断烟之方以及耶稣教的传播等，也都有所论列。

林超 Lin Chao (1909-04-13～1991-06-01) 中国地理学家、教育家。生于广东揭阳，卒于北京。1930年中山大学毕业，留校任教。1934年入英国利物浦大学，1938年获博士学位。回国后历任中山大学地理系教授兼系主任，西南联合大学教授，中国地理研究所研究员、所长。1949年4月代表中国出席在葡萄牙召开的国际地理联合会，使中国成为会员国。1950年起，先后任清华大学和北京大学教授，中国大百科全书总编委会委员兼《中国大百科全书·地理学》编委会主任等职。研究范围涉及人文地理学和自然地理学，是中国综合自然地理学的开创者，中国自然区划研究的先行者。著有《嘉陵江流域地理考察报告》下卷(合著)、《中国综合自然区划界线问题》、《中国土地类型研究的回顾与展望》(合著)、《华北区自然地理》(英文)、《中国区域地理学的发展》(英文)等。在高校从事地理学教学工作61年，培养了一批高水平研究人员。

林传鼎 Lin Chuanding (1913-10-29～1996-03-11) 中国心理学家。生于福建闽侯，卒于北京。1938年毕业于清华大学心理学系。1944年获辅仁大学硕士学位，1949年获比利时勒芬大学博士学位。曾任辅仁大学心理系主任、教授，北京师范学院心理学教授、教育科学研究所名誉所长，兼任中国社会心理学会副会长。他专长心理测验与情绪研究。20世纪40年代初期，他与王征葵合著《心理测验增注目录》，编入了3 575个心理与教育测验，是当时较完备的心理测验工具书。他还对中国古代34位历史人物通过历史评估与心理测量的方法进行了心理特质的分析，并修订了F.H.奥尔波特的心志图。在情绪研究方面，于40年代中期制作出中国人表情模式的演示材料，得出64种表情模式。又通过对500例出生1～10天婴儿哺乳前后动作反应的实验观察，提出了情绪在其发展中是泛化过程与分化过程的对立统一的论点。主要论文有:《情绪的发生和发展》(1963)、《社会心理学中的情绪问题》(1982)、《我国古代心理测验方法试探》(1980)等。专著有《智力开发的心理学问题》(1985)。

林茨 Linz 奥地利第三大城市，上奥地利州首府。位于中北部，多瑙河及其支流特劳恩河交汇处。面积96平方千米。人口18.91万(2008)。公元2世纪为罗马人的要塞，中世纪成为贸易中心。15世纪成为南北交通要道，集市驰名。1672年建立全国第一家工厂——林茨毛纺厂。1938年成为重要工业中心。其他工业部门还有机械、电子、电气设备、纺织、玻璃、木材加工等。铁路和公路交通枢纽，多瑙河上游重要河港。文化中心。设有林茨大学、林茨艺术与工业设计大学、神学院、音乐学校等，以及科学研究所、博物馆、图书馆、歌剧院等文化设施。城区主体在多瑙河南岸，老城内保存众多古建筑，如15世纪的城堡、全国最古老的罗马式圣马丁教堂、市政厅等。

林茨市一角

林德 Linde, Carl (Paul Gottfried) von (1842-06-11～1934-11-26) 德国制冷工程师、低温实验学家，制冷科学的奠基人。生于贝恩多夫，卒于慕尼黑。1861～1864年在苏黎世综合技术联盟学习科学和工程学。1866年任新建立的慕尼黑机车公司技术部门的领导人。1868年在慕尼黑高等工业学校任教，1872年升任理论工程学教授。1870年开始研究制冷学，1875年创建德国第一座工程实验室。1873～1877年，设计出第一台利用连续压缩氨的原理进行工作的制冷机。1895年发明空气液化装置，使大规模生产液态空气成为可能。1902年利用精馏方法设计制取纯氧的装置。1903年利用氮的循环过程生产纯氮。1909年利用一氧化碳部分冷凝的方法，从水煤气制取氢气。林德是巴伐利亚科学院和维也纳科学院的院士。1897年被封为贵族。

林登 Linden 圭亚那第二大城市，最大工业基地。位于国土东北部，濒临德梅拉拉河。人口约4.43万(2003)，居民主要为黑人，也有一些欧洲人等。因铝土采掘和加工而发展起来，有圭亚那“铝城”之称。有氧化铝厂、炼铝厂等铝土加工企业。附近开采的铝土矿在此加工、装船，经德梅拉拉河外运。有公路和小型机场。

林风眠 Lin Fengmian (1900-11-22～1991-08-12) 中国画家、美术教育家。原名林凤鸣。生于广东梅县，卒于香港。祖父是雕刻石匠，父亲林雨农承祖业并兼习绘画。林风眠1919年由法华协会选送赴法国勤工俭学。1920～1922年，先后入法国第戎美术学院、巴黎国立高等美术学校学习。1923年，游学德国柏林，翌年春回巴黎，与留法同学林文铮、吴大羽、李金髮等组织霍普斯会(霍普斯是阿波罗音译)。同年5月，由霍普斯会和美术工学社发起，在斯特拉斯堡举办中国美术展览会。1925年冬回国，任国立北京艺术专门学校(后改为国立北平艺术专科学校)校长兼教授。1927年辞职赴上海，负责筹备全国美展。1928年，在蔡元培支持下，创杭州国立艺术院，任校长兼教授。1938年后历任重庆国立艺术专科学校、杭

图1 《人类的痛苦》(局部，1929)

州艺术专科学校教授。1952年退职居上海，任中国美术家协会上海分会副主席。1962～1963年先后在香港、北京举办个人画展。1977年先后在中国香港、法国巴黎举办个人画展，两年后定居香港。

林风眠早年的创作以油画人物为主，代表作有《摸索》、《人道》(又名《人类的痛苦》)等。《摸索》(1923)是受到拉斐尔《雅典学派》的启示创作的，把耶稣、荷马、但丁、V.雨果、L.N.托尔斯泰、蔡元培等思想家描绘在同一画幅里，以灰黑色调表现出深沉浩渺的境界，旨在揭示人类的精

图2 《渔妇》(1989)

英们对人生奥秘的探索。《人道》(1929)以受压抑的痛苦躯体表现对真正的人生的渴望。此间大型油画作品多用象征手法，场面宏大，结构复杂，可以看出西方古典主义、浪漫主义和表现主义艺术的影响。

30年代以后，林风眠致力于改革传统绘画。1939～1945年在重庆期间，他画水墨美女、江岸、猫头鹰等，终于创造出新风格的中国画。1952～1977年在上海，是他探索的第二个高潮，他大量画禽鸟、花卉、风景、戏曲人物，艺术上高度成熟。

林风眠的中国画走中西融合的道路。使用毛笔宣纸，但不求书法力透纸背的效果，也不题诗于画。运线果断、疾速、遒劲，显出独立的个性。他常常融浓丽的彩色于水墨，突出人对大自然视觉感受的新鲜感、质量感，破除了传统水墨画略施淡色的程式。他从人类文化与艺术史的高度审视传统，把自然和心灵视为创造艺术生命的源泉。他看重观察对象，但从不拘泥于表面的真实。总是在方形的构图中创造各种意境，水墨与油彩、力量与柔情、诗人般的气质与清醒的理智，在他的探索中凝为一体，从而形成独特风格。其革新中国画的种种实验探索以创造性、开拓性劳动具有里程碑的意义。

林风眠在教学中兼收并蓄、中西并存，培养了许多出色的学生，包括刘开渠、李苦禅、李有行、雷圭元、李可染、王朝闻、吴冠中、朱德群、赵无极、席德进等美术家。出版有《林风眠全集》。

林枫 Lin Feng (1906-09-30～1977-09-29) 中国无产阶级革命家，全国人大常委会副委员长。原名郑永孝，又名郑凌风，化名罗衡。生于黑龙江望奎，卒于北京。1927年加入中国共青团，同年转入中国共产党。1924年入天津南开中学读书。1929年考入北平大学工学院。1931年后，历任河北反帝大同盟党团书记，全国反帝大同盟筹委会组织部部长，中共北平、天津市委书记，北方局书记，刘少奇秘书。抗日战争时期任中共山西工委副书记，中央北方局委员兼组织部部长，中共晋西南区委书记兼八路军晋西支队政委，陕甘宁晋绥联防军副政委，中共中央晋绥分局副书记、代理书记。1945年出席中共七大。解放战争时期调东北工作，任中共东北局常委兼组织部长，东满分局书记，东满军区政委，东北各省行政联合委员会主席，东北人民政府副主席。中华人民共和国建立后，历任中共中央东北局副书记，中共中央副秘书长，国务院文教办公室主任，国务院科学规划委员会副主任，中共中央高级党校党委书记、校长。二届、三届全国人大副委员长。“文化大革命”中遭到迫害，1978年后恢复名誉。中共第七、八届中央委员。

林格伦 Lindgren, Astrid (1907-11-04～2002-01-28) 瑞典儿童文学作家。生于斯莫兰，卒于斯德哥尔摩。曾到斯德哥尔摩求学。当过秘书、教员、出版公司儿童部主编等。曾为瑞典文学奖9人颁发委员会成员。第一部重要作品《长袜子皮皮》(1944)描述一个叫长袜子皮皮的9岁小姑娘，独自生活，到处漫游，力气很大，心地善良，惩治坏人，受到广大小读者的欢迎。《米奥，我的儿子》(1954)把社会中孤儿不幸遭遇的现实与童话的大胆幻想结合起来，是一部集教育性和趣味性为一体的作品。林格伦共为孩子们创作了87部作品，有童话、儿童侦探小说、图画故事、描写城市和农村儿童生活的小说等。其他主要作品还有《大侦探布罗姆克维斯特》(1946)、《卡尔松三部曲》(1955～1968)、《狮心兄弟》(1973)和《绿林女儿朗娅》(1981)等。她的作品已被译成约80种文字。

林格伦 Lindgren, Waldemar (1860-02-14～1939-11-03) 美国矿床地质学家。生于瑞典卡尔马，卒于马萨诸塞州布鲁克莱恩。1882年毕业于德国弗赖堡皇家矿业学院。1884～1915年在美国地质调查所任地质主任工程师、金属矿产地质部主任。1912～1923年在麻省理工学院任教授和地质系主任，1933年后为该院的荣誉教授。林格伦发展了岩浆成矿理论，论证了很多矿床起源于岩浆热水溶液。提出分析成矿物理化学条件的准则和方法。1913年提出矿床分类系统，把矿床归入岩浆分凝、接触变质、伟晶岩、热液（深成高温、中深中温、浅成低温）和沉积等几大类。1905年创办《经济地质》杂志。主要著作有《裂隙矿脉中的交代作用》、《矿床与物理条件的关系》、《经济地质学》、《矿床学》等。

林庚 Lin Geng (1910-02-22～2006-10-04) 中国文学史家、诗人。字静希。原籍福州。生于北京。1928年考入清华大学物理系，后转入中文系。1933年毕业后留校，同时担任《文学季刊》编委。1934年起在北平民国学院等校兼课，讲授中国文学史。1937年到厦门大学任教，1947年返北平，任燕京大学中文系教授，自1952年起任北京大学教授。

在1947～1995年的半个世纪中，林庚三度撰写中国文学史，以诗人的眼光来看中国文学发展的核心问题，探讨文学的内在精神力量。50年代初他标举的“布衣感”、“寒士文学”以及在唐诗研究中提出的“盛唐气象”、“少年精神”等，被学术界称许和沿用。他撰写的中国古典文学专著和整理的资料有《中国文学史》、《诗人李白》、《天问论笺》、《唐诗综论》、《中国文学简史》、《诗人屈原及其作品研究》、《西游记漫话》、《魏晋南北朝文学史参考资料》以及《中国历代诗歌选》等。其中他对楚辞中最大的难题《天问》之谜提出了自己的看法，认为《天问》是一部采用问话体裁的，以夏、商、周为中

心的上古时代各民族争霸中原的兴衰史诗。

林庚从20世纪30年代起就开始新诗创作，出版有《夜》、《春野与窗》、《北平情歌》、《冬眠曲及其他》四本诗集。80年代出版了诗论《问路集》和新诗《林庚诗选》，90年代在《诗探索》中发表了《新诗断想》等文章，2000年又出版了随想诗集《空间的驰想》和论文集《新诗的格律与语言的诗化》。

林海音 Lin Haiyin (1918-03-18～2001-12-01) 中国台湾小说家。原名林含英，小名英子。原籍台湾苗栗县。生于日本大阪，卒于台北。出生后不久即随父母举家迁居北京，林海音在北京长大。1934年毕业于成舍我创办的世界新闻专科学校，后进入成舍我的《世界日报》任记者。1948年8月同丈夫带着三个孩子回到故乡台湾，任《国语日报》编辑。1953年，主编《联合报》副刊，并兼任《文星》杂志编辑和世界新闻专科学校教员。1967年创办《纯文学杂志》，以后又经营纯文学出版社。林海音于1950年开始写第一篇小小说《爸爸不在家》，当时的作品主要刊登于《中央日报》的副刊上。初期的作品都是针对家庭、伦理、婚姻、恋爱、儿童教育而发的"问题小说"。后期作品的题材日益拓展。小说《城南旧事》(1960)，用一个小孩子的眼光观察成人世界，细腻而感人地呈现了旧时北平不同社会阶层的生活面相。战争与家庭、婚姻、爱情，尤其是历史中女性的悲剧命运，也是林海音小说的重要表现对象。她的作品京味十足，风格温柔敦厚，哀而不伤。主要作品还有长篇小说《晓云》、《春风》，中篇小说《金鲤鱼的百裥裙》，散文集《冬青树》、《做客美国》、《两地》、《窗》、《芸窗夜读》、《剪影话文坛》等。

林怀民 Lin Huaimin (1947-02-19～) 中国舞蹈编导。台湾嘉义人。早年攻读新闻与艺术专业。1973年在台北举行现代舞的示范讲演，并以"贯穿融合中国古老传统及西方新技巧建立国家需要的舞团"为主旨，创建舞团云门舞集。作品有《白蛇传》、《寒食》、《乌龙院》、《孔雀东南飞》、《奇冤报》、《薪传》、《廖添丁》、《吴凤》、《九歌》、《梦土》、《红楼梦》、《流浪者之歌》、《水月吟》等，著作有《变形虹》、《蝉》、《擦肩而过》、《说舞》等。曾在台湾政治大学任教，后任台湾艺术学院舞蹈系主任。

林徽因 Lin Huiyin (1904-06-10～1955-04-01) 中国建筑学家、文学家。曾用名林徽音。福建福州人。生于浙江杭州，卒于北京。1920年随父亲林长民赴欧洲旅行，曾入英国伦敦圣玛丽学院读书，并结识热心中国新文学活动的**徐志摩**等人，受到欧洲建筑美术的熏陶和中国新文学的启蒙。1921年回国入北京培华女子中学读书。1925年与**梁思成**同赴美留学，在美国宾夕法尼亚大学学习美术与建筑，毕业后转入耶鲁大学戏剧学院学习舞台美术设计。1929年与梁思成结婚后回国，在东北大学建筑系任教师。1931～1946年任**中国营造学社**校理、参校。1946年参与清华大学建筑系创办工作，1950年任清华大学教授。

是中国古代建筑研究的先驱者之一。在中国营造学社期间，她与梁思成一起到山西、河北、河南、山东、浙江等地共同调查研究古建筑，是当时所知中国仅存的唐代木构建筑物山西五台山**佛光寺**大殿的发现者、实测者和鉴定者之一，发表了多篇研究报告及专著。1937年抗日战争全面爆发，梁林举家辗转迁往川西小镇李庄。因旅途劳顿焦虑，林徽因肺病复发，并从此卧床不起。但仍从多方面参与了梁思成《中国建筑史》和英文版《图像中国建筑史》的编写，还不时写诗反映病中对国难的忧患与愁闷心绪。

林徽因自1931年开始在《诗刊》、《新月》等刊物上发表新诗、散文、短篇小说和剧本等，以她特有的恬淡、清新、隽美的风格和笔法以及对现实问题的关注，很快引起北方文学界和读者的注意。直至抗日战争期间，共发表过诗、散文、小说、剧本共70余篇，如散文《窗子以外》、《纪念志摩去世四周年》，小说《九十九度中》，诗歌《你是人间的四月天》、《深笑》等。1937年，林徽因曾与巴金、朱光潜、朱自清、靳以、沈从文等一道，被《大公报》聘为其年度"文艺奖金"评委。《窗子以外》后来曾被选入西南联合大学《大一国文选》。

是中华人民共和国国徽的主要设计者和**人民英雄纪念碑**的装饰花纹设计者。她主张保留北京古城整体风貌，反对拆毁老城墙、城楼、牌坊等珍贵文物。1999年《林徽因文集》出版，收录了她在建筑和文学两方面的著作。

林惠祥 Lin Huixiang (1901-06-02～1958-02-13) 中国人类学家。福建晋江人。卒于厦门。1926年毕业于厦门大学。后考进菲律宾大学研究院，1928年毕业，获人类学硕士学位。1929年任中央研究院特约编辑员，后参加民族学组研究工作。1931年任厦门大学历史社会学系主任、教授。中华人民共和国建立后，任厦门大学历史系主任、人类博物馆馆长、南洋研究所副所长。他毕生致力于人类学的研究和教学工作，从事东南亚和中国东南地区考古发掘和民族调查研究，是中国对台湾少数民族最早进行调查研究的学者，著有《台湾番族之原始文化》。他对民族文化和中国民族的来源及划分系统等问题，颇多创见。其《文化人类学》一书确立了中国人类学体系；另一著作《中国民族史》获得国内外学者好评。还先后参加调查和发现武平、龙岩、长汀、闽侯等地的新石器时代文化遗址。林惠祥曾于1934年创办厦门市人类博物馆筹备处。中华人民共和国建立后，他将近万件珍贵文物和图书全部捐献给厦门大学，成立了人类博物馆，为发展中国人类学和博物馆事业作出了贡献。著述还有《民俗学》(1931)、《世界人种志》(1933)、《神话论》(1933)等。

《林家铺子》 *The Shop of the Lin Family* 中国故事片。北京电影制片厂1959年出品。**夏衍**根据**茅盾**同名小说改编。导演**水华**，主要演员**谢添**、张亮、马薇。影片以30年代初江南小镇上的一家商店——林家铺子的遭遇和变迁为中心，反映了当时社会的民族矛盾和阶级矛盾。编导者忠实地、创造性地再现了原作的精神，鲜明深刻地表现了"大鱼吃小鱼、小鱼吃虾米"的社会现象。在错综复杂的现实矛盾中，主人公林老板的性格得到了多方面细致入微的表现。影片获1983年葡萄牙第12届格拉达福兹国际电影节评委奖。

林家翘 Lin, Chia-Chiao (1916-07-07～) 美国流体力学家、应用数学家、天文学家。生于中国福州。1937年毕业于清华大学物理系。1944年获美国加利福尼亚理工学院航空学博士学位。曾在中国清华大学、美国加利福尼亚理工学院、布朗大学任教。1953年起在麻省理工学院任教授，1966年当选为全学院教授。1962年当选美国国家科学院院士。1976年以后曾多次回中国讲学，发起和组织中美两国间在流体力学、应用数学方面的学术和人才交流，并被聘为中国

科学院外籍院士以及清华大学、北京大学等校名誉教授。

在流体力学方面，他于1944年成功地解决了已争论几十年之久的两个平行平板间的流动稳定性问题。在天文学方面，他在B.林德布拉德1942年提出的旋涡星系密度波理论雏形的基础上，于1964年建立了系统的密度波理论，提出用准稳旋涡结构假说来说明旋臂的形成和发展，它解释了星系旋涡结构的持续和旋臂缠绕等长期悬而未决的困难问题，推动了星系动力学的发展。在数学方面，他发展了微分方程的渐近理论。著有《流体动力学稳定性理论》、《应用到自然科学中的确定性问题的数学》、《湍流的统计理论》等。

林斤澜 Lin Jinlan (1923-06-01～2009-04-11) 中国作家。原名林庆澜。生于浙江温州，卒于北京。中学时代参加抗日救亡宣传工作。1945年毕业于重庆社会教育学院。曾学习过电影和戏剧。1950年发表第一个剧本，主要剧作结集为《布谷》(1957)。其后转向写小说，主要是短篇。第一部小说集《春雷》于1958年出版，其中的《春雷》和《台湾姑娘》使其引起文坛注意。“文化大革命”后发表的第一个短篇小说《竹》曾被改编成电影。1981年发表的《头像》获当年全国优秀短篇小说奖。20世纪90年代以后，以“十年十癔”系列和“矮凳桥”系列小说在文坛上产生影响。小说多写北京郊区农村生活和知识分子心态，以散文的笔调，着力营造一种特殊的氛围，结构灵巧多变，风格冷峻、深沉、诡奇、辛辣，被称为“怪味小说”。出版的小说集和散文随笔集有《林斤澜小说选》(1980)、《十年十癔》(1996)、《门》(1997)、《随心所选本》(1998)、《十年矮凳》(2001)、《七月流火》(2001)、《事故故事》(2003)等。

林肯 Lincoln, Abraham (1809-02-12～1865-04-15) 美国第16任总统(1861～1865)。生于肯塔基州哈丁县一个贫苦的农民家庭，卒于华盛顿。自幼从事体力劳动，成年后当过雇农、船夫、土地测量员等。1830年，随父母迁至伊利诺伊州。林肯没有受过系统教育，自学成才。1836年成为律师。1834～1840年4次被选入伊利诺伊州议会。1838年因公开反对奴隶制，成为州议会辉格党的领袖。1847年，当选美国国会众议员。他反对奴隶制度，但不是废奴主义者；反对立刻解放奴隶，更反对解放奴隶而不给奴隶主以赔偿。1856年加入共和党。1858年，为竞选联邦参议员，提出“一个分崩离析的家庭不能长存”的观点，在全国引起很大反响。

在1860年的总统选举中，共和党获胜，林肯当选总统。1861年3月4日就任。不久，南方奴隶主发动叛乱，挑起美国内战。1862年5月林肯颁布《宅地法》，规定公民缴付10美元登记费，可在西部领取160英亩土地，耕种5年后归其所有。1862年，由于战况不利和人民运动的压力，林肯于9月22日发表了预告性的解放宣言草案。这个宣言标志着林肯从反对奴隶制度转变为废奴主义者。1862年末，他不顾保守分子一再施加的压力，拒不收回关于解放奴隶的决定，并在1863年1月1日发表正式的《解放宣言》；后来又竭尽全力促使国会两院通过宪法第13条修正案，规定在合众国领土上永远禁绝奴隶制。1863年，他坚决征召黑人入伍，使成千上万的黑人走上战场，为战争的胜利作出了巨大贡献。1864年，他起用U.S.格兰特为联邦军总司令，这对于内战的最后胜利起了相当重要的作用。1864年11月林肯再次当选总统。1865年4月14日晚，林肯在华盛顿的福特剧院里被维护奴隶制的狂热分子J.W.布思开枪打伤。翌日晨逝世。

林乐培 Lin Lepei (1935-08-05～) 中国作曲家。原籍广东南海。生于澳门。从小学习小提琴，1954年入加拿大多伦多皇家音乐学院，主修作曲及指挥。1960年就学于美国南加州大学。1964年在香港从事音乐及影视音乐创作。1973年，任亚洲作曲家同盟香港分会主席。1977年参与筹建香港作曲家及作词家协会。1982年任香港作曲家联合会名誉会长。1983年任澳门室内乐团音乐总监及指挥。1986年任香港大学音乐系讲师及驻校作曲家。1993年退休，1994年移居加拿大。林乐培是富于创新精神的作曲家，代表性作品有管弦乐《谢灶君》，钢琴与管弦乐《形象》，管弦乐《昆虫世界》(1979年改为民乐合奏曲)，民乐合奏曲《秋决》、《问苍天》、《功夫》，小提琴奏鸣曲《东方之珠》，长笛与大提琴《突破》，长笛与女高音《李白骊歌两首》，以及清唱剧《尘埃不见咸阳桥》等。

林乐知 Allen, Young John (1836-01-03～1907-05-30) 美国基督教新教监理会来华传教士。字荣章。生于美国佐治亚州伯克县，卒于中国上海。1858年于埃默里学院毕业。1860年到上海，曾从王韬治汉学。1863年在上海广方言馆任教习。1868年广方言馆并入江南制造局翻译馆后开始译书，共译书数百种。同年创办并主编《中国教会新报》，即后来的《万国公报》。1877年与狄考文等筹备组织美、英教会在华所设学校的全国性机构，即不久后在上海成立的学校与教科书委员会，最后易名为中华基督教教育协会。1878年，与丁韪良创办上海圣教书院，在苏州天赐庄创办东吴大学。1890年创办上海中西女塾。著有《中东战纪本末》、《中国在国际间的地位》、《文学兴国策》等。

林默涵 Lin Mohan (1913-01-10～2008-01-03) 中国文艺理论家。原名林烈。福建武平人。卒于北京。1928年在福州高中师范科求学期间接受革命思想影响。1935年到日本学习，次年回国。先后在进步报刊《生活日报》、《读书与出版》、《世界知识》和《国民周刊》任编辑，并开始用“默涵”笔名撰文。1937年在上海青年救国服务团和第8集团军战地服务队作抗日宣传工作，后到武汉任《全民抗战》编辑。1938年8月林默涵到延安马列学院学习。1940年参加编辑《中国文化》。1941年主持华北书店编辑工作。1943年调《解放日报》编副刊，其间在《解放日报》上发表短论和杂文。1944年冬调到重庆《新华日报》，先负责“通讯课”，后主编副刊。抗日战争胜利后，在上海、香港参与编辑中国共产党机关刊物《群众》和进步刊物《大众文艺丛刊》。1949年后在政务院文教委员会工作。1952年后曾任中共中央宣传部副部长及文化部副部长、中国文学艺术界联合会副主席等职。他除撰写政论、杂文外，主要发表一

些论争性的文艺论文，分别收入论文集《在激变中》、《浪花》(1949)和杂文集《狮和龙》(1949)。文章具有观点鲜明、风格明快的特色。

林奈 Linné, Carl von (1707-05-23～1778-01-10) 瑞典博物学家，生物分类学的奠基人。生于斯莫兰省的罗斯胡尔特村，卒于乌普萨拉。1735年在荷兰获哈尔德韦克大学医学博士学位。1741年起一直在乌普萨拉大学任教授。

他所著的《自然系统》第一版(1735)仅14页，基本上是一个动、植、矿物的名录，其知名的“植物24纲系”即首次发表在这里。他所提出的分类系统虽属人为分类系统，但因便于检索，故深受当时学界欢迎。他的重要著作《植物种志》，奠定了近代植物分类学的基础。《自然系统》经过大量增补和修订，在第10版中，他首次对动物分类采用“双名法”，成为近代动物分类学的起点。他一生的最大贡献是确立了生物分类的双名法（见分类学），而且鉴定并命名了数以万计的动、植物物种，结束了动、植物分类命名的混乱局面，大大促进了科学分类学的发展。他受宗教影响，后看法有所改变，在1768年出版的《自然系统》的第12版中，删去了有关“种不会变”的论述。林奈毕生著述浩繁，共180余种。

林奈学会 Linnean Society 英国生物学会。位于伦敦。瑞典博物学家C.von林奈去世后，他生前收集的大量动植物标本及藏书，被当时英国的医科学生即后来的植物学家J.E.史密斯所收购。1788年史密斯与R.S.古迪纳夫和T.马沙姆等人共同创立了林奈学会。1802年林奈学会获政府授予的皇家许可证，并迁入伯灵顿宫旧址。在该会1858年7月1日举行的一次学术会议上，宣读了C.R.达尔文和A.R.华莱士关于自然选择的联合论文，由此闻名于世。林奈学会曾开展过广泛的科学活动，并集中于研究古北区的植物和动物。

林南科斯基 Linnakoski, Johaannes (1869-10-18～1913-08-10) 芬兰小说家、社会活动家。原名维赫托利·佩尔托宁。生于阿斯科拉，卒于赫尔辛基。仅受过中等教育。1895年主办《乌西玛报》，致力于唤醒民众的工作。后组建“芬兰民族同盟”。他对芬兰政治、经济和文化的发展作出了贡献，但主要成就在文学创作方面。扬善弃恶是他一生从事文学创作的基调。长篇小说《火红的小花之歌》(1905)叙述一个浪子回头的故事。代表作长篇小说《逃亡者》(1908)，叙述居住在海曼地区一青年农民的不幸婚姻。作者以纤细的笔触，层层深入地揭示出主人公心理演变的过程。其他作品还有剧本《永恒的斗争》(1903)等。

林农 Lin Nong (1918-01-23～2002-07-21) 中国电影导演。原名粟多泽。生于四川南充，卒于北京。1940年于鲁迅艺术学院戏剧系毕业后留在鲁艺实验剧团当演员。

1948年在沈阳鲁迅艺术学院任教，并兼任学院实验剧团导演和演员。发表的专论《演员手记》是当时一部较有影响的表演方面的普及教材。中华人民共和国建立后调入长春电影制片厂。1953年第一次独立导演舞台艺术片《小姑贤》。此后又导演了《边寨烽火》(1957)、《党的女儿》(1958)、《甲午风云》(1962)、《兵临城下》(1964)等影片。20世纪70年代，改编、导演《艳阳天》(1973)、《金光大道》(1975)等。1980年与王亚彪合导《大渡河》。之后，又执导了《奇异的婚配》(1981)、《跳动的火焰》(1984)、《孔府秘事》(1987)等。

林巧稚 Lim Kha T'i (1901-12-23～1983-04-22) 中国妇产学科开拓者。生于福建厦门，卒于北京。1929年毕业于私立北平协和医学院，获美国纽约州立大学医学博士学位。1955年当选中国科学院学部委员(院士)。毕业后在协和医院从事妇产科临床及教学。其间她曾赴英、奥、美进修。日军侵占协和期间自行开业。

林巧稚研究过胎儿宫内呼吸、女性生殖系统结构，指导消灭性病及防治滴虫性阴道炎的工作，曾推动计划生育，主持了子宫颈癌的普查普治。重视科学普及，主编多种科普著作。发表的《小儿宫内呼吸》论文，主编的《妇科肿瘤》及《绒毛膜上皮癌和葡萄胎的诊断处理》等十余部论著，达到世界先进水平。

林青霞 Lin Qingxia (1954-11-03～) 中国台湾电影演员。原籍山东。生于台湾。1973年主演第一部影片《窗外》。因主演文艺片《云飘飘》开始出名。1973～1986年在台湾、香港共演出近100部影片。为由琼瑶小说改编的“琼瑶电影”的首席女明星。

主演的琼瑶电影有《在水一方》、《我是一片云》、《月朦胧，鸟朦胧》、《燃烧吧，火鸟》等。她因主演《八百壮士》获第22届亚太影展最佳女主角奖。20世纪80年代初在美国进修导演课，后主演《我爱夜来香》、《蜀山》等。1986年后主要作品有《刀马旦》、《东方不败》、《东邪西毒》、《天龙八部》、《美少年之恋》等。出版有传记《青霞自述》。

《林泉高致》 中国北宋绘画理论著作。郭熙与其子郭思合著。1卷。《四库全书》本有《山水训》、《画意》、《画诀》、《画题》、《画格拾遗》、《画记》六篇。前四篇为郭熙著，郭思附注，后两篇为郭思著。全书主旨认为画山水的本意在于抒发林泉之志，高蹈远引，以快心意。

林森 Lin Sen (1867-03-16～1943-08-01) 中国国民党西山会议派要员，南京国民政府主席。字子超。福建闽侯人。卒于重庆。1905年加入中国同盟会。1909年任职九江海关时，与吴铁城等设立书报社，联络新军，多方从事反清革命活动。

1911年武昌起义后，任九江军政府民政长。1912年当选为南京临时参议院议长，后因反对政府北迁而辞职。1913年二次革命失败后在日本加入中华革命党，翌年前往美国筹募讨袁资金。1917年随孙中山赴广州发动护法运动，一度任大元帅府外交部长，积极维护孙中山的护法领袖地位。1924年1月，当选为国民党一届中央执行委员，但不赞成孙中山联俄、联共、扶助农工政策。1925年11月，与邹鲁等在北京西山举行所谓“一届四中”反共分裂会议，被选为中央常委兼海外部长。1927年9月任南京国民党中央特别委员会委员。1928年后历任国民政府委员、立法院长、国民党中央监察委员等职。1932年元旦正式出任仅为国家元首的国民政府主席。抗日战争爆发后，随国民政府迁居重庆。

林杉 Lin Shan (1914～1992-02-05) 中国电影剧作家。浙江慈溪人。卒于北京。原名李文德。抗日战争爆发后前往晋西北解放区从事戏剧工作，创作了一批宣传抗日、反映晋西北人民生活的小戏。1949年调中央电影局剧本创作所，从事电影文学创作。20世纪50年代，将小说《吕梁英雄传》改编为电影。还创作了《刘胡兰》(1950)、《丰收》(1953，与孙谦合作)、《上甘岭》(1956，与曹欣合作）等电影文学剧本。此后，他又创作了电影文学剧本《党的女儿》(1957)、《冬梅》(1959)，并与他人合作创作了《风从东方来》(1958)、《试航》(1958)、《再生记》(1958)、《两家人》(1963) 等电影文学剧本。曾任长春电影制片厂艺术副厂长、中国电影家协会书记处书记、《大众电影》杂志主编。

林纾 Lin Shu (1852～1924) 中国文学家、翻译家。原名群玉，字琴南，号畏庐，别署冷红生，晚号蠡叟、补柳翁、践卓翁等。福建闽县（今福州）人。1882年中举。1901年入京，任金台书院、五城学堂等校教习，兼京师大学堂译书局译席。1906年，为京师大学堂教员。京师大学堂改名北京大学后，仍主文科讲席。后任教于北京正志学校、孔教大学。其后专以译书售稿与卖文、卖画为生。林纾博学强记，能诗能文兼能绘画。政治上主张维新，忠于清光绪帝。辛亥革命后，由思想保守转向反对五四新文化运动。

他标榜**桐城派**古文，其古文创作善于叙事抒情，生动感人，为桐城派大师吴汝纶所推重。其诗学唐宋诸家，亦有成就。林纾的文学成就主要在于他的"林译小说"，其译著影响远远超过其诗文和画。他翻译小说始于光绪二十三年（1897)，与精通法文的王寿昌合译法国小仲马《巴黎茶花女遗事》，两年后在福州由畏庐刊行。这是第一部中国翻译的西洋小说，一时风行全国。接着他受商务印书馆的邀请专译欧美小说，先后共译作品180余种，广泛介绍了美国、英国、法国、俄国、希腊、德国、日本、比利时、瑞士、挪威、西班牙等国的作品，其中许多是世界文学名著。林纾的译笔小说一般轻快明爽，颇能保持原文情调，小说人物也能传原著之神。他不懂外文，由别人口译，他来笔录。往往口述未毕，他已书写在纸，他是古文家，所译小说喜用古文义法。林译小说在中国近代史上有着积极影响，促进了文化引进和交流，为中国文学的发展提供了借鉴。他的一些成功译作至今仍有生命力。林纾的翻译生涯近30年，后期译笔逐渐退色。

林纾除翻译小说外，还有许多创作成果：文有《畏庐文集》、《续集》、《三集》等，诗有《畏庐诗存》、《闽中新乐府》，自著小说有《京华碧血录》、《巾帼阳秋》、《冤海灵光》、《金陵秋》等，笔记有《畏庐漫录》、《畏庐笔记》、《畏庐琐记》等，传奇有《蜀鹃啼》、《合浦珠》、《天妃庙》等。还有古文研究著作《韩柳文研究法》、《春觉斋论文》、《左孟庄骚精华录》、《左传撷华》等。

林爽文起义 Lin Shuangwen's Uprising 中国清代乾隆末年台湾天地会起义。林爽文（1756～1788)，福建省漳州府平和人，农民出身。乾隆三十八年（1773) 随父母迁居台湾彰化县大理杙庄（今台湾台中大里乡）务农。乾隆四十九年林爽文加入天地会，为彰化地区天地会重要首领之一。乾隆五十一年十一月二十七日（1787年1月16日)，林爽文率领千余人，在距彰化县20余里的大里杙竖旗起义，队伍迅速发展到3 000人，于夜间四更往袭大墩营盘，击毙副将赫踦额、知县俞峻及官兵数百人。随后攻破彰化县城，又攻下鹿港（亦名鹿仔港)，以及南北咽喉的斗六门，北进攻下北路淡水厅（今台湾新竹）。林爽文布告安民，提出起义宗旨是"保农业"、"安民心"，并申明军纪。起义军旗帜鲜明，纪律严明，群众纷纷加入，声势很大。这时庄大田在南路响应林爽文起义，攻克凤山（今台湾高雄）县城，并转战南路之南潭、中洲、大目降等地。起义军攻下彰化后，推林爽文为大盟主。定年号为"天运"，第二年改为"顺天"。以原彰化县署为盟主府（后迁大里杙）。起义军彼此平等相待，兄弟相称。对贪官污吏坚决镇压，没收一些地主的土地给起义群众耕种。清廷先后派提督黄仕简、任承恩，闽浙总督常青，陕甘总督**福康安**带领官军渡台镇压。开始时军事上毫无起色。福康安于乾隆五十二年十一月到达台湾，对起义军进行分化瓦解，以优势兵力解诸罗之围，又接连攻下斗六门、大里杙等军事要地。次年正月初五日林爽文被俘，解往北京后就义。

林水镜 Lien Suie King (1956-02-28～) 印度尼西亚羽毛球运动员。华裔。出身于羽毛球世家。自幼接受羽毛球训练。18岁时，获印尼全国少年组和甲组公开赛两项冠军。翌年获第3届世界羽毛球邀请赛男单冠军，从此崭露世界羽坛。1978、1979、1981年3次获全英羽毛球锦标赛男单冠军，1982年获世界杯羽毛球赛男单冠军，1975～1976年、1978～1979年和1984年作为印尼队主力队员为印尼队连续3届夺得**汤姆斯杯赛**冠军立下战功，另在1978年第8届**亚洲运动会**羽毛球比赛中获男单和团体两项冠军。1984年改练双打。1985、1986年分别与陈全德、叶忠明配对，在第5、6届世界杯羽毛球赛中连夺双打冠军。有世界"羽王"的称誉。

林跳鼠 Zapodidae; jumping mice 啮齿目林跳鼠科动物的统称。有4属10种，其中2属4种为北美洲西部特有，另2属6种则为欧亚大陆北部和中部特有。中国产2属3种。体形皆小，吻略尖，耳壳的形状和大小均像家鼠，但上唇不分为左右两瓣。须比头长。后肢比前肢长。后足具5趾，侧趾发育正常。尾很长，细而均匀，尾轴覆毛非常稀少，能看到环状鳞片，尾端无毛穗。

林同炎 Lin Tung-Yen (1912-11-14～2003-11-15) 美籍华裔结构工程专家。原名同棪。生于中国福建福州，卒于美国旧金山。1931年毕业于交通大学唐山工程学院。1933年获美国加利福尼亚大学伯克利分校硕士学位。1933～1946年，在中国成渝铁路、滇缅铁路任工程师、课长。1946年定居美国，任教于加利福尼亚大学伯克利分校。1954年创建林同炎国际公司。1967年当选为美国国家工程科学院院士。1996年当选为中国科学院外籍院士。

林同炎是美国预应力混凝土学会的创始人之一，主要贡献在于首次系统而完整地提出了荷载平衡法，用以求解预应力超静定结构。所设计的结构物上千座，如旧金山莫斯科尼地下会议大厅、马来西亚莎阿南体育场、台北关渡大桥、金门大学礼堂、跨度396米的拉克埃查基曲线型斜拉桥等。曾获美国和国际多种奖赏和荣誉称号，中国西南交通大学、同济大学和清华大学聘他为名誉教授。是率先提出开发浦东的外籍人士，并提出黄浦江大桥及长江口通道跨越方案。

林文漪 Lin Wenyi (1944-09～) 中国人民政治协商会议全国委员会副主席，台湾民主自治同盟中央委员会主席。台湾台南

人。研究生学历。英国利物浦大学荣誉法学博士，清华大学教授。1962～1968年在清华大学工程力学数学系热物理专业学习。1968～1971年在新疆维吾尔自治区芳草湖农场劳动锻炼。1971～1973年任新疆仪表厂技术员。1973～1978年任中国科学院等离子体物理研究所研究实习员。1978～1981年为清华大学工程力学系工程热物理专业硕士研究生。1982～1994年任清华大学工程力学系助教、讲师、副教授、教授、博士生导师、系副主任（其间：1984～1988年为英国利物浦大学、清华大学联合培养热能工程专业博士生）。1992～1996年任台盟北京市委会副主委。1994～2008年任清华大学教授、博士生导师（其间：2002年获英国利物浦大学荣誉法学博士）。1994～1996年任北京市高等教育局副局长、市教育委员会副主任、市长助理。1997～2004年任台盟北京市委会主委。1996～2003年任北京市副市长。1997～2002年任台盟中央副主席。2002～2005年任台盟中央副主席、常务副主席。2003～2008年任十届全国人大常委会常委、副秘书长，北京市人大常委会副主任。2005～2008年任台盟中央主席。2008年任全国政协十一届副主席，全国人大常委会副秘书长。十届全国人大常委会委员；全国政协九届委员。

林耀华 Lin Yaohua (1910-03-27～2000-11-27) 中国社会学家、民族学家。笔名述真、志员。生于福建古田，卒于北京。1928～1932年就学于燕京大学社会学系，

1935年获硕士学位。1937～1940年留学于美国哈佛大学人类学系，获博士学位。1941年回国后，深入凉山彝族地区调查。1941～1952年先后任云南大学和燕京大学社会学系教授、系主任。1952年起历任中央民族学院教授、历史系副主任、民族研究所所长兼民族学系主任，中国社会学会副会长、中国民族学会副会长等职。主要著作有《金翼》(英文版)、《凉山彝家》、《从猿到人的研究》、《原始社会史》(主编)、《民族学研究》、《民族学通论》(主编)等。以小说体裁写成的《金翼》一书通过汉族两个家庭的兴衰史，反映了中国南方家庭生活的传统与农村社区的变迁，已被译成多种文字在世界上发行。《凉山彝家》一书是中国学者对凉山彝族首次进行系统调查研究的重要著作，引起了国际学术界的重视。在学术上，他偏重于原始社会、中国少数民族社会形态与结构的民族学和社会学研究。执教60余年，培养了一批教学与科研人员，为中国社会学、民族学的发展作出了重要贡献。

林耀基 Lin Yaoji (1937-05-16～2009-03-16) 中国小提琴教育家。生于广州，卒于北京。1954～1960年在**中央音乐学院**管弦系从**马思聪**学习小提琴。1960～1962年赴苏联莫斯科柴科夫斯基音乐学院，师从小提琴演奏家Yu.扬凯列维奇，专攻小提琴演奏与教学法。1963年回国后一直任教于中央音乐学院，培养出胡坤、薛伟、柴亮、郭昶、徐惟聆、张提、谢楠、李传韵等一批优秀小提琴家。林耀基在教学上的突出成就受到了国内外音乐界的高度评价，被誉为“伟大的小提琴教育家”，1989年获全国普通高等学校优秀教学成果特等奖。著有《林耀基论小提琴演奏艺术》及4套小提琴教学的VCD。曾任中国国际文化交流中心理事、全国政协委员等职。

林业 forestry 培育、保护和开发利用森林资源的产业。经济社会可持续发展的一项基础产业和公益事业，在生态建设和林产品供给上具有十分重要的作用。

林业生产的基础是森林。森林除提供木材、食物、药物及化工原料等林产品外，同时也是野生动植物繁殖、生息、蔽护的重要场所。森林具有涵养水源、保持水土、美化净化环境、保持生物多样性等多种功能，是生物圈中最重要的稳定因素。由于人类对木材和其他林产品的需求与日俱增，利用森林提供良好的生存环境的愿望日益迫切，因此，发展林业，保护和扩大森林面积，提高林产品的产量、质量，发挥森林的生态、社会效益就十分重要。

林业的特点 林业生产有4个显著的特点：①生产周期长。由新林建立到产品收获或产生生态效益、社会效益需要较长时间，少则几年，十几年，多则几十年甚至上百年。②社会公益性。森林是自然界陆地生态系统的主体，对改善生态环境，维护生态平衡起着重要作用。林业与农业、水利、交通、工矿、旅游、卫生、城市建设都有密切关系。林业生产的好坏、森林资源的消长影响到整个社会。因此，林业建设是全社会的公益事业，国家对林业生产实施经济扶持政策是发展林业的必要条件。③地域性。林地是林业生产的基本生产资料，由于地理位置的差异，气候、土壤等环境条件的不同，林业生产的规模、特点、性质都不同。因此，因地制宜发展林业生产十分必要。④风险性。林业经营活动的主要对象是有生命的物体，它在生长发育过程中会受到各种自然灾害、社会因素与人为因素的破坏和干扰。因此，林业生产经营活动有较大风险，必须加强对森林的保护工作。

林业经营体制 各个国家的林业经营体制因受到社会制度和所有制形式、森林资源状况和经营指导思想、历史条件等因素的制约，有明显的差异。世界各国的国有林经营体制大致可分为“政企合一”和“政企分离”两种形式。中国林业有国家经营、合作经营、个体经营三种基本类型。现阶段，跨所有制、跨行业联合经营的林业有所发展。

产业类别 依照三次产业划分方法，林业可分为：①森林培育产业，属一次产业。包括育苗、营林和森林保护等。②森林工业产业，属二次产业。包括森林采伐运输、木材加工、林产化学加工和林业机械制造4部门。③森林环境产业及服务业，属三次产业。森林环境产业是新兴产业，如森林旅游业，它是为人们在森林里进行野外游憩服务的。包括在林内宿营、野餐、游览、探险、疗养、考察等。森林旅游有益于人们接近自然，了解自然，与自然和谐共处。

世界林业 据联合国粮农组织统计，21世纪初全球森林总面积为38.67亿公顷。其中52%是热带林，9%为亚热带林，13%为温带林，26%为寒温带林。世界森林覆盖率为29.6%。在林产品产量方面，2000年世界木材产量为37.79亿立方米。其中工业圆木和锯材为20亿立方米。世界人造板产量(含单板、胶合板、刨花板、纤维板)为1.82亿立方米。纸和纸板产量为3.24亿吨。

世界森林分布不均，俄罗斯森林面积达7.64亿公顷，占世界森林面积20%，居世界首位，其次为巴西（占15.9%)，加拿大（占7.1%)，美国（占6.2%)，中国（占4.2%)。20世纪70年代以来，虽然发达国家的森林资源缓慢增加，但由于发展中国家森林资源的大幅下降，因此从总量上看世界森林资源仍在大面积减少。这种状况引起各国关注。

中国林业 中国森林长期遭受到破坏。20世纪40年代末，全国森林面积估计只有8 280万公顷，约占国土面积的8.6%。中华人民共和国建立后，国家一直高度重视林业建设，从中央到地方普遍建立了主管林业的机构，制定了“以营林为基础，普遍护林，大力造林，采育结合，永续利用”的方针。

在林业生态建设方面，从20世纪70年代起先后实施三北（华北、西北、东北）和

长江中下游防护林体系建设工程、天然林保护工程、退耕还林还草工程、防沙治沙工程、野生动植物保护及自然保护区建设工程及速生丰产用材林工程。开展封山育林、飞机播种造林、人工造林、全民义务植树等造林绿化工作，每年人工造林480万公顷。20世纪末中国有人工林4 666.7万公顷，人工林蓄积量10.1亿立方米，居世界首位。

林业产业已发展成包括林木种苗、营林造林、木材采伐、木材加工、林产化工、制浆造纸、机械制造、野生动物驯养繁殖、野生植物培育及合理利用、森林旅游、多种经营、竹藤花卉等综合性产业。

在林业科学研究方面，形成门类比较齐全，分支学科基本配套的林业科技体系。林业教育已形成包括高等教育、职业技术教育、成人教育和基础教育在内的林业教育体系，为林业建设提供必要的人力资源。

问题和前景　从世界范围看，林业面临的主要问题是毁林造成的森林面积减少。森林的减少引起生态环境恶化，全球温室效应加剧，生物种类减少，自然灾害日趋严重。另外，大部分国家对天然林长期进行不合理的采伐利用，加之酸雨的危害使森林退化，林地逐渐失去简单再生产能力。

面向未来，林业的作用越来越得到人们的重视，有着良好的前景和发展机遇，这体现在三个方面：①人们将充分认识到森林对陆地生态系统及人类生存的重要意义，自觉保护和发展森林资源。对森林的经营高度集约化，不断提高森林生产力，合理协调森林各种效益，满足多方面的需求，为社会发展服务。②按可持续经营的原则，采用科学技术新成果，营造人工林，切实做到采育结合，综合利用，使森林资源稳定发展。③增加对林业的投入。国家、社会团体和民众对林业多渠道扶持，壮大林业经济实力，林业将在广阔的范围内实现社会化、综合化。

林业机械　forestry machinery　用于营林（包括造林、育林和护林）、木材切削和林业起重输送的机械。广义的林业机械还包括木材加工机械、人造板机械和林产化工设备等综合利用机械。根据用途可分为：①营林机械。常用有采种机、割灌机（用于造林和抚育幼林）、挖坑机（分为拖拉机悬挂式和手提式）、筑床机（能同时完成整地和筑床）、插条机（插穗机）、起苗机、植树机（分为连续开沟式、间断开沟式和选择挖坑式）、幼林抚育机（幼林除草机）、立木修枝机和喷机等。②木材生产切削机械。常用有油锯、伐区作业联合机（如伐木归堆机、打枝造材机和自装集材机组等）。③林业起重输送机械。常用有森林铁道和机车车辆、林用汽车、拖拉机和绞盘机（分为固定式和自行式）等。

林语堂　Lin Yutang（1895-10-10～1976-03-26）　中国作家、语言学家。原名和乐，改名玉堂、语堂，笔名毛驴、宰予、岂青等。福建龙溪人。卒于香港。1912年入上海圣约翰大学。1919年后留学美国、德国。研究语言学，获哈佛大学硕士、莱比锡大学博士学位。1923年回国，在北京大学、北京女子师范大学任教，因支持爱国学生运动，被北洋政府通缉。1926年去厦门大学任教，后专事著述。1932年后陆续创办《论语》、《人间世》、《宇宙风》，以推动小品文的创作，成为论语派主要人物。30年代初，曾参加中国民权保障同盟。1936年旅居美国。1947年任联合国教科文组织美术与文学主任。1954年任新加坡南洋大学校长。1966年定居台北。他一生撰写的传记、散文、论著、文选及译作等共30余部，重要的有《剪拂集》、《开明英文读本》、《开明英文文法》、《大荒集》、《我的话》、《生活的艺术》、《吾国与吾民》、《无所不谈》、《京华烟云》、《风声鹤唳》和《语堂文存》等。

林则徐　Lin Zexu（1785-08-30～1850-11-22）　中国清代鸦片战争时期主张严禁鸦片、抵抗西方侵略的爱国政治家。史学界称之为近代中国“开眼看世界的第一人”。字元抚，又字少穆、石麟，晚号竢村老人。福建侯官（今福建福州）人。

林则徐于嘉庆九年（1804）中举，十六年中进士，选庶吉士。后历任编修、协修等京官。二十五年起，先后赴浙江、江苏任职，整顿盐务，兴办河工，筹划海运，救灾抚民。道光十年（1830）任湖北、河南布政使，次年升任河东河道总督，提出改黄河由山东利津入海以根治水患的治河方案。十二年授江苏巡抚，曾奉命驱逐在吴淞口外刺探情报的英国胡夏米商船，又协助两江总督陶澍，实施许多利国便民的经济改革措施。反对一概禁用洋钱，提出自铸银币的主张，是中国近代币制改革的先声。十五年和十六年，任两署两江总督兼两淮盐政，积极推行淮北“票盐”制度。十七年，升任湖广总督。鸦片危及中国国计民生，道光帝令各地督抚各抒己见。林则徐支持黄爵滋的严禁主张，提出六条具体禁烟方案，并率先在湖广实施，成绩卓著。八月上奏指出，历年禁烟失败在于不能严禁。九月应召进京，力陈禁烟的重要性和禁烟方略。十一月受命为钦差大臣，前往广东禁烟，并节制广东水师，查办海口。十九年正月抵广州。会同两广总督邓廷桢等传讯洋商，令外国烟贩限期交出鸦片。采取撤买办工役、封锁商馆等措施，收缴英国趸船上的全部鸦片。四月二十二（6月3日）起在虎门海滩销烟，20天销毁鸦片共计2 376 254斤。注意了解外国情况，组织翻译西文书报，先后辑有《四洲志》、《华事夷言》、《滑达尔各国律例》、《澳门新闻纸》等，成为中国近代最早介绍外国的文献。大力整顿海防，积极备战，购置外国大炮，加强炮台，搜集外国船炮图样，准备仿制。坚信民心可用，组织地方团练，从沿海渔民、疍户中招募水勇，操练教习。七月因英国驻华商务总监义律拒不交出杀害中国村民的英国水手，又不肯保证不再夹带鸦片，他下令断绝澳门英商接济。九龙炮战和穿鼻洋海战中，亲赴虎门布防，数败英军。十一月遵旨停止中英贸易。十九年十二月实授两广总督。鸦片战争开始后，道光帝惊恐求和，归咎林则徐在广东“办理不善”，九月将其革职。留粤仍奔走察看要隘，筹募壮勇守卫广州，反对畏敌求和。二十一年三月受命赴浙江协办海防，积极筹划战备，帮助研制新式炮车、战船。五月道光帝以广东战败归咎前任，林则徐被从重惩处，充军伊犁。途经镇江，授老友魏源以《四洲志》及有关外国资料，嘱撰《海国图志》。中途因黄河决口，奉旨往河南治河。

林则徐画像

道光二十二年抵伊犁。协助办理垦务，亲历南疆等地勘察，行程三万里，所至倡导水利，开辟屯田。又绘制边疆地图，建议兵农合一，警惕沙俄威胁。二十五年被重新起用，历任署陕甘总督、陕西巡抚、云贵总督。二十九年因病辞职归籍。三十年九月（1850年10月）奉旨为钦差大臣，赴广西镇压农民起义。十月抱病起程，途中卒于潮州普宁县（今广东普宁北）行馆。赠太子太傅，谥文忠。

平生爱好诗词书法，著有《云左山房文钞》、《云左山房诗钞》、《使滇吟草》等。所遗辑为《林则徐全集》。

林昭亮　Lin Zhaoliang（1960-01-29～　）　中国小提琴演奏家。原籍广东潮州。生于台湾新竹。5岁开始学习小提琴，10岁获全台湾青年小提琴比赛冠军。1971年赴澳大利亚，进入悉尼的音乐学院附中学习。1975年赴美，进入朱丽亚学校。同年秋，获西班牙“第一届苏菲亚皇后国际小提琴比赛”大奖。1979年曾先后与纽约交响乐团合作，在美国卡内基音乐厅、肯尼迪文化中心演出。20世纪80年代，他曾与世界许多乐队合作演出，确立了他世界优秀小提琴家的地位。80年代中期，他曾与中国钢琴家李坚回大陆进行访问演出。

林兆恩 Lin Zhao' en (1517～1598) 中国三一教创始人。福建莆田人。卒于莆田。字茂勋，别号龙江、三纲先生，道号子谷子、心隐子，晚年又号混虚氏、无始氏。兆恩本名家子，自幼喜读道家、佛释之典。及长，三举乡试不中，遂愤弃仕途。明嘉靖三十年（1551）创立学术团社，开始授徒讲学，倡导三教合一学说。三十七年（1558）林兆恩建立三教堂，下分天、地、人三会，制定祭礼、射礼、三加礼等各种礼仪，逐渐向宗教社团演化。同时林兆恩还传授养身九序功，并用“艮背法”这一气功心理疗法为信徒治病，颇有疗效，吸引各阶层人士的广泛信仰。在社会上，广行义举，施药舍棺，受大众尊崇。万历十六年（1588）正式创立三一教，林兆恩从学术领袖演化成宗教教主。

林兆华 Lin Zhaohua (1936～) 中国话剧导演。生于天津。1956年入八一电影制片厂从事录音等工作。1957年考入中央戏剧学院表演系。1961年毕业后入北京人民艺术剧院。1982年，他执导的《绝对信号》轰动剧坛，以“意识流”的舞台形式，拓展了话剧的叙事空间和手段，被称为中国当代小剧场戏剧的第一部成功之作。他成功地导演了《红白喜事》、《北京人》、《古玩》等充满生活气息的写实戏剧，更致力于话剧舞台表现方法的开拓和创新。在《车站》、《野人》中，富有创意地运用了包括非语言媒介在内的多种舞台手法，尝试“多声部”的“复调”话剧。在《第二次世界大战中的帅克》、《棋人》、《鸟人》等剧中，广泛借鉴古今中外各种表现手法，丰富和革新了中国话剧的舞台艺术语汇。1986年，与刁光覃合作导演的《狗儿爷涅槃》，成为“新写实主义戏剧”的代表作之一。

林芝地区 Nyingchi Region; Linzhi Region 中国西藏自治区人民政府设立行政公署所管理的地区。位于自治区东南部，南与印度、缅甸接壤，邻接四川省、云南省。辖林芝、工布江达、米林、墨脱、波密、察隅、朗县7县。面积116 175平方千米。人口约20万（2010），多为藏族，还有汉、门巴、珞巴等民族。地区行政公署驻林芝县。吐蕃时期有官衙建制，7世纪为约茹辖地，明隶帕竹政权。清为噶厦政府所辖，建政教合一“宗”。1960～1969年为林芝专区。1983年置林芝地区。地形复杂，有山地、坡地和谷地，高峰林立、沟壑纵横。属亚热带、温带半湿润季风气候，雨量充沛、日照充足。年平均气温6～13℃。年降水量600～800毫米。是中国原始林面积最大的地区之一。森林覆盖率50%以上，有云南松、华山松、云杉、冷杉、桦木、高山松等，珍贵树种有巨柏、楠、樟、桂、栲、榧等300多种。药材有延龄草、黄芪、当归、草乌、三七、天麻、冬虫夏草、贝母等。野生动物有虎、豹、麝、猴、羚、蟒等。农作物有水稻、小麦、青稞、芝麻、黄豆、棉花等。矿产资源主要有金、银、铜、铅、铁、云母等。有水电站、木材加工、农机修理、编织等企业。有米林机场，有318国道、八一镇—

林芝地区高原湿草甸

泽唐公路等过境。名胜古迹有拉玛林寺、南迦巴瓦峰风景区、巴嘎寺、巴松错等。

林芝县 Nyingchi County 中国西藏自治区林芝地区辖县。位于自治区东南部，雅鲁藏布江支流尼洋曲流域。面积10 237平方千米。人口约4万（2008），以藏族为主，还有汉、门巴、珞巴、土家、苗、回、纳西等民族。吐蕃时期为娘氏家族领地。1960年成立林芝县。平均海拔约3 000米。属高原温带半湿润季风气候，气候温和，降水丰富，日照充足，无霜期较长。自然资源以水能、动植物、森林、食用菌和中药材等为丰富，素有“绿色宝库”之称。县域经济农林牧兼营，农业以种植冬小麦、春小麦、青稞和油菜等为主，为林芝地区主要产粮县之一。畜牧业以发展牦牛、犏牛、黄牛、绵羊、山羊、生猪等为主。林木有云杉、高山松和青木冈等，森林覆盖率和木材蓄积量居西藏自治区之首。工业多集中于八一镇，以电力、毛纺、木材加工、制药等为主。有包括川藏公路在内的多条公路。名胜古迹有拉玛林寺、崩日山、巴结巨柏、桑树王等。

林州市 Linzhou City 中国河南省辖县级市。位于省境西南部，豫、晋、冀3省交界处。面积2 046平方千米。人口约79万（2010）。因太行支脉林虑山贯穿全境而得名。西汉高帝二年（前205年）置隆虑县，东汉改称林虑县，南宋嘉定八年（1215）升为林州，明洪武三年（1370）改为林县。1994年撤县设市。由安阳市代管。林州市以修建红旗渠知名。属暖温带大陆性季风气候。矿藏有铁、铅、锌、铜、煤、大理石等。农作物有小麦、玉米、谷子、甘薯、棉花、油菜等。中药

红旗渠分水苑

材有党参、当归、黄芩、山桂、灵芝、五加皮等。有名贵鱼类双脊鲫鱼。工业有建材、煤炭、电力、冶炼、机械、食品、医药、化工、纺织等。名胜古迹有双龙寺、惠明寺、千佛洞石窟、红旗渠等。

临安市 Lin' an City 中国浙江省辖县级市。位于省境西北部。面积3 124平方千米。人口约57万（2010）。东汉置临水县，晋改临安县。1996年设临安市（县级市）。由杭州市代管。自然资源丰富，珍稀植物有银杏、柳杉、金钱松、连香树、香果树、天目杜鹃等，珍稀动物有云豹、梅花鹿、黑麂、苏门羚等。主要矿产有钠基膨润土、石煤、大理石、花岗岩、石灰岩、铜、铅、锌等。农作物以水稻为主，兼种小麦、甘薯、棉花。特产茶叶、笋干、山核桃，被誉为“天目三宝”。工业有纺织、机械、化工、电线电缆、酿酒、食品、建材、造纸、制药、森工等行业。古迹有功臣塔、玲珑胜境、吴越国王钱镠墓、元代普庆寺塔，及昱岭关、千秋关、洞霄宫、双林寺遗址。天目山自然保护区、清凉峰自然保护区为国家级自然保护区。

临沧市 Lincang City 中国云南省辖地级市。位于省境西南部，西南与缅甸接壤。辖临翔区及凤庆、云县、永德、镇康4县和双江拉祜族佤族布朗族傣族自治县、耿马傣族佤族自治县、沧源佤族自治县。面积24 469平方千米。人口约243万（2010），有汉、彝、佤、傣、布朗、德昂、拉祜、白、回、傈僳、苗等民族。西汉为哀牢地。东汉属永昌郡。唐南诏属永昌节度。宋大理属永昌府。清时东部设顺宁府，西部属永昌府。

沧源岩画

1954年为临沧专区，1970年改临沧地区。2003年撤销临沧地区，设立临沧市。矿产有煤、铁、铜、锡等。农作物主要有水稻、玉米、小麦等。工业有农业机械、电力、煤炭、水泥、木材等行业。名胜古迹有耿马石佛洞、凤庆石洞寺、沧源岩画、广允佛寺等。

临床酶学诊断 clinical enzymological diagnosis 通过对血清酶的检查，对病变进行定性、定量以至定位的诊断。

血清酶的来源 ①血清固有酶。在血清中发挥其催化功能的酶。包括凝血因子、纤维蛋白溶解系统的酶或酶原、补体、血清胆碱酯酶、铜氧化酶（铜蓝蛋白）、脂蛋白脂肪酶、卵磷脂-胆固醇酰基转移酶等。②外分泌酶。由外分泌腺分泌的酶，如唾液酶、胰脂肪酶等。③细胞内功能酶。人体内的酶绝大部分都存在于细胞内，完成能量转换、物质的合成与分解、增殖、修复等功能。

影响血清酶浓度的因素 ①细胞内外酶量的梯度差。②酶在细胞内的位置和存在形式。③酶分子量的大小。④酶的半衰期。⑤酶在体液中的分布与转移。⑥被检样品中含有酶的激活剂或抑制剂。

酶的测定方法 酶活性测定法 在规定条件下，测定经酶作用一定时间后的底物减少量或产物生成量。这是一种间接方法，不是测定酶蛋白的含量，而是测定酶的催化能力。常用方法有终点法和连续监测法（或称动力法）。

酶蛋白测定法 测定血清酶蛋白量。由于血液中存在无活性的酶蛋白，血清酶活力与血清酶蛋白含量两者并不完全对应。病变组织或器官合成的无活性酶常增多，出现血清酶蛋白含量较高，而酶活力低。有些肝豆状核变性患者血清铜氧化酶活力低，血清铜氧化酶即铜蓝蛋白的蛋白质含量却很高。

临床诊断常用的酶 有以下几种。

肌酸激酶（CK） 又称肌酸磷酸激酶。是细胞内功能酶。主要存在于细胞质，催化腺苷三磷酸的生成和利用。用于心脏疾病、中枢神经疾病、肿瘤等的诊断。

乳酸脱氢酶（LD） 位于细胞质内，是葡萄糖酵解最后产物丙酮酸的还原氧化酶。广泛存在于机体的各种组织，凡以葡萄糖为主要能量来源的组织和器官都含有高浓度的乳酸脱氢酶。许多组织含量都比较丰富，升高的疾病较多，所以诊断的特异性较差。乳酸脱氢酶总活力升高的疾病除急性心肌梗死外，还包括各种肝病、恶性肿瘤、溶血性疾病、增生性红细胞疾病和恶性贫血等。

转氨酶 又称氨基转移酶。转氨基作用是氨基酸代谢最基本的化学反应，也是非必需氨基酸在体内合成的主要途径。除个别氨基酸外，各种氨基酸的转氨基作用都有相应的转氨酶。临床主要用以诊断肝、心和骨骼肌疾病。

碱性磷酸酶（ALP） 在小肠上皮细胞、骨、肝、胎盘和白细胞最为丰富，主要存在于细胞膜的表面，如胆管上皮细胞，并分泌于胆汁。临床主要用以诊断骨骼、肝胆系统疾病。

酸性磷酸酶（ACP） 一组在酸性条件下催化多种正磷酸单酯水解的酶。广泛存在于前列腺、睾丸、肾、肝、脾、红细胞、白细胞、骨髓。前列腺含量最高。用于诊断前列腺癌。

γ-谷氨酰基转移酶（GGT） 较广泛存在于组织，主要位于分泌和吸收功能强的细胞膜，如肾小管上皮细胞的刷状缘、毛细胆管上皮细胞的分泌面、胰管和肠黏膜上皮等。用于原发性和继发性肝癌、阻塞性黄疸、肝炎、肝硬化、酒精性肝损伤等的诊断。

胆碱酯酶（ChE） 人体有两种胆碱酯酶：乙酰胆碱酯酶和酯酰胆碱酯酶。都能水解乙酰胆碱，但生成组织和生理功能各有不同。乙酰胆碱酯酶主要用于诊断有机磷农药和神经性化学武器中毒。酯酰胆碱酯酶主要用于诊断肝脏疾病、高脂蛋白血症和糖尿病等。

淀粉酶（AMY） 人体内用于水解淀粉的α-淀粉酶。属细胞分泌酶。主要由胰腺和唾液腺合成并在神经和体液调节下分泌于消化道。用于诊断急性胰腺炎、肾功能障碍和急腹症的鉴别。

脂肪酶（LPS） 能水解8～18碳的长链脂肪酸甘油酯的低专一性酶。主要由胰腺分泌，是消化道水解中性脂肪的重要的酶。主要用于诊断胰腺疾病。

临床营养 clinical nutrition 营养学的特定领域，临床医学的组成部分。其任务是根据营养学原理，通过治疗膳食，治疗或缓解疾病，增强其他治疗措施的临床效果，加速患者康复。又称治疗营养。临床营养通过治疗膳食来实施，按其功用分为治疗膳与试验膳。

治疗膳 针对特定病种和不同病情而编制的各种食谱。①一般治疗膳。分普通饭、软饭、半流质膳、流质膳。普通饭每天含热能2 200～2 400千卡，含有各种营养素。软饭为切碎煮软易消化的膳食。适用于牙齿不好或消化功能欠佳以及恢复初期的患者，一日4餐。半流质膳主要用于发热、消化道疾病、不能咀嚼者。每日热能最多2 000千卡，蛋白质不少于60克，各种营养素充足。每日六七餐。流质膳即全流质，必要时须另补营养素。只能短期使用，适用于高热、体弱、病情重、口腔限制或需使胃肠休息的患者。每天热能只有1 000～1 500千卡，蛋白质40克左右。每二三小时进餐一次。②鼻饲膳与管饲膳。昏迷或不能经口进食但无咽喉与食管疾患和呕吐者，可鼻饲。若食物不能通过咽喉食管，而由胃肠造瘘插管直接送入胃肠，则称为胃肠造口管饲。③要素膳。又称化学元素膳或配制膳。用纯营养素配制的溶液或悬浮液，不需消化，残渣极少。每日可提供热能1 000千卡，能满足各种营养素需要，简单方便，不引起感染。适用于消化道瘘、严重的肠炎、慢性腹泻、短肠综合征、胰腺炎等患者及严重创伤烧伤下的超高代谢、慢性营养不良和术前准备及术后护理等。不宜用于三个月以内的婴儿、肠切除后残留过短的术后早期、有代谢性应激和肠梗阻患者的早期及其他极度虚弱患者。要素膳可按患者情况口服、鼻饲或造瘘滴注。④静脉营养。或称胃肠外营养。即通过静脉注射补给患者营养素。适应证有肠瘘、肠道炎性疾患、急性肾功能衰竭、心力衰竭、肝功能衰竭等；辅助治疗适应证有术前恢复营养状态、术后辅助治疗、不能经口进食、昏迷、神经性厌食或拒食等。一般配制包括葡萄糖、脂肪及氨基酸注射液的热源和氮源；另一部分为电解质、微量元素及维生素等。输注方式，按口服、鼻饲或造瘘、周围静脉和中心静脉的顺序，优先择用前者。要通过血、尿，各科临床检验项目进行监测，除尿比重及液体出入量每日记录外，一般多为一两周一次或一周一两次。

试验膳 应某些临床检验需要而规定的特殊膳食。如胃肠潜血检验用的潜血检查膳（不含血红素、叶绿素的食物），检查胆囊胆管功能的胆囊造影膳（食用油炸鸡蛋类的高脂肪，以刺激胆囊收缩，便于摄片），检查尿浓缩功能的干膳食（含水少的食物如饭、馒头等）等。

不同疾病有不同的临床营养原则，如高血压病患者，体重超重者按每周1～1.5千克减重，合并高脂血症和冠心病者限制脂肪量尤其是动物脂肪量，减少胆固醇摄入量，多采用植物油，糖耐量降低者限制热量，减少糖类，限制食盐至每日2～6克。另外，某些疾病特异地与某些食物或其所含成分有关，如苯丙酮酸尿症患者先天性缺乏苯丙氨酸羟化酶，以致苯丙氨酸及其衍生物积聚于体内而致脑损伤。针对这些患者的营养治疗要制备相应的不含这些食物及其特定成分的膳食。

临汾市 Linfen City 中国山西省辖地级市。位于省境西南部，黄河东岸，西邻陕西省。辖尧都区和曲沃、翼城、襄汾、洪洞、古县、安泽、浮山、吉县、乡宁、蒲县、大宁、永和、隰县、汾西14县，代管**侯马市**、**霍州市**。面积20 589平方千米。人口约432万（2010）。春秋时属晋。战国时属韩。秦属河东郡。三国时置平阳郡。北魏属晋州。隋改置临汾郡。1949年属陕甘宁边区晋南区。1950年设临汾专区。1954年临汾专区和运城专区合并为晋南专区，1967年改名晋南地区。1970年改为临汾地区。2000年撤销临汾地区和县级临汾市，设立地级临汾市。农作物主要有小麦、谷子、玉米、棉花、高粱等。矿产主要有煤、铁、铝、铜、石灰岩、石膏等。工业主要有煤炭、机械、冶金、纺织、钢铁、造纸、电气等。名胜古迹有尧庙、尧陵、小西天、广胜寺、霍泉、丁村遗址、东岳庙、大云寺、明代监狱和壶口瀑布等。

山西临汾名胜尧庙

临高语 Lingao language 中国海南省临高人使用的语言。主要分布于海南岛北部的临高、澄迈和琼山等地。属**汉藏语系**壮侗语族壮傣语支，与**壮语**、**布依语**比较接近。临高语有17个声母，无送气音；有82个韵母，元音不分长短，带3个鼻音和4个塞音韵尾。有6个声调。词汇以单音节词和单音节词素构成的复合词为主。吸收了一定数量的**黎语**和**汉语**借词。词序和虚词是表达语法意义的主要手段。基本语序为主语－谓语－宾语。

临海市 Linhai City 中国浙江省辖县级市。位于省境东南部沿海、灵江中下游。面积2 171平方千米。人口103万（2010）。三国吴置临海县。1986年撤县设市。由**台州市**代管。矿产有铅、锌、铜、萤石、花岗石等。主要农作物为水稻、小麦、甘薯、棉花。柑橘栽植普遍。沿海盛产黄鱼、带鱼、鲳鱼、墨鱼、海带等。工业有机电、丝绸、酿造、化工、制药、食品、建材等行业。手工艺以绣衣、草编著名。有姚渚风景名胜区、临海翼龙化石产地保护区、地质火山公园、云峰森林公园、东湖、巾子山等名胜古迹。

临江市 Linjiang City 中国吉林省辖县级市。位于省境东南部，长白山腹地，与朝鲜隔鸭绿江相望。面积3 009平方千米。人口约18万（2010），有汉、满、回、朝鲜、蒙古等9个民族。清光绪二十八年（1902）析通化县置临江县。1960年撤临江县，成立浑江市（今白山市）。1992年复置临江县，1993年改设临江市，由**白山市**代管。河流湍急，落差较大，水力资源充足。矿产有铁、锑、镁、硅藻土、白云石、煤、铜、铝等。其中硅藻土和白云石储量及品位居全国第一。农产品以玉米、大豆、人参、冻秋梨、西瓜等为主。全市森林覆盖率83%。野生植物有山鲁参、天麻、细辛等1 000多种。有以山参、园参、细辛为主的中药材生产，以蕨菜、刺嫩菜为主的绿色食品，以红松果仁、山葡萄为主的特色食品。工业有煤炭、金属、木材、食品、纺织、医药、服装等。建有长白山国家自然保护区。

临界状态 critical state 纯物质的蒸汽饱和线和液相饱和线的交点C（称为临界点）所确定的系统状态。临界状态处的温度、体积和压强分别称为临界温度（T_C）、临界体积（V_C）和临界压强（p_C）。处于临界状态的物质的饱和蒸汽的比容与它的液态比容之间的差别消失。温度高于临界温度后，不能再通过等温压缩使该物质液化。如氮气的临界温度为－147℃，要使氮气液化，必先使它冷却到－147℃以下，所以常温下见不到液态的氮。但水的临界温度等于374℃，远比常温高，故水蒸气极易冷却成水。实验证明，当物质经过临界点时发生的相变是二级相变。通过临界点的等温线称为临界等温线。若已知系统的状态方程，

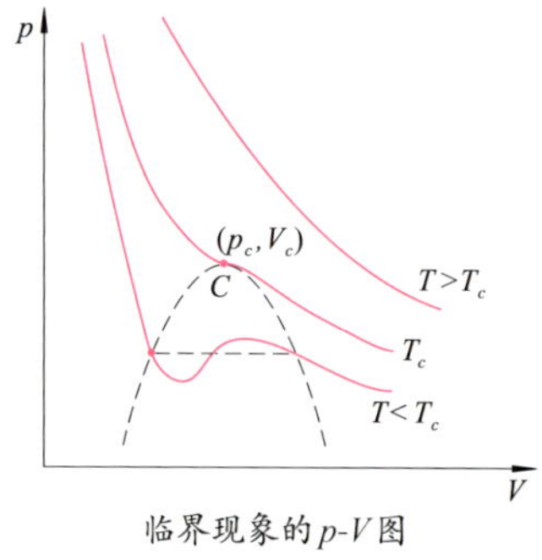

临界现象的p-V图

则应用系统沿临界等温线发生等温膨胀时，临界点在$p-V$图上的一阶导数以及二阶导数都为零的条件，可求得该物质的临界温度T_C、体积V_C和压强p_C。若系统的状态变化可以范德瓦耳斯（简称范氏）状态方程（见**实际气体状态方程**）加以描述，则范氏系统的临界状态的临界系数$B=RT_C/p_CV_C$是一个与物质性质无关的常数，等于2.67。

若以T_C、V_C、p_C作为衡量温度、体积和压强的单位，通过引进一些新的对比状态参量，可得出：任何两个能用范氏状态方程描述其物态变化的物质，只要有两个对比状态参量相等，它们的第三个对比状态参量也相等。这个规律被称之为物质的对应态原理。在已知临界参数的情况下，应用该原理有可能在实验测定一种物质的等温线基础上，估算出另一种物质的等温线。

临摹 copy 按照原作仿制书法和绘画作品或学习书画技巧的手段。临，是照着原作写或画；摹，是用薄纸（绢）蒙在原作上面写或画。广义的临摹，被仿制的不一定是原作，也可能是碑、帖等复制件。

临摹的目的，一是学习技法，侧重于临摹的过程，二为保存、修复、展览、出售而取得复制品，侧重于临摹的结果。在世界各国，临摹一直是学习古典书法或绘画技法，借鉴和继承优秀传统的主要途径与手段。中国古代学习书画，一般由师傅给弟子提供范本，弟子通过对临、背临、意临等方式作为入门阶梯。中国古典画论的六法之一“传移模写”，说明临摹自古就深受重视。在现代艺术教育中尤其是中国书画专业，临摹被列为基础课程。在现代印刷术产生之前，通过摹制的方式使作品得以流传者称摹本，而出于营利目的的临摹则称仿制品。

对古代书画的临摹，一般有两种方式：①现状临摹，即原封不动地摹制原作现在的残缺、污损、蛀腐、剥落、变色等状态。②复原临摹，即试图恢复原作刚完成时的本来面貌。

临清市 Linqing City 中国山东省辖县级市。位于省境西北部，西与河北省相邻。面积950平方千米。人口约72万（2010），有汉、回、蒙古、满等民族。西汉初置清渊县，晋改清泉县，后赵建平元年（330）析置临清县，以临近清河（今卫运河）而得名。1958年撤县设临清市，1963年撤市复县，1984年又撤县复市。由**聊城市**代管。矿产以天然气为主。农业主产小麦、玉米、高粱、谷子、棉花、大豆、花生等。工业以机械、纺织、造纸、地毯、制药为主。京九铁路穿境而过，有永馆、临商、临博等公路，水运以京杭运河为主。名胜古迹

舍利宝塔

有舍利宝塔、清真寺、先锋桥、鳌头矶、张自忠故里碑亭等。

临时执政府 Provisional Government 中国于1924年11月成立的段祺瑞北京中央过渡政府。同年10月第二次直奉战争后，冯玉祥、张作霖为维持权力平衡和共同对付直系，决定拥戴段祺瑞以临时执政名义入京主政，而各省直系军阀为抵抗冯、张也表示支持段祺瑞出山。11月24日，段在北京宣布就任中华民国临时执政，正式成立中华民国临时执政府。临时执政表面以国家元首身份兼任行政首长，且无民意机关制约，权力极大，实际只是各派军阀钳制下的空头首领。段祺瑞一面迎合军阀、官僚、政客旨意，召开“善后会议”，进行政治分赃；一面宣布“外崇国信”，尊重一切不平等条约，以换取列强对临时执政府的承认。但自1925年年底起，直奉军阀认为不再需要这个傀儡，在联合进攻冯玉祥国民军的同时，纷纷要求段祺瑞下台。1926年段制造三一八惨案，屠杀爱国民众数百人后，冯玉祥国民军在举国要求“严惩段祺瑞及其党徒”呼声的影响下，也逐渐改变了对段的支持态度。4月20日，段祺瑞被迫宣布引退，临时执政府宣告结束。

1925年11月28日北京各界群众举行抗议段祺瑞政府的示威活动

临洮县 Lintao County 中国甘肃省定西市辖县。位于省境中部，洮河下游。面积2 851平方千米。人口约51万（2010）。秦置狄道县，清乾隆三年（1738）升县为州，1913年降州为县。1928年改狄道县为临洮县。有金、铜、锰、铁、白钨、萤石、方解石、滑石、大理石、高岭土、白云石等矿产。工业以建筑、建材、食品、纺织等为主。农业主产小麦、玉米、蚕豆、马铃薯。古迹有仰韶、马家窑、齐家、辛店文化遗址，峡口、窑店秦长城遗址等。

临夏回族自治州 Linxia Hui Autonomous Prefecture 中国甘肃省辖自治州。位于省境中部，黄河上游。西与青海省毗连。辖临夏市和临夏、康乐、永靖、广河、和政5县，以及东乡族自治县、积石山保安族东乡族撒拉族自治县。面积8 417平方千米。人口195万（2010），回、东乡、保安、撒拉族等占全州人口的50%以上。自治州人民政府驻临夏市。秦置枹罕县。1913年改为导河县，1928年改称临夏县，1956年成立临夏回族自治州。地处黄土高原、青藏高原过渡地带。黄河及其支流大夏河、洮河等过境。属中温带大陆性半干旱气候区。矿藏有大理石、铜、铁、锑、金、煤等。工业以电力、化肥、机械、食品、皮革加工等为主。境内刘家峡电站为甘肃省最大水电站。农业主产小麦、玉米、薯类、蚕豆，特产蕨菜。原为“唐蕃古道”要冲，四大茶马司之一。现为陇西南商品集散地和汉藏贸易枢纽，西北皮张、羊毛、服装、民族用品集散地。文物古迹有国家重点文物保护单位炳灵寺石窟，以及马家窑文化遗址、齐家文化遗址等。

临夏回族自治州农民会聚和政县县城举办社火

临夏市 Linxia City 中国甘肃省临夏回族自治州辖市。位于省境中部。面积88平方千米。人口约27万（2010），其中回族占45%。1913年置导河县，1928年易名临夏县。1983年由临夏县析置临夏市。工业有电力、建材、皮革、食品、木器、纺织、民族工艺品等。农业主产小麦、玉米、薯类、蔬菜。名胜古迹有万寿观、清真寺、南山森林公园等。

临沂市 Linyi City 中国山东省辖地级市。位于省境东南部。辖兰山、河东、罗庄3区和郯城、苍山、莒南、沂水、沂南、蒙阴、平邑、费县、临沭9县。面积17 187平方千米。人口约1 004万（2010），有汉、回、满、朝鲜、壮、彝、苗、蒙古、藏等民族。古为徐州地。春秋为鲁国地，秦属琅邪郡。东汉置琅邪国，后魏置北徐州。隋开皇十六年（596）置临沂县，始称临沂城。明初入沂州。清升沂州为府，设兰山县。民国改兰山县为临沂县。1983年撤县设市，1994年升地级市。矿产有耐火黏土、白云石、石灰岩、石膏、煤、矿泉水、铁、金、银、金刚石等，其中金刚石储量居全国第二位。农业主产小麦、玉米、稻谷、黄烟、花生、甘薯、棉花、谷子、大豆、蔬菜等，特产以大蒜梨、全蝎、蟾酥、白柳、琅邪草、苍山淡竹著称。药用植物有金银花、玄参、太子参、丹参、枣仁、灵芝、杜仲等。工业以纺织、服装、食品、机电、建材等为主。名胜古迹有银雀山汉墓群、蒙山、天宝山、汤头温泉、齐长城、晏驾墩遗址、鄅国古城、王羲之洗砚池、孔子庙、宝泉寺等。

临终关怀 hospice 医生或社区中的巡回医护协会互相配合，为临终的病人及其家属提供缓和性和支持性的照顾。“临终关怀”一词起源于中世纪，原义指朝圣者或旅人中途休息、重新补足体力的中途驿站。后引申指一套组织化的医护方案，以帮助处于人生路途最后一站的病人。临终关怀制度发源于英国。

临终关怀的重点是对死亡前病人病痛的控制及死亡后家属情绪的支持。实施的基础以全天候照顾为原则，家属包含在团队服务的范围内。临终关怀组织的成员包括医师、护士、药剂师、临床心理学家、营养师、社会工作人员、精神科医师、神职人员、志愿服务人员等。其形态可分为独立经营机构，或在医院中某个病房或某层楼，或由临终关怀组织的成员前往各病房为临终病人及居家的临终病人服务。

临淄 Linzi 中国西周及春秋战国时期齐国的都城。又作临菑，在今山东淄博市临淄区东北。西周初年，在武王灭商及周公平定三监和武庚叛乱后，为了巩固统治，便大规模推行分封诸侯的政策。周文王把在灭商战争中建有赫赫战功的姜姓吕尚（太公望）封在齐国，都营丘。传四世至胡公，

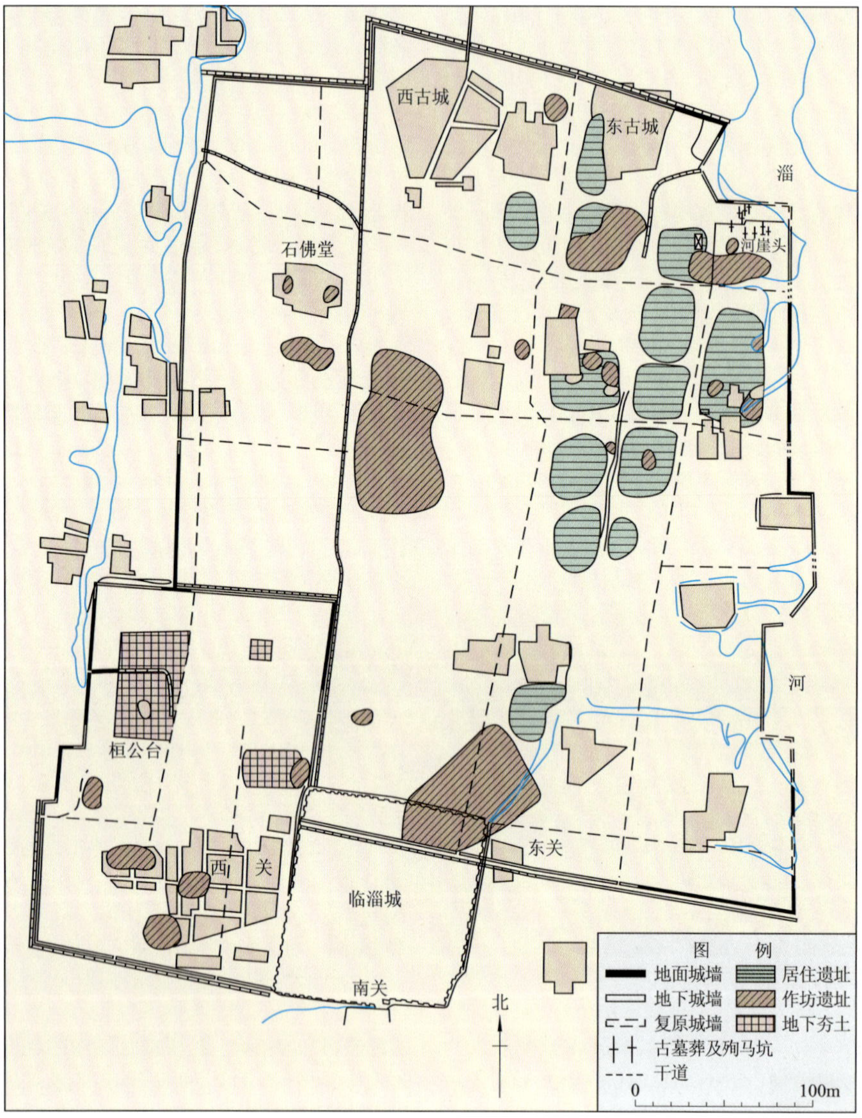

临淄齐城平面图

徙都薄姑，而《汉书·地理志》北海郡营陵县颜师古注引应劭曰："师尚父封于营丘，陵亦丘也。"以为营丘即汉之营陵，则在今山东昌乐县东南。《水经注·淄水》主张营丘即临淄，而驳斥了营陵说，据《尔雅》"水出其前左为营丘"，认为"营陵城南无水……由《尔雅》出前左之文，不得以为营丘矣。营丘者，山名也"；"今临淄城中有丘，在小城内，周回三百步，高九丈，北降丈五，淄水出其前，径其左，故有营丘之名"。故营丘即临淄，自太公望封于齐，除短期都薄姑外，至齐康公十九年（前386）"田和始为诸侯，迁康公海滨"，为姜氏齐国都城，历十九世、三十君，达六百年以上。接着为田氏齐国都城，至齐王建四十四年（前221）秦始皇灭齐，历七世、七君，共166年。

齐都临淄，春秋时交通已很方便，东至海，西达中原各国，北到燕，南到鲁、莒等国均有大路可通。齐为东方大国，春秋前期齐的国力十分强大，齐桓公曾首称霸主，挟天子以令诸侯，春秋的盟会多次在临淄进行。战国时齐为七雄之一，都城临淄非常繁荣。城中最热闹的街称庄，是一条直贯外城南北的"六轨之道"，此街最繁华的地区称岳，在北门以内，是市肆及工商业者聚集之所。所谓"庄岳之间"，是战国时代齐国人口最密集又最繁荣的地方。在临淄城西边南首门有一称稷下的地方，曾建置了许多学宫，招揽文学游说之士数千人，成为当时的文化中心。

经过长期对故临淄城的考古调查、勘察、发掘，可知其城由大城及小城两部分组成。总面积达15平方千米，总周长有21 433米。周围有城壕。大城大致呈斜长方形，共发现有城门六座。小城在大城西南角外，呈长方形，其东北部伸进大城的西南角，两相衔接。共有城门五座。宫殿基址即在小城的北部偏西地方，以所谓桓公台为中心。小城交通大道都以宫殿区为中心。大城的建筑时间早于小城。据考古调查，大城的建筑可以早到西周时代，而小城的建筑则在战国时期。

秦始皇二十六年（前221）灭齐以后，临淄成为齐郡治，西汉前期及东汉时，齐诸侯国王也以此为国都。晋又为青州治。一直是一个经济文化比较发达的城市。

淋巴 lymph　在淋巴管内流动的液体。又称淋巴液。由组织液渗入毛细淋巴管内形成。淋巴系统是血液循环回流过程中的一个辅助系统，全身的淋巴液回流聚集，最后由右淋巴导管和胸导管入静脉。在回流过程中经过淋巴结添加了淋巴细胞（一类具有免疫识别功能的细胞系，包括T淋巴细胞和B淋巴细胞）等成分，最终汇入静脉。

淋巴的组成成分和细胞数量是经常变动的，因淋巴回流部位而异。如肢体的淋巴清亮透明；小肠的淋巴因含吸收的大量脂肪而呈乳白色，称乳糜；肝的淋巴内含有大量血浆蛋白。淋巴流经的淋巴结越多，所含的淋巴细胞也越多，有时还有单核细胞和粒细胞。

健康成年人的淋巴液生成量约每小时120毫升，一日则约为2～4升。淋巴液生成的动力是组织液与淋巴液的压力梯度。组织液压力升高时，淋巴液的生成速度加快。

淋巴是组织液回流的形式之一，调节组织液的产生与回流的平衡，如果毛细淋巴管阻塞，滤过的液体不能沿淋巴管回流，就会产生组织水肿。淋巴转运组织液中的蛋白质及其他大分子物质，它一方面保持细胞的内环境的稳定，另一方面维持血浆蛋白质浓度。淋巴运输脂肪，肠道吸收的脂肪80%～90%由乳糜淋巴管运输到血液。淋巴有防御和免疫功能，通过淋巴回流，可将组织中的大分子物质、红细胞和细菌运输到淋巴结处理。

淋巴结肿大 lymph node enlargement　因内部细胞增生或肿瘤细胞浸润所致的淋巴结体积增大的病理现象。

发病机理　淋巴结是淋巴网状系统的重要组成部分。具有产生淋巴细胞、抗体和过滤淋巴液的作用。当机体某部位或某器官受到外伤或感染时，进入淋巴液的细菌、毒素、异物等到达局部淋巴结，可被淋巴结内的巨噬细胞吞噬、清除。在细菌、毒素、异物等抗原的刺激下，巨噬细胞、淋巴细胞、浆细胞等可迅速增殖，加上淋

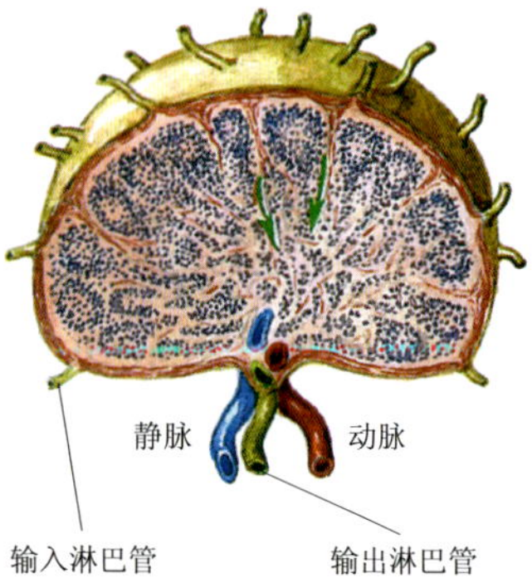

淋巴结结构

巴结的充血、渗出和炎症细胞的浸润，导致淋巴结肿大。转移到相应淋巴结的癌细胞也可由于过滤机制被阻截，并在其内浸润增殖，引起淋巴结肿大。

分类　根据病因可分为肿瘤性和非肿瘤性两类。肿瘤性淋巴结肿大包括淋巴系统的原发肿瘤和淋巴结的转移性肿瘤。非肿瘤性淋巴结肿大包括感染、变态反应、结缔组织病等。根据病程分为急性和慢性两大类。

诊断和临床意义　急性淋巴结肿大多为各种病原体的感染所致，常并发发热等其他症状。慢性淋巴结肿大多见于淋巴结结核、结缔组织病及肿瘤性淋巴结肿大。

全身多部位的淋巴结肿大可见于某些全身性感染、白血病、结缔组织病等。局限于某一部位的淋巴结肿大更具诊断价值。如颌下淋巴结肿痛常起因于口咽部的感染；乳腺癌易向腋下淋巴结转移；左锁骨上淋巴结肿大常提示为胃癌的转移。炎症性淋巴结肿大常伴有表皮红肿及灼热感，若出现化脓，可有波动感。淋巴结结核可破溃形成瘘管。深部或内脏淋巴结肿大除原发疾病症状以及肿大淋巴结引起的压迫症状外，一般不易发现。胸部淋巴结肿大可由X射线摄片及CT等检查证实，腹膜后及肠系膜淋巴结肿大的诊断可借助于B型超声及CT检查等。

确定淋巴结肿大后，要进一步确定引起肿大的原因。周围血**白细胞**计数及中性粒细胞增高常提示**细菌性感染**。周围血液中有较多异常淋巴细胞及嗜异性凝集试验滴度增高对诊断**传染性单核细胞增多症**有帮助。骨髓穿刺检查对确诊白血病、恶性组织细胞病有重要价值（见**骨髓检查**）。淋巴结穿刺、涂片及活组织检查有助于诊断。

淋巴结肿大对治疗方案的选择、疗效及预后的判断也有帮助。往往根据是否有淋巴结转移来决定乳腺癌的手术方式及手术范围；淋巴结结核经药物治疗后，淋巴结缩小表明治疗有效，反之表明药物剂量不足或细菌耐药；恶性肿瘤出现远处淋巴结转移多属晚期，预后不佳。

淋巴循环　lymph circulation　血液循环的补充。与心血管系统、消化系统和免疫系统的功能密切相关，主要功能是：①将渗出到毛细血管外的部分液体和蛋白质返流回血液循环系统。②收集在小肠吸收的脂肪，并将其转运到血液循环系统。③作为一种滤过器，捕获和消灭外源性病原体。淋巴循环的一个重要特点是：淋巴液由组织到血液循环系统呈单向流动而不形成真正的循环。

淋巴循环由**淋巴**、毛细淋巴管和淋巴管、淋巴器官等组成。淋巴器官是机体内重要的防卫装置，具有生成淋巴细胞，清

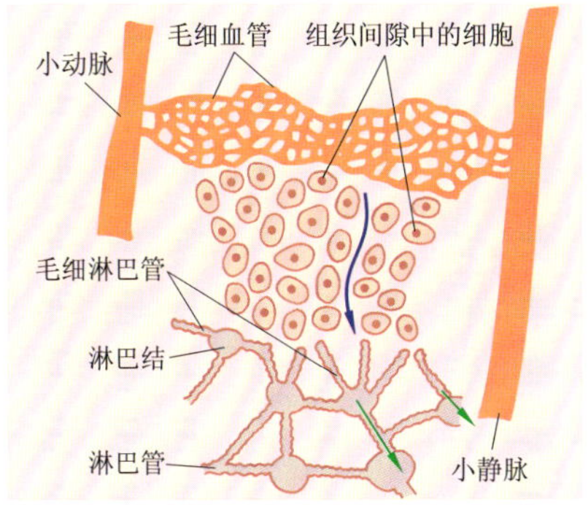

血液和淋巴管的联系
蓝箭头示组织间液流向毛细淋巴管，
绿箭头示淋巴在淋巴管内的流动方向

除进入体内的病毒、细菌等有害物质以及生成抗体等重要的防御功能。包括胸腺、淋巴结、脾和扁桃体等。

磷　phosphorus　**化学元素**，元素符号P，原子序数15，原子量30.973 762，属周期系ⅤA族。1669年德意志H.布兰德从尿中提炼出磷。磷的英文名称来自希腊文phōsphores，含义是“发光物”。磷在地壳中的含量为0.08%。大约95%以上的磷以**磷灰石**存在。动物体内的骨骼和牙齿的主要成分就是羟基卤磷酸钙。生物体中的脱氧核糖核酸、腺苷三磷酸均含磷。磷只有一种质量数为31的^{31}P天然**同位素**。人造放射性同位素中^{32}P、^{33}P的半衰期较长，可用作为示踪原子。

有白磷、红磷、黑磷三种同素异形体，三者又各有不同的变体。白磷最常见，磷蒸气冷凝时形成，白色固体。当含有少量的红磷或砷时，呈黄色，故工业上又称黄磷。白磷有α、β两种变体，低温下存在的是β-白磷（密度1.88克/厘米^3），当在1.01×10^5帕下升温至76.9℃时，转变为α-白磷P_4，密度1.823克/厘米^3，熔点44.15℃。白磷的电学性质接近于绝缘体。在密闭的容器中加热液态的白磷到250～260℃时，就转变为红磷。在（1.2～1.7）×10^9帕下加热白磷到200～220℃，转变为黑磷，外形很像**石墨**，有半导体性质。

红磷、白磷的点火试验（白磷离火焰远，先燃）

α-白磷易溶于二硫化碳、液氨，也溶于乙醚和苯，不溶于水。为了避免白磷接触空气自燃，可以把它保存在水中。白磷的蒸气有毒。红磷无毒。磷的最特征的氧化数为+5（如在磷酸H_3PO_4中）、+3（如在三氯化磷PCl_3中）和-3（如在磷化氢PH_3中）。磷，尤其是白磷的化学性质活泼，能与许多元素直接化合。

在氧气不足和潮湿的情况下，白磷氧化很慢，并伴随有**磷光**现象。在充足的空气中磷燃烧生成五氧化二磷P_4O_{10}（通常写作P_2O_5）；如果空气不足能生成三氧化二磷P_4O_6（通常写作P_2O_3）。将它们溶于水分别生成正磷酸H_3PO_4（水量少时则生成焦磷酸$H_4P_2O_7$、偏磷酸HPO_3）和亚磷酸H_3PO_3。白磷溶于热的浓碱溶液时，生成磷化氢（又称膦）和次磷酸盐（如KH_2PO_2）。在加压和360℃，磷蒸气和氢反应可以产生磷化氢。干燥的氯气与过量的磷反应生成三氯化磷，当磷与过量的干燥氯气反应则生成五氯化磷。磷和硫能生成P_4S_x，x为3、4、5、7、9、10。P_4S_3用于制火柴。

将磷灰石矿与石英砂和炭粉混合放在电弧炉中熔制，反应生成的磷蒸气通入水中就得到凝固的白磷。

白磷在军工中作发烟剂、燃烧弹。磷在冶金工业中制造磷青铜。磷的最大量应用是生产各种磷肥，如过磷酸盐、磷酸铵、磷酸钾等。五氧化二磷是常用的干燥剂。大量的聚磷酸盐曾用于合成洗涤剂。

磷肥　phosphoric fertilizer　具有磷（P或P_2O_5）标明量的单元肥料。施于土壤或植物能提高植物的磷营养水平。

磷肥分为水溶性、枸溶性（弱酸溶性）和难溶性三类：①水溶性磷肥。主要有过磷酸钙、重过磷酸钙、硝酸磷肥、磷酸铵、磷酸、过磷酸。适用于各类土壤，可作基肥或追肥。②枸溶性磷肥。能溶于2%柠檬酸溶液中，适用于酸性和强酸性土壤。因受土壤酸度影响，磷的释放过程较缓慢，肥效的持续时间较长。主要品种有钙镁磷肥、钢渣磷肥、偏磷酸钙以及脱氟磷肥和沉淀磷肥等。③难溶性磷肥。指既不溶于水又不溶于柠檬酸溶液的磷肥。主要品种有磷矿粉、骨粉、鸟粪。

为避免磷肥在土壤中受黏土矿物或其他组成成分的吸附或沉淀作用的影响，施用磷肥的原则为：①相对集中施用，作基肥集中施于作物根系附近。②氮磷配合施用。从中国农田的土壤养分状况看，缺磷的土壤往往同时缺氮。故二者配合施用有利于提高其利用率。③旱地重施，水田轻施。磷肥对各种植物的增产效果不同。部分植物对磷肥的反应程度大致为：绿肥植物（包括豆科绿肥植物和油菜等）>豆科植物>非豆科植物>早稻>晚稻。土壤中磷的含量、形态及其转

化和供磷能力是合理分配和施用磷肥的重要依据。土壤中大部分磷是以固态存在，对植物是属迟效性磷。土壤全磷 (P_2O_5) 量在0.08%～0.10%以下时，施磷肥的效果显著；超过此界限施磷肥的效果不稳定。

磷光 phosphorescence 激发态辐射衰变的一种类型。激发态分子失活到多重度不同的低能状态时所释放的一种长寿命辐射。其寿命比荧光长，约在10^{-4}秒至数十小时不等。通常观察到的磷光是分子吸收光子后，由基态S_0态跃迁到第一激发单重态S_1，再通过系间窜跃到第一激发三重态T_1，由T_1态经过辐射跃迁回到基态S_0发出的光。

一般磷光比荧光弱得多，磷光量子产率通常较低。为提高磷光量子产率，可利用重原子效应进行微扰、降低体系温度和向体系引入顺磁性分子等方法。激发态分子所发射的磷光光谱可用于化学分析，即磷光分析。固体室温磷光技术的迅速发展，使磷光分析的实用化更进了一步。

磷光分析 phosphorescence analysis 利用某些物质受光照射后所发生的磷光（光谱、强度、寿命、偏振及各向异性等）特性进行物质的定性分析或定量分析的方法。其发光原理见荧光分析。

低温磷光法（LTP） 由于磷光发射过程涉及分子价电子自旋方向的改变，属禁阻跃迁。激发态分子的寿命一般在10^{-4}秒至数秒。室温下，在此期间易于发生与溶剂、氧和其他猝灭剂分子，以及自身的双分子碰撞等非辐射去活化以及光化学反应等能量变换过程，导致磷光的猝灭。所以，低温磷光法是在液氮温度（77K）下使被测物质的溶液冻成透明的刚性玻璃体，再进行磷光分析测量。

室温磷光法（RTP） 在室温条件下进行磷光分析测量的方法。分类为固体基质室温磷光法（SS-RTP）和流体室温磷光法（F-RTP）两大类。1974年室温磷光发展成为一种新的痕量分析技术。流体室温磷光法包括了胶束增稳室温磷光法、环糊精诱导室温磷光法、胶态微晶室温磷光法、微乳状液增稳室温磷光法、混合有序介质室温磷光法、微囊（或泡囊）增稳室温磷光法、敏化/猝灭室温磷光法。其中，除敏化/猝灭室温磷光法外，均是基于利用某种（些）有序保护性介质（表面活性剂胶束、环糊精、微乳状液、微囊等）保护磷光体，避免或减少其非辐射去活化的猝灭过程而实现RTP发射的。直至1996年后的研究相继发现，发光体能否在溶液中发射有分析应用意义的RTP信号，主要决定于它的化学结构、跃迁类型和有效除氧。微观有序保护性介质的存在，并不是流体室温磷光发射的必要条件。从而又提出了另一类流体室温磷光法，即无保护性介质流体室温磷光法等。

仪器 测量磷光的仪器称为磷光计，构造大体上与荧光分光光度计类似，除光源、激发单色器、样品池、发射单色器、检测器和读数装置等部件外，还配有使激发光、荧光与磷光分离的装置和低温测定磷光的装置。如采用脉冲氙灯为灯源，可直接靠脉冲的间隔来切断对样品的激发，也可采用转动罐式或盘式斩波器，利用寿命的差异将荧光和磷光分开。

应用 磷光分析广泛用于多环芳烃和石油产物、农药、生物碱和植物生长激素、药物、临床分析等，还用于细胞生物学和生物化学的研究中。例如利用磷光表征细胞核的组分，应用磷光及其时间分辨技术研究蛋白质的结构，研究多环芳烃与DNA的相互作用等。基于RTP性质而开发的各种传感器（如湿度、氧气）亦取得较大进展。

磷化铟 indium phosphide 由周期表中ⅢA族元素铟与ⅤA族元素磷结合而成的一种化合物半导体材料。分子式为InP。晶体呈银灰色，有金属光泽，质地软而脆，分子量为145.8，密度是4.78克/厘米³，熔点为1 062℃。晶体具有闪锌矿型结构，晶格常数为0.586 9纳米，常温下禁带宽度为1.35电子伏，为直接跃迁型能带结构。通常是在高压单晶炉内，用干燥的B_2O_3为液封剂，将磷化铟的多晶材料熔化，在大约4兆帕的高纯氮气或氩气氛下拉制成单晶。由于磷化铟晶体的堆垛层错形成能比砷化镓的小，因此较砷化镓更容易形成孪晶，单晶的成品率低，故磷化铟成本较高。外延生长磷化铟晶体的方法有气相外延法、液相外延法、分子束外延法和金属有机物化学气相淀积法等。在光通信、微波器件、毫米波器件和光电子集成等领域都有重要作用。

磷灰石 apatite 磷酸盐矿物，化学成分为$Ca_5[PO_4]_3(F, Cl, OH)$，晶体属六方晶系。可分为氟磷灰石$Ca_5[PO_4]_3F$、氯磷灰石$Ca_5[PO_4]_3Cl$、羟磷灰石$Ca_5[PO_4]_3(OH)$亚种。还有锶磷灰石、铈磷灰石、锶铈磷灰石、锰磷灰石等变种。其中分布最广的是氟磷灰石。磷灰石P_2O_5含量达41.36%，常含少量锶、铈等元素，是提取磷，回收稀土元素、稀有元素的矿物原料。晶体常见，主要呈柱状、厚板状（见图）；集合体呈粒状、致密块状、结核状。胶状变种称胶磷矿。磷灰石常呈浅绿、黄绿、褐黄色，有时呈蓝绿色、紫红色。玻璃光泽。解理不完全。莫氏硬度5。密度3.18～3.22克/厘米³。加热发磷光。是地壳中分布最广的磷酸盐矿物。常作为副矿物产于各种火成岩中，有时高度富集形成有经济价值的磷矿床，如产于碱性岩而闻名于世的俄罗斯科拉半岛的希宾磷灰石矿。也是典型的伟晶岩和热

柱状磷灰石

液脉型矿物，常有宝石级晶体产出。规模巨大的磷矿床多属浅海沉积和沉积变质成因，并以胶磷矿为主。

中国主要产地有贵州遵义和开阳、湖北宜昌、云南昆阳、河北丰宁、黑龙江鸡西、江苏海州等。世界著名产地有阿尔及利亚的安纳巴省、摩洛哥的胡里卜盖和优素菲耶、俄罗斯科拉半岛等。产于海岛上的鸟粪磷矿，属生物化学作用的产物，主要由羟磷灰石组成。

磷虾目 Euphausiacea; krill 软甲纲真虾总目的一目。全世界已知85种，可分为2科10属，中国近海已报告20多种。磷虾类体长6～95毫米。身体可分为头胸部和腹部。头胸部各体节完全被头胸甲所覆盖。腹部分7节。复眼发达、柄短，除深磷虾属外，磷虾有5～10个发光器，由发光细胞、反射器和晶体组成，能发射蓝色冷光。

雌雄异体、间接发育。磷虾幼体滤食硅藻和有机碎屑，成体捕食桡足类和其他小型浮游动物。常大量集群，在水体中有昼夜垂直移动习性，夜晚上升到水表层，清晨则下降。

磷虾全是海生种，分布广，数量大，是许多鱼类和须鲸的重要饵料，也是渔业的捕捞对象。磷虾在海洋水声物理学研究中受到很大重视；同时，在海洋学研究中也有一定意义。

磷脂 phospholipids; PL 含有一个或多个磷酸基的极性脂质。按照是否以甘油或鞘氨醇为分子骨架，可分为甘油磷酸酯（GPL）和鞘氨醇磷脂（SPL）两大类。除体液（如血浆与胆汁）中存有少量磷脂外，它们大量存在于各类细胞膜和细胞器（包括线粒体、内质网、细胞核、高尔基体等），参与其结构组成和功能调控。红细胞膜几乎有一半是磷脂；鞘磷脂（SM）则是脑细胞膜与神经髓鞘的主要成分。磷脂与其他膜脂质还赋予生物膜许多理化特性，如成为膜内外物质跨越的屏障，在膜内外物质交换、神经脉冲的传导、信号传递和膜受体中发挥重要作用。磷脂也能激活一些膜酶，如包埋在线粒体内膜的β-羟丁酸脱氢酶必需磷脂酰胆碱（PC）的活化。

鳞 scale 特指鱼类常见的皮肤衍生物。一般呈薄片状。主要的功能是保护身体。圆口类无鳞。鳞大部来自真皮，但它们的形状、构造和发生并不完全相同。可分为盾鳞、硬鳞和骨鳞三类。

盾鳞构造似牙齿，又称皮齿，真皮和表皮联合形成，由位于皮肤内的圆形或菱形的基板和突出于该板并露出于体表的鳞棘所构成。盾鳞为软骨鱼类所特有，鲨类的体表密生此鳞，其背鳍前方的棘刺是盾鳞的变形物。锯鲨和锯鳐的吻锯两侧的数十枚大锯齿也是由盾鳞变化而来的。

硬鳞由真皮部分发展而来。由硬鳞质层、科司美层、管质层和内骨质层共同组成的为标准式硬鳞，非洲产的多鳍鱼鳞片属之。由科司美层、管质层和内骨质层联合构成科司美式硬鳞，不见于现生鱼类。由硬鳞质层和内骨质层组成的是雀鳝式硬鳞，雀鳝的鳞片就属此型。

骨鳞是真皮层的产物，只见于真骨鱼类，每一片骨鳞分上层（骨质层）和下层（纤维层）。鳞片上有中心点，称为鳞焦。从该点有辐射状或前后向平行的细沟射出，称为鳞沟。鳞片表面有一圈一圈的呈同心圆排列的隆起线，又称环片，是鱼类年龄鉴定的依据之一。根据环片变形物突出于鳞片边缘与否，又可把骨鳞分成两大类。如环片变形物边缘光滑，无栉齿伸出的为圆鳞；突出于边缘之外，呈栉齿状，手感粗糙的为栉鳞。

鳞翅目 Lepidoptera; lepidopteran 昆虫纲的一目。有翅昆虫。包括蝶与蛾。为昆虫纲的第二大目，世界已记载的种类数超过18万种（其中蝶类约2万种），估计实际种类为30万种以上。除南极洲外分布遍及全世界，尤以热带种类为多。中国已记载约1万种，其中蝶类1 600多种。

不同的生育期有不同的形态特征。成虫头部多呈圆球形，有1对发达的复眼和2个单眼。口器虹吸式，主要由下颚特化而成的喙组成。下唇须发达，分3节，由于大小、形状的不同，往往是雌、雄和种类识别的依据。胸部一般有2对翅，前翅一般比后翅大。前翅的花纹是识别蝶、蛾种类的重要依据之一，花纹的变化很大。前胸比较退化，呈颈状，两侧有小突起，称为领片；中胸两侧前方有三角形的翅基片。足分5节。腹部10节。交配器构造比较复杂。卵单产或成块产在寄主上，产卵量从100粒以下到1 000粒以上。卵期因种类而不同，短的2天，普通10～30天，越冬卵时间最长，可达数月。幼虫多足，俗称蠋，身体上有刚毛。蝶蛾幼虫绝大多数为害种子植物，少数肉食。除极少数螟蛾、夜蛾的幼虫为水生外，鳞翅目昆虫均为陆生。幼虫期一般蜕皮4～5次。鳞翅目大多数种类的蛹是被蛹。

有几百种蛾、蝶幼虫始终在与人类争夺粮食和经济作物，如稻、麦、棉、油料、麻、桑、茶、糖、蔬菜、烟、果、森林。但也有一些益虫：家蚕起源于中国，在山东和辽东半岛柞蚕业发达；冬虫夏草是名贵药材，金凤蝶幼虫、白僵蚕、黄刺蛾的蛹、高粱条螟的幼虫等能入药；一些种类的幼虫和蛹能食用。蝶类和一些蛾类是重要的传粉昆虫，还在观赏昆虫中占有重要一席，被许多爱好者和收藏家视为珍品。

鳞木 *Lepidodendron* 石松类已绝灭的鳞木目的代表属。出现于石炭、二叠纪，乔木状，是重要的成煤原始物料。树干粗直，高可达40米，茎部直径可达2米。

鳞状细胞癌 squamous cell carcinoma 发生于皮肤黏膜的一种恶性肿瘤。常发生在以往已有的皮肤病变或损害，如慢性溃疡、放射性皮炎、盘状红斑狼疮、日光角化病等的基础上。皮疹好发在头面部、下唇、手背等日光暴露部位，也可发生在其他部位如下肢、外阴等处。以老年男性多见。早期为红色丘疹、结节，逐渐发展成斑块或菜花样增生，质地较硬，表面常有破溃和脓性分泌物，有恶臭。肿瘤大于2厘米时发生转移的概率增加。在黏膜部位发生转移的概率最高，约40%，组织病理示真皮中下层中有鳞状细胞团块增生，肿瘤细胞有异形性和角化现象。治疗原则是早期手术彻底切除。对不宜手术的或晚期患者，可作放射治疗及化疗。

《吝啬鬼》 *The Miser* 法国剧作家莫里哀的5幕喜剧。又译《悭吝人》。完成于1668年。取材于普劳图斯的《一罐金子》，塑造了一个视财如命的吝啬鬼典型。主人公阿巴公虽然腰缠万贯，却十分吝啬，擅自为女儿艾莉丝物色了一个年近五旬的阔爵爷，唯一的理由是对方不要嫁妆。儿子克莱昂特暗中爱上了家境贫寒的玛丽雅娜，却被阿巴公告之自己已经决定娶她做续弦。为了帮助少爷，仆人盗走了阿巴公藏在花园的钱匣子。阿巴公发现之后，呼天抢地，悲痛欲绝。克莱昂特不失时机地表示愿意以

《吝啬鬼》剧照

钱匣子交换玛丽雅娜，阿巴公一口答应。剧终时，儿女双双如愿以偿，阿巴公也因免去了所有婚礼费用而欢天喜地。此剧是莫里哀最深刻的“性格喜剧”之一。

淋病 gonorrhea 由淋病奈瑟氏菌所致泌尿生殖系统化脓性炎性疾病。通过性交传染。主要感染尿道、子宫颈内膜，也可侵犯直肠、眼结膜和咽部。潜伏期常为2～5天。在男性表现为急性尿道炎，尿道口有脓性分泌物，慢性者可引起附睾炎、尿道狭窄等；女性症状少，可表现为盆腔炎、输卵管闭塞而致不育；在小儿可表现为眼炎，易致失明。分泌物涂片中变形核白细胞内见典型的革兰氏阴性双球菌或培养出典型菌落，氧化酶反应阳性，有助于诊断。治疗原则为早期诊断，早期治疗；及时、足量用药，首选头孢三嗪，其次为壮观霉素。性伴侣应同时治疗。

灵宝派 Lingbao sect of Taoism 中国道教教派。因传习《灵宝经》法而形成的道派。始创于东晋末年。晋安帝隆安年间，江东道士葛巢甫（葛洪族孙）造作《灵宝经》30余卷，并附会引申，编造了上起元始天尊，下至葛玄（东吴道士，葛洪从祖）及其后嗣的传经系谱。

南朝宋时，道士陆修静搜集整理灵宝诸经，“更加增修，立成仪轨，于是灵宝之教大行于世”。灵宝派以《灵宝经》为主要传习经典，奉元始天尊、太上道君、太上老君为最高神，假托葛玄为开派祖师。其修行法术上吸收了天师道、上清派重视诵经存神等长处，但更重视符箓科教、斋戒仪轨，修行功德，劝善度人。此派道士多活动于民间，其影响地位不及正一、上清二派。北宋末年，从灵宝派中分化出一个支派东华派，斋醮科仪及符箓法术更为完备成熟。元时，此派以江西清江县（今樟树市）阁皂山为本山，又称阁皂宗。入明以后，与龙虎山正一道融合。

灵宝市 Lingbao City 中国河南省辖县级市。位于省境西部边陲，北濒黄河，豫、陕、晋3省交界处。面积3 011平方千米。人口72万（2010），民族有汉、回、满等。唐天宝元年（742）置灵宝县，取“天降灵符”之意，故名。1993年5月撤县设市。由三门峡市代管。气候干燥多风。矿产有金、铅、锌、银、铜、铁、钨、铝等。是全国三大产金县（市）之一。农作物主要有小麦、玉米、棉花、花生等。黑豆、阌莲和贵妃杏为当地名产。畜牧业以肉牛和奶山羊为重点。工业以采矿为主，秦岭金矿是中国重要黄金生产基地之一。此外，还有冶金、轻纺、化工、建材、果品加工等部门。名胜有函谷关、亚武山国家森林公园、黄花峪千佛

洞和黄河景点等。

灵感 inspiration 人类思维活动中的一种突发性、创新性的特殊状态。它不期而至、震慑心魄，是文艺、科学等人类创造性活动中的神来之笔，可遇不可求的最佳创作状态。灵感有4个特点：①新创独特性。此时主体脑中想象生动鲜明，概念清晰准确，推理流畅顺达，新形象具有极大的原创特点，是同一时刻形象思维与逻辑思维的突然接通。②强烈情绪性。灵感到来时，主体感受到强烈的情绪振荡，巨大的欣喜导致不能自已，甚至迷狂。③存在短暂性。灵感状态往往是一种突发的顿悟，犹如一道闪电，倏来不可遏，迅去不可止，如昙花一现，思维者必须立即捕捉、记录，否则一纵即逝。④非自觉、自控性。灵感的产生，人难以预测，更不可无端期待，一旦灵感到来，人往往身不由己、欲罢不能、不可控制。灵感有很大的神秘性。虽然如此，它仍然是脑的功能，是人对客观事物深广的认识、不懈追求的结果。

灵歌 spiritual 美国黑人的宗教礼拜歌曲。内容大多反映黑人遭受奴役、痛苦无告、只好把希望寄托在宗教上的悲惨处境。用英语演唱，其旋律朴素，多数为五声大调式或七声小调式，富于切分节奏，和声近似美国基督教会的赞美诗。由于经常即兴演唱，几乎没有定谱可以遵循。南北战争后，由于菲斯克大学黑人歌唱团等黑人歌手的传布，以美国最有代表性的黑人民歌闻名于世，并成为爵士乐的重要素材。

北美白人演唱的民间赞美诗也称灵歌。

灵魂 soul 宗教所信各种居于人或其他物质躯体之内并对之起主宰作用的精神体，它们亦可脱离这些躯体而独立存在，为超自然体的一种形态。灵魂观念可追溯到远古的原始宗教初期，原始人因对其梦境和生、老、病、死等现象的观察认识而产生出有灵魂存在的观念，认为这种灵魂既与肉体共居，又可与之相分。在解释做梦或死亡现象时，原始人推出了灵魂不死和独立灵魂的观念。据对原始墓葬的考古发掘，许多迹象都表明当时人们已经具有明显的灵魂观念和人死之后灵魂仍会继续存活的认识。不同宗教和处于不同认识阶段的人们对于灵魂的表现形态和存在方式亦有不同理解。从对灵魂本质的神秘感及其独立存在特性的认识出发，人们以人的灵魂而推出动物、植物的灵魂，并兼及天地万物之灵，由此而滋生出各种各样的灵魂崇拜，并且进而发展出构成宗教本质的神灵崇拜。因此，一些持宗教进化发展观的学者认为，神灵及至上神的观念最初即萌生于这种灵魂观念。

灵活偏好 liquidity preference 人们愿意持有货币而不愿持有其他缺乏流动性资产的心理倾向。经济学中用于描述货币需求动机的一个概念。又称流动性偏好。由J.M.凯恩斯在《就业、利息和货币通论》一书中加以系统阐述。凯恩斯认为，灵活偏好由三个动机组成：①交易动机。人们在日常生活中为购买商品和服务而持有货币的动机。②预防动机。人们为了应付不可预见的支出或担心预期收入不能实现而持有货币的动机。③投机动机。人们根据对未来市场利率变化的预测，持有货币以满足从中投机获利欲望的动机。由以上三种动机产生的货币需求之和，就构成了货币总需求。灵活偏好是凯恩斯主义货币需求理论分析的核心。

灵猫科 Viverridae; civet/genet/binturong 食肉目一科。有35属72种。主要分布在非洲和亚洲南部的热带和亚热带。其中非洲灵猫、大灵猫和小灵猫以产灵猫香闻名世界。中国产5种，其中大灵猫和小灵猫已有人工饲养。体形较大细长，后足仅具4趾，四肢短，具腺囊，臼齿2/2，上臼齿横生，其内叶较外缘为狭。大灵猫身体大小似家犬，体长67～82厘米，体重5～8千克；尾细长，约37～47厘米；吻长而尖；全身灰棕色，背中央有1条黑色长鬣毛形成的背中线；颈下有3条黑白相间的颈纹；四肢极短，呈暗褐色；尾上有6个黑白相间的尾环；在会阴部有发达的芳香腺囊分泌灵猫香，雄性的灵猫香产量比雌性多。大灵猫在活动中经常举尾把腺囊的泌香擦抹在小树桩或石块棱角上，作为它所占据领域的标志。小灵猫身体小，仅及大灵猫之半，类似家猫；全身棕黄，遍体具棕黑色斑点，尾上亦有环。具发达的芳香腺。灵猫香是配制高级香精必不可少的定香剂。灵猫类动物生活在热带、亚热带森林边缘，以岩洞和树洞为巢。夜行性，白天

大灵猫

多卧伏在灌丛中休息，清晨和黄昏常到溪旁、村边或耕地觅食。捕食小鼠、小鸟、青蛙、鱼、蟹、昆虫，兼吃植物果实。大灵猫每年春天交配，怀孕期约70天，每产2～4仔。小灵猫在春季和秋季交配，夏末或冬初产仔。

灵渠 Lingqu Canal 中国沟通湘江和漓江的古运河。又称湘桂运河、兴安运河、陡河。在广西壮族自治区兴安县境内。全长34千米。秦统一六国后，为向岭南用兵，秦始皇二十八年（公元前219）令监御史禄开凿灵渠，沟通湘江和漓江，联系长江与珠江两大水系。于秦始皇三十三年竣工，初名秦凿渠，后因漓水上游为零水，又称零渠，唐以后称灵渠。

灵渠天然比降大，不利航行。因此，在渠中水浅流急处设置陡门（又称斗门），可随船舶前进而顺序启闭，调整水位，使船只逐级上行或下行通过渠道。唐代筑有陡门18座。宋改为36座，清代为32座。陡门实为现代船闸，灵渠是世界上最早的有闸运河。

灵渠在历史上起过重要作用。1936年和1941年，粤汉铁路和湘桂铁路相继通车，灵渠的航运已逐渐消失。中华人民共和国建立后，对灵渠全面整修，基本保留了传

灵渠风光

统工程面貌，还可行驶载重10吨左右的木船。1956年航运停止，成为灌溉、城市供水和风景游览综合利用的水利工程。灵渠是全国重点保护文物。

灵武市 Lingwu City 中国宁夏回族自治区辖县级市。位于自治区境中部，邻接内蒙古自治区。面积4 533平方千米。人口26万（2010）。西汉置灵州，东汉废。北魏置薄骨律镇。北周置回乐县，隋设灵州千户所。清改置灵州。1913年废州置灵武县。1996年撤县设灵武市。由银川市代管。农业主产稻谷、小麦、玉米等。盛产瓜果。土特产有甘草、二毛裘皮。煤、石油、天然气等资源丰富。工业主要有轻纺、煤炭、石化等。银川河东机场设于此。名胜古迹有水洞沟遗址、汉代古墓群、明长城、镇河塔等。旅游景区有西夏影视城和金水旅游区。

灵隐寺 Lingyin Temple 中国佛教寺院。位于浙江杭州西湖西北的灵隐山麓。东晋

灵隐寺云林禅寺

咸和初年（326）印度僧人慧理来此，以为飞来峰原本是天竺灵鹫峰一岭，是仙灵所隐之地，遂面峰建寺，得名。五代吴越国时，有九楼、十八阁、七十二殿，僧人三千余，盛极一时。唐以来历朝皆有整修扩建，亦多次毁而重建。现存寺院重建于19世纪。现存古文物有北宋时所建经幢及吴越时所建双石塔。寺前飞来峰石刻亦为佛教胜迹。

灵长目 Primates 哺乳纲一目。现存2亚目约15科66属346种，如加上亚种，则有623个种和亚种，其中非洲大陆168个、马达加斯加岛68个、亚洲181个、拉丁美洲206个。动物界最高等的类群。大脑发达，多数头骨具大的颅腔，呈球状；眼大，前视，眼眶后突发育形成骨质眼环，或全封闭形成眼窝；多数种类鼻子短，其嗅觉次于视觉、触觉和听觉，某些低等种类嗅觉灵敏；具五指型四肢，多数种类指端具有指甲，手、脚的拇指（趾）与其他的指（趾）对握，使得手和脚成为抓握器官。其中手特别灵活；牙齿不特化，上下臼齿呈四尖型。

绝大多数灵长类营不同形式的树栖或半树栖生活，只有环尾狐猴、狒狒和叟猴地栖或在多岩石地区生活。通常以小家族群活动，也结大群活动。多数能直立行走，但时间不长。多在白天活动，夜间活动的有指猴、夜猴等。大多为杂食性，吃植物性和动物性食物。选择食物和取食方法各异。每年繁殖1～2次，每胎1仔，少数可多至3仔。幼体生长比较缓慢。哺乳期多由母带着活动。性成熟的雌性有月经现象，雄性能在任何时间交配。只有低等猴类，如狐猴、指猴、懒猴具有一定交配繁殖季节。

迄今最早的灵长类化石发现于北美的普尔加托里猴，时代为古新世最早期，距今约6 500万年。在猿猴类的历史可追溯到3 000万～5 000万年以前，例如卷尾猴、蛛猴化石等；大约在1 500万～2 000万年以前，猿类的祖先就已遍布欧、亚、非三大洲，但现今仅残存于亚洲和非洲的热带。灵长目现是最濒危的动物类群之一。灵长类学作为研究非人灵长目动物的学科，在西方国家已有80余年的历史。

灵芝 *Ganoderma lucidum*; rhinacanthus 灵芝科灵芝属的一种。木生真菌。又称赤芝、红芝、木灵芝。子实体供药用。分布于世界各地，以热带及亚热带地区较多。中国华东、中南、西南等地区都有分布。灵芝由菌丝体和子实体组成。菌盖木质或木栓质，多肾形，表面赤褐色，有光泽和云状环纹；腹面淡黄色，密生菌管。菌柄长，红褐色。栽培灵芝用新鲜子实体进行组织分离，或用担孢子进行培养，获得母种后再扩大培养成栽培种。生长期约60天。待菌盖周围白色生长圈消失、色泽转深、开始放射孢子时采收。

灵芝形态

子实体对中枢神经有镇静、镇痛作用，并有镇咳、祛痰、平喘、强心、降压功效，能保肝解毒，提高免疫力。还有滋补、安神、健胃功能，治疗头晕、失眠、消化不良等症。

铃鼓 tambourine 膜鸣乐器。见鼓。

铃木春信 Suzuki Harunobu（1725～1770） 日本画家，浮世绘早期的代表人物。生于江户（今东京），卒于江户。春信在多色木版画锦绘的创立中发挥了作用。他推动浮世绘雕刻师和印刷师的技术协作，发展了浮世绘的表现形式。他的作品多以茶女、歌舞伎为题材，创造出独特可爱的美人画样式，呈现诗一般的韵律，被称为春信式。其中又有两种不同风貌：①取材于古典和歌而表现当世风俗的作品，流露出受宫廷审美意识支配的优雅的余韵。②描绘纯真爱情和表现市井和谐的日常生活的作品，散发着市民清新爽人的情感。代表作有《座敷八景》（约1765）、《雪中相合伞》（1765～1769）、《夜雨美人图》（约1766）等。

《雪中相合伞》

铃木大拙 Suzuki Daisetsu（1870－10－18～1966－07－22） 日本禅师、学者。原名贞太郎，别号也风流居士。生于石川县金泽市。卒于东京。1890年入镰仓圆觉寺参禅，后师事释宗演。1893年随师往美国芝加哥参加世界宗教大会，任翻译。后应邀在美国从事经典英译10余年，译有《道德经》、《大乘起信论》等。1908年游学欧洲，翌年归国，执教于东京大学等。1911年再赴英国，讲授禅学。1921年归国任大谷大学教授，创办英文杂志《东方佛教徒》。1934年曾访问中国。著有《禅的研究》、《禅思想史研究》、《佛教与基督教》等。为西方最熟悉之禅学大师。

凌纯声 Ling Chunsheng（1901－01－18～1978） 中国民族学家。字民复。江苏武进人。卒于台湾。早年就学于中央大学，后留学法国巴黎大学，师从人类学家M.莫斯等研习人类学和民族学，获博士学位。归国后，先后任中央研究院历史语言研究所研究员、民族学组主任，国立边疆教育馆馆长，教育部边疆教育司司长，中央大学教授、系主任。中华人民共和国建立前去台湾省，先后任台湾大学教授、台湾“中央研究院”民族学研究所所长等职。20世纪30年代，凌纯声曾参加调查赫哲族、湘西苗族、浙江畲族和云南彝族，均有专著问世。40年代，转而注意新疆民族问题和边政建设问题。移居台湾后，多次调查台湾少数民族的社会文化，进而探讨中国古代文化与环太平洋地区土著文化的传播关系。主要著作有《松花江下游的赫哲族》、《湘西苗族调查报告》、《中国边政制度》、《边疆文化论集》、《中泰文化论集》、《台湾与东亚及西南太平洋的石棚文化》、《中国与海洋洲的龟祭文化》、《中国边疆民族与环太平洋文化》等。

凌鸿勋 Ling Hongxun（1894－04－15～1981－08－15） 中国铁路工程专家、教育家。字竹铭。原籍江苏常熟。生于广州，卒于台北。1910年考取上海高等实业学堂（后改称南洋大学，上海交通大学前身）土木工程科，1915年毕业被选送到美国桥梁公司实习并在哥伦比亚大学选读。1918～1927年先后在京奉铁路、京汉铁路和交通部考工科工作，在上海高等实业学堂执教并任校长。1929～1950年先后任陇海、宝天铁路工程局局长，粤汉铁路管理局局长，西北公路管理局局长，交通部常务次长等。主持建成陇海铁路灵宝至西安、粤汉铁路株洲至韶关、湘桂铁路桂林至镇南关和宝鸡至天水铁路等重要干线，将原定4年建成的粤汉铁路株洲至韶关段工程提前1年3个月竣工，而获得中国工程师学会的金质奖章。晚年任台湾中国石油公司董事长并从事教育工作。主要著作有《八十年来之中国铁路》（1944）、《中国铁路概况》（1950）、《中国铁路志》（1954）、《七十年来东清、中东、中长铁路变迁之经过》（1964）、《詹天佑先生年谱》（1961）等。

凌家滩遗址 Lingjiatan 中国新石器时代遗址。位于安徽含山凌家滩村。1987～2000年发掘。年代约为公元前3000年。为一原始聚落，已发掘出广场、祭坛和墓地。广场以红陶块铺垫，祭坛用土筑成，坛上有多座积石圈和祭祀坑，墓葬分布在祭坛周边及坛面上。大墓多随葬高规格的玉石器，一般墓无玉器仅随葬陶器。玉器中的戈、环形龙佩饰、虎首璜、玉人、夹放在玉龟中的刻图玉版（占卜器具）等为中国新石器时代罕见的文物珍品。墓葬所反映的贫富分化明显，表明当时已处在原始社会解体和文明起源阶段。2001年国务院公布为全国重点文物保护单位。

坐姿玉人

凌濛初 Ling Mengchu（1580～1644） 中国明末小说家。字玄房，号初成，亦名凌波，别署即空观主人。乌程（今浙江湖州）人。自幼聪明好学，12岁入学，18岁补廪膳生。但自后累困场屋，抑郁不得志。崇祯七年（1634），因拔副贡授上海县丞，63岁升徐州通判。十七年，与李自成农民起义军对抗，忧愤呕血而死。凌濛初著作极为宏富，但他最主要的成就还在小说和戏剧创作方面。小说方面的贡献是编写了拟话本小说集《初刻拍案惊奇》和《二刻拍案惊奇》。他还创作过杂剧9种，有《虬髯翁》、《颠倒姻缘》、《北红拂》等。

凌日 transit 地内行星处于太阳与地球之间时，地球上观测者看到一个小黑圆点在日面缓慢移动的现象。水星和金星均可能发生凌日现象。它们的轨道分别与黄道有7°和3.4°的倾角，所以并不是每次合日都发生凌日，只有当水星或金星和地球同时都很接近升、降交点时才发生。地球经过水星升交点在11月10日前后，经过水星降交点在5月8日前后；对于金星相应的日期为12月9日和6月7日前后。因此只有在这些日期附近才会发生凌日现象。据统计每世纪平均发生水星凌日13次，发生金星凌日的机会甚少。观测水星凌日可为改进水星轨道要素提供资料，而金星凌日曾用来测定天文单位的准确值。

凌霄花 *Campsis grandiflora*; Chinese trumpet creeper 紫葳科凌霄花属的一种。又称凌霄。分布于中国河北、河南、山东、陕西，南至长江以南，西至四川。日本也有分布。落叶木质藤本，靠茎上气根攀附他物。叶对生，奇数羽状复叶，小叶7～9个，稀至11个，卵形或卵状披针形，长4～6厘米，边缘有粗锯齿。圆锥花序顶生，花大，两性，花萼钟状，5深裂，花冠漏斗状钟形，裂片5，橘红色，雄蕊4，2长2短。蒴果长细棍形，2裂，种子多，有膜翅。花期6～8月，果期7～9月。生于山谷湿处及林下。凌霄花为著名藤本花木，绛英翠蔓、花大色艳、花期长，可用来攀缘棚架、花门、假山或墙垣等，也可植于阳台和廊柱。花为通经利尿药。

凌汛 ice-jam flood 在冬春季节江河水流受冰凌阻碍而引起的涨水现象。凌汛的产生取决于河流所处的地理位置及河道形态。在高寒地区，河道弯曲回环的地方出现严重凌汛的可能性大。产生凌汛的三个必备条件是热量条件、动力条件和河道的边界条件。

冰凌洪水 冰凌是寒冷地区水域内普遍存在的一种自然现象。纬度在30°以上地区的河流、湖泊和海洋，冬季会出现不同程度的冰凌现象。按冰凌洪水形成的原因，分为冰塞洪水、冰坝洪水和融冰洪水三种。①冰塞洪水。多发生在河流封冻期。它是在河流封冻过程中，由于冰花、碎冰大量堆积在固定的冰盖下面，阻塞了部分过水断面使上游水位抬高而形成的。②冰坝洪水。多发生在解冻期，在由低纬度流向高纬度河段中，因上下游温度的差异，较易发生。冰坝溃破形成的洪水，一般来势凶猛，凌峰流量沿程递增。凌峰流量与伏秋汛期的洪峰流量相比，在流量相同时，其洪峰水位比伏秋汛期的水位要高得多，常常造成灾害。③融冰洪水。以热力因素为主形成开河的洪水，由于气温水温升高，封冻冰层上融下化，逐渐解体，一般不会出现大的凌峰流量和严重的冰凌卡塞现象，也不会造成大的凌灾。

防凌措施 江河的防凌措施大体上可归纳为：①组织防凌队伍，防守两岸大堤。②利用封冻河段上游的水库，在封冻前，调放较大流量，抬高冰盖；在解冻前的适当时机，调节水库下泄流量，使不致形成水鼓冰开、一涌而下的开河形势。③利用沿河两岸的分凌分水工程，分泄凌洪，以保障两岸大堤的安全。④在解冻前的适当时机，对容易形成卡冰结坝的弯曲狭窄河段或已形成的冰坝河段进行爆破，以利来水来冰的顺利下泄。⑤进行河道整治，把容易形成卡冰结坝的弯曲狭窄河段进行裁弯取直扩宽，避免卡冰结坝。⑥做好有关河段气象、水情的观测和预报，及冰情观测和预报工作。⑦做好滩区及分泄凌洪区居民的迁移安置等项工作。

凌子风 Ling Zifeng（1917－04－30～1999－03－02） 中国电影导演。原名凌风。祖籍四川合江。生于北京，卒于北京。毕业于国立北平艺术专科学校和南京国立戏剧学校。1938年赴延安。1945年在鲁迅艺术学院戏剧系任教员。1946年进延安电影制片厂。1948年，在东北电影制片厂任导演。导演的《中华儿女》在第5届卡罗维发利国际电影节上获“自由斗争奖”。1950年后在

北京电影制片厂任导演，作品有《陕北牧歌》、《红旗谱》、《春雷》、《李四光》、《骆驼祥子》等影片。《骆驼祥子》获1982年文化部优秀影片奖、1983年第3届中国电影金鸡奖和第6届《大众电影》百花奖。1984年导演的《边城》荣获1985年第5届中国电影金鸡奖最佳导演奖。他的导演风格节奏鲜明、色彩浓烈、时代感强、生活气息朴实浓郁。

菱 *Trapa*; water chestnut　菱科菱属植物的统称。一年生水生草本植物。原产中国。中国中南部，尤其是江苏、浙江两省的栽培面积较大，集中分布于太湖流域。

菱蔓长约1～3米。坚果。果皮革质，绿色或紫黑色，内含种子一粒。发芽后初生真叶为狭长线形，茎蔓达到水面时形成正常叶，呈菱形。胚根发芽后停止发育，次生根发达。茎各节上的叶状根，含叶绿素，可行光合作用，兼有吸收功能。栽培菱有四角菱、两角菱和无角菱三个类型。性喜温暖湿润，不耐霜冻。从角果发芽到第一批果成熟约需150天。用直播或育苗移栽法种植。

菱果肉除含有大量碳水化合物（46.5%左右）外，还富含蛋白质和多种人体必需氨基酸。鲜嫩果实可作水果生食，或制成淀粉（通称菱粉），用作烹饪调料或糕点原料。中医学认为菱有补脾益气的功效。

菱镁矿 magnesite　化学组成为$Mg[CO_3]$，晶体属三方晶系的碳酸盐矿物。常有铁、锰替代镁。通常呈显晶粒状或隐晶质致密块状，后者称瓷状菱镁矿。白或灰白色，含铁的呈黄至褐色。玻璃光泽，具完全的菱面体解理。瓷状菱镁矿具贝壳状断口。莫氏硬度3.5～4.5，密度2.9～3.1克/厘米^3。可在热液作用、沉积作用和风化作用条件下形成；超基性岩经强烈风化可形成瓷状菱镁矿。中国辽宁的菱镁矿矿床，由热液交代作用形成，以其质量高、规模大而闻名于世。主要用作耐火材料，也用于制取镁的化合物和提取金属镁。

菱锰矿 rhodochrosite　化学组成为$Mn[CO_3]$，晶体属三方晶系的碳酸盐矿物。常有铁、钙、锌等替代锰，形成铁菱锰矿等变种。完整的菱面体晶形少见，通常呈粒状、块状、肾状等集合体。常呈淡玫瑰红色，氧化表面呈褐黑色。玻璃光泽。具完全的菱面体解理。莫氏硬度3.5～4.5，密度3.6～3.7克/厘米^3。

在热液、沉积和变质作用条件下均能形成，以沉积为主。中国贵州、湖南和东北等地锰矿床中，有大量菱锰矿产出。是提取锰的重要矿物原料。色泽艳丽、透明的菱锰矿可作为低档宝石和工艺装饰品原料。

菱铁矿 siderite　化学组成为$Fe[CO_3]$，晶体属三方晶系的碳酸盐矿物。FeO含量达62.01%，常含Mn、Mg、Ca类质同象混入物，形成锰菱铁矿、镁菱铁矿、钙菱铁矿变种。当大量聚集而硫、磷等有害杂质≤0.4%时，可作为提炼铁的矿物原料。晶体呈菱面体状、短柱状或板状（见图）；集合体通常呈

粒状、致密块状，亦呈土状、结核状等。新鲜面呈灰白色或黄白色，风化后为暗褐色或褐黑色。莫氏硬度3.5～4.0。密度3.7～4.0克/厘米^3，随成分中镁、锰、钙含量的增多而降低。形成于还原环境，有热液和沉积两种成因。在热液矿床里，与铁白云石、磁黄铁矿和铜、铅、锌等金属硫化物共生；在黏土或煤层里，常有沉积型菱铁矿产出，呈层状或结核状，与鲕状赤铁矿、针铁矿、绿泥石等共生。在氧化条件下，易分解转变成针铁矿、纤铁矿、水赤铁矿；形成“铁帽”。中国吉林大栗子、湖南宁乡以及山西、川南一带煤系中，都有菱铁矿产出。世界著名产地有奥地利埃尔茨山、西班牙毕尔巴鄂、英国约克郡和达勒姆等。

菱锌矿 smithsonite　化学组成为$Zn[CO_3]$，

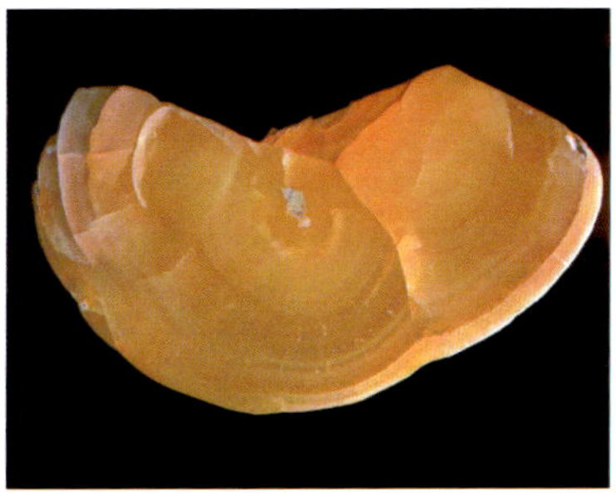

晶体属三方晶系的碳酸盐矿物。常有铁、锰、铜等替代锌，量多时形成铁菱锌矿、锰菱锌矿、铜菱锌矿变种。完整晶形罕见，通常呈葡萄状、钟乳状、肾状、土状等集合体。纯者白色，若含铁、锰、铜等杂质，则染成黄白色、黄色、淡绿色、淡褐色、淡红色等。玻璃光泽。三组解理完全。莫氏硬度4.25～5.0。密度4.0～4.5克/厘米^3。铅锌矿床氧化带典型的次生矿物。大量聚集可作为提取金属锌的矿物原料。色泽艳丽、半透明的绿色和蓝色的菱锌矿，可用作工艺装饰原料。是传统的中药材，称炉甘石。世界著名产地有纳米比亚楚梅布、希腊劳里厄姆、墨西哥北部地区等。中国云南兰坪、湖南黄沙坪、广西泗顶、辽宁关门山等地也有产出。

翎子功 skill of playing tail feather in Chinese opera　中国戏曲表演基本功之一。翎子，是插在盔头上的两根约五六尺长的雉鸡翎。演员通过舞动翎子，做出许多优美的身段动作，借以表现人物的心情、神态。

中路梆子《小宴》中吕布的翎子功

翎子功，即舞动翎子的技巧、功夫，俗称“耍翎子”。生、旦、净、丑各行脚色都用，小生用得最多，故有“雉尾生”（“翎子生”）一行。耍翎子的技巧有单掏翎、双掏翎、单衔翎、双衔翎，以及绕翎、涮翎、抖翎、摆翎等多种，可以表达喜悦、得意、气急、惊恐、沉思、忧虑等各种感情。蒲剧、晋剧等梆子剧种的翎子功尤为出色，并有许多特技，如《小宴》中吕布的耍翎子特技，在刻画人物性格和表达人物感情上，有突出的戏剧效果。

羚牛 *Budorcas taxicolor*; takin　偶蹄目牛科羚牛属的唯一种。因体型似牛而得名。又因角扭曲而称扭角羚。下分3个亚种：指名亚种主要分布在中国西南山地，也见于不丹和缅甸；四川亚种和陕西亚种皆为中国特产。体型大而粗重，体长1.7～2.2米，体重230～350千克；四肢（尤其是前肢）特别粗壮；肩高1～1.3米，肩部隆起，故比臀部高；尾长10～20厘米，尾梢末端具深

棕褐色簇毛；毛色在不同的亚种间变异很大，介于黄白、黄褐、黑褐之间；毛长、浓密而粗糙，背部中央有一深色背纹，四肢膝以下前面为黑色；雌雄均有角，角粗，基部为肋骨状，由头顶长出后即剧烈向外侧翻转，再向上、向后弯转，角的大部具横突起，但尖端平滑。

栖息于海拔2 000～4 500米的山地。夏季在高海拔处，集结成十余只至上百只的大群，冬季下到较低的草坡，分作2～3只的小群。主要吃草、嫩枝、嫩竹等，喜舔食盐分。嗅觉灵敏。7～8月交配，次年3～4月产仔，通常每胎产1仔。本种处于濒危状态，在中国已被列为国家保护动物。

羚羊 gazelle 哺乳纲牛科中一个类群的统称。种类繁多，体型优美、轻捷，四肢细长，蹄小而尖，机警。有的种雌、雄均有角，有的仅雄的有角。尾长短不一。身高60～90厘米，常5～10头成群，有的一群可达数百只。一般生活在旷野或沙漠，有的栖息于山区地带。产于中国的有原羚、鹅喉羚、藏羚和斑羚等。中国新疆所产赛加羚羊的角可供做药材。羚羊角常用做平肝熄风药。

绫 ghatpot 中国传统丝织物的一类。采用斜纹或变化斜纹为基础组织，表面呈现斜纹纹路或以相反方向两斜路构成山形、阶梯形。古代的绫呈现叠山形斜路，“望之如冰凌之理”，故称之为绫。绫类织物光滑柔软，质地较轻薄，是书画装裱的主要用料，也可用作衬衫、睡衣、裙子以及服装里料。有时也将与绫外观、用途相似的缎类织物称为绫。绫有花、素之分。素绫采用单一的斜纹或变化斜纹组织，花绫一般是斜纹地组织上起斜纹花的单层暗花织物。绫织成后可施以印染、彩绘和刺绣。绫产生于汉代以前。唐宋是绫的极盛时期。宋代绫的品种不断增加，开始用绫作书画、经卷的装裱材料。明清时期绫的产量逐渐减少。

零件 machine part 组成机械和机器的不可分拆的单个制件。如轴套、轴瓦、螺母、曲轴、叶片、齿轮等。是机械制造过程中的基本单元。处于加工过程中的零件称工件。

零售 retail 直接将商品或服务销售给个人消费者或最终消费者的商业活动，是商品或服务从流通领域进入消费领域的最后环节。特点是直接为消费者服务，每笔交易数量小、交易次数频繁，经营的消费品品种繁多，富有特色。零售业的功能是备货、分类和组合商品，提供与商品销售直接相关的各种服务，如信息传递、娱乐休闲等。

商品零售业务主要是由各种类型的零售商和零售企业来经营。最原始的零售经营形式有两种：①以固定供应地点，摆摊设店的方式经营的坐商。②以串街走巷，流动售货的方式经营的商贩。20世纪30年代前后，出现了专业化程度较高的百货商店、超级市场；50年代出现了集百货店、超级市场、餐饮、娱乐为一体的购物中心；60年代为降低成本获取规模效益，提升竞争能力，连锁商店应运而生；70年代突出价格优势的仓储商店迎合了消费者心态；进入80年代后，出现了以电子购物为特征的邮购、电话购物、电视购物、网上购物等新型经营方式。

零税率 zero rate of customs duties 在进出口税则税率栏中为“0”的税率。进出口税则中，有些税目的商品不征进（出）口税，在税率栏中以“0”表示。零税率的税目在税则中所占比例越多，说明这个国家的国际贸易自由化程度越高。

鲮 *Cirrhinus molitorella*; mud carp 鲤形目鲤科鲮属的一种。又称土鲮鱼、鲮公、雪鲮、花鲮。中国南方养殖鱼类之一。主要分布于珠江水系。

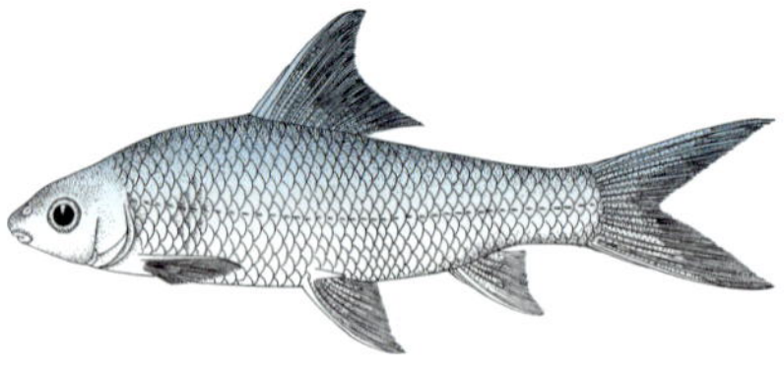

体延长，稍侧扁，腹部圆。头短，吻圆钝，眼侧位。口较小，下位。上、下颌具角质边缘，须两对，唇边缘有许多小乳头状突起。鳞中大。体上部青灰色，腹部银白色。鳃孔后方有8～12个鳞片聚成似菱形的蓝色斑块。栖息于水温较高的水体内，耐低温力很差，水温15～29℃活动正常。属下层鱼类，能适应较肥水质。幼鱼主要摄食浮游动物，以后逐渐变为以藻类为主的杂食，也摄食一些高等植物碎屑和底栖动物。鲮一般做成鱼糜供鲜食，还大量制成罐头销售。

岭北行省 Lingbei Branch Secretariat 中国元代十行中书省之一。全称岭北等处行中书省，治和宁（故址在今蒙古国前杭爱省哈拉和林），统辖漠北诸地。漠北为蒙古兴起之地，元初为窝阔台孙海都占据，元成宗铁穆尔遣其侄海山击败海都，其地入元。大德十一年（1307），海山即位，为元武宗，同年设和林等处行中书省统辖漠北。元仁宗皇庆元年（1312）始称岭北行省。行省辖境，东至哈剌温山（今大兴安岭），接辽阳行省；西至也儿的石河，接钦察汗国和察合台汗国；南隔大漠与中书省和甘肃行省辖境接界；北至北海（今西伯利亚北部）之地，凡服属元朝的各森林部落均归统辖。岭北行省的经济以游牧畜牧业为主，农业也有很大发展。但因地寒，农业的发展毕竟有限。戍军、居民所需粮谷主要还是依赖中原汉地供应，一部分由政府拨给，一部分靠商人贩运。元代岭北境内先后兴建了许多城市。由于各族大批能工巧匠的迁入，岭北行省的手工业发展也达到历史上的空前规模。和林、称海等城是商业和手工业中心，也是文化生活的中心，建有各种寺院和儒、医学校。元政府还为诸王所部配备了儒学教授，对促进蒙汉两族的文化交流起了一定作用。

岭南大学 Lingnan University 最初由美国基督教会创办，后收归中国人自办的私立大学。其前身为格致书院，创办于光绪十四年（1888），校址在广州城内。1904年迁至广州河南康乐村，改名岭南学堂。1918年定名岭南大学，主要设立文理科。1927年学校收归中国人自办，并正式改名私立岭南大学。自20世纪30年代起，先后设立文、理、工、农、商、医等学科；在理科招收研究生，颁授硕士学位，还与美国、日本、菲律宾等国一些大学建立交换生制度，并和美国纽约大学相互承认毕业生学位。抗日战争期间迁香港、曲江、梅县等地，抗战胜利后迁回广州。1952年院系调整中，岭南大学部分学科与中山大学及其他院校的文、理科合并，组成现在的中山大学。其余学科经过合并调整，分别组成华南工学院、华南农学院、华南师范大学和中山医学院。

岭南画派 Lingnan school 现代中国画流派。首创人物是广东画家有“岭南三杰”之称的高剑父、高奇峰、陈树人。初被称为折衷派，因广东地处五岭之南，后人称之为岭南画派。高剑父、高奇峰还在广州先后创办过春睡画院和美学馆，培养了一批学生。他们积极投身辛亥革命，认为艺术关系国魂，把艺术革新视为唤醒民众、强国育民的重要手段。他们都曾留学日本，受日本美术家的影响，且较多地接触了西方绘画，从而奠定了倡导折中东西艺术的基础。在传统方面，他们受清末广东画家居廉的影响。此外，广东的地理、气候条件，都是促使岭南画派产生、发展的因素。

岭南画派在艺术思想上的最大特点，就是提倡融合西画以革新中国画，主张为人生的艺术，提倡艺术反映时代，乃至在山水画中画飞机、汽车等新事物。在题材上以翎毛走兽、花卉、山水为主，在艺术上是写生肖妙、善用色彩和水墨渲染，尤其善于把雄健、泼辣的笔墨与撞水撞粉的技法结合在一起，从而构成工整而又刚劲、

高奇峰作《白马》

真实而又诗意盎然的艺术风格。方人定、黎雄才、关山月、黄少强、赵少昂等被称为岭南画派第二代画家。

岭南三家 three poets of Lingnan 中国清初广东诗人屈大均（番禺人）、陈恭尹（顺德人）、梁佩兰（南海人）的合称。三人居里邻近，时相过从，在创作上互相推重，在当时岭南地区最享盛名。康熙三十一年（1692），同为岭南人的王隼编选三家之诗成《岭南三大家诗选》，隐然有抗衡江左三大家（钱谦益、吴伟业、龚鼎孳）之意，自此始有“岭南三家”之称。不过屈、陈、梁三人的生活道路与思想情趣实有区别。在诗歌内容和风格上，屈、陈有共同的民族思想；梁诗多酬赠和吟咏景物之作，风格较平淡。在艺术风格上，三家也迥异，唯在反映岭南的山川风貌、人情世态方面，三家有共同之处。

岭南文化 Lingnan culture 主要流行于中国南岭之南的地域文化。岭南指南岭（即五岭）之南地，包括今广东、广西、海南、香港、澳门。

上古时期，岭南居住着南越、西瓯与骆越等民族。由于地处湿热的南方，作物以水稻为主，过着火耕水耨，渔猎捕捞生活。习俗上，喜食鱼和各种蚌蛤贝类；习水性，善用舟，断发文身，住干栏式住宅；笃信巫鬼，以鸡卜凶吉。秦统一岭南后，汉人开始迁入。汉武帝灭南越国后，华夏文化不断传入，与当地的文化融合。西汉，岭南航海事业已相当发展，已有通往东南亚、南亚斯里兰卡的汉代海上航线。隋唐、宋元时期，广州成为世界著名大港，创造了当时世界上最长的、长达万里以上的航线——广州通海夷道。明清两代，珠江三角洲出现以桑基鱼塘为代表的生态农业，工商贸易业发展，广缎、广绣、广彩、广铁、广船等风行全国。近代，岭南成了吸收西方工业文明和促进中国社会变革的前沿。1851年，花县（今广州花都区）人洪秀全发动太平天国起义。1898年，南海人康有为、新会人梁启超推行戊戌变法。1911年，香山（今中山市）人孙中山领导的革命党人推翻清政府统治，岭南成为民主革命的策源地与中心。1978年后，广东成为改革开放的先行地区，经济迅速腾飞，使广东成为中国经济强劲增长和富庶的地区。岭南文化从中获得新的发展。

岭南文化既是原生性文化，又为边缘型文化，它以农业文化和海洋文化为源，不断吸收、融会中原文化和海外文化而成。岭南文化具有开放、兼容的特性，在历史上它不但吸收和融会大量中原文化，还吸收和融会楚文化、吴越文化、巴蜀文化等；古罗马文化、阿拉伯文化、佛教、伊斯兰教较早从海上传入，以后又传入天主教、基督教（即新教），使岭南成为中国西学东渐的重要基地。岭南文化以远儒性和非正统性区别于其他汉文化，学术思想活跃，近代岭南成为中国人开眼看世界的窗口，中西文化的交会地；艺术上富于创新，自成一派，例如以屈大均等为代表的岭南诗派，以高剑父等为代表的岭南画派，以粤剧为代表性剧种的岭南戏剧，以《旱天雷》等作品为代表的广东音乐等。

岭南文化分为三个子文化系统：①广府文化。分布于珠江三角洲、桂东南，居民讲粤语，是南越人与汉族融合而成的广府人。他们头脑灵活，务实肯干，思想比较开放，容易接受新事物，有较强的商品意识；有“饮早茶”的习俗；饮食文化十分发达，“食在广东”，粤菜成为中国最著名菜系之一。②潮汕文化。分布于粤东沿海的潮汕地区、海南岛汉人居住区和广西西江上游两岸、南流江两岸各县市，居民讲闽南方言的潮汕话，是融有闽越血统的福佬人。他们大多出外经商，有很强的商品意识和经营能力，精明强干，有开拓精神和坚韧不拔的毅力，在海外有很好的发展；喜用“功夫茶”待客交友，喜听潮州锣鼓与戏曲，潮州木雕也享有盛名。③客家文化。分布于粤东北、粤北山区和桂东、桂南、桂中山区，居民为南迁汉人，经福建与江西迁入岭南山区成为客家人。由于山区比较闭塞，他们较多地保留了农耕文化特色，重视耕读传家，踏实勤劳，与广府人、潮汕人相比保留较多的“学而优则仕”传统；注重乡里间的团结互助，流行男女对唱的客家山歌。

岭仲 中国藏族曲艺曲种。“岭仲”的汉译意为“岭国史诗《格萨尔王传》说唱”，故通常又称“《格萨尔王传》说唱”，以专门说唱藏族民间史诗《格萨尔王传》而得名。“岭”是《格萨尔王传》所表现的传说中的国名，主人公格萨尔是岭国的首领；“仲”是藏语“史诗”的意思，由于史诗是口头传诵的，所以“仲”又含有“说唱”的意思。岭仲广泛流布于西藏自治区和四川、青海、甘肃以及云南等省的藏族聚居地区，尤以西藏的昌都和那曲两地为盛。岭仲的形成与藏民族史诗《格萨尔王传》的形成基本同步，大约在吐蕃王朝时期即唐代基本形成。岭仲的表演通常使用牛角琴伴奏，用藏语坐着说唱，以吟唱为主，间有说白。吟唱的曲调主要表现为依史诗中的人物性格而演唱形成的专用专曲形式。岭仲的演出有着较强的仪式性，大体分为焚香请神式、指画式、托帽式、看镜式4种。说唱表演《格萨尔王传》的艺人，藏语称“仲肯”即“史诗说唱者”，扎巴、桑珠、玉梅、阿达和昂仁等是已知20世纪较为著名的岭仲艺人。

领春木科 Eupteleaceae; euptelea family 双子叶植物纲金缕梅亚纲的一科。仅领春木属1属2种；1种产喜马拉雅山区东部至中国东部及北部，另1种产日本。落叶灌木或小乔木，枝有长短枝之分，具椭圆形皮孔。叶互生，圆形或近卵形，边缘有锯齿，具羽状脉。花小，6～12朵簇生，各生在苞片腋部，先叶开放，两性或有时雄性，无花被，雄蕊7～20；心皮6～18，分生，排成1轮。翅果有1颗种子。木材可制家具；树皮

清代广州十三行（绘画）

可提制栲胶；树姿优美，为庭园观赏树种。

领带 necktie; tie 领部的服饰件。广义上包括领结。领带通常与西装搭配使用，胸前打结。起源于欧洲。常见的种类有：①四步活结领带。以4个打结步骤而得名。始于19世纪90年代。②温莎领带。由英国温莎公爵所创结法而得名。黑色丝质的温莎结曾是19世纪末艺术家的象征。③细绳领带。又称牛仔领带。黑色的细绳领带是19世纪美国西部、南部绅士的典型配饰，特称上校领带、团长领带、警长领带。④保罗领带。又称快乐领结。是以滑动金属环固定的细绳领带。⑤蝶结领带。又称蝶结。采用丝质缎带或编织带制成。末端可尖可方，系成蝴蝶结状。白蝶结与燕尾服搭配用于正式场合，黑蝶结与晚礼服搭配。⑥方便领带。又称简易领带。做成固定的领结（内附硬衬，以保持形状），领带内侧设拉链，戴用时上下调整位置即可。佩戴领带时，往往配合使用一些附加饰物，如领带夹、领带扣针、领结别针等。

领海 territorial waters 一条与海岸平行的延伸到离海岸一定距离的海水带。从主权角度给其下的定义为："国家主权扩展于其陆地领土及其内水以外邻接其海岸的一带海域，称为领海。"而且沿海国主权扩展于领海以上的空间及其海底和底土。《联合国海洋法公约》第2条规定，国家主权"在群岛国的情况下则及于群岛水域以外邻接的一带海域，称为领海"，国家主权同样及于领海以上的空间及其海底和底土。

领海的宽度和界限 指从测算领海的基线起至其最外沿线之间的距离。领海的外部界限是一条其每一点同基线最近点的距离等于领海宽度的线。1982年《联合国海洋法公约》规定：每一国家有权确定其领海的宽度，直至从按照本公约确定的基线量起不超过12海里的界限为止。依照1958年9月4日《中华人民共和国政府关于领海的声明》，"中华人民共和国的领海宽度为12海里。这项规定适用于中华人民共和国的一切领土，包括中国大陆及其沿海岛屿，和同大陆及其沿海岛屿隔有公海的台湾及其周围各岛、澎湖列岛、东沙群岛、西沙群岛、中沙群岛、南沙群岛以及其他属于中国的岛屿"。

领海基线 指沿海国测算其领海、毗连区、**专属经济区**和**大陆架**宽度的起算线。领海基线包括正常基线、直线基线和混合基线三种。

领海的法律地位 1959年联合国第一次海洋法会议通过的《领海及毗连区公约》明确规定国家主权扩展于其领海。第一次从主权角度给领海下定义，确立了领海的法律地位，提出了领海主权问题。第三次海洋法会议上，《联合国海洋法公约》对领海主权重新予以确认。

沿海国在其领海内享有下列基本权利：①开发和利用领海水域、海床和底土的一切生物和非生物资源的主权权利。②对其领海上空享有领空权。③沿海航运权，又称沿海贸易权。④制定有关航行、海关、卫生、移民、环境保护、海洋生物资源养护和保护、海底电缆和管道、引航、助航设备和设施的保护、海洋科学研究，以及其他维护国家安全和经济利益的法律、法令、规定的权利，对违法、不法和违章者有权予以相应的制裁。⑤紧追权。⑥国家保卫权。如建造防御设施，设置或划定禁区，设立水上防卫区，进行军事演习，管制船舶和飞机在领海的航行和飞越，监督无线电在领海内的使用等。还可以禁止或限制外国军舰或飞机进入其领海及其上空；沿海国有权要求外国军舰立即离开其领海等。⑦无线电监督权。⑧管辖权。沿海国在领海对一切人和物享有民事管辖权，对领海内犯罪的人享有刑事管辖权，在某种情况下，有扣押无害通过非军用船舶和逮捕乘客的权利。⑨海上礼节。⑩沿海国在战时保持中立，包括其领海中立的权利，交战国不得在其领海内交战或拿捕商船。

领空 territorial airspace 国家领土的一部分，国家领土中领陆、领水和领海上面的空气空间。

1919年10月13日《巴黎航空公约》第1条承认"每一国家对其领土上的空气空间具有完全的和排他的主权"。同时，缔约国承允对民用航空器在和平时期相互给予无害通过的自由。1944年在芝加哥缔结的《国际民用航空公约》遵循了《巴黎航空公约》这一原则，重申了国家对其领土上的空气空间享有绝对主权的规定。1944年12月7日在芝加哥缔结的《国际民用航空公约》代替了《巴黎航空公约》，对国际民航活动制定了一系列原则和规定。

缔约国出于军事需要或安全理由，可设立禁区，禁止其他国家的飞机飞越。无人驾驶的航空器，不经特别许可，不得飞入他国领空。缔约国在发生战争或宣布紧急状态时，可自由决定不许外国航空器飞入其领空。公约还规定，航空器应具有其登记国的**国籍**；从事国际航行的航空器必须有一个国籍，如在一个以上国家登记，则属无效。缔约国航空器在通过或降落在另一缔约国机场时，应遵守地面国家有关飞行、入境、放行、移民、护照、海关、卫生、安全等规章。对各缔约国航空器应平等待遇，不因其国籍不同而有差别。

中华人民共和国于1974年承认了芝加哥《国际民用航空公约》，并在同年当选为国际民用航空组织的理事国。

领事 consul 一国根据国际惯例和同另一国的协议派驻对方国家某城市或某地区行使某些特定官方职务的政府代表。一般分为总领事、领事、副领事和领事代理人。总领事是管辖几个领事区，或者领导一个较大的或特别重要的领事区的领馆馆长。领事是一个领事区的领馆馆长或总领事的助手。副领事为总领事或领事的助手，或者担任领馆的分馆馆长，可代行领事的一切职务。领事代理人由总领事或领事经本国同意后任命，在领事区内设立领事代理处，执行部分领事职务。领事的主要职责是，以合法手段了解、研究领事区的情况；管理侨民事务，保护侨民正当权益；办理护照、签证、公证、认证等法律性事务；促进派遣国与驻在国之间的经济、文化和科学等关系的发展；监督、管理和协助本国航运、空运；维护并保障领事区内派遣国的贸易、经济、法律和文化等利益。领事由本国外交部领导，并受本国在驻在国的外交使节的指导。在没有派外交代表的国家的领事，其权责在很多地方与外交代表的职权相似。根据国际惯例和有关国家间的互惠协议，领事和领事馆人员享有一定的**领事特权与豁免**。

领事裁判权 consular jurisdiction 一国通过驻外领事等对处于另一国领土内的本国国民根据本国法律行使司法管辖权的制度。一种**治外法权**。它的存在，形成对国家属地优越权的例外或侵犯。

最初是在十字军东侵（11～13世纪）以后，西方国家开始在东方国家推行这种制度。当时在东方国家定居的欧洲商人在他们自己中间推选出领事，处理本国商人彼此间的争议。19世纪，西方资本主义国家通过不平等条约，把领事裁判权制度强加于亚非国家〔中国、日本、暹罗（泰国）、波斯（伊朗）、埃及等〕，使这些国家的领

中华民国时期帝国主义在中国领土上逮捕、关押中国人的上海南京路老闸捕房

土主权受到严重损害，其中受西方国家强加的领事裁判权制度之害历时最久、影响最深的国家是中国。曾经在中国享有领事裁判权的国家有英、法、美、俄、德、日、奥匈、意、比、西、葡、丹、挪、荷、秘、墨、智、瑞典、瑞士、巴西等20余国。

领事裁判权制度于1890年首先在日本被废除。其后土耳其于1923年、暹罗于1927年、波斯于1928年、埃及于1937年，中国经两次世界大战，先后予以废除。第二次世界大战后，这一与国家主权原则根本不相容的特权制度在全世界被废除。

领事特权与豁免 consular privileges and immunities 为了领事人员在接受国能够有效地执行职务而由接受国给予的特别权利和优遇。领事特权与豁免低于**外交特权与豁免**。按照国际习惯法和《维也纳领事关系公约》，领事特权主要包括：①人身不可侵犯权。②馆舍不可侵犯权。③档案和公文不可侵犯权。④通讯自由。⑤司法和行政管辖之豁免。⑥免除关税和捐税。⑦悬挂**国旗**和**国徽**的权利。领馆人员的特权自其进入接受国国境之时或就领馆职务之时开始，到职务终止离开接受国国境时或离境之合理期间终了时终止。特权和豁免原则上仅限于为派遣国国民的领馆人员。为接受国国民或永久居民的领馆人员则有其特殊地位。为接受国国民或永久居民的领馆人员仅就其执行职务而作的公务行为享有管辖的豁免及人身不可侵犯，并享有拒绝作证的权利，其他便利、特权和豁免须经接受国特许。为接受国国民的其他领馆人员、家属以及私人服务人员仅在接受国许可的范围内享有便利、特权和豁免。

领土 territory 由国际公认的国界划定的一国行使国家主权所及的范围。有狭义和广义之分，狭义的领土仅包括领陆；广义的领土则包括领陆、领水和领空。均属一国行使主权的范围。领陆是指受国家权力支配的、有国际公认的国界划定的土地，是地球陆地表面的特定部分。领水是指在国家主权支配和管辖之下的水域。包括内水、**领海**、专属经济区等。内水包括国境之内的河流、湖泊、内海和内海湾；领海则指沿海国主权管辖之下的、与陆地领土及内水相连接的一定宽度的海域。《联合国海洋法公约》规定：每一国家有权确定其领海的宽度，直至从按照本公约确定的基线量起不超过12海里的界线为至。中国的领海宽度为12海里。专属经济区是领海以外并邻接领海的一个区域，其宽度从测算领海宽度的基线量起，不应超过200海里。故又称为200海里专属经济区或200海里海洋经济区，它是一国国土的有机组成部分。领空是指一国的陆地、河流、湖泊、内海、领海等的上空。领空的高度没有精确规定，指的是飞机的一般飞行高度，即位于一国领土之上的大气层空间。1967年联合国通过外层空间条约规定：外层空间自由，外层空间不得占有，外层空间活动为全人类谋利以及外层空间不得用于军事目的等。

令 short lyric 词的短章。又称令曲、小令。其名称来自中国唐代酒令。唐人往往于宴饮时即席填词，以短曲歌词为行令之用，故名。按照清代毛先舒《填词名解》的解释，58字以内的词为小令。如词中的《十六字令》、《菩萨蛮》、《忆江南》等都属于令曲。令在文人创作中盛行比较早。

令计划 Ling Jihua (1956-10～) 中国共产党中央书记处书记，中央办公厅主任，中央机构编制委员会办公室副主任。山西平陆人。1976年6月加入中国共产党。1973年

12月参加工作。1973～1975年在山西省平陆县当知青，县印刷厂工人。1975～1978年任山西省平陆县团委干部、副书记。1978～1979年任中共山西省运城地委干部。1979～1983年任共青团中央宣传部干部（其间，1982～1983年借调中共河北省委办公厅工作）。1983～1985年在中国青年政治学院政教专业学习。1985～1988年任共青团中央宣传部理论处副处长。1988～1990年任共青团中央书记处办公室主任。1990～1994年任共青团中央办公厅副主任，《中国共青团》主编。1994～1995年任共青团中央宣传部部长。1995～1996年任中共中央办公厅调研室三组负责人。1996～1997年任中共中央办公厅调研室三组组长（1994～1996年湖南大学工商管理专业在职研究生学习，获硕士学位）。1997～1998年任中共中央办公厅调研室副主任。1998～1999年任中共中央办公厅调研室主任。1999～2000年任中共中央办公厅副主任、调研室主任。2000～2003年任中共中央办公厅副主任、调研室主任，中共中央机构编制委员会办公室副主任。2003～2007年任中共中央办公厅副主任（主持常务工作），中共中央机构编制委员会办公室副主任。2007年任中共中央办公厅主任，中共中央机构编制委员会办公室副主任。同年10月任中共中央书记处书记，中共中央办公厅主任，中共中央机构编制委员会办公室副主任。是中共第十六届中央候补委员，十七届中央委员、中央书记处书记。

刘安 Liu An (前179～前122) 中国西汉思想家、书籍编撰组织者。汉文帝之弟淮南历王刘长之子，袭父封为淮南王。好读书鼓琴，善为文辞，才思敏捷，“招致宾客方术之士数千人”编写《鸿烈》(后称《淮南鸿烈》或《淮南子》)。今仅存内篇21篇，外篇33篇已佚，内篇论道，外篇杂说。其内容以道家自然天道观为中心，综合先秦道、法、阴阳等各家思想，认为宇宙万物都是“道”所派生，“道”是“覆天载地”，“高不可际，深不可测”的东西。在政治上主张“无为而治”，但提出“先王之制，不宜则废”，“苟利于民，不必法古；苟同于事，不必循旧”的观点。后以谋反事发自杀，受株连者达数千人。

刘白羽 Liu Baiyu (1916-09-02～2005-08-24) 中国散文家、小说家。北京人。卒于北京。1934年入北平民国大学中文系，后辍学，开始从事文学创作。处女作小说《冰

天》发表在上海《文学》月刊。1937年在上海出版第一部小说集《草原上》。1938年春到延安，不久转赴华北抗日根据地工作。1944年到重庆，编辑《新华日报》文艺副刊。1946年初，到北平军事调处执行部，以随军记者身份在东北、平津、华中等地活动。抗美援朝期间奔赴朝鲜前线，写了大量散文、通讯。他所写的小说和通讯，结集出版过《游击中间》、《无敌三勇士》、《战火纷飞》、《历史的暴风雨》等20余种；以题材重大、具有强烈时代感、富有战斗激情和雄健气度取胜。1955年以后，历任中国作家协会副主席、文化部副部长、解放军总政治部文化部部长等职。1959年发表《日出》以后，他的写作重点转移到抒情散文上，出版《红玛瑙集》、《红色的十月》、《芳草集》、《海天集》等。其散文立意高远，格调豪迈，与他战争年代的作品一样充满政治激情和时代气息，在艺术上还力求把诗和政论结合起来。1991年，他的长篇小说《第二个太阳》(1987)获第三届茅盾文学奖。1997年之后出版长篇小说《风风雨雨太平洋》和长篇回忆体散文《心灵的历程》。

刘半农 Liu Bannong (1891-05-29～1934-07-14) 中国诗人、学者。名复。江苏江阴人。卒于北京。幼年生活贫寒。15岁入常州中学读书。1911年辛亥革命时期，一

度在革命军中任文书。后赴上海，先后任《中华新报》和中华书局编辑。曾以“半侬”的笔名发表过一些旧体小说和译文。1915年为《青年杂志》重要撰稿人。1917年始任北京大学预科教员，并参加《新青年》编辑工作，是五四新文化运动的积极倡导者之一，写过著名的《奉答王敬轩先生》等文章。1917年开始用白话写诗，重视群众口语，注重向民歌借鉴，对新诗的形式和音节多有探索，其诗风清新、朴素，在五四诗坛产生较大影响。1920年春，赴欧洲留学，先后在伦敦、巴黎等处大学研究汉语语音、声韵，获法国国家文学博士学位。1925年秋回国，先后任北京大学、辅仁大学国文系教授、北平大学女子文理学院院长，主要致力于中国文学、语音、语法等研究，成为专攻语言学的学者，并从事杂文写作，曾为语丝社成员。主要创作集有《扬鞭集》、《瓦釜集》、《半农杂文》，编有《初期白话诗稿》，标点过清人张南庄的章回体小说《何典》，学术著作有《中国文法通论》、《四声实验录》等，另有译著《法国短篇小说集》、《茶花女》等。

刘邦 Liu Bang（前256～前195） 中国汉代开国皇帝。见汉高祖刘邦。

刘宝全 Liu Baoquan（1869～1942） 中国京韵大鼓艺人。曾用名刘顺全，字毅民，河北深县（今深州）人。生于北京，卒于北平（今北京）。幼年随父向木板大鼓艺人王庆和习弹三弦。15岁在天津拜木板大鼓盲艺人宋五（玉昆）为师学习说唱表演，同时师从琵琶名家陆文奎学习弹奏。18岁时曾随韩永忠到北京演出木板大鼓，不久转向北京四喜班的京剧老生孙玉卿学唱京剧，取艺名月芬。后重返天津，正式拜木板大鼓艺人胡十（金堂）和霍明亮为师，说唱木板大鼓。21岁又到北京献艺，在艺术上得到京剧名伶谭鑫培和孙菊仙等人的影响与点拨，开始吸收梆子腔、石韵书、马头调等戏曲和曲艺唱腔，改用北京语音吐字发音表演。之后经过他与同时代艺人多年的共同改良与努力，木板大鼓发展为京韵大鼓。1908年左右，他与弦师韩永禄搭档，再到天津演出，获得极大成功。此后，刘宝全于1915年创立宝全堂艺曲改良杂技社，往返于京津两地演出，并应邀前往上海、南京、汉口和济南等地献艺。1921年在上海演出时，还博得了“鼓界大王”的美称。从1908年起，百代公司和高亭公司等灌制发行了他演唱的《八喜·八爱》等共27张唱片；上海中华影业公司1939年将他演唱的《宁武关》拍成舞台艺术片发行；他还经常在电台演播，使艺术影响更加深远。弟子有白凤鸣、谭凤元、常旭九、钟德海、韩德荣等。

刘宝瑞 Liu Baorui（1915～1968） 中国相声演员。生于北京，卒于北京。13岁拜张寿臣为师学说相声，14岁开始登台演出。1940年起，先后与马三立、高元钧等人合作，在北京、天津、上海、南京和济南等地演出对口相声，颇有声誉。中华人民共和国建立后返回北京，与郭全宝等搭档说对口相声，节目有他参与整理的传统相声《歪批三国》和他自己创作的《神兵天降》与《大水壶》等。之后专攻单口相声表演，参与整理或改编演出的传统单口相声《珍珠翡翠白玉汤》、《连升三级》、《日遭三险》、《韩复榘讲演》、《神童解缙》等作品脍炙人口。其相声表演台风稳健，口风瓷实，铺叙细致，含蓄厚重，有“冷面滑稽家”之称，被誉为“单口相声大王”。所擅演的单口相声作品，由他的徒弟殷文硕整理后，1983年由中国曲艺出版社以《刘宝瑞表演单口相声选》为名结集出版。

刘备 Liu Bei（161～223） 中国三国时期蜀国开国君主。见汉昭烈帝刘备。

刘表 Liu Biao（142～208） 中国东汉末军阀。字景升。山阳高平（今山东邹城西南）人。少知名，被目为人所宗仰的“八友”之一。灵帝时为北军中候，献帝初平元年（190），迁荆州刺史，得到蒯越、蔡瑁等当地名士、大族的支持，平定长江中游的反抗力量，徙治襄阳。当时群雄并起，割据南阳的袁术使孙坚进袭刘表，被其击败，孙坚中矢而死，袁术袭夺刘表地盘的企图未能实现。初平三年，授刘表为镇南将军、荆州牧，封成武侯。因实力雄厚，据地数千里。带甲10余万，在全国兼并战争中保地自守。官渡之战，对袁绍、曹操两不相助。建安六年（201），刘备被曹操击败后投奔刘表。荆州20多年中政局稳定，战争破坏较少，生产得以正常进行，关中、兖、豫学士归者以千数。他还建立学官，博求儒士，使綦毋闿、宋忠等撰《五经章句》，又广求遗书，起了保存文化的作用。建安十三年，曹操南征，表病死。曹军到襄阳，刘表子刘琮举州降，割据结束。

刘宾雁 Liu Binyan（1925-02-07～2005-12-05） 中国散文作家。曾用笔名刘浏、刘克、申明、刘子安、金大白等。吉林长春人。卒于美国新泽西州。幼年家贫，几度辍学。1943年起在天津参加中国共产党领导的地下工作。1946年后到哈尔滨、沈阳等地从事青年工作。1951年到北京中国青年报社任记者、编辑，曾翻译过苏俄文学作品。1956年在《人民文学》上相继发表特写《在桥梁工地上》和《本报内部消息》及其续篇，引起社会反响和争议。1957年被错划为“右派”。“文化大革命”后错案得到改正。1978年到中国社会科学院哲学所工作，1979年到人民日报社任记者。1985年当选为中国作协副主席。这期间所写报告文学《人妖之间》、《一个人和他的影子》、《艰难的起飞》、《关东奇人传》以及《没有上银幕的故事》，分别获得第一、二、三、四届全国优秀报告文学奖。1988年移居美国。1989年所任中国作协副主席职务被撤销。作品结集出版的有《刘宾雁报告文学选》（1980）、《艰难的起飞》（1982）、《因为我爱……》、《我的自白》等。

刘秉忠 Liu Bingzhong（1216～1274） 中国元代前期政治家。字仲晦，初名侃。邢州（今河北邢台）人。邢州在1220年即归蒙古政权统治，刘侃17岁时为邢台节度使府令史。1238年，辞去吏职，先入全真道，后出家为僧，法名子聪，号藏春散人。1242年，北方禅宗临济宗领袖海云推荐他入藩王忽必烈幕府。子聪博学多能，深受重视。1250年，他上万言策，提出：“治乱之道，系乎天而由乎人”，“以马上取天下，不可以马上治”。主张改革弊政，建立制度，如定百官爵禄，减赋税差役，劝农桑，兴学校等，对忽必烈采用“汉法”起了推动作用。1260年，忽必烈称帝，命子聪制定各项制度。至元元年（1264），忽必烈命子聪还俗，复刘氏姓，赐名秉忠，授光禄大夫等官职。六年，订立朝仪。八年，建议忽必烈以大元为国号。

刘秉忠还主持了元朝首都大都和陪都**上都**的营建。1251年，**蒙哥**即大汗位，以忽必烈管理漠南汉地军国庶事。忽必烈将营帐移到金莲川，并在1256年命刘秉忠在当地建立新城。1258年建成，定名开平，忽必烈称帝后改为上都。至元三年，又受命在原燕京城东北设计建造新的都城。至元九年，忽必烈根据刘秉忠的建议，命名新都为大都。至元十一年正月，大都宫阙建成（见**元大都**）。

刘秉忠长于诗词，沉郁豪迈，在元代文学中别具一格。其作品有《藏春集》6卷传世。

刘伯承 Liu Bocheng (1892-12-04～1986-10-07) 中国无产阶级革命家、军事家，马克思主义军事理论家，中国人民解放军缔造者之一，中华人民共和国元帅，全国人大常委会副委员长，中共中央军委副主席。原名刘明昭，四川开县（今属重庆市）人。卒于北京。1911年参加辛亥革命。1912年考入重庆军政府将校学堂。1914年加入孙中山领导的中华革命党。在护国、护法战争中，历任连长、旅参谋长、团长。被誉为川中名将。1926年5月加入中国共产党。同年12月任中共重庆地方委员会军事委员会委员。1927年与**周恩来**、**贺龙**、**叶挺**、**朱德**等领导南昌起义，任中共前敌委员会参谋团参谋长。1928年留学于苏联伏龙芝军事学院。1930年回国后任中共中央军事委员会委员、长江局军委书记。1932年1月任中国工农红军学校校长兼政治委员。10月任中央革命军事委员会总参谋长，协助朱德、周恩来指挥第四次、第五次反“围剿”。长征初期参与指挥红5军团殿后，掩护中央机关通过国民党军4道封锁线。1934年底任总参谋长并兼中央纵队司令员，指挥先遣部队强渡乌江、智取遵义。1935年1月，参加了在遵义召开的中共中央政治局扩大会议，支持毛泽东的主张。抗日战争爆发后，任八路军第129师师长。1938年后，与政治委员**邓小平**、副师长**徐向前**等组织指挥长生口、神头岭、响堂铺等战斗，之后又取得晋东南反“九路围攻”和冀南反十一路“扫荡”的胜利，创建了晋冀鲁豫抗日根据地。1940年组织部队参加**百团大战**。解放战争时期，历任晋冀鲁豫军区、中原军区、第二野战军司令员。曾组织、指挥**上党战役**、邯郸战役、鲁西南战役、**淮海战役**、**渡江战役**和西南战役等大规模的战役。1949年12月，刘伯承任西南军政委员会主席。

1950年冬，领导组建人民解放军军事学院，任院长（后兼政治委员）。1954年起任中央人民政府人民革命军事委员会副主席，国防委员会副主席，军委训练总监部部长。1957年9月任高等军事学院院长兼政治委员。1958年因所谓教条主义受到错误的批评。1959年后曾负责中共中央军委战略研究工作。他为中国人民解放军后来建立各军种、兵种指挥院校和形成比较完整的军事院校体系奠定了基础，为建设现代化、正规化革命军队培养了德才兼备的中高级干部。1955年被授予中华人民共和国元帅军衔和一级八一勋章、一级独立自由勋章、一级解放勋章。任中共第七届中央委员、第八届至第十一届中央政治局委员。任第二届至第五届全国人大常委会副委员长。1966年1月起任中共中央军委副主席。

刘伯承对于游击战、运动战、阵地战和司令部工作等都有独到的论述。其作战谋略和指挥艺术是毛泽东军事思想的重要组成部分。他的主要军事论著收入《刘伯承军事文选》，另有《合同战术》、《论苏军合围钳形攻势》等大量译著。

刘禅 Liu Chan (207～271) 中国三国时期蜀汉国君主。字公嗣，小字阿斗。涿郡涿县（今属河北省）人。蜀汉创立者刘备长子。建安二十四年（219），立为王太子。章武元年（221），册封为太子。三年刘备病逝，禅即位为后主。拜**诸葛亮**为武乡侯兼益州牧，秉朝政。亮逝，以蒋琬为尚书令兼益州刺史，总理朝政，又以姜维为大将军统军。刘禅昏庸懦弱，疏于朝政，终日享乐。不听大臣直谏，宠信宦官黄皓，渐使朝政败坏。景耀六年（263），魏军分3路攻蜀，兵临成都。他束手无策，亲赴魏营投降，被封为安乐公。

刘长春 Liu Changchun (1909-11～1983-03) 中国田径运动员，体育活动家。辽宁大连人。卒于大连。1929年入东北大学体育专修科学习，1932年毕业后从事体育教学工作。历任东北大学、北平师范大学和东北中正大学助教、讲师、副教授。从1930年开始多次参加全国运动会田径短跑比赛，多次获冠军，并多次打破全国纪录。1932年作为中国体育代表团唯一运动员，首次参加第10届奥林匹克运动会田径比赛。

1936年参加第11届奥林匹克运动会。中华人民共和国建立后，任大连工学院体育教研室主任、副教授。1964年当选中华全国体育总会第4届委员会委员，1979年当选为该会常务委员。1978年任第5届全国政协委员。1979年当选为中国奥林匹克委员会副主席。著有《田径指导法》、《田径裁判法》等。

刘长卿 Liu Changqing (726?～786至789) 中国唐代诗人。字文房。宣城（今安徽宣州）人，一作河间（今属河北）人。玄宗天宝进士。肃宗至德间任监察御史、长洲县尉，贬岭南南巴尉，后返，旅居江浙。代宗时历任转运使判官，知淮西、鄂岳转运留后，被诬再贬睦州司马。德宗建中二年（781），任随州（今属湖北）刺史，世称刘随州。他生平坎坷，有一部分感伤身世之作，但也反映了安史之乱后中原一带荒凉凋敝的景象。如《穆陵关北逢人归渔阳》、《疲兵篇》、《新息道中》等，笔调苍凉沉郁。刘长卿诗以五七言近体为主，尤工五言。五律简练浑括，于深密中见清秀。如《新年作》、《岳阳馆中望洞庭湖》、《碧涧别墅喜皇甫侍御相访》、《海盐官舍早春》等。七律也多秀句，如“细雨湿衣看不见，闲花落地听无声”（《别严士元》）、“秋草独寻人去后，寒林空见日斜时”（《长沙过贾谊宅》）。五绝如《逢雪宿芙蓉山主人》、《江中对月》、《送灵澈上人》，以白描取胜，饶有韵致。但他的大部分诗内容单薄，境界狭窄，缺少变化，有字句雷同之感。《新唐书·艺文志》著录其集10卷。较流行的是明翻宋本《唐刘随州诗集》（10卷诗，1卷文），《全唐诗》编录其诗5卷。

刘辰翁 Liu Chenweng (1232～1297) 中国宋元间词人。字会孟，号须溪。庐陵（今江西吉安）人。太学生。景定三年（1262）廷试对策，因忤权奸贾似道，被置进士丙等。曾任赣州濂溪书院山长。宋亡不仕，隐居著书。他一生著作颇丰，文学成就主要是词，继承了辛弃疾派的爱国主义传统，《四库全书总目》称他对宋廷“忠爱之忱，往往形诸笔墨，其志亦多有可取者”。其词多感怀时事，追念故国，借景物寄寓亡国哀思，又不失悲壮慷慨，于痛苦中流动着激越豪壮之气。如[兰陵王]《丙子送春》、[永遇乐]“璧月初晴”、[柳梢青]《春感》以及[霜天晓角]、[莺啼序]等。亦能诗，但佳作少。个别如《春晴》稍具情韵，兼含寄托。善评点古人诗文，对王维、杜甫、陆游等作品的品评时有中肯之处。存《须溪集》10卷，其中词3卷(《四库全书》本)。有《须溪词》1卷（《彊村丛书》本)。

刘成基 Liu Chengji (1905～1976) 中国川剧演员。工丑。艺名当头棒。四川遂宁人。幼入三益科班学艺，后拜名丑傅三乾为师，以擅演袍带丑著称。功底深厚，程式严谨，善于运用传统表演手法刻画各种类型的人物，从帝王公卿到贩夫走卒，各具特色。在《赠绨袍》中饰须贾，通过指爪、眉眼、身法、舞蹈、讲白以及一把椅子的移动，突现了势利小人变化无常的嘴脸。此剧经他40多年的锤炼，成为其代表作。刘成基还擅长褶子丑(如《胡琏辨钗》)、龙箭丑(如《毛延寿奔番》)、烟子丑（如《醉隶》）等。著有《川剧丑脚表演程式》、《刘成基舞台艺术》。

刘崇 Liu Chong (895～954) 中国五代十国时北汉国的建立者。先世为沙陀部人。后汉高祖刘知远之弟。后汉隐帝时，刘崇官至河东节度使、太原尹。隐帝年少，大臣专权，刘崇见后汉政权不巩固，便在军事上和财政上作了准备，图谋自立。乾祐三年十一月二十一日（951年1月1日），隐帝被枢密使郭威所败，后为人所杀。郭威迎立刘崇子刘赟。广顺元年（951），郭威称帝，改国号为周，史称后周，杀刘赟。刘崇同时据河东12州称帝，改名旻，仍用后汉乾祐年号，国号汉，史称北汉，或称东汉。北汉地瘠民贫，国力微弱。刘崇即结辽为援，奉辽帝为叔皇帝。北汉曾联合辽兵，两度进攻后周，但先后败于晋州（今山西临汾）和高平（今属山西)，后周世宗柴荣乘胜进围太原达月余，后周兵退后，乾祐七年（954），刘崇卒。其子刘承钧（后改名刘钧）继立。

刘聪 Liu Cong (?～318) 中国十六国时期汉国皇帝。一名载，字玄明。匈奴族。新兴(今山西忻州）人。在位9年。谥昭武皇帝，庙号烈宗。刘渊第四子，少好学，文武兼能。累官至右积弩将军，参前锋战事。刘渊为北单于，以聪为右贤王。310年，刘渊病笃，以聪为大司马、大单于、录尚书事，掌握军政大权。刘渊死后，他杀兄刘和夺取皇位，改元光兴。刘聪遣族弟刘曜、大将王弥率众四万出洛阳，周旋于梁、陈、汝、颍之间，攻占堡壁。311年石勒于苦县宁平城（今河南郸城东北）全歼西晋军。同年夏，派刘曜、王弥克洛阳，俘晋怀帝司马炽。纵兵烧掠，杀王公士民3万余人。因时值西晋永嘉五年(311)，史称永嘉之乱。316年，刘聪遣刘曜攻破长安，俘晋愍帝司马邺，西晋灭亡，中原地区均归汉统治。在其直接统制地区实行胡、汉分治政策。刘聪沉湎酒色，游猎无度，广建宫殿，生产荒废，人民逃离，因连年战争所统属的各将领形成割据势力。刘聪时汉所统辖地区实际上东止于太行山，南未越过嵩山、洛水，西到陇坻，北不出汾水、晋阳。318年病卒，太子粲嗣位，不久即为匈奴贵族靳準所杀。刘曜自长安赴之，遣兵汉都城平阳（今山西临汾西南)，族灭靳氏，自立为皇帝，改国号为赵，史称前赵。

刘大白 Liu Dabai (1880-10-02～1932-02-13) 中国诗人。原名金庆棪，后改姓刘，名靖裔，字大白，别号白屋。浙江绍兴人。卒于杭州。五四运动前就开始写白话诗，

是新诗的倡导者之一。他的诗以描写民众疾苦之作影响最大。他的新诗还显示了由旧诗蜕化而来的特点，感情浓烈，语言明快有力，通俗易懂，并以触及重大的社会话题和鲜明的乡土色彩为特点，在五四诗坛上别具一格。1924年任复旦大学、上海大学教授。同年出版新诗集《旧梦》。1926年出版第二部新诗集《邮吻》。1928年弃教从政，任浙江省教育厅秘书、浙江大学秘书长，次年去南京任教育部常任次长。出版的著作还有《旧诗新话》、《白屋说诗》、《白屋文话》、《中国文学史》及旧体诗集《白屋遗诗》等。1929年还将《旧梦》重编为《再造》、《丁宁》、《卖布谣》、《秋之泪》4集出版。

刘大杰 Liu Dajie (1904～1977-11-26) 中国古典文学研究家、作家、文学史家、文学翻译家。笔名修士、湘君。湖南岳阳人。卒于上海。1926年赴日本早稻田大学攻读欧洲文学。1930年回国后曾任上海大东书局编辑，复旦大学、安徽大学、暨南大学、四川大学等校教授。中华人民共和国建立后，长期任复旦大学中文系教授，兼任中国作家协会理事、作协上海分会副主席、中国人民政治协商会议全国委员会委员、《文学评论》编委等职。早期著有短篇小说集《黄鹤楼头》、《渺茫的西南风》、《支那女儿》、《昨日之花》，自传体长篇小说《三儿苦学记》，作品集《盲诗人》，剧本《她病了》、《十年后》等。出版于1941年和1949年的《中国文学发展史》，是他的一部主要学术著作，也是一部独具特色、产生广泛影响的中国文学史专著。还出版有《红楼梦的思想与人物》、《魏晋文人思想论》、《刘大杰古典文学论文选集》等著作，主编《中国文学批评史》，另有译作多种。

刘大櫆 Liu Dakui (1698～1779) 中国清代散文家。字才甫，一字耕南，号海峰。桐城（今属安徽省）人。桐城派散文代表作家之一。提倡古文，师事方苞。所著《论文偶记》一书，在方苞义法论基础上，进一步探求文章的艺术性。他极重文的“神气”，认为：“神气者，文之最精处也；音节者，文之稍粗处也；字句者，文之最粗处也”。认为“学者求神气而得之于音节，求音节而得之于字句，则思过半矣”(《论文偶记》)。世称为“因声求气”说。在桐城派中，刘大櫆文比较喜欢铺张排比。辞藻气势，较方苞、姚鼐为盛，而雅洁淡远则不如。《观化》、《息争》、《焚书辨》、《书荆轲传后》等，可以代表他的文章风格。《黄山记》、《游浮山记》以刻画景物的详细具体和篇幅长大取胜。其诗宗唐人，能融诸家为一体。著有《海峰先生集》，包括文10卷、诗6卷，又有《论文偶记》1卷。

刘大年 Liu Danian (1915-08-01～1999-12-28) 中国历史学家。湖南华容人。卒于北京。1936年肄业于湖南长沙国学专修学校。1938年，赴陕北抗日军政大学学习，

同年加入中国共产党。1939～1948年，曾任冀南抗战学院、政治学校教员，北方大学工学院副主任、华北大学历史研究室副主任。1950年后，历任中共中国科学院党组成员、《科学通报》主编、《历史研究》副主编、近代史研究所副所长、中国科学院学部委员、中国社会科学院近代史研究所所长、中国史学会执行主席、孙中山研究学会副会长、中国抗日战争史学会会长等职。连续当选为第四至第七届全国人大常委，第六、七届全国人大教科文卫委员会委员。

抗日战争时期，刘大年主要讲授社会发展史、中国革命运动史等课程。1947年着手研究中美关系史。著有《美国侵华简史》、《美国侵华史》(苏联、朝鲜、捷克斯洛伐克和民主德国相继出版译本)；此后出版的著作有《台湾历史概述》(与丁名楠、

余绳武合著)、《中国近代史问题》、《赤门谈史录》、《刘大年史学论文选集》、《抗日战争时代》、《评近代经学》等，主编《中国近代史稿》第一、二、三册，《中国史稿》第四册，《中国复兴枢纽——抗日战争的八年》，还编辑了《范文澜历史论文集》、《孙中山书信手迹选》等。部分著作在日本和俄罗斯出版。

刘大年着重于中国近代史和历史学理论问题研究。他将1840～1919年近代中国80年的历史划分为鸦片战争至太平天国起义失败、1864年至戊戌变法与义和团运动失败，以及1901年至五四运动爆发的3个不同时期。关于历史学理论研究，他始终主张要以马克思主义为指导，主张以社会阶级、阶级斗争作为历史研究的对象，由此探寻历史运动本身的规律。他的《论康熙》、《回答日本历史学者的问题》等文，曾引起相当的争论和评论。晚年着力研究中国抗日战争的历史，并评述经学在近代的历史命运。

刘德海 Liu Dehai (1937-08-13～) 中国琵琶演奏家。祖籍河北沧县。生于上海。1954年从师于琵琶家林石城。1957年考入**中央音乐学院**，师从曹安和、杨大钧等琵琶演奏家。

1962年毕业后留校任教。1964年调至**中国音乐学院**。1970年起任**中央乐团**独奏演员。自1963年起，在全国各地和世界30多个国家和地区演出。1979年曾任中国音乐家协会理事。刘德海的琵琶演奏技术娴熟精湛，演奏风格生动明快，具有新的时代气息。在继承传统技法基础上，大胆发展了“人工泛音”等技法，以及创造了“双摇”、“三摇”的手法等。他的演奏曲目广泛，从传统乐曲《霸王卸甲》、《十面埋伏》、《塞上曲》、《青莲乐府》到现代创作乐曲《彝族舞曲》、《浏阳河》、《狼牙山五壮士》等。改编演奏了《樱花》、《牧场之家》等外国乐曲20余首。1977年后，他与柏林爱乐管弦乐团、德国广播交响乐团合作演出，并多次在**小泽征尔**指挥下，同美国**波士顿交响乐团**合作演出琵琶协奏曲《草原小姐妹》、琵琶与交响乐队的音诗《夕阳箫鼓》等。

刘鼎 Liu Ding (1903-12-15～1986-07-25) 中国机械工程学家。原名阚尊民，曾用名戴良。生于四川南溪，卒于北京。1920～1923年在浙江高等工业学校机械本科学习。

1924年赴德国勤工俭学，在柏林、格丁根学习机械工程。1926年赴苏联，1928年毕业于莫斯科东方大学。1929年后回国。1933年任赣东北兵工厂厂长。1936年任中共驻东北军代表。抗日战争和解放战争期间任八路军总部军工部部长、华北企业部副部长。1949年后历任重工业部副部长、第二机械工业部副部长兼总工程师、第一机械工业部副部长、第三（航空）机械工业部副部长。

刘鼎是中国兵器工业的主要创建者和领导人之一。革命战争时期研制了火炮、步枪、炸药包抛射机、掷弹筒和无烟火药等，为人民兵工和国防工业的创建作出贡献。中华人民共和国建立后，在国防建设、武器制式化、建立兵工技术基础、研制新型武器等方面做了大量开创性工作。1958年他首先倡导“蚂蚁啃骨头”精神，推广用小机床加工大工件的技术；组织和指导东北几个工厂联合制造12 600吨水压机和23万～50万千瓦水轮发电机组。随后他积极倡导推广新材料、新工艺、新技术。刘鼎重视技工教育，指导和制定了钳工八字宪法（划、凿、锯、钻、锉、锉、刮、研）。

刘东生 Liu Tungsheng (1917-11-22～2008-03-06) 中国地质学家。生于辽宁沈阳，卒于北京。1942年毕业于西南联合大学地质地理气象系。中国科学院地质研究所、地球化学研究所研究员，第四纪地质研究室主任。曾任北京大学、南京大学、中山大学、中国科技大学研究生院教授，中国地质学会常务理事，中国第四纪研究

委员会主席，中国环境科学学会副理事长，国际第四纪研究联合会主席等。1980年当选中国科学院学部委员（院士）。1991年当选第三世界科学院院士，1996年当选欧亚科学院院士。1987年获澳大利亚国立大学名誉科学博士学位，1995年获香港岭南大学荣誉科学博士学位。

20世纪50年代初期从事古脊椎动物学研究，以后长期从事黄土与第四纪地质研究。他根据中国黄土与古土壤层叠复剖面，提出第四纪中经历了气候30余次主旋回和110多次亚旋回，建立了250万年来完整的陆相古气候记录。1964年起致力于青藏高原与东亚环境演化研究，领导并参与在希夏邦马峰、珠穆朗玛峰等地区的科学考察，主持青藏高原综合考察报告和《青藏高原地质和生态研究》等成果的编写出版。他于60年代末70年代初倡导并开展了中国**环境地质学**的研究：多次率队参加全国克山病和大骨节病调查、全国食道癌病因综合考察和全国癌症分布图集的调查和制图工作，与**涂光炽**一起规划中国第一项区域环境研究项目——北京西郊环境污染调查和环境质量评价。70年代，他从地质学与社会发展的关系上，提出了由矿产地质到工程地质再到环境地质的三个发展阶段；提出地质学发展的生物进化观、物理运动观和化学演化观，概括地论述了环境地质学的范畴和基本原理。1997年出版《第四纪地质与环境》文集。他与别人合著的主要著作还有《中国的黄土堆积》、《中国黄土的古气候记录及其反映的古气候演化》、《黄土与环境》、《古气候与全球变化》、《中国第四纪研究及全球变化》(英文）等。先后获得中国地质学会马以思纪念奖（1948），竺可桢野外科学考察奖（1984），国家自然科学奖二等奖（1984）、一等奖（1987），陈嘉庚地球科学奖（1990），中国绿色科技奖特别金奖（1993），李四光地质科学奖荣誉奖（1995），国际最高环境科学成就奖——泰勒奖（2002），国家最高科学技术奖（2003）。

刘敦桢 Liu Dunzhen (1897-09-19～1968-04-30) 中国建筑学家、建筑史学家、建筑教育家。生于湖南新宁，卒于南京。早年就读于长沙楚怡学校。1913年留学日本，1921年毕业于东京高等工业学校建筑科。1922年回国后，在上海华海建筑师事务所工作。1925年起任教于苏州工业专科学校建筑科、南京第四中山大学及中央大学。

刘敦桢曾任中央大学建筑系主任、工学院院长。他是中国建筑教育的开拓者之一。

1928年发表《佛教对于中国建筑之影响》。1932年，任中国营造学社文献主任。与该社法式组主任**梁思成**共同调查各地古建筑，奠定了中国建筑史这门学科的基础。1937年中国营造学社由北平迁往云南、四川。刘敦桢收集沿途古建筑和民居资料，写成论文《西南古建筑调查概况》等。1949年后，任南京大学建筑系教授，南京工学院

建筑系教授、主任。1953年创办中国建筑研究室，出版了《中国住宅概说》，又作苏州古典园林科学报告。在民居和园林两个领域的开创性研究，影响很大。1955年当选为中国科学院学部委员（院士）。1959年起，他主编《中国古代建筑史》。著作《刘敦桢文集》共4卷，已出版。

刘鹗 Liu E (1857-10-18～1909-08-23) 中国小说家。原名梦鹏，字云抟，改名鹗，字铁云，别署洪都百炼生、老铁、抱残等。江苏丹徒（今镇江）人。卒于迪化（今乌鲁木齐）。他承袭家学，并纵览百家。刘鹗的小说《老残游记》是清末四大谴责小说之一。全书共20回，光绪二十九年（1903）发表于《绣像小说》半月刊上，到13回因故中止，后重载于《天津日日新闻》，始全。原署洪都百炼生著。作者在小说的自叙里说："棋局已残，吾人将老，欲不哭泣也得乎？"小说写一个被人称做老残的江湖医生铁英在游历中的见闻和作为。随着老残的足迹所至，可以清晰地看到清末山东一带社会生活的面貌。小说揭露了过去在文学作品中很少涉及的"清官"暴政。所写的人物和事件有些是实有其人、实有其事。《老残游记》的艺术成就在晚清小说里是比较突出的，特别是在语言运用方面更有其独特成就。写景自然逼真，色彩鲜明。刘鹗还曾写有《老残游记》续集，共14回。其诗清新俊逸，功力颇深。著有诗集《铁云诗存》。刘鹗又是文物收藏家和甲骨集藏家，其《铁云藏龟》一书，最早将甲骨卜辞公之于世，实为中国研究甲骨文之先驱。

刘斐 Liu Fei (1898-10-25～1983-04-08) 中国爱国民主人士，全国政协副主席。湖南醴陵人。卒于北京。1950年加入中国国民党革命委员会。早年入广西讲武学堂。1926年任国民革命军总司令部参谋，参加北伐战争。1927年后留学日本，毕业于日本陆军大学。回国后任国民党军第5路军少将高参。抗日战争时期任国防专门委员会委员、参加八一三淞沪会战和台儿庄战役。后任国民政府对日作战大本营作战组组长，军令部第一厅厅长，军政部次长。抗日战争胜利后，历任国防部参谋次长，国民党候补中执委。1949年4月任南京政府和平谈判代表团成员，赴北平参加谈判。谈判破裂后赴香港，8月与黄绍竑等44人联名通电起义。9月参加中国人民政治协商会议第一届全体会议。中华人民共和国建立后，历任中央人民政府革命军事委员会委员兼国防研究小组副组长，中南军政委员会委员兼水利部部长、体育运动委员会主任、文教委员会副主任。1981年被增选为全国政协第五届副主席，任民革第五届中央副主席。

刘福通 Liu Futong (?～1366) 中国元末农民起义领袖、红巾军首领。颍州（今属安徽）人。至正十一年（1351）五月，与栾城（今河北栾城西）人韩山童等以白莲教组织群众，在颍州颍上发动起义，事败，韩山童被捕杀，刘福通率余众攻占颍州。数月之间，陆续攻克安徽亳州及河南部分地区。部众以红巾为号，烧香奉弥勒佛，故称红巾军、红军或香军。各地贫苦人民群起响应，形成全国性的农民战争。十五年正月，迎立韩山童子韩林儿为皇帝，定都亳州，以恢复汉族王朝为号召，国号大宋，建元龙凤。刘福通杀丞相杜遵道，自为丞相，称太保。十二月，为元将答失都鲁击败，亳州失陷，迁都安丰（今安徽寿县）。十七年，刘福通分兵三路伐元。东路由部将毛贵率领，扫荡了山东、河北等地的元军，直逼大都。中路由部下关先生、破头潘等率领，入晋、冀，直趋塞北，攻占上都。西路由李喜喜、白不信等率领进攻长安。与此同时，刘福通攻克汴梁，以为都城。但三路之间配合很差，兵力分散，北伐没有成功。十九年五月，察罕帖木儿发秦、晋元兵围攻汴梁。刘福通弃城走安丰。二十三年春，张士诚遣部将围安丰，刘福通向当时在名义上尚属大宋政权的朱元璋求援。朱元璋来援，刘福通与韩林儿被接至滁州（今属安徽）。二十六年，被朱元璋遣部将廖永忠沉于瓜步（今南京市六合区东南瓜埠）江中。

刘复之 Liu Fuzhi (1917-03～) 中华人民共和国最高人民检察院检察长。广东梅县（今梅州）人。1937年在延安入陕北公学学习，次年加入中国共产党。历任八路军司令部朱德的秘书，129师刘伯承、邓小平的秘书，129师政治部锄奸科科长，中共晋冀鲁豫中央局社会部科长，中共中央华北局社会部办公室主任，中央军委公安部办公厅副主任。中华人民共和国建立后，历任公安部办公厅主任、公安部副部长、文化部副部长、全国人大常委会法制委员会副主任、中共中央政法委员会秘书长、司法部部长、公安部部长兼武装警察部队第一政委、中共中央政法委员会副书记。1982年当选为中共十二届中央委员。1985年当选为中共中央顾问会委员。1988～1993年任最高人民检察院检察长。

刘光鼎 Liu Guangding (1929-12-29～) 中国地球物理学家、海洋地质学家。生于北京。1952年毕业于北京大学物理系，随后在北京地质学院任教12年。1958年组建中国第一支海洋物探队。1964～1970年任地质部海洋地质研究所地球物理研究室主任。1970～1973年任第二海洋地质调查大队技术负责人。1973～1980年任上海海洋地质调查局副总工程师、综合研究大队长。1980年当选中国科学院学部委员（院士）。1980～1989年任地质矿产部海洋地质司副司长、石油地质海洋地质局副局长。1989～1993年任中国科学院地球物理研究所所长。1991年当选为国际大地测量学和地球物理学联合会（IUGG）中国委员会主席。1993年当选中国地球物理学会理事长、第三世界科学院院士。

1958年开创中国海洋地质与地球物理事业，长期在第一线从事油气勘探与中国海陆大地构造研究。"七五"期间主持国家攻关项目"寻找大油气田的理论与方法技术研究"。"八五"期间主持国家自然科学基金重大项目"陆相薄互层油储地球物理研究"。1995年任攀登计划85-34项首席科学家，开展地球物理对隐伏金属矿预测研究。1996年当选"863"计划海洋技术领域、"820"海洋探查与资源开发技术主题专家组成员。2000年担任"973"中"叠合盆地"与"边缘海"两个项目的顾问专家。发表论文80余篇、译著14部及讲义、报告、科普10册。

1993年获李四光地质科学奖荣誉奖。1995年因"中国海区及邻域地质-地球物理系列图"获国家自然科学奖二等奖。1997年获何梁何利基金科学与技术进步奖。1998年因"金矿找矿选矿中几个关键理论和技术的应用研究"获国家科学进步二等奖。

刘国光 Liu Guoguang (1923-11-23～) 中国经济学家。生于江苏南京。1946年毕业于西南联合大学经济系，1955年获苏联莫斯科国立经济学院副博士学位。回国后任中国科学院经济研究所所长、《经济研究》杂志主编、国家统计局副局长、中国社会科学院副院长等职。同时兼任北京大学、南京大学、东北财政大学教授，《中国大百科全书·经济学》编辑委员会副主任。著有《社会主义再生产问题》、《马克思的社会再生产理论》、《论经济改革与经济调整》、《苏联东欧几国的经济理论和经济体制》、《中国经济运行与发展》等，主编有《国民经济管理体制改革的若干理论问题》、《中国经济发展战略问题研究》、《深圳特区发展战略研究》、《中国经济建设的若干理论问题》、《中国社会主义经济的改革、开放和发展》等。

刘国钧 Liu Guojun (1899-11-15～1980-06-27) 中国图书馆学家。字衡如。生于江苏江宁府（今南京市），卒于北京。1920年毕业于南京金陵大学。1922年赴美国威斯康星大学留学，1925年学成回国后，曾任金陵大学教授、图书馆馆长、北平图书馆编纂部主任，西北图书馆馆长等职。1951年到北京，先后任北京大学图书馆学系教授、系主任。并兼任北京大学学术委员会委员、北京图书馆顾问、中国图书馆学会名誉理事等。刘国钧长期从事图书馆工作和图书馆学教学研究工作。他在图书馆学研究上，十分注意理论与实践的结合和图书馆事业发展的新趋势。他的许多研究成果，如图书分类、图书编目、图书馆自动化技术等，对中国图书馆事业和图书馆学的建设和发展起着推动作用。著有《中国图书分类法》(1929)、《图书馆学要旨》(1934)、《图书馆目录》(1953)、《中国书史简编》(1958)、《刘国钧图书馆学论文选集》(1983) 等。

刘国梁 Liu Guoliang (1976-01-10～) 中国乒乓球运动员、教练员。河南新乡人。6岁即开始学习打乒乓球。1990年入选中国乒乓球队。右手直握球拍左推右攻结合直拍横打近台快攻打法。先后参加5届世界乒乓球锦标赛：1993年第42届与林志刚合作获男子双打季军；1995年第43届获男子团体冠军和男子单打亚军，与林志刚合作获男子双打季军；1997年第44届获男子团体冠军，分别与孔令辉、邬娜合作获男子双打冠军和混合双打冠军；1999年第45届获男子单打冠军，与孔令辉合作获男子双打冠军；2001年第46届获男子团体冠军，与孔令辉、孙晋合作分别获男子双打亚军和混合双打季军。在两届奥林匹克运动会乒乓球比赛中，于1996年第26届和2000年第27届分别获男子单打冠军、季军，与孔令辉合作获男子双打冠军、亚军。在3届世界杯乒乓球赛中，先后获男子团体冠军、男子单打季军和冠军。1998年在第13届亚洲运动会乒乓球比赛中，获男子团体冠军和男子单打亚军，与孔令辉合作获男子双打冠军。他是世界乒乓球三大赛事的冠军得主，即所谓“大满贯”得主之一。2002年任中国乒乓球队教练，2003年6月起任男队主教练。在2008年第29届奥运会上，以刘国梁为主教练的中国男队获男子团体金牌和男子单打金、银、铜牌。

刘过 Liu Guo (1154～1206) 中国南宋文学家。字改之，号龙洲道人。吉州太和（今江西泰和）人。客昆山，依妻家而居。屡试不第，漂泊江淮，以诗词客食四方，与陆游、陈亮、辛弃疾等交游。又有诗词上韩侂胄，为韩所喜。

刘过以诗词久负盛名，其词纵情抒写“平生豪气”，多慷慨激昂，或感怆时事而言辞激切，或为收复中原而大声疾呼，如“威撼边城，气吞胡虏，惨淡尘沙吹北风。”其长调大抵以辛弃疾为法，与刘克庄同称为继辛而起的豪放派作家，虽偶有粗率之笔，然雄健可喜，不乏感人的爱国篇章。其小令则多俊逸纤秀，婉转含蓄。

其诗多悲壮感慨，如《登多景楼》：“江流千古英雄泪，山掩诸公富贵羞。北府只今唯有酒，中原在望莫登楼。”意气豪迈，清新而壮，满怀爱国激情。也有诗写山水景物，清新秀美。

著有《龙洲集》14卷，《直斋书录解题》卷二十一著录《龙洲词》1卷。1978年上海古籍出版社有点校本《龙洲集》，为诗文词合集。

刘海粟 Liu Haisu (1896-03-16～1994-08-07) 中国现代画家、美术教育家、书法家。原名槃，又名九，字季芳。祖籍安徽凤阳。生于江苏常州，卒于上海。他意取苏轼《前赤壁赋》“渺沧海之一粟”，改名海粟。擅长中国画、油画、书法，并从事美术理论研究。6岁入私塾，写字习画，初临欧阳询《九成宫》，后临柳公权《玄秘塔碑》、颜真卿《麻姑仙坛记》，习画以恽寿平的白描花卉和《芥子园画传》为主。10岁时被转送到具有新

图1 《南京夫子庙》(1925)

学意味的绳正书院就读，读了许多西方书籍。14岁赴上海，入画家周湘主办的布景画传习所学习，半年后回到常州，在一个图画音乐专修馆教画。

刘海粟的艺术生涯可分为三个阶段：

创建学校 1912年11月，刘海粟与乌始光、张聿光等，在上海乍浦路创办中华民国时期第一所正规美术学校——上海美术院，即上海美术专科学校的前身。由此揭开中国现代美术教育的序幕。1915年3月，刘海粟等人在西洋画科三年级设置了人体模特写生课。遭到封建人物的强烈反对，刘海粟本人也被斥为“艺术叛徒”。1919年举办人体油画展，再次引起轩然大波。

1912～1921年是上海美术专科学校迅速发展的10年，刘海粟让学生走向社会，师法自然，进行旅行写生；为了普及美术教育，还开办暑期学校和函授班，实行男女同校。其间，他撰写了一些美术论文，介绍西方艺术，阐发中国传统画论。学校还出版《美术》杂志，蔡元培、鲁迅等人都曾对《美术》予以支持和赞誉。

1921年12月5日，应蔡元培邀请去北京讲学。翌年1月举办刘海粟油画、水彩画展览，刘海粟首次步入古都，常探访古迹，一一入画。《前门》是当时油画作品之一。

图2 《黄山人字瀑》

1926年因美专裸体画问题，以“学阀”之罪名遭通缉。1927年，刘海粟两次东渡日本。在日期间举办

画展并与日本名画家藤岛武二、桥本关雪、石井柏亭等切磋艺术。

出国讲学考察　1928年12月至1931年8月，刘海粟受中国政府派遣，去欧洲考察美术，观赏和临摹历代名作。此间，他的作品两次入选法国秋季沙龙，并举行个人中国画展览，同年6月，他在巴黎举行旅欧作品展览。《卢森堡之雪》为法国政府购藏。

1933年冬至1935年夏，刘海粟第二次赴欧洲。1934年1月20日，他主持的中国现代绘画展览在普鲁士美术院揭幕，其后陆续在汉堡等地展出。每到一地，刘海粟都作学术报告，广泛宣传中国传统绘画的特点。

1936年，先后在上海、青岛举行刘海粟二度欧游作品展览会。抗日战争全面爆发后，他将精力转入抗战救亡事业。主持中国现代名画筹赈展览在南洋巡回展出，所得款项悉数汇回国内支援抗战。

艺术全面发展　中华人民共和国建立后，刘海粟被任命为华东艺术专科学校校长。1979年出任南京艺术学院院长，并当选为中国文联委员。1979年中国美术家协会和中国美术馆联合举办刘海粟绘画展览。他多次将卖画巨款捐献国家，添置图书、设备以发展艺术教育事业，并为南京艺术学院设立奖学金。代表作有中国画《荷花》、《九溪十八涧》，油画《前门》等。黄山是画家的主要题材之一，至1988年曾10次上黄山作画。画艺浑厚苍翠有大气，书法亦浑朴老练。曾多次在海内外举办书画展览，在国外多次获奖。

刘海粟是中国现代美术和美术教育的开拓者之一。他的艺术兼通中西，是中国最早介绍并借鉴西方现代绘画的艺术家之一，在现代中外美术交流史上作出积极贡献。出版有多种画集，有《黄山》、《海粟国画》、《海粟老人书画集》。著述有《刘海粟艺术文选》等。

刘河间　Liu Hejian (1120～1200)　中国金代医学家。即刘完素。字守真。河北河间人，号河间居士，故人称刘河间，自号通玄居（处）士。金元四大家之首，寒凉学派的创始人，温病学的奠基人之一。代表作有《素问要旨论》、《宣明论方》、《三消论》、《伤寒标本心法类萃》等。

刘河间潜心研究《内经》及当时盛行的五运六气学说，并结合临床实践，阐明生理、病理及治疗规律。他深研《内经》病机19条，发现六气为病中缺少燥淫，因而加以补充，“诸涩枯涸，干劲皴揭，皆属于燥”，使《内经》六气病机得为全璧。并以脏腑病机、六气病机与运气学说相结合，将病证分为五运主病、六气主病等大类，可谓纲举目张。于杂病方面，对消渴病的认识与治疗有独到之处，他发展了伤寒学说，力倡寒凉治渴热，对其后攻邪派（见张子和）、滋阴学派（见朱丹溪）之形成有所启示。他反对晋唐以来不少医家注重搜集中药方剂而忽视医学理论研究的倾向，提出新的病机学说，开金元医学争鸣之先河，并形成了河间学派，对后世影响很大。弟子有马宗素、穆大黄、荆山浮屠等，罗知悌（朱丹溪之师）为其再传弟子，葛雍、镏洪、张子和则是私淑弟子。

但刘河间用药多寒凉，《四库总目》说他：“多用凉剂，偏主其说者，不无流弊。”

刘黑闼　Liu Heita (?～623)　中国隋末河北起义军后期领袖。贝州漳南（今河北故城东）人。隋末，农民起义军纷起，黑闼归李密。武德元年（618）为王世充所俘，不久逃归窦建德，署为将军，封汉东郡公。武德四年（621）五月，窦建德被唐军打败，黑闼归乡里。七月，建德遇害于长安。其旧将范愿等推黑闼为主，聚众攻克漳南，再举义旗。九月，大败唐淮安王李神通、幽州总管罗艺联军，击走唐将徐世勣（即李勣），擒唐将薛万钧兄弟，兵势大盛。半年之间占领河北大部，尽复建德旧境。五年正月，黑闼称汉东王，定都洺州（今河北永年东南），建元天造。夏政权文武官僚悉复本位，立法行政，都效法建德。三月末，与李世民在洺决战，兵溃，黑闼等奔突厥。六月中，黑闼再起，袭定州（今属河北），旬日间，尽复故地再次还都洺州。唐朝又命太子李建成率师镇压。建成采纳魏徵建议，释放俘虏以招诱，瓦解了义军。黑闼等败走饶州（今河北饶阳），被李建成杀死。

刘鸿生　Liu Hongsheng (1888－06－14～1956－10－01)　中国近代民族资本家。祖籍浙江定海（今宁波）。生于上海，卒于上海。上海圣约翰大学肄业。1909年入英商开平矿务局，在上海办事处任推销员，1911年，升为买办。第一次世界大战期间，由经营开滦煤炭起家。随后投资苏州鸿生火柴厂、上海水泥厂、上海章华毛绒纺织公司及码头、搪瓷、航运、金融及保险等业，并联合中华、荧昌两火柴厂合组大中华火柴公司。至1931年投资额达740余万元，被称为“中国火柴大王”和“毛纺业大王”。1932年11月，出任国营轮船招商局总经理。抗日战争全面爆发后，出走香港，旋转赴内地。先后投资香港大中华火柴公司、重庆中国火柴原料股份有限公司、重庆中国毛纺织公司、兰州西北毛纺公司等企业。一度任重庆国民政府火柴专卖公司（后改火柴烟草专卖局）总经理。抗战胜利后，曾任国民政府的行政院善后救济总署执行长、轮船招商局理事长。1949年后历任中华人民共和国上海市人民政府委员、全国政协委员会、全国人民代表大会代表、全国工商联副主任委员及中国民主建国会中央常委等职。

刘胡兰　Liu Hulan (1932－10－08～1947－01－12)　中国革命烈士。山西文水人。原名刘富兰。少时受八路军抗日救国思想影响。1945年10月背着家人参加八路军妇女干部训练班学习，结业后任云周西村妇救会秘书。1946年5月调区抗日救国团体联合会工作。6月加入中国共产党为候补党员，奉派回云周西村领导土地改革。9月阎锡山部占领文水后，刘胡兰谢绝上级转移上山的安排，执意留在平川坚持斗争。12月在突围中与上级失去联系，返回云周西村隐蔽。不久，被阎锡山部和当地地主武装认出被捕，在敌人的铡刀下从容就义，牺牲时未满15周岁。毛泽东闻讯后，题词赞其“生的伟大，死的光荣”。1947年8月1日中共晋绥分局破格追认她为中国共产党正式党员。

刘胡兰雕像

刘华清　Liu Huaqing (1916－10－21～2011－01－14)　中国无产阶级革命家、政治家、军事家，中国共产党、国家和军队的领导人，中共中央政治局常委，中央军委副主席。湖北大悟人。卒于北京。1929年10月加入中国共产主义青年团，1935年10月转为中国共产党党员，1929年10月参加革命工作。1929～1934年任湖北黄安县二程区刘家院子村共青团支部书记、少共二程区委组织委员、区委书记兼少先队总队长、游击中队长，陂安南县塔尔岗少共区委书记、八里湾区委书记，陂安南县军区指挥部少共团委书记，红安中心县军区指挥部团委书记，鄂东北道委会秘书，

鄂东北游击总司令部交通队政治指导员、参谋、秘书、秘书科科长。1934～1937年任红25军政治部组织、宣传、文印科科长，红15军团政治部敌工部科长，红78师政治部宣传科科长，红31军司令部机要科科长、作战科副科长，红31军干部大队大队长兼政治委员。1937～1941年任八路军129师司令部秘书主任、师政治部宣教科科长、师供给部政治部主任。1941～1945年任冀南军区政治部组织部副部长、部长，平原军区政治部组织部部长，冀鲁豫第六分区副政治委员，冀南军区第7支队政治委员。1945～1949年任晋冀鲁豫野战军（后为中原野战军）第2纵队第6旅政治委员，中国人民解放军第二野战军第3兵团第11军政治部主任。1949～1951年任第二野战军军政大学政治部副主任、校党委书记，西南军区军政大学政治部主任，西南军区第2高级步兵学校政治部主任。1951～1954年任第二野战军第10军副政治委员，第一海军学校副校长兼副政治委员。1954～1958年在苏联海军指挥学院海军指挥专业学习。1958～1965年任海军旅顺基地第一副司令员兼参谋长，海军北海舰队副司令员兼旅顺基地司令员，国防部第七研究院院长。1965～1966年任第6机械工业部副部长、部党委常委兼第7研究院院长。1966～1975年任国防科委副主任，海军副参谋长。1975～1979年任中国科学院党的核心领导小组成员，国防科委副主任。1979～1982年任解放军总参谋长助理、副总参谋长。1982～1987年任海军司令员、海军党委副书记。1987～1992年任中共中央军委委员、中央军委副秘书长、中央军委副主席。1992～1997年任中共中央政治局委员、常委，中共中央军委副主席。1988～1998年任中华人民共和国中央军事委员会委员、副主席。1955年9月被授予海军少将军衔。1988年9月被授予上将军衔。曾获二级八一勋章、二级独立自由勋章、二级解放勋章。中共第十二届（任职至1985年9月中共全国代表会议）、第十四届中央委员，第十四届中央政治局委员，第十四届中央政治局常委，1985年9月中共全国代表会议、中共十三大分别增选、当选为中央顾问委员会委员，中共十三届五中全会、十四届一中全会相继任中央军委副主席。

刘恢先 Liu Huixian (1912-10-18～1992-06-24) 中国结构工程和地震工程学家。生于江西莲花，卒于哈尔滨。1933年毕业于交通大学唐山工程学院。1937年获美国康奈尔大学博士学位。归国后历任湘桂铁路、叙昆铁路、黔桂铁路、平汉铁路工程师，浙江大学、西南联合大学教授。1947年再度赴美，在工程设计公司任工程师并在大学任教。1951年归国后任清华大学教授。

1952年创建中国科学院工程力学研究所，1954年任所长。1980年当选为中国科学院学部委员（院士）。曾当选为第四届至第六届全国人民代表大会代表，中国人民政治协商会议第二届和第三届全国委员会委员。

长期从事桥梁工程设计和地震工程学研究工作，担任过武汉长江大桥顾问委员会委员，主持编制中国第一个和第二个抗震规范草案，为中国抗震设计规范提供了抗震验算原则。他提出重力坝和拱坝抗震计算的新方法，还提出地震烈度的新定义，在此基础上制定了新的中国地震烈度表。主编《地震工程与工程振动》学术季刊和《地震工程研究报告集》。

刘徽 Liu Hui 中国魏晋时数学家。中国传统数学理论的奠基人。生卒年不详。魏景元四年(263)注《九章算术》9卷，并撰《重差》作为《九章算术》注第10卷，唐初以后，《重差》以《海岛算经》为名单行。他在注《九章算术》时，在数学理论和方法上作出了许多杰出的贡献。他创造的割圆术已含有现代极限的思想，为计算圆周率提供了科学的方法。

刘基 Liu Ji (1311～1375) 中国明初大臣，文学家。字伯温。浙江青田人。元至顺间举进士。博通经史，尤精象纬之学，时人比之诸葛亮。至正十九年（1359），朱元璋闻刘基及宋濂等名，礼聘而至。他上书陈述时务18策，备受宠信。参与谋划平定张士诚、陈友谅与北伐中原等军事大计。吴元年（1367）为太史令，进《戊申大统历》。奏请立法定制，以止滥杀。朱元璋即皇帝位后，他奏请设立军卫法，又请肃正纪纲。并谏止建都于凤阳。洪武三年（1370）十一月大封功臣，封为诚意伯，岁禄240石。刘基佐朱元璋平天下，朱元璋比之为张良。四年，赐归。刘基居乡隐形韬迹，唯饮酒弈棋，口不言功。寻以旧憾为左丞相胡惟庸所讦而夺禄。入京谢罪，留京不敢归，以忧愤疾作，胡惟庸曾派医生探视。八年，遣使护归，居一月而卒。有谓其死实为胡惟庸投药所致。

刘精通天文、兵法、数理等，尤以诗文见长。著有《郁离子》、《覆瓿集》、《写情集》等，均收入《诚意伯文集》。

刘家峡水电站 Liujiaxia Hydro power Station 中国黄河上游以发电为主，兼有防洪、灌溉、防凌、养殖等综合效益的大型水利水电枢纽工程。位于甘肃省永靖县黄河刘家峡峡谷出口2千米处，上距黄河源头2 019千米。电站最大水头114米。安装5台混流式水轮发电机组，总装机容量122.5万千瓦，设计年发电量55.8亿千瓦·时。

该电站是黄河梯级开发中早期建设的项目，于1958年9月开工，1961年停工，1964年复工。1968年水库蓄水，1969年第一台机组投产，1974年全部建成。后又对发电机组进行了增容改造，2001年总装机容量达135万千瓦。主坝为混凝土重力坝，最大坝高147米，坝顶长204米，左

刘家峡水电站主坝

右岸均有副坝连接，副坝共长636米。水库总库容57亿立方米，能为下游提供农田灌溉和工业用水，可以提高兰州市防洪标准达到100年一遇，减轻黄河内蒙古河段的冰凌灾害。

刘节 Liu Jie (1901-12-29～1977-07) 中国历史学家。字子植。浙江永嘉人。卒于广州。1926年毕业于上海国民大学哲学系，同年考入清华大学国学研究院，从梁启超、王国维研习古代史。1928年毕业后到天津大学任讲师，1930年任河南大学文学院教授。曾任北京图书馆编纂委员会金石部主任。1935年以后历任燕京大学、上海大夏大学、成都金陵大学等校教职。自1946年起，长期担任广州中山大学历史系教授。

刘节在古代史、古文字学和古器物学、先秦诸子思想、史料学和史学史等诸多领域均有重要建树。1927年撰成的《洪范疏证》是首次对《尚书·洪范》篇撰成年代进行系统、严密考证的名文，认为其撰成必在战国时期，此说后来已被学术界普遍接受。次年作《好大王碑考释》，详密地考证高句丽国好大王在半岛上扩张过程中有关的国家、部族、城邑、山川的地理位置，以及部族渊

源和活动范围等，成绩大大超过前人。1943年著《管子中所见之宋钘一派学说》，很受学界重视。勇于提出新见、考证严密详审为其治史主要特色。1958年，人民出版社出版《古史考存》一书，为其主要考证文章之结集。前期著作还有《历史论》、《中国古代宗族移殖史论》。

中华人民共和国建立后，他重视学习马克思主义理论。曾撰《西周社会性质》等多篇长文。多年开设史料学和史学史课程，著有《中国史学史稿》，对于历代修史制度、史籍之宏富多样和著名史家的成就均有翔实的论述，见解独到，尤其重视历史哲学的发展，是中国史学史学科重要代表作之一，被专家誉为“必传之作”。

刘瑾 Liu Jin（?～1510） 中国明代宦官。本姓谈。陕西兴平人。景泰年间自宫，依太监刘某进用，改刘姓。孝宗时选侍太子。武宗即位后，与马永成、高凤、罗祥、魏彬、丘聚、谷大用、张永等8人并得宠，号称八虎。正德元年（1506）十月，诬阁臣刘健、谢迁等与司礼太监王岳等内外相结，欲挟制帝之出入，使武宗杀王岳等人，得任司礼太监。三年六月，刘瑾升任司礼秉笔太监，控制朝政。刘瑾日导武宗游戏，使其怠于政事。在武宗宠任之下，刘瑾恣意打击反对派官僚，将大学士刘健、谢迁及尚书韩文和部曹李梦阳、王守仁等50余人定为“奸党”，并与阁臣焦芳深相结纳，以陕西官僚张綵为吏部尚书，制约外朝。他还擅自增加陕西、河南乡试名额，以优焦芳、张綵乡土。为加强对宦官系统的监视，刘瑾创立内行厂，权力在东、西两厂之上。利用秉笔之便，将章奏带回私寓批答。有司奏章必先投他再投通政司。当时，瑾“权擅天下”，有“刘皇帝”或“站皇帝”之称。素贪贿，入觐、出使官员皆须厚献。他还借增置皇庄、皇店之机，扩充自有庄田，仅天津附近所占庄田不下千顷。刘瑾的擅权专横，激起民怨，也引起内廷和外廷的不满。正德五年四月，安化王朱寘鐇以除刘瑾为名，起兵反叛。武宗命御史杨一清、太监张永为总督，监军讨伐。八月事变平息，张永用一清策利用报捷之机，密奏刘瑾诸不法事。刘瑾被逮，凌迟处死。

刘靖基 Liu Jingji（1902-09-15～1997-02-15） 中国民族工商业者代表，爱国人士和社会活动家，全国政协副主席。江苏常州人。卒于北京。1917年肄业于江苏省立第二工业专科学校。1919年起从事纺织等实业，历任常州大成纺织染厂经理，南京江南水泥厂副董事长，安达纺织厂总经理，华东区原棉联购处总经理，上海大隆机器厂董事长，上海市棉纺工业公司经理。1956年后任上海市工商联主任，中国民主建国会上海市委员会主

任，上海市投资信托公司董事长，上海市爱建公司董事长兼总经理。1978年后当选为上海市政协副主席，上海市人大常委会副主任，中华全国工商联副主席、名誉副主席，第五、六届全国人大常委会委员，全国政协第六至八届副主席。

刘峻 Liu Jun（463～522） 中国南朝齐梁间学者、骈文家。字孝标。平原（今属山东）人。宋泰始初北魏攻克宋淮北四州，刘峻尚幼，随母居乡，被掠至中山（今河北定州），后又徙桑乾（今山西北部），至齐永明间才逃回南方。刘峻博学，曾为《世说新语》作注，至今为人重视。因知识广博，为梁武帝所忌，仕途颇不得志。在文学上以骈文著名，所作《辨命论》认为人的命运皆由“天命”，“鬼神莫能预，圣哲不能谋”，实际上是把穷通归于一些偶然性因素，反映下层士大夫遭受压抑的怨愤。他的《广绝交论》则通过任昉死后当年友人对他儿子的冷遇反映世态炎凉，绘声绘色地写出了一些势利之士的形象，实为六朝刺世之文的杰作。其《自序》一文，今已残缺，文体略近史传论赞，对后人如清汪中等有一定影响。诗存4首，风格较古朴，以写景见长。本有集6卷，今佚。

刘开渠 Liu Kaiqu（1904-10-01～1993-06-25） 中国雕塑家。生于安徽萧县，卒于北京。1920年考入国立北京美术学校（国立北平艺术专科学校前身）。1928年入巴黎国立高等美术学校雕塑系学习。曾参与发起组织中国留法艺术研究会。1933年夏回国，9月任杭州艺术专科学校教授。1934年创作了反映抗日战争的巨型雕塑《一·二八淞沪抗战阵亡将士纪念碑》。抗日战争全面爆发后，随杭州艺专迁往大后方，参与组织中华文艺抗战协会成都分会，进行抗日救亡的宣传活动。其间完成了《王铭章骑马铜像》、《孙中山先生坐像》等浮雕作品。1949年任杭州艺专校长。1951年任中央美术学院华东分院院长。1953年到北京参加并领导了人民英雄纪念碑的建造工作，与其他雕塑家共同设计并亲自创作完成主体浮雕《胜利渡长江，解放全中国》、《支援前线》和《欢迎解放军》。1959年，任中央美术学院副院长、中国美术馆第一任馆长。50～60年代，先后完成了《毛泽东主席像》及《马克思恩格斯选集》等书封面的浮雕像等。1976年以后，又创作了《周恩来总理像》、《蔡元培纪念像》等。1982年任全国城市雕塑规划组组长。

刘开渠的雕塑在西洋写实雕塑的基础上，继承中国传统雕塑简练、单纯及线画的表现方法，形成独特的风格。手法细腻、严谨，结构、解剖准确。先后编撰出版《中国古代雕塑集》、《刘开渠雕塑集》等。

刘克庄 Liu Kezhuang（1187～1269） 中国南宋文学家。字潜夫，号后村居士。莆田（今属福建）人。以荫入仕。淳祐六年（1246）赐进士出身，官至工部尚书兼侍读，以龙图阁学士致仕。他晚年趋奉贾似道，为人所讥。但也曾仗义执言，抨击时弊，弹劾权臣。

刘克庄早年诗学永嘉四灵，学晚唐，刻琢精丽。与戴复古等同为江湖派诗人。但他最终摆脱了四灵的“寒俭刻削”，也扬弃了江湖派的肤廓浮滥，致力于独辟蹊径，以诗讴歌现实。有抒发忧愤、为民悲伤的《有感》、《书事三首》其二，有反映战士疾苦、渴望国家统一的《赠防江卒六首》、《破阵曲》，有揭露朝政腐败的《闻城中募兵有感二首》等。其中一组以边防为题材的歌行体诗歌，明显地模仿中唐“新乐府”，其中《卖炭图》叹息：“尽爱炉中兽，谁怜窑下人”，与白居易的《卖炭翁》也极其相似。他推崇陆游、杨万里，晚年不少活泼跳脱的诗，就深得“诚斋体”的旨趣。其《后村诗话》论诗，注意联系史事及作者生平，批评当时贵理学而忽视诗歌特性的偏颇，很有见解。

刘克庄论词，推崇辛弃疾、陆游。他的词以爱国思想和豪放风格见称于时，在辛派词人中成就最大，甚至被认为“与放翁、稼轩，犹鼎三足”（冯煦《宋六十一家词选例言》）。代表作〔贺新郎〕《送陈真州子华》、

人民英雄纪念碑主体浮雕《胜利渡长江，解放全中国》

〔沁园春〕《梦孚若》、〔玉楼春〕《戏林推》等词，沉郁苍凉，爱国情深，确乎“壮语亦可起懦”(杨慎《词品》)。此外，也有清激婉丽之作，如咏海棠的〔卜算子〕、咏舞女的〔清平乐〕。清纪昀等认为他的文章“文体雅洁，较胜其诗”。今有《后村先生大全集》196卷，《四部丛刊》本。《后村别调》1卷，有《宋六十名家词》本。

刘澜涛 Liu Lantao (1910-11～1997-12-31) 中国无产阶级革命家，中国共产党党务工作和统一战线工作的领导人，全国政协副主席。陕西米脂人。卒于北京。1926年加入中国共青团，1928年转入中国共产党。历任共青团米脂县委宣传部长，中共定边县工委书记，陕北特委秘书长兼宣传部长。1931年被国民党当局逮捕。

1936年出狱后，历任中共天津市委副书记，陕甘宁边区党委常委兼宣传部长，晋察冀区委书记，北岳区委书记，晋察冀中央局副书记，中共中央华北局组织部长、副书记、第三书记，华北军区副政委，华北人民革命大学校长。中华人民共和国建立后，历任政务院华北事务部部长，华北行政委员会主席，中共中央副秘书长、中央监察委员会副书记、中央书记处候补书记、中央西北局第一书记，兰州军区第一政委。“文化大革命”中遭到迫害。1979年后，历任中共中央统战部第一副部长、顾问，全国政协第四、五、六届副主席。是中共第七届中央候补委员，第八、十一届中央委员，第十二、十三届中央顾问委员会常委，第一、二届全国人大常委会委员。

刘牢之 Liu Laozhi (?～402) 中国东晋将领。字道坚。彭城（今江苏徐州）人。太元二年（377）应募参加兖州刺史**谢玄**统辖的北府兵，初任参军。四年，以功迁鹰扬将军、广陵相。八年，**淝水之战**时，以精兵5 000破前秦前锋，歼1.5万人。升龙骧将军、彭城内史。九年，随谢玄北伐，收复了今河南、山东、陕西南部等地区。曾领兵镇压孙恩起义。淝水之战后，东晋朝廷纷争屡起。兖、青州刺史王恭、骠骑大将军司马元显、荆州刺史桓玄等为争夺朝权，都拉拢手握强兵的刘牢之。牢之对他们忽靠忽反，反复无常，致使将佐逐渐离散。元兴元年（402），其兵权为桓玄所夺，自缢而死。

刘铭传 Liu Mingchuan (1836～1895) 中国清末淮军将领。字省三。安徽合肥人。

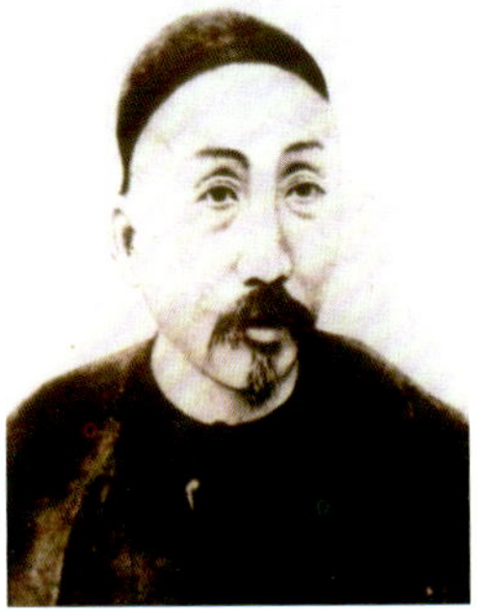

卒于安徽六安。1854年（咸丰四年）太平军攻克安徽庐州（今合肥）时，在乡办团练以图抗拒，并屡随清军作战，得保授千总。1862年（同治元年），**李鸿章**募淮军赴上海时，他率勇从行，所部号“铭字营”，亦称“铭军”。在江南，以进攻太平军有功，保至提督。1865～1868年，随**曾国藩**、李鸿章在山东等地镇压**捻军**，成为最后打败东、西捻军的淮军主力，晋封一等男爵。1868年，奉命督办陕西军务，未几因病归里。1880年（光绪六年），沙俄因伊犁交涉问题以武力相威胁，清廷筹划战防，他应召入京，疏陈兵事，请建铁路，所议虽未实行，但为近代国人向清政府议修铁路之始。1884年，**中法战争**起，以巡抚衔督防台湾。8月，法军侵犯基隆，攻陷炮台，他发挥官兵陆战优势，将敌击退。后法军再陷基隆，他指挥清军守沪尾、卫台北，与敌肉搏激战，相持八个月，战后台湾建省，为第一任巡抚，任内增设州县，修筑炮台、电线，并兴建铁路沟通南北，加强台湾防务。1890年，加兵部尚书衔，命帮办海军军务，但旋因病去职。卒后谥壮肃。著有《刘壮肃公奏议》等。

刘南奎 Yoo Nam-Kyu (1968-06-04～) 韩国乒乓球运动员、教练员。生于釜山。小学时开始打乒乓球。左手直握球拍，弧圈球打法。1986年获得第10届**亚洲运动会**乒乓球比赛男子团体、男子单打冠军。1988年获得第24届**奥林匹克运动会**乒乓球比赛男子单打冠军，是乒乓球项目进入奥运会比赛后的第一个男子单打冠军。1989年获得第40届世界乒乓球锦标赛混合双打冠军。1990年第11届亚运会获男子团体冠军。1990、1992年连续获得两届世界杯乒乓球赛双打冠军。1995年获得世界杯团体赛男团冠军。后担任韩国乒乓球男队教练员。

刘宁一 Liu Ningyi (1907-12-07～1994-02-15) 中国无产阶级革命家，中国工人运动的领导人，全国人大常委会副委员长。原名史连甲。生于河北满城，卒于北京。1924年考入直隶第四师范学堂。1925年参加**五卅运动**，同年9月加入中国共产党。历任中共满城特别支部书记、县委书记，唐山煤矿林西区书记、唐山市委书记兼组织部部长，北平市委组织部部长。其间三次被捕。1937年获释后，赴上海任中共上海市委工人运动委员会书记，中共江苏省委委员、工运部部长、保卫部部长。1943年赴延安中央党校学习。1944年后任中共中央城市工作部秘书长、中央职工运动委员会书记、解放区工会联合会筹委会主任。

1948年在中国第六次劳动代表大会上当选为中华全国总工会副主席。中华人民共和国建立后，历任中华全国总工会主席、党组书记，世界工人联合会副主席，世界和平理事会理事，中共中央国际活动指导委员会副主任，国务院外事办公室副主任，中共中央对外联络部副部长、代部长。1965年当选为第三届全国人大常委会副委员长兼秘书长。1966年任中共中央书记处书记。1979年后，历任全国政协第五届副秘书长、中共中央统战部副部长、中国国际信托投资公司党组书记、中央对外经济联络委员会纪检委书记。是中共第八届中央委员。

刘淇 Liu Qi (1942-11～) 中国共产党中央政治局委员。中国共产党北京市委员会书记，第29届奥林匹克运动会组织委员会主席。江苏武进人。高级工程师。1964年北京钢铁学院冶金系炼铁专业毕业。1968年北京钢铁学院冶金系研究生毕业。1975年9月加入中国共产党。历任武汉钢铁公司炼铁厂炉前工、技术员、

副工长、工长、高炉炉长、生产副厂长，武汉钢铁公司生产部部长、副经理、第一副经理、经理、党委常委。1993年3月至1998年3月任冶金工业部部长。1996年11月当选为中国金属学会第六届理事长。1998年4月任中共北京市委常委、副书记。1998年4月至1999年2月任北京市副市长。1999年2月在北京市第十一届人大二次会议上当选为北京市市长。2001年12月任北京奥运会组委会主席。2002年10月任中共北京市委书记。中共十四届中央候补委员，十五至十七届中央委员。第十六届、十七届中央政治局委员。

刘锜 Liu Qi (1098～1162) 中国南宋抗金名将。字信叔。秦州成纪（今甘肃天水）人。出身将门，善射技，少时从军征战。北宋末，授阁门祇候。高宗立，为陇右都护。

张浚宣抚川陕，用为泾原经略使。建炎四年（1130），率泾原军参加富平（今属陕西）战役。绍兴三年（1133）为宣抚司统制。后召回临安府（今浙江杭州）。六年任权提举宿卫亲军，接管王彦统率的前护副军，始自成军。十年，金兵南下，被任命为东京（今河南开封）副留守，率八字军等近两万人沿水路北上，到达顺昌府（今安徽阜阳），遇金兵，遂发生激战。金统帅完颜宗弼以大军进攻，刘锜坚守顺昌，以逸待劳，以寡敌众，大败金军，以功拜武泰军节度使。不久，奉命撤还江南。十一年，奉调增援淮南，与王德、杨沂中等军在庐州（今安徽合肥）东南的柘皋镇大破金军。与张俊不协，罢知荆南府（今湖北荆州），在江陵兴修水利，很见成效。三十一年，金主完颜亮大举攻宋，为江、淮、浙西制置使，节制诸路军马，驻扬州，直接指挥淮东军事，进屯淮阴（今江苏淮安市西南），扶病率军与金军相持。宋军败退，刘锜因病重还镇江。次年病逝，谥武穆。

《刘巧儿》 *Liu Qiao' er* 中国评剧作品。剧本描写抗日战争时期，陕甘宁边区某村少女刘巧儿从小由父亲刘彦贵作主，与赵柱儿定亲。但两人从未见面。刘彦贵贪图财礼，唆使女儿与赵家退婚，并把女儿许给财主王寿昌。刘巧儿厌恶王寿昌，自己做主与赵柱儿订下亲事。刘彦贵到政府告状，地区马专员用群众断案的方式，使刘巧儿的婚姻如愿以偿。剧中的故事是20世纪40年代发生在延安陇东地区的真人真事。1943年袁静根据这件事写成剧本《刘巧告状》，由保安处秧歌队在延安以秦腔形式首演。说书演员韩起祥又写成说唱《刘巧团圆》。1950年，王雁在此基础上，改编为评剧，由首都实验评剧团演出。新凤霞饰刘巧儿。

刘仁静 liu renjing（1902－03－04～1987－08－05） 中国共产党早期领导人。字养初，又名亦宇。湖北应城人。卒于北京。1919年参加五四运动。1920年春，加入社会主义青年团，为北京共产主义小组成员。1921年出席中国共产党第一次全国代表大会。1922年和邓中夏创办并主编社会主义青年团机关刊物《先驱》，同年9月去莫斯科参加共产国际第四次代表大会，继又出席了少共国际第三次代表大会。1923年在上海任团中央书记，主编《政治生活》。1926年去莫斯科列宁学院学习，参加托洛茨基派的活动。1929年8月回国后组织托派“十月社”。1929年被开除出党。1935年被国民党逮捕，1937年出狱。1948年发表反共文章《评毛泽东的〈目前形势和我们的任务〉》。1951年在人民出版社从事编译工作，翻译了《普列汉诺夫哲学著作选》等著作，署名刘若水。1956年在北京师范大学任教，讲授政治经济学。在“文化大革命”期间被捕，1966～1978年被关押。1986年底，任国务院参事。

刘少奇 Liu Shaoqi（1898－11－24～1969－11－12） 马克思主义者，中国无产阶级革命家、政治家和理论家，中国共产党和中华人民共和国的卓越领导人。

出生在湖南宁乡花明楼乡炭子冲的一个农民家庭。名绍选，字渭璜，曾用名陶尚行、胡服等。1906～1916年在家乡读私塾和在宁乡县高等小学学习。1916年夏到长沙宁乡驻省中学学习。1917年3月，入长沙陆军讲武堂学习军事。1919年在长沙私立育才中学学习。同年夏到北京，曾参加学生运动。9月，进入河北保定留法高等工艺预备班学习。1920年8月，在长沙加入中国社会主义青年团。1921年夏到达莫斯科，入东方劳动者共产主义大学学习。年底转为中国共产党员。1922年春回国，在中国劳动组合书记部工作。同年夏任中共湘区执行委员会委员，参加领导粤汉铁路工人罢工。1922年9月，被委派到安源路矿领导工人运动，同李立三组织领导一万多工人举行大罢工，并取得胜利。1923年任安源路矿工人俱乐部总主任。1924年9月被选为汉冶萍总工会委员长。1925年5月任中华全国总工会副委员长，参加领导五卅运动和省港大罢工。1926年任中华全国总工会秘书部长。1927年1月，兼任湖北省总工会秘书长，参加领导武汉工人和市民收回汉口英租界的斗争。同年4月27日至5月9日，出席中国共产党第五次全国代表大会，当选为中央委员。5月，任中共中央工人运动委员会委员。大革命失败后，坚持在国民党统治区领导中共地下工作。1928年赴天津，参与指导中共顺直省委的工作。1929年赴沈阳，任中共满洲省委书记，领导中共在东北地区的工作。1930年赴莫斯科出席赤色职工国际第五次代表大会，当选为执行局委员，留赤色职工国际工作。1931年1月，在中共六届四中全会上被选为中央政治局候补委员。同年秋回国，任中共临时中央职工部部长、中华全国总工会组织部部长。不久，因对形势的估计和所应采取的斗争策略同临时中央产生分歧，被指为“右倾机会主义”。1932年3月被撤销职工部部长职务。同年冬到达中央苏区，任全总苏区中央执行局委员长，领导苏区和白区党的工会工作。1934年7月，到长汀任中共福建省委书记。10月参加长征，先后任红军第8、第5军团中央代表。1935年1月，参加遵义会议，支持毛泽东的正确主张。会后任红军第3军团政治部主任。1936年春到天津，任中共中央驻北方局代表，在华北地区宣传贯彻抗日民族统一战线政策，恢复华北中共的组织，批评白区工作中的“左”倾关门主义和冒险主义错误，提出正确的方针和策略，对遵义会议后中共在白区工作的历史性转变起了重大指导作用。1937年5月回延安，参加中共中央召开的白区工作会议，在会上作《关于白区的党和群众工作》的报告。中共六届七中全会通过的《关于若干历史问题的决议》指出，刘少奇是正确路线在白区工作中的代表。

1937年七七事变爆发后，赴抗日前线山西太原，重组中共中央北方局领导机关，任书记，卓有成效地领导了华北敌后抗日游击战争的开展和抗日根据地的建立，及山西抗日新军的创建工作。10月，发表《抗日游击战争中各种基本政策问题》的小册子，阐明敌后抗日游击战争的伟大意义和战略地位。1938年11月，在中共六届六中全会上被任命为中共中央中原局书记。1939年1月，到达河南确山竹沟镇，组建中原局领导机关，部署贯彻中共中央发展华中的战略方针。同年3月至9月，回延安参加中共中央政治局会议，并在马列学院作《论共产党员的修养》的讲演，对共产党员的思想意识修养和组织纪律修养进行详细论述，其中思想意识修养部分由延安新华书店出版单行本，在中国共产党加强自身建设上产生广泛而深远的影响。后又在中共中央华中局党校发表《论党内斗争》等讲演。1941年“皖南事变”后，任新四军政治委员和中共中央华中局书记，领导华中军民粉碎国民党企图消灭新四军的阴谋，发展壮大了新四军和华中抗日根据地。1942年1月中共中央决定刘少奇回延安。1943年3月，进入中共中央领导核心，成

图1 1939年刘少奇在延安

图2 1949年9月21日刘少奇代表中国共产党在全国政协一届会议上发言

为中央书记处书记和中央军委副主席。1945年5月，在中国共产党第七次全国代表大会上作《关于修改党的章程的报告》，强调党章总纲确定毛泽东思想作为党的一切工作的指针，科学概括了毛泽东思想的主要内容。6月，在中共七届一中全会上当选为中央政治局委员和中央书记处书记。7月，任中共中央军委副主席兼总政治部主任。

抗日战争胜利后，在毛泽东赴重庆谈判期间代理中共中央主席，主持制定"向北发展，向南防御"的战略方针和适时指导在东北实施"让开大路，占领两厢"的战略部署。1946年上半年，主持制定《五四指示》。1947年春，和朱德、董必武受中共中央委托转移到华北，组成中央工作委员会，任书记，进行中央委托的工作。7月，在西柏坡主持召开全国土地会议，制定《中国土地法大纲》。1948年5月，兼任华北中央局第一书记。9月，参加中共中央政治局会议，着重阐述新中国的经济构成和新民主主义经济建设问题，会后受毛泽东委托继续对新民主主义经济成分问题进行研究，为七届二中全会作了重要的理论准备。1949年3月，出席中共七届二中全会，对城市接管工作和依靠工人阶级等问题作了发言。4月，受中央委托，赴天津视察和解决新解放城市恢复生产和发展经济的问题。6月，率中共代表团秘密访问苏联，为建立新中国争取政治和经济支持，并为后来毛泽东公开访苏做准备工作。9月，作为中共代表团团长，出席中国人民政治协商会议，被选为中华人民共和国中央人民政府副主席。

1949年底至次年春，在毛泽东访问苏联期间，再次代理中共中央主席。1950年6月出席中共七届三中全会，在会上作关于土地改革的报告，任中央土改委员会主任。1951年春，主持召开第一次全国组织工作会议，提出为更高的共产党员条件而斗争的任务。1952年10月，率中共代表团参加苏共第十九次代表大会。1953年2月，任中央选举委员会主席。同年年底，在毛泽东赴杭州主持起草宪法期间，第三次代理中共中央主席。1954年2月，主持召开中共七届四中全会，在会上代表中共中央作工作报告。1954年9月，在第一届全国人民代表大会第一次会议上当选为全国人民代表大会常务委员会委员长。

1956年9月，在中国共产党第八次全国代表大会上，代表中共中央作政治报告，指出：革命的暴风雨时期已经过去，斗争的任务已经变为保护社会生产力的顺利发展。在中共八届一中全会上，当选为中央政治局常委和中央委员会副主席。10月，率中共代表团应邀出访苏联。1957年2至4月，到河北、河南、湖北、湖南、广东和上海进行调查研究，对正确处理人民内部矛盾进行探索，肯定人民内部矛盾已成为社会主义社会的主要矛盾，生产力和生产关系的矛盾突出表现在分配问题上，经济基础和上层建筑的矛盾突出表现在人民群众同领导上的主观主义、官僚主义等问题上。

1959年4月，在第二届全国人民代表大会第一次会议上，当选为中华人民共和国主席，并担任国防委员会主席。1960年冬，率中共代表团出席在莫斯科举行的各国共产党和工人党代表会议。1962年1月，在扩大的中央工作会议上代表中央提交会议的书面报告中，总结"大跃进"以来工作中的主要缺点和错误；在口头报告中提出"两个三七开"的估计。同年2月，在中南海西楼主持召开中央政治局常委扩大会议，决定大刀阔斧地进行国民经济调整工作，并很快收到成效。1963年，先后出访印度尼西亚、缅甸、柬埔寨、越南、朝鲜等国。1964年夏秋，领导中央"四清""五反"指挥部，具体指导全国的社会主义教育运动。1965年1月，在第三届全国人民代表大会第一次会议上，再次当选中华人民共和国主席，并继续担任国防委员会主席。1966年3月，出访巴基斯坦、阿富汗、缅甸。5月，主持中央政治局扩大会议，在党内政治生活很不正常的情况下，通过毛泽东主持起草的旨在发动"文化大革命"的《中国共产党中央委员会通知》(后称《五一六通知》)。不久，因在他主持下向《人民日报》和高等院校派出工作组问题，受到毛泽东的严厉批评。8月，在中共八届十一中全会上，进一步受到严厉批判。会后，实际上停职检查。1968年10月，中共扩大的八届十二中全会批准在江青、康生等人主持下用伪证写成的《关于叛徒、内奸、工贼刘少奇罪行的审查报告》，作出"把刘少奇永远开除出党，撤销其党内外的一切职务"的错误决议。

图3 1956年9月刘少奇在中共八大上作政治报告

图4 1959年4月刘少奇在二届人大一次会议上当选为国家主席后在中南海怀仁堂后草坪与毛泽东一起接见与会代表

1969年10月，刘少奇在重病中被押送到河南开封。11月12日在开封逝世，终年71岁。

1980年2月，中共十一届五中全会作出《关于为刘少奇同志平反的决议》，撤销中共八届十二中全会强加给刘少奇的罪名和对他错误处理的决议，恢复刘少奇作为伟大的马克思主义者和无产阶级革命家、党和国家的主要领导人之一的名誉。他的主要著作收入《刘少奇选集》。

《刘少奇选集》 *Selected Works of Liu Shaoqi* 刘少奇的主要著作集。中共中央文献编辑委员会编辑，分上、下卷，收入刘少奇1926～1965年间的主要著作76篇，65万余字。人民出版社先后于1981年和1985年出版。上卷编入新民主主义革命时期的著作38篇，内容包括工人运动、白区工作、党的建设、统一战线、武装斗争和根据地建设等。下卷编入中华人民共和国建立后的著作38篇，内容包括政治、经济、军事、外交、文化教育和执政党建设等。其中多篇著作是代表中共中央阐述许多重要政治、经济政策的，如《论党》、《关于土地改革问题的报告》、《关于中华人民共和国宪法草案的报告》、《在中国共产党第八次全国代表大会上的政治报告》和《在扩大的中央工作会议上的报告》等。同时，他努力探索中国新民主主义革命和建设社会主义的规律，对许多问题有独到的见解，如新民主主义经济建设；实现国家工业化，尽快提高人民生活水平发展步骤的构想；发展农村供销合作社，通过商品流通环节把农民组织起来；人民内部矛盾是社会主义社会的主要矛盾；实行两种教育制度和两种劳动制度；加强对党和政府的监督等。这部选集集中反映了刘少奇为中国人民解放和社会主义建设事业奋斗的业绩，记录了他将马克思主义基本原理同中国实际相结合，对中国革命和建设经验所作的科学总结和理论贡献。

刘绍棠 Liu Shaotang (1936-02-29～1997-03-12) 中国作家。生于河北通县（今北京通州区），卒于北京。1949年开始发表作品。1954年9月考入北京大学中文系，次年主动退学。1956年加入中国作家协会，回家乡从事专业创作。1957年调中国青年报社，同年被错划为“右派”。1979年其“右派”问题得到改正，重返文坛。曾当选中国文学艺术界联合会委员，中国作家协会理事、副主席，北京市人民代表大会常委会委员，北京市作家协会副主席等。

他的作品有：《地火》、《京门脸子》等长篇小说12部，《运河的桨声》、《蒲柳人家》等中篇小说集6部，《青枝绿叶》、《蛾眉》等短篇小说集5部，《乡土与创作》、《如是我人》等散文理论集9部。北京十月文艺出版社曾出版《刘绍棠文集》12卷。他的《蒲柳人家》曾获首届全国优秀中篇小说奖，《蛾

刘绍棠（左）给家乡社员朗读新作

眉》获1981年全国优秀短篇小说奖。其作品从古典小说和民间艺术中汲取营养，富于传奇性，形成了刘绍棠式田园牧歌风格。

刘师培 Liu Shipei (1884～1919-11-20) 中国文学家，学者。字申叔，一名光汉，别号左盦。江苏仪征人。卒于北京。出身于经学世家，19岁中举人。20岁到上海，与章太炎友谊相得，倾向革命。曾加入光复会，创办《警钟日报》，任主笔；为《国粹学报》主要撰稿人，倡导革命，反对专制。后亡命日本，加入中国同盟会，为《民报》撰稿人。创办《天义报》、《衡报》，与张继创立社会主义讲习所。返国后投清朝官僚端方幕府，出卖革命党人，走向反动。曾一度到成都国学院讲学。民国时，参加筹安会，协助袁世凯复辟帝制。晚年出任北京大学教授，创办《国故月刊》，对抗新文化运动。精通文字训诂之学，继承乾嘉学派传统，又融入新学精神，校释群书，著述宏富，为一代国学大师。文论方面，成就当时无双。其《中国文学教科书》开近代文字学新的体系；《中国中古文学史讲义》，材料丰富，评论简要明确，极受后人推重。诗文创作，以政治上变节为界，前期多忧时伤世，鼓吹革命之作，后期消极颓唐，文字亦流于艰涩。有《刘申叔先生遗书》、《左盦集》等。

刘诗昆 Liu Shikun (1939-03-08～) 中国钢琴家。生于天津。自幼学习钢琴，6岁登台表演，10岁时在上海获音乐教育协进会举办的儿童音乐比赛键盘乐器组头

奖。1951年考入中央音乐学院少年班学习钢琴。1956年参加匈牙利布达佩斯李斯特国际钢琴比赛，获第三名及《匈牙利狂想曲》演奏特别奖。1957年入中央音乐学院钢琴系学习，1958年参加苏联莫斯科第一届柴科夫斯基国际钢琴比赛获得第二名。1960年赴苏联入莫斯科柴科夫斯基音乐学院深造，1962年回国在中央音乐学院任教。1973年入中央乐团任独奏演员。他还与人合作创作钢琴协奏曲《青年钢琴协奏曲》和独奏曲《战台风》等。1990年移居香港，从事演奏和教学。

刘士豪 Liu Shihao (1900-12-24～1974-06-02) 中国内分泌学家。生于湖北武昌，卒于北京。1926年毕业于北京协和医学院，获美国纽约州立大学医学博士学位。1928、1939年赴美国纽约洛氏医学研究所、英国伦敦柯氏生物化学研究所进修。1949年后，任北京同仁医院院长、中国协和医学院生物化学系主任、协和医院内分泌科主任。1961年在协和医院建立中国第一个内分泌科。1965年，首次在中国建立胰岛素放射免疫及醛固酮的测定方法。1934～1942年，与中国内分泌专家朱宪彝以“骨软化症的钙磷代谢”为主题，发表13篇论文；进行关于肾性骨营养不良、纤维性骨炎、败血症等的钙磷代谢研究，发表论著17篇。20世纪30～40年代，证明骨软化症病因是维生素D缺乏；在国际上首次证实维生素D可通过母乳治愈乳儿佝偻病；首次运用双氢速变固醇治疗肾性骨营养不良症。首创肾性骨营养不良病名、推出肾功能损害与维生素D之间内在联系的假说。30年后，这一假说为国际许多学者证实。发表论文60多篇。主要著作为《生物化学与临床医学的联系》(1957)。

刘松年 Liu Songnian 中国南宋画家。钱塘（今浙江杭州）人。主要活动于淳熙至嘉定年间（1174～1224）。毕生供职画院。善画山水、人物，与李唐、马远、夏圭并称南宋四家。其山水画中青绿者工细而有秀色，水墨者精细工致。山石用小斧劈皴，树多用夹叶，楼台建筑工细严整而不刻板，具有独特风貌。所作人物画多描绘历史人物故事、文人贵族生活及佛道题材。线描细秀劲挺，设色明快典雅，能生动地表现出对象的神态气质。有《耕织图》、《便桥盟

《四景山水图》(局部，故宫博物院藏)

会图》、《九老图》等人物故事画。传世作品还有《四景山水图》，此画共分4段，每段纵41.3厘米，横69.1厘米，绢本，设色，分别画春、夏、秋、冬四季景色。全卷布置精严，笔苍墨润，设色典雅，为传世南宋山水画中难得的杰作。

刘天华 Liu Tianhua (1895-02-04～1932-06-08) 中国作曲家、二胡演奏家。江苏江阴人。卒于北京。1909年入常州中学，开始学习西洋铜管乐器。1914年后在江阴、常州的中学任音乐教师。同时向民间音乐家学习二胡、琵琶等民族乐器，并开

始了音乐创作。1922年入北京大学音乐传习所任国乐教师。1926年任教于北京艺术专门学校音乐系和北平大学女子文理学院音乐系。1927年参与创办“国乐改进社”并主持编辑出版期刊《音乐杂志》，他在继承传统音乐的基础上，吸收、借鉴西洋作曲技法，创作了《病中吟》、《闲居吟》、《良宵》、《空山鸟语》、《光明行》等二胡独奏曲和《歌舞引》、《改进操》等琵琶独奏曲及民乐合奏曲《变体新水令》，并编写有二胡和琵琶练习曲。他的音乐创作，奠定了二胡专业创作和演奏的基础，丰富和发展了中国近代音乐创作。

刘维尔 Liouville, Joseph (1809–03–24～1882–09–08) 法国数学家。生于圣奥梅尔，卒于巴黎。对函数论、微分方程和数论有重要贡献。1830年毕业于法国道路与桥梁工程学院。1838～1851年任巴黎综合工科学校分析与力学教授。1839年当选为法国科学院天文学部成员。1851～1879年任法兰西学院教授。1857～1874年兼任巴黎大学理学院理论力学教授。他的教学活动对19世纪中叶法国数学有重要影响。

刘维尔是勇于创新的多产数学家，发表论文和注记约400篇。在函数论方面，循着C.G.J.雅可比开辟的寻找所有双周期函数的方向，提出建立双周期椭圆函数的一套理论。

在微分方程方面，首先用逐次逼近法证明一个二阶常微分方程解的存在性，提出通过解积分方程求解微分方程的方法，和C.-F.斯图姆合作开创微分方程边值问题的研究方向。在数论方面，第一次证明了超越数的存在，指出下述形式的任何数都是超越数：

$$\frac{a_1}{10}+\frac{a_2}{10^{2!}}+\frac{a_3}{10^{3!}}+\cdots+\frac{a_i}{10^{i!}}+\cdots$$

式中$i=1,2,\cdots$是从0到9的任意整数。1836年，他创办了法文的《纯粹与应用数学杂志》，很快被誉为《刘维尔杂志》。他具有远见卓识，首次刊登了当时鲜为人知的E.伽罗瓦关于群论的论文。该杂志为19世纪法国数学的兴旺建立了重大功勋。

刘隗 Liu Wei (273～333) 中国东晋大臣。字大连。彭城（今江苏徐州）人。起家秘书郎，后迁冠军将军、彭城内史。晋元帝司马睿以之为丞相司直。为官刚正，不畏权贵，先后上书弹劾戴渊、王籍之、梁龛等人，为淳于伯申冤鸣屈，迫右将军王导引咎辞职。迁侍中，封都乡侯。元帝即位，与尚书令刁协同为元帝心腹。旋迁丹阳尹，拜镇北将军，都督青、徐、幽、平四州军事，率万人镇泗口（今江苏淮阴）以抑制王敦。永昌元年（322）王敦以讨隗为名发动叛乱，攻占建康（今江苏南京），他被迫投奔石勒为从事中郎、太子太傅。

刘文金 Liu Wenjin (1937–05–05～) 中国作曲家。原籍河南安阳。生于河北唐山。1956年考入中央音乐学院民乐系，主修民乐作曲，师从林超夏等；选修民乐演奏，师从陈振铎等。在校期间，写下了他的成名之作：二胡曲《豫北叙事曲》及《三门峡畅想曲》等。1961年毕业后，入中央民族乐团专事音乐创作，1983年后先后任该团团长兼指挥、总监等职。1994年任中国歌剧舞剧院院长。

刘文金代表性的作品除上述两首二胡独奏曲外，还有板胡独奏《边寨之夜》、《飞歌走太行》，唢呐独奏《二八板》，民族管弦乐组曲《山村的节日》，二胡协奏曲《长城随想》，二胡与民族管弦乐《秋韵》，竹笛与民族管弦乐《鹰之恋》，琵琶与乐队《剑魂》，民族管弦乐交响诗《黄土》，民族管弦乐《茉莉花》，以及大量民族乐队的改编曲《春江花月夜》、《三十里铺》、《翠湖春晓》等。刘文金还创作了相当数量的声乐作品，如歌曲《大海一样的深情》等。

刘希夷 Liu Xiyi (651～?) 中国唐代诗人。字庭芝。汝州（今河南临汝）人。高宗上元二年（675）登进士第。喜饮酒，善弹琵琶，落魄不拘常格，相传死时不满30岁。

刘希夷少有文华，善为从军、闺情之诗，词调哀苦，未为人重。后孙翌编《正声集》，以希夷诗为集中之最，由是大为世人所称。其《白头吟》（一作《代悲白头翁》）、《公子行》、《捣衣篇》等七言歌行婉转流畅，前人多称赏之。《白头吟》“年年岁岁花相似，岁岁年年人不同”两句，更是古今传诵。另一些从军边塞诗，如《将军行》、《从军行》，则清峻雄浑，表现出诗人豪放的气魄。

《全唐诗》存诗1卷，其中杂有后人之作。《全唐诗补编·补全唐诗》补诗2首，《续补遗》补1首，《续拾》又补4首。

刘熙 Liu Xi 中国东汉经学家、训诂学家。字成国，北海人（郡治在今山东潍坊西南），生当汉代末年桓灵之世，献帝建安中曾避地交州。著有《释名》27篇，依据读音说明事物得名的缘由，对后代训诂学因声求义的影响很大。此书一直传流至今。又有《孟子注》一书，见于唐代《一切经音义》（慧琳）引，今已亡佚。

刘熙载 Liu Xizai (1813～1881) 中国清代文学家。《艺概》作者。

刘仙洲 Liu Xianzhou (1890–01–27～1975–10–06) 中国机械工程学家和教育家。生于河北完县（今顺平县），卒于北京。1912年毕业于保定育德中学，1913年入北京大学预科，次年考入香港大学。1918年获香港大学工程科学学士学位。长期从事教育工作。历任北洋大学校长，东北大学机械系主任、教授，西南联合大学、清华大学教授，清华大学副校长，中国科学院技术科学部常务委员、中国机械工程学会副理事长，中国农业机械学会理事长等职。1955年当选为中国科学院学部委员（院士）。

刘仙洲先后编写了《机械学》、《蒸汽机》、《内燃机》、《机械原理》、《热机学》、《机械动力学》、《热工学》、《中国古代农业机械工程发明史》等多种中等技术教育和大学教科书等著作20部。1934年编写《英汉对照中国机械工程名词》，特别是1962年出版《中国机械工程发明史》第一编，成为研究中国机械史的奠基之作，在海内外科技史界产生深远的影响。

刘翔 Liu Xiang (1983–07–13～) 中国田径运动员。上海人。最初主练跳高。1994年获跳高小能手称号。1996年进入上海市体校和上海市田径队青年队，由跳高改练跨栏跑。1999年5月全国少年田径锦标赛获跨栏冠军。2001年5月获第21届世界大学生运动会110米栏冠军；11月获第9届全国运动会110米栏冠军。2002年7月在国际田径联合会大奖赛瑞士洛桑站110米栏比赛中以13″12打破亚洲纪录和美国人保持24年的世界青年纪录；10月第14届亚洲运动会获110米栏冠军。2004年5月国际田联大奖赛大阪站比赛，以13″06获110米栏冠军，并打破他自己保持的亚洲纪录；8月第28届奥林匹克运动会在110米栏跑决赛中，以12″91的成绩获金牌，打破12″95的奥运会

纪录，平了英国选手C.杰克逊1993年创造的世界纪录。2005年8月在第10届世界田径锦标赛，10月在第10届全国运动会上又分别获110米栏跑银牌、金牌。2006年7月，在瑞士洛桑田径超级大奖赛中以12″88打破尘封13年之久的110米栏跑世界纪录，成为中国在径赛项目上第一个打破世界纪录的男子选手。2007年8月又在第11届世界田径锦标赛中获110米栏冠军，至此，刘翔已成为集奥运会冠军、世界冠军及世界纪录保持者于一身的“大满贯”得主。2009年10月第11届全运会男子110米栏决赛中，获得冠军，成为全运会史上第一位男子110米栏项目上的“三连冠”。

刘向 Liu Xiang（前79/前77～前8/前6） 中国西汉经学家，目录学家，文学家。原名更生，字子政。汉皇族楚元王刘交的四世孙。历经宣帝、元帝、成帝三朝；历任散骑谏大夫、散骑宗正、光禄大夫等职。成帝时受诏命校书近20年，未完成的工作由其子刘歆续成。官终中垒校尉，故又世称刘中垒。刘向典校的古籍主要包括经传、诸子和诗赋。典校时，又撰有《别录》。据《汉书·艺文志》载，刘向有辞赋33篇，今仅存《九叹》一篇，见于《楚辞》。刘向的散文主要是奏疏和校雠古书的“叙录”，较有名的有《谏营昌陵疏》和《战国策叙录》。此外，他还编著了《新序》、《说苑》、《古列女传》3部历史故事集，是魏晋小说的先导。明代张溥辑有《刘中垒集》，收入《汉魏六朝百三家集》中。

刘晓庆 Liu Xiaoqing（1951－10－30～ ） 中国电影演员。重庆市人。1970年从四川音乐学院附中毕业后入伍，任话剧团演员。1973年从影，在《南海长城》中饰演甜女。

后主演《小花》（1979）、《瞧这一家子》（1979）、《神秘的大佛》（1980）、《原野》（1981）、《许茂和他的女儿们》（1981）、《垂帘听政》、《火烧圆明园》（1983）、《芙蓉镇》（1986）等。表演具有鲜明、洒脱、富于性格魅力的特点。其中《瞧这一家子》获1980年第3届《大众电影》**百花奖**最佳女配角奖，《芙蓉镇》获1987年第10届百花奖最佳女演员奖，《原野》获1988年第11届百花奖最佳女演员奖。1992年第一届金鸡百花电影节授予她“特别奖”。主演电视剧《风华绝代》、《武则天》等。著有自传《我的路》、《我这八年》等。

刘孝标 Liu Xiaobiao 中国南朝齐梁间学者、骈文家。见**刘峻**。

刘勰 Liu Xie（466?～539?） 中国南朝齐、梁时期文学理论批评家。见《**文心雕龙**》。

刘心武 Liu Xinwu（1942－06－04～ ） 中国作家。四川成都人。1961年毕业于北京师范专科学校，到北京市第13中学任语文教员。1976年10月调北京出版社任编辑。1980年

调北京市作协从事业创作。1986～1990年先后担任《人民文学》杂志常务副主编、主编。历任中国作家协会理事、全国委员会委员。

作品有长篇小说《钟鼓楼》、《风过耳》、《四牌楼》、《栖凤楼》，小说集《班主任》、《绿叶与黄金》、《立体交叉桥》、《蓝夜叉》、《5·19长镜头》等。其创作表现出对社会问题的关注，对人性和人道主义的呼唤，对北京市民心态和文化群落的剖析，对人性恶的揭示。后期作品在写实的基础上加入象征、隐喻、反讽等成分，并努力在艺术结构上有所创新。短篇小说《班主任》、《我爱每一片绿叶》曾获全国优秀短篇小说奖，长篇小说《钟鼓楼》曾获第2届**茅盾文学奖**。此外他还写有大量的散文随笔，兼及古典文学《红楼梦》等的研究。若干作品被译成多种文字在国外出版。

刘秀 Liu Xiu（公元前6～公元57） 东汉王朝的开国皇帝。公元25～57年在位，庙号世祖，谥光武帝。见**汉光武帝刘秀**。

刘玄 Liu Xuan（?～公元25） 中国两汉之际绿林军建立的更始政权的皇帝。字圣公。南阳蔡阳（今湖北枣阳西南）人。西汉皇族，**汉光武帝刘秀**的族兄。新莽时，因客犯法，亡命平林（今湖北随州东北）。地皇三年（公元22）绿林起义爆发后，刘玄投奔陈牧领导的平林兵，为安集掾。次年正月，绿林军诸部合兵击破新莽将领甄阜、梁丘赐，遂号刘玄为更始将军。后因其为刘姓宗室，遂被拥立为帝，建元更始。六月入都宛城（今河南南阳市），大封宗室诸将。起义军昆阳大捷后，更始帝遣王匡攻洛阳，申屠建、李松攻武关，三辅震动，各地豪强纷纷诛杀新莽牧守，用汉年号，服从更始政令。王莽败死后，更始由洛阳移都长安。刘玄便沉湎于宫廷淫乐生活，委政于其岳父赵萌，以致众叛亲离。赤眉军进逼长安时，杀害申屠建、陈牧、成丹等起义军重要将领，于更始三年（公元25）十月，奉玺绶归降赤眉，封长沙王。不久被缢死。

刘亚楼 Liu Yalou（1910－04－08～1965－05－07） 中国人民解放军高级军事指挥员，人民空军的主要创建者。原名刘振东。福建武平人。卒于上海。1929年8月加入中国

共产党，9月在闽西参加中国工农红军，曾任支队政治委员，红1军团团政治委员、师政治委员、师长、陕甘支队第2纵队副司令员等职，参加了中央苏区历次反“围剿”。曾参加长征。1936年后任抗日军政大学训练部部长、教育长。1939年赴苏联，入伏龙芝军事学院学习。1946年回国后，任东北民主联军参谋长、东北野战军和东北军区参谋长，参与指挥临江、辽沈等解放东北的主要战役。**平津战役**中，曾任天津前线总指挥，率东北野战军5个纵队，激战29小时解放天津。1949年4月任人民解放军第14兵团司令员。同年10月起任空军司令员，受命组建空军。1959年起任国防部副部长，兼国防科学技术委员会副主任。1955年被授予上将军衔，获一级八一勋章、一级独立自由勋章、一级解放勋章。1956年当选为中共第八届中央委员。通晓俄文，主要译著有《红军野战参谋业务条令》、《斯大林论克劳塞维茨》等。

刘延东 Liu Yandong（1945－11－22～ ） 中国共产党中央政治局委员，全国政协副主席，中华人民共和国国务委员。江苏南通人。1964年7月加入中国共产党。1964～

1970年入清华大学工程化学系学习。毕业后历任河北唐山开平化工厂工人、技术员、车间负责人。北京化工实验厂党委宣传科干事，车间党支部书记，厂党委常委，政治部副主任、主任，党委副书记。1980年后历任中共北京市委组织部干部、朝阳区委副书记。1982年后历任共青团中央书记处书记、常务书记，全国青联副主席、主席。1991年后历任中共中央统战部副秘书长、副部长，中央社会主义学院党组书记，宋庆龄基金会副主席。其间，1990年起入中国人民大学社会

学系社会学理论与方法专业在职学习，获硕士学位；1994年起入吉林大学行政学院政治学理论专业在职学习，获博士学位。2002年后任中共中央统战部部长。2003年当选全国政协第十届副主席。2008年3月任国务委员。中共十五届中央候补委员，十六届、十七届中央委员，十七届中央政治局委员，第七届全国人大常委会委员，全国政协六届、八届、九届常委。

刘龑 Liu Yan (889～942) 中国五代时南汉的建立者。即刘岩。原籍上蔡（今属河南），一云彭城（今江苏徐州）。其祖因经商南海，迁居泉州（今属福建）。后梁南海王刘隐之弟。唐末，岭南士人云集，有的为避战乱，有的是被流放岭南的名臣后裔，也有因战乱不得北返的任满地方官。刘隐以这部分人为辅佐。刘岩初掌军事，平定了岭南东西两道诸割据势力，控制了岭南，西与楚争容桂之地，攻占了容邕两管（今广西西部、南部及广东部分地区）。乾化元年（911）刘隐卒。刘岩为权知清海军留后，后梁授为清海军节度使，封南平王。先后改名为陟、龚、龑。后梁贞明三年（917）称帝，都番禺，国号大越，次年改国号为汉，史称南汉。据有今广东、广西及云南一部分。刘龑在位时依靠士人治政，尽任士人为诸州刺史，还通过科举，每年录用进士、明经10余人为官，避免了武职官据地称雄之患。但刘龑及其继任者均为荒淫残暴之君，广聚珠宝珍玩，大兴土木。刘龑造昭阳殿时，以金为顶，以银铺地，还耗费了大量珍珠、水晶、琥珀作装饰。为了课敛重赋并镇压人民的反抗，滥用酷刑，民众不堪其苦。

刘晏 Liu Yan (715～780) 中国唐朝中期宰相，理财家。字士安。曹州南华（今山东东明）人。主要活动于安史之乱后经济残破、藩镇割据、国家财政极端困难的时期，长期参与掌管封建中央政府的财政。理财的事迹有：①改革转运制度，疏浚河道，恢复水路运输，对江、汴、河、渭采取分段接运办法，对船工水手实行雇工制。②改革食盐专卖制度，实行民制、官收、商运、商销的办法，利用商人把盐运输四方。对于距产盐区较远的地方，设置常平盐仓储备食盐，以保证供应。盐法改革以后，仅盐税一项即占当时财政收入的一半。③采取减轻赋税措施，取消一些额外征敛，恢复与推广常平仓制度，增加铸钱等。

刘晏善于处理经济与财政的关系，懂得发展生产才是增加财政收入的根本前提，注意不加重农民的负担，把财政重点放在盐法改革等非农业租税方面，从而做到“官收厚利而人不知贵”。他针对唐代中叶货币经济发展的现实，注意运用商业原则增加政府财政收入，相对地减缩强制性租税收入。他不主张“抑商”，而是重视商人的商业活动对促进社会经济繁荣的作用，采取措施降低商人的户税负担，开放食盐任商贩自由贩运。在封建政府举办的事业中，广泛推广雇工制以代替无偿强迫劳役。此外，他奉行稳健的货币发行政策，采取积极措施，增加铸钱。在赈灾问题上，反对单纯的财政赈济，主张组织农民生产自救。

刘曜 Liu Yao (？～328) 中国十六国时前赵皇帝。字永明。匈奴族。刘渊族子。新兴（今山西忻州）人。刘曜勇武过人，接受汉文化影响。刘聪在位时任相国都督中外诸军事，镇长安。318年平定靳氏叛乱，自立为皇帝，次年改国号汉为赵，定都长安，史称前赵。在位11年。即位后任用汉人士族，设立太学、小学。关中、陇右各少数族杂居，继承刘渊以来统治胡汉的双重体制，设单于台于渭城（今陕西咸阳），任命其子刘胤为大单于，置左右贤王以下官位，以胡、羯、氐、羌、鲜卑各族酋豪充任。刘曜沉湎酒色，末年尤甚。其统治下各族人民多次起义反抗。对外主要在东向与后赵石氏竞争，互有胜负。328年刘曜攻打洛阳，大败石虎后骄傲轻敌、饮酒沉醉，反而为石勒所俘虏，不久被杀。

刘艺舟 Liu Yizhou (1875～1936) 中国戏曲活动家、编剧、演员。原名刘必成，又名刘木铎。湖北鄂城（今属鄂州市）人。青少年时代，拥护维新变法。后留学日本，就读于早稻田大学，加入同盟会。因喜爱戏剧，与当时留日学生组织的新剧团春柳社多有联系。回国后与王钟声等合演新剧。辛亥革命爆发，任山东军政府登黄都督（后改任登黄司令）。袁世凯篡夺大总统职位后，他离任南下，途经上海，应潘月樵、夏月珊、夏月润的邀约，搭入新舞台演出。“都督演戏”，一时传为佳话。1913年反袁革命失败后，流亡日本，以演剧维持生活并接济革命党人，编演《林冲》一剧，极得华侨和日本观众的好评。1915年作为留日学生代表回国请愿，反对丧权辱国的“二十一条”，不久被捕入狱。出狱后编演了京剧《皇帝梦》（又名《新华宫》），自饰袁世凯，轰动一时。

刘艺舟（左一）与吴天保、梅兰芳、余洪元合影

又自编自演京剧《石达开》（又名《忆江南》），通过描写太平天国内讧的史实，讽刺民国初年革命党人的争权夺利。刘艺舟的表演着力于表达人物的感情，不拘守舞台成规。演出时常能见景生情，借题发挥。因此往往触怒当局，受到打击，长期过着颠沛流离的生活，但始终未能改变他借舞台演出伸张正义、宣传革命的宗旨。

刘易斯 Lewis, Carl (1961-07-01～) 美国田径运动员。出身于体育世家，自幼受到较好的训练。1983年赫尔辛基世界田径锦标赛获100米跑、跳远和4×100米接力跑

3项冠军。1984年第23届奥林匹克运动会田径比赛获100米跑、200米跑、跳远和4×100米接力跑4枚金牌，是继J.欧文斯在1936年第11届奥运会之后取得同样成就的运动员，被称为“欧文斯第二”。1988年第24届奥运会获100米跑、跳远2枚金牌。1991年第3届世界田径锦标赛获100米跑冠军，并打破世界纪录。1992年第25届奥运会获跳远和4×100米接力跑2枚金牌。1996年第26届奥运会再获跳远金牌。是奥运会史上继芬兰P.努尔米、苏联L.S.拉蒂尼娜、美国M.施皮茨后第4位获9枚奥运会金牌的选手，创造了连续四届奥运会获跳远金牌的奇迹。1981年获美国最高体育奖沙利文奖，1985年获“杰西·欧文斯”奖，入选美国奥林匹克名人堂。1999年6月被国际体育记者协会评为20世纪最佳运动员，同年11月被世界各大通讯社联合评为体育巨星，获“国际体育奥斯卡金像奖”。

刘易斯 Lewis, Clarence Irving (1883-04-12～1964-02-03) 美国哲学家、逻辑学家。生于马萨诸塞州斯托纳姆，卒于剑桥。就读于哈佛大学，1910年获博士学位，曾任教于加利福尼亚大学，1920～1950年任哈佛大学教授。刘易斯以倡导“概念的实用主义”闻名。他在实用主义的经验论中掺入了唯理论因素，强调概念和范畴在认识中的地位，并要求概念和范畴具有效用性，能起工具的作用。他在逻辑方面的主要贡献在于开创了现代模态逻辑。著有《心灵和世界秩序》、《对知识和价值的分析》等。

刘易斯 Lewis, Sinclair (1885-02-07～1951-01-10) 美国小说家。生于索克森特，卒于意大利罗马附近。1907年耶鲁大学毕业后，当过编辑，并开始文学创作。1920年，长篇小说《大街》出版，反响巨大。与他随后写成的《巴比特》和《阿罗史密斯》，被认为是他的最优秀之作。此后他又写了《埃尔默·甘特利》、《多兹沃思》等长篇小说。1930年获诺贝尔文学奖。

刘易斯以现实主义的手法描写乡村生活，是20世纪初期“乡村的叛逆”的代表作家。他的作品大多以乡村和小市镇生活为题材，特点是对细节作详尽的描绘，采取夸张的手法，达到漫画式的讽刺效果。

刘易斯 Lewis, William Arthur (1915-01-23～1991-06-15) 英国经济学家，发展经济学的开拓者之一。生于英属西印度群岛圣卢西亚首府卡斯特里的一个黑人家庭，卒于巴巴多斯布里奇顿。1940年获英国伦敦经济学院经济学博士学位。先后任伦敦经济学院讲师、曼彻斯特大学教授、西印度大学第一副校长。1963年起任美国普林斯顿大学教授。曾任加纳政府总理经济顾问、西印度联邦总理特别顾问、加勒比地方开发银行行长，并曾在许多其他国家、联合国和其他国际机构中任职。1979年与T.W.舒尔茨共获诺贝尔经济学奖。

刘易斯在20世纪50年代提出二元经济发展理论，认为发展中国家存在二元经济，即弱小的现代资本主义与强大的传统农业，经济发展就是把传统农业部门的劳动力转移到现代资本主义部门，转移的关键是资本的积累。他对经济发展的经济与非经济因素进行了广泛的分析，主张在经济发展中首先进行社会政治、经济、文化等的制度改革。60年代，他重点研究发展中国家和发达国家的关系，并在理论研究的同时，积极为发展中国家出谋划策，并总结各种经验和教训。著有《经济计划原理》、《劳动无限供给条件下的经济发展》、《经济增长理论》、《发展计划》、《国际经济秩序的演变》、《增长与波动：1870～1913年》等。

刘永福 Liu Yongfu (1837～1917) 中国清末援越抗法将领。本名义字渊亭。广东钦州（今属广西）人。卒于钦州。早年参加天地会系统发动的农民起义军，失败后带领部众二三百人活动于中越边境，以七星黑旗为战旗，故称黑旗军。同治十二年（1873），法军侵占越南河内等地，应邀率黑旗军援越抗法，击毙法军头目安邺（即M.J.F.加尼埃）及所部数十人，迫使法军退出河内。越南政府以此授刘永福为三宣副提督。光绪八年（1882），法军再犯河内等地，刘永福于次年四月在河内城西纸桥，采用分散伏击的战术大败法军，击毙法军舰队司令李维业（即H.里维埃）。此战震惊中外，阻延了越南殖民地化的进程，打乱了法国入侵中国的计划，越南政府授刘永福为三宣正提督。中法战争中，刘永福又在左育、临洮击败法军。战后清廷授为广东南澳镇总兵。二十年，率黑旗军渡台帮办军务。二十一年，清政府在中日甲午战争中战败，刘永福反对清政府割让台湾，他联合台湾义军，英勇抗击日本占领军达5个多月，给敌军以沉重的打击。后于台南失陷前夕内渡厦门。晚年退居家乡。

刘禹锡 Liu Yuxi (772～842) 中国唐代文学家、哲学家。字梦得。洛阳（今属河南）人，生于嘉兴（今属浙江）。贞元九年（793）中进士，登博学宏词科。翌年举吏部取士科，授太子校书。永贞元年（805），因辅助王叔文进行政治革新，先贬连州刺史，加贬朗州司马。后回京，又贬连州刺史。历夔州、和州刺史。大和元年（827），回洛阳任职。次年回朝任主客郎中，后出苏州、汝州、同州刺史。开成元年（836），改任太子宾客，分司东都。会昌元年（841），加检校礼部尚书衔。世称刘宾客、刘尚书。

刘禹锡性格刚毅，有豪猛之气。其诗无论短章长篇，大都简洁明快，风情俊爽，有一种哲人的睿智和诗人的挚情渗透其中，极富艺术张力和雄健气势，白居易称他为“诗豪”。晚年与白居易并称“刘白”。今存诗800余首，内容非常丰富。有承继《诗经》美刺传统，旨在抨击政敌和揭露弊政的讽刺之作，如《聚蚊谣》、《飞鸢操》、《百舌吟》、《调瑟词》、《贾客词》等。有吸收民歌的营养、表现地方风土人情的民歌体组诗，如《竹枝词》、《杨柳枝词》、《浪淘沙词》、《踏歌词》等。其中《竹枝词》诸作清新爽朗，节奏感强，兼具民歌朴厚本色与七绝声律谐婉之长，被黄庭坚誉为“词意高妙，元和间诚可以独步”（《豫章黄先生文集》卷二六《跋刘梦得竹枝歌》）。其咏史怀古之作也历来为人称道，如《西塞山怀古》、《金陵五题》、《蜀先主庙》等，多沉着痛快，雄浑老苍，具有一种沉思历史和人生的沧桑感、隽永感。

刘禹锡论诗主张含蓄，认为“片言可以明百意，坐驰可以役万景”、“境生于象外”（《董氏武陵集纪》），对意境说的形成有一定贡献。此外，他还重视诗歌的音乐美。这些主张在他的创作中都有所体现，他的诗不像韩愈那样奇崛，也不像白居易那样浅显，而具有取境优美、精练含蓄、韵律自然的特色。他的诗在唐代流传极广，对后世文人也有较大影响。

刘禹锡也是唐代古文运动的积极参与者。与韩愈、柳宗元的古文理论大体一致，他反对“沉溺于浮华”的骈体文，明确提出文章应该是“见志之具”（《献权舍人书》），并强调“文章之用”（《唐故相国赠司空令狐公集纪》）。其文尤长于论辩说理，代表作如《天论》3篇，论述天的性质和天人关系，推理缜密，富于哲学思辨色彩。其他如《华佗论》、《辨迹论》、《明贽论》等杂文，或借题发挥，针砭现实；或借古讽今，抨击弊政，多短小精悍，气机畅达，隐微深切。

刘禹锡在世时曾自编诗文集，今无传。《新唐书·艺文志》著录《刘禹锡集》40卷。宋初亡佚10卷。宋敏求搜集遗佚，辑为外集10卷，但仍有遗漏。现通行之刘集版本，除《四部丛刊》、《四部备要》、《丛书集成》所收诸本外，今人整理本主要有瞿蜕园编撰《刘禹锡集笺证》30卷，外集10卷（上海古籍出版社1989年版）。

刘豫 Liu Yu (1073～1143/1146) 中国南宋初伪齐皇帝。字彦游。永静军阜城（今属河北）人。元符时进士及第。北宋末任河北西路提点刑狱，金兵南下即弃职逃走。建炎二年（1128），任知济南府，金兵来攻，降之。四年，受金册封为“大齐皇帝”，建都大名（今属河北），改元阜昌。宋绍兴二年（1132，金天会十年），迁都汴京（今河南开封）。屡次派子刘麟、侄刘猊及宋叛将李成、孔彦舟等，配合金军侵宋，曾攻占襄阳等地。四年，岳飞破李成，收复襄阳等地。同年，遣子刘麟会合金军渡淮南侵，遭到失败。在与宋军的战斗中屡败，进不能取，退不能守，金廷对他日益不满。七年被金废为蜀王，取消伪齐政权。后又迫令迁居临潢府（今内蒙古巴林左旗东南），改封曹王。被废时65岁，关于卒年，宋、金二史本传都说在1143年（宋绍兴十三年、金皇统三年），但《金史·熙宗本纪》说在皇统六年（1146），似以本纪为可靠。

刘渊 Liu Yuan（?～310） 中国十六国时期汉国建立者。字元海。新兴（今山西忻州）匈奴族人。在位7年。谥光文皇帝，庙号高祖。匈奴酋长，归附汉朝后，自谓是汉朝外孙，故冒姓刘。祖父於扶罗，为南匈奴单于；父豹，为左贤王。曹操分南匈奴为五部，以豹为左部帅。渊少读诗书，尤好《左传》及《孙子兵法》，汉化较深。魏咸熙时作为任子留在洛阳。父卒，继任左部帅，晋太康十年（289）任北部都尉，后为五部大都督，颇能团结匈奴五部部众。八王之乱时，他说动成都王命他返回并州（今山西），调发五部之众协助成都王参加内战，被任为北单于、参丞相军事。他到左国城（今山西离石北），利用北方民族矛盾和阶级矛盾，起兵反晋，称大单于，不久领众五万，建廷离石。304年十月于左国城称汉王，建国号曰汉。308年即皇帝位，建都平阳。两年后病死，了和嗣位。

刘云山 Liu Yunshan（1947－07～ ） 中国共产党中央政治局委员、中央书记处书记、中央宣传部部长。山西忻州人。生于内蒙古土默特右旗。1971年4月加入中国共产党。1966年9月参加工作。1968年毕业于内蒙古集宁师范学校。1992年中共中央党校本科（函授）毕业。历任共青团内蒙古自治区委员会副书记，中国共产党内蒙古自治区委宣传部副部长、自治区委员会常委、宣传部部长，中国共产党内蒙古自治区委员会秘书长兼自治区直属机关工作委员会书记，中国共产党赤峰市委书记，中国共产党内蒙古自治区委员会副书记。1993年6月任中共中央宣传部副部长。后任中宣部常务副部长。兼任中央精神文明建设指导委员会办公室主任。2002年10月任中共中央宣传部部长。中国共产党第十二至十四届中央候补委员、中国共产党第十五至十七届中央委员。中国共产党第十六届、十七届中央政治局委员、中央书记处书记。

刘知幾 Liu Zhiji（661～721） 中国唐代史学家。字子玄。彭城（今江苏徐州）人。高宗永隆元年（680）中进士。武周时，历任著作佐郎、左史等职，兼修国史。中宗时官凤阁舍人，暂停史职。不久又除著作郎，仍兼修国史。后参与纂修《则天皇后实录》，因与纂修大臣武三思不合，请辞史馆职，但不久又三度入馆。玄宗时，官左散骑常侍。他自幼笃爱史籍，入仕后数入史馆，得以博览群籍，又洞悉史馆利弊。一生著述很多，还有《刘氏家乘》、《刘氏谱考》、《睿宗实录》、《刘子玄集》等。他认为，史家须具备“史才”、“史学”、“史识”三长，尤以史识为重要。对著史强调直笔，“不掩恶，不虚美”，表现了进步的史学思想。所著《史通》20卷，为中国古代第一部史学理论专著，在中国史学史上影响极大。

刘志丹 Liu Zhidan（1903－10－04～1936－04－14） 中国陕甘红军和革命根据地创建人之一，中国工农红军高级指挥员，军事家。原名景桂，字子丹。陕西保安（今志丹）人。1924年加入中国社会主义青年团，1925年转入中国共产党。黄埔军校第4期毕业后参加北伐战争，曾在国民革命军中做政治工作。1928年4月参与领导渭（南）华（县）起义，任西北工农革命军军事委员会书记。起义军失败后任中共陕北特委军委书记，在陕北、陕甘边从事兵运工作。九一八事变后，与谢子长等组织西北反帝同盟军，任副总指挥，后任中国工农红军陕甘边游击队代理总指挥，红26军2团参谋长，第42师参谋长、师长等职，在陕甘边开展游击战争，发动土地革命，建立革命根据地。1934年任中共陕甘边军事委员会主席。1935年春任中共西北革命军事委员会主席，率红26军、红27军挫败国民党军的“围剿”，使陕北、陕甘边革命根据地成为中共中央和各路北上抗日红军的落脚点。曾在1934年秋陕甘根据地“肃反”中被错误逮捕，由于毛泽东、周恩来等到达陕甘根据地后纠正了陕甘党内的“左”倾错误而获释。1936年4月率部参加东征，4月14日在山西中阳县三交镇战斗中牺牲。中共中央和陕甘宁边区政府将保安县改名为志丹县，并在城北建有刘志丹陵园。

刘宗周 Liu Zongzhou（1578～1645） 中国明末哲学家。字起东，号念台。因讲学蕺山，又称蕺山先生。山阴（今浙江绍兴）人。万历二十九年（1601）进士，官至工部左侍郎、左都御史。南明福王政权覆亡，绝食殉国。平生谨守礼仪，尚气节。为官清廉忠直，不避权贵，敢于直谏。先后在东林书院、首善书院、证人书院讲学，培养了黄宗羲、陈确、张履祥等著名学者。其著作后人辑为《刘子全书》40卷，《刘子全书遗编》24卷。

刘宗周的学说“以慎独为宗旨”。“独”即“本心”，即深层自我意识。“慎独”就是“兢兢无负其本心”。并以此将修养工夫与追求心性境界合一。比较细密地分析了心性世界的层次，如性、心、意、念、知、物等，突出“意根”即意为心的主宰，强调在意识深层修养的必要性。他提出“盈天地间一气”，“理即是气之理”，“离气而道不可见”，却又说“通天地万物为一心”；指出“心外无性”，“心性不可以分合言”，但也不能与心性等同；人性是后天形成的，“气质之性即义理之性”；“离却人心，别无道心”，人心上不能划分天理与人欲，认为人欲是人自然的生理要求，本身不是恶，只有纵欲过度才是恶；否认“生知”，反对“废闻见而言德性”，强调闻见之知。

刘宗周为政欲推行孔孟仁义之政，政治思想接近东林党人。他把世道之坏单纯归结为“人心之恶”，重视个人道德践履，向内心世界寻求出路，标志着宋明理学重心性的内圣之学的终结及其向实学的过渡。

刘尊棋 Liu Zunqi（1911－06－05～1993－09－05） 中国新闻记者、报刊主编、翻译家。湖北鄂城人。卒于北京。1928年入燕京大学学习。1930年任中国左翼作家联盟北平（今北京）分会理事。1931年1月加入中国共产党。1930～1934年，两度担任苏联塔斯社北平分社记者、翻译。1934～1949年，先后任北平《晨报》记者、编辑，中国青年新闻记者学会理事，国际新闻社社长，上海《联合日报》、《联合晚报》社长和香港《远东公报》主编。1949年9月至1957年9月，担任中央人民政府新闻总署国际新闻局副局长、英文《人民中国》杂志主编。1979～1981年为中国大百科全书出版社临时领导小组成员、《简明不列颠百科全书》中美联合编审委员会中方主席。1981年任英文《中国日报》总编辑。还任六、七届全国政协常务委员，中华全国新闻工作者协会副主席。译有《死屋手记》、《天下一家》、《美国通史》，著有通讯集《美国侧面像》等。

浏览器 browser 观察网络的窗口以及在网上进行各种操作起始点的万维网客户端软件。根据用户的请求，获取万维网服务

器上用超文本标记语言（HTML）编写的文档，解释这个HTML文档，并将文档内容以用户环境所许可的效果最大限度地显示出来。当用户选择一个超文本链接时，浏览器通过超文本链接相连的统一资源定位器（URL）请求获取文档，等待服务器发送文档，然后处理文档，并在客户端显示出来。

浏览器最初只是观察万维网的基本工具，现在已将各种**因特网**的访问集成在一起，包括**电子邮件**、新闻、因特网电话、网上交谈、主页编辑及多媒体游戏等。因此，浏览器成为最重要的因特网软件。已有适用于不同平台和操作系统以及图形用户界面的万维网浏览器，编写HTML文档时，最好有多种万维网浏览器，以便测试HTML文档在不同环境下不同的显示效果。

浏阳市 Liuyang City 中国湖南省辖县级市。位于湘江支流浏阳河中上游，东与江西省相邻。面积4 999平方千米。人口128万（2010）。西汉为临湘县地。东汉末析临湘县置浏阳县。以地处浏水之阳（北）而得名。1993年撤县建市。由**长沙市**代管。矿藏有煤、铁、磷等。农作物有水稻、甘薯、油菜、苎麻、烟草等。森林有杉、松、樟、油茶、油桐、楠竹等树种。工业有采矿、电力、机械、化工、纺织、食品、烟花等。是著名的“花炮之乡”，已有1 300多年的生产历史。名胜古迹有浏阳大围山国家森林公园、秋收起义文家市会师旧址、湖南省苏维埃政府旧址、谭嗣同祠等。

留比莫夫 Lyubimov, Yury Petrovich（1917－09－30～ ） 苏联导演、演员。1939年毕业于瓦赫坦戈夫剧院史楚金戏剧学校。1946年在瓦赫坦戈夫剧院担任演员。1953年起在史楚金戏剧学校任教。1964年建立了莫斯科坦干卡剧院并担任总导演。以导演《震撼世界的十天》、《这里的黎明静悄悄》、《哈姆雷特》等剧目而享誉世界。

留比莫夫在坦干卡剧院大量排演暗讽和干预社会政治生活的剧目，在创作上坚持V.E.**梅耶荷德**的“假定性的现实主义”的美学追求，强调导演的主导作用，重视演员表演的形体造型意识和表现力，被认为是梅耶荷德戏剧学派的继承人。

留法勤工俭学运动 part-work and part-study movement in France 五四运动时期，中国青年为寻找救国救民的知识和真理赴法勤工俭学的运动。1912年初，**蔡元培**、李石曾等在北京成立“留法俭学会”和预备学校（上海、成都也有）。第一次世界大战期间，大批华工赴法。1915年李石曾协助李广安、张秀波、齐云卿等发起组织勤工俭学会。1916年3月，巴黎成立华工学校。同年3月，中法两国人士蔡元培、吴玉章、李石曾、欧乐、穆岱等在巴黎发起成立了华法教育会。1917年在国内成立了华法教育会和多所预备学校。

1919年3月15日，第一批留法勤工俭学学生合影

五四运动前后，大批青年投入了赴法勤工俭学教育运动。1919～1920年，先后有约1 600多人到达法国。他们或先工后读，或先读后工，或半工半读。他们广泛地接触了资本主义社会生活的实际。有些青年则注重考察资本主义社会，接触工人群众，研究工人运动、社会主义思潮和马克思主义，如蔡和森、赵世炎、**周恩来**等。

1921年，留法勤工俭学运动经过一系列矛盾斗争而逐渐走向衰落。但却促使了一大批青年新的觉醒，在劳动、学习和斗争中走上反帝、反封建的革命道路，一批共产主义战士成长起来。1922年6月，赵世炎、周恩来、李维汉等在巴黎成立了旅欧中国少年共产党。同年秋冬之际，中国共产党旅欧支部正式成立。1923年开始，大批人转往莫斯科东方大学学习。1924年第一次国内革命战争开始，大批革命者先后回国，成为中国革命的一支重要力量；还有部分学生继续在国外学习先进科学技术，后回国从事科技工作。1925年后留法勤工俭学运动结束。

五四运动时期的留法勤工俭学运动，在中国新民主主义革命和教育发展史上都是一个具有重要意义的事件。

留兰香 *Mentha spicata*; spearmint **唇形科**薄荷属的一种。又称绿薄荷。多年生草本植物。其地上部分可提取留兰香油配制香精，是一种重要的**芳香植物**。原产于地中海一带。适生于北纬40°～48°地区。根状茎丛生。地上茎直立，深绿或带紫色，高约0.5～1米，多分枝，无茸毛。叶对生，卵状矩圆形，叶面皱缩，叶背有腺点，叶缘有尖锐锯齿。轮伞花序，密集顶生成穗状，花小，白色或淡紫色，7～8月开花。每花有小坚果4个。选用优良品种的无性系，用根状茎条插或嫩枝扦插法繁殖。用种子繁殖，会发生强烈分离。中国每年收获两季。

留兰香油主要作牙膏的添香剂，以及口香糖的配料，还可用作糖果加味剂和药物矫味剂；用以配制药剂有兴奋、祛风作用。

留里克王朝 Rurik Dynasty 古罗斯和**莫斯科大公国**的封建王朝（862～1598）。因王朝的奠基人留里克而得名。瓦里亚格人留里克兄弟3人应诺夫哥罗德贵族的“邀请”，于862年渡海来到诺夫哥罗德，建立了历史上第一个罗斯国。留里克王朝始于此。王朝的第二任王公奥列格于882年攻占基辅，建立**基辅罗斯**封建国家。988年弗拉基米尔大公宣布希腊正教派的基督教为国教。12世纪中叶，基辅罗斯分裂为10多个公国，留里克王朝也分裂为许多支系，每个公国都由一支系统治。14世纪以后，莫斯科公国崛起，逐渐征服其他割据势力，实现了国家统一，莫斯科系的留里克王朝成为全国的统治者。1547年，莫斯科大公**伊凡四世（雷帝）**加冕称沙皇，留里克王朝成为第一个沙皇王朝。1584年伊凡四世死后，王位传给其长子费多尔·伊凡诺维奇。1598年费多尔死后绝嗣，留里克王朝遂告终结。留里克王朝统治达736年之久，为俄罗斯帝国的形成奠定了基础。

留尼汪 Reunion; Réunion 法国海外省。位于非洲大陆东南方、西南印度洋**马斯克林群岛**（南纬20° 15′～21° 22′和东经55° 15′～55° 54′），西距马达加斯加650千米，东北距毛里求斯160千米。面积2 512平方千米。

人口约80.55万（2008）。首府圣但尼。居民主要为非洲人、欧洲人、印度人、华人、巴基斯坦人和克里奥尔人。官方语言是法语。94%的居民信奉天主教，少数人信仰伊斯兰教、印度教、佛教。主要城市圣但尼、圣保罗、圣伯努瓦等。

印度洋中的火山岛，呈椭圆形。地势由沿海向内陆逐渐升高，熔岩广布。大部分地区为高原丘陵山地，高原从东北向西南斜贯中部，两侧为丘陵山地。沿海有宽1～3千米的狭窄平原，海岸线长207千米。中部内日峰是一座熄火山，海拔3 069米，为全岛最高点。东南部的富尔奈斯火山海拔2 631米，为境内唯一活火山，1998年曾大量喷发。沿海为热带雨林气候，终年湿热。内地属热带山地气候，温和凉爽。气温年较差小，最热月平均气温26℃，最冷月20℃。降水地区差异大，东部和南部向风区平均年降水量4 000毫米以上，内日峰8 000余毫米；西部和北部背风区不足700毫米。河流多而短，大部分源于火山口，较长的有加莱河、马河、圣艾蒂安河等。矿藏丰富，海域蕴藏有钴、铜和锰等矿。森林覆盖率35%。

17世纪中叶，法国在此建立航海站，开始移入大批奴隶，之后法国宣布占领该岛，命名波旁岛。1793年改名留尼汪岛，1806年改称波拿巴岛。1810年被英国占领。1815年4月英法签订《巴黎协定》，将留尼汪岛交予法国。1848年正式定名留尼汪岛。1946年成为法国的海外省。1981年成为拥有全权的海外领地，统辖临近的新胡安岛、欧罗巴岛、印度礁、格洛里厄斯群岛和特罗姆兰岛。其中在前4个岛屿的主权归属上，法国一直同马达加斯加有争议，特罗姆兰岛的归属同毛里求斯也有争议。作为法国海外省，其省长由法国政府任命。在法国的议会中，该岛有5名国民议会议员，3名参议员。

经济以农业、渔业和旅游业为主，甘蔗种植和蔗糖生产、香料种植是经济支柱。2005年人均岛内生产总值约15 350欧元。20世纪80年代经济高速发展，1992年后发展速度开始减缓，总体经济态势平稳。经济发展主要依靠法国援助。交通发达。公路总长2 784千米，主要城市间都有公路相通。铁路614千米，仅用于制糖业的运输。加莱角港为岛上最大海港，也是法国第三大集装箱港，年吞吐量300余万吨，岛上运输一半经此。有2个机场，圣但尼－吉洛国际机场每周有航班赴法国、肯尼亚和邻近国家。

留尼汪岛风光

实行法国本土的教育制度，小学5年，中学7年。高等学府有留尼汪大学，另有高等技术学校和师范学院。有《留尼汪岛日报》、《留尼汪日报》、《证言报》3家日报和11家周刊、月刊和双月刊。有3个电视台。法国海外电台每天播音。

留鸟 resident birds 终年栖居繁殖地区而不迁徙的鸟类。如喜鹊、麻雀等。世界各地均有分布。在北半球以南方种类较多，北方留鸟均为耐寒种类，如松鸡、雷鸟、雪鸡等。

留置权 right of lien 债权人因债权债务关系已占有债务人的动产，并已届期满而债务尚未得到清偿前，得留置该动产作为担保债权受偿之法定担保物权。担保物权的一种。留置权人的权利有：①扣留标的物，而不返还于债务人，直到债务人清偿债务。②收取留置物的孳息以充抵债权。即对于法定孳息或天然孳息，留置权人亦可扣留，或估价充抵或拍卖，直接用于清偿债务。③请求债务人偿还因扣留标的物而支出的必要费用，如保管费、维修费等。④变价处分权。即变卖或拍卖标的物，从所得价款中优先受偿。留置权人的义务有：①催告义务。债权人只有在通知（催告）债务人履行义务，而债务人在法定期间不履行债务时才可以行使变卖或拍卖的权利。②妥善保管标的物，并于留置权消灭时返还标的物。因留置权人的过错致使标的物毁损的，留置权人应负赔偿责任。

流变学 rheology 研究材料在应力、应变、温度、湿度、辐射等条件下与时间因素有关的变形和流动的规律。力学的新分支。

1929年E.C.宾汉首先提出了流变学的概念。流变学的主要任务是通过实验或理论方法建立上述物质或材料的本构关系，并应用本构关系及动量、质量和能量守恒关系研究物质或材料的流动和变形规律。

研究对象包括非牛顿流体、黏弹性固体和流体与固体之间的物质（如悬浮体）。应用非平衡态统计力学方法研究材料的微观结构与宏观流变性质之间的关系，形成了流变学的分子理论（又称结构流变学或流体力学的结构理论）。该理论由3部分组成：①建立分子模型，用适当的力学系统作为聚合物液体的微观力学模型。②确定微观统计系综，得到系综分布函数。③建立应力张量的系综平均表达式，并由此导出描述聚合物液体宏观力学性质的本构方程。相空间理论、聚合物液体分子网络理论和陶益－爱德华兹理论是发展得较完善的3种流变学的分子理论。从连续介质的观点研究材料流变性质，形成了流变学的连续介质力学理论。它把各类物质作为连续介质统一考察，使用理性力学的基本原理与张量分析和泛函分析有机结合，将流变学理论提至新的高度。

流变学的基本原理和理论应用于各领域，产生了一系列流变学新分支，除了高分子流变学外，还有生物流变学、冶金流变学、石油工程流变学、土壤流变学、食品流变学、环境流变学、泥浆流变学和心理流变学等。

流产 abortion 妊娠未满28周，胎儿体重不足1 000克即从母体排出的过程。俗称小产。分自然流产及人工流产两种。若自然流产连续发生3次或以上则称为习惯性流产。流产是妊娠期的常见病，占妊娠的15%～20%。可分为早期流产及晚期流产，以妊娠12周为界，以前者为多见。

病因　有3种：①母体因素。子宫发育不良、子宫畸形、子宫颈内口松弛、生殖系统肿瘤、内分泌失调、慢性高血压病、细菌或病毒性感染等都可导致流产。②胎儿因素。胚胎异常是早期流产的主要原因。染色体异常占流产原因的15%～20%。③免疫因素。母亲和胎儿之间存在免疫不适应，会引起母体对胎儿的排斥即可导致流产，如Rh血型不合等。

临床表现　流产的主要症状是阴道出血和腹痛。早期流产全过程都伴有阴道出血，晚期流产一般出血不多。腹痛呈阵发性下腹坠痛，早期流产腹痛出现在阴道出血之后，晚期流产则先有腹痛，阴道出血在后。

诊断　应从病史、体征及妊娠试验三方面着手，先确定是否妊娠，再分辨为哪种类型流产。应与月经失调、宫外孕及葡萄胎相鉴别。染色体检查、甲胎蛋白测定，尤其是超声波监测有助于流产的诊断、预后判断及处理。

处理　应做好预防工作，如婚前检查、尽早确定妊娠、接受产前宣教、注意妊娠期卫生。流产的症状一旦出现，应根据流产产生的原因、症状的轻重及胚胎发育情况分别采取保胎或协助胚胎及其附属物排出宫腔的措施。

流动负债 current liability 将在一年（含一年）或者超过一年的营业周期内偿还的债务。又称短期负债。包括短期借款、应付票据、应付账款、预收账款、应付工资、应付福利费、应付股利、应交税金、其他暂收应付款项、预提费用和一个营业周期内到期的长期借款等。

流动人口 floating population 暂时离开常住地的短期迁移人口。衡量流动人口的基本尺度是流动涉及的空间及持续的时间。在空间尺度上，可以按流动距离对流动人口进行分类；或将流动人口按不同等级区域进行划分，如省际、县际、乡际流动人口；还可以按农村、城市两大居住地系统区分为以城市和以农村为流动目的地的各种流向的人口。在时间尺度上，可以按流动人口的出行规律分为定期和非定期流动人口。在定期流动人口中，又可根据当事人离开常住地在外居留时间的长短，划分为每日流动、季节性流动和周期性流动人口。除了时间和空间标准外，也可以根据流动的功能、当事人与流动目的地的认同程度等多种标准衡量流动人口。

中国使用的流动人口概念包括所有没有办理户口迁移手续的人口移动。急剧增加的人口流动实际包含两种主要类型：一种是伴随经济发展而增加的城市功能型流动人口，他们在城市滞留的时间一般较短；另一种是进入城市寻找工作机会的劳动力，这类人口规模大，在城市滞留时间长，流向相对集中，产生的社会震荡也大。

流动稳定性 hydrodynamic stability 流动受初始扰动后恢复原先运动状态的能力。外界的扰动如果自动衰减，原先的流动便是稳定的；外界的扰动如果会发展，并转变为新的流动状态，这就是流动失稳现象。如日常生活中，将自来水龙头开大，水柱就会成波状，最后破碎成一串离散的小水滴；又如台风形成、大气波动、**边界层**转捩、激光核聚变中的球面压缩、晶体的树枝状生长、注水驱油中的指进现象等都涉及流体运动稳定性问题。流动稳定性理论最重要、最困难的研究方向是从层流到湍流的转捩。1883年O.雷诺做了层流过渡为湍流的实验，后来人们认识到这种过渡是层流的一种失稳现象。20世纪40年代，研究平行流的线性稳定性方程获得了该方程的渐近解，但线性理论只能预测流动不稳定的初始状态。1960年发展了非线性理论，可对各种具体流动导出相应的朗道方程，并判定流动是亚临界不稳定还是超临界不稳定。无论从理论上还是实际应用上，流动稳定性理论都需要进一步深入。

流动性陷阱 liquidity trap 经济中出现的一种在极低的利率水平时，人们都只愿持有流动性强的现金，而不愿进行**投资**或不愿持有债务票据的现象。又称流动偏好陷阱。在以利率r为纵轴、货币量Q为横轴的坐标平面上，与某一最低利率水平r_L相对应的一段平行于横轴的货币需求曲线就是流动性陷阱（见图）。当出现这种情况时，扩张性的货币政策所增加的货币供应量，不再会引起利率的下降和投资与收入的增加，即货币政策不再有效。

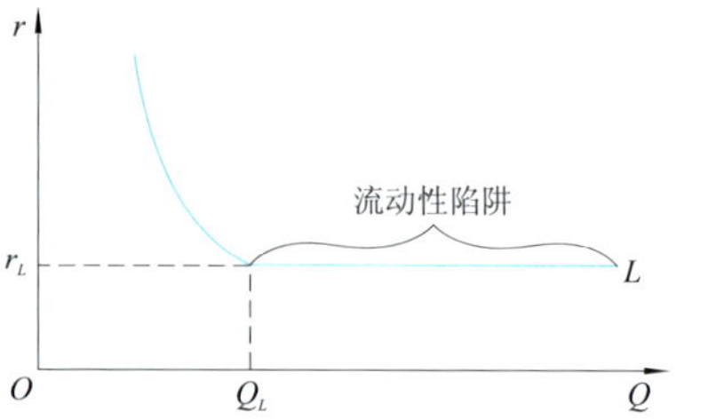

流动性陷阱示意图

流动性陷阱的理论基础是J.M.凯恩斯的货币需求理论。人们对货币的这种流动性或灵活性的偏好是产生对货币需求的基础。因此，人们对货币的偏好又称**灵活偏好**。货币需求受交易动机、谨慎动机和投机动机的支配。就货币的投机需求而言，由于利率与债券价格成反方向的变化，于是，对利率的预期是使得人们会在持有**债券**和持有货币之间进行选择的重要依据。凯恩斯指出了一种特殊的情况，即当利率降至某种水平时，灵活偏好可能变成几乎无限大。这就是说，当利率降至该水平时，因利息率太低，以至于人们认为利率不可能再降低而只可能上升，即债券价格不可能再上升而只可能下降时，人们会将手中所持有的债券都换成货币，几乎每人都宁愿持有现金而不愿意持有**有价证券**。这种情况被称为流动性陷阱或"凯恩斯陷阱"。

凯恩斯指出，当经济中的利率降到了一个极低的水平，即落在流动性陷阱时运用货币手段来解决经济萧条问题可能是无效的，或者说，就解决经济萧条而言，财政政策比货币政策更有效。

流动注射分析 flow injection analysis; FIA 一种非稳态的分析测试技术。将一定体积的液体样品注入一个由适当液体组成的、无气泡间隔、流动着的连续载流中，分散并形成一个有浓度梯度的区带，在热力学非平衡条件下，保证混合过程和反应时间的高度重现性，连续引入检测系统，高效完成试样在线处理与测定的分析测试技术。1974年由J.鲁日奇卡和E.H.汉森在丹麦创立。如若将试剂注入试样载流中，则称为反相流动注射分析（rFIA）。

特点 ①分析速度快。通常每小时可分析100～200个样品。②自动化程度高。从采样、预处理、检测到数据处理可全部自动化。③重现性好。通常相对误差为1%～2%。④节省试剂和样品。试剂消耗为毫升级，样品消耗为微升级。⑤易于小型化和微型化。⑥可成为毛细管电泳的进样工具。⑦仪器结构简单，既可选购商品，亦可自行组装。

样品的控制分散是流动注射分析的关键。为此提出了分散系数D的概念。其定义为$D=C_0/C$，式中C_0为未分散之前的待测物浓度；C为分散后的某段流体之中的待测物浓度。在一般情况下D应该大于1。只有在采取预浓集技术时，D才小于1。通常将分散系数分成三个等级：①有限分散体系（D为1～2），适用于那些不需要在流路中进行化学反应，无须引入试剂，力求获得高灵敏度的情况，如电化学或原子光谱检测。②中等分散体系（D为1～10），适用于多数基于有化学反应的光度检测，需要流经较长的化学流路以满足测定对灵敏度的要求。③高度分散体系（$D>10$），适用于高浓度样品的稀释和某些梯度测量技术的需要，如FIA滴定。

仪器 基础型流动注射分析仪主要包括：①输液系统（如蠕动泵、柱塞泵等）。②进样系统（如六孔阀、十六孔阀等）。③化学流路（指从进样阀到检测器之间的管道和功能部件的安排）。④检测系统（通常指流通式光度计等）。⑤数据处理系统或记录仪。

技术的发展 FIA不仅在流路系统设计（由单流路、双流路发展至五流路）、进样系统开发（六孔三槽阀、十六孔阀）、在线分离与形态转换（如离子交换、氧化还原、固定化酶反应器、沉淀或共沉淀与过滤器等各类填充柱、在线溶剂萃取、气体扩散、渗析等）技术方面取得了很大进展，且提出了梯度技术（包括梯度稀释、梯度校正、停流分析、梯度滴定和梯度扫描等）、间歇泵技术（可实现合并带法，缩短分析周期，扩大动态稀释范围和流体动力学进样方式）等新的实验技术，大大提高FIA的应用广度和性能。1990年更在FIA基础上发展起来一种被称为顺序注射分析（SIA）的新分支，其核心部件增加了注射泵、储存管和多孔选择阀，注射泵通过选择阀可定量顺序地吸取一定体积的试样和多种试剂，顺序注入储存管中，然后由蠕动泵输送载液并推动储存管中的区带，经反应圈后流过检测器。系统硬件简单可靠，液体计量更为准确和节省，样品可自动在线稀释，其流程见图。

应用 FIA已广泛应用于农业、环境、医药、食品、岩矿等样品的测定。FIA在过程分析中有很宽的应用前景，如工业给排

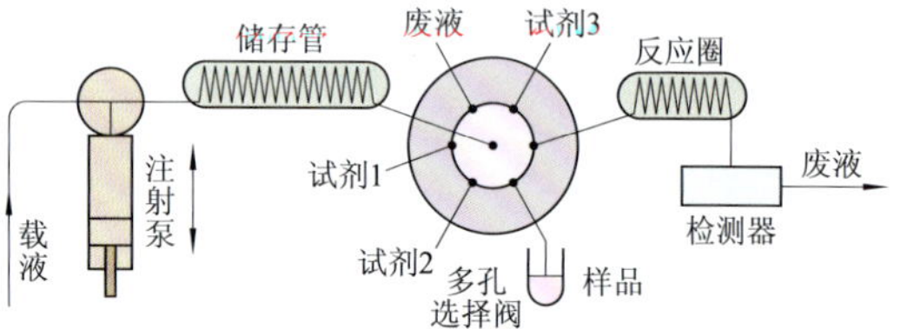

顺序注射分析流程

水系统水质的自动连续监控、江河断面的水质在线分析、生产流水线中液流的在线检测等。

流动资本 circulating capital 生产资本中用于购买原料、燃料、辅助材料和用于购买劳动力的那部分资本。

流动资本与固定资本区别在于周转形式不同。固定资本的价值在长时期内经过多次生产过程一部分一部分转移到产品中去和多次产品销售过程回到资本家手中；流动资本的价值经过一次生产过程，产品销售后就被资本家收回。其中，用于购买原料、燃料、辅助材料的资本是不变资本，按照一次生产的消耗量，价值全部转移到产品中去；用于购买劳动力的资本是可变资本，它的价值就是劳动力价值不是被转移到产品中去，而是由雇佣劳动者重新生产出来，而且加上剩余价值，通过产品销售，回到资本家手中。流动资本在生产资本中占的比重越大，周转越快，生产资本的总量周转也越快。

流动资产 current asset 可以在一年或者超过一年的一个营业周期内变现或被耗用的资产。主要包括现金、银行存款、短期投资、应收账款、应收票据及预付款项、存货、待摊费用等。固定资产的对称。

流感病毒 influenza virus 一类引发流行性感冒的病毒的统称。属于正黏病毒科。分为甲、乙、丙三型，彼此没有共同的抗原。病毒为多形性球形或丝状颗粒，有囊膜，病毒粒子中含血凝素和神经氨酸酶两种蛋白质。病毒基因组为单链、线形、负极性RNA，常发生重排。病毒粒子中含依赖RNA的RNA聚合酶（转录酶），在细胞核内转录、细胞质内成熟，以质膜出芽方式释放。

已知流感病毒抗原包括核蛋白、质蛋白或膜蛋白，两种糖蛋白，即血凝素和神经氨酸酶以及非结构蛋白。糖蛋白和质蛋白对流感病毒的甲型和乙型病毒是特异的。血凝素和神经氨酸酶会发生抗原变异。

由于抗原漂移和抗原转变，用免疫接种法控制流感病毒存在很大困难，已有的疫苗不断被淘汰。由于流感病毒基因操作技术取得突破性进展，已成功构建了含有流感病毒基因组8个节段的重组质粒系统，在其核细胞中可获得具有复制能力的病毒，这使得在DNA水平上对流感病毒的基因组进行改造，从而获得病毒突变株成为可能。

流光室（管） streamer chamber(tube) 在火花室基础上发展成的高能粒子径迹探测器。1963年由G.Y.奇科瓦尼等人发明。在一密闭室中由3个电极隔开成两个空间区，中间电极接高电势，两边电极接地，室内充以氖或氦。带电粒子进入流光室，使室内工作气体电离，电极的高压脉冲限制得很窄（3～20纳秒），使带电粒子能产生的电离只能引起火花放电前期的流光阶段，不能继续发展为火花击穿，这样带电粒子的径迹就由一串流光点显示出来。由于流光未发展成为火花击穿，消耗电场能量很小，使电场改变甚微，因此可以记录多粒子事例，还可测量电离度。流光室特别适合于多粒子复杂事例的研究。

流浪汉小说 novela picaresca 16～17世纪在西班牙流行的以流浪者的生活及遭遇为题材的小说。它对西班牙和欧洲其他国家的文学都有一定影响。16世纪中叶，西班牙经济开始衰落，社会上冒险之风盛行。流浪汉小说便在这样的历史条件下产生。

流浪汉小说的内容大多是主人公自述一生中各种不幸的遭遇，借以反映世道的不平和人生的艰辛。小说中的流浪汉都笃信“天命”，以欺骗、偷窃等手段求生或进行恶作剧，以发泄不满。流浪汉小说的开先河者和代表作是《小癞子》(1554)，作者不详。以后陆续出版马特奥·阿莱曼的《古斯曼·德·阿尔法拉切的生平》(2卷，1599～1604)；弗朗西斯科·洛佩斯·德·乌维达的《流浪女胡斯蒂娜》(1605)，题材和手法上都相类似。由于流浪汉小说受到欢迎，有些著名的作家也创作这种作品。F.G.de克维多-比列加斯曾写《流浪汉的榜样，无赖们的借鉴，骗子堂巴勃罗斯的生平》(1626)；M.de塞万提斯也写了《林孔内特和科尔塔迪略》。17世纪下半叶以后，这种小说开始衰落。

流量 discharge 单位时间内通过管道、明渠或其他通道的某一过水断面的液体体积或质量。水利工程中，一般取体积流量，单位为m^3/s，实验室流量常用单位为L/s。流量标志着河流、渠道及各种水工建筑物的过水能力，是防洪、灌溉、水电、航运等工程的规划、设计的重要数据。流量Q与过水断面上各点流速u、平均流速v及面积A的关系为：

$$Q=\int_A u\mathrm{d}A=vA$$

实验室中测量明渠水流或管流流量，常用如下方法：①体积法或重量法。②流速面积法。③薄壁堰法（见堰）。④流量计法。

测定河流、渠道的流量，还可根据不同情况和不同要求，选用量水堰槽、水工建筑物测流、浮标法、动船法、稀释法、比降-面积法、电磁法或超声波法等。

流明 lumen 国际单位制中表示光通量的导出单位。简称流。符号为lm。是坎德拉球面度（cd·sr）的专门名称。由发光强度为1坎德拉的点光源，在单位立体角（1球面度）内发出的光通量称为1流明，即1流＝1坎·球面度。这个定义用于人工照明的计算，1948年第9届国际计量大会通过后一直沿用至今。1979年第16届国际计量大会重新定义坎德拉之后，流明的等效定义是：频率为540×10^{12}赫且辐射通量为1/683瓦的单色辐射束的光通量。它表明光通量的单位可直接与辐射量——功率相联系，而与发光强度单位坎德拉无关。

流水别墅 Falling Water 现代建筑中杰出作品之一。因别墅主人为美国富商考夫曼，又称考夫曼别墅。美国建筑师F.L.赖特的代表作。在美国匹兹堡市郊区，建于1936～1939年。赖特在一块背崖临溪、最宽处不足12米的地方苦心经营了这座依山就势、凌空飞跃、参差俯仰其间的建筑。赖特称流水别墅是由环境激起的灵感所成，借助于钢材的力量，得其所而遂其形，这为有机建筑理论作了确切的注释。

流水别墅景观

流水别墅本身约380平方米，室外平台、阳台也近300平方米，内外交融，沉浸在绿树玄岩、清泉湍流中。凹凸起伏的墙垛用当地的片石砌筑，与山岩纹理相通。杏黄色的横向混凝土阳台栏板，上下左右前后错叠，使得深远的出挑更形奇险。

流态化技术 fluidization technique 利用气体或液体通过固体颗粒层而使固体颗粒处于悬浮运动状态，以进行分离、反应、固体输送、换热等过程的技术。其中固体颗粒呈悬浮状态，具有某些流体的表观特征，故称为流态化，简称流化。因为颗粒的比表面积大，流体与固体间接触良好，分布均匀，传质、传热都很快，有利于强化某些单元操作和反应过程以及开发新的工艺。在各个工业部门中得到广泛应用。

流态化现象 流体自下而上通过固体

颗粒堆积的床层时，会产生压降，当流速增大至压降等于单位截面积颗粒重量与浮力之差时，颗粒便开始流化。随着流体的表观流速增加，床层膨胀，颗粒的运动加剧，这样的床层称为流化床，颗粒始终在床内运动，并不被带到床外。但表观流速继续增大，达到了颗粒的自由沉降速度时，颗粒便被流体带到床外，进入了颗粒的输送阶段。

设备部件　流化床设备的最主要部件是流体分布器，它直接影响床层中流体和固体接触的好坏，可分为板式和管式两大类。对于大型反应器，板式分布器在高温下操作容易变形，不能保证流体的均匀分布，故采用管式的较多。另一个重要部件是固体颗粒的分离装置，利用改变气流或固体颗粒流动方向或产生离心力的旋流板或多级旋风分离器等装置把颗粒分离。

应用　流化床广泛用作化学反应器，例如催化裂化、丙烯氨氧化制丙烯腈、丁烯氧化脱氢制丁二烯、萘氧化制苯酐；煤和页岩的干馏、煤粉的燃烧、铁矿石的直接还原为铁、氢氧化铝和石灰的焙烧等。此外，流化床还用于粉料的干燥、输送、粒料的撞击制超细粉等。

流体　fluid　液体和气体的总称。静止流体内部任意质点，其表面只承受沿内法线方向的应力，即压力，不承受剪应力。流体无论受到多么小的剪应力，都会连续地发生剪切变形，因而流体具有流动性。外力只影响变形速率的大小，而不能确定变形量。流体具有压缩性，其密度随压力增加而增大。流体密度也会因温度升高而减小，称为热胀性，即热胀冷缩。

液体的压缩性可用体积压缩系数表示，$\beta=(d\rho/\rho)/dp$，式中dp为压力增量，$d\rho/\rho$为密度变化率，其意义是单位压力增量所引起的密度变化率。其倒数为弹性模量E，表示增加单位密度变化率所需要的压力增量。液体的弹性模量一般很大。欲使水密度增加1%需施加约210个标准大气压，可见液体不易被压缩。弹性模量随温度和压力增大而增大。

气体具有明显的压缩性。完全气体密度、压力和温度之间的关系由状态方程确定：$p=\rho RT$，式中p、ρ、T分别为气体的压力、密度、温度，R为气体常量，与气体种类有关。气体密度随压力的变化关系与过程有关。气体的密度很容易随压力和温度而变化。

根据压力和密度的关系，流体可区分为正压流体和斜压流体。若流体压力只是密度的函数，为正压流体；若压力不仅是密度而且也是其他热力学参数的函数，则为斜压流体。

流体都具有黏性。受同样的剪切力作用，不同流体的变形速率不同，即黏性不同。气体的黏性来自于分子热运动引起的动量交换，液体则来自于分子引力。温度增加会引起气体黏性增大而液体黏性减小。由于水、空气等常见流体的黏性作用很小，很多情况下可近似认为其无黏性。无黏性流体称为理想流体；黏性作用不能忽略时则称为黏性流体（或真实流体）。黏性流动中，凡黏性力与相对速度的法向梯度成正比，即满足牛顿黏性定律的称为牛顿流体，否则为非牛顿流体。黏性会引起流体机械能量的耗散，若无外界能量的补充，流动将因黏性而逐渐停止。

流体动力学　fluid dynamics　研究作为连续介质的流体在力作用下的运动规律及其与边界的相互作用的流体力学分支。广义地说，它还研究流体和其他运动形态的相互作用。流体动力学包括水动力学和空气动力学两大部分。研究方法有理论、实验和计算三种。流体动力学的主要内容如下。

应力张量和变形速率张量的关系　牛顿黏性定律阐述剪切流动中两层流体间的剪应力（即黏性应力）与流体剪切变形速率（即垂直速度方向的速度梯度）之间成正比关系。

动量方程和能量方程　动量方程是动量守恒的数学表达式，表明单位体积上的惯性力等于单位体积上的质量力加上单位体积上的压力梯度和黏性应力。能量方程是能量守恒的数学表达式，表明黏性耗损的机械能以及由于热交换或其他原因传入的热量使流体的熵增大。

涡旋的动力学性质　如果流体是无黏性、正压的，且外力有势，则涡旋不生不灭，而且涡线、涡管总是由相同的流体质点组成，涡管强度不随时间变化。实际中大量遇到的无黏性不可压缩均质流体在重力作用下的均匀束流、定常绕流问题和静止启动问题，都是无旋的；可用拉普拉斯方程求解，故又称为拉普拉斯无旋运动。

各类流体运动　根据不同标准可分为：层流和湍流；边界层流动和外部位势流动；无黏流动和黏性流动；不可压缩流动和可压缩流动等。

流体机械　fluid machinery　以流体为工作介质转换能量的机械。通常包括水轮机、汽轮机、燃气轮机、膨胀机、风力机、泵、通风机、压缩机、液力耦合器、液力变矩器、风动工具、气动马达和液压马达等。流体机械所用的能源，多为燃料（煤、石油和天然气等）的化学能。风力机、水轮机和膨胀机可以直接或将能量转换为电能来带动从动机。根据工作原理，流体机械可分为容积式（依靠运动元件改变工作容积来实现能量转化）和动力式（依靠高速旋转叶片与流体之间力的相互作用来转换能量，又称透平机械）。流体机械根据结构可分为旋转式和往复式。动力式流体机械通常是旋转式，容积式流体机械既有旋转式也有往复式。

流体静力学　hydrostatics　研究静止或相对静止流体中压力、密度、温度等参数的分布以及流体对器壁或物体的作用的流体力学分支。流体静力学是流体力学中发展得最早的分支。流体静力学的基本方程是欧拉静平衡方程，在直角坐标系中表示为$\partial p/\partial x=\rho X$，$\partial p/\partial y=\rho Y$和$\partial p/\partial z=\rho Z$，式中$X$、$Y$、$Z$为$x$、$y$、$z$3个坐标方向流体所受的单位质量力，$p$为压力，$\rho$为密度。通常情况，质量力仅为重力。在液体不可压缩且密度为常数时，上述方程可积分为$p=p_0+\gamma h$，式中p_0为液体表面压力，γ为液体比重，h为自表面铅垂向下的深度。但在有些情况如海洋深处，液体密度随压力而增大的影响，可导出：

$$p=p_0-E\ln\left(1-\frac{\gamma_0 h}{E}\right)$$

式中γ_0为表面液体比重，E为液体弹性模量，这里视为常数。气体（如大气情况）密度是变化的，若引入状态方程及给定的温度条件，可导出压力、密度等随高度变化的关系。在一般工程中使用的有限体积容器（如储气罐、气瓶）中气体压力可视为常数。流体静力学的研究在航空、航运、海洋工程、液压驱动装置、测压仪器及水坝、闸门、高压容器的设计方面有广泛应用。

流体力学　fluid mechanics　研究在各种力的作用下，流体本身的状态，以及流体和固体壁面、流体和流体间、流体与其他运动形态之间的相互作用的学科。力学的分支学科。

简史　阿基米德的物体浮力定理和浮体稳定性的液体平衡理论，奠定了流体静力学的基础。17世纪I.牛顿研究了运动物体在流体中受到的阻力，得到阻力与流体密度、物体迎流截面积和运动速度的平方成正比的关系；并提出黏性流体运动时的内摩擦力公式，即牛顿黏性定律。18世纪D.伯努利建立了联系压力、高度和流速的伯努利方程。H.皮托发明了测量流速的皮托管。L.欧拉在忽略流体黏性的假设下，建立了描述理想流体运动的基本方程。J.-L.拉格朗日对无旋运动，H.von亥姆霍兹对旋涡运动作了不少研究。19世纪C.-L.-M.-H.纳维和G.G.斯托克斯分别建立了黏性流体运动的纳维－斯托克斯方程，它是流体动力学的理论基础。与流体动力学平行发展的是水力学。1904年L.普朗特创立边界层理论，它既明确了理想流体的适用范围，又能计算在流体中运动的物体所受到的摩擦阻力。20世纪初，飞机的出现促进空气动力学的发展。40年后，由于喷气推进和火箭技术的应用，形成了研究气体高速流动的气体动力学。从50年代起，电子计算机促生了计算流体力学新分支。与此同时，民用和军用生产促进了水动力学等学科的进展。从60年代起，流体力学和其他学科逐渐互相渗透，形成一些新的交叉学科，如物理-化学流体力学、电磁流体力学等；原来基本上只是定性描述的问题逐步得到定量研究，如生物流变学。微型装置或技术称为微-电-机械系统装置，简称MENS。其中流动的气体或液体的行为特性与人们通常生活中所熟悉的情况十分不同。在MENS应用日益增多的推动下，20世纪80年代后期微尺度流动研究得到迅速发展。

研究内容　流体力学既含有基础理论，又有极广泛的应用范围。从研究对象划分，它主要有以下分支学科：地球流体力学，研究大气、海水以及地球深处熔浆的运动；水力学和水动力学，研究水在海洋、江河、渠道、管道和水力机械中的运动及船舶运动和阻力，高速水流中的空化等；空气动力学，研究空气的特性（如黏性、压缩性、扩散和波动特性等），飞行器的气动力特性和气动加热现象，飞行器外形设计等；环境流体力学和工业流体力学，研究大气污染、建筑物的风载风振问题、风能利用、沙漠迁移、河流泥沙运动、液力和气力输送等；生物流体力学，研究人和其他生物体内的流体运动规律；还有渗流力学、磁流体力学、物理-化学流体力学、爆炸力学等。如从流体作用力角度，则可分为流体静力学、流体运动学和流体动力学。从对不同"力学模型"的研究来分，则有理想流体动力学、黏性流体动力学、不可压缩流体动力学、可压缩流体动力学、多相流体力学和非牛顿流体力学等。

研究方法　流体力学的研究方法有现场观测、实验室模拟、理论分析和数值计算等，它们是相辅相成的。现场观测是利用仪器对流动现象进行实际全尺寸观测。实验室模拟中，要使实验数据与现场观测结果相符，必须满足流动相似律，即保持实验室流动和实际流动中的有关相似准数对应相等。理论分析是根据流体运动的普遍规律如质量守恒、动量守恒、能量守恒等，利用数学分析手段研究流体的运动规律。数值计算则是利用电子计算机求解复杂的流体力学基本方程组，它可部分或全部代替某些实验。

流体运动学　fluid kinematics　研究流体运动的几何性质，而不涉及力的具体作用的流体力学分支。

流动的分析描述　描写流体运动的方法有拉格朗日方法和欧拉方法。拉格朗日方法着眼于流体质点，用一个二阶偏微分方程建立流体质点的运动规律。欧拉方法着眼于空间点，设法在空间每一点上描述流体运动随时间的变化状况。流体质点的运动规律可用速度矢量$\boldsymbol{v}=\boldsymbol{v}(\boldsymbol{r},t)$表示，其中$\boldsymbol{r}$、$t$称为欧拉变量。欧拉变量确定的速度函数是速度场，可运用场论知识求解，其运动方程组是一阶偏微分方程组，较常采用欧拉方法。

流动的几何描述　流体质点在空间运动的曲线称为迹线。在流场中每一点上都与流体质点的速度矢量相切的曲线称为流线。迹线是同一流体质点在不同时刻形成的曲线，为拉格朗日方法中流体质点运动规律的几何表示。流线是同一时刻不同流体质点所组成的曲线，为欧拉方法中流体质点运动规律的几何表示。在定常运动中两者才重合。

流动分析　流体运动除了平动和转动外，还要发生变形。据亥姆霍兹速度分解定理，流体微团的运动可以分解为平动、转动和变形三部分之和。与刚体速度分解定理的重要区别为：①流体微团运动比刚体的多了变形速度部分；②刚体速度分解定理对整个刚体成立，因此是整体性定理，而流体速度分解定理只在流体微团内成立，因此是局部性定理。

流动分类　从运动形式角度，流体运动可分为无旋运动和有旋运动。从时间角度，可分为定常运动（所有物理量不随时间而变）和非定常运动。从空间角度，根据有关物理量依赖于1个、2个和3个坐标，流体运动可分为一维、二维和三维运动。

涡旋的运动学性质　流体微团的旋转运动称为涡旋，又称旋涡。在有旋运动中，处处与涡旋矢量相切的曲线称为涡线。涡线上各流体微团绕涡线的切线方向旋转。在涡旋场内取一非涡线且不自相交的封闭曲线，通过它的所有涡线构成一管状曲面，称为涡管。涡管的运动学性质为：涡通量在涡管所有横截面上都为同一常数，称为涡管强度。涡管不能在流体内产生或终止，若它不以涡环的形式存在，就延伸到边界上。

流通　circulation　商品的运动过程。广义的流通是商品买卖行为以及相互联系、相互交错的各个商品形态变化所形成的循环的总过程，它使社会生产过程永不停息周而复始地运动。狭义的流通是商品从生产领域向消费领域的运动过程，由售卖过程（W—G）和购买过程（G—W）构成，它是社会再生产的前提和条件。

流通是社会分工和生产社会化引起的。原始社会末期，由于社会生产力的发展，出现了农业和畜牧业的分工，从而产生了以物易物的商品交换（W—W）。接着，又出现了手工业和农业的分工，产生了直接以交换为目的的商品生产，使得商品交换经常化，进而产生了货币，商品交换就变成了以货币为媒介的交换（W—G—W），即商品流通。商品流通将交换过程分解为两个独立的阶段：售卖过程（W—G）和购买过程（G—W），从而将交换过程分解为卖和买两个独立的行为。商品流通两个阶段的任何一个环节中断或受阻，都会使经济活动之间的联系无法实现，从而潜藏了经济危机的可能性。在商品流通的进一步发展过程中，当社会上出现了独立的社会经济部门——商业部门时，商品售卖的业务开始由商业部门来承担。这时，商品流通发展到了发达阶段。

流通不创造价值，却是创造和实现价值必要的条件。经过流通领域，货币资金才能转化为生产资金，商品资金才能转化为货币资金；流通反映了资金形态转化和资金不断循环的总过程。流通在商品经济运行中的作用主要有：①保证生产过程的正常进行。任何商品被生产出来后，如果不进入售卖过程，资金就会在商品形式上积压起来，生产部门就不能继续进行生产；任何生产部门在开工之前，如果不进入生产资料的购买过程，生产就无法进行。②商业部门专门从事流通领域的活动，有助于生产部门腾出更多的时间和精力从事生产和组织生产，节省劳动力和劳动时间，使生产过程不断扩大，也有助于节省流通中的劳动耗费和劳动时间，提高社会经济效益。

流通资本　circulation capital　在产业资本循环中同生产资本既相对立又相关联、专门执行流通职能的那一部分资本。包括货币资本和商品资本两种形式。流通资本相对于生产资本而言。

在产业资本现实的连续循环中，并存着三种资本形式，即货币资本、生产资本和商品资本，它们分别执行着三种不同的职能。货币资本的职能是购买生产资料和劳动力，为剩余价值生产准备条件；生产资本的职能是在生产领域中创造出包含剩余价值的商品；商品资本的职能是出售生产出来的商品，实现商品中所包含的预付资本价值和剩余价值。在一定量的产业资本中，流通资本所占的比例越大，生产资本所占的比例就越小；在现实的资本主义经济生活中，随着商品生产的发展和产销矛盾的加深，流通资本的量逐渐增加，而生产资本的量则相对减少，致使资本主义再生产的规模和资本价值增殖的程度相应地受到限制。另一方面，随着社会分工和专业化的发展，货币资本和商品资本从产业资本运动中分离出来，产生了借贷资本和商业资本，独立经营，有助于提高生产资本的效能。

流亡政府　government-in-exile　因本国领土被敌国占领而被迫迁移到外国境内的或在外国境内组织的政府。此外，因在国内斗争中失败的执政人物或因在本国发动政变被挫败的人物，为恢复其统治或夺取政权而在国外组织的政府；因本国发生革命而逃至国外的反动分子，为图谋复辟而组织的所谓“政府”，均被称为“流亡政府”。流亡政府通常要有宪法、国旗、国徽等作为国家的标志，并发行流亡政府货币，以表示其在政治上依然存在，取得公众的同情，在经济上可以募集资金、维持生存。流亡政府的有效性、合法性取决于是否取得托庇国中央政府的承认，是否起到统一管属作用，是否取得同胞的认可、世界广泛国家的承认等。流亡政府在联合国无合法地位。不管理政府或流亡政府皆为国际法人，都是政治实体，在国际社会享有权利、承担义务。

流纹岩 rhyolite 酸性喷出火山岩。成分与深成花岗岩相当。因常发育有流纹构造而得名（见图）。一般为灰色、灰白、灰黄、灰红色。岩石具斑状结构或无斑隐晶质结构。富 SiO_2，是各类火成喷出岩中含 SiO_2 最高的，平均含量为72.82%。根据成分特点

分为钙碱性系列和碱性系列两个类型，其化学成分和矿物成分有所不同。①钙碱性系列流纹岩以富钙而贫碱为特征。主要矿物为钾长石、酸性斜长石和石英，少量黑云母，偶见辉石。长石和石英常成为斑晶。②碱性系列流纹岩以贫钙富碱为特征。斑晶常为钠透长石、钠长石、歪长石，石英很少或没有。

流纹岩次生变化常有硅化、泥化、绢云母化等。产状常为岩钟、岩丘和小规模的岩流。中国的流纹岩主要分布在东部地区，尤以东南沿海一带更多见。与流纹岩有关的矿产有金、银、铜、铅、锌和铀，非金属矿有沸石、蒙脱石、高岭石、叶蜡石、明矾石、萤石等。

流星 meteor 来自行星际空间的以高速进入地球大气并在夜空呈现发光余迹现象的微小固态天体（见图）。大小从0.01毫米到10米不等，而形成目视可见的流星现象的流星体典型大小为几毫米。进入大气的运行速度为每秒几十千米，在地球表面之上90～100千米处蒸发并辐射发光。凡亮度超过金星乃至白昼可见的流星称为火流星，它们在进入大气之前通常是米级大小的流

夜空中的流星

星体，燃烧未尽的实体陨落地表即为陨石。以“宇宙尘”形式落向地球表面的流星物质每年平均有 1.5×10^8 千克。

流星群与地球相遇时，地球上看到某个天区的流星明显增多的现象称为流星雨。

流行色 fashion colour 由社会思潮所决定的符合时代风尚和潮流的颜色。是相对基本色、传统色、常用色而言的。它是由一个时期内最受消费者欢迎的色彩组合成的情调，即色调。倡导流行色的意义在于引导消费、指导生产。1962年国际流行色委员会成立。每年6月、12月分别发布春夏与秋冬两季的流行色。由20多个国家的代表共同研究制订一年半以后国际市场将流行颜色，以指导染化料企业、纺织面料生产企业、服装制造企业进行产品色彩定位与生产。

流行舞 popular dance 在一定时期内拥有广大受众群体的自娱性舞蹈。一些民俗舞

风靡纽约舞厅的林蒂跳步舞，又称吉特巴格舞

蹈和舞厅舞蹈也被称为流行舞。这类舞蹈节奏快、随意，易于学习，较易传播。流行舞蹈深受欧美流行音乐和街头文化的影响，并随着电视媒体和歌舞电影的流通而得到世界性的传播。从20世纪初发展至今，衍生出诸如摇摆舞、摇滚舞、迪斯科、霹雳舞、街舞等多种形式。

流行性出血热病毒 Hantavirus; HV 布尼亚病毒科汉坦病毒属的统称。又称汉坦病毒或肾综合征出血热病毒。

流行性感冒 influenza 流感病毒引起的急性呼吸道传染病。简称流感。流感病毒分为甲、乙、丙三型。甲型流感病毒最易发生抗原变异，产生新的变种和亚型而引起流行。潜伏期为数小时至四日。表现有：①典型流感。骤起畏寒、高热、头痛，全身酸痛及乏力，呼吸道症状轻，部分患者有腹泻、水样便等胃肠道症状。②轻型流感。发热不高，全身症状和呼吸道症状较轻。③肺炎型流感（流感病毒肺炎）。起病时与典型流感相似，病情迅速加重，出现高热、烦躁、剧烈咳嗽和咯血，严重者可有呼吸困难及紫绀。诊断根据有流感流行史和典型临床表现。确诊可做病毒分离及血清学检查。用鼻甲黏膜印片染色，可见柱状上皮细胞内有包涵体。或用荧光抗体染色法检查鼻黏膜上皮细胞内有病毒抗原，可作快速诊断。治疗主要以对症和支持疗法为主。继发细菌感染者可用抗菌药。接种流感灭活疫苗或减毒活疫苗有预防作用。

流行性脑脊髓膜炎 epidemic cerebrospinal meningitis 由脑膜炎奈瑟氏球菌引起的化脓性脑膜炎。简称流脑。由呼吸道传播，冬春季多发，儿童易感。除流行时外，该病最易侵犯10岁以下的儿童，尤其是3～9个月的婴儿。起病急骤，可有恶寒、高热、头痛、恶心、呕吐、背痛、颈部强直，常有单纯疱疹、结合膜炎，皮肤、黏膜可见出血性瘀点，大小不等，多少不一，多分布于肩、肘、臀部皮肤受压部及口腔黏膜、结合膜。腰椎穿刺脑脊液压力增高，外观混浊，白细胞增多，以多形核白细胞为主，蛋白质含量增加，糖含量降低。无特效治疗前，该病的预后十分严重，病死率可高达90%，流行时比散发的病例为重，婴儿和老人比青壮年为重。用磺胺药治疗后，多在病后的两周内完全恢复。

流行性腮腺炎 mumps; epidemic parotitis 腮腺炎病毒引起的急性呼吸道传染病。俗称痄腮。腮腺炎病毒为RNA病毒，属副黏液病毒科。患者自腮腺肿前6日至腮腺肿后9日均有传染性。经空气飞沫传播。多发生于儿童，集居儿童中易发生流行。一

年四季均可发生，以冬、春季较多。潜伏期2～3周。先有一侧腮腺肿大及疼痛，1～4日后对侧腮腺也可肿痛；颌下腺及舌下腺也可肿痛；可伴有发热。常见的并发症有睾丸炎及脑膜脑炎。诊断根据有接触患者史及典型的腮腺肿大和疼痛。确诊依靠病毒分离及血清学检查。治疗以支持和对症治疗为主。高热者可用解热镇痛药；腮腺及睾丸肿痛明显者，可局部冷敷和托起睾丸；睾丸炎和脑膜脑炎较重者可短期应用肾上腺皮质激素治疗；也可用中医中药治疗。预防可注射腮腺炎减毒活疫苗。

流行性乙型脑炎 epidemic encephalitis B 由乙型脑炎病毒引起的由库蚊传播的以脑实质损害为主的急性传染病。又称日本乙型脑炎，简称乙脑。乙脑病毒为RNA病毒，属于黄热病毒科。猪是本病的主要传染源，由库蚊传播，各种年龄均可发病，但以幼儿和老人为多。潜伏期4～21天。病初1～3日，有发热、头痛、困倦等，以后出现高热，伴有头痛、恶心、呕吐、惊厥、嗜睡及昏迷，可出现肢体瘫痪。查体有颈强直和锥体束病理反射如巴彬斯基氏征等。最后可出现呼吸衰竭而发生死亡。末梢血象有白细胞总数和嗜中性粒细胞增高。脑脊液检查可见压力增高，白细胞数增加，蛋白质轻度增加，糖和氯化物正常。诊断根据严格的发病季节（一般为7、8、9月，南方地区可提前至6月），典型临床表现及脑脊液检查。确诊须靠血清学检查。检测血清乙脑特异性IgM抗体，有助于早期诊断和现症患者的诊断。也可作病毒分离，一般从死亡患者脑组织中分离阳性率较高。该病应与其他病毒引起的脑炎，结核性或其他细菌性脑膜炎，中毒型痢疾、脑型症、中暑等鉴别。一般采用对症治疗和支持疗法，如降温、防治惊厥和呼吸衰竭、用高渗性脱水剂消除脑水肿、防治合并症等；也可用中医治疗。防蚊、灭蚊和接种乙脑疫苗，有良好的预防效果。

流行艺术 popular art 西方现代美术思潮。20世纪50年代初萌发于英国，50年代中期鼎盛于美国。见波普艺术。

流行音乐 popular music 通俗易懂、轻松活泼、易于流传、听众广泛的音乐。见通俗音乐。

《流血的婚礼》 *Bodas de sangre* 西班牙剧作家F.加西亚·洛尔卡的三幕悲剧。写于1933年。剧情发生在安达卢西亚山区，有一村户，父子俩皆死于械斗，只剩下寡母与幼子。如今，儿子已经长大成人，不久就要结婚。儿子的未婚妻住在邻村，少年时代曾与莱奥纳多相恋。莱奥纳多得知姑娘即将出嫁，婚礼那天早早赶去，向其倾吐相思之苦，惹得新娘魂不守舍，在婚礼上不顾一切地跳上莱奥纳多的马背，与之双双逃走。新郎发觉之后，立即策马追赶，两个男子在山上巨石之间持刀厮杀，终于一起倒在血泊中死去。剧作为一部象征主义剧作，气氛渲染强烈，表达了一种悲观的宿命思想。

流血的星期日 Bloody Sunday 俄国1905年革命的起点。1905年1月22日（俄历1月9日，星期日），彼得堡罢工工人及其家属在冬宫广场前遭到军警野蛮枪杀，激起全国革命高潮，史称"流血的星期日"。

流言 rumor 人们之间广为传播的关于社会现实问题的不确切消息。传播方式为口头的，无具体传播人。与谣言有共同之处，但谣言为故意捏造、恶意攻击、有意蛊惑人心，流言则未必是有意伤害某人。流言的发生和传播有三个条件：①客观情况不清，缺乏可靠信息特别是正常信息，沟通渠道不畅通。②人们心理上的不安和忧虑。③社会处于战争或自然灾害等危机状态时，人们会产生恐惧和紧张的心理。流言是一种自发的、扩展性的社会心理现象，经过一段时间会自行消失。流言包括4类：反映社会公众对于某人某物的一种强烈的共同愿望的流言；由于对某事物的好奇而产生的流言；因不安、恐惧而产生的流言；为发泄对某人某事的妒忌、憎恨、强烈不满以至敌视情绪而产生的流言。美国社会心理学家G.W.奥尔波特和L.波斯特曼在《流言心理学》中提出关于流言产生的基本公式：$R=i\times a$。其中R表示流言，i表示重要性，a表示模糊性。依据这个公式，一个事件对人们的重要性越高、模糊性越大，产生流言的可能性也越大。流言在传播过程中会发生很大变化，往往是"以讹传讹"，传播到最后可能会变得面目全非。

流域 catchment basin 由分水线包围的集水区域。分水线是集水区域周围最高点的连线，常为分水岭。地面分水线是汇集地表水的界线，地下分水线是汇集地下水的界线。在山区和丘陵地区，一般以山脊的连线作为分水线。在平原，不大的地形凸起、铁路和堤防都可成为分水线。一般把地面分水线作为流域的分水线，把地表水的集水面积称为流域。地面分水线与地下分水线基本重合的流域称闭合流域；地面分水线与地下分水线不重合的流域称不闭合流域。流域面积的大小决定了该流域承接降水的多少，不仅决定河流的水量，而且影响径流的形成过程。

琉璃 coloured glaze 一种低熔点玻璃质半透明物质。可用作陶瓷釉料。在建筑业中指表面烧结有各种颜色琉璃的陶制建筑材料，如釉料用于陶土砖表面称为琉璃砖，用于陶瓦表面称为琉璃瓦。中国古代重要建筑多用琉璃制品作为屋面或墙面的防水和装饰材料。

两河流域在公元前三千多年就发明了琉璃制作技术，应用琉璃面砖装饰清真寺、陵墓、宫殿等建筑物。中国约在公元前一千多年开始在日用陶器上涂饰釉料，公元4世纪初制成琉璃瓦用于建筑。从唐大明宫遗址发现的瓦件得知，早期琉璃瓦只有绿色。以后陆续增加了黄、蓝、褐、翡翠、紫、红、黑、白等色。明清时期的琉璃瓦有十种规格，称为"十样"，每样的吻、兽、脊、砖、瓦等构件都相配成套。北京故宫太和殿使用的是二样琉璃瓦，是现存型号最大的瓦件。开封铁塔是中国最早应用琉璃面砖的大型佛塔。其后，中国工匠又将琉璃涂釉技术同塑壁结合起来，创造了山西大同九龙壁、北京北海九龙壁等精美的琉璃艺术品。

北海九龙壁（局部）

琉璃制品的坯土一般多用黏土和细砂按适当配比揉制熟化而成。琉璃制作工艺分为制坯和挂釉两道工序，先将成型土坯入窑烧成素胎，出窑挂釉后，再入窑烧制而成琉璃制品。中国历代王朝设专窑烧制琉璃制品，南京聚宝山琉璃窑、北京琉璃厂、北京门头沟琉璃渠村西窑等都是著名的御窑。

琉璃厂 Liulichang 中国北京街市名。即琉璃厂文化街。坐落在和平门以南、虎坊桥以北的新华街。东西走向，长约1千米。

琉璃厂文化街

元、明为建都城，相继在此设制造五色琉璃瓦的窑厂，街名源此。自明朝起成为文人墨客赏玩之地，并形成以书籍经营为主的市场。清乾隆三十八年（1773）开馆纂修《四库全书》，同时汇集各省会馆，逐渐形成以经销古旧书籍、文物古董、碑帖字画、文房四宝等为特色的街市，从而与此有关的裱糊字画、雕刻印章、刻板镌碑等行业也发展起来。鸦片战争后，这里的图书古玩变成西方列强掠夺的对象。1911年后随南新华街的辟筑，分为琉璃厂东街和琉璃厂西街两段。现主要有荣宝斋、宝古斋、韵古斋、邃雅斋、文奎堂、庆云堂、汲古阁、墨缘阁、萃珍斋、通古斋、松鹤堂、戴月轩、古籍书店和中国书店等店铺，被列为市历史文化保护街区。

琉璃河燕都遗址 Yan Capital Site at Liulihe 中国西周时期燕国都城遗址。位于北京房山琉璃河乡。面积约300万平方米。自1973年起发掘，发现西周时期城址、墓地，为研究燕国早期历史提供重要实物资料。1988年国务院公布琉璃河遗址为全国重点文物保护单位。

琉璃河古城的平面可能呈长方形。北部城垣保存尚好，全长829米，东、西城垣各存300余米。城垣宽10米，用黄土分段夯筑。墙外有城壕。为已发现的首座西周初建造的城垣。城内发现房址、窖穴、沟壑、墓葬等遗迹。出土陶、铜、石、骨、漆、玉器及原始瓷器等。漆器红底黑彩，多嵌有螺钿，是已发现最早的螺钿漆器。青铜器有礼器、兵器、工具、车马器等，不少铜器上铸有铭文，记录燕侯给臣僚赏赐物品和奴婢等内容。

在古城东边发现约5万平方米的大型墓地。墓葬排列有序，均为长方形土坑竖穴墓，有木质葬具。墓地分东西两区。西区墓葬具有较浓的商文化因素，如随葬品中有陶器，墓底有腰坑、坑中有殉狗，有的中型墓还有殉人等。推断死者多为殷遗民。东区墓葬有大、中、小型之分。大型墓都有1或4条墓道，具有一些不同于商代大墓的特点，且墓地的大中型墓虽多被盗，一些中型墓仍出土大量青铜器、玉器、漆器及车马等。如1193号大墓有4条墓道，虽已被盗，仍出土有矛、盾、戈、戟等兵器，多种车马器及盉、罍等铜礼器。据盉、罍盖内和器底的铭文推知，该墓属成康王时期，墓主是第一代燕侯。东、西两区的大、中型墓均有车马陪葬，车马坑都在主墓的北边。车为木质，车马饰多为青铜铸造。发现有年代最早的车用伞盖。

漆觚

《琉璃志》 中国古代有关琉璃工艺的专著。原系清代学者孙廷铨（字伯度）著的《颜山杂记》中的《琉璃》全文，成书于清康熙四年（1665）。乾隆十年（1745），杨复吉辑《昭代丛书续集》，将其从《颜山杂记》中抽出，收入该集，并题名《琉璃志》。1911年，黄宾虹编纂《美术丛书》，又将此文编入，仍名《琉璃志》。此书全面、系统地记述了当时中国北方美术琉璃生产中心——山东益都颜神镇的琉璃生产工艺。全志计17段，包括烧造美术琉璃的原料、呈色、火候、配色、产品、做工、工具、吹制及历史考证等内容。所记述的美术琉璃技艺多来自有实践经验的匠师，所用术语也直接取自工匠的行业术语。其中有些术语和技艺一直沿用至今。

琉球群岛 Ryukyu Islands; Ryūkyū-guntō 位于日本九州岛与中国台湾省之间，西为东海，东为太平洋。从东北向西南包括大隅诸岛、吐噶喇列岛、奄美诸岛（以上称萨南诸岛，属鹿儿岛县）和冲绳诸岛与先岛诸岛（以上称琉球群岛，属冲绳县），统称琉球群岛。陆地面积为2 265平方千米。人口约130万。群岛内侧（东海侧）的吐噶喇列岛和粟国岛等属雾岛火山带，多低矮山地，中部为群岛的主要部分，石灰岩分布面积较广。大隅诸岛南部屋久岛上的宫之浦岳海拔1 935米，为群岛和九州地方的最高峰。群岛外侧（太平洋侧）各岛地势较低，多珊瑚礁海岸。群岛为亚热带海洋性气候，夏长冬短。多台风和热带风暴，常风涝成灾。亚热带和热带植物繁茂，森林覆盖率高。

硫 sulfur 化学元素，元素符号S，原子序数16，原子量32.065，属周期系ⅥA族。俗称硫磺。史前硫就为人们知晓和使用，也是古代炼丹家常用的元素之一。18世纪A.-L.拉瓦锡确定硫是一种化学元素。硫的拉丁文名称来自印度的梵文sulvere，含义是“鲜黄色”。中文名称“硫”由前6世纪所用名称石硫磺演变而来。硫在地壳中的含量为0.048%。自然硫主要存在于火山附近。最重要的硫化物矿是黄铁矿，其次是黄铜矿、方铅矿和闪锌矿。硫酸盐矿以石膏和芒硝为最丰富。天然气中含硫化氢。有机硫化合物除了存在于煤和石油等沉积物中外，还广泛地存在于生物体的蛋白质、氨基酸中。

单斜硫 斜方硫 弹性硫 硫华

硫的同素异形体

硫有30余种同素异形体，其中最稳定和研究最充分的是正交硫（S_α）和单斜硫（S_β），正交硫在常温下是黄色固体，在95.6℃转变为单斜硫，在119.3℃再转变为液态硫S_λ。把熔化的硫迅速冷却（如倒在冷水中）可以得到弹性硫。它由硫原子的长而折皱的链组成。放置时弹性硫会逐渐转变成晶状硫。温度升高到444.6℃时，硫开始沸腾。硫容易形成氧化数为－2、＋1、＋2、＋4、＋6的化合物，－2价的硫具有较强的还原性；硫的最高氧化数为＋6，其化学键表现出共价特性，它只有氧化性；＋4价的硫既有氧化性，也有还原性。硫是一个很活泼的元素，在适宜的条件下能与除惰性气体、碘、分子氮以外的元素直接反应。在室温下和潮湿的空气中，硫能被缓慢氧化，在280℃和360℃硫可以分别在氧气中和空气中燃烧。硫和氧能生成多种氧化物：SO、S_2O_3、SO_2、SO_3、S_2O_7、S_3O_{10}，甚至是SO_4，其中S_2O_3、SO_2和SO_3是过二硫酸、亚硫酸和硫酸的酸酐。一些较重要的硫化合物有硫化氢、二氧化硫、三氧化硫、硫化物、二硫化碳、多硫化物、硫酸盐（如硫酸钙、硫酸镁、硫酸钡、硫酸铵）、矾、氯磺酸等。

从自然硫矿制取硫可采用地下熔融法（弗拉施法），即用过热水蒸气导入地下，熔化储于地下的沉积硫，再用压缩热空气将熔硫挤压到地表。硫的纯度可达99.7%～99.8%。回收硫指天然气、石油、煤中的硫分，经脱硫和加工后制得的元素硫。其中最重要的硫源为酸性天然气中所含的硫化氢。世界上每年消耗大量的硫，主要用于制造硫酸，其他用于橡胶制品、纸张、火柴、焰火、硫酸盐、亚硫酸盐、硫化物等的生产，还有一部分硫用于农业（消灭害虫）和漂染、医药工业。

硫醇 thiol; mercaptan 巯基—SH与脂肪烃基相连的有机硫化合物。巯基与芳烃基相连时则称为硫酚。硫醇存在于许多天然有机化合物中：在粗石油中，通常存在以乙硫醇为主的各种硫醇；烯丙硫醇存在于芥子油中；含有巯基的氨基酸半胱氨酸存在于蛋白质中；硫醇还是葱类、大蒜、韭菜、萝卜、包心菜等蔬菜的气味成分；低分子量的硫醇是许多食物芳香味的成分，如奶酪、牛奶、咖啡、面包等。

性质　硫醇、硫酚的性质分别与醇、酚相似。硫醇、硫酚都有强烈的臭味，乙硫醇在空气中的浓度达到五百亿分之一时，即可闻到臭味。硫醇、硫酚是弱酸，其酸性比相应的羟基化合物强，比乙酸弱。能溶于碱生成硫醇盐及硫酚盐。

$$RSH + NaOH \longrightarrow RS^-Na^+ + H_2$$

它们能与氯化汞及其他可溶性重金属盐生成不溶性的盐，这种性质可用于定性及定量测定硫醇。也很容易被各种氧化剂氧化成二硫化物。

制法　硫醇可由卤代烷与硫氢化钠起取代反应制得，或将卤代烷与硫脲反应，然后将产物用碱液处理制得。醇与硫化氢进行高温的催化反应，能大量生产廉价的乙硫醇和丁硫醇。硫酚一般由芳香磺酰氯还原制得。

应用　有些硫醇和硫酚可做药物、农药、染料、颜料、解毒剂、增塑剂、聚合调节剂、聚合物稳定剂和橡胶硫化促进剂等，以及用作合成杀菌剂的原料。如硫代水杨酸可用于合成杀菌剂水杨乙汞；2-巯基苯并噻唑可做橡胶的硫化促进剂；2,3-二巯基丙醇可做砷中毒的解毒剂；6-巯基嘌呤可治癌。

硫代硫酸钠　sodium thiosulfate　化学式$Na_2S_2O_3$。其五水合物$Na_2S_2O_3 \cdot 5H_2O$俗称海波或大苏打。无水硫代硫酸钠为无色晶体或白色粉末，密度2.345克/厘米^3。$Na_2S_2O_3 \cdot 5H_2O$为无色晶体，密度1.69克/厘米^3；高于48℃溶于自身结晶水，加热到高于75℃成为无水盐。硫代硫酸钠在水溶液中或碱性溶液中稳定，在酸性溶液中迅速分解：

$$S_2O_3^{2-} + 2H^+ \longrightarrow S + SO_2 + H_2O$$

硫代硫酸钠可由亚硫酸钠溶液和硫粉混合，经加热反应生成。亦可将二氧化硫通入硫化钠和碳酸钠的混合水溶液来制备。硫代硫酸钠是照相胶片定影剂，还在食品工业中用作螯合剂、抗氧剂；也是实验室常用分析试剂，如碘量法用硫代硫酸钠标定碘。

硫肥　sulphur fertilizer　具有硫（S）标明量的肥料。能增加土壤中有效硫的含量和供给植物硫，兼能调节土壤酸度。主要种类有硫磺（即元素硫）和液态二氧化硫。它们施入土壤以后，经氧化硫细菌氧化后形成硫酸，其中的硫酸离子即可被作物吸收利用。硫常作为其他含硫肥料的副成分同时施入土中，是土壤中硫的一个重要来源。此类肥料有硫铵、硫酸钾、过磷酸钙以及多硫化铵和硫磺包膜尿素等。硫肥肥效与土壤中硫的含量和形态关系极大。通常，有机质较丰富的土壤和石灰性土壤含硫量较高。但土壤中的硫以有机态为主，须经微生物分解转化为硫酸盐后方可为植物吸收利用。一般情况下，有效硫含量指土壤中能为作物吸收利用的硫元素的量，低于10毫克/千克时，则需施用硫肥。硫肥多作基肥用。施用量因土壤、作物而异。

硫化汞　mercuric sulfide　化学式HgS。有黑色和红色两种变体。自然界存在的辰砂是红色硫化汞，又称朱砂或丹砂，密度8.10克/厘米^3，583.5℃升华。黑色硫化汞的密度7.73克/厘米^3，受热至386℃即转变为红色氧化汞，446℃升华。红色硫化汞比黑色稳定，但毒性较大。硫化汞不溶于水、乙醇、盐酸或硝酸，但溶于王水和硫化钾溶液。硫化汞在空气中灼烧时分解为汞和硫。硫化氢通入汞（Ⅱ）盐溶液中，可生成黑色硫化汞。硫化汞可用于塑料、橡胶及石蜡的着色剂，油漆、油墨等的红色颜料，火漆、装饰纸的着色，也是有机化学反应的催化剂。

硫化氢　hydrogen sulfide　化学式H_2S。无色有臭蛋味的气体，熔点－85.5℃，沸点－59.55℃，密度1.539克/升。自然界有少数天然硫化氢气井。硫化氢能溶于水，在25℃和常压下，溶于水生成的饱和溶液浓度为0.102摩/升。水溶液称氢硫酸，是一种弱酸，电离常数为$K_1=8.9\times10^{-8}$，$K_2=1\times10^{-19}$。硫化氢具有强还原性，依照氧化剂强弱的不同，可被氧化成硫、二氧化硫和硫酸。常温下硫化氢性质稳定，在高于400℃和有水汽时，硫化氢开始分解，1 700℃完全分解。许多金属离子能在溶液中与硫化氢作用，在不同酸度溶液中生成溶解度各不相同、颜色各异的硫化物沉淀，可用于分离和定性分析。硫化亚铁和稀硫酸反应生成硫化氢，氢和硫（熔融）反应也能生成硫化氢。

硫化氢气体有毒也有爆炸性，当空气中含有4.5%～45.5%（体积）的H_2S时，可发生爆炸。含有0.1%H_2S时，可使人中毒，严重时致人昏迷、窒息以至死亡。废气中少量硫化氢可用碱溶液吸收。

硫酸　sulfuric acid　强无机酸。化学式H_2SO_4。三氧化硫和水化合而生成。无水硫酸（100%H_2SO_4）是无色、油状、具有强烈腐蚀性的液体，密度1.82克/厘米^3(25℃)，凝固点10.31℃，337℃沸腾。98.3%的硫酸是硫酸和水的共沸物，密度1.834克/厘米^3(18℃)，338℃沸腾。硫酸能与水以任何比例混合，形成不同浓度的硫酸，商品有浓度为75%～78%、93%和98.3%的浓硫酸。稀硫酸能与金属活动序在氢之前的金属作用释氢和生成相应硫酸盐。浓硫酸具有氧化性，还能与较不活泼的金属，如铜、银作用，生成二氧化硫和相应的硫酸盐。浓硫酸具有强烈的吸水性和磺化性。发烟硫酸是三氧化硫溶于100%硫酸中的无色油状溶液，化学式可表示为$H_2SO_4 \cdot xSO_3$，因在空气中发烟而得名，商品有含游离三氧化硫浓度为20%、65%的发烟硫酸。具有强烈的脱水、磺化和氧化作用，$x=1$时为焦硫酸$H_2S_2O_7$。

硫酸最早的生产方法采用铅室法，但产品浓度低，占地面积大，便被接触法代替。将黄铁矿或硫在空气中焙烧或燃烧，生成二氧化硫。然后用五氧化二钒为催化剂、氧化钾为助催化剂，负载在硅藻土上，将二氧化硫转化为三氧化硫，它被浓硫酸吸收，制得发烟硫酸。可根据需要，用水将发烟硫酸稀释成不同浓度的硫酸。一半以上的硫酸用于化肥工业，用以制造过磷酸钙、硫酸铵和磷酸。钢铁工业中需用硫酸进行酸洗。硫酸和萤石（CaF_2）作用生成的氟化氢，是现代氟工业的基础。在梯恩梯、硝化甘油、硝化棉、苦味酸等炸药的制造中，硫酸是硝化工序不可缺少的脱水剂。塑料工业也要用数量可观的硫酸。

硫酸具有强腐蚀性和吸水性，接触人体会引起严重灼伤，若人体不慎触及硫酸时，应立即用大量水冲洗，随即就医。浓硫酸、发烟硫酸均以钢制储槽储存、运输。少量硫酸用陶坛包装。

硫酸钡　barium sulfate　化学式$BaSO_4$。在自然界以重晶石矿物存在，重晶石呈白色或灰色。硫酸钡为白色晶体，密度4.49克/厘米^3，熔点1 580℃，熔融时分解生成氧化钡和三氧化硫。硫酸钡难溶于水，难溶于乙醇，也难溶于稀酸；在浓硫酸中生成$Ba(HSO_4)_2$而溶解。研细后的高品位重晶石，用硫酸、盐酸处理除去其中杂质，可制得硫酸钡。硫酸钡不能被X射线穿透，因此可用作食道、肠、胃X射线影像检查的钡餐造影剂。硫酸钡是优质白色颜料（立德粉）的成分，由硫酸锌与硫化钡制备：

$$ZnSO_4 + BaS \longrightarrow ZnS + BaSO_4$$

重晶石是制备硫化钡和其他钡盐的初始原料、石油打井泥浆成分，也用于制备玻璃、陶瓷。

硫酸钙　calcium sulfate　化学式$CaSO_4$。矿物称硬石膏。二水合物$CaSO_4 \cdot 2H_2O$俗称石膏或生石膏。工业制品为半水合物$CaSO_4 \cdot 0.5H_2O$，有α、β型两种，α型俗称高强度建筑石膏，β型称熟石膏或烧石膏。$CaSO_4 \cdot 2H_2O$为无色单斜晶体或粉末。$CaSO_4 \cdot 0.5H_2O$为白色粉末状固体，可吸湿生成$CaSO_4·2H_2O$。无水硫酸钙为无色晶体。由$CaSO_4·2H_2O$直接加热650℃以上得到的$CaSO_4$称僵烧石膏，由$CaSO_4·2H_2O$在128℃脱水成$CaSO_4·0.5H_2O$，再在低于300℃脱水得到的$CaSO_4$可溶于水，称可溶无水石膏，有很好的吸水性能，吸水后在190～220℃可均匀加热再生。高温下硫酸钙分解生成**氧化钙**与三氧化硫。石膏可由天然石膏矿除净杂质、泥土后，经煅烧、磨细得到。α-半水硫酸钙在建筑上用于制作高强度石膏构件、石膏板等。也常用于翻制石膏模型，也用于外科术后固定。石膏是制造水泥的原料，石膏粉用作纸张、油漆填充材料，水的澄清剂，医药、食品、饲料的钙添加剂和制豆腐的凝结剂。

硫酸镁 magnesium sulfate 化学式$MgSO_4$。存在多种水合物，常温下在溶液和大气中稳定存在的是$MgSO_4·7H_2O$，俗称泻盐、苦盐。存在于自然界的矿物有硫镁矾矿$MgSO_4·H_2O$和苦盐$MgSO_4·7H_2O$，也存在于一些盐湖卤水中。为无色晶体，密度2.66克/厘米^3，易潮解，溶于水、乙醇和甘油；熔点1 127℃，加热到更高温度时完全分解为MgO。$MgSO_4·7H_2O$为无色晶体，密度1.67克/厘米^3，150℃失去6个结晶水，250℃失去全部7个结晶水。工业上用硫酸中和**氧化镁**、氢氧化镁或碱式碳酸镁制备，也可从盐湖苦卤蒸发法结晶得到$MgSO_4·7H_2O$，再重结晶可得纯品。硫酸镁用作纺织品的媒染剂、整理剂，还用于瓷器、颜料和防火材料制造；用作水泥的助凝剂。$MgSO_4·7H_2O$在医药上用作泻药，也用作镁肥、饲料添加剂、微生物培养基成分。

硫细菌 sulfur bacteria 能氧化硫化合物的细菌。根据取得能量途径之不同，可分为光能营养菌和化能营养菌。光能营养菌均产生细菌叶绿素和类胡萝卜素，呈粉红、紫红、橙、褐、绿等色。这些细菌都是厌氧光合菌，多栖息于含硫化氢的厌氧水域中，利用硫化氢中的氢作为电子供体还原二氧化碳。化能营养菌都是不产色素的好氧菌，栖息于含硫化物和氧的水中，能将还原性硫化物氧化成硫酸。

硫细菌能将自然界的还原性硫化物氧化成硫磺或硫酸，是自然界硫元素循环中不可缺少的一环。因含硫矿石和海底淤泥富含硫化物，故硫细菌的氧化作用造成矿井和海港等处金属构筑物的腐蚀。也可利用硫杆菌对硫化物的氧化作用提取铜、铀等金属和改良碱性土壤。

榴弹发射器 grenade launcher 专用于发射小型榴弹的轻武器。其外形、结构和使用方法大多与步枪或机枪相似，也有的像迫击炮。口径一般为20～60毫米。能发射杀伤弹、破甲弹、燃烧弹、烟幕弹、照明弹、信号弹等弹种。可用于填补手榴弹与小型迫击炮之间的火力空白，毁伤有生目标，打击薄壁装甲目标，或遂行其他战斗任务。其特点是体积小，重量轻，便于携带，适于山地、丛林作战和城市巷战，是一种机动灵活、用途广泛的步兵分队伴随支援武器。

榴弹发射器按其发射原理可分为高压室原理式、高低压室原理式及弹射原理式三种，按结构类型可分为枪械型和迫击炮型。枪械型榴弹发射器按自动程度分，有非自动式、半自动式和全自动式（又称榴弹机枪）榴弹发射器；按射击方式分，有专用肩射式（又称榴弹枪）、枪挂肩射式和架（座）射式榴弹发射器。迫击炮型榴弹发射器有掷弹筒和弹射榴弹发射器两种。

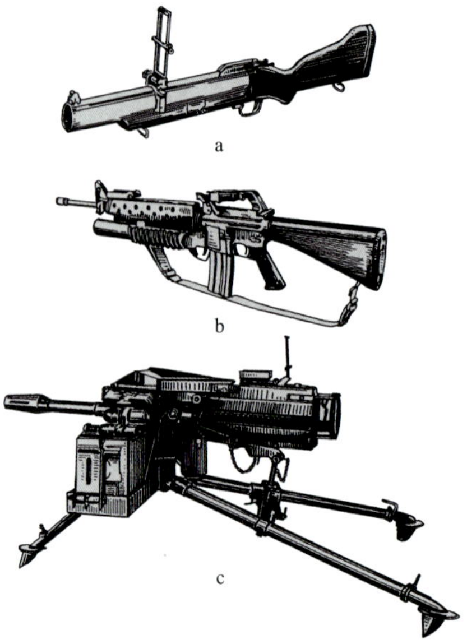

美国的几种40毫米榴弹发射器
a M79榴弹发射器 b 挂在M16A1步枪枪管下方的M203榴弹发射器 c MK19 Ⅲ自动榴弹发射器

榴弹炮 howitzer 身管较短、初速较小、弹道较弯曲的火炮。主要用于歼灭、压制有生力量，摧毁技术兵器，破坏工程设施。早期的榴弹炮为发射石霰弹、爆炸弹的**滑膛炮**。17世纪，欧洲把使用大射角发射爆炸弹的短管火炮称为榴弹炮。18世纪的榴弹炮身管长多为7～16倍口径，最大射角达20°～30°，射程在1千米左右，装药号数不少于12个。第一次世界大战前，榴弹炮有多种口径，有的射程达到8.2千米，初速达到300米/秒，身管长为11.4～23倍口径，最大射角达到40°～70°，最小射角为-10°～-2°。第二次世界大战期间，榴弹炮发展较快，有代表性的如苏联的1938年式122毫米榴弹炮、美国的M101式105毫米榴弹炮。20世纪50年代以后，榴弹炮的口径主要有105、122、152、155和203毫米等几种。80年代以来，主要是发展身管长为45～52倍口径的榴弹炮，发射火箭增程弹射程可达40～50千米。有的榴弹炮行军时炮身回转180°，可缩短行军长度；有的装有回转座盘，可进行圆周射击。

美国M110A2-203毫米自行榴弹炮

榴辉岩 eclogite 主要由绿辉石和**石榴子石**组成的高压**变质岩**。其中绿辉石为含透辉石、硬玉等端元组分的单斜辉石，石榴子石为含钙的铁镁铝榴石。视原岩类型的不同，可含石英、蓝晶石、顽火辉石、橄榄石、金红石、硬柱石等，有的还含普通角闪石、黝帘石、榍石等矿物，但不含斜长石。榴辉岩一般为深色，粗粒不等粒变晶结构，块状构造，密度较大，呈块状体或似层状体产出。常以次要的特征矿物命名，如蓝晶石榴辉岩等。榴辉岩的化学成分与**玄武岩**相似，产状和成因比较复杂多样。榴辉岩可作为包体产在**金伯利岩**中，也可在石榴橄榄岩侵入体中呈条带产出，可与麻粒岩相和角闪岩相的岩石伴生，也可在高压变质带的蓝片岩中出现。产状的不同，反映了榴辉岩成因的多样性。榴辉岩是地壳或岩石圈深部变质作用的产物。其成因主要观点有：在地幔形成的，是地幔物质在一定深度的结晶产物，或是地幔岩石部分熔融的产物；是玄武岩在大陆地壳深部或深俯冲至地幔，在超高压条件下变质的产物；在高岩压下，由玄武质岩浆结晶形成。榴辉岩中的柯石英、**金刚石**等微粒包裹物的发现，说明其形成压力极高：(1～1.5)×10^9帕，最高可达$3×10^9$帕以上，温度范围较宽（450～850℃）。

瘤牛 *Bos indicus*; humped cattle 牛亚科牛属的一种。热带地区的特有牛种。草食性反刍家畜。因在鬐甲部有一肌肉组织隆起似瘤而得名，古称犦牛，亦称犎牛。有乳用、肉用及役用等类型。耐热、耐旱、耐粗饲。体躯较高，头狭长，额宽而突出，颈垂特别发达，蹄质坚实。汗腺多，腺体大。对焦虫病等有较强的抵抗力。皮肤分泌物有特殊气味，能防避虱及蚊虻。瘤牛主要品种有：①辛地红牛。乳役兼用。原产巴基斯坦辛地省，来源于俾路支的山地牛。中国广西、贵州、云南等地也有分布。成年公牛体重425～455千克，母牛体重300～330千克。在终年放牧、每头每日补给混合精料1.5～2千克的条件下，泌乳期240～300天，产奶量1 000千克以上，乳脂率5.0%左右。公牛主要供役用。②婆罗门牛。即美洲瘤牛。肉用型。由美国用几种印度瘤牛加欧洲牛血统育成，分布于路易斯安那州和得克萨斯州等地。繁殖力强，利用年

限长。一般成年公牛体重770～1 100千克，母牛450～550千克。出肉率高，经肥育后屠宰率可达60%～62%。

鎏金 中国古代发明的用涂抹金汞齐的方法镀金的一种工艺。又称火镀金。主要用于装饰铜铁一类建筑构件和各式器皿。可能发明于战国时期而兴盛于两汉，直至近现代仍在使用。鎏金工艺分为4步：①配制金汞齐。配法是先将黄金打薄剪碎，放

15世纪鎏金铜四臂度母像

入已经预热的坩埚内，再注入水银，使之合成膏状。金汞比为1∶5～1∶7。②抹金。用酸、碱溶液清理器物表面，并将配好的金汞齐用推压法均匀地涂覆在器物表面。③开金。即烘烤镀件，促进汞挥发，保留黄金。④压光。使镀层更为致密光亮。如操作得当，镀层颜色可长久不变。

柳大纲 Liu Dagang (1904-02-08～1991-09-14) 中国无机化学家、物理化学家。字纪如。生于江苏仪征，卒于北京。1925年毕业于东南大学化学系。1948年在美国罗切斯特大学研究院获哲学博士学位，同年回国。历任中央研究院化学研究所、中国科学院物理化学研究所和长春应用化学研究所研究员，中国科学院化学研究

所和青海盐湖研究所研究员、所长，中国科学院综合考察委员会盐湖科学调查队队长。1955年当选中国科学院学部委员（院士）。中国分子光谱研究的先驱者之一。50年代初，对青海柴达木盆地盐湖资源进行调查研究，并对有关化学基础作了较深入的研究。中国盐湖化学的奠基人。1957年首次在大柴旦盐湖底发现大量柱硼镁石，在察尔汗盐滩发现大面积光卤石接近饱和的晶间卤水。1960年首次提出盐湖资源化学作为化学的分支学科。

柳公权 Liu Gongquan (778～865) 中国唐代书法家。字诚悬。京兆华原（今陕西铜川市耀州区）人。元和初进士，官至翰林书诏学士、太子太保，封河东郡公。柳公权创造了柳体书派。其书法中宫紧密，四肢开展，浑厚中见锋利，严谨中见开阔，刚劲挺拔，对后世影响极大。其遒媚劲健的书体，可以与颜书的雄浑宽裕相媲美，后世有“颜筋柳骨”的称誉。柳字结体紧密，用笔如斩钉截铁，笔画富于变化，其顿挫、转折处，锋棱明显，精神充足。留存的书法作品较多，著名碑刻有敦煌莫高窟藏经洞发现的《金刚经碑》，存字最多。流传至今最著名的为《玄秘塔碑》，为他70岁后所书，笔画刚劲，最能表现“柳骨”的特色。《神策军碑》亦为他晚年所书，笔画较《玄秘塔碑》丰腴，神完气足，非常精彩。此外，有《平西郡王李晟碑》、《羲阳郡王苻璘碑》、《魏公先庙碑》、《高元裕碑》、《复东林寺碑》

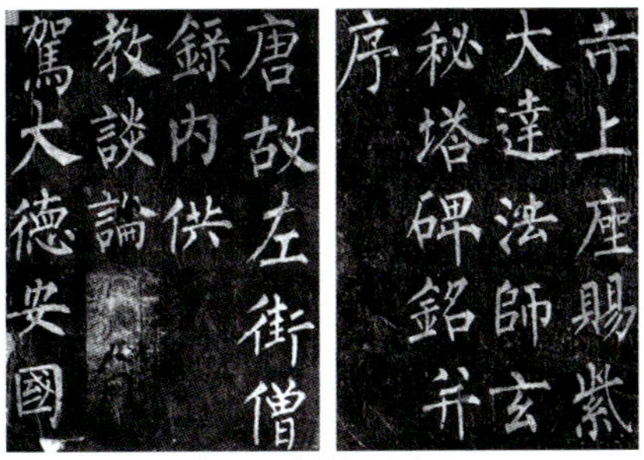

《玄秘塔碑》（局部）

等。1986年，出土于陕西西安的《大唐回元观钟楼铭》，是他的中楷刻碑。小楷刻帖有《清净经》、《临十三行》、《心经》、《度人经》等。其行草书多散刻在各丛帖中。柳公权传世墨迹有《送梨帖题跋》，传世柳公权《蒙诏帖》不可靠。

柳江 Liujiang River 中国珠江水系西江支流。黔、桂水上交通要道。上游在贵州省境内称都柳江，入广西境称融江、柳江。发源于贵州省独山县南部，流经黔东南和桂北，在广西石龙三江口注入西江。流域面积5.827万平方千米，地跨桂、黔、湘三省（区），干流全长775千米。河源至老堡口为上游，柳州市是中、下游的分界。平均年径流量530亿立方米。柳江水系呈树枝状，较大支流有寨蒿河、古宜河（寻江）、龙江、洛清江等。流域年平均气温达18～20℃。平均年降水量1 400～1 800毫米，4～8月为雨季，占全年降水量的72%。由于高温多雨，适宜亚热带、热带作物生长，一年可三熟。上游及山区为中国重要杉木林区。柳江属雨源型河流，水量丰富，年平均径流深909毫米。4～8月为汛期，占全年径流总量的80%，洪枯流量最大变幅达280倍。但年际变化小，年径流变差系数仅0.20。泥沙含量低（0.11千克/米^3），为中国少沙河流之一。柳江流域水力资源丰富，水能蕴藏量约452万千瓦，其中干流为127.59万千瓦，可进行8个梯级开发。沿河灌溉较发达，灌溉面积23.7万公顷，是灌溉、发电、航运兼利的河流。

柳江人 *Human remains* from Liujiang 晚期智人化石。1958年发现于中国广西柳江县通天岩旁的一个小岩洞。地质时代为晚更新世。计有完整头骨一个、完整的4个下胸椎和全部5个腰椎以及骶骨；肢骨保存有右侧的髋骨，左右股骨各一段。这些化石可能属于同一个中年男性个体。头骨具有中国更新世人类共有的性状，代表正在形成中的蒙古人种的一种早期类型。共生的哺乳动物化石有大熊猫、箭猪、中国犀、剑齿象等，是华南洞穴大熊猫－剑齿象动物群中常见的成员。

柳敬亭 Liu Jingting (1587～约1670) 中国明末清初说书家。本姓曹，名逢春。江苏泰县（今姜堰市）人。15岁因犯法获罪，后得免死，从此逃亡在外。由于生活无着，常听艺人说书，自己加以揣摩，从此借说书卖艺为生，流浪江湖。由盱眙辗转至宁国时，一次醉卧敬亭山下，醒来杨柳拂身，遂指柳为姓，以山为名，改称柳敬亭。后在江苏松江得到对说书艺术有悉心研究的文人莫后光指导，经苦心学习，艺术精进，先后在扬州、杭州、苏州卖艺。后至明代留都南京，长期在桃叶渡旁的长吟阁说书。后又被镇守武昌的宁南侯左良玉请到军中说书，兼做幕客。清兵平定江南后，他被苏松常镇提督马逢知招到军署中说书，但因郁郁不得志而离去。清康熙元年（1662），他随漕运总督蔡士英北上，到过天津、北京。4年后已年近80，又到安徽庐江等地说书谋

生，暮景凄凉，不知所终。

柳敬亭的说书艺术，曾受到明末清初文人们的普遍赏识和高度重视。吴伟业、黄宗羲、周容分别为他作过传记；阎尔梅、余怀、张岱、曹贞吉等人的诗文中，也都描绘过他的说书表演。他擅演的节目有《水浒》、《隋唐》、《西汉》等多部，也能说《三国》和《精忠岳传》。最擅演的段落是《景阳冈武松打虎》和《秦叔宝见姑娘》等。

柳琴 liuqin 中国拨奏弦鸣乐器。流行于山东、江苏、安徽三省交界处，是苏北、鲁南一带柳琴戏、安徽泗州戏和绍兴乱弹的主要伴奏乐器。又名柳叶琴、柳月琴、土琵琶、金刚腿。柳琴外形似琵琶而略小。传统形制为双弦7品，音域1个半八度，右手中指戴一竹筒或牛角筒义甲拨弦。改革后的柳琴有3弦、4弦两种，音品增至24个和29个，按十二平均律半音排列，改用拨子弹奏。除为戏曲伴奏外，柳琴还用于器乐合奏，如常州丝弦。改革后的柳琴亦用于独奏。

柳青 Liu Qing (1916-07-02～1978-06-13) 中国作家。原名刘蕴华。陕西吴堡县人。1938年到延安，从事边区文化和部队宣传工作，写有歌颂抗战的短篇小说集《地雷》等。1943～1945年在米脂县深入农村，担任基层工作。在此基础上创作的长篇小说《种谷记》，反映了不同阶层的农民在互助合作生产过程中的思想动向，是解放区文学的代表作之一。中华人民共和国建立后，曾任中国文学艺术家联合会委员、中国作家协会理事等。1951年，完成以沙家店战役为题材的第二部长篇小说《铜墙铁壁》。1952年回陕西，长期在长安县皇甫村安家落户。其间曾任长安县委副书记。1956年出版散文特写集《皇甫村三日》。另有中篇小说《狠透铁——1957年纪事》(1959) 等。1959年，反映中国农村合作化运动的长篇巨著《创业史》开始在《延河》杂志连载，次年出版第一部（第二部上卷于1977年出版，下卷在作者逝世后于1979年出版）。小说探索中国农民的历史命运和生活道路，塑造了先进农民梁生宝和老一代农民梁三老汉等性格鲜明的典型人物形象，出版后产生广泛的社会影响，被认为是新中国社会主义文学创作的重要成果之一。曾被译成英、日、德、西班牙等多种文字，在国外也有广泛影响。

柳杉 *Cryptomeria fortunei*; Chinese cryptomeria 杉科柳杉属的一种。常绿乔木。又称孔雀杉。中国特有树种，产于山东、河南和长江以南各地区，浙江、福建有人工林。

树高可达40米，胸径可达3米。树冠尖塔形或卵圆形，小枝下垂。叶钻形，螺旋状互生。球果球形或扁球形。种子褐色，近椭圆形。

幼龄稍耐阴。年降水量1 000毫米以上、年平均气温14～19℃、1月平均气温0℃以上、夏季凉爽湿润的海洋性气候和空气湿度较大的山区最适于柳杉生长。土壤以山地黄棕壤、红黄壤、黄壤为主；在深厚疏松、排水良好的壤质酸性土上生长较好。在立冬前后采球果，摊晒并筛出种子，干藏至次年早春播种。也可插条繁殖。

可作建筑、桥梁、造船、造纸等用材。树皮含单宁5%～9%，可提制栲胶。叶可制线香。树姿雄伟，具苍翠浓密的塔形树冠，是园林绿化的良好树种。

《柳氏传》 中国唐代传奇。一名《章台柳传》、《柳氏述》。作者许尧佐，德宗贞元年间进士及第，宪宗元和时位至谏议大夫。《全唐文》收其文6篇。《柳氏传》写诗人韩翃与柳氏之间悲欢离合的爱情故事。柳氏原是李生家姬，被李生送给韩翃，韩、柳两人相亲相爱。安史之乱爆发后夫妇离散，赋诗《章台柳歌》、《杨柳枝》寄托相思之情。等到战乱平息，柳氏已被蕃将沙吒利强行劫走，侠士许俊打抱不平，夺回柳氏，成全韩、柳二人。经傅璇琮《唐代诗人丛考》考证，小说中韩翃即唐代著名诗人韩翃，此文疑作于韩去世不久之后的贞元年间。小说情节曲折，结构完整，歌颂了韩、柳对爱情的忠贞不渝，并赞扬许俊急人所急、忧人所忧、不畏强暴的侠义精神。此篇对后世影响很大，宋话本《章台柳》、元代钟嗣成《寄情韩翊章台柳》杂剧、明代吴长儒《练囊记》传奇等皆演此事。

柳树 *Salix*; willow 杨柳科柳属植物的统称。落叶乔木或灌木。有520多种，主要分布在北半球温带、寒带。中国有257种、120个变种和33个变型，遍及全国各地。以西南高山地区和东北三省种类最多，其次是华北和西北。造林树种主要有旱柳、垂柳、白柳。

无顶芽，芽鳞1枚。单叶，披针形或卵状披针形。花单性，雌雄异株。蒴果，2裂。种子小，有毛。喜光树种。耐水能力强。有些柳树也耐干旱，如旱柳对气候和土壤的适应性强。生长快，萌芽力强，寿命短。以插条繁殖为主，也可种子繁殖，但要随采随播。扦插育苗春秋两季均可。

木材质轻洁白，坚韧细致，为建筑、坑木、包装箱板、胶合板、炊具、农具、火柴杆等用材。木材纤维含量较高，是造纸和人造棉原料。柳枝是很好的薪炭材，许多种的枝条可供编织柳条篮、筐，柳条帽等。柳叶可作羊、马等的饲料。柳树也是早春开花的蜜源植物。许多种类是优美的观赏树种。此外，柳树还是固堤、护岸、防风固沙和改良盐碱地的重要树种。

柳条边 wicker frontier 中国清代视满族兴起的东北为“龙兴之地”的禁区，在封禁地区修筑边壕，沿壕插柳结绳为栅，谓之柳条边。又名盛京边墙、柳边、边栅、条子边，简称边。满语毕埒根 (biregen)。顺治康熙年间 (1644～1722) 先后修建柳条边于辽河流域和今吉林部分地区。禁止民人越过边墙打猎、放牧和采人参。辽河流域的柳条边南起今辽宁凤城南，东北经新宾东折而西北至开原北的威远堡，又折而西南至山海关接长城，周长一千九百余里，名为老边，又自威远堡东北走向至今吉林市北法特，长六百九十里，名为新边。老边自威远堡至山海关的西段，归盛京将军管辖；自威远堡至凤城南的东段，归盛京兵部管辖并受盛京将军兼统。新边则归宁古塔将军（后改称吉林将军）管辖。在交通要道处初设边门二十一，后减为二十。其中较著名的有九官台边门、威远堡边门、凤凰城边门等。每边门常驻官兵数十人，稽查行人出入。清王朝设置柳条边的目的是保持满族传统习俗并垄断东北特产等经济利益，康熙中叶以后，从关内到关外偷采人参、垦荒种田的人越来越多，清廷禁区令形同虚设。鸦片战争后废弃。

柳湾墓地 Liuwan Cemetery 中国新石器时代至青铜时代墓地。位于青海乐都柳湾村。年代约为公元前2500～前1400年。1974～1980年发掘。发现有马家窑文化的半山和马厂类型、齐家文化与辛店文化等不同时期的墓葬1 700余座，出土随葬品达3万多件，其中以马家窑文化的墓葬最多。墓葬形制以长方形土坑墓为主，也有土洞墓，多有木棺。葬式以单人葬居多，也有合葬墓，人数2～7人不等。比较特殊的是同棺多人叠压葬，即将死者多人置于一个棺内，上下叠压在一起。随葬品有陶器、装饰品和

葫芦形彩陶罐（高10厘米，绘黑红两色相间的条纹和波折纹）

海贝等。出土人面纹和彩塑人像彩陶壶。后者在陶壶表面贴塑出一个裸体人像，加以绘彩，突出性部特征，是具有宗教意义的崇拜物。柳湾墓地是中国迄今发掘的规模最大的一处原始社会氏族公共墓地，其随葬品数量之多、文化内涵之丰富，在世界史前考古中是极其罕见的。

柳亚子　Liu Yazi (1887-05-28～1958-06-21)　中国近代诗人。南社发起人。原名慰高，字安如；后改名人权，字亚卢；又改名弃疾，字亚子。江苏吴江人。早年即投身资产阶级民主革命运动。1902年（光绪二十八年）加入中国教育会。次年入上海爱国学社求学，积极从事诗文创作，自此成为革命派文化宣传队伍中的活跃分子。1906年，

在同盟会江苏分会创办的健行公学教书，加入同盟会，同时又加入光复会。为配合《民报》和改良派的论战，与田桐等出版《复报》。1909年，南社在苏州虎丘成立，被选任书记员。此后历任编辑员、主任等职。

柳亚子重视文学的思想性，反对叹老嗟卑的个人主题的吟咏，也反对批风抹月的流连光景之词。在诗风上，他崇尚唐音，承继夏完淳、顾炎武、龚自珍3家，贬斥以黄庭坚为代表的江西诗派。在词风上，他推崇辛弃疾，贬斥吴文英。在文风上，他反对韩愈和桐城派。柳亚子是一个以诗歌为武器的政治诗人。他的诗，紧密结合资产阶级民主革命的发展，洋溢着强烈的爱国主义、民主主义激情，具有鲜明的战斗性。在广泛的革命交游中，柳亚子写下了大量的怀人诗和赠友诗。革命派的英勇斗争使柳诗充满了慷慨激昂之气，这一斗争的多灾多难的历程又使他的诗具有沉郁苍凉的风格。辛亥革命后，柳亚子的诗歌主题转为对这次革命不彻底的批判。五四运动后，他的创作转入了新时期，直到中华人民共和国建立以后。

对于柳亚子的诗词创作，茅盾有过很高的评价。他认为“柳亚子是前清末年到解放后这一长时期在旧体诗词方面最卓越的革命诗人”，柳亚子的诗反映了“从旧民主主义革命到社会主义革命的历史，如果称它为史诗，我以为是名副其实的”。柳亚子的散文在早年颇负盛誉。散文大都是“笔锋常带感情”的新民体文字，或则大声以呼，或则垂涕以诉，文势奔腾磅礴，散发着灼人的热气。著作有《柳亚子诗词选》和《磨剑室文集》等。

柳叶菜科　Onagraceae; evening-primrose family　双子叶植物纲蔷薇亚纲的一科。有19属650余种，广布于热带和温带地区，但以北美西部为多。中国有4属47种，分布于南北各省。一年生或多年生草本，稀为灌木状。叶对生或互生，无托叶。花两性，辐射对称或近两侧对称，通常单生于叶腋或排成总状或穗状花序；花萼筒与子房合生，裂片4～5；花瓣与花萼裂片互生；雄蕊与花瓣同数或为其2倍，稀12枚；子房下位，1～6室，中轴胎座。蒴果、小坚果、浆果或核果状。凸起；外壁外层颗粒状。柳叶菜科植物不少种类供药用，柳叶菜属植物的杨梅酮葡萄糖苷、槲皮素3 o β-葡萄糖苷，对一些细菌有抑制作用；许多种类是美丽的观赏植物，如倒挂金钟属、月见草属等；月见草属的种子大多可以榨油；一些种类的花可以提制芳香油；茎皮纤维可作人造棉原料。

《柳毅传书》　*Liu Yi Delivers a Letter*　中国元杂剧作品。全名《洞庭湖柳毅传书》。今存臧晋叔《元曲选》本、孟称舜《古今名剧合选·柳枝集》本、顾曲斋《古杂剧》本等刊本。作者尚仲贤，生卒年不详。《录鬼簿》列为“前辈已死名公才人”。真定人。曾任江浙省务提举，后弃官归隐。剧作存本剧及《尉迟恭三夺槊》、《汉高祖濯足气英布》三种。《柳毅传书》本事出自唐李朝威传奇《柳毅传》，写洞庭湖龙女三娘嫁泾河小龙为妇，琴瑟不和。龙女被罚在泾河岸牧羊，遇落第书生柳毅，向其倾诉自己的不幸，求他带封家书到洞庭湖。柳毅不负所托。龙女的叔父钱塘火龙闻讯，率水卒打败泾河小龙，救回侄女。洞庭君欲嫁龙女给柳毅以报恩。柳毅婉辞。归家后，老母为其定亲“范阳卢氏”，实为龙女化身，于是同返洞庭。此剧与《张生煮海》均描述人神之间的爱情婚姻故事，具有浪漫色彩，被称为元代神话剧中的双璧。作品对后代的传奇《龙绡记》(明黄惟楫作)、《橘浦记》(明许自昌作)、《蜃中楼》(清李渔作)和杂剧《乘龙佳话》(清何墉作) 以及地方戏中的《乘龙会》、《龙女牧羊》等，都有直接或间接的影响。

柳永　Liu Yong (约987～1053)　中国北宋词人。原名三变，字耆卿，一字景庄。崇安（今属福建）人。景祐元年（1034）进士，官至屯田员外郎，也称柳七、柳屯田。为人放荡不羁，风流倜傥，流连于秦楼楚馆。他是北宋初年第一位大量制作慢词的词人。对宋词的发展作出重要贡献。柳永的词绝大多数是长调（慢词），不少词牌为自创。最长者如〔戚氏〕多至212字，〔抛球乐〕188字，且“变旧声作新声”，用了十多个过去不曾用过的宫调，几十个不曾用过的词牌，为填制慢词拓宽了道路。在艺术技巧上，柳词曲折委婉，长于铺叙，语言通俗易懂，清新流畅，用了很多浅近的俗语白话，被称为凡有井水处即能歌柳词。柳词在题材内容上，较其前代作者，亦有拓展。除反映男女恋情，歌女舞伎的闲愁别恨外，还以平等的态度表现妇女情感、才艺和情趣，描摹城市繁华和山水风光，抒发身世遭遇和对功名利禄的慨叹，表达了怀才不遇的愤懑之情；此外，也有一些咏物、咏史之作。代表作有〔雨霖铃〕“寒蝉凄切”、〔凤栖梧〕“伫倚危楼风细细”、〔八声甘州〕“对潇潇暮雨洒江天”、〔望海潮〕“东南形胜”等。今存《乐章集》，有《宋六十名家词》本，《彊村丛书》本。

柳州市　Liuzhou City　中国广西壮族自治区辖地级市。位于自治区境中部，柳江中游。北邻湖南省、贵州省。辖城中、鱼峰、柳北、柳南4区及柳江、柳城、鹿寨、融安4县和三江侗族自治县、融水苗族自治县。面积18 677平方千米。人口376万（2010），有汉、壮、瑶、苗、满、回、侗等民族。秦为桂林郡地，汉属郁林郡。唐称南昆州。后改称柳州，因地处柳江边，故名。宋为柳州龙城郡，又称龙城。元称柳州路，明、清称柳州府。1937年改置柳江县。1949年析柳江县置柳州市。属南亚热带季风气候。农业主产水稻、油菜子、蔬菜、家禽、鱼类，盛产甘蔗、木薯、油桐、柑橙等。工业以机械、冶金、纺织、造纸、化工、建材、食品为主。汽油机、空气压缩机等畅销全国，锌氧粉远销国外。名胜古迹有柳侯祠、柳侯衣冠墓、鱼峰山刘三姐塑像、龙潭、都乐岩、白莲洞、九头山汉墓等。柳州为国家历史文化名城。

柳子戏　liuzi opera　中国戏曲剧种。属弦索系统。元、明、清以来，中原地区一直流传着〔锁南枝〕、〔傍妆台〕、〔山坡羊〕、〔耍孩儿〕、〔驻云飞〕、〔打枣杆〕等俗曲小令，

柳子戏即在此基础上发展形成。它主要由俗曲和“柳子”两部分组成。俗曲部分比重较大，现存的200多个传统剧目中，由俗曲联成的约占1/2。代表剧目有《白兔记》(兴围、回围、磨房)、《金锁记》、《孙安动本》、《玩会跳船》等。现存曲牌100余支，有“九腔十八调，七十二艾艾”及“难哎哎”之称。它是由**曲牌联套体**发展到板式变化唱腔结构的过渡形式。主奏乐器有三弦、横笛、笙等。“柳子”部分仅保留《打登州》(包括《黄桑店》)、《马二头送祟》、《憨宝打娘》、《打时辰》等剧，唱词由七字句的上下句格式写成，已属**板式变化体**。1962年，山东省柳子剧团演出的《孙安动本》，由上海海燕电影制片厂摄制成影片。

柳宗元 Liu Zongyuan (773～819) 中国唐代文学家，哲学家。**唐宋八大家**之一。字子厚。祖籍河东（今山西永济西），后迁长安（今陕西西安），世称柳河东。因官终柳州刺史，又称柳柳州。与**韩愈**共同倡导唐代古文运动，并称“韩柳”。

生平 柳宗元出身官宦家庭，少有才名，早有大志。但其早年为考进士，文以辞采华丽为工。贞元九年（793）中进士，十四年登博学鸿词科，授集贤殿正字。一度为蓝田尉，后入朝为官，积极参与王叔文集团政治革新，迁礼部员外郎。永贞元年（805）九月，革新失败，贬邵州刺史，十一月加贬永州（今湖南零陵）司马。元和十年（815）春回京师，又出为柳州（今属广西）刺史，政绩卓著。十四年十一月逝于任所。被贬期间，南方人士颇有向他求学问业者。

文学主张 柳宗元重视文章的内容，主张文以明道，认为“道”应于国于民有利，切实可行。他注重文学的社会功能，强调文须有益于世。他提倡思想内容与艺术形式的完美结合，指出写作必须持认真严肃的态度，强调作家道德修养的重要性。他推崇先秦两汉文章，提出要向儒家经典及《**庄子**》、《**老子**》、《**离骚**》、《**史记**》等学习借鉴，博观约取，以为我用，但又不能厚古薄今。在诗歌理论方面，他继承了刘勰标举“比兴”和**陈子昂**提倡“兴寄”的传统。与**白居易**《与元九书》中关于讽喻诗的主张一致。他的诗文理论，代表当时文学运动的进步倾向。

创作 柳宗元一生留下600多篇诗文作品，文的成就大于诗。其骈文有近百篇，不脱唐骈文习气，但也有像《南霁云睢阳庙碑》那样的佳作。古文大致为5类：①论说。包括哲学、政论等文及以议论为主的杂文。笔锋犀利，论证精确。《天说》为哲学论文代表作。《封建论》、《断刑论》为长篇和中篇政论代表作。《晋文公问守原议》、《桐叶封弟辩》、《伊尹五就桀赞》等为短篇政论代表。其哲学思想中具有朴素的唯物论成分。其政治思想主要表现为重“势”的进步社会历史观和儒家的民本思想。但也受佛教影响，尤其在政治失意时，往往向佛教寻找精神上的解脱。②寓言。继承并发展了《**庄子**》、《**韩非子**》、《**吕氏春秋**》、《**列子**》、《**战国策**》传统，多用来讽刺、抨击当时社会的丑恶现象，手法上推陈出新，造意奇特，善用各种动物拟人化的艺术形象寄寓哲理或表达政见。代表作有《三戒》(《临江之麋》、《黔之驴》、《永某氏之鼠》)、《蝜蝂传》等篇。嬉笑怒骂，因物肖形，表现了高度的幽默讽刺艺术。③传记。继承了《**史记**》、《**汉书**》传统，又有所创新。代表作有《段太尉逸事状》、《梓人传》、《河间传》、《捕蛇者说》等。有些作品在真人真事基础上有夸张虚构，似寓言又似小说。如《宋清传》、《种树郭橐驼传》。④山水游记。最为脍炙人口，均写于被贬后，以永州之作更胜。典范之作为永州八记。这些作品，既有借美好景物寄寓自己的遭遇和怨愤；也有作者幽静心境的描写，表现在极度苦闷中转而追求精神的寄托。至于直接刻画山水景色，则或峭拔峻洁，或清邃奇丽，以精巧的语言再现自然美。⑤骚赋。独具特色。《惩咎赋》、《闵生赋》、《梦归赋》、《囚山赋》等，均用《离骚》、《九章》体式。或直抒胸臆，或借古自伤，或寓言寄讽，幽思苦语，深得屈骚精髓。此外，柳集中也有不少有关佛教的碑、铭、记、序、诗歌等作品，对禅宗、天台宗、律宗等学说有所涉及。柳诗现存140多首，均为贬谪后所作。前人把他与**王维**、**孟浩然**、**韦应物**并称王孟韦柳。其部分五古思想内容近于**陶渊明**诗，语言朴素自然，风格淡雅而意味深长。另外一些五古则受**谢灵运**影响，造语精妙，间杂玄理，连制题也学谢诗。但柳诗能于清丽中蕴藏幽怨，同中有异。另外，柳诗还有以慷慨悲健见长的律诗《登柳州城楼寄漳汀封连四州》为唐代七律名篇，绝句《江雪》在唐人绝句中也是不可多得之作。

刘禹锡始编柳集《河东先生集》。宋代注本较多，韩醇《诂训柳先生文集》为现存柳集最早本子。明蒋之翘辑注有《柳河东集》。

六部 Six Ministries 中国隋唐至清末中央行政机构吏部、户部、礼部、兵部、刑部、工部的总称。**汉光武帝刘秀**在尚书台设三公曹、吏部曹、民曹、主客曹、二千石曹、中都官曹等六曹，为六部前身。后屡有变。隋初有吏部、礼部、兵部、度支、都官及工部。至唐代改度支为户部，改都官为刑部，遂成吏、户、礼、兵、刑、工六部，统于**尚书省**。宋代因之。元代改统于中书省。明代废**中书省**，六部乃直接对皇帝负责，成为主管全国行政事务的最高机构。各部置尚书一人，总管本部政务。清代于天聪五年（1631）仿明制设六部。初以贝勒（亲王、郡王）分别总理各部部务。雍正元年（1723）以后常以大学士兼管各部。六部职掌，明清略同。吏部为管理文职官员的机关。户部掌全国疆土、田地、户籍、赋税、俸饷及一切财政事宜。礼部掌典礼事务与学校、科举之事。兵部掌全国兵籍及武职官员。刑部为主管全国刑罚政令及审核刑名的机构。工部为管理全国工程事务的机关。

光绪二十七年（1901），清政府改总理各国事务衙门为外务部，这是六部之外增设新部之始。二十九年又增设商部。三十一年再增设学部及巡警部。六部之制逐渐变化。三十二年，清政府宣布“仿行宪政”，将户部改称度支部，兵部改称陆军部，工部与新设之商部合并为农工商部，原来的理藩院改称理藩部，刑部改称法部，另增设民政部、邮传部。宣统三年（1911）四月，清政府成立责任内阁。五月，内阁颁布官制，吏部遂撤。六月，改礼部为典礼院。六部之制，遂告变革。

六大信仰 six believes 伊斯兰教的六个基本信条。简称六信。包括：①信安拉。相信安拉是宇宙事物的创造者、恩养者和唯一主宰。②信使者。相信安拉曾派遣多位使者传布启示，而**穆罕默德**是最后一位，因而是最伟大的一位。③信天使。相信天使是安拉用“光”妙造的一种妙侍，受安拉驱使，执行安拉的命令，各司其职。④信经典。相信《**古兰经**》是安拉通过穆罕默德“降示”的最后一部经典。⑤信前定。即相信世间的一切均由安拉前定。⑥信后世（信末日）。相信人要经历今生和后世，在“世界末日”，一切死人将要“复活”，接受“末日审判”。

六度 ṣaḍ-pāramitā **大乘佛教**教义。又称六波罗蜜多。意译为六到彼岸，六度无极。指六种修习内容或途径，可以使人从生死轮回之此岸过渡到**涅槃**寂静之彼岸。即：布施（奉献给他人）；持戒（严守法规）；忍辱（宽容他人）；精进（不倦地策励自己）；禅定（止散乱心思维真理）；智慧（断烦恼证实相）。

六法论 six principles of Chinese painting 中国古代品评美术作品的标准和美学原则。“六法”最早见于南朝齐**谢赫**的《**画品**》。唐代**张彦远**《**历代名画记**》记述谢赫的“画有六法”为：“一曰气韵生动，二曰骨法用笔，三曰应物象形，四曰随类赋彩，五曰经营位置，六曰传移模写。”

气韵生动。指作品和作品中刻画的形象具有生动的气度韵致，富有生命力。气韵，指人物从姿态、表情中显示出的精神气质、情味和韵致。气韵与传神在说明人物形象的精神特质这一根本点上是一致的。传神在顾恺之乃至后人多指人物的面部尤其是眼睛所传达的内在情性，而气韵则多指人物内在情性的整体形象外在化。能够表现出物我为一的生动气韵，至今仍是绘画和造型艺术的最高目标之一。

骨法用笔。是说所谓骨法及与其密切相关的笔法。"骨"、"骨力"乃以比喻说明人物性格的刚直、果断及其外在表现等。"骨法"说明用笔的艺术性，包括笔力、力感（与书论"善笔力者多骨"相似）、结构表现等。骨法为历代评画的重要标准，是传统绘画所特有的材料工具和民族风格所必然产生的相应的美学原则。

应物象形。指画家的描绘要与所反映的对象形似。绘画作品必以"形"为重。在六法中，象形问题排在第三位，把它置于气韵与骨法之后，表明彼时的艺术家已经相当深刻地把握了艺术与现实、外在表现与内在表现的关系。

随类赋彩。是指着色。赋通敷、授、布。赋彩即施色。随类，解作"随物"。

经营位置。是说绘画的构图。经营原意是营造、建筑，经是度量、筹划，营是谋画。谢赫借以比喻画家作画之初的布置构图。"位置"，指人或物所处的地位，亦指安排或布置。

传移模写。指临摹作品。传，移也；或解为传授、流布、递送。模，法也；通摹、摹仿。写亦解作摹。将模写作为绘画美学名词肯定下来，并作为"六法"之一，表明古人对这一技巧与事情的重视。顾恺之就留下了《摹拓妙法》一文。模写的功能，一是可学习基本功，二是可作为流传作品的手段，谢赫并不将它等同于创作，因此放于六法之末。

六法论提出了初步完备的绘画理论体系框架：从表现对象的内在精神、表达画家对客体的情感和评价，到用笔刻画对象的外形、结构和色彩，以及构图和摹写作品等，概括了创作和流传等课题，标志着中国古代绘画进入理论自觉的时期。后代画家始终把六法作为衡量绘画成就高下的标准。从南朝到现代，六法被运用、充实、发展，从而成为中国古代美术理论最稳定、最有涵括力的原则之一。

《六法全书》 *Complete Collection of Six Codes* 中华民国南京国民政府（1927～1949）颁布的主要法律法规汇编。也是南京国民政府所制定的法律体系的概括。受日本"六法"影响，南京国民政府的法律体系由宪法、民法、商法、刑法、民事诉讼法和刑事诉讼法6个主要部门法组成，其后，将商法分别纳入民法和行政法中，而以行政法取代商法，仍为"六法"。《六法全书》以上述6个主要部门法为支架，同时并附以相关的关系法规，其中行政法涉及的领域宽广，包括内政、教育、军政、地政、财政、经济、人事、专门职业和行政救济9个门类，内容丰富，条文详细。

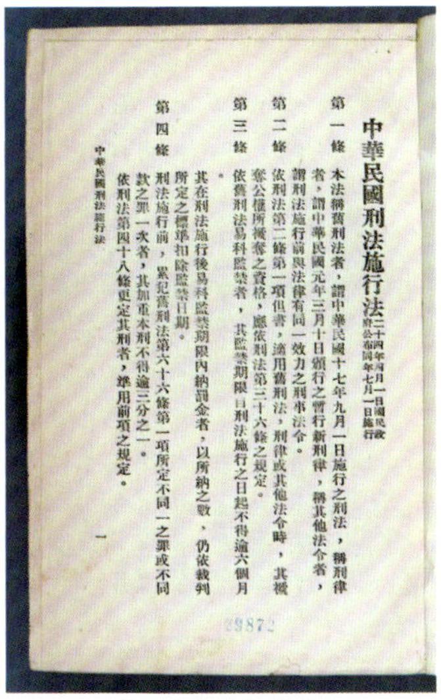
中華民國刑法施行法（二十四年四月一日國民政府公布同年七月一日施行）

第一條　本法稱舊刑法者，謂中華民國十七年九月一日施行之刑法，稱刑律者，謂中華民國元年三月十日頒行之暫行新刑律，稱其他法令者，謂刑法施行前與法律有同一效力之刑事法令。

第二條　依刑法第二條第一項但書，適用舊刑法，刑律或其他法令時，其褫奪公權所褫奪之資格，應依刑法第三十六條之規定。

第三條　依舊刑法易科監禁者，其監禁期限自刑法施行之日起不得逾六個月。其在刑法施行後易科監禁期限內納罰金者，以所納之數，仍依裁判所定之標準扣除監禁日期。

第四條　刑法施行前，累犯舊刑法第六十六條第一項所定不同一之罪或不同款之罪一次者，其加重本刑不得逾三分之一。依刑法第四十八條更定其刑者，準用前項之規定。

中華民國刑法施行法　一

《六法全书》内文

《六法全书》以清政府制定的新律和北洋政府的法律作为历史渊源。在国民政府建立初期，继续了清末以来积极引进西方法律，制定新律的传统，从1927～1935年，已经基本上建构起"六法"体系。如：《中华民国民法》由总则、债、物权、亲属和继承编组成，各编于1929～1930年分别公布施行，是中国历史上第一部正式颁行的民法典，它采取国家本位的立法原则，实行民商合一的编纂体例，民法制度则吸纳整合了外国民法的学理和法例。除民法之外，国民政府还颁布了其他的商事单行法，如《票据法》（1929年10月30日）、《公司法》（1929年12月26日）、《海商法》（1929年12月30日）、《保险法》（1929年12月30日）、《破产法》（1935年7月18日）等，成为民事法律体系的重要组成部分。《中华民国刑法》于1928年9月1日公布施行后，经过重大修订，于1935年重新公布，因此，习惯上将1928年公布的刑法称为"旧刑法"，1935年4月公布的刑法称为"新刑法"。刑法典继承了西方国家通行的刑事法律规则，如罪刑法定、罪刑相适、刑罚人道主义原则和罪名体例及刑罚制度，注重采纳与中国宗法伦理原则相适应的法律制度，突出社会防卫思想，将保安处分作为一种制度规定在刑法中。民事诉讼法于1932年5月公布施行，1935年2月经过重新修正后公布，于同年7月施行，共9编636条。刑事诉讼法于1928年公布，同年9月施行。1933年底，随着刑法、法院组织法的修订，刑事诉讼法于1935年重新修订，同年7月施行。修订后的刑事诉讼法为9编516条。至于宪法，国民政府在训政时期，制定了《中国国民党训政纲领》（1928年10月3日），1947年提出"还政于民"，实行"立宪"，又制定了《中华民国宪法》。

《六法全书》除制定法外，也有司法院的判例和解释例。《六法全书》的基本特点是以西方资本主义国家的法律为蓝本，无论形式、内容、原则和制度，都来自资本主义法律，因此，资本主义法律的色彩重于清政府和北洋政府时期的法律，同时仍然保留着封建法律的遗痕。

1949年2月，随着解放战争的胜利，中国共产党中央委员会发布了《关于废除国民党的六法全书与确定解放区司法原则的指示》。同年4月，华北人民政府根据这一指示，向所属各级人民政府发布了废除国民党《六法全书》的训令。自此，《六法全书》在中国大陆被废除。

《六个寻找作者的剧中人》 *Six Characters in Search of an Author* 意大利剧作家L.皮兰德娄的剧本。剧情发生在一家剧院的排练场，正当演员们排戏时，6个脸色苍白、幽灵似的人物突然闯入，自称是被剧作者废弃的某剧本中的人物，要求导演排他们的戏。导演最终同意他们讲述自己的故事。这6个人物原是一家人，父亲20年前因母亲与秘书关系暧昧而逼其私奔。母亲与秘书生下一男两女，在秘书病故之后又回到老家。然而，沦为娼妓的大女儿有一次竟然遇到父亲，幸亏母亲及时赶到，制止了乱伦的发生。一家人重新住在了一起，但相互之间却难以相处。最后，小女儿跌入池中淹死，孤僻的弟弟也举枪自尽。随着这一声枪响，6个剧中人也消失了，全剧至此结束。剧作采用"戏中戏"结构，在揭示社会人际关系冷漠与可怕的同时，讨论了艺术与生活的关系。

《六个寻找作者的剧中人》剧照

六根清净 six indriyas being pure 佛教术语。六根，指有情的六种感觉认识器官和功能，即眼、耳、鼻、舌、身、意；清净，指去除秽垢不受染污的状态。佛教认为人在本质上有贪婪和无明的毛病，贪是无始以来就有的先天罪过。由于贪和痴，人们会驰骋五欲、放纵感官，这就会造成罪业。

约束克制自身，不仅不会造新的恶业，还可以涤除无始以来的罪垢。因此若能使六根清净，就可以积累善功德、得善报善果。在此意义上，清净功德可以令六种各发无碍妙用，令六根互用自在。六根清净，特别指佛教徒不受物质世界的引诱，遵守佛教的清规戒律。

六合彩 Mark Six 中国香港特别行政区官办赌业。由香港马会奖券有限公司经办。1976年7月2日，港府奖券管理局公开宣布举办“六合彩”。7月13日正式摇珠开彩。现为每周开奖3次。开奖采用摇珠方式，共有49个珠，对应彩票号码。从中摇出6个号码和一个“特别号码”。投注者从1～49个彩票号码中至少选6个号码投注。一般由港府以博彩税抽去总投注额的30%，余下部分为奖金、马会佣金、奖券基金（政府社会福利署专用）。至2007年，六合彩为香港政府及奖券基金带来近300亿港元的收入，并惠泽众多慈善机构。

六经辨证 syndrome differentiation of six channels theory 中医辨证方法之一。以太阳、阳明、少阳、太阴、少阴、厥阴来划分疾病的深浅及邪正盛衰的辨证方法之一。适用于外感病的辨证。

六经即太阳、阳明、少阳、太阴、少阴、厥阴。六经病证即太阳病、阳明病、少阳病、太阴病、少阴病、厥阴病，是六经所属脏腑经络的病理变化反映于临床的各种证候。六经辨证即以六经病证作为辨证论治的纲领，概括脏腑、经络、气血的生理功能和病理变化，用以说明病变部位、性质，正邪的盛衰，病势的趋向，以及六经病之间的传变关系。

六经病证从病变部位上讲，太阳病主表，阳明病主里，少阳病主半表半里，而三阴病统属于里。三阳病证以六腑的病变为基础，三阴病证以五脏的病变为基础。所以说六经病证实际上基本概括了脏腑和十二经脉的病变。但由于六经辨证的重点在于分析外感风寒引起的一系列病理变化及其传变规律，因而不能等于内伤杂病的脏腑辨证。从病变的性质与邪正的关系看，三阳病多热，三阴病多寒；三阳病多实、三阴病多虚。可见，六经辨证也寓有八纲辨证的思想。

六经病证是经络脏腑病理变化的反映，而经络脏腑是相互联系的整体，故某一经的病变，很可能影响到另一经。所以六经病有相互传变的证候。其传变规律有传经、合病、并病、直中等。

运用六经辨证，能正确地掌握外感病发展变化的规律，在治疗上具有重要的指导作用。六经病证的治疗原则，三阳病重在祛邪，三阴病重在扶正。

六礼 six etiquettes in wedding ceremony 中国婚姻仪礼。从议婚到完婚的手续与过程。始于周代。内容为：请媒提亲谓之纳采；询问女方名字及出生年月谓之问名，俗称讨八字；男方将占卜的吉兆告诉女方家谓之纳吉；婚约成立，正式送聘礼谓之纳征；男方择定婚期，通知女家求其同意，谓之请期；新郎亲自迎娶谓之亲迎。六礼多行于贵族，民间则从简。

六盘山 Liupan Mountain 位于中国宁夏回族自治区南部及宁、甘、陕交界地带。又称陇山。主体包括两列接近北—北西走向的平行狭长山脉，逶迤200余千米，宽30～60千米。山脊海拔一般超过2 500米，主峰米缸山海拔2 942米。东坡陡，西坡缓。山区年平均气温5～6℃，有“春来秋去无盛夏”之说。平均年降水量达650多毫米，是黄土高原中的“湿岛”。森林覆盖率46%，主要树种有山杨、桦、辽东栎、混生椴、槭、山柳、华山松等。在林带以下和2 200米以下阳坡为草甸草原和干草原；2 200米以上阳坡和2 600米以上阴坡为杂类草草甸，发育山地草甸土，是大牲畜良好牧场。野生生物资源丰富，仅药用植物即有600余种。脊椎动物约有200种，其中兽类有金钱豹、林麝等38种。鸟类有金雕、红腹锦鸡等147种。有战国秦长城、老龙潭、秋千架等名胜古迹。

六盘水市 Liupanshui City 中国贵州省辖地级市。中国西南地区重要煤炭工业基地之一。位于贵州省西部，西与云南省相毗邻。辖钟山区和水城县、盘县及六枝特区。面积9 914平方千米。人口285万（2010），有汉、彝、苗、布依、仡佬、回、黎、侗、土家等民族。六枝、盘县、水城原为县级建制，因开发六盘水煤田，1965年设立六枝、盘县、水城3个矿区政府。1966年改为政企合一的3个特区。1970年由3个特区组建成六盘水地区，1978年六盘水地区改设六盘水市。属中亚热带湿润性季风型气候，气候温和，冬无严寒，夏无酷暑。矿产资源以煤炭为丰富，是贵州省著名“煤都”，其他还有铁、汞、铅锌、锑等。工业以煤炭为主体，次为电力、冶金、建材、机械、制药、化工、酿造、食品等。农业主产玉米、水稻、小麦、大豆、薯类和油菜子、花生、蔬菜等。交通发达，为西南地区最大的交通枢纽和物资集散地之一。名胜古迹有盘县碧云洞、六枝桃花洞和钟山区硝灰洞、“龙凤地宫”、穿心洞剑齿象化石遗址、盘县丹霞山护国寺、凤池园及水城黑叶猴自然保护区。

六鳃鲨目 Hexanchiformes; cow sharks 软骨鱼纲一目。仅1科3属约4种，分布于太平洋和大西洋热带及亚热带海域。中国有3属3种。结构原始。鳃孔6～7个。眼无瞬膜或瞬褶。有喷水孔。背鳍1个，无硬棘，后位，具臀鳍；胸鳍的中轴骨伸达鳍的前缘，前鳍软骨无辐状鳍条。脊椎分节不完全，但椎体多少钙化。吻软骨1个。颌两接型，上颌以筛突和耳突接于头骨，不与舌颌软骨相连。卵胎生。化石见于中生代侏罗纪。

六书 six categories of Chinese characters 关于汉字构造的理论。“六书”一词最早见于《周礼》。汉代学者把六书解释为关于汉字构造的六种基本原则。东汉许慎在《说文解字》的“叙”中说：“周礼八岁入小学，保氏教国子先以六书。一曰指事，指事者视而可识，察而见意，上下是也。二曰象形，象形者画成其物，随体诘诎，日月是也。三曰形声，形声者以事为名，取譬相成，江河是也。四曰会意，会意者比类合谊，以见指撝，武信是也。五曰转注，转注者建类一首，同意相受，考老是也。六曰假借，假借者本无其字，依声托事，令长是也。”由于许慎对“六书”的解说比较简单，下迄清时对“六书”的定义也没有形成一个统一的看法。20世纪30代以后，现代意义的汉字学建立起来。现代学者从各种角度来探讨汉字的构造，对“六书”的解释超过前人，虽尚未达到统一的认识，但对推进和完善汉字构造理论的研究裨益极大。

六西格玛管理 six sigma approach 美国摩托罗拉公司首创的质量管理制度和方法。于1986年提出。摩托罗拉公司从1980年开始“质量振兴计划”，内容包括加快产品开发、大幅度提高产品质量以及通过调整生产过程来降低成本等。摩托罗拉公司引入了一个衡量质量的通用指标，即“百万机

凤池园冬景

会缺陷数”(DPMO)，并将质量改进的目标设定为将百万机会缺陷数降至3.4。由于DPMO是一个比率，从而可以将之与正态曲线上的一定σ（西格玛）范围内所包括的面积相对应，每一个DPMO的取值都可以用一个相应的西格玛值来表示。DPMO的数越小，其相对应的西格玛值就越大，意味着质量水平也就越高。DPMO为3.4这一目标的取值便相当于6个西格玛，这便是“六西格玛管理”的由来。

开展六西格玛管理追求的是以顾客为中心的理念，需要对过程进行持续不断地改进。持续改进是通过6个步骤的循环来实现的：①明确你所提供的产品或服务是什么？②明确你的顾客是谁？他们的需要是什么？③为了向顾客提供使他们满意的产品和服务，你需要什么？④明确你的过程。⑤纠正过程中的错误，杜绝无用功。⑥对过程进行测量、分析、改进和控制，确保改进的持续进行。通过周而复始地实施这6个步骤，企业就可以实现持续改进，逐步达到六西格玛质量水平。

六亚甲基四胺 hexamethylene tetramine 分子式 $(CH_2)_6N_4$。类似金刚烷骨架的笼状化合物。商品名乌洛托品。白色结晶粉末或无色、有光泽的晶体；熔点285～295℃(升华)，密度1.331克/厘米^3（−5℃）；易溶于水，溶于乙醇、氯仿，微溶于乙醚；燃烧时无烟；有一定的挥发性。六亚甲基四胺与一级（伯）卤代烷（常采用溴代烷或碘代烷）反应，可制备一级（伯）胺。与发烟硝酸作用，可制得爆炸性极强的旋风炸药黑索今。工业上将甲醛水溶液与氨水混合蒸发，制得六亚甲基四胺。六亚甲基四胺可用作橡胶硫化促进剂，脲醛树脂、酚醛树脂等热固性树脂的交联剂，纺织品防缩剂等；医药上可用作泌尿系统的消毒剂。六亚甲基四胺本身无抗菌作用，遇酸性尿时，则分解出甲醛，产生抗菌作用，对革兰氏阴性细菌有效。其20%的溶液可用于治疗体癣和脚癣等。它与氢氧化钠和苯酚钠混合，可做防毒面具中的光气吸收剂。大鼠皮下注射六亚甲基四胺后，曾发现有致癌作用。

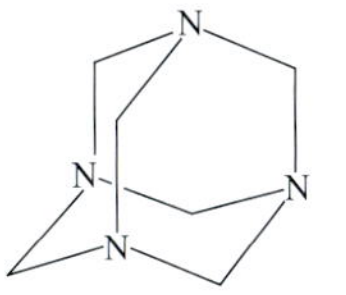

六一国际儿童节 International Children’s Day 专为少年儿童设置的国际性节日。1949年11月，国际民主妇女联合会在莫斯科召开执委会。为保障全世界儿童的生存权、保健权和受教育的权利，决定以6月1日为国际儿童节。

《六一诗话》 中国古代诗歌理论著作。北宋欧阳修著。原名《诗话》，“六一”二字为后人所加，又名《六一居士诗话》、《欧阳公诗话》、《欧阳永叔诗话》等。书前有作者自序：“居士退居汝阴，而集以资闲谈也。”(欧阳修晚年自号“六一居士”)《六一诗话》是欧阳修晚年最后之作，也是中国文学批评史上的第一部诗话。郭绍虞《宋诗话考》上卷指出：“是则诗话之称（名称），固始于欧阳修，即诗话之体（文体）亦可谓创自欧阳氏矣。”

《六一诗话》共28则，涉及三个方面的内容。①重视诗歌创作与诗人身世及社会现实的联系，强调诗歌是现实生活的反映，是诗人心灵的写照。②崇尚自然含蓄的语言风格，注重意新语工的意境创造。③在诗歌批评和审美鉴赏方面不拘一格，提倡艺术风格的多样性。

六艺 six classical arts 中国古代学校的六门教育教学课程，即（五）礼、(六）乐、(五）射、(五）御、(六）书、(九）数。礼的内容包括政治、伦理、道德、礼仪等。五礼即：“吉”礼、“凶”礼、“军”礼、“宾”礼、“嘉”礼。乐的内容包括诗歌、音乐、舞蹈。六乐即：“云门”、“大咸”、“大韶”、“大夏”、“大濩”、“大武”等古乐。射，指射箭的技术。五射即：“白矢”、“参连”、“剡注”、“襄尺”、“井仪”。御，指驾车的技术。五御即：“鸣和鸾”、“逐水曲”、“过君表”、“舞交衢”、“逐禽左”。书，指文字。六书即六甲，是古代学童练习写字的材料。数指算法。九数即九九乘法表，古代学校的数学教材。

关于六艺教育的实施，是根据学生年龄大小和课程深浅，循序进行的。并且有小艺和大艺之分。书、数为小艺，系初级课程；礼、乐、射、御为大艺，系高级课程。

“六艺”还有另一种解释，即指《诗》、《书》、《礼》、《乐》、《易》、《春秋》等“六经”。六艺与六经的混称，始见于司马迁的《史记·滑稽列传》。

六淫 six climatic exopathogens 中医学中对自然界风邪、寒邪、暑邪、湿邪、燥邪、火邪6种致病因素的合称。“淫”有太过之意。风、寒、暑、湿、燥、火本指自然界六种不同的气候或环境状态，合称六气。若六气太过、不及或与季节时间不符，超过人体所能适应的限度，则成为致病因素，这种情况下的六气即成为六淫，或称六邪。六淫和六气是相对而言的。相同的气候条件，对发病的人体而言称为六淫，对不发病的人体则属于六气。此外，某些并非由于外邪而主要由于体内脏腑功能失调导致的疾病，临床表现与六淫所致疾病的特点相似。为加以区别，将前者统称内生五邪或内生五气，即内风、内寒、内湿、内燥、内火（热）。

六淫邪气多经体表皮毛或口鼻侵袭人体，其病多与季节、气候及居处环境有关。如春季多风，故多风证；冬季寒冷，乃多寒证；暑夏季节气候潮湿或久居潮湿环境，则易患湿证；秋季干燥，易患燥证等。六淫之中任何一种邪气既可以单独使人发病，如中风、伤湿；也可两种或两种以上邪气同时作用于人体而发病，如风热感冒、风寒湿痹证等。另外，六淫邪气之间在一定条件下还可相互转化，如寒邪可转化为火邪、温邪可转化为燥邪等。

六镇 Six Frontier Towns 中国北魏太武帝拓跋焘时为拱卫都城、防御柔然侵扰，在京都平城（今山西大同）以北、阴山以南，自西而东设置了沃野（今内蒙古五原县东北)、怀朔（今固阳县西南)、武川（今武川县西土城)、抚冥（今四子王旗东南土城子)、柔玄（今兴和县台基庙东北)、怀荒（今河北张北县）6个军镇，合称六镇。每镇都设有镇都大将，统兵备御。镇将人选或拓跋宗王，或鲜卑贵族，即戍防士兵亦皆拓跋氏族、中原强宗。孝文帝迁都洛阳后，留在北边的鲜卑贵族政治身份和经济地位下降，加上六镇地区连年旱灾和柔然的入侵，遂引发了六镇士兵的起义。北魏正光五年(524)下诏改镇为州，时六镇已为义军所据，乃以所改州寄治并州界。起义军失败后，六镇故地皆荒废。

六枝特区 Liuzhi Special District 中国贵州省六盘水市辖新兴煤炭工业特区，全国重点产煤区之一。位于省境西部，六盘水市东部。面积1 792平方千米。人口65万(2008)，有汉、布依、苗、彝、仡佬等民族。晋为都阳县地。唐属琰州和盘州。清置郎岱厅。1913年改置郎岱县。1960年设六枝市，1962年改设六枝县。1966年设六枝特区。气候宜人，降水充沛。矿产资源有煤、铁、铅、锌和冰洲石、重晶石、石灰岩等。农业主产水稻、玉米、小麦和油菜子、烤烟、花生、茶叶、蔬菜、水果等。山区多生漆、油桐、油茶和竹林等。工业有煤炭、电力、采矿、冶炼、化工、酿造、食品、制药等。名胜古迹有桃花洞古人类遗址、滴水潭瀑布群、月宫洞、铜钱洞、落别多陵洞等。

六字真言 six words apothegm 藏传佛教术语。亦名“六字大明咒”、“观音六字咒”。六字都来自梵文音译。即“唵、嘛呢、叭咪、吽”六字。“唵”在印度传统宗教中，有一说认为就是世界生起的本原，故尤其重要。在藏传密教中称为“佛部心”，念颂此字时，必须身、口、意三者与佛身、佛言、佛心各各相应，才会有功德利益；“嘛呢”表示“宝部心”，指如意宝，得此宝无愿不满，心想事遂；“叭咪”意为“莲花”，表示“莲花部心”，意为清净无垢；“吽”则表示“金刚部心”，祈愿成就的意思，循此可得佛力加被，以成正觉。若能得大利益，还可以即身成佛。藏传佛教认为，一切佛教都以这六个字为基础或根源，因此若至心虔诚，念诵思维这六个字，会有不可思议的功德。

六足总纲 Hexapoda 节肢动物门的一总纲。等同于传统的、广义的**昆虫纲**，统称六足动物，即通称的昆虫，包括原尾目、弹尾目、双尾目、石蛃目、衣鱼目和有翅昆虫。

《六祖坛经》 *Platform Sutra of the Sixth Patriarch* 佛教**禅宗**经典。又称《六祖大师法宝坛经》、《坛经》等。中国禅宗六祖**慧能**所说，弟子法海集录。内容分自序、般若、决疑、定慧等十品。主旨在于宣称人皆自性清净、本有佛性，但用此心，直了成佛；修持实践中主张无念、无相、无住；解脱途径力倡顿悟说。此经版本大致5种：敦煌写本；日本兴圣寺本（惠昕本）；高丽传本（明正统本及曹溪原本同此本）；流通本（金陵刻经处本与此同）；明南藏本。《坛经》问世，是真正中国佛教形成的标志，它的基本原则对中国人的精神生活和传统思维方式产生重大影响。“自行佛行”，“自成佛道”的思想倾向直接反映在后来的陆王**心学**当中。

龙 dragon 中国古代传说中的神异动物。四灵（麟、凤、龟、龙）之一。被尊为鳞虫之长，善于变化并能兴风雨、利万物。传说中的神人常有乘龙之举。从形象看，龙是由多种动物组成的复合形象，即通常说龙有“九似”，民间亦说“龙有九像”。新石器时代已有龙的形象：红山文化的玉猪龙是一种猪首蛇体龙，仰韶文化晚期用蚌堆塑的龙，形态已比较成熟。在商代，装饰图案中已有明确的龙相，甲骨文里也已有“龙”字。龙的形象约定型于汉代，后世虽有所变化，但基本特征是巨口、有角、鳞身、四足、有爪。作为一种图腾，龙一直受到中国人民的喜爱，在传统文化中有复杂多样的象征意义：象征四方中的东方，代表阳气、春天、雨水，又象征王权、吉祥。据说，冬天龙生活在地下，农历二月到地面上，故有“二月二龙抬头”之说和相关习俗。龙被认为能呼风唤雨，农村到处可见龙王庙，每遇大旱，民间便举行舞龙祈雨禳灾活动。汉代以来，凡与帝王有关的事物均冠以“龙”字，如“龙颜”、“龙体”等，皇帝登基被称为“龙袍加身”，帝王自命为“真龙天子”。龙还常与凤并称，“龙凤呈祥”成为人们描绘美好情景的词语。作为吉祥的象征，龙受到人们的崇奉，龙的形象常用于建筑装饰等。民间很多节日中有与龙有关的内容：元宵节舞龙灯，二月二祭青龙，四月八接龙，端午节赛龙舟等。对龙的崇奉主要流行于汉族及海外华人聚居地区，也流行于很多少数民族地区，如龙曾是白族的原始崇拜对象。

龙在西方的许多地方是勇士的象征，如曾出现在罗马的旗帜上和北欧海盗的船头上。在凯尔特民族中，龙是皇族力量的象征。在威尔士，红色的龙至今仍是民族的象征。

龙勃罗梭 Lombroso, Cesare (1835-11-06～1909-10-19) 意大利犯罪学家，精神病学家，刑事人类学派的创始人。生于维罗纳，卒于都灵。1862～1867年任帕维亚大学精神病学教授，以后长期任都灵大学教授和精神病院院长。主要著作有《犯罪人论》、《天才与堕落》、《天才》、《女性犯人》、《犯罪的原因和救治》和《政治犯和革命》等。其基本思想是：**犯罪**的原因并不是由于犯人个人的自由意志，而是由于存在天生的犯人，他们或是由于隔代遗传，或是具有堕落性。这种天生犯人是生物学上的退化现象，是原始人中所特有的。通过解剖学、生理学和心理学等科学方法可以辨认出这种犯人。后来他在一定程度上改变了上述观点，认为社会原因也可能造成犯罪。他认为**死刑**是最后的惩罚手段，社会应尽可能利用犯人的劳动和才能。

龙胆科 Gentianaceae; gentian family 双子叶植物纲菊亚纲的一科。约80属700余种，分布于全世界，以温带种类较多。中国约有22属427种，主要分布于西南高山地区，少数分布于其他各地。草本。单叶对生，稀互生或轮生，无托叶。花两性，稀单性，辐射对称，常组成聚伞花序；花萼和花冠均4～5裂，雄蕊贴生于花冠，且与其裂片同数而互生；雌蕊由2心皮合生，子房上位，基部有时具花盘。蒴果。龙胆科植物的许多种有天蓝色的花朵，已引种为观赏花卉。药用植物有龙胆、秦艽、睡菜、獐牙菜属、花锚属植物等。

龙骨坡遗址 Longgupo 中国**旧石器时代**早期洞穴遗址。位于重庆巫山龙坪村龙骨坡。1984年发现，随后3次发掘。出土的2件人科动物化石曾引起学术界极大的关注和争论。对于其中1件带有2枚牙齿的左下颌骨，有**直立人**、猿类、**能人**三种不同观点。对于另1件上门齿，则认为可能是随后来充填的黏土混进来的智人化石。遗址含有多个文化层。石制品丰富，有石核、石片、砍砸器、石锤、手镐和薄刃斧等。当时人有取食大型动物的行为。经古地磁测定，出土下颌骨化石地层的年代为距今196万～178万年。1996年国务院公布龙骨坡遗址为全国重点文物保护单位。

龙骨坡遗址的石器（砍砸器和手镐）

龙冠海 Long Guanhai (1906～1983) 中国社会学家。又名程芙。广东琼山（今属海南省）人。幼年赴英属马来亚（今属马来西亚），后赴美留学，先入斯坦福大学本科，后入南加利福尼亚大学研究院，获社会学博士学位。回国后任教于南京金陵私立女子大学。1949年移居台湾，先后任教于台湾大学、省立法商学院。1960年创建台湾大学社会学系并任系主任兼教授。担任台湾“中国社会学社”理事长多年，1982年获该社“特殊贡献奖”。

龙冠海毕生从事社会学的教学与研究。他的社会学研究视角侧重作为社会主体的个人及其社会行为。他涉猎领域甚广，著述丰厚，其中《社会学》一书多次印行，还著有《社会思想史》、《社会学与社会问题论丛》、《社会学与社会意识》、《社会研究法》（主编）等。

龙华镇 Longhua Town 中国上海市西南部风景游览区。位于徐汇区东南部。镇旁的龙华寺和龙华塔，相传始建于三国吴赤乌年间（238～251）。龙华寺几经兴废，现存寺庙系清光绪年间重建。寺前龙华塔高40.64米，为七层八角砖木结构，层层飞檐高翘，造型美观。龙华晚钟（钟楼）为沪城八景之一。到龙华赏桃花，是春季的旅游热点。每年农历三月十五日前后的龙华庙

龙华烈士陵园

会，融旅游、观光和购物于一体，商贾云集，游人如织，热闹非凡。中华民国时期，龙华镇曾为国民党统治者屠杀共产党人和爱国志士场所。1949年后，建有龙华烈士陵园和纪念碑、纪念馆。

龙井市 Longjing City　中国吉林省延边朝鲜族自治州辖县级市。位于吉林省东南部，长白山东麓，图们江中游，与朝鲜毗邻。面积2 193平方千米。人口18万（2010）。有朝鲜、汉、满、回、蒙古等民族，其中朝鲜族占人口总数的70%左右，是朝鲜族最集中的边陲城市。夏、商、周、秦属肃慎之域，西汉时地处沧海、玄菟郡境内，清乾隆二十二年（1757）属吉林将军辖地。1913年置延吉县。1945年设龙井市。矿产主要有金、铜、铅、锌、钨、煤、石灰岩、硅灰石等。盛产水稻、玉米、大豆、谷子、红晒烟和苹果梨等。是全国奶山羊、黄牛育种基地，东北细毛羊基地。森林资源以天然次生林为主。主要树种有柞树、红树、云杉、水曲柳、白桦等。工业主要有机械、化工、造纸、麻纺、酿造、医药、制革、食品等。名胜古迹有一松亭、汉王山遗址、朝鲜族民俗博物馆，以及琵岩山自然风景区、龙山朝鲜族民俗村等。

龙卷 tornado　自积雨云底部下垂的漏斗状云柱及其伴随的猛烈旋转的旋风系统。又称龙卷风。漏斗状云柱可悬挂于空中，也可触及地面。云柱一般垂直，但发展后期，当上下风速相差较大时便发生倾斜或弯曲。云柱及旋风直径上大下小，上部直径可自数千米到数十千米，下部自几米到数千米。龙卷的中心气压很低，可低于400百帕，中心到外围的气压梯度很大，可达2百帕/米，中心风速可达100～200米/秒以上，所以具有极大的破坏力，常把所经之地的人、畜、房屋以及树木卷起。龙卷移向和移速由其母云（强烈发展的积雨云）而定，每小时约40～50千米，快的可达百千米。

美国佛罗里达州发生的龙卷

当猛烈发展的积雨云中上升或下降气流之间产生很强风切变时，强切变处就会形成强烈的呈水平轴的涡管，这种云中形成的涡管常将其一端或两端伸到云下或至地面。若两端伸向云外时，便形成成对出现的、旋转方向相反的龙卷对。龙卷涡管中心是下沉气流，涡管壁有强烈上升气流，上升速度可达50米/秒以上。

雷暴、冰雹和龙卷的发生都与积雨云有关，三者对积雨云发展的高度和强度的要求依次一个比一个更大更强。因而，龙卷常伴随强冷锋、雷暴、飑线等天气出现。台风登陆后，也经常出现龙卷。龙卷主要发生在中纬度20°～50°地区，大陆上出现的称陆龙卷，海面出现的称海龙卷或水龙卷，一般陆龙卷比海龙卷强。

龙口市 Longkou City　中国山东省辖县级市。位于省境东北部，渤海南岸。面积894平方千米。人口69万（2010）。秦置黄县，以城临黄水河而得名。唐神龙三年（707）改为蓬莱县，先天元年（712）析蓬莱县复置黄县。1958年并入蓬莱县，1961年复置黄县。1986年撤黄县建龙口市。由烟台市代管。矿产有褐煤、黄金、花岗岩等。农业主产小麦、玉米、花生等。盛产梨、苹果、葡萄、草莓、山楂、柿、桃等。海岸线长68.4千米，以龙口对虾、桑岛海参闻名。工业以能源、机械、化工、纺织、建材等为主。名胜古迹有莱山、莱国古城遗址、北邢家水库公园、丁氏故宅等。

龙门山 Longmen Mountain　中国沱江和岷江的分水岭。四川省东、西部主要气候界线之一。龙门山有广义、狭义之分。狭义指龙门山前缘海拔2 000米左右的山地，广义还包括后缘部分。两者以北川至青川深断裂为界，北起广元市，南达都江堰市，全长约350千米，包括龙门山、九顶山和茶坪山。广义龙门山山脊海拔在4 000米以上，其中九顶山主峰狮子王4 984米。龙门山是四川强烈地震带之一。山体东陡西缓，东坡多以断崖与盆地底部相接。东部迎风坡雨泽充沛，是四川著名的鹿头山暴雨区所在地；西部背风坡岷江河谷雨水稀少，气候十分干燥。东、西坡民族也不同，东坡是汉族分布区，西坡为羌族聚居地。龙门山建有北川小寨子沟自然保护区，保护对象为大熊猫、金丝猴和绿尾虹雉等。

龙门石窟 Longmen Caves　中国佛教石窟。位于河南洛阳城南13千米处的龙门山。与敦煌石窟、云冈石窟并为中国三大石窟。石窟所在地因东、西两山对峙，伊水穿流其间，形成天然门阙，有伊阙之称。始凿于北魏太和十七年（493），历经东魏、西魏、北齐、隋、唐诸朝营造，最终形成南北长达1千米的石窟群。现有编号窟龛2 345个，造像10万躯，浮雕石塔40多座，碑刻题记2 780品。1961年国务院公布龙门石窟为第一批全国重点文物保护单位。2000年作为文化遗产被列入《世界遗产名录》。

龙门北魏窟承袭云冈北魏洞窟形成和发展。窟形主要有仿云冈昙曜五窟的马蹄形窟，窟内主尊造像较云冈小，增加了窟内礼佛的空间。仿木窟檐已简化。各大窟内有大量小龛，形制多样。龛楣雕刻华丽，由龙凤、鹿、饕餮、童子、忍冬纹、火焰纹、连珠纹、垂幔、流苏等组成变幻无穷的装饰图案。楣面还雕刻七佛、佛本行故事、维摩文殊说法和飞天等。主尊造像题材流行释迦和交脚弥勒菩萨、三世佛等。窟内壁面雕有连环画式的佛传、本生和因缘故事，及供养人像和大型帝后礼佛图等。主尊造像的配置主要有一佛二菩萨或一交脚弥勒菩萨二菩萨组成的“三身式”、一佛二弟子二菩萨组成的“五身式”和一佛二弟子二菩萨二力士组成的“七身式”。迁洛前后开凿的龛像，佛像和菩萨肩宽体壮，佛

龙门石窟远景

身着袒右式袈裟，菩萨斜披络腋；宣武帝景明以后，出现面容清瘦，双肩下削，身姿纤细的“秀骨清像”形象，成为流行的新样式。此时佛像身穿汉族士大夫的褒衣博带式大衣，菩萨身披宽博的披巾，这是拓跋鲜卑模拟南朝制度、进一步推行汉化政策的表现。此期营造的洞窟主要有古阳洞、莲花洞、宾阳中洞、火烧洞、魏字洞、皇甫公窟等。其中，古阳洞是龙门开凿最早、内容最丰富的大窟。主尊释迦牟尼面相长圆，身着褒衣博带式大衣；二菩萨头戴花蔓冠，脸庞清秀，面含微笑，双肩敷搭披巾和璎珞，含胸挺腹，姿态优美。这铺造像开创了龙门魏窟造像的新风尚。著名的《龙门二十品》有十九品就在古阳洞。宾阳中洞是龙门最典型的魏窟，为宣武帝所凿。

唐代洞窟在北朝洞窟的基础上有新发展。除列像窟外，摩崖大佛龛也颇具特色，如奉先寺和摩崖三佛龛突破了窟室的局限，直接依崖造像。此外，还有供僧人禅修的禅窟和瘗埋亡者的瘗窟。造像内容丰富，反映佛教各宗派的题材明显增多。主尊造像的配置主要流行一佛二弟子二菩萨二天王二力士组成的“九身式”。人物肌体丰满圆润，身姿优美健硕，具有浓厚的写实意味。尤其是菩萨造型，整个身体扭成三道弯，显得婀娜多姿。此期主要洞窟有药方洞、宾阳南洞、宾阳北洞、潜溪寺、奉先寺、万佛洞等几十处。奉先寺在唐代称“大卢舍那像龛”，辟山而造，为摩崖敞口式，平面呈倒凹字形。龛前三壁设坛基，坛上正壁雕高达17.14米的大卢舍那佛，两侧依次雕二弟子二菩萨二天王二力士。整组群雕布局严谨，主次分明，气势磅礴，是龙门规模最大、最典型的精品。

龙门是中国石窟题记最多的石窟，其中有纪年者700余品。碑刻题记中保存了大量的北魏、唐代皇室和臣僚的造像功德记，是研究龙门石窟开凿历程、古代医药、佛教宗派、行会制度和中外文化交流的珍贵资料。龙门碑刻还是书法艺术的宝库，以魏碑体的北魏《龙门二十品》最享盛誉，驰名中外。褚遂良所书《伊阙佛龛碑》和开元十年补刻的《大卢舍那像龛》，堪称初唐、盛唐楷书的经典之作。

龙脑香 *Dryobalanops aromatica*; borneo camphor 龙脑香科龙脑香属一种。又称梅花脑。原产于苏门答腊、加里曼丹等地。高大乔木。单叶，互生，卵形，全缘。花两性，辐射对称，白色，芳香，圆锥花序；萼片5；花瓣5；雄蕊多数，花药纵裂；心皮3，合生，子房上位，3室。坚果含1种子，常为增长的宿萼所围绕，花萼裂片中2～3枚或全部发育成狭长的翅。树干经蒸馏后所得的结晶化学成分为树脂，称为龙脑或冰片，为一种香料，医用作芳香开窍药。

龙泉市 Longquan City 中国浙江省辖县级市。位于省境西南部，瓯江上游，西邻福建省。面积3 059平方千米。人口23万（2010）。唐乾元二年（759）置龙泉县。1990年撤县设市。由丽水市代管。地处浙南山地。主要矿产有金、银、铅、锌、萤石、大理石、高岭土、叶蜡石、石灰岩等。森林资源丰富，木材蓄积量居全省首位，有“浙江林海”之称。农作物以水稻为主。特产毛竹、油茶、油桐、笋干、香菇、茶叶、银耳、中药材等。工业有木材加工、林产化工、机械、电力、建材、制药、酿造、食品、陶瓷等。龙泉青瓷釉色滋润，造型优美。手工艺品有龙泉宝剑，以坚韧、刚柔兼优和纹饰美观而驰名。名胜古迹有大窑青瓷古窑址、源口青瓷古窑址、牛门岗古文化遗址、仙宫湖、安仁永和塔、龙渊森林公园和凤阳山自然保护区等。

龙泉陶瓷 Longquan ceramics 中国浙江省龙泉地区生产的釉色呈青绿色的瓷器。又称龙泉青瓷。始于五代后期，盛于宋，明末清初衰落，清康熙以后生产中断。20世纪50年代后期恢复生产，保留昔日的特色，还研制出玲珑青瓷、青瓷釉下彩等新品种。

龙泉陶瓷采用当地优质高岭土、紫金土、石英等原料，成型后以堆、雕、贴、镂、刻、粘、划等手工技艺制成坯体，经干燥后施釉，在1 230～1 300℃的高温下烧制，釉中的高价铁被还原为低价铁，使瓷釉呈现青绿色。

龙泉陶瓷按产品特征可分为哥窑瓷和弟窑瓷。哥窑瓷质坚胎薄，釉层饱满，釉色有翠青、粉青、灰青、浅青等，以粉青为贵。

龙泉窑弦纹贯耳壶（宋）

利用釉面自然裂纹和造型中线条为装饰手段，有“金丝铁线”之美称。胎为黑色，底脚露胎，胎足如铁，器口薄釉处微露胎而泛紫色，称为“紫口铁足”，它与釉面的纹片相映衬托，显得古色古香，端庄典雅。弟窑瓷白胎厚釉，釉层丰满，不开片，釉色青翠，光泽柔和。有梅子青、粉青、月白豆青、蟹壳青等不同色调，以梅子青为佳。采用浅浮雕手法装饰，其棱线处微露白痕称“出筋”，脚呈朱红色为“朱砂足”，与青翠晶莹的釉面相衬托，苍劲挺拔，浑朴凝重，被誉为“青瓷之花”。

龙山石窟 Longshan Caves 中国道教石窟。位于山西太原西南20千米处的龙山东

第5窟造像

巅。开凿于古昊天观遗址旁的东、南两个崖面上，共9个洞窟。为全真教宋披云一系所开凿，主要凿建于1234～1239年，是一处罕见的保存完好的道教石窟群。1996年国务院公布为全国重点文物保护单位。

石窟中年代最早的为第4、5窟，居崖面的主要位置。第4窟三壁开龛造像，第5窟正壁开龛，龛内各以结跏趺坐式天尊为主尊，两旁有弟子胁侍，为道教所奉三清像。第1～3窟为宋披云开凿。第1窟正面开龛雕天尊像，左右两壁雕十真人像，东壁有宋披云刻唐吴尊师《玄纲论》，于蒙古太宗六年（1234）完工。第2窟正壁雕三清像，窟门两侧有门人李志全、秦志安所刻祝文。第3窟正壁坛上雕侧卧天尊像，旁侍二弟子。第6、7窟是门人李志文、秦志安开凿。第6窟正壁雕天尊，两侧壁各雕一真人像，从东壁所刻赞文来看，窟内可能有宋披云师徒三人像。第7窟门额刻“玄门列祖洞”几字，窟内正壁雕三天尊像，两侧壁各雕二天尊像，门左右两侧刻《祖堂赞》。

龙胜各族自治县 Longsheng Pan-Nationalities Autonomous County 中国广西壮族自治区桂林市辖县。位于自治区东北部，与湖南省毗邻。面积2 537平方千米。人口17万（2008），有侗、壮、瑶、苗、汉等民族。明为义宁县桑江口巡拾司，清乾隆六年（1741）改为龙胜厅。1912年废厅置龙胜县。1951年改为龙胜各族联合自治区，1955年改为龙胜各族自治县。滑石储量居全国之冠，矿产还有铅锌、石棉、锰、金、银、铜等。森林覆盖率约48.9%，林产有银杉、松、杉、竹、油茶、油桐、生漆、龙脊茶等。农作物有水稻、甘薯、花生、玉米等。工业有采矿、水泥、酿酒、木器加工等。名胜有矮岭温泉、花坪自然保护区、龙脊风景名胜区等。

龙虱 Dytiscidae; predaceous diving beetle 鞘翅目龙虱科昆虫的统称。全世界约4 000种。中国记载超过230种。水生。成虫体流线型，背腹面隆拱；触角长，11节，丝状；下颚须短；后足转化为游泳足，基节增大，接近于鞘翅侧缘。腹部有6～8腹板。

完全变态。成虫游泳敏捷，能飞，偶尔飞趋灯光。雌虫用产卵管刺破水生植物皮层，产卵其中。幼虫称水蜈蚣，圆柱形，

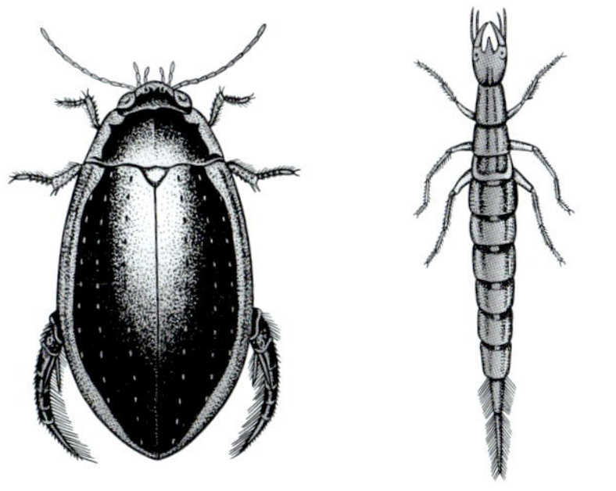

卢氏潜龙虱

头略圆，有十分锐利的上颚1对；幼虫成熟后在水边湿土上筑蛹室化蛹。

成、幼虫均肉食性，捕食多种水生小动物。在鱼塘，幼虫一夜间可猎食鱼苗多尾，为害严重。个体大的龙虱可作为药材和食品，治小孩遗尿。

龙树 Nāgārjuna 古印度大乘佛教**中观派**创始人。又译龙猛。活动于公元2～3世纪。生于南印度毗达婆国婆罗门家庭，自幼学习并通晓婆罗门经典，后皈依佛教，出家于一塔庙，先诵小乘三藏，次于北印雪山获大乘经典，遂周游各地，与诸外道和部派佛学者辩论，所向无敌。此后去龙宫（大概是北印龙族所住之地）读到很多深奥经典，遂通达大乘经，复回南印，创立学说，广事宣传。晚年住东南印的吉祥山。著作甚多，有千部论主之称。其思想是从**般若**空观出发，从人的认识本性方面解释般若性空的道理，以当时已有的大乘思想为中心，吸收概括佛教各方面的学说，组织了大乘学说体系。著有《中论》、《大智度论》、《十住毗婆沙论》、《菩提资粮论颂》、《中论颂》、《十二门论》、《回诤论》、《宝行王正论》、《劝戒王颂》等。

龙抬头 Dragon' s Head Raising Festival 中国民间传统节日。在农历二月二日。此日以后，华北农民开始春耕生产。见**二月二**。

龙套 walk-on 中国戏曲脚色行当。也称“文堂”、“流行”(hang)，扮演剧中夫役、士兵等随从人员。以4人为一堂，化妆服饰一致，集体组成为一个符号，可以代表更多的没有个性和具体数字的群众。龙套不同于一般意义的具有个别身份的群众演员。根据剧情需要，演出时一般采用一或两堂龙套，即可渲染出必要的气氛。龙套的表演，一般不要有任何表情。即使扮演兵丁，也只是举着旗子在战场跑上跑下，走阵式，摆队形，无须像“武行”演员舞刀动枪、翻打跌扑。龙套的队形变化比较丰富，有二龙出水、倒脱靴、太极图等名目，有时还要齐唱曲牌〔泣颜回〕、〔一江风〕、〔朱奴儿〕等。伺候官员站堂时，分立两厢，答应“有”、“啊”等，称为喊“堂威”。20世纪50年代以后，各地剧团已很少设专职龙套，而由其他演员兼饰。在群众语言中，常将生活中或戏剧舞台上的次要人物或配角称为龙套，已经不是原来严格的含义。

龙头鱼 *Harpadon nehereus*; bomby duck 灯笼鱼目龙头鱼科龙头鱼属的一种。又称豆腐鱼。分布于印度洋和西太平洋；中国东、南沿海近岸浅海及河口底部最为常见。体长250～300毫米，体重75～150克。体近圆筒形，头部钝圆，尾部侧扁。吻甚短。眼很小，脂眼睑发达。口大，口裂延伸于眼的远后方，上颌缘由细长的前上颌骨构成。两颌密生大小不等的细尖齿，呈弯针状向内弯。腭骨、犁骨、舌上均有小齿。鳃孔很大。体表光滑，富有黏液，体后部被有细小圆鳞，容易脱落。侧线管发达。肠道短。鳔退化。背鳍短，起点约与腹鳍起点相对；脂鳍小；胸鳍位高，延长，向后伸达腹鳍基部；腹鳍发达，其长约等于胸鳍长；尾鳍三叉形。新鲜时各鳍末端呈灰黑色，有时胸鳍和腹鳍白色。活动能力较强，各个水层均可出现。性凶残，以鱼类、虾及大型浮游动物为食。肉可食用。

龙王 Dragon King 中国古代神话传说中统领水族的最高神祇，掌管行云降雨，居于大海、江河、湖泊。中国新石器时代先民已把龙作为水神崇拜，山西襄汾陶寺遗址出土的彩陶盘底部绘制的一条口衔麦穗的蟠龙（见**陶寺文化**），是迄今发现的把龙当作水神崇拜的最早材料。而龙王却是西汉后由印度佛经中的龙王信仰传入而形成的。西晋末年的《太上洞渊神咒经》中有“龙王品”，列有以方位为区分的“五帝龙王”，以海洋为区分的“四海龙王”，以天地万物为区分的54名龙王名字和62名神龙王名字。龙王在中国古代文学作品中也多有记载，唐李朝威《柳毅传》中所谓“洞庭龙君”即龙王，明吴承恩《西游记》、吴元泰《东游记》等都有关于龙王的描写。各地也普遍修建龙王庙用来祈雨。中国民众至今仍把龙王当作水神崇拜，祈求风调雨顺、五谷丰登，民间谚语：“二月二，龙抬头；大仓满，小仓流”；“金豆开花，龙王升天；兴云布雨，五谷丰登”。

龙舞 dragon dance 中国民间舞蹈。除在汉族聚居地区广泛流传外，侗、畲、苗、羌、白、瑶、彝、藏、壮、布依、土家、阿昌、仡佬、蒙古等少数民族中也有品种丰富、形式各异的龙舞。龙舞因表演者手持龙形道具，也称“耍龙”、“舞龙”。道具内装有蜡烛或灯泡的又称“耍龙灯”或“舞龙灯”。

龙舞历史悠久，在民间有春耕舞龙祈佑风调雨顺、五谷丰登，出海祭龙祈求一帆风顺、鱼虾满仓，新屋落成舞龙以驱邪免灾、宅第安宁，婚后不育舞龙盼求神龙送子，以及舞龙祛病、舞龙驱虫等习俗。今天，龙舞已成为节庆中表达欢乐情感和美好祝福的艺术形式。

不同的地域文化和民族传统，形成龙舞各具异彩的形态和难以数计的种类。其中，以道具制作材料命名的龙舞有布龙、纱龙、绸龙、纸龙、草龙、篾龙、麻龙、板凳龙，以道具形态特征命名的有麒麟龙、鳌鱼龙、鲤鱼龙、独角龙、矮脚龙、百脚龙等，以道具结构特点命名的有独节龙、两节龙、三节龙、百节龙、断颈龙、断尾龙、硬颈龙、筒子龙等，以舞蹈动作特征命名的有游龙、睡龙、飞龙、醉龙等，以舞蹈内容特点命名的有拼字龙、母子龙、鱼化龙、故事龙、龙抱珠、醉龙醒狮、二龙戏珠、十三龙下海等，以道具颜色命名的有黄龙、白龙、青龙、赤龙、九彩龙等。以功能属性命名的有火龙、水龙、旱龙、瑞龙、药龙等。另外，还有以性别命名的和以表演的人命名的。

龙舞的表演以道具造型、构图变化与动作套路为基本表现手段。如有“二龙戏珠”、“飞龙扑宝”、“龙摆尾”等套路。舞龙时，全体表演者在舞龙头者的引领下默契配合，按同一动作、同一节奏操纵龙体上下翻滚、左右绞缠、前后窜跃、回旋钻穿，展现龙的动势。

在众多的龙舞品种中，比较常见的龙舞有以下几种：

布龙 广泛流传在中国各地，是用竹、木扎架，以布或绸蒙裹，彩绘成龙形道具的龙舞的泛称。它造型各异，品种繁多，表演人数多少不等，以7人、9人、11人共舞一条龙的居多。浙江奉化布龙以丰富多变的表演套路、高超的技巧动作、富于想象力的表现手法为特色。铜梁大龙是布龙的一种，又称大蠕龙，为重庆市铜梁县所独有。传统的铜梁大龙由龙头、龙身、龙尾共24节组成，代表中国农时的24个节气，由25人舞动。在特殊需要时，龙体可增至50节甚至更多。广泛流传在四川、贵州、重庆等地的汉、彝、藏、羌、苗、土家、布依等民族

草把龙

中的小彩龙大都为三节，由三人执舞，也有一人舞几节的。动作套路也非常丰富。

板凳龙　用绸、草等物在日常生活中使用的木制长板凳上编扎出龙形，由2人在前、1人于后手执凳腿玩舞。也可由数条龙多人表演。由于板凳龙的道具制作简便，表演独具特色，且活泼灵动、风趣诙谐，在许多城乡，尤其在长江流域及其以南地区广为流行。

草龙　用竹、木作干，以谷草等材料编扎成龙形的一种龙舞形式。草龙历史久远，主要流传在南方以稻米生产为主的省区。又有草把龙、谷龙、禾草龙、稻草龙、草绳龙等名称。动作规律与布龙相同，表演风格更为古拙朴实。有的地方舞草龙时，还在龙体上插满点燃的香火，称为香火龙，夜空下舞动起来星火闪烁，光焰飞溅，非常好看。

《龙喜记》 *Nagananda*　印度7世纪上半叶在位的帝王戒日王创作的五幕剧。

龙虾 Palinuridae; spiny lobster　十足目龙虾总科龙虾科动物的统称。大型海产爬行虾类。其甲壳坚厚，外表常有棘刺，又称棘龙虾。体呈粗圆筒状，背腹稍平扁。最大的体重可达4～5千克，长30厘米以上。头胸甲发达，坚厚多棘，无额角；前侧角腹缘与口前板及胸部腹甲板愈合，形成封闭的鳃室。腹部较短而粗，后部向腹面卷曲，尾扇宽短。第1触角稍细而短小。第2触角柄部多棘单枝，无鳞片；触鞭粗大，覆以众多的小棘。腹肢退化，失去游泳能力，雄性单肢，雌性虽为双肢，但仅抱卵用。尾肢宽而短，与尾节构成发达的尾扇。

龙虾主要生活于热带沿岸浅海的礁岩间，白昼潜伏，夜间觅食。多为杂食性，可捕食多毛类、贝类、甲壳类等底栖动物。性成熟的雌体成熟蜕皮后交配产卵，产卵量几十万至一百万粒。

龙虾属共有19种，主要分布于热带海域，是名贵海产品。

《龙须沟》 *Dragon Beard Ditch*　中国话剧作品。作者老舍。1951年2月由北京人民艺术剧院在北京首演。导演焦菊隐，主要演员有于是之等。全剧3幕。通过一个小杂院4户人家的苦辣酸甜，写出了北京龙须沟一带劳动人民生活、命运的巨大变化，塑造了落魄艺人程疯子及其妻子、寡妇王大妈和女儿、人力车夫丁四和丁四嫂等艺术形象，成为一曲热情洋溢的新社会赞歌。老舍与焦菊隐、于是之等艺术家的这次合作，对形成北京人民艺术剧院的演出风格产生了深远的影响。

龙芽草 *Agrimonia pilosa*; hairyvein agrimony　蔷薇科龙芽草属的一种。又称仙鹤草、地仙草、瓜香草、路边黄。分布几乎遍及中国。蒙古、日本、俄罗斯也有分布。多年生草本，全株密生长柔毛。奇数羽状复叶，互生，小叶5～7，无柄，椭圆状卵形或倒卵形，杂有小型小叶，边缘有锯齿，下面有多数腺点；具叶柄；托叶近卵形。总状花序顶生，具多朵花，近无梗；花两性，辐射对称；萼5裂，外面有槽，顶端生一圈钩状刺毛；花瓣5，黄色，径6～9毫米；雄蕊10；心皮2，合生，子房上位；花期6～9月。瘦果包于具钩刺的杯状萼筒内；萼宿存；种子1，扁球形；果期8～10月。生长在山坡、路旁、草地。全草可入药，为强壮、收敛、止血药；含鞣酸，可提制栲胶或作农药。

龙岩市 Longyan City　中国福建省辖地级市。位于福建省西部。面积19 027平方千米。人口256万（2010）。辖新罗区和长汀、连城、上杭、武平、永定5县，代管漳平市。西晋太康三年（282）置新罗县。唐天宝元年（742）改称龙岩县。1981年置龙岩市。属热带海洋

古田会议旧址

性季风气候。水力资源丰富，有装机容量60万千瓦的棉花滩水电站。森林覆盖率78.6%，林木蓄积量7 023万立方米，毛竹蓄积量2.4亿株，是福建省三大林区之一。物产富饶，“长汀河田鸡”是全国三大名鸡之一。矿产主要有煤、铁、锰、钨、锌、稀土、石灰岩、高岭土、大理石等。工业有煤炭、水泥、卷烟、木材加工等部门。名胜有古田会议旧址、永定土楼、梅花山、冠豸山，以及龙硿洞、仙湖洞、穿云洞、石燕洞等溶洞。

龙眼 *Dimocarpus longan*; longan　无患子科龙眼属的一种。常绿果树。又称桂圆、益智。古称龙目，取其形似。原产中国南部，海南岛和云南东南部今还存在疏落野生林。主产国有泰国、印度、越南。中国以福建最多，次为广东、海南、广西、台湾、云南、四川。树高10～15米。偶数羽状复叶，对生或互生。圆锥花序，杂性同枝，两性花极少。核果状果实圆形或扁圆形，外皮黄褐色，果肉为假种皮，白色肉质。种子圆形，红棕或紫褐色。有品种近400个，主要有福眼、乌龙岭、石硖、乌圆等。龙眼为亚热带果树。宜植于疏松、深厚而肥沃土壤，pH5.0～6.5。根系庞大，有念珠状菌根，抗逆性较强。生长适温为23～26℃。用压条、嵌接、靠接等法繁殖。

龙眼果实清甜带脆，具香味。可鲜食或加工成干果。中医学上用干燥果入药，功能补心脾、养血安神。龙眼树冠繁茂，可作风景林和防护林树种；木材坚固耐久，可作家具、造船、雕刻等的材料。

龙羊峡水电站 Longyangxia Hydropower Station　中国黄河干流梯级开发中最上游的一级大型水电站。位于青海省共和县与贵南县交界的龙羊峡谷进口约2千米处，上距黄河源头1 686千米，坝址处控制流域面积13.14万平方千米，占黄河流域总面积的17.5%，多年平均流量640米^3/秒，最大水头171.4米。装机容量128万千瓦，设计年发电量59.8亿千瓦·时。

工程于1976年开工。1987年有2台机组发电，1989年全部机组投产，1994年底完工。枢纽由拦河坝、右岸溢洪道、电站厂房、升压站等组成。拦河坝为混凝土重力拱坝，最大坝高178米，坝顶长396米，正常蓄水位2 600米，水库总库容247亿立方米，有效库容193.5亿立方米。泄洪建筑分表孔、中孔、深孔、底孔4层放水设施，连同溢洪道，总泄洪能力达9 534米^3/秒。电站厂房位于坝下游70米处的河谷内，呈一字形斜线布置，安装4台单机容量32万千瓦的水轮发电机组。水电站以330千伏高压输电线路联入西北电网，向陕西、甘肃、宁夏、青海等地送电。

龙云 Long Yun（1884-11-27～1962-06-27）　中华民国时期云南军政首领。爱国民主人士。字志舟。彝族。云南昭通人。卒于北京。1914年毕业于云南陆军讲武学堂。1926年任唐继尧滇军军长兼昆明镇守使。1927年2月发动倒唐政变，投身国民革命。1928年被蒋介石任命为云南省政府主席。1933年出兵助蒋镇压福建人民政府。1935年在黔、滇、川边境阻击中国工农红军北上抗日。抗日战争时期，与蒋介石集团的矛盾日益尖锐，逐渐转向支持抗日民主运动，并秘密参加了中国民主同盟。1945年10月被蒋免去云南省政府主席等职。1948年12月逃往香港，不久加入中国国民党革命委员会。1949年8月公开声明拥护中共领导。1950年1月回到北京，任中华人民共和国中央人民政府委员，国防委员会副主席等职。

龙债 dragon bond　主要在亚洲地区发行的以非亚洲国家货币计值的债券。多以美

元标价。其发行、定价、承销都在亚洲的几个时区之内进行，特别是在新加坡和中国香港，投资者多来自亚洲。龙债一般是一次到期还本付息或每年付息一次的长期固定利率债券，或是以伦敦银行同业拆借利率为基准，每季或每半年重新定价一次的浮动利率债券。20世纪90年代以后，龙债成为亚洲美元市场中引人注目的债券。

隆达人 Lunda 非洲中南地区跨界民族。又称巴隆达人。有135万人（2002）。主要分布在刚果（金）南部、安哥拉东北部和赞比亚西北部。属尼格罗人种班图类型。包括隆达人本支、卢瓦勒人、恩登布人、姆本达人、卢查齐人等十多个支系。通用基隆达语，属尼日尔－科尔多凡语系尼日尔－刚果语族。大多保持万物有灵信仰，部分人信奉天主教。在班图人大迁徙时，是西班图人中的一支。15～19世纪曾建隆达王国。主要从事热带锄耕农业，种植高粱、木薯、稷和花生等，兼营渔猎和小型畜牧业。现有许多人进入工厂或种植园工作。北隆达人实行父系氏族制，南隆达人实行母系氏族制。

隆达王国 Lunda Kingdom 中非草原地区的国家。因建立者为隆达人而得名。18世纪的统治范围包括今扎伊尔南部、安哥拉东部和赞比亚西北部。传说隆达王国起源于开赛河上游，15世纪前只是一些分散的从事农业或渔业的部族。15世纪（一说16世纪），契宾达·伊隆加统一了各隆达氏族，创建了一种把宗教领袖、氏族长老和实际政治领导结合起来的中央领导体制。王国由一系列小王国组成，统治中心位于今扎伊尔南部加丹加地区的卡潘加，国王称姆瓦塔·扬沃。王国的经济基础是农业，在此基础上发展起比较强大的军事力量，以进行扩张并掠夺奴隶。奴隶劳动在隆达王国经济发展中占有重要的地位。非洲奴隶贸易时期，隆达王国成为非洲中部地区奴隶的主要供应者之一。19世纪80年代，隆达王国分裂为许多小酋长国。1884年葡萄牙人从西面入侵，1898年比利时人从东北方入侵，隆达王国被瓜分。1910年隆达王国的核心部分成为比属刚果的一个省。

隆哥 Longo, Luigi（1900－03－15～1980－10－16） 意大利和国际共产主义运动活动家。生于亚历山德里亚省一农民家庭，卒于罗马。1917年进都灵大学学习工程专业。1920年2月加入意大利社会党。1921年1月参与创建意大利共产党。同月，当选意大利共产主义青年团团中央委员。墨索里尼执政后，隆哥领导青年开展反法西斯斗争。1933年任意共驻第三国际代表，当选第三国际执行委员会委员。曾参加西班牙内战，任国际纵队第2纵队政委、国际纵队总政委。1943年10月在意北部地区建立以共产党人为骨干的武装力量加里波第纵队，任司令员。1948～1968年任议会众议员。1964年任意共中央总书记。1972年当选意共中央主席。

隆科多 Longkeduo（?～1728） 中国清代康熙、雍正时大臣。满洲镶黄旗人。一等公佟国维三子，圣祖孝懿仁皇后佟佳氏弟。隆科多于康熙朝累官理藩院尚书，兼步军统领，掌握京师警卫大权。清圣祖玄烨临终，为唯一传宣遗诏大臣。世宗之立，外得力于年羹尧，内得力于隆科多。世宗即位，以拥戴殊勋，被任命为总理事务四大臣之一，官至吏部尚书，加太保，备极宠任，呼舅舅而不名。铨选官吏，不经奏请，任意为之。随后，迅速被解除步军统领一职，以削弱其过分庞大的权力。隆科多平素与川陕总督年羹尧交结甚厚。雍正三年（1725），年败，隆科多以党附年羹尧、徇庇查嗣庭获罪，削太保。四年，罢尚书，令料理阿尔泰等路边疆事务。五年，参加《恰克图条约》谈判。六月，以私藏玉牒底本事发，被罗织41条大罪，于畅春园外筑屋三楹，永远禁锢。六年六月，卒于禁所。

隆美尔 Rommel, Erwin Johannes Eugen（1891－11－15～1944－10－14） 德国元帅。生于巴登－符腾堡州海登海姆市，卒于柏林。1911年毕业于但泽候补军官学校。参加过第一次世界大战。历任连长、营长、军校校长等职。1939年任元首大本营卫队长。1940年任第7装甲师师长，参加入侵法国。1941年2月任北非德军司令，率部增援北非意军，对攻入利比亚的英军发起反击，迅速扭转被动局面。后历任驻非洲装甲集群、装甲集团军和集团军群司令，并得“沙漠之狐”绰号。1942年6月指挥德意联军攻克图卜鲁格，将英军逐回埃及，晋升元帅。同年秋在阿莱曼战役中被B.L.蒙哥马利指挥的英国第8集团军击败，退守突尼斯。1943年北非战事结束后调任B集团军群司令，率部进驻意大利北部。1944年1月任新组建的西线B集团军群司令，6月在诺曼底抗击盟军登陆。7月被盟军飞机炸伤后回家疗养。他曾数次请求A.希特勒与美、英媾和。后因涉嫌暗杀希特勒事件，被逼自杀。他注重实战，惯于断机行事，擅长出奇制胜。著有《步兵进攻》，辑有《隆美尔文件》。

癃闭 retention of urine 以小便量少，点滴而出，甚则闭塞不通为主要临床表现的中医学病证。病情轻者涓滴不利为癃，重者点滴皆无称为闭。癃闭有虚实之分，实证多因湿热、气结、瘀血阻碍气化运行；虚证多因中气、肾阳亏虚而气化不行。癃闭常见以下证型：①膀胱湿热型癃闭。兼见尿黄灼热，口苦口黏，舌红苔黄腻，脉数。治宜清利湿热，方用八正散。②肺热壅盛型癃闭。兼见咳嗽气促、咽干口渴、苔薄黄、脉数。治宜清肺利水，方用清肺饮。③肝郁气滞型癃闭。兼见口苦易怒、胁腹胀满、舌红苔薄黄、脉弦。治宜疏肝行气利水，方用沉香散。④瘀血内阻型癃闭。兼见小腹胀痛，舌质紫暗，或有瘀斑，脉涩。治宜化瘀利水，方用代抵挡丸。⑤肾阳虚衰型癃闭。兼见面白肢冷、神疲腰酸、舌淡脉细。治宜温阳利尿，方用济生肾气丸。⑥中气不足型癃闭。兼见小腹坠胀，神倦纳少、气短声微、舌淡脉细。治宜化气利水，方用补中益气汤合五苓散。

陇海铁路 Long-Hai Railway 中国江苏省连云港至甘肃省兰州的铁路，中国铁路客货运输任务最繁忙的东西干线之一。也是新亚欧大陆桥的组成部分。途经徐州、开封、郑州、洛阳、西安、宝鸡和天水，横贯江苏、安徽、河南、陕西、甘肃五省，全长1 759千米。西接兰新、兰青和包兰铁路，与京沪、京九、京广、焦柳、西延、西康、宝中、宝成等干线相交。1904年开始自郑州向东西两端修建，1910年建成开封至洛阳段，1916年通车至徐州，1925年到海州，1934年到连云港；西行线1927年通车至灵宝，1935年到西安，1936年到宝鸡，1945年到天水，1953年建成天水至兰州段。随后陆续进行复线和电气化改造，2003年全线建成复线，郑州至兰州段实现电气化牵引。第十个五年计划期间徐州至郑州段进行电气化改造和提速改造，旅客列车最高运行时速达200千米。

陇南市 Longnan City 中国甘肃省辖地级市。位于省境南部，邻四川、陕西省。辖武都区和成县、宕昌县、康县、文县、西和县、礼县、两当县、徽县。面积27 923平方千米。人口257万（2010），有汉、回、藏等民族。1949年设武都分区。1950年改武都专区。1969年改武都地区。1985年改名陇南地区。2004年撤销陇南地区，设立地级陇南市。地处陇南山区。主要河流有西汉水、白龙江等。有松、柏、云杉、冷杉、栎等树种。

野生动物有大熊猫、金丝猴、羚羊、水獭、大鲵等。农作物有小麦、水稻、玉米、棉等，建有花椒、核桃、油橄榄、银杏等生产基地。有黄芪、当归、党参、大黄等药材。工业有冶炼、电力、轻纺、建材、酿造等。名胜古迹有万象洞、杜甫草堂、仇池国故址、西峪坪新石器时代遗址等。

垄断 monopoly 一种完全排斥竞争的市场结构。又称完全垄断。垄断的类型包括：有两个卖主的双头垄断；一个买主面对大量卖主的买方垄断；一个卖主面对大量买主的卖方垄断；存在一个买主和一个卖主的双边垄断。一般情况下，垄断通常单指卖方垄断。它是指这样一种状况：在某一市场上只存在一个厂商，该厂商在这个市场上拥有绝对的权力，不仅控制着所有有关市场与价格的信息，而且控制了该市场的全部供给，从而能够决定商品的价格和销售数量。

垄断的主要特征有：①产品具有不可替代性。由于卖方垄断企业的产品独特，消费者很难找到相近的替代品。②存在市场势力。卖方垄断企业具有控制产品价格和产量的能力。与完全竞争市场相比，卖方垄断市场的产量较低，而价格较高，企业产品的定价高于边际成本，从而产生垄断利润，往往导致社会经济福利和效率的损失。③存在着新企业进入的障碍。其中的一种进入障碍主要来自于政府干预，即存在行政壁垒，如完全由政府直接经营的垄断，或由政府授予私人企业对某种产品或某个行业独家经营的专营权等；另一种进入障碍主要是由于技术和市场需求等原因形成的，如生产具有明显的规模经济特点，而市场需求又只适合一个企业存在，这便形成了自然垄断。

在各种类型的市场中，垄断市场一般被认为是效率最低的市场，阻碍了技术进步和技术创新。

垄断价格 monopoly price 垄断资本家凭借自己在经济上的垄断地位，在一定程度上加以操纵的一种旨在保证最大利润量的市场价格。垄断组织销售商品所规定的垄断价格，是由生产成本加垄断利润构成的，一般高于生产价格。垄断组织向非垄断企业和小生产者购买原料、零件、配件等所规定的垄断价格，则低于这些商品的生产价格或价值。这就构成了垄断利润的来源。垄断价格的形成并不违背价值规律。因为，社会上商品的价格总额仍同它们的价值总额相一致，垄断资本家通过垄断价格多得的那部分利润，正是国内外劳动群众在垄断价格的掠夺下失去的那部分价值和非垄断组织在流通中失去的部分利润。

垄断竞争市场 monopolistic competition market 一种在一个市场中有许多厂商生产和销售有差别的同种产品的市场结构。20世纪30年代，英国经济学家J.V.罗宾逊和美国经济学家E.H.张伯伦分别在《不完全竞争经济学》(1933)和《垄断竞争理论》(1933)的著作中创立了垄断竞争理论。

垄断竞争市场一般具备3个特征：①市场中有很多的厂商，以至于每个厂商都认为自己采取行动（包括改变价格、产品品质等）所能造成的影响很小，不会引起其他竞争对手的注意和反应；但厂商数量不像完全竞争市场那样足够大量。②不同厂商生产的产品是非常接近的替代品，但存在差别。这种差别既可以是质量、外观、销售服务条件等方面的不同，也可以是商标、广告的差别和以消费者的想象为基础的虚构差别。产品之间的差别使得每个厂商对自己产品的定价都具有一定的垄断力量，而产品之间的替代性又使厂商之间存在着竞争。③厂商的生产规模比较小，因此，厂商进入或退出一个行业比较容易。在现实中，零售业和服务业中的很多市场通常被认为是垄断竞争市场。垄断竞争厂商实现长期均衡时，其利润为零，而且此时商品的价格较低，商品的数量较大，比较接近完全竞争厂商的长期均衡状态。所以，垄断竞争市场被认为是经济效率较高的一种市场结构。

垄断市场 monopoly market 一种整个行业或市场中只有唯一的一个厂商的市场结构。又称完全垄断市场。经济学中假设垄断市场具备3个特征：①市场上只有唯一的一个厂商生产和销售某种产品或者服务，该厂商称为垄断厂商。②垄断厂商生产和销售的产品或者服务没有任何相近的替代品与之竞争。③其他任何厂商要进入该行业或市场都极其困难，甚至不可能。严格意义上的垄断市场在现实中并不存在，某些公用事业被认为比较接近于垄断市场。

垄断厂商实现短期均衡时，往往能获得利润；实现长期均衡时，往往能获得比短期更大的利润，而且相对于其他市场结构而言，此时商品价格最高，商品数量最少。在各种结构的市场中，垄断市场一般被认为经济效率最低，社会福利损失最大。世界上很多国家都有各自的反垄断立法，以促进市场竞争，提高资源配置效率。

垄断资本 monopoly capital 垄断生产和市场，规定商品的垄断价格以获取高额垄断利润的资本。

垄断是生产集中的必然产物。生产集中于少数大企业后，生产扩大与市场狭小的矛盾尖锐，大企业为保证高额利润必须联合起来；同时，自由竞争加剧，大企业间为了避免两败俱伤，也会自然地联合起来，通过建立各种垄断组织，形成对生产和市场的垄断或独占，并迅速发展为在社会经济生活中占统治地位的垄断资本形式。在垄断资本的发展过程中，工业垄断资本和银行垄断资本又进一步融合生长成金融资本；在国内垄断资本的基础上形成了国际垄断资本，在私人垄断资本的基础上形成了国家垄断资本。

作为资本社会化的新形式，垄断资本没有改变生产关系的资本主义性质，且使社会化的生产资料和劳动成果进一步被极少数垄断资本家所占有，这就必然进一步加深资本主义的基本矛盾，阻碍社会生产力的发展。

垄作 ridge culture 在高于地面的土垅上栽种作物的耕作方式。中国东北和华北一些地区多用于栽培玉米、高粱、甜菜等旱地作物，其他地区主要用于栽培甘薯、马铃薯等薯芋类作物。

垄由高凸的垄台和低凹的垄沟组成，呈波状起伏。垄作的特点是：①垄台土层厚，土壤空隙度大，不易板结，有利于作物根系生长。②垄作地表面积比平地增加约20%～30%，昼间土温可比平地增高约2～3℃，由于昼夜温差大，有利于光合产物的积累。③垄台与垄沟的位差大，大雨后有利排水防涝，干旱时可顺沟灌溉以免受旱。④垄台能阻风和降低风速。⑤有利集中施肥，可节省肥料。垄的高低、垄距、垄向因作物种类、土质、气候和地势而异。作垄方法有整地后起垄和不整地直接起垄以及山坡地等高起垄。播种方法有秒种和扣种。

弄堂 longtang; alleys in South China 中国近代以来上海的传统街巷。又作弄唐。为吴方言。“弄”、“堂”古意均为巷、路，泛指小巷。19世纪中叶以后，随着商贸繁荣、城市人口渐增、地价上涨，上海地区占地

上海老城区的弄堂

广的旧式多进式住宅被新出现的联立式住宅代替，新式住宅排列毗连，形成弄堂。弄口有中国传统式牌楼，有些弄堂分总弄和支弄。整个住宅区称里弄，房屋称弄堂房子。20世纪初以前为石库门房子的弄堂，以后出现欧式花园洋房的弄堂。除住宅外，弄堂内设有钱庄、批零店和饭馆及工厂、学校、医院、剧场、书场等公共设施。弄堂是上海传统都市居住文化的一种标志。

娄底市 Loudi City 中国湖南省辖地级市。位于湘中腹地。辖娄星区和双峰、新化2县，代管冷水江市、涟源市。面积8 107平方千米。人口379万（2010）。西汉为长沙国地，东汉为长沙、零陵郡地。唐为潭州、邵州地。明、清为长沙、宝庆府地。1914年属湘江道。1999年设立娄底市。矿产有锑、煤、大理石、石膏、金、铅、锌、铁、锰、钨等。其中锑的保有量占中国首位。农作物有水稻、甘薯、小麦、花生、大豆、茶叶、蔬菜等。工业以能源、冶金、建材、化工、机械为主。名胜古迹有胜仙洞、北塔、黄巢山、漪园、溪口水库等。

娄山关 Loushan Pass 位于中国贵州省遵义市以北21千米与桐梓县交界处。入黔出川咽喉要道。地处黔北大娄山山脉中段。地理位置险要，为历代军事要隘。关口岩石由寒武系娄山关白云岩组成。位于隆升的背斜轴部，因张性裂隙发育，在强烈的侵蚀和溶蚀作用下形成分水岭隘口，海拔1 226米。周围悬崖峭壁，山峰均高达1 400～1 600米。关口东西两侧为大、小尖山锁峙，南北又是高低相差400米的峡谷。群山之中仅有川黔公路通过。以中国工农红军长征时闻名中外的娄山关战役而著称。中华人民共和国建立后，在娄山关上竖立了毛泽东手书《忆秦娥·娄山关》的诗词大理石碑刻。

娄师德 Lou Shide (630～699) 中国唐朝高宗、武则天时大臣。字宗仁。郑州原武（今河南原武西）人。进士及第授江都县尉，累迁为监察御史。高宗上元初，朝廷招募“猛士”御吐蕃，师德以文臣应募，从军西讨，屡有战功。武则天天授初，升任左金吾将军、检校丰州都督，仍知营田事。师德主管北方营田十余年，积谷数百万斛。边军粮足，武则天特降书嘉奖。长寿二年（693），召拜夏官（兵部）侍郎、判尚书事。则天认为营田关系到边镇军粮供应，又任师德为河源、积石（今青海贵德西）、怀远（今地未详）等军及河、兰、鄯、廓等州（今甘肃兰州以西、青海湟源以东地区）检校营田大使。后转任左肃政台（即御史台）御史大夫。证圣元年（695），吐蕃进攻洮州（今甘肃临潭），师德统兵出征，战败，被贬。圣历元年（698），复充陇右诸军大使，仍检校河西营田。次年，为天兵军副大总管，仍充陇右诸军大使，专掌招抚吐蕃事。师德出将入相，总边任前后30余年。

楼阁 storeyed building 中国古代建筑中的多层建筑物。楼与阁在早期是有区别的。楼指重屋，阁指下部架空、底层高悬的建筑。阁一般平面近方形，两层，有平坐，在建筑组群中可居主要位置，如佛寺中有以阁为主体的，独乐寺观音阁即为一例。楼则多狭而修曲，在建筑组群中常居于次要位置，如佛寺中的藏经楼，王府中的后楼、厢楼等，处于建筑组群的最后一列或左右厢位置。后世楼阁二字互通，无严格区分，不过在建筑组群中给建筑物命名仍有保持这种区分原则的。如清代皇家的几处大戏园，主体舞台建筑平面近方形的均称阁，观戏扮戏的狭长形重屋均称楼。

古代楼阁有多种建筑形式和用途。城楼在战国时期即已出现。汉代城楼已高达三层。阙楼、市楼、望楼等都是汉代应用

河北承德文津阁

较多的楼阁形式。佛教传入中国后，大量修建的佛塔建筑也是一种楼阁。建于辽代的山西应县木塔高67.31米，是中国现存最高的古代木构建筑。历史上有些用于庋藏的建筑物也称为阁，但不一定是高大的建筑，如石渠阁、天一阁（见藏书楼）等。可以登高望远的风景游览建筑往往也用楼阁为名，如黄鹤楼、滕王阁等。

楼观派 Louguan sect of Taoism 中国道教教派。又称楼观道。始创于魏晋之际，显盛于北朝、隋唐，以楼观为中心，主要传播于北方关陇地区。楼观台在今陕西周至终南山脚下，地近长安，风景秀丽。隋唐两代以后成为北方著名的道教大丛林。楼观派奉老子、尹喜为祖师，主要传习三洞经典。其道法受南方上清、灵宝派影响，杂采众家之长，对诵经思神、行气咽液、炼丹服饵、符箓斋醮等方术皆兼而行之。该派还力主老子化胡之说，常与佛教发生论争。

楼观台 Louguantai Taoist Temple 道教宫观。位于中国陕西周至终南山麓。相传是周代函谷关令尹喜在此结草为楼，以观天象，故初名“草楼观”。道庙称“观”，据说即源于此。道教称，老子由楚入秦经函谷，尹喜乃请老子著书以传后世，老子为说《道德五千言》，故此地又称“老子说经台”。魏晋南北朝时，高道云集，讲经宣教，逐渐形成楼观派。唐高祖时，敕令扩建楼观庙宇，殿阁楼台、亭塔洞池达50多处，改名“宗圣观”。金末毁于战乱。元代全真道士尹志平居楼观10年，在旧址上修复殿堂，楼观从此成为全真道十方丛林。明清时楼观遭山洪水灾、兵燹之祸，宗圣观主体建筑荡然无存。至清末已只存残迹。现存之楼观台，主体为“说经台”，主要殿宇有老子祠、四圣殿、太白殿、救苦殿、灵官殿、斗姥殿、藏经楼等。1982年，定为全国重点宫观。

楼兰 Loulan 西域城郭国。国都楼兰城（遗址在今中国新疆罗布泊西北岸）。西南通且末、精绝、拘弥、于阗，北通车师，西北通焉耆，东当白龙堆，通敦煌，扼丝绸之路的要冲。国人属印欧人种，方言与焉耆-龟兹语相近。武帝初通西域，使者往来都经过楼兰。楼兰屡次替匈奴当耳目，并攻劫汉使者。元封三年（前108），汉遣从票侯赵破奴等率兵讨楼兰，俘获其王。楼兰既降汉，又遭受匈奴的攻击，于是分遣侍子于汉与匈奴，向两面称臣。后匈奴侍子安归立为楼兰王，遂亲匈奴，多次杀害汉朝使者。王弟尉屠耆降汉，将情况报告汉朝。昭帝元凤四年（前77），汉遣平乐监傅介子到楼兰，刺杀安归，立尉屠耆为王；改国名为鄯善，迁都扜泥城（今新疆若羌附近）。其后汉朝常遣吏卒在楼兰城故地屯田；自玉门关至楼兰，沿途设置烽燧亭障。

楼适夷 Lou Shiyi (1905-01-03～2001-04-20) 中国作家、翻译家、编辑家。原名锡春，曾用笔名楼建南。生于浙江余姚。曾做过钱庄学徒。1923年起在《创造日》等刊物上发表作品。1928年入上海艺术大学，并参加太阳社，出版短篇小说集《挣扎》、

《病与梦》。1929年到日本留学。1931年回国，加入中国左翼作家联盟。这一时期的小说《盐场》是著名早期左翼小说之一。参与“左联”机关刊物的编辑工作。1932年出

版短篇小说集《第三时期》。九一八事变后创作话剧《SOS》、《活路》，投身于抗日宣传工作。1933年被国民党政府逮捕。在狱中翻译了M.高尔基的《在人间》、《我的文学修养》等作品。1937年出狱到武汉，任《新华日报》副刊主编和中华全国文艺界抗敌协会理事、宣传部长。后至广州、香港，协助茅盾编辑《文艺阵地》并代理主编。上海“孤岛”时期，除继续编辑工作外，翻译出版了《科学的艺术论》、《苏联文学与艺术》、《彼得大帝》、《老板》等苏联作品。1944年在浙东抗日根据地创办日文版《解放日报》，从事对日本战俘的反战教育工作。1946年返沪，参与编辑《时代日报》副刊和中华全国文艺协会机关刊物《中国作家》。1947年赴香港与周而复创办《小说》月刊。1949年当选为全国文联理事，中国作家协会理事、外委会副主任。后在出版总署工作期间，参加抗美援朝，任中国人民志愿军东北军区后勤部政治部宣传部长。1952年起任人民文学出版社副社长兼副总编辑，并任《译文》和《世界文学》编委。1958年曾一度任作家出版社副社长兼总编辑。70年代后创办《新文学史料》杂志。出版的著译还有：《四明山杂记》、《适夷诗存》、《适夷散文选》、《蟹工船》、《罗生门》、《焚火》等。

楼燕 *Apus apus*; common swift 雨燕目雨燕科雨燕属的一种。又称雨燕。

蝼蛄 Gryllotalpidae; mole cricket 直翅目蝼蛄科昆虫的统称。又称拉拉蛄、土狗、蝼蝈等。重要的地下害虫。在中国发生的有华北蝼蛄、东方蝼蛄（原称非洲蝼蛄）、台湾蝼蛄、普通蝼蛄4种，以前两种为害最重。蝼蛄成虫体黄褐色，全身覆有黄褐色细毛。有一对丝状触角。一对发达的前足称为开掘足，两对胸足较小。胸部着生两对短小的翅，尾部有尾须一对（见图）。

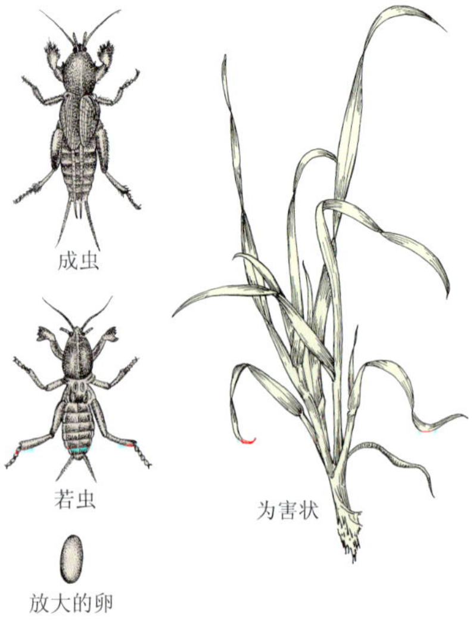

蝼蛄及其为害状

食性杂，可为害多种作物，以麦类、玉米、高粱、粟、甘薯等受害最重。蔬菜和烟草的苗床，果树和林木等的苗圃也常受害。

漏电保护器 electric leakage protector 防止触电和漏电的安全保护电器。全称漏电电流动作保护器。俗称漏电开关。决定人体触电死亡的因素是触电电流的大小和触电时间的长短。30毫安·秒为人体触电保护的安全值，即触电电流为30毫安，触电时间在1秒之内，不会造成人体触电死亡事故。漏电保护器的动作电流值在10毫安及以下，主要用于防止潮湿场所的人身触电；在15～30毫安时，用于防止一般场所的人身触电，如电动工具等；在100毫安及以上时，主要用于开关柜等，可防止漏电引起的火灾。一般的漏电保护器的动作时间不大于0.1秒，具有反时限作用和防止漏电火灾用的保护器动作时间在0.1～2秒之间。用于单相电路的二线漏电保护器主要由主开关、检测漏电电流用互感器和脱扣器组成，当漏电电流增大到预定数值时，脱扣器动作，主开关的锁扣被释放而阻断电路。

卢巴人 Luba 中非刚果（金）的主要民族之一。又称巴卢巴人。人口981万（2002）。主要分布在沙巴大区、基伍大区南部和东开赛大区东南部。另有3万多人分布在赞比

刚果（金）的卢巴人成人礼仪式

亚。属尼格罗人种班图类型。包括三大支系：沙巴大区的巴卢巴－尚卡吉人、东开赛大区的巴卢巴－班博人、沙巴和基伍毗连地区的巴卢巴－亨巴人。通用奇卢巴语，属尼日尔－科尔多凡语系尼日尔－刚果语族。有以拉丁字母为基础的文字。相信万物有灵，行祖先崇拜和自然崇拜。近代以来，很多人信奉天主教。源自西班图人的一支。14～15世纪建立卢巴王国。19世纪末受比利时殖民统治。1960年同国内其他各族人民一起赢得国家独立。从事热带锄耕农业，主要种植木薯、玉米、稻谷、咖啡和棉花等，兼事渔猎和小型畜牧业。随着矿业的发展，刚果河上游地区的卢巴人构成了当地产业工人的主体。社会基层组织结构松散。按父系续谱和继承。行一夫多妻制。有寡妇内嫁和妻姊妹婚习俗。木雕造型等实用艺术别具风格，民间文学、叙事组诗等丰富多彩。

卢本巴希 Lubumbashi 刚果（金）第二大城市，非洲铜带中心城市和国家工矿重镇，加丹加省首府。1966年前称伊丽莎白维尔。位于卢阿普拉河支流卡富布河左岸。人口110.59万（2003）。地处加丹加高原南部，铜带自赞比亚的卢安夏延伸至这一地区。海拔约1 290米，附近富藏多种有色和稀有金属矿。热带草原气候，月平均气温17～24℃，平均年降水量1 240毫米，雨、旱季分明。刚果（金）开发最早的矿区。1906年比利时殖民者成立上加丹加矿业联合公司开始采铜，1908年设厂炼铜。1942年设市。第二次世界大战后随矿业规模扩大城市迅速发展。全国最大的矿业中心，素称刚果（金）的“铜都”，有多座大型铜、钴冶炼企业。加工工业主要有食品、纺织、印刷、水泥及其制品、日用化工、车辆和机械修配等部门。国家南部运输枢纽。利卡西、科卢韦齐、基普希等地矿产品集运中心。北与东、西开赛和基伍地区有公路相通。铁路北达伊莱博、金杜，南通邻国安哥拉、赞比亚、莫桑比克并直接出海。城郊有国际机场。有博物馆、天主教堂、美术研究院、师范学院、各种专科学校和国立大学分校。

卢布 rouble 俄罗斯的货币单位。有100、200、500、1 000、1万、5万等面额卢布纸币，另有1卢布及1、3、5、10、15、20、50戈比铸币。主辅币制为：1卢布＝100戈比。卢布最早为沙皇俄国的货币单位。1897年卢布纸币的含金量为0.774 234克。1961年苏联实行货币改革，卢布的含金量定为0.987 412克，对美元的汇价确定为1美元兑0.9卢布。此后近30年这一汇率没有大的

旧版10卢布

变化。1989年苏联宣布实行双重汇率。1991年苏联解体，卢布成为俄罗斯的本位货币单位。1993年俄罗斯发行新版卢布。新俄罗斯卢布没有任何肖像，只是在建筑物上象征性地印有俄罗斯三色旗。

卢布尔雅那 Ljubljana 斯洛文尼亚首都和最大城市。位于国土中部，卢布尔雅尼察河两岸，周围群山环抱。人口27.5万(2008)。公元前1世纪古罗马时期始建，称艾摩那，后毁于异邦入侵。公元6世纪斯拉夫人重建，名卢维加纳。12世纪改现名。1277年起长期在奥地利统治下，一度曾被法国占领（1809～1813）。1821年，奥、俄、法、英等国在此举行“神圣同盟”成员国会议。1918年归属塞尔维亚－克罗地亚－斯洛文尼亚王国（1929年改称南斯拉夫王国）以来，一直是斯洛文尼亚首府。1991年成为独立的斯洛文尼亚共和国首都。现代城市大部分为1895年地震后重建。城市经济以工业和旅游业为主，有重型机械、纺织、

卢布尔雅那市区

造纸、化学、电子、食品等工业部门。中欧与亚得里亚海地区之间重要铁路、公路枢纽，并设国际机场。文化事业发达，有美术学院、科学与艺术研究院、卢布尔雅那大学等。12世纪的古堡为城市标志。1981年与中国成都结为友好城市。

卢德运动 Luddite Movement 英国工人以破坏机器为手段反对工厂主压迫和剥削的自发工人运动。首领称为“卢德王”，故名。工业革命时期，大批手工业者破产，工人失业，工资下跌。当时工人把机器视为贫困的根源，用捣毁机器作为反对企业主，争取改善劳动条件的手段，但禁止对人身施用暴力。1811年初，卢德运动开始形成高潮。其中心是诺丁汉郡。英国政府及企业主残酷迫害破坏机器的工人。但运动仍继续蔓延。1816年这类运动仍时有发生。

卢恩 Luhn, Hans Peter（1896-07-01～1964-08-19） 美国情报学家、自动标引和自动文摘技术的奠基人之一。生于德国巴门，卒于美国纽约。原为工程师，有许多发明，获10项专利。1941年受聘于美国国际商用机器公司（IBM），长期从事技术革新工作。1957年应用计算机发明了机编关键词索引（KWIC），次年又发明了基于词频加权的自动摘录和自动标引技术。创立了定题服务方式（SDI）。著有《图书馆情报机械化编码与检索用的统计方法》（1957）、《文献摘要自动编制法》（1958）、《技术文献的题内关键词索引》（1959）等。

卢浮宫金字塔形入口

卢浮宫 Palais du Louvre 原是法国王宫，现为法国国立艺术博物馆所在地。位于巴黎市中心塞纳河右岸。1190～1204年间，法王腓力二世为存放王室档案和珍宝而建造。15世纪至18世纪末曾四次改建和扩建。1793年，法国国民议会宣布这里作为博物馆向观众开放。此后又大规模扩建，到1868年，卢浮宫的建筑才全部完成。

建筑 卢浮宫分为东、中、西三个院落。东院建成最早，是较小的方形院，后来向西延伸建成中院，再向西建成敞开式的较大的西院。三部分均为三层楼，有的部位建有地下层。各部分因建筑时期不同而风格各异。其中，中院的东立面是1624年建筑学家J.勒梅西应路易十三的要求，在早期文艺复兴风格的基础上重新设计和扩建的，保留了意大利式的壁柱和檐廊。建筑为古典主义风格，古朴清新，庄严肃穆，最为人们推崇。中院内有美国建筑师贝聿铭设计的一大四小共五个玻璃金字塔形透明屋顶，其中大金字塔下用作观众入口，在地下分流进入北东南三翼各展室。卢浮宫是欧洲宫殿建筑的杰出范例，对欧洲建筑艺术的发展产生过重大影响。1991年，巴黎市中心塞纳河两岸作为文化遗产被列入《世界遗产名录》，卢浮宫是其中一部分。

博物馆 卢浮宫博物馆分为八大展馆部门，共收藏有40多万件来自世界各国的艺术珍品，多数曾为王室收藏品。其中有被誉为“卢浮宫三宝”的米洛斯的《维纳斯》、萨莫色雷斯的《尼凯女神像》、达·芬奇的《蒙娜丽莎》。博物馆展出了古代中东的《带翼牛身人面雕像》、《汉穆拉比法典碑》，古埃及的《书记像》、《丹尼斯的狮身人面像》、法老雕像、纸草文书和壁画，古代希腊、伊特鲁里亚及古罗马时期的大理石雕像、青铜、珠宝、银器、玻璃器皿、陶器等文物。还展出了中世纪和文艺复兴时期及以后的工艺品、雕塑及绘画作品等。博物馆还设有伊斯兰艺术馆，书画刻印艺术馆，非洲、亚洲、大洋洲及美洲艺术馆及建于1882年专门培养博物馆管理人才的卢浮宫博物馆学院。

卢沟桥 Lugou Bridge 中国古代联拱石桥。位于北京西南宛平城西，横跨永定河。永定河旧称卢沟河，桥因此得名。建于金世宗大定二十九年至金章宗明昌三年（1189～1192），初名广利桥，元改今名。桥东西向，全长266.5米，宽7.5米，下分11涵孔，近岸孔跨约16米，中心孔跨21.6米。桥身两侧有石雕护栏，在281根望柱顶端雕以石狮485只，形态各异，生动逼真。明清两代曾进行多次修葺、重建。现桥为清康熙年间毁于洪水后重建。卢沟桥从设计艺术到建筑技巧，在中国桥梁史上均占重要地位。

1937年7月7日，日本侵略军炮击宛平城和卢沟桥，驻守在卢沟桥的29军当即反击，发生了震惊中外的卢沟桥事变，揭开了全国抗战的序幕，卢沟桥因此成为中国人民抗击日本帝国主义侵略的纪念地。1961年

国务院公布为全国重点文物保护单位。

卢沟桥事变 Lugou Bridge Incident 日本帝国主义为发动全面侵华战争于1937年7月7日在北平西南宛平县（今属北京市丰台区）卢沟桥制造的军事冲突。见七七事变。

卢鹤绂 Lu Hefu (1914-06-07～1997-02-13) 中国物理学家、教育家。山东掖县（今莱州）人。生于辽宁沈阳，卒于上海。1936年获燕京大学物理系学士学位，1941年获

美国明尼苏达大学哲学博士学位。历任中山大学、广西大学和浙江大学教授；复旦大学教授，分子物理教研室、理论物理研究室和原子核研究室主任；北京大学教授，中子物理教研室主任；中国科学院上海原子核研究室主任，中国科学院上海原子核研究所副所长。1980年当选中国科学院学部委员（院士）。

主要从事理论物理和核物理研究。发现热离子发射的同位素效应，发明了测定轻同位素丰度比的时间积分法，并准确测定了锂-7和锂-6的丰度比，该数值被国际同位素和核数据表一直沿用至1990年。提出扇形磁场对入射带电粒子聚焦作用和普适原理，设计并制造了新型60度聚焦高强度质谱仪，首次制成低气压放电型纵向提取的硼离子束源。首次在国际上公开估算铀-235原子弹及费米型链式裂变反应堆的临界大小的简易方法及其原理，提出了核半径的新计算公式。建立流体容变黏滞弹性理论，提出容变弛豫和弛豫压缩的基本方程，并将此方程推广到全频率范围的声现象以及多种弛豫过程的情况，论证关于容变黏滞系数定义的合理性，并扩充A.爱因斯坦的化学弛豫学说。研究铀-235核裂变放出的中子数和受控热核反应。执教50余年，培养了大量科技人才。与周同庆共同主编《受控热核反应》一书。

《卢济塔尼亚人之歌》 *Os Lusiadas* 葡萄牙史诗。作者为L.V.de卡蒙斯。1572年出版。史诗以葡萄牙航海家达·伽马率船远航印度为背景，穿插着神话故事，以及葡萄牙从建国之初直到1497年间的历史和海外扩张的业绩。诗中的卢济塔尼亚人即葡萄牙人。全诗8 800余行，分为10章。第1章描写4艘小船在达·伽马的率领下，开始前往印度的航程。第2～9章描写船队历尽种种艰辛，终于到达印度，为祖国赢得了荣誉和声望。第10章描写归国途中的遭遇以及船队回到里斯本受到国王和市民们热烈而盛大的欢迎情景。

史诗是一部现实主义与浪漫主义相结合的杰作。其中既有精彩可信的叙述、动人心弦的抒情，也有令人赞叹的独白和演讲。韵律多变，文字优美，诗人因此被誉为语言大师。史诗成为葡萄牙文学的象征。

卢嘉锡 Lu Jiaxi (1915-10-26～2001-06-04) 中华人民共和国全国人民代表大会常务委员会副委员长，中国人民政治协商会议全国委员会副主席，物理化学家。又名瑞师。原籍台湾台南，生于福建思明（今厦门市），卒于福州。1934年毕业于厦门大学化学系。1939年获英国伦敦大学哲学博士学位后，去美国加州理工学院继续深造，在著名化学家L.鲍林指导下，从事结构化学的研究。在参加美国国防研究过程中，曾在燃烧与爆炸研究方面取得重要成果。1945年回国后，历任厦门大学教授、副校长，福州大学化学系教授、副校长，中国科学院福建物质结构研究所所长。1981年任中国科学院院长。1982年当选中国化学会理事长。曾任《中国大百科全书》第一版总编辑委员会副主任。1955年当选中国科学院学部委员（院士）。1984年当选欧洲科学院院士；1985年当选第三世界科学院院士，1988年当选该院副院长。他还是国际纯粹与应用化学联合会物理化学专业委员会增设委员及分子结构和光谱工作委员会国家代表。他还当选中国人民政治协商会议第七、九届全国委员会副主席，中国农工民主党第十届中央主席，第八届全国人民代表大会常务委员会副委员长。

专长物理化学，特别是结构化学。他的主要成就有：通过晶体和分子结构测定，证实了W.G.宾尼和G.B.B.M.萨瑟兰根据量子化学理论分析提出的过氧化氢的分子构型；定出了氮化硫（S_4N_4）及其同类物雄黄和雌黄等非过渡元素原子簇化合物的结构；提出了固氮酶中钼铁蛋白非朊辅基固氮活性中心的$MoFe_3S_3$网兜状原子簇结构"福州模型Ⅰ"，进一步发展成孪合重烷型双立方烷的"福州模型Ⅱ"，得到中外学者的重视；提出"元件组装设想"，以四元环型过渡金属M、M′原子"簇元"作为基本"元件"，阐明了单烷型、重烷型过渡金属元素簇合物的"自兜"合成反应的原理。1999年获何梁何利基金科学与技术成就奖。发表学术论文70余篇。所著《结构化学研究中若干辩证法问题》的论文，得到哲学界和科学界的好评。

卢卡奇 Lukács György (1885-04-13～1971-06-04) 匈牙利哲学家、美学家、文艺评论家、政治活动家。生于布达佩斯，卒于布达佩斯。1906年在科洛茨瓦大学获法律博士学位，1909年在布达佩斯大学获哲学博士学位。1909～1917年主要在德国学习，研究德国古典哲学、生命哲学和文艺理论。1918年加入匈牙利共产党。1918年匈牙利苏维埃共和国宣告成立时，曾任教育人民委员。同年9月革命失败后流亡维也纳，参加《共产主义》杂志的写作与编辑活动，并着手写作他重新思考马克思主义的系列论文，这些论文后来汇成论文集《历史和阶级意识》。该书受到国际共产主义运动领导层的尖锐批判，并在国际理论界引起反复争议。1929～1931年侨居莫斯科，在由D.B.梁赞诺夫领导的马克思-恩格斯-列宁研究所工作。1931～1933年移居柏林，1933年发表《我走向马克思的道路》一文。后返回莫斯科，在苏联科学院哲学研究所工作。1936年完成《青年黑格尔》，作为论文获苏联科学院哲学科学博士学位。1954年回到匈牙利，任布达佩斯大学哲学和美学教授，并成为匈牙利科学院主席团成员。1954年出版《理性的毁灭》，对德国哲学史上辩证理性与反理性的斗争作了系统分析。1956年参加裴多菲俱乐部的活动，曾任纳吉政府的文化部长。匈牙利事件后被放逐到罗马尼亚。1957年回到布达佩斯，余生主要进行研究和著述，著有《审美特性》、《关于社会存在的本体论》、《民主化的进程》。

卢卡奇在青年时代深受西方传统文化，特别是德国古典哲学的影响。俄国十月革命后同德国社会学家M.韦伯等关系破裂，开始批判资产阶级文化。20年代受到列宁的批评后，开始转变自己的世界观。晚年他坚持批判僵化的社会主义模式和斯大林的错误，试图总结社会主义体制改革的经验教训，并反思自己半个多世纪的理论探讨，积极倡导马克思主义的革新和社会主义的民主化。卢卡奇在哲学、政治、历史等方面提出的问题和见解，表现了一代革命知识分子强烈的社会责任感。他在美学和文艺理论方面留下了大量的珍贵遗产。

卢卡斯 Lucas, Robert Emerson, Jr.（1937－09－15～ ） 美国经济学家，理性预期学派的主要代表人物之一。生于华盛顿州亚基马市。1964年获芝加哥大学经济学博士学位。1963～1967年任卡内基理工学院助理教授。1967～1970年任卡内基－梅隆大学副教授；1970～1974年任经济学教授。1974～1975年，任芝加哥大学福特基金会经济学客座研究教授。1975～1980年，任芝加哥大学经济学教授。1981～1982年，被聘为西北大学经济学客座教授。1980年起任芝加哥大学约翰·杜威杰出服务经济学教授。曾任美国经济学联合会会长等职。1995年获诺贝尔经济学奖。

卢卡斯率先将理性预期理论运用于宏观经济分析并将其推至现代经济学的前沿。由于他的贡献，70年代中后期形成了以年轻学者为主体的理性预期学派。卢卡斯对理性预期学派经济计量模型的形成作出了重要贡献。他主张，政府最好制定并公开宣布长期不变的原则，为经济提供一个稳定可靠的环境，政策多变会干扰社会经济的正常运行。还认为经济周期的原因在于信息不完备及其所引起的相对价格变动和绝对价格的混淆。著有《经济周期理论研究》、《理性预期与经济计量实践》(合著)、《经济周期模型》、《经济动态的递归方法》(合著)、《实际工资、就业和通货膨胀》、《一个经济周期的均衡模型》等。

卢克莱修 Lucretius, Carus（约前98～前55） 古罗马哲学家。他继承古代原子学说，特别是阐述并发展了伊壁鸠鲁的哲学观点。认为物质的存在是永恒的，提出了"无物能由无中生，无物能归于无"的唯物主义观点。反对神创论，认为宇宙是无限的，有其自然发展的过程，人们只要懂得了自然现象发生的真正原因，宗教偏见便可消失。承认世界的可知性，认为感觉是事物流射出来的影像作用于人的感官的结果，是一切认识的基础和来源，驳斥了怀疑论。认为幸福在于摆脱对神和死亡的恐惧，得到精神的安宁和心情的恬静。著有哲学长诗《物性论》。

卢克索 Luxor 埃及古城。又称乌格苏尔。位于上埃及基纳省境内，尼罗河畔，南距阿斯旺约200千米。人口约19.76万(2006)。海拔78米。气候干热，年平均气温25.1℃，平均年降水量5毫米。因古城底比斯遗址在此而著称，是古埃及文物集中地。据考古学家估计，约有500座古墓散布在卢克索地区，仅尼罗河西岸著名的"王陵之谷"就有62座帝王陵墓，保存有珍贵的古埃及艺术品。还有3 500多年前建造的巴哈利神庙。尼罗河东岸著名的卢克索神庙和卡纳克神庙保存较完整，以卡纳克神庙规模最大。现代市镇分布在神庙的北、南和东面，随农业而兴起。是谷物、甘蔗、椰枣等农产品集散地。有制糖、陶器等工业。多教堂和清真寺。是著名的旅游中心和冬季休养地。有铁路通达开罗和阿斯旺，有渡轮开往尼罗河西岸。设有商用机场。

卢克索神庙 Luxor Temple 古埃及供奉太阳神阿蒙与妻子穆特、儿子柯恩苏的神庙。位于古埃及都城底比斯遗址的南部、卡纳克神庙之南。与卡纳克神庙之间连以2 000多米长的斯芬克斯大道，道两侧排列着巨大的斯芬克斯石像。该庙主体建筑为阿蒙霍特普三世和拉美西斯二世时期兴建，沿南北轴线布局，入口塔门外立有高大的方尖碑和拉美西斯二世石像。塔门内为拉美西斯二世庭，三面保留有造型优美的纸草花蕾形立柱，柱间竖立拉美西斯二世石像。

卢克索神庙入口

再往南为由两排共12根高大立柱组成的柱廊。柱廊之南为阿蒙霍特普三世庭，三面各有22根立柱分两排竖立，西南面连接多柱厅，厅后东、西两侧分别为穆特和柯恩苏的礼拜室。该神庙是古埃及重要宗教节日奥佩特节的中心活动场所。传说太阳神阿蒙在节日期间从卡纳克神庙溯尼罗河而上，至卢克索神庙探望妻子。神庙墙壁上残存表现节日盛大场面的浮雕。

卢里人 Luris 西亚伊朗伊斯兰共和国的民族之一。约200万人(2001)。主要分布在西南部的卢里斯坦。另有少数人分布在伊拉克等国。属欧罗巴人种地中海类型。使用卢里语，属印欧语系印度－伊朗语族。无文字。多数人通用波斯语。信奉伊斯兰教，属什叶派；广泛保留原始信仰，崇拜树、石、山泉等。扎格罗斯山山脊将卢里人分为两支：佩什科赫（山前）卢里人和佩什特科赫（山后）卢里人。每支又分为许多部落和部落联合体。系古代埃兰人与外来波斯部落混血的后裔。主要从事畜牧，饲养绵羊、山羊；定居者饲养马和牛，用为役畜。牲畜都放牧于天然牧场，冬夏游牧于不同地区。游牧民住毛毡帐篷，主要食用奶制品。定居者住泥土房，以麦面烙饼为主食。盛行早婚。

卢纶 Lu Lun（748～约799） 中国唐代诗人。字允言。河中蒲（今山西永济）人。大历十才子之一。大历间受元载、王缙推荐入仕，任秘书省正字、监察御史等职。贞元间，任河中节度使元帅府判官，官至户部郎中。其诗以五七言近体为主，七古亦佳，多唱和赠答之作。在十才子中，诗风较为雄壮。代表作有《塞下曲》、《村南逢病叟》、《晚次鄂州》、《腊月观咸宁王部曲擒虎歌》等。今有《卢户部诗集》、《卢纶诗集》。《全唐诗》存其诗5卷。

卢蒙巴 Lumumba, Patrice Hemery（1925－07－02～1961－01－17） 刚果（金）政治家、民族英雄，刚果共和国（今刚果民主共和国）首任总理(1960)。生于开赛省桑库鲁县，卒于加丹加。巴特特拉族。教会中学肄业后，先后在金杜、斯坦利维尔（今基桑加尼）邮局任职员。1955年当选为非洲雇员联合会东方省分会主席。1958年10月创建刚果第一个全国性政党——刚果民族运动党，担任主席。同年末，出席了在加纳首都阿克拉举行的第一届全非人民大会，当选为大会常设委员会委员。1959年11月，殖民当局镇压斯坦利维尔群众运动，以唆使骚乱罪逮捕了卢蒙巴；但迫于舆论压力，

卢蒙巴（右）出席记者招待会（1960－09）

不久将其释放。1960年1月，卢蒙巴出席刚果独立问题的布鲁塞尔圆桌会议。在5月举行的独立大选中，卢蒙巴领导的刚果民族运动党赢得多数选票。6月23日，当选为总理，组织首届政府。6月30日宣告独立，成立刚果共和国，简称刚果（利）。

1960年9月14日，刚果国民军参谋长S.S.蒙博托发动政变，联合国军以保护为名软禁卢蒙巴。11月27日，卢蒙巴潜离利奥波德维尔，前往东方省，设法与合法政府会合，但途中被绑架。1961年1月17日在加丹加遭冲伯集团杀害。3月，第三届全非人民大会宣布卢蒙巴为非洲英雄。1966年，刚果政府宣布卢蒙巴为民族英雄。

卢米埃尔 Lumière, Louis (1864－10－05～1948－06－06) 法国电影发明家、电影导演。生于贝桑松，卒于邦多勒。1894年年底，与其兄奥古斯特在研究T.A.爱迪生的运动

摄影机和E.J.玛雷摄影机的基础上，找到了一种新的传动方式，即在胶片上打两个洞，以解决拍摄与放映时胶片的连续不断运送问题。1895年，卢米埃尔兄弟获得了电影放映机的专利权。12月28日，卢米埃尔用他的电影放映机在巴黎大咖啡馆的印度厅内，第一次在公众场合放映了他拍摄的电影《工厂的大门》、《火车到站》等。人们把这一天视为电影诞生的日子。从1896年起，他培养了大批电影放映员并将他们输送到世界各地。

卢佩章 Lu Peizhang (1925－10－07～) 中国分析化学家。原籍福建永定。生于浙江杭县（今杭州市）。1948年毕业于上海同济大学理学院化学系。1949年到中国科学院

大连化学物理研究所工作，1958年获副博士学位。历任中国科学院大连化学物理研究所研究员，中国大连色谱技术研究开发中心主任。还任中国色谱学会理事长和《色谱》杂志主编，并曾任国际性《色谱杂志》、《高效色谱及色谱通讯》和《实验室中计算机的应用》编委，德国东亚科学论坛会董事。1980年当选中国科学院学部委员（院士）。中国色谱分析的先驱者之一。重要研究成果有：“熔铁催化剂水煤气合成液体燃料及化工产品”的研究；发展了一系列腐蚀气体色谱分析仪和金属中气体分析仪；开展了细内径高效液相色谱仪、人工智能化气相色谱和高效液相色谱的研究，达到了较高的水平。编著有《色谱理论基础》、《高效液相色谱法及其专家系统》、《气相色谱法及其专家系统》，发表论文近300篇。

卢浦大桥 Lupu Bridge 世界跨度最大钢拱桥，2003年建成。位于上海黄浦江上，桥位距下游南浦大桥3千米，距上游徐浦大桥约7千米。主跨550米，为拱－梁组合体系中承式系杆拱桥，通航净高46米，可通过5万吨级的轮船。桥面宽40米，设双向6车道，两侧各设2.0米宽观光人行道。桥梁建造中集斜拉桥、拱桥、悬索桥三种不同类型桥梁施工工艺于一身。2004年卢浦大桥获中国建筑工程鲁班奖。同年还获尤金·菲戈奖。该奖是以美国已故桥梁设计师尤金·菲戈的名字命名的全球桥梁设计建造的最高奖，首届尤金·菲戈奖于2002年颁给中国的江阴长江大桥。

卢奇安 Loucianos（约120～180以后） 古希腊讽刺散文作家、无神论者。又译琉善。生于罗马帝国统治下的叙利亚萨莫萨塔。年轻时曾学习雕刻，后来致力于研究演说术。晚年曾任亚历山大城的法官。相传他的作品有84篇，其中《卢奇奥斯》等近10篇，一般认为是伪托。

他继承古典时代的遗产，把哲学对话和希腊旧喜剧有机地结合在一起，形成自己的主要体裁——喜剧性的讽刺对话。主要作品有关于美学评论的《宙克西斯》、《论房屋》，讽刺希腊诸神《普罗米修斯》、《神的对话》、《海上的对话》，以贫困和人的尊严为题、注意心理描写的《妓女的对话》，谴责社会制度、道德沦丧、批评唯心主义哲学及宗教迷信的《冥间的对话》、《被盘问的宙斯》、《伊卡罗墨尼波斯》、《梦》、《提蒙》、《出售哲学》、《昔尼克斯》、《演悲剧的宙斯》、《亚历山大》、《佩雷格林之死》及《应该如何写历史》等。他的散文风格清新，语言生动，充满戏谑成分。

他影响过拜占廷的讽刺作家，后来又影响了欧洲文艺复兴和启蒙运动时期的很多重要思想家和作家。

卢日支人 Lusatians 中欧德意志联邦共和国的民族之一。又称卢日支塞尔维亚人，自称塞尔维亚卢德人，德意志人称他们为索布人或文德人。约11万人（2001）。主要分布在德国东部的科特布斯区和德累斯顿区。属欧罗巴人种波罗的海类型。使用卢日支语，属印欧语系斯拉夫语族西支。有用拉丁字母拼写的文字，通用德语文。多数人信奉基督教路德宗，少数人信奉天主教。原是西斯拉夫部落波拉布人的一支，10世纪时被德意志人征服。在卢日支人内部，至今还分为南北两支：在语言和文化上，南支受捷克人影响较深，称为上卢日支人；北支受波兰人影响较深，称为下卢日支人。多数居住在农村，主要从事农业和畜牧业。近年来，已有1/3的人转入机器制造、木材加工、采煤、纺织、玻璃生产等部门工作；部分人从事传统家庭手工业，尤以雕绘精细的木制家具和用品久负盛名。民族服装绚丽多彩。民族文学、戏剧、音乐、舞蹈颇具特色。

卢萨卡 Lusaka 赞比亚首都和最大城市。位于国境中南部高原，海拔1 265米。包括郊区和卫星城镇在内的大市区面积约400平方千米。人口310万。尼扬贾人、索利人是主要部族，还有少数欧洲人和亚洲人。处于热带草原气候区，10月为最热月份，日平均最高气温31℃，最低18℃；7月为最凉月份，日平均最高气温23℃，最低9℃。平均年降水量约800毫米。始建于1905年铁路修建后，早期是周围农业区的贸易中心。1935年，被英国殖民者定为北罗得西亚首府。1964年赞比亚独立后，城市发展迅速。为全国工商业、文化中心。周围地区草原广阔，有大型农牧场，是全国玉米、棉花、烟草等作物的主要产区和畜牧业基地，产品在此集散。有纺织、水泥、金属加工、橡胶、化学、食品加工、服装、制鞋等工业。全国交通枢纽，有铁路与马兰巴（利文斯敦）、恩多拉和坦桑尼亚相连；通向坦桑尼亚的大北公路和通向马拉维的大东公路在此交会；城郊建有国际机场。工厂多集中在铁路、公路沿线。商业区在城西，城东为政府机关和住宅区。气候宜人，四季如春，多热带花草，有“花园城市”之称。西南

卢萨卡城市一景

郊的蒙达万加植物园为主要游览胜地之一。

卢瑟福 Rutherford, Ernest (1871-08-30～1937-10-19) 英国物理学家。生于新西兰南岛纳尔逊南郊，卒于英国剑桥。1895年在新西兰坎特伯雷学院获硕士学位后赴英入剑桥大学卡文迪什实验室，成为J.J.汤姆孙的研究生。曾任加拿大麦吉尔大学教授和英国曼彻斯特大学教授。1919年接替退休的汤姆孙主持剑桥大学卡文迪什实验室。1925年当选为皇家学会主席。

1898年A.H.贝可勒尔（见**贝可勒尔家族**）发现铀自动发射出穿透性很强的一种新的辐射，像X射线那样能使空气电离。卢瑟福不久就证明这种射线与X射线不同，是由两种不同的辐射组成的。他把能够使大量原子电离但易被吸收的辐射称为α射线（1908年证实α粒子就是氦核），把只能产生较少电离但贯穿本领较强的辐射称为β射线（后证实是电子流）。1900年，他发现钍及其化合物衰变成一种气体，接着再衰变为一种未知的放射性淀积物。1902年，卢瑟福与F.索迪合作，提出放射现象是一种放射元素原子自发地衰变为完全不同的另一种放射性元素原子的过程。1908年，由于在放射性研究方面的贡献而获得诺贝尔化学奖。1911年，卢瑟福通过α粒子散射实验首先发现有原子核存在，并据此提出核型原子模型，这是他对科学的最大贡献。1919年，卢瑟福用α粒子轰击氮原子，结果氮原子转化为质子（氢核）和氧原子，标志着人类第一次实现了改变化学元素的人工核反应，很快就成为人们研究原子核和应用核技术的重要手段。1920年卢瑟福曾预言重氢和中子的存在。1934年，他和他的合作者们用氘核轰击氘，产生了氚，首次实现了核聚变反应。

卢森堡 Luxembourg; Luxemburg 欧洲西部内陆国。全称卢森堡大公国。与法国、德国和比利时毗邻。面积2 586平方千米。人口约50.21万（2010）。卢森堡人约占总人口的56.9%；外籍人占43.1%，主要来自葡萄牙、意大利、法国、德国、荷兰等国。法语、德语和卢森堡语均为官方语言。97%的居民信奉天主教。首都**卢森堡**（市）。

境内丘陵起伏。北部阿登高地是比利时阿登山向东南延伸的余脉。北端布尔格普拉茨峰559米，为全国最高点。南部邦佩斯丘陵约占国土面积的2/3。溪流广布。主要河流有莱茵河支流摩泽尔河、阿尔泽特河、绍尔河。气候温和，降水适中。森林覆盖率约33.3%，以山毛榉和栎树为主。南部曾蕴藏铁矿，20世纪末已开采殆尽。

古代曾是高卢人的居住地。公元前50年被罗马征服。公元400年罗马人在此建要塞，名为“卢西林堡胡克”。此后，日耳曼人入侵，先后受法兰克王国和查理曼帝国统治。963～1354年为神圣罗马帝国诸伯爵、侯爵和公爵的自治领地。15～18世纪先后受西班牙、法国、奥地利统治。1815年维也纳会议决定卢森堡为大公国，荷兰国王兼任大公，并加入德意志邦联。在1839年和1867年两次伦敦会议上，欧洲列强先后承认卢森堡为独立国家和独立的永久中立国。两次世界大战期间均被德国侵占。1945年恢复独立，并成为联合国创始国之一。1948年放弃中立政策，与比利时、荷兰结为经济联盟；翌年加入**北大西洋公约组织**。1952年和1958年成为欧洲煤钢联营和欧洲经济共同体的创始国之一。1995年和1998年又成为欧盟首批开放边境的7个国家之一和欧盟首批11个欧元国之一。

卢森堡是君主立宪国家。大公为国家元首、武装部队统帅。一院制议会行使立法权。主要政党有基督教社会党、民主党、社会工人党、选择民主改革党、绿党、卢森堡共产党等。政府行使行政权，对议会负责。卢森堡外交重点在欧洲，同比利时、荷兰有历史传统关系，主张在北约、欧盟和欧洲安全与合作组织的框架内建立欧洲集体安全体系，积极推动欧洲一体化进程，同时，重视发展与亚太地区国家的经贸合作。卢森堡已与世界146个国家建立了外交关系。1972年11月16日与中国建交。

发达资本主义国家。人均国内生产总值约7.52万欧元（2009），居世界前列。货币名称欧元（原为卢森堡法郎）。2007年工业产值29.37亿欧元，粗钢产量285.8万吨，世界人均钢产量最多的国家，素称“钢铁王国”。随着本国铁矿开采告罄和国际钢铁市场萎缩，钢产量逐年下降。2005年人均钢产量4.82吨，仍居世界首位。铁矿石和煤炭依赖进口。农业以饲养牛、猪为主，肉、乳产品基本能满足国内需要；种植业薄弱，粮食不能自给。金融业是国民经济重要支柱。首都卢森堡市为欧洲主要金融投资中心之一。在卢森堡注册的银行达156家（2007），其中包括历史悠久资产雄厚的卢森堡国家储备银行、卢森堡通用银行、卢森堡国际银行、卢森堡信贷银行等。证券、保险和黄金交易也颇具规模。广播电视业为另一经济支柱，总部设在卢森堡的CLT/UFA联合公司拥有19个电视台和23个广播电台，是欧洲最大的广播电视公司。国家财政收支基本平衡。对外贸易主要伙伴是德国、法国、比利时等欧盟国家，约占

卢森堡城堡

其外贸总额的90%。主要出口钢铁制品、机械设备、轮胎、塑料等，进口原料、燃料和各种消费品，外贸长期逆差。交通运输以陆路和航空为主。境内铁路全长275千米。欧洲高速公路穿过国境，国家级公路总长2 894千米。唯一国际机场设在卢森堡市。

法律规定，年满6岁儿童必须接受9年义务教育。国内设小学、中学和中等技术学校，2003年建立首所完整大学——卢森堡大学。发行《卢森堡言论报》、《日报》、《新闻报》、《洛林共和报》等日报。

卢森堡 Luxembourg; Luxemburg 卢森堡大公国首都。位于国土中南部，阿尔泽特河与帕特鲁斯河汇流处。人口9.08万(2010)。963年，阿登伯爵之弟西热弗鲁瓦一世购得要塞，并重建城堡，卢森堡市发端于此。这座建在河谷地带的城市由上百座风格造型各异的大小桥梁相连接，其中最著名的是女大公夏洛特桥、阿道夫桥和帕塞雷尔桥。老城区是政治和宗教中心，有中世纪时期古建筑。新城区是全国主要工业区，有钢铁、化工、机器制造、桥梁、食品等工业；金融业和商业集中区，有100余家银行，皇家大道被称为“卢森堡的华尔街”。地处西欧交通要道上，多条公路、铁路干线通往全国和邻国，设有全国唯一的国际机场。许多国际行政机构的所在地。市内有博物馆、图书馆等。城郊有著名的蒙多尔夫温泉。

卢森堡 Luxemburg, Rosa (1871-03-05～1919-01-15) 波兰裔德国无产阶级革命家，**德国共产党**创始人之一。生于波兰卢布林省扎莫希城，卒于柏林。1893年她参与创建波兰王国和立陶宛社会民主党。1897年获博士学位。1898年取得德国国籍。1899年发表《社会革命还是社会改良》一书，率先对伯恩施坦主义作了系统的批判。1905年12月，秘密返回华沙，领导波兰工人的革命斗争。第一次世界大战爆发后，创办《国际》杂志，提出“不要国内和平，要进行国内战争”的口号和“重新建立国际”的任务。1916年1月1日，同**K.李卜克内西**等人创建德国左派社会民主党人的革命组织——斯巴达克派。大战期间，曾两次被捕。在狱中写了《论俄国革命》小册子(未最后完稿)，热情歌颂**俄国十月社会主义革命**，同时对**布尔什维克**的土地、民族和民主政策提出自己的看法。1918年获释出狱，即投身**德国十一月革命**，出版《红旗报》。11月11日当选为斯巴达克同盟中央领导成员。1919年被杀害。

卢森堡人 Luxembourgues 西欧**卢森堡**大公国的主体民族。属欧罗巴人种。信奉天主教。主要由法兰克人和罗马化的别尔格人结合而成。5世纪，属于日耳曼部落群的法兰克人进入卢森堡地域，与留在当地罗马化的比利其人混合，成为卢森堡民族的基础。843年法兰克帝国分为三部分时，卢森堡人曾归属其中的洛林王国。后多次被重新划分。卢森堡人在文化上受到法国的巨大影响。从17世纪起，便以法语为文化用语。第二次世界大战中，德国占领者强制推行日耳曼化。德语和法语为卢森堡人的两种官方用语。大多数卢森堡人还讲卢森堡方言，其中吸收了大量法语词汇。自古以冶铁闻名，现代工业有化学、机器制造、食品加工等。北部山区以畜牧业为主；东部摩泽尔河谷地区以农业为主，种植果树、葡萄，以酿制葡萄酒和啤酒著称。

卢森堡语 Luxembourgian; Luxembourgish 卢森堡的三种官方语言之一(另两种为法语和德语)，是卢森堡绝大多数人的母语和日常交际使用的语言。属**印欧语系**日耳曼语族西支。使用人口30多万。卢森堡语的标准语由中部德语诸方言发展而来，最初是德语的一种“摩泽尔-法兰克变体”。后来进一步发展成为独立语言。据此，有些语言学家把它视为德语的一种方言，但与标准德语差别较大，近似于荷兰语与德语的关系，所以习惯上人们还是把它当做一种独立语言。卢森堡语采用拉丁字母书写。

卢思道 Lu Sidao (约531～582) 中国隋代诗人。字子行。范阳(今河北涿州)人。北齐时，为给事黄门侍郎。北周间，官至仪同三司，迁武阳太守。入隋后，官终散骑侍郎。

卢思道创作初期多为对轻艳、浮靡的齐、梁诗的模仿，后摆脱了简单模仿，创作出一些表达北方文化精神、独具北方风格的诗歌。唐**卢照邻**《南阳公集序》谓“北方重浊，独卢黄门往往高飞”。北周平齐时，他追赴长安，与同辈阳休之等数人作《听鸣蝉篇》。思道所作，“词意清切”，为时人所重。新野庾信遍览诸作，而深叹美之。其乐府诗明显受到齐诗普遍好尚绮艳诗风的影响，但他也写出了融汇南北之长的佳作《从军行》。全诗一气运行而转折多姿，词意苍凉而深情绵邈，虽无艳语，却自有柔婉轻倩的情调隐含在刚健劲逸的气势之中。其《劳生论》刻画齐周时代士人世态炎凉之状，至为传神，故**钱钟书**称之云：“隋文压卷，端推此篇”(《管锥篇》卷四)。

《隋书·经籍志》著录有《卢思道集》30卷，后佚。今存《卢武阳集》1卷。

卢梭 Rousseau, Henri (1844-05-21～1910-09-02) 法国画家。生于拉瓦勒，卒于巴黎。18岁到军队服役，任第52兵团萨克斯管吹奏手，1871年退役后在海关税收部供职，1885年退职，从事绘画。1886年由**P.西涅克**介绍参加独立沙龙展。从1905年起，他的作品经常参加巴黎秋季沙龙画展。卢梭在艺术上不逐时流，形成自己天真淳朴、真实稚拙的艺术画貌，在现代西方艺术史上被称作稚拙派代表。20世纪初，一般观众对稚拙画不理解，将他的作品视为趣味低下的粗俗艺术，同时代的艺术家也对他的探求表示怀疑。1907年，美术批评家W.乌德撰文赞赏他的艺术，他开始受到巴黎画界的重视，被尊奉为**原始派艺术**的开山祖。代表作品有《入市税征收所》(约1890)、《贪婪的狮子》(1905)、《足球娱乐者》(1908)和《梦》(1910)等。

《梦》

卢梭 Rousseau, Jean-Jacques (1712-06-28～1778-07-02) 18世纪法国启蒙思想家，哲学家，教育家和文学家。

生平和著述 卢梭生于瑞士日内瓦，卒于法国埃默农维尔。家境贫寒，当过学徒、仆役，后定居巴黎。1750年，发表《论科学与艺术的进步是否有助于敦风化俗》。1755年4月，发表《论人类不平等的起源和基础》。1756年4月，卢梭因厌倦巴黎生活而隐居。其后6年，他构思写作了《**社会契约论**》、《爱弥儿》、《新爱洛伊丝》和《感性伦理学或智者的唯物主义》纲要，他为**D.狄德罗**主编的《百科全书》写的条目《论政治经济学》也在这期间出了单行本。1762年6月，法国政教当局下令取缔《爱弥儿》和逮捕卢梭，卢梭匆匆逃出巴黎。后萌发了写作《忏悔录》的念头。曾流亡瑞士和英国，1770年重返巴黎。1778年5月，移居埃默农维尔。

哲学思想　卢梭的著述生涯从一开始就表现出独创性。他把自然和文明尖锐对立起来，并为回复自然大声疾呼。他所理解的自然，是指不为社会和环境所歪曲、不受习俗和偏见支配的人性，即人与生俱来的自由、平等、纯朴、良知和善。卢梭认为，现存的人是坏的，但人的本性是善的，因此假如能为人造就新的、适合人性健康发展的社会、环境和教育，人类就能在更高阶段回复自然。正是这一基本论点构成卢梭全部思想的出发点和发展线索，他的社会政治学说、认识论、伦理学、自然宗教和自然教育的思想都是在此基础上发展起来的。卢梭所说的自然与其说是在历史的特定时刻曾实际存在过的状态，不如说是一种形而上学的批判尺度。它既有力地批驳了基督教的原罪说，又使现存社会的弊端显得格外触目。因此说，卢梭与启蒙运动的总潮流又殊途同归。

卢梭的认识论受E.B.孔狄亚克的影响很大。他认为，感觉是认识的唯一源泉，感觉比判断、推理可靠，因为它最接近外在于主体并对感官发生作用的自然物质。真理是客观的，认识越符合对象就越接近真理。在宗教观上，认为存在上帝，但人的意志是自由的，上帝存在与灵魂不朽是使人弃恶从善的道德基础。

在社会观上，认为人类在自然状态下，人人享有自由、平等。私有制出现后，人类产生了不平等，道德败坏了。因此订立社会契约来保障自由和私有财产，强调人民有权推翻破坏契约的专制政体，建立能代表人民公意的合理国家。由于卢梭一贯把道德与宗教联系在一起，他还主张国家可以制定“公民宗教”，激发公民的自由、爱国情操和牺牲精神。

教育思想　在教育观上，卢梭的教育理论同样以“归于自然”为依据。他痛斥当时的教育戕害人性，使人成为“文明”的牺牲品。《爱弥儿》论证教育的目的是培养自然人，抨击造就王公贵族和达官显宦的封建教育，对于当时以培养公民为教育理想的观点，也予以抨击。卢梭设想的爱弥儿就是自然人，是自然主义教育培养的新型人物。

自然主义要求教育要适应受教育者的身心发育。卢梭认为，教育既须适应受教育者身心成熟的阶段，还须适应众多受教育者的个性差异和两性差异，这一主张对心理科学的发展起了推动作用。此外，卢梭对教育内容和方法也提出了改革方案。

卢梭批判封建教育的功绩是巨大的。以后J.H.裴斯泰洛齐、I.康德、J.B.巴泽多、J.杜威等瑞士、德、美的教育家、哲学家，都深受卢梭理论的启发；近世的教育改革和教育科学的发展，也受到卢梭思想的影响。他虽反对把培养公民作为教育目标，但在1755年所写的《论政治经济学》和1772年为波兰政府所拟的振兴规划中，却主张政府必须进行公民教育。卢梭思想上的矛盾，正反映了教育必须以儿童为出发点和以社会为归结点。在欧洲民族国家形成和发展时期，国家不注重培养公民，乃是教育上的乌托邦。

卢图利　Luthuli, Albert John Mvumbi (1898～1967-07-21)　南非和平主义者、诺贝尔和平奖获得者、黑人解放运动领袖。生于罗得西亚，卒于南非纳塔尔。自幼丧父。1936年被所属部落推选为格劳特维尔酋长。1945年加入非洲人国民大会，任纳塔尔分会主席。他主张以非暴力手段反对南非白人政权的种族歧视和隔离政策。1952年11月被南非政府撤去酋长职务，12月被选为非洲人国民大会全国主席。1953年被南非当局隔离管制。1955年出席反对种族歧视的国民大会。此后，多次被捕或遭软禁。1960年初，屠杀非洲人的沙佩维尔事件发生后，他当众烧毁通行证，以示对种族隔离政策的藐视。同年被任命为英国格拉斯哥大学校长。1967年因车祸去世。

卢托斯瓦夫斯基　Lutosšawski, Witold (1913-01-15～1994-02-09)　波兰作曲家。生于华沙，卒于华沙。1932年入华沙音乐学院，学习钢琴和作曲。1940～1945年在华沙咖啡馆弹奏钢琴为生。早期作品运用民间素材，如管弦乐《小组曲》、为室内乐写的10首波兰舞曲、《管弦乐协奏曲》等。20世纪50年代下半叶开始在作品中运用先锋派作曲手段，如纪念巴托克的《葬礼音乐》运用了十二音技法，《威尼斯运动会》有机遇音乐因素，《第二交响曲》将十二音、机遇手段与传统形式相结合。1956年以后先后赴美、英、瑞士等国任教，并多次获得波兰和国际音乐奖项。此后为M.L.罗斯特罗波维奇写的《大提琴协奏曲》和《米-帕蒂》、《钢琴协奏曲》均受好评。《第三交响曲》和受A.贝尔格影响为女高音与乐队而作的《弹词与弹笑》以及《第四交响曲》等，体现出他综合现代流派和自己的独特风格。

卢瓦尔河　Loire River　法国最长河流。源于中央高原维瓦赖山，西北流至奥尔良，折向西流，经图尔、昂热，至南特形成长55千米的河口湾，在布列塔尼半岛南面注入大西洋比斯开湾。全长1 020千米，流域面积12.1万平方千米。主要支流有阿列河、谢尔河、维埃纳河等。上游切穿中央高原，多峡谷，富水力。奥尔良以下流经广阔的河谷平原。两岸风光秀丽，葡萄园、古城堡星罗棋布，有“法国花园”的美称。历史上经济繁荣，曾为水上运输大动脉，铁路建成后河运趋于衰落。

卢湾区　Luwan District　中国上海市辖区。位于市区中南部。面积8平方千米。人口25万（2010）。1945年设卢家湾区，以境内习称地名卢家湾得名。1950年改卢湾区。区内淮海中路商业街是上海四大商业街之一，有数十家中华老字号、名特商店。作为上海的中心城区，吸引了近千家跨国公司入驻，为上海的商务集聚中心之一。地铁多条线路、南北高架道路、内环线穿越区境。有打浦路口隧道和卢浦大桥，为通往浦东主要交通干道。纪念地有中国共产党第一次全国代表大会会址、上海中山故居、中国共产党代表团驻沪办事处（周公馆）旧址、中国社会主义青年团中央机关旧址及韬奋纪念馆等。2011年6月8日撤销卢湾区建制，与黄浦区合并。为新的黄浦区。

卢旺达　Rwanda　非洲东部内陆国家。位于赤道南侧。东邻坦桑尼亚，南界布隆迪，西和西北与刚果（金）为邻，北与乌干达接壤。面积26 338平方千米。人口约1 000万（2009）。首都基加利。居民由胡图、图西和特瓦3个部族组成。胡图人占85%，图西人占14%，特瓦人占1%。居民45%信奉天主教，44%信奉原始宗教，其余信奉基督教新教和伊斯兰教。民族语言为卢旺达语，部分居民讲斯瓦希里语，官方语言为卢旺达语、英语和法语。

地处东非高原西北缘。全境大部属强

烈切割的高原和山地。地势西高东低。西部海拔2 500～3 000米。西缘属东非大裂谷，谷底有断层湖**基伍湖**。北有岩浆喷出形成的卢旺达、刚果（金）和乌干达边境维龙加火山群，平均海拔2 500米，最高峰卡里辛比火山海拔4 507米。中部高原地势起伏不大，多浑圆低丘，海拔1 500～2 000米。东部是丘陵、沼泽和湖泊地带；东南部最低，海拔在1 000米以下。森林约占全国面积的24%。年平均气温在18℃左右。年降水量900～1 500毫米。主要河流有尼亚瓦龙古河、卡盖拉河等。卡盖拉河为卢旺达和坦桑尼亚界河。基伍湖是卢旺达与刚果（金）两国界湖。自然资源贫乏，主要矿产有锡、钨、铌、钽、天然气等。以锡、钨较重要。锡储藏量约9万吨，铌钽蕴藏量约3 000万吨，天然气蕴藏量约600亿立方米。

卢旺达境内的基伍湖

卢旺达最早的居民是俾格米人，以狩猎为生。公元初，班图人自刚果盆地迁入，建立发展农耕文化。11～13世纪，来自尼罗河流域的尼罗特人进入。他们分别是胡图人和图西人的祖先，并先后建立了部落王国。19世纪中叶起，英国、德国、比利时相继侵入。1890年沦为“德属东非保护地”。根据《凡尔赛和约》，1922年由比利时统治。1946年改为比利时“托管”。1962年7月1日宣告独立，成立卢旺达共和国，G.卡伊班达为首任总统。

1973年7月5日，朱韦纳尔·哈比亚利马纳发动军事政变，成立第二共和国并自任总统。后两度爆发内战，导致部族大屠杀，1994年4～7月死亡80万人的部族大屠杀尤令国际社会震惊。1994年7月卢旺达爱国阵线取得军事胜利，遂夺取政权、结束内战。2003年5月26日，卢全民公决通过新宪法。宪法规定：实行半总统制、多党制和立法、行政、司法三权分立制度；总统为国家元首和武装部队最高统帅，由无记名投票直接普选产生，任期7年，可连任一次；总理由总统任命，与总统隶属不同政党；政府成员根据各党在议会的比例确定。获政府承认的合法政党有7个。主要有：卢旺达爱国阵线、社会民主党、中间派民主党、自由党。武装力量名称为“卢旺达国防军”，由国民军和宪兵部队组成。有兵力约4.1万人，警力约1万人。奉行和平、中立和不结盟政策，积极参与南南合作，主张开展**南北对话**，促进国际合作和建立国家经济新秩序。1971年11月12日与中国建交，两国友好合作关系发展顺利。

为农牧业国家。独立后，经济基础薄弱，加之连年战争，经济陷于崩溃。新政府成立后，国家重建初见成效。2009年人均国内生产总值500美元。农牧业人口占总人口的90%，2007年农业产值占国内生产总值的31%。粮食作物主要有玉米、高粱、稻谷、薯类、豆类、大蕉等。粮食不能自给。经济作物主要有咖啡、茶叶、棉花、除虫菊、金鸡纳等，大部分供出口。畜牧业以养牛、养羊、养猪为主。工业基础薄弱，产值约占国内生产总值的15.2%。锡矿和钨矿的开采、冶炼重要，卡吕吕马冶炼厂是非洲最大的锡冶炼厂之一，尼亚卡班戈钨矿是非洲最大钨矿。除咖啡、茶叶等农畜产品加工外，还有卷烟、饮料、造纸、肥皂、水泥、火柴、电池等中小企业。绝大部分工业品依赖进口。境内无铁路，交通运输主要靠公路和航空。公路总长13 100千米。首都基加利有国际机场。出口约80%为茶叶、咖啡等农产品，进口以消费品、原料、石油制品、粮食为主。2008年进出口贸易总额11.37亿美元，逆差6.24亿美元。

国立和私立教育并存。学制小学8年，中学6年。现有大学14所，其中私立大学6所。1963年创建的卢旺达国立大学是全国最大的综合性高等学校。全国共有报刊15种，主要有《英瓦霍报》、《卢旺达时报》、《虹》、《英特戈报》、《新接班人报》等。卢旺达通讯社为官方通讯社，卢旺达广播电台系国家广播电台，卢旺达电视台系国营电视台。主要名胜有火山公园（有国宝山地大猩猩）、基伍湖畔的基塞尼、卡盖拉国家野生动物园等。

卢武铉 Roh Moo Hyun（1946-09-01～2009-05-23） 韩国总统（2003～2008）。生于庆尚南道金海市，卒于金海市。曾就读于釜山商业高等学校。

1966年毕业后在韩国军队服役。1978年成为律师。1988年，当选韩国第13届国会统一民主党议员。2001年9月，宣布参加韩国总统竞选。2002年7月，被推举为新千年民主党总统候选人。同年12月，在总统选举中获胜。2003年2月25日宣誓就任。同年9月29日，宣布退出新千年民主党。2004年5月，宣布加入开放国民党。2004年3月12日，韩国国会以法定的2/3以上的绝对多数票通过了弹劾总统动议案，卢武铉被中止总统权力。5月14日，韩国宪法法院对总统弹劾案作出判决，宣布驳回国会提出的总统弹劾案，卢武铉恢复行使总统权力。2007年2月退出执行党开放国民党，以无党派身份执政至任期结束。2009年5月23日在家乡自杀身亡。曾访问中国。

卢希亚人 Luhya 东非肯尼亚共和国的主要民族之一。又称布卢希亚人。约540万人（2009）。另有部分人分布在坦桑尼亚。属尼格罗人种班图类型。使用卢希亚语，属尼日尔-科尔多凡语系北班图语群。相信万物有灵，盛行祖先崇拜；部分人信基督教。大致分为15个部落，如巴苏库人、布尼奥拉人、塔贡人等，每个部落由若干血缘相近的氏族组成。随着社会的发展，家族的作用日益增大，男子年龄等级制度日渐瓦解。主要从事农业，种植玉米、高粱、棉花、甘蔗等，普遍饲养家畜。北部居民以畜牧业为主。实行父系继承制和一夫多妻制。男子成年仪式行割礼，有的部落女子亦行割礼。

卢象昇 Lu Xiangsheng（1600～1638） 中国明末抗清大臣。字建斗，号九台。江苏宜兴人。天启二年（1622）进士，授户部主事，历员外郎，迁大名知府、大名道。崇祯二年（1629）募兵保卫京师（今北京），镇压农民起义。七年以军功进佥都御史，抚治郧阳。任职期间备兵设屯，扼要设防，屡向朝廷奏请进剿农民起义军，很受器重。治军严刻，用兵以凌厉凶狠见长，屡获战绩。八年升任巡抚，总理直隶、河南、山东、四川、湖广5省军务，多次攻围堵剿农民起义军。九年，清军攻入喜峰口，他再度率师进驻京畿，旋改总督宣府（今河北宣化）、大同、山西军务。抵任后，巡阅边关要地，修台筑墩，严明军纪，操练兵马，增强抗击清军的作战能力，使清军数年不敢进犯。十一年九月，清兵逼近京师，受命督师，以兵部尚书秉尚方剑，驻兵昌平。但因为官直言和坚持抗清，遭宦官高起潜、兵部尚书杨嗣昌等嫉恨，虽名为督天下兵，实辖兵员尚不及2万。又由于杨嗣昌等人多方牵制，抗清战争难以取胜。后因崇祯帝听信谗言被去职，以侍郎视事，手下仅有疲卒5 000。十二月十一日，在河北巨鹿身陷数万清兵之围，激战3日，壮烈战死。著有《忠肃集》、《卢象昇疏牍》传世。

卢照邻 Lu Zhaolin（约636～695后） 中国唐代诗人。字升之，自号幽忧子。生卒年史无明载。幽州范阳（今河北涿州）人。与王勃、杨炯、骆宾王并称初唐四杰。博学能文。由于政治上坎坷失意和长期病痛折磨，自投颍水而死。他擅长诗歌、骈文，诗以歌行体为最佳。其诗意境清迥，以韵致取胜。代表作如《长安古意》，借古讽今，寄慨深微，耐人寻味，是初唐长篇歌行的佳作。其集今存《卢升之集》、《幽忧子集》，均7卷。徐明霞点校《卢照邻集》即据后者，并作《补遗》。《全唐诗》存其诗2卷。傅璇琮著有《卢照邻杨炯简谱》。

卢肇钧 Lu Zhaojun（1917-11-17～2007-12-28） 中国土力学家，铁路路基土工技术主要开拓者之一。原籍福建福州。生于河南郑州，卒于北京。1936年入清华大学土木工程系。1947年入美国哈佛大学工程研究院，获科学硕士学位后，又在麻省理工学院土力学研究室作博士研究生并兼任助理研究员。1950年10月回国，历任铁道部科学研究院副研究员、研究员、研究室主任，并兼任中国土力学及基础工程学会副理事长、理事长。1991年当选为中国科学院学部委员（院士）。在中国最早阐明了硫酸盐渍土的松胀特性及其对路基稳定性的影响；提出了新型锚定板挡土结构及其相应的计算理论；首先获得了膨胀土强度变化的规律，并发明非饱和土的吸附强度与膨胀压力的相互关系。主要论著有《地基处理新技术》、《锚定板挡土结构》等。

卢戆章 Lu Zhuangzhang（1854～1928-12-28） 中国清末首先提出改革汉字和制订切音字方案的人。字雪樵。生于福建泉州府同安县（今厦门同安区）农民家庭，卒于厦门。18岁考秀才未中，移居厦门。后到新加坡谋生，兼学英文。25岁回厦门，以教华人英语和西人华语为业。卢戆章认为，要强国救亡、普及教育，必须先有一套“字话一律”的切音字（拼音文字）。经过10年研究，于1892年拟成一个“两字合切成音”的厦门话拼音文字方案，字母采用拉丁字母和它的变体，取名《中国第一快切音新字》，出版课本《一目了然初阶》（中国切音新字厦腔），在厦门传授。据说“只须半载，便能持笔抒写其所欲言”。

1898年，卢戆章将他的方案呈交清政府审查，因戊戌变法失败被搁置。1905年，他到北京，再次呈交方案。这时，王照的汉字偏旁式切音字方案《官话合声字母》在北方流行，卢戆章放弃原来的方案，又用汉字笔画另订了一个新方案，写了一部京音的《中国切音新字》，第三次呈交清政府，但不被采用。1913年，“读音统一会”议订注音字母，卢戆章是福建省代表，坚持他的双拼式切音字。1915年他用自己的方案出版《中国新字》。1916年又出版《中华新字》。

卢作孚 Lu Zuofu（1893-04-14～1952-02-08） 中华民国时期航运实业家。四川合川（今属重庆）人。卒于重庆。1910年加入同盟会。1916年起先后任成都《群报》、《川报》记者、编辑和主笔，热心宣传爱国思想和新文化运动。1925年在合川县集资创设民生实业股份有限公司，开办轮船航运，并任总经理。1931年，将民生轮船公司迁至重庆，营业获得巨大发展，不到10年已有轮船100多艘，成为全国著名的航运实业家。抗日战争时期，先后投资钢铁、机器、纺织、金融等企业。1944年9月，代表中国出席国际通商会议。抗战胜利后，任全国船舶调配委员会副主任，航运业务开始向远洋运输发展。1948年赴台湾视察民生公司业务。后移居香港。1950年6月回到北京，任西南军政委员会委员、中国人民政治协商会议第一届全国委员会委员。

《芦荡火种》 *Kindling in Reed Marshes* 中国沪剧作品。上海市人民沪剧团集体创作，文牧执笔。剧本原名《碧水红旗》，1960年改名《芦荡火种》，由上海市人民沪剧团演出，丁是娥扮演剧中主要人物阿庆嫂。剧本于1964年出版，取材于崔左夫所写《血染着的姓名——三十六个伤病员的斗争纪实》。描写1939年秋，新四军某部转移，在阳澄湖畔的沙家浜留下郭建光等18名伤病员。在地下联络员、春来茶馆老板娘阿庆嫂的掩护下，与“忠义救国军”司令胡传奎和教官刁德一进行了顽强机智的斗争。郭建光等伤愈后，利用胡传奎结婚的机会，乔装打扮，在阿庆嫂的接应下，一举歼灭敌人。1964年，北京京剧团移植为同名京剧，后又改名为《沙家浜》。

芦笙 reed-pipe 自由簧管气鸣乐器。流行于中国西南地区苗、侗、水、仡佬、瑶、壮、彝等民族中的多管型簧管乐器。宋范成大《桂海虞衡志》说：“卢沙瑶人乐，状类箫，纵八管横一管贯之。”“卢沙”即芦笙。

侗族芦笙

芦笙由带簧笙管、笙斗、吹管和共鸣筒组成。笙管竹制，长短不一，装入杉木剜成的笙斗中。簧片部分密封在笙斗中，笙管下部有指孔，吹气入斗时，按闭指孔，簧片和管中空气柱耦合振动发音，发音原理同笙。传统芦笙有2管（对音芦笙）、3管、5管、6管及8管等多种，其中以6管最为普遍，可发3～6音，只能吹奏一些简单的民间乐曲。20世纪50年代起，音乐工作者先后研制了8管、11管、13管、18管及20管芦笙，能发8～22个音，并能转G、D、F、♭B各调。

自古以来，芦笙就是苗、瑶、侗等民族歌舞节日或庆丰收时不可缺少的乐器。它可以独奏、合奏，民间最普遍的演奏形式是边奏边舞。

芦笙舞 reed-pipe dance 中国少数民族民间舞蹈。广泛流传于苗、侗、水、仡佬、彝、拉祜、傈僳、纳西族等。以男子边吹芦笙边舞蹈为其主要特征。笙分葫芦笙和芦笙两大类。至今吹奏葫芦笙而舞的民族有彝、拉祜、傈僳、纳西族等，吹奏芦笙而舞的民族有苗、水、侗、仡佬族等。据云南出土的青铜葫芦笙和明代史籍可知，芦笙舞历史悠久。今天，每逢年节、集会、庆贺丰收等喜庆日子仍跳芦笙舞。芦笙舞因民族、地区不同而又各具特色，但具有共同点：多用于民俗节日和喜庆吉日，少数用于丧葬仪式；因双手握芦笙上肢动作受到限制，故以腿部和脚的动作变化为主；吹芦笙者既是乐手，又是领舞者；竞技性强，动作难度大。

芦笋 *Asparagus officinalis*; asparagus 百合科天冬门属的一种。多年生草本植物。见石刁柏。

芦苇 *Phragmites communis*; common reed 禾本科芦苇属的一种。多年生高大草本植物。古称芦、苇、蒹葭。适应性广，中国及世界温带地区均有分布。

形态变异较大。一般具有发达的根状茎。地上茎高1～3米，粗细随生长条件而异。叶互生，带状。复圆锥花序，着生许多小穗，每小穗由4～7朵小花组成。适宜肥沃潮湿的环境条件。通常成片长于池、河、湖旁，形成芦苇荡。繁殖能力强，常用根状茎繁殖，也可用芦秆和种子繁殖。根状茎萌芽时需水较少，生长盛期需水量大；抽穗后宜排水，以促使芦秆坚实。约含纤维素44%，与木材纤维相仿。是优良的造纸原料，还可用以制人造棉及人造丝。秆可建茅屋，编芦席、芦帘及其他用品。根状茎在中医学上称芦根，为清热利尿药。种植芦苇除可保土固堤外，常为海涂开发的先锋植物，并可改良盐碱土及净化污水。

庐江县 Lujiang County 中国安徽省巢湖市辖县。位于省境中部偏南，江淮丘陵南部，北临巢湖，南近长江。面积2 348平方千米。人口117万（2008）。西汉置舒县，为庐江郡治。隋开皇元年（581）置庐江县。湖泊有巢湖，河流有北河等。是中国商品粮油基地县，全省重点产茶县、水产基地县。矿产有铁、铜、矾、铅锌、紫砂、石灰岩、高岭土、钾长石等。工业有机械、化工、建材、纺织、粮油加工、酿造等主导产业。名胜古迹有白石冬雪、金牛晚眺、周瑜陵园、新四军江北指挥部旧址、冶父山国家森林公园等。

庐山 Lushan Mountain 中国风景游览区，避暑胜地。位于江西省九江市南，鄱阳湖西岸，北近长江，东濒鄱阳湖。庐山系因断层作用使地块上升而形成的断块山，面积约349平方千米。相传殷周时，有匡氏兄弟结庐隐居于此，故又称“匡庐”或“匡山”。主峰大汉阳峰，海拔1 473.4米。属中亚热带湿润山地气候，以春温、夏凉、秋爽、冬寒为特点。森林荫郁，植被丰富。海拔1 167米的牯牛岭，简称牯岭，为庐山著名的避暑胜地。长江中、下游盛夏酷暑时期，庐山却温和如春。牯岭平均年降水量1 833.6毫米。雷暴较多，夏季平均雷暴日39天。庐山年平均雾日191天，3～5月为

庐山风景

多雾月，月平均雾日20天。庐山山体主要由砂岩构成，山势雄伟，加以降水丰富，故多瀑布，著名的有三叠泉、马尾泉、黄岩瀑布、玉帘泉、玉渊潭、双瀑等。三叠泉汇集五老峰和大月山的泉水，分三级飞泻，一级最大落差60米，气势极为雄伟。庐山多名胜古迹，主要有仙人洞、五老峰、含鄱口、三叠泉、大天池、香炉峰、文殊台、龙首崖、黄龙潭、庐林湖、白鹿洞书院、玉渊潭、乌龙潭、岳母墓、秀峰、周恩来纪念室等。庐山风景随季节变化，四季各有其胜。山北、山南修建有登山公路和大型登山缆车。山区特产有石耳、石鱼、石鸡、云雾茶；药用植物有厚朴、黄精、党参、白芨、乌头等。1996年作为世界文化景观列入《世界遗产名录》。地质公园内有距今25亿～18亿年前下元古宇星子群剖面、地叠式断块山及第四纪冰川遗迹。2004年被联合国教科文组织批准成为世界地质公园。

庐山会议（1959） Lushan Conference (1959) 1959年中共中央在庐山召开的中央政治局扩大会议和中共八届八中全会，统称为“庐山会议”。以7月23日为转折点，庐山会议分为前期和后期两个阶段。7月2日至8月1日召开的中央政治局扩大会议，议题是总结“大跃进”以来经济建设工作的经验教训，在肯定成绩的基础上纠正错误。毛泽东在会议开始时，把国内形势概括为“成绩伟大，问题不少，前途光明”；指出“大跃进”的重要教训之一是没有搞综合平衡，第一次提出要按农、轻、重的次序安排经济计划，实行两条腿走路的方针；要求在农村人民公社中使生产小队成为半核算单位，恢复农村初级市场；提倡干部读书学习，总结经验。毛泽东讲话后，会议进行了分组讨论，对如何估计1958年工作，部分与会者批评了“大跃进”中的错误，认为农村“共产风、食堂化、供给制”损害了农民的积极性。另一部分人认为这种观点是右倾，是泼冷水。彭德怀鉴于这些分歧意见，于7月14日以个人名义致信毛泽东，首先肯定1958年的工作成绩，又对1958年以来产生的“左”倾错误及其教训提出了批评意见。16日，毛泽东将此信印发给与会者讨论，一些人对该信提出质疑或反对，黄克诚、周小舟、张闻天等则表示赞同。23日召开全体会议，毛泽东指责这封信是“资产阶级的动摇性”，是“右倾性质”的问题，是向党进攻。根据毛泽东的意见，会议骤然转入对彭德怀等人所谓“右倾机会主义”和“反党集团”的错误批判。28日，中央决定召开八届八中全会，反击“右倾机会主义”。8月2日至16日，中共八届八中全会召开，继续对彭德怀、黄克诚、张闻天、周小舟等展开批判，错误认定他们是有计划、有组织、有目的地反对总路线，反对党中央，反对毛主席。会议通过了《关于以彭德怀同志为首的反党集团的错误的决议》、《为保卫党的总路线、反对右倾机会主义而斗争》等决议，提出将彭德怀、黄克诚、张闻天、周小舟等调离国防、外交、省委第一书记等工作岗位，保留他们在中央委员会和政治局中的原职，以观后效。8月16日，毛泽东在一个批示中错误断言：“庐山出现的这一场斗争，是一场阶级斗争，是过去十年社会主义革命过程中资产阶级与无产阶级两大对抗阶级的生死斗争的继续”。这次全会还检查了1959年国民经济计划执行情况，通过了《关于开展增产节约运动的决议》，一面降低了钢、煤、粮、棉指标，一面又要求立即掀起“新的生产大高潮”，将“二五”计划主要指标在1959年内实现。庐山会议把阶级斗争扩大化的错误扩展到党内和党的领导层中，损害了党的民主生活。会后，全党进行了反右倾斗争，此前纠正“大跃进”错误的努力被中断，给中国社会主义建设事业造成了严重的危害。

泸定桥二十二勇士 Twenty-two Warriors Dashing through Luding Bridge 中国工农红军长征途中奋勇夺取大渡河泸定桥的22名突击队员的总称。1935年5月25日，中国工农红军第1军团第1师第1团在安顺场强渡大渡河成功。但因水流太急，无法架桥。当时尾追的国民党军已迫近，情况十分危急。为粉碎敌人前后夹击合围，中华苏维埃共和国中央革命军事委员会决定夺取大渡河上游的泸定桥。第1军团第2师第4团受命后，昼夜兼程，于29日晨夺占泸定桥西桥头。泸定桥是一座铁索桥，连接两岸的是13根铁索，两边各2根做成扶栏，底下9根并列，上铺木板。红军到达前，守

桥敌人拆除了桥上的木板，只剩下悬空的铁索。当天傍晚，以第4团第1营第2连连长廖大珠为突击队长的22名红军战士，在火力掩护下，冒着敌人密集火力攀越铁索，冲过火障拦阻，夺取了泸定桥，使数万中央红军渡过了天险大渡河，粉碎了敌人的夹击合围。

泸沽湖 Lugu Lake 中国第三大深水湖泊。又称左所海、永宁海、落水海子、勒得海。位于川、滇边境的盐源县、宁蒗彝族自治县之间。地质构造上属高原溶蚀断陷湖。湖面海拔2 609.7米。湖泊呈腰子形，由草海和亮海构成，长9.4千米，平均宽5.3千米，面积50平方千米。平均水深39.1米，蓄水量为19.5亿立方米。湖内盛产细鳞鱼和名贵水獭，并有中国特有的波叶海花菜等水

美丽的泸沽湖

生植物37种。湖区水足土肥，农业发达，为“鱼米之乡”。湖周群山环抱，为云南松、丽江云杉、云南铁杉、川滇冷杉、大果红杉、小果垂枝柏、黄背栎等林木所覆盖。湖光山色交相辉映，景色十分优美，有“川滇高原的日内瓦”之誉。已列为自然保护区，是国家一级保护动物黑颈鹤的主要越冬场所之一。

泸州市 Luzhou City 中国四川省辖地级市。位于省境东南部，四川盆地南缘。辖江阳、纳溪、龙马潭3区和泸县、合江、叙永、古蔺4县。面积12 247平方千米。人口422万(2010)，有汉、满、苗、彝、回等民族。1950年析泸县城区置泸州市（县级），1983年改为省辖市，并将泸县、纳溪县部分地区划归泸州市。1985年又将叙永、古蔺两县划归泸州市。属亚热带湿润季风气候，温和湿润，降水充沛，无霜期长。矿产资源以天然气和煤储量丰富，著名的有泸州气矿和古叙煤田；还有硫铁矿、石灰岩、磷、石膏、大理石等。工业以化工、机械、酿造、能源、建材、陶瓷等为主。酿酒工业历史悠久，以产泸州老窖特曲和古蔺郎酒而著名，享有“酒城”之称。农业主产粮食、油料、烟叶、蔬菜、水果、茶叶、肉类及水产品等。地处川南、渝西、滇东、黔西的交通要道，为川渝滇黔接壤地区物资集散地。名胜古迹有方山森林公园、鸡峰山、龙脑寺、忠山、玉蟾山、报恩塔、云峰寺、春秋祠等。泸州是国家历史文化名城。

鸬鹚 *Phalacrocorax*; cormorants 鹈形目鸬鹚科鸬鹚属鸟类的统称。有39种，中国有5种。除南北极外，几乎遍布全球。全长约800毫米。嘴强而长，锥状，先端具锐钩，适于啄鱼；下喉有小囊；脚后位，趾扁，后趾较长，具全蹼。善游泳和潜水。常在海边、湖滨、淡水中活动。栖止时，在石头或树桩上久立不动。飞行力很强。除迁徙时期外，一般不离开水域。主要以鱼类为食。繁殖季节，到临近水域的悬崖峭壁上、大树上或沼泽地的矮树上、芦苇中以树枝或海藻营巢。每窝卵2～5枚。卵呈白色且具蓝或浅绿光泽。孵化期28天。雏鸟为晚成性。亲鸟把捕捉到的鱼储在喉囊中，雏鸟将头伸入啄食。

颅裂 cranium bifidum 颅骨闭合不全的一种先天畸形。无局部症以及神经症状者称隐性颅裂。若颅内结构从骨缺损处膨出，则称为脑膨出。可按膨出部所含结构的不同分为四大类：①脑膜膨出。囊内仅为硬脑膜和脑脊液。②脑脑膜膨出。囊内有脑组织疝出，但脑室并未延伸进入囊内。③积水性脑膨出。脑室系统的一部分与脑膨出的腔相通。④囊性脑脑膜膨出。有脑和脑室膨出，硬膜和脑组织之间的空间有液体存在。临床上以前两型多见。患儿常见智力发育迟缓，局限性肢体力弱或痉挛。枕叶受损则可见视觉障碍。有脑组织膨出者几乎均合并脑积水。也可合并全身其他器官的畸形，如唇腭裂、脑穿通畸形、脊柱裂和畸形足。膨出包块可逐渐增大，囊壁菲薄者可破裂造成脑膜炎。治疗以手术为主。

颅脑外伤 craniocerebral trauma 一组发生于头颅部的外伤。一类常见的损伤，以跌坠伤和撞伤最为多见，电击伤次之。常发生于灾难、战争或交通事故中。在全身各处的外伤当中占重要的地位。颅脑外伤可分为软组织（头皮）损伤、颅骨损伤（骨折）和颅内组织（脑血管及脑膜、脑实质）损伤三类，但这三类损伤常合并发生。颅脑外伤的病死率居全身其他部位外伤之首。

头皮外伤 头皮裂伤后极易出血，且出血不能自止，一旦感染很容易波及颅骨及颅内，造成颅骨骨髓炎及颅内感染。治疗主要是清洁创面，不需包扎，忌局部热敷。头皮血肿可根据头皮解剖部位的深浅分为：头皮下血肿、帽状腱膜下血肿和骨膜下血肿。在对血肿进行抽吸治疗时，一定剃去头发并在严格无菌条件下进行，以防发生感染。头皮撕脱伤多因长发或辫子卷入转动的机器中，致使头皮大片地从帽状腱膜下撕脱。在受伤现场应用无菌巾包扎头部，撕脱的头皮亦应用无菌的敷料包好随伤员送医院处理。

颅骨骨折 颅骨骨折常与脑外伤合并存在。颅骨骨折本身的损害远不及它所引起的继发性脑损伤（脑膜、血管、脑及颅神经损伤）（图1）。颅骨骨折分为穹隆部（颅盖骨）和颅底骨折两大类。

穹隆部骨折 以额顶骨多见，其次为颞骨。以线样骨折居多。

颅底骨折 属线样骨折。90%以上由穹隆部线样骨折延续到颅底所致。颅底骨折在X射线颅片上很难显示。其诊断常依靠临床表现而定。合并有脑脊液漏的颅底骨折属开放性颅脑损伤。

脑损伤 分为闭合性脑损伤（伤后脑组织与外界不相通）和开放性脑损伤（伤后脑组织通过颅骨及头皮的伤口与外界相通）两大类。按解剖部位分为硬膜外血肿、硬膜下血肿、脑实质内血肿和多发血肿。

脑震荡 脑损伤当中较轻的一种。一般认为是脑功能的一时性紊乱而无明显的器质性损伤。意识障碍常在半小时之内恢复。不能记忆受伤当时及受伤前一段时间内的情况（逆行性遗忘）。腰椎穿刺发现脑脊液压力及成分均正常。有些患者伤后很长一段时间内，仍存在植物神经功能紊乱症状，称脑震荡后综合征或脑震荡后植物神经功能紊乱。

脑挫裂伤 严重者可致脑疝，预后不佳。临床表现为：①原发意识障碍的程度比脑震荡重，并且持续时间长。②头痛剧烈且伴呕吐。③因脑挫裂伤的部位不同而有不同的神经系统定位体征，如偏瘫、失语、偏盲和局灶性癫痫等。④植物神经系统改变。血压升高、脉缓慢，提示有脑水肿和

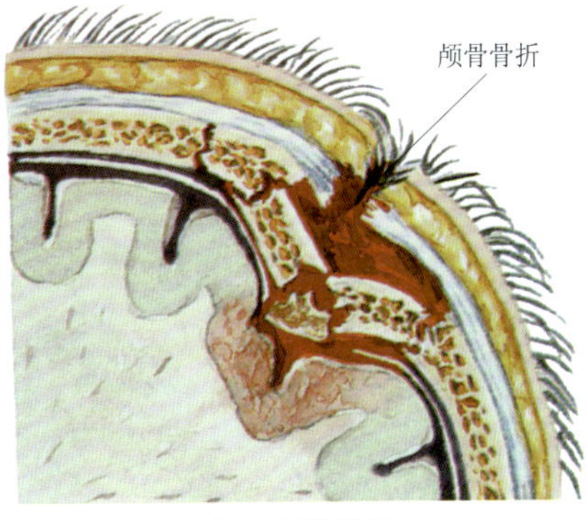

图1 颅骨骨折

颅内血肿等所引起的颅内压升高；应激性溃疡、高热等提示有颅压高所致下丘脑损伤。⑤蛛网膜下腔出血。

脑干损伤　原发性（直接伤及脑干）和继发性（颅脑外伤后引起颅内血肿、脑水肿，脑受压移位而压迫脑干使其受损，更为常见）两类。原发性脑干损伤死亡率很高。伤后持续昏迷，瞳孔大小不定，时大时小或为针尖样瞳孔；眼球分离或同向凝视，去大脑强直；生命体征有较大的改变，呼吸改变最大；发现颅内血肿应立即手术。

外伤性颅内血肿　颅脑损伤引起颅内出血积聚在颅腔内，形成占位性病变，血肿不断增大使颅内压调节失代偿，这样就会出现脑疝。可分为：

①硬膜外血肿。额、颞、顶部外伤时，硬膜从颅骨内板剥离；有出血源。较常见的出血来源是脑膜中动脉、脑膜前动脉（额部）、静窦（矢状窦、横窦）和颅骨本身的板障静脉。绝大多数硬膜外血肿伴颅骨骨折。

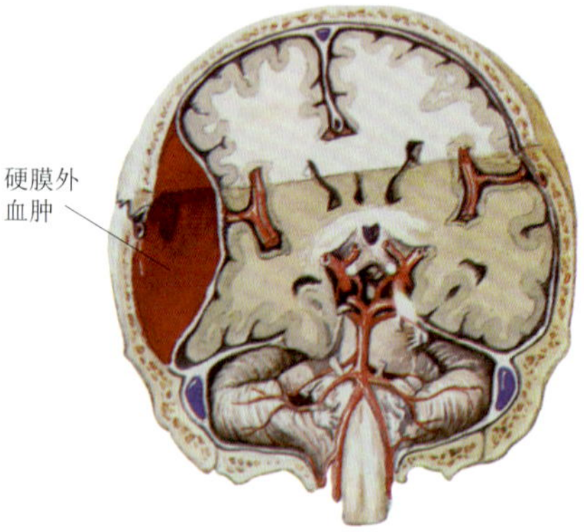

图2　硬膜外血肿

②硬膜下血肿。发病率在颅内血肿中占首位。发病机理与硬膜外血肿不同，是脑对冲性损伤所致，尤多见于枕部着力的减速性损伤，此时脑额叶向前颅窝底，颞极向蝶骨嵴对冲，脑皮质血管破裂出血。脑部受到的损伤，比硬膜外血肿要严重。

③外伤性脑内血肿。常与脑挫裂伤并存。意识障碍亦较重，昏迷多呈持续性并逐渐加深。脑水肿明显，颅内压增高征明显。CT脑扫描可显示血肿，脑挫伤部位的实质内有不规则的密度增高区，血肿周围有低密度的脑挫伤、水肿区。颅高压不明显者可用脱水疗法，但需及时复查CT，一旦病情恶化应立即手术。在凹陷骨折清创时若发现血肿则应清除。

④外伤性硬膜下积液。一种特殊的脑外伤。局部蛛网膜破裂。蛛网膜下腔的脑脊液不断地通过裂口流出到硬膜下腔，而不能反方向回流。故硬膜下腔脑脊液越集越多造成脑受压。在临床上与硬膜下血肿相似，但在CT扫描下，外伤性硬膜下积液为低密度，血肿则为高密度。

开放性颅脑外伤　指脑组织与外界相通的颅脑外伤。特点为有异物（致伤物、头发、布屑、颅骨等）进入脑组织，极易导致颅内感染。开放性颅脑外伤临床特点为：①意识障碍者较闭合性损伤为少见。主要因脑部受伤局限，波及面较少。②有开放伤口。能缓解颅内血肿、水肿所致的颅内压增高，缓解脑疝形成。一旦出现颅内压增高征，应考虑合并有颅内血肿。晚期出现颅压高则应考虑有颅内脓肿。③局灶性神经系统缺失症状较闭合性颅脑损伤为多。如偏身感觉障碍、失语。此外，尚可出现视野缺损等。④癫痫的发病率明显高于闭合性颅脑损伤。故宜用抗癫痫药物。

颅脑外伤处理：检查伤口不能用器械探查，以免加重脑损伤并引起致命的大出血。行神经系统检查了解脑受伤的程度及有无颅内合并症。拍摄颅骨X射线平片，了解有无骨折及金属异物、骨片。CT扫描能了解脑受伤的程度及有否血肿等，晚期尚可诊断脑脓肿。脑血管造影亦有助于诊断颅内血肿及脑脓肿。有癫痫的患者须行脑电图检查。

鲈形目　Perciformes; perciform fishes　硬骨鱼纲辐鳍鱼亚纲的一目。有150科1 367属7 800种，是世界上鱼类中种类最多的1目。分布于各种水域，从江河湖泊到近海以至水深2 300米的大洋中。中国共有91科1 031种。其中南海种类最多。因鳍具鳍棘，又称棘鳍类。个体大小变异很大。大者如金枪鱼，小者如矮鰕虎鱼，一般鱼类体长在30～250厘米。上颌骨通常不参加口裂边缘的组成；背鳍一般为2个，互相连接或分离，第一背鳍为鳍棘（有时埋于皮下或退化），第二背鳍为鳍条；尾鳍分枝鳍条不超过17条。腰骨通常直接连于匙骨上；头骨无眶蝶骨，有中筛骨，后颞颥骨常分叉；肩带无中喙骨；无魏氏器；一般有上下肋骨。

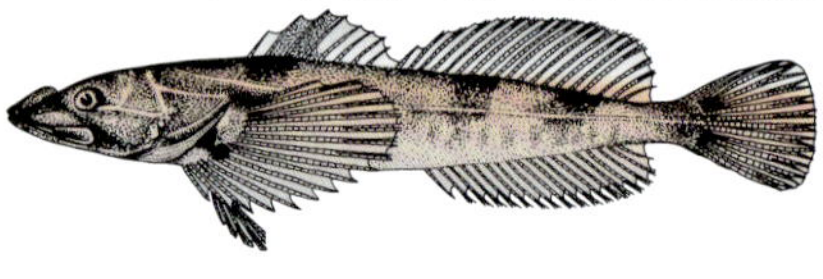

松江鲈鱼外形

鲈形目鱼类除少数生活在狭小水域者外，其他生活在海洋中，有的要作长距离的生殖洄游，以繁殖后代和越冬。大多为卵生，亦有卵胎生，体内受精。只有少数种类危害人类，如鲟鱼，体长2米，性极凶猛，常袭击游泳者。

卤簿　emperor's travelling equipage or escort　中国古代皇帝的仪仗制度。肇始于秦始皇，名称则在汉代开始出现。皇帝卤簿的场面十分浩大，以唐为例，唐代的“大驾卤簿”，从“导驾”的京畿地方长官万年县令、京兆尹、太常卿、司徒、御史大夫、兵部尚书，到“清游队”，乃至金吾折冲、金吾

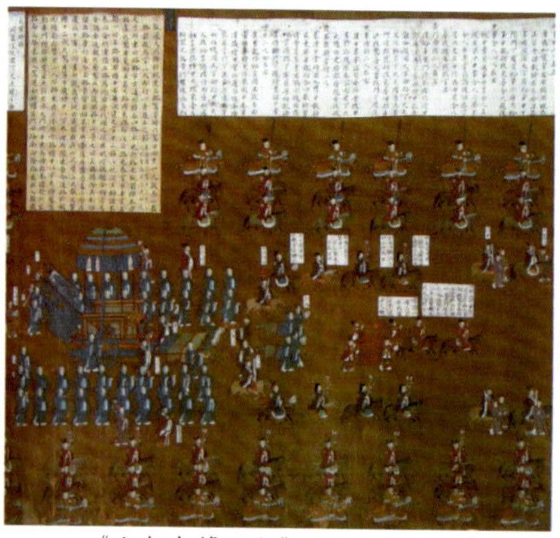

《大驾卤簿图书》局部　（北宋）

大将军、金吾果毅以下，旗盖鼓乐，车骑扇辇，清道杂役，护驾侍从，约有万人。其旌旗遮日、鼓乐喧天、箭戟如林、浩浩荡荡的庞大场面，足以渲染出皇帝至高无上的威严和尊贵。在封建时代，根据场合的不同，卤簿有大驾、法驾和小驾之别。就清代言，清初有大驾卤簿、行驾仪仗、行幸仪仗之分。乾隆十三年（1748），将上述名称分别易名为法驾卤簿（清代的各种大典及祭祀时使用）、銮驾卤簿（皇帝巡幸皇城时使用）、骑驾卤簿（皇帝巡幸各地或御驾亲征时使用）。除皇帝卤簿外，汉代以后后妃、太子、诸王、大臣等也有卤簿，并各有定制。

卤虫　*Artemia*; brine shrimp　鳃足纲无甲目卤虫科的一属。又称盐水丰年虫、盐水丰年虾或盐虫子。卤虫体长1～1.3厘米，大者可达1.5厘米，雌大雄小，游泳时腹部朝上，身体的颜色可随水体盐度变化，最适盐度为100左右，盐度高时虫体呈红褐色。虫体可分为头、胸、腹三个部分。第一触角细小，呈棒状，不分节，末端有感觉毛。雌虫第二触角短粗而略弯曲，雄虫的第二触角极为发达，末节大而平扁，特化成抱持器，两侧具一对具柄的复眼；胸部11对

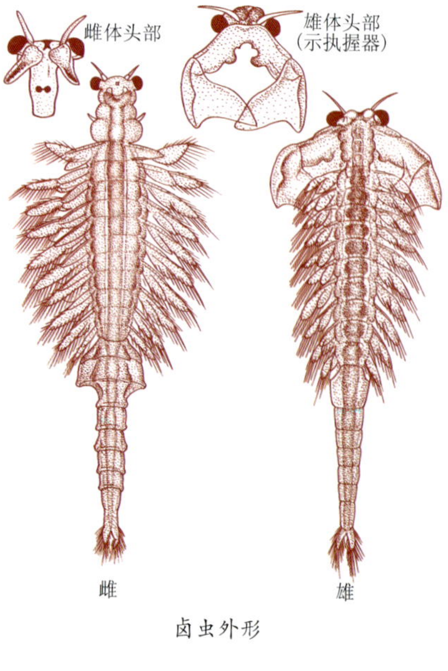

卤虫外形

附肢，胸肢分为外叶、内叶、扇叶和鳃叶；腹部第一、二节为生殖节，雌虫在此节有卵囊一个，雄虫此处为交接器，腹部最后一节具有尾叉。生长发育最适温度为25～30℃。中国沿海盐田和内陆盐湖大多有卤虫的分布。卤虫是一种重要的实验材料，同时又是水产养殖中的一种重要的饵料生物。由于卤虫在盐池中可以摄食大量的藻类，还可以提高盐的质量。

卤代反应 halogenation 卤素取代烃基上的氢原子或羟基等官能团的反应。较常用的卤代反应可分为三类。

卤素取代氢原子 ①烷烃卤代反应。烷烃RH的氢原子被卤素X_2取代，生成卤代烷：

$$RH + X_2 \longrightarrow RX + HX$$

烷烃卤代反应的难易与卤素的种类和氢原子在烃基上的位置有关，一般规律为氟>氯>溴>碘、三级氢>二级氢>一级氢。烷烃卤代反应通常是指氯代和溴代反应。氟代反应太剧烈，放出的热量足以破坏烷烃的所有价键，反应的最终产物是碳和氟化氢。与此相反，碘代反应则太难进行。烷烃的卤代反应是自由基反应，光、热或自由基引发剂（如过氧化物等）是促进反应进行的必要条件。反应不易停止在一元取代阶段。碳链较长的烷烃氯化时，取代反应可在分子中不同的碳原子上进行，得到各种卤代烃。

②苯环卤代反应。卤素对苯环上的取代反应属芳香环亲电取代反应，常用的催化剂有铁、铝、磷及其卤化物等。苯环上如已有取代基，则按取代基的亲电取代定位规则进行反应。

③芳杂环卤代反应。芳杂环上也可发生卤代反应，但反应难易差别甚大。含有多余π电子的芳杂环，例如噻吩、呋喃和吡咯等类化合物，比苯环更易进行反应；缺π电子的芳杂环，如吡啶等，则反应比苯环困难得多，需要在较强烈的反应条件下才能发生。

④羰基α氢原子的卤代反应。醛和酮在碱或酸的催化下，α碳上的氢原子较易被卤素取代。羧酸的α氢原子的活泼性不如醛和酮，通常须用三卤化磷催化卤代反应。酯、酰氯和酸酐等的α氢原子也可被卤素取代。

卤素对羟基的取代 醇与卤代氢反应时，醇的羟基可被卤素取代而生成相应的卤代物。反应的难易一般遵循下列规律：三级羟基>二级羟基>一级羟基；HI > HBr > HCl > HF。

三卤代磷PX_3（X为Cl、Br、I）、五卤化磷PX_5（X为Cl、Br）和氯化亚砜等都是很强的卤化试剂。

卤素的相互取代 这类反应主要用于制备难以用直接卤代反应制备的氟化物和碘化物：

$$RCl\ (Br) + NaI \longrightarrow RI + NaCl\ (Br)\downarrow$$

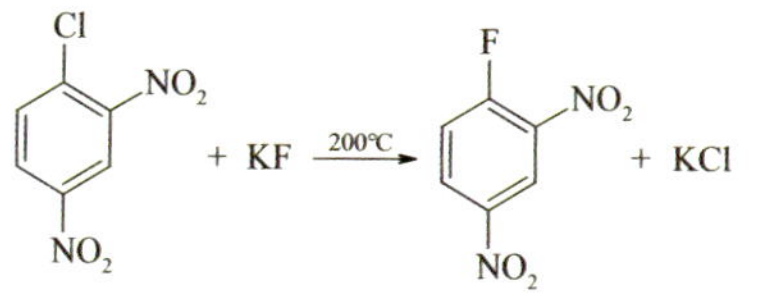

卤代烃 halohydrocarbon 烃分子中的氢原子被卤素（氟、氯、溴、碘）取代后生成的化合物。根据取代卤素的不同，分别称为氟代烃、氯代烃、溴代烃和碘代烃；也可根据分子中卤素原子的多少分为一卤代烃（如氯甲烷、氯乙烷）、二卤代烃（如二氯甲烷、二氯乙烷）和多卤代烃（如三氯甲烷、四氯化碳、四氯乙烷）；也可根据烃基的不同，分为饱和卤代烃、不饱和卤代烃（如氯乙烯、三氯乙烯）和芳香卤代烃（如氯苯、六氯化苯、氯化苄）等。此外，还可根据与卤原子直接相连碳原子的不同，分为一级卤代烃RCH_2X、二级卤代烃R_2CHX和三级卤代烃R_3CX。

卤代烃性质基本上与烃相似，低级的卤代烃是气体或液体，高级的是固体。它们的沸点随分子中碳原子和卤原子数目的增加（氟代烃除外）和卤素原子序数的增大而升高。一氟代烃和一氯代烃一般比水轻，溴代烃、碘代烃及多卤代烃比水重。绝大多数卤代烃不溶于水或在水中溶解度很小，但能溶于很多有机溶剂，有些可以直接作为溶剂使用。卤代烃大都具有特殊气味，多卤代烃一般都难燃或不燃。卤代烃是一类重要的有机合成中间体，是许多有机合成的原料，能发生许多化学反应。卤代烷中的卤素容易被—OH、—OR、—CN、NH_3或H_2NR取代，生成相应的醇、醚、腈、胺等化合物。碘代烷最容易发生取代反应，溴代烷次之，氯代烷又次之，芳基和乙烯基卤代物很难发生类似反应。卤代烃可以发生消除反应，在碱的作用下脱去卤化氢生成碳－碳双键或碳－碳三键。此外，某些卤代烃在强碱的作用下，能发生α-消除产生卡宾；卤代烃能与某些金属作用生成金属有机化合物，例如与锂、镁等反应生成有机锂、有机镁化合物，它们都是有机合成中极重要的试剂，其中镁试剂称为格利雅试剂。

简单的卤代烃多是在高温或光照条件下由烷烃直接卤化制得。结构复杂的卤代烃则多由相应的醇和不饱和烃制得。许多卤代烃可用作灭火剂、制冷剂、麻醉剂、杀虫剂，以及高分子合成的原料（如氯乙烯、四氟乙烯）。卤素是强毒性基，卤代烃一般比母体烃类的毒性大。卤代烃经皮肤吸收后，侵犯神经中枢或作用于内脏器官，引起中毒。碘代烃毒性最大；饱和卤代烃比不饱和卤代烃毒性强；多卤代烃比含卤素少的卤代烃毒性强。

卤素 halogen 包括氟F、氯Cl、溴Br、碘I、砹At五种化学元素。属周期系ⅦA族（17族）。它们都以典型的盐类形式存在于自然界，所以称为卤族元素，含义是成盐元素，简称卤素。其中砹是放射性元素。

卤素单质都是双原子分子，随着分子量的增大，分子间的色散力逐渐增强，颜色变深，密度、原子体积、熔点、沸点等都依次递增。卤素单质易溶于非极性和弱极性溶剂，在水中溶解时伴随水解反应，且溶解度随分子量的增大而减小。

卤素单质是比较活泼的非金属，氟单质是最活泼的非金属，碘和砹的活泼性较差。卤素原子的电子构型为ns^2np^5（n为卤素所在的周期数），最外电子层上有7个电子，倾向于取得一个电子，形成八电子结构的-1价卤离子，加之卤素分子的离解能比较小，因此卤素单质都有较强的氧化性。卤素原子半径越小，氧化性越强，氟是已知的最强的氧化剂之一。卤素与氢结合形成卤化

氯（右）、溴（中）、碘（左）的外观

氢，与金属结合成为金属卤化物；卤素也能形成非金属卤化物（如CCl_4）和卤素互化物（如ClF_3、ICl）等。卤化氢溶于水都生成具有强酸性的氢卤酸（氢氟酸为中强酸）。卤素原子不易失去电子而形成自由的正离子，但氯、溴、碘与电负性比它们大的元素化合时，也可以显正氧化态。它们的含氧化合物可显+1、+3、+5、+7氧化态（氟除外），如氯的含氧酸HClO、$HClO_2$、$HClO_3$、$HClO_4$等。

卤钨灯 halogen lamp 在白炽灯充填的惰性气体中加入微量卤化物的电光源。卤钨灯是利用卤钨再生循环原理工作的。主要部件是玻壳、灯丝和充填卤化物。

按用途可分为五类：①照明用卤钨灯及反射形定向照明灯。功率20～2 000瓦，大功率用于泛光照明，100瓦以下用于室内装饰照明。光效17～22流/瓦，寿命1 000～3 000小时。反射形灯是一种节能型室内展示及橱窗照明光源，寿命1 000～4 000小时。②汽车卤钨灯。型号H_4（12伏 55瓦/60瓦）、H_5（12伏 65瓦/70瓦）双灯丝灯为前大灯，型号H_1、H_2、H_3（8～25瓦单丝）为转弯灯、刹车灯、照明灯。③红外辐照卤钨灯。色温2 500K，体积小，用于加热干燥设备、复印机等。④摄影卤

钨灯。功率200～20 000瓦，色温3 200±50K，光效27～36流/瓦，寿命15～300小时。⑤仪器卤钨灯。功率2～400瓦，色温3 000～3 200K，工作电压1.5～36伏，寿命50～200小时，用于显微镜、投影仪、幻灯机、医用和工业用内窥镜、牙科固化着色仪、彩色照片扩印仪等。

鲁 Lu State 中国先秦姬姓诸侯国。西周初年，周公东征打败了伙同武庚叛乱的一些殷商旧属国，成王分封周公长子伯禽于其中的奄国故土建立鲁国，都曲阜。又赐予许多文物典籍及主管官员，使鲁成为周王朝控制东方的重要据点。

春秋初期鲁仍为东方强国，鲁隐公、桓公时（前722～前694）曾多次战胜齐、宋等大国，并不断侵袭杞、邾、莒等小国。夺得极、防等地，曹、滕、薛、纪等小国亦经常朝鲁。春秋中期以后，政权转入贵族大臣手中。当时长期掌握实权的，主要是鲁庄公的三个弟弟季友、叔牙、庆父的子孙，称为季孙氏、叔孙氏和孟孙氏三家（他们都是鲁桓公之后，又称三桓），即所谓“政在大夫”。鲁国是保存西周礼制较多的诸侯国之一，但受当时形势的影响，也展开了一系列变革活动。如鲁宣公十五年（前594）“初税亩”，鲁成公元年（前590）“作丘甲”，鲁哀公十二年（前483）“用田赋”，都标志着鲁国租税赋役制度的重要改革；鲁襄公十一年（前562）“作三军”，鲁昭公五年（前537）“舍中军”，则标志着鲁国军事组织和君臣力量对比的变动过程。

春秋晚期，鲁昭公被三家驱逐，流亡客死异乡。其后不久，三桓属下的家臣阳虎等人又起来劫持大臣，控制国政，一度形成“陪臣执国命”的局面。鲁定公时（前509～前495），阳虎失败出奔，三桓重新掌权。后鲁哀公（前494～前476年在位）图谋恢复君权，同三家大臣冲突加剧，终致流亡越国。战国初期，约在鲁元公时（前428～前408），三桓逐渐失势，鲁穆公（前407～前377年在位）以后，政权又回到国君手中。在此前后，鲁曾联络越、韩、魏等国，多次同齐国作战，争夺边邑。战国末年，楚受秦进逼而东迁，对鲁国的攻伐随之加剧，楚考烈王十四年（前249）终于吞灭鲁国，鲁顷公被废黜。鲁自伯禽始封至顷公亡国，共传33世，历时800余年。

鲁侯尊

鲁 Roux, Wilhelm (1850-06-09～1924-09-15) 德国胚胎学家，生物发生机械学的创建人。生于耶拿，卒于哈雷。1889年4月创办胚胎研究所，任所长。同年8月改任奥地利因斯布鲁克大学解剖学教授。1895年重返德国，任哈雷大学解剖学研究所所长。

鲁对胚胎学的最大贡献是在方法学上完成了从观察的描述分析到实验的因果分析的转变。1883年他发表《蛙胚主轴的决定时间》一文，分析了蛙胚早期发育中体轴决定与早期卵裂的关系。后来剖析了精子核入卵和会合途径、机械压力对卵裂面影响，以及灰弧与卵中轴的关系等问题。1888年鲁为分析细胞核在早期发育中的作用，用热针刺伤蛙卵二裂球期的一个裂球，结果未受伤的一个裂球发育成半个胚胎。不过，以后在少数例子中，受损伤的一半可以调整恢复，称为“后生”。据此，他认为蛙卵发育是“镶嵌型”的，并据此支持了A.魏斯曼关于早期发育中细胞核不等质分裂的假说。鲁提出“自主发育”和“非自主发育”的概念，对动物胚胎发育的实验分析有很大影响。

鲁在1894年创办的《生物发生机械学》杂志，继续出版到现在。代表著作是1905年出版的《发生机械学，生物学的一个新分支》，还参与编纂了《动植物发生机械学词汇》。莱比锡大学建校300周年时，授予他荣誉博士学位。

鲁班 Lu Ban 中国古代建筑工程家。被建筑工匠尊为祖师。姓公输名般，或称公输班、鲁般、公输盘、公输子和班输等，春秋时期鲁国人，因称鲁班。《汉书·古今人表》中列在孔子之后、墨子之前。《墨子》载公输盘“为楚造云梯之械”，能“削木以为鹊，成而飞之”。鲁班的名字散见于先秦诸子的论述中，被誉为“鲁之巧人”。王充《论衡》说他能造木人木马。

唐代以后，民间关于鲁班的传说更加普遍，其内容大致有：主持兴建具有高度技术性的重大工程，热心帮助建筑工匠解决技术难题，改革和发明生产工具，雕刻等。种种传说虽大部分无史实依据，但都歌颂了以鲁班为代表的中国古代工匠和匠师的勤劳、智慧和助人为乐的美德。

鲁棒性 robustness 控制系统在其特性或参数发生摄动时仍可使品质指标保持不变的性能。鲁棒性原是统计学中的专门术语，具有稳健性或强壮性的含义。20世纪70年代初引入并流行于控制理论，用以表示控制系统抗拒特性或参数摄动影响的能力。摄动的出现主要源于两个方面：一个是由于建模或测量的不精确使系统特性或参数的实际值偏离其模型标称值，另一个是运行过程中受环境影响导致系统特性或参数的缓慢漂移。鲁棒性已成为与能控性、能观测性和稳定性等同样基本的控制系统特性。一个不具有鲁棒性的控制系统在实际中是不能可靠运行的。对鲁棒性的研究主要限于线性定常控制系统，并开始扩展于非线性控制系统。基本的研究领域包括鲁棒分析和鲁棒综合：前者研究控制系统的性能鲁棒性和稳定性鲁棒性，后者研究使控制系统具有鲁棒稳定性或鲁棒性能的控制器设计的理论和方法。研究控制系统鲁棒分析和鲁棒综合的理论称为鲁棒控制理论。

鲁本斯 Rubens, Peter Paul (1577-06-28～1640-05-30) 佛兰德斯画家。擅长绘制宗教、神话、历史、风俗、肖像以及风景画，是17世纪西方画史上成就卓著的画家（见佛兰德斯美术）。生于德国锡根，卒于安特卫普。幼年丧父，1587年到安特卫普。15岁已精通德语、拉丁语、法语、佛拉芒语等，在一位伯爵夫人处短期当过侍童。而后从几位画家习画。鲁本斯的画风大致包括3个阶段。

早期（意大利时期） 1598年，鲁本斯成为画师，设画室，收学生。1600年到意大利，由于偶然的机会结识曼图亚公爵贡扎加。以后赴曼图亚，任贡扎加的宫廷画家。他为公爵制作了一批宗教画和肖像画，并于1603年接受公爵的委托，以外交使节身份前往西班牙，从而获得机会研究马德里宫廷的藏画。在罗马时绘制了祭坛画《圣海伦娜》、《竖起十字架》以及《基督戴荆冠》（1601～1602）。

中期（安特卫普前期） 鲁本斯1608年回安特卫普。这时佛兰德斯宫廷在西班牙管辖下，正在开展反宗教改革运动和提倡巴罗克美术。1609年起，他担任佛兰德斯摄政者阿尔贝特大公的宫廷画家，使意大利文艺复兴美术的成就，包括其先进的人文主义思想以及高超的表现技巧，与佛兰德斯古老的民族美术传统结合起来，形成了赞美人生欢乐的气势宏伟、色彩丰富、运动感强的画风。

1610～1618年，鲁本斯绘制了一批以宗教神话为题材的作品，如安特卫普大教

《强劫留基伯的女儿们》

堂的三联画《复活》(1612)、《圣母升天》(约1615～1616)、《博士来拜》(1617～1619)等。此外，还完成了一批表现激情的、充满强烈戏剧性和运动感的油画，包括《强劫留基伯的女儿们》(约1618)和《亚马孙之战》(约1618～1620)等。这类典型的巴罗克绘画作品表明，画家在艺术上已进入鼎盛阶段。

1616～1625年，鲁本斯逐渐摒弃扬森斯式古典绘画的均衡感，而把他的艺术中的激情和运动感推向极限，从而使巴罗克绘画的长处和潜力得到了充分的发挥。1616年，他所绘的《末日审判》气势极为宏伟。此画的创作灵感来源于**米开朗琪罗**的同名壁画，但它所强调的是鲁本斯式的充满自信的胜利感。此外，当时鲁本斯所绘的许多历史组画和神话题材作品也极为动人。这种巴罗克绘画气势还见之于鲁本斯所绘的一批狩猎图(1618～1620)以及著名的历史神话题材组画《玛丽·德·美第奇生平》。

画家除从事于绘画外，还随佛兰德斯女摄政者伊莎贝拉多次出国进行外交活动。1626年其第一个妻子去世。两年后他前往西班牙进行宫廷之间的访问，同时为腓力四世及其家属画肖像，还临摹了一些**提香**的画。他跟D.**委拉斯开兹**相互交流作画心得，一时传为美谈。1629年赴英国进行和平谈判，为英王及其家属画肖像，并为伦敦白金汉宫的宴会厅绘制了天顶画。英王查理一世册封他为骑士。

后期（安特卫普后期和斯廷时期） 鲁本斯1630年娶年轻的叶莲娜·弗尔曼为妻。此后，弗尔曼成为他后期作品中一再出现的焕发着青春活力的、典型的佛兰德斯少妇形象。

1630～1640年，鲁本斯的绘画进入新的发展阶段。在着色用笔方面更为奔放自如，在画风上接近于提香晚年的油画。他退出政界后，经常到斯廷庄园作画，绘出了一批出色的风景、风俗画。

鲁本斯的绘画对于佛兰德斯绘画以及整个西方绘画的进一步发展，具有重大意义。17世纪后期，巴黎的法国皇家美术学院形成了鲁本斯主义者。他们认为鲁本斯的艺术成就是创造性地模仿自然，运用色彩达到视觉的审美效果。18～19世纪的法国画家A.**瓦托**、E.德拉克洛瓦、P.-A.**雷诺阿**和英国画家J.**雷诺兹**、J.**康斯特布尔**，都不同程度地受到鲁本斯的影响。

鲁宾斯坦 Rubinstein, Artur (1887-01-28～1982-12-20) 美籍波兰钢琴家。生于波兰罗兹，卒于瑞士日内瓦。5岁登台演奏。后到柏林，从K.H.巴尔特学钢琴，从R.卡恩和M.布鲁赫学音乐理论。11岁后到俄国、波兰等地旅行演出，获得广泛赞誉。1906年第一次与**费城交响乐团**、纽约爱乐交响乐团合作演奏F.F.**肖邦**的《第一钢琴协奏曲》和C.圣-桑的《第二钢琴协奏曲》，3个月内举行了75场演奏会。第一次世界大战期间，与小提琴家E.伊萨伊举行音乐会为同盟国募捐。1946年入美国籍。

鲁宾斯坦毕生献身于钢琴艺术，1977年为庆祝他90岁诞辰，美国总统福特授予他自由勋章。他的演奏在演奏风格上，对于古典乐曲倾向华丽而不炫耀，弹奏肖邦作品则充满诗意和乡土气息。晚年写了一部自传。他录制了很多唱片，尤其是肖邦全部作品的唱片，已成为珍贵的文献资料；他录制的L.van **贝多芬**的5首钢琴协奏曲，也是一份珍贵遗产。

鲁宾斯坦 Rubinstein, Anton Gregoryevich (1829-11-28～1894-11-20) 俄国钢琴家、作曲家、指挥家、教育家。生于波多利斯克省维赫瓦蒂涅茨村，卒于圣彼得堡。1834年随家庭迁居莫斯科。5岁起学钢琴，10岁在莫斯科举行首次公开音乐会。1840～1843年在法、英、德等国演出，获得声誉。此时还出版了他最初的作品钢琴练习曲《水妖》等。1844～1846年在柏林随S.德恩学作曲。1848年回国，定居圣彼得堡，以钢琴家和指挥家身份经常开音乐会。1854～1858年再次去西欧各国旅行演出，被誉为世界著名钢琴家之一。1859年倡议组织俄国音乐协会，促进了音乐演出活动和音乐普及工作。1862年创办了俄国第一所高等音乐学府**圣彼得堡音乐学院**。1862～1867年和1887～1891年间担任该院院长。1872～1873年，他与小提琴家H.**维尼亚夫斯基**联袂赴美国旅行演出，8个月演出215场，引起轰动。1885～1886年在俄国和欧洲7个大城市举行“历史音乐会”，系统地介绍不同时期的175首钢琴名曲。1891～1894年居住德累斯顿，主要从事教学和作曲。鲁宾斯坦在音乐表演和音乐教育方面对俄国音乐的发展作出了贡献。在创作方面虽然也留下了大量作品，但是由于过分模仿西欧音乐，缺乏鲜明的俄罗斯民族特色和个人风格，许多作品已不为人所知。

鲁宾斯坦 Rubinstein, Sergey Leonidovich (1889-06-06～1960-01-11) 苏联心理学家。生于敖德萨，卒于莫斯科。1913年获马尔堡大学博士学位。1940年任莫斯科大学心理教研室主任、俄罗斯联邦共和国教育研究所所长。1943年当选苏联科学院通讯院士，1945年当选教育科学院院士。1945～1960年任苏联科学院哲学研究所心理学部主任。

鲁宾斯坦是苏联心理学理论体系的奠基人之一，他在1934年发表的论文《卡尔·马克思著作中的心理学问题》中，最先把马克思主义关于活动的概念引入心理学，并提出活动和意识的统一原则，其基本内容是：人的活动和他的意识有不可分割的联系；意识是在活动中形成和发展起来的，反过来又起着对活动的调节作用；活动和意识是对立的统一，是相互制约的；在活动中意识和作为活动对象的客体是相互转化的。他根据这个原则批判了内省心理学和**行为主义心理学**，写成《普通心理学原理》(1940，1946)。主要著作还有《存在和意识》(1957)、《关于思维和它的研究道路》(1959)、《心理学的原则和发展道路》(1959)、《普通心理问题》(1973)等。

鲁滨逊 Robinson, James Harvey (1863-06-29～1936-02-16) 美国历史学家，美国“新史学派”奠基人。生于伊利诺伊州的布鲁明顿市一银行家家庭，卒于纽约。早年毕业于哈佛大学，后进入德国弗赖堡大学，在历史学讲习班中受到严格的历史学训练。1890年获博士学位。回国后先后在宾夕法尼亚大学、哥伦比亚大学等校任历史系教授。1919年，与C.A.比尔德、J.杜威等建立社会研究新学院。1929年出任美国历史学会主席。1911年编辑出版了他历年的论文和演说集《新史学》，文集集中阐释的史学思想奠定了他在西方史学发展历史上的重要地位。以哥伦比亚大学为中心的美国新史学派，对美国和西欧国家的史学发展产生了深远影响。其他重要著作还有《西欧史》（1903）、《欧洲通史》（与布累斯提德合编，1916）等。

鲁卜哈利沙漠 Rub ʻal Khāli, Ar 阿拉伯半岛面积最大的沙漠。东西横陈于半岛南部，大部分在沙特阿拉伯境内，小部分属于阿曼、也门和阿拉伯联合酋长国。长1 200千米，最宽640千米，面积65万平方千米。阿拉伯大沙漠的一个组成部分。海拔一般在200米，最高673米，最低92米。典型的热带沙漠气候。整个沙漠可约略分为两大部分，以东经50°为中线，经线东部由大量平行连绵的沙丘构成，有的长达数十千米，高达300米。这部分有丰富的地下水，水微咸，水位较高，可以放牧的地方较大，条件较为良好；西部最远延伸到奈季兰一带，多干燥的不毛之地，很少降雨，结构较为疏松。

鲁菜 Lu cuisine 中国山东菜的简称。

鲁达基 Rūdakī, Abū ʻAbdallah Jaʻfar (850～941) 波斯诗人。生于撒马尔罕鲁达克，卒于鲁达克。8岁即能背诵《古兰经》。能诗善琴，多才多艺。被召为萨曼王朝宫廷诗人。晚年因涉嫌参与非法政治活动被挖掉双眼，逐出宫廷，在贫病交迫中返回故里。

据传共写诗20万行，诗集长达百卷，但残存的不过2 000余行。他在各种古典格律诗体的创作上均有佳作传世，如颂诗《酒颂》和《暮年》，抒情诗《劝说君主返回布哈拉》等。最著名的叙事长诗《卡里莱与迪木乃》只残存百余行。鲁达基是“呼罗珊体”诗的奠基人，也是颂诗和四行诗的创始人。被誉为“波斯语诗歌之父”。

鲁道夫人 *Homo rudolfensis* 早期人类化石。距今240万～190万年。代表性化石是1972年发现于非洲肯尼亚图尔卡纳湖东岸的KNM-ER1470号头骨。其形态特征与能人的主要不同之处在于：脑量较大，平均脑量751毫升，大于能人的610毫升；眉脊较弱，眶后缩窄较明显；中面部较宽；前部牙齿，包括门齿、犬齿偏大，而位于后部的前臼齿和臼齿中等，说明其咀嚼功能较强；头后骨特征与后期人属成员接近，

图1 正视

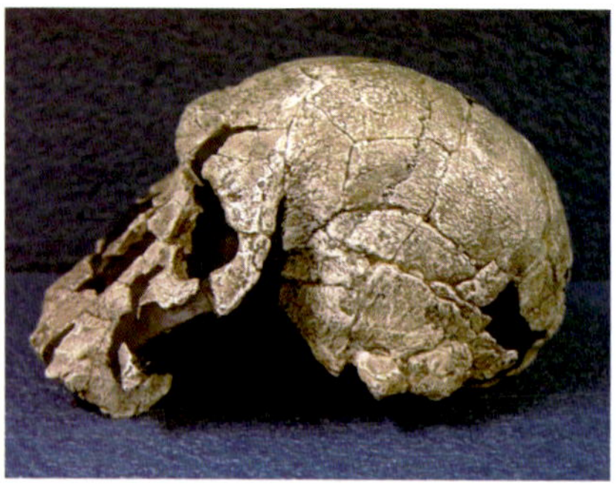

图2 侧视

完全适应直立行走。学术界对鲁道夫人的分类地位存在着归入能人、废弃鲁道夫人种名，改称为南方古猿鲁道夫人种，以及作为人属的一个独立种三种不同意见。

鲁尔福 Rulfo, Juan José (1918-05-16～1986-01-07) 墨西哥小说家。生于哈利斯利萨尤拉，卒于墨西哥城。从小失去父母。曾在国家移民局和公司旅游部门工作。后在印第安研究中心工作。他的第一部短篇小说集《烈火中的平原》直到1953年才得以出版。作品的17篇农村题材的故事以其内容的深刻性、艺术手法的前卫性引起注意。《佩德罗·帕拉莫》属于墨西哥革命小说的第三代，是对1910年墨西哥革命的反思。被视为拉丁美洲魔幻现实主义的一个里程碑。鲁尔福在作品中运用了“国际化的语言”，即西方超现实主义的艺术手法，把墨西哥的文化混杂和魔幻现实表现得淋漓尽致。他的作品还有《金鸡及其他故事》等。

鲁菲吉河 Rufiji River 坦桑尼亚最大河流。源出西南部高地，流向东北，再折向东，在乌辛贝附近入印度洋。由卢韦古河和基隆贝罗河汇流而成。全长1 400千米，流域面积17.1万平方千米，占全国总面积1/5左右。流量季节变化明显，最大流量6 200米^3/秒，最小流量仅7.2米^3/秒。河口年平均流量800米^3/秒。支流众多，最大支流为大鲁阿哈河，水能资源丰富，已建有基达图、姆特拉两座大坝，基达图水电站装机容量20万千瓦，为坦桑尼亚现有最大水电站。

鲁利亚 Luria, Aleksandr Romanovich (1902-07-16～1977-08-15) 苏联心理学家，神经心理学创始人。生于喀山，卒于莫斯科。1921年毕业于喀山大学社会科学系，后转学医。先后获教育科学博士和医学博士学位。1945年任莫斯科大学教授，1967年任神经心理学教研室主任，1969～1972年任国际心理科学联合会副主席。

鲁利亚提出了研究情绪的共轭方法，还与L.S.维戈茨基和A.N.列昂节夫一起创立了社会文化历史学派。他利用“双生子法”研究个人心理发展中遗传和环境因素的作用。1930～1931年对乌兹别克斯坦共和国居民的心理特点的比较研究，证明生活和教育条件在高级心理功能的形成中起决定性作用。1936～1941年研究失语症；卫国战争期间研究脑外伤引起的心理障碍的诊断和恢复，特别研究了脑额叶在心理过程中的调节作用。从1945年起研究言语对不同年龄儿童随意运动的调节作用，据此创立了神经心理学。专著主要有《创伤性失语症》（1947）、《战伤后脑功能的恢复》（1948）、《人的高级皮质功能及其在局部脑损伤下的障碍》（1962）、《人脑和心理过程》（1970）、《神经心理学原理》（1973）、《神经语言学的基本问题》（1975）、《语言和意识》（1975）等。

鲁缅采夫 Rumyantsev, Pyotr Aleksandrovich (1725-01-15～1796-12-19) 俄国陆军元帅。将门出身。6岁登记为禁卫军列兵，15岁起担任军官。18岁任步兵团长。1756～1763年七年战争期间任旅长、师长。沙皇叶卡捷琳娜二世执政初期一度失宠，调任小俄罗斯（乌克兰）总督。1768～1774年俄土战争期间任集团军司令。1770年晋升元帅。同年夏率部沿普鲁特河左岸南下，以少胜多，连战皆捷，至1771年底控制多瑙河下游摩尔多瓦和瓦拉几亚两公国。随后渡过多瑙河，于1774年6月攻占土军舒姆拉、鲁什楚克和锡利斯特拉要塞，并向巴尔干山脉推进，迫使土耳其签订《小凯纳尔贾和约》。次年任小俄罗斯总督兼重骑兵司令。1787～1791年俄土战争期间复任集团军司令。

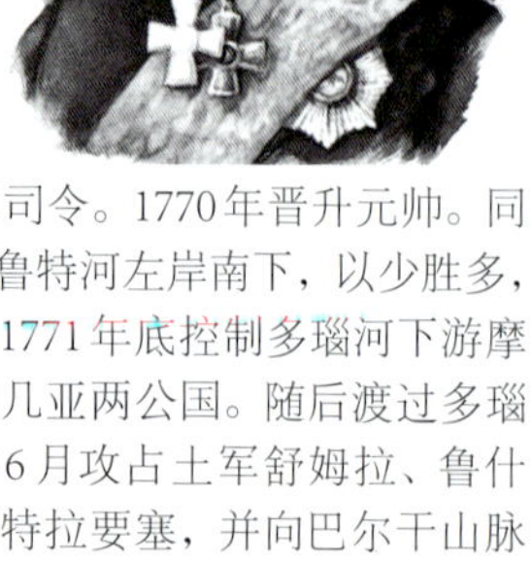

1794年第三次瓜分波兰期间，与A.V.苏沃洛夫共同拟定作战计划，任侵波俄军总司令。他继承和发展了彼得一世进攻作战思想，不拘泥于传统的线式战术，重视建立和使用预备队，强调正面突击和侧翼突击相结合以及诸兵种密切协同。著有《指南》、《军规》等。

鲁内贝格 Runeberg, Johan Ludvig (1804-02-05～1877-05-06) 芬兰瑞典语诗人。生于皮耶塔尔萨里，卒于博尔戈。1822年秋入图尔库学院读文学。大学学习期间兼任乡村教师，乡间的人情风物成为他日后诗歌创作的源泉。1827年获文学硕士学位，在赫尔辛基大学任教。叙事诗是他创作的精华，著名的有《麋鹿猎者》(1832)、《汉娜》(1836)、《军旗手斯托尔的故事》(上下两册，1848～1860) 等。《军旗手斯托尔的故事》展现出1808～1809年瑞俄交战期间芬兰人民的光辉业绩。《我们的国土》1848年谱曲后被定为国歌。他的诗歌融古典主义与浪漫主义于一体，语言优美、流畅、自然。

鲁热维奇 Różewicz, Tadeusz (1921-10-09～) 波兰作家。生于罗兹腊多姆斯科。曾在克拉科夫雅盖沃大学学习。中学时代开始发表诗作，主要有诗集《不安》(1947)、《公开的长诗》(1956)、《第三张脸》(1968)、《灰色地带》(2003) 等。多以法西斯占领时期为背景，揭露敌人的凶残，歌颂波兰爱国者为民族解放进行的斗争；表现对被压迫者的同情和对公正和走向光明的社会的向往。剧本以许多离奇、怪诞和象征情节的描写，突现作品的主题思想。主要有《卡片集》(1960)、《干净夫妻》(1975) 等。短篇小说集《落叶》(1955) 和中篇小说《我的女儿》(1968) 等也有一定的影响。

鲁思 Ruth, Babe (1895-02-06～1948-08-16) 美国棒球运动员。生于马里兰巴尔的摩，卒于纽约。绰号贝贝 (Babe)。幼时喜爱棒球运动。1914年进入一个半职业棒球队，开始职业运动员生涯。同年入美国棒球联盟波士顿红袜队担任投手，参加大联盟赛。1918年起担任外场手。他左手击球有力。1927年，在一个比赛季节里，独创60个本垒打最高纪录。1935年退休时，累计创714个本垒打世界纪录，成为棒球史上第一代“本垒打王”。这项纪录直到1974年才被美国黑人H.L.艾伦以715个本垒打突破。1936年入选美国棒球名人堂。1938年结束棒球生涯。为了纪念这位杰出棒球运动员，1956年美国设立“鲁思荣誉奖”，一年一度颁发给世界最优秀的棒球运动员。1980年被法国《队报》评为20世纪最佳运动员。

鲁斯丹·埃芬迪 Rustam Effendi (1903-05-13～1979-05-24) 印度尼西亚诗人。苏门答腊巴东人。卒于雅加达。毕业于武吉丁宜和万隆师范学校，在西苏门答腊当过教师。20世纪20年代初期加入印度尼西亚共产党，并开始诗歌创作。1926年民族大起义失败后逃亡荷兰，后来退党，于第二次世界大战后回国。鲁斯丹的诗带有浓厚的浪漫主义色彩，喜用象征和暗喻的手法，借景抒情，咏物言志，表达伤时忧国的心情和对自由独立的向往。诗集有《沉思集》(1925)。诗剧《贝巴沙丽》(1926或1928) 通过富有浪漫主义色彩的神话故事，采用象征和影射的手法，揭露殖民主义者的凶残面目和掠夺本性，号召青年起来斗争挽救祖国。鲁斯丹在诗歌创作上勇于探索和革新，是印度尼西亚新诗最早的开拓者。

鲁斯塔维里 Rustaveli, Shota 格鲁吉亚诗人。约生于12世纪中叶。曾任格鲁吉亚女王的司库。其著名史诗《虎皮武士》(又名《豹皮武士》) 约写于12世纪末13世纪初的30年间，以独特的16行诗体写成，代表格鲁吉亚古典文学的最高成就，是世界著名史诗。描述阿拉伯王的武士阿夫坦季尔热恋国王的独生女季娜京公主，后来与虎皮武士塔里埃尔、武士普里东结为兄弟，三武士团结互助，都得到了幸福和爱情。

鲁斯塔维里是伟大的人道主义者，反对禁欲主义和宿命论，主张个性解放。

《虎皮武士》插图

鲁肃 Lu Su (172～217) 中国三国时期孙权部将。字子敬。临淮东城 (今安徽定远东南) 人。家庭富裕，乐善好施，以赈穷结士，深得乡里欢心。初率部属百余人随周瑜至江南，周瑜荐之于孙权，颇受孙权的敬重。建安十三年 (208)，曹操率大军南下，欲一举灭吴，情势危急，吴国主降者甚众，鲁肃与周瑜力主应战，并建议联合刘备协力抗曹，为孙权采纳，任为赞军校尉，助周瑜大破曹军于赤壁，是为赤壁之战。每有建议，总与孙权意合。周瑜临终，上疏请以鲁肃代替他的职务。孙权依言拜他为奋武校尉，代周瑜领兵。后又拜为汉昌太守、偏将军。十九年转拜横江将军。

鲁提菲 Lutfi (1366～1465) 中国维吾尔族诗人。原名艾拜都拉，鲁提菲为笔名。多数学者推断他出生于喀什噶尔。青年时代曾求学于撒马尔罕，后移居呼罗珊汗国首府亦鲁 (今阿富汗赫拉特)。他一生共撰写了20多部著作，包括文学、历史、哲学等各方面，但流传至今的仅有两部，即包括300余首抒情诗的《鲁提菲集》和长篇叙事诗《古丽和诺鲁兹》。抒情诗绝大部分是格则勒体，内容以爱情为主。叙事长诗《古丽和诺鲁兹》长达4 200余行，是以民间传说为素材，讲述纳沃夏德王子诺鲁兹和法尔哈尔公主古丽的悲欢离合故事。

鲁提菲继承了前代维吾尔语言文学的优良传统，并从波斯、阿拉伯民族文化中汲取了丰富的营养。其诗在思想境界、表达手段、语言技巧等方面，都达到了较高水平，对维吾尔古代文学语言的形成和发展有重大影响，被誉为“维吾尔语言的泰斗”。

鲁体民歌 dmangs-glu 中国藏族民歌形式。包括原流行在甘肃、青海、四川等省藏区的“鲁”、“卓”，甘肃、青海和四川阿坝各藏区的“拉伊”，云南藏区的“擦拉”和西藏地区的“郭尔谐”的部分民歌。鲁体民歌一般每首皆有数段，以3段为典型结构。每段少则2句、3句，多则十数句。以2～5句为最常见。每句音节一般相等。最多见的是七音节句和八音节句。每首歌的段与段之间，段之中相对的句子之间在设意、用词及节奏停顿上都有对仗的关系。通常前数段是比兴，最后一段点出本意。回环排比，反复咏叹，思想内容渐次深化，感情色彩愈益浓酽，给人以情意隽永、其味无穷的感受。这种格律的诗歌9世纪前后就很流行，在敦煌发现的古藏文史料中有不少记录。11世纪，米拉日巴运用这种格律写出了著名的《米拉日巴道歌》。英雄史诗《格萨尔王传》和藏戏剧本中的诗歌也大量运用这种格律。在藏族文学作品中，这种格律受到普遍重视和广泛运用。

鲁瓦 Roy, Gabrielle (1909-03-25～1983-07-13) 加拿大法语作家。生于曼尼托巴圣博尼费斯，卒于魁北克。创作有长篇小说《转手的幸福》(1945)、《亚历山大·谢纳韦尔》(1954)、《秘密山冈》(1961)、《世界尽头的花园》(1975)等。这些作品表现了开发者不断探求的精神和人们追求新生活的愿望。另有一些作品是以她的家乡中部平原偏僻的农村为背景的小说，如长篇小说《小水鸡》(1950)、中篇小说集《德尚博街》(1955)、长篇小说《阿尔塔蒙之路》(1966)、《我生命中的孩子们》(1978)。这些作品描绘了加拿大中西部平原的景色。鲁瓦的作品语言洗练，文笔朴素，被认为是当代加拿大法语文学最重要的小说家。

鲁迅 Lu Xun (1881-09-25～1936-10-19) 中国文学家、思想家，中国现代文学的奠基人。原名周樟寿，后改名周树人，字豫才。浙江绍兴人。

鲁迅出身于没落的士大夫家庭。1898年到南京求学，先入江南水师学堂，次年考入江南陆师学堂附设的矿务铁路学堂。1902年赴日本留学，入东京弘文学院。1904年到仙台医学专科学校学医，后弃医习文。1906年回到东京从事文艺活动，翻译俄国及东欧文学作品，发表了《摩罗诗力说》、《科学史教篇》、《文化偏至论》等论文。1909年8月回国，先后在杭州、绍兴任教，课余辑录亡佚古代小说。1912年到南京临时政府教育部任部员。到北京后，任社会教育司科长、佥事。1918年初参加《新青年》编辑工作，并在《新青年》上发表了第一篇白话小说《狂人日记》，抨击家族制度与封建礼教。此后陆续发表《孔乙己》、《药》、《阿Q正传》等作品。同时，写了许多杂文和随笔，后来结成杂感集《热风》，论文则收入《坟》。1920年8月起，先后在北京大学、北京师范大学等校兼课，编定《中国小说史略》等书，并相继出版了小说集《呐喊》、《彷徨》。1925年领导青年建立莽原社、未名社，主编《莽原》，翻译介绍外国文学。1926年8月在军阀迫害下，离京到厦门大学和中山大学任教。1927年10月到上海，专事著述。1929年主编《科学的艺术论丛书》。1930年参加发起并组织成立了中国左翼作家联盟，还参加了中国自由运动大同盟、中国民权保障同盟等组织。在上海期间，

1932年冬，鲁迅在北平师范大学讲演

陆续出版9本杂文集和历史小说集《故事新编》。先后编辑《语丝》、《奔流》、《朝花》、《萌芽》、《前哨》、《十字街头》、《译文》等文学刊物，翻译了许多外国文学作品。他拥护中国共产党提出的抗日民族统一战线的方针，提出“民族革命战争的大众文学”的口号。1936年10月19日，因积劳成疾卒于上海。

鲁迅是中国新文化运动的旗手，对民主革命和现代文学作出了巨大贡献，并给人们留下了丰富宝贵的精神遗产。他一生著译约近1 000万字，计有小说集3部，杂文集17部，散文诗集1部，回忆散文集1部，1 400多封书信，还有1912年5月5日到1936年10月18日的日记（其中1922年的已佚），以及《中国小说史略》、《汉文学史纲要》等学术著作。他还翻译了14个国家将近100位作家的文学作品和文艺理论，印成33部单行本。此外，还辑录、校勘古籍18种。这些著作曾有各种不同版本出版，现有1959年版《鲁迅译文集》10卷，1981年版《鲁迅全集》16卷等。鲁迅的作品充实了世界文学的宝库，被译成英、日、俄、西、法、德、阿拉伯、世界语等50多种文字，在世界各地拥有广大的读者。

鲁迅的成就，得到中国共产党的高度评价。毛泽东在《新民主主义论》中指出：“鲁迅是在文化战线上代表全民族的大多数，向着敌人冲锋陷阵的最正确、最勇敢、最坚决、最忠实、最热忱的空前的民族英雄。鲁迅的方向，就是中国新文化的方向。”对于鲁迅思想和创作的研究，是从1918年《狂人日记》发表后开始的，1949～2009年60年间一直为文字研究界的“显学”。

鲁迅艺术学院 Lu Xun Literature and Art University 中国现代综合性文艺学校。又名鲁迅艺术文学院，简称“鲁艺”。1938年在中国共产党领导下成立于延安。该院设有戏剧、音乐、美术、文学等系，并附属有实验剧团——和平剧团。沙可夫、赵毅敏、周扬等人出任院长。在延安文艺座谈会后，文艺界经过整风运动，鲁艺进行教学改革，努力实践文艺新方向，创作出秧歌剧《兄妹开荒》、新歌剧《白毛女》等一些有影响的作品。1943年3月，鲁艺与延安大学合并，成为延安大学文艺学院。抗日战争胜利后，鲁艺师生组成文艺工作团一团和二团，分别赴华北和东北的新解放区，开展配合第三次国内革命战争所需的工作。随后一团与华北联合大学文艺学院合并，二团改建为东北鲁迅文艺学院。鲁艺从1938～1945年间，造就了大批专门人才，为建设和发展人民文艺事业发挥了重要作用，作出了不少贡献。另外，抗战时期苏北地区也设有鲁迅艺术学院，培养了大批革命文艺干部。

鲁彦 Lu Yan (1902-01-08～1944-08-20) 中国作家、翻译家。原名王衡，曾用名王忘我，也常以王鲁彦署名。浙江镇海人。1920年赴北京，边在北大校门口摆饭摊，

边学习世界语，旁听鲁迅中国小说史课程。1922年开始有诗作和译作发表。其译作先后结集出版的有《犹太小说集》(1926)、《世界短篇小说集》(1928)、《显克微支小说集》(1928)等。

他于1923年发表第一篇小说《秋夜》。后陆续出版短篇小说集《柚子》(1926)、《黄金》(1928)等。他是早期乡土小说的主要代表人物之一，以浙东农村生活为题材，在乡土风俗的描绘中刻画人情世态。30年代中期以后，受革命文学思潮影响，他开始用阶级观点考察社会，反映人生。长篇小说《野火》(又名《愤怒的乡村》，1936)以较大规模正面表现农村的阶级对立，歌颂贫苦农民的自发反抗斗争。此外，他还发表过不少散文和城市题材小说，出版有小说集《伤兵旅馆》(1938)、《我们的喇叭》(1942)等。1942年主编过大型文学月刊《文艺杂志》。

鲁彦一生颠沛流离，贫病交迫，但勤奋创作至死不渝。

鲁伊斯 Ruiz, Juan (1283?～1350?) 西班牙诗人。常被称为伊塔大司铎。生于阿尔卡拉。曾在托莱多求学，受到东方文学和希伯来文学的影响。一生写了不少民谣和诗歌，有《真爱诗集》传世。这部作品约于1343年写成，包括12篇连续性的叙事诗，共1 728节，由一个年轻教士以第一人称自述其恋爱经历，其中穿插其他情节和抒情

诗。作品揭露教会的黑暗，表达了对爱情、自由和幸福的向往。这种鲜明的人文主义思想，是对中世纪封建宗教统治的挑战。《真爱诗集》充满生活气息，感情真挚，语言洗练，富于表现力，笔调优美而有幽默感。其中穿插的32个寓言和故事，富于东方和阿拉伯文学的色彩。诗集中有抒情诗、讽刺诗和叙事诗。它为西班牙人文主义文学开辟了道路，被认为是西班牙14世纪诗歌的珍品。

鲁伊斯·德·阿拉尔孔·伊·门多萨 Ruiz de Alarcón y Mendoza, Juan (1581?～1639-08-04) 西班牙剧作家。生于墨西哥城。1600年随家迁居西班牙。1608年重返墨西哥，获墨西哥大学法学硕士学位。1614年定居马德里，从事戏剧创作。阿拉尔孔自幼生长在殖民地的墨西哥，来到宗主国西班牙后，社会地位低下，处处受到歧视。又因身材矮小、相貌丑陋，常常成为被讽刺和嘲弄的对象。他心灵上留下的创伤在作品中多有反映。他的剧作情节展开缓慢，每幕的时间和地点都一致，对话简练，形成一种结构谨严、笔调稳健的独特风格。以历史和神话传说为题材，表现西班牙人的尊严和英雄气概的有《塞哥维亚的织布匠》，写西班牙人费尔南多为父复仇杀死异族统治者的故事。还有反对欺骗的《可疑的真情》、谴责诽谤的《隔墙有耳》和痛斥忘恩负义的《对诺言的考验》等性格喜剧，取材于当时的社会习俗，以进行伦理教育为目的。他的性格喜剧不仅在西班牙，在欧洲和拉丁美洲都有很大影响。

六安市 Lu' an City 中国安徽省辖地级市。位于省境西部，大别山北麓、江淮之间。邻接湖北省。辖金安、裕安2区和舒城、霍山、金寨、霍邱、寿县5县。面积18 141平方千米。人口561万（2010）。汉武帝元狩二年（前121），置六安国，宋置六安军，元为六安州。1949年设六安专区，1971年改为六安地区。1999年撤销六安地区和县级六安市，设立地级六安市。属亚热带季风气候。国家商品粮生产基地。盛产粮、油、麻、茶、竹、漆、药材、蚕丝、板栗和猪、羊、牛、鱼等农副产品。工业有纺织、造纸、机械、化工、电子、建材、医药、汽车、粮油、食品等。名胜古迹有蔡侯墓、廉颇墓、报恩寺、文庙、昭庆寺和皖西烈士陵园等。

陆春龄 Lu Chunling (1921-09-14～) 中国笛演奏家。生于上海。自幼随其亲友学习各种民族乐器，特别是笛。以当司机为生。1952年参与上海民间管弦乐队的筹建（1957年改为上海民族乐团）。1956年上海音乐学院建立民族音乐系后应聘为民族器乐专业教师。他擅长吹奏南方的曲笛，其音色清纯秀美、圆润醇厚、气息功力深长，表演自然而细腻。曾先后应邀至法国、意大利、保加利亚、缅甸、印尼等20多个国家进行访问演出。主要演奏曲目有《小放牛》、《欢乐歌》、《鹧鸪飞》等。他还先后创作了《今昔》、《江南春》等新作。在长期的教学工作中，曾先后培养出俞逊发、陆金山、陆如安、曲广义等著名的笛演奏家。20世纪80年代后，历任上海音乐学院教授、上海江南丝竹协会会长等职。1982年出版了《陆春龄笛子曲集》，1989年获中国唱片公司首届金唱片奖。

陆定一 Lu Dingyi (1906-06-09～1996-05-09) 中国无产阶级革命家，中国共产党宣传思想战线领导人，国务院副总理，全国政协副主席。生于江苏无锡，卒于北京。

1926年毕业于上海交通大学电机科。1924年参与发起成立无锡旅沪学生进步组织锡社。1925年加入中国共青团，同年转入中国共产党。历任共青团区委书记、团中央宣传部长。1928年赴苏联任中国共青团驻少年共产国际代表。1930年回国到苏区，任红军总政治部宣传部长，主编《中国青年》、《红星报》。后参加长征。抗日战争时期，任八路军总政治部教育部部长、八路军前方野战政治部副主任、《解放日报》总编辑。1945年参加中共七大，任中共中央宣传教育部部长。参加了重庆国共谈判。1949年出席全国政协第一次全体会议。中华人民共和国建立后，历任中共中央宣传部部长，中央人民政府文教委员会副主任、主任，中共中央书记处书记，国务院副总理，兼任文化部部长。中共第八届中央政治局候补委员，政协第五、六届全国委员会副主席。“文化大革命”中遭到迫害。1979年获得平反。1982、1987年当选为中共中央顾问委员会常委。主要论著收入《陆定一文集》。

陆丰市 Lufeng City 中国广东省辖县级市。位于省境东部，南濒南海。面积1 681平方千米。人口294万（2010）。清雍正九年（1731）设县，1995年撤县设市。由汕尾市代管。农业主产水稻、小麦、大豆、玉米、甘薯、花生、甘蔗等。盛产鱼、虾、蟹、贝等。矿产有高岭土、石英砂、锡、锆、硫铁等。工业有工艺美术、纺织、食品、采矿、建材等。名胜古迹有玄武山、金厢滩、“海底公园”田尾山、清云山定光寺、潭西法留山等。

陆龟蒙 Lu Guimeng (?～约881) 中国唐代文学家。字鲁望。吴郡（今属江苏苏州）人。举进士不中，居松江甫里，经营茶园，常泛舟于太湖，自号江湖散人、“甫里先生”。后以高士召，不赴。陆龟蒙与皮日休为友，世称“皮陆”。他的诗作如《新沙》、《筑城词》，讽刺封建官员残酷剥削人民，揭露将军以人民生命求高功，都与皮日休乐府精神相近。又有一些即景抒怀的近体，情趣清高，神韵颇佳。如七绝《怀宛陵旧游》、《白莲》等作，甚受清代神韵派诗人称道。陆龟蒙小品文成就胜于其诗。如《田舍赋》、《野庙碑》等篇，对封建统治者及封建迷信道德作了辛辣的讽刺，具有独特的光彩和锋芒。

陆机 Lu Ji (261～303) 中国西晋文学家。字士衡。吴郡吴（今江苏苏州）人。吴大司马陆抗之子。曾官平原内史，世称陆平原。在文学上与其弟陆云齐名，合称二陆。太康末与陆云入洛阳拜谒太常张华，张华大为爱重，遂誉满京师。太安二年（303）成都王（司马颖）举兵伐长沙王（司马乂），陆机为前锋都督，兵败遭谗被杀，夷三族。陆机是西晋太康、元康年间最富有声誉的文学家，被后人誉为“太康之英”。他的诗歌今存107首，多为乐府诗、拟古诗。往往因袭旧题、模拟前人之作，创造性不高。如他的《苦寒行》模仿曹操，却远不及曹诗形象生动；他的《拟古诗》12首，模仿《古诗十九首》，虽名重一时，却也不过是原诗的翻版。他的诗歌重辞藻，重排偶，追求华美整饬，雍容典雅，由于雕琢太过而不免流于呆滞，失其自然。这种形式美的追求，严重地影响到太康诗坛，使之“体情之制日疏，逐文之篇愈盛”。不过陆机的诗歌也有一些可取之作，如《赴洛道中作》抒写了自己去国离乡的亲身感受。

陆机的赋今存27篇。有的以抒情为主，如《叹逝赋》，悲故旧之凋零；有的以咏物为主，如《瓜赋》，托物寄怀，表现了作者的道德观；有的以讽谏为主，如《豪士赋》，讽刺了齐王司马冏的骄横；有的以写景为主，如《漏刻赋》，形象地描绘了时间的概念。其中价值最高的是《文赋》。《文赋》是中国文学批评史上最早采用“赋”的体裁写成的文学理论专著。它系统地论述了文学作品的创作过程，对于构思中的想象和灵感等方面的问题，有许多精辟的见解。它对刘勰的《文心雕龙》有重要的影响。

陆机还是骈体文的奠基者。他的《辨亡论》论吴国所以兴亡的原因；《吊魏武帝文》评价了曹操的事功，文笔豪放，气势流畅，典故繁密，形式整饬，是西晋骈文中的典型。《四部丛刊》、《四部备要》有《陆士衡集》10卷。明代张溥辑有《陆平原集》，收入《汉魏六朝百三家集》中。

陆机的书法亦有成就。擅草书，笔法

质朴老健，自然天成。其书体预示着草书由章草向今草的演变。有《平复帖》传世。

陆九渊 Lu Jiuyuan (1139～1193) 中国南宋理学家，心学派的创始人。字子静，号存斋。抚州金溪（今属江西临川）人。中年以后，曾讲学于贵溪象山，学者尊为象山先生。曾任靖安、崇安等县主簿，官至奉议郎知荆门军。

陆九渊的心学思想，主要来自于对《孟子》思想的发挥。他以“心即理”作为基本思想，以纯善无恶的“本心”作为对儒家性善论的说明，以“物欲”对本心的蒙蔽或本心“陷溺”于“物欲”来解释“恶”的来源和论证道德存在的必要性，以“先立乎其大者”作为对树立道德主体性的强调，以“发明本心”来把主体道德意识落实到人伦日用的具体道德实践。在道德修养方法上，他强调格心去欲的“剥落”工夫。在为学方法上，他突出了心学易知易行的特点，强调为学生“减负”，不要过分沉浸于文本章句。

陆九渊曾在吕祖谦安排下与朱熹等人在鹅湖讨论为学之方，史称“鹅湖之会”。陆九渊的心学与朱熹的道学长期对峙，相与辩论，留下了“朱陆之辨”和后世“朱陆异同之辨”的学术史课题。

陆九渊致力于讲学授徒，讲明“心学”，门徒众多，形成当时有名的象山学派。陆九渊的思想，在他的学生杨简那里得到进一步的发展，到明代的王守仁更发展至顶峰。留有《象山先生全集》28卷，外集6卷。中华书局出版有点校本《陆九渊集》。

陆军 army 主要在陆地上作战的军种。现代陆军已成为一个多兵种、多层次、多功能的合成军种，由步兵（摩托化步兵、机械化步兵、山地步兵）、装甲兵（坦克兵）、炮兵（炮兵－火箭兵）、陆军航空兵、陆军防空兵、工程兵、防化兵（化学兵）、电子对抗兵、通信兵等兵种和侦察兵、测绘兵、汽车兵等专业兵组成。有的国家还编有空降兵、火箭兵、铁道兵和特种作战部队等。具有强大的火力、突击力和高度的机动能力，能独立作战，又能与海军、空军联合作战。

陆军是最古老的军种。公元前第4千纪

古希腊重装步兵奔赴战场

后期，早期的奴隶制国家就出现了陆军。最早的陆军兵种是徒兵，以后又出现了车兵、骑兵。前6世纪以后，古希腊陆军的基本作战队形和组织单位是由重装步兵、轻装步兵和骑兵组成的方阵。前4世纪起，古罗马陆军以军团为基本组织单位。14世纪以后，连、营、团、旅等成为正式的编制单位。17～19世纪，在许多国家陆军中，炮兵和工兵发展成为独立的兵种，部队出现了师、军等编制单位，以后又出现了集团军。第一次世界大战前后，通信兵、铁道兵、化学兵、装甲兵（坦克兵）、航空兵等兵种相继产生，出现了方面军和集团军群。第二次世界大战之前和战争期间，出现了步兵、炮兵、装甲兵（坦克兵）、工程兵、通信兵、化学兵等混合编组形式。20世纪90年代以后，陆军的诸兵种合成程度愈来愈高，增加了电子对抗、技术侦察、特种作战等兵种和部队，合成单位的层次下移，营逐渐成为基本作战单位，师、军采取灵活的编组形式，加快了部队机械化和信息化建设。

在中国，夏朝就有陆军。商、西周至春秋中期，陆军中有进行步战、车战的徒卒和车兵。战国时期发展步兵、骑兵；已有独立的军事领导系统，并出现将帅的幕僚机构。秦汉时期，弩兵占有很大比例，车兵逐渐淘汰。宋朝有了弓兵和枪手，辽金出现使用抛石机的炮手军，明朝出现专司保障的辎重兵。清末，新军设步、马、炮、工、辎重等兵种。中华民国时期，增建了装甲兵、通信兵、化学兵、铁道兵等兵种，改行从班至军的编制序列，以后还出现了兵团、军团、方面军和集团军、路军等高级编制单位。中国人民解放军诞生时只有陆军。革命战争年代主要是步兵，有少量骑兵、炮兵、工兵、通信兵，编有班、排、连、营、团、旅、师、军、军团、方面军。随着战争规模的扩大，发展了炮兵、工程兵和通信兵部队，新建了坦克和防化部队、分队，出现了野战军、兵团等高级编制单位。中华人民共和国建立后，先后建立炮兵、装甲兵、工程兵、通信兵、防化兵等兵种领导机关，组建陆军防空兵、电子对抗部队、陆军航空兵等新兵种和一些专业兵部队，炮兵、坦克兵的比例增大，步兵的比例逐步缩小，有了山地师、轻型师、简编师等多种编制，陆军发展成为诸兵种合成的军种。20世纪80年代，军改编为集团军，部队的合成化程度进一步提高。90年代，部分集团军实行军旅营体制。集团军主要由摩托化（机械化）步兵、装甲兵、炮兵、防空兵、陆军航空兵、工程兵、通信兵等兵种及其他专业兵组成。

陆均松 *Dacrydium pierrei*; rimu 罗汉松科陆均松属的一种。因叶色翠绿，与产地称为陆均鸟的羽毛色彩相似而得名。遍及中

陆均松枝叶、果的形态

国海南岛中部和南部的高海拔热带山地。陆均松树高达35米。大枝轮生，多分枝；小枝下垂。幼树及营养枝为针形叶，大树及生殖枝为鳞形叶或锥形叶。雌雄异株。雄球花穗状着生枝顶；雌球花单生小枝顶端。种子小、卵形，熟时红褐色。耐阴。喜温暖、湿润。土壤主要是花岗岩发育而成的山地黄壤和砖红壤，多含粗沙，但质地稍黏重。根系发达，与菌根菌共生，抗风力强，耐瘠薄土壤。木材结构细致，干燥后不开裂、不变形，极耐腐，为船舰、桥梁、枕木和细木工等优良用材。

陆侃如 Lu Kanru (1903－11－26～1978－12－01) 中国古典文学研究家。原名侃，笔名陆壁、小壁。生于江苏海门，卒于山东济南。1922年入北京大学国文系。1926年毕业后入清华大学研究院研究古典文学，师从梁启超、王国维。一年后毕业，历任上海中国公学大学部、复旦大学、暨南大学等校教授。1932年赴法国留学，考入巴黎大学文学院，1935年获博士学位后回国，先后任燕京大学、中山大学、东北大学、山东大学等校文学院院长、中文系主任等职。中华人民共和国建立后，任山东大学教授、图书馆馆长、山东大学副校长、《文史哲》杂志主编、中国作家协会理事等职。陆侃如于1957年被错划为“右派”，1979年得以纠正。他毕生致力于中国古代文学和文学史的教学和研究，有独到的治学见地和深厚的学术造诣，与夫人冯沅君合著的《中国诗史》是一部开创性的著作，《中国古典文学简史》被译成英文和捷克文在国外发行。还出版有《屈原》、《宋玉》、《中国文学史》、《中国文学史简编》（合著）、《南戏拾零》、《中古文学系年》等著作多种。

陆克文 Rudd, Kevin (1957－09－21～) 澳大利亚政治家。陆克文是其自取的中文名，

英文名凯文·路德。第26任澳大利亚总理及澳大利亚工党领袖。生于澳大利亚东部昆士兰州。1981年毕业于澳大利亚国立大学。20世纪80年代曾在澳驻瑞典和中国使馆工作。1998年当选联邦众议员。2001年11月至2006年12月，任工党影子内阁外交部长。2006年12月当选工党领袖。2007年12月3日正式就任总理。2010年6月24日工党内部投票罢免其总理职务，由J.吉拉德接替。2010年9月11日，陆克文被任命为新政府外交部长。

陆荣廷 Lu Rongting (1859-08-13～1928-11-06) 中华民国时期桂系军阀首领。壮族，字干卿。生于广西武鸣，卒于上海。中法战争后加入绿林，1893年被广西提督苏元春招抚。1907年参加镇压孙中山、黄兴发动的起义。升左江镇总兵。1912年初任广西都督，1913年兼任民政长。他打着“桂人治桂”的旗号，扩充兵力，成为旧桂系军阀集团的首领。因镇压响应二次革命的柳州起义有功，被袁世凯授为耀武上将军。袁复辟帝制，他阳为拥戴，骗取饷械，受任贵州宣抚使；当1916年3月将借道广西的拥袁粤军龙觐光部包围缴械后，于15日宣布广西独立讨袁。5月肇庆军务院成立，他为九抚军之一。6月袁世凯死，黎元洪继任大总统，任命陆为广东督军，1917年任两广巡阅使。7月孙中山南下护法，成立军政府。1918年5月，他与唐继尧策动改组军政府为总裁合议制，陆为七总裁之一。孙中山被迫辞大元帅职去沪。1920年10月粤军由闽返粤，桂军败回广西。1921年1月北洋政府任命他为广西边防军务督办；6月孙中山派军队平定广西，陆通电辞职。1922年6月，陈炯明背叛孙中山，粤军撤离广西，陆的旧部复起，9月陆回广西就边防督办职，次年底任督理广西军务。不久，以李宗仁为首的新桂系崛起，旧桂系势力逐渐衰亡。1924年陆去上海当寓公。

陆探微 Lu Tanwei (?～约485) 中国南朝宋、齐间画家。吴（今江苏苏州）人。善画人物肖像、飞禽走兽、佛教图像等。宋明帝（465～472年在位）时常在侍从，多为宫廷贵族写照。其画风线条笔迹周密，但又变顾恺之的高古游丝描为笔迹劲利细密而锐利的线描；创造出线条笔迹连绵不断的一笔画，与顾恺之并称“顾陆”。另外，他还创造了被称之为“秀骨清像”的艺术风格，人物形象的塑造于眉清目秀中显出神采生动、自然洒脱与和蔼可亲的神韵。据记载，陆探微曾画有《宋明帝像》、《竹林像》等，今皆不存。

陆王学派 Lu Jiuyuan and Wang Shouren, school of 中国宋明时期以陆九渊、王守仁为代表的理学流派。陆九渊的学术思想是在与朱熹一系列辩论的基础上不断发展的。针对程朱一系的“性即理”，陆九渊提出“心即理”；针对程朱一系重视认知儒家伦理的倾向，他主张发扬孟子“先立乎其大者”和扩充“四端”的道德学说，注重道德践履。他批评朱熹“格物穷理”的烦琐为学方法，主张“学苟知本，六经皆我注脚”，提倡“发明本心”的“简易”、“直捷”方法。由他所创立的理学流派，被称做“心学”。陆九渊的弟子很多，著名的有傅梦泉、杨简、袁燮、舒璘、沈焕等人，其中以杨、袁影响较大。杨简将陆九渊的心学向“万物唯我”的方向发展。到明代中叶，陈献章、王守仁等由朱学转向陆学，其中王守仁学术成就最高，成为明代中期心学最重要的代表人物，并形成了阳明学派。他坚持“心外无物”、“心外无理”的心学立场，以“格心”来解释“格物”，以“致良知”来解释“致知”，以“知行合一”来克服程朱的“知先行后”说法或知而不行的做法，从心学立场上实现了朱学与心学的整合。明代后期，王学大盛。由于对王学理解的歧异，导致王门后学分化，形成了学术宗旨各有特色的众多流派。

陆文夫 Lu Wenfu (1928-03-23～2005-07-09) 中国作家。生于江苏泰兴，卒于苏州。1949年在江苏盐城华中大学学习并参加工作。1949～1956年先后在新华社苏州支社和新苏州报社工作。1957年在江苏省文学艺术界联合会从事专业创作，后因参与筹办同人刊物《探求者》，于1958年被错划为“反党集团分子”，下放劳动。1978年“反党集团”问题得到纠正，复又从事专业创作。曾当选为苏州市文学艺术界联合会副主席，江苏省作家协会副主席、主席、名誉主席，中国作家协会副主席、名誉副主席等。1989年获法国文学骑士勋章。已出版《小巷深处》、《小巷人物志》、《围墙》、《美食家》等小说集十几种，长篇小说《人之窝》，散文集《秋钓江南》，创作谈《小说门外谈》、《艺海入潜记》等。其中《献身》、《小贩世家》、《围墙》曾获全国优秀短篇小说奖，《美食家》曾获全国优秀中篇小说奖。一些作品在英、法、意、德、西、日等国翻译出版。其早期创作主要是歌颂新人、新事、新社会，1978年后作品日渐深沉。着重于针砭历史与现实的弊端，批评种种市侩主义和人性弱点，多采取幽默的笔调作温和的嘲讽；注重表现苏州的文化风俗，这种文化风俗又随历史的变迁而变迁，充满动态感。

陆西星 Lu Xixing (1520～1606) 中国明朝道士。字长庚，号潜虚。扬州兴化人。少时九试进士不中，遂出家为道士。自称嘉靖二十六年（1547）吕洞宾降其北海草堂，亲授内丹真传，自是上承钟吕道法，重视意守阴跷、男女双修、性命兼行之法。晚年研习佛经，参悟三教，形成独一体系，道门尊为内丹东派创造人。其有逸才，著丹书及注释道经15种，汇集为《方壶外史》，其中有《老子道德经玄览》、《黄帝阴符经测疏》、《周易参同契测疏》、《金丹大旨图》等。另著有《南华副墨》、《宾翁自记》、《道缘汇录》、《楞严述旨》、《楞严经说约》等。

陆心说 heartland theory 关于欧亚大陆中心的地缘战略学说。由英国地理学家H.J.麦金德在1904年发表的《历史的地理枢纽》一文中提出。文中“枢纽地区”是指欧亚大陆中心，属内陆水系和北冰洋水系地区，内有荒漠、草原、泰加森林和冰原，外为一系山系所包围。1919年在《民主理想和现实》书中麦金德又称此地区为心脏地带。在枢纽地区以外的欧亚两洲地区被称为内新月形地带，其余世界地区称外新月形地带。麦金德认为心脏地带的过去草原民族曾给内新月形地带文明带来极大威胁，在现今铁路时代形成的新的机动性，向边缘扩张，可能形成新的世界帝国。进而提出：①谁统治东欧，谁就能控制心脏地带。②谁统治心脏地带，谁就能控制亚欧。③谁统治亚欧，谁就能控制世界。

陆修静 Lu Xiujing (406～477) 中国南朝宋道士。字元德，号简寂。吴兴东迁（今浙江湖州东）人。少好文籍，博览强识，喜修炼辟谷方术。虽外混世务，内守贞朴，后弃家入云梦山修道。平素喜游天下，曾诣衡湘九嶷，访南真遗迹。西至峨眉，寻清虚之高躅，遍访道书典籍。后移居仙都山，收徒孙游岳。宋文帝时召入内殿，请讲道法。陆修静孜孜劝诱，文帝深深服膺。王太后笃信黄老，犹执门徒之礼。后遇“太初之难”，遂南下游寻，搜集道书佚文。大明五年（461），在庐山建立道观修行。他主张儒、释、道三教合同。认为斋醮是求道之本，“役之以礼拜”，“课之以诵经”，“使之以思神”，用此三法，洗心净行，即能得道。经其改革后的南朝天师道，与寇谦之北天师道对称为南天师道。宋明帝于建康北郊天印山建崇虚馆、通仙台以礼居。整顿南天师道教团，制定、完善道教斋醮科仪。对道教经书文典，辨别真伪，分别三洞四辅，编纂了第一部道教经书总目《三洞经书目录》。卒于建康，归葬于庐山，谥“简寂先生”。著述甚多，有《道德经杂说》、《灵宝经目序》、《三洞经书目录》、《必然论》、《归根论》、《太上洞玄灵宝授度仪》、《太上洞玄灵宝众简文》、《洞玄灵宝五感文》、《陆先生道门科略》、《升元步虚章》、《灵宝步虚词》、《洞玄灵宝斋说光烛戒罚灯愿仪》等百余卷。宋徽宗宣和年间封为丹元真人。

陆秀夫 Lu Xiufu (1236～1279) 中国南宋末抗元大臣。字君实。宋楚州盐城（今属江苏）人。宋理宗宝祐四年（1256）与文天祥同科中进士。李庭芝镇扬州，邀陆秀夫为幕僚。宋恭帝德祐元年（1275），元兵沿江东下，扬州形势紧张，僚属大多逃散，陆秀夫等数人坚守本职。李庭芝把他推荐给朝廷，乃调往临安。太皇太后率宋恭帝投降后，他和将领苏刘义等退至温州。不久，与陈宜中、张世杰等在福州立益王赵昰为帝，重建宋廷。元兵入福建，宋君臣乘海船南走广东。次年，广州降元，宋廷迁至井澳（今广东大横琴岛下），陈宜中逃往占城（今越南中南部）。景炎三年（1278）初，赵昰死，陆秀夫勉励群臣，再立8岁的卫王赵昺为帝，改元祥兴，迁居崖山（今广东新会南海中）。陆秀夫任左丞相，与张世杰同执朝政。祥兴二年（1279年，元至元十六年），元张弘范攻崖山，宋军大败，陆秀夫负帝跳海。有《陆忠烈集》传世。

陆学善 Lu Xueshan (1905-09-21～1981-05-20) 中国物理学家。生于浙江湖州，卒于北京。1928年毕业于南京中央大学物理系。1933年清华大学研究院毕业后赴英入曼彻斯特大学，1936年获博士学位。回国后曾任北平研究院镭学研究所研究员，晶体学研究室主任。中华人民共和国建立后，历任中国科学院应用物理研究所（现物理研究所前身）研究员兼副所长、代所长、顾问，1955年当选为中国科学院学部委员（院士）。陆学善是中国X射线晶体学研究队伍主要创建人之一。早年创立利用晶体点阵常数测定相图中固溶度线的方法，至今仍在广泛应用。他在多晶X射线衍射方法、粉末衍射照相机的设计、衍射图谱指标化、德拜特征温度、超结构相的理论和实验工作、相图以及晶体结构分析等方面，都作出了出色的贡献。国际上公认他研究成果的精确性和可靠性，并在晶体学著作中引用。

陆游 Lu You (1125～1210) 中国南宋诗人。字务观，号放翁。越州山阴（今浙江绍兴）人。尚书右丞陆佃孙、直秘阁陆宰子。

陆游幼时随父避金军南逃，历尽艰辛。19岁进士试落第。20岁时与唐氏结婚，夫妻感情甚笃，但被母亲拆散。绍兴二十八年（1158）开始任职。孝宗即位，起初颇有抗金之志，陆游力赞张浚北伐。后宋军于符离溃师，张浚被排挤去职，陆游以“交结台谏，鼓唱是非，力说张浚用兵”的罪名被免职。

乾道五年（1169），起为夔州通判。八年三月，主战将领王炎宣抚川陕，辟为权宣抚司干办公事兼检法官。在此期间他身着戎装，驱驰于汉中一带，开始了“铁马秋风大散关”的战斗生涯，并向王炎陈进取之策，提出一些经略中原、积粟练兵的战略。但腐败的宋廷只求苟安，无意进取，致使将士闲置前线，“报国欲死无战场”，眼看着收复中原的希望破灭。淳熙二年（1175），范成大镇蜀，辟陆为成都府路安抚司参议官。陆与范有诗文之交，不拘官场礼数，言者论其“不拘礼法，恃酒颓放”，遂自号放翁。这是他创作上收获最多的时期。陆游对这一创作阶段很珍视，将全部诗作结集为《剑南诗稿》，全部文章结集为《渭南文集》。

淳熙五年（1178）春，陆游诗名日盛，受到孝宗召见，但并未真正得到重用。陆游长期蛰居农村，在幽静但却清贫的生活中度过晚年。他将书房命名为“老学庵”，以坐拥书城为乐。后应韩侂胄之请，撰写《南园》、《阅古泉记》。

陆游的文学创作以诗歌成就最大，被誉为南宋“中兴四大家”之一，今存诗9300余首。他的诗歌创作经历了3次较大变化。入蜀以前，他宗杜甫，受江西诗派影响较大，穷极工巧而仍归雅正。今存者仅200余首。入蜀以后，尤其是在汉中抗金前线时期，其诗更增闳肆，自出机杼，尽其才而后止。这一时期的诗作奠定了他在诗歌史上自成一家的崇高地位。晚年闲居山阴，诗力渐趋平淡，早年求工见好之意亦尽消除，反映出“文章本天成，妙手偶得之，粹然无疵瑕，岂复须人为”（《文章》）的主张。

陆游诗歌最突出的特点是充满爱国忧民的激情。收复中原是他一生反复咏吟的主题，青年时代他就立下“平生万里心，执戈王前驱”（《夜读兵书》）的宏志。到中年壮志未酬，更显得义愤填膺，“逆胡未灭心未平，孤剑床头铿有声”（《三月十七日夜醉中作》）。直至晚年他还表示“壮心未与年俱老，死去犹能作鬼雄”（《书愤》）。即使在弥留之际，他仍然念念不忘收复中原，悲愤地道出“王师北定中原日，家祭无忘告乃翁”（《示儿》）的遗愿。

他的抗金宏愿不能实现，是由于主和派投降卖国所致，因此他对朝廷中的主和派充满愤恨，“诸公可叹善谋身，误国当时岂一秦（桧）”（《追感往事》），“公卿有党排宗泽，帷幄无人救岳飞”（《夜读范至能〈揽辔录〉》）。其余如《关山月》、《陇头水》、《感事》，无不表现出这种强烈的憎恶之情。他对沦陷区的人民充满关切，“赵魏胡尘千丈黄，遗民膏血饱豺狼”（《题海首座侠客像》），“遗民泪尽胡尘里，南望王师又一年”（《秋夜将晓出篱门迎凉有感》），对百姓的痛苦表示出极大的同情。

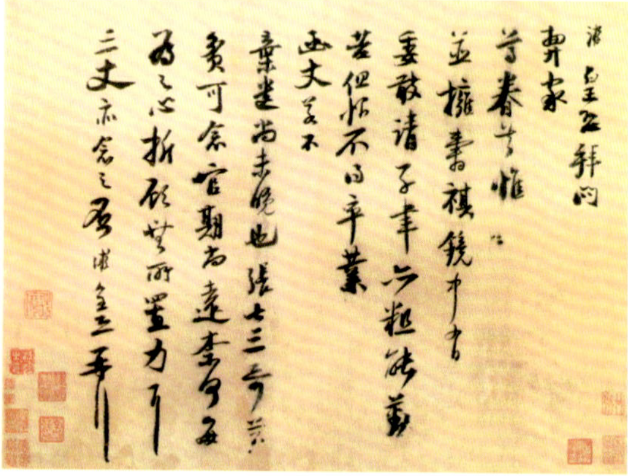

陆游《自书诗帖卷》（局部，辽宁省博物馆藏）

除了这种抒发爱国情怀的诗篇之外，陆游还写有大量描写山水风光、赠酬友人、抒写个人情怀的诗篇，无论写景咏物、议论感怀，都清新灵动，富于生活情趣。陆游诗各体兼备，古体、近体、五言、七言俱各擅长。清赵翼谓“放翁以律诗见长，名章俊句，层见叠出，令人应接不暇。使事必切，属对必工；无意不搜，而不落纤巧；无语不新，而不事涂泽，实古来诗家所未见也”；“其古体诗，才气豪健，议论开辟，引用书卷，皆驱使出之，而非徒以数典为能事。意在笔先，力透纸背，有丽语而无险语，有艳词而无淫词，看似华藻，实则雅洁，看似奔放，实则谨严”（《瓯北诗话》卷六）。确实，在他的诗集中，像“病树有凋叶，残蝉无壮声”（《秋怀》）、“树杪忽明知月上，竹梢微动觉风生”（《池上》）、“水浅游鱼诨可数，山深药草半无名”（《山行》）、“小楼一夜听风雨，深巷明朝卖杏花”（《临安春雨初霁》）、“山重水复疑无路，柳暗花明又一村”（《游山西村》），无不脍炙人口。

陆游也擅长词，现存词130余首。词风近似于苏轼的清旷超迈、辛弃疾的沉郁苍凉。他也有一些词纤丽似秦观，如〔钗头凤〕“红酥手黄縢酒”为怀念故妻之作，情意哀怨惆怅，尤其是词末的三叠字“错错错”、“莫莫莫”，更为后世词评家所称赏。他还有一些寓意高远的作品，如著名的〔卜算子〕《咏梅》，以梅花的孤高自洁，譬喻自己不慕荣利与至死不渝的情操。但是陆游词的成就显然不能与其诗相提并论。

陆游亦以文名于当时，其记铭序跋之类，或叙述生活经历，或抒发思想感情，或论文说诗，最能体现陆游散文的成就，同时也如在诗中一样，不时表现着爱国主义的情怀，如《韩镇堂记》、《铜壶阁记》、《书渭桥事》、《傅给事外制集序》等；而《上辛给事书》、《澹斋居士诗序》，则阐述他对文学的独到见解；《烟艇记》、《书巢记》、《居室记》，记述与乡民生活情状，清新隽永，富有情韵。他的《入蜀记》6卷，笔致简洁而又宛然如绘，不仅是引人入胜的游记，同时对考订古迹和地理沿革也有帮助。他的《老学庵笔记》则是随笔式的散文，笔墨虽简而内容甚丰，所记多系轶文故实，颇有史料价值。

总之，陆游是一位创作丰富，具有多方面才能的作家。特别是在诗歌创作上，成就尤其突出。人们公认他高于当时与他并称的尤袤、范成大、杨万里，清人赵翼还认为他胜过苏轼。他说：“宋诗以苏、陆为两大家，后人震于东坡之名，往往谓苏胜于陆，而不知陆实胜苏也。”（《瓯北诗话》卷六）从总体来看，特别是从反映时代的深度和广度来看，陆游确不愧是宋代最杰出的诗人。

陆游的著述甚丰，据汲古阁刻《陆放翁全集》，计有：《剑南诗稿》85卷，《渭南文集》50卷，《放翁逸稿》2卷，《南唐书》18卷，《老学庵笔记》10卷等。其他尚有《放翁家训》及《家世旧闻》等。中华书局于1976年排印《陆游集》5册，书后附今人孔凡礼《陆游佚著辑存》。上海古籍出版社1985年出版有钱仲联《剑南诗稿校注》。1979年中华书局出版有《老学庵笔记》10卷的校点本。

陆羽 Lu Yu (733～804) 中国唐代茶叶专家。名疾，字鸿渐、季疵，号桑宁翁、竟陵子。唐代复州竟陵（今湖北天门）人。幼年托身佛寺，自幼好学用功，学识渊博，为人清高，淡泊功名。一度招拜为太子太学、太常寺太祝而不就。760年为避“安史之乱”，隐居浙江苕溪（今湖州）。其间亲自调查和实践，认真总结、悉心研究了前人和当时茶叶的生产经验，完成了创始之作——世界首部茶叶专著《茶经》。因此被尊为茶神和茶仙。

陆元九 Lu Yuanjiu (1920-01-09～) 中国自动控制和惯性导航专家。生于安徽滁县（今滁州市）。1941年毕业于重庆中央大学航空工程系。1949年获美国麻省理工学院科学博士学位。

1949～1956年任麻省理工学院副研究员、研究工程师等职，从事动态系统分析和测试、涡轮机控制、自寻最优点控制等研究。1956年，任中国科学院自动化研究所研究员、副所长。1969年后，历任北京控制工程研究所副所长、北京控制器件研究所所长、航天工业部总工程师、航天工业总公司科技委常委、航天科技集团科技委顾问等。1980年当选中国科学院学部委员（院士），1994年当选中国工程院院士。1985年当选国际宇航科学院院士。主持并参加制订全国自动化学科、全国惯性技术的发展规划，多种航天制导用惯性器件及系统的研制。著作有《陀螺及惯性导航原理》、《惯性器件》等。

陆缘说 rimland theory 关于欧亚大陆边缘的地缘战略学说。由美国国际政治学家N.J.斯波克曼在1944年所著的《和平地理学》书中提出。他认为欧亚大陆边缘地区不但资源丰富、人口众多，而且经济发达，在欧亚大陆居重要地位；而欧亚大陆中心地区虽然土地辽阔、资源不少，但人口稀少、气候严寒、干旱缺水，工业、农业、交通发展程度远落后于边缘地区；从战略地位来讲，两次世界大战都是集中在欧亚大陆东西两端的边缘地区，因此欧亚大陆边缘的地缘政治的战略地位远大于欧亚大陆的中心。进而提出与H.J.麦金德相反的见解：①谁控制陆缘地带，谁就能统治欧亚大陆。②谁统治欧亚大陆，谁就能控制世界。

陆云 Lu Yun (262～303) 中国西晋文学家。字士龙。吴郡（今江苏苏州）人。在文学上与其兄陆机齐名，世称二陆。西晋末年官清河内史，世称陆清河。后与陆机同时遇害。

陆云今存有《与兄平原书》35篇，记载了兄弟二人在文学创作中的相互切磋，内有许多关于文学创作的有益见解。《晋书·陆云传》说他“虽文章不及机，而持论过之”。陆云另存赋8篇，诗歌若干。他的诗歌“布采鲜净，敏于短篇”。代表作有《为顾彦先赠妇》、《答张士然》等。《隋书·经籍志》著录《陆云集》12卷，已佚。明代张溥辑有《陆清河集》，收入《汉魏六朝百三家集》中。

陆贽 Lu Zhi (754～805) 中国唐代政治家、文学家。字敬舆。嘉兴（今浙江嘉兴南）人。大历五年（770）进士，中博学鸿词科。授郑县尉。罢归。复以书判拔萃，补渭南县主簿，迁监察御史。德宗立，召为翰林学士。建中四年（783），朱泚长安兵变，随德宗出奔奉天（今陕西乾县）。贞元八年（792），拜中书侍郎同平章事。十一年，为裴延龄所构陷，贬忠州别驾。在郡十年，闭门避谤，考校药方，撰《集验方》50卷。顺宗永贞元年（805）征还，但已去世。谥号宣，世称陆宣公。

陆贽以骈文擅名。他的骈文，对偶齐整，语义流畅，气势极盛。尤长于奏疏。他在奏疏中以深挚的情感和雄畅的辞辩见长，史称有唐以来未曾有之。他为德宗起草的《奉天改元大赦制》，情词恳切，深自痛责。

陆贽文集，明清以来刻本很多，今传《翰苑集》24卷，另有诗文别集15卷，已佚。《全唐诗》存其诗3首。

陆子刚 Lu Zigang 中国明代玉器工艺家。又名子冈。江苏太仓人，后迁居苏州。生卒年不详，约生活于明嘉靖年间或稍晚。其玉器如“水仙簪”，玲珑奇巧，花茎细如毫发；“翔凤玉簪”、“水中丞”、“印池”、“辟邪水”等，皆精绝，“法古旧形，滑熟可爱”，后世倍加赞赏。以陆子刚款识传世的玉器很多，其中尤以各式玉佩为多，但真伪不一。

《录鬼簿》 *Register of Ghosts* 记述中国金、元时戏曲、散曲作家的专著。作者钟嗣成（约1275～1345），字继先，号丑斋。大梁（今河南开封）人，寓居杭州。书中将“门第卑微，职位不振，高才博艺，俱有可录”的曲家，包括前辈、方今、相知或闻名而不相知的“名公、才人”，如董解元、关汉卿、王实甫、宫天挺、黄公望等，按时代先后，记录他们的籍贯、生平和作品名目，并为部分作者撰写吊词。初稿成于元代至顺元年（1330）。元统二年（1334）后和至正五年（1345）又作过两次修订，收作家152人，作品名目共400多种，是现存元人记述元杂剧史实的重要文献资料。其中的曲家小传、吊词以及自序、后记，表明作者对戏曲创作的看法和对作家的评价。流传版本甚多，以明代天一阁蓝格抄本2卷最善。抄本后附《录鬼簿续编》1卷，约编成于明洪熙、宣德之际。作者未署名，一说为贾仲明。体例与《录鬼簿》相似，著录钟嗣成、罗贯中等作家71人，杂剧名目78种。

鹿 Cervidae; deer 偶蹄目鹿科动物的统称。野生动物中经济价值较高而又较易驯养的一类草食性反刍兽，中国有10属19种。凡茸角有药用价值的鹿称茸鹿。种类很多，已经驯养的有真鹿属的梅花鹿、马鹿、白唇鹿、水鹿等。其中以前二者的驯养历史最久。①梅花鹿是主要的茸鹿。分布于西伯利亚东南、日本和中国的东北、华北、华南等地。公鹿有角，母鹿无角。身上有白色斑点，呈星状散布如梅花，故名。臀部着生扇形白色长毛，尾毛粗而长，由黑、白、褐三色组成。野生梅花鹿喜在平旷的灌木林和森林边缘栖息。②马鹿又称赤鹿。广泛分布于世界各地。中国有7个亚种，产区在东北、内蒙古、西北和西藏等地区，有东北马鹿、新疆马鹿或天山马鹿、西藏的寿鹿。野生马鹿多栖息于高山森林或森林草原中。梅花鹿与马鹿的杂交后代能正常生长，并可繁殖后代。

13～14月龄公鹿开始长角，鹿茸由茸根、主干和若干侧枝（俗称杈）构成（见图）。茸的外皮生有茸毛。鹿茸生长到一定时期就开始骨化，必须在骨化前适时取茸。梅花鹿和马鹿15～18月龄性成熟。16月龄以上发育正常的母鹿可以初配。公鹿3岁以后可选做种用鹿。9～11月份是配种季节。发情周期12～13天，持续期12～36小时。梅花鹿妊娠期229～241天，马鹿为242～248天。一胎产一仔，偶有双胎。

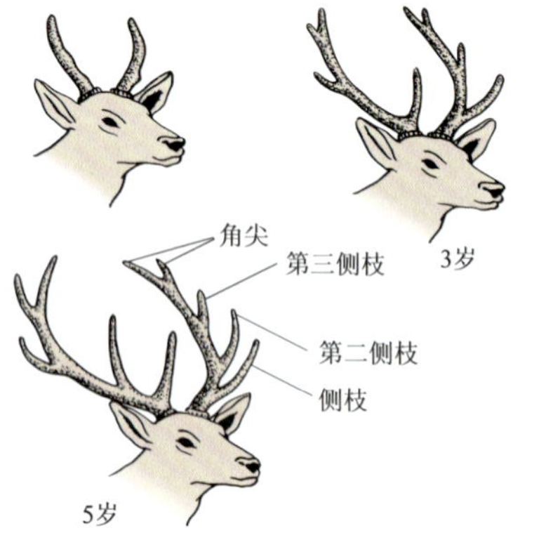

鹿茸发育示意图

鹿的食性广，耐粗饲，可放牧饲养，适当补饲精料。寒冷地区一般冬季舍饲，春、夏、秋三季放牧，每天放牧后补充一定的饲料。饮水要充足。养鹿业较发达的国家有俄罗斯、中国、新西兰等。

鹿角蕨 *Platycerium wallichii*; staghorn fern 蕨类植物门鹿角蕨科鹿角蕨属的一种。分布于世界热带地区。中国分布于云南西南部。附生植物。根状茎短，肥厚，被密集叶片掩盖。叶分正常叶和腐殖叶两种：正常叶革质，具短柄，绿色，以关节和根状茎相连接，幼时直立，长大则下垂，具3个主裂片，以后为多回二叉分裂。腐殖叶厚纸质，无柄，棕色，不以关节和根状茎相连，有3～5回不规则的二叉分裂，裂片坚挺，张开，承接从上散落下来的枯枝落片碎片、尘土和雨水，在微生物的作用下，把聚积物转变为腐殖质，从而获得水分和营养物质。正常叶的中央主裂片的各回分叉的弯缺处下面，成片生长孢子囊，幼时常被星状毛所覆盖。此种和属的其他成员，外形奇特，常引种栽培供观赏。

鹿特丹 Rotterdam 荷兰第二大城，世界最大港口之一。位于莱茵河与马斯河汇流处，新马斯河两岸。有“欧洲门户”之称。市区面积200多平方千米，港区100多平方千米。人口58.71万（2009）。城市海拔－1米左右，亚历山大斯塔德附近海拔－6.5米，为荷兰最低点。气候冬温夏凉，1月平均气温1℃，7月17℃。年均降水量700毫米。1283年为鹿特河口小型围垦地而得名，意为“鹿特河岸的堤坝”。1328年为渔港。1600年后成为荷兰第二大商港。1795～1815年因河口淤积而一度衰落。19～20世纪，港口腹地范围空前扩大，至20世纪初成为荷兰最大港口，为欧、亚、非、北美间过境运输繁忙港口。工业有石油加工和石油化工、造船、钢铁等。为世界三大炼油中心之一。有输油管通往德国、比利时等地。城市具有中世纪风貌。设有大学、研究所和博物馆，并以雕塑艺术闻名。

鹿蹄草科 Pyrolaceae; pyrola family 双子叶植物纲五桠果亚纲的一科。约14属60余种，主要分布在北半球，多数集中在温带和寒温带。中国有7属40余种，分布全国各地，但较集中在西南和东北，其中有不少特有种，约占世界全部种的2/3，并有1个特有属，即沙晶兰属。单叶，但有些种类的叶退化或成鳞片状，一般为基生或互生，稀对生或轮生，无托叶。花为整齐两性花；花萼全裂成5（4）片，或无花萼；花瓣离生，3～5瓣；雄蕊常为10，稀为6～8或12；雌蕊的子房由5（4）心皮合生，上位。蒴果，稀为浆果（如假水晶兰属和沙晶兰属），内含多而小的种子。鹿蹄草属中的一些种（如鹿蹄草和普通鹿蹄草等）全草可供药用，为收敛剂，称为鹿衔草、鹿寿草或罗汉草，中国民间常用作补药。

鹿野苑 Mṛgadāva 佛教圣地。为释迦牟尼成道后初转法轮之处。在今印度北方邦瓦腊纳西城以北约6千米处。亦被称作仙人

昙曼克塔

住处、仙人堕处、仙人鹿园等。据佛经说，佛陀前生曾于此处释放被围捕的群鹿千头，故名。佛陀在菩提迦耶尼连禅河畔成正觉后，游行至此，向昔日的修行侍从和伙伴憍陈如等五人说法，使其成为最初的僧伽成员。现存主要遗址有乔堪祇塔、昙曼克塔和阿育王石柱残柱等，馆藏阿育王石柱的狮子柱头，在印度独立后，作为印度共和国国徽的图案。

绿营 green forces 中国清朝常备兵之一。顺治初年，清廷在统一全国过程中，将收编的明军及其他汉兵参照明军旧制，以营为基本单位进行组建，以绿旗为标志，称为绿营，又称绿旗兵。全国绿营兵额总数时有增减，在咸丰以前大约60万，较之八旗兵多三四倍。在清代前期，尤其是在康熙初平定三藩之乱及在乾隆中叶以前的历次战争中，绿营都曾起到重要作用。绿营主要是步兵，分为战兵和守兵两种，此外尚有马兵（骑兵）和水师。其营制分标、协、营、汛四种，总督、巡抚、提督、总兵所属称标，副将所属称协，参将、游击、都司、守备所属称营，千总、把总、外委所属称汛。标、协管辖一至五营不等，营以下分若干汛。每营的人数少则二三百人，多则六七百人。按道里远近，计水陆冲缓，分汛布防。其建制分京师、行省、边区三个方面。京师设巡捕五营，统于步军统领。在内地各直省，均有绿营兵驻守。地方绿营基本任务是“慎巡守，备征调”，此外还担负差役、西北用兵、东南海防和边防、屯戍、河工、漕运、守陵等。清代中期以前，绿营尚称精锐。但以后承平日久，营务废弛，绿营之制仅存空名而已。

禄丰古猿 *Lufengpithecus* 古猿化石。属名。距今约800万年。1975年发现于中国云南禄丰县，后经多次系统发掘出土了大量化石。发现的古猿化石分大小两种类型，初期的研究认为它们分别代表两种不同的古猿：西瓦古猿和腊玛古猿。后来的深入研究认为：两类古猿代表同一种古猿的不同性别，形态上的差异为雌雄性别差异，修订后命名为禄丰古猿属同名种。从沉积物和伴生的动植物群组合来看，其生活环境是属于湖边的丛林和草地混杂的地带。其系统演化地位有三种不同认识：①禄丰古猿与西瓦古猿关系最近，都与猩猩有着密切的亲缘关系；②禄丰古猿有独特形态特征，可能是人猿超科早期分化的一个绝灭旁支；③禄丰古猿与非洲大猿（大猩猩和黑猩猩）和人类有着更近的亲缘关系，甚至是最早的人类直系祖先。

禄丰龙 *Lufengosaurus* 禄丰龙属恐龙的统称。因模式标本发现于中国云南省禄丰县而得名，也是在中国找到的第一个完整的恐

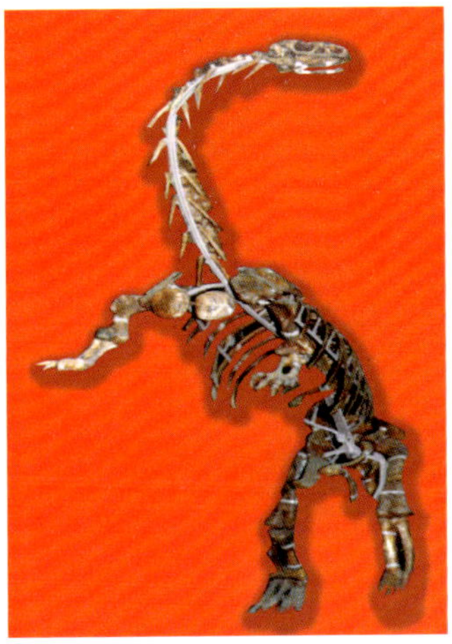

禄丰龙化石

龙化石。生存于距今约1.9亿年的早侏罗世。禄丰龙身体结构笨重，大小中等（6～7米长），兽脚型。头骨较小（相当尾部前三个半脊椎长），鼻孔呈三角形，眼前孔小而短高，眼眶大而圆，上颞颥孔靠头骨上部，侧视不见。下颌关节低于齿列面，上枕骨和顶骨间有一未骨化的中隙。牙齿小，不尖锐，单一式，牙冠微微扁平，前后缘皆具边缘锯齿。颈较长，脊椎粗壮，尾很长。颈椎10个，背椎14个，荐椎3个，尾椎45个。肩胛骨细长，胸骨发达，肠骨短，耻骨及坐骨均细弱。前肢相当于后肢长的二分之一。禄丰龙曾被认为属于原蜥脚类的板龙科，且是蜥脚类的祖先类型。禄丰龙是浅水区生活的恐龙，主要以植物叶或柔软藻类为生，多以两足方式行走，但在就食和在岸边休息时，前肢也落地并辅助后肢和吻部的活动。

禄丰县 Lufeng County 中国云南省楚雄彝族自治州辖县。位于省境中部偏西。面积3 631平方千米。人口42万（2010），有汉、彝、苗、回、傈僳、白、哈尼等25个民族。元至元十二年（1275）置禄丰县。地质时期曾是大型爬行动物恐龙出没之地。发掘出的恐龙化石被称为**禄丰龙**。1975年在县内石灰坝褐煤层中发现重要古猿化石，距今约800万年，开始定名为腊玛古猿，后修定为**禄丰古猿**，对研究人类起源意义重大。矿产丰富、烟煤年产100万吨以上。采盐历史悠久，盐产量居全省首位。农业主产水稻、玉米、小麦、大麦、豆类、烤烟、油菜子、板栗、核桃、茶叶等。畜牧养殖以猪、牛、羊、家禽等为主。山区多云南松、油杉、元江栲、高山栲、栎类等林木资源。工业有采矿、煤炭、钢铁、建材、机械、制盐、食品加工等。有铁路、公路过境。名胜古迹有五台山、罗茨温泉、星宿桥等。

路德宗 Lutheran Church 基督教**新教**的主要宗派之一。又称信义宗。以**马丁·路德**的宗教思想为依据的各教会的总称，与**加尔文宗**和**安立甘宗**并称新教三大主流派。16世纪初首先在德国产生，当时宗教改革中拥护路德学说的部分诸侯和市民建立了独立于教廷的教会，**三十年战争**后签订的《威斯特伐利亚和约》正式确立了这些改革派教会的合法地位，为其向北欧各国扩展奠定了基础。这些教会在教义上强调“因信称义”，强调《圣经》具有最高权威，认为信徒皆可为祭司，无须教会神职人员为中介，在礼仪中只保留**洗礼**与**圣餐**两项圣事，崇拜仪式更为简化。信徒主要分布在德国北部与北欧各国，18世纪后随德国移民传入北美。传入中国始于1847年德国礼贤会来华。1947年成立路德宗世界联盟。

路环岛 Luhuan Island 中国澳门特别行政区的属岛。位于**氹仔岛**以南，西与珠海市的大横琴岛相对峙，面积7.087平方千米。岛内有九澳水库和黑沙水库。路环岛和氹仔岛之间有长约2 225米的路氹公路连贯。渔业较发达。工业有电力、机械、水泥、造船等。名胜古迹有谭公庙、妈祖像、圣方济教堂、高尔夫乡村俱乐部等。

路家班 Lu family troupe 中国北京流传最久的皮影戏民间班社。至今已传6代。昌平沙河路家庄的路广才在京城与人搭班，以演出皮影戏谋生，为路家班之创始者。其子路德成痴嗜皮影艺术，于1842年弃农进京，在西单北大街堂子胡同成立祥顺影戏班，为路家班第2代传人。路德成之子路福元继承父业，在北京成立福顺影戏班。路福元之子路宗有，字耀峰，生于1883年，光绪末年自立德顺影戏班与父亲的福顺班并驾齐驱。德顺班在表演唱腔方面，广泛吸取京剧、昆曲、大鼓等唱法，别有特色，被誉为“路派皮影”。路宗有灌有唱片《夜宿花亭》。路宗有的五个儿子均投身皮影艺术，且各有所长。老三路景达的雕刻技术和操纵技巧巧夺天工，有《路景达雕镂影人集》一书行世。在20世纪初叶的几十年内，路家班鼎盛一时，对中国皮影戏的发展作出了卓越贡献。进入21世纪，第6代传人路海正秉承祖业，为光大发扬皮影事业不懈努力。

路翎 Lu Ling（1923-01-23～1994-02-12）中国小说家、剧作家。原名徐嗣兴，笔名还有冰菱、余林、烽嵩等。生于江苏南京，卒于北京。自幼丧父。曾在煤矿任办事员。1940年起在《七月》、《希望》、《呼吸》等杂志上发表作品，是七月派的代表作家。先后结集出版小说、戏剧集多部。中篇小说《饥饿的郭素娥》（1943）、长篇小说《财主底儿女们》（上卷1945，下卷1948），是中国现代文学史上的名作，前者塑造了在压迫之中仍渴求

新生活的劳动妇女形象，后者展示了中国现代知识分子的历史命运的悲剧性和他们的英雄主义本质，社会结构剖析和心理结构分析相统一，具有“心理历史小说”的特征，成为展示知识分子心灵历程的史诗性作品。中华人民共和国建立后，他先后在南京军事管制委员会、中国青年艺术剧院、中国戏剧家协会从事文学创作。短篇小说《洼地上的战役》、《初雪》写出了人情之美，反响强烈。1955年因所谓胡风集团案被错捕入狱。1980年平反后仍笔耕不辍。路翎的小说注重人物灵魂复杂性的开掘，表现人物心理的病态，以及在急剧变化的社会生活中人物的心理变化等。

路南石林 Lunan Stone Forest 中国国家级重点风景名胜区。号称“天下第一奇观”。位于云南省昆明市东南86千米的石林彝族自治县。面积约350平方千米，怪石遍布，奇峰林立，巨大的石柱犹如森林耸立，分散孤石或像狮子，或如莲花。厚层的石灰岩经历了漫长历史时期的高温多雨气候及异常丰富的地下水作用后，逐渐溶蚀而发育成巨

路南石林风光

大石柱与深切石沟相间的**喀斯特地貌**形态——石林。喀斯特地貌组合类型大致分为石林溶丘、溶丘洼地和峰丛洼地。石林高度一般5～10米，最高者30～40米。在石林东北部有状如蘑菇的“灵芝”林，命名为“乃古”石林，又称黑松岩。石林分布区内多洞穴、地下河、竖井、溶蚀洼地、盲谷分布。其中有一水平溶洞，洞顶遗留的波痕酷似天空白云，故称白云洞。石林附近景点有紫云洞、天生桥、长湖、月湖、大叠水瀑布等。2001年被定为国家地质公园，2004年被联合国教科文组织评为世界地质公园。

路透 Reuter, Paul Julius（1816-07-21～1899-02-25） 英国**路透社**的创办人。原名I.B.约瑟法特。生于德国卡塞尔，卒于法国尼斯。早年经营出版业务。1844年更姓路透。1849年在德国亚琛设立通讯机构，以信鸽传递消息。1851年夏移居英国。同年10月14日在伦敦开始通讯社业务工作，把从欧洲大陆发来的金融、商业信息，编成“路透快讯”供给交易所、银行、贸易公司等，同时也向巴黎、柏林、维也纳、阿姆斯特丹等地传送商情消息。1858年有7家伦敦报纸订用他的通讯稿。同年10月13日，《**泰晤士报**》也与他签订了供稿合同。1865年2月，通讯社改组为路透电报公司，兼营电报与海底电缆业务，路透任总经理。1857年3月入英国籍。1871年受封为男爵。

路透社 Reuters Ltd. 英国最大的通讯社。国际性通讯社之一。前身是1851年10月由P.J.路透创办于伦敦皇家交易所的路透办事处。1865年改为路透电报公司。1916年改为路透股份有限公司，简称路透社。董事会下设由总经理、总编辑等组成的执行委员会，负责日常事务。总社设在伦敦。新闻报道主要是国际新闻。21世纪初路透社在90多个国家和地区设有127个分社，在世界各地有1 000多名兼职记者和通讯员。用英、法、德、意、日等多种文字向150个国家和地区播发稿件。路透社的经济新闻在全球享有一定地位，总收入中有90%来自其所提供的经济信息。用户通过路透社的电脑终端，可以进行外汇、期货等交易。1992年收购维斯新闻社的全部股权，改为其电视部，并向100多个国家的900多家广播电视公司及其附属台提供声像新闻。1993年开始在国际互联网上传播新闻，21世纪初每天都有数百万人次访问。

路易港 Port-Louis 毛里求斯首都和最大港口城市。位于毛里求斯岛西北岸，面积42.7平方千米，人口15.6万（2009）。亚热带海洋性气候，夏季平均气温27℃，冬季平均气温18℃，1～4月多飓风。东南有半圆形山丘环绕而成天然屏障，为一优良深水避风港。17世纪初为荷兰人在印度洋航行的停泊所。1736年前后，法国占领毛里求斯，1785年建港，成为行政中心和商港。19世纪初英国殖民者占据为印度洋航线战略点和殖民统治中心。随着蔗糖业的发展及进口货物迅速增加，商业兴盛。现为全国政治、经济、文化中心。工业以制糖、船舶修造和出口加工为主，捕鱼业较盛。20世纪70年代初建成为现代化港口。1993年宣布为自由港。国内唯一国际商港。2005—2006财政年度吞吐量558.17万吨，集装箱25.44万只。全国99%海上贸易物资在此集散。公路通往岛上各主要城镇。附近有国际机场。市内有自然历史博物馆、图书馆、美术馆、毛里求斯大学和食糖工业研究所。城市风光秀丽，滨海气候宜人，旅游业为城市主要外汇收入来源之一。

路易港城市风光

路易十六 Louis XVI（1754-08-23～1793-01-21） 法国**波旁王朝**国王（1774～1792年在位）。王储路易之子。生于凡尔赛。1765年其父去世，成为王位继承人。1774年5月10日即王位。即位时王朝危机四伏，财政情况恶劣，社会矛盾激化。1789年5月召开**三级会议**。由于路易十六向宫廷势力投降，竭力维护教士和贵族的特权，拒绝第三等级的改革要求，并企图用武力威胁第三等级代表。

1789年7月14日巴黎人民攻陷巴士底狱。7月17日，路易十六被迫亲临巴黎市政厅，接受象征革命的蓝白红三色徽记。但他暗中仍阻挠革命，抗拒废除封建特权，反对颁布《人权宣言》。1791年6月偕王后、王子化装潜逃，在边境瓦雷纳被截回巴黎。1792年4月，法奥战争开始。战争中，路易十六勾结外敌和逃亡贵族，企图镇压革命。8月10日巴黎人民起义，推翻王政。9月22日成立**法兰西第一共和国**，路易十六被捕。1793年1月18日，**国民公会**以叛国罪判处路易十六死刑。1月21日在巴黎革命广场被处死。

路易十四 Louis XIV（1638-09-05～1715-09-01） 法国**波旁王朝**第三任国王（1643～1715年在位）。史称路易大王。路易十三之子。生于圣日耳曼昂莱，卒于凡尔赛。5岁即位，由母后安娜摄政，宰相J.**马扎然**掌握实权。亲政后采取一切措施强化中央集权，巩固专制统治，宣称“朕即国家”，集政治、经济、军事、宗教大权于一身。

内政方面，他向地方派遣监督官，作为直接听命于国王的钦差大臣。亲自主持国务会议，制定重要决策。1682年，路易十四正式把宫廷迁往凡尔赛。在经济领域，推行重商主义政策，实行保护关税，鼓励商品出口；取消国内关卡，扶植手工工场。从而使法国资本主义得到发展，国库收入增加。文化方面，实行严格的书籍审查制度；在他的支持和资助下，古典主义的戏剧、美学、绘画、雕塑和建筑艺术都获得辉煌成就。

军事方面，为确立法国在欧洲的霸权地位，进行一系列征服战争。经过几十年战争，法国精疲力竭，经济上濒于破产。

路易十四把法国绝对君主制度推到顶峰，但在其统治后期，国库空虚，起义频繁，引起各阶级的不满，法国封建专制制度开始走向衰落。

路易斯 Luis, Alejandrina Mireya（1967-02-25～ ） 古巴女子排球运动员，20世纪80～90年代世界优秀主攻手。生于卡马圭。14岁开始代表古巴参加世界各大赛事。曾在1992年第25届、1996年第26届、2000年第27届**奥林匹克运动会**上获金牌。1985年获世界青年锦标赛冠军。在世界排球锦标赛中，1994、1998年均获冠军。在世界杯排球赛中，1985年获世界亚军，1989、1991、1995年均获冠军。是古巴女排多年称雄排坛的重要主力，是获世界冠军次数最多的排球运动员。在世界性大赛中，多次获“最佳运动员”、“最佳扣球手”称号，甚至在身怀六甲的情况下仍驰骋排坛。

路易斯 Lewis, Gilbert Newton（1875-10-23～1946-03-23） 美国物理化学家。生于马萨诸塞州韦茅斯，卒于加利福尼亚州伯克利。1896年获哈佛大学学士学位，1898和1899年先后获得硕士和博士学位。1900年他到德国莱比锡和格丁根等大学进修，在W.**奥斯特瓦尔德**和W.H.能斯特的指导下从事研究工作一年。回国后在哈佛大学任教。1905年到麻省理工学院任教，1911年任教授。1912年任加利福尼亚大学伯克利分校化学学院院长兼化学系主任。于1901和1907年，先后提出了逸

度和活度的概念。1923年他与M.兰德尔合著《化学物质的热力学和自由能》一书，提出了自由能和活度概念的新解释。该书曾被译成多种文本。他提出共价键的电子理论，并在《原子和分子》(1916)一文和《价键与原子和分子结构》(1923)一书中加以充分阐述。1923年他提出了路易斯酸碱理论。曾获英国皇家学会戴维奖章、瑞典科学院阿伦尼乌斯奖章、美国吉布斯奖章等。还是苏联科学院的外籍院士。

路易斯安那州 Louisiana State 美国中央西南区一州。北接阿肯色州，西界得克萨斯州，东邻密西西比州，南濒墨西哥湾。面积134 265平方千米，其中陆地面积112 838平方千米。人口441.08万（2008），其中白人占63.9%，黑人占32.5%，是美国黑人比例最高的州之一。州府巴吞鲁日。最大城市新奥尔良。

全州地势低平，由西北向东南缓倾，平均海拔约30米，与佛罗里达州并列为美国第二低州。密西西比河下游流贯州境东部，在东南端入墨西哥湾。境内大部分地区为密西西比河冲积平原、巴吞鲁日以南的河口三角洲地带以及墨西哥湾沿岸，多湖泊和沼泽湿地，庞恰特雷恩湖为全州最大湖泊。南部海岸外广布沙坝、盐丘。亚热带湿润气候。1月平均气温8～13℃，7月28℃左右；年降水量1 100～1 500毫米。夏秋常受飓风侵袭。森林覆盖率近50%，经济林以松树为主。

早期为印第安人聚居地。16世纪西班牙探险家首先到此。1682年法国探险家R.C.de拉萨尔宣称包括该州在内的密西西比河流域广大土地为法国所有，命名为路易斯安那，以纪念法王路易十四。1731年成为法国殖民地。1762年转让西班牙。1800年再归法国。1803年根据《路易斯安那购地条约》归属美国。1812年加入联邦，成为美国第18州。1861年南北战争时退出联邦，加入南部同盟。1868年重新加入联邦。

从20世纪50年代起，工矿业和第三产业成为经济主体，但仍保持美国主要农业州的地位。农业收入3/5以上来自种植业。棉花、甘蔗、稻米产量居全国前列。其他重要农作物还有大豆、玉米等。畜牧业以饲养家禽、肉牛和乳牛为主。麝鼠饲养业所产毛皮名闻全国。墨西哥湾沿岸渔业发达，渔业产值仅次于阿拉斯加州，以产小虾、鲱鱼、牡蛎等著称。矿业产值仅次于得克萨斯州，是美国石油、天然气主要产区之一，岩盐和硫磺产量也居全国前列。化学工业是制造业的首要部门，包括石油化工和基础化学工业，产值约占制造业总产值的2/5。其他重要工业部门有炼油、运输设备制造、木材加工、造纸、食品加工等。主要工业中心是新奥尔良、巴吞鲁日、什里夫波特和莱克查尔斯。新奥尔良是公路、铁路交通中心，美国第一大海港，也是美国南部国际航空中心之一。巴吞鲁日是密西西比河畔著名内河深水港。州内留存许多西班牙、法国殖民时期的遗址和传统文化。有路易斯安那州立大学及其农业和机械学院、南方大学、图兰大学等高等院校。

路易斯维尔 Louisville 美国肯塔基州最大城市。位于该州北部，俄亥俄河畔。市区面积160.8平方千米，人口55.72万(2008)；大都市区扩及印第安纳州，人口135.7万(2008)。1778年始建。1780年为感谢法国对美国独立战争的支持，以法国国王路易十六之名命名该城。1828年设市。南北战争期间为北方军指挥部和供应基地。卷烟和威士忌酒重要产地，还有化工、汽车制造、农业机械、铝制品、木材加工等工业。有世界最大的盲文出版社和印刷厂。城西南部的诺克斯堡是美国国家金库所在地，也

俄亥俄河畔的路易斯维尔

是美国的装甲兵基地。4条铁路干线和多条公路线在此交会，也是重要河港。有10所高等院校，其中建于1798年的路易斯维尔大学是美国第一所市内大学。肯塔基赛马会举世闻名，自1875年以来每年5月第一个星期六在城南“丘吉尔草原”举行，并专设赛马博物馆。拳王阿里的故乡。

路甬祥 Lu Yongxiang (1942-04-28～) 中华人民共和国全国人民代表大会常务委员会副委员长，中国流体传动与控制技术专家。浙江慈溪人。1964年毕业于浙江大学机械工程系并留校任教。1979～1981年在联邦德国亚琛工业大学液压气动研究所从事研修，获工程科学博士学位。1981年回国后，任浙江大学副教授、教授，历任流体传动及控制研究室主任、副校长、校长等。1991年当选中国科学院学部委员（院士），1994年当选中国工程院院士。1997年任中国科学院院长。提出插装阀内含位移和流量-力反馈电液比例流量控制原理以及系统压力直接检测电液比例先导压力控制原理，使传统的流量和压力控制器件的稳态和动态控制特性得到显著提高。在德国、欧洲、美国登记5项发明专利。任国务院学位委员会副主任委员(1999)。为第十届、十一届全国人民代表大会副委员长，中国共产党第十四至十七届中央委员。是第三世界科学院副院长。任《中国大百科全书》第二版总编辑委员会副主任。

路由器 router 具有连接不同类型网络的能力和选择数据传送路径的网络设备。路由器工作在开放系统互联参考模型的第三层（网络层）。依据网络层信息，采用某种路由算法，路由器能确定网络通信的最优通道。路由器把分组从一个网络向前送到另一个网络，如果分组的下一个目的地的使用规模比路由器接收到的分组小，路由器必须把分组拆分为合适的规模，在接收端再重新组合成更大的分组。典型的路由器都内嵌有处理器、内存和电源，以及连接各种类型输入输出插孔的网络连接器和一个管理控制台接口。路由器协议主要有内部网关路由选择协议如开放最短路径优先（OSPF），外部网关路由选择协议如边界网关协议（BGP）等。

辘轳 windlass 中国古代发明的起重机械，绞车的一种类型。用于井中汲水的称为井辘轳。辘轳分有曲柄摇把和无曲柄摇把两种，都是用粗绳绞在木制轴上，通过曲柄摇把或拉扯粗绳使木制轴转动，从而

《天工开物》井辘轳图

提升水或矿石。辘轳在春秋战国时代用于从竖井中提升铜矿石。湖北铜绿山春秋战国古铜矿遗址发掘中发现木制辘轳轴两根，其中一根全长2 500毫米，直径260毫米，经判定为用于提升铜矿石的起重辘轳的残件。“绞车”一词，最早见于《晋书》：“作绞车以皮囊汲之”。井辘轳应用较早见于南唐李璟〔应天长〕词：“柳堤芳草径，梦断辘轳金井。”元代王祯著《农书》(成书于1313年）和明代宋应星著《天工开物》(成书于1634年）均有井辘轳图。《农书》还记述了一种绕在轴筒上的绳子两端各系一个容器的复式辘轳。

潞城市 Lucheng City 中国山西省辖县级市。位于省境东南部。面积615平方千米。人口23万（2010）。汉为潞县，隋开皇十六年（596）置潞城县。1954年与长治县合并为潞安县，1958年撤销，分别划归长治市和黎城县。1962年以合并于长治市的原潞城县部分行政区域恢复设置。1994年撤县设市。由长治市代管。金属矿产资源比较丰富，石灰岩储量在5亿吨以上，煤炭地质储量8 859万吨，石膏储量4 094万吨。有化工、建材、轻工和制药等工业。农作物主要有玉米、小麦、高粱、谷子、芝麻等。名胜古迹有石梁、合室、潞子婴儿墓、汉代墓群、原起寺、大圣宝塔（青龙宝塔）等。潞城社火已有上千年历史。

潞西市 Luxi City 中国云南省德宏傣族景颇族自治州芒市旧称。

鹭 Ardeidae; heron 鹳形目鹭科动物的统称。世界有17属62种。中国有10属20种，遍布全国。体形纤瘦，翅大而圆，内趾与中趾间微有蹼膜，中趾之爪的内侧具栉缘。

大白鹭

大多为候鸟和旅鸟。栖息于沼泽、稻田、湖泊、池塘，大多群居。以鱼类、两栖类、昆虫和甲壳动物为食。飞翔能力强。飞行时颈收缩于肩间，成驼背状，脚向后伸直。栖止于树上时，缩颈也呈驼背状。巢群大多筑在高大树冠顶部，以枯枝编成。每窝产卵3～6枚。卵淡青色。两性共同营巢和孵卵。常见种类有苍鹭、大白鹭、小白鹭等。

露 dew 较冷的地面或地物表面（温度在0℃以上）使附近湿空气中的水汽达到饱和而在其表面上凝结的水滴。温度下降到0℃以下时，露水冻结成冰，称为冻露。晴天并略有微风的夜间和清晨，空气潮湿时最容易出现露。疏松土壤表面上形成的露比紧密土壤表面为重。植物覆盖层、木板和屋顶等的表面上的露要更多些。中纬度地区一夜间的露水量为0.1～0.3毫米，一年总计10～50毫米。一般春露比秋露多，夏季较少。

露脊鲸 Eubalaena; right whale 鲸目露脊鲸科动物的统称。全球3种，北太平洋露脊鲸、北大西洋露脊鲸和南方露脊鲸，分别分布在北太平洋、北大西洋和南半球。体粗壮，头巨大，头长可达体长的1/3，下颌的侧面观呈显著弓形，鳍肢宽阔，无背鳍，无喉沟，胸、腹部无褶沟。体黑色，但在腹部和颏部可能有一些大小不同的白斑，尾叶和鳍肢也可能有白色点斑。头部有一些黄色、红色或白色的粗糙皮疣，称为胼胝体，是鲸虱的栖居处。在吻端的胼胝体最大，称为吻帽。上颌每侧有200～270块长而薄的鲸须板，褐灰色至黑色，须毛很细。成体的鲸须板长可达2.8米。

北大西洋露脊鲸

北太平洋露脊鲸主要栖息于北太平洋的温带和亚极带水域，在冬初从亚极带迁向纬度较低处。喷潮高达5米，呈“V”形。以桡足类和其他小型无脊椎动物为食，是典型的滤食者。雄性在体长达15米性成熟，雌性在15.5米时性成熟。妊娠期约1年，新生仔鲸体长4.5～6米，在1年左右断奶。历史上，北太平洋露脊鲸曾分布在日本至墨西哥之间的广大海域。在1840～1969年，遭到许多国家的捕鲸队的猎捕，几近灭绝。现只在鄂霍次克海和白令海东部有观察记录，可能只剩下几百头。

现存的北大西洋露脊鲸估计有300头。在阿根廷、南非、澳大利亚等海域的南方露脊鲸估计有7 000头。

露天开采 surface mining 直接从地表揭露并采出矿产品的采矿方法。要求矿体厚、埋藏浅。与地下开采比，其优点是资源利用充分，回采率可高达90%以上，贫化率低，适于使用大型机械，劳动生产率高，成本低，建矿快，产量大，劳动条件好，生产安全。但占地多，作业效率受气候影响大，环境治理和采后复垦治理耗费大。

露天开采是人类使用矿产最早出现的开采方式。最初是开采矿床的露头和浅部富矿，19世纪末使用动力挖掘机以来，露天开采技术迅速发展，露天矿的规模越来越大。20世纪后期，露天开采朝大型化、集中化、开采工艺多样化发展。随着露天开采技术的发展，适于露天开采的范围、深度越来越扩大，可用于开采低品位矿床。20世纪末世界固体矿产总量中，约有2/3用露天开采，其中建材矿产如石灰岩等几乎100%，铁矿约占90%，有色金属矿占60%，煤矿占40%以上。

露天开采需剥离大量土岩，以揭露矿体。剥离量与采矿量的比值称剥采比，是衡量露天开采经济效益的重要指标（单位是米^3/米^3、米^3/吨）。最深的露天矿采深已达800米。根据地形，采场在地表封闭圈以上的部分称山坡露天矿，封闭圈以下的部分称凹陷露天矿。

露天采场内的矿岩通常划分为一定高度的分层，每个分层构成一个台阶，以进行剥离和采矿。生产过程由矿岩松碎、采装、运输和卸载（卸矿和排土）组成。较松散的矿岩可直接用采装设备挖掘。台阶开采时划分为一定宽度的采掘带进行采掘作业。为进行正常生产，工作台阶须有足够的宽度，以布置穿孔、爆破、采矿、运输设备。

露天开采中的主要技术问题有：①露天矿边坡稳定，预防发生滑坡。②深凹露天采场的通风。③矿山环境保护，矿山土地复垦等。

露西亚节 Lucia Festival 瑞典民间传统节日。又称迎光节。节期为12月13日。一说为纪念笃信基督教的圣女露西亚；另一说是纪念憎恨黑暗、喜爱光明的露西亚女神，把她降临人间的12月13日定为“露西亚节”。瑞典人十分重视此节。届时所有机关、学校、工厂、商店都要选出一名最漂亮的姑娘扮作女神露西亚，举行庆祝活动。当选的光明使者露西亚头戴插有蜡烛的金色桂冠，带领十几位穿着白色民族服装、手持蜡烛的年轻姑娘和小伙子唱着露西亚节之歌，缓步走进大厅，列队高唱，赞颂光明，然后再缓步走出大厅。这时，大厅中灯火齐明，人们共同举杯庆祝，随后跳起欢快豪放的民间舞，兴尽方休。现今，评选露西亚姑娘的活动已成为选美活动。

驴 donkey 奇蹄目马科马属动物家驴和野驴的统称。家驴主供役用。体质结实，草食性耐粗饲，性情温驯，易于饲养管理和驾驭。生理、解剖和形态与马相似。区别在于：驴的体格较小，头大、耳长，无鬐毛，鬣毛稀短。家驴的品种类型因各地自然条件不同而有较大差异。

中国的驴有大、中、小三型：①大型驴。主要分布在渭河流域和黄河中下游的平原农区。以关中驴（见图）、德州驴、晋南驴为代表。②中型驴。体型介于大型驴

关中驴

和小型驴之间。主要分布在华北平原、河南西北部、陕西北部和甘肃东部。③小型驴。又称毛驴，分布区域最广。西北、华北、西南、东北的丘陵或荒漠地区以及西藏高原牧区所饲养的多为此型。

家驴在山区和丘陵地区多用于骑乘和驮载。平原地区多用于挽曳，如耕地、拉磨、拉车等，正常挽力为体重的13%～15%。

驴尾巴 The Donkey' s Tail 1912年俄国以M.F.拉里昂诺夫为首的一些青年画家组办的展览会的名称。这些青年画家从红方块王子社团分裂出来，声称反对过去时代的一切艺术文明，创造艺术的未来新形式。参加这个展览活动的艺术家有拉里昂诺夫、N.S.贡恰洛娃、V.Ye.塔特林、K.马列维奇等。拉里昂诺夫不久组建了俄国的“辐射光线主义”社团（1912～1914），塔特林成为俄国构成主义的代表，马列维奇则是俄国“至上主义”的创始人。

吕保维 Lü Baowei (1916-07-22～2004-02-10) 中国电子学家。生于江苏常州，卒于北京。1939年毕业于国立西南联合大学，1944年获美国麻省理工学院硕士学位，

1947年获美国哈佛大学哲学博士学位。回国后曾任中国科学院电子学研究所研究员、所长、学术委员会主任委员。1980年当选中国科学院学部委员（院士）。曾是中国空间科学学会理事长、中国电子学会理事、中国通信学会理事。吕保维是中国电波传播科学事业的创始人之一。20世纪50年代，曾主持和建立中国电离层观测网站，主持对流层前向散射传播实验及其理论研究，为其后相关通信设备和电路的建立提供了依据。在理论上，提出无线电波沿F电离层最大电子密度处“滑行”传播概念，找到了卫星、飞船与地面短波无线通信中电波绕射的必要条件。还提出一种便于对各种不同根数的人造卫星轨道摄动进行计算的方法。

吕本中 Lü Benzhong (1084～1145) 中国南宋诗人、道学家。字居仁，号紫微，世称东莱先生。寿州（今安徽凤台）人。绍兴六年（1136）赐进士出身，官中书舍人兼权直学士院。以忤秦桧罢官。晚年深居讲学。吕本中是江西诗派诗人。著有《东莱先生诗集》、《江西诗社宗派图》、《紫微诗话》及《童蒙诗训》等。其诗论本于儒家传统的诗学主张，推崇杜甫、黄庭坚，提倡“学诗当识活法”（《夏均父集序》），尤受黄庭坚、陈师道影响。其诗歌成就后期高于前期，如《丁未二月上旬四首》、《兵乱后杂诗》等，反映了南渡前后的社会现实，深沉悲慨。艺术上力求句意丰缛，无江西诗派的艰涩。陈岩肖称其诗“多浑厚平夷，时出雄伟，不见斧凿痕”（《庚溪诗话》）。今存吕本中的词仅27首。内容多写离思别绪，春花秋月，工稳精润，新颖别致。有赵万里辑《紫微词》1卷。

吕不韦 Lü Buwei (?～前235) 中国战国末期秦相。濮阳人。《史记》称不韦为“阳翟大贾”，因“贩贱卖贵”而“家累千金”。秦昭王末年，昭王以其次子安国君为太子，安国君立爱姬华阳夫人为正夫人。公子子楚为安国君之中子，为秦质子居于赵，因无内援而甚不得志。不韦贾于邯郸而见子，以为“奇货可居”，乃劝说子楚去结交华阳夫人，华阳夫人无子，若借其力可以成为安国君之继承者。不韦资助子楚五百金，使其归秦，又以五百金购珍宝献与华阳夫人。后来华阳夫人果然劝安国君立子楚为嫡嗣。昭王卒，安国君立，是为孝文王，立一年而卒，子楚立，是为庄襄王。庄襄王以吕不韦为丞相，封文信侯，食河南洛阳十万户。吕不韦“招致天下游士”，有食客三千，家僮万人。不韦使其门客每人著其所闻，写成八览、六论、十二纪，共20余万言，书名《吕氏春秋》。秦王政（见秦始皇）立，因不韦为前朝元勋而尊之为相国，号称仲父。时秦王年少，“委国事于大臣”。不韦常与太后私通，后又物色到嫪毐其人，使其伪装成宦者而进献给太后，毐甚得太后宠信，获得很大权势。秦王政九年（前238），已成年的秦王对吕、嫪专断国政不满，先诛嫪毐，并放逐其门客党羽。次年，吕不韦以“坐嫪毐免”。一年后，秦王恐不韦东山再起，下令将不韦与其家属迁蜀，不韦饮鸩而死。

吕布 Riboud, Marc (1923-06-24～) 法国摄影家。生于里昂，1943～1945年参加抗击德国占领的地下抵抗运动。1952年辞去工程师的工作成为自由摄影师。1953年由H.卡蒂埃-布勒松和R.卡帕介绍加入玛格南图片社（1979年退出），并于1975～1976年任主席。吕布曾在许多国家采访，1957～2002年访问中国达10次之多，时间跨度达40余年。所拍摄的关于中国改革开放前后变化的照片在西方摄影师中最为出色，并先后结集出版了《中国的三面红旗》（1966）、《中国印象》（1981）、《中国四十年》（1996，同名摄影展于1996年10月在北京举办）。他拍摄的关于中国的照片还帮助他

《老北京的一条街》

在1968年成为越南战争期间唯一一位得到机会采访越南共产党领袖胡志明的西方摄影师。这次采访拍摄的照片于1970年结集为《北越的面孔》出版。无论是拍摄面对枪口持花祈祷的反战学生（《争取和平的游行》，华盛顿特区，1967）还是《埃菲尔铁塔上的油漆工》（巴黎，1953），吕布的照片都传达出人性中的柔和细腻之美。其作品不追求怪异的题材，讲究构图的几何性，不用特殊的技巧或灯光，在最自然的拍摄中体现出独有的风格。

吕大临 Lü Dalin (?～1092年后) 中国宋代金石学家。字与叔。汲郡（今河南汲县）人，后移居京兆蓝田（今属陕西）。他是王安石变法时期保守派人物吕大防之弟。曾学于程颐，与游酢、杨时、谢良佐并称程门四先生。平生未曾应举。元祐中，为太学博士，迁秘书省正字。后范祖禹荐其充任讲官，未及用而卒。吕通六经，尤精于礼，希图“掇习三代遗文旧制以行于世”。与兄大防等同居时即切磋古礼，自谓所施冠昏丧祭诸礼一本于古，当时有“关中言礼学者推吕氏”之称。所著《考古图》10卷，正是基于这种思想的论道考礼之作。正如他在该书序记中所说，“观其器，诵其言，形容髣髴，以追三代之遗风，如见其人矣”。其他著作有《易章句》、《大学说》、《中庸说》各1卷，《礼记传》16卷，《论语解》10卷，《孟子讲义》14卷，《玉溪先生集》28卷。又与其兄大防合著《家祭仪》1卷。

吕德 Rude, François (1784-01-04～1855-11-03) 法国雕塑家，雕塑领域内从新古典主义向浪漫主义过渡的重要代表人物。生

《马赛曲》

于第戎，卒于巴黎。吕德曾经受过新古典主义画家J.-L.大卫的影响，并于1814～1827年伴随被流放的大卫到异乡布鲁塞尔。他创作的大卫胸像，现藏卢浮宫博物馆。1831年，他的《与龟游戏的小孩》在沙龙展出时引起人们的注意。1835～1836年，完成了为巴黎凯旋门所作的浮雕构图《1792年的义勇军》，即后来闻名的《马赛曲》。这件描绘法国历史上革命事件的雕塑品，既有浪漫主义的激情，又有古典的外貌；其细节处理和整体构图的关系上十分协调，富于运动感并有统一的气势；人物造型是真实的，形象构思却是寓意和象征的。吕德晚期的作品，虽然在形式上仍然保持着浪漫主义的作风，但缺乏时代感和真正的激情。

吕洞宾 Lü Dongbin (798～?) 中国唐末五代道士。名喦（或巖），字洞宾，号纯阳子，自称回道人。世称吕祖或纯阳祖师，民间神话奉为八仙之一。河中府永乐（今山西永济）人，一说京兆（今西安）人。少时举进士不第，遂浪迹江湖。传说后游长安，遇钟离权，经过“十试”授以金丹之道，因得道法，不知所往。北宋以来，关于吕洞宾在民间行侠仗义的神话传说很多。苗善时收编为《纯阳帝君神化妙通纪》。宋徽宗宣和元年（1119）封吕洞宾为妙通真人；元世祖至元六年（1269）加封为纯阳演正警化真君。后被尊为全真道北五祖之一。《道藏辑要》收录其著作多种，或出于扶乩，或为后人伪托。

吕光 Lü Guang (338～399) 中国十六国时期后凉的创建者。字世明，略阳郡（治所在今甘肃天水东北）人，氐族，前秦苻坚时太尉吕婆楼之子。王猛荐之于苻坚，通过作战建立了威名。382年，车师前部王和鄯善王入朝前秦，愿充当向导攻打西域诸国。苻坚命吕光率兵7万和铁骑5 000，进军西域。383年，秦军越过流沙300余里，大破各方援军70余万，30余国投降。因贪图龟兹富足，本打算留居；后顺从将士东归之意，于385年回军姑臧，据有凉州。任其子吕覆为西域大都护，率大臣子弟镇高昌。苻坚死后，386年吕光自称凉州牧、酒泉公，建后凉。后又改称三河王，396年自号天王。晚年昏聩，听信谗言，儿子和外甥贪暴，臣下离叛，政治腐败混乱。在位约14年。

吕后 Empress Lü (?～前180) 中国汉高祖刘邦之妻。名雉。单父县（今山东单县）人。楚汉战争开始不久，吕雉和刘邦父母被项羽俘虏。汉王四年（前203），项羽因形势失利，被迫与刘邦讲和，吕雉和刘邦父母获释。次年，刘邦称帝，立吕雉为后。

吕后为人有谋略而性残忍。高帝十年（前197），陈豨谋反，刘邦率兵亲往平定，吕后留守长安，与萧何商议，以策应陈豨谋反的罪名，将韩信处死，夷其三族。刘邦击陈豨，至邯郸，向彭越征兵，彭越称病不往，被废为庶人，徙居蜀地。吕后认为不可遗患，又指使人诬告彭越谋反，夷灭其宗族。

吕后生汉惠帝刘盈及鲁元公主。刘邦嫌刘盈柔弱，生前曾打算另立宠姬戚夫人之子赵王如意为太子。由于大臣反对，吕后又多方设法为刘盈辅翼，废立太子之事未成。刘邦死后，她鸩杀赵王如意，残杀戚夫人。对其他刘氏诸王，亦加残害。惠帝不满吕后所为，忧郁病死。吕雉临朝称制，封侄吕台、吕产、吕禄等为王，排斥王陵等老臣，擢拔亲信。吕后死后，太尉周勃、丞相陈平和朱虚侯刘章等将诸吕迅速剪灭。在吕后称制的八年期间，继续执行汉高祖以来与民休息的政策，奖励农耕，废除夷三族罪和妖言令等苛法。

吕惠卿 Lü Huiqing (1032～1111) 中国北宋改革家。字吉甫。泉州晋江（今属福建）人。宋仁宗时举进士，任真州（今江苏仪征）推官，任满入京，先后受到欧阳修、沈遘、曾公亮、王安石的赏识和推荐。熙宁变法之初，青苗、助役、均输、农田水利等新法，都是他与曾布等人拟定并奏请实行的。为了实现变法革新，吕惠卿于熙宁二年（1069）同司马光展开了辩论。他以丰富的学识说明没有一成不变的东西，更指出了文景之治正是因时而变的历史事实，驳倒司马光。熙宁七年，守旧派以曹太后为首，围绕市易法开展了一次大规模的反新法活动。吕惠卿出任参知政事，查清了守旧派的不法活动，使新法得以继续推行。吕惠卿在推行新法的同时，与王安石一起修撰注释儒家经典。他以后还对《庄子》作了注释，颇有独到见解。熙宁八年，因邓绾等人攻击而出知陈州（今河南淮阳）。此后，吕惠卿在知延州（今陕西延安）、太原期间，整顿西北驻军，防止西夏侵扰。宋哲宗亲政后，因曾布等人阻挠，吕惠卿未能入朝掌政，再知延州。在对西夏开边的军事活动中，功劳卓著。宋徽宗时，吕惠卿受蔡京等排挤。

吕骥 Lü Ji (1909-04-23～2002-01-05) 中国音乐家。原名吕展青，曾用笔名穆华、霍士奇、唯策等。生于湖南湘潭，卒于北京。少年时自学箫、笛、扬琴、琵琶等多种乐器。1930、1931、1934年先后3次入上海国立音乐专科学校学习。1932年在武汉参与创建武汉左翼戏剧家联盟，1933年参加上海左翼戏剧家联盟音乐小组，组织“业余合唱团”、“歌曲研究会”等，积极从事左翼音乐与救亡歌咏活动。1938年到延安，参与筹建鲁迅艺术学院，并先后任音乐系主任、教务主任和副院长等职。抗日战争胜利后到东北，任东北大学鲁迅艺术文学院副院长、院长，兼东北音乐工作团团长。1949年当选为中华全国音乐工作者协会主席，并筹建中央音乐学院，后任该院副院长。1953、1960、1979年三次当选中国音乐家协会主席，1985年被选为名誉主席及国际音乐理事会名誉会员。

吕骥自30年代起开始音乐创作，主要在声乐体裁方面，代表作有《自由神》、《新编“九一八”小调》、《中华民族不会亡》、《保卫马德里》、《武装保卫山西》、《抗日军政大学校歌》及大合唱《凤凰涅槃》等。在音乐评论方面，先后发表了《论国防音乐》、《新音乐的展望》、《伟大而贫弱的歌声》、《新情况、新问题》等针对整个音乐运动发展的重要文章。此外，他也重视中国民间和古代音乐的发掘和研究，撰写《中国民间音乐研究提纲》、《略论七弦琴音乐》、《从原始社会到殷商的几种陶埙探索中国五声音阶的形成年代》等理论文章。在他的积极倡导下，促进了文化部、中国音乐家协会、人民音乐出版社等单位组织全国力量投入对《琴曲集成》、《中国民间歌曲集成》、《中国器乐集成》、《中国戏曲音乐集成》和《中国曲艺音乐集成》的编辑出版工作。他是《中国大百科全书·音乐舞蹈》卷音乐学科编辑委员会主任。

吕剧 lüju opera 中国戏曲剧种。由民间说唱艺术山东琴书演变而来。清末，广饶县琴书艺人时殿元等把《王小赶脚》改为化装演唱，形成了化装扬琴。因演出用过驴形道具，曾被称为"驴戏"。1950年定名为吕剧。吕剧基本腔调有四平、二板，有时也使用其他曲牌。主要伴奏乐器有坠琴、扬琴、二胡、三弦等。吕剧的剧本大致可分两种：一种是小戏，如《小姑贤》、《王定保借当》、《小借年》等，是它的基本戏，有浓厚的生活气息；另一种是连台本戏，多根据鼓词、小说和琴书的脚本改编，如《金鞭记》、《金镯玉环记》、《五女兴唐》等。后又将现代题材的小说《李二嫂改嫁》改编为吕剧上演。

吕克·贝松 Luc Besson (1959-03-18～) 法国电影导演。生于巴黎。19岁时到美国洛杉矶学习电影制作。1982年，与人合作编写并拍摄了宽银幕无声黑白电影《最后的战斗》。1985年的《地铁》和1988年的《碧海情天》确立了贝松的风格，也为他赢得了荣誉。《地铁》荣获了三项凯撒大奖。1990年拍摄心理片《妮基塔》，通过一个女性的遭遇暗示了国家机器对人性的伤害。1991年的《亚特兰蒂斯》是一部纯视觉享受的电影。1994年的《杀手莱昂》是一部以法国人的角度拍摄的好莱坞作品。影片注入了细腻的感情因素，在本质上超越了那些打打杀杀的动作片，给好莱坞带来了前所未有的冲击。此后又拍摄了《第五元素》(1997)、《圣女贞德》(1999)、《天使》(2005)、《亚瑟和他的迷你王国》(2006)。

吕梁山 Lüliang Mountain 中国黄河与汾河的分水岭。位于山西省西部，呈东北—西南走向，大致与太行山相平行。北起管涔山，南止龙门山，延伸约400千米。主峰关帝山海拔2 831米。植被除较高陡的山地外，森林已为灌丛草地所代替，其南北各段，随纬度与高度不同，气候与植被有显著差别。芦芽山代表北段，主要是寒温带针叶林；关帝山代表中段，主要是温带针阔叶混交林；五鹿山代表南段，主要是暖温带阔叶林。

吕梁市 Lüliang City 中国山西省辖地级市。位于省境西部，邻接陕西省。辖离石区和文水、中阳、兴县、临县、方山、柳林、岚县、交口、交城、石楼10县，代管孝义市、汾阳市。面积21 143平方千米。人口373万(2010)。1971年成立吕梁地区。2003年撤销吕梁地区和县级离石市，设立地级吕梁市。农作物主要有高粱、谷子、玉米、小麦、豆类等。特产有汾酒、竹叶青酒等。矿产有煤、铁、铝矾土、石灰岩、石英石等。工业有煤炭、钢铁、机械、化工、酿酒、建材等。境内有庞泉沟自然保护区。名胜古迹有天宁寺、玄中寺、则天庙、太符观、圣母庙、杏花村、山神峪千佛洞、香岩寺，纪念地有晋绥解放区烈士陵园、刘胡兰纪念馆等。

吕钦 Lü Qin (1962-08-10～) 中国象棋棋手。广东惠州人。8岁学棋，1978年获全国少年赛冠军，初露锋芒。1986、1988、1999、2003、2004年5次获全国象棋比赛冠军。1989～1992、1995、1999、2001、2002、2004年共获9届"五羊杯"冠军。1989年代表中国参加第1届世界象棋锦标赛获得冠军，成为中国象棋史上第一位世界冠军；又于1990、1995、1997、2001、2005年在第4、5、7、9届世界锦标赛5度折桂。他还是1992～2000年第7～11届亚洲杯象棋赛团体赛冠军中国队的主力队员。被誉为"快马飞刀"。1986年获象棋特级大师称号，1989年获特级国际大师称号。编著有《吕钦棋路》、《棋坛少帅吕钦专集》。是第八届全国人大代表，中共十五大代表。先后任广东省象棋队主教练和中国象棋协会技术委员会主任等职。

《吕氏春秋》 *Master Lü's Spring and Autumn Annals* 中国战国末期秦国的相邦吕不韦组织门客编写的著作。又称《吕览》。《汉书·艺文志》著录，列在杂家。全书分为"十二纪"、"八览"、"六论"，总计160篇，20余万言。注释本有汉高诱的《吕氏春秋注》，现代学者许维遹的《吕氏春秋集释》、陈奇猷的《吕氏春秋校释》等。

《吕氏春秋》全书体例一致，组织较严密，语言也较生动。它记载了大量先秦诸子的旧闻佚说、历史故事和传说。在哲学上，它提出"太一"即道，是产生天地万物的本原。在政治思想上，它吸取儒家德治、仁政学说，主张对人民进行道德和音乐的感化；吸取法家"因时变法"、重视耕战和赏罚必信的思想，批判其"严罚厚赏"的主张；吸取道家贵生、清静无为的思想，主张君主无为而臣下有为，统治者要节欲、养生；吸取阴阳家的天人感应和"五德终始"说，作为以秦代周的理论根据；吸取墨家节用、薄葬的思想，批判其非攻、偃兵之说。《吕氏春秋》中还保存了关于农业的思想，"六论"中的《上农》、《任地》、《辨土》、《审时》四篇保存了先秦"农家"学说的片段。

《吕氏春秋》博采众家之长，初步形成了包括政治、经济、哲学、军事等各方面内容的理论体系，但因出于众手，对先秦诸子的思想没有能够完全融会贯通。

吕叔湘 Lü Shuxiang (1904-12-24～1998-04-09) 中国语言学家。江苏丹阳人。卒于北京。1926年毕业于国立东南大学外国语文系。1936～1937年留学英国牛津大学

和伦敦大学。1938年回国后，先后在云南大学、华西协合大学、金陵大学、中央大学、清华大学等校担任教学和研究工作。1952年调入中国科学院语言研究所（1978年起改属中国社会科学院)，先后任研究员、副所长、所长。1954年起兼任中国文字改革委员会委员，1980年起又兼任副主任；并任中国语言学会会长。是《中国大百科全书·语言文字》卷编辑委员会顾问。著有《语法修辞讲话》(与朱德熙合著)、《汉语语法分析问题》等。《中国文法要略》力图摆脱印欧语语法的羁绊，探索汉语自身的语法规律，反映了20世纪前半个世纪中国汉语语法研究所达到的水平，是对汉语句法全面进行语义分析的唯一著作。吕叔湘是近代汉语语法研究的开创人。从1940年开始，他陆续发表了一系列论述近代汉语语法的论文，由于根据的语言资料丰富可靠，分析方法细致周密，所以创获很多。吕叔湘在语言文字的应用和语文知识的普及方面也做了不少工作。

吕思勉 Lü Simian (1884-02-27～1957-10-09) 中国历史学家。字诚之。生于江苏常州阳湖（今常州市)，卒于上海。从小入塾。12岁时，因家贫无力延师，由其父母

授以史部著作。15岁，考入阳湖县学。16岁，自学古史典籍，以求系统了解古代政治历史和政治制度。1905年起，先后在苏州东吴大学、常州府中学堂、南通国文专科学校、上海私立甲种商业学校、沈阳高等师范学校（后改为东北大学)、江苏省立第一师范专修科任教，并任中华书局、商务印书馆编辑。1926年起，

任上海光华大学国文系教授，后任历史系教授兼系主任。1941年，上海租界沦陷，光华大学迁川，乃携眷归乡，闭户著书。抗战胜利后，重返光华大学。1949年后，任华东师范大学历史系一级教授、上海历史学会理事、江苏省政协委员。

吕思勉注重排比史料，分类札记，长于综合研究和融会贯通，坚持不懈地涉猎古文献，又广泛阅读新出书刊和从西方引进的新文化、新思想以及研究方法。他的著述宏富，主要有《白话本国史》、《吕著中国通史》、《先秦史》、《秦汉史》、《两晋南北朝史》、《隋唐五代史》等。对经学、文字学、文学亦有独到见解。他的著作，包括各种断代史、通史、专史等，已汇编成《吕思勉史学论著》。另有《诚之诗稿》问世。

吕宋岛 Luzon Island 菲律宾最大岛屿。位于菲律宾群岛北部，北为沟通南海与太平洋的巴布延海峡。面积10.5万平方千米，约占全国面积的35%。人口约4 051万，占全国人口的1/2。主要居民为他加禄人和伊洛克人，北部和东北部山区有矮黑人和其他少数民族。地势北高南低，地形复杂，2/3以上为山地、丘陵，山脉南北纵列。最高峰普洛格山海拔2 944米。山脉之间为谷地和盆地。除高山地区外，气候炎热，雨量丰富，平均年降水量达2 000毫米以上。东部地区每年6～11月常遭台风袭击。植被主要为热带雨林和热带季雨林。主要河流卡加延河，长350千米，为全国最长河流；内湖是全国最大的湖泊。矿产有金、铬、铜、锰、锌、煤、硫磺等。菲律宾经济最发达的地区。全国一半以上的工业集中在此。马尼拉以北的中央平原以种植水稻、椰子、甘蔗、烟草、蕉麻等为主。铁路干线纵贯全境，也是全国公路最集中的岛屿。海岸曲折，多港湾。位于马尼拉湾的首都马尼拉是全国最大的港口。主要城市还有八打雁、打拉、甲米地、黎牙实比和碧瑶等。

吕宋国 Luzon State 菲律宾古国之一。在今吕宋岛马尼拉一带。吕宋盛产黄金，物产丰饶，贸易繁荣。曾于1372年（中国明洪武五年）至1410年（明永乐八年）间3次遣使访问中国，明朝也于1405年遣使报聘。15、16世纪，中国东南沿海商民同吕宋的交往相当频繁，开始有华侨留居吕宋。16世纪西班牙殖民者侵入菲律宾北部，在马尼拉一带遇到顽强的抵抗。在罗阇（国王）苏莱曼的指挥下，马尼拉奋勇抵御西班牙的侵略。1571年6月3日苏莱曼在海战中阵亡。其后吕宋逐步为西班牙所征服。西班牙在马尼拉建立殖民统治后，中国明代史籍仍称之为“吕宋”。

吕天成 Lü Tiancheng (1580～1618) 中国晚明戏曲理论家、剧作家。原名文，字勤之，号棘津，别号郁蓝生。浙江余姚人。万历间诸生。已知他写过《烟鬟阁传奇十种》和杂剧8种。另有小说《绣榻野史》、《闲情别传》两种及《红青绝句》1卷。吕天成的《曲品》是著名的曲学著作，它与王骥德的《曲律》并称明代戏曲理论著作的“双璧”。《曲品》的价值表现在4个方面：①保存了丰富而珍贵的戏曲史料。②在品曲的标准方面，吕天成虽然主张“醒世”、“范俗”，但对迂腐的说教并不赞赏。在艺术处理上，重视剧中人物的思想感情与关目中展示的生活环境的高度统一。在结构安排上，力主紧凑，反对拖沓。③对创作主张和风格流派不同的作家与作品，能尽量不带门户之见。从文艺批评的原则出发，作出比较公正的评价。④《曲品》对有争议的“当行”与“本色”论，作出了比较科学的诠释。指出当行与本色并不是对立的，而应当有机地统一于剧本的创作中。《曲品》现有《中国古代戏曲论著集成》本，较通行。

吕文成 Lü Wencheng (1898-04-02～1981-08-21) 中国民间音乐家。广东中山人。卒于香港。幼时随父母到上海。童年起自学二胡、扬琴等乐器演奏。20世纪20年代初

即成为广东音乐的演奏名手，先后应聘在上海中华音乐会和精武体育馆粤乐组教授广东音乐。长期从事广东音乐的演出、播音和录制唱片等活动。后定居香港，曾于1964年主持香港音乐歌唱大会。1974年到北京、上海等地观光访问。吕文成擅长二胡、扬琴演奏。他首先改用钢丝二胡，并发展了自由换把、走指、滑指、揿音等技法，从而创立了以音色清脆明亮、风格流丽华美为特点的“粤胡”，被普遍采用。他又是粤曲“子喉”（旦角假声唱法）的演唱名家，由其设计唱腔并演唱的《燕子楼》、《潇湘琴怨》、《仕林祭塔》等，均成为粤曲的著名唱段。吕文成一生约作200首广东音乐作品。他继承民间器乐曲的传统编创方法而加以发展，其中有根据传统民间乐曲整理加工的，如《霓裳曲》、《下山虎》、《欢乐歌》和《梅花三弄》等，也有由其新创曲调的，如《步步高》、《岐山凤》、《平湖秋月》和《银河会》等。

吕彦直 Lü Yanzhi (1894-07-28～1929-03-18) 中国建筑师。原籍山东东平。生于天津，卒于上海。九岁随姊侨居法国巴黎，

经数年回国，入北京五城学堂，受教于林纾。1913年毕业于清华学校，同年获官费赴美国康奈尔大学留学。1918年建筑系毕业，获学士学位。1928年起在墨菲建筑师事务所工作，曾参与南京金陵女子大学和北京燕京大学校舍设计，首次提出采用现代钢筋混凝土结构建造中国民族形式的建筑。1925年9月获南京中山陵设计竞赛第一名；1926年9月获广州中山纪念堂和广州中山纪念碑设计竞赛第一名。1927年参与发起组织中国建筑师学会。

南京中山陵和广州中山纪念堂设计中运用了中国传统的建筑形式，均为中国近代建筑杰作。1930年5月28日，总理陵园管理委员会决议为吕彦直建立纪念碑，12月落成，为中国唯一一座为建筑师树立的纪念碑。

吕振羽 Lü Zhenyu (1900-01-30～1980-07-17) 中国历史学家。湖南邵阳人。卒于北京。1926年湖南大学毕业即参加北伐军。20世纪30年代初在北平参加中国社会

性质和社会史问题论战，出版了《中日问题批判》、《最近之世界资本主义》两书。任教于中国大学、民国大学和朝阳大学。1935年冬至1937年受中国共产党委派驻南京与国民党当局进行停止内战、国共合作抗日的谈判。抗日战争起，他组建并实际领导了“湖南文化界抗敌后援会”，创办了有“南方抗大”之称的塘田战时讲学院。皖南事变前在重庆任复旦大学教授；皖南事变后，执教于中共华中局党校，随刘少奇万里夜行军回延安，任刘少奇政治秘书、学习秘书，并在马列学院、中央党校一部继续研究历史，为特别研究员。后赴东北参加解放战争。中华人民共和国建立后，历任大连大学（今大连理工大学）、东北人民大学（今吉林大学）校长，中共中央历史问题研究委员会委员，兼任中共中央高级党校教授、中国科学院哲学社会科学部委员、中国社会科学院顾问。曾是第一届全国人民代表大会代表、全国政协第三届委员。其论著从经济史、社会史、哲学史、民族史、文化史、通史等方面构成了一个体系。著有《史前期中国社会研究》、

《殷周时代的中国社会》、《中国政治思想史》、《吕振羽诗选》、《吕振羽集》等。

吕正操 Lü Zhengcao（1905-01～2009-10-13） 中国无产阶级革命家、军事家，中国铁路交通战线的领导者，全国政协副主席。辽宁海城人。卒于北京。1925年毕业于东北讲武堂。历任东北军连、营、团长，师参谋处长。1933年参加热河抗战。1936年参加西安事变。1937年加入中国共产党。抗日战争时期，任冀中行政公署主任，八路军第3纵队和冀中军区司令员，冀中军政委员会委员，八路军冀中总指挥部副总指挥，晋绥军区司令员。出席了中共七大。解放战争时期，任东北民主联军副司令员兼西满军区司令员，东北铁路总局局长，中央军委铁道部副部长兼铁道兵团副司令。中华人民共和国建立后，历任中央人民政府铁道部副部长、部长，中央军委运输司令员，总参军事交通部部长，人民解放军铁道兵政委，国防委员会委员，是中共八届、十一届中央委员，四届全国人大常委会委员，全国政协第二、三届常委，全国政协第四届委员，全国政协第六届副主席。1982年当选为中央顾问委员会委员。1955年被授予上将军衔。

吕祖谦 Lü Zuqian（1137～1181） 中国宋代史学家、思想家。字伯恭，学者称东莱先生。婺州金华（今属浙江）人。以祖恩补将侍郎。隆兴元年（1163）进士及第，除太学博士，复召为博士兼国史院编修官、实录院检讨官。淳乾间与朱熹、张栻齐名，人称“东南三贤”，深得一时人士称赞。吕祖谦以关洛为宗，又吸收永嘉、永康学派的经世致用之说，旁稽载籍，自成学派，被朱熹视为“杂博”。他还力图调和朱熹和陆九渊之间的思想矛盾。其哲学思想继承程颢“心便是天”之说，认为心即天即神，宇宙万物及其变化不能求于心外。心的一念之发，可以流金炼石、奔雷走霆。天象的变异，山川的鸣沸，“皆吾心之发见”。这与陆九渊的“宇宙便是吾心，吾心即是宇宙”相类。然而，他也讲“理之在天下，犹元气之在万物也”，与朱熹“天下只是一个理”相似。吕祖谦在认识和修养方法上强调“明心”，在教育上重视“育实才”，在历史研究方面发扬了中原文献之学。著有《东莱左氏博议》、《吕氏家塾读书记》、《古周易》、《书说》、《春秋左氏传说》，以及与朱熹共辑的《近思录》等。

旅鸽 *Ectopiste migratorius*; passenger pigeon 鸽形目鸠鸽科鸠鸽亚科的一种。又称漂泊鸠，为近代绝灭鸟类中最为著名的代表。体长35～41厘米，重约250～340克；形似斑鸠，翅尖“V”形，尾羽扇形，较长，可占体长的1/2。背上部蓝灰色，腹部至尾为灰棕色；胸部暗红，有大白斑点；颈羽青铜色，有紫、绿色闪光。喙黑色，虹膜红色，腿深红色。典型群居生活，每群可达1亿只以上。主要食用浆果、坚果、种子和无脊椎动物。每产1卵，雌雄共同孵卵；孵化期约13天。雏鸟第1周食双亲分泌出的鸽乳。原分布于北美洲的东北部，秋季向美国佛罗里达、路易斯安那州和墨西哥的东南方迁徙，栖于森林中。直至1850年还可见到上百万只的鸟群。由于土地开垦，森林破坏，人和家畜大量捕杀食用其肉，甚至用作肥料，到19世纪末，已减少到很难见到几只鸟的小群，1900年最后一只野生旅鸽被杀死。1914年，最后一只人工饲养下的旅鸽——玛莎老死于辛辛那提动物园。至此，旅鸽在几十年内，由几十亿只到完全绝灭。

旅馆 hotel 旅客留宿的居住建筑。中国古代称驿站、客居等。从19世纪起，交通日益发达，旅客来往频繁，旅馆已成为住宿、饮食、娱乐、会议、购物等多功能的综合性公共建筑。

类型 按建筑设备及设施条件，设计标准分为6级，建成并正常营业后由主管机构按固定与消耗性设施、服务项目、质量与效率等评级（分5个星级）并向社会公布。按所在地、旅客身份、旅行目的及停留时间等因素形成旅馆的不同类型，以城市通用旅馆为主，并有专供商务、公务、会议、中转、旅游、休闲等的专用旅馆，以及供内部接待的宾馆或招待所。由于国际交往日渐频繁，旅游事业的迅速发展，世界各地兴建的旅馆越来越多。20世纪50年代起已出现跨地区与国家的旅馆集团。

组成 由三部分组成：①居住部分。包括客房、厕所、浴室和服务设施等，是旅馆的主体。客房及床位数是旅馆的基本计量单位。标准较低的是多床客房（一般不宜超过4床）和共用厕所浴室；标准较高的以2床为主，配专用浴室厕所；标准更高的为单床间，卧室之外还有客厅、餐厅等套间。②公共活动部分。包括大堂、会客、饮食、购物、娱乐、健身等设施，配套与规模按当地社会需求定。在市中心应多吸引非留宿顾客、但在偏僻的风景名胜区则应以留宿旅客为主。餐厅应设多功能厅，供大型宴会、会议及活动用；多设中小型餐厅，其食品风味，价格及服务方式各有不同，以适应各种需求。③管理与设备动力部分。包括停车场、职工与物料进出口、消防、保安与设备动力控制中心、仓库、洗衣房、维修工作间等。

旅客机 passenger airplane 用于运输旅客的飞机。简称客机，又称民航机。按航程分为远程、中程和短程，按服务的航线性质分为干线客机和支线客机。

专门设计的旅客机出现于1919年。英国最早制造一架DH-16单发动机的4座客机。在后来的螺旋桨旅客机中，1935年美国研制的DC-3曾被认为是最出色的。20世纪50年代出现喷气式客机，是民用航空技术的重大发展。1956～1958年投入航线使用的客机，巡航速度在800千米/时以上，飞行高度在万米以上，如英国的“彗星”Ⅳ、苏联的图104、美国的波音707和DC-8。60年代初出现的中、短程客机采用了耗油率较低的涡轮风扇发动机，机翼有高效率的增升装置，缩短了起降滑跑距离，如美国的波音727、737和DC-9，英国的“三叉戟”。70年代出现的宽机身客机大大提高了载客能力，由以前的100～150人增加到350～500人，如美国的波音747、DC-10、L-1011，欧洲的A-300和苏联的伊尔86。80年代初研制的中程客机的特点是省油、低噪声和机载设备先进，如美国的波音757、767和欧洲的A-310等。

干线客机用于国际航线和国内大城市间的航线，多使用中、远程高亚声速旅客机。机载设备先进，经济性好，载客量大，乘坐舒适，在设备完善的大型机场起降。支线客机用于旅客流量较小的航线，航行于小城市之间或把旅客从小城市运往连接干线的大城市。航线的特点是短程，机场跑道短且设备较简单。

旅鸟 passing migrant birds 迁徙中途经某地区，又不在此繁殖或越冬的鸟类。见候鸟。

旅顺口区 Lüshunkou District 中国辽宁省大连市辖区。位于辽东半岛最南端，东临黄海、西濒渤海，南与山东半岛隔海相望。面积506平方千米，人口21万（2008）。秦汉时称马石津，为海上交通要港。唐代名都里镇。元时称狮子口。明洪武四年（1371）太祖朱元璋派将从山东渡海进军辽东由此登陆，因渡海顺利，改称旅顺。清光绪五年（1879）始建旅顺口作为北洋海军基地，后相继被沙皇俄国和日本占领。抗日战争胜利后曾有苏联红军驻扎（1955年撤离）。1981年为大连市市辖区。境内有天然不冻的旅顺港，为京津海上门户和东北的天然屏障，也是沟通辽东半岛和山东半岛的水道。近海渔业、海水养殖业和盐业发达。旅顺口是国家级风景名胜区。所辖的蛇岛上有单一种类的蝮蛇上万条。白玉山、黄金山、老铁山风光旖旎。老铁山有293种候鸟栖息，是鸟的王国，与蛇岛共列为国家级自然保护区。始建于1883年的旅顺港是世界著名军港。名胜古迹有汉牧羊城遗址、唐鸿胪井、万忠墓和日俄监狱遗址等。

“旅行者”号探测器 Voyager probe 美国行星和行星际探测器系列。主要任务是靠近观测木星、木星卫星（木卫）、土星、土星卫星（土卫）和土星环。1977年8月和9月相继发射了“旅行者”2号和1号。探测器为环状十边形结构，装有直径3.7米对地球定向的高增益天线。“旅行者”1号于

“旅行者”号探测器拍摄的土星照片

1979年3月5日在距离木星278 000千米处越过木星，发现木卫1上至少有6座活火山以时速1 600千米喷发，木卫4上的环形山比木卫3上的环形山多，并观测到厚约30千米的木星环和大红斑（木星大气中的旋涡或气流）。探测器上的紫外分光仪测出木卫环面发出的远紫外辐射，还发现了木卫14、15和16。1980年11月，它逼近土星时发回土星环照片，并于11月11日靠近土卫6飞行，探测出它的上空笼罩有至少280千米厚的稠密不透光薄雾层，温度约为－181℃，其主要成分是氮而非1944年地面天文观测认为的甲烷。“旅行者”1号还发现土卫13、14和15。随后，“旅行者”1号飞离太阳系。“旅行者”2号于1979年7月9日飞近木星，拍摄了木星大红斑照片。当它迫近木卫2时，发现木卫2地势平坦，无火山口，完全由一层薄冰覆盖。还拍摄了木卫1的约200幅照片，显示出火山爆发的烟柱，观测到7座火山。2号于1981年8月26日飞近土星，观测土星、土星环，发现6颗新土星卫星。之后，又于1986年1月飞近天王星，1989年8月飞近海王星。在完成对4个类木行星及其环系和卫星系的近距离考察后，驶向星际空间。1号和2号还各带有一张镀金铜板声像片和一枚金刚石唱针，用于地外生命探索。

旅游 tourism 旅行游览活动。有多种多样的形式。按旅游的地区范围划分，可分为国内旅游和国际旅游两种基本形式。按游览对象和内容划分，可分为自然风光观光旅游、历史古迹凭吊旅游、建设成就参观旅游等。按旅游的交通方式划分，可分为徒步旅游、骑马（驴、骆驼等）旅游、自行车旅游、摩托车旅游、汽车旅游、飞机旅游、火车旅游、轮船旅游等。此外，按旅游的目的和动机划分，还可分为休假旅游、保健旅游、会议旅游、商务旅游、科学考察旅游、宗教旅游、修学旅游、新婚旅游等。按旅游的费用划分，可分为豪华旅游、一般性旅游、经济旅游等。旅游活动作为一种高级消费方式，比较一般生活消费方式具有鲜明的特点：①旅游是一种综合性的消费，包括食、住、行、游、购、娱几个方面。世界各国普遍实行的团体旅游又称包团旅游，正是适应旅游活动的综合性特点而产生的。②旅游是一种文化娱乐性消费。旅游者要观赏秀美的自然风光，凭吊古迹，参观建设成就，体察民族风情等，这也是旅游者的快乐和情趣所在。③旅游是一种灵活的社会消费活动。如旅游者可根据自己的需要来选择和决定旅游的形式、路线、时间和花费等。④旅游是一种十分有益的社会消费，它对旅游者个人乃至整个社会的发展都有积极作用。

旅游保险 travel insurance 为在外出旅行过程中遇到意外损失而获得补偿的一种险种。旅游保险单一般至少包括个人意外事故、医疗和相关费用、旅行取消与延误、携带的物品与货币以及个人责任等内容。

旅游承载力 tourism carrying capacity 一个景区、景点或区域能够维持旅游活动而又不损害旅游者体验质量或环境质量的最大能力。又称旅游容量。它体现在实体、社会、文化与环境等多个方面，往往用在一个旅游目的地（如度假地、景区、海滨）或吸引物（如景点）同时所能容纳的游客或游客使用的最大量来表示。这一概念在20世纪60年代开始引入旅游规划领域。随着人类对环境问题的关注，旅游承载力在旅游目的地管理中越来越受重视。

旅游经济 tourism economy 旅游消费活动所产生的所有经济影响的总和。包括直接经济影响和间接经济影响。①直接经济影响。旅游消费活动对直接为旅游者提供服务的行业产生的经济影响。这些行业包括旅游交通业、住宿业、餐饮业、旅行社业、景区（景点）业、娱乐业、购物设施以及其他与旅游相关的服务业。②间接经济影响。旅游消费活动对间接为旅游者提供服务和产品的行业产生的经济影响。这些行业往往是为直接提供旅游服务的行业提供服务或产品。包括食品和饮料供应、石油和煤气供应、装潢与设备服务、金融服务、保安服务、保洁服务、车船制造、建筑材料、电脑等。

旅游的经济影响是多方面的，既有正面的影响，也可能产生负面的影响。正面的经济影响包括：①赢得外汇收入，增加国家财富，平衡国际收支。②刺激消费，促进生产，活跃经济。③增加就业，促进稳定。④平衡地区之间的经济发展，改善经济结构，促进经济合作。⑤有利于新技术和先进管理理念及方式的引进与传播。负面经济影响最为突出的是，旅游业本身的易变性使过于依赖旅游业发展地区的经济存在着风险，内部和外部环境的变化容易引起旅游经济的震荡。季节性需求的变化往往给旅游业的经营带来很大的困难。

旅游区 tourist site 根据旅游资源特征划分的包括旅游服务机构、设施和旅游点在内的旅游地域单元。是旅游地域系统的组成部分。同风景区的区别是风景资源的组合比风景区内的聚集程度低，特别是主体景观类型不如风景区突出；范围比风景区大，属于高层次的旅游活动区域。旅游区具有组织旅游活动的功能，其管理机构对该区旅游资源进行全面的调查、分析和评价、规划，组织和实施旅游项目的开发和建设。旅游区主要根据旅游地域系统的结构和与行政区划的关系加以划分。一般将旅游资源相对集中、类似，以及政治、经济、文化联系较为密切的地域划为一个旅游区。

旅游消费 tourism consumption 旅游者在旅行游览过程中用于满足个人自身发展和享受需要的所有产品和服务消费的总和。是人类基本生存需要得到满足后的一种高层次的消费需要，成为休闲消费的一个组成部分。随着社会、经济的发展，旅游消费在人类总消费中的比重越来越大，在一些经济发达国家，它已经成为人们生活的基本需求之一。旅游消费受旅游需求与供给两方面因素的制约。旅游者的经济水平、人口特征和旅游产品的结构、质量及价格都会影响旅游消费的方式和水平。

旅游业 tourism industry 为旅游者的旅游活动提供服务和商品的所有企业的总合。

兴起与发展 旅游业产生于19世纪中叶的欧洲，这是工业革命对社会、经济以及技术等方面影响的结果。工业革命促进了城市化的发展，提高了劳动生产率，不仅使一些人产生了旅游的需求和愿望，也使他们具备了外出旅游的必要前提，而技术的进步，尤其是交通工具的改善，为大众旅游创造了必要的条件。

1841年英国人T.库克成功地组织了一次由英格兰的莱斯特到拉夫巴勒的火车旅

游。这是世界上第一次通过旅行代理商组织并公开广告宣传的团体包价火车旅游。旅行代理商（或旅行社）把作为消费者的旅游者和作为旅游服务的生产者和供给者的交通、住宿等行业联系在一起，构成了一个为旅游者提供综合性服务的独立行业。旅行代理商的出现是现代旅游业诞生的重要标志。

从全世界范围来看，旅游业，特别是国际旅游业，崛起于20世纪50年代。其主要原因是：①相对稳定的国际环境促进了世界各国经济的发展，使一些国家的公民可自由支配的收入不断提高。②生产自动化大大提高了**劳动生产率**，使更多人可自由支配的时间增加。③城市化的进程加快，城市人口不断增加，旅游的需求与日俱增。④交通工具的改善，使旅行更加便捷、安全，费用不断降低。旅游业的发展最初主要局限在一些经济发达的欧美国家。到20世纪80年代以后，旅游活动开始在世界的更大范围普及，旅游业的发展受到世界越来越多的国家政府和公众的重视，而亚太地区旅游业一直保持高速发展的势头。

基本特点　旅游业的特点包括：①综合性。旅游业是所有为旅游者提供服务与商品的行业的集合，综合性是这个产业的最大特征，联动性与依托性是这个行业的突出特点，即旅游业的发展能够促进和带动相关行业的发展，而相关行业的发展也是旅游业发展的基础条件。②划分产业范围的依据是旅游服务和商品的消费者，而不是产品的生产者或提供者。③易变性与反弹性。自然、政治、经济以及社会等许多因素的变化都会影响旅游业的发展。但是实践表明，旅游业又具有明显的抗衰退优势，一旦危机过去，反弹的速度非常快。

发展影响　旅游业发展的影响是多方面的，既包括经济方面，也包括社会、文化、政治和环境方面。就其旅游的经济影响来说，它有利于促进国家的国际收支平衡和国际合作，刺激国民消费，进而促进和带动相关行业的发展，平衡地区经济的发展与合作。但旅游业的易变性对过分依赖旅游业发展的国家和地区形成一定的风险，而旅游业发展规划失当可能会对目的地造成环境、社会、文化巨大的压力甚至破坏。

为促进中国旅游事业发展，2003年9月28日在长城居庸关举行太极拳表演

铝　aluminium　*化学元素*，元素符号Al，原子序数13，原子量26.981 538 6，属周期系ⅢA族。1825年丹麦H.C.奥斯特用无水三氯化铝与钾汞齐加热，得铝汞齐，蒸除汞首次制得金属铝。1886年美国C.M.霍尔和法国P.-L.-T.埃鲁分别发明了电解氧化铝和冰晶石的熔盐制铝法，使铝的价格大降，成为可供实用的金属。铝在地壳中的含量约8%，仅次于氧和硅。广泛分布于岩石、泥土中。矿物是**铝土矿**。**刚玉**是纯的结晶氧化铝，含铝矿石还有明矾、冰晶石等。

铝是银白色的轻金属，熔点660.37℃，沸点2 467℃，相对密度2.702。纯铝较软。铝具有良好的延展性。硅、铜、铁、锌、锡、镁、锰等金属易溶于铝形成相应的合金。铝具有良好的导电性和导热性。纯铝的电导率是退火铜的64%。在化合物中通常表现为+3氧化态。化学性质活泼，常温下，在干燥空气中铝的表面立即形成厚度约500皮米的致密氧化膜，使铝不会进一步氧化并能耐腐蚀。但细粉状的铝与空气混合则极易燃烧。铝与氧化合时生成热很高（Al_2O_3的生成热为1 075千焦/摩），在高温下能将许多金属氧化物还原为相应的金属，即铝热还原反应法。铝还能与卤素、硫、氮、磷和碳等作用。熔融的铝能与水猛烈反应，生成氢氧化铝和氢。铝是两性的，既易溶于强碱形成铝酸盐和释放出氢；也能溶于稀酸，生成相应的铝盐和释放出氢。铝容易形成**铝矾**。

现代电解铝的方法是将氧化铝溶解于熔融的冰晶石（作为**电解质**）中，以钢制电解槽的石墨衬里为阴极，石墨棒为阳极，在约1 000℃进行电解，在阴极得到液态的金属铝，纯度可达99.8%。铝及其合金可作门窗、板壁和房屋的檐槽；**铝合金**可用以制造飞机的机身、起落架和其他内部构件及某些车船的构件和发动机部件；在电气工业中的铝制电缆和导线已逐渐代替了铜。铝还可制成铝箔、铝罐、炊具、餐具等。人体摄入少量铝，对健康无害，但如果摄入过量，会导致衰老症。

铝矾　aluminium alum　硫酸铝与+1价金属硫酸盐形成的水合复盐，化学通式为$MAl(SO_4)_2·12H_2O$或$M_2SO_4·Al_2(SO_4)_3·24H_2O$，其中M可以是锂、钠、钾、铷、铯、银、铊(Ⅰ)、铵等。硫酸铝钾$KAl(SO_4)_2·12H_2O$，简称钾铝矾或钾矾，俗称明矾。白色晶体，熔点92.5℃。铝矾在水中的溶解度随+1价金属离子半径的增加而减小。由于水解作用，水溶液呈酸性。铝矾可作净水剂、收敛剂、止吐剂、纸张的填充剂、媒染剂。明矾和碳酸氢钠的混合物可作发酵粉及灭火剂。

铝合金　aluminum alloy　以纯铝为基加入一种或几种其他元素所构成的合金。铝合金具有与高强度钢相当的比强度和比屈服强度，广泛应用于航空、航天、建筑、运输、电力和机械等工业部门。例如：硬铝（铝镁铜系合金）用于制造飞机骨架零件、隔框、蒙皮、梁、肋和高载荷铆钉等，约占飞机机体总量的70%；锻铝（铝镁硅系合金）用于制造螺旋桨和压气机叶轮等；防锈铝（铝锰系和铝镁系合金）可用于高楼建筑的间壁结构、窗框、门框、屋顶和软百叶帘，也是汽车、铁路车辆轻型化的理想材料。含镁4.5%的铝合金轧制成0.35毫米厚的带材后，大量用于制造啤酒和饮料的瓶罐。耐热铝合金系中典型的活塞合金，其成分为4%铜、1.5%镁、2%镍，主要用于制造活塞和内燃机气缸盖等。铝合金分两大类：①铸造铝合金，有铝硅系、铝铜系、铝镁系、铝锌系合金。②变形铝合金，又分为两类：热处理不强化型铝合金，有铝锰系、铝镁系合金；热处理强化型铝合金，有铝镁硅系、铝铜镁系、铝铜镁锌系等。

铝土矿　bauxite　以含水氧化铝为主、成分可变的天然多矿物混合物。主要由极细的三水铝石、软水铝石、硬水铝石和数量不等的黏土矿物、赤铁矿、针铁矿、石英等混合而成。常呈同心圆结构的豆状产出，也呈致密块状、多孔状、土状等。随胶结物种类和成分中氧化铁含量的增加，颜色由浅变深，由灰白色、棕红色直至黑灰色。硬度和密度都不大，并随矿物组成不同而变化。铝土矿是在湿热气候条件下，母岩经红土化作用而成。由火成岩或变质岩形成的红土型矿床，以三水铝石为主；在石灰岩或白云岩凹凸不平岩溶化表面形成的钙红土型矿床，通常含有相当数量的软水铝石。风化壳铝土矿经剥蚀、搬运，可形成沉积铝土矿。铝土矿是生产氧化铝、提炼铝金属的最主要矿石。澳大利亚昆士兰州的韦帕、巴西的帕拉州是世界著名产地。主要出产国还有几内亚、苏里南、牙买加、越南、印度、圭亚那等。中国广西、贵州、河南、山东等省区也有广泛分布。

律师　lawyer　接受机关、企业、团体或个人的委托，或者经法院指定，协助或代理当事人处理法律事务或进行诉讼的法律专业人员。

比利时律师在为犯罪嫌疑人辩护

西方国家的律师 西方国家律师的业务范围包括充当民事代理人，为刑事被告人辩护，担任机关、团体、企业的法律顾问，代当事人书立遗嘱、办理财产的转让、缔结契约、设立公司以及处理银行信贷、社会保险和国际贸易方面的法律事务。律师分工越来越专门化，而且作各种分类，例如法国律师分为辩护人和代理人；英国律师分为初级律师（或译律师）和高级律师（或译事务律师、出庭律师）。多系私人开业，单独或合伙设立律师事务所，收取高额酬金。他们大都组成律师协会，维护本行业的利益。有些国家还以当过律师作为充任法官和检察官的一个条件。有的国家还设有“公设辩护人”，一般附属于法院，领取固定薪金，为无力延请或不愿延请律师的被告人辩护。日本对无力延请律师的被告人，由法院指定律师为其辩护，称“国选辩护人”。有的国家设立法律补助制度，由法院根据情况，给予资力不足的当事人以一定的补助费，以便其延请律师。此外，有的国家还出现义务律师，由律师组织或慈善团体资助，轮流到看守所会见被羁押人，为他们提供法律意见，协助其联系律师，提出申请等。

中华人民共和国的律师制度 1996年5月15日通过、2001年12月29日和2007年10月28日修改的《中华人民共和国律师法》，对中国律师制度作了系统详尽的规定。

律师的业务 包括：①接受自然人、法人和其他组织的委托，担任法律顾问。②接受民事案件、行政案件当事人的委托，担任代理人，参加诉讼。③接受刑事案件犯罪嫌疑人的委托，为其提供法律咨询，代理申诉、控告，申请取保候审，接受犯罪嫌疑人、被告人的委托或者人民法院的指定，担任辩护人，接受自诉案件自诉人、公诉案件被害人或者其近亲属的委托，担任代理人，参加诉讼。④代理各类诉讼案件的申诉。⑤接受委托，参加调解、仲裁活动。⑥接受委托，提供非诉讼法律服务。⑦解答有关法律的询问，代写诉讼文书和有关法律事务的其他文书。

律师的条件 律师执业，应当经过国家统一的司法考试并取得律师执业证书。《律师法》规定了执业律师必须符合的一系列条件。申请人有下列情形之一的，不予颁发律师执业证书：①无民事行为能力或者限制民事行为能力的。②受过刑事处罚的，但过失犯罪的除外。③被开除公职或者被吊销律师执业证书的。有下列情形之一的，由省、自治区、直辖市人民政府司法行政部门撤销准予执业的决定，并注销被准予执业人员的律师执业证书：①申请人以欺诈、贿赂等不正当手段取得律师执业证书的。②对不符合本法规定条件的申请人准予执业的。《律师法》规定，公务员不得兼任执业律师。律师担任各级人民代表大会常务委员会组成人员期间，不得从事诉讼代理或者辩护业务。曾担任法官、检察官的律师，从人民法院、人民检察院离任后两年内，不得担任诉讼代理人或者辩护人。

律师事务所 lawyers' office 律师的执业机构。根据2007年修订的《中华人民共和国律师法》，律师承办业务，由律师事务所统一接受委托，与委托人签订书面委托合同，按照国家规定向当事人统一收取费用，并如实入账。律师事务所有三种：①国家出资设立的律师事务所。②个人律师事务所。③合伙律师事务所。申请设立律师事务所，须经省、自治区、直辖市以上人民政府司法行政部门审核。成立三年以上并具有20名以上执业律师的合伙律师事务所可以设立分所，须经拟设立分所所在地的省、自治区、直辖市人民政府司法行政部门审核。律师事务所变更名称、负责人、章程、合伙协议的，应当报原审核部门。

律诗 regulated verse 中国近体诗的一种。格律严密。发源于南朝齐永明时沈约等讲究声律、对偶的新体诗，至初唐沈佺期、宋之问时正式定型，成熟于盛唐时期。律诗要求诗句字数整齐划一，每首分别为五言、六言、七言句，简称五律、六律、七律，其中六律较少见。通常的律诗规定每首8句。如果仅6句，则称为小律或三韵律诗；超过8句，即10句以上的，则称排律或长律。律诗通常以8句完篇，每两句成一联，计四联，习惯上称第一联为破题，第二联为颔联、第三联为颈联、第四联为结句。每首的二、三两联（即颔联、颈联）的上下句必须是对偶句。排律除首末两联不对外，中间各联必须上下句对偶。小律对偶要求较宽。律诗要求全首通押一韵，限平声韵；第二、四、六、八句押韵，首句可押可不押，律诗每句中用字平仄相间。上下句中的平仄相对，有“仄起”与“平起”两式。另外，律诗的格律要求也适用于绝句。

唐代律诗在定型化过程中和定型后，都存在变例，有些律诗不完全按照格式写作，如崔颢的《黄鹤楼》，即前半首为古体格调，后半首才合律。律诗的这种变化被称为拗体。

律宗 Vinaya sect of Buddhism 中国佛教宗派。着重研习传持戒律，故得名。创宗人为唐道宣。该宗依据《四分律》。道宣住终南山，故此宗也称南山宗或南山律宗。佛教守戒律乃释迦所定制度，律藏是最初的经典。中国汉地翻译戒律及实行授戒，始自三国魏嘉平时期中的昙柯迦罗译传活动。东晋时，汉地区次第译出有部《十诵律》、法藏部《四分律》、大众部《摩诃僧祇律》及化地部《五分律》。其中《四分律》传持最广。四分律法由勒那摩提于6世纪初在洛阳传慧光。慧光以后四传而至道宣。道宣著《四分律删繁补阙行事钞》、《四分律拾毗尼义钞》以及《羯磨疏》、《戒本疏》等。在终南山创戒坛，制定授戒仪轨。道宣以佛教三学中的戒为制教；定、慧为化教。南山律宗创建后经十一传而至宋代允堪。允堪为道宣律疏作《会正记》。此时期内南山宗盛行。元、明时律学废弛，律宗衰微。明末有如馨中兴律宗，但四传后复衰。唐时鉴真将律宗传入日本。

绿茶 green tea 不发酵茶。基本茶类之一。见茶。

绿岛 Lüdao Island 中国台湾省台东县属岛，行政上为绿岛乡。旧名火烧岛。为火山岛。位于距台东市约33千米太平洋上。面积17.33平方千米。人口约3 000。岛形北宽南狭，周长约20千米。主要由集块岩及安山岩构成，有隆起珊瑚礁及现代珊瑚礁，赭土分布亦广。大部分为丘陵。岛内低地年平均气温超过25℃；年降水量2 000～3 000毫米，但变率大。居民多专营或兼营海洋渔业。岛西北有狭小的滨海平原，其前缘南寮湾和中寮湾为岛上渔业、农业活动的主要地带。清嘉庆年间始有汉族移民定居，其后移入渐多，分布于南寮、中寮、公馆等村。南寮为绿岛乡中心，与台东市有机帆船联系。

绿豆 *Phaseolus radiatus*; mung bean 豆科菜豆属的一种。一年生草本植物。粮食、蔬菜、绿肥兼用的豆类作物。原产印度、缅甸一带。主要分布于中国，其次为印度、伊朗及东南亚各国。中国主产于河南、河北、山东、安徽等省，江苏、四川、山西、陕西、湖北、贵州等省次之。

有直立、半蔓和蔓生3种类型。全株被茸毛。三出复叶，小叶全缘或浅裂。蝶形花，黄色。荚果细长，圆筒形，被短毛。种子短矩形，绿色或黄绿色。属短日照作物，生育期仅60～90天，生育期间要求较高的气温，结荚成熟期要求天气晴朗干燥。闭花传粉。耐旱、耐瘠、怕涝，以中性的石灰性冲积土和壤土为宜，也耐微酸、微碱。

绿豆自温带到热带均可栽培。可单作、

间作或套作。播种适期长，春、夏播均可。开花结荚期如有足量的磷钾肥和适量的水分可显著增产。豆荚成熟期不一致，小面积栽培，可多次采收；大面积种植，在2/3以上的荚变黑或转褐时收割。种子无休眠期，成熟时需及时收获，以免遇雨发芽。

绿豆富含蛋白质、维生素B、C、P。可作主食、糕点、粉丝和酿酒，还可作蔬菜和入药。茎叶可作绿肥。

绿肥作物 green manure crop 供作肥料用的栽培植物。多为豆类，在轮作中往往占有重要地位，多数可兼作饲料。

绿肥作物，按栽培季节划分为冬季绿肥作物、夏季绿肥作物、春季绿肥作物、秋季绿肥作物和多年生绿肥作物，按生长环境划分为旱地绿肥作物和水生绿肥作物，按植物学分类划分为豆科绿肥作物、禾本科绿肥作物、十字花科绿肥作物等，按用途划分为绿肥作物和兼用绿肥作物。通常以轮种、复种、间种和套种等方式栽培。中国常见的栽培方式有：①粮肥轮种。②粮肥复种。③粮肥间种、套种。④果园、林地间套种。⑤农田隙地、荒地种植绿肥作物，丘陵岗地非耕地营造绿肥林；河、湖、塘等水面放养满江红、水浮莲等水生绿肥作物。

主要作用：①丰富土壤中的营养物质。作肥料施入土壤后分解快，供肥及时，肥劲稳定而持久。②改良土壤物理性状，提高土壤保水保肥性能。③增加主要作物产量，促进畜牧业发展。④提供工业、副业原料。⑤保护土壤，净化、美化环境。

绿孔雀 *Pavo muticus*; green peafowl 鸡形目雉科孔雀属的一种。又称爪哇孔雀。分布于东南亚。中国仅见于云南西部和南部。

为中国野生鸡类体型最大的一种，全长达2 000毫米以上，其中尾屏约1 500毫米。头顶翠绿，羽冠蓝绿而呈柳叶形；上体大都呈辉亮的青铜和翠绿色且富有杂斑；尾上覆羽特别长，形成尾屏；其羽支分离，呈金属绿色并具铜紫色反光，近羽端处具眼状块斑，各斑中部呈深蓝色，外围有铜褐、青蓝、金黄等色的圈形缘，显得分外艳丽。真正的尾羽很短，呈黑褐色。下体前部呈青铜色，向后转为蓝绿色。雌鸟无尾屏，

羽色呈暗褐色且多杂斑，远不如雄鸟光鲜艳丽。

栖息于草丛、灌木丛而有树木散在的开阔地带。在山区，多栖息于海拔不超过2 000米的山麓。杂食性，主要以种子、浆果等为食。春夏间，一雄配数雌，在灌木林的草丛中营巢。每窝产卵4～8枚，卵呈乳白色。雏鸟孵出后，与幼鸟结群活动。属中国国家一级保护动物。

绿帘石 epidote 硅酸盐矿物，化学组成为$Ca_2FeAl_2[SiO_4][Si_2O_7]O(OH)$，晶体属单斜晶系。成分中三价铁可被铝完全代替成为斜黝帘石，形成绿帘石－斜黝帘石完全类质同象系列；斜黝帘石的正交（斜方）晶系同质多象变体称为黝帘石。含锰高的绿帘石称红帘石。绿帘石晶体呈柱状，柱面有

条纹；集合体常呈粒状。呈各种不同色调的草绿色，随铁含量的增加颜色变深。玻璃光泽。底面解理完全。莫氏硬度6～6.5。密度3.38～3.49克/厘米^3，随铁含量的增加而增大。形成与热液作用有关。广泛分布于变质岩、夕卡岩和受热液作用的各种火成岩中。也可从热液中直接结晶。中国河北邯郸产结晶粗大的绿帘石。世界著名产地有奥地利、法国等。1967年在坦桑尼亚发现了呈蓝至青莲色的透明黝帘石晶体，称坦桑石，被作为中上等宝石。

绿萝 *Scindapsus aureum*; Solomon Island sivy 天南星科麒麟叶属的一种。攀缘植物。又称黄金葛。原产所罗门群岛。世界各地广泛栽培。有气生根。茎节间具有沟槽。叶革质，卵圆形至长圆形，基部近心脏形，先端短尖。另有同属植物星点绿萝、白金葛，中国也常见栽培。喜温暖湿润和半阳性环境，不耐寒，不耐干燥，怕强光暴晒，生长适温15～25℃。以疏松肥沃的腐叶土或泥炭土为宜。常用扦插繁殖。常以柱式或壁挂式栽培，用于宾馆、商厦、饭店的室内花园和大型温室花展中布置。还广泛用作切花陪衬材料。

绿泥石 chlorite 化学组成为$(Mg,Fe,Al)_3[(Si,Al)_4O_{10}](OH)_2\cdot(Mg,Fe,Al)_3(OH)_6$，晶体主要属单斜晶系的一族硅酸盐矿物。广泛的类质同象替代使成分复杂，可通过光性测定划分出叶绿泥石、斜绿泥石、铁绿泥石、鲕绿泥石、鳞绿泥石等矿物种。通常将绿泥石简单分成富镁的正绿泥石和富铁的鳞绿泥石。晶体多型发育，分属单斜、三斜和斜方晶系。晶体呈假六方片状或板状，集合体常呈鳞片状、土状。颜色随成分而变，从富镁的浅浊绿色到富铁的深绿至黑绿色。玻璃光泽至无光泽，解理面可呈珍珠光泽。莫氏硬度2～3。密度2.6～3.4克/厘米^3，随成分中含铁量的增多而增大：叶绿泥石、斜绿泥石含铁量低，在2.6～2.8克/厘米^3；富铁的鲕绿泥石、鳞绿泥石，在3.0～3.4克/厘米^3。底面解理完全，解理薄片柔软、有挠性。溶于强酸。在火成岩中，绿泥石多数是辉石、角闪石、黑云母等蚀变的产物。广泛分布于沉积岩中，近海沉积物中的绿泥石与海绿石紧密共生。由海相沉积而成的鲕绿泥石，含量达到工业利用指标时，可作铁矿石开采。

绿片岩 green schist 主要由绿泥石、绿帘石、阳起石、钠长石和石英等矿物组成的、具片状构造的低级区域变质岩。因其主要矿物肉眼均呈绿色，又称绿色片岩。原岩为基性火山岩、凝灰岩、硬砂岩及铁质白云质泥灰岩等。基性岩典型矿物共生组合有：绿泥石－绿帘石－钠长石－（方解石），阳起石－绿帘石－钠长石，绿泥石－绿帘石－阳起石－钠长石。基性凝灰岩变质的绿片岩中多含黑云母和石英，硬砂岩变来的绿片岩含较多的石英，泥灰岩变成的绿片岩含较多的绿帘石和方解石。绿片岩中的副矿物有磁铁矿、水滴状的榍石和他形粒状的磷灰石。绿片岩进一步命名时，常以最多的暗色矿物作为基本名称，如绿帘绿泥片岩、绿泥阳起片岩等。块状构造的绿片岩常称绿岩（见绿岩带）。

绿色产业 green industry 按照生态规律和经济规律相结合的生态经济规律改造传统产业所形成的集约利用资源、生产绿色产品的各产业的总称。

绿色产业是一种资源节约利用和综合利用型产业。①从资源的节约利用上看，包括建立以节约土地、节水为中心的集约化农业生产体系，以节约原材料、节约能源为中心的集约型工业生产体系，以节省运力、减少物质和能量损耗为特征的节约型综合运输体系，以节约利用空间并加强绿化为中心的城乡住宅和城镇建设体系，以节约资金、资源为中心的大中型项目的基本建设体系等。②从资源的综合利用上看，它包括3方面的基本内容：一是对农田

生态系统、森林生态系统、草原生态系统、海洋渔业生态系统、淡水养殖生态系统产生的各种有机物质进行综合采掘、综合加工、综合种养、综合增殖资源、综合保护生态环境等。二是对各种矿产资源，实行主要矿物与伴生、共生矿物的综合探矿、综合采掘、综合开发、综合利用和综合的生态建设与环境保护。三是对人类生产和消费过程中产生的各种废弃物，作为再生资源进行综合利用，使之既能减轻对环境的污染，又能增加社会财富。

绿色革命 green revolution 人类在保护地球生态环境、实现生态与经济协调和可持续发展方面的一系列“绿色化”思想、观念、计划、行为和活动变革的总称。绿色代表生命和人类生活环境的原色，象征着生态系统和生命的生生不息。

绿色革命的指导思想是实施可持续发展战略。1972年在瑞典首都斯德哥尔摩召开的联合国人类环境会议，特别是1992年在巴西里约热内卢召开的联合国环境与发展大会，对全人类形成可持续发展的共识和推动全球进行绿色革命起了划时代的作用。绿色革命的核心就是要用可持续发展的思想和观念去根本变革人们传统的不可持续发展的思维方式、生产方式、消费方式，树立经济、社会和生态协调与统一的思想观念。

绿色革命的内容包括人类可持续发展意识的树立、生态产业的发展、经济增长方式的改变、生态建设和环境保护的日益被重视、产品的无公害化及其绿色认证、绿色生产、绿色营销、绿色统计、绿色会计和审计、绿色消费，企业的ISO 14000系列认证，国内及国际环境保护法规的制定，生态文化的发展等。随着绿色革命的不断发展，其内容将逐步增多。

绿色和平运动 green peace movement 欧美发达资本主义国家的一种新兴的政治思潮。自20世纪70年代形成以来极为活跃，并对西方政治产生了强烈的冲击。绿色和平运动产生的背景是欧美70年代初的持续性经济衰退，美苏对峙造成的核冬天阴影和全球生态环境的恶化。绿色和平运动有两个主要支流，即环境保护运动与核裁军运动，到70年代中期，开始有自己的政治组织绿党。绿色和平运动要求根本改造工业资本主义的现行政治，以全面解决环境保护、和平等一系列社会问题，其终结目标是实现绿色世界。

绿色化学 green chemistry 针对环境污染问题提出的，要求任何化学活动（涉及化学原料、化学和化工过程、产品）对人类的健康和环境都应该是“友好”的理论和方法。通过设计、研究和改进化学、化工过程和相应的工艺技术，从根本上降低以至消除副产品或废弃物的生成，从而达到保护和改善环境的目的。

20世纪90年代初，化学家们提出了与传统的“治理污染”不同的“绿色化学”概念，即如何从源头上减少，甚至消除污染的产生。绿色化学也可看作是在分子水平上实现环境保护。

绿色化学是介于环境科学、化学和能源研究等的交叉学科。基本原则有：①预防原则。防止污染的产生优于治理产生的污染。②原子经济原则。合成过程中原料应尽可能多地转化为产品。③最少有害化学合成原则。应尽量采用毒害小的化学合成路线。④产物安全性原则。产品设计应既保留其功效，又降低毒性。⑤安全辅助物质原则。应尽可能避免使用辅助物质（如溶剂、分离剂等），如用时应是环境友好的（如以水、超临界二氧化碳、离子液体等为反应介质）。⑥最小能耗原则。应考虑到能源消耗对环境和经济的影响，并尽量少地使用能源（在常温和常压下进行合成）。⑦使用可再生原料原则。原料应是可再生的，而不是将耗竭的。⑧减少衍生物原则。合成过程中避免衍生物废料的产生。⑨催化原则。催化性试剂（有尽可能好的选择性）优于化学计量性试剂。⑩可降解原则。产品在完成其使命后，不应残留在环境中，而应能降解为无害的物质。⑪污染物实时监控原则。分析方法须进一步发展，以便在有害物质生成前能够进行即时的和在线的跟踪及控制。⑫化学品安全性原则。在化学转换过程中，所选用的物质和物质的形态应尽可能地降低发生化学事故的可能性。绿色化对社会的可持续发展至关重要。

绿色食品 green food 绿色产业产出的对人体健康有利，对生态环境无害的各类食品的总称。是对无污染食品的形象的表述，不是指绿颜色的食品。在中国，包括无公害食品和有机食品两大类。无公害食品是经国家指定的检验机构认定的，农药残留等物质的含量不超过对人体有害浓度的农产品及其加工食品的总称。有机食品是经国家指定的检验机构认定的，全部施用有机肥料和有机农药条件下生产出来的农产品及其加工食品的总称。一般来说，有机食品的生产比无公害食品更加严格。为区别于一般的普通食品，对绿色食品实行标志认证和标志商标管理。

绿色食品标志

绿色食品标志是遵循可持续发展原则，按照特定生产方式生产的绿色食品，经专门机构认定、许可使用的专用标志。它是一个质量证明商标，受商标法保护。标志有特定的图形，由三部分组成：上方为太阳，下方为叶片和蓓蕾。这种由政府授权、专门机构管理的绿色食品标志，是技术手段和法律手段结合的生产组织和管理行为，不是自发的民间自我保护。

绿松石 turquoise 化学组成为$Cu(Al,Fe)_6[PO_4]_4(OH)_8 \cdot 4H_2O$。三斜晶系。针、柱状晶体细小少见，常呈隐晶质块状、结核状、浸染状、细脉状集合体。因其色近松绿，故名。英文直译为土耳其玉。抛光后具柔和的玻璃光泽至蜡状光泽。成分中铜离子的存在使其具有蓝色的基本色调，随铁离子含量的增加使之显蓝绿、绿、浅绿、黄绿色。密度2.6～2.9克/厘米^3。莫氏硬度5～6。风化作用可使之褪色，密度和硬度降低。高温下失水、褪色、碎裂。色娇嫩、怕污染，应避油渍、铁锈，甚至皂水、茶水。部分用于首饰、镶嵌品，更多用于玉雕，是深受古今中外人士喜爱的传统玉种。为外生淋滤、交代作用的产物。中国是其主要产出国，以湖北郧县、竹山一带最著名，此外陕西、河南、新疆、青海、安徽等地亦有产出。国外产出国有伊朗、美国等。

绿松石雕件

绿头鸭 *Anas platyrhynchos*; mallard 雁形目鸭科鸭属的一种。家鸭的原祖之一。夏季在欧洲、亚洲和北美洲北部繁殖，秋间迁至非洲北部、印度、中国南部、日本和墨西哥越冬。体形似家鸭。雄鸭全长约600毫米。上体呈黑褐色，头颈呈灰绿色，白色颈环与栗色胸部相隔；下体呈灰白色；翼镜呈紫蓝色，上下缘有宽阔的白边；中

央两对尾羽呈绒黑色，末端向上卷曲。雌鸭背部呈黑褐色，各羽有浅棕色宽边；腹部呈浅棕色且杂有褐色斑点；翼镜与雄鸭相似。

9月成群迁徙到水生植物丰盛的湖泊、池塘、河流和水库。主要为植食性。在中国东北地区，4月下旬开始繁殖。在水边、草丛间营巢。每窝产卵8～11枚。卵呈纯白色或略带淡绿。孵化期24～26天。夏秋之间全部换羽，秋冬之间部分换羽。换羽后常和斑嘴鸭混群。

绿岩带 greenstone belt 太古宙火山沉积盆地内低级变质的火山岩系和碎屑岩系的总称。以绿色的变质超基性岩和基性火山岩为特征。呈残留地体，零星分布在南非、澳大利亚、加拿大、印度等古老地盾中。它们经常为花岗岩（包括钠质花岗岩）所围绕，与花岗岩有成因联系，故又称花岗-绿岩带。形成的时间大致为距今35亿～23亿年。呈大小不一的线形或尖锐的三角形盆地分布，长可达数百千米。早太古宙的绿岩带范围较小，晚太古宙的较大。

完整的绿岩带自下而上可划分为三个组。①超基性-基性火山岩组。有大量超基性火山岩出现，常有科马提岩（超镁铁质岩）。②钙碱性火山岩组。以含钾较低的多层玄武岩-安山岩-英安岩-流纹岩为主，含燧石和碧玉质岩石等化学沉积岩。③沉积岩组。下部含有硬砂岩、泥质岩及条带状铁矿，相当于浊积岩系；上部是浅海相多旋回的砂砾岩组合。各个地区的岩石组合大致类似，但各组的岩石可以不同。总厚度一般为15～30千米。

绿岩带的岩石普遍遭受低压变质作用，产生大量角闪石、绿帘石、绿泥石等绿色矿物，故称绿岩。

绿岩带中有较丰富的矿产，主要有与超基性岩有关的铬、镍、铜、金、铂、石棉、滑石、菱镁矿等矿床，与中酸性火山岩系有关的块状硫化物、黄铁矿等矿床以及与沉积岩或火山沉积岩有关的条带状铁矿床。

《绿野仙踪》 *Supernatural Beings in the Green Country* 中国清代长篇小说。手抄本为100回，有作者自序；刊本为80回，无自序。成书于乾隆三十六年（1771）之前。作者李百川，乾隆年间人。作者受神魔小说影响，将人世与仙境同时描写。书中主要人物冷于冰在明代嘉靖年间因不屑与奸恶同流合污而脱离仕途，出家修道。遇火龙真人，得到超凡道术，之后收徒传术，以除妖济贫。小说由此展开，叙述了一系列修道与收徒的故事，刻画了连城璧、金不换、朱文炜、温如玉、周琏等人的形象，尤其对温如玉、周琏的描写更为生动、细腻，真实地反映了当时社会人们的情趣与心态。小说还通过当时沿海百姓深受倭寇和官府的双重压榨，对当时封建统治的腐败进行

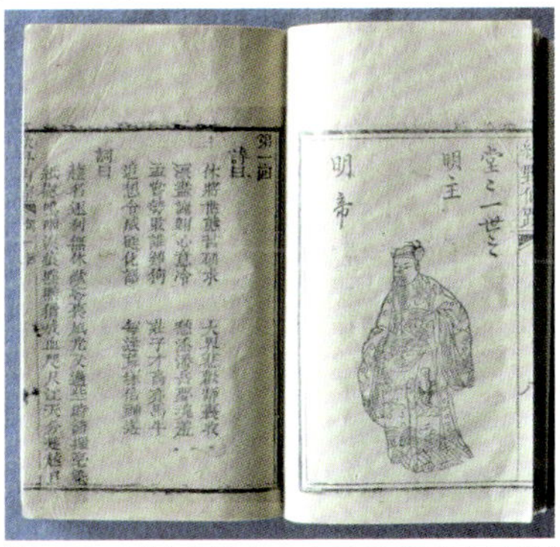

《绿野仙踪》（清抄本，中国国家图书馆藏）

了较有力的揭露。小说的主人公冷于冰始终贯穿于全书之中，但作者对他的描写过于夸张，似乎拯救天下全在他一人，缺乏真实感。小说还杂有一些神怪和秽亵的描写，表现了封建迷信色彩和低级趣味。

绿原 Lüyuan（1922-11-06～2009-09-29）中国诗人、文学翻译家。原名刘仁甫，笔名刘半九、绿原。湖北黄陂人。卒于北京。少孤且贫。1938年起流亡外地，靠別人资助读书。1941年开始发表诗作，是七月派代表诗人之一。1942年在重庆入复旦大学外文系学习，与邹荻帆等人合编诗刊《诗垦地》。1944年受国民党当局迫害，离开重庆，到四川和湖北的中学任英语教员，写了一些政治抒情诗篇。1949年任《长江日报》文艺组组长。1953年调中共中央宣传部国际宣传处工作。1955年因胡风一案株连被隔离审查，其间自修德文。1962年至人民文学出版社从事德语文学编译。1974年任职于国家出版事业管理局版本图书馆。“文化大革命”后平反。1977年调人民文学出版社外国文学编辑部。除翻译工作外，还写了不少诗歌。他的诗作长于抒情，感情深沉，构思新颖，句式自由，多用口语，音节自然。著有诗集《童话》、《又是一个起点》、《集合》、《从一九四九年算起》、《人之诗》、《人之诗续编》、《另一支歌》，诗论集《葱与蜜》，另与牛汉合编七月派诗选集《白色花》。

绿藻门 Chlorophyta; green algae 藻类植物的一门。藻体含叶绿素a和b、α和β-胡萝卜素及几种叶黄素。约8 600种，从两极到赤道、从高山到平地均有分布。有单细胞的、群体的或多细胞的，多细胞个体为球形、分枝和不分枝的丝状体、扁平叶片状、杯状和空管状。除极少的例外，绿藻的营养细胞多具有细胞壁，细胞壁的外层是果胶质，内层是纤维质。贮藏食物主要是淀粉。繁殖方式有营养繁殖、无性生殖和有性生殖。有性生殖很普遍，为同配、异配或卵配。

生活史有3种类型：①单倍体的藻体型。生活史中只有合子是双倍的，合子在萌发时即进行减数分裂。这一类型的绿藻很多，如衣藻。②双倍体的藻体型。生活史中只有配子是单倍的，减数分裂只在形成配子时进行。这一类型的绿藻很少，如松藻、伞藻。以上两种类型都没有世代交替。③双、单倍体的或称单、双倍体的藻体型。这一类型的绿藻有世代交替，减数分裂在产生孢子的过程中进行。有不少的绿藻属于此类型，如石莼。绿藻在生活史中大多产生具有细胞顶端着生、2～4根、等长鞭毛的游泳细胞。

伞藻

绝大多数种类产于淡水，少数产于海水，浮游和固着的均有，浮游种类是水生动物的食物或氧的来源；此外还有气生的种类，少数种寄生或与真菌共生形成地衣。根据绿藻均含有叶绿素a、b，贮藏的光合产物为淀粉，具有纤维素的细胞壁等特征，多数学者认为绿藻可能是原始陆生高等植物的祖先。

绿洲 oasis 荒漠地区有水源支撑、适于植物生长和人类居住的地方。一般呈带状分布在河流沿岸、洪积扇边缘、井泉附近，以及有冰雪融水灌溉的山麓地带。水是维系绿洲的命脉，“无水是荒漠，有水是绿洲”。按出现的地理部位，绿洲分为：①山前冲洪积扇倾斜平原绿洲，如甘肃河西走廊的武威、张掖、酒泉、玉门、敦煌绿洲，新疆喀什、和田、阿克苏、库尔勒、玛纳斯、乌鲁木齐绿洲等。②河流冲积平原绿洲，如甘肃河西走廊的临泽、高台，疏勒河沿岸的安西绿洲和新疆塔里木河沿岸的绿洲。③三角洲及湖积平原绿洲，如甘肃河西走

甘肃敦煌月牙泉绿洲

廊的民勤、昌宁绿洲，北大河下游的金塔绿洲，黑河下游的内蒙古鄂济纳绿洲和新疆孔雀河下游罗布泊楼兰古绿洲。按功用，绿洲分为：①天然绿洲，多分布在沙漠深处，尚处在待开发天然状态的草地和林地，现在存在很少。②牧业绿洲，分布在小型湖泊洼地、泉水出露及大河尾闾，为良好的草甸和灌丛草原，也已不多见，如巴丹吉林沙漠中的塔木素。③农业绿洲，山麓地带、河流沿岸的河湖积平原皆有分布，多辟为农田，如吐鲁番、敦煌、阿克苏等绿洲。④工业绿洲，各地均有分布，以克拉玛依、金昌、嘉峪关最为典型。

绿柱石 beryl 化学组成为$Be_3Al_2[Si_6O_{18}]$，晶体属六方晶系的硅酸盐矿物。晶体常呈六方柱状，柱面上有纵纹。成分中常含钠、钾、锂、铷、铯等碱金属。碱金属含量低的绿柱石，通常呈有明显纵纹的长柱状晶体；含碱金属量高者，呈纵纹不明显的短柱状晶体。无色透明的少见，常呈各种色调的浅绿色；成分中富含铯的，呈玫瑰红色，称铯绿柱石；含铬呈鲜艳的翠绿色，称**祖母绿**；含二价铁（Fe^{2+}）呈淡蓝色，称**海蓝宝石**；含少量三价铁（Fe^{3+}）呈黄色，称黄绿宝石；褐黄色的绿柱石，称金绿柱石；有猫眼效应的海蓝宝石和铯绿柱石，

又称猫眼绿柱石；在黄褐色或黑色绿柱石里，有星光效应的称星光绿柱石。玻璃光泽。解理不完全。莫氏硬度7.5～8。密度2.6～2.9克/厘米³。主要产于花岗伟晶岩中，片岩、云英岩及高温热液脉中也有产出。提炼铍的最主要矿物原料。色泽美丽的则是宝石原料，其中尤以祖母绿及海蓝宝石最珍贵。著名产地有哥伦比亚的博亚卡省和昆迪纳马卡省的圣菲波哥大、俄罗斯乌拉尔地区、奥地利萨尔茨堡、巴西米拉斯吉拉斯、纳米比亚勒辛。中国新疆、内蒙古、云南、湖北等地也有产出。

氯 chlorine **化学元素**，元素符号Cl，原子序数17，原子量35.453，属周期系ⅦA族，**卤素**。1774年C.W.**舍勒**曾通过盐酸与二氧化锰的反应制得一种黄绿色的气体氯，但却被错误地认为是盐酸和氧的加合物。1810年H.**戴维**通过实验证明氯气是一种化学元素，并命名为chlorine。元素英文名来源于希腊文，原意为“黄绿色”。氯在地壳中的含量为0.031%，自然界几乎不存在游离状态的氯，大多以氯离子的状态存在于化合物中。由于无机氯化物大多溶于水，所以氯最大量地存在于海水中，有些地方海水干涸，就形成丰富的岩盐。

氯单质为黄绿色气体，有窒息性气味；熔点-101.5℃，沸点-34.04℃，气体密度3.209克/升（0℃）。20℃时1体积水可溶解2.15体积氯气，所得溶液称为氯水。在低于10℃的氯饱和的水中，可析出$Cl_2·6H_2O$和$Cl_2·8H_2O$。氯的氧化数-1、+1、+4、+3、+5、+6、+7。单质氯（即氯气）非常活泼，有强氧化性，除碳、氮、氧之外，能与大多数元素直接化合生成氯化物。氢气能够在氯气中燃烧，在日光下，氢和氯激烈反应，生成氯化氢，溶于水形成**盐酸**。氯也能与很多有机化合物发生取代反应和加成反应，例如甲烷中的氢原子逐步被氯原子取代，可生成CH_3Cl、CH_2Cl_2、$CHCl_3$和CCl_4。氯能形成多种氧化物：Cl_2O、ClO_2、Cl_2O_6、Cl_2O_7。氯的含氧酸有次氯酸HClO、亚氯酸$HClO_2$、氯酸$HClO_3$、高氯酸$HClO_4$。这些含氧酸及其盐都是氧化剂。

在工业上，大量的氯气是由氯碱工业电解食盐水制备，同时得到氢氧化钠；另一种方法是电解熔融的氯化镁、氯化钠、氯化锂制取金属镁、钠、锂时得到氯作为副产物。在实验室里，常用二氧化锰、高锰酸钾、重铬酸钾等氧化剂与浓盐酸反应制取氯气。大量的氯消耗在化学工业尤其是有机合成工业中，以生产塑料和合成橡胶等，并用作造纸、纺织工业上的漂白剂。氯气还用于饮用水的消毒，从海水或盐水中提取溴，制氯氟烃、杀虫剂和合成药物等。

氯气具有窒息性臭味，对眼和呼吸系统都有刺激作用。长期吸入少量氯气可导致面部呈淡绿色，引起支气管发炎；吸入大量的氯气，可发生严重的咳嗽，呼吸道发炎甚至窒息。

氯醇橡胶 epichlorohydrin rubber 由环氧氯丙烷**开环聚合**（均聚型）或环氧氯丙烷与环氧乙烷**共聚合**（共聚型）制得的**合成橡胶**。是耐油、耐热而透气性很低的特种橡胶。宜用于汽车运转油系统部件、电缆夹套、各种机械密封件、胶黏剂、耐氟利昂胶管及耐油橡胶制品等。共聚型氯醇橡胶则用于耐寒、耐油密封圈、轴封、胶管等。氯醇橡胶由于主链不含双键，所以不能单用硫磺硫化，常用的硫化剂有α-硫醇基咪唑、三甲基硫脲等。常用的补强剂为炭黑和硅酸盐。氯醇橡胶的缺点是加工性能差。对均聚型在混炼时需加润滑油、防黏剂以防止粘辊。对共聚型则需要加入增黏剂以促使其包辊。

氯化苄 benzyl chloride **甲苯**分子中甲基的一个氢原子被氯取代生成的**卤代烃**，分子式$C_6H_5CH_2Cl$。又称氯苄、苄基氯、α-氯甲苯。

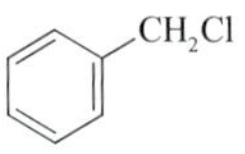

无色液体，有刺激性气味。熔点-39℃，沸点179.3℃，相对密度1.100 2（20/20℃）。溶于乙醇、乙醚等有机溶剂。氯化苄分子中的氯较为活泼，易被**亲核试剂**取代，生成相应的衍生物。在氯化苄的芳环上也能发生**亲电取代反应**，主要生成邻、对位取代产物。在光照下将氯气通入沸腾的甲苯，即可制得氯化苄，反应中须控制氯气用量，过量的氯气会导致氯化苄进一步氯化。它也可用氯甲基化法制取：

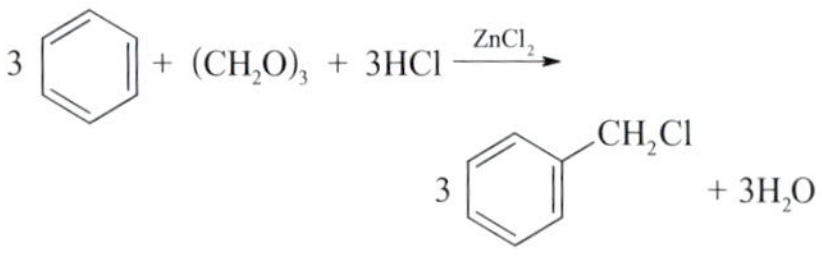

氯化苄是有机合成工业中的重要中间体，可用于合成药物、农药、香料等。氯化苄蒸气能刺激眼黏膜而引起流泪，曾用作催泪剂；高浓度时有麻痹作用，并损害呼吸道和肺部。

氯化钙 calcium chloride 化学式$CaCl_2$。存在多种水合物。无水氯化钙为白色晶体或粉末，密度2.15克/厘米³，熔点775℃。氯化钙可生成多种水合物。无水氯化钙和它的水合物皆易吸湿潮解。氯化钙易溶于水和乙醇，与氨、乙醇可生成加合物。工业上利用氨碱法制纯碱的母液回收氯化钙，母液在45℃以上结晶过滤后的产品为$CaCl_2·2H_2O$，在室温结晶过滤后的产品为$CaCl_2·6H_2O$。$CaCl_2·2H_2O$在260～300℃下干燥脱水可得

无水氯化钙。无水氯化钙是电解制备金属钙的原料，用作水泥缓凝剂，还是工业和实验室常用干燥剂，用于氮、氧、氢、氯化氢、二氧化硫等气体的干燥。氯化钙混入土壤可改良酸性土质。氯化钙水溶液喷洒路面可以融雪，还可用作冷冻载体，制冰和冷冻食品。

氯化钠 sodium chloride　化学式NaCl。食盐的主要成分，粗制食盐中含有氯化镁、硫酸镁、硫酸钠、氯化钙等可溶性杂质，以及一些不溶性杂质。大量存在于海水、盐湖、盐井水中，还有岩盐矿。无色透明晶体，密度2.17克/厘米^3，熔点800.7℃，沸点1 465℃。溶于水、甘油，微溶于乙醇。溶液显中性，溶解度随温度升高略有增大，不能用重结晶的方法提纯。食盐可由海水、盐湖、盐井卤水浓缩制得。将粗制食盐溶于水中，滤去不溶性杂质，加入氯化钡、烧碱、纯碱，使硫酸根、钙、镁等可溶性杂质离子转变为沉淀，过滤除去；最后用纯盐酸将pH调至7，浓缩溶液即得纯净氯化钠晶体。食盐用于家常菜肴调味和食品加工。氯化钠主要用于生产氯气、氢气、盐酸、氢氧化钠、次氯酸钠、氯酸钠、漂白粉等。氯化钠是人体细胞液和血液的组分，是维持体内渗透压平衡的主要盐分。缺少氯化钠会发生口渴、恶心、肌肉痉挛、神经紊乱，甚至死亡；体内积累氯化钠过多会引起高血压，甚至诱发心脏病。

氯化亚汞 mercurous chloride　化学式Hg_2Cl_2。俗称甘汞。白色菱形晶体，密度7.15克/厘米^3(20℃)，毒性小于氯化汞，味略甜，400℃时升华。不溶于水、冷稀酸、乙醇和乙醚；溶于浓硝酸和硫酸。能被碱分解为汞和氧化汞，与氨反应生成氯化氨基汞和汞，受光照缓慢分解。可以由硝酸亚汞溶液和氯化钠溶液反应制得。氯化亚汞可制轻泻剂、利尿剂、防腐剂、杀菌剂、甘汞电极、陶瓷涂料。

氯纶 chlorofiber　以氯乙烯或偏氯乙烯为单体，经聚合、纺丝制成的含有氯元素的合成纤维。含氯纤维的中国商品名。1946年在德国问世。氯纶对热很敏感，软化点和熔点较低，60℃即收缩，因而在实用上受到限制，产量很少。氯纶的阻燃性、电绝缘性、耐化学试剂性好，但耐热性和染色性较差，加工和使用时静电现象严重。主要用于纺制毛线、防化学工作服、过滤布、保湿絮棉、防尘口罩，还可用作医疗用布、绝缘布、篷帆布、蓄电池隔膜等。利用氯纶加热收缩的特点，可与腈纶一起制作人造毛皮和艺术挂毯等。

氯乙烷 chloroethane　乙烷分子中一个氢原子被氯取代而生成的卤代烃，分子式C_2H_5Cl。又称乙基氯。无色易液化气体，熔点－136.4℃，沸点12.3℃，相对密度0.897 8(20/4℃)。微溶于水，溶于乙醇、乙醚等。极易挥发。与空气形成爆炸性混合物，爆炸极限3.6%～14.8%（体积）。可由乙烯与干燥氯化氢反应制得，也可由乙醇与盐酸在无水氯化锌存在下反应制得。氯乙烷在外科小手术中常用作局部麻醉剂，也可用作全身麻醉剂；工业上用作制造四乙铅和乙基纤维素等的原料。也曾用作工业制冷剂，因其蒸气的可燃性，已很少使用。

氯乙烯 vinyl chloride　乙烯分子中一个氢原子被氯取代而生成的卤代烃，分子式$CH_2{=}CHCl$。无色易液化气体，具有醚类气味。熔点－153.8℃，沸点－13.4℃，相对密度0.910 6（20/4℃）。难溶于水，溶于乙醇、乙醚等。与空气形成爆炸性混合物，爆炸极限3.6%～26.4%（体积）。氯乙烯中氯原子很不活泼，难以发生取代反应，但在四氢呋喃中可以与镁形成格利雅试剂。氯乙烯可与许多亲电试剂发生加成反应。在引发剂存在下，可进行自由基聚合反应生成聚氯乙烯，也可与丁二烯、丙烯腈、甲基丙烯酸甲酯等烯烃进行共聚合。工业上生产氯乙烯的方法很多，大致分为乙炔法和乙烯法两种。乙炔法是将乙炔和氯化氢混合气体在较高温度下通过氯化汞催化制得。此法流程简单，转化率较高；乙炔若由电石制得时，耗电量较大，并产生大量废渣，有汞化合物污染。乙烯法是由乙烯加氯制得1,2-二氯乙烷后，再于高温脱去1分子氯化氢制得。此外，也可将氯化氢和氧在催化条件下与乙烯作用制得1,2-二氯乙烷，再经高温裂解制得氯乙烯。氯乙烯是高分子工业的重要基本原料之一，也可用作制冷剂。氯乙烯是致癌物质。

滤波器 filter　能选择、通过或抑制某频率范围信号的电路或器件。广泛地用在通信、广播、雷达以及许多仪器和设备中。滤波器的应用频率范围极宽，有适用于低到零点几赫的滤波器，也有高到微波波段的。根据滤波频率的中心频率和其他要求的不同，滤波器中采用各种谐振元件，电感、电容是最常用的谐振元件。对于工作于1千赫到100兆赫、相对带宽较窄且温度和时间稳定性要求高的滤波器，常用压电晶体作为谐振元件。还有用金属棍、盘作为谐振元件的机械滤波器，以及把晶体滤波器与机械滤波器原理合并而制成的声表面波滤波器。滤波器通常分为低通、高通、带通、带阻滤波器。低通滤波器的通带由频率为零起一直到截止频率为止，其阻带（衰减大的频带）在截止频率高的一侧。高通滤波器的起始频率决定于设计要求，其通带（衰减很小的频带）在截止频率高的一侧。带通滤波器以两个有限截止频率之间的频段为通带，带阻滤波器则反之。还有一种梳齿滤波器，它有许多按一定频率间隔相间排列的通带和阻带。

滤光镜 filter　安装在摄影系统的光路上的光学附件。用透光材料制成，对光波起吸收、漫射、衍射等作用。又称滤光器、滤光片或滤色镜。滤光镜按用途可以分为4类。

黑白摄影滤光镜　又称反差滤光镜。用以改变不同颜色的景物在黑白照片上的影调，从而调节照片的反差或影调层次（图a）。

彩色摄影滤光镜　分为4类：①转换滤光镜。大幅度改变光源的色温，使胶片与光源的色温互相匹配（图b）。②光平衡滤光镜。微调光源的色温，使色彩还原更准确。③彩色补偿滤光镜。精确校正照片的偏色，多用于彩色印放时调整光源的偏色。④UV镜与天光镜。减少室外自然光摄影时因强紫外线或高色温形成的灰雾或偏蓝。

滤光镜的使用效果

彩色、黑白通用滤光镜　为无色的滤光镜。主要有：保护镜，保护镜头。中性密度（灰色）滤光镜，不改变光的颜色，仅衰减光的强度。偏振镜，仅能透过特定方向的偏振光，可以消除非金属表面的反光（图c），压暗蓝天的影调等。

效果镜　品种繁多，可达到某种特殊的效果，如渐变镜、柔光镜、雾镜、落日镜、星光镜、动感镜、倒影镜、彩虹镜、多影镜等。

栾菊杰 Luan Jujie (1958-09-14～　) 中国女子击剑运动员。江苏南京人。1973年起训练击剑，1975年入江苏省击剑队。1978年获第8届亚洲运动会花剑冠军和第29届世界青年击剑锦标赛花剑亚军。1981年获第36届世界击剑锦标赛花剑亚军。1984年美国洛杉矶第23届**奥林匹克运动会**击剑比赛获花剑个人冠军，是奥运史上首位夺得该项比赛金牌的亚洲人。1985年获第13届世界大学生运动会击剑比赛花剑冠军。1986年获第10届亚洲运动会击剑比赛花剑团体冠军和个人亚军。1987年获第41届世界击剑锦标赛花剑季军。2000年加入加拿大国籍，后成为加拿大女子花剑教练。2008年8月重新以运动员身份代表加拿大参加北京奥运会。

滦河 Luanhe River 中国华北地区河流。古称濡水。上源闪电河源于丰宁满族自治县巴颜图古尔山，北流至内蒙古自治区多伦县折而向南，至郭家屯始称滦河，穿**燕山**，至乐亭县南兜网铺注入**渤海**。全长877千米，流域面积4.49万平方千米。流域面积大于1 000平方千米的支流有小滦河、兴州河、伊逊河、武烈河、老牛河、柳河、瀑河、潵河和青龙河9条河，水系呈羽状分布。流域内北部为**内蒙古高原**南缘，海拔高，地势平坦，多草原和沼泽，河道宽浅；中部为燕山山地，森林覆盖度大，矿藏丰富，河流穿行于峡谷盆地间，坡陡流急；滦县以下为冲积平原，河道宽阔，水流冲淤改道变化较大。流域中部燕山山地迎风坡为暴雨中心，为滦河洪水主要源地。滦县站年平均含沙量4.73千克/米^3，年输沙量约2 210万吨，主要来自支流武烈河、伊逊河。滦河上建有庙宫、潘家口、大黑汀3座大型水库，总库容34亿余立方米。1983年完成了引滦入津工程。引滦入唐等工程于1985年竣工。

銮披汶·颂堪 Luang Pibul Songgram (1897-07-14～1964-06-12) 泰国军人政治活动家，内阁总理（1938～1944，1948～1957）。原名贝·奇达桑卡，爵名为銮披汶·颂堪。生于暖武里府，卒于东京。1916年毕业于曼谷陆军军官学校。后进曼谷参谋学校就读，由于学业成绩优异被选送到法国留学。1927年回国，任高炮防空部队总监局局长。1928年加入人民党。参与泰国1932年政变。任第一届内阁阁员。1934年9月出任陆军副总司令和国防部长。1938年12月披耶帕凤告退时接任内阁总理兼任国防部长、内务部长和陆军总司令等职，集大权于一身，开始了军人专制统治。在任期间，奉行亲日外交，同德、意、日法西斯结盟。他推行大泰族主义方针，对外挑起边境纠纷，对内煽动泰人与华人的民族隔阂。1942年1月25日，銮披汶政府向英、美宣战，自任陆海空军元帅。1944年7月辞职。1945年10月以战犯罪名被捕入狱。次年，在美国的干预下获释。战后，銮披汶努力改善同美国及其他战胜国的关系。坚决镇压民主运动，力主加强军人专政。1954年成立促进工业委员会，自任主席和实业部长。1957年统治集团内部分裂，国防部长沙立·他那叻元帅发动政变成功，銮披汶逃亡国外，定居日本。

卵 ovum; egg 成熟的雌性生殖细胞。又称卵子。见**有性生殖**。

卵巢 ovarium 产生卵子及**性激素**的器官。**哺乳动物**有一对卵巢，主要由三部分构成：①**结缔组织**构成的基质。②围绕表层的生殖上皮。③数目繁多、处于不同发育阶段的滤泡。每个滤泡内含一个卵细胞，其外有滤泡液，含有雌激素，能促进生殖管道及乳房的发育以及第二性征的成熟。

人类的卵巢位于小骨盆侧壁，由髂内、外动脉所夹成的卵巢窝内，外被浆膜，为腹膜内位器官。卵巢为一对扁椭圆体，大小形状因个人的年龄而有差异。青春期前，幼女卵巢表面光滑；性成熟期卵巢最大。此后，由于多次排卵，卵巢表面出现斑痕，表面逐渐凹凸不平。成年女子的卵巢大小约4厘米×3厘米×1厘米，重约5～6克，呈灰白色；35～40岁，卵巢开始缩小，50岁左右随月经停止而卵巢逐渐萎缩变小、变硬，失去排卵作用。

卵巢作为女性主要的性腺器官，其主要功能在于排卵和分泌女性激素。

排卵大多发生在两次月经中间，一般在下次月经来潮前的14天左右。在每一个月经周期里，可以同时有8～10个卵泡发育，但一般只有一个卵泡达到成熟程度，而其余卵泡先后退化，形成闭锁卵泡。成熟卵泡突出在卵巢表面，卵泡破裂而使卵子从卵巢内排出。卵巢排卵后，卵巢内残存的卵泡壁塌陷，血管壁破裂，血液流入腔内结成血块，称为血体。并且，卵泡壁的破口很快被纤维蛋白封口，留下的卵泡壁细胞增生，这些细胞体内出现许多黄色颗粒，称为颗粒黄体细胞，从而形成了黄体。它分泌雌激素和孕激素。这时，如果卵子和精子结合形成受精卵，黄体在绒毛膜促性腺激素的支持下发育成妊娠黄体，以提供妊娠所需的孕激素和雌激素，并一直维持到妊娠4～6个月后，才逐渐退化。

卵泡壁细胞负责产生性激素。女性也分泌少量男性激素，但主要是分泌女性激素，含雌激素和孕激素。其中与“性”关系最大的是雌激素，它影响女性第二性征的发育成熟和性功能运行。儿童雌激素多可早熟；成人雌激素少可早衰；无雌激素则闭经、子宫萎缩。

卵子排出后，经输卵管伞端的捡拾、输卵管壁的蠕动以及输卵管内膜纤毛活动等协同作用下，进入输卵管，并循管腔向子宫侧运行。

如卵子未受精，在排卵后9～10天黄体开始萎缩。一般黄体寿命为12～16天，平均14天。黄体衰退后，月经来潮，卵巢中又有新的卵泡发育，开始新的周期。前一个周期的黄体需经过8～10周才能完成其退化的全过程，最后细胞被吸收，组织纤维化，外观色白，称为白体。在性成熟期，除妊娠及哺乳外，卵巢经常不断地重复上述周期性变化。

卵巢最常见的病是功能失调造成月经紊乱、闭经、更年期综合征等，最严重的病是卵巢肿瘤。

卵巢肿瘤 ovarian tumors 卵巢肿胀、增大和新生物的总称。妇科常见病。各年龄都可发病，多发生于未孕或未育妇女。70%～80%属良性肿瘤，而良性卵巢囊肿又是妇科最多见的一种肿瘤。卵巢肿瘤有生理性与病理性之分。生理性卵巢肿瘤包括卵泡囊肿和黄体囊肿；病理性卵巢肿瘤又有新生物及非新生物性肿瘤之别。非新生物卵巢肿瘤有卵巢子宫内膜异位、囊肿、多囊卵巢等。新生物卵巢肿瘤又分良性、恶性及介于良、恶之间的交界性几种。习惯上卵巢肿瘤即指卵巢新生物。卵巢生理性囊肿易诊断，对妇女的危害不大，但需与卵巢新生物鉴别。

症状及体征 卵巢肿瘤，不论良性或恶性，早期多无症状。若发生蒂扭转或肿瘤破裂则引起腹痛，多突然发作，腹痛剧烈，临床表现为急腹症。若继发感染，可伴有发热。随肿瘤的增大及重量牵引，有时会出现轻微的腹部不适、下坠、腹胀；某些卵巢肿瘤可产生雌激素影响子宫内膜，卵巢癌亦可转移至子宫内膜，引起月经紊乱。这些症状但多被误认为一般的消化道症状或一般月经不调而被忽略。当肿瘤长大或产生腹水时，可感到腹大，但少女常因腹壁紧不易发现腹内包块，中年妇女常因体型发胖而未加注意，老年妇女可能对妇科检查有顾虑而延误诊断。因此，当自己摸到腹部包块时，可能卵巢肿瘤已相当大（直径达12～15厘米时方超出盆腔）。如果是卵巢癌，大多伴有腹水，腹部增大较快，腹水量大或巨大卵巢囊肿压迫横膈时患者可感觉气憋。如果有胸水使肺扩张受限也可发生呼吸困难。癌瘤生长快、消耗大量营养，可致机体明显消瘦。癌组织坏死吸收可引起发热。癌肿可压迫神经或转移而致腰及腿疼痛等晚期癌症状。妇科检查时，一般在下腹部一侧可摸到一个圆形或椭圆形包块，囊性或囊实性或实性，大多活动，无压痛。肿瘤若已破裂充满全腹腔时则不活动。肿瘤的大小、囊性、实性、外形是否规则、表面是否光滑以及活动程度等都

与肿瘤的良、恶性及发现早晚有关。若腹部叩诊腹水征（移动性浊音）阳性，则表示有腹水（图1）。盆腔检查包括双合诊及三

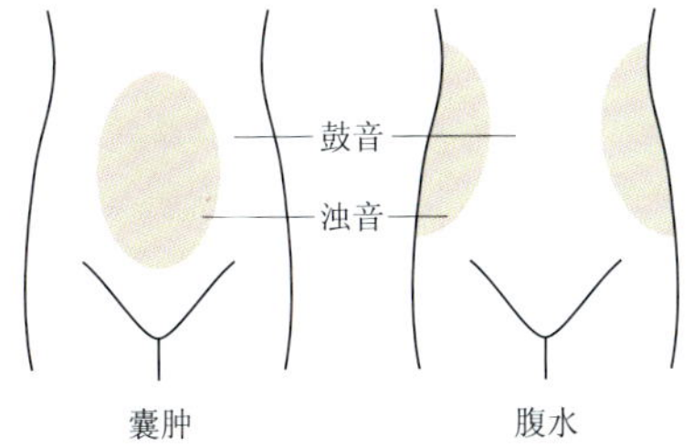

图1 囊肿与腹水的鉴别诊断

合诊，能清楚地查到肿瘤的大小、形状、活动度，与周围组织有无粘连，子宫后陷凹有无转移瘤块或结节等，还可发现在腹部检查不到的较小的肿瘤。卵巢肿瘤的合并症有蒂扭转、破裂及感染等。良性卵巢囊肿蒂扭转为妇科常见的急症，多见于表面光滑、蒂长、活动度大、中等大小，重心偏向一侧的囊肿（如卵巢囊性畸胎瘤）、体位改变、妊娠期或产褥期子宫位置改变均可诱发蒂扭转，表现为剧烈腹痛乃至休克（图2）。卵巢转移性癌多原发于胃肠道、乳腺及盆腔器官，多为双侧性。

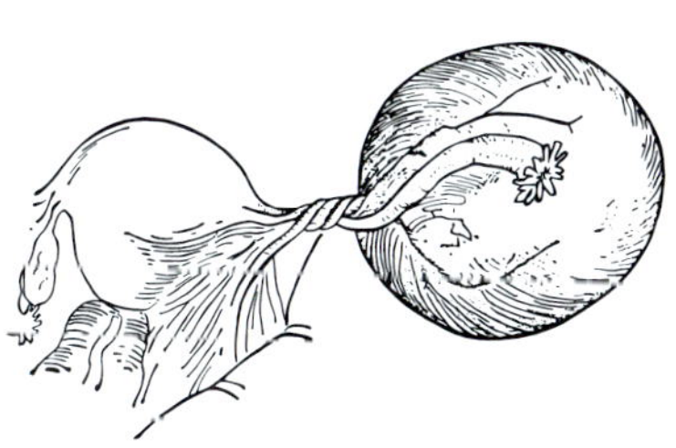

图2 卵巢囊肿蒂扭转

诊断 卵巢肿瘤的诊断主要靠盆腔检查。正常大小的卵巢及输卵管一般摸不到，当卵巢有肿瘤时，在子宫的一侧或两侧可摸到增大的卵巢。当查到卵巢肿瘤时，应鉴别它是良性还是恶性。二者的处理原则不同。但应注意早期的卵巢癌与良性卵巢瘤常不易鉴别，需开腹探查作病理检查才能确诊。也可以借助于X射线、B超、腹腔镜等协助诊断。

处理原则 切除良性瘤预防其恶变。若已有早期恶变或属交界性瘤，早期可于手术后密切追踪，若有转移，处理与卵巢癌同，即以手术为主，辅以化疗或放疗。早期卵巢癌经手术切除可达到根治。晚期卵巢癌是唯一能手术治疗的晚期癌。化疗是卵巢癌的主要辅助治疗方法。对卵巢癌有效的抗癌药种类很多，常用的有顺铂、环磷酰胺、马法兰、苯丁酸氮芥、放线菌素D等。放疗也是卵巢癌有效的辅助治疗方法，尤其是无性细胞瘤对放射最敏感，术后体外放射，可能治愈。

卵磷脂 lecithin; phosphatidylcholine 一种含有胆碱的甘油磷酸酯。卵磷脂是磷脂酰胆碱（PC）的旧称。胆碱的羟基与磷脂酸的磷酸基酯化，生成1,2-二脂酰基-sn-甘油-3-磷酸胆碱。PC是黄色蜡状物质，极易吸水，有强碱性，所携不饱和脂肪酸能很快被氧化。各种动物组织、脏器中均存有相当量的PC，肝、脑和髓鞘、红细胞、精液、肾上腺和蛋黄中尤为富集。PC占线粒体膜和内质网脂质总量的39%～40%。

PC可参与机体内脂肪代谢的调控，为甲基移换作用充当甲基的机动供体，防止形成脂肪肝。PC常同鞘磷脂（SM）定位于质膜脂双层的外小叶。它在细胞膜磷脂中占有很大比例，代表了体内胆碱的主要储存水平。由胆碱生成的乙酰胆碱，是重要的神经递质，与神经的兴奋传导有关。

卵胎生动物 ovoviviparous animal 受精卵从自身卵黄中吸取营养，以产胎儿方式生育子代的动物。与卵生动物的区别是，从卵到胎儿的整个发育过程都在母体输卵管内进行。而卵生动物以产卵方式生育子代。卵在母体内已经受精，排出的是受精卵；或在母体释出后受精，形成受精卵。受精卵形成的胚胎，在发育过程中全靠卵中所含的卵黄、蛋白等为营养。卵胎生动物与胎生动物的区别是，从自身卵黄中获取营养，而不是从母体中获取营养。因此，卵胎生动物的卵黄一般都很大。卵胎生动物有响尾蛇、林蛇（爬行类）、一些蜥蜴、少量蝾螈（两栖类）、某些鱼类和一些无脊椎动物。

《乱世佳人》 *Gone with the Wind* 美国故事片。1939年塞尔兹尼克国际电影公司出品。编剧S.霍华德，导演V.弗莱明，主演费雯丽、克拉克·盖博。影片据M.米契尔的小说《飘》改编，通过南北战争前后美国南部佐治亚州庄园中发生的故事，生动地描述了当时的社会生活。此片是美国电影史上观众最多的影片之一。主人公鲜明的个性、两大明星富有魅力的表演以及影片史诗性的表述方式是成功的主要原因。此片是好莱坞全盛时期的典型产物：制片人专权、明星重于导演。塞尔兹尼克作为制片人是影片主宰，他先后换了3位导演、18位编剧。此片获1940年第12届奥斯卡金像奖最佳影片等9项奖。

乱弹 luantan tones 中国戏曲名词。出现于清代花部戏曲声腔兴起时期。词义内涵依使用情况不同而异：①泛指昆山腔以外的各种戏曲声腔，诸如京腔、秦腔、弋阳腔、梆子腔、罗罗腔、二黄调等，统谓之“乱弹”。②对个别戏曲声腔的称谓，如梆子腔、皮黄腔，皆曾自称乱弹。相沿至今，川剧仍称所唱梆子腔剧目为“弹戏”，湘剧仍称所唱皮黄腔为“弹腔”，实系“乱弹戏”和“乱弹腔”的简称。浙江习称戏曲腔调“二凡”、“三五七”为乱弹，并将其在各地衍变的地方戏曲叫作“绍兴乱弹”、“温州乱弹”等，构成一个乱弹声腔系统。山东莱芜梆子称“吹腔”为乱弹。③剧种的称谓。冀南、鲁西北相邻地区流行一种戏曲腔调，与梆子腔、皮黄腔及浙江省之乱弹均不同，当地俗称“乱弹”，并定名为乱弹剧种。总之，乱弹一词的用法向无严格规范，但都含有与昆曲相区别的意思。

掠夺性生产 predacious production 掠夺利用自然资源的生产经营方式。掠夺性生产是一种生产类型。在世界各国的经济发展中，是一种比较普遍存在的现象。它的存在遍及经济的各个领域，既存在于农业生产中，也存在于工业生产和其他各种生产中。掠夺性生产打破了经济与生态协调，主要表现在3个方面：①打破了生产部门和生产结构的协调关系。②打破了系统物质能量输出与输入的平衡关系。③不能正确处理自然资源的利用和保护关系。

整个人类社会的发展，从生产方式的类型看，是一个由原始型生产方式向掠夺型生产方式、又向协调型生产方式逐步转变的过程。在农业社会生产力很低和人口较少的条件下，发展经济与自然生态系统之间的矛盾相对较小，人们采用的是一种生态与经济低水平协调的生产方式，掠夺性的生产经营形式不会出现。人类社会的发展进入工业社会，人口迅速增加，生产力水平急剧提高。在经济高速度发展的压力愈来愈重地压在有限的生态系统之上的条件下，就必然会出现掠夺性的生产方式，使生态与经济严重地不协调。而当人类社会的发展进入新的生态社会，在生产力更高度发展、同时具有生态与经济协调的意识作指导、社会的发展明确要走向可持续发展方向的条件下，人们发展经济采取的是一种生态与经济高水平协调的生产方式，就必然使掠夺性的生产经营形式逐步走向消亡。

伦巴 rumba 舞会舞蹈。源自黑人歌舞的一种民间舞蹈形式，有广泛的群众性。从广义上讲，伦巴也是古巴岛上一切即兴的、无拘束的黑人歌舞的统称。

跳舞时，舞者上身挺直，肩部抖动，臀部左右微摆，随着音乐每小节向旁边跳两个快步，向前跳一个慢步。伦巴的曲调为2/4拍，中速，节奏强烈并灵活多变。歌词简朴，重复性强，并呼应伴唱。“扬布”、“古阿古安戈”等伦巴的变体之间差别细微，或音乐节奏较快，或舞者带有一些模仿动作。鼓手们则以不同的鼓点来区别这些变体。

伦巴是一种自娱性很强的歌舞，有时

一男一女相互追逐，其他人用各种可以敲击的器具伴奏助兴；也可以围成圆圈集体群舞，少数乐手以鼓等打击乐器伴奏。气氛热闹欢腾。

伦巴传入欧美各国后吸收了其他一些歌舞因素，逐渐成为舞会舞的一种重要形式。

伦勃朗 Rembrandt（1606-07-15～1669-10-04） 荷兰画家。生于莱顿，卒于阿姆斯特丹。年轻时在阿姆斯特丹从画家P.拉斯特曼习画。约1625年，返回故乡设画室，从事绘画创作和招收学生。其创作生涯大体包括4个阶段。

莱顿时期（约1625～1631） 伦勃朗的绘画体裁广泛，包括肖像画、风俗画、风景画、宗教画、历史画等。现存最早署有年代的作品为宗教画《圣斯蒂芬被石块击毙》（约1626，里昂美术馆藏）。从莱顿时期起，他开始绘制大量肖像画，并一直对老年人以及各种富有绘画性特征的人物感兴趣。自画像真迹估计总数在60～100幅之间。他还把卡拉瓦乔式的明暗对比画法加以发展，形成自己的画风，后人称之为伦勃朗式的明暗画法，即主要利用光线塑造形体、表现空间和突出重点，画面层次丰富，富有戏剧性。他较早致力于发掘油画颜料本身的质感和潜力。

阿姆斯特丹早期（约1632～1640） 1632年起，伦勃朗定居阿姆斯特丹，在艺术上进入成熟阶段。成名作《蒂尔普教授的解剖课》（1632，海牙莫里斯皇家绘画陈列馆藏），突破荷兰传统团体肖像画的呆板程式，在构图和人物神态上均处理得逼真而生动。同时期他还画了大量肖像画和宗教画，其中的宗教画主要以巴罗克风格画成。力求在作品中以明显的人体姿态和运动表达内心情感。最具有代表性的作品为《参孙被弄瞎眼睛》（1636）。画中的参孙之妻大利拉，因犯下伤天害理的罪行而惊惶失措，表情细腻而复杂。

阿姆斯特丹盛期（1640～1648） 1642年，名画《夜巡》问世。画家进一步突破传统的团体肖像画程式，使它带有风俗画和历史画的性质。此后，伦勃朗越来越少运用巴罗克美术那种激动不安和讲究排场的艺术效果，而热衷于采用更加含蓄的手法去表现画中人物的内心活动。这时期的作品《圣家族》（1645）等虽为宗教画，却洋溢着世俗精神。

晚年（1648～1669） 1661年，受托绘成历史画《西菲利斯的密谋》。C.西菲利斯公元69年发动过反抗罗马暴政的起义，是荷兰远古的民族英雄。此画为荷兰历史画中具有纪念碑式气派的杰作，但如今只留下其中的一块残片（斯德哥尔摩国立博物馆藏）。1662年，他绘成团体肖像画《呢商同业公会理事》（阿姆斯特丹国立博物馆藏），深刻而含蓄地表现了人物的外貌和性格特征。

据20世纪60年代统计，伦勃朗留下的作品包括约600幅油画、350幅蚀刻画和1 500张素描。

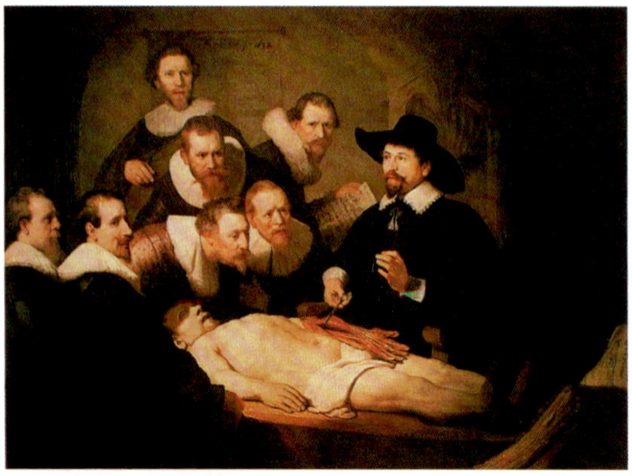

《蒂尔普教授的解剖课》

伦敦 London 加拿大安大略省东南部城市。坐落在休伦湖、伊利湖和安大略湖之间的半岛上，泰晤士河畔。市区面积421.8平方千米，人口35.24万（2006）；大都市区面积2 333.4平方千米，人口45.77万（2006）。1826年始建定居点。1837年起成为英国驻军要塞。1854年首条铁路通达。1855年设市后，城市发展较快，成为安大略省伊利湖地区工商业、金融和文化教育中心。制造业部门多样，包括汽车零部件、电器设备、金属加工、纺织、食品等。城市周围为富庶农业区，尤以盛产烟草著称。保险业发达。水陆交通便利，多条铁路、公路干线通往东加拿大各大城市，也与底特律、芝加哥、布法罗等美国城市直接相连，成为美、加两国间重要"贸易走廊"。设有国际机场。保留城市早期的著名建筑，如埃尔登古宅（1834）、圣保罗大教堂（1846）、老法院大楼（1828）等。有西安大略大学（1878）、休伦学院（1863）等高等学校，以及伦敦地区美术和历史博物馆、考古博物馆、约翰·拉巴特中心等文化设施。

伦敦 London 英国首都，世界最大城市和金融中心之一。位于英国东南部，跨泰晤士河下游两岸，市中心距泰晤士河口88千米。全市分为伦敦城和32个市区。伦敦城面积2.6平方千米；伦敦城外的13个区称为内伦敦，面积298.4平方千米；其余19个区称为外伦敦，面积1 279平方千米。伦敦城、内伦敦、外伦敦构成大伦敦市，面积1 580平方千米，占全国0.65%；人口775.36万（2009），约占全国12%。在大伦敦范围以外，还有一个"大都市外围区"，面积达1.2万平方千米。

地理 位于伦敦盆地中央，泰晤士河曲折横贯市区，属于典型的温带海洋性气候，冬季温和，夏季凉爽，四季温差小。曾以多雾而著名，有"雾都"之称。近50年来，一些环境保护措施日见成效，"雾都"已成为历史。

历史 公元前2000～前1000年这里已出现村镇聚落。公元43年，罗马军队侵占后成为军事要塞和在不列颠的统治中心，形成城市雏形，称"伦丁季姆"，伦敦之名即从中演变而来。200年，罗马人在其周围筑起长5 000多米的城墙（现今尚有小段遗留），城墙内即为伦敦城，成为城市发展的核心。7世纪起成为东撒克逊王朝都城。11世纪起又为诺曼人统治不列颠的中心，城市规模显著扩大。11世纪上半叶人口达2万人。"地理大发现"后，成为当时英国统一的国内市场的经济中心。伦敦历史上曾经发生一些大的灾难。如1664年末至1666年初发生大瘟疫，全市死亡7.5万人；1666年9月2日又发生大火灾，2/3的市区化为灰烬。当时正值资本主义上升时期，城市迅速重建。产业革命极大地推动了伦敦工商业的发展和人口增长。1810年超过100万人，1901年达458万人，成为当时世界上最大的城市，在全球金融、贸易中占有特殊重要地位。伦敦不仅是英国的政治中心，还是许多国际组织总部的所在地。

经济 英国经济中心，工业、商业、金融、保险和交通运输业在国内均占首要地位。在就业人口中，第三产业约占3/4，第二产业约占1/4，第一产业比重极微。

全国最大的机械工业城市。最大的工业部门是机电和电子，精密仪器、飞机制造、汽车制造、船舶修造等部门也较发达。印刷工业的规模仅次于机械工业，是世界主要出版中心之一。此外还有纺织、服装、食品、化工、木材加工、卷烟、制革、建筑材料等部门。

世界著名金融中心，与纽约、苏黎世

图1　威斯敏斯特宫（英国议会所在地）

并称世界三大金融中心。共有外国银行约486家，管理英国银行业50%以上的资产，为世界银行最集中之地。有英国中央银行——英格兰银行以及13家清算银行。伦敦是全球最大的保险市场，也是全球最大的再保险市场之一，还是世界领先的航空与航海保险市场，有保险公司800多家。在伦敦保险业中，历史悠久、资金雄厚、信誉最高的是劳埃德保险行。世界上最重要的黄金交易市场，黄金交易和苏黎世并驾齐驱。世界最大的国际外汇市场和欧洲美元市场。伦敦证券交易所为世界最大证券交易所之一。此外，伦敦又是世界商品的交易中心，伦敦五金交易所已有100多年历史，是控制五金产品国际市场价格的中心。其他专业交易市场有羊毛、橡胶、咖啡、可可、棉花、油料、木材、食糖、茶叶和古玩等贵重或大宗的世界性商品买卖市场，对世界经济均有很大影响。

全国最大的水、陆、空交通枢纽。国内主要交通干线均以此为起点，有铁路和公路通全国各大城市。英吉利海峡隧道，全长49.6千米（海底部分37.5千米），大大加速了与欧洲大陆的交通联系。全市道路总长1.47万千米。伦敦地下铁道1863年首次开通，现有13条放射状线路，纵横交错，规模之大居世界前列。郊区建有环城高速公路。位于市西24千米的伦敦希思罗国际机场，是世界上最大的国际航空港之一；位于城南43千米处有盖特威克机场。伦敦港为全国第一大港口。港区自伦敦桥沿泰晤士河向下游延伸约50千米，航道宽100～300米，水深9.1～14米。

文化　英国最大的文化中心，在科学、艺术、新闻、出版、广播、电视、教育、宗教、体育等领域均占极重要的地位。伦敦是世界文化名城，有著名的博物馆、图书馆、美术馆35座。主要有不列颠博物馆、科学博物馆、伦敦国家画廊、不列颠图书馆、伦敦蜡像馆。伦敦大学、皇家舞蹈学院、英国皇家音乐学院、皇家戏剧艺术学院等是英国的著名院校。其中伦敦大学建于1828年，为50余所院校的联合体，规模居全国首位。有剧院50多座，皇家莎士比亚剧团、英国皇家芭蕾舞团、伦敦交响乐团等均享有世界声誉。体育设施众多，其中温伯利体育场（足球）、温布尔登体育场（网球）、肯汉姆体育场（橄榄球）以及爱泼萨姆跑马场和水晶宫游泳馆尤为著名。全国主要报刊大部分在伦敦出版，办事机构集中于舰队街。路透社是世界著名的新闻通讯社。英国广播公司（BBC）创于1927年，是世界上很有影响的广播、电视机构。著名的报刊有《泰晤士报》、《金融时报》、《每日电讯报》、《卫报》、《观察家报》等。伦敦是英国宗教活动中心，建有圣保罗大教堂、威斯敏斯特大教堂、圣巴塞洛缪大教堂、犹太教堂等。世界上较大的宗教和教派在伦敦大都建有教堂。

图2　伦敦新市政府大楼

牛津街是伦敦最重要的零售商业中心。伦敦城东南角建有伦敦塔。威斯敏斯特宫坐落于泰晤士河西岸，是世界上最大的哥特式建筑，为英国议会所在地。宫殿西南角有维多利亚塔，宫殿东北角的钟楼上著名的大本钟，被视为伦敦的象征。全市有公园近200个，绿地500多处，人均占有公园绿地约5.7平方米。最著名的公园是坐落在伦敦市区西部、占地257公顷的海德公园和占地204公顷的摄政公园，地处西郊的基尤皇家植物园等。南郊有世界著名的格林尼治皇家天文台。伦敦有许多著名的广场，如特拉法尔加广场、考文特花园广场、林肯法律学会广场等。从特拉法尔加广场向南是曾经作为全世界权力中心的白厅街。唐宁街10号是英国首相官邸。议会广场南边有威斯敏斯特教堂，其他著名建筑有王室的伦敦住地——白金汉宫、温莎堡、阿尔伯特纪念馆、邮政局高塔、伦敦桥以及现代化的建筑群伦敦道克兰发展区。市区有许多著名人物如马克思、牛顿、富兰克林、肖邦、萧伯纳、马克·吐温等的故居。伦敦其他著名旅游胜地还有伦敦动物园、牛津街、摄政街、图索德夫人蜡像馆等。

伦敦大学　University of London　由英国的多所高等学校组成的大学联合体。设于伦敦。前身为1828年在伦敦建立的大学学院和1831年英国国教会建立的国王学院。这两所学院于1836年经皇家特许联合成立伦敦大学。伦敦大学的院、校结构和领导体制，不同于其他大学。评议会和管理委员会是大学最高领导机构。大学校部的主要任务是组织考试和授予学位，教学和科研由所属院、校负责。各院校把部分权力让予大学，成为大学的组成单位，方能授予学生伦敦大学学位，并推选代表参加大学领导机关评议会的工作。该校已成为由50余所院校联合组成的大学。设有神、医、法、文、理、工、经济、教育和音乐等学部，所属系科分散在各院校。还设有全校性的教学和科研服务机构。校外学位制度为该校独具的特点。根据1849年办学证书的规定，所有英国国内和英联邦国家未经许可成为大学的任何高等院校的学生，都可报考伦敦大学的校外学位。

伦敦地下铁道　London subway　世界上第一条采用明挖法建造、使用蒸汽机车牵引列车的地铁于1863年1月10日在英国伦敦建成开通，线路全长6千米。世界上第一条采取地下挖掘隧道方式建造、采用电力机车牵引的地铁于1890年12月18日在伦敦建成开

伦敦地铁站内

通，线路长度只有5.23千米。伦敦地铁发展至今已经形成规模庞大、四通八达的系统。线路采用常规的轨枕道碴，轨距1 435毫米。采用电话通信和全自动售票。列车采用了自动驾驶技术，最大线路速度80千米/时。1983年伦敦地铁有12条运营线路，里程408千米；有4 139辆车；270个车站每天提供20个小时的服务；日载客量250万人次，年载客量超过8.15亿人次。2005年伦敦地铁有13条运营线，总里程490千米。

伦敦国际金融期货期权交易所 London International Financial Futures and Options Exchange; LIFFE 英国最大的金融交易所，世界最主要的金融交易所之一。成立于1982年。最初主要作为外汇和利率的期权、期货的交易场所，1992年与伦敦期权交易所合并，引入了股票类的衍生产品，1996年与伦敦商品交易所合并，将交易所提供的期权期货合约种类扩展到农产品领域。交易所自1998年通过引入“LIFFE Connect”电子交易平台，实现了合约的电子化交易。1999年2月，交易所改制为公司，实现了从非营利的会员体制向营利性商业机构的转变。2002年1月被欧洲交易所合并，合并后名称为欧洲交易所－伦敦国际金融期货期权交易所。

伦敦国家画廊 National Gallery, London 英国绘画陈列馆。1824年建立。国会1824年向J.J.奥杰斯坦购进了首批收藏品。1833～1837年建成的新址由W.威尔金斯设计，

1838年向公众开放。藏品通过接受收藏家捐赠和对民间藏品的收购而逐步丰富起来。就其藏品而言，以早期文艺复兴时期到18世纪的意大利绘画作品居多。经过多年的发展，其收藏品已逾2 300件。

伦敦交响乐团 London Symphony Orchestra 英国专业音乐表演团体。1904年，女王音乐厅乐队一些演奏员因反对乐团的管理制度而重新组建的乐团。建团初期实行自治，自选指挥。首次音乐会于1904年6月9日在伦敦女王大厅举行，汉斯·里希特担任这场音乐会的指挥，此后不久，他被授予了乐团首席指挥的头衔，并任职至1911年。1912年，在尼基什率领下成为首个在美国巡演的英国乐团。曾担任该团指挥的还有法国指挥家P.蒙特、匈牙利指挥家凯尔泰斯、德国指挥家A.普雷文、意大利指挥家C.阿巴多、美国指挥家M.T.托马斯等。该乐团曾于2004、2007、2010年三度访华演出。

伦敦蜡像馆 London Wax Museum 法国斯特拉斯堡市的图索德夫人于1835年创建的蜡像馆，故又称图索德夫人蜡像馆。位于伦敦，在其他地方建有分馆。馆内陈列的蜡像人物个个造型生动、惟妙惟肖，与真人大小一样，真假难分。馆内的第一个展厅是一系列表现英国中古时代生活的蜡像，其中有一生病卧床的少女，胸口还能起伏。其后是文艺界和体育界的明星蜡像馆。馆内最大的展览厅里陈列着英国历代国王、女王及各国政治家、历史名人的蜡像等。

造形生动的蜡像

伦敦桥 Tower Bridge 位于英国伦敦泰晤士河上，是该河上28座桥梁中位于最下游的一座桥。地处伦敦塔附近，连接南沃克自治市高街和伦敦市的威廉王大街。在历史上被称为伦敦的正门。老伦敦桥由科尔彻奇的彼得建造（1176～1209），以代替罗马晚期和中世纪早期先后建造的木桥。老伦敦桥一直是几个世纪内居民区和商业区的交通纽带，是伦敦泰晤士河上唯一的桥梁。18世纪50年代，桥的很大一部分由C.拉贝利重建。19世纪20年代，将旧桥拆除，改建新伦敦桥，由J.伦尼设计，他的儿子建造。经8年施工，于1894年竣工通行。桥身由4座塔形建筑连接。新桥共有5个拱，

伦敦桥夜景

中跨最大，达46米。两座主桥基均高7.6米，而桥基上又建有两座花岗石和钢铁结构的方形5层高塔，两座方塔上再建4座白色大理石尖阁和5座小尖塔，望去仿佛两顶皇冠。两座主塔均高42.67米。桥分上、下两层，上面一层起支撑双塔的作用，桥面为一条宽阔悬空人行道，两旁装有玻璃窗，行人登桥可欣赏泰晤士河景色。下层桥面可以开合，平时通车，桥桁开启时可容万吨船只通过。两块活动桥面各重1 000吨。20世纪60年代又进行改建。伦敦桥是英国首都一大胜景，游人可登桥观看附近古城塔群景色，也可参观设在主塔内部的博物馆和展览厅。

伦敦塔 Tower of London 英国历史建筑和文物古迹。位于伦敦泰晤士河北岸伦敦桥附近。由十几座古堡交错组成，包括多座塔楼，故名。1066年，威廉一世为军事需要开始营建，以后历代王朝增修扩建，使其成为集兵营堡垒、宫殿教堂、监狱库房等功能为一体的建筑群。伦敦塔最重要、最古老的建筑是位于要塞中心的诺曼底塔楼，因外表呈乳白色而又称白塔。建于1078～1097年，是整个建筑群的主体。塔楼高3层，四角外凸，耸立着三方一圆4座高塔。塔楼用粗糙的毛石砌成，最为坚固，为城堡主人居住和守备部队进驻之所。白塔建筑群四周有内外两层城墙及多座防御性塔楼。其中内城墙建13座塔楼，外城墙建有6座塔和2座棱堡，墙外围绕护城壕。整座建筑群宛如一座巨型堡垒。第二次世界大战后伦敦塔成为著名博物馆，陈列有英国等国家的王室珍宝。

伦敦塔是英国的重要宫殿之一，曾发生一些重要历史事件。它的建筑是11～16世纪同类建筑和景观的杰出范例。1988年作为文化遗产被列入《世界遗产名录》。

伦敦希思罗国际机场 London Heathrow Airport 英国最大的国际机场。位于伦敦市中心以西24千米处，占地12平方千米。1946年投入使用。有2条主跑道和1条侧风跑道。候机楼为走廊式设计，有5座旅客候机大楼。航班通达90多个国家180多个城市。机场与伦敦市之间由高速公路和地下铁道相连。希思罗不但是一个机场，也是一个城镇，它有自己的地方当局、警察局、社会服务机构、消防及医疗服务机构，商品零售业十分发达。

伦敦兄弟 London brothers 德国理论物理学家，宏观超导体电磁理论的基本方程——伦敦方程的创立人。

F.伦敦（Fritz London，1900-03-07～1954-03-30） 生于德国布雷斯劳（现波兰弗罗茨瓦夫），卒于美国北卡罗来纳州。1921年获慕尼黑大学哲学博士学位。先后赴格丁根大学深造，随M.玻恩和A.J.W.索末菲研究，1927年赴苏黎世从E.薛定谔研究，和W.H.海特勒以量子力学说明化学键的构造，这一工作标志着量子化学的开始。1933年纳粹当政，伦敦兄弟被迫先后逃亡英国，提出了超导体的唯象理论，成功地解释了超导体一系列奇特的电磁性质。

F.伦敦

H.伦敦（Heinz London，1907-11-07～1970-08-03） 生于德国波恩，卒于英国牛津。1934年在布雷斯劳大学获博士学位，同年移居英国，在牛津大学与其兄F.伦敦一起继续从事低温物理的研究工作。第二次世界大战后期，参加英国原子弹的研究。战后最主要的贡献是1951年提出$^3He-^4He$稀释制冷机原理，使这种制冷机的温度达4.5～6.0mK，并成为广泛使用的能获得极低温度的制冷机。

伦理 ethic 人与人、人与社会、人与自然之间的道德关系及正确处理这些关系的规律、规则。在中国，伦理一词始见于《礼记·乐记》，表示人与人之间各种不同的类别、辈分应该遵循不同的行为规范，使之条理清晰的意思。在西方，英文ethic一词源于希腊文ετησδ，意为风俗、习惯、性格、气质。在日常用语中，人们常常把“伦理”与“道德”相提并论。而黑格尔则区分伦理与道德，认为道德专指个人的品性、行为和良心，是主观意志的法，伦理则是普遍意志的客观化，是抽象权利和道德的有机统一。当代一些伦理学者也认为，伦理侧重于社会，强调主体成员之间的价值整合和普遍操守；道德侧重于个体，强调主体的内在品性和操守。

伦理根植于人类社会关系，直接、间接地影响着社会进步和每个人的命运。它随着社会和科学技术的发展而不断发展变化，现代以来，它已经日趋具体化、实际化和广泛化，成为一簇分支繁多的显学：如果说以前人们更重视一般的理论伦理，现代人们则更重视应用伦理，例如科技伦理、经济伦理、宗教伦理、管理伦理等；以前的人们只关注人际关系伦理，而现代伦理研究领域更加广阔，非常重视人与自然的道德关系，大力研究生态伦理、环境伦理、生命伦理等。

伦理学 ethics 关于道德的科学。又称道德学、道德哲学。在西方，伦理学一词源出希腊文ετησδ，意为风俗、习惯、性格等。古希腊哲学家亚里士多德最先赋予其伦理和德行的含义，所著《尼各马可伦理学》一书为西方最早的伦理学专著。中国古代没有使用伦理学一词，19世纪后才广泛使用。

伦理学以道德现象为研究对象，不仅包括道德意识现象（如个人的道德情感等），而且包括道德活动现象（如道德行为等）以及道德规范现象等。伦理学将道德现象从人类活动中区分开来，探讨道德的本质、起源和发展，道德水平同物质生活水平之间的关系，道德的最高原则和道德评价的标准，道德规范体系，道德的教育和修养，人生的意义、人的价值和生活态度等问题。其中最重要的是道德与经济利益和物质生活的关系、个人利益与整体利益的关系问题。对这些问题的不同回答，形成了不同的甚至相互对立的伦理学派别。马克思主义伦理学将道德作为社会历史现象加以研究，着重研究道德现象中的带有普遍性和根本性的问题，从中揭示道德的发展规律。马克思主义伦理学建立在历史唯物主义基础之上，强调阶级社会中道德的阶级性及道德实践在伦理学理论中的意义。

伦理学与哲学有着密切的关系。哲学是伦理学的理论基础，人们的世界观和历史观对人们的道德实践有着直接的影响。同时，伦理学与美学、心理学、社会学以及教育学等学科也相互影响、相互渗透。随着社会政治、经济、文化和科学技术的发展，伦理学的理论在分化和综合、对立和融合中逐步完善，其研究的领域也在不断扩大。随着中国改革开放的不断深入，伦理学的社会价值将不断提高。

《伦理学》 *Ethica in Ordine Geometrico Demonstrata* B.斯宾诺莎的著作。写于1662～1675年，1677年出版。全称为《用几何学方法作论证的伦理学》。书中系统阐述了作者的唯物主义自然观、认识论和伦理学，认为神或自然是唯一的实体，思维和广延是它的两个属性，一切物理和精神现象都是表现实体属性的样式。认为由感觉和记忆得到的知识是错误的原因，而推理和直观得到的知识必然是真的。书中论述了他的哲学、伦理学所要达到的目的及途径：通过理智克制情感对人的奴役而达到自由，进而达到对神的理智的爱。

伦琴 Röntgen，Wilhelm Konrad（1845-03-27～1923-02-10） 德国实验物理学家。生于伦内普，卒于慕尼黑。幼时迁居荷兰而入该国国籍。1868年获瑞士苏黎世联邦工业大学博士学位。1870年返回德国，在维尔茨堡大学和斯特拉斯堡大学工作。1894年任维尔茨堡大学校长，1900年任慕尼黑大学物理学教授和物理研究所主任。伦琴一生在物理学多方面（如运动电介质的磁效应、晶体导热性、热释电和压电现象等）作出贡献，但他最重要而为人熟知的则是发现了X射线。他在1895年11月8日进行阴极射线实验时首次观察到射线管附近氰亚铂酸钡小屏上发荧光，断定这是由管中发出的某种射线所致，并称其为X（未知的意思）射线。伦琴用它拍摄了人手的照片而显示其骨骼结构。他先后于1895年12月8日和1896、1897年发表了这一发现及有关的人手照片，立即引起轰动。这种射线被称为伦琴射线，他为此而获得1901年首届诺贝尔物理学奖。

《论语》 *Analects of Confucius* 中国儒家重要经典。孔子的弟子记录孔子言行的著作。其中，间有孔子弟子的对话。成书于战国初期。内容相当广泛，多半涉及人类社会生活问题，例如，如何立身行事，如何处理人与人之间、个人与社会之间的关系，等等，是研究孔子思想的主要资料。汉代学者一般称该书为“传”，宋时正式列为“经”。五四运动之前，在2 000多年中，一直是中国的初学必读书，流传很广，对中华民族的心理素质和精神面貌有很大影响。《论语》传至西汉，有三种版本：①《鲁论语》，20篇；②《齐论语》，22篇；③《古论语》，21篇。皇侃（488～545）《论语疏叙》引刘向《别录》说：“鲁人所学，谓之《鲁论》；齐人所学，谓之《齐论》；孔壁所得，谓之《古论》。”至东汉末，郑玄就《鲁论语》篇章参考《齐论语》、《古论语》，为之作注，成为后世的流传本。后人为《论语》作注释的主要有三国时期何晏《论语集解》，南朝皇侃《论语义疏》，北宋邢昺《论语注疏》，南宋朱熹《论语章句集注》，清刘宝楠《论语正义》等。

论语派 Lunyu school 中国现代文学流派。因《论语》半月刊而得名。《论语》于1932年9月16日在上海创刊，1937年8月1日因抗日战争爆发停刊。1946年12月1日复刊，1949年5月停刊，共出177期。先后由林语堂、陶亢德、郁达夫、邵洵美等担任主编。除此之外，林语堂还先后主办《人间世》（1934～1935）、《宇宙风》（1935～1947）等刊物。

林语堂是论语派的领袖和主要代表人物，他始办《论语》，即提倡幽默，倡言“不谈政治”，自命“言志派”，反对涉及“党派政治”的“载道派”。这种主张与当时主流派作家强调意识形态、强调文艺的社会使命感相左，引起以鲁迅为代表的左翼阵营作家的批评。其实，论语派作品的主体内容还是文化批评。在他们的刊物中，也时时涉及社会政治内容，当局者“攘外须先安内”的方针、专制压制舆论的行径、贪官污吏的腐败污浊等，均为其婉讽的对象。

林语堂是在解读西方散文，尤其是英国随笔的基础上，形成以“闲适”、“性灵”、“幽默”为核心内涵的小品文创作理论。他提倡“以自我为中心，以闲适为格调”，意在创造一种散文笔调，从而拓展现代散文的审美表现领域。林语堂的小品文文化含量较高，其艺术性也被广泛认可。20世纪30年代文坛上曾风行幽默与闲适小品的创作，就是林语堂等论语派作家身体力行和推波助澜的结果。

轮虫动物门 Rotifera; rotifer/wheel animal 动物界的一门。统称轮虫。为低等三胚层**假体腔动物**。分尾盘纲、双巢纲和单巢纲3纲。约有2 000种。分布于各种淡水水体，少数生活在海洋中，极少数营寄生生活。体形很小，身体由头、躯干和尾部组成。头的前端有能伸缩的头冠，上有1～2列或更多的纤毛；躯干和尾部（又称足）的表面常有很多明显的环纹，尾部末端常有叉状附着器。在体壁和消化管之间有假体腔，内含液体和各种内部器官。轮虫雌雄异体，且异形，雌体大，雄体小。一般行孤雌生殖。以底栖种类为多。约100种是典型的浮游种。大多数轮虫是滤食性。轮虫是许多经济鱼类的优质食物，供应数量的多少决定着鱼苗生长的快慢和成活率的高低。轮虫种群增长极为迅速，是理想的人工培养饲料。

轮船招商局 Shipping Merchants Company 中国晚清时创建的第一家官督商办的近代企业。1872年，**李鸿章**招致办理海运多年的朱其昂，商议试办新式航业，并于1873年1月在上海成立轮船招商局。初创时集资很困难。半年后，李鸿章罗致熟谙航业的商人**唐廷枢**、**徐润**入局，在集股和经营方面逐渐开拓了局面。

轮船招商局总局设在上海，同时在国内各大港口和日本的长崎、横滨、神户，以及新加坡等处设立分局，实际上只经营南北洋航线和长江航线，国外航线则因外国势力阻挠，未有开展。1883年中法战争时，该局主持人办理失当，李鸿章派**盛宣怀**接办。1909年改为商办，成立董事会。至1911年有轮船29艘，4.9万吨。

轮船招商局设在汉口的仓库

1912年以后，该局董事会几经改组，经营无起色，仅第一次世界大战期间获利较丰。1924年改为**股份公司**。1930年，国民党政府将该局收归国营，1932年划归交通部。该局营业衰退，船只始终保持5万余吨；房地产投资则续增，占该局总资产80%左右。

抗日战争时期，该局遭受巨大损失，1945年只有轮船2.5万吨。抗日战争胜利后，接收敌伪轮船332艘，购买外国轮船106艘，共有轮船32.7万吨，并投资其他轮船公司。中华人民共和国建立后，该局在大陆的财产由人民政府接管，而迁往香港的招商局全体员工及13艘轮船于1950年1月13日在港宣告起义，并继续经营，颇有发展。

轮渡 ferry 用**渡船**将旅客、汽车或列车等客货、车辆渡过河流、湖泊、港湾或海峡。摆渡起止的地方称渡口。渡口有一系列设施供渡船靠离，主要有临水岸壁、泊船**码头**、供车辆和客货上下渡船用的引道、引桥，以及渡船停泊的水域等。有些大型渡口还建有候船室、库场等。铁路机车车辆摆渡所需设备要复杂得多，主要有供待渡列车停放、解体、调车和编组用的轮渡站；供机车车辆上下渡船的栈桥，其上配有升降机械设备等；连接轮渡站和栈桥的引线；靠船设备。轮渡与桥梁、隧道相比，建设周期短，修建费用低，能较快形成运输能力。但桥梁、隧道的通过便捷、快速，更有利于提高整个线路的运输能力。因此，随着桥梁与隧道的兴建与发展，轮渡逐渐被取代。

轮滑 roller skating 穿着带滚轮的特制鞋，在坚实、平整的地面上滑行的一项体育运动。又称“溜旱冰”。是由滑冰演变而成。轮滑起源最早可追溯到18世纪，据说是一个荷兰人发明了滚轴溜冰，创造了用轮子鞋“滑冰”的历史。1760年，一位比利时乐器工人在这种鞋下面装上一排很整齐的金属滚轴，第一次取得了决定性的公认的成绩。1863年，美国人J.普利姆普顿发明了一种有转动装置的鞋，从而带来了轮滑运动的一场革命。1884年，美国人理查森和雷蒙德又发明了滚珠轴承，这对改进滚轴溜冰运动技术起到很大的推动作用。1924年4月“国际滚轮溜冰联合会”在瑞士的蒙特勒市成立。1940年4月第43届**国际奥林匹克委员会**会议正式承认该联合会。1936年在瑞士举行首次世界轮滑锦标赛。

轮滑比赛场面

1952年，国际滚轮溜冰联合会更名为“国际轮滑联合会”。1983年中国轮滑协会成立，后被接纳为国际轮滑联合会正式会员。从事轮滑运动必须佩戴护具，常见的护具有护肘、护腕、护膝、头盔等。

轮回 saṃsāra 佛教术语。意为生死轮回、轮回转生、流转等。佛陀从印度传统宗教中继承的观念之一。其意谓一切众生在天、人、阿修罗、地狱、饿鬼、畜生等三界六道中生死循环，如车轮回旋不已。依据佛教价值观，生存在六道之中都有不同程度的痛苦，六道可以分为三善道（天、人、阿修罗）和三恶道（地狱、饿鬼、畜生）。佛教修行的理想便是脱离或超越六道的桎梏，达到**涅槃**的境界。

轮胎 tire; tyre 在各种车辆或机械上装配的在地面或轨道上滚动的圆环形弹性**橡胶**制品。通常安装在金属轮辋上，能支承车身，缓冲外界冲击，实现与路面的接触和车辆行驶。轮胎常在复杂和苛刻的条件下使用，承受着各种变形、负荷、力和高低温作用，必须具有较高的承载、牵引、缓冲等性能。同时，还要具备高耐磨性和耐屈挠性，以及低的滚动阻力与生热性。世界耗用橡胶量的一半用于轮胎生产。

轮胎通常由外胎（胎面、胎侧、缓冲层、帘布层及胎圈）、内胎、垫带3部分组成（见图）。也有不需要内胎的，其胎体内层有气密性好的橡胶层，且须配专用的轮辋。世

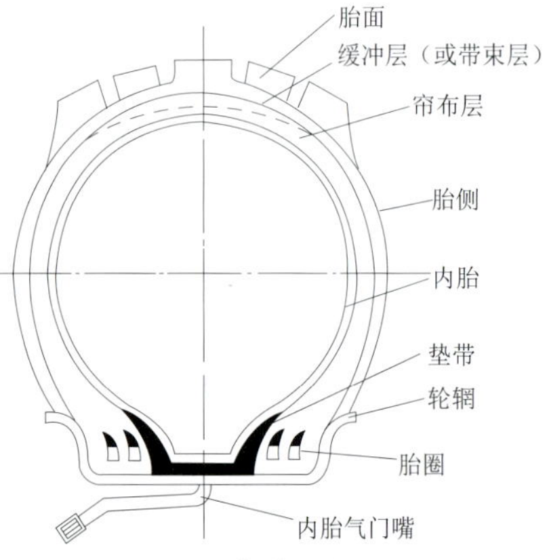

轮胎与轮辋装配断面图

界各国轮胎的结构都向无内胎、子午线结构、扁平（轮胎断面高与宽的比值小）和轻量化的方向发展。

汽车轮胎是橡胶与纤维材料及金属材料的复合制品，制造工艺是机械加工和化学反应的综合过程。橡胶与配合剂混炼后经压出制成胎面；帘布经压延、裁断、贴合制成帘布筒或帘布卷；钢丝经合股、包胶后成型为胎圈；然后将所有半成品在成型机上组合成胎坯，在硫化机的金属模型中加以硫化而制成轮胎成品。

轮藻门 Charophyta; charophytes 藻类植物一门。大型沉水植物。茎有明显的节，在节上有轮生的相当于叶的小枝，有些种类体外被有钙质或胶质。藻体含叶绿素a和b，以及β-胡萝卜素、叶黄素等。含6属约400种，中国有150多种。无蛋白核。同化产物为淀粉。单核，在成熟的细胞中具大的中央空泡。有性生殖为卵配，生殖器官发达，雄性器官为藏精器，雌性器官为藏卵器，有些种类能在地下假根部分的节上产生珠芽或淀粉星体，进行营养繁殖。广

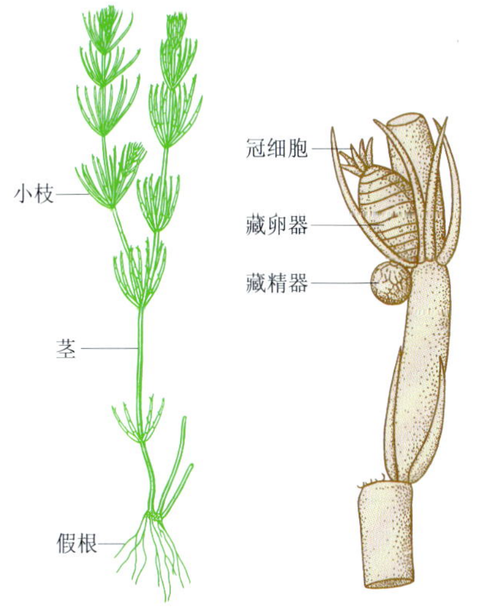

轮藻植物体全貌　　繁殖器官

轮藻植物体全貌及繁殖器官示意图

泛分布于各种淡水或半咸水中，稻田、池塘、湖泊、沼泽中尤为常见。一般作为植物生理学或细胞学的实验材料，也有的作饲料、肥料或药用，有的还能杀蚊子幼虫和净化污水。

轮状病毒感染 rotavirus infection 轮状病毒引起的人和动物的感染。有A、B、C、D、E、F、G和H八个组，其中A、B、C三组均可引起人的急性腹泻。A组轮状病毒感染的潜伏期为24～72小时，多在24小时内；B组轮状病毒感染的潜伏期为38～66小时，平均为52小时。A组轮状病毒感染主要表现为婴幼儿急性胃肠炎，有呕吐、频繁腹泻，黄色水样便，严重吐泻者可伴有脱水。因其多发生于秋季，又称"秋季腹泻"。亦可表现为新生儿坏死性小肠炎、婴儿肠套叠、婴儿肺炎、脑炎、脑膜炎等。免疫功能低下的婴幼儿和成人可表现为慢性肠炎。B组轮状病毒感染主要表现为成人腹泻，起病急，腹泻每日5～10余次，重者可超过20多次，为黄色水样便，可伴有腹痛、恶心、呕吐等症状。病程一般为3～5天，呈自限性。根据流行病学资料、典型临床症状和实验室检查即可诊断。支持和对症治疗为主。并应纠正脱水、酸中毒和补充电解质。预防主要是通过切断粪－口途径传播为主的综合预防措施。口服疫苗有预防作用。

轮作 crop rotation 在同一块田地上，有顺序地在季节间或年度间轮换种植不同的作物或复种组合的一种种植方式。轮作是用地养地相结合的一种生物学措施。有利于均衡利用土壤养分和防治病、虫、草害；有利于均衡地利用土壤养分；能有效地改善土壤的理化性状，调节土壤肥力。中国实行轮作历史悠久。旱地多采用以禾谷类作物为主或禾谷类作物 、经济作物与豆类、绿肥作物轮换；稻田的水稻与旱作物轮换。轮作因采用的方式不同，分为定区轮作和非定区轮作。轮作的命名决定于该轮作中的主要作物构成，被命名的作物群应占轮作区的1/3以上。常见的有禾谷类轮作、禾豆轮作、粮食和经济作物轮作，水旱轮作、草田轮作等。

《论持久战》 *On Protracted War* 毛泽东于1938年5月26日至6月3日在延安抗日战争研究会上的讲演。同年7月在延安《解放》周刊上发表。1952年4月收入《毛泽东选集》第2卷。中国抗日战争爆发前，中国国民党内一些人认为中国武器落后于日本，战则必败。抗战开始后，他们又散布"再战必亡"的亡国论调。在中国共产党内，也存有轻视游击战争，幻想依靠国民党的"正规战"速决速胜的错误思想。为了批判亡国论和速胜论，阐明中国共产党指导抗日战争的正确主张，动员全国人民坚持抗战，为争取最后胜利而奋斗，毛泽东根据抗战10个月来的经验撰写了此文。全文共论述21个问题。前9个问题主要论述为什么是持久战，为什么最后胜利是中国的；后12个问题，主要阐明怎样进行持久战和怎样争取最后胜利。《论持久战》精辟阐述了人民战争思想，是毛泽东运用历史唯物主义和辩证唯物主义解决战争问题的典范。抗日战争的历史进程和最后胜利，完全证实了毛泽东对抗日战争的科学论断和预测。

《论法的精神》 *The Spirit of the Laws* C.-L. de S.孟德斯鸠的政治法律著作。法文 *Del' Esprit des lois*。1748年出版。中译本有程炳熙、张相之和日本人何礼之合译的《万法精理》，严复译的《法意》和张雁深译的《论法的精神》。全书共6卷31章。

作者指出，法律同政体、自然地理环境、宗教、风俗习惯等各种因素有关系，法律之间也有关系。这些关系构成"法的精神"。作者阐述了自然法理论、法和法律的定义，法律与政体的关系，以及政体分类、各种政体的性质和原则等问题。阐述政治自由和三权分立说，并以英国为例，提出了君主立宪制的政治主张。论述了自然条件同政治法律的关系，认为自然地理环境对社会政治法律制度具有重大的制约性。论述了法律和工业、商业、货币、贸易、人口及宗教等的关系，主张兴办工商业，发展贸易，反对横征暴敛，促进国际交往和世界和平，并论述了罗马继承法和法国民法的起源和变革。强调严格区分各种法律规定的范围和制定法律应遵循的原则及其应注意的问题。这部著作的分权理论被美国宪法、法国《人权宣言》所吸收。19世纪各国的资产阶级革命都在不同程度上受到这部著作的影响。

《论衡》 *Lunheng* 中国东汉王充的无神论著作。存目85篇，实存84篇。据王充自述，《论衡》旨在对古往今来一切学说、思潮加以衡量，评论是非，铨定轻重，批判虚妄之说。《论衡》广泛吸收先秦以来儒、道、墨等家学派的思想和汉代的自然科学成就，对神学目的论和谶纬之学进行了批判。在自然观方面，认为"万物之生，皆禀于气"，"天地合气，万物自生"，反对天人感应的思想；在形神关系方面，提出了"天下无独燃之火，世间安得有无体独知之精"的论断；在认识论方面，强调感觉经验是认识的源泉；在社会历史观方面，主张人为，提倡进化；在文学方面，强调真实，反对虚妄，强调真善美的统一，反对文辞的艰深难懂，力倡口语化，主张明白易晓等，对后世文学批评很有影响。《论衡》概括评述了东汉以前的各种学说和思潮，因而具有重要的史料价值。版本有宋代洪适刻本、元明递修本30卷，近代黄晖著《论衡校释》等。

《论人类不平等的起源和基础》 *Discours sur l' origine et les fondaments de l' inegalite parmi les hommes* J.-J.卢梭论述其社会历史观的代表作。1755年4月初版于阿姆斯特丹。共分两大部分：第一部分详述了自然状态以及在自然状态中发展起来的、导致人类进入文明社会的因素；第二部分论述了社会状态中人类的不平等、政治奴役和道德堕落的发展。卢梭在本书中假想人类在进入社会状态前曾生活在自然状态中：那时的人类过着离群索居的生活，没有固定的家庭生活，没有住宅，没有财产，人没有互相攻击和掠夺的本性，只有怜悯他

人和自我保存的天然感情；人的各种机能（诸如理性、语言、观念）、欲望和情感（尤其是爱慕、虚荣、贪婪）都处于低级阶段，不存在精神的、政治的不平等。但是人有独特的异于禽兽的自我完善化的能力，共同劳动、家庭的发展促进了人与人的交往，使人的潜在机能被激发起来，导致社会状态的出现。私有制是文明社会的基础，农业和冶金术的发明是导致这一巨大变革的决定性原因。从此人类产生了许多新的欲望和偏见，道德急剧堕落，富人和穷人的差别出现了，人类落入了可怕的战争状态。于是富人哄骗穷人订立社会契约，社会和法律就是这样起源的，它们保护富人欺压穷人，这是不平等发展的第一阶段。订立了契约就需要有保障其实施的强力机构，权力的设立是不平等发展的第二阶段，它确立强者和弱者的区别。暴君政治的出现是不平等发展的第三阶段和顶点，它确立主人和奴隶的区别。既然暴君依仗暴力蹂躏法律，人民就有权用暴力推翻他。本书中的美好的自然状态和邪恶的文明社会对立的论点，导致了卢梭同崇尚理性和进步的18世纪法国唯物主义者的决裂。

《论人民民主专政》 *On the People's Democratic Dictatorship* 毛泽东论述人民民主专政理论的代表性著作。是1949年6月30日为纪念中国共产党成立28周年而写的。收入《毛泽东选集》第4卷。

这篇文章集中阐述了人民民主专政的基本思想，指出："总结我们的经验，集中到一点，就是工人阶级（经过共产党）领导的以工农联盟为基础的人民民主专政。"它包含着两个方面，即"对人民内部的民主方面和对反动派的专政"，它们互相结合起来，就是人民民主专政。建党28年的经验证明：一个有纪律的、有马克思主义理论武装的、采取自我批评方法的、联系人民群众的政党，一个由这样的政党领导的军队，一个由这样的政党领导的各革命阶级各革命派别的统一战线，是战胜敌人的主要武器。文章还向全党提出了重新学习的任务，指出严重的经济建设任务摆在我们面前，我们必须学会自己不懂的东西，必须向一切内行的人们学习经济工作，依靠人民民主专政这个武器，团结除反动派以外的一切人，稳步地走到目的地。这篇文章阐述的基本思想和规定的一些基本政策，构成了1949年9月29日通过的《中国人民政治协商会议共同纲领》的政治基础。

《论十大关系》 *On the Ten Major Relationships* 毛泽东论述关于适合中国情况的社会主义建设基本方针和基本关系的重要著作。是毛泽东1956年4月25日在中共中央政治局扩大会议上的讲话。1976年12月26日在《人民日报》公开发表，已收入《毛泽东著作选读》下册和《毛泽东文集》第7卷。

这篇讲话以苏联社会主义建设的经验为鉴戒，总结中国社会主义建设的初步经验，提出探索适合中国国情的社会主义建设道路的任务，阐述了调动一切积极因素为社会主义事业服务的基本方针。讲话重点讨论经济问题，同时也包括同经济建设密切相关的国家政治生活中的一些重大问题，毛泽东把它们概括为十大关系，即重工业和轻工业、农业的关系，沿海工业和内地工业的关系，经济建设和国防建设的关系，国家、生产单位和生产者个人的关系，中央和地方的关系，汉族和少数民族的关系，党和非党的关系，革命和反革命的关系，是非关系，中国和外国的关系。在论述过程中，初步提出了中国社会主义经济建设、政治建设和思想文化建设的一些新方针；指出要学习一切民族、一切国家的长处，学习一定要与中国实际相结合。《论十大关系》的提出，标志着以毛泽东为代表的中国共产党人探索中国社会主义建设道路的开始，为中共八大的召开作了思想准备。

《论戏剧艺术》 *Discourse on Dramatic Poetry* 法国启蒙运动思想家、文艺理论家D.狄德罗的戏剧论著。它与《关于〈私生子〉的谈话》一起构成狄德罗戏剧思想的主要内容。完成于1758年。在这部论著里，作者就戏剧类型（包括严肃喜剧、道德戏剧、哲理戏剧、滑稽戏剧等）、戏剧手法以及演剧方法等各个方面作了详尽阐述。针对古典主义有关悲剧与喜剧之间有着不可逾越的界限的观念，狄德罗认为两者之间可以创造并发展出多种戏剧类型，亦即介于悲剧与喜剧之间的第三种戏剧类型。他将这种类型所包含的品种分别命名为"严肃戏剧"、"严肃喜剧"等，而后人则统称为正剧。他认为戏剧必须建立在"自然"与"真实"的基础上，目的在于让人趋善避恶，提高道德水准。戏剧作品的基础在于表现人与人之间各种关系的"情境"，且人物性格由情境所决定。他的这些观点对后世有着深远影响。

《论自由》 *On Liberty* 英国政治思想家J.S.密尔最重要的政治著作。完成于1859年。该书共5章，以公民自由为中心，对自由问题进行了多方面的阐述。第一章引论指出全书要阐述的是公民自由，或称社会自由，探讨社会对个人施用权力的性质和限度。宣布自由是在不剥夺他人自由的前提下，按照自己的道路去追求自己的好处的自由。第二章论述思想自由和言论自由，认为人类应当自由形成意见，自由发表意见，否则便是人类理性与德性的毁灭。第三章阐述个性的自由发展，认为这是人类幸福的首要因素。主张容许不同的人过不同的生活，反对社会习俗的专制。第四章讨论社会对个人自由控制的限度，提出个人对社会的义务源于社会对他的保护。社会成员的行为只要互不损害利益和权利，只要为保护社会或其成员免受损害与妨碍而承担责任，就不受社会强制。第五章重申两条基本原则：个人行动只要不涉及他人利害，个人就不必向社会负责，他人也不得对之干涉；个人行动若有害于他人利益，个人要向社会负责，要承受社会或法律的惩罚。

罗 leno 全部或部分采用条形绞经罗组织的丝织物。根据纱孔的排列分为横罗和直罗。横罗每织入3梭、5梭、7梭或13梭平纹后，经丝扭绞一次，在织物表面形成平纹与绞孔相间的横条。传统品种杭罗大多

链式罗结构

是横罗。直罗每隔若干根地经起一条对称绞孔，在织物表面形成经向排列的直条孔眼，如帘锦罗。罗类织物紧密结实，孔眼结构稳定，透气性好。宜用作夏季服装、刺绣坯料和其他装饰品。一般以长丝为主要原料，经纬密度较疏松。根据提花与否，罗还分为素罗和花罗，现代花罗品种很少。公元前4 000年中国已有原始起绞织物。出土的商代丝织物中有罗的残片，战国楚墓中也发现大量花罗。秦汉时期花罗已很精美。宋代罗织物最为盛行。中国古代罗织物分为无固定绞组的和有固定绞组的两大类。无固定绞组罗织物的绞经与左右两侧相邻的经丝均有纠绞，形成链状的孔眼，也称为链式罗（见图）。因织造时无法用筘打纬，工艺较复杂，明清以后逐渐消失。

罗安达 Luanda 安哥拉首都，全国最大城市和海港，罗安达省首府。位于宽扎河河口以北大西洋岸本戈湾沿海平原，罗安达铁路起点。人口约450万（2007）。地处热带草原气候区，年平均气温24.4℃，平均年降水量350毫米。始建于1575年，1627年成为殖民地首府，曾为欧洲殖民者贩卖奴隶的主要口岸。第二次世界大战后城市发展较快。现为全国主要工业中心，有炼油、冶金、水泥、食品加工、纺织、机械制造、

罗安达海滨景色

建筑材料、化学和服装等部门。非洲西海岸天然良港之一。2005年，货运量达400万吨，集装箱装运31.1万吨。输出商品有咖啡、棉花、糖、木材、石油、钻石、锰和盐等，进口商品主要有机器、钢铁、煤、棉织品、食品、水泥及其他工业品。市内基础设施较完善，铁路东通马兰热，公路通全国主要城市。有国际航空港。下城为工商业区，上城为行政机关所在地和居住区。文化古迹有王宫、天主教堂、博物馆和圣·密格尔要塞。有国立罗安达大学等高等院校。

罗巴切夫斯基 Lobachevsky, Nikolay Ivanovich (1792-12-01～1856-12-24) 俄国数学家。生于下诺伏哥罗德，卒于喀山。1807年入喀山大学，1811年获硕士学位。毕业后留校任职，历任助理教授、副教授、教授、物理数学系主任、校长等职。1846年以后任喀山学区副督学，直至逝世。

罗巴切夫斯基与波尔约以及C.F.高斯等人彼此独立地创立了一种非欧几里得几何学，即罗巴切夫斯基几何学。对几何学和整个数学的发展都起了巨大的作用。

人们很早就尝试证明欧几里得几何学中的第五公设，但是直到19世纪以前并没有获得实质性的进展。1816年，罗巴切夫斯基像前人一样尝试证明第五公设，但不久发现，所有的这种证明都无法逃脱循环论证的错误。于是，他作出这样的假定：在平面上，过直线外一点可以有多条直线不与原直线相交。这是一个与第五公设对立的命题，如果它被否定，那无异于证明了第五公设。但是，他发现不仅无法否定这个命题，而且将它与绝对几何即与平行公设无关的几何学中的定理一起展开推论，可以得到一系列前后一贯的命题，它们构成了一个逻辑合理，且与欧氏几何彼此独立的命题系统，他称之为“虚几何学”。这是一个非同寻常的发现，它告诉人们数学允许同时成立两个对立的公理体系，而且这种对立体系具有同样的真理性。

1826年2月23日罗巴切夫斯基以《几何学原理的扼要阐述，暨平行线定理的一个严格证明》为题，宣读了他的关于非欧几何的论文，但这篇革命性的论文没有被理解而未予通过。1829年他将这一卓越发现写进了《论几何学基础》，并在《喀山通报》上发表。以后又用法文发表了《虚几何学》(1837)。用德文写了《平行线理论的几何研究》(1840)。最后一本用俄、法两种文字写的《泛几何学》，在他逝世前一年(1855)发表。

罗氏几何的创立没有及时引起重视，直到他去世后12年(1868)意大利数学家E.贝尔特拉米证明了在欧氏空间的伪球面上可以实现罗巴切夫斯基平面的几何学，这样罗氏几何在欧氏空间的曲面上得到解释，并因此在数学上得到确认。

罗巴切夫斯基在数学分析和代数学方面也有一定成就，如区分了函数的可微性与连续性的概念，提出了高次方程近似数值解法等。

罗宾斯 Robbins, Jerome (1918-10-11～1998-07-29) 美国芭蕾表演家、编导。生于纽约。19岁在犹太剧院登台，广泛涉猎舞蹈、音乐和戏剧，从事芭蕾后开始编导生涯。1949年开始任纽约市芭蕾舞团艺术指导，长期做G.巴兰钦的助手，创作了《相互作用》《樊笼》《集会上的舞蹈》《另一些舞蹈》、《四季》、新版《牧神的午后》等大批芭蕾佳作及《西区故事》、《国王与我》、《屋顶上的小提琴手》等百老汇歌舞剧。许多作品被拍成好莱坞歌舞片，尤其是《西区故事》1962年获奥斯卡金像奖最佳导演等大奖。最大贡献是把芭蕾、现代舞、爵士舞和交谊舞自然和谐地融为一体。

罗宾斯 Robins, Robert Henry (1921-07-01～2000-04-20) 英国语言学家。1949年牛津大学新学院毕业，获人文科硕士。1949～1954年任伦敦大学东方和非洲研究院讲师，1954～1965年任普通语言学高级讲师，1966年升任教授。1968年获伦敦大学文学博士。1970年任该校语音学与语言学系主任。1974年任欧洲语言学会会长，1977年起任国际语言学家常设委员会会长。

罗宾斯对语言学的主要贡献在于出版《普通语言学》(1964,1971)和《语言学简史》(1967,1979)两种书。前者介绍共时语言学和历时语言学，给初学者提出指导性意见，对弗斯和韩礼德二人的和欧美其他主要学派的学说都作了如实的介绍。后者对语言学在各地的起源和发展情况作了比较全面而扼要的叙述。罗宾斯对美国北加利福尼亚州印第安人的尤洛克语和爪哇的巽他语作过研究，出版有论文集。

罗宾逊 Robinson, Joan Violet (1903-10-31～1983-08-05) 英国经济学家，新剑桥学派的主要代表。生于英格兰坎伯利，卒于剑桥。1921年入剑桥大学，1925年毕业。后任剑桥大学经济系教授，1977年退休后转为名誉教授。罗宾逊早年对不完全竞争市场的价格决定作了开创性研究，她的《不完全竞争经济学》同E.H.张伯伦的《垄断竞争理论》一起被认为奠定了西方现代价格理论的基础。罗宾逊是J.M.凯恩斯就业理论的信奉者和传播者，并把凯恩斯的分析引申到开放经济体系和国际贸易理论中去。她认为凯恩斯革命的实质，在方法上就是从传统的均衡概念转变为历史概念，因而她反对均衡理论，并同美国的新古典综合派围绕资本理论进行了长期的论战。同时她试图把凯恩斯的短期经济分析运用到长期发展中去，提出她的独具特色的经济增长理论。她还很重视对马克思经济学说的研究，她虽否定马克思的劳动价值论和剩余价值论，但她认为《资本论》中有许多深刻的思想，赞扬《资本论》对资本主义经济分析的历史观点和宏观的总量分析，并把马克思的理论称为有效需求理论的前驱。著有《不完全竞争经济学》、《就业理论引论》、《论马克思经济学》、《资本积累》、《经济增长理论文集》、《现代经济学导论》等。

罗炳辉 Luo Binghui (1897-12-22～1946-06-21) 中国工农红军和新四军高级指挥员、军事家。原名罗德富。云南彝良人。卒于山东兰陵。早年入滇军，曾参加护国

战争。1922年参加孙中山领导的北伐战争。参加过讨伐陈炯明的战役。1926年参加国共合作的北伐战争，在国民革命军第3军9师任营长。1929年7月加入中国共产党。同年11月参加中国工农红军。1930年先后任红6军2旅旅长、红12军军长等。1932年10月任红22军军长。1933年12月任红9军团军团长，多次参加反"围剿"战斗。1934年10月参加长征。抗日战争初期，罗炳辉曾以八路军副参谋长名义在八路军武汉办事处工作。1939年起任新四军第1支队副司令员、第5支队司令员、第2师师长兼淮南军区司令员，参与创建和发展了淮南抗日民主根据地。罗炳辉主张从严治军，注意技术和战术训练，重视地方武装和民兵建设。抗日战争结束后，任新四军第二副军长兼山东军区副司令员。

罗伯茨-奥斯汀 Roberts-Austen, William Chandler (1843-03-03～1902-11-22) 英国冶金学家。生于萨里肯宁顿，卒于伦敦。18岁进入皇家矿业学院，后在造币厂从事金、银和合金成分的研究。1880～1902年任伦敦皇家矿物学院冶金学教授。1875年当选英国皇家学会会员。他用量热计法测定银铜合金的凝固点，并首先用"冰点"曲线表示其实验成果。1876年与J.N.洛基尔一起用光谱仪作定量分析，以辅助传统的试金法。1885年他开始研究钢的强化，同时着手研究少量杂质对金的拉伸强度的影响，并在1888年的论文中加以阐述，成为早期用元素周期表解释一系列元素特性的范例。他采用铂/(铂-铑)热电偶高温计测定了高熔点物质的冷却速率，创立共晶理论。他用显微镜照相研究金属的金相形貌。为纪念他，人们把γ铁金相组织中的间隙固溶体命名为奥氏体。著有《冶金学研究入门》。

罗伯-格里耶 Robbe-Grillet, Alain (1922-08-18～2008-02-18) 法国作家。生于布雷斯特，卒于卡昂。处女作《橡皮》1953年出版。1955年出版《窥视者》，对新小说派的发展起到了重要的推动作用。他的小说采用颠倒时空和现实与回忆交错的手法，着重于物的描写而忽视情节。如《嫉妒》(1957)、《在迷宫里》(1959)。

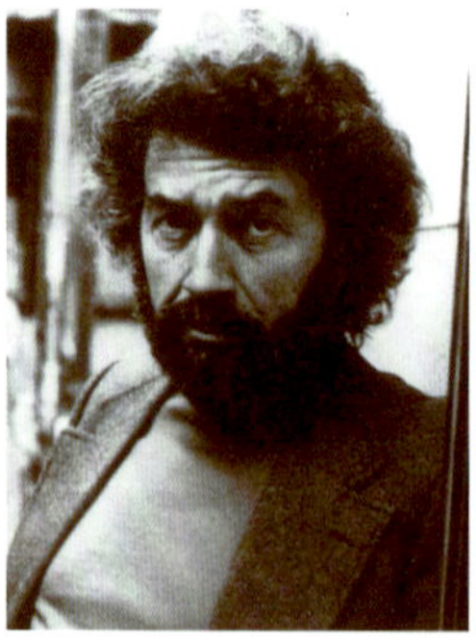

1963年出版了论文集《为了一种新小说》，其中《未来小说的道路》(1956)和《自然·人道主义·悲剧》(1958)被称为新小说派理论宣言。他反对作家的主观介入，否定现实主义小说的传统，要随着时代的变化建立新的小说体系。

60年代开始，罗伯-格里耶同时在进行小说和影片创作。电影方面影响最大的是《去年在玛丽亚温泉市》(1961)。其他主要作品还有影片《不朽的女人》(1963)、《说谎的人》(1968)、《欲念浮动》(1974)，小说《幽会的房子》(1965)、《一座幽灵城的拓扑学》(1976)，回忆录《重现的镜子》(1984)等。

罗伯斯比尔 Robespierre, Maximilien-François-Marie-Isidore de (1758-05-06～1794-07-28) 法国政治家，法国大革命时期雅各宾派专政革命政府首脑。生于阿拉斯城，

卒于巴黎。出身于律师家庭。1789年，当选阿拉斯城第三等级代表，出席三级会议。1790年3月，成为雅各宾俱乐部主席。1791年6月被选为巴黎法庭的检察官。6月20日，法王潜逃事件使他改变了对君主政体的态度，主张审讯国王。1792年8月10日巴黎人民起义后被选为革命公社委员，成为实际领导者。他坚决要求立法会议废黜国王路易十六，建立革命法庭，召集国民公会。1792年9月，他当选国民公会巴黎代表，成为山岳派的领袖。1793年7月27日，罗伯斯比尔进入救国委员会，此后一年内成为该委员会的主要领导人。1793～1794年革命面临严重危机，革命政府既要对付欧洲干涉势力，又要揭露镇压通敌阴谋分子，克服经济困难。他依靠无套裤汉对革命敌人实行有节制的恐怖政策。

1794年初革命形势已基本稳定，但罗伯斯比尔继续实行恐怖政策。1794年3～4月，先后镇压右派丹东派和左派埃贝尔派。雅各宾派内部矛盾日益尖锐。7月27日，国民公会中反罗伯斯比尔的力量联合发动热月政变，推翻雅各宾派专政。7月28日罗伯斯比尔及其战友L.-A.-L.de圣茹斯特、G.库东等被送上断头台。

罗伯逊 Robeson, Paul (1898-04-09～1976-01-23) 美国黑人男低音歌唱家、演员、社会活动家。生于新泽西州普林斯顿，卒于费城。1923年毕业于哥伦比亚大学法律

系，获法学博士学位。曾当过戏剧演员，1922年在伦敦演过奥尼尔(《琼斯皇帝》中的主角)。1925年起，以在纽约和美国沿海城市演唱黑人灵歌而著名。1928年在J.D.科恩的音乐剧《演艺船》中演唱《老人河》而扬名世界。20世纪30年代，在国内外主演过《奥赛罗》等戏剧以及影片《骄傲的山谷》等。他通晓多国语言，能用包括汉语在内的20多种语言歌唱。他把黑人灵歌和许多国家的革命歌曲带上音乐舞台，并赋予《老人河》等美国民歌以新的生命力。他毕生积极投身于反对帝国主义、殖民主义和种族压迫的斗争。曾获国际和平奖。受到过美国当局的迫害。1958年旅欧访问，并来中国演出。著有自传《我站在这儿》。

罗卜藏丹津叛乱 Lobsangdanjin Rebellion 中国清朝雍正元年(1723)青海蒙古和硕特部首领罗卜藏丹津发动的叛乱。罗卜藏丹津为顾实汗之孙，康熙五十三年(1714)袭其父的亲王爵位，成为青海和硕特部蒙古贵族的最高首领。五十九年作为和硕特贵族的代表，参加了清军护送达赖喇嘛(西藏佛教格鲁派两大活佛之一)入藏的军事行动。雍正元年，罗卜藏丹津为图谋割据青藏高原，胁迫青海蒙古各部贵族于察罕托罗海会盟，自称"达赖浑台吉"，强令各部台吉用旧日名号，禁止称王、贝勒、公等封号，发动武装叛乱。清政府闻变后，立即命年羹尧、岳钟琪等率军镇压，很快将叛乱平定。罗卜藏丹津逃往准噶尔部避难。清政府平定叛乱后，对青海地区的行政建置作了重大改革，使青海完全置于清朝中央政府直接管辖之下。

罗布林卡 Norbulingka 中国古代藏式园林。在西藏拉萨市区布达拉宫西偏南约1 000米处。1755年七世达赖格桑嘉措建正式宫殿，称"罗布林卡"，藏语意思是"宝贝园"。从此罗布林卡成为历代达赖夏季处理政务和进行宗教活动的地方。七世达赖晚年常来沐浴泉水，清廷驻藏大臣为他建乌尧颇章(凉亭宫)。八世达赖时期，建成恰白康(阅书室)、曲然(讲经院)、鲁康(龙

王庙)、措吉颇章(湖心宫)以及康松司伦(威镇三界阁)等，宫苑初具规模。到十三世达赖时，又建竹曾颇章(普陀宫，后改为藏书室)。1922年在西区建金色颇章(金色林卡一组建筑)。1954年为十四世达赖建达旦米久颇章(俗称新宫)，终于形成至今占地面积约36公顷的别墅式园林。

罗布林卡全园分为三个区：东部宫前区包括入口和威镇三界阁之前的前园，中部为核心部分的宫殿区，西区是以自然丛林野趣为特色的金色林卡，内有供达赖休息的别墅。每个景区又根据功能要求，结合自然环境，或宫墙深院，古木成荫，或芳草疏林，繁花似锦，构成不同的景观。园林布置具有西藏高原的特点，园内新老建筑的格调既和谐统一，又富于变化，金碧辉煌，彩绘绚丽。

拉萨罗布林卡湖心宫

罗布泊 Lop Nur 地理概念上的塔里木河尾闾。古称泑泽、盐泽、蒲昌海。蒙古语称罗布诺尔，意为多水汇聚之湖。位于新疆维吾尔自治区若羌县，塔里木盆地东部罗布洼地上。湖的位置几经改变，但均在罗布洼地范围内。属断陷构造湖。湖面海拔768米。罗布泊形成距今不到100万年，全盛时期，面积5 300平方千米。后来由于这里气候变干，入湖水量大减。罗布泊曾以神秘的游移湖著称于世，湖盆位置和积水轮廓存在南北向的摆动。当塔里木河向北摆动，通过汉流与孔雀河相连时，水就流进北面的洼地，潴水形成北罗布泊(界于北纬40°～41°)；当塔里木河与孔雀河汇合后，向南摆动，河水就向南流入另一洼地，形成南罗布泊(也称台特马湖，界于北纬39°～40°)。新构造运动和人类经济活动等因素，也影响到罗布泊的变化。如20世纪60年代以后，由于中上游发展农业生产，扩大绿洲面积，拦截和引走塔里木河和孔雀河大量河水，下泄水量减少，塔里木河河水流到阿拉干就已断流，孔雀河河水到达营盘附近就逐渐干涸，从而使罗布泊演变成各类盐壳的荒原。

1995年在罗布泊拗陷罗北凹地发现超大型钾盐矿床，2004年建成硫酸钾工厂。

罗布泊文书 documents from Lop Nur 中国新疆若羌县楼兰故城及周围地区出土的魏晋时期简牍和纸质文书。因出土地位于罗布泊西北而得名。先后发现5批，总数600余件，其中简牍400多件，纸质文书100多件。现藏于瑞典、英国、日本和中国新疆等地的博物馆和图书馆。罗布泊文书以汉文文书为主，共576件；还有49件佉卢文(犍陀罗语)文书。汉文简牍和纸质文书中有纪年者48件，上起曹魏嘉平四年(252)，下迄前凉建兴十八年(330)，以270年前后的最多。内容主要是当地行政机构和驻军的各种文书和公私信件，前者如朝廷诏令、行政长官西域长史和军事长官都督的衙署公文等。佉卢文简牍和纸质文书的时代主要集中在鄯善安归迦王(247～282或267～303)时期，内容涉及案件审理、土地买卖和公私信件等。有些文书中还有安归迦王的名字和一些职官的名称。罗布泊文书的发现，对研究魏晋历史，尤其是楼兰和西域史、中西交通史、书法史及语言学等有重要意义。

罗常培 Luo Changpei (1899-08-09～1958-12-13) 中国语言学家、教育家。满族。字莘田，别号恬庵。北京人。卒于北京。1919年于北京大学中国文学系毕业后，又在哲学系学习了两年。先后在西北大学、厦门大学和中山大学任教。1929年任中央研究院历史语言研究员。1934年任北京大学教授。1944年赴美国讲学，1948年回国后，继续在北京大学任教，同时兼任该校文科研究所所长。1950年任中国科学院语言研究所所长。罗常培在少数民族语言研究、方言调查、音韵学研究各方面都做了许多开拓性的工作，并有突出贡献。在汉语音韵学方面，他用现代语音学理论，对音韵学的一些术语作出科学的阐释，使音韵学从某些玄虚笼统的概念中解脱出来。他的一系列音韵学方面的论著，提出了许多独到的见解，把这门学问提高到一个新的科学水平。著有《厦门音系》、《唐五代西北方音》、《临川音系》等十几种专著，《切韵探赜》、《知彻澄娘音值考》、《〈中原音韵〉声类考》、《释重轻》等50多篇论文，并与赵元任、李方桂合译瑞典学者高本汉的《中国音韵学研究》一书。

罗城仫佬族自治县 Luocheng Mulao Autonomous County 中国广西壮族自治区河池市辖自治县。仫佬族主要聚居地。位于自治区北部。面积2 639平方千米。人口37万(2008)，有汉、仫佬、壮、瑶、侗、苗等民族。宋开宝五年(972)始置罗城县。1983年改为罗城仫佬族自治县。矿产有煤、铁、铜、铅、锌、锡、石棉、硫、磷等。农业主产稻谷、玉米、烟草、桐油等。特产有山茶、香菇、木耳、沙田柚、甜竹等。工业有采矿、冶金、建材、农机、粮食加工等。风景名胜有怀群剑江风光、柴龙瀑布、怀群穿岩和崖宜风光等。

罗大冈 Luo Dagang (1909-05-21～1998-03-17) 中国翻译家、外国文学研究家。生于浙江绍兴，卒于北京。1933年毕业于北平中法大学文学院，同年公费保送留学法国，先后在里昂大学和巴黎大学获文学硕士和博士学位。1942～1946年旅居瑞士。1947年回国，先后在南开大学、清华大学、北京大学等大学任教授。1953年入中国科学院文学研究所，后入外国文学研究所(1964年后)任研究员。

旅居瑞士期间，他致力于将中国古典文学介绍给法国读者，自选并用法文翻译的《唐人绝句百首》、古代小说《古镜记》，以及用法文撰写的中国古代7位诗人的评传《先是人，然后是诗人》等3部作品，均在瑞士出版。回国后，主要从事法国文学的翻译和评论。主要译作有罗曼·罗兰的长篇小说《母与子》(上卷1980，中卷1986，下卷1987)，C.-L.de S.孟德斯鸠的《波斯人信札》(1958)，以及《艾吕雅诗钞》(1954)、《阿拉贡诗文钞》(1956)、《拉法格文学论文集》(1962)等。并有专著《论罗曼·罗兰》(1979初版，1983修订版)及研究法国文学的论文多篇。出版有《罗大冈论著自选集》(1991)、《罗大冈文集》(4卷，2004)。此外，还有中文诗集《无弦琴》、法文诗集《破盆中的玫瑰》、散文集《淡淡的一笔》、《罗大冈散文集》等。

罗丹 Rodin, Auguste (1840-11-12～1917-11-17) 法国雕塑家。生于巴黎，卒于默东。幼时家境贫寒，14岁考入图画学校学习，得装饰雕塑家J.-B.卡尔波的启蒙。罗丹早年对绘画的兴趣曾大于雕塑，由于绘画费用太大，因而毕业后进入动物雕塑家A.L.巴里门下深造。1864年，转到A.-E.卡里埃-贝勒斯工作室当助手，1871年协助卡里埃-贝勒斯为布鲁塞尔商会和比利时学院做装饰性雕塑。1875年旅行意大利，米开朗琪罗的杰作使他扩大了艺术视野，逐步脱离了学院派的虚构和理想化的表现程式。1877年到法国北部旅行，悉心研究中世纪哥特式的建筑和雕塑，使他在艺术上获得长足进步，确立了自己的创作方法。罗丹早期的代表作有《青铜时代》(1876)、《施洗约翰》(1878)等，赋予法国雕塑以写实主义的表现方法和生活的激情。

1880年，罗丹接受国家订件，为巴黎装饰艺术博物馆的大门及两侧门框做浮雕装饰，他从但丁的《神曲》得到启发，决定以《地狱篇》作为题材，因此这一艺术构思又被称为《地狱之门》。《地狱之门》共有186个人体，几乎包括了他在1880年以后所做的许多重要作品，如《思想者》、《乌戈利诺和他的儿子们》、《吻》、《永恒的偶像》等。这个宏伟的工程，耗去罗丹37年时间。由于种种原因，直到他去世，这件作品没有最后完成，但围绕这个构思的许多作品，是罗丹留下的一笔宝贵的艺术遗产。

1884年罗丹完成作品《加来义民》，以纪念6位义民的功勋和表彰他们的爱国主义精神。这座纪念碑的问世，使罗丹获得了世界声誉。

雨果逝世以后，罗丹为巴黎先贤祠设计了雨果纪念像，刻画了伟大作家深远而痛苦的精神状态，表达了雨果从悲剧世界中看到人类未来的信念。1891年，罗丹接受了创作巴尔扎克纪念碑的任务。由于他在纪念碑中全新的表现手法，在当时学院派的操纵下，文学家协会否决了他的设计稿。罗丹把呕心沥血创作的《巴尔扎克》送到巴黎自己的寓所。在罗丹逝世以后，在舆论的要求下，《巴尔扎克》铸铜塑像才在巴黎竖起。

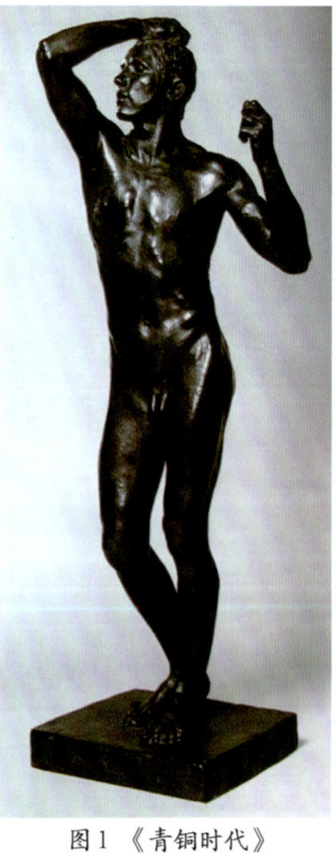

图1 《青铜时代》

图2 《地狱之门》(1880～1917)

罗丹在逝世前一年，决定将自己的作品全部赠送给国家，现收藏在巴黎的罗丹博物馆。

罗丹是富于浪漫主义精神的现实主义者，他用多样的手法和新颖的构思，进行了大量创作，丰富了雕塑艺术的表现领域。他的创作对欧洲现代雕塑的发展产生了不可低估的作用。有《艺术论》传世。

罗德城 Road Town 英属维尔京群岛首府和最大城市。位于托尔托拉岛南海岸。约9 600人(2006)。为英属维尔京群岛的主要港口、行政中心和旅游中心。周围有甘蔗种植园。轮船可达美属维尔京群岛的夏洛特阿马利亚和圣克罗伊岛。有威克哈姆珊瑚礁旅游地，并建有海底公园。

罗德里克 Roderick, John Prescott (1914-09-15～2008-03-08) 美国记者。生于缅因沃特维尔，卒于火奴鲁鲁。1936年科尔比学院毕业。1937年进入美联社。1945年任美联社驻重庆记者。数次访问延安，采访了毛泽东、刘少奇、朱德、周恩来等中国共产党领导人，并撰写了长篇通讯。1948年后在中东、伦敦、巴黎、越南、香港、东京等地工作。罗德里克是美国新闻界著名的中国问题专家。在中日、中美建交时也曾来中国进行采访、报道。1979年3月任美联社北京分社首任社长。1980年4月11日对邓小平进行专访。著有《关于中国》、《你对中华人民共和国应该知道的情况》等。

罗蒂 Rorty, Richard (1931-10-04～2007-06-08) 美国新实用主义哲学家。生于纽约，卒于加利福尼亚州帕洛阿尔托。1956年获耶鲁大学哲学博士学位，1961年起在普林斯顿大学任教。原来学习与研究分析哲学，曾编辑出版了《语言学转折》一书（芝加哥，1967）。1982年他辞去了终身的哲学教席，到弗吉尼亚大学任社会人文科学教授。罗蒂认为，柏拉图以来的传统哲学，一直为“心灵是世界的镜子”这一错误观念所指引，总是企图探求超越经验意见的真实知识，发现现象背后的绝对实在。这样哲学便被称为“科学之科学”，被视作人类知识大厦的基础。其实，这一切都是由虚构的心物二元对立的前提推论出来的。所以，对这种传统的超越，将促成一种后哲学文化。著有《哲学与自然之镜》、《实用主义的后果》、《偶然性、讽刺性和亲和性》等。

罗缎 tussores 布面呈现凹凸明显的横条罗纹的棉织物。因布面光亮如缎而得名。质地厚实，宜作外衣、童装、装饰用料，有时也用作绣花底布制作绣花鞋。常见罗缎采用经细纬粗，经纱为13.9特×2(42/2英支)股线，纬纱为27.8特×3（21/3英支）股线。坯布须经漂练、丝光、染色或印花整理加工。罗缎有三种：纱罗缎经纬纱采用单纱，纬向双根织入，用绉组织织制，布面横向罗纹明显，故又称横罗；花罗缎因布面花纹美观而得名；四罗缎以经烧毛的精梳纱为经纱，采用比经纱粗很多的纬纱，用平纹组织织制。罗缎的原料除棉外，还可经向采用涤纶长丝加氨纶或锦纶长丝加氨纶，纬向采用粗的棉或人造棉，织制成弹力涤棉（黏）罗缎、锦棉（黏）罗缎。

罗尔纲 Luo Ergang (1901-01-29～1997-05-25) 中国历史学家。广西贵县（今贵港市）人。卒于北京。1930年中国公学毕业后，先为校长胡适整理其父遗稿，后在北京大学文科研究所考古室、国立中央研究院社会科学研究所工作。1950年起，在南京筹建太平天国历史博物馆。他虽于1954年调到中国科学院近代史研究所，但至1964年方回北京。

罗尔纲初从胡适学考据，学习西方科学方法。继入北大考古室，考订金石，深受乾嘉学派特别是钱大昕精微缜密考据方法的影响。他治学善于独立思考，敢于打破成说。著有《水浒传真义考》、《李秀成伪降考》、《洪大泉考》、《清朝统治阶级诬蔑太平军杀人放火奸淫掳掠考谬》、《太平天国史料里第一部大伪书〈江南春梦庵笔记〉考伪》等文章。1937年第一部著作《太平天国史纲》出版，被评为“具备时、地、人条件的好著作”。

罗尔纲所著论文400余篇，著作40余种，约500万字。编纂太平天国文献资料，约3 000万字。代表作有《金石萃编校补》、《绿营兵志》、《湘军兵志》、《太平天国史论文集》(10集)、《困学集》、《李秀成自述原稿注》、《太平天国史》、《水浒传原本·著者及其影响》、《罗贯中水浒传原本》等。

罗尔斯 Rawls, John Bordley (1921-02-21～2002-11-24) 美国当代政治哲学家、伦理学家。生于马里兰州巴尔的摩，卒于马萨诸塞州列克星敦。1943年毕业于普林斯顿大学，后参军赴太平洋战场参战；战后返回母校攻读研究生，1950年获该校哲学博士学位，随即留校执教；两年后转入康奈尔大学；1960年受聘于麻省理工学院；1962年受聘为哈佛大学哲学讲座教授，一直到1991年退休。罗尔斯的代表作有两部：一部是1971年发表的《正义论》。该书提出并且系统建构了一种以替代功利主义目的论伦理的“作为公平的正义”伦理学，奠定罗尔斯作为当代最重要的伦理学家的地位，罗尔斯本人也因此被视为当今西方新自由主义的理论领袖。另一部是1993年出版的《政治自由主义》。该书在回应各种有关《正义论》的批评之基础上，将“作为公平的正义”理论重铸为“政治自由主义”哲学，实现了从正义的社会政治伦理向自由主义政治哲学的转向和扩展，被看作当代政治哲学的经典教科书。罗尔斯创造性地改造了西方近代社会契约论的道德哲学推理方法，借助于I.康德的“道德建构主义”理论资源，建立了公平正义的道义论伦理学。通过理论、制度和目的三个层次的严密论证，罗尔斯构造了一个庞大的正义伦理系统。还著有《万民法》、《作为公平的正义》等。

罗富和 Luo Fuhe (1949-09～) 中国人民政治协商会议全国委员会副主席，中国民主促进会中央委员会常务副主席。广东广州人。研究生学历，教授。1968～1973年为广州军区生产建设兵团四师十团战士。1973～1976年在广东农林学院学习。1976～1989年任广东农林学院助教、副教授、教务处副处长(其间:1981～1983年为芬兰赫尔辛基大学农林学院硕士研究生；1988～1989年在芬兰林科院学习)。1989～1998年任华南农业大学副校长（1995年被评为教授）。1998～2001年任广东省科委副主任、广东省科技厅副厅长。2001～2008年任广东省农科院院长。2002～2008年任民进广东省委会主委、广东省科协副主席。2003～2005年任广东省政协副主席。2005～2007年任民进中央副主席、广东省政协副主席。2007～2008年任民进中央常务副主席、广东省政协副主席。2008年任全国政协十一届副主席。是八届、九届、十届全国人大代表。

罗浮山 Luofu Mountain 中国岭南四大名山之一。又称东樵山。与佛山市南海区西樵山享有“南粤名山数二樵”的盛誉。地跨博罗、增城、龙门县市，纵横250千米，一般海拔800米左右。主峰飞云顶海拔1 281.2米。罗浮山地处北回归线南侧，热量充足，年降水量达1 800～2 000毫米。山地多雾，湿度大，植物种类繁多。山地垂直景观显著。300米高度以下主要为耕作区，山脚为冲积水稻土，旱地多红壤。300～800米为亚热带常绿阔叶林，常见的树木有樟、乌桕、风栗、木荷、红椎、鸭脚木、厚壳桂等。700～800米以上多为山地黄壤，生长五列木、吊钟花、杜鹃等灌木矮林和草坡。山上有多种名贵药材，历来为采药和制药重地。有冲虚观、葛洪炼丹灶、洗药池等遗迹。抗日战争时期，罗浮山曾是广东抗日游击队东江纵队司令部驻地。由于降水丰富，在山地发育的溪涧、瀑布、泉水极为壮观；共有432个形态各异的大小峰峦，构成朱明、桃源、夜乐等18洞天和白水漓、水帘洞等980多处飞瀑幽泉。

罗干 Luo Gan (1935-07～) 中国共产党中央政治局常务委员会委员，中华人民共和国国务院国务委员，中央政法委员会书记。山东济南人。1960年加入中国共产党。1962年5月参加工作。1953～1954年在北京钢铁工业学院压力加工系学习。1954～1955年在德意志民主共和国莱比锡卡尔马克思大学学习德语。1955～1956年在德意志民主共和国莱比锡钢铁厂、金属铸造厂实习。1956～1962年在德意志民主共和国富莱堡矿冶学院机械铸造专业学习。1962～1969年任第一机械工业部机械科学研究院课题组组长、技术员。1969～1970年下放第一机械工业部“五七”干校劳动。1970～1980年任第一机械工业部机械研究院漯河筹备处室主任，第一机械工业部郑州机械研究所副所长。1980～1981年任河南省进出口委员会副主任、省科委主任。1981～1983年任河南省副省长、省委书记(当时设有第一书记)。1983～1988年任中华全国总工会副主席、书记处书记、党组副书记。1988～1993年任劳动部部长（1988年4～12月），国务院秘书长、机关党组书记，中央国家机关工委书记。1993～1997年任国务委员，国务院秘书长、机关党组书记，中央国家机关工委书记，中央政法委员会副书记。1997～1998年任中共中央政治局委员、中央书记处书记，国务委员兼国务院秘书长、机关党组书记，中央国家机关工委书记，中央政法委员会副书记。1998～2002年任中共中央政治局委员、中央书记处书记，国务委员、国务院党组成员，中央政法委员会书记。2002年至2003年3月任中共中央政治局常委，国务委员、国务院党组成员，中央政法委员会书记。2003年3月至2007年任中共中央政治局常委，中央政法委员会书记。是中共第十二届中央候补委员，第十三至十六届中央委员，第十五届中央政治局委员、中央书记处书记，第十六届中央政治局委员、常委。

罗格 Rogge, Jacques (1942-05-02～) 比利时体育活动家、医学博士、矫形外科医生。国际奥林匹克委员会第8任主席。生于根特。通晓荷兰、法、英、德、西班牙5种语言。擅长帆船运动、橄榄球运动。作为帆船项目选手先后参加过1968、1972和1976年3届奥林匹克运动会，还参加过世界和本国的一些帆船赛事，获1次世界冠军、2次世界亚军和16次国家冠军。多次入选国家橄榄球队，参加该项目世界大赛。曾任比利时国家奥委会主席。1989年当选欧洲奥委会主席。1991年当选国际奥委会委员，1998年任执委会委员。2001年7月16日在莫斯科举行的国际奥委会第112次全会上当选国际奥委会第8任主席。他将重振体育运动的伦理道德视为己任，力主体育远离政治，保持国际奥委会的独立性。坚持奥运理想，促进发展中国家的体育事业，在体育领域消除富国和穷国的差别，减少专业与业余的差别。主张严惩腐败，严禁兴奋剂，防止奥运会过度商业化等。曾多次访问中国。

罗工柳 Luo Gongliu (1916-01-05～2004-10-23) 中国油画家、美术教育家。生于广

东开平，卒于北京。1936年考入**杭州艺术专科学校**学习绘画。抗日战争爆发后，投入抗敌宣传活动。1938年到延安，入鲁迅艺术文学院，任《新华日报（华北版）》美术编辑，从事版画创作。1946年到华北联合大学文艺学院任美术系主任。1949年参加**中央美术学院**创建工作。1953年任该院绘画系主任。1955～1958年，在苏联列宁格勒列宾绘画雕塑建筑学院进修。回国后继续任教于中央美术学院，并任中国美术家协会书记处书记。1976年后，任中央美术学院副院长，当选为中国美术家协会常务理事。罗工柳早年作品以木刻为主，木版水印新年画色彩明艳，内容新颖。1949年后的创作以油画为主。油画《地道战》和《整风报告》，是革命历史画的代表性作品。1959～1962年先后完成的《毛泽东同志在井冈山上》、《井冈山》等作品，追求英雄主义风格。60年代以后，试图把中

《地道战》(1951)

国画写意方法与西方古典油画的写实技巧融为一体，如《姐妹俩》等。罗工柳长期从事美术教育工作，其绘画技法和教学方法对中国油画创作和油画教学有广泛影响。出版有《罗工柳画集》等。

罗贯中 Luo Guanzhong 中国元末明初作家，戏曲家。生卒年不详。名本，字贯中，号湖海散人。生于杭州，祖籍太原。贯中生当元末社会动乱之时，有自己的政治理想，不苟同于流俗，曾参加反元的起义斗争。明朝建立之后，专心致力于文学创作。

今存署名由罗贯中编著的小说有《三国志通俗演义》、《隋唐两朝志传》、《残唐五代史演传》、《三遂平妖传》。《三国志通俗演义》(又称《三国演义》) 是罗贯中的力作，它“文不甚深，言不甚俗”，以宏大的结构描写了三国时期尖锐复杂的政治军事斗争，塑造了曹操、刘备、周瑜、诸葛亮、关羽等众多的栩栩如生的人物形象，揭露了封建统治者的残暴罪行，寄托了人民渴求政治清明、社会安定的愿望。这部长篇小说对后世文学创作影响深远。罗贯中有着多方面的艺术才能，除小说创作外，尚存有杂剧《赵太祖龙虎风云会》。

罗哈斯 Rojas, Manuel (1896-01-08～1973-03-11) 智利小说家。生于阿根廷布宜诺斯艾利斯，卒于圣地亚哥。由于家境贫寒，曾当过工人。1915年任报刊通讯员和见习编辑。1922年起陆续发表文学作品。1924年回智利定居。他在作品《南方的人们》(1926) 和《罪犯》(1929) 中表现了被剥削者的无奈与屈辱。《窃贼之子》(1951) 用第一人称、一个17岁少年的口吻回忆苦儿流浪记式的生活。其他主要作品还有小说《比酒还好》(1958)、《闪光的阴暗生活》(1971)，诗集《行人的歌谣》(1927) 等。

罗汉 Arhat 小乘佛教修行的最高果位。全称“阿罗汉”。按照小乘佛教的说法，阿罗汉为小乘声闻四果的第四果，也称“无极果”。达到阿罗汉果位即能断尽一切烦恼，超脱生死轮回并受到天人供养，是小乘佛教追求的最终目标。在佛教中，又有十六罗汉、十八罗汉、五百罗汉等多种说法，这些罗汉一般是指**释迦牟尼**的弟子。据佛经记载，罗汉受佛祖的嘱托，常住世间，以守护佛法。最初是四大罗汉，后来才有十六罗汉之说。十六罗汉及其名称，最初出自唐玄奘所译《法住记》。此书所记十六罗汉的名称是第一尊者宾度罗跋啰惰阇、第二尊者迦诺迦伐蹉、第三尊者迦诺迦跋厘惰阇、第四尊者苏频陀、第五尊者诺讵罗、第六尊者跋陀罗、第七尊者迦哩迦、第八尊者伐阇罗弗多罗、第九尊者戍博迦、第十尊者半托迦、第十一尊者罗睺罗、第十二尊者那伽犀那、第十三尊者因揭陀、第十四尊者伐那婆斯、第十五尊者阿氏多、第十六尊者注荼半托迦。十八罗汉是由十六罗汉发展而来的，所知最早的十八罗汉像是前蜀人张玄所画。是在十六罗汉之后加上《法住记》的作者庆友和尊者宾头卢。后来，也有加上迦叶尊者、军屠钵叹尊者(或弥勒尊者)的。元朝以后，十八罗汉取代了十六罗汉成为佛寺中罗汉塑像的通常形式。五百罗汉，一般指释迦牟尼去世后参加第一次佛教结集的五百比丘，以大迦叶和阿难为首。还有的说是跟随释迦牟尼听法传道的五百弟子。

罗汉（宋塑）

《罗汉钱》 *Arhat Coin* 中国沪剧作品。作者宗华、文牧、幸之。1952年，由上海市人民沪剧团演出。剧本于1952年发表。剧本取材于**赵树理**的短篇小说《登记》，描写中华人民共和国建立初期，张家庄青年李小晚和张艾艾相恋，互赠罗汉钱和小方戒为爱情信物。他们的恋爱遭到有封建思想的村长和其他一些人的反对。艾艾的母亲小飞娥发现女儿所藏罗汉钱，回忆起自己20年前与保安相爱，被父母强迫嫁给张木匠的辛酸往事。几经周折之后，小晚和艾艾终于圆满结合。全剧通过小飞娥母女的不同遭遇，对比了新旧社会的婚姻制度；并且以老一辈妇女精神上的解放与新一代妇女的幸福婚姻，热情歌颂了新社会。**丁是娥**饰演小飞娥，石筱英饰演五婶，解洪元饰演张木匠，筱爱琴饰演艾艾。1956年，摄制成戏曲艺术片。

罗汉松 *Podocarpus macrophyllus*; yacca-tree/yew podocarpus **裸子植物门**罗汉松科罗汉松属的一种。分布于中国江苏、浙江、福建、安徽、江西、湖南、四川、广东、广西、贵州等省区。日本也有分布。常绿乔木，高达20米，胸径可达60厘米。树皮灰色或灰褐色，成薄片状脱落。枝开展或斜展。叶螺旋状着生，条状披针形，微弯。雌雄异株。雄球花穗状，腋生，常3～5个簇生于极短的总梗上；雌球花单生叶腋，有梗。种子卵圆形。野生的极少，主要栽种于庭园，为观赏树种。材质细致均匀，可作家具、文具和农具等。

罗豪才 Luo Haocai (1934-03～) 中国人民政治协商会议全国委员会副主席。福建安溪人。致公党成员。中共党员。1951年4月至1952年7月在新加坡被英殖民当局监禁。1956～1960年在北京大学法律系学习。1960年后任北京大学法律系助教、讲师、系副主任、副教授、教授。1984～1985年赴美国哥伦比亚大学进修。1986年后任北京大学副校长，北京市侨联主席，中国侨联副主席，北京市人大常委会委员，致公党中央副主席，中国法学会副会长，全国政协副秘书长。1995年任最高人民法院副院长、审判委员会委员。1997年任致公党中央主席（至2007年12月）。1998年当选为全国

政协第九届副主席。1999年任中国和平统一促进会会长。2003年3月在全国政协十届一次会议上当选为全国政协第十届副主席。2007年5月当选为中国人权研究会会长。是全国政协第八届常务委员。

罗杰斯 Rogers, Carl (Ransom) (1902-01-08～1987-02-04) 美国心理学家，美国人本主义心理学的主要代表之一。生于芝加哥附近的奥克帕克，卒于加州拉霍山。1931年获哥伦比亚大学博士学位。先后到俄亥俄州立大学、芝加哥大学、威斯康星大学任教。1962～1963年任行为科学高级研究中心研究员。1946～1947年任美国心理学会主席，1949～1950年任美国临床和变态心理学会主席，还担任过美国应用心理学会第一任主席。

1927年后，罗杰斯主要从事咨询和心理治疗的实践和研究，首倡患者中心治疗，并提出人格的"自我理论"。1956年提出心理治疗客观化的新方法，并因此获得美国心理学会的卓越科学贡献奖，1972年又获美国心理学会卓越专业贡献奖。

主要著作有：《咨询和心理治疗：新近的概念和实践》(1942)、《患者中心治疗：它的实施、含义和理论》(1951)、《在患者中心框架中发展出来的治疗、人格和人际关系》(1959)、《论人的成长：一个治疗者的心理治疗观》(1961)、《学习的自由》(1969)。

罗杰斯 Rodgers, Richard (1902-06-28～1979-12-30) 美国音乐剧作曲家。生于长岛，卒于纽约。罗杰斯自幼喜欢歌舞，故在1919～1921年间他选择每年均有校园音乐剧制作的哥伦比亚大学就读。1921～1923年，罗杰斯又到纽约音乐艺术学院学习作曲、和声等课程。20年代初，罗杰斯便和L.M.哈特合作推出音乐剧《盖瑞克狂欢》，其音乐才华得以初现。1927年，他又与哈特合作创作了音乐剧《康涅狄格州的美国佬》，从而奠定了其在百老汇的地位。罗杰斯作曲的音乐剧有很多，其中最有影响的有《俄克拉何马》、《国王与我》、《音乐之声》等。

罗经 compass 测定方向基准的仪器。船舶用罗经以确定航向和观测物标方位。罗经分为磁罗经和陀螺罗经两种。航海船舶通常都装有两种罗经。磁罗经是利用磁针指北的特性而制成。指南针即是原始的磁罗经。用于航海的指南针又称罗盘。罗经有磁差，是由于地磁极与地极不一致而存在于磁北和真北之间的夹角，即磁偏角。海图上的罗经花均标注有本地磁差和年变化率，使用磁罗经时可据以修正读数。

陀螺罗经又称电罗经，是利用陀螺仪的定轴性和进动性，结合地球自转矢量和重力矢量，用控制设备和阻尼设备制成以提供真北基准的仪器。

航行船舶上的陀螺罗经会因船舶运动而产生很多误差，如速度差、冲击误差、摇摆误差、纬度误差以及由于安装产生的基线误差等，需采取相应措施加以消除或校正。

《罗兰之歌》 *Chanson de Roland* 法国中世纪英雄史诗武功歌的代表作品。流传许多抄本，以牛津大学收藏的12世纪手抄本最为完善。全诗长4 002行，分291节，用当时的民间语言罗曼语写成。诗的结构分为3个部分：第1部分序幕，写加奈隆投敌叛变；第2部分高潮，写骑士罗兰率领的两万骑兵遇上敌人伏击，全军覆没；第3部分尾声，写对叛徒加奈隆的惩罚。查理大帝是贯穿全诗的中心人物，是人民理想的君主形象。罗兰忠君爱国，为了保卫疆土不惜战斗到流尽最后一滴血，是理想的封建骑士的形象。《罗兰之歌》反映了人民要求法兰西王国既无外侮又无内乱，建成一个使人民能安居乐业的统一的强大帝国的愿望。全诗宗教色彩浓厚。

《罗兰之歌》插图

罗勒 Roller, Alfred (1864-10-02～1935-06-21) 奥地利舞台美术师。最初在维也纳工艺美术学校任教，后历任维也纳宫廷歌剧院舞台美术师，维也纳城堡剧院和国家歌剧院舞台美术设计室主任。他认为19世纪的"封闭式舞美设计"是一切弊病的根源，第一个把A.阿庇亚和E.G.克雷格关于空间舞台技巧的知识运用于舞台实践。他同M.莱因哈特的合作成就尤为显著。罗勒克服了舞台上的幻觉主义，用"罗勒塔"将舞台平面分割成若干表演区，对舞台美术后来的发展产生了影响。

罗利 Raleigh 美国北卡罗来纳州首府。位于该州中部。海拔111米。市区面积296.8平方千米，人口39.26万(2008)；大都市区人口157.85万(2008)。1788年选定城址，1792年州首府从海滨迁此建城，1795年设市。教育、科研中心。以罗利为中心包括大都市区内的达勒姆、查帕尔希尔两小城的科研三角园区，分别以北卡罗来纳州立大学、杜克大学和北卡罗来纳大学三所名校为依托，于1959年创建，主要从事半导体、电信、化学、生物技术、药品等方面的科学研究和技术开发。主要工业部门有纺织、电子设备、计算机、化工、制药、食品加工等。有罗利－达勒姆国际机场，公路、铁路交通便利，为州内东部零售货物运输和食品批发销售中心。每年10月举行北卡罗来纳州博览会。市内绿地广布，尤多橡树，有"橡树城"之称。市中心的州议会大厦(1840)被认为是希腊复兴式建筑的典范。有艺术、历史、自然科学等多所博物馆。美国第17任总统A.约翰逊于1808年诞生于此城。

罗隆基 Luo Longji (1898～1965-12-07) 中国爱国民主战士，政治活动家。字努生。江西安福人。卒于北京。1921年毕业于清华大学，后赴美国、英国留学，获得博士学位。1928年回国后历任光华大学、南开大学、西南联合大学等大学教授，《新月》杂志主编，北京《晨报》社社长，天津《益世报》主笔等职。1931年与张君劢组织再生社，出版刊物《再生》。1932年再生社改组为中国国家社会党。1941年参加组织中国民主政团同盟（后改称中国民主同盟）。曾任《民主日报》社长，国民参政会参政员。1946年作为民主同盟代表出席在重庆召开的政治协商会议。1949年9月出席在北平召开的中国人民政治协商会议第一届全体会议。中华人民共和国建立后，历任中央人民政府政务院政务委员，森林工业部部长，中国民主同盟中央副主席，第一届全国人大代表，第一届、第二届全国政协常委，第三届、第四届全国政协委员等职。1957年被划为右派。

罗马 Roma 意大利首都和最大城市，历史名城。拉齐奥区首府。位于亚平宁半岛中南部西侧，特韦雷河下游的丘陵和平原上。市域面积1 507余平方千米。人口274.25万(2010)。

城市跨特韦雷河两岸，下接沿海平原，东北和东侧为低山丘陵。气候冬季温暖湿润，夏季炎热干燥。以谷物（小麦）和果品园艺（葡萄等）为主的农业生产比较发达。

公元前2000年左右，罗马人从东北移居特韦雷河一带，前8～前4世纪在特韦雷河左岸修筑城堡，形成早期的罗马城。后遭伊达拉里亚人、腓尼基人、古希腊人先后入侵。前510年，为罗马共和国都城。前4～前3世纪，领土迅速扩张，直至控制了意大利半岛。前1世纪废除共和制，为罗马帝国京城。随后，城市文化和建筑艺术空前发展。公元4世纪为西罗马帝国都城。535年后，频繁战争使城市趋于衰落。756～1870年为教皇国首都。14～15世纪，罗马成为文艺复兴的中心。1871年成为意大利王国首都。1929年意政府将梵蒂冈划归罗马教廷。由于适中的地理位置、东西贸易的密切往来，城市人口增长很快，城市范围亦随之日益扩大。

城市经济以服务业为基础。约2/3的就业人口受雇于政府机构、旅游业、商业、银行、运输以及国际机构与跨国公司总部。工业主要以轻型工业为主，有食品、服装、印刷、建筑、精密机械、医药与影视等。工业分布在罗马古城外围，多集中于市西北部和罗马新城郊区。全国交通枢纽。有铁路、公路通热那亚、都灵、米兰、威尼斯、那波利和佛罗伦萨等。对外经济联系亦较便利，西北沿海的奇维塔韦基亚为其主要港口。有两个国际机场。

世界著名的历史文化名城。城市分古城和新城两部分。古城位于7座山丘上，主要位于奥勒利安城墙内（面积约10平方千米）。罗马帝国时期的古都遗迹，大多集中在帝国大道两侧，那里矗立着帝国的元老院、罗马万神庙、贞女祠、凯撒庙、君士坦丁凯旋门、凯旋柱、罗马竞技场等。附近还有古罗马广场、圣安琪尔古堡等。坎切莱里亚宫与法尔内塞宫是最著名的两座宫殿。古城内艺术喷泉众多，最著名的是特雷维喷泉。此外，司法宫、戴克里先公共浴场、潘提翁神殿、纳沃那广场、图拉真广场等亦是游客集聚的地方。1980年罗马，包括古城在内的罗马历史中心作为文化遗产被列入《世界遗产名录》。新城位于古城以南，始建于20世纪20年代，50年代中期基本建成。它是一座拥有摩天大楼的现代花园城市，称为新罗马的厄尔区，设有不少政府机构。

全国文化教育中心。有创建于1303年的罗马大学等综合性高等学府，并以多艺术类高等学校为特色。博物馆众多。

罗马地下墓窟 Catacombs of Rome 早期基督教徒的地下墓群。分布在意大利罗马城内和郊外。2世纪开始修造，410年外敌攻掠罗马城后停建。1578年被偶然发现。墓窟作通道式，修建于易开凿的火山岩层，一般深入地下10～20米，墓道一般宽1～1.3米，高2～6.7米，在交叉处开有明洞或风口。墓窟两壁开凿横列条式墓穴，遗体置于其中，外堵石块，通常无随葬品和葬具；重

罗马圣卡利克都斯地下墓窟

要人物设龛式墓穴，在墓道一侧开凿高3～5米的小间，并于地面或壁面凿穴放置遗体。地下墓窟原是私人墓地，后归教堂或主教管理，墓道逐渐延伸，纵横交错，长数千米。现已发现的罗马地下墓窟有40多处，其中城南郊的圣卡利克都斯墓窟规模宏大，内有据传属11个教皇的龛墓。此外，在地下墓窟中还存有2～4世纪的表现耶稣形象和圣经传说故事的简单壁画、题刻和宗教图签等，是研究早期基督教历史和美术的重要资料。

罗马帝国 Roman Empire 公元前27年至公元476年占据整个地中海地区的古代罗马国家。见古代罗马。

罗马法 Roman law 自罗马奴隶制国家形成至拜占廷（东罗马）皇帝查士丁尼的罗马奴隶制法。它是商品生产者社会的第一个世界性法律，对后世西方国家的法律具有重大影响。

罗马法的渊源 ①在王政时代，构成罗马法的有人民大会的法律和平民大会的法律。共和时代末叶，元老院的决议逐渐取代了王政时代人民大会和平民大会的法律。

②《十二铜表法》。共和时代的罗马法主要是《十二铜表法》。公元前451年制定法律十表，第二年又补充二表。这就是有名的《十二表法》。因各表系由青铜铸成，故习惯上称《十二铜表法》。这是古罗马第一部成文法典。《十二铜表法》颁布以后，作为共和时期罗马法律的渊源，即以此为主；除此而外，还有习惯法、人民大会及平民大会通过的法律、元老院决议、法学家的解答和裁判官的告示。

③大官法。裁判官告示主要指内事裁判官的告示。内事裁判官是主管罗马市民相互间诉讼案件的法官，到职时照例颁布有关诉讼程序的规则，继任的裁判官均须尊重前任已经颁发的告示，只可对它略加补充，不得重新颁发同它相抵触的新的告示。内事裁判官的告示，以及外事裁判官、罗马警监、外省省长的告示，统称大官法。

④敕令和法典。到了帝国时代，逐渐由皇帝独揽立法大权，法律、法令均采用皇帝敕令的形式。法典的编纂也取决于皇帝的意志。在查士丁尼以前，罗马帝国曾编成3部法典：一为约公元294年编的《格雷戈里安努斯法典》；二为约公元324年编的《海摩格尼安努斯法典》；三为公元438年颁布的《狄奥多西法典》。

⑤《查士丁尼民法大全》。查士丁尼时编纂的法典，是东罗马帝国即拜占廷帝国的第一部法典。它包括《查士丁尼法典》、《学说汇纂》和《法学阶梯》3个部分，后两个部分以法学为主要内容。从534年直到查士丁尼逝世时的法律，总称《新律》，经编纂，作为法典的第四部分。以上4个部分，从12世纪开始，被人总称为《查士丁尼民法大全》（一译《查士丁尼国法大全》）。

⑥市民法、万民法及其统一。开始，罗马法只适用于享有市民权的罗马市民，故称为市民法。市民以外的外来人和被征服地区的居民，其相互间及其与罗马市民之间的法律关系，另由外事裁判官审理，形成一种与市民法不尽相同的法律，称为万民法。随着罗马版图的扩大和社会经济的发展，卡拉卡拉皇帝于公元212年，承认自由民中的非罗马市民一律享有市民权，与罗马市民同样适用市民法。至216年，万民法遂统一于市民法，从而宣告了罗马法的统一。

罗马法的基本内容 罗马法明确规定权利主体的权利能力、行为能力及其相互间有关亲权、财产权的法律关系，也就是民事法律关系。罗马法与罗马民法实际上是同义词。后代列入诉讼法领域的有关诉讼权和诉讼程序的规定，在罗马法上也被列入民法范围。罗马民法分“人法”与“物法”两大部分。

罗马法的人法主要规定人的权利能力与行为能力。作为权利能力骨干的，首先是自由权。奴隶被认为是“物”，没有自由权，也没有其他任何权利。

罗马法把家庭成员分为自权人与他权人。每一家庭中，只有一个被称为家父的男人是自权人，他在家庭中享有绝对的权力，称为家父权；其他家庭成员，包括其配偶、子女等人，都是他权人，他们的权利，包括其子侄的夫权、亲权等，均被认为已被家父权所吸收，由其代为行使。

凡有效地行使法律所赋予的权利的能力，即行为能力。某些人，如未达结婚年龄的人、精神病人，均为无行为能力人，

只能由为他们分别设置的监护人、保佐人代为完成有关财产管理的法律行为。另有某些人，如妇女，是限制行为能力人，不能单独完成有效的法律行为。罗马法自共和时代还承认某些团体得为权利义务的主体，逐步形成了一种后世所称的法人制度。法律承认这些团体在一定范围内享有权利能力，并借助于其代理人的行为体现其行为能力。

罗马法的物法规定各种财产权，又分为物权、债权和继承权。罗马法的物权又有自物权与他物权之分。作为自物权，只有所有权一种，它属于物权的主要部分。被承认为他物权的，主要有役权、永佃权、典当权、质权、抵押权等，都是在他人所有物上设定的物权。役权又分对特定地提供利益的地役权以及对特定人提供利益的人役权，各自包括多种多样的享役和供役的权利义务关系。

债权在罗马法上属于对人权，债权人只能通过债务人的作为或不作为行使其权利，与直接对物行使的物权存在着严格的区别。债权关系的发生，基于法律规定和当事人间的契约，即法定原因和约定原因。买卖、租赁、合伙、委任等，都属于商品流通方面不可缺少的契约关系。罗马法关于各种契约均有较详细的规定，更在准契约问题上体现了一定的创造性，这主要表现在无因管理与不当得利可以成为债的发生原因。关于债的履行，特别是有关债权人和债务人的迟延责任问题，亦有较详尽的规定。

由于继承权关系到财产权的转移，所以被列为物法的组成部分之一。继承包括遗嘱继承与法定继承两种，以遗嘱继承为主。罗马法对于遗嘱的内容和形式以及法定继承人的次序、应该继承的份额等项，均有详细规定。

罗马法的影响　罗马法虽属奴隶制社会的产物，但由于它对反映简单商品生产的各种法律关系作了详尽的规定，因而也就包含着资本主义时期的许多法律关系，因此，它对资本主义民法领域具有很大影响，特别是在属于大陆法系的许多国家，其影响更加显著。

罗马古城　Ancient Rome　古罗马时代都城。得名于传说中的建城者罗慕卢斯。遗址位于今意大利罗马市区内，濒临台伯河。年代为公元前7世纪至公元5世纪。为古代世界最大城市之一。城市核心部分在中世纪时逐渐荒废，文艺复兴后得到保护清理，虽然大部分遗址已埋在现罗马街区下，但遗址中心的罗马广场及其周围一带已辟为国家公园，可供游人观赏。

据罗马历史传说，罗慕卢斯于前753年建罗马城，但目前考古工作证明，罗马地

罗马古城广场遗址

区在公元前1500年的微兰诺微文化时期已形成农业村落。前8世纪以后，居民增加。前7世纪末或前6世纪初，罗马建立奴隶制国家，始建罗马城。前510年，罗马废除王政建立共和，至前4世纪成为意大利中部强国，城市建设亦初具规模。前378年扩建城墙，市区已包括帕拉蒂诺、卡皮托利诺、埃斯奎利诺等7座山丘（史称七丘之城），南北长约6 200米，东西宽约3 500米，呈不规则状。至共和后期，罗马统治了整个地中海区域，罗马城也迅速扩大。前1世纪后，罗马成为古代最大城市之一。3世纪时，有人口80万～120万。

罗马城于410年首次被外敌攻陷，后又多次遭受攻掠，日趋荒废。现存的主要建筑遗迹有罗马广场及卡皮托利诺山建筑群、帕拉蒂诺皇宫、罗马竞技场、罗马万神庙、引水道、皇帝广场群、道路、浴室、图书馆、剧场等。罗马广场呈长方形，东西长约280米，南北宽190米，东端有圣道通达城门，周围有维纳斯－罗马神庙、君士坦丁大会堂、罗慕卢斯神庙、凯撒神庙、萨图恩神庙、罗斯特拉演讲台、库里亚会堂等建筑，广场中及圣道上还有多座纪念柱和凯旋门（见罗马凯旋门），大部分仅存地基、柱础或少数墙垣、石柱。帕拉蒂诺皇宫建于罗马广场西南的帕拉蒂诺山上，包括大量厅堂、浴室及赛车场、剧场等庞大建筑群，现已为废墟。在罗马广场西南不远耸立着的竞技场，采取椭圆形剧场的形式，内部可容四五万观众，是古代最宏大的剧场建筑。

罗马城的建筑宏伟壮丽，具有极高的科学水平。其装饰浮雕和雕像直接影响了文艺复兴的发展，也对欧洲近代文化的形成起了重大作用。1980年，包括罗马古城在内的罗马历史中心作为文化遗产被列入《世界遗产名录》。

罗马国家现代艺术馆　Roma National Gallery of Modern Art　意大利现代艺术收藏馆。以收藏新古典主义、马基亚伊奥利画派、未来主义、形而上画派、抽象主义等19～20世纪的绘画作品为主，另外还藏有M.罗索、M.马里尼的雕塑以及其他国家的艺术作品。

《罗马假日》　*Roman Holiday*　美国故事片。派拉蒙影业公司1953年出品。编剧I.麦克莱朗、J.迪顿，导演威廉·惠勒，摄影弗·普兰纳、亨·亚历坎，主演奥黛丽·赫本、格利高里·派克。此片是一部极受观众欢迎的轻松喜剧片。影片借助于传统的叙事母题，即贵族子弟流落民间引发的事件与误会构成矛盾冲突，其中许多喜剧性情节构思巧妙。著名影星赫本与派克的表演更为此片增色不少。影片获1953年第26届奥斯卡金像奖最佳女主角、最佳故事片、最佳黑白片服装设计等3项奖。

罗马教廷　Curia Romana　协助教皇处理政教事务、管理普世天主教会的机构，梵蒂冈城国的政府。简称教廷。罗马教廷从古代罗马主教府发展而来，最初无固定机构。1588年教皇西克斯图斯五世设立教廷各部门，罗马教廷始告形成。其后教廷体制几经变化。1962～1965年的第二次梵蒂冈公会议对罗马教廷体制实行了重大改革。罗马教廷的首脑为教皇，下设枢机团，其成员有选举或被选举为教皇的权利，分枢机主教、枢机神父、枢机执事三级，因皆穿红衣，在中国通称红衣主教。教廷的组织机构，包括国务院、教会公共事务理事会、各圣部、各法院、各秘书处、办事局和理事会以及一些常设委员会，均由教皇授权进行工作。教廷各圣部计有信理部、主教部、圣事礼仪部、神职部、修会、在俗团体部、万民福音传播部、列品部、天主教修院及大学教育部、东方教会部；教廷各法院计有宗座特赦法院、圣轮法院、最高法院等。罗马教廷在一些国家派有外交代表，分为大使和公使，另在一些国家派有教皇私人代表，在一些国际组织中派有代表或常驻观察员。罗马教廷出版官报《宗座官报》。

罗马竞技场　Colosseum in Rome　古罗马建筑遗迹。又称科洛西姆竞技场、罗马大角斗场、罗马大斗兽场、弗拉维大斗兽场。位于意大利罗马市帝王市场大街的一端。始建于1世纪的弗拉维王朝，3世纪和5世纪重修。竞技场平面为椭圆形，长径188米、短径156米、外墙高48.5米。用浅黄色巨石砌成，分4层，下面3层砌成拱门样式，外

罗马竞技场鸟瞰

围共有80个拱门。4个大门正对长径短径处，由此通向各层回廊和看台。全场可容纳四五万观众。场内中心是平面为椭圆形的竞技表演场，长约86米、宽约63米。场内铺有木地板，下有80多间地下室，供乐队存放道具和关闭猛兽。表演场除用于竞技外，还用于阅兵、赛马、歌舞表演、角斗和斗兽。在中世纪，竞技场曾遭受雷击和地震损毁。竞技场的建筑对两千年来全世界体育场馆建筑的发展有重大影响，它首创的格局至今仍在使用。它与发生在**罗马古城**的许多重大历史事件有直接联系，已成为古罗马生活和当今罗马城的标志。

罗马俱乐部 Club of Rome 研究涉及全球经济、社会、生态环境协调发展问题的国际性研究团体。1968年4月在意大利经济学家A.佩切伊和英国科学家A.金的倡议下，于罗马成立。宗旨是研究未来的科学技术革命对人类发展的影响，阐明人类面临的主要困难以引起政策制定者和舆论的注意。主要深入探讨诸如污染、城市衰败、资源匮乏、通货膨胀等影响发达工业国的相互关联的问题群，并提出有效的解决措施。会员限300名。现有100多名国际上著名的学者和社会活动家为个人会员。每年召开一次大会，并经常召开国际性学术会议。出版了《增长的极限》(即《米都斯报告》)、《重建国际秩序》、《走出浪费的时代》、《人类的目的》、《学无止境》、《第三世界：世界的四分之三》、《关于财富和福利的对话》、《走向未来的道路图》、《世界经济和环境秩序》等著作。罗马俱乐部把全球看成是一个整体，提出了各种全球性问题相互影响、相互作用的全球系统观点；它极力倡导从全球入手解决人类重大问题的思想方法；它应用世界动态模型从事复杂的定量研究。这些新观点、新思想和新方法，表明了人类已经开始站在新的、全球的角度来认识人、社会和自然的相互关系。

罗马凯旋门 Roman Triumphal Arch 意大利罗马城内古罗马帝国时期纪念出征胜利或表彰将帅战功的门式建筑物。现存提图斯凯旋门、塞维鲁凯旋门和君士坦丁凯旋门3座，均位于罗马历史中心区古代市场旁和竞技场附近。以提图斯凯旋门最早，系公元81年提图斯皇帝驾崩后元老院为纪念他征服耶路撒冷的功绩而建造。为单拱门石建筑。门洞前后两侧各有两对壁柱，柱头为爱奥尼亚式对称卷涡纹，拱门上方中部有铭文。门道内两壁有表现凯旋的浮雕。塞维鲁凯旋门于203年为纪念塞维鲁皇帝及其两个儿子而建。有3个拱门，中间的门洞高大，结构和装饰相对复杂。君士坦丁凯旋门是罗马最大的凯旋门，元老院为纪念君士坦丁大帝312年在密尔维桥上战胜尼禄暴君而修建。建门石材大多取自当时的其他凯旋门，门高20.6米、宽25米，保存相当完好。有3个门洞，中间门洞高大，雕刻精致，形象轻巧。门前后两面各有两对

君士坦丁凯旋门

壁柱，上有科林斯式大叶纹柱头。圆雕和浮雕众多，大都是战争场面，上部有长篇铭文。罗马凯旋门的建造与罗马帝国的战争历史有直接联系，对当时罗马帝国及其以后的建筑艺术、纪念物艺术和景观设计的发展产生过重大影响，19世纪法国巴黎建造的星形广场凯旋门就是仿照这些凯旋门建造的。

罗马美术 Roman art 公元前509～公元476年古代罗马的美术。从罗马帝国建立到2世纪末，是罗马文化的黄金时代，也是罗马美术的发展高峰。

建筑 古代罗马建筑包括罗马城的建筑和帝国版图内其他各地的建筑。罗马建筑始于埃特鲁斯坎的传统。共和初期由于同意大利中、南部的希腊殖民城邦接触，开始模仿希腊建筑。前3世纪，罗马全面征服了地中海地区，到处掠夺既有的建筑成果，把雅典和奥林匹亚的神庙柱头搬到罗马城。同时役使希腊工匠，按照希腊柱式建造罗马的会堂、法院、庙宇等建筑。前1世纪，把广大占领地区的建筑样式和技巧综合用在罗马建筑上，并组织各种工匠建造具有新功能的巨大工程。罗马建筑超越了希腊的规范，达到古典建筑的第二个高峰。罗马不仅留下许多建筑遗迹，而且留下许多关于建筑的著作。**维特鲁威**的《建筑十书》在文艺复兴时代还被奉为经典。这本书是以希腊建筑原则为基础写成的，反映了奥古斯都时代的建筑观念。见**古罗马建筑**。

雕塑 在共和时代早期，罗马聘请维伊城的埃特鲁斯坎工匠为他们塑造朱庇特神像。随着军事扩张活动，罗马人把希腊以及其他地区的雕塑作为战利品运回罗马，把各个民族特别是希腊的雕塑家召到罗马，为他们复制和创作雕塑品。共和时期后，很多希腊雕塑原作失传，只有罗马仿制品传世。

奥古斯都（前27～公元14年在位）时代是肖像雕塑的繁盛时代。帝王雕像非常精美，如奥古斯都雕像真实地刻画了他本人的面貌，但整个神态姿势被塑成一尊神。奥古斯都手执权杖，胸甲上饰满寓意性浮雕。这种神化的皇帝像同场面恢弘的浮雕一起构成奥古斯都式风格。奥瑞略执政时期（161～181），罗马雕像注重内心的刻画，被称作“情绪雕像”。奥瑞略骑马像（罗马卡皮托利诺山），其面部表现出内省和沉思，带有忧郁的伤感。这座雕像在文艺复兴时期作为古典楷模为许多大雕塑家效仿。

罗马神像雕刻常常把希腊的神罗马化，体现了较浓的军事色彩和自然质朴的手法。罗马的智慧女神像持矛披甲，着罗马长袍，戴罗马头盔。战神马尔斯是罗马最受尊崇

图1 奥古斯都雕像（前20年，梵蒂冈博物馆藏）

的神，也被雕成手持长枪、身着戎装的形象。

罗马时期的浮雕广泛用于建筑装饰，住宅、宫殿、会堂等都饰有浮雕图案（棕榈叶、莨菪叶、花、果实）和人物故事。器具也用浮雕作装饰（如石棺、座椅）。铸币上的浮雕不仅表现帝王像，而且还记录著名建筑、雕塑等。罗马浮雕的最高成就是纪念性建筑上的叙事性浮雕或象征神话浮雕，它们是罗马好胜喜功、讲求实际的时代精神的体现。奥古斯都远征西班牙、高卢胜利后而建的和平祭坛，其正面和两侧都装饰着浮雕，人物的表情写实，细节丰富，是奥古斯都样式的典型。

图2 和平祭坛上的浮雕：走向祭坛的仪礼行列（前13～前9年，罗马和平祭坛博物馆藏）

绘画及其他 罗马绘画主要是在希腊化时期的基础上发展起来的。前4世纪希腊的雅典风格在罗马出现，这是一种线描。3世纪以后，随着罗马的扩张，叙述战功的凯旋画流行，墓室壁画、宫殿住宅的装饰壁画大为发展，造型手法逐步完善，以**庞贝壁画**为代表。奥古斯都时代出现新阿克提风格，在绘画上也有体现。活跃于罗马的画家多为希腊人。

罗马镶嵌画传统来自埃特鲁斯坎，以地面装饰为主。后来受希腊影响，又用作墙面装饰，风格也发生了一些变化。镶嵌画的代表作品有《伊苏斯之战》（采用前4世纪的风格，可能是模仿希腊原作）、庞贝城表现戏剧场面的镶嵌画、西西里岛的马克西米连皇帝行宫地面装饰《非洲狩猎》和墙面装饰《女竞技者》等。

罗马的工艺美术主要体现在金工、玻璃和陶瓷方面。罗马金工技术和装饰风格继承希腊传统，装饰神话场景、狩猎活动。青铜器上镌刻线描人物，近似希腊瓶画，但细节更加写实。

罗马尼亚 Romania; România 欧洲东南部国家。位于巴尔干半岛东北部，南接保加利亚，西南和西北分别与塞尔维亚、匈牙利相邻，北和东北分别与乌克兰及摩尔多瓦接壤，东南濒临黑海。面积238 391平方千米。人口2 152万（2008）。罗马尼亚族占89.5%，匈牙利族占6.6%；还有日耳曼族、乌克兰族、塞尔维亚族、犹他族和茨冈人等。官方语言为罗马尼亚语，其他语言有匈牙利语等。主要宗教有东正教（信仰人数占总人口数的86.7%），此外还有罗马天主教、新教、希腊天主教等。首都**布加勒斯特**。

地理 境内平原、山地、丘陵与高地各占1/3左右。**喀尔巴阡山脉**呈弧形绵亘国土中部，弧内是波状起伏的特兰西瓦尼亚高原，弧外东部是摩尔多瓦丘陵，南部是瓦拉几亚平原。摩尔多韦亚努峰海拔2 543米，是全国最高点。

境内几乎所有河流都发源于喀尔巴阡山脉，顺地势坡向成放射状外流，均汇入**多瑙河**，注入黑海。较长的支流有穆列什河、奥尔特河、锡雷特河和普鲁特河等，多瑙河境内长1 075千米，是水上交通大动脉。罗马尼亚与塞尔维亚国境线上有长达120千米的峡谷区，包括著名的卡桑纳峡谷和铁门峡谷，水力资源丰富。属温带大陆性气候，除山地外，夏热冬冷，四季分明。矿产资源丰富，矿藏有石油、天然气、煤、铝土、金、银、铁、锰、锑、铀、铅等。岩盐储量居欧洲首位。森林覆盖率26%，水力资源蕴藏量为565万千瓦。内河和沿海产多种鱼类。

历史 约公元前1世纪，布雷比斯塔建立了第一个奴隶制国家——达契亚国。106年被罗马帝国占领，大量罗马人移入。达契亚人和罗马人长期融合成罗马尼亚族。14世纪，东部的摩尔多瓦公国和南部的瓦拉几亚公国建成封建国家。15世纪中叶后成为**奥斯曼帝国**的附属国。1859年瓦拉几

亚和摩尔多瓦合并，1862年起称罗马尼亚，但仍隶属于奥斯曼帝国。1877年5月罗马尼亚宣告独立。1881年改称**罗马尼亚王国**。1918年，合并曾处在奥匈帝国统治下的特兰西瓦尼亚和布科维纳等地区。1940年参加德意法西斯侵略同盟。1944年8月23日获得解放（见**罗马尼亚八二三武装起义**），1945年3月成立民主政府。1947年12月30日成立罗马尼亚人民共和国。1965年改称罗马尼亚社会主义共和国。1989年12月22日，齐奥塞斯库政权被推翻，罗马尼亚救国阵线委员会接管政权。1989年12月28日改国名为罗马尼亚，保留共和制。

政治 宪法规定，罗马尼亚是一个主权、独立、统一和不可分割的民族国家；政体为共和制。议会是罗马尼亚人民最高代表机构和唯一的立法机关，由参议院和众议院组成。部长会议为国家最高行政机

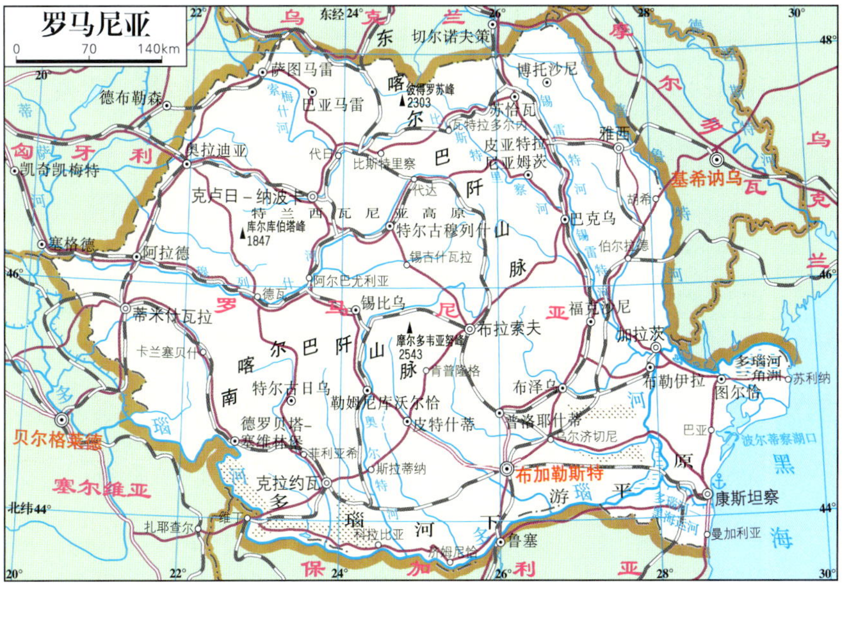

布加勒斯特大国民议会宫

关。1989年12月22日以后实行多党制。主要政党有社会民主党、大罗马尼亚人民党、民主党、国家自由党、罗马尼亚匈牙利族民主联盟、保守党、人民党。

经济 1989年后开始改革经济体制，向市场经济过渡。此后经济发展起伏较大。2002年经济开始回升，2009年国内生产总值为1 170亿欧元。

工业在国民经济中占主导地位。主要工业部门包括能源、冶金、机电、食品加工、纺织、化工等。罗马尼亚曾是欧洲的产油大国。近年来由于石油储量减少，石油和天然气只能分别满足国内消费量的50%和30%。煤炭工业发展较快，每年可开采4 500万吨硬煤和4 000万吨褐煤。电力工业以火力发电为主。其中火电占50%以上，水电占40%，核电约占10%。罗马尼亚是中东欧主要产钢国之一，大部分铁矿石和炼焦煤依靠进口。有色冶金工业以炼铝（斯拉蒂纳）和铜、铅、锌（巴亚马雷等地）等较重要。机械工业部门比较齐全，产品可以满足本国大部分需求。化学工业产品种类繁多。此外，木材加工、家具制造、造纸、皮革和制鞋等工业也比较发达。

农业是传统部门，在历史上享有“欧洲谷仓”的美誉。全国有农用地面积1 480万公顷，其中可耕地940万公顷。大部分种植粮食作物，以小麦、黑麦、大麦、燕麦、玉米为主，正常年景下，粮食自给有余。

交通运输以铁路和公路为主。2009年铁路总长1.1万千米，公路总长8.2万千米。内河货运量为2 474万吨，客运量16万人次。多瑙河是最重要的通航河流，加拉茨、布勒伊拉和久尔久是重要河港。黑海沿岸的康斯坦察是最大海港和对外贸易中心。有6个国际机场。

对外贸易在罗马尼亚国民经济中具有举足轻重的作用。2009年罗马尼亚外贸进出口总额为678亿欧元，同比下降24%。主要出口商品为纺织品、鞋类、服装等；主要进口产品为机电、家电、矿产品、石油产品等。主要外贸伙伴国是：意大利、德国、法国。

文化 全国已普及10年制义务教育。著名高等院校有布加勒斯特大学、克鲁日－纳波卡大学、雅西大学等。主要报刊有《真理报》、《自由罗马尼亚报》、《今日报》、《全国信使报》、《罗马尼亚评论报》、《每日事件报》、《经济论坛》。有国家级的通讯社和电视台。有许多名胜古迹和历史名城。如布加勒斯特的名胜古迹有议会宫，原称人民宫、共和国宫。还有莫戈索亚宫、马努克客店、乡村博物馆等。

对外关系 积极发展同欧美、周边及亚太地区国家的关系，重点是实现与欧洲的一体化。2004年3月，正式加入北约，2007年1月，正式加入欧盟。1949年10月5日与中国建交。

罗马尼亚八二三武装起义 August 23 Armed Insurrection in Romania 1944年8月23日罗马尼亚各爱国民主革命力量推翻本国军事法西斯专政、反对德国法西斯的武装起义。1944年6月13日夜，罗马尼亚共产党、高级军官和王室三方代表开会，通过了由共产党提议的起义计划，并组织了军队起义筹备委员会。8月23日，国王在王宫召见I.安东内斯库，随即将他和他的政府成员逮捕，宣布推翻军事法西斯政权，退出法西斯战争，加入世界反法西斯同盟。起义后，组成了由军人、专家和民族民主同盟各党代表参加的王国政府。8月26日，

八二三起义部队进入布加勒斯特

军队和爱国武装力量解放首都。到8月31日解放大部分国土。八二三起义的胜利帮助了苏军在巴尔干地区的军事行动，也标志着罗马尼亚人民民主革命的开始。

罗马尼亚共产党 Partidul Comunist Roman 罗马尼亚工人阶级政党。前身是1893年成立的社会党。1921年5月改组为罗马尼亚共产主义社会党，并加入第三国际，1922年改名为罗马尼亚共产党。在第二次世界大战期间，组织并领导了反对本国军事法西斯政权的抵抗运动。1944年8月23日参加武装起义，推翻了I.安东内斯库军事法西斯政权。1945年10月罗共全国代表会议确定从民主革命过渡到社会主义革命的方针，选举G.乔治乌－德治为党的总书记。1948年，罗共与罗社会民主党合并，改名罗马尼亚工人党，推进工业化和农业合作化。1965年7月，工人党“九大”制定了全面发展社会主义的计划，并选举N.齐奥塞斯库为党的总书记，决定恢复罗马尼亚共产党的名称。罗共领导人民开展社会主义建设，取得成绩，也存在严重问题。80年代，经济衰退，人民生活水平下降，再加上齐奥塞斯库个人独断专行，最终导致1989年12月的政局剧变，齐奥塞斯库夫妇被处决，罗共不复存在。

罗马尼亚人 Romanians 东南欧罗马尼亚主体民族。约1926万人（2008）。另有部分人分布在巴尔干半岛、东欧其他国家和美国。属欧罗巴人种巴尔干类型。使用罗马

身着民族服装的罗马尼亚妇女

尼亚语。其远祖系色雷斯人。约前700年，达契亚－葛特人从色雷斯族群中分离出来。前70年，葛特部落与达契亚部落统一，建立了第一个独立的奴隶制国家。后受罗马帝国统治，居民逐渐罗马化，形成了达契亚－罗马人。7世纪在民族迁徙浪潮中有部分斯拉夫人留居下来，至10世纪融化于达契亚－罗马人之中。从此形成罗马尼亚人，又称瓦拉几亚人、沃洛几亚人或弗拉几亚人。达契亚人和葛特人原使用色雷斯语方言，罗马化后，改用拉丁口语。以后又吸收部分斯拉夫词汇，形成罗马尼亚语。

罗马尼亚王国 Romanian Kingdom 1881～1947年的罗马尼亚国家。在中世纪，罗马

尼亚分裂为许多小公国。15世纪，一些公国陆续沦为**奥斯曼帝国**的附庸。后屡遭匈牙利、奥地利和沙皇俄国的侵略。1878年，欧洲列强和土耳其承认罗马尼亚的独立。1881年罗马尼亚公国改为罗马尼亚王国。资产阶级的自由党和地主资产阶级的保守党轮流组织王国政府。1921年，罗马尼亚王国政府实行土地改革，民族资本获得较大发展。同年，与捷克斯洛伐克、南斯拉夫签订同盟条约，组成小协约国。1940年9月，卡罗尔二世退位，其子米哈伊即王位。I.**安东内斯库**将军出任政府首脑，建立军事法西斯独裁统治。11月，加入德意法西斯侵略同盟。罗马尼亚共产党团结一切民主力量，建立广泛的反法西斯统一战线。1944年德国法西斯军队节节败退，爆发**罗马尼亚八二三武装起义**，安东内斯库政权被推翻。从此开始了罗马尼亚人民革命的新时期。1945年3月6日，以P.格罗查为首的民主政府成立，实行土地改革等民主措施。1947年12月30日君主制被废除。

罗马尼亚语 Romanian language 罗马尼亚的官方语言。属印欧语系**罗曼语族**东支。除罗马尼亚外，在俄罗斯、保加利亚、原南斯拉夫、匈牙利、阿尔巴尼亚、希腊和美国也有数量不等的使用者。使用人口约2 400万。罗马尼亚语由罗马帝国达契亚省一带以及多瑙河南岸使用的东部拉丁语演化而来，是东部拉丁语和达契亚当地语言混合的结果。语法结构、语音体系和大部分基本词汇均源于**拉丁语**。主要方言有：蒙特尼亚方言、摩尔多瓦方言、巴纳特方言、克里沙纳方言，以及马拉穆列什方言。各方言的差别主要体现在语音方面。罗马尼亚语的特点是定冠词附在名词末尾。词形变化比其他罗曼语言更丰富。保留了其他某些罗曼语言失去的拉丁语词。1860年以前采用西里尔字母，后改用拉丁字母。语序通常为主－动－宾型，但也有宾－主－动型。

罗马人 Romans 欧洲古代民族。原为亚平宁半岛拉丁姆地区拉丁人的30个胞族之一。相传，其族长罗慕卢斯于公元前753年建立罗马城，自立为王，开始了罗马历史上的"王政时代"。前510年驱逐外族势力，建立罗马共和国。之后，得拉丁同盟之助，屡屡打败外敌，国势日益强大。在前340～前338年的"拉丁同盟战争"中，罗马人打败其他拉丁城市，将整个拉丁姆地区置于自己统治之下。经过三次"萨姆尼特战争"(前343～前290)、三次"布匿战争"(前264～前146)、三次"马其顿战争"以及"朱古达战争"(前111～前105)、"同盟者战争"(前90～前88)，罗马征服并统一了意大利半岛，将势力扩展到半岛之外。在此过程中，意大利半岛上原属不同部落不同语族的人民也日益罗马化，成为操拉丁语的罗马人。到公元前1世纪罗马帝国建立时，罗马人已成为西方世界的强大民族。在广泛吸收古代希腊文明和西亚文明的基础上，创造了高度繁荣的古罗马文明，并随帝国的扩张，广为传播，对欧洲文明和世界文明的发展产生了重要影响。罗马人不仅成为现代意**大利人**的基础，而且也是构成**法兰西人**、**西班牙人**、**葡萄牙人**、**加泰罗尼亚人**、**瓦隆人**、**罗马尼亚人**等操罗曼语族诸语言的现代民族的重要成分。

罗马式美术 Romanesque art 欧洲中世纪中期（11世纪至12世纪末）的基督教美术。19世纪初，法国学者开始使用"罗马式"这一概念。它最初是建筑术语，其后扩展到同时期的雕塑、绘画和各种工艺美术。

象牙角笛（11世纪，意大利北部）

建筑 罗马式建筑在博采**古罗马建筑**、**拜占廷建筑**和早期基督教建筑的风格及技术的基础上，形成其典型形式。见**罗曼建筑**。

雕塑 罗马式雕塑大量出现在教堂的外部墙壁上，有两个主要特征：第一个是非写实性，广泛采用寓意、象征、夸张、变形等多种艺术手法，将各种物象任意地进行组合；第二个是框架法则，几乎布满门楣中心、横楣、拱门饰、门廊、门间壁、门侧壁甚至柱头与柱身所有表面的众多雕刻，造型及其形式组合都服从于建筑的结构和韵律。罗马式雕刻的最有独特性、最富表现力的作品出现在法国普罗旺斯和勃艮第地区，最著名的作品有穆瓦萨克的圣皮埃尔教堂门楣中心雕刻等。

绘画 罗马式绘画主要包括壁画和插图。壁画曾铺满教堂的大面积墙壁和拱顶。现存的代表作品有法国加尔唐普河畔圣萨万教堂壁画、塔旺的圣尼古拉教堂壁画等。插图主要用于神学抄本书籍。一般说来，罗马式绘画以线形平面造型、无体积感和高度风格化处理为特征。

工艺美术 主要指用贵金属、象牙、珐琅等材料制作或镶嵌的宗教礼器和教堂装饰用品，也包括织毯和玻璃画。著名的巴耶刺绣是一条长达70多米的织绣挂毯。

罗马万神庙 Pantheon, Rome 古罗马供奉众神的庙宇。位于**罗马古城中心**。初建

罗马万神庙内景

于公元前27年，120～125年重建，是**古罗马建筑**的代表作之一。因供奉罗马司掌天地诸神而有"潘提翁"(万神)之称。其门廊面阔33米，16根石柱前后分3行排列，正面为8柱式结构，柱身为深红色花岗石。万神庙平面为圆形，上覆穹顶，基础、墙和穹顶都用火山灰水泥制成的混凝土浇筑。这个古代世界最大的穹顶建筑的高度与直径均为43.5米，墙面无窗，靠顶部正中一直径8.9米的圆洞采光。殿内墙体内沿设8个拱券，其中7个下面是壁龛，一个是大门。半球顶和柱廊顶原覆盖有镀金铜瓦，663年被拜占廷皇帝掠走，735年覆以铅瓦。柱廊的铜制天花于17世纪上半叶也被拆走。万神庙体现了古典建筑和谐、稳定和庄严的特征。1980年，罗马历史中心区作为文化遗产被列入《世界遗产名录》，万神庙是其中一部分。

罗曼 Romains, Jules (1885-08-26～1972-08-14) 法国作家，"一体主义"诗歌的倡导者。原名路易·法里古勒。生于圣于连夏普特伊，卒于巴黎。1908年出版诗集《一体的生活》。1932年开始发表27卷本长篇小说《善意的人们》，1946年全部出版。小说描绘了1908～1933年间法国政治、经济和社会的图景。塑造了1 000多个人物，有30多个故事情节，规模宏伟。作者运用现实主义的传统手法，刻画了各种不同的社会环境和各类怀有善意的平凡人物的命运。剧作《克诺克医生或医学的胜利》(1923)和三部曲讽刺剧《特鲁哈代克》(1923～1930)等，结构严谨，风格简练，对话富有喜剧性，引人深思。晚年发表了4卷本长篇小说《一个奇特的人》(1957～1960)和《一个伟大的诚实人》(1961)。

罗曼 Roumain, Jacques (1907-06-04～1944-08-18) 海地诗人、作家、政治活动家。生于太子港，卒于墨西哥城。青年时期在瑞士和法国接受进步的社会思想和艺术思想。1927年回国，创办《土著评论》，提倡民族风格的文学。曾任内政部官员。1934年创立海地共产党，1934年和1937年两次被捕，流亡国外。1941年返回海地，创建海地人类学博物馆。他的诗歌感情强烈，色彩浓重，歌唱黑人的命运和爱情，具有鲜明的社会意义。主要作品有诗集《呼唤》、《猎物与影子》、《木偶》、《乌木》和故事集《魔山》。他还有评论民族问题的著作《阿索托大鼓的祭祀》和长篇小说《露水的统治者》。后者反映现实生活，阐述劳动人民团结互助的思想，充满诗意。

罗曼建筑 Romanesque architecture 10～12世纪欧洲基督教流行地区的一种建筑风格，也是欧洲中世纪第一个具有普遍意义的建筑和造型艺术风格。罗曼建筑原意为罗马式样的建筑，又译罗马风建筑、罗马式建筑、似罗马建筑等。主要流行于法国、意大利、英国和德国等地，在1100年左右达到全盛，主要见于修道院和教堂。

罗曼建筑承袭初期基督教建筑，采用带边廊和半圆室的会堂式平面。随着10世纪和11世纪欧洲修院制度的发展，教堂和修道院规模扩大，人们在门窗及拱廊等部位大量采用作为古罗马建筑传统做法的半圆拱券，用筒拱和交叉拱顶取代初期基督教堂中厅的木构屋顶，以厚重的柱墩和墙体抵挡拱顶的横向推力。在东端增设了若干辐射状的小礼拜堂和回廊，建筑平面十字交叉处及西端往往设大小不一的壮观塔楼，沉重坚实的墙体表面饰以连拱券廊和檐壁，构成这种风格的典型特征。门窗洞口亦用多层同心圆券，以减少沉重感。有时也用简化的古典柱式和细部装饰。

随着建筑规模不断扩大和中厅向高处发展，在仍保持拉丁十字平面的同时，采用扶壁以平衡沉重拱顶的横向推力，以后

沃尔姆斯主教堂

又逐渐用骨架券代替厚重的拱顶。到1150年左右，终于演化发展出哥特式建筑（见哥特式艺术）。罗曼建筑作为一种过渡形式，不仅第一次成功地把高塔组织到建筑的完整构图中去，同时也开始把沉重的结构与垂直上升的动势结合起来。罗曼建筑的著名实例有意大利比萨主教堂建筑群、德国沃尔姆斯主教堂等。

罗曼·罗兰 Romain Rolland (1866-01-29～1944-12-30) 法国作家、社会活动家。生于克拉姆西，卒于韦兹莱。1886年考入了巴黎高等师范学校，毕业后获中学历史教师资格，赴罗马研究历史。回国后在中学任教。1895年6月获文学博士学位。后从事创作，创作了《群狼》(1898)、《丹东》(1900)和《七月十四日》(1902)等以法国大革命为题材的"革命剧"。

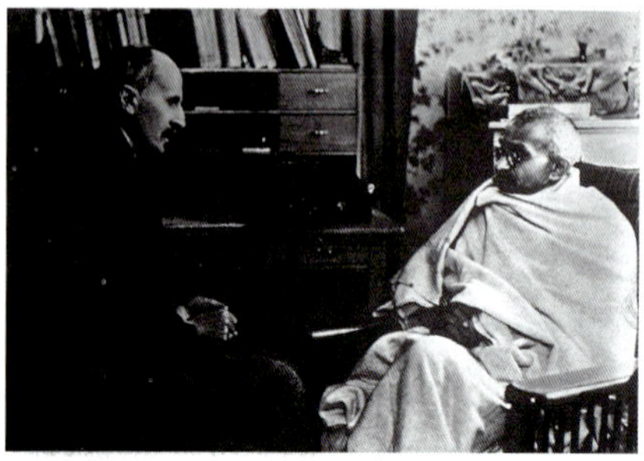

与甘地（右）在一起

1903年开始为作家和艺术家写传记，主要有《贝多芬传》(1903)、《米开朗琪罗传》(1906)和《托尔斯泰传》(1911)。这些传记如实地描绘了伟人们的苦难和坎坷，痛苦、矛盾和彷徨，赞美了他们的高尚品格和在厄运中顽强奋斗的精神。

1904～1912年写成10卷本长篇小说《约翰·克利斯朵夫》，从此成为职业作家。第一次世界大战爆发后，他坚持人道主义立场，反对战争，1914年写成《哥拉·布勒尼翁》，与此同时发表了一系列反战文章，结集为《超越混战之上》(1915)出版。1915年获诺贝尔文学奖。1919年发表《精神独立宣言》等文章，后来收入《超越混战之上》的续集《先驱者》(1919)出版。

大战以后，罗曼·罗兰参加了巴比塞创立的"光明社"，在20世纪20年代发表了反战的中篇小说《皮埃尔和吕丝》(1920)、长篇小说《格莱昂波》(1920)和《甘地传》(1923)，并且继续创作了革命剧《爱与死的较量》(1925)、《百花盛开的复活节》(1926)和《流星》(1928)。罗曼·罗兰主张"精神独立"，1931年发表了《与过去告别》，从此积极投身于政治活动，例如担任国际反法西斯委员会主席，声援西班牙人民的正义斗争，主持世界保卫和平大会，应M.高尔基的邀请访问苏联等。还发表了政论集《战斗十五年》(1935)，文学评论集《旅伴》(1936)和革命剧《罗伯斯比尔》(1939)。第二次世界大战期间，他不顾黑暗势力的威胁和迫害，以顽强的毅力抱病写作，完成了《内心旅程》(1942)等回忆录，以及《贝玑传》(1945)和7卷本的巨著《伟大的贝多芬》。

《欣悦的灵魂》是一部由《安乃德和西尔薇》、《夏季》、《母与子》与《女信使》4卷组成的长篇小说，书中女主人公安乃德善良、顽强，不畏强暴。作品体现了罗曼·罗兰在20～30年代初的思想演变过程，具有鲜明的社会主义倾向。

罗曼诺夫王朝 Romanov Dynasty 俄罗斯封建王朝(1613～1917)。1613年1月，在缙绅会议上，贵族、商人、僧侣和哥萨克上层的代表推举罗斯托夫总主教菲拉列特的儿子米哈伊尔·费多罗维奇·罗曼诺夫(1596～1645)为沙皇，是为罗曼诺夫王朝之始。罗曼诺夫王朝长达300余年，它对内维护农奴主－地主利益，1649年颁布法典，用法律形式确定农奴制，并残酷镇压农民起义；对外实行侵略扩张政策，侵吞欧、亚各国大片土地，镇压各国人民革命，成为欧洲反动势力的主要代表。1917年二月革命推翻了罗曼诺夫王朝。1917年3月15日，末代沙皇尼古拉二世被迫退位。次年7月17日，他连同亲属在叶卡捷琳堡被处决。罗曼诺夫王朝共历17个沙皇（或皇帝）。

罗曼语族 Romance group 印欧语系中仅次于日耳曼语族的第二大语族。又称意大利克语族或拉丁语族。其语言主要分布在法国、意大利、比利时、西班牙、葡萄牙、瑞士部分地区、罗马尼亚、加拿大东南部、中美和南美各国。使用人口约5亿。

罗曼语族通常分为东支和西支。两支语言的传统分界是沿意大利的斯培西亚－里米尼走向划出的同言线。线以南的巴尔干罗曼语（如罗马尼亚语）属东支，线以北的其他罗曼语均属西支。

罗曼诸语言之间相当一致，主要表现在许多源自俗拉丁语的词语和语法形式上。它们均采用了拉丁标准语言的某些词语以及构词模式和句法模式，但在长期发展过程中，许多语言有了不小的变化。除罗马尼亚语外，其他所有罗曼语言都废弃了拉丁语的格系统，普遍抛弃了拉丁语的中性。几乎所有罗曼语言都废弃了拉丁语的指示代词ille，而发展了各自的定冠词。罗曼语言的动词没有简化，大部分都保留了拉丁语动词形式，并创造了一些新的复合形式。罗曼语言的句法相当一致。

罗蒙诺索夫 Lomonosov, Mikhail Vasilyevich (1711-11-19～1765-04-15) 俄国自然科学家、诗人、语法学家和哲学家。生于

阿尔汉格尔斯卡亚省杰尼索夫卡村，卒于圣彼得堡。1735年入圣彼得堡科学院附属大学学习。1736年被圣彼得堡科学院派往德意志学习矿业，先入马尔堡大学学习物理学和化学等，后到弗赖堡学习矿业和冶金学。1741年回圣彼得堡科学院，任物理学副教授。1745年8月成为圣彼得堡科学院院士和化学教授。1748年秋，按照自己的计划创建了俄国第一个化学实验室。1755年创办了**莫斯科大学**。1760年当选为瑞典科学院院士，1764年当选为意大利博洛尼亚科学院院士。他认为"微粒"(分子)是由极小的粒子"元素"(原子)组成的。他坚决反对燃素说和热素说。1756年他通过在密闭容器中加热金属的实验，证明了**质量守恒定律**适用于化学反应。他还提出了气体分子运动理论，认为空气微粒对器壁的撞击，是空气产生压力的原因。他首先将这些理论称为物理化学。他最先将定量方法引入化学分析。他在语言学、地质学、天文学、矿物学、冶金学、航海学等方面都有所贡献。在哲学上，他反对把分析和综合、感性认识和理性认识分割开来，看到了实践在认识中的作用。他还是著名的诗人和文学家。著有《夜思上天的伟大》、《晨思上天的伟大》；《修辞学》、《俄语语法》、《论俄文诗律书》；《论固体和流体》、《论热和冷的原因》、《试论空气的弹力》、《论化学的效用》、《真实物理化学概念》等。

《罗密欧与朱丽叶》 *Romeo and Juliet* 英国剧作家W.**莎士比亚**的剧作。写于1594～1595年。维罗那城内，蒙太古家族与凯普莱特家族结有世仇，但蒙太古之子罗密欧与凯普莱特的女儿朱丽叶却一见钟情。凯普莱特要朱丽叶嫁给帕里斯伯爵。为了躲避逼婚，朱丽叶服下了神父所给的可以假死40小时的迷药，并被送入坟地。不明真相的罗密欧悲痛欲绝，赶到坟地服毒自杀殉情，倒在朱丽叶身边。朱丽叶醒来见此情景也殉情而死。两个年轻人的恋爱悲剧使两个家族痛悔不已，他们由此握手言和，抛弃世仇。

莎士比亚以充满诗情画意的笔调热情赞美青春与爱情，罗密欧与朱丽叶午夜阳台相会一场更成为世界戏剧史上的经典场面之一。剧作相继被改编为音乐剧《西区故事》(1957)、同名五幕歌剧(C.古诺)、同名幻想序曲(P.I.柴科夫斯基)和芭蕾舞(数十种版本)等。

罗密·施奈德 Romy Schneider (1938-09-23～1982-05-28) 奥地利电影演员。生于维也纳，卒于巴黎。原名露丝玛丽·阿尔巴赫-莱蒂。15岁中学毕业后，就随母亲演出了《假如白丁香重新开放》(1953)一片。1955～1957年，在系列片《希茜公主》中表现了希茜从孩童到奥地利王后的悲欢生活，一举成为欧洲观众崇拜的偶像。1958年移居法国。1962年拍摄的《70年的薄伽丘》标志着她表演的成熟。接着，又成功地在《审判》(1962)中扮演角色。其他重要作品还有《红衣主教》(1963)、《生活琐事》(1969)、《重要的是爱》(1975)、《无忧的过客》(1982)等。1976年和1979年两度获得凯撒奖最佳女演员奖。

罗明坚 Ruggieri, Michael (1543～1607) 意大利耶稣会来华传教士。取汉文名，字复初。1572年入**耶稣会**。1579年被派遣来华传教，初在澳门学习汉语，后到广州肇庆传教。明万历十一年(1583)，与**利玛窦**一起在肇庆建第一个天主教传教所。十三年，应两广总督之邀到杭州传教。1588年返回罗马，企图说服教皇派遣代表来华，未果。1607年死于萨勒诺。用汉文写成《圣教实录》一书，为欧洲人所撰最早的汉语教义纲要，并首次在书中使用"天主"一词。

《罗摩衍那》 *Rāmāyaṇa* 印度古代史诗。与《摩诃婆罗多》并列为印度两大史诗。全书是诗体，用梵文写成，诗律几乎都是输洛迦(意译为"颂")，即每首2行，每行16个音节。《罗摩衍那》的意思是罗摩传。罗摩是印度古代传说中的人物，后逐渐被神化。

作者和成书年代　史诗的作者传说是跋弥，意译蚁垤。对此学者虽有意见分歧，但统观全书，尽管写成的年代不同，新老成分并有，但基础部分文体大致是统一的。因此很可能有一个作者对全书进行过加工。

《罗摩衍那》最初只是口头流传，写成以后，仍无定本。大家公认在全书7篇之中，第1、7篇晚出，第2～6篇是全书较原始的部分。因此，这部包括24000颂(现代精校本为近两万颂)的史诗决不会成于一时，它的成书年代约在公元前3、前4世纪至公元2世纪之间。全书7篇，按顺序是：《童年篇》、《阿逾陀篇》、《森林篇》、《猴国篇》、《美妙篇》、《战斗篇》和《后篇》。

内容　史诗以罗摩和妻子悉多的悲欢离合为故事主线：阿逾陀城国王十车王有3个王后，生有4个儿子，长子罗摩。罗摩通过比武获胜，娶了弥提罗国公主悉多。十车王年迈，决定立罗摩为太子，继承王位。但他的第二个王后提出流放罗摩14年和立她的亲生儿子婆罗多为太子的要求。由于十车王有诺言在先，必须应允王后的要求。罗摩为使父王不失信义，甘愿流放。悉多为了夫妻之情，十车王的小王后亲生子罗什曼那为了兄弟之谊，都甘愿随同流放。他们3人离开都城不久，十车王即抑郁而死。当时，婆罗多不了解内情，被召回继承王位，得知真相后他去森林寻找罗摩，让他继位。但罗摩坚辞不肯，一定要等流放期满再回去。罗摩3人在森林中历尽艰险。楞伽岛十首魔王罗波那劫走悉多，罗摩与猴国结盟，在神猴哈奴曼及猴群相助下，终于战胜魔王，救回悉多。但罗摩怀疑悉多的贞操，使她投火自明。火神从熊熊烈火中托出悉多，证明了她的贞洁。夫妻团圆，流放亦期满。罗摩回国登基为王，阿逾陀城出现太平盛世。但罗摩听到民间又传悉多不算贞女，把怀孕在身的悉多遗弃在恒河岸边。悉多得到蚁垤仙人的救护，生下一对孪生子。后罗摩举行马祭，蚁垤安排孪生子与罗摩相会，并向罗摩辩明悉多的贞节，但罗摩仍认为无法取信于民。悉多无奈，向大地母亲呼救，说如果自己贞洁无瑕，请大地收容她。顿时大地裂开，悉多纵身投入大地怀抱。最后全家在天堂重聚。

特点　《罗摩衍那》具有印度古代长篇叙事诗中必不可少的政治、爱情、战斗和风景四大要素，描绘手法达到了相当高的艺术水平。作品虽朴素无华、简明流畅，但已呈精雕细镂倾向。它在印度一直被奉

《罗摩衍那》中的哈奴曼拜见罗摩

为叙事诗的典范，古代和中古的文学创作大多从中取材。其影响早已超出印度，特别是在亚洲广泛流传，成为人类宝贵的文化遗产。

罗默 Rømer, Ole (Christensen) (1644－09－25～1710－09－19) 丹麦天文学家。生于奥尔胡斯，卒于哥本哈根。毕业于哥本哈根大学。曾到巴黎皇家天文台工作，当J.皮卡德的助手。1681年回到丹麦，任皇家数学家和哥本哈根大学天文学教授，创建和领导哥本哈根大学天文台。1705年任哥本哈根市市长。曾当选法国科学院院士。1675年他发现，当木星和地球相距最远时，木卫被木星遮食的时刻较预先计算的时刻推迟；而在木星冲日，即木星和地球相距最近时，发生木卫掩食的时刻就会提早。1676年他用光传播速度的有限性解释了这种现象。罗默还研制成带有精确刻度环的中星仪和子午环，改进了测微器，创造了其他许多天文仪器，测定了1 000多颗恒星的位置。

罗姆 Romm, Mikhail Ilich (1901－01－24～1971－11－01) 苏联电影导演、编剧。生于伊尔库茨克，卒于莫斯科。1925年毕业于国立高等艺术技术学院雕刻系。1929年任电影编剧，后任导演助理。1934年独立导演的第一部影片《羊脂球》是苏联无声电影时期改编外国作品的成功之作，在威尼斯电影节上获奖。以后导演的影片有《列宁在十月》(1937)、《列宁在1918》(1939)、《理想》(1943)、《海军上将乌沙科夫》(1953)、《但丁街凶杀案》(1956)等。1962年，他根据“思考电影”的观念拍摄了影片《一年中的九天》，在该年第13届卡罗维发利国际电影节上获大奖。1966年又导演了纪录片《普通的法西斯主义》。理论著述有《文学与电影》、《电影剧作讲话》、《简论蒙太奇》等。

罗姆人 Roms 以过游荡生活为主要特点的民族。吉普赛人的自称，原意为“人”。主要分布于欧洲。源自印度北部。西欧人误认为其发祥地为埃及，称其为“埃及人”，“吉普赛”一词即由“埃及人”一词讹传而成。见吉普赛人。

罗姆苏丹国 Rūm, Sultanate of 塞尔柱王朝旁支在小亚细亚建立的封建国家。因东方人称拜占廷统治下的小亚细亚为罗姆（意为罗马的），故名。首都科尼亚。1071年，塞尔柱王阿尔普·阿尔斯兰（1063～1072年在位）在曼齐克特战役中击溃拜占廷军，塞尔柱人大批涌入小亚细亚。苏莱曼沙于1077年建立了安纳托利亚的塞尔柱国家，定都尼西亚（1116年迁都科尼亚），即罗姆苏丹国。

11世纪末，罗姆苏丹顽强抵御十字军的猛攻，保住了小亚细亚中部地区。13世纪初，罗姆苏丹国势强盛。苏丹阿拉丁·凯伊库巴德一世（1219～1236年在位）时，罗姆苏丹国势达到顶峰。不久蒙古人侵入。苏丹被迫向蒙古人纳贡请降，只保留了一定的自治权。13世纪末罗姆苏丹国分裂成12个独立的贝伊国。1308年蒙古人处死末代苏丹，罗姆苏丹国遂亡。

罗姆苏丹国是土耳其历史上的重要时期。游牧的乌古斯人（即塞尔柱人）开始向定居过渡，成为农民和手工业者。科尼亚、开塞利和锡瓦斯是当时小亚细亚最大的城市，有发达的商业和手工业。乌古斯人与小亚细亚原有居民希腊人、亚美尼亚人逐渐融合，开始了土耳其民族的形成过程。罗姆苏丹广设学校，开办医馆，建立清真寺，招聘各地伊斯兰学者，科尼亚成为当时近东宗教文化教育中心之一。

罗慕卢斯 Romulus 传说中罗马的奠基人和第一个国王。相传为战神马尔斯和瑞亚·西尔维亚所生。又译罗慕洛。埃涅阿斯的后代努弥托尔是阿尔巴·隆加城的国王，他的兄弟阿穆利乌斯篡夺了王位，杀死了他的儿子，并把他的女儿瑞亚·西尔维亚送到灶神维斯塔庙充当终身不许结婚的祭司，以绝其后。但战神马尔斯使她怀孕并生了一对孪生兄弟。阿穆利乌斯得知后，下令把婴儿丢进台伯河淹死。但婴儿被马尔斯派来的一头母狼带进山洞哺养。国王的牧人发现后就把他们带回家去，取名为罗慕卢斯和瑞穆斯。兄弟二人长大后推翻了阿穆利乌斯的统治，恢复了努弥托尔的王位，并在母狼发现并哺育他们的地方另建新城。罗慕卢斯在争执中杀死瑞穆斯，以自己的姓氏命名新城为罗马，自任第一任国王。据说这件事情发生在公元前753年，古罗马的纪年即从这一年开始。罗慕卢斯在位39年，罗马人尊其为神。

罗纳尔多 Ronaldo Luiz Nazario de Lima (1976－09－22～) 巴西足球运动员。生于里约热内卢。自幼喜爱足球。1990年，开始职业足球生涯。先后效力于荷兰艾恩德霍芬、西班牙巴塞罗那和意大利国际米兰俱乐部足球队。曾创意大利足坛一个赛季个人进球42球的最多纪录。后入选巴西国家队，参加了第16、17、18届世界杯足球赛。先后获得最佳球员称号，最佳射手称号，1996年、1997年和2002年世界足球先生，1997年和2002年欧洲足球先生等荣誉称号。罗纳尔多司职前锋，左、右脚均可射门，在足球界有“外星人”的雅号。在多年足球职业生涯中，罗纳尔多的腿数次受伤。2011年2月罗纳尔多宣布退役，并在6月巴西对罗马尼亚足球赛以替补队员身份上场，作为告别。

罗讷河 Rhône River 流经瑞士和法国的大河。源自瑞士中南部阿尔卑斯山达马施托克峰南侧的罗讷冰川。向西借道位于法、瑞边境的日内瓦湖，然后经法国东南部注入地中海利翁湾。全长812千米，流域面积9.78万平方千米。其中法国境内长522千米，流域面积约占全流域面积的9/10。上游出莱芒湖后，沿阿尔卑斯山西部高地边缘，切穿冰川横谷南流，转向西北再折向西至里昂，汇入最大的支流索恩河，转向南流。里昂至阿维尼翁为中游，流经中央高原和阿尔卑斯山前地带之间。阿维尼翁以南为下游和三角洲地区。中、下游先后有伊泽尔河、迪朗斯河等众多支流汇入。下游分大、小罗讷河两支入海，形成三角洲。有运河与马赛港、塞纳河、卢瓦尔河、莱茵河相连。成为联系法国北部、东部和地中海的重要通道。

罗念生 Luo Niansheng (1904－07－12～1990－04－10) 中国现代翻译家。生于四川威远，卒于北京。1929年赴美国留学。1933年赴雅典入美国古典学院研究古希腊戏剧和艺术。1934年回国后曾在北京大学、清华大学等学校任教。50年代起先后任中国科学院文学研究所、外国文学研究所研究员。主要工作及成就为研究和翻译古希腊戏剧和文学。自30年代开始，译出欧里庇得斯、埃斯库罗斯、索福克勒斯的悲剧作品19种，阿里斯托芬的喜剧作品6种，亚里士多德的《诗学》与《修辞学》，以及《琉善哲学

罗念生接受希腊雅典科学院最高文学艺术奖

文选》、《伊索寓言》、《古希腊散文选》，编有《古希腊戏剧理论》、《古希腊罗马文学作品选》等。他翻译的作品，忠实于原文，质朴典雅，注释详尽。

罗沛霖 Luo Peilin（1913-12-30～2011-04-17） 中国电子学家。又名罗容思、罗雨。生于天津，卒于北京。1935年毕业于上海交通大学工学院电机系。1938年参加延安通信材料厂的创建工作，任工程师。1950年获美国加州理工学院电工、物理和数学专业的特别荣誉博士学位。1980年当选为中国科学院学部委员（院士）。1994年当选为中国工程院院士。

1950年回国，相继参加重工业部电信工业局的组建工作和华北无线电器材厂的建厂和技术工作，任第一副厂长兼总工程师。1956年参加制定国家“十二年科学技术发展规划”。同年任电子工业部科学技术委员会副主任。1958～1966年，他指导和组织中国第一部超远程雷达的研制工作，1963年任第四机械工业部科技司副司长，兼国家科委无线电技术和制造组副组长、中国科学院电子学研究所学术委员会委员等职。70年代初期，组织和指导国产计算机系列化的联合设计和研制工作，并发表过许多重要的学术论文。罗沛霖是中国科学院科学技术部常务委员、中国电子学会学术委员会主任。获2000年度中国工程科技奖。

罗钦顺 Luo Qinshun（1465～1547） 中国明代理学家。字允升，号整庵，泰和人。弘治六年（1493）进士及第，授翰林院编修，官至南京吏部尚书。在学术上，罗钦顺自命归宗程朱学派。他一方面站在程朱学派的立场上，批评陆王学派，卫护程朱道统，如驳正王守仁的《朱子晚年定论》；另一方面又是一个程朱学派的修正者。

在理气关系问题上，他批评朱熹“终身以理气为二物”，把理实体化了。他认为理只是气之条理，并非离气而别有一独立之理。气为万物之根本，“盖通天地，亘古今，无非一气而已”。在道器关系上，主张“器外无道，道外无器”。在理欲关系上，反对“明天理，灭人欲”，认为“人之有欲，固出乎天”，“欲与喜怒哀乐，皆性之所有”，只能节制，而不可去除。著有《困知记》、《整庵存稿》等。

罗荣桓 Luo Ronghuan（1902-11-26～1963-12-16） 中国无产阶级革命家、军事家，中国共产党、国家和军队的领导人，中国人民解放军创建人之一，中华人民共和国元帅。湖南衡山人。卒于北京。1927年4月到武昌中山大学读书，加入中国共产主义青年团，随即转入中国共产党。同年7月被派往鄂南通城从事农民运动，参与组织通城、崇阳农民武装，任党代表。这支武装在江西修水编入武昌国民革命军第二方面军总指挥部警卫团，他任特务连党代表，参加湘赣边秋收起义。经三湾改编到井冈山，历任中国工农红军第4军的连、营、纵队党代表。1929年底参加中共第4军第九次代表大会（古田会议），被选为第4军前敌委员会委员。1930年8月任第4军政治委员。1932年3月任第1军团政治部主任。第四次反“围剿”后，改任江西军区政治部主任，总政治部巡视员、动员部部长，曾兼任扩大红军突击队总队长。1934年1月被选为中华苏维埃共和国中央候补执行委员，获红星奖章。同年9月任第8军团政治部主任。长征中历任总政治部巡视员、第1军团政治部副主任。1936年6月入中国人民抗日红军大学学习，并兼任培训高级干部的第一科政治委员。1937年1月任军委后方政治部主任，7月任第1军团政治部主任。抗日战争初期，任八路军第115师政治部主任。1938年任115师政治委员。1941年8月任山东军政委员会书记，领导军民挫败日军在山东进行的规模最大的一次“扫荡”。1943年3月任山东军区司令员兼政治委员，115师政治委员、代师长，后任中共中央山东分局书记，统一领导山东抗日民主根据地的党政军工作。1944年开始组织一系列战役，实行局部反攻，巩固、发展了山东抗日根据地。1945年指挥部队在山东进行大反攻，控制山东境内的津浦、胶济、陇海铁路，收复除济南、青岛少数城市之外的山东大部地区。抗日战争胜利后，任东北民主联军副政治委员、东北军区第一副政治委员、东北野战军政治委员。在辽沈战役中，他坚决执行中共中央军委关于先打锦州，把国民党军封闭在东北予以全歼的战略决策，对夺取战役胜利起了重要作用。1949年1月任第四野战军第一政治委员。曾参与指挥平津战役，主持和平解放北平的谈判工作。1949年6月以后被任命为中共中央华中局（后为中南局）第二书记，华中军区（后为中南军区）第一政治委员。中华人民共和国建立后，任最高人民检察署检察长。1950年4月任人民解放军总政治部主任，同年9月兼任总干部管理部部长，1954年6月任中央人民政府人民革命军事委员会副主席，1955年11月任中共中国人民解放军监察委员会书记。1952年领导筹建人民解放军政治学院，后兼任院长。从1959年12月起，在中共中央军委还分管民兵工作，曾任人民武装委员会主任。是中共第七届中央委员，第八届中央政治局委员，第一、第二届全国人大常委会副委员长，国防委员会副主席。1955年被授予中华人民共和国元帅军衔和一级八一勋章、一级独立自由勋章、一级解放勋章。

罗瑞卿 Luo Ruiqing（1906-05-31～1978-08-03） 中国无产阶级革命家、军事家，中国共产党、国家和军队的领导人。四川南充人。卒于北京。1926年加入中国共产主义青年团，同年冬在武汉入中央军事政治学校学习。1928年10月在上海转入中国共产党。1929年任闽西红军第59团参谋长。后任中国工农红军第4军支队党代表，纵队、师政治委员。1932年3月任第4军政治委员。6月任第1军团政治保卫局局长。曾被授予二等红星奖章。长征中曾任中央红军先遣队参谋长、陕甘支队第2纵队政治部主任，第一方面军政治保卫局局长。1936年起任中国人民抗日红军大学教育长。后任抗日军政大学教育长、副校长。1940年5月任八路军野战军政治部主任。抗日战争胜利后，任北平军事调处执行部中共代表团参谋长。解放战争中历任中共晋察冀中央局副书记、晋察冀军区副政治委员兼政治部主任、晋察冀野战军政治委员、华北军区政治部主任兼第2兵团（后为人民解放军第19兵团）政治委员。参与指挥正太、石家庄、平津、太原等重要战役。中华人民共和国建立后，任公安部部长、政治法律委员会副主任、公安军司令员兼政治委员。1955年被授予大将军衔和一级八一勋章、一级独立自由勋章、一级解放勋章。1959年4月任国务院副总理。同年9月起任中共中央军委常务委员、秘书长，人民解放军总参谋长、国防部副部长。1961年11月兼任国防工业办公室主任。1965年1月任国防委员会副主席。1965年底被林彪等人诬陷，受到错误批判，

被解除领导职务，“文化大革命”又遭残酷迫害。1977年复任中共中央军委常务委员、秘书长，协助邓小平等领导军队整顿工作，提倡恢复和发扬实事求是的思想路线。中共第七届中央候补委员、第八届中央委员（八届十中全会增选为中央书记处书记）、第十一届中央委员。

罗萨 Rosa, João Guimarães (1908－06－27～1967－11－19) 巴西作家。生于科迪斯，卒于里约热内卢。早年在医学院学习，毕业后任军医、外交官。1942年巴西对德宣战，被德国当局囚禁，同年返回巴西。以后仍在外交部任职，同时进行文学创作。1936年诗集《岩浆》获巴西文学院诗歌奖。第一部短篇小说集《萨加拉纳》(1946) 描写了米纳斯吉拉斯州腹地的原始自然景色和当地牧民的生活，使用了丰富多彩的腹地语言，具有鲜明的地区特色。1956年出版短篇小说集《舞蹈团》和长篇小说《广阔的腹地：条条小路》引起世界瞩目。罗萨对小说的语言不断进行探索和革新，改变了巴西20世纪30年代文学社会学倾向，强调深入探索人物的内心世界，使巴西小说创作进入一个新的阶段。其他主要作品还有中短篇小说集《故事初集》(1962)、《图塔梅亚》(1967) 等。

罗萨里奥 Rosario 阿根廷第三大城市，重要河港。地处阿根廷东部巴拉那河下游西岸。人口约92.38万(2005)。平均海拔22米。气候温和湿润，年平均气温17℃，平均年降水量1 038毫米。始建于17世纪末，1725年始称罗萨里奥。1852年设市。1852～1861年为拉普拉塔联合省最大的贸易中心。在阿根廷的独立战争中曾遭受破坏，后随铁路向内地延伸和地区经济开发及当地港口的建设，城市得以迅速发展，并成为全国重要的经济贸易中心和工业城市。周围地区农业发达。工业多以当地原料为基础，有制糖、面粉、肉类加工和冷藏、制革等，此外还有冶金、钢铁、炼油、化工、机械等重工业。为重要的铁路枢纽。有输油管道连接西部产油区。港口设施完备，是阿根廷三大外贸港之一。有国际机场。设有罗萨里奥大学等高等院校以及历史博物馆、美术馆、大教堂等文化、宗教设施。

罗塞塔石碑 Rosetta Stone 古埃及石碑。1799年拿破仑远征埃及时发现于尼罗河口的罗塞塔附近，因而得名。1802年入藏英国不列颠博物馆。碑长114厘米，宽72厘米，材质为黑色玄武岩。碑文用当时通用的埃及语、希腊语两种语言和古埃及象形文、俗体文和古希腊文三种文字体系雕刻而成，三种字体内容一致，为后人释读古埃及文

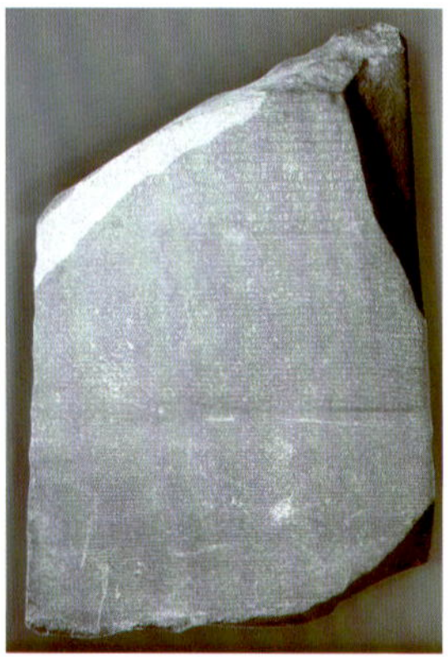

字提供了有利条件。1922年，法国埃及学家和语言学家J.-F.商博良释读石碑成功。碑文刻于托勒密五世在位时期（前205～前180）的公元前196年，颂扬了法老的功德。

罗森塔尔 Rozental, Mark Moiseyevich (1906－02－19～1975－02－02) 苏联哲学家。生于波多尔省，卒于莫斯科。1925年加入苏联共产党（布尔什维克）。1933年在红色教授学院毕业。1933～1941年任《文学批评》杂志副主编。

1940年起任教授。1946年获得哲学博士学位。1946年直至逝世在苏共中央社会科学院从事科研和教学工作。曾任苏联科学院哲学研究所辩证唯物主义研究室主任。

1953～1958年任《哲学问题》杂志副主编。1966年被授予俄罗斯苏维埃联邦社会主义共和国功勋科学家称号。

他的主要著作有《反对文学理论中的庸俗社会学》(1936)、《唯物辩证法》(1937)、《普列汉诺夫的美学问题》(1939)、《车尔尼雪夫斯基的哲学观点》(1948)、《马克思主义辩证方法》(1951)、《辩证逻辑的原则》(1960)、《列宁和辩证法》(1963)、《马克思主义哲学原理》(1964年第二版，集体编著)、《列宁的认识论及其在现代的发展》(1965)、《马克思〈资本论〉的辩证法》(1967)、《今天的列宁辩证法》(1970)。曾主编《马克思主义辩证法史——从马克思主义产生到列宁阶段之前》(1971)和《哲学辞典》(1972年第3版)。罗森塔尔主要研究辩证唯物主义、美学和哲学史，尤其注重辩证逻辑的研究。

罗森塔尔效应 Rosenthal's effect 人的信念、成见和期望对所研究的对象会发生影响的现象。因由心理学家R.罗森塔尔等人在实验中发现而得名，又称皮格马利翁效应。1968年罗森塔尔等人从小学1～6年级各随机抽取3个班作为实验组，对学生进行智力测验。根据测验结果来估计各班在这个学期里有哪些学生将有显著的进步，并从每班抽取20%成绩好的学生，将名单通报给任课教师。8个月后再进行测验，结果是估计将有显著进步的实验组学生与控制组学生相比，智商确实有所提高，一二年级学生更为明显；在品格方面也有类似的结果。这意味着教师对那些被寄期望的学生的态度可能与对别人的态度不同，致使自己的期望微妙地影响了学生。教师的期望对学生起着隐蔽的强化作用。

《罗生门》 *Rashomon* 日本故事片。1950年日本大映公司京都制片厂出品。桥本忍、黑泽明根据芥川龙之介的文学作品《竹林中》改编。导演黑泽明，主演三船敏郎、京町子、森雅之。平安时代罗生门下有3人避雨，樵夫讲述他在公堂上听到的杀人案。被擒的大盗多襄丸说他在林中看见武士及其妻真砂，便诱绑武士并当面强奸真砂，真砂逼两个男人决斗，他经激战杀死武士。真砂供认她求丈夫宽恕时手中短刀误伤丈夫，致其死亡。武士的阴魂借招魂女巫之口说他是蒙羞自杀的。樵夫则说他看见真砂挑唆两人交手、武士不慎被刺死……影片主题具有多义性，展现了人性

《罗生门》剧照

的多面性。黑泽明这种独特的拍摄风格以及扮演多襄丸的三船敏郎的出色表演，使得本片在世界影坛引起轰动，先后获得1951年第16届意大利威尼斯电影节金狮奖和1951年第24届奥斯卡金像奖最佳外语片荣誉奖。

罗盛教 Luo Shengjiao (1931～1952－01－02) 中国人民志愿军一级爱民模范。国际主义战士。湖南新化人。1949年11月参加中国人民解放军。1950年7月加入中国新民主主义青年团。1951年4月参加中国人民志愿军赴朝作战。1952年1月2日晨，在平安南道成川郡石田里栎沼

河上，为从冰窟中救出朝鲜少年崔莹而英勇牺牲。1952年2月3日，中国人民志愿军总部给他追记特等功，追授“一级爱民模范”称号。1953年6月25日，朝鲜民主主义人民共和国最高人民会议常任委员会追授他一级国旗勋章和一级战士荣誉勋章，并将栎沼河改名为“罗盛教河”，石田里改名为“罗盛教村”，安葬他的佛体洞山改名为“罗盛教山”。

罗斯 Ross, Edward Alsworth (1866-12-12～1951-07-22) 美国社会学家、社会心理学家。生于伊利诺伊州費尔登，卒于威斯康星州麦迪逊。1893年任斯坦福大学行政学与财经学教授，1906～1937年执教于威斯康星大学。1911年曾来中国，并发表了对中国人民族性格的看法。

罗斯认为社会学是进行社会改革的一种武器。他的《社会学原理》一书，长期被作为标准教本。罗斯首先提出社会控制概念。认为人性中本有的“自然秩序”，包括同情心、社交性及正义感三种成分；人们彼此同情，互相帮助，相互约束，自行调节行为，人类处于自然秩序状态。罗斯是从社会学角度研究社会心理学的代表人物之一，于1908年出版的《社会心理学》一书，与同年出版的W.麦独孤的《社会心理学导论》同被视为社会心理学产生的标志。还著有《社会控制》、《罪恶与社会》等。

罗斯比 Rossby, Carl-Gustaf Arvid (1898-12-28～1957-08-19) 瑞典-美国气象学家。生于瑞典斯德哥尔摩，卒于斯德哥尔摩。1918年毕业于斯德哥尔摩大学，1925年获博士学位。1926年移居美国。1928年任麻省理工学院气象系系主任。1932年起终身兼任伍兹霍尔海洋研究所研究员。1939～1941年任美国气象局副局长。1941年任芝加哥大学气象系主任。1950年任斯德哥尔摩大学教授，创办国际气象研究所，兼所长。他曾任美国国家科学院院士、美国气象学会理事长、英国皇家气象学会名誉会员，是西蒙斯纪念金质奖章的获得者（1953）。世界气象组织于1957年授予他国际气象组织奖。

1937年首先提出主要是气压场向风场适应的观点，开辟研究大气运动适应问题的新分支；1939年提出大气长波理论（见罗斯比波），后又提出位涡度守恒定律；1941年发表《现代气象学科学基础》一文，对大气的三圈经圈环流模式作了精辟的论述。在美国麻省理工学院、芝加哥大学和瑞典斯德哥尔摩大学创建气象学系，推动气象学芝加哥学派的形成。创办《海洋研究杂志》、《气象学杂志》(1962年改名为《大气科学杂志》）和《大地》。发表学术论著70篇。重要著作还有《大气中的行星流型》、《正压大气中行星波的频散》、《论低层大气大气环流的性质》、《论化学气候及其随大气环流型的变化》（和H.埃格内合作）等。

罗斯比波 Rossby wave 一种发生在大气和海洋中、频率远小于地球自转频率的低频波。地球自转角速度的铅直分量（行星涡度铅直分量之半）随纬度的改变或大气、海底地形的起伏是形成大气、海洋中罗斯比波的必要条件。由气象学家C.-G.A.罗斯比1939年提出，故名。一般观测到的罗斯比波的水平尺度，至少具有百千米的量级，故属长波。波长等于或大于地球半径的称为行星罗斯比波。由底地形倾斜形成的称地形罗斯比波。若不考虑大气和海洋的黏性和外强迫力时，任一铅直流体柱在大尺度运动过程中都保持位势涡度守恒。可以用位势涡度守恒说明罗斯比波的形成机制。

大气中缓慢移动的天气系统是长罗斯比波，如果群速度大于相速度，上游的能量先于相速度传到下游，促使下游有新波产生或使下游原有的波动加强，这就是气象学中的上游效应。在底地形坡度较小时，地形罗斯比波也具有行星罗斯比波的特性，在北半球海洋中浅水位于地形罗斯比波位相传播方向的右侧，而在南半球则相反。有水平边界存在时，在边界上会引起罗斯比波和波能的反射，其特点和边界的走向有关。

大气、海洋中的罗斯比波，在环流的调整和适应过程中起相当重要的作用，有关罗斯比长波和背景环流的关系、罗斯比波和其他波的相互作用等问题，已成为大气、海洋动力学和地球流体动力学研究中非常活跃的研究课题。

罗斯冰架 Ross Ice Shelf 世界最大冰架。介于玛丽·伯德地和横贯南极山脉之间。长约1 100千米，面积49.4万平方千米，占据了罗斯海海湾整个南部。1841年由英国J.C.罗斯船长发现，并以其姓氏命名。冰架前缘的厚度约200米，而陆冰分界线处的厚度可达千米。向海一侧冰架形成的悬崖东西长约700千米，高出海面15～50米，称为罗斯冰障。罗斯冰架主要由源于西南极洲冰盖的多条冰流补给，并在它们的推动下，迅速向前移动，其前缘移动速度可达1 000～1 200米/年。广袤的罗斯冰架成为20世纪初人类开展南极内陆考察的重要基地。罗斯冰架西北角的罗斯岛建有南极最大的考察站——美国的麦克默多站，以及新西兰的斯科特站。

罗斯丹 Rostand, Edmond (1868-04-01～1918-12-02) 法国诗人、剧作家，以写诗剧著称。生于马赛，卒于巴黎。1894年他的《浪漫情侣》在法兰西喜剧院公演。次年写作的四幕诗剧《远方公主》(1895)具有象征主义意味。剧中克己的理想主义、爱的哲学成为罗斯丹剧作的基石。五幕英雄喜剧《西哈诺·德·贝热拉克》(1897)标志着浪漫主义的复兴和发展。主人公西哈诺才华出众，暗恋表妹罗克萨娜，但罗克萨娜喜欢美貌的克里斯蒂安。最终克里斯蒂安阵亡，西哈诺中了敌人的暗算，罗克萨娜发现事实真相，但为时已晚，她失去了真正心爱的人。剧本是典型的浪漫主义作品，把崇高和滑稽、悲剧性和喜剧性结合在一起。此外，罗斯丹还写有六幕历史剧《雏鹰》(1900)、四幕寓言剧《雄鸡》(1910)以及未完成的《唐璜的最后一夜》(1921)等作品。

《罗斯法典》 *Russkaya Pravda* 基辅罗斯及封建割据时期古罗斯的法令汇编。又译《罗斯真理》。来源于东斯拉夫人习惯法、罗斯王公法令和法院判例，约在11～12世纪编成。法典明文规定：破坏田界、偷盗牲畜、纵火焚烧庄园或打谷场、杀害王公贵族及官员者，都要处以重罚；将债农、奴仆、斯美尔德（农民）置于封建依附地位，农民死后无嗣，其财产归主人所有；废除血族复仇习俗，代之以罚付“血款”，即杀人者偿付被害者家属40格里夫那，杀死领主等显贵，加倍偿付，封建主杀死一个农民则只付5个格里夫那的偿金。它们是在不同时期形成的各具特点的法律文献。有13～18世纪抄本传世。

罗斯福 Roosevelt, Franklin Delano (1882-01-30～1945-04-12) 美国第32任总统(1933～1945)。民主党人。生于纽约州海德公园村，卒于佐治亚州沃姆斯普林斯。家境富裕。1900年入哈佛大学，取得学士学位。1905年秋入哥伦比亚大学学习法律，1907年考取律师资格。1910年，参加纽约州参议员竞选成功。1912年再次当选。1913年3月，他被T.W.威尔逊政府任命为助理海军部长，负责海军的技术领导工作。1920年，被提名为民主党副总统候选人，但未当选。

1924～1928年间大力促进民主党的团结。1928年竞选纽约州长成功，成为全国知名的杰出人物。1931年，率先建立州临时紧急救济署，以帮助在大萧条中“被遗忘的人们”。1932年，竞选总统成功。1933年3月4日就任总统时，美国空前严重的经济危机达到顶点，资本主义制度濒于崩溃边缘。他认识到这次经济危机（见**美国1929～1933年经济危机**）再也不能依靠市场机制的自我调整得到解决，放弃了前几任政府实行的自由放任主义政策，实行“**新政**”。新政大力加强国家对社会、经济生活的干预，局部改变生产关系，促进一般垄断资本主义向非法西斯式的国家垄断资本主义转变；在一定程度上纠正了垄断资本主义的某些积弊，改善了广大劳动人民以至中、小资产阶级政治经济处境，以适度减缓资本主义的基本矛盾，缓和阶级斗争。到1939年，基本克服了这次经济危机。1936年、1940年和1944年，他连任美国总统。在对外关系方面，他认识到，必须坚决反对德、日、意法西斯国家的侵略性质。直到1939年德国吞并捷克并进攻波兰后，他才坚决谋求废除中立法（见**美国中立法**），制定租借法，以支持英、法反抗德、意。德国进攻苏联后，又将租借法适用于苏联，并积极扩充军备，支援反法西斯国家。1941年8月14日与英国首相W.**丘吉尔**联合发表《**大西洋宪章**》。1941年12月7日日本偷袭珍珠港后，美国迅即对日宣战，正式参加反法西斯战争。战争后期，为**联合国**的建立奠定了基础。

基本上支持中国的抗日战争，并放弃了一些美国在华特权。同中国共产党建立联系，但在抗日战争最后阶段，执行扶蒋反共的政策。他是美国历史上唯一蝉联4届的总统。

罗斯福 Roosevelt, Theodore (1858-10-27～1919-01-06) 美国第26任总统（1901～1909）。生于纽约市，卒于纽约奥伊斯特贝。1880年毕业于哈佛大学，后弃学从政。1881～1884年任纽约州议员。后曾任纽约市警察局长等职。1900年大选中当选为美国副总统。W.麦金利总统遇刺身亡后，于1901年9月14日继任总统。1904年大选连任。在总统任内，与大垄断企业及其导致的政治腐败作斗争，解散了触犯**反托拉斯法**的北方证券公司等大企业，帮助通过了禁止给大公司优惠的《埃尔金斯法》(1903)、扩大州际商务委员会权限的《赫伯恩法》(1906)以及强制雇主履行其义务的《纯净食品药品法》等法律；干预1902年宾夕法尼亚煤矿工人罢工，使矿主承认了工人工会。在外交方面，坚持**门罗主义**和美国在西半球的霸权，奉行对外干预的“大棒外交”。1903年，唆使巴拿马脱离哥伦比亚共和国而独立，并与之签订协议，攫取了运河区的永久使用权。1905年，成功调停了**日俄战争**，使双方签订《朴次茅斯和约》，因此获得1906年诺贝尔和平奖。1908年大选中，提名W.H.塔夫脱竞选总统成功。

1909年3月届满离任。后因感到塔夫脱抛弃了他的政策，遂于1912年再次寻求共和党总统候选人提名。失败后退出共和党，组建进步党（雄麋党）参加大选，导致共和党分裂，使民主党人T.W.**威尔逊**当选。一生喜爱写作、游历和探险，出版过约40部书，并发表了大量文章。

罗斯金 Ruskin, John (1819-02-08～1900-01-20) 英国作家、艺术评论家。又译拉斯金。生于伦敦，卒于兰开夏郡的科尼斯顿。1836年进牛津大学基督学院，1840年因病退学。此后两年在意大利养病，同时搜集资料从事著述。有关艺术的重要作品有《现代画家》(第1卷)、《建筑的七盏灯》、《威尼斯之石》以及论文和演讲稿。他认为艺术不能脱离生活，强调艺术的崇高道德意义和教育作用，还批评社会的不平等现象，要求普及教育。1860年，完成了《现代画家》第2、3卷，此后转而研究经济和劳工等问题。1871年组织圣乔治会，企图建立一个乌托邦。1879年隐居于兰开夏科尼斯顿湖畔的小镇。

主要作品有《时至今日》、《芝麻与百合》、《野橄榄花冠》、《劳动者的力量》和《经济学释义》等。在这些作品中他提出了自己的伦理主张和经济主张。他认为资产阶级的政治经济原则是违反人性的，机械技艺的发展扼杀了工人的主动性，工业资本主义社会过于丑恶，没有艺术，没有美。

罗斯金在英国被称为“美的使者”达50年之久。他一生为“美”而战斗。他的文字也非常优美，色彩绚丽，音调铿锵。

罗斯特罗波维奇 Rostropovich, Mstislav Leopoldovich (1927-03-27～2007-04-27) 俄罗斯大提琴家。生于巴库，卒于莫斯科。幼年从父母学习大提琴和钢琴。1943年入**莫斯科音乐学院**从C.M.科佐卢波夫学习大提琴，从D.D.**肖斯塔科维奇**和Yu.A.舍巴林学习作曲。20岁之前，在国内已负盛名。1950年开始经常到国外演出。很快就赢得了优秀演奏家的声誉。1951年荣获斯大林奖金。1956年起任莫斯科音乐学院教授。著名作曲家R.M.格利埃尔、N.Ya.米亚斯科夫斯基、S.S.**普罗科菲耶夫**、D.D.肖斯塔科维奇、A.I.**哈恰图良**等都曾为他写过大提琴乐曲。由于他杰出的艺术成就，1970年英国皇家爱乐协会授予金质奖章；1957年剑桥大学授予名誉博士学位。

罗斯托夫 Rostov-na Donu 俄罗斯北高加索地区的经济、文化和交通中心。南部联邦区驻地，罗斯托夫州首府。在顿河下游右岸，西南距亚速海46千米。人口104.8万(2010)。1761年建为要塞，1796年设市。19世纪为俄国南方大港。地处农业发达地区，邻近顿巴斯煤田的东翼。全国重要的农业机械制造中心，主要生产自走式谷物联合收割机等农机具。其中罗斯托夫农机厂和红色阿克赛农机厂全国闻名。食品（烟草、糖果、罐头、酿酒）、轻工业和化学工业亦较发达。重要水陆运输枢纽。建有9所高等学校。

罗斯托基准 Rostow benchmark 由美国经济学家兼经济史学家W.W.罗斯托在论述经济成长的阶段论中提出的一国经济实现起飞所必须具备的条件。罗斯托指出，“起飞”作为从传统的长期停滞状态到持续增长的转折点，是经济增长的关键阶段，它必须具备3个条件：①占**国民收入**10%以上的生产性投资率。②有一种或多种制造业部门高速增长，成为经济起飞的主导部门。主导部门不仅自身具有较高的增长率，而且还能积累资本，为其他部门实现现代化创造条件，从而带动整个国民经济的发展。

③要有一个适宜的政治、社会和制度体系，保证成长的持续性。

罗斯托克 Rostock 德国梅克伦堡-前波美拉尼亚州最大城市和濒波罗的海的最大海港。位于流入波罗的海的瓦尔诺河下游西岸，距波罗的海13千米。河口的瓦尔讷明德为其外港。1月平均气温0℃，7月18℃，年均降水595毫米。面积181.4平方千米。人口20.05万(2008)。初为斯拉夫人村落，1200年出现商业集镇。1218年建市。14～15世纪为汉萨同盟成员。18世纪下半叶成为北欧、东欧、西欧谷物的集散港，城市工商业繁荣。第二次世界大战中受到严重破坏，战后重建。国际知名的大型港口，主要装卸矿石、煤、谷物等，年吞吐量约2 000万吨。工业以造船业为主，还有水产加工、机械、化工、木材加工和食品等。有古老的罗斯托克大学，还有造船、海洋、渔业学院和海洋渔业研究

罗斯托克砖塔

所。主要名胜有马利亚教堂、市政厅、历史文化博物馆、砖塔（又称克勒珀利纳塔）、牧师馆。北郊的瓦尔讷明德建有旅游度假村。

罗松窗 Luo Songchuang 中国清代子弟书作家。生卒年不详。满族。约在清代乾隆年间，在北京从事**子弟书**创作。其作品多取材于当时流行的小说和戏曲，以描写爱情故事见长。文笔细腻清丽，影响广泛深远。许多作品被后世的各种鼓曲移植演唱。他的大多数作品是“铁笔欲留侠烈传”，对封建社会青年男女忠贞不渝的爱情进行了热情洋溢的歌颂。有些作品还通过对美和丑的颂扬与抨击，表达了作者的社会理想。现存子弟书作品中可以确定为由他创作的，有《红拂私奔》、《杜丽娘寻梦》、《庄氏降香》、《翠屏山》4种。另据国内外学者考证认定为罗松窗创作的子弟书作品，还有《鹊桥密誓》、《藏舟》、《罗成托梦》、《离魂》、《出塞》、《大瘦腰肢》6种。郑振铎主编的《世界文库》第5卷中收有《大瘦腰肢》、《鹊桥密誓》、《出塞》、《上任》、《藏舟》、《百花亭》6种。

罗素 Russell, Bertrand Arthur William (1872-05-18～1970-02-02) 英国哲学家、数学家、逻辑学家。**分析哲学**的主要创始人，世界和平运动的倡导者和组织者。生于英格

兰曼摩兹郡的特雷克，卒于威尔士梅里奥尼斯彭林德雷斯。1890年考入剑桥大学三一学院，后曾两度在该校任教，1908年当选为皇家学会会员，50年代先后获诺贝尔文学奖和世界和平奖。20年代初曾到中国讲学。罗素不仅在哲学、逻辑和数学上成就显著，而且在教育学、社会学、政治学和文学等许多领域都有建树。他一生的哲学观点多变，20世纪以后大体可分为**新实在论**和**逻辑原子论**两个阶段，多元论和逻辑分析方法则是贯穿于他全部哲学思想的方法论特征。罗素始终以追求确定性为最高目的，并致力于构筑精确的哲学。他把逻辑分析看作是哲学的本质，认为哲学上的进步主要由分析得来。著述甚丰，主要有《**数学原理**》(3卷，与A.N.**怀特海**合著）、《哲学问题》等。

罗素 Russell, Henry Norris (1877-10-25～1957-02-18) 美国天文学家。生于纽约州奥伊斯特湾，卒于新泽西州普林斯顿。曾任普林斯顿大学天文台台长、名誉台长，美国天文学会会长。1910年独立发现巨星序和矮星序之别。1912年，他建立了食双星理论，成为根据光变曲线求双星轨道要素和二子星基本参数的先驱者。1913年在英国皇家天文学会的会议上发表恒星的亮度、颜色和光谱型之间的统计关系。罗素绘制图解，表示恒星的绝对星等和光谱型的分布，被称为赫茨普龙-罗素图，简称**赫罗图**。1929年罗素提出求目视双星动力学视差的方法。同年，分析了太阳光谱，详细计算了太阳的化学成分，证明太阳绝大部分物质是氢，另有少量的氦、氧、氮和氖等。他还成功地解释了各类恒星的光谱特征。1952年，他和P.W.梅里尔合作，发明食双星测光解轨的RM方法，至今仍被广泛应用。罗素曾任国际天文学联合会恒星光谱组和恒星结构组主席。

《罗素姆万能机器人》 *Rossum's Universal Robots; R.U.R.* 捷克剧作家K.**恰佩克**的剧作。写于1920年。描述一个名叫罗素姆的哲学家研制出一种机器人，被资本家大批制造来充当劳动力。但是世界上如果充满了干

《罗素姆万能机器人》演出剧照

活的机器人，人类就会停止生育，面临末日。因此作者在作品中描写了一对会恋爱和能生育的机器人，以此象征人类将免遭灭亡。该剧于1921年在布拉格演出，轰动欧洲。恰佩克创造的“机器人”一词，也被欧洲各国语言吸收而成为世界性的名词。

罗索 Roseau 多米尼克的首都和主要海港，主要商业和交通中心。位于多米尼克岛西南岸，曾称夏洛特城。人口约1.48万(2001)。始建于1750年。1805年被法国人焚毁，后重建。1979年遭受飓风袭击，全城建筑受到严重破坏。工业主要有食品加工和锯木等。港口自然条件优良。出口酸橙、酸橙汁、精油、热带蔬菜、香蕉、椰子、可可、香料和木材等。旅游业在经济中占有重要地位。留存的主要历史性建筑有罗马天主教教堂、圣乔治英国圣公会教堂、政府大厦、维多利亚纪念博物馆。市郊有瀑布和温泉，为旅游景点。

罗文藻 Luo Wenzao (1616～1691) 中国第一个天主教主教。字汝鼎，号我存。福建福安人。明崇祯六年（1633）入教，顺治六年（1649）入多明我会。1674年被罗马教皇克雷芒十世提名为主教，由于葡萄牙政府的阻挠和自身的推辞，直到1685年才正式任职。任职后巡视全国天主教教务，其间曾为3名中国神父（万其渊、吴渔山、刘蕴德）祝圣。

罗西 Rosi, Francesco (1922-11-15～) 意大利电影导演。出生于那不勒斯。曾就读于那不勒斯大学。1944年起在电台和电视台任演员、编剧和导演等。1958年拍摄了揭露那不勒斯秘密黑帮组织的影片《号召》(获**威尼斯电影节**特别奖)。20世纪60年代

转向政治题材电影。作品主要有《萨尔瓦托雷·裘连诺》(1962，获西柏林国际电影节大奖)、《掠夺城市的手》(1963，获威尼斯电影节大奖)、《马太伊案件》(1972，获戛纳电影节大奖)、《基督停留在埃博利》(1979，获莫斯科国际电影节主要奖项)等。这些影片具有强烈的社会批判意识，在艺术风格上表现出鲜明的纪实性、政治性、采访报道性等特征。政治电影退潮后，他的创作走向多样化，拍摄了歌剧片《卡门》(1984)、惊险片《忘掉巴勒莫》(1990)、纪实片《停战》(1996)和故事片《劫后余生》(1997)等。

罗西里尼 Rossellini, Roberto (1906-05-08～1977-06-03) 意大利电影导演。生于罗马，卒于罗马。曾就学于高等技术学校。第二次世界大战期间，拍摄了《白色的船》(1942)、《带十字架的人》(1943)等宣扬意大利法西斯主义的影片。1945年执导《罗马，不设防的城市》(1946年在戛纳电影节获大奖)，这部影片成了意大利新现实主义的宣言书，在国际上赢得巨大成功。

1946年拍摄的《游击队》在威尼斯电影节获特别奖。此后，拍摄了《斯特隆波里火山》(1950)、《圣弗兰西斯科》(1950)、《欧洲，51年》(1952)、《罗马的夜晚》(1953)、《印度》(1959)等作品。20世纪70年代，主要为电视台工作，拍摄了《苏格拉底》(1970)、《布列兹·帕斯卡》(1971)、《笛卡尔》(1974)等传记片。

罗西尼 Rossini, Gioachino (1792-02-29～1868-11-13) 意大利作曲家。生于佩萨罗，卒于巴黎。最初跟父亲学习吹号，后又学习羽管键琴和歌唱。1806年入博洛尼亚音乐学校，学习歌唱、大提琴和对位。1809年写了第一部歌剧《德梅特里奥与波利比奥》。1810年毕业时上演了他的喜歌剧《婚约》。1810～1815年，经常以

作曲家兼指挥或歌手的身份参加流动戏班的演出。为了谋生，不断地创作新歌剧以供戏班上演，在短短的4年内，他写了15部歌剧。1813年正歌剧《坦克雷迪》在威尼斯公演后受到欢迎；接着喜歌剧《意大利女郎在阿尔及尔》又获成功，从此名声大振。1815年，任那不勒斯歌剧院、圣卡罗剧院和丰多剧院的艺术指导。这一时期他创作了《土耳其人在意大利》、《奥赛罗》、喜歌剧《塞维利亚的理发师》。此后又创作了《灰姑娘》、《贼鹊》、《摩西在埃及》(1827年修改为《摩西》)、《湖上夫人》、《塞弥拉弥斯》等歌剧。1824年，他受聘为巴黎意大利歌剧院的领导，后又被委任为皇家作曲家和歌唱监察。1829年写出了他最后的一部杰作《威廉·退尔》。至此，他共创作了38部歌剧和若干器乐曲及康塔塔等作品。此后的39年，他只写了两个宗教题材的作品和一些短曲。这位赫赫有名的多产作曲家在他创作成熟的盛年突然搁笔，其原因何在，至今仍是一个谜。1836年，罗西尼回到博洛尼亚，曾接受博洛尼亚音乐学院名誉院长的头衔。1848年移居佛罗伦萨，1855年重返巴黎定居。

罗西尼被誉为意大利歌剧艺术的复兴者。他的一系列正歌剧描写的虽是历史人物，但都贯串着民族解放的思想，在当时曾引起广泛的共鸣。

罗香圃 Luo Xiangpu (1883～1965) 中国滇剧演员。云南玉溪人。先学文武小生。14岁登台，演过《白门楼》(饰吕布)等戏。后因变声改演花旦、彩旦。扮相俊美，做功细腻，并将生行的某些表现手段，融入花旦的表演中。戏路宽广，既能演《坐楼杀惜》的闫惜姣、《拷红》的红娘，也能演《黛玉焚稿》的林黛玉、《莺莺饯别》的崔莺莺。擅长演的剧目还有《金莲调叔》、《打渔收子》等。他的唱腔委婉，注重跌宕，收尾有力，节奏感较强。曾先后参与组建滇舞台、荣华茶园、群舞台、麟华坊彩排茶室、华丰剧场等班社。其中群舞台对当时濒临凋萎的滇剧艺术起过重要作用。先后收徒27人，均以吟字排名。

罗霄山脉 Luoxiao Mountain Range 中国湖南、江西两省边境山脉。湘江、赣江及北江部分水系的分水岭和发源地。一般系指袁水和渌水谷地以南，包括武功山、万洋山、诸广山等山地。武功山长约150多千米，宽达30～45千米，主峰金顶在江西省境内，海拔1 918米。万洋山最高峰海拔2 120米，八面山主峰石牛仙2 042米，诸广山的主峰齐云峰2 061米。山区气候温暖湿润，生长松、杉、楠、樟、毛竹等，有大量热带区系植物分布，如炎陵县低山沟谷有红勾栲、蕈树、光叶白兰，汝城有桃金娘、百日青、凤凰楠、广东厚皮香、白桂木、罗浮栲等。万洋山中的桃源洞尚保存较大面积的天然常绿、针阔叶林区。八面山有杜仲、福建柏、银杏、银杉、红皮紫茎、银鹊树、南方铁杉、红豆杉等珍稀树种。林区栖息短尾猴、水鹿、林麝、华南虎、金钱豹等珍贵野生动物。矿产丰富，主要有钨、磁铁、煤等。罗霄山脉曾是土地革命时期红色政权的根据地。

罗亚·巴斯托斯 Roa Bastos, Augusto (1917-06-13～2005-04-26) 巴拉圭小说家、诗人。生于亚松森，卒于亚松森。曾任《祖国》杂志记者和编辑，1947年起长期流亡国外，先后在阿根廷和法国居留。他的杰作《人子》(1960)描述了巴拉圭人民在19世纪中叶至20世纪30年代开展大厦谷战争中反抗独裁统治的斗争，

表现了人民要求自由的愿望与社会对这一愿望的扼杀。作者在这部小说中运用了许多瓜拉尼语的表达方式，使作品带有浓厚的乡土气息。历史小说《我，至高无上者》(1974)揭露了巴拉圭独裁者弗朗西亚。20世纪90年代发表一系列长篇小说，如《将军不眠》(1992)、《抵制生命》(1995)及《隋夫人》(1996)。其他作品有短篇小说集《叶从雷鸣》(1953)、《燃烧的木头》(1967)和《莫利恩西娅》(1969)等。

罗亦农 Luo Yinong (1902～1928-04-21) 中国共产党早期政治活动家。湖南湘潭人。又名罗觉。1920年加入中国社会主义青年团，同年赴莫斯科东方劳动者共产主义大学学习。1921年加入中国共产党。1925年回国，任中共中央驻粤临时委员会成员。1926年1月任中共江浙区委书记，后兼任中共江浙区执行委员会军事特别委员会主席和农民运动委员会书记。曾参加领导上海工人第三次武装起义。1927年4月，在中共第五次全国代表大会上当选为中央委员，后任中共江西省委书记，湖北省委书记。1927年参加中共八七会议，当选为中央临时政治局委员。会后任中共长江局书记。同年11月，在中共中央临时政治局扩大会议上，当选为中央政治局常委和中央组织局主任兼组织部长。1928年4月因叛徒出卖，在上海英租界被捕，21日被国民党杀害于上海龙华。

罗易 Roy, Manabendra Nath (1887-03-21～1954-01-25) 印度政治活动家。生于加尔各答附近乌尔巴利阿村一婆罗门家庭，卒于台拉登。

早年接受民族主义思潮的影响，从1907年起参加反英的恐怖主义活动，1910年被捕。第一次世界大战爆发后，为从德国人手中获取金钱和武器来进行反英斗争，曾奔

走于爪哇、中国、日本等地，1916年夏抵美国。1919年在墨西哥参加社会党。1920年夏，出席共产国际第2次代表大会，任民族殖民地问题委员会成员。后来还担任过共产国际执行委员会成员和主席团委员，并是共产国际设在塔什干的中央亚细亚局的3个负责人之一。1920年10月17日，在塔什干成立最早的印度共产党组织。1922年3月从苏联派遣一批干部回国，准备同国内各共产主义小组取得联系，未果。1927年，作为共产国际的代表到过中国。1929年底因同德国布兰德勒集团的关系被开除出共产国际。罗易对印度及中国等国的社会性质、革命策略的主张，与L.D.托洛茨基的观点极其相似，并最终归纳为“非殖民地化”的观点，长时期内对印度共产党和印度革命造成极严重的危害。1930年11月，从欧洲回到印度，1931年7月被捕，1936年11月获释。其后加入印度国民大会党。1939年又组织激进国大党人联盟。1940年竞选国大党主席失败，旋即被国大党开除。1940年12月建立激进民主党，反对M.K.甘地和J.尼赫鲁的政策。1948年该党自行解散。晚年，宣传“激进人道主义”，放弃共产主义。

罗隐 Luo Yin (833～919) 中国唐代文学家。原名横，字昭谏，号江东生。杭州新城（今浙江富阳）人。20岁应进士举，十试不第。罗隐生当变乱时代，大半生流落不得志的生活经历，养成愤世嫉俗的思想性格，好为谐谑讽刺。

他的创作以杂文小品成就最高。他将自己的小品文集题名《谗书》，并自述写作用心是“有可以谗者则谗之”，“所以警当世而诫将来也”。杂文小品表现形式上有直接发议论，有借寓言托讽，有用散文体，有用赋体，随物赋形，不拘一格，而皆能嬉笑怒骂，涉笔成趣，明快泼辣，一针见血。罗隐还有一些较好的记叙文和政论文，具有朴素辩证法的思想。诗歌多应酬赠答、登临写景之作，表现出怀才不遇之感，但总的说来境界比较狭窄，情调低沉。他的一部分讽刺小诗，批判时政，尖锐有力，与其杂文相似。罗隐的诗风在晚唐属于浅易明畅的一路，述事真切而语言通俗，尤其善于提炼民间口语，有些诗句写来如同白话，成为后人常用的谚语格言。

罗瘿公 Luo Yinggong (1880～1924-09-23) 中国京剧作家、诗人。名惇曧（一作惇融），字掞东，晚号瘿公。广东顺德人。卒于北京。清末时官至邮传部郎中。辛亥革命后，曾在政府任职。袁世凯称帝，罗虽与袁有旧，却不受其禄。自此益纵情诗酒，流连戏园，结识王瑶卿、梅兰芳等人。与程砚秋交谊尤深，多方支持程的艺术活动。1921～1924年，罗瘿公为程砚秋创作和改编的剧本计有《龙马姻缘》、《梨花记》、《花舫缘》、（又名《三笑缘》）、《红拂传》、《孔雀屏》、《玉镜台》（又名《花筵赚》）、《风流棒》、《鸳鸯冢》、《赚文娟》、《玉狮坠》、《青霜剑》、《金锁记》。梅兰芳的《西施》一剧，亦为其所编。罗瘿公素负诗名，兼善书法。著述有《瘿庵诗集》、《鞠部丛谭》以及《太平天国战记》、《戊戌德宗之密诏》、《庚子国变记》等。

罗愿 Luo Yuan (1136～1184) 中国南宋时期的博物学者。字端良，号存斋。新安（安徽休宁）人。孝宗乾道二年（1166）擢为进士，曾任赣州通判、南剑州（今福建南平）和鄂州（今湖北武昌）知州等职，任职期间注意发展教育，鼓励农业，有政绩。

他博学好古，精于经学。鉴于“万物异名，说者无所旁缘”，遂以《尔雅》为宗本，专述动植物，于1174年著成《尔雅翼》一书。《尔雅翼》共32卷，记述植物180种，动物230余种。其中《释草》8卷，120种，以记述草本植物为主，兼及灌木、丛木。《释木》4卷，记60种木本植物。《释鸟》5卷，述58种鸟类。《释兽》6卷，皆记哺乳动物。《释虫》4卷，记述40种昆虫。《释鱼》5卷，55种，以鱼类为主，兼及哺乳类之鲸，爬行动物之蛇类、龟鳖、鳄、湾鳄，两栖类之蛙，贝类，节肢动物类之虾、蟹等。《尔雅翼》在形态分类上，有的远胜于前人。于1270年始刊布于世，后刻版散失，1320年复“访求墨本，节费重刊”，并由洪焱祖音释，传于后世。

罗章龙 Luo Zhanglong (1896-11-30～1995-02-03) 中国共产党早期领导人。原名璈阶、仲言。湖南浏阳人。卒于北京。早年在北京大学就读，曾参加五四运动。1920年参加马克思学说研究会，并和李大钊发起组织北京共产主义小组，1921年当选为中共北方区委和劳动组合书记部负责人。曾参与组织开滦大罢工、京汉铁路总工会和二七大罢工。1923年6月当选为中共第三届中央执行委员和中央局委员。历任中共四届、六届中央候补委员，五届中央委员。1928年任中华全国总工会常务委员会和中华全国总工会党团书记。1931年1月中共六届四中全会后，组织“中央非常委员会”，进行分裂中国共产党的活动。1931年1月27日，中共中央作出决定，解除罗章龙的中央委员职务并永远开除其党籍。后在河南大学、西北大学、湖南大学任教。中华人民共和国建立后，任湖北大学经济学教授，中国人民政治协商会议全国委员会委员。1979年起，任中国革命博物馆顾问。著有《中国国民经济史》、《社会主义经济计划原理》、《椿园载记》，译有《康德传》（与商章孙合译）等。

罗振玉 Luo Zhenyu (1866-08-08～1940-05-14) 中国近代金石学家。字叔蕴、叔言，号雪堂、贞松老人。浙江上虞人。生于江苏淮安，卒于辽宁旅顺。曾任清廷学部参事及京师大学堂农科监督。后又任伪满洲国参议府参议及“满日文化协会”会长。是近代金石学研究的集大成者。所著《殷商贞卜文字考》，首先判明甲骨为殷人遗物，又考订安阳小屯为殷墟。还编著《殷虚书契前编》、《殷虚书契菁华》、《殷虚书契后编》及《殷虚书契续编》，是殷墟正式田野发掘前零星出土甲骨的最重要集录。还著有《三代吉金文存》、《殷文存》等。并与王国维合著《流沙坠简》，是近代学者研究简牍的发端。

罗兹 Łódź 波兰中部城市，罗兹省首府，直辖市。位于维斯瓦河和瓦尔塔河间的分水地区。海拔187米。年平均气温18.3℃，年降水量590毫米。人口74.24万（2009）。14世纪始见记载，1798年建市。全国第二大城市和主要纺织工业中心。生产的棉织品在全国占很大比重，也生产毛、丝和化纤织物。还有纺织机械、电影机械、电机、化学、食品、印刷等部门。重要的铁路、公路枢纽。设有多所高等院校以及图书馆、博物馆、音乐中心和剧场，也是全国电影制片业中心和美术中心。

罗宗洛 Luo Zongluo (1898-08-02～1978-10-26) 中国植物生理学家。生于浙江黄岩，卒于上海。1930年获日本北海道帝国大学农学博士学位。回国后，曾任多个大学教授、台湾大学代理校长、中央研究院院士、植物研究所所长。中华人民共和国建立后，历任中国科学院实验生物研究所植物研究室主任、上海植物生理研究所所长。1955年当选为中国科

学院学部委员（院士）。中国植物生理学会第一、第二届理事长，曾被选为苏联列宁全苏农业科学院通讯院士、日本植物学会名誉会员。

罗宗洛早年研究氢离子浓度对植物原生质胶体性质的影响，培养液的酸碱度对植物吸收硝态氮、铵态氮的影响，以及各种离子对植物吸收利用硝态氮、铵态氮的作用等。20世纪30年代中期开始研究植物组织培养，后因抗日战争而中断。随后，又进行过微量元素及植物激素的研究。60年代开展过植物辐射生理的研究工作。晚年致力于植物细胞生物学的研究。1936年与中国实验生物学家朱洗等创办《中国实验生物学杂志》（《实验生物学学报》的前身），1947年创办《植物学汇报》，1964年创办《植物生理学报》，任主编。一生发表科学论文30余篇，为中国实验生物学、植物生理学的建立和发展作出重要贡献。

罗佐夫 Rozov, Viktor Sergeyevich (1913-08-21～2004-09-28) 俄罗斯剧作家。生于雅罗斯拉夫尔，卒于莫斯科。剧本《永生的人》(1956)，描写青年一代在战争中的遭遇。他的剧本大多表现青少年的生活，如《生活的一页》(1953)、《婚日》(1964)等。1966年他把I.A.冈察洛夫的长篇小说《平凡的故事》改编成同名剧本。此后的创作大多以道德方面的题材为主，有两幕喜剧《处境》(1973)，由4个独立小戏组成、表现人与人之间关系的《四滴水》(1974)，以及《“聋人”之家》(1979)等，均在不同程度上揭露了当时苏联社会的矛盾。表现两个家庭内新老两代人矛盾冲突的剧本《小野猪》，锋芒直指上层人物。罗佐夫创作的每个剧本几乎都引起评论界的争论。

萝卜 *Raphanus sativus*; radish 十字花科萝卜属的一种。草本植物。古名莱菔、芦葩。中亚山地、地中海沿岸和中国南部为主要起源中心。现世界各地都有种植。

肉质根由直根和胚轴两部分发育而成，直根比例大的，为长形品种；直根只占一小部分的，为圆形品种。表皮有白、绿、粉红、紫红、黑等色，肉质白、绿或紫红。叶大，羽状分裂或矩圆状披针形。总状花序，花淡紫、粉红或白色。异花传粉，角果，成熟后不开裂。变种有：油料萝卜、嫩荚用萝卜、四季萝卜、黑萝卜和中国萝卜。栽培上按季节可分为秋萝卜、春萝卜、夏萝卜和四季萝卜四种类型；按用途则可分为生食品种、熟食品种和加工品种。还有按肉质根的形状、皮色和成熟期来划分类型的。

属半耐寒性作物，喜冷凉气候。要求日照长。适应各种土壤，而以砂壤土最为适宜。以秋季露地栽培为主。生长前期宜多中耕，少浇水，以控制地上部叶子生长过旺，促进肉质根发育。

萝卜肉质根含有较多的糖分和维生素类，其中的淀粉酶能助消化。可生、熟食，或加工腌制。根和叶还可作饲料。常将植株翻耕作绿肥，通称肥田萝卜。能吸收土壤中难溶性磷酸盐，还可用以改良红壤。种子中含的芥子油对链球菌、大肠杆菌、肺炎球菌有抑制作用。

萝芙木 *Rauvolfia verticillata*; devilpepper 夹竹桃科萝芙木属的一种。常绿灌木。药用植物。分布于中国台湾、广东、广西等地，越南也有分布。植株高0.5～3米，多分枝，

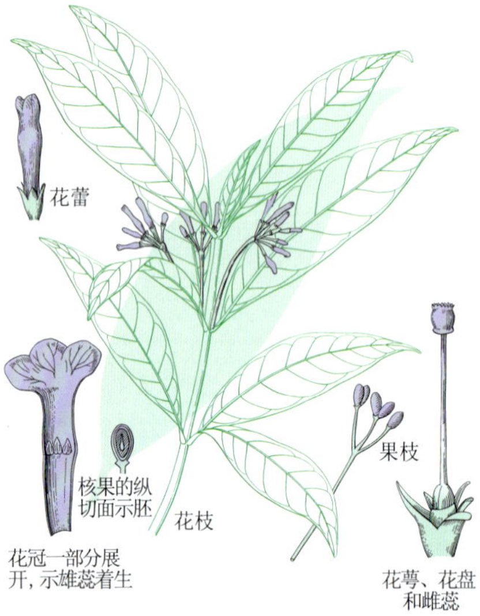

具乳质。单叶对生或3～5叶轮生，长椭圆状披针形。聚伞花序顶生或腋生，花白色，呈高脚碟状。核果卵形或椭圆形，成熟时为紫黑色。喜温暖、潮湿、较荫蔽的环境。种子繁殖。雨季定植，植距1×2～3米，种后二三年收获。根含利血平、阿吗碱、萝芙木碱等多种生物碱，总含量1%～2%，有清热、降压、活血、止痛等功效。其变种海南萝芙木和同属的云南萝芙木、催吐萝芙木等均可供药用。

萝藦科 Asclepiadaceae; milkweed family 双子叶植物纲菊亚纲的一科。全世界约250属2 200余种，主要分布于热带和亚热带地区。中国产44属约250种，分布于西南及东南部，少数在西北与东北各省区及台湾等。具有乳汁的多年生草本、藤本或攀缘灌木，极少为直立灌木或乔木。叶对生或轮生，稀互生，全缘，叶柄顶端常具有丛生腺体。聚伞花序通常伞形；花5数，花冠合瓣，通常辐状；副花冠通常存在；花药彼此黏生，花丝合生成管状，称为合蕊冠，腹部与雌蕊黏生成中心柱；花粉联结成块状，称为花粉块或四合花粉；子房上位，柱头基部5棱，蓇葖果双生；种子顶端具一丛白色绢质种毛。中国的主要代表种有杠柳、白薇和萝藦。

萝藦科大多数为药用植物，如牛角瓜属、马利筋属、鲫鱼藤属、钉头果属、鹅绒藤属、匙羹藤属、萝藦属、牛奶菜属、娃儿藤属等，这些药用植物含有多种生物碱或苷类。此外，许多种类的花及肉质枝叶甚为美丽多姿，如球兰属、马利筋属、豹皮花属、夜来香属、蜂出巢属、眼树莲属、醉魂藤属等为观赏植物，在世界热带庭园绿化中占有一定的位置。

逻各斯 logos 欧洲古代哲学术语。希腊文λόγος的音译，意为言语、思想、思维、理性、比例、尺度等，一般指尺度、规律。古希腊哲学家赫拉克利特最早将它引入哲学，主要用来说明万物生灭变化的规律性。斯多阿学派借以解释自然运动的秩序，并赋予它“宇宙理性”或“命运”的意义。亚历山大里亚的斐洛认为逻各斯是“神的理性”。基督教宣传逻各斯是神创造世界的原型或真理等。在G.W.F.黑格尔哲学中，逻各斯是指概念、理性、绝对精神。

逻辑 logic 以推理形式为主要研究对象的科学。推理是以一个或几个命题为根据或理由得出一个命题的思维过程。

推理可分为演绎推理和归纳推理。对于一个正确的演绎推理形式，不论其中的变项代入任何非逻辑词项，如果前提都是真的，则结论也是真的。在此意义上，正确的演绎推理形式有必然性（见形式逻辑）。正确的归纳推理形式却不具有必然性而只具有或然性。一个应用了正确归纳推理形式的归纳推理，其或然性的大小不仅决定于它所应用的归纳推理形式，而且还决定于它对所涉及的现象的分析和这种分析所根据的知识的可靠程度。由于有两种不同的推理，逻辑就可分为以演绎推理为主要研究对象的演绎逻辑和以归纳推理为主要研究对象的归纳逻辑。逻辑按其历史发展的不同阶段，又可分为传统逻辑和现代逻辑。现代逻辑的主流是数理逻辑，它是形式逻辑的现代形式。

逻辑作为一门科学，不仅研究个别的正确推理形式，而且还研究各种正确推理形式之间的关系和提出关于正确推理形式的系统理论。亚里士多德的三段论理论，就是一个关于三段论的公理系统。现代逻辑则应用更加严格的形式系统的方法来研究逻辑，提出了许多关于逻辑系统的元定理和元理论。

词源 “逻辑”是英语“logic”的音译。中国近代学者严复译著《穆勒名学》时首先使用了“逻辑”一词。“logic”也曾译为“名学”、“辩学”、“理则学”等。在日语中译为“论理学”，这个译名也曾流行于中国。在许多语言里没有“逻辑”与“逻辑学”的区别。“逻辑”一词大致有4个不同的含

义：①以推理形式为主要研究对象的科学。②研究思维形式（范畴）的一种哲学理论，如黑格尔的逻辑学。③规律，如中国革命的逻辑。④事理，如所谓“强词夺理的逻辑”。英语logic源于古希腊语λόγος（逻各斯），原义指世界的可理解的规律，也有语言或理性的意思。

不同的逻辑传统　逻辑所研究的正确推理形式及其规律，是任何正确认识和任何学科都必须应用和遵守的，因而是全人类共同的。在这个意义上，没有不同民族、不同阶级和不同个人的逻辑。但是，另一方面，逻辑作为一个知识体系，总是某一时代、某一民族和某些个人的产物，因而就不可避免地要带有某个时代、某个民族和某些个人的特点。因此，在逻辑发展的历史过程中，就产生了许多不同的逻辑体系并形成了3个不同的逻辑传统，即中国逻辑传统、印度逻辑传统和希腊逻辑传统。

①中国逻辑传统。中国逻辑传统形成于先秦时期，对它的形成和发展作出重大贡献的有名家、墨家和儒家的代表人物。名家是最早出现的逻辑学派，创始人是邓析，重要的还有惠施和公孙龙。墨家的逻辑思想主要表现在《墨子》中。儒家对中国逻辑传统的贡献主要在于它的正名理论，代表人物有孔子和荀子。秦汉以后，由于封建统治者罢黜百家、独尊儒术和其他原因，中国逻辑就很少有重大的发展。

②印度逻辑传统。印度的各个宗教和哲学派别都有自己的逻辑理论，各派的逻辑理论既互相批评又互相促进，从而形成独特的印度逻辑传统。印度逻辑理论的主要派别，是婆罗门的正理逻辑与佛教的因明。

③希腊逻辑传统。在世界三大逻辑传统中，希腊逻辑传统达到了最高的成就，现代逻辑就是从这一传统发展而来的。希腊传统形成于古代希腊，一直延续到近代西方。

古希腊最早出现的逻辑系统是亚里士多德的逻辑。在亚里士多德的全部逻辑著作中，包括了5个方面的内容：研究命题形式和推理形式的三段论理论；把三段论和归纳应用于辩论中的辩证推理理论；把三段论和归纳应用于科学中的科学推理理论和科学方法论；语法和语义的理论；本体论的理论。亚里士多德在他的三段论理论中已经应用了当时几何学所应用的数学方法，即应用了变项与公理方法。这是希腊逻辑传统中的一个非常重要的因素。亚里士多德还提出了模态三段论。他也用一些自明的模态三段论作为公理，以推出其他正确的模态三段论。

亚里士多德也研究了科学推理的性质及其在科学中的作用。他指出，一门科学中的科学推理，除了要求它的前提是真实的和必然的，还要求：它的前提能最后从作为这门科学出发点的直接性命题推出；它的前提相对它的结论，必须是人们更好理解的；它的前提相对于它的结论，必须是理论上在先的；它的前提必须是它的结论的原因，即必须能说明它的结论的原因。亚里士多德十分重视归纳在科学认识中的作用。他认为，人们先有关于事物的知觉，然后形成关于事物的概念，在此基础上再应用归纳就能得到作为科学的出发点的第一原则和直接性前提。

继亚里士多德之后出现的麦加拉－斯多阿学派逻辑，是古希腊逻辑的另一高峰。麦加拉－斯多阿的逻辑是命题的逻辑。麦加拉－斯多阿逻辑学家给希腊逻辑传统增添了重要的内容。他们比亚里士多德更加明确地区别了语言表达式与它们的意义，并强调逻辑规律只是根据表达式的意义。

中世纪逻辑是希腊逻辑发展的重要阶段。欧洲中世纪经院逻辑家主要是从阿拉伯人那里继承了古希腊的逻辑成果。因此，阿拉伯逻辑也是中世纪逻辑的一个组成部分。古希腊逻辑大约在公元后5世纪开始传入叙利亚，约9世纪巴格达成了当时阿拉伯地区研究逻辑的中心，出现了巴格达学派。巴格达学派主要是注释和讲述亚里士多德逻辑。亚里士多德的《工具论》其中的6篇，《修辞学》、《诗学》和波菲利的《亚里士多德范畴引论》是巴格达学派学习逻辑必读的逻辑九书。

大约12～15世纪，欧洲经院逻辑继承和发展了古希腊和阿拉伯的逻辑思想，建立了完整的经院逻辑体系，从而对希腊逻辑传统作出了重要的贡献。经院逻辑明确区分了范畴词与非范畴词。范畴词是指谓确定的对象的语词，如“人”。非范畴词本身并不指谓任何对象，但它们和范畴词联结起来，使范畴词以某种方式指谓某种对象，例如，“所有的”、“有的”、“非”等。经院逻辑还应用范畴词定义了命题和推论的形式和内容。经院逻辑提出了关于词项的性质的理论，特别是指代的理论。这是一种涉及量词与语言层次的理论，是经院逻辑中很有独创性的部分。在模态逻辑方面，经院逻辑明确区分了命题模态和事物模态。如果一个模态词作为整个命题的谓词，那么它就是命题模态；如果一个模态词作为命题中的谓词的形容词，那么它就是事物模态。经院逻辑家认为，逻辑是关于思想或意义的科学，特别是关于非范畴词的意义的科学。逻辑同语法、修辞、算术、音乐、建筑学和天文学一样，是神学的支柱或婢女，但却不是神学的一部分。

随着16世纪实验科学的出现，人们对逻辑这门科学产生了新的要求。F.培根认为，当时流行的演绎逻辑已不能满足科学发展的需要。他企图创造一种新的逻辑作为科学的新工具。他认为，演绎只能阐明已经发现的东西，只能判定由一些思想推出另一个思想的过程是正确的或错误的。只有归纳才能发现真理，才能发现事物的规律。培根的归纳方法不同于简单枚举的归纳，是一种设计实验并由实验结果找出事物规律的方法。他提出了有名的三表法：出现表，罗列所研究的现象出现的所有情况；不出现表，罗列所研究的现象不出现的所有情况；程度表，罗列所研究的现象在程度上的各种变化。通过这3个表就可找出所研究的现象的原因和规律。

J.S.密尔继承和发展了培根的归纳法，他提出了求因果五法，即契合法、差异法、契合差异并用法、剩余法和共变法。密尔五法是培根三表的发展，密尔不仅把五法看作指导实验的方法，而且把五法看作归纳推理的模式。

R.笛卡尔则从另一个角度批判当时的演绎逻辑，他强调数学的方法作为研究科学的新方法。他认为，理智有直观与推理两种活动，在直观中我们应形成清楚明确的概念，然后应用推理特别是数学的推理从这些清楚明确的概念得出必然的结论。他在其《指导心智的规则》和《方法论》中，提出许多关于得到清楚明确的概念和进行正确推理的具体规则。

I.康德认为，在普通逻辑即形式逻辑之外，还有先验逻辑。先验逻辑分为先验分析（或分析学）和先验辩证法两个部分。在先验分析中，他分析了知识即先天综合判断中的先天因素。他认为，知性中有12个先天范畴，经验和知识是知性把这些先天范畴应用于感性材料的结果。他把这12个范畴分为4组：量范畴、质范畴、关系范畴和模态范畴。相应于这4组范畴，他提出知性的4个原则，即直观公理、知觉预期、经验类比和经验的思想公设。先验辩证法是分析理性超出了经验范围所产生的谬误。

G.W.F.黑格尔发展了康德先验逻辑的理论。全面地和系统地叙述了思想范畴的辩证发展。黑格尔认为思想范畴也就是存在范畴。因此，黑格尔的逻辑也就是他的绝对唯心论的认识论和本体论。这样的逻辑完全不同于亚里士多德开创的演绎逻辑和培根开创的归纳逻辑。

现代逻辑　现代逻辑的主流是数理逻辑，此外也包括非经典的逻辑。现代归纳逻辑和自然语言逻辑也属于现代逻辑的范围。

①数理逻辑。数理逻辑是一门边缘性的科学。它一方面应用数学方法研究逻辑问题，另一方面又应用逻辑的成果去研究数学的基础和方法。这两方面的研究，是紧密联系、互相促进和逐步提高的。经过近百年来的发展，数理逻辑已具有非常丰富的内容。

②非经典逻辑。布尔逻辑代数、罗素和怀特海的逻辑演算以及希尔伯特和阿克曼的逻辑演算，都是二值的外延逻辑。这些逻辑体系中的命题或命题形式，只能有而且必须有真和假这二值之一。其中的逻辑词项，如"不"、"或"、"和"、"如果……，那么……"、"所有的"、"有的"等，都是真值函项的或外延性的语词。这样的二值外延逻辑演算或逻辑体系，被称为经典的逻辑演算或逻辑体系。非经典的逻辑演算或逻辑系统，就是非二值的或非外延的逻辑演算或逻辑系统。**模态逻辑**、多值逻辑、道义逻辑、认知逻辑、时态逻辑等都属于非经典逻辑的范围。

逻辑电路 logic circuit 实施逻辑运算的电路。事物的逻辑关系可用数学来表示，即事物的状态均可用"真"和"假"来表示，这二状态分别用离散变量"1"和"0"来代表。基本的运算有逻辑与、逻辑或及逻辑非，通过这三种逻辑运算就可表现所有的逻辑关系。数字电路是电子学中不可缺少的电路技术，而布尔代数则是设计数字电路必要的理论手段。

逻辑运算的最小元件称逻辑元件，常用的有AND、OR、NOT、NAND、NOR和XOR等。现在普遍使用的是将若干个门电路集成在一起的IC逻辑电路。根据基本定律可对逻辑关系进行化简。逻辑电路有输入端的总数、基本逻辑元件数和级数三项指标，相加的和越小，则逻辑电路越简单。

定理的逻辑电路图表示

	逻辑关系	对应的逻辑电路图，(MIL) 符号
基本电路符号	AND电路（逻辑与） OR电路（逻辑或） NOT电路（逻辑非） NAND电路（与非门） NOR电路（或非门） XOR电路（异或门）	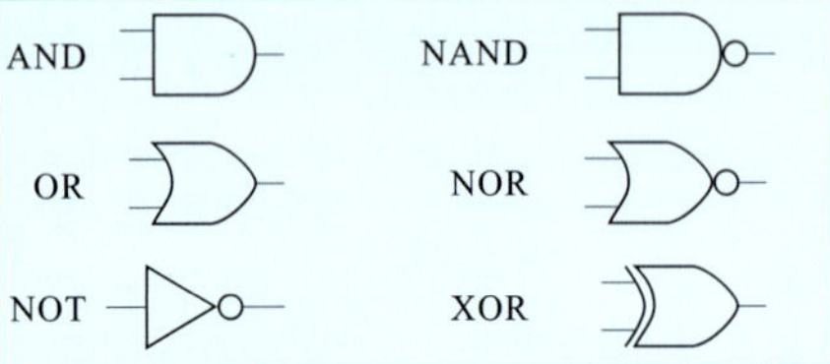
交换律	$A+B=B+A$ $AB=BA$	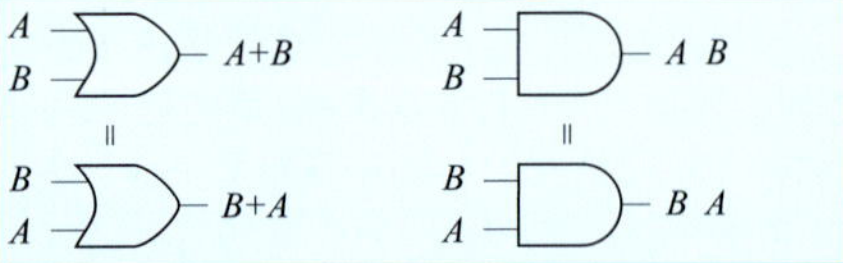
吸收律	$1+A=1$ $0+A=A$ $0A=0$ $1A=A$	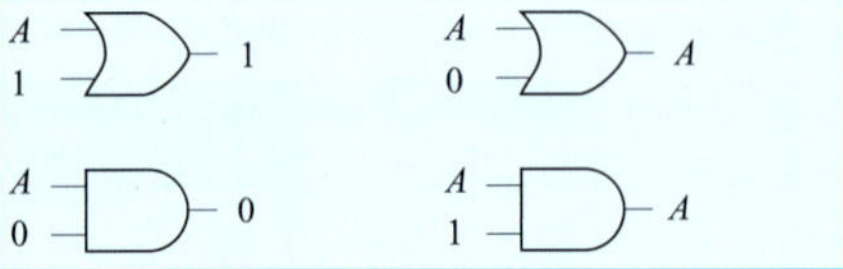
结合律	$(A+B)+C=A+(B+C)=A+B+C$ $(AB)C=A(BC)=ABC$	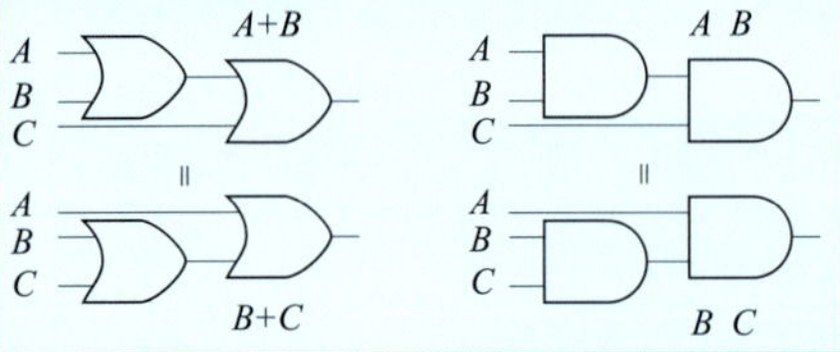
分配律	$A(B+C)=AB+AC$ $A+BC=(A+B)(A+C)$	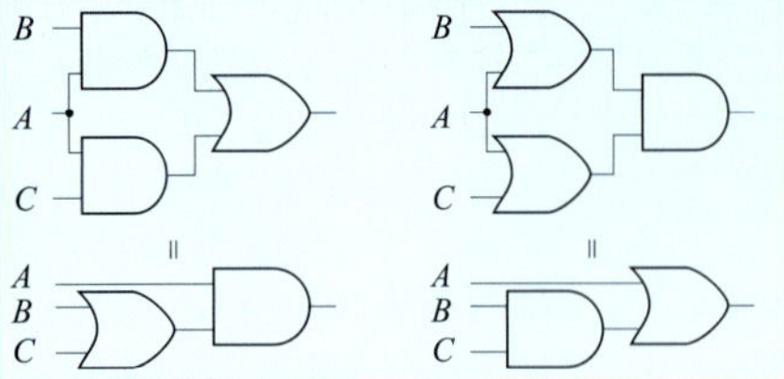
反演律	$\bar{A}=A$ $A+\bar{A}=1$ $A\bar{A}=0$	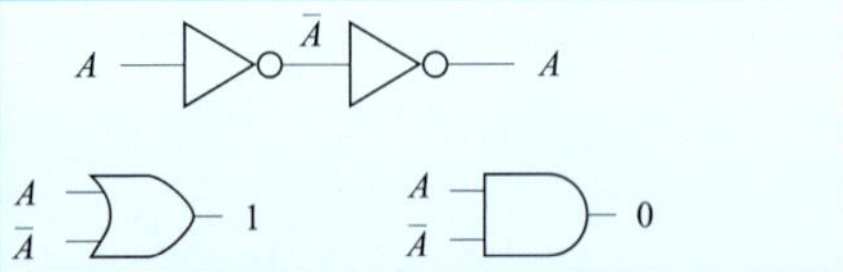
摩根定理	$\overline{A+B+C+\cdots+N}=\bar{A}\cdot\bar{B}\cdot\bar{C}\cdot\cdots\cdot\bar{N}$ $\overline{A\cdot B\cdot C\cdot\cdots\cdot N}=\bar{A}+\bar{B}+\bar{C}+\cdots+\bar{N}$	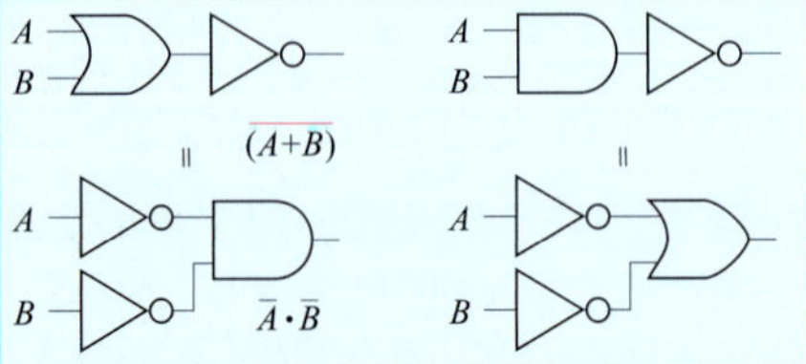
对偶原理	若 $(A+\bar{B})B=AB$ 则 $A\bar{B}+B=A+B$	在0、1的逻辑函数恒等式中，若将0和1、+和·号同时对换，该恒等式仍成立

逻辑实证主义 logical positivism 20世纪30～50年代流行于西方的一个哲学流派。又称新实证主义、逻辑经验主义。其核心是**维也纳学派**。此外，以德国哲学家H.**赖兴巴赫**为首的柏林学派，以波兰的A.塔尔斯基为首的华沙学派，以及英国的A.J.**艾耶尔**等人的观点和理论，都属于逻辑实证主义的范围。逻辑实证主义的基本观点大体可概括为：①把哲学的任务归结为对知识进行逻辑分析，特别是对科学语言进行分析。②坚持分析命题和综合命题的区分，强调通过对语言的逻辑分析以消灭形而上学。③强调一切综合命题都以经验为基础，提出可证实性或可检验性和可确认性原则。④主张物理语言是科学的普遍语言，试图把一切经验科学还原为物理科学，实现科学的统一。

《逻辑学》 *Wissenschaft der Logik* G.W.F.**黑格尔**的哲学著作。通称《大逻辑》，以区别于《**哲学全书**》的第一部分"逻辑学"。黑格尔哲学从世界的本原是**绝对理念**这一观点出发，认为逻辑学是研究理念本身发展的科学。书中对客观逻辑和主观逻辑作了深入阐述。指出当理念处于存在以及与之相关联的本质阶段时，称为客观逻辑。当理念扬弃了与存在以及与之相联系的本质而作为概念的概念时，称为主观逻辑。其中，客观逻辑包括存在论和本质论两篇，分别于1812年、1813年出版；主观逻辑即概念论于1816年出版。著作集中论述了作者的**辩证法**思想。同时也是一部认识论的著作，体现了逻辑、认识论和辩证法的一致。

逻辑原子论 logical atomism 现代逻辑和**经验论**相结合的一种哲学学说。它认为分析是了解任何主题实质的途径，对任一事物不断分析，直至无可分析为止所剩下的就是逻辑原子。逻辑原子论形成于第一次世界大战前后，创立者为英国分析哲学家B.A.W.**罗素**和L.**维特根斯坦**。1918年罗素首次采用"逻辑原子论"这个名称，并声明其主要思想来自维特根斯坦。逻辑原子论有两条基本原则：逻辑是哲学的本质；原子是许多彼此孤立的事件，它们之间并无任何逻辑关系。

锣 gong 中国击奏体鸣乐器。约出现于汉代。明、清以后广泛流传中国各地，用于民间吹打乐和地方戏曲。锣身呈圆形弧面，铜制，中央部分略高，称为光、脐或堂，是发音的主要部位，用锣槌或锣板的边棱敲击。锣的形制大约有30种左右，可分为大锣、小锣、掌锣和云锣4类。①大锣。发音低，左手提起或挂于架上，右手执槌击奏，如双光锣、光锣、虎音锣、中堂锣、仿苏锣、奉锣、大筛锣、抄锣、深波锣和铓锣等。②小锣。发音高，锣面中央有一小平面锣心，周围为坡度较大的斜

铓锣（明）

面，有高、中、低音之分。以左手食指关节提锣内缘，右手执锣板击奏。俗称手锣或镗锣。③掌锣。小似口杯，又叫旋子，平而无脐，锣边系绳，置于左手掌中，右手执锣板击奏，如马锣、月锣、汤锣等。④云锣。由10面小锣组成，悬于木架，音高不同。左手执架柄，右手执锣槌敲击。

锣鼓经 gong and drum, music score of 中国戏曲打击乐器锣鼓谱式。简称锣经。是将打击乐中各种锣鼓点子的音响以口头模仿诵念，如僧侣诵唪禅经，故借喻为锣鼓经。戏曲艺人学习打击乐，大多采用口传心承。乐手须先念会、背熟“经诀”和掌握其板眼节奏，然后再练习演奏。有“不会背，打不对；会念经，容易通”的谚语。把锣鼓经的各种套数中所包含的音响节奏、组合结构，以分行联合总谱的形式记录下来，是为锣鼓谱。现行的锣鼓谱大致有三种类型：一是旧式的直行书写形式，它是把锣鼓经用相应的汉字记录成谱。二是选用拉丁字母作为音响符号，并在用字和读音上作了必要的精简和统　。三是分行式总谱，采用代音字或是符号式，是比较科学的记谱方式。

箩纹蛾 Brahmaeidae; brahmin moth/lappet moth 鳞翅目箩纹蛾科昆虫的统称。又称水蜡蛾。因翅纹像箩筐的条纹而得名。全世界已知约20种，分布于非洲、亚洲南部地区和东部热带地区以及欧洲南部。中国已记载6种。

黄褐箩纹蛾

箩纹蛾与大蚕相似，但喙发达，下唇须很大，向上伸，雄、雌两性触角均双栉状。翅色浓厚，有许多箩筐条纹和波状纹，前翅顶部较圆，亚缘有1列眼斑。幼虫有时有鲜明的色彩，第8腹节有1个中尾角。幼虫主要寄生在木犀科植物上，为森林害虫。

骡 mule 马和驴的种间杂种。主要供役用。由公驴与母马交配所生的杂种为马骡，简称骡；由公马与母驴交配所生的杂种为驴骡，又称駃騠。杂交优势均极为显著。生命力和抗病力强，饲料利用率高，体质结实，肢蹄强健，富持久力。使役年限可长达20～30年，役用价值比马和驴都高。骡和驴骡都无繁殖能力。

骡的体型外貌介于马和驴之间。与马比较，头稍长而窄，耳长，颈短，鬣毛稀短，前胸窄，鬐甲低，腰部坚实有力。尻部短斜，尾毛上部短，有的个体后肢无附蝉，被毛多为骝、栗、黑色。马骡与驴骡在体型外貌上稍有差别，各自与母体相近。它们的体格大小决定于双亲的体尺，但受母体影响较大。为了管理和使役上的方便，一般都行去势。饲养管理大致与驴相同。在中国山区及丘陵地区多用于驮运，西北、华北和东北等农区多用于挽曳。

螺菌 spirilla 由一个至多个螺旋组成的一类细菌。细胞形态多呈螺旋状或弧状。菌体刚硬，有氧及微好氧呼吸。一极或两极单鞭毛或丛鞭毛有特征性螺旋运动，可迅速直线前进或后退。革兰氏染色阴性。为化能有机营养菌，以有机酸和氨基酸为碳源，很少利用糖。少数种偶行硝酸盐厌氧呼吸。据形态、生理生化及DNA和RNA分析，螺菌科分为：螺菌属、海洋螺菌属、水螺菌属、固氮螺菌属、草螺菌属、沃林氏菌属、孢螺菌属、弯曲杆菌属、猕猴螺杆菌属、减少螺菌属、多形态螺菌属和雏鸡螺菌属等。

螺菌广泛分布于土壤、污水、水生腐烂植物、植物根内及叶鞘。孢螺菌、猕猴螺杆菌、减少螺菌和雏鸡螺菌是致病菌。弧状菌一般是牛、羊或猪的寄生菌，其中有些是致病菌，可引起家畜流产等症，也感染人类。

螺蛳 *Margarya*; lake snail 腹足纲中腹足目田螺科螺蛳属种类的统称。共有10种及1亚种。为中国特有属种，仅分布于云南省高原湖泊。其中分布广、数量大的为模式种螺蛳，分布于滇池、洱海、抚仙湖、异龙湖、星云湖、茈湖、剑湖等地；杨宗海螺蛳仅分布于杨宗海；另有5种仅分布于少数湖泊，产量亦低；还有4种由于生态环境变迁，现已绝灭。在云南、贵州、广西、新生代地层曾发现化石种类。壳大型，壳高70毫米以上。外形呈圆锥形或塔圆锥形。壳面有棘或乳头状突起，或仅有光滑螺棱。为角质薄片。雌雄异体，雄性右触角短粗，为交配器官。

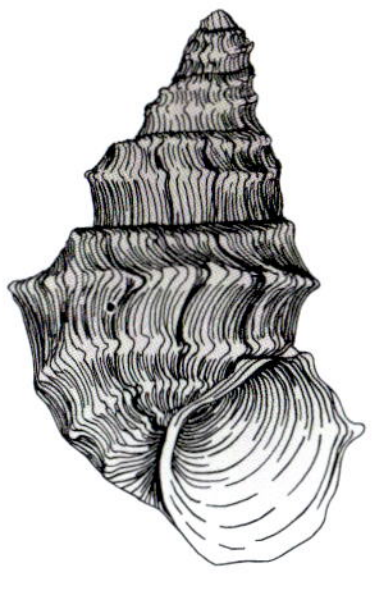

卵胎生，雌螺育儿囊内有3～7个胚螺，壳高10毫米以上。全年皆可繁殖，胚螺产出后不到一年即可达到性成熟。螺以宽大的足部匍匐于湖底。

螺旋桨飞机 propeller airplane 用空气螺旋桨将发动机的功率转化为推进力的飞机。从第一架飞机诞生直到第二次世界大战结束，几乎所有飞机都是螺旋桨飞机。在现代飞机中，通用航空的飞机重量和尺寸不大、飞行速度较小和高度较低，螺旋桨飞机能够较好地适应这些要求。

螺旋桨飞机按发动机类型分为活塞式螺旋桨飞机和涡轮螺旋桨飞机。涡轮螺旋桨发动机的功率质量比活塞式发动机大2～3倍，在相同质量下可提供更大的功率，燃油消耗率在速度较高时比活塞式发动机小，故在600～800千米/时速度范围内的旅客机、运输机、海岸巡逻机和反潜机大多为涡轮螺旋桨飞机。

螺旋藻 *Spirulina* 颤藻科螺旋藻属植物的统称。螺旋藻和其他蓝藻的细胞结构原始，且非常简单，是地球上最早出现的光合生物，已生存35亿年，有1 000多个物种。螺旋藻属有38种。

形态和生物学特性　螺旋藻由于含有藻蓝素，外观呈青绿色，显微镜观察成螺旋状，细胞无真正的细胞核，也无高等动植物具有的线粒体、色素体等细胞器。它是由多细胞组成的螺旋状盘曲的丝状体。和植物一样能利用阳光、二氧化碳和矿物质合成有机物，同时放出氧气。大多数螺旋藻喜高温（25～36℃）、高碱（pH9～11）。和其他蓝藻细胞一样以直接分裂方式增殖。也行无性生殖，形成内生孢子或外生孢子。

营养成分和用途　螺旋藻是常用微藻（包括小球藻、绿藻）中蛋白质含量高、营养全面、消化吸收和适口性好的藻种，而且食用安全，至今未发现有任何毒性或致病等副作用。螺旋藻含蛋白质高达55%～70%，由18种氨基酸组成，含有人体及动物所必需的8种氨基酸。维生素种类多达13种。脂肪含量一般在5%～9%，其中70%～80%是不饱和脂肪酸。含矿物质元素达50种以上，并在藻体内呈螯合状态，易于消化吸收。含多种生物活性物质。据墨西哥、日本和美国的研究，螺旋藻的上述成分具有很强的保健功能和药用功能，如具有增强机体免疫力、防癌、抑癌、降低血脂、抗辐射作用，调节机体生理功能等。螺旋藻还广泛应用于水产养殖业，开发出不少苗种和商品鱼养殖用饲料和鱼肉、观赏鱼的增色剂。

裸唇纲 Gymnolaemata 苔藓动物门中最大的一纲。因其个虫虫体口部无褶状构造（口上突起）而得名。分2目：栉口目和唇口目，其中唇口目是现代苔藓动物最繁茂的一个类群。

绝大多数裸唇类群体属于被覆型，由连成一片的个虫直接附着在各种基质上。未钙化或钙化弱的类群可形成直立而细弱的树枝状群体，扇状群体。大多数个虫比较钙化，因而群体通常致密而坚实。

裸唇类皆有多态现象。自个虫圆柱形，但多数呈扁平箱形。体壁由生活组织和分泌物（尤其是碳酸钙）组成。触手冠位于体躯末端，皆呈圆形。当其伸展时形成触手钟，用以捕获食物。口位于触手冠中央。大多数裸唇类皆雌雄同体。通常有卵胞、胚囊等育卵构造。

多数种类分布在海洋里，通常栖息在水深200米以内的陆架区。少数种类能分泌磷酸盐，营钻孔生活。主要以硅藻和原生动物为食。

裸蕨植物 psilophytes 原始维管植物。加拿大古植物学家J.W.道森于1859年根据产自加拿大Gaspé半岛下泥盆统植物化石建立的*Psilophyton*属而得名。因其轴裸露无叶、植物体细小，故名为裸蕨属。后来，人们把发现于前泥盆纪和泥盆纪一些不具明显根、茎、叶分化的原始维管植物，其中甚至还包括一些石松类和可能是种子植物祖先的化石，统归为单一的裸蕨目或裸蕨植物。因此，裸蕨植物实际包括了一类原始陆生维管植物。它始现于距今约四亿多年前的中、晚志留世，而繁盛于早、中泥盆世，各大洲均有分布，至晚泥盆世几乎消失。故人们曾将早、中泥盆世称为裸蕨植物时代。

100多年来，通过对早期维管植物化石的不断发现和深入研究，表明以往归为裸蕨目（纲）的植物，实际上包含了内容极其庞杂的类群，并非是植物的自然分类。1968年美国古植物学家H.P.班克斯，根据形态解剖和孢子囊特征，将裸蕨植物分为3个自然分类单位，即瑞尼蕨类、工蕨类和三枝蕨类，并建议废去裸蕨目作为自然分类单位。

裸吻鱼 Psilorhynchidae; mountain-nakesnout fishes 鲤形目裸吻鱼科动物的统称。仅1属4种。分布于尼泊尔、印度、不丹、中国及缅甸。中国仅有平鳍裸吻鱼1种，分布于西藏自治区墨脱县的雅鲁藏布江下游的支流中。为小型鱼类。体长，呈圆筒形，腹面平坦。头低，吻端扁而薄；偶鳍宽大平展，前部具2根以上不分枝鳍条，吻部及口角无触须，故称裸吻鱼。裸吻鱼在骨骼和外形结构上表现出大量鲤科鱼类的特征，显然是由原始的鲤科鱼类适应急流环境而特化形成的一个分支，发生时间应在新近纪青藏高原隆升之后。

裸藻门 Euglenophyta; euglena 藻类植物的一门。又称眼虫藻门。无细胞壁，原生质体表层不同程度地硬化成为表质。多数种类含有与绿藻门相似的光合色素，仅有少数种类不具叶绿体而成为无色种类。全世界约40属1 000多种。中国记录有20属约300种。植物体除个别种类为树状群体外，都是具鞭毛游动型的单细胞体。鞭毛大多为1或2条，罕为3条或多条。具1个眼点。贮藏物质均为副淀粉和脂肪。营养方式有植物性、纯动物性或腐生性。分布较广。多数产于淡水，少数产于咸水和半咸水，极少数生长在潮湿土壤上或冰雪中，也有寄生或附生的种类。不同程度富营养水体中常生长特有的种类，可利用其作为鉴别有机污染程度的指示生物，或用于水质净化。

裸子植物门 Gymnospermae; gymnosperm 植物界的一门。种子植物中较原始的类群。胚珠在受精后发育为种子，并裸露，故称裸子植物。较多的学者认为裸子植物是由前裸子植物和种子蕨，即苏铁蕨演化而来。遍布全球，有13科70余属约800种，其中不少种类从约2亿年前至6 500万年前的中生代和古近纪开始先后出现，又经新近纪更新世冰川时期而保存至今。中国是裸子植物种类、资源最丰富的国家，有12科41属200多种；特有单型科有银杏科，特有单型属有水杉属、银杉属、金钱松属、水松属、福建柏属和白豆杉属。由于更新世时中国未受大陆冰川的覆盖，保存了许多在北半球其他地区早已灭绝的古老、孑遗植物，如银杏、水杉、银杉、金钱松、水松、台湾杉、柳杉、油杉、铁杉、黄杉、篦子三尖杉、粗榧、红豆杉和穗花杉等。

裸子植物多为高大乔木，少为灌木，稀为藤本；次生木质部几全由管胞组成，部分高等种类具导管。叶多为条形、针形或鳞形，稀为羽状全裂、扇形、阔叶形、带状或膜质鞘状。花单性，雌雄异株或同株。小孢子叶球（雄球花）具多数小孢子叶（雄蕊），小孢子叶具多数至2个小孢子囊（花粉囊）。大孢子叶球（雌球花）由多数大孢子叶（雌蕊）组成，不形成封闭的子房，着生1至多枚裸露的胚珠；大孢子叶由苞鳞和珠鳞组成，苞鳞是下面较小的薄片，珠鳞（发育成种鳞）是上面较大而顶部肥厚的部分。种子裸露，胚具两枚或多枚子叶。

裸子植物除少数类群（如买麻藤属及松科的一些属）外，均含有双黄酮类化合物，黄酮类化合物则普遍存在，生物碱仅在三尖杉科、麻黄科和买麻藤科中存在，可供药用。苏铁科、红豆杉科和罗汉松科的部分属种可供观赏，其他种类多为高大乔木，其树干通直，出材率高，材质较优良，供建筑、家具及工业用材，占世界木材供应量的50%以上；部分树种可割制松香和提取松节油；少数树种的种子可食；部分树种为速生造林树种或园林绿化树种。

洛阿河 Loa River 智利最长河流。发源于北部西科迪勒拉山脉西坡，向南穿过群山，在卡拉马绿洲转向西后折向北流，经阿塔卡马沙漠，在基亚瓜附近又折向西流，最后注入太平洋。全长约440千米，呈U字形曲流。全程不能通航，但有灌溉、供水和为附近的铜矿及硝酸盐矿发电之利。

洛比托 Lobito 安哥拉大西洋岸中部港口城市。濒洛比托湾。位于本格拉港以北，横贯国境的本格拉铁路起点。人口52万（2003）。热带气候。受本格拉冷流影响，较干燥。年平均气温24.2℃，平均年降水量268毫米。大西洋岸天然良港之一。港阔水深，外有沙嘴屏障。为全国重要贸易港。葡萄牙殖民者曾在此贩运奴隶。1903年启用港口。1928年本格拉铁路建成后迅速发展。港内水深9～11米，可停泊万吨级货轮。码头总长1 900米。主要输出本国铁矿石、咖啡、剑麻、糖、皮张、鱼品、植物油等产品，并转运刚果（金）的矿砂和赞比亚的铜、锌矿等过境物资；进口建筑材料、煤、机械等，运输繁忙。市内有食品、麻袋、水泥等中小企业。市南面的本格拉港为其辅助港和渔港。

洛川会议 Luochuan Conference 中国共产党的重要会议。1937年8月22～25日，中共中央在陕北洛川县冯家村召开政治局

洛川会议会址

扩大会议，张闻天、毛泽东、周恩来、朱德、博古、任弼时、关向应、彭德怀、刘伯承、贺龙、张浩、林彪、聂荣臻、徐向前等出席会议。毛泽东在会上作了报告，张闻天作了补充报告。会议分析了抗日战争全面爆发后国内出现的新形势，提出必须实行全面抗战，坚持持久作战，才能取得抗战的胜利。会议制定了党的基本任务和各项具体改革，包括：坚持抗日战争中统一战线中的无产阶级领导权；建立敌后抗日根据地，独立自主地开展广泛的游击战争；在国民党统治区发动抗日的群众运动；在有利于动员全国人民参加抗战的前提下，争取全国人民应有的政治经济权力；以减租减息作为抗战时期解决农民土地问题的基本政策。会议通过了《关于目前形势与党的任务的决定》和毛泽东起草的宣传提纲《为动员一切力量争取抗战胜利而斗争》，制定了《抗日救国十大纲领》。为加强中国共产党对军事工作的领导，会议决定由毛泽东、朱德、周恩来、彭德怀、任弼时、叶剑英、张浩、贺龙、刘伯承、徐向前、林彪组成新的中共中央军事委员会，毛泽东为书记，朱德、周恩来为副书记。这次会议制定了中国共产党的全面抗战路线，为中共领导抗战胜利奠定了政治思想基础。

洛川县 Luochuan County　中国陕西省延安市辖县。位于省境北部，洛河中游。面积1 886平方千米。人口22万（2010）。秦为鄜邑，汉设鄜县，后为匈奴地。东晋在北部设洛川县，南部置鄜城县。元初鄜城县省入洛川县。是黄土高原面积最大、土层最厚的塬区，也是世界上保存最完好的古塬地貌之一。塬面平坦，土地宽广，质地优良。农业以小麦、玉米、油菜、烤烟、苹果为主。素有“陕北粮仓”和“苹果之乡”之称。名胜古迹有白起祠、北魏造像碑、万凤塔、寺家河石窟和中共洛川会议旧址等。

洛德依当巴 Lodoidamba, Chadraabaliin（1917～1978）　蒙古小说家。生于戈壁阿尔泰省。幼年当过喇嘛。乌兰巴托中学毕业后，去苏联留学。1939年回国参加哈勒欣河战役。曾任蒙古作家协会书记和蒙古人民革命党文学艺术科学委员会主席等职。1944年发表第一篇短篇小说《戴帽子的狼》。1949年他的小说《在阿尔泰山》出版。这是现代蒙古文学中的第一部长篇小说，描写一支地质勘察队进入阿尔泰山探寻地下资源的故事。1952年创作了表现知识分子生活的中篇小说《我们的学校》。他的作品还有反映1921年蒙古革命前后的社会面貌的长篇小说《清澈的塔米尔河》（1961）等。《戴帽子的狼》、《我们的学校》和《在阿尔泰山》已译成中文。

洛蒂 Loti, Pierre（1850-01-14～1923-06-10）　法国作家。原名于利安·维奥。生于罗什福尔，卒于昂代。1867年进入海军学校，毕业后在海军中服务，从此开始了42年的海上生涯。海外的风土人情，成为他文学创作丰富的题材和背景。1879年发表描写君士坦丁堡的第一部小说《阿齐亚德》，书中的异国情调受到读者的欢迎。之后共创作了40余部小说，其中最著名的是《冰岛渔夫》（1886）。通过一对恋人的爱情悲剧，描写了法国布列塔尼地区渔民的生活，歌颂了热烈而忠贞的爱情。其他重要作品有《洛蒂的婚姻》（1880）、《我的兄弟伊夫》（1883）、《菊子夫人》（1887）、《菲赖伊之死》（1900），以及描写第一次世界大战的《疯狂的鬣狗》（1916）、记述八国联军洗劫北京和皇宫的《北京的末日》（1902）等。作品以描绘异国风光著称，充满了浪漫而感伤的情调。

洛东江 Naktong-gang　韩国最大河流。发源于太白山脉咸白山南麓的黄池。支流众多。先后接纳半边川、乃城川、岭江、渭川、甘川、琴湖江、密阳江等，向南流，在釜山西侧注入朝鲜海峡（韩国称“南海”）。全长525千米，流域面积为23 860平方千米。上游水流湍急，沿岸蕴藏有钨、锰、铅、锌、钴、铁、高岭土等矿产。下游河床倾斜度较缓，流速减慢，易造成泛滥。沿岸少广阔的谷地和冲积平原，仅在入海口处形成面积较大的金海三角洲。1969年和1976年分别修建了多功能的南江水坝和安东水坝，除提供电力外，还为沿河约86万公顷稻田提供农业灌溉，大大减轻了沿岸洪水危害。东部内陆腹地对外运输的水运干线，通航里程344千米。沿岸主要城市有安东、龟尾、釜山等。金海三角洲末端的乙淑岛是著名的候鸟栖息地，每年吸引大批游客。

洛夫 Luo Fu（1928-05-11～　）　中国台湾现代诗人。原名莫洛夫，湖南衡阳人。1948年考入湖南大学外文系，发表新诗10余首。1949年7月随军赴台，行囊中有冯至和艾青的诗集各一册。1954年与张默创办《创世纪》诗刊，提倡“新民族诗型”，60年代则倡导超现实诗风。其诗作早期受存在主义与超现实主义影响，意象繁复浓烈，语言奇诡冷肃。1959年开始写作于金门碉堡中，历时5年完成的长诗《石室之死亡》，运用各种与光明和黑暗相关的意象，表现生与死的相倚相伏，透露在战争、死亡威胁下对“现代人残酷命运”的体认。1969年发起组织“诗宗社”，寓传统归宗之意。1970年和1974年先后出版《无岸之河》和《魔歌》，显示洛夫诗风又从艰涩回到了明朗。这时他常将现代技巧化入古典意境，融禅趣于诗中，如《金龙禅寺》、《随雨声入山而不见雨》等；或取古代题材，予以现代诠释，如《长恨歌》。80年代后，洛夫有机会返乡并漫游神州，致力于提倡“大中国诗观”。洛夫还有散文、评论和翻译等，著有散文集《一朵午荷》等。《诗人之镜》等文表白其诗歌观和创作理念。90年代后期，定居于加拿大温哥华。

洛河 Luohe River　中国黄河支流。古称雒水。发源于陕西省蓝田县境华山南麓，流经洛南、卢氏、洛阳，于巩义市境入黄河。全长467千米。流域面积18 881平方千米。主要支流有伊河、涧水、瀍河等。其中以伊河为最大，河道长265千米，流域面积6 029平方千米，占全流域面积的32%。流域地势西南高东北低，干流自河源至卢氏鸭九河为上游，河长187.4千米；鸭九河至偃师杨村为中游，河长244.3千米；接纳伊河后，杨村以下为下游，长35.3千米，两岸修有堤防。流域属暖温带季风气候，年降水量500～900毫米，黑石关站多年平均径流量33.7亿立方米，1949～1961年平均年输沙量3 270万吨。7、8月多暴雨，是黄河三门峡以下洪水的主要来源区之一。

流域内最大的洛阳盆地东西长约100千米，南北宽20千米，土地肥沃，水源充沛，是中国原始农业起源最早的地区。远在七八千年前就有谷物种植和畜牧业，周代已有水利灌溉，东汉开阳渠引洛为漕，隋建通津渠，明修大明渠，清代继有发展。时建时废。到中华人民共和国建立时，灌溉面积仅有2万公顷。1982年有效灌溉面积已19.2万公顷。已建成的陆浑水库总库容11.8亿立方米，设计灌溉面积约9万公顷；故县水库总库容12亿立方米，设计灌溉面积16.52万公顷。两大水库都是黄河防洪工程体系的组成部分。

洛加尼斯 Louganis, Gregory（1960-01-29～　）　美国跳水运动员。有“空中芭蕾王子”之称，第一个突破跳水项目700分大关。1976年获第21届奥林匹克运动会跳水比赛跳台银牌。在1984年第23届奥运会和1988年第24届奥运会跳水比赛中，获跳台、跳板金牌。在世界杯跳水赛中，1979年获跳台金牌，1981年获跳板金牌，1983和1987年两届均获跳台、跳板跳水两枚金牌。在1982和1986年两届世界游泳锦标赛中均获跳台、跳板跳水金牌。多次被评为世界最佳运动员。1984年被推为美国国家英雄，1985年入选美国奥林匹克名人堂。

洛迦诺会议 Conference of Locarno 20世纪20年代中期，西方国家调整西欧各国关系并在政治上扶植德国的国际会议。德国力主修改《凡尔赛和约》，并加入国际联盟。1925年初，德国先后向英、法、比、意等国送交备忘录，提出与莱茵兰地区有利害关系的国家缔结公约等各项建议，受到欢迎。1925年10月5～16日，英、法、德、意、比、波、捷克斯洛伐克7国代表在瑞士洛迦诺举行会议。会议讨论了德国西部领土现状、德国与东部邻国的关系以及德国加入国际联盟等问题。各与会国经过争吵达成妥协，10月16日草签7个条约、1个议定书，总称《洛迦诺公约》。同年12月1日在伦敦正式签字，1926年9月14日生效。公约包括：洛迦诺会议最后议定书，德、比、法、英、意相互保证条约（又称《莱茵保安公约》），德国同比、法、波、捷4国分别签订的仲裁条约，以及法国同波、捷两国分别签订的相互保证条约。其中最主要的是《莱茵保安公约》，它规定：德、法、比互相保证不破坏《凡尔赛和约》；德、比之间和德、法之间保持边界现状，互不侵犯；遵守《凡尔赛和约》关于莱茵非武装区的规定；承认道威斯计划；通过外交途径或和平方法解决一切分歧问题。1926年9月，德国加入国际联盟，取得行政院常任理事国的席位，但保留履行《国联盟约》第16条的行动自由。

洛迦诺会议暂时调整了西欧各国的关系，恢复了德国在欧洲的大国地位，削弱了法国的霸权地位，但未能消除战胜国与战败国之间的矛盾。A.希特勒上台后，1936年3月7日德军毁约开进莱茵非武装区。1939年4月，德国宣布废止《洛迦诺公约》。

洛可可 Rococo 法国18世纪的艺术样式。发端于路易十四（1643～1715年在位）时代晚期，流行于路易十五（1715～1774年在位）时代，风格纤巧、精美、浮华，又称“路易十五式”。É.-J.德莱克吕兹在其专著《路易·大卫：他的声音和他的时代》（1855）中写道：在提及路易十五时代的风尚时，“洛可可”这个用语是可以接受的。据他回忆，这是新古典主义画派中特别激进的原始派主导人M.屈艾用来嘲讽路易十五时代美术的用语。洛可可由单词“岩状工艺”和“贝壳工艺”引申而来，指从室内装饰、建筑到绘画、雕塑以至家具、陶瓷、染织、服装等各个方面的一种流行艺术风格。洛可可在设计和绘画中的表现可以归纳为以下特点：曲线趣味、非对称法则、色泽柔和艳丽、崇尚自然、人物意匠上的谐谑性和飘逸性等。洛可可是相对于路易十四时代那种盛大、庄严的古典主义艺术的，这种变化和法国贵族阶层的衰落与资产阶级

法国洛可可风格画家J.-H.弗拉戈纳尔的《读书的姑娘》（1776，华盛顿国立美术馆藏）

的日渐兴盛紧密联系着。洛可可在形成过程中还受到中国艺术的影响（在庭园设计、室内装饰、丝织品、瓷器、漆器等方面尤为明显）。由于法国艺术在欧洲的中心地位，洛可可的影响也遍及欧洲各国。对洛可可的另一种解释初见于《法兰西大学院辞典》，指“路易十四至路易十五早期奇异的装饰、风格和设计”，有人把这种“奇异的”洛可可风格视为巴罗克风格的晚期，即巴罗克的瓦解和衰颓阶段。洛可可式建筑和室内装饰以G.-G.博夫朗设计的巴黎苏比斯府邸椭圆形大厅（1732）和F.de居维利埃设计的慕尼黑尼姆芬堡公园的阿马林堡（1734～1739）为代表。洛可可绘画的代表人物是A.瓦托、F.布歇和J.-H.弗拉戈纳尔。

洛克 Locke, John（1632-08-29～1704-10-28） 英国哲学家。他在宗教、政治学、经济学、教育学等方面均有巨大影响。出生于萨莫塞特郡，卒于埃塞克斯郡。早年入威斯敏斯特学院和牛津大学学习，后在牛津大学任教，研究医学和哲学。1688年成为英国皇家学会会员。他继承和发展了唯物主义经验论，否认天赋观念，提出“白板说”，认为心灵本是一块白板，一切知识来源于经验。但认为经验有两种：对外物作用的感觉和对内心作用的反省。提出第一性的质和第二性的质的学说和普遍观念形成的理论。社会政治思想以自然权利和社会契约论为根据，反对“君权神授”，提出分权说。宗教观上，他反对宗教狂热，主张宗教宽容，提出政教分离的原则。著有《人类理智论》、《政府论》等。

洛克比空难 Lockerbie Air Disaster 1988年12月21日，美国泛美航空公司的一架波音747客机在苏格兰小镇洛克比上空爆炸坠毁的事件。空难造成机上259人和地面11人丧生。空难发生后，美英两国情报机构组成的调查组立即展开了调查，并最终于1990年秋认定这次空难系利比亚航空公司驻马耳他办事处经理费希迈和利比亚特工阿卜杜勒·迈格拉希所为。次年11月4日，美英两国发表联合声明，要求利比亚交出凶手，并对事件负责，遭到利比亚的拒绝。为了迫使利比亚交出嫌疑人，联合国安理会多次通过决议，对利比亚实施包括空中封锁、武器禁运和外交制裁等一系列制裁。1999年4月，费希迈和迈格拉希被移交联合国代表，并在设于荷兰的苏格兰法庭受审。2001年1月，法庭判处迈格拉希无期徒刑，费希迈无罪释放。2003年8月12日，利比亚和美国、英国就洛克比空难达成协议。利比亚表示愿意承担空难的责任，并同意向空难受害者家属提供总值27亿美元的赔偿。2003年9月联合国通过决议，取消对利比亚的制裁。

洛克菲勒财团 Rockefeller Financial Group 20世纪美国最有影响力的垄断集团。从19世纪60年代起，创始人J.D.洛克菲勒（老）以石油起家，1870年组建俄亥俄标准（美孚）石油公司，1880年几乎垄断美国石油工业。随后相继向金融业和制造业拓展，经济实力发展迅猛。洛克菲勒财团以大通曼哈顿银行为核心金融平台，下控纽约化学银行、都会人寿保险公司以及公平人寿保险公司等百余家金融机构，并在冶金、化学、橡胶、汽车、食品、航空运输、电信事业、军工等各个重要产业直接或间接控制了多家企业。财团实力在20世纪60年代达到巅峰。70年代石油危机以后，洛克菲勒财团经济实力日益衰退，地位也随之下降。

洛克菲勒财团创始人 J.D.洛克菲勒（老）

洛克菲勒财团在经济上获得成功的同时，家族中有多人进入政界。财团长期以来致力于社会慈善活动，洛克菲勒基金会、洛克菲勒兄弟基金会等组织为教育、科学、卫生和艺术领域提供了大量捐助。

洛林 Lorraine 法国东北部大区，包括摩泽尔、默尔特-摩泽尔、默兹和孚日4省。面积23 547平方千米。人口233.78万（2008）。首府南锡。公元9世纪查理大帝

的曾孙罗退尔（二世）在此建立王国，洛林因此得名。1766年并入法国。1870～1871年普法战争后同阿尔萨斯一起割让给德国，第一次世界大战后归还法国。第二次世界大战期间再度被德国并吞，战后重归法国。位于洛林高原，东部为孚日山脉。冬冷夏热，降水集中于夏季，大陆性气候显著。森林覆盖全区面积1/3以上。农业以乳肉畜牧业为主。铁矿储量丰富，但品位低。还有煤、钾盐等矿产。法国传统钢铁、煤炭工业基地，工业部门主要有化学、炼油、家电、汽车、机械等。乐器制造、水晶和玻璃制品等工艺亦享有盛名。有洛林天然公园和维泰勒温泉城。摩泽尔河、默兹河、马恩－莱茵运河流经，水陆交通发达。主要城市有南锡、梅斯、小城凡尔登等。

洛伦茨 Lorenz, Konrad (1903－11－07～1989－02－27) 奥地利动物学家，现代行为学的奠基人。生于维也纳，卒于阿尔滕堡。1928年在维也纳大学获医学博士学位，1933年获动物学博士学位。曾任大学教授、系主任及研究所所长；1942～1944年在德军中任军医；1961～1973年任塞维森的马克斯·普朗克行为生理学研究所所长。1973年他与K.von弗里施及N.廷伯根因在动物行为模式方面的发现而被授予诺贝尔生理学或医学奖。早期科学贡献在于阐明本能行为动作的本质，也明白地显示了行为模式在动物个体生活过程中是如何发育并成熟的。在研究生涯的后半期，他将其思想应用于人类这种社会性动物的行为研究中，引起了争论。他被称为“雁鹅之父”，提出了“铭印”的概念；在环境保护方面，他以一个生态社会的批评者闻名，成为“奥地利的良心”。关于洛伦茨与德国纳粹的关系，战后有不少议论。有的文章题目就称“纳粹分子康拉德·洛伦茨和他的科学工作”。有人认为“洛伦茨让纳粹的种族政策在科学上合法化了”，更有人将洛伦茨的工作称为“伪科学”。

洛伦茨曲线 Lorenz curve 经济学中用来表示和分析社会收入或者财富分配状况的一种曲线。由奥地利统计学家M.O.洛伦茨1905年在《测定财富集中的方法》一文中提出，用以比较和分析一个国家在不同时期，或者不同国家在同一时期的财富不均等程度。

洛伦茨曲线绘出了人口的累计比例与这部分人口所获得收入的累计比例之间的对应关系，其中，人口的累计比例按照收入从低到高的顺序排序。例如，按收入从低到高的人口累计比例为20%、40%、60%等，相应所得到的收入的累计比例分别为3%、13%、29%等。这就是说，从最低收入开始累计的20%的人口仅获得社会总收入的3%，累计的40%的人口仅获得社会总收入的13%，累计的60%的人口获得社会总收入的29%等。把这些对应关系描绘在图形中，就得到了一条洛伦茨曲线。如下图所示：

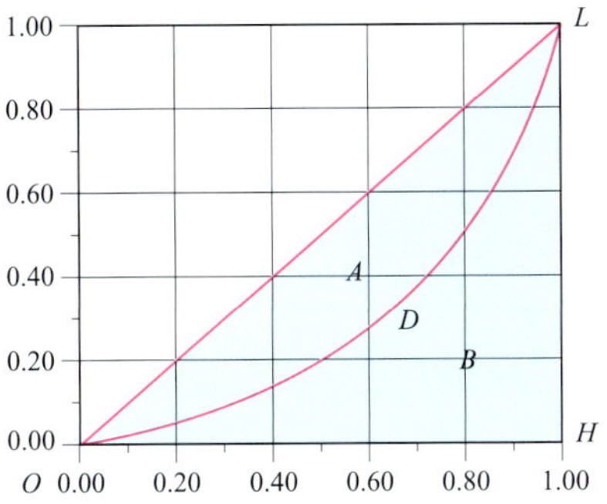

洛伦茨曲线图

图中横坐标表示人口（按照收入从低到高分组排序）的累计比例，纵坐标表示相应收入的累计比例。曲线*ODL*就是洛伦茨曲线。对角线*OL*称为完全均等线，这条线表示社会中所有人的收入完全相同。而洛伦茨曲线通常是向下弯曲的，而且弯曲程度越大，意味着收入分配的不均等程度越大，极端情形就是折线*OHL*，它表示所有收入都集中于最后那一个收入最高的人的手中。洛伦茨曲线所显示的这种对完全均等的偏离反映了收入不均等的程度。

洛伦茨系数 Lorenz coefficient 经济学中用来衡量社会收入或者财富分配均等程度的一个指标。由意大利经济学家C.基尼于1912年提出。由于是建立在洛伦茨曲线的基础上，故称洛伦茨系数。见基尼系数。

洛伦兹 Lorentz, Hendrik Antoon (1853－07－18～1928－02－04) 荷兰物理学家。生于阿纳姆，卒于哈勒姆。1875年获莱顿大学博士学位。1877年任莱顿大学理论物理学教授。1912年担任哈勒姆自然博物馆馆长、顾问，兼任莱顿大学名誉教授。1919～1926年在荷兰政府教育部门工作，1921年起担任高等教育部部长。

1911～1927年还担任了索尔维物理学会议的固定主席。法国巴黎大学和英国剑桥大学都曾授予他名誉教授称号，他还被选为德国物理学会会员和英国皇家学会会员。A.爱因斯坦曾称他为“我们时代最伟大和最崇高的人”。

洛伦兹在物理学上最重要的贡献是他的电子论。他的博士论文是用J.C.麦克斯韦的电磁理论来处理光在介质界面上的反射和折射问题。文末，他提到把光的电磁理论与物质的分子理论结合起来的前景，这就是他后来创立电子论的根源。1878年发表了光与物质相互作用的论文，认为以太是静止的，无所不在的，而普通物质的分子则都含有带电的谐振子，导出了分子折射率的公式（洛伦兹－洛伦茨公式）。1892年开始发表电子论的文章，认为一切物质的分子都含有电子，电子对于以太是完全透明的，以太与物质的相互作用归结为以太与物质中电子的相互作用。1895年他提出了著名的洛伦兹力公式。1892年他研究地球穿过静止以太所产生的效应，为了说明迈克耳孙－莫雷实验的结果，他独立地提出了长度收缩的假说。1895年发表了长度收缩的准确公式，即在运动方向上，长度收缩因子为$\sqrt{1-v^2/c^2}$。1896年P.塞曼发现放在磁场中的光源其光谱线发生分裂（塞曼效应）。洛伦兹立即用他的电子论对此现象作了定量解释。为此，他和塞曼共获1902年诺贝尔物理学奖。1899年他论述了惯性系之间坐标和时间的变换问题，并得出电子质量与速度有关的结论。1904年发表了著名的变换公式（H.庞加莱首先称之为洛伦兹变换）和质量与速度的关系式，并指出光速是物体相对于以太运动速度的极限。1911年他指出，用经典物理学所涉及的最普遍方式无法导出符合实际的黑体辐射公式，这无疑是对普朗克量子论的一种变相承认和有力促进。他在热力学、物质分子动理论和引力理论等方面都有过贡献，1878年曾指出物理学研究的目的是找出一些基本的原理，使得所有的现象都能用这些原理来解释。

洛伦兹变换 Lorentz transformation 狭义相对论中两个作相对匀速运动的惯性参照系之间的坐标变换。如果相对速度比光速c小很多，而且被观察的物体的运动速度也比光速小很多，则洛伦兹变换与伽利略变换近似一样。对于日常的力学现象，使用伽利略变换即可。但对于运动物体的电磁现象，虽然物体的运动速度比光速小很多，但由于电磁相互作用的传播速度是光速，所以仍必须使用洛伦兹变换。

洛伦兹力 Lorentz force 运动点电荷在磁场中受到的作用力。由荷兰物理学家H.A.洛伦兹于1895年建立经典电子论时作为基本假设首先提出。电量为q、速度为$\boldsymbol{v}$的运动点电荷在磁感应强度为$\boldsymbol{B}$的磁场中受到的洛伦兹力为$\boldsymbol{f}=q\boldsymbol{v}\times\boldsymbol{B}$，其大小为$f=|q|vB\sin\theta$，式中$\theta$为$\boldsymbol{v}$和$\boldsymbol{B}$之间的夹角。当电量单位是库仑，速度单位是米/秒，磁感应强度单位是特斯拉时，力的单位则是牛顿。洛伦兹力的方向垂直于$\boldsymbol{v}$和$\boldsymbol{B}$所决定的平面，为由$\boldsymbol{v}$转向$\boldsymbol{B}$的右手螺旋的前进方向（若q为

负电荷，则反向)。洛伦兹力始终垂直电荷的运动方向，因此不做功，仅改变电荷运动的方向。电场和磁场同时存在的情形下，洛伦兹力表示为：

$$f=q(E+v\times B)$$

式中E为电荷所在处的电场强度。洛伦兹力公式是电磁场对电荷作用的基本公式，它和麦克斯韦方程组以及物质的介质方程一起构成经典电动力学的基础。

洛美 Lomé 多哥首都和最大港口城市。位于国境西南端，濒临贝宁湾。人口约96.3万(2006)。地处赤道季风区，年平均气温27℃，受与海岸平行的盛行风向影响，平均年降水量893毫米。18世纪20年代是埃维人的小渔村，19世纪中叶建成。1897年为德属多哥殖民地首府，行政、运输商业中心。1902～1914年修建码头和铁路后，城市发展迅速。1968年建成年吞吐量150万吨深水港后，成为规划有序、环境优美的绿化城市。现为国家政治、经济、文化中心，西非著名深水港之一。工业有炼油、水泥、纺织、化肥、金属加工、榨油等厂。铁路通布利塔和佩梅。公路干线连接布基纳法索、加纳和贝宁等邻国。有国际机场。洛美港港口设施1994年后进行改造，包括通用泊位、散装泊位以及集装箱、滚装船和油轮泊位。1989年建立保税区，设有自由贸易区。输出磷矿石、可可、棕仁、咖啡、花生、干鱼，进口多为工业品、燃料。国内进出口货物90%经此运输。尼日尔、布基纳法索和马里等西非内陆国1/5进口货物经此转口。建有洛美大学、工艺学校、国家科学研究院、图书馆和国际会议大厦。《洛美协定》在此签订。滨海热带风光秀丽，现代建筑林立，素有“非洲瑞士”之称。

《洛美协定》 *Lomé Convention* 欧共体与非洲、加勒比、太平洋地区国家间的经济贸易条约。全称《欧洲经济共同体与非洲、加勒比和太平洋地区国家之间的洛美协定》。为了加强欧洲经济共同体国家与其原殖民地、附属国及联系国的贸易关系，欧共体9国和非洲、加勒比和太平洋地区的46个发展中国家经过谈判，于1975年2月28日在多哥首都洛美签订了《洛美协定》。协定于1976年4月1日正式生效，有效期5年。它代替了1975年1月底到期的《雅温得协定》和《阿鲁沙协定》。《洛美协定》的主要内容包括：①关税优惠。②价格补贴。③经济援助。此后，欧共体和非、加、太国家先后于1979、1984、1990年又续签了三个《洛美协定》。其中第四个《洛美协定》的有效期为10年。根据协定，欧共体头5年向非、加、太地区国家提供财政援助132亿美元。协定增加了保护人权和发展民主的内容。《洛美协定》于2000年2月到期后，欧洲联盟于同年6月和非、加、太国家签订了《科托努协定》。新协定不仅仅解决欧洲联盟与非、加、太国家间的经济关系问题，而且将政治对话、鼓励参与、发展战略、消除贫困、建立新型的经贸合作以及进行金融合作改革作为其五大支柱。

洛佩斯 Lopes, Fernão (1380～1459) 葡萄牙作家。出身平民。当过王室的文书和档案总管。还被封为“国王之臣”。一生编写了《唐·佩德罗编年史》、《唐·费尔南多编年史》、《唐·若昂一世编年史》和其他七位前朝君主的历史。洛佩斯纵观全局，高屋建瓴，对在历史事件中起过重要作用的人物作出恰如其分、符合史实的评价。在他的笔下，战胜西班牙的决定性因素是具有爱国主义精神的人民，而贵族则是被西班牙国王用金钱豢养的封建臣属。这种真知灼见，在中世纪的史学家中绝无仅有。他引用历史文献时十分审慎，对引用的史料如不能录其全文，也要加以全面的提炼概括。被称为现代意义上的历史学家。他所持的立场以及他与人民息息相通的思想感情，使他能够对包罗万象的社会进行全面的观察和真实的把握。作为作家，他熟练地掌握了最初的葡萄牙语，以即兴、简明、确切和激荡的笔触，记述了动荡年代的历史事件，同时擅长再现大规模的群众运动，赋予这些运动中的人物以感情的色彩，把人物的内心活动置于复杂的冲突之中，使人物形象血肉丰满，栩栩如生。因此被尊称为“史学鼻祖”和葡萄牙中世纪最杰出的作家。

洛桑 Lausanne 瑞士西部城市，沃州首府。位于日内瓦湖北岸，海拔447米。人口12.23万(2009)，居民主要讲法语。古罗马时代为一军港。11世纪前受教会统辖。1368年成为自由市。1798年属法国扶植下的海尔维第共和国。1803年成为沃州首府。工商业发达。主要工业有精密仪器、服装、金属制品、皮革制品、印刷等。是交通枢纽，有高速公路和铁路与法国巴黎及各主要城市相连。1915年以来一直是国际奥林匹克委员会总部所在地，建有奥林匹克博物馆、洛桑大学、瑞士联邦理工学院及洛桑酒店管理学院。每年举行全国商品展览会和洛桑舞蹈大赛。主要历史建筑有早期的哥特式大教堂、圣方济各教堂等。有著名的国际会议中心。

洛桑会议 Conference of Lausanne 第一次世界大战后重新讨论并签订对土耳其和约的国际会议。1920年协约国将奴役性的《色佛尔条约》强加于战败国土耳其。土耳其人民在M.凯末尔·阿塔图尔克的领导下，击败英国支持的希腊干涉军，迫使协约国重新讨论对土和约。1922年11月20日，以英、法、意、日、希、罗、南斯拉夫等协约国为一方，土耳其为另一方，在瑞士洛桑召开和会。美国派观察员出席。英、法排斥苏俄参加对土和会，仅邀请苏、保出席关于黑海海峡问题的讨论。

会议期间，协约国企图保持对土的某种控制；土力争巩固自己的胜利成果，以取得在本土范围内的独立；苏俄则力图通过支持土独立并维护其主权，以保证自己在黑海地区的安全。会上讨论的重要问题是：①土耳其的疆界和领土。会议最后确认土耳其在其本土范围（安纳托利亚）内的主权和领土完整。土耳其收回在欧洲的东色雷斯，保留对土属亚美尼亚和部分库尔德地区的统治权，但摩苏尔的归属留待英、土双方以后解决。②土耳其的外债问题。会议决定前奥斯曼帝国所欠外债由其分裂出来的各国分担，土耳其仍须按其份额偿还。③黑海海峡的航行与管理。会议决定：无论平时或战时（只要土是中立国），各国军舰均可自由通行；如土耳其为参战国，中立国军舰可自由通行，其他国家的军舰能否通行由土耳其决定；海峡地区非武装化，但土可在伊斯坦布尔地区驻军1.2万人。

1923年7月24日签订了《协约及参战各国对土耳其和约》[通称《洛桑条约》(1923)]，以代替《色佛尔条约》。同时还签订了包括上述有关内容的《海峡制度公约》、《关于英法意军队撤出土耳其被占领区的议定书》等文件。《洛桑条约》的签订使土耳其摆脱《色佛尔条约》的奴役枷锁，获得在本土范围内的独立。《海峡制度公约》未能完全保证土耳其对黑海海峡的主权，也没有充分照顾黑海沿岸国家的安全需要。苏俄拒绝批准这个公约。1936年该公约为《蒙特勒公约》所替代。

《洛桑条约》(1923) *Treaty of Lausanne* (1923) 洛桑会议召开期间签订的《协约及参战各国对土耳其和约》的简称。因签约地在洛桑，故名。条约共143条，主要内容有：①宣布协约国与土耳其之间自条约生效之日起正式恢复和平。②协约国承认土耳其在小亚细亚本土范围内的独立和领土完整，确认土耳其从黑海到爱琴海、地中海至波斯（今伊朗）之间的边界；东色雷斯和伊兹密尔地区归还土耳其，亚美尼亚和库尔德斯坦等部分少数民族地区仍归土耳其所有；石油产地摩苏尔的归属问题留待以后解决。③土耳其放弃被英、法、意等国瓜分的前属奥斯曼帝国的埃及、突尼斯、摩洛哥、利比亚等地的领土要求，并承认英国对塞浦路斯、意大利对佐泽卡尼索斯群岛的兼并。④对第一次世界大战及协约国武装干涉土耳其所造成的损失，双方相互放弃赔偿要求；土耳其偿还前奥斯曼帝国的部分外债；缔约各方宣布取消在土的一切治外法权和财政、关税监督权，土耳其实行海关自由。⑤海峡地区实行非军事化，缔约各国声明同意在海峡地区海上和空中通过及航行自由的原则；海峡地带不得设防和派驻武装力量，由国际委员会实行监督。

洛桑学派 Lausanne school 19世纪70年代在边际革命中出现于瑞士洛桑大学的一个经济学流派。主要代表人物为洛桑大学教授L.瓦尔拉斯和V.帕雷托。学派主要理论特点为一般均衡论。

一般均衡论体系是由瓦尔拉斯建立的。在一个以利己动机从事经济活动的社会中，消费者力图在收入的限制下取得最大的效用，企业家力图从经营中得到最大的利润，资源（劳动、资本、土地、矿山等）所有者力图用他们的资源换取到最多的报酬。对于这样一个社会，瓦尔拉斯提出的问题是：是否在包括产品和资源的各种市场上，存在着一系列的市场价格和交易数量能使每个消费者、企业家和资源所有者都能达到他们的目的。这些价格和数量即为均衡价格和数量。另一问题是：如果这些均衡数量果然存在，这种均衡是否稳定。为了回答以上的问题，瓦尔拉斯使用了4个联立方程组。瓦尔拉斯不但认为他的方程具有均衡解，而且方程所决定的均衡也是稳定的均衡。

在瓦尔拉斯和帕雷托之后，A.瓦尔德、J.R.希克斯、K.J.阿罗和G.德布鲁等经济学家从1930年开始对洛桑学派的一般均衡论作了一些补充。至21世纪初，由洛桑学派所创建的一般均衡论仍在发展之中。

洛杉矶 Los Angeles 美国第二大城市。位于加利福尼亚州西南部太平洋沿岸，濒临圣佩德罗湾和圣莫尼卡湾。市区面积1 215平方千米，人口383.40万（2008）；大都市区扩及洛杉矶、里弗赛德、奥兰治、圣贝纳迪诺、文图拉5个县，包括157个大小城镇，人口1 778.64万（2008）。城市居民以拉美裔居多，约占全市人口的46.5%，其中约4/5为墨西哥人，洛杉矶是世界上除墨西哥城以外墨西哥人最多的城市。其次是非西班牙裔的白种人，占全市人口的30.1%。此外，黑人占11.2%，亚裔占10%。

城市坐落在三面环山、一面临海的开阔盆地中，除中部横亘东西的圣莫尼卡山丘外，地面平衍，平均海拔84米。气候温和宜人，1月份平均气温9～19℃，7月份平均气温17～24℃。年降水量760～1 020毫米，沿海地区降为250～380毫米，以冬雨为主。夏末秋初常有山区吹向沿海的干热焚风，当地称"圣安娜风"。受圣安德烈斯大断层影响，多地震。

洛杉矶远眺

原为印第安人牧区村落。1542年受雇于西班牙的葡萄牙探险家胡安·罗德里格斯·卡布里略到达此地。1769年由G.de波尔塔拉率领的一支西班牙探险队到此考察。1781年西班牙殖民者在此建镇。1822年起由墨西哥管辖。1846年美、墨战争后归属美国。1850年设市，与加利福尼亚州一起正式并入美国版图。城市在美国向西移民开发过程中逐步发展。

美国主要经济中心之一。工业发达，各类高科技产业尤为突出，如航空航天、通信设备、计算机及软件、生物技术产品，以及导弹、核潜艇等国防工业。科学家和工业技术人员集中，是洛克希德、道格拉斯、诺斯罗普、休斯等许多著名大公司的所在地。飞机制造业堪称世界第一，电子工业规模仅次于"硅谷"。其他重要工业有炼油、石化、汽车制造、造船、机械、橡胶、制药以及服装、食品、印刷出版等。城郊农业以盛产柑橘类水果和蔬菜著称。第三产业集中全市80%以上劳动力。批发、零售额居美国各大城市前列。银行、保险公司、证券公司等各类金融机构数以百计。电影、电视、广播和录音业占突出地位，号称"世界影都"。旅游业发达，年接待游客逾千万人次。

美国太平洋沿岸最大的港口。主要港区在圣佩德罗湾，由东、西毗邻的洛杉矶港和长滩港组成。港宽水深，拥有现代化仓储、装卸设施和各种专业码头。美国3条横贯大陆铁路干线的西部起点，并有南北向铁路与太平洋沿岸各大城市相连。美国高速公路最发达、汽车最多的城市，素有"汽车轮子上的城市"之称。位于城西的洛杉矶国际机场年客运量在美国各大机场中居第三位。

美国西部文化教育中心。大都市区内有各类高等院校192所，其中加利福尼亚大学洛杉矶分校（1919）、南加利福尼亚大学（1879）等均名列美国一流学府。在众多的研究机构中，最负盛名的是兰德公司。有许多不同类型的博物馆，如格蒂博物馆、洛杉矶县艺术博物馆、洛杉矶县自然历史博物馆、加利福尼亚州科学和工业博物馆、佩奇博物馆等。洛杉矶公共图书馆系统由中央图书馆和12个分馆组成，藏书量居美国第三位；还有著名的亨廷顿图书馆、尼克松图书馆等。洛杉矶与巴黎和伦敦同为举行过两届夏季奥运会（1932年第10届和1984年第23届）的城市，会址在博览会公园内的纪念体育场。

《洛杉矶时报》 *Los Angeles Times* 美国西部发行量最大的英文对开日报。1881年12月4日由N.科尔和T.加德纳在洛杉矶创办，属时报镜报公司。在国内13个城市派有记者，并在27个国家和地区派有常驻记者。1962年同《华盛顿邮报》合办洛杉矶时报－华盛顿邮报通讯社，每日向国内外约600家订户发稿5万多字。洛杉矶时报辛迪加还向国内外报刊提供特稿和为读者生活服务的各种书籍。自1945年以来，该报曾获19次普利策奖。平日出100多版，星期日常在200版以上。广告登载量为全美报纸之冠。1992年1月起专为华盛顿和纽约地区出版了华盛顿版。

《洛神赋图》 *Painting of Poem to Goddess of River Luo* 中国东晋绘画作品。传为顾恺之作。绢本，淡设色。今存宋摹本5种，分藏于故宫博物院、台北"故宫博物院"、辽宁省博物馆及美国弗里尔美术馆等处。内容根据三国曹植《洛神赋》一文而作。画卷以丰富的山水景物作为背景，人物刻画意态生动，构思布局尤为奇特。洛神和曹植在一个完整的画面里多次出现，组成有首有尾的情节发展进程，画面和谐统一，

《洛神赋图》(局部)

丝毫看不出连环画式的分段描写的迹象。

洛斯安赫莱斯 Los Angeles, Victoria de (1923-11-01～1999-05-08) 西班牙女高音歌唱家。生于巴塞罗那，卒于美国洛杉矶。出生于音乐家庭，曾就学于巴塞罗那音乐学院。1944年在巴塞罗那市举行了首次独唱音乐会。1947年在日内瓦国际歌唱比赛中获头奖，并与B.吉利在马德里同台演出了《曼依》及《波希米亚人》，担任女主角，声誉日增。此后在巴黎、伦敦、米兰、纽约等各大歌剧院登台演出。自20世纪60年代中期开始，偏重于音乐会演唱。洛斯安赫莱斯的音域宽广，技巧完美，声音优美动听而富于表现力，声乐修养全面。除了能演唱抒情斯宾托女高音及花腔女高音的角色外，还能扮演花腔技巧很难的女中音角色。她在推广西班牙民歌和丰富音乐会曲目方面作出了杰出贡献。被誉为20世纪最佳女高音歌唱家之一。

洛威尔 Lowell, James Russell (1819-02-22～1891-08-12) 美国诗人、文艺评论家。生于马萨诸塞州剑桥，卒于剑桥。1838年毕业于哈佛大学。1848年发表《比格罗诗稿》第一集，奠定了他的诗人地位。这是用泼辣流畅的新英格兰方言所写的一组有韵诗和散文体书信。作者假托北方青年农民何塞亚·比格罗之名，谴责美国对墨西哥的战争是“谋杀”，指出战争只会使蓄奴的南方扩大势力范围。20年后发表了以南北战争为题材的《比格罗诗稿》第二集。

1855年始，洛威尔在哈佛大学任教，致力于欧洲文学的研究和介绍，并主编《大西洋月刊》、《北美评论》等。晚期最佳诗作有《大教堂》、《哈佛纪念会上朗诵的颂歌》。

洛阳 Luoyang 中国隋唐都城。故址在今河南洛阳市。隋炀帝大业元年(605)，诏令尚书令杨素、将作大匠宇文恺等于汉魏洛阳城西十八里处营建新都，次年春正月建成。城南对伊阙，北据邙山，东逾瀍河，西临涧水，洛水贯其间。隋炀帝、武则天及五代后唐均曾都此。唐时为东都。据实测，东城墙长7 312米，南城墙长7 290米，北城墙长6 138米，西城墙长6 776米，计周长27.5千米，与历史记载相近。全城有八门：南墙三门，中为建国门（唐曰定鼎门），东为长夏门，西为白虎门（唐曰厚载门）；东墙三门，中为建阳门（唐曰建春门），南为永通门，北为上春门（唐曰上东门）；北墙二门，东为喜宁门（唐曰安喜门），西为徽安门；西墙无门。

城内建有宫城和皇城，均在洛水以北、郭城西北部地势较高处。宫城在皇城之北，东墙长约1 275米，南墙长约1 710米，西墙长约1 270米，北墙长约1 400米。宫城北又有曜仪城，呈狭长形，东西长约2 100米，南北宽约120米；曜仪城北有圆壁城，呈矩形，东西长约2 110米，东端广590米，西端广460米。皇城围绕宫城的东、南、西三面。南面三门：中曰端门，左曰左掖门，右曰右掖门；东面一门，曰宾耀门；西面二门：南曰丽景门，北曰宣辉门。皇城之东有东城，呈长方形，南北长约1 270米，东西宽约725米。东城之北为含嘉仓城，呈长方形，东西约615米，南北约725米。

隋唐东都城内除上述皇城、宫城等外，跨洛水南北为居民区，称为里坊。隋代有120坊，唐代有103坊。隋时在坊间有三市：丰都市在洛水南偏东，称为东市，周八里；大同市在城西南部，称南市，周四里；通远市在洛水之北，称北市，周六里。唐改丰都市（东市）为南市，将大同市移至旧址西南固本坊，改称西市；通远市仍称北市。但西市存在时间很短，总共不过20年，故《旧唐书·地理志》说东都有二市。隋唐洛阳为南北大运河的起点，集居了许多中外商人，为当时最繁荣的商业都会。

东都城西建西苑，周二百里。今洛阳市金谷村以西，至新安县境，北起邙山，南抵伊阙诸山，均在西苑之内。唐时称东都苑或神都苑，范围较隋时为小。

*安史之乱*后，洛阳遭受严重破坏，宋金以后，虽有所恢复，已远不能与隋唐时相比了。

洛阳桥 Luoyang Bridge 中国现存最早的梁式石桥。又称万安桥。位于福建泉州东北10千米处，跨越洛阳江。北宋皇祐五年(1053)泉州太守蔡襄倡建，嘉祐四年(1059)竣工。历代多次修缮重建。1988年定为全国重点文物保护单位。

现存的洛阳桥是清乾隆二十六年(1761)重修的。全桥共48孔，长540米。若计及两端桥堤，则全长为834米。桥

唐东都洛阳城

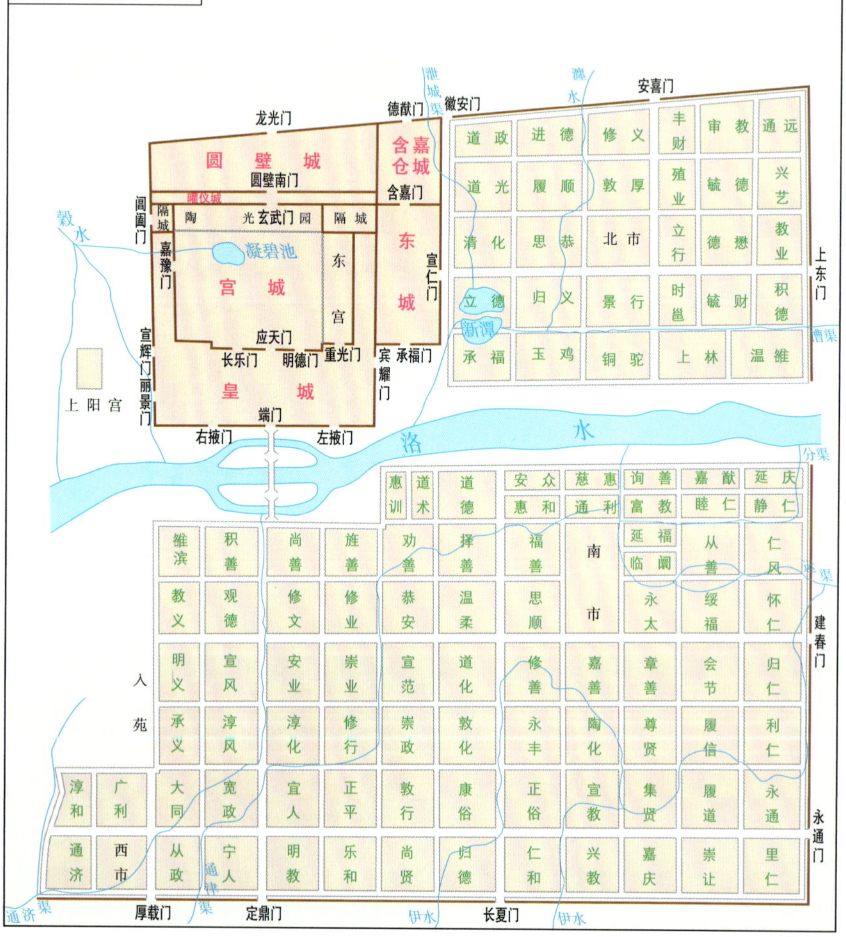

洛阳桥全景

面两旁护以石栏，有石根500柱，石栏长度与桥长同。但栏板、石柱今已不全。桥墩砌体相当庞大，两端砌成尖形，以分水势。此外有石狮28只、石亭7座、石塔9座、桥塊四角有石柱等。洛阳桥北有昭惠庙，桥南有蔡襄祠等文物。1932年在桥墩上添建一矮墩，其上置钢筋混凝土桥面板以行车。

《洛阳伽蓝记》 *Record of Buddhist Monasteries in Luoyang* 佛教史志著述。北魏杨衒之（一作羊衒之）撰。5卷。全书主要记述北魏京城洛阳佛寺的兴衰沿革，分城内、城东、城南、城西、城北5卷，共记寺院43所。卷五所载《宋云、惠生使西域行记》提供了古代中西交通的珍贵资料。通过其中寺庙的兴衰，详尽反映出6世纪初洛阳以至北方佛教的变化，也反映了当时的社会经济文化。

洛阳市 Luoyang City 中国河南省辖地级市。中国七大古都之一，历史文化名城。位于省境西部，黄河南岸。因地处洛水（河）之北而得名。辖西工、老城、瀍河回族、涧西、吉利、洛龙6区和孟津、新安、栾川、嵩县、汝阳、宜阳、洛宁、伊川8县，代管偃师市。面积15 492平方千米。人口655万（2010），民族有汉、回、满、蒙古、壮、朝鲜等。

西周周公旦营建洛邑作为东都。秦置三川郡，治洛阳。隋唐为东都。北宋称西京。金为中京。东周、东汉、三国魏、西晋、北魏、隋、唐、后梁、后唐都曾在此建都，故有“九朝古都”之称。东汉、魏、晋、隋、唐时代为中国乃至全亚洲的经济、文化中心，又是中国佛学、理学、经学兴盛之地。明、清为河南府。1948年设洛阳市，1955年为省辖市。主要河流有黄河、洛河和伊河等。年平均气温14.7℃，平均年降水量615毫米。农作物主要有小麦、玉米、棉花、烟叶等。低山丘陵区盛产天麻、杜仲、党参等药材。特产有牡丹花。工业以机械、电子、冶金、建材、电力、石油、化工、纺织等为主，拥有拖拉机、玻璃、轴承、矿山机械等大、中型工厂数百家。唐三彩、宫灯、仿青铜制品为洛阳市传统工艺名特产品。市内有河南科技大学、中国人民解放军外国语学院等高等院校。名胜古迹有龙门石窟、白马寺、关林、汉魏洛阳故城和隋唐洛阳城遗址等。市内还有王城公园、牡丹公园、博物馆等。

洛阳市牡丹观赏园

洛-约翰松 Lo-Johansson, Karl Ivar（1901-02-23～1990-04-11） 瑞典作家。生于含尔姆兰，卒于斯德哥尔摩。早年当过采石工、牧童、邮递员等，曾在英法等国流浪做工。1927年以出版自传体游记《在法国的流浪汉生活》而成名。《晚安吧，大地》（1933）、《国王街》（1935）和《只有一个母亲》（1939）等在瑞典文坛上第一次把雇工作为主人公，表现他们世代所受的苦难和凌辱，促使瑞典政府于1945年宣布取消雇工制度。其他主要作品还有自传体小说《文盲》（1951）、《斯德哥尔摩人》（1954），短篇小说集《受难者》（1968）、《撒谎集》（1971），回忆录《青春期》（1978），论文集《致作家》（1988）等。他是一位多产作家，一生共出版了60余部作品。作品意境深邃，爱憎分明，文笔朴实幽默。

络穴 luo-connecting point 中医学中别络处的腧穴。联络相为表里的两条经脉的大络脉称为别络，因此别络处的腧穴称络穴。据《灵枢·经脉篇》记载，十二经脉及任脉、督脉各有一个络穴，脾脏还单独有一个络穴即“脾之大络”，共15个络穴。

络穴的治疗作用主要有：①络穴各主治其所属经脉、络脉的虚实病症，如手少阴心经别络实则胸中支满，虚则不能言语，可取其络穴通里治疗。②络穴能沟通表里二经，因此，不仅能治本经病，也能治相表里的经脉的病症。如手太阴肺经的络穴列缺既能治肺经的咳嗽、气喘，又能治相表里的手阳明大肠经的齿痛、项痛等疾患。③凡有急性炎症、充血或络穴所在静脉淤血时，刺络穴出血，效果较好。④络穴在临床上可单独使用，也可与其相表里经的原穴配合使用，称为原络配穴法。

骆宾基 Luo Binji（1917-02-12～1994-06-11） 中国小说家。原名张璞君。祖籍山东平度。生于吉林珲春，卒于北京。1934年在北平自学期间对文学产生浓厚兴趣。

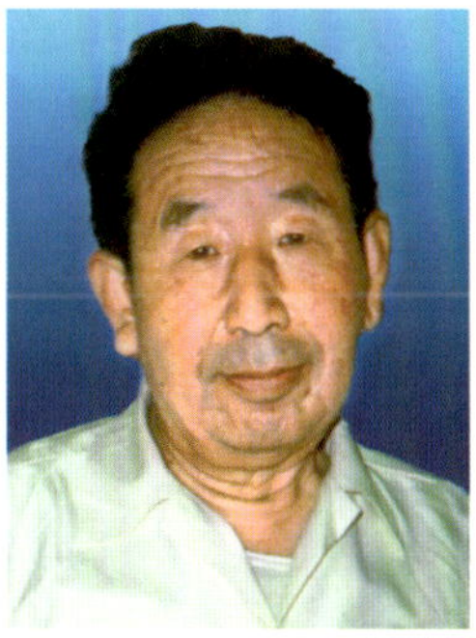

1937年在茅盾主编的《呐喊》上发表报告文学《大上海一日》。1938年出版长篇小说《边陲线上》。上海沦陷后到浙东从事抗日文学宣传活动，写有报告文学《东战场别动队》等。20世纪40年代，辗转于桂林、香港、重庆等地，曾两次被国民党关押入狱。这期间他的短篇小说《北望园的春天》，以战时后方桂林为背景，写一群知识分子的生活与憧憬，笔触细腻，在艺术上最能代表他的风格。自传体长篇小说《姜步畏家史》（第一部《混沌》、第二部《氤氲》）写地主商人家庭中的少年姜步畏的生活，展现了北国边界城市富有特色的自然风物、社会习俗和人情世态。此外，还有中篇小说《吴非有》，以及悼念病逝的东北女作家萧红的《萧红小传》等。中华人民共和国建立后，曾担任全国文学艺术界联合会委员、山东省文学艺术界联合会副主席、中国作家协会理事、北京市作家协会副主席等职。写有《山区收购站》等短篇小说。骆宾基擅长渲染氛围，在平淡细腻的描述中抒情和表现人物心理，作品具有鲜明的东北农村地方特色。70年代以后，在从事文学创作的同时，以较多的精力研究上古史与文字学，著有《金文新考》。

骆宾王 Luo Binwang（约627～684后） 中国唐代诗人。字观光。婺州义乌（今属浙江）人。7岁能诗，有神童之誉。约在唐高宗显庆年间（656～661）为道王李元庆府属，后历仕朝中及四川。高宗永隆二年（681）夏，贬临海丞。后人因之称其为“骆临海”。光宅元年（684）九月，徐敬业（即李敬业）自称匡复府大将军，起兵讨伐武则天，骆宾王为徐敬业起草《代李敬业传檄天下文》（即《讨武曌檄》），朝野震动。十一月，起事失败，骆宾王下落说法不一，有记为被杀，有记为亡命不知所终。

骆宾王与王勃、杨炯、卢照邻以文辞齐

名海内，史称“初唐四杰”。其文学作品现存各体诗数十首、赋3篇、文30余篇。他和卢照邻均擅长篇歌行，《帝京篇》是其代表作，当时以为绝唱。《畴昔篇》、《艳情代郭氏赠卢照邻》、《代女道士王灵妃赠道士李荣》等也都具有时代意义。其五言律诗亦时有佳作，《在狱咏蝉》托物兴怀，为人传诵。描写边塞戎马生活的诗作如《从军行》、《于易水送人》等，则以高昂的情感基调，反映出唐王朝初期蓬勃奋发的时代精神。

骆宾王又擅骈文。《讨武曌檄》是其名作，其中“请看今日之域中，竟是谁家之天下”等句，尤为后人所传诵。

清人陈熙晋有《骆临海集笺注》，最为通行，中华书局上海编辑所1961年有铅字排印本。事迹见《新唐书》、《旧唐书》本传和郗云卿《骆宾王文集序》。

骆驼 *Camelus*; camel 偶蹄目骆驼科骆驼属双峰驼和单峰驼的统称。又称橐驼。单峰驼又称阿拉伯驼，主要分布于北非、西亚的一些国家，以北非的撒哈拉大沙漠数量最多。双峰驼主要分布于亚洲中部的中国和蒙古等国家。

生物学特性 躯短肢长，前躯较后躯发达，背短腰长。单峰驼头较小，额部隆凸，脸部长，鼻梁凹下，额顶无鬃毛，鬣毛短而宽，长至颈上缘之中部为止。被毛多为灰白色或沙灰色。一般体高185～200厘米，体重700千克以上。双峰驼躯干较宽长，脸部短，嘴较尖，颈较短而稍凹，被毛有黄色、杏黄色、紫红色、棕色、褐色、黑褐色等。毛长而厚密，御寒力强。一般体高168～180厘米，体重500～700千克。单峰驼野生种早已消失，双峰驼野生者也已稀少，为中国一级保护动物。

饲养和繁殖 骆驼终年放牧。冬春宿营地应选择牧草丰富、避风向阳的低凹干燥处所；夏秋抓膘蓄脂，应选择地势高燥凉爽、接近水源、牧草茂盛的草场。3月份开始产羔，2～3岁时穿鼻，3岁开始调教，3～5岁去势。每年2～3月剪取长毛，3～6月随脱毛而收取被毛。

母驼初配年龄为4～5岁，公驼为5～6

单峰驼

岁，繁殖年限均在20年以上。怀孕期平均13个月左右。一般两年产1羔，饲养管理较好时可3年产2羔。

用途 驯养的骆驼可供乘、驮、挽曳综合役用，为荒漠和半荒漠干旱地区的重要交通运输工具，有“沙漠之舟”之称。骆驼毛为纺织工业的优良原料。在世界许多干旱荒漠地区，骆驼奶是人的食品之一。驼肉蛋白质含量较高，瘦肉多，脂肪少。驼皮轻柔，可用以保暖。居住在西奈半岛上的贝都因人每逢节日常举行骆驼赛跑。中国蒙古族牧民也有赛驼习俗。

骆驼蓬 *Peganum harmala*; harmel peganum 蒺藜科骆驼蓬属的一种。分布于中国北部至西北部各省区。蒙古和俄罗斯也有。因新鲜枝叶有一种类似骆驼发出的特殊气味而得名。多年生草本植物。高70厘米，分枝多，铺地散生。叶互生，3～5全裂，裂片条状披针形，长3厘米，托叶条形。花单生，常与叶对生；两性；萼片5，披针形，有时顶端分裂，长2厘米；花瓣5，倒卵状矩圆形，长1.5～2厘米；雄蕊15，子房3室。蒴果近球形，褐色，熟时3瓣裂。种子三棱形，黑褐色。

习生干旱草地、盐碱化荒地、沙质或黄土质山坡。骆驼蓬根系能穿入土层数米寻找水源；肉质叶内贮存大量水以抗干旱。全草入药，祛湿解毒、活血止痛。种子可作红色染料，种子油供轻工业用。为牧草植物，鲜草牲畜不食，干草可喂羊。

《骆驼泉》 *The Camel Spring* 中国撒拉族民间传说。广泛流传于中国青海、甘肃一带的撒拉族聚居区。传说撒拉族先民，中亚撒马尔罕的一个小部落头人阿赫莽和尕勒莽率众，牵一峰白骆驼，驮着故乡的水、土、秤和《古兰经》等物，跋山涉水寻找新的乐土。一天来到青海循化境内，在乌土斯山丢失了骆驼。第二天在寻找骆驼时，发现一眼清泉。走失的骆驼静卧在水中已化成一尊石骆驼。经测试当地水、土与故乡的竟完全一样，于是撒拉人便在当地定居下来，清泉从此被称为“骆驼泉”。这则传说是撒拉人关于本族来源与迁徙的遥远记忆。骆驼泉已经成为撒拉人祖先、精神、心灵家园的象征。撒拉族民间还用骆驼戏的形式表现同一题材。

骆玉笙 Luo Yusheng (1914-08-31～2002-05-05) 中国京韵大鼓演员。天津人。艺名小彩舞。生于上海，卒于天津。4岁起随养父、杂技艺人骆彩武在上海和武汉等地行艺。9岁拜苏焕亭为师，学唱京剧老生。12岁在南京登台清唱二黄，艺名“小彩武”。16岁将艺名改为“小彩舞”，17岁(1931)正式改唱京韵大鼓。1934年，拜刘宝全的弦师韩永禄为师，学习演唱“刘（宝全）派”京韵大鼓。1936年起演出于天津和北平一带，因高昂激越的“嘎调”唱法获得“金嗓歌喉，鼓界女王”的盛誉，人称“金嗓歌王”。中华人民共和国建立后，努力编演新节目。1953年参加赴朝鲜慰问中国人民志愿军的演出。20世纪80年代以一首为电视连续剧《四世同堂》配唱的主题曲《重整河山待后生》，极大地挥洒出京韵大鼓演唱艺术的非凡魅力。其所演唱的节目早在1939年就有《博望坡》、《红梅阁》和《丑

骆玉笙表演京韵大鼓

末寅初》等被灌制成唱片发行，1962年有《剑阁闻铃》和《丑末寅初》被拍摄成教学影片。20世纪80年代中期以来，有多种收录其所演唱的京韵大鼓节目的盒式磁带与CD光盘发行。1993年，由她口述、孟然整理的艺术自传《檀板弦歌七十秋》，被列入“中国说唱文艺丛书”出版。

珞巴语 Lhoba languages 中国珞巴族所用语言的统称。属汉藏语系藏缅语族。语支未定。主要分布在西藏自治区东南部雅鲁藏布江以南的广大洛渝地区。珞巴族有多个支系，分别使用不同的语言。彼此差异很大。无本民族文字。米林县南伊乡穷林博嘎尔珞巴语有22个声母，有14个单元音韵母；有鼻音韵尾和塞音韵尾各3个，与元音构成35个带韵尾的韵母。无声调。人称代词分主格和宾格，宾格在主格后加后缀构成。有比较丰富的结构助词，表示句子成分的领属、受动、目的等关系。用语尾助词表示动词的各种“体”。语序是主语-宾语-谓语。定语是形容词、数词（或数量词）时在中心语后。有一定数量的藏语和少数汉语借词。

珞巴族 Lhoba 中国少数民族。分布在西藏自治区。人口2 965(2000)。使用珞巴语，属汉藏语系藏缅语族，部分人使用藏语。其先民在松赞干布统治时期即辖于吐蕃王朝。其后与所在地区藏族交往日益频

珞巴族男子

繁。西藏地方政权一直设有专门机构管理珞巴族地区，征收差税。经济以农业为主，种植玉米、鸡爪谷、旱稻及其他杂粮，兼营狩猎。擅长竹编。民间故事、传说等口头文学十分丰富。一般男子戴藤条或熊皮盔帽，穿长袍和套头式坎肩，披兽皮。妇女穿短上衣和筒裙。以大米、玉米、鸡爪谷和青稞为主食。住房多为竹木结构的干栏式建筑，形式主要为多户连在一起的长房。婚姻实行一夫一妻制。丧葬主要是土葬，也有树葬和火葬。节日有隆洛德节，时间在每年1月，为期25天。信仰万物有灵的原始宗教。

落花生 *Arachis hypogaea*; peanut 豆科落花生属的一种。**花生**的别称。

落基山脉 Rocky Mountains 北美洲科迪勒拉山系东部山脉的主体。纵贯加拿大和美国西部，北连阿拉斯加的布鲁克斯岭，南接墨西哥境内的东马德雷山脉。全长4 800千米。海拔一般为2 000～3 000米，最高峰埃尔伯特山海拔4 399米。

根据构造和地形的差异，落基山脉大致可分为北、中、南三段。北段指**黄石国家公园**以北主要在加拿大境内的落基山；中段指黄石国家公园至怀俄明盆地的落基山；南段指怀俄明盆地以南的落基山，有埃尔伯特山等48座海拔在4 200米以上的高峰，为整个落基山脉最高耸的部分。第四纪冰期时，落基山区经受了强烈的冰川作用，冰川南侵至北纬47°，角峰、冰斗、V形谷等冰川侵蚀地貌分布很广，地处高纬的北落基山海拔较高的峰峦还有现代冰川。

落基山风光

植被垂直分带明显，垂直带图谱受制于山脉高度、所处纬度和坡向。黄松、道格拉斯黄杉、落叶松、云杉等针叶树种分布较广。动物有灰熊、棕熊、落基山羊、巨角岩羊等。

北美大陆重要的气候分界线。对极地太平洋气团东侵和极地加拿大气团或热带墨西哥湾气团西行起屏障作用，导致大陆东、西部降水的巨大差异，并对气温分布产生一定影响。西部以冬雨为主，除北纬40°以北的沿海和迎风坡降水较多外，平均年降水量皆在500毫米以下，冬季气温则高于同纬度东部各地；东部以夏雨为主，除北部高纬地区和紧靠山地的部分大平原地区降水较少外，平均年降水量都在500毫米以上。落基山脉也是北美大陆最重要的分水岭，除圣劳伦斯河外，北美洲几乎所有大河都发源于此。山脉以西的河流属太平洋水系，山脉以东的河流分别属北冰洋水系和大西洋水系。

落基山区矿产资源丰富，为北美洲著名有色金属和贵金属矿区，蕴藏铜、铅、锌、钼、银、金等；非金属矿以煤、磷酸盐、钾盐、油页岩等为主。加、美两国政府已在落基山区开辟多处国家公园和野生动物保护区，如美国境内的落基山、黄石、大蒂顿、冰川湾等国家公园，加拿大境内的班夫、贾斯珀、约霍、库特内等国家公园，以及地跨加、美两国边境的沃特顿冰川国际和平公园，其中多处被列入《世界遗产名录》，每年接待游客数以百万计。

落葵科 Basellaceae; basella family 双子叶植物纲石竹亚纲的一科。有4属25种，分布于美洲、非洲及亚洲。中国栽培有落葵属及落葵薯属约2～3种。多年生草本，单叶，互生，常肉质。花序穗状、总状或圆锥状，花小，整齐，两性或单性，花被片5，有时多少结合，覆瓦状排列，常宿存，具色彩，雄蕊5，与花被片对生，子房上位，1室。果期肉质的花被包于核果外，似浆果。落葵叶含葡聚糖、黏多糖、β-胡萝卜素及有机酸、皂苷、铁等，可作蔬菜食用；全草供药用，清热滑肠、凉血解毒，花汁治乳头破裂。

落下闳 Luoxia Hong 中国西汉民间天文学家。字长公。巴郡阆中（今四川阆中）人。活动于公元前100年前后。汉武帝元封年间（公元前110～前104）为了改革历法，征聘天文学家，经同乡谯隆推荐，落下闳由故乡到京城长安。他和邓平、唐都等合作创制的历法，优于同时提出的其他17种历法。汉武帝采用为新历，于元封七年（前104）颁行，改元封七年为太初元年，新历因而被称为《太初历》。落下闳是**浑天说**的创始人之一，经他改进的赤道式浑仪，在中国沿用了两千年。《太初历》采用的二十八宿（见**三垣二十八宿**）赤道距度（赤经差），一直用到唐开元十三年（725）才由一行重新测过。在《太初历》第一次提出交食周期，以135个月为“朔望之会”，即认为11年应发生23次**日食**。落下闳知道《太初历》存在所用回归年长度偏大的缺点，指出“后八百年，此历差一日，当有圣人定之”。事实上，每125年即差一日，到公元85年就实行改历。

落叶阔叶林 deciduous broad-leaf forest 温带、暖温带地区地带性的森林类型。因其冬季落叶、夏季葱绿，又称夏绿林。

分布　几乎完全分布在北半球受海洋性气候影响的温暖地区。在大陆性气候影响较大的地方，落叶阔叶林过渡成针叶林。在欧亚大陆的温带，西欧典型的落叶针阔林可分布到欧洲的东北部。在北美东部，约沿北纬45°一线以南地区。南美洲分布于巴塔哥尼亚高原。欧洲由于受墨西哥湾暖流的影响，西北可分布到北纬58°。亚洲东部分布在中国、俄罗斯东部滨海地区、堪察加、库页岛、朝鲜半岛和日本北部诸岛。中国的落叶阔叶林主要分布在东北地区的南部和华北各省。

区系组成　落叶阔叶林（见图）的植物区系性质一般都属北极第三纪植物区系的残余，最主要的建群树种有水青冈属和栎树属的各个种，以及林下灌木、藤本植物乃至阳性先锋树种都为第三纪孑遗类型。种类组成比较丰富。水青冈林和栎林是落叶阔叶林中最主要的树种类型，分布于整个北半球的温带和暖温带森林区域。但不同地区有不同的建群种。在亚洲东部，落叶阔叶林的种类成分比欧洲和北美洲丰富得多。中国的落叶阔叶林属暖温带东部湿润地区的地带性植被。林木的种类组成，由北向南逐渐增多。根据建群种的生活习性和所要求的生境条件，可分三类：①典

型落叶阔叶林。是最主要的类型。栎林分布最广，其中蒙古栎林主要分布于东北与华北北部地区，辽东栎林分布于东北南部、华北北部和西部，麻栎林则多见于华北南部及其以南各地；此外还有栓皮栎林、槲树林等。另一类典型落叶阔叶林是槭树属、榆树属、椴树属等为主的各种混交林，其优势种不明显。②山地杨桦林。是由杨属、桦树属和赤杨属等所组成的森林，分布最普遍的是山杨林和白桦林。③河岸落叶阔叶林。是沿着河流两岸形成的走廊式森林。多分布于气候变化显著的温带地区沿河两岸，如新疆广泛分布的胡杨林和东北的钻天柳林等。南半球的落叶阔叶林仅分布于巴塔哥尼亚和大地岛，北界达南纬45°。主要乔木是假水青冈属。

资源的开发和利用　落叶阔叶林的许多树木，在建筑、家具、包装、制浆造纸和人造板工业等方面有广泛用途。落叶阔叶林还能提供丰富多样的林副产品：如可供榨油、提炼栲胶、放养柞蚕、放蜂采蜜和药用等。

落叶松　*Larix*; larch　松科落叶松属植物的统称。落叶乔木。全世界约18种，分布于亚洲、欧洲和北美洲的温带高山与寒温带、寒带地区。中国约有10种，分布于黑龙江、吉林、辽宁、河北、山西、陕西、四川、云南、西藏、新疆等地。其主要树种有兴安落叶松（图1）、长白落叶松、华北落叶松、新疆落叶松、太白落叶松、红杉（图2）。中国原产的落叶松尚有西藏红杉、怒江红杉、四川红杉、喜马拉雅红杉。从国外引入作为造林树种和庭园树的，主要有欧洲落叶松和日本落叶松。

树皮多呈厚片状或长片状剥裂；枝分长枝和短枝；叶螺旋状散生于长枝，线形，扁平。雌雄同株，花单性，单生于短枝上。球果当年成熟，近球形，或圆柱形。种子形小，具膜质长翅，当年成熟时散落。喜光不耐顶部庇荫。耐寒性强。需要湿润而通气良好的土壤。

通常用植苗造林。木材可做枕木、桥梁和车辆等用材。兴安落叶松树是制造栲胶的重要原料。落叶松树冠规整、美观，为城乡绿化的优良树种。

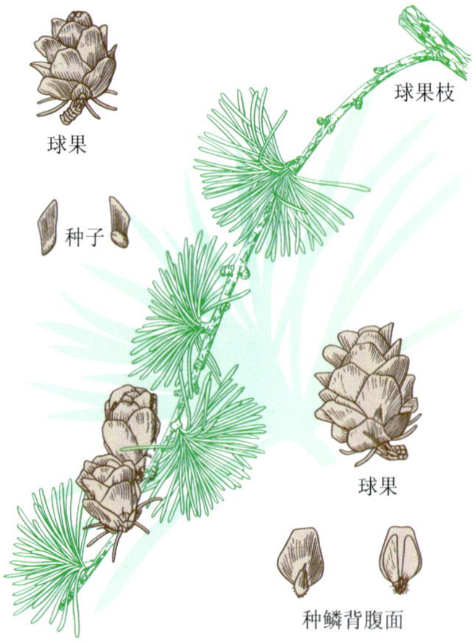

图1　兴安落叶松

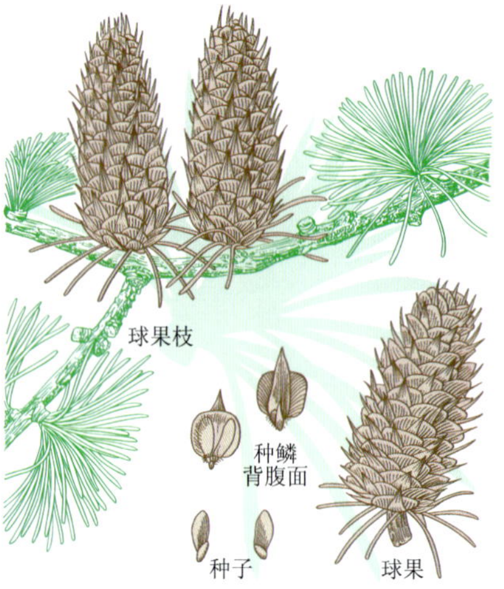

图2　红杉

漯河市　Luohe City　中国河南省辖地级市。位于省境中南部。辖源汇、郾城、召陵3区和舞阳、临颍2县。面积2 617平方千米。人口254万（2010），有汉、回、满、蒙古、壮等民族。明嘉靖十九年（1540）置漯湾河镇。1949年置漯河市。属暖温带半湿润季风气候。主要农作物有小麦、玉米、油菜、芝麻等，泡桐木材、牛羊肉是主要出口商品。工业主要有食品、造纸、皮革、纺织、化工、机械等。漯河从清代起靠水路交通之便，经济上渐趋繁荣。水路由沙河进长江可抵上海，陆路由京汉线可贯南北，素有“水旱码头”之称。名胜古迹有杨再兴墓、“三绝碑”、隋代小商桥、许慎墓、三晋乡祠和贾湖文化遗址等。

M

妈祖 Ma Zu 中国民间信仰诸神之一。又称天上圣母，天妃，天后。据传妈祖原名林默，祖籍福建莆田湄州屿，生于宋建隆元年（960），卒于宋雍熙四年（987）。妈祖

周岁时，见诸神像，就用“手作欲拜状”，5岁能诵读《观音经》，11岁时“能婆娑按节乐神”。林默长大后，能“通悟秘法，预知休咎；乡民以病告，辄愈”，并誓不嫁人。她以拯危救难为乐，经常在海上巡游，多次救护遇难渔民及商人，被人们称之为神女、龙女。民间还传说神女还有防御水旱疫疠之灾等“法力”，每有祈祷，皆应验。后来，妈祖的影响越来越大，祠庙香火由莆田地区，向南向北，扩展到广大沿海区域，成为海上女神，受到人民群众，尤其是渔民船户的虔诚崇拜。神女的“灵迹”得到从宋至清历代帝王的褒奖，清代时，台湾妈祖信仰日渐隆盛，妈祖庙也由10多座发展到220座，遍及全岛。

麻风 leprosy 由麻风分枝杆菌感染所致的一种慢性传染病。侵犯皮肤黏膜和周围神经，引起相应症状。主要有结核样型、界线类偏结核样型、中间界线类、界限类偏瘤型、瘤型等类型，其中结核样型和瘤型多见。结核样型皮疹有红斑、斑丘疹，斑块界清；有感觉障碍，周围神经粗大；查菌阴性，麻风菌素试验阳性；传染性不强。瘤型皮疹数量多；弥漫对称，有红斑、弥漫性浸润、结节，边不清楚，表面光滑，脱眉；查菌阳性，麻风菌素试验阴性；有感觉障碍，周围神经轻度粗大；有传染性；可引起肢体畸形。应采用数种抗麻风药物联合治疗，常用药物有利福平、氯法齐明（氯苯吩嗪）和氨苯砜。需在医务人员指导下长期服用。五年内仍应定期到医院复查。

麻黄碱 ephedrine 芳烃胺型生物碱，分子式$C_{10}H_{15}NO$。又称麻黄素。存在于麻黄属多种植物中，中药麻黄的主要成分。无色似蜡状固体，或结晶形固体，常含半分子结晶水；有挥发性，可水蒸气蒸馏；熔点40℃（DL型的熔点79℃），沸点225℃，比旋光度$[\alpha]_D^{20}$−6.3（乙醇）；溶于水和多种有机溶剂；有吸湿性，在水中得水合物结晶。可与各种无机酸和有机酸生成盐。麻黄碱与铁离子反应呈黄色，可作为铁的检测试剂。麻黄碱是拟肾上腺素药，临床用于支气管哮喘、百日咳、枯草热及其他过敏性疾病。能对抗脊椎麻醉引起的血压降低、扩大瞳孔，也用于重症肌无力、痛经等疾患；还可作中枢神经系统兴奋剂。

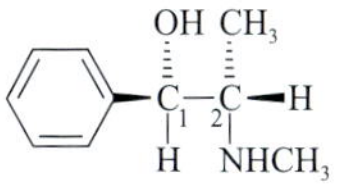

麻将 mah-jong, game of 中国古代独创并流传至今的一种牌戏。又称麻将牌、麻雀牌，简称雀牌、麻雀等。流行于中国大部分汉族和部分少数民族地区。据传由唐代的叶子戏发展演变而来。至明朝天启年间，叶子戏演变为马吊牌，并盛行于明末清初，到清代逐渐演变成麻将牌。20世纪20年代初传入日本和西方国家，20年代中期盛行于英格兰、美国和澳大利亚。

早期的麻将牌是印有图案的纸牌，后来多采用骨质或骨面竹背的长方体牌，现在也有用塑料、有机玻璃等材料制成的。一副麻将牌一般包括两粒骰子、136～144张牌和筹码若干。牌分万、索（条）、筒三门，每门从一到九各4张，共108张；另外还有写有汉字中、发、白、东、南、西、北的牌，每种各4张共28张。有时加入花牌和百搭成144张，称全花麻将。通常有4人玩牌，掷骰子选出一人为“庄家”。庄家拿14张牌先出牌，其他每人13张牌。4人按逆时针方向出牌，每次出牌之前先摸一张牌替换要出的牌。先合成4组3张的“搭子”兼1组2张的“对子”者取胜，称为“和牌”。和牌的名目有天和、地和、十三幺、清一色、清七对、大三元等。麻将的打法很多，变化多端，不同地区的打法和规则有所差异。

麻栎 *Quercus acutissima*; sawtooth oak 壳斗科栎属的一种。分布于中国辽宁、河北至西南和华南。朝鲜半岛、日本也有分布。落叶乔木，高达20米。单叶，互生，长椭圆状披针形，边缘具芒状锯齿；叶柄长2～3厘米。花单性，雌雄同株；雄花多朵成下垂柔荑花序；花被裂片4～7；雄蕊4～7，具退化雌蕊；雌花单生总苞内，花被片5～6裂，心皮3，合生，子房下位；花期4～5月。壳斗碗形，径1.5～2厘米，包被坚果1/2；坚果卵状球形，直径1.5～2厘米，内包1种子，果脐隆起；果期9～10月。生长在海拔900～2 200米的山地、丘陵地带。果入药，可涩肠止泻；各部均含鞣质，可提制栲胶；木材坚硬，为制车辆和机械用材；幼叶可饲柞蚕。

麻雀属 *Passer*; sparrows 雀形目雀科的一属。世界有19种，广泛分布于美洲、欧洲、亚洲、非洲各地。中国有5种，其中麻雀为常见种，雌雄相似。嘴短而强健，呈圆锥形，稍向下弯；初级飞羽9枚，外缘具二道淡色横斑。

麻雀是与人类伴生的鸟类，栖息于居民点和田野附近。白天四出觅食，活动范围在2.5～3千米以内。翅短圆，不耐远飞。鸣声喧噪。主要以谷物为食。繁殖期以昆虫育雏。繁殖力强。在北方，3～4月开始繁殖，每年至少可繁殖2窝。在南方，几乎每月都可见麻雀繁殖雏鸟。巢简陋，以草茎、羽毛等构成，大都建在屋檐下和墙洞中。每窝产卵4～6枚。卵呈灰白色，满布褐色斑点。雌雄轮流孵卵。孵化期11～12天。雏鸟全身裸露，15天后才能飞出自行寻食。

麻喏巴歇 Majapahit 1293～1478年统治印度尼西亚大部分地区的封建国家。又称麻喏八歇、满者伯夷、门遮把逸。“麻喏巴歇”爪哇语意为“苦马贾果”，即木苹果。1293年，新柯沙里王国国王格尔达纳卡拉之婿罗登·韦查耶建立麻喏巴歇王国。首都建于东爪哇惹班附近特罗伍兰的麻喏巴歇村。哈奄·武禄王统治时期（1350～1389），由首相加查·玛达辅政，国势达到鼎盛。疆域几乎达到今整个印度尼西亚地区，并控制了马来半岛南部，势力远及菲律宾群岛。与印度、中国、缅甸、暹罗、占婆、真腊等国建立友好关系。1377年征服巨港，成为控制马六甲海峡与巽他海峡的海上强国。

麻喏巴歇作为跨岛统治的松散帝国，基础并不稳固，靠在军事扩张基础上王室与地方领主联姻的方式来维系国家的统一。哈奄·武禄王去世后，国势日衰。1401～1406年王族内部爆发争夺王位的内战，中央政权削弱，各属国及爪哇沿海各领主纷纷独立。此时，马六甲王国兴起并控制海峡商道。1478年麻喏巴歇沦为淡目王国的附属国。1527年灭亡。

麻喏巴歇1325年和1333年曾派使节访问中国，与元朝修复关系。明洪武二年（1369）明太祖遣使访问，建立了两国友好关系。郑和七下西洋（1405～1433）每次均访爪哇。

麻纱 hair cords 布面呈现纵向宽狭不同细直条纹的轻薄棉织物。因质地挺爽如麻

而得名。大多用棉纱织制，也有用棉麻混纺纱织制的。手感薄爽、透气、抗皱，穿着舒适。宜制作夏令服装。有漂白、染色、印花、提花、色织等多种。按组织结构分为普通麻纱和花式麻纱。普通麻纱经、纬纱采用18～13特（32～45英支）的棉纱，纬密比经密高10%～15%，用纬重平组织交织，布面经向有明显的直条纹路。为使条纹清晰，经、纬纱捻向必须相同。花式麻纱利用组织的变化或经纱用不同特数和经纱排列的变化织成，有变化麻纱、柳条麻纱、异经麻纱等。变化麻纱运用各种变化组织，使纹路粗壮突出；柳条麻纱在经纱排列上每隔一定距离有一空隙，使布面呈现细小空隙；异经麻纱以单根经纱和异号双根经纱进行循环间隔排列，布面条纹清晰突出。

麻省理工学院 Massachusetts Institute of Technology; MIT 美国私立研究型大学。校址在马萨诸塞州的剑桥市。1865年2月正式开学，最初只培养工程技术人员。1871年，开始招收女生。1980年，研究生首次超过本科生。首任校长W.B.罗杰斯提出3条办学原则：①强调基础科学和应用科学并重；②强调教学工作和科学研究活动相结合；③强调学校教育和社会需要相联系。

麻省理工学院智能村

现设有建筑和规划学院、工程学院、人文和社会科学学院、企业管理学院、理学院等学院，建有几十个技术设备齐全的专门实验室中心和大学信息技术公司。设有海顿图书馆，各学院设有分馆，此外还有专业性图书馆和阅览室。学院先后有70多人获得诺贝尔奖。

麻纤维 bast fiber and leaf fiber 从植物的韧皮或叶中取得的纤维。经剥制和脱胶或叶肉分离，除去周围的胶质和非纤维物质等加工得到。苎麻原产中国，单纤维较长，可以单纤维纺纱。其余麻类的单纤维长度较短，且不整齐，采用半脱胶法脱除一部分胶质，纤维由胶质黏结成束状（称工艺纤维）进行纺纱。麻纤维的主要组成物质是纤维素，含量一般占60%～80%，并含较多的半纤维素、木质素和果胶等。麻纤维的刚性和拉伸强度是天然纤维中最大的，吸湿能力比棉纤维强。品种繁多。苎麻和亚麻可制成衣着，有柔和的光泽，夏季穿着有凉爽感。其他类别麻纤维常用于制作麻袋、包装材料、地毯布、绳索、贴墙布、沙发布、台布和嵌缝材料等。

麻扎 mazār 中国新疆伊斯兰教圣裔或知名贤者的坟墓。阿拉伯语音译，原意为晋谒之处或陵墓。在中亚、南亚、北非等地，多称苏非派圣徒的陵墓为麻扎。自伊斯兰教传入新疆的初期起（10世纪中叶），穆斯林开始为著名统治者和殉教者建造麻扎。14世纪中叶以后，麻扎成为苏非派进行宗教活动的中心场所。麻扎建筑多为圆顶亭状，可分为小、中、大三种类型。小型麻扎的墓室没有附属建筑。中型麻扎大多只建有简易的土坯拱北或平顶屋，附属建筑或道堂（罕尼卡），或祈祷室（都瓦哈那）。大型麻扎多为庭院式建筑，有圆拱形顶部的高大墓室，以及礼拜殿、塔楼和习经堂等附属建筑，并拥有大量土地、房屋、商铺等产业（"瓦克夫"）。管理人称谢赫。另有伊玛目、穆艾津主持宗教活动。麻扎被视为神圣和朝拜之地，每逢重要节日和纪念日，穆斯林要前往拜谒。有名的麻扎有喀什的阿巴和卓麻扎（汉文史料称香妃墓）、阿图什的沙图克·波格拉汗麻扎、英吉沙的乌尔德麻扎等。主要分布在天山东南部，沿塔里木盆地南缘和帕米尔塔什库尔干一带。

麻疹 measles 麻疹病毒引起的急性出疹性传染病。麻疹病毒为RNA病毒，属副黏液病毒科。患者是唯一传染源，发病前1～2日至出疹后5日均有传染性。主要经空气飞沫传播。多见于儿童，儿童广泛接种麻疹疫苗后，年长儿童及成人发病相对增多。潜伏期为1～3周，一般为10～12日。有发热、畏光、流泪、眼结膜充血及分泌物增多、鼻塞、流鼻涕、打喷嚏、咳嗽、咽红等。可有食欲不振、呕吐及腹泻。发病第2～3日，皮疹出现前，两侧颊黏膜上有麻疹黏膜斑（科普利克氏斑），可作为该病诊断的依据。发热3～4日后出现皮疹，由额、面延至全身，呈红色或暗红色斑丘疹，疹间皮肤正常，皮疹可互相融合。皮疹最盛时，体温最高，可达40℃以上，中毒症状加重，有精神萎靡、嗜睡、烦躁及抽搐。皮疹多于出现后5日消退，有细糠状脱屑及色素沉着斑。最常见的并发症有支气管肺炎，其次为喉炎、脑炎、化脓性中耳炎等。诊断根据发病前10～14天接触过麻疹患者，有发热、较重的卡他症状、麻疹黏膜斑及皮疹。分离病毒及血清学检查可以确诊。以支持和对症治疗为主，加强护理和防治并发症。对接触麻疹的易感者，可注射胎盘球蛋白、丙种球蛋白、恢复期患者或成人血及血浆等。接种麻疹减毒活疫苗是最有效的预防方法。

麻织物 bast fabric 用麻纤维经纺织加工而成的织物。包括麻和化学纤维混纺或交织物。亚麻织物在埃及已有8 000年左右的历史。中国在公元前4 000多年前开始用葛藤纤维纺织成葛布。前27世纪出现苎麻织物。大麻布和苎麻布极盛于隋唐时期。明清时称手工生产的苎麻布为夏布，闻名中外。麻织物大多具有吸湿、散湿速度快，断裂强度高等特性，穿着感觉凉爽，用品耐久、易保存、不霉不烂。麻纤维整齐度差，集束纤维多，成纱条干均匀度较差，织物表面呈现粗节纱和大肚纱。大多以纯纺为主，也有的与化学纤维混纺、交织，如涤纶与苎麻、涤纶与亚麻、黄麻与丙纶扁丝等。

黄麻织物 以黄麻及其代用品槿麻或苘麻纤维为原料织制成的织物。苘麻纤维粗硬，可纺性差，已趋于淘汰。黄麻织物宜作麻袋、麻布等包装材料和地毯的底布。

亚麻织物 以亚麻纤维为原料织制的织物。现代胡麻、大麻等织物因规格、特性、工艺相近，也归入这一类。宜作服装、装饰、国防和工农业特种用布。但抗皱性和耐磨性差，折缝处易磨损，穿着使用前宜先烫浆。

麻醉 anesthesia 施行手术（或进行诊断性检查）时为消除疼痛、保障患者安全而采取的使患者失去知觉的方法。

工作范围 ①临床麻醉。麻醉前的准备工作包括了解病情，选择最适当的麻醉和药物，给予镇静药、镇痛药、抗胆碱药等麻醉前用药。麻醉前要禁食。麻醉、手术过程中要严密观察患者的变化，进行必要的处理。麻醉及操作后将患者安全运返病室或麻醉恢复室，继续进行监测治疗，直到其恢复正常生理功能。做好麻醉记录。②重症监护。危重症患者或麻醉手术过程中发生严重并发症的患者，可集中在重症监护单位，进行周密的监测治疗，麻醉医师在其中发挥着重要的作用，参与休克救治和呼吸疗法等。③急救复苏。发生循环、呼吸功能衰竭，立即进行心、肺复苏时，需要麻醉医师参与抢救。④疼痛治疗。

麻醉方法 主要包括全身麻醉、局部麻醉和复合麻醉。又根据麻醉药进入体内的途径分为吸入麻醉、静脉麻醉和基础麻醉。全身麻醉是将麻醉药经呼吸道吸入、静脉或肌肉注射入体内，出现可逆性意识丧失、痛觉消失的状态。局部麻醉为利用局部麻醉药如普鲁卡因、利多卡因等，使身体的某一部位暂时失去感觉。常用的方法包括椎管内麻醉（阻滞）、神经阻滞、区域阻滞、局部浸润麻醉和表面麻醉等。椎管内麻醉是将局部麻醉药通过脊椎穿刺、注入椎管内，其中注入蛛网膜下腔的称为蛛网膜下腔阻滞或腰麻，注入硬脊膜外腔的称为硬脊膜外腔阻滞。神经阻滞是将局部麻醉药注射到身体某神经干（丛）处，使其支配的区域产生痛觉传导阻滞，常用的神经阻滞有颈神经丛阻滞、臂神经丛阻滞。区域阻滞则是将局部麻醉药注射于手术部位的周围，使手术区域的神经末梢阻滞而达到麻醉的目的。局部浸润麻醉是直接将局部麻醉药注射至手术部位，并均匀地分布到整个手术区的各层组织内，以阻滞疼痛的传导，是临床小手术常用的麻醉方法。表面麻醉为将渗透性强的局部麻醉药如丁卡因等，喷雾或涂敷于黏膜、结膜等表面以产生麻醉作用。

复合麻醉是麻醉中同时或先后应用两种或更多的麻醉药和辅助药（如镇痛药、安定药等）或麻醉方法，使之相互配合取长补短，以增强麻醉效果，保障患者安全，以及满足某些手术的特殊要求。如使用芬太尼、氟哌啶等施行神经安定镇痛麻醉；在全身麻醉下应用物理降温（全身冰水浴），从而降低全身代谢，增强组织对缺氧的耐受性（低温麻醉）；使用降压药如硝普钠等，使动脉血压暂时下降到适当水平，以减少手术出血，便于手术操作的控制性低血压等。又有合并应用针刺或中草药和镇痛安定药的复合麻醉。应根据病情和手术需要，麻醉方法的适应证和禁忌证来选择麻醉方法。

马 *Equus caballus*; horse 哺乳纲奇蹄目马科马属的一种。草食性动物。家马和野马的通称。家马为人们的农耕、运输、游猎、畜牧、作战、探险、娱乐、体育等活动服务。

生物学特征 野马体长220～280厘米，肩高110～140厘米，重200～300千克；颈部鬣毛竖立而不下垂。夏季上体浅棕、红棕、红赭色，冬季皮背面淡棕色。栖于荒漠和荒漠草原，常在丘陵山地和多水草的地带活动，结成5～15头的小群。6月交配，第二年4、5月间分娩，4岁性成熟。家马的体型依品种而异。重型品种体重达1 200千克，体高200厘米；小型品种体重不到200千克，体高95厘米；袖珍矮马仅高60厘米。四肢长，骨骼坚实，肌腱和韧带发育良好，蹄质坚硬，能迅速奔驰。毛色多样，以骝、栗、青和黑色居多。汗腺发达，有利于调节体温，不畏严寒酷暑。胸廓深广，心肺发达，适于奔跑和强烈劳动。单胃，大肠发达，有助于消化吸收粗饲料。牙齿咀嚼力强，根据牙齿的数量、形状及其磨损程度可判定年龄。神经系统发达，听觉和嗅觉敏锐。感光力强，在夜间也能看到周围的物体。通过听、嗅和视等，能形成牢固的记忆，故有“老马识途”之说。妊娠期11个月，每胎一仔，偶有二仔。3岁性成熟，5岁成年，平均寿命30～35岁，最长可达60余岁。使役年龄为3～15岁，有的可达20岁。

野马

类型和品种 家马的品种全世界有200多个，中国有30多个。主要有以下5个类型：①小型马。体型小，繁殖能力低，但适应性强。如中国的蒙古马、河曲马、西藏马等。②乘用型马。体型中等，四肢长，筋骨结实，运步稳健。如美国的夸特马，德国的特拉克宁马等。③快步型马。体型高大，肌肉发育良好，运步轻快。如英国诺福克马和哈克奈马等。④重挽型马。体较重，四肢粗壮，挽曳性能好。如法国的贝尔修伦马、保鲁奈马等。⑤挽乘兼用型马。力速兼备。如中国的三河马、伊犁马、山丹马等。

繁殖和选育 母马初配年龄应在3～3.5岁。发情持续期6大左右，发情周期约21天。配种方法：群牧管理的马群多采取本交；舍饲多采用人工授精。马的选种般按血统来源、体质外貌、体尺类型、生产性能和后裔品质等5项综合指标进行。

用途 马的用途很广，主要有役用、乳用、肉用、马术用、医疗用。另外，马骨可制胶，马皮可制革，马鬃可用于制作琴弦、褥垫，马粪可作肥料和燃料等。

马埃岛 Mahé Island 塞舌尔群岛中最大岛屿。属塞舌尔。曾名丰富岛。在印度洋中西部，南纬4° 40′、东经55° 30′，西距东非肯尼亚蒙巴萨港1 584千米。岛长27千米，宽8千米，形似靴子。面积148平方千米。人口7.58万（2010），约占全国人口的90%。花岗岩岛，山丘起伏，最高峰塞舌尔山，海拔905米。耕地集中在沿海狭窄平原上，产椰子、香草、肉桂等热带作物和玉米、薯类等粮食作物。周围海域以捕捞金枪鱼为主。热带风光迷人，20世纪90年代旅游业已成为首要产业；有洛奈港国家海洋公园和圣安妮国家海洋公园。东北岸的维多利亚，是国家首都、印度洋上重要港口和旅游胜地。

马鞍山市 Ma' anshan City 中国安徽省辖地级市。位于省境东部，长江下游南岸，东邻江苏省。辖雨山、花山、金家庄3区和当涂县。面积1 686平方千米。人口137万（2010）。1954年始设马鞍山镇。1956年设市。属亚热带湿润性季风气候区。盛产水稻、小麦、豆类、竹木、茶叶、棉花、瓜果、蔬菜、螃蟹、鱼虾等。中国十大钢铁基地之一。马鞍山矿区地处长江下游宁芜－罗河成矿带，是中国七大铁矿区之一。矿藏有铁矿、磁铁矿、硫铁矿、磷矿、钾长石矿、明矾石矿、石膏矿及金、铜、高岭土、云母等矿。有冶金、机械、化工、电力、电子、纺织、轻工、建材等工业。宁马（南京至马鞍山）高速公路连沪宁（上海至南京）高速公路，沿江铁路穿境而过；马鞍山港是天然深水良港，国家一类口岸。名胜古迹有青山李白墓、太白楼、青莲祠、朱然墓等。

马巴语族 Maban group 尼罗－撒哈拉语系的一个语族。

马坝人 *Human remains* from Maba 早期智人化石。1958年在中国广东韶关马坝狮子山洞穴中发现。仅一件头骨化石，可能属于中年男性。从形态看，既有和直立人

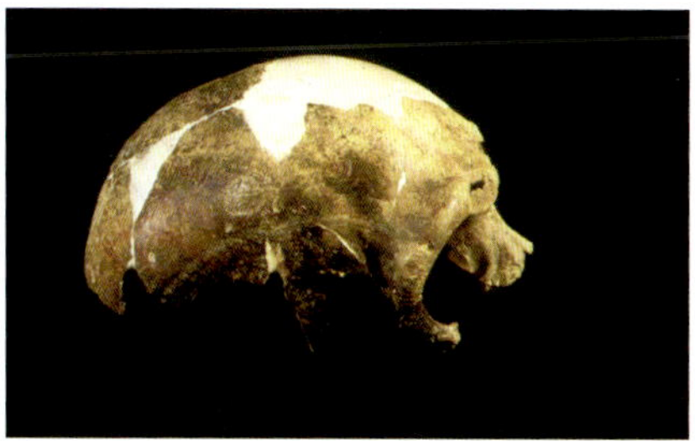
马坝人头骨化石（侧视）

相似的原始性，又具有智人的进步性特征，与尼安德特人相近，分类上归于早期智人。共生哺乳动物属华南洞穴大熊猫－剑齿象动物群，时代为晚更新世，约距今12.9万年。

马本斋 Ma Benzhai (1902～1944-02-07) 中国抗日战争时期八路军冀中回民支队创建人和领导人。回族。原名马守清。河北献县人。卒于山东莘县。早年入东北讲武堂，毕业后逐级升至团长。1931年九一八事变后，因不满蒋介石的不抵抗政策，毅然弃官返乡。抗日战争爆发后，在家乡组织回民义勇队，奋起抗日。1938年率队参加八路军，

所部改编为冀中军区回民教导总队，任总队长。同年加入中国共产党。次年教导总队改称冀中军区回民支队，任司令员。1942年秋任冀鲁豫军区第3分区司令员兼回民支队司令员。重视政治工作，严格部队纪律，维护民族团结，并刻苦钻研游击战术，不断总结斗争经验，取得一系列战斗的胜利。

马鞭草科 Verbenaceae; verbena family 双子叶植物纲菊亚纲的一科。约80属3 000种，主要分布于热带和亚热带地区，少数延至温带。中国有21属175种。通常为灌木，少数乔木，极少草本。嫩枝常呈四方形。叶常对生，稀轮生或互生，无托叶。花常两性，两侧对称，很少辐射对称；花萼常宿存，结果时增大而呈现鲜艳色彩；花冠下部联合呈筒状，上部4～5或更多裂，裂片全缘或下唇中间裂片边缘呈流苏状；雄蕊（2）～4～（6），着生于花冠管上；花盘不显著，子房上位，由2或4～5心皮组成2～5室或因假隔膜分为4～10室。果实为核果、蒴果或浆果状核果。

马鞭草科植物不少供观赏，有些为贵重木材，如柚木、石梓、苦梓及云南石梓等。马鞭草可供药用。**马缨丹**（又称五色梅）全年开花而美丽，常栽培供观赏；根、叶及花作药用。黄荆茎皮可造纸及制人造棉；茎叶治久痢；种子为清凉性镇静、镇痛药；根可以驱蛲虫；花和枝叶可提取芳香油。灰毛牡荆（又称薄姜木）果实、根可供药用；木材无心材、边材区别，可为胶合板用材。海州常山（又称臭梧桐）根、茎、叶及花入药，有祛风湿、清热利尿、止痛、平肝降压之效。

马勃菌 Lycoperdaceae; puff-ball 马勃菌目马勃菌科真菌的统称。简称马勃。子实体呈圆球形、陀螺形及梨形，白色、污白色、褐色、铅灰色等。表皮平滑，有颗粒或有龟裂纹，大小悬殊，有的具不孕基部。幼时内部白色松软，老熟后变为黄色、褐黄色或褐紫色粉末，其中含有孢子、孢丝等组织。生长后期，外被包破裂或顶部形成孔口而散放孢子。许多种类有食用或药用价值，如大秃马勃、杯形秃马勃、网纹马勃和梨形马勃。

马查多·德·阿西斯 Machado de Assis, Joaquim Maria（1839-06-21～1908-09-29） 巴西作家。生于里约热内卢，卒于里约热内卢。为维持生计，曾沿街叫卖糕点，还当过商店店员，在教堂当过勤杂工。16岁发表第一篇诗作《她》。1870年出版第一部短篇小说集《里约热内卢的故事》，1872年出版第一部长篇小说《复活》。在文学创作不断取得新成就的同时，在政府中的职位也开始步步升迁，先后出任首席秘书、农业部办公厅厅长，公共工程部局长等职。1896年创建巴西文学院，并被推选为首任院长。

阿西斯是巴西现实主义文学的杰出代表，在巴西文学界享有独尊的地位。一生著作甚丰，包括诗歌、戏剧、通讯、文学评论以及长、短篇小说等各种体裁的文学作品。从1872年《复活》问世到1908年《阿伊雷斯的回忆》出版，他创作了9部长篇小说。《复活》、《手与手套》（1874）、《埃莱娜》（1876）和《亚亚·加西亚》（1879）等作品属于浪漫主义小说，内容多为感伤的爱情传奇故事。《布拉斯·库巴斯的死后回忆》、《金卡斯·博尔巴》（1891）和《堂卡斯穆罗》（1899）充分展示了马查多·德·阿西斯现实主义小说的特色，集中体现了作家的创作思想和艺术才华，被巴西文学界称为“不朽的三部曲”。此外，《埃绍与雅科》（1904）和《阿伊雷斯的回忆》（1908）也是现实主义小说。他的短篇小说也非常出色，其中有不少被视为巴西短篇小说中的珍品，如《里约热内卢的故事》。其他主要作品还有《半夜的故事》（1873）、《没有日期的故事》（1884）、《旧房子的遗物》（1906）等短篇小说集；《蝶蛹》（1864）、《灯蛾》（1870）、《美洲诗歌集》（1875）等诗集；《门路》（1863）、《弥撒之前》（1878）、《你，只有你，纯洁的爱情》（1880）等多部剧本，以及相当数量的通讯和文学评论等。马查多·德·阿西斯被誉为“人类灵魂的探索者”。他刻意挖掘人物内心世界，通过人物的心理活动反映社会现实。他的写作手法被称为“内在现实主义”。

马查多兄弟 Machado brothers 西班牙诗人、戏剧家。兄弟二人均为西班牙皇家学院院士。

安东尼奥·马查多·伊·鲁伊斯（Antonio Machado y Ruiz，1875-07-26～1939-02-22） 生于塞维利亚，卒于法国科利尤尔。早期作品内容比较抽象，有现代主义色彩；以后逐渐以社会政治生活为题材，富于哲理。有诗集《孤寂、长廊及其他》（1903）和《卡斯蒂利亚的田野》（1912）。叙事长诗《阿尔瓦尔·贡萨莱斯的土地》和《战争的诗篇》（1938）谴责法西斯的罪行，颂扬人民的英勇斗争。

曼努埃尔·马查多·伊·鲁伊斯（Manuel Ma-chado y Ruiz，1874-08-29～1947-01-19） 生于塞维利亚，卒于马德里。作品题材多样，诗句隽永，现代主义的倾向较为明显。重要作品有《心灵》（1902）、《深沉的民歌》（1912）、《民歌》等。此外，他与安东尼奥·马查多合写了不少诗剧。重要的有《命运的坎坷》（1926）、《洛拉到港口去》（1930）等。

马超 Ma Chao（176～222） 中国三国时期蜀国将领。字孟起。扶风茂陵（今陕西兴平东北）人。父马腾与韩遂等于汉灵帝时起兵割据凉州。后因内部矛盾，马腾复归汉，马超因领其众，为偏将军，甚得羌、胡等族人心。建安十六年（211）曹操西征关陇，马超与韩遂等关中势力屯据潼关，联合抵抗，曹操施离间计，使马、韩相互猜疑，遂一举将其击败。马超率羌、胡退出关中，转战陇上，攻陷冀城，杀凉州刺史，并其众，自称征西将军，督凉州军事。不久原刺史故吏杨阜起兵讨伐，马超投奔汉中的张鲁。建安十九年，归刘备。时刘璋被刘备围于成都，马超率军抵城下，城中震怖，加速了刘璋的覆败。**诸葛亮**赞他文武全才，勇猛过人。建安二十四年，刘备为汉中王，拜马超为左将军，假节，章武元年（221），迁骠骑将军，领凉州牧。

马辰 Banjarmasin 印度尼西亚南加里曼丹省首府。人口约52.74万。加里曼丹岛南部地区货物集散地和交通枢纽，最大商港和石油储运港。位于岛的南岸东端，巴里托与马塔普拉两河之间的广大沼泽区，临爪哇海。地势低洼，雨季常受水淹。市内水道纵横，桥梁众多，房屋建在桩子上，以小船出入。城东有默拉都斯山脉，富铁、金刚石、金、铂和煤矿等矿产资源。工业有橡胶加工、碾米、金刚石加工、采煤、锯木、造船等。出口橡胶、胡椒、木材、藤条、剑麻纤维、油脂、金、金刚石、煤、铁、石油和水产。有机场。城东100千米处有里安加南水库。原为苏丹王国中心。19世纪曾是反抗荷兰殖民政府的活动中心。

马达加斯加 Madagascar; Madagasikara 非洲最大岛国。位于大陆东南，印度洋西南

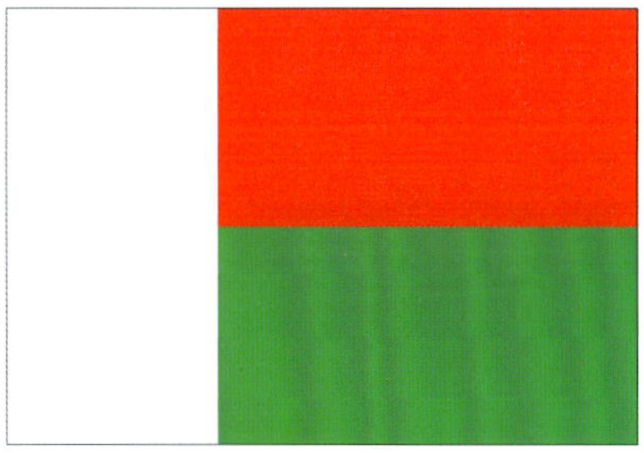

部，由世界第四大岛马达加斯加岛和附近小岛组成。隔莫桑比克海峡与非洲大陆相望，最近距离约400千米。海岸线长5 000千米。面积590 750平方千米。人口约2 021.5万。首都**塔那那利佛**。部族人数较多的有伊麦利那（占26.1%）、贝希米扎拉卡（14.1%）、贝希略（12%）等族，余为希米赫特、萨卡拉瓦、安坦德罗、安泰萨卡等族。各族语言、文化、习俗趋同。外来移民有科摩罗人、印度人、巴基斯坦人、法国人和华人。马达加斯加语为民族语言，官方通用法语。居民41%信奉基督教，52%信奉传统宗教，7%信伊斯兰教。

地理 地质上为非洲古陆的一部分，后与大陆断裂分离。全岛由火成岩构成，分为三个地理单元：①中央高原，海拔800～1 400米，约占国土面积的60%。中段海拔1 000～2 600米，为全岛河流的发源地和分水岭；北部察拉塔纳纳断块的马鲁穆库特鲁山海拔2 876米，为全岛最高峰。②中央高原向东以一级或二级断崖急剧过渡到沿海平原，岸线顺直，近海处有断续的沼泽和潟湖。③中央高原以西地势逐渐下降，形成丘陵和平原，是重要河流分布地区。有曼戈基河、贝齐布卡河、齐里比希纳河等，河流落差较大，富水能资源。

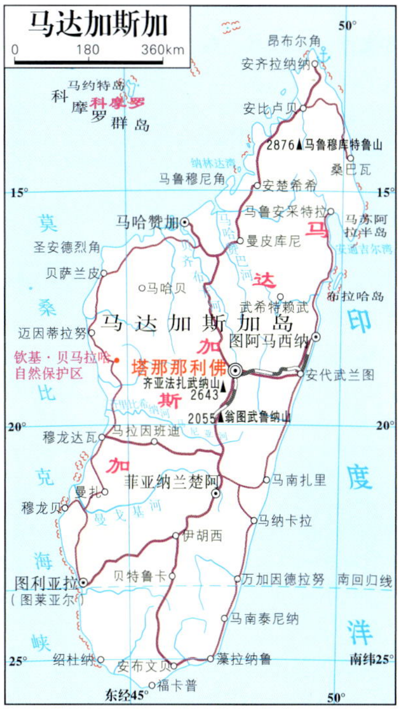

气候多样，以热带雨林和热带草原气候为主。东南沿海属热带雨林气候，终年湿热，年平均气温24℃；中部为热带高原气候，温和凉爽，年平均气温18.3℃；西部为热带草原气候，干旱少雨，年平均气温26.6℃。年降水量由东向西、由南向北递减，东部地区年降水量1 500～3 500毫米，西部和西北部1 000～1 800毫米。多热带风暴。植被以常绿林、落叶林和高草原为主，沿岸地区分布有红树属沼泽。著名的植物特有种为旅人蕉、凤兰、露兜树等。岛上约有40种狐猴，为珍稀动物。沿海渔业资源丰富。

矿产资源丰富，石墨储量占非洲首位，还有云母、铀、铅、宝石、石英、金、银、铜、镍、铝矾土、铬、煤等。

历史 1～10世纪，印度尼西亚人陆续移居该岛，并同当地人结合，形成马尔加什人。7世纪阿拉伯人等移入。14世纪后在中部和东部沿海出现了国家组织。16世纪，伊麦利那人在中部建立伊麦利那王国。1797年伊麦利那王国发展成中央集权的封建国家，19世纪初统一全岛，建立了马达加斯加王国。19世纪30年代遭法国入侵，1896年沦为法国殖民地。1946年被法国划为海外省。1960年6月26日宣布独立，成立马尔加什共和国（第一共和国）。1975年12月21日，改国名为马达加斯加民主共和国（第二共和国），D.拉齐拉卡当选总统，通过马达加斯加宪法，宣布实行社会主义。1990年实行多党民主和经济自由化。1992年8月，全国公民投票通过新宪法，改国名为马达加斯加共和国（第三共和国）。国体为共和制。宪法规定，总统为国家元首、武装力量的最高统帅，由直接选举产生，任期5年，可连任2届，有权任命总理，解散议会。议会由国民议会和参议院组成，为国家最高立法机构。国民议会议员由直接选举产生，任期5年。2/3的参议员由选举团选出，其余则由总统任命。选举产生和总统任命产生的参议员，每2年分别更换一半。最高司法机构为最高司法法院、最高法院和高等宪法法院，拥有司法权。实行多党制政体。主要政党有“我爱马达加斯加党”、众评社、争取马达加斯加发展党和社会民主联盟等。全国设有6个军区，实行义务兵役制。

经济 2008年国内生产总值96.45亿美元，人均国内生产总值477美元。农业为主要经济部门，工业基础薄弱。20世纪80年代实行市场经济政策，经济出现增长态势。但21世纪初由于政治动荡，经济滑坡。随着政局的逐步稳定和国际援助的恢复，经济步入复苏阶段。2008年国内生产总值增长率约7%。货币名称阿里亚里。

农业约占国内生产总值的30%，农业人口占总人口的80%，出口收入的70%来自农业。稻米为重要粮食作物，耕地面积的2/3以上种植水稻，产量居非洲前列，产品除少量出口外，主要供国内消费。其他粮食作物有玉米、木薯和马铃薯。经济作物主要为咖啡、可可、香蕉、香草、丁香以及甘蔗、棉花、花生、剑麻、胡椒等，是重要的出口产品。其中香草产量占世界总产量的2/3，主要出口美国和法国。畜牧业以养牛为主，牛的存栏数居非洲前列，但乳、肉产品率和商品率不高。城郊和交通沿线乳牛、肉牛饲养发展较快。森林面积广阔，富红木、黑檀木资源。沿海富海虾、海参、金枪鱼等鱼类资源。其中虾为重要出口产品。

工业约占国内生产总值的15%，主要工业企业集中在塔那那利佛周围和少数城市及港口。食品加工占工业产值的50%；其他重要部门是纺织、炼油、医药、造纸、制皂、农机修配等。矿业占国内生产总值的比重较小，却占出口值的40%，是重要的外汇来源。矿产品出口主要是煤、铬、石墨、云母等。水能资源开发潜力大，能源生产以水电为主，但电力供应不足。

交通运输欠发达。共有4条单线铁路，总长732千米；公路运输是主要运输方式，公路总长约49 837千米，其中柏油路面5 781千米，连接国内主要城市。内河航道共3 500千米，但航运仅利用400余千米，沿海港口共18个。约80%的海运集中于东部港口图阿马西纳（塔马塔夫），该港年吞吐量约140万吨。有2家航空公司，全国有

塔那那利佛市区一角

大小机场121个，其中6个国际机场。

旅游业为国家重点发展产业。以国际旅游业为主，是国家外汇收入的重要来源之一。地理环境独特，气候多样。海岸景观和岛上拥有被称为“活化石”的国家保护动物狐猴（占世界尚存狐猴的70%）和金龟，1 000多种兰科植物，众多的国家公园，吸引众多游客。主要名胜有努西贝岛、圣玛丽岛、津巴扎扎公园（塔那那利佛）、马达加斯加王陵、曼塔索阿避暑胜地（中部高原）、塔那那利佛王宫等。钦基·贝马拉哈自然保护区和安布希曼加的皇家蓝山行宫先后被列入《世界遗产名录》。对外贸易在经济中占重要地位。主要进口商品为石油、车辆、机械、药品、日用消费品、食品，主要出口咖啡、虾、铬矿、石油制品、香草、丁香等。主要贸易伙伴是法国和其他欧盟国家、南非、美国、中国、日本、东南亚各国、印度洋诸岛国。

文化 实行5年制义务教育。高等院校有6所，其中塔那那利佛大学规模最大。文化基本上源于印度尼西亚，兼有班图、阿拉伯和伊斯兰文化的色彩。民间艺术盛行。有大量用马达加斯加语写成的文学作品，包括诗歌、传说、历史和学术著作，以及现代题材作品等。

主要报刊有《马达加斯加午报》、《论坛报》、《快报》等。全国通讯社为国家通讯社。马达加斯加国家广播电台和电视台分别用马达加斯加语、法语播送。

对外关系 对外奉行不结盟政策，在务实、进取、开放和灵活的基本原则下，积极推行全方位外交。近10年来，以发展同法、美等西方国家关系为重点，并重视加强与中国、马来西亚、印尼等亚洲国家关系。已与118个国家建交。1972年11月6日与中国建交。

马达加斯加语 Madagasy language 马达加斯加的官方语言之一（另一种是**法语**）。属**南岛语系**印度尼西亚语族。分布于马达加斯加本土及邻近诸岛。

语言学上的证据表明，马达加斯加语是公元初年由婆罗洲的商人带来的。主要方言有梅里纳方言、贝茨米萨拉卡方言、塔纳拉方言等，方言间差别不大。自1820年以来，在梅里纳方言的基础上逐渐形成了标准语。

现代马达加斯加语有6个单元音，2个二合元音，22个辅音。词类界限不很严格，动词有时、态、式的变化。名词没有性、数、格的变化。语序为动-宾-主型。修饰成分置于被修饰成分之后。马达加斯加语在不同历史时期分别从**梵语**、**班图诸语言**（特别是**斯瓦希里语**）、**阿拉伯语**、**法语**和**英语**引入许多词语。文字采用经过细微改良的拉丁字母。

马打兰 Mataram 印度尼西亚爪哇的古王国。又译马塔兰。前身为7世纪中叶至10世纪末的**印度教**古国。王国首都墨棠位于今爪哇中部葛都的普兰巴南地区，另说在三宝垄附近的普尔达迪或南旺附近的格罗博甘，势力一度远及东爪哇、巴厘、巽他和**室利佛逝**。9世纪末、10世纪初，王国中心转移至东爪哇。16～18世纪的马打兰王国是以中爪哇为基地的伊斯兰王国。1586年，奇阿依·格德·帕玛纳汉之子斯诺巴迪创立马打兰王国。首都建于格德，后多次迁移，先后迁至卡尔塔、普列列德、卡尔塔苏拉，最后迁到苏拉卡尔塔（梭罗）。苏丹·阿贡统治时期（1613～1645），加强中央集权，向外扩张领土，国势强盛。1617年后灭亡帕章王国，征服马都拉与泗水，领土几乎达到爪哇全岛，并扩展至苏门答腊的东南部和加里曼丹的南部。

荷兰殖民者入侵后，马打兰于1628年和1629年两次围攻荷兰联合东印度公司总部巴达维亚（今雅加达），并于1642年以水军支援巨港抗荷。荷兰殖民者通过一系列不平等条约，迫使马打兰丧权失地。1674年杜鲁诺佐约领导爪哇人民举行起义，由于联合东印度公司与马打兰国王勾结，1679年起义被镇压。1755年，荷兰与马打兰签订条约，将马打兰分为日惹与梭罗两个国家，马打兰完全沦为**联合东印度公司**的“保护国”。

马大猷 Ma Dayou（1915-03-01～ ） 中国物理学家。广东潮阳人。生于北京。1936年毕业于北京大学物理学系。1940年获美国哈佛大学博士学位。历任清华大学及西南联合大学副教授、教授，北京大学教授兼工学院院长，哈尔滨工业大学教授兼教务长，中国科学院电子学研究所副所长兼声学研究室主任。

1955年当选为中国科学院学部委员（院士），1978年起任中国科学技术大学研究生院副院长、中国声学学会理事长等职。是房间声学中简正振动方式（简正波）理论（见**建筑声学**）的主要奠基者。这一理论已广泛地应用于微波技术和水声学。设计建造中国第一个声学实验室，独创性地设计以三面全反射和三面全吸收原则而构成的卦限消声室。提出语音的统计分布服从瑞利分布的新观点。领导人民大会堂的音质设计。系统研究喷注噪声及其理论应用，获得多项重要成果。他还解决了微穿孔板吸声结构的设计理论和实际应用问题。

马代拉河 Madeira, Río 亚马孙河右岸主要支流。发源于玻利维亚中部安第斯山地。上游为玻利维亚的马莫雷河，在巴西边界与瓜波雷河汇合，形成沿两国边界走向的伊特内斯河，在玻利维亚最北端进入巴西境内，始称马代拉河。全长3 200千米，在巴西境内河流长1 700千米，流域面积120万平方千米。年平均流量31 200米^3/秒。巴西重要的旅游河。

马德拉群岛 Madeira Islands; Arquipélago da Madeira 北大西洋中东部火山群岛。葡萄牙领土。东距北非西海岸约580千米。由马德拉岛、圣港岛和若干无人小岛组成。行政上为马德拉自治区。陆地面积797平方千米。人口约24.74万（2009），主要是摩尔人和葡萄牙人。首府丰沙尔。马德拉岛约占群岛总面积的93%，地势崎岖，多地震，最高点海拔1 862米。海岸陡峭。地中海型气候，夏干热，冬暖湿，平均年降水量750毫米。14世纪上半叶欧洲人到此。1420年被葡萄牙占领。随之西班牙、英国等相继侵占。后成为葡萄牙的一个辖区。1976年4月实行自治。经济以种植园农业为主。作物有甘蔗、玉米、蔬菜和香蕉、葡萄等。工业以酿酒最重要，还有木材加工、食品、制糖等。出口著名的马德拉酒（葡萄酒）和水果等。冬季游览和疗养胜地。丰沙尔位于马德拉岛南岸，是自治区最大城市和主要港口，工商业中心和游览胜地，欧、非、美洲间来往轮船的燃料和淡水供应站。2000年9月新建国际机场启用，与欧洲、北美之间有定期航班。

马德拉斯 Madras 印度南部城市**金奈**的旧名。

马德里 Madrid 西班牙首都和最大城市，马德里自治区首府，马德里省首府。位于伊比利亚半岛中部，瓜达拉马山脉东南麓的山间高原盆地中，海拔670米。市区面积607平方千米，人口325.59万（2009）。地处梅塞塔高原内陆，气候大陆性特征显著。春秋两季气候温和，为旅游最佳季节。

9世纪下半叶，摩尔人在此构筑军事要塞。1083年被卡斯蒂利亚王国夺回。15世纪末，西班牙统一。1560年将马德里定为首都，此后城市开始繁荣。殖民扩张初期，西班牙从海外掠夺了大量财富，马德里随之得到较快城市发展和人口增长。随着海外扩张衰败，梅塞塔高原牧业衰落，城市发展陷入停滞状态。17世纪初首都一度迁往巴利亚多利德（北部杜罗河上游谷地）。不久迁回，并大兴土木，自此逐渐成为中央经济区的综合性经济中心。20世纪初，在当地农业原料基础上发展了纺织、食品等工业。从60年代起，工业迅速发展，飞机、

西班牙广场上的塞万提斯纪念碑

汽车、机械设备、光学仪器、电子、电子器材、化学、塑料以及军火工业等部门兴起。由于当地原料、能源短缺，工业向高、精、尖和综合利用方向发展。全国的金融和商业中心。

全国主要的陆上交通枢纽。辐射状的铁路与国内其他城市联系起来，并有几条连接法国和葡萄牙的国际铁路。巴拉哈斯机场为全国最大的国际航空港。环马德里的高速公路通向四面八方。城市地铁贯穿全市主要交通要道。

南欧文化名城之一。博物馆众多。其中闻名于世的普拉多博物馆有欧洲古典美术宝库之誉。拥有市立大学、美术学院、历史学院、西班牙文学院等数所西班牙第一流大学。设有西班牙皇家科学院以及国家图书馆和王宫图书馆。市内广场各具特色。有“太阳之门”广场（即哥伦布广场）、西班牙广场、独立广场。国家宫是西班牙古代王宫（1738），也是世界现存最完整、最精美的宫殿之一。城内外公园、绿地众多，绿化面积达2 800万平方千米。城市以太阳之门为界分新、旧城东西两部分。城市北部和南部是主要工业区和居民住宅区。世界旅游组织总部所在地。

马德里大学 Complutensian University of Madrid　西班牙国立自治大学。校址在马德里市区。前身是1293年建立的综合学校。1499年在红衣主教西斯尼罗斯资助下，经教皇亚历山大六世的批准成立大学，即贡布鲁登塞大学（又名阿尔卡拉大学）。1508～1509年正式招生。1836年迁址马德里，又称马德里大学。1850年与同在马德里的中央大学、皇家学校合并，更名为马德里中央大学，1970年恢复原名马德里大学。从1985年开始享有自治权。学校设有哲学、教育学、语言学、地理和历史、化学、物理、数学、生物学、地质学、法律、医学、经济学和管理、信息科学、心理学、艺术等十几个学部。另外还有研究所和专业进修学校等。

马德普拉塔 Mar del Plata　阿根廷东部布宜诺斯艾利斯省城市，大西洋岸渔港和海滨避暑胜地。人口约56.37万（2005）。地势低平，海拔13米。气候温和宜人，年平均气温14℃，平均年降水量719毫米，季节分布均匀。原为渔村。1857年开始兴建腌肉厂，以后工业逐渐发展。1907年设市。因濒临阿根廷主要渔场，遂发展成为全国渔业中心，捕捞量约占全国1/2以上。工业以渔产品加工为主，另有化肥、面粉、制革、乳制品、造纸等工业。海滩风光旖旎，素有“大西洋明珠”之美誉。有马德普拉塔大学和斯特利亚马里斯大学。铁路、公路和航空线通首都及全国其他重要城市。

马德望 Bătdâmbâng　柬埔寨马德望省首府，洞里萨湖平原西北部的经济中心。跨马德望河两岸。西部为豆蔻山脉的余脉，有海拔250米的小丘，地势由南向北渐降，起伏和缓。面积约10平方千米。人口约10万。年平均气温26.9℃。平均年降水量1 365毫米。为周边地区稻米、黄麻、杧果、榴莲等农产品的集散地。碾米、锯木、棉织、麻袋工业比较发达。有现代化的马德望纺织厂以及全国最大的麻袋厂。此外还有磷酸盐厂。马德望河左岸是主要的行政和商业区，右岸大部分是住宅区。马德望省博物馆陈列着10～11世纪的艺术品。城南10千米的埃克寺是著名的古迹。

马蒂 Martí, José (1853-01-28～1895-05-19)　古巴政治活动家、作家。生于哈瓦那，卒于多斯里奥斯。1869年因受一桩案件牵连被判6年徒刑。在流放西班牙期间学习法律。1880年到美国纽约，在古巴移民中宣传民族独立思想。1881年在加拉加斯创办《委内瑞拉杂志》，被驱逐出境。重返纽约后，10年内连续发表评论《纽约来信——美国即景》。1883年主编《美洲》杂志。1890年后全力从事古巴的独立革命事业。1892年古巴革命党成立，被选为代表。1895年3月同马克西莫·戈麦斯签署《蒙特克里斯蒂宣言》。4月渡海去古巴，后在战斗中阵亡。

马蒂是古巴独立革命的先驱，有大量著述。1891年结集出版的两个诗集带有强烈的政治抱负，《自由的诗》表露了他内心的矛盾和苦闷，带有哲理和说教的意味；《纯朴的诗》形式上更多受到传统诗歌的影响，真挚、自然、淳朴，同时带有鲜明的民歌特色。小说《不祥的友情》（1885）写一个妒忌的女人怀疑情人与自己的女友相爱而受痛苦的折磨，受唯美主义影响，被认为是拉丁美洲现代主义小说的开端。其他主要作品还有诗剧《阿布达拉》（1869），散文《古巴的政治流放者》（1871）等。

马蒂斯 Matisse, Henri (-Émile-Benoît) (1869-12-31～1954-11-03)　法国画家，20世纪西方早期的前卫派——**野兽主义**的代表。生于皮卡第的勒卡托，卒于尼斯。少年时期接受古典教育，1892～1899年，进入巴黎国立高等美术学校的G.莫罗画室学艺。其间曾到卢浮宫临摹N.普桑和J.-B.-S.**夏尔丹**等大师的作品。1896年在国际美协沙龙回顾展中展出4幅作品，获得成功。受**印象主义**的启发，他直接观察自然，表现自然界瞬息变化的美，作品色彩明亮鲜艳。P.塞尚的作品使他领悟到可以在不损害造型、结构和色彩本质的情况下，保持印象主义明亮的光线和鲜明的色调。

油画《戴帽子的女人》

马蒂斯对东方各国（主要是日本）和非洲艺术很感兴趣。东方艺术的平面性、写意性和装饰性，驱使他在油画领域内追求写意化。非洲艺术的稚拙、质朴和豪放，适应了20世纪初西方美术家创造原始性艺术的要求。马蒂斯风格的演变，很大程度上得益于非洲艺术的影响。

1905年巴黎的秋季沙龙中，有马蒂斯的《敞开的窗户》和《戴帽子的女人》两幅油画展出。此外，还有其他野兽派画家参展。马蒂斯认为，野兽时期是绘画工具的试验，必须以富于表现力而意味深长的即将蓝、红、绿并列和融会的方式来表达。

1906年前后，马蒂斯曾先后到西班牙、意大利和中东各地旅行，参观了大量文化遗迹和民间艺术，随着视野的扩大，画风有所改变。在油画《蓝色的裸女》(1907)、《红色的和谐》(1908～1909)中，他有意修正野兽主义时期过分狂暴的表现方式，而创造出了较为宁静、庄重的画风，使野兽主义的风格更加完美。1910年以后画的《红色的画室》，是前一阶段画风的继续；而《构图·黄色的窗帘》则受到立体主义的影响。在第一次世界大战期间画的《画家与模特》(1916)、《钢琴课》(1916)，表现出作者内心的不安和激动。马蒂斯透过人的形象，表现出接近于宗教情感的人生观。他画的《白色羽毛帽》(1919)、《弹曼多林的女人》(1921)，形式生动活泼，色彩和线条紧密结合，人物的各种微妙细致的感情，如自信、乐观、冷漠、空虚等，都通过整体形象来表现。

马蒂斯早期油画富有装饰性，1910年前后，他又在装饰性的壁画领域进行探索，学习民间艺术和宗教艺术的表现手法，设计了建筑装饰壁画《音乐》、《舞蹈》(1909～1910)。这些作品以大块的平面色彩和单纯的画面为特点，有很强的表现力。马蒂斯的同一壁画题材，往往有不同的构图、色彩和造型的处理，表达出不同的感情。

马蒂斯在1947～1951年为法国南部旺斯多明女修道院玫瑰经礼拜堂作装饰设计中，试图用光线、色彩、素描和雕塑为室内的整体装饰服务，尤其重视彩色玻璃的作用。他避开了生活中悲惨与暗淡的一面，表现出对光明的肯定和赞美，对生命的憧憬和追求。但这些作品遭到罗马教廷的批评。

马蒂斯设计过壁挂、舞台美术，如为芭蕾舞《红与黑》设计服装及布景，还先后为S.马拉梅、P.de龙萨、C.波德莱尔的诗集创作过插图。在这些大至整块墙面，小至十几厘米的画面上，他运用色彩和线条，创造出令人神往的图景。20世纪30～40年代，他画的以勾线为特征的素描、版画，共158幅，以《主题与变化》的总标题发表，在黑白变化中凝聚了他长期以来对单纯美的探索结晶。

马蒂斯还是出色的雕塑家。最初，他赞赏A.罗丹的技巧，后来批评罗丹在完成细节时忽略整体。他在雕塑中追求的主要韵律是安详、和谐和宁静，作品具有阿拉伯风格和写意化的倾向。从《奴隶》(1900～1903)、《马黛琳娜1号稿》(1901)到《让内特》(1910)、《贝壳里的维纳斯》(1930)，反映了马蒂斯在扭曲的形体和夸张的动作中，在强调了韵律和节奏中，重视艺术中特有的感觉的价值。他在1909～1929年间做了人体背部浮雕连作的试验，追求简约抽象的造型，反映了对形式感的浓烈兴趣。

马蒂斯艺术风格和野兽主义的出现，标志着西方美术发展到“形式革命”的阶段。他们把形式提高到独立的地位，追求具有均衡性、纯粹性以及清澈性的艺术。马蒂斯的艺术总的基调是健康和明朗的，他把东方和非洲艺术的一些特点，融合到西方艺术之中，推动了西方写实主义的艺术向表现性、写意化方面的转化。

马丁 Martin, John (1893-06-02～1985-05-19) 美国舞蹈评论家、史论家，美国现代舞的重要推动者。生于肯塔基州的路易斯维尔，卒于纽约。《纽约时报》的编辑和首任专职舞蹈批评专栏作家。坚持倡导与新时代同步的现代舞，评说和推广现代舞的观念和形式，为广大观众理解和接受现代舞，以及现代舞自身的发展作出贡献。出版有《现代舞》(1933)、《美国舞蹈》、《舞蹈概论》等舞蹈史论专著，其中《现代舞》属开山之作，《舞蹈概论》(1939)是国际舞蹈理论的权威之作，故而享有“美国现代舞理论与舞蹈批评之父”的盛誉。

马丁·杜·加尔 Martin du Gard, Roger (1881-03-23～1958-08-22) 法国作家。生于纳伊，卒于贝莱姆。曾就读于巴黎大学文学系，后转入巴黎文献学院。1913年以对话体小说《让·巴鲁瓦》初获成功。后来创作《勒鲁老爹的遗嘱》(1914)、《大肚子》(1928)等农民笑剧以及关于伦理问题的小说《非洲秘闻》(1931)和反映社会风俗的讽刺故事《古老的法兰西》(1933)等。《蒂博一家》是一部多卷本长篇小说，它以蒂博先生和他的两个儿子为主线，通过他们之间的冲突以及他们一家与丰塔南一家的关系，反映了第一次世界大战前后法国的社会面貌，尤其是两代人之间的冲突。作品结构严谨，布局完整。1937年获诺贝尔文学奖。

马丁·路德 Martin Luther (1483-11-10～1546-02-18) 16世纪欧洲宗教改革运动的发起者，新教路德宗的创始人。生于德意志埃斯勒本，卒于埃斯勒本。1501年入埃尔富特大学。1505年进入奥斯定会修道院研习神学，后升为神父，获神学博士学位后，任维滕贝格大学神学教授。他深受人文主义思想影响，对教会的腐败极为不满。1517年10月31日发表《九十五条论纲》，抨击并反对教廷销售赎罪券，欧洲宗教改革运动由此发端。1520年又撰文表示与教皇决裂并当众烧毁教皇通谕，支持诸侯没收教会财产。后遭教皇绝罚，但受萨克森选侯保护。他在神学上强调“因信称义”，认为拯救在于个人的信仰而不在于教会的中介作用。主张宗教仪式用民族语言举行，并亲自将《圣经》译成德文。其后期思想日趋保守，主张对由宗教改革引发的德国农民战争采取武力镇压。著有《教理问答》、《讲道集》、《书信集》等。

马丁·路德·金 Martin Luther King, Jr. (1929-01-15～1968-04-04) 美国战后民权运动领袖。生于佐治亚州亚特兰大市一牧师家庭，卒于田纳西州孟菲斯市。1955年获神学博士学位，曾任牧师。1955～1956年，胜利领导了蒙哥马利市黑人抵制公共汽车公司种族歧视的罢乘运动，迫使该市取消了隔离制度，并使最高法院作出在公共汽车上实行种族隔离违反宪法的判决。从此，他成为民权运动的黑人领袖。1957年创建南方基督教领袖会议并被选为主席，后积极参加和领导了“静坐”运动、“自由乘客”运动及著名的伯明翰游行示威（见美国民权运动）。1963年8月，在林肯纪念碑下发表题为《我有一个梦想》的著名演说。1964年获诺贝尔和平奖。

曾多次被捕入狱。他倡导的非暴力群众直接行动运动，对美国1964年通过《民权法》、1965年通过《选举权法》，从法律上取消美国南部的种族隔离制度，起了重要作用。1966年领导了芝加哥开放住房运动。1968年3月，发动“贫民进军”（亦称“穷人运动”）。同年4月4日被种族主义分子刺死。著有《向自由迈进》(1958)、《我们从此往何处去？》(1967)等。

马丁松 Martinson, Harry (Edmund) (1904-05-06～1978-02-11) 瑞典诗人、小说家。生于布莱金厄，卒于斯德哥尔摩。6岁丧父，7岁时母亲离家出走。早年基本过着流浪生活。后来在南美、印度等地流浪，打短工。诗作可分三类：一是对童年和以往经历的回忆，如《诺尔美》(1931)；二是对海洋等大自然景色的感情抒发，如《鬼船》(1929)；三是从科学和哲理角

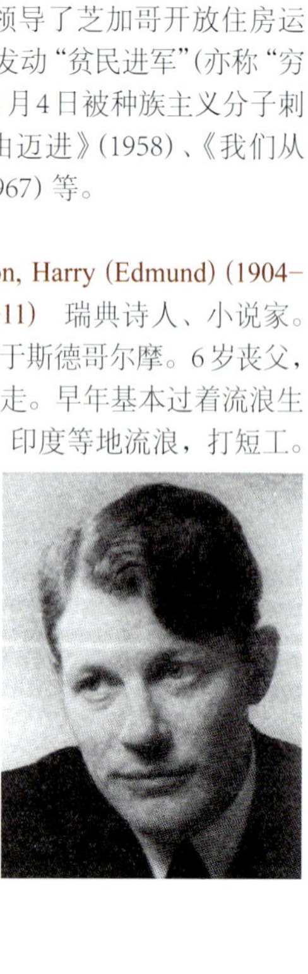

度去探讨人生，如《阿尼阿拉号》(1956)等。此外还有自传体小说《荨麻开花》(1935)，以及反映一个破产手工业者流浪生活的小说《通往钟国之路》(1948)等。1974年与E.O.V.雍松共获诺贝尔文学奖。

马兜铃科 Aristolochiaceae; dutchmanspipe family 双子叶植物纲木兰亚纲的一科。共8属400余种，主产于除澳大利亚以外的热带和亚热带地区；中国有4属70余种，几产全国，其中马蹄香属为中国特有单种属。草本或藤状灌木。叶互生、基部心脏形，全缘或3～5裂，常有油点。花单生，或组成总状，圆锥、聚伞、伞房花序，腋生或生于老茎上；花被单层，稀2层，辐射对称或两侧对称。雄蕊6至多数，分离或与花柱合生成合蕊柱；子房下位或半下位，4～6室。蒴果，室间开裂。马兜铃科大多数种类如细辛、金耳环、杜衡、马兜铃、广防己、马蹄香等均为常用的中药。也有用作盆栽及棚架的观赏植物。

马都拉人 Madurese 东南亚印度尼西亚共和国的民族之一。主要分布在马都拉岛以及爪哇岛东北沿海地区，部分分布在邻近岛屿。属蒙古人种马来类型，与爪哇人相近。使用马都拉语，属南岛语系印度尼西亚语族，与巽他语、爪哇语、马来语非常接近。原用爪哇文字母，现改用拉丁字母。有用马都拉文写的历史文献。通用印度尼西亚语。原信印度教和佛教，后多改信伊斯兰教，属逊尼派。主要从事农业，土地为村社共有，种植玉米、水稻、豆类、花生和烟草等；部分居民从事畜牧业，饲养牛、马、山羊等；沿海一带居民从事渔业和盐业。手工业有制革、制陶和编织等，善于锻冶和木器制作。部分人受雇于政府盐场。

马都拉语 Madurese language 印度尼西亚的主要语言之一。分布于马都拉岛、爪哇岛东北部和邻近的一些小岛屿。属南岛语系印度尼西亚语族。从语言学上讲，马都拉语与爪哇语有近亲关系，从爪哇语中吸收了许多词语。此外，还从马来语、阿拉伯语和荷兰语中借用了不少词。传统上的文字采用爪哇文字的一种变体，但近年来逐渐转用拉丁化的文字。语序为主-动-宾型。

马端临 Ma Duanlin (1254～1323) 中国宋元之际史学家。字贵与，饶州乐平（今属江西）人，南宋末年丞相马廷鸾之子。马廷鸾曾任南宋国史院编修官与实录院检讨官，博学多才，藏书甚富。马端临受父亲的影响，并且接触到很多的资料，约从30岁时开始，用20多年的时间，撰成384卷《文献通考》，为记述中国历代典章制度的重要著作。

马恩河会战 Marne, Battles of the 第一次世界大战期间，英法联军与德军于1914年和1918年在法国马恩河地区进行的两次会战。

第一次会战始于1914年8月，德国向法国境内大举进攻，英法联军全线失利，于1914年9月4日撤过马恩河。9月5～10日，英法联军以6个集团军66个师约108万人对德军51个师60万人，进行全线反攻。英法联军在宽达200千米的地带上，向前推进60千米，从而使西线转入持久的阵地战阶段。在这次会战中，德军伤亡约30万人，联军伤亡25万人。这是一次高度机动的会战，是西线1914年战局中有利于联军的转折点。

第二次会战始于1918年7月15日，德军以3个集团军的兵力在马恩河突出部地区对英法联军发动进攻，受挫。7月18日，英法联军向德军发起反攻。在主要突击方向上同德军18个师展开激战，将德军打退到埃纳河和韦勒河一线。8月5日会战结束。德军损失12万人；联军损失近6万人。联军向前推进42千米，防线缩短45千米，消除了德军对巴黎的威胁，开始掌握战略主动权。

马尔代夫 Maldives; Divehi 亚洲南部印度洋上的群岛国家。东北距斯里兰卡750千米，北邻接印度的拉克沙群岛。南北长820千米，东西宽130千米，面积9万平方千米，陆地面积298平方千米。人口30.5万(2008)。均为马尔代夫人。通用迪维希语，官方语言为英语。伊斯兰教为国教，教徒多数为逊尼派。首都马累。

地理 群岛由印度洋北部南北走向的两列平行的珊瑚礁组成。共有大小珊瑚礁岛1 192个，其中较大的环礁有26组。环礁由岛屿、岩礁、暗礁或浅滩等组成，呈圆形或卵形。各环礁大小悬殊，小的直径仅数千米，大的如苏瓦迪瓦环礁，直径达80余千米，是世界上最大的环礁之一。各岛地势低平，平均海拔1.2～1.5米；阿杜环礁的维林吉利岛海拔2.4米，是全国的最高点。地下水距地面仅1.2～1.5米，取给方便，是岛上的重要淡水来源。由于地球生态环境不断遭受破坏，导致海水上涨、洋面升高，据测算，在未来20～30年洋面可能升高20～30厘米。马尔代夫将面临更大威胁。

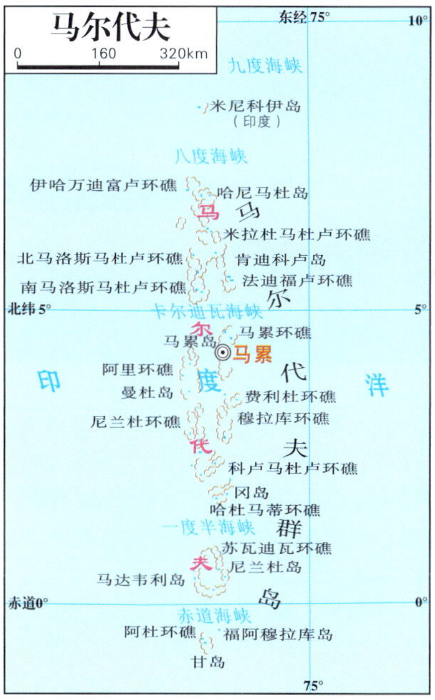

群岛大部地区属热带季风气候，南部为热带雨林气候。年平均气温29℃。平均年降水量2 500毫米，南部可达3 800毫米。年降水和相对湿度等，均自北而南递增。

历史 原为外来佛教徒与当地原住居民杂处。12世纪，随着阿拉伯航海者的到来，伊斯兰教开始传入。1116年建立苏丹国。16世纪中叶起，葡萄牙、荷兰、法国、英国等殖民者先后侵入。1887年沦为英国的保护国。第一次世界大战期间，被英、法、日军舰用作中途驻泊地；第二次世界大战中，变为英国对日本和德国潜艇、水面舰只及航空兵作战的基地之一。1953年成为英联邦内的共和国（后又恢复君主制）。1965年7月26日宣布独立，9月21日加入联合国，1968年11月11日建立共和国。

政治 实行总统内阁制，总统为国家元首，任期5年。新宪法于1998年1月1日生效。虽然没有明令禁止，但也没有政党和政治性团体。立法机构实行一院制，称国民议会，是最高立法机关，任期5年。司法机构贯彻独立审判，首都设有高等法院。实行伊斯兰教法。

经济 2008年国内生产总值9亿美元。渔业、船运业和旅游业是经济的三大支柱。渔业资源丰富，盛产鲣鱼、鲛鱼、金枪鱼、龙虾、海参、鲨鱼、石斑鱼以及海龟、玳瑁等，多半加工成名为“马尔代夫鱼”的

马尔代夫群岛鸟瞰

干鱼，大量出口。海运业是国家重要的外汇来源，主要经营中国香港与波斯湾、红海间的运输业务，拥有商船250多艘。工业仅有小型船舶修造厂、海鱼和水果加工、编织、服装加工等手工业。椰子榨油、椰壳纤维制绳、椰壳手工艺品等也较重要。工业产值大幅增长，产值已占国内生产总值的17%(2008)。渔产品出口是国家外汇收入的主要来源。农业主要种植椰子、香蕉、香木瓜、蔬菜等。椰子生产在农业中占重要地位，稻米是主食，但极少种植，几乎全靠进口。旅游业的发展已超过渔业，成为马尔代夫第一大经济支柱，产值已占国内生产总值的27.2%(2008)。全国"旅游岛"约发展到87个，拥有1.61万张床位；南部阿杜环礁的甘岛被开辟为国际旅游中心。

全国没有铁路，陆上交通局限于首都马累。船只依然是各岛重要的交通工具。马累与斯里兰卡、印度、新加坡、阿联酋、南非及一些欧洲国家有定期航班飞行。运输通信产值占国内生产总值的19%(2008)。机场在胡莱莱岛，首都马累是唯一的商港。

文化 实行免费教育。政府注意加强青年人的教育。马尔代夫高等教育学院是唯一的一所高等院校。各环礁设有一个教育中心，主要向成年人提供非正规的文化教育。全国有两种日报和少量周刊，系迪维希文，主要在首都马累发行。还有一份英文报纸（周刊）。电台"马尔代夫之声"用英语和迪维希语对全国广播。电视台于1978年3月建成启用，同年修建了卫星通信站，可通过卫星转播世界各地的节目。

对外关系 奉行和平、独立和不结盟的外交政策，同所有尊重马尔代夫独立和主权的国家友好，重视发展与印度、日本、斯里兰卡以及阿拉伯国家的关系。积极参与不结盟运动和南亚区域合作联盟活动；支持建立国际经济新秩序；主张全面裁军，包括禁止核试验和彻底核裁军，维护世界和平，特别提倡维护小国安全。极为关注全球环境恶化使海平面上升对其岛屿造成的威胁。已同128个国家建立外交关系。1972年10月14日与中国建交。

马尔可夫 Markov, Andrey Andreyevich (1856-06-14～1922-07-20) 俄罗斯数学家。生于梁赞，卒于彼得格勒（今圣彼得堡）。1874年入圣彼得堡大学，受P.L.切比雪夫思想影响很深。1878年毕业，并以《用连分数求微分方程的积分》一文获金质奖章。两年后，取得硕士学位，并任圣彼得堡大学副教授。1884年取得物理－数学博士学位，1886年任圣彼得堡大学教授。1896年被选为圣彼得堡科学院院士。1905年被授予功勋教授的称号。

马尔可夫是彼得堡数学学派的代表人物。以数论和概率论方面的工作著称。在数论方面，他研究了连分数和二次不定式理论，解决了许多难题。在概率论中，他发展了矩法，扩大了大数律和中心极限定理的应用范围。他最重要的工作是在1907年提出并研究了一种能用数学分析方法研究自然过程的一般图式——马尔可夫链。同时开创了对一种无后效性的随机过程——马尔可夫过程的研究。马尔可夫过程在自然科学、工程技术和公用事业中有广泛的应用。主要著作有《概率演算》等。他的儿子A.A.马尔可夫也是著名的数学家。

马尔克公社 March Community 中世纪西欧日耳曼人的一种村落共同体。马尔克一词的原意是边界，后成为日耳曼人农村公社的名称。其主要特征是以地缘作为联系纽带，土地公有和私有并存。各户的耕地已转化为私有财产，但森林、牧场等仍归公社所有。公社成员彼此平等。他们定期集会，选举公职人员，制定大家共同遵守的法规，裁决公社成员间的纠纷。西欧中世纪各地的庄园法庭就是这种自由公社成员集会的变形。直至中世纪晚期，西欧各地农村中仍大量保留着各种公社的成分。在一些偏僻的山区，完整的公社形态一直保留到近代。

马尔克斯 Marqués, René (1919-10-04～1979-03-22) 波多黎各作家、戏剧家。生于圣胡安，卒于圣胡安。曾在西班牙马德里大学、纽约哥伦比亚大学学习。以诗歌和短篇小说开始创作活动。他的戏剧作品因为优美的风格、实验性的技巧以及对角色的深刻心理分析，为拉丁美洲戏剧的发展作出重大贡献。在舞台技术方面，他应用了声、光、色变幻组合的新技术。他的剧本主要表现波多黎各人民的民族自尊心和对祖国前途的关心。《不完整的太阳》(1958)描写一个宗法大家庭的衰落和败坏，既是社会的现实，也是国家的象征。《没有钟的家》(1960)是一出讽刺剧，巧妙地运用民间的口语造成活跃的生活气息。

马尔库塞 Marcuse, Herbert (1898-07-19～1979-07-29) 美籍德裔哲学家、社会学家，法兰克福学派的主要代表人物之一。生于德国柏林，卒于德国施塔恩贝格。就学于柏林大学和弗赖堡大学，1922年取得博士学位。1934年避居美国，1940年加入美国籍，并在美国参加迁美的法兰克福社会研究所工作。第二次世界大战中曾任美国外

交部官员，后在哥伦比亚大学、哈佛大学、加利福尼亚大学任教。著有《理性与革命》、《爱欲与文明》、《苏联的马克思主义，批判的分析》、《单向度的人》、《心理分析和政治》、《论解放》、《反革命和造反》、《艺术和永恒性》等。

马尔库塞的哲学观点是在M.海德格尔、特别是在G.W.F.黑格尔和S.弗洛伊德的思想影响下形成的，同时他还对马克思的学说感兴趣。他企图把黑格尔、弗洛伊德的学说同马克思的学说"结合"起来，以探索西方社会革命的前景。他认为，在现在的社会中，工人阶级已失去了反抗性，需要在黑人、学生、街头人等没有受到垄断资本主义制度侵蚀的人们中去寻找反抗力量。

马尔库塞的批判社会理论是思想的批判，认为理论先于实践，先有思想的批判才有社会的改造。这种理论在揭露资本主义的严重缺陷方面有一定的积极作用，曾在1968年西方各国的学生运动中产生过影响。

马尔切罗 Marcello, Claudio (1901-02-24～1969-01-19) 意大利坝工专家。生于米兰，卒于米兰。

1924年毕业于意大利比萨大学土木系，随即进入米兰的安吉尔·奥摩迪奥工程师咨询公司工作至1937年。1937～1962年任米兰爱迪生集团水

电部经理和总部主任。1963年任意大利电力公司水电建设和大坝顾问、南意大利西西里岛和萨尔地尼亚的经济建设技术顾问，刚果河英加水电站、埃及阿斯旺高坝专家委员会委员，以及国际银行拱坝设计施工咨询委员会委员。马尔切罗一生负责设计和监理的有43座大坝，参与研究的不下80余座坝。在新坝型的研究中最突出的贡献是空腹重力坝、马尔切罗型双支墩大头坝、混凝土块体坝。此外，还修了坝高143米、坝顶长583米的瓦勒抵紧抛物线形拱坝，被认为是在宽河谷修拱坝的特例。1961年被选为国际大坝委员会主席。共发表过论文76篇。1961年由他主编出版了《意大利水电站大坝》。

马尔萨斯 Malthus, Thomas Robert (1766-02-14/17～1834-12-23) 英国人口学家、经济学家。生于萨里多金附近鲁克里，卒于萨默塞特巴斯附近圣凯瑟琳。出身土地贵族家庭。1784年入剑桥大学，1798年加入英国教会，任牧师。1799年到欧洲一些国家调查人口问题。1805年任黑利伯里学院历史和政治经济学教授。1819年当选为皇家学会会员。

马尔萨斯是人口理论的创立者。他认为人口以几何级数增加，生活资料以算术级数增长，人口增长有经常超过生活资料增长的趋势，抑制人口增长有积极抑制（饥饿、战争、贫困）和预防抑制。他用抽象的人口规律，企图把苦难和罪恶归结为人口增加，以掩盖资本主义社会失业和贫困的真正根源。他站在土地贵族立场上反对废除谷物法。他反对**大卫·李嘉图**的劳动价值论，从有效需求不足角度论证了经济危机，但他的危机理论要说明不生产的消费阶级必须永远存在和扩大，地租要永久存在和增长，反映的是土地贵族的经济利益。他的人口理论和有效需求论都被后来的资产阶级经济学家以新的形式加以发挥。著作有《**人口原理**》、《地租的性质和增长及其调节原则的研究》、《政治经济学原理的实际应用》、《价值尺度，说明和例证》、《政治经济学定义》等。

马尔萨斯人口论 Malthus' population theory 英国经济学家、人口学家T.R.**马尔萨斯**关于人口问题的根本观点。马尔萨斯于1798年和1803年先后发表《人口原理》第一、二版。他认为人口增殖力比土地生产人类生活资料力更为强大，并断言人口在无妨碍时，以1、2、4、8、16、32…的几何级数率增长，而生活资料则以1、2、3、4、5、6…的算术级数率增长。当人口增加超过生活资料的增加时，就会发生贫困和罪恶，从而限制人口增长，使二者保持平衡。他把自己的人口理论归结为三个命题：①人口必然地为生活资料所限制；②只要生活资料增长，人口一定增长，除非受到某种非常有力而显著的抑制；③这些抑制全部归纳为道德的节制、贫困和罪恶。他认为这三点就是支配人类命运的"人口自然规律"的基本内容。

马尔维纳斯群岛 Malvinas Islands 南大西洋上的群岛。英国称福克兰群岛。位于南美大陆南端以东，西距麦哲伦海峡约500千米。由索莱达岛（东福克兰岛）、大马尔维纳斯岛（西福克兰岛）以及附近约200多个小岛组成。面积1.2万平方千米。人口3 140人（2008），多为英国移民及其后裔，大部分居住在索莱达岛上。居民多讲英语，多信奉基督教新教。首府阿根廷港（斯坦利港）。山脉呈东西走向，山丘贯穿群岛，山体低矮浑圆，最高点尤斯伯恩山海拔705米。海岸线曲折，多狭长海湾。气候阴凉湿润，1月平均气温9.4℃，7月平均气温2.3℃。平均年降水量625毫米。河流短小，多浅水湖塘。植被属亚灌木干草原，遍布硬叶禾本科矮草。地面遍布泥炭沼泽。最早为葡萄牙人所发现。17世纪末英国航海家在此登陆。18世纪中叶归属西班牙。1816年阿根廷独立后即宣布继承西班牙对群岛的主权。英国于1833年派兵占领。此后，英国和阿根廷两国对群岛主权的归属一直存在争议。1982年为此爆发了**马尔维纳斯群岛战争**，阿根廷战败。后英国派驻总督，除外交与国防仍由英国负责外，财政全部自理。农业以养羊为主，亦种植蔬菜和马铃薯。出口羊毛、皮革和油脂，进口粮食和日用品。1995年，阿根廷和英国达成在该群岛水域勘探、开采石油的协议。

马尔维纳斯群岛战争 Malvinas Islands War 1982年英国和阿根廷之间因马尔维纳斯群岛归属问题引起的一场战争。又称南大西洋战争。马岛位于南大西洋南端，西距阿根廷500多千米，离英国12 000多千米。1592年，英国航海家约翰·戴维斯驾"希望"号海船进入群岛，后取名福克兰群岛。1764年法国人开始在岛上建居民点，起名为马尔维纳斯群岛。后来，法国将群岛转让给西班牙。1816年，阿根廷摆脱西班牙殖民统治而独立，1820年宣布对马尔维纳斯群岛继承主权。1833年英国出兵占领马岛，驱逐岛上所有阿根廷居民，迁入英国居民，统治至今。但两国对马岛归属问题一直存在争议。英、阿之间曾就此问题断断续续进行谈判，但无进展。1982年4月2日，阿根廷出兵占领马岛，并宣布马岛为阿根廷第24个省。英国舰队于4月24日抵达马岛海域，4月30日英国宣布对马岛实行海上和空中全面封锁。5月21日英军在马岛登陆，遭阿军猛烈反击，6月12日，英军发动总攻。14日，阿军投降，英军重占马岛，战争结束。马岛战争是第二次世界大战后大西洋上最大规模的一次海空战。战争失利使阿根廷政局动荡，6月17日，L.F.加尔铁里总统被迫辞职。英国重占马岛虽增强了英国首相**撒切尔夫人**及其保守党政府的地位。马岛战争后，阿、英关于马岛主权的争端并未结束。2003年6月，阿政府在联合国再次重申收回马岛主权问题。联合国非殖民化委员会再次通过决议，呼吁重开谈判，和平、公正永久解决问题。

马耳他 Malta 欧洲南部地中海岛国。地处地中海中心位置，扼大西洋往地中海东部和印度洋海上交通要冲，战略地位重要。面积316平方千米。由5个岛屿组成：主岛马耳他岛面积246平方千米，占国土总面积77.8%；次为戈佐岛，面积67平方千米；还

马耳他首都瓦莱塔一景

有凯穆纳岛和2个无人居住的小岛。人口41.36万(2009)。主要是马耳他人，占总人口90%以上；余为阿拉伯人、意大利人、英国人等。马耳他语和英语为官方语言，通用意大利语。首都**瓦莱塔**。

地理 主岛西部为海拔180～240米的台地，岩石裸露，石峰突起，洞穴交错。往东，地势缓降。中部为谷地。东南部是海拔100米左右的小丘和平原。东北岸多天然良港。典型的亚热带地中海型气候，冬干夏湿。石灰岩地层渗漏严重，无永久性河流和湖泊，淡水不足。森林和矿产资源贫乏，仅盛产建筑用石灰岩和大理石。

历史 据考古发掘，当地在新石器时代就有人居住。公元前10世纪起，腓尼基人、迦太基人、古希腊人相继来此定居。公元前218年后，曾先后属西罗马、东罗马帝国。870～1091年，阿拉伯人统治马耳他。以后又先后受诺曼人、安茹王朝、阿拉贡王朝统治。1523年耶路撒冷圣约翰骑士团移居这里，并于1565年击退奥斯曼帝国军队进攻。该年被定为马耳他现代史奠基之年。1798年被法国拿破仑军队占领。1814年沦为英国殖民地。100多年来一直是英国的重要海军基地。1947～1959年及1961年起获自治权。1964年9月21日宣布独立。1979年3月31日收回英国在马耳他的军事基地。仍为英联邦成员国。

政治 1974年12月13日修改宪法，独立后的君主立宪制政体改为共和国。一院制议会称众议院，为立法机构。总统为国家元首，由议会选举产生，任期5年。主要政党有国民党、马耳他工党和民主选择党。总理由总统任命。高等法院为最高司法机构，法官由总统根据总理的推荐任命。国家不设国防部，武装部队由总理直接管辖。对外长期奉行中立不结盟政策。已同123个国家建立外交关系。积极申请加入欧盟，与英国、意大利有较密切的经济联系和军事合作，与美国的关系进展也较快。同时，也注意平衡同西亚和北非阿拉伯国家的传统联系。1972年1月31日同中国建交。

经济 独立后，马耳他努力发展民族经济，吸收外资，兴办工业，扩大出口，重点发展旅游业。在国内生产总值构成中，农业仅占3%，工业占15%，第三产业占82%(2008)。2009年国内生产总值57.09亿欧元，人均国内生产总值13 857欧元，居世界发展中国家前列。造船、修船业已成为国民经济支柱之一；电子、机械、仪表、化工、纺织、食品等也是重要工业部门。全国仅3%劳动力从事农业，主要种植小麦、马铃薯、葡萄、柑橘类水果、蔬菜等，还有以养羊为主的畜牧业和沿海渔业，但粮食等主要农牧产品不能自给。旅游业发达。境内无铁路，交通运输主要依靠公路，总长2 200千米。地中海转口贸易中心，主要港口有瓦莱塔南、北的格兰德港和马尔萨姆谢特港，马耳他岛东南岸的新兴自由港马尔萨什洛克港等。有卢加国际机场。对外贸易伙伴以欧盟国家为主，货币名称欧元（2008年前为马耳他里拉）。

文化 实行中小学免费义务教育。识字率98.6%。全国有各类学校340所，主要大学是设在瓦莱塔的马耳他大学。发行《地平线》、《祖国报》和《时报》三份日报。有2家国家广播电台和1家国家电视台。主要名胜古迹多在马耳他岛，如大教堂、教堂、城堡等。还有不少新石器时代晚期的古迹，如甘蒂亚神庙、塔尔辛古庙群等。瓦莱塔古城、哈尔·萨夫列尼地下宫殿及马耳他巨石庙已作为文化遗产列入《世界遗产名录》。

马耳他人 Maltese 南欧民族之一。约50万人(2001)。约有39.4万人分布在马耳他共和国，其余主要分布在澳大利亚、美国、加拿大和北非各国。属欧罗巴人种地中海类型，与北非居民相近。以马耳他语和英语为官方语言，民间还通用意大利语。文字用拉丁字母拼写。多信天主教。民族来源复杂。公元前10世纪腓尼基人开始来马耳他殖民。在此后的两三千年中，又先后遭受希腊人、迦太基人、罗马人、汪达尔人、哥特人、拜占廷人、阿拉伯人、诺曼人、西班牙人、土耳其人、约翰骑士团、法国人和英国人的入侵或统治。这些外来民族以及北方邻居意大利人，都对马耳他民族的形成产生过影响。

马耳他青年

马耳他语 Maltese language 马耳他的官方语言之一（另一种是**英语**）。属**阿非罗－亚细亚语系**闪语族。在澳大利亚和北美诸国的马耳他移民中也有数量不等的使用者。马耳他语起源于古代迦太基语（一种闪语言）。9～11世纪，阿拉伯人占领马耳他，因**阿拉伯语**对原有的迦太基语产生了巨大影响，故形成了含有迦太基语成分的阿拉伯语。此后的几个世纪，马耳他多次被外来势力侵占，从**意大利语**、**法语**和**英语**里吸收了大量词语。今天的马耳他语融合了闪语言和罗曼语。它的句法系统和语音系统已大异于阿拉伯语而逐渐成为一种独立的语言。在很长一段时期内，马耳他语只是口头语言，没有文字。17世纪以后，马耳他语有了自己的书写形式。20世纪20～30年代，马耳他作家联盟在拉丁字母的基础上设计了新的文字，即在部分拉丁字母上加圆点(·)和短线(－)，使马耳他语成为采用拉丁字母的唯一闪语言。语序为主-动-宾型。

马烽 Ma Feng (1922-06-18～2004-01-31) 中国小说家。原名马书铭，曾用笔名阎志吾、孔华联、莫韵等。生于山西孝义，卒于太原。1938年参加抗日游击队。1940年到延安。1942年发表处女作《第一次侦察》。1945年发表与西戎合著的长篇章回体小说《吕梁英雄传》。小说通过抗日战争时期吕梁山区康家寨民兵的建立和发展，显示人民战争的巨大威力。小说故事曲折、情节生动，通篇由大大小小的故事连缀而成，具有民族化和大众化的风格，受到工农读者的欢迎。1949～1954年，写有《村仇》、《一架弹花机》和《饲养员赵大叔》等小说，显露出深厚的农村生活根底和故事性强、语言朴素明快、幽默风趣的创作特点。1956年回山西定居，创作也进入了新的阶段。《三年早知道》生动而诙谐地叙述了老中农赵满囤思想转变的曲折过程，《我的第一个上级》多姿多彩地塑造了田局长这一有胆有识的英雄形象。这两个短篇小说被认为是他的代表作。

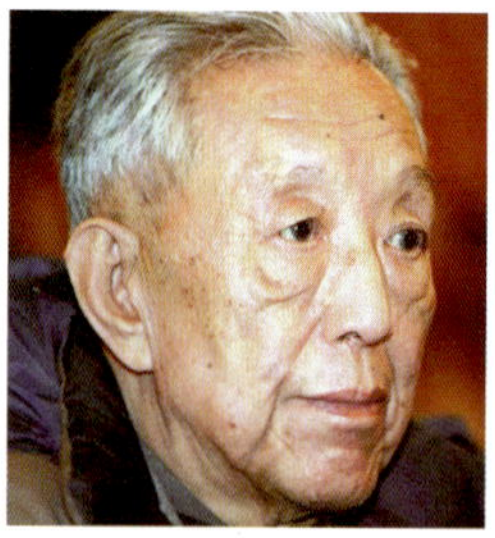

1976年后创作了短篇小说《结婚现场会》、中篇小说《袁九斤的故事》、长篇小说《玉龙村纪事》等，仍然保持了浓郁的泥土气息和诙谐幽默的艺术个性。此外还写有长篇传记小说《刘胡兰传》、电影文学剧本《我们村里的年轻人》、《泪痕》（与孙谦合作）等。马烽的作品大多取材于山西农村，具有鲜明的民族风格和地方色彩，被认为是以**赵树理**为首的“山药蛋派”的重要代表作家。1949年中华人民共和国建立后，曾任山西省作家协会主席、山西省文学艺术家联合会主席、中国作家协会副主席和党组书记等职。

马格达莱纳河 Magdalena, Río 哥伦比亚最大河流。发源于西南部海拔3 600米的帕帕斯荒原，流经11个省，最后在**巴兰基亚**附近注入加勒比海。全长1 560千米。主要支流有考卡河、圣豪尔赫河、塞萨尔河等。流域面积约26万平方千米。河口平均流量8 000米^3/秒。重要的内河航运干线，承担本国大部分国际贸易运输任务。有1 295千米可通航，沟通了内地与加勒比海的联系，在国家的政治、经济、文化、进出口贸易中发挥重要作用，被誉为“哥伦比亚的生命河”。

马格德林文化 Magdalenian Culture 欧洲**旧石器时代**晚期文化。最初发现于法国西南部多尔多涅河流域蒂尔萨克附近的拉马德莱纳岩棚中。以法国西南部和西班牙北部为中心，主要分布在法国、比利时、瑞士、英国、德国、西班牙、波兰、俄罗斯等地。晚于**梭鲁特文化**，但可能来源于**奥瑞纳文化**，后来逐渐为属于中石器时代细石器的阿齐尔文化所代替。时代为晚更新世之末。与马格德林文化遗物伴出的人类化石是属于晚期智人的尚塞拉德人。该文化的石器包括嵌入骨柄或鹿角柄中使用的小巧的几何形石器，以及雕刻器、刮削器、石钻和琢背石刀等，还有投掷尖状器。骨器制作精细，有矛头、渔叉、带孔的针和饰物等。食物丰盛，有大量的驯鹿、野马和野牛。人们过着半定居式生活，冬居洞穴、岩棚或其他坚固住所，夏季则住帐篷。艺术品和饰物大增，有细致的雕刻片和立体雕像等。最杰出的成就是晚期的洞穴雕刻和构图复杂的彩色壁画。西班牙北部的阿尔塔米拉洞穴中保存有当时绘画的部分珍品，被认为是旧石器时代人类的艺术杰作。

马格里布 Maghreb; Maghrib 古代阿拉伯人对今突尼斯、阿尔及利亚和摩洛哥所在地区的总称。一称柏柏尔地区。马格里布为阿拉伯语，意为日落的地方、西方，原指埃及以西的整个北非地区，后专指突尼斯、阿尔及利亚和摩洛哥三国。大马格里布还包括利比亚西部。

19世纪30年代以后，法国侵占阿尔及利亚，并使突尼斯和摩洛哥沦为法国的保护国。马格里布人民不断举行反抗殖民侵略和统治的斗争。第二次世界大战后，争取民族独立的武装斗争迅猛展开，突尼斯和摩洛哥于1956年取得独立，1962年阿尔及利亚也获得独立。马格里布国家成立了阿拉伯马格里布联盟国际经济合作组织。

马格尼托哥尔斯克 Magnitogorsk 俄罗斯最大的钢铁工业中心。俄语意为“磁山城”。位于南乌拉尔山东坡，南西伯利亚铁路与乌拉尔河的交会处。人口41万（2010）。该市因1929～1931年兴建马格尼托哥尔斯克钢铁联合企业（简称马钢）而兴起。第二次世界大战期间及战后至60年代发展较快。70年代初之前，该厂所需铁矿石主要来自邻近的马格尼特山，其后改由库尔斯克铁矿区和哈萨克斯坦的库斯塔奈供应。炼焦煤来自库兹巴斯及卡拉干达。围绕钢铁工业，还发展了冶金及矿山机械、化工、建材、金属制品及金属加工等部门。城市位于乌拉尔河两岸。沿河建有两座大坝，其西岸为居住区，1970年西岸已占全市人口的60%以上。东岸为工业区，其间沿山麓地带为居住区。市内建有矿冶、师范学院和多所中等专业学校。

马更些河 Mackenzie River 加拿大第一长河。源流阿萨巴斯卡河和皮斯河均发源于加拿大落基山脉东麓，前者向东北注入阿萨巴斯卡湖，出湖后与皮斯河汇合成奴河，往北注入**大奴湖**。从大奴湖流出后，始称马更些河，向西北流入**波弗特海**，河口形成面积为12 173平方千米的三角洲。从皮斯河的支流芬利河源头起算，全长4 241千米，为仅次于密西西比河的北美洲第二长河。马更些河干流长1 738千米。包括阿萨巴斯卡湖、大奴湖、**大熊湖**等在内，流域面积广达180.5万平方千米。因地处高纬，气候严寒，河流冰冻期很长，上游从10月至翌年5月，下游从9月至翌年6月。水源补给以冰雪融水为主。6～7月为洪水期。中、上游出现高水位时，下游尚未解冻，水流因此壅塞，甚易引起泛滥。河口年平均流量9 700米^3/秒。流域内出产鲑鱼、白鱼、湖鳟等鱼类和麝鼠、猞猁、貂、海狸等毛皮兽。水力和森林资源丰富。主要矿产资源有下游和三角洲地区的石油、天然气，大熊湖和阿萨巴斯卡湖区的镭、铀，大奴湖区的铅、锌、金。马更些水系是联系偏远的加拿大北部与南部的重要航路。流域内人口稀少，主要居民点多沿河、湖分布。

马骨胡 中国擦奏弦鸣乐器。流传于广西壮族地区。壮语称冉列、冉督、冉森等。琴筒用马、骡或牛的大腿骨制作，蒙以蛇皮或青蛙皮。琴杆为竹质或木质。弦轴用黄角或硬杂木制作。张两弦。琴弦原用丝弦，现用金属弦。定弦为a^1、e^2，音域a^1～e^4。演奏时琴筒置于左腿上或夹于两膝间，左手扶杆按弦，右手持弓拉奏。20世纪50年代后出现的改革马骨胡，琴筒从由整骨制作改为用骨块拼合，琴杆和弓加长，扩大了音域和音量，改善了音色。马骨胡是壮剧乐队中的领奏乐器，并与其他乐器组成八音乐队。

马褂 mandarin jacket 中国满族人骑马时穿的外衣。为骑射方便，长仅及脐。满族入关后，成为男子穿在长袍外面的短褂，清雍正以后普遍流行。左右及后开衩，有对襟、大襟、琵琶襟诸式，袖长者及腕，短者至肘，用料有单、夹、纱、皮、棉等。

石青团寿暗花缎对襟马褂（北京服装学院民族服饰博物馆藏）

还有裘皮制翻毛皮马褂，为贵族冬季用服。马褂用色初尚天青，后流行玫瑰紫、深绛色（福色）、棕色等。深青色大袖对襟马褂是一般场合穿用的礼节性服装，明黄色马褂非皇帝亲赐不能穿。马褂因穿着舒适，可搭配性强，直至中华民国时期仍很流行，色彩面料皆随潮流而变，与**长袍**搭配成为1929年中华民国政府公布的《服饰条例》中男子的中式礼服。

《马关条约》 *Treaty of Shimonoseki* 日本强迫清政府订立的关于结束中日甲午战争的不平等条约。见**中日甲午战争**。

马哈 Mácha, Karel Hynek（1810-11-16～1836-11-06） 捷克诗人。生于布拉格，卒于奥地利波希米亚利托梅日采。曾在布拉格查理大学学习。作品多以浪漫主义的笔调，描绘捷克人民为争取民族独立和解放、反对专制暴政的斗争，讴歌自由理想。抒情叙事诗《五月》（1836）由4组长诗和2组插曲组成。诗人提出“一个人成为强盗究竟是谁的罪过”的问题。还著有浪漫主义小说《克日沃克拉德城堡》（1834）、《茨冈人》（1835）以及短篇小说《玛琳卡》（1834）等。

马哈蒂尔·宾·穆罕默德 Mahathir bin Mohamad（1925-12-20～ ） 马来西亚

巫统（即马来西亚民族统一机构）领导人，联邦政府总理（1981～2003）。生于吉打州。1953年毕业于新加坡马来亚大学医学系。毕业后作医生。是巫统早期党员。1969年因公开要求东古·拉赫曼总理下台被巫统开除。1972年重新加入巫统，并当选为巫统最高理事会理事。1974年当选为国会议员，此后历任教育部长、副总理兼教育部长。1978年任副总理兼贸工部长。1981年任巫统主席和国民阵线主席，同年7月任总理兼国防部长。1990年10月大选后蝉联总理兼内政部长。1985年和1993年曾访问中国。2003年10月31日从总理职位退休。马哈蒂尔被称为“马来西亚工业化之父”。

马哈福兹 Mahfūz, Najib（1912－12－11～2006－08－30） 埃及作家。生于开罗，卒于开罗。开罗大学哲学系毕业后在大学任教，以后在政府任职。1971年起，任《金字塔报》专栏作家。1988年成为第一位获诺贝尔文学奖的阿拉伯作家。早期创作的历史小说均取材自古埃及法老时期的历史事件，后转向现实主义创作方法，有长篇小说《新开罗》（1945）、《汉·哈里里市场》（1946）、《梅达格胡同》（1947）、《始与末》（1949）。他的埃及三部曲《宫间街》、《思宫街》、《甘露街》（1956～1957）通过一个家庭三代人的命运，描绘了近半个世纪埃及社会生活的广阔历史画卷。长篇小说《我们街区的孩子们》（1959）以开罗一个街区为背景，以宗教传说为线索，浓缩了人类社会发展史，探索人类社会发展的规律和命运。他一生创作了50余部长篇小说、短篇小说集，以及其他文学论文集。把阿拉伯小说创作推上了顶峰，被称为“阿拉伯小说之柱”。

马哈努沃勒 Mahanuvara 斯里兰卡中部城市，中央省首府，古都。位于中央高地马哈韦利河一支流的上游，海拔488米。西南距首都科伦坡105千米。人口约11万。15世纪末由康提王国（1474～1815）定为首都，名康提。16～18世纪葡萄牙和荷兰殖民者统治期间，王国坚决抗击，始终保持独立，僧伽罗人和当地的赛恩哈尔人特意给它另取新名马哈努沃勒，意为“伟大的城市”。1815年被英国殖民者占领后，仍袭旧称。城市四周群山环抱，现为中部山区的主要商业、宗教、文化和交通中心。附近是斯里兰卡主要产茶区。岛上最早的佛教圣地，著名的旅游和疗养胜地之一。有铁路和公路与全国大部分地区相通。市中心有最后一位康提国王修筑的人工湖——康提湖（1806）。城内的建筑群形式古朴简单，装饰讲究。康提湖畔有建于15世纪的佛牙寺，是康提建筑艺术的典范。佛牙寺后，原是斯里兰卡最后一代国王的王宫，现已辟为康提博物馆。1988年圣城康提作为文化遗产列入《世界遗产名录》。著名的佩勒代尼耶植物园位于康提城西南6千米。佩勒代尼耶大学（1874）也设在那里。

马哈韦利河 Mahaweli Ganga 斯里兰卡最长河流。河名出自僧伽罗语，意为“大沙河”。发源于哈顿高原，流向东北，在亭可马里以南15千米处，流入科迪亚尔湾，全长335千米。左岸的安巴河为最大支流。由于沿途多雨，流量终年丰盈，可向东部的干燥农业区源源供水。为进一步提高其灌溉和发电效能，政府于20世纪70年代初开始执行发展计划，主要致力于筑坝蓄水。这项发展计划于90年代初完成。流域内分布着大面积的茶叶种植园和橡胶种植园，是斯里兰卡的茶叶和橡胶主产区。

马汉 Mahan, Alfred Thayer（1840－09－27～1914－12－01） 美国军事历史学家、军事理论家，海权论的主要创始人。生于**西点军校**教授家庭，卒于纽约州夸格。1859年美国海军军官学校毕业后加入海军，曾任炮舰舰长。1885年任海军学院教授。1886～1888年和1892～1893年两度出任海军学院院长。1893～1895年任美国驻欧洲舰队旗舰“芝加哥”号巡洋舰舰长。1896年以海军上校军衔退役。美西战争时任美国海军战略委员会委员。1906年被授予非现役海军少将军衔。一生发表专著和论文100余部、篇，其中《海权对历史的影响，1660～1783》、《海权对法国革命和帝国的影响，1793～1812》、《海权的影响与1812年战争的关系》和《海军战略》等影响较大。其海权论的中心思想是掌握制海权是国家安全和兴盛的基础，而夺取和保持制海权关键在于建立强大的海军并摧毁敌方舰队。

马合木德·喀什噶里 Mähmud Kašγäri 中国古代突厥语言学家。约生于11世纪初。全名为马合木德·本·胡赛音·本·穆罕默德·喀什噶里。原籍喀喇汗王朝第二都城喀什噶尔。他是《突厥语大词典》的编著者，在此书的序言中自称“长于辞令、善于表达、机灵敏捷、出身高贵、擅长使矛的突厥人”。他曾周游各地，调查突厥各部落的语言、民间文学和风土人情，收集了大量资料，不仅精通突厥语和阿拉伯语，而且具有文学、历史学、地理学、民俗学等多方面的丰富知识。他于11世纪70年代在阿拔斯王朝的首都巴格达编成了以**阿拉伯语**解释突厥语的语言学巨著《突厥语大词典》。这部词典，为保存新疆和中亚地区的文化知识作出了贡献，对后世学者影响较大。他的另一著作《突厥语句法精华》已失传。

马赫 Mach, Ernst（1838－02－18～1916－02－19） 奥地利物理学家、心理学家、哲学家。生于奇尔利茨，卒于德国法泰斯泰滕。在维也纳大学学习数学、物理学和哲学，1860年毕业并获博士学位。1864～1867年在格拉茨大学任数学、物理学教授，1867～1895年在布拉格大学（分校后在德国大学）任实验物理学教授，曾两度任校长。1895年他的母校维也纳大学聘请他主持专为他开设的“归纳科学的历史和理论”讲座。

马赫主要致力于实验物理学的研究，发表过100多篇研究论文和报告。他的最重要成就是研究物体在气体中的高速运动时，发现了激波，并拍摄下激波的清晰照片，还确定以物速与声速的比值（即**马赫数**）为标准，来研究物体的超声速运动。

马赫还是一个具有批判精神的理论物理学家，写了几本富有浓厚认识论色彩和历史观点的著作：《功守恒定律的历史和根源》、《力学史评》、《热学原理》、《物理光学》第一卷。其中《力学史评》这部著作几乎传遍世界，对物理学的发展产生了深刻的影响。他在书中对**I.牛顿**的绝对时间、绝对空间的批判以及对惯性的理解，是极有启发性的思想。这个思想对**A.爱因斯坦**建立**广义相对论**起过积极的作用，成为写出引力场方程的依据。后来爱因斯坦把他的这一思想称为马赫原理。马赫还写过《大学生物理学教程》、《中学低年级自然科学课本》等有影响的教材，在德奥使用了近40年，还流传到俄国。

G.T.费希纳和H.von亥姆霍兹在生理和心理学方面的成功，引起马赫把物理应用到生理学、心理学的兴趣。他在视觉、听觉和运动感觉方面的研究也获得成就，特别是发现了后来以他的姓氏命名的马赫带。

马赫的研究领域从科学到科学史，进而深入到科学认识论。于是马赫被认为是从A.孔德的实证论到逻辑实证论的中介人物，他的思想是维也纳学派的思想渊源。遵循马赫的哲学思想所形成的哲学流派被称为马赫主义。马赫的科学认识论曾在自然科学家中产生过强烈的反响。受其影响的科学家有爱因斯坦和P.W.布里奇曼以及量子力学哥本哈根学派的一些物理学家。

马赫迪起义 al-Mahdī Uprising 苏丹民族英雄马赫迪领导的反抗英国和埃及统治的斗争。1881年6月爆发，1898年被英国殖民军镇压。

19世纪末，英国殖民势力侵入埃及，并由此向苏丹渗透。伊斯兰传教士马赫迪目睹英埃统治的残暴和人民的苦难、怨愤，决心救民于水火。1881年6月，他在白尼罗河的阿巴岛上揭竿起义，民众纷纷参加起义的行列。同年8月末，为了抗击不断前来围剿的政府军，马赫迪率领起义军转移到西部科尔多凡省卡迪尔山区。以此为基地，积蓄力量，训练队伍，多次战胜前来讨伐的政府军。1883年12月，起义军乘胜进攻，直逼苏丹首府喀土穆。1884年1月英国政府委派曾参与镇压中国太平天国起义的C.G.戈登为军队统帅，固守喀土穆。1885年1月26日，马赫迪率军攻下喀土穆，击毙戈登。同年2月建立以马赫迪为元首的神权国家，设首都于恩图曼。

1885年6月22日，马赫迪逝世。临死前，他指定哈里发阿卜杜拉作为继承人。1896年，使用新式武器的英国殖民军再次向苏丹发动进攻。1898年4月，喀土穆陷落。阿卜杜拉率残部退守科尔多凡省，继续进行游击战，直至战死。1899年英国和埃及签订英埃共管苏丹的协定，苏丹再次丧失独立地位，马赫迪派教徒转入地下活动，成为秘密教派。

马赫数 Mach number 气流速度v与当地声（音）速c之比。马赫数是以奥地利物理学家E.马赫的姓命名的，简称Ma数，表示为：$Ma=v/c$，在速度大于声速的气流中，Ma数大于1。飞行器以马赫数小于0.8的速度飞行，称亚声速飞行；0.8～1.2，称跨声速飞行；1.2～5.0，称超声速飞行。Ma数是衡量空气压缩性的最重要的参数。

马赫主义 Machism 19世纪70年代至20世纪初产生并流行于德国、奥地利以及欧洲大陆其他国家的唯心主义哲学流派。以其创始人E.马赫而得名。另一位创始人为R.阿芬那留斯，其代表作为《纯粹经验批判》，因此马赫主义又被称为经验批判主义。马赫主义强调经验的重要性，把感觉经验看作是认识的界限和世界的基础，认为作为世界第一性的东西既不是物质也不是精神，而是感觉经验。从这一立场出发，强调一切科学理论都不过是作业假说，它们只有方便与否之分，没有正确与错误之别。马赫主义曾吸引了不少哲学家和科学家，其思想直接影响了实用主义、逻辑实证主义，并在当时的工人运动中有一定的影响。列宁曾写《唯物主义和经验批判主义》一书，对其作了系统的批判。

马衡 Ma Heng（1881-06-20～1955-03-26） 中国金石学家、考古学家。字叔平。浙江鄞县（今宁波）人。卒于北京。肄业于南洋公学。1922年任北京大学研究所国学门考古学研究室主任兼导师，1925年起任故宫博物院古物馆副馆长、院长，1952年任北京文物整理委员会主任委员。马衡毕生致力于金石学的研究，又注意进行出土文物的现场考察。曾主持燕下都遗址的考古发掘，在中国考古学由金石考证到田野发掘的过渡中有推进之功，被誉为“中国近代考古学的前驱”。抗日战争爆发之际，将故宫珍藏运往西南地区，为保护历史文物作出贡献。马衡系统总结了宋以来的金石研究成果，对秦石鼓、汉魏石经亦有专门研究。著作有《汉石经集存》、《凡将斋金石丛稿》等。

马洪 Ma Hong（1920-05-13～2007-10-28） 中国经济学家。生于山西定襄，卒于北京。1939年毕业于延安马克思列宁学院。历任《共产党人》杂志编辑、延安中央研究院研究员、县长、县委书记、中共中央分局和中共中央政策研究室负责人、中共中央东北局委员和秘书长、国家计划委员会委员兼秘书长、化工部化学工业设计院副院长。

1978年后，历任中国社会科学院院长、国家建委基本建设经济研究所所长、国务院副秘书长、国家机械工业委员会副主任、国家计划委员会和国家经济体制改革委员会顾问。兼任北京大学、清华大学、中国人民大学、复旦大学等校教授。

马洪长期从事经济管理和研究工作，在经济改革、经济结构、经济发展战略、工业管理和企业管理等研究方面有丰富的成果。他积极倡导对传统的社会主义经济管理体制进行改革，从中国国情出发，发挥市场机制作用，探索有中国特色的发展道路。他主持的《二○○○年的中国》是制定七五计划和长远规划的主要参考文件。著有《中国社会主义工业化问题》、《经济结构与经济管理》、《试论我国社会主义经济发展的新战略》、《中国经济调整改革与发展》、《我国社会主义制度下 的商品经济 》、《中国经济发展新战略》、《马洪选集》等。他还主编了《当代中国》丛书等。

马基雅维利 Machiavelli, Niccolò（1469-05-03～1527-06-22） 意大利文艺复兴时期的政治思想家、历史学家。生于佛罗伦萨，卒于佛罗伦萨。出身没落贵族家庭，1494年参加反美第奇家族的起义。1498年起任佛罗伦萨共和国掌管军事外交的“十人委员会”秘书。1513年美第奇家族复辟，遭逮捕和监禁。恢复自由后，长期隐居庄园，著书立说。1527年美第奇家族被逐后，回到佛罗伦萨。

马基雅维利是中世纪晚期意大利新兴资产阶级代表，主张结束国家在政治上的分裂，建立强大的中央集权。在代表作《君主论》（1513）中认为共和政体是最好的国家形式，但又认为共和制度无力消除四分五裂的局面，只有君主政体才能使臣民服从，抵御强敌入侵。推崇为达目的不择手段的权术政治、残暴、奸诈、伪善、谎言和背信弃义等，认为只要有助于君主统治就是正当的。这一思想被后人称为“马基雅维利主义”。另著有《论战争艺术》（1520）、《佛罗伦萨史》（1525）等。

马季 Ma Ji（1934-03-05～2006-12-20） 中国相声演员。原名马树槐。生于天津宝坻，卒于北京。1956年初以相声《找对象》参加北京市工人业余曲艺观摩会演获得一等奖，接着以相声《都不怨我》参加全国职工业余曲艺

会演获一等奖。同年调入中央广播文工团说唱团，随侯宝林学习相声表演，并得到过刘宝瑞和郭启儒等的悉心指点。他不仅善于表演从前辈老师那里继承来的传统相声如《对春联》、《空城计》和《扒马褂》等，尤其擅长编演表现新生活的新相声。《打篮球》、《找舅舅》、《画像》等，是他早期相声的代表作。其后的《友谊颂》、《一仆二主》、《五官争功》等也享誉一时。他为广播电台录制过大量相声节目，许多被灌制成唱片或制作成磁带与光盘发行。1989年以《打电话》获得中国唱片总社颁发的第一届"金唱片奖"，1992年以《百吹图》获得中国唱片总社颁发的第二届"金唱片奖"。授徒较多，其中以姜昆和冯巩等较为著名。著有《相声艺术漫谈》。

马家浜文化 Majiabang Culture 中国新石器时代晚期文化。以浙江嘉兴马家浜遗址而命名。主要分布在太湖地区。年代约为公元前5000～前4000年，是迄今所知太湖地区年代最早的新石器文化。居民主要从事稻作农业，普遍种植粳稻和籼稻。草鞋山遗址还发现有水稻田。农具有石斧、骨耜、木铲、石刀等。家畜有猪、狗和水牛。渔猎采集经济仍占一定比重。陶器多红色，手制，器形有釜、鼎、豆、罐。腰檐釜和长方形横条炉箅是该文化独特炊具。有少量白陶和玉饰品。还发现了小块葛麻罗纹织物。木作手工业发达，木器有铲、耒、桨、橹等。住房为土木建筑，木柱以榫卯连接，用芦苇编扎涂泥为墙，居住面为夯实的混合土。墓葬以单人葬为主，还有婴儿瓮棺葬。有用釜、钵、盆等陶器覆盖死者头部的习俗。还发现几座同性合葬墓，属母系氏族社会葬俗。

马家窑文化 Majiayao Culture 中国新石器时代晚期文化。以甘肃临洮马家窑遗址而命名。主要分布在甘、青、宁三省区境内的黄河及其支流渭、洮、湟等水流域。年代为公元前3800～前2000年。可分早、中、晚三期。早、中期分别以石岭下类型、马家窑类型为代表，晚期以半山、马厂类型为代表。

居民从事原始旱地农业，种植粟、黍和大麻等。饲养猪、狗、羊、牛、鸡等，兼事狩猎。生产工具以长方形凹背石刀和石刃骨匕首最具特色。制陶业发达，生产规模较大，可能已成为独立的专业手工业生产部门，产品既满足氏族内部需要，也用于氏族外的交换。彩陶出土万余件，数量为诸远古文化之冠。造型多样，纹饰富丽，艺术风格独特，反映出这一时期彩陶发展的鼎盛风貌，是中国新石器时代彩陶最发达的文化。其中，青海大通上孙家寨出土的舞蹈纹彩陶盆，花纹描绘5人一组携手起舞，再现了原始社会集体舞蹈的生动场面。器肩部浮雕完整人首、用黑彩画出人的躯体和四肢的人像彩陶罐和裸体人像彩陶壶也许是原始信仰的偶像物，或是巫师进行巫术活动时所用灵物。在柳湾墓地出土的彩陶器上绘有139种符号，可为文字溯源提供线索。甘肃武山傅家门遗址还发现祭祀坑和迄今所知年代最早的刻符号卜骨，揭示了早在前3 800年左右中国已存在占卜习俗。此外，在甘肃东乡林家遗址出土的长12.5厘米马家窑类型青铜刀，是中国已知最早的青铜器。一些墓以海贝和仿贝制品随葬。

聚落位于河流两旁的台地上和山前地带。房屋多为半地穴式，少数为地面建筑，主要有圆形、方形、吕字形几种。发掘墓地30余处，清理墓葬约2 500座，以青海乐都柳湾墓地最多，约占总数的一半。墓葬以土坑墓为主，也有土洞墓、石棺墓和瓮棺墓。葬具有木棺、木椁、石棺等。一般为单人葬，部分为2～7人的合葬，以2人合葬占多数。其中的成年男女合葬反映出已产生一夫一妻制婚姻形态。墓内一般随葬陶、石器和装饰品等。有些墓地的随葬品，男性多石斧、石锛、石凿，女性多纺轮和日用陶器皿，反映出两性的自然分工。但早中期男女随葬品数量相差无几，表明当时男女基本上是平等的，晚期只有少数人拥有较多的随葬品。推知，当时应处于母系氏族社会向父系氏族社会过渡的时期。但个别地方已有私有财产的萌芽和贫富不均现象。

马家窑文化是仰韶文化庙底沟类型融合甘、青、宁地区原始文化发展形成的。它与中原地区的晚期仰韶文化以及河南龙山文化等并行发展。

马戛尔尼使团 Macartney Mission 中国清代乾隆时英国派遣来华的官方代表团。由前驻俄公使、孟加拉总督G.马戛尔尼任全权大使。1792年（清乾隆五十七年）9月，使团乘船自朴次茅斯港启程。使团带有英王庆贺乾隆帝83岁寿辰的信函和国书。英国政府训令使团向清政府提出"改善"贸易条件、互换常驻使节等要求，并事先通过东印度公司通知两广总督，要求清帝准予直接进京晋见。

乾隆帝对英使首次来华极为重视，指派大员在天津迎接。1793年8月，马戛尔尼一行抵达大沽，旋由接待大员陪同经北京前往热河（今河北承德）行宫。关于觐见礼节，马戛尔尼拒绝按中国传统行跪拜礼。乾隆帝表示可"顺其国俗"，行免冠屈一膝深鞠躬礼。

9月14日，马戛尔尼在热河避暑山庄万树园觐见乾隆帝，正式递交国书并参加万寿节活动。马戛尔尼多次想与和珅讨论两国贸易和建交问题，均无结果。10月3日，英使提出书面要求6点：①准英商在舟山、宁波、天津等地贸易；②准英商仿俄罗斯商人之例，在北京设货栈；③于舟山附近指定一小岛，为英商停泊、居留、存放货物之所；④在广州附近辟一地，准英商享有与上款相同的权利；⑤英商在澳门、广州内河运货得免税或减税；⑥粤海关除正税外悉免其他一切税收，中国应公布关税额例，以便遵行。乾隆帝以所请与"天朝体例"不合，一一驳回，并警告英人不得再到浙江、天津贸易，否则必遭"驱逐出洋"。至此，马戛尔尼的使命归于失败。10月7日，使团一行乘船由运河南下杭州，然后改行陆路至广州离境，于次年9月回到英国。

马建忠 Ma Jianzhong (1844～1900) 中国清末改良主义者、语言学家。字眉叔。江苏丹徒（今镇江）人。太平军进军江南时，随家徙居上海。第二次鸦片战争后，因愤外患日深，开始研习西学。同治九年（1870）入李鸿章幕办理洋务。光绪二年（1876），被派赴法国留学，专攻法律、政治、外交，兼充出使英、法大臣郭嵩焘的翻译。光绪五年返回国后，授道台衔，成为李鸿章的重要幕僚，后又任轮船招商局会办及上海织布局总办。光绪十六年后，家居著书。中日甲午战争时，建议创设翻译书院，并充洋文教习，培养兼通汉文洋文人才，翻译各国人文、自然科学书籍。主要著作有《适可斋记言记行》。早期思想基本上没有超出洋务派思想的范围，中法战争后，在政治主张中表现出更多的资本主义倾向。他精通英、法语文及希腊文、拉丁文，是中国近代第一批改良主义者的重要代表人物之一。另著有《文通》(通称《马氏文通》)10卷，以拉丁文法研究汉文经籍的语言结构规律，为中国第一部较系统的语法著作。

马健翎 Ma Jianling (1907～1965-10-18) 中国戏曲作家。名飞雕。陕西米脂人。卒于西安。1934年肄业于北京大学。1937年七七事变后，在任教的延安师范学校成立乡土剧团。1938年参加陕甘宁边区民众剧团。中华人民共和国建立后，先后任职西北军政委员会文化部、西北戏曲研究院、陕西戏曲剧院。一生创作和整理、改编传统戏60多出。其中有运用西北人民喜闻乐见的秦腔、眉户的形式反映现代生活的作品，如秦腔《一条路》、《两亲家》、《血泪仇》、《穷人恨》等，眉户《十二把镰刀》、《大家喜欢》等，为传统戏曲与新时代相结合作出了贡献。又有整理、改编秦腔传统剧目和新的秦腔历史戏的编写，如《游龟山》、《赵氏孤儿》等戏，在思想内容和舞台艺术的继承与革新方面都取得了成绩。

代表剧目编为《马健翎现代戏曲选集》出版。马健翎还是一位出色的导演和演员。他的许多剧作都是他导演或亲自参加演出的。1956年他又将皮影戏碗碗腔搬上戏曲舞台。

马君武 Ma Junwu（1881-07-17～1940-08-01） 中国近代学者、教育家、政治活动家。名和，字厚山，号君武。广西桂林人。卒于桂林。早年就读于桂林、广州和上海，

后赴日本京都帝国大学学习化学。1905年加入同盟会，成为《民报》主要撰稿人之一。1907年赴德国入柏林工业大学学冶金。武昌起义爆发后回国，出任南京临时政府实业部次长。1912年任国会参议员。1913年“二次革命”失败后，再度赴德入柏林大学学习，获工学博士。1917年回国参加孙中山发起的护法运动，任广州军政府交通部长。1921年，孙中山就任非常大总统，马君武任总统府秘书长，接着就任广西省省长。1924年国民党实行改组，马君武发表宣言反对孙中山的联俄、联共、扶助农工三大政策。1925年出任北洋政府司法总长，被国民党二人开除党籍。精通英、日、德、法等国文字，编译了《德华字典》，翻译出版了达尔文的《物种起源》。后半生致力于科学教育事业，先后任上海大夏大学、北京工业大学、上海中国公学校长。1927年，在梧州创办广西大学，任校长。抗日战争爆发后，任国民参政员。

马钧 Ma Jun 中国三国时期的机械制造家。字德衡。魏国人。生于扶风（今陕西兴平东南）。生卒年不详。主要活动于魏明帝时期（227～239）。其时，纺织用绫机效率低，数十日方能织布一匹。马钧简化绫机机械结构，将50综（综片）50蹑（踏具）和60综60蹑的旧丝绫机改制成12蹑，使生产效率提高4～5倍，且织出花绫纹饰美丽，配置变化多端。马钧的革新，使魏国所产丝织物堪与四川所产蜀锦媲美。马钧还创制提水灌溉用翻车（即龙骨水车），因其结构巧妙，轻便灵活，效率高，在中国农村长期得到广泛应用。他还运用原动力和传动机械使百戏塑型成为“水转百戏”。所试制的轮转式发石机可连续发射砖石达百步远。此外，他改进了诸葛连弩，还制成指南车。

马俊仁 Ma Junren（1944-10-28～ ） 中国田径教练员。辽宁辽阳人。1962年参加

中国人民解放军。1970年复员。1987年任鞍山市体育学校中长跑教练。1988年初被聘为辽宁省田径队中长跑教练。以大运动量训练和科学恢复及严格管理相结合的训练方法著称。所执教的辽宁省女子中长跑队主力队员王军霞、曲云霞、张林丽、张丽荣、马丽艳、刘东、刘丽等曾在1993年第7届全国运动会上6人11次超3项女子中长跑世界纪录。1993年8月在德国斯图加特举行的第4届世界田径锦标赛上，获3块金牌、2块银牌、1块铜牌。1993年10月在西班牙举行的世界杯马拉松赛上，夺得团体冠军，包揽女子组前4名。王军霞获1993年杰西·欧文斯奖。马俊仁获1993年全国最佳田径教练员称号，成为国家级教练。历任辽宁省体育局副局长、辽宁省田径训练中心经理等。

马卡连柯 Makarenko, Anton Semyonovich（1888-03-13～1939-04-01） 苏联教育家、作家。生于乌克兰一个铁路技工家庭。17岁开始当小学教师。十月革命后担任过小学校长。1920年

起从事再教育工作，先后创办并领导高尔基工学团和捷尔任斯基儿童劳动公社。1935年7月调任乌克兰苏维埃社会主义共和国内务人民委员部工学团管理局副局长。1937年2月迁居莫斯科，专事文学创作，并总结自己的教育经验。

1925～1935年，马卡连柯创作了教育小说《教育诗》，是其在领导工学团的过程中将全部精力和心血倾注于流浪儿、少年违法者的教育与再教育工作的真实写照。旨在说明在集体中，只要遵循尊重与严格要求相结合的教育原则，并以教育与生产劳动相结合的方式，完全可将流浪儿和少年违法者教育成有道德、有文化的新人。著有《父母必读》、《塔上旗》、《儿童教育讲座》等。还有中篇小说《荣誉》等。还出版了8卷本《马卡连柯教育文集》。

马凯 Ma Kai（1946-06～ ） 中华人民共和国国务院国务委员、国务院党组成员兼国务院秘书长。上海市人。1965年加入中国共产党。研究生学历，获经济学硕士学位。1965～1970年任北京市第四中学教员。

1970～1973年在北京市西城区“五七”干校劳动锻炼。1973～1979年任中共北京市西城区委党校教员（其间：1978～1979年在中共北京市委党校理论班学习）。1979～1982年为中国人民大学政治经济学系政治经济学专业硕士研究生。1982～1983年任国家物价局物价研究所助理研究员。1983～1984年任北京市西城区计委副主任兼区财办副主任，区计委主任（1984年3月）。1984～1985年任北京市西城区副区长兼区计委主任。1985～1986年任北京市体改办副主任。1986～1988年任北京市物价局局长、党组书记。1988～1993年任国家物价局副局长、党组成员（其间：1992年9～11月在中共中央党校省部级干部进修班学习）。1993～1995年任国家经济体制改革委员会副主任、党组成员。1995～1998年任国家计划委员会副主任、党组成员（其间：1997年3～5月在中共中央党校省部级干部进修班学习）。1998～2000年任国务院副秘书长、机关党组成员。2000～2003年任国务院副秘书长（负责国务院办公厅常务工作，正部长级）、机关党组副书记。2003～2008年任国家发展和改革委员会主任、党组书记，国务院西部地区开发领导小组办公室主任（2003年5月），国家能源领导小组办公室主任（2005年4月）。2008年任国务委员、国务院党组成员兼国务院秘书长，国务院西部地区开发领导小组办公室主任。在中共十五大上当选为中央纪委委员，是中共十六届、十七届中央委员。

马科 Equidae; horse family 哺乳纲奇蹄目的一科。现生代表只有一属——真马，但化石马的属种很多。达尔文进化理论1859年问世后，马的进化成了古生物学支持进化论的最早、且具说服力的例证。马类的进化主干一直在北美，最早可追溯至距今约5 500万年；主干之外，尚有若干旁支，并在不同的地质时期内扩大到其他大陆（见图）；公认的属有20多个。

在始新世共发现3个属：始马（又称始新马、始祖马），以及山马和后马。它们都很小，大小如狐或犬；牙齿低冠，丘型齿，前臼齿未臼齿化；前肢为4趾。始新世初，始马在欧洲也有发现。渐新世在北美主要发现两个属：渐新马和中新马。它们个体增大，如羊；颊齿已呈脊型，前臼齿已接近或完全臼齿化；前肢3趾。此时其他大陆都没有马类进化主支的化石。以上5个属在

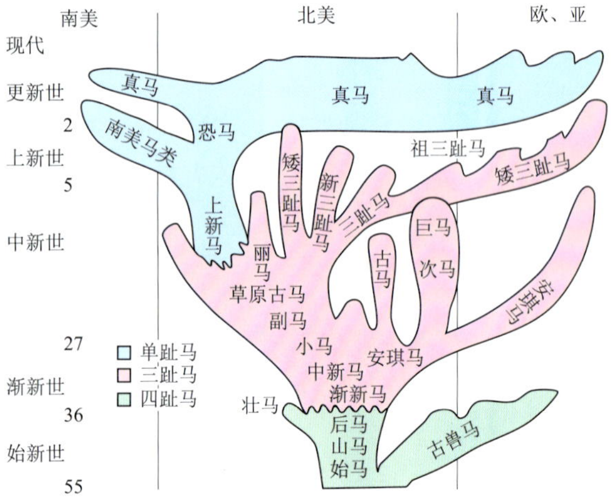

马的进化谱系图

形态上形成连续的系列。中新世是马类进化的最重要的阶段，也是产生多个旁支的时期。首先，低冠三趾类型继续演化，产生出安琪马类型的几个旁支，计有古马、安琪马、次马和巨马。它们的个体由小急剧增大，巨马的大小已接近现生马；上颊齿有“W”形外壁，次级小褶开始出现。安琪马在中国产生了后期特化的中华马（*Sinohippus*）。这一类型的马在晚中新世末全部绝灭。另一支则向高冠演化，在早、中中新世有两个属：副马和草原古马。从草原古马又分出两支：一支形成原尖完全孤立的三趾马类，包括4个属：三趾马、新三趾马、祖三趾马和矮三趾马，这些属在眶前窝的形态上差别较明显；一支则向单趾和上颊齿原尖与原脊相连的真马方向发展，通过原马、上新马、恐马等逐步演化为真马。在晚中新世之初（距今约1 200万年），三趾马进入欧亚及非洲。上新世时（距今约400万年）上新马类型的马进入南美成为一种南美土著马。上新世末（距今约250万年）真马向西进入欧洲及非洲，向南进入南美。

现生马包括马、斑马、驴和骡等，从形态上讲是一类高度特化的动物：牙齿高冠，肢为单趾。用途广泛。

马科斯 Marcos, Ferdinand Edralin (1917-09-11～1989-09-28) 菲律宾总统（1966～1986）。生于北伊罗戈省萨拉特镇，卒于美国夏威夷。伊罗戈族。天主教徒。父亲是政治家。青年时就学于菲律宾大学法律系，获法学士学位。第二次世界大战中曾被日军俘虏，在由巴丹至中吕宋的“死亡行军”中幸免于死，脱逃后成为菲律宾抗日领袖。1945年春被D.麦克阿瑟将军任命为北吕宋八省行政官，获上校军衔，有“抗日英雄”之誉。1946～1947年任共和国独立后首任总统M.罗哈斯的特别助理。1949～1959年任自由党众议员，1959～1965年任自由党参议员，1961～1965年为参议院议长。原为罗哈斯创建的自由党的主要成员，1965年因未被该党提名为总统候选人，脱离该党。后以国民党候选人身份同自由党主席D.马卡帕加尔竞选总统，获胜后于1965年12月30日就总统职。1969年连选连任。在首届任期内使农业、工业、教育都得到发展。1972年9月21日颁布军事管制法，集各种非常权力于一身。1981年1月17日宣布结束军事管制，但仍以铁腕进行统治。同年4月公民投票批准了各种宪法改革，建立新政府体制，继续实行总统制。他于6月16日击败了仅有的象征性竞选人而获胜，6月30日就职，开始了6年的新任期。1986年2月7日，在反对党的一再呼吁和美国的压力下宣布提前大选，国民议会宣布他再次当选。但由于菲律宾人民的强烈反对和国防部长J.P.恩里莱及其部队的倒戈，马科斯在统治菲律宾22年后，于1986年2月25日举家逃往夏威夷。病故后，经阿基诺政府的批准，其灵柩于1993年返回家乡北伊罗戈省安放。

马可 Ma Ke (1918-06-27～1976-07-27) 中国作曲家、音乐学家。江苏徐州人。卒于北京。1937在河南大学化学系学习并参加救亡运动。抗日战争全面爆发后，参加河南抗敌后援会演剧三队，任歌咏指挥同时从事音乐创作。1939年赴延安，在鲁迅艺术学院音乐系学习、工作。创作了秧歌剧《夫妻识字》、歌曲《南泥湾》、《我们是民主青年》、《咱们工人有力量》等，参加歌剧《白毛女》创作，是主要作曲者。解放战争时期，随鲁艺在东北从事音乐活动。中华人民共和国建立后先后在中国戏剧学院、中国戏曲研究院音乐研究室、中国音乐学院、中国歌剧舞剧院及《人民音乐》编辑部等单位担任领导工作。这时期的主要作品有歌剧《小二黑结婚》、评剧《志愿军未婚妻》、歌曲《伽倻琴你有多少弦》等，并撰写了许多音乐研究文章。他对中国新歌剧的创造和发展、戏曲音乐的研究和改革作出了重要贡献。

马可·波罗 Marco Polo (1254-09-15～1324-01-08) 意大利旅行家。生于威尼斯，卒于威尼斯。1271年随同父亲和叔父从威尼斯出发，于1275年夏到达中国元代上都（今内蒙古正蓝旗境内），受到元世祖忽必烈的接待和赏识。在中国先后居住了约17年，到过现在的新疆、四川、云南、浙江、福建和北京等地。1295年回到威尼斯。1298年在海战中被俘，在狱中口述东游见闻，由同狱人鲁斯蒂凯洛·达·皮萨用法文笔录成书，题名为《东方见闻录》，后通称《马可·波罗游记》。全书共分4卷，重点记述在中国居住期间进行外交、贸易、行政管理活动的见闻以及中国的地形和风俗。它对于欧洲人了解东方和新航路的开辟以及现代科学文化的发展均有影响，也是古代地理学史和亚洲历史研究的重要文献。

《马可·波罗游记》 *Travel of Marco Polo* 第一部向西方系统介绍中国情况的书籍。马可·波罗著。

马可尼 Marconi, Guglielmo (1874-04-25～1937-07-20) 意大利物理学家、发明家。生于波伦那，卒于罗马。先后在波伦那、佛罗伦萨和里窝那接受过私人教育。1897年，建立马可尼无线电报有限公司，并任董事长。1919年担任巴黎和会的意大利特命全权代表。1929年被封为侯爵。主要业绩是发明了无线电报并把这种无线电通信从试验扩展到大规模实际应用。1895年马可尼在意大利他父亲的庄园里开始了无线电报实验。他成功地把无线电信号发送到了2.4千米的距离。并取得了第一个专利。1900年马可尼为其调谐式无线电报取得专利。1901年12月，他第一次使无线电波越过了康沃尔郡的波特休和纽芬兰省的圣约翰斯之间的大西洋，距离为3 380千米。1902年他在美国“费拉德尔菲亚”号邮轮的航程中试验了无线电报通信的白昼效应。因在发明无线电报上所作的贡献与K.布劳恩共获1909年诺贝尔物理学奖。

马克当 McAdam, John Loudon (1756-09-21～1836-11-26) 英国路面专家。苏格兰人。生于埃尔郡，卒于邓弗里斯郡。以公路建设上的成就闻名世界。首创碎石路面修筑工艺和路面锁结理论，为各国公路界所接受并沿用至今，他所设计的路面类型称为马克当路面。他还主张道路建设应适应交通运输发展的需要，必须修筑有效的道路并进行良好的养护管理。著有论文《关于公路科学管理与维护》(1819) 等。

马克沁机枪 Maxim machine gun 英籍美国人H.S.马克沁发明的机枪。马克沁1883

年进行了原理性试验，1884年获得专利。马克沁机枪是世界上第一种真正以火药燃气为能源的自动武器。其口径为11.43毫米，枪重27.2千克，采用枪管短后坐（19毫米）式自动方式，水冷枪管；采用容弹量为333发6.4米长的帆布弹带供弹，弹带可接续。理论射速600发/分，可以单、连发射击；也可以通过射速调节器调整为慢射速100发/分。马克沁机枪结构复杂，采用水冷枪管较为笨重，帆布弹带受潮后可靠性变差，但在近代战争中曾被普遍使用。

马克思 Marx, Karl (Heinrich) (1818-05-05～1883-03-14) 马克思主义创始人，国际共产主义运动的奠基者。生于德国莱茵省特利尔城，卒于英国伦敦。大学期间，起初研究法学，后来主要研究历史和哲学。1837年起研究黑格尔哲学，参加青年黑格尔派。1841年初写成博士论文《德谟克利特的自然哲学和伊壁鸠鲁的自然哲学的差别》。同年4月15日获得哲学博士学位。

1842年10月任资产阶级民主派的报纸《莱茵报》编辑。此后《莱茵报》的革命民主主义倾向越来越鲜明，当局便在1843年1月决定，从4月1日起查封《莱茵报》，马克思退出编辑部。1843年5月，与燕妮·冯·威斯特华伦结婚。

1843年10月到巴黎，与A.卢格筹办《德法年鉴》杂志。1844年在《德法年鉴》上发表《论犹太人问题》和《〈黑格尔法哲学批判〉导言》两篇文章。

1844年8月，F.恩格斯从英国曼彻斯特来到巴黎，会见马克思。从此开始他们的合作。第一个成果是合写《神圣家族》。

1845年1月，马克思被法国政府驱逐出境。2月到了比利时的布鲁塞尔。开始批判费尔巴哈唯物主义的局限性，写了《关于费尔巴哈的提纲》。1845～1846年他与恩格斯合写《德意志意识形态》，第一次系统地阐述了唯物史观。这一伟大发现揭开人类历史发展之谜，为科学共产主义奠立牢固的哲学基础。

1846年初，马克思和恩格斯建立布鲁塞尔共产主义通讯委员会，并同工人运动中的错误思潮魏特林主义、蒲鲁东主义和“真正的社会主义”作了斗争。1847年初，马克思和恩格斯应邀参加正义者同盟。1847年6月同盟更名为共产主义者同盟。马克思担任共产主义者同盟布鲁塞尔区部领导人。同年11月，他和恩格斯受大会委托起草同盟的纲领，这就是1848年2月正式发表的《共产党宣言》。宣言是科学共产主义的第一个纲领性文件。

1848年资产阶级革命席卷欧洲大陆。3月初，马克思被比利时当局驱逐出境，到了巴黎。他受共产主义者同盟中央委员会委托在巴黎建立新的中央委员会，当选为主席。德国三月革命爆发后，马克思和恩格斯为同盟中央委员会拟定无产阶级在这场革命中的行动纲领《共产党在德国的要求》。4月初，他们返回德国，直接参加革命。6月1日共同筹办的《新莱茵报》问世。马克思担任总编辑。随着革命运动在各地相继失败，反动势力日益猖獗，《新莱茵报》在1849年5月19日被迫停刊。马克思于6月初离开德国去巴黎。8月24日又被驱逐出巴黎，流亡到伦敦，在那里长期定居。

在伦敦，马克思重建共产主义者同盟的地方组织和中央委员会。1850～1852年，马克思和恩格斯把主要精力用于总结1848年革命的经验，为此创办《新莱茵报·政治经济评论》杂志。马克思发表的著作《1848年至1850年的法兰西阶级斗争》、《路易·波拿巴的雾月十八日》等，进一步丰富了科学共产主义理论。

1851年8月～1862年3月，马克思和恩格斯为《纽约每日论坛报》写了500多篇文章，评述当时国际重大事件，抨击各国反动政府的内外政策，声援各国人民的革命运动，特别是东方被压迫民族的解放运动。

1857年7月～1858年5月，马克思写了《政治经济学批判大纲（草稿）》，第一次提出了剩余价值理论，继唯物史观这一伟大发现之后完成了第二个伟大发现。1867年9月14日，《资本论》第一卷在汉堡问世。第二卷和第三卷由于他过早逝世未能最终完成，后经恩格斯整理和增补，分别在1885年和1894年出版。《资本论》具有划时代的意义，标志着马克思主义政治经济学科学体系的创立。

马克思在埋头研究政治经济学的同时，仍同各国工人运动活动家保持密切联系。1864年9月28日马克思参加了第一国际成立大会，被选入领导委员会。他为国际起草了《成立宣言》、《临时章程》和其他重要文件；为国际制定斗争纲领、斗争策略和组织原则。在国际存在时期，他始终是国际的领袖，国际的灵魂，在国际内部领导了反对工联主义、蒲鲁东主义、拉萨尔主义的斗争。

1871年3月18日巴黎建立人类历史上第一个无产阶级政权——巴黎公社。马克思尽力帮助公社领导制定正确的政策，动员各国工人声援巴黎公社。为总结公社经验，他受第一国际总委员会委托起草一个宣言，即《法兰西内战》，论证了无产阶级必须打碎资产阶级国家机器代之以无产阶级专政这个重要原理。

1872年第一国际海牙代表大会后，总委员会迁往纽约，马克思和恩格斯不再参加国际的领导工作。但他们继续为国际的事业奋斗。

马克思晚年常被病魔缠身，为完成《资本论》第二卷和第三卷，他继续收集和研究各种资料，不断发展政治经济学理论。1872～1875年，他花了很大精力修改《资本论》第一卷法文版。1875年，抱病写了《对德国工人党纲领的几点意见》，通称《哥达纲领批判》。这是科学共产主义的又一个纲领性文件。1881年12月和1883年1月马克思的妻子和长女相继去世。马克思逝世后，葬于伦敦海格特公墓。马克思的著作被收录在《马克思恩格斯全集》中。

马克思主义 Marxism 国际无产阶级革命导师K.马克思和F.恩格斯创立的思想体系。包括科学世界观、社会历史发展学说、无产阶级革命理论以及社会主义和共产主义建设理论在内的科学理论体系。为工人阶级政党的理论基础和指导思想。“马克思主义”一词作为马克思、恩格斯创立的学说的总称在马克思在世时已经出现，在19世纪70年代末法国社会主义者的著作中曾广泛使用，但内容受到歪曲，马克思对此提出尖锐批评。恩格斯在80年代初开始使用“马克思主义”一词，并在1886年专门作了说明。

马克思主义产生于19世纪40年代，是资本主义矛盾激化和工人运动发展的产物。以《共产党宣言》的问世为标志。它吸收和改造了人类思想文化的一切优秀成果，特别是18世纪中叶和19世纪上半叶的社会科学和自然科学的成果。它的主要理论来源是德国古典哲学、英国古典政治经济学和英法空想社会主义。此外，法国启蒙学者的思想和法国复辟时期历史学家的阶级斗争学说，也为科学社会主义理论提供了有益的思想资料。19世纪科学技术的新成果，特别是细胞学说的确立，能量守恒和转化规律的发现、进化论的新发展为马克思主义的产生奠定了坚实的自然科学基础。

马克思主义是完整的科学体系，它包含三个主要组成部分：马克思主义哲学、政治经济学和科学社会主义。这三个组成部分不是彼此割裂的，它们构成一个相互联系的有机整体。马克思主义是无产阶级认识世界和改造世界的思想武器。它的主要特征是科学性和革命性的结合，理论和实践的统一。马克思主义作为一个完整的理论体系是在同各国工人运动和革命斗争实践的结合中发展的；是在同各种错误思潮的斗争中发展的；是在对时代发展提出的新问题和出现的新情况进行创造性研究过程中不断发展的。马克思和恩格斯逝世后，他们的继承者继续把马克思主义推向前进。V.I.列宁把马克思主义同俄国革命的具体实践结合起来，创造性地发展了马克思主义。创立了马克思主义的帝国主义理论。发展了马克思、恩格斯关于无产阶级革命和无产阶级专政的理论，制定了关于建立新型无产阶级政党的学说。他总结了苏维埃俄国的实践经验，提出了社会主义建设的基本原则和指导思想。列宁对马克思主义的发展使马克思主义进到一个新阶段——列宁主义阶段。在中国，以毛泽东为代表的中国共产党人把马克思主义的基本理论与中国历史、社会实践相结合，创立了毛泽东思想。

马克斯韦尔 Maxwell, Robert (1923-06-10～1991-11-05) 英国出版商。生于捷克犹太人家庭，德国纳粹占领时逃往英国。第二次世界大战期间在英军服役，并入英国籍。战后在英国创办培格蒙出版公司。1984年以巨资买下镜报集团，获得《每日镜报》等多家全国性报纸。1987年接管麦克米伦出版公司，1990年5月创办《欧洲人报》。1986年起任欧洲卫星电视广播联合公司董事长，1986年起任《中国日报》欧洲出版商。1991年在西班牙大加那利岛度假时溺水身亡。著有《核电的经济学》、《公众的扇形购买》、《活着的人》。

马克·吐温 Mark Twain (1835-11-31～1910-04-21) 美国作家。塞缪尔·朗赫恩·克莱门斯的笔名。生于佛罗里达，卒于雷丁。幼年家境贫困，12岁时因父亲去世辍学。他曾拜师学习排字，并开始学习写作幽默小品。1856年后，在密西西比河上担任舵手，曾一度参加南军。1861年后转而以写文章为生。1862年在内华达弗吉尼亚城一家报馆工作。1863年开始使用“马克·吐温”的笔名。这个词是密西西比河水手的行话，意思是“12英尺深”，指水的深度足以使航船通行无阻。1865年发表幽默故事《卡拉韦拉斯县驰名的跳蛙》，根据一个流行已久的传说改写，生动地表现了当时在开发中的美国西部所特有的幽默的风格，加上突出的运用口语的文风，使他全国闻名。19世纪60年代末70年代初发表了《傻子国外旅行记》(1869)、《艰苦岁月》(1872)和《镀金时代》(1873)三部长篇作品。

1871年时已成为有名的作家和幽默演说家。此后的20年是他创作的丰收时期。他以早年在密西西比河上做舵手的生活为题材，写了7篇文章，后汇集成书，名为《密西西比河的往事》。这本书采用自传体，以幽默的笔法，现实主义和浪漫主义结合的风格，把密西西比河及河边小镇的生活写得十分生动。8年后，他把这本书扩充为《密西西比河上》(1883)。此后密西西比河和在家乡汉尼拔的童年生活成为他的几本杰作的题材来源。

1876年，长篇小说《汤姆·索亚历险记》出版。它虽然是以密西西比河上某小镇为背景的少年读物，但为任何年龄的读者所喜爱。马克·吐温的另一部重要小说《哈克贝里·费恩历险记》于1884年出版。小说的主角哈克贝里·费恩生活在密西西比河边一个小城里，无人管束，但心地善良。他和黑奴吉姆结伴到禁止蓄奴的自由州，沿途经历了一系列奇事、险事，遇见了各色人等。通过他的眼光，宗教的、封建的落后现象被揭露得尖锐、深刻，全书充满幽默气氛。小说使用了美国南方的几种方言，黑人吉姆的话则用的是黑人的口语。这在当时是一种创新，对以后的文学创作产生了很大的影响。

80年代后期开始，马克·吐温的作品有小说《亚瑟王朝廷上的康涅狄格州美国人》(1889)、《傻瓜威尔逊》(1894)、《贞德传》(1896)和《赤道旅行记》(1897)，时论作品如《给在黑暗中的人》(1901)、《为芬斯顿将军辩护》(1902)、《莱奥波尔德国王的独白》(1905)、《沙皇的独白》(1905)等。

1904年，马克·吐温进入了事业的最后阶段。对“人类”(实为对有产阶级)的悲观情绪，成了他一些作品的主调，在中篇小说《败坏了哈德莱堡的人》(1900)、散文《人是怎么回事?》(1906)、故事《神秘的来客》(1916)等中都有反映。

马克西米利安一世 Maximilian Ⅰ (1459-03-22～1519-01-12) 德意志国王(1486～1519)，神圣罗马帝国哈布斯堡家族皇帝(1493～1519年在位)。生于维也纳，卒于韦尔斯。腓特烈三世之子。1486年继承父位，成为德意志国王。在西班牙、英格兰等的支持下，持续同法国和尼德兰争雄，至1490年，已重新统一哈布斯堡家族各领地，并获得匈牙利、波希米亚、蒂罗尔等大片新土地，1493年其父死后，成为神圣罗马帝国皇帝。1508年2月，教皇尤利乌斯二世授予其神圣罗马帝国皇帝称号。1515年在马里尼亚诺战役中失利，马克西米利安一世仅保有蒂罗尔地区。

马克西米利安一世致力于建立中央集权的统一强国，在使奥地利上升为欧洲大国方面起了重要作用。

马夸人 Makua 非洲东南部莫桑比克共和国的主要民族之一。又称瓦夸人、马夸内人。人口约895万(2002)。另有部分分布在马拉维、坦桑尼亚、津巴布韦、南非和科摩罗群岛。属尼格罗人种班图类型。使用马夸语，属尼日尔-科尔多凡语系尼日尔-刚果语族。有文字。多保持万物有灵信仰，部分人信天主教或伊斯兰教。族源与北部的尧人、恩金多人、马孔德人等相近。支系包括马夸人本支、隆韦人、楚瓦博人、米哈瓦尼人、洛洛人、马托人等。另外，部分人在中世纪被作为奴隶贩卖到马达加斯加岛，其后裔仍称马夸人。主要从事锄耕农业，种植木薯、玉米、高粱、花生，以及阿卡朱果、茶叶、剑麻、甘蔗、椰子和棉花等；渔业发达；畜牧业比重不大。制陶手工艺发达。婚姻行一夫多妻制，各妻室独居。按母系续谱、居住和继承财产。多住圆锥形茅屋。沿海地区受斯瓦希里文化影响，不少人兼用斯瓦希里语，着阿拉伯服饰。

马拉博 Malabo 赤道几内亚首都和最大港市。1973年前称圣伊萨贝尔。位于比奥科岛北岸，与喀麦隆隔海相望，相距约30千米。人口26.6万(2007)。城市坐落在火山岩台地上，北有非洲统一角，南有全国最高峰斯蒂贝尔火山。热带雨林气候，高温多雨，年平均最高气温30℃，极端最高气温39℃。平均年降水量1 888毫米，分配较均匀，5～6月和9～10月为多雨期。15世纪后半叶葡萄牙最先在此建殖民据点。1778年后成为西班牙殖民地首府，并充当大西洋航线的中途站。附近多咖啡、可可等种植园，是热带农产品集散地。全国最重要的工商业中心，主要工业有食品、榨油、木材加工、鱼类加工、面粉、酿酒以及可可与咖啡加工工业。全国最大港口，输出可可、咖啡、香蕉、木材等。马拉博机场为国际空港，海岛风光秀丽，旅游业活跃。

马拉多纳 Maradona, Diego Amando (1960-10-30～) 阿根廷足球运动员。生于布宜诺斯艾利斯。自幼喜爱踢球，他所在的少年队在国内比赛中创下140场不败的纪录。16岁加盟青年阿根廷人俱乐部，并入选阿根廷国家队。1979年第2届世界青年锦标赛中，为阿根廷队赢得世界冠军起了重要作用。1984年，转会至意大利那不勒斯队。1986年第13届世界杯赛时，他的技术表现更为成熟，为阿根廷赢得世界冠军作出了贡献。1990年，他又率阿根廷队

获第14届世界杯赛亚军。他在阿根廷国家队中出场91次，进球34个。20世纪90年代初由于吸毒等问题被罚停止参加比赛，1993年恢复其参加比赛资格。1994年第15届世界杯赛中，又被查出服违禁药物，再次被罚停止参加比赛。

1997年10月，宣布退出职业足球生涯。2008年，马拉多纳担任阿根廷国家足球队主教练。2010年南非世界杯中，他率领的阿根廷国家足球队在1/4决赛中败于德国国家足球队，无缘四强。2010年7月被解除阿根廷国家队主教练职务。

马拉喀什 Marrâkech 摩洛哥古都，马拉喀什省首府。著名旅游胜地和南部地区政治、经济中心。人口约82.32万(2004)。坐落于山间盆地中，临坦西夫特河上源，海拔460米。地中海型气候，平均年降水量不足500毫米。摩洛哥4大古皇城之一。旧城由阿尔摩拉维德王朝始建于1062年，中世纪曾是摩洛哥几个王朝的都城；现代化的新城始建于1913年。城市周围灌溉农业发达，盛产小麦和水果、油橄榄等。摩洛哥南部地区重要商业中心，传统手工业发达，主要产品有久负盛誉的地毯，皮革及其制品，银、铜器皿和饰物，以及炊具、茶具等，集中在旧城。工业有面粉、水果蔬菜罐头、榨油、纺织和木材加工等，多分布在新城区。

库图比亚清真寺

市区东部的阿拉伯式旧城，以众多名胜古迹和园林蜚声国内外，1985年被联合国教科文组织列入《世界遗产名录》。著名古迹有库图比亚清真寺、古陵墓、古王宫和具民族特色的阿拉伯广场等。1195年建造的库图比亚清真寺，该寺的尖塔高67米，外观富丽堂皇。旧城东的阿克达尔橄榄园，具有700多年历史，在众多园林中规模最大。旧城内还有16世纪萨阿迪王朝时代的圆顶陵墓，19世纪的巴西亚王宫以及达西赛义德博物馆等。有阿拉伯语学院等高等院校。冬季运动场是闻名的冬季旅游和度假胜地。铁路西通萨菲，北通达尔贝达、拉巴特等地。重要公路枢纽，公路通向阿特拉斯山区和沙漠地区。市郊有飞机场。

马拉卡纳体育场 Maracana Stadium 世界最大的体育场。位于巴西里约热内卢马拉卡纳大街，正式名称为马里奥·菲洛体育场。1948年8月开始兴建，1950年6月16日正式启用。体育场建筑呈椭圆形，周长940米，高32米，有20个出口，可容观众15.5万人，最大容量可达20万人，最高纪录是183 341人。运动场面积为110米×75米。场内设施有30个播音室、5个电视转播室、220个扩音器、20只计时钟、70只报警器，另有运动员宿舍、病房、按摩室等。

正门入口处有一纪念牌，上书“马拉卡纳有史以来最漂亮的一球”。为纪念“球王”贝利在1961年的一次足球比赛中，从本方禁区出发，只身快速盘带，连过6人封堵射门成功而建。

马拉开波 Maracaibo 委内瑞拉第二大城市，苏利亚州首府，世界著名石油输出港。人口210万(2003)。位于马拉开波湖西北岸。地势低平。气候湿热。1529年由德国人始建。17世纪起城市逐渐繁荣，成为梅里达山区咖啡输出港。自1917年以来，因马拉开波地区油田的开发，成为世界著名的石油工业中心和石油输出港之一，人口逐渐增多。原油输出量占全国一半，还出口咖啡、可可和硬木等。有石油化工、食品、纺织、制革等工业。有苏利亚大学(1891)和拉斐尔·乌达内塔大学(1973)。公路通达湖区各油田和首都。有国际机场。

马拉开波湖 Lake Maracaibo; Lago de Maracaibo 南美洲最大的湖泊。位于委内瑞拉西北部，马拉开波低地的中心。世界大湖之一，属构造湖。面积13 380平方千米。北浅南深，容积2.8亿立方米。盐度15～38。石油资源丰富，并伴有天然气，有“石油湖”之称。湖内可通大型海轮和油轮。湖畔生产可可、椰子、甘蔗和咖啡。湖岸城市有马拉开波、卡维马斯和奥赫达。

马拉开波湖桥 Maracaibo Lake Bridge 世界第一座公路预应力混凝土斜拉桥。位于委内瑞拉，跨马拉开波湖。意大利R.莫兰第设计，1962年建成。全长8.7千米，5个通航孔跨度为235米，结构为预应力混凝土斜拉悬臂加挂梁；主桥墩支承一连续的预应力混凝土梁，梁两端悬臂伸出墩外，其伸出端部以斜拉索系于A形塔架顶部，组成一组独立的悬臂结构；两组悬臂端之间搁以挂梁，联成整桥。马拉开波桥开创了预应力混凝土桥的先河，使莫兰第桥式在世界各地得到普遍采用。

马拉梅 Mallarmé, Stéphane (1842-03-18～1898-09-09) 法国诗人。生于巴黎，卒于瓦尔万。家境贫寒。曾长期任中学英语教师。1866年，在帕尔纳斯派的刊物上发表《窗子》、《蔚蓝的天》、《海风》等11首诗。悲剧《希罗底亚德》从1864年开始写作，始终没有完成，最后在1871年用抒情诗的形式发表了几个片段。1876年发表《牧神的午后》，由110行亚历山大体的诗句构成，全诗弥漫着扑朔迷离、似梦非梦的氛围，被誉为象征主义杰作。曾被印象派音乐家C.德彪西谱成交响乐。《骰子一掷永远取消不了偶然》是他最后发表的作品，力图运用乐谱手法创作诗。马拉梅在写作中遣词用字别出心裁，力求以最少的文字表达丰富的内容。约从1880年始，定期在他家中举行“星期二茶话会”，坚持十余年之久，对象征主义运动产生了重要的影响。

马拉默德 Malamud, Bernard (1914-04-26～1986-03-18) 美国犹太裔小说家。生于纽约，卒于纽约。自中学时代起就喜欢写作。获哥伦比亚大学英语系硕士学位。曾在工厂里做工，1939年起在大学执教，1949年后在教学之余从事创作。

马拉默德善于描写美国犹太人的日常生活，作品中的人物大多是受尽苦难和折磨的下层人民。他刻画这些小人物朴实善良的性格，反映他们对新生活的向往以及理想的幻灭，尤其是通过这些人物所受的苦难，探讨人的坚忍的毅力、同情心和高尚道德的价值，从而使他的人物具有“赎罪自救”的要求，并使作品具有抑恶扬善的寓意。

马拉默德的作品文笔简洁明朗，隽永幽默，故事情节富于戏剧性，且带有忧郁的抒情诗意。他发表了10部作品，其中有《呆头呆脑的人》(1952)、《店员》(1957)、《新生活》(1961)、《修配工》(1966)、《房客》(1971)、《杜宾的传记》(1979)6部长篇小说，《魔桶》(1958)、《白痴第一》(1963)、《费德尔曼的写照》(1969)、《伦布兰特的帽子》(1973)4部短篇小说集。

马拉尼翁河 Marañón, Río 秘鲁北部河流，亚马孙河主源之一。发源于瓦努科省拉乌拉山。全长1 800千米。主要支流瓦利亚加河。曼塞里切峡谷以下可通航。

马拉若岛 Marajó, Ilha de 世界上面积最大的冲积岛。位于巴西帕拉州东部亚马孙河口三角洲。面积约5万平方千米。岛的西部有丰富的热带植被，生长着巴西木、棕榈；东部是平原，生长着热带稀树草原植被，水草丰美。主要经济活动为饲养牛、捕鱼、伐木和橡胶采集。岛上动植物物种多样，火鹤和狼是当地的象征。近年在岛上发现印加文明时期的遗迹。

马拉松跑 Marathon race 田径运动中在公路上举行的一项超长距离跑的径赛项目。

马拉松跑源于古希腊的一件轶事。公元前490年，希腊军队在首都雅典东北的马拉松平原打败了波斯侵略者。希腊军队便派了一名善跑的士兵菲迪皮茨从马拉松镇跑到雅典去报捷。当他跑到雅典广场宣布胜利的消息后，因精疲力竭倒地死去。为纪念这位士兵的英雄事迹，1894年在巴黎召开的关于恢复奥林匹克运动会的会议上决定，设立马拉松跑项目。

在雅典举行的第1届奥运会上，马拉松跑列为男子比赛项目。当时全程约40千米，以后各届奥运会马拉松跑的距离略有不同。直到1924年第8届奥运会时，国际田径联合会才把距离正式固定为42.195千米。女

2004年北京国际马拉松男子组比赛

子马拉松比赛于1983年被列为世界田径锦标赛比赛项目，1984年又被列为第23届奥运会比赛项目。

马拉松跑比赛时，起、终点一般设在田径场，跑的路线一般采用环形或一个转折点的路线。马拉松跑不设世界纪录，只有最好成绩。马拉松跑除作为奥运会和其他重大田径赛会的比赛项目外，国际田联还批准世界上一些国家的城市主办与群众性相结合的高水平马拉松单项赛。美国波士顿、德国黑森林、英国温莎、日本福冈、中国的北京、上海和厦门等举办的马拉松比赛世界闻名。上述城市都是国际田联正式批准的每年举办国际马拉松赛的城市。

马拉松游泳 Marathon swimming 在江、河、湖、海等自然水域举行的以竞速为目的的游泳比赛项目。国际泳联确立的6个正式项目之一。公开水域游泳比赛中超过10千米（含10千米）的叫马拉松游泳赛。低于10千米的称为长距离游泳赛。参加公开水域游泳比赛的运动员年龄不得小于14周岁。2005年10月，国际奥委会在瑞士洛桑举行执委会会议，正式决定将男、女10千米公开水域游泳项目增设为2008年北京奥运会的正式比赛项目。荷兰选手M.范德韦登在顺义奥林匹克水上公园进行的北京奥运会男子10千米马拉松游泳比赛中以1小时51分51秒6的成绩获得金牌。他是白血病患者，曾与死神擦肩而过，是从绝症中走出的王者。

中国分别于2002和2004年在海南承办过两次世界杯公开水域游泳赛，是亚洲最先承办的国际级公开水域游泳赛事的国家。

马拉松战役 Marathon, Battle of 公元前490年，雅典城邦和波斯军队在雅典东北马拉松平原进行的一次战役。见希波战争。

马拉提人 Marathis 南亚印度共和国的民族之一。又称马拉特人、马哈拉施特拉人、马拉塔人、马拉蒂人。主要分布在马哈拉施特拉邦，其他邦也有分布。属欧罗巴人种地中海类型。使用马拉提语，属印欧语系印度－伊朗语族。有以梵文天城体字母为基础的文字。多信印度教，部分人信耆那教、伊斯兰教和基督教。系雅利安人与当地的达罗毗荼人混合，并吸收拉杰普特人、古贾尔人、阿赫尔人等成分逐渐形成。在历史上曾建立摩诃剌陀国，1674年建立强大的马拉提帝国。种姓制度甚严，分为三大部分，即阿斯尔马拉提、贡毕马拉提和贡格利马拉提。阿斯尔马拉提人自称是上层拉杰普特人的后裔，过去多是封建地主和王公贵族。其他两部分被认为是下层马赫拉塔人的子孙，历来当农民、牧民、仆役和兵士。三部分人之间原则上互不通婚。农

马拉提青年

村居民爱穿紧袖或短袖无领衫，缠大头巾；城市男子爱戴黑圆帽，妇女穿方格纱丽。大多从事农业，种植水稻、棉花、小麦和豆类。

马拉提语 Marathi language 印度西部马哈拉施特拉邦及相邻邦的几个地区的官方语言。印度宪法承认的语言之一。属印欧语系印度－伊朗语族印度（又称印度－雅利安）语支。使用人口近4 000万。以马哈拉施特拉邦首府浦那市的语言为标准语。古马拉提语形成于12世纪。

马拉提语有长短元音。元音开口度要求较严。人称代词有敬体和非敬体的区别，第一人称复数有“我们”和“咱们”的区别。名词和关系代词有阴性、阳性和中性。及物动词和不及物动词分别用一套词形变化。句子的基本词序是主语－宾语－动词。马拉提语的文字采用梵文天城体。

马拉维 Malawi 非洲东南部内陆国家。陆邻莫桑比克、赞比亚和坦桑尼亚三国，东临马拉维湖。面积11.9万平方千米，其中内陆水域约占1/5。人口1 306.6万（2008）。首都利隆圭。绝大多数居民为班图语系黑人。切瓦族是最大的部族，主要分布在南部和中部地区；还有北部的通布卡族、南部的

尼扬贾族、东南部的尧族以及中北部的恩戈尼族等。约有0.8万欧洲人，1.2万亚洲人。主要城市有**布兰太尔**、利隆圭、姆祖祖、松巴等。约50%的居民信奉基督新教，25%信奉天主教，20%信奉伊斯兰教，其余信奉原始宗教。官方语言为英语和奇切瓦语。北方地区通行通布卡语。

国土狭长，南北长837千米，东西宽80～160千米。**东非大裂谷**南段纵贯全境，包括马拉维湖和南部希雷河谷地。3/4国土为海拔1 000～1 500米的高原台地，如纳米塔亚高地、尼卡高原、维皮亚高地等。国土东南部山势起伏，海拔较高，姆兰杰山的萨皮图瓦峰海拔3 000米，为全国最高峰。马拉维湖为非洲第三大淡水湖和第二深湖，其中约3/4以上水域面积在马拉维境内。该湖唯一出口希雷河向南流入莫桑比克境内的赞比西河。属热带草原气候。分凉干（5～8月）、热（9～11月）、雨（12月至翌年4月）三季。最热月平均气温22～29℃，最冷月14～21℃。平均年降水量800～2 000毫米。矿藏有煤、铝矾土、石棉、磷灰石、宝石、铀、石墨等。全国11.3%的土地被置于自然保护区范围，其中马拉维湖国家公园被列入《世界遗产名录》。

远在史前时期，人类已在马拉维地区出现。16世纪，班图人开始大批移入马拉维湖西北一带，并在马拉维及邻近地区定居。19世纪80年代，英国和葡萄牙在该地区争夺势力范围。1891年为英属中非保护地。1904年由英国政府直接管辖。1907年设总督，改称尼亚萨兰。1953年10月，英国强行把尼亚萨兰同南罗得西亚（今津巴布韦）、北罗得西亚（今赞比亚）合并为中非联邦。1963年2月1日尼亚萨兰实行内部自治。1964年7月6日独立，改国名为马拉维。1966年7月6日宣布成立马拉维共和国，仍留在英联邦内。

马拉维立国以后一直实行共和政体、一党制。马拉维大会党主席海斯廷斯·班达任终身总统。1992年9月，马拉维国内首次出现两个公开的反对派组织——争取民主联盟和联合民主阵线，要求实行多党民主。1993年6月29日，马拉维议会通过宪法修正案，结束一党制体制，实行多党制，取消总统终身制。1994年5月现行宪法正式颁布。宪法规定：总统为国家元首，任期5年；保护多党民主和独立的司法权。议会为一院制，由总统、议长、副议长、民选议员等组成，每届任期5年。政府奉行睦邻友好和不结盟外交政策。与94个国家建立外交关系。2007年12月28日马拉维与中华人民共和国两国宣布建立外交关系。

马拉维经济属发展中的混合型经济，公有和私有经济成分并存。2009年国内生产总值46.08亿美元，人均国内生产总值约344美元。马拉维为农业国，农业产值约占国内生产总值的1/3，农产品出口占出口总值的90%，全国75%以上的劳动力从事农业生产。耕地面积约占国土总面积的38%。

渔民在马拉维湖作业

主要粮食作物为玉米，其次为高粱、谷子、豆类、木薯、水稻等。烟草、茶叶、甘蔗为三大经济作物。马拉维为非洲最大烟草生产国之一，烟叶出口占出口总值的60%左右。畜牧业以饲养牛、羊为主。马拉维湖和希雷河上游为主要产鱼区。工业基础薄弱，大部分是初级产品加工工业，包括粮油加工、制烟、制茶、制糖、轧花、制版、屠宰冷冻等。工业产值约占国内生产总值的17.5%（2005）。能源严重不足，石油产品全部需要进口。旅游业为国家重要创汇产业之一。以陆路交通为主。公路总长1.5万千米，其中3 000千米为沥青路。铁路总长789千米。有民用机场5个。对外贸易历年逆差，主要贸易伙伴有南非、英国、德国、美国、日本、法国、荷兰以及南部非洲关税同盟成员国。货币名称马拉维克瓦查。

沿袭英国教育制度，设公立和私立学校。学制小学8年，中学4年。1994年新政府成立后实行小学免费义务教育。马拉维大学为全国唯一大学。主要报刊有《每日时报》、《马拉维新闻》、《民族报》等。马拉维通讯社为官方通讯社。马拉维广播公司为半商业性官方机构，用英语和奇切瓦语广播。

马拉维湖 Malawi Lake 非洲第三大淡水湖，第二深湖。曾称尼亚萨湖。位于**东非大裂谷**南段，跨马拉维、莫桑比克、坦桑尼亚三国。由断层陷落而成。湖面海拔472米。南北长560千米，东西宽32～80千米，面积30 800平方千米。平均水深273米，北面最深处达706米。湖面水位有季节性变化。湖岸两侧有高山环绕，东部有利文斯敦山，西部为尼卡高原和维皮亚山地。有14条常年河流注入，以鲁胡胡河最大。亚热带气候，年平均温度22℃。平均年降水量约1 000毫米。水量丰富，湖水南流，经希雷河入**赞比西河**。富水力。多水鸟，主要有白鹈鹕。渔产丰富，约300种鱼类。有卡龙加、恩卡塔贝、恩科塔科塔、奇波卡等湖港。棉花、橡胶、稻米、桐油、花生等经湖运至奇波卡，转铁路运出。湖南端，由3块陆地、12个小岛和马克利尔角半岛及其周围地区组成马拉维湖国家公园，1984年被列入《世界遗产名录》。

马拉维人 Malawians 非洲东南部跨界民族。约1 049万人（2002），主要分布在马拉维、莫桑比克、赞比亚、坦桑尼亚、津巴布韦和南非。属尼格罗人种班图类型。支系有尼扬贾人、切瓦人、通布卡人、尼亚萨人、恩森加人、昆达人、津巴人、塞纳人等。以尼扬贾人为核心正在聚合之中。使用奇尼扬贾语，属尼日尔-科尔多凡语系尼日尔-刚果语族贝努埃-刚果语支。有用拉丁字母拼写的文字。多保持传统的自然崇拜和祖先崇拜，部分人信天主教和基督教。主要从事热带锄耕农业，种植玉米、

马拉维人村落

高粱、水稻、木薯、芋头、茶、烟草、甘蔗、油桐、木棉和花生等；渔业和畜牧业也占一定地位。部分人在种植场及近邻各国工矿企业做工。婚姻行一夫多妻制，各妻室独居，允许姐妹共夫（见**妻姊妹婚**）和兄弟共妻（见**夫兄弟婚**）。按母系溯源续谱、居住和继承财产。多住长方形或圆形茅屋。精于铁工，编织、木刻手艺精湛。能歌善舞，每个村落都有自己的锣鼓乐队。

马拉雅拉姆人 Malayalams 南亚印度共和国的民族之一。又译马拉雅兰人。分布在喀拉拉邦境内。绝大部分属达罗毗荼人种类型。使用马拉雅拉姆语或泰米尔语，属达罗毗荼语系南部语族。有独特的圆形体字母文字。信仰印度教、基督教或伊斯兰教。普遍敬奉蛇神。历史上雅利安人进入喀拉拉地区后，与当地**达罗毗荼人**发生混合，形成马拉雅拉姆人中的婆罗门种姓及部分中间种姓（既非婆罗门，又非首陀罗）。中间种姓在寺庙里做服务性工作，靠婆罗门施舍度日。其余的人都属首陀罗种姓。其中地位最低的是各种工匠、农民和渔民。此外还有不可接触的贱民。约在8世纪末，阿拉伯商人来到喀拉拉定居，同当地妇女婚配，后裔就是现在姓茂布莱的穆斯林。其中有些人经营商业或从事政治活动。至今仍保持母系社会和大家族制。喜欢穿洁白的衣服。男缠围裤，披布单；女穿纱丽。一般以大米为主食，穷苦人家以鱼类和薯类为主食。

《马拉之死》 *Death of Marat* 18世纪法国新古典主义画家J.-L.**大卫**于1793年创作的肖像性历史画。表现1793年7月13日，雅各宾党领袖之一的J.-P.马拉被右翼的吉伦特党派遣的女保皇分子C.科黛以申请救济为名，潜入马拉浴间，将马拉刺杀在浴缸里的真实事件。在马拉被刺后的两小时，大卫就赶赴现场，亲眼见到了被杀的马拉。画面表现马拉被刺杀在浴缸里的情景。凶手已逃走，匕首抛在地上，鲜血正从马拉的胸口流出来，左手仍旧紧紧握着科黛递给他的申请书。光线从左侧投来，照亮马拉的身躯和面部。作品构图单纯，具有纪念碑式的立体感。

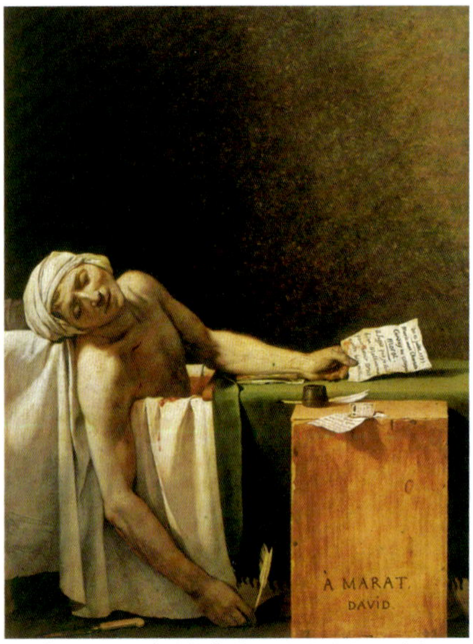

《马拉之死》（布鲁塞尔皇家美术馆藏）

马来半岛 Malay Peninsula 亚洲东南部中南半岛向南延伸部分。以居民主要为马来人而得名。又称马六甲半岛。从克拉地峡开始，南北长约1 100千米，东西宽50～320千米，面积约13万平方千米。分属缅甸、泰国及马来西亚。南北走向山脉构成地形骨架，西海岸多岛屿和港湾。气候高温多雨。农产品有橡胶、椰子、油棕、稻米、热带水果等，矿产以石油、天然气、锡、钨为主。

马来-波利尼西亚语系 Malayo-Polynesian family 分布于太平洋和印度洋中各大小岛屿以及亚洲中南半岛上的一个语系。包括500余种语言。又称**南岛语系**。

《马来纪年》 *Sejarah Melayu* 马来古典文学名著。记述马来王朝的兴衰过程，从王族的源流到马六甲王朝于1511年为葡萄牙殖民主义者所灭，是马来宫廷历史传记文学的经典之作。相传作者为曾任柔佛王朝宰相的敦·斯里·拉囊，他奉王命于1615年完成编写。纪年并非真正意义的史书，其中含不少神话传说和传奇故事，不足为信，但对了解和研究马来王朝的社会风貌和思想传统很有参考价值。在语言文字上也一向被誉为早期马来古典文学的典范。

马来联邦 Federated Malay States 英国殖民者对马来亚实行统治的一种形式。由马来半岛的霹雳、雪兰莪、森美兰和彭亨4个土邦组成。首府吉隆坡。华侨称之为四州府。1874年英国殖民者和霹雳王室签订《邦咯条约》，把霹雳变成英国第一个保护邦。随后，英国殖民者又使雪兰莪、森美兰和彭亨接受英国的“保护”。1896年，英国殖民者把上述4个邦组成马来联邦。在马来联邦中实行所谓间接管理，联邦的首脑为最高专员，由海峡殖民地总督兼任，但实际上负责统治的是联邦的总驻扎官。1909年设立马来联邦会议，由马来联邦最高专员兼任议长，各邦的法律均由联邦会议通过，然后交付各邦苏丹执行。各邦的最高行政机关为邦务会议，由各邦苏丹兼任主席。英国派驻在各邦的驻扎官为当然议员，负责征收捐税，决定立法措施等。苏丹只是英国驻扎官和顾问手中顺从的工具。1948年，英国政府把马来联邦、马来属邦与原海峡殖民地中的槟榔屿和马六甲等11邦，合并为马来亚联合邦。

马来切喙鳄 *Tomistoma schlegelii*; false gharial 鳄目鳄科食鱼鳄亚科唯一种。又称马来鳄。现分布于加里曼丹、苏门答腊、马来西亚和泰国南部。成体长350～400厘米，最长达500厘米。吻特别细长，为吻基的3～5倍，在眼前骤然紧缩，与脑颅部分界明显。上颌窝小于皮窝而大于外鼻孔，上腭骨在背面互不连接。鼻骨细长，前接前腭骨，后接前额骨。眼眶大，眼间距狭窄，上眼睑有骨板。虹膜棕黄色，瞳孔纵置。上下颌齿均不连续地长在齿槽内。齿长而尖。具枕鳞、颈鳞、背鳞和腹鳞。泄殖肛孔纵裂。四肢棱鳞，后肢后侧成锯缘，前肢5趾，基有蹼；后肢4趾，趾蹼发达，第4、5趾及第4趾无爪。背面灰绿或暗淡棕色，背部和尾具棕色或黑色斑点和横斑；腹面淡灰色。幼体两颌边缘、体侧和尾侧有棕色斑纹。生活于沿海岛屿，也发现于咸水湖和沼泽地，主要栖居于淡水中。野生个体仅在马来西亚和印度尼西亚少量发现。属濒危动物。

马来群岛 Malay Archipelago 世界最大群岛。以其居民主要为马来人而得名。旧名南洋群岛。散布在太平洋与印度洋之间的广阔海域，北起吕宋岛以北的巴坦群岛，南迄帝汶岛南头的罗地岛，西起苏门答腊岛，东止于新几内亚岛以西，群岛范围南北长约3 500千米，东西宽约4 500千米，包括**巽他群岛**、马鲁古群岛和**菲律宾群岛**等，分属于印度尼西亚、东帝汶、马来西亚、文莱和菲律宾等国。共有2万多岛屿，面积242.2万平方千米，占东南亚面积的54%，其中面积大于10万平方千米的有6个。岛屿之多、散布之广、拥有世界大岛数目之多均居世界首位。地处亚、澳两大陆与太平洋、印度洋之间，板块碰撞，岛弧交接，除婆罗洲（印尼称加里曼丹岛）外，多火山，地震频繁。群岛为南北大陆生物种的过渡地带，生物地理分界的华莱士线与韦伯线纵贯群岛中部，拥有亚洲与澳大利亚种动植物。既有马来人种，亦兼有巴布亚人种。世界海空航线穿插于此，有11条重要海峡，海岸线绵长而曲折，多港湾、港口。赤道横贯，水热条件充足，具有广大的热带雨林与热带季雨林，为世界最大的热带经济作物生产基地。盛产橡胶与棕油、椰干、蕉麻、胡椒、金鸡纳霜、木棉与热带木材，产量皆居世界首位。开发历史悠久，文化发达。主要城市多兼海、河港埠，接近海洋航线。其中雅加达为东南亚最大城市。

马来人 Malays 广义指分布在太平洋和印度洋各岛国的民族。属蒙古人种马来类型。通用南岛语系印度尼西亚语族诸语言。多数研究者认为，马来人的祖先约在5 000

马来人的舞蹈

年前从亚洲内陆逐渐南下，迁至中南半岛，并经**马来半岛**（一说经安达曼群岛）进入苏门答腊岛，然后往东扩散到爪哇、加里曼丹、苏拉威西和菲律宾群岛，往西扩散到马达加斯加岛。一般按迁徙时间先后大体分为原始马来人和新马来人。原始马来人（包括古马来人）迁徙的时间，约在公元前3000年至前1000年，社会发展水平较低；新马来人迁徙的时间约在公元前1000年至16世纪，已受到印度、中国和阿拉伯文化的影响，社会发展水平较高。各批马来人在分布地区均留下人数众多的后裔，不同程度地与当地居民发生混合以及互相混合，现已发展为200多个具有不同族称的民族。如**爪哇人**、**巽他人**、**马都拉人**、**他加禄人**、**伊富高人**以及马达加斯加人等。

狭义指居住在东南亚的马来西亚、印度尼西亚、泰国、新加坡、文莱等国家，仍以“马来人”为族称的居民。多为新马来人的后裔，社会、经济和文化比较发达。这些马来人之间已出现差异，各具民族特点。

特指南亚马来西亚的马来人。自称马来由人。约1 293万人（2002），约占全国人口的53%。主要分布在马来半岛中南部和沙捞越地区。多混有华人、印度人、泰人和阿拉伯人的血统。使用**马来语**，属南岛语系印度尼西亚语族。原用阿拉伯字母文字，现改用拉丁字母。原信印度教、佛教和万物有灵，15世纪末大多改信伊斯兰教，属逊尼派。现有部分人信仰基督教和天主教。

马来属邦 Unfederated Malay States 英国殖民者对马来亚进行统治的一种组织形式。它是由马来半岛南北两部分不曾加入**马来联邦**的柔佛、吉打、吉兰丹、丁加奴及玻璃市5个邦组成的。1909年3月英国殖民者与暹罗签订曼谷条约。取得对吉兰丹、丁加奴、吉打和玻璃市的宗主权、行政权和管理权，把这4个邦置于英国的殖民统治之下。英国殖民者于1910年完全控制柔佛王国。此后，柔佛、吉打、吉兰丹、丁加奴和玻璃市统称为马来属邦。马来属邦的5个邦，名义上虽是独立，各邦也各有议会，辅助行政事务，但实际上都是英国殖民者主宰一切。英国在马来属邦的统治，除了把驻扎官改为顾问外，和马来联邦没有什么不同。1948年英国把属邦并入马来亚联合邦。

马来西亚 Malaysia 亚洲东南部国家。位于南海沿岸。由马来半岛南部的马来亚（即西马来西亚，简称西马）与婆罗洲北部的沙捞越和沙巴（合称东马来西亚，简称东马）组成。面积330 257平方千米，人口2 773万（2008）。全国有30多个民族，其中马来人和原住民族约占62%，其次为华人，还有印度人、巴基斯坦人和泰米尔人等。原住民族主要是伊班人和达珊人。伊斯兰教为国教，此外有佛教、印度教和基督教。马来语为国语，官方语言为英语，华语使用也较广泛。首都**吉隆坡**。

地理 东、西马之间隔着南海，相距750千米。西马有8条骈列山脉，纵贯**马来半岛**，并向东西两侧降低，北部地势比南部高。吉保山脉为主轴，东西两侧形成世界最大的两个锡矿带。山脉延伸入海，形成浮罗交怡、槟榔屿、邦咯等岛群。半岛西海岸濒马六甲海峡，沿海平原冲积层深厚，宽20～30千米，为国内重要的稻田区。海岸多红树林。半岛东北部为广阔的丁加奴高地，其中大汉山海拔2 185米，为西马最高峰。高地东临南海，海滨平原狭窄，低丘形成岬角，多沙质海滩，有木麻黄林。半岛南部丘陵星散，平原稍有起伏。东马地势从内地往沿海逐渐降低，沙捞越由东南向西北倾斜，沙巴由中部向东西两侧递降，**基纳巴卢山**海拔4 101米，为东南亚最高峰。沙捞越海滨平原宽广，为州内粮食与木材生产基地。沙巴东临苏禄与苏拉威西两个深达3 000～5 000米的海盆，海岸线曲折，多天然良港。

以赤道雨林型气候为主，北纬5°以北有热带季风型。高温多雨，相对湿度大。年平均气温沿海低地26～30℃，内地山区22～28℃。平均年降水量2 000～2 500毫米，西马最高3 000毫米，东马最高4 000毫米。

西马河流以吉保山脉为分水岭，东侧主要有彭亨河、丁加奴河（建有全国最大水库）与吉兰丹河，注入南海；西侧以霹雳河最长，注入马六甲海峡。河流沿岸垦伐采矿，水土流失，河床淤积，易泛滥，几无航运。霹雳河中上游建有珍德罗与丁明歌等水库与电站。东马河网较密，利于航运。主要有全国第一大河拉让河、全国最宽的卢帕河及水力资源丰厚的基纳巴唐岸等河。

历史 公元初年，西马北部相继出现羯荼、狼牙修、盘盘、丹丹等王国。东马在6～7世纪兴起婆利王国。15世纪西马南部兴起满剌加王国，商业兴盛。其港埠沿马六甲河口伸展，迅速发展成为东南亚最大的国际商港。16～17世纪葡萄牙、西班牙与荷兰等殖民者先后入侵。19世纪80年代后沦为英国殖民地，并把西马分为海峡殖民地、**马来联邦**与**马来属邦**三部分；东马分为沙捞越与北婆罗洲两地区。海峡殖民地包括槟榔屿、马六甲与新加坡。殖民者在此开辟港口，开采锡矿，建立橡胶种植园，修筑公路和铁路。1941～1945年被日本侵占。1948年2月1日成立马来亚联合邦，新加坡为英国直辖殖民地。1957年8月31日马来亚联合邦独立。1959年6月3日新加坡成立自治邦。1963年9月16日马来亚、新加坡、沙捞越与沙巴（北婆罗洲改称）组成马来西亚联邦，1965年新加坡退出。

政治 马来西亚宪法规定，最高元首

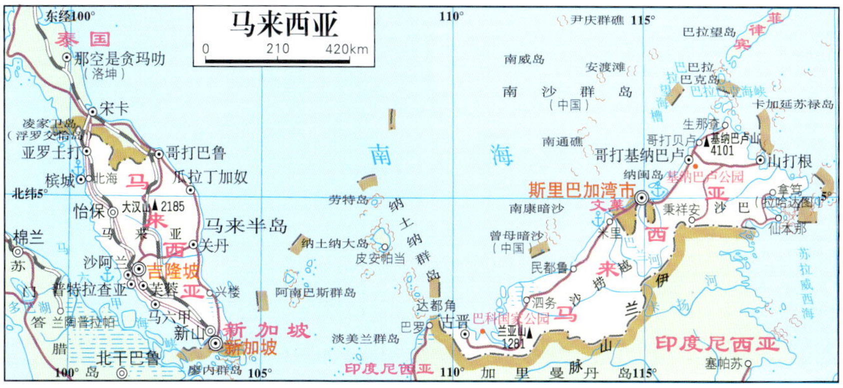

为国家首脑、伊斯兰教领袖兼武装部队统帅，由统治者会议选举产生，任期5年。最高元首拥有立法、司法和行政的最高权力，以及任命总理、拒绝批准解散国会等权力。统治者会议由柔佛等9个州的世袭苏丹和马六甲等4个州的州元首组成。议会是最高立法机构，由上、下两议院组成。最高司法机构是联邦法院，设有马来亚高级法院和婆罗洲高级法院，各州设有地方法院和推事庭，另外还有特别军事法庭和伊斯兰教法庭。注册政党有40多个，其中14个政党组成国民阵线联合执政。

经济 长期以来经济以农业为主。独立后，特别是1970年代以来，不断调整经济部门结构，实行种植多样化，推行出口导向型经济。制造业、建筑业和服务业发展迅速，为亚洲地区的新兴工业国之一。2009年国内生产总值2 059.65亿美元。马来西亚货币林吉特。

农业以种植业为主，约占国内生产总值的8.5%，热带经济作物占重要地位。耕地面积414.23万公顷，占可耕地面积的30.6%。作物主要有橡胶、油棕、椰子、可可、胡椒、热带水果和稻米。橡胶曾是马来西亚最重要的农作物，国家经济的最大支柱。近年由于经济转型，橡胶园改种油棕、可可，产量逐渐减少，2009年橡胶产量只有85.7万吨。而棕油产量逐年上升，2009年棕油产量1 756.6万吨。水果种类繁多，大米自给率波动于65%～75%之间。

森林面积2 182万公顷，西马占28.4%，沙巴占20.7%，沙捞越占50.9%。森林面积约50%为永久林场，34%为生产林，16%为保育林（国家公园及自然保护区），蓄材量近10亿立方米。已利用的经济树种有70多种，以龙脑香科为主，约占木材出口量的90%。

采矿业以锡、石油和天然气为主，其次有铁、铝土、金、铜、钛等。锡产量曾长期居世界首位，但产量逐年减少，1985年产量36 880吨，2004年只有3 500吨。截至2006年年底，原油储量为52.5亿桶，天然气储量约为2.5万亿立方米。全国有6个炼油厂，炼油能力52万桶/天。2001年起铺设了马来西亚北部至泰国南部全长352千米的输油气管道，双方投资约10亿美元各占50%股份。

制造业占国内生产总值的1/3强，政府鼓励以本国原料为主的加工工业，重点发展电子、汽车装配、钢铁、石油化工和纺织等。

交通以公路为主，总长约75 900千米。西马占公路总长70%，其中有3条是2号和18号亚洲公路的境内段。东马占公路总长30%，连接沿海与内地城镇。铁路总长2 267千米，绝大部分在西马，东马为轻便铁路，沟通沙巴南海沿岸与内地城镇。水运以海运为主，海港众多，主要有西马的巴生、槟城、巴西古当和关丹港，东马有山打根、哥打基纳巴卢、古晋、泗务等。国内大小机场37个。吉隆坡、槟城、浮罗交怡、哥打基纳巴卢和古晋有国际机场。全国有航线113条，其中80条为国际航线。

在对外贸易中，主要出口电子产品、石油、棕油、橡胶、木材、锡锭、可可、胡椒和纺织品等，进口机械、运输设备、矿物、燃料和食品等。主要贸易对象是日本、美国、新加坡、欧盟和中国等。

旅游业是国家经济的第三大支柱，2006年旅游收入360.2亿林吉特。旅游景点几乎遍及全国各地，主要有槟榔屿、马六甲、浮罗交怡、邦咯岛、刁曼岛以及大汉山、基纳巴卢山与穆鲁山等国家公园。2008年马六甲和槟城作为文化遗产列入《世界遗产名录》。

文化 政府推行国民教育政策，重视马来语的普及教育。华文教育比较普遍。有马来亚大学、国民大学等9所高等院校。有470多家公共图书馆。约有50种报纸，用8种文字出版。主要有马来文《马来使者报》、《每日新闻》、《祖国报》；英文《新海峡时报》、《星报》、《马来邮报》；华文《南洋商报》、《星洲日报》等。马来西亚国家新闻社为半官方通讯社。广播电台有马来西亚广播电台（1946）和马来西亚之声，用马来语、英语、华语、阿拉伯语等8种语言对外广播。马来西亚电视台建于1963年，还有私营的电视台、城市电视及国民电视等。

对外关系 奉行独立自主、中立、不结盟的外交政策。主张建立东南亚和平、自由和中立区。优先发展同东盟国家的关系，视东盟为其外交的基石。重视发展同大国关系。与泰国关系良好。与菲律宾在沙巴领土主权问题上有争议。越、老、缅、柬加入东盟后，双边往来增多。英联邦成员，马英两国传统关系密切，马英同属“五国联防安排”成员。与日本经贸关系密切，日本是马来西亚第二大贸易伙伴、主要投资国。美国是马来西亚的最大贸易伙伴和主要外来投资者。已与131个国家建交。1974年5月31日同中国建交。

吉隆坡风光

马来熊 *Helarctos malayanus*; Malayan sun bear 食肉目熊科马来熊属的一种。俗称小狗熊、太阳熊。主要分布在印度尼西亚、马来半岛、缅甸等地。中国云南南部、广东、广西有发现。熊类中体型最小的种类。体长1米左右，体重约50千克。体胖颈短，头部短圆，眼小耳小，鼻、唇裸露无毛，尾约与耳等长，趾基部有短蹼。全身短毛，乌黑光滑；鼻与唇周为棕黄色，眼圈灰褐；胸部有一棕黄色块斑；两肩有对称的毛旋。栖息于热带、亚热带雨林和季雨林中，数量极少。属于中国国家一级保护动物、世界濒危动物。

马来亚人民抗日军 Malayan People' s Anti Japanese Army; MPAJA 马来亚共产党领导下的抗日武装。军旗上绣有3颗星，代表马来人、华人、印度人3个民族，故又称“三星军”。太平洋战争爆发后，日军很快迫近霹雳、怡保等地，马来亚共产党组织人民进行游击战争，配合英军作战。1942年1月间建立马来亚人民抗日军（共有4个支队）。1942年2月，马来亚沦陷。马来亚抗日组织不断扩大，遍布马来亚各地。他们实行灵活的游击战术，歼灭敌人的有生力量，解放许多地区并建立地方人民政权。在3年半期间，抗日军作战340次、毙伤敌军5 500多人，为国际反法西斯战争作出了贡献。1945年8月末，抗日军发展到8个支队，约7 000人，解放了马来亚全境。日本投降后的1945年9月，英军在马来亚登陆，重建马来亚殖民政府。12月1日，人民抗日军被英军缴械并遣散，后成立退伍同志会。

马来语 Malay language 马来西亚和文莱的官方语言，也是新加坡的官方语言之一。属南岛语系印度尼西亚语族。分布于马来西亚、新加坡、文莱、泰国南部及印度尼西亚的苏门答腊、廖内和林加诸岛。使用人口超

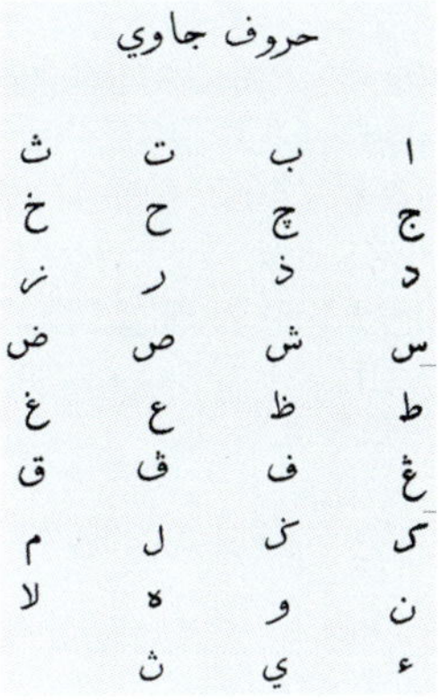

爪宜文字

过3 000万。

马来西亚的现代标准马来语，又称马来西亚语。马来语有6个单元音、3个双元音、24个辅音。语词多源于梵语和阿拉伯语。大部分词由两个音节的词根组成，通过前、后、中缀构成派生词或表达某些语法意义。名词没有性、数、格的变化，重叠法可以构成复数和表示其他语法意义。马来语是分析型语言，句法关系由功能词和词序表示。基本语序为主-动-宾型，定语在名词之后，状语在动词之后。马来语最初使用源于印度的帕拉瓦文字，14世纪以后使用爪宜文字，是阿拉伯字母的变体。19世纪末，英国人把爪宜字母拼写法改成了拉丁字母拼写法。1904年后在马来亚推行用拉丁字母书写的现代马来语，爪宜文还在苏门答腊等地区继续使用。

马兰 *Kalimeris indica*; Indian kalimeris 菊科马兰属的一种。多年生草本植物。俗称马兰头。原产亚洲南部及东部。中国江苏、安徽、浙江有采食野生马兰的习惯，江苏、北京等地已开始人工栽培。株高30～70厘米，茎紫红色，地下根状茎发达。叶长椭圆披针形，叶缘稀疏粗锯齿，互生。头状花序。瘦果，倒卵状长圆形，扁平。喜冷凉湿润气候，耐寒。喜光，较耐旱，对土壤要求不严。多以种子或分株繁殖。马兰富含维生素C、胡萝卜素、钾、钙以及芳香物质。并具有消食除湿、清热解毒等保健功效。可凉拌、炒食、煲汤、作面码或涮食。

马兰 Malan, Daniel François (1874-05-22～1959-02-07) 南非国民党的创立者之一，白人种族主义理论家和种族隔离政策的制定者。生于开普省西部一个布尔农场主家庭，卒于斯泰伦博斯。在荷兰获得神学博士学位。回南非后长期从事荷兰改良教会牧师工作。1918年进入议会，1924年担任J.B.M.赫佐格内阁的教育、内政和卫生部长，组成国民党的极右翼。1933年国民党和南非党合并为南非统一党，马兰退党。另组“纯粹”的国民党，得到许多法西斯组织的支持。在1948年大选中，马兰的国民党获得多数席位，上台执政。他执政6年中，推行种族歧视政策，建立种族隔离制度，1951年通过的《集团住区法》把居民按肤色分为白种人、有色人、非洲人等集团，各集团必须分区居住，不得混淆，为此把数以万计的黑人赶出城市，使他们流离失所。

《马兰花》 *Malan Flower* 中国童话剧作品。作者任德耀。由中国儿童艺术剧院1956年6月建院时公演。1962年第二次复排时，导演陈颙将戏曲表现手法应用于该剧。全剧3幕10场，根据同名童话故事改编。描写勇敢的青年马郎，搭救了上山打柴坠入山崖的王老爹，并托他将一朵神奇的马兰花送给他的女儿，作为定情之物与小兰成亲的故事。剧本具有民族特色和儿童情趣，情节简洁明晰，人物形象生动、鲜明。剧中穿插歌舞，显得生动活泼。

马勒 Mahler, Gustav (1860-07-07～1911-05-18) 奥地利作曲家、指挥家。生于波希米亚的卡利什特，卒于维也纳。1876年入维也纳音乐学院学作曲，1877年在维也纳大学学哲学。1880年起先后在德国、奥地利各地及布拉格、布达佩斯任指挥、乐长。1897年任维也纳皇家歌剧院乐长兼指挥。1907年任纽约大都会歌剧院指挥兼纽约爱乐乐团指挥。他指挥严谨、深刻，要求极高，组织力强，是近代杰出的乐队指挥之一。他的作品大多具有深邃的内容和哲理性，时有悲剧色彩及泛神论或宗教思想的流露。主要作品有9部交响曲和许多歌曲。其交响曲直接继承、发展了L.van贝多芬的风格，大多具有标题性的构思，亦有声乐加入，歌词多选自德意志民间诗歌集《男童的神奇号角》。第一交响曲别名《巨神》，富于青春活力与纯朴风格；第二交响曲别名《复活》，充满悲剧性的力量；第三交响曲别名《一个夏日早晨的梦》，与第二、第四交响曲一样有声乐加入。第八交响曲规模宏大，实系两部分构成的康塔塔，全曲约需1000人演出，故演出广告上题名《千人交响曲》。交响套曲《大地之歌》采用中国诗人李白、孟浩然、王维等的7首诗谱写而成，系作者的绝笔，也是重要作品之一。他的歌曲创作有组歌《漂泊者之歌》、声乐套曲《孩子们的挽歌》及歌曲集《少年的魔角》等。马勒是晚期浪漫主义音乐的代表人物之一，其作曲技法已预示了20世纪作曲家所要采用的各种基本方法，影响很大。

马勒 Muller, Hermann Joseph (1890-12-21～1967-04-05) 美国遗传学家。生于纽约，卒于纽约。跟随T.H.摩尔根从事果蝇的遗传学研究，1916年获哥伦比亚大学哲学博士学位。1920～1932年任得克萨斯大学副教授和教授。1931年被选为美国国家科学院院士。1932～1964年间在德国、苏联、英国和美国从事研究工作或任大学教授。1911～1916年间，马勒是摩尔根果蝇小组的一个重要成员，他的主要工作是研究果蝇的遗传交换，这是染色体遗传学说的重要基础，其内容已概括在果蝇小组成员合写的《孟德尔式遗传的机制》(1923)一书中。1927年，他发现了X射线的诱变作用。这项研究结果不但有助于研究基因的本质和基因如何控制代谢作用及个体发育，有利于通过突变基因进行染色体结构分析研究，而且在诱变育种发展农业生产方面也有重要意义。由于他对X射线产生突变的研究作出卓越贡献而获得1946年诺贝尔生理学或医学奖。马勒一生共发表论文约370篇，涉及遗传交换、基因突变、生物进化、人类遗传等方面。

马勒伯朗士 Malebranche, Nicolas (1638-08-06～1715-10-13) 法国哲学家。法兰西科学院院士。生于巴黎，卒于巴黎。18岁时入巴黎大学神学院，1664年受神父圣职。他从唯心主义方面发展了R.笛卡尔的学说，认为除物质和精神两种实体外，还存在上帝实体。上帝不仅是万物的创造者，且自身包含着万物。人是灵魂和肉体的结合，人的肉体是机器。精神与物质不能相互作用，精神只有通过心智的广延，即在上帝那里才能认识万物。他承认感觉的作用，但认为理性作用更重要、更准确。他是偶因论的主要代表之一，认为自然界除一般法则外，还存在大量由各种机缘产生的因果连锁。著有《真理的探索》、《形而上学对话录》。他对于光和色的性质、微积分学和幻想心理也有研究。

马累 Male 马尔代夫首都和唯一的对外贸易港。位于马尔代夫群岛中部的马累岛东北岸。东北距最近的海上邻国斯里兰卡670千米。人口10.4万(2006)。从古至今均为马尔代夫的政治中心、印度洋海上贸易要冲，与阿拉伯地区的经济联系尤其密切；中国明代史籍也有记载，称为溜山国。15世纪中叶，先后遭葡萄牙人、荷兰人和英国人的占领，1965年马尔代夫独立后成为首都。经济以鱼类加工、椰子及其产品的加工、纤维编织和造船工业等为主，纤维编织尤为著名。有珊瑚礁石砌成的防波堤，堤内海滩有

马累机场鸟瞰

优良的天然游泳场。北部海滨大道两旁，建筑成片，商店集中，马尔代夫政府机关也多设于此。印度洋旅游观光胜地之一，市内有苏丹公园和国家博物馆以及古堡遗迹。清真寺有30多座。附近有水上飞机基地和良好的船舶锚地。印度洋交通要冲。

马礼逊 Morrison, Robert (1782-01-05～1834-08-01) 英国汉学家，基督教新教第一个到中国的传教士。中国伦敦会的创立者。卒于中国广州。少年曾从父学做鞋匠，后往伦敦学习天文、医学、中文。1807年在伦敦会受按立为牧师。同年到广州传教，编纂中英字典，从事圣经翻译。1809年起任东印度公司翻译兼秘书长达25年。1811年编著《汉语语法》，1814年完成《新约》中文翻译。1818年在米怜协助下译完《旧约》，1823年出版，题名《神天圣书》，为第一部新教圣经汉译本。又于1815～1823年间陆续出版《华英字典》。因清廷实行禁教政策，在马六甲创办英华书院培养传教人员，并刊印传教印刷品。曾作为英国特使阿美士德的译员赴京。1817年获格拉斯哥大学神学博士学位，1842年当选为英国皇家学会会员。另著有《广东土话字汇》等。其妻编有《马礼逊生平事业回忆录》两卷。

马里 Mali 非洲西部内陆国家。地处撒哈拉沙漠南缘，西邻毛里塔尼亚、塞内加尔，

北、东与阿尔及利亚和尼日尔接壤，南与几内亚、科特迪瓦和布基纳法索为邻。面积1 241 238平方千米。人口1451.72万(2009)。首都巴马科，其他主要城市有塞古、莫普提和通布图等。境内共有23个部族，其中班巴拉族占34%，颇尔和塞努福族分别占11%和9%，其余为萨拉考列、桑海、马林克和多贡等族。班巴拉语通用于全国，官方语言为法语。居民80%信奉伊斯兰教，余信传统拜物教、天主教和基督教。

地理 地质构造上属撒哈拉地台区，地形平缓，大部为海拔300米左右的平原和台地。其中尼日尔河中游冲积平原自库利科罗至通布图，东西长600～700千米，宜耕宜牧；北部诸台地及间歇河河谷平原已进入撒哈拉沙漠地区。丘陵、山地高原分布于西南至东北边境，海拔一般800米以下，其中最高峰洪博里山海拔1 155米。巴科伊河和尼日尔河是境内主要河流。两河水力资源丰富。尼日尔河在境内长1 630千米，年平均流量1 550米^3/秒（库利科罗），富灌溉和航运之利。桑桑丁至通布图间形成的内陆三角洲，是马里重要谷仓、牧区和渔场。

全境处于热带，终年高温，干旱少雨，是世界最热国家之一。年平均气温27～30℃。降水南北差异大，大部地区年降水量500～800毫米。90%降水集中于雨季（6～9月），旱季（10月至翌年5月）盛吹来自撒哈拉的干热哈马丹风。根据南北气候和植被特点，全境可分为3个地带：南部苏丹草原带、中部萨赫勒带和北部撒哈拉沙漠带。其中北纬15°以南的苏丹草原带约占国土面积1/3，是主要经济活动区。

历史 8～16世纪，曾先后为加纳、马里、桑海等西非著名古王国中心地区。各王国曾开辟纵贯撒哈拉的商路，与北非间的贸易和文化交流繁盛。19世纪中叶法国殖民者大举入侵，1895年占领全境后，被并入法属西非。1958年成为法兰西共同体内的自治共和国，1959年4月与塞内加尔结成马里联邦。1960年9月22日独立，称马里共和国。主要政党有马里联盟党（2001）、非洲团结正义党（1991）、全国民主创议大会党（1991）和苏丹联盟-非洲民主联盟（1946）。

根据1992年1月通过的现行宪法规定，国家实行立法、行政、司法三权分立；总统为国家元首，由直接普选产生，任期5年，可连选连任一次，拥有任免总理和部长、颁布法令等重要行政权力；国民议会享有立法和监督权；政府是由总统直辖的最高执行机构，向国民议会负责。国民议会是最高权力机构，实行一院制。

马里对外奉行独立、和平、睦邻友好

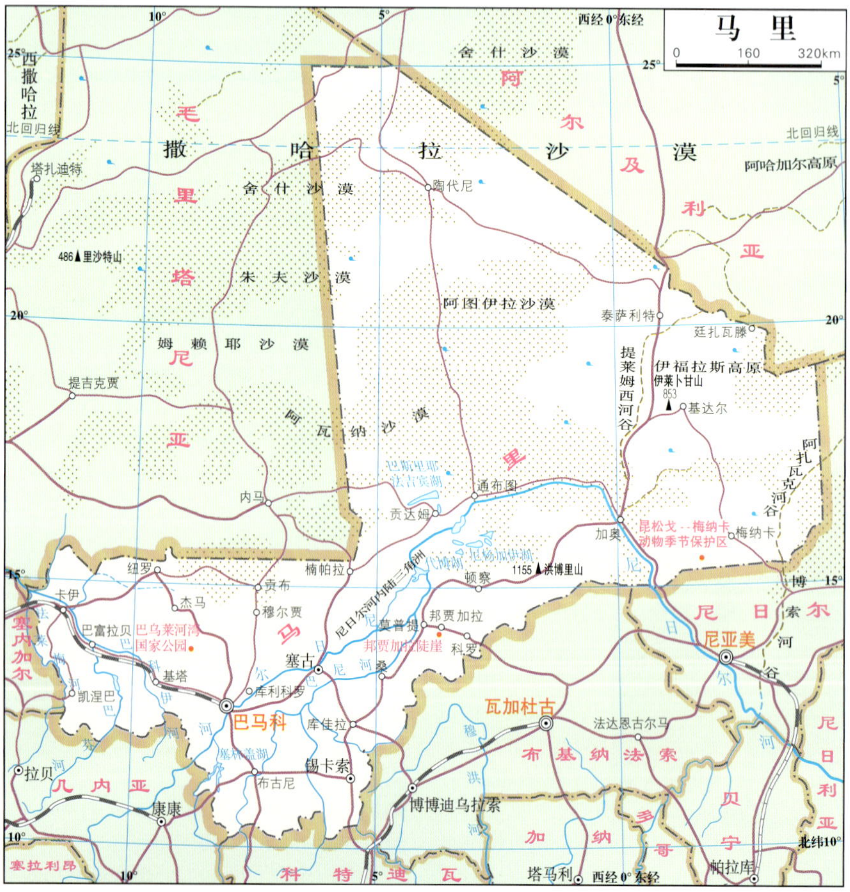

图1　多贡人的舞蹈

和不结盟政策。主张通过和平方式解决国际争端和地区冲突；主张加强非洲团结，积极推动非洲一体化发展。到2006年底，已同133个国家建立了外交关系，是不结盟运动创始国之一。

1960年10月25日与中国建交，两国签有经济、贸易、文化、卫生和技术合作协定。与法国保持传统关系，1960年11月两国实现关系正常化。

经济　农牧业国家，工业基础薄弱。独立后因优先发展工业政策受挫，经济陷入困境。20世纪70年代实行经济改革，恢复发展农牧业取得若干成就。1999年后经济发展缓慢。2009年国内生产总值92亿美元。

农牧业是主要经济部门，主要种植粟类、高粱、稻谷、玉米等粮食作物。经济作物主要为小米、玉米、稻谷、棉花和花生，还有甘蔗、阿拉伯树胶、剑麻、茶叶、牛油果和热带水果，产品大部供出口。棉花是主要出口产品，是撒哈拉以南非洲主要产棉国之一。牧场广布于萨赫勒带和尼日尔河内陆三角洲，牲畜存栏数居西非前列。荒漠化严重，在萨赫勒带有过沙漠化防治工程，但成效甚微。尼日尔河及其支流巴尼河流域捕鱼业较盛，年捕鱼量约10万吨，以产鲑鱼闻名。

工业以采矿、农产品加工为主。已探明主要矿产资源及储量为岩盐5 300万吨，磷酸盐1 180万吨，铝土矿12亿吨，黄金900吨，现主要开采黄金、磷、岩盐等。采金业发展迅速，1998年马里成为非洲四大黄金出口国之一，出口值仅次于棉花。加工工业包括纺织、榨油、碾米、制糖、肉类加工、皮革、建材、机修和制药等企业，集中分布于巴马科、塞古、莫普提、纽诺、库利科罗，其中塞古纺织厂（中国援建）规模较大。

运输和通信网络主要分布于南部。库利科罗—达喀尔（塞内加尔）铁路在境内长641千米，是进出口货运重要通道。国内外客货运输主要依靠公路。公路网总长18 709千米，其中两条国际干线经巴马科通往几内亚的科纳克里和科特迪瓦的阿比让，分别长1 110和1 115千米。河运和空运是陆运的辅助。内河航线总长12 700千米。民用机场数十个，现9个城市机场可供商业航运，巴马科塞努国际机场有至巴黎和中、西非国家首都的航线。积极发展国内和国际通信设施。1989年与布基纳法索、尼日尔建成地区通话新网络。实行贸易自由化政策。贸易连年逆差。出口主要有棉花、黄金、花生、牲畜及畜产品，进口有机械、建材、食品、化工和石油制品。与100多个国家和地区有贸易关系。

文化及旅游　文化发展渊源甚古。当地语言口头文学流传已久。民间流行非洲传统音乐、舞蹈，多贡人的化装舞蹈独具特色。全国设有9所高等院校，150余所中等和职业学校。政府于1992年制订实施教育发展战略，改善基础教育，扫除文盲。全国有13所医院和若干诊所、治疗中心。

全国报刊共约47种，主要有《发展报》、《回声报》、《独立人报》、《共和国人报》、《小贝壳》月刊和《妇女》杂志。官方通讯社马里新闻和广告社（1961）还发行《新闻周刊》。官方电台——马里广播电台（1957），用法语和班巴拉语等9种语言对内广播，开设法、英和阿拉伯语对外广播节目。私营电台约有200多家。马里电视台是官方电视台。主要旅游城市为巴马科，古城通布图和杰内，水城莫普提。其他主要景点有塞内加尔河的费卢瀑布、圭纳瀑布，巴乌莱河湾国家公园，昂松戈-梅纳卡动物季节保护区和邦贾加拉陡崖（多贡陡崖）。

图2　通布图大清真寺

马里埃特　Mariette, Auguste（1821-02-11～1881-01-19）　法国考古学家。毕生致力于埃及考古学的研究工作。生于布洛涅，卒于埃及开罗。1850年受法国政府委派，赴埃及收集科普特、叙利亚、阿拉伯和埃塞俄比亚铭文抄本，发现孟菲斯的圣牛墓地，获得圣牛碑64个。1855年被任命为卢浮宫博物馆副馆长。1857年在埃及协助组织一个特别的发掘与古物管理部，后协助在开罗成立埃及博物馆，并被任命为馆长。随后发掘萨卡拉墓地的古王国陵墓、阿拜多斯遗址的第19王朝神庙等。著作有《埃及历史之概观》、《卡纳克》、《古王国的马斯塔巴墓》等。

马里旦　Maritain, Jacques（1882-11-18～1973-04-28）　法国哲学家，新托马斯主义的主要代表。生于巴黎一个笃信新教的律师家庭，卒于图卢兹。早年是新教徒，后受诗人L.布卢瓦的影响于1906年皈依天主教，从此把宣传新托马斯主义作为终生事业。曾先后在斯坦尼斯拉公学、巴黎天主教学院任教。1948年移居美国，任普林斯顿大学教授。第二次世界大战后担任过法国驻梵蒂冈大使，晚年一直在法国图卢兹修道院隐居。马里旦力图依靠理性与科学证明宗教世界观的合理性，认为上帝是知识的唯一依据和来源，科学只能认识经验世界，唯有信仰才能认识超验的世界。他还宣扬以上帝为中心的人道主义，强调抽象的人性和人格。著有《从柏格森到托马斯·阿奎那》等。

马里帝国　Mali Empire　非洲西部古代王国。原为一个小酋长国，臣属于加纳王国。11世纪中叶逐渐强大。约1235年，国王松迪亚塔大败夙敌苏苏国王苏曼古鲁的军队，奠定了马里帝国的基础。其子继位后继续征战，扩大王国的版图。全盛时期版图南起热带雨林，北至撒哈拉大沙漠，西抵大西洋岸，东达豪萨人居住区。首都尼亚尼。第9代国王曼萨·穆萨在位时，进入帝国的黄金时代。国中盛产黄金，王室控制着黄金贸易和西苏丹广大的贸易网，垄断着重要物资如马匹和金属等的进口，并从中积累了巨额财富。1324～1325年，曼萨·穆萨去麦加朝圣，途中大肆挥霍黄金，在伊斯兰世界中留下深刻印象，马里的声名自此远扬西欧。1360年后马里发生内乱，王位之争层出不穷，国势日趋衰落。14世纪后，马里帝国先后遭到莫西人和图阿雷格人的袭击与骚扰。16世纪上半叶，在新崛起的桑海帝国的不断袭击下，帝国土崩瓦解。17世纪上半叶灭亡。

马里兰州 Maryland State 美国大西洋沿岸南部区一州。北沿著名的梅森－狄克森线与宾夕法尼亚州分界。波托马克河构成州的西界，与西弗吉尼亚州和弗吉尼亚州相邻，也与跨河两岸的华盛顿哥伦比亚特区相邻。东部，大西洋切萨皮克湾向北伸入，在湾东的德尔马瓦半岛上，马里兰州东北与特拉华州毗邻，南与弗吉尼亚州相接。面积32 134平方千米，其中陆地面积25 317平方千米。人口563.36万（2008），其中白人约占64%，黑人约占27.9%，是美国黑人比例较高的州之一。州府安纳波利斯，最大城市巴尔的摩。

州东部切萨皮克湾两岸属大西洋沿岸平原，湾东地势平坦，多沼泽，海拔30米左右；湾西略有起伏，海拔90～120米。州西部属阿巴拉契亚高地，以山麓台地即皮德蒙特高原为主，向西地面逐渐升高，岭谷起伏。地处温带和亚热带之间的过渡带，冬季温和，夏季暖湿。1月平均气温－2～2℃，7月18～27℃；平均年降水量970～1170毫米。夏秋多飓风。森林覆盖率41%。

原为印第安人居住地。15世纪末至16世纪，欧洲各国探险家在此活动。1632年英王查理一世将该地赐予乔治·巴尔的摩男爵，两年后第一批英国移民到此定居。1776年7月加入13个殖民地脱离英国独立的行列，并在独立战争中发挥重要作用。1788年加入联邦，成为美国第7州。

20世纪两次世界大战后，制造业迅速发展，第三产业逐渐成为经济主体，但传统农业仍占一定地位。农业收入的3/5来自畜牧业，肉鸡、蛋和乳品为主要畜产品。主要种植玉米、大豆、烟草、蔬菜等作物。近海渔业以盛产牡蛎和蟹著称。制造业部门多样，以化工、冶金、金属加工、运输设备、工业机械、食品加工等为主。20世纪后期，高科技产业兴起。巴尔的摩是最大工业中心。交通发达，有多条公路干线通连大西洋沿岸和大湖地区美国城市带。还有著名的华盛顿－巴尔的摩大都市区的高速轻轨交通系统。巴尔的摩－华盛顿国际机场是全州最繁忙的航空港。切萨皮克湾深水航道和切萨皮克－特拉华运河提供便捷水路运输，巴尔的摩为大西洋岸重要海港之一。设有马里兰大学、约翰斯·霍普金斯大学、圣约翰学院、美国海军学院等高等院校。州内保留众多历史遗址，如麦克亨利堡及其附近的"星条旗之屋"、独立战争和南北战争时期的古战场等。1980年6月与中国安徽省建立友好州省关系。

马里内蒂 Marinetti, Filippo Tommaso（1876-12-22～1944-12-02） 意大利文艺理论家。生于埃及亚历山大港，卒于贝拉焦。1905年创办《诗歌》杂志，刊登意大利颓废派的诗作，大力介绍法国象征派诗人。他在巴黎《费加罗报》发表《未来主义宣言》（1909）和《未来主义文学宣言》（1910）、《未来主义戏剧宣言》（1915）等，提出一整套未来主义的理论主张。宣言适时地提出了文学艺术应当适应新时代的工业化社会进行变革的合理要求。但因未来主义违背了文艺创作的基本规律，并没有产生多少有价值的文学作品。马里内蒂创造出一种时间短促、台词简单、动作急速的"合成剧"，展示一种幻觉与现实交叉、意识与无意识相混的境界。代表作品《他们来了》（1915）是一出只有三句话的短剧。一群不说话的人在台上忙碌地、机械地搬动桌椅，等候客人到来，客人没有露面，而桌椅在灯光的照射之下，自动地移向门口，好像去迎接客人。这种合成剧是荒诞剧的雏形。

马里亚纳海沟 Mariana Trench 世界最深的海沟。位于太平洋西部，大体在东经140°00′～140°50′，北纬10°00′～25°00′范围内，呈明显的半圆弧形伸展。长约2 550千米，平均宽度70千米，海沟深度很大，最深点位于"勇士"号海渊处，深达11 034米，是苏联"勇士"号测到的目前所知的世界大洋最深点。

马里亚纳群岛 Mariana Islands 密克罗尼西亚岛群北部南北向岛链。位于北纬12°～21°，东经144°～146°。由北马里亚纳群岛和关岛组成。陆地总面积478平方千米。属热带海洋性气候。年平均气温26℃，年降水量在2 000毫米以上。每年8～9月多飓风。土地肥沃。塞班岛为主要岛屿，面积122平方千米。岛中部为山地，最高点塔波乔山海拔474米。岛南端有美国空军基地。第二次世界大战期间，日、美军曾在此激战。提尼安岛为第二大岛，面积101平方千米，岛上有美军基地。

马里亚特吉 Mariátegui, José Carlos（1895-06-14～1930-04-16） 秘鲁马克思主义者，秘鲁共产党创始人，作家。生于利马，卒于利马。1919～1923年旅居欧洲，接受了马克思主义，写了许多政论文章。1923年回国后，主张把马克思主义同秘鲁本国实际相结合，积极参加反对A.B.莱吉亚独裁统治的斗争。1924年因患恶性肿瘤被截去下肢，仍坚持工作和写作。

1925年创办革命刊物《阿毛塔》，并出版第一部著作《当代舞台》文集。并参加美洲人民革命联盟。1928年10月7日，创建秘鲁社会党（1930年5月20日改称秘鲁共产党），任总书记；12月出版《阐述秘鲁现状的七篇论文》，该书被视为拉丁美洲马克思主义者的经典作品。1929年发表著作《捍卫马克思主义》。1971年，《马里亚特吉全集》20卷出版。

马力 horsepower 功率的非国际单位制单位。国际单位制中功率的单位为瓦特。英制1马力等于每分钟做33 000磅力·英尺的功，即用1分钟把33 000磅的质量举起1英尺所需要的能量。苏格兰工程师J.瓦特在18世纪末，用货运马车的壮马进行试验后规定了这个单位，实际上它比普通马在一个工作日内的持续功率约大50%。1英制马力约等于745.7瓦，它的热当量为2 545英热单位每小时（BTU/h）。米制马力被定义为75千克的物体在标准重力加速度（9.806 65米/秒^2）条件下，以1米/秒速度向上运动的功率。1米制马力等于735.499瓦，或等于75千克力·米/秒，或约等于0.986 3英制马力。

马立克学派 Mālikīyah, al- 伊斯兰教教法学派。逊尼派四大教法学派之一。该学派起源于麦地那的司法实践，以前辈教法学家的判例为支柱。创始人马立克·本·艾奈斯的学说，是对麦地那学派公议成果的系统阐述，内容大多以早期学者的个人推理为基础。其最高标准是麦地那的公议，并可以根据现行惯例和个人推理，对圣训斟酌损益。假若与社会福利发生矛盾，可以离开严格的类比，修改圣训的律例，实行考虑公共利益的原则。其学生伊本·嘎西木著述的《教法札记》是学派正式形成的标志。该学派最初的中心是贾希兹和埃及，后流行于整个北非及中非、西非的穆斯林地区。在摩洛哥和阿尔及利亚是唯一得到承认的学派，在突尼斯、科威特、巴林、阿曼和沙特阿拉伯的哈萨地区也有人遵奉该学派教法。

马利肯 Mulliken, Robert Sanderson（1896-06-07～1986-10-31） 美国化学家、物理学家。生于马萨诸塞州纽伯里波特，卒于弗吉尼亚州阿灵顿。1917年获麻省理工学院学士学位。1921年获芝加哥大学物理化学博士学位。1926～1928年执教于纽约大学，后回芝加哥大学，历任教授、特级教授。1936年当选美国国家科学院院士。他在1928年提出了分子轨道理论：将分子看成一个整体，分子轨道由原子轨道组成。1952年又用量子力学理论来阐明原子结合成分子时的电子轨道，发展了他的分子轨道理论。因研究化学键和分子中的电子轨道方面的贡献而获1966年诺贝尔化学奖。还曾获路易斯奖章和吉布斯奖章等奖。

马利诺夫斯基 Malinowski, Bronislaw Kaspar (1884－04－07～1942－05－16) 英国社会人类学家，人类学功能学派的主要代表。又译马林诺夫斯基。生于奥匈帝国统治的波兰克拉科夫，卒于美国。早年在克拉科夫大学学习物理学、数学，1908年获双博士学位。以后兴趣转向人类学，曾在德国莱比锡大学师从德国心理学家W.冯特。1914～1920年在新几内亚原始人部落中实地考察。1924年任伦敦大学社会人类学讲师。1927～1938年为伦敦经济学院人类学系教授。1938～1940年在美国耶鲁大学任教，1940～1942年任波士顿博物馆教授。主要著作有《西太平洋上的航海者》(1922)、《野蛮人社会中的犯罪和习俗》(1926)、《两性社会学》(1927)、《巫术、科学与宗教》(1948)。

他提倡实地考察的方法（即当代学者所说的参与观察），反对凭想象和演绎去建立理论。在看待各类型文化及文化的本质意义上，批判了以往人类学家的观点，对进化学派、历史学派、传播学派持反对态度。他把文化划分为物质文化和精神文化，即器物和习惯。他认为，每一种文化必然在满足着人们的需求，即完成着某种功能，功能才是文化的本质。文化研究的任务在于揭示这些功能。

马利诺夫斯基是人类学和社会学的现代理论研究的推动者，他的功能理论对美国的T.帕森斯、R.K.默顿和整个**结构功能主义**产生了很大影响。

马利亚 Maria 基督教《新约圣经》中耶稣的生母。又译“玛丽亚”。据《福音书》载，

《西斯廷圣母》(拉斐尔作)

在与约瑟订婚后，天使向其显现，预告她将由“圣灵感孕”而生**弥赛亚**耶稣。后随其夫到祖籍伯利恒登记户籍时，于客店马棚中生下耶稣。在天使的指引下，先与夫带耶稣出奔埃及，躲避了希律王对耶稣的杀害，后又在希律王死后返回加利利的拿撒勒居住。亲见耶稣受难；在十字架上，耶稣将她托付给约翰照料。431年以弗所公会议确认马利亚为上帝之母。天主教、东正教都把马利亚尊为“童贞圣母”，并认为她参与了耶稣救赎罪人的圣工，因而也是每一个信徒的属灵母亲。此外，还相信马利亚死后，灵魂和肉体重新结合而升入天堂，并在天堂为信徒代求，让人享受基督的恩泽。

马连良 Ma Lianliang (1901－02－28～1966－12－26) 中国京剧演员。工老生。字温如。回族。生于北京，卒于北京。9岁入北京喜

在京剧《四郎探母》中饰杨延辉

连成科班，受业于叶春善、蔡荣桂、**萧长华**、郭春山、茹莱卿等。先习武小生，后改老生，10岁登台，演出《定军山》、《打棍出箱》等剧。出科后向**孙菊仙**、贾洪林、刘景然诸名家学习，并吸收余（叔岩）派艺术之长，经长期艺术实践，发展为独树一帜、风格卓异的马派艺术。

马连良不但唱、念、做全面发展，而且武功根底深厚。他的嗓音清朗，唱腔委婉，酣畅中见俏丽，细腻中见洒脱。晚年排演新戏，在唱腔艺术上又有创造和发展，于精巧中兼有深沉浑厚的气势。他所扮演的帝王、朝臣、谋士、平民、差吏等人物中，不仅黑髯、黪髯与白髯的角色因身份、年龄差别而所用身段各异，即使同属白髯的老年角色，衰迈贫苦者、老于世故者和养尊处优者，表演上也有明显的区别。代表剧目有《甘露寺》、《借东风》、《四进士》、《赵氏孤儿》等。

马连良很重视舞台艺术的整体性。由于他的倡导，乐队中重视月琴伴奏的效果，并在乐队前增设围屏，使乐队和演出区隔开，净化和美化了舞台。对服装、化装、盔头、髯口等，也均有革新创造。这都是马派艺术的组成部分。他主演的《群英会》和《铡美案》已摄制成艺术影片。弟子有李慕良、王和霖、言少朋、迟金声、马长礼、张学津等。代表剧目编有《马连良演出剧本选集》等行世。

马铃薯 *Solanum tuberosum*; potato **茄科**茄属的一种。俗称土豆、洋芋、山药蛋等。一年生草本植物。重要的粮食、蔬菜兼用作物。马铃薯产量高，营养丰富，对环境的适应性较强，现已遍布世界各地。主要生产国有俄罗斯、波兰、中国、美国等。中国马铃薯的主产区是西南山区、西北、内蒙古和东北地区。其中以西南山区的栽培面积最大，约占全国的1/3。黑龙江则是全国最大的马铃薯种植基地。

生物学特性 马铃薯利用块茎繁殖生长。种薯在土温5～8℃的条件下即可萌发生长，最适宜温度15～20℃；适于植株茎叶生长和开花的气温为16～22℃；夜间最适于块茎形成的气温为10～13℃（土温16～18℃），高于20℃时则形成缓慢。出土和幼苗期在气温降至－2℃即遭冻害。开花和块茎形成期为全生育期中需水量最大的时期，如遇干旱，灌足水是保证高产稳产的关键技术措施。

栽培技术和品种改良 世界各地马铃薯的栽培技术因地理气候条件不同而异。主要利用块茎进行无性繁殖。为避免切刀传染病毒和环腐病，应选用直径为3～3.5厘米的健康种薯进行整薯播种。马铃薯最易感染病害，真菌病有晚疫病、疮痂病、早疫病。细菌病有环腐病、青枯病。病毒病有花叶病、卷叶病、类病毒病以及支原体病害等。虫害有块茎蛾、线虫、地老虎和蛴螬等。大部分栽培品种是通过杂交育种选育成的。鉴于普通栽培种马铃薯品种资源的贫乏，近年来尤其重视综合马铃薯的近缘栽培种，包括普通栽培种及二倍体栽培种的染色体组，以利于选育高产、高抗和高淀粉、高蛋白质含量的新品种。选育途径主要有：①利用产生$2n$配子的二倍体杂种与普通栽培种杂交。②利用新型栽培品种与普通栽培种杂交。

用途 马铃薯块茎含有76.3%的水分和23.7%的干物质，其中包括17.5%的淀粉、0.5%的糖、1%～2%的蛋白质和1%的无机盐。马铃薯鲜薯可供烧煮作粮食或蔬菜。但鲜薯块茎体积大，含水量高，运输和长期贮藏有困难。为此，世界各国十分注意生产马铃薯的加工食品，如法式冻炸条、炸片、速溶全粉、淀粉以及花样繁多的糕点、蛋卷等，为数达100多种。马铃薯的鲜茎叶通过青贮，可作饲料，但其中含龙葵碱，

须防止引起牲畜中毒。中国一些地区利用马铃薯茎叶做绿肥，其肥效与紫云英相似。

马陵之战 Maling, Battle of 中国战国时期，齐军在马陵（今河南范县西南）伏击魏军的作战。

周显王二十六年（前343），魏命庞涓率军伐韩。韩求救于齐。齐威王于二十七年以田期（一说田忌）为主将、孙膑为军师，发兵救韩。

孙膑仍以“围魏救赵”战法，直奔魏都大梁（今河南开封），庞涓遂撤韩围回师，欲击齐军于大梁。齐军知韩围已解，即还师回齐。庞涓率军10万尾追齐军，并深入齐地。孙膑以逐日减灶之法示弱，让庞涓误以为齐军畏怯，士卒逃亡过半。庞涓果然中计，亲率轻车锐卒兼程追赶。齐军到马陵后，孙膑见地势险隘，道路两旁林木茂密，估计魏军将于傍晚到达，遂在马陵设伏。魏军如期而至，进入伏击圈。齐军万弩齐发，全面出击，杀庞涓（一说庞为自杀）。又乘胜进攻，掳魏太子申，全歼魏军。由此，魏国由盛而衰，齐取代魏而成为东方强国。

马六甲 Melaka 马来西亚古城，马六甲州首府。位于马六甲海峡东岸南段、马六甲河东西两岸冲积平原上，海拔8米。年平均气温26.8℃，平均年降水量2 106毫米。人口14.95万，华人占25%。始建于15世纪初，曾为马六甲王国都城，中世纪东南亚的国际贸易中心。郑和七下西洋中的五次访问马六甲，并以该港作为他的庞大舰队在海外的中转站。以后历经葡萄牙、荷兰、英国占领。由于马六甲河口的淤塞和槟城、新加坡的兴起，城市地位下降。20世纪70年代开辟亚逸克劳、丹戎吉灵等自由贸易区，发展劳动密集型工业，如电子器材等，丹戎吉灵兴建热电厂、炼油厂与深水码头。马六甲已成为以电子、石油化工为主的全国五大工业中心之一。港口可泊1.5万吨海轮，起卸大宗散装货，为橡胶出口和大米、蔗糖等杂货的进口港。传统工艺品手杖、藤器海内外著名。城市具有鲜明的历史特色，古老建筑物的砖墙呈赤红色，中世纪修建的街道曲折狭隘，市区内外有很多华人历史遗址，如三保山、三保庙（又名青云亭，1673年建）和三保井。马六甲河口东岸的升旗山是满剌加国王将明成祖赠送的金龙文笺勒石树碑的地方。历史上马六甲的华人庙宇曾达300座，现存一座马来西亚最老的道观，建于1646年。马六甲河口西侧的荷兰街长400米，是华人住宅区，建筑为中国古典式厅堂、庭院和园林。峇峇博物馆，陈列展示了马来人、华人通婚后裔所创建的峇峇文化面貌。街上还有不少传统的华人古老手工业作坊。马六甲又是西方殖民者侵略东南亚的最早据点，也有很多15～18世纪的遗址，如升旗山下有圣地亚哥城堡，城市东南有圣约翰古堡，城内马六甲河畔的教堂钟楼以及东南亚最古老的荷兰式建筑的马六甲博物院（1650）等。20世纪新建筑有独立宣言纪念馆（1912）、船舶博物馆、马来西亚文化村等。城北10千米有海滨度假胜地。郊区亚沙汉山是马来西亚最早的橡胶种植园诞生地，由华人陈齐贤开辟。附近巴株美连南的鱼类研究所在东南亚也颇具规模。2008年马六甲和槟城作为文化遗产列入《世界遗产名录》。

独立宣言纪念馆

马六甲海峡 Malacca, Strait of 亚洲东南部马来半岛和苏门答腊岛之间，连接安达曼海和南海的狭长水道。为沟通太平洋与印度洋的战略水道，亚、非、欧三洲的海上交通纽带，世界上最繁忙的航道之一。海峡呈漏斗状，西北—东南走向。从西部的韦岛至东部的皮艾角，长约1 080千米；连同新加坡海峡，共长1 185千米。西北口宽370千米，东南口宽37千米。一般水深25～113米。主航道靠近马来半岛一侧，宽2.7～3.6千米，一般水深25.6～73米。一哻滩等近百处水深23米以下，不利于潜艇隐蔽和巨型油轮通行。新加坡岛和印尼的大卡里摩岛、巴淡岛、宾坦岛钳制海峡东南口，泰国南部的普吉岛和印尼苏门答腊北端的韦岛居海峡西北口，为扼控海峡的要地。勿拉尼岛、端士建有新加坡海军基地，新加坡岛上的巴耶利巴和丁加为空军基地。苏门答腊岛东岸的棉兰是印尼海、空军基地，宾坦岛上的丹戎槟榔和韦岛上的沙璜为印尼海军基地。马来半岛西岸的卢穆特为马来西亚海军基地和海军训练中心，北海、亚罗士打为马来西亚空军基地。

海峡通航历史悠久。16世纪起相继被葡萄牙、荷兰、英国和日本控制。第二次世界大战后，马六甲海峡重归沿岸国家所有。1971年11月，印度尼西亚、马来西亚和新加坡发表联合声明，宣布三国共管海峡事务。2002年4月起，美国和印度海军开始为过往该海峡的商船联合护航。

海峡属巽他大陆架浅海，两岸地势低平。属热带雨林气候，兼有季风气候特征。年平均气温26～28℃，年降水量1 940～2 565毫米。11月至翌年3月多东北季风，5～9月多西南季风。4～11月的夜间常出现“苏门答腊飑”，风力达7～8级。全年都有影响航行的热带暴雨，在季风转换期尤其频繁。表层海流流向西北，流速1～2节。潮汐属半日潮，大部水域涨潮流向东南，落潮流向西北，流速3节。潮差在苏门答腊一侧2.5～5.8米，马来半岛一侧平均2.8米。年平均表层水温27～29℃。海底和沿岸富藏锡和石油。

马六甲王国 Malacca, Kingdom of 马来西亚历史上第一个信奉伊斯兰教的封建王国。古称满剌加王国，首都为马六甲。

约在公元14世纪末，室利佛逝巨港王子拜里迷苏剌因受爪哇麻喏巴歇的进攻，逃到当时受暹罗（今泰国）控制的单马锡（今新加坡）。不久，自立为王。后来麻喏巴歇又派兵进攻单马锡，于是拜里迷苏剌率领少数随从，逃到马六甲。拜里迷苏剌于中国明代永乐三年（1405）派代表来华会见明成祖。明朝皇帝封拜里迷苏剌为马六甲国王，从此，马六甲王国正式建立。1414年，拜里迷苏剌国王开始改信伊斯兰教。第三位国王穆扎法尔·沙统治时期（1445～1459），宣布伊斯兰教为国教，始称苏丹。两次击败暹罗入侵，并遣使暹罗，主动修好，从而结束两国之间的长期不和。

第四位国王曼苏尔·沙统治时期（1459～1477），是马六甲王国最强盛时代。1459年起，王国凭借强大的国力，用武力在马来半岛进行统一战争，先后征服彭亨、柔佛、雪兰莪、霹雳、丁加奴、吉兰丹等地，并控制马六甲海峡的海上交通，成为东南亚强大的封建王国。

国王是最高统治者，国王以下有三位大臣分别掌管政务。一为盘陀罗，掌管国家政务和外交；二为奔呼卢·盘陀诃黎掌管征税、纳贡事项，兼管宫廷内部事务。三为天猛公，掌管军务和司法。

15世纪中叶，马六甲已成为东西方的贸易集散地之一。印度人、阿拉伯人和波斯人用商船运来棉花、染料和香料药品，中国商船又带去丝绸、锦缎、布匹、瓷器等货物。在最繁盛时期，马六甲拥有4万人口，有阿拉伯人和中国人；还有来自印度、锡兰（今斯里兰卡）、波斯（今伊朗）、暹罗（今泰国）、缅甸、高棉（今柬埔寨）及占卑和爪哇（今属印度尼西亚）等地的商人。

15世纪末至16世纪初，马六甲遣使来中国先后有30次，其中国王亲自率领使者来访的就有5次。明朝政府自1403年派尹庆访问马六甲起，到1481年，也曾遣使14次回访马六甲。中国许多先进的生产技术，如犁、耙等农具，传到马六甲后，改变了马来人农业生产的落后状况，中国的指南针也被马来人用在航海上，促进了当地航海事业的发展。

第五位国王阿拉乌德丁·里雅特·沙于1488年去世后，王国开始衰落。第六位国王马哈茂德·沙阿，当时年幼，王国统治集团内部争权夺利的斗争愈演愈烈。1511年葡萄牙殖民者占领马六甲。从此，开始葡萄牙在马六甲的殖民统治。马哈茂德·沙阿国王转移至柔佛地区，建立柔佛王国。

马六甲语族 Malacca group 南亚语系的一个语族。

马龙·白兰度 Marlon Brando（1924-04-03～2004-07-01） 美国电影演员。生于内布拉斯加州奥马哈城，卒于洛杉矶。1944年在百老汇首次登台演出。1947年因在舞台剧《欲望号街车》中饰主角而一举成名。

20世纪40年代后期，在E.卡赞等人主办的演员讲习班学习，进一步提高了他颇具特色的表演水平。1950年去好莱坞，步入影坛。因主演《在江边》（1954，旧译《码头风云》）和《教父》（1972）两次获得奥斯卡金像奖最佳男演员奖。他擅长塑造各种不同性格的艺术形象，以自然而有感染力的表演风格享誉美国银幕与舞台。除演戏拍片外，还参加过美国的民权运动。主要影片有《欲望号街车》（1951）、《萨巴塔万岁》（1952）、《巴黎最后的探戈》（1972）、《现代启示录》（1979）、《干燥的白色季节》（1988）等。位列2000年美国电影艺术与科学学院评选出的20世纪美国著名影星50位传奇人物之中。

马龙·奈喀什 Mārūn al-Nāqqāsh（1817～1855） 叙利亚剧作家、演员。在贝鲁特长大并受教育。卒于塔尔图斯。曾在意大利生活多年，受到意大利歌剧的较大影响。回国后，和兄弟组成家庭剧团。他编写和导演的第一部戏剧《吝啬鬼》是一出五幕喜剧，1848年在贝鲁特马龙家中首次演出，产生很大影响。后集资修建了一所剧场。1850年演出第二部剧作《愚蠢的艾布·哈桑》（取材于《一千零一夜》）。他的剧本基本是用韵文写成，文言和方言交杂，有的段落被谱了曲，可以演唱。这种具有喜剧内容的小歌剧后来在叙利亚、黎巴嫩和埃及等阿拉伯国家得到广泛传播和发展，延续了几十年。

马鹿 *Cervus elaphus*; red deer/wapiti 偶蹄目鹿科鹿属的一种。又称赤鹿、黄臀鹿、白臀鹿。广泛分布于亚洲北部、中欧、西北非以及北美等地。中国主要分布于东北、西北和四川、西藏等地。属大型鹿类，体

长1.8米左右，肩高1.1～1.3米，成年雄性体重200～250千克，雌性约150千克。雄性有角，一般分6个杈，最多8个杈，茸角的第二杈紧靠于眉杈。夏毛短，通体呈赤褐色；冬毛灰棕色。马鹿川西亚种，背纹黑色，臀部有大面积的黄白色斑，几乎盖整个臀部，与马鹿其他亚种不同，故又称白臀鹿。生活于高山森林或草原地区，喜欢群居。夏季多在夜间和清晨活动，冬季多在白天活动。善于奔跑和游泳。以各种草、树叶、嫩枝、树皮和果实等为食，喜舔食盐碱。9～10月份发情交配，孕期8个多月，每胎1仔。鹿茸是名贵中药材。马鹿在中国广为养殖。属国家二级保护动物。

《马路天使》 *Street Angel* 中国故事片。明星影片公司1937年摄制。编导袁牧之，摄影吴印咸，主要演员赵丹、周璇、魏鹤龄、赵慧琛。影片通过两对生活在社会底层的青年男女的遭遇针砭时弊，对社会的丑恶黑暗进行了辛辣的讽刺和嘲笑。风格深沉隽永、明快诙谐。镜头和蒙太奇的运用都有不少可取之处，声音的处理也别具一格，在描写环境、烘托气氛、刻画人物心理方面也有成功的表现。影片中的插曲《四季歌》、《天涯歌女》（田汉作词、贺绿汀作曲、周璇演唱）唱出了东北人民故土沦陷、流亡他乡的痛苦和哀思，流传甚广。4位主要演员的表演朴实细腻，性格鲜明，感染力很强。公映后，被誉为“中国影坛上开放的一朵奇葩”。

马洛 Marlowe, Christopher（1564-03-06～1593-05-30） 英国戏剧家、诗人。生于坎特伯雷，卒于德特福德。1587年在剑桥大学获硕士学位。在伦敦期间曾与探险家、政治活动家罗利等怀疑宗教者结成团体，人称黑夜派和无神论者，因而曾一度入狱。后被人刺死。马洛共写了7部剧本，均属悲剧或带有悲剧意味的历史剧：《帖木儿》（1587～1588）、《浮士德博士的悲剧》（1588?）、《马耳他岛的犹太人》（1592?）、《爱德华二世》（1593）、《迦太基女王狄多》（合著）和《巴黎的大屠杀》（未完成）。马洛革新了中世纪的戏剧，在舞台上创造了巨人性格，富于时代气息。还创作有叙事诗、抒情短诗等。

马洛礼 Malory, Sir Thomas（约1405～1471-03-14） 英国散文作家。著有《亚瑟王之死》。据传生于沃里克。约1436年或1441年，随沃里克伯爵攻打加来城。1445年为州选议员。1460年曾因故被囚禁在纽盖特监狱。《亚瑟王之死》（1485）原名为《亚瑟王及其圆桌骑士之书》，叙述亚瑟王的诞生、经历、武功、阵亡和最后的归宿，他手下的圆桌骑士们的奇特经历和探险，以及寻获圣杯的故事。它们原为法文，由马洛礼翻译或改写成英文。马洛礼使用的是中古英语转变为早期近代英语的过渡时期英语，语言简单、朴素、生动、明晰，节奏自然、动听，可以看作英文散文的典范。见亚瑟王传奇。

《马门教授》 *Professor Mamlock* 德国剧作家F.沃尔夫的代表性作品。写于1935年。

马门溪龙 *Mamenchisaurus* 中国已发现的最大的蜥脚类恐龙。因模式标本发现于中国四川宜宾马门溪而得名。长22米，高近4米。颈长相当于体长的一半，颈椎数多达19个。马门溪龙属有两个种：①合川马门溪龙，发现于四川省合川县和甘肃永登；②建设马门溪龙，发现于四川宜宾。所有马门溪龙都是浅水栖息者，一生的大部分时间是在水深约20米的湖泊中度过的。这些庞大的蜥脚类借助水的浮力以支撑其笨重的躯体，鼻子和眼睛长在头顶，类似现代潜艇的潜望镜，只要头顶微露水面，既可进行呼吸，又可窥测周围水面的动静，能长期待在水下，需要时再选择有利时机上岸，以避免凶残的食肉类恐龙的突然袭击。马门溪龙主要靠水中的藻类和富有营养的柔软植物生活，有时也可能捕食一些软体动物和小鱼。

马门溪龙在蜥脚类演化史上属中间过渡类型，为蜥脚类恐龙繁盛时期（距今1.4亿年的晚侏罗世）的早期种属，在侏罗纪末全部绝灭。

马鸣 Aśvaghoṣa（约1或2世纪） 印度梵语佛教诗人、戏剧家。生于婆罗门家庭，后来皈依佛教。留传于世的作品有叙事诗《佛所行赞》和《美难陀传》、故事集《大庄严论经》以及3部戏剧残卷。《佛所行赞》叙述佛陀释迦牟尼从诞生直至涅槃的生平

传说。3部戏剧残卷出自中国新疆吐鲁番，只有《舍利弗》一剧署名。另外两部残卷失剧名和作者名，一般认为也是马鸣的作品。《舍利弗》是9幕剧，讲述婆罗门青年舍利弗和目犍连皈依佛陀的故事。这3部戏剧残卷具有古典梵语戏剧的大部分艺术特征，表明印度古代戏剧早在公元1～2世纪已经达到成熟阶段。

马莫里安 Mamoulian, Rouben (1897-10-08～1987-12-04) 美国电影导演。生于俄国第比利斯，卒于美国洛杉矶。1919年离开苏俄，在伦敦导演戏剧。1923年去美国，曾导演过歌剧，后因在纽约百老汇导演戏剧而成名。1929年导演了第一部影片《喝彩》。在这部影片中，他把摄影机从隔音箱里解放出来，自由移动，使影片的画面流畅、舒展。第二部影片《城市街道》(1931)把对白、音响和音乐分开录制，因而获得了优质的声音效果。1932年导演的《化身博士》第一次运用主观镜头。其他较有影响的影片还有《今夜爱我》(1932)、《琼宫恨史》(1934)、《蓓基·夏泼》(1935)、《佐罗的记号》(1940)、《一双黑丝袜》(1957)等。

马默里 Mammeri, Mouloud (1917-12-28～1989-02-26) 阿尔及利亚作家。生于陶里尔特-米蒙。曾在阿尔及尔、巴黎学习，获文学学士学位。第二次世界大战期间参战，后回阿尔及利亚任教。1957年被迫逃往摩洛哥，阿尔及利亚独立后回国，在阿尔及尔大学教授文学。著有剧本《焚风》和电影剧本《燃烧的村庄》等。长篇小说《被遗忘的山丘》(1952)、《公证人睡着了》(1955)和《鸦片和大棒》(1965)，反映了阿尔及利亚历史上三个重要阶段。《被遗忘的山丘》以第二次世界大战期间卡比利亚贫穷落后的农村为背景，写在殖民主义制度下阿尔及利亚人民的悲惨生活和他们种族之间的纷争。《公证人睡着了》反映阿尔及利亚知识分子参与民族解放斗争的觉醒过程。《鸦片和大棒》则直接描写阿尔及利亚人民的武装起义，人物众多，场面壮阔，表现了人民不可抗拒的力量。

马那瓜 Managua 尼加拉瓜首都，全国最大城市。位于马那瓜湖南岸，因湖得名。海拔56米。市区人口约146万(2006)。热带雨林气候，年平均气温26.9℃，平均年降水量1 207毫米。原为印第安人村镇，1855年定为首都。1931年毁于地震和大火，后重建。1972年又遭大地震破坏，至今痕迹依存。全国最大的工业中心，有食品、纺织、咖啡加工、卷烟、水银、皮革、炼油等。全国交通枢纽，有泛美公路、铁路与全国主要城市和港口相通。有国际机场。沿水路经马那瓜湖、尼加拉瓜湖和圣胡安河可达加勒比海。有中美洲大学、天主教大学和马那瓜大学等。西南郊有著名的阿考林克古人类博物馆及遗迹。

远眺马那瓜城

马奶酒 mare' s milk-wine 中国蒙古、哈萨克、柯尔克孜等族传统饮料。用马奶酿制，酒精含量不高（1.5～3度）。又称乳酒，蒙古语称“乞戈”或“艾日戈”。古代北方游牧民族常以皮囊盛奶，马奶在颠簸过程中变酸发酵成为奶酒，牧民遂从中学会酿制马奶酒。汉代时，匈奴人已普遍饮用并传入内地。做法：初夏，将新鲜马奶灌进皮囊，不停摇动一段时间，放入酒酵母，置于保温处。数日后乳脂分离，成为半透明状液体时即可饮用。用乳糖发酵而成的马奶酒呈黏稠状雪白液体。自然发酵的马奶酒度数不高。现代出现蒸馏法，制成的酒浓度高，酒劲大，以六蒸六酿者为上品。马奶酒微酸，清凉适口，沁人心脾，是一些民族节日喜庆、接待宾朋时的必备饮料。它性温，能驱寒、舒筋、活血、健胃、强骨，被称为紫玉浆、元玉浆，属“蒙古八珍”之一。传统蒙古族医学用它治疗高血压、糖尿病、肠胃病，效果甚佳。马奶酒饮疗法被誉为蒙古族地区七大疗法之一。

马奈 Manet, Édouard (1832-01-23～1883-04-30) 法国画家。生于巴黎，卒于巴黎。16岁到巴西里约热内卢当见习水手，因考航海学校未被录取，立志学画。回到巴黎后进入T.库蒂尔画室学习(1850～1856)。他经常到卢浮宫和私人收藏家那里观摩前辈大师的作品，提香、E.格列柯、J.de里韦拉、D.委拉斯开兹、F.de戈雅、F.哈尔斯及P.P.鲁本斯的画，对他很有启发。1859年，马奈把《苦艾酒的嗜好者》一画送往沙龙遭拒绝，但受到诗人C.波德莱尔的赞赏。马奈描写外光的兴趣最早反映在《土伊勒里宫花园音乐会》(1862)中。1863年，他的油画《草地上的午餐》描绘一裸体女子和两位衣冠整齐的中年男子在草地上野餐的情景，引起法国艺术界的争论。官方沙龙拒绝陈列这幅画，他便在落选沙龙中展出。作者最感兴趣的不是描写的情节和题材，而主要是色彩的和谐，是阳光透过青叶照射到丰满的人体上的色彩反映。

图1 《吹笛少年》(1866，奥塞博物馆藏)

他另一幅引起世人争议的作品是《奥林匹亚》。它的构图是文艺复兴以来常见的躺着的维纳斯，但在马奈的笔下却是巴黎少女的形象。作者在人体、布景和黑人女奴的描绘中，寻求色彩相互影响所形成的微妙关系。当时不少人批评这幅画的“自然主义”，说它丑陋不堪。但是得到作家É.左拉的坚决支持，尤其在1867年马奈举行个人画展时，左拉发表的评介文章在法国文艺界引起强烈的反响。

图2 《奥林匹亚》(1863，奥塞博物馆藏)

1870年普法战争爆发后，马奈参加国民自卫军，担任军官。巴黎公社期间，他在缺席的情况下被选进G.库尔贝领导的管理美术的委员会。他在公社受到凡尔赛政府军队包围的情况下回到巴黎，两幅作品记录了巴黎公社被镇压的场面。一幅是石版画《国内战争》，另一幅是水彩画《处决公社社员》。从60年代中期起，他成为青年画家们的领袖，是盖尔波瓦咖啡馆里经常聚会的艺术社团的中心人物。他虽未参加过任何一届印象派的展览，但他是这一运动的鼓吹者和积极支持者。马奈的作品之所以受到青年们的赏识，主要是他选材和表现风格自由，不受空间透视的束缚，以及有外光的新鲜感，打破了传统的千篇一律的棕褐色调。到后期，他又改用彩色笔触和彩色线条作画。反映这两种风格转折的作品是油画《庭园》。他在70年代完成的作品如《在船中》、《莫奈在船上作画》等，运用了印象派的画法，明显受到年轻画家的影响。

马瑙斯 Manaus 巴西西北部亚马孙州首府和最大的经济中心。位于内格罗河左岸。亚马孙河重要港口。面积14 337平方千米。人口140.37万（2000）。年平均气温27℃，平均年降水量2 100毫米，终年高温多雨。原为印第安马瑙人居住地。1850年成为州首府。19世纪末20世纪初因周围橡胶业繁荣而得以快速发展。1957年设立自由贸易区。1967年设立自由港，发展成为现代化的港口城市。亚马孙河河海联运枢纽。万吨海轮可溯亚马孙河直达马瑙斯，2 000～3 000吨河轮可西至秘鲁的伊基托斯。港口由总长528米的浮动码头和590米的石砌码头组成，以适应潮水涨落。工业主要有石油提炼、电子、摩托车、木材加工、橡胶、制革、黄麻、食品等。输出橡胶、巴西坚果、硬木、柯拜巴油、可可、鱼干以及电子产品和黄麻制品。旅游业日益发展，设有国际机场。市内有国立亚马孙河研究所、亚马孙大学。

马尼克五级坝 Manic-5 Dam 世界最高的连拱坝。又称丹尼尔·约翰逊坝。位于加拿大马尼夸根河上，控制流域面积29 267平方千米。最大坝高214米，坝顶长度1 313.7米。大坝混凝土体积225.5万立方米。水库总库容1 388亿立方米。发电厂房为岸边式明厂房。装机容量131.8万千瓦。1961年开工，1968年竣工。

马尼拉 Manila 菲律宾首都，最大港口和经济、文化中心。又名小吕宋。位于吕宋岛马尼拉湾东岸，跨帕西格河南北两岸。市区面积39平方千米，人口166.07万（2007）；大马尼拉都市区（国家首都区）面积636平方千米，人口1 155.34万（2007）。

城市坐落在低平的帕西格河三角洲冲积平原，气候炎热，年平均气温27℃，平均年降水量2 000毫米，大部分集中在6～11月。

16世纪初为一小渔村，是穆斯林居住地区。1571年西班牙人开始殖民统治。曾一度成为东方和美洲间进行自由贸易的中心和著名商港，手工业也随之兴起。1898年美西战争后，又成为美国在菲律宾的统治中心。第二次世界大战期间被日本占领。1946年菲律宾独立后，成为菲律宾首都。20世纪60年代后期以来，现代化的工业、商业和金融业迅速发展。集中了全国的金融和银行业。全国一半以上的工业也集中于此，主要有纺织、印刷、食品加工、制药、油漆、卷烟、肥皂、机械、汽车装配等。新兴工业正向郊区发展。

国内外重要的交通枢纽和贸易吞吐港。港区踞帕西格河口两岸，河口以北的北港，专供国内航运；南港是对外贸易的国际港，港阔水深，周围有防波堤，有200米宽的航道供船只进出。有5座码头，全长4 000多米，可同时停泊26艘船。马尼拉港承担了全国进口货物的85%和出口货物的20%。

市区沿帕西格河两岸分布，北岸为主要商业金融中心和工业集中地，大学区和国家行政机关；河南为旧城区，多古建筑，还有许多古城遗迹。

马尼拉是亚洲重要的旅游中心之一。市区风景秀丽，多名胜古迹，以16世纪的圣阿古斯丁教堂、旧城墙和圣地亚哥城堡遗迹而闻名。每年接待大量游客，是菲律宾外汇收入的来源之一。

设有历史悠久的圣托马斯大学等高校，大学生占全国的3/4。还有科学研究机构、国家博物馆、国家图书馆等。

马尼拉城市景观

马努蒂乌斯家族 Manutius family 意大利印刷、出版世家。马努蒂乌斯为拉丁文名。意大利文为马努奇（Mannucci）或马努齐奥（Manuzio）。创始人A.马努蒂乌斯（Aldus Manutius，1449～1515-02-06），生于巴西阿诺，卒于威尼斯。1490年买下著名的N.詹森印刷所，更名为阿尔丁出版社，以印刷出版廉价古希腊经典著作著称。1495年，他开始印制注有印刷日期的书籍。1501年，首次采用他创制的斜体字，印刷8开本书籍《维吉尔》，这种版式被后人称为“阿尔丁版本”。1533年，他第三个儿子保卢斯与其他兄弟一起重整家业。1561年奉罗马教皇庇护四世之命，在罗马将珍藏在巴勒登图书馆内的宗教先驱的手稿整理出版。保卢斯之子小阿尔杜斯于1590年掌管梵蒂冈印刷所。他去世后此世家印刷、出版业未得传承。

马普托 Maputo 莫桑比克首都和最大港口城市。1976年前称为洛伦索-马贵斯。位于国境南部，濒印度洋马普托湾，居印度洋和大西洋间航运要冲。连同郊区面积53.7平方千米。人口189万。市区建于港湾北岸阶地上，气候宜人。1554年起葡萄牙殖民者开始在此建立据点。1887年建镇。1907年成为葡属东非殖民地首府。1895年连接南非的铁路贯通，成为威特沃特斯兰德工矿区最近出海口，城市迅速发展。政府机关和高档住宅区位于东面和东北面，工业区和工人居住区分布在西北面。现为非洲著名的现代化大港之一。港区由9千米长的深水航道与外海相连，港阔水深，有码头泊位21个，岸线总长3 273米。港内有铁路通向南非、津巴布韦和斯威士兰等国，是上述国家工矿产品的主要转运港。主要出口煤、铁、石棉、糖和木材等，进口以石油、机器为主。全国最大制造业中心，以船舶制造和修理、酿酒、鱼罐头、纺织、水泥、金属加工为主。卫星城马托拉位于城西11千米处，有规模较大的炼油工业。有蒙德拉纳大学、马普托理工学院、自然历史博物馆、植物园和动物园等。海滨浴场风光优美，是著名的冬季疗养胜地。与海滨疗养地临近的是商业区。

马普托教堂

马普学会 Max Planck Society for the Advancement of Science 德国科学研究机构。全称马克斯·普朗克科学促进学会。总部设于慕尼黑。建于1911年。原名威廉皇家学会，1948年为纪念德国物理学家、量子论创立者M.普朗克而改现名。学会为独立的、非营利的学术机构。经费主要由德国联邦和州政府提供。科研工作侧重于自然科学的基础理论和人文科学方面，重点是医学、生物学和物理学。任务是充当科学研究的带头人，特别是从事那些在大学尚不成熟或不宜进行的课题研究工作。约有80个研究所、10个研究组。学会的决策委员会是评议会。评议会由中央、地方、科学界和舆论界等代表组成。

马其顿 Macedonia 欧洲东南部内陆国。位于巴尔干半岛中部，西与阿尔巴尼亚为邻，南与希腊接壤，东界保加利亚，北接塞尔维亚。面积25 713平方千米。人口

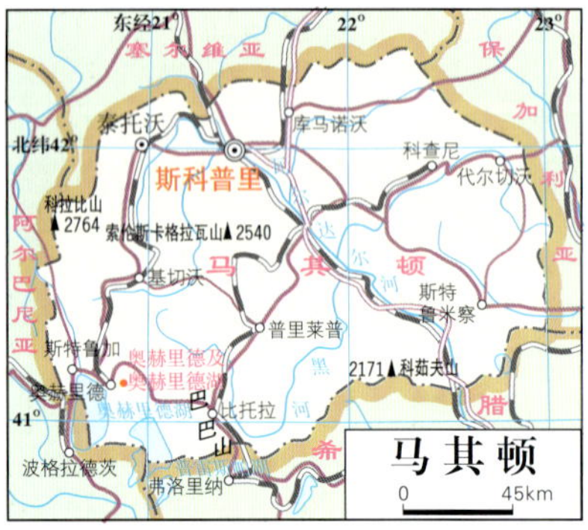

204.8万(2009)。马其顿族占64.18%，阿尔巴尼亚族占25.17%，余为土耳其族、吉普赛族、塞尔维亚族等。官方语言为**马其顿语**。多数居民信奉东正教，阿尔巴尼亚族等信奉伊斯兰教。首都**斯科普里**。

境内多山，有30多座海拔在2 000米以上的山峰，主要在东部和西部，并交错分布一系列山间盆地和河谷。西北边境的全国最高峰科拉比山海拔2 764米。主要河流瓦尔达尔河纵贯国土中部。较大的湖泊有西南边境的奥赫里德湖和普雷斯帕湖等。大部分地区属冬寒夏热的温带大陆性气候。煤和铅、锌、铜、镍、金、银、汞等金属矿比较丰富。森林覆盖率为35%。

公元7世纪，斯拉夫人开始迁入巴尔干半岛马其顿地区。976～1018年曾建立第一个马其顿国，以奥赫里德为首都。11～14世纪先后被保加利亚、拜占廷和塞尔维亚占领。1371年起受奥斯曼帝国统治长达500多年。1913年第二次巴尔干战争后，马其顿地区被塞尔维亚、保加利亚和希腊重新瓜分，其中塞尔维亚所占的部分称瓦尔达尔马其顿，于1918年并入**塞尔维亚－克罗地亚－斯洛文尼亚王国**(1929年改称南斯拉夫王国)。1945年南斯拉夫联邦人民共和国成立(1963年改称南斯拉夫社会主义联邦共和国)，原属塞尔维亚的瓦尔达尔马其顿成为联邦的6个共和国之一。1991年11月20日马其顿共和国宣布独立。

独立后的新宪法规定，马其顿在政治上实行议会制和多党制。议会为最高立法机构，实行一院制。主要政党有马其顿社会民主联盟、马其顿内部革命组织民族统一民主党、阿族融合民主联盟、民主繁荣党、自由党等。总统为国家元首兼武装力量最高统帅，由无记名投票选举产生，可连任两届。议会选举产生政府，为国家权力执行机构。外交上致力于加入欧盟、北约，重点发展与大国和邻国关系。独立后，加入多个国际组织。与世界157个国家建立外交关系。1993年10月12日与中国建交。

独立初期，国民经济连年下降。1996年经济开始恢复性增长。1999年北约轰炸南联盟和2001年国内安全形势恶化，经济受到重创，2009年国内生产总值66.37亿欧元，人均国内生产总值3 233欧元。经济以工业为主导，主要部门有采矿、冶金、化工、电力、木材加工、食品加工等。葡萄酒酿造和烟草加工是马其顿的传统产业，产品大多出口到西欧国家。农业方面有耕地60多万公顷，主要农作物有小麦、玉米、甜菜、棉花、烟草、向日葵、蔬菜、葡萄、水果。水果和蔬菜出口量较大。畜牧业中养羊业发达。交通运输以铁路、公路为主。铁路线长925千米，公路总长7 285千米，有两个国际机场。多名胜古迹，有与阿尔巴尼亚共有的奥赫里德湖区。其他旅游胜地有首都斯科普里、斯特鲁加、马弗洛沃山等。2009年进出口总额为53.93亿欧元，多年逆差。主要贸易伙伴为塞尔维亚、德国、希腊、意大利、斯洛文尼亚、保加利亚、乌克兰、俄罗斯等。外国直接投资主要来自圣文森特和格林纳达、意大利、瑞士等。货币名称代纳尔。

奥赫里德湖畔风光

普及8年制义务教育。全国共有基础学校1 010所、高中100所、大学7所；有197家图书馆、22个博物馆。主要有《新马其顿报》、《今日报》、《马其顿太阳报》、《动态》、《言论》、《时代》和《晚报》等报纸和杂志。设有3家通讯社、中央电视台、广播电台。

马其顿人 Macedonians 欧洲巴尔干半岛民族之一。约140万人(2001)。主要居住在马其顿共和国。部分人散居克罗地亚、塞尔维亚、斯洛文尼亚、希腊、阿尔巴尼亚等国。属欧罗巴人种巴尔干类型。使用**马其顿语**。文字采用斯拉夫字母。信教者多为东正教徒，部分人为伊斯兰教徒。7世纪初，一些斯拉夫部落开始在马其顿地区定居，同化当地土著居民，并沿用了公元前5～前2世纪存在于该地区的古代马其顿国的名称为族称。传统经济以种植玉米、小麦、烟草、棉花为主；养羊业发达；工业以冶金、纺织、烟草加工为主。

身着传统服装的马其顿人

马其顿王朝 Macedonian Dynasty **拜占廷帝国**封建王朝。马其顿王朝时期，封建制已经形成，大土地所有制日益发展，自由农民土地被剥夺，纷纷破产沦为农奴。反封建的农民起义不断发生。

王朝创始人巴西尔一世(867～886年在位)颁布新法典，补充和更新《查士丁尼法典》；改建军队，特别是海军，努力提高战斗力，并向四邻发动攻势。通过征服和传教活动使拜占廷文化渗入到保加利亚、塞尔维亚和俄罗斯等斯拉夫人国家。东正教也随之广泛传播。自君士坦丁八世(1025～1028年在位)至最后一个女皇狄奥多拉(1055～1056年在位)时期，政权落入僧侣支持的宫廷官吏和高级贵族手

中。随后帝国进入长期纷争时期，国势渐趋衰落。

马其顿王陵 Macedonian Royal Tombs 古希腊马其顿国王陵墓。位于希腊北部塞萨洛尼基城西南64千米的韦尔吉纳。年代约在公元前4世纪中叶。1977年发掘，是第二次世界大战以来希腊考古学重大成果之一。王陵有两个墓室，前小后大，墓门为多里安柱式的门廊，横楣上有猎狮图壁画残迹，墓顶为拱形结构。大墓室正中置白色大理石棺，内放一制作精美的纯金长方形骨灰箱，盖上刻有马其顿王室星形王徽，重10.8千克。箱内有以金叶及锦缎包裹的骨灰，并有一顶取橡实橡叶交缠状的金制王冠。小墓室中有一较小石棺，棺内有一较小的纯金骨灰箱，重8.42千克。大墓室内还有铠甲、护胫、银杯、银瓶、矛、盾等随葬品。发掘者认为这座墓是马其顿国王腓力二世及其后妃之墓，但学术界对此尚有争论。1978年在此地又发掘一座马其顿国贵族墓，保存有较完好的希腊神话故事壁画。

纯金骨灰箱

马其顿语 Macedonian language 马其顿的官方语言。属印欧语系**斯拉夫语族**南支。除马其顿外，还使用于保加利亚和希腊，使用人口140多万。

马其顿语起源于**古斯拉夫语**。12世纪以后，由于非斯拉夫语的长期影响，马其顿语同古斯拉夫语的差别日益扩大，终于演化为分析型语言，与绝大多数仍为综合型的斯拉夫语言不同。19世纪初，逐渐形成以西部方言为基础的现代马其顿标准语。有5个元音，26个辅音。双音节词的重音落在第一音节上，多音节词的重音落在倒数第三音节上。有置于名词之后的定指后缀，有性、数的区别，还有指远近的标指后缀。名词变格系统几乎完全消失，格的关系借前置词表示。动词不定式已消失，但有4种形式的过去时、现在时和将来时。采用以西里尔字母为基础的文字，但有所修改和补充。

马其顿战争 Macedonian Wars 古罗马征服位于巴尔干半岛中部的马其顿王国的4次战争。这4次战争使罗马称霸于整个东地中海地区。第一次马其顿战争是在公元前215～前205年进行的，马其顿的腓力五世取得胜利。第二次马其顿战争是在公元前200～前197年进行的，腓力战败，其海军损失殆尽。第三次马其顿战争是在公元前171～前168年进行的，腓力的儿子佩尔修斯战败，马其顿只剩下4个自治共和国。第四次马其顿战争是在公元前149～前148年进行的，罗马大法官梅特卢斯镇压了自称马其顿王的安德里斯库斯发动的叛乱。此后，马其顿成为罗马的一个行省。

马奇 Mudge, Thomas (1715-09～1794-11-14) 英国制表匠。生于德文郡的埃克塞特，卒于萨里郡的纽因顿。1738年开设表店，因产品质量精良，欧洲各国要人都委托他定制。1765年他发明调节机械表走动的一种自由式擒纵机构。这种机构是在G.**格雷厄姆**原先用于钟的直进式擒纵机构的基础上改进而成，是现代宝石叉瓦式擒纵机构的前身。19世纪中叶后，这种机构被广泛应用于机械式手表和小型时钟。1771年表店停业，马奇将注意力转向改进航海时钟。1774年他把制造的第一个精确时钟送交英国伦敦格林尼治皇家天文台。

马奇诺防线 Maginot Line 法国在第一次世界大战后，为防德军入侵而在与德国、卢森堡和比利时相邻边境地区构筑的筑垒配系。以法国陆军部长A.-L.-R.马奇诺的姓氏命名。

1929年12月马奇诺任陆军部长，经他努力，法国国会于1930年通过了沿东北部边境修建绵亘防线的巨额拨款。于是，防线即全面展开施工，至1936年基本建成。整个工程耗资达60亿法郎，土方工程量达1 200万立方米。鉴于纳粹德国1935年吞并了萨尔区，1936年占领了莱茵兰，法国副总理兼国防部长É.达拉第遂于1937年决定从马奇诺防线北端，沿整个法国—比利时边境直至加来海峡岸边，构筑达拉第防线，并对马奇诺防线进行加强，工程一直进行到1940年5月德军对法国发起进攻时为止。

马奇诺防线北起隆吉永，南至贝尔福，全长约390千米。包括梅斯筑垒地域、萨尔泛滥区、劳特尔筑垒地域、下莱茵筑垒地域和贝尔福筑垒地域。整个防线由保障地带（纵深4～14千米）和主要防御地带（纵深6～8千米）组成，共构筑各种用途的永备工事约5 800个，密度达到每千米正面15个。最坚固的钢筋混凝土工事的顶盖和墙壁厚度达3.5米，装甲塔堡的装甲厚度达300毫米，均能抗420毫米臼炮炮弹两发直接命中。防线内的防坦克障碍物主要有防坦克壕、崖壁、断崖及金属和混凝土桩砦，并用地雷场加强。防步兵障碍物一般为金属桩或木桩铁丝网，有的地段还设置了通电铁丝网。

马奇诺防线的建成，使纳粹德国军队不得不避开德法边境正面，另选进攻法国的方向。1940年5～6月，德军主力通过阿登高原，迂回马奇诺防线左翼，在蒙梅迪附近突破达拉第防线，前进到加来海峡岸边，占领了法国北部。接着德军以一部分军队南下进抵马奇诺防线的后方，使防线丧失了作用。

马钱子 *Strychnos nux-vomica*; nux vomica 马钱科马钱子属的一种。分布于印度、缅甸、越南、泰国、斯里兰卡等国。中国有引种。乔木，高10～13米。叶对生，叶片革质，卵圆形或椭圆形，长6～15厘米，宽3～8.5厘米，全缘，主脉5，弧形，叶腋有短的卷须。聚伞花序顶生；花心无梗；花萼绿色，5裂；花冠筒状，白色，5裂；雄蕊5；子房卵形，光滑。浆果球形，直径6～13厘米，熟时橙色，光滑。种子3～5粒，圆盘形，直径1.5～2.5厘米。成熟种子入药，称马钱子，无臭，味极苦，有剧毒，口尝应谨慎。毒性来自种子所含的生物碱。有散血热、消肿、止痛的功用。

马丘比丘古城 Machu Picchu 南美印加帝国晚期古城。遗址位于印加帝国首都库斯科（今属秘鲁）西北约110千米处，建立在安第斯山脉西南部马丘比丘山和胡亚拉比丘两座山峰之间的一个马鞍形山脊上。1911年发现。遗址面积逾40公顷，海拔2 743米，三面是陡峭的山崖，高出乌鲁班巴河床约600米，仅南面可供出入。遗址中心有一个大型广场，周围分布有殿堂、神庙、排房、储藏室、监狱等。著名的因蒂瓦塔纳神庙（意为“挽住太阳的石头”）位于广场西北侧，用于祭祀的石祭台和石柱均保存完好。另一著名建筑是三窗神庙，透过三扇巨大的石窗，可看见太阳从东面山峰上升起。遗址内还有在石头上凿出的排水设施，南面和西面

马丘比丘古城鸟瞰

的坡地上有开垦的梯田。在城外西部发现了利用自然石缝做成的墓葬，墓中共有173具木乃伊。马丘比丘是印加帝国南部交通线上的一座城市，当时城内居民约1 000人。因地处高山未被西班牙入侵者发现而得以完整保留。它展示了印加帝国卓越的城市规划能力和高超的建筑技巧。1983年，马丘比丘古城作为文化与自然双重遗产被列入《世界遗产名录》，成为南美洲最著名的旅游胜地。

马荣火山 Mayon Volcano 菲律宾最大的活火山，游览胜地。位于吕宋岛东南端的比科尔半岛上，海拔2 400多米，底座周围约130千米。呈圆锥形，顶端为熔岩覆盖，呈灰白色，有"世界最完美的山锥"之称。顶端由安山岩组成，上半部几乎没有树木，下半部有茂密的森林，有的地方从山上一直到山脚下都可以看到火山迸发流出的岩浆痕迹。火山几乎不与他山相连，更显突兀雄伟。白天，火山不断喷出白色烟雾，凝成云层，遮住山头；入夜，烟雾呈暗红色，整个火山像一个巨大三角形蜡烛座耸立在夜空中，奇丽、壮观。天气晴朗时，从山腰可眺望太平洋风光。

自1616～1968年，马荣火山共爆发36次，最大的一次是1814年2月1日，火山岩浆埋没了卡葛沙威镇，有1 200人丧生。1993年2月2日，马荣火山又爆发，喷出的岩灰最高达4 500米。2009年12月间又多次喷发，规模大，持续时间长，并伴有地震。

马溶之 Ma Rongzhi (1908-11-25～1976-04-02) 中国土壤地理学家。生于河北定县，卒于北京。1933年在燕京大学毕业。历任地质调查所土壤研究室技正、主任，中国科学院南京土壤研究所研究员、所长，

中国科学院自然资源综合考察委员会副主任等职。曾当选为中国土壤学会理事长，国际土壤学会会员。1957年被民主德国农业科学院授予通讯院士称号。在土壤地理、土壤分类、土壤地理区划、土壤资源利用以及土壤制图等方面有较深造诣。他拟定了中国最早的(1941)现代土壤分类系统；在国际上最早提出漠钙土概念并最先应用棕钙土一词；提出了中国土壤地理分布的模式和特点。在古土壤研究方面，对第四纪地层的成因类型和古地理环境以及黄土问题等的分析，丰富了第四纪的研究内容。发表论著百余篇(部)，主编了《中国土壤区划》和《水稻丰产的土壤环境》等。

马融 Ma Rong (79～166) 中国东汉经学家。字季长。右扶风茂陵（今陕西兴平东北）人。少好学，无常师。从名儒挚恂游学，博通经籍。曾任校书郎、议郎、武都和南郡太守等职。他知识渊博，遍注《周易》、《尚书》、《毛诗》、《论语》、《孝经》等。《左氏春秋》已有贾逵、郑众两家注，各有特色，因此，不另作训释，而著《三传异同说》。他曾和刘"争论古今学"，辩论《公羊》与《左氏》的得失，所言有理有据，扩大了古文经学的影响。除注群经外，他兼注《老子》、《淮南子》、《离骚》、《列女传》。他教授的学生常有千余人。郑玄、卢植都是他的门徒。晚年生活阔达奢逸，常坐高堂，施绛纱帐，前授生徒，后列女乐，开魏、晋清谈家破弃礼教的风气。著作已佚，清马国翰《玉函山房辑佚书》、黄奭《汉学堂丛书》都有辑录。另有赋、颂、碑、诔、书、记、表、奏、七言、琴歌等21篇，有集，已佚。明张溥辑有《马季长集》。

马如飞 Ma Rufei (1817～?) 中国苏州弹词艺人。原名时霏，字吉卿，一署沧海钓徒。清代咸丰、同治年间(1851～1874)享名，为当时苏州评弹的"四大名家"之一。祖籍江苏丹阳。生于江苏苏州。出身苏州弹词世家，父亲马春帆以说唱《珍珠塔》著名。马如飞幼时熟读诗书，稍长充任书吏。父亲去世后，跟从表兄桂秋荣学习说唱《珍珠塔》，从此继承父业。马如飞在说唱实践中，对《珍珠塔》进行了加工润色，使结构更加严谨，词句趋于工整，唱词叠句层出，演唱气势充沛；他还在音乐唱腔上进行革新和创造，所唱曲调朴实豪放、节奏明快、流利酣畅，人称"马调"，对后来苏州弹词的唱调产生了深远影响。他的苏州弹词表演以平说为主，不起脚色，风格独特，被誉为"小书（弹词）之王"。相传其所创作的苏州弹词开篇有百余段之多，有光绪十二年(1886)题为《马如飞先生南词小引初集》的木刻本上下两卷行世。著有《南词必览》。传人有儿子马一飞，外孙王绶卿，以及杨鹤亭、姚文卿、余莲生和钟伯泉等十余人。

马茹拉尼奇 Mažuranić, Ivan (1814-08-11～1890-08-04) 克罗地亚诗人。生于诺维韦诺多尔斯基。先后学习哲学和法律，懂英、法、德、意、匈等多种语言。1835年首次发表克罗地亚语诗歌。曾写作爱情诗《白槭树》和《白槭树和麝香葡萄》献给妻子。1895年结集出版唯一的一部诗文集。他在1846年创作的历史叙事长诗《斯玛伊尔·泰吉奇之死》(1846)，以1840年黑山人民杀死土耳其将领斯·泰吉奇的真实故事为依据，分为酷刑、夜奔、入队、收税和灭亡5个诗段，运用八音阶和十音阶格律，叙事诗和抒情诗交替，显示了克罗地亚民间口语的优美和表现力。1850年后历任克罗地亚总检察长、总理大臣、总督等要职。另编有《奥斯曼词汇》(1844)，克罗地亚和匈牙利双语散文《克匈关系》。

马萨诸塞州 Massachusetts State 美国东北部新英格兰地区一州。北接佛蒙特州和新罕布什尔州，南连康涅狄格州和罗得岛州，西邻纽约州，东濒大西洋。东南部科德角半岛呈弧形伸入海洋，其南有马撒葡萄园岛、楠塔基特岛等岛屿。面积27 337平方千米，其中陆地面积20 299平方千米。人口649.8万(2008)，其中白人占84.5%。州府和最大城市波士顿。海岸曲折，形成马萨诸塞湾、科德角湾、巴泽兹湾等海湾，故有"海湾州"之称。

境内大部分地区岗丘起伏，冰碛地形广布。中西部主要属新英格兰高地，海拔300米左右；康涅狄格河谷地纵贯南北，其西地势升高至500～700米，称伯克希尔山地；西北州界附近的格雷洛克山海拔1 064米，为全州最高点。东部属大西洋沿岸平原，海拔不足150米，多湖沼和短小河流。温带大陆性湿润气候。1月平均气温-6～0℃，7月20～22℃；年降水量1 020～1 170毫米，冬季多雪。森林覆盖率62%。

"马萨诸塞"是早年居住该地的一个印第安部落名称。1620年来自英国的一批清教徒乘坐"五月花"号船在普利茅斯登陆。随着移民不断涌入，境内先后建立了普利茅斯殖民地和马萨诸塞湾殖民地。1691年两殖民地连同缅因合为英国皇家殖民地。1788年加入联邦(后缅因脱离)，成为美国第6州。

第二次世界大战后，凭借本州教育、科技优势，重点发展电子、电器、仪表、宇航、核能、军火等部门，工业结构发生巨大变化。工业大多分布于东部地区，波士顿为最大的制造业中心，波士顿128号公路沿线高科技工业园区仅次于硅谷，是美国重要的微电子工业和技术中心。属乳酪带农区，种植饲料作物，发展乳牛业，鲜奶和奶酪是主要畜产品。其他作物限于蔬菜、水果和各类园艺作物，红莓产量居全国首位。近海渔业盛产鳕鱼、比目鱼、扇贝等。波士顿为海陆空交通枢纽，有多条公路、铁路干线通达，洛根国际机场客运繁忙，其海港是大西洋沿岸主要天然良港。境内多名胜古迹和度假胜地，旅游业较盛。文化教育和科学技术发达。有著名的哈佛大学和麻省理工学院，以及波士顿大学、塔夫茨大学、布兰代斯大学等高等院校。1983年11月与中国广东省建立友好州省关系。

马塞卢 Maseru 莱索托首都。位于国境西北部，卡利登河左岸。海拔1 500米。人口约38.5万，其中城区人口约15万。始建于1869年。全国政治、经济、交通中心。

有纺织、日用化工等小型工业。牲畜、羊毛、皮革、谷物的重要集散地。有短程铁路与南非铁路网连通，全国对外联系大部经此。输出农产品。有公路通往国内其他地区。市内有莱索托农学院和技术学校等。城东南40千米处的罗马设有国立莱索托大学。

马赛 Marseille 法国第二大城市和最大海港。普罗旺斯-阿尔卑斯-蓝岸大区首府和罗讷河口省首府。位于法国南部，濒临地中海利翁湾东岸。面积240平方千米，人口86.04万（2007），包括郊区在内的马赛都市区人口123万。西北、东北和东部为石灰岩山丘环抱，距罗讷河三角洲较近，但不受河口冲积影响。气候冬季温湿，夏季干热。港区水深域广，无急流险滩，能见度好。

始建于公元前6世纪，古希腊佛西亚人在今老港（即拉西同湾）的小海湾一带定居。前49年并入罗马版图，后衰落几至绝迹。10世纪再度兴起。12世纪成为重要港口。15、16世纪地理大发现开辟了新航线，使之出现衰退。17世纪60年代复兴。1832年为世界第三大港。19世纪，苏伊士运河通航后，马赛港成为法国与中东和亚洲联系的重要门户。20世纪70年代以来，马赛港区进行了改造和扩建，新兴的马赛-福斯港是法国最大的现代化港口，与世界109个国家和地区的300多个港口通航，年吞吐量近1亿吨。有输油管道通阿尔萨斯以及瑞士和德国的炼油厂。马赛-普罗旺斯机场是法国第二大机场。此外还有高速公路、铁路、内河航运等交通设施连接国内外主要城市。

工商业发达，是全国炼油工业中心，约占全国炼油能力的30%。全国最大的船舶制造与修理中心，约占全国修船业的70%。此外，还有电力、冶金、化工、直升机制造、纺织及食品加工等；海产丰富，制盐和渔业发达。法国最大的对外贸易中心，进出口货物以矿产品为主，其他有水果、葡萄酒、橄榄油、蔬菜、香料、兽皮等。

附近有马赛的主要海滨普拉多海滩。名胜古迹有伊夫古堡、灯塔、加德圣母院、圣让堡、圣尼古拉堡、圣玛丽教堂、圣维克多教堂、"钻石宫"、马赛美术馆和古代马赛博物馆等。设有多所高等院校。

马赛克 mosaic 黏土烧成的正方形或六角形上釉陶瓷。英文的音译。又称锦砖、嵌镶砖。质地坚硬耐磨，耐腐蚀，防污染，易洗刷。有各种颜色，可镶砌成各种图案，装饰性强。适用于房屋内部（墙面、地面、顶棚）、外部（外墙面、柱）和园林建筑物的装饰。以马赛克镶嵌的壁画，是建筑上富有艺术表现力的装饰品。

《马赛曲》 *Marseillaise* 法国国歌。法国大革命期间，工兵上尉兼业余音乐家C.-J.鲁日·德·李尔于一夜之间（1792）写成。法国于1792年4月20日对奥国宣战后，斯特拉斯堡（即鲁日·德·李尔驻守处）的市长狄特里希征求一首法军的进行曲，《马赛曲》即是鲁日·德·李尔应征之作。原来曲名是《莱茵军战歌》，因受到来自马赛的义勇军喜爱，便被称为《马赛曲》。每当这首激扬雄浑的歌在革命者聚会上响起时，都深深打动人心。国民公会于1795年7月14日宣布一致通过以此曲为法国国歌。因为《马赛曲》同法国大革命有关，在帝国时代与二次复辟时代（1815）先后遭到拿破仑与路易十八禁止。1830年"七月革命"之后正式解禁，但随后又被拿破仑三世禁止，直至1879年才再度解禁。

马三疯 Ma Sanfeng（约1820～1890） 中国西河大鼓创始人。本名马瑞河，乳名马大河，因其说唱表演泼辣奔放、妙趣横生，人送外号"马三疯子"，他本人也就以"马三疯"作为自己的艺名。也有写作"马三峰"者。直隶高阳县教台村人。15岁随母改嫁到安新县端村。不久即拜在当地说唱木板大鼓颇有影响的艺人田东文门下，出师后与师兄马瑞林搭档说书。马三疯后来结识了雄县韩西楼村的韩云甫、韩云亭兄弟，兄为秀才，弟教私塾。在韩氏兄弟的帮助下，马三疯加工完善了常演的《响马传》、《少西唐》和《前后七国》等节目，并从韩家学会了《宁武关》、《骂城》和《摔琴》等**子弟书**唱词。他还尝试将原来的中三弦伴奏改为大三弦，将木板击节改为铁片击节，将木板大鼓唱腔的单一板式扩充为头板、二板、三板等多种板式，从而增强了西河大鼓的音乐表现力。后马三疯到京津等大城市行艺，一时声名鹊起。人们将其与当红的**山东大鼓**名家**何老凤**并举，有"南有何老凤，北有马三疯"的美誉。因天津人习称马三疯所在的冀中地区的大清河和子牙河为"西河"，所以，便将由他改良过的与传统木板大鼓大为不同的这种冀中鼓书，称之为**西河大鼓**。**朱化麟**（"朱大官"）、王振元（"毛贲"）和王再堂（"转眼王"）是其徒弟中比较著名的三人。

马三立 Ma Sanli（1914-09-25～2003-02-11） 中国相声演员。回族。祖籍甘肃永昌。生于北京，卒于天津。3岁随父母定居天津。12岁随父亲马德禄学艺，15岁拜相声名家周德山为师开始相声生涯。出师后在北京和天津撂地卖艺并进入商场和茶社演出。抗日战争时期，一度加入相声艺人**常宝堃**组织的"兄弟剧团"兼演笑剧，并曾到济南和沈阳等地行艺。1951年加入天津红风曲艺社，1952年参加中国人民赴朝慰问团到朝鲜进行慰问中国人民志愿军的演出，1953年参加天津人民广播电台广播曲艺团。

20世纪50年代中期以与人合作表演**何迟**创作的对口相声《买猴儿》而驰誉一时。所说演的《公费医疗》、《开会迷》和《高人一头的人》等节目，也因讽刺时世而深入人心。20世纪80年代后，表演了何迟创作的《似曾相识的人》和《晚十点钟开始》等对口相声。搭档中以王凤山和赵佩茹最为默契，传人中以常宝华最为著名。其相声编演台风亲切、口风随和，随意中蕴藏万千机趣；题材平常、表达朴素，平实中流露幽默意味。人称"平民艺术家"。1992年以相声唱片《买猴儿》获得中国唱片总社颁发的第二届"金唱片奖"。

马瑟 Mather, John Cromwell（1946-08-07～ ） 美国天体物理学家，生于弗吉尼亚州罗阿诺克，1974年在加州大学伯克利分校获物理学博士学位，1974～1976年在纽约哥达德空间研究所做博士后期间，提出了宇宙背景探索者（COBE）卫星的第一份计划书，此后一直在哥达德空间飞行中心作为COBE计划的首席科学家和项目领导者。1989年COBE卫星升空，他所负责的远红外绝对分光光度仪（FIRAS）以百万分之五十的精度测量到宇宙微波背景辐射谱具有温度为2.725K的理想黑体的性质，而加州大学伯克利分校教授G.F.斯穆特负责的较差微波辐射计（DMR）则测到宇宙微波背景不同方向的温度起伏为十万分之一。由于这一重要成果对宇宙起源的大爆炸理论提供了新的有力支持，将宇宙学推进到精确科学的时代，马瑟和斯穆特分享2006年诺贝尔物理学奖。

马山 Masan 韩国东南部庆尚南道城市和釜山的辅助港。位于马山湾沿岸，东南距釜山市约45千米。面积329.46平方千米。人口约40.5万。市区沿海湾呈南北向分布。平均年降水量1 732.2毫米，是韩国雨量最多之地。古时称骨浦、合浦。新罗时置县。玄宗四年（1663）始称马山浦。

1889年辟作商港后发展迅速。1914年设马山府，1949年改市。1995年成为都农复合型港口城市。1969年和1977年开通南海高速公路和（大）邱马（山）高速公路之后，成为韩国东南临海工业地带的中心城市之一。主要工业有电子、纺织、化学、造船、食品、酿造等。水陆交通便利。港口天然条件好，是釜山的辅助港。万吨级船舶可直接靠岸，2万吨级以上的可乘潮入港。主要输出水产品、纺织品、矿石及电子、电器等商品。有庆南大学、创新大学等。有新罗时代留下的教学堂、月影台、校坊洞的观海亭、蒙古井、马金山温泉和楮岛上的海上娱乐中心等。

马绍尔群岛 Marshall Islands 太平洋中部岛国。全称马绍尔群岛共和国。位于北纬5°～15°、东经162°～173°之间。面积181.3平方千米。人口6.46万（2009）。属密克罗尼西亚人的**马绍尔人**居多数。居民多信基督教。马绍尔语为官方语言，通用英语。全国分为33个市。首都**马朱罗**。

马绍尔群岛属密克罗尼西亚岛群。由马朱罗等29个环礁和梅吉特等5个独立的小岛组成。人口主要集中在马朱罗环礁和**夸贾林环礁**。地势低平，土壤贫瘠，大部分岛礁上遍布椰子树。属热带海洋性气候，年平均气温27℃，平均年降水量3 350毫米，5～11月为雨季，12至翌年4月为旱季。海洋渔业资源丰富，部分岛礁上有磷酸盐矿分布。

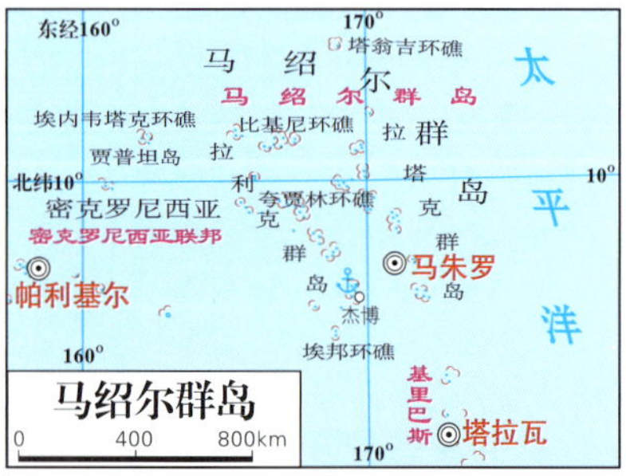

马绍尔群岛近海的珊瑚

密克罗尼西亚人早在公元前500年前就已经航海到达这里，并且在部分岛礁定居。16世纪初被西班牙航海者发现。1788年英国船长约翰·马绍尔曾上岛考察，群岛由此得名。1874年西班牙宣布马绍尔群岛归其所有。1886年成为德国的保护地。第一次世界大战初期被日本占领。第二次世界大战时成为日本在太平洋的作战基地。1944～1947年美国对其实行军管。1947年7月联合国将其交由美国托管。后与帕劳、北马里亚纳群岛和密克罗尼西亚联邦构成太平洋岛屿托管地的4个政治实体。1979年5月，经过在联合国监督下的公民投票，马绍尔群岛成立立宪政府。1983年6月，马绍尔群岛和美国正式签署了《自由联系条约》，条约于1986年10月生效，马绍尔群岛获得内政、外交自主权，安全防务仍由美国负责。1990年12月联合国通过决议，正式结束马绍尔群岛共和国的托管地位。1991年9月17日，马绍尔群岛成为联合国正式成员。1947～1958年期间，美国曾在马绍尔群岛的比基尼环礁进行多次核试验。之后，美国将夸贾林环礁作为试验导弹防御系统的重要基地。

总统由议会选举产生，议会由33名经普选产生的议员组成，任期均为4年。内阁由总统和总统任命的10名部长组成。另设有由12人组成的大酋长委员会，负责顾问土地和习俗方面的事务。主要政党有联合人民党、联合民主党。

经济以农业和渔业为主。工业主要是小型的农产品加工和手工艺品制作。出口鱼类和椰干。食品、燃料、工业制成品需要进口。主要贸易伙伴为美国、日本、澳大利亚。贸易赤字长期居高不下，财政严重依赖外援和向美国出租军事基地。美国、日本、澳大利亚及亚洲开发银行是主要的援助者。通用美元。2009年国内生产总值1.33亿美元。

实行6～14岁的儿童义务教育。公立学校学费全免。主要报纸有私营《马绍尔周报》。政府不定期出版公报。岛上有卫星通信设备。有3个电视台，其中1个是独立台，另外2个是美国军方电视台。

1990年11月16日与中国建交。1998年12月中国中止与马绍尔群岛的外交关系。

马绍尔人 Marshallese 太平洋中西部马绍尔群岛主体民族。为密克罗尼西亚人的一支。属印度尼西亚人、**美拉尼西亚人**和**波利尼西亚人**的混合类型。体质和文化多与波利尼西亚人相近。使用马绍尔语，属南岛语系密克罗尼西亚语族。有以拉丁字母为基础的新创文字。多信基督教。殖民者侵入前，社会已有阶级分化，贵族分属两个母系氏族。最高首领只能由这两个氏族的人担任；地方首领则可出自其他氏族。男子系腰带，女子着草裙。食物主要有芋类、面包果和鱼类。经济以渔业和农业为主，手工业发达，擅长造船和航海。常用草席、筐笼、木雕、贝制工具等与邻岛居民进行交易。通用各种原始货币：贝壳、龟甲、草席、羽毛等。

马师曾 Ma Shizeng（1900－04－02～1964－04－21） 中国粤剧演员。擅演丑生。字伯鲁。广东顺德人。卒于北京。1917年，在广州太平春教戏馆学戏。不久，受雇于新加坡庆维新粤剧团，后转入长春粤剧团编演新戏，并拜著名小武靓元亨为师。此后，一直在香港、澳门、广州以及美洲、越南、马来亚等地演戏或拍电影。1955年年底回广州参加广东粤剧团。马师曾早年立志改革**粤剧**，注意吸取和运用电影及话剧的长处，演出过不少时装戏，丰富了粤剧的舞台艺术。他戏路宽广，除工丑生外，还擅演小生、小武、花脸、须生等。他独创的“乞儿喉”，半唱半白，顿挫分明，邈远悠扬，有时糅入方言俗语，自然活泼，成为脍炙人口的“马腔”。晚年改演老生，唱做苍凉刚劲。代表剧目有《苦凤莺怜》、《贼王子》、《搜书院》、《关汉卿》等。

粤剧《关汉卿》剧照（马师曾饰关汉卿，红线女饰珠帘秀）

马什哈德 Mashhad 伊斯兰教什叶派圣城。伊朗第三大城市，今霍腊散省首府。又译麦什德。位于国境东北部，卡沙夫河河谷。面积约40平方千米，人口147万。地处马什哈德盆地，海拔985米。气候温和干燥。用水依靠坎儿井和水渠。马什哈德意即“殉难的地方”。在古代图斯城基础上发展起来。9世纪，什叶派第八任伊玛目阿里·里达曾被阿拔斯王朝哈里发马蒙立为储君。818年被人毒死后，葬于图斯城郊一村庄，称马什哈德·里达，即里达殉教之地。此后，该地成为伊斯兰教什叶派的一个朝觐中心。1220

年被蒙古人摧毁后，重建为马什哈德城，后成为伊朗北部通往中亚、阿富汗的商队过境要道和地区贸易中心。是伊朗最富庶的农业区之一，也是北部羊毛贸易中心。以香料、染料、皮革及其制品、地毯、丝织品生产和贸易为主。每年到此朝圣者在10万人以上。是横贯伊朗北部铁路的东部终点，有一座机场。老城区以宗教建筑为主，包括里达陵墓等。新城区多商业街和住宅。

马士英 Ma Shiying（约1591～1646） 中国明代末年魏忠贤的阉党余孽，奸臣。贵州贵阳人。别字瑶草。万历进士。崇祯末年任凤阳总督。明崇祯十七年（1644）三月，李自成进北京，崇祯帝朱由检自缢。南京诸臣仓促议立新君。马士英内结宦官韩赞周、勋臣刘孔昭，外约总兵黄得功、刘良佐、高杰、刘泽清等，拥立福王朱由崧于南京，成立了第一个南明政权。但这个政权实际上是控制在马士英、阮大铖等人的手中。马士英任东阁大学士兼都察院右都御史，仍督凤阳等处军务。他起用阉党阮大铖，压制东林党人，排斥史可法等人，卖官鬻爵，聚敛财富；引导福王尽情享乐，置军国大事于不顾。清顺治二年（1645）春，清豫亲王多铎率军南下，五月初，南京陷落，福王政权亡。马士英南走浙江杭州、绍兴等地，最后入太湖投长兴伯吴日生军中，清军围剿太湖时被擒杀。一说马士英遁逃台州后，入四明山削发为僧，清贝勒命剥其皮，实之以草，械至道旁，以快公愤。因马士英与阮大铖朋比为奸，史皆马、阮并称，视为奸佞。

《马氏文通》 *Chinese Grammar by Mr. Ma* 中国第一部系统的汉语语法著作。原名《文通》。马建忠著。1898年上海商务印书馆出版，此后陆续刊行，版本甚多。章锡琛依据1904年本校点，成《马氏文通校注》，1954年由中华书局出版。1983年商务印书馆重排印行原书，并附索引。吕叔湘、王海棻合著《马氏文通读本》，逐章逐节加上按语和注释，1986年由上海教育出版社出版。马建忠，字眉叔，江苏丹徒人，语法学家。年轻时在上海读书，学会拉丁语、希腊语、英语和法语。1875年留学法国，回国后帮助李鸿章办理洋务。马建忠提倡振兴工商业，主张富国先富民，要求学子既攻读中国圣贤的书，又精求西方的文明。为此他花了10多年时间写成此书。全书以典范的文言文为研究对象，取材于四书、三传、《史记》、《汉书》以及韩愈的文章。例句有七八千个。全书的系统模仿西方传统语法，同时也注重汉语实际。全书分10卷。卷一讲“正名”，介绍主要的术语。卷二至卷九依次论述各类实词和虚词。虽然以词类为纲，但是具体分析时莫不依据语句。卷十论句读，是句法的总论。马建忠主张根据词义确定词类，同时认为词类和句子成分有对当关系。如果遇到不符合这种规定的情况，就用词类通假来解释。他又认为“字无定义，故无定类”，与词类通假说不无矛盾。在《马氏文通》编写期间，马建忠之兄马相伯曾参与其事。

马术 equestrian sports 在马上进行的各种竞技运动的总称。欧洲的骑马竞赛活动约为公元前1500年左右由喜克索人自埃及传入。1900年在巴黎举行的第2届奥林匹克运动会上，马术首次被列为比赛项目。1912年，第5届奥林匹克运动会把盛装舞步、场地障碍和三项赛3个项目正式列入奥运会马术比赛。此后，这3个比赛项目一直延续至今。它们是：①盛装舞步赛。测试马匹沉静、柔韧、服从、灵巧、注意力集中且不失向前的冲动性。马与骑手要在20米×60米的场地内用12分钟完成一系列复杂的动作，检测骑手与马匹配合默契的能力和动作质量。②场地障碍赛。测验人马配合，以用时最短通过一条设有10～15个障碍物的规定路线的比赛。检测马匹运步准确、顺从人意、转向轻柔自如和跳跃落地的技术，以及参赛者驾驭马匹的能力。③三项赛。为综合性马术竞赛项目，要求运动员必须参加盛装舞步赛、越野赛和场地障碍赛，以检验马和骑手的“综合全能”能力。除上述3个奥运会正式比赛项目外，目前国际上开展的马术项目还有：速度赛马、马上技巧、马球和绕桶赛。中华人民共和国建立后，中国的马术运动有了较快发展。

场地障碍赛

1959年第1届全国运动会设有马术和速度赛马比赛项目。1960年开始，每年举办全国马术和速度赛马锦标赛。

马水龙 Ma Shuilong（1939－07－17～ ） 中国台湾作曲家。生于台湾省基隆市。1959年秋入台湾艺术专科学校，师从萧而化、许常惠学习作曲，1964年毕业。1967年，与温隆信等发起向日葵乐会，引起台湾音乐界的注目。1972年秋赴联邦德国深造。1975年春毕业。同年秋回台湾，先后执教于台湾家政专科学校及东吴大学。1981年任台湾艺术专科学校音乐科主任。1982年秋，任台湾艺术学院音乐系主任，后历任该院作曲教授、教务长、院长。

马水龙是位多产作曲家，代表性作品有钢琴曲《雨港素描》、《台湾组曲》，交响诗《孔雀东南飞》、《梆笛协奏曲》，管弦乐《玩灯》，舞剧音乐《廖添丁》，人声、唢呐与打击乐器《窦娥冤》，说唱剧《霸王别姬》，钢琴与管弦乐《关渡随想》，大量室内乐如《长笛幻想曲》，大提琴与钢琴曲《随想曲》、《小提琴与钢琴的对话》、《长笛、大提琴、钢琴三重奏》，为10件中国传统乐器而作的《盼》，尺八与四把大提琴《意与象》、《弦乐四重奏》，女高音、箫与9件打击乐器《我是》等。其创作获得台湾多个奖项。

马思聪 Ma Sicong（1912－05－07～1987－05－20） 中国小提琴家、作曲家。广东海丰人。卒于美国费城。1923年随兄去法国学习小提琴，就读于巴黎国立高等音乐学院。1929年回国，在上海、南京、广州等地举行独奏音乐会。1930年再次赴法国学作曲。次年回国，先后在广州、南京、上海从事音乐教育、演奏及创作活动。抗日战争全面爆发后，作品中表现了爱国主义思想。他注意提琴作品的民族化，努力汲取民间音调，如小提琴独奏《第一回旋曲》、《内蒙组曲》、《西藏音诗》、《牧歌》和《小提琴协奏曲》，管弦乐《第一交响曲》，以及男中音独唱曲《永生》和《20首抗战歌曲》等。1946年他指挥台湾省交响乐团，并在台北、台中、台南等地举行独奏会。1947～1948年先后在广州和香港教学。在此期间，由于受到民主运动和解放战争胜利的鼓舞，先后创作了3部大合唱：《民主大合唱》、《祖国大合唱》和《春天大合唱》。1949年，马思聪离开香港赴解放区。中华人民共和国建立后，任中央音乐学院院长和中国音乐家协会副主席。除担任教学和演出外，主要从事创作。其主要作品有话剧《屈原》配乐、管弦乐《山林之歌》和《第二交响曲》、大型声乐曲《淮河大合唱》，以及一些民歌改编曲、室内乐和小提琴独奏曲等。移居美国后，作有小提琴曲《阿美组曲》、歌剧《热碧亚》、舞剧《晚霞》等。

马斯喀特 Muscat; Masqat 阿曼首都和最大城市。位于阿拉伯半岛阿曼湾南岸，背靠哈杰尔山及其余脉环绕，海拔6米。人口

马斯喀特的立交公路

83.4万。终年受热带大陆气团控制，气候炎热少雨，为世界最热城市之一，扼印度洋进出波斯湾的门户，商贸、交通和战略地位重要。20世纪60年代以前，还是一个近乎中世纪的城镇。后随石油的开采，迅速走向现代化。现已与几座卫星城市相连，沿海滨东西伸展，延绵为一个长达30千米的大马斯喀特。老城区在最东，依山面海，包括古城堡、古王宫、古城门，西、南两面保存完好的古城墙，重建的新王宫，以及不少阿拉伯式旧民居。往西为繁华的商业区，国家政府部门和外国使馆，多高级公寓和住宅，有陈列出土中国宋代瓷器的博物馆。与马特拉相连的卡布斯港，为全国最大贸易港。费赫勒港在马特拉西北7千米，阿曼所产石油由此出口，并有大型海水淡化厂和发电厂。西北部为国际航空港，有通往中东和欧美的航线。

马斯克林群岛 Mascarene Islands 印度洋西部火山群岛。由留尼汪岛、毛里求斯岛和罗德里格斯岛组成，位于非洲马达加斯加岛以东640～800千米。群岛沿塞舌尔—毛里求斯海底高原一线排列，面积4 486平方千米。人口约190万(2000)。各岛沿海有狭窄平原，中部为高原山地，最高峰为留尼汪岛的内日峰（雪峰），海拔3 069米。平原为热带雨林气候，终年湿热，广辟为农田；山区气候温和凉爽，迎风坡平均年降水量2 000～3 500毫米，森林覆盖茂密。1507年，葡萄牙探险者马斯克林到此。17世纪起，先后为荷、英、法殖民者占领。群岛现为毛里求斯共和国（包括罗德里格斯岛）和法属留尼汪所辖。经济以甘蔗种植和蔗糖业为主，是非洲重要蔗糖出口地区。海运和旅游业发达。

马斯洛 Maslow, Abraham Harold (1908-04-01～1970-06-08) 美国社会心理学家，人本主义心理学创始人。生于纽约，卒于马萨诸塞州沃尔瑟姆。1934年在威斯康星大学获哲学博士学位。1951年任布兰代斯大学心理学教授兼系主任。20世纪60年代初建立人本主义心理学会，该学会后来归并为美国心理学会第32分会。1967年任美国心理学会主席。1954年出版《动机与人格》。他最著名的理论是需要层次论和动机层级说。他认为人生的最高追求就是自我实现，强调人的需要都具有类本能的性质，是由人的潜能决定的。马斯洛为自我实现者列出若干人格特征，并特别强调高峰体验的特征。认为自我实现者是成熟的、健康的范型，能充分发挥其能力和特长；高峰体验本身是一种同一性的感受，人在此时有一种返归自然或与自然合一的欢乐情绪。他深信人本主义心理学的未来发展可能是一种“超人的心理学”。主要著作还有《科学心理学》(1966)、《存在心理学探索》(1968)、《人性能达到的境界》(1971)等。

马斯内 Massenet, Jules (1842-05-12～1912-08-13) 法国作曲家。生于蒙托，卒于巴黎。11岁入巴黎国立高等音乐学院，1860年从A.托马学作曲。1863年获罗马大奖，同时在歌剧院乐队中任职。普法战争时服兵役，1878年在巴黎国立高等音乐学院创办作曲班，1896年被选为法兰西学院院士。早期写的歌曲中已表现出擅长抒情的特点，如《四月诗篇》和《纪念诗篇》等，还作有《音乐会序曲》、《追思曲》、《第一管弦乐组曲》和第二组曲《匈牙利情景》等。

他的主要创作领域是歌剧，一生共作36部，其中有《姑婆》、《巴赞的唐塞扎尔》、《拉合尔城的国王》、《埃罗底亚德》、《曼侬》、《维特》、《苔丝》、《萨福》、《巴黎圣母院的江湖艺人》、《格丽塞利迪斯》和《堂吉诃德》等，以《曼侬》、《维特》、《苔丝》最为知名。他的歌剧塑造了一系列女性形象，刻画深刻而细腻，以动听的旋律描绘出她们富于变化的内心世界。《苔丝》中的《冥想曲》、古诗剧《复仇女神》中的《悲歌》，都是最受欢迎的歌曲。他是上承C.古诺、下启印象派的重要人物。

《马斯特里赫特条约》 *Maastricht Treaty* 欧洲共同体12国签署的建立欧洲联盟的条约。正式名称为《欧洲联盟条约》，因在荷兰马斯特里赫特签署，故称《马斯特里赫特条约》，简称“马约”。1993年11月1日，修改后的马约才得以生效，欧洲联盟正式成立。

马约确定了欧洲联盟的柱形结构，包括3个主要支柱：第一支柱为原有的3个共同体；第二支柱为共同外交与安全政策；第三支柱为加强内政与司法事务的合作。条约把欧洲经济共同体更名为欧洲共同体，成为欧洲联盟的主要组成部分。

马约确立了建立欧洲经济与货币联盟和欧洲政治联盟的目标，使欧洲联盟不仅将成为一个强大的经济组织，而且也将成为一个强大的政治乃至安全组织，把欧洲一体化推向一个崭新的阶段。

马苏第 Mas ʻūdī, al- (9世纪末～956/957) 阿拉伯旅行家、地理学家和历史学家。又译麻素提，曾译麦斯欧迪，全名为阿卜·哈桑·阿里·伊本·侯赛因·马苏第。有“阿拉伯的希罗多德”之称。生于巴格达，卒于富斯塔特（今开罗附近）。遍游埃及、巴勒斯坦、叙利亚、波斯（今伊朗）、亚美尼亚、黑海沿岸、印度河谷、锡兰（今斯里兰卡）、阿曼和非洲东海岸，相传还到过中国。一生著作已知有20部以上，绝大部分已散佚。主要著作是百科全书性的历史和地理著作《历代史》(又译《时代史志》，30卷)、编年史《中书》。这两部书的合编缩写本标题为《黄金草原和宝石宝藏》(又译《黄金草原》)，从创世纪和犹太人的历史讲起，以后分述非伊斯兰教地区（如印度、希腊、罗马）的历史、地理、社会生活及宗教等。认为自然力可使海变为干燥的陆地，干燥的陆地也可变为海。

马苏里 Masuri, bin Salikun (1927～2001-02-16) 新加坡马来诗人。生于新加坡，卒于美国亚利桑那图森。14岁开始在小学任教。1949年在马来西亚的丹戎马林师范学院毕业，后回新加坡攻读英文，并从事教育工作。1944年开始写诗，表达对新加坡乡土和民族的热爱。初期作品带有唯美主义色彩，后来转向浪漫主义，1949年以后又倾向于现实主义。马来新诗写实派的先驱。诗集有《白云》(1958)、《时局的色彩》(1962)、《一息尚存》(1970)等。另有短篇小说《情感的素描》(1960)、《流浪者》(1974)，长篇小说《举起一只脚》、《盼望的日子》，剧本《重审》、《一个新娘的行程》以及论文集《诗和它的发展》(1965)等。

马尿泡 *Przewalskia tangutica*; tangut przewalskia 茄科马尿泡属的一种。分布于中国甘肃、四川、青海。中国特产单属种植物。多年生草本植物。全株被腺毛，根肉质，粗壮。叶在茎下部的呈鳞片状、上部的叶草质，长椭圆形、长椭圆状倒卵形，全缘或波状，花1～3朵腋生，有花序梗；花两性，萼筒状钟形，5浅裂，花后极增大呈膀胱状包围果实，花冠筒状，黄色，5浅裂，外有密腺毛，雄蕊5。蒴果球形，径1厘米。盖裂。宿萼有网纹，顶不闭合。生沙土上。其根及地上部分为常用藏药之一，有镇痛、消肿的功能。

马塔乌图 Mata Utu 法属瓦利斯和富图纳领地首府。人口约1 200（2003）。位于乌韦阿岛。坐落在火山形成的台地上。附近生产木薯和芋头。有小型加工厂，生产椰干、木材和渔产品。附近有机场和港口。

马太效应 Matthew effect 强者愈强、弱者愈弱或多者愈多、少者愈少的现象。其名取自《圣经·新约》马太福音中的一则寓言。由美国R.K.默顿于1973年提出，为科学界公认的一种现象。即已成名的科学家，则在资料和社会资源的占有，基金和课题的申报，著作和论文的发表，荣誉和奖励的获得等，都具有明显的优势；而未成名的学者，特别是年轻学者在这些方面则都处于明显的劣势。这是一个普遍现象，一种不公平的现象，不利于早出人才、快出人才，不利于科学和社会的发展。因此，要提倡限制和突破马太效应，制定一系列措施和制度。如设立青年基金项目、青年奖励基金，在晋级、升职中有破格晋升的规定和措施等。同时，也要看到在某些情况下，马太效应亦可产生一些积极作用。如成名的科学家善于发现科学成果，勇于提携科学人才。在社会、经济等领域也存在马太效应。

马滕斯 Martens, Adolf（1850－03－06～1914－07－24） 德国材料试验和金相学家。生于梅克伦堡，卒于柏林。早期从事铁路桥梁工作，接触到正在兴起的材料检验方法。他用自制的显微镜观察铁的金相组织，1878年发表《铁的显微镜研究》，阐述金属断口形态及其抛光和酸浸后的组织图像。他观察到，生铁在冷却和结晶过程中的组织排列很有规则，预言显微镜研究必将成为最有用的分析方法之一。曾担任柏林皇家工业大学附属机械工艺研究所所长。1895年国际材料试验学会成立后，任副主席。为纪念马滕斯，钢淬火后的硬化组织被命名为马氏体。

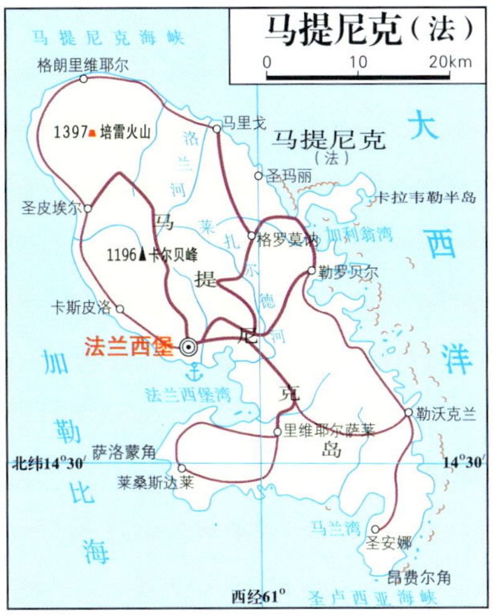

马提尼克 Martinique 加勒比海岛屿，法国海外省。位于小安的列斯群岛中向风群岛的中部。西北距多米尼克岛35千米，南与圣卢西亚岛隔海相望。面积1 128平方千米。人口约43.6万（2006）。居民中黑白混血种人约占90%，白人约占5%。约95%居民信奉天主教。官方语言为法语，通用克里奥尔语。首府法兰西堡。属火山岛。北部的培雷火山海拔1 397米，为该岛最高峰。热带海洋性气候。

原为加勒比印第安人居住地。1502年C.哥伦布到达该岛。1635年法国占领该岛。1674年成为法国王室的领地。1946年成为法国海外省。1974年又同时成为法国的一个大区。马提尼克分省议会和区议会，均由普选产生，任期6年。在法国国民议会中有4名议员，在参议院中有2名参议员。政府由法国任命的省长和两个议会的议长及参加法国议会的议员和参议员组成。主要政党有马提尼克独立运动、马提尼克进步党、马提尼克进步力量、马提尼克社会联盟等。

经济以农业和旅游业为主，工业多为加工业。2006年国内生产总值约为96.1亿美元。货币为欧元。农业耕地占土地面积的25%，主要农产品为甘蔗、香蕉、菠萝、鲜花、蔬菜等。旅游业是重要的经济部门，也是外汇收入的主要来源之一。工业部门有食品加工、榨糖、酿酒、炼油和水泥等。主要贸易对象是法国，此外还有德国、意大利、日本、英国、美国等。主要出口石油产品、香蕉、饮料和朗姆酒等；主要进口食品和日用品、石油和石油产品、化肥、机械和电器等。外贸逆差严重，靠法国经济援助补贴。无铁路，公路较发达。有通往多米尼克、圣卢西亚、圣文森特、巴巴多斯等的航班。

对6～16岁儿童实行免费义务教育。主要报刊是《每周星期日报》和《法属安的列斯群岛报》。有2家电视台。

马蹄莲 *Zantedeschia aethiopica*; common callalily 天南星科马蹄莲属的一种。多年生草本植物。原产非洲南部河流旁和沼泽地。具肥大的深褐色肉质块茎，茎节向上生茎叶，向下生根。叶基生，叶片戟形或箭形，叶长15～45厘米，有光泽，全缘。叶柄长，可达50～65厘米，下部有鞘。总花梗与叶近等长，肉穗花序顶生，外围白色佛焰苞长10～25厘米，下部卷成短筒状，上部开张，先端长尖，反卷，状如马蹄（见图），故名。主要园艺品种为小马蹄莲，较低矮，多花，耐寒性强。中国常见栽培的园艺品种有白柄品种、绿柄品种和红柄品种三类。性喜温暖湿润、冬季光照充足的环境。不耐寒，生长适温约20℃，也不耐干旱。喜富含腐殖质、疏松肥沃的土壤。以分球繁殖为主，亦可播种繁殖。用于插花，制作花篮、花束、花圈、桌饰等，也用于盆栽观赏。

马蹄螺科 Trochidae; top shell 原始腹足目的一科。中国已报道有21属61种。贝壳多为圆锥形、近球形、陀螺形；有时螺旋部较高，基部平，壳型中等大，具珍珠层。多数种类的壳口圆，壳轴和外唇不在同一平面上；脐孔多狭长，有时有一滑层结节。厣圆，角质薄，多旋型，其核位于中央，经常不能与壳口同形。壳表面平，或具放射和螺旋刻纹、念珠、结节等各种突起。上足大，有多数长的指状触须和蹼状触手叶。本鳃和嗅检器仅存在于左侧。齿舌为扇舌型，一个中央齿，1～10（多为5个）个侧齿，细长的缘齿数目有变化。心室为直肠所穿过。多为雌雄异体。马蹄螺的种类分布于世界各大洋中，以热带种类较多；多栖息于潮间带和潮下带浅水区，少数生活在深水水域。多在硬底区以刮取碎屑和藻类为食。有些种以纤毛觅食，有些属食肉动物由于具有厚的珍珠层，大个的贝壳可用作钮扣和加工成贝雕工艺品。

马蹄寺石窟 Mati Temple Caves 中国佛教石窟。位于甘肃张掖马蹄山及其附近。分为千佛洞、南寺、北寺3个区，以千佛洞为早。1996年国务院公布马蹄寺石窟群为全国重点文物保护单位。

千佛洞开凿于马蹄山北面3千米处陡峭的红砂岩崖面上，共有8座洞窟，主要开凿于北朝时期，因所在山崖石质不宜雕刻，

千佛洞8号窟北魏壁画

窟内造像多为泥塑，壁面装饰也以壁画为主。塑像经后世重妆，有的已失原貌。洞窟大多为中心柱窟，仅一窟为三壁开龛造像。第1窟具前后室，中心柱仅在正壁开大龛，内雕1尊大立佛。第2和4～8窟为平面方形的中心柱窟，中心柱上分层开龛，内塑佛像，有的洞窟左右壁亦开有佛龛。第3窟为三壁三龛式洞窟，窟内有北魏晚期壁画。南寺和北寺尚存大小窟龛30余处，为北朝和西夏、元、明时凿建，残毁严重。北寺有的窟中尚残留若干元代造像和壁画。

马头琴 morin khuur 擦奏弦鸣乐器。流行于中国内蒙古、辽宁、吉林、黑龙江、甘肃、新疆等地的蒙古族中。又称莫林胡尔、胡琴、马尾胡琴、弓弦胡琴等。琴头上雕有马头装饰。从唐、宋时期的胡琴发展而成，成吉思汗时已流传民间。用硬木制作，音箱有倒梯形、长方形等多种。大者琴长120厘米，小者琴长70厘米。音箱两面蒙绘有图案的马皮或羊皮。张两根马尾弦。弓在弦外。传统定弦有3种：①正四度A、d。②反四度a、e。③西部地区五度定弦d、a。可奏双音。用于独奏、与四胡等乐器的合奏、民歌和说书的伴奏。为民歌伴奏时，多用三度、四度颤音模仿歌唱。常模拟马的嘶鸣。

马万祺 Ma Wanqi (1919-10～) 中国人民政治协商会议全国委员会副主席。广州人。大学学历，澳门东亚大学工商管理荣誉博士、暨南大学名誉博士。1938年在香港成立泰生行永裕昌并出任经理。1941年移居澳门，组织恒丰裕行、和生行、大丰银号、恒记公司等，任总监督、总经理等职。1944年后历任镜湖医院慈善会董事会主席，新中行、大华行总经理、董事长，澳门中华总商会会长，中华教育会副会长，劳工教育协进会主任，澳门篮排球总会、乒乓总会、游泳总会、象棋总会等会长，澳门东亚大学、濠江中学等校董事会主席，中国国际信托投资公司、暨南大学、南京大学、仲恺农业学院副董事长，全国工商联广东省委会副主委、名誉会长，中华全国工商联常委，澳门特别行政区基本法起草委员会副主任委员，澳门立法会议员等职。是第五届全国政协委员，第六届全国政协常委，第八届、九届、十届、十一届全国政协副主席，第六届、七届全国人大常委会委员。

马王堆帛书 Documents written on Silk Unearthed from Mawangdui Han Tomb 中国长沙马王堆汉墓3号墓出土的帛书。1973年出土。是中国古代典籍的一次重大发现。帛书写在整幅或半幅的缣帛上，存放于墓内一个漆匣中。出土时破损严重。经修复、整理和考订，判明共约29件，计12万余字。书体以篆隶之间者居多，其次为隶书，还有1件用秦篆杂以楚国古文写成。马王堆帛书原来多无书名，现有的书名多为整理者据内容所定。按照《汉书·艺文志》的分类，大致可将它们分为以下几类：六艺类的有《周易》、《丧服图》、《春秋事语》、《战国纵横家书》；诸子类包括《老子》甲本及卷后佚书4篇和《老子》乙本及卷前佚书4篇；兵书类包括《刑德》甲、乙、丙3篇，其中乙篇是迄今所见关于兵阴阳家的最早文献之一；数术类包括《式法（篆书阴阳五行）》、《隶书阴阳五行》、《五星占》、《天文气象杂占》、《出行占》、《木人占》、《符箓（卦象图）》、《避

兵（社神、神祇或太一将行）图》、《筑城图》、《园寝（城邑）图》和《相马经》等；方技类包括《五十二病方》及卷前佚书4篇，《导引图》及卷前佚书2篇，以及《养生方》、《杂疗方》和《胎产书》等；地图包括长沙国南部《地形图》、《驻军图》和《城市图》3幅。

大部分帛书的抄写年代应为秦汉之际至汉初，即公元前2世纪初30年左右的时间内。帛书内容涉及先秦和汉初的政治、军事、思想、文化和科技等，对研究当时的历史，探讨古书的源流，纠正史籍记载的错误和研究学术史、思想史、科技史、书法史等有重要意义。

马王堆地图 Maps Unearthed from Mawangdui Han Tomb 1973年中国长沙马王堆3号汉墓出土的3幅古地图。又称马王堆出土西汉地图。这个墓的下葬年代是西汉文

马王堆出土西汉地形图

帝十二年（前168），所以图的绘制时间当在2 100多年前。绘在帛上，制图人不详。

第一幅为《西汉初期长沙国深平防区图》，又名《地形图》，长宽各96厘米，为正方形地图。主区为汉初长沙国桂阳郡的中部地区，相当今湖南潇水的中上游流域，比例尺约十万分之一，上南下北，方位与今相反，精度较高。图上用粗细均匀的曲线、绘有河流30多条，河名注记有一定位置。山脉采用闭合曲线内加晕线表示，脉络分明，形态逼真。图上表示了80多个居民点，其中县治8个，用方框表示。经考古查证，位置相当准确。

第二幅为《驻军图》，长98厘米，宽78厘米，是用红、黑、田青三种颜色绘成的守备地图。其范围相当于西汉初期长沙国深平防区图主区的东南隅，大体包括今潇水上源地区，比例尺约五万分之一。此图突出军事内容，山川作衬托，置于第二平面。

第三幅为《城市图》，图残破严重，但仍可看出是一幅城市平面图。城平面近于方形，在城上及其内外注有大量文字，记门名、楼名和楼的广、袤、高等尺寸。城外注有池的广、袤、深。此城可能是墓主轪侯之城。

马王堆地图反映了秦汉时期中国制图技术的高度水平，其中《地形图》是目前

世界上传世下来的最早以实测为基础的地图，《驻军图》是世界上现存最早的彩色军事地图。它们的出土为研究当时的历史地理、军事思想提供了珍贵的实物资料。

马王堆汉墓 Mawangdui Han Tombs 中国西汉初期长沙国丞相、轪侯利仓及其家属的墓葬。位于长沙市东郊。所在地曾被讹传为五代十国时楚王马殷的墓地，故称马王堆。1972～1974年发掘出1、2、3号墓。据墓中出土印章、简文及《史记》和《汉书》记载，2号墓墓主是第一代轪侯利仓，死于汉惠帝二年（前193）；3号墓墓主可能是利仓之子，下葬于汉文帝十二年（前168）；1号墓墓主应是利仓妻子，下葬年代在文帝十二年以后数年至十几年间。这几座墓的发掘，为研究汉初的社会经济及历史文化和生活习惯，提供了极为重要的资料。

墓葬形制 3座墓都有坟丘，坟丘下是带斜坡墓道的竖穴土坑。坑口平面接近方形，口下有多层台阶，墓坑往下逐

漆案和杯盘 漆盘内底均朱书“君幸食”三字

层缩小。1号墓最大、最深，墓口长19.5米、宽17.8米，深16米，2号和3号墓略小。棺椁用巨大的木板制成，置于墓底正中。椁室上下四周塞满木炭和白膏泥，上面层层填土夯实。1号墓四棺一椁；2号墓棺椁已朽，推测为二棺一椁；3号墓三棺一椁。椁室内由隔板隔成4个边箱和中间棺室。木椁平素，木棺涂漆施彩绘。1、3号墓的内棺还饰绒圈锦，棺盖上覆盖帛画一幅。1号墓女尸年龄约50岁，全身裹殓衣被20层。经解剖检验，外形、内脏器官均保存完整，这在世界尸体保存记录中十分罕见，当因墓室封固严密，形成恒温、恒湿、缺氧、无菌地下环境所致。另外，棺内80公升的棺液也有微弱的抑菌、杀菌作用。2号墓早期被盗，骨骼已散乱。3号墓墓主仅存骨骼，经测定为30岁左右男性。

随葬器物 绝大部分放在4个边箱内，总数达数千件。有漆器、纺织衣物、陶器、竹木器、木俑、乐器、兵器、农畜产品、食品、瓜果、中草药和印章等。此外，1号墓有记录随葬品种类数量的“遣策”竹简，3号墓有“遣策”竹简、医药简及12万多字的帛书（见马王堆帛书）。漆器数量最多，有鼎、盒、壶、盘、卮、耳杯和屏风等，多绘红、黑等色。器上大多隶书“侯家”字样，有的还在木胎上烙印“成市□”等，表明有来自蜀郡成都市府的产品。陶器内大多盛有食品，器口用草和泥填塞，缄封“侯家丞”封泥；颈部所系竹牌上隶书食品名称。木俑包括着衣俑和彩绘俑，身份有别，反映出当时的社会等级制度。马王堆汉墓1号墓出土的丝织衣物，为家蚕丝织造，数量大，品种多，工艺高超，素纱禅衣重不到1两，绒圈锦证明起绒技术最早由中国发明，印花敷彩纱表明当时的印染工艺已达到很高的水平。

马王堆汉墓帛画 Silk Paintings Unearthed from Mawangdui Han Tombs 中国西汉绘画作品。见帛画。

马尾港 Mawei Port 中国福建省重要港口，福州市外港。深居闽江口之内，位于福州市东郊闽江（马江）北岸。从马尾到闽江口长33千米，出口河段多为峡谷，口外有琅岐、粗芦、川石等岛屏障，港区四周山岭环峙，避风条件好；港域深广，并有福州市和广大腹地依托，是良好港口。马尾港开发较早。在罗星塔前沿建有2座万吨级和2座5 000吨级泊位。自福州被列为开放城市以后，已确定设立马尾经济技术开发区。马尾造船厂是福建省最大的造船基地。

马尾松 *Pinus massoniana*; masson pine 裸子植物门松科松属的一种。常绿乔木。分布于中国河南、陕西、长江中下游各省区，南达福建、广东、台湾，西至四川，西南至贵州和云南等地。高可达45米，胸径可达1.5米，树冠宽塔形。针叶，2针一束，细柔，稍扭曲，长12～20厘米。雌雄同株。球花单性，雄球花圆柱形，多个聚生于新长枝基部；雌球花单生或2～4个生于新枝顶端。球果卵圆形或圆锥状卵形，长4～7厘米，径2.5～4厘米，成熟时褐色，种鳞的鳞脐微凹，无刺尖。种子长卵圆形，具翅。马尾松喜光和温暖湿润气候，也能生于干旱瘠薄的红壤和石砾沙质土。木材可作建筑、枕木、家具和木纤维工业的原料，树干可提取松脂，树皮可制取栲胶。为中国长江以南重要的荒山造林树种。

马文瑞 Ma Wenrui（1912-11-04～2004-01-03） 中国无产阶级革命家，中国共产党政治工作的领导人，全国政协副主席。生于陕西米脂，卒于北京。大革命时期参加爱国学生运动。1926年加入中国共青团，1928年转入中国共产党。历任共青团绥德县委书

记，中共安定县北区区委书记、县委宣传部长、县委书记，中共陕北特委南路特派员，共青团陕北特委书记，陕甘边区东部地区革命委员会主席，中共陕北省委秘书长、白军工作部部长。被派往安塞县做东北军工作，任东北军工作委员会书记。1937年进延安抗日军政大学学习。抗日战争时期，历任中共陕北西部地区书记、中共陇东地委书记兼陇东军分区政委、陕甘宁晋绥联防军385旅政委。1944年后任中共中央西北局组织部副部长、部长，西北局党校校长，西北局纪律检查委员会书记，西北人民监察委员会主任。1953年后任中共中央西北局副书记兼组织部部长，国家劳动部部长、党组书记。1977年后任国家计划委员会副主任，中共中央党校副校长，中共陕西省委第一书记、省军区第一政委、省人大常委会主任。1984年起任全国政协第六、七届副主席，兼任全国政协第七届党组成员、法制委员会主任，中国延安精神研究会会长。是中共第八届中央候补委员，第十一、十二届中央委员。

马文昭 Ma Wenzhao（1886-05-31～1965-12-13） 中国细胞学家和组织学家。生于河北保定，卒于北京。1915年毕业于北京协和医学院。1920年赴美国芝加哥大学学习解剖学。历任协和医学院副教授，北京医学院教授、院长，中国解剖学会理事长等职。1955年当选中国科学院学部委员（院士）。用活体染色和固定切片等方法开展了线粒体和高尔基体在生理和病理状态下形态学变化的研究。1928年再度赴美芝加哥大学研究院进修，进一步研究线粒体和高尔基体在细胞中的机能。1949年建立了细胞学研究室，开展了关于卵磷脂对细胞作用的研究，探讨磷脂对皮肤增生、创伤愈合以及临床皮肤病、神经衰弱等疾病的作用。1963年编写《磷脂类对于组织的作用》一书，总结了磷脂对细胞的结构和机能的作用及其临床意义。

马锡五 Ma Xiwu（1898～1962-04-10） 中国司法工作者，“马锡五审判方式”的创造者。陕西志丹人。卒于北京。抗日战争时期，

马锡五兼任陕甘宁边区高等法院陇东分庭庭长后，经常携卷下乡，亲自审理了许多上诉案件，使违法者受到法律制裁，无辜者得以释放，人民的合法权益受到了保障。边区政府将他的审判方式称为“马锡五审判方式”，在全边区推广。马锡五审判方式的基本特点是：①一切从实际出发，客观全面地深入进行调查研究，使人民审判工作牢牢建立在科学的基础上。②认真贯彻群众路线，依靠群众说理说法，实行审判与调解相结合，即在审判工作中贯彻民主的精神。③坚持原则，忠于职守，以身作则，严格依法办事，即在审判工作中始终坚持法制原则。④实行简便利民的诉讼手续，全心全意为人民服务，即在审判工作中执行利民的方针。

马戏 circus 中国杂技门类之一。又指近代西方的综合性马戏、杂技演出形式。

中国马戏包括马术、驯马、马上技艺和其他动物戏。《山海经·海外西经》说：“大乐之野，夏后启于此儛九代。”郭璞注云：“九代，马名。儛谓盘作之令舞也。”西汉桓宽在《盐铁论·散不足》中，叙述地方豪强的奢侈享乐时，曾提到“百兽、马戏、斗虎、奇虫”之观。东汉张衡《西京赋》中有“百马同辔”的描述，汉画像石中也颇多刻画高超的马上技艺者（见图）。

石刻百戏图局部——戏马立骑
（山东沂南北寨村东汉墓出土）

曹魏时，民间卖艺者有“戏马立骑”，南北朝时北方有“猿骑”与“马上立书”。唐玄宗宫廷中的蹀马有“舞马四百蹄”、《倾杯乐》（舞马衔杯）。宋徽宗在宝津楼观赏的“呈马骑”（马术），有引马、立马、骗马、跳马、拖马等招数10余种。至明清时，北京高梁桥踏青的“马之解（招数）”达到了24式。1840年鸦片战争后，西方马戏团纷纷来华演出。受其影响，中国民间各种形式的马戏团体应运而生。河北吴桥人孙福有曾率其1928年组建的“中华国术马戏团”赴欧洲、南洋演出。20世纪50年代，中国建立了齐齐哈尔马戏团和中国、上海、武汉三个杂技马戏团队，并以首创“驯熊猫”在国内外获得良好声誉。中国的地面杂技是当代实力最强的团队，多年来以其传统技艺顶碗、舞中幡、蹬技、椅子顶、柔术、空竹、女子大跳板等，在世界马戏舞台上长演不衰，在赛场上连连获胜。

西方马戏包括马戏、动物戏、高空杂技、地面杂技、哑剧、滑稽、魔术、杂耍等，多在马戏院、大篷或中心广场的圆形场地、马圈中演出。西方马戏的来源，一说是古希腊竞技场，而多数学者以为源于古罗马的角斗场和圆形剧场。但是直至1768年，才有英国人P.阿斯特莱在伦敦创办了第一个表演马术的圆形跑马场，是为西方近代马戏之滥觞。1772年阿斯特莱到法国演出时，吸收了部分杂技节目，并且采用了第一个马戏小丑勃脱。1793年，美国人雷克兹在费城演出了新大陆的第一场马戏。1820或1833年，美国人安伯格率先将野生动物引进了马戏团。而最先在马戏场上作驯兽表演的，是法国人马丹。美国驯兽师贝蒂，则创下了一次制服40只黑鬃非洲狮和孟加拉虎的纪录。至此，包含有多种表演项目的综合性马戏演出形式初步形成，并在其后的一些年里迅速传播至世界各地。西方式的马戏大约于19世纪中叶传入俄国，后来受到苏联政府的重视，自20世纪30年代起，便以其艺术和技术的高水平称雄世界。20世纪末，法国兴起现代派杂技，音乐、灯光、化妆、服装、道具成为马戏艺术重要的组成部分。

马相伯 Ma Xiangbo（1840～1939） 中国教育家、社会活动家。原名建常，字良。生于江苏丹徒（今镇江），卒于越南谅山。1862年入耶稣会，获神学博士学位。1869

年升为神父。曾任上海徐汇公学校长，清政府驻日使馆参赞。1903年创办震旦学院。1905年与严复等人创办复旦公学，自任校长。1907年参加梁启超组织的政闻社。1913年代理北京大学校长。1931年九一八事变后，在上海积极参加抗日救国工作，主张对内团结，对外抗敌，被称为爱国老人。1937年3月，任国民政府委员。著有《马相伯先生文集》。

马晓春 Ma Xiaochun（1964-08-26～ ） 中国围棋运动员。浙江嵊县人。9岁由父亲

启蒙学棋，10岁进体校，1978年入选国家集训队，次年即获全国少年围棋比赛冠军。此后曾先后数十次获得国内各种围棋比赛的冠军，其中包括5次全国个人赛冠军、2次新体育杯赛冠军、2次国手赛冠军、4次天元赛冠军、2次十强赛冠军、2次大国手赛冠军、5次CCTV杯赛冠军、3次棋王赛冠军，在1989～2001年的“名人战”中实现了辉煌的冠军13连霸。1983年晋升九段段位。1995年获得第6届“东洋证券杯”世界职业围棋赛冠军和第8届“富士通杯”世界职业围棋锦标赛冠军，是中国第一位夺得围棋世界冠军的棋手。其后，又先后5次获得各种世界围棋大赛的亚军。2006年初正式出任国家围棋队教练组组长。棋风为善于捕捉战机。著有《三十六计与围棋》、《笑傲纹枰》等书。

马歇 Marchais, Georges（1920-06-07～1997-11-16） 法国共产党总书记（1972～1994）。生于奥盖特市一矿工家庭。1942年被征去德国服苦役，1943年脱逃回国，投身抵抗运动。1947年加入法共，从事工会运动。1961年任政治局委员和负责组织工

作的中央书记。1970年当选为副总书记。1972年法共二十大上当选为总书记。同年与社会党的F.密特朗签署共同政府纲领，促成左翼力量的联合。1973年以后多次当选法国国民议会议员。1979年后当选为欧洲议会议员。1984年法共退出联合政府。他主张根据法国的特点向社会主义过渡，建立民主的、发扬法国自由和人权传统的社会主义。1982年10月率法共代表团访问中国，恢复了同中国共产党的关系。

马歇尔 Marshall, Alfred（1842-07-26～1924-07-13） 英国经济学家，剑桥学派的创始人。生于伦敦，卒于剑桥。自幼喜爱数学，1865年剑桥大学数学系毕业。后对经济学发生兴趣。1868年任剑桥大学圣约翰学院道德科学讲师，1877年任布里斯托尔大学校长，兼任政治经济学讲师。1883年任牛津大学巴里奥尔学院研究员和经济学讲师。1885～1908年任剑桥

大学政治经济学教授。曾任皇家劳工委员会委员。

马歇尔是19世纪末20世纪初最有影响的经济学家。他于1890年发表了《经济学原理》，用折衷主义方法，综合19世纪以来经济学发展的各方面成果，建立起新古典经济学理论体系。他在研究方法上强调“连续原理”，运用心理因素解释经济现象，使用边际增量分析法和其他数学方法，还引入力学中的均衡概念。他阐述了均衡价格论，把传统的生产费用论、供求论同边际效用论结合在一起，提出需求价格、需求规律、需求曲线、供给价格、供给规律、供给曲线、消费者剩余等概念，分析了均衡价格的短期均衡和长期均衡。在均衡价格论基础上，他建立起分配理论，说明了地租、利息、工资、利润等的决定。他还研究了货币和贸易理论。他主张自由放任的原则，认为资本主义制度可以通过市场力量的调节达到充分就业的均衡。马歇尔的理论为现代西方微观经济学奠定了基础，20世纪30年代以前一直在经济学领域中居于支配和主导地位。著有《经济学原理》、《工业与贸易》、《货币、信用和商业》等。

马歇尔 Marshall, George Catlett (1880-12-31～1959-10-16) 美国陆军五星上将。生于尤宁敦，卒于华盛顿。1901年毕业于弗吉尼亚军事学院。1917年参加第一次世界大战。曾任第8军参谋长、第5旅旅长、陆军副参谋长等职。1939年9月出任美国陆军参谋长。第二次世界大战期间，为美国参谋长联席会议和英美参谋长联合委员会主要成员、美国总统主要军事顾问，是美国军事战略的主要计划者和组织实施者。任内大力扩充军事力量，坚决维护“先欧后亚”战略，力主在法国尽早开辟第二战场。曾随F.D.罗斯福总统参加卡萨布兰卡、魁北克、德黑兰、雅尔塔等重要国际会议。1944年12月晋升五星上将。1945年11月退役后，作为总统特使赴华调解国共关系。1947年1月出任国务卿，拥护推行对苏“冷战”政策的杜鲁门主义，提出并实施复兴西欧经济的马歇尔计划，参与发起并成立北大西洋公约组织。1950年9月任国防部长，参与制定美国在朝鲜战争中的军事战略。1951年9月辞职。1953年因推行马歇尔计划获诺贝尔和平奖。

马歇尔计划 Marshall Plan 欧洲复兴计划的通称。第二次世界大战后，美国争夺全球战略的重点——欧洲的扩张计划。1947年6月5日，美国国务卿G.C.马歇尔在哈佛大学发表演说，首先提出援助欧洲经济复兴的方案，故名。1947年7～9月，英、法、意、奥、比、荷、卢、瑞士、丹、挪、瑞典、葡、希、土、爱尔兰、冰岛16国的代表在巴黎开会，决定接受马歇尔计划，建立了欧洲经济合作委员会，提出了要求美国在4年内提供援助和贷款224亿美元的总报告。1948年4月2日美国国会通过《1948年对外援助法》，4月3日经H.S.杜鲁门总统签署，马歇尔计划正式执行。从1948年4月3日到1952年6月30日美国经济合作署结束全部工作时为止，美国共拨款131.5亿美元，其中赠款占88%，余为贷款。马歇尔计划是战后美国对外经济技术援助最成功的计划，是美国垄断资本利用援助，拉拢西欧盟国、抗衡苏联、抑制西欧人民革命运动、争夺西欧市场的重要手段，同时也缓和了美国国内即将发生的经济危机。

马歇尔调处 Marshall Mediation 美国总统H.S.杜鲁门特派陆军参谋长G.C.马歇尔来华，就国民党与共产党的军事冲突所进行的调处。抗日战争胜利后，美国一面执行扶蒋反共政策，一面又力图避免中国发生大规模内战和直接卷入中国内战。1945年12月杜鲁门派马歇尔为特使，来华调处国共军事冲突。调处初期曾取得一些成果，张群、周恩来、马歇尔三人小组于1946年1月10日达成《关于停止国内冲突的命令和声明》，国共双方分别下达了停战令，稍后又在北平设立了军事调处执行部。但蒋介石对停战毫无诚意。美国实行边促和、边助战的双重政策，致使蒋介石有恃无恐地在东北大举进攻中共军队。7月，全面内战爆发。7～9月，马歇尔八上庐山，劝蒋介石重开谈判。但蒋介石坚持要打内战。10月，国民党军队攻占中共在华北的重要政治中心张家口。11月，蒋介石又悍然召开所谓“国民大会”，完全关闭谈判大门。1947年1月7日，马歇尔奉召回国。29日，美国宣布退出军事调处执行部。调处以失败告终。

“三人小组”。图中左为国民党政府代表张群，中为美国特使马歇尔，右为中共代表周恩来

马辛杰 Massinger, Philip (1583-11-24～1640-03-17) 英国剧作家。生于索尔兹伯里附近，卒于伦敦。曾在牛津大学求学，后到伦敦谋生。约1616年开始写剧。著名剧作有讽刺喜剧《偿还旧债的新方法》(1633)，是T.米德尔顿的喜剧《捉住老家伙的妙计》(1606)的仿作，但结构更为紧凑，情节和人物更有独创性；反映家庭生活的现实主义喜剧《城市太太》(1658)；悲剧《米兰公爵》(1623)和《罗马演员》(1629)；传奇剧《宫女》(1621)等。

马星野 Ma Xingye(1909-09-13～1991-03-11) 中国新闻教育家、新闻学者。浙江平阳人。卒于台北。1931年9月入美国密苏里大学学习。1934年回国后，在国民党中央政治学校讲授《新闻学概论》。1935年3月该校成立新闻系，任教授兼系主任。1942～1945年任国民党中央宣传部新闻事业处处长。抗日战争胜利后，任南京中央日报社社长。1948年去台湾，先后担任中央日报社社长、国民党中央委员会第四组主任、中央通讯社社长、中央通讯社股份有限公司董事长等职。著有《新闻自由论》、《新闻学概论》等。

马叙伦 Ma Xulun (1885-04-27～1970-05-04) 中国民主促进会和中国民主同盟领导人，中国教育家、民主战士、爱国主义者，全国政协副主席。生于浙江杭州，卒于北京。字彝初，又作夷初。早年参加南社。1911年加入同盟会。辛亥革命后，曾任北京大学教授，浙江省立第一师范学校校长，浙江省教育厅长，北洋政府、国民政府教育部次长。九一八事变后，曾任北平文化界抗日救国会主席。抗战胜利后，参与发起组织中国民主促进会。中华人民共和国建立后，历任政务院文化教育委员会副主任，教育部、高等教育部部长，全国政协第四届副主席，民进第三至第五届中央主席，民盟第一至第三届中央副主席。是第一、二届全国人大常委，全国政协第一至第三

届常委。他提出国家经济、文化建设迫切需要大量中等技术人才和中等干部，这是必须依靠中等教育培养和供给的，同时，中等教育还要为高级建设人才培养后备军。他强调初等教育是人民的基础教育，而师范教育又是整个人民教育能否办好与发展的关键。他认为少数民族的教育建设是新中国教育建设的重要部分，对于整个新中国的建设前途，有着重大的关系。著有《说文解字六书疏证》、《马叙伦学术论文集》等。

马学良 Ma Xueliang (1913-06-22～1999-04-04) 中国语言学家。生于山东荣成，卒于北京。早年就读于北京大学中国文学系和文科研究所。1949年以后，先后任北京大学东方语文系副教授，中央民族学院少数民族语文系教授和主任、少数民族语言研究所所长，中国社会科学院少数民族文学研究所副所长，并曾当选为中国民间文艺家协会副主席、中国少数民族双语教学研究会理事长、中国民族语言学会会长等。1947年在《彝文作祭献药供牲经译注》一书中最早指出彝语有松紧元音的对立。所著《撒尼彝语研究》(1951)一书是中国第一部比较全面系统地描写**彝语**的专著。在与罗季光合写的《我国汉藏语系语言元音的长短》及《“切韵”纯四等韵的主要元音》(1962)著作中，提出了汉语元音在历史上也分长短的论点和参证**汉藏语系**语言构拟古汉语的主张。他主编了反映中国民族语言特点的《语言学概论》，著有《彝语“20”和“70”的音变》(1980)。关于少数民族社会历史、民间文学和宗教方面的著述有《倮文作斋经译注》、《彝文经典和彝族的原始宗教》和《云南彝族礼俗研究文集》等。此外，他还主编《增订爨文丛刻》、《中国少数民族文学作品选》，并与人合译《苗族史诗》等。

马雅可夫斯基 Mayakovsky, Vladimir Vladimirovich (1893-07-19～1930-04-14) 苏联诗人。生于格鲁吉亚库塔伊西，卒于莫斯科。1908年加入社会民主工党，曾在两年内三次被捕。1911年入莫斯科绘画雕塑建筑学院。1912年与友人发表俄国未来派的第一个宣言《给社会趣味一记耳光》。早期长诗《穿裤子的云》(1914～1915)针砭无处不在的金钱关系。长诗《人》(1916～1917)突出“爱心”的形象。《好！》(1927)描绘了苏维埃共和国诞生、成长、走向繁荣的历程。其他主要作品还有具未来派特色的长诗《脊柱横吹》(1915)、《战争与世界》(1916)，讴歌革命的《列宁》(1924)，讽刺官僚主义的剧作《臭虫》(1928)和《澡堂》(1929)等。1930年由于派系斗争和个人思想上的矛盾自杀身亡。

马彦祥 Ma Yanxiang (1907-07-05～1988-01-08) 中国戏剧家。原籍浙江鄞县（今宁波鄞州区）。生于上海，卒于北京。1928年从上海复旦大学中文系毕业后，致力于戏剧活动。抗日战争爆发后，参加上海救亡演剧队。1938年参加国民政府军事委员会政治部第三厅工作，主编《抗战戏剧》半月刊。1948年华北人民政府成立后，任华北戏剧音乐工作委员会主任委员，兼任石家庄戏剧音乐工作委员会主任。初步审定了一批准演及暂时停演的旧剧剧目433出。1949年，任文化部戏曲改进局副局长，主持北京建立的第一座国营剧场——大众剧场的工作。这一时期，他还主编《新戏曲》月刊，并陆续编辑出版《大众戏曲丛刊》和《中国戏曲理论丛书》。1953年起先后参加改编并导演了京剧《柳荫记》、《三座山》、《武则天》和《**逼上梁山**》，对京剧的剧本、表演、音乐、美术等方面的革新，作了不同程度的探索和尝试。著有《戏剧概论》、《戏剧讲座》和《秦腔考》、《二黄考原》、《地方戏演技溯原》。有《马彦祥文集》行世。

马燕红 Ma Yanhong (1964-03-21～) 中国女子体操运动员。北京人。8岁时练习体操，后入中国人民解放军体育学院学习。1978年在上海国际体操邀请赛上，以9.95分的成绩获**高低杠**冠军。同年又在第8届**亚洲运动会**上获高低杠冠军。1979年在美国举行的第20届世界体操锦标赛上，与德意志民主共和国运动员M.格瑙克并列高低杠冠军，成为中国体操第一位也是最年轻的世界冠军。1981年在第21届世界体操锦标赛中获得高低杠第2名和全能第4名。1982年在第6届世界杯体操赛上获全能、高低杠和**自由体操**3项第4名，平衡木第5名。1984年在美国举行的第23届**奥林匹克运动会**体操比赛中获高低杠冠军、女子团体季军，她的“绷杠后空翻转体360°下”，被国际体操联合会命名为“马燕红下”。

马殷 Ma Yin (852～930) 中国五代十国时期楚国开国君主。字霸图。许州鄢陵（今属河南）人。初从蔡州（今河南汝南）秦宗权部将孙儒、刘建锋攻杨行密。景福元年(892)孙儒败死。刘建锋以马殷为先锋，率余众转入江西，于昭宗乾宁元年(894)入湖南，攻陷潭州。三年五月，刘建锋为部下陈瞻所杀，众推马殷为留后，不久，唐任命马殷为湖南节度使。此后，马殷四出攻占诸州，又征服了境内诸溪洞少数族，至唐末已拥有20余州之地。开平元年(907)后梁封马殷为楚王。天成二年(927)后唐亦封他为楚国王。楚东受吴国（后为南唐取代）威胁，马殷采纳谋臣高郁之策，奉中原朝廷正朔，称臣进贡，以钳制吴国；同时，又获准在襄（今湖北襄阳）、唐（今河南唐河）诸州置邸店，以茶与中原贸易，换还丝织品和战马，获利年以百万计。楚不向客商征税，境内又少战争，四方商贾纷至，但由于楚境流通的铅铁钱不能外用，只得贩运物资而去。马殷也注意发展生产，开发湘中、湘西；又鼓励种桑养蚕，命令百姓输税都用帛代钱，因此丝织手工业大盛。

马寅初 Ma Yinchu (1882-06-24～1982-05-10) 中国经济学家。字元善。生于浙江嵊县（今嵊州市），卒于北京。曾获美国耶鲁大学和哥伦比亚大学博士学位。1915年回国，先后在北京大学、中央大学、交通大学、重庆大学担任教授、经济系主任、教务长、商学院院长及中国经济学社社长等职。中华人民共和国建立后，先后担任中央人民政府委员、政务院财政经济委员会副主任、华东军政委员会副主席、浙江大学校长、北京大学校长、中国科学院哲学社会科学部委员、北京大学名誉校长、中国人口学会名誉会长和中国银行常务董事等职。20年代，马寅初除在北京大学讲授应用经济学外，还在北京、上海等地发表演讲几百次，后辑成《马寅初演讲集》。1925年发表《中国国外汇兑》，1929年发表《中华银行论》，宣扬主观价值论。1927年后至抗日战争前，他在任国民党政府立法委员兼立法院财经委员会委员长等职时，对国民党政府的经济立法和经济政

策起过一定的作用。他也曾代表民族资产阶级利益抨击国民党政府的财政政策。他的代表作是《中国经济的改造》一书，这是一部用全体主义观点阐述中国经济问题的著作。抗日战争期间，发表过60多篇论文，后辑成《战时经济论文集》。主要著作还有《通货新论》、《财政学与中国财政——理论与现实》、《中国经济之路》、《我的经济理论哲学思想和政治立场》、《新人口论》等。1957年提出的《新人口论》是马寅初研究中国人口问题的重要成果，系统地阐述了中国人口问题的性质、表现形式和解决的办法。他主张在实行计划经济的同时，实行计划生育，控制人口增长。这一正确的论述和主张当时受到错误批判，但他仍坚持己见。

马缨丹 *Lantana camara*; common lantana 马鞭草科马缨丹属的一种。又称五色梅。原产热带美洲，现世界广为栽培。常绿直立或蔓性灌木，茎四棱形，有短倒钩刺。单叶对生，有强烈气味，叶片卵形或卵状长圆形，长3～8.5厘米，边缘有钝齿，侧脉5对。花密集成头状，顶生或腋生，花萼管状，膜质，顶有短齿，花冠黄色或橘黄色，变深红色。果圆球形，熟时紫黑色。全年有花。叶和带花嫩枝入药，药名五色梅，有消肿解毒、祛风止痒的作用。为著名花卉植物，富观赏价值。盆栽适宜，南方庭院亦可植。北方不能露地越冬。

马雍 Ma Yong（1931～1985-11-08） 中国历史学家。笔名孟池。湖南衡阳人。1954年北京大学历史系研究生毕业。后历任中国科学院历史研究所助理研究员，中国社会科学院历史研究所副研究员、研究员，中外关系史研究室副主任、主任，兼任中国中亚文化研究协会副理事长兼秘书长、国际中亚文化研究协会理事、联合国教科文组织《中亚文明史》编委会委员以及中国中外关系史学会常务理事兼秘书长等职。

长期从事中国古代史的研究，在西域史方面造诣尤深。主要成果已汇编成《西域史地文物丛考》一书。治学能突破文献的樊篱，注意利用实物资料印证、补充和订正文献记载。他经常亲自鉴定文物，考察遗址。早年动过大手术，身体严重残废，但他足迹仍遍布新疆各地。在实物资料中，最重视出土文书。他参加了马王堆帛书的整理，主要由他缀合的《战国纵横家书》是一部久已失传的重要典籍；他又是中国对新疆出土的佉卢文书进行全面调查、分析而做出成绩的第一人。1979年，他积极参与中国中亚文化研究协会的筹建工作，以后一直主持该协会的日常工作，规划《中亚文化研究丛书》的编写、出版，并主编中国中亚学第一个大型综合学术刊物《中亚学刊》。同时，他又参与中国中外关系史学会和历史研究所中外关系史研究室的筹建，并担任领导工作。

他掌握多种外语，重视介绍国外学术名著，翻译或与他人合译了《斯巴达克斯》、《伏尔泰评传》、《古代社会》、《罗马帝国社会经济史》和《阿古利可拉传·日耳曼尼亚志》等。

马友友 Yo-Yo Ma（1955-10-07～ ） 美籍华裔大提琴家。生于法国巴黎。4岁开始随父学琴。1962年他随父母迁居纽约。9岁时经小提琴家I.斯特恩的推荐，就读于朱利亚学校，从大提琴家L.罗斯学琴7年。1970年，考入哈佛大学音乐系，同时还在研究班深造。后又在哈佛大学攻读德语及人类学。1976年毕业，获硕士学位。此后，开始了他的演奏家生涯。1978年，获“爱佛瑞·费歇”音乐大奖。

马友友除独奏外，喜爱室内乐，曾与著名小提琴家I.帕尔曼、钢琴家E.艾克斯等组成各种形式的重奏。他录制了多种唱片，如L.van贝多芬的《C大调三重协奏曲》，E.拉洛和C.圣-桑的大提琴协奏曲，J.海顿的两部大提琴协奏曲，贝多芬的第一、二大提琴奏鸣曲等。

马援 Ma Yuan（前14～公元49） 中国东汉初名将。字文渊。扶风茂陵（今陕西兴平东北）人，出身官宦世家。新莽时，任郡督邮。因私纵重囚，亡命北地。遇赦，留居当地经营牧畜。后为新成大尹。新莽败亡后，马援投奔割据凉州的军阀隗嚣。隗嚣公开反叛东汉王朝后，马援为光武帝谋划，并往来游说，离间隗嚣部属。建武八年（公元32），光武帝亲征，马援分析形势，指画进军途径，使光武帝得以顺利击溃隗嚣。因王莽末年西羌酿成边患，十一年，马援任陇西太守，率军先击破先临羌于零洮（今甘肃岷县）。随后，又击降武都参狼羌，于是陇右诸羌平定。十六年征为虎贲中郎将。次年，交郡征侧、征贰聚兵反抗东汉王朝，九真、日南、合浦蛮、夷起而响应。马援被拜为伏波将军，领兵南下，平定二征，并进击征侧余部都羊等，悉平岭南，因功封新息侯。马援行军所过，为郡县修治城郭，穿渠灌溉，以利百姓，并与越人申明旧制以约束之。此后，匈奴、乌桓侵扰三辅，马援主动请兵出击。二十四年，马援领兵远征武陵、五溪蛮夷。次年，卒于军中。

马远 Ma Yuan 中国南宋画家。字遥父，号钦山。祖籍河中（今山西永济西），移居钱塘（今浙江杭州）。主要活动于南宋上半期，为光宗、宁宗朝画院待诏。马远出身

《寒江独钓图》

绘画世家，曾祖马贲、祖父马兴祖、伯父马公显、父马世荣、兄马逵皆为宋代知名画家。马远善画花鸟、人物，尤长于山水。其山水画多取材江浙一带山川景物，笔墨雄强、沉郁劲健。所画山石用大斧劈皴，突破已往全景式构图，取自然山水之一角，提炼、剪裁，人称“马一角”。传世代表作有《踏歌图》、《寒江独钓图》、《雪图》、《水图》等。《踏歌图》画中巨石兀立、树木参差，曲折的田垄上有4位略带醉意老翁，作踏歌行，远处奇峰耸立，画面辽远空灵。《寒江独钓图》则在空旷的江面上浮一叶扁舟，渔翁独钓，别无他物，仅勾几笔水波，以示寒江的寂寥，极富诗意。马远的花鸟画，多于自然环境中写花鸟的神情野趣。人物画取材较广，多画释道、贵族、文人雅士及渔樵、农夫等世俗形象，衣褶多用丁头鼠尾描，简练概括，流传至今的作品有《西园雅集图》、《孔子像》等。

马远与李唐、刘松年及夏圭并称南宋四家。马远之子马麟，为宁宗时画院祗候，有《绿橘图》等作品传世。

马约翰 Ma Yuehan（1882～1966-10-31） 中国体育家。生于福建厦门鼓浪屿，卒于北京。1911年毕业于圣约翰大学。1914年应聘到清华学校任教，先后在清华学校、西南联大和清华大学任教，曾任教授和体育部主任。两次到美国斯普林菲尔德学院（春田学院）进修体育。1936年担任中国田径队总教练，到德国参加奥林匹克运动会。他参考外国经验，摒弃其不合理部分，创造出生动活泼而有力的徒手操编组的程序和方法；又根

据田径、球类等项运动的特点和训练的需要，编制出各种不同内容的徒手操。曾任中华全国体育总会副主席、主席等职。著有《体育的迁移价值》、《我的体育经历十四年》等。

马约特岛 Mayotte Island 非洲科摩罗群岛最南端岛屿，法国海外领地。位于印度洋西部莫桑比克海峡北端，南纬12° 56′、东经45° 10′处。面积375平方千米。人口约14万(2000)。为火山岛，山地呈南北走向断续延伸，海拔500～600米。中部与东北部平原较宽。岸线曲折，岸崖陡峻，离岸4～10千米处有珊瑚礁环绕。热带海洋性气候。8月平均气温24℃，12月27℃；平均年降水量5 000毫米。热带雨林为主，多棕榈树、椰子树、菠萝树、毛竹、龙爪兰和丁香树。1975年科摩罗群岛摆脱法国殖民统治独立，但马约特岛仍受法国管辖。科、法两国长期对该岛的归属问题存在争议。居民大部分为马拉加西血统的摩哈莱人，系深受法国文化影响的穆斯林。产香草、椰子、咖啡、木薯、玉米和稻米。首府藻德济，位于邻近小岛帕曼齐岛上，帕曼齐岛与主岛有1.9千米的堤道相连。有连接主要城镇的公路网。帕曼齐岛上建有机场。

马赞达兰人 Mazandarans 西亚伊朗伊斯兰共和国的民族之一。自古以来居住在马赞达兰省境内。约150万人(2001)。使用马赞达兰语，属印欧语系印度-伊朗语族。无文字。信奉伊斯兰教，属什叶派。文化和习俗与波斯人相近。一部分居住在农耕地区，种植稻谷和小麦；一部分居住在沿海地区，兼事渔业；居住在山区过半定居生活的，以畜牧为主。仍保持着氏族习俗残余。

马扎然 Mazarin, Jules (1602-07-14～1661-03-09) 法国政治家。法国国王路易十四时期的宰相(1642～1661)，枢机主教。又译马萨林。

生于意大利阿布鲁齐地区的佩希纳，卒于法国万塞讷。1630年1月28日，作为教皇乌尔班八世的使节为调解法国、西班牙冲突而去法国，后受到器重。1639年入法国国籍。马扎然1642年进入枢密院，任幼王路易十四的宰相、教父。

他继续实行黎塞留的政策，对内加强中央集权，整顿吏治，任用重商主义者J.-B.柯尔贝尔；对外与哈布斯堡王朝对抗。1648年他缔结《威斯特伐利亚和约》，结束了三十年战争，确立了法国在欧洲的优势。

马扎然赞助文化艺术事业，创建四民族学院和王家绘画雕塑学校，将意大利歌剧引入法国。留存至今的马扎然图书馆于1643年向学者开放，成为法国第一个公共图书馆。

马志尼 Mazzini, Giuseppe (1805-06-22～1872-03-10) 意大利资产阶级革命家，意民族解放运动(复兴运动)中的民主派领袖。生于热那亚一个医生家庭，卒于比萨。1830

年加入烧炭党。因叛徒告密于1831年4月流亡马赛。同年8月在马赛建立青年意大利党。1833年7月，该党在热那亚发动起义失败，马志尼被缺席判处死刑。意大利1848年革命期间回到米兰，主办《意大利人民报》。1849年2月9日罗马共和国成立后，被推选为共和国三头执政之一，成为政府的实际首脑。革命失败，被迫再次流亡国外，继续为意大利的统一而斗争。1860年支持G.加里波第远征南意大利。那不勒斯解放后，劝说加里波第进军罗马未成，再次迁居国外。他一贯同情工人，曾与第一国际有过接触。晚年创办《人民罗马报》，并为意大利工人代表大会的召开献计献策。

马致远 Ma Zhiyuan (约1250～约1324) 中国元代戏曲作家。号东篱，一说字千里。大都(今北京)人。曾任江浙行省官吏，仕途不得志，后归隐山林。著有杂剧15种，今存《破幽梦孤雁汉宫秋》、《江州司马青衫泪》、《西华山陈抟高卧》、《吕洞宾三醉岳阳楼》、《马丹阳三度任风子》、《半夜雷轰荐福碑》以及与人合写的《邯郸道省悟黄粱梦》等7种。代表作《汉宫秋》取材于汉代王昭君和亲故事，但情节有较大改动，以汉元帝和王昭君的爱情为主线，同时揭露了汉朝君臣的昏庸和无能，塑造了王昭君这一爱国者的形象。马致远的散曲今存120多首，成就为元人之冠。作品内容主要有叹世、咏景、恋情3类。声调和谐优美、语言清新豪爽，善于捕捉形象来熔铸诗的意境，提高了曲的格调，对散曲的发展与提高作出了贡献。其〔双调夜行船〕套曲、〔天净沙〕“枯藤老树昏鸦”等历来被人推为元代散曲中的极品。今人任中敏辑有散曲集《东篱乐府》。

马中锡 Ma Zhongxi (约1446～约1512) 中国明代文学家。字天禄，号东田。北直隶故城(今属河北)人。明成化十一年(1475)进士及第，授刑科给事中。后历任大理右少卿、右副都御史，直到兵部左右侍郎。因得罪太监刘瑾，被削职为民。刘瑾被诛后又任大同巡抚。后因事遭同僚中伤，下狱致死。马中锡长于散文。他能不依门傍户而卓然自立，文章写得横逸奇崛，有一定成就。他据古代传说而创作的寓言故事《中山狼传》，写东郭先生以“兼爱”之心救狼，险被狼所害。说明对如狼恶人不可讲仁慈或抱任何幻想。马中锡亦工诗。其诗善写景，尤长于借景抒怀、感叹兴亡。著有《东田漫稿》6卷和《别本东田集》15卷。

马朱罗 Majuro 太平洋中部岛国马绍尔群岛的主要环礁、首都和经济中心。位于拉塔克群岛南部，北纬7° 05′、东经171° 31′。环礁由64个礁岛组成，陆地面积9.7平方千米，大部分礁岛由一条长度为55千米的公路相连接。部分礁岛至今依然保留着浓郁的密克罗尼西亚人传统风情。人口约2.5万(2002)，几乎占全国人口的1/2。政府机构设在环礁东端由相邻的代拉普、乌里格和贾里特3个礁岛组成的所谓“D-U-D”市，集中了全岛80%的人口和大部分商业设施，有椰子加工厂、博物馆和学制为两年的马绍尔学院。附近的机场有往来于火奴鲁鲁等地的定期航班。

马祖 Mazu (709～788) 中国唐代禅宗僧人。汉州(今四川广汉)人，俗姓马，名道一，人称马大师，后世又称之为马祖或马祖道一。原为资州唐和尚处寂的弟子，受具足戒于渝州圆律师，又师事过金和尚无相。唐开元年间参衡岳怀让，入怀让门下。于天宝初年在建阳(今属福建)的佛迹岭开始聚众传禅。后又到达临川(今江西抚州)、南康(今属江西)。大历年间(766～769年)移居洪州，从此禅法大盛，号称洪州禅或江西禅。卒后唐宪宗敕谥“大寂禅师”。马祖继承慧能的禅学思想，主张“自心是佛”、“触境皆如”；在修行实践上，以“随处任真”、“平常心是道”为特色。弟子众多，其中以百丈怀海最为著名。

马祖岛 Mazu Island 中国马祖列岛中最大的岛屿。位于福建省东部连江县东南，闽江口外。属连江县，今由台湾当局管辖。面积10.4平方千米，岸线长23.5千米。地势西部和东北部较高，以园台山为最高，海拔249米。北岸青水澳和西岸马祖澳是船舶停靠处。属亚热带海洋性气候，温差小，多大风。居民多以捕鱼为业，主要海产品有大黄鱼、鲳鱼、鳗鱼、丁香鱼等。明戚继光防倭曾在岛上驻兵，郑成功收复台湾曾在此练兵。名胜古迹有妈祖庙、山陇浴场等。

马祖卡 mazurka 波兰民间舞。起源于马佐夫舍地区，盛行于波兰各地。从16世纪开始有文字记载。马祖卡最初只是一种农民舞蹈，原名马祖尔。是8对或16对男女舞者跳的集体舞蹈。节奏型为活泼的3/4或6/8拍子，调度多为各式的圆场。舞曲的特点是带附点的节奏、带旋律的跳跃，重音则出现在每个小节的第2拍上，并常有民歌伴唱。马祖尔传到法国后称为马祖卡。马祖卡的舞步以滑行、双脚跺地并不时打击后跟，男的单腿跪、女的绕行以及双人旋转等为主。舞蹈气质高傲又不失活泼、热烈。18世纪下半叶，马祖卡开始进入欧洲各地的宫廷舞会，受到欢迎。以后常被作为性格舞编入芭蕾舞剧，从此在世界各地大为流行。

马祖列岛 Mazu Islands 中国闽江口外25～40千米的岛群。总面积约20平方千米，人口约1万。属福建省连江县，今由台湾当局管辖。明初，渔民陆续上岛定居。马祖因南竿塘上的马祖澳而得名。由马祖岛（又称南竿塘）、北竿塘、高登岛3个较大岛及附近13个小岛屿组成。马祖岛最大。北竿塘又称长屿山，面积7.13平方千米，中部壁山297米，居列岛最高点。高登岛又称北沙岛，距黄岐半岛9.2千米，面积1.25平方千米。在南、北竿塘之间为马祖海峡，水深40～50米。属亚热带海洋性气候，温差小，多大风。岛上耕地少，居民多以捕鱼为业，主要海产品有大黄鱼、鲳鱼、鳗鱼、丁香鱼等。

吗啡 morphine 异喹啉型生物碱，分子式$C_{17}H_{19}NO_3$。存在于阿（鸦）片中。阿片为植物罂粟未成熟果实的乳汁经干燥而得的黑褐色固体，有特殊臭气。药用阿片为粉末状，含25种以上生物碱，其中，吗啡含量约10%。纯品吗啡为无色棱柱状晶体，味苦；熔点254～256℃，比旋光度$[\alpha]_D^{25}-132$（甲醇）；在多数溶剂中均难溶解，较易溶于碱性水溶液；与多种无机酸和有机酸生成易溶于水的盐。医药上常用它的硫酸盐或盐酸盐。吗啡在医药上作为麻醉性镇痛剂，用于解除胆结石、肾结石、转移性癌等各种疼痛。在创伤性休克、内出血等情况下可保护机体避免衰竭。人的致死量为0.2～0.3克。吗啡有成瘾性，其二乙酰衍生物（即海洛因）的成瘾性更大。

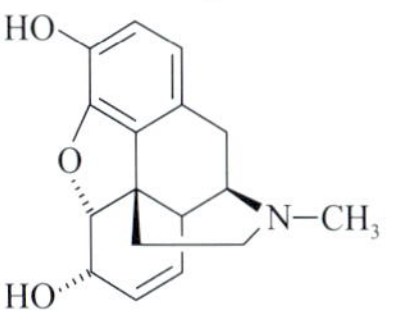

玛多县 Madoi County 中国青海省果洛藏族自治州辖县。位于省境东南部。面积25 000平方千米。人口约1万（2008），藏族占总人口的85.7%，还有汉、回、撒拉等民族。“玛多”藏语意为黄河上游。1957年设县。地处黄河源头，巴颜喀拉山北麓，阿尼玛卿山以西的黄河谷地。有扎陵湖、鄂陵湖等大小湖泊100多个，素有“百湖县”之称。矿产主要有煤、金、铜、水晶等。野生动物有野马、野驴、熊、羚羊、岩羊、雪豹、旱獭、红狐等。野生药用植物有冬虫夏草、贝母、雪莲等。以牧业为主，牧养牦牛、藏系绵羊、马等。工业以采矿业和牛羊肉加工业为主。旅游景点有扎陵湖、鄂陵湖。两湖之间景色秀丽的尕泽山顶立有“华夏之魂河源牛头碑”青铜雕像。古迹有吐蕃莫草得哇遗址。

玛格南图片社 Magnum Photos 国际性摄影家组织。1946年成立于法国巴黎，发起人有H.卡蒂埃-布勒松、R.卡帕、D.西摩、G.罗杰等。“Magnum”是希腊语，原意是一种酒瓶，或译为麦格那姆。1936年，在巴黎参加某新闻社的招聘而落选的卡帕、布勒松、西摩等人相识在一个酒吧，约定10年后再相聚。1946年，当他们决定成立图片社时，就以当年饮酒的酒瓶命名。第二年，在美国纽约成立分社。匈牙利战地记者R.卡帕是图片社第一任社长。玛格南图片社的摄影家大多是战后新闻工作者中的优秀人物，并以社会纪实的创作手法见长。

尽管玛格南图片社是一个专业新闻摄影组织，但允许全体成员保持自由立场和观点。全体成员都是在职摄影家，他们自己选定编辑和工作人员，制定作品的缴纳与推销政策。很多卓越的新闻摄影记者都是“玛格南”的成员，如E.史密斯、B.戴维森、马克·吕布、J.寇德卡等。

玛拉沁夫 Malčinküü（1930-08-08～ ） 中国蒙古族作家。辽宁省朝阳人。幼时家境贫困，只读过几年书。1945年参加八路军。内蒙古解放初期，担任过基层领导干部。1951年发表处女作《科尔沁草原的人们》，以后陆续发表作品。1979年后任中国作家协会书记处书记。1956年长篇小说《在茫茫的草原上》上部出版，是中华人民共和国建立后第一部反映蒙古族人民斗争生活的长篇小说，塑造了一系列具有独特生活道路和个性的人物。先后出版的还有短篇小说集《春的喜歌》和《花的草原》、中篇小说《第一道曙光》、《玛拉沁夫小说散文选》等。强烈的民族特色和浓郁的抒情笔调是其作品的艺术特色。

玛丽莲·梦露 Marilyn Monroe（1926-06-01～1962-08-05） 美国电影演员。生于洛杉矶，卒于加利福尼亚布伦特伍德。一度以摄影模特为业，以她的照片做广告的一种日历销售达百余万份，并因此进入影坛。首部影片为《斯库达——呼！斯库达——嘿！》（1948）。随后在《柏油丛林》（1950）和《彗星美人》（1950）中扮演配角。她在20世纪50年代成功地主演过多部商业片，主要扮演性感而头脑简单的金发美女，如《男绅士们偏爱金发女》（1953）、《如何嫁给百万富翁》（1953）、《七年之痒》（1955）等。后改拍较严肃的影片，如《公共汽车站》（1956）、《王子和舞女》（1957）和《热情似火》（1959）等。最后一部影片是《不合时宜的人》（1961）。

玛丽亚·特蕾西亚 Maria Theresia（1717-05-13～1780-11-29） 奥地利君主（1740～1780），1741年和1743年加冕为匈牙利和波希米亚女王。生于维也纳，卒于同地。神圣罗马帝国皇帝查理六世之女。1740年查理六世去世后，据《国本诏书》袭哈布斯堡家族王位。即位不久，奥地利王位继承战争爆发，玛丽亚·特蕾西亚失去西里西亚等地，但保住了王位继承权和其他世袭领地。奥地利王位继承战争结束后，玛丽亚·特蕾西亚开始在军事、政府机构、税收、财政、司法、教育及家教诸方面实行全面改革。这些改革限制了贵族的特权，促进了工商业和科学文化的发展，使奥地利成为比较强大的中央集权君主制国家。

《玛纳斯》 *Manas* 中国柯尔克孜民族英雄史诗。主要流传于中国新疆南部的克孜勒苏柯尔克孜自治州及新疆北部特克斯草原及塔城等山区。此外，中亚的吉尔吉斯斯坦、哈萨克斯坦也是《玛纳斯》重要的流传地域，阿富汗的北部地区也有《玛纳斯》流传。

传承与发展 《玛纳斯》是口承史诗。民间歌手玛纳斯奇在史诗的传承中起着重要的作用。他们既是史诗的传承者，也是史诗的创作者，一般都具有较强的即兴创作才能。20世纪60年代，在中国尚有88位玛纳斯奇，其中最著名的是新疆阿合奇县的居素甫·玛玛依和新疆乌恰县的艾什玛特·买买提（1894～1963）。

柯尔克孜人世代过着逐水草而居的游牧生活，每逢喜庆佳节、祭典、亲朋好友聚会，《玛纳斯》的演唱活动最为盛行。玛纳斯奇的演唱，不用乐器伴奏，情节的变化、英雄人物喜怒哀乐的感情，主要依靠歌手的面部表情、手势及演唱的曲调加以表现。《玛纳斯》在漫长的流传过程中，经历了一个由简至繁、由短变长、由一部增殖到数部的发展过程。由于歌手的师承、生活地域的不同，《玛纳斯》的异文特别丰富，各种异文的基本内容大同小异，演唱风格及一些情节的处理却迥然有异。居素甫·玛玛依演唱的8部《玛纳斯》，每部的篇名均采用玛纳斯家族英雄的名字命名：第一部为《玛纳斯》，第二部为《赛麦台依》，第三部为《赛依铁克》，第四部为《凯涅尼木》，第五部为《赛依特》，第六部为《阿斯勒巴恰与别克巴恰》，第七部为《索木碧莱克》，第八部为《奇格台依》。史诗《玛纳斯》有广义与狭义之别。广义的《玛纳斯》是包括上述8部史诗在内的整部史诗的总称，而狭义的《玛纳斯》则是指史诗的第一部《玛纳斯》。

主要内容　《玛纳斯》描写了英雄玛纳斯及其七代子孙前仆后继、率领柯尔克孜人民与外来侵略者和各种邪恶势力进行斗争的事迹。8部史诗中，第一部《玛纳斯》的内容最为古朴，所蕴涵的古老文化因素也最多。它的结构十分完整，艺术上亦最为纯熟。规模最为宏伟，占到整部史诗的1/4篇幅，达7万多行。第一部《玛纳斯》是8部史诗的核心，国内外学者对于史诗《玛纳斯》的研究也主要集中于这一部。第一部《玛纳斯》描写了玛纳斯一生非凡的英雄业绩。少年玛纳斯即策马挥戈，率领柯尔克孜人民把侵略者赶出柯尔克孜领地，成为统率14位汗的大可汗，统率包括柯尔克孜各部落在内的60个突厥语部落联盟的总首领。为根除后患，他率众远征，浴血搏斗，大获全胜后登上卡勒玛克首领昆吾尔的宝座。由于玛纳斯乐而忘返，结果被埋伏在路旁的败将昆吾尔的毒斧砍中头部，不幸身亡。

艺术特色　①与其他史诗一样，《玛纳斯》对于人物与事件的叙述采用全知视角。叙事方式上，基本按照事件发生的时序对事件进行叙述。谱系式叙事结构是史诗《玛纳斯》重要的叙事特征之一，每部史诗描写一位玛纳斯家族的英雄，上部史诗主人公与下部史诗主人公均为父子关系。②叙事语言具有鲜明的民族特点与地域特点。③语言具有很强的节奏感、韵律性、音乐性。史诗的每个诗行多由7～8个音节组成，押韵形式丰富多彩。押头韵是《玛纳斯》的重要押韵形式之一，通常情况下头韵与脚韵并用。④形象塑造别具魅力。玛纳斯是草原之子，虽然不是一位完美无缺的常胜英雄，但始终充满原始激情与新鲜活力。史诗还塑造了一个英雄群体，玛纳斯身旁的14位汗王和40名勇士，族属不同，性格各异，但是在征战中，并肩出征，同舟共济。《玛纳斯》中的妇女形象最为光彩照人。玛纳斯之妻卡妮凯，美丽动人，善良贤惠，并具有未卜先知、使人死而复生的超人神力；英雄赛麦台依之妻阿依曲莱克是一位具有倾国倾城美貌的仙女，遇到紧急情况，便能幻化成白天鹅在蓝天上翱翔；玛纳斯之孙赛依铁克的妻子库亚勒是位善战的仙女，她力大无比，多次从敌人手中救出被俘的丈夫。

地位与影响　《玛纳斯》包容着柯尔克孜古老的神话、各类传说、习俗歌谣以及大量的民间叙事诗与民间谚语等，集柯尔克孜民间文学之大成，在柯尔克孜文学史上起着承前启后的重要作用。它对于后世柯尔克孜民族文学的发展产生着深远的影响，尤其是对于柯尔克孜族文学的形成有着巨大的、潜移默化的影响。

《玛纳斯》的普查工作始于20世纪60年代。普查中发现了许多演唱《玛纳斯》的歌手，记录了《玛纳斯》的各种异文。自20世纪60年代起，记录、整理、出版了居素甫·玛玛依演唱的8部《玛纳斯》柯尔克孜文本。目前已有英、俄、汉、土、日、哈等多种译文，由各国各民族学者组成的《玛纳斯》研究队伍日渐扩大。

玛纳斯湖　Manas Lake　位于中国新疆维吾尔自治区**准噶尔盆地**西部。习惯上指玛纳斯、艾兰、艾里克等湖群，过去曾为**盐湖**，现已基本干涸。玛纳斯湖为湖群中最大湖，形似鞋底，呈东北—西南向，长50千米，宽10～15千米，面积约550平方千米，湖面海拔257米，湖水补给原有玛纳斯河、金沟河、宁家河等，有时还接纳准噶尔西部山地南部河流的洪水。20世纪50年代以来，由于河水引入灌区，湖水逐渐干缩，湖区绝大部分已结晶成盐，仅西南角偶有洪水入湖。艾兰湖位于玛纳斯湖西南，早已干涸，地表有盐结晶。艾里克湖在玛纳斯湖西北10千米，补给来自白杨河，由乌尔禾盆地穿过峡口而入，湖盆三面环山，西南开敞，东面受单面山阻隔，从地形与构造看，与玛纳斯湖似无联系。

玛瑙　agate　胶体成因的细致密状**玉髓**。常由不同颜色的条带或花纹相间分布而构成。其成分基本上是**石英**，物理性质一般与石英相同。由含不同杂质的二氧化硅胶体溶液在岩石空洞或裂隙中逐次沉淀而成。单色玛瑙多呈青色，俗称胆青玛瑙；杂色玛瑙随颜色或花纹不同可分为缟玛瑙（白色条带与黑色、褐色或红色条带相互交替）、

晶腺状玛瑙

缠丝玛瑙、苔纹玛瑙（绿色细丝或其他形态分布似植物生长）等。主要产于**玄武岩**或古熔岩的洞穴中，与洞穴的边缘大致平行。呈晶腺产出（见图），中心常为显晶质的石英或空腔，若空腔中含有明显的液态包裹体的，俗称玛瑙水胆。色泽好的玛瑙可作为宝石和工艺美术材料，差者可用于制作研磨器具和精密仪器轴承。大量商业上的玛瑙经人工染色而提高价值。美国西部各州、德国伊达尔－奥伯施泰因、巴西、乌拉圭等地盛产玛瑙。中国主要产地有辽宁、黑龙江、内蒙古、河北、湖北、山东、宁夏、新疆、西藏和江苏。

玛旁雍错　Mapam Yumco　中国湖水透明度最大的内陆淡水湖泊。又称玛法木错，曾称玛垂错。藏语意为“不败、胜利”，有“神湖”之称。位于冈底斯山主峰——冈仁波齐峰与喜马拉雅山纳木那尼峰之间，西藏自治区普兰县内。曾与拉昂错（鬼湖）相通，后由洪积、冰水堆积物堵塞而演化为内流湖。湖泊呈鸭梨形，北宽南窄，长26千米，平均宽15.9千米。湖面海拔4 588米。平均水深49米，面积412平方千米。湖水碧透清澈，透明度14米，为中国最清澈的湖泊。湖水矿化度400毫克/升，含有硼、锂、氟等微量元素。以融水、雨水补给为主，也有部分泉水补给。湖区以牧为主，湖中产玛法木尻鱼和裸鲤。玛旁雍错佛教称“圣湖”。每到夏秋季，佛教徒扶老携幼来此朝圣，在圣水里沐浴净身，以延年益寿。

玛雅美术　Maya art　1521年以前中美洲**玛雅人**的美术。玛雅人是古代**印第安人**的一支，他们创造了独特的**玛雅文明**，在建筑、雕塑、绘画等领域也取得了惊人的成就。

建筑　玛雅艺术最突出的成就是建筑。危地马拉东北部的玛雅城邦和宗教中心蒂卡尔，修建了高耸的阶梯式金字塔神庙，4号神庙高达70余米。蒂卡尔神庙挺拔陡峭。洪都拉斯西部科潘的许多建筑都与天文、历法和文字有关。科潘26号神庙10米宽的62级石阶上铭刻着2 500个象形文字，被称为“象形文字梯道”。墨西哥帕伦克的建筑

以形制多样、结构复杂著称，既有由大厦、回廊、庭院、方塔组成的宫殿，又有十字神庙、太阳神庙、铭文神庙等阶梯式金字塔神庙。北方尤卡坦半岛西部城邦乌斯马尔的“总督宫”长达97.5米，是玛雅时代最宏伟的宫殿。尤卡坦半岛北部城邦奇琴伊察，是玛雅-托尔特克文化的中心和圣地。其武士神庙融合了玛雅与托尔特克两种文化。

雕塑　在玛雅神庙附近有许多石碑和祭坛，镌刻着玛雅贵族等人物的浮雕侧面立像和记载日期或事件的象形文字铭文。人物雕像呈现玛雅人特有的相貌。蒂卡尔遗址出土的22号石碑、10号祭坛（约771）和科潘遗址出土的C号石碑（约782）上的浮雕及科潘的巨石头像、帕伦克的铭文神庙墓室（约633）内的石棺盖板浮雕和两个灰泥雕塑的人物头像，都是玛雅雕塑的精品。雅斯奇兰出土的石灰石浮雕26号石楣（约726）和《穿舌仪式》(约780)，刻画了玛雅祭司的宗教仪式场面。乌斯马尔的“女修道院”的饰带上雕刻着玛雅雨神恰克的面具，这种装饰浮雕图案在乌斯马尔建筑表面反复出现。奇琴伊察的武士神庙许多方形石柱上雕刻着类似托尔特克武士的浅浮雕立像。

壁画　墨西哥南部玛雅文化遗址博南帕克以保存完整的玛雅壁画著称。**博南帕克壁画**（约在6～8世纪）绘制于一座神庙的3个房间的墙壁和拱顶上，壁画内容前后连贯，表现博南帕克的玛雅人举行的一次人牲献祭仪式，从准备仪式的行列开始，以庆祝牺牲献祭的仪式舞蹈为高潮。壁画中的人物造型像具有典型的玛雅人的特征，身姿、动态和手势变化多样。壁画线条纯熟，色彩鲜明，背景空间以色彩平涂表示。壁画中表现的玛雅人社会的宗教仪式、家族统治、舞蹈、音乐、服饰等细节，对研究玛雅文化极具认识价值。

陶器　玛雅人的陶瓶、陶盘都未用陶轮制作，而用古老的盘绕法做成。但陶器造型仍具有轻巧、优美的特点。陶瓶以圆柱形为主。花瓶装饰分浮雕和彩绘两大类。浮雕中有人面高浮雕，也有较平的浅浮雕。彩绘是在红底上绘以白色图案或白底上绘以红色图案。装饰画的内容包括玛雅人生活的各个方面。常用的颜色为赭石、赤褐、红、黄，线的运用、轮廓和细节的表现都很熟练。

玛雅人头陶像

面具　玛雅面具多用于丧葬。面具一般用玉石镶嵌而成，并带有明显的肖像性，可能是按死者的相貌做成的。眼睛有时用珍珠贝和黑曜石镶嵌而成，并在黑曜石的眼珠上画上瞳孔。

金银制品　金银制品直到11～12世纪才出现在玛雅人的艺术中。最早的金银制品来自尤卡坦奇琴伊察的“圣井”，这是玛雅人祭神的牺牲之井，里面有玛雅人的金盘子和精致的铜铃。金盘子用凸纹装饰，表现托尔特克人与玛雅人的战争，并刻画挖出一个俘虏的心脏祭神的场面，极具震撼力。

玛雅人　Maya　中美洲地区和墨西哥合众国**印第安人**的一支。约300万人（2001）。属蒙古人种美洲支。使用**玛雅语**。分布在尤卡坦中部和北部，墨西哥塔瓦斯科州和恰帕斯州的一部分，伯利兹、洪都拉斯南部、危地马拉低地和高地及萨尔瓦多的最南端。据玛雅古文献《契兰·巴兰》一书记载，玛雅人历史可分为前古典期（前2500～公元250）、古典期（250～900）、后古典期（900～1520）3个时期。1519年西班牙殖民者侵入，1627年征服整个玛雅人地区。公元前后到16世纪，玛雅人建立过若干奴隶制城邦，产生了社会等级，分贵族（包括祭司、统治官吏、军事首领和商人）和平民（包括工匠、农民和奴隶）。农村居民组成公社，保存氏族制度的许多残余。玛雅人行自然崇拜，尤其崇拜“太阳神”和“雨神”，以守护神“伊察姆纳”为最高神灵。他们从事刀耕火种农业，种植玉米（主食）、菜豆、南瓜和块根植物，饲养火鸡和狗。公元初创造象形文字和历法，发明二十进位法。在医学、天文学方面有较大成就，对地球、月亮、金星运行周期的运算精确程度超过旧大陆古代文明。制陶、雕塑、绘画造诣很深。采用拱形建筑术（梯形金字塔、宫殿、拱门等）。古代文明中心有蒂卡尔（在危地马拉佩腾省）、帕伦克（在墨西哥的恰帕斯）和科潘（在洪都拉斯）。玛雅文化是美洲四大印第安人文化之一。现代玛雅人与其所在国的居民基本融合，社会经济、文化各具特色。

玛雅文　Maya script　中美洲玛雅民族的古文字。玛雅是美洲土著民族之一，他们创造了美洲古老而灿烂的文化。

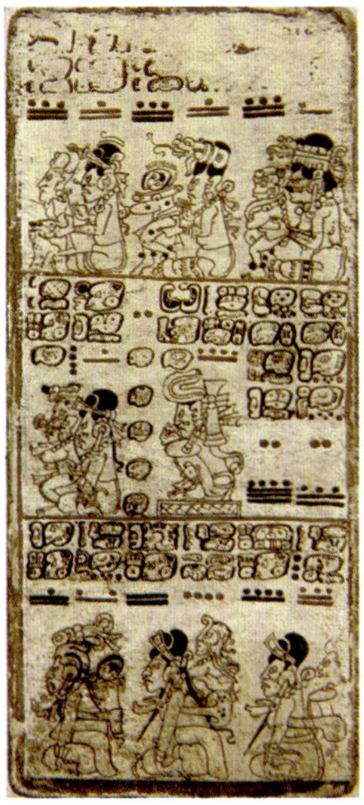
玛雅文抄本

玛雅文约有270个符号，常用的有170多个。其中有表示整个词义的“意符”，但大多数符号是不表意义、只表声音的“音符”。玛雅符号的外形很像小小的图画，实际上象形作用早已丧失。玛雅文是一种语词-音节文字。约形成于公元前最后几个世纪。遗留的铭文最早的相当于从公元328年开始，沿用到16世纪，由于西班牙的入侵而毁灭。现存的写本只有3种，以存储地命名为：①马德里写本，②巴黎写本，③德累斯顿写本。此外有不少石柱碑铭和古器物铭文。第二次世界大战后，已能释读玛雅文。

玛雅文明　Maya Civilization　中美洲古代印第安文明的代表性文化。得名于创造这一文明的**玛雅人**。主要分布在今墨西哥、危地马拉、伯利兹、洪都拉斯、萨尔瓦多等中美洲国家。玛雅文明分前古典期（公元前2500～公元250）、古典期（约250～900）和后古典期（900～1520）。其中古典期是玛雅文明的繁盛时期。1520年后，西班牙人征服墨西哥，玛雅文明被彻底摧毁。玛雅文化古代遗址的调查和发掘工作始于

图1　石雕人物胸像

19世纪下半叶。已发现的玛雅遗址有200余处，其中著名的礼仪中心有蒂卡尔、科潘、奇琴伊察、玛雅潘、帕伦克、基里瓜、亚克齐兰等。它们是玛雅文化的祭祀和行政管理中心，城内往往有金字塔式台庙、宫殿、官署等建筑。其中著名的建筑如**蒂卡尔古城**4号神庙、**奇琴伊察古城**的战士神庙等，建筑表面往往用石块铺砌，石块上刻有象形文字或各种精美浮雕。近年来的考古发掘表明，玛雅文明的金字塔式神庙实际上也是王陵，有的还是前后不同时期的几个王陵层层垒砌而成的。20世纪50年代以来，玛雅象形文字的释读也取得进展，形成专门的玛雅学，玛雅考古成为世界考古学的重要领域。

图2 与膜拜太阳有关的圆盘（由木材、绿松石、贝壳、黄铁矿制成）

经济生活 玛雅文明基本上属新石器时代，黄金和铜在古典期之末才开始使用，一直不知用铁。居民以农业为生，善于利用山坡修梯田、沼泽地筑台田以抗旱涝。食物来源主要是种植、采集和渔猎。种植的方式主要是**刀耕火种**，作物以玉米、豆类和块茎类植物为主，多采集“面包果树”的子实；动物食物来源主要是鹿、螺蛳、蜗牛以及可能驯化的狗。体质人类学的研究表明，前古典期玛雅人的体格较古典期和后古典期要高大、强壮。有人认为，人口的增长造成食物资源日益紧张，并最终导致玛雅文明一定程度的衰落。手工制品有各种陶器、棉纺织品等。不同村落和地区间有贸易交换关系。

社会组织 古典期的玛雅文明社会为金字塔式结构，作为统治阶层的王权处于金字塔的上层，其次是贵族和祭司，农民处于金字塔的底层。上层统治者往往在礼仪中心的核心地带建造宏伟的金字塔式神庙作为自己的陵墓。近年来，随着玛雅文字释读成果的面世，一些礼仪中心如蒂卡尔、科潘等遗址的王权世袭已日益明朗，人们甚至可以获知王者的名字和在位时间。

宗教信仰与习俗 对玛雅人宗教信仰和社会习俗的了解主要是依据象形文字碑铭和有限的传世文献——马德里抄本、巴黎抄本、德累斯顿抄本。在玛雅人的精神世界里，天、地、日、月、风、雨乃至作物都被赋予了神的力量。玛雅诸神中，人们最为尊崇的是伊特兹亚姆·纳神，太阳神、月亮神、雨神也是崇祀的对象。此外，祭祀祖先也是玛雅人祭祀活动的重要内容。

科学与艺术 玛雅人在数学、天文历法和文字方面有卓越成就。他们使用二十进位制，并且使用“零”的概念，比欧洲人早800余年。玛雅人通过对金星和太阳的运行时间的观测，创立了精确的圣年历（1年260天）和太阳历（1年365天）两种纪年方法。每天都记两历日月名称，每52年一轮回，精确度超过同代希腊、罗马所用历法。此外，玛雅人还使用一种所谓“长期纪日制度”来作纪年。近年来的研究成果表明，这种纪年方法可与旧大陆的公元纪年方法对应、换算，从而解决了玛雅文明的年代学问题。图画式的象形文字是玛雅文明的杰出成果，一般刻在石建筑如祭台、梯道、石碑等之上，已知800多个象形文字。当时还用树皮纸和鹿皮写书，内容主要是历史、科学和仪典，至今尚无法释读。

玛雅人的建筑工程达到古代世界高度水平。其金字塔以碎石和泥土堆成，外铺石板或泥砖，设有石砌梯道通往塔顶庙宇。其雕刻、彩陶、壁画等皆有很高的艺术价值，著名的**博南帕克壁画**表现贵族仪仗、战争与凯旋等，人物形象千姿百态，栩栩如生，是世界壁画艺术的宝藏之一。

玛雅语 Maya language 一种印第安语。又称尤卡坦语。玛雅人的语言。主要分布于墨西哥等中美洲国家。是墨西哥的印第安语言中使用人口仅次于纳瓦特尔语的第二大语种。玛雅语有悠久的文化传统，是闻名于世的玛雅文明的语言。用玛雅文写成的圣经《波普尔·武》记录了玛雅人的历史、宗教和神话。在印第安诸语言中，只有玛雅语具有高度发达的文字系统。早在公元3世纪，玛雅印第安文明就使用了玛雅象形文字系统。16世纪以后，西班牙学者使用经过修改的拉丁文字来记录玛雅语，并沿用至今。语序为主-动-宾型。

码头 wharf 供船舶停靠、货物装卸和旅客上下使用的水工建筑物。广义还包括与其配套的仓库、堆场、装卸设备和道路等。码头是**港口**的重要组成部分。

按照用途，分为货运码头和客运码头。货运码头又分通用码头和专用码头（专业化码头）。专业化码头一般配备了机械化和自动化程度高的高效专用设备，用以装卸石油、煤炭、散粮、集装箱以及液化气等大宗稳定的货物。大型港口还有为船舶供应燃料、水、船用物资的供应码头和供港务船舶靠泊的工作船码头。

按平面布置，码头可分为顺岸式、突堤式、墩式、岛式和系船浮筒等类型；按断面形式有直立式、斜坡式、浮式、半直立式、半斜坡式等多种形式；按结构形式有重力式、板桩式、高桩式和混合式等。码头的形式依据用途、靠泊船舶的吨位以及海岸、河岸的具体条件进行设计建造。

码洋 fixed price 图书价值计量的称谓。一本书的定价或一批书的总定价，其货币额俗称码洋。旧称银币为洋钱，又简称洋、大洋，故名。发行部门向出版社进货时，有一定比例的折扣，按码洋打了折扣以后的金额，俗称实洋。实洋是发行部门计算损益的前提和基础。以零售书店来说，销售码洋（销售收入）减去销售折扣，等于销售实洋（销售净收入），再减去销售成本、销售税金、销售费用，等于销售利润或亏损。发行部门内部的业务活动和财务会计，均采用码洋核算和记账。

蚂蟥 Hirudinea; leech 环节动物门环带纲蛭亚纲动物的俗称。见蛭。

蚂蚁 Formicidae; ant 膜翅目蚁科昆虫的统称。见蚁。

霾 haze 一种大气光象。当空气中含有浓度较大、直径很小的气溶胶粒子时，它们对太阳光散射就形成霾的现象。出现霾时，大气混浊，呈乳白色，水平能见度明显降低，一般降到10千米以下，给人以不甚透明的感觉（见图）。透过霾层远望时，犹如隔了一层有色的薄幕使物体染色。当背景发暗时，薄幕呈浅蓝色；当背景明亮时，薄幕呈淡黄色或红色。当大气凝结核由于各种原因长大时也能形成霾。霾可发生在地面高压系统的后部。在城市严重空气污染地区，霾可以频繁地出现。

买办 comprador 受雇于外商并协助其在中国进行贸易活动的中间人和经理人。鸦

片战争前，在广州经理对外贸易的公行中就已设置买办为外商服务。当时买办大致分为两类：一类是专为外商船只采买物料及食品的商船买办；一类是在外商商馆中代外商管理总务及现金的商馆买办。买办一职，受到封建政府的严格控制，中国人不得随便充当，外商亦不能任意选雇。为打破这一限制，1844年中美《望厦条约》规定，雇觅跟随买办及延请通事等项，由外商与中国人自行协议，中国地方官不得干预。买办的身份与性质从此完全听从外商主东的决定。最初，外商进入新开口岸，大半雇佣广州原有的买办或由他们荐引的故旧亲友。随着侵略势力的扩张，宁波、湖州等地先后出现大批当地买办。至19世纪60年代，通事、买办已成为士农工商之外的另一行业。买办与外国在华洋行之间立下保证书与合同后，即可得工资、佣金收入。鸦片战争后，外商放手派遣买办携带巨款深入内地进行商品购销、磋商价格、订立交易合同、收付货款、保证华商信用等活动。这些买办成为洋行业务的实际经理人或外商代理人。很多洋行的在职买办同时又是投资于钱庄、贩卖鸦片、经营丝茶的巨商。为扩大洋行业务，洋行主东还要求买办勾通封建政权，依托地方官绅势力。外国商人与封建官僚之间往往通过买办建立密切联系。由于买办职能的扩大及活动的增加，买办在洋行中的地位及其雇佣关系也发生相应变化。首先，在大洋行内，出现了层层相属的各级买办所构成的“买办间”或“华账房”，洋行主东只要控制总买办便能驾驭他以下的全班人马。19世纪末至20世纪初，买办要向洋行主东承担以至保证洋行全部购销任务的完成，从而使洋行老板无需承担风险就能随心所欲地开展进出口贸易业务。其次，买办的佣金及薪资制度也有相应变化。以经手洋行生意为主要职责的买办，薪俸只是表明其洋行雇员身份的标志，而佣金则成为其重要收入。有的买办每年佣金收入不下五六千两。此外，买办还利用职务之便，独立经商，投机倒把，走私偷税，敲诈勒索，由此而来的收入，几乎没有限度。买办以自己雄厚的资本实力在各个通商口岸的鸦片、丝茶、洋货、钱庄以及船运等许多领域保有庞大势力。甚至有些地区的征税大权均落入买办巨商手中。清代末期，甚至形成了由买办势力控制的、自通商口岸至内地城镇的买办商业高利贷剥削网。在中国社会半殖民地化过程中，买办起着重要的作用。

买方垄断 monopsony 一种商品只有唯一的一个买者的市场结构。与卖方垄断相对应。其情形多见于生产要素市场，雇用一个工业城镇的全部劳动力的厂商就是一个例子。买方垄断与卖方垄断是类似的，只不过操纵市场价格的垄断力量由供给的一方转移到了购买的一方（即需求方）。在买方垄断条件下，厂商购买产品或生产要素都是为了实现自己的最大经济利益，买方垄断厂商的最优购买量（即需求量）由其购买产品或生产要素的边际价值和边际费用决定。边际价值指所购买的最后一个单位产品或生产要素对于买者所增加的价值。边际费用指为购买最后一个单位产品或生产要素买者所多付出的费用。当购买产品或生产要素的边际价值等于边际费用时，买方垄断厂商便获得了最大的经济利益。由此，经济学家把购买产品或生产要素的边际价值等于边际费用，称为决定买方垄断厂商最优购买量或需求量的原则。与卖方垄断一样，买方垄断也会造成效率和社会福利的损失。

买方市场 buyer's market 短期非均衡市场的两种状况之一，以总体上供求基本平衡和供略大于求，买方处于相对有利地位为特征。卖方市场的对称。一般说来，经济萧条时期，或某种商品遇到替代品的有力竞争，或者该商品的需求由于某种原因出现较大的缩减，都会引起该商品短期内供过于求，形成买方市场。由于供给大于需求，卖方为了减少存货，竞相降价出售商品，使商品价格下降；买方则不仅有充分挑选商品的主动权，而且还能从降价中得到益处。买方市场的存在，表明短期的供给过剩，存在着生产紧缩、价格下降的长期趋势。同时，卖方为了加速商品出售，也会努力降低成本、改善服务、改进技术，以增强竞争能力。

买方信贷 buyer's credit 出口信贷融资方式之一。由出口国银行直接向进口国厂商或银行提供的信贷。是一种约束性贷款，条件是贷款必须用于进口债权国的商品。一般有两种做法：①买方直接向出口国的银行即卖方银行借贷。即买卖双方以即期现汇交易，买方向卖方交付定金，其余货款由卖方银行贷给买方，买方按照现汇付款条件支付给卖方。买方与卖方银行签订贷款协议提取贷款后，按照协议规定分期向卖方银行还贷付息。卖方银行直接贷给买方时，通常要求买方银行担保。买方到期不能偿还，则由买方银行偿付。②买方通过本国银行即买方银行从出口方银行进行转贷。即卖方银行向买方银行提供贷款，然后由买方银行将贷款转贷给买方。买方用现汇向卖方支付进口产品的货款。买方银行根据贷款协议规定分期向卖方银行还贷付息。

买卖合同 contract of sale 出卖人将财产交付给买受人所有，买受人接受此项财产并支付约定价款的合同。又称买卖契约。买卖合同的法律特征包括：①财产所有权由出卖人转移给买受人，这是买卖合同的主要法律特征，也是买卖合同的主要法律后果，故买卖合同是民事主体取得财产所有权的重要手段。②买卖合同是有偿的双务合同。买受人以支付一定价款的义务，取得买卖标的物的所有权；出卖人也因为有收受相对应价款的权利，而失去了其出卖财产的所有权。③买卖合同属诺成合同。除法律或合同另有规定外，买卖双方意思表示达成协议时，无须交付实物，买卖合同即告成立。在买卖合同中，出卖人的主要义务是：将标的物及其财产所有权转移给买受人；保证标的物的质量符合标准。买受人的主要义务是：按规定数额及期限支付价款；按规定受领标的物。

买卖婚姻 mercenary marriage 第三者（包括父、母在内）以索取财物为目的，强迫他人结婚的行为。也指由这种行为造成的婚姻。广义的买卖婚姻还包括以聘金、聘礼、嫁妆等其他形式索取财物的婚姻。历史上以女方索取财物者居多，也有男方以索取一定量嫁资作为成婚条件的。狭义仅指以妇女作为婚姻交易之标的。这种婚姻产生在原始社会进入奴隶社会之际。男子为购买妇女作妻，必须付出一定数量的牲畜、金钱或其他等价物。公元前18世纪古巴比伦王国《汉穆拉比法典》规定，未婚夫须向岳父交纳未婚妻的买身费和聘礼。罗马市民法（见罗马法）规定，买卖婚姻是成立有夫权的婚姻的三种方式之一。中国奴隶社会和封建社会中的买卖婚姻以聘娶婚为主要形式，并与包办婚姻相结合。历代封建法律还规定，成立婚书和收受聘财是订婚的要件；悔约者，特别是将女改许他人者，须退回聘金，并受法律制裁。这种买卖婚姻一直沿袭至清代和中华民国时期。

《中华人民共和国婚姻法》禁止买卖婚姻，禁止借婚姻索取财物，但后者与买卖婚姻在性质上有所不同。买卖婚姻违背婚姻自由原则，依法不准办理结婚登记；构成暴力干涉婚姻自由者，按中国刑法规定，还须依法追究刑事责任。

迈阿密 Miami 美国佛罗里达州最大城市、旅游中心。位于佛罗里达半岛东南端、迈阿密河入海口附近，东临大西洋比斯坎湾。市区面积92.5平方千米，人口41.32万（2008），西班牙裔约占2/3；包括戴德县的迈阿密-劳德代尔堡大都市区人口541.48万（2008）。地处沿海低地和近岸河洲，平均海拔仅3.7米。属亚热带暖湿气候，四季如春，年平均气温24℃，夏秋之交易受飓风侵袭。原为印第安人居住地。1567年西班牙传教士到此。此后西班牙移民建立定居点。1821年归属美国。1896年修通

迈阿密海滩及城市风光

佛罗里达东岸铁路，疏浚港口和兴建旅馆，同年正式设市。旅游业一直是城市经济的支柱，市内遍布旅馆、商店、餐馆、夜总会和各种娱乐、体育设施，海滩浴场长达20多千米，年接待游客逾千万。重点发展轻工业，如服装、食品、塑料制品、电子配件等。建筑业发达。重要贸易和金融中心。美国最大的客运港，是通往拉美各国的海上门户。城西迈阿密国际机场属美国繁忙航空港之列。高架轻轨铁路为市中心与郊区之间的重要交通线。市内著名游览胜点“维兹卡亚”是一座宏伟的意大利文艺复兴式豪华建筑，已辟为博物馆；还有海洋水族馆、热带植物园、猴林、鹦鹉林等。设有迈阿密大学（1928）、佛罗里达国际大学（1972）等6所高等院校，海洋和气象学科研机构闻名世界。

迈尔 Meyer, Julius Lothar (1830-08-19～1895-04-11) 德国化学家。又译迈耶尔。生于奥尔登堡的法勒，卒于蒂宾根。1851年开始在苏黎世学医。后在海德堡随R.W.本生学习化学；

在柯尼斯堡学习物理；在维尔茨堡学习病理学，1854年在此获得医生资格。1859年在布雷斯劳大学获博士学位，后任该校讲师。1868年任卡尔斯鲁厄工业学院教授。1876～1895年，任蒂宾根大学的首任化学教授。1864年迈尔在他的《现代化学理论》一书中按照原子量的递增次序，详细讨论了各化学元素的物理性质，并在书中刊出了一个元素周期表。表中各元素按原子量排列成序，该表已经分别列出元素的分族，并且也留出了尚未发现的元素的空位，但它包括的元素尚未及当时已知元素的一半。1868年他根据原子体积的变化是各元素原子量的函数的原理，画成一张曲线图，直观地表示出各元素原子体积变化的周期性。1869年，他又制作了一个元素周期表，明确指出元素的性质是它们的原子量的函数。不过他的周期表偏重于原子量与物理性质之间的关系。迈尔也是元素周期律的发现人之一。1882年他和D.I.门捷列夫同时获得英国皇家学会的戴维奖章。

迈克耳孙 Michelson, Albert Abraham (1852-12-19～1931-05-09) 美国物理学家。生于普鲁士斯特雷诺（今波兰斯特尔诺），卒于加利福尼亚的帕萨迪纳。幼时移

居美国。1873年安那波利斯国立海军学院毕业后留校任讲师。1880年去欧洲进修，先后在柏林、海德堡、巴黎等地受教于H.von亥姆霍兹等名家。1882年回国，历任克利夫兰的开斯应用科学学院物理学教授，伍斯特的克拉克大学物理学教授，芝加哥大学物理系主任，美国国家科学院院长。1907年获得诺贝尔物理学奖。迈克耳孙毕生从事光速的精密测量。从1879年到1923年多次利用多种方法测量光速。1923年他在加利福尼亚两个相距约35千米的山头之间，测得的数值为299 796±4千米/秒。1879年他设计了一种干涉仪（即今天最常用的迈克耳孙干涉仪）用以测定地球相对于以太的运动。他同E.W.莫雷合作实验，但始终未能发现以太的存在。这便是物理学史上著名的迈克耳孙－莫雷实验。迈克耳孙首倡用光波波长作为长度基准，1893年提出用镉的红线（6 43.846 96纳米）为标准波长，并以此核定了基准米尺。这个基准一直用到1960年。

迈克耳孙–莫雷实验 Michelson-Morley experiment 验证以太是否存在的实验。19世纪物理学家曾经设想一种称为以太的物质充满宇宙空间，光波和电磁波（如同以太的振动）借助于以太介质传播。为了验证以太的存在，1881年A.A.迈克耳孙首先使用直角干涉仪进行了实验。原理由图所示。直角干涉仪（又称迈克耳孙干涉仪），由光源S发射的一束光线经半透明反射镜在A点分为两束：第一束是反射光从A点射向平面反射镜B而被反射回来再透过A射到观测屏幕D；第二束光透过A点射到另一面反射镜C后反射回来再被A反射到D。两束光经过不同的路径后在D会合而形成干涉条纹。干涉仪随地球运动，如果地球是在以太中移动，那么干涉仪周围就会存在“以太风”，因此两束光线会具有不同的速度；把干涉仪转动90°使两束光线的方位互换因而改变了它们的光行差，此时屏幕D上的干涉条纹会产生移动。

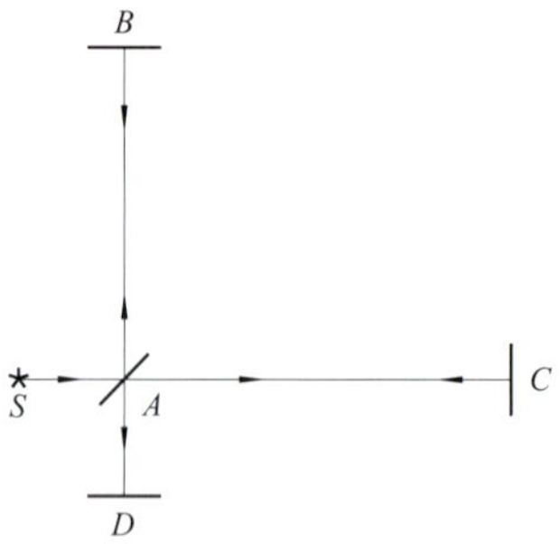

迈克耳孙干涉仪示意图

迈克耳孙1881年的实验没有看到条纹的移动，按照实验精度，如果有“以太风”，其速度应小于21.2千米/秒。1887年迈克耳孙和E.W.莫雷进行了更高精度的实验，但仍然没有看到条纹的移动，按照实验精度，“以太风”的速度应小于4.7千米/秒。1905年，狭义相对论问世之后，物理学家使用新的技术和装置不断进行类似的实验，均没有观察到条纹的移动。精度越来越高，最高的已给出“以太漂移”的上限小于1米/秒。

迈特纳 Meitner, Lise (1878-11-07～1968-10-27) 奥地利物理学家。犹太血统。生于维也纳，卒于英国剑桥。1906年获维也纳大学物理学博士学位。1907年去柏林大学随

M.普朗克进修理论物理学，并和O.哈恩合作研究放射性，直到1938年受纳粹迫害移居瑞典。1926年柏林大学聘她为特邀教授。1960年退休到英国。迈特纳的主要贡献大多是同哈恩合作完成的：发现了镤并予命名，研究了核同质异能现象和β衰变。1938年，哈恩和F.斯特拉斯曼发现铀经中子轰击后出现钡，迈特纳和她的外甥O.R.弗里施于1939年提出核裂变概念，以解释哈恩和斯特拉斯曼的实验结果。核裂变和随后裂变链式反应的发现，为核能的应用开辟了道路。

迈锡尼文明 Mycenaean Civilization 希腊地区的青铜时代文明。因最早发掘的迈锡尼遗址而得名。它继承米诺斯文明，标志着爱琴文明的后期阶段，年代约为公元前1600～前1100年。它衰亡后，希腊历史进入“荷马时代”。迈锡尼文明的分布以希腊半岛南部为中心，达于半岛中、北部及爱琴海区域。古希腊神话和荷马史诗中都讲到迈锡尼国家的情况，其君王阿伽门农曾率领希腊联军渡海远征特洛伊。但学术界认为这些只是传说，直至19世纪德国考古学者H.谢里曼在迈锡尼发掘出王族墓和金银饰物后，迈锡尼文明及其历史地位始得到肯定。

来源和分期 1953年，英国考古学家M.文特里斯破译了迈锡尼文明的线形文字B，从而证明迈锡尼人属于印欧语族的希腊人。据研究，当米诺斯文明兴盛时期（约前1700），希腊南部的伯罗奔尼撒半岛已受米诺斯王朝的控制，米诺斯文化传入。当时这里居住着一些本地民族的部族。当迈锡尼人从巴尔干南下进入希腊后，便融合当地部族，建立起奴隶制国家，迈锡尼文明由此诞生。

迈锡尼文明可细分为3个时期：早期称竖穴墓王朝，因其遗迹主要是谢里曼在迈锡尼城堡内发现的王族竖穴墓；中期和晚期称圆顶墓王朝，这时王族墓已演变为圆顶墓。晚期（前1425～前1100）是迈锡尼文明的繁盛期，迈锡尼王国已统治了克里特岛，入主克诺索斯王宫，继米诺斯王朝之后成为希腊和爱琴海的霸主。在希腊本土，还有梯林斯、派罗斯等小国，与迈锡尼结为同盟。

迈锡尼文明的特点 迈锡尼文明继承了米诺斯文明的传统，青铜工艺水平很高，航海贸易发达，同埃及、西亚有频繁的文化交往和商业联系。但该文明也有自己的特点，它更着重于陆战，广泛养马，盛行马车战术；城堡、宫室皆有牢固防卫，建筑上继承了巨石建筑的传统，城墙宏伟，而米诺斯文明则没有城墙，王宫亦无围墙。迈锡尼城堡的堡墙以巨石环山建成，厚5米，高8米，大门上有双狮拱卫一柱石刻，被称作“狮子门”；梯林斯的城墙最厚处竟达17米，平均厚7.5米。各处城堡内的王宫均以长方形有柱廊的麦加隆式大厅为中心。迈锡尼的圆顶墓也是相当宏伟的石构建筑，最大的圆顶墓称为阿特柔斯王（阿伽门农之父）的宝库，高13.2米，用巨石叠涩砌成，墓门的一块楣石竟重达120吨。迈锡尼的陶器和工艺品也有自己的风格，除吸收米诺斯文明的因素外，还具有强劲粗放的特色。竖穴墓中的随葬品，如金质的面具、角杯、指环、金银镶嵌的刀剑等，都是古代工艺的杰作。圆顶墓已全部遭盗掘而极少遗存，但

阿伽门农金面具

瓦孚墓中残存的两只金杯极为生动精美，以浮雕表现捕捉林中野牛的情景。迈锡尼的线形文字B释读成功后，从各地发现的泥板文书上了解到，该文明的社会经济情况与古代东方的奴隶制王国相接近。泥板中还有日后希腊神话中常可见到的天神如宙斯、赫拉、雅典娜、阿波罗的名字，表明该文明与其后的希腊文明存在一定的继承关系。

迈耶贝尔 Meyerbeer, Giacomo (1791-09-05～1864-05-02) 德国作曲家。生于柏林，卒于巴黎。自幼学钢琴，7岁公开演奏。先后从C.F.策尔特学作曲、从G.J.福格勒学对位，与C.M.von韦伯同学。1816年去意大利，1826年寓居巴黎，1842年被普鲁士国王任命为音乐总指挥。

他的作品主要是歌剧，可分4类：①德国式多为早年作品，如《耶弗他许愿》、《阿利梅莱克》，均不成功。②意大利式是模仿G.罗西尼之作，如《罗米尔达与科斯坦扎》、《安茹的玛格丽特》、《十字军在埃及》等，上演后风靡一时。③喜歌剧有《北方的星辰》、《普洛埃梅尔的宽恕》，颇受欢迎。④法国式大歌剧是他成就最大的领域，1831年《恶魔罗贝尔》在巴黎上演，盛况空前。此后陆续上演《胡格诺派教徒》、《先知》、《非洲女郎》等。他发展和确立了19世纪法国大歌剧的典范，把德国的精湛配器技巧、意大利的优美旋律、法国的伶俐机智熔于一炉，成为这种体裁的代表人物。

麦阿里 Ma ‘arrī, Abu’ l- ‘Ala’ al- (973～1057) 阿拉伯诗人、作家。生于叙利亚麦阿拉努阿曼。幼年因患天花双目失明。1007年去巴格达谋事未成，返回家乡离群索居，专心著述。他的作品大多遗失，传世的诗集《燧火》记述作者青少年时期的经历。长诗《鲁祖米亚特》表达了他对宗教、社会、宇宙、人生等问题的观点。散文作品《宽恕书》描写伊本·格利哈在天堂、地狱的游历，对社会、宗教、传统以及关于天堂、地狱的传说表示了怀疑。散文集《章节与目的》含有教诲的内容。作品充满哲理，丰富和发展了探索自然、描写社会、宣喻道德和理性的诗歌。

麦比乌斯 Möbius, August Ferdinand (1790-11-17～1868-09-26) 德国数学家、天文学家。又译默比乌斯。生于瑙姆堡附近的舒尔普福塔，卒于莱比锡。1809年入莱比锡大学学习法律，后转攻数学、物理和天文。1814年获博士学位，1816年任副教授，1829年当选柏林科学院通讯院士，1844年任莱比锡大学天文与高等力学教授。

麦比乌斯的科学贡献涉及天文和数学两大领域。在数学方面，首先是他对19世纪射影几何学的影响。与J.-V.彭赛列，M.沙勒等人的综合观点不同，麦比乌斯发展了射影几何学的代数方法。他在其主要著作《重心计算》(1827)中，独立于J.普吕克等人而创立了代数射影几何的基本概念——齐次坐标。在同一著作中他还揭示了对偶原理与配极之间的关系，并对交比概念给出了完善的处理。麦比乌斯最为人知的数学发现是后来以他的姓氏命名的单侧曲面——麦比乌斯带(1858)。他较早对拓扑学作深入的探讨并给出恰当的提法。此外，麦比乌斯对球面三角等其他数学分支也有重要贡献。

麦德林 Medellín 哥伦比亚西北部城市，安蒂奥基亚省首府。位于中科迪勒拉山脉西麓的阿布拉山谷，濒临波尔塞河。面积387平方千米。人口195.58万(2003)。年平均气温21℃，平均年降水量1 440毫米。始建于1616年，1675年命名为麦德林。1930年起，成为全国最大的咖啡市场和皮革、纺织工业中心。集中了全国80%以上的纺织品生产和几乎全部的钢铁冶炼及蔗糖生产。周围农业发达且为国内传统的咖啡产地。全国文化教育中心，有安蒂奥基亚大学、麦德林大学、比洛塔图书馆、塞亚博物馆等。博物馆众多。以花都闻名遐迩，尤以兰花栽培最为著名。铁路和公路交通

枢纽。有国际机场。

麦地那 Medina; al-Madīnah 伊斯兰教第二圣城。位于沙特阿拉伯西北部汉志省内。面积约13平方千米。境内多山，面临红海。年平均气温不超过21℃，8月最高气温45℃，1月最低气温6℃。古名叶斯里卜，622年穆罕默德率穆斯林自**麦加**迁徙至此后，改称麦地那·乃比，意为先知的城，简称麦地那。661年成为穆斯林第一个政教合一的宗教公社中心。相传穆罕默德死后葬于城内的**先知寺**。经济以与朝觐活动有关的交通业和商业为基础，是沙特阿拉伯的贸易中心之一。城郊为农场或园圃，以生

麦地那先知墓

产椰枣驰名，还生产小麦、大麦、蔬菜和水果。有航空线和公路通往麦加和**吉达**。延布为其出红海港口。

麦地那龙线虫病 dracunculiasis 由麦地那龙线虫的雌性成虫寄生于人体皮下组织引起的**寄生虫病**。其雌虫成熟交配后移行至四肢皮肤，子宫内的幼虫受压后从体壁脱出，大量幼虫的释出，引起皮肤表面出现水疱，此外尚可有皮疹、恶心、头晕、局部水肿等征象。当破溃处与水接触时幼虫即进入水中，雌虫死亡，伤口愈合。幼虫被剑水蚤吞食后发育为感染期幼虫，当人们吞食后，幼虫穿过肠壁而到达胸腹部肌肉，然后移行至皮下组织。服用甲苯咪唑或阿苯哒唑后，虫体可自行排出或易于摘除。

麦独孤 McDougall, William (1871-06-22～1938-11-28) 英国心理学家，策动心理学的创建人。生于英国兰开夏，卒于美国北卡罗来纳州达勒姆。1890年毕业于曼彻斯特大学。曾在德国格丁根大学从G.E.缪勒学习心理实验技术。1900年任伦敦大学学院讲师并主持新建的心理学实验室，1904年改任牛津大学心理哲学讲师，1912年当选为英国皇家学会会员。第一次世界大战时从事英军心理医疗工作。1920年赴美国任哈佛大学心理学教授。

麦独孤1905年首倡心理学应为研究行为的实证科学，后又提出以**本能**为基础的行为学说，认为策动和维持行为的动力是本能，一切行为都在于奋力达到一定的目的，因此他的心理学理论体系称为目的心理学或策动心理学，在当时曾引起广泛重视和争论。主要著作有《生理心理学入门》(1905)、《社会心理学导论》(1908)、《身与心》(1911)、《心理学：行为的研究》(1912)、《心理学纲要》(1923)、《变态心理学纲要》(1926)、《生命之谜》(1938)等。

麦蛾 Gelechiidae; gelechiid moth/twirler moth **鳞翅目**麦蛾科昆虫的统称。全世界已知4 500多种，中国已记载380多种。色泽鲜明或不鲜明，有的白昼活动，有的夜晚活动。头平滑或竖立毛丛；喙发达；触角第1节上有梳状刺毛；下唇须细长，向上弯曲，伸过头顶，末端尖。前翅广披针形。后翅外缘往往凸出又凹入，很像菜刀的样子。

小杨麦蛾

幼虫钻蛀茎、果实和根以及卷叶、缀叶，形成虫瘿等，也有极少数潜叶或带鞘为害。麦蛾是世界性的仓储害虫。红铃虫是有名的棉铃和棉子大害虫；马铃薯块茎蛾的幼虫潜入烟叶和马铃薯块茎，也危害番茄等茄科植物。二者都是国际植物检疫对象。

麦尔登 melton 用粗梳毛纱织制的一种质地紧密、具有细密绒面的**毛织物**。粗纺呢绒中的高档产品。首先在英国麦尔登生产，故名。坯呢经重缩绒整理，呢面丰满、细洁、不露底，身骨紧密挺实而有弹性，色泽深艳，耐磨、耐起球，保暖性好。色泽以匹染藏青色、黑色为主，也有大红、翠绿、孔雀蓝等。主要用于制作秋冬季各类男女服装、猎装、长短大衣、军服及帽类等。经纬纱均用62.5～100特（16～10公支）粗纺单纱，也有的用19.2特×2～28.6特×2(12～8公支)精梳股线作经纱、83.3～125特（12～8公支）粗纺纱作纬纱，以平纹、$\frac{2}{2}$与$\frac{2}{1}$斜纹组织织制。织物重390～490克/米^2。原料除采用全羊毛外，还有羊毛与**黏胶纤维**、**锦纶**等的混纺产品。应用黏胶纤维（20%～30%）可以降低成本，提高纺纱性能。在混料中掺入8%～10%的锦纶后，强力比纯毛产品提高50%左右，断裂伸长提高80%左右，耐磨提高100%左右。加入适量（一般10%～20%）缩绒性能较好的精梳短毛，有利于改善呢面。

麦格劳-希尔出版公司 McGraw-Hill Companies, Inc. 美国综合性出版企业。1888年J.H.麦格劳在纽约创办了麦格劳出版公司，1909年与J.A.希尔拥有的希尔出版公司合并。以出版科技图书为主。1929年创办权威期刊《商业周刊》(*Business Weekly*)。公司的经营范围涉及出版、信息服务和金融服务。出版物主要包括教学、大中小学教材、建筑、信息、金融类图书以及工具书等。它出版的各学科教科书、参考书、工具书在美国具有广泛影响。公司还利用其进入美国财政证券报价信息系统的便利，出版了一整套标准普尔股份公司经济情况分析的图书，以及美国各行业发展趋势方面的官方图书，对美国各行业具有指导意义。

麦积山石窟 Maijishan Caves 中国佛教**石窟**。位于甘肃天水东南45千米处的麦积山。创建年代无明确记载，现存最早的洞窟可能不早于5世纪。北魏、西魏、北周、隋相继开凿，唐、宋、明时多为重新妆銮改塑。现存窟龛194个，造像约7 000余躯，壁画约1 000多平方米。麦积山属红色砂岩，质地疏松，造像主要是敷彩泥塑，只有少量石雕，以精美的雕塑闻名于世。1961年国务院公布为全国重点文物保护单位。

早期洞窟以第74、78窟为最典型。两窟为形制相似的双窟，横长方形平面，平顶。三壁设坛，坛上各塑结跏趺坐佛一身。正壁佛两侧及两侧上方小龛内各塑菩萨一尊。佛面相浑圆，躯体粗壮。菩萨袒裸上身，下着长裙，体态浑厚。从第78窟榜题推断，开窟年代不早于北魏太平真君七年(446)。也有人认为开凿年代应早至后秦或西秦。

北魏洞窟数量最多。多为方形平面，平顶，三壁三龛式或左右两壁各凿一大龛。造像题材以三佛为主。第115窟有景明三年(502)发愿文，为麦积山现存最早的造窟纪年题记。这一时期造像和壁画中的人物具有秀骨清像特点，服饰趋于世俗化。

西魏洞窟多大型洞窟和崖阁式洞窟。大窟有第127和135窟，皆平面横长方形，覆斗顶，窟内雕仿木式佛帐。窟顶保存有大幅经变画和佛本生故事画。第127窟西方净土变构图严谨，气势宏伟，是中国石窟中已知年代最早、面积最大的一幅净土变。崖阁式洞窟以第43窟（乙弗皇后寂陵）为代表，是一座面阔三间的庑殿顶建筑，窟

第123窟（西魏）童女像

内后部有洞穴，造像人物的面相由清瘦渐转丰圆。第123窟（西魏）童女像，微笑的脸庞带有一些稚气，虔诚信佛的神情表现得惟妙惟肖，为麦积山雕塑的极品。

北周洞窟数量较多。有大型崖阁式大窟。其中东崖最高处的第4窟七佛阁为八柱七间殿堂式崖阁，前廊后部凿7座并列的大窟，窟间雕天龙八部。七佛阁东与第3窟千佛廊相连，构成规模宏大的殿廊组合。中小型洞窟多为方形平面、覆斗顶、三壁三龛或三壁七龛式，窟内有仿木式佛帐结构。造像题材以七佛为主。人物面相方圆丰满，体态健壮。壁画中出现以绘为主、塑绘结合的形式，增加了立体感。

隋代洞窟数量较少。多方形平面、四面坡顶，或马蹄形平面、穹窿顶，仍有大型崖阁式窟。其中的第5窟，前廊雕出屋脊、鸱吻，前廊后部开三龛，气势雄伟，富丽壮观。第13、98窟为摩崖大像。这一时期造像形体和服饰更趋写实和世俗化。

麦加 Mecca; Makkah 伊斯兰教第一圣城，为伊斯兰教创始人穆罕默德的诞生地。位于沙特阿拉伯北部汉志省内，离红海岸的吉达港约70千米。面积约26平方千米。城市坐落在峡谷中，群山环绕，向东与塔伊夫，向北与麦地那，向西与吉达，向南与也门的萨那分别有山口相通。处于阿拉伯台地西端的干谷上，海拔277米。气候炎热干燥，8月最高气温可达47℃，1月最低气温15℃。平均年降水量不足130毫米，且多集中于一两次暴雨。

古麦加是北非、东非及西亚、南亚进行贸易活动的商业要地。2世纪的希腊地理学家托勒玫在著作中称麦加为麦科拉巴。7世纪伊斯兰教兴起后，麦加成为伊斯兰教最早的圣城。禁寺耸立于城市中心，寺四周由柱廊围成，柱上有白色圆房顶，圆屋顶上有尖塔，寺中有一著名的石殿克尔白，也称“天房”，被穆斯林视为神圣的玄石（黑石）镶嵌其上。据传此由易卜拉欣和其子伊斯玛仪仿照天主在天上的住所建造。623年克尔白被定为穆斯林礼拜的朝向。630年1月穆罕默德征服麦加，从此麦加成为各地穆斯林的朝觐中心。

麦加为沙特阿拉伯的贸易和政治中心之一。每年的朝觐活动为当地居民主要生计来源。因缺少耕地，粮食和食品靠进口。工业仅有纺织、家具、皮革和银器制作等。市中心区集中于圣殿周围，住宅区由谷地向山腰成层次排列。旧市区有古代建筑，新市区沿向吉达和麦地那的公路发展。

麦加大清真寺 Grand Mosque in Mecca 伊斯兰教第一大圣寺。见禁寺。

麦角胺 ergotamine 肽型生物碱，分子式

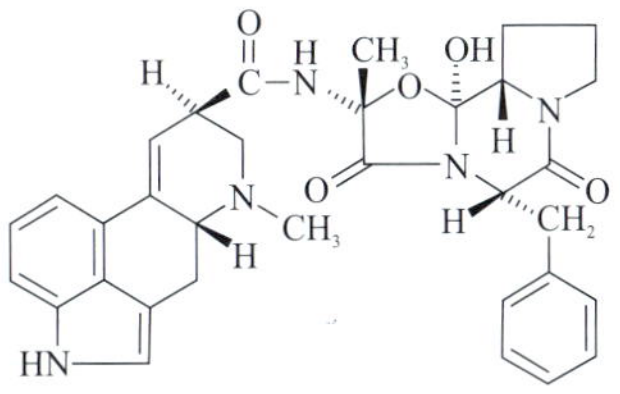

$C_{33}H_{35}N_5O_5$。存在于麦角菌中。很不稳定，对光和空气都敏感，遇酸甚易异构化；熔点213～214℃（分解），比旋光度$[\alpha]_D^{20}$－160（氯仿），$[\alpha]_D$－12.7（吡啶）；易溶于氯仿、吡啶、冰醋酸，可溶于乙酸乙酯，稍溶于苯，难溶于水和石油醚。麦角胺是血管收缩剂，能够抑制人体子宫产后出血。

麦角菌科 Clavicipitaceae 真菌界子囊菌门子囊菌纲肉座菌目一科。包括37属157种。一般具有明显的子座，子座通常肉质，鲜艳或暗色，角状、棒状、垫状至球形，有柄或无柄。子囊果表生或埋生于子座内，多为近球形的子囊壳；子囊壳肉质、具真正子囊壳壁，有孔口、周丝及顶生侧丝；子囊着生于子囊壳基部，长柱形、壁薄、顶端呈帽状增厚，通过一个极狭窄的柱状中央孔口强力释放子囊孢子；子囊孢子线形、多分隔，多数属的子囊孢子无色（极个别属为暗绿色）。

麦角菌常分布于热带，温带也有分布。大多为单子叶植物、昆虫或其他真菌的寄生菌。其中麦角菌属和虫草属最重要。前者的寄主主要是禾本科植物，少数为莎草科植物。麦角菌的菌核含麦角碱，人畜误食后引起中毒。医药上，麦角碱是重要的妇产科收敛剂和止血剂。虫草属寄生于双翅目、膜翅目、鞘翅目、半翅目、等翅目、鳞翅目等昆虫、蜘蛛以及大团囊属真菌的子实体上，并表现出寄主专化性。冬虫夏草是中国特有种，医药上用作滋补剂；蛹虫草已进行规模化人工栽培，可入药。

麦角甾醇 ergosterol 分子式$C_{28}H_{44}O$，重要的植物甾醇。存在于酵母和麦角中。熔点168℃（含1.5摩尔水的结晶），比旋光度$[\alpha]_D$－135（氯仿）。麦角甾醇经紫外线照射，发生一系列变化，生成维生素D2。麦角甾醇的衍生物22,23－二氢麦角甾醇，经紫外线照射后则转变为维生素D_4。

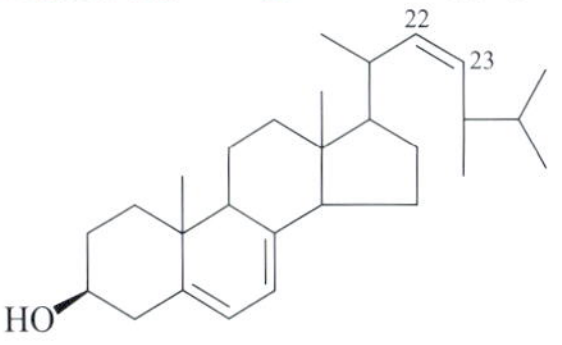

麦金德 Mackinder, Sir Halford John（1861－02－15～1947－03－06） 英国地理学家、教育家，英国近代地理学的主要奠基人。生于盖恩斯伯勒，卒于帕克斯顿。1880年入牛津大学学习生物和近代史。1887年任牛津大学地理学高级讲师，这是英国大学第一次设地理学教席。1899年任牛津大学第一任地理系主任。1902年发表的《不列颠和不列颠海》是英国地学文献中具有里程碑性质的著作。1905年任伦敦经济政治学院院长。1910～1922年任英国下院议员。1920年获爵士称号。麦金德认为地理学是自然科学和人文科学的桥梁，主张历史与地理、地点与时间不能分割。1904年在题为《历史的地理枢纽》演讲中提出陆心说（心脏陆地说），1919年在《民主理想和现实》中又作进一步阐述，是最早以全球战略观念来分析世界政治力量的理论。1944年和1946年曾分别获美国地理学会（AGS）和英国皇家地理学会的荣誉奖章。著有《地理学的性质与范围》等。

麦金利山 Mckinley, Mount 北美洲最高峰。当地印第安人称迪纳利峰，意为“太阳之家”。位于美国阿拉斯加州中南部，阿拉斯加山脉中段。系第三纪末隆起的巨大穹窿状山体。有南、北两峰，南峰为主峰，海拔6 193.5米；北峰海拔5 934.5米。山峰上部2/3为冰雪覆盖，形成多条冰川。森林线在海拔762米，以杉、桦林为主。1917年辟为麦金利山国家公园。1980年改名为迪纳利国家公园和保护区，面积扩大至1.92万平方千米，居美国第二。

麦卡锡主义 McCarthyism 20世纪50年代初期，美国社会出现的极端反共反民主的政治思潮。因共和党国会参议员J.R.麦卡锡将其推至顶端而得名。1950年2月，麦卡锡在西弗吉尼亚州惠灵市发表蛊惑人心

的演说，称自己手中握有一份“在国务院工作”的205名“共产党分子的名单”。尽管后来的调查证明这是欺骗，但国会仍于同年9月通过了限制和防范共产党人及其组织的《麦卡伦国内安全法》。1953年，麦卡锡成为国会参议院政府工作委员会主席兼常设调查小组委员会主席，其迫害活动更加有恃无恐。一时间，一批老资格的外交家横遭清洗，联邦雇员人人自危。1953年6月，罗森堡夫妇因“间谍罪”被处死。1954年6月，美国“原子弹之父”J.R.奥本海默被吊销绝密工作许可证。8月，《共产党人管制法》在国会获得通过。到1954年初，有2 200多名“危险分子”被政府解雇。麦卡锡的迫害矛头在1954年从国务院和政府转向陆军，指控陆军将领及其“幕后操纵者”包庇共产党人。陆军部则对麦卡锡提出反控告。结果，麦卡锡毫无根据的指控及其在听证会上的丑态引起公众强烈反感。1954年12月2日，参议院以67票对22票通过了谴责麦卡锡的决议，麦卡锡主义遂告中止。

麦考密克 McCormick, Cyrus Hall (1809-02-15～1884-05-13) 美国发明家、企业家，近代收割机的发明者之一。1834年他创制的一台收割机获得专利，1837年开始商业性生产。1847年在芝加哥市建厂，开始大规模生产，为国际收获机公司的前身麦考密克收获机公司奠定了最初的基础。在19世纪60年代相继研制了自拨式收割机和割捆机。1851年他的收割机在伦敦的世界博览会上获奖。1855～1880年，又先后在多届世界博览会上获奖。

麦克阿瑟 MacArthur, Douglas (1880-01-26～1964-04-05) 美国陆军五星上将。生于阿肯色州小石城，卒于华盛顿。1903年毕业于西点军校。1917年参加第一次世界大战。1919年起任西点军校校长、第3军区司令、驻菲律宾美军司令等职。1930年任美国陆军参谋长。1935年卸任后任菲律宾军事顾问，次年被奎松政府授予菲律宾陆军元帅称号。1941年7月任远东美军司令。1942年春前往澳大利亚，出任西南太平洋战区盟军总司令。1943年1月取得巴布亚半岛战役的胜利。而后挥师西进，运用“蛙跳”战术多次组织两栖登陆，至1944年7月夺取新几内亚。12月晋升五星上将。1945年7月率部攻占菲律宾。8月任远东盟军最高统帅，执行对日占领任务。9月2日在“密苏里”号战列舰上，代表盟国接受日本投降。在任驻日盟军最高统帅期间，全面推行民主改革，对日本战后复兴产生重大影响。1950年6月朝鲜战争爆发后，任“联合国军”总司令。9月组织实施仁川登陆战役，继而指挥美军越过三八线向鸭绿江推进。后因竭力主张扩大朝鲜战争规模、公开指责H.S.杜鲁门总统的全球战略，于1951年4月被解职。

《麦克白》 *Macbeth* 英国剧作家W.莎士比亚的四大悲剧之一。写于1605～1606年。苏格兰名将麦克白在平定外患的护国战中功绩显赫，加官晋爵，但却在女巫的蛊惑与妻子的怂恿下，产生了觊觎王位的野心。他谋杀了国王邓肯，然后嫁祸于人，吓跑了马尔康王子，自立为王。但事后却精神极度紧张，妻子也精神恍惚，乃至死去。结果众叛亲离，民心尽失，终被马尔康王子率领的军队打败身亡。剧本体现了邪恶欲望毁灭人性的主题。在艺术上，为四大悲剧中篇幅最短、情节最集中、悲剧氛围最浓的一个。

麦克-马洪 Mac-Mahon, Marie-Edme-Patrice-Maurice de (1808-07-13～1893-10-17) 法国元帅，法兰西第三共和国总统（1873～1879）。生于索恩-卢瓦尔省爱尔兰后裔家庭，卒于卢瓦雷。1827年毕业于圣西尔军校。曾经参加对阿尔及利亚的殖民战争、克里木战争。在1859年的意大利战役中，他在马真塔获胜，晋升元帅，封为马真塔公爵。1864～1870年任阿尔及利亚总督。普法战争中，指挥第1军团，在色当向普鲁士投降。获释后任凡尔赛军队总司令，残酷镇压巴黎公社（1871）。1873年5月24日当选为法兰西第三共和国总统。1877年5月16日迫使共和派总理J.-F.西蒙等辞职。强行解散众议院，但在1877年10月众议院选举中，共和派仍占优势。1879年1月30日被迫辞职，退出政界。

麦克马洪线 McMahon Line 1914年英国设计的一条非法的中印边界线。1913年10月，在英国策划下，召开了有中国中央政府、英国政府和中国西藏地方政府代表参加的西姆拉会议（西姆拉为印度西北部小城）。英国代表在会上抛出了他们炮制的所谓的“西藏独立”方案。方案遭到中国中央政府代表坚决拒绝。后英国代表H.麦克马洪背着中国政府，伙同西藏地方亲英势力于1914年3月24日以秘密换文的方式，设计出所谓的“麦克马洪线”。麦克马洪线西起不丹边境，向东延伸，在中印东段边境地区，把历来属于中国的9万平方千米领土划归英国统治下的印度。1914年7月，英国代表又单独与西藏地方当局的代表签订“西姆拉条约”。中国政府代表拒绝在所谓的麦克马洪线和西姆拉条约文件上签字，并声明：“凡英国和西藏本日和他日签订的条约或类似文件，中国政府概不能承认。”以后历届中国政府也都一概拒绝承认。因此它们完全是非法的、无效的。

麦克米伦 MacMillan, Kenneth (1929-12-11～1992-10-29) 英国芭蕾编导。生于邓弗姆林，卒于伦敦。在柏林歌剧院芭蕾舞团、英国皇家芭蕾舞团工作，历任编导、团长近50年。主要作品有《肖斯塔科维奇交响曲》、《舞蹈协奏曲》、《大地之歌》、《崇高与多情的华尔兹》等交响芭蕾，《四季》、《鸟之屋》、《梦游者》、《三位一体》等主题芭蕾，《罗密欧与朱丽叶》、《曼侬》、《梅亚林》、《春之祭》、《创世纪》等大中型的芭蕾舞剧。这些作品显示出他善于使舞蹈产生强烈的戏剧效果的特点，尤其是他使双人舞在激情与技巧的结合上做到了纯熟、完美，被评论家誉为“激情的诗人”，而史学家则认为他“发展了学院派舞蹈”。

麦克米伦出版公司 Macmillan Publishers Ltd. 英国综合性出版集团公司。1843年由苏格兰人D.麦克米伦（Daniel, 1813～1857）和A.麦克米伦（Alexander, 1815～1896）兄弟在英国创建。出版了许多文豪的名作和《格罗夫音乐和音乐家词典》等一系列影响甚广的图书。20世纪60年代，公司开始大规模扩张，现集团成员以麦克米伦冠名的有出版公司、信息系统有限公司、期刊公司、国际技术开发公司等。出版大中小学教科书、英语教材以及文艺小说、学术书籍、工具书、音像制品等。特别是在大学教材、教育科学期刊和参考书方面久负盛名。还出版10余种期刊，其中1869年创刊的《自然》是世界公认最具权威的科技期刊。

麦克斯韦 Maxwell, James Clerk (1831-06-13～1879-11-05) 英国物理学家。经典电动力学的创始人，统计物理学的奠基人之一。生于爱丁堡，卒于剑桥。1847年在爱丁堡大学学习，1850年入剑桥三一学院攻读数学。1856年担任阿伯丁郡的马里查尔学院教授。1860年在伦敦皇家学院执教，并从事气体运动理论的研究。1860年为英国皇家学会会员。

1871年任剑桥大学教授，创建并领导了英国第一个专门的物理实验室——卡文迪什实验室。麦克斯韦的主要贡献是创立了经典电动力学。他发展了M.法拉第关于电、磁相互作用必须通过中间媒质的思想，并把这种中间媒质称为以太（后来研究表明，不存在所谓的以太，这种中间媒质实际上是电磁场），并在此基础上提出了位移电流的概念。麦克斯韦研究了法拉第的电磁场设想，1864年发表了《电磁场动力学理论》，提出包括偏微分方程的麦克斯韦方程组，概括了当时已知的关于电磁现象的一切实验结果，创立了经典电动力学。他根据这一理论得出结论：存在着电磁波；电磁波在真空中传播的速度等于光速；光的本质是电磁波；电磁波会产生压力等。麦克斯韦在这一期间的著作还有《论法拉第力线》(1856)、《论物理力线》(1862)、《电学和磁学论》(1873）等。1868年继W.E.韦伯等之后，他以更高的精确度测定了电荷的静电单位对电磁单位的比值，并证实了它就等于光速。麦克斯韦在气体运动理论、光学、热力学和弹性理论方面也作出了重要贡献，1860年得出理想气体分子按速度的统计分布律，计算了分子的自由程。1861年提出彩色是由红、绿、蓝三基色组成，他还是第一批彩色照片的制作者之一。

麦克斯韦方程组 Maxwell equations 描述电磁场性质和运动规律的一组方程。1864年由J.C.麦克斯韦在前人工作的基础上总结出来的。后经H.R.赫兹、O.亥维赛和H.A.洛伦兹等人整理，才得出现今比较对称的形式。

19世纪40年代，电磁学不同条件下的基本实验定律，如库仑定律、毕奥-萨伐尔定律、欧姆定律和法拉第电磁感应定律已先后得出，建立电磁现象普遍的统一理论摆在物理学家面前。当时对于电磁现象的认识出现两种截然不同的观点。一种是超距作用观点，认为电力和磁力是超越空间无须介质传递也无须传递时间的直接作用。W.E.韦伯建立了超距作用的电磁理论，统一解释了静电现象、电流相互作用和电磁感应现象。韦伯理论虽然有一定的价值，但它未能提出进一步的预言，又存在机制上的困难，终被放弃。另一种是近距作用或媒递作用观点，认为电力和磁力的作用需要介质传递，需要传递时间。M.法拉第最早用力线来描述带电体和磁体周围空间的特殊状态，它们是传递电力和磁力作用的介质。麦克斯韦深受法拉第力线思想的吸引和鼓舞，审查了当时已知的全部电磁学定律的基础，坚持电磁现象的近距作用观点，用涡旋电场解释电磁感应现象，并进而提出位移电流的假设，认为变化的电场像传导电流一样会在周围激发磁场，完成了创建电磁场理论的关键性突破，建立了包括介质方程在内的完备的电磁场方程组，即著名的麦克斯韦方程组，方程组的积分形式：

$$\oiint \boldsymbol{D}\cdot \mathrm{d}\boldsymbol{S}=q \qquad (1)$$

$$\oint \boldsymbol{E}\cdot \mathrm{d}\boldsymbol{l}=-\iint \frac{\partial \boldsymbol{B}}{\partial t}\cdot \mathrm{d}\boldsymbol{S} \qquad (2)$$

$$\oiint \boldsymbol{B}\cdot \mathrm{d}\boldsymbol{S}=0 \qquad (3)$$

$$\oint \boldsymbol{H}\cdot \mathrm{d}\boldsymbol{l}=I+\iint \frac{\partial \boldsymbol{D}}{\partial t}\cdot \mathrm{d}\boldsymbol{S} \qquad (4)$$

微分形式：

$$\nabla\cdot \boldsymbol{D}=\rho \qquad (1)$$

$$\nabla\times \boldsymbol{E}=-\frac{\partial \boldsymbol{B}}{\partial t} \qquad (2)$$

$$\nabla\cdot \boldsymbol{B}=0 \qquad (3)$$

$$\nabla\times \boldsymbol{H}=\boldsymbol{j}+\frac{\partial \boldsymbol{D}}{\partial t} \qquad (4)$$

介质方程：

$$\boldsymbol{D}=\varepsilon_r\varepsilon_0\boldsymbol{E} \qquad \boldsymbol{B}=\mu_r\mu_0\boldsymbol{H} \qquad \boldsymbol{j}=\sigma\boldsymbol{E} \qquad (5)$$

各式中$\boldsymbol{E}$是静电场和涡旋电场的场强的矢量和，即总场强，$\boldsymbol{D}$是电位移，$\boldsymbol{D}=\varepsilon_0\boldsymbol{E}+\boldsymbol{P}$，$\boldsymbol{P}$为介质的极化强度，$\boldsymbol{B}$是传导电流和位移电流所激发的总的磁感应强度，$\boldsymbol{H}$是磁场强度，$\boldsymbol{H}=(\boldsymbol{B}/\mu_0)-\boldsymbol{M}$，$\boldsymbol{M}$为介质的磁化强度，$q$和$\rho$分别是自由电荷和自由电荷密度、$I$和$\boldsymbol{j}$分别是传导电流和传导电流密度，$\varepsilon_r$、$\varepsilon_0$、$\mu_r$、$\mu_0$和$\sigma$分别为介质的相对介电常数、真空介电常量、相对磁导率、真空磁导率和电导率，ε_r、μ_r和σ分别描述介质的极化、磁化和导电性能。两组形式的（1）式反映总电场的有源性。(2）式反映总电场的有旋性，变化的磁场周围存在有旋电场。(3）式反映不存在孤立的磁极，总磁场是有旋的。(4）式中$\partial\boldsymbol{D}/\partial t$是位移电流密度，它本质上是变化的电场。(4）式反映位移电流和传导电流一样也激发涡旋的磁场。(5）式适用于各向同性线性介质。(1）～（5）式联合构成了完备的电磁场方程组。

麦克斯韦根据他的方程组预言电磁场的变化以波动形式传播，并得出电磁波在真空中的传播速度与1849年A.H.L.斐索测得的光速相符，由此麦克斯韦得出“光是媒质中起源于电磁现象的横波”，从而将光学纳入电磁学范畴。1887年H.R.赫兹完成电磁波实验，成功地检验了电磁场变化的波动性和横波性，测定了电磁波速，并显示了电磁波与光波一样可以反射、折射和聚焦等，全面证实麦克斯韦方程组的正确性。

麦克斯韦速度分布律 Maxwell's distribution law of velocity 平衡状态的理想气体分子速度分布的统计规律。1859年J.C.麦克斯韦首先从理论研究得出。麦克斯韦指出，气体分子的频繁碰撞并未使它们的速率或速度趋于一致，而是出现稳定的分布。他给出了平衡态下，速率在v到$(v+\mathrm{d}v)$之间的气体分子数$\mathrm{d}N$与总分子数N的比率为：

$$\mathrm{d}N(v)/N=f(v)\,\mathrm{d}v$$

式中速率分布函数：

$$f(v)=4\pi(m/2\pi kT)^{3/2}v^2\exp(-mv^2/2kT)$$

T是热力学温度，m是分子质量，k是玻耳兹曼常数。不难看出，$f(v)$在

$$v=v_p=(2kT/m)^{1/2}$$

处有极大值，v_p称为最概然速率。随着温度的升高，麦克斯韦速率分布曲线变得平缓而展宽，峰值右移（见图）。应用速率分

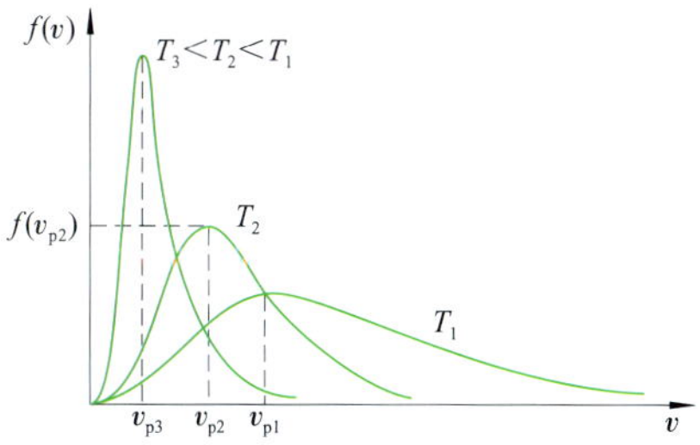

不同温度时麦克斯韦速率分布函数

布律可证明，速率分布函数满足归一条件；还可求得气体分子的平均速率和均方根速率分别为：

$$\bar{v}=(8kT/\pi m)^{1/2} \qquad \sqrt{\overline{v^2}}=(3kT/m)^{1/2}$$

麦克唐纳 MacDonald, (James) Ramsay (1866-10-12～1937-11-09) 英国工党创始人、首相(1924,1929～1931,1931～1935)。生于苏格兰莫里郡，卒于赴南美航海途中。1886年参加费边社，1894年加入独立工党。1906年当选议员，1911年成为议会下院工党领袖。他在独立工党和工党中均属右翼，主张阶级合作，反对革命和阶级斗争。

1924年出任第一届工党政府首相兼外

交大臣。他实行一些社会改革，同苏联建立外交关系，但也压制罢工，镇压殖民地民族解放运动。同年10月下台。1929年，出任第二届工党政府首相。在国内继续实行压制工人的政策；在国外则主张裁军和国际仲裁。1931年8月辞职，另组国民工党，同保守党和自由党联合组成国民政府并担任首相。工党执行委员会为此宣布将麦克唐纳及其追随者开除出党。1935年麦克唐纳被迫将首相职位让给S.鲍德温，改任枢密院院长。1937年5月辞职。

麦罗埃遗址 Meroe 非洲古代库什王国都城遗址。位于苏丹共和国凯布希耶以北。库什人很早就受到埃及文明的影响，在埃及新王国时期已有城市。盛产黄金。库什王国一度入主埃及，建立了埃及第二十五王朝。后来库什王国主要在今苏丹境内发展，于公元前530年左右建新都麦罗埃，350年为阿克苏姆王国所灭。麦罗埃遗址自1909年起开始考古发掘。遗址分东西两部分，西部为住地，有王宫、寺庙、水池遗迹；东部为墓地，有国王的金字塔和众多墓葬。城东还有6处大铁渣堆，表明麦罗埃有发达的冶铁业。当时这里是非洲内陆最大的炼铁中心。

麦蒙 Ma' mūn, al-(786～833) 阿拉伯帝国阿拔斯王朝第七任哈里发（813～833年在位）。生于伊拉克巴格达，卒于西里西亚塔尔苏斯。哈里发哈伦·拉西德之子。拉西德生前立原配夫人左拜德的生子阿明为王储，麦蒙为第二王储，作为阿明的后继人。809年拉西德去世后，阿明与麦蒙争夺王位的内战爆发。阿拉伯人拥护阿明，波斯人拥护麦蒙。813年麦蒙军攻陷首都巴格达，阿明被杀；同年，麦蒙即位于木鹿。

麦蒙在位期间锐意经营，史称“麦蒙盛世”。他重视农田水利的发展。土地税额有所减轻，农业得以迅速发展，手工业和商业亦随之而兴隆。海陆商道畅通无阻。

麦蒙时代是阿拉伯文化的灿烂时代，首都巴格达不仅经济繁荣，文化也高度发达。麦蒙奖励学术，创建了综合性学术机构智慧之宫，内设科学馆、翻译馆、天文馆，聘请各方学者研究、讲学。不分宗教，不问族别，对异教徒颇为宽大。智慧之宫内的图书馆，藏书丰富，多为各文明古国的珍本。他重金聘请东西方翻译家，把希腊、罗马、波斯、印度和叙利亚的古籍译为阿拉伯文，对世界文化史作出了巨大的贡献。

833年麦蒙去世，传位于弟穆塔希姆。

麦纳麦 Manama; Manāmah 巴林首都和最大城市，波斯湾地区重要港口及贸易中转站。位于巴林岛东北角。人口20.9万(2005)。初建于507年。1932年起随国内

麦纳麦大清真寺

石油工业的发展而逐渐繁荣，1962年在市东南建成深水港，迅速成长为现代化城市。工业以炼油为主，另有石化、海水淡化、炼钢、炼铝等厂；输出原油、成品油、椰枣、皮革、珍珠等。金融业日益重要，是海湾地区的金融服务中心，有世界数以百计的大银行的分支机构。向为采珠业中心和渔业基地。市内多清真寺，哈米斯市场清真寺建于692年，至今保持完好。西侧的卡拉特海滨，有16世纪初葡萄牙人构筑的碉堡群“葡萄牙堡”，其中两座迄今完好。还有埃米尔王宫。国际机场在市东北的穆哈拉格岛上，有2.5千米长的堤道相连。

麦尼埃 Meunier, Constantin (Emile) (1831-04-12～1905-04-04) 比利时19世纪写实主义雕塑家、画家。生于布鲁塞尔市郊埃特贝克一个小职员家庭，卒于伊克塞勒。16岁时进入布鲁塞尔美术学院，在雕塑家奥古斯特·弗莱金门下学习。后又转入F. J.纳维的画室学习绘画。其间，结识了C.de格鲁、F.罗等人，并于1868年创立“美术自由协会”，一起组织了写实主义先锋运动，代表作品有雕塑《劳动纪念碑》、素描《下井的矿工》。他一生主要以产业工人为题材，在描绘工人艰辛、困苦的生活的同时表现出工人自尊、自豪的品格。作品具有鲜明的时代风格与艺术个性，享有较高的国际声誉。

《工人》

麦绥莱勒 Masereel, Frans (1889-07-30～1972-01-03) 比利时版画家。生于勃兰根堡的渔村，卒于夏威农。1907年进入根特美术学院学习绘画。1909年先后到德国、英国、法国和突尼斯旅行。他在博物馆研习绘画，从社会生活中汲取灵感，采用黑白木刻和腐蚀版画形式表现眼中的世界。第一次世界大战中，他坚持反战立场，被剥夺比利时公民权，辗转到日内瓦，加入L.罗兰等进步知识分子的反战行列，为当时的进步刊物《叶报》等作木刻插图。第一次世界大战后，他的连环木刻《一个人的受难》问世。这套画成功地运用黑白木刻单纯强烈的形式，表现人们艰难的生活道路和痛苦经历，引起社会的强烈反响。这以后，陆续创作出一系列木刻组画，代表作品有《光明的追求》(1919)、《都市》(1925)、《人鱼西伦娜》(1932)等。第二次世界大战中，他又创作了反法西斯作品，如《死之舞》、《命运》、《莫忘记》等。战后，他重返巴黎，创作了木刻组画《岁月》和《青春》等。晚年有《我的国家》(1956)、《国际歌》(1970)等。他在艺术上追求简洁单纯的黑白语言，执刀向木、放刀直干的木刻技法，形成简约、粗犷和富于变化的艺术面貌。他的独幅版画《烟》(1920)、《鬼脸与形象》(1926)、《每日的精神食粮》(1953)、《死而无憾》(1954)、《怪人》(1971)等，突出反映了他的艺术成就。他还创作过石版画、水彩画以及大量的诗歌、小说插图。他的作品早在20世纪30年代就由鲁迅介绍到中国。1958年9月，他应邀来华举办个人画展，回国后创作了木刻组画《回忆中国》。

《都市》组画之一

麦西来普 Maexirep 中国维吾尔族一种古老的以歌舞为主的群众性集体娱乐活动。麦西来普为阿拉伯语音译，意为“集

会”、“聚会”、“欢乐的晚会”。又称麦西乃普、麦西热甫。多在喜庆节日或农闲时举行，无固定日期，有人发起，有人响应即可。麦西来普集歌舞、戏剧、曲艺、滑稽表演和各种文娱体育活动于一体，穿插选举、审判、惩罚等，深受人们喜爱。可分为歌舞、游戏、说唱麦西来普，或客厅、迎宾、丰收麦西来普，以丰收麦西来普最常见。活动的开始一般以一位乐手弹奏维吾尔族著名音乐“十二木卡姆”为序曲，曲毕，人们进入会场，在手鼓伴奏下翩翩起舞。初时舞者动作整齐划一，继而转快，各自散开，有的一人独舞，有的二人对舞，也有三五人群舞。当音乐节奏由中速转为快速，舞步也越来越急促，无力继续旋转者先后退场，只剩下几个佼佼者。如此带竞技色彩的舞蹈要反复数轮。然后，滑稽表演开始。最后，违反娱乐规则的人要被罚表演节目。

麦芽糖 maltose 由两分子葡萄糖通过α-1,4葡萄糖苷键所构成的双糖。化学名称是4-O-D-六环葡萄糖基-D-六环葡萄糖（分子式$C_{12}H_{22}O_{11}$）。甜度为*蔗糖*的40%，物理性质与蔗糖大致相同，吸湿性低，含一分子结晶水的麦芽糖非常稳定，在120～130℃熔融，适于在食品的表面挂糖衣。用于食品加工的麦芽糖产品有浆状和粉状两种剂型。

麦芽糖浆一般含麦芽糖50%左右，而将麦芽糖含量大于50%～70%的产品称为高麦芽糖浆，将麦芽糖含量超过70%的产品称为超高麦芽糖浆。如要制成麦芽糖含量90%以上的麦芽糖全粉，可用含麦芽糖70%以上的超高麦芽糖浆经真空浓缩、结晶、喷雾干燥制成。纯麦芽糖可用含麦芽糖80%～90%的超高麦芽糖浆，选择结晶或吸附、有机溶剂沉淀、膜分离等方法来制造。医学上，用纯麦芽糖做静脉滴注不易引起血糖升高。高麦芽糖浆的制造在切枝酶（普鲁兰酶、异淀粉酶）未生产之前，是用酒精将饴糖中的糊精沉淀出来，反复精制而成；自切枝酶投产后，生产中采用普鲁兰酶与β-淀粉酶协同作用的新工艺，可得到含麦芽糖90%的超高麦芽糖浆，是制造硬糖果的优质原料。

麦哲伦 Magellan，Ferdinand de（约1480～1521-04-27） 葡萄牙航海家。生于葡萄牙波尔图，卒于菲律宾群岛马克坦岛。早年参加葡萄牙远征队，后移民西班牙。在西班牙国王支持下，进行向西环球航行。1519年9月20日率船队从西班牙起航，向西南到巴西海岸，再南驶，经南美大陆和火地岛之间的海峡（后名为麦哲伦海峡），入南海，在横渡南海的航行中船队未遇到一次暴风雨和巨浪，麦哲伦和船员称之为*太平洋*，此名沿用至今。1521年3月16日到菲律宾群岛，4月27日在马克坦岛被当

地人杀死。1522年9月8日船队中的“维多利亚号”回到出发地。这次航行是人类历史上第一次环球航行，以实践证明了大地球形说的正确性。

麦哲伦海峡 Strait of Magellan; Estrecho de Magallanes 南美洲南端的海峡。位于火地岛、克拉伦斯岛、圣伊内斯岛之间，东通大西洋，西连太平洋，是沟通南大西洋和南太平洋的重要航道。因葡萄牙航海家F.de *麦哲伦*1520年发现而得名。全长约590千米，宽3.2～32千米，水深20～1 170米。位于西风带，气旋活动频繁，多强风和浓雾。水道曲折迂回，海面波涛汹涌，不宜航行。16世纪末为西班牙所控制。1881年后除最东端外均属智利，各国船舰可自由通航。

麦哲伦海峡风光

在*巴拿马运河*建成前为重要海上航线，1914年巴拿马运河通航后衰落。第二次世界大战后，智利南部麦哲伦省牧羊业的兴起、石油和天然气的发现和开采，带动了海峡沿岸近海贸易的发展。主要港口为处于不伦瑞克半岛东岸的蓬塔阿雷纳斯，是畜产品集运港。

麦哲伦云 Magellanic clouds *本星系群*中*银河系*近邻的两个相当小的不规则星系。它们都是南半球肉眼可见的天体，于1519年首次由F.de麦哲伦记录。大麦哲伦云（LMC）直径约10 000*秒差距*，位于剑鱼座方向，距离约50 000秒差距。小麦哲伦云（SMC）直径约6 000秒差距，位于杜鹃座方向，距离约60 000秒差距。

这两个星系都富含星族Ⅰ天体，气体比例比银河系大得多。它们被包围在一个巨大的冷中性氢云里，从中伸出一细长的物质流条在天空跨越110°指向银河系，称为麦哲伦流。

卖方垄断 monopoly 一种只有一个卖者的市场结构，即通常所说的垄断。见*垄断市场*。

卖方市场 seller's market 短期非均衡市场的两种状况之一。以供不应求以及卖方的有利地位为特征。*买方市场*的对称。当经济处于上升时期，或者由于某一*商品*的替代品大幅度涨价，或者偶然的因素造成某种商品供给锐减，都会引起在短期内市场供不应求的状况，形成卖方市场。由于供不应求，卖方在市场上处于有利地位，在市场交易中起主导作用，能够获得高额利润；买方则处于十分不利的地位。卖方市场的存在，表明供不应求，决定了价格在长期中上升的趋势，直到在新的价格水平上达到新均衡。卖方市场往往会削弱生产者之间的竞争，不利于技术进步与产品质量的提高，不利于维护买方利益。

卖方信贷 seller's credit *出口信贷*融资方式之一。由出口方向国外进口方提供延期付款的信用，并由出口方银行提供给出口方信贷。通常用于成交额大、交货期长的大型成套设备。采用这种方式，产品的买方对卖方一般实行延期付款，即买卖双方签订货物贸易合同后，买方向卖方支付所买商品货款5%～10%的定金，在交货、验收和保证期满后再分期交付10%～15%的货款，其余货款在全部交货后，按照合同规定延期一次或者分期用现汇偿付，也可以经过双方同意采取*补偿贸易*的方式用产品来进行支付。然后由卖方向贷款银行偿还所借贷款本息。出口商也可以把信贷的费用如利息、出口信贷保险费、管理费等加入货价，转嫁给进口商负担。但允许进口商延期付款，就承担着一定风险，因此在做卖方信贷时多采取取得政府机构对出口信贷的担保等保护性措施。

脉 vessel 中医学理论中人体气血运行的通道。属*奇恒之腑*。有时仅指脉搏或脉象。

脉作为人体气血运行的通道，在中医学中分属于血脉和*经络*系统，其中经络又分为经脉与络脉。

脉与心、血有密切的关系。脉主要有两方面功能：①约束和促进气血循一定轨

道和一定方向运行。②运载气血，输送饮食物的精华以营养全身。“脉为血腑，以气为本。”气行则血行，气滞则血凝，血病多由气致，气病必及血。因此，脉的搏动不但可以反映出脉中气血的多少、运行的迟速，也可以反映出气血之间的关系是否正常。除心脏以外，其他脏腑与脉搏和气血的运行也都有关。脏腑功能正常，气血运行有序，脉的搏动也正常。可通过诊察脉搏的大小、形态、幅度、紧张度和频率、节律等多方面变化作出诊断，即谓**切诊**，是中医学独特的诊法之一。

脉搏 pulse 心动周期中，由于心室收缩和舒张的交替进行使脉管发生周期性扩张和回位的搏动。脉搏可借手指在浅表动脉上接触到，在中国传统医学中称为切脉。

脉搏可沿血管壁传播，称为脉搏波或压力波。脉搏作为一项临床指标，能提供心率、心律、血容量和心肌收缩力等有关信息。用手指触摸体表位于骨骼或其他较硬组织之上的浅表动脉，可感受到动脉脉搏。触摸到脉搏的体表部位称为脉搏点。体表脉搏点的主要部位有颞浅动脉、面动脉、颈动脉、腋窝动脉、臂动脉、桡动脉、股动脉、腘动脉以及足背动脉等9个脉搏点。通常以手腕上桡动脉每分钟的搏动次数进行计数，在特殊情况下也可在体表部位的其他动脉点进行测定。一般情况下，脉搏率等于心率，正常成人的脉搏率为每分钟70至90次，儿童为每分钟90至120次。

脉搏的形成和传播 脉搏形成的原理动脉管壁具有弹性，可随血管内压力的变化而扩张或回缩。在心脏收缩期，左心室将血液射入主动脉，使后者的血容量急剧增加，压力升高，迫使具有弹性的动脉管壁扩张；在心脏舒张期，由于左心室停止射血，主动脉内的血容量减少，对动脉管壁的压力降低，动脉管壁依其弹性回缩，可将动脉内血液继续推向远端。由于摩擦力的存在，脉搏的幅度随传播距离的延长而逐渐衰减，最终在毛细血管处消失。由此可见，脉搏的形成有赖于两个基本条件：心脏的舒缩功能和动脉血管壁的弹性。

脉搏波的速度 脉搏波沿动脉管壁传播，而不是由血流传播，所以脉搏波的传播速度与血流速度是性质完全不同的两种生理现象。脉搏波的传播速度远大于血流速度，大约是血液流速的10倍。由于脉搏波的传播速度快，通常在手腕触摸到的脉搏几乎是紧随心室收缩而出现的。脉搏波的传播速度主要取决于血管壁的弹性。血管壁的弹性越大，脉搏波传播速度越慢；血管壁弹性越小或越硬，脉搏波传播速度越快。血管壁的弹性随年龄的增加而降低，脉搏波的传播速度则加快。高血压或动脉粥样硬化时，动脉管壁的硬度或厚度增加，限制了动脉管壁的弹性扩张，脉搏波的传播速度加快。

脉搏的特性 触摸浅表动脉（如桡动脉）的脉搏，可获得心血管系统功能状态的一些重要信息。

频率 脉搏的频率因性别、年龄以及机体所处功能状态的不同而异。在休息时，儿童的脉搏率大于成人。长期参加体育锻炼的人脉搏率较低。情绪激动、紧张和体力活动可使脉搏率增加。

节律 正常情况下，脉搏率可随呼吸节律而变化，吸气时加快，呼气时减慢，深呼吸时更为明显。这种生理性的呼吸性脉搏律不齐多出现于年轻人或心脏自律性易变的人群中，大多脉搏节律不齐原因是某些疾病所致。

脉搏压及其意义 脉搏压是指收缩压和舒张压的差值，即：脉搏压=收缩压−舒张压。决定脉搏压的重要因素是心室一次收缩的血液搏出量和血管壁的弹性扩张的顺应性。搏出量增加时收缩压也增加，但舒张压增加不明显，因此脉搏压加大。动脉管壁顺应性下降可以使脉搏压增加，原因有：①在心缩期，心室将血液射入管壁硬化的动脉，因动脉管不易扩张，会使收缩压大大增加；②动脉管壁弹性的下降，弹性回缩力减弱，使舒张压增加不如收缩压增加明显。如果以大动脉硬化为主，由于心缩期大动脉内血流速度加快，心舒期存留于大动脉中的血量减少，对血管壁的侧压力降低，可使舒张压下降，因此脉搏压增大；如果小动脉硬化为主，则由于小动脉口径减小而使外周阻力增大，舒张压明显升高，收缩压则稍有增加，因此脉搏压减小。大、小动脉都硬化的总效应是：收缩压明显升高，而舒张压稍有增加或基本不变。脉搏压可作为动脉血管壁硬度的指标，在预测心血管疾病方面优于收缩压和舒张压。通常把动脉血管壁硬度的增加看作是早期动脉粥样硬化和/或高血压导致血管壁结构初期改变的信号。

静脉脉搏 胸部附近的大静脉（如颈静脉）也常出现搏动，但其形成机制与动脉脉搏完全不同。它是由于心动周期中，受心房压力改变以及与大静脉相毗邻的大动脉搏动的影响而形成的。心房内压力的改变是静脉脉搏形成的主要因素。

脉翅目 Neuroptera 昆虫纲的一目。*有翅昆虫*。统称蛉。包括草蛉、褐蛉、蚁蛉、螳蛉等类昆虫。分为5总科17科约6 000种，有些科仅局限于某地理区。中国有13科约350种，成虫和幼虫均捕食害虫，是一类重要的益虫。

成虫最小的体长1毫米，翅展3毫米；大的长达50毫米，翅展120毫米。头下口式，口器咀嚼式；复眼大，少数有3个单眼；触角有各种类型。翅2对，膜质，脉多如网状，纵脉到外缘多具小叉；翅前缘多有一列横脉，近翅端各有一块翅痣。

完全变态。1年一至数代，也有2～3年完成一代的；多以老熟幼虫在茧内越冬，成虫越冬的体色常有变化。幼虫大多陆生，少数（水蛉科等）幼虫水生或半水生。蛹为裸蛹，翅芽、足、触角等明显外露，上颚发达，羽化前破茧爬出，故称动蛹。成虫有趋光习性。多捕食蚜虫、介壳虫、红蜘蛛等重要农林害虫，也捕食蛾蝶幼虫、甲虫幼虫以及虫卵等，甚至有捕食金龟子、蝼蛄等大型害虫的。国际上利用草蛉成功地防治棉铃虫等，而使脉翅目成为生物防治中重要的一员。有些脉翅目幼虫还可以入药。

脉冲多普勒雷达 pulse-doppler radar 利用脉冲信号的多普勒频谱特性分辨和检测目标的脉冲雷达。目标和干扰物相对于雷达的径向速度不同，回波信号也有不同的多普勒频率。利用频域过滤的方法选出目标的多普勒频率谱线，滤除干扰杂波的谱线，雷达便能从强杂波中分离和检测出目标信号，并测定其速度。通常采用全相干体制，具有比动目标显示雷达更强的杂波抑制能力，并有较高的测速精度和良好的速度分辨力。广泛应用于机载预警、截击、导航，以及低空防御、地面战场侦察、武器控制和气象探测等。

脉冲技术 pulse technique 研究电脉冲的产生、变换和处理的技术。电脉冲是具有冲击性的、持续时间短暂的、间歇变化的非正弦电压或电流波形。脉冲技术广泛地应用于电视、雷达、计算机、数据通信以及各种测试仪器中。

典型的脉冲波形有方波、指数函数波、冲击波、锯齿波、三角波、阶梯波和微分波与积分波等（见图）。脉冲电路产生的是以时间t为横轴的非正弦波形，通常用时间域来描述脉冲信号，但它又是各种频率成分的正弦波和余弦波的叠加。脉冲电路由线性、非线性和有源元件等组成，因此产生和通过无限大频率的响应是不存在的，实际应用中只能满足于有限的高次谐波。高次谐波数越高，越接近理想方波。

脉冲技术除产生各种非正弦波形外，还有很多具体的应用电路。如：①二极管和三极管执行开关动作的开关的电路（见*模拟开关电路*），以及它的脉冲响应；②进行逻辑运算的逻辑电路；③两个反向放大器通过正反馈的自激振荡电路，又称*多谐振荡器*；④将正弦波等非脉冲信号变换成数字电路工作的脉冲，或对畸变了的脉冲整形的触发电路（见*触发器*）；⑤对信号波形进行变换或整理的微分、积分电路；⑥限幅、削波、箝位等整形电路；⑦用于扫描的锯齿

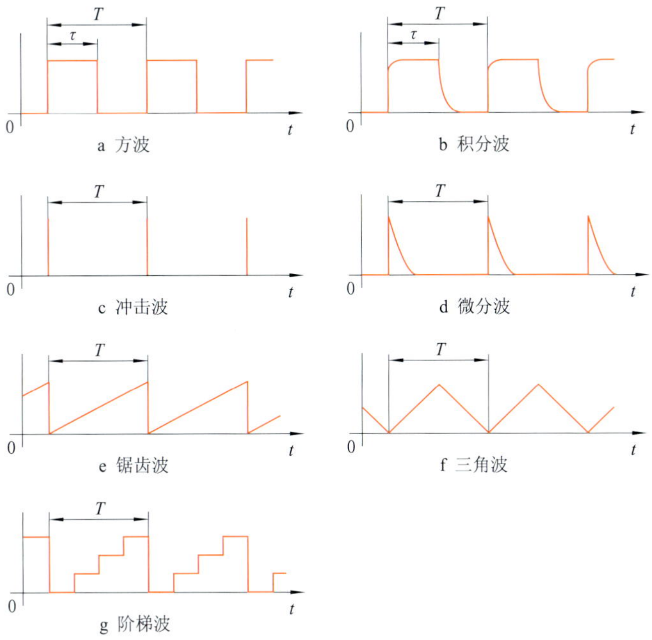

各种脉冲波

波电路；⑧饱和与非饱和型脉冲放大电路；⑨十进制和二进制互相转换的编码和译码电路；⑩构成时序逻辑的RS和JK触发器电路；⑪记忆整个数据的寄存器电路；⑫每一脉冲引起输出翻转的计数电路；⑬脉冲的调制和解调电路等。脉冲技术的发展方向是得到快速的超短脉冲和大功率输出脉冲。

脉冲星 pulsar 发射短周期脉冲信号的一类天体。1967年英国剑桥大学A.休伊什领导的小组，用专门设计的射电望远镜研究射电点源发出的射电波通过太阳风所发生的快速变化。休伊什的研究生S.J.贝尔注意到一奇怪信号每夜同样的恒星时出现，这表明信号源来自太阳系以外，和恒星一起移动；这种信号的另一特点是，它是一组均匀隔开的脉冲，周期为1.337 3秒。已知天体中没有哪一个脉动如此快和如此规则。休伊什、贝尔等人排除了地外文明世界发出的信号的可能性以后，宣布发现了脉冲星。1968年美国的T.戈尔德指出脉冲星实质上是快速自转的**中子星**。中子星有很强的磁场，其自转轴与磁轴不重合，产生灯塔效应，从而观测到规则的脉冲信号。

脉冲星的一般符号是PSR。如第一颗脉冲星就记为PSR1919+21。到2002年8月，各种波段发现的脉冲星已有1 500多颗。周期最短的脉冲星PSRB1937+21的周期为1.56毫秒，最长的为8.5秒，周期通常有非常缓慢的变长现象。这意味着中子星自转在减慢，转动能转变成辐射。蟹状星云脉冲星周期为0.033秒，它不仅发射射电脉冲，也发射光学脉冲，而且其X射线和γ射线发射也是脉冲式的。

脉动变星 pulsating variable star **变星**的一种。已编入《变星总表》的两万多个变星中有一万多个是脉动变星，即占总数一半以上。据估计，整个**银河系**中这类变星的总数约为200万个。

由于这类变星自身在不断膨胀、收缩（径向脉动）或发生变形运动（非径向脉动），其光度、颜色、光谱型和视向速度（有时还有磁场）也随之发生变化。根据脉动性质（特别是它们的光变曲线），脉动变星主要可分为如下几种类型：①经典造父变星；②星族Ⅱ造父变星，又名室女座W型变星；③天琴座RR型变星；④盾牌座δ型变星；⑤矮造父变星；⑥仙王座β型变星；⑦刍藁增二型长周期变星；⑧金牛座RV型变星；⑨半规则变星；⑩晚型不规则变星；⑪脉动白矮星。有人把前9种合称为大序变星。

脉动变星的周期可相差很大，短至一小时以下，长至几百天，甚至十年以上。

脉象 pulse manifestation 中医用手指按触脉搏而感知的脉搏频率、节律、形态、强弱和部位的状况。临床脉象以寸口脉（腕后桡动脉搏动处）为准，故又称为寸口脉象。脉象主要分平脉、病脉、怪脉三类。

平脉 即健康人的正常脉象。平脉的形象，是寸关尺三部（见**脉诊**）有脉，从容和缓，柔和有力，不浮不沉，不快不慢，不大不小，节律一致，尺部脉沉取有一定力量。平脉主要有胃、神、根三个特点。脉来从容，节律一致，不浮不沉，不快不慢，为脉有胃气；脉来和缓有力，为脉有神；尺脉沉取应指有力，是脉有根的表现。脉象有胃、神、根，说明机体阴阳平衡，尚无内外致病因素的干扰。平脉随气候、地理环境、年龄、性别、体格等因素影响而有相应的正常生理性变化。平脉还可因饮食、情志、劳逸影响而有相应变化。另外，还有生理特异性脉象，如反关脉。

病脉 即病理性脉象变化。是正常生理变化范围及个体生理特异之外的脉象。病脉与平脉的区别，主要通过脉位（脉搏所在的部位）、脉数（脉搏的频率）、脉律（脉搏的节律）、脉形（脉搏的形态）、脉势（脉搏的强弱）来体察。如浮、沉是脉位的不同，迟、数是至数的不同，滑、涩是起落速度与形状的不同，虚、实是脉搏力量强弱的不同等。常见病脉有28种，可以浮、沉、迟、数、虚、实所谓“六纲脉”来区分：①浮脉类。有浮脉、洪脉、濡脉、散脉、芤脉、革脉。②沉脉类。有沉脉、伏脉、牢脉、弱脉。③迟脉类。有迟脉、缓脉、涩脉、结脉。④数脉类。有数脉、促脉、疾脉、动脉。⑤虚脉类。有虚脉、微脉、细脉、代脉、短脉。⑥实脉类。有实脉、滑脉、紧脉、长脉、弦脉。反映疾病的脉象，其变化往往不是单一出现的。在临床上多出现两种或两种以上病脉并见的情况，如浮脉、数脉并见，浮脉、数脉、虚脉并见等，称为相兼脉或复合脉，反映了疾病的复杂状况。

怪脉 即无胃、神、根的脉象。又称真脏脉、死脉、败脉、绝脉。

脉象与病证的相应关系 脉象变化与病证表现一致，称为脉证相应，大多预后良好。如急病脉象浮、洪、数、实的，即为脉证相应，为顺。在特殊情况下，脉象变化与病证变化并不一致，称为脉证不相应，一般预后不良。如新病脉象沉、细、微、弱，即为脉证不相应，为逆。在脉证不相应时，须结合病人其他情况综合考虑，尤其须参合**腹诊**、**舌诊**，结合现在症状进行判断。若证真脉假，须舍脉从证；若证假脉真，须舍证从脉。脉有从舍，说明脉象仅是疾病临床表现的一个方面，不能作为诊断的唯一依据。

脉诊 pulse taking 中医按触人体不同部位的脉搏，体察**脉象**变化，以诊察疾病的方法。为**切诊**之一种。又称切脉、诊脉、按脉、持脉。

中医学认为，脉象的形成，与脏腑气血密切相关。寸口脉（腕后桡动脉搏动处）为**手太阴肺经**所过部位，手太阴肺经又与**足太阴脾经**相通，因此五脏六腑气血变化均可从寸口脉反映出来。同时，**营气**与**卫气**循行全身五十周而会合于寸口，所以寸口脉象的变化不仅可反映正气盛衰与病邪性质，还可判断营卫气血运行的情况。

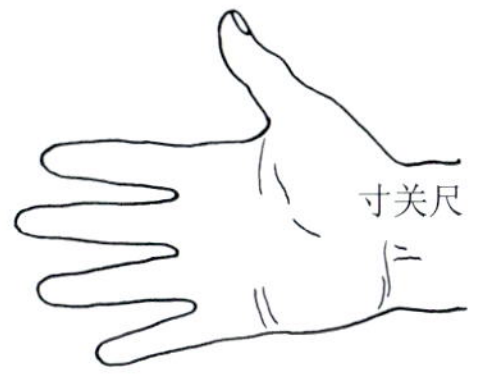

诊脉寸关尺部位图

脉诊的临床意义 脉象的形成，与脏腑气血密切相关，若脏腑气血发生病变，血脉运行就会受到影响，脉象就有变化，而脉象的变化与疾病的病位、性质和邪正盛衰相关。病位浅在表则脉浮（浮脉），病位深在里则脉沉（沉脉）；疾病性质属寒则脉迟（迟脉），属热则脉数（数脉）；邪气盛则脉象有力（实脉），正气虚则脉象无力（虚脉）。脉诊在临床上，可推测疾病预后。

如久病脉缓，病情向愈，胃气渐复；久病脉洪，病情恶化，邪盛正衰。外感热病，热退而脉缓，则病情向愈；热退而脉象急数，则病情有所发展。因此，脉象的变化能反映疾病的动态变化和全身脏腑气血的活动。

脉诊的部位　有三种：①遍诊法。又称三部九候法。即遍按全身各部动脉，全面体察经络气血运行，以诊断疾病的方法。②三部脉诊法。即诊察寸口（桡动脉）、人迎（颈动脉）、趺阳（足背动脉）三部脉的方法。以寸口候十二经，人迎、趺阳候胃气。还可加上足少阴（太溪穴）以候肾气。③寸口诊法。为切按腕后桡动脉搏动处（寸口脉）浅表部位以体察脉象变化的方法。寸口又称气口、脉口，解剖部位较浅，其搏动浮沉大小适中，用于诊察病变时反应灵敏、容易感知。因此历代均以寸口诊法为主来进行脉诊，现在几乎成为脉诊的唯一方法。

寸口分部与脏腑对应　寸口分寸、关、尺三部。以桡骨茎突为标记，其稍向内方的部位称为"关"（又称关脉），从桡骨茎突至腕横纹桡侧端的部位称为"寸"（又称寸脉），从桡骨茎突至其后（肘端）7分处为"尺"（又称尺脉）（见图）。寸、关、尺三部在左右手共为六部脉。其分部对应关系是：左寸与心（膻中），左关与肝、胆（膈），左尺与肾（小腹）相对应；右寸与肺（胸），右关与脾、胃（腹），右尺与肾（小腹）相对应。此外，也有不分寸、关、尺三部，只以浮取、中取、沉取等指力轻重区分，左手脉诊心、肝、肾，右手脉诊肺、脾、命门，这种方法适用于危急病症或年老体虚病人。

脉诊方法和注意事项　①脉诊时间。以清晨（平旦）为最佳。②脉诊体位。病人宜正坐或仰卧，手臂与心脏保持同一水平，直腕，手心向上，并在腕关节下面垫上布枕（脉枕）。③调息。病人在接受诊脉前，应休息片刻，调匀呼吸，安定情绪，放松身心，使气血运行不受任何干扰。④布指。医生用中指按在桡骨茎突内侧关脉部位，接着用食指按关前的寸脉部位，无名指按关后的尺脉部位。三指应呈弓形，指头平齐，用指腹按压脉搏。⑤总按与单按。脉诊部位取准后，三指可用同样力量按切脉搏，以了解寸关尺三部总体脉象变化，这种方法称为总按。也可用一指按切某一部脉，重点体察该部脉象的变化，这种方法称为单按。单按诊寸脉时则微微提起中指与无名指，诊尺脉时则微微提起食指与中指。临床上，总按和单按常配合使用。⑥指力轻重。分举、寻、按。举，又称浮取、轻取，即用较轻指力按触在寸口脉皮肤上，适于诊取浮脉类脉象。寻，又称中取，指力适中，不轻不重，适于诊取缓脉等。按，又称沉取、重取，即用重力按至筋骨间，适于诊取沉脉类脉象。⑦平息与五十动。诊脉时，医生呼吸要自然均匀，称为平息。医生用一呼一吸（一息）时间来计算病人脉象的至数（脉搏次数）。每次诊脉应持续在脉搏跳动五十次以上，即所谓"五十动"，以观察脉搏节律及是否有停搏歇止的现象。一般切脉每次以三至五分钟为宜。⑧小儿诊脉。小儿寸口脉短，不容三指定寸关尺，故对小儿诊脉，医生只用拇指切脉，而不再细分寸关尺。即所谓"一指定关法"。⑨临床步骤。在诊脉前必须了解正常人脉象情况，做到心中有数，并掌握年龄、性别、季节、气候等对脉象的影响，这样才能正确判断脉象变化的辨证意义。在具体诊察时，可先施总按，再进行单按，将左右手对比。对脉象变化情况，可先定脉位，再计次数（脉率）、辨形状（脉形），最后分辨脉搏态势（脉势）。

蛮　Barbarian　中国先秦非华夏民族的泛称之一，秦汉至魏晋南北朝为南方少数民族的泛称。

先秦　"蛮方"指猃狁，又称鬼方，地在西北；"淮夷蛮貊"指东方民族；"百蛮"指北方民族；"蛮荆"则是指南方民族。春秋时楚境内已有不少以"蛮"自称的民族。在春秋前期，楚大举进攻蛮人，史称楚武王"大启群蛮"。楚庄王时，"庸人率群蛮以叛楚"，庸在今湖北竹山，且为群蛮之首，可能是蛮人建立的国家。在楚国的反攻下，庸人破灭，群蛮降楚。此后相当长时期不再见蛮的活动记录。到战国初期，吴起相楚悼王，南并蛮、越，蛮人长期居住的洞庭地区遂为楚攻占。到秦昭王时，白起攻灭楚国之后，"略取蛮夷，始置黔中郡"，又进一步占了蛮人居住的湘鄂川黔地区。

秦汉　蛮族以槃瓠、廪君、板楯三者最大。槃瓠蛮因以神犬槃瓠为图腾而得名。秦汉时，他们居住在武陵郡（今湘西、黔东及鄂西南边缘地区）、长沙郡（今湘中、湘南地区），故又称"武陵蛮"或"长沙蛮"；其地有雄、樠、辰、酉、武五溪，故又有"五溪蛮"之称。槃瓠蛮在秦汉时部落分散，各有首领，汉王朝授予邑君、邑长称号，颁赐印绶。蛮语称首领曰精夫，族人相呼曰姎徒。多居山壑，从事粗放农业。能织木皮为布，以草实为染料。衣服五色斑斓，赤髀横裙，以枲束发。汉王朝对他们收取"賨布"（作为赋税交纳的布）之赋，大人每岁征布一匹，小口半匹。由于官府徭役失平，妄增租赋，槃瓠蛮屡起反抗，杀长吏，烧官府，终汉之世，连绵不断。

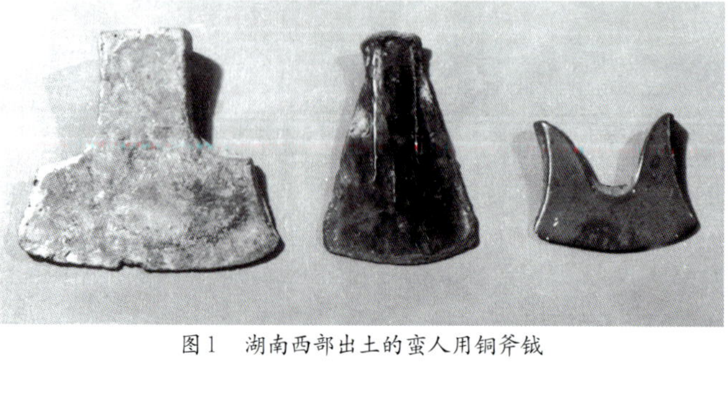

图1　湖南西部出土的蛮人用铜斧钺

廪君蛮为南蛮的一支。有5个氏族，其中巴氏首领务相，被推为5个氏族的共主，号为廪君，后遂以廪君为族名。相传廪君死后，魂魄化为白虎，族人遂有崇拜白虎和以人祭虎的习俗。他们早期活动在夷水（今鄂西南清江）流域，后逐步发展到巴中、黔中一带（略当今川东南、黔东北、鄂西、湘西地区），地当汉的南郡、巴郡，故又被称为"巴郡南郡蛮"。秦灭巴蜀，巴氏仍世为廪君族君长，并娶秦女为妻。君长每年出赋钱2 016钱，3年一出义赋1 800钱；民户出幏布8丈2尺，鸡羽30鍭。汉时仍依秦制。东汉时，由于官府"收税不均"，廪君蛮曾多次起义反抗，部分族人被强制迁往江夏郡（今鄂东地区）。

板楯蛮分布在巴郡阆中（今四川阆中）一带，沿渝水居住。他们从事农业，长于狩猎。相传秦昭王时，白虎为害，板楯人应募射杀白虎有功，秦官府与板楯人盟誓说："顷田不租，十妻不算，伤人者论，杀人者得以倓钱赎死。"楚汉之际，板楯蛮从汉高祖还定三秦有功，于是免除其部落首领罗、朴、督（昝）、鄂、度、夕、龚七姓不纳租赋，普通部落民众每户岁纳"賨钱"40钱。因此，又有"白虎夷"、"白虎复夷"或"賨人"之称。各部落首领分别被封为夷王、邑君、邑长。由于板楯蛮善战，东汉王朝经常征调他们从军。当时西羌"数寇汉中"，都靠板楯军击败之，号为神兵。但官府对其更赋至重，因此板楯人也多次邑落相聚，奋起反抗。灵帝中平五年（188）举行起义，与巴郡黄巾起义相呼应。后来大量板楯人还成为五斗米道的信奉者。

魏晋南北朝　居住湘中、湘西的槃瓠族，魏晋时始向北、向东发展。南北朝时，依托险阻，部落众多，散在数州。自永嘉乱后，中原扰攘，宛（今河南南阳）、洛（今河南洛阳东）萧条，诸蛮无所顾虑，渐得北迁，以至陆浑（今河南嵩县东北）以南满于山谷。干宝《晋记》载，庐江郡（今安徽舒城）有槃瓠之后，糅杂鱼肉，置于槽中，叩之号叫，以祭槃瓠。《宋书·夷蛮传》载，槃瓠族大量分布在鄂西及豫西南，名号众多，如荆雍蛮、五溪蛮、当阳蛮等。

在广阔的槃瓠族分布区及其附近，居住着不少廪君族和板楯族后裔。东汉初被迁至汉水中游的一支廪君族，晋末时发展为沔中蛮。另一支被迁到

图2 “晋蛮夷率善邑君”银印印文（湖南桃源出土）

鄂东地区的，称豫州蛮或五水蛮，分布在鄂、皖、豫边境的蕲水、巴水、希水、赤亭水、西归水一带，北接淮、汝，南极江、汉，地方数千里。向北发展居住在东荆州（今河南泌阳）的廪君族人，到5世纪中叶还保留着杀人祭祀的习俗。

东汉末年，张鲁在汉中传播五斗米道，川北的板楯族人多信从之，大量迁到汉中。曹操平张鲁，以李虎、杜濩、朴胡、袁约、杨车、李黑等为首的板楯族人被迁到略阳（今甘肃秦安东北），号为巴人或巴氐。这支巴人后与六郡流人辗转入蜀，发动起义，推翻了晋朝在益州的统治，李特子李雄于晋惠帝永安元年（304）建立成汉政权。另部分被曹操内迁关中的板楯族多达万余家，其后人口繁衍，北至河东、平阳（今晋中、晋南）也有分布。晋元帝大兴三年（320）巴酋句渠知曾在关中联合氐、羌、羯等各族共30万人，反抗刘曜统治。早在汉初就已迁居商洛地区（陕东南）的板楯族人，在南北朝时期沿丹水、沔水向东南发展，到6世纪时，已分布在“北至商洛、南拒江淮，东西二千余里”的土地上，而且还部分地保持着他们的固有习俗。成汉后期，牂柯、兴古（今云贵东部）僚人大量北迁入蜀，部分沿嘉陵江北上，给留居川北地区的板楯族人以巨大的冲击。南北朝后期，北魏势力南入四川，建立巴州（今四川巴中），以巴酋严始欣为刺史，以统僚人。

进入江、淮、汝、汉地区的各族蛮人，地处南北朝之间，他们利用南北对立的矛盾，时或降南，时或附北，因而能延续活动相当长的时期。南朝在蛮人集中的地区设置“左郡”、“左县”，以蛮人首领任令长、太守甚或刺史，进行羁縻。而在荆州置南蛮校尉、雍州置宁蛮校尉，统管蛮事。归附的蛮人，一户输谷数斛，其余无杂调。而汉人赋役严苦，贫者多逃亡入蛮，有的还成了首领，如桓诞。但各地蛮人仍不免于官府的迫害，他们反抗官府的起义斗争史不绝书。南北王朝都残酷镇压这些反抗斗争，且常常把俘虏和降蛮大量迁徙到河内诸州、六镇或建康，有的还被抑为营户，或赏赐给官僚为奴婢。

南北朝是蛮族与其他民族相互融合的重要时期。大概留居今清江流域的廪君族和湘西、湘南的槃瓠族仍保持其民族特点，其余地区则已渐与汉族融合。

东徙皖、赣的槃瓠族，除部分与汉族融合外，也融合了部分山越的后裔，从而逐步形成后世畲族和瑶族的先民。宋武帝时的南康、揭阳蛮（今赣南、粤东地区）就是畲族先民，萧梁时衡阳、零陵（今湘南）的“莫徭蛮”就是瑶族先民。晋宋时活动在巴东、建平（今四川奉节、巫山一带）的槃瓠族不断向川东发展，大概和原居此地的蜒人有所融合，所以被称为“蛮蜒”，他们与后世川东南地区的少数民族有密切关系。

鳗鲡 *Anguilla japonica*; common eel 鳗鲡目鳗鲡科鳗鲡属的一种。又称日本鳗鲡、白鳝、青鳝。分布在中国、日本、朝鲜半岛和越南北部。在中国几乎遍布所有江河湖泊。体长最大可达1.3米。体鳗形，前部近圆筒状，后部侧扁。吻短钝而平扁。前鼻孔近于吻端，短管状；后鼻孔位于眼前方，不呈管状。眼位于头前部，中等大小。眼间隔约等于眼径。两颌骨均具细齿。鳞小，埋于皮下。侧线完全。体上多黏液。奇鳍互连；背鳍始点至臀鳍始点间距小于头长。脊椎骨112～119块。体上部呈黑绿色，腹部呈灰白色。鳗鲡为降河产卵洄游鱼类，原产于海中，溯河到淡水内长大，后回到海中产卵。雄鱼三四年成熟，雌鱼二三年

成熟。雌鳗只有降河入海期间，性腺才能发育成熟。在秋末大批雌鳗接近性成熟时降河入海，并随同在河口地带生长的雄鳗至外海进行繁殖。以小鱼、蟹、虾、蚯蚓、水生昆虫和甲壳动物为食，少数个体也吃少量高等水生植物碎屑。冬季和降河洄游期间不摄食。肉可食用。过去靠天然苗进行养殖，现已展开人工孵化的研究。

鳗螈 *Siren*; siren 鳗螈科鳗螈属动物的统称。有2种，分布于美国东南部和墨西哥东北部。大的种大鳗螈全长为200～300毫米，小的种小鳗螈为70～245毫米。体形似鳗。头部眼很小，无眼睑，上下颌无齿，而以角质鞘替代；前颌骨小，无上颌骨，下颌前关节骨与隅骨愈合，无泪骨。犁骨齿保持幼态期状态，无鼻唇沟。成体保持永久性童体型，终生有鳃裂或外鳃3对，肺小。仅有一对前肢，细小，具4个指。无后肢。成体雌性无贮精囊，雄性泄殖腔无肛腺。背面颜色多样，大鳗螈为橄榄色至浅灰色，体背侧色深，腹面有许多浅绿色或浅黄色斑点，幼体体侧和背尾鳍褶具浅色条纹，具肋沟31～34条；小鳗螈的背面呈深褐色至浅蓝黑色，幼体吻部和体侧各有一条红色带纹，具肋沟36～39条。

鳗螈生活在各种浅水域或缓流溪中，常栖于水底杂草间或石下，偶尔上岸在陆地上活动。鳗螈产单粒卵并呈小群附着在水草上。孵化后的幼体背鳍褶发达，从头后至尾末端。完成变态时仅尾部有鳍褶，皮肤无幼体特有的莱氏腺。

满城汉墓 Han Dynasty Tombs at Mancheng 中国西汉中山靖王刘胜及其妻窦绾的墓。位于河北满城陵山上。1968年发掘。刘胜是汉景帝之子，汉武帝庶兄，景帝三年（公元前154）立为中山王，武帝元鼎四年（前113）卒。窦绾字君须，死年略晚于刘胜。两人的墓开凿在山岩中，是规模宏大的崖墓；南北并列，属于夫妻并穴合葬。在陵山顶上还发现当时用于祭祀的祠庙遗址。1988年国务院公布满城汉墓为全国重点文物保护单位。

刘胜墓长51.7米，最高处6.8米；窦绾墓长49.7米，最高处7.9米。均由墓道、甬道、南北耳室、中室和后室组成。刘胜墓的甬道，南北耳室和中室，窦绾墓的中室，原来还在岩洞中建有木构瓦顶房屋，早已腐朽坍塌。刘胜墓和窦绾墓的墓道口分别用土坯、砖砌筑后再以铁水浇灌封门，以防盗掘。刘胜墓殓尸使用一棺一椁，放在后室的汉白玉棺床上；窦绾墓有棺无椁，但用的是镶玉漆棺。两人都以金缕玉衣为殓服，它们是考古工作中最早发现的保存完整的玉衣。刘胜墓的甬道和南耳室象征车马房，内有车、马和狗、鹿。北耳室代表磨房和仓库，放置石磨和大量陶器，中室模拟宴请宾客的厅堂，除日常生活用器、侍从奴仆俑及出行仪仗外，还张设两具帷帐，已朽，只存铜质帐构。后室象征卧室，有华丽的铜器、漆器、兵器及金饼和五铢钱等。后室旁边，又有一间代

鎏金银镶嵌乳丁纹壶

表浴室的小侧室。窦绾墓在北耳室内放置车马，南耳室内堆放陶器，其余各室的布置与刘胜墓相似。

两座墓共出金、银、铜、铁、玉、石、陶、漆器及纺织品、车马、俑、钱币等4 200余件。其中长信宫灯、错金博山炉、错金银鸟篆文壶、鎏金银镶嵌乳丁纹壶等是汉代铜器中的艺术瑰宝。刘胜墓的铁佩剑和铁鱼鳞甲，是研究汉代百炼钢新工艺和铠甲形制结构的重要资料。金银医针和计时铜漏壶，是研究科技史的重要实物。窦绾墓所出铁尺，对了解当时的度量衡制度很有价值。

满城县 Mancheng County 中国河北省保定市辖县。位于省境中西部。面积734平方千米。人口39万(2010)。汉置北平县，东魏析置永乐县，唐天宝元年(742)改满城县。属暖温带大陆性季风气候。矿产资源有石灰岩、白云岩等。土特产主要有草莓、磨盘柿、豆角。有中山靖王刘胜及其妻窦绾墓、张柔墓、读书堂等古迹。

满汉全席 Manchu-Han banquet 中国满、汉两族风味肴馔兼用的盛大筵席。因规模盛大，程序繁杂，用料珍贵，菜点繁多，满、汉食兼有，故名。又称满汉大席、烧烤席。清代初年，宫中行满食。据《大清会典》载："康熙二十二年，始议准宫中元旦日改满席为汉席。"宫中始出现满、汉席并用的局面。乾隆年间，市肆上始有满、汉合一的席面，多用于上司入境或新亲上门。到清代末期，满汉全席日益奢侈豪华，且风靡一时。各地也因京官赴任，使满汉全席的筵席格局广为流传，并逐渐融合一些当地的风味菜肴而成为各具特色的满汉全席。

满汉全席具有满、汉两族风味肴馔兼用，程式繁、礼仪重、规格高、菜品多、排场大、席套席等特点。例如官府中举办满汉全席时首先要奏乐、鸣炮、行礼，恭迎宾客入座。赴宴的客人也有专门接受这些礼节的方式。客人入座后，由侍者安排进门点心。如果是喜庆和寿辰时举办满汉全席，或邀请的客人是高官显爵，或是主人的长辈，客人进了府门，则要先为之上菜，谓之安位菜，以示对客人的尊敬，而后再奉上进门点心，还要奉上三道茶，然后客人才正式入席。满汉全席上菜的先后和菜品的基数也有一定的规格。例如一桌由热菜、汤菜和点心组成十二景。宾主品尝完一景的最后一道菜即离席休息，待重新布置后再入座品尝下一景。

满江红 *Azolla*; mosquito fern 真蕨类满江红科满江红属植物的统称。又称红萍、绿萍，古称薸。一年生或多年生水生蕨类植物。光合作用和共生固氮能力强，产量高，多用作绿肥、饲草。世界各地均有分布，已知的有细叶满江红（蕨状满江红）、日本满江红、卡州满江红、大洋洲满江红、尼罗满江红、羽叶满江红、中国满江红等七个种。

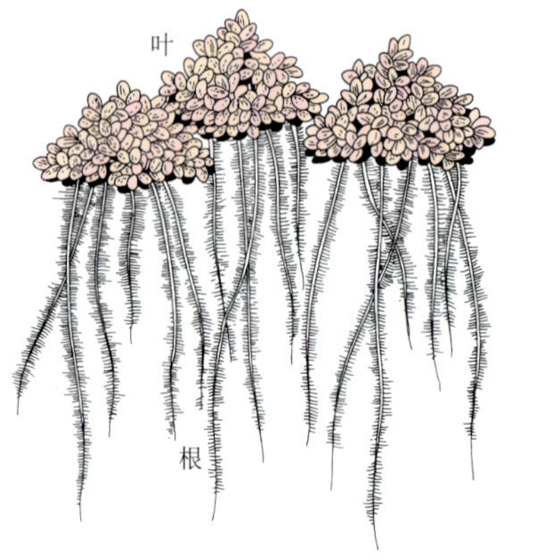

满江红形态

满江红植物体小，呈三角形，漂浮于水面。根丛生，细长。叶小，卵形，肉质。春季绿色，夏季转红褐色。繁殖力很强。喜磷、钾肥，气温低和条件差时少量补充有机肥对保种和增殖有利。鲜草含水分90%～93%，氮0.2%～0.3%，磷酸0.02%～0.03%，氧化钾0.12%～0.20%。干体含粗蛋白16.2%～21.0%，粗脂肪2%～2.5%，可作猪和家禽的饲料。用作稻田绿肥时多在春季插秧前在稻田中放养，插秧缓苗后套养稻行间。用满江红作绿肥的优点是少占农田，且因其木质素含量高，还可改良土壤。

满–通古斯语族 Manchu-Tungusic group 阿尔泰语系的语族之一。又称通古斯－满语族、通古斯语族。

满－通古斯语族分布于中国、俄罗斯和蒙古国。中国境内有5种语言：满语、锡伯语、赫哲语、鄂温克语、鄂伦春语，分布于黑龙江省、内蒙古自治区和新疆维吾尔自治区。俄罗斯境内有8种语言：埃文基语、埃文语、涅基达尔语、那乃语、乌利奇语、奥罗克语、乌德盖语、奥罗奇语。蒙古国境内只有鄂温克语。另外，还有中国历史上女真族使用的女真语。在俄罗斯，把民族自称相同的埃文基语和中国境内的鄂温克语（旧称索伦语）视作两种语言，将鄂伦春语视作埃文基语的一种方言；把民族自称相同的那乃语和中国境内的赫哲语视作同一种语言，将锡伯语视作满语的一个方言。在中国，则把鄂伦春语、锡伯语等语言视作独立的语言。

满－通古斯语言最早的分类是俄国学者L.什连克于1883年提出的。之后，从事语言分类研究者，陆续提出了几种不同的分类，影响较大的有以下4种。

①1932～1939年苏联北方民族研究所科学考察协会语言学组的分类：

ⓐ北语支或通古斯语支。包括埃文基语（又称通古斯语）和埃文语（又称拉穆特语）。涅基达尔语和索伦语（即鄂温克语）划为埃文基语的方言。

ⓑ南语支或满语支。包括满语、那乃语、乌德盖语。赫哲语、乌利奇语、奥罗克语划为那乃语的方言。奥罗奇语划为乌德盖语的方言。

②1954年中国学者罗常培、傅懋勣对中国境内的满－通古斯语言的分类：

ⓐ通古斯语支。包括索伦语、鄂伦春语。

ⓑ满语支。包括满语、锡伯语、赫哲语。

③1955年苏联学者V.A.阿夫罗林的分类：

ⓐ北语群。包括埃文基语、涅基达尔语、索伦语、埃文语。

ⓑ东语群。包括那乃语、乌利奇语、奥罗克语、奥罗奇语、乌德盖语。

ⓒ西语群。包括满语、女真语。

④1958年苏联学者O.P.苏尼克及1960年苏联学者G.M.瓦西列维奇所作相似的分类：

ⓐ满语支。包括满语书面语及其锡伯方言或其他方言、女真语。

ⓑ通古斯语支。西伯利亚次语支（或埃文基次语支），包括埃文基语、埃文语、涅基达尔语、索伦语；黑龙江次语支（或那乃次语支），包括那乃语、乌利奇语、奥罗克语、奥罗奇语、乌德盖语。

满－通古斯语族的语言有元音和谐律，但严整程度各个语言间不一。语音变化主要体现在辅音方面。满－通古斯语言属于使用后加成分的黏着型。使用虚词作为表达语法意义的手段。通古斯语支的语言有长元音，满语支的语言多复元音。在大多数语言里，词的第一个音节有轻微的重音。满语支语言一般有5～7个格，而通古斯语支语言的格多至16个。除满语和女真语外，各个语言都有领属范畴，复数第一人称代词都有包括式和排除式的区别。除满语支语言外，动词有人称形式。状词在大多数语言里都很丰富。一般是主语在谓语前，从属成分在所从属的成分前。从句在主句前。各种语言都有丰富的构词附加成分和利用合成法构成的各种类型的复合词，也有利用元音或辅音的交替构成在意义上和词形上相对称的词。

使用满－通古斯语族语言的民族有12世纪参照汉文笔画创制的女真文、16世纪末参考蒙古文创制的满文，以及18世纪中叶以后在满文基础上逐渐发展形成的锡伯文。20世纪20年代末在苏联曾以拉丁字母为基础创制了埃文基文、埃文文、那乃文和乌德盖文（后未使用），1936～1937年这些文字改以西里尔字母为基础。已知的最早文献为女真文《大金得胜陀颂碑》(1185)。

满文 Manchu script 中国满族使用过的一种拼音文字。1599年清太祖努尔哈赤命额尔德尼和噶盖二人参照蒙古文字母创制而

满汉文本《聊斋志异》书影

成，俗称“无圈点满文”或“老满文”。字母数目和形体与蒙古文字母大致相同。使用了30余年。留下来的文献有《满文老档》等。1632年清太宗皇太极令达海对这种文字加以改进。达海利用在字母旁加圈加点、改变某些字母的形体、增加新字母等方法，表达原来不能区分的语音，规范了词形，并改进了拼写方法，创制了专门拼写外来语的字母。改进后的满文有了比较完善的字母体系和拼写法，具有区别于蒙古文字母的明显特征，俗称“有圈点满文”。目前保留下来的满文文献绝大部分是用改进后的文字写的，例如《异域录》、《尼山萨满》以及一系列以清文鉴命名的辞书等。还有一种满文篆字，是参照汉文篆书于清乾隆十三年(1748)创制的，共有32种字体，依笔画的特征命名，如缨络篆、龙书等。用这种篆字刊印过乾隆皇帝的《御制盛京赋》，主要用于玉玺和朝廷的印章。

满文自左而右直写。有6个元音字母，24个辅音字母，10个专门拼写外来语的字母。有标明句读的符号。字母有单用（不和其他字母相拼）、词首、词中音节首、词中音节末、词末音节首、词末音节末等几种形体。

满文在清代作为“国书”在文牍中与汉文并用，并编写和翻译过历史、文学和语言文字等方面的著述。

《满文老档》 *Old Archives in Manchu Script* 中国清代皇太极时期以满文撰写的官修史书（档册）。记载天命纪元前九年至天命十一年(1607～1626)、天聪元年至六年(1627～1632)和崇德元年(1636)共27年的史事。原本为巴克希库尔缠等奉命用老满文纂修，天聪六年(1632)改用有圈点满文（新满文）修撰，共37册。乾隆六年(1741)内阁大学士鄂尔泰、徐元梦奉命将无圈点字档册中难以辨识的无圈点老满文捡出，附注新满文，编成《无圈点字书》一部。乾隆四十年，内阁大学士舒赫德等奉命按档册原档整理重抄。历时3年抄出一部，内含照写本、音写本各一套，每套26函180册，称草本。照写本为老满文无圈点字档册；音写本为新满文加圈点字档册。后以草本为蓝本，用正楷字重新缮写并用黄绫装潢一部，是为正本，供皇帝阅览，称大黄绫本。乾隆四十三年又据正本重新缮写，是为副本，称小黄绫本。原本存于台湾，草本、正本及《无圈点字书》存于中国第一历史档案馆，副本存于辽宁省档案馆。满文老档史料原始，记事广泛，内容丰富，多为清入关以后官撰史书所不载，对《清实录》等书的校订补遗，具有十分重要的意义。为研究清史、满族史、东北地方史和满族语言文字演进史提供了较系统而翔实的资料。

满语 Manchu language 属阿尔泰语系满-通古斯语族满语支。也有人认为满语是从满-通古斯语族分离出来而成为阿尔泰语系中独立的分支。现在中国黑龙江省的黑河市和富裕县有极少数人能用满语进行口头交际。通常认为满语有北满方言和南满方言，后者是满族文学语言的方言基础。满语有6个元音、19个辅音。元音分阳性、阴性和中性。辅音也有和谐的现象。满语既有黏着语的特点，又大量使用虚词作为表达语法意义的手段。名词无领属形式，动词无人称形式。主从复句比较发达。词汇反映了满族各个历史阶段的社会特点。有不少仿照汉语模式构成的词。16世纪末，在蒙古文基础上创制了满文。保留到现在最早的文献有《满文老档》等。

满语支 Manchu branch 阿尔泰语系满-通古斯语族的语支之一。包括满语、锡伯语、赫哲语和现在只保留在文献中的女真语。满语支语言分布于中国黑龙江省的黑河市、富裕县，新疆维吾尔自治区的察布查尔锡伯自治县、霍城县、巩留县、塔城市、伊宁市、乌鲁木齐市等地。主要语言特点：元音不分长短，复元音多；通古斯语支一些语言的长元音在满语支语言是短元音或复元音。有辅音和谐，舌根音和小舌音不能出现在同一个词里。动词没有人称范畴。虚词是表达语法意义的一种重要手段。有相当数量仿照汉语的模式构成的词。

满月 中国生育习俗。婴儿诞生30天时举行的仪礼。届时，亲友携礼来贺。礼品中常有长命锁，上书“状元及第”、“长命富贵”、“五子登科”等吉祥语。此时要给婴儿沐浴，落胎发，行剃头礼。剃下的胎发用丝线缠成团，挂于堂屋高处，认为这样可使儿童有胆有识，也有的地方将发团佩戴在幼儿身上，认为可以护身避邪。剃完头，将小孩抱出门走一圈，从此就可以出门见世面了。此俗在有些地区至今仍很流行。

满洲里市 Manzhouli City 中国内蒙古自治区辖县级市。中国北方三大沿边陆路口岸之一，素有“东亚大陆桥”之称。位于自治区东北部，呼伦贝尔市西部，北邻俄罗斯。面积696平方千米。人口25万(2010)，有汉、蒙古、回、满等民族。原名霍勒津布拉格，蒙古语即“泉水旺盛之地”。19世纪末，仅为数百人居住的小屯。自1896年东清铁路（今滨洲线）修建以来，即为中国北部陆地口岸。1934年设市，1949年扎赉诺尔市并入。由呼伦贝尔市代管。地下矿藏极为丰富，扎赉诺尔煤田已探明储量101亿吨，还有铜、钼、石油、芒硝、云母等。农业以蔬菜、薯类、牛、羊及淡水水产养殖为主。工业以煤电、能源工业为主，辅以建材、化工、机械、酿酒、皮革、塑料、造纸、地毯等。滨洲铁路在此与俄罗斯后贝加尔相通，还有国家级、省级干线公路等。名胜主要有国门、呼伦贝尔大草原、呼伦湖、灵泉等。

满族 Manchu 中国少数民族。分布于全国各地，以辽宁省最多。人口10 682 262(2000)。语言属阿尔泰语系满-通古斯语族满语支。满文是16世纪参照蒙古文字母创制的。后又在借用的蒙古文字母上加

满族女子

圈加点，称为新满文，以前的称老满文。现已通用汉语文。其直系先人为明代女真，1616年建立后金政权，1636年改国号为大清，1644年清军入山海关，不久统一了中国。进入中原后，接受汉族先进的经济文化。1911年辛亥革命后简称满族。在文化上取得很多成就，如《清文鉴》经多次增订，编纂成5种民族文字的满文辞书《御制五体清文鉴》，是满、汉、蒙古、藏、维吾尔等民族间进行交流的重要参考资料。涌现出一批文学家和作品，如纳兰性德是“清初第一词人”，曹雪芹的《红楼梦》是世界名著。重礼节。过去见长辈行“打千礼”，男屈右膝，右手沿膝下垂，妇女双手扶膝下蹲。平辈亲友相见，不分男女行抱腰接面大礼。好歌舞，每逢喜庆，主客轮番起舞。清代以后，关内满族在语言、服饰、习俗等方面已同于汉族。清代男子束辫于脑后，穿马蹄袖袍褂，两侧开叉，腰中束带。女子头顶盘髻，佩戴耳环，穿宽大直统旗袍，着高底花鞋。现在除旗袍外，其他服饰已演变成艺术服饰。喜食小米、黄米，萨其玛是其独具风味的点心。住房过去一般院内有一影壁，立有供神用的索罗杆，现在绝大部分为现代式的砖瓦房。实行一夫一妻制。行土葬和火葬。曾信仰萨满教。1985～1989年在辽宁、河北、吉林先后建

立了11个满族自治县，并在一些省市建立了230多个民族乡。

曼彻斯特 Manchester 英国大曼彻斯特郡首府。位于英格兰西北部，奔宁山脉西侧的平原上。人口48.38万（2009）。公元1世纪建为要塞，9世纪被毁。13世纪兴建为城镇。18世纪80年代首次出现棉纺织厂。1830年建成通往利物浦港的世界上第一条铁路。1894年开凿了通往默西河口的运河。19世纪在城市的东部与北部，出现了纺织工业专业化的工业城镇，城区则为英国原棉和棉纺织品的贸易中心。19世纪中期纺织业发展下降，新型产业弥补了纺织的发展。第二次世界大战期间遭到德国轰炸，战后重建。20世纪逐渐成为大都市。1974年建立以曼彻斯特为中心的大都市区。

曼彻斯特是英国重要的工业中心。有门类齐全的工业部门，包括造纸、机械、化工、炼油、医药、电子、航天设备、食品。传统的棉纺织业仍是重要部门。服务业发展较快，设有英国银行和北方证券交易所分部。英格兰重要的交通枢纽，有公路、铁路通往全国主要城市。曼彻斯特的人工港是英国主要港口之一。城南建有国际机场。

著名的文化中心。有曼彻斯特大学等高等学府和欧洲的第一个公共图书馆。英

曼彻斯特市中心鸟瞰

国新闻业第二大中心。设有英格兰北部地区的广播和电视总部。《曼彻斯特卫报》创办于1821年。

曼德海峡 Strait of Mandeb; Bab el Mandeb 阿拉伯半岛西南端和非洲大陆之间的海峡，连接红海和亚丁湾、印度洋。名出阿拉伯语，意为“泪之门”。古时以这里海上风力强劲，航船过往，舟人每因有倾覆灭顶之虞而不禁堕泪，故名。冬季，盐度低的外海水，以表层流的形式进入红海；盐度高的红海水，以深层流的形式外流。夏季，红海水以表层流和底层流的形式流出，外海水以中层水流补入。海峡旧时仅具地区航行意义，苏伊士运河通航后，以扼红海南端进出的咽喉位置一跃成为大西洋—地中海—红海—印度洋海上航线关键一环，欧洲到东亚、南亚和澳大利亚最短、最便捷的海上通道中枢。因丕林岛横卧中部而分大、小两峡：近阿拉伯半岛的也门一侧，峡宽3.2千米，水深30米，是为小峡；近非洲吉布提一侧，峡宽25.8千米，水深323米，是为大峡。

曼德拉 Mandela, Nelson（1918-07-18～ ） 南非黑人反对种族隔离制度的领袖，南非非洲人国民大会（非国大）前主席，南非共和国总统（1994～1999）。诺贝尔和平奖获得者。生于南非特兰斯凯—科萨人家庭，属腾布酋长王族旁支。1944年加入南非非洲人国民大会。参与组建青年联盟，1947年任青年联盟书记。具有卓越的领导和组织才能，多次统一指挥全国反对种族隔离制度的非暴力斗争。1961年曼德拉转入地下，受命组建武装力量“民族之矛”并担任最高指挥部总负责人，开始以武装斗争争取废除种族隔离制度。1962年8月5日被捕，从此开始了28年的监狱生活。

南非共和国总统F.W.德克勒克，迫于内外压力，于1990年2月11日释放曼德拉。3月2日，曼德拉当选非国大副主席。同年5月，曼德拉领导非国大代表团与白人政府开始谈判。1991年7月，接替O.坦博任非国大主席。1993年与德克勒克同获诺贝尔和平奖。经过4年漫长的谈判，白人政府终于同意1994年4月27日举行一人一票全民大选。在大选中，曼德拉的威望成为非国大宝贵的政治财富。非国大在立法议会中取得多数席位。

1994年5月10日曼德拉就任总统，组成全国团结政府。1999年卸任后，继续为南非公益事业及非洲和国际和平事业服务。

曼德勒 Mandalay 缅甸古都和第二大城市。因背靠曼德勒山而得名。华侨称为“瓦城”。曼德勒省首府，缅甸中北部地区的经济、文化和交通中心。位于伊洛瓦底江中游东岸，海拔76米。人口114.74万（2003）。曼德勒古名为“曼陀那崩尼卑都”，意为“多宝之城”。1857年贡榜王朝的明敦王在此建都。王城位于现城近郊，呈正方形，每边长2千米，城墙用砖坯砌成，城墙外有护城河。第二次世界大战中，王城大部分建筑被毁于战火。战后重建，恢复旧貌。工业有纺织、木材加工、食品、机械等。手工艺品尤为著名，木雕、石雕、象牙雕、漆器、金线绣、金银制品和珠宝首饰享誉东南亚。缅甸内陆地区重要的交通枢纽和物资集散地。水运经伊洛瓦底江可上溯密支那，南下仰光。自仰光至密支那的铁路、公路均经此。郊区有干妙塔齐机场，近年已扩建为缅甸最大的国际机场。缅甸的佛教圣地之一，建有大的佛塔、寺庙250多座。主要旅游景点有曼德勒山、曼德勒王宫、摩诃牟尼佛、独一无二寺、金庙、古道陀石经院和情人桥等，为旅游胜地。当地的缅医、缅药驰名全国。还有艺术学院、科学大学和医学院等高等学校。

曼德人 Mande 西非民族集团之一。又称曼丁人、曼丁戈人。约2 061万人（2002）。主要聚居在西苏丹热带草原，部分散居在上几内亚热带森林区。分属马里、几内亚、冈比亚、塞拉利昂、利比里亚、科特迪瓦、几内亚比绍、塞内加尔、毛里塔尼亚、加纳、贝宁、尼日利亚和布基纳法索等13国。属尼格罗人种苏丹类型。按地域和语言分为南北两支：北支又称曼德坦人，为核心部分，聚居于热带草原；南支又称曼德富人，为外围部分，散居于森林地带。包括马林克人、班巴拉人、门德人、索宁克人、苏苏人、克佩勒人、丹人、迪乌拉人、瓦伊人等十多个民族。曼德各族语言十分相近，自成曼德语支，属尼日尔-科尔多凡语系尼日尔-刚果语族。其中马林克语、门德语和克佩勒语有用拉丁字母拼写的文字。多信伊斯兰教，部分人保持万物有灵信仰或改信基督教。

公元前4000～前3000年，曼德人在西苏丹草原发展了农业，为人类农耕文化作出了贡献。3世纪建立西非第一个国家加纳王国，1253年又建立马里帝国，对西非历史产生过重大影响。传统社会行一夫多妻制。盛行兄死弟及的习俗。按父系续谱、居住和继承财产。男女均行割礼。有年龄等级组织。住宅多为圆锥形泥土屋。部分

曼德人传统住宅及农民

地区受阿拉伯文化影响，多为长方形平顶屋。主要从事农业，种植弗尼奥粟、高粱、玉米、水稻、棉花、花生；兼事畜牧业，饲养牛、羊、狗、驴、马。沿河地区捕鱼业占一定地位。地区贸易发达，存在定期集市。

曼多林 mandolin 拨奏弦鸣乐器。流行于意大利南部和欧美、亚洲各国。共鸣箱如半梨形，短颈，琴头呈镰刀形，向后弯曲。音孔为椭圆形，指板从琴颈引申到音孔上，有17品，4组钢丝弦，定弦是g、d^1、a^1、e^2，用拨子弹拨。特点是需快速反复弹拨，以震音方式保持音响的延续，音色清脆嘹亮。曼多林为琉特的变体，最早在15世纪意大利艺术的图像文献中已有记载，17世纪的文学作品常有述及，19世纪由意大利曼多林制造家P.维纳恰予以改进，奠定了现代的式样。曼多林的式样很多。如米兰曼多林，是18世纪的一种老式曼多林，琴身略长，琴颈宽而短；有6根肠弦，定弦是e、a、d^1、b^1、e^2，以手指弹拨。

曼飞龙塔 Manfeilong Pagoda 佛教塔群。位于中国云南景洪大勐笼曼飞龙后山上，又名飞龙白塔。傣历565年（1204）始建，由9座砖构白塔组成，塔身洁白，塔刹贴金箔，呈葫芦状。主塔高16.29米，分列八角的小塔高约9米，每塔设有佛龛，供养佛像，

为云南上座部佛教的名塔，具有傣族的民族风格。

曼谷 Bangkok; Krung Thep 东南亚第二大城市，泰国首都，最大港口和经济文化中心。位于湄南河三角洲，距河口约40千米。面积1 569平方千米。人口570万（2009）。城市地跨湄南河两岸，城内水道纵横，三角洲地势低洼，平均海拔不足2米。原为渔村。1782年为暹罗王国都城。18世纪起就是对外贸易中心，与亚、欧国家有商船

曼谷街景

往来，交换农产品和手工艺品。随着商业和手工业的发展，城市居民不断增加。第二次世界大战后，由于商业和现代工业迅速发展，市区面积扩展和人口增长更快。1971年曼谷与吞武里两市合并，成为曼谷－吞武里都市区，面积达290平方千米。1972年，京畿曼谷府和吞武里府合并，包括首都曼谷，组成曼谷吞武里京都，又称大曼谷，面积1 569平方千米。

泰国的主要工业中心，集中全国50%以上的工业企业，主要部门有纺织、食品、建材、炼锡、炼油和汽车装配等，还有雕刻、金银制作、藤柳编织等手工业。现代工业主要分布于湄公河沿岸及港口附近，农产品加工工业多集中于近郊周边地区并形成一条环绕城市、宽20千米的农产品出口加工区。

泰国进出口重要门户，国内外交通枢纽。全国4条主要公路干线均由此出发，通清迈、清莱、廊开以及柬埔寨、老挝、马来西亚等邻国；铁路通廊开、清迈、乌汶和柬埔寨的金边、马来西亚的吉隆坡；城北廊曼机场，是东南亚地区重要的交通枢纽。运输量居东南亚首位。港口吞吐量居全国首位，其中出口量占全国95%，进口量几为全国的全部。湄南河两岸约20千米地带内，分布有100多个泊位。由于湄南河河床淤积，河口处水深仅4.5～5米，5 000吨以上的船只能停泊在距河口约100千米的阁西昌岛，并由此转驳。

市区分内城和外城两部分。市内多名胜古迹，尤以金碧辉煌的王宫寺庙著称于世，有大小寺庙500多座，以黎明寺和玉佛寺等最著名。黎明寺又名郑王庙，为泰国最高的寺庙之一；玉佛寺是全国最大的寺庙，玉佛用国宝绿玉雕成，刻工精细，形象生动。大王宫和泰国大旅馆等著名的泰式建筑“三顶尖”，以及吞武里的精致园林等，都是泰国建筑的精华。每年来此观光游客达100多万人次，为东南亚重要的旅游城市之一。

曼谷大王宫 Bangkok Grand Palace 曼谷王朝从拉玛一世到拉玛八世的国王宫殿。泰国游览胜地。建于18世纪。背依湄南河，面积为21.84万平方米，四周的围墙高约5米，呈白色，长1 900米。所有的宫殿都是佛塔式或大王冠形状的古建筑。宫殿的主体呈维多利亚式建筑风格，而屋顶上的3座浮屠（佛塔）直插云天，具有典型的泰国民族特色。在国王进行加冕典礼的杜西特·玛哈普拉沙德宫（俗称极乐殿）的中厅，设有镶嵌珠母的宝座，上有9层华盖。国王召见国宾的恰克里宫是座具有意大利文艺复兴时期风格的建筑，屋顶是泰国式的。从恰克里宫往右有一栋白色的建筑，此处原是旧宫，后改为葬仪殿，室内的墙上有金箔绘制的众佛像，室内还

存有泰王拉玛一世的御座和肖谒台。宫殿所用鱼鳞般的琉璃瓦红绿相映，从宫殿的顶到圆柱方座都是贴金的。各宫殿的四边都是飘逸的飞檐，檐边悬挂着金铃。大王宫内还有许多以中国古典小说《三国演义》为题材的屏风画。

曼谷王朝 Bangkok Dynasty 自1782年起统治泰国的王朝。又称却克里王朝。

曼谷王朝的开国君主为昭披耶却克里。他原为达信部将，1782年杀达信自立为王，史称拉玛一世（1782～1809年在位），即位后迁都曼谷。1851年拉玛四世（又称马古大帝，1851～1868年在位）继位，主张效仿欧洲，在政治、经济和军事方面实行改革。1855年被迫与英国订立《鲍林条约》。1856年先后与美法等9国订立不平等条约，使暹罗沦为半殖民地。1868年拉玛五世（即朱拉隆功大帝，1868～1910年在位）继位。执政后实行一系列重要改革，加速了泰国近代化的进程。19世纪末泰国成为英法在中南半岛竞争中形式上独立的“缓冲国”。

拉玛六世（1910～1925年在位）继续推行维新政策，在文化教育方面尤多创建。1917年建立第一所大学（朱拉隆功大学），1921年颁布初级教育条例，逐步在全国推行强制小学教育。1925年拉玛七世（1925～1935年在位）继位。泰国1932年政变是重

大的历史转折，这次政变导致君主立宪政体的建立。1938年12月銮披汶·颂堪出任总理。1939年改名为泰国。

1946年普密蓬·阿杜德（拉玛九世）继位国王。国王担任武装部队统帅，并根据宪法，通过国会、内阁和法院行使权力。政府每年拨一亿铢（泰币）供王室开支。

曼哈顿工程 Manhattan Project 美国政府于1942年6月开始实施的利用核裂变反应来研制原子弹的计划。又称曼哈顿计划。因前期准备工作都在曼哈顿的哥伦比亚大学进行而得名。1938年发现铀的链式反应。当时纳粹德国，制订了研制原子弹的计划。为先于纳粹德国制造出原子弹，美国集中当时西方国家（除纳粹德国外）最优秀的核科学家，动员10万多人参与，历时3年，耗资约20亿美元，于1945年7月16日成功地进行了世界上第一次核爆炸，并按计划制造出两颗实用的原子弹（美国投到日本广岛和长崎的两颗原子弹）。在工程执行过程中，负责人L.R.格罗夫斯和J.R.奥本海默应用系统工程的思路和方法，大大缩短了

美国投于日本广岛和长崎的原子弹“小男孩”（左）和“胖子”（右）

工程所耗时间，促进了系统工程的发展。

曼海姆 Mannheim, Karl (1893-03-17～1947-01-09) 德国社会学家。生于匈牙利布达佩斯，卒于英国伦敦。先后就读于柏林大学、巴黎大学和海德堡大学，1918年获哲学博士学位。1926年任海德堡大学编外讲师。1930年任法兰克福大学社会学教授。1933年因受纳粹迫害逃往英国，任伦敦经济学院讲师。1942年任伦敦大学教育学院教授。

曼海姆是知识社会学的创始人和主要代表人物之一。强调人的意识不可避免地依赖于人的社会地位，这是全部认识论，包括现代认识论的基本要素。决定行动方式的正是这种深入到意识的“范畴结构”中的社会“存在制约”。为了建立知识社会学的理论基础，他一方面区别了相对主义和相关主义，强调历史上真理形成的前提；一方面强调精神的社会制约性对精神彻底解放的意义。探讨了时代民主蜕变为极权专政的原因，主张在保障人的社会价值的前提下，对自由加以设计，对各种社会力量进行调节。他认为精英人物在这种设计中负有特殊使命。著有《意识形态与乌托邦》、《变革时代的人与社会》、《自由、权力与民主设计》、《知识社会学论集》等。

曼萨·穆萨 Mansa Mūsā (?～约1332) 马里帝国国王。全名为曼萨·康康·穆萨。曼萨是说曼丁戈语各族人民对统治者的尊称。曼萨·穆萨1307年继承王位，是马里帝国第九位国王，由于1324～1325年赴麦加朝圣而名垂后世。400年后，他的名字和画像在欧洲地图上仍作为西苏丹的同义词。曼萨·穆萨鼓励伊斯兰教的传播，礼遇伊斯兰学者，建立了许多清真寺，并确立每星期五进行聚礼的制度。中世纪西苏丹的文化中心廷巴克图，就是此时迅速发展起来的。曼萨·穆萨是马里王国全盛时期的统治者，在他统治下，马里的疆域最为辽阔，国内外贸易发达，国内出现较长的稳定和繁荣局面。曼萨·穆萨死后不久，马里即陷于内乱。

曼森氏裂头蚴病 sparganosis mansoni 曼森氏迭宫绦虫的幼虫（裂头蚴）寄生于人体组织引起的寄生虫。主要表现为眼部及腹壁皮下包块或局部肿胀和炎症。成虫寄生在猫科和犬科动物（猫、虎、豹、犬、狐）的肠内。虫卵随粪便排出，在水中孵出钩毛蚴，被剑水蚤（第一中间宿主）吞食后在其血腔内发育为原尾蚴。若蝌蚪（第二中间宿主）吞食含原尾蚴的剑水蚤，随着蝌蚪发育成蛙，原尾蚴也发育成裂头蚴并迁移到蛙的肌肉中。受染的蛙被蛇、鸡、猪等（转续宿主）吞食，裂头蚴不能发育成熟，而是穿过寄主的肠壁，移居到其腹腔、肌肉或皮下。若受染的蛙或转续宿主被猫、犬等（终宿主）吞食，裂头蚴即在肠内发育为成虫。若含裂头蚴的蛙肉接触到人的伤口，裂头蚴即可由此钻入人体；人吃了带裂头蚴的未煮熟的蛇、蛙、鸡、猪肉，也能受染。裂头蚴一般不能在人体内发育成熟，故人多为其转续宿主。偶见成虫感染人体。从局部检出虫体即可确诊。治疗主要是手术摘除。成虫感染可用吡喹酮、阿苯达唑驱除。

曼斯菲尔德 Mansfield, Katherine (1888-10-14～1923-01-09) 英国作家。生于新西兰惠灵顿，卒于法国枫丹白露。19岁到伦敦从事文学创作。她的创作有短篇小说、诗和文学评论。最早的短篇小说集是《在德国公寓里》(1911)。《玩具房子》、《园会》(1922)

从侧面表现阶级对立。《幸福》(1920)、《杂货店女人》探讨婚姻悲剧。《白丽尔小姐》、《金丝雀》等则描写单身妇女晚景的凄凉。《已故上校的两个女儿》写两个女人已届中年，尚未许嫁，在父亲死后也不敢对自己的前途自作主张。全篇幽默的语调中深含着悲哀。

曼斯菲尔德的作品常能引人同情弱小，憎恶强横。作品色彩鲜明，文笔简洁流畅，发展了一种具有诗的特色的独特散文风格。

曼托瓦尼 Mantovani, Annuzio Paulo (1905-11-15～1980-03-29) 英国籍意大利通俗乐队指挥家、编曲者、小提琴演奏家。生于意大利威尼斯，卒于英国肯特郡坦布里奇韦尔斯。其父曾是托斯卡尼尼乐团中的首席小提琴手。曼托瓦尼从小随父学习小提琴，十几岁时举家迁居英国后，考入伦敦特里尼蒂音乐学院学习。16岁时公演M.布鲁赫的小提琴协奏曲受到各界好评，成为一名优秀的小提琴演奏家。1933年加入英国籍。1935年，30岁的曼托瓦尼创建了一个以弦乐为主的庞大管弦乐团，并亲自担任指挥。他巧妙地依靠管弦乐队中的弦乐器，找到了一种富有特殊色彩的音响，这种富有特色的弦乐演奏，使他的音乐流传世界各地。多年来，曼托瓦尼和他的乐队录制了许多轻音乐曲、舞曲、民间音乐等。其中大部分都是由曼托瓦尼改编或创作的，因此人们称他们的音乐为“曼托瓦尼之声”。曼托瓦尼本人也被誉为“情调音乐之王”。

曼陀罗 *Datura stramonium*; jimsonweed datura 茄科曼陀罗属的一种。一年生草本植物。又称洋金花、醉心花。广布于世界温带至热带各地。植株粗壮，株高可达1.5米，全株光滑。叶互生，叶大，宽卵形，边缘呈不规则波状分裂。花白色，单生于叶腋或枝杈间，喇叭状。蒴果卵圆形，有刺，种子黑色。适应性强，喜温暖及阳光充足之地，宜砂质土壤。春季播种繁殖，栽培容易。同属植物约16种，常见栽培观赏的还有大花曼陀罗、白花曼陀罗、红花曼陀罗。曼陀罗株型高大、粗壮，花朵硕大，可用于庭院栽植或温室盆栽。花、叶、种子均可入药，但全株有毒，切勿误食。

曼佐尼 Manzoni, Alessandro (1785-03-07～1873-05-22) 意大利作家、诗人、剧作家。生于米兰，卒于米兰。自幼受启蒙

主义思想熏陶。早期作品主要是诗歌。16岁时发表的抒情诗《自由的胜利》(1801)，歌颂法国资产阶级革命，赞扬自由战胜专制。《里米尼宣言》(1815)号召一切爱国者联合起来，为意大利的复兴而斗争。《一八二一年三月》(1821)歌颂在烧炭党起义中牺牲的战士。5首《圣歌》(1812～1822)宣扬基督教能够赐予人类崇高的理想、正义和平等。《五月五日》(1821)为哀悼拿破仑的逝世而作，流露出神秘的天命观。

历史悲剧《卡马尼奥拉伯爵》(1816～1820)和《阿德尔齐》(1822)均取材于历史事件，作者借古喻今，揭示君主专制和封建内讧是导致外族侵略、酿成民族灾难的根源。

历史小说《约婚夫妇》(1821～1823)是意大利最重要的浪漫主义作品，描写17世纪西班牙统治下农村青年伦佐和鲁齐娅的遭遇，借以表现意大利人民的悲惨处境。小说抨击外来侵略者和封建贵族，提出独立和自由问题，具有重大的现实意义。小说语法严谨，语言纯正精练，成为学习现代意大利文的阅读范本。

僈人 Man 亚洲中南半岛越南社会主义共和国的少数民族之一。又称瑶人、勉人。约40万人(2001)。主要分布在北部高山地区，以河江省和宣光省最为集中。分为许多支系，名称多以服装式样或颜色而定，如紧裤瑶、白裤瑶、红瑶、青衣瑶、蓝靛瑶等。使用瑶语，属汉藏语系苗瑶语族。僈人与中国瑶族同源，祖先系从中国西南地区陆续迁入越南的。迁徙时间前后已近千年。受中国文化影响较深。许多人家珍藏有“评皇券牒”，记述民族起源、姓氏由来、祖先迁徙和过山耕种等内容。信奉多神，如太阳神、月亮神、山神、林神等；并有祭祀始祖“盘王”的习俗。村寨大都建于高山山腰，住房为干栏式阁楼。多在坡地耕种；兼营畜牧业和手工业，擅长纺织、刺绣、打制银器和铁器。

蔓足类 Cirripedia 甲壳动物鞘甲纲蔓足亚纲动物的统称。通常指藤壶、茗荷、龟足、花笼等终生固着生活的种类，也有少数寄生生活的类型。全部为海产。分布于世界各大洋。体躯略呈虾状，仰卧于头胸甲形成的外套内，外表常有钙质板保护。胸肢多枝型，多节，卷曲呈蔓状，称为蔓足。蔓足不断伸缩，其刚毛散布成网，用以捕食水体内的碎屑和小型动植物。蔓足类因营固着生活，多为雌雄异体。有些种类的雌体外套腔中常附有极小的雄性个体，称矮雄，雌雄同体的种类则常伴有同样小形雄体称为补充雄。

栖息范围从潮间带到深海。在潮间带和浅海常见的有藤壶、茗荷等，深海常见的有铠茗荷和花笼等。

蔓足类与人类的关系较为密切，除在动物群落结构和生物演化上有一定意义外，一些固着类型（如藤壶）可固着于船底、浮标和养殖架伐，繁殖迅速，是航海业的敌害。它们也可固着于工厂的水管中，阻塞管道，造成损失。

漫反射 diffuse reflection 光线照在粗糙的表面上，不规则地散向各方向的反射现象。粗糙表面上各点的法线方向不同，所以即使入射光线是平行的，按照反射定律，反射时并不能沿同一方向。由于一般物体表面对光有漫反射作用，人们才能从不同方向看到它。日出前或日落后，由于空气中尘埃和浮云等的漫反射，大地上会出现暂时的明亮。

漫画 caricature 以夸张、比喻、象征等表现手法和形式简练的笔法，直接表露事物本质、特征的绘画。它不受时间、空间的限制，便于创作。有较强的讽刺、歌颂、抒情、娱乐等功能，并善于表达作者对世事人情的看法，尤以讽刺与幽默见长。

漫画一词是从日本引入中国的。目前所知，在中国最早见于陈师曾1910年所作《窗墙》一画的题词，丰子恺亦称陈师曾的简笔画为“中国漫画之始”。20世纪初期，中国报纸已有“时事漫画”。1925年5月《文学周报》连载丰子恺的画，编者郑振铎代为注明是漫画，从此，漫画的说法渐被认同。但实际上漫画在中国古代就出现了，现藏故宫博物院明宪宗朱见深所作的《一团和气图》就是一例。到清代末期，漫画得到发展，才成为一个独立的画种。当时被称为讽刺画、谐画、滑稽画等，没有统一的称法。到《子恺漫画》的出现，称法统一，并沿用至今。日本对漫画的解释含义更为广泛。日本12世纪的《鸟兽戏画卷》是漫画的早期范例。西方的漫画起源于英国，18世纪W.荷加斯为漫画大师。19世纪法国画家H.杜米埃在西方漫画史上取得了很高的成就。20世纪德国画家G.格罗斯的漫画也很著称。20世纪后期，漫画以其诙谐、幽默特征成为各国流行的大众通俗艺术。现代中国著名的漫画家有丰子恺、叶浅予、张乐平、华君武、米谷、廖冰兄、方成等。

张乐平作《不平衡的平衡》(1946)

漫谈 中国朝鲜族曲艺曲种。流行于中国吉林省延边朝鲜族自治州和省内其他朝鲜族聚居区，以及辽宁、黑龙江两省朝鲜族聚居地区。以一人徒口讲说的方式使用朝鲜族语言进行逗乐性的表演，讲求风趣幽默等喜剧性的审美效果，类似汉族的“单口相声”。与二人对口表演、类似汉族“对口相声”的才谈是姊妹艺术。漫谈与才谈和汉族的相声一样，均具“说学逗唱”四种技艺，但在表演运用中没有逗捧之分。过去没有专业演员，只是群众业余的娱乐手段。节目内容和才谈一样，都以讽刺和幽默见长。20世纪初叶，漫谈和才谈均很兴盛，九一八事变后受战乱影响严重凋敝，濒于灭绝。中华人民共和国建立后，漫谈与才谈逐步复兴，有了众多的业余作者和业余演员，创作演出了不少新节目。其中代表性的漫谈节目有《笑的哲学》和《长生不老药》等；才谈节目有《寻宝》、《信心万倍》和《受奖的那天》等。

慢病毒感染 slow-virus infection 由朊病毒、麻疹病毒、艾滋病病毒、风疹病毒、乳头瘤病毒及JC病毒等引起的感染。一类潜伏期长，起病隐袭，病程为慢性进行性的疾病。其特征为：①潜伏期长；②呈亚急性和慢性起病，进行性加重，预后不良；③病变主要在中枢神经系统；④常伴有细胞免疫缺陷，一般无发热表现；⑤无特效治疗。例如库鲁病、亚急性硬化性全脑炎（包涵体脑炎）、进行性风疹全脑炎、进行性多灶性白质脑病、艾滋病的慢性中枢系统感染、牛海绵状脑病（疯牛病）等。

慢性肾功能衰竭 chronic renal failure; CRF 各种肾脏病引起的缓慢进行性肾功能损害现象。当其进入终末期时，体内代谢废物不能排出体外，水、电解质及酸碱平衡严重失调。

临床分期　1992年中国肾病学界依据肾功能损害程度将肾衰竭分成四期：①肾功能不全代偿期：肾小球滤过率（GFR）80～50毫升/分，血清肌酐（Scr）133～177微摩/升（1.5～2.0毫克/分升）。②氮质血症期：GFR 50～20毫升/分，Scr186～442微摩/升（2.1～5.0毫克/分升）。③肾衰竭期：GFR 20～10毫升/分，Scr 451～707微摩/升（5.1～8.0毫克/分升）。④尿毒症期：GFR＜10毫升/分，Scr＞707微摩/升（＞8.0毫克/分升）。

临床表现　常从氮质血症期开始即出现临床症状，包括水、电解质及酸碱平衡紊乱和代谢废物体内潴留所产生的各系统症状。

水、电解质及酸碱平衡紊乱　①水、钠代谢紊乱：对水、钠调节能力减退，容易出现水、钠潴留（水肿、高血压及心力衰竭），也易发生脱水及失钠。②钾代谢紊乱：因钾排泄减少及代谢性酸中毒，易出现高钾血症。③钙、磷代谢紊乱：易出现高血磷及低血钙，并引起甲状旁腺功能亢进。④镁代谢紊乱：易出现轻度高镁血症。⑤酸碱平衡紊乱：代谢废物潴留，导致代谢性酸中毒。

尿毒素所致各系统症状　①消化系统：出现食欲减退、恶心及呕吐，易发生胃肠黏膜糜烂及出血。②心血管系统：常伴发高血压及动脉粥样硬化，并可出现心包炎、尿毒症心肌病及心力衰竭。③血液系统：出现贫血及出血倾向。④呼吸系统：可出现尿毒症肺炎。⑤神经系统：可出现尿毒症脑病及周围神经病变。⑥内分泌系统：常出现继发性甲状旁腺功能亢进及性腺功能低下。⑦免疫系统：免疫功能低下出现感染。感染常为CRF患者的第二位死因。⑧营养代谢：常出现脂代谢紊乱、胰岛素抵抗及营养不良。⑨骨骼：可出现肾性骨营养不良。⑩皮肤：出现严重皮肤瘙痒。总之，机体各器官系统均可能受累。

治疗　包括非透析保守治疗及肾脏替代治疗。

非透析保守治疗　适用于氮质血症期及肾衰竭期患者，治疗包括如下三方面：①延缓肾损害进展：采用低蛋白质低磷饮食（见慢性肾小球肾炎）。②排出体内代谢废物：多采用中药大黄制剂口服或保留灌肠，从肠道排除毒物。③维持机体内环境平衡：包括纠正水、电解质及酸碱平衡紊乱，纠正贫血，纠正钙磷代谢紊乱及甲状旁腺功能亢进等。

肾脏替代治疗　包括血液透析、腹膜透析及肾移植。国内进行透析治疗的指征是：GFR＜10毫升/分，Scr＞707微摩/升（8.0毫克/分升），尿毒症症状明显，保守治疗两周无缓解好转，或血钾＞6.5微摩/升。

当各器官系统出现并发症时，也应相应处理。

慢性肾小球肾炎　chronic glomerulonephritis　缓慢进展到终末肾衰竭的一组原发性肾小球疾病。简称慢性肾炎。该病仅少数由急性肾炎转变而来，多数患者由病理类型决定，起病即为慢性肾炎。

病因及发病机制　与微生物感染相关，由感染引起免疫反应（包括体液免疫及细胞免疫），免疫反应介导肾小球炎症。非免疫因素也起重要作用，如高血压及蛋白尿所致肾小球高压、高灌注及高滤过，高血脂所致肾损害，均能促进肾小球硬化。

诊断　当病人出现蛋白尿（常在1～3克/日范围）、变形红细胞血尿、管型尿等尿化验异常，伴水肿（常为轻度水肿）或高血压或肾功能损害，病情迁延即应考虑此病。在进一步除外继发性肾炎后诊断即成立。

治疗　慢性肾炎治疗应以延缓肾功能损害进展为主要目的，不应强求消除尿蛋白及血尿。治疗应采取综合措施，包括如下两大内容：

针对免疫介导性炎症的治疗　慢性肾炎一般不主张应用类固醇激素及细胞毒药物治疗。不过，有学者认为如果尿蛋白量较多、肾脏病理存在活动病变时仍可试用，对延缓肾损害进展可能有益，但是，此观点尚需大规模循证医学试验验证。

针对非免疫致病因素的治疗　①积极控制高血压。为有效降压，降血压药常需联合应用，并首选血管紧张素转换酶抑制剂（ACEI），如贝那普利、福辛普利等或血管紧张素Ⅱ受体阻断剂（ARB），如氯沙坦、缬沙坦等。②应用血管紧张素转换酶抑制剂或血管紧张素Ⅱ受体阻断剂。③治疗高脂血症。以胆固醇增高为主者应首选羟甲基戊二酰还原酶抑制剂（他汀类药）治疗，以甘油三酯增高为主者应首选纤维酸衍生物（贝特类药）治疗。④其他。应用血小板解聚药及中药治疗。

当慢性肾炎已进展至慢性肾功能不全时，还应按肾功能不全非透析疗法处理；进入慢性肾衰竭尿毒症后，更应及时给予肾脏替代治疗。

预后　慢性肾炎是缓慢进展的肾小球疾病，多数病人将最终进入慢性肾衰竭尿毒症。

慢性支气管炎　chronic bronchitis　支气管及其周围组织的慢性非特异性炎症。烟雾、吸烟、粉尘等长期作用，加上一些内在因素的影响下疾病迁延。主要表现为反复发作的咳嗽、咳痰，部分患者有喘息症状。上述症状每年持续3个月、发作延续两年以上，排除具有其他相同症状的疾病（如肺结核、支气管扩张、支气管哮喘等）即可作出诊断。去除引起支气管炎的原因，如戒烟、隔离污染环境是治疗的主要措施。确有感染征象时可应用适当的抗菌药物。适度的体育锻炼，增强机体抵抗力，避免感冒也颇重要。有慢性气流阻塞的慢性支气管炎可归入慢性阻塞性肺疾病。

慢性阻塞性肺疾病　chronic obstructive pulmonary disease; COPD　与肺部有害气体（或颗粒）的异常炎症反应有关的一种具有气流受限特征的肺部病变。简称慢阻肺。

要确定患者气流受限，主要根据肺功能检查，即第一秒钟用力呼气容积与用力肺活量比值（FEV_1/FVC）下降，或第一秒钟用力呼气容积占预计值百分比下降。

根据FEV_1占预计值百分数可将COPD分为轻、中、重、极重四级。①极重度患者常常病情严重，FEV_1占预计值百分数低于30%，常合并有慢性呼吸衰竭和慢性肺原性心脏病。②晚期重症COPD合并慢性呼吸衰竭者，出现低氧血症和/或高碳酸血症，这时可有头痛、嗜睡，甚至昏迷等中枢神经系统症状、酸碱平衡紊乱以及呼吸、循环障碍。③慢性肺原性心脏病由于缺氧及肺气肿等病变引起肺动脉压增高所致，最终发生右心衰竭。④COPD急性加重是在COPD病程中反复发生的情况，患者咳嗽、咳痰加重，痰呈黄色脓性，有呼吸困难，可使COPD进展，主要由细胞或病毒感染所致。

戒烟、脱离粉尘或有害气体接触等是治疗COPD的首要措施。适当应用支气管扩张剂可减轻气短或呼吸困难症状，常用的支气管扩张剂有沙丁胺醇、特布他林等气雾剂，它们作用时间4～6小时；异丙托溴铵气雾剂作用时间6～8小时，是COPD最常用的支气管舒张剂；茶碱缓释（或控释）片可口服应用，具有一定的舒张气道作用。

芒　*Miscanthus sinensis*; Chinese silvergrass; awngrass　禾本科芒属的一种。多年生草本植物。又称芭茅。广泛分布于亚洲与太平洋岛屿，中国长江以南丘陵山地普遍生长。植株较高大。根系发达。茎高1～2米。叶片长20～50厘米，扁平或内卷，边缘有细齿。顶生圆锥花序，分枝每节各具披针形小穗。适应性强，喜酸性土壤。易再生，耐刈割，年可刈割青草2～3次。抽穗期刈割的可加工为青贮饲料。抽穗期干物质平均含粗蛋白质11.6%，粗脂肪4.5%，粗纤维48.6%，无氮浸出物27.9%，粗灰分7.4%。耐践踏，也可放牧。幼茎入药，可散血、去毒；秆可用作造纸原料等。

芒萁　*Dicranopteris pedata*; dichotomy forked fern　蕨类植物门里白科芒萁属的一种。又称铁狼萁。广泛分布于中国长江以南各省区以及朝鲜半岛南部和日本。根状茎细长横走。叶片疏生。叶轴一至二回或多回分杈，在第1回分杈处基部两侧有一对羽状深裂的阔披针形羽片；末回羽片披针形，篦齿状羽裂几达羽轴。叶片下面多少呈灰白色或灰蓝色，幼时沿羽轴及叶脉有黄色绒毛。孢子囊群小，生于每组侧脉的上侧小脉的中部，有孢子囊5～7枚。生于强酸性的红壤丘陵或马尾松林下，常大片生长，有保持水土之效，并为酸性土壤的指示植物。生长力强，中国南方农村常割取作为燃料，叶柄可编织用品。全草入药，有清热利尿、祛瘀止血之效。与此种相近的还有铁芒萁和大芒萁。

芒人 Muong 亚洲中南半岛越南社会主义共和国的少数民族之一。约80万人（2001）。主要分布在北方各省，以河西省、和平省最为集中。属蒙古人种南亚类型。使用芒语，系属未定，和越语在语音、词汇和语法上十分相近。信仰多神，崇拜图腾。一般认为芒人和越人同一族源，都是骆越人的后裔，约自10世纪起开始分化成两个民族。主要从事农业，以生产糯稻为主，并种植棉花、竹子、桐油树、茶油树；普遍养牛、养蜂，织布、染布。居住干栏式竹楼，楼上住人，楼下养畜。妇女头戴日字形白布巾。所穿胸衣较短，圆领长袖，多喜白色；下穿长裙。喜爱唱歌，以敲小铜锣集体歌唱为特色。

芒市 Mangshi City 中国云南省德宏傣族景颇族自治州辖市。位于省境西部，南与缅甸接壤。面积2 987平方千米。人口39万（2010），有傣、景颇、汉、德昂、傈僳、阿昌等民族。其中德昂族占全省德昂族的51.5%。元设芒施路，明设芒市长官司，清设芒市安抚司。1915年分设芒市、遮放、勐板三司地。1935年置潞西设治局，1950年置潞西县，1996年撤县设潞西市。2010年改名芒市。矿产以锡、铅、锌、石油等为主，次有金、铁、铜、云母、水晶、大理石等。农业主产水稻、小麦、油料、甘蔗、茶叶、烟叶、蔬菜、橡胶、咖啡、亚热带水果等，历史上以产“芒市谷子遮放米”称誉。畜牧养殖以猪、牛为主。工业以制糖、煤炭、电力、冶金、建材、机械、橡胶、制茶、食品等为主。芒海口岸是通往缅甸的重要通道。芒市机场辟有通往昆明的航线。名胜古迹有三仙洞、菩提寺、芒市树包塔、芒市民族文化宫等。

芒硝 mirabilite 含水硫酸盐矿物，化学组成为$Na_2(H_2O)_{10}[SO_4]$，晶体属单斜晶系。晶体呈短柱状或针状；集合体常呈致密块状、纤维状、被膜状、皮壳状等。无色透明，有时呈浅黄、浅蓝、浅绿等色。玻璃光泽。莫氏硬度1.5～2.0。密度1.49克/厘米^3。解理完全。性脆。味凉而苦咸。极易溶于水，在干燥空气中逐渐失水转变成白色粉末状无水芒硝。是典型的化学沉积物，主要产于现代干涸盐湖中，与石盐、石膏、无水芒硝、泻利盐等矿物共生；在古代盐湖中很少单独形成矿床，常与钙芒硝矿层相伴产出。中国芒硝资源极为丰富，著名产地有山西运城、新疆哈密、青海柴达木盆地、内蒙古苏尼特右旗查干诺尔。美国西尔斯湖和大盐湖、土库曼斯坦的卡拉博加兹戈尔海湾、墨西哥科阿韦拉等地的芒硝矿床也闻名于世。工业矿物原料“芒硝”，常包括无水芒硝、钙芒硝和白钠镁矾，用于制取硫酸钠（又称元明粉）、硫酸铵、硫酸、硫化钠和硅酸钠等化工原料。也是常用的中医矿物药。

杧果 *Mangifera indica*; mango 漆树科杧果属的一种。常绿大乔木。又称檬果、芒果、蜣子。热带水果。原产印度、缅甸、马来西亚一带，主产国有印度、巴基斯坦、巴西、墨西哥、中国和菲律宾等。中国台湾栽培最多，广东、广西、福建、云南等地也有栽培。

树高10～20米，树皮鳞片状脱落，树冠圆头形，叶对生，革质，全缘，长圆状披针形。顶生圆锥花序，花杂性同株。果肾形，淡绿色或淡黄色。开花至果实成熟时间因气候和品种而异，一般需110～150天，6～9月间可陆续采收。不耐寒，气温0℃左右幼苗即冻死，枝梢生长适温为24～29℃。日照充足可提高坐果率。对土壤适应性较广，但忌渍水和碱性过大的石灰质土。繁殖方法以嫁接为宜。建园时栽植多个品种，有利传粉。

果实有特殊树脂香味，肉质多汁，富含维生素A、B、C，含糖量达11%～12%。除供鲜食外，可做蜜饯、罐头、果酱、果脯等。果皮入药，叶和树皮可作黄色染料。

盲肠 caecum 脊椎动物小肠向大肠的过渡部的1～2个盲囊。因种类不同发达程度各异。人类盲肠是大肠的起始部，长约6～8厘米，其下端为盲端，上续升结肠，左侧与回肠相连接。盲肠主要位于右髂窝内，投影于腹股沟韧带外侧半的上方，随着肠腔充盈的程度可稍有变化。个别人的盲肠可高至髂嵴以上，甚至达肝下，也可低至骨盆腔内。回肠末端向盲肠的开口，称为回盲口。此处肠壁内的环行肌增厚，并覆以黏膜而形成上、下两片半月形的皱襞称为回盲瓣，此瓣的作用为阻止小肠内容物过快地流入大肠，并可防止盲肠内容物逆流回小肠。在回盲口下方约2厘米处，有阑尾的开口。

盲聋哑教育 education for the blind, deaf and mute 一般对盲人和聋哑人进行的教育。见特殊教育。

盲鳗目 Myxiniformes 鱼类圆口纲一目。仅盲鳗科1科，分2亚科6属约32种。分布在温带及亚热带海域。体鳗形；外鼻孔一个；开口于吻端，嗅囊的内鼻孔与口腔相通，吻端有口须；无背鳍；眼埋皮下；口不呈漏斗状吸盘；舌肉质发达，上有强大角质栉状齿2列，用以刮食鱼肉；外鳃孔1～16对，左侧具咽皮管、鳃囊及咽皮管直接与咽相连；皮肤黏液腺发达，在体两侧近腹部各成一纵列的小孔；鳃弓位于鳃的外部，相当退化；软骨质，头骨背面完全为膜质，内耳的两个半规管互相套位，外观似一个。

盲鳗常袭击病鱼或攫食上钩或落网的鱼类，自鳃部钻入体腔，食其内脏和肌肉。全部海生，盐度低于20～25时就会死亡。

盲文 braille 专为盲人而设计的一种凸点，以供手指摸识的文字体系。又称盲字。这种文字体系是国际性的，1824年由法国的盲人L.布莱尔发明。因此，国际上便以布莱尔的名字命名盲文。

布莱尔盲字是全世界一致公认的盲文体系，由63个编码字符组成，每一个字符由1～6个突起的点儿安排在一个有6个点位的长方形里。这些凸出在厚纸上的成行

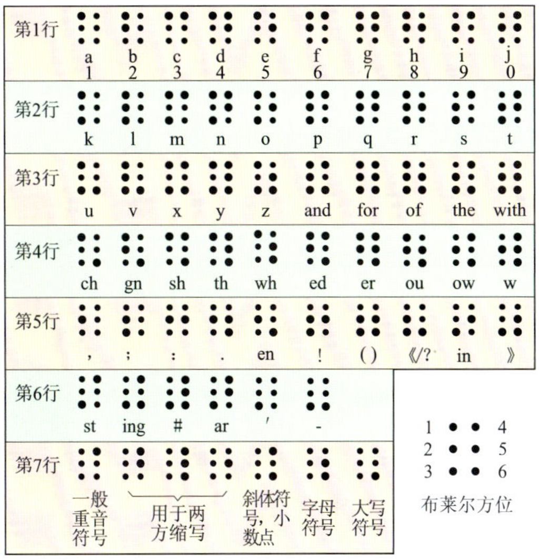

布莱尔字符表

的盲文可以用手指轻轻摸读。

为了确认63个不同的点式或盲文字符，数点位时是左起自上而下1—2—3，然后右起自上而下4—5—6。《布莱尔字符表》表明每个字符的构成以及它的最简单的意义。

布莱尔盲文除手写外可以利用专门的书写工具，还可以用特制的机器造出。已有的计算机程序，能把英文自动译成缩略式凸字板布莱尔盲文，并从一个标准电动打字机键盘输出布莱尔盲文。中国于1953年公布新盲字，开辟了汉语普通话简易体系的盲字道路。

盲蛛目 Opiliones 蛛形纲的一目。全世界已知5亚目约3 200种，生活在温、热带，多在潮湿的场所，在山区的树干、草丛、石块下或墙角处经常可以发现。

一般体长（足除外）5～10毫米。头胸部（前体）与腹部（后体）连接处宽阔，整体呈椭圆形。背甲中部有一隆丘，其两侧各有一眼。背甲前侧缘有一对臭腺的开孔。腹部分节。头胸部和腹部之间无腹柄，步足多细长，腹部有分节的背板和腹板。气管呼吸。掠食或腐食性，取食小型节肢动物、螺类和植物屑。雌性有产卵器，位于腹部腹面正中，管状，藏在鞘内，将卵产入土中、腐木和树皮下、植物或螺壳内。有的种类能营孤雌生殖。

蟒 *Python molarus bivittatus* 蛇亚目蟒科蟒蛇属的一个亚种。分布于缅甸、老挝、越南、马来西亚、印度尼西亚、柬埔寨。在中国分布于广东、海南、广西、福建、云南、贵州、四川。无毒蛇。体型大，长3～7米，重可达50～60千克。背面浅黄、灰褐或棕色。体背及体侧镶黑边的暗褐色云豹状大斑块成行排列。头背黑色，头颈背尚有一暗褐色矛形斑。头侧一纵纹经过眼斜向口角，眼下方一黑纹向后斜向唇缘。腹面浅黄色，两侧有深色斑点。头背除顶部有对称大鳞外均为小鳞。吻鳞和前两枚唇鳞具唇窝，为“热测位器”。眼小。是较原始的低等蛇类，泄殖肛孔两侧有1对爪状的后肢残余，雄性尤为显著。生活于热带及亚热带林木茂密的山区。常用体后段攀绕在树干上，也喜游水。以小型哺乳动物、鸟、爬虫类为食。捕食较大的猎物时先缠绕缢死再吞食。繁殖期4～6月。卵生，一次可产卵20枚左右。雌蛇有蜷伏卵堆的孵卵习性，由于蛇体温度比周围气温高，可加速卵的孵化。蟒蛇数量已处于濒危状态，属国家一级保护动物。

猫 *Felis catus*; cat 食肉目猫科猫属的一种。善于捕鼠，也捕食鸟类、鱼和蛙等。常用于控制鼠患，也是世界上流行的一种玩赏动物。

猫的体重大小悬殊，小型的仅2千克左右，大的可达10千克以上。被毛颜色和花纹丰富多彩。头圆，颌宽，鼻短，嗅觉较发达。成年猫牙齿30个，犬齿长而尖锐。舌面生有乳突。嘴边须毛为触觉器官，爪上肉垫能感受地面极微小的震动。听觉灵敏。视网膜感光敏锐，晚上在强光下眼睛可反光。体躯柔软、轻巧，有在狭隘空间穿越和旋转的能力。趾端有伸缩自如的锐爪，利于捕获猎物。

猫一般一年怀胎二三次，一胎产三四只。最好在一岁左右配种。妊娠期平均63天。寿命10～15年，也有达20年左右的。习性孤独，合群性差。观察力和记忆力强。爱清洁，昼息夜出，猎捕天性突出，喜玩耍。

家猫的品种估计有50个左右。培育的纯种猫遗传性较稳定，可分短毛种、长毛种和无毛种三大类型。①短毛种。著名的品种有泰国暹罗猫、阿比西尼亚猫等。②长毛种。起源于亚洲，后引入欧洲。著名品种有波斯猫、喜马拉雅猫、长毛泰国猫等。③无毛种。是很长时间以来培育出的一类品种，有斯芬克斯猫等。

猫怕寒不怕热，喜欢暖处，要为其防寒保暖。食谱很广，一般以肉类、蔬菜和谷类拌和饲喂。分娩宜在暗处，并保持安静。幼猫5～6周龄断乳。猫易患传染性肠炎。偶见狂犬病，可用疫苗预防。以猫为终末宿主的弓形虫和体外寄生虫跳蚤等对人有害，饲养者应注意灭除。

《猫》 *Cats* 西方当代音乐剧代表作。英国音乐剧作曲家A.L.韦伯根据T.S.艾略特的诗作《擅长装扮的老猫经》改编、作曲，T.纳恩导演。该剧没有传统音乐剧的完整故事，而是展示了一群生活在垃圾场的猫的众生相，实际上反映了人的生活体验。有昼伏夜出的冈比猫，有生活得风光体面的夫妻猫，有横行霸道的强盗猫，也有历尽沧桑年老色衰的格雷泽贝拉。格雷泽贝拉曾经魅力十足，如今却落魄孤单。她想归队，但其他猫对她很蔑视。戏的最后，格雷泽贝拉得到众猫理解，被公推升上天堂。此时，她的一曲《追忆》成为当代音乐剧中最脍炙人口的歌曲。《猫》1981年5月11日首演于伦敦，连续演出直至2002年5月11日结束；在纽约百老汇也连续上演18年（1982～2000）。它是迄今为止世界上连续上演最长的音乐剧。

《猫》剧照

猫儿山 Mao' er Mountain 南岭之越城岭的主峰。中国广西壮族自治区最高峰。海拔2 142米。山体东北—西南走向，长60千米、宽10～15千米。峰顶形似猫头，故名。漓江、资水、寻江均发源于此。猫儿山林木茂密，高等植物约有150多科、380多属、900多种，其中多中国特有珍贵品种，如铁杉、银杉，同为冰期遗留的裸子植物，现仅存1 500多株。海拔1 500米左右有多种稀有品种的杜鹃花，1 100～1 700米有大批箭竹。山坡高处多姿态奇特、树冠顶平的灌丛矮林。沟谷深处，亚热带常绿阔叶的原始森林莽莽苍苍，生活于其中的珍禽异兽和各类动物达22目、46科、112种，有毛冠鹿等珍贵品种。建有猫儿山国家级自然保护区。

猫科动物 Felidae; cat 哺乳纲食肉目的一科。共5属36种，中国产4属13种。在欧、亚、非、南北美洲的热带到寒带均有分布。高度特化的食肉目动物。头大而圆，吻部较短，视、听、嗅觉均很发达。犬齿和裂齿极发达，可用于穿刺、切割和衔物。皮毛柔软，具花纹。爪锋利，既可弯曲，又可回缩。尾较发达。多数善于攀缘和跳跃，喜独居。常用锉一样的舌头为同类梳毛。肉食，常以伏击方式捕杀其他动物。其中，虎、狮、豹、猎豹、雪豹、云豹、美洲豹、猞猁等为观赏动物，狮、虎常被马戏团驯化表演，猎豹被驯化狩猎，家猫为捕鼠能手和人类宠物。许多种现已列为国家保护动物、世界珍稀动物。

猫头鹰 Strigiformes; owl 鸮形目鸟类的俗称。夜行性猛禽。因面形似猫，故名。

猫眼石 chrysoberyl cat' s-eye; cat' s-eye 具有猫眼效应的金绿宝石。

猫抓病 cat-scratch disease 由家猫等动物伤人所致的急性传染病。潜伏期为数日至2周。抓伤或咬伤处皮肤有炎症、疼痛，并可化脓。局部淋巴结肿大、压痛，少数患者淋巴结化脓，并可破溃形成窦道。亦可有全身淋巴结轻度肿大和脾肿大。约1/3患者可出现发热，体温在38～41℃，伴有头痛、全身不适等。少数患者于病后3～10天出现充血性斑丘疹、结节性或多形性红斑。部分患者有结膜炎和结膜肉芽肿，伴有耳前淋巴结肿大，称为帕里诺氏眼-淋巴结综合征。也可发生肝炎、脑炎、脑膜炎、脊髓炎、多发性神经炎、血小板减少性**紫癜**、骨髓炎等。末梢血白细胞总数及嗜中性粒细胞轻度增高，血沉增快。可用大环内酯类、氟喹诺酮类抗菌药和多西环素。重症患者可联合氨基糖苷类抗生素、头孢噻肟等。淋巴结化脓时可穿刺抽脓，以减轻发热及全身中毒症状。不宜切开引流，以免形成瘘管。预防此病应避免被猫抓伤及咬伤。若发生抓、咬伤时，可局部涂抹碘酒及酒精。

毛笔 writing brush 以各种具有锋颖的动物毛发梳扎成锥形笔头，黏结在竹管或木管等的一端，用于书写、绘画的笔。**文房四宝**之一。

沿革 在中国湖南长沙左家公山和河南信阳长台关两处战国楚墓里分别出土一支竹管毛笔，是发现最早的毛笔实物。晋代张华《博物志》有蒙恬造笔之说。史传秦国大将蒙恬取山兔毫与竹管为原料，在原始竹笔的基础上制成第一批改良后的秦笔。汉代，毛笔的制作有进一步的发展，在笔杆上已有刻字或镶嵌工艺。因最好的山兔毫产自宣州中山，后人称用此毫制作的笔为宣笔。宣笔起源于秦代，闻名于晋代，唐代名声大振。至元明，浙江湖州涌现出一批制笔能手，如冯应科、陆文宝、张天锡等，以山羊毛作笔毫，风行于世，世称湖笔。自清代以来，浙江湖州府归安县（今属湖州市）善琏镇一带制作的湖笔以选料考究、做工精细、得心应手而闻名，该处亦成为中国毛笔的集中产地。

分类 按笔头所用原料分为四大类：①羊毫笔。一般选用5～6岁的老山羊胸毛制成。羊毫质地柔软，有弹力，经久耐用，又称软毫。清代开始盛行羊毫笔。②狼毫笔。选用黄鼠狼（黄鼬）的尾毛制成。狼毫性刚健有弹力，又称硬毫。据传五代以后始用狼毫制笔。③紫毫笔。即兔毫笔。选取兔的脊部及尾部的紫毫制成的笔。兔毫有紫色、花白色之分。用紫毫制的笔性柔而健，若兼用花白毫，则脆而坚劲。唐代以前的毛笔基本为兔毫笔，属硬毫类。④兼毫笔。选用两种以上弹性不同的动物毛，按一定比例配方制作的笔。介于软毫与硬毫之间，刚柔相济，软硬适中。

按用途分为两类：写字毛笔笔头一般在1寸以内，分为大楷、中楷、小楷三种，多用于写字，也可用于作工笔画、小写意画等；书画毛笔粗大充实，吸墨多，刚柔相济，利于书画创作时一气呵成。

按规格用途分为大楷笔、中楷笔、小楷笔、楂笔（又称抓笔，写最大字用的笔）、斗笔（大笔）、椽笔（大笔）、提笔（专供写匾额用的大笔）、联笔（写对联用的大笔）、屏笔（写屏条用的长毫笔）、圭笔（比小楷笔小的毛笔）、笋尖笔（笔尖如笋尖）、枣心笔（笔头如枣核状，行草书法用）、鸡距笔（笔头粗而短、形似鸡距）、长锋笔、中锋笔、短锋笔等。

制作 制作毛笔笔头的原料以山羊毛、黄鼠狼尾毛、山兔毛、石獾毛、香狸毛为多，猪鬃、马尾、牛尾、鸡毛、鼠须、胎发等也广为使用。毛笔杆多用竹管，如青竹、紫竹、斑竹、罗汉竹等，也有用红木、牛角、骨料、象牙、玉石、陶瓷等制作的。各类毛笔的制作均须经过选料、除脂、配料、梳洗、顿押、卷头、拣齐、扎头、装头、干修、粘锋、刻字、挂绳等工序。

使用 新笔在使用前应用温水泡开，切忌硬性撕散或用开水浸泡，以免掉头或断锋。毛笔用完后应立即洗净，并挂在笔挂上晾干。

毛翅目 Trichoptera **昆虫纲**的一目。中、小型**有翅昆虫**。成虫称为石蛾，幼虫称为石蚕。全世界已记载有7 000种，中国约500种。成虫体长1.5～40毫米。头部复眼发达，单眼缺或1～3个，触角丝状，多节。口器咀嚼式，弱或退化。前胸短，中胸较后胸大。足细长。翅2对，膜质具毛，少数种类翅退化，尤以雌虫为甚。腹部10节，雄虫第9腹节在构造上有很多变异，是鉴别种类的重要特征。趋光性强。卵块产在水中。幼虫水生，常吐丝把砂石或枯枝败叶等物做成筒状巢匿居其中，或仅吐丝做成锥形网，取食藻类或蚊、蚋等幼虫，少数种类如银条长角石蛾曾有危害水稻苗的记录。常为1年多代，但亦有年生一代的。幼虫期一般6～7龄。幼虫是鱼类或其他水生昆虫如龙虱等的食物，体上有时有水螨寄生。成虫有时为鸟类或蝙蝠捕食，产卵时易为蜻蜓所食。

毛翅目昆虫喜在清洁的水中生活，它们对水中的溶解氧较为敏感，对某些有毒物质的忍受力较差，因而在研究流水带生物学，评估水质和人类活动对水生态系的影响，以及在流水生态系的生物测定中，有着很重要的作用，现被应用作为监测水质的指示生物。

毛淡棉 Moulmein 缅甸南部重要港口城市，孟邦首府。临安达曼海的莫塔马湾（马达班湾），扼萨尔温江口及吉英河与阿塔兰河汇合处。人口39.95万（2003）。古时为海上贸易中心，一度为缅甸最大港口。工业有木材加工、碾米、船舶修理、酿酒、纺织等。手工艺品有金银首饰及牙雕和柚木雕刻等，以精巧闻名国内外。重要交通枢纽。缅甸仅次于仰光的第二大港。出口大米、柚木、茶叶、橡胶及锌、锡等矿产品，进口以燃料为主。沿萨尔温江可通航至格马蒙。铁路南达耶城，公路南至丹老（墨吉），东至缅泰边境重镇渺瓦底。对岸的莫塔马（马达班）有铁路和公路通仰光。市内古塔林立，游览胜迹颇多。安达曼海沿岸的塞苏海滩，景色秀丽，为旅游胜地。

毛涤织物 wool/polyester fabric 用**羊毛**与涤纶混纺纱织制的织物。其命名以原料比例多少为两种纤维的先后次序。羊毛成分多于涤纶时称毛涤织物；反之则称涤毛织物；若成分比例相同，则因羊毛价格较高，又称毛涤织物。具有不易折皱、坚牢耐穿、易洗快干、裙裥持久、尺寸稳定、免烫性好等优点，但易产生金属光。适宜制作套装、便装、裤等。品种有毛涤华达呢、毛涤哈味呢、毛涤单面花呢、毛涤混纺薄花呢等。产品的原料混纺比例多以毛45%/涤55%为主，其他少数有毛60%/涤40%、毛70%/涤30%、毛65%/涤35%等。若涤纶含量过低，难以保持良好的免烫性。毛涤混纺薄花呢又称毛的确良，具有轻薄、滑爽、透凉等特性，织物最轻的重量为120克/米^2。

毛颚动物门 Chaetognatha 动物界体腔动物的一门。世界已知仅有1纲2科，约有70～80种。中国已知40种左右。毛颚动物体细长，一般1～3厘米，最长可达12厘米以上。可分为头、躯干和尾3部分。头部略膨大，具有颚毛。体形如箭。躯干与头连接处稍微缢缩为颈部，尾部末端尖细。体壁透明，其内部结构自体外可见，故又称玻璃虫。身体两侧对称，以肠腔法形成体腔；有水平方向的侧鳍和尾鳍。是极为活跃和凶猛的肉食性动物。主要是在夜间或弱光下摄食桡足类、磷虾类、幼虫、仔鱼等，同类相食也常见。毛颚动物是雌雄同体而雄性生殖腺先成熟的动物。行自体受精。行异体受精的有配偶行为，互以精胞移附于对方身体。刚孵出的幼体便具成体的基本形态。再生能力较强。多生活在200米水层以上，6 000米以下绝迹。许多种有昼夜垂直移动现象。有的有季节垂直移动现象。为海洋浮游动物的重要类群之一。有些种类对温度和盐度有严格要求，可作为海流、水团的指示生物。

毛茛 *Ranunculus japonicus*; Japan buttercup 毛茛科毛茛属的一种。中国各地广布。朝鲜半岛、俄罗斯、日本也有分布。多年生草本，被长柔毛。基生叶多数，具长柄，叶片圆心形或五角形，3深裂，中央裂片宽菱形或倒卵形，3浅裂，疏生锯齿；侧生裂片不等2裂。茎中部叶具短柄，上部叶无柄，3深裂。花数朵成聚伞状；花两性，整齐，径约2厘米；萼片5；花瓣5，亮黄色，倒卵形，基部具蜜槽；雄蕊多数，心皮多数，离生，生圆顶状花托上；子房上位，1室，聚合瘦果近球形；花果期4～9月。生长在沟边、湿地或水田边。全草有毒，可作发泡剂。入药可治疟疾、黄疸。

毛公鼎 Bronze Ding of Duke Mao 中国西周晚期青铜器。因作器者为毛公厝而得名。相传清道光末年在陕西岐山出土。现藏台北“故宫博物院”。鼎通高53.8厘米、腹围145厘米，重34.7千克。半球状腹，立耳，兽蹄形足。口沿下有两周弦纹，中填重环纹。内底铸铭文499字，是现存铭文最长的一件

西周青铜器。这是一篇完整的训诰和册命文字，记述周王册命毛公治理邦家内外，对其谆谆告诫，并赏赐他香酒、命服、车马器、兵器等大量物品。此铭对研究西周晚期的历史有重要的参考价值。从器形、纹饰、铭文格式和字体等考察，此鼎应是宣王时器。

毛果芸香碱 pilocarpine 生物碱，分子式 $C_{11}H_{16}N_2O_2$。

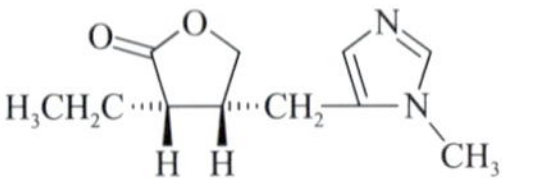

存在于毛果芸香叶中。油状物或结晶；熔点34℃，沸点260℃（5毫米汞柱，部分转化为异毛果芸香碱），比旋光度$[\alpha]_D^{18}$+106（2克/100毫升水）；溶于水、乙醇和氯仿，难溶于乙醚、苯。毛果芸香碱具有强烈的发汗作用，能缩小瞳孔，可用于治疗青光眼。异毛果芸香碱是毛果芸香碱的立体异构体，其性质和生理作用与毛果芸香碱相似。

毛蚶 *Scapharca subcrenata*; ark shell 蚶目蚶科毛蚶属的一种。海产经济贝类。分布于西太平洋的日本、朝鲜半岛、中国沿岸，以中国渤海和东海近海较多。

壳长4～5厘米，近圆形，厚而宽，双壳膨胀，左壳略大于右壳。顶部凸起，表面有凸起且较密的放射肋30～34条，肋上有小结节。被褐色带绒毛的表皮，壳内面白色或灰黄色。生活于低潮线至水深30米以内的泥砂底质中。喜居于有适量淡水流入的内湾，为广温、广盐性贝类。以浮游植物和有机碎屑为食。雌雄异体，2龄性成熟，繁殖期大多在7～9月。

肉嫩，可鲜食、干制或加工成罐头。壳可入药，还可粉碎作为畜禽饲料的添加剂。中国沿海许多地区已开展人工增殖。产量高，经济价值很大。

毛拉 Mawlā 伊斯兰教教职。旧译“满拉”、“莫洛”、“毛喇”、“曼拉”。阿拉伯语音译，意为“保护者”、“主人”、“主子”。7～8世纪，阿拉伯哈里发国家将非阿拉伯的穆斯林称为毛拉，即“释奴”。中亚和印巴次大陆通常指伊斯兰教学者。伊斯兰教什叶派有时将伊玛目也称为毛拉，以示尊崇。苏非教团的首领，特别是精神导师，也称谢赫。中国新疆维吾尔等族的穆斯林，称清真寺的阿訇、教长为毛拉，德高望重、学识渊博者称大毛拉。维吾尔族在男性名前冠以毛拉，为一种身份的象征。中国甘肃、宁夏、青海的回、保安、东乡等族穆斯林，把在清真寺学习的学生称为“满拉”（即“毛拉”）。

毛里求斯 Mauritius 印度洋西南部岛国。西距马达加斯加约800千米，西南距留尼汪160千米，离非洲大陆2 200千米。地当印度洋战略要冲。包括毛里求斯岛及罗德里格斯岛、阿加莱加群岛、卡加多斯－卡拉若斯群岛、查戈斯群岛（现由英国管辖）、特罗姆兰岛（现由法国管辖）等属岛。面积2 040平方千米（包括属岛面积175平方千米）。人口约128.1万（2010），海岸线长217千米。首都路易港。多民族国家。居民主要由印度和巴基斯坦人后裔（69%）、克里奥尔人（27%，欧洲人和非洲人混血）、华裔（2.3%）和欧洲人后裔（1.7%）组成。居民中51%信奉印度教，31.3%信奉基督教，16.6%信奉伊斯兰教，另有少数人信仰佛教。官方语言为英语，法语和克里奥尔语也普遍使用。另外还有两种中国地方语言：广东话和客家话。主要城市路易港、马埃堡。

地理 主岛毛里求斯岛与罗德里格斯岛均系火山岛（与留尼汪岛合称马斯克林群岛），岛上熔岩广布，多火山口，周围有

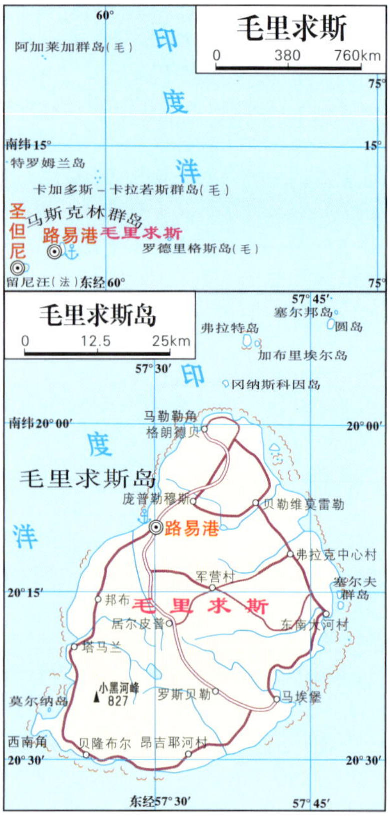

珊瑚礁和潟湖环绕，岸线曲折，多优良港湾。河流短小，东南大河最长，约34千米。主岛东西宽47千米，南北长67千米，面积1 865平方千米，占国土面积91%。沿海平原东岸宽，西岸狭窄。中部为高原山地。地势南高北低。一般海拔300～600米以上，西南部的小黑河峰海拔827米，为全国最高点。主岛东北400千米，有由22个小岛组成的卡加多斯－卡拉若斯群岛（又称圣布兰登群岛）。主岛西北有阿加莱加群岛。气候属亚热带海洋型。高地凉爽多雨，低地湿热。全年分雨、旱两季。沿海年平均气温25℃，中部高原20℃，平均年降水量中部高原为5 080毫米，西海岸1 010毫米，东海岸1 900毫米。降水集中于11月至翌年4月雨季。多飓风暴雨。毛里求斯岛31%为森林覆盖，高地森林茂密，多桃花心木、黑檀等名贵树种。盛产甘蔗，有“甜岛”之誉。矿产资源贫乏，迄今尚未发现有可开采价值的矿产。

历史 原为荒岛。1598年作为荷兰的海上补给站，取名毛里求斯。1715年被法国占领，改名法兰西岛。1814年沦为英国殖民地，恢复现名。1968年3月12日宣布独立，实行君主立宪制，奉英国女王为国家元首。1992年3月改行共和制，称毛里求斯共和国。为英联邦成员。独立以来，历届政府均坚持维护多民族的团结与和睦，实行文化多元化政策，政局长期稳定。

1996年1月修改的现行宪法规定：毛里求斯是议会共和制国家，总统为礼仪性国家元首，由总理提名，经议会批准后产生，任

毛里求斯风光

期5年。总理由议会多数党领袖担任，行使国家行政权，有组成和改组政府以及解散议会，提前举行大选的权力。实行多党制及立法、行政、司法三权分立制度。国民议会实行一院制，为国家最高立法机构。负责制定法律、讨论国家政策，批准政府各项法令和财政预算。由70名议员组成，任期5年。注册参加大选政党71个和2个政党联盟。主要政党有：社会主义战斗党，毛里求斯战斗党，工党，毛里求斯社会民主党等。无正规作战部队。武装力量由警察、特别机动队和特工队组成，总统为总司令。武装力量实际由总理掌握。

奉行中立、不结盟、全方位的外交政策。积极参与地区合作和南南合作。主张印度洋为和平区。已同90多个国家建立了外交关系。同法国在特罗姆兰岛的归属问题上，同英国在查戈斯群岛的主权问题上，同塞舌尔在沙亚·马拉沙洲海域归属问题上均有争议。1972年4月15日与中国建交。

经济 2009年国内生产总值78.46亿美元，人均国内生产总值6 914美元，国内生产总值增长率3.1%。在21世纪初“世界经济论坛”对全非经济最具竞争力国家的排名中，居第二位。原经济结构单一，仅种植甘蔗、生产蔗糖。20世纪70年代后实行经济结构调整，进行多种经营，形成了以糖业、出口加工业和旅游业为三大支柱的经济格局。90年代实施经济多元化政策，大力发展离岸金融业，并将路易港建为自由港。现金融服务业已成为经济第四大支柱，以信息技术和通信业为核心的新经济也有较快发展。

工业以制糖业和出口加工业为主。2009年产蔗糖46.67万吨。出口加工业是20世纪80年代发展起来的新兴工业，主要生产纺织品、服装、钟表、珠宝首饰、仪表等。农业以甘蔗种植为主，蔗田面积7.62万公顷，约占全国可耕地面积的69%，集中分布于本岛，由附有大型加工厂的大型种植园经营。粮食作物主要有薯类、玉米和稻谷，粮食不能自给。其他作物有甘蔗、茶叶、烟草、洋葱、水果等。畜牧业主要饲养牛、羊、猪、鹿、鸡等。滨海有渔业专属经济区120万平方千米，水产资源丰富。

旅游业为重要创汇产业。2009年接待国外游客87.13万，主要来自法国、德国、南非、英国、意大利、瑞士等国。

交通以公路运输为主，公路线网较密，公路总长2 020千米（其中干线955千米），快速公路75千米。现无铁路。全国90%以上进出口物资靠海运，路易港是唯一国际商港。2003年，港口货物吞吐量528万吨，包括集装箱38.2万标准箱。普莱桑斯机场为毛里求斯唯一国际机场。与英、法、意、德、印、新加坡、中国香港、南非、塞舌尔等15家航空公司合作，开辟有近30条国际航线。

对外贸易是国民经济重要组成部分，主要出口蔗糖和出口加工区产品，是非洲主要蔗糖出口国之一。进口粮食及其他食品、棉毛原料、机器设备、石油产品等。同100多个国家和地区有贸易往来，主要贸易伙伴是英国、美国、法国、德国、南非、印度等。货币名称毛里求斯卢比。

文化 实行大、中、小学免费教育。中、小学学制分别为6年。2007年有小学289所，中学186所，职业培训学校153所。建有毛里求斯大学和毛里求斯技术大学。毛里求斯教育学院是以培养中小学教师为主的大专学校。甘地学院是由印度援建的一所东方语言艺术学院。

传媒机构中无通讯社，由新闻部通过电传向报界转发西方各大通讯社国际新闻。有报刊11种，较有影响的是《快报》、《毛里求斯人报》、《周末报》等。设毛里求斯广播电视公司（1964）。

海滨和内陆高原景色优美，气候宜人，主要名胜有主岛西南海岸的黑河山与庞普勒穆斯岛上的庞普勒穆斯植物园。

毛里塔尼亚 Mauritania; Mauritanie 非洲西北部沿海国家。全称毛里塔尼亚伊斯兰共和国。西濒大西洋，陆邻西撒哈拉、阿尔及利亚、马里和塞内加尔。面积103万平方千米。人口330万（2009）。首都**努瓦克肖特**。主体民族**毛里塔尼亚人**，又分为阿尔贝丹人（白摩尔人）和哈拉廷人（黑摩尔人），占全国人口的70%，其余为当地传统的非洲黑人，包括图库洛尔人、萨拉科莱人、沃洛夫人、索宁克人、颇尔人等。居民大多信奉伊斯兰教，少数信原始宗教。阿拉伯语、颇尔语、索宁克语、沃洛夫语同为民族语言，官方语言为阿拉伯语，通用法语。

地理 地处撒哈拉沙漠西部边缘，国土的2/3属于沙漠、砾漠和石漠，素称“沙漠之国”。海拔一般200米左右。中部是阿德拉尔高原和塔甘特高原组成的低高原，大体呈南北走向，海拔400～500米，有少数山峰超过600米；西北边境弗德里克附近的全国最高峰伊吉勒山海拔915米。西部沿海和南部塞内加尔河谷属沿海平原和河谷冲积平原，海拔50米以下，但面积有限。大部地区为热带荒漠气候，终年高温少雨。最冷月平均气温20℃左右，多干热的哈马丹风。广阔的荒漠草原，植被稀疏、草场质量差，是传统的游牧区。南部的塞内加尔河谷地带，占国土面积的1/4，属热带半荒漠气候，平均年降水量300～500毫米，通常称萨赫勒带。是传统的农牧交错地带。塞内加尔河为全国唯一的常年性河流，有航运和灌溉之利；河谷的洪泛平原，历来盛行退洪耕作，也是良好牧场。阿拉伯树胶是萨赫勒带重要资源。沿海水域属大西洋中东部渔区，渔业资源丰富。矿产资源丰富，以铁矿居首，储量估计达107亿吨，祖埃拉特和弗德里克地区的铁矿储量估计达87亿吨。其次是铜矿，储量2 220万吨，并伴生有金矿。此外还有：石膏矿，储量40亿吨；磷酸盐矿，储量1.4亿吨；岩盐、钛和硫磺等。

历史 境内最早居民是定居于塞内加尔河谷的图库洛尔人和萨拉科莱人等黑人部族。公元前后柏柏尔人迁入，开辟了北非与西非间的商队贸易。7世纪阿拉伯人迁入，建立封建王朝，传播伊斯兰文化，南部的河谷农业和阿拉伯树胶采集由此兴起。11世纪后部分地区先后成为加纳、马里和桑海三个西非帝国的版图。15世纪后葡萄牙、荷兰、法国相继入侵。1912年沦为法国殖民地；1920年并入法属西非；1956年成为半自治共和国；翌年纳入“法兰西共同体”。1960年11月28日独立。1991年7月举行全民投票，通过新宪法草案，实行多党制，举行多党总统选举和议会选举；根据新宪法，实行总统制，总统为国家元首，由普选产生，任期5年，可连选连任一次。

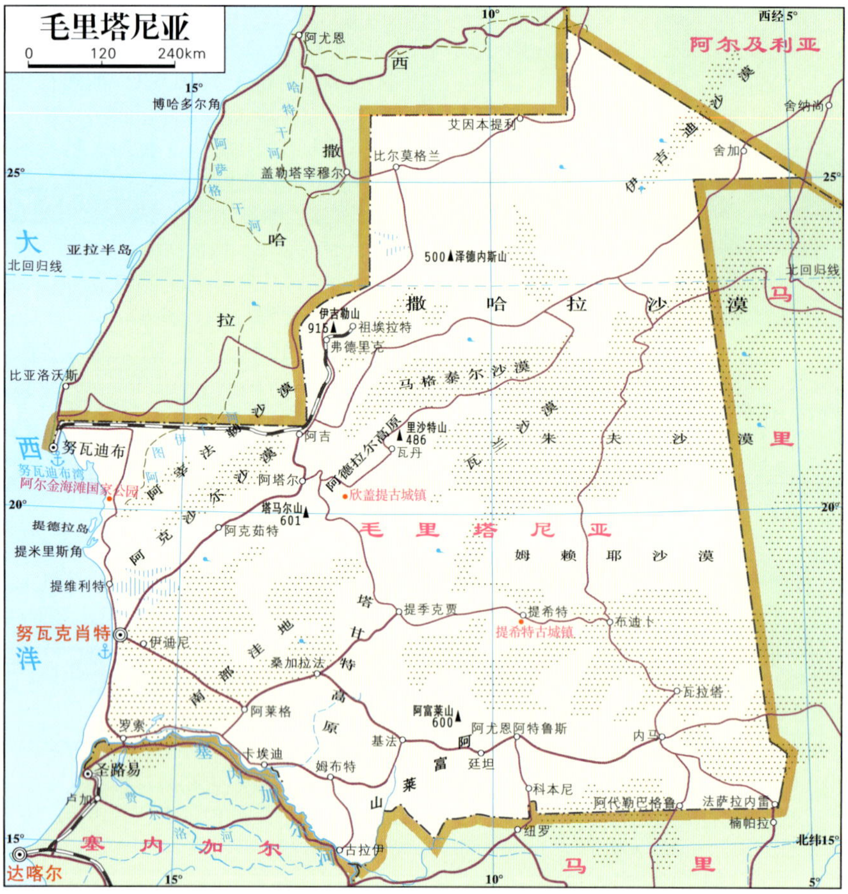

议会实行两院制，行使立法权。国民议会95名议员由直接选举产生，任期5年；参议院56名议员，由市政委员会选举团间接选举产生，任期6年。全国有合法政党21个，主要有争取民主与革新共和党、民主团结联盟、民主进步联盟等。国家武装力量由国民军和宪兵、国民卫队组成，总统任最高统帅，主持国防会议。实行义务兵和志愿兵相结合的兵役制度。奉行独立、和平、中立的外交政策，与103个国家建立了外交关系。1965年7月19日与中国建交。

经济 联合国划定的最不发达国家之一。2009年国内生产总值32.2亿美元，人均国内生产总值975美元。产业结构较单一，为以牧业为主的农牧业国。70%居民以畜牧业为主。南部牧区以养牛业为主；中部、北部牧区放牧羊和骆驼，是非洲第三大骆驼生产国。种植业限于塞内加尔河谷地区。传统的退洪耕作盛行。为发展河谷农业，重点发展水稻和多样化经济作物。粮食作物有高粱、水稻、小米、玉米、木薯等；经济作物主要是棉花、甘蔗以及蔬菜、水果。此外还产椰枣和阿拉伯树胶，是非洲重要的阿拉伯树胶生产国之一。1981年成立了国家渔业局。年捕鱼量约90万吨，成为西非第一海洋渔业大国。采矿业是国民经济支柱，以铁矿和铜矿开采为主，矿产品出口约占总出口额的80%。1997年铁矿石产量1 700万吨，近年产量下降，2009年1 030万吨，是非洲重要的铁矿生产和出口国。阿克茹特铜矿1970年投产，实际年产量1.5万～2万吨。制造业薄弱，主要有炼油、食品、纺织、水产加工、畜产加工、水泥、金属加工、化工、制糖、服装、制鞋等。努瓦克肖特炼油厂年加工能力为100万吨。水产加工主要集中在努瓦迪布和努瓦克肖特。交通不发达，以公路为主。公路总长11 066千米，其中柏油路2 966千米。有铁路一条，长728千米，连接努瓦迪布港和祖埃拉特铁矿，以运输铁矿砂为主。努瓦迪布港包括承担铁矿砂出口的矿石港、渔港和商港。努瓦克肖特友谊港，由中国援建，主要是商港，也承担阿克茹特的铜矿出口。塞内加尔河下游河段全年通航，中游季节性通航。有机场27个，努瓦克肖特机场、努瓦迪布机场为国际航空港。

欣盖提古城的清真寺

文化 重视发展教育。强调教育阿拉伯化和伊斯兰化。教育经费占国民生产总值的5.1%。有中小学约1 100所，高等学校5所，技术学校5所。努瓦克肖特大学建于1980年，是全国唯一综合性大学。除现代教育外，各地还沿袭有传统的古兰经学校。东南部的昆比萨利赫、瓦拉塔、提希特、塔姆舍凯特和西北部的瓦丹、欣盖提，都有大批考古遗址和丰富的古文化遗存，受到世界各国学者的关注。阿德拉尔高原和塔甘特高原是旅游热点地区，多古文化遗址。有正常出版的报刊20多种，阿拉伯文版《人民报》和法文版《视野报》为全国大报。毛里塔尼亚新闻通讯社为官方通讯社，1975年成立时称毛新社。毛里塔尼亚广播电台属国家广播电台，建于1960年，用阿拉伯语、法语、布拉尔语、索宁克语和沃洛夫语播出。毛里塔尼亚电视台为国家电视台，建于1983年。

毛里塔尼亚人 Mauritanian 西北非毛里塔尼亚伊斯兰共和国的主体民族。又称西撒哈拉阿拉伯人或**摩尔人**。约215.6万人(2005)，占全国人口70%。主要分布在北部和中部。属欧罗巴人种地中海类型，含少量**苏丹尼格罗人**成分。分特拉尔扎人、霍盖巴特人、布拉克纳人、阿德拉尔人、伊姆拉根人等支系。操阿拉伯语哈桑方言，属阿非罗－亚细亚语系闪米特语族。多信伊斯兰教，属逊尼派。传统社会允许一夫多妻。男女均行割礼。按父系组织社会。存在等级制度：上层为“马拉布特”(宗教首领）和“哈桑”(武士)，下层包括“哈拉廷”(自由民)、“格里奥特”(说书人)以及家仆、铁匠等。主要从事畜牧业，以养牛为主，沿海地区养羊，骆驼只作运输工具。近2/5的人为游牧民，自称阿尔贝丹人（即白摩尔人)，向上层交纳人头税，故又被称为“纳税人”。

毛利人 Maori 大洋洲新西兰的少数民族。约60万人(2001)。属南方蒙古人种和澳大利亚人种的混合类型。使用**毛利语**，属南岛语系波利尼西亚语族，文化亦属波利尼西亚系统。有新创文字，用拉丁字母拼写。信仰多神，崇拜领袖，有祭司和巫师。相传毛利人的祖先系10世纪开始由波利尼西亚中部的社会群岛迁来，后曾与当地土著美拉尼西亚人通婚，发生混合，因而在体质特征上与其他波利尼西亚人略有不同。19世纪初英国入侵前，有20多万人，分为50个部落，有部落联盟。原始公社开始解体，阶级分化明显。社会以父系大家族公社为单位，有的开始向个体小家庭过渡。亲属制度为夏威夷式，即伯叔父和生父同一称呼，伯叔母和生母同一称呼，侄甥和儿女也同一称呼。经济以农业为主，盛行刀耕火种；部分人从事渔猎和采集；手工业发达，有专业工匠。公共用房和一般住宅通常都有雕刻装饰。服装有披肩、围胸、围腰和短裙，多用野生亚麻制成；尤以夹有各色羽毛的斗篷最为名贵。食物以甘薯为主。喜爱文身黥面；音乐舞蹈颇富民族特色；民间诗歌和口头传说十分丰富。1840年后，毛利人受英国殖民统治。在1843～1872年"毛利战争"期间，惨遭殖民者屠杀，人口锐减，当时已不足4万。1907年新西兰独立后，民族权利受到尊重，人口逐渐回升。现代毛利人已接受英裔新西兰人的

毛利人在表演

影响，社会、经济和文化均已发生变化，一半以上通用英语，但仍保持固有的民族特点。除从事农、牧、林业外，有许多人进入城市当壮工和仆役，收入微薄。部落壁垒已被打破。

毛利人起义 Maori Rebellion 1843～1872年新西兰土著居民毛利人反抗英国殖民者的一系列战争。又称毛利战争。1840年，英国诱迫毛利人酋长签订了《怀唐伊条约》，新西兰成为英国殖民地，条约同时规定，英国不得侵占毛利人不愿出售的土地。后条约日益遭到破坏。1843～1848年，毛利人在酋长特·劳伯拉赫领导下发动反英起义。1858年，一些部落组成毛利王国。1860年，英国以武力强占怀塔拉地方，导致第一次塔拉纳基战争。3 000名英国军队和殖民地国民军遭到毛利王国军队的顽强抵抗，双方不分胜负。1863年，1万英军再次进攻塔拉纳基。1864年，毛利人进行了著名的奥腊考保卫战。300名毛利人英勇抵抗2 000名英军的进攻，坚守阵地3天，直至弹药用尽，不得不发射木弹才最后突围。战争一直延续到1872年才结束。英国人强占了毛利人最好的土地。自1872年起，新西兰议会中各有两个席位被指定作为毛利人两个部落的代表席位。

毛利语 Maori language 新西兰毛利人的语言，也是新西兰的两种主要语言之一。属南岛语系波利尼西亚语族。现多数毛利人已转而讲英语。主要分布于北岛火山高原最北部和东部沿海地区。毛利语的词汇深受英语的影响，句法也受一定影响。但毛利语也对新西兰英语产生一定影响，许多新西兰地名都来自毛利语。毛利语重音通常落在第一个长元音或二合元音上，如果既无长元音又无二合元音，则落在第一个音节上。19世纪20年代，为毛利语设计的拼音文字在剑桥面世，随后用这种文字翻译了基督教《圣经》。基本语序通常为动－主－宾型。

毛毛雨 drizzle 分布稠密均匀的微细液态降水。水滴直径小于0.5毫米，可随风飘流。大多降自大气层结稳定的层云，也有从雾中降落的。在冬末春初东北季风盛行时期，中国南部沿海及中南半岛北部常出现一种"克拉香天气"，即由雾、毛毛雨和微雨所形成的潮湿期天气，一般从1月末开始，有时可断断续续维持到4月中旬，因常伴有雾和低云，能见度极差，严重影响该地区的航空运输及飞机飞行。中国气象人员常把这种长期持续的毛毛雨和微雨的天气称为濛雨天气。

毛霉 mucor 接合菌中最重要和最大的一个类群。一般泛指毛霉目的任何成员。菌丝体发达，一般多核而无隔膜，若有，则隔膜无带塞的隔孔。除形成菌丝体外，一定条件下还能以酵母状态存活，称为二型现象。无性繁殖形成多种孢子，如厚垣孢子、粉孢子、柄孢子等，以孢囊孢子最重要。有性生殖以接合孢子囊内形成的接合孢子为代表，性生殖过程有同宗配合与异宗配合之分。

除一个水生的种外，已报道的毛霉都是陆生，且大多数是腐生菌，广泛分布于世界各地。毛霉常用于酿酒，制造干酪、腐乳、腌肉，发酵豆、粮食制成品，并可提高食品的营养价值。另一方面，毛霉的少数种可致水果、蔬菜在贮藏和运输中的腐烂，食品的霉坏，光学仪器的发霉，以及称作毛霉病或接合菌病的人畜疾病。

毛姆 Maugham, William Somerset (1874-01-25～1965-12-16) 英国小说家、戏剧家。生于法国巴黎，卒于法国尼斯。自幼

父母相继去世，由伯父接回英国，送入寄宿学校。1897年在伦敦取得外科医师资格。第一部长篇小说《兰贝斯的丽莎》(1897)用自然主义手法写成。作品基调超然，带有嘲讽意味。1903～1933年，创作了以《圈子》(1921)为代表的近30部剧本，深受观众欢迎。长篇小说《人性的枷锁》(1915)带有自传成分，描写主人公受到不合理的教育制度的摧残和宗教思想的束缚，以及在爱情上遭到的打击。《月亮和六便士》(1919)表现天才、个性与物质文明以及现代婚姻、家庭生活之间的矛盾。

毛姆擅长写作短篇小说，情节曲折多变，不落窠臼。短篇小说集有《叶的震颤》(1921)、《阿金》(1933)等。其他主要作品还有间谍小说《艾兴顿》(1928)，长篇小说《彩巾》(1925)、《刀锋》(1944)、《卡塔林纳》(1948)，以及游记、回忆录、文艺批评等作品。

毛南语 Maonan language 中国毛南族使用的语言。属汉藏语系壮侗语族侗水语支。主要分布于广西壮族自治区环江毛南族自治县上南、中南、下南山区。毛南语有66个声母、86个韵母及自成音节的舌根鼻辅音韵母。清塞音和清塞擦音声母分送气和不送气两类。鼻音声母分单纯的和带前置喉塞音的两类。有数量较多的腭化音和唇化音声母。虚词和词序为表达语法意义的主要手段。主语在谓语前，宾语在动词谓语后。有相当多的汉语借词，也有少量壮语借词。

毛南族 Maonan 中国少数民族。曾称毛难族。主要分布在广西壮族自治区部分地区。人口107 166(2000)。使用毛南语，属汉藏语系壮侗语族侗水语支。多数人能讲壮语和汉语。无文字，通用汉文。历史悠久，宋以后的汉文史籍中有"茅滩"、"冒南"等称呼。主要从事农业，编竹器、养菜牛、造纸、制作银饰、石雕等副业占一定比重。喜欢

毛南族女子

唱歌，流行毛南戏。服饰与附近的壮族相似，男女都喜穿蓝色服装。男子穿右开襟上衣，宽筒裤。妇女穿镶三道花边的右开襟上衣和滚边裤子，留辫梳髻，戴手镯、银牌等饰品，尤喜戴花竹帽。饮食以大米、玉米为主，高粱、小米、红薯、南瓜为辅。喜爱腌制酸肉、酸螺蛳、酸菜。住房一般是瓦顶泥墙两层干栏式建筑。行一夫一妻制，有不落夫家和转房（见夫兄弟婚）遗俗。人死后行土葬。分龙节（五月庙节）是特有的节日。主要崇拜多神和祖先，相信万物有灵，崇拜动植物。1987年建立了环江毛南族自治县。

毛囊炎 folliculitis 由金黄色葡萄球菌侵犯毛囊引起的炎症。成年人多见，好发于头、颈项、臀及外阴部等处。初为粟粒大毛囊性丘疹，渐形成脓疱、破裂、干燥结痂，一周可愈，不留疤痕。自觉痒或轻度疼。好发于面部、躯干、四肢处。生于头部造成秃发，有片状萎缩，称秃发毛囊炎。生于须部称须疮。多发毛囊炎应及早使用抗生素。局部治疗以杀菌、止痒、清洁为原则，可配合紫外线、超短波等治疗。

毛皮 fur 带毛的动物皮经鞣制、染整所得到的具有使用价值的产品。又称裘皮。由毛被和皮板两部分构成，其价值主要由毛被决定。毛皮的皮板柔韧，毛被松散、光亮、美观、保暖，用于制作服装、披肩、帽子、衣领、手套、靠垫、挂毯和玩具等。

毛皮原料皮种类繁多，全世界有140余种，中国约有90种。按毛的大小粗细分为四类：①小毛细皮，包括水貂皮、紫貂皮等；②大毛细皮，包括狐皮、貉皮等；③粗毛皮，包括狼皮、狗皮等；④杂毛皮，包括兔皮、猫皮等。

毛皮加工包括以下四步：①准备。将毛皮原料皮经过机械和化学处理，去除有碍于毛皮加工的物质。②鞣制。将带毛生皮转变成毛皮的过程。③染整。对毛皮进行整饰，包括染色、褪色、增白、剪绒和毛革加工等。④制品制作。经配料、截断和吊制，制成毛皮服装或其他毛皮制品。

毛奇龄 Mao Qiling (1623～1716) 中国清代学者、文学家。曾名甡，字大可，又字于一、齐于，号秋晴、初晴等，以郡望西河，称西河先生。浙江萧山（今杭州市萧山区）人。康熙十八年（1679）举博学鸿词，授翰林院检讨，参与修《明史》。二十四年引疾归里，专事著述。毛奇龄以经学傲睨一世，挟博纵辩，务欲胜人。阮元曾认为他对乾嘉学术有开山之功。好为诗。其论诗，大抵尊唐抑宋，甚至痛诋苏轼。所作颇博丽窈渺，声名甚著。内容比较狭窄和贫乏。毛奇龄亦工词，并擅骈、散文，都自成家数。著述甚富，仅《四库全书》著录者就有52种。《西河合集》400余卷，系诸子及门人所编。

毛瑟手枪 Mauser pistol 德国毛瑟兵工厂制造的手枪。其型号较多，口径不等，有名的是1932年式毛瑟手枪。口径7.63毫米，发射7.63毫米毛瑟手枪弹，枪长298毫米，空枪重1.33千克，发射方式为单、连发，弹匣容弹量10发或20发，弹头初速480米/秒。主要特点是威力较大，动作可靠，火力猛烈，操作简便，木质枪盒可加装于枪上作为枪托，用于抵肩射击，增加有效射程。

《毛诗序》 *Preface to the Book of Songs* 《诗经》研究著作。成书于中国汉代。有“小序”和“大序”之分。一般认为列在各诗之前，介绍作者或写作背景，讨论诗的题旨及用意的为“小序”；在首篇《关雎》的小序之后，有一段比较全面阐述诗歌性质、作用、内容、体裁和表现手法的文字，为“大序”，称《毛诗大序》。后因齐、鲁、韩三家诗序皆失传，简称《诗大序》。也有人认为《毛诗序》总论诗之纲领，没有小大之分。关于《毛诗序》的作者，历来说法多达十几种，代表性的有两种：郑玄《诗谱》认为，大序是孔子的嫡传弟子子夏所作，小序为子夏、毛苌合作；三国吴人陆玑《毛诗草木鸟兽虫鱼疏》和刘宋范晔《后汉书·卫宏传》提出《毛诗序》为东汉卫宏所作。近年有研究者认为“《毛诗序》(包括大、小序)不是一时一人之作，其中包含了先秦旧说，保存了古时的许多思想资料，也可能有东汉毛诗家加以润益的成分，但就总体来说，它大约完成于西汉中期以前的学者之手”(《中国文学批评通史》)。

《毛诗序》中的“小序”比较简约、零散，多从美刺的角度言诗，穿凿附会现象严重；“大序”的论述较有系统性。《诗大序》中的主要诗论思想包括①情志统一说；②美刺说；③六义说；④风教说。

《诗大序》是中国古代诗歌理论的第一篇专论，总结并在一定程度上发展了先秦以来儒家对于诗与乐的一些重要观点，在中国古代文论史上影响深远，成为长期的、正统的文艺纲领。

毛守白 Mao Shoubai (1912-12-30～1992-04-21) 中国寄生虫学家。生于上海，卒于上海。1937年毕业于上海震旦大学医学系。1938～1939年在法国巴黎大学医学院进修。1941年任上海医学院寄生虫学讲师。1942年随上海医学院内迁重庆，任寄生虫学和细菌学副教授。1944年任中央卫生实验院寄生虫学技师，1947～1948年赴美国、英国和埃及进修和考察，并在美国进行血吸虫病研究。

1950～1956年任中央卫生研究院华东分院技师、研究员。1956年后任中国医学科学院寄生虫病研究所研究员、副所长、所长、名誉所长。1984年6月兼任中国预防医学科学院科技顾问。1984年在日内瓦召开的第37届世界卫生大会上被授予“里昂·伯尔纳”基金奖。1989年被授予法国佩皮尼昂大学名誉博士称号。他证明了中国大陆的钉螺是一个种，而非十几个种，创用肝卵抗原作皮内试验。主编（或合作主编）著作：《血吸虫病学》、《血吸虫生物学和血吸虫病的防治》、《寄生虫病学》、《中国医学百科全书·寄生虫学与寄生虫病学》等。

毛丝鼠 Chinchillidae; chinchilla / viscacha 啮齿目毛丝鼠科动物的统称。共3属6种。南美洲特有动物。因体被丝状毛得名。多数体形中等，但大毛丝鼠个体大，体长47～66厘米，最大雄鼠体重达8千克；善跳跃，前肢短小，后肢长而粗壮；长尾毛丝鼠的尾长为20～40厘米，覆密毛，特别背面毛甚长，在跳跃中可用以掌握方向。该类动物皆头大、耳大、眼大、吻宽，除大毛丝鼠后肢3趾外，四肢均具4趾。野生毛丝鼠仅产于南美安第斯山区，洞穴挖在海拔3 000～5 000米的裸岩山坡上。群居，可见50～100只的大群。性情温驯。能发出几种不同的叫声。多夜间活动，善跳跃，并喜坐立在后肢上，以前脚捧食物吃。主要以干草、草本植物种子、树皮和树根为食。在人工饲养条件下最喜吃颗粒饲料。不冬眠。雌鼠每年生1～2窝幼仔，每胎1～6只，幼鼠5～8个月达性成熟。平均寿命10年，人工饲养可活20年。雌鼠有3对乳头，通常仅1对有奶，幼仔多时2对有奶。

毛乌素沙地 Mu Us Sandland 中国第六大沙漠。位于鄂尔多斯高原与黄土高原之间的湖积冲积平原凹地上。面积3.98万平方千米。地名源于陕北靖边县海则滩乡毛乌素村。海拔多为1 100～1 300米，西北部稍高，东南部河谷低至950米。沙区年平均气温6.0～8.5℃。沙地东部年降水量400～440毫米，西北部年降水量为250～300毫米，集中于7～9月。常发生旱灾和涝灾，且旱多于涝。夏季常降暴雨，又多雹灾，最大日降水量100～200毫米。东部和南部地区农田高度集中于河谷阶地和滩地，向西北

毛乌素沙地景观

则农地减少，草场分布增多。现有农、牧、林用地利用不充分，经营较粗放。

毛细现象 capillarity 具有细微缝隙的材料或直径很小的细管（称毛细管）与液体接触时，液体沿缝隙或毛细管上升或下降的现象。对毛细管，在浸润情况液体上升，液面呈凹面；不浸润情况液体下降，液面呈凸面。毛细现象是物质分子间力作用的结果。常见的纸张或毛巾吸水、地下水沿土壤细缝上升至地表等都是毛细现象。毛细管中液体上升部分的重量或下降部分的压力都靠表面张力来平衡，因此上升或下降高度为$h=2\sigma\cos\theta/\rho gr$，式中$\sigma$为表面张力系数，$\theta$为接触角，$\rho$为液体密度，$g$为重力加速度，$r$为毛细管半径。显然$r$越小，$h$越大。在分析多孔介质的地下渗流中必须考虑毛细现象。

毛燮均 Mao Xiejun (1901-07-15～1979-06-04) 中国口腔医学家、口腔正畸学创建者。生于四川仁寿，卒于北京。1930年毕业于华西协和大学牙医学系。曾两次赴美国留学。1930～1942年在北京协和医学院任助教、讲师、副教授。1942～1945年任北平市第一卫生事务所牙科主任。1945年后，任北京大学医学院牙医学系教授、系主任，正畸科主任，口腔矫形教研组主任，《中华口腔科杂志》总编辑，中央卫生部口腔医学专题委员会主任委员。中国口腔正畸学科的创建者。他提出错合畸形的分类法，此分类法被称为“毛氏错合畸形分类”。1973～1979年期间创制“环托式活动矫正器”。主编《口腔矫形学》。

毛衣鱼 *Ctenolepisma villosa*; silverfish 昆虫纲缨尾目衣鱼科的一种。俗称蠹鱼。中国各地均有分布，是室内常见的害虫。体扁平，长约10毫米，银灰色，密被银色鳞片。头大。复眼不发达，无单眼。触角几乎与体等长。下颚须5节。胸部宽阔，腹部末端逐渐尖削。有1条长的中尾丝和2条位于侧方的尾须。头部、胸部和腹部边缘有棘状毛束。腹部第1节背面有梳状毛3对，以后有梳状毛2对。性活泼，畏光夜出。危害书籍、纸张、绢丝、毛料等。

毛依罕 Moouhin; Muu' ükin(1906-02-01～1979-02-12) 中国蒙古族曲艺家。生于内蒙古扎鲁特旗一个贫苦牧民家庭，卒于呼和浩特。他的伯母是一位很有名望的民间艺人，他从小就受到伯母的影响，喜爱好来宝等说唱艺术。16岁随伯母说书。他还自己编写并演唱祝词、赞词、民歌、好来宝和故事，受到广大牧民的欢迎。代表作有《虚伪的社会》、《可恨的官吏富豪》、《一颗粮》、《奥登陶力格》、《四季歌》、《慈母的爱》等50多首好来宝和诗歌，出版过诗集《党和母亲》等。

《毛猿》 *The Hairy Ape* 美国剧作家E.奥尼尔的剧作。写于1921年。剧本富于表现主义特色，并具有象征意义。体格强健的司炉工扬克以海上巨轮由他来升动而尢比

《毛猿》剧照

自豪，殊不知他在富家小姐的眼中不过是一个“毛猿”而已。为此，他彻底失去了自信，只觉得同伴们全都对他鼓噪嘲笑。第五大道上所有人都无视他的存在。最后只得到动物园去和猩猩做伴，被猩猩抱住扼死了。通过扬克，奥尼尔探讨了人在失掉了与自然的一致性、又没有获得精神上一致性的情况下，悬在半空、进退不得的困惑。奥尼尔在剧中使用了主观音响、幻觉、象征等表现手法，发展了戏剧的新技巧。

毛约尔 Major Tamás (1910-01-26～1986-04-13) 匈牙利演员、导演。生于新佩斯，卒于布达佩斯。毕业于戏剧学院。1931年到民族剧院当演员，后兼任导演。1941年开始拍电影。1945～1962年任匈牙利民族剧院院长，1962年起任剧院总导演。他扮演的主要角色有：达尔杜弗、李尔王、理查三世、伊阿古、麦克白等。导演的戏剧有：考托纳的《邦克总督》，马达奇的《人的悲剧》，W.莎士比亚的《罗密欧与朱丽叶》，莫里哀的《伪君子》。

毛泽东 Mao Zedong (1893-12-26～1976-09-09) 马克思主义者，中国无产阶级革命家、战略家、理论家，中国共产党、中国人民解放军和中华人民共和国的主要缔造者，中国各族人民的领袖，毛泽东思想的主要创立者。

出生于湖南省湘潭县韶山冲一个农民家庭。早年读过私塾，1910年入湘乡东山小学堂，1911年入湘乡驻省中学读书。辛亥革命爆发后，在湖南新军当了半年兵。1914至1918年就读于湖南省立第一师范学校。

1918年4月，同蔡和森等发起成立新民学会。8月，为发起湖南青年赴法勤工俭学运动，第一次到北京，并在李大钊任主任的北京大学图书馆当助理员。五四运动爆发前夕，积极指导湖南学生联合会发起的罢课斗争，成为湖南学生爱国运动的主要领导人之一。1919年7月，创办《湘江评论》，成为反帝爱国运动的一面旗帜。

1919年12月，为领导驱逐湖南军阀张敬尧的斗争，第二次来到北京，读到《共产党宣言》等。5月到上海，与正在上海筹建共产党组织的陈独秀见面谈话。回到长沙后，创办文化书社和俄罗斯研究会，建立长沙社会主义青年团和共产主义小组。

1921年7月，同何叔衡作为长沙早期共产党组织的代表，到上海出席中国共产党第一次全国代表大会。会后，着手筹建中共湖南组织，先后任中共湖南支部书记、中共湘区执行委员会书记。还担任中国劳动组合书记部湖南分部主任，指导粤汉铁路武（汉）长（沙）段、安源路矿等的工人运动。

1923年6月，在广州出席中共第三次全国代表大会，当选为中央执行委员。在中共三届一次执委会上，当选为中央局

成员，任中央局秘书。1924年1月，出席中国国民党第一次全国代表大会，当选为中央候补执行委员。1925年初回到家乡韶山养病，并进行农村调查，秘密组织农民协会，在韶山建立中共支部和国民党区党部。

1925年9月到广州，参与国民党第二次全国代表大会的筹备工作。10月，任国民党中央宣传部代理部长，后创办《政治周报》。12月，发表《中国社会各阶级的分析》一文，指出分清敌友是革命的首要问题，剖析了中国社会各阶级的经济地位及其对革命的态度。1926年5～9月，主办广州第六届农民运动讲习所。10月到达武汉，同国民党左派创办中央农民运动讲习所。11月任中共中央农民运动委员会书记。1927年3月，发表《湖南农民运动考察报告》，回答党内外对农民革命斗争的责难，指出广大农民群众起来打翻乡村的封建势力乃是实现国民革命的真正目标。

大革命失败后，在1927年8月7日召开的中共中央紧急会议（即“八七会议”）上，提出“政权是由枪杆子中取得的”重要思想，被选为中央临时政治局候补委员。8月，领导湘赣边界秋收起义。不久，率领起义部队到达井冈山地区，创建中国第一个农村革命根据地。在部队向井冈山地区转移途中，领导进行“三湾改编”，把党的支部建在连上，在部队建立民主制度，为建设新型的人民军队奠立了基础。

1928年4月，同朱德、陈毅率领的南昌起义余部和湘南起义农军在井冈山会师，合编为工农革命军第4军（后改称红军第4军），任党代表。5月下旬，主持召开中共湘赣边界第一次代表大会并作报告，初步回答了“红旗到底打得多久”的问题，当选为中共湘赣边界特委书记。在6～7月召开的中共第六次全国代表大会上当选为中央委员。10月上旬，为中共湘赣边界第二次代表大会起草决议，《中国的红色政权为什么能够存在？》是这个决议的一部分。11月下旬，代表中共红4军前委向中央写报告——《井冈山的斗争》。在这两篇著作里，阐明了“工农武装割据”的思想。

1929年1月，同朱德、陈毅率红4军主力离井冈山，出击赣南、闽西。12月，主持召开中共红4军第九次代表大会，并起草大会决议（即《古田会议决议》），批判各种错误思想，强调党对红军的绝对领导，成为指导中国共产党和人民军队建设的纲领性文献。1930年1月，写就《星星之火，可以燎原》一文，进一步发挥“工农武装割据”的思想，基本上形成了农村包围城市、最后夺取全国政权的理论。

1930年5月，撰写《调查工作》（即《反对本本主义》）一文，提出“没有调查，没有发言权”，“中国革命斗争的胜利要靠中国同志了解中国情况”等著名论断。6月，红1军团成立，任政治委员、前委书记。8月，任红一方面军总政治委员、总前委书记。9月，在中共六届三中全会上被增补为中央政治局候补委员。1931年，先后任中共苏区中央局委员、代理书记，中央革命军事委员会副主席兼总政治部主任，中华苏维埃共和国中央执行委员会主席、人民委员会主席。1933年1月被补选为中共中央政治局委员。在1932年10月召开的中共苏区中央局宁都会议上，受到不公正的批评和指责，会后被免去红军领导职务。

在毛泽东、朱德、周恩来等的领导下，红军从1930年11月至1933年3月连续粉碎了国民党军队对中央革命根据地的四次军事“围剿”。1934年10月，由于“左”倾冒险主义的危害，第五次反“围剿”战争失败，中共中央和红一方面军主力被迫实行战略转移。

1935年1月在遵义召开的中共中央政治局扩大会议，增选毛泽东为政治局常委，随后又成立由毛泽东、周恩来、王稼祥组成的三人军事指挥小组。这次会议标志着以毛泽东为核心的中共中央正确领导开始确立。此后中共中央和红一方面军战胜了国民党军队的围追堵截，战胜了张国焘的分裂主义，胜利完成长征，于1935年10月到达陕北。

1935年12月中共中央在瓦窑堡举行政治局扩大会议，确定抗日民族统一战线的政策。会后，在党的活动分子会议上作《论反对日本帝国主义的策略》的报告，系统地阐述党的抗日民族统一战线政策。1936年12月，任中共中央革命军事委员会主席。1937年5月，在中国共产党全国代表会议上作《中国共产党在抗日时期的任务》的报告和《为争取千百万群众进入抗日民族统一战线而斗争》的会议结论，提出巩固和平、争取民主、实现抗战的三位一体的任务，强调指出坚持无产阶级及其政党的领导是革命成败的关键。

在此前后，他致力于运用马克思主义理论总结中国革命的经验。1936年12月，撰写《中国革命战争的战略问题》一文，阐明中国革命战争的特点、规律和人民战争的战略战术。1937年7月和8月，撰写《实践论》和《矛盾论》，丰富和发展了马克思主义认识论和辩证法，奠定了中国共产党实事求是思想路线的哲学基础。

1937年7月7日，全国抗日战争爆发。7月23日，发表《反对日本进攻的方针、办法和前途》，提出中国共产党的全面抗战路线。8月，在洛川举行的中央政治局扩大会议上，提出独立自主的山地游击战的战略方针和统一战线中的独立自主原则。这次会议确定抗日救国十大纲领，决定成立新的中央革命军事委员会，毛泽东任书记（实际称主席）。会后，指导八路军开赴抗日前线。1938年5月，发表《论持久战》一文，阐明持久战的总方针，科学地预测抗日战争的发展过程，成为中国共产党领导抗日战争的纲领性文献。9～11月，主持召开中共扩大的六届六中全会，作《论新阶段》的政治报告和会议结论，强调统一战线中的独立自主原则；号召全党认真学习马克思主义，努力完成使马克思主义在中国具体化的历史任务。

1938年10月广州、武汉失陷后，抗日战争进入相持阶段。这一时期，他一方面领导抗日根据地的武装斗争和建设；另一方面领导打退国民党顽固派不断发动的反共高潮。1940年1月，撰写《新民主主义论》，阐明中国革命必须分为新民主主义和社会主义两个阶段，提出新民主主义的政治、经济和文化纲领。1941年1月，在起草的党内指示中，提出党对于国内各阶级相互关系的基本政策是发展进步势力、争取中间势力、孤立顽固势力，强调对顽固派斗争有理、有利、有节的原则，在统一战线的策略思想方面有重大发展。这一时期，为了粉碎国民党顽固派对抗日根据地的经济封锁，领导解放区军民开展大生产运动。

从1942年春开始，在全党范围发起整风运动。在整风运动中先后作《改造我们的学习》、《整顿党的作风》和《反对党八股》等报告和讲演。这次整风运动使中国共产党在思想上、政治上、组织上达到空前的统一。1944年4月至1945年4月，

图1 1949年3月，毛泽东在中共七届二中全会上作报告

领导起草《关于若干历史问题的决议》，对中国共产党历史上主要是十年内战时期的若干问题作出了正确的分析和评价。

1945年4～6月，在延安主持召开中共第七次全国代表大会，作《论联合政府》的政治报告，充分阐述中国共产党关于打败日本侵略者、建立新民主主义中国的路线、纲领和政策。大会确定毛泽东思想为党的指导思想。在中共七届一中全会上，当选为中央书记处书记、中央委员会主席。

1945年8月13日，发表《抗日战争胜利后的时局和我们的方针》的讲演，针对国民党坚持独裁和内战的行径，提出"针锋相对、寸土必争"，以革命的两手反对反革命的两手，争取国内的和平与民主。8月28日，赴重庆同**蒋介石**进行和平谈判，国共双方于10月10日签署会谈纪要（即《**双十协定**》）。

1946年6月，蒋介石发动全面内战。他号召全党以自卫战争粉碎蒋介石的进攻。经过8个月作战，迫使国民党军放弃全面进攻。到1947年6月，人民解放军胜利结束战略防御阶段。10月，起草《中国人民解放军宣言》，明确提出"打倒蒋介石，解放全中国"的口号。12月，在陕北杨家沟主持召开中共中央会议，总结人民解放军长期作战的经验，提出十大军事原则，阐述了新民主主义的政治、经济纲领和政策。

1948年4月30日，中共中央发布纪念五一劳动节的口号，发出召开政治协商会议，成立民主联合政府的号召。9月，主持召开中央政治局会议，提出从根本上打倒国民党反动统治的总任务。1948年9月至1949年1月，同**周恩来**等组织指挥辽沈、淮海、平津三大战役，歼灭国民党军154万人，取得了战略决战的胜利，大大加速了全国胜利的步伐。

1949年3月，主持召开中共七届二中全会并作报告，提出全党的工作重心由乡村转移到城市，告诫全党要警惕资产阶级"糖衣炮弹"的袭击，牢记"两个务必"。6月30日发表《论人民民主专政》，总结中国共产党领导民主革命的基本经验，阐述人民民主专政的基本思想。

1949年9月，在北平主持召开中国人民政治协商会议第一届全体会议，当选为中央人民政府主席。随后，又当选为第一届全国政协主席，并任中央人民政府人民革命军事委员会主席。10月1日，在北京天安门**开国大典**上庄严宣告中华人民共和国成立。

在中华人民共和国成立之初，为新中国确定了独立自主的和平外交政策。1949年12月至1950年2月，第一次访问苏联，与苏方签订《中苏友好同盟互助条约》。之后，又指导同周边国家在和平共处五项原则的基础上建立了睦邻友好关系。

在国民经济恢复时期，指导全党完成民主革命遗留任务，领导恢复生产、稳定物价和统一财政经济等事务。在1950年6月召开的中共七届三中全会上，提出为争取国家财政经济状况基本好转而斗争的总任务，以及不要四面出击的重要策略思想。在短短三年时间内，彻底消灭了封建土地制度，迅速恢复国民经济。1950年10月，毛泽东和中共中央作出抗美援朝的决策，保卫祖国安全和东方和平。1951～1952年，领导开展"三反"运动和"五反"运动，严厉惩治党和国家机关内部的贪污腐化分子，同不法资产阶级分子作斗争。

1952年9月起，酝酿提出过渡时期总路线。这条总路线在1953年6月中央政治局会议和1954年2月中共七届四中全会得到确认和批准。到1956年，对个体农业、手工业和资本主义工商业的社会主义改造基本完成，确立了社会主义根本制度。随即，全面开展国家工业化建设的"一五"计划顺利完成。

1954年1～3月，在杭州主持起草新中国的第一部宪法。9月，第一届全国人民代表大会第一次会议通过《中华人民共和国宪法》。在这次会议上，当选为中华人民共和国主席。

从1955年底起，开始考虑以苏联教训为鉴的问题。1956年4月作《论十大关系》的报告，提出适合中国国情的社会主义建设道路的问题，成为中共八大的指导思想。同时提出"**百花齐放、百家争鸣**"发展科学文化事业的方针。1956年9月，主持召开中共第八次全国代表大会，并致开幕词。大会指出当前社会的主要矛盾是人民对于经济文化迅速发展的需要同当前经济文化不能满足人民需要的状况之间的矛盾，全党的主要任务是集中力量发展社会生产力，实现国家工业化。在会上被选为中共中央主席，担任这一职务直到逝世。

1957年2月，作《关于正确处理人民内部矛盾的问题》的报告，提出必须正确区分和处理两类不同性质矛盾，把正确处理人民内部矛盾作为国家政治生活的主题，并阐明中国工业化道路问题。同年夏，发动和领导反右派斗争，出现严重扩大化错误。

1958年，为了迅速改变中国贫穷落后的面貌，违背经济发展的客观规律，轻率地发动"大跃进"和**人民公社**化运动。从1958年底至1959年7月中央政治局庐山会议前期，领导全党努力纠正已经觉察到的"左"倾错误。但在庐山会议后期，又错误地发动对**彭德怀**等的批判，并在中共内部开展所谓"反右倾"斗争，打断了纠正"左"倾错误的进程，党内民主生活遭到严重损害。

图2　1949年10月1日，毛泽东在北京天安门城楼上宣告中华人民共和国中央人民政府成立

1959年12月至1960年2月，研读苏联《政治经济学教科书》，提出社会主义的第一阶段是不发达的社会主义；强调要适应新的需要，写出新的著作，形成新的理论；第一次完整提出了四个现代化的思想。随后，在全国人大三届一次会议上，周恩来代表中共中央正式提出并确定了四个现代化的宏伟目标。

面对1959～1961年国民经济发生的严重困难，在1961年1月召开的中共八届九中全会上，号召全党大兴调查研究之风。在调查研究的基础上，主持制定《农村人民公社工作条例（草案）》，对恢复和发展农村经济起了重要作用。批准执行调整国民经济的"八字方针"。在1962年初召开的扩大的中央工作会议上，对前几年工作中的失误主动承担责任，对民主集中制作了充分的阐释，重申必须把马克思列宁主义普遍真理同中国社会主义建设的具体实际相结合。1963～1964年，在多次讲话中提出：科学技术这一仗，一定要打，而且必须打好；必须打破常规，尽量采用先进技术，在一个不太长的历史时期内，把中国建设成为一个社会主义的现代化强国。领导全党、全军和全国人民顶住大国霸权主义的压力，坚持独立自主、自力更生，维护了国家主权和民族尊严，建成独立的、比较完整的工业体系和国民经济体系。

在1962年8月中央北戴河工作会议和9月中共八届十中全会上讲话，将社会主义社会在一定范围内存在的阶级斗争扩大化和绝对化。1963～1965年，发动和领导城乡社会主义教育运动。在运动后期，错误地将整所谓“党内走资本主义道路的当权派”作为重点，后来发展成为“文化大革命”的理论依据。

1965年11月，姚文元发表《评新编历史剧〈海瑞罢官〉》。他支持对《海瑞罢官》的批判，并主持制定1966年5月16日《中共中央通知》，系统地提出发动“文化大革命”的主要论点（后被概括为“无产阶级专政下继续革命的理论”）。这些主要论点都是完全错误的。“文化大革命”被林彪、江青两个反革命集团利用，形成了长达十年之久的“内乱”。在全局上一直坚持“文化大革命”的错误，但也制止和纠正过一些具体的错误。还领导粉碎林彪反革命集团的斗争，批评、揭露江青等夺取最高领导权的野心。在对外政策方面，提出划分三个世界的战略构想，指导打开中美关系正常化的大门，实现中日建交，推动世界格局朝着有利于中国社会主义现代化建设的方向发展。

1976年9月9日，在北京逝世。

1981年中共十一届六中全会通过的《关于建国以来党的若干历史问题的决议》，指出：毛泽东虽然在“文化大革命”中犯了严重错误，但是就一生来看，功绩是第一位的。他对中国革命的功绩远远大于他的过失。毛泽东思想作为马克思主义在中国的发展，仍然是中国共产党的指导思想。

主要著作收入《毛泽东选集》(4卷)和《毛泽东文集》(8卷)。

《毛泽东军事文集》 *Collected Military Writings of Mao Zedong* 毛泽东军事著作专题文集。中共中央文献研究室、中国人民解放军军事科学院编辑，邓小平题写书名，军事科学出版社和中央文献出版社于1993年12月出版。编入毛泽东自1927年8月至1972年12月军事方面的文章、电报、命令、批示、信函、报告、谈话等1612篇，大部分是第一次公开发表，按照历史时期编为6卷。其中第1卷收入土地革命战争时期的文献247篇，主要阐述科学的战争观、军事认识论和方法论，揭示中国革命战争的特点和规律，指出中国革命以农村包围城市的正确道路，提出关于建设一支新型人民军队的建军原则，奠定了人民战争战略战术原则的基础。第2卷收入抗日战争时期的文献244篇，准确预见抗日战争的发展过程及各阶段的特征，提出了全民抗战持久胜敌的总方针；形成了关于敌后游击战争的理论；阐述了人民战争、人民军队和人民战争的战略战术思想等。第3、第4、第5卷收入解放战争时期的文献902篇，在指导中国人民解放战争的历史进程中，进一步丰富和发展了毛泽东的人民战争、人民军队和人民战争的战略战术思想。第6卷收入社会主义革命和建设时期的文献219篇，在指导中国人民志愿军的抗美援朝作战方面，进一步丰富和发展了毛泽东军事思想。在国防建设方面，强调要重视国家安全，建设强大国防，实行积极防御的战略方针，作好反侵略战争准备；提出正确处理经济建设和国防建设的关系；要求自力更生地发展国防科技和国防工业，加速研制原子弹、氢弹、导弹等高科技武器；提出建设强大的现代化、正规化革命军队的历史任务；重申政治工作是军队的生命线，部队要严格训练、严格要求，不断提高军事、政治素质等。

《毛泽东军事文集》完整展示了毛泽东军事思想的形成、发展过程，全面反映了毛泽东军事思想的科学体系。对于完整准确地学习研究毛泽东军事思想，指导新时期的国防和军队建设，具有极其重要的科学价值。

《毛泽东诗词集》 *Selected Poems of Mao Zedong* 毛泽东旧体诗词选集。中共中央文献研究室编辑，中央文献出版社1996年9月出版。是在1986年由胡乔木主持编辑、人民文学出版社出版的《毛泽东诗词选》基础上增补、修订而成的。共编入毛泽东1915～1966年期间创作的旧体诗词67首，是收入他的诗词最多、注释最详备的版本。分正副两编。正编42首，其中39首是毛泽东生前手定发表的，另3首是他逝世后由中共中央决定发表的，这些诗词奠定了他作为伟大诗人的历史地位。副编25首，有10首是首次公开发表。沿用1986年出版的《毛泽东诗词选》所收50首诗词的注释，但作了慎重的修订，并增补了一些新注。对新编入的17首诗词作了简要注释。在附录中，编入了毛泽东关于自己诗词的若干书信、批语、引言、后记和谈话等。毛泽东诗词题材多样，多数作品为其革命生涯的艺术记录，表现了作者高远博大的胸襟、境界和情操，具有革命史诗的气魄。他对中国古典诗体词调和诗词格律运用自如，善于通过典故、神话和寓言以及赋、比、兴等手法，创造出新的诗意。作品大多气势磅礴，具有雄伟壮阔的景象和豪放雄浑的意境。

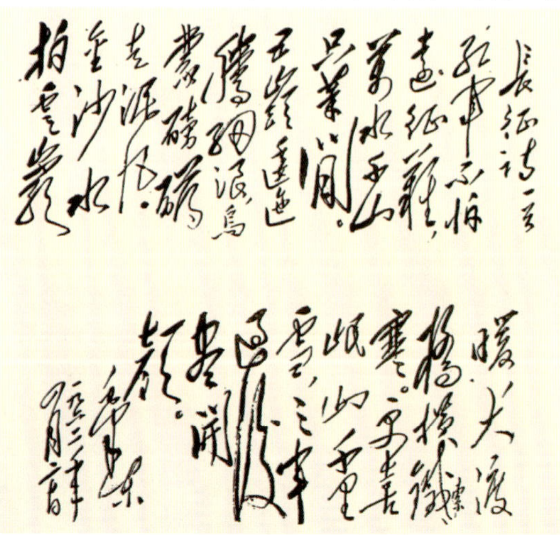

《毛泽东诗词集》手迹

毛泽东思想 Mao Zedong Thought 中国共产党长期坚持的根本指导思想。它是以毛泽东为主要代表的中国共产党人，根据马克思主义基本原理，对中国革命和建设实践中一系列独创性经验所作的理论概括和总结，是被实践证明了的关于中国革命和建设的正确理论原则和科学思想体系，是中国共产党集体智慧的结晶。它的主要创立者是毛泽东，毛泽东的科学著作是它的集中概括。

毛泽东思想是在同20世纪20年代后期和30年代前期国际共产主义运动中和

图1 毛泽东作《关于正确处理人民内部矛盾的问题》的讲话（1957-02-27）

中共党内一度盛行的把马克思主义教条化、把共产国际决议和苏联经验神圣化的错误倾向作斗争，并深刻总结这方面的历史经验的过程中逐步形成和发展起来的。大革命时期，毛泽东通过对中国社会实际的调查，比较科学地分析了中国社会各个阶级、阶层的经济地位和政治态度，高度重视领导农民进行土地革命的重要意义。进入土地革命战争时期以后，他提出“枪杆子里面出政权”的思想，率先深入农村，开展土地革命，建立和发展人民军队，实行工农武装割据，开辟了中国特色的革命道路，基本上形成了农村包围城市武装夺取政权的思想。到土地革命战争后期和抗日战争时期，进一步形成了新民主主义革命理论的完整体系，毛泽东思想得到系统总结和多方面展开。中共七大把它正式确立为全党的指导思想。解放战争时期，毛泽东等中共领导人提出了一系列重要的思想和原则，领导全国人民推翻了国民党在中国大陆的统治，创建了新中国。新中国成立后，在成功进行社会主义改造和探索适合中国国情的社会主义建设道路的新的实践中，毛泽东思想得到进一步丰富和发展。

毛泽东思想具有多方面的内容。它在以下几个方面，以独创性的理论丰富和发展了马克思列宁主义。

①关于新民主主义革命理论。毛泽东从中国的历史和社会状况出发，深刻研究了中国革命的特点和规律，创立了无产阶级领导的，工农联盟为基础的，人民大众的，反对帝国主义、封建主义和官僚资本主义的新民主主义革命的理论。其中包括关于中国资产阶级分析和统一战线的理论，关于中国武装斗争的特点和作用的理论，关于中国共产党建设的理论，关于中国革命以农村包围城市、最后夺取全国胜利的独特发展道路的理论等。

②关于社会主义革命和社会主义建设的理论。毛泽东从理论和实践上解决了在中国这样一个经济文化落后的大国中建立社会主义制度的艰难任务，创造性地实现了对生产资料私有制的社会主义改造，提出了人民民主专政的理论。在社会主义制度建立以后，系统阐述了社会主义社会基本矛盾的理论，创造性地提出两类不同性质矛盾的学说和如何正确处理人民内部矛盾的理论，在经济建设中提出了以农业为基础，正确处理农轻重的关系，正确处理国家、集体、个人三者利益等一系列正确方针。积极探索适合中国国情的社会主义建设道路，提出了把中国建设成为四个现代化的社会主义强国的宏伟目标。

③关于人民军队建设和军事战略。毛泽东系统地解决了以农民为主要成分的革命军队如何建设成为一支新型人民军队的问题。他规定全心全意为人民服务是人民军队的唯一宗旨，规定是党指挥枪而不是枪指挥党的原则，制定三大纪律八项注意，强调实行政治、经济、军事三大民主，实行官兵一致、军民一致和瓦解敌军的原则，提出和总结了一套军队政治工作的方针和方法。他系统地提出了建设人民军队的思想和进行人民战争的思想，制定了集中优势兵力、各个歼灭敌人等一系列人民战争的战略战术。他在解放战争中总结出著名的十大军事原则。中华人民共和国建立以后，他提出必须加强国防，建设现代化革命武装力量（包括海军、空军以及其他技术兵种）和发展现代化国防技术（包括用于自卫的核武器）等重要思想。

④关于政策和策略。毛泽东精辟地论证了革命斗争中政策和策略问题的极端重要性，指出政策和策略是党的生命，是革命政党一切实际行动的出发点和归宿，必须根据政治形势、阶级关系和实际情况及其变化制定党的政策，把原则性和灵活性结合起来。他在对敌斗争方面指出，弱小的革命力量在变化着的主客观条件下能够最终战胜强大的反动力量；战略上要藐视敌人，战术上要重视敌人；要掌握斗争的主要方向，不要四面出击；对敌人要区别对待、分化瓦解，实行利用矛盾、争取多数、反对少数、各个击破的策略。在统一战线中，强调要实行又联合又斗争的原则，要照顾同盟者的利益等。

⑤关于思想政治工作和文化工作。毛泽东认为一定的文化是一定社会的政治和经济的反映，又给予巨大影响和作用于一定社会的政治和经济；而经济是基础，政治则是经济的集中的表现。根据这一基本观点，他提出了许多具有长远意义的重要思想。例如：思想政治工作是经济工作和其他一切工作的生命线，要实行政治和经济的统一、政治和技术的统一，又红又专的方针；发展民族的、科学的、大众的文化，实行百花齐放、推陈出新、古为今用、洋为中用的方针；知识分子在革命和建设中具有重要作用，知识分子要同工农群众相结合，通过学习马克思列宁主义、学习社会和工作实践，树立无产阶级世界观，等等。他指出"为什么人的问题，是一个根本的问题、原则的问题"，强调要全心全意为人民服务，对革命工作要极端负责，要艰苦奋斗不怕牺牲。

图2　毛泽东会见赞比亚总统K.D.卡翁达时，提出了关于三个世界划分的战略思想（1974-02-22）

⑥关于党的建设。毛泽东成功地解决了在一个农民和其他小资产阶级占人口大多数的国家里，如何建设一个具有广大群众性的、马克思主义的无产阶级政党的问题。他特别强调从思想上建设党，主张以无产阶级思想改造和克服各种非无产阶级思想。他指出，理论和实践相结合的作风，和人民群众紧密地联系在一起的作风，以及批评和自我批评的作风，是中国共产党区别于其他任何政党的显著标志。他提出"惩前毖后、治病救人"的正确方针，强调在党内斗争中要达到既弄清思想又团结同志的目的。他创造了在全党通过批评与自我批评进行马克思主义思想教育的整风形式。新中国成立前后，鉴于中国共产党成为领导全国政权的党，他多次提出要继续保持谦虚谨慎、戒骄戒躁、艰苦奋斗的作风，警惕资产阶级思想的侵蚀，反对脱离群众的官僚主义。

毛泽东思想活的灵魂，是贯串于上述各个组成部分的立场、观点和方法。它们有三个基本方面，即实事求是、群众路线、独立自主。实事求是，就是从实际出发，理论联系实际，就是要把马克思主义普遍原理同中国革命具体实践相结合。群众路线，就是一切为了群众，一切依靠群众，从群众中来，到群众中去。独立自主，自力更生，是从中国实际出发，依靠群众进行革命和建设的必然结论。毛泽东一贯强调，无产阶级革命是国际性的事业，需要各国无产阶级互相支援。但是完成这个事业，首先需要各国无产阶级立足于本国，依靠本国革命力量和人民群众的努力，把本国的革命事业做好，在中国这样一个大国尤其必须主要依靠自己的力量发展革命和建设事业。他把独立自主与和平共处五项原则作为中国外交政策的基石，提出了中国属于第三世界、反对霸权主义、维护世界和平、为国内经济建设创造和平的外部环境等一系列重大的国际战略。

毛泽东思想开创了马克思主义中国化的伟大事业，实现了马克思主义同中国实际相结合的第一次历史性飞跃，是中国化的马克思主义，是中国共产党的宝贵精神财富。坚持毛泽东思想，就是要认真学习和运用它的立场、观点和方法去研究新情况，解决新问题，不断推进中国共产党指导思想的理论创新，不断开拓马克思主义中国化的新境界。

《毛泽东文集》 *Collected Works of Mao Zedong*　体现毛泽东思想科学体系的多卷本综合性著作集。中共中央文献研究室编辑。人民出版社1993年12月开始出版，至1999年7月出齐。全书共8卷，233万字，选入毛泽东1921年至1975年的文稿803篇。第一至五卷为民主革命时期的著作，共504篇；第六至八卷为社会主义革命和建设时期的著作，共299篇。

《毛泽东文集》是对《毛泽东选集》的重要补充，按精选原则选编。其中大部分是首次公开发表，特别是第六至八卷，第一次公开发表的讲话和谈话记录稿就有几十篇。其中比较重要的有：《在中央政治局扩大会议上的讲话》(1953年7月29日)、《同一切愿意和平的国家团结合作》(1954年7月7日)、《关于政协的性质和任务》(1954年12月19日)、《在中共中央政治局扩大会议上的总结讲话》(1956年4月28日)、《同民建和工商联负责人的谈话》(1956年12月7日)、《在成都会议上的讲话》(1958年3月)、《关于社会主义商品生产问题》(1958年11月9日、10日)、《在武昌会议上的讲话》(1958年11月23日)、《西藏平叛后的有关方针政策》(1959年5月7日)、《大兴调查研究之风》(1961年1月13日)、《总结经验，教育干部》(1961年6月12日)、《关于人的认识问题》(1964年8月24日)，等等。

《毛泽东文集》第一卷收入1921年1月至1937年6月的著作67篇，涵盖了中国共产党创立时期、第一次国内革命战争时期和第二次国内革命战争时期，主要内容包括确立马克思主义信仰、关于革命的领导权、农民问题和土地问题、调查研究、军事问题、由国内革命战争向抗日战争的战略转变等方面；第二卷和第三卷收入抗日战争时期的著作188篇，主要内容包括抗日战争的战略方针问题、抗日民族统一战线的领导权问题、党的建设和整风运动、关于发展生产力、关于党的七大等方面；第四卷和第五卷收入解放战争时期的著作249篇，主要内容包括人民解放战争的战略战术、筹建新中国、政策和策略问题等方面；第六至八卷，收入1949年10月至1975年5月的著作299篇，主要内容包括关于社会主义革命、对中国建设社会主义道路的探索、党的思想路线等方面。

《毛泽东文集》比较全面和充分地反映了毛泽东思想的科学体系及其形成发展的过程，展示了毛泽东在中华人民共和国建立后对社会主义建设道路的新探索，对学习和研究毛泽东思想具有重要的科学价值。

《毛泽东选集》 *Selected Works of Mao Zedong* 毛泽东的主要著作集，共4卷。中共中央毛泽东选集出版委员会编辑。毛泽东亲自主持编辑工作。由人民出版社1951年10月出版第1卷，1952年3月出版第2卷，1953年2月出版第3卷，1960年9月出版第4卷。民族出版社出版了蒙古文、藏文、维吾尔文、哈萨克文、朝鲜文等少数民族文版；外文出版社出版了英、法、西班牙、俄、日、德等多种外文版。1991年6月经中共中央文献编辑委员会修订后，由人民出版社出版第二版，邓小平题写书名。

修订后的《毛泽东选集》增加了《反对本本主义》一文，共编入毛泽东民主革命时期的著作159篇。第1卷编入第一次国内革命战争时期和第二次国内革命战争时期的著作18篇。内容包括：对中国社会各阶级的分析，农民斗争在中国革命中的地位和作用，建立农村革命根据地、农村包围城市、武装夺取政权的理论，调查研究问题，抗日民族统一战线策略，中国革命战争的战略问题，唯物主义认识论和矛盾学说等。第2卷编入抗日战争时期的著作40篇。内容包括：全面抗战路线和片面抗战路线，反对自由主义，反对民族投降主义和阶级投降主义，抗日游击战争的战略问题，抗日战争的持久战总方针，马克思主义中国化问题，统一战线的独立自主原则，中国革命的三大法宝，新民主主义理论，抗日民族统一战线中的策略问题，打退国民党发动的反共高潮等。第3卷编入抗日战争时期的著作31篇。内容包括：调查研究问题，整顿学风、党风、文风和整风运动惩前毖后、治病救人的宗旨，文艺为工农兵服务的方向和如何服务的问题，领导方法问题，中国共产党处理历史问题的基本方针，为人民服务的宗旨，中国共产党的一般纲领和具体纲领，理论联系实际、密切联系群众、批评和自我批评的三大作风，整风运动和生产运动为夺取胜利准备了思想基础和物质基础等。第4卷编入解放战争时期的著作70篇。内容包括：抗战胜利后的时局和中国共产党的“针锋相对，寸土必争”方针，建立巩固的东北根据地，对国际形势的估计，帝国主义和一切反动派都是纸老虎的论断，集中优势兵力、各个歼灭敌人的原则，“打倒蒋介石，解放全中国”的口号和人民解放军的八项基本政策，关于工商业的政策和争取团结民族资产阶级与开明绅士，克服无纪律无政府倾向和建立请示报告制度，三大战役的作战方针，将革命进行到底，党的工作重心由乡村转移到城市，两个“务必”思想，人民民主专政理论，评白皮书等。

《毛泽东选集》是毛泽东思想的集中代表，为学习和研究毛泽东思想提供了最主要的文献，对中国共产党和中国人民产生了重大而深远的影响。

毛织物 wool fabric 用羊毛或特种动物毛为原料或以羊毛与其他纤维混纺或交织的毛型织物。习惯上又称呢绒。质地坚密细致或不露底纹而呈现均匀绒面，轻软而富有弹性，光泽自然滋润，吸湿性、保暖性、拒水性好，但易被虫蛀，须经过防蛀整理或保藏时使用防蛀药剂。主要用于制作服装，亦可为工业用。分精纺呢绒、粗纺呢绒和长毛绒三类。精纺呢绒用精梳毛纱织制，结构紧密，经、纬纱常用双股36～60公支毛线。主要品种有花呢、华达呢、哔叽、啥味呢、凡立丁、派力司、马裤呢、巧克丁等。多数产品表面光洁，织纹清晰。粗纺呢绒用粗梳毛纱织制，结构蓬松，外观多茸毛，经、纬纱通常采用单股4～16公支毛纱。主要品种有制服呢、麦尔登、海军呢、法兰绒、大衣呢等。多数产品经过缩呢，表面覆盖绒毛，织纹较模糊或不显露。长毛绒是经纱起毛绒的立绒织物，绒毛有几毫米高，保暖性强，主要品种有海虎绒、兽皮绒等。按使用原料不同，精、粗纺毛织物均可分为全毛织物和毛混纺织物。全毛织物除采用羊毛外，还有羊绒、驼绒、兔毛、马海毛等混纺或交织物；毛混纺织物是指羊毛与黏胶纤维、涤纶、锦纶、腈纶以及麻、棉等混纺或交织的织物。生活用绒毯及地毯亦为大量使用的毛织物。

毛致用 Mao Zhiyong (1929－11～) 中国人民政治协商会议全国委员会副主席。湖南岳阳人。1952年加入中国共产党。曾任中共岳阳县委组织部党训班主任，县委组织部副部长，区委书记，公社党委书记，县委副书记、书记，岳阳地委副书记。

1968年后历任湖南省岳阳县革委会主任，中共麻阳县委副书记，中共常德地委副书记，常德地区革委会副主任，中共湖南省委副秘书长、省委书记、第一书记，湖南省革委会主任，中共江西省委书记，江西省人大常委会主任。中共第十一届至十四届中央委员。1998年当选为全国政协第九届副主席。

毛主席纪念堂 Chairman Mao Zedong Memorial Hall 中国革命纪念建筑物。位于北京天安门广场。1976年11月动工，1977年5月建成。主体呈正方形，金色琉璃重檐屋顶，由44根福建产黄色花岗岩明柱擎起，是一座具有中国民族风格的建筑。纪念堂由北大厅、瞻仰厅、南大厅组成，占地57 200平方米，总建筑面积33 867平方米。其中，瞻仰厅是纪念堂的中心部分，大厅正面白色大理石墙壁上镶嵌着金色大字：“伟大的领袖和导师毛泽东主席永垂不朽”。大厅中央安放着水晶棺，毛泽东的遗体上覆盖着中国共产党党旗。纪念堂内还设有毛泽东、周恩来、刘少奇、朱德纪念室。纪念堂北门、南门外的东西两侧各有一组长15米、高3.5米的群雕，象征中国人民在中国共产党领导下进行革命斗争和社会主

义建设的历史。

毛宗岗 Mao Zonggang 中国清初文学批评家。字序始，号孑庵。茂苑（即长洲，今江苏苏州）人。生卒年及生平事迹不详。曾仿效金圣叹删改《水浒传》的作法，假托得《三国演义》古本，对罗贯中原著进行删改，并在章回之间夹写批语，题为"圣叹外书"、"声山别集"，又伪作金圣叹序冠于卷首，名为第一才子书。此即120回本，它取代旧本广为流行。毛宗岗本《三国演义》在情节上变动很大，不仅有增删，还整顿回目，修正文辞，改换诗文。与原著比较，尊刘抑曹的正统观念和天命思想明显加强，在表现技巧、文字修饰方面也有提高。据记载，此书系毛宗岗与其父合作评改。

矛盾 contradiction 辩证法的基本范畴。事物自身所包含的既相互排斥又相互依存，既对立又统一的关系。矛盾一词在汉语中最早见于《韩非子》，指逻辑上的不一致。"矛盾"一词的拉丁语contradictio，也指逻辑上的不一致。在古代哲学中，矛盾概念已包含有对立统一的思想。G.W.F.黑格尔在其唯心主义哲学中明确提出矛盾即对立统一。马克思主义吸取了黑格尔的合理思想，系统提出了唯物辩证法的对立统一规律，把矛盾规定为反映事物的对立统一关系的哲学范畴。认为任何事物都是作为矛盾统一体而存在的，矛盾是事物发展的源泉和动力。辩证法的矛盾范畴不同于逻辑矛盾，它是指事物既对立又统一的辩证本性及其在人们思维中的反映，而逻辑矛盾则是由于违反了形式逻辑的规则而出现的逻辑错误，是思维混乱的表现。

《矛盾论》 *On Contradiction* 毛泽东关于马克思主义辩证法特别是对立统一规律的代表著作。原是毛泽东1937年8月为讲授哲学问题而写的《辩证法唯物论（讲授提纲）》第三章第一节。新中国成立后，经作者修改发表在1952年4月1日《人民日报》上。收入《毛泽东选集》第1卷。

这篇文章阐述了唯物辩证法的实质和核心——对立统一规律，揭示了矛盾在事物运动中的决定性作用，指出内因是变化的根据、外因是变化的条件；阐述了矛盾的普遍性和特殊性关系是矛盾问题的精髓的思想，指出认识矛盾的特殊性是认识事物的基础、解决矛盾的关键，具体问题具体分析是马克思主义活的灵魂；阐述了主要矛盾和主要矛盾方面的原理，指出认识矛盾的特殊性，就是要善于抓主要矛盾和矛盾的主要方面，努力促进事物的转化；阐述了矛盾的同一性和斗争性的关系，分析了对抗在矛盾中的地位和作用等问题，指出党内"左"右倾机会主义共同的思想根源，就是割裂了矛盾同一性和斗争性的辩证统一关系。

《矛盾论》从哲学的高度总结了马克思主义普遍原理与中国革命实际相结合的历史经验，为中国共产党实事求是思想路线的形成奠定了理论基础。是毛泽东哲学思想最主要的代表作之一。

矛尾鱼 *Latimeria chalumnae*; gombessa 总鳍鱼亚纲腔棘鱼目矛尾鱼科的唯一种，唯一现生的总鳍鱼类。又称拉蒂迈鱼。体长梭形，躯体粗壮，长1.5米左右。头大，口宽，牙锐利。颅骨具特殊的颅间关节。椭圆形圆鳞大而薄，露出部分具很多小嵴或疣突，因而体表粗糙，体后部和鳍基部鳞较小。背鳍2个；第二背鳍与胸鳍、腹鳍、臀鳍外形相似，呈柄状，鳍条着生在粗壮的肉质鳍柄上。偶鳍内骨骼排列分节为非对称式。尾鳍3叶，由一个中心小叶将整个尾鳍平分上下两部似矛状。脊索终生存在。肠内具螺旋瓣。鳔很小，无呼吸功能。卵胎生。为肉食性鱼类。矛尾鱼是经历了漫长地质年代而孑遗的活化石，通过对矛尾鱼的比较解剖研究，有助于探索最初两栖动物是由哪种鱼演化来的。

茅盾 Mao Dun（1896-07-04～1981-03-27） 中国文学家、社会活动家，全国政协副主席。生于浙江桐乡，卒于北京。原名沈德鸿，字雁冰，茅盾是他常用的笔名之一。

生平 1913年，茅盾考入北京大学预科学习。预科毕业后，1916年8月到上

海商务印书馆工作。1920年初，开始主持《小说月报》小说新潮栏的编务工作，11月，接编并全面革新《小说月报》。1921年1月与郑振铎、叶圣陶等在北京成立了文学研究会。从这时起，主要从事新文学的倡导、评论和外国文学的评介工作。1921年初，参加上海共产主义小组活动。成为党的早期党员之一。1922年后，以《小说月报》编务为掩护，从事中共中央联络员的工作，曾先后在中共所办的平民女校、上海大学任教。1925年发表《论无产阶级艺术》，与郭沫若、恽代英等人在此前后发表的论著一起，构成随后的革命文学运动的前奏。1926年，他奉中共中央之命，以左派国民党员代表身份，赴广州出席国民党第二次全国代表大会。会后，留广州任毛泽东为代理部长的国民党中央宣传部秘书职务。1926年底，北伐军占领武汉，成立国民政府。茅盾赴武汉，任汉口《民国日报》主编。1927年7月，汪精卫在武汉公开叛变革命，茅盾离开武汉，经牯岭回上海。从此，以茅盾的笔名，开始文学创作活动。

创作 1928年6月，茅盾完成三部曲《蚀》(《幻灭》、《动摇》、《追求》）的创作。小说描绘了第一次国内革命战争由勃兴到失败的起伏中，众多知识青年（大多为女性）的状况和心态。当时正值革命文学论争的高潮，茅盾和这部小说都被卷进论争，因而更引起文坛的关注。1928年7月，离沪去日本，客居东京和京都期间，写作长篇小说《虹》和《骑士文学ABC》、《神话杂论》、《西洋文学通论》等一系列著作及《从牯岭到东京》、《读〈倪焕之〉》等论文。

1930年4月，茅盾从日本回到上海。不久，加入中国左翼作家联盟，并一度担任左联执行书记。从此，茅盾和鲁迅在一起，从事革命文艺活动和社会斗争。30年代是茅盾创作的成熟和丰收的时期。这时完成的有中篇《路》、《三人行》和优秀的短篇小说农村三部曲《春蚕》、《秋收》、《残冬》和《林家铺子》等创作，同时在《申报·自由谈》、《太白》等报刊发表了大量的杂文、文学评论和作家研究专论。1933年1月，出版了长篇小说《子夜》。作品以上海几个资本家之间的尔虞我诈、吞并争夺为主要线索，写到工人运动和农民暴动，写到帝国主义、反动政权与民族资本主义的冲突，以及军阀间的混战等，是大规模地描写中国社会全貌的力作。它的出版，显示了左翼文学的实绩，把五四以后新文学的发展推向一个新的里程。

抗日战争爆发，茅盾投身于抗敌救亡活动。1938年被选为中华全国文艺界抗敌协会理事。4月，他所主编的《文艺阵地》创刊，同时，为香港的《立报》编辑副刊《言林》。长篇小说《第一阶段的故事》便是这时完成的。1939年3月，去新疆学院任教，

被推为新疆文化协会委员长。1940年5月，由新疆到达延安。在延安鲁迅艺术学院讲学，为《中国文化》等刊物撰文多篇。10月，到达重庆。陆续完成了散文《白杨礼赞》、《风景谈》等。1941年皖南事变后，茅盾和大批进步文化人士抵香港。5月，在《大众生活》周刊连载了揭露国民党特务统治的长篇小说《腐蚀》。9月，主编《笔谈》半月刊。12月，太平洋战争爆发，日军攻占香港，茅盾辗转至桂林、重庆等地。这期间，有小说《霜叶红似二月花》、《走上岗位》和话剧《清明前后》问世。

抗战胜利后，茅盾到上海主编《文联》杂志，从事争取民主与和平的活动。1946年底～1947年初，访问苏联。著有《苏联见闻录》和《访苏杂谈》两部著作。1947年底茅盾又到香港，参加《小说》月刊工作，主编在港复刊的《文汇报·文艺周报》。长篇小说《锻炼》便是在该刊连载的。1948年底，到北平参加新政协的筹备工作。1949年7月，当选为全国文学艺术界联合会副主席和中国文学工作者协会（后改名中国作家协会）主席。

中华人民共和国建立后，长期担任文化部部长，致力于社会主义文化建设工作。任政协全国委员会委员，第四、五届政协副主席，全国文联名誉主席，中国作家协会主席。这时期茅盾的文学工作着重于文学批评和文学研究，著作有《鼓吹集》、《夜读偶记》、《关于历史和历史剧》等。晚年，经受着疾病的苦痛，完成了回忆录《我走过的道路》。

茅盾的著作，经人民文学出版社印行的有《茅盾文集》10卷。1984年起，陆续出版40卷本的《茅盾全集》，约1200万字，收录了他的全部文学著作。此外，尚有《茅盾译文选集》问世。他的作品已译成多国文字。

茅盾文学奖 Mao Dun Literature Prize 中国当代文学奖。根据茅盾生前遗愿，为鼓励优秀长篇小说创作而设。中国作家协会主办。1981年4月20日，茅盾逝世不到1个月，中国作家协会召开主席团扩大会议，决定成立茅盾文学奖金委员会，由中国作家协会主席团全体成员担任委员，巴金任主任委员。此后，评奖的具体工作就由茅盾文学奖评奖委员会承担。评委会成员由有影响的作家、理论家、评论家、编辑和文学组织工作者出任。每届评委会的成员有所更新，更新名额不少于评委会人数的1/2。首届评奖1982年进行，评选范围限于1977～1981年发表和出版的长篇小说。此后评奖大体每4年举行一次，每次获奖作品3～7部。凡在评选年度内公开发表和出版、字数在13万字以上者均在评选范围之列。首届获奖的有：周克芹的《许茂和他的女儿们》、魏巍的《东方》、姚雪垠的《李自成》（第二卷）、莫应丰的《将军吟》、李国文的《冬天里的春天》、古华的《芙蓉镇》。

茅膏菜科 Droseraceae; sundew family 双子叶植物纲五桠果亚纲的一科。有4属105种，其中茅膏菜属广布于全世界，其余3属均单种属，露叶草属产葡萄牙、西班牙南部及摩洛哥；捕蝇草属产美国东南部；貉藻属产欧洲东部、亚洲东部及北部、东帝汶和澳大利亚的昆士兰。中国产有茅膏菜属多种及貉藻。食虫草本，稀亚灌木，多生于强酸性的湿地，唯貉藻浮生水中。叶互生（貉藻叶轮生），常基出成镶嵌式。花两性，整齐，有限花序，呈总状花序或圆锥花序状，萼片4～5，花瓣5，雄蕊常5，有时多至20；雌蕊由3～5心皮合成，子房上位，有时近半下位，1室，蒴果，室背开裂。捕蝇草和貉藻直接用敏感的叶，茅膏菜属植物用叶面的黏液腺，猎取小虫。

茅膏菜全草有毒，球形块根药用称一粒金丹，与同属的锦地罗等可供药用。捕蝇草供观赏。

茅津渡 Maojindu 中国晋豫两省间的重要渡口。位于山西省平陆县南，黄河北岸。对岸为河南省三门峡市。原名沙涧渡，明时更名，因渡西有茅津堡之故。除运城河东的盐外，晋南的棉花和煤炭，部分也经此外运。渡口有机动渡船，交流晋豫两省物资。建有电灌站于此，用黄河水浇平陆地。“茅津晚渡”是平陆古八景之一，现为“黄河一日游”风景区。

茅坤 Mao Kun (1512～1601) 中国明代散文家。字顺甫，号鹿门。浙江归安（今湖州）人。嘉靖十七年（1538）进士。历任青阳、丹徒两县知县，迁礼部主事。仕途曲折，终被忌者中伤，落职归家隐居50余年而卒。茅坤反对前、后七子“文必秦汉”的主张，提倡学习唐宋古文。他评选的《唐宋八大家文钞》在当时和后世有很大影响。此书选辑8家文章共164卷。每家各为之引。从总序可以看出，茅坤选文的目的在于宣扬8人文章中得“六经”之精髓者，对韩愈尤为推崇。“唐宋八大家”的名目也由此流行。茅坤的散文刻意模仿司马迁、欧阳修，行文喜跌宕激射。但是，由于他为文好模拟，故佳作不多。今存《白华楼藏稿》、《玉芝山房稿》等。

茅茅运动 Mau Mau Movement 20世纪50年代肯尼亚人民反对英国殖民者的武装斗争运动。茅茅是该运动组织的名称。第二次世界大战结束后，曾在英国军队中服役的肯尼亚人纷纷复员回国。开始组织茅茅。最初只有2 000多人。1950年8月，茅茅开始转入武装斗争。茅茅运动的主要领导人都是肯尼亚非洲人联盟的成员。1952年茅茅转移到山区，开展游击战争。同年8月16日，非洲人联盟领导人J.肯雅塔秘密接见了运动领袖。1954年英国殖民军向肯尼亚山区森林地带发动大规模扫荡，茅茅遭到重大伤亡。1957年，它的领导人基马蒂被杀害，运动逐步走向低潮。幸存的茅茅战士继续在山林坚持斗争。肯尼亚独立后，大部分茅茅战士走出游击区，一些负责人还参加了独立后国家的恢复工作。

茅山派 Maoshan sect of Taoism 中国道教派别之一。见上清派。

茅台酒 Moutai Chinese liquor 中国著名白酒。酱香型白酒的典型代表，因产于贵州省仁怀市茅台镇而得名。1915年在巴拿马万国博览会上荣获金奖，从此驰名中外。茅台酒的酒精度为53%（体积分数）。以酒色微黄透明、酱香特出、香而不艳、幽雅细腻、酒体醇厚、回味悠长、空杯留香而著称。与法国科涅克白兰地和英国苏格兰威士忌并列为世界蒸馏酒中的三大名酒。

茅台酒选用优质高粱酿酒、小麦制曲，每年夏季踩曲，称为伏曲，重阳投料（下沙）酿酒。原料粉碎较粗，同一批原料要经8次蒸粮、摊凉、加曲、堆积、入窖发酵。入窖时洒入尾酒，以酒养糟，发酵期为30天。7次取酒，各轮次酒的香味各有不同，可分酱香、醇甜和窖底香3个典型体，分型入库。陶坛储存3年以上，中途并坛，俗称盘勾，最后精心勾兑而成。

茅台镇 Maotai Town 中国贵州省仁怀市辖镇，以酿酒业为独特优势和突出特色的工业城镇，是中国“国酒”茅台酒产地。位于赤水河中游寒坡岭（又称寒婆岭）下。辖区面积87平方千米，镇区面积约7平方千米。古为茅台村，因建于赤水河畔台地上，茅草遍地丛生，故名。1932年置茅台镇。1953～1967年曾为仁怀县政府驻地。茅台镇地理环境独特，赤水河两岸的斜坡高地广泛发育着酸碱适度的紫色土层，溶解出多种对人体有益的微量元素，经过层层过滤，滤出无色透明，微甜爽口的清冽泉水，汇入狭长的清水河谷底，形成一个相对封闭，有利于酿酒微生物生长的独特小环境，加之酿酒活动于镇域千百年来的传承不息，使茅台酒享誉世界，有中国“国酒”之称。

茅以升 Mao Yisheng (1896-01-09～1989-11-12) 中国人民政治协商会议全国委员会副主席，桥梁学家、教育家。原名以昇，字唐臣。江苏镇江人。卒于北京。1916年毕业于唐山工业专门学校。1917年获美国

康奈尔大学土木工程硕士学位。1919年获美国卡内基理工学院博士学位。1920年回国，历任交通大学唐山学校、东南大学、河海工科大学、北洋大学、北平大学等教授、主任、院长、校长职务。

1933年起组织筹建浙江杭州钱塘江公铁两用桥，任**钱塘江桥**工程处长。该桥是中国第一座自己设计监修的大江入海口现代桥梁，仅用两年半时间以低廉造价完成，并培育出一批桥梁建设技术骨干。1942年创建中国桥梁公司。1948年当选中央研究院院士。自1949年起，任交通大学校长，铁道部铁道研究所所长、铁道研究院院长，并为**武汉长江大桥**技术顾问委员会主任，指导完成万里长江第一桥建设。1955年当选中国科学院学部委员（院士）。任中国人民政治协商会议第一届至第六届全国委员会委员，第六届副主席。1954年起，为第一届至第六届全国人民代表大会代表和常务委员会委员。1952年参加九三学社。1958年起任九三学社中央副主席。1987年加入中国共产党。

曾任中国工程师学会、中国土木工程师学会理事长、会长，中国科学技术协会副主席、北京市科学技术学会会长。任《中国大百科全书》第一版总编辑委员会副主任。创立中国土力学及基础工程学会，晚年致力于科普工作，著述颇多。主编《桥话》、《中国古桥技术史》等书，后者获1987年中国图书奖荣誉奖。

茅子元 Mao Ziyuan **白莲教**创始人。中国南宋平江府昆山（今属江苏）人。19岁出家为僧，居吴郡延祥院。因慕**慧远**庐山结莲社遗风，于绍兴三年（1133）创立白莲宗。自称白莲导师，信徒称白莲菜人，又称茹茅黎菜。教内以"普、觉、妙、道"为派定法号。其撮集《大藏》要言，编著成《白莲晨朝忏仪》、《圆融四土三观选佛图》，以偈歌四句，念佛五声，以证五戒。创立白莲忏堂，男女教徒可出家修炼，也可在家同修净业。将**天台宗**、**净土宗**的佛教理论通俗化、简易化、具体化，使一般人易懂、易接受，故迅速受到广大下层民众的信奉。乾道二年（1166），宋高宗诏至德寿殿，演说净土法门。但白莲教受到正统佛教的排斥，统治者继以邪教、吃菜事魔罪将茅子元流放江州。元英宗至治二年（1322）再次明令禁止，白莲教遂由一个佛教支派演化为民间宗教，潜入社会底层。

牦牛 *Bos grunniens*; yak 哺乳纲牛亚科牛属的一种。高寒地区的特有牛种。草食性反刍家畜。主要产于中国青藏高原海拔3 000米以上地区。适应高寒生态条件，耐粗饲，耐劳，善走陡坡险路、雪山沼泽，能游渡江河激流，有"高原之舟"之称。牦牛乳、肉为高寒地区的主要食品，绒是一种优质毛纺原料，毛是编织帐篷和衣衬的材料，尾毛供制髯口、假发等，并供应国际市场。牦牛系中国古羌人在藏北高原羌塘地区驯化野牦牛而来。

头大额宽，耳小脸短。角粗，颈短无垂皮，胸深而丰满，后躯短小狭窄，尾短，着生低。四肢结实短矮，蹄小，蹄缘坚硬。体型粗壮紧凑，遍体被长毛，状似围裙，尾毛帚状，长达45～60厘米。肺大，心重，气管软骨环狭窄。入冬后被毛间丛生绒毛，夏季自动脱落。合群性好。反应和行动敏捷，嗅觉尤为灵敏。采食能力强，在冰天雪地里能拱雪啃食低矮牧草的根茎。

中国的牦牛有两个生态类型。一为青藏高原型，其地方品种有九龙牦牛、西藏高山牦牛。一为横断高山型，其地方品种有青海高原牦牛、天祝白牦牛和麦洼牦牛。

锚 anchor 在水域中固定船舶或其他浮体的设备。锚抛入水中后能啮入底土产生抓力，通过锚链或锚缆系留船舶或其他浮体达到停泊定位。主要由锚卸扣（或锚环）、锚杆（锚柄）、锚冠（锚头）、锚臂和锚爪等几部分组成。一般用钢铸造或锻造而成。按结构和形状特点可分为四类：①有杆锚，锚爪与锚杆为一整体，有单爪和双爪之分，并有一垂直于爪面的横杆，使用时一个爪入土。②无杆锚，锚爪和锚杆可相对转动一定角度，使用时左右锚爪可同时入土，且起锚和抛锚时均较方便。此类锚以霍尔锚应用较多。③大抓力锚，如马特罗索夫锚，锚爪面宽大，且亦可相对锚杆转动一定角度，锚爪中部有一突出的杆体，可增加锚的稳定性，适合于松软土质的水底。④各种中间型锚及专用锚，如浮筒锚多数是由水泥块制成，通过锚链与浮筒根部连成一体而控制浮筒的活动范围，是现代**船舶在港口**锚地的主要系泊方式之一。锚对于民用船舶、军舰及其他浮体的系泊安全十分重要，因而在世界各国的航运界、海军的制服上常以锚作为徽标。

茂金属 metallocene 由两个**环戊二烯**（Cp）或环戊二烯衍生物与金属离子配位形成的具有夹心结构的化合物。一般泛指金属离子（过渡金属、稀土金属或主族金属）和至少一个环戊二烯或环戊二烯衍生物作为配位体形成的一类有机金属**配位化合物**。

以金属的种类来划分，有主族、过渡和稀土等金属茂化合物。以结合的环戊二烯基的个数来划分，有单茂金属、双茂金属、多茂金属化合物等。以化合物的结构来划分，又有夹心结构、弯曲型夹心结构和半夹心结构等（见图）。

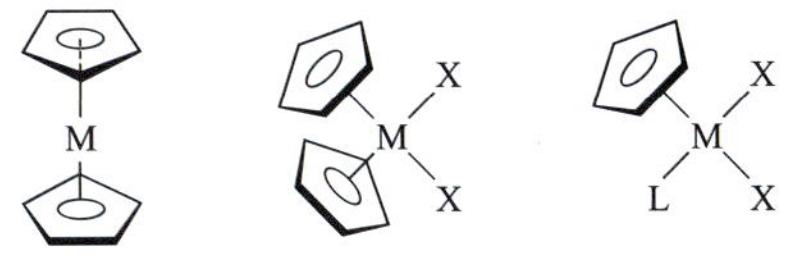

夹心结构　弯曲型夹心结构　半夹心结构

环戊二烯基与金属配位时多以η^5（5配位结合）的方式进行结合。环戊二烯上的五个氢可由不同的**官能团**取代，很容易地引入具有不同电子效应与位阻效应的官能团。

夹心结构化合物Cp_2M除**二茂铁**外，其中心金属M还可以是V、Cr、Mn、Co、Ni、Ru、Os等。二茂铁最稳定，也研究得最多。许多二茂铁的衍生物已被制备，某些可用作不对称有机合成催化剂，某些含二茂铁单位的高分子聚合物是一类潜在的光电功能材料。

在半夹心结构和弯曲型结构的化合物中，金属还可以同时与**羰基**、亚硝基、氮和卤素等配位形成许多化合物，可用于有机合成、均相催化与新型先进材料的开发。它们结构明确，可据以有效地进行催化剂设计与分子裁剪。

最常用的茂金属化合物的制备为利用环戊二烯阴离子，如由环戊二烯基钠或铊盐在四氢呋喃中与金属卤化物反应；另一常用方法为环戊二烯和有机碱及金属卤化物的反应。

茂陵 Maoling Mausoleum 中国**汉武帝刘彻**的陵墓。位于陕西省兴平市策村。始建于武帝建元二年（前139），入葬于后元二年（前87）。西汉帝陵中修建时间最长、规模最大的一座。1961年国务院公布为全国重点文物保护单位。

坟丘呈覆斗状，底部东西长229米，南北长231米，高46.5米。四周用夯土垣墙围成陵园，东西长430米，南北长414米，每面正中辟一门，门外立双阙。以皇后礼安葬的李夫人墓在茂陵西北500余米处。其坟丘亦为覆斗状，大小约为武帝陵坟丘的1/2，坟丘中腰处向内平收形成二层台，这种形式的坟丘称为英陵。茂陵东南约1千米处发现大面积建筑遗址，从出土遗物判断，可能是茂陵的寝殿废墟。茂陵庙称龙渊庙，在茂陵东。茂陵邑在陵园东南。陪葬墓分布在茂陵东，今存12座，有卫青、霍去病、金日磾、霍光等人的墓。

茂名市 Maoming City 中国广东省辖地级市。位于省境西南部。辖茂南区、茂港区和电白县，代管高州市、化州市、信宜市。面积11 445平方千米。人口582万(2010)。隋置茂名县。1959年析置县级茂名市，1983年升为地级市。境内以台地平原为主，有大片第三系油页岩区域，是中国主要油页岩矿之一。属亚热带海洋性气候。夏秋多台风暴雨。农业主产水稻、甘薯、甘蔗、花生、黄麻、蚕桑、蔬菜等。林产有松脂、橡胶等。荔枝、龙眼、杧果、香蕉、黄皮等亚热带水果产量和质量居全国第一。盛产龙虾、对虾、海参、鲈鱼、膏蟹等。工业以石油加工为主，并有电力、建材、化工、机械、食品、纺织等部门。是中国重要的石油化工基地。茂名港是国家一类对外开放口岸和全国四大原油接卸港之一。名胜古迹有冼太庙、宝光塔、水东湾、虎头山、庄华山、海底公园等。

茂瑙 Murnau, Friedrich Wilhelm (1888-12-28～1931-03-11) 德国电影导演。生于比勒尔德，卒于好莱坞。原名弗里德里希·威廉·布卢梅尔。曾在海德堡学习哲学、音乐和艺术史。进入电影界后导演了《魔王》(1919)、《雅努斯的头颅》(1920)、《驼背人和舞女》(1920)、《福格勒德城堡》(1921)、《诺斯费拉杜——恐惧的交响曲》(1922)等影片。1924年制作的《最卑贱的人》是他最重要的作品，在德国电影史上占有重要地位，是室内剧电影的代表作之一。1926年赴好莱坞后执导了《日出》(1927)、《四个恶魔》(1928)、《每日的粮食》(1930)等影片。1931年在其拍摄的《禁忌》上映一周前死于车祸。

茂物 Bogor 印度尼西亚西爪哇名城。人口89.15万(2005)。居民至今仍使用古巽他语。位于熔岩高原北麓南北走向的山间盆地，海拔266米，北距雅加达56千米。气候宜人，雨量充沛，平均年降水量4 000多毫米，年平均有216个雨天、322天响雷，有“雨都”及“雷都”之称。1745年建城，即为避暑胜地。有建于1817年的世界著名植物园及全国最大的农业试验总站，还有橡胶研究院、畜牧与农业学院、生物学研究所、林业研究所、化学研究实验室等，是印度尼西亚的农林与生物学研究中心。工业有国内最大的轮胎厂以及纺织、机械、玻璃、橡胶制品、水泥、造纸等工厂。郊区农业发达，梯田开到火山口，茶园、咖啡园、橡胶园、金鸡纳园、水稻田和甘蔗田相互交错。市郊有瑟硝矿温泉等名胜。与雅加达有高速公路和电气化铁路相通。著名的旅游胜地及国际会议中心。有建于1856年的荷兰总督宅邸，现为总统别馆。

贸易壁垒 trade barriers 一国为限制进口而设置的各种障碍的总称。一般分为关税壁垒和非关税壁垒两类。关税壁垒指以征收关税的办法限制进口的措施。即在进口商品经过一国关境时，由政府所设置的海关依据关税税法向进口商征收高额的进口关税、进口附加税、差价税等，以提高进口货物的成本，削弱它与本国同类产品的竞争力，从而达到限制进口的目的。非关税壁垒是指除关税以外的一切限制进口的贸易保护措施。可分为直接的和间接的两类。直接的主要是通过对本国产品和进口产品的差别待遇，直接限制进口；间接的并不对商品进口规定直接的限制，但采取一些措施同样达到限制进口的效果。非关税壁垒主要有：①进口数量限制。②海关估价、海关程序等。③贸易的技术性壁垒。同关税壁垒相比，非关税壁垒更具有广泛性、隐蔽性和灵活性。

贸易补贴 trade subsidy 政府为了降低本国出口商品的价格，增强其在国际市场上的竞争能力，给予出口厂商的现金补贴或财政上的优惠待遇。分为直接补贴和间接补贴两种。前者指出口某种商品时，政府直接付给出口厂商的现金补贴；后者指出口某种商品时，政府给予财政上的优惠。贸易补贴会导致进出口商品价格扭曲和不公平贸易，给其他国家商品的进入造成贸易障碍。当一国认为出口国对出口商品给予直接或间接的补贴并造成进口国同类产品的重大损失或重大威胁时，多在征收进口税外加征一种进口附加税或特别关税，即反补贴税，又称抵消关税。为此，《关税及贸易总协定》对反补贴税的征收作了规定。1977～1979年的东京回合多边贸易谈判中又制定了《补贴与反补贴税法典》。法典规定：除了农业、渔业和林业产品外，禁止对其他产品实行出口补贴。

贸易摩擦 trade friction 各个国家之间为争夺商品销售世界市场和限制别国商品进入本国市场而展开的一系列冲突和相互报复行为。又称贸易战。

贸易逆差 trade deficit 一国(或地区)在一定时期内（如1年、半年、1季、1月）进口总值大于出口总值，出现贸易赤字的状况。又称入超。通常以负数表示，反映一国（或地区）在对外贸易收支上处于不利地位。

贸易顺差 trade surplus 一国（或地区）在一定时期内（如1年、半年、1季、1月）出口总值大于进口总值，出现贸易盈余的状况。又称出超。通常以正数表示，反映一国（或地区）在对外贸易收支上处于有利地位。

贸易条约 commercial treaties 国际条约中的一种契约性条约。又称商约。广义贸易条约为两个或两个以上主权国家间在贸易关系方面规定相互权利义务的各种书面协议的总称。狭义贸易条约是指以条约为名称的关于缔约国之间经济贸易关系方面的书面协议。两个国家之间签订的，称为双边贸易条约；3个或3个以上国家签订的，称为多边贸易条约。贸易条约所涉及的内容比较广泛。如缔约国国民的入境、对公司和个人的保护、贸易、航行、专利、关税、国内税、收益和资本汇出、对财产的取得、申诉权等事项。贸易条约要以国家或国家元首名义签订，全权代表由国家或国家元首特派。签订后必须按缔约国法律程序完成批准手续，并经互换之后，方能生效。大型综合性的贸易条约还需经缔约方立法机构的批准，并在互换批准书之后，方能生效。如果贸易条约的缔结不需通过立法程序，则在签订之日或规定之日即可生效。条约一般都规定有效期，期满后如不延长有效期或续签新约，即告失效。

贸易协定 trade agreement 两国或两个以上缔约国之间为规定经贸关系而签订的一种书面协议。两国之间签订的称双边贸易协定，几个国家之间签订的称多边贸易协定；一般是政府间协定，也有民间协定。按时间长短划分，有效期5年以上的为长期贸易协定，有效期1～3年的为短期贸易协定。就内容来说，贸易协定可分为两类：一是就专门贸易问题而签订的协定；一是就一般贸易问题而签订的协定。

就专门贸易问题而签订的，主要有关税协定，规定关税的减低、废除、征收、优惠等事项，如互惠关税协定、关税同盟协定等。一般性贸易协定主要规定两国发展贸易关系的愿望与遵循的原则，以及进出口有关事项。贸易协定的缔约方并不完全是国际法主体的主权国家，在某些多边贸易协定如关税及贸易总协定中，非国际法主体，如中国香港、澳门、台湾地区经济主体也可作为缔约方参加。

贸易议定书 trade protocol 缔约国之间就贸易关系的某些具体问题所达成的书面协议。有的附在贸易条约（协定）后面，有的作为单独文件，同样具有法律效力。也有在两国未签订贸易条约（协定）前，先签订贸易议定书作为暂时进行贸易的依据。在签订长期贸易协定时，关于年度贸易的具体事项，也常用议定书形式加以规定。在签订以换货为基础的贸易协定时，年度贸易则用换货议定书形式来执行。有时还用以规定延长条约（协定）的有效期。贸易议定书一般只需由签字国的有关行政部门的代表签署即可生效。

国家与国家之间关于贸易事项互相交换载有双方达成的协议内容的照会称为换文，也是一种协议形式，同条约（协定）一样具有法律效力。换文不需经过批准手续，成立的程序比较简单。

贸易战 trade war 各个国家之间为争夺商品销售世界市场和限制别国商品进入本国市场而展开的一系列冲突和相互报复行为。又称商战或贸易摩擦。主要手段：①高筑贸易壁垒。提高进口商品关税税率，实行进口数量限制。②奖励出口。由国家给予出口商补贴，提高出口商品价格竞争力。③货币对外贬值。降低出口商品价格，实行对外倾销。早在资本主义自由竞争时期和垄断竞争时期，贸易战就在资本主义贸易大国之间和资本主义宗主国与殖民地之间存在。第二次世界大战以后，这种贸易战，既在西方发达国家之间存在，又在发达国家与发展中国家之间存在，就是在发展中国家之间也同样发生。例如20世纪80年代以后，美欧农产品贸易战连绵不断。

贸易自由化 trade, liberalization of 第二次世界大战后，主要资本主义国家一度采取的某些逐步放宽和取消限制进口的措施。狭义贸易自由化指逐步放宽和取消进口数量限制等；广义贸易自由化指降低关税和取消关税壁垒。又称对外贸易自由化。从20世纪50年代到70年代初，主要资本主义国家对外贸易政策中出现了贸易自由化倾向，其主要表现在：关税及贸易总协定的成立与演变成以后的世界贸易组织及其内部大幅度降低关税；欧洲联盟的成立及对内取消关税、对外达成关税减让；普遍优惠制的实行；非关税壁垒的减少。贸易自由化的基本特点：①发达国家之间的贸易自由化超过它们对发展中国家的贸易自由化。②区域经济集团内部的贸易自由化超过集团对外的贸易自由化。③不同商品的贸易自由化程度不同。工业制成品的贸易自由化程度超过农产品，机器设备的贸易自由化超过工业消费品。

貌廷 Maung Htin (1910～?) 缅甸作家。华裔。原名吴天发。下缅甸渺米亚人。仰光大学毕业。曾任镇长、外交部秘书等职，后退出官场，任《仰光报》主编等，专心从事写作。曾参加缅甸实验文学运动。1936～1937年间因陆续发表以哥当为主人公的系列短篇小说而一举成名。独幕剧《什么是最主要的？》(1942) 塑造一个漠视祖国民族命运的庸人形象。小说《鄂巴》(1946) 生动描绘了日本法西斯的残暴野蛮以及朴实农民的觉醒经历。还写有杂文小品、散文、文学评论等多篇。晚年从事翻译，译作有《莫泊桑短篇小说集》等。

貌阅 face-inspection, system of 中国隋唐时地方官亲自检查百姓年貌形状，以便核实户籍的制度。隋大业五年（609），户部侍郎裴蕴建议推行大索貌阅。大索的目的在于搜括隐匿人口；而貌阅目的在于责令官员亲自当面检查年貌形状，以便查出那些已达成丁之岁，而用诈老、诈小的办法逃避承担赋役的人。

唐代继承隋法，把貌阅加以完善及制度化。唐代貌阅首先是通过貌阅百姓形状，以定其所报的黄、小、中、丁、老是否属实。貌阅的另一内容，则是要貌定百姓的"三疾"状况。"三疾"按病残程度区分：部分丧失劳动力者为残疾；全部丧失劳动力者为废疾；不仅全部丧失劳动力而且丧失生活自理能力者为笃疾。据此，为免除（或部分免除）赋役负担，或享受给"侍丁"待遇提供依据。隋代定户等时三党五党共为一团，唐代貌阅亦按地区分成团。故貌阅百姓亦称团貌。封建国家通过团貌严格控制人民，尤其是赋役的主要承担者——丁口，为巩固封建统治、维护封建法治提供了保证。

《没有个性的人》 *Der Mann ohne Eigenschaften* 奥地利作家R.穆齐尔的长篇小说。写于1921～1942年。第一卷（包括第一部《一种序幕》、第二部《如出一辙》）1930年出版；第二卷（即第三部《进入千年王国》）1933年出版；第三卷（未完成）1943年出版。

故事发生在1913～1914年的奥匈帝国首都维也纳。主人公乌尔利希是"平行行动"委员会秘书，颇有抱负，先后想当军官、工程师和数学家，但均未成功。于是他想窥探和发现现代社会的"秘密运行机制"，但他与曾经和他怀有同样理想和抱负的朋友都在现实中碰了壁。因而乌尔利希发现这个世界不可救药。最后，乌尔利希同他的胞妹阿加特生活在一起并产生兄妹恋。他才觉得这是生活本真的复归。穆齐尔采用悖谬的思维与悖谬的讽刺艺术手法，充分展示了现代主义文学独特的魅力。

玫瑰 *Rosa rugosa*; rugose rose 蔷薇科蔷薇属的一种。落叶灌木。原产中国、日本、韩国、朝鲜。株高约2米，茎丛生多分枝，有绒毛、刚毛及刺，刺坚硬灰白色。羽状复叶，小叶3～9片，椭圆形或倒卵形，长2～5厘米，边缘有钝锯齿，质厚，上面光亮多皱无毛，下面苍白有柔毛及腺体。花单生或3～6朵聚生，色白、粉红及紫色，香气浓郁，花期5～6月。果扁球形，直径2～2.5

厘米，红色平滑萼片宿存，果期8～9月。

花瓣可制饼馅、糖浆、玫瑰酒，干后可泡茶。鲜花可制芳香油，称玫瑰油，供食用及制作化妆品。花蕾及根可入药，有理气活血、收敛作用，可治肝胃气痛、消化不良、肠胀满和月经不调。根及皮富含鞣质，可提栲胶，根可制黄色染料。果实富含维生素C、葡萄糖、苹果酸、槲皮素等，种子含油约为14%。

玫瑰糠疹 pityriasis rosea 病毒感染所致的一种常见的炎症性皮肤病变。多见于青壮年，好发于春秋季节。在躯干或四肢某部位先出现一个钱币状大小、玫瑰色的圆形或椭圆形斑片，表面有细薄糠状鳞屑，称为母斑或前驱斑。经1～2周后，全身相继出现散发大小圆形或椭圆形淡红色斑，边缘有薄屑，皮损长轴与皮纹走行一致。常对称性分布于躯干和四肢近心端。经6～8周可自行消退，很少复发。若瘙痒显著者可口服抗组胺药，必要时静脉注射硫代硫酸钠或10%葡萄糖酸钙。若有明确的病毒感染可抗病毒治疗，可选用病毒唑、板蓝根冲剂等。紫外线照射用于皮损广泛者，可使病程缩短。

玫瑰茄 *Hibiscus sabdariffa*; roselle 锦葵科木槿属的一种。分布于印度、马来西亚。中国广东、福建、台湾、云南南部有栽培。台湾称为洛神葵。一年生直立草本，高达2米，茎浅紫色。茎下部叶卵形，不裂，上部叶掌状3深裂，裂片披针形，长2～8厘米。3～5主脉；叶柄长2～8厘米。花单朵腋生，小苞片8～12枚，披针形，顶端有刺状附属物，萼杯形，有刺和粗毛，裂片5，花冠黄色，径达7厘米；雄蕊多，单体。蒴果卵球形，径1.5厘米，种子多数。茎皮纤维可制绳索，种子含脂肪油20%，可榨油供工业用。

根和种子可入药，有利尿功能。

玫瑰战争 Wars of the Roses 1455～1485年期间，英国两大封建主集团为争夺王位进行的内战。战争一方兰开斯特家族以红玫瑰为族徽，另一方约克家族以白玫瑰为族徽，故称玫瑰战争。又称蔷薇战争。

兰开斯特家族主要依靠落后的西北地区及威尔士贵族支持。约克家族主要依靠东南地区以及希图扩大王权的新贵族和城市市民的支持。约克公爵理查企图夺取王位，1455年5月22日于圣奥尔本斯击败兰开斯特家族的武装，战争开始。1461年2月2日约克家族的爱德华率军在莫蒂默斯克罗斯之役中大败兰开斯特家族，3月4日即位为爱德华四世（1461～1483年在位）。此后，爱德华四世又在陶顿战役中大获全胜，玛格丽特逃往苏格兰。玫瑰战争第一阶段结束。

玫瑰战争的第二阶段是由约克家族的内讧引起的。1469年，沃里克伯爵内维尔叛乱。爱德华四世被迫出逃。次年重新统治英国。爱德华四世奖励工商业，抑制大贵族，在他统治后10年间国内局势较为安定。1483年爱德华四世去世，其兄弟理查篡位，称理查三世（1483～1485年在位）。其统治激起许多封建贵族的反对。1485年，兰开斯特家族远亲里士满伯爵亨利·都铎即王位，为亨利七世（1485～1509年在位），建立都铎王朝。他娶爱德华四世的女儿为妻，并以红白玫瑰为徽，以示和解，结束了兰开斯特家族与约克家族之间的这场内战。

枚乘 Mei Cheng（?～前140） 中国西汉辞赋家。字叔。淮阴（今属江苏）人。曾做过吴王刘濞、梁孝王刘武的文学侍从。七国之乱前，曾上书谏阻吴王起兵；七国叛乱中，又上书劝谏吴王罢兵。吴王均不听，最后兵败身死。七国之乱平定后，枚乘因此而显名。景帝时，拜为弘农都尉，因非其所好，以病去官。武帝即位后，以“安车蒲轮”征之，因年老死于途中。

枚乘文学上的主要成就是辞赋。《汉书·艺文志》著录枚乘赋9篇。今仅存《七发》、《柳赋》、《菟园赋》3篇。后两篇前人疑为伪作。《七发》见于南朝梁萧统《文选》，是一篇讽喻性作品。赋中假托楚太子有病，吴客前去探望，以互相问答的形式构成八段文字。首段为序，借吴客之口，分析了楚太子患病的缘由是贪逸享乐，荒淫奢侈的宫廷生活，指出这种病非用药和针灸所能治，唯有“以要言妙道说而去也”。第二至第八段，即写吴客以7种办法启发太子，为他去病。前六段是为他描述音乐、饮食、乘车、游宴、田猎、观涛六件事的乐趣，结果都不管用。最后吴客向太子推荐方术之士，“论天下之精微，理万物之是非”，太子乃霍然而愈。作品的主旨在于揭示贵族腐朽生活的戕害人身，劝诫贵族子弟不要沉溺于安逸享乐。《七发》辞采华美，结构宏阔，其中“观涛”一节写得繁音促节，气壮神旺，令人惊心动魄，如临其境。《七发》的出现，标志着汉代大赋的正式形成，并影响到后人的创作，在赋中形成了一种主客问答形式的文体——七体。近人辑有《枚叔集》。

眉豆 *Vigna cylindrica*; catjang cowpea 豆科豇豆属的一种。又称饭豇豆。原产亚洲。一年生草本，有时顶端缠绕。3出复叶，互生，顶生小叶卵形，侧生小叶斜卵形，全缘。总状花序腋生，在花序轴与总花梗间有1腺体；花两性，两侧对称；萼筒状，5齿裂；花冠蝶形，黄白色带紫色，龙骨瓣微卷；雄蕊10，成9+1的二体雄蕊；心皮1，子房上位，1室；花期7～8月。荚果长柱形，长10～16厘米；种子椭圆形，长7～9毫米，通常暗红色；果期9～10月。为栽培蔬菜，嫩荚、种子可食用；种子可入药，有健胃补气作用。

眉山市 Meishan City 中国四川省辖地级市。位于省境中南部，成都平原西南缘。辖东坡区和仁寿、彭山、洪雅、丹棱、青神5县。面积7 186平方千米。人口295万（2010），以汉族为主。1950年设眉山专区，1953年撤销眉山专区，辖地归乐山专区。1997年设立眉山地区，2000年6月撤销眉山地区设立地级眉山市。矿产有煤炭、芒硝、石膏等。工业以化学、饲料、机械、电子、食品、建材等为主。农业主产水稻、小麦、玉米、花生、油菜子、烟叶、水果、水产等，是四川省“鱼米之乡”。名胜古迹有瓦屋山、三苏祠、大旺寺白塔、盘鳌镇万年台、寨子城森林公园、仙女山、黑龙滩、槽鱼滩、中岩寺等。

梅 *Prunus mume*; plum blossom 蔷薇科李属的一种。落叶乔木。又称春梅、干枝梅、红绿梅等。原产中国的传统名花、名果。

梅树高约达10米，最大冠幅12米。树冠常呈不规则球形或倒卵形。叶广卵形至卵形，边缘具细锐锯齿。花先叶而放，一二朵，多着生于一二年生枝上。多为白色和淡红色，具清香。核果近球形，黄色或绿色。种子一粒。变种与变型甚多，果梅或梅花都有很多品种。

观赏梅花依种性分为：①真梅系。梅之嫡系。花、果、枝、叶均较典型，又分直枝梅类、垂枝梅类和龙游梅类。②杏梅系。梅与杏的种间杂种。

梅喜温暖稍潮湿气候，要求阳光充足、排水良好的条件。较耐寒、耐旱和耐瘠薄。对土壤要求不严，但以疏松深厚肥沃的微酸性土壤最佳。性畏涝。以嫁接繁殖为主，扦插、压条次之，播种仅在培养砧木或育种时应用。

直枝梅树姿

梅的枝干苍劲，花傲雪怒放，形状端雅，香味沁人。最宜植于庭院、草坪、低山、居住区及风景区等处，孤植、丛栽或大片群植形成梅林、梅岭均可。梅与松、竹相配，称“岁寒三友”。梅花也适于盆栽或作盆景，并是插瓶等花卉装饰的好材料。果实味酸而爽口，可加工食用，还可入药。梅树木材坚韧，是雕刻及制作算盘珠的良材。

梅德韦杰夫 Medvedev, Dmitry Anatolyevich（1965-09-14～ ） 俄罗斯联邦总统（2008～ ）。生于列宁格勒（今圣彼得堡）。1987年毕业于国立列宁格勒大学法律系，1990年毕业于该校研究生院。法学副博士。1990～1999年任教于国立圣彼得堡大学。1990～1995年先后任列宁格勒市苏维埃主席顾问、圣彼得堡市政府外事委员会专家顾问。1999～2000年任总统办公厅副主任。2000年起任总统办公厅第一副主任，同年起任天然气工业股份公司董事会主席。2003年10月起任总统办公厅主任。2005年11月14日被普京总统任命为政府第一副总理。2008年3月2日当选总统，同年5月7日正式就职。2010年11月1日，梅德韦杰夫视察与日本有争议的南千岛群岛（日本称北方四岛）之一的国后岛。梅德韦杰夫曾于2005年和2006年访问中国。就任总统后曾于2008年5月和2010年9月对中国进行国事访问。

梅毒 syphilis 由苍白密螺旋体所致的慢性性传播疾病。患者生后被感染的为后天梅毒；在胎里被感染的为先天梅毒。每一类又分为早期和晚期，一般2年内为早期，2年后为晚期。

后天梅毒 有以下几类。

一期梅毒 又称硬下疳。潜伏期平均2～4周，多发生于男女外生殖器。一般单发，

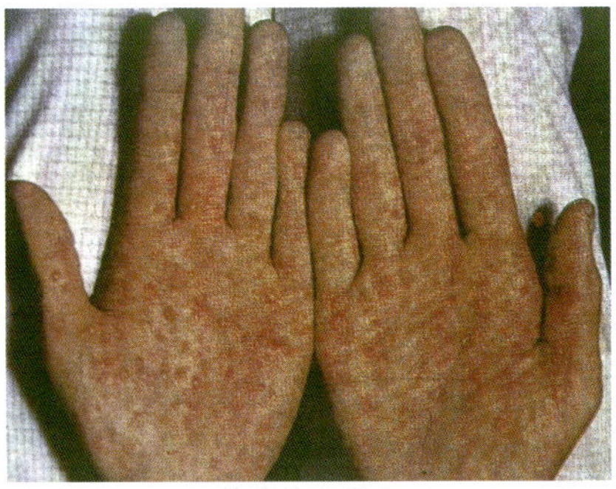

梅毒患者掌迹

圆形或椭圆形，呈肉红色糜烂面或浅在性溃疡，疮面清洁，有少量浆性分泌物，周边及基底浸润明显具软骨样硬度，无疼痛。此期传染性强，可在3～6周内自愈。

二期梅毒　一般发生在硬下疳出现后6～8周。以皮肤黏膜损害为主。见于躯干和四肢，数目较多，分布对称（见图），疹型多种多样，可表现为斑疹、丘疹、脓疱、苔藓样疹（见*皮肤病*）。特征性的皮损是掌跖梅毒疹和扁平湿疣，前者为暗红色或褐色的脱屑性斑疹，后者为外阴或肛周的扁平斑丘疹，表面糜烂湿润。患者自觉症状轻微，但传染性强。即使不经治疗，在持续数周或二三月后可自行消退，一般不留瘢痕。

三期梅毒　皮肤、黏膜、骨骼出现梅毒性损害，常发生于感染后四五年。一般数目少、面积大、分布不对称，破坏性大，可形成溃疡，表现为结节性梅毒疹、树胶样肿和梅毒性纤维瘤。在感染后10～25年，可出现心脏血管系统及中枢神经系统梅毒性损害，严重时危及生命。

潜伏梅毒　有梅毒感染史，仅梅毒血清反应阳性，无临床症状。体格检查、胸部X线检查均缺乏梅毒的证据，脑脊液检查正常。

妊娠梅毒　孕期发生或发现的活动性梅毒或潜伏梅毒。在妊娠期内梅毒螺旋体可通过胎盘及脐静脉进入胎儿体内，引起胎儿宫内感染。另一方面，梅毒螺旋体侵入胎盘后，可引起流产（妊娠4个月后）、早产、死胎或分娩先天梅毒儿。

先天梅毒　常见以下三种。

早期先天梅毒　生后2岁以内发病者。新生儿常早产，发育不良，瘦小，皮肤松弛苍白，常有低热、贫血、肝脾肿大、淋巴结肿大及脱发等。最常见的早期症状为梅毒性鼻炎。

晚期先天梅毒　2岁以后发病。活动性损害有间质性角膜炎、神经性耳聋、视神经萎缩、双侧膝关节积液、胫骨骨膜炎等。特征性损害如马鞍鼻、口周放射状裂纹、角膜瘢痕、胸锁骨关节骨质增厚、胫骨骨膜肥厚、哈钦森（旧译郝秦生）氏牙及桑葚状牙等。

先天潜伏梅毒　除感染来源于母体外，其余同后天性潜伏梅毒。

治疗　明确诊断后应及早治疗，剂量足够，疗程规则，疗后应定期观察。治疗越早，越有可能达到根治。首选青霉素疗法，采用苄星青霉素G（长效西林）或普鲁卡因青霉素G。

梅厄　Meir, Golda (1898-05-03～1978-12-08)　以色列政治家。生于俄罗斯基辅，卒于耶路撒冷。原姓马鲍维奇，婚后改夫姓梅厄，后以梅厄夫人而著称。1906年随家人迁居美国，参加了犹太复国主义运动。1921年移居巴勒斯坦，不久便活跃于巴勒斯坦的犹太政坛。从1928年起，历任巴勒斯坦犹太工人总联合会女工委员会秘书、执行委员会委员、政治部主任。以色列国建立时，她是在独立宣言上签字的25位犹太代表之一。1949年4月，出任劳工部长，1956～1966年任外交部长。1966年出任巴勒斯坦工人党总书记。1968年2月，在她的努力下，巴勒斯坦工人党同以色列工人党及劳工联盟，组成了以色列工党联盟，梅厄夫人出任该党总书记。1969年3月，出任以色列总理，因对战争准备不足，导致以色列军队在1973年的第四次中东战争初期处于不利地位，1974年6月被迫辞职。著有《我的一生——梅厄夫人自传》一书。

梅恩　Maine, Sir Henry (James Sumner) (1822-08-15～1888-02-03)　英国古代法制史学家，19世纪历史法学派在英国的主要代表。生于罗克斯巴勒郡的凯尔索，卒于法国戛纳。

1847～1854年任剑桥大学民法教授，兼在律师学院讲授*罗马法*。1863～1869年任印度殖民政府官员，负责印度法律编纂工作。1869年任牛津大学比较法理学第一任教授，1887年任剑桥大学国际法教授。主要著作有《古代法》、《古代制度史》及《古代法和习惯论文集》等。梅恩持有历史法学派主要代表F.K.von*萨维尼*的一些基本观点，认为自己研究古代法的目的，在于说明反映在古代法中的人类最早的某些观念及其与现代思想的联系。但与萨维尼不同，他并不主张法律体现民族精神，也不推崇*习惯法*和轻视立法。

梅恩认为，从习惯法发展为成文法典，是古代社会法律发展的共同特征，但此后人类就分为静止的社会和进步的社会。以印度为代表的东方社会是他所谓的“静止的社会”，它停留在古代成文法典阶段而不再改进；以罗马法和英国法为代表的西方社会，则超过古代成文法典阶段而继续改进法律，以适应社会的需要。他还认为，改进法律的主要手段，按照历史顺序来看，有以下3种：①法律拟制其优点在于能改进法律而不致引起人们对改变法律的反感。②衡平，它与拟制不同，是公开干涉法律。③立法，与衡平不同，它的权威来自立法机关本身的权力，而衡平的权威来自它所依据的原则。

他的一个最负盛名的观点是：在所有进步社会中，迄今为止是一个“从身份到契约”的运动。所谓“身份”，指属于“家族”所有的权力和特权，包括古罗马的家父权奴隶制以及后来的农奴制和等级制等；“契约”主要是指雇佣契约。“从身份到契约”，在一定意义上就是指从奴隶制到封建制，最后发展为资本主义制的历史过程。

梅尔维尔　Melville, Herman (1819-08-01～1891-09-28)　美国小说家、诗人。生于纽约，卒于纽约。未成年即离开学校，先后做过银行小职员、皮货店店员和教师。

1839年在一艘去英国利物浦的商船上当服务员，开始了4年海上生活。后当过水手，流落到塔希提岛和马克萨斯岛，服过兵役。

1844年梅尔维尔回到纽约，开始文学创作。最初的长篇小说《泰皮》(1846)、《欧穆》(1847)、《玛地》(1847)、《雷得本》(1849)、《白外衣》(1850)，广受好评。1851年出版他最重要的作品《白鲸》，在他的笔下，白鲸成为一种超自然的、对人类怀有敌意而又难以征服的神秘力量的象征。包含了作者创作的各种特点，如现实主义、寓言色彩、象征主义等。其他主要作品还有小说《皮埃尔》(1852)、《伊斯雷尔·波特》(1855)、《毕利·伯德》(1924)，散文《广场故事》(1856)，诗集《战事集》(1866)和长诗《克拉瑞尔》(1876)等。

梅尔维尔的作品以他特有的瑰奇的风格，带给读者一种迫人思考、扣人心弦的力量。

梅河口市　Meihekou City　中国吉林省辖县级市。位于省境东南部，长白山西麓。邻接辽宁省。面积2 175平方千米。人口62万(2010)，有汉、满、朝鲜、回、蒙古等民族。自殷商以来，就有高句丽、契丹、女真等部落居住。明设梅河卫。清置海龙厅，光绪二十八年(1902)升海龙府。1913

年撤府置海龙县。1956年县治迁梅河口镇。1985年撤销海龙县设梅河口市。由通化市代管。矿产主要有煤、铁、石墨、金、砂土、云母、铅等。农业主产水稻、玉米、大豆等。水稻产量占粮食总产量1/2，居吉林省第二位。尤以有“皇粮御米”之称的梅河口优质大米享誉省内外。森林资源丰富，森林覆盖率27.8%。工业以食品、造纸、化工、医药、机械、冶金、建材、棉纺等为主。名胜古迹有盘龙湖、龙泉寺女真摩崖石刻、鸡冠山、五奎顶、海龙水库风景区等。

梅核气 globus hystericus 以咽喉中常有异物感如梅核阻于喉头，咯之不出、咽之不下，但不影响进食为特征的中医学病证。多发生于女性。梅核气多由情志不畅，肝气郁结，循经上逆，结于咽喉；或肝郁脾滞，津液不得输布成痰，痰气结于咽喉引起。患者自觉咽喉中有异物感，无疼痛，咯之不出、咽之不下，不碍饮食，时轻时重，伴精神抑郁，胸胁胀痛，纳呆，困倦，消瘦，妇女月经不调，舌暗，脉弦。治宜疏肝解郁，消痰散结，方用半夏厚朴汤、逍遥散等。

梅花大鼓 中国曲艺曲种。主要流行于北京和天津。相传由号称“梅花馆主”的北京旗籍子弟玉瑞于清代中叶所创。表演形式为一人自击书鼓和简板使用普通话演唱，另由三至四人分持三弦、四胡和琵琶伴奏，后来又加入了扬琴。唱腔曲调为板腔体。初为旗籍子弟自娱清唱的形式，号为梅花调，人称清口大鼓，意为“清客（票友）串唱”。清朝灭亡之后，梅花调走向民间，在南城出现了金万昌、韩永忠、苏启元等艺人。20世纪30年代，弦师卢成科等对其曲调和唱法进行改革，并在天津收授花四宝等一批女徒演唱，人称“卢派”或“花派”。中华人民共和国建立之初，京韵大鼓弦师白凤岩对梅花大鼓的唱腔进行了革新，使旋律节奏进一步加快，变化丰富多彩，人称新梅花调；之后又有弦师韩德福再次改革，去掉许多衬词衬字，排演了两个人演唱的节目，人称双唱梅花调。著名演员有北京的曹宝禄、赵玉明、龙淑萍、新岚云、刘淑慧和天津的籍薇等。

梅花鹿 *Cervus nippon*; sika deer 偶蹄目鹿科鹿属的一种。又称花鹿。因在背脊两旁和体侧下缘有明显的排列成行的白斑得名。广泛分布于亚洲东北部，从西伯利亚的乌苏里江至越南北部、台湾岛和日本列岛。在中国主要分布于东北、四川、华南以及台湾，有6个梅花鹿亚种，其中山西亚种、华北亚种和台湾亚种在野外已经灭绝。体型中等，体长约150厘米，肩高80～110厘米；鼻端裸出而呈裂缝状；雄鹿具角，每年约4月脱盘长茸，其角一般到4杈为止，

眉杈斜向下伸，第二杈与眉杈相距甚远；冬毛栗棕色，白色斑点不显，尾下部、鼠蹊部为白色，腹毛淡棕；夏毛红棕色，有的为暗灰褐色，背中线黑色，有的地区至尾基部黑色线变细，尾上部黑色，下部白色。喜栖于混交林、山地草原和森林边缘，一般不进入密林。性机警，晨昏结群。主要以青草、嫩芽、树叶、沙参、蕈类为食。每年8～11月交配，妊娠期7～8个月，4～6月为产仔盛期，每胎1～2仔。

野生梅花鹿数量非常稀少，在中国属一级保护动物。鹿茸是名贵的药材，现已通过人工饲养取茸。

《梅花三弄》 *Three Variations of the Plum Blossom Tune* 中国古代琴曲。又称《梅花引》、《玉妃引》。曲谱最早见于明代《神奇秘谱》。谱中解题称晋代桓伊曾为王徽之在笛上“为梅花三弄之调。后人以琴为三弄焉”。《梅花三弄》以泛声演奏主调，并以同样曲调在不同徽位上重复3次，故称为三弄。《乐府诗集》卷三十平调曲与卷三三清调曲中各有一解题，提到相和三调器乐演奏中，以笛作“下声弄、高弄、游弄”，今琴曲中三弄的曲体结构可能就是这种表演形式的遗存。其内容主要是表现梅花凌霜傲寒、高洁不屈的节操与气质。今演奏用谱主要有虞山派《琴谱谐声》（清周显祖编，1820年刻本）的琴箫合谱及广陵派晚期的《蕉庵琴谱》（清秦淮瀚辑，1868年刊本）。

梅花山自然保护区 Meihuashan Nature Reserve 中国珍稀动植物保护区。1985年建立。1988年列为国家级自然保护区。位于闽西南武夷山南段与博平岭之间的玳瑁山，龙岩市境内。面积4万～6.7万公顷。梅花山海拔1 777米，其北的最高峰石门山

梅花山竹林

海拔1 823米。梅花山又称梅花十八洞，以多珍稀动植物著称。地处中亚热带和南亚热带过渡地区，地带性植被为常绿阔叶林，以壳斗科、樟科为主。长苞铁杉、柳杉和杉木等针叶树生长高大，并与阔叶树混交，成为针阔叶混交林。此外，珍稀树种尚有红豆杉、三尖杉、钟萼木等。已发现的野生动物有红面猴、苏门羚、灵猫、豪猪、穿山甲等。梅花山自然保护区是闽江、九龙江和汀江等的支流发源地，区内曲溪乡黄胜等地是“水流三州顶”的地方，即三江流经之地。在连城南部龙岗一带留有古闽江注入古汀江的遗迹。因此，保护区是研究福建水系演变的绝好地区。

梅杰 Major, John (1943-03-29～) 英国首相（1990～1997）。生于英格兰南部萨里郡郊区梅顿小镇。16岁时因家境贫寒而辍学。当过建筑工人、公司小职员。1960年加入保守党。1965年在英国渣打银行工作。1968年任伦敦兰贝思区议会议员，负责房屋委员会工作。1979年当选为保守党下院议员。1981年任内政国务大臣驻议会私人秘书。1983年任政府助理督导。后升为社会保障事务政务次官。1984年任财政部专员。1986年升任社会保障事务国务大臣。1987年任财政部首席大臣。1989年7月出任外交大臣。1989年10月任财政大臣。1990年11月，当选为英国保守党领袖，并出任英国首相。1995年6月辞去保守党领袖职务，同年7月，再次当选为保守党领袖。针对英国经济衰退和通货膨胀，提出重新修改人头税、降低利率、改善蓝领工人待遇等6项措施。在欧洲问题上，不反对欧洲大市场，但反对“欧洲合众国”，主张让英镑加入欧洲货币体系。

梅兰芳 Mei Lanfang (1894-10-22～1961-08-08) 中国京剧演员。工旦。字畹华。祖籍江苏泰州。生于北京，卒于北京。

生平事迹　梅兰芳出生于梨园世家。祖父梅巧玲为京剧名旦。伯父梅雨田是与谭鑫培长期合作的著名琴师。梅兰芳父母早亡，由伯父梅雨田抚养成人。8岁开始学戏，9岁从名旦吴菱仙学唱青衣。光绪三十年（1904）农历七月初七第一次登台，在应节戏《天河配》中串演昆曲《长生殿·密誓》的织女。1908年，搭喜连成班演出。1913年与1914年，梅兰芳两次应邀到上海演出，曾观摩以表现近代和当代题材为主的“新戏”，还参观了新式舞台的灯光、一些演员的化装方法以及服装式样的设计，并由此开始了大量新剧目的排演和艺术上的革新。从1915年4月至1916年9月，他排演了十多出新戏，其中有时装新戏、古装新戏，还有昆曲传统戏。在此后数年中，又继续排演了大量古装新戏，并整理演出了许多传

1930年在美国演出《霸王别姬》

统剧目。1919年与1924年两次应邀去日本演出，1929年底应邀赴美国演出，1935年应邀赴苏联演出，所到之处，观众反应热烈，受到高度评价，并荣获美国波莫纳学院和南加州大学的荣誉文学博士学位。

梅兰芳不仅是一位杰出的艺术家，还是伟大的爱国主义者。1931年九一八事变后，东北沦陷，梅兰芳自北平移居上海，在上海排演了《抗金兵》、《生死恨》等剧，倾注了他的爱国热情。1937年卢沟桥事变后，梅兰芳身居沦陷区，不为敌、伪的威胁利诱所屈服，毅然蓄须明志，拒绝演出，坚持到抗战胜利。1949年，同程砚秋、周信芳、袁雪芬一起应邀参加第一届中国人民政治协商会议。1953年赴朝作慰问演出。1956年5月，梅兰芳率中国京剧代表团访日演出。1957年7月，国际舞蹈协会授予梅兰芳荣誉奖章。1959年，为向国庆10周年献礼，排演了新戏《穆桂英挂帅》。

艺术成就 在50余年的舞台生涯中，创造了众多优美的艺术形象，发展和提高了京剧旦脚的演唱和表演艺术，形成一个具有独特风格的艺术流派，世称“梅派”。梅兰芳的艺术经历了3个发展阶段：自他从事舞台活动开始，到1915年前后，是其艺术活动的早期。这一时期是以继承传统为主，演出的剧目多为传统唱功戏。学的是正工青衣，直接师承时小福一派，却又兼容前辈各家之长。自1915年起至抗日战争前夕，他连续排演了一些时装新戏，并致力于古装新戏的创造和传统剧目的整理加工。在这期间，他完成了京剧旦脚表演艺术上的重大革新，突破了传统正工青衣专重唱功、不很讲究身段表情的局限，从不同人物出发，把花旦以至刀马旦的技巧融合运用，完成了前辈旦脚演员特别是王瑶卿的未竟之功。他还改变了京剧旦脚传统的化装方法。其后京剧旦脚的古装扮相，大都采用梅兰芳首创的造型方法。他很重视唱腔的创作，在古装新戏与传统剧目中编制过大量新颖的、在艺术上具有独特个性的唱腔。他的演唱风格咬字清晰，音色明朗圆润，与婉转妩媚的唱腔相互辉映，更显得流利甜美。为丰富乐队伴奏，以二胡辅助京胡伴奏旦脚唱腔，是梅兰芳与琴师徐兰沅、王少卿合作实验的成果。

从抗日战争结束恢复舞台生活起，直至逝世，是梅兰芳艺术活动的晚期。经常演出的是《宇宙锋》、《贵妃醉酒》、《断桥》、《奇双会》、《穆柯寨》、《霸王别姬》等最具有梅派特色的剧目。《穆桂英挂帅》是他晚期唯一的一部新戏。他的艺术风格也不似中期那样色彩浓艳而趋于清淡含蓄，更富于内在的魅力。

梅兰芳是把中国戏曲传播到国外去并获得国际声誉的戏曲表演艺术家。他在国外的演出活动，增进了各国人民对中国古典戏曲的了解，有助于中外戏剧的交流。K.S.斯坦尼斯拉夫斯基以为，“中国剧的表演，是一种有规则的自由动作”。V.E.梅耶荷德则认为，应从梅兰芳的舞台艺术中“汲取最宝贵的、失去了它们戏剧生命就会枯竭的精华”，即高度假定性。V.I.聂米罗维奇-丹钦科指出：“凡是关心艺术向前发展的戏剧界人士，都可以从他那儿在演技、节奏和创造象征诸方面学到东西。”B.布莱希特认为他提出的“间离效果”的理论，是受了梅兰芳表演艺术的启示。

梅派艺术传人有李世芳、张君秋、言慧珠、杜近芳、梅葆玖等。梅兰芳著作有《舞台生活四十年》、《梅兰芳文集》，并有《梅兰芳演出剧本选集》出版；摄制影片有《梅兰芳的舞台艺术》(包括《宇宙锋》、《断桥》、《霸王别姬》、《贵妃醉酒》等剧)、《洛神》、《游园惊梦》等。梅兰芳早年所演新编剧目，多为齐如山、李释戡等执笔。

梅勒 Mailer, Norman (1923-01-23～) 美国犹太血统作家。生于朗布兰奇。曾在哈佛大学工科学习，第二次世界大战期间服兵役2年。战后从事写作。第一部长篇小说《裸者和死者》(1948)反映了美国部队中军官和士兵之间的矛盾，被公认为美国作家描绘第二次世界大战的最佳小说之一。50年代完成两部描写西岸上层社会的小说《巴巴里海滨》(1951)与《鹿苑》(1955)。1965年，出版现代主义代表作《美国梦》(1965)。后发表多种著作：《白种黑人》(1959)，宣扬存在主义哲学；《黑夜的军队：作为小说的历史，作为历史的小说》(1968)记述新左派反战示威运动；《刽子手之歌》(1979)，以卷宗档案为依据复制死刑犯人的犯罪生涯；以及其他一些泛文学性的试验作品。

梅勒具有存在主义色彩和略带批判性的作品，在美国读者中有一定的影响。

梅里爱 Méliès, Georges (1861-12-08～1938-01-21) 法国电影导演。世界上首位

电影艺术家。生于巴黎，卒于巴黎。原是舞台魔术师，后建立一个“照相车间”，即最早的“摄影棚”。他在那里使用舞台演员、布景、道具、服装、化装手段进行特技摄影。1899年拍摄第一部影片《德雷福斯案件》。他最擅长拍神话片，如《灰姑娘》(1899)、《蓝胡子》(1901)、《卡拉波斯仙女》(1906)等。他还善于拍科幻片，如《月球旅行记》(1902)、《无法实现的旅行》(1904)、《海底两万里》(1907)、《北极征服记》(1912)等。《月球旅行记》为他带来巨大的声望和财富，也确立了他在世界电影史上的地位。

梅里美 Mérimée, Prosper (1803-09-28～1870-09-23) 法国小说家、剧作家。生于巴黎，卒于戛纳。中学毕业后攻读法学，取得律师资格后进入商界。1825年用假名发表《克拉拉·加苏尔戏剧集》获得成功。1828年发表历史剧《雅克团》，描绘了14世纪法国一次农民起义，通过农民的悲惨生活和贵族的暴戾残忍来影射复辟王朝。1829年发表历史小说《查理九世时代遗事》，揭露了反动贵族的残暴和封建社会的黑暗。

1829年梅里美开始写作短篇小说《塔曼果》，揭露贩卖奴隶的罪恶。《马特奥·法尔哥内》(1829)描述科西嘉岛的一个猎人杀死了贪小利而出卖朋友的独生子，塑造了一个疾恶如仇的人物形象。这些短篇结构严谨，叙事紧凑，具有现实主义风格，同时又富有地方色彩和浪漫情调。

1840年后开始中篇小说的写作。《双重误》(1833)描写一个贵妇婚后的失意，心理描写十分细腻。《高龙巴》(1840)描述复辟时期科西嘉岛一个家族复仇的故事，塑造了一个性格倔强、不畏强暴、刚中有柔、富有心计的女性形象。《卡门》(1845)是脍炙人口的杰作。描写了吉普赛女郎卡门酷爱自由，在爱情上也独立不羁，表现了个性解放的强烈要求。小说流畅自然、清朗明丽；情节曲折有致，富于地方特点和异国情调；人物性格鲜明突出，具有传奇色彩。1853年成为参议员后从事学术研究。

梅丽尔·斯特里普 Meryl Streep (1949-06-22～) 美国电影演员。生于新泽西州巴斯金里奇。曾就读于瓦瑟学院，毕业后赴耶鲁戏剧学院攻读，获得戏剧硕士学位。1977年初涉影坛，在《朱莉亚》里扮演一个小角色。自1978年在影片《猎鹿人》中

扮演角色以后，主演了《克莱默夫妇》(1979，获奥斯卡金像奖最佳女配角奖)、《法国中尉的女人》(1981)、《苏菲的选择》(1982，获奥斯卡金像奖最佳女演员奖)、《走出非洲》(1985)、《黑暗中的呼喊》(1988，获戛纳电影节最佳女演员奖)、《紫苑草》(1990，获纽约评论家协会最佳女演员奖)、《廊桥遗梦》(1994)、《改编剧本》(2002)、《穿普拉达的女王》(2006)、《反恐疑云》(2007)等影片。此外，她还由于在电视剧《大屠杀》(1978)中担任角色而获得国际艾美奖。1983年康涅狄格州纽黑文大学授予她荣誉艺术博士学位。2004年被授予美国电影协会终身成就奖。

梅列日科夫斯基 Merezhkovsky, Dmitry Sergeyevich (1866-08-14～1941-12-09) 俄国作家、宗教哲学家、批评家。生于圣彼得堡，卒于法国巴黎。圣彼得堡大学文史系毕业。1919年流亡国外。1892年诗集《象征》出版，表现出对宗教问题的偏爱。1893年发表《论现代俄国文学衰落的原因及新流派》，被看作是俄国象征派最早的宣言书。长篇历史小说三部曲《基督与反基督者》(1896～1905)，其内容是基督教与多神教之间的复杂斗争和最终融合的过程。其他主要作品还有批评研究著作《列夫·托尔斯泰和陀思妥耶夫斯基：生平和创作》(2卷，1901～1902)，历史剧《保罗一世》(1908)，长篇小说《救世主》(1928)等。

梅林 Mehring, Franz (1846-02-27～1919-01-29) 德国工人运动活动家、马克思主义哲学家、史学家、政论家、文艺评论家，德国共产党创始人之一。生于施拉韦的一

个旧官吏家庭，卒于柏林。于莱比锡大学和柏林大学就学，并获哲学博士学位。大学毕业后从事新闻工作。19世纪80年代，他接受了马克思主义，并于1891年加入德国社会民主党。此后，参加《新时代》杂志编辑工作，曾任《莱比锡人民报》主编，并与K.李卜克内西、R.卢森堡和C.蔡特金等一起领导德国社会民主党左翼，坚决反对第二国际修正主义者E.伯恩施坦、K.J.考茨基及他们的哲学观点，对俄国1905年革命和十月革命表示由衷的欢迎。第一次世界大战时期，他反对帝国主义和社会沙文主义。1915年和李卜克内西等创办《国际》月刊，次年成立斯巴达克同盟，1918年底建立德国共产党。梅林长期从事马克思主义理论和社会民主党史的研究，收集、整理和发表了K.马克思、F.恩格斯的一些著作，参加编辑《马克思恩格斯通讯集》，写了大量有关马克思主义史的论著，为这方面的研究奠定了基础。主要著作有《莱辛传奇》、《德国社会民主党史》、《马克思传》、《中世纪末期以来的德国史》、《哲学史论文集》、《文学史论文集》等。

梅洛-庞蒂 Merleau-Ponty, Maurice (1908-03-14～1961-05-04) 法国哲学家，存在主义的主要代表之一。生于罗舍弗尔，卒于巴黎。就学于巴黎高等师范学校，1930年获哲学中学教师学衔。曾任教于巴黎大学，法兰西学院。梅洛-庞蒂以现象学为基础，并从知觉本质出发，建立起独特的知觉现象学，以此批评J.-P.萨特把存在分为“自在”与“自为”的二元论。他认为人同时是思维着的主体又是肉体的我，因而既是主动的又是被动的。正是人这个身体与思维不可分割的存在，使得世界与人生都成为含糊暧昧、模棱两可的。著有《知觉现象学》、《辩证法的探险》等。

梅尼埃尔氏病 Ménière's disease 一种特发的内耳膜迷路疾病。乳突气化不良致前庭水管短直、前庭水管骨性闭锁及狭窄、内淋巴囊纤维化、内淋管和内淋巴囊功能不良等解剖生理因素，以及自主神经功能紊乱、内淋巴系统机械性阻塞、内淋巴吸收障碍、免疫功能障碍等因素均与本病有关。基本病理改变为膜迷路积水，尤以蜗管和球囊为著。

临床表现 主要症状是突然发作的眩晕，患者感到自己或周围的物体在不断旋转，并处于随时会跌倒的恐惧之中。眩晕可持续数分钟至数小时，多为数周至数月发作一次。常伴恶心、呕吐、平衡障碍。意识清醒。可伴水平或水平旋转性眼震。间歇时间无眩晕。至少一次纯音测听发现感音神经性听力下降，早期低频听力下降，听力波动，随病情加重听力损失逐渐加重。可出现重振现象。间歇或持续性耳鸣。可有耳胀满感。

诊断 进行纯音测听、听性脑干反应测试、耳蜗电图检查、甘油试验等听力学检查。前庭功能检查有眼震电图、旋转试验、静态和动态平衡仪等。

治疗 以保守治疗为主。发作间歇期应注意预防，避免劳累、情绪紧张。急性发作期给镇静剂、抗眩晕药、止吐药、血管扩张剂、维生素等。经保守治疗半年以上无效时，需考虑手术治疗。

梅尼什科夫 Menshikov, Oleg Evgenyevich (1960～) 俄罗斯戏剧、电影演员。生于莫斯科州谢尔普霍夫市。1981年毕业于谢普金戏剧学校。1982年因出演英国话剧《当她跳舞的时候》获大不列颠戏剧艺术科学院奖。初次涉足影视是在电视剧《等待并希望》中担任角色。主演的影片有《玖芭-玖芭》(1992)、《太阳灼人》(1994，1995年获俄罗斯电影刊物奖、电影评论“金羊奖”)、《高加索俘虏》(1996，获俄罗斯公开电影节最佳男主角奖)、《东西方》(1999)、《西伯利亚理发师》(1999)等。梅尼什科夫具有知识分子的外形，表演细腻，善于塑造各种类型的角色，被认为是同代演员中的领军人物。

梅纽因 Menuhin, Sir Yehudi (1916-04-22～1999-03-12) 美国小提琴家、国际音乐活动家。生于纽约，卒于柏林。5岁开始学琴。1929年在柏林演奏J.S.巴赫、

L.van贝多芬和J.勃拉姆斯的3首小提琴协奏曲，由B.瓦尔特指挥柏林交响乐团协奏，轰动了乐坛。1937年开始作广泛的旅行演出，赢得世界各地听众的高度赞赏。数十年来，他曾创办不少国际文化交流的音乐节；由他指挥的梅纽因室内乐团经常到各地演出。1962年在英国创办梅纽因音乐寄宿学校，培养各国天才儿童。由于他卓越的艺术活动，英国牛津大学、剑桥大学均授以名誉学位，法国、比利时、英国、德国、希腊等国授以勋章。1979年12月应邀来中国演出和讲学，受聘为中央音乐学院名誉教授。

梅农 Menon, Vallathol Nārāyaṇa (1878-10-16～1958-03-13) 印度马拉雅拉姆语诗人。生于喀拉拉邦默拉巴尔。自幼学习梵语，12岁时即开始用梵语写诗。31岁失聪，为此写下著名抒情诗《失聪者哀吟》(1910)。失去听力后，在家乡潜心创作长篇叙事诗《吉特拉瑜伽》(1914)。之后改用马拉雅拉姆语进行创作，主要有叙事诗《鲁克米忏悔书》(1914)、《少女悉多》(1928)、《父亲与女儿》(1936)和收入共计8卷的《文学精华》中的200首左右抒情诗。梅农的诗多表现对古老文化的赞美和对甘地主义的膜拜。

梅契尼科夫 Mechnikov, Ilya Ilyich(1845-05-16～1916-07-16) 俄国动物学家、免疫学家、病理学家。生于哈尔科夫省伊凡诺夫卡，卒于法国巴黎。1864年毕业于哈尔科夫大学。1867年获圣彼得堡大学博士学位。曾在圣彼得堡大学、敖德萨大学任教，1882年到意大利西西里岛的墨西拿进行研究，1886年回敖德萨主持细菌学研究所。1888年到巴黎巴斯德研究所任职，1895～1916年任所长。

1882年他观察到海星幼虫体内一种透明、可移动的细胞，包围侵入的异物。1883年他创用"吞噬细胞"一词，证明高等动物（包括人）的白细胞，可以清除入侵的异物，尤其是细菌。1883～1910年他著文多篇修正自己的学说。为此，他与P.埃尔利希共获1908年诺贝尔生理学或医学奖。1903年发表《人的本性》。

梅切格 Maetzig, Kurt (1911-01-25～) 德国电影导演、教授。生于柏林。曾在慕尼黑和巴黎攻读哲学、经济学和国际法，获博士学位。1933年任助理导演，后因有犹太血统，改名换姓从事一般电影工作。1945年成为德发电影制片厂的创建者之一。同时开始拍摄新闻杂志片《目击者》和一些反法西斯的纪录片。1947年导演了第一部故事片《阴影中的婚姻》，引起高度重视。在随后的几部影片中，《群神会》(1950)较为成功。1954～1955年导演《台尔曼传》(上、下集)，生动地表现了德国无产阶级革命领袖E.台尔曼的革命斗争和生活。此后拍摄了《皇宫与茅屋》(上、下集，1957)、《水兵之歌》(1958)、《上尉洛伊的梦想》(1961)、《法式壁炉房》(1962)、《从我们的时代开始》(1969)等。他的作品主题大都是反对战争、揭露法西斯、歌颂正义、歌颂人民英雄、赞美和平，具有催人奋进的力量。

梅汝璈 Mei Ru' ao (1904～1973) 中国法学家。字亚轩。江西南昌人。卒于北京。1924年清华学校毕业后赴美国留学，先后获斯坦福大学文科学士学位和芝加哥大学法学博士学位。1929年春回国后在复旦大学等校任教，还担任过内政部、立法院等政府机关法律方面的职务。1946～1948年代表中国出任远东国际军事法庭法官，参与审判日本战争罪犯，努力维护民族尊严，伸张国际正义，同损害中国利益的反动势力进行坚决的斗争，促成了大体公正的审判结果。1948年底，拒绝国民政府的任命避居香港，与当时中共驻香港代表取得联系，于1949年底秘密抵达北京。此后，他长期担任中华人民共和国外交部顾问、专门委员兼条约委员会委员，并历任燕京大学法律系兼职教授，第一届全国人民代表大会代表、法案委员会委员，全国政协第三、四届委员等职。

主要论著有《远东国际军事法庭》、《关于谷寿夫、松井石根和南京大屠杀事件》等。1998年，由梅氏起草、修订的远东国际军事法庭对日本战犯的判决书50年后在香港被发现，由其家人捐赠中国革命博物馆（今中国国家博物馆）收藏。

梅森数 Mersenne numbers 形如$M_p=2^p-1$（p为素数）的数。因法国修道士M.梅森的研究得名。17世纪中叶他指出（但没有证明）当$p\leqslant257$时共有11个M_p为素数，但他的结论并不完全正确。到2009年4月12日为止，共发现47个梅森素数，与之相应的素数p是：p=2,3,5,7,13,17,19,31,61,89,107,127,521,607,1 279,2 203,2 281,3 217,4 253,4 423,9 689,9 941,11 213,19 937,21 701,23 209,44 497, 86 243,110 503,132 049,216 091,756 839,859 433,1 257 787,1 398 269,2 976 221, 3 021 377,6 972 593,13 466 917,$2^{20\,996\,011}-1$,$2^{24\,036\,583}-1$,$2^{25\,964\,951}-1$,$2^{30\,402\,457}-1$,$2^{32\,582\,657}-1$,$2^{37\,156\,667}-1$,$2^{42\,643\,801}-1$,$2^{43\,112\,609}-1$。除前12个外，都是自1952年以来根据现代素数判别法应用计算机找到的。不少梅森数给出了当时已知的最大素数的记录。

梅森数与完全数密切相关。人们猜测有无穷多个梅森素数。用$M(x)$表示使M_p为素数的不超过x的素数p的个数，有人猜想$M(x)\sim e^{\gamma}\log_2 x$，式中$\gamma=0.577\,215\,664\cdots$，是欧拉常数。

梅塔斯塔齐奥 Metastasio, Pietro (1698-01-03～1782-04-12) 意大利剧作家。原名彼特罗·特拉帕西。生于罗马，卒于奥地利维也纳。1718年加入阿卡迪亚诗社，出版第一部诗集。后来从写田园诗、悲剧改为写音乐剧剧本。第一部音乐剧《被抛弃的狄多》(1726)选取维吉尔的史诗《埃涅阿斯纪》中的部分情节，描写特洛亚英雄埃涅阿斯与迦太基女王狄多的爱情悲剧，突出英雄舍弃美人为国效力的神圣使命感，心理描写细腻生动。其他剧作有《西洛埃》(1726)、《卡图在乌提卡》(1728)、《奥林匹亚德》(1733)、《蒂托的仁慈》(1734)、《忒米斯托克勒》(1736)等。他的音乐剧借用古典悲剧的题材，内容庄重并充满英雄气概，但他善于用贵族趣味淡化剧中惨烈的情节，增加甜蜜的爱情、田园生活等柔美的成分。

梅塔斯塔齐奥成功地改造了17世纪只重音乐不重剧情的音乐剧，提高了音乐剧的质量，使之成为具有很高艺术价值的文学剧本，使音乐剧得到繁荣，促进了18世纪欧洲正歌剧的诞生。

梅特林克 Maeterlinck, Maurice (1862-08-29～1949-05-06) 比利时法语剧作家、诗人、散文家。生于根特，卒于法国尼斯。1886年去巴黎进修法律，并开始发表诗歌。1889年发表诗集《暖房》和剧本《马莱娜公主》。次年发表独幕剧《不速之客》和《盲人》。《佩里亚斯与梅丽桑德》(1902)是他的优秀剧作，为象征主义戏剧赢得了观众。1896年梅特林克移居巴黎时，已成为象征主义文学在剧坛上的代表。1911年获诺贝尔文学奖。1896～1914年发表的主要剧本有《阿丽安娜与蓝胡子》(1902)、《莫纳·娃娜》(1902)、《青鸟》(1907)等。第一次世界大战期间，梅特林克创作了剧本《斯蒂尔蒙德市长》(1919)，反对德国占领。第二次世界大战爆发后流亡美国。1947年返回法国。

梅特林克认为，宇宙是由物质和精神的四大经验主体共同维系的，即看得见的世界与看不见的世界，看得见的人与看不见的心灵。其象征主义戏剧便以这种不可知论和宿命论为基础，具有悲观色彩和神秘气氛。梅特林克戏剧中的主人公常常由于弱小、无力抗争而被黑暗的恶势力吞噬(如马莱娜公主、梅丽桑德)，体现了作者对世界荒谬而不可知、命运注定而不可战胜的悲观思想。后期剧本因生活与思想的变化更具乐观精神，这在《青鸟》中表现得尤为明显。

梅特林克的象征主义戏剧清丽隽永、委婉动人、富有诗意。剧作由于充满了诗情画意，许多剧本被谱写成交响诗、钢琴曲和歌剧。

梅特林克1896年发表散文集《卑微者的财宝》。散文集《明智和命运》(1898)、《蜜蜂的生活》(1901)、《花的智慧》(1907)等，以唯灵论的观点研究一切生物的命运，写得细致生动。第一次世界大战后，出版了《大秘密》(1921)、《蚂蚁的生活》(1930)等几部散文集。

梅特涅 Metternich, Klemens Wenzel Nepomuk Lothar von (1773-05-15～1859-06-11) 奥地利政治家，奥地利帝国外交大臣(1809～1848)，首相(1821～1848)。生于科布伦茨的一个贵族家庭，卒于维也纳。1788～1790年大学学习期间，受历史学家福格特提出的欧洲新实力均衡思想的影响，站在贵族立场

上，强烈反对1789年的法国大革命。1809年任奥地利帝国外交大臣。在维也纳会议上，他积极推行欧洲大国均势政策，调和俄、英、普、奥列强瓜分领土和殖民地的矛盾，在巩固欧洲旧秩序上取得各方一致的意见。1815年积极参加建立神圣同盟，是神圣同盟和四国同盟的核心人物。1821年5月，任奥地利首相，在国内外推行被称为梅特涅体系的一整套保守主义的政治主张，维护封建地主和金融巨头君主制统治。1819年主持制定《卡尔斯巴德决议》，对自由民主运动采取高压手段，对大学实行严格监督。1835年弗兰茨二世皇帝去世，梅特涅受命辅佐其子斐迪南二世。1848年3月，奥地利爆发资产阶级民主革命。梅特涅被迫辞职，亡命英国。1851年返回奥地利。

梅文鼎 Mei Wending (1633～1721) 中国清代天文学家、数学家。字定九，号勿庵。安徽宣城人。少年时从私塾老师罗王宾学天文。清顺治十六年(1659)又拜倪观湖为师，学习明代《大统历》。康熙元年(1662)写成《历学骈枝》五卷。康熙十四年(1675)以后从《崇祯历书》入手，研究西洋历算。一生四出游学，手不释卷，著作很多。据他在康熙四十一年(1702)手定的《勿庵历算书目》中记载，有天文学著作62种，数学著作26种。乾隆二十六年(1761)他的孙子梅瑴成编《梅氏丛书辑要》，共收23种60卷。其中天文方面10种20卷。在中国传统天文学方面，他主要研究《授时历》、《大统历》，并作注解。在《授时历》研究中，最早用几何方法阐明求日食三限（初亏、食甚、复圆）时刻和月食五限（初亏、食既、食甚、生光、复圆）时刻的道理，指出《授时历》等在推算黄、赤道差和黄、赤道内外度中，已接近球面三角学，还对三次差内插法给出了详细阐释。在引进西方天文学方面，梅文鼎介绍与讨论天文学中的球面三角学方法，为确定天体的位置引入黄道坐标系；把散见在《崇祯历书》、《历学会通》以及其他著作中的西方星表，包括托勒玫的《天文学大成》中的星表和巴耶的星表，作了系统的整理和介绍；系统整理《崇祯历书》中关于求太阳、月球以及五星的位置的计算方法，并作出分析与解释。

梅文鼎在数学方面整理和研究了中国传统数学中的多元一次方程组解法和勾股算法，对当时传进来的西方数学，包括笔算、纳白尔算筹、对数、平面和球面三角学、《几何原本》等，都作了系统的研究和深入浅出的介绍，并有所发展。

梅文鼎主张“去中西之见，以平心观理”，对中西天文学、数学的融通做了大量工作。

梅西安 Messiaen, Olivier (1908-12-10～1992-04-28) 法国作曲家、管风琴家。生于阿维尼翁，卒于上塞纳省的克里奇。自幼学习音乐，11岁入巴黎国立高等音乐学院，1930年毕业。1931年起任巴黎圣三一教堂管风琴师，任此职位40余年。1936年起任教于音乐师范学校和圣歌学校，同年与A.若利韦、达尼埃尔-勒絮尔、Y.博德里埃尔组成了“青年法兰西小组”，旨在促进当代法国音乐的发展。这一时期的重要作品有《前奏曲8首》、《被遗忘的祭奠》、《基督升天》和《献给Mi的诗》。第二次世界大战时在军中服役被俘，监禁了2年。在监狱中完成了最著名的《时间终结四重奏》。1942年获释，任教于巴黎国立高等音乐学院。《阿门幻象》、《20首凝视圣婴》、《3个小礼拜的仪式》、《阿拉维》、《图伦加里拉交响曲》等作品为他赢得声誉。此后几年他开始研究序列音乐，创作了《节奏练习曲4首》，其中的《时间与音色的模式》将音高、时值、音色、力度作为参数，达到对作品的全面控制，是最早的整体序列作品之一。但他很快又把注意力转向对“鸟歌”的迷恋，

创作了《鸟的苏醒》、《异国鸟》、《鸟类目录》等。20世纪60年代以后，对以往的技术、观念、信仰加以总结，作品包括《时间的色彩》、《7首俳句》、《我主基督之变容》、《从峡谷到星星》以及大型歌剧《阿西西的圣方济各》。

梅西安的音乐融合了他的天主教信仰、对人类和对大自然的热爱。其所著《我的音乐语言技术》，总结了他独特的写作技法。他的学生K.施托克豪森、P.布列兹、J.巴拉凯、I.克赛纳吉斯、A.戈尔等都是优秀的作曲家。

梅县 Meixian County 中国广东省梅州市辖县。位于省境东部。面积2 754平方千米。人口55万(2010)。著名侨乡。五代后晋开运二年(945)置敬州，北宋开宝四年(971)改名梅州。1912年改梅州为梅县。农作物有水稻、甘薯、花生、大豆、木薯、烟叶、茶叶等。盛产沙田柚、柑橙、香蕉等。矿产有铁、锰、铜、钨、钴、锑、金、煤、石灰岩、大理石等。工业有电力、电子、机械、酿酒、食品、采矿、卷烟、建材等。名胜古迹有梅竹寺、灵光寺、佛祖庵、人境庐等。纪念地有叶剑英纪念园。

梅谢列尔 Messerer, Asaf Mikhailovich (1903-11-19～1992-03-07) 俄罗斯芭蕾演员、编导、教师。1919～1921年在莫斯科舞蹈学校学习。1921～1954年在莫斯科大剧院芭蕾舞团任演员，同时在莫斯科舞蹈学校任教。他以富于朝气的表演风格和出色的跳跃旋转闻名，对发展和丰富芭蕾中的男子舞蹈作出了贡献。他编导的代表作品是《木偶女妖》和《课堂晚会》。他是一名优秀舞蹈教师，对苏联芭蕾教育体系的形成和发展贡献卓著。G.乌兰诺娃、E.C.马克西莫娃等都是他的学生。著有《古典芭蕾六堂课》、《舞蹈、思想、时代》等著作。

梅尧臣 Mei Yaochen (1002～1060) 中国北宋诗人。字圣俞。宣州宣城（今属安徽）人。宣城古名宛陵，故世称宛陵先生。少时应进士不第，历任州县官属。中年后赐同进士出身，授国子监直讲，官至尚书都官员外郎。在北宋诗文革新运动中，梅与欧阳修、苏舜钦齐名，并称欧梅或苏梅。其早期诗歌创作，曾受西昆诗派影响，后诗风变化，强调《诗经》、《离骚》的传统，反对浮艳空泛。艺术上，注重诗歌的形象性、意境含蓄等特点，主张“状难写之景如在目前，含不尽之意见于言外”。所作多反映社会现实和民生疾苦，如《田家语》、《汝坟贫女》、《襄城对雪》之二、《猛虎行》等。诗风平淡含蓄，语言朴素自然，形象清切新颖，如《鲁山山行》，细腻地描写晚

秋山间荒凉幽静的景致。此外“五更千里梦，残月一城鸡”（《梦后寄欧阳永叔》）等都是意新语工的写景佳句。但他为了矫正宋初诗坛靡丽之习，诗中不免流于质朴古硬，缺少文采，有过分议论化、散文化的倾向。他对宋代诗风的转变影响很大，刘克庄称其为宋诗的开山祖师。今存《宛陵集》60卷，《外集》10卷，有《四部丛刊》本。

梅耶 Meillet, Antoine (1866-11-11～1936-09-21) 法国语言学家。生于穆兰。梅耶是F.de索绪尔的学生，23岁就在巴黎高级研究学院代替索绪尔讲课；25岁在该院任印欧语比较语法研究部主任。1906年任法兰西学院印欧语比较语法教授，直至1934年退休。

梅耶的研究范围极广。他编出了斯拉夫语和亚美尼亚语教材；他对伊朗语的研究很有成绩；他论述希腊语史和拉丁语史的著作获得了很高的评价。他研究过日耳曼语、凯尔特语、波罗的语、亚尔巴尼亚语；他也探索过吐火罗语和赫梯语。1924年他和M.柯恩合编了《世界语言》一书。他一生共出版了24种专著，540篇论文。《印欧系语言比较研究导论》(1903)、《历史语言学中的比较方法》(1925)是梅耶讲历史比较语言学的理论和方法的最重要的著作。

梅耶用精密的比较方法研究印欧语史，从社会学角度说明语言演变的原因，指出语音变化导源于心理机制。围绕这些观点形成了法兰西学派。

梅耶荷德 Meyerhold, Vsevolod Emilevich (1874-02-09～1940-02-02) 苏联导演、演员、戏剧革新实践家。生于奔撒，卒于莫斯科。1898年毕业于V.I.聂米罗维奇-丹钦科执教的莫斯科音乐戏剧学校戏剧班，后随聂米罗维奇-丹钦科加入刚创建的莫斯科艺术剧院，在《海鸥》一剧中扮演特里波列夫。1902年脱离莫斯科艺术剧院，在外省组织剧团进行戏剧革新探索。1905年应K.S.斯坦尼斯拉夫斯基邀请回莫斯科主持戏剧实验演出，次年应聘到柯米萨尔日芙斯卡娅剧院任总导演，导演了M.梅特林克、L.N.安德列耶夫等人的有象征主义倾向的剧作。1908年后在圣彼得堡亚历山得拉剧院和玛林斯基剧院任导演。1913年他的论著《论戏剧》问世，提出了与写实主义戏剧分庭抗礼的假定性戏剧理论。

1918年在俄罗斯联盟第一剧院导演了V.V.马雅可夫斯基的《宗教滑稽剧》。1923年，他创办的这家剧院正式命名为梅耶荷德剧院。此后导演了A.N.奥斯特洛夫斯基的《森林》、N.V.果戈理的《钦差大臣》、A.S.格里鲍耶陀夫的《智慧的痛苦》、小仲马的《茶花女》等古典名剧。这些演出鲜明地体现了梅耶荷德的艺术追求：认为一切戏剧艺术的最重要本质是它的假定性；广泛使用各种舞台假定性手段；认为导演艺术是一种独创性的艺术，“导演是舞台演出的作者”。20世纪20年代初他提出了“有机造型术”的理论，指出演员的创作是一种空间造型形式的创作，演员必须通晓自身的力学。

梅贻琦 Mei Yiqi (1889-12-29～1962-05-19) 中国教育家。字月涵。祖籍江苏武进（今江苏常州）。生于天津，卒于台湾。

1909年赴美留学。1914年毕业于吴士脱理工学院电机系，获工学士学位。1915年到清华学校任教，后任教务长等职。1931年10月至1948年12月出任国立清华大学校长，任职后多次阐述“所谓大学者，非谓有大楼之谓也，有大师之谓也”、“师资为大学第一要素”等办学理念，并积极延聘国内国际著名学者来校执教。他认为：大学“应有两种目的，一是研究学术，二是造就人才”。在他的主持下，清华大学发展成为一所在国内外颇有影响的学府。

抗日战争期间，梅贻琦仍任清华大学校长，并主持西南联合大学的校务（任联大常委会主席）。抗战胜利后，清华大学迁回北平，梅贻琦继续担任校长。他于1949年到美国担任“华美协进社”常务董事，1955年由美国去中国台湾，用清华基金筹办“清华原子科学研究所”。1958年任台湾“教育部”部长兼新竹“清华大学”校长。著作有《梅贻琦教育论著选》等。

梅益 Mei Yi (1913-01-02～2003-09-13) 中国宣传活动家、翻译家。原名陈少卿。广东潮安人。卒于北京。1935年在北平（今北京）参加左翼作家联盟。抗日战争期间，

为中共上海市文化工作委员会成员，后任书记。组织创办《每日译报》，并主编《华美周刊》、《求知文丛》等。1946年任中国共产党驻南京代表团发言人。1947～1949年在延安、太行新华通讯社总社任编委、副总编辑。中华人民共和国建立后，任中央广播事业局副局长、局长、党组书记。1957年被选为中华全国新闻工作者协会副主席。1978年后任中国社会科学院秘书长、副院长、党组第一书记等职。1985年当选为中共中央顾问委员会委员。1986年后任《中国大百科全书》第一版总编委会副主任，中国大百科全书出版社总编辑、社长，又任展望出版社董事长。2003年任《中国大百科全书》第二版总编委会副主任。著作有《梅益论广播电视》、《梅益论百科全书》，译作有《西行漫记》、《钢铁是怎样炼成的》等。

梅雨 meiyu; plum rains 初夏时期，在中国长江中下游到日本南部一带出现的雨期较长、雨量较大的持续阴雨天气。因时值梅子黄熟，故名。

梅雨产生于西太平洋副热带高压西北边缘的锋区（可称梅雨锋），是极地气团和副热带气团相互作用的产物。梅雨雨带的位置和稳定性与副热带高压的位置（脊线，一般稳定在北纬20°～25°）和强度密切相关，还与西风带有无利于冷空气南下到长江流域的环流形势有关。每年6月初，当大气环流的形势产生比较大的调整后，西太平洋副热带高压脊线跳到北纬20°以北，就开始进入梅雨期。当西太平洋副热带高压脊线进一步北跳，越过北纬25°时，梅雨期结束，长江流域进入伏旱期。

梅雨期的划定一般着重考虑局地短期的天气特征，如雨日、雨量、气温、云量和相对湿度等，并参考西太平洋副热带高压脊线等环流形势变化。梅雨期的迟早、长短和雨量的年际变化很大。

梅雨的丰枯决定夏季旱涝。丰梅年会造成水灾，枯梅年会产生旱灾。

梅雨田 Mei Yutian (1869～1914) 中国京剧琴师。原名启勋。祖籍江苏泰州，久居北京。梅巧玲之子，梅兰芳之伯父。早年习京剧胡琴，拜贾三（祥瑞）、李四（春泉）为师，享名较早。曾长期为谭鑫培操琴，对谭派艺术起到了“烘云托月”的作用，有“胡琴圣手”之称。他与孙佐臣为京剧胡琴演奏上的两大流派，影响深远。梅雨田曾从南方昆曲名笛师钱青望习笛，能吹奏昆曲300余套。亦工唢呐，对各种曲牌无不娴熟。曾入选为清升平署民籍随手（乐队伴奏人员）。谭鑫培在百代公司录制的《卖马》、《洪羊洞》唱片，均系梅雨田操琴。

梅曾亮 Mei Zengliang (1786～1856) 中国散文家。字伯言。江苏上元（今南京）人。道光二年（1822）进士。授知县不就，游幕讲学于苏、皖。道光十二年（1832）复入都，改官户部郎中。二十九年（1849）告归，主讲于扬州书院。太平军攻占南京后，辗转至清江，馆于江南河道总督杨以增署。少好骈文，18岁入钟山书院，得桐城派创始人姚鼐亲传，又受同学管同之劝，转而致

力于古文，与管同、方东树、刘开并称“姚门四杰”。居京师近20年，文名颇盛，大有继姚鼐之后主持桐城派门户之势。治古文者多从之问义法，对桐城派流播到各地起重要作用。一些论及时政之文如《民论》等，多“穷极奸民之害，左道乱政之烈”。鸦片战争时所作《与陆立夫书》和《王刚节公家传》等，反映抗英斗争，颂扬爱国将领，尚可称佳。艺术成就较高的还是传人、记游之作。《游小盘谷记》和《钵山余霞阁记》等，写景状物，曲尽其妙，明净隽永。在姚门弟子中，其文风最接近姚鼐。他称赞陈用光之文“扶植理道，宽博朴雅”，“不为熊熊之光，绚烂之色，而静虚澹淡”（《太乙舟山房文集序》），这些其实也是他文风的特点，唯笔力稍弱。亦能诗，多感怀身世，风格精洁古劲。著有《柏枧山房文集》19卷，《柏枧山房诗集》12卷。

梅州市 Meizhou City 中国广东省辖地级市。位于省境东北部，与福建省、江西省相邻。辖梅江区和梅县、蕉岭、五华、大埔、平远、丰顺6县，代管兴宁市。面积15 925平方千米。人口424万（2010）。是中国最大的汉族客家人聚居地之一。有海外华侨、华人、港澳台同胞200多万。北宋开宝四年（971）改敬州为梅州。1988年设市。属亚热带季风气候。农业主产稻谷，盛产金柚、蜜柚、龙眼、蜜枣、荔枝、柑橘等。特产苦丁茶、单丛茶。矿产有煤、铁、铜、锰、稀土、石灰岩、花岗岩、大理石等。工业有采矿、冶金、酿酒、机电、化工、制药、建材、林工等。名胜古迹有千佛铁塔、阴那山、灵光寺、长乐学宫，纪念地有叶剑英纪念园、三河坝烈士纪念碑等。梅州是国家历史文化名城。

湄公河 Mekong River 东南亚重要国际河流。源自中国境内澜沧江，流入中南半岛称湄公河。经缅甸、老挝、泰国、柬埔寨和越南，注入南海，大致由西北流向东南。总长4 880余千米，流域总面积81.1万平方千米，居世界第21位。澜沧江长2 130千米。湄公河长2 750千米（流域面积63万平方千米），其中1 241千米为国界河，包括中缅界河31千米、缅老界河234千米、老泰界河976千米，其余为各国内河，包括老挝内河777千米、柬埔寨内河502千米、越南内河230千米。全河流总落差5 060米，平均比降1.04‰。入海口平均流量1.2万米^3/秒，年径流量4 750亿立方米，居东南亚各河首位，世界第8位。

上游段，从中、缅、老边界到万象，流经掸邦高原，大部分海拔200～1 500米，地形起伏较大，沿途受山脉阻挡，河道几经弯曲，河谷宽窄反复交替，河床坡降较陡，多浅滩和急流。左岸较大支流有南塔河、南乌江与南康河。

中游段，万象到巴色，嵌切在呵叻盆地与富良山脉（长山山脉）的山脚丘陵之间。流经大部分地面海拔100～200米，起伏不大。万象与沙湾拿吉之间，河谷宽广，坡降和缓，水流平静。沙湾拿吉以下，低丘束缚河道，多岩礁和浅滩，河床坡降较陡，有全河最大的锦马叻长滩，有急流15处，总长近100千米。左岸支流在老挝境内有南俄河、南屯河、色邦非河、色邦亨河；右岸支流有泰国呵叻盆地的蒙河（湄公河的最大支流）。

下游段，巴色到金边，流经平坦而略为起伏的准平原，海拔不到100米，河身宽阔，多网状汊流。但部分河段被砂岩小丘紧束，或玄武岩脉横亘，构成许多险滩急流，老挝南端边境的孔瀑布，宽达10千米，高20多米，是全河最大的险水。桔井以下，河道展宽加深，有无数沙洲、蛇形河曲与成串小湖沼。磅湛以下为古三角洲，海拔不到10米。较大支流左岸有桑河，右岸有洞里萨河通洞里萨湖。

三角洲河段，金边以下到河口。湄公河在金边城东接纳洞里萨河后，再分成前江与后江。前后江进入越南，陆续分成6支，最后由9个河口入海，故三角洲上的湄公河越南称为九龙江。三角洲面积4.4万平方千米，地势坦荡，海拔平均不到2米，大潮时海水可以上溯100千米，水网稠密，天然溪流与人工渠道纵横交错。

老挝琅勃拉邦附近的湄公河

河水主要来自降雨和融雪，河流一半以上的径流量为中南半岛流域的降水，澜沧江的雪山融水提供河流径流量的1/6左右。5月份雨季开始，水位上升，9、10月为汛位高峰，最大洪峰流量曾达75 700米^3/秒；1～2月枯水期，最小径流量1 250米^3/秒。泛滥地区主要在三角洲，洪泛面积约400万公顷，受洞里萨湖调节，减轻了泛滥程度。

航运欠发达。河床坡降较陡，中下游多急流与瀑布，上下游航运不能直通，在孔瀑布附近实行水陆联运。中游通小轮，金边以下前江终年可通海轮。富水力资源，干支流的峡谷地形有利于拦河筑坝，水能蕴藏量干流达1 000多万千瓦。1990年代起，澜沧江－湄公河流域开发，在中国、老挝、泰国、缅甸和亚洲开发银行及联合国与国际多边组织的合作努力下，2001年6月，中、老、缅、泰四国实现了从思茅（今普洱）到万象的1 368千米的全程日夜通航。澜沧江－湄公河流域气候类型与生物种群复杂多样，矿种齐全而丰富，成为进入21世纪亚洲最具开发潜力的地区和关注热点。

湄南河 Mae Nam 泰国最大的河流，纵贯泰国中部。又称昭披耶河。在泰文中“湄南”意为“河流之母”。上游的宾河、旺河、永河和难河均源自北部山地，在那空沙旺附近汇合成湄南河主流。至瓦信附近，主流右岸分出支流素攀武里河，与主流并行流入泰国湾。主流流经猜纳、信武里、红统、暖武里、曼谷，在沙没巴干注入泰国湾。落差不足24米。全长约1 352千米，流域面积16万平方千米。北起北纬17.5°的程逸，南至曼谷湾，称湄南河谷地，为冲积平原及三角洲平原。海拔很少超过2米。每年雨季河水泛滥，带来肥沃的淤泥，但亦常酿成洪灾。泰国著名的稻米产区。平原地区河流纵横，利于灌溉航运。自河口以上通航400千米，是泰国柚木、大米等主要产品的运输通道。由于湄南河挟带大量泥沙，河口每年向海伸展4.5～6米。

湄洲湾 Meizhou Gulf 中国东南沿海良好出海通道，天然良港。位于福建沿海中部莆田、仙游和惠安3县市之间。具有港阔水深、岸线长、航道宽、风浪小、不淤不冻、防护条件好、陆域大等特点。湄洲湾三面环山，湄洲岛横亘湾口；往湾内5海里，盘屿、大竹屿、小竹屿、小霜屿等呈东北—西南排布；再往内7海里，有罗屿、横屿和洋屿平列。形成三道屏障，避风避浪条件极好。湄洲湾深入内陆约18海里，航道既长且宽。沿岸有多处深水岸段。其中北岸的秀屿，水深10～16米，深水岸线长约2 000米；南岸的肖厝，水深10～20米，深水岸线长达2 400米。两者深居内澳，建港条件最优越，5万吨级轮船可自由进出，10万吨级轮船可趁平潮进出。在黄瓜屿与斗尾一带可停泊30万吨级船舶。

煤 coal 黑色或褐色由植物形成的固体可燃矿产。地质时期沼泽中植物遗体在覆水缺氧或少氧的环境下，经泥炭化作用形成泥炭，埋藏后在温度、压力增高的条件下，又经煤化作用转变而成。又称煤炭。煤是重要能源矿产，20世纪90年代以来煤在中国能源结构中占70%以上，世界所用能源也有1/3来自煤。

分类　有成因分类、煤化作用分类和工业分类。根据成煤植物种类、沼泽覆水深浅和水化学性质的不同，可分为腐殖煤、腐殖腐泥煤、腐泥煤三种成因类型。根据煤化作用程度可分为褐煤、烟煤、无烟煤、超无烟煤四大类。按用途的工业分类最有实际意义，是将煤的成因分类与工业利用结合起来的技术分类。世界上没有统一的煤炭分类，根据本国煤炭资源特点和工业技术水平的不同，各国都有自己的煤炭分类。中国于1956年制订了统一的《中国煤（以炼焦煤为主）的分类方案》；1985年提出了《中国煤炭分类》作为强制性国家标准（GB5751—86），将中国煤分为14类：无烟煤、贫煤、贫瘦煤、瘦煤、焦煤、肥煤、1/3焦煤、气肥煤、气煤、1/2中黏煤、弱黏煤、不黏煤、长焰煤、褐煤。

煤成因　煤形成的原因和条件。植物转变成煤的全过程，包括成煤作用条件、成煤植物种类、沉积环境、沼泽类型、植物堆积方式、泥炭化作用和煤化作用。煤是由植物遗体在沼泽中堆积埋藏后，经成煤作用转变而成。成煤作用包括由泥炭转变成褐煤、烟煤以至无烟煤的全过程，分为两大阶段：第一阶段为泥炭化作用阶段，是地表常温常压条件下，植物遗体在沼泽中转变成泥炭的过程，以生物化学降解作用为主；第二阶段为煤化作用阶段，泥炭被埋藏并沉降至地下深处，经成岩作用转变成褐煤，在温度和压力继续增高过程中，经物理化学变化为主的变质作用转变成烟煤和无烟煤。

化学组成　煤中的有机质是由碳、氢、氧、氮、硫等元素组成的复杂的高分子有机化合物的混合物，其中以碳、氢、氧为主，占95%以上，此外还有无机质。煤中有机质的元素组成与煤的成因类型、煤岩组分和煤化作用程度等有关。煤中伴生的其他元素，已发现有90多种。其中有的元素在煤中富集形成工业矿床，如富锗煤、富铀煤、富钒石煤等；有的元素对炼焦等不利，对环境造成污染公害，如硫、磷、氟、氯、砷、铍、铅、硼、镉、汞、硒、铬等。

用途　煤主要作为燃料和炼焦，有的煤也可气化或液化。①炼焦。将煤放在干馏炉中，隔绝空气加热，煤中有机质发生热解，挥发性物质以气态逸出，成为焦炉煤气和煤焦油，留下的固态物质即为焦炭，主要用于高炉炼铁和铸造，也可制造氮肥和电石。煤焦油可作为生产化肥、农药、合成纤维、合成橡胶、塑料、油漆、染料、医药、炸药等的原料。焦炉煤气除可燃外，也是重要的化工原料。②气化。在一定温度、压力下，以氧、水、二氧化碳、氢等为气化介质，对煤进行热化学处理，把煤转变为工业和民用燃料以及化工合成原料的煤气。③低温干馏。煤或油页岩在500～700℃下进行干馏以制取低温焦油，同时生产半焦和低温焦炉煤气。低温焦油成分以烷烃、环烷烃为主，可用以制取高级液体燃料和化工原料。④加氢液化。将煤、催化剂和重油混合在一起，在高温高压下使煤中的有机质与氢作用，转化成低分子的液态和气态产物，进一步加工可得汽油、柴油等液体燃料。⑤燃烧。任何煤都可作为工业和民用燃料。⑥其他用途。总趋势是向综合利用、合理利用、制取液体燃料、洁净燃料的方向发展。

煤层气　coal bed methane　煤层中自生自储、甲烷占90%～95%以上的可燃气体。又称煤层甲烷气、煤层瓦斯、煤矿瓦斯。属于非常规天然气。煤层气由埋藏在地下的煤层在煤化作用过程中产生，储存于煤层之中，在构造转折处可能局部富集，采煤过程中不慎触及会发生瓦斯突出，遇明火会引起瓦斯爆炸。

煤层气是煤中腐殖质在煤化作用中发生热裂解作用产生，是一种热成因以甲烷占绝对优势的天然气。据有关资料，随煤化作用增高，在温度约120℃时主要生成CO_2。过了这个界线，生成的CH_4数量迅速增加。CH_4生成的峰值在150℃左右。在一定压力下甲烷以三种不同状态赋存于煤层之中：①以分子状态被吸附于煤的微孔隙（孔隙直径小于2～0.8纳米）中。②以游离状态赋存于煤的裂隙和大孔隙（直径大于50纳米）中。③溶解于煤层地下水中。煤的孔隙度有裂隙孔隙度和基质孔隙度之分。煤中基质孔隙度的大小和分布控制着被吸附气体解吸释放煤层气的体积和速度，基质孔隙度又受煤化作用程度和煤岩成分的影响。裂隙孔隙可分布在不同煤级的煤层中，只要煤层顶底板封闭性好，裂隙孔隙也可储集大量煤层气。

煤层气是一种洁净的能源矿产，每立方米的发热量约为35.6兆焦/千克，相当于1.2千克的标准煤，其燃烧效率是煤的3～4倍，污染仅是煤的数百分之一，因此煤矿开采时应首先抽放煤层气，既可变害为宝，又可减少瓦斯灾害。

煤层自燃　spontaneous combustion of coal layer　煤层在自然或人工环境条件下自燃发生、发展、扩大的灾害现象。煤层自燃以至形成煤田火区。矿井煤层自燃发火指具有自燃倾向性的煤层被破碎后与空气接触发生氧化导致自燃。主要由采空区或巷道等漏风而造成。矿井煤层均具有自燃发火倾向。煤层的自燃发火期一般为3～6个月，最短自燃发火期仅为14天。煤层自燃发火危险程度以煤的自燃倾向性、持续的漏风供氧条件和聚热散热条件三类指标来评判，据此可分为不自燃、可能自燃、自燃、易自燃四个等级。煤田火区经历风化氧化、自热增温、发火自燃、剧烈燃烧、自然熄灭等阶段，空间分布上形成自燃发火区、增温区、燃烧区和熄灭区，构成伴生的温度异常场。煤层自燃主要采用注水、注浆、黄土覆盖和惰性气体隔离等灭火技术加以控制。煤层自燃在中国北方地区和澳大利亚、印度、印度尼西亚等国家普遍发生。新疆是世界上煤田火灾最严重的地区。中国煤田火区研究始于20世纪60年代。

煤成气　gas from coal　赋存于含煤岩系中或其上下非含煤地层中，以腐殖型有机质为主，在煤化作用过程中生成的以烃类为主的可燃气体。烃类可燃气体的成分以甲烷为主。是天然气的主要类型。煤成气的气源岩主要是煤层，还有碳质泥岩、黑色泥岩、黑色粉砂岩等。天然气中绝大部分为腐殖型有机质（Ⅲ型干酪根）形成的煤成气，还混有少量混合型有机质（Ⅱ型干酪根）和腐泥有机质（Ⅰ型干酪根）生成的烃类气体，为重烃，主要来自海相或湖相暗色泥岩和碳酸盐岩。

有机质在不同地质演化阶段，从生物化学作用到物理化学作用，可不断生成烃类气体（甲烷及同系物）和非烃气体（CO_2、N_2等）。有机质未成熟阶段生成生物气（甲烷干气）；成熟阶段生成甲烷湿气、凝析气，与“煤成油”伴生；高成熟至过成熟阶段生成裂解干气。

按赋存条件天然气可分为两类：①常规天然气。从生气母岩（煤、碳质泥岩、暗色泥岩、碳酸盐等）中解吸、运移、扩散出来的各种烃类可燃气体，聚集并储存于煤层以外的各类储层中，如砂岩、砾岩、灰岩等，包括运移到煤系地层上下、聚集在非煤系地层储层中形成的工业性天然气藏，主要是煤成气。②非常规天然气。即煤层气。是煤层中自生自储、甲烷占90%以上的可燃气体。溶解于地下水中的煤成气，在一定压力下可形成水溶气，有时也可开采利用；逸散于空气中的煤成气不具工业价值，只会造成大气污染。

煤成气于1959年由荷兰在格罗宁根钻井时发现，随后俄罗斯、美国、澳大利亚等先后在北海、西伯利亚、哈萨克斯坦、美国、澳大利亚等地发现了巨大的煤成气田。世界上最大的4个天然气田即分布在西伯利亚的上白垩统海相泥岩之下的砂岩中，可采储量达18万亿立方米。

煤化工　chemical processing of coal　以煤为原料，经化学加工使煤转化为气体、液体和固体燃料及化学品的过程。主要包括

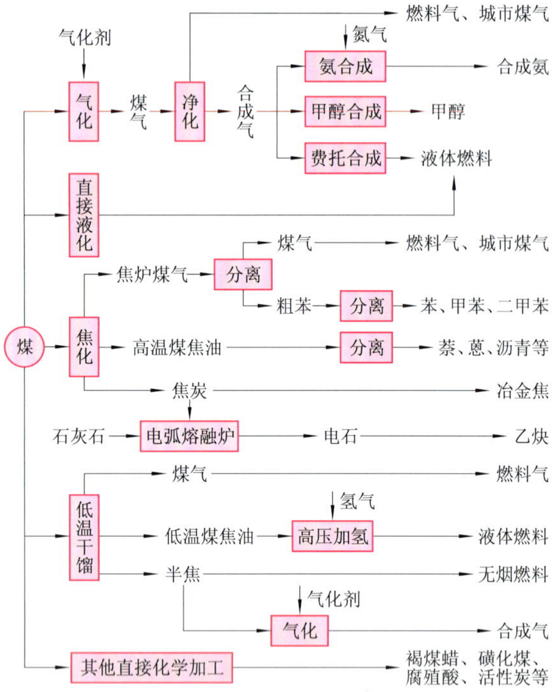

煤化工体系

煤气化、煤液化、干馏以及焦油加工和电石乙炔化工等。

煤化工的各种加工过程中，焦化是应用最早且至今仍是最重要的一种，其主要目的是制取冶金用焦炭，并获得副产煤气和含苯、甲苯、二甲苯、酚类等的煤焦油。煤气化除了供应城市燃料煤气外，也用于合成氨、甲醇以及烃类轻质燃料。煤低温干馏、煤直接液化等过程主要生产液体燃料。世界的煤化工主要还是煤的焦化和气化。未来煤化工的发展，将取决于煤化工本身技术的进展以及石油和天然气的供求情况和价格的变化。但近期钢铁冶金所用的焦炭仍将依赖于煤的焦化，炼焦副产品，如萘、蒽等多环化合物仍是石油化工较难代替的有机化工原料；煤的气化制合成气，再通过碳一化工合成一系列有机化工产品或液体燃料，仍将是煤化工的重要研究发展方向。

煤气 coal gas 以煤为原料经加工而制成的含有可燃组分如氢气、一氧化碳、甲烷等的混合气体。根据加工方法不同，可得组成、用途不同的煤气，其名称各异。如由煤气化得的水煤气、半水煤气、空气煤气（或称发生炉煤气）和高炉炼铁所得高炉煤气等的发热值较低，总称为低热值煤气。由煤中温干馏所得煤气和焦化得的焦炉煤气，属于中热值煤气，可作城市煤气。此外，还可以采用不同的气化炉和操作条件，制备含不同组成的H_2和CO或H_2和N_2的煤气，用以合成石油、甲醇、尿素或氨。这类煤气统称为合成气。

煤气化 coal gasification 煤或焦炭、半焦等固体燃料，在高温、常压或加压条件下，与气化剂反应，转化为气体产物和少量残渣的过程。气化剂主要为水蒸气、空气（或氧气）等。根据气化剂和气化过程的不同，可得到组成不同的空气煤气、半水煤气、水煤气和合成气等。煤气化过程主要是碳与氧气、水蒸气反应生成氢气、一氧化碳和二氧化碳。反应在较高温度下进行。煤气化方法可分3类：①固定床气化法。煤块放在气化炉内，与气化剂逆流接触进行反应。②流化床气化法。以粒度较小的煤为原料，送入炉内被气化剂流化，悬浮在气化炉内进行反应。③气流床气化法。以粉煤为原料，同气化剂一起喷入炉内，气流与煤粉是并流操作。

煤气机 gas engine 用可燃气体作燃料的内燃机。又称气体燃料内燃机。最早的一种内燃机。

煤田 coal field 同一聚煤盆地中形成的含煤岩系分布区。面积一般几十至几百平方千米。经过构造变动和后期剥蚀所保留下来的独立含煤区域，多数为向斜盆地，又称煤盆地，面积小于聚煤盆地。一个聚煤盆地可包括一个或若干个煤田。根据地理条件、地质构造、矿井生产开发规模等，一个煤田可以划分为一个或若干个煤矿区或煤产地，每个矿区又可分为一个或若干个井田。

构成 煤田由含煤岩系、基底和盖层三部分构成（见图）。根据盖层对煤系的覆盖情况，可分为暴露式煤田、半暴露式

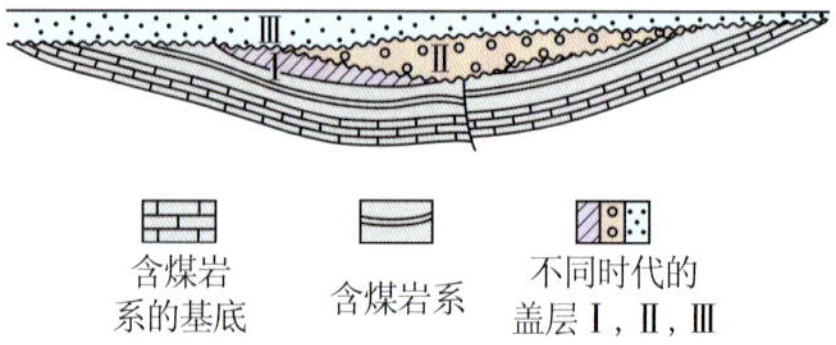

煤田的构成示意

煤田和隐伏煤田。根据含煤岩系赋存的构造形态特征，可以划分煤田的构造形态类型。多数煤田为向斜和复式向斜构造，或呈平缓开阔、简单的向斜，有的煤田则以断块构造为主，有的煤田褶皱、断裂复杂，同时伴有岩浆侵入。同一地质时代含煤岩系形成的煤田称单纪煤田，如中国抚顺、阜新煤田。由几个地质时代含煤岩系叠置的煤田，称多纪煤田，如中国鄂尔多斯煤田，包括石炭－二叠纪、三叠纪和侏罗纪三套含煤岩系叠置。

含煤性 煤和煤层在煤田或井田内的含煤程度。含煤性是评价煤田最重要的内容，包括煤层和煤质两个方面。煤田的含煤性主要取决于含煤岩系形成时的古地理、古构造、古气候条件和成煤植物群落的特征，含煤岩系形成后经历的变化对煤层赋存状态和煤质有一定的影响。不同古地理类型和大地构造类型的煤盆地含煤性不同，如拗陷型海陆交替相的煤盆地，煤层的厚度、层数和层间距以及煤质等常较稳定，而断陷型陆相煤盆地可拥有巨厚煤层，但横向变化快。同一盆地中含煤性参数常有分带性，研究这种分带性是预测煤层、煤质的基础。

分布 世界上煤炭资源量超过3 000亿吨的大煤田有中国鄂尔多斯、美国伊利诺伊和阿巴拉契亚、俄罗斯坎斯克—阿钦斯克和库兹涅茨克、澳大利亚悉尼等，3 000亿～1 000亿吨者有顿涅茨（乌克兰）、鲁尔（德国）、南非、艾伯塔（加拿大）、沁水（中国）等。亚洲煤田分布最多，北美次之。中国领域内分布着数以百计的煤田，煤资源总量居世界前列。

煤液化 coal liquefaction 煤经过化学加工转化为液体燃料的过程。可分直接液化和间接液化。由于液体燃料的氢/碳比较高，煤直接液化就是采用加氢的方法从煤直接制取液体烃类。加氢反应一般在高压、高温和催化剂作用下进行，如柏吉斯法。煤间接液化是先将煤气化，制得含一氧化碳和氢气的合成气，然后在催化剂作用下合成烃类或醇类燃料，其最早工业化的方法是德国开发的费托合成法。煤直接液化比较适用于较年轻的煤（如褐煤），由于操作压力高，设备投资较大，液体产物直接用作汽油和柴油燃料的性质还不够好，尚没有大的工业生产装置。但这两种生产方法也都在发展和竞争。

煤油 kerosene 轻质石油产品，含碳原子数10～16的烃类混合物，沸点范围180～310℃。主要由原油蒸馏所得的煤油馏分经精制而得。用于照明、炊事、取暖等。石油炼制工业初期的主要产品，后来产量已居次要地位。灯用煤油要求芳烃含量较低，不大于8%～9%（质量），点燃时不致冒黑烟；0℃时运动黏度不大于2.4毫米^2/秒，使燃料能顺利沿灯芯流动；闪点应大于40℃，以保证使用安全等。航空煤油即煤油型喷气燃料。

酶 enzyme 生物体产生的具有催化功能的生物大分子。主要是蛋白质，但也有RNA性质的酶（核酶）。酶是细胞赖以生存的基础。细胞新陈代谢中的所有化学反应几乎都是在酶的催化下进行的。

一些酶的分类和命名

编号	推荐名	反应	系统名
EC1.1.1.1	醇脱氢酶	醇+ NAD^+ ⟶ 醛或酮+ NADH	醇：NAD^+氧化还原酶
EC2.6.1.2	丙氨酸转氨酶	L－丙氨酸+2－氧代戊二酸盐 ⟶ 丙酮酸盐+ L－谷氨酸盐	L－丙氨酸：2－氧代戊二酸盐氨基转移酶
EC3.1.1.7	乙酰胆碱酯酶	乙酰胆碱+ H_2O ⟶ 胆碱+乙酸盐	乙酰胆碱水解酶
EC4.1.2.13	果糖二磷酸醛缩酶	D－果糖1,6－二磷酸 ⟶ 磷酸二羟丙酮+ D－甘油醛3－磷酸	D－果糖1,6－二磷酸,D－甘油醛－3－磷酸裂解酶
EC5.3.1.9	葡萄糖磷酸异构酶	D－葡萄糖－6－磷酸 ⟶ D－果糖－6－磷酸	D－葡萄糖－6－磷酸乙酮醇异构酶
EC6.4.1.1	丙酮酸盐羧化酶	ATP +丙酮酸盐+ CO_2+ H_2O ⟶ ADP +正磷酸盐+草酰乙酸盐	丙酮酸：二氧化碳连接酶

注：各类酶分组原则举例：1.1作用于醇基为氢供体，1.1.1以NAD^+或$NADP^+$为氢受体；2.6转移含氮基团，2.6.1转移氨基；3.1水解酯键，3.1.1羧酸酯；4.1裂解C—C键，4.1.2醛的C—C键；5.3分子间的氧化还原反应，5.3.1醛糖与酮糖的互换；6.4形成C—C键，6.4.1羧基化反应。

分类和命名　按照酶所催化的反应类型，国际酶学委员会（ICE）把酶分为六大类：①催化氧化还原反应的酶称为氧化还原酶。②催化基团（除氢）转移反应的酶称为转移酶。③催化底物特定部位水解反应的酶称为水解酶。④催化某些键裂解反应的酶称为裂解酶。⑤催化底物异构化反应的酶称为异构酶。⑥催化两个分子连接同时伴有核苷三磷酸（如ATP）水解反应的酶称为连接酶。每个酶都有1个编号，冠以EC，整个编号由4个数字组成，中间用黑点分开，第1个数字表示酶所属大类；第2个数字表示酶下属大组；第3个数字表示酶下属小组；第4个数字是流水编号。

结构和特性　酶的特殊的生物功能决定于它的特定结构。酶分子中结合底物并与催化直接有关的区域称为活性部位。从化学结构看，活性部位一般不是连续肽段，而是肽链经过折叠而构成的具有一定大小和几何形状的某一特定空间区域。

酶具有催化效率高及催化专一性的特性。酶活力一般是非酶催化剂的10^7倍，与没有催化剂的反应相比，最多可高出10^{17}倍。1961年国际酶学委员会规定：1分钟内催化1微摩尔底物发生反应所需的酶量为1个酶单位，以U表示。国际纯粹和应用化学联合会（IUPAC）和国际生物化学联合会（IUB，现在的国际生物化学与分子生物学联合会IUBMB）于1972年建议采用“酶活性单位”来代替“酶单位”，即每秒钟转化1摩尔底物所需的酶活性单位为1个katal，简称kat。新旧两种单位之间的关系是：1U ≈ 16.67nkat或1kat $=6\times10^7$U。

酶的专一性主要有两方面的含义：①对于被作用的底物是专一的。②对于被催化的反应是专一的。

酶活性的调节控制　生物体新陈代谢的调节控制，通常都是通过酶实现的。使酶活性增高的物质称为激活剂；使酶活性下降的物质称为抑制剂。酶活性的调节控制大体上可分为3个类型：①通过酶分子化学结构的变化。②通过酶分子立体结构的变化。③通过酶分子含量的变化。

作用机理　酶催化的高效率是由下述因素共同作用的结果。

①邻近与定向效应。酶与底物结合后，底物分子中被作用的键，不但接近于酶的活性部位起催化作用的基团，而且以一定的取向排列，提高了起反应的原子间发生碰撞的几率，从而更易形成过渡态。

②微环境效应与多元催化。酶的活性部位由于局部微环境的影响，使某些酸性基团和碱性基团彼此靠近，或使同一种基团有的带上正电荷，有的带上负电荷，从而发挥了既有酸催化又有碱催化的多元催化作用。

③底物的形变。在酶的诱导下，底物分子中被作用的键会经受一定的张力，使结合变弱，因而更易断裂。

④酶构象的变化。酶与底物的作用是相互的，一方面酶诱导底物发生形变，另一方面底物结合在酶上后也会使酶的构象发生一定的变化，使其活性部位的催化基团与底物分子中被作用的键更好地契合。

应用　酶在食品、纺织、发酵、制革等工业中广泛应用，与临床治疗和诊断也有着密切的关系。酶在农业和国防上的应用也有广阔前景。食品工业中应用的酶有数十种，如淀粉酶、蛋白酶、葡萄糖氧化酶、果胶酶等。农业方面的应用主要集中在杀虫剂农药上。在医学方面，人体的许多和疾病有关的酶是药物设计的靶标。血清酶学诊断是重要的临床诊断手段。当人体患有某种疾病时，一些组织或器官就会发生病变，细胞破损，许多酶就会随之进入血流，使得这些酶在血清中的含量和活性明显升高。许多化学药物、抗生素的治疗原理是选择性地作用于致病微生物体内的某一酶系，从而阻断该病原微生物的正常代谢，导致它们的死亡。此外，酶也可直接用作药物，如纤溶酶和溶菌酶。

酶工程　enzyme engineering　在一定的生物反应器内，利用酶的催化作用工业化生产人类所需产品的技术。主要包括酶的生产、分离纯化、固定化技术、酶分子结构的修饰和改造等。酶工程主要涉及工业、医学等方面有应用价值的酶类和具有特殊性质的酶类的开发和生产，包括提高在工业上有重要用途的酶（α－淀粉酶、葡萄糖淀粉酶、蛋白酶等）的产量，以及寻找具有新特性的酶（耐热酶、嗜盐酶、能适于有机溶剂中使用的酶等）。

酶虽然能在常温常压下起催化作用，但稳定性差，溶液状态的酶制剂使用后不能回收，成本较高。为了克服这些缺点，可将酶固定化。

酶工程已在食品、医药工业显示了它的优越性。若借助基因工程的手段产生一些新特性的菌；进一步发展辅酶的固定化及其再生等技术，则酶工程即可在化学合成工业及能源开发等领域发挥巨大作用。

霉菌　mould; mold　多种类群真菌的统称。当生长成多细胞丝状体时称为丝状体；当以小型单细胞繁殖时，称为酵母。在分类学上没有严格定义。广布于土壤、水体、空气和霉变基物，是具有重要经济意义的腐生菌。同人类关系密切的有两类：①致病性小霉菌，有100多种，其中只有10余种能引起致死性感染，如黄曲霉产生的黄曲霉毒素是致癌的重要因素，大部分属于半知菌类（又称不完全真菌类）。②有益的霉菌，可利用某些霉菌生产抗生素，如用青霉产青霉素、头孢霉产头孢霉素等，某些霉菌生产有机酸和酶制剂等，还有些霉菌用于酿造工业等。

《每日电讯报》　*The Daily Telegraph*　英国发行量最大的全国性英文对开日报。1855年6月29日在伦敦创刊。1877年日发行量接近25万份，成为当时世界上发行量最大的报纸。1937年合并了英格兰地区最早的报纸《晨邮报》，称《每日电讯和晨邮报》，后改现名。属独立的每日电讯报公司。1985年12月，股份的50.1%为加拿大商人C.布莱克所有。该报支持英国保守党。内容丰富，信息量大，文字简明浅显。在世界各大城市派有记者。注重新闻时效。除在伦敦出版外，另在曼彻斯特出北方版。读者主要是新的中产阶层。20世纪90年代日均发行量101万份。

美　beauty　美学研究的中心范畴，包括美的本质和美的形态。

美的本质　美学研究的一个根本理论问题。在西方美学史上，关于美的本质的理论众说纷纭，但从哲学的出发点看，基本上不外两种：一种从客观物质的属性中去寻找美的根源；另一种从精神中去寻找美的根源。此外，还有游移于上述两者之间的各种折衷、含混的说法。马克思主义主张从人对客观物质世界的实践改造中去寻找美的根源。

美的形态　美的普遍本质的各种具体表现形态，包括社会美、自然美、艺术美等等。①社会美。经常表现为各种积极肯定的生活形象。它包括人物、事件、场景、某些劳动过程和劳动产品等的审美形态，是社会实践的直接体现。②自然美。社会性与自然性的统一。它的社会性是指自然美的根源在于实践。自然性指自然的某些属性、特征，即人的感官所能辨认的或实践中肢体所能运用的那些自然原有的感性形式，它们是形成自然美的必要条件。自然美的主要特点侧重于形式，以自然的感性形式直接唤起人的美感，它和社会功利的联系较为曲折。③艺术美。艺术美是生活和自然中的审美特征的能动反映，是审美意识的集中物态化形态。艺术美作为美的高级形态来源于客观现实，但并不等于现实，它是艺术家创造性劳动的产物。它包括两方面：艺术形象对现实的再现；艺术家对现实的情感、评价和理想的表现，是客观与主观、再现与表现的有机统一。它的特征在于具有审美功能，能给人以在现实生活中难以获得的最为纯粹的美的愉悦和享受。

美登木　*Maytenus hookeri*; hooker mayten　卫矛科美登木属的一种。分布于缅甸、印度、中国云南南部地区。灌木，无刺，高4米，无长短枝区分。叶互生，宽椭圆形或倒卵形，长达20厘米；叶柄短。圆锥聚伞花序多枝呈丛生状；花白绿色，萼片5，花瓣5，雄蕊5，有花盘。蒴果倒卵形，长1厘米；2～3室，每室种子1～2粒；假种皮浅杯状，呈淡黄色。生于山地林中。全株含有抗癌的活性成分美登素和美登布林，叶有活血化瘀的功效。

美登素　maytansine　安沙大环内酯型生物碱。又称美登新。分子式$C_{34}H_{46}ClN_3O_{10}$。

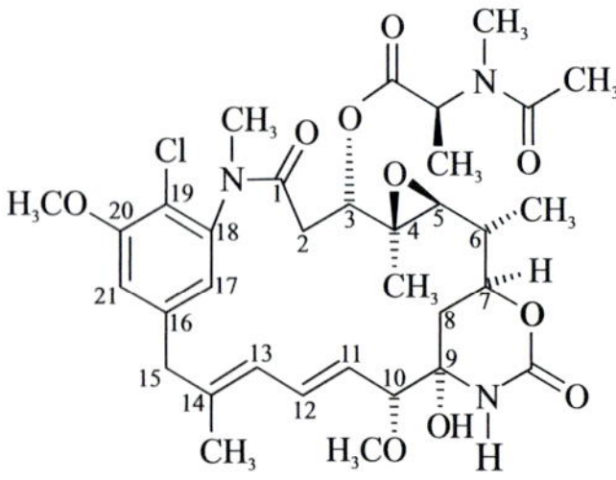

存在于卫矛科美登木属及其亲缘植物中。熔点171～172℃，比旋光度$[\alpha]_D^{26}-145$（氯仿）；能溶于氯仿、二氯甲烷、甲醇和丙酮，不溶于乙醚和正己烷。美登素对各种肿瘤，如L-1210、P-388白血病、S-180、W-256、路易斯肺癌和鼻咽癌均有显著疗效。

《美狄亚》　*Medea*　古希腊悲剧家欧里庇得斯的悲剧。写于公元前431年。科尔喀斯

《美狄亚》剧景

国王的女儿美狄亚在帮助伊俄尔科斯国王埃宋的儿子伊阿宋取得金羊毛之后，两人结为夫妻并育有两个儿子，在科林斯过了几年快活的日子。剧情开始时，伊阿宋已经负心，为了继承科林斯的王位，一心只想另娶科林斯的公主为妻。美狄亚两次找来伊阿宋与之论理，但均告失败。她终于忍无可忍，先是毒死科林斯的公主和国王，接着又亲手杀死两个儿子，为的是避免他们落入仇人手中。最后，她离开科林斯与悲戚的丈夫，独自乘着龙车腾空而去。这是一部关于妇女不幸命运的著名悲剧，深刻反映了当时雅典的社会现实，表达了剧作家对妇女的深切同情。在写作手法上，充分体现了欧里庇得斯擅长刻画人物心理的特点，美狄亚杀子之前内心发生剧烈冲突的场面尤为动人。

美第奇家族　Medici family　意大利佛罗伦萨著名家族。最主要代表为科西莫·德·美第奇和洛伦佐·德·美第奇祖孙。

该家族的祖先原为托斯卡纳的农民，后以经营工商业致富。13世纪成为贵族，参加佛罗伦萨共和国政府。1378年，该家族的萨尔韦斯特罗·德·美第奇当选为佛罗伦萨市政委员会主席，但1381年民选政府垮台后，被逐出佛罗伦萨。乔瓦尼·德·美第奇使美第奇家族重新兴盛，他的银行赚得巨额利润，成为佛罗伦萨的首富。1434年，科西莫在佛罗伦萨建立起僭主政治，成为佛罗伦萨的无冕之王。1494年，法国入侵佛罗伦萨，在科西莫之孙洛伦佐之后继位的皮埃罗被逐，1512年，皮埃罗之子洛伦佐依靠西班牙军队的支持，恢复在佛罗伦萨的统治。1527年该家族再次被逐，但3年后即在神圣罗马帝国军队保护下重返佛罗伦萨。1532年佛罗伦萨成为公国。1569年佛罗伦萨成为佛罗伦萨公国首府，共和国名存实亡。美第奇家族在佛罗伦萨的统治一直延续至1737年，此后统治该地的为洛林家族的法兰西斯。

美第奇家族奖掖文化，搜集大批图书及手稿，藏在被称为柏拉图学园的别墅中，并对公众开放。罗致米开朗琪罗等著名艺术家。在他们的帮助和鼓励下，佛罗伦萨成为欧洲文艺复兴运动的发源地和中心，诗歌、绘画、雕刻、建筑、音乐均有突出成就，历史、哲学、政治理论等的研究也居于意大利各邦前列。

《美俄削减进攻性战略力量条约》　*Treaty between the United States of America and the Russian Federation on Strategic Offensive Arms Reduction*　美国和俄罗斯联邦为共同削减两国的进攻性战略核弹头而缔结的条约。又称《莫斯科条约》。2002年5月24日在莫斯科签署。2003年6月1日生效，有效期至2012年12月31日，如双方同意可延期。条约有5条正文，主要内容是：①到2012年12月31日，双方的战略核弹头总数应分别削减至不超过1 700～2 200枚；每方可在此限额内自行决定本国进攻性战略武器的成分与结构。②为履行条约，双边执行委员会每年至少举行两次会议。③每方有权退出条约，但需提前3个月书面通知对方。该条约是1991年7月31日《美苏削减和限制进攻性战略武器条约》的延续和发展，它将使美、俄核武库在此条约基础上再行削减2/3，有利于美、俄维持较低水平的进攻性战略力量均势。但条约内容简略而空泛，实际上只是一个框架性协议。

美国　United States of America　北美洲国家。本土位于北美大陆中南部，东濒大西洋，东南临墨西哥湾，西濒太平洋，北与加拿大为邻，西南与墨西哥毗连。领土还包括

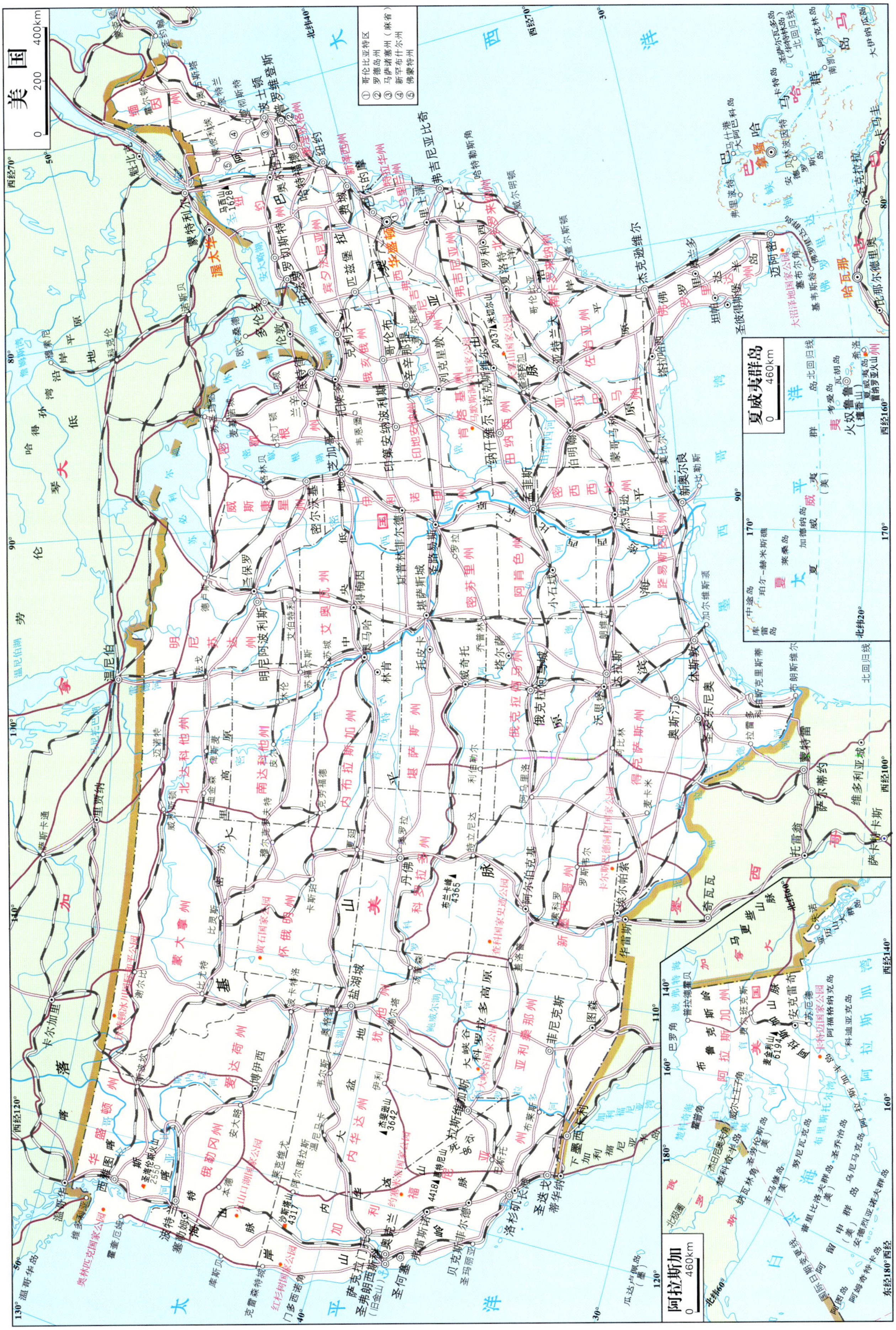
美国
0 200 400km
① 哥伦比亚特区
② 罗德岛州
③ 马萨诸塞州（麻省）
④ 新罕布什尔州
⑤ 佛蒙特州
夏威夷群岛
0 460km
阿拉斯加
0 460km

图1 纽约曼哈顿摩天大楼区

北美洲西北部的阿拉斯加和北太平洋中部的**夏威夷群岛**。国土总面积9 629 091平方千米，其中陆地面积9 158 960平方千米。海岸线总长22 680千米。人口3.07亿（2009），居世界第三位。美国是一个移民国家，其中以欧洲移民后裔为主体的白种人占全国人口的70.4%，拉美裔占12.5%，黑人占12.3%，亚裔占3.6%，土著民族占1.2%。宗教众多，全国56%的居民信奉基督教新教，28%信奉天主教，6%信奉摩门教、犹太教、伊斯兰教、佛教、印度教等其他宗教，10%不属于任何教派。全国共分50个州和1个特区（哥伦比亚特区），有3 042个县。联邦领地包括**波多黎各**和北马里亚纳；海外领地包括**关岛**、美属萨摩亚、美属维尔京群岛等。首都**华盛顿**。

地理 地形 地形结构与北美大陆一致，东、西部高，中部低，明显分为三个纵列带：东部是阿巴拉契亚高地和沿海平原，约占本土面积的1/6；中部是平原，约占本土面积的1/2；西部是科迪勒拉山系，约占本土面积的1/3。

阿巴拉契亚高地东北—西南走向，在美国境内长2 300千米。其东北部为波状起伏的高地，海拔300～500米，冰蚀和冰碛地貌广布。西南部自东向西包括山麓台地、蓝岭、岭谷区和阿巴拉契亚高原4个地形单元，海拔介于300～1 800米间。其中山麓台地向东缓倾，以陡崖与大西洋沿岸平原相接；蓝岭为崎岖山地，米切尔山海拔2 037米，是美国东部的最高点。

中部平原介于阿巴拉契亚高地和落基山脉之间。根据海拔高度、地貌特征等差异，分为东部内陆低原和西部大平原两大地形单元。内陆低原发育在古生代浅海相沉积层上，海拔一般不足500米。大致以密苏里河和俄亥俄河一线为界，以北地区为一广大冰碛平原，还包括大湖区西北的湖成平原和南部的底碛平原，仅威斯康星州西南部属无冰碛区；以南地区未受冰川影响，主体是密西西比河下游冲积平原，其东南侧为深受河流切割的低高原，西南部为单斜低丘与河谷低地相间的带状起伏平原。大平原的后期沉积包括古生代、中生代和第三纪岩系，为自西向东低斜、并受到许多东西向河流深切的广展平原，海拔500～1 800米，有高平原之称。

科迪勒拉山系纵贯美国本土西部，由一系列山脉、山间高原盆地组成。山系宽800～1 600千米，海拔一般为2 000～3 000米。中生代下半期至第三纪褶皱成山，地壳活动至今仍在继续。**落基山脉**是东组山脉的主体，为美国东、西部之间的地理分界线。以条状平行山岭为主，南段高度较大，不少高峰海拔在4 000米以上；也分布块状山体，间以断层谷地或向斜盆地。喀斯喀特－内华达山脉与海岸山脉为美国本土西缘内、外两组山脉。**喀斯喀特山脉**海拔1 800～3 600米，自南向北增高，大部分为熔岩和火山喷出物所覆盖，尤其在南段，20世纪80年代以来连续喷发的圣海伦斯火山即位于此。内华达山脉为一巨大花岗岩断块山，东坡陡峻，西坡缓斜，海拔一般1 800～2 500米，其中惠特尼山海拔4 418米，为美国本土最高点。海岸山脉北段山势较高，深受河流切割；南段多为断块山，著名的圣安德列斯大断层经此。介于上述两组山脉之间的是互不连续的威拉米特谷地、加利福尼亚谷地和洛杉矶盆地。

哥伦比亚高原介于落基山脉与喀斯喀特山脉之间，为一广大的熔岩高原，地面波状起伏，平均海拔1 500米。盆地与山脉区（其北部也称大盆地）介于落基山脉与内华达山脉之间，以一系列相互隔离并大致平行的短窄断块山（1 800～2 700米）与干燥盆地（1 300～1 800米）相间分布为特点，广布沙漠地貌和盐湖。**科罗拉多高原**位于盆地与山脉区东南，组成岩层近于平展，第三纪末和更新世大幅度抬升，一般海拔2 100～3 300米；河流深切，形成一系列深邃峡谷，如著名的**科罗拉多大峡谷**。

气候 美国本土大部分介于北纬30°～40°之间，属温带和亚热带范围，仅佛罗里达半岛南端伸入北纬25°。本土东西濒临大洋，加以地形纵列，故气候的地域差异明显，类型复杂多样。根据气温、降水及其季节分配的地域差异，可把美国本土分为三大气候区，即东部湿润区、西部干旱区和太平洋沿岸区。

在西经100°以东的东部湿润区内，北纬40°以北属温带大陆性湿润气候，冬季干寒，夏季温湿，1月平均气温-3～12℃，7月20℃左右，年降水量500～1 000毫米；北纬40°以南属亚热带湿润气候，冬温夏热，1月平均气温在0℃以上，墨西哥湾沿岸和佛罗里达半岛可达12～16℃，7月可达24～28℃，年降水量在1 000～2 000毫米，降水季节分配较均匀。

在西经100°以西的西部干旱区，分属温带大陆性半干旱与干旱气候和亚热带大陆性半干旱与干旱气候。前者冬寒夏热，气温年较差大，1月平均气温0～20℃，7月20～28℃；降水少，变率大，其中大平原北部和哥伦比亚高原属半干旱型，盆地与山脉区北部属干旱型。亚热带大陆性半干旱与干旱气候的基本特征与上一类型相似，主要差别在气温方面，因纬度较低，1月平均气温0～12℃，7月24～30℃，其中大平原南部属半干旱型，盆地与山脉区南部和科罗拉多高原部分地区属干旱型。

在太平洋沿岸区，北纬40°以北属温带海洋性气候，冬温夏凉，2月平均气温0～8℃，8月8～12℃；年降水量2 000～3 000毫米，季节分配均匀，秋冬较多。北纬30°～40°地区属亚热带夏干气候，即地中海型气候，全年温和，1月平均气温8～12℃，7月16～20℃；年降水量500～1 000毫米，冬雨夏干。

美国本土以外的阿拉斯加和夏威夷群岛，分别属亚寒带大陆性气候和热带海洋性气候。

水系 美国河湖众多，水资源丰富。全国年平均地表径流量为29 705亿立方米，约占全球年地表径流总量的6.3%，居世界第4位。受地形和气候的影响，河网分布和水文状况的地域差异明显，落基山脉构成美国本土河网的主要分水岭。落基山脉以东地区河网稠密，水量丰富，集中了本土年地表径流量的72%。在中部平原地区，发育了世界最大的水系之一密西西比河水系和世界最大的淡水湖群五大湖。**密西西比河**纵贯国土南北，注入墨西哥湾，全长（以密苏里河为源）6 262千米，是世界第四长河；重要支流有东岸的俄亥俄河和西岸的

图2 美国西部牛仔

密苏里河、雷德河等，流域面积322万平方千米，居世界第三位，干支流流经美国31个州，占本土面积的2/5以上；河口附近年平均流量1.88万米³/秒。**五大湖**分布在美国中北部边境，除密歇根湖完全在美国境内外，苏必利尔湖、休伦湖、伊利湖和安大略湖与加拿大共有。总面积24.42万平方千米，素有“北美洲大陆地中海”之称。湖面由西向东逐级低降，各湖之间有水道相通，最后安大略湖汇经圣劳伦斯河注入大西洋。密西西比河与五大湖之间，有多条运河相通，联成一个庞大的内河航运系统。阿巴拉契亚高地以东，空间有限，河流短小，但因降水量多，河网稠密，水量丰富。

落基山脉以西地区，河网稀疏，水量不大，仅占本土年地表径流量的28%，其中约3/4又集中在西北地区，主要河流有哥伦比亚河等；西南部盆地与山脉区和科罗拉多高原地区，多间歇河和盐沼，大部分属内流区，主要外流河是科罗拉多河等。

此外，阿拉斯加地区集水面积广，气温低，蒸发弱，又有来自加拿大境内的河流流入，年地表径流量很大，主要河流有育空河等。

自然资源　美国大部分地区适合农业发展，农林牧用地绝对量和相对量均很大，相互之间比例协调，结合得宜。其中耕地约占全国土地总面积的1/5，人均耕地面积相当于世界平均数的2.94倍；70%以上的耕地面积集中在大平原和内陆低原，土层深厚，分布连片。天然草原约占全国土地总面积的1/4，约90%的天然草原分布在西经100°以西的大平原和西部山间高原、盆地。林地约占全国土地总面积的33%，分布很广，包括大平原以西的太平洋沿岸和落基山林区，大平原以东的南、北方林区，以及阿拉斯加和夏威夷林区，其中2/3为针叶林，1/3为阔叶林。

矿产资源丰富多样。储量居世界前列的有煤、天然气、石油、金、银、铜、铁、磷酸盐、钾盐、硫磺等，其他重要矿藏还有铀、锌、钨、镁、硼、汞等。但很多矿藏如铁合金中的锰、铬、钛、钴，有色金属锡、铂和各种稀有金属，非金属中的金刚石、云母、水晶等储量不足，甚至缺失。美国虽是世界矿产资源的主要储、产大国，更是最大的消费国，矿产资源产、消逆差大，对外依赖严重，即使国内储量较丰、产量较高的矿产品也需从国外进口。

水力蕴藏量为17 420万千瓦。哥伦比亚河流域是全国水力蕴藏量最丰富的地区，其次是俄亥俄河支流田纳西河、五大湖和圣劳伦斯河流域、科罗拉多河流域等。

历史　原为印第安人聚居地。1492年C.哥伦布“发现新大陆”之后，西班牙、荷兰、法国、英国等国相继开始向北美移民。英国后来居上，于1607年建立第一个永久定居地——詹姆斯敦。到1733年，英国经过同荷兰的激烈争夺，已在东起大西洋岸、西迄阿巴拉契亚高地的狭长地带建立起13个殖民地。经过1756～1763年英、法“七年战争”，法国战败，英国殖民地又西扩至密西西比河。

18世纪后期，英国加紧对北美殖民地的剥削和压迫，引发了人民的反抗。1775年4月，在波士顿以北的列克星敦打响了北美人民反抗英国殖民统治的第一枪，揭开了独立战争的序幕。1776年7月4日召开第二次大陆会议，组成“大陆军”，由G.**华盛顿**任总司令，发表《独立宣言》，正式宣布成立美利坚合众国。1781年取得独立战争胜利。1783年英、美两国在巴黎签订和约，英国承认美国独立。1787年制定联邦宪法。1788年华盛顿当选第一任总统。1789年成立联邦政府。1812～1814年第二次美英战争后，美国完全摆脱了英国的统治。

19世纪初美国开始产业革命，从欧洲引进新技术、新设备，工业得到迅速发展。同时开始向西部进行领土扩张，兼并了英国、法国、西班牙在北美西部的殖民地。1803年购得密西西比河以西约215万平方千米的法属殖民地路易斯安那。1818年从英国购得今北达科他州的部分土地。1819年从西班牙购得整个佛罗里达半岛。1845年侵占墨西哥的得克萨斯。1846年迫使英国放弃北纬49°以南的俄勒冈地区。1846～1848年发动美墨战争，迫使墨西哥出售其北部的大片领土。南、北部社会经济制度和经济发展差异很大。北部是以雇佣劳动为基础的资本主义经济，工业发展很快；南部盛行奴隶制，以种植园经济为主，基本上没有工业。1860年反对黑奴隶制度的共和党人A.**林肯**当选总统。1862年9月宣布《解放宣言》后，南部奴隶主发动叛乱，爆发了南北战争。1865年以北部胜利而告终，南部奴隶制度被废除。

南北战争后，资本主义经济迅速发展，生产和资本日趋集中，美国开始从“自由”资本主义向帝国主义过渡。1890年几条横贯大陆东西的铁路建成以后，大大促进了中西部地区经济的发展和繁荣。美国同时开始向海外扩张。1867年从俄国购得阿拉斯加和阿留申群岛，并占领了中途岛；1879年东萨摩亚成为美国“保护国”；1898年发动美西战争，并吞了波多黎各、菲律宾、关岛和夏威夷群岛。以后又攫取了维尔京群岛、巴拿马运河区等。1959年，阿拉斯加和夏威夷分别成为第49州和第50州，现代美国版图基本形成。

政治　美国宪法是世界上第一部作为独立、统一国家的成文宪法。自1787年制定以来的两个多世纪中，又先后制定了27条宪法修正案。宪法规定美国为联邦制国家，各州拥有较大的自主权，包括立法权；实行三权分立的政治体制，立法、行政、司法三部门鼎立，并互相制约。

国会是最高立法机构，由参议院和众议院组成。国会的主要职权有立法权、行政监督权、条约和官员任命的审批权（参议院）及宪法修改权、对总统和副总统的复选权和弹劾权等。两院议员由各州选民直接选举产生。参议员每州2名，共100名，任期6年，每2年改选1/3。众议员按各州的人口比例分配名额选出，共435名，任期2年，期满全部改选。两院议员均可连任，任期不限。参、众议员均系专职，不得兼任政府职务。

政府实行总统内阁制。总统是国家元首、政府首脑兼武装部队总司令。总统的行政命令具有法律效力。总统通过大选年间接选举产生。任期4年，可连选连任一次。政府内阁由国务卿、各部部长和总统指定的其他成员组成。总统的办事机构以白宫办公厅为中枢，包括国家安全委员会、中央情报局、行政管理和预算局、国内事务委员会等十余个，代表总统进行政策性指导工作。

美国的联邦司法机构系统包括联邦最高法院、联邦法院、州法院以及若干特别法院。联邦最高法院由首席大法官和8名大法官组成，终身任职。作为国家最高一级司法机构，联邦最高法院的判决为终审判决，并有权宣布联邦和各州的任何法律无效。

民主党和共和党是美国政治和社会生活中起主要作用的两大政党，分别成立于1791年和1854年。此外，还有绿党、改革党等。

总统作为武装部队总司令，掌握最高指挥权，包括进攻性战略武器和核武器的使用权。国家军事指挥系统由国家安全委员会、国防部和参谋长联席会议组成。国家安全委员会是最高决策机构，由总统、副总统、国务卿和国防部长组成，参谋长联席会议主席和中央情报局局长列席。国防部是总统指挥全军的办事机构。参谋长

图3　美国庆祝独立日的游行队伍

图4 纽约证券交易所

联席会议既是总统、国防部长和国家安全委员会的军事咨询机构，又是向联合司令部发布总统和国防部长命令的军事指挥机构。参谋长联席会议和三军参谋部负责拟定作战计划并具体实施作战指挥。

经济 美国是现代市场经济发达的国家，以自由企业制度为基础，其集约化程度和劳动生产率高，经济总量居世界首位，有较为完善的宏观经济调控体制。2009年国内生产总值142 587亿美元，人均国内生产总值46 400美元。2008年美国国内生产总值的构成中，农业、渔业占1.2%，工业占19.6%，服务业占79.2%；在全国就业人口构成中，农林渔业占0.6%，工业占22.6%，服务业占76.8%。产业结构的现代化、高级化处于世界领先水平。

工业 美国工业以技术先进、门类齐全、生产力雄厚著称于世。按美国产业标准分类，第二产业工业包括采矿业、制造业、建筑业等。21世纪初，美国工业在世界工业中所占比重约为25%。

采矿业产值仅占国内生产总值的1.5%左右，但它提供燃料和各类工业原料，具有重要意义。按产值计，最重要的矿产品是天然气、石油、煤等燃料矿；按产量计，美国居世界首位的矿产品有磷酸盐、硫磺等，居第二位的矿产品有铜、铅、金、银、天然气、煤等，居第三位的矿产品有石油等。油、气田主要分布在墨西哥湾沿岸的得克萨斯州、路易斯安那州，本土外的阿拉斯加州北部。煤田主要分布在西北部怀俄明州和东部西弗吉尼亚州、肯塔基州。美国是世界能源消费大国，约占世界能源总消费量的1/4，每年需大量进口各类能源。

制造业是工业的主体。按产值计，现居美国制造业前列的部门是化学工业、机械制造业、电子工业、运输设备制造业、食品工业等。美国拥有丰富的化工原料，化学工业发展很快，尤其是以石油和天然气为原料的有机合成化学工业。20世纪90年代中，化学工业产值已跃居制造业之首。机械制造业主要包括发动机、农业机械、建筑机械、制冷设备等部门。

电子工业是20世纪90年代发展最快的制造业部门，包括半导体、微处理器、通信设备、计算机设备和软件等。加利福尼亚州圣弗朗西斯科附近的“硅谷”、马萨诸塞州波士顿、北卡罗来纳州罗利－查帕尔希尔－达勒姆的“硅三角”、得克萨斯州奥斯汀、华盛顿州西雅图等，是美国主要的高技术研究和生产基地。

运输设备制造业中，汽车制造工业曾是美国经济的支柱产业之一，年产量保持在1 000万辆以上。由于受到日本、西欧的竞争和国内高技术产业的兴起，其地位相对下降，但仍不失为美国重要工业部门。飞机制造业也在世界居领先地位，尤其是在宇航技术设备方面，太平洋沿岸华盛顿州的西雅图、加利福尼亚州的洛杉矶为主要生产中心，其次是得克萨斯州、堪萨斯州等地。

食品工业以美国丰富多样的农牧产品为基础，是美国发展最早的工业部门。分布广泛，遍及各大城市，生产规模较大，产值一直居制造业前列。

钢铁工业也曾是美国经济的支柱产业之一，钢产量长期居世界首位。现钢铁工业就业人数减少，粗钢产量受到控制，特种钢、优质钢生产扩大。主要钢铁工业生产基地集中在宾夕法尼亚、俄亥俄、西弗吉尼亚、印第安纳等州。其他众多传统工业部门如纺织、服装、木材加工、金属加工、建材、皮革、烟草、有色冶金等，部分经技术改造，增强竞争活力；部分转移国外。其经济地位总体趋于下降。

农业 美国农业高度发达，并以区域专门化、机械化和商品化为特点，是世界上最大的农产品生产国和出口国。农业在美国国内生产总值中的比重不高，但仍是其经济发展的一个重要物质基础。农业劳动生产率很高，在农业生产增长的同时，农业劳动力不断减少，平均每个劳动力生产的农产品可供近100人消费。土地和生产不断集中。2008年全国共有农场220万个，平均每个农场占地169.2公顷。

种植业和畜牧业并重，部门结构齐全。玉米、小麦、高粱、燕麦、大麦、稻米等谷物总产量约占世界总产量的1/5，其中玉米和小麦分别占世界总产量的39.1%和10%，占世界总出口量的57.8%和20.3%(2008)。经济作物以大豆、棉花、烟草、甜菜、蔬菜、水果等为主，也在世界上占突出地位，其中大豆和棉花分别占世界总产量的36.8%和15.9%，占世界总出口量的44.5%和35.5%(2008)。畜牧业发达，尤以养牛业居首，包括肉牛和乳牛，其产值约占畜牧业总产值的2/3。养禽业以鸡和火鸡为主，发展很快，其中肉鸡和鸡蛋产量已跃居世界首位，并取代养猪业成为美国第二大畜牧业部门。

旅游业 美国服务业中最大的部门之一，游客数、旅游收入等均居世界前列。2008年美国接待外国游客约5 795万人次，旅游收入1 421亿美元。游客主要来自加拿大、墨西哥、欧洲各国、日本等。美国有56个国家公园和近700处自然保护区，还有329处各类国家游览地，包括历史公园、历史遗址、军事公园、风景休憩区等。其中有21处被联合国教科文组织列入《世界遗产名录》。接待游客最多的城市依次为：纽约、洛杉矶、圣弗朗西斯科、迈阿密、奥兰多等；主要州依次为：纽约州、加利福尼亚州、佛罗里达州、内华达州、夏威夷州等。

交通运输 美国拥有完整而便捷的交通运输网络，技术先进，运量和设备数量在世界上占突出地位。2008年交通运输业产值约占国内生产总值的3%，吸纳了全国约5.2%的就业。目前在全国的货运总量中，铁路占1/3以上，公路占1/4以上，管道占1/5，水运占1/6；客运中，公路约占90%，航空占近10%。全国铁路总长22.66万千米(2005)，五大湖地区和东北部铁路网最稠密，其次是太平洋沿岸各州。公路总长646.58万千米，包括7.504万千米高速公路(2007)；公路网以五大湖地区和大西洋沿岸各州最为稠密，其次是太平洋沿岸各州和东南部地区。内河水运航道41 009千米(2008)，密西西比河是南北航运大动脉，约占内河货运总量的2/3；五大湖—圣劳伦斯河水系占内河货运量的17%。海

图5 美国乡村典型的农场

图6 新墨西哥州的公路

运以沿海运输为主，墨西哥湾近岸航道货运居首，其次是大西洋和太平洋近岸航道。主要港口有休斯敦、纽约、新奥尔良、科珀斯克里斯蒂、博蒙特、洛杉矶、长滩等。航空运输发达，机场设施、航空线路、飞机数量等均显著超过世界任何国家，客货运量约占世界总量的一半。全国拥有机场14951处（2008）。最大的几家航空公司是美国航空、德尔塔、联合航空、西南航空、西北航空、大陆航空等。客运量居前列的机场依次在亚特兰大、芝加哥、洛杉矶、达拉斯、丹佛、拉斯维加斯、休斯敦、圣弗朗西斯科等城市。全国管道总长79.33万千米，其中输油管24.46万千米，输气管54.87万千米（2006）。管道多数从油、气产地或油、气进口港通往炼油加工中心和石油制品消费地。

财政金融　美国金融体系主要由三部分组成：联邦储备银行系统、商业银行系统和非银行金融机构。美国联邦储备银行系统起中央银行作用，具有发行货币、代理国库及对私人银行进行管理监督职能，为美国政府制定和执行金融货币政策。商业银行系统在美国金融体系中占有主要位置。近年来，美国政府逐步放宽对金融业的管制，金融业兼并重组加剧，商业银行总数已从1985年的14 000多家减少到2000年的7 887家。美国主要商业银行有：花旗集团、摩根大通、美洲银行、第一联合银行、美林银行、威尔第·法格银行、美国银行、美国国民城市银行、美怡银行等。非银行金融机构主要包括保险公司、互助储蓄银行、储蓄放款协会、投资信托基金、养老基金组织、金融公司等。这类金融机构的资产总额约为商业银行的1倍，故对国内金融界及国民经济都具有重大影响。

此外，美国的金融体系随着美国经济的对外扩张，其海外业务也发展较快，形成了与跨国公司相配合的遍及全球的银行网。几乎所有美国大银行都在世界各地设立分行和办事处，成为跨国银行。

货币名称：美元（USD）。近年来美元汇率有所下跌。

对外贸易　美国是世界上最大的商品和服务贸易国。多年来，美国政府利用经济全球化趋势，大力推动自由贸易，拓展海外市场，推动并主导全球贸易规则的调整和制定，对外贸易保持快速发展的态势。2009年美国商品和服务贸易总额为34 868亿美元，其中进口19 337亿美元，出口15 531亿美元，贸易逆差达3 807亿美元。贸易逆差主要出自商品贸易，而服务贸易则为顺差。主要进口商品是石油等工业原料、汽车及其零件、通信设备、电子器材、机械、药品、服装、家具和农产品等。主要出口商品是有机化工产品、汽车及其零件、飞机、电子信息设备、武器、药品以及大豆、玉米、小麦、水果等农产品。美国前五大贸易伙伴依次为：加拿大、中国、墨西哥、日本、德国。这些国家和地区占美国商品贸易总额的2/3以上。

美国是对外直接投资和吸收国外直接投资大国。美国的跨国公司遍及各大洲，同时各国的大公司也多在美国设立分公司。2008年美对外直接投资为3 118亿美元。投资的主要行业是金融保险业、制造业、批发贸易、石油业。投资地区以加拿大和德国、荷兰、瑞士、英国等欧洲国家为主，其次是澳大利亚、日本、新加坡、中国、中国香港等亚太地区和拉美地区。

文化　教育　中小学教育主要由各州教育委员会和地方政府管理。多数州实行10年义务教育。各州学制不一，大部分为小学六年、初中三年、高中三年。四年制的大学本科和二至四年的研究生院。全国中小学校近12万所，其中3/4以上为公立学校，约1/4为私立学校。高等学校3 600余所，其中2 000余所为私立。著名高等学府有**哈佛大学**、**麻省理工学院**、**斯坦福大学**、宾夕法尼亚大学、加利福尼亚大学伯克利分校、加利福尼亚理工学院、**哥伦比亚大学**、**普林斯顿大学**、芝加哥大学、**耶鲁大学**等。

新闻出版　美国新闻事业规模庞大，技术先进。现有日报1 700多家，周报500家左右。2007年进入世界发行量前100名的美国日报是《今日美国》、《华尔街日报》《**纽约时报**》、《**洛杉矶时报**》、《纽约每日新闻》、《**华盛顿邮报**》、《纽约邮报》、《芝加哥论坛报》。美国最有影响的三大报纸为《纽约时报》、《洛杉矶时报》和《华盛顿邮报》。**美联社**和**合众国际社**是全国最大的两家通讯社，也属世界五大通讯社之列。

广播电视事业发达。全国有普通电视台1 791家、数字节目电视台1 682家；调频广播电台9 885家，短波广播电台5 036家；地方电视台和调频广播电台4 994家。最大的两家对外广播机构为**美国之音**和美国广播电视网，均属官方电台。美国最大的几家全国性广播网是全国广播公司（NBC）、哥伦比亚广播公司（CBS）、美国广播公司（ABC）、有线新闻广播公司（CNN）和福克斯（FOX）等。

对外关系　9·11事件后，美国政府全面推进以反恐和防扩散为核心的新国家安全战略，在对外关系方面进行了重大调整。

美国与世界上184个国家建立了正式外交关系。美国是联合国创始国和安全理事会常任理事国之一，联合国总部所在地。美国是许多国际组织、政府间多边机制和国际会议的成员国、参加者，除联合国各下属机构和国际组织外，重要的有**北大西洋公约组织**、经济合作与发展组织、**亚太经济合作组织**、八国首脑会议（G-8 Summit）、二十国集团（G-20）、北美自由贸易协定（NAFTA）、**美洲国家组织**、太平洋经济合作理事会等。1979年1月1日正式与中国建立大使级外交关系。

《美国-巴拿马条约》 *American-Panaman Treaties*　美国和巴拿马签订的关于**巴拿马运河**问题的不平等条约。全称《美国和巴拿马共和国关于建造一条连接大西洋和太平洋的通航运河的专约》，简称《美巴条约》。1903年11月18日由美国国务卿J.M.海和巴拿马共和国代表、法国工程师P.布诺-瓦里拉在华盛顿签署，1904年2月26日生效。共26条。主要内容有美国保证并维持巴拿马独立；为便于美国建造和经营运河，巴拿马划出一条10英里宽的地带作为运河区，交给美国永久使用、占领和控制，美国在这一地区行使主权，以及美国一次付给巴拿马1 000万美元，条约生效9年后每年付给巴拿马25万美元作为补偿，等等。该条约使巴拿马完全沦为美国的保护国。巴拿马人民为废除这个丧权辱国的条约和收回运河区主权进行了70多年英勇斗争，付出重大代价。1978年新的《巴拿马运河条约》生效，1903年的条约废除。

美国芭蕾舞剧院 American Ballet Theatre　美国芭蕾演出团体。世界著名古典芭蕾舞团。1939年由原俄国莫德金芭蕾舞团成员创办于美国纽约市。早期演出的作品有《女子四人舞》、《火柱》、《异想天开》、《秋江传说》等。舞团1960年开始进入鼎盛期，优秀演员有C.格雷戈里、F.波洪奈斯、G.科克兰、N.马卡罗娃和M.巴里什尼科夫等。美国后现代舞编导T.萨普创作的爵士芭蕾《横冲直撞》也获得成功。1977年舞团进驻大都会歌剧院。以后舞团坚持兼容并蓄，各个时代、各种风格作品在舞团得到展现。特别是西班牙芭蕾大师N.杜阿托为舞团度身创作《缓流》，使舞团再次复兴。附属舞校创办于1972年，并设有实习舞团，在国内外颇受瞩目。

美国白蛾 *Hyphantria cunea*; fall webworm 鳞翅目灯蛾科的一种。为害农林树木、果树、农作物等，是世界性检疫害虫。主要分布于美国、加拿大、墨西哥、俄罗斯、匈牙利、罗马尼亚、波兰、捷克、日本、朝鲜半岛等。中国于1979年首次在辽宁丹东发现，现已扩展到河北、山东、北京、天津、陕西等省（市）。

成虫体、翅均为白色。体长9～15毫米。雄性前翅有少数黑色小斑，触角双栉齿状；雌虫触角锯齿状。卵圆球形，淡绿色，单层排列成块，上覆白色鳞毛。幼虫圆筒形，全身多毛，灰色或深绿色，背面有黑色条纹。头、背部均有黑色毛瘤。蛹褐色，粗短，腹末有臀棘8～17根。杂食性昆虫，为害植物在美国有88种，欧洲230种，中国175种。中国此虫一年发生两代，以蛹越冬。次年4月下旬至5月中旬成虫羽化，两代幼虫为害盛期分别为6月中旬至7月中旬、8月下旬至9月下旬。成虫夜间活动，繁殖力强，交配后产卵于叶背，每个卵块有卵500～600粒，最多达2 000粒。初孵幼虫吐丝缀叶结成网幕，在网内取食，5龄后分散单独取食，食量暴增，可将叶片食光。幼虫老熟后，爬至树皮裂缝、石块、枯枝落叶层等隐蔽场所结薄茧化蛹。

防治方法：加强检疫；人工采蛹捕蛾；利用性信息素测报、诱杀雄虫；喷洒药剂和进行生物防治。

美国参谋长联席会议 Joint Chiefs of Staff, U.S.A. 美国总统及国防部长的军事咨询机构与指挥机构。隶属于国防部。由参谋长联席会议主席、陆军参谋长、海军作战部长、空军参谋长和海军陆战队司令组成。主要职责是：制定战略、后勤支援和军事动员计划，制定诸军种联合作战和训练原则，向国防部长提出有关军事预算、军事科研和对外军援等方面的建议，组织诸军种大规模的联合演习，对联合司令部和特种司令部实施作战指挥等。其前身是1942年初由F.D.罗斯福总统运用战时总统特权成立的陆军、海军联合委员会。1947年，经国会立法批准，正式列为美国军事体制中一个领导机构。参谋长联席会议主席是总统和国防部长的首席军事顾问，负责主持联席会议和处理日常工作，为全军职位最高的现役将领，由各军种高级将领轮流担任，任期2年，可连任一次。主要办事机关为联合参谋部，下设人事、计划、作战、通信和后勤等业务部门，参谋军官从各军种抽调，定额不超过400人。

美国电影 American cinema 1893年，T.A.爱迪生发明电影视镜并创建“囚车”摄影场被视为美国电影史的开端。1896年，维太放映机的推出开始了美国电影的群众性放映。

无声电影 19世纪末20世纪初，美国的城市工业经济和中下层居民数量迅速增长，电影成为适应城市平民需要的一种大众娱乐。1905年在匹兹堡出现的镍币影院（入场券为5美分镍币）很快遍及美国所有城镇，1910年每周的电影观众多达3 600万人次。这些影片都是单本一部的，当时的

图1 《城市之光》剧照

产量每月400部，主要制片基地在纽约，如爱迪生公司、比沃格拉夫公司和维太格拉夫公司。1903年，E.S.鲍特在《一个美国消防队员的生活》和《火车大劫案》中使用了剪辑技巧，成为使用交叉剪辑来造成戏剧效果的第一位导演。

自1897年始，爱迪生即为争夺专利进行诉讼。1908年他的电影专利公司与电影胶片专营者之一的伊士曼柯达公司达成协议：只有专利公司成员组织方能购买伊士曼胶片。到1910年，电影专利公司垄断了美国电影的制作、发行和放映。

独立制片商为摆脱专利公司的垄断，相继到远离纽约和芝加哥的洛杉矶郊外小镇好莱坞去拍片。第一次世界大战爆发前夕，镍币影院逐渐被一些条件较好的电影院所代替；电影专利公司的垄断权势也逐渐消失，并在1915年正式解体。第一次世界大战不同程度地破坏和损害了欧洲各国的电影业，却促成了美国电影的勃兴。美国电影源源不断地涌向欧洲市场。第一次世界大战结束时，美国电影已经在欧洲建立起霸权地位。

对美国早期电影的发展和提高作出贡献的共有3位导演，他们是格里菲斯、T.H.英斯和塞纳特。C.卓别林1914年拍摄了他的第一部影片《谋生》，立即吸引了全世界的观众。1919年，卓别林、D.范朋克、M.璧克馥3位著名演员和格里菲斯一道创办了联美公司以发行他们独立制作的影片。

20世纪20年代，美国的电影生产从以导演为中心逐步转化为以制片人为中心的体制。制片人中心模式形成了20年代的明星制度，各大公司均以拥有一批明星为重要财富。好莱坞此时已成为美国电影的同义语。由于在明星制度鼎盛时期有些明星的行为不检点招致公众的抨击，美国电影业遂成立美国制片人与发行人协会，在W.H.海斯的主持下这一组织制定了伦理法典，即著名的海斯法典。法典对美国电影的控制和约束一直延续到1966年。第一次世界大战后，不少欧洲导演陆续来到好莱坞，为美国电影继续占领欧洲市场起了重要作用。他们有瑞典的V.斯约史特洛姆、M.斯蒂勒（以及与他们合作过的女演员嘉宝），德国的E.von斯特劳亨、E.刘别谦、J.von斯登堡、F.W.茂瑙和P.莱尼。

20年代中期，豪华的电影院已基本上取代了镍币影院。20年代末期，好莱坞电影为战胜商业无线电广播这样的竞争对手，意识到必须在音响方面来一次革命，于是产生了有声电影。

早期有声电影 1926年，华纳兄弟影业公司拍摄了用唱片来配唱的，由A.克罗斯兰导演、J.巴里摩尔主演的歌剧片《唐璜》；1927年10月6日又首映了由克罗斯兰导演、A.乔生主演的有歌唱、对白、声响的《爵士歌王》，这是世界上第一部有声故事片。1928年7月6日华纳公司又推出了“百分之百的有声片”《纽约之光》。至1930年，除卓别林拍摄了几部无声片外，全部故事片均为有声片。

电影的音响革命恰与美国1929年的经济大萧条同时发生。有声电影极大地刺激了美国电影市场，观众蜂拥前往观看这种“新奇的玩意儿”，因此尽管经济萧条，电影业依旧繁盛。一批导演很快便适应了有声片的创作并拍摄出富于创造性影片。如R.马莫里安的《喝彩》和使用了主观镜头

图2 《白雪公主和七个小矮人》剧照

的《化身博士》，L.迈尔斯东的《西线无战事》和《头版新闻》，刘别谦的《爱情的检阅》和《微笑的中尉》，维多的《哈利路亚》。卓别林不久拍摄了他的第一部有声片《城市之光》(1931)（图1）。

大萧条时期的诸方面因素使好莱坞影片的生产模式和制片公司体制定型下来。随着1928年雷电华影业股份有限公司的组建，1929年美国制片公司的结构明确形成。它们包括：5家较大的影片公司，即派拉蒙影业公司、20世纪福克斯电影公司、米高梅公司、华纳兄弟影业公司和雷电华影业股份有限公司；3家较小的公司，即环球、哥伦比亚和联美。这就是通称的“八大公司”。

电影黄金时代　在整个30年代，尽管电影观众的人数时有起伏，但总的趋势是上升的，其中大多数观众把看电影当作一种逃避和解脱。为了满足观众不断增长的需求，好莱坞的影片生产从以制片人为中心改变为以制片人为单元的制片模式。

美国电影中的特殊现象——类型影片，在30年代获得了充分的发展。最初的类型片是无声电影时代的喜剧片、闹剧片和西部片。30年代初期，歌舞片、盗匪片、侦探片、恐怖片等类型相继出现并得到繁荣发展。类型影片之外，30年代还产生了大量成为美国电影史中代表作的影片。这些影片包括：F.卡普拉的《一夜风流》；卓别林的《摩登时代》；J.克伦威尔的《人类枷锁》；G.顾柯的《八时餐会》和《小妇人》；M.科蒂斯的《新新监狱两万年》和《侠盗罗宾汉》；V.弗莱明的《绿野仙踪》和《乱世佳人》；J.福特的《关山飞渡》和《青山翠谷》；E.戈尔汀的《大饭店》；A.希区柯克在美国导演的第一部影片《蝴蝶梦》；刘别谦的《风流寡妇》；斯登堡的《摩洛哥》和《上海快车》；W.惠勒的《红衫泪痕》和《呼啸山庄》等。此外，童星秀兰·邓波儿等主演的影片对于鼓舞20世纪30年代的美国民众起了特殊的作用。

从20年代末开始，W.迪斯尼创造了米老鼠、唐老鸭等一系列家喻户晓的动画形象，并从1938年的《白雪公主和七个小矮人》(图2) 开始，创造了《木偶奇遇记》、《幻想曲》、《小鹿班比》等脍炙人口的动画长片，使美国动画片的影响遍及世界。

好莱坞在30年代发展为美国的一个文化中心，众多的作家、音乐家及其他人士相继来到这个电影都城。年轻的O.威尔斯1941年导演的《公民凯恩》，吸取了经典美国电影的精华，从叙事结构到镜头结构均有重大创新，把美国电影推向一个新的高点。

欧洲战争形势紧张后，好莱坞拍摄了一批具有反纳粹意义的影片，如A.李维克的《一个纳粹间谍的自白》和卓别林的《大独裁者》。美国参战后，一大批著名导演和演员参军到前线作战或拍摄纪录片，摄制了数量相当可观的堪称经典的纪录片，如J.福特的《中途岛战役》，J.休斯登的《来自阿留申群岛的报告》、《圣彼得罗之役》，惠勒的《孟菲斯美女》，L.德·罗歇蒙的《战时女郎》等。G.卡宁和英国的C.里德合作导演的《真正的光荣》被誉为长纪录片的顶峰。

第二次世界大战期间出现了许多优秀的故事片，如：科蒂斯的《胜利之歌》、《卡萨布兰卡》；顾柯的《费城故事》；希区柯克的《破坏者》和《救生船》；休斯登的《马耳他之鹰》；李洛埃的《魂断蓝桥》和《东京上空三十秒》；S.伍德的《战地钟声》和《金石盟》。从战后开始直至50年代初期，是好莱坞“黄金时代”的最后一段繁荣时期。这一时期最突出的影片有：卓别林的《凡尔杜先生》；S.多南和G.凯利的《雨中曲》；休斯登的《柏油丛林》和《非洲女王》；E.卡赞的《君子协定》和《欲望号街车》；J.L.曼凯维支的《彗星美人》；V.米纳里的《一个美国人在巴黎》；维多的《太阳浴血记》；华尔许的《白热》；怀尔德的《日落大道》和《十七号战俘营》；惠勒的《黄金时代》和《罗马假日》；F.齐纳曼的《正午》和《走向永生》等。

美国电影自40年代末至50年代中，经历了一系列的打击和挑战。首先，1948年5月美国最高法院根据反托拉斯法对“派拉蒙案”作出裁决，判定大公司垄断为非法。其次，美国电视发展迅速，到1953年，电影观众人数与1946年相比减少了一半。

自1947年起，“非美活动调查委员会”开始针对好莱坞进步人士进行政治迫害。受迫害的人或亡命欧洲（如J.达辛、J.洛塞），或战略性退却（如休斯登、罗森、齐纳曼），或卖友求荣成为叛徒（如E.德米特里克、卡赞）。这场迫害极大地损伤了美国电影的创作元气。

当代电影状况　美国电影的黄金时代结束后，各大公司从60年代中期开始逐个解体或转产。出现了微型影院、艺术影院、汽车影院。独立制片及实验电影也有了发展。

在60年代前后，一些经典题材和类型电影发生了变化。自《枪手》和《正午》开始，传统的西部片也发生了变化。在这种被称为“成人西部片”中单枪匹马的主人公有些变成群体的主人公，并出现了福特的《搜索者》、G.R.希尔的《虎豹小霸王》和S.佩金珀的《野性的一群》等与过去不同的西部片。歌舞片中的佳作当推顾柯的《窈窕淑女》(图3)、R.怀斯的《西区故事》和《音乐之声》以及惠勒的《滑稽女郎》。

这一时期是美国青年思想最动荡的年代。相应出现的表现青年疑虑、反抗的所谓“反英雄”影片有雷伊的《无因的反抗》，卡赞的《伊甸园东方》，J.洛甘的《野餐》

图3 《窈窕淑女》剧照

以及后来M.尼科尔斯的《毕业生》，A.潘的《邦尼和克莱德》等。此期其他突出的影片有：R.阿尔特曼的《陆军野战医院》和《纳什维尔》；M.福尔曼的《飞越疯人院》；斯坦利·库布里克的《光荣之路》和《发条橘子》；尼科尔斯的《第二十二条军规》；F.沙夫纳的《巴顿将军》；惠勒的《宾虚》。希区柯克也在这一阶段拍摄了他最有影响的一批影片，如《后窗》、《眩晕》、《西北偏北》和《玛尔妮》等。

70年代初期，从大学电影系毕业的年轻导演亦开始崭露头角，如F.F.科波拉的《教父》、《教父》(续集) 和《对话》，乔治·卢卡斯的《美国风情画》，M.斯科西斯的《穷街陋巷》和《出租汽车司机》等影片显示出美国青年导演在继承美国电影传统基础上的创新精神，为70年代美国电影的复兴准备了条件。

美国电影的复兴是从S.斯皮尔伯格的《大白鲨》和卢卡斯的《星球大战》开始的。他们运用当代工艺技巧制作的传统类型片（如灾难片、科幻片）引起观众强烈的反应，并导致美国电影的制作和票房收入直线上升。受到美国青少年观众欢迎的科幻片发展为集灾难片、冒险片而成的场面壮观的一个新片种，这些影片包括《第三类接触》、《异形》、《外星人》、《金刚》、《超人》以及这些影片的续集。

在70年代末以来的美国电影中，关于家庭和妇女以及普通人生活的影片又重新受到重视，比如：伍迪·艾伦的《安妮·霍尔》和《汉娜姐妹》；R.本顿的《克莱默夫妇》；P.马佐尔斯基的《一个未婚女人》；M.雷德尔的《金色池塘》；齐纳曼的《朱莉亚》等。关于越南战争的影片当推H.阿什比的《归家》，M.西米诺的《猎鹿人》和科波拉的《现代启示录》。其他突出的影片还有《诺玛·雷》、《洛奇》、《蓝领》、《周末狂欢》、《油脂》、《毛发》和《热舞》等。

80年代以来，美国电影全面复苏。美国电影体制也发生很大变化，传统好莱坞大制片厂制度解体，70年代渐成趋势的独立制片制度到80年代成为美国电影创作中的重要力量。这个时期，传统类型片的界限虽已打破，但观众以类型归属选择看片的习惯并未完全改变。80年代中后期的喜剧类型片有艾伦的《无线电时代》，T.斯科特的《贝弗利山的警探》，C.克莱顿的《一条叫旺达的鱼》等；警匪片有B.德帕尔玛的《铁面无私》，R.斯波蒂斯伍德的《追杀》；青少年题材影片有J.休斯编导、制片的《早餐俱乐部》和《飞机、火车、汽车》，卢卡斯的童话片《威洛》；描写普通人生活的影片有B.莱文森的《雨人》；女性题材影片有J.卡普兰的《被告》，E.巴文科的《紫苑草》，F.谢皮西的《黑暗中的呼喊》，N.朱维森的《月色撩人》；政治片有S.吕美特的《权利》；越战题材影片有奥利弗·斯通的《野战排》、《生于7月4日》，科波拉的《石头公园》；道德题材影片有A.林恩的《致命的诱惑》，S.波拉克的《走出非洲》，O.斯通的《华尔街》等。《谁陷害了兔子罗杰？》则是第一部人和卡通共演角色的影片。

80年代后，大制片公司采取压缩生产规模，集中发行少量高投入、高回报、艺术质量上乘的影片，即少而精策略，80年代的《帝国反击战》、《外星人》(图4)、《蝙蝠侠》等是这种策略运用得当的代表。90年代巨片的运作十分娴熟，如《侏罗纪公园》成本6 000万美元，当年票房9亿美元；《泰坦尼克号》成本近3亿美元，当年票房为17亿美元。众多成功巨片携好莱坞迈进第二个“黄金时期”。

图4 《外星人》剧照

数码技术在电影中的运用是好莱坞发展的重要一步。1989年，J.卡梅隆在影片《深渊》中将电脑制作的动画图像与真实场景完美结合标志着数码技术时代的到来。成功运用这一技术的影片有《玩具总动员》、《侏罗纪公园》、《阿甘正传》、《真实的谎言》、《泰坦尼克号》、《角斗士》等。2010年影片《阿凡达》的成功使数字技术的魅力得以充分展现，并由此宣告电影影像从平面时代进入三维时代。数字技术与电脑图像的应用拓展了电影创作者和观众思维与想象的空间，创造了奇妙的视觉效果，促进了电影艺术与电影工业比肩发展。

研究与理论　20世纪70年代前后，美国电影学术研究有了很大的发展。美国电影艺术与科学学院颁发一年一度的“学院奖”(奥斯卡金像奖)，除了从艺术上和商业上推动美国电影以外，逐渐加强了它的学术工作。1967年，在华盛顿和洛杉矶两地成立了美国电影研究院。电影资料馆遍布全美，其中重要的有纽约现代艺术博物馆、罗切斯特的伊士曼电影资料馆、华盛顿国会图书馆、伯克利太平洋电影资料馆等。八大影片公司于60年代先后解体或转产之后，影片和档案大量捐赠给上述资料馆和各大学的电影研究中心，对研究美国电影传统、保护美国电影文物起了很大作用。

60年代以后，美国的专业电影制作和理论教育有了发展。许多综合大学陆续设置了电影学院、电影系或专业，著名的有南加利福尼亚大学的电影学院，加利福尼亚大学洛杉矶分校的影剧系和纽约大学的电影制作、电影理论、影剧剧作3个系。各种理论研究机构和学会的发展，各种电影学术性刊物（如《美国电影》、《电影季刊》、《广角》、《电影杂志》）的繁荣，为美国电影研究提供了条件。

电影奖和电影节　美国电影评奖活动中除奥斯卡金像奖以外，重要的还有美国影评人学会奖和好莱坞外国新闻记者协会“金球奖”等。主要的国际性电影节有芝加哥国际电影节、洛杉矶国际电影展览、纽约国际电影节和旧金山国际电影节。

美国废奴运动　Abolition Movement in United States　从19世纪30年代初开始在美国北部兴起的要求彻底废除黑人奴隶制的群众运动。早在殖民时代和独立战争时期，B.富兰克林、T.杰斐逊等人就提出废除奴隶制。美国独立后，北部各州先后废除黑人奴隶制。但南部诸州由于棉花种植业的迅速发展，种植园奴隶制不断扩大，威胁着美国人民的民主权利。19世纪20年代前后，废奴运动的组织在美国开始出现。1794年废奴派在费城召开第一次全国代表大会。1821年，B.伦迪创办废奴报纸《普遍解放思潮》。此后10年间，他行程2万余英里到各地宣传和组织废奴活动。1833年4月在费城成立了全国性的美国反对奴隶制协会，总部设在纽约。随后反奴隶制协会在北部各地纷纷建立，到40年代这类组织约达2 000个，参加协会人数超过20万人，形成声势浩大的群众运动。废奴主义者除宣传废奴运动的宗旨和控诉奴隶主的罪行外，还组织“地下铁道”，通过隐蔽的方式，经由秘密的路线和食宿站，指引和协助大批黑人奴隶逃离南方。“地下铁道”的著名组织者之一H.塔布曼是女奴出身。她多次深入南部各州，冒着生命危险协助数百名奴隶逃出南方而获得自由。19世纪40年代开始有不少废奴主义者主张采取政治斗争。F.道格拉斯和塔潘兄弟等人组织推行废奴主义纲领的自由党。1852年出版的斯托夫人所著《汤姆叔叔的小屋》(一译《黑奴吁天录》)对黑人奴隶的悲惨生活作了极其动人的描述和揭露，在社会上引起广泛的反响，有力地推动废奴运动的发展。1859年爆发的约翰·布朗起义将废奴运动推向高潮。

美国内战爆发后，废奴主义者全力投入战争。在广大人民群众的推动下，A.林肯总统于1863年1月1日颁布《解放宣言》，宣告废奴运动的最终胜利。

美国共产党　Communist Party of the United States of America　美国工人阶级政党。英文简称CPUSA。1919年9月1日成立。创始人为社会党左翼领袖C.鲁登堡。1921年美共被迫转入地下。1923年4月恢复合法地位，与工人党合并，鲁登堡任总书记。30年代前期，美共积极支持黑人反对种族歧视斗争，领导和组织产业工人工会，动员3 000人赴西班牙参加反佛朗哥的斗争。1943年，苏、美、英三国首脑德黑兰会议后，美共书记E.D.白劳德认为世界已进入资本主义与社会主义“长期信任和合作”的时代，主张实现包括大资产阶级在内的团结，于1944年5月宣布解散美共，另立非党组织美国共产主义政治协会，白劳德任会长。1945年前书记福斯特重建美共。麦卡锡主义盛行时，美共转入地下，主要活动在产业工人和黑人中间。60年代以后，美共得以公开参加政党活动。美共主张修改两个传统大党控制的选举法，使更多的党参加竞选；反对失业。1979年美共二十二大通过的纲领中指出，美帝国主义是世界和平的威胁，反对侵略战争。美共的目标是通过和平道路战胜国家垄断资本主义，主张缓和国际紧张局势。1988年起霍尔任全国主席。2001年美共二十七大选举S.韦伯为新任主席。2005年，美共二十八大在芝加哥召开，大会讨论并通过了题为《美国的社会主义道路：团结起来争取和平、民主、就业和平等》的新党纲草案。韦伯继续任主席。2010年5月，美共在纽约召开第二十九届代表大会。美共中央机关报是《每日世界》，理论刊物为《政治月刊》。

美国共和党　Republican Party, United States　美国两大政党之一，在美国实行的两党制中与民主党轮流执政。诨名“老大党”，以象为徽，1854年7月成立。代表工业资产阶级、中产阶级、工人和西部小农的利益，反对在美国扩展奴隶制。共和党创立后在北部深得人心。1860年其候选人A.林肯当选为第16任总统（1861～1865）。美国内战中，共和党领导北方人民战胜南部同盟，在全国确立了资本主义制度。战后，共和党连续执政20年，以“拯救联邦”和“解放黑人”的老大党自诩。1932年，在总统竞选中惨败。第二次世界大战后，该党开始得到南部财团支持，1953年其候选人D.D.艾森豪威尔当选为总统。此后，担任总统的有R.M.尼克松、G.R.福特、R.W.里根、G.布什。2000年，G.W.布什（2001~2009）险胜民主党候选人，入主白宫。任内推行反恐战略，发动伊拉克和阿富汗战争，执政后期美国陷入内忧外困的境地。

该党以大选年竞选总统的纲领为全党政纲。无固定成员，党员人数以每次大选前选民登记为准。党的最高级会议为全国代表大会，每4年于选举年夏季召开一次，提名本党总统和副总统候选人，制定纲领。常设机构为全国委员会，任期4年，设正、副主席和秘书、司库等，负责筹备全国代表大会，主持总统竞选活动。各州设州委员会，主持本州竞选活动。

美国国会 Congress of United States 美国最高立法机关，由参议院和众议院组成。参议员由各州选民直接选出，每州2名，实行各州代表权平等原则。现有议员100名。参议员任期6年，每2年改选1/3，连选得连任。众议员数按各州人口比例分配，由直接选举产生，每州至少1名，人数固定为435名。众议员任期2年，期满全部改选，连选得连任。议员不得兼任其他政府职务。

美国国会行使立法权。议案一般经过提出、委员会审议、全院大会审议等程序。一院通过后，送交另一院，依次经过同样的程序。法案经两院通过后交总统签署；若总统不否决，或虽否决但经两院2/3议员重新通过，即正式成为法律。国会还拥有宪法所规定的其他权力，如对外宣战权、修改宪法权等。参、众两院各自还拥有特殊权力，如总统与外国缔结的条约及总统任命的高级官员须经参议院“咨询和同意”；参议院还有权审判弹劾案，有权在特殊条件下复选副总统；众议院有权提出财政案和弹劾案，有权在特殊条件下复选总统。国会立法活动常受院外集团的影响。

国会两院在各自议长主持下工作。众议院议长由全院大会选举产生，副总统是参议院的当然议长。两院均设有许多委员会，还设有由两院议员共同组成的联席委员会，国会工作大多在各委员会中进行。

美国国会图书馆 Library of Congress 美国国家图书馆。世界上最大的图书馆。1800年根据美国国会法令作为美国立法机构的研究图书馆而建立，同时随国会从费城迁往华盛顿。原专供美国国会议员及政府高级官员使用，后对联邦各部门和公众开放。担负着国家图书馆的职能。总面积34.2万平方米。现馆藏达1.44亿册（件）。馆藏中政府文献，尤其是国会出版物是其收藏中值得关注的部分。社会科学和政治科学文献是馆藏重点，尤以收藏美国历史和文化方面的书籍为特色，科技文献以航空为主。

美国国会图书馆杰斐逊大楼

该馆1901年起发行国会图书馆目录卡片，1927年起出版《全国联合目录》，1969年正式向图书馆和情报系统发行机读目录（MARC－Ⅱ）磁带，1971年开始实行在版编目，向出版商提供编目资料。美国国会图书馆分类法和《美国国会图书馆标题表》在图书馆界有广泛影响。1962年成立的国家咨询中心接受国家科学基金会资助，承担着向各个科学领域的科学技术人员提供解决问题线索的任务。同时分册出版《美国情报源指南》，介绍情报咨询机构的情况。

该馆已成为国会、政府、学术界和一般读者的参考咨询中心、国际交换和国际互借中心、全国目录中心、各国政府出版物和联合国资料收藏中心、国内外馆际协作中心和图书馆学研究中心。对所有中学以上的公众开放，少年儿童也可以参加有解说的参观团。每年来图书馆的读者和参观者约100万人次。

美国国家档案馆 National Archives of the United States 美国联邦政府的最高档案保管机构。1934年成立。该馆老馆位于首都华盛顿的宪法大道，新馆位于马里兰大学的学院公园。该馆是世界上最大的档案馆之一。其馆藏量已超过200万立方英尺。其中，有三份写在羊皮纸上的档案原件——《独立宣言》、《美国宪法》和《人权法案》，被视为“镇馆之宝”。该馆从1968年起在东北、东南、西南、中央平原、五大湖、中部大西洋、阿拉斯加等地区设立了12个分馆。该馆拥有精良的现代化装备和高素质的工作人员，规定年满14岁的国内外利用者均可前来查阅已开放的档案，并指定专门的研究顾问为用户提供定向服务。

美国国家档案馆外景

美国国家航空航天局 National Aeronautics and Space Administration; NASA 美国政府系统中主要的航空航天研究和发展机构。负责组织和协调美国航空航天的研究和发展工作并提供咨询。受1957年苏联第一颗人造地球卫星上天的影响，1958年美国将1915年成立的国家航空咨询委员会（NACA）改组为美国国家航空航天局。研究和发展工作内容广泛，以航天为主。在航空方面主要有超声速技术、飞机节能技术等；在航天方面主要承担空间科学、深空探测、天文观测等任务，并负责大型工程，如“阿波罗”计划、“天空实验室”、航天飞机、“自由”号空间站、“国际”空间站等的研制。通过科研课题、合同、计划等形式与国防部、高等院校、工业企业等机构保持密切的关系。研究成果以NASA出版物形式发表。

美国国家科学院 National Academy of Sciences, United States; NAS 美国科学界荣誉性组织和政府咨询机构。1863年3月根据A.林肯总统签署国会通过的法令建立。它不是政府部门，是民间的、非营利的自治组织，亦是联邦政府科学和技术方面的咨询机构。下设数理科学、生物科学、应用和工程科学、医学科学、社会科学五个部，数十个学科组，但不设研究实体。执行机构为1916年设立的国家研究委员会（NRC）。1950年国家科学院与国家研究委员会在行政管理上实行合并。1964年美国国家科学院通过核准成立美国工程界荣誉性组织美国国家工程科学院（NAE）。1970年美国国家科学院通过核准成立医学界荣誉性组织美国国家医学研究院（IOM）。国家的重大课题经美国国会专门委员会授权或联邦政府要求，由国家

美国国家科学院大门浮雕

研究委员会组织科学院、工程院、医学院的专家成立专门委员会进行研究或答复。美国国家科学院由院士、名誉院士和外籍非正式院士组成。每年召开一次年会。每年当选院士至多60名，外籍非正式院士至多15名。有院士约2 100名、外籍院士约380名。

美国黑人 Black Americans 历史上被欧洲殖民者劫运到美利坚合众国的非洲黑人奴隶的后裔。又称非洲裔美国人。属尼格罗人种。其中2/3为黑白混血种人。通用英语。主要信基督教和天主教，部分人信犹太教和伊斯兰教等。在美国历史上起过重要作用，曾积极参加美国独立战争和反法西斯战争，屡立战功。对发展美国的经济文化也有很大贡献。16～19世纪，欧洲殖民者从非洲（主要是西非、刚果和安哥拉）劫运大批黑人奴隶到美洲，其中半数以上运入今美国境内，主要在南部诸州的棉花、甘蔗种植场和矿山当苦工。随着美国工业的发展，南方黑人陆续迁往北方和西北方城市。1865年南北战争后，虽然从法律上废除了奴隶制度，但黑人仍受种族歧视和压迫。美国黑人在政治、教育、就业、居住等方面从未享受到与白人相同的待遇，时刻受到失业、贫病和死亡的威胁，曾进行长期的反抗斗争。黑人问题依然是美国种族矛盾中最为突出的问题之一。

美国联邦储备体系 Federal Reserve System, the United States 美国的中央银行。根据1913年《联邦储备条例》成立。联邦储备主要包括如下4个方面：①联邦储备理事会。是整个联邦系统负责全面政策的最高决策机关。设在华盛顿。理事会由7名理事组成，任期14年，由总统与参议院商定后任命。主席和副主席由总统任命，任期4年。②联邦储备银行。执行发行货币、代理国库、制定货币政策、管理金融等职能。③联邦公开市场委员会。制定政策的中心部门。由7名联邦储备理事会理事和5名联邦储备银行行长组成，联邦储备理事会主席是公开市场委员会主席。④会员银行。凡根据联邦法律在联邦注册的国民银行必须参加联邦储备体系作为会员银行。

美国联邦调查局 Federal Bureau of Investigation，United States; FBI 美国司法部管辖下的保安和情报机关。1908年成立，时称司法部调查局。1924年扩大改组后称联邦调查局。总局设在华盛顿，全国各地设有分局。局长经参议院批准，由总统任命。主要负责调查对付国内各种敌对势力活动和刑事犯罪活动，并负责反间谍工作。其活动遍及美国和美国驻外机构。

美国两党制 American Two-Party System 两党制是美国政治制度的重要组成部分。两大政党互相竞争掌握政府的权力，而小党派则难以获得或根本无法获得掌权的机会。19世纪30年代两党制初步形成，内战以后得以确立。美国最早的两大党，即联邦党和反联邦党，后者在18世纪90年代发展成为民主共和党。1796年总统选举，联邦党人J.亚当斯出任总统，民主共和党人T.杰斐逊出任副总统。4年后，杰斐逊当选总统。联邦党人则日渐削弱，以至在1812年第二次美英战争中因亲英而消亡。民主共和党从杰斐逊至J.门罗连续执政的24年，史称“一党制”时期。19世纪20年代，民主共和党内部发生分裂。以H.克莱为首的北部工业资产阶级为一派，自称“青年共和党”人，后改名为国民共和党。其他派别组成联盟，沿用民主共和党的名称。1828年，A.杰克逊在民主共和党基础上组成民主党，并当选总统，形成民主党与国民共和党对峙的局面。1833～1843年间，国民共和党由各州到全国自下而上地发展成为辉格党。1834～1854年民主党与辉格党对立的20年使两党制得以初步形成。随着奴隶制问题的激化，两大党中的废奴派联合起来于1848年成立“自由土地党”，并于1854年改组为共和党，以反对奴隶制为宗旨。辉格党中的奴隶主转向民主党，辉格党解体。1860年，共和党人A.林肯当选总统，从此形成民主党与共和党轮流执政的格局，确立了至今沿用的两党制度。

两党制的形成反映了自由资本主义时期工商业资产阶级与种植园奴隶主利害关系的冲突，同时又是早期政治领袖反对独裁思想的产物。

美国垄断财团 American monopoly financial groups 美国资本主义从自由竞争向垄断过渡时期金融资本和工业资本结合而产生的、由少数金融寡头所控制的经济组织。历史上，美国垄断财团凭借经济上的垄断地位，加紧同国家结合，进一步支配美国政治、军事、文化和社会生活，左右美国对外政策。20世纪初，在东部，工业垄断组织和银行垄断组织结合为垄断资本集团，形成第一批垄断财团。第一次世界大战后，垄断资本加紧从东部向中西部推进，芝加哥、克利夫兰垄断财团日益壮大。1939年底国会国家资源委员会发表题为《美国经济结构》的调查报告，承认摩根、洛克菲勒（约翰）、库恩－罗比、芝加哥、梅隆、杜邦、波士顿、克利夫兰8个集团控制美国经济。史称其为美国八大财团。第二次世界大战后，拥有资产最多、影响最大的是洛克菲勒、摩根、第一花旗银行、波士顿、杜邦、梅隆、芝加哥、克利夫兰、加利福尼亚、得克萨斯十大财团。十大财团控制的公司大都是财雄势大的跨国公司。它们通过参与制支配着一大批子公司、孙子公司，使其垄断地位更加提高。

20世纪50年代中期以来，美国垄断财团进入新的发展时期。洛克菲勒、摩根、花旗银行、加利福尼亚等财团依靠它们强大的金融机构，对新兴工业、能源、军火等部门投入巨额资本，地位急剧上升。财团原有的单一家族控制色彩已大为减退，转变为多家族和多金融机构联合控制，几个财团共同控制的大公司日益增多。财团相互渗透、相互争夺更加广泛，在保持传统工业部门的同时，积极转向多样化经营。跨国公司、跨国银行愈来愈成为财团角逐的重点目标。

美国民权运动 American Civil Rights Movement 20世纪美国黑人反对种族隔离与歧视、争取民主权利的群众运动。它起始于1910年美国全国有色人种协进会的成立。协进会早期的策略是：依靠黑人和白人民权律师收集和整理黑人权利案件，逐级上诉到联邦最高法院，对南部各州种族歧视法律提出挑战。虽然取得一些成就，但对消除广大黑人日常生活中所受歧视作用不大，而且程序漫长。黑人再也不把希望仅仅寄托于法律和法院，自己奋起斗争。1955年12月，黑人帕克斯夫人因拒绝在公共汽车上给白人让座被捕入狱，黑人牧师马丁·路德·金领导亚拉巴马州蒙哥马利市5万黑人罢乘公共汽车一年之久；1960年2月1日，北卡罗来纳州格林斯伯勒城4个黑人大学生不顾白人餐馆服务员驱逐，静坐不动；1961年5月初，种族平等大会发起了“自由乘客”运动；1963年3月，金牧师等在南部种族隔离极严重的伯明翰城组织示威游行；1964年夏和1965年，黑人、白人民权组织冒着极大危险，在密西西比和亚拉巴马两州帮助黑人进行选民登记等。所有这些事件的胜利，终于促使L.B.约翰逊总统签署了1964年的扫除南部一切隔离制的《民权法》和1965年的《选举权法》。法律上的平等并非事实上平等，特别是第二次世界大战后大量涌入北方城市的黑人，在教育、住房、就业、经济保障等方面，仍然受到严重歧视。从60年代中期起，民权运动逐渐北移，并日益以黑人城市贫民为主体，具有以暴抗暴性质。1964年7月纽约哈莱姆区抗议白人警察杀死黑人青年的暴动，标志着黑人城市造反时代的肇始。但真正使美国社会感受到这一巨大变化的，乃是1965年洛杉矶瓦茨区抗议警察乱捕黑人青年的暴动。此后在全国反战运动影响下，黑人城市造反连年不断，几乎席卷美国所有大城市。1968年4月4日金牧师被刺死后，美国100多个大城市再次掀起大规模黑人造反高潮，甚至波及距白宫不到3个街区的地方。美国统治阶级通过残酷镇压、多方软化和收买，才在60年代末70年代初逐渐将运动平息。

美国民主党 Democratic Party, United States 美国两大政党之一，在美国实行的两党制中与共和党轮流执政。以驴为徽。1791年建党时称共和党，1794年改称民主共和党。又称反联邦党。后该党分裂。杰克逊派于1828年建立民主党。1840年全国第3次代表大会正式定名为民主党。主要代表西南部新兴的植棉奴隶主和旧南部奴隶主、小农、边疆居民和工匠等阶级的利益。1828年A.杰克逊当选总统（1829～1837），此后至1860年，除1841～1845年、1849～1853年由美国辉格党执政外，均由民主党掌权。南北战争前夕发生分裂，北部民主党人并入共和党；南部民主党则成为奴隶主政党，并挑起美国内战。战后民主党长期在野。美国进入帝国主义阶段以来，民主党在本质上与共和党无异，亦被垄断财团控制。但因其一贯标榜民主，颇得工会中上层支持，常以代表劳工自诩。1933年民主党的F.D.罗斯福在严重经济危机中击败共和党总统H.C.胡佛（1929～1933）就任总统，实行新政，4次蝉联总统。1945年4月12日罗斯福去世后，由H.S.杜鲁门（1945～1953）继任。此后，担任总统的有J.F.肯尼迪、L.B.约翰逊、J.卡特和W.J.克林顿。2008年，B.H.奥巴马以“变革”为口号赢得大选，成为美国历史上首位非洲裔总统。

该党每4年于选举年的夏季召开一次全国代表大会，确定本党总统和副总统候选人，制定竞选纲领。中央设全国委员会，任期4年，负责筹备全国代表大会和主持竞选活动。该机构设主席、副主席、秘书、司库和特别法律顾问等职。下设各州委员会，组织本州竞选活动。该党无固定纲领，以竞选总统的纲领作为政纲，党籍自由。党员总数按本党总统候选人投票的结果计算。

美国南北战争 War between Northern and Southern States, the United States 1861年4月至1865年4月，美国南方与北方之间进行的战争。又称美国内战。这场战争是两

南军统帅在投降书上签字

种社会制度即奴隶制度与自由劳动制度之间的斗争。1860年共和党人A.林肯当选为总统，南部蓄奴州南卡罗来纳首先脱离联邦，接着佐治亚、亚拉巴马、佛罗里达等州相继脱离，并于1861年2月宣布成立南部同盟，另立以J.戴维斯为总统的政府。1861年4月12日叛乱政府军开始炮轰在南卡罗来纳的联邦萨姆特要塞，14日攻陷。林肯政府于4月15日发布讨伐令，内战爆发。战争初期北方实力大大超过南方。林肯政府在内战初期进行战争的目的是恢复南北的统一，而不是解放南方奴隶。随着战争的深入，北方在军事上连遭失败。此时共和党内部的激进派及社会上的废奴主义者提出解放奴隶和武装黑人的主张。林肯也意识到解放奴隶的必要性。1862年9月22日，林肯发表预告性的《解放宣言》草案。宣布：假如在1863年1月1日以前南方叛乱者不放下武器，叛乱诸州的奴隶将从那一天起获得自由。消息传到南方后，成千上万的奴隶逃往北方。林肯政府在1862～1863年实行武装黑人的政策，成千上万黑人报名参加北方军队。林肯任命有卓越军事才能的U.S.格兰特为全军统帅。1863年7月1日的葛底斯堡大捷为内战的转折点，战场上的主动权转到北方军队手中。1864年9月W.T.谢尔曼将军的北军攻下亚特兰大，两个月后开始著名的“向海洋进军”战。1865年4月9日，R.E.李的部队陷入北方军队的重围之中，被迫向格兰特请降。美国内战终止。美国恢复统一。

北方在战争中的胜利，确立了北方大资产阶级在全国的统治地位。内战消灭了奴隶制，为美国的资本主义迅速发展扫清了道路。因此，美国内战在美国历史发展中具有划时代的进步意义。

美国侵略巴拿马 American Aggression against Panama 1989年12月20日，美国为了维护其在巴拿马运河区的殖民利益而对巴拿马发动的代号为“正义事业行动”的大规模武装入侵。1903年，美、巴政府签订了开凿和永久租让巴拿马运河区的不平等条约。1914年运河通航后，美国完全控制运河区，严重侵犯了巴拿马主权和领土完整。为收回运河管理权，巴拿马同美国进行了长期斗争。迫于巴拿马人民的强烈要求和世界舆论的压力，美国卡特政府于1977年曾与巴拿马总统托里霍斯将军签订新《巴拿马运河条约》以及《关于巴拿马运河永久中立和运河营运条约》，同意从1990年起将运河逐步交还巴方管理，至2000年撤走美军，将运河主权全部归还巴拿马。然而，美国并不愿意放弃对于可以给它带来巨大收益的巴拿马运河的控制和管理。1990年1月3日，美国悍然出兵，占领了巴拿马，并扶植亲美的恩达拉政府上台。美国不顾国际法基本准则，公然对一个主权国家实施武装入侵的行径，遭到了世界舆论的强烈反对和谴责。

美国全国有色人种协进会 National Association for the Advancement of Coloured People, United States 美国白人和黑人组成的旨在促进黑人民权的全国性组织。总部设在纽约。1908年8月伊利诺伊州斯普林菲尔德发生了对两名黑人施以私刑处死的事件，激起一些白人自由主义者的愤慨。在新闻工作者W.沃林、O.维拉德和社会工作者M.欧文顿以及黑人学者W.E.B.杜波依斯的倡议下，1909年5月在纽约召开关于黑人权利的全国性会议，建立了全国黑人委员会。次年5月，这个组织与杜波依斯领导的尼亚加拉运动合并，定名为全国有色人种协进会。机关刊物是《危机》杂志。

协进会的目标是通过改良的道路，使黑人享有经济、社会、教育和政治方面的平等权利。协进会采用的主要手段是法庭诉讼、争取民主立法和宣传教育。在20世纪60年代以前，协进会主要为黑人争取选举权而斗争。20世纪70年代后期，协进会拥有45万名会员，在全国50个州中拥有1 700个以上的分支机构。

美国文学 American literature 在美国用英语创作的全部作品。美国文学表现为平民化，多元化，富于阳刚之气，热爱自由，追求以个人幸福为中心的美国梦。美国文学大致出现过3次繁荣：19世纪前期形成民族文学，第一和第二次世界大战后，美国文学两度繁荣，并产生世界影响。

殖民地时期 北美土著印第安人的文化主要是口头传说，从未进入美国文化主流。早期新英格兰清教移民区实行政教合

美国19世纪文学家

一，文化为宗教服务，著作主要为神学研究、移民史、布道、书信和日记等。重要作家有C.马瑟和J.爱德华兹等。诗人有A.布拉兹特里特和E.泰勒等。新英格兰以外的地区较为世俗化，B.富兰克林在《致富之路》中的警句格言成了当时流行的实用智慧。

独立革命至南北战争时期 美国文学形成于独立革命时期。独立革命是美国民族文学诞生的背景。爱国演说和政论文章大量涌现，最有名的有P.亨利的演说《不自由毋宁死》，T.潘恩的小册子《常识》，T.杰弗逊执笔的《独立宣言》。

美国独立后将近半个世纪，在浪漫主义运动中形成了自己的文学。

美国最早享有国际声誉的作家是W.欧文，他在《见闻札记》(1819～1820)中描绘早期移民的风土人情。J.F.库珀的《皮袜子故事集》，描写边疆拓荒和印第安部落，极富美国特色。诗人W.C.布莱恩特讴歌自由民主，谴责奴隶制，赞美美国的自然景色。

19世纪30年代，美国发生了一场深刻的思想解放运动，中心为新英格兰的超验主义运动，它深受欧洲浪漫主义思潮影响，崇尚人的精神、自立和直觉。代表人物有R.W.爱默生、H.D.梭罗等。

同时，美国也造就了第一批小说家。E.爱伦·坡的小说和其诗作一样气氛阴郁，讲究技巧，其中不少是短篇中的精品。N.霍桑的《红字》(1850)等以早期清教为背景，重在刻画人性中隐秘的恶。H.梅尔维尔的《白鲸》(1851)堪称美国最伟大的表现人与自然的象征性小说。H.B.斯托写了当时最轰动的小说《汤姆叔叔的小屋》(1852)，她对黑奴悲惨命运的描述为废奴运动推波助澜。

W.惠特曼的自由体诗《草叶集》(1855)雄壮粗豪，歌颂着平凡的男男女女。E.狄更生优美清新的小诗捕捉到敏锐的感觉。当时知识界的名流还有诗人H.W.朗费罗和O.霍姆斯等。

南北战争至第一次世界大战 南北战争铲除了奴隶制，改变了美国的政治经济和价值观念。文学亦由战前的浪漫主义转向现实主义。乡土文学首先发展，B.哈特开创西部幽默小说，H.加兰描写农村生活。稍后的杰克·伦敦反映贫民窟和下层人民生活，S.克莱恩的《红色英勇勋章》(1895)写出了一位北方战士克服怯懦的过程，开辟了战争小说的蹊径。后来的黑幕揭发者以文学干预生活，如U.辛克莱的《屠场》(1906)，以揭发芝加哥肉类加工厂的肮脏内情而促使有关食品检验法的通过。

马克·吐温和H.詹姆斯是19世纪后期最重要的两位作家。马克·吐温的小说在诙谐幽默中抨击社会丑恶，他的《哈克贝里·费恩历险记》(1884)被誉为美国文学之源泉。詹姆斯继承欧洲文化传统，他的《一位女士的画像》(1881)等以细腻的心理描写刻画上层人物，他在小说理论上亦有建树。

两次世界大战之间 20世纪初，欧洲文坛掀起的现代主义思潮很快影响到美国，出现了以E.庞德和T.S.艾略特等人为首的现代派诗歌。庞德以“诗章”的形式发表的长诗和艾略特的《荒原》(1922)都包含着对西方文明批判性的反思。其后的重要诗人还有W.C.威廉斯、W.斯蒂文斯和R.弗罗斯特等。

第一次世界大战后，美国文坛出现迷惘的一代，他们大都参加过战争，旅居过欧洲，感到被愚弄和幻灭。E.海明威的《太阳照常升起》(1926)等描写战争中失望的青年。F.S.菲茨杰拉尔德的《了不起的盖茨比》(1925)反映爵士时代（20年代）人们的醉生梦死。另外一些小说家继承发展了现实主义传统，有些还受到30年代左翼文学的影响，代表作有T.德莱塞的《美国的悲剧》(1925)，S.刘易斯的《大街》(1920)，J.多斯·帕索斯的《美国》三部曲(1930～1936)和J.斯坦贝克的《愤怒的葡萄》(1939)。20年代后南方出现文艺复兴，其中最有成就的W.福克纳以《喧哗与骚动》(1929)等十几部气势磅礴的小说写出了一个瓦解中的奴隶制南方。

在戏剧方面，E.奥尼尔开创了美国现代戏剧，他的《天边外》(1920)、《毛猿》(1921)等以象征主义、表现主义手法反映人和世界的基本冲突，极富感染力。

30年代美国黑人文学发展迅速，纽约哈莱姆文艺复兴中产生了诗人L.休斯和以《土生子》(1940)闻名的小说家R.赖特。W.E.B.杜波依斯对黑人文学亦有很大贡献。

第二次世界大战后 50年代在“冷战”、麦卡锡主义和朝鲜战争的背景下，文坛一度沉寂，较为突出的是战争文学，如N.梅勒的《裸者和死者》(1948)和J.琼斯的《从这里到永恒》(1951)。20世纪50年代首先冲破沉闷的西部崛起的“垮掉的一代”文学，代表人物有A.金斯堡和J.凯鲁亚克。60年代后，小说进入全盛期：黑色幽默中有J.海勒的《第二十二条军规》(1961)。“非虚构小说”中有T.卡波特的《凶杀》(1966)与N.梅勒的《刽子手之歌》(1979)；犹太人文学中有B.马拉默德的《店员》(1957)，S.贝洛的《赫索格》(1964)和I.B.辛格用意第绪文写成的小说；黑人文学中有R.W.埃利森的《看不见的人》(1952)，J.鲍德温的散文等；南方作家中有W.斯泰伦和F.奥康纳、C.麦卡勒斯等；纽约作家中有J.厄普代克、L.特里林、J.契弗等；其他作家还有J.D.塞林格和V.纳博科夫等，他们以不同的手法从各个层面和角度再现五光十色的当代美国。

战后美国最重要的戏剧家有T.威廉斯、A.米勒和荒诞派的E.阿尔比，代表作分别为《欲望号街车》(1947)、《推销员之死》(1949)和《谁害怕弗吉尼亚·沃尔夫》(1962)。

当代的文学理论和批评十分活跃。30年代重视文本研究的新批评派到50年代便失去权威，此后兴起的文论派别繁多，主要有结构主义、后现代主义、女权主义批评、解构主义等，呈现出多元和非主流化的态势。尤其是少数民族文学异军突起，黑人作家A.沃克，印第安作家S.莫马戴，华裔作家汤亭亭、谭恩美以本民族特殊的叙事艺术，丰富了美国文学的内容。

美国之音 The Voice of America; VOA 美国官方主要的国际广播电台。世界上规模最大的国际广播电台之一。隶属美国国际广播局。1942年创立，总部设在华盛顿。第二次世界大战后广播对象由敌对国家转向社会主义国家。1976年7月美国国会通过94－350公法，规定美国之音作为新闻来源，要成为“可靠的和权威的”；要“清楚地有效地阐明美国的政策”。作为美国官方的宣传工具，美国之音始终是美国对外政策和资本主义制度的代言人。

21世纪初美国之音使用53种语言，每周广播约900小时，英语广播时间最多。遇有重大国际事件发生时，临时增加广播语种、时间或广播频率。在国外有十多座发射台，并用卫星和因特网播出。另外还在世界各地大量建立或合办调频广播电台播出节目。

美国中立法 American neutrality acts 20世纪30年代美国国会为防止美国卷入西半球以外的战争的立法。1935年8月31日国会通过第1个中立法。该法规定：“在两个或若干个外国之间发生战争时或在战争过程中，总统将此事宣布，嗣后凡由美国或其属地之任何地点把武器、弹药及军事装备输往交战国港口，或输往中立国以转运至交战国者，均属违法。”到1936年2月底该法期满时，国会随即通过第二个中立法，将第一个中立法有效期延长到1937年5月1日，并补充禁止向交战国提供贷款的条款。1937年4月29日，国会通过第三个中立法。此法除前两法规定的内容以外，又规定中立法适用于发生内战的国家，授权总统可以禁止任何货物输往交战国。1939年欧洲战争爆发前后，F.D.罗斯福总统多次向国会提出修改中立法。国会于1939年11月3日通过修正的中立法，废除武器禁运的条款，允许交战国在美国购买军火，但实行“现购自运”的原则。中立法至此名存实亡。12月，美国对德意日宣战后，中立法正式废除。

美国中央情报局 Central Intelligence Agency of the United States; CIA 美国政府的主要间谍和反间谍机构，美国情报系统的总协调机关。1947年，美国国会通过《国家安全法》，在设立国家安全委员会的同时，建立了由该委员会领导的中央情报局。总部设在弗吉尼亚州的兰雷，是全球性情报网的中心。它不仅有遍布全世界的监听站，还有自己的广播设施、航空线、宇宙卫星、印刷所以及训练特种部队的基地，拥有大批间谍、特务和情报技术人员。

美国中央情报局大楼鸟瞰

中央情报局的主要任务：①以公开、秘密方式和技术手段，搜集外国的军事、政治、经济、文化与科技情报，协调国内各情报机构的工作。②为总统分析和估价情报，对其他国家进行间谍特务活动。

美国自然历史博物馆 American Museum of Natural History 世界上规模最大的自然历史博物馆之一，美国自然科学史研究和教育中心。创建于1869年。位于纽约曼哈顿区中央公园西侧。占地面积7万多平方米。由19栋古典建筑物组成。拥有文物标本1.8亿件。古生物和人类学的收藏在世界各博物馆中占居首位，有采自各大洲的代表性标本。陈列范围主要包括天文学、矿物学、人类历史、古代动物和现代动物5个方面。现代动物陈列采用该馆首创的立体景观，用山川草木等自然环境布景衬托复原的动物群，并用电影作为陈列背景。矿物陈列中，

美国自然历史博物馆陈列厅一角

有世界上罕见的、重563克拉的星状蓝宝石“印度之星”。天文馆展出古代中国、法国、德国的天文仪，多架当代蔡斯天文仪和世界上著名的陨石，最大的陨石重34吨。该馆还有罗斯福纪念厅，以及供业余爱好者进行各种科学活动的实验室、自然科学中心和市民中心。

该馆设有动物行为学、人类学、天文学、昆虫学、两栖与爬行动物学、无脊椎动物学、哺乳动物学、矿物学、鸟类学、脊椎古生物学等十多个学科研究部，从事科研工作。还设有图书馆，藏有自然历史方面书刊40万册；有出版机构，出版的《博物馆学》和《博物馆员》杂志发行量很大。

美国1929～1933年经济危机 American Economic Crisis of 1929～1933 美国历史上一次空前严重的经济危机。又称大萧条。它是资本主义发展到垄断阶段后，基本矛盾和生产无政府状态发展到极尖锐程度的情况下发生的。造成这次危机的原因，虽然是由于资本主义基本矛盾的作用，但也与其基本矛盾已达到当时垄断资本主义生产关系所能允许的最大限度有关。1929年国民生产总值达到创纪录的1 031亿美元。在这一年，美国财富的3/5掌握在全国人口2%的人手中，且大量进入股票市场。而广大工农群众购买力严重不足，消费支出严重下降；商品库存过于庞大，资本主义制度运转不灵。危机从1929年10月股票行情猛跌开始。到11月中旬，纽约证券交易所股票价格下降40%多，股票持有人损失达260亿美元，对美国经济造成严重破坏。从1929年至1933年3月，美国进入全面萧条状态。1932年春，工商企业破产已达109 371家。1933年3月，失业人数达1 700万。1929～1932年间，破产银行达5 761家。1933年3月4日F.D.罗斯福就任总统，那天凌晨，纽约州与伊利诺伊州所有银行停止付款。华尔街证券交易所和芝加哥商品交易所正式关门。作为垄断资本最高形态的金融资本统治濒于崩溃，全美国经济生活陷入严重混乱和窒息状态。危机使美国家庭蜕化变质甚至解体。广大人民群众饥寒交迫，缺医少药。1931年仅纽约市记录在案的街头饿死事件达2 000起。由于对这次危机的特殊性缺乏认识，H.C.胡佛政府基本上采取传统的自由放任主义对策，反对联邦政府干预，并残酷镇压要求提前发放退伍金的退伍军人。政府被迫采取某些反危机措施，但或由于规模过小，或由于药不对症，都难挽狂澜，反而使危机日益严重。1929～1932年，共发生2 700次工人罢工。失业工人斗争更为激烈。1930年3月6日，

大萧条中领取救济食品的失业人群

失业工人在全国举行了有125万人参加的抗议失业的示威游行，农民也举行多次罢工，有些州还发生过小农的武装反抗斗争。许多著名文化人公开拥护共产主义，主张向俄国学习。

美拉尼西亚 Melanesia 太平洋三大岛群之一。意为黑人群岛。分布于180°经线以西，赤道和南回归线之间。由新几内亚岛、俾

美拉尼西亚海滨风光

斯麦群岛、所罗门群岛、新赫布里底瓦努阿图群岛、新喀里多尼亚岛、斐济群岛等组成。陆地面积约15.5万平方千米。当地居民主要是美拉尼西亚人。岛屿分属巴布亚新几内亚、所罗门群岛、瓦努阿图、斐济群岛4国和法属的新喀里多尼亚。新几内亚岛和其他各岛群多为大陆岛。地势崎岖，火山地震活动频繁。属热带海洋气候，年平均气温25℃左右，平均年降水量2 000～3 500毫米。森林茂密。经济以农业、旅游业和采矿为主，盛产并出口蔗糖、椰子、咖啡、可可，还出产白檀香木等珍贵木材，主要矿藏有镍、铬、金等。

美拉尼西亚人 Melanesians 太平洋西南部美拉尼西亚群岛的民族集团。约120万人(2000)。包括所罗门人、瓦努阿图人、新喀里多尼亚人、斐济人以及巴布亚新几内亚的美拉尼西亚人。属澳大利亚人种美拉尼西亚类型。使用多种语言，属南岛语系美拉尼西亚语族。崇拜图腾和首领，迷信巫术和占卜，有专职巫师和祭司。后来部分人改信基督教。其祖先可能早在5 000年前从东南亚陆续迁

美拉尼西亚人男子

入。19世纪初英、法等殖民者侵入时，社会处于原始公社制解体的不同阶段。经济以热带农业为主，种植薯芋和豆类，果树有椰子、香蕉、西米和面包树。沿海地区和小岛居民多以渔业为生。多饲养猪、鸡、狗，并从事多种手工业。衣着简单，但装饰物繁多，有鼻棍、头梳、项圈、手镯、胸牌、脚套等。男子装饰物多于妇女。西北地区居民爱嚼槟榔，东南地区居民嗜饮卡哇酒。住房一般为高脚茅屋，屋顶为圆形或人字形。自受英、法殖民统治以后，许多人被强征到矿山和种植园做工。

美拉尼西亚语族 Melanesian group 南岛语系的一个语族。

美联社 Associated Press; AP 美国最大的通讯社。国际性通讯社之一。美国联合通讯社的简称。1892年在芝加哥成立。前身为1848年成立的纽约港口新闻联合社，由纽约《太阳报》等6家报纸创建。后经不断合并、改组，规模逐渐扩大。1900年总社迁至纽约。最初稿件只供给本社成员报纸。1945年开始向非成员报纸供稿。1947年广播电台获准加入。1994年起设电视部（APTV），工作中心设在伦敦，通过亚洲、拉美、北美和全球服务四条专线向全世界电视订户提供声像新闻。1998年，美联社购买了世界电视新闻社（WTV），将其与APTV合并为美联社电视新闻网。美联社在国内有6个总分社，143个分社和记者站；国外有3个总分社，90多个分社，常驻国外记者500人左右。每天用6种语言发稿，约400万字，图片120多张。国内外订户1.8万家。

美浓部达吉 Minobe Tatsukichi (1873-05-07～1948-05-23) 日本宪法和行政法学家。生于兵库县，卒于东京。1899年赴欧洲留学，主攻法制史和国家法，醉心于自由主义色彩较明显的德国法学家G.耶利内克的“国家法人”学说。1902年就任东京帝国大学法科大学教授。自1912年起坚持限制君主权力的“天皇机关”学说，与御用宪法学者穗积八束（穗积陈重的胞弟）及其传人上杉慎吉之间展开了激烈的争论，焦点问题是要不要真正推行宪政及对所谓“变相专制”的国家体系进行改革。1935年发生了批判“天皇机关”学说的政治运动，美浓部个人受到著作查禁、被迫辞职、遇刺等种种迫害。第二次世界大战结束后担任宪法问题调查委员会顾问和全国选举管理委员长。但囿于“国家法人”学说的思考框架以及旧的节操观念，对美国占领军当局根据国民主权原理制定新宪法的举措持一定程度的保留态度。主要著作有《宪法撮要》、《日本宪法的基本主义》、《议会政治的研讨》等。

美人蕉 *Canna indica*; India canna 美人蕉科美人蕉属的一种。多年生草本植物。主要分布于美洲热带、亚洲热带和非洲。具粗壮肉质根茎，地上茎直立不分枝。叶互生，宽大，质厚，叶片长椭圆形，绿色；叶柄鞘状。单歧聚伞花序排列呈穗状或总状，花鲜红色。蒴果球形，种子黑褐色。美人蕉属约51种，园艺栽培的美人蕉多为杂交种及混杂群体，主要亲本种除美人蕉外，还有黄花美人蕉、鸢尾美人蕉及紫叶美人蕉等。美人蕉性喜温暖炎热气候，好阳光充足及湿润肥沃的深厚土壤，可耐短期水涝。适宜生长温度为25～30℃。通常用分株繁殖。庭院中多大片自然式丛植，或用于花坛中心、花境背景，也可于建筑物或灌木前衬植。根茎可入药，茎叶纤维可制人造棉、绳索等。

美人鱼 mermaid 传说中的半人半神。因有美丽的人身和鱼尾而得名。栖息于大海或其他水域。有关美人鱼的传说已有两千多年的历史，在世界各地广泛流传，内容大多是感人至深的爱情故事。但“美人鱼”一词则是因19世纪安徒生的童话《小美人鱼》而家喻户晓。许多国家都立有美人鱼雕像，如丹麦哥本哈根、波兰华沙、泰国宋卡府等，其中以丹麦的美人鱼铜像最为著名。美人鱼在中国的传说中被称为“鲛人”、“人鱼”等，常被归为神异之类，但它们的勤劳善良为人称道。“鲛人”身体为鱼形，出没于南海，有时也会出水，寄寓在陆地上的人家里，每天纺织，离去之前，流泪成珠赠予主人。

美容 cosmetics 运用医学审美学与外科技术在生理解剖正常范围内对人体进行修复和再塑，或对损毁性疾病施以美容手术以增进其形态美感的医学分支。美容外科包括眼睑整形、鼻整形、乳房整形、面部年轻化、体型雕塑等内容。

美声歌唱 bel canto 一种发声方法。“bel canto”意为优美的歌唱，并兼有美丽歌曲的含义。它还代表一种演唱风格，一种声乐学派，因之通常又可译作美声唱法、美声学派。美声歌唱采用喉头位置较低的发声方法，因而产生一种明亮、丰满、松弛、圆润而又具有一种金属色彩的、富于共鸣的音质。美声歌唱的创始人G.卡奇尼在其《新音乐》的序言中介绍了这种演唱方法。

美声唱法在演唱技术上的特点如下。

呼吸 要求有饱满的气息支持和灵活自如的呼吸控制能力，因此，排斥锁骨部位的呼吸法和胸式呼吸法，主张胸腹混合式的横膈膜呼吸法。

起音 美声学派把轻松、明亮、准确、圆润的起音看作是正确发声的关键，是调整气息及喉头状态以及集中共鸣的最基本的手段。起音分软起音和硬起音两种，初学者宜以练软起音为主。跳音练习也是一种很有益的练习，它实际上是一系列的起音，有利于锻炼呼吸支持、喉头的积极配合和集中声音的共鸣。

声区 声区的统一是美声歌唱训练中的试金石，美声唱法取得声区统一的主要方法是：强调唱好各声区间的过渡音，即在唱上行音阶时，要把前一个声区的最后3个半音，唱得稍带下一个声区的特征（即虚些、假些、暗些）；唱下行音阶时，较高声区的最后下行的3个半音，要唱得稍具有较低声区的特征（即实些、真些、亮些）。

声音的连贯 是气息流畅和喉头稳定、共鸣良好的反映，又是美声歌唱的旋律线

条优美动人的主要特点。破坏声音连贯的原因多种多样，如起音不准确，滥用滑音；声区不统一，音量忽大忽小，音色忽明忽暗，或出现破裂音；呼吸控制不佳，气息逼紧；母音的共鸣部位不统一等，都影响声音的连贯。

音量　美声学派注重追求圆润、明亮、优美而抒情的音质。它十分重视在一个单音上渐强渐弱的控制能力的训练，这不仅是训练呼吸控制和音量变化的能力，而且还可使声音松弛富有弹性、音色有多样变化，以丰富艺术表现力和促使声区的统一。声音的渐强渐弱主要依靠气息来控制，也就是用呼吸而不是用喉部肌肉来调整音量变化。用有气息支持的轻声来唱高音也是获得“头声”的良好途径之一。

灵活性　用快速的音阶、琶音、跳音或装饰音练习，或用花腔的华彩段来训练歌唱者声音的弹性和灵活性，是美声学派教学中的一个重要内容，它可以促进声音松弛而富青春活力，有利于延长演唱寿命。

音质　明亮、丰富、圆润而又具有金属色彩、富于共鸣的特殊音质，是美声歌唱的特征之一。人们往往从音质上来检验学派的正统性。良好的音质是良好的声带闭合、适度的气息冲击、适度的喉的低位置、适度的软腭提起，喉部及咽部肌肉积极但又不僵硬、不紧张的配合，正确的舌位，松弛的下巴和口型，自然而美好的歌唱心理状态等因素综合的、协调一致的产物。

微颤　歌唱中正常的微颤应是每秒钟6～7次，过快或过慢都会破坏声音的连贯或造成不悦耳的音质。过慢的微颤又称声音“摇晃”，是喉头压得过低、过分追求声音的深度或洪大音量所致；过快的微颤又称声音“碎抖”（亦称“羊声”），是下颌肌肉紧张和过于追求明亮或白声所致。歌唱中微颤的快慢又与歌曲内容及情绪有关，激动时快些，宁静时慢些、平稳些，是一种强有力的艺术表现手段。

美声歌唱的演唱风格、演唱技巧随着时代、作品的发展而发展，盛行不衰。

美属萨摩亚　American Samoa　南太平洋中部岛群。美国属地。因位于**萨摩亚群岛**东部，又称东萨摩亚。地处中太平洋南部国际日期变更线东侧。由图图伊拉岛和马努阿群岛组成，有大小岛屿7个。陆地面积199平方千米。人口66 432（2010）。属波利尼西亚人种的萨摩亚人约占90%，还有汤加人、欧洲人后裔等。居民多信基督教和天主教。讲萨摩亚语，通用英语。首府**帕果帕果**。

主岛图图伊拉岛为一东西走向、西宽东窄的火山岛，长约50千米。地势陡峻，有山岭贯穿全岛，最高点马塔法奥峰海拔966米。多数岛屿多山，约90%土地为山地。属热带海洋性气候。5～10月为旱季，11～4月为雨季。年平均气温21～32℃，平均年降水量5 000毫米。70%的土地为葱郁的森林所覆盖。

公元前1000年左右波利尼西亚人已经在此居住。1722年荷兰人曾航行到此，随后法、英、德、美等国竞相争夺其控制权。1899年根据美、英、德三国协定，东萨摩亚划归美国。1922年成为美国属地，由美国海军部管辖。1951年7月起归美国内政部岛屿事务办公室管辖。

议会设参众两院，分别有18个和21个席位，任期均为2年。行政长官由普选产生，任期4年。在美国国会众议院有1名无表决权的代表，但可以参加各委员会的表决。两大政党为民主党和共和党。

土地贫瘠，仅产少量香蕉、芋头和蔬菜。粮食、水果、肉类、蔬菜等农产品不能自给。有比较发达的渔业和两家鱼罐头厂，渔产品可以出口到美国。大部分工业制成品需要进口。服务业是最重要的经济部门。旅游资源十分丰富，但发展缓慢。帕果帕果有天然良港和国际机场。财政依赖美国援助。通用美元。2007年国内生产总值为5.753亿美元。

中小学全部实行12年义务教育。报刊有《萨摩亚新闻》日报和《美属萨摩亚政府通讯》。有3家电台和两家电视台。

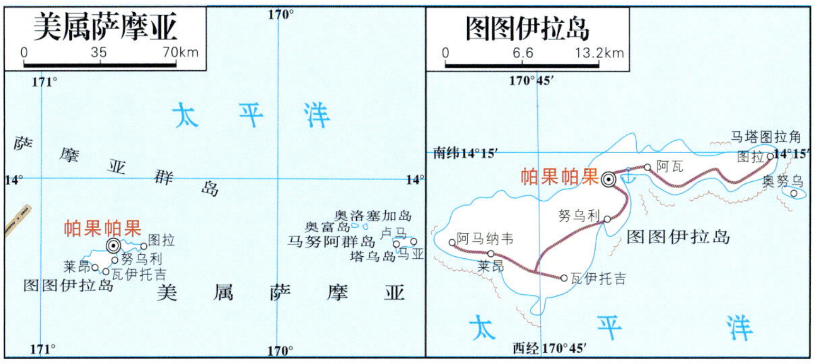

美属维尔京群岛　Virgin Islands of the United States　加勒比海的美国属地。位于*小安的列斯群岛*北端，西距波多黎各岛55千米。由圣托马斯、圣约翰和圣克罗伊3个主岛以及众多小岛和珊瑚礁组成。面积1 910平方千米，其中陆地面积为346平方千米，水域面积1 564平方千米。人口约10.98万（2009年7月）。居民中黑人和黑白混血种人占80%以上，白人占13%。居民多信奉基督教，少数信奉天主教。官方语言为英语。首府**夏洛特阿马利亚**。为大安的列斯群岛向东的延续部分，地形以丘陵为主，最高点克朗山海拔474米，位于圣托马斯岛。热带海洋性气候，年平均气温约26℃，平均年降水量1 100毫米。自然资源贫乏。

美属维尔京群岛一隅

16世纪起先后被西班牙、荷兰、英国、法国控制。1670年丹麦将圣托马斯和圣约翰两岛据为己有，1733年又从法国手中买走圣克罗伊岛，该群岛成为丹麦王室领地。1917年美国用2 500万美元从丹麦手中买下该群岛。初由美国海军部管辖，1931年成为美国“未合并领土”。岛上居民具美国公民资格，但不参加美国大选。1954年后，逐步取得普选总督、议会和驻美国国会代表的权利。议会为一院制。

经济在很大程度上依赖于美国，以旅游业和制造业为主。2004年国内生产总值为15.77亿美元。流通货币为美元。旅游业是主要经济支柱，占国内生产总值的80%左右。主要工业部门有炼油、酿酒、手表、纺织、电子等。圣克罗伊岛有规模居世界前列的炼油厂。农业主要种植柑橘、罗望子果、杧果、香蕉、高粱和蔬菜等。外贸主要面向美国市场。出口精炼石油、服装、手表和朗姆酒；进口原油、食品和半成品及元件。海空运输较发达，无铁路，公路总长约856千米。3个主要岛屿间有渡船往来，也通往**英属维尔京群岛**。两座国际机场分别建在圣托马斯和圣克罗伊岛。各岛间有海上飞机通航，并飞往波多黎各、英属维尔京群岛和东部的圣马丁岛。

实行12年义务教育，小学8年，中学4年。主要报刊有《维尔京群岛新闻日报》、《信风》和《自豪》杂志。有8家电台和4家电视台。主要旅游名胜有圣约翰岛上的维尔京群岛国家公园、海滨浴场、印第安古迹和丹麦移民史迹等。

美术　art　艺术门类之一。“美术”一词，在五四新文化运动中开始被普遍采用。它源于拉丁文“art”(艺术)，指相对于“自然造化”的“人工技艺”，泛指各种用手工制作的艺术品以及文学、戏剧、音乐等，广义还包括拳术、魔术、医学等。

在欧美拉丁语系国家，“art”既解作“艺术”，又解作“美术”。蔡元培早期采用“美术”这一术语时，也包括诗歌和音乐。其后，中国的文艺界、教育界把“美术”和“艺术”的概念逐渐区分开来，“美术”只是“艺术”的一个门类，主要指造型艺术。

形态和特性　古今中外的美术品类丰富多彩，形态各异。美术品类大体可分为绘画、雕塑、工艺美术、建筑艺术等门类。绘画按物质材料和制作方法，可分为水墨画、油画、版画、水彩画、水粉画、粉笔画、漆画、丙烯画以及综合材料画等。以上画种分别源自西欧和东亚，油画、水彩画等源自西欧，一度被称为西画；东方绘画多具民族、地域特征，故有中国画、日本画之称。绘画按功能与样式，又有壁画、架上绘画、卷轴画、年画、连环画、宣传画、漫画、插图等门类。

中国画按艺术技巧分为工笔重彩和水墨写意两大系统；按题材样式又可分为人物、山水、花卉、草虫、翎毛、鳞介、四君子等画科。书法和篆刻一向是中国画的姊妹艺术而自成系统。

雕塑的品种可分为石材雕塑、木质雕塑、金属雕塑、玻璃钢及塑料雕塑、泥塑、白水泥雕塑，以及软雕塑和综合质材雕塑等。按体裁、形制又可分为圆雕、浮雕、纪念碑雕塑、装饰雕塑、民间彩塑等。

工艺美术大的分类有金工、木工、漆工、陶瓷、彩塑、玉雕、牙雕、景泰蓝、珐琅、料器、染织、刺绣、编织等。

设计的门类有书籍装帧、广告、商品包装、服装、家具、工业产品设计、室内装潢、环境艺术（庭院、园林及建筑群体美术）等。也包括图案、字体及利用摄影与电子计算机进行设计的科技性美术。

随着艺术观念的演化和科技的发展，在现代出现了艺术品类混合化和艺术媒材综合化的趋势，并有部分美术家从事新媒材的实验，包括采用现成物和高科技的音响、录像设备做装置艺术，甚至用人的“表演”、“行为”来做艺术。

就美术创造的形象化手段来说，造型性是重要的形态特征之一，因此美术又称为造型艺术。造型这一概念也不断变化、发展。在现代观念中，既有具象形式的造型美，也有抽象形式的造型美。虽然新崛起的观念艺术提倡艺术的观念性，否定艺术的造型性，但从艺术规律来考察，造型性和造型美是美术创造的基本属性，舍此难以成为“美术”。

美术又称空间艺术。西方的美术传统，基本按物理学的观念，把长度、高度和深度称作三维空间。存在于现实空间的有纵深感的三维美，是雕塑和建筑之类立体造型形象产生生命感和力度感的重要依据。在平面上表现三维美，是再现性具象绘画的真实感所不可缺少的重要依据之一。空间艺术，通常被认为是不可能或不长于表现时间性的、凭借视觉来创作和感受的艺术。

美术还被区分为纯美术和工艺美术两大系统。所谓纯美术（fineart），是指纯粹精神性、欣赏性的绘画、雕塑等。它们凝结着社会文化意识和审美意识，不同于实用功能与审美意识相结合的工艺美术。

美术设计（design）是20世纪中叶兴起的美术学科。在建筑和工业设计中，决定大局的是形体块面的空间设计，其次是局部性的装潢等设计。在工艺美术中，有形体、纹样等设计。绘画作品的构图，实际上是整体结构设计；在一定形式的图像中，都有线、形、色、块等平面设计；在雕塑中，最重要的是形的空间设计。

设计是研究用点、线、面、体、光、色、质、材及一切造型因素构成种种形象和感觉，并把它运用到各种美术创作的学科。简言之，设计是研究造型构成的学问，其中主要的对象是研究视觉空间，通过空间设计，传达视觉艺术的效应。

具象艺术和抽象艺术是20世纪初形成的新概念。具象泛指表现具体的物象。古今中外的写实主义美术，基于具象观念，主要运用形象思维的方法，通过对生活中的创作素材进行提炼、概括、集中、夸张等手段，达到典型化的审美目的。“抽象”，可以从两个方面去理解：其一，艺术家运用提炼、概括等手段，把生活中的形象进行艺术加工，从而创造艺术形象。这个过程称为艺术抽象，表达艺术家对客观事物本质的感受。其二，认为抽象和具象是两个相反的意象，抽象是纯意识、纯形式的东西，但是也不绝对排斥与具象相融合，形成形式夸张、在抽象中隐现出具象性或半抽象的美术。表现直觉和潜意识、下意识、无意识是西方抽象主义流派较为普遍的倾向。有些抽象主义派别的作品主观意蕴奥秘，象征某种哲理，也有的实际上属于纯装饰性、纯技术性的抽象美术。

中国传统的审美观，强调意象形态。例如齐白石提出“似与不似之间”的理论，属于具象和抽象的统一观。中国的书法与篆刻是古老的含有抽象因素的艺术，成为世界上独一无二的艺术门类。

美术的特性深刻而鲜明地反映在美术创作的主客观关系上，中西美术有共同处，也有不同点。中国的传统绘画理论总的见解是，在主张主观世界与客观世界相互契合的同时，较为强调表现主观的思想和感情。“画中有我”是历来被强调的。

西方从古代希腊亚里士多德起直到18世纪末，流行艺术模仿说。中世纪的欧洲，人性受到极大压抑，主体精神归附于“上帝”。文艺复兴时代因受自然科学迅速发达的影响，学术界普遍尊重客观真实性。艺术和科学成为人文主义的一双翅膀。达·芬奇明确提出：“绘画是一门科学。”因此，欧洲的人文主义虽然恢复了人性，但美术的基本形态是再现性艺术。此后的两个多世纪中，追随古典主义、启蒙主义的美术都遵循写实的传统，直到19世纪兴起浪漫主义运动，才强烈要求突破现状，提出了在作品中表现艺术家自己的个性和意图的要求。表现主义是根本区别于再现的思潮，它贯穿于文艺各门类，波及整个欧洲及世界其他地区，对西方现代美术有很大影响。表现主义中有不同的见解，其中大多数强调艺术中的“自我”。他们所宣称的“自我”，总的倾向是力图排除一切客观因素的自我扩张。

无论东方或西方的艺术，都在一定程度上服从科学反映论的准则。但是文艺创造和科学发明有不同处，科学发明主要按照客观“物种尺度”来进行，艺术创造则主要按照主体“内在尺度”进行。艺术创造用形象引导人们走向理想的境界，因而它不采取把直观和表象加工成抽象概念再上升到理论的方式，而采取把直观和表象加工成意象，上升到意象形态，创造出源于生活又不同于生活原型的“第二自然”。

艺术是一种个体性精神劳动，具有鲜明的独特个性。与综合性艺术相比，美术创作的个体性更强。因此，美术作品的表现形态本质上是多样，而不是雷同，并由此形成各种美术风格和艺术流派。美术家完全有个人创造性、个人爱好的广阔而自由的天地。

发生与发展　人类的祖先遗留给后代的最原始的艺术品是工艺美术，从人类在劳动中创造自己的双手、发展自己的思维开始，从人的双手创造第一把石斧开始，已经同时在创造美的事物。

在阶级社会，审美理想既有阶级色彩，还有鲜明的民族性和时代性，不同历史时期所形成的审美观念和审美理想，体现着不同的世界观，同时也体现出道德、伦理以及政治等观念的差别。人类社会向高级、更高级发展，人们的精神生活便日益丰富多样。审美能力的培育和增长，又日渐扩大了审美对象的范围，因此美术品类和题材内容也不断地拓开，艺术水平与日俱增，审美观念也渐趋复杂，发生着多方面的变迁演化。优秀的艺术往往是先进社会意识的反映，也与先进技术相关。如冶铜术的进步，在很大程度上促进了中国古代铜器在工艺上的成就。

历史上的建筑艺术在营造宫室、陵墓、

庙堂、宗祠上耗费了极大人力和财力，也有部分用于防卫国土的城堡、城墙等建筑。无论东西方的建筑工程，自古就有宏大壮观的设计。

西方的建筑大多为石材结构，罗马式、哥特式、巴罗克式，各有其个性特征。在中国建筑史上，以木结构为主的营造体制体现出东方建筑美学的特色。随着宫室、神殿、石窟、寺院的建造，雕塑和壁画大量产生。

中国迄今发现的最早的独幅绘画是战国时期楚国《人物龙凤》帛画和《人物御龙》帛画。西汉马王堆1号墓帛画堪称绝品。

秦汉时代的美术，门类品种有很大开拓。秦始皇陵兵马俑规模宏大，造型洗练，气度轩昂。汉霍去病墓石刻则趋向抽象。汉代的漆器、织物，工艺水平十分惊人。自发明造纸术后，中国的绘画由丝织物逐渐转向以纸为主，进入革新的历史阶段，其表现性能的扩展又开阔了题材内容，至晋唐时期，山水、花鸟画大兴，更大范围地反映出社会多方面的生活景象。

中国封建时代的重彩画，多数描绘王公贵族和上层社会的生活。人物画中最著名的如东晋顾恺之的《女史箴图》(现存摹本)、《洛神赋图》(宋代摹本)，唐张萱的《捣练图》(现存宋赵佶摹本)、阎立本的《步辇图》，五代顾闳中的《韩熙载夜宴图》，宋人（佚名）所作《折槛图》，这些情节性主题画的人物刻画已经达到相当高度。宋张择端的《清明上河图》作为杰出的长卷格式风俗画，在绘画史上有重要价值。

自南朝开始出现专门从事山水画的画家之后，山水画从此在东方持续发展，直至今日。五代荆浩的《匡庐图》，关仝的《关山行旅图》、《山口待渡图》，董源的《潇湘图》，宋巨然的《万壑松风图》、范宽的《雪景寒林图》，元黄公望的《富春山居图》等，都有博大与精微相结合的审美特色，体现出东方的山水美学观。

花鸟画家有五代黄筌、徐熙，宋崔白、赵昌、赵佶等。带景的走兽画有传为五代人所作的《秋林群鹿图》等。画马的专家有唐曹霸、韩幹，宋李公麟等。唐李思训和李昭道、宋赵伯驹等所作界画楼台，是中国画的特殊题材。在纨扇、折扇上作画是五代以来流行的绘画特殊样式。

自汉魏发展起来的石窟寺壁画以敦煌莫高窟为最盛，题材虽属宗教内容，但也不同程度地反映出时代思想和现实生活的情趣。画工们在外来的佛教美术样式里融入中国的审美观，显示出丰富的想象力和创造才能。道教题材的壁画稿本《朝元仙仗图》(另一稿本称《八十七神仙图》）和元代永乐宫壁画则显示了高超的白描技法和处理多人物构图及色彩组合的才能。

元代以后，文人画成为中国美术史上一个庞大而重要的支脉，实际上几成主流，其流风余韵至今还有很大影响。强调画家要有画外修养，以诗、书、画、印融会一体为治艺最高准则的文人画派在元、明、清时人才辈出，其中有元黄公望、倪瓒、王蒙、柯九思、王冕，明沈周、文徵明、徐渭，清朱耷、石涛、郑燮等，现代的杰出代表有吴昌硕、齐白石等。

晋以后的文学家大都善于书法，王羲之被称颂为“书圣”。唐宋文章八大家中，有不少著名书法家。张旭、怀素的狂草，在现代被奉为高层次的抽象美术。其后，历代都有大书法家涌现。

西方中世纪大约持续了1 000年，美术基本上屈从于基督教，受着教会和经院哲学的严酷统治，但是中世纪的画师们仍然发挥想象力、创造性，在建筑、绘画、雕塑和工艺美术等领域有独特的创造。

欧洲资产阶级革命和上升时期的美术曾作为反封建的前锋，形成现实主义的一代高潮，富有思想和艺术朝气，从许多作品的内容和形式中都可看到变迁的轨迹。被F.恩格斯称为“创造了巨人时代”的文艺复兴运动，伴随着资本主义兴起而席卷全欧。美术在追溯希腊精神中，创造出显示人文主义思想的崭新面貌，并涌现出许多被称为“巨人”的杰出艺术家，如达·芬奇、米开朗琪罗、拉斐尔、A.丢勒等。

17世纪在欧洲出现了伦勃朗、D.委拉斯开兹、P.P.鲁本斯等油画大师。各个国家的各个美术派别交相辉映，此起彼落，参差交叉。法国路易时代，巴罗克美术日趋浮华，洛可可样式更是趋向靡丽。法国大革命前夕，进步的美术家们又一次追溯希腊、罗马的英雄主义遗风，在艺术上表现出严谨的完美性，形成了革命的新古典主义美术，其代表人物是J.-L.大卫。

浪漫主义随着新古典主义的衰落而兴起。它的首领E.德拉克洛瓦竭力反对古典样式的拘谨呆滞，主张色彩的强烈和用笔的奔放，油画语言有突破性的转变。19世纪40年代兴起了写实主义，其思潮也曾波及东西欧以至更广大的地区。G.库尔贝是写实主义的创导者，农民画家J.-F.米勒、独辟蹊径的政治讽刺画家H.杜米埃、德国女版画家K.珂勒惠支的艺术均充满现实主义精神。俄罗斯的批判现实主义产生了I.Ye.列宾、V.I.苏里科夫等大画家。批判现实主义在东欧国家中也普遍产生了影响。在风景画领域，反对学院主义教条的自然主义风景画派也在40年代崛起，其代表为法国的巴比松画派，它的影响遍及整个欧洲。随后掀起的印象主义运动，把油画艺术推上了一个产生众多派别的新时代。

从19世纪末期开始，西方美术进入现代主义阶段，呈现出流派纷呈、莫衷一是的局面。早期现代主义追求艺术语言的表现性、象征性、寓意性和抽象性，在写实的范畴之外扩大了表现的领域。社会矛盾、战争和不安定的社会生活驱使艺术上不断要求变化，以出奇制胜来抚慰人们彷徨困惑的心绪，从而推动美术家奋起探索、寻求出路、开拓视野、更新观念，对推动艺术心理学和艺术语言学的发展有一定的积极意义。

西方现代主义的一个突出的观念是关注艺术的“原创性”，这与传统艺术强调在继承的基础上创新正好相反。它的另一主张是以分析的观点处理形式语言，对形式语言的某个方面加以突出和分析，这与传统艺术观念的综合完美性也正好相反。突出个人价值观、强调“原创性”和注重形式分析所造成的结果既有积极的一面，又有不可忽视的消极性。由于有些现代艺术流派过分重视哲学在艺术活动中的作用，导致艺术向哲学观念接近，最终出现丧失了艺术表现形象特征的“观念艺术”，削弱了美术创作的表现力和艺术感染力。现代艺术试图打破艺术与生活之间的界限，让脏、乱、丑陋、恐怖、绝望、残酷以及一切畸形的形象都进入美术领域，必然造成美与丑的混淆，艺术与非艺术难于界定。

中国近现代美术在五四运动前后发生了明显的变革。民主与科学的精神解放了学术思想，从西方引进的油画、素描、水彩画等各个画科以及西方的版画、雕塑和建筑理法逐渐在中国生根，不仅丰富了中国美术的格局，而且在与中国本土艺术的碰撞中发生了互补性的变化。许多美术家热心美术教育，李叔同、陈师曾、刘海粟、徐悲鸿、林风眠等是先驱者。美术院校的创立对推动美术事业产生了很大作用。蔡元培提倡以美育代替宗教，并把美术和音乐列入中小学的必修课。鲁迅倡导的新木刻运动，在新民主主义革命中作出过重大贡献。

功能与作用　美术与所有的文艺一样，它的社会功能曾经被划分为三个方面，即认识功能、教育功能和审美功能，艺术的真、善、美品质契合一致。真作用于认识，善作用于教育，美作用于审美。这三种功能可以在逻辑上作这样的分列，但在实际中，任何美术作品只有某一方面的偏重，但基本上都以审美实现其效用。

美术功能与欣赏心理密切相关。美术的感染、陶冶、潜移默化，都是某种心理效应。它通过人的情感和思想、意识交叉着起作用，有着因果关系的心理作用，即所谓心理机制。造型艺术的心理效应，主要在于传递美的信息，有的抽象美术比具象美术在形式美感方面能激起更动人的效应。

就具象美术而言，美感是客观事物的美作用于人的心理而引起的意识活动和情感活动，并不单纯是感官的刺激，而是生理和心理相统一的审美理想的实现。美感又是复杂的感应过程，必须依靠直觉感受，而直觉经常与联想、想象、幻想等形象思维活动结合在一起。因此，欣赏者不是机械被动地接受，而是超越客观对象，更集中、更理想地进入高层次的境界。

美术的欣赏以视觉作为导引，用以维系审美主体和审美客体。美术欣赏的渠道是从外部形式美的感受，由表及里地从现象到本质，逐步体察到形象的深层。面对作品的美术欣赏进程和面对自然进行美术创造的思维活动有相似处，因此人们在欣赏活动中，往往可以进行艺术再创造，而好的艺术品则往往给欣赏者留有再创造的余地。好的艺术品，能启发观赏者的审美意象，提高审美理想和美感能力，并诱导人们在欣赏中进行各不相同的再创造，从而获得欣赏的极大满足。

美术创作 art creation 一般指艺术作品的创造。艺术家根据一定的审美意识和艺术构思，运用特定的艺术媒介、技巧和语言而制作出艺术形象的创造过程。有时，创作也用来指这种创造活动的产品。

美术创作的基础来源于对创作对象的特殊认识及情感。当这种认识与情感通过想象力的发挥与综合而成为某种确定的形象时，艺术家就要运用媒介手段将其表达出来。美术创作的过程往往是作品与画家、情感与想象、知觉与记忆、理性与感性等多种因素交互作用的过程。一件成功的美术创作作品，在被欣赏时会激发起观众的想象和再创造。

创作的基本因素萌发于最原始的美术作品中。当人类按照一定的审美意识将石头或骨头等稍加改造制作出第一件饰物时，美术创作活动便已肇始。在人类文明发展的历史中，美术创作的题材、种类和媒介材料得到极大的丰富，形成无数不同的创作思想、创作流派、创作方法，其作品构成人类文化宝库中极为重要的部分。

一个完整的美术创作过程，包括在观念中产生艺术形象的活动，以及运用媒介材料将其化为可视的艺术形象的制作活动两个方面，是艺术构思和艺术传达的统一。一方面需要巧妙、独到的创造性想象，另一方面需要对特定物质材料的性能和规律的熟练掌握和创造性的运用。因而，基本功的训练成为获得创作表现自由的必要前提条件，并且要在长期的美术创作活动中坚持艰苦的训练和探索。

美术馆 art museum 收集、保存、展览和研究美术作品的事业机构。属于博物馆的一种。博物馆的词源是希腊文Μομδειου，意为祭祀文艺科学女神缪斯的神庙。19世纪以前，已有专门或主要收藏和陈列美术作品的博物馆。于是，20世纪初产生了新的概念——美术博物馆，即美术馆。美术馆是博物馆的特殊类型，但已有脱离博物馆独立的趋势。在此所指的美术馆既包括特指的美术馆，也包括美术性质的博物馆，以区别于非美术性质的博物馆。

西方对美术作品的收藏始于古希腊。罗马共和末期，贵族私邸中设置有展示所珍藏美术作品的厅室。文艺复兴时代，王公贵族的宫殿厅室中收藏和展示大量的古代美术遗物。18世纪中，作为公共事业机构而具有社会教育意义的博物馆诞生后，一些博物馆中也收藏美术作品。19世纪中，许多宫廷、官邸的藏品被各国中央或地方政府接收，在纷纷建立的博物馆中陈列。20世纪初产生了主要收藏当代作品的新型博物馆——现代美术馆。

中国自西周以来，宫廷中一直收藏美术品。1914年，北京故宫中创设了古物陈列所。1925年10月10日，又组建了故宫博物院。中华人民共和国建立后，先后创立了南京博物院（1950）、上海博物馆（1952）、天津市艺术博物馆（1957）。1963年正式开馆的中国美术馆，则是20世纪以来中国美术作品的收藏陈列中心，同时经常举办外国美术展览。

美术馆可从几种角度分类：从藏品的年代分为主要是古代藏品的博物馆、主要是近现代藏品的美术馆；从藏品的种类分为绘画馆、雕塑馆、民间美术馆和工艺美术馆等；从所有制分为国立、皇家、公立和私立等，有的附属于学校等团体。此外还有些特殊类型的：建立于文化遗址上的美术馆，如秦始皇陵兵马俑博物馆；以流派和美术家命名的美术馆，如印象派美术馆、罗丹纪念馆、徐悲鸿纪念馆等。美术馆的作用日益广泛多样，是艺术、教育、学术和科学的多机能综合体，亦是大众的休闲娱乐场所。

美术理论 art theory 对于美术实践的科学总结。广义指美术史、美术基础理论和美术批评，学术界通常取狭义，即指美术基础理论。它以美术创作、欣赏、美术家和作品以及美术同社会、生活、自然的关系、美术理论自身为研究对象。美术原理如美术本质论、美术特征论、美术发生学、美术形态学、美术社会学、美术心理学和美术哲学等是美术理论研究的中心任务和主要内容。另外，总结、研究美术作品的材料、工具、制作技术和方法以及广义的美术理论自身亦是美术理论研究的任务。

中国美术理论以东晋顾恺之的传神论、"迁想妙得"和南朝齐谢赫的六法论以及南朝陈姚最的"心师造化"为代表，奠定了中国美术理论的基石。其后有影响的画论有唐代张璪的"外师造化，中得心源"等，著作有五代荆浩《笔法记》、宋代郭熙《林泉高致》、郭若虚《图画见闻志》等。苏轼、赵孟頫、倪瓒等人的文人画理论均发展了以书画为主的中国美术理论。20世纪以后，齐白石、黄宾虹、潘天寿、庞薰琹、王朝闻扩大了传统美术理论领域，对美术理论作了新的发展。总的来说，中国美术从理论形态上看，多感受性和经验性的评议，多结合对具体作品的品评，进而涉及作者的个性品格；从哲学基础上看，崇高和谐、中正，其范畴多为相互对立统一的辩证关系，如形与神、虚与实、情与理等；从社会学意义上看，注重美术同自然和社会的和谐关系，注重社会功能。

西方美术理论可溯源于希腊哲学。苏格拉底、柏拉图和亚里士多德对雕刻和绘画均有论述，特别是亚里士多德的艺术模仿说对后世欧洲的美术理论产生了深远的影响。欧洲文艺复兴使美术理论更多吸收了自然科学中的营养，得以长足发展。达·芬奇以及后来的W.荷加斯、D.狄德罗、G.E.莱辛、G.W.F.黑格尔、G.库尔贝、H.泰纳、A.罗丹等使之不断完善和系统化。西方美术理论从形态上看，理论性强，多侧重作品形式的抽象分析和阐释；从哲学基础上看，偏重从科学的角度寻找艺术形式美的依据，产生了透视学、艺用解剖学、色彩学等学科，且因强调个性和意志的自由，而有极端化和绝对化的倾向；从社会学意义上看，强调对作品形式美的自由观照，强调美术的无利害和非功利性。

美术理论是对美术实践的科学总结，不论创作者承认与否，它对美术实践均会产生一定影响。至于其作用是否积极、有力，更多取决于美术理论本身的客观性、科学性和深刻性。

美术流派 art, school of 美术批评术语。指在一定地域、一定艺术机构内形成的美术家创作群体；也指采用和具有类似风格的美术家群体。美术流派这一概念常含地理位置的意味，如中国古代美术中的浙派、吴门派、华亭派；欧洲美术史上的威尼斯画派、佛兰德斯画派；又如近现代中国的海派、岭南画派，欧洲的巴黎画派。在特定地域中从事创作的美术家群体，是美术流派通常包含的一类意义。

在共同的文化背景与社会条件下，于同一地域从事创作的美术家们往往会持有类似的艺术观念，关注类似的题材，采用类似的形式与材料，进而形成相近的艺术风格。因此，美术流派的概念也具有风格学的意义。如荷兰画派的成员多以写实风格描绘当地的日常生活与自然风光；巴比松画派的艺术家大多喜爱表现枫丹白露地方的田园生活。中国明代画家董其昌提出的“南北宗说”，是借助佛教禅宗分为南、北二宗，将文人水墨一路称为南宗，将职业画家称为北宗。

西方美术研究者时常将在一位有声誉的美术家的画室里，或在他周围工作的美术家们归为用这一艺术家名字命名的画派，如乔托画派和伦勃朗画派。中国也有将学习某一大师风格的艺术家归为一派的现象，如学习吴昌硕者称吴派，学习齐白石者称齐派。在某一特定艺术机构中工作的美术家群体，也可能被归为一派，如中国的“院派”。通常，这类美术流派中的艺术家具有类似的风格特征。

在近现代史上，持有共同艺术主张的美术家常超出地域和艺术机构的限定，在创作中形成集团风格。接受特定创作观念，采用特定手法与风格的美术家被归入特定流派。如现代艺术中的立体主义、超级写实主义、抽象表现主义等流派，有着纯粹的风格学的意义。

美术批评 art criticism 在美术欣赏的基础上，根据一定的标准对美术作品或美术现象所作的理论分析和价值判断。

特征 美术批评是美术欣赏的深化，二者既有联系，又有性质上的不同。欣赏是基于个人的审美好尚，具有强烈的主观色彩；而批评虽然也渗透着批评者的主观意识，但其目的不是单纯地表述个人具体的审美感受，而是在感受的基础上通过理论分析，揭示作品或美术现象的社会意义和美学价值。这一特点决定了美术批评是负有社会责任的行为。一方面通过批评沟通与协调创作与欣赏的关系；另一方面，发挥美术批评的甄别真伪、驱邪扶正的作用，借以提高美术创作的质量和社会的欣赏水平。

美术作品和美术实践是美术批评的直接对象和立论依据。深切地感受和准确地把握作品是美术批评的出发点，依循美术自身的特点和规律去思考问题是美术批评的基本原则。美术作为造型艺术，在内容与形式的关系上既体现着艺术创作中的一般规律，形式上又具有相对独立性的审美价值。

特定历史时期的美术批评，总是反映一定时代、一定阶级对艺术创作的要求，具有客观的历史根据；也总有基于社会功利性而确定的内在批评尺度，没有任何标准的批评是不存在的。美术批评必须把握住时代的变化，美术批评的科学性建立在对社会现实正确认识的基础上。

类型 从批评的侧重点和立论根据上看，美术批评大致有三种主要类型：①建立在人类学和民俗学基础上的批评体系。②建立在社会学基础上的批评体系。③建立在心理学基础上的批评体系。此外，受西方现代哲学的影响，文化研究中提出的符号学、系统论、发生认识论、结构主义也都在美术批评中有所反映。

美术批评的沿革一直深受哲学的影响，19世纪末以来兴起的诸多的现代艺术流派，使美术创作和美术批评从根本上动摇乃至否定了传统的艺术观念和审美理想，注重主观表现，强调形式风格的多样化成为美术批评的时代特色。

中国的美术批评在历史发展过程中形成了特有的体系、主旨和标准。受儒学思想的影响，美术批评将艺术创作视为辅助政教的工具和手段。孔子将“志于道，据于德，依于仁”作为艺术创作“游于艺”的前提，将艺术纳入道德的范畴，将人品与画品、美与善统一起来，确定了艺术创作的严肃性和社会责任感。文人绘画虽然给传统美术带来了深远影响，但在美术批评上仍然强调儒家的美与善的统一，人品与画品的统一。这决定了中国美术批评史的自身特点：①某些最基本的审美标准和批评原则有清晰的历史继承性。②中国的美术批评一向渗透着哲学和文学意识，形成了特有的概念与规范。

美术片 animation 主要运用绘画或其他造型艺术的形象（人、动物或其他物体）来表现艺术家的创作意图的影片样式，包括动画片、木偶片、剪纸片等。①动画片（卡通片）。美术电影中最基本的形式，是以图画表现人物形象、戏剧情节和主题思想的影片。②木偶片。以木偶表现人物形象、戏剧情节和作者构思的影片。③剪影片或剪纸片与折纸片。以纸片造型为媒介的影片。它们均采用逐格摄影（又称定格摄影）的方法拍摄。

动画片诞生于法国。1879年，巴黎的光学家兼画家E.雷诺根据“视觉暂留”原理，发明了活动视镜影戏机，制作了《喂小鸡》等原始动画片。1906年，美国的J.S.勃拉克顿摄制了第一部使用胶片的动画电影《一张滑稽面孔的幽默姿态》。1919年德国的L.赖尼格从开始拍摄了《卡门》等著名

《阿凡提》剧照

的剪影片。1935年，苏联的A.普图什柯摄制了第一部大型有声木偶片《新格利佛游记》。中国动画电影始于1926年。动画先驱者万氏兄弟从中国的走马灯、皮影戏和美国卡通中得到启发，试制动画广告片。1949年以后，中国美术电影得到迅速发展。靳夕导演的《神笔》(1956)、《阿凡提》(1979)（见图）等木偶片，在创造木偶艺术风格方面作出了重要贡献。万古蟾（万氏兄弟之一）1958年导演的中国第一部剪纸片《猪八戒吃西瓜》获得成功。中国第一部折纸片是虞哲光1960年导演的《聪明的鸭子》。

美术史 art, history of 研究美术的历史发展及其规律的学科。

范围 美术史的研究范围包括建筑艺术、雕塑、绘画、工艺美术、书法、篆刻等美术种类的历史，涉及美术家、美术作品、美术理论、美术思潮和美术流派等各个方面。美术史与历史学有密切联系，它在运用文物资料等方面与历史学有共同性，一定意义上可视为历史的一个分支。美术史涉及古迹和文物的考察与鉴定，美术发生史必须以考古材料为基础，因此与考古学有密切关系。此外，美术史还与一般文化史、民族学、民俗学有交叉关系。但是，美术史以美术作品为第一性资料，同时伴有审美判断，这两点有别于历史学、考古学、文化史、民族学、民俗学。美术史需要哲学、美学、美术理论的指导，还不可避免地涉及美术批评，但它以具体作品阐明美术历史的发展，又与哲学、美学、美术理论、美术批评区别开来。

外国美术史研究 外国现存最早的美术史文献始于希腊人。老普林尼的《博物志》(1世纪）以列传体解说名作，鲍萨尼阿斯的《希腊周游记》(2世纪）具有名胜导游的特点。这两本书一般被视为美术史的萌芽。文艺复兴时代，意大利人G.瓦萨里著《艺苑名人传》，成为早期较完备的美术史著作，作者亦被视为美术史之父。瓦萨里将“产生、完成、衰落”循环这一古代概念引入美术史中，他的列传体美术史影响深远。17世纪产生了尼德兰的凡·曼德尔、德国的扎多拉尔托两位列传美术史家。同期的法国人菲利宾、柏尔罗里试图以画论、美术家传的形式，将“美的哲学”导入美术史中。这些早期的美术史著作，都没有从历史、民族、哲学等深层原因说明美术的历史。作为近代意义的美术史，始于德国人J.J.温克尔曼的《古代艺术史》(1764)。它超越以往美术史中只谈逸事、列传、游记、藏品目录、技法等传统，直接研究遗物，以样式变迁阐明美术史。温克尔曼将希腊美术史分为古典、高贵、美、模仿等阶段，认为民族、国别、宗教、风土是美术发展的要因。他为以后的美术史研究，开拓了样式

史和精神史两种可能性。19世纪中，美术史在德国首次被列为大学课程。

从19世纪末开始，美术史研究向深度和广度发展，开始确立严密的科学性。莫勒利、柏伦松、伏利托伦达等人对美术史的基础作品进行户籍调查。在样式史的研究上，H.沃尔夫林、A.里格尔有重大发展。沃尔夫林使美术史从文学史或文化史的附庸中解放出来，以线和绘画等概念说明从文艺复兴至巴罗克的美术发展，指出内在于样式中的自律发展法规，阐明巴罗克是文艺复兴的必然归结。里格尔认为艺术作品是内容和形式所规定的创造，以艺术意欲的概念重新解释了古代末期的美术。相对这种样式史的立场，马尔兴起了试图明确作品主题意义的图像志研究。多维尔嘉克认为美术史是精神史，其样式表现、主题意义都是以时代精神为背景的尝试。他在其名著《作为精神史的美术史》(1924)中，认定美术史的发展与丰富的历史现象密切相关。受他的启示，图像志研究于20世纪初以汉堡的瓦尔堡研究所（现在伦敦）为中心获得发展。但是，样式论和图像志都视美术作品为单纯的纪录手段，以至于忽视其审美价值。色多尔马亚通过构造分析，尝试判别形式与内涵的分离。第二次世界大战后，帕诺夫斯基、维特的图像学方法，将主题的深刻含义置于诸人文科学的整体关系中研究；E.贡布利希的心理学方法吸收了格式塔心理学、精神分析法的成果；克拉克寻求超越时代的共同造型精神。他们试图从作品在历史潮流中的发展和作品具有的超越历史的审美价值的“构造”这两个方面，明确人的创造活动的成果和本质。

中国美术史研究　顾恺之的《论画》、《魏晋胜流画赞》评论了21幅作品，为最早的美术史文献。中国古代的美术史，常以画品、书品、画论、书论、画史、书史、书画著录的形式表现出来。南朝谢赫的《画品》以六法为标准，将27个画家分六品来评论。唐张彦远的《历代名画记》(847)是第一部较完整的绘画史。共分10卷，前3卷通论画学，记述寺观壁画；后7卷系原始至唐会昌元年(841)间372名画家的小传。这种传记体绘画史的影响衣被千年，宋郭若虚《图画见闻志》、邓椿《画继》、元夏文彦《图绘宝鉴》等几十种画史都基本上继承了其传统，并具有续书的性质。

20世纪初，潘天寿、秦仲文、俞剑华分别著《中国绘画史》，以文献为依据对中国绘画的发展作了系统的叙述。胡蛮著《中国美术史》，第一次试图以历史唯物主义研究中国美术。中华人民共和国建立后，中国美术史研究队伍增大，美术史著述颇多，但存在着“以史带论”、“以论带史”的问题，还受到政治运动的影响。21世纪初，一批大型中国美术史著作和画集出版，如王伯敏主编的《中国美术通史》(8卷)、《中国美术全集》(60卷)，王朝闻主编的《中国美术史》(12卷)，金维诺主编的《世界美术全集》(21卷)等。

美索不达米亚　Mesopotamia　人类文明的发祥地之一。底格里斯河和幼发拉底河的中下游地区，又称两河流域。源于希腊语“河间地区”。绝大部分在伊拉克境内和叙利亚东北部。东起伊朗高原西缘，南抵波斯湾，西达叙利亚沙漠，北至亚美尼亚山区。地势低平，平均海拔200米以下，从北向南倾斜，巴格达以北为上美索不达米亚，地势略高，丘陵起伏。以南称下美索不达米亚，地低多湖沼。底格里斯河和幼发拉底河在南部汇合成为阿拉伯河，形成三角洲。两河流域的平原从西北伸向东南，形似新月，有“肥沃新月”之称。古时这一地区农业发达，依灌溉之便利，河渠纵横，土地肥沃。区东北部山区属地中海气候，其余属亚热带干旱、半干旱气候。年降水量从北部的500毫米，到南部降为不足100毫米。地处地中海与波斯湾之间，又是小亚细亚、伊朗高原和阿拉伯半岛的中心地区，是西亚交通要地和各民族交汇的地区。以灌溉农业闻名的巴比伦文明即发祥于此。曾先后出现过巴比伦和亚述帝国。后历经波斯、马其顿、罗马、阿拉伯、奥斯曼帝国的统治。第一次世界大战后，在其主体部分出现伊拉克。两河中下游是该国主要农业区，出产小麦、大麦、稻米、棉花、烟草和椰枣。

美索不达米亚神话　Mesopotamian mythology　古代美索不达米亚关于神仙和神化的英雄故事。表达形式有史诗、赞美诗、哀歌、忏悔诗、咒语、箴言录及有关仪式、征兆手册等。流传下来的文献主要刻写在泥板或石碑上。现存最大的征兆集录题为《假如一个城市位于山上……》，由100多块泥板组成。流传下来的神话很多，有智者阿特拉哈西斯的故事。著名的史诗有《吉尔伽美什》(有12块泥板)。还有一些有关各种礼仪的文献。在巴比伦的新年庆典中诵读创世纪史诗《伊纽玛·艾利什》是隆重的仪式。

美西战争　Spanish-American War　1898年4～8月美国为夺取西班牙殖民地而发动的一场重新瓜分世界的最早的帝国主义战争。19世纪最后30年间，美国走上向外侵略扩张和争取世界霸权的道路。1898年4月25日，美因西班牙残酷镇压古巴反抗殖民统治大起义和其他方面原因对西正式宣战。5月1日，美国亚洲舰队在菲律宾的马尼拉湾内摧毁西班牙舰队，并占领马尼拉。6月美军在古巴登陆。7月3日，一支西班牙舰队在古巴圣地亚哥港外与美国舰队的交战中全军覆没。美军占领了圣地亚哥，接着又占领西属波多黎各。西班牙在古巴和菲律宾的地面部队分别受到当地起义队伍的沉重打击。西班牙被迫通过法国驻美大使乞和。两国在8月12日签订停火协议。停火前美国陆军已经在古巴和波多黎各登陆。8月13日，美军在马尼拉登陆。10月1日美西两国开始在巴黎举行和谈，12月10日签订《巴黎条约》。美国从西班牙手中取得波多黎各和关岛等殖民地，还以2 000万美元的代价取得菲律宾宗主权；西班牙承认古巴独立。古巴在政府建立前由美国占领，但战后美国并不撤军，并于1901年迫使古巴接受《普拉特修正案》。修正案规定古巴未经美国允许，不得与外国签订条约或借款；美国有权在古巴修建军港，租借煤站及军事基地等。美西战争进行期间，美国乘机兼并夏威夷群岛，并占领了具有军事价值的威克岛。

通过美西战争，美国大大加强了它在加勒比海和太平洋远东地区的军事和政治经济地位，为进一步扩大对拉丁美洲和中国的侵略创造了有利的条件。

美学　aesthetics　哲学的分支学科。源于希腊文aisthesis，原义指感官所感知的。德国美学家A.G.鲍姆嘉通的专著《美学》认为，相对于研究知性认识的逻辑，应有专门研究感性认识即审美的科学。此后，美学正式成为一门独立的学科。美学尚无公认的定义。最常见的说法是，美学是研究美的学问。具体观察美学的对象、范围和问题，美学大体不外下列3个方面：关于美和艺术的哲学探讨，关于艺术批评、艺术理论一般原则的社会学探讨和关于审美与艺术经验的心理学探讨。①美的哲学。研究、探讨在历史上和逻辑上经常构成美学的基础部分。它包括美是什么、艺术是什么、自然美的本质、真善美的关系等问题的思辨或分析。所有这些，都可以说属于哲学的美学。这种美学经常作为某种哲学体系或哲学理论的分支或组成部分。此外，对古往今来颇为繁多的有关美的哲学理论作最一般的概括，则大体可以分为客观论、主观论、主客观统一论3种。②艺术科学。美学的第二个方面是有关艺术原理的一般研究。西方从亚里士多德的《诗学》起，中国至迟从《乐记》开始，对戏剧、音乐乃至对整个艺术提出了比较系统的理论观点，对后世产生了持久影响。此后有更为多样和更为系统的有关艺术原理的学说和著作。③审美心理学。美学以其研究艺术和日常经验中的审美特征而日渐成为独立的学科，对审美经验的心理学研究称为审美心理学或称文艺心理学。它构成美学的第三个方面。

在古代许多谈及艺术的美学理论中，包含有许多关于艺术的审美经验、审美心理的现象描述和理论说明。18世纪英国经验派美学特别是康德美学，把审美的心理特征极大地突出出来。19世纪中叶德国生理学家、哲学家G.T.费希纳提出“自上而下的美学”（哲学美学）和“自下而上的美学”（心理学美学）的说法以后，审美心理学日益占据美学的中心，成为近代美学的主体部分。

美英战争 American-British War; War of 1812 1812年美国为确保民族独立、国家主权同英国进行的战争。美国史称第二次独立战争。美国独立战争胜利后，美国仍然受到英国在贸易、政治和军事等方面的压制。1807年英舰袭击美舰“切萨皮克”号事件发生后，两国关系紧张。1809年美国J.麦迪逊政府通过与英法断绝贸易条例。1811年5月16日英美海军发生冲突，英军战败。1812年6月18日美国对英国宣战。战争初期美军在北部接连失利。1813年秋，美军在伊利湖等地先后获胜，但在大西洋沿岸的战斗中英军仍占优势。英国在欧洲战胜拿破仑一世后，于1814年夏季派遣大批军队到北美。8月下旬曾占领华盛顿，焚毁国会大厦等建筑物。7月，美国军队在北部尼亚加拉阻击英军。8月，美军在佛罗里达境内大败英军。12月24日，双方在根特签订《根特和约》。英国再次确认1783年美英《巴黎条约》中规定的美国独立权利和地位，并划分了美国和加拿大的边界。和约签订后西部地区仍有战事。1815年A.杰克逊在新奥尔良大败英军，全面结束美英战争。通过战争，美国捍卫了领土完整和民族独立，同时也保障了经济上的自主权。

美育 aesthetic education 培养学生认识美、爱好美和创造美的能力的教育。又称审美教育、美感教育。在人的全面发展教育中，美育占有重要地位。美育随着人们的审美活动和艺术的产生而产生。中国西周时学校把乐作为六艺之一。18世纪德国诗人和启蒙学者J.C.F.von席勒在《美育书简》里明确提出了审美教育问题，主张通过美育来提高人们审美意识的水平，恢复“完整无缺的性格”。19世纪中叶以后，西方国家开始设立美术馆、艺术馆和艺术学校，并在普通学校加强美感教育，设立手工、美术、音乐等课程。中国近代革新学制设立新学校后，也仿效西方学校开设唱歌、图画、劳作等课程。王国维、蔡元培等人为推进美育作出努力，蔡元培是中国近代教育史上，提出体、智、德、美四育并重的第一人。美育对德育、智育、体育都有积极的影响。美育要求培养学生的审美情感、审美观念和审美能力，促进学生认识能力的发展。在美育过程中，学生不断受到自然美、社会美的熏陶，受到艺术形象的感染和艺术技能的训练。美育要求培养学生主动表达美、创造美的才能，促进他们的观察力、想象力、思维能力及创造能力的提高。美育还要求培养学生的高尚情操和文明行为习惯，加强体育锻炼，以促进学生身体的健康发展。

美元 US dollar; $ 美国的法定货币。1美元等于100美分。流通的纸币面额有1、2、5、10、20、50、100美元等，硬币面额有1、5、10、25、50美分和1美元。

1792年美国颁布《铸币法》，规定1美元含白银24.06克或黄金1.603 8克。南北战争期间，联邦政府发行了4.5亿以上的美元纸币（绿背纸币），但并没有黄金储备作保证。1879年绿背纸币可以兑换成黄金。1879年美元实行金本位制，规定美元含金量为1.504 66克。1914年美元正式成为美国法定货币单位。1944年7月，根据布雷顿森林会议通过的《国际货币基金组织协定条款》，美元成为各国货币定值的标准和等同黄金的储备货币。

100美元

1971年美国宣布停止外国中央银行用美元向美国兑换黄金。西方各国货币相继与美元脱钩，实行浮动汇率。1978年国际货币基金组织成员国正式割断黄金与货币的固定联系，承认浮动汇率。此后美元地位有所下降，但仍然是世界各国外汇储备的主要组成部分和国际结算的重要工具，在国际经济和金融领域中起着重要作用。

美洲豹 *Panthera onca*; jaguar 食肉目猫科豹属的一种。又称美洲虎。分布于美洲，北自美国西南部，南至阿根廷。体形、大小、毛皮色彩均似豹，略比豹肥壮，体重55～115千克，体长1～1.5米；尾长0.5～0.75米，肩高0.7米；毛黄色，并布满黑色斑纹和斑点，其形状与豹几乎相同，但美洲豹身上的黑色环纹稍大一些，环纹中间有1～2个黑斑点，这与豹有显著差别。

栖息于密林、草丛、荒原、沼泽或沙漠的边缘。平时独栖，凶猛残暴，动作灵活，嗅觉、听觉较敏锐，善游泳，会爬树，白天常隐匿在树干上，黄昏或夜晚出来觅食，活动区域相当大。捕食鹿、貘、野猪、猴等，也吃各种鸟类，还能在浅河中捕鱼。

有时也袭击家畜。每年1月份交配，妊娠期93～110天，通常每胎2仔，最多可达5仔。幼兽2年性成熟。寿命约20年。现已被列入严禁猎取的濒危物种之一。

美洲肺鱼 *Lepidosiren paradoxa*; South American lungfish 美洲肺鱼目美洲肺鱼科美洲肺鱼属的唯一种。又称泥鳗。只分布于南美洲亚马孙河及拉普拉特河流域。体呈鳗形，被覆埋于皮下的细小圆鳞；胸鳍、腹鳍极端退化，只留1根分节的主轴骨，呈鞭状；鳃弓5对，鳃裂4对。在所栖水域开始干涸时，便部分地改为肺呼吸；当完全干枯时，就钻入淤泥中，进入休眠状态，完全用肺呼吸。干旱期过后，水位恢复，肺鱼就从泥中钻出，进行生殖。卵产在水底挖出的穴道中，雄鱼留在其中，守候受精卵到孵化成幼鱼。在此期间，雄鱼的腹鳍肥大，生出许多具有丰富血管的丝状物，可自血液中分离氧气，有利于其幼鱼的孵育。幼鱼两侧有4对羽状外鳃，外鳃存在期很短。以各种动、植物为食，其中以软体动物为主。对研究脊椎动物由水内到上陆的演化过程、肺鱼类有着重要的意义。

美洲国家组织 Organization of American States 由美国、加拿大和拉丁美洲国家组成的区域性国际组织。1890年4月14日，美国等18个美洲国家在华盛顿举行的第一次美洲国家会议（泛美会议）上，决定建立美洲共和国国际联盟及其常设机构美洲共和国商务局，1910年改名为美洲共和国联盟，商务局改为泛美联盟，1948年通过了《美洲国家组织宪章》，改名为美洲国家组织。至21世纪初有35个成员国。宗旨是加强美洲大陆的和平安全，确保和平解决争端，促进各国合作和拉美一体化。组织机构主要有大会、外长协商会议、常设理事会、秘书处。总部设在华盛顿。主要刊物有《美洲》。该组织曾长期受美国控制。20世纪60年代后期，特别是70年代后，越来越多的拉丁美洲国家联合反对美国的霸权政策，维护各国的独立主权和民族权益，强烈要求改革美洲国家组织。

美洲鸵 *Rhea americana*; greater rhea 美洲鸵鸟目美洲鸵科美洲鸵属的一种。又称大美洲鸵。栖息于南美洲草原地带，头顶、颈后上部和胸前的羽毛均为黑色；头顶两侧和颈后下部呈黄灰色或灰绿色；背和胸的两侧及两翅褐灰色；其余部位均为黑白色。足具3趾，善奔跑。尾羽退化。杂食性。集群生活，常20～30只在一起。每穴产卵10余枚，多可达20～30枚。全由雄鸟孵卵，经35～40天孵化出雏。

美洲印第安语 American Indian languages 分布于美洲各地上千种原住民的语言。是一种基于地域概念的归类。美洲印第安语数量繁多，差异很大，有文字的语言极少。其中许多语言在学者们对它们进行记录之前就已经消亡。有些虽未完全消亡，但只有很少的老年人还在使用。属濒危语言。在南北美洲，由于使用**西班牙语**和**英语**等西方语言的范围扩大，将进一步削弱这些语言。据粗略估计，现存的和可考的印第安语共约1 000种。

北美印第安语 通常指分布在墨西哥以北的美国和加拿大的印第安语。使用人数较多的北美印第安语有：奥杰布华语、因纽特语（旧称爱斯基摩语）、那伐鹤语、克里语、切罗基语、苏语、克里克语等。北美印第安语的主要特点：语音方面，发音系统纷繁，西北海岸的语言有丰富的音位系统，喉塞音很普遍；许多语言有两类软腭音。词汇方面，词包括简单词干和派生结构，派生法分添加词缀法和复合构词法两种；许多语言有多式综合词，即在单词上添加词缀，构成复合词，表达一个句子的意思。语法方面，主语的人称和数通常用动词的前缀表示，动词的时态和体通常用后缀表示（但有少数语言也用前缀表示）；名词的属有常用前缀表示，前缀表示所有者的人称和数。北美印第安语中，只有切罗基语有印第安人自己创制的文字，其他语言的文字都在欧洲文字的影响下产生。

中美印第安语 指分布于中美洲的印第安语，包括墨西哥中部和南部、危地马拉、洪都拉斯、伯利兹、萨尔瓦多、尼加拉瓜部分地区，以及墨西哥西北部的部分地区。使用人口较多的有：阿兹特克语、玛雅语、纳瓦特尔语、萨波特克语、奥托米语、米斯特克语等。语言学家对中美印第安语所知不多，语系的划分也很不一致。中美印第安语语音多样化的情况很突出，所有语言的浊擦音正趋于消失。

南美印第安语 指分布于整个南美洲、安的列斯群岛以及中美洲部分地区的印第安语。南美印第安语中，**瓜拉尼语**是唯一取得官方地位的语言，为巴拉圭的两种官方语言之一。在秘鲁和玻利维亚等国广为使用的凯楚亚语也很重要。南美印第安语的主要特点：语音方面，各语言的音位数相差很大；普遍具有鼻元音系统。词汇方面，向西班牙语和**葡萄牙语**大量借词。语法方面，绝大多数南美印第安语都加后缀，各语言的时态和体的具体范畴很不相同。等式句很普遍，即把两个名词并列在一起，中间不用系词，如“他我兄弟”。

镁 magnesium 化学元素，元素符号Mg，原子序数12，原子量24.305 0，属周期系ⅡA族，**碱土金属**。1808年H.**戴维**通过电解苦土矿（氧化镁）和氧化汞的混合物得到镁汞齐，蒸除其中的汞得到金属镁；并按苦土矿的产地希腊的Magnesia城命名。镁在地壳中的含量为2.33%，占第七位。镁的矿物有60多种，可用于提取镁的有**白云石**$CaCO_3·MgCO_3$、**菱镁矿**$MgCO_3$和**光卤石**$KCl·MgCl_2·6H_2O$。海水中含镁约0.12%，卤水中亦含有镁。

镁是银白色金属，密度1.74克/厘米^3，熔点650℃，沸点1 090℃。氧化态+2。镁的化学性质活泼，在潮湿空气中表面很容易被氧化，镁粉或镁条在空气中燃烧放出耀眼白光，生成氧化镁。镁表面的氧化膜使镁不与冷水反应，但在热水中缓慢放出氢气生成氢氧化镁。室温下几乎和所有的酸反应。加热时可与大多数的非金属反应，与氢气反应生成MgH_2，与氮气反应生成Mg_3N_2。镁具有极强的还原性，加热时可把二氧化硅还原成硅，把二氧化碳还原成碳；还可以还原一些金属卤化物。镁在乙醚溶液中能与卤代烃反应生成**格利雅试剂**。重要化合物有**氧化镁**、碳酸镁、氯化镁、**硫酸镁**、氢氧化镁等。镁具有明显形成配位化合物的倾向。

工业上用熔盐电解或热还原法制备镁。电解质为氯化镁和碱金属或碱土金属卤化物。用硅铁还原熔融白云石或用碳或碳化钙在高温下还原氧化镁，皆可制得镁。镁主要用于制造铝基合金，提高铝的机械强度、加工和耐腐蚀性能。与铝、锰、锂制造**镁合金**，用于球墨铸铁；用作生产钛、铝、铍、铪、铀的还原剂，也用于炼钢时的脱气、除硫等。镁粉用于制造焰火、信号弹。

镁为生物体中存在的重要元素，在人体中占0.027%。镁离子用于稳定脱氧核糖核酸、核糖核酸结构，存在于水解酶（磷酸酶、羧酞酶）、异构酶中，是酶激活剂。**叶绿素**是镁的卟啉配合物。一般说来镁无毒，但镁粉吸入呼吸器官内会导致呼吸困难、胸痛、咳嗽、肺弥漫性间质纤维化并引发**肺气肿**。

镁肥 magnesium fertilizer 具有镁（Mg）标明量的肥料。施入**土壤**能提高土壤供镁能力。镁肥分水溶性镁肥和微溶性镁肥。前者包括硫酸镁、氯化镁、钾镁肥，后者主要有磷酸镁铵、钙镁磷肥、白云石和菱镁矿。不同类型土壤的含镁量不同，因而施用镁肥的效果各异。通常，酸性土壤、沼泽土和砂质土壤含镁量较低，施用镁肥效果较明显。

镁合金 magnesium alloy 以镁为基加入其他元素组成的**合金**。主要合金元素有铝、锌、锰、锆、钍、稀土金属等。镁合金的特点：比强度和比刚度高，相同重量的构件，采用镁合金可获得比钢和铝合金更高的刚度；阻尼容量高，减振能力强，适于制造承受冲击载荷和振动的零部件；负电性高，与其他金属直接接触时，会产生接触腐蚀，因此必须采用涂层、镀层等保护层，但可作为牺牲阳极材料直接使用；化学活性强，在加工过程中必须用熔剂或气体加以保护，以防止与水接触时发生燃烧或爆炸。

按制造工艺分为变形镁合金和铸造镁合金。变形镁合金可通过塑性变形加工成板材、带材、管材、棒材、型材和锻件等。主要有镁锰系合金、镁铝锌系合金、镁锌锆系合金、镁稀土金属系合金、镁钍系合金和镁锂系合金，多用作航空航天器的结构材料和飞机蒙皮等。铸造镁合金可通过铸造工艺制成外形和内腔形状很复杂的零件。主要有含铝镁合金和含锆镁合金，后者又有镁锌锆系合金、镁稀土锆系合金和新发展的含钇、含钕镁合金，多用于制造飞机、汽车、摩托车、电影机械的零部件，以减轻重量，提高性能。

门 door 在建筑物内部或外部设置在墙上的用以沟通墙两边空间的出入口。有的仅设门洞，有的加设门扇。门通常是指有门扇的出入口。门洞可以通行和通风，门扇关闭时起阻隔作用，具有安全防护、阻断视线、隔声、保温、隔热等功能。门的

运用各种艺术形式装饰的门

大小一般以人体和物件的通行尺度为标准，也随建筑的性质和礼仪需要而异。

按开启方式区分常用的门有：①平开门。门扇在平面上绕门樘上铰链的垂直轴转动而开启和关闭。②推拉门。门扇沿门洞上（下）方的水平导轨左右滑动而开启和关闭。③转门。中间设有转轴，连接2～4个带玻璃的门扇，绕轴旋转，人在门扇之间的空档内，随门的转动而进出。④卷帘门。用叶板或空格帘幕制成，开启时卷在门顶上部。⑤上翻门。为向上翻折、两边设有导轨或平衡装置的门，常用于汽车库或铺面。⑥自动门。用接触板或用超声波、红外线等作探测信号的传感器，控制机械装置，使平开的或推拉的玻璃门自动启闭。

除了常用的门之外，还有隔声门、保温门、防火门、防爆门和防射线门等。

门巴语 Monba languages 门巴族使用语言的总称。根据自称，分仓洛语和门巴语两种，均属汉藏语系藏缅语族藏语支。在中国，仓洛语通行于西藏自治区墨脱县和林芝县的东久区；门巴语通行于西藏自治区墨脱县文浪乡、错那县勒布区及其以南的达旺地区。门巴族无本民族文字，通用藏文。门巴语还分布于不丹境内的部分地区。

仓洛语有33个单辅音声母和4个复辅音声母，由双唇塞音和鼻音加卷舌半元音构成。有7个单元音韵母及塞音、鼻音、擦音、颤音和边音等9个辅音韵尾。语法方面，量词极少，名词可直接受数词修饰。名词、指示代词后加助词表示复数。基数词以20为单位进位，序数词均借自藏语。动词有体和式。形容词不能作谓语。语序是：主语在谓语前，动词在宾语后，名词作定语时一般在中心语前。有不少藏语借词。

门巴语有37个单辅音声母和10个复辅音声母，由塞音、边音和颤音构成。有9个单元音韵母，各分长短。有4个复元音韵母。有4个声调。语法方面，量词很少，名词可直接受数词修饰。动词有体、态、式。句子的语序是：主语－宾语－谓语。名词作定语时一般在中心语前，数词、形容词作定语时在中心语后，代词作定语时有前有后。藏语借词较多。

门巴族 Monba 中国少数民族。主要分布在西藏自治区东南部。人口8 923（2000）。使用门巴语，属汉藏语系藏缅语族藏语支。多通晓藏语。无文字，通用藏文。主要由古门隅的土著居民与一些由青藏高原南迁的藏族先民长期融合形成。主要从事农业，种植玉米、鸡爪谷及水稻、荞麦等。手工业有竹编、藤器、石锅和木碗制作。能歌善舞，创造了许多优美的曲调，称为“萨玛”和“东三巴”。通用藏历。男女都穿自纺的红氆氇围裙。错那县勒布地区妇女披一件小犊皮，围白氆氇围裙，梳两条长辫，戴珠石项链。男子戴褐顶橘黄边、前沿留有缺口的帽子。以大米、玉米、鸡爪谷、荞麦为主食，喜吃辣椒、酥油和糌粑。住房多为竹木结构干栏和石墙木结构房屋。以一夫一妻制小家庭为主。人死多行水葬和土葬，也有火葬和天葬。藏历元旦是最重要的节日，藏历七月庆祝望果节。普遍信仰藏传佛教，有些地区信仰本教。在门巴族地区先后成立了5个民族乡。

门巴族女子

门采尔 Menzel, Adolf von（1815-12-08～1905-02-09） 德国油画家、版画家。写实主义绘画的倡导者。生于布雷斯劳一个石版印刷工人家庭，卒于柏林。13岁开始自学绘画。1830年迁居柏林，随父学习石印技术，曾受过短期石膏和人体写生训练。1839～1842年，受雇为《腓特烈大帝史》一书作插图，为真实地反映历史，他研究档案资料和历史遗物，共作插图600幅。以后，他画过一些普鲁士的宫廷生活和城市风景画。1848～1849年，柏林爆发的资产阶级民主革命遭到复辟王朝的镇压，门采尔画了《3月死难烈士的葬礼》。王朝复辟后，门采尔主要从事历史画创作。著名的《腓特烈大帝生平》组画中，门采尔按历史的本来面目，不加粉饰地再现了普鲁士君王的生活和历史。其中描绘战争场面的《霍赫基希战役中的腓特烈和士兵》，描绘生活情景的《腓特烈大帝的长笛音乐会》（1850～1852）、《腓特烈大帝在里萨宫》（1856）等集中体现了他的艺术才能。

从19世纪40年代起，门采尔作了大量风俗画、风景画和肖像画。这时期的主要作品有《阿尔布雷希特亲王的宫殿花园》（1846～1847）、《波恩－波茨坦铁路》（1847）、《操场剧院》（1856）。普法战争以后，德国钢铁工业和机器制造业兴起，标志着现代文明新纪元的开始。1875年，他创作了大幅油画《轧钢工厂》，这是德国美术史上第一件反映工业革命的作品。门采尔淳朴的艺术风格在他晚期的油画《维罗纳市场》中表现得尤为突出。这是反映当时城市生活的风俗画，他选取拥挤嘈杂的市场和普通的人物，展示城市生活的情景。类似的作品还有《霍夫加施泰因的礼拜行列》等。晚年，门采尔任柏林大学名誉校长。他一生中创作了大量的油画、版画、水彩画和素描，可惜许多珍贵的作品在第二次世界大战中毁于炮火。

《轧钢工厂》（德国柏林国家美术馆藏）

门德尔松 Mendelssohn, Felix（1809-02-03～1847-11-04） 德国作曲家。生于汉堡，卒于莱比锡。4岁开始从母学习钢琴，后从

作曲家C.F.采尔特学习和声。9岁登台公开演奏钢琴。10岁入柏林歌唱学院唱女低音声部，并从事作曲。翌年已写成了50余首作品。1821年，写了5部弦乐的交响曲、2部歌剧和许多其他作品。1825年所写两幕喜歌剧《卡马霍的婚事》，还是一部稚嫩的作品，而1826年的《仲夏夜之梦》序曲，已是成熟的传世之作。同年入柏林大学，1829年读完大学3年的课程后，决定以音乐为终身职业。他认真研究J.S.巴赫的作品，在柏林歌唱学院亲自指挥演出了巴赫的《马太受难曲》。这部作品在巴赫死后79年间没有再演出过，这次重演引起了热烈的反应和对巴赫作品价值的重新认识。1829年4月，门德尔松指挥伦敦爱乐乐团演奏自己的《第一交响曲》和C.M.von韦伯、L.van贝多芬等的作品外，还在游览苏格兰和赫布里底群岛时孕育了序曲《赫布里底群岛》(亦称《芬格尔山洞》)和《第三交响曲》(《苏格兰》)的构思。他的《第四交响曲》(《意大利》)是1830年意大利之游的重要收获。1835～1843年，担任莱比锡布业会堂管弦乐团指挥。他的严格训练，使这个乐团声誉渐著。1840年为纪念欧洲活字印刷术发明400周年，创作了交响曲——康塔塔《颂歌》，世称《第二交响曲》，1842年完成了《第三交响曲》；同时在萨克森王的赞助下，悉心筹划建立了莱比锡音乐学院，于1843年4月3日正式开学。1846年所作清唱剧《以利亚》，是这一体裁最成功的作品之一。1847年5月他的姐姐芳妮突然病逝，使门德尔松受到极大的精神打击。从此身体逐渐衰弱，逝世时年仅38岁。

门德尔松是早期浪漫派作曲家。他的作品以简洁精练的和声、严谨明晰的曲式和生动的旋律取胜；音乐语言典雅、自然。他的交响音乐作品如《第三交响曲》、《第四交响曲》，管弦乐序曲《赫布里底群岛》以及《平静的海和幸福的航行》、《美丽的梅露西娜》等，都以朴素的抒情笔触表现了诗情画意。在钢琴音乐方面，他首创无词歌，把歌唱性旋律和钢琴织体结合成统一的整体，成为19世纪特性曲的重要体裁（他的48首无词歌中，有一小部分出于芳妮的手笔，用他的名义发表）。他还是一位杰出的指挥家，在提高乐队素质方面所作的努力，对近代音乐演奏事业的发展有深远的影响。

门多萨 Mendoza 阿根廷西部历史名城，门多萨省首府。位于安第斯山东麓门多萨河谷地。因靠近环太平洋地震带，地震频繁。人口11万（2001），包括卫星城镇人口有90多万。海拔768米。气候温暖干燥，年平均气温17℃，平均年降水量159毫米。始建于1561年。1562年迁现址。曾为民族英雄J.de圣马丁将军总部所在地。1861年毁于地震。19世纪末意大利移民大量移入，重建该城，促进了当地经济的发展。现为西部地区灌溉绿洲的重要农产品加工中心、全国的葡萄酒酿造中心。随着西郊大油田的发现和开发以及附近山区水电站的充足电力供应，逐步发展起炼油、水泥、机械、纺织、水果罐头、粮油加工等多种工业。地理位置重要，扼布宜诺斯艾利斯通往智利圣地亚哥的交通要冲，铁路、公路通全国各主要城市和港口。旅游业发达。市内有大学、人类博物馆等。城西光荣山上建有安第斯军团纪念碑和圣马丁塑像。

圣马丁塑像

“门户开放”政策 Open Door Policy 19世纪末美国国务卿J.M.海提出的侵略中国的政策。在中日甲午战争（1894～1895）后，西方列强竞相在中国租借土地，划分势力范围。海于1899年9月照会英、德、俄、日、意、法各国，提出对中国实行“门户开放”政策，即承认各国在中国的“势力范围”、租借地和既得利益。1900年7月3日海再次照会各国，主张保持中国领土和行政的完整，维护各国在中国各地平等公正贸易的原则。这是把最初的开放“势力范围”和租借地的政策应用到整个中国，形成“门户开放”政策。英、德、俄、日、意、法6国程度不同地接受了“门户开放”政策。这一政策的提出，不仅因中国义和团运动阻遏了它们的瓜分活动，也由于它们无力独吞中国而采取的策略。“门户开放”政策以确认对中国的不平等条约为前提，表面上提倡“机会均等”和保持中国领土和行政的完整，实质上是保持一个完整的半封建半殖民地的中国，以适应美国扩张的需要。1922年在华盛顿会议上，“门户开放”原则作为列强对华侵略的政策被载入《九国公约》。

门宦 menhuan system 伊斯兰教苏非教团分支传入中国西北地区后逐渐形成的具有中国特色的苏非主义教团组织的通称。最初，这些苏非教团分支或以赞念的特征命名，或沿用原苏非教团名称。至清乾隆年间，甘肃临洮北乡穆夫提门宦第六辈教主马显忠，因积极改善回汉关系，又出资兴办义学，经地方乡绅上报陕甘总督，赐予统领头衔，令其统管河州各门宦。群众称其所管为“七门八宦”，始有“门宦家”之称。

门宦在明末清初形成于甘肃的河州（今临夏）、狄道（今临洮），青海的循化、湟中地区。明末，苏非派通过贸易路线，由中亚经中国新疆传入。清廷开放海禁后，乾隆二十三年（1758）苏非教团成员不断经新疆进入；中国穆斯林也有去中亚、阿拉伯等地求学后成为苏非教团传引人。苏非教团组织严密，有宗教魅力的教团领袖及接近民间宗教的仪式和实践，在中国穆斯林群众中有一定影响，逐步发展并形成虎夫耶、哲赫林耶、卡迪林耶、库布林耶等门宦。门宦的特点是：崇拜教主或道祖，教徒要绝对服从其“口唤”，接受精神指导；教主或道祖死后，要朝拜其墓地拱北，忌日举行宗教活动；除教乘的基本义务外，更重视道乘的静修和参悟；强调道统世系，奉行独特的修道方式和宗教礼仪；有的教主世袭，教权高度集中，形成控制大片教区的教权结构，拥有大量财产。据统计，分支门宦共有40余个。1949年后，门宦教主的封建特权被废除。

门捷列夫 Mendeleyev, Dmitry Ivanovich (1834-02-08～1907-02-02) 俄国化学家。生于西伯利亚托博尔斯克，卒于圣彼得堡。1850年入圣彼得堡师范学院学习化学，1855年毕业后任敖德萨中学教师。1857年任圣彼得堡大学副教授。1859年他到德国海德堡大学深造。1861年回圣彼得堡从事科学著述工作。1863年任工艺学院教授，1865年获化学博士学位。

1866年任圣彼得堡大学教授。1893年起，任度量衡局局长。1890年当选为英国皇家

学会外籍会员。

门捷列夫的最大贡献是发现了化学元素周期律，今称门捷列夫周期律。1869年2月，门捷列夫编制了一份包括当时已知的全部63种元素的元素周期表。同年3月，他委托他人在俄国化学会上宣读题为“元素的属性与原子量的关系”的论文，阐述元素周期律的要点。

1871年发表《化学元素周期性的依赖关系》论文，还重新修订了化学元素周期表，把1869年竖排的表格改为横列，突出了元素族和周期的规律性；划分了主族和副族，使之基本上具备了现代元素周期表的形式。

门捷列夫在发现周期律及制作周期表的过程中，除不顾当时公认的原子量而改排某些元素（Os、Ir、Pt、Au；Te、I；Ni、Co）的位置外，考虑到周期表中合理的位置，修订了其他一些元素（In、La、Y、Er、Ce、Th、U）的原子量，而且预言了一些元素的存在。在1869年的元素周期表中，门捷列夫为4种尚未被发现的元素留下空位。1871年他又发表论文《元素的自然体系和运用它指明某些元素的性质》，对一些元素，如“类铝”、“类硼”和“类硅”的存在和性质以及它们的原子量作了详尽的预言。这样的空位共留下6个。门捷列夫的这些推断为后来的化学实验所证实。

周期律的发现在化学发展史上是一个重要的里程碑，它把几百年来关于各种元素的大量知识系统化起来，形成一个有内在联系的统一体系，进而使之上升为理论。

门捷列夫还曾研究气体和液体的体积与温度和压力的关系，于1860年发现气体的临界温度并提出了液体热膨胀的经验式。1865年研究了溶液的性质，提出了溶液的水合物学说，为近代溶液学说奠定了基础。

门捷列夫因发现周期律而获得英国皇家学会戴维奖章（1882）。曾获英国科普利奖章（1905）。1955年为纪念元素周期律的发现者门捷列夫，将101号元素命名为钔。门捷列夫运用元素性质周期性的观点写成《化学原理》一书（1869），曾被译成英、法等多种文字。

门静脉高压症 portal hypertension 门静脉血流受阻、淤滞、高血流量导致的综合征。简称门脉高压。根据病因大体分为肝内型及肝外型两大类。肝硬化是门静脉高压症最常见的病因。门静脉血栓形成或海绵状血管瘤、先天性门静脉狭窄或闭锁也能引起门静脉高压症。

主要临床表现 ①食管胃底静脉曲张及大出血。在门静脉系统和体循环的侧支中最主要的也是最重要的是食管胃底的静脉。门静脉压力增高伴有高血流量的情况下，食管胃底静脉侧支开放，代偿性分流，一旦破裂可发生致命的上消化道出血。②脾肿大和脾机能亢进。门静脉高压症时，一般均有。③腹水。肝功能不良者可出现。

治疗 无出血史者一般不手术，但食管静脉曲张严重，内窥镜检查曲张静脉有“红色征”者，可考虑行预防性手术。急性大出血时，首选非手术治疗，包括给予降低门静脉压力药物、三腔气囊管压迫等，出血停止后择期手术。内窥镜硬化剂注射或套扎是有效的方法，可在平时及出血时使用。手术治疗采用断流术居多，根据情况也可采用规范化的分流术。

门罗主义 Monroe Doctrine 1823年12月2日美国第5任总统J.门罗在国情咨文中提出的美国对外政策的原则。是美国对外扩张政策的重要标志。19世纪前20年间，美国为实现控制美洲的目的，连续发表言论，最后形成门罗主义。1823年，离任总统T.杰斐逊在致门罗总统的信中提出几条原则：南北美洲有自己特有的不同于欧洲的利益，所以应当有与欧洲完全不同的自己的体系；“决不把我们自己卷入欧洲的纠纷之中”；“决不允许欧洲来干涉大西洋这边的事情”。就此奠定了“门罗主义”的基调。1823年8月，英国外交大臣G.坎宁邀请美国共同反对俄、普、奥三国神圣同盟对拉美各国的干涉，禁止再把拉丁美洲殖民化，得到门罗的赞同。同年12月2日，门罗总统在致国会的咨文中宣称：“今后欧洲列强不得把美洲大陆业已独立自由的国家当作将来殖民的对象。”实际上是提出“美洲是美洲人的美洲”的口号，宣布拉丁美洲属于美国的势力范围。门罗主义在客观上起到了防止已独立的拉美国家再沦为欧洲列强的殖民地的作用。1904年T.罗斯福提出“罗斯福推论”，进一步补充了门罗主义。他指出，某个拉美国家一旦“闹事”，美国可以干涉其内部事务。在罗斯福、T.W.威尔逊总统任内，美国经常干涉拉丁美洲，尤其是加勒比地区的内部事务。1933年以后，F.D.罗斯福执政时放弃干涉政策，转而推行睦邻政策。第二次世界大战后，美国在拉美地区依然奉行门罗主义。

门球 gateball 以木槌击打实心球入一小门的室外体育活动。起源于英、法等国流行的槌球游戏。现代门球始创于日本。20世纪80年代初传入中国。门球运动是一项富于趣味性及挑战性的运动，具有器材简单、技术易学、动作幅度不大、运动量小而安全及战术多变等特点，非常适合老年人。门球器材包括球杆和球。木制球杆长70～80厘米，杆的一端缚一长约25厘米、直径7～8厘米的槌头；球为直径约10厘米的实心木球。门球场地是长方形沙地或草坪，长15～25米，宽15～20米，现在中国常用的是15米×20米的沙地。场地内安装有3个

门球比赛场面

球门和一个终点柱。门球竞赛是10个球10人的集体竞赛项目，每人只能击与自己序号相同的球，并轮流上场击球。每场门球比赛为30分钟，每次击球必须在10秒以内完成，球过门为1分，全队满25分比赛结束。

门神 Door-god; Menshen 中国古代传说中的司门之神。旧俗贴其像于门以驱鬼祛凶。汉时门神指神荼、郁垒。后世所绘门神，神荼白脸，喜相；郁垒红脸，怒相。《山海经》

门神像

有关于神荼、郁垒二神的记载。道书《无上黄箓大斋立成仪》列神荼、郁垒于神祇之最下位。唐代的门神改指秦琼和尉迟恭。传说唐太宗不豫，闻门外鬼魅呼号，太宗惧之。秦琼请与尉迟恭戎装立门外以伺，夜果无事，太宗乃令画二人像悬于宫门左右。后世沿袭，以此像为门神镇邪。宋以后，门神愈益多样，或戴虎头盔，或为将军，或为朝官，复加爵鹿、蝠喜、宝马、瓶鞍等状，皆取美名以迎祥。道观有时以青龙、白虎为门神。

门生 disciple 中国东汉称儒学宗师亲自授业者为弟子，转相传授者为门生。东汉中后期，渐与宗师形成私人依附关系；魏晋南北朝时成为世族豪强地主的一种依附人口。东汉入仕主要通过察举、征辟，又需官僚举荐，于是大批追求功名利禄之士纷纷投靠以儒学起家的官僚门下充当门生。门生投靠宗师举主者日多，对门阀大族的形成和发展起了重要作用。充当门生，不仅要出财货，致赙赠，还要为主人奔走服役，甚至要为主人行不法之事。门生要以君臣父子之礼事宗师举主，主子死了要服3年之丧，并继续侍奉其后人，形成一种世袭的臣属关系。魏晋南北朝时期，作为依附人口的门生，大致由两部分人组成。一部

分门生属于被剥削阶层，常用于军事活动或生产活动，他们的身份地位相当于部曲、佃客。另一部分门生是比较富裕的庶族地主，他们为了提高社会政治地位，求取官职，往往通过送礼行贿，去投靠高门世族。唐代科举考试，考生得中进士后，对主考官亦称门生，虽有投靠援引之意，已非依附关系。后世门生，主要是指学术上的师承关系。

门头沟区 Mentougou District 中国北京市辖区。位于市境西部。面积1 455平方千米。人口29万（2010）。汉、唐时为蓟县地。金、元、明皆属宛平县。1952年属京西矿区。1958年撤京西矿区，设门头沟区。以门头沟煤矿得名。境内山地占98%以上，灵山主峰2 303米，为北京市最高峰。矿产以煤为主，煤炭资源分布广、储量大，开采历史悠久。山区多果木，核桃产量居全市首位。沿河城向为军防要地，斋堂是抗日战争中八路军平西司令部驻地。名胜古迹有东灵山、妙峰山、百花山、戒台寺、潭柘寺和东胡林遗址。

门下省 Chancellery 中国魏晋至宋的中央最高政府机构之一。初名侍中寺，是宫内侍从官的办事机构，后来发展成为与尚书省、中书省鼎足而立的三省之一。其称为门下省，始自西晋。门下省的组织历代不尽相同，但均以侍中为其长官，黄门侍郎（或称给事黄门侍郎，后改称门下侍郎）为其副。门，指皇宫内门，因其门户漆以黄色，故又称黄门。至唐代，其下属有给事中、散骑常侍、散骑侍郎等官职。这些官职大都来源于汉代宫廷侍从。门下省所统的下属机构，历代也不一致。侍中权重位高，在唐代前期是真宰相，宰相议政的政事堂，最初也设在门下省，以后才移到中书省。侍中具有封驳权，即对皇帝颁发诏书的审核权。黄门侍郎职掌与侍中相同。唐代以同中书门下三品或同中书门下平章事为宰相者，多以门下侍郎或中书侍郎为本官。给事中职掌读署奏抄，驳正违失，具体执行门下省的封驳权，地位至为重要。散骑常侍、散骑侍郎等官，职掌侍从规谏，实际上是位望通显而无具体职事的闲职，仅用来作为高级官吏的荣誉衔。门下省在宋代形式上还存在，实际职权已移至其他机构，其长官成为寄禄虚衔。辽代南面官系统中有门下省，职掌、官名、员额与宋制略同。金废除门下省。元代以后，门下省不再设置。

门源回族自治县 Menyuan Hui Autonomous County 中国青海省海北藏族自治州辖自治县。位于省境东北部，东部和北部与甘肃省相邻。面积6 896平方千米。人口15万（2010），以汉族为多，回族占总人口的38%，还有藏、土、蒙古、撒拉等民族。古为羌地。北魏为西都县地，隋为湟水县地，唐为鄯州鄯城县地，宋置震武郡，元为吐蕃等处宣尉使都元帅府辖区，明隶西宁卫，清置大通卫，隶西宁府。1929年析置亹源县。1953年改设亹源回族自治区，1955年改为自治县。1959年改为门源回族自治县。主要矿产有煤、萤石、石灰岩、金、铜、铁等。工业有采矿、塑料制造、制砖、电力、毛纺、制药、地毯编织、水泥生产等。农业以种植油菜、青稞、小麦为主。牧业主要饲养绵羊、山羊、牛、驴、马。境内有较丰富的森林资源。有野生动物30余种，其中国家级保护动物有雪豹、马鹿、猞猁，珍禽有天鹅、雪鸡、蓝马鸡等。野生药用植物有杜鹃、羌活、雪莲、黄芪、党参等40余种。名胜古迹有金巴台古城、门源古城、岗龙沟石窟寺、克图古城。旅游景观有仙米景区和花海鸳鸯风景区。

虻 Tabanidae; horse fly 双翅目虻科昆虫的统称。俗称马蝇、瞎虻、牛蚊子、牛苍蝇。全世界已知3 800余种，中国已知有350多种。广布全球，尤以森林和沼泽地区为多。成虫体粗壮，体长5～26毫米。头部半球形，一般宽于胸部；雄性为接眼式，雌性为离眼式。触角3节。口器为刮舐式。中胸发达，盾片中央的横缝不完整。翅宽，多数透明，有的具斑纹，中央具长六边形中室。爪间突发达，呈垫状，约与爪垫等大。卵一般产在植物的叶、茎上，分散或有规则地堆成卵块。幼虫圆柱形或梭形，长10～60毫米。幼虫期特别长，数月或1～3年，龄期6～13个不等，主要滋生在潮湿的泥土中，多为肉食性，可捕食昆虫幼虫、甲壳类、蚯蚓、蜗牛和其他软体动物，并互相残食。以幼虫越冬。蛹一般在土表下2～5厘米处。成虫期1周到2个月不等，飞行能力强，在热带全年活动，温带和寒带在夏季活动，6～8月为盛期。雄性成虫只吸取植物汁液。雌性成虫通称牛虻，一般喜吸地面动物特别是牛、马的血，也吸人血，有些还吸冷血动物的血，严重影响放牧和伐木等工作；并能传播马贫血病，造成人和牲畜的水泡性口炎、野兔热和炭疽，向牲畜传播红血球孢子虫、出血败血症以及血寄生原虫、各种锥虫和丝虫，向人传播罗阿丝虫。另一方面，虻的幼虫捕食土壤中的多种害虫，有益于人类。成虫在中药中称“虻虫”，有破瘀积、消症结的功效。

《蒙巴顿方案》 *Mountbatten Plan* 1947年英属印度总督L.蒙巴顿提出的英国移交政权和印巴分治方案。又称《印度独立法案》。

1947年2月20日，英国首相C.R.艾德礼宣布，英国政府准备至迟在1948年6月前把政权移交给印度人。前盟军东南亚战区最高统帅蒙巴顿被选派赴印，接任英印总督，办理移交事宜。

1947年3月24日，蒙巴顿到达印度。在同各党派接触中，他深感局势比原来估计的还要危急，因而决定提前移交政权。6月3日，他提出具体方案，即《蒙巴顿方案》。主要内容是：印度分为印度教徒的印度和伊斯兰教徒的巴基斯坦两个自治领，英国分别向两者移交政权；先就孟加拉、旁遮普是否各划分为两部分，各部分的归属问题以及西北边省、信德和阿萨姆的锡尔赫特县的归属问题分别进行投票；待有结果后，将印度制宪会议分成印度制宪会议和巴基斯坦制宪会议两部分，它们将分别决定两个国家的未来地位；授予各土邦以自由选择加入任何一个自治领的权利，如果不愿加入任何自治领，可以保持与英国的旧关系，但得不到建立自治领的权利。蒙巴顿还宣布1947年8月15日为移交政权的日期。1947年7月4日，英国议会批准《蒙巴顿方案》。同月18日作为《印度独立法案》正式公布于众。

国大党和穆斯林联盟在原则上接受了这个方案。1947年8月14日，巴基斯坦自治领成立；同年8月15日，印度自治领成立。

《蒙巴顿方案》的实施虽然结束了长达190年的英国殖民统治，然而却给新生的印巴两国人民带来惨重的灾难，在随后发生的宗教仇杀中，50万人丧生，1 200万人无家可归，1 000余万人成为难民。《蒙巴顿方案》实施后的最终结局也为新生的印巴两国经济上畸形发展和政治上的冲突预留了灾难性的伏笔。

蒙巴萨 Mombasa 肯尼亚第二大城市和东非最大港口，滨海省首府。地处东南沿海，临印度洋。市区面积包括蒙巴萨岛（14.25平方千米）约274平方千米。岛屿与大陆之间有马库帕堤道和铁路桥相连。人口50万（2005）。属热带草原气候，年平均气温24℃。平均年降水量约1 200毫米。8世纪

蒙巴萨街头一景

便与东非沿岸及阿拉伯半岛、印度沿海有贸易往来。港口由阿拉伯人始建于11世纪。15世纪初**郑和**多次下西洋时曾抵达蒙巴萨。1498年葡萄牙探险家达·伽马在此登陆后，被葡萄牙殖民者统治二三个世纪。1828年成为桑给巴尔领地。1887年被英国占领，一度成为英国东非保护国的首府。肯尼亚重要的工商业中心。工业有食品加工、水泥、炼油、玻璃、化肥、纺织、金属加工、船舶修造等。蒙巴萨岛为深水港。东北岸为旧港，只供单桅帆船和当地船只使用；基林迪尼为现代化深水港，有各类泊位21个，吞吐能力25万标准箱。可泊2万吨级货轮及6.5万吨级油轮。肯尼亚、乌干达的大部分外贸物资由此中转。主要出口货物为皮革、棉花、茶叶、椰干、咖啡、水泥、木材、糖浆、肉类、奶制品等，进口货物主要有机械、车辆、原油、化肥、钢材、纺织品、粮食、建材、食品、糖等。通往首都**内罗毕**和乌干达首都坎帕拉的铁路起点。高速公路和输油管通内罗毕。还有蒙巴萨国际机场。旅游业发达。主要名胜有耶稣城堡遗迹、曼德瑞清真寺、耆那教寺庙、湿婆神庙等。海滨是世界著名的休养胜地，壮观的珊瑚礁沿海岸连绵480千米。沿岸的曼巴鳄鱼村有东非最大的鳄鱼养殖场。

蒙博托 Mobutu, Sese Seko (1930-10-14～1997-09-07) 扎伊尔共和国（今刚果民主共和国）总统。生于比属刚果（今刚果民主共和国）利萨拉，卒于摩洛哥拉巴特。班加拉人。1956年任《非洲现实》周刊新闻主编。1958年加入刚果民族运动党。1960年6月30日刚果（利）独立后，任陆军参谋长，军衔上校。9月14日发动军事政变，接管卢蒙巴政府后，出任国民军总司令。1965年11月24日再次发动政变，罢黜J.卡萨武布总统，先任总理，后任总统兼国防部长，中将军衔。1967年5月组建人民革命运动党，任主席。1971年10月27日改国名为扎伊尔共和国。第二年发动“恢复民族真实性”运动。1973年推行经济扎伊尔化，将一批外资中小企业和农场收归国有。他连续担任总统近30年。1982年晋升元帅。1996年被L.-D.卡比拉领导的反政府武装赶下台。此后流亡国外。

蒙达人 Muṇḍās 广义指南亚印度共和国中部使用南亚语系蒙达语族诸语言的民族集团。又译扪达人。包括蒙达人本支、桑塔尔人、霍人、卡里亚人、科尔库人、比罗尔人、布米吉人、朱昂人、萨瓦拉人和加达巴人等。蒙达语族又称科拉里亚语族，故蒙达人又称科拉里亚人或科尔人。约980万人（2001）。一般认为，蒙达人是印度最古老的居民，后被**达罗毗茶人**和**雅利安人**排挤到中部深山密林之中。蒙达语言均无文字。

蒙达人少女

狭义指蒙达人本支。约200万人（2001）。主要分布在印度共和国比哈尔邦和奥里萨邦。属尼格罗-澳大利亚人种维达类型。保留万物有灵信仰，崇拜太阳，迷信兆头。有人考证，蒙达人原住北方邦阿泽姆格尔地区，后经曲折迁移，定居现地。绝大部分蒙达人仍处在父系氏族阶段。财产待幼子成年后，诸子均分，女儿无继承权。残留抢婚习俗。主要从事农业，种植水稻、玉米、豆类和蔬菜，辅以采集和射猎。手工业较发达，擅长制陶、编织和木工；部分人在冶金等工矿企业做工。

蒙(扪)达语族 Muṇḍā group **南亚语系**的一个语族。

蒙得维的亚 Montevideo 乌拉圭首都、最大城市和蒙得维的亚省首府。位于拉普拉塔河口北岸。海拔22米。气候宜人，四季如春。年平均气温16℃，平均年降水量1 100毫米左右。人口133.41万（2009）。1717年由葡萄牙殖民者始建。全国最大的工商业中心。集中了全国工业的3/4，主要有肉类加工、纺织、服装、卷烟、化工、石油提炼和水泥等部门。南美洲主要港口之一，全国对外贸易的90%由此进出，主要输出羊毛、肉类、皮革等。1923年建的独立广场处于蒙得维的亚的心脏地带，将旧城与新城分隔开。独立广场的标志是矗立在广场中央的乌拉圭民族英雄J.G.阿蒂加斯的青铜雕像。国会大厦、外交部大楼、市政府大楼等政府机构坐落在广场周围。市内多广场、历史纪念地和公园。全国教育和文化中心。市内有乌拉圭共和国大学和高等教育学院、国家图书馆及众多博物馆、艺术画廊和剧院等。旅游和疗养胜地。交通枢纽。有铁路、公路通往全国各地，并有国际铁路和公路通往阿根廷、巴西等国。位于城东21千米的卡拉斯科有大型国际机场。

蒙得维的亚独立广场

蒙得维的亚保卫战 Operation for Safeguarding Montevideo 1843～1851年乌拉圭人民抵抗阿根廷侵略军的首都保卫战。1839年，阿根廷独裁者J.M.de罗萨斯在乌拉圭白党支持下侵入乌拉圭，第二次乌拉圭战争爆发。1843年2月，罗萨斯和白党领袖M.奥里维的军队包围了乌拉圭红党J.F.里维拉政府控制的蒙得维的亚。乌拉圭军民在敌人长期围困和极其艰苦的条件下，团结一致，奋勇保卫首都。法国、意大利、西班牙等国人民同情和支持乌拉圭人民，组织志愿军参加蒙得维的亚保卫战。巴西也于1851年出兵乌拉圭，反对罗萨斯武装兼并乌拉圭。阿根廷恩特雷里奥斯省省长J.J.de乌尔基萨联合阿根廷东北部数省以及乌拉圭的里维拉政府和巴西结成同盟，于1851年10月指挥2万多同盟联军进入乌拉圭，击败奥里维的军队和罗萨斯侵略军，蒙得维的亚随之解围。这次保卫战历时9年，粉碎了阿根廷独裁者兼并乌拉圭的企图，维护了乌拉圭的独立。

蒙德里安 Mondrian, Piet (1872-03-07～1944-02-01) 荷兰画家，风格派的代表。生于阿默斯福特，卒于美国纽约。其早期作品得益于17世纪的荷兰传统绘画，后在**象征主义**和**印象主义**中吸收了营养。1908年以前创作了大量介于印象主义和**后印象主义**之间的绘画。1908年创作的油画《红色的树》，保留了具体物象的轮廓，色彩和构图富有表现力，属于表现主义的作品。自1912年初至1914年7月，他在巴黎居住，沉醉于**立体主义**。回荷兰后，抛弃立体主义。在1913年

《有红蓝黄的构图》（1930）

的油画《线与色的构成》中，采用新的空间处理法，而从几幅《防波堤与海》的变体画中，兴趣又转向几何形符号式的绘画。1919～1938年住在巴黎，1940年迁居纽约直到逝世。从20世纪初开始，蒙德里安从事纯几何形的抽象画创作，在平面上把横线和竖线加以结合，形成直角或长方形，并在其中安排原色红、蓝、黄，间有灰色。以后，作品中的线条和四方形的数目逐渐减少，灰色被排除出画面，原色也减到一至二种，所占的面积也比以前小。《黄与蓝》（1925）显示出独特的风格，这种风格一直延续到晚年。他到美国后，受美国生活的影响，画中表现出爵士音乐的节奏，反映出繁闹的都市生活中安宁和不平静的情绪，其中最典型的是油画《百老汇爵士乐》（1942～1943）。

蒙哥 Mongka; Möngke (1209～1259) 大蒙古国第四代大汗，成吉思汗幼子**拖雷**的长子。蒙哥蒙古语意为长生。1235～1240年，奉**窝阔台**命，与**拔都**、贵由西征，屡立战功。贵由汗去世后，诸宗王在汗位继承上发生争议。**术赤**子拔都以宗长身份首推蒙哥为大汗继承人。窝阔台系诸宗王拒绝承认。于是拔都派弟别儿哥率军卫蒙哥东还，并定于来年在斡难河（蒙古鄂嫩河）、怯绿连河（蒙古克鲁伦河）召开大会。窝阔台系诸宗王拒不赴会。拔都不顾他们的抵制，于1251年夏，在阔帖兀阿阑（成吉思汗大斡耳朵所在地）举行大会，拥蒙哥即大汗位。随即将参加叛乱的窝阔台系诸王处死或流放。蒙哥登大汗位，委其弟忽必烈领漠南汉地军政事宜，颁发政令，革除前朝弊政。1252年，命忽必烈征大理，诸王也古征高丽。1253年，遣弟旭烈兀西征，塔塔儿带撒里等征欣都思（印度）、怯失迷儿（克什米尔）等国。1256年诸王会议决定大举伐南宋。蒙哥以幼弟**阿里不哥**留守和林，自率主力入四川。1259年二月，蒙哥率全军渡鸡爪滩，至石子山，猛攻钓鱼山（今四川合川东），因宋将王坚恃险坚守，屡攻不克。天气暑湿，军中疫疠流行，兵士多病死，蒙哥亦染疾，七月逝世于钓鱼山。后追谥桓肃皇帝，庙号宪宗。

蒙哥尔费兄弟 Montgolfier brothers 法国航空先驱、热空气气球发明人。兄J.M.蒙哥尔费（1740-08-26～1810-06-26），生于阿尔代什省维达隆莱昂纳内，卒于埃罗省巴拉吕克莱班斯。弟J.E.蒙哥尔费（1745-01-07～1799-08-02），生于维达隆莱昂纳内，卒于塞尔维耶尔。他们从事造纸业，曾制造出新式仿羊皮纸和水锤扬水器而成为法国知名的发明家。1782年，J.M.蒙哥尔费研制出第一个热空气气球，仅升到天花板的高度即坠落。后来兄弟两人用麻布和纸制成一个直径达10米的热空气气球，以燃烧湿稻草和碎羊毛产生的热空气充满气球，经过反复试验和改进，终于在1783年6月4日在昂纳内首次升空。同年9月19日，蒙哥尔费兄弟应法国国王路易十六和法兰西学院的邀请前往巴黎凡尔赛宫做表演，他们在气球下面系吊一个笼子，放入羊、鸡、鸭各1只，气球在空中飘行8分钟，被公认为世界上第一个热空气气球。同年11月21日，法国人F.P.de罗齐埃和M.达尔朗德乘坐此种气球，在巴黎上空飘行25分钟，平安降落在距起飞地约8.9千米的地方，这是人类第一次升空航行。

J.M.蒙哥尔费

J.E.蒙哥尔费

蒙哥马利 Montgomery, Bernard Law (1887-11-17～1976-03-25) 英国陆军元帅，第二次世界大战期间盟军指挥官之一。生于伦敦，卒于汉普郡奥尔顿。1908年毕业于桑德赫斯特皇家军事学院。第一次世界大战期间，在法国、比利时战场服役。1937年后任旅长、师长。第二次世界大战爆发后，蒙哥马利率远征军第3师开赴法国作战。曾参加指挥敦刻尔克撤退。1942年8月，受命赴北非，接管第8集团军。1942年10月23日至11月4日在埃及的阿莱曼地区率部取得重大胜利，从而扭转了北非的战局。阿莱曼战役后，蒙哥马利受封为爵士，并晋升为陆军上将。后升任21集团军群司令。1944年6月，协助D.D.**艾森豪威尔**指挥诺曼底登陆。1944年9月1日晋升为陆军元帅。1945年他指挥的21集团军群进入德国本土，5月代表盟军接受德军北方兵团的投降。1946年，被封为阿莱曼的蒙哥马利子爵。

1946～1958年，蒙哥马利历任帝国总参谋长、西欧联盟常设防务机构主席、**北大西洋公约组织**武装力量副司令等要职。1958年退休。他是英国历史上服役最久的将领。1960年和1961年两次访问中国。

蒙克 Munch, Edvard (1863-12-12～1944-01-23) 挪威画家。生于勒滕，卒于奥斯陆。1880年进奥斯陆工艺美术学校随C.克罗格习画，受**印象主义**画风的影响。1889年改用传统的画法创作《病孩》的变体画《春》，因此获得奖学金去法国留学，师从L.博纳。在法国，他在研究印象主义画法的基础上，转而对**后印象主义**和纳比派发生兴趣。1892年，在德国柏林美术家协会举办展览，给德国青年画家以很大的刺激，推动了表现主义运动的产生。蒙克油画《圣克卢之夜》（1890）和《卡尔·约翰街的夜晚》（1892）标志着他风格的转折，显示出表现主义画家的特质。90年代代表作是《春情》（1894）和《呐喊》（1893），前者描绘人对幽闭的恐惧，后者刻画人对孤独与死亡的恐怖感。1894年开始从事版画创作，在木刻、石版、铜版画方面，都有独特的创造。他的版画题材多取自于油画，其中以《生命》组画最为出色。1910年为奥斯陆大学节日厅设计装饰画，于1916年完成。其中的壁画《太

《呐喊》（蒙克博物馆藏）

阳》受F.尼采《人山》的影响，表现了人们对光明的渴望。

蒙克是一位爱国者。在德国占领挪威期间，他拒绝与纳粹政权合作，不参加为其操纵的美术家协会的活动。蒙克去世后，根据他的遗嘱，他的全部作品无条件地捐赠给奥斯陆市，包括1 200幅油画、4 500幅素描、1 800幅版画、6件雕塑以及大批的工具、笔记和书籍等。

蒙克 Munk, Walter Heinrich (1917－10－19～) 美国地球物理学家、海洋学家。生于奥地利维也纳，1932年移居美国。1939年加利福尼亚大学毕业，同年入斯克里普斯海洋研究所。1947年获博士学位。1956年起为美国国家科学院院士，1959年后一直任加利福尼亚大学地球物理学和行星物理学研究所所长。他从事海浪、风海流、海洋湍流、海洋声学和地球自转方面的大量理论研究；和H.U.斯韦尔德鲁普共同提出海浪预报方法，他还研究关于风海流西向强化理论和外洋深海潮汐的实测，为理论海洋物理学作出杰出贡献。提出利用声学方法在大范围海域测量海洋动力特性的海洋声学层析术，得到广泛应用。用水声方法测量海水温度变化，用以分析全球范围海洋变暖现象。还研究地球自转的摄动影响。他把自己毕生的研究工作归纳为地球谱学。鉴于他在地球自旋和海洋波浪方面的成果，1985年2月获美国最高科学奖——全国科学奖，还曾获H.U.斯韦尔德鲁普奖（1966）、伦敦皇家天文学会的金质奖章（1968）、美国海洋技术学会的海洋科学与工程一等奖（1969）、W.M.尤因奖（1976）、A.阿加西奖（1976）等。

蒙罗维亚 Monrovia 利比里亚首都和最大港口城市。位于大西洋沿岸圣保罗河口布什罗德岛和梅苏拉多角上。人口130万。处于热带雨林区，年平均气温26.5℃，平均年降水量4 770毫米。1821年美国殖民协会为移民释放的黑人奴隶在此建立居住区。第二次世界大战后发展迅速。现为全国政治、经济和文化教育中心。拥有全国大半数工业，布什罗德岛建有炼油、橡胶、油漆、制药、水泥、锯木、金枪鱼加工等中小厂。岛上的蒙罗维亚自由港1944年始建，1948年开放，为国内最繁忙的港口。岸线总长1 162米。货运码头还可供集装箱船及滚装船停靠作业。输出胶乳、铁矿石、金刚石、棕仁、棕油、咖啡、棉花等，输入粮食、机械等。为全国公路网中心。铁路通博米和邦山铁矿区。城东南有罗伯茨国际机场。文教、传媒机构有利比里亚大学、国立图书馆、现代蒙罗维亚公立学校、教会中学、有线电台和电视台。

蒙昧时代 savagery 人类社会和文化发展的第一阶段。又称蒙昧阶段。19世纪，美国人类学家L.H.摩尔根在《古代社会》中提出，人类社会分为蒙昧时代、野蛮时代、文明时代。蒙昧时代始于人类社会的诞生，终于定居和村落的萌芽，相当于考古学上的旧石器和中石器时代。分为低级、中级和高级三个阶段。低级阶段以采集野生植物为生，产生分节语。中级阶段从鱼类食物和用火知识的获得开始，终于弓箭的发明。高级阶段已开始使用磨制石器，并有了房屋、独木舟和木质纤维制品等。摩尔根认为，蒙昧时代的主要成就是分节语的形成、宗族和氏族组织的建立。20世纪以来，摩尔根关于人类社会文化的发展经历蒙昧、野蛮和文明三个阶段的观点受到西方学术界的批评，认为其缺乏科学实证依据，无法解释社会和文化发展的多样性。

《蒙娜丽莎》 *Mona Lisa* 意大利文艺复兴时期美术大师达·芬奇的作品。作于1503～1506年。蒙娜丽莎是佛罗伦萨银行家弗朗切斯科·乔孔达的妻子，因此这幅肖像有时被称为《乔孔达》。画中蒙娜丽莎的眼睛似乎永远在看着观众，她那既是瞬间的又是永恒的微笑，具有超越时空的魅力。达·芬奇在画中以独具匠心的构图，描绘了一位摆脱中世纪宗教及禁欲主义束缚、充满自信的妇女。画家运用自己擅长的以光影明暗塑造形体的技法，使画面的背景具有异常柔和的调子，随着空间的推移，

《蒙娜丽莎》（卢浮宫博物馆藏）

后面的风景逐渐迷茫，消失在幽远的深处，从而使蒙娜丽莎的面庞、胸部和双手更加突现，由此她的平静、安详、端庄得以充分表达。《蒙娜丽莎》既有不可重复的个性化特征，又有强烈的宣扬人文主义时代的理想光辉。

蒙日 Monge, Gaspard (1746－05－10～1818－07－28) 法国数学家。生于法国东部的博讷，卒于巴黎。法国大革命时期学术界的领导人物，享有画法几何创建者的盛誉，在微分几何、化学、力学等方面也有贡献。他早年就学于梅济耶尔军事学院，1768～1783年在该校任教。1780年定居巴黎，曾在米制委员会任职（1791）。1792～1793年任海军与殖民部长。拿破仑远征埃及时，带领一批专家学者随行，蒙日是其中之一（1798～1801）。他参与巴黎综合工科学校的创办（1795），以后成为该校领导人至1815年。法国大革命前后，由于军事上筑城术等方面的需要，画法几何应运而生。蒙日的研究使它成为一个独立的学科，但因牵涉军事秘密，他的名著《画法几何》（1798～1799）的出版滞后该学科建立30年。蒙日对微分几何也作了重要的推进，这方面的论著开始发表于1795年。他还是一位优秀的教师，在其直接教导和影响下，一大批几何学家成长起来，这与19世纪射影几何在法国再度兴起有密切关系。

蒙森 Mommsen, Theodor (1817－11－30～1903－11－01) 德国历史学家、作家。生于石勒苏益格，卒于夏洛滕堡。1838～1843年在基尔大学读法律，获硕士和博士学位。1844～1847年在意大利学习。回国后曾任报社编辑、莱比锡大学教授、议会议员。1849年因参加萨克森的一次起义，失去教授职位，几乎被投入监狱。后任苏黎世、布雷斯劳、柏林大学教授。运用史学方法著述的《罗马史》使他成为“最伟大的纂史巨匠”而获1902年诺贝尔文学奖。《罗马国家法》(1871～1888) 是他学术上最伟大的成就。最后一部巨著是《罗马刑法》(1899)。

蒙山 Mengshan Mountain 中国山东省中南部名山。屏峙于平邑、费县和蒙阴3县间。西北—东南走向，山岭多呈平行带状分布。东西宽约20千米，南北长70千米。海拔700～800米，主峰龟蒙顶海拔1 156米，为省内第二高峰。属单面山型，南麓有蒙山

临沂蒙山风景区

大断裂，山势陡峻；北侧虽亦有断裂，但坡度较缓。山势高大雄伟，景色宜人，满山林木葱郁，主要树种有松、栎、刺槐及多种果树。沟谷水流分向南北，南部属沂河流域，北部为大汶河、泗河流经之地，各河支流多呈直角交汇，形成方格状水系。蒙山与沂山合称为沂蒙山区，抗日战争时期为革命根据地。沂蒙山区金刚石原生矿总储量为1 120万克拉，居中国第一位。有万寿宫、迎仙桥、承天宫、明广寺等名胜古迹。

蒙塔古 Montague, William Pepperell (1873-11-11～1953-08-01) 美国哲学家。新实在论的主要代表。生于马萨诸塞州切尔西，卒于纽约。1898年获哈佛大学博士学位，1907～1941年一直在哥伦比亚大学任教，曾任美国哲学学会东部分会主席。他所持的新实在论是“柏拉图主义式的”，认为认识对象不依赖于认识的主体而独立存在，但又反对回答认识主体和认识对象的本性究竟是什么，并主张事物的本质或共相和个别事物同样具有实在性。论著有《关于真理和错误的实在论观点》等。

蒙塔莱 Montale, Eugenio (1896-10-12～1981-09-12) 意大利诗人。生于热那亚，卒于米兰。1925年因诗集《乌贼骨》成为著名的抒情诗人。1927年迁居佛罗伦萨，任市图书馆馆长。此后长期担任米兰《晚邮报》的文学编辑。1975年获诺贝尔文学奖。

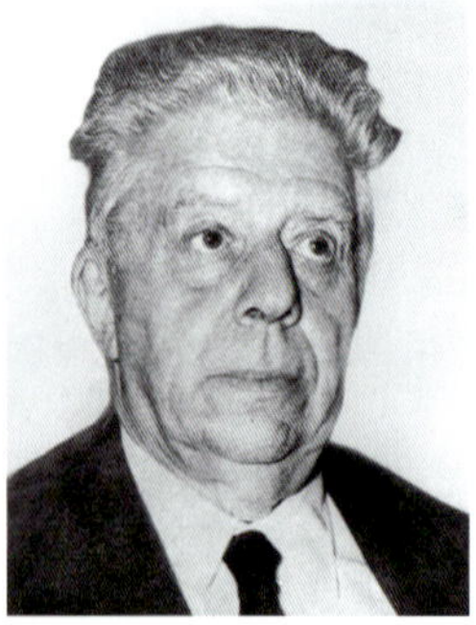

蒙塔莱是隐秘派诗歌的重要代表，认为人无法探测历史的奥秘，无力改变世界的现状，人与人之间也丧失了沟通的可能，因此，诗人的使命不是反映普遍的真实，而是表现人的生存本身，寻求个性的真实，反映自我的情感和内心世界。处女作《乌贼骨》体现了他的这些见解。随后发表诗集《境遇》(1939)、《暴风雨和其他》(1956)。其诗歌具有象征主义的特点，被评论家称作“纯诗歌”，但有时失之隐晦艰涩。

蒙台梭利 Montessori, Maria (1870-08-31～1952-05-06) 意大利教育家、医生，西欧新教育运动的代表人物。她是意大利第一位获得医学博士学位的妇女。曾任精神病院临床助理医师。她在研究和诊疗残疾与低能儿童的实践中，对儿童教育发生了兴趣，通过实验，使低能和残疾儿童通过了小学各科考试。教育特殊儿童的成功使她考虑改进正常儿童的教育方法，以期达到更高的教育效果。她力图以生理学、心理学及医学为基础，用自然科学的直接观察的研究方法，建立对正常儿童进行教育的“科学的教育学”。

1907年，她开办了第一所幼儿学校，命名为“儿童之家”，招收3～6岁的贫苦儿童，施以新的教育。1909年出版其第一本论述幼儿教育的理论著作《蒙台梭利方法》，全面阐述了她的教育主张及在“儿童之家”实施的教育方法。后进行补充、修订，改名为《对儿童的发现》。她的工作在国内外引起了人们的注意，有些地方组织了“蒙台梭利协会”，开办了“蒙台梭利学校”。

蒙台梭利认为儿童具有天赋的潜能，处在不断成长和发展的状态；他们从内在需要出发，依靠天然的求知心理和敏感性，积极地吸取环境中的印象，形成自己的个性并逐步发展为成熟的人。教育的基本任务是使每个儿童的潜能在适宜的环境中得到自然发展的自由，成为身心健康、自信和有学习能力的“正常”儿童。新的教育学必须以了解儿童为基础，促进儿童个性的发展，不能局限于传授知识。教师的职责在于提供符合儿童发展规律的环境，帮助儿童实现自我教育，防止一切有损儿童身心健康发展的、不必要的干涉。

著有《教育人类学》、《童年的秘密》和《人的形成》等。

蒙太奇 montage 电影艺术的主要叙述手段和表现手段之一。法文montage的音译，原为组合、装配之意。在电影制作中，导演需要把整部影片的内容分成许多不同的镜头，分别拍摄以后，再依照创作构思，将分散的镜头组合起来，形成一部完整的电影，这种技巧就称为电影蒙太奇。

电影史上一般把分镜头拍摄的创始之功归于美国的E.S.鲍特。他在1903年制作的《火车大劫案》中，把不同背景，包括站台、司机室、电报室、火车车厢、山谷等内景、外景里同时发生的事连接起来叙述一个故事。但是，举世公认的第一个有成绩的电影艺术家还是D.W.格里菲斯，他熟练地掌握了不同镜头组接的技巧，使电影终于从戏剧的表现方法中解脱出来。

通过蒙太奇手段，电影的叙述在时间空间的运用上取得了极大的自由。除此之外，它还有两个重要作用：一是使影片自如地交替使用叙述的角度；二是通过镜头更迭的运动节奏影响观众的心理。迄今为止，蒙太奇没有统一的分类。但从蒙太奇的研究历史来看，蒙太奇形成三层含义：一是作为技术手段的蒙太奇；二是作为艺术手段的蒙太奇；三是作为思维方式的蒙太奇。

蒙泰朗 Montherlant, Henry de (1896-04-21～1972-09-21) 法国作家。生于巴黎，卒于巴黎。他最初几部小说和散文集《接早班》(1920)、《梦》(1922)、《奥林匹克运动会》(1924)和《斗兽者》(1926)，提倡在战争或体育活动中建立战斗友谊。长篇小说《独身者》(1934)描写两个没落贵族的命运。4卷本小说《少女们》(1936～1939)，剖析了复杂的爱情心理。论文集《卡斯蒂利亚的小公主》(1929)、《无用的效劳》(1935)等，宣扬刚毅的品德。剧本主要有《死去的王后》(1942)、《波尔-罗亚尔》(1955)、《唐璜》(1958)等，都受到公众欢迎，晚年发表小说《沙上的玫瑰花》(1954、1968)和《漆黑一团》(1963)等。作品风格谨严、自然、亲切，兼有法国古典作家的淳朴和浪漫派作家的激昂的特点。

蒙特卡罗方法 Monte Carlo method 以概率和统计理论方法为基础的一种计算方法。将所求解的问题同一定的概率模型相联系，用电子计算机实现统计模拟或抽样，以获得问题的近似解。为象征性地表明这一方法的概率统计特征，故借用赌城蒙特卡罗命名。又称统计模拟法、随机抽样技术。由S.M.乌拉姆和J.冯·诺伊曼在20世纪40年代为研制核武器而首先提出。它的基本思想是，为了求解数学、物理、工程技术以及管理等方面的问题，首先建立一个概率模型或随机过程，使所求解问题恰好为概率分布或数学期望等问题的解；然后通过对模型或过程的观察或抽样试验来计算所求参数的统计特征，并用算术平均值作为所求解的近似值。对于随机性问题，有时还可以根据实际物理背景的概率法则，用电子计算机直接进行抽样试验，从而求得问题的解答。

蒙特卡罗方法有很强的适应性，问题的几何形状的复杂性对它的影响不大。该方法的收敛性是指概率意义上的收敛，因此问题维数的增加不会影响它的收敛速度，而且存储单元也很省，这些是用该方法处理大型复杂问题时的优势。因此，随着电子计算机的发展和科学技术问题的日趋复杂，蒙特卡罗方法的应用也越来越广泛。它不仅较好地解决了多重积分计算、微分方程求解、积分方程求解、特征值计算和非线性方程组求解等高难度和复杂的数学计算问题，而且在统计物理、核物理、真空技术、系统科学、信息科学、公用事业、地质、医学、计算机科学等领域都得到成功的应用。

蒙特雷 Monterrey 墨西哥第三大城市，新莱昂州首府。人口113.31万（2005）。海拔538米。气候干燥，冬凉夏热，年平均气温20～25℃，平均年降水量750毫米。始建于1579年，1596年为纪念蒙特雷伯爵而得名。1888年墨西哥城—蒙特雷—美国得克萨斯州的铁路和20世纪30年代泛美公路的建成，促进该城的发展，纺织业、采矿业和钢铁工业先后崛起。为仅次于墨西哥城的第二大工业城市。冶金工业中心，拥有全国最大的钢铁企业，生产全国一半以上的钢铁。有色金属冶炼工业较发达。还有石油提炼、机械、纺织、造纸、建材、玻璃、烟草、啤酒、食品等工业部门。全国第二大金融中心和股票市场。有6所高等院校，蒙特雷理工学院为全国两大高等工科学院之一。北部交通枢纽，有铁路、公路和航空线直通墨西哥城、新拉雷多、坦皮科和马塔莫罗斯。郊区有托波奇科温泉和加尔西班岩洞。为旅游疗养胜地。

蒙特利尔 Montreal 加拿大第二大城市。位于魁北克省南部，渥太华河汇入圣劳伦斯河处以下。市区坐落在圣劳伦斯河霍奇拉加群岛中最大的蒙特利尔岛上，面积495平方千米，人口162.07万（2006）；大都市区扩及其他河心岛屿和圣劳伦斯河两岸地区，包括隆格伊、拉瓦勒等66个市镇，面积4 047.4平方千米，人口353.56万（2006），约占全省人口的48%以上。法语人口占全市人口的2/3以上，为除法国巴黎以外世界上最大的法语城市。

蒙特利尔城市风光

蒙特利尔岛岗丘起伏，其中罗亚尔山海拔234米，为全岛最高点。大都市区腹地地势平坦。气候冬寒夏暖；平均年降水量约1 000毫米，冬季多雪。

原为休伦族印第安人所建的霍奇拉加村。1535年法国航海家J.卡蒂埃登岛探险，称岛上最高点为“蒙特罗亚尔”，意为“皇家山”。以后的岛名和城名即源于此。1756～1763年英法战争后归属英国。1832年设市。1844～1849年为上、下加拿大联合省首府。到1851年，蒙特利尔已取代魁北克成为英属加拿大最大城市。1959年圣劳伦斯河深水航道开辟，进出口贸易迅速增长，工业部门趋于多样化。为迎接1967年世博会和1976年奥运会的召开，先后实施了大规模城市建设和改造规划。从20世纪70年代起，城市人口和经济规模的首要地位被多伦多取代。

经济以制造业和商贸、金融、交通运输业为主。除纺织、服装、食品、造纸、木材加工等传统部门外，炼油、有色冶金、航空航天、制药、电子、计算机等部门的发展较快。金融业发达，设有许多信托、投资、保险公司以及证券交易所。也是重要旅游中心和国际会议中心。大湖—圣劳伦斯航道的重要河港，拥有现代化专用码头和集装箱码头设施。全国最大的铁路枢纽。高速公路网向各地辐射，与横贯大陆公路干线和美国高速公路网相连。有多尔瓦勒国际机场。

中心城区在蒙特利尔岛东南，大致呈东北—西南向延伸。东北部为老市区，居民以法裔为主，街道、建筑保持着传统的法兰西风貌。有卡蒂埃广场的市政厅（1878）、拉梅扎伊宫（1705），兵器广场的双塔圣母院（1829）等著名景点。西南部为现代化新市区，居民以英裔为主，街道宽阔，高楼林立，以自治领广场为中心，集中了全市主要商业、金融、行政、文教和娱乐场所。广场西北侧的圣凯瑟琳大街是最繁华的商业街，由4座45层大楼组成的玛丽城广场，呈十字形，为现代蒙特利尔的标志。规模宏大的地下城举世闻名。

文教事业发达，英、法两种文化并存。有麦吉尔大学（1821，英语）、蒙特利尔大学（1878，法语）等著名高等院校。重要文化设施有加拿大历史博物馆、蒙特利尔美术馆、现代艺术博物馆、加拿大建筑中心等。蒙特利尔交响乐团和爵士乐芭蕾舞剧团享有国际声誉。蒙特利尔植物园规模居世界第三。1985年5月与中国上海市结为友好城市。

蒙特利尔大学 University of Montreal 加拿大私立高等院校。校址在魁北克省蒙特利尔市。前身为1878年建立的拉瓦尔大学蒙特利尔分校。1920年获魁北克议会的特许状，1967年魁北克省两次修订法案，将学校定性为具有公立大学地位、非教派性的独立大学，以高等教育和研究为目标。设有文理、继续教育、牙科、教育、环境设计、法律、医学、音乐、护理、药学、神学与宗教学、兽医学等学院以及研究生院，还有2个附属学校。设学士学位，学制一般3～4年，其中计算机数学、经济数学、物理数学学士学位需2～3年，医学需5年。硕士学位需取得学士学位后再学习3～4个学期。博士学位需取得硕士学位后再从事2年研究。

《蒙特利尔议定书》 *Montreal Protocol* 全称《关于消耗臭氧层物质的蒙特利尔议定书》。1987年9月在加拿大蒙特利尔由23个国家共同签署。议定书的主要内容有：①限制物质为2组8种，含氯氟烃5种（CFC11、CFC12、CFC113、CFC114、CFC115）、卤族化合物3种（哈龙1211、哈龙1301、哈龙2402）。②限制进程为1989年7月起对这8种限制物质的生产量和消费量冻结在1986年的水平。③1992年起禁止从非缔约国进口限制物质，不得从缔约国进口含有限制物质的制品，禁止缔约国给非缔约国经济援助来生产限制物质。④对于人均消费量小于0.3千克的国家，限制时间可推迟10年执行。⑤今后将定期修改协定条文。

1990年在伦敦议定书缔约国第二次会议上提出议定书的伦敦修正案。修正后的议定书于1992年8月20日对中国生效。修正的主要内容是：①受控物质从原来的8种增加到20种，而且规定，发达国家缔约国，上述20种受控物质除1,1,1-三氯乙烷时限可延长到2005年外，其他全部在2000年1月1日停止消费。②确定建立保护臭氧层的国际资金机制，为发展中国家缔约国实现对消耗臭氧层物质的控制措施提供援助。③规定发达国家必须以公平和最优惠的条件向发展中国家缔约国迅速转让替代品和有关技术，发展中国家执行控制措施的能力将系于财务合作和技术转让的有效实行。④在表决程序、与非缔约国贸易及退约等条款中删去对发展中国家歧视或明显不利的条款。

蒙特柳斯 Montelius, Oscar（1843-09-09～1921-11-04） 瑞典考古学家。史前时代文化研究工作的开拓者之一。生于斯德哥尔摩，卒于斯德哥尔摩。毕业于乌普萨拉大学，获哲学博士学位。曾任斯德哥尔摩国立古物博物馆馆长、教授。重点研究史前文化的分期与年代，尤

专注西欧、北欧地区的青铜文化，首倡使用类型学方法研究古代器物。主要著作有《青铜时代年代问题》、《东方与欧洲上古文化诸时期》(第一卷的中译本名为《先史考古学方法论》)等。他还热心于考古学的普及。

蒙特塞拉特 Montserrat 加勒比海的英国属地。位于小安的列斯群岛中背风群岛的南部，东北、东南分别与安提瓜岛和瓜德罗普岛隔水相望，北邻圣基茨岛。陆地面

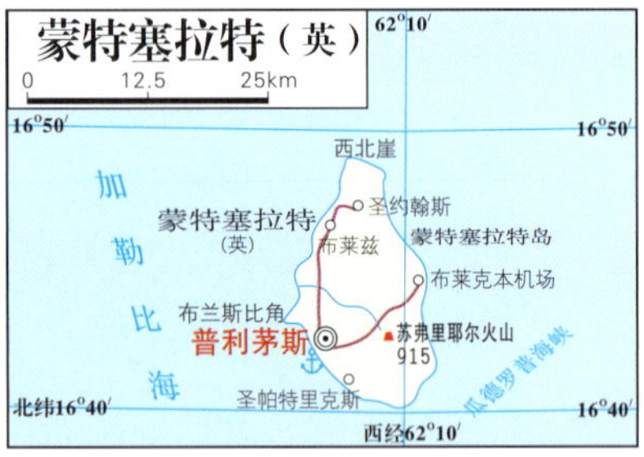

积102平方千米。人口5 118（2010）。居民主要是黑人。居民信奉基督教、天主教。通用英语。首府普利茅斯，1997年毁于火山大爆发。临时首府布莱兹。为一火山岛，岛上主要有3座火山。最高点是南部的苏弗里耶尔火山，海拔915米。热带海洋性气候，平均气温30℃，平均年降水量1 700毫米。

1493年C.哥伦布到此。1632年沦为英国殖民地，后曾两次被法国占领。1783年再度成为英国殖民地。1871～1956年为英属背风群岛联邦成员。1958～1962年为西印度联邦成员。据1967年1月该岛公民投票结果，仍为英国直属殖民地，由英女王任命总督直接统治。总督任执行理事会主席。议会称立法会议，由12名成员组成。主要政党有新人民解放运动、国家进步党、国家重建运动等。

经济原以农业为主，后旅游业发展成重要经济部门。信息产业和金融服务业发展迅速。可耕地少，主要种植棉花、马铃薯、甘薯、辣椒、热带水果和蔬菜等。有畜牧业和渔业。工业规模较小，主要生产轻工产品，如电子元件、塑料袋、皮制品等。有小型农产品加工、建筑材料和木船建造等工厂。2006年地区生产总值1.065亿东加勒比元。货币名称东加勒比元，固定汇率。主要贸易对象是美国。主要出口电子产品、棉制品和包装用品，主要进口食品、机械、运输工具和燃料。无铁路。交通运输以海运为主，主要港口有普利茅斯。有通往美国和邻近国家及地区的航空线。

对5～14岁儿童实行免费义务教育。西印度大学在普利茅斯设立美术系。出版英文周刊《蒙特塞拉特新闻》、《蒙特塞拉特时报》、《蒙特塞拉特日报》。政府电台蒙特塞拉特电台创立于1952年。另有两家商业性电台和一家电视台。

蒙田 Montaigne, Michel de (1533-02-28～1592-09-13) 法国思想家、散文家。又译蒙泰涅。生于蒙田堡，卒于蒙田堡。中学毕业后进图卢兹大学学习。1554年起被任命为法院推事达15年之久。辞官返乡后，他闭门读书，结合社会现实和自己的体会进行思考，辑录为《随笔集》(1580)两卷。他由此获得教皇授予的“罗马市民”称号。1588年出版了《随笔集》的第三卷。

蒙田在政治上持保守态度，思想平和中庸。他反对压迫和杀戮，力求保持平静的乡绅生活，主张顺乎人的天性去追求幸福和快乐，尊重社会秩序和风俗习惯。《随笔集》的结构松散自然，内容包罗万象，语言生动而富有情趣，叙述平易但发人深省。蒙田开创了随笔的体裁，在法国散文史上占有重要的地位，他的文体和风格对法国文学以至英国文学都很有影响。

蒙恬 Meng Tian (?～前210) 中国秦代名将。祖先为战国时齐国人。其祖父蒙骜入秦，屡立战功。父蒙武亦为一代名将。蒙恬早年学法律，曾为狱官，典掌文学。秦王政二十六年（前221），因家世得为军将，大破齐国，拜为内史。秦始皇统一六国后，蒙恬奉命将30万众，北逐匈奴，收复河南地（今内蒙古河套地区），并且因河为塞，临河筑44座县城，迁谪戍居住。又监修长城、直道。长城逶迤万余里。直道自九原抵云阳，全长1 800里，因难修，未完工。这些措施对防止匈奴侵扰发挥了重大作用。蒙恬驻兵上郡十余年，威震匈奴。其弟蒙毅也位至上卿。在将相大臣中，蒙氏兄弟与秦始皇关系最为亲近。秦始皇于始皇帝三十七年巡游会稽，北还至沙丘病死。中车府令赵高与丞相李斯、公子胡亥密谋篡改诏书，立胡亥为太子，遣使者赐公子扶苏、蒙恬死，结果扶苏自杀。蒙恬疑诏书有诈，不肯就范，被囚禁于阳周，蒙毅也被囚禁于代。赵高与蒙毅有私怨，又担心蒙氏兄弟复贵对己不利，遂罗织罪名，加以陷害。秦二世胡亥即帝位后，处死蒙毅，迫使蒙恬服毒自杀。

蒙脱石 montmorillonite 化学组成为$(Na,Ca)_{0.33}(Al,Mg)_2[Si_4O_{10}](OH)_2\cdot nH_2O$，晶体属单斜晶系的含水层状结构硅酸盐矿物。水的含量变化很大。颗粒细小，约0.2～1微米，具胶体分散特性，通常呈块状或土状集合体产出。又称微晶高岭石或胶岭石。颜色为白色带浅灰，有时带浅蓝或浅红色。光泽暗淡。莫氏硬度2～2.5。密度2～2.7克/厘米^3。具有很强的吸附能力和离子交换能力。还具有高度的胶体性、可塑性和黏结力。吸水性很强，遇水体积膨胀，可达30倍。是组成膨润土的主要成分。用作钻探泥浆，铸型砂和铁矿球团的黏合剂，造纸、橡胶、化妆品的填充剂；纺织和石油工业中作吸收剂、石油脱色和裂化催化剂的原料。主要形成于海相和陆相沉积环境，是各种富含铝硅酸盐矿物的风化产物，热液蚀变或沉积变质作用在碱性条件下也可形成。在土壤和海洋沉积物中蒙脱石也相当多。产地有美国怀俄明和意大利撒丁岛等。中国产地有辽宁、吉林、河北、浙江、新疆等。

蒙文通 Meng Wentong (1894-10-16～1968-08-01) 中国历史学家。名尔达，字文通。生于四川盐亭。1911年入成都存古学堂学习经学。1923年在南京支那内学院从欧阳竟无学习佛学与古代学术思想。1927年起至20世纪60年代，先后任成都大学、北京大学、四川大学等校教授。并曾兼任四川省图书馆馆长、中国科学院历史研究所研究员。其学由经入史，重通观达识、明其流变，不守藩篱，自成一家言。

20世纪30年代撰成的《古史甄微》打破传统三皇五帝框架，把上古居民分为三个民族部落集团，分别活动在江汉、河洛、海岱三个地区，率先对中国太古民族、文化进行区系研究。他讲述中国史学史，把史学的发展置于古代学术思想这一广阔领域里进行考察。1957年发表《中国历代农产量的扩大和赋役制度及学术思想的演变》一文，全面地考察了2000多年来生产力、生产关系及上层建筑、意识形态演变之迹。对秦汉社会、唐宋变革、熙丰变法均有深入的研究。他深研经学，多有卓见，推阐汉代今文源于鲁学、齐学，古文源出三晋。研究汉儒思想，揭示齐学发扬“革命”新旨，并论西周彻助并行、国野异制，其后集为《儒学五论》。《理学札记》是他数十年研究宋明理学的结晶。还辑校出具有重要价值的《道书》若干部，首揭道家南北二派之异，并对道家“重玄学”加以阐发。

他特别重视各方民族迁徙流动及融合史迹，并就其与先秦各学派的关系加以梳理，后集为《周秦少数民族研究》。晚年仍致力于民族史及巴蜀史研究，多有创获，所撰《越史丛稿》，揭示出古史所载“百越”

诸民族各自不同的文化特征，把南方民族史研究推向了新的阶段。又论中国古地理，察水地演变，用物候学来探寻古代气候的变化，提出以治经之法为治古地学的新方法。六卷本《蒙文通文集》收录论著近百篇，共计200多万字。

蒙学 中国封建社会对儿童进行启蒙教育的学校。其教育内容主要为识字、写字和道德教育。学习年限不固定。主要采用个别教学。偏重背诵和练习。清光绪二十八年(1902)《钦定学堂章程》规定：初等教育机构分为蒙学堂、寻常小学堂、高等小学堂3级。蒙学堂亦称为蒙学。六、七岁入学。学习4年，学习课程有修身、读经、字课、史学、算学和体操等，但并未实行。在蒙学中使用蒙学课本，这是专为学童编写或选编的。在小学、书馆、私塾、村学等蒙学中进行启蒙教育的课本，又称蒙养书、小儿书（见蒙学读物）。

蒙学读物 reader of old-style private school 中国古代专为学童编写或选编的，在小学、书馆、私塾、村学等蒙学中进行启蒙教育的课本。又称蒙养书、小儿书。不包括蒙学中学习的儒家经书，如《论语》、《孝经》等。中国古代的蒙学课本是从字书发轫的。《汉书·艺文志》记载周代的《史籀篇》，是著录于史册的最早的蒙学课本。秦代为统一文字，曾由李斯、赵高、胡毋敬分别用小篆编写了字书《仓颉》七章、《爰历》六章、《博学》七章。汉兴，闾里书师合三篇为一本，统称《仓颉篇》。两汉魏晋南北朝时也编过不少蒙学字书，《汉书·艺文志》“小学”类著录的即有10家35篇，其中《滂喜篇》与《仓颉篇》、《训纂篇》合称《三仓》。但这些蒙书多已亡佚，完整保存下来的只有《急就篇》和《千字文》。

《急就篇》一名《急就章》，西汉史游编撰。今本《急就篇》共2 144字，它把当时的常用字，按姓氏、衣着、农艺、饮食、器用、音乐、生理、兵器、飞禽、走兽、医药、人事等分类，编纂成三言、四言、七言韵语，是汉魏至唐蒙学通用的字书。

《千字文》是中国历史上流传最久的蒙学课本。南北朝梁周兴嗣编，拓取王羲之遗书不同的字1 000个（仅个别字重复），编为四言韵语，以“天地玄黄宇宙洪荒”开头，依次叙述有关天文、博物、历史、人伦、教育、生活等方面的知识，是以识字教育为主，兼有封建思想教育和常识教育的综合性课本。《千字文》在内容上，把常用单字组织成通顺的、能够表达一定意义的句子；在语言上，押韵自然、易于朗读背诵，对后来蒙学课本的编写有深刻的影响。唐宋以后，《千字文》一直作为儿童课本在全国范围内使用，后来还译成满、蒙古等文字，供满、蒙古等族的儿童识字之用，并流传到日本，成为日本初学者学习汉文的课本。宋代以后，有多种续编本，但都不如周兴嗣《千字文》之家喻户晓，流传久远。

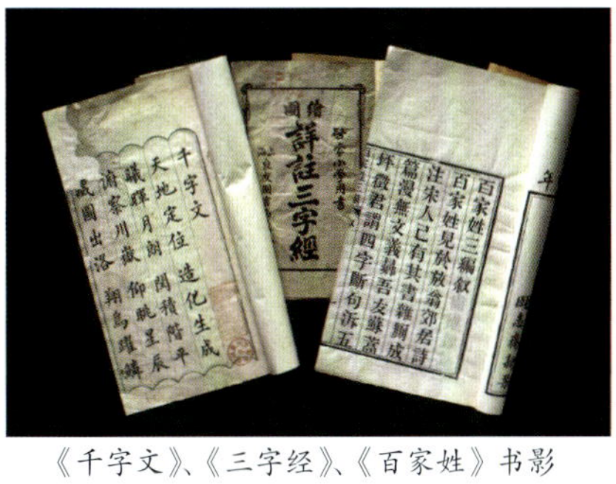

《千字文》、《三字经》、《百家姓》书影

唐宋以后，蒙学教育逐渐形成包括识字教育、封建道德教育和知识教育的比较完整的体系。体裁上，不仅有韵语读本，还有看图识字、散文故事和诗歌集。根据教育作用，大致可分为五类。

①以识字教育为主的综合性识字课本。这类课本主要有《开蒙要训》、《百家姓》、《三字经》、《对相识字》、《文字蒙求》和“杂字”书。

《百家姓》是集汉族姓氏为四言韵语的蒙学课本。北宋时编，作者佚名。作者将常见的姓氏堆砌成句，虽无文理，但四字一句，句句押韵，便于诵读和记忆，流传至今。《百家姓》通行本472字，现印本共568字，共收499姓，其中单姓430个，复姓69个。

《三字经》相传为宋王应麟所编（一说宋末区适子所撰），经明、清陆续补充，至清初本为1 140字。全书包括教育、伦理、历史、古籍和社会常识的说教和知识。

《百家姓》、《三字经》与《千字文》曾合称“三、百、千”，成为相辅相成的整套启蒙识字教材，一直流传到清末。

②以封建道德教育为主的蒙学伦理课本。《太公家教》是现存的最早的这一类课本，撰者佚名，多用韵语杂述封建社会日常生活的道德要求和待人处世的格言。还有宋代朱熹编的《小学》，明代吕得胜、吕坤父子分别编写的《小儿语》、《续小儿语》，清代李毓秀的《弟子规》。

③以社会、自然常识教育为主的知识性课本。这类课本滥觞于唐代的《兔园册》，创始于李翰的《蒙求》，最后发展为明清时期广泛流传的《幼学琼林》。

④以提高阅读能力为主要目的的故事读本。宋代胡继宗编的《书言故事》是此类课本较早的一本；还有元代虞韶编、经后人多次修订的《日记故事》；明代萧良友编的《蒙养故事》，经杨臣诤增订改名为《龙文鞭影》，分上、下两卷。

⑤用以陶冶儿童性情的诗歌读本。唐胡曾的《咏史诗》是较早为学童编写的诗歌集，包括100余首以历史为题材的七言绝句，流传于五代至宋。

《千家诗》有多种体裁和版本，最早的是南宋刘克庄编选的诗集，流传比较广泛的有署名为王相选注的《新镌五言千家诗》和署名为谢枋得选、王相注的《重订千家诗》。后来将两种《千家诗》合而为一。《千家诗》共选诗200余首。由于《千家诗》成为蒙学中主要的诗歌教材，社会上又将它与“三、百、千”合称为“三、百、千、千”。后来，清代孙洙择唐诗中脍炙人口之作，编成《唐诗三百首》，署名蘅塘退士印行，在社会上成为十分流行的诗歌集。

蒙自市 Mengzi City 中国云南省红河哈尼族彝族自治州辖市。自治州人民政府驻地。位于省境东南部。面积2 228平方千米。人口42万(2010)，有汉、彝、壮、苗等民族。西汉置贲古县，隶益州郡。元至元十三年(1276)置蒙自县。2010年更名蒙自市。市境三面环山，唯西北一隅为平坝。其中蒙自坝面积519平方千米，为云南省六大平坝之一，是农业集中区。矿产资源有银锡铅锌共生矿、褐煤、锰、石膏、石灰岩、大理石等。农业主产水稻、玉米、小麦、甘蔗、烤烟、花生、油菜子、蚕桑、茶叶和水果等。以产优质蒙自刀烟、甜石榴著称。畜牧养殖以猪、牛、马、羊、兔等为主。山区盛产松、杉、桦等林木，以及中药材、食用菌等。工业有制糖、卷烟、制药、农机、化肥、印刷、汽车配件等部门。著名风味食品过桥米线源于蒙自。昆河铁路和开（远）河（口）、蒙（自）文（山）等干线公路通过县境。名胜有缘狮洞、龙宝坡地下溶洞、南湖公园等。

盟旗制度 league-banner system 中国清代在蒙古族居住区实行的政治制度。天命九年(1624)创立。旗分两类：①中央委派大臣、都统、将军直接节制的总管旗，统称“内藩蒙古”，察哈尔、归化城土默特、新巴尔虎、陈巴尔虎以及分散于热河、新疆境内的蒙古诸旗属之，共61旗。②中央理藩院监督的札萨克(jasak)旗，统称“外藩蒙古”。漠南蒙古（又称内蒙古）6盟24部51旗、漠北蒙古（又称外蒙古或喀尔喀蒙古）4盟4部86旗、漠西蒙古（即西套蒙古）8盟4部64旗属之，共18盟、32部、201旗。札萨克旗又有“内札萨克”、“外札萨克”之分，漠南蒙古诸札萨克旗属“内札萨克”，漠北、漠西蒙古诸札萨克旗属“外札萨克”。旗为军事、行政合一单位，由中央就旗内王公中任命札萨克为其长，可以世袭；其职权为战时动员本旗兵丁出战，平时总揽本旗行政、司法、税收等项事务。下设协理台吉（札萨克之副职）、管旗章京（次于台吉之管旗官）等僚属，协助札萨克治事。旗以下置佐（或称“箭”，蒙古语为“苏木”som），设佐领。佐原为基本军事单位，后逐渐成为旗以下的一级行政单位。佐领不仅领本佐兵丁，还办理清册、收税、征伕等事。佐的多少标志着一旗的兵力状况。原则上，佐由150名壮丁组成，但实际上有增有减。凡年龄在18～60岁之间的蒙古男丁，都有服兵役的义务。盟为旗的会盟组织，合数旗而成。每盟设盟长一人、副盟长一人，原由盟内各旗札萨克在会盟时推举，后改由理藩院就盟内各旗札萨克中签请皇帝派人兼摄。喀尔喀蒙古各盟是在部的基础上建立的，所以部长又是盟长。盟并非一级行政机构，盟长的主要任务是充当三年一次的会盟召集人，履行比丁、练兵、清查钱谷、审理重大刑名案件等职责，但无发兵权，不能直接干涉各旗内部事务，也无权向各旗发布命令，只是对盟内各旗札萨克实行监督。会盟时，中央政府有时也派官员参加。厄鲁特蒙古各盟则不设盟长，其盟务由该管地区将军或办事大臣直接掌管。1949年后，盟旗制度已彻底废除，仅保留盟旗称谓。盟相当于专区，旗相当于县。

朦胧诗 ambiguous poetry 中国当代诗歌现象。20世纪70年代末至80年代初，以北岛、舒婷、顾城、江河、杨炼、梁小斌等为代表的青年诗人，创作了一批风格独特的诗作。这些诗作从直白的抒情和对外在世界的描摹转为对人的内心世界的揭示，刻画生活溶解在心灵中的秘密；抒情主人公从阶级和国家意识形态的代言人转为诗人的“自我”，诗人的主体意识和现代精神得到强化；吸取西方现代主义手法，运用象征、暗喻、变形、通感等艺术手段营造复杂的诗歌意象，风格上含蓄、朦胧而多义。

这些诗作在当时引起了很大的争论。1979年，公刘在《星星》复刊号上发表《新的课题——从顾城同志的几首诗谈起》，委婉地批评了顾城的一些诗作。1980年5月谢冕在《光明日报》发表《在新的崛起面前》，则对这些青年诗人的诗作予以肯定。1980年《诗刊》第8期发表章明的《令人气闷的朦胧》，“朦胧诗”由此而得名，并引发了对这些诗作的更多争论。艾青、臧克家等也发表了自己的意见。1981年孙绍振在《诗刊》3月号发表《新的美学原则在崛起》，1983年徐敬亚在《当代文艺思潮》第1期上发表《崛起的诗群——评我国诗歌的现代倾向》，这两篇文章和谢冕的《在新的崛起面前》较全面地阐发了朦胧诗的思想和美学内涵。

朦胧诗的创作植根于现实生活，代表了具有现代主义文学倾向的新诗潮的出现，被认为是中国新诗发展史上的一次新的崛起，标志着诗歌艺术审美意识的苏醒。至80年代中期，这一诗歌现象逐渐走向式微。

猛安谋克 中国金代女真族的军事和社会组织单位。有时作为女真人户的代称，或作官称。猛安，又译萌眼；谋克，又译毛毛可、毛克。猛安是千夫长，谋克是百夫长。它们是原始社会后期由于征掠、围猎的需要而设的军事首领，随后发展为固定的军事组织，猛安谋克作为军事编制单位，其人数实际上多少不定。金国建立的前一年（1114），金太祖始定制以300户为谋克，10谋克为猛安。大概在天会十一年（1133）左右，金统治者创行屯田军，将在东北地区的女真猛安谋克迁入内地。它们自成组织，筑寨于村落之间，不属州县，计其户口，授以官田。这种屯田猛安谋克人户实际上是以女真人充任的世袭职业军户。按金朝官制：猛安从四品，掌修理军务，训练武艺，劝课农桑，并同诸防御州的防御使一样，负有“防捍不虞，御制盗贼”的任务。谋克从五品，掌抚辑军户，训练武艺，并负有除不管理常平仓之外县令所有的职权。谋克之下分设村寨，50户以上设寨使1人，以按比户口，催督赋役。猛安谋克人户平时在训练之余，从事农业生产。有战事则丁壮接受征发，自置鞍马器械出征；其家口仍留家生产。分散各地的女真猛安谋克户往往将所受田土租与汉人佃农耕作，收取地租，甚至恃势抢占民田，猛安谋克不事生产又疏于训练，战斗力逐渐衰弱。

猛犸象 *Mammuthus*; mammoth 长鼻目真象科已绝灭的一属。“猛犸”乃沿用日本人的译名。广义的猛犸象一度曾包括平额象、南方象等许多早期原始的真象，其中有一些类型与现生的印度象和非洲象系统关系非常近。

狭义的猛犸象又称毛象，是一种适应寒冷气候的动物，在更新世广泛分布于包括中国东北部在内的北半球寒带地区。这种动物身躯高大，体披长毛，一对长而粗壮的象牙强烈向上向后弯曲并旋卷。它的头骨短，顶脊非常高，上下颌和齿槽深。臼齿齿板排列紧密，数目很多，第三臼齿最多可以有30片齿板。

猛犸象化石

猛犸象曾是石器时代人类的重要狩猎对象，在欧洲许多洞穴遗址的洞壁上，常常可以看到早期人类绘制的它的图像。这种动物一直活到几千年以前，在阿拉斯加和西伯利亚的冻土和冰层里，曾多次发现这种动物冷冻的尸体。

猛水蚤目 Harpacticoida 桡足纲的一目。已发现有2 800种，分隶30余科。体形多样，呈圆筒形、卵圆形或梨形。活动关节位于第六胸节末，其他各节间也能自由屈伸活动。大部分生活在海洋，仅一小部分生活于淡水或半咸水中。猛水蚤类雌性腹部由4或5节组成，雄性分5节，腹部最末一节称肛节，后缘为尾叉，尾叉末端具若干刚毛。胸足均同形。多数营底栖生活。食物以碎屑、动物尸体、蠕虫等为主，弯曲爬行，能在水中间断地跳跃。常是大型底栖动物或浮游动物的食物。

蒙古 Mongolia 世界第二大内陆国。全称蒙古国。位于亚洲东部、蒙古高原北部。东、西、南三面与中国接壤，北邻俄罗斯。面积156.65万平方千米，人口273.68万（2009）。喀尔喀蒙古族约占全国人口的80%，此外还有哈萨克、杜尔伯特等15个少数民族。主要语言是喀尔喀蒙古语。居民多信奉喇嘛教。首都乌兰巴托。

地理 地势高亢，多山地和高原。平均海拔1 580米，1 000米以上的地区占全境81.2%。全国分为西部山地，中、东部高原和南部戈壁三个地区。西部有蒙古阿尔泰山脉自西北向东南蜿蜒1 500千米，一般海拔在4 000米以上。最高峰友谊峰（奈拉姆达勒山）在中蒙边界上，海拔4 374米，

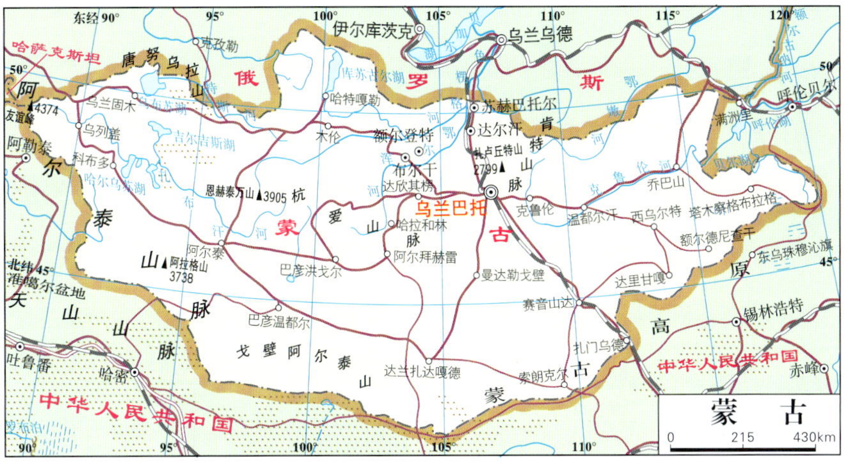

山顶终年冰雪覆盖。山间形成以哈尔乌苏湖、哈尔湖、吉尔吉斯湖、乌布苏湖为中心的内陆大湖盆地，科布多河、扎布汗河、特斯河等内陆河注入各湖。中、东部**杭爱山脉**、肯特山脉平均海拔3 000米左右。色楞格河发源于中部的杭爱山脉，向北流入俄罗斯的**贝加尔湖**；鄂嫩河、克鲁伦河发源于肯特山脉，向东分别流入中俄界河**黑龙江**和中国的呼伦湖。各河流经的草原地区开发较早，成为蒙古经济发达和人口较集中地区。南部戈壁占全国面积的1/3，其中沙漠只占3%。西北部的乌布苏湖面积3 350平方千米，为第一大湖（咸水湖）。属典型的温带大陆性荒漠草原气候，冬季严寒，夏季炎热，温差大，降水少。平均年降水量约200毫米。冬季蒙古北部形成高气压中心，是东亚的寒潮源地之一。矿产资源丰富，主要有煤（蕴藏量500亿～1 520亿吨）、铁、铜、钼、石油、钨、锡、铅锌、金银、铀和萤石等80多种矿产。森林面积1 830万公顷，覆盖率为8.2%。

历史　历史上称为外蒙古或喀尔喀蒙古。1911年12月蒙古王公在沙俄支持下宣布“自治”。1921年蒙古人民党领导的人民革命胜利，同年7月建立君主立宪政府。1924年11月26日废除君主立宪，成立蒙古人民共和国。1945年2月，苏、美、英三国首脑签订《雅尔塔协定》，规定“外蒙古（蒙古人民共和国）的现状须予维持”，并以此作为苏联参加对日作战的条件之一。1946年1月5日，当时的中国政府承认外蒙古独立。1992年2月改国名为蒙古国，使用新国旗、新国徽。

图1　乌兰巴托市中心的苏赫巴托尔广场

政治　现行宪法为第4部宪法，于1991年1月通过，同年2月生效。设有总统的议会制。蒙古议会称国家大呼拉尔，是国家最高权力机关。行使国家一切权力，并有批准和修改宪法，选举和罢免总统和副总统，选举国家小呼拉尔，更选其成员，批准和罢免政府总理、最高法院院长和总检察长等权力。国家大呼拉尔为一院制议会，其成员由有选举权的公民在普遍、自由、直接选举的法律基础上，以无记名投票方式选出，任期4年。国家大呼拉尔主席、副主席由委员中产生，任期4年。国家小呼拉尔是常设国家最高权力机关，大呼拉尔闭会期间拥有立法、监督与组织全权。政府是国家权力最高执行机关。实行多党制。民主党是执政党，还有人民革命党等16个注册党。人民军创建于1921年3月18日，总统兼任总司令。

图2　蒙古国传统节日上身穿民族服装的游行队伍

经济　传统经济部门畜牧业是国民经济的基础。蒙古曾长期实行计划经济体制，1991年开始向市场经济过渡，实行国有资产私有化。1991年起服务业实行私有化，21世纪初，私有化程度近百分之百。2009年国内生产总值41.97亿美元。国内生产总值增长率为-1.6%。畜牧业多为游牧半游牧性质。2007年牲畜存栏数为4 030万头。其中养羊业居首位，占总头数的82.4%，还有牛、马、骆驼等。种植业有一定发展。以种植谷物为主，春小麦占80%以上，单产量较低。2008年谷物产量为21.29万吨。工业基础薄弱。2008年工业总产值13.9亿美元，以轻工、食品、采矿和燃料动力为主要部门。蒙俄合营的额尔登特铜钼矿是世界十大铜矿之一，位居亚洲同类企业之首，产铜精粉（品位：35%）约45万吨，钼精粉4 100多吨，全部对俄出口。中蒙合资的企业呈增长趋势。

货运以铁路为主，客运以公路为主。铁路总长1 800多千米。纵贯南北的大铁路南连中国，北通俄罗斯，是进出口物资的主要通道，是全国铁路运输的主动脉。公路全长约5万千米，各省会间与各县间有公路相通。从达尔汗到额尔登特公路全长180千米，已于2002年10月竣工，由中国投资兴建。乌兰巴托机场同北京、莫斯科、首尔、大阪、柏林、伊斯坦布尔等地有定期国际航班。

蒙古与70多个国家有贸易关系，2008年对外贸易总额61.55亿美元，其中进口额36.16亿美元，出口额25.39亿美元。外贸连年入超，出口以铜钼精矿、羊毛、皮张及其他畜产品等为主，进口多为机械设备、燃料油和日用品等。主要贸易伙伴国为中国、俄罗斯、欧盟、加拿大、美国、日本和韩国等。主要投资国是中、俄、韩、日、美。主要投资部门为商业、建筑和采矿业等。

文化　实行普及免费普通教育制。有国立大学、技术大学、国家师范大学、国立农牧业大学等多所大学。全国发行报纸170种、杂志68种，蒙古通讯社（简称蒙通社）建于1921年，1957年改为国家通讯社。乌兰巴托广播电台1934年始播，1997年改称“蒙古之声”。蒙古电视台建于1967年。摔跤、赛马、射箭为三大民族体育项目。

对外关系　奉行开放的、不结盟的、“多支点”的和平外交政策。强调发展同中、俄两大邻国的友好合作关系。同时重视发展同美、日、德等西方发达国家和亚太国家、发展中国家以及国际组织的友好合作关系。到2010年5月，已与150个国家建立外交关系。1949年10月16日中蒙建交。

蒙古包　Mongolian yurts　蒙古等游牧民族的传统住房。见**毡房**。

蒙古高原　Mongolian Plateau　亚洲中东部高原。东界**大兴安岭**，南界阴山山脉，西和西南接**阿尔泰山脉**、准噶尔盆地与塔里木盆地，北连萨彦岭、唐努乌拉山脉与雅布洛诺夫山脉。面积约260万平方千米。高原平均海拔1 580米，最高点为阿尔泰山脉的蒙赫海尔汗山（海拔4 362米）。地表大部分为单调的台地，古老的夷平面分为3级，即杭爱准平面（海拔3 000米）、蒙古准平面（海拔1 800米）和戈壁准平面（海拔1 500米）。地表结构主要是岩石裸露的垄岗与浅平洼地相结合。属温带大陆性干旱、半干旱气候，夏季炎热、冬季寒冷，气温日较差和年较差大。降水稀少，平均年降水量约200毫米（乌兰巴托193毫米），主要集中于夏季，雨量变率大。高原基本上为周边山脉环绕的内陆排水盆地，有扎布汗河、色楞格河和克鲁伦河等流经。境内自然景观主要为温带荒漠、半荒漠和干草原、草原等。矿产资源丰富。具有独特的人文地理特点。

蒙古军西征 Mongolian Army's Western Expedition　13世纪前半叶，蒙古军远征西域花剌子模、钦察、斡罗思、木剌夷等国的三次大规模战争。

成吉思汗西征　1218年，蒙古商人使团赴花剌子模国（在今中亚锡尔河和阿姆河流域）贸易，为其边将所杀。1219年秋，成吉思汗以复仇为名，率20万大军攻花剌子模，分兵4路对花剌子模实行包抄合围，先后攻克撒马尔罕、玉龙杰赤（今土库曼斯坦库尼亚乌尔根奇），花剌子模灭亡。成吉思汗命速不台、哲别继续西进和北上，采取缔结和约、稳此击彼之策，先后攻破阿塞拜疆、谷儿只（今格鲁吉亚）。越太和岭（今高加索山），进攻钦察诸国（里海、黑海以北之突厥语部族）。1223年夏，蒙古军在迦勒迦河（今乌克兰卡里奇克河）大战中击溃斡罗思（俄罗斯）、钦察联军，深入克里米亚，次年经里海北东还。

蒙古军交战图（绘画）

拔都西征　1227年，成吉思汗病逝，窝阔台即大汗位。1235年，窝阔台召集诸王大会，决定以术赤次子拔都为统帅，以速不台为先锋，率军再次西征钦察、斡罗思等国。因出征诸宗室子多为长子，史称“长子出征”。蒙古军进入钦察草原，在亦的勒河（伏尔加河）下游大败钦察军队。1237年，攻入斡罗思，陷也烈赞（梁赞）。1238年，连破莫斯科、罗斯托夫、弗拉基米尔等十余城。此后连续攻城陷地。1242年4月，窝阔台死讯传至，拔都率军东返至窝勒伽河下游（今伏尔加河）营地。后来，拔都留此建钦察汗国，以萨莱城（今俄罗斯阿斯特拉罕附近）为国都。

旭烈兀西征　1251年，拖雷子蒙哥即汗位。次年，命弟旭烈兀统兵征木剌夷国（亦思马因派王国，在今里海南）及阿拔斯王朝（中国史书称“黑衣大食”，都城报达，即今伊拉克巴格达）。旭烈兀以怯的不花为先锋，一路攻关拔寨，木剌夷灭亡。1257年夏，又灭阿拔斯王朝。1259年秋，旭烈兀分兵三路攻入叙利亚。次年四月，克大马士革，追擒其国王。后闻蒙哥死于伐宋途中、诸王争位消息，遂班师返回波斯。旭烈兀留在波斯，以篾剌合（今伊朗马腊格）为中心，建立伊利汗国。

蒙古军三次西征，以骑兵快速驰突之长，采用多路分进、集中攻击的战法，运用重型器械攻城，取得一系列胜利。蒙古军西征给被征服各国的经济、文化造成破坏，但客观上对东西方交往也起一定促进作用。

蒙古马 Mongolian horse　小型马的地方品种。在高寒地带原始群牧条件下形成，具独立起源。原产蒙古高原，广布于中国北方以及蒙古和俄罗斯部分地区。约占中国马匹总数的1/2以上。具有适应性强、耐粗饲、易增膘、持久力强和寿命长等优良特性。头大、额宽、颈短厚，呈水平颈。躯干长，胸深而宽，背腰平直，尻斜。四肢较短。飞节角度较小，稍曲飞，蹄质坚实。毛色复杂，以青、骝或兔褐色为多。母马平均体尺（厘米）：体高128.6，体长133.6，胸围154.2，管围17.4。因分布地区条件不同而形成了几个主要类群：①乌珠穆沁马。产于内蒙古锡林郭勒盟乌珠穆沁草原。体形结构匀称，善于走对侧步，有天然走马之称，是蒙古马中的最好类群。②百岔铁蹄马。产于内蒙古赤峰市的百岔沟。善走山路，步伐敏捷，蹄质坚硬，有“铁蹄”之称。③乌审马。产于内蒙古乌审旗沙漠。体质干燥，体格小，善于在沙漠中驰骋。

蒙古马有多种用途：在草原区供骑乘，可日行50～100千米。在正常挽力下农区可终年使役。母马在哺育期间可产奶300～400千克。

蒙古牛 Mongolian cattle　中国黄牛中分布最广、数量最多的品种。耐粗饲，耐寒，抗病力强，能适应恶劣环境条件。原产蒙古高原地区，现广泛分布于中国内蒙古、东北、华北北部和西北各地。头短宽而粗重，额稍凹陷。角细长，向上前方弯曲。被毛长而粗硬，多为黄褐色、黑色及黑白花。皮肤厚而少弹性。颈短，垂皮小。鬐甲低平，胸部狭深。后躯短窄，尻部倾斜。背腰平直，四肢粗短健壮。乳房匀称且较其他黄牛品种发达。体重由于自然条件不同而有差异，自250至500千克不等。膘满肥壮时，屠宰率有的可达53%左右。泌乳期5～6.5个月，平均产奶量500～700千克。中国的三河牛和草原红牛都是以蒙古牛为基础而育成的。

蒙古袍 Mongolian robe　蒙古族传统服饰。蒙古语称“德日”。约起源于13世纪初蒙古汗国及元代，至清代，款式风格、种类基本定型，至今仍流行于中国内蒙古、蒙古国的牧区。基本样式为立领大襟袍，右衽。用料及颜色因地区、经济条件和年龄不同而有较大区别。一般以毡、皮、革、帛制作，分夹、棉、皮三种。冬以羊裘毛为里，经济条件差的不挂面、光皮，经济条件好的多用绸、缎、布做面；夏以布、绸、缎、绢等为料。老人喜棕、深蓝色。男装喜天蓝、湖蓝色，下端没有“开襟”，无彩色滚边；女装多爱红、紫色，下摆有开襟，以6～9厘米彩色绒布滚边。腰带以红、黄或绿色绸缎为多。传统腰带一般有3尺宽，二三丈长，两端飘挂腰间。蒙古袍有很大实用价值，草原温差大，热了可以伸出胳臂；长途远行，夜宿时可用作铺盖；骑马放牧，能护膝防寒；瘦长袖筒冬天可御寒，夏天可防蚊。

蒙古袍（男式）

蒙古人 Mongolian　亚洲跨界民族。900多万人（2001）。主要分布在中华人民共和国、蒙古国、俄罗斯联邦布里亚特共和国

马背上的蒙古人

和卡尔梅克共和国等地。属蒙古人种北方类型。使用蒙古语，属阿尔泰语系蒙古语族；部分人操突厥语。蒙古人发源于今额尔古纳河流域。大约7世纪开始向西迁徙，12世纪已经遍布今鄂嫩河、克鲁伦河、土拉河的三河上游和肯特山以东一带。1206年，蒙古部落的铁木真统一高原诸部，称成吉思汗，建立了蒙古草原游牧帝国，其治下的各部逐步融合为一个新的民族，“蒙古”一词也由部落名称变为民族共同体的名称。13世纪，蒙古人发动了旷日持久的西征和南下的战争，对欧亚大陆的历史产生了重要影响。1260年忽必烈即位，1271年改国号为元，1279年灭南宋，统治全中国。采用藏文字母创制了八思巴蒙古文作为官方文字之一。古代蒙古人信奉萨满教，15世纪藏传佛教的格鲁派传入蒙古地区，成为全民信奉的宗教。古代蒙古人以游牧业为主，明清以后蒙古地区的农业生产得到长足发展，形成了游牧、半农半牧、农耕的经济生产格局。从15世纪开始，蒙古分为东西两部。东部蒙古人多属喀尔喀蒙古人，讲喀尔喀方言。

“蒙古人”也指蒙古国居民。

蒙古人民革命党 Mongolian People's Revolutionary Party 蒙古国政党。1921年3月1日成立于苏联的恰克图。原名蒙古人民党或外蒙古人民党，1925年3月改称蒙古人民革命党。2010年11月恢复党名为蒙古人民党。

苏赫巴托尔和乔巴山于1918年在库伦（今乌兰巴托）分别成立地下革命小组。1920年6月25日，两个小组合并。1921年3月，在恰克图举行第1次代表大会。会议通过《蒙古人民党告全民书》，号召反帝反封建，解放民族，夺取政权，改造社会生活。会议选举苏赫巴托尔为党的领导人。在蒙古人民党领导下，同年7月11日取得了人民革命胜利，建立起人民政权。1924年蒙古人民党三大提出越过资本主义向社会主义发展的总路线。1940年十大确定了建设社会主义基础时期的主要任务。第二次世界大战期间，蒙古人民革命党动员组织蒙古人民支援苏联和中国反击法西斯侵略。1961年十四大宣布蒙古已形成单一的社会主义经济，进入建设社会主义阶段。1990年召开特别代表大会，宣布在蒙古建设人道的、民主的社会主义，实行多党制。1992年蒙古人民革命党二十一大通过新党纲、党章，宣布党是民族民主性质的政党，奋斗目标为在蒙古国建立、发展人道的公民民主社会。

2005年，蒙古人民革命党二十五大分别审议通过了新党纲、党章。2010年蒙古人民革命党二十六大总结了蒙古国民主化转轨20年得失并明确未来20年发展任务。党的中央机关报是《真理报》。2010年有党员16万人。

蒙古人种 Mongoloid race 世界四大人种之一。又称亚美人种、黄色人种，俗称黄种人。现主要分布在乌拉尔山脉以东的亚洲地区和美洲。典型体质特征是：肤色浅黄至棕色；头发黑色、直硬；胡须较少，体毛稀疏；鼻宽度中等，鼻子较小，鼻梁较低；脸平扁；唇厚适中；多内眦褶，颧骨突出；门齿大，且铲形门齿多。B型血型出现率高，常达40%以上。O型血型出现率亦高，在美洲印第安人中出现频率达80%～90%，乃至100%。Rh血型系统中CDe血型出现率较高。指纹中的“斗”出现率高。分为亚洲和美洲两大支系，以及北极因纽特人（即爱斯基摩人）。亚洲蒙古人种主要分为4类：①北方蒙古人种，分布蒙古、西伯利亚等地，相当北方蒙古地域人种。②北中国蒙古人种，分布中国长江以北地区、朝鲜、日本等地，相当华北地域人种。③东南亚人，分布中国长江以南地区和东南亚，相当东南亚地域人种。④藏人，分布中国西藏及其周边地区（尼泊尔及印度锡金、那加兰邦等），相当西藏地域人种。美洲蒙古人种即美洲印第安人，为美洲土著民族，是在二三万年前或更早些时间由亚洲穿过白令陆桥移入北美形成。下分北美印第安人和南美印第安人两个族群，有人还分立出中美印第安人。

蒙古文 Mongolian writing 蒙古族通用的拼音文字。早期的蒙古文字母读音、拼写规则、行款都与回鹘文相似，称回鹘式蒙古文。现存文献中，年代最早的是《也松格碑》（1225）。回鹘式蒙古文到17世纪时发展成为两支：一支是通行于蒙古族大部分地区的现行蒙古文，另一支是只在卫拉特方言区使用的托忒文。现行蒙古文与回鹘式蒙古文相比，有下述特点：一些字母的形状有了改进，更便于连写；补充了拼写借词时使用的字母；一个词分写成两段的现象消失了；增加了新式标点符号。现行蒙古文字母表包括29个字母。托忒文是1648年卫拉特高僧札亚·班智达（那木海札木苏）在蒙古文基础上改制的，能比较准确地表达卫拉特方言的语音。托忒文字母表包括31个字母。字母的形状和读音与现行蒙古文有些不同。1945年，蒙古国转用了以俄文字母为基础的拼音文字，俗称“新蒙文”或“西里尔字母蒙古文”。比俄文多两个元音字母，长元音用双写字母表示。

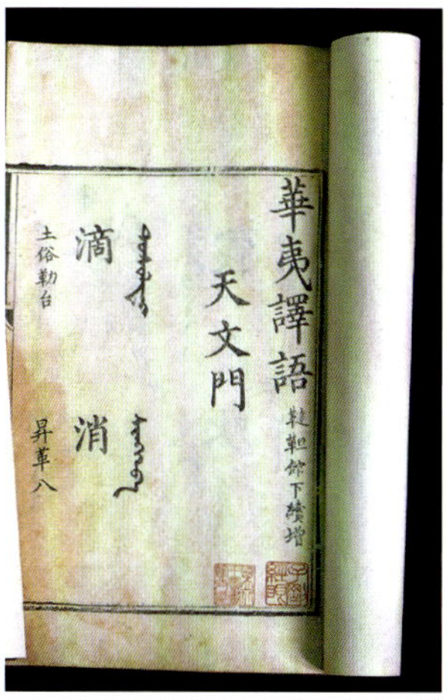

用汉字记写蒙古语的《华夷译语》

蒙古羊 Mongolian sheep 中国数量最多、分布最广的粗毛绵羊品种。原产蒙古高原，现分布于内蒙古、东北、华北和西北等地。体质结实，适应性强，能耐极粗放的饲养条件。分布于不同地区的蒙古羊外形和性能差异较大，一般公羊多有螺旋形角，母羊多无角或有小角。头型略显狭长，颈长短适中。耳大下垂，鼻梁隆起，体格中等，短脂尾，尾尖卷曲呈“S”形。成年公羊体重47～70千克，母羊32～54千克。秋季或初冬发情配种，年产1胎。春秋两季剪毛，平均剪毛量公羊1.5～2.2千克，母羊1～1.9千克。屠宰率45%～50%。中国育成的新疆细毛羊、东北细毛羊和内蒙古细毛羊等品种均有蒙古羊血缘。

乌珠穆沁羊（蒙古羊的分支）

蒙古语 Mongolian language 蒙古国的官方语言，中国内蒙古自治区通用的语言。属阿尔泰语系蒙古语族。分布于蒙古国和中国内蒙古自治区以及辽宁、吉林、黑龙江、甘肃、青海等省和新疆维吾尔自治区的蒙古族聚居区。蒙古国境内的蒙古语属喀尔喀方言；中国境内的蒙古语分内蒙古、卫拉特、巴尔虎布里亚特三个方言。

现代蒙古语的主要特点（根据内蒙古方言察哈尔土语）：元音除了有开口度、舌位、唇形的对立外，还有发音长短和舌根松紧（即阴性、阳性）的对立。有些辅音有腭化现象。有比较严格的元音和谐律。语法意义主要由附加成分和助词表示。词序和重叠词干也是重要的语法手段。有后置词。静词有数、格、领属等范畴。动词有体、态、式、时、人称以及形动词、副动词等范畴。语序是主语在前，谓语在后；定语在中心词前；宾语和状语在动词前。有相当数量的汉语借词，也有一些突厥语、满语、藏语、梵语、阿拉伯语、波斯语、希腊语、俄语借词。蒙古国于20世纪40年代采用以西里尔字母为基础的新蒙文。中国蒙古族使用从回鹘字母演变而来的蒙古文，从上到下连写，从左向右移行。

蒙古语族 Mongolian group 阿尔泰语系的语族之一。包括10种语言：蒙古语、布里亚特语、卡尔梅克语、达斡尔语、莫戈勒语、东部裕固语、土族语、东乡语、保安语、康家语。蒙古语族各语言主要分布在中国、蒙古国、俄罗斯、阿富汗等国。

各语言结构上具有一致性。各语言都有元音和谐律。元音总数互相参差，但元音系统的面貌仍然彼此相似。辅音的一致性表现在塞音、塞擦音按清浊和送气与否来分，都只有两套。各语言在构词和语法上都运用3种后置的手段：①派生词的构词附加成分居于词根之后。②表示形态变化的语法黏附成分居于词干之后。③表示词与词的关系（在格以外使用）的虚词不用前置词而用后置词。蒙古语族语言来自原始的共同蒙古语。从词源上说，各种语言的大部分常用词是共同的，其语音形式的不同有对应规律可循。语法黏附成分和构词附加成分也有许多是同一来源。蒙古语族从历史上就和周围的各种语言互相接触、互相影响。

《蒙古源流》 *Erdeni Tobchi* 中国蒙古族历史文学作品。初名为《记载〈蒙古〉诸汗根源的宝卷》，简称《宝卷》。成书于1662年。作者是17世纪鄂尔多斯蒙古族名门望族的后裔，文学家、思想家萨刚彻辰·洪台吉。他从30岁开始，用了20年时间收集资料，酝酿构思，完成《蒙古源流》一书。

《蒙古源流》广泛流传在蒙古族民众中间。在辗转抄录过程中出现了十余种不同的书名。其中，以蒙古文书名《额尔德尼·脱卜赤》（即《宝卷》）和汉文书名《蒙古源流》这两个名称流传最广。版本系统主要有两个：一是萨刚彻辰的原著系统，是严肃的历史文学著作，有一定的思想深度，有较高的文学价值；另一个系统是经喇嘛改编的蒙古政教发展史。由于蒙古王公及大喇嘛的大力支持和宣扬，在蒙古地区广为流传。1766年喀尔喀土谢图亲王成衮扎布将此书呈送乾隆皇帝，经乾隆大删之后，成为蒙古黄金家族史和佛教在蒙古地区的传播史。此书被译成满文，1777年又由满文译为汉文，编入《四库全书》，在史学界产生了较大影响。

《蒙古源流》记载了宇宙的形成、人类的起源、印藏王统以及蒙古诸汗源流，从蒙古始祖孛儿帖·赤那写到成吉思汗、忽必烈汗、达延汗直至林丹汗，是一部蒙古族通史。其中，对15～17世纪蒙古社会历史、诸汗世系的真实记载，具有非常珍贵的史料价值。作品既具有编年史的特点，同时又用文学笔法描写许多历史人物，其中对满都海彻辰夫人、达延汗和呼图克图彻辰·洪台吉三个历史人物的形象塑造是《蒙古源流》所独有的。

1829年后有德文、拉丁文、英文、俄文、日文各种版本问世。中国从1927年特睦格图出版的《译注蒙古源流》始，出版有多种蒙古文、汉文版本。

蒙古族 Mongol 中国少数民族。主要分布在内蒙古自治区，部分散居于东北、华北、西北、西南等地。人口5 813 947（2000）。使用蒙古语，属阿尔泰语系蒙古语族。通用蒙古文。始源于古代望建河（今额尔古纳河）流域的一个部落。唐代、辽代史籍称“蒙兀”、“萌古”。13世纪初，蒙古部首领铁木真统一蒙古诸部，称成吉思汗，建立蒙古国。从此蒙古族形成。1260年忽必烈自立为蒙古大汗。1271年改国号为“元”，1279年统一中国。经济以农牧业为主。科技发展历史悠久，如天文历法、数学等。蒙古医学以医治创伤和接骨见长。长篇英雄史诗有《江格尔》和《格斯尔》，《蒙古秘史》是具有史学和文学价值的名著。“安代舞”、“盅碗舞”享有盛名。男女均穿长袍，束腰带，着长筒皮靴。饮食牧区以牛羊肉、奶食为主，粮食为辅；农区以粮食为主，以奶、肉或蔬菜为辅。普遍饮砖茶、奶茶。牧区多住蒙古包。定居后出现形似蒙古包的土木结构住屋。农区多住汉式平房。婚姻行一夫一妻制，同姓不婚。丧葬一般行土葬、火葬和天葬。传统节日那达慕大会，农历七八月间举行，有射箭、赛马、摔跤等比赛及歌舞表演。早期信仰萨满教，后来大多数信仰藏传佛教。1947年建立了内蒙古自治区，先后单独或与其他民族成立了3个自治州、8个自治县，并建立了70多个民族乡。

蒙古族女子

蒙古族舞蹈 Mongol dance 中国蒙古族传统民间舞蹈。主要流传于内蒙古、吉林、黑龙江、新疆、云南等蒙古族聚居和散居地区。有自娱性的舞蹈、祈神逐鬼的萨满舞、宗教仪式中的喇嘛教寺庙舞蹈和表演性舞蹈等。舞蹈浑厚、粗犷、豪放，各种马步动作、肩部动作均呈现北方游牧民族的舞蹈特色。迄今在蒙古族中尚流传着丰富多彩的舞蹈，自娱性舞蹈有安代、好德格钦、布里亚特舞等，表演性舞蹈有盅碗舞、筷子舞等，祭祀性舞蹈有博舞、查玛等。

安代 流布于内蒙古通辽市，而以库伦地区最为盛行。参舞者围圈站立，随领唱或领舞者边唱边舞。

盅碗舞 多在室内聚宴场合，酒酣兴浓时由一女子表演。舞者双手各捏一对酒盅，中有空隙可碰击作响，头顶一碗或数碗。

博舞 民间萨满舞蹈。流传于内蒙古通辽、兴安、赤峰等半农半牧区。由博（萨满）在治病、驱邪、消灾、求雨等祭祀活动中表演，多在室内进行。通常由一名博手执带柄单面鼓，在另一伴奏者的击鼓声中起舞。祭祀仪式有固定程序，一般由“请神”、“迷惘”、“降神”、“送神”四部分组成，以“耍鼓”和模仿狼、狐、兔、蛇、虎、鹰等形神姿态起舞最具代表性和普遍性。技艺娴熟者同时舞耍2～8面鼓。模拟鸟兽的舞蹈，因地因事因人而各有不同，多伴以嘶鸣声。舞蹈以“神灵附体”为高潮，舞姿跌宕起伏，异常玄妙。舞蹈以自唱“萨满调”为伴奏，唱词合辙押韵，叙事性较强。

查玛 宗教舞蹈。在寺院、召庙由喇嘛表演。“查玛”系藏语“羌姆”的蒙古语音译，俗称“跳神”、“打鬼”。流传于内蒙古各地。舞蹈所表演的内容或故事情节多来自密宗经文与佛教故事。表演形式可分为经堂查玛、米拉查玛、寺院查玛三类。三类舞蹈的表演场地、形式、内容等方面均有不同，其中寺院查玛是宗教节日庆典中在寺院正殿门前广场上表演的纯舞蹈，最具有普遍性和代表性。每年农历正月和七月中进行，历时3～5天。由受过舞蹈训练的喇嘛饰戴各种“护法神”面具，手执各种“法器”表演。跳舞人数28～108人不等，以32～64人居多。

专业舞蹈工作者以蒙古族传统舞蹈为素材，创作的舞蹈、舞剧作品有《鄂尔多斯舞》、《牧马舞》、《雁舞》、《鹰》、《奔腾》、

盅碗舞

《草原儿女》、《东归的大雁》等，根据传统舞蹈素材改编出版的舞蹈教材有《蒙古族舞蹈》等。

蒙古族医学 Mongol traditional medicine
中国以蒙古族为主的少数民族在长期的医疗实践中逐渐形成与发展起来的传统医学。简称蒙医学或蒙医。是中国传统医学的重要组成部分。主要流行于蒙古族聚居的地区，包括内蒙古、辽宁、吉林、黑龙江，以及新疆、青海、甘肃等省区。在形成与发展的过程中，曾受到印度、藏族和汉族传统医学的影响。

基本理论

蒙医学以阴阳、五元学说理论为指导，贯穿人与自然的整体观。内容包括三根、七素的物质基础，辨证施治的基本方法等。

蒙医以“赫依”、“希拉”、“巴达干”三根的关系来解释人体的生理、病理现象。在正常生理情况下，“赫依”、“希拉”、“巴达干”三者协调一致，保持相对平衡；如果三者的平衡关系失调，则产生各种病理变化。若以“赫依”与“希拉”的关系失调为主，则产生阳热亢盛一类病变；若以“赫依”与“巴达干”的关系失调为主，则出现阴寒及水液不化一类病变。

蒙医以“七素”作为构成人体的基本物质，包括水谷精微（透明液体）、血、肉、脂、骨、髓、精液。“赫依”、“希拉”、“巴达干”与“七素”之间有着相互依存的密切关系。

蒙医的辨证方法主要有病因辨证、病位辨证及论病辨证等。此外，尚有探查性服药的辨证方法，多用于疑难病证。

施治的主要内容包括立法、处方、手术等。蒙医有清、解、温、补、和、汗、吐、下、静、养十法；还有燥“希拉乌素”（黄水），杀“黏”（病菌、病毒），导热，升温等独特的治疗法则。急则治标，缓则治本。

医疗实践

诊断 蒙医诊断包括问诊、望诊、触诊三种方法，简称三诊。

望诊 望诊主要观察患者的精神、面容、体型（蒙医把人的体型分为“赫依型”、“希拉型”、“巴达干型”、合并型、混合型)、形体的浮肿或干枯，以及五官、舌质、舌苔、痰液、呕吐物、血色、二便、妇女带下的色泽等；三岁以下的小儿还看指纹、耳纹以辅助诊断。

问诊 根据“三根”理论要做到29种问诊。如询问患者的寒热情况，生活习惯，饮食嗜好和对病情有害及有益情况，二便有无异常反映，睡眠及精神状况，妇科经带胎产，出汗情况，患病的规律和患病时的季节气候，周围环境的过冷、过热、过湿等情况，以及是否接触传染源等。

触诊 ①切脉。分辨三根及寒热、脏腑的变化，气血之盛衰等，均以切脉为主。切脉通常是在患者的腕关节掌面桡动脉搏动处进行。将这一段动脉分作三部，称寸部、干部、查嘎部。寸、干、查嘎三部分分别诊察不同脏腑的病症，且左右不同。医生右手寸部诊察心脏、小肠，干部诊察脾、胃，查嘎部诊察左肾、精；左手寸部诊察肺、大肠，干部诊察肝、胆，查嘎部诊察右肾、膀胱。如果患者是女性，则医者左手寸部诊察心、小肠，右手寸部诊察肺、大肠，其他均同上。对脉象的特点可以脉位的高低和脉搏的频率、节律、强弱、大小、势态等方面来认识。可细分为47种脉象，一般以12种脉象为基础，又归纳为寒、热两类，作为临床诊断的一个重要方面。②按诊。医生用手直接接触按压病人的体表或病变部位的诊察方法。主要用以分辨病证之寒温、润燥、肿胀、疼痛及包块，并观察病人对按压的反应。触按四肢关节诊察有无骨折、脱臼；循脊柱触按可了解有无病理反应等。

治疗 蒙医学将疾病分为阴性病、阳性病两大类型。进而分为“赫依”、“希拉”、“巴达干”病3种病质。这3种病质又可分为4门，404病，1 116证。经过长期临床实践，将这些病证归纳为20种基本性质。“赫依”（诸风）病的性质是糙、轻、寒、细、强、动6种；“希拉”（火、热）病的性质是脂、锐、热、轻、臭、泄、湿7种；“巴达干”（痰、寒、湿）病的性质是脂、寒、重、钝、柔、固、黏7种。针对这些病质，蒙医采取多种治疗方法和手段。

药物治疗 在临床实践中，主要是利用药物的17种功能（柔、重、温、脂、固、寒、钝、凉、和、稀、燥、淡、热、轻、锐、涩、动）去克制病证的20种基本性质，从而达到治疗的目的。其大致情况是：克制“赫依”病质，柔→糙、重→轻、热→寒、脂→细、柔→强、固→动；克制“希拉”病质，淡→脂、钝→锐、寒凉→温热、和→轻、稀→臭燥、燥涩→湿泄；克制“巴达干”病质，淡→脂、热→寒、轻→重、锐→钝、涩→柔、燥→黏、动→固。符号“→”表示克制，前为药物功能，后为病证性质。

饮食疗法 诸如奶食、肉食、骨汤之类，只要食用适当，都可以起到滋补强身、防病治病的作用。在《蒙古秘史》中，就有用马奶酒救治受伤大出血昏厥病人的记载。元朝饮膳太医忽思慧用汉文编著的《饮膳正要》中记载了各种食物、有关验方和蒙古族的大量饮食疗法、营养保健膳食等内容。

外伤与正骨疗法 据史书记载，蒙医伤科形成较早。由于蒙古族人从事畜牧业和狩猎，骑马射箭，经常发生跌伤、骨折、脱臼、脑震荡等创伤，因此，自古以来就积累了正骨、治伤方面的经验。对于各种兵器创伤，也有不少医疗方法。

正脑术 在蒙医典籍《甘露四部》中有详尽的记述。据记载，治疗方法有4种，无论何种方法均应用“以震治震”的原理。适用于牧民落乘、跌伤等外伤所致的脑震荡。治疗用具有布带、碗、筷、小锤、沙子或米。方法是用布带将患者的头部紧紧围裹一圈，装满沙子或米的碗用布蒙住，倒置在患者头顶，令患者将一只筷子横咬在嘴里，医生用另一只筷子敲打所咬筷子露出的两端，作为预备性（或诊断性）治疗，再用小锤隔着布带在患者脑后枕部震敲3～9次即可。

除上述疗法外，尚有灸疗、放血疗法、“阿拉素”疗法、“瑟博素”疗法、灌肠疗法、烫沙疗法、油脂疗法、罨敷疗法等。

药物方剂

蒙药理论 主要内容包括五元、六味、药力、药性、药物功能。

五元 蒙药学以古代朴素的五元（土、水、火、气、空）为理论基础，认为植物发育生长与“五元”有密切的关系。

六味 药物有不同的味道，这些味道是五元在药物形成的过程中，经过复杂作用而造就的，概括起来可分为甘、酸、咸、苦、辛、涩6种。

药力 药物品种虽然繁多，但不外寒热两性，即阴性和阳性两大类型。治疗阴性病（寒性疾患），则用阳性药（温热药）；治疗阳性病（热性疾患），则用阴性药（寒凉药）。这是一般准则。

药性与药物功能 蒙医用药的基本原则就是利用蒙药的性能调整机体内部的“赫依”、“希拉”、“巴达干”的偏盛偏衰。蒙医在临床用药中，将药物性能总结为重、脂、寒、钝、轻、涩、热、锐等8种。其中，重、脂二性克制“赫依”病证，寒、钝二性克制“希拉”病证，轻、涩、热、锐四性克制“巴达干”（痰、寒、湿）病证。再者，轻、涩、寒三性生“赫依”(风)；热、锐、脂三性生“希拉”(火)；重、脂、寒、钝四性生“巴达干”(寒)。药物功能有柔、重、温、脂、固、寒、钝、凉、和、稀、燥、淡、热、轻、锐、涩、动17种。

蒙医根据药物的寒热两性，派生出8种药物性能，最后又发展成为药物的17种功能。在临床实践中运用这17种药物功能去克制疾病的20种基本性质。

药物 蒙医用药很广泛，包括植物、动物、矿物及化学制品，但绝大部分还是取自野生植物。经调查考证的蒙药材，属于植物种子、果实类的有203种，根及根茎类231种，全草类256种，枝叶类54种，花类83种，皮类35种，藤木类36种，菌藻类14种，树脂类14种，植物的其他类28种；昆虫类30种；其余动物类260种；矿石类98种。共计1 342种。

方剂 蒙医方剂一般由二味或数味药所组成。蒙医常用成药，很少开方。蒙药临床治疗的根本原则也是辨证施治。配方分气味、性能二类。药物分主、辅、佐、使。一般成药有400余种。已知蒙医传统配方、单方、验方共有1 500多首，绝大多数为复方制剂。

蒙成药剂型有汤剂、散剂、丸剂、膏剂、酒剂、油剂、灰剂、搅合剂、草药剂、金石剂10种。

《蒙汉辞典》 *Mongolian-Chinese Dictionary* 中国蒙古、汉两种语文对照的中型词典。内蒙古大学蒙古语文研究室编，1976年内蒙古人民出版社出版。1999年内蒙古大学出版社出增订本。收词54 000条左右，130万字，按现行蒙古文字母顺序排列。以单词为主条，合成词为副条；同音同形异义词分别列条。以收录现代蒙古语词汇为主，兼收出现于重要文献中的旧词，也选收了一些具有一定普遍性和富有生命力的方言词和部分常用成语。一般读者不易理解或具有鲜明的民族特点和地区特点的词，都加了必要的注释。全部主条的蒙古文都用音标注出蒙古书面语的读音，增订本又增补了口语读音。主条具有独立词义的，都标出词类。正文之后有附录，介绍蒙古语的语法要点、难读词的口语读法以及蒙古文的标点符号、基本笔画以及回纥（鹘）蒙古文、八思巴文、托忒文的字母表。

蒙药 Mongolian medicine 蒙古族医学中的药学理论及药物应用。

蒙藏委员会 Mongolia-Tibet Affairs Committee 中国中华民国时期掌管蒙古、西藏等地区少数民族事务的中央机关。辛亥革命后，废清理藩院，设蒙藏事务局，隶内务部，掌管蒙古、西藏等地少数民族事务。北洋政府任命姚锡光为副总裁兼署总裁。1914年，袁世凯将蒙藏事务局改为直属大总统府的蒙藏院，地位与各部相同，置总裁、副总裁。南京国民政府成立后，于1928年改蒙藏院为蒙藏委员会，先直属国民政府，后改隶行政院，为中央主管蒙藏政务之最高机关，特任阎锡山为委员长，指定赵戴文为副委员长。下设蒙事处、藏事处、蒙藏教育委员会、编译室、调查室等。

锰 manganese 化学元素，元素符号Mn，原子序数25，原子量54.938 045，属周期系ⅦB族。1774年C.W.舍勒把锰以锰铁合金的形式从软锰矿中分离出来，并认定其中有一种新的金属元素锰，同年他的合作者J.G.甘恩从软锰矿制得金属锰。锰在地壳中的含量为0.085%～0.10%。锰矿主要有软锰矿（MnO_2）、黑锰矿（Mn_3O_4）、褐锰矿（$3Mn_2O_3 \cdot MnSiO_3$）和碳酸锰矿（$MnCO_3$）等。自生于深海底的深海锰结核以锰和铁的氧化物和氢氧化物为主要组分，含锰高达100 000吨/千米^2。

锰是钢灰色有光泽的硬脆性金属；熔点1 246℃，沸点2 061℃，密度7.21～7.44克/厘米^3。锰的氧化态0、±1、+2、±3、+4、+5、+6、+7。溶液中最稳定的氧化态是+2和+7。随着锰氧化态升高，碱性降低。锰比较活泼，室温下能与氧结合，缓慢氧化生成二氧化锰，温度升高时反应加快甚至燃烧；740℃以上，锰与氮气形成固溶体和一些氮化物，超过1 200℃，锰在氮气中燃烧得到Mn_3N_2；熔融的金属锰能溶解碳，生成锰的碳化物Mn_3C；与硫共热，生成硫化锰MnS；跟F_2结合生成MnF_2和MnF_3，跟Cl_2反应得到$MnCl_2$；与冷水反应缓慢，但能迅速与热水和水蒸气反应；能溶于大多数稀酸，放出氢气；溶于浓硫酸放出二氧化硫，溶于硝酸放出一氧化氮；沸腾的浓碱如NaOH、KOH能使锰溶解，生成氢氧化锰，放出氢气；350～875℃时与氨反应生成氮化物；在330℃以上，锰与一氧化碳反应，生成金黄色双核羰基配合物$Mn_2(CO)_{10}$。重要化合物有二氧化锰和高锰酸钾。

工业上用电解硫酸锰溶液或在电炉中用硅还原二氧化锰的方法生产金属锰。电解锰盐水溶液可得纯锰。硅热还原法炼出的锰的纯度为98%，经减压蒸馏可得纯锰。锰广泛应用于制造合金。含锰48%的锰铁再加入铁和碳制成的合金，用于制造工具、重型机械、铁轨、建材和汽车配件等；中碳锰铁合金用于制造特种钢；低碳锰铁合金用于制造特定等级的不锈钢，硅锰合金用于制造建材和弹簧。

锰是生物体所必需的微量元素，在生物体中用于合成一些特定的酶。锰也是核酸结构中的成分，能促进胆固醇的合成。人体摄入大量的锰会导致虚弱、失眠、乏累，甚至精神异常和瘫痪。

锰合金 manganese alloy 以锰为基加入其他元素组成的合金。按功能和用途可分为：①减振锰合金。锰铜系合金是有代表性的孪晶型减振合金。典型的锰铜减振合金是Sonoston铸造合金，减振系数为0.3。变形合金Incramute也是得到应用的减振合金。锰铜减振合金用于制造潜艇螺旋桨、凿岩机械、钻头杆、滚珠轴承、传送链、传动齿轮、圆盘锯等。②高膨胀锰合金。这种合金可以拉制、冲压和机加工，无磁性，热导率为钢的12%，振动阻尼系数是钢的12倍。热膨胀系数为27×10^{-6}/℃，是一般合金中最高的。抗拉强度为792兆帕，延伸率为6.5%。用于制造电阻器、恒温器和热膨胀元件。③磁性锰合金。有锰铋合金，在300℃、0.69～1.4兆帕的条件下，磁能积为4.3×10^{-6}吉奥，矫顽力为3 400奥，剩余磁感应强度为0.42特。可用作磁光记录材料。

蠓 Ceratopogonidae; biting midge 双翅目蠓科昆虫的统称。俗称小咬、墨蚊、糠蚊。分布世界很多地区，最北达北纬68°，最高分布在海拔4 300米的高山地区。全世界已知5 600余种，中国已知1 015种。

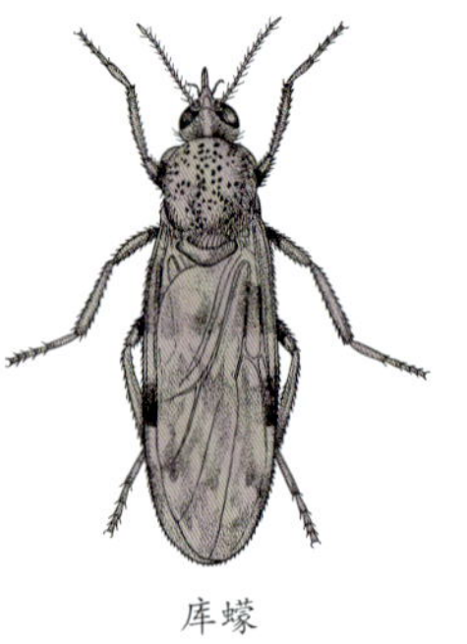

库蠓

成虫体长2～5毫米，黑褐色。头部近球形，复眼发达，无单眼，触角丝状，吸血种类口器发达，但比蚊虫的口器短。胸部背面略隆起，前翅大，停歇时翅平置背上。雌蠓有受精囊和1对卵巢。雄蠓尾端的外生殖器的构造因种类而异。仅雌蠓吸血。蛹为裸蛹。幼虫呈蠕虫状，上颚和咽发达，在水中做螺旋运动，行体壁呼吸。每年发生代数1～4代不等。成虫平时隐蔽于洞穴、杂草等避光和无风的场所。蠓类个体小，飞翔无声，常群聚叮咬人畜，传播疾病，作为病原体的宿主，是一类重要的医学昆虫。蠓类吸血可引起皮肤红肿，奇痒难忍，搔破之后可因感染而形成大片溃疡。有很多种类是丝虫病的中间宿主。防治的办法，除对孳生地进行清除外，主要是采取防护措施，如用防蚊油涂擦皮肤，用网孔小于3/4毫米的蚊帐、蚊帽等进行保护。

孟尝君 Lord Mengchang 中国战国时期四公子之一，齐国宗室大臣。即田文。田文的父亲靖郭君田婴，是齐威王的少子、齐宣王的庶弟。孟尝君袭其父田婴的封爵，封于薛（今山东滕州东南），称薛公，号孟尝君。孟尝君在薛时，广泛招纳宾客，达

3000余人。秦昭王听说孟尝君的贤德，欲求见孟尝君。孟尝君入秦后，被任为相。后来秦昭王听信谗言，囚禁孟尝君并预谋杀害他。孟尝君在门客的协助下，逃回齐国。孟尝君回到齐国之后，任为齐相。他坚持主张联合韩魏牵制楚国，并发展合纵抗秦的势力。后来遭人诬告而为齐王所怀疑，谢病归老于薛。后因日益骄奢的齐王仍想除掉他，只得又逃到魏国，被魏昭王任命为魏相。他主张联合秦国、赵国与燕国，共同讨伐齐国，使战国形势为之一变。齐王死后，孟尝君返国，中立于各诸侯国之间。

孟称舜 Meng Chengshun（约1660～1655以后） 中国明末清初戏曲作家。字子塞，又作子若，号卧云子。浙江绍兴人。崇祯二年（1629），与其兄称尧同入复社。入清，顺治六年（1649）举为贡生，任松阳训导。作有传奇、杂剧各5种，今存杂剧《人面桃花》、《英雄成败》、《眼儿媚》，传奇《娇红记》、《二胥记》、《贞文记》。编纂《古今名剧合选》，辑录56种元、明杂剧（包括他本人的作品），按照婉丽和豪放的不同风格，分为《柳枝集》和《酹江集》，并详加评点。《娇红记》和《人面桃花》是其代表作。其中《娇红记》取材于元代宋梅洞小说《娇红传》，写王娇娘与申纯相爱，婚事屡受阻，娇娘终因帅节镇的逼婚而殉情。创作明显受汤显祖影响。

孟德尔 Mendel, Gregor (Johann) (1822-07-22～1884-01-06) 奥地利遗传学家，遗传学的奠基人。生于奥地利海因岑多夫（今捷克海恩塞斯），卒于布吕恩（今捷克布尔诺）。1853年毕业于维也纳大学。1854年被委派到布吕恩技术学校任物理学和博物学的代理教师。

1856～1863年，他进行了8年的豌豆杂交实验，在《植物杂交试验》中提出了遗传因子（现称基因）及显性性状、隐性性状等重要概念，并阐明其遗传规律，后人称之为孟德尔定律。孟德尔在实验中对于解决什么问题（亦即遗传规律）、选择什么材料和怎样分析结果，都有十分清晰的构思。他借鉴物理学中的粒子运动，即粒子的随机结合和分离作为实验设计分析的基点。在实验方法上把诸如茎秆高度、子叶颜色等作为各自独立的性状，并设想个体的总合性状乃是由多种独立性状随机组合和分离的产物。他的另一超人之处是在数据处理上没有忽视未表达所研究的独立性状的个体的数目。他所建立的测交法最能说明他对隐性个体遗传内涵的重视。但是这些发现当时并未受到学术界的重视。直到1900年，孟德尔定律才由三位植物学家——荷兰的H.德·弗里斯、德国的C.E.科伦斯和奥地利的E.von切尔马克通过各自的工作分别予以证实，成为近代遗传学的基础。从此孟德尔被公认为科学遗传学的奠基人。

孟德尔定律 Mendel's laws 孟德尔根据豌豆杂交实验的结果提出的遗传学中最基本的定律，包括分离定律和独立分配定律（自由组合定律）。

分离定律 一对遗传因子在杂合状态下并不相互影响，而在配子形成中又按原样分离到配子中去。孟德尔将开红花和开白花的纯系豌豆植株进行杂交，子一代全部开红花。子一代自花授粉后得到的子二代中，开红花的705株，开白花的224株，两数之比接近于3:1。开红花纯系植株的体细胞内有一对决定显性性状的遗传因子CC；开白花的纯系植株有一对决定相对的隐性性状的遗传因子cc。它们的配子里分别只有一个C或一个c，所以两者结合的子一代是Cc。由于C对c是显性，所以子一代植株都开红花。子二代中CC和Cc开红花，cc开白花，所以红花和白花之比是3:1。这是成对遗传因子在配子形成过程中彼此分离的结果。

独立分配定律 两对或两对以上的基因在配子形成过程中的分配彼此独立。由于雌雄配子的随机结合，因而在子代中出现各种性状的各种组合，而且按一定的比率出现。如用结黄色饱满子粒和结绿色皱缩子粒的纯系作为亲本，杂交子一代子粒是黄色饱满的。子一代植株自花授粉得到的子二代子粒中，黄色饱满子粒315个，绿色皱缩子粒32个，黄色皱缩子粒101个，绿色饱满子粒108个。上述4种类型的数目之比接近9:3:3:1。上述实验结果表明控制饱满（用R表示）和皱缩（用r表示）、黄色（用Y表示）和绿色（用y表示）这两对相对性状的基因独立地分别进入不同的配子中，形成各种组合。R对r是显性，Y对y是显性，所以子一代都是黄色饱满子粒。由于R和r的分离以及Y和y的分离是独立的，各自都按3:1这一比例分离，所以双因子杂种中两对性状的分离比是$(3:1)^2$即9:3:3:1。孟德尔从一对性状着手，计数每一代中具有显性或隐性性状的个体数，然后再进行统计分析。在一对性状的遗传规律被阐明以后，再研究两对性状的遗传规律。为此他选用豌豆作为材料，豌豆有如下优点：①各个豌豆品系具有可以区分的稳定的性状，例如花色的红与白、植株的高与矮、子叶的黄与绿等。②豌豆是自花授粉植物，而且是闭花授粉，所以易于避免外来花粉的混杂，也便于进行人工去雄和授粉。此外，豌豆的豆荚成熟后子粒都留在豆荚中，便于各种类型子粒的准确计数。

孟德尔定律说明了每一个遗传因子的行动是独立的。他的实验材料虽然是豌豆，但是他总结的遗传学基本规律普遍适用于整个生物界。

孟德斯鸠 Montesquieu, Charles-Louis de Secondat (1689-01-18～1755-02-10) 法国启蒙思想家、哲学家。出身于波尔多附近拉布雷德城堡的贵族家庭，卒于巴黎。1721年匿名发表《波斯人信札》，以两名波斯游客通信的体裁，讽刺路易十四及1715～1723年摄政时期的法国专制制度，嘲笑上流社会

的恶习和荒淫无耻，谴责宗教迫害。1726年，出卖了世袭的院长职务，潜心著述，漫游欧洲各国。1729～1731年在英国期间，研究J.洛克等人的著作，赞赏英国议会制度。1734年，发表《罗马盛衰原因论》一书。他认为罗马所以兴盛是由于实行共和制，所以衰败则由于实行专制暴政。1748年他的名作《论法的精神》问世。在书中，提出了三权分立理论，这个理论后来成为许多资产阶级国家宪法的理论基础。

孟德斯鸠的学说对中国资产阶级改良派也发生过影响。1904～1909年，严复将《论法的精神》一书以《法意》为名译成中文出版。

孟菲斯 Memphis 埃及文化古城。又译孟斐斯。位于埃及尼罗河三角洲南端西岸，古城遗址在开罗西南25千米的米特·拉辛纳村附近。据传约公元前3100年为法老米那（美尼斯）所建，名白城，后改称现名。曾为埃及古王国（前27世纪~前22世纪）都城。约前2040年后为底比斯所取代，但仍为埃及宗教、文化名城。古王朝时期文化遗迹历经破坏。孟菲斯墓地保留有古埃及著名的金字塔、狮身人面像以及反映当时宫廷文化和日常生活状况的浮雕，弥足珍贵。新王国时期（约前1567～前1085），孟菲斯被赋予世界都市的特点，是重要的商业中心。孟菲斯的衰落始于基督教兴起之后。城市毁于7世纪。古城墙唯一的遗迹是巨大的拉美西斯二世雕像。20世纪后在遗址附近发现有大神庙断面、古宫殿基址等。

孟菲斯 Memphis 美国田纳西州最大城市。位于该州西南角，密西西比河畔。海

拔94米。市区面积723.4平方千米，人口66.97万(2008)，其中黑人占3/5以上；大都市区人口128.57万(2008)。1819年始建。1826年设镇，以埃及古城孟菲斯命名。1849年设市。20世纪50年代以来，成为美国中南部地区农牧产品的大集散地，尤以棉花交易市场著称。是附近农牧业区的服务中心。工业有农业机械、汽车装配、制药、纺织、木材加工、农产品加工等。美国大河港之一。铁路、公路交通枢纽，城南设国际机场。教育、医疗事业发达，有孟菲斯西南学院(1848)、州立孟菲斯大学(1909)等17所高等院校。1968年美国黑人运动领袖马丁·路德·金在此遇刺身亡，辟国家民权博物馆以纪念。20世纪50～60年代蜚声全国的“摇滚乐之王”E.普莱斯利和著名黑人作曲家W.C.汉迪的诞生地，市内有两人的故居和墓地。比尔街享有盛名，黑人民间音乐“蓝调”由此流传全国。1931年起，每年5月举办盛大的棉花狂欢节。1991年落成的美国大金字塔(32层大楼)及其广场上竖立的埃及法老拉美西斯塑像的复制品成为城市的新标志。

孟–高棉语族 Mon-Khmer group 南亚语系的一个语族。

孟珙 Meng Gong (1195～1246) 中国南宋灭金抗蒙名将。字璞玉。枣阳(今属湖北)人。出身将门，随父孟宗政出入行阵，屡败金军。绍定六年(1233)，率军破金将武仙等军，授鄂州(今湖北武汉市武昌)、江陵府(今属湖北)副都统制，与江海率兵会合蒙古军，围蔡州(今河南汝南)。端平元年(1234)，孟珙军首先登城，破蔡州，金亡。后多次击退蒙古军进攻。孟珙坐镇江陵，主持京西、湖北路等地军务，招抚北方各族壮士，编组新军；大兴屯田，兴修水利；创建书院；部署纵深防御，采取以攻为守的战术，出兵攻袭蒙古占领区砦栅，焚烧仓库积聚；驱逐襄阳、樊城(今湖北襄阳)、信阳军(今属河南)等处蒙古军；又分兵增援淮南和四川，于嘉熙三年(1239)和淳祐二年(1242)击退四川方面蒙古军的进攻，使京湖和四川间的长江通道得以保全。孟珙智勇兼备，知人善任，长于驭军。

孟浩然 Meng Haoran (689～740) 中国唐代诗人。襄州襄阳(今湖北襄阳)人，世称孟襄阳。前半生主要居家侍亲读书，以诗自适。曾隐居鹿门山。40岁游长安，应进士不第，返襄阳。在长安时，与张九龄、王维交谊甚笃。有诗名。后漫游吴越，穷极山水，以排遣仕途的失意。在此前后，他还曾游历扬州以及湘、赣、蜀的一些地方，也曾滞留洛阳。开元二十二年(734)，襄州刺史韩朝宗约其同去长安，为其延誉。但孟浩然不慕荣名，竟至期未去。二十五年，张九龄为荆州长史，招致幕府，不足一年而返乡。二十八年，他患背疽，医治将愈，适王昌龄来襄阳，相见甚欢，因纵情宴饮，食鲜疾发而亡。

孟浩然生当盛唐，其诗歌绝大部分为五言短篇，题材不宽，多写山水田园和隐逸、行旅等内容。虽不无愤世嫉俗之作，但更多属于诗人的自我表现。他和王维并称王孟，其诗虽不如王诗境界广阔，但在艺术上有独特造诣，而且是继陶渊明、谢灵运、谢朓之后，为盛唐田园山水诗派之先声。其诗不事雕饰，清淡简朴，感受亲切真实，生活气息浓厚，富有超妙自得之趣。如《秋登万山寄张五》、《过故人庄》、《春晓》等篇，自然浑成，韵致飘逸，意境清迥，空灵蕴藉，挹之不尽。

孟诗以清旷冲澹为基调，但“冲澹中有壮逸之气”(《吟谱》)。如《望洞庭湖赠张丞相》“气蒸云梦泽，波撼岳阳城”一联，为摹写洞庭壮观的名句。但这类诗在孟诗中毕竟不多见。总的说来，孟诗内容单薄，不免窘于篇幅。现通行的《孟浩然集》为南宋初刻本，收诗263首，但窜有别人作品。

孟获 Meng Huo 中国三国时期南中少数族首领。系东汉末益州郡(今云南晋宁东)大姓。蜀刘备病死前后，居住在蜀汉西南边境的少数族发动叛乱。益州郡大姓雍闿杀太守正昂，蜀汉另派太守，又为雍闿执送东吴。孟获追随雍闿起兵反，并诱煽夷人同叛。建兴三年(225)诸葛亮亲率大军分三路征南中(蜀汉以巴蜀为根据地，其地在巴蜀之南，故名)。南中内部混乱，雍闿被杀，孟获代立为首领。诸葛亮以孟获在当地夷、汉人中威望甚高，乃采马谡“攻心为上”之策，定计将其生俘，纵归使更战。传说凡七纵七擒，孟获乃心服。当年秋，南中四郡(越嶲、益州、永昌、牂柯)悉平。诸葛亮大量起用当地少数族上层分子为官，孟获至成都任御史中丞。自此以南中的特产充实蜀国军资，终诸葛亮之世，南方无大叛乱。

孟继懋 Meng Jimiao (1897-12-07～1980-01-20) 中国骨科(矫形外科)奠基人。生于天津，卒于北京。中国第一代骨科西医。1920年毕业于清华学堂，公费赴美留学，就读于芝加哥拉什医学院。1925年回国任北京协和医院骨科教授、主任，中和医院骨科顾问，20世纪50年代初任北京人民医院副院长，1957年任北京市积水潭医院院长。他设计改进过多种手术。70年代后期主编《骨与关节损伤》和《中国医学百科全书·骨科学》。

孟加拉国 Bangladesh 南亚国家。位于南亚次大陆东部。东、西、北三面与印度相邻，东南角与缅甸接壤，南临孟加拉湾。面积147 570平方千米，人口1.5亿。世界上人口密度最高的国家之一。98%为孟加拉人，另有比哈尔、查克马、加罗等20多个少数民族。居民88.3%信奉伊斯兰教，10.5%信奉印度教，另有少量佛教和基督教徒。孟加拉语为国语，英语为官方语言。首都达卡。

地理 地形以平原低地为主，占全国面积90%以上，绝大部分是由恒河－布拉马普特拉河三角洲的冲积平原构成，平均海拔约10米。仅东南部和东北部有小片丘陵。境内河流纵横，湖泊众多，河湖水域面积占全境10%。湖泊以东南部的戈布多伊湖最大；河流有230多条，大都属于恒河－布拉马普特拉河水系，少数直接入海。雨季极易泛滥，最盛时全国面积的1/3和耕地的1/2尽成泽国，水深1～4米。孟加拉湾沿岸多宽阔的汊河、岛屿和沙洲，以南沙赫巴兹布尔岛最大，此岛西南有一组岛屿，总名罗布纳巴德群岛。矿产资源贫乏。天然气是主要能源，储量在0.3万亿～0.5万亿立方米之间，煤储量7.5亿吨。近年来与外资合作在近海进行石油和天然气的勘探。

大部分地区属亚热带季风气候，仅沿海平原属季风型热带草原气候。一般湿热多雨，气温年较差小。全年可分为3季，干季(10月至翌年3月)、热季(4～6月)和雨季(7～9月)。雨季时大部地区年降水量2 000～3 000毫米，降水过于集中，常形成

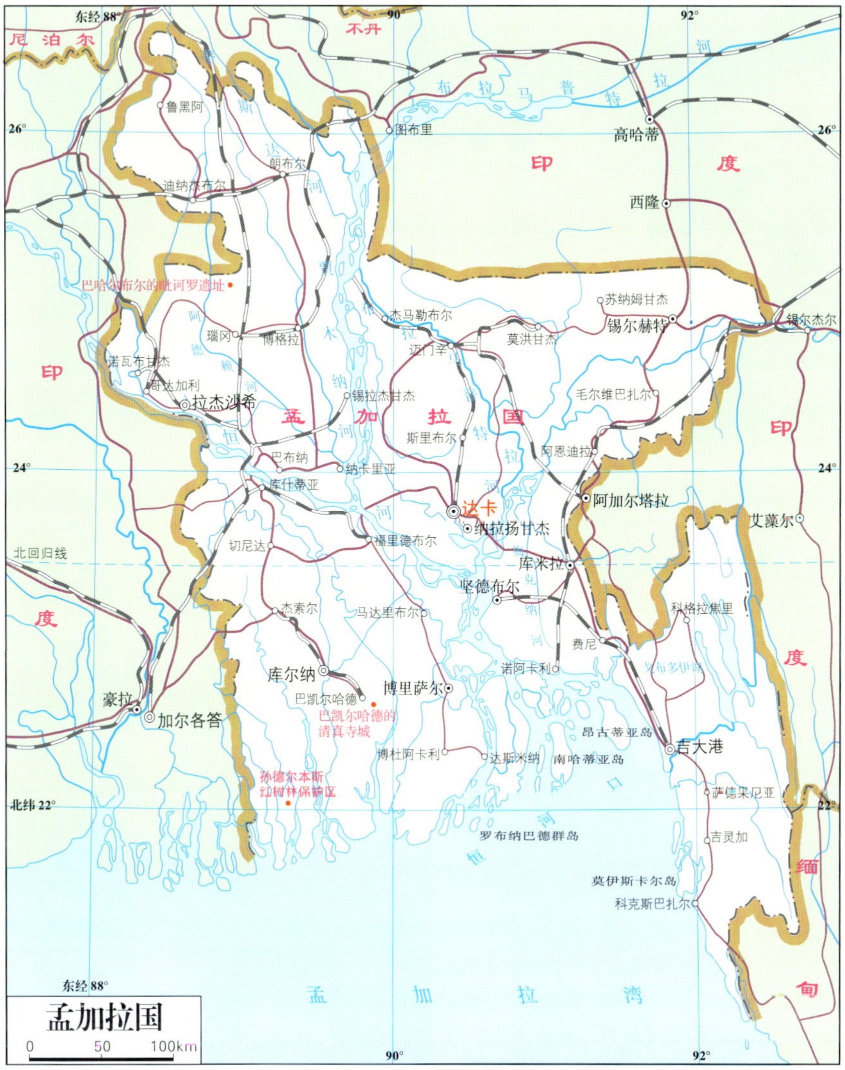

内涝。林地面积232万公顷，其中天然林130万公顷，盛产柚木、麻栗等优质木材。大多分布于吉大港、锡尔赫特和库尔纳等地，达卡地区和迈门辛也有分布。

历史 公元前4世纪至4世纪，先后

图1 达卡的市场

属于*孔雀王朝*和*笈多王朝*。11世纪初伊斯兰教开始传入。13～18世纪受*阿富汗廓尔王朝*、*印度德里苏丹国*和*莫卧儿王朝*统辖。16世纪起，为南亚次大陆人口最稠密、经济最发达和文化繁荣昌盛的地区。18世纪中叶成为英国对印度进行殖民统治的核心区域。1947年印巴分治，孟加拉地区被分为东西两部，西部归印度，东部归巴基斯坦，称东巴基斯坦。1971年3月东巴基斯坦宣布独立，次年1月正式成立孟加拉人民共和国。

政治 国家实行一院制，即国民议会。宪法规定议会行使立法权。议会由公民直接选出的300名议员和由议员遴选产生的45名女议员组成。总统是国家元首和武装部队最高统帅。党派林立，主要有孟加拉国民族主义党、孟加拉国人民联盟、孟加拉民族党、伊斯兰大会党等。

经济 世界最不发达国家之一。经济基础薄弱，国民经济主要依靠农业。但面对当前全球一体化大潮，政府也着力推行市场经济，实施私有化政策，改善投资环境，大力吸引外国投资，创建专门外向的出口加工区。同时积极振兴农业，强调优先发展农产品加工。2009财年国内生产总值896亿美元，人均国内生产总值621美元。

农业生产以种植稻米为主，占种植面积的80%，独立后小麦种植发展很快，但因常遭自然灾害，产量很不稳定。粮食不能自给，每年仍需进口。经济作物以黄麻、甘蔗和茶叶为主，其中黄麻是主要经济作物和重要出口产品。10%左右的耕地种植黄麻，产量占世界黄麻总产量的1/4或1/5。产地以贾木纳河两岸最为集中。所产黄麻纤维长、洁白有光泽，有“金色纤维”之称，一半以原麻出口，另一半加工后大部供出口。甘蔗是仅次于黄麻的重要经济作物，茶叶生产占世界重要地位。其他还有烟草、花生、油菜子、香料以及香蕉、杧果、椰子、波罗蜜等水果。畜牧业在农业中所占比例甚小。牛主要作为耕畜由个体农户饲养。渔业是重要的产业部门，内河和沿海水产养殖面积约300万公顷。以内河捕捞为主，内河淡水鱼产量占渔业总产量的90%以上，有希尔萨鱼、对虾、大蟹蛄等。

20世纪70年代以来，重工业开始发展，主要有化肥、炼油、钢铁、水泥等。能源不足，将近一半以上的石油和固体燃料依靠进口，天然气占国产能源的85%。工业以轻工业为主，主要有麻纺、棉纺、制糖、造纸和化工等。黄麻工业原是最大的工业部门，产品远销世界100多个国家和地区。达卡的纳拉扬甘杰、吉大港、库尔纳等地都有大型麻纺织厂。当今棉纺织业及其加工业已经取代黄麻工业，成为龙头产业。服装加工得到迅猛发展。

孟加拉国境内河道纵横交错，是世界上唯一以水运构成交通运输主力的人口大国。内河航道遍布国内，总长8 000千米。河港众多——所有城市（镇）莫不滨河而立。铁路线路总长约2 768千米，公路总长约222 593千米（沥青路面不足10%）。油气管道1 220千米。吉大港是最大的海港，年吞吐量1 000万吨。有3个国际机场及国内机场5个。国际航线通往亚、欧、非、美等20多个城市。

已与130多个国家和地区有贸易关系，对外贸易长期逆差。货币名称为塔卡。主要进口服装面料及辅料、果蔬、石油及石油制品、化肥及其他化工产品等。主要来自欧盟、印度、中国大陆、日本、新加坡、中国香港、美国。主要出口纺织品和服装、冷冻食品、皮革及其制品、黄麻及其制品。出口市场集中在欧盟、美国。国际援助。主要有美国、日本、加拿大、英国、德国、瑞典、荷兰，世界银行、亚洲开发银行、石油输出国组织、欧盟及联合国机构等。2005—2006财政年度接受外援10.37亿美元。

文化 实行8年制免费义务教育。有国立大学21所、医学院13所，主要有达卡大学、孟加拉国工程技术大学、吉大港大学、

图2 准备出海的渔船

拉杰沙希大学等；私立大学53所。主要孟加拉文报纸：《团结报》、《革命报》、《人民之声》、《新闻日报》；主要英文报纸：《孟加拉国观察家报》、《每日星报》、《独立报》和《金融快报》。通讯社有孟加拉国通讯社（国营）、联合通讯社和南亚通讯社（均私营）。广播电台除达卡的国家台外，还有8个地方台，对外用7种语言广播。电视台于1964年开办。

对外关系　奉行独立自主，不结盟政策。强调在主权平等，互不干涉内政的基础上同一切国家建立友好关系。南亚区域合作联盟成员国。1974年9月17日加入联合国，是英联邦成员国。1975年10月4日孟加拉国与中国建交。

孟加拉人　Bengalis　南亚、东南亚民族之一。大部分分布在孟加拉国以及印度的西孟加拉邦、奥里萨邦和比哈尔邦，小部分分布在缅甸、尼泊尔等地。属欧罗巴人种地中海类型，混有澳大利亚人种成分。使用孟加拉语，属印欧语系印度－伊朗语族。孟加拉国的孟加拉人信奉伊斯兰教；其他多信印度教。孟加拉文来自古印度的婆罗米字母。信仰印度教的孟加拉人有种姓制度，分婆罗门、维迪耶、迦耶斯特和首陀罗4个种姓。婆罗门种姓的社会地位最高，维迪耶种姓次之。迦耶斯特种姓有文化，往往身居高位，出了许多社会活动家和宗教领袖。首陀罗是社会地位最低的种姓，包括工人、农民、手工艺人、佣人等。信仰伊斯兰教的孟加拉人仍有种姓残余影响，其中主要从事农业和渔业生产的盖瓦德人占孟加拉人口的绝大多数。孟加拉人城市居民爱穿无领宽袖长衫，披布单或绸单。妇女穿纱丽，盘发辫。伊斯兰教徒死后行土葬，印度教徒死后行火葬。

孟加拉人一家

孟加拉湾　Bengal, Bay of　印度洋东北部海湾。介于印度半岛和中南半岛、安达曼群岛、尼科巴群岛之间，南以斯里兰卡南端的栋德勒角至印度尼西亚苏门答腊岛西北端的乌累卢埃角一线（相距约1 690千米）与印度洋分开；因北岸的孟加拉地区而得名。沿岸现有斯里兰卡、印度、孟加拉国和缅甸4国。面积约217.2万平方千米。深度自北而南逐渐加大，平均深度2 586米，最大深度5 258米；海湾大陆架以北、东两部较宽，靠近恒河三角洲、安达曼群岛和尼科巴群岛附近宽度可达161千米，外缘向海一侧的平均深度为183米。海底组成物质自海岸向海湾由细沙逐渐向淤泥转化。多处被海底峡谷切割，其中的恒河海底峡谷通过恒河把沉积物输送到孟加拉湾海盆，形成巨大的恒河冲积锥（深海扇）。东经90°的南北向海岭位于中部偏东，顶部离水面约2 134米。气温年较差小，1月平均气温26℃，7月28℃左右。表层水温一般为25～27℃，盐度30～40。平均年降水量自东而西从3 000毫米递降至1 000毫米左右。海流流向受季风的强烈影响，春、夏季在西南季风推动下，呈顺时针方向环流；秋、冬季受东北季风作用，为逆时针方向的环流。纳入的河流除恒河外，尚有默哈讷迪河、戈达瓦里河和克里希纳河等。沿岸地区富有多种喜温生物，如恒河河口的红树林、斯里兰卡沿海浅滩的珍珠贝等。古为联系东西方海上丝绸之路的必经海域，现为太平洋和印度洋间的重要通道。沿岸重要港口有加尔各答、金奈（旧名马德拉斯）和吉大港等。

孟加拉语　Bengali language　孟加拉国的官方语言，也是印度西孟加拉邦地区的官方语言。属印欧语系印度－伊朗语族印度（又称印度－雅利安）语支。除孟加拉国外，还分布于印度的西孟加拉邦、奥里萨邦、比哈尔邦、特里普拉邦和阿萨姆邦部分地区。使用人口1.8亿左右。文字采用由古印度婆罗米字母演变而成的孟加拉体。共有11个元音字母，40个辅音字母（见图）。名词和代词有格和数的变化，名词没有

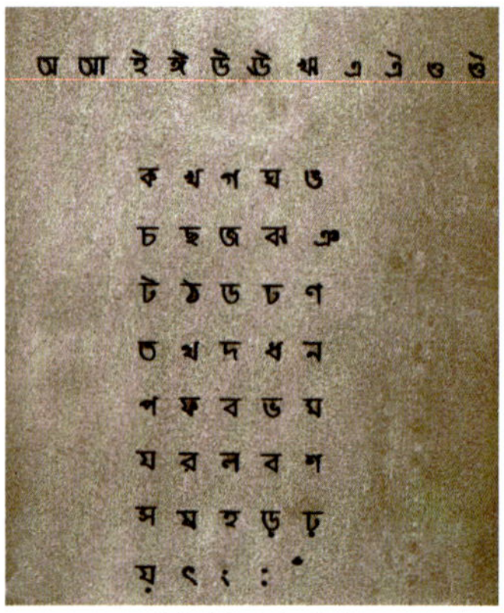
孟加拉语字母表

性的变化，只有一些指人的名词和来自梵语的极少数形容词有性的区别。动词有人称和时态的变化。基本语序为主－宾－动型。方言较多，印度西孟加拉邦首府加尔各答一带的方言被公认为孟加拉语的标准语，以此为基础的现代孟加拉语普通话及其书面形式——孟加拉白话文，已在整个孟加拉语地区广泛使用。

孟建柱　Meng Jianzhu（1947－07～　）　中华人民共和国国务院国务委员、国务院党组成员，公安部部长、党委书记，总警监。江苏苏州人。1971年加入中国共产党。在职研究生学历，工学硕士学位，高级经济师。

1968～1973年任上海市前卫农场供销运输站船队水手、调度、轮机副队长、站团支部书记、站副指导员。1973～1976年任上海市前卫农场运输连党支部书记。1976～1977年任上海市前卫农场政治处宣传组组长。1977～1986年任中共上海市前卫农场党委副书记，前卫农场政治处主任、场长（其间：1983～1986年在经济管理刊授联合大学上海市分校工业企业管理专科业余学习；1984～1986年在中共上海市委党校第一期党政干部培训班党政管理专业学习）。1986～1990年任中共上海市川沙县委书记。1990～1991年任中共上海市嘉定县委书记（1987～1991年作为在职研究生在上海机械学院系统工程专业学习，获工学硕士学位）。1991～1993年任上海市农村工作党委书记。1992～1993年任上海市政府副秘书长。1993～1996年任上海市副市长。1996年任中共上海市委常委。1996～2001年任中共上海市委副书记。2001～2007年任中共江西省委书记、江西省人大常委会主任。2007～2008年任公安部部长、党委书记。

2008年任国务委员、国务院党组成员，公安部部长、党委书记。是中共十五届中央候补委员，十六届、十七届中央委员。

孟郊 Meng Jiao (751～814) 中国唐代诗人。字东野。湖州武康（今浙江德清西）人。郡望平昌，先世及郊常居洛阳。郊早年不遇，德宗贞元十二年（796）登进士第。十七年授溧阳尉，喜赋诗，废曹务，被减为半俸。元和元年（806），居长安，与韩愈等会合，联句作诗，竞奇抉奥。郑余庆为河南尹，奏为水陆运从事，试协律郎，随郑赴任居洛。四年，母丧去职。九年，郑余庆节度兴元，奏为参谋，赴兴元至阌乡（今河南灵宝西北），暴疾卒。张籍私谥“贞曜先生”。

孟郊性孤耿，一生穷困。其诗气骨端正，重炼字，思苦奇涩。尤长五古，为韩愈推重。《荐士》云：“行身荐规矩，甘辱耻媚灶”；“横空盘硬语，妥帖力排奡”。晚唐张为《诗人主客图》列为“清奇僻苦主”。宋诗人苏轼贬之谓如“食小鱼”、“嚼空螯”（《读孟郊诗》二首）。元好问《论诗绝句》称“诗囚”，极贬之。有四库全书宋敏求编辑《孟东野诗集》。

孟轲 Meng Ke（约前372～前289） 中国战国中期哲学家。世称孟子。

孟良崮战役 Menglianggu, Battle of 解放战争时期，中国人民解放军华东野战军在山东省蒙阴县东南孟良崮地区对国民党军进行的山地进攻战役。1947年3月，国民党军集中兵力对陕北和山东实施重点进攻。在山东战场，国民党军集中了24个整编师共60个旅约45万人，由陆军总司令顾祝同在徐州设立的前进指挥所统一指挥。其中用于第一线的兵力为17个师43个旅约20万人；以其精锐的整编第11、第74师和第5军为骨干编成3个兵团，成弧形向鲁中山区推进，企图迫使华东野战军主力与其决战或北渡黄河。5月上旬，华东野战军主力在莱芜、新泰以东地区隐蔽待机。蒋介石、顾祝同令3个兵团向博山、沂水一线疾进。担负右翼进攻任务的第1兵团司令官汤恩伯不待第2、第3兵团统一行动，即以整编第74师为骨干，在整编第25、第83师的配合下，于5月11日自垛庄、桃墟地区进攻坦埠，企图乘隙占领沂水至蒙阴公路。另以第7军及整编第48师北犯沂水，策应整编第74师作战；以整编第65师担任蒙阴防御。华东野战军司令员兼政治委员陈毅、副司令员粟裕、副政治委员谭震林决心集中主力5个纵队东移，歼灭整编第74师于坦埠以南、孟良崮以北山区。经过13、14日的猛烈攻击，15日形成了对整编第74师的四面包围。激战至16日上午，全歼整编第74师，师长张灵甫被击毙。此役，在国民党军的主要进攻方向上给以迎头痛击，歼灭其五大主力之一的整编第74师等部3.2万余人，有力地配合了陕北和其他战场的作战。

孟买 Mumbai; Bombay 印度第一大城市和最大港口，马哈拉施特拉邦首府。人口约1 191.44万。连同附近各卫星城，合称“大孟买”。人口约1 636.81万，以马拉提人（马哈拉施特拉人）为主。位于印度半岛西岸，临阿拉伯海。原为7座小岛，统称孟买岛，后经不断淤积、填充以及长堤、防波堤和桥梁等的修筑而连成一体；又北连萨尔塞特岛，进而与大陆相接，形成突入海中的半岛。城名一般认为源于印度教大神湿婆之妻雪山女神的化身“孟巴”。1995年更改为现名。中世纪已是一繁忙港口。气候湿热，平均气温1月10℃，5月33℃。极端最高气温45.8℃。平均年降水量1 800毫米。1534年被葡萄牙占领，1661年转归英国，1668年英建海军基地，1685～1708年东印度公司总部设此，于是成为英国统治印度的重要据点。印度独立后为孟买省的首府；1960年转为新建立的马哈拉施特拉邦首府。19世纪中叶，由于通向伦敦的定期航线开辟，联系内陆与沿海各城市的铁路也陆续筑成，孟买迅速发展为印度西部最大的对外贸易港。1860年起，英国在印度西部大规模推广棉花生产，这里又成为印度最大的棉花集散中心与出口港，从而有“棉花港”之称，并且逐渐成为印度最大的纺织工业基地。1869年苏伊士运河开通后，与欧洲的距离大大缩短，来往越加方便。印度的独立，益发推动了孟买的发展，很快取代加尔各答成为全国最大的经济、商业和金融中心，工业规模居全国首位。全国最大棉纺工业中心和全国四大综合机械工业中心之一，石油化工和丝织、印染等工业亦甚发达；孟买-浦那工业区以生产药品、化妆品和煤化工产品为主。市郊建有印度第一座核电站。设有印度银行总行、印度人寿保险公司和数以百计的本国和外国银行的分支机构。孟买港在城市东侧，为天然良港，港阔水深，掩蔽条件良好。有4个码头区、50个泊位，码头总长万米，可同时停泊50艘舰船，7万吨轮也可靠泊。进出口贸易占全国总额的半数。铁路、公路通全国各大城市，萨尔塞特岛建有圣克鲁斯国际机场。有著名的孟买大学（1857）、印度理工学院等高等院校和许多自然科学与社会科学研究机构，包括印度原子能研究所（1954）。北郊有全国最大的电影制作中心“宝莱坞”，还有全印设备最先进的广播、电视台。名胜古迹，有为纪念英国国王乔治五世1911年访印而建的“印度门”、建于1861年的维多利亚花园、威尔士亲王博物馆、巴布勒纳特古庙、穆姆巴德维庙和马哈勒萨米寺等。有许多印度教庙宇、清真寺及基督教、天主教教堂，显示多种宗教并存的特色。重要的海军基地。

孟买滨海大道

孟庆元 Meng Qingyuan (1917-05-18～2004-05) 中国电机设计制造专家。生于上海，卒于美国。1938年毕业于上海交通大学电机工程系。1946年获英国利物浦大学电机系哲学博士学位。随后赴美国西屋电气公司实习。1947年回国后，任资源委员会中央电工器材公司上海制造厂电机组组长。1949年后历任上海电机厂工程室主任、副总工程师、总工程师、副厂长，兼上海交通大学电机系教授、副主任。

1954年领导试制成中国第一台6兆瓦汽轮发电机，1958年领导试制了世界上第一台12兆瓦双水内冷汽轮发电机，并形成50兆瓦、125兆瓦、300兆瓦系列。这一成果于1985年获中国科学技术进步奖一等奖。有《矽钢片在工频与音频下激磁与损耗的分析研究》、《薄钢片叠接激磁与损耗分析研究》等多篇论文。曾任中国电机工程学会理事、中国电工技术学会理事。

孟人 Mon 亚洲中南半岛西部缅甸联邦的民族之一。又称得楞人、勃固人。约80万人（2001）。主要分布在孟邦。属蒙古人种南亚类型。另有部分分布在泰国。使用孟语，属南亚语系孟-高棉语族。历史上曾创制、使用孟文，1752年后被淘汰，通用缅文。大多信小乘佛教，部分保持印度教和多神信仰。定居于缅甸东南部的孟人曾以直通、勃固、莫塔马为中心建立过三个王朝，前后历96代国君，至1757年臣服于雍籍牙王。孟人与缅人自蒲甘时期开始接触而互相融合。主要从事农业，种植水稻等。还饲养黄牛、水牛、马、猪等家畜。主要节日为泼水节，每月至少有一个节会。

孟塞尔颜色系统 Munsell colour system A.H.孟塞尔1915年制定的颜色分类和标定

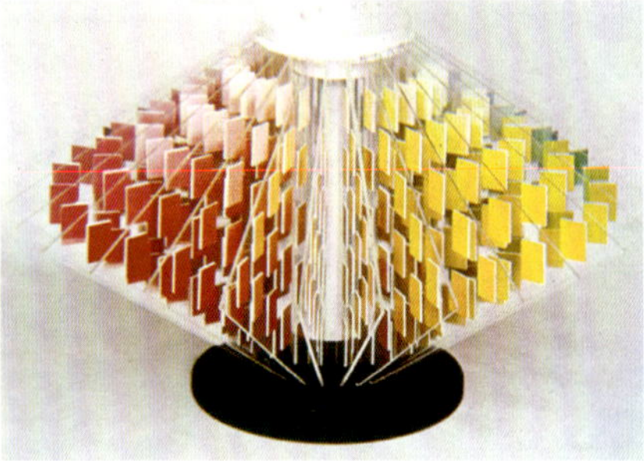

图1　颜色立体

系统。它用一个双锥体模型，把各种表面色的三种基本特性（色调、明度、饱和度）全部表示出来。模型的每一部位有一个标号，代表着一种颜色（图1）。模型的中央轴代表非彩色，从底的黑到顶的白共分为在感觉上等距的11个灰度等级，称为孟塞尔明度值。某一颜色与中央轴的水平距离代表着它的饱和度，称为孟塞尔彩度。中央轴上的彩度为0，离中央轴越远彩度值越大。由中央轴向水平方向投射的角代表色调，称为孟塞尔色调。孟塞尔颜色立体模型的水平剖面（图2）中的各个中心角代表

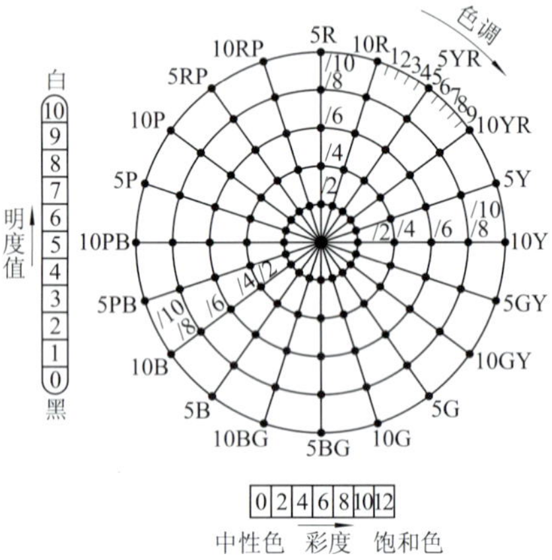

图2　孟塞尔颜色立体模型的水平剖面

着10种色调。每种色调又分成10个等级，每种色调的等级都定为5。任何颜色都可以用它在模型上的色调、明度和彩度值加以标定。标定方法是先写出色调H，再写出明度值V，在斜线后写彩度C，即HV/C= 色调·明度值/彩度。非彩色用N表示，在N后面给出明度值V，斜线后面不写彩度，即$NV/$= 中性色·明度值/。

用纸片将孟塞尔系统中的各个颜色制成样品，汇编成册即为《孟塞尔颜色图册》，它的每一页上印着颜色立体中一种色调的垂直剖面的所有颜色，即同一色调的不同明度值和不同彩度的样品。

孟森 Meng Sen（1869～1937）　中国史学家。字莼孙，号心史。江苏武进人。卒于北平（今北京）。14岁就学于当地名师周载帆。嗣后又赴日本留学。中年时，孟森作幕广西龙江兵备道，又为著名实业家张謇亲近幕友。他留心于地方政治经济现状，曾参与清末立宪运动。清末民初，孟森逐渐脱离政治活动，开始专心治史。1914年，他以“心史”之号发表《心史史料》第一册，着重对清朝入关前的历史进行系统研究。1930年，孟森受聘于南京中央大学，讲授清朝入关前历史，撰成讲义《清朝前纪》。不久，复受聘于国立北京大学，讲授《满洲开国史》，编纂《明元清系通纪》。孟森开创满洲开国史的研究，着力对清朝入关前后的历史资料进行发掘、梳理和考订。其间，他还讲授明清断代史，著有《明史讲义》、《清史讲义》，对史实进行考订叙述，多有发明创见；所作评议，亦具精辟独到之处。他还先后发表明清史及其他断代史论文近百篇，多收入《心史丛刊》、《清初三大疑案考实》中，另有少量未发表的文章，1949年后由中华书局编入《明清史论著集刊》及《续刊》中。

孟少农 Meng Shaonong（1915－12－12～1988－01－15）　中国汽车设计制造专家。生于北京，卒于北京。1935年入清华大学，1940年西南联合大学机械工程系毕业。

1943年获美国麻省理工学院汽车专业硕士学位。曾任美国福特汽车厂、司蒂倍克汽车厂等厂实习生、工程师。1946年回国后，任清华大学机械系副教授、教授，创办了中国第一个高校汽车专业。1948年任华北人民政府企业部工程师。中华人民共和国建立后，任重工业部工程师、汽车工业筹备组副组长。1953年任长春第一汽车制造厂副厂长兼副总工程师，1958年参加和主持第一汽车制造厂“东风”牌轿车的设计和制造以及“红旗”牌高级轿车的技术改进工作。1971年调陕西汽车制造厂。1977～1988年任第二汽车制造厂副厂长兼总工程师、东风汽车工业联营公司副董事长，兼湖北汽车工业学院院长。

孟少农是中国汽车工业的主要奠基人。1980年当选为中国科学院学部委员（院士）。曾任中国汽车工业公司董事、技术委员会主任。著有《汽车设计方法》等。

孟什维克 Menshevik　苏联共产党前身——俄国社会民主工党内的一个派别。俄文Меньшевик的音译，意为少数派。俄国工人运动中的改良主义派别。在1903年俄国社会民主工党第2次代表大会期间，L.马尔托夫同V.I.列宁在制定党章时发生尖锐分歧。大会在选举中央领导机关成员时，拥护列宁的人得多数票，称布尔什维克（意为多数派）；拥护马尔托夫的人得少数票，称孟什维克。主要代表人物有G.V.普列汉诺夫、马尔托夫、F.I.唐恩、N.S.齐赫泽、I.G.策烈铁里等。1905年俄国革命失败后，孟什维克中大部分人主张取消秘密政党，建立合法工人党，被称为取消派分子。1912年1月，第6次党代表会议将取消派开除出党。孟什维克不接受这一决定，于同年8～9月在维也纳召开党组织代表会议，成立孟什维克领导中心——组织委员会。1914年8月第一次世界大战爆发后，孟什维克坚持社会沙文主义立场，支持沙皇政府进行帝国主义战争。在组织上分化出以马尔托夫为首的国际主义派和以普列汉诺夫为首的统一派。1917年二月革命胜利后，孟什维克和社会革命党控制了彼得格勒苏维埃，支持资产阶级临时政府，反对进行社会主义革命。十月革命胜利后，孟什维克国际主义派发生分化，一些人转而支持苏维埃。马尔托夫多次当选为苏维埃代表。孟什维克因反对布尔什维克一党掌权、从事敌视苏维埃政权的活动而被取缔。一些人逃亡国外继续活动，但影响很小，最终消亡。

孟特戈维诺 Montecorvino, Giovanni da（1247～1328）　基督教圣方济各会士，罗马教廷派驻中国元朝的第一任大主教。生于意大利南部萨勒诺，卒于中国大都（今北京）。1280年前后，在亚美尼亚和波斯传教，1289年教皇以孟特戈维诺等为使臣，携带致蒙古诸汗信件，前往东方传教。1294年抵大都，向元成宗呈交了教皇书信。此后即留居大都，直到去世。1305年和1306年，他两次致信本国教友，报告传教成绩及元朝情况。据称，他先后在大都兴建教堂两所，并学会鞑靼人的语言文字，翻译了《新约》和祷告诗，为大约6000人洗礼。1307年，教皇克利门特五世任命他为大都大主教，并遣教士7人来元相助，其中仅热拉多、帕烈格里诺、安德烈3人到达大都。其后，他在泉州设立了分教区，命热拉多等3人相继担任主教。孟特戈维诺以及帕烈格里诺、安德烈写给本国教友的信件现存，是研究元代中西关系史的重要史料。

孟宪承 Meng Xiancheng（1894－09－21～1967－07－19）　中国教育家。江苏武进人。

毕业于南洋公学中院和圣约翰大学。1918年留学美国华盛顿大学，获教育学硕士学位。1921年赴英国伦敦大学研究生院深造。归国后曾先后在

圣约翰大学、光华大学、清华大学、南京高等师范学校、东南大学、浙江大学、北京师范大学、湖南国立师范学院等校任教，并一度担任国立第四中山大学秘书长、中央大学教育学院院长和浙江省立民众教育实验学校校长。中华人民共和国建立后，任华东军政委员会教育部部长、华东行政委员会教育局局长、华东师范大学校长。曾当选为第一、二、三届全国人民代表大会代表。上海市教育学会会长。

在办学指导思想上，他认为大学的理想应该包括“知识的创获”、“品性的润溶”和“民族的社会的发展”。他强调培养师资，提高教师的思想水平和学术水平。主张大学应加强基础教学，学生应掌握坚实的、广博的基础知识。重视教育理论的研究，并创办和领导浙江民众教育实验学校，进行各种教育实验研究。著有《教育概论》、《教育史》、《西洋古代教育》、《大学教育》、《中国古代教育文选》等。还曾编写《教育哲学》、《中国教育史》、《外国教育史》等。

孟小冬 Meng Xiaodong（1907-01-30或1908-01-20～1977-05-26） 中国京剧演员。工老生。原名若兰，学名令辉。北京人。生于上海，卒于台北。9岁从舅父仇月祥学孙（菊仙）派老生，曾在无锡、上海演出。1924年到北京后，向陈彦衡、王君直学谭（鑫培）派唱腔，并与言菊朋切磋技艺。复拜陈秀华为师，被城南游艺园邀充台柱。后拜余叔岩为师，出字收音、行腔用气、身段神情，皆得余氏真传。1947年，在上海演出《搜孤救孤》（饰程婴），是她最后一次舞台演出。此后赴港定居，课徒授艺。门人整理她的录音资料，出版盒式录音卡《凝晖遗音》。孟小冬口齿清晰，四声熨帖，嗓音清润苍劲，立音强，善用丹田气，无女声尖窄之病；做功大方稳重，眼神尤佳。代表剧目有《捉放曹》、《失街亭》、《空城计》、《斩马谡》、《搜孤救孤》、《珠帘寨》、《击鼓骂曹》、《武家坡》等。

孟小冬在京剧《四郎探母》中饰杨延辉

孟昭英 Meng Zhaoying（1906-12-24～1995-02-25） 中国无线电和电子学家、教育家。生于河北乐亭，卒于北京。1928年毕业于燕京大学物理系，后留校任教并读研究生，1931年获硕士学位。1933～1936年美国加州理工学院学习并获哲学博士学位。回国后，历任燕京大学物理系副教授、昆明清华大学无线电研究所兼西南联大物理系教授。1943～1946年再度赴美，在加州理工学院和麻省理工学院雷达研究所任研究员。1946年起，任清华大学教授。1955当选中国科学院学部委员（院士）。

孟昭英早年在美国研究超短电磁波，成功地第一次用电子管产生1厘米短波，设计了波导阻抗的精密测量方法。20世纪40年代末研究氧的毫米波吸收谱，为微波波谱学的最早研究者之一。1986年起，带领学生研制单原子探测仪。在清华大学筹建电子学实验室，建立了电真空、微波、阴极电子学和电子光学实验室。曾参加筹建中国科学院电子学研究所，参加制订中国科学技术发展规划。任中国电子学会、真空学会、电源学会等团体名誉理事或名誉理事长。著有《电磁振荡和电磁波》、《阴极电子学》和《无线电基础》等。

孟知祥 Meng Zhixiang（874～934） 中国五代时后蜀的建立者。字保胤。邢州龙冈（今河北邢台西南）人。后唐庄宗李存勖称帝时，以他为太原留守。后唐同光三年（925），李存勖灭前蜀，孟知祥受任成都尹，充西川节度使。次年正月，孟知祥入成都。他任用良吏，免除苛捐杂税，安集流散，使蜀中逐渐安定。长兴三年（932）杀东川节度使董璋，得东川地。次年，后唐明宗任孟知祥为东、西川节度使，又封他为蜀王。后唐应顺元年（934）称帝，是为高祖。国号蜀，年号明德，史称后蜀，建都成都。同年卒。子孟昶（919～965）继位，是为后主。蜀地富庶，在孟知祥、孟昶统治时期，境内很少战争，社会、经济、文化有所发展。

孟子 Mencius（约前372～前289） 中国战国中期哲学家、思想家、教育家。名轲，邹（今山东邹城东南）人。幼年丧父，家庭困顿，受业于子思的门人。学成之后，收徒讲学，游说诸侯，到过梁国（魏国）、齐国、宋国、滕国、鲁国。孟子曾为客卿数年，因其学说被认为“迂远而阔于事情”，终未能得到实施的机会。晚年退居故乡，专心从事教育活动，与他的高足万章、公孙丑等整理《诗经》、《尚书》，阐述和发挥孔子的思想，成《孟子》七篇。

孟子哲学思想的最高范畴是天。他主张天人合一，把“诚”规定为天的本质属性，认为天是人性固有的道德观念的本原。孟子的政治思想和伦理思想以天为基石。凡是人力所不能做到的事情，孟子都归结为天的作用。君子“创业垂统”为的是事业继续，但能否成功则在于天。人的善性来自天赋，人只要反求自身、扩展本性就可以认识天。孟子将道德规范概括为仁、义、礼、智四德，把人伦关系概括为：“父子有亲，君臣有义，夫妇有别，长幼有序，朋友有信。”为了说明道德规范的内在根据，孟子又提出了人性本善的理论。他认为，人人内心自然固有的“恻隐之心”、“羞恶之心”、“辞让之心”、“是非之心”是仁、义、礼、智的“善端”，称为四端。它是人之所以异于禽兽的本质所在，是人们善德的开端和潜在可能。只要人们扩充善端，存养善性，坚持不懈，都可以成为尧舜圣人。孟子把伦理与政治紧密结合起来，强调道德修养是政治的根本。他继承和发展了孔子的“仁”和德治思想，从“仁义”道德出发推演出“仁政”的政治方案。他把民心的向背看作是政治成败的关键，导出“得民心则得天下，失民心则失天下”的论断。他主张从整理田界开始，采取鼓励生产的措施，给民众以“恒产”，使民安居乐业。他重视对民众的道德教化，提出“尚志”的道德教育原则，以及养气寡欲、改过迁善、反求诸己、专心有恒和循序渐进的教育方法，形成了独具特色的教育思想。

位于中国山东邹城的孟子亚圣庙

孟子生活的时代百家争鸣，诸说纷纭。孟子捍卫儒家的思想原则，抨击辩驳别家他说，被推崇为儒家道统的传道人，称为“亚圣”。《孟子》从北宋开始成为儒家的经典，与《论语》、《中庸》和《大学》一起成为士子的必读书。

《孟子》 *Mencius* 中国战国时期孟子的言论汇编。为孟子与其弟子共同编纂而成，约成书于战国中期。《孟子》全书现存7篇，体裁与《论语》大致相似。每篇分上下，以开头文字作篇名。《汉书·艺文志》著录《孟子》11篇，除7篇外，尚有外书4篇。

《孟子》在《汉书·艺文志》列于诸子略，地位在经书之下。韩愈把孟子看作儒家“道统”的真正继承者，《孟子》的地位才开始提高。南宋朱熹把《孟子》与《论语》、《大学》、《中庸》合在一起，并称“四书”，编为《四书章句集注》。《孟子》的经典地位才真正确立。元、明、清三代定“四书”为科举考试的科目，《孟子》成为学者必读之书。现存《孟子》最早的注本为东汉赵岐的《孟子注》，其他重要的注本有南宋朱熹的《孟子集注》和清人焦循的《孟子正义》。

《孟子》一书作为孟子主要言行的汇编，集中反映了他作为先秦儒家主要代表的基本思想，是中国思想史和儒学史上重要的典籍。

梦 dream 在睡眠状态下发生的想象活动，是一种极端的不随意想象。梦中的情节由意识层次上的表象构成，梦本身则大多是无意识进行的。梦常发生在睡眠的快速眼动（REM）期，在此期间脑电图（EEG）检测到的脑波，是一种低压高频、类似于觉醒状态而不同于睡眠的非快速眼动（NREM）期的脑波形态，还出现脉搏、血压和呼吸不规则以及骨骼肌松弛的现象。梦也会发生在睡眠的非快速眼动期、睡眠的开始时期和平静放松的觉醒状态。快速眼动期睡眠的梦知觉性较强，内容生动离奇；非快速眼动期睡眠的梦概念性较强，内容与现实联系较密切。睡眠者在快速眼动期被唤醒后更容易回忆梦境。因此，快速眼动不是做梦的必要条件，快速眼动期睡眠的脑机制并不等同于梦的脑机制。脑成像研究表明，在睡眠的快速眼动期，脑桥部脑干、杏仁核及枕叶和颞叶的视觉联合区处于激活状态，前脑可能是揭示梦的脑机制的关键部位。

《梦溪笔谈》 *Dream Pool Essays* 中国古代科学技术名著。笔记体综合著作，北宋沈括著。

咪唑 imidazole 1,3二位上含有两个氮杂原子的五元杂环化合物，分子式$C_3H_4N_2$。两个氮原子占1,2两位的称为吡唑，它是咪唑的同分异构体。咪唑和吡唑在自然界不存在。咪唑为棱柱状晶体；熔点90～91℃，沸点257℃，相对密度1.030 3（101/4℃）；溶于水、乙醇、乙醚等。其碱性比吡唑稍强，可生成稳定的盐，如苦味酸盐、硝酸盐。咪唑对氧化剂和还原剂都稳定。咪唑可用甲酰胺和乙二胺在气相和脱氢催化作用下制备。咪唑和四氢咪唑的衍生物存在于自然界，具有重要的生理活性，如维生素H是2-四氢咪唑酮的衍生物。组氨酸也是咪唑的衍生物，失羧后成为组胺，是血管扩张剂，广泛存在于自然界。尿囊素是四氢咪唑二酮的衍生物，用作抗溃疡剂。

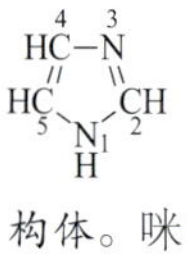

弥尔顿 Milton, John（1608-12-09～1674-11-08） 英国诗人。生于伦敦，卒于伦敦。自幼喜爱读书。1625年入剑桥大学，开始用拉丁文和英文写诗。1632年取得硕士学

位。1638年去意大利游学。翌年得知英国革命即将爆发，仓促返国。1641年站在革命派清教徒立场参加宗教政治论战，写了《反对教会管理的主教制》等5本小册子，对保皇党和英国国教给予有力打击。1649年担任克伦威尔革命政府国务院拉丁文秘书，撰写《为英国人民声辩》等小册子，做了许多重要的宣传工作。因积劳成疾，于1652年双目失明。1660年王政复辟后被捕入狱，但旋即释放。

弥尔顿早期的作品中包括一些用拉丁文、希腊文和意大利文写的诗，以短诗为主，代表作为诗集《快乐的人》（1632）、《幽思的人》（1632）、《利西达斯》以及假面剧《科玛斯》。中期的散文作品数量约为他诗篇的4倍，主要包括《论出版自由》、《建立共和国的简易办法》（1660）等。后期创作了《失乐园》、《复乐园》和《力士参孙》3部长诗，均取材于《圣经》。采用富有独创性节奏的无韵体，寄意崇高、气势恢弘、人物生动、哲理深刻、形式精美，使弥尔顿成为继W.莎士比亚之后英国最伟大的诗人。

弥勒 Maitreya 佛教菩萨名。意译“慈氏”。据《弥勒上生经》和《弥勒下生经》说，弥勒出生在古印度南天竺的一个婆罗门家庭。或说“慈氏”是他的姓，名为“阿逸多”，意为“无能胜”。弥勒出家后，成为释迦牟尼佛的弟子。佛曾预言他将继承自己的佛位成为未来佛，先佛陀入灭，上生于兜率天内院，将于五十六亿七千万年后，下生人间，在华林园龙华树下成佛。弥勒佛像庄严肃穆，眼观鼻，鼻观心，超凡脱俗，悲天悯人，端坐于大雄宝殿之中。另有一种弥勒菩萨像，带天冠，单独在天王殿、弥勒阁中供奉。但是，在中国许多佛教寺庙中，弥勒被塑造成一胖大和尚的模样，袒胸露腹，箕踞而坐，手捻串珠，喜眉乐目，笑口常开。他的原型是唐末五代时期的和尚，名叫契此，人称“布袋和尚”。因传说他是弥勒的化身，故后人按他的模样塑像供奉。

另据近代佛学者考证认为，弥勒为一实有人物，是瑜伽行派（唯识宗）始祖，著有《瑜伽师地论》、《现观庄严论》等。

《弥勒会见记》 *Maitreyasamiti-Nataka* 印度古代剧本。共有27幕。讲述弥勒成佛的故事。全剧韵文散文结合，形式上与印度古代叙事文学如《五卷书》之类没有区别。但是书名为nātaka（梵文，意为“剧本”），书中使用“幕”、“退出”等舞台术语。剧本流行于中国唐代，比一般认定的中国戏曲成形期宋代和元代要早得多。剧本的发现对中国戏剧史的研究有重要的意义。原文已佚。现存两种版本均发现于中国新疆古城废墟：一为吐火罗文A（焉耆文）本，一为回鹘文本。

弥曼差派 Mimansa 印度古代哲学派别，婆罗门教六派哲学之一。又音译为“弥息伽”等，又称为前弥曼差派。此派名称的原意为思维考究。弥曼差派的思想渊源较早，主要研究婆罗门教的祭祀或与祭祀直接相关的内容。相传弥曼差派的创始人是阇弥尼。他所著的《弥曼差经》是此派的最早根本经典。较早给《弥曼差经》作注的是5世纪左右的夏伯拉，他著有《夏伯拉注疏》。在夏伯拉之后，弥曼差派的主要思想家有7～8世纪的枯马立拉和普拉帕格拉两人。

弥曼差派以吠陀祭祀为主要研究对象，他们相信吠陀圣典的正确性，相信祭祀的功效。此派最早提出的重要理论是“声常住论”。所谓“声”指言语、观念或知识，特别指吠陀的言语或知识。在认识论方面，弥曼差派对“量”有较细致的分类。《弥曼差经》的一个评注者（弗粟底迦拉）提到有6种“量”：①现量，即感官与事物接触后所产生的知觉。②比量，即推理，分为自悟比量和悟他比量两种。③比喻量，指根据未知物与已知物的相似来认识未知物。④圣教量，指从一般的可信赖之人或权威者那里获得认识。⑤义准量，指在认识或判断某一事情时，借助于对另一事件的假设或推想。⑥无体量，指观察到某处没有某种东西，因而产生不存在某物的判断。枯马

立拉和普拉帕格拉接受和改造了胜论派的句义论。枯马立拉认为世界现象可分析为5个句义，即实、德、业、同、无。普拉帕格拉认为世界现象可分析为8个句义，即实、德、业、同、和合、能力、相似、数。

弥曼差派通常是反对有神论的。弥曼差派相信祭祀的功效，认为祭祀行为能产生给人们带来好处的力量，这种力量被称为“无前”(即在作祭祀前不存在之意)。他们强调在祭祀行为与果报之间起作用的是“无前”，而不是神。

弥曼差派对印度近现代思想的影响不明显，主要体现在印度教教徒的一些宗教仪式之中。

弥漫性血管内凝血 disseminated intravascular coagulation; DIC 由不同病因引起的“血栓－出血”临床病理综合征。特点是在周身血管内广泛地发生微小血栓形成，造成微循环毛细血管床内不同程度的梗塞。

分类 分为急性、亚急性和慢性隐匿性三类，病程短可数小时，长可数日、数周或数月。急性者多见于休克、败血症、流行性脑脊髓膜炎、沃特豪斯－弗里德里希森二氏综合征、暴发性紫癜、羊水栓塞、血型不合错误输血、毒蛇咬伤、烧伤等。亚急性者见于急性早幼粒细胞白血病、某些癌症、胎死宫内等。慢性者见于巨血管瘤、晚期糖尿病和癌症患者。

临床表现 症状轻重不等，发展快慢不一。临床表现包括惊厥、昏迷、瘫痪、呼吸困难、紫绀、无尿、腹痛、血压下降、皮肤花斑、四肢厥冷等。由于继发性消耗性凝血障碍，可有皮肤黏膜出血或伤口出血不止。DIC发生后，小血管中形成的纤维蛋白丝可引起红细胞的机械性损伤而产生微血管性溶血性贫血和黄疸。

诊断 主要根据凝血、出血和溶血造成的症状及体征和化验检查。患者早期凝血时间缩短、晚期凝血时间延长，血浆鱼精蛋白副凝固试验阳性，部分凝血活酶时间(APTT)延长，凝血酶时间(TT)延长，凝血酶原时间(PT)延长，纤维蛋白原下降，血小板数下降。

治疗 ①去除病因和诱因。②用肝素和血小板聚集抑制剂(如低分子右旋糖酐等)阻断凝血。③输新鲜血以补充凝血因子和血小板而止血。④保护脏器，并积极治疗功能衰竭的器官。

弥撒 mass 天主教祭奉圣体的圣事礼仪，以纪念耶稣为救赎人类而作的牺牲。“弥撒”为拉丁语missa的音译。其根据是《新约圣经》。据载，耶稣传教三年后，预感到将被拘捕牺牲，便在纪念逾越节与其门徒共进晚餐时，暗示无酵饼为其身体，葡萄酒为其血。耶稣牺牲后，为纪念他，其门徒经常聚会重温耶稣遗训，并举行分饼等礼仪。后发展出程式化的祭献礼仪，并作为教会生活的中心。天主教认为耶稣被钉于十字架上，是流血的祭献，而举行弥撒是不流血的祭献。举行弥撒有3个步骤：首先是赞美天主，祈求天主，温习《圣经》；然后献上被视为圣体圣血的麦面饼和葡萄酒；最后由教徒轮流领受圣体(即麦面饼)。弥撒分大礼和简礼。一般在主日和圣诞节、受难日、复活节等举行大礼，由主教或司铎主祭。简礼则由司铎主祭。历史上东西派教会在领取圣体上有所不同，西派教会用拉丁语，圣餐用无酵饼，神父领圣体和圣血，信徒只领圣体。东派教会则因地区不同而分别使用希腊语或古斯拉夫语及其他民族语言，圣餐用有酵饼，信徒可同时领圣体与圣血。20世纪60年代天主教礼仪改革后，在举行弥撒时可用拉丁语，也可用本国民族语言。16世纪宗教改革后兴起的新教各宗派，除英国圣公会高派教会外，都不再采用弥撒礼仪，但都保留了不同形式的圣餐礼。

弥撒曲 mass 天主教弥撒仪式中所唱的歌曲。弥撒是天主教会的圣餐仪式，用拉丁文歌咏和朗诵。其歌词一部分是固定不变的，称为常规弥撒；另一部分可以随时变更，称为特定弥撒。“弥撒”的名称源于弥撒仪式最后的散席曲所唱歌词中的“missa”(散吧)一词。

中世纪的早期弥撒都用传统的素歌曲调咏唱。11～13世纪的教会作曲家以素歌为固定歌调，编成复调弥撒曲。最初由作曲家谱曲的大多是特定弥撒，13世纪中叶以后，才转向常规弥撒，但只谱写个别乐曲。15世纪以后，才盛行为整套常规弥撒谱曲，渐渐定型为今天习见的弥撒曲形式。16世纪的无伴奏合唱弥撒曲，在罗马乐派的创作中占有重要地位，其代表人物G.P.da帕莱斯特里纳作有弥撒曲90余部，其中《马尔切卢斯教皇弥撒曲》被天主教作曲家奉为典范。17世纪以后的弥撒曲都用器乐伴奏，并趋向于世俗化。歌剧和清唱剧的兴起，对弥撒曲产生了巨大的影响。

哀悼死者的弥撒曲称为追思曲或追思弥撒，旧译安魂曲。

弥赛亚 Messiah 上帝所派遣的救主。又译“默西亚”，原意为“受膏者”(希腊文作Christos，音译“基督”)。自摩西时代起，犹太人在封立君王和祭司时，要在受封者的额上敷以膏油，称为“受膏者”，并视之为上帝所派遣者。犹太亡国后，弥赛亚成为犹太人所期盼的“复国救主”。基督教称耶稣就是弥赛亚，但不是犹太人复国的君王，而是全人类的救世主，凡信奉他的人，就可得到拯救，罪得赦免。

弥生时代 Yayoi Period 日本古代使用弥生式陶器的时代。其文化称弥生文化。因1884年这种陶器首次在东京都文京区弥生町发现而得名。年代在绳纹时代之后、古坟时代之前，约当公元前3～公元3世纪。是在绳纹文化的基础上，受大陆(包括中国和朝鲜半岛)文化的影响而产生的。首先出现于九州北部并逐渐向东发展，后期基本上遍及除北海道以外的日本全境。

弥生时代已出现铁器，至后期普及。普遍有了以水稻种植为中心的农业。陶器的烧成温度为850℃，一般呈红褐色或黄褐色。铜器主要有剑、矛、戈、铎和镜等。

弥生式铜铎

剑、矛、戈既有从大陆输入的，也有本地铸造的。铜铎产自本地，为祭器。墓葬随葬品数量已有多少之别，品质亦有差异，说明当时社会已存在少数占统治地位、拥有大量财富的人。此时的日本已建立许多小国，除北海道以外都与大陆有频繁的外交、文化和贸易往来。当时的日本被中国汉王朝统称为倭。汉光武帝建武中元二年(公元57年)，倭的一个小国奴国遣使到洛阳，汉朝曾赐予“汉委奴国王”金印。三国时，邪马台国女王遣使到洛阳，魏帝赐“亲魏倭王”金印及锦缎、铜镜等礼物，并派官吏回访。与大陆的频繁交往，给日本带来了铁器、铜器、玻璃饰品及水稻种植技术等。后来，则从大陆输入铁、铜、玻璃原料，在日本加工、生产出富有本民族特色的金属器物和饰品。

迷迭香 *Rosmarinus officinalis*; rosemary 唇形科迷迭香属的一种。分布于南欧各国，中国引种栽培。常绿小灌木。高1～2米，全株有香气。叶对生无柄，叶片条形，革质，长约3厘米，宽2～4毫米，上面暗绿色、平滑，下面灰色、有毛和鳞腺，叶缘反卷。花于叶腋轮生，紫红色；萼钟状，二唇形；花冠二唇形，喉部广，上唇2裂，下唇3裂；雄蕊只前1对能育，子房2室。小坚果4，光滑，卵球形。为著名芳香植物和观赏植物。全草入药，有健胃、发汗功能。

迷宫 labyrinth 古希腊神话中称结构复杂的建筑物。通常指传说中克里特王米诺斯居住的宫殿。因建筑结构复杂，曲折多变，

克诺索斯王宫内景

外人进入即迷失出路而得名。神话认为，迷宫是古代巧匠代达洛斯设计的，用来安置米诺斯王后所生的食人的半人半牛怪物米诺陶。后来，雅典王子忒修斯带着米诺斯公主阿里亚娜赠与的魔剑与线团进入迷宫，杀死米诺陶，并以线团引路离开迷宫。考古发掘证明，米诺斯文明的**克诺索斯王宫**即神话中迷宫的原型。王宫中楼梯、柱廊曲折迂回，令人难辨方向，故有“迷宫”之称。

此外，埃及第12王朝埃门内姆哈特三世在位时在摩里斯湖东侧也建有迷宫。

迷津 maze 研究学习和学习能力等问题所使用的一种心理实验工具。一般由通路、转折、支路和盲路组成，从起点到达目的地通常只有一条通路，要求被试以最快的速度和最少的错误到达目的地。

用于测试动物的迷津主要有胡同式和天桥式两种类型。用于人类被试的迷津主要有复合的T(或Y)形迷津、手指迷津和纸笔式迷津（视觉迷津）三种类型。无论哪种迷津都具有一系列的选择点，在每个点上有两个或多个供选择的可能，其中一个是正途，其余的是盲路。选择正途，避开盲路，即可顺利到达终点。

“迷惘的一代” Lost Generation 第一次世界大战后出现在美国的文学流派。这个名词源出侨居巴黎的美国女作家G.斯泰因向**E.海明威**说的一句话：“你们都是迷惘的一代。”海明威把这句话作为他的长篇小说《太阳照常升起》的题词，于是“迷惘的一代”成为一个文学流派的名称。

“迷惘的一代”作家的共同点是厌恶战争，却又找不到出路。他们的作品反映了普通士兵在第一次世界大战中经历的种种苦难、反战情绪以及心灵上留下的无法医治的创伤。如**J.多斯·帕索斯**的《三个士兵》(1921)、E.E.肯明斯的《巨大的房间》(1922)、**W.福克纳**的《士兵的报酬》(1926)、《萨托里斯》(1929)等都具有“迷惘的”色彩。

海明威是“迷惘的一代”的代表作家。其小说《太阳照常升起》(1926)、《永别了，武器》(1929)等，迷惘、悲观的情绪较为浓厚。

“迷惘的一代”不仅指参加过欧洲大战的作家，也包括没有参加过战争、但对前途感到迷惘和迟疑的20世纪20年代作家。主要繁荣在20年代，30年代以后，创作倾向有了变化，失去了特有的战后伤感情调。

迷走神经 vagus nerve 第X对脑神经，也是脑神经中最长、分布最广的一对。混合性神经。含有感觉、运动和副交感神经纤维。迷走神经由**延髓**发出，经颈静脉孔出颅，在此处有膨大的上、下神经节。上神经节发出脑膜支及耳支，下神经节发出咽支及喉上神经。迷走神经在颈、胸和腹部发出许多分支。

在颈部的主要分支 喉上神经起自下神经节，在舌骨大角处分内、外支。外支支配环甲肌，内支分布于声门裂以上的喉黏膜以及会厌、舌根等。

在胸部的主要分支 喉返神经包括右、左喉返神经。右喉返神经在右迷走神经经过右锁骨下动脉前方处发出，并勾绕此动脉，返回至颈部。左喉返神经在左迷走神经经过主动脉弓前方处发出，并绕主动脉弓下方，返回至颈部。在颈部，两侧的喉返神经均上行于气管与食管之间的沟内，至甲状腺侧叶深面进入喉内称为喉下神经，分数支分布于喉。其运动纤维支配除环甲肌以外所有的喉肌，感觉纤维分布至声门裂以下的喉黏膜。喉返神经在行程中发出心支、支气管支和食管支，分别参加心丛、肺丛和食管丛。

在腹部的主要分支 ①胃前支和肝支在贲门附近发自迷走神经前干。胃前支沿胃小弯向右，沿途发出4～6个小支，分布到胃前壁。肝支有1～3条，参加肝丛，随肝固有动脉分支分布于肝、胆囊等处。②胃后支在贲门附近发自迷走后干，沿途发支至胃后壁和幽门。③腹腔支发自迷走神经后干，向右行，与交感神经一起构成腹腔丛，分布于脾、小肠、盲肠、升结肠、横结肠、肝、胰和肾等大部分腹腔脏器。

祢衡 Mi Heng (173～198) 中国汉末辞赋家。字正平。平原般(今山东临邑东北)人。少有才辩，性格刚毅傲慢，好侮慢权贵。因拒绝曹操召见，操怀忿，但惜他有才名，不忍杀之，而罚作鼓史。祢衡则当众裸身击鼓，反辱曹操。曹操怒，欲借人手杀之，因遣送与荆州牧刘表。仍不合，又被刘表转送与江夏太守黄祖。后因冒犯黄祖，终被杀。祢衡的代表作《鹦鹉赋》是一篇托物言志之作。赋中描写具有“奇姿”、“殊智”的鹦鹉，却不幸被“闭以雕笼，剪其翅羽”，失去自由。赋中以鹦鹉“顺笼槛以俯仰，窥户牖以踟蹰”，“顾六翮之残毁，虽奋迅其焉如”的不自由生活自况，抒写才智之士生于乱世的愤懑心情，反映出作者对东汉末年政治黑暗的强烈不满。此赋寓意深刻，状物维肖，感慨深沉，是汉末小赋中的优秀之作。另有《吊张衡文》，《文心雕龙·哀吊》称为“缛丽而轻清”。《隋书·经籍志》有《祢衡集》2卷，久佚。今存文、赋见严可均《**全上古三代秦汉三国六朝文**》。

猕猴 *Macaca*; macaques 灵长目猿猴亚目猴科猕猴属动物的统称。约有20种。主要分布在亚洲东部、南部及其岛屿，以及非洲大陆北缘。体型变化大，体长34～75厘米，体重可达18千克；有的几乎无尾，有的尾长达68厘米；有颊囊；体毛大部分为一种

无尾猕猴

颜色，或黑，或褐，或灰棕色，腹侧毛色较淡；头顶毛发有的很短，形似平顶，有的较长，从头顶中央分别倒向两边，或者从头顶中央呈放射状旋向四周，也有的形成孤立的一块，像一顶小帽；四肢几乎等长。

栖息于热带雨林和亚热带季雨林，也有的生活于温带的针阔叶混交林。树栖、地栖或居住在多岩石地区。取食植物的花、果、叶、芽和树皮、草根等，亦食昆虫和甲壳类，喜食小鸟和鸟蛋。集群生活，每群10～70只，由1只或几只成年雄猴率领。猕猴群体中存在严格的等级序位。5岁左右性成熟，妊娠期约6个月，北方种类4～5月产仔，在热带地区全年繁殖。每胎1仔。

猕猴桃 *Actinidia chinensis*; Chinese gooseberry 猕猴桃科猕猴桃属的一种。落叶木质藤本植物。**中华猕猴桃**的简称。

谜语 riddle 用于猜射娱乐的短小作品。一般由谜面、谜目和谜底三部分组成，谜面是隐喻性的短谣，谜目是猜射的范围和格式，谜底则是谜面所指的事物。谜面表现谜底主要采用两种方式：一种是描写性的，作

者针对谜底事物的形状、性质、功能或名称等的特征，把它们与其他具有共同点的事物联系起来，例如“花生”的谜面是“麻屋子，红帐子，里面住着个白胖子”。另一种是诡词性的，即在矛盾的或反常的现象下表现谜底事物的特征。例如“水”的谜面是“不洗干净，洗洗不干净。不洗有人吃，洗了没人用”。谜面既要隐去谜底事物的本来面目，又要为猜谜者提供思考的线索。民间谜语题材广泛，谜底涉及自然界和社会生活中的各种事物和现象，一般分为物谜、事谜和字谜三种，物谜数量最多。

谜语分为民间谜语和文人谜语。民间谜语起源甚早，在远古时代曾具有严肃意义和重大作用。有的民族把它用于宗教仪式或生活仪式中，有的把它作为测定智力的标准，决定人的命运。后世流传的一些民间传说和故事常用谜语突出人物的智巧，既是艺术手段，也是这方面遗留的风俗习惯的反映。古代的士大夫文人吸取民间谜语“遁辞以隐意，谲譬以指事”（《文心雕龙·谐隐》）的表达方式，用于社会、政治生活及文学创作中，称之为廋辞或隐语。如荀子曾创作全篇运用隐喻手法的《蚕赋》和《箴赋》。

古代谜语专集有**冯梦龙**编的《黄山谜》，研究著作有南朝梁刘勰的《文心雕龙·谐隐》；今人钱南扬著有《谜史》。

醚 ether　两个烃基与氧原子相连的化合物，通式R—O—R′。在醚的结构中，氧原子与两个烃基相连，烃基可以相同，也可不相同，相同的称为简单醚，不相同的称为混合醚。烃基可为芳烃基或脂肪烃基。两个烃基可以彼此相连，形成环醚，如**环氧乙烷**。多个氧原子分别与碳原子相连而形成的环状醚称为大环醚或**冠醚**。链型分子中如果含有多个碳-氧-碳（—C—O—C—）结构单元，则称为缩二醇醚，如缩二乙二醇二甲醚（$(CH_3OCH_2CH_2)_2O$）。一般醚以与氧相连的烃基加醚字命名。例如，二乙基醚，$C_2H_5—O—C_2H_5$，简称**乙醚**；甲基乙基醚，$CH_3—O—C_2H_5$，简称甲乙醚。环醚一般用俗名。醚与**烃类**很相似，化学性质比较稳定，在常温下与强碱和碱金属不发生反应，与强酸可形成𬭩盐，此反应产物再进一步与氢卤酸作用，则生成**卤代烃**和**醇**，醇还可与氢卤酸反应生成卤代烃。醚在避光的情况下与氯或溴反应，可生成氯代醚或溴代醚。醚在光助催化下与空气中的氧作用，生成**过氧化物**。在工业上通常是在酸或氧化铝作用下，由醇间失水制取。实验室中常用醇钠与卤代烷反应制取。多数醚是很好的溶剂，高沸点的醚可用作反应介质。

糜棱岩 mylonite　发育在韧性剪切带中的高温、高剪切应变条件下产生的动力变质岩。主要由原岩的韧性剪切变形、动态重结晶和新矿物结晶作用形成，与原岩无明显界限，一般呈逐渐过渡关系。特征是矿物的粒度较原岩显著变小，并具强化的面理（称为流状构造）和拉伸线理。

糜棱岩由基质和变形残核、残碎斑晶或变斑晶组成（见图）。基质是一些细粒矿

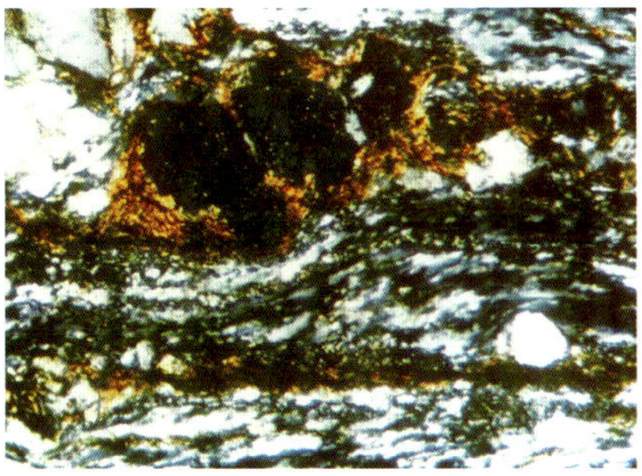

糜棱岩糜棱结构（正交偏光放大80X；产地安徽张八岭）

物的集合体，主要是韧性变形过程中的动态重结晶作用和新矿物结晶作用使母颗粒细粒化而造成的矿物。变形残核是经受韧性变形的矿物细粒化后的残留部分，常呈透镜状。残碎斑晶是残存的相对粒度较大的碎粒。变斑晶是在韧性剪切变形过程中重结晶的或生长的较大的矿物，如**石榴子石**、钾长石等。残斑和残核内部发育有变形纹、波状消光、扭折带等晶体塑性变形的光学效应。残斑和变斑晶呈不对称的眼球状被包于韧性基质之中，其不对称性可指示**剪切带**的剪切指向。

糜棱岩系列的岩石可分两类：①糜棱岩类。基质以韧性变形而细粒化为主的岩石，据基质的含量（10%～50%、50%～90%、>90%）进一步分为初糜棱岩、糜棱岩和超糜棱岩；主要由层状硅酸盐矿物（如绢云母、绿泥石等）组成的糜棱岩称为千枚状糜棱岩，简称千糜岩。②变余糜棱岩。以晶粒生长为特征的较为粗粒的韧性变形的岩石，韧性变形构造被静态重结晶的晶粒取代，粒内的应变效应也因重结晶而消除，但仍可辨认早期韧性变形的痕迹和指示剪切运动的方向。

麋鹿 *Elaphurus davidianus*; milu /Pere David's deer　偶蹄目鹿科麋鹿属的一种。因其头似马、角似鹿、尾似驴、蹄似牛，故又称四不像。由化石资料推测，麋鹿原产于中国东部湿润的平原、盆地，北起辽宁，南到

海南，西自山西、湖南，东抵东海都有分布。体长约200厘米，体重100（雌）～200（雄）千克。仅雄鹿有角，颈和背比较粗壮，四肢粗大。主蹄宽大能分开，趾间有皮腱膜，侧蹄发达，适宜在沼泽地行走。夏毛红棕色，冬毛灰棕色；初生幼仔毛色橘红，并有白斑。为草食动物，取食多种禾草、苔草及鲜嫩树叶。喜群居，发情期一雄多雌；通常7月份开始交配，怀孕期315～350天，每胎产1仔。18世纪中国野生麋鹿种群已经灭绝，中国清代曾在北京南苑饲养，后被八国联军毁灭，仅有少数流落国外。自1985年中国分批从国外引回80多只，饲养于北京南苑和江苏大丰市。属国家一级保护动物，且被世界自然保护同盟列为极危种。

米 metre　国际单位制中表示长度的基本单位。符号为m。曾称米突、公尺。metre来源于古希腊文。定义为光在真空中于1/299 792 458秒时间间隔内所经路径的长度。该定义于1983年第17届国际计量大会通过。米的定义历经多次变化。1791年，法国科学院提出以北极经巴黎到赤道（地球圆周的1/4）的千万分之一长度，即以地球子午线的四千万分之一来定义米。后由1875年成立的国际计量局制成截面为X形的铂（90%）铱（10%）合金米原器，以其0℃时两端刻线记号间的距离作为1米。这个定义为《**米制公约**》签署国所承认。随后科学家用较好的仪器重新进行测量，发现测得的地球子午线四千万分之一比定义值短了0.228 83毫米。于是在1889年放弃了以地球子午线为依据，而把米直接定义为米原器上刻线间的距离。后来米原器相互比较时发现差异，不能满足物理学和工程上发展的要求；并且米原器本身再结晶的过程也会使它的长度发生变化。1960年第11届国际计量大会决定：米定义为氪-86原子的$2p_{10}$和$5d_5$能级之间的跃迁所对应的辐射在真空中波长的1 650 763.73倍的长度。后来发现，超精细结构的影响在所难免，于是确定1983年米的现定义。米与其他常见长度单位的换算关系是：1米（m）=3（市）尺=3.280 84英尺（ft）=1.093 61码（yd）=10^{-3}千米（km）。

米德 Mead, George Herbert（1863-02-27～1931-04-26）　美国社会学家、社会心理学家、哲学家，符号互动论的奠基人。生于马萨诸塞州南哈德利，卒于芝加哥。1887～1888年为哈佛大学研究生，后去欧洲学习心理学和哲学。1891年任

密歇根大学副教授，1894年执教于芝加哥大学。著有《心理的定义》、《精神、自我与社会》等。

米德自称是社会行为主义者，认为象征符号是社会生活的基础，人们通过语言、文字、手势、表情等象征符号进行交往，达到共同理解。社会意义建立在对别人行为的反应基础上。他重视日常生活情境中人们如何交往，如何理解社会关系。米德认为，"自我"源于社会相互作用，象征符号在其发展中起重要作用。儿童并不具有天生的自我意识，而是在对语言等符号的学习中理解和掌握他人扮演的角色，并获得社会反馈，从而学会把自己作为客体的思维，产生自我意识。他指出自我发展经历三个阶段：模仿、游戏及竞赛。人格发展是个体在与他人用符号交往中掌握社会观点的过程，个体不是社会预制的印记；人格发展是社会存在通过对个体的思维和行为施加影响并引起变化的过程。

米德的符号互动论在心理学界及社会学界有较大的影响，成为20世纪20年代美国社会学的一个重要学派。

米德 Mead, Margaret (1901－12－16～1978－11－15) 美国人类学家，文化心理学派代表人物之一。生于宾夕法尼亚州费城，卒于纽约。1923年在纽约巴纳德学院获文学士学位，同年入哥伦比亚大学研究院，先攻读心理学，后改习人类学，1929年获哲学博士学位。曾先后任美国自然史博物馆助理馆长、副馆长、馆长，1969年7月起为博物馆的民族学名誉馆长。曾任美国人类学会主席和美国科学进步协会主席。1979年被追授"总统自由勋章"。著有《萨摩亚人的成年——为西方文明所作的原始人类的青年心理研究》、《新几内亚人的成长》、《三个原始社会中的性和气质》、《男性与女性——有关变迁世界中性别角色的研究》、《文化与承诺》等。研究的主要课题有：个性发展与文化的关系、原始文化的现代化变迁、妇女问题以及文化传承中的代沟问题。她曾多次深入太平洋地区的原始民族中从事人类学的实地考察，论证问题时多用跨文化比较的材料。其早期学术思想受S.弗洛伊德心理分析学说的影响。后期的研究方向由原始文化转向当代社会问题，其中对代沟的研究在当今社会学界有较大影响。

米底 Media 公元前7～前6世纪伊朗高原西北部的国家。以统治该国的印欧语系印度－伊朗语族游牧部落米底人而得名。约前709年，米底人脱离亚述统治独立。前550年被阿赫美尼德波斯帝国灭亡。

米底人原来居住在扎格罗斯山区，由于亚述人在扎格罗斯地区建立行省，巩固两河流域地区与东方的贸易通道，这个地区的居民逐渐富裕并强大。前612年，米底人与巴比伦人合作，攻陷亚述地区。前585年，米底人的势力已经扩展到安纳托利亚地区，与吕底亚接壤并抗衡。前550年，波斯首领居鲁士二世击败米底王，米底国灭亡。

米底人的宗教习俗和政治形态都表现出原始特点，米底人的阿胡拉·玛兹达信仰传统被波斯人所继承。

米芾 Mi Fu (1051～1107) 中国北宋书法家、画家。初名黻，后改芾。字元章，号襄阳居士、海岳山人等。世称米南宫。祖籍太原，后迁居襄阳（今湖北襄阳），长期居住润州（今江苏镇江）。初仕校书郎，宣和时擢书画学博士，迁礼部员外郎。善书法，能写篆、隶、楷、行、草诸体，以行书成就最高。有《书史》、《画史》、《宝章待访录》等传世。米芾的绘画作品都已散佚。据其《画史》自述，他能画枯木竹石，时出新意；又能画山水，多是烟云掩映的水墨云山。他将书法中的点画用笔融于绘画，并以大笔触的水墨表现自然山川的烟云风雨变化，人称"米点山水"。他追求天趣，强调表现自然平淡的艺术风格，其子米友仁承袭家风，并发展了这一画法，人们将他们的绘画称为"米氏云山"。米芾的书法早年师法欧阳询、柳公权，字体紧结，笔画挺拔劲健；中年以后摹魏晋书法，尤得力于王羲之、王献之父子。其体势展拓，用笔浑厚爽劲。自谓其书为"刷字"。米芾擅长临摹古人书法，能达到乱真的程度。壮岁有"集古字"之称，晚年始自成家。米芾与苏轼、黄庭坚、蔡襄并称为宋四家。米芾传世的书法作品比较丰富。楷书有《向太后挽辞》，行书有《蜀素帖》、《苕溪诗帖》、《拜中岳命帖》、《虹县诗卷》，草书有《草书九帖》、《多景楼诗帖》等。书法理论著作有《书史》、《海岳名言》和《海岳题跋》。

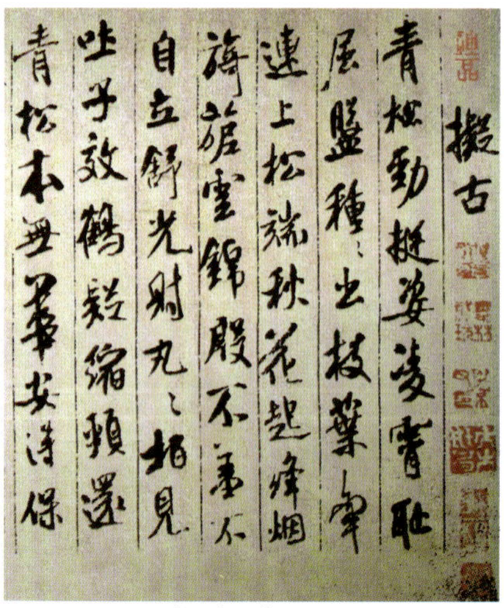

《蜀素帖》局部

米高梅公司 Metro-Goldwyn-Mayer Inc. 美国电影公司。1924年5月17日，美国洛氏公司老板M.洛合并其公司所属的米特罗影片公司和高尔温影片公司、L.B.梅耶制片公司，组成米高梅公司。20世纪30年代好莱坞鼎盛时期，米高梅是最大的电影公司，每年生产40～50部影片，与派拉蒙、华纳、福克斯（1935年改组为20世纪福克斯电影公司）、雷电华、哥伦比亚、环球、联美等公司一起垄断着美国电影的制片、发行和放映事业。从30年代到第二次世界大战结束，米高梅摄制了数以百计的影片，为好莱坞赢得了"梦幻工厂"的"美名"。

20世纪70年代初，美国拉斯维加斯的K.克科里安买下了米高梅公司。1981年米高梅公司出资买下联美公司，改名为米高梅－联美娱乐公司。1989年，澳大利亚昆特克斯娱乐公司以10亿美元买下米高梅－联美娱乐公司。米高梅公司的原主人克科里安又以2.5亿美元买回米高梅影片公司。2001年，米高梅靠《沉默的羔羊》、《律政俏佳人》的业绩得到4亿多美元的票房收入。2002年，公司斥巨资投拍的战争大片《风语者》票房惨败。2005年底，索尼影视娱乐有限公司以48亿美元的价格收购了米高梅公司。2010年11月3日，米高梅公司申请破产保护。

米高扬 Mikoyan, Anastas Ivanovich (1895～1978) 苏联政治家。1915年参加布尔什维克党，成为高加索革命运动的领袖之一。1918年被在俄国内战中进行干涉的英国军队逮捕。获释后从事共产党的组织工作。在20世纪20年代初期的权力斗争中支持J.斯大林，于1923年成为党中央委员会委员。1926年被任命为内外贸易人民委员。1935年当选为政治局委员，成为政治局中贸易问题的专家。1942年2月任国防委员会委员，主管军需物资的采购和运输。1946年任苏联部长会议副主席，负责领导全国的贸易工作。斯大林逝世后，他在政府中出任贸易部长和部长会议副主席，并且保持在党中央主席团（前政治局）中的席位。后来他支持N.S.赫鲁晓夫上台，成为赫鲁晓夫的亲密顾问和部长会议第一副主席。赫鲁晓夫下台后，他从1964年至1965年12月担任最高苏维埃主席团主席这一主要为礼节性的职务。他虽然在1966年4月被排除在党的主席团外，但仍为中央委员会委员。他逝世后，没有葬入克里姆林宫的城墙，而是埋在莫斯科新圣母公墓。

米高扬 Mikoyan, Artem Ivanovich (1905－07－23～1970－12－09) 苏联飞机设计师、

苏联科学院院士。生于亚美尼亚的萨纳因镇，卒于莫斯科。1931年入茹科夫斯基空军工程学院学习，1936年毕业。1938年在波利卡尔波夫飞机设计局工作，次年与M.I.古列维奇合作设计高空高速歼击机，1940年建立独立的飞机设计局。他们的第一架飞机被命名为米格1，后改型为米格3，第二次世界大战时用作高空截击机。战后利用德国和英国的喷气发动机设计出米格9和米格15歼击机，性能优于其他设计局的歼击机。从此，米格型飞机成为苏联前线航空兵的主力。米格19是苏联第一种批生产的超声速歼击机，后来米格21、三倍声速的米格25和变后掠翼的多用途的米格23相继问世，还研制了E-66、E-166、E-266等试验机，创造了一系列速度、高度和爬升率的世界飞行纪录。米高扬在32年的飞机设计生涯中共研制了30个型号，其中投入批生产的有10个型号。被授予国家特级飞机设计师称号、工程上将军衔。

米格29战斗机 Mig-29 fighter 苏联米高扬设计局研制的双发高机动性超声速制空战斗机。绰号“支点”。可执行截击、护航、对地攻击和侦察等任务。20世纪70年代初开始研制，1977年10月6日首飞，1983年开始装备苏联部队。有A、B、C、S、SE、SD、SM、K、M、SMT等型号。除在独联

体国家服役外，还出口20多个国家。

米格29C战斗机采用全后掠下单翼、双垂尾正常式布局，进气口在机身下两侧。机长17.32米，翼展11.36米，动力装置为2台RD-33涡轮风扇发动机。最大机内载油量4 640千克，最大起飞质量18 500千克，实用升限17 000米，最大平飞速度（高空）马赫数2.3，航程1 500/2 900千米（不带副油箱/带3个副油箱）。机内装有RP-29脉冲多普勒雷达和激光测距仪，具有下视/下射能力，能同时跟踪10个目标并对其中1个目标进行攻击，搜索距离70～102千米，跟踪距离70千米。武器配备为：1门30毫米GSh-301航炮，备弹150发；6个武器挂架，可挂6枚AA-11或AA-8近距空空导弹，也可携带8颗KAB-250或4颗KAB-500炸弹、KMGU-2子母弹、80/130/240毫米火箭弹等。

米哈尔科夫 Mikhalkov, Nikita Sergeyevich (1945-10-21～) 俄罗斯电影导演、编剧、演员。生于莫斯科。1963～1966年在史楚金戏剧学校学习，1971年毕业于苏联国立电影学院。在校期间，即在影片中担任重要角色。以后演出的影片有《红帐篷》(1970)、《驿站长》(1972)、《西伯利亚颂》(1979)、《两个人的车站》(1982)、《残酷的罗曼史》(1984)等。1974年首次执导影片《敌中有我，我中有敌》。继而又导演了《未完成的机械钢琴曲》(1977)、《奥勃洛莫夫一生中的几天》(1980)、《没有证人》等。

1987年在意大利完成根据A.P.契诃夫的小说《带哈巴狗的女人》改编的影片《黑眼睛》，1991年完成表现东西方文化碰撞的影片《乌尔加》(获1991年威尼斯电影节金狮奖等奖项)。苏联解体后拍摄的影片有《太阳灼人》(1994)、《西伯利亚理发师》(1999，获俄罗斯国家文艺奖)、《12怒汉》(2007)。他导演的绝大部分电影都是自己担任编剧。

米哈伊(勇敢者)大公 Mihai Viteazul(1558～1601-08-09) 瓦拉几亚公国大公(1593～1601年在位)。瓦拉几亚于1415年臣服于奥斯曼帝国。米哈伊于1593年被奥斯曼苏丹任命为瓦拉几亚大公。1595年8月，在克卢格雷尼大败土军。1598年与土耳其签订和约。1600年米哈伊大公先后将摩尔多瓦、特兰西瓦尼亚置于麾下，首次实现三公国的统一。1601年，特兰西瓦尼亚贵族叛乱，米哈伊大公与之交战，失利。8月在图尔达被属下将领刺杀。国土随之分裂，再度从属于奥斯曼帝国。

米开朗琪罗 Michelangelo (1475-03-06～1564-02-18) 意大利文艺复兴时期雕塑家、画家、建筑师。生于阿雷佐附近的卡普雷塞，卒于罗马。

生平 米开朗琪罗是文艺复兴盛期的代表。1488年起在佛罗伦萨画家D.吉兰达约的作坊学徒，后因爱好雕塑转入以保存古典雕塑遗物著称的美第奇庭园，受此园古物学家及雕塑家贝尔托尔多·迪乔瓦尼指导。1494～1499年，一度游学威尼斯、罗马等地。

图1 《神圣家族》(乌菲兹美术馆藏)

早期创作 15岁前后即以兼工雕塑绘画受到人们注意。早期创作绝大部分属雕塑，其中《阶梯旁的圣母》(约1492)和《山陀儿之战》(约1492)，开始显示了米开朗琪罗集中一切注意于雄健有力的人体表现的个人风格。20岁左右创作的古典题材的雕像，如《酒神像》(1497)和《哀悼基督》群像(1499)，令人误认为真正的古代雕刻遗品。他在《哀悼基督》中用圣母青春常在的形象寄托人文主义关于人性崇高和不朽的理想。1501年米开朗琪罗受佛罗伦萨政府委托，制作《大卫》(1501～1504)，成为文艺复兴美术中表现雄强刚健的人体美的巨作。1504～1505年间，应佛罗伦萨政府委托，与达·芬奇同时绘制壁画，他所画的是1364年的卡西纳之战，虽然只完成草图，但影响不小。米开朗琪罗在佛罗伦萨终于完工的绘画作品是《神圣家族》(1503～1505)。

西斯廷教堂壁画 1505年罗马教皇尤利乌斯二世邀请米开朗琪罗到罗马，委以制作教皇陵墓的浩大工程。他用了两年时间为教皇作了一尊青铜像(后被毁)，又于1508年接受了西斯廷教堂天顶壁画的任务。壁画取材于《圣经》中有关开天辟地直到洪水方舟的故事，其中形体鲜明的人像有

图2 西斯廷教堂祭坛壁画《最后审判》

343个。至1512年始完成。壁画中人物气魄宏伟、体态健壮，具有强烈的意志与力量，显示了艺术家在写实基础上非同寻常的理想加工。壁画局部《创造亚当》和《亚当和夏娃》中的上帝与亚当的形象尤为杰出，被誉为文艺复兴盛期美术最完美的创造。

1536年，米开朗琪罗又被教皇保罗三世邀请为教堂祭坛绘制壁画，他以6年时间画成《最后审判》(1536～1541)。画中大部分人物精力充沛、体魄雄浑的形象仍然保持了他艺术的本色。

雕塑与建筑设计　教皇尤利乌斯二世的陵墓雕塑使米开朗琪罗为之劳累近40年，其中已完成或半途而废的一些雕像实际上包括了他雕塑风格最成熟的作品，尤以《摩西》(约1516)和《垂死的奴隶》(约1513年以前)为著。

图3 《摩西》

晚年在罗马期间，米开朗琪罗的主要艺术活动已转向建筑，除负责圣彼得大教堂的建筑工程外，还参与了法尔内塞宫、皮亚城门和罗马市议会所在的卡彼托广场建筑的设计。他的贡献主要是设计了圣彼得大教堂覆盖大厅中央部分的大圆顶。它为日后欧美各国的大教堂和政府大厦的圆顶建筑树立了典范。

米克莱　Mykle, Agnar (1915－08－08～1994－01－14)　挪威作家。生于特隆赫姆，卒于阿斯克尔。曾在卑尔根商业学院学习，后改学人文科学和戏剧。《绳梯》(1948)是其重要短篇小说集，集中描述期望和日常实际之间的矛盾、青年的苦恼和踌躇。在50年代的创作中，男青年成为其作品中的主要人物。有长篇小说《小偷，你应该叫小偷》(1951)及短篇小说集《男孩说：我也很高兴》(1952)等。长篇小说《围着吕娜夫人转的拉赛》(1954)和《红宝石之歌》(1956)主要表现青年人追求个性自由、个人发展，为作家赢得声誉。还发表过长篇小说《罗宾康》(1965)等。1967年后再未有作品问世。

米兰　Milan; Milano　意大利第二大城市，最大的工业、商业和金融中心，伦巴第区首府，米兰省首府。地处意大利北部波河平原中心部位，扼阿尔卑斯山西段南坡山前丘陵地带和河湖盆谷的通道，海拔122米。温带大陆性气候。平均气温1月1.5℃，7月24℃，平均年降水量约1 000毫米。城市常笼罩于雾气中。人口130.79万(2010)。

城市始建于公元前4世纪，罗马帝国时期已是一个繁忙的贸易中心。公元395年为西罗马帝国都城。1158年和1162年在同神圣罗马帝国两次战争中，城市几乎全毁。14、15世纪为米兰公国首府。1535年以后，米兰先后被西班牙、奥地利和法国拿破仑统治。1848年爆发了历史上有名的反对奥地利外族统治的起义，于1860年摆脱奥地利的统治后并入意大利。意大利资本主义发展最早、工业化程度最高的城市之一。两次世界大战期间，与军事有关的重、化工业部门居突出地位，但在第二次世界大战中遭受严重破坏。战后重建，经济得到恢复。

20世纪60年代以后城市经济发展较快，成为全国最大的工商业和金融中心，有“经济首都”之称。工业以重工业占优势，主要有钢铁、汽车、飞机、摩托车、铁路器材、电器与化学等。也是全国高科技产业中心之一。纺织与服装业是传统部门，包括棉、麻、丝、合成纤维，服装设计等有国际盛誉。其他工业部门还有印刷出版、食品、木材、造纸和橡胶等。城郊乳肉畜牧业和小麦、蔬菜、园艺花卉等种植业比较发达。商业繁盛，批发市场规模巨大，出口贸易占全国的1/3，以合成纤维、棉和羊毛制品、化学品与各种机械为大宗。每年4月举行国际样品交易会，是欧洲主要的贸易展览会之一。金融业与商业相辅相成，有繁忙的证券市场，也是国内外重要银行、保险公司总部的所在地。

全国最大的运输枢纽。有铁路通过阿尔卑斯山隧道与中欧、西欧各国的铁路干线连成一体，同国内主要城市都有往返的直达列车。许多主要公路的会合点，著名的“太阳高速公路”旅游线路的起点。有利纳特、马尔奔萨两大国际机场。

米兰市中心鸟瞰（中央为米兰大教堂）

著名文化古城。在众多古建筑中，最著名的首推米兰大教堂，这座奠基于1386年、历经5个世纪才告竣工的欧洲最大的哥特式大理石建筑，为米兰的象征；建于15世纪末的圣玛丽亚感恩女隐修院，以文艺复兴时期达·芬奇的不朽之作《最后的晚餐》闻名于世；建于1651年的布雷拉宫为巴罗克式建筑的杰作，宫内的普雷拉画廊珍藏有意大利北部绘画和精品；建于1774～1778年的斯卡拉歌剧院，是世界著名大剧院之一。有国立米兰大学、博科尼商业大学、圣心天主教大学等多所高等学校，以及达·芬奇科学博物馆、国家历史博物馆、安布罗斯图书馆、国家档案馆等文化设施。

米兰　*Aglaia odorata*; chu-lan tree　楝科米仔兰属的一种。常绿灌木或小乔木。原产东南亚，现广植于世界热带及亚热带地区。高4～7米，多分枝。奇数羽状复叶。花黄色，径2～3毫米，芳香。中国华南地区庭院习见栽培，也有野生；长江流域及其以北常盆栽观赏，温室越冬。性喜温暖、湿润、阳光充足的环境，能耐半阴。土壤以疏松、

微酸性为宜。不耐寒，除华南、西南外，需在温室栽培。繁殖主要用高枝压条和扦插。宜盆栽陈列客厅、书房。在南方可植于庭院，是优良的绿化观赏花木。花可提取香料，枝叶可入药。

米兰达　Miranda, Francisco de (1750－03－28～1816－07－14)　拉丁美洲独立运动的先驱者。生于委内瑞拉加拉加斯城，卒于西班牙加的斯。1780年到达美国，参加美国独立战争。1784年底前往欧洲为西属美洲独立寻求援助，但未得到支持。1792年，参加法国大革命，授将军衔。拿破仑一世执政后流亡英国，联络来自南美各地的爱国志士，成立美洲大同盟。1805年底，米兰达前往美国，组织远征队。1806年2月，米兰达率领200多志愿人员，乘一艘巡洋舰，试图在委内瑞拉突袭登

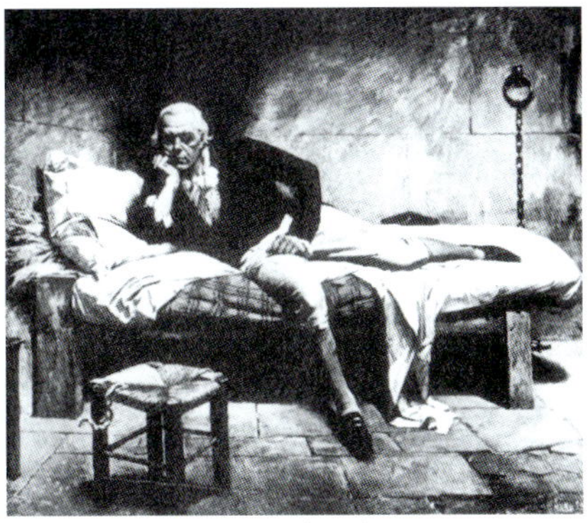
米兰达在狱中

陆，被西班牙海军击败。同年8月，再次组织志愿军在委内瑞拉科罗附近登陆，占领该城，但因缺乏当地人民的支持而失败。米兰达再度流亡到伦敦。1810年4月，委内瑞拉人民成立执政委员会。同年12月，米兰达返国。1811年，米兰达同S.玻利瓦尔等力促国民议会于7月宣布委内瑞拉独立。1812年春，西班牙军进攻委内瑞拉共和国，米兰达被任命为执政委员会成员兼军队总司令。米兰达因军事失利而被迫同殖民军谈判投降，第一共和国覆灭。不久，米兰达被捕入狱。后卒于狱中。

米兰公国 Milan, Dukedom of 中世纪时期意大利北部以米兰为首府的封建公国。11世纪末米兰城即建立起城市公社，12世纪末在反抗神圣罗马帝国侵略的斗争中，维护了本身的独立地位。14世纪初，维斯孔蒂家族夺取米兰的政权，开始扩张领土。1386年，吉安·加莱阿佐·维斯孔蒂(1353～1402年在位)成为米兰君主，对内整顿民政税制，对外以武力兼并领土，先后夺取意大利北部和中部的维罗纳、帕杜亚、比萨、西耶那等城，使米兰成为可与威尼斯共和国、佛罗伦萨共和国和教皇国相抗衡的封建邦国。1395年，吉安·加莱阿佐被神圣罗马帝国文策斯拉斯皇帝册封为米兰公爵，米兰公国由此形成。1447年宣布为共和国。吉安·加莱阿佐死后，国内混乱，各主要城市落入地方专制君主手中。菲利波·马里亚·维斯孔蒂大公在位时期(1412～1447)，国力迅速恢复，扩大北方领地。1450年，雇佣兵首领弗兰西斯科·斯福尔扎(1401～1466)夺取权力，重建米兰公国，自封为大公。1535年，米兰公国沦为西班牙领地。

米勒 Miller, Arthur (1915-10-17～2005-02-10) 美国剧作家。生于纽约，卒于罗克斯伯里。在密歇根大学学习时开始戏剧创作。曾当过卡车司机、侍者和制盒厂工人等。1947年以剧本《全是我的儿子》而成名。《推销员之死》(1949)使他获得国际声誉。剧本叙述一个推销员因年老体衰被老板辞退，深受打击，于神经错乱中驾车外出，车毁身亡。这出戏揭穿了美国流行的人人都能成功的神话。其他主要剧作还有《炼狱》(1953)、《两个星期一的回忆》(1955)、《桥头眺望》(1957)、《堕落之后》(1964)、《维希事件》(1964)、《代价》(1968)、《创世纪和其他》(1957)和《美国时钟》(1980)等。

米勒一贯反对西方商业化、纯娱乐性的庸俗戏剧，认为戏剧是一项反映社会现实的严肃事业，舞台应该是一个比单纯娱乐更为重要的思想传播的媒介，应为一个严肃的目标服务。

米勒 Müller, Heiner (1929-01-09～1995-12-30) 德国剧作家。生于埃彭多夫，卒于柏林。1945年被编入希特勒青年劳动营服役。战后曾任报刊编辑、柏林剧团编剧和艺术顾问。剧本《克扣工资者》(1958)、《女移民》(1956/1961)、《工地》(1965)等，因与当时强调正面歌颂的文艺政策相抵触，受到严厉批评。取材于古希腊、罗马神话故事、传说的《菲洛克泰特》(1965)、《赫拉克勒斯》(1966)、《暴君俄狄浦斯》(1967)表现了他的悲剧历史观，也是对现实的一种曲折隐晦的反映。代表作品《宰杀》(1975)、《巩德林的生平，普鲁士的腓特烈，莱辛的睡眠梦幻和叫喊》(1976)采用将不同情节、互不相关的主题拼接在一起的方法，借助间离效果，起到警戒世人的作用。《哈姆雷特机器》(1977)、《荒芜的岸、美狄亚素材、阿尔戈英雄船的风景》(1983)和《图画描述》(1985)等，一反传统戏剧的基本因素，没有性格统一的人物和连贯的情节，表现出对人自觉把握历史的主体性的怀疑。

米勒 Miller, Herta (1953-08-17～) 德国作家。生于罗马尼亚巴纳特。曾入大学学习日耳曼和罗马尼亚语言文学。毕业后做过翻译、临时教师。因为拒绝和罗马尼亚情报组织合作而常被监视、审讯。1984年作品被禁止出版。1987年迁居联邦德国。米勒的文学创作和个人经历密不可分，且政治性很强，题材敏感。散文集《低地》(1982)、短篇小说《人是世界上的一只大野鸡》(1986)、长篇小说《狐狸那时就是猎人》(1992)、《心兽》(1994)、《我宁愿不遇到我》等作品均以现实主义手法，锐利地描写了罗马尼亚的朽烂、隔绝与野蛮、专制。《呼吸钟摆》(2009)描写第二次世界大战后德国人在苏联劳工营的生活。超强的体力劳动、极度的饥饿、非人的待遇，使劳工营里道德丧失，只剩下生存的本能。这部作品使米勒脱离了个人经历的框子，以男性视角叙述。其他作品还有诗歌《发结里住着的女士》和散文集《饥饿与丝绸》等。2009年获诺贝尔文学奖。

米勒 Millet, Jean-François (1814-10-04～1875-01-20) 法国画家。生于诺曼底半岛格鲁什村的一个自耕农家庭，卒于巴比松。18岁到瑟堡习画，23岁获得瑟堡市议会的奖学金，赴巴黎从P.德拉罗什学画。在卢浮宫中的名画中他既学习A.曼泰尼亚、米开朗琪罗和N.普桑作品中宏伟的纪念碑式形式和气派，也学习伦勃朗和J.-B.-S.夏尔丹油画中富有平民生活气息的内容和表现技巧。

1849年起，带领妻儿前往巴比松定居，从此与繁华的都市生活绝缘。自此倾全力于农村题材创作。不过在画家迁居巴比松之前的1848年革命时期，由于共和国取消沙龙评选委员会，他曾获得机会在那年沙龙中展出过第一幅取材农民生活的油画《簸谷的人》(原作已毁)。

19世纪50～60年代，米勒的艺术进入成熟阶段。他在巴比松边劳动边作画。农民生活成为他唯一的创作题材。作品大多描绘宁静的田园生活，例如油画《播种者》(1850，波士顿美术博物馆藏)、《拾穗者》(1857，巴黎卢浮宫博物馆藏)、《晚钟》(1859，巴黎奥塞美术馆藏)等。但也有些作品由于表现了对社会的不满，遭到沙龙反对并引起争议，如油画《死神与樵夫》(1859)取材J.de拉封丹寓言，表现了生与死的搏斗，画中的樵夫不再安静和顺从，而是发出了痛苦的呐喊。60年代他绘制了几幅暴露农民悲惨生活的作品，包括油画《扶锄的男子》(1863，旧金山私人收藏)和色粉画《葡萄园中的休息》(1869，海牙梅斯达博物馆藏)，前一幅画遭到沙龙的拒绝。以上作品深刻而沉痛地揭露了当时法国社会的阴暗面，但由于画家看不到农民的出路，最后只好回到平静、忍耐的世界里去。70年代，米勒声望越来越大，但艺术上却出现了衰退现象。

《晚钟》表现一对农民夫妇在暮色中谛听远处教堂钟声时正在祈祷的情景。画家本人曾强调，此画的意境主要是表现钟声。其主题不单是对命运的谦恭和柔顺，而更重要的是使人们缅怀在那大地上辛勤劳动、流尽血汗以养育众生的农民祖先。

米勒在法国绘画中确立了真实地反映

《晚钟》

农民日常生活和艰苦劳动的新型风俗画，因而被称为农民画家。他对19世纪中叶法国写实主义美术运动的蓬勃开展作出了巨大贡献。

米勒 Miller, William Hallowes (1801-04-06～1880-05-20) 英国矿物学家。又译密勒。生于威尔士卡马森郡兰多维里，卒于剑桥。1826年毕业于剑桥大学圣约翰学院。

1838年起为英国皇家学会会员。1841年获医学博士学位，1865年、1876年分别获都柏林大学和牛津大学法学博士学位。曾任圣约翰学院研究员、剑桥大学教授等职，1870年获英国皇家学会皇家奖章，并任英国标准度量衡监督委员会委员，也是国际标准度量衡委员会成员。1839年创立了表示晶面空间方向的晶面指数（h，k，l）和晶面符号（hkl），至今仍普遍采用，被称为米勒指数（又译密勒指数）和米勒符号（旧称米氏符号）。1874年在克兰乔接触测角仪和乌拉斯顿单圈反射测角仪的基础上创制了接触双圈测角仪。针镍矿（NiS）的英文名称Millerite即为纪念首先研究该矿物晶体的米勒而得。主要著作有《结晶学》和《结晶学短文》。

米勒兰 Millerand, Alexandre (1859-02-10～1943-04-07) 法国总统（1920～1924）、独立社会党领袖、国际共产主义运动历史上内阁主义首创者。生于巴黎一小商人家庭，

卒于凡尔赛。曾在巴黎大学学习法律。1882年起为律师。1885年当选众议员，这时他在政治上属于资产阶级激进派。19世纪90年代转向社会主义，1893年与J.饶勒斯等组成独立社会主义派，联合法国工人党参加议会竞选。同年参加第二国际伦敦代表大会。1898年参与建立和领导法国独立社会党人联合会。主张通过加入资产阶级政府和平过渡到社会主义。1899年6月，他未征得议会党团和独立社会党同意，与镇压巴黎公社的刽子手G.-A.-A.de加利费一起参加P.-M.-R.瓦尔德克-卢梭内阁，任工商业部长，开独立社会党人参加资产阶级政府之先河，史称米勒兰事件，亦称米勒兰入阁事件。这一事件在法国独立社会党内和第二国际内引起激烈争论。米勒兰等人把入阁说成是工人夺取政权的开端，是为了保卫共和制度并发展党的力量等等。这些观点史称内阁主义或米勒兰主义。米勒兰入阁后曾支持资产阶级政府镇压夏龙地方的工人罢工。1904年法国社会党将其开除出党。他与原社会党人A.白里安、R.维维安尼组成独立社会党。1906年再次当选议员。1909年以后，先后在资产阶级政府中担任公共工程部长（1909～1912）和国防部部长（1912～1913，1914～1915）。1911年转入社会共和党。1919年与R.普恩加莱一起建立国民联盟。1920年1月初任内阁总理兼外交部长。1920年9月至1924年6月担任法国总统。1925年和1927年被选为参议院议员。

米利都学派 Milesian school 古希腊的哲学派别。出现于公元前6世纪。代表人物泰勒斯、阿那克西曼德、阿那克西米尼等都是古希腊伊奥尼亚（位于小亚细亚西岸）的米利都人，该派因此得名。该学派在观察和研究自然现象的基础上，探讨了世界的本原问题，认为万物的始基是一种物质性的东西，并以之来解释万物的发生和变化。泰勒斯认为万物的始基是水；阿那克西曼德认为是一种无固定形状和性质的物质，即“无限定”；阿那克西米尼认为是气。这些具有朴素和直观特征的观点，成为以后欧洲唯物主义的重要思想来源。

米粒组织 granulation 太阳大气中对流气团冲击太阳表面所形成的米粒状结构。高质量太阳照片上可显示出太阳表面呈米粒状（见图）。单个米粒的直径平均约为1 400

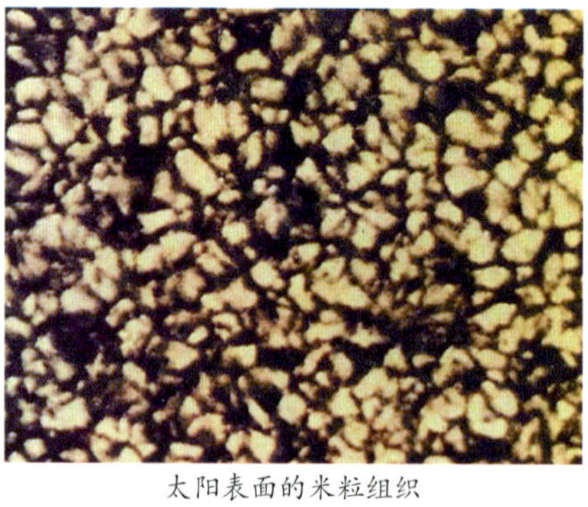

太阳表面的米粒组织

千米，寿命约6分钟。太阳表面的米粒组织是由于光球下方的对流层中上升的气团冲击光球造成的，因此米粒实际上相当于对流元胞。研究表明，米粒组织所涉及的对流主要是由紧贴于光球下面的气层中氢原子的电离和复合引起的，气层厚度约为2 000千米。气层下边界附近受到扰动的上升气团，由于不断发生氢原子复合而获得复合能的加热，使它总比周围温度略高，密度稍低（与外界保持压力平衡），从而不断上升；而在上边界附近的向下气团，由于不断有氢原子电离需要供给电离能，使气团温度总比周围略低，密度稍大，从而不断下沉。这样在这个区域就形成了对流。研究表明，除这种由氢原子电离和复合引起的对流所形成的米粒组织外，太阳大气中还存在另外两种尺度更大的对流系统，即由氦原子的电离和复合引起的对流，以及由一次电离氦（He^+）电离和复合引起的对流。前者在太阳表面形成的对流元胞直径约为7 000千米，平均寿命约2小时，图样称为中米粒组织；后者在太阳表面形成的元胞直径约为32 000千米，寿命可达40～50小时，图样称为超米粒组织。

米隆 Myron（约活动于前480～前440） 希腊雕塑家。生于伊柳塞拉。长期在雅典活动。他擅长作青铜像，作品突破了古风时期雕塑的拘谨形式，把希腊雕塑艺术推向新的

《掷铁饼者》

高峰。他善于把握人体的准确结构及运动中的变化关系，并达到精神和肉体的平衡和谐。他的青铜雕塑《掷铁饼者》，是古典时期前期的杰作。运动员弯腰向前成弓形，重心落于右脚，上身向后转侧，拿铁饼的右手转向身后，使前倾的身体获得瞬间的平衡，又预示了下一个掷出铁饼的激发动作。作者巧妙的构思，使静止的形象给人以连贯运动的想象。此像原作已佚，现存有几件罗马时期的大理石摹制品。另一件作品是双人雕像《雅典娜和玛息阿》，保存至今的也是罗马时期的摹制品。

米罗 Miró, Joan (1893-04-20～1983-12-25) 西班牙画家。生于巴塞罗那，卒于马略卡岛。1912年进入弗朗切斯科·加利艺术学校学习。1918～1922年，在采用立体主义手法的同时，注重创造自己独特的稚拙和朴素的风格。20年代初定居巴黎。加入前卫艺术的圈子并参加达达主义的集会。20年代中期，转而参加超现实主义运动，在1924年的宣言上签名。1928年访问荷兰，

《荷兰内地》

对17世纪荷兰画派大师的作品产生兴趣，常画荷兰式的室内景，并且从事雕塑和拼贴。西班牙内战爆发后，离开西班牙到法国，画风变得狂暴，景象恐怖。40～50年代，他对陶瓷艺术产生兴趣，并与陶瓷艺术家L.阿提加斯合作，制作陶瓷镶嵌画，代表作是为巴黎联合国教科文组织大厦和美国的哈佛大学创作的巨型装饰画。他盛期的作品画人、动物和某些象征性的物体，都采用单纯的线，色彩干净、明亮。1949年作油画《倒立的人》，画面上一正立和一倒立的人互相连接，那倒立者的头和另外的形体又组成一只狗的形象，好像是荒诞世界的缩影。代表作还有《自画像》(1919)、《狂犬吠月》(1926)、《荷兰内地》(1928) 等。

米洛 Millo, Matei (1814-11-24～1896-09-09) 罗马尼亚演员和剧作家。生于苏恰瓦。在巴黎读完大学，做过笔译和抄写工作，当过剧院经理。1847年开始专业演员生涯。1852年受聘布加勒斯特大剧院，并兼任音乐学院表演系教授。米洛具有较深的艺术造诣，擅长演喜剧，表演感情真挚、自然传神。他追求现实主义的表演方法，反对过于夸张的风格。30年代写出纪念斯特凡大公剧本《士兵的节日》，但除梦幻剧《老妪赫尔卡》外，多是应景之作。米洛一生的实践活动奠定了罗马尼亚现实主义戏剧艺术的基础。

米洛舍维奇 Milošević, Slobodan (1941-08-29～2006-03-11) 南斯拉夫联盟塞尔维亚共和国总统(1989～2000)，南斯拉夫联盟总统(1997～2000)。生于塞尔维亚，卒于荷兰海牙联合国监狱。贝尔格莱德大学法律系毕业。1984年当选为贝尔格莱德市共产主义者联盟主席。1986年为塞尔维亚共盟主席。1989年当选为塞尔维亚总统。1990年塞尔维亚共盟和塞尔维亚劳动人民社会主义联盟合并为塞尔维亚社会党，任党主席。1997年7月，当选为南联盟总统。镇压科索沃的独立运动。1999年5月，前南国际刑事法庭指控他在科索沃犯有“种族灭绝罪”。2000年在总统选举中败北，但仍担任塞尔维亚社会党主席。2001年4月1日，被塞尔维亚警方逮捕，后移交国际刑事法庭审讯。

米奈 Mina, Hanna (1924～) 叙利亚作家。生于拉塔基亚。家境贫寒，曾当过杂货铺学徒，药店、理发店佣工，靠自学获得知识。因参加反法活动，多次被捕入狱。1945年开始发表小说。作品地方特色鲜明，在描写人与社会等错综复杂的关系方面独树一帜，对人的内心世界剖析和外部环境描写，达到高度和谐统一。长篇小说《兰灯》(1954) 通过一个青年的成长和对街区不同人物的描写，反映了拉塔基亚人民群众反抗法国殖民主义者的斗争。主要作品还有长篇小说《帆与风暴》(1966)、《残存的记忆》(1975)、《春与秋》(1984)、《海浪上的黑新娘》(1996)，短篇小说集《白檀木》(1977)、《谁记得那些日子》(1977) 以及多部文学论集。

米南德 Menander (约 前342～前291) 古希腊喜剧诗人。生于雅典。曾跟中期喜剧诗人叔父阿勒克西斯学习写戏。

米南德写了105部剧本，得过8次奖。但只传下两部完整的剧本《恨世者》、《萨摩斯女子》和残剧《公断》、《割发》、《赫罗斯》、《农夫》等。米南德的作品通过爱情故事和家庭关系，反映当时的社会风尚，表现青年男女要求自由自主的愿望。他企图调和阶级矛盾，提倡平等、宽大、仁慈。最著名的喜剧是《公断》，现存全剧2/3。剧中的雅典人卡里西奥斯因妻子潘菲勒于婚后五个月便生下孩子愤而离家，包下一个名叫哈布托农的竖琴女，却又没有和她发生关系。牧羊人达奥斯拾到婴儿送给一个名叫叙里斯科斯的烧炭人，这人向他索取婴儿的证物。双方同意请婴儿的外祖父斯弥克里涅斯给他们公断，判决是“留给孩子的东西都归孩子”。叙里斯科斯得到的证物中有一枚戒指。后来凭这一线索发现婴儿的父亲就是卡里西奥斯，于是夫妇二人复归和好。米南德的喜剧以性格描写取胜，认为人们的幸运与不幸取决于本人的性格。米南德的语言优美，诗体明白如话，接近散文。他的作品影响了欧洲文艺复兴时期和现代喜剧的发展。

公元前约1世纪那不勒斯附近庞贝城的米南德像（壁画）

米南卡保人 Minangkabau 东南亚印度尼西亚共和国的民族之一。约720万人 (2001)。主要分布在苏门答腊岛中部至西海岸一带。另有少数人分布在马来西亚。属蒙古人种马来类型。使用米南卡保语，属南岛语系印度尼西亚语族，与印度尼西亚语接近。有文字。原信印度教，14世纪后多改信伊斯兰教，属逊尼派。保留万物有灵信仰。7世纪前受印度文化影响，曾建末罗游王国，一度为室利佛逝所并，1275年再度复兴。14世纪又建米南卡保王国，统治苏门答腊中部地区。保存浓厚的母权制残余，社会最小基层单位为家族公房，由女性首领及其姐妹、女儿、孙儿女们组成。几个公房构成一个称为“苏库”的母系氏族，按母系传代继承。女子婚后居母家，丈夫在妻方住宿。现多改为入赘婚。一般由4个氏族构成一个村社，成为基层行政单位。不动产归村社公有。有共同米仓、会议所和清真寺。主要从事农业，种植水稻、旱稻、玉米、甘蔗、烟草、橡胶和咖啡等。部分人擅长经商。有编织、木雕、金属制品等手工业，兼营狩猎和渔业。

米南卡保语 Minangkabau language 印度尼西亚的主要地区语言之一。主要分布于苏门答腊西海岸一带。首都雅加达约有50万人使用。这一地区海岸贸易很发达，因此米南卡保语常作为苏门答腊地区和近海各岛不同贸易社团之间的交际媒介语。属南岛语系印度尼西亚语族。方言可分为7种。米南卡保语与马来语很相近，尤其是词汇很相似，因此有的学者把它视为马来语的一种方言。最初采用阿拉伯马来语文字，从19世纪70年代起采用拉丁化的文字。

米涅 Mignet, François (1796-05-08～1884-03-24) 法国历史学家。生于普罗旺斯首府艾克斯，卒于巴黎。1818年取得律师资格。1821年米涅到巴黎为资产阶级自由派报纸撰稿。1824年以发表《法国革命史》而成名。1830年他与A.梯也尔等人创办《国民报》。进行反政府活动，在反对七月敕令的抗议书上签名。后任外交部档案室主任，1833年当选伦理与政治科学院院士。1836年被选入法国科学院。此后专心从事16～17世纪欧洲史研究，对档案整理作出重要贡献。还著有《安东尼奥·佩雷斯与腓力二世》、《玛丽女王史》等。

米诺斯文明 Minoan Civilization 希腊克里特岛的青铜时代中、晚期文化。又称克里特文化或克里特文明。是爱琴文明的重要组成部分。萌芽于公元前第3千纪末，当时爱琴海地区的基克拉泽斯文化充分发展，克里特岛受其影响，过渡到青铜文化时期，并同古王国时期的埃及人发生联系。到前1900年左右，克里特岛上建立起奴隶制国家，米诺斯文明遂告形成。至前1450年左右克里特为迈锡尼人占领而被迈锡尼文明所取代。“米诺斯文明”一词，来自古希腊神话中之克里特贤王米诺斯。它是欧洲最早的古代文明，也是希腊古典文明的前驱，以精美的王宫建筑、壁画及陶器、工艺品等著称于世。

锡拉古城遗址中绘着羚羊的壁画

米诺斯文明经考古发掘而为世人所知。古希腊神话中虽有米诺斯王的传说，但史学界一直认为是无稽之谈。直到德国考古学者H.谢里曼发掘特洛伊城、揭开爱琴文明研究序幕之后，学术界才开始重视。1900年英国考古学者A.伊文斯在克里特岛发掘克诺索斯王宫，收获丰盛，米诺斯文明遂被确认。伊文斯把该文明分为早、中、晚期三个阶段，各相当于埃及的古王国、中王国和新王国时期。后来又有学者按克诺索斯和其他王宫的兴建情况，把该文明分为旧王宫、新王宫两个时期，以公元前1700年为界。旧王宫时期米诺斯文明的特点已经形成，但旧王宫被毁后重建的新王宫更加豪华富丽，米诺斯文明此时进入全盛。

克诺索斯是米诺斯王朝的首都，也是该文明经济、文化的最大中心。它位于克里特岛中央，濒临北岸，在公元前第2千纪中叶是地中海地区最大的工商业城市之一，估计人口约有8万。这里的王宫最为宏伟，占地约2.2万平方米，宫内厅堂库房总数在1 500间以上，宫内楼层相接，最高处可达5层，厅堂馆舍神秘奇巧，梯道走廊曲折复杂，希腊神话中称之为“迷宫”。宫中有美丽的壁画，人物鸟兽刻画生动，色彩艳丽明快，在古代壁画中属上乘之作。建筑风格以灵便精巧取胜，喜用上粗下细的木柱。米诺斯文明的经济以农业为主，工商业和海上贸易发达，与埃及、小亚细亚、叙利亚有频繁联系。米诺斯王朝除统治克里特岛外，还控制爱琴海地区，以海军掌握海上霸权，海中许多岛屿和希腊南部沿岸（包括迈锡尼）均归入其势力范围。在克里特岛上，费斯托斯、马利亚等地也有类似的王宫建筑，只是规模较小。爱琴海中的锡拉岛一度也是重要商港，它被火山毁灭后，遗址中保存了较多文物，特别是壁画。米诺斯文明创造了自己的文字，包括象形文字和线形文字A(后者简称线文A，由前者线写体演变而成)，但尚未释读成功。一般认为米诺斯人属于地中海本地居民。

米千克秒制 meter-kilogram-second system 以米为长度单位、千克为质量单位、秒为时间单位的单位制。由1875年签订的《米制公约》确定。

米丘林 Michurin, Ivan Vladimirovich (1855-10-27～1935-06-07) 苏联植物育种学家。生于俄国梁赞州普龙县，卒于科兹洛夫。受祖辈影响，他在8岁时，已能做嫁接和压条工作。1872年小学毕业后因家贫辍学。1875年他把节省下来的钱租下一块荒废的小园地，开始了园艺实验工作。他曾对中部俄罗斯各地的果园做过调查，立志要改变当地果树低劣的状况。1888年他在科兹洛夫城外6千米的地方买得一小块牧场地，把原来的所有果树苗木都移植到那里。后来他发现要获得耐寒的优良果树品种，必须把苗木栽种在比较瘠薄的土地上，因而又另买了一片荒芜的沙地，建立起新的苗圃。在这里他培育了许多果树品种，如“六百克安托诺夫卡”苹果、蜜饯梨、樱桃等。他在那里工作到逝世。十月革命后，他的工作受到列宁的重视。1918年，苏联政府接收了米丘林献出的苗圃。1928年在苗圃基础上建立了米丘林果树遗传育种站。经过数十年的研究和实践，他一生共育成300多个果树和浆果植物新品种。米丘林的主要著作有：《工作原理与方法》、《六十年工作总结》等。1925年被授予劳动红旗勋章。1935年被授予列宁勋章，并被选为苏联科学院名誉院士。科兹洛夫城改名米丘林斯克。

米骚动 Rice Riot 1918年因米价暴涨而引起的日本民众的大规模暴动。第一次世界大战后，日本资本主义工业的迅速发展和半封建落后农业的矛盾，造成粮食短缺，加之地主、米商囤积居奇，致使米价猛涨。1918年7月23日，富山县下新川郡鱼津町（今鱼津市）从事装卸工作的渔民妻女拒绝外运本县产的大米，立即在邻镇引起连锁反应，发展为向官府和富豪要求发放救济米和降低米价的运动。8月5日，消息在报纸上报道以后，骚动迅速席卷全国。在城市的抢米骚动中，以京都、大阪、名古屋、神户等地最为激烈，参加者主要是自由劳动者、工匠和部落民。8月中旬以后，骚动向地方村镇和煤矿区发展。矿工以炸药为武器同军警进行战斗，不少农村的租佃纠纷转变为暴动。骚动一直持续到9月19日。政府出动军队进行镇压，被捕群众达数万人。米骚动沉重打击了日本天皇制统治，并迫使以陆军大将寺内正毅为首的内阁下台。

米什科尔茨 Miskolc 匈牙利东北部城市。包尔绍德-奥包乌伊-曾普伦州首府。人口约18.03万(2003)。建于15世纪，原是大庄园中心，19世纪兴建铁路后，逐渐发展为工商业城市。铁路枢纽。与布达佩斯、匈牙利东部及邻国有铁路、公路相通。附近产褐煤，并有铁矿。冶金工业中心，还有机车车辆和农机制造、化工、水泥、玻璃、纺织、造纸、食品等工业。有工业大学、博物馆和以“王后城堡”最为著名的古迹。城郊阿瓦斯山石灰岩洞有800多个酒窖，有的是具有500年历史的老窖，成为城市最大特色。

米斯特拉尔 Mistral, Gabriela (1889-04-07～1957-01-10) 智利诗人。原名露西拉·戈多伊·阿尔加亚伽。生于科金波，卒于美国纽约。幼时家境贫寒，随当山村女教师的姐姐上学，后来成为一名乡村小学教师。她对文学有特殊的爱好，尤喜写诗。表现悲壮激烈爱情的《死的十四行诗》使她崭露头角。她一度代表智利出任驻联合国代表。从1932年起，她在欧洲和美洲的不同国家担任领事。她的诗歌集中在《绝望》(1922)、《塔拉》(1938)、《柔情》(1945)、《葡萄压榨机》(1954)、《诗歌全集》(1958)和《智利诗歌》(1967)等6部作品集中。《绝望》里的诗篇充分表达她的内心感受，表现了强烈而悲壮的爱之激情。《塔拉》和《柔情》里收集的诗歌充满女性的柔情和深厚的慈爱。她的诗歌语言丰富而强劲有力，具有印第安式的粗犷豪放，带着惊人的感染力。1945年成为拉丁美洲获诺贝尔文学奖的第一人。

米特拉 Mitra, Dīnabandhu（1829～1874） 印度孟加拉语戏剧家。生于西孟加拉邦讷迪亚。先后在加尔各答印度教徒学校和印度教徒学院学习。1855年毕业后供职于邮电部门。从学生时代开始写诗，著有诗集《人性》。他因戏剧创作而成名。第一部剧本《靛蓝园之镜》（1860）描写靛蓝商残酷压迫靛农。戏剧上演后引起巨大反响，掀起一场反对靛蓝商的运动。剧本《有夫之妇的望日》（1866）对接受了英语教育的青年的嗜酒等不良习气进行了讽刺。还有《年轻的女苦行者》（1863）、《为婚事而发疯的老汉》（1866）和《荷花中的美女》（1873）等讽刺剧和喜剧。

米特雷 Mitre, Bartolomé（1821-06-26～1906-01-18） 阿根廷总统。史学家。生于布宜诺斯艾利斯一个土生白人家庭，卒于布宜诺斯艾利斯。年轻时参加过保卫蒙得维的亚的战争。1851年加入J.J.de乌尔基萨的军队。1852～1862年，他站在布宜诺斯艾利斯省一边，反对乌尔基萨领导的内地各省邦联，先后任省内政与外交部长、军事部长、省长，建立省武装部队并指挥与邦联军的战争。1861年9月打败乌尔基萨后，接受邦联体制并承认邦联1853年颁布的宪法，促成国家的统一。1862～1868年任总统。执政期间，镇压地方首领，恢复内地各省秩序；整顿国家财政，发展对外贸易，创办学校。1865～1868年任"三国同盟"军队总司令，指挥阿根廷、乌拉圭和巴西的军队，进行对巴拉圭的战争。1868年总统任期结束，当选为参议员。1874年再次竞选总统失败，发动兵变，失败被俘，被判处死刑，后得到赦免。史学著作有《贝尔格拉诺与阿根廷独立史》和《圣马丁与南美洲解放史》等。

米万钟 Mi Wanzhong（1570～1628） 中国明代画家。字仲诏，号友石湛园、文石居士、勺海亭长、石隐庵居士。关中（今属陕西）人，寓居燕京（今北京）。明万历二十三年（1595）进士，官至太仆少卿。擅长画石，也能作花卉。绘画以北宋为楷模，山水细润精工，皴斫幽秀，布局深远。其山水多为巨幅，重峦叠嶂，气势雄伟。善书，与邢侗、董其昌、张瑞图合称"明末四家"，并有"南董（其昌）北米（万钟）"之称。传世画作有《竹菊图》、《竹石菊花图》等。著有《篆隶考伪》。

米沃什 Miłosz, Czesław（1911-06-30～2004-08-14） 波兰诗人、作家。生于立陶宛谢泰伊涅，卒于克拉科夫。1934年毕业于维尔诺斯泰凡·巴托雷大学。曾在巴黎留学两年，回国后在波兰电台文学部工作。战后任波兰驻美国和法国的文化参赞，旅居法国、美国等。1933年发表第一部诗集《关于凝冻时代的诗篇》。主要作品有早期诗集《诗选》（1973）、晚期诗集《冬日钟声》（1974），长篇小说《权利的攫取》（1955）和《伊斯塞谷》（1955）等。还写过不少散文、随笔、文艺理论、文学批评和文学史的著作。1980年获诺贝尔文学奖。

米喜子 Mi Xizi（1780～1832） 中国清代徽调演员。工老生。江西金溪人。一说米喜子即米应先，湖北崇阳人。幼入春台班习正生，后为春台班台柱，随班进京。享誉达20年。能戏甚多，以演关羽戏著称。《战长沙》等为其代表剧目。传人有程长庚、丁四等人。米喜子为人正直，兼通医道，有长者之风，人称米先生。

米喜子（米应先）塑像

米亚尔代 Millardet, Pierre-Marie-Alexis（1838-12-13～1902-12-15） 法国植物学家。生于蒙米雷，卒于波尔多。曾就读于德国海德堡大学和弗赖堡大学，后在法国获医学和理学博士学位。先后在法国南锡大学、斯特拉斯堡大学、波尔多大学任植物学教授。1888年成为法国科学院院士。他的主要贡献是研制了防治植物病害的第一个杀真菌剂波尔多液。著有《美国葡萄评论》、《从理论上和实践上论美国葡萄的问题》等。

米约 Milhaud, Darius（1892-09-04～1974-06-22） 法国作曲家。生于艾克斯，卒于日内瓦。7岁开始学小提琴，后入巴黎国立高等音乐学院学小提琴和作曲。1916年到巴西任职，1918年回巴黎，成为法国"六人团"一员。1940年去美国任教，1947年回巴黎国立高等音乐学院任教。作品有声乐套曲《花名录》，芭蕾《屋顶上的牛》、《创世记》，歌剧《克里斯托夫·哥伦布》、《玻利瓦尔》，康塔塔《火的城堡》等，还有许多电影配乐。他的作品早期强调节奏、力度，常采用街头音乐的原始音调；后期喜用多调性手法，曲调纯朴；晚年风格趋于稳定、温和，与古典主义音乐的联系明显。

米约萨湖 Mjøsa, Lake 挪威最大湖泊。位于奥斯陆以北56千米，著名的居德布兰海谷南端。长100千米，宽1.6～14千米，面积368平方千米。最深处449米。旅游区、度假区。利勒哈默尔和哈马尔是最大的湖滨城市。湖中心有海尔耶于岛，东岸有12世纪所建大教堂。

米脂县 Mizhi County 中国陕西省榆林市辖县。位于省境北部。面积1 212平方千米。人口15万（2010）。元太祖二十一年（1226）设米脂县。以米脂寨得名。李自成大顺政权时改称天保县，清初复名米脂县。矿产有煤、天然气、石灰岩、陶瓷土等。农业以种植糜子、谷子、高粱、玉米、豆类、马铃薯、烤烟、蔬菜、向日葵为主。盛产优质苹果、梨。工业产品有煤、化肥、农机、服装、白酒、暖气片等。名胜古迹有杨家沟革命旧址、沙家店战役旧址、云台山寺、盘龙古建筑群、李自成行宫等。

李自成行宫全貌

米制 metric system 一种计量制度。又称公制。

《米制公约》 *Metric Convention* 关于计量问题的第一个国际条约。为将米制推广到世界各国，1875年3月1日，法国政府召开"米制外交大会"，5月20日与会20个国家的17名全权代表签署了《米制公约》。1921年对公约进行一次修订。中国于1977年6月加入，成为当时44个公约成员国之一。《米制公约》由正文和附则两部分组成。正文共14条，主要内容为：①在巴黎建立国际计量局。国际计量局在国际计量委员会的指导和监督下进行工作。而国际计量委员会则置于由各成员国政府代表所组成的国际计量大会的权力之下。大会主席由法国科学院的在任主席担任。②国际计量局的职责。保管国际原器，比对各国标准，建立新的国际标准，确定物理常数以提高单位的准确度和保证其一致性。③国际计量局和国际计量委员会的费用由各缔约国按人口比例缴纳。④《米制公约》由各国依其宪法程序批准。附则共22条。主要内容为：①规定国际计量局的地位（公益机构）、选址要求、机构设置和设备配备。②国际计量大会至少每6年召开一次，改选国际计量委员会中1/2的委员，每个国家有一个投票权。③国际计量委员会的组成、任务、工作方式。④规定每个国家的会费比例以及具体计算方法、缴纳、拖欠及其处理等。

弭兵 Eliminating Battle 中国春秋中晚期由霸主国晋、楚主持的止息战争的盟会。公元前595～前594年，楚庄王率师围宋国都9个月。十多年后，宋国右师华元在晋、楚间进行撮合。公元前579年，晋上军帅士燮与楚公子罢遂在宋国都西门外订立盟约。盟约规定晋、楚不以兵戎相见，同心怜恤诸侯，互通聘使。但这时晋、楚均无止息战争的诚意，盟约缔结4年后，两国发生**鄢陵之战**，弭兵盟约失效。公元前546年，宋左师向戌又奔走于晋、楚之间，再次请求弭兵。诸侯皆表示赞同，同年7月，于宋都蒙门外订立弭兵之约。参与结盟的有晋赵武、楚屈建等各国大夫及小国君主。会前，晋、楚约定除齐、秦外各国都要向晋、楚朝贡。由于当时晋国内部出现大夫专政兼并，无力与楚进行战争，而楚国受到吴国牵制，也无力同晋争霸中原，所以结盟后，与会国停止战争十多年，其中晋、楚四十多年没有再发生战争。

汨罗江 Miluo River 中国**洞庭湖**水系河流。上游称汨水。源出幕阜山脉黄龙山西

湖南平江汨罗江风光

南麓。经修水县西南部、平江县东北部，至汨罗市磊石镇注入洞庭湖。全长257千米，流域面积5 543平方千米，多年平均径流量约43亿立方米，水能理论蕴藏量6.89万千瓦。战国时楚国诗人**屈原**，忧愤国事，投汨罗江而死。

汨罗市 Miluo City 中国湖南省辖县级市。位于省境东北部，洞庭湖东岸。面积1 670平方千米。人口69万（2010）。市名因汨罗江而得名。春秋时为罗子国。秦置罗县。唐武德年间撤罗县入湘阴县。1966年析湘阴县建汨罗县。1987年设汨罗市。由**岳阳市**代管。矿藏有石油、黄金、高岭土等。农作物有水稻、棉花、花生、芝麻、油菜等。工业有建材、食品、化工、纺织、机械、冶金等部门。名胜古迹有屈子祠、罗子国城遗址、任弼时故居等。

泌尿系统梗阻 urinary system, obstruction of 因泌尿管腔内外原因使管腔阻塞，呈完全或部分、急性或慢性梗阻的现象。若不及时解除将造成肾积水和肾功能损害。

病因 有机械性梗阻和功能梗阻两大类：前者为结石、炎症、损伤和先天畸形所致的泌尿系腔道管径缩小或阻塞；后者多指腔道平滑肌蠕动不足以排空。在小儿泌尿系统多有先天发育的因素，而在成人常为器质性疾病所致。

临床表现 不同因素所致的泌尿系统梗阻有其相关临床症状。如泌尿系结石所致的急性梗阻常伴有典型肾绞痛症状；膀胱梗阻主要表现为排尿困难；先天性梗阻常无明显症状，偶有感觉腰部不适，也可间歇性肾绞痛发作。一侧梗阻时肾功能一般不受影响，而双侧输尿管急性梗阻可致无尿。肾功能受损严重则可出现乏力和贫血等氮质血症表现。

诊断和治疗 病因诊断是关键。超声检查可初步了解有无肾积水；排泄性尿路造影可了解集尿系统有无梗阻；肾功能较差者可通过磁共振成像显示扩张的肾盂和输尿管以了解梗阻的原因；CT检查能清楚显示结石和肿瘤所致的梗阻，与排泄性尿路造影相结合能提高泌尿系统梗阻的准确性；尿流率能初步判断患者是否存在膀胱梗阻，但尿流率减低并不能区分膀胱出口梗阻或逼尿肌收缩力减低，必要时可通过尿动力学检查证实。泌尿系统梗阻的治疗原则为明确和治疗病因，解除梗阻和预防感染。病因不能及时解除者可通过尿液引流暂时解除梗阻，如前列腺增生尿潴留时留置尿管或膀胱造瘘；输尿管梗阻感染时应及时肾造瘘以解除梗阻和控制感染。

泌尿系统结石 urinary system, lithiasis in 因代谢紊乱或尿路感染，一些难溶解物质在肾（或膀胱）内形成石状沉积物所致的病变（见图）。又称“尿石症”。中医称为“石淋”。系常见病。可引起尿路损伤、尿流梗阻、并发感染，致肾功能受损。

分类和病因 分为代谢性结石及感染性结石两类。前者多原发于肾脏。正常尿液含有抑制物质，可增加草酸钙、磷酸钙的溶解度。若此类物质不足可致晶体沉淀。一些代谢疾病使尿内钙、尿酸、黄嘌呤、胱氨酸或草酸盐含量增高，尿内晶体呈过饱和状态，导致晶核形成，继续增长形成尿石。

后者是因分泌尿素酶的病原体引起尿路感染，尿素酶使尿中的尿素分解，产生游离氨，尿变碱性，黏蛋白聚合成基质，晶体沉积在基质中，形成磷灰石。感染性肾结石常为双侧性，增长迅速，似肾盂肾盏铸形。

尿石滞留在泌尿道引起尿路上皮损伤、出血，阻塞尿流致尿路扩张，易继发感染及肾功能损害，双侧肾、输尿管结石严重阻塞尿路可引起尿毒症。尿路梗阻性疾病亦可继发结石，前列腺增生症的患者因膀胱出口阻塞，排尿后膀胱有残余尿，也易形成结石。

临床表现 肾、输尿管结石的常见症状为患侧腰痛和肾区叩击痛。发作肾绞痛时表现为阵发性剧痛，起自肾区，向同侧腹股沟、睾丸或大阴唇放射，患者表现辗转不安，输尿管下段结石可伴有尿频、尿急。因肾与胃肠道同属腹腔神经支配，故肾绞痛常伴恶心、呕吐及腹胀等症状，易与急性胃肠炎、阑尾炎混淆。双侧肾、输尿管或孤立肾结石阻塞尿路可致少尿或无尿，长期严重阻塞则引起尿毒症。膀胱、尿道结石的症状为尿频、尿急、尿痛、排尿困难。尿路结石时常有血尿。腹部X射线平片检查多能显示结石影，结石太小或能透X射

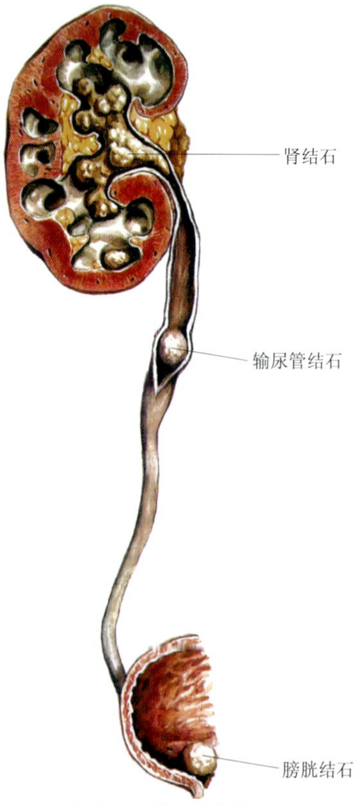

泌尿系统结石示意图

线的尿酸结石则需作肾盂造影、B型超声波或计算机X射线体层成像（CT）才能确诊。排泄性尿路造影可了解尿路形态及肾功能情况。

治疗 肾、输尿管结石直径在8毫米以下，肾功能良好，无明显感染，可采用中西医结合疗法。包括大量饮水，服利尿药，中药（如金钱草、海金砂、滑石、萹蓄、甘草）。输尿管结石可行跳跃运动促其排出，结石滞留时可经膀胱镜插入带套石篮的导管，套住结石后拉出体外，较大的肾、输尿管结石，尤其是引起尿路梗阻、并发感染和肾功能减退者，应施行手术治疗。

膀胱、尿道结石的治疗一般采用经尿道插入碎石钳，钳碎结石；亦可将碎石器经尿道插入膀胱，用液电效应将结石击碎后吸出。较大的结石则需施行手术治疗。

防治 尿石症患者在排出或取出结石后，若仍存在结石复发因素，须予以矫治。大量饮水，调整饮食，对预防尿石很重要。饮用磁化水对预防尿石复发有一定效果。

泌乳 lactation 哺乳动物的乳腺分泌乳汁哺育幼仔的特征性现象。原始的哺乳动物如鸭嘴兽等不具备乳头，乳汁从乳腺分泌沿毛散溢，由幼仔舔食。在动物进化中，沿腋下到同侧腹股沟的纵线上出现乳腺和乳头。

乳腺的发育 不同的哺乳动物，乳腺的发育各异，一般有5个阶段：①胎儿期。雌雄两性间差别不大。雌性鼠类16～21日胎龄后，有乳腺管穿入周围间叶组织；雄性胎鼠无乳头。人类男女胎儿均有乳头和乳蕾下腺管及分支。20周胎龄后，腺管上皮分化成上皮细胞及外围的肌上皮细胞，细胞内超微结构向分泌状态发展。②幼仔期。雌性乳腺增生，腺管分支和肌上皮细胞生长均不明显，间叶组织分化为脂肪和结缔组织。男、女儿童乳腺差别不大。③青春期。雌鼠乳腺系统开始发育，腺泡细胞内DNA合成在间情期最快、细胞分裂多，动情期乳腺胀大；人类女性乳房明显长大，主要有脂肪和结缔组织；乳腺管系统也生长发育，腺管变长，有分支和腺泡，与结缔组织形成叶状；腺管前呈窦状，通过乳腺导管开口于乳头表面，每个乳头有12～20个乳腺导管，周围有纵形和环形排列的平滑肌；丰富的血管和真皮乳头下有丰富的神经末梢。④妊娠期。乳腺充分发育。鼠的乳腺上皮增生明显并持续到哺乳期，共4～5对乳头，每个乳头上一个乳腺导管，汇集数个腺管及其分支，末端为腺泡。反刍动物如牛、羊，在腹股沟处有4个乳头；其上为乳头池，可储存25毫升乳汁，连接膨大的腺池，内可储存乳汁100～400毫升；多个有腺泡腺管分支的腺管通入腺池。孕妇早期乳房增大比中、晚孕期明显，腺泡由腺管分泌而扩张，腺泡细胞在孕晚期均具分泌功能。⑤哺乳期。乳腺保持规律的分泌功能，排乳后又有乳汁产生；经过相当时期哺乳后，乳腺逐渐缩小，乳量减少，腺泡功能低下而生乳作用停止；直到第二次妊娠时，乳腺组织再生长发育，开始新的生乳和排乳的泌乳活动。

乳汁的生成及其成分 乳汁是幼仔初生后生长发育所必需的营养物质。产后数小时到2天开始有淡黄色乳汁分泌，时间因动物各异，这种乳汁称初乳。初乳中，干物质含量高于常乳数倍以上，其中含白细胞和大量免疫球蛋白等物质。初乳通过消化道吸收后，给幼仔提供被动免疫，对幼仔健康成长十分重要。哺乳期母体乳腺上皮能摄取营养物质，并通过大量的酶等合成乳汁。乳汁内含有水，乳糖，脂肪，蛋白质，钠、钾、钙、镁的氯化物，磷酸盐和铁，维生素，免疫物质等。

乳腺发育和乳汁生成的内分泌调节 乳腺发育各期均受到内分泌的影响。雌性胎儿的乳蕾受到母体雌、孕激素和胎儿卵巢雌激素的影响而促进乳腺管生长。雄性胎儿亦受到自身雄激素的影响。出生后雌性幼仔体内存留的母体促卵泡生长激素、雌激素、泌乳素水平逐渐低落，乳腺发育逐步停止。青春期后，雌性性腺轴成熟，雌激素和孕激素是乳腺的主要调控者，乳腺上有雌激素和孕激素受体。雌激素使腺管和腺管的终蕾顶细胞生长，它可促使局部孕激素受体增加。雌激素和孕激素在一定比例下，使乳腺管和腺泡均生长发育。同时还有泌乳素、生长激素、肾上腺皮质激素等的参与，使乳腺生成乳汁所需的酶、蛋白质、脂类、糖类分子。妊娠期是在乳腺已发育的基础上，在卵巢、垂体和胎盘为主分泌的大量雌激素、孕激素、泌乳素、糖皮质激素、胎盘生乳素等作用下，乳腺管与腺泡增生、扩大，具备了生乳条件，但不能泌乳。主要促乳汁生成的激素是泌乳素，妊娠期泌乳素增多最显著。在乳腺发育和乳汁生成中，与生长激素、糖皮质激素和雌激素的协调是关键。大分子泌乳素的活性很小，且孕激素与生长激素有抑制泌乳素受体作用。乳腺局部产生的上皮生长因子虽可使乳腺细胞增生，但又可减少泌乳素受体，抑制胰岛素、皮质醇和泌乳素间协同的泌乳作用，并激活启动子的锌指蛋白Ying-Yang1而抑制β-酪蛋白基因的转录。特别是在妊娠期，高水平的孕酮可直接或间接抑制β-酪蛋白基因转录。乳糖和α-乳清蛋白的生成及阻断泌乳素受体的上调作用，致使产前无乳汁分泌。产后体内雌激素和孕激素明显降低，孕激素受体也明显下降，孕激素与糖皮质受体的结合解除，其抗生乳的代谢物20-α-双氢孕酮水平也下降，即前述妊娠晚期，孕酮对抗生乳、泌乳作用消失，抑制生乳的表皮生长因子浓度减少，故产后数小时到2天内，乳腺逐渐分泌乳汁。产后生乳同样主要依赖泌乳素，此时的泌乳素呈单一小分子，活性大，在和生长激素、肾上腺皮质激素、甲状腺激素、前列腺素、甲状旁腺激素、降钙素和糖原等协同下，促进乳汁内蛋白质、乳糖、脂肪、水盐和维生素等物质的合成，泌乳素水平在哺乳期中逐渐地下降，但乳腺上的泌乳素受体量却可维持较长时间。

秘密立储 secret appointment of crown prince, system of 中国清代雍正以后皇位继承的制度。在中国历史上，历代王朝解决皇位

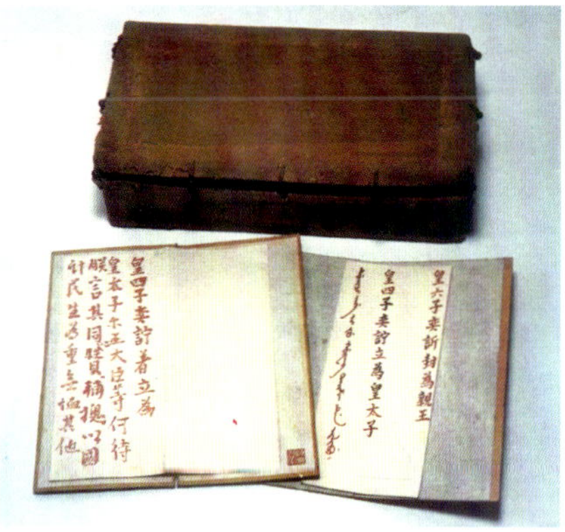

清代秘密立储匣

继承问题，基本上采取公开建储，即预先公开册立皇太子，以备承嗣皇位。所选太子按封建宗法制度原则立嫡立长，即嫡长继承制。清代不立皇太子，因此，多次发生诸皇子争夺储位事件。康熙帝立太子，旋废旋立，既立复废，诸皇子营求储位，纷争不已。雍正帝即位后，汲取历代建储承嗣的经验教训，始创秘密立储制度。他亲书立储皇子名字，密封缄匣之中，藏于紫禁城乾清宫正大光明匾额之后，待日后临死前或死后，由御前大臣、军机大臣等共同取出，拥“御书”所定之嗣皇帝即位。秘密立储避免了历史上经常出现的诸皇子争储位、储君与皇帝争权、储贰骄纵等弊病。嗣后乾隆、嘉庆、道光、咸丰各帝，均按这一制度继承皇位。同治、光绪两帝均无子嗣，宣统帝未及亲政清王朝即被推翻，秘密立储制度遂自然废止。

秘色瓷 olive green porcelain; porcelain with secret colour 中国唐五代越窑烧造的一种青瓷精品。唐陆龟蒙《秘色越器》诗句“九秋风露越窑开，夺得千峰翠色来”，最早描写了秘色越窑器的釉色。但对于秘色瓷是何种瓷器，长期以来未有明确答案。一般将秘色瓷作为青瓷中釉色上乘者的代名词。1987年，陕西扶风唐代法门寺地宫发掘的出土物中有越窑青瓷精品，地宫《衣物帐》中明确记载为“秘色瓷”，从而证明秘色瓷就是越窑青瓷精品之一种。法门寺地宫的

八棱形瓶（法门寺地宫出土）

秘色瓷器形有八棱形瓶、五花瓣口沿碗和盘，还有2件漆平脱银扣秘色瓷碗。这些器物制作精细，通体施湖绿、青灰、青黄色釉，釉层匀净，滋润如玉，与陆龟蒙诗所描述的釉色相合，被视为秘色瓷标准器。以此为参照，浙江临安吴越国钱宽墓、水邱氏墓出土的越窑青瓷可能亦是秘色瓷。秘色瓷除釉色特殊外，器形也有特点。它们造型优美，多数模仿金银器。秘色瓷的制作技艺为宋代青瓷追求类冰似玉的效果奠定了基础。

密茨凯维奇 Mickiewicz, Adam（1798-12-24～1855-11-26） 波兰诗人、民族解放运动革命家。生于诺伏格罗德克附近，卒于土耳其伊斯坦布尔。1819年毕业于维尔诺大学，后在科夫诺中学任教。1823年，因参加爱国学生运动被捕入狱。1824年，被流放到俄国。后辗转罗马、德国，从1832年起定居巴黎。曾任瑞士洛桑大学、法兰西大学教授，报刊主编等。1855年到土耳其参与土耳其的反俄战争。后染上瘟疫，不幸逝世。

诗人1820年创作的《青春颂》是华沙起义时众人传唱的战歌。1822年第一部诗集的出版标志着波兰浪漫主义文学的兴起。长诗《康拉德·华伦洛德》（1828）是一部以复仇、起义为主题的英雄史诗。《**塔杜施先生**》（1834）代表了诗人的最高文学成就。其他主要作品还有诗剧《先人祭》（第一部没有完成；第二、四部，1823；第三部，1832）、长诗《格拉席娜》（1823）、《十四行诗》（1826）等。

密度 density 物质的质量和其体积的比值。一般指体密度。如果质量分布均匀的物质体积为V，质量为m，则密度$d=m/V$。对非均匀物质，该式则表示平均密度。在国际单位制中密度单位为千克/米^3，工程上则常用吨/米^3。对气体，通常给出标准状态或常温、常压下的密度，其他状态下的密度，可用气体定律推算。液体的密度和所溶解的其他物质的浓度关系很大，因此液体不纯时，须标明溶解物的浓度。对质地疏松的固体如木材、土壤，其密度和含水量关系很大，常须标明干湿程度；颗粒状和粉末状物质，如砂、水泥、粒间和粉间都有空隙，单位容积的质量称容重，不称密度。宇宙中密度最小的物质为星系间物质，其密度为$2\times10^{-31}\sim5\times10^{-27}$千克/米^3，密度最大的物质为中子星，其密度估计为$10^{14}\sim10^{19}$千克/米^3。

密度波理论 density wave theory 以引力作用下物质流进流出低引力势的旋臂区解释星系旋涡结构的理论。1964年由美籍华裔天体物理学家林家翘和徐霞生在荷兰天文学家B.林德布拉德工作的基础上提出。密度波理论认为，旋涡结构并非永远由同一批

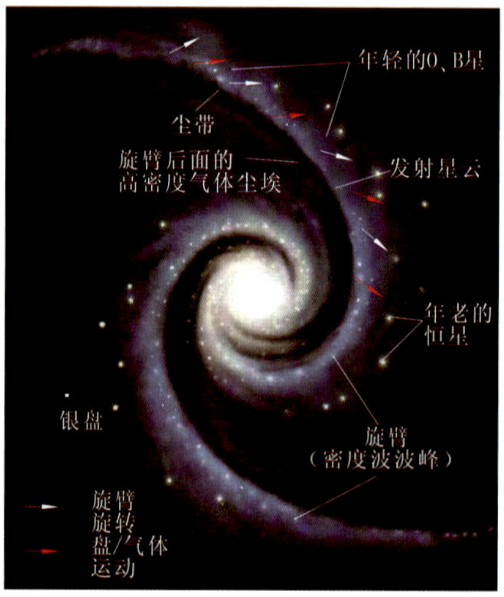

用密度波解释星系的旋涡结构

物质组成。它实质上是物质集中处低引力势区的波动状图案。换句话说，旋臂由密度波波峰的迹线构成。波形图案并不与物质相联，而是以不同的角速度运动。相对运动速度平均约30千米/秒。正是这种运动维持了旋涡星系的规整外貌，也解决了固定物质旋臂因较差自转带来的缠绕困难。

恒星进入旋臂引力势阱后，在那里停留一段时间再随轨道运动出来。星际气体在进入旋臂时受到突然压缩，可能触发恒星形成，从而成功地解释了明亮年轻恒星集中分布在旋臂上的现象。

密尔沃基 Milwaukee 美国威斯康星州最大城市和湖港。位于州东南部，密歇根湖西岸。市区面积249平方千米，人口60.45万（2008），其中约1/3是德国移民后裔；密尔沃基-拉辛大都市区人口174.88万（2008），占全州人口的31.1%。地处滨湖陆岸，密尔沃基河、梅诺莫尼河和金尼金尼克河分别从北、西北、南部流经市区，三河汇合后向东注入密歇根湖。平均海拔193米。1月平均气温-7℃，7月21℃。平均年降水量740毫米。原为印第安人居住地。17世纪末法国人到此。1818年始建白人定居点。1846年设市，大批欧洲人（德国人居多）移入，商业日益繁荣，由小麦市场、乳畜产品集散地逐步发展为重要工业中心。啤酒酿造为其特色工业，产量长期居全国首位，被称为美国“啤酒之都”，自90年代中期起相对衰落。重型机械制造业发达，生产机车车辆、拖拉机、采矿与建筑机械、汽车零部件、发动机等。20世纪70年代以来，银行、保险、批发贸易等发展很快，并实施市中心区复兴改造规划。有威斯康星大学密尔沃基分校（1885）、马克特大学（1881）等10所高等院校。密尔沃基博物馆规模居全国第四位。城西的密尔沃基动物园以动物种类和数量多著称。

密封 seal 防止工作介质从机器（或设备）中泄漏或外界杂质侵入机器内部的一种措施。被密封的工作介质可以是气体、液体或粉状固体。密封不良会降低机器效率，造成浪费和污染环境。易燃、易爆或有毒性质的工作介质泄漏会危及人身和设备安全。气、水或粉尘侵入设备会污染工作介质，影响产品质量，增加零件磨损，缩短机器寿命。密封分为静密封和动密封。

静密封 指机器（或设备）中相对静止件间的密封。常用的形式是在凸缘之间放置密封垫片，称为凸缘垫片式强制密封。垫片型式主要有矩形截面的平垫片和圆形截面的O型环。

动密封 指机器（或设备）中相对运动件之间的密封。按运动件间的运动形式分为往复式动密封和旋转式动密封两类。往复式动密封一般采用运动件与静止件直接接触的接触式动密封，如成型填料密封、填料函密封和胀圈密封；旋转式动密封有接触式动密封和非接触式动密封。接触动密封有成型填料密封、填料函密封、胀圈密封和机械密封等。非接触动密封有迷宫密封、螺旋密封、浮环密封和离心密封等。接触动密封在往复动密封和旋转动密封中都有应用。非接触动密封主要用于旋转密封。由于旋转件与静止件不直接接触，不会产生摩擦和磨损。

密教 Esoteric Buddhism; Tantrism 佛教宗派。自称受大日如来佛秘密教旨传授，故名。见密宗。

密近双星 close binary star 一子星影响另一子星演化的物理双星。通常把分光双星和侧光双星（包括食双星）通称为密近双星。

包括有两颗恒星，并且彼此演化严重受到对方影响的系统称为密近双星系统。肉眼可见的**五车二**、**角宿一**、大陵五、浙台二都是密近双星。密近双星是恒星世界中普遍存在的一种天体：有的可提供可靠的物理参量；有的可提供重要的恒星演化线索；有的可通过两子星相互作用的各种表现，为研究恒星高低层大气结构、恒星内部密度分布、星周物质的特性、星风、吸积过程、质量交流等提供良好的机会。密近双星中出现的脉动变星、爆发变星、X射线源、射电源、**白矮星**、**中子星**（**脉冲星**）、B型发射星、A型特殊星、巨星、超巨星等，可为研究这类天体提供有利条件，聚星、**星协**、**星团**、行星状星云和河外星系中出现的密近双星，可和这些天体系统的研究联系起来。

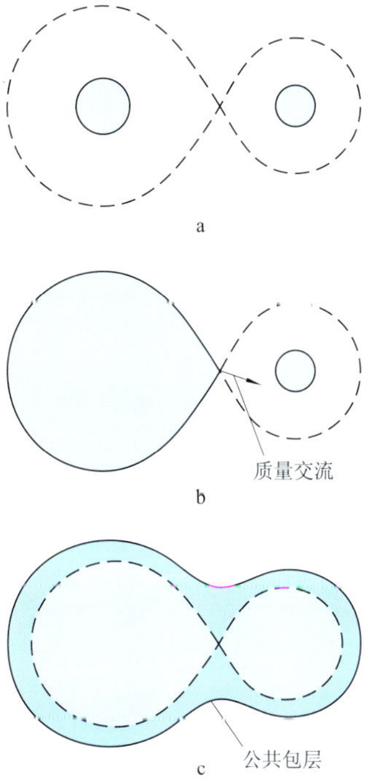

密近双星

天空中一半以上的**恒星**均为双星系统的成员，其中一半也许是密近双星系统。密近双星系统共分为三类：第一类是相接双星系统，这两颗星处于半结合状态并有一个共同的外壳（图c）。第二类是半相接双星系统，这两颗星相互接触但仍可交换质量、能量以及角动量，其中的一个可能会失去质量（一部分给伴星，图b）。第三类是不相接双星系统，这个系统中恒星风、潮汐变形和热效应也会影响双星的演化（图a）。

密克罗尼西亚　Micronesia　太平洋三大岛群之一。意为小岛群岛。位于南纬4°至北纬22°，东经130°～177°。分为南北向和东西向两列岛弧。前者为**马里亚纳群岛**（可分为**北马里亚纳群岛**和**关岛**）。后者由**加罗林群岛**、**马绍尔群岛**、**吉尔伯特群岛**、巴纳巴岛（又称大洋岛）和瑙鲁岛等组成。中隔世界最深的马里亚纳海沟。以珊瑚环礁为主，也有少数火山岛。岛屿、环礁总数多达2 000余个。总面积为2 700多平方千米。属热带海洋气候。年平均气温为26～28℃。平均年降水量各岛略有差异，北部为2 000～3 000毫米，东南部3 000～5 000毫米。加罗林群岛附近为台风源地之一。除北马里亚纳群岛和关岛仍为美国属地外，其余各岛分属**帕劳**、**密克罗尼西亚联邦**、马绍尔群岛、基里巴斯、瑙鲁等国。人口约51万（2004）。主要为**密克罗尼西亚人**。大部分居民信奉基督教。通用密克罗尼西亚语。马里亚纳群岛中的关岛为密克罗尼西亚岛群中最大岛屿，地处亚洲大陆和澳大利亚、新西兰的中途，西太平洋的国际航线和海底电缆都从此处经过，地理位置十分重要。经济以农业和旅游业为主，出产椰子、香蕉、甘蔗、鱼和磷酸盐等。

密克罗尼西亚联邦　Micronesia, Federated States of　大洋洲岛国。与美国自由联合。位于太平洋西部密克罗尼西亚岛群**加罗林群岛**中部和东部。陆地面积705平方千米，水域面积298万平方千米。人口10.7万（2008）。其中97%为**密克罗尼西亚人**，亚洲人占2.5%，其他人占0.5%。50%的居民信奉天主教，47%的居民信奉基督教新教。官方语言为英语，当地有8种主要方言。首都**帕利基尔**。

地处北纬1°～10°，东经137° 29′～163°之间。由600多个岛屿、环礁组成。其中波纳佩岛、科斯雷岛、特鲁克岛和雅浦岛面积较大。属热带海洋性气候。年平均气温27℃。降雨量由东向西递减。多台风。

4 000年前就有人居住。16世纪被西方航海者发现。1898年成为德国殖民地。第一次世界大战期间为日本攻占。第二次世界大战后期被美国占领。后与马绍尔群岛、北马里亚纳群岛和帕劳构成太平洋岛屿托管地的4个政治实体。1979年成立密克罗尼西亚联邦，1982年与美国正式签订《自由联系条约》。1986年11月条约生效。1990年12月联合国安理会通过决议，正式结束密克罗尼西亚联邦的托管地位。实行总统制。总统既是国家元首，也是政府首脑，由议会从全任期议员中选举产生。

经济落后，绝大多数居民的经济生活以村落为单位。农业落后，出产椰子、胡椒、芋头等农产品。无粮食种植。鱼类资源丰富，尤以金枪鱼著名，主要由外国渔船捕捞。旅游资源丰富，不仅有秀丽的热带风光，且保有独特的民族传统文化和风俗，仍处开发阶段。工业只有少量农产品加工和服装加工业。只有胡椒等少数产品可供出口。粮食及工业制成品均需进口。通用美元。2008年国内生产总值2.381亿美元。国内交通以海运为主。帕利基尔国际机场有往来日本、澳大利亚等地的定期航班。

政府对5～14岁儿童实行义务教育。有218所公立学校，25所私立学校，1所联邦专科学院。有1份双周刊报纸《你好通讯》。各州均有广播电台。另有1家有线电视台。

截至2010年4月，密克罗尼西亚联邦已同60个国家建交。1989年9月11日同中国建交。1991年9月，被接纳为联合国成员。

密克罗尼西亚人　Micronesians　太平洋西部密克罗尼西亚岛群的民族集团。包括**查莫罗人**、**加罗林人**、**马绍尔人**、瑙鲁人和基里巴斯人等支系。在体质特征上为混血人：西部与**马来人**相近；愈往东愈接近波利尼西亚类型；愈往南愈接近美拉尼西亚类型；中部则为三者的混合，以加罗林人最为典型。使用数种语言，多属南岛语系密克罗尼西亚语族，仅查莫罗语和帛琉语属印度尼西亚语族。其祖先于4 000年前从东南亚陆续迁来，随后有部分美拉尼西亚人和波利尼西亚人迁入。16世纪以来，先后遭受西班牙、德国、英国、日本和美国的殖民统治。瑙鲁人和基里巴斯人分别于1968年、1979年获得民族独立。原在美国

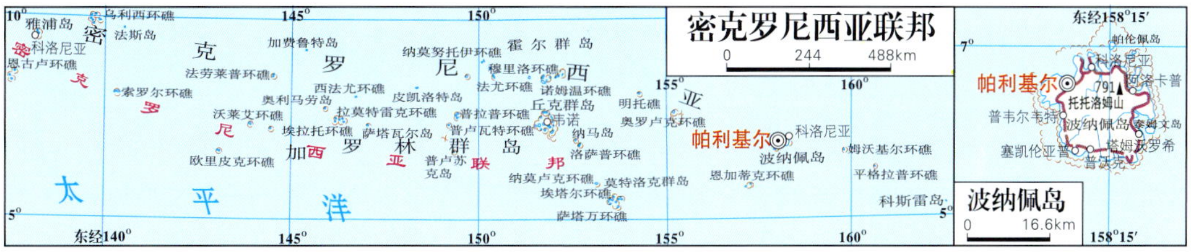

密克罗尼西亚少女

"托管"之下的地区，现已形成4个政治实体——北马里亚纳群岛、密克罗尼西亚联邦、马绍尔群岛和帕劳共和国，分别于1979、1980年建立各自的政府；在安全和防务方面，仍受美国控制。密克罗尼西亚人以热带农业和渔业为主，西部大岛居民有梯田和人工灌溉，种植水稻。过去衣着简单，男子限于围腰，女子只穿短裙。爱装饰，常在耳垂和鼻中隔上穿孔，插戴鲜花或贝饰；有染齿和嚼槟榔的习俗。古代曾有过巨石文化，现仍留有众多遗址。

密克罗尼西亚语族 Micronesian group 南岛语系的一个语族。

密拉特密谋案 Meerut Conspiracy Case 20世纪20年代末英国殖民当局为镇压印度共产主义运动而制造的政治冤案。因案件在密拉特市审理，故名。

20年代中后期，在共产党人引导下，印度工农运动高涨起来，使英国殖民当局感到惊恐。1929年3月20日，英印当局在孟买、孟加拉、联合省（今北方邦）、旁遮普等4省逮捕印共及进步工会的主要领导人S.A.丹吉等共32人，并押解到远离工业中心的密拉特市进行审讯。罪名是"阴谋推翻英王兼印度帝国皇帝对印度的统治权"。

1933年1月16日，被告分别被判处3年至无期徒刑。当局的宣判激起印度国内外工人阶级和进步舆论的强烈抗议，各地不断举行抗议集会和示威游行。印度国内成立了由J.尼赫鲁等人组成的密拉特被囚者辩护委员会，英国也成立了类似的声援组织。M.K.甘地亲赴监狱探望被告。迫于形势，殖民当局不得不释放部分被告，其余被告也予以减刑。到1933年底，"密谋案"被告几乎全部获释。

密立根 Millikan, Robert Andrews (1868-03-22～1953-12-19) 美国物理学家。生于伊利诺伊州的莫里森，卒于加利福尼亚的帕萨迪纳。1893年取得奥伯林大学硕士学位。1895年获哥伦比亚大学博士学位后留学欧洲。1896年回国任教于芝加哥大学。1907～1913年间做了一连串实验，用带电油滴准确地测定电子的电荷值，还验证了A.爱因斯坦的光电效应方程，取得了普朗克常数的精密数值。因在基本电荷和光电效应方面的研究而获得1923年诺贝尔物理学奖。1921年任加利福尼亚理工学院布里奇物理实验室主任，领导一批物理学家研究宇宙射线，其中最重要的成就是他的学生C.D.安德森在1932年发现正电子。

密立根油滴实验 Millikan's oil-drop experiment 第一个证实电荷量子化并求得基本电荷e数值的实验。1910年R.A.密立根设计了一种直接测量附着在小油滴上的微量电荷的方法：将油雾从位于水平放置的平行板电极上板的小孔中喷入，喷雾过程中形成的细小油滴带电后会在重力、空气浮力和黏滞力以及平行板间所加的电场作用力的作用下徐徐下降或浮升。在强光照射下从侧面的显微镜中可清晰地观察到油滴的运动。通过油滴移动的距离和经历的时间，可测定其速度，根据所测的数据可确定油滴所带的电荷。在1910～1916年间，密立根和他的合作者测定了几千个油滴的电荷，在1/1 000的精度范围内，每个油滴所带的电荷都等于一个最小电荷的整数倍；用X射线或镭射线照射油滴使油滴所带电荷发生改变时，改变的电荷也是该最小电荷的整数倍。密立根测出了该最小电荷值，称为基本电荷。这一成果，奠定了原子物理学的基础。根据国际科技数据委员会（CODATA）2006年的推荐，基本电荷电量为：

$$e=1.602\ 176\ 487\ (40)\times 10^{-19}$$

密码学 cryptology 研究保密通信的一门科学。主要包括加密和解密两方面。可懂的消息称为明文，将明文通过加密变换成不可懂的消息称为密文，这一过程称为加密。而把密文通过逆变换成明文的过程叫解密。明文与密文的相互变换是可逆的，并且只存在唯一的、无误差的可逆变换。完成加密和解密的算法称为密码体制。

20世纪40年代，C.E.香农把信息论、密码学和数学结合起来，研究保密系统的数学结构，从理论上推动了密码技术的发展，确立了密码学作为一门新兴学科的理论基础。

密码学包括密码编码学、密码分析学、密码密钥学。密码编码学是研究加密算法的规律并将其用于通信以保护秘密信息的科学。密码分析学又称密码破译学，是研究密码变化的规律并将其用于密码以获取信息情报的科学。密码密钥学将密钥作为研究对象，包括密钥的产生、分配、存储、保护、销毁等技术。

由于通信技术的发展，传输介质由光纤向激光转变，导致密码学再一次发生飞跃，即量子密码学的诞生。如果用量子密码传递数据，数据不会被任意撷取或被插入另一段具有恶意的数据，数据流将可安全地被编码及译码。

密山市 Mishan City 中国黑龙江省辖县级市。位于省境东部边缘，南濒中俄界湖兴凯湖，东隔松阿察河与俄罗斯相望。面积7 724平方千米。人口43万（2008），有汉、满、回、蒙古、朝鲜等20个民族。古为肃慎属地。辽后为女真地。清光绪年间建立蜂蜜山招垦局和密山府。1912年设密山县。1988年撤县成立密山市。由鸡西市代管。矿产有煤、石墨、大理石、钛铁矿等。农业盛产大豆、水稻、小麦、玉米、甜菜、烤烟、向日葵、蔬菜、水果、白瓜子等，所产密山白瓜子产量居全国之首。山区产木材、中药材、山野菜等，其中蕨菜远销日本。有小兴凯湖水产养殖基地，特产中国四大名鱼之一的大白鱼。工业以食品、机械、化工、纺织、建材、造纸、酿造、煤炭等为主。旅游景点有兴凯湖、蜂蜜山、新开流古文化遗址、当壁镇等。

密什勒 Michelet, Jules (1798-08-21～1874-02-09) 法国历史学家。生于巴黎一印刷工人家庭，卒于耶尔。早年就读于查理曼学院。1818～1819年先后获文学士、博士学位。1827年任高等师范学校哲学与历史教授。1831年任历史档案部主任，接触大量档案史料。同年，他的代表作之一《世界史导言》问世。1838年被选入伦理与政治科学院。同年任法兰西学院历史与伦理教授。因反对七月王朝，拥护1848年革命，1849年被迫停止授课。后又因拒绝承认路易·波拿巴政变而失去全部职务，遂潜心著述。主要著作有《法国简史》、《罗马共和国史》(1831)、《全球史引论》、《法国史》(1833～1867) 与《法国革命史》(1847～1853)。利用巴黎和地方档案，形象地勾勒出法国从中世纪到大革命时期生动的历史画面。被誉为"法国最伟大的历史学家"。他主张"完整地复活过去"，全部社会生活——政治、法律、宗教、商业、语言、艺术、民俗、传说等均在他涉猎之内，被视为"年鉴派史学的鼻祖"。

密斯·范·德·罗 Mies van der Rohe, Ludwig (1886-03-27～1969-08-18) 美籍德裔建筑大师。生于德国亚琛，卒于美国芝加哥。童年时随当石匠和泥瓦匠的父亲学习石工

纽约西格拉姆大厦

手艺。1908～1911年间在建筑师彼得·贝伦斯处工作。1919年开始在柏林从事建筑设计。1926～1932年任德意志制造联盟第一副主任。1930～1932年任包豪斯学校校长（见包豪斯）。1937年到美国。1938～1958年任芝加哥阿莫尔学院（后改名伊利诺伊理工学院）建筑系主任。

密斯·范·德·罗的贡献在于通过对钢框架结构和玻璃在建筑中应用的探索，创造出简洁、明快而精确的建筑形式处理手法，把建筑技术和艺术统一起来。代表作有：巴塞罗那博览会德国馆，美国普莱诺的法恩斯沃思住宅、芝加哥伊利诺伊理工学院建筑馆，柏林新国家美术馆等。他于1959年获英国皇家建筑师协会金质奖章，1960年获美国建筑师协会金质奖章；因设计芝加哥湖滨公寓于1976年获美国建筑师协会25周年奖。他设计建造的纽约西格拉姆大厦堪称国际式风格的顶峰，包铜皮的精细骨架和大片玻璃幕墙映照出周围建筑和天空，明快而高雅。这些独创的手法，20世纪50～60年代曾广泛流行，被称作“密斯风格”。

密苏里河 Missouri River 北美洲密西西比河最长支流。由源出落基山脉的杰斐逊河、麦迪逊河和加拉廷河在美国蒙大拿州西南部汇合而成。流经中西部7个州，在圣路易斯以北27千米处注入密西西比河。以杰斐逊河源头雷德罗克湖起算，全长4 088千米。流域面积137万平方千米，其中6 600多平方千米在加拿大境内。从源头至米尔克河口为上游，穿越落基山区，多峡谷，河谷深达240～310米；大瀑布城附近形成一连串急流、瀑布，在16千米流程内落差达187米。米尔克河口至苏城为中游，河谷深90～120米。从苏城至河口为下游，流经平原，河谷浅而开阔。沿途接纳的主要支流有黄石河、小密苏里河、怀特河、普拉特河、堪萨斯河等。河水依靠高山雪融水和雨水补给。上游流经半干旱地区，平均年降水量不足380毫米；下游增至1 000毫米。河口年平均流量2 156米^3/秒。流量季节变化极端，6月洪水期最大流量曾达25 488米^3/秒，冬季枯水期最小流量仅119米^3/秒。因流经黄土区，土壤侵蚀严重，河流含沙量大，故有“大泥河”之称。年平均输沙量2.18亿吨。1944年美国国会批准密苏里河流域规划。经多年整治，先后兴建佩克堡、加里森、奥阿希、兰德尔堡、加文斯角等100多个水坝和水库。从苏城到河口，形成一条长1 223千米、水深2.7米的内河航道，除冬季结冰期外，全年通航7个半月。沿岸主要城市有大瀑布城、俾斯麦、奥马哈、康瑟尔布拉夫斯、堪萨斯城等。

密苏里妥协案 Missouri Compromise 1820年美国南部奴隶主同北部资产阶级在国会中就密苏里地域成立新州是否采取奴隶制问题通过的妥协议案。1818年，密苏里居民人数达到6.6万人，符合建立新州的条件。当地政府申请作为自由州加入联邦。南部奴隶主以密苏里地域大部分地区位于梅松－狄克逊线以南为理由，坚持将该地域辟为蓄奴州。当时自由州和蓄奴州的数目相等，双方在参议院的席位也相等，密苏里作为自由州或者蓄奴州加入联邦，将直接影响双方力量的对比。为此，双方展开了激烈的争论。1820年3月6日双方达成暂时的妥协，国会最后通过《密苏里妥协案》。该法案允许从马萨诸塞州划出的缅因地区作为自由州加入联邦，授权密苏里制定不禁止奴隶制的宪法，规定北纬36° 30′线作为自由州和蓄奴州的分界线。1821年3月2日，国会作出有条件接纳密苏里加入联邦的决议。8月10日，密苏里作为蓄奴州加入联邦。南部奴隶主的土地要求得到满足。南北双方在参议院的席位保持平衡。

密特朗 Mitterrand, François(1916-10-26～1996-01-08) 法兰西第五共和国总统（1981～1995）。生于雅纳克市一铁路工人家庭，卒于巴黎。第二次世界大战爆发后入伍。1940年被俘，拘留在德国集中营。后脱逃回国，参加抵抗运动。1943年在阿尔及尔会晤C.戴高乐，在临时政府中负责战俘和流亡者的工作。战后长期任国民议会议员（1946～1958），先后任总理办公室新闻国务秘书、海外领地部长、国务部长、内政部长、司法部长等职。1965年参加总统选举，被戴高乐击败，遂致力于左翼力量的联合。先后出任民主和社会主义左翼联合会主席（1965～1968）、共和机构大会党主席（1970～1971）和社会党第一书记（1971）。1981年在左翼各党支持下击败V.吉斯卡尔·德斯坦，出任总统。1986年议会大选后，右翼取胜，与总理J.希拉克实行左右共治。1988年5月在总统选举中获胜，蝉联总统。在1995年5月总统选举中失败，辞去总统职位。

密西西比河 Mississippi River 世界第四长河，北美洲最长的河流。干流发源于美国明尼苏达州西北部海拔446米的艾塔斯卡湖，向南流经北美大陆中南部，注入墨西哥湾，长3 766千米。以其最长支流密苏里河的源头雷德罗克湖起算，全长6 262千米。干、支流流经美国31个州和加拿大2个省，流域面积322万平方千米，约占全洲面积的1/8，居世界第三位。水量丰富，河口年平均流量1.88万米^3/秒。

艾塔斯卡湖至圣保罗河段为上游，接纳明尼苏达河等支流。地势低平，流路蜿蜒曲折，水流缓慢，流域内多湖泊沼泽。近明尼阿波利斯处，河谷深邃，比降陡急，流经1.2千米长的狭谷急流带，落差达19.2米，形成圣安东尼瀑布。3～7月为洪水期，其中4月由于春季融雪和雨水补给，出现全年高水位；冬季为枯水期。圣保罗至圣路易斯河段为中游，河谷展宽，汇入威斯康星河、得梅因河、伊利诺伊河、密苏里河等众多支流，其中密苏里河提供干流总径流量的15%，并使干流输沙量大增。中游河道宽度一般为300～600米。圣路易斯以北河段，河床坡度较大，多急流险滩。因

密西西比河风光

全年降水集中在夏季，最高水位出现在6月，最低水位在12月。圣路易斯以南河段为下游，在开罗接纳全河水量最大的支流俄亥俄河，它提供干流总径流量的一半以上，汇入处河道宽达2 400米。开罗以下，又接纳怀特河、阿肯色河、雷德河等主要支流，干流进入冲积平原，河道宽度一般为1 000～1 600米，水流缓慢，多曲流、牛轭湖和沙洲，河漫滩宽广，河谷宽达80～160千米，具有典型老年河特征。下游的最高水位又转为4月，低水位在秋季。年输沙量4.95亿吨，在河口堆积，形成伸入海区的鸟足状三角洲，面积约2.6万平方千米。

历史上，密西西比河不少河段灾害频繁。特别是西岸支流流经干旱地区，降水季节变化大，引起河流水位急剧变化，加以含沙量大，洪水常泛滥成灾。1927年密西西比河下游出现历史上罕见的特大洪灾，损失惨重。1928美国联邦政府制定全面整治密西西比河的“防洪法案”，批准了“密西西比河及其支流工程计划”。经过70多年的努力，大部分工程已基本完成。

密西西比河是美国内河航运的大动脉。近50条支流可通航，干、支流通航里程总长2.59万千米，其中水深在2.75米以上的航道约1万千米（含干流通航里程3 000多千米）。海轮可直达距河口395千米的巴吞鲁日。除干流上游和伊利诺伊河、密苏里河等支流1～2月结冰外，全年皆可通航。经伊利诺伊等运河，与五大湖－圣劳伦斯航道相通；从河口新奥尔良港进入墨西哥湾沿岸水道，密西西比河水系已成为与江河湖海相连、航道四通八达的现代化水运网。现年货运量约2.8亿吨，大宗货运有石油、石油制品、煤、焦炭、钢铁、化工产品、沙石、谷物等。沿岸主要港口有圣路易斯、孟菲斯、巴吞鲁日、新奥尔良等。密西西比河水系是美国中南部农业灌溉以及生活和工业用水的主要来源，流域内水力蕴藏量2 630万千瓦，主要分布在俄亥俄河及其支流上，开发程度较高。

密歇根湖 Michigan Lake 北美洲五大湖之一。五大湖中唯一完全位于美国境内的湖泊。南北长494千米，东西最宽约190千米，面积5.78万平方千米，是美国最大的淡水湖泊。经东北端的麦基诺水道与休伦湖相连，西南侧经伊利诺伊－密歇根运河与密西西比河相通。湖岸线长2 100千米。湖泊深度由北向南渐减，平均深84米，最深处282米，蓄水量4 919立方千米。湖面海拔176米。水流缓慢，呈逆时针方向流动。12月中旬至翌年4月中旬湖岸带封冻。南岸平直，沙丘广布；北岸曲折，西北侧有格林湾。北部多湖岛，比弗岛最大。接纳马斯基根河、马尼斯蒂河等近百条小河注入，流域面积（不包括湖面积）11.8万平方千米。受湖泊水体调节，气候温和，东岸盛产苹果、桃、李等，为美国主要水果带之一；格林湾一带是全国闻名的红酸樱桃产地。湖滨地区为夏季旅游胜地。南岸人口稠密，是美国重要工业基地。主要湖港有芝加哥、密尔沃基、格林贝等。

密歇根湖畔的芝加哥市一角

密歇根州 Michigan State 美国中央东北区一州。由介于苏必利尔、密歇根、休伦和伊利四大湖间的上半岛和下半岛组成，故有“大湖州”之称。上半岛西南接威斯康星州，下半岛南接印第安纳州和俄亥俄州，两半岛东部均近邻加拿大。上、下半岛之间以麦基诺湖峡相隔。面积250 493平方千米，其中陆地面积147 140平方千米。人口1 000.34万（2008），其中白人占80.2%，黑人占14.2%。人口大部分分布在下半岛南部。州府兰辛。最大城市底特律。

上半岛西部属苏必利尔高地，分布一系列低矮山丘，其中阿尔冯山海拔603米，为全州最高点。上半岛东部和整个下半岛为大湖平原，是美国内陆低原的组成部分，地面星罗棋布第四纪冰川作用留下的小湖，以及冰碛沙丘。河流短小，多瀑布急流。温带大陆性湿润气候。1月平均气温－12～－3℃，7月16～23℃；平均年降水量660～910毫米，冬季多雪。森林覆盖率53%。

原为印第安人居地。17世纪初法国人到此从事毛皮贸易和传教活动。1668年在今苏圣玛丽附近建立第一个白人定居地。1763年英法战争后，英国控制该地。1783年根据美英《巴黎条约》划归美国。1837年加入联邦，成为美国第26州。

19世纪以矿业、伐木业等为主的经济，到20世纪随着汽车制造业的崛起，逐步成为美国主要工业州之一，农业也有较大发展。农业收入3/5来自种植业。中、北部属乳酪带农区，种植玉米、燕麦、干草等饲料作物，饲养奶牛以及肉牛、猪和肉鸡等。南部种植小麦、大豆、甜菜等作物。下半岛密歇根湖沿岸地带园艺业发达，盛产苹果、樱桃、葡萄等水果以及各种蔬菜。矿业中，铜矿开采已停；铁矿开采也减，但仍是美国主要铁矿产地之一；还有石油、天然气、镁、石膏等矿的开采。汽车制造业仍居全国领先地位，其他重要工业部门有冶金、机械、化学、制药、水泥、食品、木材加工等。20世纪后期，微电子、计算机、通信设备、导弹等高科技产业发展较快。底特律是全州首要工业中心，尤以汽车制造业发达著称，是美国各大汽车公司总部所在地；其次是弗林特、兰辛、大急流城等。交通发达。大部分货物依靠大湖水运，主要湖港有底特律、休伦港、苏圣玛丽亚等，它们分别建有大桥与加拿大相连。麦基诺大桥连接上、下半岛。下半岛铁路和公路稠密。底特律为水、陆运输枢纽，其国际机场也在全国最繁忙航空港之列。

湖滨地带风景优美，有密歇根湖畔的睡熊沙丘国家滨湖区、苏必利尔湖罗亚尔岛国家公园等名胜，众多的滑雪胜地也吸引游客，旅游业颇盛。有著名高等院校密歇根大学以及密歇根州立大学、韦恩州立大学等。

密云水库 Miyun Reservoir 中国北京市最大的水库，位于密云县境内，是潮白河水系最大的水库。总库容43.75亿立方米，最大水面面积188平方千米。由潮河、白河两个枢纽工程组成，计有2座主坝，5座副坝，7条泄水、输水（发电）隧洞，3个溢洪道，2座电站和1个调节池。主坝坝型为黏土斜墙土坝，最大坝高66米（白河主坝），坝顶长度960米（白河主坝），坝体工程量1 105万立方米。主要泄洪方式为岸边溢洪道。

密云水库建于1958年，1959年拦洪蓄水，1960年建成投入使用。水库建成后，从根本上消除了潮白河的水害，使其下游免遭水灾。密云水库成为北京市的主要饮用水水源地，也是景色秀丽的旅游风景区。

密云县 Miyun County 中国北京市辖县。位于市境东北部，邻接河北省。面积2 227平方千米。人口47万（2010）。北魏置密云郡，领白檀、要阳、密云3县。后建置多变，主要为檀州。明复置密云县。1958年由河北省划入北京市。县境山地丘陵约占全县面积的4/5。经济以农业为主，粮食作物主要是玉米、谷子、小麦，并以产密云小枣、黄土坎鸭梨、银冶岭红果等著名。森林覆盖率为56%。矿藏有铁、铬等。工业以化肥、水泥、电力、机械较重要。古北口是北京通往东北地区的孔道。主导产业有奶牛、肉牛、板栗、蜂产品和渔业等。密云是首都饮用水源保护区，既是全国农业生态试点县，又是全国绿化先进县。**密云水库**是北京市最大的水库和主要水源，水体质量在饮用水二级标准以上，是北京唯一无污染饮用水源，日供水量占首都用水总量的2/3以上。名胜古迹有云蒙山森林公园、黑龙潭、龙泉寺、古北口、冶仙塔等。

密支那 Myitkyina 缅甸北部边陲重镇，克钦邦首府。位于伊洛瓦底江上游支流迈立开江西岸。人口约7.5万（2004）。地处北部山地丘陵区，海拔1 000米以上。年平均气温23.7℃。平均年降水量2 000毫米左右。缫丝、木材和食品加工中心。附近地区农产品集散地。有机场和电热厂。北部地区交通重镇。公路南经八莫可达中国云南省畹町，北经葡萄城可抵中国西藏；是纵贯南北仰光—密支那铁路线的终点；与全国最大玉石产地莫冈也有铁路相通；北部最大的河港之一，为伊洛瓦底江航运的终点。每年5月克钦族人在此庆祝隆重的传统宗教节。

密宗 Esoteric Buddhism 中国佛教宗派。又称真言乘、金刚乘、瑜伽密教等。该宗自称得法身佛大日如来深奥秘密教旨，为真实言教。该宗所说教法由大日如来授予金刚萨，佛陀释迦灭后800年，龙树开南天铁塔从金刚萨受法，而后传龙智、金刚智及善无畏一脉。中国密宗始自唐开元四年（716）抵达长安的天竺僧善无畏和开元八年到长安的金刚智。密宗典籍传入汉地始于三国，最早有支谦（223～253）在东吴译出的《华积陀罗尼神咒经》、《持句神咒经》等。4世纪初东晋帛尸梨蜜多罗又译《大灌顶经》等。唐代传入的密宗教法属晚期印度大乘佛教与当时流行的神秘颂咒仪轨及象征的结合。密宗仍遵奉**中观派**及**瑜伽行派**的义理，但其修持实践迥异于显宗。汉地密宗始于善无畏及弟子**一行**译出《**大日经**》并传授胎藏界密法；南印度金刚智及弟子不空先后译出《金刚顶瑜伽中略出念诵法》、《金刚顶经》等，并授金刚界密法。藏地密宗始自前弘期寂护、**莲花生**入藏弘法，后弘期则经阿里而传入瑜伽密部。藏密分事部、行部、瑜伽部和无上瑜伽部。藏传各宗派均重无上瑜伽密法。密宗宣称其宗旨是“菩提心为因，大悲为根本，方便为究竟”，目标在即身成佛。它认为世界万物、佛与众生皆成自六大，即地水火风空识。前五大为色法，属胎藏界；识为心法，属金刚界。色心不二，金胎为一。二者遍摄万有且具于众生心中，故佛与众生体性相同。所谓修持在依教师而修三密加持，即手结印契，口诵真言，心作观想，如是便能身口意三业清净，即身成佛。密宗有一套极复杂的设坛、供养、诵咒、灌顶的仪轨。不空的弟子有新罗慧超，青龙寺惠果等。惠果传胎藏界及金刚界两部密法于日僧**空海**。空海后于日本立真言宗，以平安东寺及高野山为中心。

嘧啶 pyrimidine 1,3位含有两个氮杂原子的六元**杂环化合物**，分子式$C_4H_4N_2$。与**吡嗪**和**哒嗪**互为**同分异构体**。嘧啶为低熔点的晶体或液体，有臭味；熔点22℃，沸点123～124℃；溶于水和乙醇；呈弱碱性。与苦味酸和草酸等形成黄色结晶形物质。嘧啶及其同系物具有芳香性。对氧化和亲电**取代反应**不活泼。亲核反应也不显著，仅4-甲基嘧啶可与氨基钠反应生成2-或4-取代的氨基嘧啶。嘧啶和各种取代的嘧啶有多种方法合成。例如，巴比妥酸（2,4,6-三羟基嘧啶）可由尿素与丙二酸二乙酯在醇钠的作用下缩合而成。巴比妥酸与磷酰氯一起加热，得2,4,6-三氯嘧啶。嘧啶的衍生物广泛存在于有机体的核酸内，胞嘧啶、尿嘧啶和胸腺嘧啶，是核酸和脱氧核酸的组成部分。许多重要的药物含有这个环系。维生素B_1中的嘧啶部分是4-氨基-2-甲基-5-嘧啶甲基的基团。许多口服的长效磺胺药是嘧啶及其异构体的衍生物。

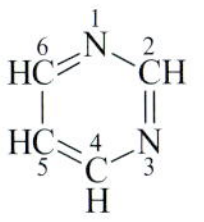

蜜蜂 *Apis*; honeybee **膜翅目**蜜蜂科蜜蜂属昆虫的统称。经济昆虫。营社会性群居生活，能泌蜡筑巢，生产蜂蜜等蜜蜂产品，并能为植物传粉。原产亚洲、欧洲和非洲，17世纪以后传入美洲等地。供饲养的蜜蜂有东方蜜蜂和西方蜜蜂两种。前者分布于东亚和南亚，主要亚种有**中华蜜蜂**、印度蜜蜂等。后者遍及整个欧洲和非洲，其亚种较多，经济价值较高的有欧洲黑蜂、**意大利蜂**、卡尼鄂拉蜂、高加索蜂等。中国饲养的西方蜜蜂主要有意大利蜂、卡尼鄂拉蜂和少量高加索蜂。

蜂群 由许多蜜蜂个体组成的群体。任何个体都不能离开群体而单独生存。一个蜂群由一只蜂王、少数雄蜂和大量工蜂组成，成员间各司其职，共同生活。

个体发育 蜜蜂属完全变态昆虫。卵乳白色，曲条状，两端钝圆，长约1.5～1.8毫米。幼虫体白色，蠕虫状，体表13节，靠工蜂喂饲。卵孵化后的头三天工蜂对所有幼虫都喂王浆，从第4天起，则仅对蜂王幼虫继续饲喂王浆，而对工蜂和雄蜂的幼虫改喂花粉和蜂蜜混合而成的食料。当幼虫体充满整个蜂房时，工蜂停止喂食活动，并泌蜡将蜂房口封盖。在封盖后1～2天虫体由卷曲逐渐伸直，并沿房壁吐丝作茧，在茧内最后蜕皮一次，即进入蛹期。化蛹后，头、胸、腹等器官逐渐形成，体表由乳白色渐呈黄褐色，并逐渐硬化。最后蜕下蛹壳，咬破房盖，羽化出房，成为成蜂（图1）。从卵至羽化出房的时间因不同的种而异。

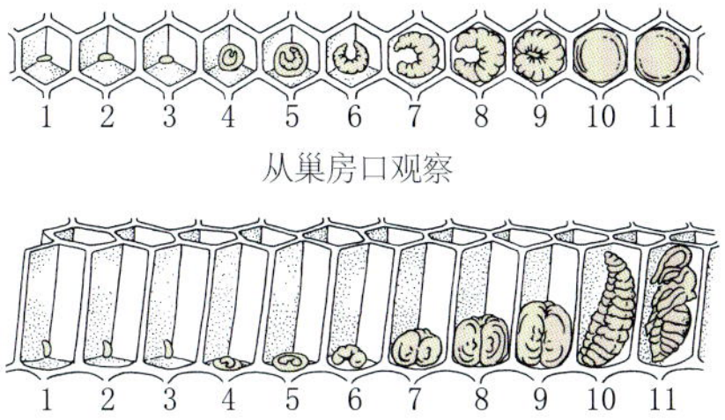

图1 蜜蜂的发育阶段

1～3 卵 4～9 未封盖幼虫 10 封盖幼虫 11 蛹

饲料采集 蜜蜂的饲料主要为蜂蜜和花粉。采集蜂用吻将花蜜吸入蜜囊，回巢后吐给内勤蜂，由内勤蜂涂在巢房壁上。蜂蜜成熟后，由工蜂收集装满巢房，并用蜡封口。花粉是蜜蜂所需蛋白质的主要来源。蜜蜂的足具有适于采集活动的特殊构造。蜜蜂将花粉带回巢后，涂上蜂蜜和唾液贮存于工蜂房内，即成为蜂粮。

信息传递 蜜蜂在巢内基本上处于黑暗环境，个体间主要依靠相互接触、气味、声波以及某些本能行为表现来传递信息。蜂舞是发现新蜜源的工蜂回巢后通过不同形式的跑动向其他蜜蜂传递蜜源信息的基本方式，圆舞表示附近有蜜源，摆尾舞表示蜜源的距离和方向（图2）。

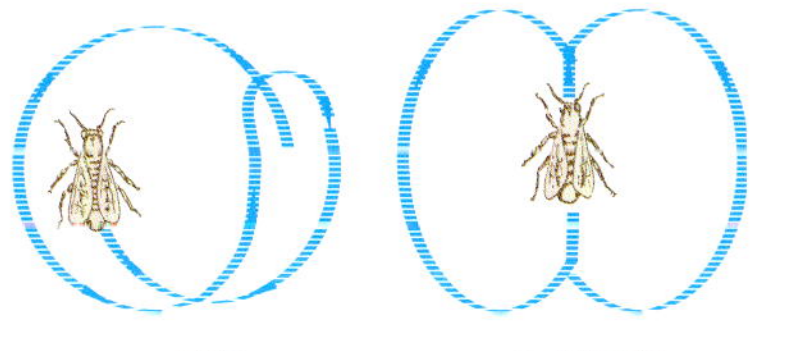

a 圆舞 b 摆尾舞

图2 蜂舞

工蜂腹部末节背板上的臭腺还分泌一种信息物质，能招引集团试飞，引导振落在巢门远处的工蜂返巢，引导采集蜂飞向蜜源，引导在自然分蜂时散飞的蜜蜂找到结团地点，遇到敌害时召集蜂群共同御敌。

蜜源植物 honey plant 供蜜蜂采集花蜜和花粉的植物。是**养蜂**的物质基础。根据泌蜜量的高低，分为主要蜜源植物和辅助蜜源植物：①主要蜜源植物。能生产商品蜜的植物。主要有油菜、向日葵、荞麦、红花、芝麻、紫花苜蓿、草木犀、紫云英、苕子、柑橘、枣、荔枝、龙眼、枇杷、刺槐、椴树、蓝果树、桉树和荆条等。②辅助蜜源植物。能分泌少量花蜜和产生少量花粉的植物。主要有桃、梨、苹果、山楂等果树，以及瓜类、蔬菜、林木、花卉等。此外，有的植物的花蜜或花粉会引起蜜蜂中毒，或由其酿造的蜂蜜会使人食用后中毒，这类植物称有毒蜜源植物，如雷公藤和山月桂等。

蜜源植物的蜜腺是分泌甜汁的器官。根据蜜腺在植物体的部位分为花内蜜腺和

花外蜜腺两种。大多数显花植物的蜜腺位于花内，如豆科植物大多位于雌蕊的基部，油菜在花丝基部（图1）。花外蜜腺在花以

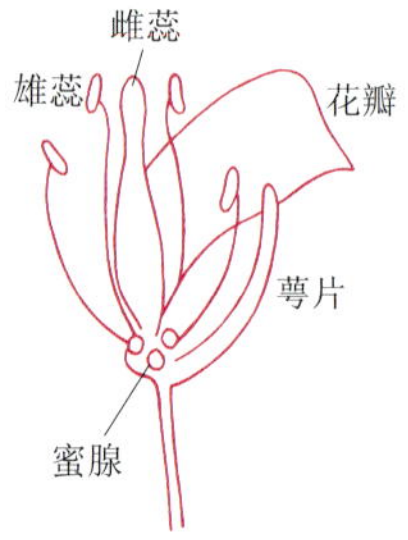

图1　油菜花内蜜腺

外的器官上，如棉花在叶脉和苞片上（图2），蚕豆在托叶上等。蜜腺形状因植物而异，如椴树、棉花、甘蓝为乳头状，向日葵和蒲公英为环状，油菜为粒状。其中以乳头状蜜腺泌蜜较多，蜜腺的颜色较深，易为蜜蜂或其他授粉昆虫注目。

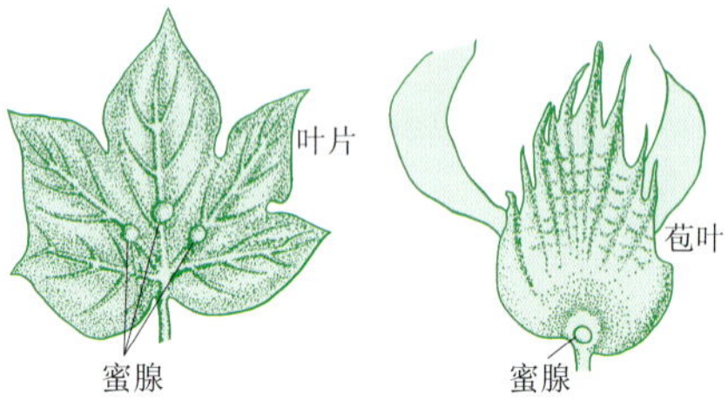

图2　棉花花外蜜腺

影响花蜜分泌的因素，既取决于植物的遗传性、营养水平，也受外界条件的影响。充足的阳光能提高植物**光合作用**效率，有利于花蜜分泌。多数植物泌蜜的最适温度为16～25℃。植物泌蜜对湿度的要求因蜜腺类型而异，一般以相对湿度60%～80%为最宜。此外，土壤条件、花的位置、降水量、风速和风向以及大小年等也影响花蜜的分泌。

绵羊 *Ovis aries*; sheep　偶蹄目牛科绵羊属的一种。草食性反刍动物。绵羊毛为毛纺工业的主要原料，肉（特别是羔羊肉）味佳美而营养丰富。皮张可用作工业原料和装饰品。

生物学特性　体躯丰满，被毛绵密，头短。公绵羊多有螺旋状大角，母绵羊无角或角细小。颅骨上具泪窝，鼻骨较隆起。四蹄都有趾腺。公绵羊无膻气。体重自数十千克至百余千克不等。嘴尖、唇薄而灵活，利于采食短草。消化能力强。性情温驯，仿效性合群性强，有跟随领头羊（老母绵羊）的习性。放牧时好向高处采食，夜间亦喜睡于牧地高处。耐寒，耐热，一般喜干燥怕潮湿。性怯懦，少自卫能力，易受兽害。自然寿命约15岁。

类型和品种　绵羊品种估计至少有600多个。按尾型可分为细短尾羊、细长尾羊、脂尾羊、肥臀羊。按生产用途分为细毛羊、半细毛羊、粗毛羊、裘皮羊、羔皮羊、乳用羊。

繁殖和饲养管理　绵羊基本上是季节性繁殖动物。一般9～11月份配种，妊娠期151～152天（142～155天）。单羔居多，双羔和三羔亦常见。繁殖年限约6～8岁。绵羊善于利用粗纤维，饲粮中粗饲料的比重可达90%～95%。可全年放牧，冬季和早春牧草枯黄，又是产羔和哺乳季节，需进行补饲。断乳后的公、母羊分别编入育成群或肥育群饲养。绵羊饲养管理上还包括断尾、去势、剪毛。

绵阳市 Mianyang City　中国四川省辖地级市。位于省境北部，涪江和安昌河交汇处。因地理位置重要，历史上曾有“剑门钥匙”和“蜀国咽喉”之称。辖涪城区、游仙区和三台、盐亭、梓潼、平武、安县5县和**北川羌族自治县**，代管**江油市**。面积20 281平方千米。人口461万（2010）。有汉、回、藏、羌等民族。汉高祖六年（前201）置涪城县，以城临涪水（江）故名。1913年改称绵阳县，因城北有绵山而得名。1976年设绵阳市（县级），为绵阳地区行署驻地。1985年撤销绵阳地区和县级绵阳市，设立地级绵阳市。矿产以天然气为主。工业有电子、机械、食品、冶金、化工、建材、纺织等。拥有彩电生产基地。农业主产水稻、小麦、玉米、甘薯和油菜子、

玉女泉

花生、蚕桑、蔬菜等。建有人称“第二个都江堰”的武都引水工程。名胜古迹有窦团山、罗浮山、平阳府君阙、李白故里、子云亭、玉女泉等。

棉酚 gossypol　棉子中的芳香酚，分子式

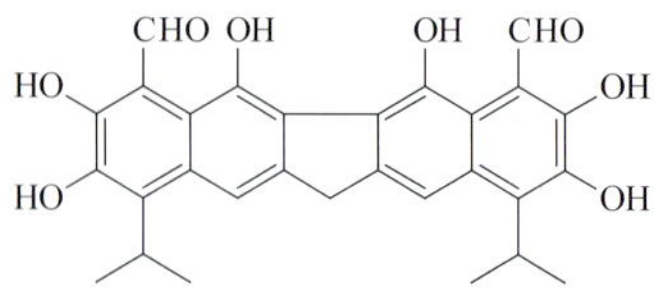

$C_{30}H_{30}O_8$。联萘所构成的不对称因素使分子可以具有光学活性。从棉子中提取的棉酚没有光学活性，为**外消旋体**。黄色结晶粉末；有毒；不溶于水，溶于甲醇、乙醇、异丙醇、丙酮、四氯化碳等有机溶剂。根据药理和临床结果，棉酚具有男性避孕作用，但由于其有毒副作用，不能实际使用。

棉花 *Gossypium*; cotton　锦葵科棉花属植物的统称。简称棉。重要的经济作物。一般为一年生亚灌木或小乔木。棉纤维是纺织工业的重要原料；棉子含油分、蛋白质，是食品工业的原料；棉短绒还是化学工业和国防工业的重要物质资源

形态和分类　栽培棉种主要分为四大类（见图）：①陆地棉。是世界上栽培最广的棉种，占世界棉产量的90%以上。商业上习称细绒棉。②海岛棉。原产南美洲安第斯山区，以后传播到大西洋沿岸和西印度群岛。习称长绒棉。③亚洲棉（中棉）。人类栽培和传播最早的棉种。俗称粗绒棉。中国已于20世纪50年代为陆地棉取代，只有南方一带尚有零星种植。④草棉（非洲棉）。原产非洲南部，分布于亚、非两洲。后来几乎绝迹

生物学特性　棉花具有喜温好光、无限生长和蕾铃脱落等习性。温度和光照对纤维成熟和强度的影响很大。生长发育的适温为25～30℃，早熟品种要求10℃以上积温不少于2 900～3 100℃，持续期不少于50天，夏季最热月份的日平均温度不低于23℃；中熟品种积温不少于3 200～3 400 ℃，持续期在220～250天以上。棉花的原始类型为典型的短日照植物，许多海岛棉和晚熟的陆地棉品种对短日照仍有一定要求，而早熟和中熟的陆地棉品种对日照长度的反应已不敏感，在长日照和短日照下均能正常发育。四倍体栽培种的$2n=52$。托叶大而宽，前端不同程度上翘。叶裂片宽三角形、宽披针形，基部不内缩。苞片基部不连合或微连合。铃不下垂。陆地棉的雄蕊管短，花药排列稀疏，上部花丝长于下部。铃多卵圆形和圆形，铃面光滑，4～5室。海岛棉的雄蕊管长，花药排列较紧，上下部花丝几乎相等。铃近长卵形，铃面有明显凹点，3～4室。二倍体栽培种的$2n=26$。托叶小而窄，平或微上翘。叶裂片卵圆形到三角形，基部内缩。苞片基部连合。铃多不同程度下垂。亚洲棉的苞片紧包花，长大于宽，全缘或顶部有3～4个粗齿。铃圆锥形，铃面有明显凹点。草棉的苞片不包住花，宽大于长，顶部有6～8个齿。铃圆形，铃面光滑。

栽培管理　中国黄河流域棉区北部及

四类栽培棉种

西北内陆棉区和特早熟棉区多实行一年一熟制；长江流域棉区及黄河流域棉区南部多实行冬作物和棉花一年两熟制。一熟棉田单作，两熟制棉田多行套作，少数与甘薯或玉米间作。棉花生长发育需要多种营养元素，消耗大量水分。宜生长在通气排水良好、土层深厚肥沃的土壤上。吐絮时节宜适时采摘，并按质分收、分晒、分售，并做好田间选种留种工作。

棉花生长期长，叶片多，花和叶均有招引昆虫的蜜腺，易受多种病虫害侵袭。中国有棉花害虫300多种，其中常见的有30多种，如棉蚜、小地老虎、绿盲蝽、棉红铃虫、棉红蜘蛛、棉金刚钻、棉小造桥虫等。以保护和利用天敌，培育抗虫品种，药物防治等措施为防治的主要手段。棉花病害主要是棉花枯萎病和黄萎病，防治措施包括控制带病菌种子的传播，种植抗病品种，实行轮作倒茬和稻棉轮作等。

用途　棉花纤维具有吸湿、保温、通气性能好等优点，在世界纺织纤维消费量中仍居首位。主要作为纺织工业原料，其利用价值取决于纤维品质。纤维长度是纤维品质中一项重要指标，纤维愈长，纺纱支数愈高；同时需要具有较好的纤维强度和细度。根据纺织工艺要求，世界棉花生产按纤维长度可分为五类：①短绒棉（20.5毫米以下）；②中短绒棉（20.6～26.0毫米）；③中长绒棉（26.1～28.5毫米）；④长绒棉（28.6～35.0毫米）；⑤超级长绒棉（35.1毫米以上）。棉纺织工业中需要量最大的是中长绒棉和长绒棉，超级长绒棉主要用于纺织优质细纱。短绒棉和中短绒棉主要用于纺粗纱，或作棉絮用。

棉子除留作种用外，80%以上用于榨油，脱壳后的棉仁含油率高达33%～45%，是世界上仅次于大豆的第二位重要食用油源。棉子壳经化学处理可生产糠醛、酒精、醋酸等10多种化工产品和制活性炭，还可作真菌培养基，用来培育食用菌和药用菌。棉子壳和棉秆均可用作树脂胶合板及造纸原料。棉根和棉子中提取的棉酚，可制造治疗支气管炎的药物和男性避孕药品。

棉兰　Medan　印度尼西亚苏门答腊岛最大城市，北苏门答腊省首府。位于苏门答腊岛北部日里河畔，接近马六甲海峡北口。面积260平方千米。人口202.98万（2005）。华人占30%。城市海拔25米，气候适宜。19世纪末附近种植园兴起后，遂发展为城市。苏门答腊北部地区的经济中心，也是附近油田的供应基地。工业有炼油、化工、椰油、肥皂、卷烟、橡胶制品、饮料、砖瓦、电池、纺织、机器制造等。为仅次于雅加达的金融和商业中心。市区街道与建筑物布局整齐，有博物馆、中央商场、苏丹宫、清真寺、烟草研究所、北苏门答腊大学和伊斯兰大学等。附近有大片肥沃的火山土，已开辟为全国最大的种植园区，种植烟草、橡胶、咖啡、茶树和油棕。市北23千米河口的勿老湾岛建有现代化港口，水深可泊巨轮，是国内橡胶、烟草、剑麻和棕油的最大出口港，为印尼第四大港。棉兰为北苏门答腊铁路中枢，有公路通往岛内各地。有国际机场及海空军基地。

棉兰老岛　Mindanao Island　菲律宾群岛南部岛屿。菲律宾第二大岛。东濒菲律宾海，西接苏禄海，南连苏拉威西海，北邻保和海。南北长471千米，东西宽528千米。面积约9.5万平方千米。南北纵列的山地和平原错综交会。境内有全国最高峰阿波火山，海拔2 954米。棉兰老河长约320千米。西南和东北分别为宽阔的谷地和沼泽。沼泽区有一个大猎物保护区和鸟类禁猎区。稀有动物食猴鹰为该岛独特品种。海岸线曲折，多半岛和港湾。全年高温多雨，大部分地区雨量在2 000毫米以上。植被以热带雨林为主。岛上盛产蕉麻、椰子、稻谷、玉米、烟草、咖啡、菠萝和木材等。主要矿藏有铁、金、铬、铜以及煤、石油等。工业有化肥、钢铁、木材和食品加工等。菲律宾少数民族最集中的地方。主要城镇为达沃、三宝颜、卡加延－德奥罗等。

棉铃虫　*Heliothis armigera*; cotton bollworm　鳞翅目夜蛾科的一种。俗称青虫、钻桃虫等。作物害虫，主要危害棉花蕾、铃。世界性害虫。在中国遍布于各棉区，以黄河流域棉区为害较重。寄主还有玉米、小麦、大麦、高粱、大豆、花生、豌豆、蚕豆、苜蓿、苕子、番茄、辣椒、芝麻、向日葵、南瓜、苘麻、红麻、亚麻、烟草等作物及多种野生植物。在黄河流域棉区1年发生4代，以第二、三代为害重；长江流域棉区四代至五代，以第三、四代为害严重；辽河流域及新疆棉区三代，以第二代为害严重。生长最适温度为25～28℃，相对湿度70%左右。成虫借气流迁移扩散。3龄后

棉铃虫及其为害状

幼虫食量增大且有自相残杀性。4、5月间遇低温，第一、二代的发生量减少；蛹期土壤含水量长期处于饱和状态，导致蛹大量死亡；第四代发生期由于天敌的作用，一般可不进行防治。凡长势好，着蕾早而多的棉田着卵量大；郁闭而湿度大的棉田则发生重。防治方法：结合冬耕冬灌破坏越冬虫蛹；选育和种植抗虫品种或种植短季棉品种；保护和利用天敌；适时喷布久效磷、甲基对硫磷、杀灭菊酯等农药防治。

棉麦借款 cotton-wheat loan 中华民国时期南京国民政府向美国举借的一笔债款。南京国民政府建立后，由于连年内战，军费激增，财政入不敷出，1933年6月4日，财政部长宋子文与美国金融复兴公司签订《中美棉麦借款合同》。合同规定：贷款总额美金5 000万元，以购买美国棉麦产品支付，其中棉花4 000万美元，麦粉1 000万美元，限由美国船只运华，年息5厘，3年分偿本息，以统税为第一担保，海关救灾5厘附加税为第二担保。6月16日，立法院全体委员会附条件通过。规定其用途为发展工业，复兴农村经济，兴办水利，发展交通，不得移充任何对内用兵或其他消费之用。大批美棉麦输入，使国产棉麦的供销受到冲击，农民损失奇重。棉纺业厂商也因美棉价高，多持抵制态度，至1934年3月，美棉运华数仅全额的1/7强，麦粉运华数仅2/5。所谓限制借款用于对内用兵也属谎言。其间，双方同意修订合同，将棉花借款减为1 000万美元，展限小麦借款购物期5个月、面粉10个月。

棉纤维 cotton fiber 锦葵目锦葵科棉属植物种子上被覆的纤维。俗称棉花。连同棉子的棉纤维称为子棉。经轧棉加工除去棉子的棉纤维称为皮棉或原棉。纺织用棉根据纤维的线密度、长度和强度分为三类：长绒棉纤维细而长，富有丝光，强度高；细绒棉又称陆地棉，在世界棉花总产量中占85%以上；粗绒棉纤维粗而短，可纺性差，但弹性好，宜制起绒织物。

棉纤维中纤维素占90%以上，耐碱，不耐酸，具有较强的吸湿能力，适宜于制作内衣、床单、巾被等纺织制品，有透气性好、柔软、保暖等优点，与合成纤维混纺，其服用性能可进一步提高。主要生产国是美国、中国、印度、乌兹别克斯坦和巴西等。

棉织物 cotton fabric 以棉型纱或线为原料的机织物。品种主要有平布、府绸、罗缎、麻纱、斜纹布、卡其、横贡缎、平绒、灯芯绒、泡泡纱等。分白坯布和色织布。白坯布又称本白布或原色布，多数经染整加工制成漂布、色布、印花布，有的还经丝光、防缩、防皱免烫、阻燃整理。色织布采用已经漂染的纱线织成，多数须经过整理加工。色织布的花纹依靠色纱结合组织显现，立体感强，轮廓清晰。不少匹染产品采用不同原料制成，利用原料染色性能的差异显示色织的效果。

免耕 no-tillage 播种前不单独进行土壤耕作，而在茬地上直接播种的一种耕作方法。作业时一般用联合作业免耕播种机，在留有前作残茬的土地上一次完成切茬、开沟、喷药除草、施肥、播种、覆土等多道工序。广义的免耕还包括少耕作业法，即在用犁翻耕的传统作业基础上，尽量减少作业的次数和工序。

其优越性主要表现在：①减少了翻耕、耙地等作业机械多次进入田间压实和破坏土壤结构的机会。②由于减少了作业环节，农机具的购置和使用费用也可相应减少，单位面积的能耗亦可降低。③地面保存残茬覆盖，有利蓄水保水、防止水土流失和土壤风蚀，减轻环境污染，提高土地利用率。④前作收获后可立即播种，从而节约农耗时间，有利于充分利用生长季节和实行复种；在春季多雨地区可不致因连绵阴雨而影响播种。⑤应用于半干旱地区、多风易旱地区或坡耕地，不仅可减少保持水土的费用，而且可减轻由于坡地中耕后引起水土流失而造成的环境污染。⑥由于免耕具有保持水土的作用，原来被认为利用价值较低的土地通过免耕而得以利用，利于提高土地的利用率。

免疫活性细胞 immunologically competent cell 一群具有免疫潜能的淋巴细胞。能特异地识别抗原，接受抗原刺激，并通过分化增殖产生免疫应答。这类细胞是机体产生特异性免疫应答的基础，包括T细胞和B细胞两类。20世纪80年代发现的另一类具有免疫活性的淋巴细胞，称为杀伤细胞（K细胞）。广义来说，一切参与免疫应答的细胞都可称为免疫活性细胞，即除淋巴细胞外，还包括巨噬细胞、肥大细胞、嗜碱性粒细胞、中性粒细胞和嗜酸性粒细胞。

免疫接种 immunization 将疫苗、类毒素、免疫血清或细胞免疫制剂等生物制品接种于人或动物体内，以提高机体对某种传染病的特异性免疫力的方法。在人群中进行大规模的免疫接种可提高人群的免疫水平，控制和预防传染病的发生、传播和流行。免疫接种可分为自动免疫和被动免疫两种。人工自动免疫是通过接种疫苗、菌苗或虫苗（病毒制备的叫疫苗、细菌制备的叫菌苗、寄生虫制备的叫虫苗，一般统称疫苗），使人体自动产生免疫的方法。这种免疫效果持续时间较长，可达1年以上。疫苗一般可分减毒活疫苗、灭活疫苗（死疫苗）和成分疫苗3种。减毒活疫苗一般只需接种1次，但需注意低温保存其活性。灭活疫苗常需接种多次（一般2～3次）。成分疫苗是应用病原体中最有免疫力的某种成分作为疫苗。类毒素也可包括在内。多种疫苗同时接种会产生互相干扰的作用，故儿童的各种疫苗接种应有计划地进行安排，称为计划免疫。人工被动免疫是将含有特异性抗体的免疫血清、免疫球蛋白注入人体使人体具有免疫力。这种免疫力的持续时间较短，常仅2～3周。如果用的是动物免疫血清，必须注意过敏反应。

免疫球蛋白 immunoglobulin; Ig 血清中的γ球蛋白。俗称丙种球蛋白。脊椎动物免疫系统中的多功能糖蛋白，对预防病原体感染，清除入侵的病原体和外来异物十分重要。

依据分子量、糖含量和重链的抗原性，免疫球蛋白被分为5类：IgG、IgM、IgA、IgD和IgE。但是它们均含有两种类型的肽链：轻链（L链）和重链（H链）。免疫球蛋白中最先被阐明结构的是IgG。它由两种氨基酸序列相同的肽链各两条（L_2H_2），通过二硫键连接而成。N端的V_H和V_L分别为重链和轻链的可变区；其他的结构域为不变区，C_L为轻链的不变区，C_{H1}，C_{H2}和C_{H3}是重链的3个不变区。Fc是由C_{H2}和C_{H3}组成；Fab（即抗原结合位点）是由V_H和V_L组成。

免疫球蛋白的功能是对被认为外来的物质——抗原的鉴别和结合。当Fab和抗原结合形成复合物的同时，免疫球蛋白的空间构象发生改变，致使Fc可以和多种细胞表面的Fc受体结合，产生各种生物效应：经过一系列的抗原提呈过程，导致B细胞合成专一性的抗体；激活蛋白水解酶及活性氧的释放，以及吞噬作用；通过经典途径和/或旁路途径，激活补体系统。此外，肥大细胞上IgE受体的活化会引起化学介质如组胺的释放，且与速发性过敏反应和变态反应有关。

免疫调节 immunoregulation 机体使免疫反应维持一定水平的机制。机体免疫系统的细胞能识别自己与“非己”物质，正常情况下对自身成分（自身抗原）不产生免疫反应，即免疫耐受，而对非己物质（异物抗原）则产生免疫反应，经体液免疫或细胞免疫清除非己抗原物质。免疫调节功能是机体保持正常生理功能，维持内环境稳定的关键。如果免疫调节功能失控，对自身成分也产生强烈的免疫攻击，就会发生自身免疫性疾病，如系统性红斑狼疮、重症肌无力等。如果对外来抗原反应过低造成严重感染，反应过强引起过敏现象（见超敏反应）。免疫调节机制不仅决定免疫的发生与否，免疫可由抗原、抗体、免疫细胞（特别是T细胞）来调节，也可由抗体和细胞间由独特型组成的网络来调节，还可由细胞因子和与免疫反应发生有关的基因来调节。

免疫系统 immune system 机体执行免疫功能的器官、组织、细胞和分子的总称。器官包括胸腺、法氏囊或囊类同器官、淋巴结、脾脏、扁桃体；组织指机体内（特别是消化道、呼吸道黏膜内）存在的许多无被膜的淋巴组织；细胞主要指淋巴细胞、单核吞噬细胞、粒细胞；分子主要指免疫球蛋白、补体、淋巴因子以及特异性和非特异性辅导因子、抑制因子等参与机体免疫应答的物质。免疫系统各组分功能的正常是维持机体免疫功能相对稳定的保证。任何一组分的缺陷或功能的亢进都会给机体带来损害。

免疫系统各组分广布全身，错综复杂，特别是免疫细胞和免疫分子在机体内不断地产生、循环和更新。免疫系统具有高度的辨别力，能精确识别自己和非己物质，以维持机体的相对稳定性；同时还能接受、传递、扩大、储存和记忆有关免疫的信息，针对免疫信息发生正和负的应答并不断调整其应答性。因此，免疫系统在功能上与神经系统和内分泌系统有许多相似之处。

免疫性 immunity 生物体识别与排除非己抗原以维持机体相对稳定的一种生理功能。又称免疫。这种功能与机体其他生理功能的主要区别是其作用对象为非己的抗原物质。免疫性可以根据获得的方式，分为先天免疫和后天免疫；根据有无针对性，分为特异性免疫与非特异性免疫；根据效应物质，分为体液免疫和细胞免疫；根据产生的后果，分为有利的（如抗传染）和有害的（如超敏反应）两种。免疫性虽然表现在体内，但可用适当的方法在体外测出。免疫性又有强弱之分，不论是对外源性抗原，还是对内源性的自身抗原，量的概念都很重要。

同一机体的免疫性在不同的时期既有量的增减，也有质的改变。如生物体对抗原的初次应答比较弱，最初产生的抗体也多属于血清含量不高的免疫球蛋白M（IgM）。有时可能单独出现细胞免疫，有时可能先出现细胞免疫而后又出现体液免疫。生物机体对抗原的再次应答不但出现时间快、反应强度大，而且维持时间长。由于机体的免疫性随时间而变化，必须在不同时期进行精密的检测才能得出正确的结论。

免疫学 immunology 研究生物体对抗原物质免疫应答性及其方法学的生物－医学学科。免疫应答是机体对抗原刺激的反应，也是对抗原物质进行识别和排除的一种生物学过程。早在1 000多年前，人们就发现了免疫现象，并由此发展起来对传染病的免疫预防。中国人首先发明用人痘痂皮接种以预防天花。英国医生E.詹纳研究出用牛痘苗预防天花的方法，为免疫学对传染病的预防开辟了广阔的前景。

现代免疫学认为，机体的免疫功能是对抗原刺激的应答，而免疫应答又表现为免疫系统识别自己和排除非己的能力。免疫功能根据免疫识别发挥作用。这种功能大致有3个方面：①对外源性异物（主要是传染性因子）的免疫防御；②去除衰退或损伤细胞的免疫，以保持自身稳定；③消除突变细胞的免疫监视。只有免疫系统在正常条件下发挥相应的作用和保持相对的平衡，机体才能维持生存。如果免疫功能发生异常，必然导致机体平衡失调，出现免疫病理变化。

免疫学在医学上有着广泛的应用。如中国已经消灭天花，并且基本上消灭和控制了鼠疫和真性霍乱等烈性传染病。脊髓灰质炎、麻疹、白喉、百日咳、破伤风等常见传染病的发病率已大大降低。在诊断方面，已经广泛应用许多先进技术。

现代免疫学逐步发展成为既有自身的理论体系，又有特殊研究方法的独立学科。它为生物学的研究提供了一些新的手段。早在20世纪初，人们已经利用免疫学来区分人类的血型。植物分类学很早就应用免疫学的方法。在研究植物和动物的毒素时也采用了免疫学技术。另外，人们很早就利用沉淀反应鉴别动物的血迹。放射免疫、免疫荧光和酶免疫等一些技术都为生物学提供了实用的研究手段。

随着科学技术的发展，免疫学又派生出许多独立的分支学科，如与现代生物学有密切关系的分子免疫学、免疫生物学和免疫遗传学，与医学有密切关系的免疫血液学、免疫药理学、免疫病理学、生殖免疫学、移植免疫学、肿瘤免疫学、抗感染免疫学、临床免疫学等。

对免疫学的研究已经达到细胞水平和分子水平，人们正在努力探讨生物的基本生理规律——免疫的自身稳定机制。医学中的许多重要问题（如自身免疫、超敏反应、肿瘤免疫、移植免疫、免疫遗传等）终将得到更好的解决。

免予起诉 exemption from prosecution 中国的人民检察院对已构成犯罪，但依法不需要判处刑罚或可免除刑罚的被告人所作出的不提请人民法院审判而终结诉讼的处理决定。人民检察院对自己侦查终结的案件和公安机关侦查终结移送起诉的案件，均可作出免予起诉的决定。免予起诉必须具备两个条件：①被告人的行为已构成犯罪，应当负刑事责任。②被告人具有不需要判处刑罚或免除刑罚的情节。不需要判处刑罚指犯罪情节轻微，对社会危害不大，认罪态度较好的。可以免除刑罚包括以下9种情况：①在中国领域外犯罪，依刑法应负刑事责任，但在外国已经受过刑罚处罚的。②聋哑人或盲人犯罪的。③正当防卫超过必要限度的。④紧急避险超过必要限度的。⑤预备犯罪的。⑥中止犯罪的。⑦共同犯罪中起次要或辅助作用的从犯。⑧被胁迫、被诱骗参加犯罪的。⑨犯罪较轻自首的，或虽犯罪较重但在犯罪后自首并有立功表现的。1979年通过的《中华人民共和国刑事诉讼法》曾有免予起诉的规定，1996年修正后的刑事诉讼法不再有免予起诉的规定。

勉语 Mian language 中国自称“勉”、“金门”、“标敏”、“藻敏”等瑶族、苗族使用的语言。属汉藏语系苗瑶语族瑶语支。主要分布于广西、湖南、云南、广东、贵州、江西等省（区）90多个县的部分山区。越南、泰国、老挝、缅甸、美国、法国等的瑶族使用的语言也属于勉语。勉语的声母一般比韵母少。塞音和塞擦音声母清浊对立。有鼻音和塞音韵尾。声调和汉语的四声八调一致。虚词和词序是表达语法意义的主要手段。作修饰语的名词、代词、状词和数量词组在中心词前，形容词一般在中心词后。句子的语序是主语－谓语－宾语。勉语分勉、金门、标敏、藻敏4个方言，勉方言和标敏方言各有若干土语，使用不同方言的人互相不能通话，4个方言都有不少的汉语借词。勉语历史上没有书写文字，一些师公曾用汉字书写经文，俗称方块瑶字。1980年瑶族语文工作者和美国的一些瑶族人士用拉丁字母设计了勉语的瑶文方案，这套文字在国外瑶族中使用得比较广泛。

渑池县 Mianchi County 中国河南省三门峡市辖县。位于省境西部，黄河南岸。北隔黄河与山西省相望。面积1 421平方千米。人口35万（2010）。有汉、回等民族。因县内城西池塘产一种金钱蛙名“黾”，故称“黾池”，后改称渑池。战国属韩，秦设渑池县，唐改天池县，元复设渑池县。1986年属三门峡市。属暖温带大陆性季风气候。矿产有煤、铅、矾土、石英、硫铁矿、重晶石、瓷土等。农作物主要有小麦、玉米、油菜、花生、烟叶等。工业主要有煤炭、机械、化肥、水泥、酿酒等。所产仰韶酒为当地名酒。名胜古迹有仰韶文化遗址、秦赵会盟台、八路军渑池兵站旧址等。

缅甸 Myanmar 亚洲东南部国家。位于中南半岛西北部，孟加拉湾东岸。南北长2 000千米，东西最宽处930多千米。面积676 581平方千米，为中南半岛面积最大的国家。人口5 700万（2008）。民族众多，65%为缅族人，克伦族和掸族分别占人口的10%和7%，此外还有华人、钦人、克钦人等。居民中85%信奉佛教，少数信奉伊斯兰教。官方语言为缅甸语。首都内比都。

地理 地形以山地、高原和丘陵为主，山脉主要呈南北走向。河流大多由北向南注入安达曼海。平原主要分布在河流中、下游谷地和三角洲，是主要的农耕地区。北部高山区海拔3 000米以上，往南山脉分为东、西两支。东支贯穿掸邦高原，向南

绵延至安达曼海东岸；西支沿印度和缅甸边界，直抵孟加拉湾沿岸。西部山区南北延伸1 100千米，海拔从2000米渐降至500米以下。北段为印缅边境的那加丘陵，地势较高；南段为若开山脉，紧逼海岸，山体变窄，高度渐降。沿海属下沉海岸，形成许多岛屿海湾和三角港。近岸的兰里岛和曼昂岛是缅甸的海上石油产区之一。东部高地，以掸邦高原为基础，北起高黎贡山，南迄比劳山脉，南北延伸600～700千米，海拔1 000～1 300米。萨尔温江及其支流纵贯在南北向的山脉之间，下游毛淡棉附近的冲积平原，为稻米主要产区之一。比劳山脉构成泰、缅国界，海拔在1 200～1 300米。有丰富的锡、锰矿。默利岛以锡、钨冲积矿和残积矿著称。海岸线曲折，鱼类资源丰富，盛产珍珠。

东、西部山地之间为伊洛瓦底江平原，由纵贯全境的伊洛瓦底江冲积而成。地势平坦，其间零星散布浅丘、孤山。莫冈以西的因道支湖是缅甸最大的湖泊。中部曼德勒、蒲甘一带的伊洛瓦底江中游谷地为泛滥平原，宽达160千米，为缅甸古代的经济活动中心。德耶谬以下，多急流峡谷。缅昂（苗旺）以南，即为伊洛瓦底江三角洲。伊洛瓦底江和锡当河之间虽有勃固山脉阻挡，但两河下游平原连成一片，土地肥沃，水量丰沛，是缅甸主要稻米产区，也是缅甸经济最发达的地区。

属热带季风气候。全年分凉、热、雨三季。年平均气温27℃。10月至翌年2月为凉季。3～5月为热季，4月曼德勒的最高气温可达45.6℃，被称为东南亚的“热点”。6～9月为西南季风期，面向西南季风的山坡，年平均降雨量可达3 000～6 000毫米。处在背风坡的蒲甘、曼德勒地区为干燥带，年降雨量仅500～1 000毫米。

森林面积约占土地面积的75%，主要为热带季雨林，以柚木为主，还有海滨低地的红树林及经济作物龙脑香料。矿藏丰富，石油在采矿业中居首位，主要分布在干燥带。其他矿产有锡、钨、铜、铅、锌和煤等。

历史 约在公元纪元前后，境内即出现了孟、缅、掸等民族建立的一些小国。1044年，阿奴律陀王统一境内大部地区，以伊洛瓦底江中游为中心，逐渐向四周扩大，兴修水利，种植水稻，并创造了文字。1287年又分裂为许多小王国。1531年建立东吁王朝，统一全国度量衡，并发展炼铁、炼铜及漆器制造业。1752年的雍籍牙王朝（又称贡榜王朝）发展成具有较高文化的德耶谬封建国家，此时缅甸的经济已有一定的基础。上缅甸（德耶谬—东吁线以北）已形成国家主要的经济和文化中心。18～19世纪，缅甸已是一个灌溉发达的农业国家，并发展了渔业和手工业，促进了商品交换。当时的下缅甸（德耶谬—东吁线以南），虽为一片沃地，但蚊虫孳生，疫病蔓延，人口稀少，基本上是一片未开发的土地。1852年英国殖民者占领下缅甸，开辟稻田，发展交通，建设港口，使缅甸的经济重心逐渐南移。1886年缅甸沦为英国殖民地，被划为英属印度的一个省。1937年从印度分出，由英国直接统治。第二次世界大战为日本占领。1948年1月4日宣告独立，成立缅甸联邦。1974年1月3日改称缅甸联邦社会主义共和国。1988年9月23日又改称缅甸联邦。

政治 1988年9月18日成立“国家恢复法律和秩序委员会”为国家最高权力机构，并实行军管。委员会主席为国家元首。1997年11月15日，该委员会更名为“国家和平与发展委员会”。主要政党有全国民主联盟（系缅甸最大政党和最有影响的反对党）、民族团结党、掸邦民主联合会等，其他还有几个较小的政党。

经济 以农业为主，农业在国民经济中占有重要地位。独立后，实行一系列国有化的经济政策，逐步消除殖民势力的影响，民族经济有所发展。1989年3月31日政府颁布《国营企业法》，宣布废除社会主义经济制度，实行市场经济，逐步对外开放。目前私营经济占主导地位，约占国内生产总值的75%。2002～2005年缅甸经济发展较快，年均增长率达11.3%，2007—2008财政年度国内生产总值约271.82亿美元。

有耕地约1 740万公顷，从事农业的劳动力约占总劳动力的70%。以种植水稻为主，稻田约占耕地总面积的62%，稻米产量自给有余，还可供大宗出口，大米出口值约占出口总值的1/3。农业多种经营有所发展，除橡胶、甘蔗、棉花等经济作物外，还有

图1 伊洛瓦底江上的渡船

油料、烟叶和麻类等作物。渔业资源丰富，德林达依沿海盛产珍珠，林业以柚木最为著名，拥有世界可采伐柚木的3/4。每年出口的柚木占出口总额的1/4，其次还有各种硬木、竹、藤和虫胶等。

第二次世界大战以前，工业基础薄弱。独立后，政府重视工业生产，特别从1963年开始，工业发展较快。工业除原有的碾米、锯木和制糖外，新建了建材、炼钢、火柴、纺织、小型机械制造、造纸、化肥和制药以及石油和天然气开采。仰光为全国的工业中心。2005年石油产量639万桶、天然气约130亿立方米。目前已开采陆上油田18个，海上、陆地气田3个。

交通以水运为主，内河航道约为14 833.4千米，伊洛瓦底江是水运干道。萨尔温江因水急峡深，只能通航百余千米。海运港口主要有仰光、勃生、毛淡棉和若开等。全国公路和主要道路93 595.53千米，以仰光为中心形成公路交通网。铁路6 492.1千米，大部分为狭轨线。以仰光为起点，通往全国重要城镇。全国有70多个机场，仰光有国际机场，联系国内外主要城市。

近年来政府放宽对外贸易限制，允许私人经营外贸业务，开放边境贸易。2007～2008年度全国外贸进出口总额88.6亿美元，其中出口额60.43亿美元，进口额27.73亿美元。主要出口大米、玉米、豆类、饮料、橡胶、矿产品、木材、珍珠、宝石和水产品等。进口工业原料、零配件、五金产品和消费品等。

缅甸的旅游资源丰富，多名胜古迹。有闻名世界的仰光大金塔、文化古都曼德勒、万塔之城蒲甘以及风景秀丽的额不里海滩。20世纪90年代初，政府开始大力发展旅游事业，努力吸引外资，建设旅游设施，旅游业有所发展，2006年度国外游客达58万人次。

文化 独立后政府注意维护传统民族文化和发展教育，大力开展扫盲工作。有高等院校156所，著名大学有仰光大学等。全国发行的报刊主要有《缅甸之光》、《镜报》等。国家通讯社为缅甸通讯社。全国有两个电视台——缅甸电视台、妙瓦底电视台和一个广播电台——缅甸之声广播电台。

对外关系 缅甸奉行“积极、独立”外交政策，不依附任何大国和大国集团。1997年加入东盟后，与东盟及周边国家关系有较大发展。军政府积极推进民族和解，与西方国家关系稍有缓和。“5·30”事件后，与西方国家关系再度恶化。西方国家加强制裁，欧盟仍阻挠缅加入亚欧会议。截至2010年5月，已与101个国家建立了外交关系。1950年6月8日与中国建交。

缅甸反法西斯人民自由同盟 Burma Anti-Fascist People's Freedom League 缅甸各抗日党派联合组成的统一战线组织。简称自由同盟。1944年8月23日成立，口号是：消灭法西斯，争取民族独立。昂山任主席，缅共总书记德钦丹东任秘书长。1945年3月27日，自由同盟领导缅甸人民发动了全民性的抗日武装起义，歼灭日军2万余人，5月收复仰光。仰光收复后，自由同盟开始从秘密转为公开活动。1946年8月16日，自由同盟在仰光尼杜迎戏院召开群众大会，通过了《尼杜迎宣言》，要求缅甸完全独立、立即撤销军事管制、组织临时政府和召开国民大会举行普选。1947年5月，自由同盟要求英国退出缅甸、承认缅甸独立、改善人民生活和草拟缅甸联邦宪法。但英国殖民当局拒绝自由同盟的要求。自由同盟领导人民展开了空前规模的罢工、罢课和示威游行等反英群众运动。

1946年10月，自由同盟发生分裂。社会党乘机夺得自由同盟的领导权。1947年7月19日，自由同盟主席昂山被暗杀，由副主席吴努继任昂山之职。1948～1958年5月，缅甸一直由自由同盟执政。1958年自由同盟分裂为以吴努、德钦丁为首的廉洁的反法西斯人民自由同盟（简称廉洁派或努丁派）和以吴巴瑞、吴觉迎为首的巩固的反法西斯人民自由同盟（简称巩固派或瑞迎派）。

1960年2月缅甸举行大选，廉洁派获胜。3月，廉洁派在代表大会上改名为联邦党。至此，巩固派即通称为反法西斯人民自由同盟。1964年3月28日，该盟宣布解散。

图2 蒲甘佛塔群

缅甸语 Burmese language 缅甸的官方语言。属汉藏语系藏缅语族**缅语支**。主要分布于伊洛瓦底江流域和三角洲地区。使用人口近3 300万。缅甸语最初的通行地区并不在今天的缅甸本土，公元9世纪以前才逐渐传带到此，并开始与孟语和佛教上座部的宗教语言**巴利语**发生接触。主要方言有仰光－曼德勒方言、若开方言、土瓦方言、茵达方言、德努方言、约方言、东友方言。仰光话是现代缅甸语的标准话。缅甸语有7个单元音和4个双元音。有28个单辅音、4个清化鼻辅音和32个复辅音。缅甸语为声调语言，有4个声调：高平、高降、低平、短促。在口语中有连读音变现象，主要是清音变浊音、各类声调变成轻声。缅甸语属孤立型语言，基本词汇多为单音节。名词没有性、数、格的变化；人称代词有男用和女用、尊称和卑称之分；动词没有时态、人称等变化；量词与汉语相似。主要的构词方式是附加（包括前缀、后缀）、插入、重叠等，通过这些方式可以改变词性和词义。基本语序为主－宾－动型。修饰语在中心词之前。句子中各成分之间的语法关系和感情色彩主要通过助词来表现。缅甸文字属音节－音素文字。缅甸语最早和最完整的文献是“妙齐提”碑文。

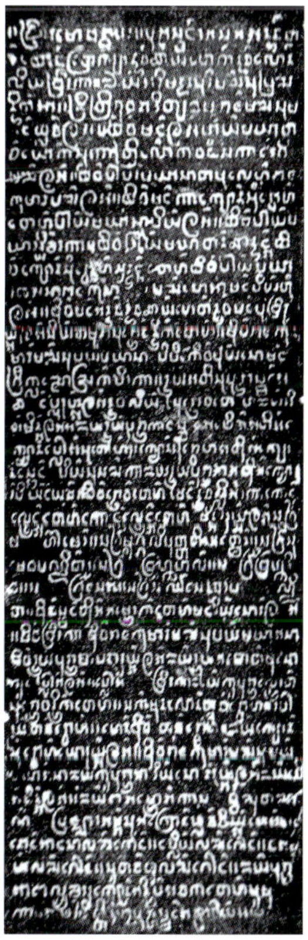

“妙齐提”碑文

缅人 Burmese 亚洲中南半岛西部缅甸联邦人口占多数的民族。主要分布在伊洛瓦底江中下游曼德勒至仰光一带的平原地区，

缅人姑娘

以伊洛瓦底江三角洲最为集中。属蒙古人种南亚类型。使用缅甸语，属汉藏语系藏缅语族。有以得楞文（即孟文）和骠文字母为基础的缅文。受印度文化影响很大，笃信小乘佛教。男孩到一定年龄必须一度剃发入寺为僧。多数学者认为，其祖先来自中国西藏东南部高原，9世纪时定居于怒江、湄公河、伊洛瓦底江上游。15世纪陆续移居伊洛瓦底江三角洲，与当地孟人杂居。19世纪起先后遭受英国殖民者、日本侵略者的统治，1948年获得独立。缅人男女皆喜围纱笼。男人纱笼多为方格布，女人纱笼多为花布。传统节日最隆重的是每年公历四月中旬的“泼水节”和十月中旬大斋结束的“点灯节”。有文身习俗。主要从事农业，种植水稻、棉花、花生等，丝织业、金银首饰业等手工业也较发达。独立后，纺织、印染、机械、轧钢、制糖、造纸、化肥等现代工业得到了一定发展。

缅因州 Maine State 美国东北部新英格兰地区一州。北与加拿大毗邻，西接新罕布什尔州，东南濒大西洋。面积91 647平方千米，其中陆地面积79 938平方千米。人口131.65万（2008），其中白人占96.9%。州府奥古斯塔。最大城市波特兰。

地处阿巴拉契亚高地东北部，境内地形主体为新英格兰高地，受第四纪冰川侵蚀，地面波状起伏，海拔600米左右。西北部怀特山区，地面崎岖，海拔750～1 200米；卡塔丁山海拔1 606米，为全州最高点。东南部为狭窄的沿海平原。海岸曲折，多岛屿和港湾。境内遍布小湖和短促河流，富水力。温带大陆性湿润气候。1月平均气温-12～-4℃，7月17～21℃；平均年降水量860～1 020毫米，冬季多雪。森林覆盖率近90%，盛产以白松为主的木材，有“松树州”之称。

最早居民为印第安人。15～16世纪欧洲各国探险家先后到此活动。17世纪初，法国和英国开始向缅因移民，两国为争夺此地的统治权，战事不断。17世纪后期成为马萨诸塞的一部分。1763年法国战败，英国完全控制该地。1820年脱离马萨诸塞加入联邦，成为美国第23州。

美国经济发展水平相对较低的州之一。土壤贫瘠，农业用地仅占全州总面积的6%。属美国乳酪带农区，种植饲料作物，发展乳牛业和养禽业。主要农牧产品是马铃薯、乳品、禽蛋、肉鸡等。马铃薯产量居全国前列。近海渔业以盛产龙虾著称。林业发达。造纸与木材加工是首要工业部门，纸与纸浆、木材、木制品等的生产在国内居领先地位。其他工业部门有电子、食品、制革、纺织、造船等。交通运输主要依靠公路，铁路限于部分货运。波特兰有全州最大的海港和最繁忙的机场。旅游业较盛。州内多天然游览胜地，如著名的阿卡迪亚国家公园。有缅因大学、鲍登学院、贝茨学院等高等院校。

缅语支 Burmese branch 汉藏语系藏缅语族的语支之一，包括缅甸语、载瓦语、阿昌语等。主要分布于缅甸和中国云南省。缅语支与同语族的彝语支较近，因此有些学者主张将二者合为一个语支，称缅彝语支。缅语支诸语言的同源词较多，并在声韵调诸方面都存在比较严整的语音对应。内部也有一些差异，如：塞音、塞擦音除缅甸语分清浊外，一般没有浊音；缅甸语、阿昌语的鼻音和边音有清化和非清化的对立，为其他语言所无。

面包 bread 以面粉、酵母和水为主要原料，配以各种辅料调制成面团，经发酵、烤制成表面多呈棕黄色、瓤部呈有弹性的多孔海绵状组织的糕点。长期以来是很多西方国家人们的主食。面包入口接受性好，冷热均可食用，制造过程中经发酵产生了一定量的发酵产物，加上多孔状的组织，摄食后消化吸收率高，营养丰富。

面包按软硬度分为：硬式面包，如法国面包、荷兰面包、维也纳面包、英国面包以及俄国生产的塞义克、大列巴等面包；软式面包，如大部分亚洲和美洲国家生产的面包以及汉堡包、热狗、三明治等。中国生产的大多数面包属软式面包，其质量要求为表面色泽金黄或棕黄，光滑清洁，形状大小一致，有香气，横剖面气孔细密均匀，富有弹性，口感松软且有新鲜感，不黏，不酸等。软式面包的制造工艺主要有快速发酵法、一次发酵法和二次发酵法等。

面具 mask 部分或全部遮盖脸面的饰具。中国古时称倛、象、魌头，又称假面、代面、大面，在民间则被称为脸壳、脸子、面子或鬼脸。历史悠久，原始社会时期，世界绝大多数民族都曾有面具。已知最早的戴面具的人物形象，见于法国阿里埃日洞穴壁画，为戴兽头的跳舞人，是旧石器时代晚期的作品，可能作为图腾象征，或是狩猎时的假面。

发展与功能 面具的产生与生产劳动

布达拉宫保存的跳神舞面具

和宗教信仰密切相关。狩猎者最初佩戴面具，可能是出于实用目的，如可接近猎物而提高狩猎命中率，或是避免猎物的攻击。后来，面具被认为具有某种巫术力量。随着原始信仰的发展，巫师用面具装饰自己，以示能通鬼神。早期的巫师面具亦为动物形象，如俄罗斯楚科奇人的萨满（萨满教巫师）就佩戴熊面具跳神。以后人面具被大量应用。中国商代的巫术舞蹈称作傩，巫师们头戴面具，身披兽皮而舞。自汉代始，面具在乐舞百戏和战争中被广泛应用。宋代以后傩仪逐渐消失，但戴假面的习俗留存下来，见于年节庆典、迎神赛会和戏曲表演等。到现代，面具种类有跳神面具、傩戏面具、社火面具、戏曲舞蹈面具、悬挂面具、玩具面具等。唐代的乐舞面具曾传入日本。在欧美，化装舞会上和万圣节前夜或狂欢节游行时，人们常戴面具，形象有人面、兽面和妖魔鬼怪等。不丹的打鬼舞中，装扮魔鬼者亦戴面具。

材料和用法 面具一般用木材、树皮、椰壳、竹笋壳、葫芦、兽皮、布麻、泥和纸浆等为原料，经雕塑、彩绘而成。历史上也曾以黄金、玉石、象牙、青铜、铸铁和陶瓷等材料制作。面具根据用途，分为表演（或化装）、驱邪、装饰等类。表演类面具的佩戴方法，主要是从正面罩在脸上，用线系于脑后。也有口衔的，即以口衔住面具背面的横杆或线绳；手持的，如蒙古族“查玛”表演中的某些面具；顶在头额上，以青布罩脸的，如贵州安顺的地戏脸子。此外，表演时还有套在头上的，如大头娃娃用的，称“假头”或“套头”，或由头部扩及全身的，称“假形”或“形儿”，它们是假面的延伸，故曾包括在泛称的假面或面具中。驱邪和装饰类面具，或悬于门楣，或挂在壁上，有的以线拴挂在身上。

面人汤 Dough Figurine Tang 中国现代面塑艺术世家。

汤子博（1882-01～1971-05-07），原名有彝，字子博，以字行。生于北京，卒于北京。自幼喜爱绘画、面塑及其他民间艺术，注意吸取民间艺术的营养和中国传统书画艺术的精华，并旁及佛学、诗文及气功等的学习，经数十年的努力，遂成为一代面塑名家。1956年，中央工艺美术学院设立汤子博工作室，专门从事面塑艺术的创作

汤子博

与研究。他长于捏塑释道、传统戏曲、历史及现实中的人物形象，作品既神韵生动，高逸淡雅，又朴实可亲，富有生活情趣。特别是他所创造的核桃面塑，在剖开的核桃壳内，塑出各种栩栩如生的人物，深受人们喜爱。主要有《天王》、《达摩》、《观音》及《十八罗汉》等。另外，汤子博还善于修复文物，绘制壁画。

汤夙国，汤子博次子，自幼随父学艺，中学时学习中国画，1960年考入中央美术学院雕塑系。后在中央美术学院任教。他将民间形式与西方雕塑手法结合起来，形成了自己面塑艺术的独特风格。其作品除传统题材外，还注意表现现代生活中的人物形象，并尝试将西方的舞台人物形象引入面塑的表现范围。1979年在北京举办汤夙国面塑艺术展。

面神经麻痹 facial paralysis 面神经核或神经干病变引起的面部肌肉瘫痪现象。又称贝尔氏麻痹或面肌瘫痪，中医称面瘫。按病变部位的不同，临床上分为核上性面神经麻痹（又称中枢性面神经麻痹）和核下性面神经麻痹（又称周围性面神经麻痹）。

病因 核上性面神经麻痹因脑血管意外或脑肿瘤所致，病损位于面神经核以上至大脑皮质中枢之间。核下性面神经麻痹病损在面神经核以下部位，见于脑桥肿瘤、出血、炎症及中耳、腮腺部位病变。

病毒感染是面神经麻痹的病因，该病亦可发生于中耳炎、乳突炎、糖尿病、梅毒性或其他病因的脑底脑膜炎、听神经瘤、小脑脑桥角部脑膜瘤、皮样囊肿、动脉瘤或蛛网膜炎等患者。

临床表现 可发生于任何年龄，但以20～40岁者居多。无明显好发季节，两侧同时罹患者极为罕见。起病突然，常是晚间入睡前尚无不适，但次晨醒后洗漱时发现一侧面颊动作不灵，口角漏水，也有的是家人发现患者一侧“脸歪”。有些患者在起病前先感耳后疼痛。病前曾有“受风”史，如乘车或熟睡于打开的窗旁。发病后主要表现为一侧面部表情肌瘫痪，表情动作完全丧失。病侧额纹消失，不能蹙额与皱眉。睑裂变大，眼睑不能闭合或闭合不全（兔眼）。闭眼时，眼球向上外方转动，露出白色巩膜（称为贝尔氏现象）。下眼睑外翻，使泪点不能与结膜接触而致泪液溢出。患侧鼻唇沟变浅，口角下垂，作露齿动作时口角歪向健侧而成“歪嘴”。不能完成鼓腮、撅嘴、吹哨等随意运动。构音（特别是唇音）障碍，例如在说“不”、“摸”等音时。漱口时或进餐时液体由患侧口角流出。固体食物常易停滞在患侧齿颊之间不能移动，咀嚼时颊肌易入嵌入牙间。

诊断 中耳炎、乳突炎并发的耳源性面神经麻痹，多有原发病的特殊症状。颅后窝的小脑脑桥角部肿瘤所致的面神经麻痹起病较慢，常有病变侧位听神经障碍和颅内压增高的征象。脑桥病变（如脑桥肿瘤、血管病和炎症等）可引起周围性面神经麻痹，但常伴有病变侧外展神经和三叉神经麻痹及病变对侧锥体束征。

治疗 若能发现病原则要将其消除，如用抗生素控制感染，用手术切除肿瘤等。贝尔氏麻痹的急性期可口服泼尼松，肌注维生素B_1和维生素B_{12}等。局部可进行理疗或用药。恢复期可按摩和自行练习瘫痪面肌的随意运动。慢性期可手术治疗。

面塑 dough sculpture 用面团（主要是糯米面团）为原料捏塑成各种形象的技艺或雕塑工艺品。俗称面人。

相传汉代迎神赛会上的傩舞面具便是以面团塑成鬼怪头部的形象。北宋，民间在寒食（清明前一天）前一日以面团捏塑成飞燕等状，饰于门楣。明代，北京民间在农历七月以面团捏塑成果实等状，挂于田地，以祈丰收。清代至20世纪初，民间每逢婚庆寿辰，以面团捏塑成桃（长寿）、石榴（多子）等，或涂彩，或嵌以红枣、红豆等，蒸熟后食用，称为喜馍馍。20世纪初以后，面塑逐渐发展为精巧的小型艺术欣赏品。著名艺人有汤子博（见面人汤）、李俊兴、赵阔明等。中国面塑主要分布于山东、北京、上海等地。山东菏泽是面塑的传统产区。

用于制作面塑的糯米面在揉面时需加入石碳酸、蜂蜜、棉花等以防腐、防裂。面塑创作时间短，注重人物神态刻画，动作夸张，色彩鲜明，手法简练，一气呵成。

面瘫 facial paralysis 以一侧面部肌肉麻木胀痛，口眼歪斜为主要临床表现的中医疾病。俗称歪嘴病。见面神经麻痹。

苗栗县 Miaoli County 中国台湾省辖县。位于台湾岛西部，西临台湾海峡。辖苗栗市及苑里、通宵、后龙、竹南、头份、卓兰6镇和11乡。面积1 820平方千米。人口约56万（2006），县东部的泰安乡为高山族分布区。县治苗栗市。原名猫里，初属淡水县，后隶新竹县，清光绪十三年（1887）划为苗栗县。日本占据时期多经变革。光复初属新竹县，1950年重划为苗栗县。是台湾省能源蕴藏量最丰富的地区。煤产量居全省前列。典型的农业县，以植茶及香茅草最著名，盛产茶、甘蔗、黄麻、蔬菜、青果等。著名特产有香茅油、蔺草草帽、木雕工艺品。位于头份镇的石化工业区，是台湾省北部石化工业中心，以天然气为原料的尿素工业在台湾省占重要地位。主要产品有陶瓷、化纤、塑胶、玻璃、肥料等。环岛铁路、公路和南北高速公路穿过，纵贯铁路自竹南分为山线和海线到彰化市会合，是省内铁路交通的咽喉。旅游景点主要有雪霸公园、狮头山、明德水库、泰安温泉、马那邦山、崎顶海水浴场等。

苗岭 Miaoling Mountain 中国长江水系与珠江水系的分水岭。横亘于贵州东南部，东接武陵东西走向。因是苗族集中聚居区，故名。苗岭一般指惠水以东至雷公山，长约180千米，宽约50千米的断续绵延山地。或泛指西起六枝，东达锦屏的东西分水岭高地。海拔一般1 200～1 500米，山峰则高达1 500～2 000米，主峰雷公山达2 179米。苗岭以夷平面及大型喀斯特盆地构成的层状地貌最为显著，从而形成耕地集中连片的夷平面及盆地区和山坡上高挂的层层梯田等独具特色的景观。苗岭属亚热带湿润

苗岭远眺

山区，是贵州省重要林区之一。盛产杉、樟、竹及亚热带水果和烤烟等。煤、铝、铅、锌等矿丰富。

苗民起义 Miao's Uprising 中国清代中叶以后，黔、湘地区的苗族人民为反抗封建统治而发动的一系列反清起义。其中大起义三次，小暴动约二三十次。雍正十三年至乾隆元年（1735～1736），贵州古州（今榕江）九股河地区苗族农民，不堪清朝官吏和土司的剥削压迫，在苗民包利等人领导下，为反抗征粮、派夫发动起义。起义农民曾多达40余万。乾隆元年被七省经略兼贵州巡抚张广泗所镇压。乾隆六十年正月，贵州松桃，湖南永绥（今花垣）、凤凰、乾州（今吉首）等地苗族农民在白莲教反清宣传的影响下，为反抗官府、地主、高利贷者的剥削与压迫，由石柳邓等人领导，发动起义。经近一年的战斗，起义军寡不

敌众而失败。咸丰五年（1855），贵州苗族农民在太平天国起义的影响下，由苗族农民领袖张秀眉领导，又爆发了大规模反清起义。起义军控制了黔东南苗族聚居的大部分地区，并设立官职，收回屯田，没收地主土地分给农民耕种。太平天国失败后，清政府乃集中兵力镇压起义。同治十一年（1872）夏，张秀眉等起义领袖或被俘或被杀，坚持18年的贵州苗民起义宣告失败。

苗年 Miao's New Year 中国苗族传统年节。流行于贵州省东南的苗族地区和广西壮族自治区大苗山等地。时间在农历九至十一月的卯（兔）日、丑（牛）日或辰（龙）日举行，年节期3～5日或7～8日不等。相当于汉族等民族的春节。节前家家户户酿酒，做糯米粑。节日当天宰鸡杀猪，凌晨祭祖，开“财门”、敬“年神”，在牛鼻上

贵州雷山苗族庆祝苗年

抹酒，以示犒劳。之后在本寨芦笙堂吹芦笙踩堂、踩鼓等。苗年的活动还有走寨“打同年”，全村人着盛装，带上芦笙、敲锣打鼓到同年村进行联欢活动。现代苗年还增加了芦笙大赛、苗歌大赛、歌舞选秀及牛王、鸟王争霸赛等。

苗圃 nursery 培育和生产优良苗木的场所。苗木是造林、果树生产和园林绿化的物质基础。苗圃种类按培育苗木的用途，可分为森林苗圃、园林苗圃、果树苗圃等，如具有多种经营内容者可称为综合苗圃，专用作科学实验的称实验苗圃。苗圃地选择要力求邻近苗木用地，交通方便，有足够的劳力来源和电力供应，特别是要有良好的自然环境条件。圃地土壤以土层深厚的砂壤、壤土或轻黏壤土为宜，下层有硬盘或石砾多者不适，pH以6～7.2为好。圃地要有充足的水源，排水良好。圃址应避开风口、水淹及霜害严重的地方，病虫害蔓延之地更不宜用作苗圃。苗圃区划以能保证苗木质量、便于经营管理和操作为原则，苗圃最好成方形或矩形。还要建防护林，以利苗木生长。

苗秀 Miao Xiu（1920～1980） 新加坡作家。原名卢绍权。曾用笔名文之流、军茄、夏盈等。生于新加坡一华商家庭。曾任银行职员、《晨星》文艺副刊主编、华侨中学教师和南洋大学副教授，以及新加坡（华文）写作人协会顾问等职。1970年参加编辑《新马华文文学大系》。1934年发表第一篇小说《生活铁蹄下的俘虏》，此后陆续发表大量作品，主要有长篇小说《火浪》（1960）、《初熟》（1979），中篇小说《年代和青春》（1952）、《小城忧悒》（1962），短篇小说集《旅愁》（1953）、《红雾》（1963），散文集《文学与生活》（1967）等。他擅长描写社会下层人物，其代表作是中篇小说《新加坡屋顶下》（1952）。

苗瑶语族 Miao-Yao group 汉藏语系的语族之一。分苗、瑶两个语支。苗语支包括苗语、布努语、巴哼语、优诺语、炯奈语、畲语和巴那语，瑶语支只有勉语。苗瑶语族语言分布于中国贵州省、广西壮族自治区、云南省、湖南省、广东省、四川省和越南、老挝、泰国、缅甸等国靠近中国的地区及美国、法国、加拿大、德国、澳大利亚等西方国家。苗瑶语族语言具有汉藏语系语言的一些共同点，如每个音节都有声调，居于音节末尾的辅音有限，除少数多音节的单纯词外，每个音节都有词汇意义或语法意义，词序和虚词是表达语法意义的主要手段，形态变化不丰富。两个语支也有不同处：①苗语支没有塞音韵尾（布努语的壮语借词和畲语的客家话借词例外）和双唇鼻音韵尾，元音不分长短；瑶语支除个别地区外，都有塞音韵尾和双唇鼻音韵尾，元音分长短。②名词作限制性修饰语时，苗语支名词在修饰语后，瑶语支居前。③除个别地区外，苗语支的量词可以单独修饰名词，表示定指单量，瑶语支的量词不能单独修饰名词。④指示词作修饰语时，苗语支居后，瑶语支居前。

苗、瑶语的归属是语言学界争论的问题之一。中国学者多主张苗、瑶语属汉藏语系的一个语族。

苗语 Miao language 属汉藏语系苗瑶语族苗语支。在中国分布于贵州、云南、湖南、广西、四川等省（区）。分湘西、黔东、川黔滇3个方言。川黔滇方言又分8个次方言，有的方言或次方言还有土语。国外苗语分布于越南、老挝、泰国、美国、法国等国家。语言特征：语音方面，苗语声母多，韵母少。除黔东方言外，有带鼻冠音的塞音、塞擦音声母。只有一个鼻音韵尾，无塞音韵尾。语法方面，句子的语序为主语－谓语－宾语。名词作领属性修饰语时在中心词前，作限制性修饰语时在中心词后；代词、数量词组作修饰语时在中心词前；指示词、形容词、副词作修饰语时一般在中心词后；状词非常丰富。词汇方面，单音节词较多。有极丰富的四音格结构。有相当多的汉语借词。苗族在历史上没有本族文字。曾创制过几种苗文；1956年创制了湘西、黔东、川黔滇3种方言文字，几种苗文都采用26个拉丁字母。老挝的传教士也曾为当地苗族创制了一种拉丁字母式的苗文。

苗语支 Miao branch 汉藏语系苗瑶语族的语支之一。包括苗语、布努语、巴哼语、炯奈语、优诺语、畲语和巴那语。苗语和布努语均无塞音韵尾，布努语和畲语的塞音韵尾来自壮语借词和汉语客家话借词，元音不分长短。苗语、布努语、巴哼语、炯奈语、巴那语名词作限制性修饰语时居后，优诺语、畲语则居前；除个别地区外，量词可以单独修饰名词，表示定指单量；苗语、布努语、巴哼语、炯奈语、巴那语指示词作修饰语时居后，畲语居前，优诺语居前、居后均有。苗语支语言有相当多的同源词，语音对应严整。

苗族 Miao 中国少数民族。主要分布在贵州、湖南、云南、四川、广西、湖北、广东、海南等省、自治区。在黔东南和湘鄂川黔交界地带（以湘西为主）有较大的聚居区。人口8 940 116（2000）。使用苗语，属汉藏语系苗瑶语族苗语支。杂居地区的苗族讲汉、侗、壮等族语言。20世纪初曾有外国传教士创制的拼音字母。1956年改革或创制了4种拉丁拼音文字。与远古时代的“九黎”、“三苗”、“南蛮”有密切关系。唐宋时期被称为“苗”，明清时期形成了现在的分布格局。民间流传古歌、理词、巫歌、情歌、儿歌等。音乐舞蹈和苗戏历史悠久，“飞歌”享有盛名。工艺美术有挑花、刺绣、织锦、蜡染、剪纸、首饰制作等。各地妇女服饰差异较大，式样有百余种之多。大多数妇女穿大领对襟短衣和长短不同的百褶裙，有些地区穿右大襟上衣和宽脚裤。男子一般都穿对襟或左大襟短衣、

苗族女子

长裤，束腰带，头缠青色长巾。喜酸辣食物。住宅因地而异，有吊脚楼、瓦房、草房、石板房等。行一夫一妻制。青年婚姻较自由，通过游方、坐寨、踩月亮、跳花、会姑娘等社交活动，自由对歌，恋爱成婚。节日主要有苗年（农历十月）、“四月八”，以及龙船节、吃新节、赶秋节等。节日里有唱歌、踩鼓、吹芦笙、打秋千、爬杆、斗牛、赛马和各种体育活动。过去信仰万物有灵或鬼神，祀奉祖先，崇拜自然。少数人信仰天主教、基督教。在苗族地区及与其他民族杂居地区建立了6个自治州和23个自治县，并先后成立了230个民族乡。

苗族舞蹈 Miao dance 中国苗族传统民间舞蹈。流布于贵州、湖南、云南、广西、四川、广东、湖北等苗族聚居地区。最具代表性的是苗族芦笙舞和苗族鼓舞。

芦笙舞 多在正月十五、三月三、九月重阳等传统节日及喜庆日子跳。贵州丹寨、台江、黄平、雷山及湘西等地最盛行。苗族芦笙舞有多种形式：①自娱性芦笙舞。由2～5名男子吹芦笙领舞，其他人（或均为女子，或全部是吹笙男子）分列成圆圈，人数不限，无芦笙者或女舞者，手拉手（或手搭他人肩上）踏乐而舞。场面壮观，气氛热烈。夜晚在圈中燃篝火助兴。②竞赛性芦笙舞。由一些技艺较高的男子表演。舞者一般为2～4人，动作以腿部为主，兼有大蹲、屈身乃至仰卧、倒立等高难度动作。③风俗性芦笙舞。以青年男女约会为内容，以“讨花带”形式共舞。舞蹈进行间，姑娘可将精心刺绣的花带系在意中人的芦笙上以示定情。

鼓舞 以击鼓而舞或击鼓伴舞为主要特征。有木鼓舞、踩鼓舞等。①木鼓舞。流布于贵州台江、三都、雷山、剑河等地，是贵州省东南苗族地区最古老的鼓舞形式。《台江反排木鼓舞》和《三都野记木鼓舞》最具代表性。木鼓为长圆形牛皮鼓。舞时，将鼓横置于鼓架上，2名鼓手各执双槌立于木鼓的两端，击鼓伴奏。舞者围鼓成圈，面向圈内，绕鼓而舞。舞姿雄健有力，双臂自然下垂，肩部有力摆动，顺手顺脚的跳跃，风格独特。②踩鼓舞。女子集体自娱性舞蹈。苗语称“扬略”。流传于贵州黔东南台江、镇远等地。时逢节日、集会都跳。鼓场中央立有1米左右高的四脚木架，上置一个扁圆形牛皮鼓。舞时，先由能歌善舞的一女子，边唱边走进鼓场，然后用双槌敲击鼓面和鼓边，唱道：“姑娘们快来踩鼓哟。”随后众舞者从四面八方涌入鼓场，面对鼓围成圆圈，踩着鼓点移动脚步，腰部微摆，小臂上下摆动，身上银饰沙沙作响。舞至高潮时，四周观众也可参加，男外女内围成几层，场面壮观。另外苗族的鼓舞还有花鼓舞、团圆鼓舞、猴儿鼓舞等多种。

苗族自娱性歌舞

舞蹈编创人员以苗族传统舞蹈为素材创作的舞蹈有《金芦笙又响了》、《木鼓舞》、《嬉鼓舞》、《古瓢舞》等，舞剧有《灯花》、《蔓萝花》等。

秒 second 国际单位制中表示时间的基本单位。符号为s。最初是以地球自转运动周期为基础来计量时间的，基本单位是平太阳日。19世纪末，将1个平太阳日的1/86 400作为1秒，称为世界时秒。但由于地球自转存在着不规则变化并有长期减慢的趋势，使得世界时秒逐年变化，不能保持恒定。按此定义复现秒的准确度只能达到1×10^{-8}。1960年第11届国际计量大会决定采用以地球公转运动为基础的历书时秒作为时间单位，历书时秒定义为1900年1月1日历书时12时起算的回归年的1/31 556 925.974 7。但是这个定义的准确度仍不能满足当时的精密计量学的要求，于是在1967年第13届国际计量大会上，决定以原子秒取代历书时秒。原子秒定义为铯-133原子基态的两个超精细能级之间跃迁所对应的辐射的9 192 631 770个周期的持续时间。原子的能级非常稳定，跃迁辐射信号的周期自然也非常稳定，而且测量方便，复现秒的准确度可以达到1×10^{-15}。时间单位的换算为：60秒为1分，60分为1时。

秒差距 parsec 量度天体距离的单位。符号为pc。当天体的周年视差为1″时，其到太阳的距离即为1秒差距。1秒差距约等于3.262光年，或206 265天文单位，或308 568亿千米。利用词头可构成倍数单位千秒差距（kpc）和兆秒差距（Mpc）。银河系内天体的距离通常以千秒差距表示。太阳到银河系中心的距离为8.5kpc。对于河外星系和星系团，通常用百万秒差距来量度。

妙闻 Sùsruta（约前5世纪） 印度外科的鼻祖。音译名苏斯拉他，妙闻是中国古代的译名。曾在喜马拉雅山的一所休养所里学医。写过一本《箭伤论》原稿，4世纪由哲学家兼医药学家龙树补充修订，后经多人注释校对，在11世纪经阇迦般尼达陀注释成为现在的《妙闻集》最早注释本。《妙闻集》强调外科治疗的成功有赖于医生、药物、患者和助手的配合。书中论及助手的选择和训练，这可说是护士培训的雏形；也述及医德问题，称“正确的知识、广博的经验、聪敏的知觉及对患者的同情是医者的四德”。

妙香山 Myohyangsan 朝鲜四大名山之一。位于朝鲜西北部、平壤东部，呈东北—西南走向，横亘于平安南道、慈江道和平安北道的交界处。妙香山方圆130多千米，面积375平方千米。主峰毗卢峰海拔1 909米，是西海岸的最高峰。山中主要的瀑布有龙渊瀑布、武陵瀑布、金刚瀑布等。建于1014年的普贤寺坐落在通往妙香山的路旁，寺内大雄宝殿里保存着13世纪费时16年刻印的佛教大藏经共6 780卷，86 600多块木刻印版，为有名的《高丽藏》，号称《八万大藏经》，殿前有13层的八角石塔。山上还有上元庵、佛影庵等古寺。西南麓岩溶地貌多奇观，有著名的钟乳洞——蛛龙窟，深约2千米，高处达40米，有“地下金刚”之称。溯清川江而上，有被誉为神秘的地下宫殿的万年大窟。山中还有檀君窟、天柱石等名胜。通往妙香山沿途的桥、亭、台、阁造型独特美观，与自然景观十分协调。

妙应寺白塔 White Dagoba of Miaoying Temple 中国元朝大都城内喇嘛塔。在北京市阜成门内大街。妙应寺建于元朝至元八年（1271），原称大圣寿万安寺，是当时文武百官演习礼仪的地方。寺内设有元世

祖及其子真金的影堂。元至正二十八年(1368)，寺毁于火灾，只剩白塔。明天顺元年(1457)重修寺院，更名妙应寺。1961年定为全国重点文物保护单位。

此塔建成于元至元十六年(1279)，原名释迦舍利灵通之塔，也是中国早期喇嘛塔的重要实例，是现存最大的元代喇嘛塔。塔高50.86米，全部砖造，外涂白灰。下部基座为两层方形折角须弥座，其上为覆莲座及金刚圈承托瓶式塔身，塔颈和相轮（俗称十三天）的顶部冠以铜制的华盖和宝顶，华盖四周缀以流苏和风铃。

白塔的设计者是尼泊尔国的匠师阿尼哥。元大都及上都寺观佛像多出其手，为中国藏式佛像的创始者，对元代以后佛教造像的影响很大。

庙 temple 中国古代的祭祀建筑。形制要求严肃整齐，大致可分为三类。

祭祀祖先的庙 中国古代帝王诸侯等奉祀祖先的建筑称宗庙。帝王的宗庙称太庙，庙制历代不同。史籍记载夏代5庙，商代7庙，周代7庙，当为一帝一庙。周代天子的宗庙又称宫，庙制近似宫殿。东汉以后，只立一座太庙，庙中隔成小间，分供各代皇帝神主，因而太庙间数不同。太庙是等级最高的建筑，后世惯用庑殿顶，如现存明清北京太庙大殿。贵族、显宦、世家大族奉祀祖先的建筑称家庙或宗祠。仿照太庙方位，设于宅第东侧，规模不一。

奉祀圣贤的庙 最著名的是奉祀孔子的孔庙，又称文庙。孔子被奉为儒家之祖，汉以后历代帝王多崇奉儒学，敕令在京城和各州县建孔庙，京城孔庙常与太学毗邻，如位于国子监东侧的北京孔庙（见图）。山东的曲阜孔庙规模最大。奉祀三国时代名将关羽的庙称关帝庙，又称武庙。许多地方还奉祀名臣、先贤、义士、节烈，如四川成都和河南南阳奉祀三国著名政治家诸葛亮的“武侯祠”，浙江杭州和河南汤阴奉祀南宋民族英雄岳飞的“岳王庙”和“岳飞庙”。

祭祀山川、神灵的庙 中国从古代起就崇拜天、地、山、川等自然物并设庙奉祀，最著名的是奉祀五岳——泰山、华山、衡山、恒山、嵩山的神庙，其中泰山的岱庙规模最大。还有大量源于各种宗教和民间习俗的祭祀建筑，如城隍庙、土地庙、龙王庙、财神庙等。

北京孔庙

庙岛群岛 Miaodao Islands 位于中国辽东半岛与山东半岛之间的渤海海峡，是进出渤海的门户，属山东省长岛县管辖。由32座大小岛屿组成，总面积52.5平方千米。群岛自北而南分为3个岛群，其中以南岛群中的南长山岛最大，面积为20.4平方千米。庙岛群岛海洋渔业资源和旅游资源丰富，海参、鲍鱼人工养殖业发展很快，是中国著名的名贵海洋水产品基地；北长山岛的九丈崖和月牙湾是著名的旅游景点。群岛南北75千米，是黄海和渤海的天然分界线，自古以来就是军事、交通要地。南长山岛建有港口。

庙底沟遗址 Miaodigou 中国新石器时代仰韶文化和早期河南龙山文化遗址。位于河南陕县庙底沟村。1956～1957年发掘，确立了仰韶文化庙底沟类型，发现了属于早期河

庙底沟类型彩陶盆

南龙山文化范畴的庙底沟二期文化，并使仰韶文化向河南龙山文化过渡的关系变得明朗。年代为公元前3900～前2780年左右。庙底沟类型遗存有半地穴房址、墓葬和灰坑，有的坑内埋有人或猪、狗。典型陶器为钵、盆、小口尖底瓶、罐、釜和灶，流行圆点、弧线和弧边三角组成的繁缛而富于变化的彩陶花纹，是庙底沟类型最具代表性的彩陶图案。庙底沟二期文化遗存出土墓葬和灰坑，并发现较进步的叶脉状火道竖穴陶窑。陶器主要有罐、盆、鼎、斝等，纹饰以篮纹为主，陶器的总体风格表现出仰韶文化与河南龙山文化之间的过渡面貌。

庙号 temple title 皇帝死后在太庙立室奉祀时特立的名号，如某祖、某宗。庙号之制，始于中国殷代，如太甲称为“太宗”等。西汉之初，承袭此制，具体办法是：按照“祖有功，宗有德”的古训，新即位的皇帝为刚去世的皇帝议立庙号，如汉高帝刘邦庙称太祖、文帝庙称太宗。此后，直到清朝灭亡，历代历朝均奉行这一制度。一般而言，开国创业之君都称为祖，其后即位的各个皇帝都称为宗。如宋太祖、宋太宗，元太祖、元太宗，明太祖、明太宗，清太祖，清太宗等。当然，也有例外者，如元世祖、明成祖、清世祖等，这主要是根据当时的特殊情况决定的，如顺治帝福临是清廷入关后的第一个皇帝，死后按封建礼仪，其庙号应称宗，但朝廷大臣认为他“入主中华，奄有万方，统一天下，宜为世世所主也”，决定定其庙号为世祖。

庙会 temple fair 以庙宇为中心，定期或不定期举行的群众性信仰祭祀活动，同时具有商贸和游艺功能。以不同形式存在于非洲、欧洲、美洲和亚洲的一些古老国家和民族。因祭祀对象不同可划分为原始神庙会、宗教神庙会和世俗神庙会。中国早期的庙会以部落为单位，主要祭祀各种神灵，包括山川、草木、祖先、英雄和图腾等。汉代后期，随着佛教的传入和道教的兴起，庙会中融入更多的宗教因素。自唐代始，庙会的商贸功能强化，在规模上也有更大发展。宋代乃至明清时期，神灵庙祀活动兴旺，庙会期间各种民间文艺演出通宵达

北京厂甸春节庙会

旦。1949年后，庙会受到限制。1978年后得到恢复，传统庙会逐渐成为文化娱乐、商贸发展和旅游开发的热点。一般多在春秋之季举行，与农耕生产活动有密切联系。少数民族地区庙会以歌舞为主，有的地方还与生殖崇拜等原始信仰相联系。庙会一般以神诞日或忌日、喜庆日为高潮，多为三天或五天，也有长达一个月的。中国周边的泰国、越南、日本、韩国等国家的庙会活动也十分繁盛。东南亚地区妈祖庙会的活动相当普遍，体现民族间文化交流的状况。

缪天瑞 Miao Tianrui (1908-03-14～2009-03-31) 中国音乐学家、翻译家。生于浙江瑞安，卒于北京。1923年入上海艺术师范大学音乐科，1926年毕业后从事音乐教育工作。1933～1938年在江西省推行音乐教育委员会主办的《音乐教育》月刊任主编。1939年任重庆

《乐风》双月刊主编。1942年在国立福建音乐专科学校任教，兼任教务主任。中华人民共和国建立后历任中央音乐学院研究部主任、教务处主任、副院长，天津音乐学院院长等职。曾任中国音乐家协会理事、音协天津分会名誉主席。出版有《律学》、《基本乐理》等著作和《和声学》、《对位法》、《曲式学》等译著20余部。

缪云台 Miao Yuntai (1894-03-23～1988-09-03) 中国爱国民主人士，政治活动家，全国政协副主席。原名缪嘉铭。云南昆明人。卒于北京。1913年留学美国，先后就读于堪萨斯州西南大学、伊利诺伊大学。1919年毕业于明尼苏达大学矿冶系。1920年回国后，任云南个旧锡务公司经理，国民党云南省政府委员兼农矿厅厅长、劝业银行经理，富滇新银行行长等职。抗日战争期间任国民参政会参政员，云南省经济委员会主任。抗日胜利后，倡议组建“云南人民企业公司”，任总经理。1946年参加重庆政治协商会议。1947年任国民政府行政院政务委员、国大代表、立法委员，美援救济物资处理委员会主任委员。1949年去香港，1950年转赴美国。1979年回国定居。曾任对外经济贸易部特邀顾问，中国国际信托投资公司董事。1983～1988年任全国政协六届、七届副主席。是第五届全国人大常委会委员。出版有《缪云台回忆录》。

灭火器 fire extinguisher 移动式灭小火的消防装置。灭火时，将灭火器中的灭火剂直接喷射到燃烧的物体上，使火焰同氧气隔离开或中止火焰的化学反应，从而熄灭火苗。灭火器内充有泡沫、干粉、酸碱、清水、二氧化碳、卤代烷1211（二氟一氯一溴甲烷）、卤代烷1301（三氟一溴甲烷）等灭火剂，用以扑灭各种不同性质的火灾。一般分手提式、推车式两种。

手提式灭火器由筒体、器头、喷嘴等部件组成，借助驱动压力将所充装的灭火剂喷出，达到灭火的目的。具有操作简单，携带方便，灭火速度快，可连续或间歇喷射，无毒、无腐蚀和用后便于清理被救物品等特点，是工厂、机关、学校、宾馆以及各类车辆的理想灭火设备。

推车式灭火器药剂量大，灭火能力强，保护面积大，移动方便，价格低廉，用以扑灭石油制品、固体有机物、易燃液体和气体、电器设备、发动机等初起的火灾，是加油站、油泵房、电房、油槽、化工油漆房和易着火场所理想的防火设备。

灭菌 sterilization 用物理和化学方法杀死特定物质中微生物的技术。微生物研究工作中获得纯培养的基本技术之一。灭菌的方法有：热灭菌法、过滤灭菌、辐射灭菌、渗透压灭菌、化学试剂灭菌等。灭菌程度与灭菌方法的选择、灭菌时间和灭菌强度有关，同时取决于原始存在的群体密度、菌种特性及其环境。灭菌也是食品工业和医药领域中必需的技术。

民办教育 private education 国家机构以外的社会组织或者个人，利用非国家财政性经费，面向社会举办学校及其他教育机构的活动。与公立教育或公办教育相对。在国外，一般称为私立教育。民办教育事业属于公益性事业，是社会主义教育事业的重要组成部分，国家对民办教育实行积极鼓励、大力支持、正确引导、依法管理的方针。民办教育发展的最大特点就在于它的自主性和灵活性，能较为敏锐地依据市场需求，主动及时调整自身的资源配置方式和设置模式，使教育供给更加多样化，为社会提供更多的教育选择机会和教育服务。1982年，中国在宪法中第一次将社会力量办学作为国家教育事业的组成部分并作出了原则性规定。此后，民办教育受到社会各界越来越多的关注，国家先后于1997年颁布了《社会力量办学条例》，2002年颁布了《中华人民共和国民办教育促进法》，2004年颁布了《中华人民共和国民办教育促进法实施条例》，使中国民办教育走上了法制化的轨道。

民胞物与 中国北宋张载的伦理学说。语出《西铭》：“乾称父，坤称母，予兹藐焉，乃混然中处。故天地之塞吾其体，天地之帅吾其性。民吾同胞，物吾与也。”人和万物都是天地所生，混然共处于宇宙之中，具有相同的本性，从根本上一切人都是同胞兄弟，一切物都是休戚相关的同伴。人们之间应该像兄弟手足一样彼此相爱。这种抽象的泛爱思想对后世伦理观念产生了影响。南宋朱熹通过民胞物与的学说来论证儒家仁民爱物的根据。

《民报》 *Min Bao* 辛亥革命前中国同盟会总部机关刊物。月刊。1905年11月26日在日本东京创刊，1908年10月出至24期时被日本当局查禁。1910年1月恢复出版，同年2月停刊，共出26期。孙中山为《民报》撰写《发刊词》，首次提出了民族、民权、民生“三民主义”的主张。《民报》的宣传纲领为：颠覆现今之恶劣政府，建设共和政体，土地国有，维持世界真正之和平，主张中国日本两国之国民的联合，要求世界

《民报》封面

列国赞成中国之革新事业。它所发表的《民族的国民》、《论中国宜改创民主政体》、《社会革命与政治革命并行》等文，着重阐述了以上纲领。《民报》与《新民丛报》曾就改良派的君主立宪、开明专制、反对土地国有等主张展开论战驳斥其论点，在社会上引起巨大反响，促进革命运动的发展。

《民报》以刊载政论为主，除在日本发行外，大部分秘密运销于国内。创刊号曾重印6次，累计达6 000份。以后各期的最高发行量曾达1.7万份。

民兵 militia 国家或政治集团组建的不脱离生产的群众武装组织。武装力量的重要组成部分，常备军的助手和后备力量。有些国家的民兵与预备役相结合，既是武装力量的组成部分，又是预备役的一种组织形式。按军事要求编组，成员平时各事其业，接受必要的军事训练，参与维持社会治安；战时配合军队作战，担负战争勤务，或开展游击战，参与人民防空，保卫重要目标及后方的安全等，必要时随军远征或征调入伍补充常备

接受检阅的中国民兵

军。现代战争中，民兵仍然是重要的武装组织和强大的力量。

民粹派 Narodnik 俄国小资产阶级政治派别。自称是人民的精粹，故有“民粹派”之称。俄国1861年改革后，农民同地主和沙皇制度的矛盾愈益激化，一批代表农民利益的平民知识分子，走上民主革命的道路，逐渐形成民粹派。

民粹派思想家分为3个主要流派：巴枯宁派主张立即发动农民暴动；拉夫罗夫派认为革命需要较长时间准备，坚持长期和平宣传的策略；特卡乔夫派主张

由少数知识分子密谋夺权。他们认为知识分子领导的农民是革命的主要力量，视农民村社为社会主义的萌芽和基础。

1873～1874年，民粹派发动了声势浩大的“到民间去”运动。他们穿着农民服装，深入到伏尔加河、顿河和第聂伯河流域的广大农村，号召农民起来革命。不久，由于沙皇政府的镇压，“到民间去”运动以失败告终。

1876年在彼得堡成立的民粹派组织土地与自由社，提出了明确的斗争纲领，主张把全部土地平分给农民，村社应有完全的自主权等。由于在斗争策略上的分歧，土地与自由社于1879年分裂为土地平分派和民意党。土地平分派坚持土地与自由社原有纲领继续开展活动。以A.I.热里雅鲍夫、A.D.米哈伊洛夫等为首的民意党人，热衷于个人恐怖活动，并于1881年3月13日暗杀了沙皇亚历山大二世。

19世纪80年代后，民粹派逐渐蜕化，主张与沙皇制度妥协，成为代表富农利益的自由主义民粹派，严重妨碍马克思主义在俄国的传播。

民粹派文学 Narodnik literature 19世纪70～90年代俄国民粹派及其同情者的文艺创作的总称。包括合法的、地下的和国外刊行的三类。民粹派作家把文学视为宣传其政治主张的重要手段，使用特写、小说、诗歌等体裁，反映1861年改革后农村的经济破产、阶级分化及农民的生活；描写平民知识分子的命运以及他们与人民的关系。以G.I.乌斯宾斯基、N.A.莫罗佐夫为代表作家。为俄罗斯现实主义、民主主义文学作出了贡献。

民粹主义 Narodism 19世纪60～70年代产生于俄国的一种社会主义思潮，是俄国平民知识分子革命运动的思想形态。它反映了俄国1861年农奴制改革以后广大农民群众对掠夺性改革的反抗情绪与对资本主义发展前景的恐惧心理，同时也反映了探索俄国发展道路的先进分子对西欧资本主义道路及其血腥罪恶的失望情绪，是一种小资产阶级的“农民社会主义”。

俄国民粹主义运动的发展，大体经历了三个阶段。1861～1866年是民粹主义运动的酝酿期，主要是宣传社会主义思想，组织地下秘密团体。1867～1875年是民粹主义运动的第二个阶段，其中最具代表性的是1873～1874年在俄国青年知识分子中形成的颇具规模的“到民间去”运动。1875～1883年是民粹主义运动的第三个时期，即民粹主义的分化阶段。由于唤起俄国农民社会主义热情的努力失败，恐怖主义成了这一时期弥漫于民粹主义者中的主要倾向。由于政治上的失败、组织上的分裂以及理论上遭到来自马克思主义与自由主义的联合批判，民粹主义运动在80～90年代进入了低潮。

民粹主义的基本观点大致包括：①对资本主义的发展持鄙视、厌恶的态度，同时对俄国的资本主义前景感到惧怕。②极力否定俄国发展资本主义的可能性，相信俄国可以不通过资本主义道路而直接进入理想的共产主义社会，俄国非资本主义道路桥梁就是俄国传统的村社。③认为俄国农民作为天生的共产主义者，同西欧无产者比起来，更加接近社会主义。因此，民粹主义者把推翻封建专制经济实现社会主义原则的全部希望寄托在俄国农民的身上。

民法 civil law 一定社会调整平等主体之间财产关系和人身关系的法律规范的总和。现代国家重要的基本法之一。法律有公法和私法之分，民法在本质上属于私法，有时也被直接称为私法。在一些大陆法系国家，除民法典外，又为商人从事商事活动制定了商法典，其民法的含义则限于商法以外的私法。民法原是大陆法系的用语，英美法系诸国法律文献用“民法”一词专指“大陆法”而言，称大陆法系为民法法系；但有时也指私法，或指商法以外的私法。在社会主义国家，曾经不承认公法与私法的划分，认为民法不是私法；现也承认民法是私法。

古罗马民法　古罗马时代，民法被看作“维护城邦社会生活所必需的规则之总和”，有囊括全部法律规范的含义。在全部罗马法内容中，“私法”部分是其精华，其特点是确保私有财产和承认个人人格。因此，罗马五大法学家之一的盖尤斯于2世纪所著的《法学阶梯》一书，把罗马法分为人法、物法和诉讼法三个部分。古罗马民法对后世民法的影响广泛而深刻，不但具有具体制度方面的影响，而且在民法的精神和思想方面的影响也是巨大的。

中世纪民法　中世纪社会的民法的渊源有三部分：①以日耳曼法为代表的地方习惯法，实行属人主义，建立在自然经济、封建剥削、等级特权和专横的基础上。②罗马天主教会法。它在民法法系的形成中也具有重大影响。③西欧中世纪后期兴起的、专门适用于商人或商事活动的“商人法”。

近现代民法　有代表性的有：

《法国民法典》 作为法国资产阶级大革命产物的1804年《法国民法典》，是一部最早、最完备的资产阶级社会的成文法律。它确立了近代民法的三大基本原则，即契约自由和私法自治原则、尊重个人财产所有权即所有权绝对原则、过失责任原则，对许多国家的民事立法有很大影响。

《德国民法典》 1896年通过、1900年生效的《德国民法典》在人法、物法和债法中抽象出了共同的规则；首次提出了“法律行为”的概念，将民法中的各种行为，如合同、遗嘱、结婚等概括在一起，从而使民法更加紧密地成为一体。该法典还分设债编和物权编，把民法中财产法部分的债的关系和物权关系严格区分开来。继承也被作为独立的一编，不再像《法国民法典》那样作为“取得财产的各种方法”中的一部分。《德国民法典》采用了许多新的法律概念，除法律行为外，还有“权利能力”、“行为能力”等，并开始在民法典中规定法人制度。对于民法的三大原则，该法典对所有权绝对和契约自由原则都作了一些相应的限制；在坚持过失责任原则的基础上，加强了无过失责任。《德国民法典》是继《法国民法典》之后最重要的一部民法典，在世界上影响颇大。

苏联民法及俄罗斯联邦民法　1922年制定、1923年施行的《苏俄民法典》，是第一部以生产资料社会主义公有制为基础的民法。它抛弃了传统民法的“私法”原则，把土地关系、劳动关系、婚姻关系等民法的传统内容排除在民法典之外，另外制定土地法、劳动法和婚姻家庭及监护法等法典。其体系是总则（包括权利主体）、物权、债（包括各种合同）和继承4编。其中主要是财产关系，也包括一部分与财产关系有联系的人身关系。1964年颁行、1975年修改的新的《苏俄民法典》，则增加了著作权、发明权、发现权和涉外条款等编。苏联民法对当时的东欧社会主义国家的民事立法产生了很大影响。1994年10月21日俄罗斯国家杜马通过了《俄罗斯联邦民法典》（第1部分），即第1编总则，第2编所有权和其他物权，第3编债法总则。1996年1月26日国家杜马通过了《俄罗斯联邦民法典》（第2部分），即第4编债的种类。与苏联民法相比，其最大特点是承认民法的私法性，在于从公有向私有过渡、从计划经济向市场经济过渡时的相应法律制度的调整。

英美法系民法　英美法系各国没有民法典，也没有“民法”一词，但是存在调整相应民事关系的民事法律规范，即有不同于民法典形式的实质意义上的民法。英美法系由英国法发展而来。英国有关民事方面的规范都在普通法与衡平法中规定。普通法形成的民事规范主要是契约法、侵权行为法、家事法等。衡平法则主要包括不动产法、信托法、公司法和破产法等。英国不但没有形成大陆法系中那样的民法典，也没有商法典。英国法中的这些法律分支，在内容上大体相当于大陆法系中的民法和商法。美国于1776年独立后，仍沿袭了英国的民商法律制度和司法制度，英国的判例迄今仍为美国法院引用。同属英美法系民法体系的国家还有加拿大、澳大利亚、新西兰等一些英联邦国家和英国的前殖民地国家与地区。中国香港特别行政区的民法也属英美法系的民法体系。

中国的民法　包括以下内容：

近代民法　中国近代的立法始于清末。光绪三十年（1904）正式开馆修订《大清律例》，于宣统二年（1910）颁行。光绪三十三年（1907）开始修订民律，宣统三年（1911）脱稿，为中国历史上第一次民律草案。中华民国时期于1918年二次设馆修订民律，至1925年脱稿，为中国第二次民律草案。1927年国民政府设立法制局修订民律，至1928年脱稿，为中国第三次民律草案。同年12月国民政府成立立法院，着手编订民法典，1929年5月至1931年2月分别陆续公布，共分总则、债、物权、亲属、继承5编，计1 225条。这部法典承袭了德国、瑞士和日本等资本主义国家的民事立法原则和体系，但在婚姻、家庭、继承及土地关系等方面保留了上述三次民律草案中的封建性的内容。

中华人民共和国的民事立法　中华人民共和国建立初期至20世纪70年代，以民事政策代替民事立法是这一时期的特征。

中共十一届三中全会以后，民事立法进入一个新的阶段。1981年12月通过了《中华人民共和国经济合同法》。1986年4月通过了《中华人民共和国民法通则》。该法第2条规定："中华人民共和国民法调整平等主体的公民之间、法人之间、公民和法人之间的财产关系和人身关系。"以《民法通则》为中国民事基本法，与其他一系列民事单行法一起，逐渐形成了一个比较完整的中国的民事法律规范体系，并且基本上属于民商合一制。主要的单行法有继承法、婚姻法、商标法、专利法、著作权法、土地法、担保法、公司法、合伙企业法、个人独资企业法、票据法、证券法，以及于1999年3月15日通过的新的、统一的合同法等。中国民法确立了平等、自愿、等价有偿、诚实信用等民法基本原则。在主体方面，规定了个体工商户、农村承包经营户和个人合伙等自然人制度和法人制度，并形成了以公司、合伙企业与个人独资企业为主的市场主体制度。在所有权制度上，规定了国家财产所有权、劳动群众集体财产所有权和个人财产所有权，并规定了国有企业对企业中的国有财产的经营权；在公司法中还确立了公司法人财产权制度和国有股权制度。他物权制度也得以完善，规定了抵押权、质权、留置权等担保物权和国有土地使用权、农村土地承包经营权等用益物权。在债的制度上，恢复并坚持了合同自由原则，减少了行政机关对合同的管理及干涉；与传统民法不同的是，侵权责任和违约责任被从债中分解出来，形成了独立的"民事责任"制度。将**知识产权**纳入民法的权利体系，与**物权**、债权、**人身权**相并列。中国民法对人身权的保护非常重视，在《民法通则》中以专章的形式，系统地规定了公民的生命、健康、姓名、肖像、名誉、**荣誉权**，以及婚姻自由权和法人的名称权、**名誉权**等人身权，这是中国民法进步性的一个重要表现。

民歌　folksong　民间口头流传的歌曲。具有4个特点：①不受某种专业作曲技法支配，是劳动人民自发的口头创作。②其曲调和歌词在长期流传过程中因不断地经过加工或即兴演唱而不断地变化发展。③主要靠人们口耳相传，较少书面或记谱传承。④具有鲜明的民族风格和地域特征，而无个人性格特征。

民歌按题材内容，分为爱国歌、社团歌、情歌、劳动歌、悼歌、宗教歌等；按体裁、演唱场合和功能，分为号子、山歌、小调、田秧歌、舞歌等；按地理环境、国家、民族、地区或方言区、风格区分类，如苏格兰民歌、美国乡村歌曲、布鲁斯、陕北信天游、青海花儿等；按音乐特征，有高腔、平腔与低腔，长调与短调，单声部与多声部等。

民歌音乐的特点是：①不同民族的民歌，具有音乐各具本民族的风格特色，从而成为该民族音乐特征的标志。②各民族民歌的旋律与该民族的语言密切结合，最易在本地区流传。③不同民族或地区民歌的音乐特点，常在音阶、调式或节奏节拍等方面明显地体现出来，如苏格兰民歌中常用五声音阶，英格兰民歌较多地采用多里亚调式和密克索吕底亚调式等。④民歌的曲式结构一般比较短小，较长的歌词常采用分节歌的结构形式。

民工潮　farmers' frenzied hunt for work in cities　20世纪末期，中国农村剩余劳动力大规模向城市转移，以寻找非农就业和发展机会的描述性概念。民工潮是城市化进程的必然现象。劳动力从农业转向非农业，从农村转向城市是城市化的客观规律。

民工潮的发展特点是：①人数逐年有一定增加。②持续时间变长，态势较为平稳有序。③外出务工人员目的性加强，盲目外出人员较少。④就业环境有所改善。⑤政府的就业信息发布和民工的获取渠道有所改善，进城务工人员受到培训，权益受侵害现象得到政府关注并着手解决。

民工潮对中国发展大中城市，以及城市化和农村现代化都有积极的推动作用。具体表现在：①农民外出打工开拓了现阶段农民就业和增收的渠道，促进了农业劳动生产率的提高以及农业机械化、专业化、商品化的发展，特别是为土地规模经营创造了条件。②培育和积累了中国经济发展必需的人力资本。③促进了劳动力市场发育。④促使城市数量增多，人口增加，提高了城市化水平。⑤有利于乡镇企业发展和小城镇建设。⑥从原始资本积累和廉价劳动力供给两方面促进了个体私营经济的发展。民工潮引发的社会问题主要有：①流走了农村精英，造成了农村发展的停滞。②农民进入城市后切身体会到城乡的巨大反差，一些针对农民工的歧视性看法和待遇加剧了其对城市的抵触心理。

民贵君轻　中国先秦儒家的政治思想。民贵君轻之意是在政治关系中，民心民意决定政治的安危存亡，提醒统治者关注民众的愿望。春秋战国时期，旧的君权神授说崩溃，君权逐渐失去政治神学支持，从而使实际政治关系暴露出来。在这种情形下，孟子认为，得天下有道——得民心者得天下，失民心者失天下，民心的向背为国家政权安危所系。要得民心，就要让人们的基本生活得到保障，养生送死而无憾。民贵君轻说对中国古代政治产生了积极影响，贞观之治的出现与这一政治认识有关。

民航运输机　civil transport　从事民用航空客货邮运输的飞机。又称民用运输机。

20世纪初是航空技术初步达到实用化、飞机逐步走向成熟的时期。第一次世界大战的爆发促进了航空技术的发展，飞机的性能迅速提高。代表机型是美国道格拉斯公司1935年生产制造的DC－3旅客机。该型飞机装两台功率为895千瓦的发动机，巡航速度达到每小时331千米，航程可达3 400千米，载客量21～32人。1952年英国海外航空公司第一次使用"彗星"喷气飞机于国际航线；1959年美国制造的DC－8和波音707两型喷气飞机先后投入航线使用，以及波音、道格拉斯飞机公司相继推

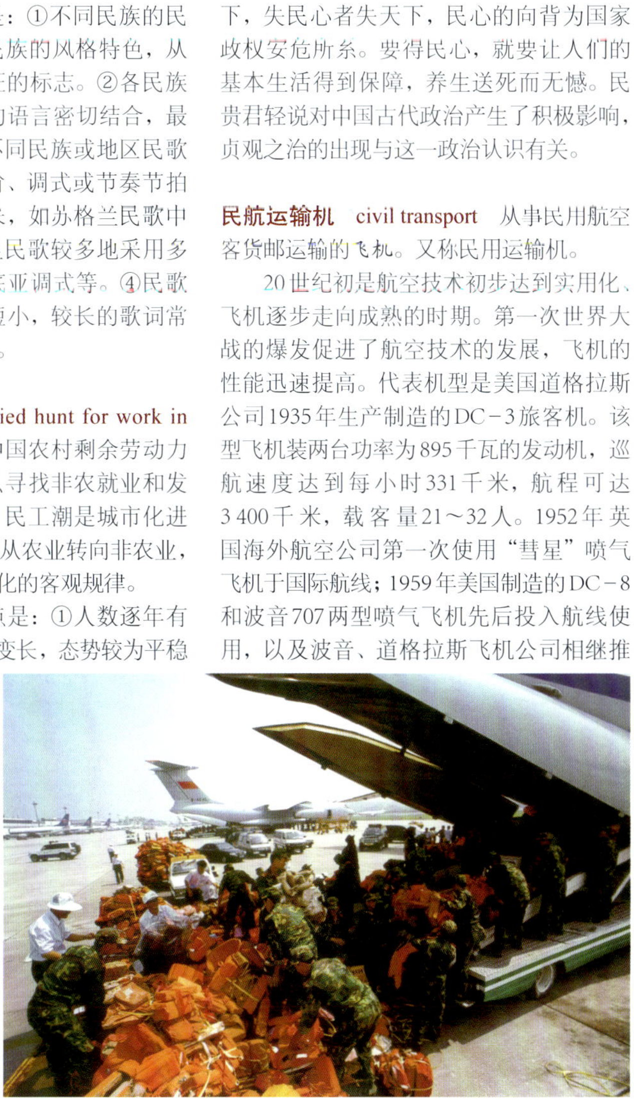

中国民航运输机抢运抗洪物资

出的一系列喷气式运输机和欧洲空中客车公司生产的多种型号空客系列运输机，使航空运输成为现代文明社会和经济全球化不可缺少的交通工具。此外，英国、法国合作研制的超声速“协和”式运输机于1976年正式投入航线，于2003年全部停飞。投入运营的民用运输机中喷气式飞机超过80%，其他为螺旋桨飞机。美国波音公司和欧洲空中客车公司生产的飞机垄断了世界民用喷气运输机，其他为俄罗斯、加拿大、巴西、英国等生产的民用运输机。

民用运输机按构造分为螺旋桨飞机、喷气式飞机；按用途分为旅客机、货机及客货混装型飞机；按客舱大小分为单通道飞机、双通道飞机，窄体机是单通道，宽体机是双通道；按飞行航程分为远程、中程、短程飞机；按飞机载客量和起飞重量分为大型、中型、小型飞机，或分为干线、支线飞机等。为了保证旅客的安全、舒适，现代喷气式客机都是增压密封舱，舱内装备有旅客座椅以及空调、供氧、救生、电视电影等安全保障和生活服务设备，有的客机还安装卫星电话和因特网，头等舱或公务舱还设置了“空中睡床”。大中程飞机货舱内有装卸货物的集装箱辅助设备。民用运输机除固定翼航空器外，还有直升机，但因直升机载量小，运营成本高，主要用于通用航空如医疗救助、海上石油开发服务等飞行。

21世纪的民用运输机大致分为：亚声速和高亚声速干线飞机、超声速和高声速（2～5倍声速）干线飞机、亚声速支线飞机。如空客公司于2007年底投入运营的A380型亚声速大型客机，载客量可达550人。波音公司研制的250座级的梦幻波音787飞机，于2009年交付市场。中国研制的ARJ21型喷气支线飞机，载客量70人，2009年投入航线使用。

民间美术 folk art 人民群众创作的用以表达审美理想、美化环境、丰富民间风俗活动和在日常生活中应用及流行的美术。民间美术贯穿于人民生活和精神世界的各个领域，直接反映劳动人民的思想感情和审美趣味，显示出他们的聪明智慧和艺术才能。

特征 民间美术是构成各民族美术传统的重要组成部分，是一切美术形式的源泉。中国新石器时代的彩陶，战国秦汉之际的石雕，魏晋以迄近代的版画、年画、雕塑、壁画及各种工艺创作，广大城乡群众中流行的剪纸、风筝、刺绣、印染等技艺世代相沿，在延续继承中不断丰富和创新，创造了富有民族和乡土特色的优美艺术形式。

民间美术是伴随民俗活动而发展的。在民间的节日庆典、婚丧嫁娶、生子祝寿、迎神赛会等活动中，民间美术创作也最为活跃。由于中国地域广阔，民族众多，地

图1 哪吒（清代皮影）

理条件、风俗、感情、气质等互有差异，又在民间美术中形成了丰富的品类和多彩的风格，这些美术品具有实用价值和审美价值统一的特点。民间美术的制作材料大都是普通的木、布、纸、竹、泥土、石，然而制作技巧高超，构思奇巧，善于大胆想象和夸张表现强烈的感情，又常用人们熟悉的寓意谐音的手法，通过艺术的形象表达他们对美好生活的憧憬，具有积极乐观的态度，艺术上刚健清新。

分类 民间美术品种极为丰富，并因与民俗、宗教及其他民间文艺存在密切关系，形成多种分类法：①绘画。包括版画、年画、建筑彩画、壁画、漆画、灯笼画、扇面画等。②雕塑。包括彩塑、建筑石雕、金属铸雕、木雕、砖刻、面塑、琉璃建筑饰件等。③玩具。包括泥、陶瓷、布、竹木、铁制、纸、蜡及综合材料所制玩具等。④染织刺绣。包括蜡染、印花布、土布、织锦、刺绣、挑花、补花等。⑤服饰。包括民族服装、嫁衣、绣花荷包、鞋垫、首饰、绒花绢花等。⑥家具器皿。包括日用陶器、日用瓷器、木器、竹器、漆器、铜器及革制品、车马具等带有装饰及艺术价值者。⑦戏具。包括木偶、皮影、面具、花会造型等。⑧剪纸。包括窗花、礼花、刺绣花样、挂笺等。⑨纸扎灯彩。包括各种花灯、纸扎。⑩编织。包括草编、竹编、柳条编、麦秆编、纸编、

图2 《百子全图》（清代年画）

中国结等。⑪食品。包括面花面点造型、糕点模、糖果造型等。

中国民间美术研究状况 民间美术的收集和研究是继承发扬民间美术遗产的重要环节。中国在长期的封建社会中，由于统治阶级及正统文人对民间美术的偏见，仅在一些民俗著作中有点滴记载。辛亥革命以后，特别是五四运动以来，民俗学研究者对民间文艺开展了征集工作。鲁迅充分肯定民间花纸及小说插图的价值，并亲自从事年画的搜集，郑振铎、钟敬文、张光宇等人在搜集研究上也各有建树。20世纪40年代以后，在延安等革命根据地的美术工作者对皮影、年画、洋片、泥玩具的调查、搜集和革新，使民间美术的研究引进现代革命美术创作之中。1949年以后，文化机构组织专人搜集抢救濒临失传的民间美术，特别对年画、剪纸方面的搜集研究更为活跃，不断有专著、专集问世。《中国民间美术全集》及各分支门类画册、专著的出版，标志着民间美术研究的深入、全面及取得的成就。中国工艺美术学会、中国年画研究会、中国剪纸学会等学术团体的成立和队伍的扩大，预示民间美术的研究整理已进入崭新的阶段。

民间文学 folk literature 民间创作、享用和传承的口头文艺作品的统称。作为一个学术名词，是五四新文化运动之后才出现和流行的，包括散文的神话、民间传说、民间故事，韵文的歌谣、史诗、长篇叙事诗，以及小戏、说唱文学、谚语、谜语等体裁的民间作品。

一般认为民间文学有下列4个特征：①口头性。口头性是民间文学的一个主要特征，包括口头创作和口头传承两个最主要的方面。其次，口头性还表现在人们在长期的口头讲唱实践中形成的一系列独特表现方法。如情节、形象的类型化，结构、叙述方式的程式化，以及语言简朴，形象生动，句式富于音乐性，易懂易记，易于讲唱等特点。②集体性。民间文学作品大体上可说是群众集体的创作。在作品内容的思想、感情和想象，形式和艺术表现以及作品的著作权等方面，都存在着特有的集体性。所以民间文学作品一般是无法署名的。民间文学作品中有一部分（可能还是相当优秀的部分）是群众中具有特殊优秀才能和丰富经验的歌唱者、说故事者的创作和加工的结果，具有一定的个性。③变异性。民间文学作品的结构、形式、主题等在长期口头流传中，有相对稳定的一面。但由于口头语言的不稳定性，作品在流传过程和具体的讲唱中常常因时间、地域、民族，以及传播者的主观思想感情和听众的情绪变化等因素而有所变异。这种变异在语言方面是经常的、大量的（尤其是散文

作品)，而作品的情节、结构、人物甚至主题也都会发生变异。④传承性。广大民众在过去，由于在经济、政治等方面处于不利地位，不能使用文字等手段去记录、保存他们所获得的知识、经验和所创造的各种文化，一般都是靠行为、语言进行传播和继承。这种靠口头世代传承下来的故事或歌谣，在形态或内容上不可避免地会有些变化，成为我们现代"活"文化的一部分。

上述特征是彼此互相关联的，体现了民间文学与专业作家书面文学的根本区别。

民间文学是一种特殊的文学，一种用语言以及兼用表演表达的艺术。它必然在某些方面具有艺术的特点。散文故事、叙事诗等大都有人物、情节，长诗、短谣以及部分谚语、谜语，大都有一定的句式和韵律，小戏有故事情节与对唱形式等，这些与作家文学大略相同。中国近年陆续发现、收集的少数民族史诗，不但数量很多，而且有的篇幅浩繁，内容壮阔（如藏族的《格萨尔王传》等)，使世人惊异。数不胜数的叙事诗和各种抒情歌谣，更表现了人民怨愤、爱恋、痛苦的情思。无穷无尽的传说、动物故事、笑话等以及短小的谚语、歇后语，具鲜明的思想内涵，幽默、讽刺的锋芒和技巧，朴素、简练的风格，更是民间文学的重要特点。总之，民间文学的艺术特色是多方面的，题材是广泛的，有的还是作家书面作品不可企及的。

民间文学是广大人民长期社会生活的产物，因社会生活的需要而产生、流传，精确地反映了民众各方面的生活和有关的思想、感情。它直接地或间接地为民众的生活服务——给以知识、教诲、鼓舞和希望，其中有些本身就是生活的构成部分。它的社会功能与作家书面作品颇有不同。

民间文学与专业作家的书面文学在许多方面，特别是在内容和形式方面有很大不同，两种文学是相对独立而又彼此影响的。

在中国的文学史上，不但有不少民间文学作品，如汉魏、六朝的民歌及古代的神话、传说、民间故事（包括寓言、笑话）被记录下来而成为书面文学，而且不少书面文学的诗歌、故事和传奇、笔记小说等体裁往往就是由民间文学发展而成的。至于书面文学取材民间文学或用它作"辞藻"的，则更为常见。同时，作家的书面文学，在思想、艺术手段和语词等方面也多少对民间文学起过一定的影响。时至现代，两种文学的关系也有新的发展，它们互相影响的地方更多，但是还远远没有达到两者合流的程度。

民间文学是多民族的民间文学，尽管各民族的民间文学彼此都有独有的基本部分，但也大都有接受影响、形成不同民族共有色彩的部分，特别是那些接触较多或居住交错、比邻的各个民族所产生影响或承受影响的痕迹更为显著。例如，汉民族的**牛郎织女传说**、孟姜女传说、梁山伯与祝英台等故事都相当广泛地被吸收入南方许多少数民族的民间文学宝库中。

民间文学的某些体裁，如民间故事，不仅在同一国境内的不同民族之间存在互相交流和影响，即使在国境以外，甚至在地理位置相隔比较遥远的地区、民族间也存在许多构思、表现手法相似，甚至基本人物、情节都相同或相似的情况。像灰姑娘型故事、天鹅处女型故事等在世界范围内广泛流传的民间叙事作品就属于这一类。此外，某些构思或部分情节相似的故事或叙事诗可能是直接或间接受其他民族影响的结果。

民间舞蹈 folk dance 产生和流传于民间的舞蹈。民间舞蹈历史悠久，是人类创造舞蹈文化的最初形态。民间舞蹈伴随民众的生产、生活、宗教信仰及各种习俗活动，逐步形成自娱、祭神、驱鬼、娱人等多种功能。生产方式、风俗习惯的变化，生存环境的改变，外来文化的影响，是民间舞蹈发展、变化的主因。不同民族和地区的民间舞蹈风格特色差异明显。

独龙族剽牛舞

民间舞蹈古老且质朴。功能主要是民众自娱，不求动作准确规范，但求情感的淋漓宣泄。民间舞蹈多与古老的生活习俗、传统礼仪、宗教信仰交织在一起，有一定的程式，不随意改动。但舞蹈的步伐、动作、节奏大体一致前提下往往因人而异，形成民间舞蹈程式性和即兴性的统一。广大民众是民间舞蹈的参与者和享有者，因而具有社会性和民俗性，以及强烈的地域性和民族特点。随着人们生产生活、民俗观念等的变化，有的舞蹈已经失传，有的发生了明显变化。

民间舞蹈是各种专业舞蹈创作的主要素材来源。

民生公司 Minsheng Company 中国长江航线轮船公司。原为私营公司，1925年卢作孚创建于重庆，次年开始营业。1949年以前为长江航线最大的私营轮船公司，独占川江航运。后投资于煤矿、染织、水电、钢铁、机器制造、铁路、汽车和银行保险业，更名为民生实业公司。1952年公私合营，1956年并入国营长江航运管理局。90年代以后民办民生公司恢复业务。经营长江航线。

民生主义 people's livelihoodism 中国民主革命先行者、思想家**孙中山**所著《三民主义》的一部分，集中反映了他的经济思想。孙中山说："民生就是人民的生活——社会的生存、国民的生计、群众的生命。"他认为，要解决民生问题"最重要的原则不外二者：一曰平均地权；二曰节制资本"。其实质是要解决土地和**资本**两个方面的问题，为发展资本主义经济创造有利条件。平均地权在城市是一种土地国有化性质的措施。它要求土地所有者依法向国家申报土地的数量和价格，国家每年按申报价征收地价税。申报后地价增长部分归国家所有，国家有权随时按申报价收买土地。平均地权在农村的主要内容是实现"耕者有其田"。节制资本的基本内容是发展国家资本、节制私人资本；发展中小资本、节制私人垄断资本。民生主义与整个三民主义一样，经历了两个发展阶段。1924年以前是旧三民主义的组成部分，1924年在国民党第一次全国代表大会上，孙中山对**三民主义**作了新的解释，民生主义就成为新三民主义的组成部分。

民事裁判 civil judgement 法院审理民事案件所作的决定。分为民事裁定与民事判决。

民事判决 人民法院在民事案件和非讼案件审理程序终结时对案件的实体问题作出的权威性判定。

根据判决所裁决的诉的不同种类和不同性质，可分为给付判决、确认判决和变更判决。根据判决是否为当事人双方出庭之后作出的，可分为对席判决和缺席判决。根据判决作出的时间不同，可分为原判决和补充判决（又称为追加判决）。根据判决的内容是否涉及民事权益争议，可分为诉讼判决和非讼判决。

民事判决应制作判决书。判决一经宣告或送达，即发生**法律效力**。受这种判决约束的当事人，不得以上诉的方法请求变更或撤销判决；制作判决的法院，非经法定程序，也不得改变判决。同一当事人不得再以此法律关系为**诉讼标的**提起诉讼。见**一事不再理**。

民事裁定 人民法院对民事诉讼和执行程序中的程序问题以及个别实体问题所作出的权威性判定。程序问题是指不直接涉及实体权利义务的问题。

根据民事诉讼法的规定，以下情形可适用裁定：①对原告起诉不予受理的。②对管辖权异议的处理。③驳回原告起诉的。④是否准许财产保全或先予执行的。⑤是否准许当事人撤诉的。⑥决定中止或终结诉讼的。⑦补正判决书中笔误的。⑧决定中止或终结执行的。⑨决定不予执行仲裁裁决的。⑩决定不予执行公证机关赋予强制执行效力的债权文书的。

根据《中华人民共和国民事诉讼法》的规定，最高人民法院和二审法院制作的民事裁定，一经送达便产生法律效力；地方各级人民法院所制作的第一审民事裁定，除“不予受理”、“对管辖权有异议的”和“驳回起诉”的裁定可以上诉外，其他裁定一经送达便发生法律效力；地方各级人民法院制作的有上诉期的民事裁定，在上诉期内当事人不上诉的，在上诉期届满后生效。

民事法律关系 civil legal relation 由民法所确认、基于民事法律事实而发生的具有民事权利、义务内容的具体社会关系。民法规范所调整的财产关系和人身关系在法律上的表现，如所有权关系、合同关系、著作权关系、继承关系等。民事法律关系除具有一般法律关系所共有的属性外，其主要特点表现为具有平等、有偿的性质。

民事法律关系包括主体、内容和客体三个要素：

主体 即民事当事人，又称民事权利义务主体或权利主体。包括自然人、法人。国家以自己的名义参与民事法律关系时，也是民事权利主体。民事权利主体的资格包括权利能力、行为能力与责任能力。这些能力不得抛弃，除法律规定外，也不得加以剥夺和限制。

内容 指民事权利和义务。民事法律关系中一方的民事权利受到妨碍或破坏，就是另一方未履行自己的民事义务，前者要受到法律强制力的保护，后者要受到制裁。

客体 又称权利客体，即民事主体的权利、义务共同指向的对象。通常指物、行为和精神产品等。人身利益也是法律关系的客体（见人身权），具体表现为人格和身份。人格在法律上表现为姓名或名称、生命健康、肖像、名誉等；身份在法律上表现为荣誉、监护关系等。

民事法律行为 civil law, juristic acts in 以意思表示为要素，设立、变更、消灭民事权利和民事义务的行为。大多数民事法律关系都是通过民事法律行为实现的。它是一种最重要、最常见的民事法律事实。《中华人民共和国民法通则》将民事法律行为规定为合法行为。

构成要件 民事法律行为应具有下列要件：①行为人须有相应的行为能力（见民事行为能力）。无行为能力人和限制行为能力人实施其不能独立实施的民事法律行为须征得其法定代理人的同意，否则其行为无效。②意思表示自愿、真实。③行为内容合法且不损害公共利益。④行为内容必须确定和可能。

形式 民事法律行为的形式有：①口头形式。②书面形式。③推定行为。如出租人在租赁合同期满后仍然按期接受承租人的租金，可推定双方当事人达成延长租赁合同的协议。④默示。如《中华人民共和国合同法》第236条规定：“租赁期间届满，承租人继续使用租赁物，出租人没有提出异议的，原租赁合同继续有效。”

民事简易程序 civil summary procedure 法院审理简单民事案件所适用的诉讼程序。专门用于基层人民法院和它派出的法庭审理事实清楚、权利义务关系明确、争议不大的民事案件。

简易程序具有以下特点：①起诉方式简便，原告可以用口头方式起诉，不像在民事普通程序中原则上须以书面方式提起诉讼。②受理程序简便，在双方当事人同时到法院请求解决纠纷的情况下，法院即可受理并审理。在普通程序中则要等被告答辩期届满后才能审理。③传唤方式简便，法院可采用打电话、托人捎信等简便方式传唤当事人或通知其他诉讼参与人参加诉讼，而在普通程序中则须用传票等方式传唤和通知。④由审判员一人独任审理，不实行合议制。⑤审理程序简便灵活，审判员可根据案件情况灵活地安排、组织程序，不必像普通程序那样严格按阶段、按先后顺序依次进行。⑥审限短，仅为3个月，普通程序的案件审限为6个月。

有下列情形之一的，不得适用简易程序：①起诉时被告下落不明的。②发回重审的。③共同诉讼中一方或者双方当事人人数众多的。④法律规定应当适用特别程序、审判监督程序、督促程序、公示催告程序和企业法人破产还债程序的。⑤人民法院认为不宜适用简易程序进行审理的。对适用普通程序的第一审案件，当事人各方经协商一致，可以选择适用简易程序。法院不得违反当事人的意愿，将普通程序转为简易程序。当事人认为适用简易程序不当的，有权向法院提出异议，异议成立的，法院应当将案件转入普通程序。

民事普通程序 civil ordinary procedure 法院审理民事案件通常适用的诉讼程序，是民事诉讼中的基础性程序。它与民事简易程序共同组成中国民事诉讼中的第一审程序。

内容 中国的第一审普通程序规定了5个方面的内容：①起诉和受理。包括起诉的条件、起诉的方式、起诉状应载明的事实，法院对起诉的审查与受理、不予受理的情形。②审理前的准备。包括起诉状的送达与答辩状的提交、诉讼权利义务的告知、合议庭的组成、审核诉讼材料与收集必要证据、通知必要共同诉讼人参加诉讼等。③开庭审理。包括开庭前的准备、法庭调查、法庭辩论、案件评议和宣告判决、延期审理等。④诉讼中止与诉讼终结。包括应当中止和终结诉讼的各种法定情形。⑤判决和裁定。包括判决书应当写明的内容、适用部分判决的情形，裁定适用的范围、允许上诉的裁定的类别等。

适用范围 普通程序是适用范围最广的一种程序，适用于各级各类法院审理的第一审民事案件。基层人民法院审理的第一审案件，除一部分适用简易程序外，其余均适用普通程序。中级以上各级人民法院审理第一审民事案件必须适用普通程序。除第一审案件部分适用普通程序外，法院在审理上诉案件、再审案件时，只要是第二审程序，且审判监督程序中未作规定的，都适用普通程序中的相关规定。

民事强制措施 civil proceedings, coercive measures in 法院在民事诉讼中为保证民事诉讼活动的顺利进行，对有妨害民事诉讼行为的人依法采取的强制手段。

中国的民事强制措施包括：①拘传。指法院在法定情况下强制被告到庭参加诉讼的强制措施。构成拘传的条件：一是拘传的对象是必须到庭的被告；二是必须经人民法院两次传票传唤；三是被告必须是无正当理由拒不到庭的。②训诫。指人民法院对妨害民事诉讼行为情节较轻的人，采取教育、警告方式，指出其错误或违法事实，并责令其改正的措施。③责令退出法庭。指人民法院强行命令违反法庭规则、扰乱法庭秩序的人离开法庭，以防止妨害法庭审理的行为继续进行的措施。④罚款。指人民法院对妨害民事诉讼的行为人所采取的强制其缴纳一定数额金钱的措施。⑤拘留。又称司法拘留。指人民法院对妨害民事诉讼行为情节较重的人，在一定期限内限制其人身自由的措施。

适用罚款和拘留的应由合议庭或独任审判员提出具体意见，报本院院长批准后，制作罚款或拘留决定书。

民事权利 civil right 民事主体为实现某种利益而依法为某种行为或不为某种行为的可能性。具体包括如下内容：①权利人依法享有某种利益或者实施一定行为的可能性。②权利人可以请求义务人为一定行为或不为一定行为，以保证其享有或实现某种利益的可能性。③在权利受侵犯时，有权请求有关国家机关予以保护。

依民事权利是否具有财产内容，可分为财产权与人身权；依民事权利的作用，可分为支配权、请求权、形成权与抗辩权；依权利人对抗义务人的范围，可分为绝对权与相对权；依民事权利之间的关系，可分为主权利与从权利；依民事权利是否具备全部的成立要件，可分为既得权与期待权；依民事权利是否具有可移转性，可分为专属权与非专属权。

权利人行使民事权利的目的是实现权利的内容，满足权利人的利益需要。但权利能否实现既取决于权利人行使权利的行为，也取决于义务人履行义务的行为。在有代理人的情况下，民事权利还可由他人代理行使。民事权利的行使不是绝对的或不受限制的。为了协调个人权利与社会利益的矛盾，在诚实信用原则与公序良俗原则下，禁止权利滥用。民事权利的保护方式根据其保护机关和性质不同可以分为私力救济和公力救济（即国家保护）。私力救济包括请求、正当防卫和紧急避险、自助行为（见自力救济）。公力救济则除了行政机关处理外，还包括法院裁判案件和仲裁机关仲裁。

民事权利能力　civil right, capacity for　法律赋予民事主体享有民事权利和承担民事义务的资格或能力。简称权利能力。分为自然人的民事权利能力和法人的民事权利能力。

自然人的民事权利能力　自然人的民事权利能力始于出生，终于死亡。在某些特殊情况下，法律规定自然人享有某种权利和承担义务的权利能力不是从出生时开始，而是达到一定年龄之后才享有，这种权利能力称为“特殊的民事权利能力”。例如，只有达到法定年龄，才具有结婚的民事权利能力。

法人的民事权利能力　法人的民事权利能力，从法人成立时产生，到法人终止时消灭。各个法人的民事权利能力因业务范围的不同而有区别，各有限制。法人和自然人的民事权利能力是不同的，法人不具有自然人所特有的某些民事权利能力，自然人也不能具有法人所特有的某些民事权利能力。

民事时效　civil prescription　一定的事实状态持续存在并经过法定的期间，从而产生与该事实状态相适应的法律效果，包括取得时效与消灭时效（见诉讼时效）。时效是各国民事法律的一项基本制度。其功能有三：①稳定财产关系，维护社会安全和秩序。②减少和解决民事纠纷，避免因时间久远而证据遗失，给法院审理带来困难。③促使财货流转，物尽其用。

民事诉讼法　civil procedure law　国家规定的有关民事诉讼程序的法律规范的总称。现代国家重要的基本法之一。它是法院审判民事案件和一切诉讼参加人进行民事诉讼活动所必须遵守的准则，是法院对自然人、法人和其他组织的民事权益实行司法保护的程序。狭义民事诉讼法或称形式意义的民事诉讼法，专指民事诉讼法典，在中国，是指现行的《中华人民共和国民事诉讼法》。广义或实质意义的民事诉讼法，除民事诉讼法典外，还包括法院组织法、民法等民事实体法、大量的行政法规中有关民事诉讼的规范，以及最高人民法院发布的指导民事诉讼的有关规定、批复和指示等司法解释。民事诉讼法为程序法，同民法等实体法有密切关系。

奴隶社会的民事诉讼法　奴隶社会中，民事诉讼与刑事诉讼没有严格的界限，更没有明显划分。

西方国家　在古代法典中，包含有明显民事诉讼法规范的，首推公元前5世纪中叶的罗马《十二铜表法》。该法第1表就对民事传唤程序作出了规定。公元6世纪拜占廷帝国查士丁尼（527～565年在位）时编纂的法典包含了更多的民事诉讼法规范，其中有审理个人之间纠纷的程序、裁判官所采取的强制手段，以及判决的执行等。

罗马最古老的解决个人间纠纷的制度，称为法律诉讼，其典型形式为“誓金法律诉讼”，因原告、被告都须交纳一定的誓金而得名。这种诉讼分为两个阶段：法律审查阶段和裁判阶段。所有后期的罗马诉讼法，都是由它发展起来的。2世纪中叶，程式诉讼逐渐取代法律诉讼成为诉讼的统治形式。程式诉讼仍分为法律审查和裁判两个阶段。

罗马帝国时期，程式诉讼又为特别诉讼所代替。其特点是：取消法律审查和裁判两个阶段的划分，案件自始至终由一个行政官吏进行审理；开始实行司法规费制度；对皇帝判处以外的一切判决，皆可提起上诉；判决不再由原告自己执行，而由国家机关根据原告的请求执行。这种特别诉讼已经具备现代民事诉讼的基本因素，对欧洲各国民事诉讼的发展具有重要影响。

中国古代　根据《周礼》记载，西周时期，民、刑诉讼开始有所区分，并在诉讼程序上有不同的要求。“讼”和“狱”分别由不同的司法机关审理。“狱”由“司寇”审理。“讼”按诉讼标的性质而定，例如，交易货物的诉讼由“市师”、“贾师”审理；疆界土地诉讼由“夏官”审理；婚姻案件由“地官”审理。西周法律还规定，民事诉讼当事人在审理之前，必须先交“束矢”，即一百支箭，作为诉讼费用。当事人不出庭、不交“束矢”即认为败诉；交“束矢”而不出庭者，将其“束矢”充公。这与罗马古老的“誓金法律诉讼”有些相似，但中国古代的民事诉讼程序没有得到进一步的发展。

封建社会的民事诉讼法　西方国家　欧洲各国封建时代早期的法律中，民、刑诉讼不分。诉讼建立在自诉原则的基础上，由起诉人自己收集和提出证据，法院只对诉讼过程进行监督，并对起诉人的请求作出裁决。在证据制度方面，除经过宣誓的证人外，实行神明裁判和司法决斗。神判的方法多种多样，主要是火与水的考验。司法决斗不仅适用于原告和被告之间，还适用于当事人与证人之间，以及当事人与法官之间。司法决斗代替了全部诉讼程序，其中也包括上诉程序。

欧洲各国封建社会后期，在刑事诉讼法初具规模的基础上形成的纠问式诉讼，也适用于民事诉讼：实行有罪推定原则；通过刑讯逼取被告的口供；诉讼秘密进行；采用法定证据制度，即每一种证据的效力都由法律预先规定，而不是由法官决定。

13世纪以后，随着罗马法的复兴，法、意、德等欧洲国家的民事诉讼法规，在很大程度上都是罗马法的继承和发展。英国由于陪审团和皇家法院制度的建立，以及由此而发展起来的习惯法和衡平法，形成了特殊的民事诉讼程序，受罗马法影响不大。

从17世纪开始，大陆法系各国普遍存在着建立统一的国家诉讼法的倾向。1667年，法国路易十四颁布的民事诉讼法令（又称《路易法典》），对当事人应当向法院提交哪些诉讼文件，按照怎样的程序提出事实和证据，以及当事人的辩论等，作出了较为系统的规定。该法令可以说是历史上最早的民事诉讼法典的雏形。

中国封建社会　中国封建社会所颁行的法典主要是刑法，也有民事实体法和民事、刑事程序法的规定。但与欧洲各国相比，中国当时由于商品经济不发达，民事诉讼法规范在法典中所占的比重更小，民事责任和刑事责任混同在一起，而且在程序上也无民事和刑事之分。通过刑讯逼取被告

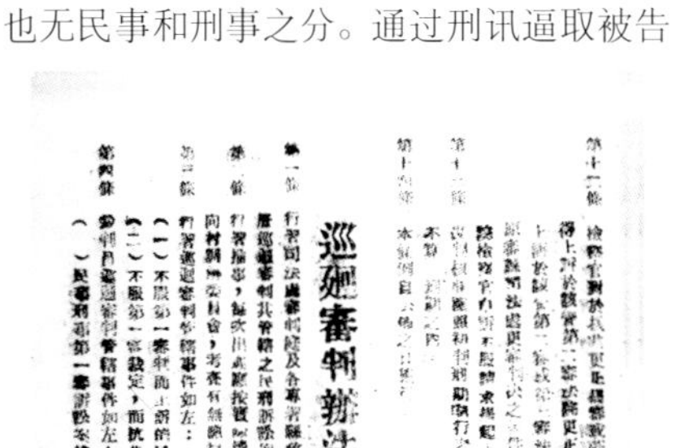
巡迴審判辦法

1942年抗日根据地颁布的《巡回审判办法》（载于晋西北行政公署编《法令辑要》）

的口供是法定的诉讼程序，既适用于刑事案件，也适用于民事案件，并对民事案件的败诉一方处以刑罚。这种民事、刑事程序不分的状况，直到清末《民事诉讼律草案》的制定才告结束。

资本主义国家的民事诉讼法 资产阶级革命胜利后，欧洲大陆各国相继开展了民事诉讼法典的编纂工作。

大陆法系国家 1806年的法国民事诉讼法典是第一部资产阶级的民事诉讼法典，对其他国家的民事诉讼制度的形成起了示范作用。1877年的德国民事诉讼法典无论在结构和内容上都比较完善，大陆法系许多国家以此为立法的蓝本。

日本明治维新以后，全面继承大陆法系。1890年，其第一部民事诉讼法典就是以德国法为蓝本制定的。以后日本民事诉讼法又进行过多次修改，具有自己的独特之处，形成与德国民事诉讼法不同的体系。

英美法系国家 英美法系国家大都没有统一的民事诉讼法典，民事诉讼法不过是习惯、判例和法令的总称。但从19世纪开始，英美法系国家的成文的民事诉讼法规范也在逐渐增多。英国制定了《最高法院规则》和《郡法院规则》。此外，英国有关民事诉讼法的法规还有：1844年的《执行法令》、1925年的《最高法院裁决（合并诉讼）法令》、1968年和1972年的《民事证据法令》、1979年的《支付命令法令》、1981年的《藐视法庭法令》、1981年的《最高法院法令》、1982年的《民事管辖与裁判法令》等。

美国独立后沿用英国的诉讼制度。1848年，纽约州通过了美国历史上第一部《民事诉讼法典》。该法典消除了普通法法院和衡平法法院的分别管辖制，制定了简化的、各种民事案件都适用的统一诉讼程序，在美国民事诉讼法的发展史上占有重要地位。1938年颁布并生效的《美国区法院民事诉讼规则》(简称《联邦民事诉讼规则》）是美国民事诉讼法发展道路上的第二个里程碑。该规则对诉讼方式、令状、诉状、申请及民事诉讼的审理程序都作了规定，并先后作了几次重要修正，被美国一半以上的州采用。1975年颁布《联邦证据规则》，1968年最高法院还制定了《联邦上诉程序规则》。

主要特点 与封建社会的民事诉讼法相比，资本主义国家的民事诉讼法有很大进步，主要特点是：①强调司法独立。②实行辩论式诉讼。③实行自由心证制度，为法官自由地综合判断证据提供条件，比封建司法中的法定证据制度前进了一大步。

中国的民事诉讼法 中国古代刑民不分，并未形成独立的民事诉讼法。清末，由沈家本主持，于1906年编成了《大清刑事、民事诉讼法草案》，但由于该法违背封建社会的基本原则，遭到清政府的否决。1911年初以德国民事诉讼法为蓝本，并参考日本、奥地利等国民事诉讼法，沈家本完成了《民事诉讼律草案》，但因清朝的灭亡，该草案未得以审议颁行。北洋政府1921年对《民事诉讼律草案》加以修改，改名为《民事诉讼条例》。国民政府先后于1931、1935年制定了两部民事诉讼法典。1935年制定的民事诉讼法典经过1945年的修改以后，现在仍在中国台湾地区使用，但在中国大陆被废止。

中国大陆现行民事诉讼法渊源于革命根据地时期颁布的民事诉讼法规范。1991年4月9日，第七届全国人大四次会议公布了《中华人民共和国民事诉讼法》。2007年10月28日第十届全国人大常委会第三十次会议对该法进行了修正，自2008年4月1日起施行。这是一部比较全面、完整、系统的具有中国特色的民事诉讼法典，属于社会主义法律体系，在渊源上接近大陆法系。1999年12月25日公布了《中华人民共和国海事诉讼特别程序法》，作为民事诉讼法典的特别法。

除《中华人民共和国民事诉讼法》外，中国的民事诉讼法还包括香港特别行政区民事诉讼法、澳门特别行政区民事诉讼法和台湾地区民事诉讼法。

民事诉讼管辖 civil jurisdiction 法院之间受理第一审民事案件的分工和权限。在民事诉讼理论上，一般可依三种不同的标准来对管辖进行分类：①以法律规定和法院裁定为标准，可分为法定管辖和裁定管辖。②以法律强制规定和任意规定为标准，可分为专属管辖和协议管辖。③以诉讼关系为标准，可分为共同管辖和合并管辖。

级别管辖 又称事物管辖。指按照一定的标准，划分上下级法院之间受理第一审民事案件的分工和权限。《中华人民共和国民事诉讼法》第18～21条规定，各级法院管辖的第一审民事案件具体分工如下：①基层人民法院管辖第一审民事案件，但法律另有规定的除外。②中级人民法院管辖的第一审民事案件是重大涉外案件、在本辖区有重大影响的案件和最高人民法院确定由中级人民法院管辖的案件。③高级人民法院管辖在本辖区有重大影响的第一审民事案件。④最高人民法院管辖的第一审民事案件是在全国有重大影响的案件和认为应当由本院审理的案件。

地域管辖 又称区域管辖、土地管辖。根据法院的辖区和民事案件的隶属关系所划分的管辖，即在级别管辖的基础上，进一步划分同级人民法院之间对第一审民事案件的分工和权限。包括一般地域管辖和特殊地域管辖。一般地域管辖又称普通管辖。指按照当事人所在地与法院辖区的隶属关系所确定的管辖。通常是以被告所在地作为确定管辖的标准。这是世界各国民事诉讼立法的通例。特殊地域管辖又称特别管辖。指以诉讼标的所在地、法律事实所在地与法院的关系为依据确定的管辖。

专属管辖 指法律规定某些案件必须由特定的法院管辖，其他法院无权管辖，也不准许当事人协议变更管辖。中国《民事诉讼法》第34条规定的适用专属管辖的诉讼有以下3种：①因不动产纠纷提起的诉讼，由不动产所在地人民法院管辖。②因港口作业中发生纠纷提起的诉讼，由港口所在地人民法院管辖。③因继承遗产纠纷提起的诉讼，由被继承人死亡时住所地或者主要遗产所在地人民法院管辖。

共同管辖与选择管辖 共同管辖是指法律规定两个以上的人民法院对同一诉讼都有管辖权；选择管辖是指两个以上人民法院对某类诉讼都有管辖权时，当事人可以选择其中任何一个法院提起诉讼。为防止几个法院同时受理同一案件，中国《民事诉讼法》第35条规定，两个以上人民法院都有管辖权的诉讼，原告可以向其中一个人民法院起诉；原告向两个以上有管辖权的法院起诉的，由最先立案的人民法院管辖。

合并管辖 指对某一案件有管辖权的法院，可以一并管辖虽无管辖权但与此案有牵连的其他案件。适用合并管辖的主要情形是原告增加诉讼请求，被告提出反诉，第三人提出与本案有关的诉讼请求。

协议管辖 指双方当事人在民事争议发生之前或者发生之后，用协议的方式来选择他们之间争议的管辖法院。

裁定管辖 指不依法律直接规定，而是由人民法院用裁定、决定等方式来确定第一审民事案件的管辖法院。中国《民事诉讼法》规定的裁定管辖包括移送管辖、指定管辖和管辖权的转移3种。移送管辖是指某一法院受理案件后，发现本院对该案件没有管辖权，而将案件移送给有管辖权的法院审理。指定管辖是指上级法院以裁定方式，将某一案件指定下级法院管辖。管辖权的转移是指由上级法院决定或者同意，把某个案件的管辖权由下级法院转移给上级法院，或者由上级法院转移给下级法院审理。

民事行为能力 civil act, capacity for 民事主体通过自己的行为参与民事法律关系，取得民事权利和承担民事义务的资格。简称行为能力。

自然人的民事行为能力与民事权利能力不同，自然人有民事权利能力却不一定有民事行为能力，而有民事行为能力必定有民事权利能力，或者说不一定每个民事主体都有相同的民事行为能力。自然人的民事行为能力有无差别取决于本人的认识能力和判断能力。根据自然人智力发育的不同年龄阶段和精神状况是否正常，自然人的民事行为能力分为完全民事行为能力、限制民事行为能力和无民事行为能力。《中华人民共和国民法通则》规定，18周岁以上的公民是成年人，具有完全民事行为能力，可以独立地进行民事活动；16周岁以上不满18周岁的公民，以自己的劳动收入为主要生活来源的，视为完全民事行为能力人。10周岁以上的未成年人和不能完全辨认自己行为的精神病人是限制民事行为能力人，可以进行与他们年龄、智力、精神状况相适应的民事活动，其他民事活动由其法定代理人代理或者征得其法定代理人同意。不满10周岁的未成年人和不能辨认自己行为的精神病人是无民事行为能力人，其民事活动由他的法定代理人代理。广义的民事行为能力不仅指民事主体实施合法行为的能力，也包括民事主体对其违法行为承担民事责任的能力。若把民事责任能力分解出来，则应认为有民事行为能力，同时也有民事责任能力。有行为能力的人，如果侵害他人的权利、造成他人损害的，就要承担民事责任或其他责任；无行为能力人侵害他人的权利、造成他人损害的，则由监护人承担民事责任。

法人有无民事行为能力，理论上有不同见解。中国民法确认法人具有民事权利能力和民事行为能力。法人的民事行为能力和民事权利能力是同时发生和消灭的。法人的民事权利能力的差别取决于法律的规定、自身的性质和法人的目的、范围的不同。法人的民事行为能力由它的机关或代表来实现。

民事义务　civil duty　法律规定公民、法人在民事关系中必须为一定行为或不为一定行为的约束。民事权利的对称，与民事权利共同构成民事法律关系的内容。它包括：①义务人必须按照权利人的要求为一定行为或不为一定行为，以使权利人的民事权利得以实现。②民事义务的范围是法定或者约定。③民事义务的承担和履行是为满足权利人的权利需要。④民事义务受国家强制力的约束。依义务的发生关系标准可分为第一次义务与第二次义务。依义务的内容可分为积极义务与消极义务。依义务的依从关系标准，可分为主义务和从义务。依民事义务在民事法律关系中是否有具体规定，可分为明示的民事义务和推定的民事义务。明示的民事义务又可分为法定的义务和约定的义务两种。

民事责任　civil liability　民事主体因违反民事义务，或因具备某种法定事实条件，依法承担的强制性民事法律后果。

民事责任的分类与构成要件　民事责任可区分为违约责任、侵权民事责任和其他法定民事责任。以违约责任和侵权责任最为普遍和典型，两者的区别在于前者是违反特定人之间的约定义务，而后者是违反不得侵害他人合法权益的普遍的法定义务。

违约责任构成要件有四：违约行为，损害，违约与损害之间有因果关系，不存在法定或约定的免责条件。侵权行为区分为过错归责侵权行为和不以过错为归责条件的侵权行为。侵权行为一般实行过错归责原则，故又称一般侵权行为，其构成要件有四：加害行为及违法性，损害，加害行为与损害的因果关系，过错。无过错侵权行为的责任成立要件，各依其特别侵权法规范确定。其他法定民事责任是指不能纳入侵权责任和违约责任范围内的其他民事责任，主要有不当得利返还义务、无因管理中的财产返还以及费用补偿义务、物上请求权对应的占有返还义务等转化而来的民事责任。

民事责任的形式　指民事责任实现的各种具体方法。《中华人民共和国民法通则》第134条规定，承担民事责任的方式主要有：停止侵害；排除妨碍；消除危险；返还财产；恢复原状；修理、重做、更换；赔偿损失；支付违约金；消除影响、恢复名誉；赔礼道歉。以上承担民事责任的方式，可以单独适用，也可以合并适用。

民事执行程序　civil suits, executive procedure in　民事诉讼法规定的由法定组织和人员运用国家的强制力量，根据生效法律文书的规定，强制民事义务人履行所负义务的程序。法律文书一经生效，义务人应自觉履行。如拒不履行，权利人可申请法院强制执行。执行程序是民事诉讼程序的最后阶段，它具有以下特点：①执行权由人民法院统一行使。无论生效的法律文书是由何种机构作出的，凡应通过民事执行程序加以实现的，只能由人民法院执行。②执行程序的目的在于实现生效法律文书所规定的内容。③执行手段具有强制性。

执行程序的发生必须具备下列条件：①必须具有作为执行根据的法律文书，包括人民法院作出的民事判决书、裁定书、调解书、支付令，仲裁机构作出的裁决书、调解书，公证机关制作的依法赋予强制执行效力的债权文书，行政机关制作的依法由人民法院执行的决定书。②作为执行根据的法律文书，必须已经发生法律效力，并具有给付内容。③负有义务的一方当事人故意拖延、逃避或拒绝履行义务。

《中华人民共和国民事诉讼法》和有关法律规定，地方各级人民法院设执行组织或执行员，在院长领导下，负责执行本法院对第一审民事案件所作的判决和裁定。第二审案件的判决和裁定，原则上由原审人民法院执行。

中国《民事诉讼法》规定的执行措施包括以下几种：查询、冻结、划拨被执行人的储蓄存款；扣留、提取被执行人的收入，包括工资、奖金、稿费等；查封、扣押、冻结、拍卖、变卖被执行人的财产；对被执行人的财产进行搜查；强制被执行人交付执行文书中所指定的财物或者票证；强制被执行人迁出房屋或者退出土地；通知有关单位办理有关财产权证照转移手续；强制被执行人完成法律文书中指定的行为；对迟延履行义务的被执行人，强制其支付迟延履行金或加倍支付迟延履行利息。

民俗　folklore　传统文化的一种。主要包括以口头、物质、风习等方式保存和传承的传统文化现象。大体分为口头传统、物质民俗和精神民俗三大类。其中，口头传统主要包括民间叙事和抒情创作，如神话、史诗、叙事诗、传说和故事，包括劳动歌、仪式歌、情歌等在内的大量民歌、民谣等；另外还有大量的民间俗语，如谚语、俗语、谜语、绕口令、咒语、誓词、驳词、祝词、打招呼用语等。物质民俗主要包括民间建筑、民间美术、民间工艺、民间服饰、民间饮食等。精神民俗主要包括民间节日、民间信仰、仪式活动，以及民间音乐、民间舞蹈、民间戏剧等多种民间艺术表现形式。“民俗”一词在中国先秦时已使用，当时人们也收集和记录了一些民俗事象，如民谣、民歌、谚语等。产生于2500年前的中国第一部诗歌总集《诗经》可谓是中国最早的一部民间歌谣集，除记录民歌民谣外，还反映了当时的生产、婚姻、服饰、宗教、祭祀和饮食等诸多情况。西方称“民俗”为folklore，1846年由英国考古学家W. J. 汤姆斯首次提出。

民俗的主要特点有：①传统性。民俗文化是诸多约定俗成的带有普遍意义和典型意义的事象，而不是个人的体验和创作。②传播途径的非官方性和非正式性。传统性的民俗文化主要是以口头语言为媒介、以口耳相传的形式等非正式的途径获得和传播。③具有很强的生命力，即具有持续性和连贯性。民俗传统经久不衰，可以超越时空的限制，呈现出永恒的生命力。④变异性。民俗事象传承方式的特殊性决定了民俗事象不可能只有一个文本，因为每一个人在讲述、表演、模仿和重复某一种民俗事象时，都可以说是一种再创造。

民俗的主要功能有：①教育功能。在一些地区，尤其是对那些没有文字和各种教育设施的种族和人群来说，民俗便成为一种教育工具。②文化认同及文化保存和强化功能。民俗是保持文化传统稳定性的重要工具，它还以不成文法的形式具有实施社会压力和社会控制的功能。③娱乐功能。许多民俗事象给人的最初印象往往是它们的娱乐性，但实际上，在各种民俗事象的娱乐功能的后面，包含着极其深厚的文化意义。④心理调节功能。民俗在保持文化稳定性的同时，又是人们在生产、生活的沉重压力下放松和宣泄情绪的途径，如许多仪式活动、各种民间艺术表演形式、故事、笑话、民歌、民谣等，往往具有明显的心理宣泄功能。

民俗学 folklore 研究民众文化生活的传承现象，探求其本质、功能以及发生、发展、变化、消亡规律的一门学科。其主要研究目的在于，揭示传统文化保存、传承和传播过程中的规律和模式，阐释民俗事象本身所包含、承载和传递出的文化信息、内涵和价值。民俗学研究分为类型研究，专题研究，民俗理论、理论史及应用研究，民俗学史研究和民俗志研究等。主要研究方法为田野调查法。

作为一种新兴学科，欧洲民俗学发端于19世纪初期的德国，代表人物为格林兄弟。1812年，格林兄弟出版的《家庭和儿童故事集》(中译名《格林童话集》) 标志着民俗学学科的诞生。但“民俗学”(folklore) 一词，则是在1846年首先由英国考古学家W.J. 汤姆斯提出的。但因folklore一词又有民俗的意思，故近年来，西方一些学者开始使用folkloristics以示区别。中国现代民俗学发端于20世纪初。辛亥革命后，在关注民众的背景下产生了民俗学研究。学者们把目光投向当时被认为是“下里巴人”、难登大雅之堂的粗野小民的创作。先后设立“歌谣征集处”、成立“歌谣研究会”、创办《歌谣周刊》。截至1925年，搜集到上万首民谣。1928年，中山大学民俗学会成立；30年代初，杭州成立了中国民俗学会。到1949年，中国民俗研究已取得一定成果。1983年全国性的学术组织——中国民俗学会成立，中国民俗学在新的历史条件下得以重建和复兴。

民意测验 public opinion poll 了解公众对政治或社会上有争议的问题的态度和意见的方法。发源于20世纪30年代的美国。是综合心理学的测量方法与市场调查方法而形成的统计调查方法。经常使用抽样调查的方式。即在一个明确定义的总体中抽取一定数量的样本，使用统一的问卷对个人进行调查。调查内容一般是个人的意见和态度，较少涉及个人的生活状况与行为。一般来说，民意测验不能解释个人的意见或态度是如何产生的，也不能用来说明持同样态度的人是否已经构成紧密的集团。其特点在于，因所提问题少，内容集中，能直接迅速获取大众化的民意反映。该方法日益为政府、企业、媒体及研究机构广泛采用。

但该方法也受到一些批评。批评者认为，尽管民意测验是了解意见和态度的结构、分布与变化不可缺少的工具，但在方法与技术上仍存在不少问题。如调查结果往往只限于了解表层民意，很难揭示深层问题；无法了解群体与组织对个人意见态度的影响。此外，民意调查还涉嫌侵犯个人隐私权或操纵舆论。

民用机 civil aircraft 非军事用途的飞机和直升机。包括用于商业飞行的大、中型旅客机和货机，统称航线飞机；通用航空中使用的各种轻型、超轻型飞机，直升机和滑翔机等。

航线飞机主要是旅客机和旅客机改装的货机或客货混装的飞机。航线飞机载重量大、速度快、飞行利用率高，在航空客、货运输方面起着主要作用。通用航空包括公务机、通勤飞机、农业飞机、多用途飞机、教练机以及家庭座机、个人娱乐和体育航空用的轻型和超轻型飞机等。

民主 democracy 以多数人的意志为政权的基础，承认全体公民自由、平等权利的统治形式和国家形态。民主最初是对古希腊各种政体比较而抽象出的概念。从词源上说，“民主”概念首先是指国家的政治制度。在现代社会，民主是一个含义很广的概念，常用以表示具有平等、自由性质和特征的社会状态、现象。大多数国家都在宪法中明确规定“主权在民”、“一切权力属于人民”等类似的原则。

民主是一个历史范畴，在不同的历史时期有着不同的内容。马克思主义对民主问题的考察总是同国家问题联系在一起的，认为民主是一种与专制相对立的国家制度，属于上层建筑，由一定的经济基础所决定，并为其服务。民主的发展程度和形式是与经济的发展水平相联系的，并受一定社会文化和传统的影响。在阶级社会中，民主作为一种国家形态，是有阶级性的。任何民主制度都是为了巩固统治阶级的政治统治和维护其经济利益，民主总是统治阶级的民主，而对被统治阶级实行专政。但在不同历史时期不同类型的民主制度下，民主与专政的统一具有不同的性质。从人类社会历史发展看，民主的范围将不断扩大和发展，专政的范围逐渐缩小，当专政消失时，作为国家制度的民主也就消亡了。

民主作为与专制相对立的统治形式和国家形态，是一个复杂的、多层次的结构，充满辩证的因素，是许多矛盾的统一，其中包括：自由与平等的统一，多数裁决与允许少数保留意见的统一，选举、监督国家公职人员和服从国家公职人员依法管理的统一，民主与法制的统一。

资产阶级民主的特点是：议会制代替专制君主制，选举制代替等级制和世袭制，实行分权制，实行资产阶级政党政治，完备的资产阶级法制。

社会主义民主在社会主义各国的表现形式和发展程度也不完全相同。在中国，社会主义民主的特点包括：一切权力属于人民，实行真正的普选制、监督制、罢免制，人民代表大会统一行使国家权力，共产党领导的多党合作和政治协商制度，社会主义民主和法制的统一。

民主革命 democratic revolution 反对封建地主阶级统治和封建专制制度并建立民主制度的革命。通常由资产阶级领导，故又称资产阶级革命或资产阶级民主革命。

旧民主主义革命　由资产阶级领导的、反对封建专制制度和封建政权，建立资产阶级专政的共和国和资本主义社会制度为目的的革命。1911年由中国民族资产阶级政治代表孙中山领导的、推翻清封建专制政权、建立中华民国的辛亥革命，就属于旧民主主义革命。

新民主主义革命　由无产阶级领导的、革命性质仍然是反对帝国主义反对封建专制的资产阶级性的民主革命，但目的不是建立资产阶级专政的共和国，而是建立无产阶级领导的、工农联盟为基础的、几个革命阶级联合专政的人民共和国。革命胜利后的社会既不是资本主义社会，也不是社会主义社会，而是新民主主义社会。这种革命就是新民主主义革命。如中国从1919年五四运动开始到1949年中华人民共和国建立这30年在中国共产党领导下的反帝反封建反官僚资本主义的革命就是新民主主义革命。

民族民主革命　殖民地半殖民地国家既要进行反对本国封建专制统治的民主革命，又要反对外部的帝国主义侵略以维护民族独立的民族革命。民族民主革命属于无产阶级世界革命的一部分。在资产阶级领导下的民族民主革命，往往半途而废，或以各种形式的妥协而告终。只有在无产阶级领导下的民族民主革命，才能取得彻底的胜利。

民主集中制 democratic centralism 工人阶级政党及其领导的社会主义国家政权的基本组织原则。

在国际共产主义运动的历史上，首先提出“民主集中制”的是V.I.列宁。俄国社会民主工党和由俄国社会民主工党布尔什维克派发展而来的苏联共产党均实行了这一组织原则，各国共产党也以这一原则作为自己的组织原则。各社会主义国家成立后，民主集中制也成为社会主义国家政权和人民团体的组织原则。

民主集中制是民主与集中的统一，是民主基础上的集中和集中指导下的民主。民主的过程是人民内部方方面面利益、意见和要求的表达和协调过程；集中的过程则是经过协调的各方面利益和要求与人民的根本利益协调，形成政治和公共决策的过程。民主集中制要求个人、局部或者暂时利益和要求必须服从集体、全局和长远利益和要求。

民主监督 democratic supervision 广义上泛指体现人民当家做主权利，由人民对国家机关及其工作人员进行的监督。包括权力机关的监督，政党的监督，社会团体、组织的监督和来自社会舆论、公民的监督。狭义上的民主监督是对国家的宪法、法律和法规的实施，重大方针政策的贯彻执行，国家机关及其工作人员工作的监督。

在中国，民主监督通常作为狭义概念使用，狭义的监督是通过建议和批评的方式进行的，是被管理者对管理者进行的监督。它是社会主义民主的重要体现。根据实施民主监督主体的不同，可分为：①人民政协和各民主党派的监督。②工会、共青团、妇联等社会团体和群众组织的监督。③新闻舆论的监督。④公民监督。⑤国家机关和执政党内自下而上及平行、交互的监督。

民主进步党 Democratic Progressive Party 中国台湾地区的主要政党之一。简称“民进党”。1986年9月28日在台湾成立。

成立与发展 民进党是由台湾岛内的国民党党外势力发展演变而来的。1949年国民党统治集团退踞台湾后，长期实行戒严体制。到20世纪60年代前期，反对国民党专制独裁统治的“党外”势力在岛内逐步兴起。1983年9月和1984年5月，分别以国民党外知识分子和公职人员为主先后成立了“党外”编辑作家联谊会(简称“编联会”)和“党外”公职人员公共政策研究会（简称“公政会”)，并发展成为较有影响的两大组织。1985年底参加台湾县市长和省、市议会选举，两股势力共同组成“党外选举后援会”。1986年6月，“编联会”成立组党工作小组，随后“公政会”秘密成立组党行动规划小组，具体筹划组党事宜。9月28日，“党外”势力在台北召开“党外选举后援会”大会，经部分与会“党外”势力代表人物倡议发起，会议经行宣布决定成立民主进步党。11月10日，召开第一届党代表大会，通过了党章、党纲。1989年1月，台当局解除党禁；4月，民进党正式完成政党登记手续，成为台湾地区第一个反对国民党政权的政党。

民进党成立后，党内的一些头面人物通过选举，陆续进入台“国民大会”、“立法院”和省、市、县议会，并掌握了一些地方执政权。1997年，民进党在第十三届县市长选举中赢得12席，不论是得票率还是执政县市面积、人口等都首次超过国民党。2000年3月，在国民党产生严重分裂的情况下，民进党候选人陈水扁当选为台湾地区领导人，民进党成为台执政党。2001年民进党又取代国民党成为“立法院”第一大党。2004年3月，陈水扁连任台湾当局领导人。

民进党上台后，顽固坚持“台独”立场，推行“台独”路线，导致两岸关系持续紧张，岛内经济下滑，政局动荡；尤其是民进党内部贪污腐化严重，其“清廉”政党形象破毁，终至迅速溃败。2005年底县市长选举，民进党席次缩至云林县以南的6个县市。2008年1月“立委”选举，民进党更遭遇创党以来的最严重挫败，仅取得113席中的27席。3月22日，民进党在台湾地区领导人选举中败北。

政治主张 民进党坚持“台独”分裂立场，否认“九二共识”，热衷推行“台独”分裂活动，阻挠两岸关系改善与发展，企图借“宪改”举办“入联公投”等，谋求“台湾法理独立”，威胁台海地区和平稳定。1986年11月，民进党一大通过的党纲宣称：“台湾前途，应由台湾全体住民，以自由、自主、普遍、公平而平等的方式共同决定”。1987年，民进党二大又将“台湾人民有主张台湾独立的自由”写进了大会的决议。1991年10月13日，民进党五大通过“台独党纲案”，公然提出“基于国民主权原理，建立主权独立自主的台湾共和国暨制定新宪法，应交由台湾全体住民以公民投票方式选择决定”，将“建立台湾共和国”作为该党的“奋斗目标”。

为因应2000年台湾地区领导人选举，1999年5月，民进党通过了《台湾前途决议文》，声称：“台湾，固然依目前宪法称为中华民国，但与中华人民共和国互不隶属”，“台湾是一主权独立国家，任何有关现状的变动，必须经由台湾全体住民以投票的方式决定。”2001年10月，民进党九届二次会议通过“党章修正案”，将1999年《台湾前途决议文》的位阶等同于“党纲”。民进党“台独”论述的逐步调整，旨在化解部分中间选民对民进党“台独党”的疑虑，是权宜性、策略性调整，并没有从根本上触及“台独党纲”，没有改变其“台湾是主权独立国家”的一贯立场，没有改变谋求“台独”的基本理念和政策目标。

2000年民进党成为执政党后，将其“台独”理念通过权力转化为政策，渗透在八年执政的各个层面。2002年8月，兼任民进党主席的陈水扁公然声称“台湾是一个主权独立的国家”，“台湾跟对岸中国‘一边一国’，要分清楚”。2003年，陈水扁抛出了走向“台独”的时间表，即2004年举办第一次“公投”，2005年开始制定“台湾新宪法”，2006年“公投决定台湾新宪法”，2008年5月付诸实施。

陈水扁2004年5月连任后，变本加厉地推进“激进台独”路线。于2005年6月正式启动“第二阶段宪改”，谋求通过“宪改”的方式实现“台湾法理独立”。受挫后，又推动于2008年3月22日台湾当局领导人选举时举办“以台湾名义加入联合国公投”这一变相的“统独公投”。民进党搞“台独”不得人心，受到包括大多数台湾同胞在内的全中国人民的坚决反对。随着其“入联公投”遭到否决，民进党也败选交出政权。

民族 nation; nationality; ethnic group 人类社会共同体形式之一。是人类经历了原始群、氏族、部落的变迁发展，在一定历史阶段形成的有共同语言、共同地域、共同经济生活和表现为共同文化特点基础上的共同心理素质的稳定的共同体。属于历史范畴。有关民族的定义很多，层次不同，但基本要素都包括语言、地域(聚居地)、生产方式、文化传统和价值观念等心理状态的同一性。

民族的形成 民族作为人类共同体形式是伴随着国家权力结构的出现而形成的，是人类社会进入阶级社会的产物。在氏族、部落阶段，家长、氏族长老、部落首领享有建立在血缘关系基础上的地位和权力，而部落联盟统治形式的出现不仅在地域范围突破了氏族、部落的领地，其权力结构也打破了原有的血缘关系。建立在部落联盟统治基础上的国家形式出现以后，在国家权力统治的地域范围内，氏族、部落权力必须服从于国家权力，民众均属于国家的人民。但是，国家本身也有一个发展过程，经历了城邦国家、帝国、民族君主国等古代形式，最终发展为近现代以来的民族国家。因此，古今中外对不同历史阶段的“民族”有不同的理解和称谓。

古代民族是指内部形成阶级分化、建立起政治权力组织和统治一定区域的共同体。例如中国古代历史上处于“天下万邦”阶段的“东夷”、“南蛮”、“西戎”、“北狄”和“中原华夏”的“五方之民”。这些民族集团中存在着诸多初级国家形态的政权及其统治下的诸多处于氏族、部落等社会发展阶段的共同体，在实现政治统一、文化同一方面尚处于十分不稳定的初级阶段。春秋战国以后，秦始皇统一了中原地区，实行“车同轨”、“书同文”等社会统一的制度和政策，使秦王朝统治范围的“中原华夏”在社会同一性的整合进程中形成了新的民族统一性，有关汉族形成于秦汉时期的观点即源于这个过程。

美洲大陆、非洲大陆和澳大利亚的民族与国家过程较为迟缓，有些地区甚至直到20世纪初期还没有进入到形成国家的社会历史发展阶段，人们的群体大都处于前民族的氏族、部落阶段，阶级分化导致的权力集中往往表现为部落联盟、酋邦等前国家形态。

民族国家是西欧资产阶级民族主义革命的产物，是现代国家的基本模式。与历史上的国家根本不同之处在于主权独立、领土完整、边界清晰，全国民众不再是效忠帝王的臣民而是效忠国家的公民，国旗、国徽、国歌等成为体现国家统一的标志和人民认同的象征，统一的制度模式、教育体系、官方（或通用）语言等因素成为凝聚全国人民和塑造统一民族的保证，全国人民都享有共同的国籍身份，从而构成了现代意义上的民族，如中华民族、俄罗斯民族、美利坚民族、法兰西民族等。当代世界由190多个民族国家组成，同时绝大多数国家内部又存在诸多基于历史、文化、语言等因素的民族，通常认为世界上有2 000～5 000个这样的民族。由多个民族构成的民族国家又称为多民族国家，是当代世界民族国家格局中的普遍形式。

民族的概念 中文“民族”一词始见于南朝宋齐时期道士顾欢的《夷夏论》，用于区分族别。1837年在西方传教士编辑的中文刊物中开始出现“以色列民族”等现代用法。近代西方民族国家出现以后，中国在引入现代民族观念时将英文的nation-state翻译为“民族国家”，使中国传统的“民族”一词有了两种含义：①狭义的民族，指体现为国家层面的民族，如中华民族。②广义的民族，指自然、历史形成的民族，如**汉族**、**蒙古族**、**藏族**等56个民族，其中人口规模相对汉族为少的民族通常称为**少数民族**。

在世界范围内，对民族的称谓和定义纷繁复杂、莫衷一是。仅英文中对应中文“民族”一词的词语就包括nation、nationality、ethnos、ethnicity、ethnic group、people等。在表述国家层面的民族时统一用nation。有一些国家对处于不同社会发展阶段的人们共同体采用不同的称谓，如非洲许多国家中普遍存在“部族”称谓；在美洲、大洋洲和北欧一些国家则将社会发展程度处于氏族、部落阶段的群体称为“土著人”；在美国等西方发达国家，通常对所有脱离原民族或原国家的移民群体称为ethnic group（中文通常译为“族群”），将融散在城市生活中的具有种族、民族、宗教、语言、习俗等文化特征的群体称为“族群”，用这一概念来称呼世界各国中的各个民族。

民族问题与民族消亡 民族将经历形成、发展、融合、消亡四个阶段。四个阶段之间并没有清晰的界限，是一个动态的过程，每一个阶段都蕴涵着下一个阶段的因素。民族在形成中发展，在发展中融合，在融合中消亡。世界各民族的发展程度存在着很大差别，既包括体现在语言、经济生活、文化习俗、心理状态等方面的差异，也包括由于阶级社会的民族压迫和自然地理因素造成的在社会发展进程方面的差距。实现各民族的平等发展、共同进步，必须消除造成民族压迫的阶级压迫。在彻底解决这一根本性问题之前，人类社会将始终面临解决民族问题的重大事务。当代世界民族矛盾所引发的内战、地区冲突、国家裂变、国际恐怖主义均属于民族问题中的突出现象，而解决各民族和睦相处、平等互助、共同发展问题则是消除民族冲突的必由之路。当今世界无论属于国家层面的民族还是属于自然、历史层次的民族，都处于人类社会民族过程的发展阶段，世界上各个民族国家建构国家层面民族的过程仍在继续。如马克思主义经典作家所指出的，在阶级、国家消亡之后，民族也将消亡。

民族出版社 The Ethnic Publishing House

中国出版少数民族文字和汉文社会科学类图书的综合性出版社。1953年1月在北京成立。以突出民族特色、打造民族品牌，弘扬各民族优秀的传统文化艺术，促进中国与世界各民族之间的文化交流为宗旨。用蒙古、藏、维吾尔、哈萨克、朝鲜、汉6种文字出版马列经典著作和老一辈无产阶级革命家著作，党和国家重要政策文献，社会科学和自然科学各门类学科读物；出版有关民族方面的学术著作和精选的汉文图书，以及各民族的优秀文化遗产、各类辞书和音像制品等。还出版民族文版《求是文选》、《人民画报》两种期刊。

民族大迁徙 Great migrations of Tribes

376～568年，散居罗马帝国境外的以日耳

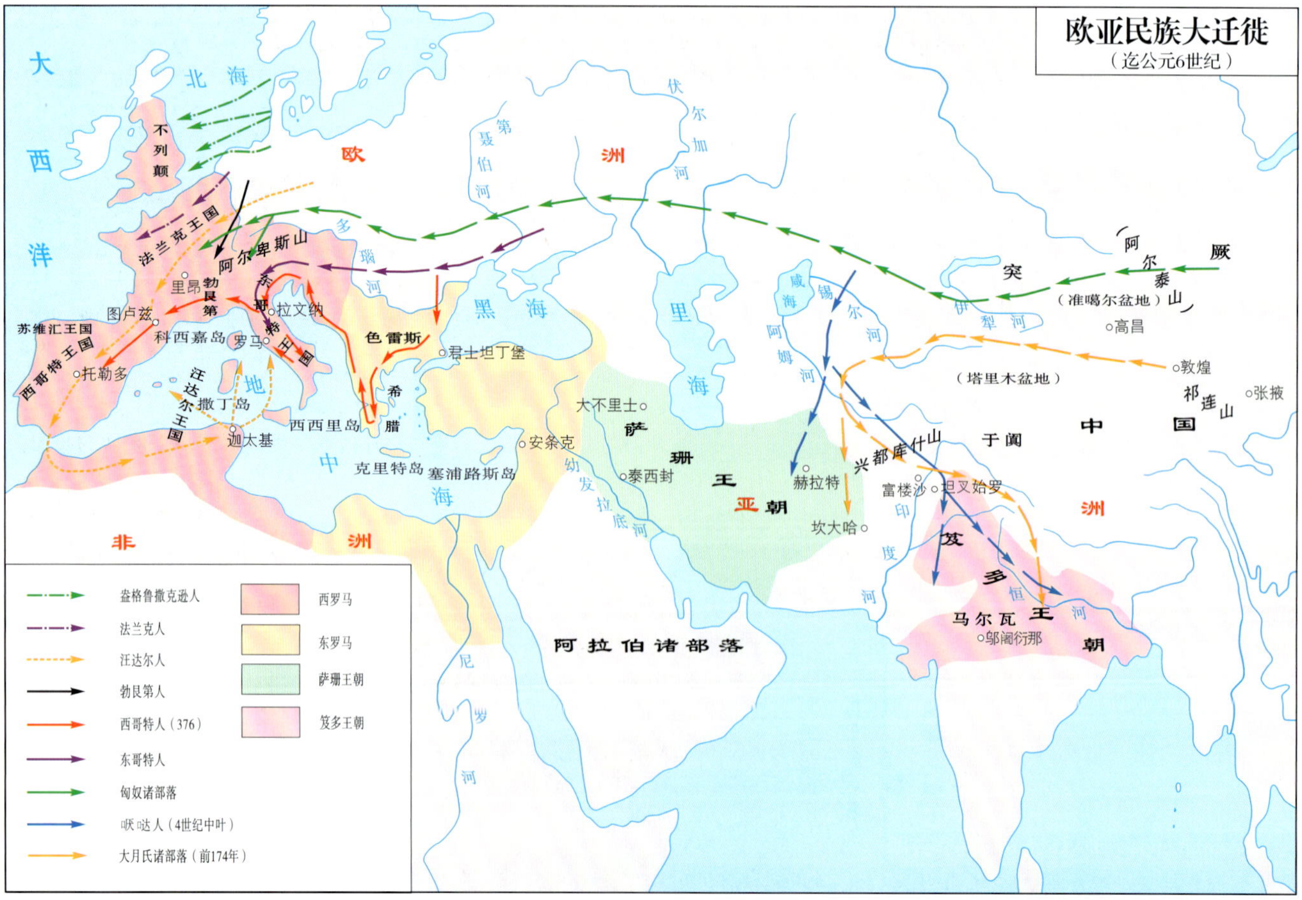

曼人为主的诸“蛮族”部落大举强行移居帝国境内，并各自建立国家的历史过程。民族大迁徙的原因是日耳曼人的原始公社制解体，部落显贵、军事首领及亲兵渴望向外掠夺新的土地和财富；人口自然增长对生产力形成压力，为了发展畜牧经济，一般日耳曼人不得不向外地迁徙。罗马奴隶制的危机和帝国的衰落，无力抵御外族入侵，因而使“蛮族”的武装迁徙深入帝国腹地。直接推动民族大迁徙的导火线是375年匈奴人对日耳曼民族的一支东哥特人的侵袭。376～568年，先后有西哥特人、苏维汇人、汪达尔人、阿兰人、勃艮第人、法兰克人、东哥特人、伦巴德人等投入民族大迁徙的洪流。

此外，5世纪中叶，日耳曼人中的盎格鲁、撒克逊和裘特各部落横渡北海进入不列颠，占据该岛的东部和南部，建立许多小王国。

568年，伦巴德人打败拜占廷，占领北部意大利，建立伦巴德王国，建都拉文纳，是为民族大迁徙的终结。

历时约2个世纪的日耳曼民族大迁徙，在当地奴隶、隶农起义的支持下，摧毁了罗马奴隶制帝国，建立了日耳曼诸王国。其中以力量最强、存在最久的**法兰克王国**最为典型。民族大迁徙的结果导致了罗马古典奴隶制的灭亡和西欧封建社会的开始。

民族地理 geography of nation; geography of ethnic groups 研究民族的地理分布及其形成和演变的地理背景的领域。民族学和地理学之间的交叉领域，属文化地理学范畴。**民族**是历史上形成的一种社会集团。世界上的民族处于不同发展阶段，按所处的阶段分为原始民族、古代民族、近代民族和现代民族。不同的民族有不同的地理分布；同民族不同的时代亦有不同的地理分布。民族地理研究的主要内容是民族分布，有三个尺度：①国家尺度上的分布。有些国家人口的主体是一个民族，这样的国家被称为民族国家，如东亚的日本、朝鲜、韩国和蒙古等。世界上多数国家的人口是由多民族构成的，中国就是一个多民族的国家。一个民族散布于多个国家的现象也十分普遍，如阿拉伯人、库尔德人、吉普赛人等。②国家内部的地区分布。在多民族国家内部，有民族聚居地区和混合居住地区两种形式。③聚落内部民族分布。城市聚落内部尤其大都市内部往往会出现不同民族聚居区，普遍现象是主体为民族混合居住区或主要民族居住区间镶嵌着少数民族聚居区。民族与地方环境的关系也是民族地理研究的重要内容：首先，自然地理环境在民族文化上留下烙印，尤其是在物质生活和物质生产方面；其次，社会人文环境与民族文化发展紧密联系，这在民族间的交流和碰撞中表现得最明显。民族地方认同是民族地理研究的另一个内容。一个民族一旦形成后，具有相对的稳定性。它长期保持自己的传统、风俗习惯、语言文字、宗教信仰、居住方式、生产特点和强烈的民族自我意识等，包括对某个地方尤其是对民族源地有强烈的认同。这种地方认同在民族内聚、民族发展、民族间冲突上有明显的体现。

民族分离主义 ethnic secessionism 在多民族国家中，期望脱离所在国，建立本民族独立国家的社会运动或思潮。是民族主义的一种极端表现形态。它可以指个别民族或其组成部分脱离原所在国而独立，也可以指主权国家以民族为单位的分崩离析。前者破坏国家统一，后者彻底瓦解国家。当今世界，分疆裂土的民族分离主义是多民族国家政治的最大隐忧。不同民族在发展水平、人口规模、社会资源操控等方面差异的长期存在，使得民族矛盾和民族问题成为国家政治生活中的必然现象，但解决这些矛盾和问题并不意味着只能通过民族分离来实现。当代民族分离主义多以民族自决权作为其政治合法性的幌子，给人们对它的是非判断造成困难。

民族服装 ethnic costume 具有传统民族形式的服装。又称民俗服。是民族政治、经济、思想、文化的反映，体现着民族心理素质。民族服装在特定的社会生活及自然环境中形成，符合民族的生活习惯和审美意识。其民族特征主要表现于服装的造型、款式、色彩、材料和服饰件等方面。

三种民族服装示意

中国有56个民族。**中山装**和**旗袍**被认为是中华民族有代表性的民族服装。汉族的**衫**、**袄**、**袍**被特称为中式服装。中国少数民族服装，琳琅满目，各具风采。

世界各国的民族服装品种繁多。各民族的服装都具有鲜明的民族特色，如阿富汗的披掩全身的斗篷式女装查连，菲律宾的由纱雅裙和班诺萝上衣组成的女套装他侬，日本的**和服**，印度的女装纱丽，印度尼西亚男女皆穿的围裹裙纱笼（见图），苏格兰的男式褶裙凯尔特，夏威夷的直统型连衣裙姆姆，印第安民族的披风式外衣庞裘等。

民族解放运动 national liberation movement **殖民地**、**半殖民地**人民和一切被压迫民族反对帝国主义、新旧殖民主义和霸权主义，争取民族解放和维护民族独立的斗争。它的任务是对外反对异族压迫，对内反对封建专制制度，为资本主义发展扫清道路。它属于资产阶级民主革命的性质，领导者有的是资产阶级，有的是无产阶级。俄国十月革命的胜利，使被压迫民族的解放运动同无产阶级的革命斗争联合起来。第二次世界大战以来，民族解放运动空前高涨。到1981年底，亚非拉等地区先后有93个国家摆脱了殖民统治而获得独立。第二次世界大战后出现了亚非拉国家之间联合反对帝国主义、殖民主义、霸权主义的斗争的新局面。但大多数民族独立国家还面临着争取经济上获得真正独立和发展的任务。

民族歧视 national discrimination 按照民族成分划分人们的社会地位和法律地位，限制和侵犯某些民族的基本权利的现象。它是剥削制度和专制制度的产物，主要由剥削阶级实行的民族征服、掠夺、压迫和统治政策所引起，并由他们挑拨民族关系、制造民族纠纷、煽动民族仇恨的行为所推动。它可以表现为在政治、经济、文化及语言文字、风俗习惯、宗教信仰、生活方式等方面对其他民族的限制、约束和压制，也可以表现为对其他民族整体或局部的轻蔑性偏见。

中华人民共和国建立后，废除了民族压迫制度，实行民族平等政策，宪法和法律禁止民族歧视。世界上不少地区仍然存在民族歧视。这种歧视既有公开的，也有隐蔽的、事实上存在的。民族歧视对民族团结、社会稳定和人类的文明进步都极其有害，正在受到绝大多数国家和人民的谴责和抵制。只有消灭剥削制度和民族压迫制度，才能逐步消除民族歧视，在各民族之间实现真正平等。

民族迁徙 ethnic migration 某一民族或某一民族的一部分离开原居住地到另一地永久或半永久居住的空间移动过程。民族迁徙的原因有被迫的，也有自发的。被迫迁徙主要起因于躲避外来压迫、战乱、生态破坏和自然灾害，统治集团的强制驱赶、军事调集、对外驻防或殖民等；自发迁徙主要起因于迁徙地和原住地之间在社会状况和自然环境之间的差距，趋利避害，主动向条件较好的地方迁移，这是历史上的普遍现象。民族迁徙往往会造成民族地理的大幅度变动和社会的重大变革，例如4世纪匈奴人的不断西迁，8世纪阿拉伯人向周边的扩展，13世纪蒙古人进入中亚和东欧，都产生了民族迁徙的连锁反应，引起世界历史的巨大变化。一个民族迁徙到新的地方后，其经济结构和生活习俗往往会发生变化，甚至形成新的民族。一些民族则同化于迁徙地民族而退出历史舞台。

民族认同 ethnic identity; national identity 社会成员对自己民族归属的自觉认识和感情依附。即民族归属感。民族是人类的一种群体分类，当人们意识到这种分类以及自己在这种分类中的具体归属时，就产生了民族认同。民族认同建立于共同的文化基础上，自觉或不自觉地与祖先、血缘等原生因素相联系，具有强烈的感召力和持久性。民族认同形成的前提是民族交往和接触。生活在一定民族社会中的人们，在未与外族成员交往（包括间接交往）之前，不可能认识到“我们”与“他们”的区别，不会有自己属于某族的心理感受。只有经过交往，才会形成外族成员“非我族类”的印象，产生民族归属感。民族认同的强弱与民族交往的频率、形式、广泛程度和文化差异等因素有关。一般而言，交往频率高、形式剧烈（例如战争或其他暴力手段），参与成员广泛，文化反差大，形成的民族认同就强，反之即弱。

民族融合 national fusion 全世界民族消亡的途径和过程。指全世界各民族在社会高度发达，相互联系高度密切，共性文化极度增多以后，民族特征和民族差别逐渐消失，形成一个没有民族界限的人类整体的历史过程。民族融合是一个漫长的历史发展过程，也是历史发展的必然趋势。在资本主义社会中，由于商品经济的发展和世界市场的形成，各民族之间的经济交流和文化联系日益频繁，民族融合的因素不断增多。但是，由于剥削制度和民族歧视社会环境的存在，民族融合因素的增长受到阻碍。在社会主义社会里，消灭了民族压迫和剥削制度，实现了民族平等和民族团结，建立了社会主义民族关系，民族间的经济交流和文化联系更加密切，在各民族共同繁荣的基础上，民族融合的因素必然得到广泛的发展。但是，社会主义阶段不是实现民族融合的阶段，而是民族发展繁荣的阶段。人们习惯上把历史上两个以上的民族，由于互相接近、互相影响，最终形成为一个民族的现象，也称为民族融合。

民族同化 national assimilation 一个民族或其一部分丧失本民族特征变成另一个民族的现象。它是从民族产生以来，在社会发展的各个阶段都存在的历史现象。它可分为自然同化与强迫同化两种。自然同化是符合人类社会民族过程发展规律的现象，一般表现为：比较落后的民族与比较先进的民族交往时，自然吸收先进民族的文化，逐渐改变、直至最后完全丧失自己的民族特征，变成别的民族。中国历史上许多少数民族，如匈奴、鲜卑、契丹、羯等族或其中的一部分，进入中原地区或与汉族混居以后，受到汉族先进生产方式的影响，逐渐地接受了汉族的文化，最后丧失了本民族的特征，成为汉族的一部分。强迫同化是一个民族利用暴力或特权强制别的民族放弃自己的特征而成为它的一部分。主要表现在统治民族的统治阶级对被统治民族的强制政策和强制手段上，如禁止使用自己的语言文字，强制易服饰、改姓名，强迫改变宗教信仰，等等。强迫同化是以被同化民族遭受巨大的痛苦和牺牲为代价的，是民族压迫的一种表现。

民族统一战线 national united front 社会各阶级和各种政治力量在反侵略、反压迫、争取民族解放和独立的民族战争中结成的政治联盟，以及多民族国家内各民族为维护国家统一，促进民族团结和共同发展进步而结成的政治联盟。不同的历史时期，民族统一战线的内容和形式不同。在帝国主义殖民主义时代，殖民地、半殖民地的工人、农民、城市小资产阶级、民族资产阶级及一切爱国民主人士结成全民族的统一战线，反对帝国主义、殖民主义列强以及与他们相勾结的封建势力和官僚买办阶级对各个民族实行的压迫和掠夺，争取民族独立和社会民主。在帝国主义殖民主义体系解体，殖民地、半殖民地人民建立起独立主权国家之后，民族统一战线成为多民族国家维护国家的独立和统一、促进国内民族团结、创造各民族和睦相处的政治空间的现实手段，体现了多民族国家中各民族利益的一致性，是各个民族平等参与国家政治决策，实现各民族共同发展、共同繁荣的政治保障。

民族文化 national culture 各民族在其历史发展过程中创造和传承的具有本民族特点的文化。通过语言、宗教、文学、艺术、价值观念、礼仪习俗、社会组织制度、建筑风格和民居、生产和生活器物、服饰、思维和行为方式等广泛领域表现出来，是民族得以存在的表征形态。民族文化伴随着民族存在和发展的整个过程。其首要特点是特殊性，特殊性构成民族与民族之间的差异性。它是一种绵长恒久的文化，具有鲜明的传统性。当然，传统并不意味着一成不变，变异在任何一种民族文化中都是使自身能够适应新的社会条件，得以生存和发展的必要因素。民族文化在民族的生存发展过程中承担着重要职能，如作为工具和中介使民族适应自然、与自然沟通，作为社会规范使民族维系自身的存在和稳定，作为精神家园为民族个体提供心理寄托和抚慰等。马克思主义认为，民族文化在阶级社会中包含着剥削阶级的和被剥削阶级的两种文化，反映着两种对立阶级的利益和思想。在社会主义社会里，民族文化是具有社会主义内容和民族形式的新文化。

民族文化宫 National Cultural Palace 中华人民共和国建立十周年首都十大建筑之一。位于北京西长安街北侧。设计人为张镈等，1959年建成。该建筑东西宽185.78米，南北深105米。集亭、台、楼、阁、塔于一体，体现了浓重的民族风格。主楼前

民族文化宫外景

面环抱的中央广场上有莲花瓣装饰的喷水池，后面连接着敞亮宽广的大厅，墙面用白色面砖装饰，翠绿色琉璃瓦屋顶，方正石墙脚，融现代建筑与传统民族风格为一体，造型优美独特。1998年，对民族文化宫进行抗震加固和全面装修。民族文化宫下设展览馆、博览馆、图书馆、宾馆、大剧院、娱乐城等机构和设施。展览馆拥有3 400平方米的展厅面积。1999年被国际建筑师协会第二届大会选为“当代中国建筑艺术精品之一”，1994年在北京“我喜爱的民族风格建筑”评选活动中，列50座中选建筑榜首。

民族乐派 nationalist music 欧洲专业音乐风格特征的派别之一。从19世纪中叶起，在德、奥、法、意这些浪漫主义音乐的中心地带以外的其他一些国家中，开始出现了致力于振兴本国音乐艺术的作曲家。他们强调自己作品中的民族因素，包括引用或创造性地运用民歌素材，从民间传说、

神话或文学中吸取非音乐的标题性因素等。他们把欧洲古典、浪漫派的音乐语言与本民族音乐的特点有机地结合起来，以大量具有独特价值的音乐作品丰富了世界音乐的宝库。民族乐派的主要代表人物有俄罗斯的M.I.格林卡和“五人团”，捷克的B.斯美塔纳、A.德沃夏克，挪威的E.H.格里格，芬兰的J.西贝柳斯，英国的E.埃尔加和西班牙的I.阿尔韦尼斯等。

民族乐派的产生有两个历史条件。首先是1848年革命以后，上述这些国家的民族、民主运动空前高涨，促使音乐学家们投入了复兴民族文化的潮流。其次是浪漫主义音乐的深入发展为民族乐派的出现积累了经验。实际上，民族因素的增长也是浪漫主义音乐的一个特征。F.F.肖邦、F.李斯特等人充满民族风格的创作使他们成为民族乐派的先驱。为了建立本民族的近代专业音乐，民族乐派的作曲家在学习和模仿当时盛行的浪漫主义音乐语言的同时，也开始努力搜集和研究本民族的民间音乐。一方面，他们虽然受到浪漫主义音乐的强烈影响，却表现出对这种音乐的统治地位的反叛。他们试图让这种惯用的国际性音乐语言去适应自己民族音乐的特点。另一方面，他们虽然深爱自己的民族民间音乐，但却不满于这种音乐的原始形态，而是力求对之加以发展，使之上升为专业的艺术精品。

从20世纪初到第二次世界大战结束，19世纪民族乐派的传统仍然在不少国家中继续深入地发展着。例如捷克的亚纳切克，匈牙利的巴托克和科达伊，波兰的席曼诺夫斯基，罗马尼亚的G.埃奈斯库，英国的沃恩-威廉斯和霍尔斯特，西班牙的德·法利亚，巴西的维拉-罗博斯和美国的G.格什温、A.科普兰等人。他们一方面能够更准确和更广泛地运用民间音乐素材，另一方面也能够更多地和浪漫派以后的各种新兴的西方现代音乐流派相结合。

民族主义 nationalism 资产阶级思想在民族关系上的反映，是资产阶级观察和处理民族问题、民族关系的指导原则。

民族主义是一个历史性的概念。封建社会存在封建君主制的民族主义。资本主义产生后，随着民族国家的出现和发展，民族主义也在不断发展，并逐渐形成一种完整的思想体系。在资本主义发展的上升时期，民族主义一般具有革命性和进步性。

自由资本主义发展到垄断资本主义阶段，世界民族分为压迫民族和被压迫民族。压迫民族的民族主义是资产阶级利益的集中表现；帝国主义、殖民主义更是以民族主义作为侵略扩张的侵略工具。被压迫民族的民族主义一般主张加强民族团结，维护民族利益，反对压迫民族的压迫，支持现代殖民地、半殖民地国家的民族解放运动和民族独立国家以及其他一些国家反对帝国主义、霸权主义侵略扩张的斗争。无产阶级支持被压迫民族的进步的民族主义，反对压迫民族的反动的民族主义。在社会主义国家，反对资产阶级的民族主义仍是社会主义国家人民的一项长期任务。

第二次世界大战后，众多的被压迫民族经过长期的不同形式的斗争，取得了政治独立，成立了民族国家。除少数国家走上社会主义道路外，大多数国家选择了资本主义制度。这些国家大都奉行民族主义政策，主张维护国家主权和独立，反对外来侵略和干涉，强调大小国家一律平等，穷国富国实行互利，反对殖民主义、帝国主义和霸权主义，主张建立国际政治经济新秩序。

民族自决 national self-determination 在反抗殖民统治时期，弱小和落后的受压迫民族有权决定自己命运或建立独立国家的国际政治原则。它与现代的国家主权学说

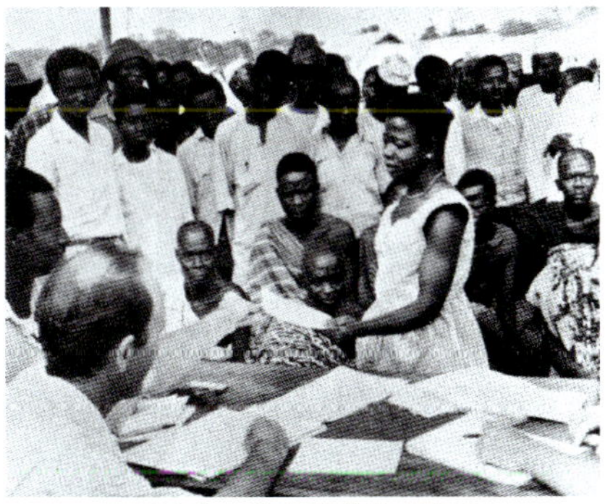

1956年在联合国监督下多哥举行公民投票，决定独立

和资产阶级的民族民主革命联系在一起。19世纪初，德国思想家J.G.费希特开始将个人拥有自由意志的思想运用于各种共同体，特别是文化共同体或民族，民族自决的观念初步形成。随着法国大革命的爆发，民族自决学说在19世纪的欧洲流行开来，它认为受忽视或被压迫的民族只有争取政治独立和自治权，才能实现民族的自由和掌握自己的命运。

19世纪末，以列宁为首的马克思主义思想家重新提倡民族自决，把各民族的独立运动作为无产阶级世界革命的组成部分。第一次世界大战后的《凡尔赛条约》确立了民族自决原则，并依此在中东欧帝国解体的废墟上实现国家重组。第二次世界大战后，民族自决原则被写进《联合国宪章》，作为处理殖民地残留问题的基本准则。1960年联合国大会第15届会议以压倒性多数通过了1514号决议，即《给予殖民地国家和人民独立宣言》，宣布所有的人民都有自决权。各殖民地都依据民族自决的原则来完成民族解放和独立建国，帝国主义的殖民体系最终崩溃。但是，维护国家主权独立和反对各种形式的霸权主义的艰巨任务还摆在广大发展中国家的面前，这是新独立国家坚持民族自决原则的根本。当今世界，少数极端分子在利益驱动和某些国际势力支持下的非法分离活动，不仅背离了民族自决原则的真谛，而且是对民族自决原则的滥用。

联合国大会和联合国人权委员会等有关机构将民族自决权问题列为常设议题，逐年进行审议，使这一原则成为反对外国武装侵略占领和外国统治、殖民主义、种族主义等大规模侵犯人权现象，反对干涉别国内政和制造民族分裂，指导建立相互尊重的正常国际关系的重要原则。

民族自治地方的自治机关 national autonomous areas, organs of self-government of 中国自治区、自治州、自治县的人民代表大会和人民政府，是中华人民共和国国家机构的组成部分。作为统一国家内的民族区域自治制度的政治形式，体现着各聚居的少数民族实现当家做主管理地方性事务的权利。

组织原则 一是贯彻民主集中制和人民代表大会制的原则。二是在组织结构上体现民族成分的原则。其表现是在民族自治地方的人民代表大会中，各民族都必须有适当比例的代表参加；在人大常委会中，应当有实行区域自治的民族的公民担任主任或者副主任；自治区主席、自治州州长、自治县县长应由实行区域自治的民族的公民担任；自治区、自治州、自治县人民政府的其他组成人员，也要尽量配备实行区域自治的民族和其他少数民族的公民担任。

自治权 民族自治地方的自治机关行使同省、市、县的权力机关与行政机关相同的职权。除此之外，自治机关还享有宪法和法律所规定的自治权。

执法方面 可以根据本地方的实际情况贯彻执行国家的政策和法律。对于上级国家机关的决定、命令和指示，如果不适合于本地方的实际情况的，自治机关可以报经上级国家机关批准，变通执行或者停止执行。在不违背宪法和法律原则的前提下，还可以采取特殊的政策和灵活措施。

民族自治机关的人民代表大会有权依照当地的政治、经济和文化的特点制定自治条例和单行条例。自治区的自治条例和单行条例须报全国人大常委会批准后生效；自治州、自治县的自治条例和单行条例须报省或者自治区人大常委会批准后生效，并报全国人大常委会备案。

财政方面 自治机关有自主管理本地方财政的自治权。凡是依照国家财政制度属于民族自治地方的财政收入，都应当由自治机关自主地安排使用。假如民族自治地方的财政收入不够支出，可由上级财政机关补助。民族自治地方还享有国家拨给

的各项专用资金和临时性的民族补助专款。在执行国家税法的时候，除了应由国家统一审批的减税免税项目以外，对属于地方财政收入的一些税收，经批准，可以适当减税或者免税。

经济方面 ①根据本地方的特点和需要，制定经济建设的方针政策和计划。②根据国家的法律规定和本地方经济发展的特点，合理地调整生产关系，改革经济管理体制。③根据本地方财力物力，自主地安排地方性的基本建设项目。④自主地管理隶属于它的本地方的企业、事业，非经民族自治地方同意，上级国家机关不得任意改变所属企业单位的隶属关系。⑤管理和保护本地方的自然资源，确定本地方的草场和森林的所有权和使用权，并优先合理开发利用自然资源。⑥国家采取特殊的政策，优待、鼓励各种专业人员参加自治地方的各项建设事业。⑦自主安排、利用完成国家计划收购以外的工农业产品及其他土特产品；经国务院批准，可以开辟对外贸易口岸，在对外贸易方面享受国家的优待。

文化教育方面 可以自主地发展自己的民族文化，保护和整理民族的文化遗产，发展和繁荣少数民族文化，包括教育、科学、卫生、体育等事业在内。

人民武装方面 依照国家的军事制度和当地的实际需要，经国务院批准，可以组织本地方维护社会治安的公安部队。

岷江 Minjiang River 中国长江上游支流。是支流中水量最丰河流。古称汶江、都江。以岷山导江而得名。源于岷山麓松潘境内的岷山弓杠岭和郎架岭，流经四川盆地西部，全长735千米。都江堰市以上为上游，河长约占岷江全长的1/3，穿行于高山峡谷，比降大；都江堰市至乐山为中游，流经成都平原，河流多分支，散流如网，与沱江水系及人工河网组成都江堰灌区，为典型扇状水系；乐山以下为下游，入丘陵地区，接纳大渡河和青衣江后，水量大增，小汽轮终年通航。流域面积13.5万平方千米，大小支流90余条，东少而西多。岷江在青神、乐山间切穿龙泉山余脉，形成著名的犁头、背峨、平羌三峡（岷江小三峡）。于宜宾与金沙江相汇后始称长江。多年平均年径流量944亿立方米（高场站）。全河落差为3 560米，水力资源蕴藏量1 332万千瓦（包括支流大渡河、青衣江为4 888万千瓦），占四川全省的18.85%。上游建有鱼子溪、映秀水电站。

岷江小三峡 Three Gorges of Minjiang River 中国四川省重要名胜之一。位于乐山市境内。由岷江切穿东北—西南向的龙泉山余脉而成。全长8千米。自北而南由犁头、

小三峡

背峨、平羌三峡构成，统称岷江小三峡。又因此段水域古称平羌江，故又称平羌峡。三峡谷区风景各异，犁头峡清幽迷离，背峨峡奇丽多姿，平羌峡奇险雄壮。小三峡附近的板桥驿盛产荔枝，是中国荔枝种植的北界。

岷山 Minshan Mountain 中国岷江、涪江、嘉陵江上源白龙江和黄河支流白河、黑河的分水源地。中国大熊猫主要分布区，著名自然风景区。介于川、甘边境，南北逶迤500多千米，故有“千里岷山”之说。甘肃境内为北段；四川境内为中南段，有鹧鸪山、雪宝顶等，是岷山的主体部分。岷山为强烈隆升的褶皱山地，山势北段为北西向，南段转为东北向，山脊海拔4 000～4 500米。主峰雪宝顶位于松潘县城东20多千米，海拔5 588米，5 000米以上有现代冰川分布，古冰川遗迹很多。山体由砂岩、板岩、石灰岩和花岗岩等组成，地形崎岖。富煤、铁、铜、金、铅、锌、铀、水晶等矿产。岷山多海子（湖泊），以南坪九寨沟

岷山主峰雪宝顶

最集中。山地多森林，林内有大熊猫、金丝猴、扭角羚、梅花鹿、白唇鹿等珍稀保护动物。已建立了唐家河、王朗、九寨沟、白河、白水江和铁布6个自然保护区。岷山山清水秀，黄龙寺、九寨沟自然风景区均为中国重点游览名胜区。

闵采尔 Müntzer, Thomas (1489/1490～1525-05-27) 德国宗教改革运动的激进派领袖，农民战争领袖。生于施托尔堡，卒于米尔豪森。15岁时在中学组织秘密团体，反对天主教会。后在莱比锡大学和法兰克福大学攻读哲学和神学，获博士学位。曾任神父，在德国宗教改革运动之初拥护马丁·路德。在讲道中反对天主教繁琐礼仪，抨击罗马教廷，并用德语布道。其主张与做法受到下层群众拥护，并曾与激进的再洗礼派合作。1524年后组织领导德国农民起义，在米尔豪森城成立“上帝永约会”，并任主席。1525年起义失败，被俘后遭杀害。

闵恩泽 Min Enze (1924-02-04～) 中国石油化工催化剂专家。生于四川成都。1946年毕业于中央大学化学工程系。1951年获美国俄亥俄州立大学工程系博士学位。

1955年回国，先后任石油化工科学研究院副总工程师、总工程师、副院长、首席总工程师。1980年当选中国科学院学部委员（院士），1993年当选第三世界科学院院士，1994年当选中国工程院院士。20世纪60～80年代，参加或领导、指导了多种石油炼制和石油化工催化剂的研制和工业化。90年代为根治环境污染，进入绿色化学领域，指导开发石油炼制和石油化工绿色新工艺。进入21世纪，开发了生物柴油新工艺，并推向工业化。在催化剂研发、新催化材料和新反应工程等研究开发过程中，获国家科技进步奖一、二等奖多项，其中“高水热稳定性的ZRP型分子筛”1995年被评为国家十大科技成就之一，“非晶态合金催化剂和磁稳定床加氢工艺的集成与创新”获2005年国家技术发明奖一等奖。1997年获日本桥口隆吉基金奖。2007年获国家最高科学技术奖。著有《工业催化剂的研制与开发——我的实践与探索》、《工业催化之路的求索》等5部专著，发表论文200多篇，申请专利100多项（其中国外专利50多项）。

闵行区 Minhang District 中国上海市辖区，新兴工业区之一。位于市区西南，南临黄浦江。面积372平方千米。人口243万(2010)。元至元二十九年(1292)设上海县。原属江苏省。1958年划归上海市。1959年析部分地区置闵行区。1992年上海县和闵行区合称闵行区。区内有上海汽轮机厂有限公司、电机厂有限公司、重型机器厂有限公司、吴泾化工有限公司、焦化厂有限公司等大型企业。区内有多所经济园区。区内有上海百联南方购物中心、七宝商业中心等商业网点。农业以种植水稻、小麦、蔬菜为主，兼产生猪、禽蛋、花卉，是上海市重要的农副产品基地之一。水陆交通便利。水路有黄浦江、吴淞江、大治河、淀浦河等航道。黄浦江西岸建有8个万吨级泊位的关港码头。名胜古迹有锦江乐园、上海航空航天城、马桥文化遗址和黄道婆墓等，纪念地有邹容墓。

闵可夫斯基 Minkowski, Hermann (1864-06-22～1909-01-12) 德国数学家、物理学家。又译闵科夫斯基。生于立陶宛，卒于德国格丁根。父母是德国人。8岁时全家定居柯尼斯堡(现俄罗斯加里宁格勒)。1892年任波恩大学副教授，1894年接替希尔伯特任柯尼斯堡大学教授，1896年到苏黎世执教，1902年起任格丁根大学教授。

1881年，法国科学院宣布1883年人奖的主题是一个整数分解为五个平方数之和的表示法的数目。英国数学家H.J.S.史密斯在1859年已得到该问题的答案。闵可夫斯基独立地得到了更好的公式。后与史密斯同时获奖。为了简化丢番图逼近的解析理论，他把格和凸集等几何概念引入数论，他称由这一简单而又有效的方法所建立的理论为“数的几何”。“丢番图逼近”一词就是他首创的。利用这种几何方法，他推动了连分数理论的发展，给出了判定一个数是否为代数数的算法。他在n维空间中定义了支撑超平面和支撑函数的概念，证明了凸体在其任一边界点处存在支撑超平面。他看出通过n维空间中的对称凸体可以定义一种新的“距离”概念，因而就能产生相应的“几何”。这一想法为建立线性赋范空间(见巴拿赫空间)概念铺平了道路。他还引进了几个凸体的“混合体积”的概念，发现了有关的基本关系式。

闵可夫斯基对数学物理很有兴趣。1905年，他同希尔伯特决定在他们主持的讨论班上研究运动物体的电动力学。他通过$ds^2=c^2dt^2-dx^2-dy^2-dz^2$（$c$为光速）为狭义相对论提供了四维时空数学结构，被称为“闵可夫斯基世界”。诺贝尔物理学奖得奖人M.玻恩曾说，他在闵可夫斯基的工作中找到了“相对论数学的整个武库”。

闵可夫斯基的主要论著有《数的几何》(1896)、《算术等价的不连续性》(1905)、《丢番图逼近》(1907)、《时间与空间》(1907)、《两篇关于电动力学基本公式的论文》(1909)等。

闽 Min 中国五代时十国之一。王潮、王审知兄弟建。都福州(今属福建)，称长乐府。盛时疆域有五州，约为今福建全省。历7主，共53年。

中和四年(884)黄巢进入福建，建州人陈岩聚众数千人保乡里，唐以之为福建观察使。光启元年(885)，王潮兄弟随王绪由中原进入福建。次年陈岩表王潮为泉州刺史。景福二年(893)王潮攻占福州，又逼降汀、建(今福建长汀、建瓯)、漳三州。唐以王潮为福建观察使。王潮卒，弟审知继立。开平三年(909)，后梁封审知为闽王。

闽世系表

①威武军节度使王潮(893～898)
②太祖王审知(898～925)
　├③嗣主王延翰(925～927)
　├④惠宗王延钧(927～935)－⑤康宗王继鹏(935～939)
　├⑥景宗王延曦(939～944)
　└⑦天德帝王延政(943～945)

后唐天成元年(926)十月，审知长子延翰自称大闽国王。十二月审知次子延钧杀延翰自立，长兴四年(933)称帝，国号闽。延钧为其子继鹏所杀，继鹏又为其叔延曦所代。永隆五年(943)，延曦之弟建州节度使延政称帝于建州。次年，延曦为部将所杀。天德三年(945)八月，南唐兵攻破建州，九月，汀、泉、漳三州亦降南唐，闽亡。

南唐保大四年，闽旧将留从效、陈洪进占据泉州，后又占漳州。南唐承认其割据。陈洪进于太平兴国三年(978)以泉、漳两州降于宋。

闽菜 Min cuisine 中国福建菜的简称。

闽方言 Min dialects 汉语重要方言之一。又称闽语，俗称福佬话。集中分布于中国福建、台湾、海南三省，以及广东省的潮汕地区和雷州半岛。浙江、江苏、安徽三省的南部，广西壮族自治区和江西省东北部也都有闽语分布。闽方言在国外主要通行于新加坡、马来西亚、印度尼西亚、泰国、菲律宾和缅甸等国的华人社区中。主要特点是：①语音上保留了不少上古汉语特点。如无唇齿声母f，古非、敷、奉声母字在口语中不少读p-、p‘-，反映“轻唇归重唇”现象；古知、彻、澄声母字多读t-、t‘-，反映“舌上归舌头”现象；古全浊声母并奉定从澄群声母字多读不送气清音声母；古匣母部分字读〔k〕或零声母；古照、精组声母多不分；少数古云声母字，口语读〔h〕或〔x〕；韵母方面闽南话有〔-m〕、〔-n〕、〔-ŋ〕、〔-p〕、〔-t〕、〔-k〕、〔-q〕等韵尾，鼻化韵丰富，但缺撮口韵母。②词汇上有一批闽方言特有词，这些词具有两大特点：一是继承古代的语词多，二是单音节词多；此外，有些闽南方言借自印尼-马来语，如厦门话“雪文”(肥皂)来自sabon。③语法上有较丰富的名词、形容词附加成分，如“囝”、“声”等；闽南话通过语音屈折变化构成人称代词的单复数。形容词的重叠可表程度递进，动词“有”、“无”用法繁多，比较特殊的是放在动词前边表示完全肯定或完全否定。

闽江 Minjiang River 中国东南沿海诸河中流域面积最大的河流，也是福建省最大河流。发源于武夷山脉杉岭南麓，全长577千米，流域面积6.1万平方千米，约占全省面积的一半。上、下游河谷形态和流域面积倒置现象十分明显。

闽江以南平以上为上游，南平至安仁溪口为中游，安仁溪口以下至河口为下游。①上游。有建溪、富屯溪和沙溪三大支流，流域面积约占闽江全流域面积的70%，其中又以建溪流域面积最大，占全流域面积的1/4以上。闽江在南平一段，又称剑江。②中游。流域面积约占全流域的16%，河谷形态为连续性大峡谷，长近100千米。因横切鹫峰山-戴云山，河流比降大，河床多礁滩。汇入的支流不多，但均有较大落差。③下游。流域面积仅及全流域的14%。其中淮安以下为感潮河段。河道在淮安分为南、北两港，北港经福州流向马尾，南港纳木樟溪后，在马尾与北港汇流，出闽安镇峡谷后分为两大支，北大支为主航道，在长门又分三支注入东海。

闽江径流丰富，多年平均年径流量为551亿立方米(竹岐站)，竹岐以下又有大樟溪等支流，多年平均年径流量可达623.7亿立方米，在全国居第7位。闽江流域自然资源丰富。森林蓄积量2.86亿立方米，占全省的66.5%。毛竹蓄积量约占全省毛竹总积蓄量的3/4。主要矿产有煤、铁、石灰岩、硫铁矿、重晶石，以及钨、铌、钽等。闽江水系可供发电的装机容量468万千瓦，已开发的有古田溪水电站、沙溪口水电站和水口水电站，水口水电站装机容量为140万千瓦。闽江上游及主要支流只能通行小

闽江景色

型机帆船。南平至水口通60吨级客货轮，我洋至马尾通300吨级顶推船队，马尾以下通6 000吨级海轮。

闽剧 Minju opera 中国戏曲剧种。明末清初，闽中长乐、福清一带，流行一种由农民业余组班演唱的民间小戏，因在地坪上围着草索演出，人们称之为“地下坪”、“牵草索”。后来与外来戏班艺人结合，并以江西弋阳腔融合当地民歌俗曲形成的“江湖调”作为主要唱腔曲调，人称“江湖班”。在闽东北福安、宁德一带，当时也出现了一种以“江湖”和飏歌为主要唱腔曲调的“平讲班”（“平讲”，意即用方言演唱）。后来，原用“正音”（官话）演唱的“江湖班”，也改用平讲（方言）演唱，渐与“平讲班”合流，同时又吸收了“唠唠班”（指当地人认为唠叨难懂的昆腔、徽戏等外来戏班）的部分唱腔，形成了以“平讲”为主，与“江湖”、“唠唠”三者合一的班社。在福州还流行着一种“儒林戏”，起自明万历年间，以外来声腔结合俗曲俚歌所创的“逗腔”为主要唱调。辛亥革命后，“儒林班”逐渐与“平讲班”、“唠唠班”三者合一，形成了“闽班”，即今之闽剧。闽剧现存传统剧目1 300多种，其中《炼印》已摄制成影片。

敏东改革 Mindon's Reforms 19世纪60～70年代缅甸封建统治阶级为摆脱民族危机而进行的一次改革。又译曼同改革。

缅王敏东（又译曼同，1814～1878）1853年2月18日废黜其兄蒲甘敏而登位（1853～1876年在位）。1852年12月20日，英国宣布占领下缅甸（见英缅战争）。敏东多次派人同英国殖民者谈判，以图收回下缅甸。在克里木战争期间，加囊亲王建议趁机出兵收复失地，被其拒绝。1857年，迁都曼德勒，在加囊亲王协助下实行一系列改革措施，企图摆脱日益严重的民族危机，巩固其统治。1861年，下令取消采邑制。1862年，他整顿旧税制，实行按户计征的统一税制，鼓励红宝石开采业的发展，并采取措施开垦荒地，兴修水利，以提高农业生产；为了学习西方技术，发展本国经济，派使团和留学生出国访问学习。从国外购回机器，兴建工厂。从国外购回轮船，发展内河航运事业。他组织人力编制缅文电码，开办电报通讯业务，在曼德勒创办了第一份缅文报纸。他建立常备军，办起兵工厂，聘请外国教官训练军队。敏东大力提倡佛教，以激发民族感情，提高民族自尊心。1871年，在曼德勒召开第五届佛经结集大会，集中2000多位高僧，历时5个月，对三藏经进行校订和注释。这次自上而下进行的改革，使缅甸的经济文化得到一定发展。但由于大封建主的反对和殖民者的侵略，改革陷于失败。敏东之子发动宫廷政变，杀死加囊亲王。敏东在英国殖民者的压力下，被迫同意降低关税，放弃外贸垄断权，给在缅的英国人以治外法权。1875年，英国又迫敏东准许红克伦地区“独立”，从而控制了这个盛产柚木的地区。

名古屋 Nagoya 日本中部地区政治、经济、文化中心，爱知县首府。在本州中南部浓尾平原上，南临伊势湾。地处东京与京都（西京）之间，故有“中京”之称。面积326.45平方千米。人口211.7万（2003）。

地势东高西低。市区主要部分在热田台地，海拔10～15米。气候温暖多雨，年平均气温14.9℃，平均年降水量1 575毫米。

16世纪筑城，后废置。1610年重建。1872年名古屋县与额田县合并，置爱知县时，定为县首府。1889年设市。1907年改热田港为名古屋港，并对外开港通商。1912年以后机械工业的迅速发展，使名古屋成为中京工业地带的核心。第二次世界大战前夕，工业以棉纺织、机械、陶瓷等轻工业为主。战时军事工业、飞机制造业成为主体。战争中城市遭到严重破坏。战后，经过恢复和发展，工业化、城市化进程加速，市区不断扩大，人口迅速增加，1979年人口突破200万。

第一产业在人口职业构成中约占0.3%，第二产业约占27.8%，第三产业约占71.9%。工业结构以汽车、宇航、钢铁、纺织机械、电机等为主，但传统的纺织、陶瓷制作等轻工业在国内仍负有盛名，成为综合发展的工业城市。地处两大经济地区之间，为中部地区海陆空交通运输的枢纽、商业中心和中枢管理职能中心（拥有众多民间大企业的分公司和国家派出机构）。名古屋港为世界著名大港之一，年吞吐量约1.6亿吨。近年来其地位已超过神户港。按进出口贸易额计算，名古屋港已跃居全国之首，按集装箱货物处理量则仅次于东京和横滨，居全国第3位。运输机械和一般机械为出口的主要品种，占全市出口总额的近70%，其中汽车一项就高达2万亿日元；进口以机械、机器、原油等矿物性燃料、纤维制品和纤维原料以及食品等为主。

市区大部分为第二次世界大战后重建。街道宽阔，以“百米大街”（宽100米，长3 000米）最为著名，市中心为商业区。文化教育发达，有名古屋大学等高校。市内有名古屋老城与热田神宫等名胜古迹。

名古屋港

名家 Logicians, school of 中国先秦以辩论名实著称的学派。战国时称刑（形）名家、辩者、察士。汉代称名家，与儒、道、墨等并称六家或九流十家。创始人为春秋末邓析。战国中后期名家代表人惠施和公孙龙，名家著作除《公孙龙子》外皆已佚。《邓析子》、《尹文子》是后人伪托。名家学说含辩证法、逻辑学和辩论术内容。

辩证法 惠施的“历物之意”，认为天地万物从“至大无外”的“大一”（无限大），到“至小无内”的“小一”（无限小），普遍联系为一个整体。从共性的意义上说“万物毕同”（都是物），从个性的意义上说“万物毕异”（都是不同的物），这是两个极端的同异，称“大同异”。在这两个极端之间，是无数大类和小类的同异，称“小同异”。宇宙有矛盾性（“南方无穷而有穷”）。事物瞬息万变（“日方中方睨，物方生方死”）。事物、概念有相对性、流动性，“天下之中央”可以是“燕之北”或“越之南”。这是惠施对世界总体辩证思考的结论。

逻辑学 名家对名实关系问题的探究，为墨家、荀子对中国古代逻辑的概括，提供了思想资料，促进了古代逻辑的发展。名家专精“正名实”，要求“控名责实，参伍不失”。《公孙龙子·名实论》说名的作用是谓实，要求“审其名实，慎其所谓”，调整名实关系，使名实相符。提出“彼止于彼”、“此止于此”的“正名”原则。

辩论术 为求仕和游说的需要，辩者能随时为相反的论点作出论证。名家聚徒辩论的辩题，兼有相对和绝对两种倾向。相对的辩题如：“天与地卑，山与泽平”，认为高低具有相对性；

“今日适越而昔来”，认为今昔具有相对性。绝对的辩题如：“飞鸟之影未尝动也”，以运动的间断性抹杀其连续性；“白马非马”，揭示出个别和一般的差异；“离坚白”，把差异绝对化，否认对立的同一，以感官的不同功能和思维的抽象作用，论证“坚白自离自藏”论。

名家兼辩证思维、逻辑思维和辩论术的学说，在百家争鸣中独树一帜，刺激了中国古代哲学宇宙观、认识论、逻辑学和方法论的发展。秦汉以后，儒学独尊，名家随名辩思潮衰落而消匿。

名教 confucian ethical code 中国古代的哲学范畴。一般指以正名分、定尊卑为主要内容的宗法礼教和道德规范。名教观念产生于先秦，为儒家所遵从。魏晋时期，由于思想家的哲学倾向和政治理解不同，使得名教和自然这两个概念的关系成为一个争辩的问题。自然，主要指天道自然，即天地运转和万物化生都是自然而然。这一观念同样产生于先秦，为道家学派所提倡。魏晋玄学的“名教与自然之辩”，主要倾向是齐一儒道，调和名教与自然的冲突。夏侯玄首先提出了调和名教与自然的论题。王弼以自然为本、为体，以名教为末、为用。自然与名教是本末体用关系，二者是统一的。但他主张“举本统末”，用自然统御名教。后来，嵇康、阮籍强调名教与自然的对立，认为名教是束缚人性的枷锁，主张“越名教而任自然”。郭象认为名教即自然，自然即名教，二者不可分离。“任名教”就是“任自然”。

《名利场》 *Vanity Fair* 英国小说家W.M.萨克雷的代表作。1847～1848年间以连载形式首先发表。副标题为《没有英雄的小说》。书中刻画了一伙“混迹人世、过着没有上帝的生活”的人，所以很难挑出一个可作为榜样的正面人物。小说以滑铁卢战争前后的英国城乡为背景，围绕两位女性的命运展开，写她们的恋爱、婚姻、为人妻、母的经历。她们生活在官爵、婚姻、肉体、灵魂等都可以买卖的名利场中。小说揭露了社会中的利害关系和腐朽堕落的风尚，讽刺了世人。

《名优之死》 *Death of an Outstanding Actor* 中国话剧作品。田汉作于1927年。南国社1927年冬首演。三幕剧。剧本以中华民国初年艺人刘鸿声之死为素材，描写著名京剧演员刘振声对待艺术严肃认真，注重戏德、戏品，为了维持戏班的生计和自身的艺术声誉，他抱病坚持演出。恶霸杨大爷指挥一帮流氓用喝倒彩和辱骂将他赶下台。一代名优愤懑病发，倒毙于舞台后台。概括了当时戏曲艺人的苦难遭遇，批判锋芒指向流氓、恶霸、官僚得以横行的整个社会制度。艺术风格自然、流畅，语言简约、有力，富有戏曲般的韵味。

名誉权 reputation, right of 公民和法人对自己的名声所享有的不受他人侵犯的权利。民事主体的一种人格权。公民的名誉是社会和公众对特定公民的品德、才能、功绩、作风等精神价值方面的综合评价，具有伦理价值，直接关系到公民个人的社会地位和人格尊严。侵犯他人名誉，不仅会给受害人造成精神创伤，而且还会损害受害人的物质利益。法人的名誉是社会对法人的信用、生产或销售的产品的质量、服务态度的总评价，尤其是企业法人的名誉，是一种无形财产，好的名誉可能给企业法人带来巨大经济利益。《中华人民共和国民法通则》第101条规定：“公民、法人享有名誉权，公民的人格尊严受法律保护，禁止用侮辱、诽谤等方式损害公民、法人的名誉。”第120条还规定，损害公民、法人名誉的，受害人有权要求停止侵害、恢复名誉、消除影响、赔礼道歉，并可以要求赔偿损失。《中华人民共和国刑法》也规定了侮辱罪、诽谤罪、诬告陷害罪等，以制裁那些严重侵犯公民名誉权的行为。

明安图 Ming Antu (1692～1765) 中国清代数学家、天文学家。蒙古正白旗人。字静庵。早年入钦天监为天文生，攻读天文、历法、数学。后终身任职于钦天监，官至监正。先后参与纂修《历象考成》、《历象考成后编》、《日躔月离表》及《仪象考成》等4部重要著作。他一生专治天文、历法、数学，兼及地理，尤以数学最为专精，成就卓著。他经数十年努力，写出《割圆密率捷法》一书，从中国古代已知弧背求通弦的方法入手，以独特的几何连比例式进行了创造性的求证，后世高度评价为“明氏新法”。经其所推导出的“正矢求弧背”、“矢求弧背”诸法，总称割圆九法，不仅是中国古代数学史上的首创，而且在当时世界数学同一课题三角函数和圆周率的研究中，也达到了先进水平。

明朝 Ming Dynasty 中国历史上继元之后的统一王朝。洪武元年（1368），朱元璋推翻元朝统治，在应天（今南京）称帝，国号明。永乐十九年（1421），明成祖迁都北京。疆域最广时，东北抵日本海、鄂霍次克海、兀的河（今乌第河）流域，西北到新疆哈密，西南包有今西藏、云南，东南到海并及于海外诸岛。崇祯十七年（1644），李自成起义军攻入北京，明思宗自杀，明朝灭亡。明亡后，其残余力量曾在南方建立弘光等政权，史称南明。

明初的统治 元朝末年，爆发了以红巾军为主力的农民大起义。元至正十六年（1356）朱元璋攻占集庆（今南京）。至正二十四年正月，朱元璋称吴王。二十八年正月，朱元璋在应天即皇帝位，建国号为明，是为明洪武元年。同年八月，明北伐军进入大都，元朝政权被推翻。此后，明军分兵略地，统一中国。

缓和阶级矛盾的措施 明朝释放了大量元朝的驱口，并禁止庶民之家蓄养奴婢。又规定地主以佃户代役，必须资助其费用。工匠除服役时间外，其余的时间可以自行趁作。明统治者积极推行发展农业的政策：或额定授予荒地，或听其尽力垦种；或免租税三年，或免杂泛差役，或免予起科，或永不起科，所垦地土俱听为己业。明朝政府又在各地大兴屯田，保证了军粮的供应。明朝政府也很注意棉花和桑、麻等的种植。政府还大力组织农民兴修水利。永乐元年，夏原吉完成了疏导吴淞江的水利工程，苏、松水患得到排解，农田因此得利。洪武时，明政府设立预备仓，储粮备荒。宣德七年（1432），周忱和况钟在苏州各县设济农仓，农民暂免于豪富之家的高利贷剥削，农业生产得以发展。

社会生产力的提高 至洪武二十六年，全国的田土远远超过宋元以来的垦田数。粮食的总产量也在逐步提高，明朝政府税粮收入有所增长。明初，山东、河南、河北及北平郊区等地也开始大量植棉，明朝政府给赐军队的冬衣、棉花有了较充足保证。桑枣果木的种植也很普遍，许多农民靠此谋生。明初的官营手工业在质量上已超过了前代的水平。商业活动更加频繁。明初沿袭宋元制度，田赋分夏秋两季缴纳，主要征收米、麦、绢、布、银钞。赋役的盘剥，使农民生活日益困苦，各地不断爆发不同形式的反抗斗争，如永乐十八年的山东唐赛儿起义。明初，身隶匠籍的工匠被强制劳动，导致失班、脱籍现象日益严重。

专制主义统治的加强 明朝建立后，为维护朱明皇朝的政权，统治阶级十分重视加强专制主义中央集权。

明太祖的政治措施 中央机构设置最初沿袭六朝制度。洪武十三年胡惟庸案发后，废丞相不设，六部直隶于皇帝，并令后代不得再置丞相。明初设大都督节制诸军事，后五军都督府分掌全国各卫所，并使其与兵部分权。又设立都察院和大理寺，与刑部合称为三法司。在中央设置通政使司，接纳天下臣民的章奏。这样，就使政、军、法三权集中于皇帝一身。洪武九年，明政府改行中书省为承宣布政使司，与提刑按察使司和都指挥使司合称三司，互不统属。明太祖为加强监察机构的职能，改御史台为都察院，朝廷对地方的控制加强了。明朝政府设置了完备的科举和学校制度，学校分为府州县学和国子学（后改名国子监)。国子学结业后则可直接做官,或经科举做官。明太祖颁行卫所制度。遇国家有事,兵部派遣都督统领,事罢撤除。这样,兵部、都督府、总兵官都不能独专兵权。明太祖提倡法制,刑用重典,制定《**大明律**》。洪武十五年,设**锦衣卫**(见**厂卫**)。洪武十四年,明朝政府在各地编制了赋役黄册。洪武二十年,明朝政府又编制了**鱼鳞图册**,以掌握和控制户籍和土田,进行赋税和徭役的剥削。明朝政府还设立了里甲制和关津制。关津制系里甲制的补充,是在全国冲要去处,分设巡检司盘查行人。明律规定,出行百里外,没有州县卫发给的路引(通行证)者,民以逃民论,军以逃军论。明太祖曾经籍没苏州、嘉兴、松江、湖州等地豪族富民的土地,并把全国各地的富民强行迁徙到临濠和南京,避免他们为害地方,也为借其力量,充实和繁荣京师(亦称徙富民)。为制止严重的贪污行为,以空印案和郭桓案对贪官污吏实行苛刑峻法。明太祖还两次兴起大狱,借胡惟庸案和**蓝玉案**,打击功臣、官吏、富豪。因杀戮太过,株连甚众,对明朝政权的巩固带来了严重的后果。

封藩与靖难　明太祖在加强专制主义中央集权政治的同时,还把他的24个儿子和1个从孙分封为王,一部分授以兵权,命他们驻守北方;另一部分则驻于内地各省,监督地方官吏。在诸王中,以北方诸王势力最大。洪武三十一年闰五月,明太祖死,皇孙朱允即位,是为建文帝。朱允鉴于北方诸王势力太大,决定削藩。建文元年(1399),燕王朱棣以入京诛奸臣为名,向南京进兵,此即靖难之役。经过四年的战争,燕王打败建文帝,夺取了政权,朱棣即皇帝位,是为明成祖,年号永乐。

永乐改革及对北部边疆的经营　朱棣在巩固专制主义中央集权政治方面进行了重大改革。主要有:①继续削藩。从此分裂割据势力更加削弱,军政大权再度集中于皇帝手中。②设立内阁,内阁成员由皇帝选拔翰林院等衙门的小官担任,在皇帝的指挥下协理政事。③重用司礼等监宦官。又在北京成立**东厂**,由宦官统领。东厂与锦衣卫合称**厂卫**。厂卫的出现,标志着君主专制的加强。④军事上,卫所制度发展得更加完备,军屯也更有成绩。⑤迁都北京。永乐十九年,明政府正式以北京为京师。在当时形势下,永乐迁都有利于抗击从北边袭来的蒙古人的威胁,又能进一步控制北方地区,对于巩固边防以及维护全国的统一都有积极意义。朱棣统治时期,北元政权已经崩溃。明朝对兀良哈、鞑靼和瓦剌三大部采取羁縻和防御并用的政策,同时又积极加强北方的兵备,防其南侵。永乐七年,明政府在东北地区设置奴儿干都指挥使司。奴儿干都司对加强边疆与明朝中央政府的联系,对广大东北地区的进一步开发以及各族人民之间经济文化的交流,都起了很大的作用。

明中期的社会矛盾　从明英宗正统初年到明神宗万历前十年约一个半世纪的时间里,明朝的统治开始走向衰落。明代中期,土地兼并十分激烈,突出的表现是皇帝、王公、勋戚、**宦官**利用政治特权,大量占夺土地。官僚地主不但抢掠农民的土地,军卫屯田也成为他们侵占的对象。军屯制逐渐破坏。

明代中期,统治者分裂为皇族和官绅两大集团,有权势的宦官是前者的政治代表,内阁大学士是后者的政治代表。于是出现宦官和权臣交替执政的局面。不过权臣最终也要听命于宦官。因而宦官专政是明中期甚至到明后期的政治特点。明成祖为了强化君主专制政治,曾给予宦官一定的权柄,但受皇权及内阁的制约,宦官权势毕竟有限。明朝中叶,政局动荡,皇帝或年幼登位,生长深宫;或昏庸荒乱,无所作为,于是宦官乘机窃权,挟制内阁。

明代中期,原来北方开垦出的"永不起科"的土地,景泰时已全部征收赋税。江南的重赋也继续下来。英宗正统元年,明朝政府把江南一部分赋税折征银两,送往内库,供皇帝挥霍,此即金花银,赋税征银成为定例。黄册之制几成虚文。徭役的名目也日益繁多。大量农民被迫投靠富豪势要或辗转流亡。为防止农民流徙,明政府制定了逃民周知册,通过里甲、关津、禁山、搜山等措施控制流民,有时甚至进行残酷的镇压。

明朝世系表

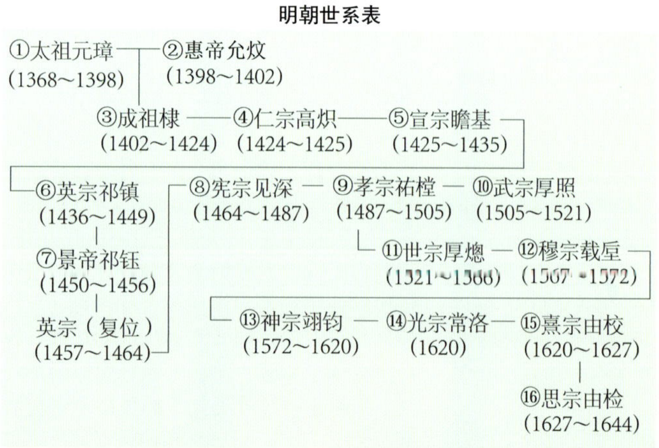

张居正的改革　从维持明王朝的长远统治出发,统治阶级内部的某些官吏,开始行均赋均役之政,以防止农民流徙。嘉靖四十年(1561),庞尚鹏初行**十段锦法**,后改行**一条鞭法**。**张居正**任首辅后,进行了一系列改革,明穆宗隆庆后期至神宗万历初期,社会经济有所恢复和发展,是与张居正的努力分不开的。

社会经济的发展和资本主义的萌芽　随着社会生产力水平的提高和社会分工的加强,明代的商品经济有了显著的发展。

农业和手工业　在明代,农耕工具的品种较前更多,农民在农业技术各方面都积累了丰富的经验。江南、湖广、四川等地是稻米的高产区。棉花的生产已遍于天下。国外引进的新的农作物有番薯、烟草、玉蜀黍。桑、麻、茶等农业经济作物扩大了耕种面积,为手工业生产提供了更多的原料。有些地区出现了规模较大的冶铁、铸铁业。遵化和佛山的铁冶尤为著名。丝织业和棉纺织业发达。明代中后期,制瓷业规模很大,其中心是景德镇。

商业　在工商业发达的城镇中聚集着大批商人,其中徽商、西商和苏杭大贾又分成各种商帮。随着工商业的繁荣,明中期还涌现出一大批新兴小城镇。在货币方面,明初使用的货币有制钱和宝钞两种。至明中叶,原被禁止的白银成为主要货币。随着对外经济往来的增多,西班牙银币也大量从吕宋(今菲律宾)等地流入。明末,日本、安南(今越南北部)等地也向中国输出白银。

资本主义的萌芽　明中后期,苏州地区有很多掌握生产技术的机工,专门以出卖劳动力为生,与机户的关系是机户出资,机工出力,且是日取分金为生存计的计日授值的关系,说明已经是商品关系和劳资关系了。景德镇制瓷业中的一部分佣工在民窑内劳作,生产的瓷器是为了出卖,工资是按日以银计算的,他们与某些窑户的关系,也是一种新的剥削关系。

明朝与各少数民族的关系　明统治者十分注意加强与各少数民族的联系,维护国家的统一。

蒙古族　永乐初年,蒙古分为兀良哈、鞑靼、瓦剌三大部。在明朝强盛时,瓦剌和鞑靼的统治者都接受过明朝的封号,在经济上也多次与明朝进行互市。但也不断发动战争。明朝政府为了防止蒙古的侵扰,设有九边,皆布有重兵。明朝政府又积极在沿边修筑长城。俺达汗继位后,蒙汉统治者间很少发动战争。万历九年又修建了呼和浩特城。此城很快发展成为蒙古地区与内地贸易的商业都市。

藏族　洪武时,明政府在西藏等地设立地方行政机构。明朝还在西藏封立西藏八王。明初,宗喀巴在西藏创立格鲁派。宗喀巴弟子曾两次到达北京受封。万历时,达赖三世长期居留在西宁等地,与蒙古俺达汗相友好,与张居正也有书信往来,明

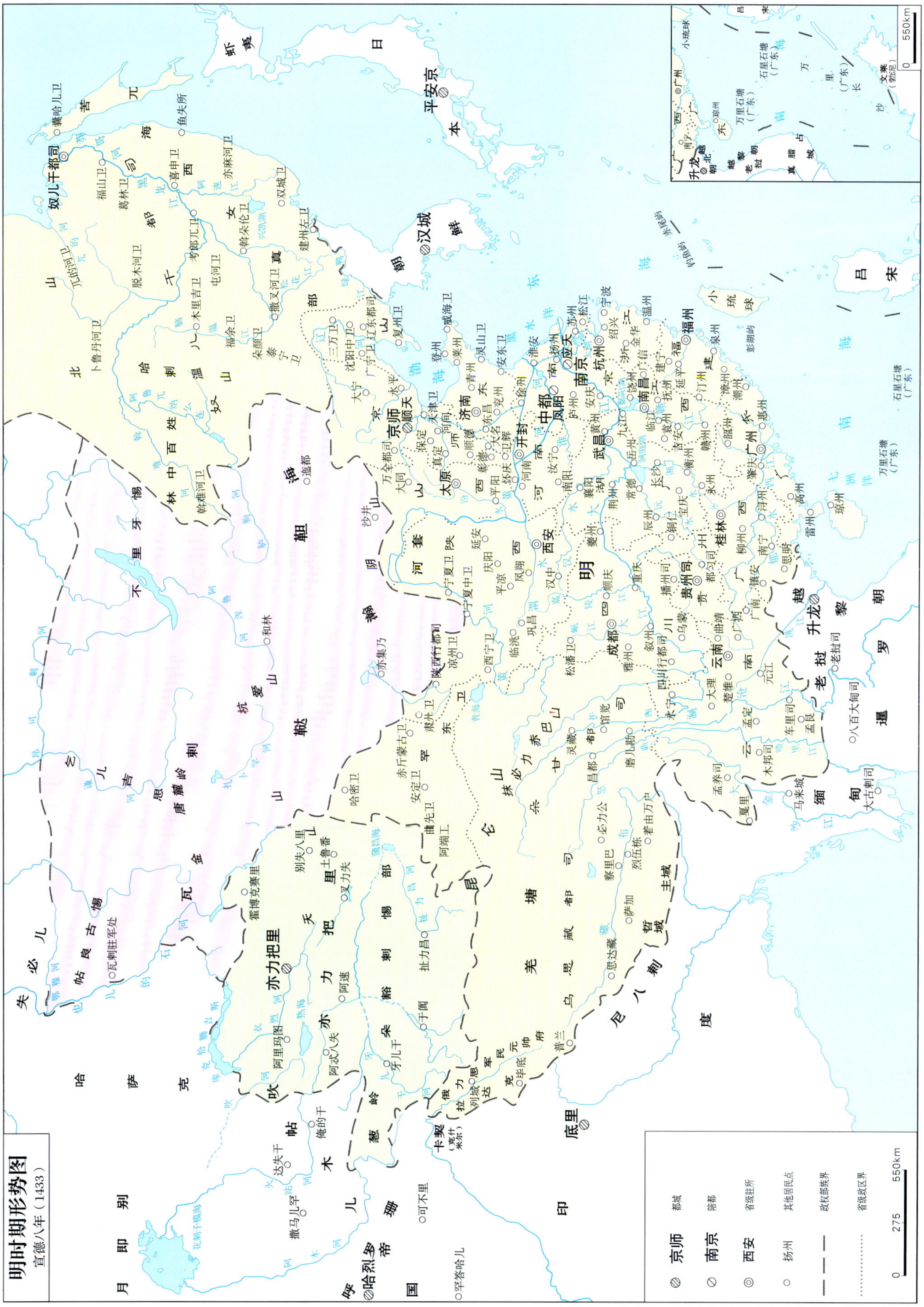
明时期形势图
宣德八年（1433）
京师 都城
南京 陪都
西安 省级驻所
扬州 其他居民点
政权部族界
省级政区界
0 275 550km

朝封其为“大国师”。明朝藏族人民与内地各族人民之间的来往更加频繁。永乐五年至十二年，在藏汉各族人民的艰苦劳作下，修通了四川雅州（今雅安）到乌斯藏的驿路。

维吾尔族　明朝政府从太祖时起先后设立赤斤蒙古、哈密、沙州等卫，一度还在今新疆吐鲁番东南等地设都指挥等官。明朝与哈密卫的关系最为密切。永乐二年明政府曾封哈密王为忠顺王。景泰时，土鲁番势力强大，攻占哈密城。从此明朝对西域的控制日益松弛，不得不在嘉靖八年放弃哈密。

苗、瑶、彝、壮各族　明朝政府在云贵、两广地区设置土司，通过各族的首领统治各族人民。但各地的土司与明朝也有矛盾，经常发动叛乱。明朝政府在平定叛乱后改土归流，加强了中央与地方的联系。明朝统治时期，云贵各地经常爆发各族人民的起义。

台湾少数民族　万历、天启间，颜思齐、郑芝龙等在台湾建立政权，与台湾少数民族保持和睦友好关系。荷兰殖民者侵入台湾后，郑芝龙于崇祯元年接受明朝的招抚，并击败荷兰殖民者。

满族　明朝政府在东北设置都司卫所，直接统辖女真三部和黑龙江流域的各个少数民族。英宗正统时，建州女真部来到赫图阿拉（今辽宁新宾西南）地方。万历四十四年，努尔哈赤在赫图阿拉称汗，建立政权，国号金，史称后金。次年，女真各地都脱离明朝的统治，由后金政权管辖。此后，后金发兵大举攻明。崇祯年间，后金已占领长城以北的广大地区，从东、西、北3面，对积弱已久的明朝形成包围。明崇祯九年，即清太宗崇德元年（1636），皇太极改后金为清。从这时起，清朝已成为一个与明朝相对立的封建王朝。

明朝对外关系　明代的中国是当时亚洲的强大国家，在经济、政治、文化等方面对亚洲国家都有较深的影响。

明朝与南洋各国的关系　明朝商人把瓷器、丝绸、铁器和金属货币带到南洋，收买当地的胡椒、谷米和棉花，发展了中国和南洋的商业关系。中国人不断向南洋迁移，对南洋的开发作出了积极贡献。明朝政府在永乐、宣德时曾派遣大批使臣到亚、非各地，表示愿与各国交好。明朝政府又在广州、泉州、宁波三地设立市舶司，专门管理对外贸易事务。中国航海家郑和曾前后到过亚非30多个国家（见郑和下西洋）。明朝和南洋各国之间的联系虽然日渐增多，但这种在朝贡形式下进行的贸易活动有很大的局限性。

东南沿海地区人民的抗倭斗争　明朝初年，中日两国的经济文化联系曾经有过正常的发展，相互间的贸易十分兴盛。但是在这同一时期，日本九州等地的一部分诸侯组织一些武士、浪人和商人，经常在中国沿海进行掠夺和骚扰，抢劫商船，杀掠沿海居民，侵犯中国的领土，他们乘坐的不是贡舶、商舶而是寇舶，史称倭寇。他们用武力抢掠，还把被掠获的中国和日本人民当作奴隶卖给葡萄牙人。由于部分中国东南沿海的富豪地主、大商人与倭寇勾结，狼狈为奸，倭患达到高潮。嘉靖二十六年，明朝以朱纨为浙江巡抚，兼督备倭。但因其做法侵犯了闽、浙大姓的利益，被削巡抚权。当倭寇入侵时，东南沿海人民纷纷组织武装，保卫家乡。时值严嵩专权，对内陷害抗倭将领，对外公然通倭，阻碍了抗倭斗争的发展。嘉靖末年，明朝御倭将领俞大猷、戚继光、刘显等人在粤、闽、浙等地屡次击败倭寇，老将俞大猷在海上抗击倭寇达20余年，所领俞家军名闻当世。戚继光所率的戚家军最为英勇。他们基本上荡平了倭寇之患。

万历时的援朝战争　在戚继光肃清倭寇的同时，丰臣秀吉统一了日本，积极对外扩张，万历二十年（1592），发动侵略朝鲜的战争，朝鲜国王向明朝求援。明军与朝鲜军民于次年迫使日军退据釜山。丰臣秀吉败后，假意与明朝讲和。二十五年二月，和议破裂，日军再度入侵朝鲜。朝中军队连续获得胜利。二十六年七月，丰臣秀吉死。同年冬，中朝海军在朝鲜南海与日军决战，日军几乎全部被歼。丰臣秀吉发动的第二次侵朝战争失败。

西方殖民主义者的东来　葡萄牙于武宗正德六年（1511）侵犯中国东南海域，甚至武装袭击广东沿海地区。嘉靖二年（1523），明朝军民在广东新会海面击败葡船。此后，明朝政府即严禁与葡人贸易。葡萄牙人在广东被逐后，又与倭寇勾结，强占双屿（今浙江象山港外）和浯屿（今金门）。二十七年、二十八年，中国军民先后收复双屿、浯屿。三十二年葡萄牙殖民者买通明朝海道副使汪柏，获准在壕境澳（今澳门）居住，以作为侵略中国的据点。西班牙人于隆庆五年（1571）侵占吕宋岛，开始派舰队骚扰中国海面，并在吕宋多次屠杀华侨，引起华侨的坚决反抗。万历三十年，荷兰侵入澎湖屿（今澎湖列岛），被击败后，又转而侵占台湾。崇祯十五年（1642），荷兰人战败西班牙人，台湾遂被荷兰独霸。明末郑成功驱逐侵略者，收复台湾。不少天主教传教士也来到中国。万历年间，耶稣会士来到澳门。其中有利玛窦、庞狄我、熊三拔、龙华民等人。这些人除为殖民主义者服务，传播宗教外，还带来了西方的科学知识。

明后期社会矛盾的激化和明末农民起义　明末，社会矛盾继续加深，土地空前集中。大量劳动人民沦为佃农、雇工和奴仆。奴仆一经与主人立契，世代都不能脱籍，时称世仆。封建国家的赋税徭役也极为苛重。一条鞭法在具体执行中弊窦滋生，难以减轻广大贫苦农民的负担。田赋加派不断增多。明朝统治者先后加派三饷。与此同时，明朝政府也加强了对工商业城镇的掠夺。从万历二十四年起，神宗派出大批矿监税使，在各地大肆搜括各种珍宝和金银。城市的工商业日趋凋敝。自二十七年后，各地纷纷爆发城市居民反对矿监税使的斗争。明代后期，各地农民也纷纷利用白莲教组织起义。

统治阶级内部的党争　万历时的浙、楚、齐、昆、宣各党，天启时大多合为阉党。还有一部分在经济上受排斥、政治上无势力的中下级官吏，形成东林党。熹宗天启年间，党争达到高潮。最初，东林党曾占上风，不久，反东林诸党与宦官魏忠贤相勾结，形成阉党，对东林党施以残酷的报复。各地群众为了保护蒙冤的东林党人，进行了反阉党的斗争，苏州发生著名的开读之变。

明末农民起义　熹宗天启七年三月，陕西澄城农民王二率饥民冲入县城，杀死知县。此次起义揭开了明末农民起义的序幕。崇祯元年，府谷王嘉胤、汉南王大梁、安塞（今陕西安塞东南）高迎祥等先后举行起义。三年又有神一元、不沾泥、红军友、点灯子、李老柴等“所在蜂起”。李自成即在此时参加起义，归高迎祥。张献忠也在延安起兵，号八大王。明统治者对农民军采取了剿抚兼施、以抚为主的方针。次年明廷宣布招抚失败，起用洪承畴为总督，专一主剿。八年，高迎祥率军入南直隶，攻占明中都凤阳，烧毁明朝皇帝的祖陵——明皇陵。九年七月，高迎祥被俘，在北京就义。次年，明兵部尚书杨嗣昌制定四正六隅十面网之策以镇压农民军，熊文灿专事招抚以解散农民军。在明军的剿抚二策之下，一部分农民军甘心投降；一部分则宣称接受招抚，但不交出军队，有的则隐蔽起来，待机再起，十二年五月，张献忠再度起义。同年，李自成也进入河南，众至数万人。十四年正月，农民军攻占洛阳，福王常洵被捉获。李自成杀之。十六年，李自成被推举为顺天倡义大元帅，改襄阳为襄京，称新顺王，建立政权。

明王朝的灭亡　崇祯十七年正月，李自成在西安建号大顺，改元永昌。二月，农民军从太原分兵两路，直捣北京。三月十九日晨，明思宗朱由检缢死于煤山（今北京景山），农民军主力入内城，明朝的统治被推翻。崇祯十六年五月，张献忠军攻占武昌。他在武昌建官制，称大西王。十七年八月攻克成都，蜀王自杀。张献忠在成都正式建立大西农民政权。

明末农民起义的失败　李自成起义军占领北京后，驻防山海关的明总兵吴三桂向清军求援。永昌元年（1644）四月，李自成亲率大军东征吴三桂，但因受三桂与清军夹击而失败，退回北京，寻又放弃北京南下，经晋入陕。在清军进逼下，退至湖北。九月李自成在九宫山（另有他说）受地主乡团袭击而牺牲，起义军失败，余部由刘宗敏、李过率领，退至西南，联合南明，抗击清军。顺治二年（1645）清军入川招降张献忠，被拒绝。次年，张献忠被清兵射死，起义军大败，余部由孙可望、李定国率领，会合李自成余部，联南明抗清军，最后于清康熙元年（1662）失败。

明代文化 明代的哲学、文学、史学和科学技术在元代的基础上，都有了长足的发展。

哲学 明初，程朱理学仍然占有支配的地位。英宗正统以来，出现了以王守仁为代表的主观唯心的王学。与王守仁同时，有两位具有唯物主义思想的哲学家罗钦顺和王廷相。明嘉靖、隆庆、万历之际，王学大盛。隆庆以后，王学逐步向下层转移，开始出现左派和右派。明后期，顾宪成、高攀龙在无锡东林书院讲学，东林人物要求搞实学，要经世致用，有所作为。明末清初之际，出现了许多有唯物主义思想的学者，当时著名的学者有王夫之、黄宗羲、顾炎武、方以智、唐甄、傅山、陈确等人。

文学 文学方面，比较有特色的，表现在诗文、小说、戏曲三方面。

①诗文。明初开国时，刘基、宋濂等多以文名世，高启所著古诗更是脍炙人口。永乐北迁后，出现台阁体。至弘治时，被称为拟古派的复古运动遂应运而起。拟古派的文学复古运动前后掀起两次高潮。第一次高潮称为前七子时期，代表人物是李梦阳、何景明等人。第二次高潮称为后七子时期，代表人物是李攀龙、王世贞等人。明中期的文学领域中，从沈周开始，直至正德时的唐寅、文徵明、祝允明，不仅精于诗文，且擅长诗、画。在嘉靖时极力反对拟古派而又独来独往的文士在江浙有徐渭、唐顺之、归有光等人，在四川还有杨慎等。万历时，坚决反对拟古派复古运动的公安派、竟陵派又在文坛兴起。

②小说。明代的小说其中最著名的为《水浒传》、《三国演义》、《西游记》和《金瓶梅》。明代长篇小说比较著名的还有《封神榜》、《东周列国志》、《三遂平妖传》、《禅真逸史》等。此外，明代的短篇白话小说三言、二拍更为脍炙人口。

③戏曲。在明代，杂剧已日益衰落，来自民间的南戏却不减昔时之盛，已成为城市居民不可缺少的文化活动。江南各地的地方戏非常流行。嘉靖时，魏良辅和梁辰鱼合作创成昆曲，以后传入北京，也成为北京流行的戏曲。传奇方面，经明初文人改编润色的宋元时的南戏有拜刘荆杀，即明初的四大传奇。汤显祖是万历时期著名的戏剧作家，代表作《牡丹亭》是明代传奇艺术的高峰。晚明的作家高濂的《玉簪记》和周朝俊的《红梅记》都是仅次于《牡丹亭》的写情的出色作品。另一戏剧家李玉著有传奇《一捧雪》和《清忠谱》(即《五人义》)。

史学 明前期官修史籍多，后期私纂史籍多。明后期著名的史学家有郑晓、高岱、王世贞、李贽、焦竑、严衍、谈迁、黄宗羲、顾炎武等人。他们把史籍分为国史、野史和家乘3类。国史包括实录、会典和正史等书。正史中的《元史》完整保存至今，对中国史学的发展作出了重要贡献。官修的《明实录》和建文、景泰两帝的附录，几乎囊括了明代的全部历史。实录除皇家诏谕外，还引用和记载了大量的大臣奏疏和政治、军事、经济、外交各方面活动的材料。包括非官书的别史、杂史和笔记等。明后期私人所编历史极多，不仅可正国史之是非，还可补国史之不足。家乘包括私纂的碑传、行状、年谱、家谱等书。但家乘每多腴词，须与国史和野史相互参照。

地理学 明代地理学著作与史学近似，前期多官修，后期多私修，方志的纂修在明后期也成为一种风尚。《寰宇通志》和《大明一统志》，勾划了明代的疆域全貌，是今天保存下来的研究明前期地理形势的绝好资料。利玛窦也在北京绘制了若干中国地图。顾炎武《天下郡国利病书》是方志资料汇编，书中保存了各地大量的经济风俗资料。明朝末年，徐弘祖周游全国，考察山川地形，编有《徐霞客游记》，是世界上在溶蚀地貌方面进行考察的第一人。

军事学 明代的军事技术、装备和作战方法有较显著的变化，军事理论研究有较大的发展。茅元仪辑的大型军事类书《武备志》，汇集了历代军事理论、战略战术、军用物资等方面的重要史料，实际上是一部资料丰富的军事学史。

文献学 明代编辑了大量的类书和丛书。其中类书《永乐大典》世界驰名，是中国最大的一部类书。检阅有关明代存储的图书资料，官修的以杨士奇等奉敕纂修的《文渊阁书目》和万历时焦竑奉敕纂修的《国史经籍志》最著名。

科学技术 中国古代科学技术在明代继续发展，农学、医药学、金属冶炼等方面都居世界领先地位。代表明代医药学最高水平的是李时珍。其名著《本草纲目》把中国药物学研究提高到了一个新阶段。明代的农学研究有长足发展，徐光启的《农政全书》集中总结了这些发展成果，保存了历代以来的农业科学资料，同时也反映了当代深耕细作的农业生产水平。宋应星编写的《天工开物》也是驰名中外的科学巨著。明代后期的科学著作还有潘季驯的《河防一览》、王征的《泰西奇器图说》、徐光启的《崇祯历书》以及他和利玛窦合译的《几何原理》、方以智的《物理小识》等，这些书在水利测量、天文历算、机械原理各方面都有一定的贡献，其中大部分受到西方科学知识影响。

《明成化刊本说唱词话丛刊》 中国明代说唱词话本集。1967年上海嘉定发现一明代宣姓墓葬，出土了一批明成化七年至十四年（1471～1478）北京永顺堂刊印的说唱词话本13种，及南戏剧本《新编刘知远还乡白兔记》1种。原件藏上海博物馆。1973年由上海文物保管委员会影印出版，合称《明成化刊本说唱词话丛刊》。内容包括：①讲史类的《花关索传》(含《新编全相说唱足本花关索出身传》前集（见图)、《新编全相说唱足本花关索认父传》后集、《新编足本花关索下西川传》续集、《新编全相说唱足本花关索贬云南传》别集)，《薛仁

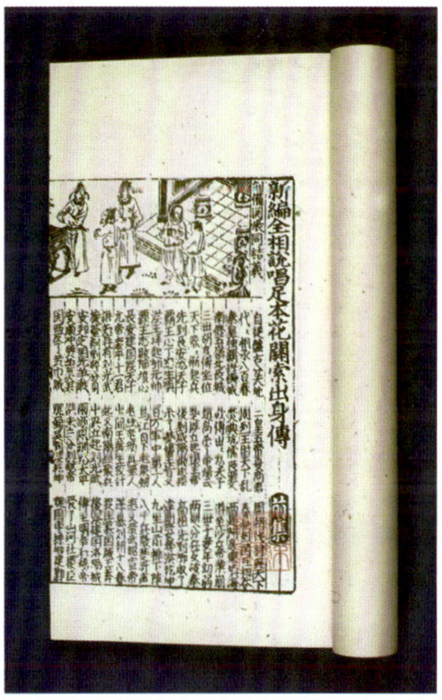

《新编全相说唱足本花关索出身传》
书影（明成化刊本）

贵跨海征辽故事》和《石郎驸马传》。②公案类的《包待制出身传》、《陈州粜米记》、《仁宗认母传》、《断曹国舅公案传》、《断歪乌盆传》、《断白虎精传》、《刘都赛看灯传》和《张文贵传》。③传奇灵怪类的《开宗义富贵孝义传》和《莺哥孝义传》。这些词话本以韵文唱词为主，间有散体说白。唱词多为七字句，有的穿插了一些攒十字的段落。语言俚俗，错别字多，说明这些词话本出自民间艺人之手。过去一直以明诸圣邻《大唐秦王词话》为现存最早的词话刊本，这些说唱词话本的发现，把词话底本作为独立的文学读物流传的时限，向上推溯了将近200年。

明成祖朱棣 Emperor Chengzu of Ming Dynasty（1360～1424） 中国明代皇帝。明太祖朱元璋第四子。洪武三年（1370)，受封燕王。十三年就藩北平（今北京)，多次受

命参与北方军事活动，两次率师北征，加强了他在北方军队中的影响。朱元璋晚年，朱棣不仅在军事实力上，而且在家族尊序上都成为诸王之首。朱元璋去世后，继位的建文帝朱允炆实行削藩，朱棣遂于建文元年（1399）七月发动靖难之役，四年六月攻入南京，夺取了皇位。次年改元永乐。

朱棣即位之初，对洪武、建文两朝政策进行了某些调整，提出“为治之道在宽猛适中”的原则。他利用科举制及编修书籍等笼络地主知识分子，选择官吏力求因材而用。他对建文时逆命诸臣，残酷屠杀，大肆株连。当其皇位较巩固时，又继续实行削藩。他还继续实行朱元璋的徙富民政策，以加强对豪强地主的控制。永乐初开始设置内阁，选资历较浅的官僚入阁参与机务，解决了废罢中书省后行政机构的空缺。朱棣重视监察机构的作用，设立分遣御史巡行天下的制度，鼓励官吏互相告讦。他利用宦官出使、专征、监军、分镇、刺臣民隐事，设置镇守内臣和东厂衙门，恢复洪武时废罢的锦衣卫。厂卫合势，发展和强化了专制统治。

朱棣十分重视经营北方，永乐初即改北平为北京，设行在六部，增设北京周围卫所，逐渐建立起北方新的政治军事中心。七年设立**奴儿干都司**。同时争取与蒙古族建立友好关系。七年，在北京天寿山建长陵。十四年开工修建北京宫殿，十九年正式迁都北京。朱棣为保证北京粮食与各项物资的需要，于九年疏浚会通河，十三年凿清江浦，使运河重新畅通，对南北经济文化交流与发展起了重要的作用。朱棣注意社会经济的恢复与发展，鼓励垦种荒闲田土，实行迁民宽乡，督民耕作等方法以促进生产，并注意蠲免赈济等措施，防止农民破产，保证了赋役征派。使永乐时期出现政治稳定、经济繁荣的局面。

朱棣对典籍的整理也比较重视，组织大批人力编修了中国古代类书之冠的《**永乐大典**》。为开展对外交流，扩大明王朝的影响，从永乐三年起，朱棣派**郑和**率领船队7次出使西洋，所历30余国，成为明初盛事。永乐时派使臣来朝者亦达30余国。二十二年朱棣死于北征回师途中的榆木川（今内蒙古乌珠穆沁）。葬于长陵。

《明词综》 中国明词总集。清代王昶（1725～1806）编。共12卷。康熙年间选录的《历代诗余》曾选明词160余家，**朱彝尊**在编选三唐五代宋金元词的同时，也曾编选了明词数卷，但未刊行。王昶在这些书稿的基础上，广泛搜集，共选录380家，编成《明词综》附于朱彝尊《**词综**》之后。明代许多词家作品赖此书得以流传。王昶选录宗旨，仍奉朱彝尊词论为标的，以南宋姜（夔）、张（炎）各家为宗。每一词家前都有简略小传和品评。这些作家小传和品评文字有助于读者了解作家和作品。

明德卢 Mindelo 佛得角共和国城市和最大港口。位于向风群岛的圣维森特岛西北岸，距西非海岸600余千米。人口6.25万（2000）。深水港湾由一死火山口形成，可

明德卢港

停靠10万吨级货轮、30万吨级油轮，是大西洋远洋货轮重要中途加油站。1869年苏伊士运河开通之前，是欧洲绕道非洲去亚洲的航路要冲。1875年设海底电缆中继站，20世纪80年代建成新船坞。工业以小型采煤和农、渔产品加工为主。与国内各岛之间靠海运和空运联系。

明定陵 Ding Mausoleum of Ming Dynasty 中国明神宗万历皇帝朱翊钧的陵墓。位于北京昌平**明十三陵**陵区中部偏西处，大峪山下。万历十二年（1584）开始修建，历时6年，共耗白银八百万两，相当于当时全国两年赋税的总和。万历四十八年与孝端皇后王氏和孝靖皇后王氏同时入葬。此陵于1956～1958年发掘。1959年建定陵博物馆。

定陵玄宫中殿

定陵地面建筑与十三陵其余各陵大致相同。陵园的外罗城已毁，祾恩门、祾恩殿仅存基址，明楼、宝城保存完整。玄宫在宝城中部封土下，由前、中、后殿和左、右配殿组成，用石材起券，高大宽敞，总面积达1 195平方米。出土谥册、谥宝、金器、银器、玉器、瓷器、木俑、金锭、银锭、织锦匹料、帝后冠服等共2 000多件。

明矾石 alunite 硫酸盐矿物，化学组成为$KAl_3[SO_4]_2(OH)_6$，晶体属三方晶系。成分中钾常被钠替代，钠含量超过钾时称钠明矾石。晶体细小，呈厚板状或假立方体状，但较为少见；常呈块状、粒状、叶片状、土状、结核状等集合体。纯者为白色，常被染成浅灰、浅黄、浅红等色调。玻璃光泽，解理面呈珍珠光泽，断口显油脂光泽。底面解理中等。莫氏硬度3.5～4.0。密度2.6～2.8克/厘米^3。性脆。有热电效应。不溶于水，几乎不溶于盐酸、硝酸、氢氟酸和氨水，溶于强碱、热浓硫酸。主要由含硫酸的低温溶液作用于中酸性火山岩蚀变而成。中国明矾石资源，在储量和质量方面都闻名于世。著名产地有浙江苍南矾山及瑞安、萧山、平阳，安徽庐江，福建泰宁，甘肃白银厂等。世界主要产地有乌兹别克斯坦的绍尔苏、美国犹他州的马里斯维尔。主

要用于制取明矾、硫酸铝、三氧化二铝、硫酸和钾肥，还用作净水剂、感光材料的硬膜剂、皮革的鞣剂等。

明南京城 Nanjing City of Ming Dynasty 中国明初的都城应天府城。位于南京市区内。元至正二十六年（1366）始建，明洪武十九年（1386）建成，洪武二十三年增筑外郭城，是世界上最大的古城。1988年国务院公布明南京城墙为全国重点文物保护单位。

外郭城平面略呈圆形，周长60千米，多为土筑。内城城墙为砖石结构，据2006年实测，周长为35.267千米，地面遗存为25.091千米。墙高14～18米，基宽10～18米。城砖上印有制砖府县名称和监烧官员、烧造工匠姓名及年月日。城墙各段因地形不同而采用不同的建筑结构。其中以无险可依的南城墙及东、西城墙南段构造最为坚固。墙内外壁的表层用大块条石砌筑，里层填以巨大块石，形成内外墙体，均用糯米汁加石灰灌浆。内外壁之间再用黄土、片石隔层夯实。城墙顶部一般在桐油和黄土拌和的夯土层上再平砌数层城砖。城门共13座，门上有城楼，重要的城门设1～3道瓮城，保存至今的有聚宝、石城、神策、

清凉4门。聚宝门（辛亥革命后改称中华门）瓮城规模最大。城顶原有木结构敌楼，城门设铁闸和木门，瓮城两侧有登城马道，主城内侧上下两层及瓮城两侧共有27个藏兵洞。城墙下的河流进出及泄水口处还设水门、水闸或涵洞。明南京城的规划突破方整对称的传统都城形制，把建康城、石头城、南唐江宁城旧址和富贵山、覆舟山、鸡笼山、狮子山、清凉山等都包在城内，城的布局及道路系统呈不规则形状。宫城位于钟山南麓，宫前御道两侧是中央官署。御道南出正阳门，门外东有天地坛，西有山川坛，是皇帝郊祀的场所。明北京城皇城的布局即模仿南京城的制度。民居、商业区在南，驻军区设在城西北比较荒凉的地带。城西北沿江一带是交通和对外贸易的枢纽。朱元璋的**明孝陵**建在城外钟山南麓独龙阜。钟山西麓有明初功臣墓。

明尼阿波利斯 Minneapolis 美国明尼苏达州最大的城市。位于该州东南部，**密西西比河**上游西岸。东与**圣保罗**隔河相望。市区面积142.2平方千米，人口38.26万（2008）；与圣保罗组成著名双子城，包括附近郊县在内，大都市区人口341.68万（2008），约占全州人口的2/3。辖区内河流蜿蜒，布有22个湖泊，当地印第安语中“明尼阿波利斯”即为“水城”之意。1872年由圣安东尼（1860）和明尼阿波利斯（1867）两个小镇合并而成。面粉工业在国内居突出地位，为4家世界最大面粉公司总部所在地。明尼阿波利斯谷物交易所是全国最大的谷物市场之一。除传统的农畜产品加工和木材加工外，电子仪表、医疗器械、农业机械、运输机械等工业部门发展很快，在城市工业结构中渐居主导地位。工厂企业主要分布在市区南部。与圣保罗同为美国中北部地区水、陆、空交通枢纽，商业和金融中心。高51层的IDC大厦为全市最高建筑。明尼阿波利斯－圣保罗国际机场附近的美国商城，规模居全国之首。有明尼苏达大学（1851）、奥格斯堡学院（1869）等10所高等院校，以及明尼阿波利斯艺术馆、沃克艺术中心、格斯里剧院、明尼苏达交响乐团等文化设施。公园多达150多个，风景优美，有明尼哈哈瀑布、圣安东尼瀑布等游览胜地。每年7月全市欢庆民间传统节日“水节”。

明器 burial goods made for the dead 中国古代专为随葬而制作的器物。周代已有“明器”一词。又称冥器或盟器。为模制各种礼器或日用器皿、工具、兵器的形状，人、家畜及鸟兽的形象，以及车船、家具、建筑物等的模型。质料以陶、瓷、木、石最常见，也有的用纸、金属制作。从新石器时代开始，历代墓中都有发现，是考察古

晋代青瓷谷仓罐上堆塑的建筑物样式

代生活和雕塑艺术的有价值的考古实物。

新石器时代江苏邳县（今邳州）大墩子遗址出土过陶屋模型。商周时期，明器使用日益普遍。河南安阳商墓中出土过锡制的礼器和质薄体轻无法实用的青铜兵器，都是专供随葬的明器。也有仿铜器鼎、尊、觚、爵等的陶制明器，制作粗糙。战国时期，有些仿铜礼器的陶明器制造相当精致，如燕下都16号墓随葬的列鼎等礼器及甬钟、钮钟等乐器均为陶质，器形完全模仿铜器。秦汉时期，陶质明器更为流行，特别是模拟人形的俑有较大发展，**秦始皇陵兵马俑**中与真人等高的陶俑为突出代表。东汉时期，各种模型日益增多，特别是大型陶楼，还有仓、井、碓、磨、灶等。三国以后，在南方的墓葬中大量出现青瓷明器，还流行上面堆塑有楼阁、人物、神仙、鸟兽的青瓷谷仓罐（魂瓶）。唐代出现三彩明器，同时按官阶高低和死者身份对明器的使用作了规定，其内容、数量、尺寸有明显区别。北宋时期，纸制明器逐渐流行，但直到明代，王公官员的墓中还有大量陶、木质明器随葬。中华人民共和国建立前，各地的彩扎作坊就是以纸制明器为主业的民间手工业，迄今仍散见于汉族城乡。

明清传奇 chuanqi of Ming and Qing Dynasties 由中国宋元南戏发展而来，用海盐、余姚、弋阳、昆山等声腔演出的戏曲样式。发展、形成、流传于14世纪中叶至18世纪初，在明嘉靖、万历年间达到繁荣高峰，是中国戏曲发展的一个重要阶段。传奇一词本指唐宋文言短篇小说。源于唐人裴铏撰写的题为《传奇》的短篇小说集。据不完全统计，明清传奇现有存目约2 700种，其中有完整存本1 100多种。

明清传奇的兴起和发展 明清传奇是以南戏为母体孕育成长起来的。朱明王朝倡导伦理纲常，禁毁禁演不符合统治思想的杂剧和南戏，传奇在明初并不发达。

明中叶至嘉靖、万历年间，经济迅速发展，社会繁荣起来，戏曲创作渐趋活跃。从戏曲的发展看，杂剧虽未退出戏剧舞台，但南戏广泛流行于东南沿海市井乡村，为传奇的产生创造了条件。陆容《菽园杂记》记载成化年间浙江各地南戏流传的盛况，祝允明《猥谈》惊呼余姚、海盐、弋阳、昆山四大声腔竞繁，**徐渭**《南词叙录》则提供了四大声腔流行的情形：“今唱家称‘**弋阳腔**’，则出于江西，两京、湖南、闽、广用之；称‘**余姚腔**’者，出于会稽，常、润、池、太、扬、徐用之；称‘**海盐腔**’者，嘉、湖、温、台用之。唯‘**昆山腔**’只行于吴中，流丽悠远，出乎三腔之上……”

嘉靖时，**魏良辅**改革昆腔，在四大声腔中逐渐脱颖而出，以苏州和太仓为中心向四方传播。一方面是昆腔的地位上升，另一方面是诸腔竞胜，其他声腔在本地区仍然演唱不衰，如弋阳腔演变为青阳、徽州、乐平等新的声腔。各种声腔都有自己的剧目，所有传奇剧本都可以通过“改调”用不同的声腔来演唱，如弋阳腔除“封神”、“西游”、“征东”、“征西”等传统历史戏及《长城记》、《珍珠记》、《同窗记》等大量传奇外，还能对其他声腔“改调歌之”。闽南、粤东则用本地声腔演唱《**荔镜记**》等剧作。

明末清初，由于昆、弋竞胜形势下表演艺术的精进，昆腔仍称雄于剧坛。直至乾隆之后才发生变化。据李斗《扬州画舫录》（乾隆六十年，1795）卷五记载，当时两淮盐务，例蓄花雅两部。雅部即昆山腔。花部有京腔、**秦腔**、弋阳腔、梆子腔、罗罗腔、二黄调等，统谓之**乱弹**。在徽、汉两调的基础上，**京剧**吸收**昆曲**和**梆子腔**而逐渐成为全国性的剧种。弋阳诸腔则在民间广泛流行，发展为许多新的地方戏曲声腔。由于昆、弋争胜，传奇的折子戏有所发展，

山西右玉宝宁寺明代水陆画中的戏剧人物

许多传奇作品便借助于折子戏的演出而长期保留在舞台上。

明清传奇的创作 南戏和传奇本是一回事，如有所区别，只能说南戏绝大多数是民间艺人的作品，传奇则多出自地位较高的文人改编和创作，他们与宋元那些地位卑微的书会才人有所不同。明清传奇活跃在戏曲舞台上，用海盐、余姚、弋阳、昆山等四大声腔及其流变的诸腔演出。传奇创作大致可分为三个阶段。

明洪武至嘉靖前（1368～1521） 这时期作品有李日华的《南西厢记》、王济的《连环记》、苏复之的《金印记》、沈采的《千金记》、邵灿的《香囊记》等120余种。明初传奇多是对历史故事或金元杂剧、宋元南戏的改编。在艺术形式上虽然保持着南戏的特点，但也通过某些改革逐步确立了传奇剧本的体制。南戏与传奇的主要区别是：南戏不分出，嘉靖时传奇开始标出；南戏原多唱南曲，此时则较多地借用北曲，或运用南北合套，并扩大犯调范围；南戏以民间"俚曲"为主，在宫调上没有严格规定，传奇则采用宫调区分曲牌，逐渐形成以南九宫为体制的南曲音乐体系。这些特征，表明明初传奇在继承宋元南戏传统的基础上，吸收元杂剧的优点，使戏曲艺术形式日趋成熟。

明嘉靖至崇祯（1522～1644） 为传奇创作的繁荣期，当首推汤显祖的《牡丹亭》为杰出代表。知名的作家有梁辰鱼、张凤翼、沈璟、屠隆、陈与郊、梅鼎祚、汪廷讷、高濂、周朝俊、徐复祚、叶宪祖、凌濛初、冯梦龙、沈自晋、阮大铖、吴炳、孟称舜、袁于令等。与前期传奇相比，这时期作品内容有以下特点：①对社会黑暗、专制主义与统治集团的残暴、贪婪作了较深入的揭露和批判。如《鸣凤记》取材于现实，鞭挞了宦官专权的恐怖统治；《精忠旗》、《浣纱记》取材于历史，歌颂了人民的爱国主义精神。②对封建伦理道德和封建礼教作了尖锐的抨击，主张个性解放，赞扬叛逆封建传统的反抗精神。《焚香记》、《玉簪记》、《红梅记》等都是其中的优秀剧目。特别是《牡丹亭》，通过以"情"抗"理"这一戏剧主题，表现了先进的时代精神，代表了这时期传奇剧作所取得的高度成就。但才子佳人的俗套是这些传奇剧作的通病，还有一些作品宣扬封建迷信思想。

清代顺治至乾隆（1644～1795） 在明末清初的社会大动荡中传奇创作又有新发展。以李玉为代表的苏州作家群写出了《清忠谱》等作品，反映了这一阶段的历史风貌。李玉的"一、人、永、占"四部剧作与苏州派其他作家的《乾坤啸》、《十五贯》、《渔家乐》、《琥珀匙》等都是昆曲经常上演的剧目。李渔也是这时期著名的曲家，有《笠翁十种曲》。康熙时期洪昇和孔尚任的《长生殿》、《桃花扇》两部著名传奇是清代传奇的压卷之作，它们标志着在《牡丹亭》后，传奇创作达到了又一高峰。入清后尖锐的民族矛盾使一些作家假借历史人物和虚构故事抒发故国之思，如张大复的《如是观》，吴伟业的《秣陵春》。乾隆以后文化专制加重，戏剧重遭禁毁。这时期如蒋士铨、王文治、沈起凤、厉鹗等的剧作很少有锋芒，传奇在思想与艺术上都趋于衰落。

明清小说 novels of Ming and Qing Dynasties 明清是中国小说的繁荣时期。从明代始，小说这种文学形式充分显示出其社会作用和文学价值，打破了正统诗文的垄断，在文学史上，取得与唐诗、宋词、元曲并列的地位。清代则是中国古典小说盛极而衰并向近现代小说转变的时期。

明代小说 明代文人创作的小说主要有白话长篇小说和短篇小说两大类。

明代的长篇小说按题材和思想内容，又可概分为4类，即讲史小说、神魔小说、世情小说和公案小说，代表性作品有《三国演义》(《三国志演义》)、《水浒传》、《西游记》、《金瓶梅》等。《三国演义》以陈寿《三国志》为蓝本，经各家说话人熔裁敷衍，由罗贯中于元末明初写定。重于叙述历史事件而薄于文学创造，人物有类型化的倾向，语言半文半白，显示出由历史向文学嬗变的痕迹。

《水浒传》或题施耐庵著，或题施耐庵、罗贯中合著。描述北宋宣和年间以宋江为首的108人被逼上梁山"替天行道"的故事。它是中国第一部用通俗口语写成的长篇小说，在文学史和汉语史上都有很高价值。

神话小说《西游记》取材于唐代僧人玄奘去天竺（印度）取经的事迹，由吴承恩在民间传说和有关话本、杂剧的基础上改写而成。此书想象丰富，手法浪漫，语言诙谐，是白话小说中独树一帜的优秀之作。

刊行于明万历年间的《金瓶梅词话》在白话长篇小说中占有重要的地位，它是摆脱英雄与神怪的传统题材，转而表现现实日常生活的创始之作。

此外，明代长篇小说还有熊大木的《北宋志传》、郭勋的《皇明英烈传》、许仲琳（或曰陆长庚）的《封神演义》、董说的《西游补》等，均在中国文学史上占据一定地位。

明代描写冤狱诉讼的公案小说兴起，是明后期社会政治腐败的产物。较著名的有李春芳著《海刚峰先生居官公案传》、无名氏著《包孝肃公百家公案演义》、余象斗著《皇明诸司公案》等，歌颂著名的清官海瑞、包拯、况钟等。但多追求情节离奇曲折，艺术上较粗糙，多夹杂迷信描写，并宣传封建伦理道德观念。

明代的白话短篇小说也获丰收。冯梦龙辑纂的《古今小说》(一名《喻世明言》)、《警世通言》、《醒世恒言》合称"三言"，对后世的白话小说及戏曲都有很大影响。而常与"三言"并称，且地位相当的是凌濛初编著的拟话本集《拍案惊奇》、《二刻拍案惊奇》，合称"二拍"，思想性、艺术性不及"三言"，但为凌氏本人创作，选材标准与语言风格比较统一。此外，明人创作的拟话本小说集还有《石点头》、《醉醒石》、《西湖二集》等10多种，但成就皆逊于"三言"、"二拍"。这些短篇小说中，爱情婚姻题材占重要地位，揭露统治阶级的罪恶和政治的黑暗也是重要主题，但美化统治阶级，宣扬封建礼教和鬼神迷信等充满糟粕的作品也占相当数量。

清代小说 清代的阶级矛盾、民族矛盾和思想文化领域里的斗争，给小说创作以深刻影响。清初至乾隆时期是清小说发展的全盛时期，数量和质量、内容和形式、风格和流派与前代相比都有较大发展。清代小说基本是文人的创作，虽有历史、传说等素材的借鉴，但作品多取材于现实生活，较充分地体现了作者个人的意愿，在结构、叙述和描写人物各方面也多臻于成熟的境界。康熙、乾隆年间产生的《聊斋志异》和《红楼梦》，分别把文言小说和白话小说的创作推向顶峰。

文言小说自唐传奇以后虽历代续有新作，如《夷坚志》、《剪灯新话》等，但多叙事简单，文采不足，至《聊斋志异》则异峰突起。作者蒲松龄用文言如白话，颇有传神之笔。小说主人公多为狐鬼，但形象可爱，富于人间情趣。它代表了文言小说的最高成绩。

《红楼梦》是中国现实主义文学的经典之作。反映出进入末期的中国封建社会不可避免的崩溃结局和初步的民主主义思想倾向。

除《红楼梦》外，比较著名的清代长篇小说还有《儒林外史》、《醒世姻缘传》、《绿野仙踪》、《隋唐演义》、《说岳全传》、《女仙外史》、《镜花缘》、《雷峰塔传奇》等。话本小说则有《五色石》等。李渔的《无声戏》、《十二楼》则是白话短篇小说艺术成就的代表。

自宋迄清，产生长篇小说300余部，短篇小说数以万计。这些作品以前所未有的广度和深度反映了当时社会生活的各个方面，成为人民群众认识社会和文娱生活的主要文学样式。这些白话小说不仅对中国后世的文学、戏剧、电影有巨大影响，也对日本、朝鲜、越南等国的文学创作产生过巨大影响，其中的优秀作品被翻译成十几种文字，为世界文化交流贡献重大。

明清杂剧 poetic drama of Ming and Qing Dynasties 中国明清两代与传奇同时并存的戏曲样式，既保存了元杂剧的某些主要

徐渭《四声猿·雌木兰替父从军》插图（明万历年间刻本，黄伯符镌刻）

艺术特点，也接受了传奇的影响，在演唱、曲调和语言等方面有不少变革。

明清杂剧的创作 与元杂剧相比，明清杂剧显然在走下坡路，但它的创作和演出都并未衰竭。据现有资料，明代杂剧作家不下200人，作品数量至少有500多种。作家可考者150多家，有剧作约450种，今存300多种，有许多为一折短剧。

明初杂剧 洪武至嘉靖年间，杂剧著名作家有王子一、刘东生、谷子敬、杨讷、贾仲明、朱权、朱有燉及稍后的王九思、康海。这是戏曲遭受禁毁和限制的时期，也是杂剧宫廷化的时期。朱有燉的《诚斋乐府》31种杂剧可作为代表。从王九思《沽酒游春》、康海《中山狼》中可以看到元杂剧的余晖。

明代中后期杂剧 为明杂剧较为繁荣的时期。传奇的兴盛在一定程度上促进了杂剧的繁荣，不少剧作家往往杂剧、传奇兼作，催生了一批优秀的杂剧作品。如徐渭的《四声猿》(见图)、陈与郊的《昭君出塞》、徐复祚的《一文钱》、王衡的《郁轮袍》、孟称舜的《人面桃花》、冯惟敏的《僧尼共犯》、茅维的《闹门神》、吕天成的《齐东绝倒》、叶宪祖的《易水寒》、沈自徵的《霸亭秋》等。

清代杂剧 清代初期杂剧的成就较为引人注目，尤其是那些表现历史兴亡的悲剧，如吴伟业的《通天台》和《临春阁》，陆世廉的《西台记》，尤侗的《读离骚》、《吊琵琶》、《黑白卫》借古抒怀；王夫之的《龙舟会》、郑瑜的《鹦鹉洲》、嵇永仁的《续离骚》、张潮的《笔歌》等则揭露社会黑暗，抒发忧愤心情。雍正、乾隆时期杂剧的主要作家作品有桂馥的《后四声猿》、蒋士铨的《四弦秋》、杨潮观的《吟风阁杂剧》。嘉庆至清末，舒位、石韫玉、梁廷枏、许鸿磐、周乐清、黄燮清、杨恩寿、许善长、陈烺诸等人也有不少杂剧作品。

明清杂剧艺术形式的变革 杂剧体制在元代虽已发生过一些变化，如《赵氏孤儿》、《五侯宴》与《三战吕布》、《襄阳会》等打破了一本四折一楔子的体制，《西厢记》中出现多个角色演唱的格局，但这仅属于个别作品的破例。明代杂剧的演变自明初已经开始，例如在剧本体制上，刘东生的《娇红记》为8折。在唱词分配方面，明初杂剧不仅在不同折内安排不同角色主唱，甚至在一折之中允许不同角色对唱与合唱，如朱有燉《仗义疏财》中李逵与燕青的对唱与合唱。在曲调形式上，贾仲明始仿南戏旧例，在《吕纯阳桃柳升仙梦》中，用南北合套谱写全剧；朱有燉《花月神仙会》也以南北合套组织套曲。

明代中叶以后，传奇风靡一时，很多杂剧作家同时兼写传奇，在杂剧创作中有意识地吸取传奇形式的优点，改变传统的格局，使杂剧体制有了重大的变革。徐渭根据剧情的需要决定结构，或一折，如《渔阳弄》；或两折，如《翠乡梦》、《雌木兰》；也可以是五折，如《女状元》，无拘无束，挥洒自如。而汪道昆、陈与郊、沈自徵、孟称舜、徐复祚和王衡等人，相继写了一些长短不一的短剧。用南曲创作杂剧，也成为一时的风尚。汪道昆《大雅堂杂剧》中《高唐梦》、《远山戏》、《洛水悲》及王骥德的《离魂》、《救友》、《双鬟》，全用南曲。在他们的倡导下，形成了南杂剧这一新体式。

明仁天皇 Akihito Tennō (1933-12-23～) 日本天皇（1989～ ）。昭和天皇裕仁的长子。生于东京。名明仁，幼称继宫。1956年毕业于日本学习院大学经济系。1952年11月被立为皇太子。1959年4月，打破日本皇室传统，与平民女子正田美智子结婚，这是有史以来日本皇太子第一次迎娶平民女子。1989年1月7日即位，年号“平成”，又称平成天皇。1992年10月，明仁天皇及皇后美智子对中国进行正式访问，成为第一位访问中国的日本天皇。明仁天皇多年从事海洋生物研究，专攻鱼类学，著有《日本的淡水鱼类》。

《明儒学案》 中国明清之际思想家黄宗羲关于明代学术思想史的专著。成书于康熙丙辰(1676)后。凡62卷，全书记述了200余位学者的生平、学行和思想文本。《明儒学案》是黄宗羲一生用力最深的一部著作。他说“大凡学有宗旨，是其人之得力处”，各学案通过揭示各思想家的宗旨，把他们的“自得”处展示给读者。他提倡学贵创新，保存了学术上不同见解。著作中的序言及各处品评，也反映了黄宗羲本人关于气、理、心、性等重要哲学问题的观点。

此书以阳明学派为正宗和明代学术的主流，又兼综各家，纂要钩玄，持论公平，基本上反映了明代思想史的客观情况。

《明儒学案》体现了黄宗羲的哲学思想和儒学史观，为中国第一部学案体学术史专著。它创立的学术史著作体例——学案体及其编纂方法，对后世产生了很大影响。

明瑟收益率 Mincer rate of return to education 由美国经济学家J.明瑟提出的，表示在其他条件相同的情况下，每增加一年学校教育导致的个人收入增加的百分比。而各级教育的边际明瑟收益率则表示与低一级教育程度的人相比，每多接受一年本级教育带来的收入增加的百分比。见教育收益率。

明神宗朱翊钧 Emperor Shenzong of Ming Dynasty (1563～1620) 中国明朝皇帝。隆庆六年(1572)六月即位，以第二年为万历元年。当时朱翊钧年仅10岁，朝政主要由慈圣太后、司礼监太监冯保和内阁大学士张居正主持。万历十年(1582)张居正去世后朱翊钧亲政，追夺张居正官阶，逐步废止其改革措施，贪于财货，兼并土地为皇庄，又自万历二十四年起，派大批宦官充任矿监税使，到全国各地开矿征商，掠夺民财。他本人则不视朝，章奏留中，造成各地农民起义、城市民变不断发生，朝中党争与宫闱之争日激，上下解体。万历二十年至二十八年间，先后发生平定宁夏总兵哱拜叛乱、平定播州（今贵州遵义）杨应龙叛乱和援助朝鲜抗击日本侵略事件，合称为万历三大征。万历四十七年，明军在辽东萨尔浒（今辽宁抚顺东浑河南岸）与后金的战争中惨败，从此明朝在与后金对峙中转攻为守。为与后金战争，朱翊钧三次加派辽饷，加重了人民负担，激化了社会矛盾。明亡之势由此已见。四十八年七月卒，葬定陵。

《明诗别裁集》 *Selected Works of Ming Dynasty Poems* 中国明诗选集。清代沈德潜、周准合编。全书12卷，共收录作者340人、诗1 010余首。明末清初的明诗选集，有陈子龙、李雯等的《明诗选》，钱谦益的《列朝诗集》，朱彝尊的《明诗综》。沈德潜以为3本各有偏颇，于是“合群公选本暨前贤名稿，别而裁之”，删浮艳之作，去雷同，编成此书。此书的编选充分体现了沈德潜“温柔敦厚”的诗教观和尊盛唐、主格调的诗论主张。明代诗歌创作极为丰富，能以不很大的篇幅反映全貌，并注意选入不知名作者与明遗民诗人的作品，是此书的一大特色，也是它得以广泛流传的原因。有清乾隆四年（1739）刻本。中华书局1975年出版缩印本，又有上海古籍出版社1979年排印本。

《明诗综》 中国明代诗歌总集。100卷。清代朱彝尊选录，其友人汪森、朱端、张大受、钱炌等人分卷辑评。录存明代诗人3 400余人的作品。朱氏意在成一代之书，故求全图备，自洪武至崇祯历朝作者大致网罗无遗。编辑体例，首卷录明室诸帝王之作。第2～82卷，按时代先后编入诗家作品。第83～99卷，分别辑录宫掖、宗室、闺门、僧道、土司、属国、神鬼等诗。末卷录民间杂歌谣辞155首。《明诗综》评论明人诗较为持平，朱氏长于史学，所选明诗多朝政得失、人物臧否之作，评论亦多涉及一代掌故，常可补史乘所不及。有清康熙四十四年（1705）自序六峰阁刊本。

明十三陵 Thirteen Imperial Mausoleums of Ming Dynasty; Ming Tombs 中国明代13个皇帝的陵墓。位于北京昌平天寿山下。自明成祖朱棣迁都北京后明代共有14帝，除景帝朱祁钰因故别葬金山外，其他皇帝均葬于此。始建于成祖永乐七年（1409），止于清初。1956年发掘明定陵。明十三陵整体性强，布局主从分明，在选址和总体规划方面为中国古代陵墓建筑中的成功之作。1961年国务院公布为全国重点文物保护单位。

十三陵以长陵为中心，坐北面南，以昭穆为序，诸陵依山势布置在天寿山南麓。陵区周围40千米，四周因山设围墙。陵园大门为大红门，门前有石牌坊和下马碑。门内有神路通各陵。神路中央有“大明长陵神功圣德碑”，碑周围有4个石华表。神路两侧立神道石柱，以及包括24个石兽、12个石人在内的石像生。各陵布局大体相同，均效仿明孝陵首创的以方城明楼为核心，与祾恩殿相结合，分成三进院落的宫殿式陵墓建筑形式。具体布局为：陵门前有无字碑，门内有祾恩门和祭陵用的祾恩殿，殿后有牌楼门、石五供、宝城，城上建明楼，宝城内封土下为地宫。明长陵建筑规模最大。其祾恩殿面宽九间，进深五间，重檐庑殿顶，台基有三层汉白玉护栏环绕，殿内有32根直径在1米以上的本色楠木巨柱，殿面积1 956平方米，为国内所仅见；宝城直径340米，周长超过1千米。末帝崇祯朱由检用的是田贵妃的墓室，规模最小。各陵陵园左右设神宫监、神马房、祠祭署等。

明十三陵神路及石像生

明石海峡大桥 Akashi Kaikyo Bridge 世界上主跨度最长的悬索桥。为日本连接本州与四国岛的主要桥梁，架设于宽约4千米的明石海峡上，实现了日本人一直想修建

桥梁连接4大岛（本州、九州、北海道和四国）的愿望。工期10年，于1998年4月建成通车。为保障宽1 500米、高65米的主航道通航要求，该桥设计为主跨1 990米（后因神户地震的影响，变为1 991米）、主塔高度297米的钢悬索桥，大桥全长3 910米。主梁结构采用钢桁架，桁架上层为车道，桥面宽35米，设6车道；下层架设自来水管路、通信线路和输电线路，神户一侧的桁架内还设置了观景设施。该桥施工阶段于1995年1月遭受强烈的神户地震，但除因地壳变形基础略有轻微位移外，结构本身未发生破坏。

《明史》 *History of Ming Dynasty* 中国清代官修的记述明代历史的纪传体史书。始纂于康熙十八年（1679），乾隆四年（1739）保和殿大学士张廷玉等在康熙时所撰《明史稿》的基础上撰成。从顺治二年（1645）开史馆起历时95年，是中国历史上纂修时间最长的一部官修史书。共332卷，包括本纪24卷、志75卷、表13卷、列传220卷，另有目录4卷。该书取材于《明实录》、《大明会典》、档册、邸报，以及文集、奏议、稗史、方志、传记等有关著述和材料，由于有著名史家万斯同等的整理和考订，该书体例严谨，叙事清晰，编排得当，文字简明，引述的资料，具有较高的史料价值。《明史》体例多有不同于前代正史或其他史书者。建文、景泰两朝均列为本纪，不同于《明实录》的附录形式；《历志》中的图表，简便易明，为过去所未有；《艺文志》只记述明代著述，不同于前代正史中的《艺文志》；在表的部分，较前代诸史增加了《七卿表》；另专门立有《阉党》、《流贼》、《土司》等列传，突出记述了明代的主要社会问题，为了解明代宦官、明代农民起义和明代民族关系，提供了比较集中、系统的材料。《明史》的记事有些过于简略，立传的人物也不够完备，且多回护之处。现通行的《明史》版本是乾隆四年的武英殿原刊本，1974年中华书局又据以校勘、标点出版。

《明史稿》 *Essays on History of Ming Dynasty* 记述中国明代历史的纪传体史书。又称横云山人明史稿。成书早于《明史》。共310卷，包括本纪19卷、志77卷、表9卷、列传205卷。清康熙十八年（1679），史馆开始编纂明史。三十年，完成初稿416卷。三十三年，王鸿绪任总裁时，又与当时监修张玉书、总裁陈廷敬各任一类，继续纂修。王鸿绪承担列传，请万斯同于其家负责编写和修订，前后历时8年。四十一年，万斯同卒。四十八年，王鸿绪解任回籍，继续删削改编成稿，在六十一年冬成《明史稿》310卷，于雍正元年（1723）进呈。刊印时均题为“王鸿绪著”。乾隆初年，大学士张廷玉等奉诏刊定之《明史》，是以大多出于万斯同之手的《明史稿》为基础，增损编次而成的。两书瑕瑜互见，详略不一，是了解和研究明朝历史的基本史籍，可参照使用。

明世宗朱厚熜 Emperor Shizong of Ming Dynasty（1507～1566） 中国明朝皇帝。宪宗之孙，兴献王朱祐杬之子。明武宗无子，朱厚熜以外藩入继大统。正德十六年（1521）四月即位，以第二年为嘉靖元年。即位初，革除正德弊政，清理勋戚、宦官庄田，逮治佞幸，裁革锦衣卫、内监旗校工役十余万人；重视内阁，抑制宦官，朝政为之一清。因其以外藩入继，在追尊皇考问题上与杨廷和等旧朝大臣发生大礼议之争，并因此导致明朝太庙制度发生变化。嘉靖中叶以后，朱厚熜渐疏于朝政，滥兴营建，迷信方士，自二十一年起，移居于西苑（今北海、中南海）一心修玄，日求长生。内阁首辅严嵩专权20年，贪污公行，排斥异己，吏治败坏，边事废弛。倭患起于东南沿海，北方蒙古族鞑靼部首领俺答汗不断扰边，形成南倭北虏局面。朱厚熜却信用严嵩，杀害主张收复河套的内阁首辅夏言、总督曾铣和抗倭有功的巡抚朱纨、总督张经，又杀害直言敢谏的太仆寺卿杨最、弹劾严嵩的兵部员外郎杨继盛等。故其晚年，海瑞上《治安疏》称嘉靖为家家皆净。四十五年二月去世。庙号世宗，谥孝肃皇帝，葬永陵。

明式家具 Ming-Dynasty-style furniture 中国15～17世纪的家具式样。多用紫檀、花梨、

红木等质地坚硬、纹理细密、色泽光润的木材制成，充分利用木材固有的纹理色泽，结构单纯简练，造型大方，无繁琐的装饰，既实用又美观。

明代黄花梨木绣雕靠背圈椅

明式家具品类齐全，按使用功能分为六大类。①坐卧类。有小凳、杌凳、条凳、春凳、交杌，绣墩、藤墩、瓷墩，靠背椅、灯挂椅、梳背椅、玫瑰椅、官帽椅、圈椅、交椅等。②承具类。有香几、花几、炕几，炕桌、半桌、月牙桌、方桌、圆桌、条桌，平头案、翘头案、架几案等。③卧具类。有童床、平榻、杨妃榻、罗汉床、板床、架子床、拔步床等。④皮具类。有盒、匣、奁、板箱、坐柜、衣箱、躺箱、躺柜、立柜、圆角柜、方角柜、亮格柜、连二橱、闷户橱等。⑤架具类。有面盆架、镜架、衣架、巾架、灯架等。⑥屏具类。有砚屏、炕屏、座屏、折屏等。

明式家具基本上采用榫卯接合方式的框架结构，比较纤巧简雅。榫卯的种类繁多，斗拼巧妙，结合牢固。精于选材配料，硬性木材有黄花梨、紫檀、乌木、鸡翅木、铁力木等，中性木材有榉木、楠木、樟木、柞木、榆木、胡桃木、桃花芯木、楸木、柏木、梓木等，软性木材有松木、杉木、桐木、柳木等。多使用铜镍合金的白铜制作金属配件，式样细巧，色泽柔和。漆饰有桐油、擦蜡、大漆、雕漆等方法。

明思宗朱由检 Emperor Sizong of Ming Dynasty (1611～1644) 中国明朝末代皇帝。明光宗朱常洛第五子，天启二年（1622）封信王。七年，其兄明熹宗朱由校病死，无子，遂得即皇帝位。八月登极，以次年为崇祯元年。即位之时，明朝正面临东北满洲后金政权日益强大，西北农民起义方兴未艾的严峻局势。为此，朱由检力图振作，先后任用**袁崇焕**、孙承宗等督守辽东，又以**洪承畴**、孙传庭、杨嗣昌等镇压农民起义。增派**三饷**，增加田赋以供军费，因此加重了农民负担，社会危机更加严重。朱由检性格多疑，刚愎自用，驭下苛刻寡恩。在位17年中，频更内阁六部大臣，诛杀督抚大员。崇祯三年（1630）以谋叛罪名杀抗清名将袁崇焕后，日益倚仗宦官，政局更为颓败，清军多次入关，农民军日益壮大。十七年三月十九日，李自成领导的大顺农民军攻克北京，朱由检自缢于煤山（今景山）。明王朝灭亡。

明斯克 Minsk 白俄罗斯首都，明斯克州首府。位于白俄罗斯中部，第聂伯河上游支流斯维斯洛奇河畔。面积约229平方千米。人口183.28万（2009）。1067年为波洛茨克公国要塞，当时称明涅斯克。12世纪起为明斯克公国中心。14世纪并入立陶宛公国，后归属波兰。1793年随同白俄罗斯归属帝俄。1919年后为白俄罗斯苏维埃共和国首都。第二次世界大战中被德军占领，战后重建。1991年8月成为独立的白俄罗斯共和国首都。历来为联系波罗的海沿岸与莫斯科、喀山的贸易中心，素称“交易之镇”。

白俄罗斯重要工业中心，工业产值占全国的25%。工业以机械制造、轻工业（毛纺、针织、服装、皮革）和食品工业为主。此外还有电子、化学工业等。主要工业产品有重型车辆、电动机、轴承、机床、广播及电讯设备、钢琴、家用电器等。其中以汽车载重和自卸载、轮式拖拉机、精密机床制造最为突出。重要的交通枢纽。公路四通八达。航空线通往国内外许多城市。

白俄罗斯文化中心。有白俄罗斯科学院，以及核能、哲学、历史等研究所；市内设有白俄罗斯大学等高等院校，还有8个博物馆和6座剧院。市中心区为行政文化商业区，东南部和东部为工业区。

明太鱼 *Theragra chalcogramma*; Alaska pollack 鳕形目鳕科狭鳕属的一种。又称**狭鳕**。

明太祖朱元璋 Emperor Taizu of Ming Dynasty (1328～1398) 中国明朝开国皇帝。祖籍为江苏沛县，祖、父后定居濠州（今

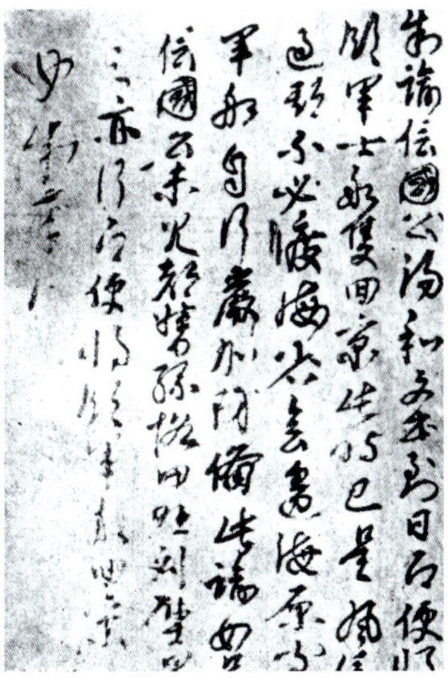

朱元璋手迹

安徽凤阳）。朱元璋幼名重八，参加农民起义军后改名元璋，字国瑞。朱元璋幼时曾为地主放牛。17岁时，因父、母、兄皆死于瘟疫而孤，不得已入皇觉寺为僧。不久以行童游食于淮西一带。

元顺帝至正十一年（1351），红巾军农民起义爆发。次年朱元璋投奔起义军郭子兴部。他以智勇过人，得为子兴心腹，并娶其养女马氏为妻。后继郭子兴而成为义军首领，在家乡一带逐步扩充队伍，随后克滁州、援六合、下和州，势力渐增。至正十五年，他依托小明王**韩林儿**。不久，朱元璋率军断缆渡江，取采石（今安徽马鞍山西南）、下太平（今安徽当涂），并于次年攻占集庆（今江苏南京），改名应天。此后，朱元璋以应天为根据地，相继攻取常州、江阴、常熟、徽州（今安徽歙县）、扬州等地；并接受徽州老儒朱升高筑墙，广积粮，缓称王的建议，在应天屯田，兴修水利，恢复农业生产。

朱元璋消灭东南的孤立元军后，即开始与元末各割据势力展开较量。二十三年他与**陈友谅**决战于鄱阳湖，友谅败死。二十四年，自立为吴王，建置百官。二十七年俘**张士诚**。二十六年底，他又遣使迎小明王于滁州，中路沉之于江，农民起义军政权灭亡。于是朱元璋改明年为吴元年（1367）。此后，他在南征浙东方国珍、福建陈友定的同时，派出大军北伐中原，发布告北方官民的文告。文告提出驱逐胡虏，恢复中华，立纲陈纪，救济斯民的纲领，对北方人民反抗民族压迫颇具号召力。在南征北伐的顺利进军中，朱元璋于吴二年正月在应天称帝，国号大明，建元洪武。七月，徐达率领的北伐军逼近大都，元顺帝携后妃、太子仓皇出逃上都，统治中国98年的元代灭亡。此后，统一战役仍在继续，同年，汤和率领的南征军灭方国珍、陈友定，福建、两广尽入版图。洪武四年（1371），四川平定。十四年平云南。至二十年，山西、陕西以及东北平定，全国统一。

朱元璋削平群雄，统一南北的同时，吸取历史的经验教训，着手稳固新建王朝的统治，制定一系列的政策和制度，使专制主义中央集权进一步强化和发展。在中央废中书省和丞相，政归六部，六部尚书直接听命于皇帝。改御史台为**都察院**，与**大理寺**、刑部合称三法司。在地方废**行中书省**，设立承宣布政使司，又设提刑按察使司、都指挥使司，合称都、布、按**三司**，各自直属中央。又创立了卫所制。为削弱将领的军权，于洪武十三年设**五军都督府**。朱元璋实行安养生息的经济政策，采取奖励垦荒，实行民屯、军屯、商屯等屯田制度，兴修水利，在全国推广桑、麻、棉等经济作物的种植等一系列有利于恢复和发展农业生产的措施，成功地使明社会经济较快

地得到了恢复和发展。他还下令清丈土地，编制赋役黄册、**鱼鳞图册**，建立里甲及粮长制，把农民束缚在土地上。他的限制和打击旧豪族地主、规定工匠轮班制、放松对手工业者的人身控制等政策，对恢复和发展农业和手工业生产也起了促进作用。为充实官僚机构，朱元璋采取荐举、学校、科举三途并用的办法选取官吏。他鉴于元代官吏贪污腐败以至亡国的教训，决意整顿吏治。甚至以剥皮囊草来惩办贪官污吏，办法之严酷为历史上所罕见。他的厉行整顿虽有一定效果，但因其性格猜忌多疑，也滥杀了不少无辜。为强化皇权，解决统治阶级内部矛盾，朱元璋借**胡惟庸案**、**蓝玉案**大肆诛戮功臣；为保证封建统治秩序的稳定，他制订了《明律》和《大诰》，还特别设立**锦衣卫**特务机构。

明初，朱元璋还实行分封制，将24个儿子和1个从孙分封到全国各地，以巩固统治。由于北元回归大漠后保有相当强的军事力量，对明朝北部形成极大威胁，故朱元璋分布在北方边防线上的塞王兵力尤为雄厚，洪武后期，这些塞王已掌握边防军事指挥权，防止了军权旁落。但他的第四子朱棣后来却因此夺得他的继承者建文帝的皇位。

朱元璋制定的一系列政策和制度影响深远，具有一定的进步作用，并奠定了明朝200多年的统治基础。但他将中央集权君主专制发展到空前程度，以及由此对社会经济产生的阻碍作用，也反映出中国封建社会转入后期的历史特色。洪武三十一年（1398）闰五月卒，葬南京孝陵。

明堂 imperial academy

中国古代最高等级的皇家礼制建筑之一。古代帝王颁布政令，接受朝觐和祭祀天地诸神以及祖先的场所。据古代一些经学家的解释，明堂和**辟雍**“异名同实”，又据各代修建明堂的文献记载和西汉末年长安明堂遗址，可以确定“明堂辟雍”是一座建筑两种含义的名称。

据《考工记》记载，夏有世室，商有重屋，周有明堂，它们的基本形式都是在土台上建屋，平面呈井字形构图，相邻为九，间隔为五。但至今尚未发现春秋时期的明堂遗址。不过作为祭祀性建筑，它应当起源于原始氏族社会中。西安半坡村新石器时代的“大房子”遗址，就是氏族成员集会的场所。在以农业生产为主，又以血缘关系为社会纽带的原始社会后期，氏族成员集会的主要活动就是祭祀与农业有关的神祇和祖先。所以“大房子”可能就是明堂的最初形态。进入奴隶制社会以后，祭祀已成为一种礼仪，“大房子”也变成了有象征意义的礼制建筑。井字形构图符合数和形的和谐性与对称性，便于体现祭祀、礼制内容的严肃性和神秘性，于是在“大房子”的构图基础上演变成《考工记》叙述的夏、商、西周明堂形式。但其中的“夏后氏世室”，建筑尺度大大超过商和西周，而与汉代明堂接近。明堂在周朝是作为天子接见诸侯王公的场所，有实用功能，同时也有体现周礼的象征作用。秦和西汉初年不重视儒学，没有兴建明堂。汉武帝独尊儒术，于元封二年（前109）在泰山建造了中国封建社会的第一座明堂，据《史记》记载，这是一个对称的台榭式建筑。西汉末年王莽标榜恢复周礼，于元始四年（公元4年）在长安（今西安）南郊由经学家刘歆设计了明堂辟雍。这座建筑的遗址于1957年发掘出来，是台榭式建筑。直到东汉中元元年（56）在洛阳新建明堂，才有了明确的象征含义，它的形式仍是继承《考工记》以来的井字形构图的台榭式。两晋和南朝也建明堂，但完全舍弃了十字对称、井字分隔的台榭式形式，而改为一般的木结构殿宇。只有北魏太和十五年（491）在平城（今山西大同）造明堂，还继承汉明堂的形式。隋朝统一全国，几次议建明堂，著名建筑家宇文恺经过考证进行设计，还制作了模型。武则天垂拱三至四年（687～688）于洛阳建成了中国古代体量最大、形式奇特、楼阁式的明堂；到唐玄宗开元二十五年（737）拆去上层加以改建。北宋政和五至七年（1115～1117）拆改京城汴梁（今河南省开封市）宫内秘书监，又按周礼建造了一座明堂。它是由几个天井联系的院落。东汉以后，中国封建社会的礼仪制度已经非常完备，周礼中的明堂功能由其他礼制建筑代替，以后各代的明堂，只是某种政治的象征而已。北宋以后各代均不再建明堂。只有明朝嘉靖二十四年（1545）改建北京天坛，新建圆形大享殿（清的祈年殿），曾经一度把它附会为古代明堂。清乾隆四十九年（1784），在国子监正中新建一座辟雍，方亭外绕圆形水池，附会为古代辟雍型制。但这个辟雍是太学的别称，与明堂本没有关系，只是借用了环水的形式。

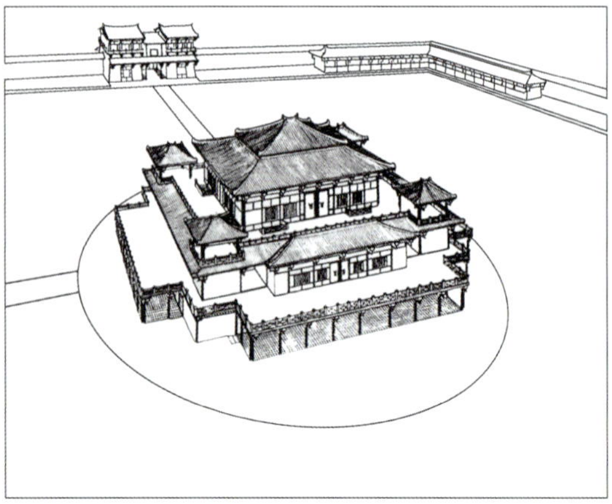

汉长安南郊明堂辟雍复原图

明孝陵 Xiao Mausoleum of Ming Dynasty

中国**明太祖朱元璋**的陵墓。位于江苏南京东郊钟山南麓独龙阜。洪武十五年（1382）皇后马氏葬入。洪武三十一年朱元璋死，与马氏合葬。全部陵墓工程至永乐三年（1405）完工。清初和清末陵园建筑遭战火破坏，现存的陵门、享殿等为清末重建。1961年国务院公布为全国重点文物保护单位。

武将石雕像

孝陵南起下马坊，北至方城圜丘，纵深2.6千米。陵园原有垣墙，周长22.5千米。主要建筑自北向南为宝城、明楼、具服殿、宰牲殿、左右庑、享殿（孝陵殿）和文武方门、神道石刻、神功圣德碑、陵园大门大金门和神烈山碑。石刻包括文臣武将各4尊、华表2座、石兽24只，风格简朴，给人静谧肃穆之感，只是形态稍嫌呆滞。孝陵的建制和布局较以前的帝陵有创新和发展。它以宫殿的形式修筑，集上、下宫为一体，分前、中、后三进院落。并新创明楼，改方坟为圆坟，外建圆形宝城。这些对以后的明陵（见**明十三陵**）和清陵的建筑有重要影响。孝陵神道依山势回转曲折，是孝陵特有的设计，这一做法也影响到后世。

明信片 postcard

有一定规格和书写格式、无须装在封套内寄递的纸制卡片。属邮件中的函件类，其邮资低于信函。奥地利邮政于1869年10月1日发行了世界上最

中国1984年发行的纪念邮资明信片

早的明信片。1897年8月16日中国开始发行明信片。明信片的种类有普通明信片、广告明信片、专用明信片、极限明信片和邮资明信片等。邮资明信片又分普通邮资明信片、特种邮资明信片、纪念邮资明信片、专用邮资明信片、风光邮资明信片及贺年邮资明信片等。

明信片印制必须符合国家邮政主管部门规定的规格标准。中国最大尺寸为165毫米×102毫米，最小尺寸125毫米×78毫米。

在集邮活动中，收集研究明信片也颇受人们喜爱。以收集研究极限明信片（印有与某种邮票主图相似的图案，在有图一面贴有该种邮票，并用与邮票题材密切相关的地名邮戳销票的明信片）为内容组编的专题集邮方式称为极限集邮。国际集邮联合会已将其列为国际邮展竞赛级的集邮类别之一。

明星影片公司 Star Film Corp. 中国早期私营电影企业。1922年3月，由张石川、郑正秋、周剑云、郑鹧鸪等发起，创办于上海。初期摄制滑稽短片。1923年冬，拍摄《孤儿救祖记》成功后，开始摄制长故事片。1927年，摄制了《火烧红莲寺》，开中国影坛神怪武侠片之先河。1931年，试制成功中国第一部蜡盘配音有声片《歌女红牡丹》。1936年7月1日进行革新与改组，建立了明星一厂、二厂。二厂吸收了由电通影片公司转来的一批左翼电影工作者，相继拍摄了《生死同心》、《十字街头》、《马路天使》等影片。1937年在日本侵华战争中，公司因制片基地严重受损而停办。共拍摄影片200余部，是为中国早期民族电影事业兴起、发展、进步作出过贡献的电影公司。

明治村 Meiji Mura 日本一座集中明治时代（1868～1912）建筑艺术和文物的博物公园。位于爱知县西北犬山市东南八鹿池西岸的丘陵上，西南距名古屋40千米，总面积为500万平方米。自1965年开放以后，日本各地要拆除的明治时代的建筑物中有价值的都移建或改造于此。村内有57座建筑物，包括县厅郡舍、学校、医院、银行、工厂、监狱、教会、住宅等。各建筑物中，不仅家具陈设如旧，还展出许多与建筑有关的资料和明治时代的历史资料，使其成为明治社会的缩影。如西欧式和日本式相结合的木结构建筑东山梨郡官署；京都的七条巡查派出所，门前有身穿明治黑色警服的警察走来走去；日本高级饭店——帝国饭店的移建物；还有建于明治三年的品川灯台等；明治天皇使用过的专车及日本最早的有轨电车、蒸汽机车也在此展出，有轨电车的车长穿着明治时代的制服，向游客介绍当年的情况。明治村内的宇治山田邮局，本为1909年建于伊势市的西洋式建筑物，现陈列着邮局的历史资料，也受理信件业务，刻有明治村风景的邮戳被用来作纪念印章。村内的大井牛肉店是一家开业于明治二十年左右的神户火锅店，1968年移来明治村，保持当年的营业情景。在出口附近的明治村商店出售明治时代书籍的复制品。

明治村建筑物内景

明治天皇 Meiji Tennō (1852-09-22～1912-07-30) 近代日本天皇(1867～1912年在位)。生于京都，卒于东京。孝明天皇的第二子，母中山庆子。幼称祐宫。1860年立为太子，名睦仁。

1867年初孝明天皇死。1月9日睦仁即位，时年15岁。同年11月向萨摩、长州两藩下达讨幕密敕。1868年1月3日发布《王政复古大号令》，废除幕府，令德川庆喜“辞官纳地”，明治政府成立。4月6日发布《五条誓文》。10月12日在京都举行即位大礼。10月23日改元明治。1869年5月9日迁都东京。翌年以旧江户城为皇宫，总揽统治大权。

明治政府成立后，提出了“殖产兴业”、“富国强兵”、“文明开化”三大口号，开始进行政治、经济、军事、文化教育等方面的改革，确立日本资本主义制度。

即位后，大力推行富国强兵政策，并力主对外扩张，日本开始走向近代军国主义。随着中日甲午战争、日俄战争的胜利，明治天皇确立了至高无上的地位。1910年日本吞并朝鲜，开始向殖民帝国发展。死后葬于京都伏见桃山陵。

明治维新 Meiji Restoration 19世纪下半叶日本发生的政治、经济和社会的变革运动。时值明治天皇（睦仁）在位（1867～1912），故名。

幕府末期，在经济中产生资本主义萌芽的同时，出现了所谓豪农豪商阶层。下级武士中的革新势力和出身豪农豪商的志士，联合与幕府有矛盾的西南强藩和皇室公卿等，在尊王攘夷的口号下，展开了要求改革幕政、抵御外侮的斗争，并在人民群众推动下，发展为武装倒幕。

1867年孝明天皇死，太子睦仁亲王（即明治天皇）即位，倒幕势力积极结盟举兵。11月8日，天皇下达讨幕密敕。9日幕府将军德川庆喜奏请“奉还大政”，同时却在大阪集结精兵，企图反叛。1868年（戊辰年）1月3日，天皇发布《王政复古大号令》，废除幕府，令德川庆喜“辞官纳地”。8日及10日，德川庆喜在大阪宣布《王政复古大号令》为非法。1月27日，以萨、长两藩为主力的天皇军5 000人，在京都附近与幕府军1.5万人激战（即鸟羽、伏见之战），德川庆喜败走江户。戊辰战争由此开始。天皇军大举东征，迫使德川庆喜于1868年5月3日交出江户城，至11月初平定东北地区叛乱诸藩。1869年春，天皇军出征北海道，于6月27日攻下幕府残余势力盘踞的最后据点五畯廓（在函馆），戊辰战争结束。

以天皇为首的新政府，于1868年4月6日发布具有政治纲领性的《五条誓文》，6月11日公布《政体书》。9月3日天皇下诏将江户改称东京。10月23日改年号为明治。1869年5月9日迁都东京。随后，新政府着手实行一系列资产阶级改革。经过改革，废除了幕藩体制，有利于发展资本主义，但寄生地主制也有所发展。武士作为一个阶级被消灭。华族和少数上层士族转化为近代资产阶级、官吏或知识分子；大多数士族社会地位和生活水平下降，因而导致士族暴乱。

1871年，明治政府派出以右大臣岩仓具视为首的大型使节团出访欧美，考察资本主义国家制度。（见岩仓使节团）在富国强兵、殖产兴业、文明开化的口号下，政府积极引进西方科学技术，以高征地税等手段进行大规模原始积累，建立了一批以军工、矿山、铁路、航运为重点的国营企业。80年代中期起，以纺织业为中心，开始出现产业革命的高潮。

天皇制专制主义和对外侵略扩张。明治政府在政治上神化天皇的绝对权威，建立“华族”制度以维护旧藩主、公卿的特殊地位，并把维新功臣、财阀列入华族，培植特权阶层；在经济上扶植带封建性的财阀和寄生地主；在意识形态上宣扬神道、皇道、儒学，并引进德国唯心主义哲学。1882年发布《军人敕谕》，鼓吹武士道。1890年发布《教育敕语》，推行以效忠天皇为核心的军国主义教育。经过明治维新，日本从幕藩领主统治的封建国家转变为带封建性的资本主义国家。与财阀紧密勾结的萨摩、长州等强藩出身的军阀、官僚贵族长期把持政柄，在建立近代天皇制的过程中推行“藩阀政治”。1889年颁布《明治宪法》，1890年开设国会，从而确立了专制主义的君主立宪制，即日本近代天皇制。

在对外关系方面，随着国力日渐充实，不断进行交涉，要求修改条约。从1894年开始修改条约，至1911年终于全部废除。明治初年，日本即蓄谋向亚洲邻国进行侵略扩张。1874年出兵侵略中国台湾。1875年武装入侵朝鲜，次年逼迫朝鲜签订《江华条约》。1879年并吞琉球，改为冲绳县。至80年代末期，以侵略中国和朝鲜为主要目标的大陆政策基本形成。自90年代中期起，不断对外发动侵略战争。

明珠 Mingzhu（1635-11-19～1708） 中国清朝康熙时大臣。满洲正黄旗人。纳喇氏。字端范。姑祖母为努尔哈赤妃、皇太极生母，即孝慈高皇后。其家族被列为满洲“八大家”之一。顺治末，明珠以侍卫官内务府郎中，因精练能干，不断擢升。康熙帝亲政后，更受倚任。康熙七年（1668），擢刑部尚书。十年，调兵部。十二年，圣祖阅兵南苑，明珠先期预为演习。届期部伍整齐，军容甚盛，为圣祖所称道。明珠与米思翰等少数大臣坚主撤藩。赞助圣祖处理平定三藩军事，著有劳绩。十六年，晋大学士，累加太子太傅、太师。先后充《太祖实录》、《太宗实录》、《平定三逆方略》、《一统志》、《明史》诸书总裁，深为康熙帝信任。然其结党营私，广收贿赂，生活豪奢。与另一康熙帝宠信大臣索额图争权夺利，互相倾轧。二十七年，御史郭琇疏劾（一说为康熙帝授意）明珠与余国柱、佛伦等互为应援，卖官索贿，遂罢大学士，旋授内大臣。此后虽在三次对准噶尔部的噶尔丹用兵时从征，然不再重用。子纳兰性德，为清代著名词人。

冥婚 wedding ceremony for the dead 中国旧时民间为已死亡子女寻求联姻的婚俗。具有浓厚的迷信色彩，故又称嫁殇婚、娶殇婚。按照一定的婚仪完婚后男女合葬。后世还曾出现过为已亡的未婚男女联姻的“鬼媒人”。冥婚周代即有，曾被明令禁止，《周礼·地官》载：“禁迁葬者与嫁殇者。”但后来因统治阶级的提倡而有所流行，直到20世纪中叶，在部分地区仍可见到。

冥王星 Pluto 曾认为是太阳系九大行星之一，以及距离太阳最远的行星。1930年，美国天文学家C.W.汤博照相巡天发现。若从1914年曾记录到冥王星发现前的照片星象算起，到21世纪初的近90年间，它绕日公转仅走过一整周的1/3多，轨道行程的实测资料太少。直到1978年发现和冥王星环绕运行的卡戎星冥卫之前，关于冥王星的信息，无论是大小、质量、自转等基本参数，还是物理状态和化学组成，或是知之甚少，或是一无所知。只有当确认冥王星-卡戎星冥卫双天体系统后，才开启了认知之门。2006年根据国际天文学联合会颁布的《行星定义》将冥王星分类为矮行星。

冥王星与太阳之间平均距离为39天文单位（AU）。冥王星的轨道偏心率很大，e约为0.25，比八行星中最大的一个还大；远日距49.8AU，近日距29.7AU，比海王星的近日距29.8AU还小些。在冥王星公转一周期间内，约有20个地球年的时间距太阳比海王星还近些。公转轨道面和黄道面的夹角也很大，为17.14°。冥王星可运行到黄道面之上8AU和之下13AU的远处。平均轨道速度只有4.75千米/秒，比八行星中最慢的还慢。公转周期长达248个地球年，比八行星中最长的还长。每隔495年，冥王星公转两周而海王星绕转三周，二者的平均轨道共振为2∶3。冥王星赤道面和公转轨道面的倾角119.6°，按照国际天文学联合会的定义，属于逆向即顺时针方向自转。

美国天文学家J.克里斯蒂于1978年在视宁度极佳的天气条件下分辨出距冥王星0.9角秒的卡戎星的星象，当时二者的亮度分别是15.9和17.3视星等（见星等）。根据冥王星-卡戎星冥卫双星系统的观测资料推算出二者的基本参数：平均半径1 150千米和625千米。冥王星的半径约为地球的1/6，比月球还小。冥王星和冥卫的星心距离19 640千米，约合17个冥王星半径。质量分别是地球的2.2%和0.3%。密度约为2.0克/厘米^{3}和1.7克/厘米^3，而地球和月球分别为5.52克/厘米^{3}和3.34克/厘米^3。冥王星的表面重力加速度0.66米/秒^2，赤道逃逸速度1.1千米/秒，是名实相符的矮行星。2005年，利用哈勃空间望远镜又发现了另外两个只有几十千米大小的小卫星。

冥王星自转周期是六个地球日9小时18分钟，而卡戎星冥卫的绕转周期和冥王星自转周期同步，也是6日9小时18分钟。卡戎星冥卫总以同一半球朝向冥王星，冥王星也同样总以同一半球面对卡戎星冥卫的同一半球。冥王星接受的太阳热量相当于地球的0.06%。表面温度-220～-230℃。拥有稀薄大气，表面的气压约30微帕。大气的主要成分是氮、甲烷等。反照率约0.3。

螟蛾 Pyralidae; snout moth 鳞翅目螟蛾科昆虫的统称。全世界已有2.5万种以上。中国记录有2 000余种。体细长脆弱，小型或中等大小。有喙或者萎缩，喙基部覆盖有鳞片。触角细长。下唇须伸出如鸟喙。腹部有鼓膜器。前翅狭长，通常有翅脉12条，无副室；后翅较宽，一般有翅脉8条。足细长。成虫在夜间飞翔，但在仓库和居室内不论白天夜晚都活动。成虫寿命一周左右。发生世代随种类不同而异。多数种类一生须转换寄主，能迁移。以幼虫越冬。幼虫取食粮食、蔬菜、果树、林木等各种植物，中草药、面粉、食品、干果、糖果以及多种储藏物都可受到螟蛾危害。但是也有利用其习性歼灭有害杂草的。多数为钻蛀取食，也有少数卷叶取食各种经济作物以及林木。

命门火衰证 decline of vital gate fire, syndrome of 因肾阳极度虚衰所引起的中医学证候。即肾阳虚衰。多见于虚劳、阳痿、不育、不孕等疾病。为区别于肾阳虚证，一般把肾阳虚衰程度严重者称为命门火衰证。命门是对肾阴肾阳功能的概括。命门之火为一身阳气之根，人体五脏六腑功能活动的动力之源。久病伤肾、年老肾亏、房事过度等均可致肾阳虚损、命门火衰。临床表现以精神委靡，面色黧黑，男子阳痿、精稀寒冷，女子胞宫寒冷不孕为主症；伴见腰膝酸软冷痛、畏寒怕冷、舌淡苔白、脉沉细无力（尺部尤甚）等肾阳虚证。命门火衰证的治疗以温补下元为法，常用右归丸等方。阳痿而精稀清冷者，用扶命生火丹；女子宫寒不孕者，用赞育丹、艾附暖宫丸等方。

缪勒 Müller, Friedrich Max（1823-12-06～1900-10-18） 德裔英国宗教史学家、比较神话学家、比较语言学家。西方宗教学的创始人之一。生于德国德绍，卒于英国牛津。

曾任英国牛津大学比较语言教授和其他一些大学的荣誉教授，一生大部分时间在英国度过。他通晓语言学、印度学、人类学、神话学等各科知识，率先使用“宗教学”一词，并以其比较研究的基本方法而奠立了现代西方比较宗教学体系。他根据印欧古代文献资料而提出过太阳神话论和人类语病说，从而力图把神话和宗教的产生与人类思维发展联系起来，说明它乃人类对外在自然认识及反思的结果，是人类精神的创作。他还指出人类对“无限”的领悟亦来自对宇宙天体的仰慕和随之而有的情感经验，由此而发展对“上帝”的认识和敬爱。在对宗教的产生及其发展所进行的探究、勾勒中，他曾分析了自然宗教、人文宗教、神智宗教的基本特点和演变过程，为宗教学的体系构建奠定了重要基础。著有《比较神话学》、《宗教学导论》、《宗教起源与发展讲演录》等，译有6卷本《梨俱吠陀》，主编51卷本《东方圣书集》。

缪勒 Müller, Leopold（1908-01-09～1988-08-01） 奥地利工程地质学家。生于萨尔茨堡，卒于萨尔茨堡。1933年获维也纳大学工程地质博士学位。1946～1948年，创建了岩石力学与工程地质研究所。曾任萨尔茨堡国际岩石力学有限公司董事长、卡尔斯鲁厄大学教授、

岩石力学研究所所长。1951年与J.施蒂尼等人创建奥地利地质力学学派，还担任国际工程地质力学工作小组主席。1962年出任国际岩石力学学会第一任主席。50年代，与L.von拉布舍维奇等人提出新奥地利隧道施工新方法，此法在岩石隧道工程中获得广泛应用。在岩体力学理论方面，他首先提出岩体是由地质不连续面切割而成的非连续介质，岩体具有多种结构，强调工程与岩体的联合作用。在他的理论和方法影响下，地质学与工程力学相结合，成为现代岩体力学的基本指导思想。缪勒重视实践，有许多专利和发明，如自动钻孔装置、钻孔照相、钻孔光学监测仪、岩体挠度计等。主要著作有《地质力学》、《岩石工程》和《隧道工程》等。

缪塞 Musset, Alfred de（1810-12-11～1857-05-02） 法国诗人。生于巴黎，卒于巴黎。14岁开始写诗，18岁时加入浪漫主义文社。第一部诗集《西班牙与意大利的故事》（1830），着力描写狂暴的热情、荒唐的故事和强烈的异国情调。最有名的是《四夜组诗》（1835～1837），包括《五月之夜》（1835）、《十二月之夜》（1835）、《八月之夜》（1836）和《十月之夜》（1837）。诗句流畅优美、感情丰富，是法国浪漫派抒情诗中最动人的作品。1836年发表的《一个世纪儿的忏悔》，是一部以他和**乔治·桑**的爱情为中心内容的自传体小说。此外还写了《罗朗萨丘》（1834）等许多剧本，取材于历史或民间故事，以心理分析见长。

缪斯 Musai 希腊神话中文艺女神的统称。她们起初司歌唱，后来影响遍及文艺和科学的各个领域。荷马提到她们时数目不定，没有具体名称。有一种说法认为，缪斯指墨勒忒（幻想）、谟涅墨（记忆）和阿奥伊得（歌唱）三女神。赫西奥德所说的缪斯包括：克利奥（司历史）、欧忒尔佩（司抒情诗）、塔利亚（司喜剧）、墨尔波墨涅（司悲剧）、忒尔普西科拉（司舞蹈）、埃拉托（司爱情诗）、波林尼亚（司颂歌）、卡利奥佩（司史诗）、乌拉尼亚（司天文）。她们出生在奥林波斯山麓的庇埃里亚。当奥林波斯众神欢宴时，她们常在阿波罗率领下表演唱歌和舞蹈。她们喜爱歌手并给他们以灵感，但谁若胆敢和她们较量，则会受到无情的惩罚。在艺术作品中，她们经常被表现为美丽、高尚的少女形象。

模 module 域上线性空间向环上的推广。又称环模。设A是一个环，M是一个加法阿贝尔群。如果存在一个映射$A\times M\rightarrow M$，对于任意$a\in A$，$m\in M$，它在M中取值记作am，满足下列条件：①$a(m_1+m_2)=am_1+am_2$；②$(a_1+a_2)m=a_1m+a_2m$；③$a_1(a_2m)=(a_1a_2)m$，$\forall a,a_1,a_2\in A,m,m_1,m_2\in M$，就称$M$是一个左$A$模。类似地可定义右$A$模。如果$A$有单位元1，再附加条件$1m=m$，这时称$M$是一个幺模。模论是代数学一个应用广泛的分支，是**线性代数**、交换群论及理想论的推广，也是同调代数学的主要研究对象及工具。

模范议会 Model Parliament 英国封建贵族的代议机构。1295年，英王爱德华一世（1272～1307年在位）为筹集战争经费召集议会。出席议会的除大贵族、教士外，每郡有2名骑士代表，每个大城市有2名市民代表，约有400余名议员出席。此后议会仿此例经常召开，这次议会被称为模范议会。每当这种议会召开时，各郡骑士代表和市民代表经常单独在一起。他们从1343年起在威斯敏斯特教堂单独聚会，逐渐形成了平民院（下议院）。贵族和教会长老则组成了贵族院（上议院）。以后，下院权力不断扩大。15世纪末，已有提出财政议案权和法律议案权。

模仿 imitation 在没有外界控制的条件下，个体受他人影响而仿照其言行的过程。社会中人际影响的重要形式之一。模仿普遍存在于社会生活的各个方面。通过模仿，社会中的人们表现出相同或近似的举止，因此它也是社会风尚、风俗、习惯等的形成方式之一。在模仿的过程中，一般没有他人的强迫或命令。模仿者是主动的，通常是无意识的，但也可以是自觉的。被模仿者一般是被动的，所以通常是无意识的，但在有些情况下也可能是有意识的。模仿在儿童心理的形成和发展上，特别是在儿童的动作、语言、绘画、技能以及行为习惯、行为品质等方面的形成和发展上起着重要作用。G.H.米德认为，社会角色和行为的掌握是由于模仿他人的角色言行而获得的，因而模仿在人们的个体社会化中起着重要作用。

模糊控制 fuzzy control 对不易建立常规数学模型的系统采用模糊数学语言描述并基于定性推理和定量计算的控制方法。1965年，美国控制论家L.A.扎德提出用“隶属度”概念定量描述系统变量模糊性的模糊集合理论，其核心是对系统和过程建立一种语言分析和设计的数学模式，使人的自然语言能直接转化为计算机所能接受的算法语言。1974年，英国工程师E.H.玛达尼将模糊集合理论应用于蒸汽机的控制取得成功，模糊控制开始成为自动控制理论中的新分支。

模糊控制的理论分析主要在系统分析、设计方法和自适应控制方面。模糊控制分为基于规则的模糊控制和基于模型的模糊控制。基于规则的模糊控制是一种语言控制器，不能采用常规的控制理论，需要建立一种结构框架，通过分析模糊控制算法的推理过程，建立模糊控制同常规控制之间的内在联系。对于基于模型的模糊控制，可沿用常规线性系统控制理论设计控制器，利用全局镇定理论对全局系统进行分析。模糊控制在实际工业控制系统中得到了广泛应用。如窑炉、精馏塔、聚合反应器、冶炼、pH值控制、空调、电厂等工业系统的控制。

模糊数学 fuzzy mathematics 新兴的数学分支之一。在自然科学或社会科学研究中，存在着许多定义不很严格或者说具有模糊性的概念。这里所谓的模糊性，主要是指客观事物的差异在中间过渡中的不分明性。由于历史的原因，人们习惯追求精确性或清晰性，总希望把事物以数字的形式清楚地表达出来。但是，面对模糊现象，仅仅使用传统数学会遇到实质性的困难。秃头悖论就说明了这个问题，首先我们都承认下面的公设：若具有n根头发的人是秃头，则具有$n+1$根头发的人也是秃头。于是采用数学归纳法，便得到任何人都是秃头的结论。

根据经典**集合论**的要求，一个对象对应于一个集合，要么属于，要么不属于，二者必居其一，且仅居其一。这样的集合论本身并无法处理具体的模糊概念。为处理这些模糊概念而进行的种种努力，促进了模糊集合的产生，进而催生了模糊数学。模糊数学是将二值逻辑$\{0,1\}$拓广到可取$[0,1]$闭区间上任意的无穷多个值的连续值逻辑。模糊数学的理论基础是模糊集。模糊集的理论是1965年美国自动控制专家L.A.扎德教授首先提出来的，近年来发展很快。

模糊子集的定义如下：设U是一个给定的论域（即讨论对象的全体集合），$\mu_A: x\mapsto[0,1]$是U到闭区间$[0,1]$上的一个映射，如果对于任何$x\in U$，都有唯一的$\mu_A(x)\in[0,1]$与之对应，则该映射便给定了论域U上的一个模糊子集$\tilde{A}$，μ_A称为$\tilde{A}$的隶属函数，$\mu_A(x)$称为x对$\tilde{A}$的隶属度。一个模糊子集完全由其隶属函数所刻画。

模糊集合论的提出虽然较晚，但在各个领域的应用十分广泛。在侧重于应用的模糊数学分析中，经常应用到聚类分析、模式识别和综合评判等方法。其中模糊综合评判方法，是一种运用模糊数学原理分析和评价具有“模糊性”的事物的系统分析方法。它是一种以模糊推理为主的定性与定量相结合、精确与非精确相统一的分析评价方法。由于这种方法在处理各种难以用精确数学方法描述的复杂系统问题方面所表现出的独特的优越性，已在许多学科领域中得到十分广泛的应用。

实践证明，模糊数学在农业中主要用于病虫测报、种植区划、品种选育等方面，在图像识别、天气预报、地质地震、交通运输、医疗诊断、信息控制、人工智能等诸多领域的应用也已初见成效。

模糊专家系统 fussy expert system 一种加入了基于模糊逻辑推理的专家系统。模糊逻辑是一种多值逻辑，它增强了在已有的专家知识库不能覆盖的情况下系统的判断和推理能力。模糊专家系统的基础是专家系统，而专家系统是一种基于知识的系统，它借助人工智能和知识工程技术，将人类专家的可表述的和程序化的知识转化为由知识库、控制程序和用户交互界面组成的计算机系统。在企业管理领域，模糊专家系统可以为现实中的管理者和工人提供很大的帮助。比如在制订综合生产计划中，专家系统或现有的生产计划系统通常是根据历史数据借助模型对未来的需求和资源的约束进行预测和估计，这种预测和估计一般还不能直接作为制订生产计划的依据，还必须加入计划人员的判断；而计划人员的判断既有基于知识和经验的成分，又有模糊的成分。这种情况下，借助模糊专家系统就有利于激活和因地制宜地运用已有知识库中的知识。

模拟计算机 analog computers 用电流、电压等连续变化的物理量直接进行运算的计算机。使用模拟计算机的主要目的，不在于获得数学问题的精确解，而在于给出一个可供进行实验研究的电子模型。

20世纪30年代，开始致力于全电子化模拟计算机的研制工作。1947年研制出全电子直流模拟计算机。1948年，研制出第一台商品模拟计算机，50年代实现商品化。60年代中期，中国研制出多种型号模拟计算机，如M–2、M–6等大型混合模拟计算机。

模拟计算机分为直接（专用）计算机和间接（通用）计算机。直接计算机作为实物的模型，二者除具有类比的数学关系外，其物理参数间也有一一对应的类比关系。间接计算机构成的实物模型与实物间的类比关系，只是数学模型的类比。因此，必须按实物的方程式组成模型。因为要用一个个函数部件组成模型，所以要想满足广泛的要求，必须用足够多的各种函数部件组成一个通用性很强的模拟计算机，即通用模拟计算机。按所用元部件不同，模拟计算机还可分为电子的和机械的等类别。

模拟计算机的核心部件是运算放大器，它是一个高增益负反馈放大器。改变输入和反馈元件，便可改变运算放大器的运算状态。模拟计算机的精度主要决定于所用元件的精度。模拟计算机主要应用在3个方面：①作为计算工具。②作为实物的数学模型和仿真设备。③作为教学和训练工具。随着数字计算机的发展，模拟计算机作为计算工具和通用仿真设备的作用，被数字计算机所取代。但是，作为专用仿真设备、教学与训练工具，模拟计算机还将继续发挥作用。

模拟开关电路 analogue switching circuit 能使模拟信号通过或阻断的电路。应用于通信、雷达、计算机、自动控制、测量仪器等电子设备中。

理想的模拟开关在接通电路时电阻应为零，使通过它的模拟信号不产生任何损失；在断开电路时电阻应为无穷大，完全阻止模拟信号通过，不产生任何泄漏，开关的启闭动作应在瞬间完成。模拟开关可由晶体二极管、晶体管和场效应晶体管构成。利用二极管正向通导反向截止的特性可构成二极管模拟开关，但二极管导通时电阻不为零，信号通过时会产生电压损失，二极管截止时电阻不是无穷大，会产生信号电流泄漏。场效应晶体管具有功耗低、漏电流小和双向对称性好等优点，因而场效应管集成的模拟开关得到广泛应用。

模拟模型 simulation modeling 一种对系统结构和运行过程直接进行描述的动态的、数值性质的数学模型。一般分为物理模型和数学模型。工程中大量采用物理模拟模型，如风洞、水利模型等。管理中主要应用的是数学模拟模型，并且由于模拟运算量很大，故都是在计算机上进行模拟。管理系统的模拟模型有两种类型：连续的和离散的。连续模拟模型适用于研究宏观社会经济系统，其中的变量可以近似看作是连续变化的。离散模拟模型适于研究企业的微观运作系统和管理系统，那里变量的变化是离散的，系统状态的变化是由事件驱动的，比如进入系统的订单、在生产过程中移动的一个加工批量等。

模拟模型既可以用来研究宏观经济社会系统，也可以用来研究中观城市或区域系统，如交通系统；还可以用来研究微观管理系统，如作业计划系统、供应链管理系统等。模拟模型以及在此基础上的模拟研究，被称为“管理实验室”。

模式识别 pattern recognition 一种自动的信息处理技术。又称模式信号处理。基本任务是构造某种自动机对客观事物进行自动分类或鉴别。模式识别技术是对自然生命感知客观世界和认识客观世界的行为能力的一种模拟，目标是用计算机或机器表现类似人类感知客观世界和认识客观世界的智能行为。模式识别的理论体系可分为统计模式识别和结构模式识别理论。统计模式识别又称决策理论方法，用特征向量描述模式，由模式集合的特征向量形成特征向量空间，依据一定的分类准则对特征向量空间进行划分，其模式识别的过程表现为划分模式特征向量空间的过程。结构模式识别又称句法模式识别，用符号串描述模式，选择一组能有效表达模式结构的基元（如同统计模式识别中的特征抽取），用文法规则描述基元之间的关系，其模式识别的过程表现为符号串文法分析的过程。

模式识别的研究主要在两方面：研究生物体（包括人）是如何感知对象的，属于认知科学的范畴；在给定任务下，如何用计算机实现模式识别的理论和方法。

计算机模式识别系统基本上由3部分组成，即数据采集、数据处理和分类决策或模型匹配。任何一种模式识别方法首先要通过各种传感器把研究对象的各种物理变量转换为计算机可以接受的数值或符号（串）集合。这种数值或符号（串）所组成的空间称为模式空间。为了从这些数值或符号（串）中提取对识别有效的信息，必须对它进行处理，包括消除噪声，排除不相干的信号，与对象的性质和采用的识别方法密切相关的特征的计算（如表征物体的形状、周长、面积等）及必要的变换（如为得到信号功率谱所进行的快速傅里叶变换）等。然后，通过特征选择和提取或基元选择形成模式的特征空间。模式分类或模型匹配就在特征空间的基础上进行。系统的输出是对象所属的类型或者是模型数据库中与对象最相似的模型编号。

随着模糊集合论和神经计算学的发展，基于模糊逻辑的模糊聚类方法和基于神经网络联想记忆功能的模式识别系统研究，逐渐成为模式识别研究领域中重要的研究内容。模式识别技术应用于如指纹鉴定、语音识别、文本处理、疾病诊断、故障检测、图像理解、染色体识别、机器人视觉、雷达信号分析、遥感信号分析、气象模式的统计分析、工业生产过程的工况分析等领域。

模态逻辑 modal logic 研究必然、可能及其相关概念的逻辑性质。逻辑的一个分支。模态逻辑所研究的命题“必然A”和“可能A”与通常命题演算中的命题不同。后者是真值函项，前者不是。因为，当A真时，“必然A”既可以是真也可以是假；当A假时，“可能A”既可以是真也可以是假。模态命题演算是现代模态逻辑的基本内容之一。它是应用数理逻辑的方法研究模态命题逻辑的结果。最先开始这方面研究的是19世纪末的H.麦科尔。在他的影响下，美国哲学家、逻辑学家C.I.刘易斯于1914年构造了一个模态命题演算。40年代末，R.卡尔纳普开始从语义方面研究模态逻辑。50年代末至60年代初，S.坎格尔、J.欣梯卡与S.A.克里普克等人发展了卡尔纳普的理论，提出了比较完整的模态逻辑的模型理论。60年代以后模态逻辑有很大发展，出现了许多新的系统，特别出现了许多非标准的模态逻辑系统。如认知逻辑、道义逻辑、时态逻辑等。模态逻辑由于研究和阐明了必然、可能、应当、知道等本体论和认识论概念的逻辑性质，因而具有深刻的哲学意义。

模特 model 作为模仿对象的穿衣人或裸体人。美术造型参考的对象。模特是英语model的音译，最早源于拉丁语moduluo，有广义、狭义：广义指模型、原型、样子、典型；狭义指做出各种动态以供美术家模写参考的人，有时专指裸体以供美术家模写研究的人。20世纪以来，欧洲的现实主义艺术及其教育体系传入中国。这种美术教育体系的基础就是进行模特写生的训练，特别画人体模特成为现代美术教育中最基础的训练。中国在20世纪初已有李叔同、刘海粟和徐悲鸿等在美术专科学校中雇用裸体模特进行人体写生教学，以模特为写生对象的教育方式对现代中国美术塑造人物形象产生了重大影响。

模型 models 对于现实世界的事物、现象、过程或系统的简化描述，或其部分属性的模仿。通过研究或利用模型掌握系统的本质和规律。模型可以取不同的形式。①物理模型。根据相似性理论制造的按原系统比例缩小的实物，如风洞实验中的飞机模型，水工建筑物模型，船舶模型等。②数学模型。根据系统的机理，用数学语言描述的模型。可以是代数方程、微分方程、差分方程、积分方程或统计学方程，也可以是它们的某种组合，通过这些方程定量或定性地描述系统各变量之间的相互关系或因果关系。③结构模型。反映系统的结构特点和因果关系的模型。结构模型中的一类重要模型是图模型。生物系统分析中常用的房室模型等也属于结构模型。结构模型是研究复杂系统的有效手段。④仿真模型。通过数字计算机、模拟计算机或混合计算机上运行的程序表达的模型。采用适当的仿真语言或程序，物理模型、数学模型和结构模型一般能转变为仿真模型。⑤模糊模型。建立在模糊数学基础上以规则表示的模型，规则是以IF-THEN表示的操作人员经验。⑥神经网络模型。利用多层神经元组成、具有逼近现实系统内在规律能力的模型。

模型论 model theory 研究形式语言及其解释（模型）之间关系的理论。数理逻辑的分支。20世纪20年代，A.T.斯科朗等人在数理逻辑研究中就已经得到有关模型论性质的重要结果。但作为系统的理论，模型论的奠基人应推A.塔尔斯基。后来，A.鲁宾孙也对模型论作过较多的贡献。在这方面有贡献的学者还有R.L.沃特、A.I.马尔采夫、张晨钟、H.J.基斯勒、M.D.莫利和S.谢拉赫等人。

模型论按所涉及的逻辑系统划分，大致可分为：一阶模型论、高阶模型论、无穷长语言模型论、模态模型论、具有广义量词逻辑的模型论以及多值模型论等。在数理逻辑中以一阶逻辑最为成熟，因此模型论中一阶模型论的内容最丰富且应用最多。

一阶模型论的语言是一阶语言。所谓一阶语言，就是用狭义谓词演算范围内的逻辑概念所表达的语言。具体地说，就是用个体变元、个体常元、函数符号、关系符号或称谓词符号（一般包括等号），以及与、或、非、蕴涵等命题连接词，还有“存在一个体”和“对一切个体”两种量词所表达的语言。其特点是，量词“存在”、“对一切”只允许对个体使用，不允许对集合或谓词等使用。它不包括“存在（个体集合的）一个子集”这样的量词。在一个一阶语言中，由任一组命题所成的集合T称为一个形式理论。如果有一个数学结构M，当用其中的概念解释T的命题中诸符号后，能使T的每一命题都在M中成立，则称M是T的一个模型。

一阶模型论的一个基础性的定理称为紧致性定理。其内容是如果一阶语言中一个命题集，即形式理论T的任何有限子集都有模型，则T自身有模型。这个定理是关于模型存在性的一个基本定理，应用很广，模型论中很多结果是建立在它的基础上的。

模型论中发现较早的重要定理是勒文海姆－斯科朗定理。它的内容曾被塔尔斯基加以发展，其含义为：设一阶语言L中所能表达的命题个数为λ（是一个超限数），如果L中的一个形式理论T有无限模型，则T有基数为任何$\alpha \geqslant \lambda$的模型。该定理使得在讨论问题时可以改变模型的基数而不影响所关心的理论T。

在模型论中，对于完备理论的研究，是一个比较系统而带有典型性的部分。一个形式理论T，如果它的任何两个模型都具有完全相同的一阶性质，则称T为完备的。完备理论的不同模型间，其一阶性质可以互相转移，这一点对于某些数学定理的证明有时能起到独特的推理工具作用。

在对于模型的构造及一阶性质的研究中，塔尔斯基等人提出的初等子模型及初等链是很基本的概念及方法，与此有关的还有鲁宾孙提出的模型完全性等概念，后者由于涉及代数而导致了一些特殊的研究。超积是模型论中常用的由一类已知模型构作新模型的方法。关于超积，J.沃希有一个基本定理，大意是说：超积具有它在一定意义下“几乎一切”因子所共有的那些一阶性质。这个定理在模型论中常常起着与紧致性定理类似的作用。在数学应用方面，它能使一阶命题“转移”的特点，也常常能起到独特的推理工具作用。此外，超积及其特例超幂，在集合论问题的研究中也是常用工具。

在模型论中常用的概念和方法还有斯科朗函数、不可辨元和饱和模型等。1970年以来，基数κ的语言的完全理论T的模型个数问题成为模型论研究的一个主要方向。由此得到的稳定性理论、超稳定性理论、单纯性理论的研究和一系列成果，引起许多逻辑学家和数学家的重视。

模型论同数理逻辑的其他分支有密切的联系：①各种逻辑演算是模型论的基础。②在证明论中，有关判定问题的研究广泛使用模型论性质的方法。③公理集合论和递归论也都同模型论相互渗透和应用。

模型论中的概念和方法，除了主要来源于数理逻辑之外，也有不少来源于代数学，它与抽象代数关系很密切。另外，由鲁宾孙创始的非标准分析，则是模型论与分析数学（见分析学）相结合的产物。模型论还与其他数学学科，如数论、拓扑学、概率论等有联系。在不少场合，模型论的成果不但作为数学性的结论起作用，并且作为逻辑性的结论起着推理工具的作用。

膜翅目 Hymenoptera 昆虫纲的一目。有翅昆虫。全世界已知约12万种，是昆虫纲中最大目之一。主要包括蜜蜂、胡蜂、蚂蚁以及各种寄生蜂。体微小到大型，约0.2～40毫米。体色复杂，常伴有多种颜色，不少种类具金属光泽。头通常有1对复眼、3个单眼和1对触角。口器咀嚼式或舐吸式。

细腰亚目姬蜂（雌）

腹部第1节并入后胸，构成并胸腹节。翅2对，前大后小，膜质，以翅钩连锁；翅脉通常复杂，有些类群的翅退化或无翅（蚁蜂、蚂蚁、榕小蜂等）。足为步行足。产卵器锯状、刺状和针状，在胡蜂、蜜蜂等高等类群中特化为螫针；产卵器基部可有毒腺，分泌毒液，以便自卫或起麻醉寄主和防腐作用。完全变态。幼虫常无足而具不同程度发达的头部。少数（广腰亚目）幼虫呈蠋状，具胸足和腹足。呼吸系统常为全气门式或侧气门式。蛹为离蛹，一般具茧或无。

膜翅目昆虫中的某些类群（如蜜蜂、蚂蚁）具有高度的社会习性。有些类群仍保持极原始的状态：幼虫营自由生活，以植物为食；成虫除选择寄主产卵外，对子代漠不关心；幼虫彼此各不相干。具社会性的蜜蜂、胡蜂和蚂蚁识别环境和记忆的能力相当强。

膜翅目有植食性、肉食性和杂食性3种类型。植食性的叶蜂、木蜂和树蜂都是危害森林和某些农作物的有害动物。蜜蜂除采集花蜜酿造蜂蜜外，还是农作物、林木、牧草、果树、蔬菜和药用植物传粉的重要媒介。蜜蜂和胡蜂的蜂毒对人虽有毒性，但可治疗风湿性关节炎。蚂蚁虽然有某些地方（例如住房内）令人讨厌，但是由于蚁类在自然界中可捕食多种昆虫，因此往往利用它作为生物防治的手段。

摩擦 friction 当两相互接触的物体之间具有相对运动，或具有相对运动趋势时，在它们的接触面上产生的阻碍运动的相互作用。其表现为力或力偶，分别称为摩擦力或摩擦力偶。固体之间的摩擦称为干摩擦；固体与液体或气体之间的摩擦称为湿摩擦。

滑动摩擦 当两相互接触的物体有相对滑动或相对滑动趋势时，接触面上产生的阻碍它们相对滑动的作用；表现为摩擦力。两物体间尚能保持相对静止时的摩擦力称为滑动静摩擦力F。物体之间有相对速度时的摩擦力称为滑动摩擦力F'。滑动静摩擦力作用在两物体接触面的公切面上，方向与相对滑动的趋向相反，其大小随所受外力的增大而增大，但具有一个最大值F_{max}。当外力超过此值时，两物体即发生相对滑动。1781年，C.-A.de库仑由实验得出：$F_{max}=\mu N$或$F\leqslant\mu N$，式中μ为滑动静摩擦因数，N为两物体间的法向压力。库仑还得出$F'=\mu' N$，μ'为滑动摩擦因数，μ与μ'由实验测定，μ'一般稍小于μ。μ'和μ都只依赖于两物体的材料性质与接触面的物理状态。摩擦力源于两个接触表面之间的凹凸不平。两个物体接触时，真正接触的只是表面上许多峰点，称为黏结点。在黏结点，两个接触表面的原子非常接近，产生强烈的相互作用力，两个表面要发生相对滑动，必须以剪切方式破坏所有的黏结点。平行于接触表面使黏结点破坏所需的剪切力，就等于最大滑动静摩擦力。理论分析表明，μ同法向压力、表观接触面积和滑动速度等因素无关。实验结果证明，对于一般机械加工的表面，μ同接触表面的粗糙度无关；对于极粗糙的表面或非常光滑的表面，μ将增大。

滚动摩擦 当两相互接触物体发生相对滚动（或具有滚动趋势）时，在接触部分产生弹塑性变形而引起的对滚动的阻碍作用；表现为摩擦力偶。在两个保持相对静止又相互接触物体中的一个受外力矩作用而对另一物体有相对滚动的趋势时，在它们的接触面上会产生一个阻碍发生相对滚动的力偶，称为静摩擦力偶。它作用在与相对滚动转轴垂直的平面内，其转向与外力矩的转向相反；静摩擦力偶矩随外力矩的增大而增大，但具有一最大值$\boldsymbol{M}_{max}$。当外力矩超过此值时，物体开始发生相对滚动。由实验得出：$\boldsymbol{M}_{max}=\delta N$，式中$\delta$为滚动静摩擦因数，$N$为两物体间的法向压力。当两个接触物体中的一个相对另一个作无滑动的滚动并有相对角速度时，在它们接触面上会产生一个阻碍相对滚动的力偶，称为摩擦力偶。摩擦力偶矩$\boldsymbol{M}'$可表示为：$\boldsymbol{M}'=\delta' N$，$\delta'$为滚动摩擦因数。$\delta$和$\delta'$均近似地只依赖于两物体的材料性质与接触面的物理状态。

固体在流体中的摩擦 当固体在液体或气体中作相对运动时，液体或气体在固体表面上产生的阻碍其相对运动的作用。由于在运动物体的边界出现边界层，因而摩擦实际上是在流体质点间发生，这是一种湿摩擦；其摩擦力正比于流体的黏度。在相对速度很小时，正比于相对速度；在一般情况下，它正比于相对速度的二次方或高次方。比例系数与固体的表面物理状态和形态以及流体的黏性系数有关。

摩擦化学 tribochemistry 研究由摩擦过程产生的机械能所引起的化学或物理化学变化的**力化学**的分支学科。摩擦化学研究的体系中至少要有一种组分是固态。由于很多机械在运行过程中都存在着研磨应力、摩擦、润滑和磨蚀过程，所以摩擦中的化学问题普遍存在。航天飞机进入大气层时外壳的热烧蚀、快速硬盘密封材料的分解等都与摩擦化学过程有关。

对于摩擦化学反应的引发机理已经提出了几种物理模型，其中有代表性的是：①热点模型。认为物体在相互摩擦时，机械能转化为热能，因实际接触面积很小，可视为热点，热点处温度可高达600～1 000K，反应首先在热点进行。②变形模型。以固体表面某个微小的局部在极短的时间内受到足够大的冲击时发生准绝热能量积聚为前提，假定在冲击瞬间会出现最高能量状态，成为摩擦等离子态，经过一系列物理过程后形成等离子区，最后导致摩擦化学反应。

摩擦化学在技术中的应用很广泛。摩擦化学的发展对改善机械加工、减少传动摩擦副的磨损，以及研究地质力学过程中的摩擦化学反应（如研究地球生命的起源、沉积层的发展）等都有重大意义。

摩擦学 tribology 研究表面摩擦行为的学科。研究相对运动或有相对运动趋势的相互作用表面间的**摩擦**、**润滑**和**磨损**，及三者间相互关系的基础理论和技术。是一门边缘学科。

摩尔 mole 国际单位制中表示物质的量的基本单位。符号mol，简称摩。摩尔是一系统物质的量，该系统中所包含的基本微粒（如分子、原子、离子、原子团、电子、中子、质子等）数与12克^{12}C的原子数目相等。$^{12}C=12$，是国际原子量的基准。现知12克^{12}C中含$6.022\ 141\ 99\times10^{23}$个碳原子。这个数称**阿伏伽德罗常数**，所以也可以说，包含阿伏伽德罗常数个基本微粒的物质的量就是1摩。例如1摩氧分子O_2中含$6.022\ 141\ 99\times10^{23}$个氧分子。其质量为31.998 8克。1摩氢离子$H^+$中含$6.022\ 141\ 99\times10^{23}$个氢离子，其质量为1.007 94克。1摩不同物质的质量固然不同，但其中所含微粒的个数却是相同的。化学变化过程中反应物之间，或反应物与生成物之间的质量关系是比较复杂的，但它们之间的摩尔关系却是简单的整数比，所以化学计算常用摩尔单位进行。

过去曾用克原子、克分子等作为原子、分子的量的单位，1971年第14届国际计量会议决定以摩尔作为基本微粒物质的计量单位，以便科学名词的统一。1977年国际纯粹与应用化学联合会（IUPAC）提出用千焦/摩作为化学反应热的单位之后，使化学反应也可用摩尔为单位。

摩尔 Moore, George Edward (1873-11-04～1958-10-24) 英国哲学家。**新实在论**及**分析哲学**的创始人之一。生于伦敦上诺伍德，卒于剑桥。就学于剑桥大学三一学院，

1913年获博士学位。长期任教于剑桥大学，是三一学院终身研究员。1951年获英王颁发的功勋勋章。摩尔的新实在论的观点是针对当时统治英国哲学界的新

首都基希讷乌市容

黑格尔主义提出的。他继承和发展了苏格兰常识学派的思想，强调哲学不能背离常识，哲学研究不能否定那些人们在生活中不得不接受的结论。摩尔的哲学具有“元哲学”性质，其研究方法着重于语言分析，在伦理学上则以提出具有强烈直觉主义倾向的元伦理学著称。著有《伦理学原理》等。

摩尔多瓦 Moldova 欧洲东部内陆国。西邻罗马尼亚，北、东、南与乌克兰毗邻。面积3.38万平方千米。人口356.37万（2010），不含“德左”地区人口。多民族国家，摩尔多瓦人占75.8%，乌克兰人占8.4%，俄罗斯人占5.9%，余为加告兹人（土耳其人）、保加利亚人、犹太人等。摩尔多瓦语（即罗马尼亚语）为官方语言，通用俄语。多数居民信奉东正教。首都基希讷乌。

地形以平原为主，丘陵与河谷平原相间分布，平均海拔147米。中部地势稍高，最高点巴拉涅什特山海拔429米。河网稠密，有德涅斯特河和普鲁特河两条主要河流。全国约3/4的土地为肥沃的黑钙土。属温带大陆性气候。有石灰石、黏土、石膏等建材资源。森林覆盖率为9%。

祖先为达契亚人。12～13世纪形成一些封建国家。1359年建立摩尔多瓦公国。15世纪末沦为奥斯曼帝国附庸。1791年一部分领土割让给俄国。1793年俄土战争后，又有部分领土并入俄国。1812年俄土战争后，奥斯曼帝国将普鲁特河和德涅斯特河之间的比萨拉比亚割让给俄国。摩尔多瓦其余领土在1859年与瓦拉几亚合并组成罗马尼亚公国。1924年10月，德涅斯特河左岸地区建立摩尔达维亚社会主义自治共和国，归乌克兰管辖。1940年6月，比萨拉比亚再度并入苏联版图，并于同年8月与德涅斯特河左岸地区合并，成立摩尔达维亚苏维埃社会主义共和国，为苏联的15个加盟共和国之一。1991年5月23日，改国名为摩尔多瓦共和国。同年8月27日，宣布独立。1991年12月正式加入独联体。

1994年7月29日议会通过新宪法，确定摩尔多瓦为多党制民主国家，实行三权分立。2000年7月28日议会通过宪法修正案，总统由原来的全民选举改为议会选举产生。一院制议会，议会是国家最高立法机构。总统为国家元首和武装力量最高统帅。政党较多，有共产党人党、“我们的摩尔多瓦”联盟、基督教民主人民党等。对外奉行东西方并重的外交政策，重视发展与俄罗斯等独联体国家的关系，与罗马尼亚、乌克兰保持睦邻关系；同时将融入欧洲一体化作为重要远景目标。坚持中立国立场，不允许外国驻军，但参加北约“和平伙伴关系”框架内活动。已加入多个国际组织。与世界上100多个国家建立外交关系。1992年1月30日与中国建交。

经济状况连年恶化。进入21世纪，出现恢复性增长。2009年国内生产总值48.81亿美元，人均国内生产总值1 370美元，属欧洲最贫穷国家之列。农业在国民经济中占重要地位，全国近一半劳动力从事农业，农业用地占国土总面积53%，农业产值为16亿美元（2008）。以种植业为主，其中葡萄和果树栽培业居首，包括甜菜、向日葵、烟草、蔬菜等经济作物；粮食自给有余，种植麦类、玉米等。肉乳产品基本自给。工业产值为28亿美元（2008）。食品工业发达，主要加工本国农牧产品，其中尤以葡萄酒酿造著称。其他主要工业部门有机械制造、电器、金属冶炼、纺织等。交通运输主要依靠铁路（1 300千米）和公路（12 657千米），还有内河航道和600多千米天然气管道。进出口商品需从邻国中转。2009年对外贸易总额46亿美元，逆差20亿美元。主要贸易伙伴是俄罗斯、罗马尼亚、乌克兰、德国、意大利等国。货币名称为摩尔多瓦列伊。

国民受教育程度较高，实行免费义务教育，现已基本扫除文盲。全国有1 526余所中小学校及职业技术学校，75所中等专科学校。高等院校31所。设有摩尔多瓦科学院和20多所科研机构。主要报纸有《主权摩尔多瓦》、《独立摩尔多瓦》、《经济评论》、《潮流报》等。有3家通讯社。摩尔多瓦国家广播公司下设摩尔多瓦电台和电视台。

摩尔多瓦人 Moldavians 东欧比萨拉比亚地区的民族。曾称摩尔达维亚人。主要分布在摩尔多瓦，部分分布在乌克兰和俄罗斯。另有部分分布在欧洲和美洲。属欧罗巴人种东欧类型。使用摩尔多瓦语，属印欧语系罗曼语族。有以斯拉夫字母为基础的文字。信东正教。其远祖系居住在巴尔干半岛北部和喀尔巴阡山山前地带的瓦拉几亚人。公元初曾被罗马化，6世纪起又受到南斯拉夫人和东斯拉夫人的影响，先后吸收了罗马人和斯拉夫人的成分。过去主要从事农业。北部和南部地区多种植玉米、小麦等作物；中部以园艺业为主，是葡萄酒的主要产地。有编织地毯和制作葡萄酒木桶等手工业。

近些年来，工农业得到迅速发展，主要工业部门有食品工业和机器制造等。在社会和家庭生活中保留有父权制残余。传统的民族服装是家织土布缝成的白色古罗马式长大褂。保留各种传统的礼仪诗歌，尤以“多依纳”即妇女唱的抒情歌曲最为典型。

摩尔多瓦语 Moldavian language 摩尔多瓦共和国的官方语言。属印欧语系*罗曼语族*东支。旧译摩尔达维亚语。除摩尔多瓦外，还使用于乌克兰的一些地区。使用人口约280万。摩尔多瓦语源于*拉丁语*。2世纪初，罗马帝国占领现在的摩尔多瓦和罗马尼亚一带地方，传播了罗马文化和拉丁语。标准语始于16～17世纪，形成于19世纪后半叶，20世纪有了规范语法和正字法。有西北、东北、中部和西南4种方言。语音上的特点是有较多的二合元音。词汇中斯拉夫语、*希腊语*借词较多。语法方面有性、数、格的范畴，词的屈折变化带有可分析的成分，有4种冠词：限定冠词、不定冠词、形容冠词和换喻冠词。采用西里尔字母为基础的文字。摩尔多瓦语与罗马尼亚语极为相似，有些语言学家认为它们应为同一种语言。

摩尔根 Morgan, Lewis Henry (1818-11-21～1881-12-17) 美国人类学家。进化学派人类学的主要代表人物之一。生于纽约州奥罗拉附近，卒于该州罗切斯特。1840年从罗切斯特联合学院毕业后专门学习法律，1842年后从事律师业务。1861～1868年为纽约州众议员，1868～1869年为纽约州参议员。1868年任美国艺术与科学研究院研究员，1875年被选为美国国家科学院院士，1879～1880年任美国科学促进会主席。

摩尔根从青年时代就开始研究*印第安人*社会。1843年创立了研究印第安人的“大易洛魁学会”，致力于教育和帮助印第安人。1847年被塞内卡族的易洛魁人收为养子，以族内人的身份深入了解印第安人的社会结构、组织制度和生活习俗，写出了大量人种志的专题学术著作，为后人了解易洛魁人留下了大量资料。在此基础上，他对人类婚姻制度自群婚制至一夫一妻制作出了单线进化的推断，阐述了人类社会从蒙昧时代经过野蛮时代至文明时代的发展过程。他的理论曾遭到一些人类学家的反对。著有《易洛魁联盟》、《人类家族的血亲和姻亲制度》、《古代社会》、《美洲土著的房屋和家庭生活》等。

摩尔根 Morgan, Thomas Hunt (1866-09-25～1945-12-04) 美国胚胎学家、遗传学家。生于肯塔基州列克星敦，卒于加利福尼亚州的帕萨迪纳。1890年获美国约翰斯·霍普金斯大学哲学博士学位，1904～1928年在哥伦比亚大学任实验动物学教授。1928年至加州理工学院筹建生物学系，并在该系任教直至逝世为止。摩尔根在从事果蝇的遗传学研究以前，他始终怀疑染色体上存在着遗传因子。1909年他发现了果蝇的第一个突变型白眼，后证实了白眼基因位在X染色体上。接着发现了更多的性连锁基因，这就使他设想基因排列在染色体上。在哥伦比亚大学任教期间，他和研究生及助手们共同发展了遗传的染色体学说。摩尔根曾经对于多种生物（包括许多种海洋生物）和生物学问题进行过研究。他的著作也涉及生物学中几个重要的领域，在进化论方面有《进化和适应》等，在遗传学方面有《遗传和性别》等，胚胎学方面有《实验动物学》、《实验胚胎学》等。由于发现了果蝇的遗传机制，摩尔根在1933年获得诺贝尔生理学或医学奖。他是英国皇家学会的国外会员，在1939年获得该学会的科普利奖。1927～1931年任美国国家科学院的主席。1930年任美国科学促进联合会主席。

摩尔曼斯克 Murmansk 俄罗斯北冰洋沿岸最大港口城市，摩尔曼斯克州首府。旧名罗曼诺夫（1917年前）。位于科拉半岛东北，临巴伦支海的科拉湾。人口30.9万（2010）。因受北大西洋暖流影响，虽然地处北纬68°58′，但冬季海水不结冰，是俄罗斯少有的不冻港。舰船从本港出入世界大洋可不通过别国控制的海峡，交通战略地位极重要。1916年正式辟为军港。俄罗斯最大军港、北方舰队重要基地和北冰洋沿岸最大商港。城市及商港位于科拉湾南端东岸。俄罗斯北方海洋渔业基地和重要渔港；为横贯北冰洋的北海航线的起点和俄北极地区各岛屿及北极考察队的补给基地。工业以鱼类加工、修船、木材加工及建材为主。俄罗斯北极地区重要科研中心，建有极地研究所、海洋渔业及海洋学等研究机构。市东北25千米的北莫尔斯克为俄罗斯北方舰队司令部驻地。

摩尔人 Moor “摩尔”一词曾是古代罗马人对其北非辖省毛里塔尼亚居民的称谓（包括今阿尔及利亚与摩洛哥北部）。即古毛里塔尼亚人。现通常指非洲西北部阿拉伯化的*柏柏尔人*后裔。主要分布在毛里塔尼亚、西撒哈拉、塞内加尔、马里、尼日尔和摩洛哥等国。约305万人（2002）。属欧罗巴人种地中海类型。原为桑哈贾人，系柏柏尔人一支。7世纪后，被阿拉伯人征服，改用阿拉伯语，皈依伊斯兰教，与阿拉伯人发生混合，并吸收部分伊比利亚人、*苏丹尼格罗人*成分。11世纪中期曾建立地跨非欧的阿尔摩拉维德王朝。兴盛时，部分人曾进入并统治过伊比利亚半岛，创立了安达卢西亚文明。15世纪末，西班牙人收复半岛后，当地摩尔人改信天主教，称“摩里斯科人”。17世纪初，约50万人被逐回北非。主要从事畜牧业，饲养牛、羊和骆驼。

摩根财团 Morgan Financial Group 19世纪末20世纪初发展成的美国最重要的金融财团。前身为摩根公司。通过旗下控制的多家金融机构，对钢铁、铁路以及公用事业等产业进行并购整合，开创了金融资本控制产业资本的格局。财团势力在20世纪20年代达到顶峰，所控制的大银行、大企业的资产总额占当时美国八大财团的50%以上。

位于美国纽约的摩根财团总部

根据美国1933年《格拉斯-斯蒂格尔法案》，摩根财团于1935年被迫分拆，摩根银行分离出一部分成立一家完全独立的投资银行——摩根士丹利。摩根士丹利公司从摩根财团分离后发展成为华尔街最具实力的投资银行之一，1997年与证券经纪行添惠合并，新公司称摩根士丹利添惠。

分拆后的摩根财团以J. P. 摩根公司为核心，在全球范围内控制着多家商业银行、开发银行、投资公司和其他企业的股权。此外，还有制造商汉诺威公司、纽约银行家信托公司以及西北银行公司、谨慎人寿保险公司以及纽约人寿保险公司等。2000年，摩根银行与大通曼哈顿银行合并组成摩根大通银行，从而成为仅次于花旗银行和美国银行的美国第三大金融巨擘。

摩根索 Morgenthau, Hans Joachim (1904-02-17～1980-07-19) 美国政治学家。生于德国科堡一犹太人家庭，卒于美国纽约。曾先后就读于柏林大学、法兰克福大学和慕尼黑大学，并在日内瓦国际问题研究所学习国际政治。1943年入美国国籍。1950～1968年任美国外交政策研究中心主任，美国国务院和国防部顾问。主要著作有《国家间的政治》(1948)、《捍卫国家利益》(1951)、《美国新外交政策》(1969)、《真理与强权》(1970)等。摩根索是西方现实主义国际政治的代表人物。他提出在国际政治中，最高事实是用权力表述的利益概念，各国均以自己的利益为目标展开政治活动。利益是国际关系中的永恒立场，政治行动应根据它来判断和指导。国际社会是不断冲突或冲突威胁的领域，其唯一的法则是弱肉强食。国家必须寻求权力，因为只有权力才能够保卫自己的国家，促进公民的福利。他提出在现实的国际体系中，维持和平的建设性步骤就是通过讲究艺术的传统外交手段取得国家间的妥协。妥协和和平解决将成为建设持久国际和平的基础和通向世界大国的铺路石。摩根索的政治现实主义理论对西方国际关系学的发展、对美国外交政策基本原则的制定产生了重大影响。

《摩诃婆罗多》 *Mahābhārata* 印度古代史诗。常和《罗摩衍那》并列为印度两大史诗。《摩诃婆罗多》现存的本子是在一部史诗的基础上编订加工而成，其中不但有长篇英雄史诗，而且有大量的传说故事作为插话，还有宗教哲学以及法典性质的著作。

作者和成书年代 这部史诗的作者，印度传统的说法是毗耶娑（广博仙人）。他自己也在史诗中出现，但对毗耶娑的传说已无可考证。《摩诃婆罗多》的意思是“伟大的婆罗多族”。它的成书年代约在公元前4世纪和公元4世纪之间。史诗是纪元前后几百年间许多人积累和加工的产物。它有许多不同的手写本流传下来。印度浦那版的精校本根据所有写本整理校勘，在20世纪60年代出版。此外还有南印度传本的校刊本。

内容 史诗用梵文写成，采用对话体，共有10万颂（每颂为一节双行诗体），现代精校本则为8万多颂。全诗分为18篇：《初篇》、《大会篇》、《森林篇》、《毗罗吒篇》、《备战篇》、《毗湿摩篇》、《德罗纳篇》、《迦尔纳篇》、《沙利耶篇》、《夜袭篇》、《妇女篇》、《和平篇》、《教诫篇》、《马祭篇》、《林居篇》、《杵战篇》、《远行篇》、《升天篇》。最后附有一部《诃利世系》，有时作为第19篇，其实是另一部独立著作。

《摩诃婆罗多》中的少年黑天

全诗以列国纷争时代的印度社会为背景，叙述婆罗多族后裔俱卢族和般度族争夺王权的斗争。持国和般度是两兄弟，持国天生眼瞎，有100个儿子，被称为俱卢族；般度有5个儿子，被称为般度族。般度为国王，死后由持国继承王位；般度的五子长大，要继承父亲的王位，持国的儿子不肯，于是发生冲突，终于引起大战。许多国王分别参加双方的战斗。大战在“俱卢之野”（今德里附近）进行了18天。最后般度的长子继承王位。

围绕上述中心故事，还穿插进大量神话传说和寓言故事，其中有著名的《那罗传》和《莎维德丽传》，还有史诗《罗摩衍那》故事的主要内容，印度教圣典《薄伽梵歌》等。

特点 尽管史诗不是一人一时之作，但史诗的故事、思想内容、语言体裁以及全书结构仍具有相当的统一性。史诗所写的故事不是一般的王族内争，而是显著对立的两类统治者的斗争。贯穿史诗的是法的哲学思想体系。法是作为国家社会的结构秩序，同时也是每个人所应遵守的行为准则。法和非法规定了是非善恶的标准。这种思想利用史诗故事形象地表达出来，把最后幸存的般度族长子解释为是法的化身和胜利。

这部作品很早就以各种形式传到了东南亚，对当地文学的发展有重要影响。它已被译成印度现代一些主要语言和英、法、德、俄乃至爪哇语。

摩亨佐达罗古城 Mohenjo Daro 巴基斯坦古城，印度河文明最大城市。遗址位于信德省拉尔卡纳县城南20千米处。在信德语方言中，摩亨佐达罗意为“死者之丘”。为青铜时代遗址。1922年以来多次发掘。1980年，摩亨佐达罗考古遗址作为文化遗产被列入《世界遗产名录》。见印度河文明。

摩加迪沙 Mogadishu; Muqdisho 索马里首都和最大港口城市。在国境东南印度洋岸。人口约160万(2010)。始建于10世纪，是阿拉伯人在东非首先建立的古城和港口。13世纪成为东非著名大港和贸易中心，手工业发达，与亚、非许多国家有贸易往来。中国著名航海家汪大渊、郑和都曾远航到此，史书记载作“木骨都束”。16世纪衰落。1871年为桑给巴尔苏丹领地。1892年被意大利控制，1903年后成为意属索马里和索马里托管地的首府。1960年索马里独立，定为首都。全国政治、经济、交通和文化、宗教中心。市内有纺织、制糖、皮革、卷烟、肥皂、火柴、肉类加工、电力等小型工业。有公路通亚丁湾沿岸和南部重要港口马尔卡、基斯马尤，并通肯尼亚和埃塞俄比亚等邻国。独立后扩建人工港，出口香蕉、牲畜、木炭、棉花等，进口机械、石油、日用工业品等。西郊有现代化国际机场。城市建筑既富阿拉伯特色，又具西方风格。建于1269年的清真寺体现了古代的建筑艺术风貌。市中心有由原桑给巴尔都督宫改辟的国家博物馆以及人民英雄哈桑青铜塑像，还有索马里国立大学、伊斯兰学院和兽医学院等高等学府。

摩揭陀 Magadha 古代印度十六国时代（前6～前4世纪）的诸国之一。公元前7～前6世纪兴起。位于今比哈尔邦巴特那县和格雅县。它是远离吠陀中心的东方部落。在佛教兴起时代，摩揭陀为曷利昂伽王朝的频毗娑罗王所统治。摩揭陀部落转变为城邦，大约开始于频毗娑罗王时代或更早。频毗娑罗王以王舍城为首都。在频毗娑罗王当政时期，曾占领鸯伽国的首都瞻波城。频毗娑罗王是佛教的信徒，晚年为其子阿阇世杀害。阿阇世同居萨罗国进行多年战争，最后议和。后来又同跋国进行长达16年的战争，最后征服跋国，从此建立起摩揭陀在东印度的霸主地位。阿阇世王亦信仰佛教。阿阇世建立华氏城。该城后成为摩揭陀的首都。在最后一个国王那伽达萨克时代，爆发了城市平民的起义。起义者赶走那伽达萨克，大臣希苏那伽乘机登上王位（约前430），开始难陀王朝。孔雀、巽伽、甘婆、笈多诸王朝都曾以摩揭陀地区为中心，向四周扩张。12世纪末穆斯林征服摩揭陀地区。

摩揭陀物产丰饶，农业、手工业和商业贸易都很发达。在文化上，新兴的各教派和学派多荟萃于此。作为世界三大宗教之一的佛教同王舍城有密切的联系。中国僧人法显、玄奘等旅印时均到此巡礼。

摩洛哥 Morocco 非洲西北部国家。西临大西洋，东邻阿尔及利亚，南界西撒哈拉，北濒地中海隔直布罗陀海峡与西班牙相望。扼大西洋入地中海的门户。海岸线长1 700多千米。面积45.9万平方千米。人口3 117万(2008)。首都拉巴特。阿拉伯人约占总人口的80%，主要居住在西部沿海地区，尤其是在大城市中。次为柏柏尔人，约占20%，主要分布在中、北部山区和东南部沙漠绿洲，从事农牧业和矿业。此外还有少数欧洲人和阿尔及利亚人，主要集中在城市。阿拉伯语为国语，通用法语。居民信奉伊斯兰教。

地理 地形以山地、高原为主。**阿特拉斯山脉**西南—东北向斜贯境内，一般海拔2 000～2 500米。由大阿特拉斯、中阿特拉斯和小阿特拉斯诸山组成。北部地中海沿岸为里夫阿特拉斯山（里夫山），海拔1 500米以上，最高峰提迪因山海拔2 456米。里夫山东侧为特里夫平原，西侧为拉布低地。低地以南沿大西洋岸有一系列低平原及其内陆高200米以上的高平原，是历史上经济文化活动的主要地区。西北部属地中海气候，夏季炎热干燥，冬季温和湿润。中北部属亚热带山地气候，垂直地带性明显。东南部为热带沙漠气候，炎热干燥，大陆性强，日温差可达25℃。河流多源于中部山地，短促流急，富水力资源，但流量季节变化较大，冬汛夏枯，主要有注入大西洋的乌姆赖比阿河、塞布河，流入地中海的穆卢耶河等。

历史 境内最早的居民为柏柏尔人。公元前2世纪～5世纪，受罗马帝国统治。6世纪被拜占廷帝国占领。7世纪阿拉伯人迁入。8～11世纪，境内先后出现以非斯为首都和以马拉喀什为首都的两个王国，促进了北方和南方地区的发展，伊斯兰教和阿拉伯语也得到推广。12世纪，柏柏尔人建立的阿尔摩哈德王朝兴起，领土扩及整个西北非和西班牙，建立了拉巴特城。13世纪后，国家分裂。15世纪起，欧洲列强乘虚而入，葡萄牙占领了塞卜泰、丹吉尔、艾西拉，西班牙占领了梅利利亚，西、葡武装控制大西洋沿岸地区。1860年，西班牙又在伊夫尼取得渔业基地。1912年3月沦为法国保护国。同年11月27日法国与西班牙签订《马德里条约》，摩洛哥4/5领土被划为法国"保护区"，西班牙则取得北部的里夫地区和南部伊夫尼地区。1923年丹吉尔又被美、英等8国共管。1956年3月2日获得独立，1957年8月14日定国名为摩洛哥王国。1958年收回西班牙占领的南部保护地，1960年恢复丹吉尔主权，1969年收回伊夫尼。但梅利利亚和塞卜泰（休达）仍在西班牙占领之下。现行宪法为独立后第5部宪法，于1996年9月13日经公民投票通过。按照宪法规定，摩洛哥为君主立宪制国家；国王是国家元首、宗教领袖、武装部队最高统帅，王位世袭；首相由国王任命，根据首相的提议任命内阁成员，国王有权主动或根据政府辞呈解散政府。议会由参众两院组成。现有近30个政党。主要有：①独立党（1943年12月成立）。②人民力量社会主义联盟，简称社盟。1972年7月从人民力量全国联盟中分出。③进步与社会主义党，原摩洛哥共产党（1943年1月成立）。④全国自由人士联盟（1978年成立）。⑤宪政联盟（1983年3月成立）。⑥人民运动联盟党团（2004年10月成立）。

经济 1983年开始实行经济调整政策，扩大企业私有化和贸易自由化，优化经济结构，改善投资环境，加强基础设施，致力于发展农业生产，经济改革取得一定成效。2009年国内生产总值931.6亿美元，人均国内生产总值2 948美元。货币名称为迪拉姆。

工矿业在国民经济中占主要地位，主要矿产为磷酸盐，储量达1 100亿吨，占世界储量的75%。其他矿产资源有铁、铅、锌、钴、锰、钡、铜、萤石、重晶石、油页岩等。工业部门包括采矿、发电、炼油、化肥、水泥、汽车装配、金属加工、食品、纺织等。纺织工业发展较快，可满足国内需求。以磷酸盐开采为主的矿业是国民经济的支柱。磷酸盐的开采量和出口量分别居非洲和世界首位。2009年磷酸盐矿出口23.26亿美元。传统手工业地毯生产著称于世，还有皮革、陶瓷、毛织等。

全国约50%的人口从事农业。可耕地925.6万公顷，已耕地700余万公顷，可灌溉土地100万公顷。主要农作物有小麦、大麦、玉米、柑橘、葡萄、蔬菜、油橄榄等。特产栓皮栎和阿尔法草。渔业资源十分丰富，是非洲第一大产鱼国。2007年渔获量93.7万吨。沙丁鱼出口居世界首位。

旅游业发达，为次于侨汇的第二大外汇来源。2009年接待国际旅游者835万人次。主要名胜包括四大古都和一个圣城在内的一批历史文化古城，如**非斯**、**拉巴特**、**马拉喀什**、梅克内斯、得土安、阿加迪尔、塔扎等。拉巴特、**达尔贝达**（卡萨布兰卡）、阿加迪尔、丹吉尔是全国有名的海滨旅游胜地。

交通运输业较发达。铁路总长2 958千米，投入运营线路约1 907千米，50%线路实现电气化。另有765千米磷酸盐运输线。公路总长约6.4万千米，其中全天候硬路面2.5万千米；达尔贝达至拉巴特及阿拉伊什之间有250千米的高速公路。海运承担对外货运，有达尔贝达、萨菲、穆罕默迪耶、阿加迪尔、丹吉尔、盖尼特拉、纳祖尔等11个多功能港口。2009年货运总量6 682万吨。有国际和国内机场28个，拉巴特、达尔贝达为主要航空中心。

对外贸易在国民经济中占重要地位，2009年外贸总额459.71亿美元。同90多个国家和地区有贸易往来，主要贸易伙伴为

图1 摩洛哥的世界遗产——阿伊特·本·哈杜堡远眺

欧盟，还有日本、美国、印度等。主要出口产品有食品、矿产品、服装和皮革制品等，进口粮食、糖、奶制品、茶叶、食用油、石油、机械设备、电子产品和半成品。法国是摩洛哥第一大贸易伙伴，西班牙是第二大贸易伙伴。

文化 有高等学校64所，著名的有穆罕默德五世大学、哈桑二世大学、穆罕默德一世大学、卡迪伊亚德大学、卡鲁维因宗教大学和穆罕默德·本·阿卜杜拉大学。

出版报刊560多种。主要报刊有官方《新闻报》、半官方《撒哈拉晨报》、独立党法文机关报《舆论报》、独立党阿拉伯文机关报《旗帜报》、进社党机关报《宣言报》、自由人士联盟机关报《马格里布报》、宪政联盟机关报《民族使命报》。成立于1959年的马格里布阿拉伯通讯社，1977年成为国家通讯社。摩洛哥广播电台建于1928年，1959年归国家掌握。另有私营的地中海国际广播电台，1980年7月成立。摩洛哥电视台建于1962年。1989年建立私人电视台摩洛哥电视二台，1996年被政府收购70%的资本。

对外关系 奉行不结盟政策；维护民族独立和国家主权；主张非洲和阿拉伯团结；在保持与美国、法国等西方国家密切关系的同时，重视与阿拉伯海湾国家发展关系，注重与欧盟发展关系，积极参与建立马格里布联盟。截至2008年底，已与146个国家建立了外交关系。

图2 摩洛哥马拉喀什老城的一处地毯市场

摩洛哥与中国于1958年11月1日建交。两国在政治、经济、文化等领域建立了友好合作关系。

摩洛哥同法国有传统外交关系，两国贸易额约占摩洛哥外贸总额的1/4。法国为摩洛哥最大债权国。

摩洛哥危机 Moroccan Crises 20世纪初期，法国和德国为争夺摩洛哥所引起的战争危机。进入20世纪以后，法国迅速向摩洛哥扩张势力，大肆进行经济渗透，控制摩洛哥财政，并同西班牙划分在摩洛哥的势力范围，因而与德国发生冲突，导致两次国际危机。

第一次危机（1905～1906） 1904年4月，英法两国签订协定（见三国协约），法国承诺不干涉英国在埃及的行动，英国则承认摩洛哥是法国的势力范围。这侵犯了德国在摩洛哥的殖民利益。1905年2月，法国要求摩洛哥苏丹在法国监督下进行“改革”，企图使摩洛哥成为法国的“保护国”。德国立即进行抗衡，3月31日德皇威廉二世访问摩洛哥城市丹吉尔，宣称德国要维护摩洛哥的独立。德国给法国的照会以战争相威胁。法国外长T.德尔卡塞采取强硬态度，并得到英国的支持。局势顿时紧张。7月8日达成协议，双方同意召开《马德里条约》参加国的国际会议讨论摩洛哥问题，即1906年1月召开的阿尔赫西拉斯会议。由于英、俄支持法国，会议结束时签订了有利于法国的《最后议定书》，承认摩洛哥独立，但又承认法国和西班牙对摩洛哥警察的控制权。

第二次危机（1911） 阿尔赫西拉斯会议后，法国加紧对摩洛哥的控制，并于1907年3月占领东摩洛哥的乌季达，5月又在卡萨布兰卡强行登陆。1911年春，摩洛哥首都非斯爆发反对苏丹和法国侵略者的人民起义。5月，法国以保护侨民为由，乘机占领非斯及其他城市。7月1日，德国借口保护德国商人的生命财产，派遣炮舰“豹”号开往摩洛哥大西洋岸的港口阿加迪尔。史家称这次战争危机为“豹的跳跃”。11月4日，法、德达成协议，德国承认摩洛哥受法国保护，法国则给予德国一部分法属刚果领土作为补偿。1912年3月，法、摩签订《非斯条约》使摩洛哥沦为法国的保护国。

摩洛人 Moros 东南亚菲律宾共和国的穆斯林居民。名称来源于拉丁语Maurus，意为信奉伊斯兰教的摩尔人。约300万人（2002）。主要分布在菲律宾南部的苏禄群岛、棉兰老岛、巴西兰岛和巴拉望岛等地。属蒙古人种马来类型。使用多种语言，均属南岛语系印度尼西亚语族。文字用阿拉伯字母。系接受伊斯兰教的马来人与当地土著居民的混血后裔。包括苏禄人、萨马尔人、马京达瑙人、马拉瑙人、雅坎人、桑吉尔人、陶苏格人、巴乔人、巴拉望人等。各支系除共同信奉伊斯兰教外，还在政治、社会和生活方面形成许多共同特点，相互间的差异日益缩小，形成独特的民族集团。上层盛行一夫多妻。妇女有继承权。主要从事农业，栽培水稻。擅长航海。渔业、手工业和商业亦较发达。

摩门教 Mormonism 自认为属于基督徒，却被基督教多数教派认为变异而处于边缘的教派。正式名称为“耶稣基督后期圣徒教会”。1830年由美国人J.史密斯所创，因信奉《摩门经》而得名，总部设在美国犹

摩门教教堂（美国盐湖城）

他州盐湖城。摩门教认为其首领可以受到神启；主张多神论、调和普救论与千禧年论。其特有的教义有：上帝具有肉身，三位一体的各个位格彼此独立；神乃人进化而成，人若信奉摩门教，来生可进化为永生之神；基督的神性非其独具，他人亦能达此神性等。摩门教还认为基督教会是叛教与腐化的教会，唯其独真。曾经实行财产共有与多妻制，并积极从事实业与政治活动，戒烟禁酒，强调秩序与道德完善。教制上不分圣职人员和平信徒。教职分散，权力分级行使，有一套复杂的领导机构，由全体大会以信任投票方式授权。各种仪式十分严密。教徒主要分布在美国，墨西

哥、加拿大、英国、新西兰等国也有部分教徒。

摩纳哥 Monaco 欧洲西南部国家。全称摩纳哥公国。北、东、西三面与法国东南部的滨海阿尔卑斯省接壤，南临地中海。海岸线长5.16千米。领土狭长，东西长约3千米，南北最窄处仅200米。面积1.95平方千米，其中0.4平方千米是填海造地。人口3.40万(2009)，摩纳哥人仅占16%，多数是外籍人，其中法国籍占47%，意大利籍占16%，还有英国、瑞士、德国、比利时等国籍的居民。官方语言为法语，通用意大利语、英语和摩纳哥语。90%以上居民信奉天主教。首都摩纳哥。

摩纳哥背山面海，风景秀丽。境内低丘起伏，地势自北向南倾斜，海拔200～500米。地中海型气候。

摩纳哥海湾港区（周围为摩奈盖提区现代化建筑）

古代利古利亚人、腓尼基人和迦太基人先后在此定居。1297年热那亚人格里马尔迪家族开始了长达700年的断续统治，1358年成为公国。除1524～1641年受西班牙保护外，格里马尔迪家族一直与法国结盟。1793年并入法国。1814年恢复独立，一度受撒丁王国保护。1861年法承认摩独立，摩将芒通和罗克布伦两大市镇卖给法国，领土由20平方千米缩小到现有面积。1911年成为独立的君主立宪国家。现行宪法规定，亲王为国家元首，王位由亲王的合法直系子嗣继承。亲王对外代表国家，有权签署和批准条约，在政治和刑事上享有不受侵犯权和豁免权。国民议会为一院制。亲王和国民议会共同行使宪法修改权和立法权。无固定政治组织和党派。政府委员会由1名国务大臣和3名国务委员组成，由亲王任命并在亲王领导下行使行政权。另有枢密院和国务委员会，均为亲王的咨询机构。摩纳哥无军队，只有治安警察，法国负责保护摩的独立、主权和领土完整。截至2009年底，已与64个国家建立大使级外交关系。1995年1月16日，中国和摩纳哥建立领事关系，2006年2月6日升格为大使级。

旅游服务业为国民经济首要产业。工业主要有化工、医药、化妆品、塑料加工、电器和电子元件等。建筑业发展很快，已成为国民经济重要部门。银行业发达。还有烟草、邮票等国家专卖收入。交通运输主要依靠公路。总长50千米；有1.7千米铁路，其中2/5路段在山洞内。港口主要用于停靠各类游艇。设直升机场。对外贸易长期逆差，主要贸易伙伴国是法国、意大利等欧盟国家。货币名称欧元。

全国实行6～12岁义务教育制。设小学、中学、技术学校和高等专业学校。主要报刊有《尼斯晨报摩纳哥专版》和《摩纳哥周刊》等。有蒙特卡洛电台和电视台。

摩纳哥 Monaco 摩纳哥首都，全国政治、经济和宗教中心。位于向西南突出的海岬上。面积很小，全城仅有两条街道。人口1 000多人，始建于中世纪，王宫为其最古老的建筑。由摩纳哥亲王阿尔贝一世筹建的摩纳哥海洋博物馆，建成于1910年，建筑雄伟壮观，在高达8米的楼阁石柱上，雕刻着许多海洋考察者的名字，室内陈列着丰富的海洋生物标本。在此召开过多次海洋地理方面的学术会议，并出版海洋地理方面的杂志。

摩纳哥人 Monacan 欧洲西南部的民族。约占摩纳哥公国人口的16%。属欧罗巴人种，族源主要是法兰西人，部分与意大利人混血。口语使用摩纳哥方言，是一种法语与意大利语相混合的语言，亦通用法语、意大利语与英语。大多信奉天主教。主要从事旅游业，以开设赌场和印刷邮票著称于世。化学、电子、精密仪器、纺织等工业也有发展。

摩尼教 Manichaeism 3世纪中叶在古波斯(今伊朗)萨珊王朝时兴起的世界性宗教。因创始人摩尼而得名。中国文献旧译明教、明尊教、末尼教等。

创始人 摩尼(216～277)出生在底格里斯河畔的玛第奴(位于今伊拉克境内)，父亲是当地基督教异端教派诺斯替派中一支浸礼教派的信徒。摩尼从小深受诺斯替教派善恶二元论思想的熏陶。据称他在12岁和24岁时，受到推茵神的点化，命他在人世间传授一种新的宗教，以拯救这个充满罪恶和苦难的世界。从此，他自命为推茵神派遣到尘世来的“光明使者”，开始传教活动。摩尼最先向父亲及家庭成员传授教义，然后到印度和中亚地区传播他的“救世真理”。摩尼在印度传教期间，受到了佛教的深刻影响。摩尼回到波斯后，于243年4月9日在国王沙普尔一世登基的盛典上，正式向全国布道。沙普尔国王死后，琐罗亚斯德教势力重新抬头。到瓦赫兰一世继位时，对摩尼教及其教徒进行镇压。摩尼被逮捕，并被钉死在十字架上，其尸体被剥皮充草，悬挂在城门之上。后来，这座城门被后人称为摩尼门。摩尼教徒则流落世界各地，从而使该教在国外得到了广泛的传播。

教义 核心思想是二宗三际说。二宗指明与暗（即善与恶）。三际指初际、中际、后际。初际时，光明与黑暗是两个相邻的王国，光明国领辖东、西、北三方，而黑暗国则占据南方，彼此相安，互不侵犯。因黑暗国偶然闯入光明国的领地，从而引

摩尼教草庵遗址（泉州）

发了一场光明与黑暗的长期大战，这就是中际。摩尼是诸明使中最重要且是最后一个。当摩尼教获得大部分人类信奉后，残留于世间的光明分子也逐渐得到拯救，而当大地只剩下恶魔和物质时，将会爆发一场大火。此时生命母将带领最后一批阶级（新人）和收集其余光明碎屑，一同升入新乐园。而黑暗魔王和恶魔将被抛入大坑，用巨石封死。最后，新乐园并入光明国中，时间进入后际，光明与黑暗再次分隔，永远"交归"。摩尼教的二宗三际说是一套完整的思想体系，包括了对世界本源、世界形成和世界未来的系统看法。摩尼教的最高崇拜神是大明尊（或称大明神），是神位、光明、威力和智慧四种德性的集中体现者，只有他才能教化众生，拯救灵魂，脱离苦难，不堕地狱。

摩尼教的组织严密而又庞大，其教会内部分有5个等级：第一级是12慕阇（承法教道者，或称大师），第二级是72萨婆塞（侍法者，亦称拂多延），第三级是360默奚悉德（法堂主），第四级是阿罗缓（纯善人，即电那勿），第五级是耨沙（净信听者）。四、五两级属教会中的基层，人数没有限制。摩尼教的经典，大部分由摩尼本人撰写，主要有《密迹经》、《大力士经》等。此外，摩尼还制定了严格的清规戒律。主要内容有四不：不吃荤、不喝酒、不结婚、不积聚财物。忏悔十不正当，即忏悔虚伪、妄誓、为恶人作证、迫害善人、拨弄是非、行邪术、杀生、欺诈、不能信托及不使日月喜欢的行为。遵守十戒：不拜偶像、不谎语、不贪、不杀、不淫、不盗、不行邪道巫术、不二见、不惰、每日四时祈祷。

摩尼教在中国的传播 摩尼教于唐高宗或稍后的武则天当政时传入中国。由于武则天的承认和提倡，摩尼教的许多经卷被译成中文，其中有《摩尼教残经一》、《摩尼光佛教法仪略》及《下部赞》等，同时，在长安和东南诸州修建了不少摩尼教的寺庙。后摩尼教在中国的传播和发展，受到传统文化和正统宗教势力的抵制。开元二十年（732），唐玄宗下令禁断汉人信奉摩尼教，安史之乱爆发后，回鹘可汗在助唐攻洛阳时，皈依了摩尼教。从此，回鹘人由萨满教改宗摩尼教，并使其成为国教。因为唐王朝实行和回鹘和亲政策，从而也使摩尼教重返中土。大历三年（768），唐代宗发布敕令，允许摩尼师在长安设置寺院。至元和初年，河南府和太原府也设置了三座摩尼寺。从此，摩尼寺几乎布满全国各大州府，教势迅猛扩大。会昌五年（845），唐武宗正式下诏令毁法灭佛，摩尼教属外来宗教，也随之遭到禁断。于是，摩尼教逐渐成为民间秘密宗教，从而演化出许多支派流裔，甚至成为动员和组织群众的纽带，曾多次被农民起义所利用。

到了宋代，摩尼教已完全汉化并演变为明教（或明尊教）。宋代明教将原摩尼教教义要旨简单地归纳为"清净、光明、大力、智慧"8个字。为了迎合民间的需要，更加发挥其追求光明、善良、俭朴、友爱的道德观念，因而颇得人心，使之流传甚炽。北宋宣和二年（1120），方腊以摩尼教为旗号，于睦州、台州地区，发动了大规模的农民起义。南宋时期，社会动乱加剧，以摩尼教为其宗教外衣的农民起义此起彼伏。影响较大者有王念经的衡州起义、东阳县和信州贵溪的"魔贼"起义等。

元朝统治者对于在民间暗地里聚众结社的吃菜事魔，明令取缔；而对于传统的明教信徒聚居地区，则允许造庵奉祀，公开活动，以示优容。但要派政府官员严加管束，以防越轨。随着元朝统治者的腐败，摩尼教、弥勒教、**白莲教**等民间教派迅速发展，互相融合，最后酿成红巾军起义。起义军公开以"弥勒降生，明王出世"的谶语箴言为口号，自称魔兵，透露出摩尼教对红巾军的深刻影响。此时的摩尼教（明教）则进一步通俗化、世俗化，并与弥勒、白莲两教相融合，甚至合为一体。

朱元璋登基后立即镇压明教，除国号仍称"大明"外，一切与明教有牵连的事物都下令更改。明教只得以更隐蔽、更秘密的形式开展活动。到了清代，许多民间教派仍或多或少地受到摩尼教的影响。但史料已不见记载。

《摩奴法典》 *Manu-smrti* 古印度婆罗门教的法律和法规的汇编。又称《摩奴法论》。相传为"人类的始祖"摩奴所编，故名。实际上，是婆罗门教的祭司根据吠陀经与传统习惯而编成的。法典内容驳杂，大约编成于公元前2世纪～公元2世纪（一说为公元后的头几个世纪）。传至今日之《摩奴法典》共12章，2684条。其中，纯粹法律的篇幅约占全书的1/4。

这部法典涉及面广，内容丰富，为研究古代印度历史提供了大量有价值的资料。其影响远及缅甸、泰国、爪哇和巴厘等地。

法典现存7、8种9～18世纪的梵文注释本。西方学者曾发表一些译注本。中国出版两种汉译本：马香雪从法译本转译的《摩奴法典》；蒋忠新从梵文原本译出的《摩奴法论》。

摩苏尔 Mosul; Al Mawsil 伊拉克西北部城市，尼尼微省首府。位于底格里斯河上游右岸。人口约120万。3 000多年前属于古亚述王国的中心，公元641年被阿拉伯人攻占。10世纪初起，为哈木丹王朝（905～979）和赞吉王朝（1127～1222）的首都。继而受伊儿汗国、萨桑王朝和和塞尔柱帝国统治，直至1545年入奥斯曼帝国版图。现在是伊拉克北方贸易、农牧产品的重要集散地。有炼油、化工、水泥、纺织、榨油、制革、榨糖、罐头等工业。附近有艾因扎拉油田。城市依坡而建，老城建筑古色古香，新城住宅新颖别致。市内和郊区多古城堡、清真寺、宫殿、修道院、教堂等名胜古迹，尼尼微的遗址尤负盛名。还有努兰瀑布、哈德巴森林、瓦迪·谢赫温泉及艾因·基布里特的悬崖飞瀑等胜景。有摩苏尔大学（1967）和陈列着许多亚述时期珍贵文物的摩苏尔博物馆等。交通枢纽。通向土耳其的输油管已恢复运行。底格里斯河上有大桥4座，最西的箱形拱桥，由中国帮助建造（1979）。

摩托车 motorcycle 以汽油发动机为动力的两轮或三轮机动车。用以载人或轻量货物，已成为重要和普及的交通工具。一般由行走、操纵与制动、传动、供油、电气等系统和发动机等组成。

简史 首辆摩托车由德国人G.戴姆勒于1885年发明（见图）。19世纪末到20世纪初，是摩托车工业崛起的时期。第二次世界大战后，摩托车技术得到进一步发展，并出现竞赛用和越野型摩托车。中国在1951年正式生产井冈山牌边三轮摩托车。2001年年产量曾突破一千万辆，占世界产量一

早期的摩托车（1885年戴姆勒制造）

半以上。有十余种排量、上千种车型。

分类　有多种分类方法。①按车轮数有两轮车、三轮车（正三轮、边三轮）。②按发动机缸数有单缸、双缸、4缸、6缸。③按发动机冲程数有二冲程、四冲程。④按发动机排量有30、50、80、90、100、125、150、200、250、500、750、1 000、1 200、1 500毫升。⑤按用途有客车、货车、越野车、赛车、警车、消防车、罐车、自卸车、冷藏车等。⑥按发动机冷却方式有风冷、水冷。中国摩托车按照发动机排量和最高车速分为轻便摩托车和摩托车两大类：①轻便摩托车最大车速不超过50千米/时、发动机排量不超过50毫升。②摩托车发动机排量在80毫升以上，车速80～150千米/时。竞赛摩托车车速可超过300千米/时，排量超过1 800毫升。

摩托车运动 motorcycle racing　借助于摩托车从事训练和比赛的体育运动项目。19世纪末20世纪初，欧洲一些工业发达国家，曾举办过一些非正式的国际摩托车比赛，逐步形成了运动竞赛项目。1904年国际摩托车运动俱乐部联合会在伦敦成立。1949年改名为国际摩托车运动联合会（FIM），1959年总部迁至瑞士日内瓦。同年10月，中国被接纳为会员国。1975年，中国摩托运动协会成立。1954年，摩托车运动在中国成为一个体育项目。自1959年始，连续6次进入全国运动会。1993年，最后一次在第7届全运会上亮相。摩托车竞赛分为两轮摩托车赛、三轮摩托车赛和四轮摩托车赛。国际摩联每年举办的赛事有世界锦标赛、欧洲锦标赛、地区传统性国际大奖赛等。目前中国主要开展的摩托车运动项目是越野/超级越野赛和公路赛。该赛事是在有天然障碍或人工设置的复杂地形的封闭路线上进行的多圈竞赛，路线包括上下陡坡、左右弯道、起伏路、石子路等地形地貌，每圈距离1.5～3千米，每场比赛距离不超过60千米，时间不超过40分钟。

摩托车越野赛场面

摩托艇运动 motorboat racing　用摩托艇作为运动工具而进行的一种水上竞技体育活动。摩托艇运动始于英、德、美一些工业发达国家。1922年在比利时成立国际摩托艇联盟（UIM）。中国于1956年3月开展摩托艇运动，同年派代表队参加了在波兰举行的第1届国际航海运动竞赛，获得汽缸工作容积350毫升164千米竞赛团体第1名。1957年在保加利亚举行的第2届国际航海运动竞赛中，中国队又获得了金牌1枚、银牌3枚、铜牌3枚。1958年8月第1届全国摩托艇竞赛在武汉举行。此后，至20世纪80年代曾多次举行过全国摩托艇竞赛和表演活动。2001年9月3日，中国运动员彭林武在芬兰举行的世界摩托艇锦标赛上获得0–125级项目的冠军。竞赛摩托艇以其发动机的安装形式可分为发动机挂在尾板上的舷外艇和发动机安装在艇内的舷内艇。每种艇以发动机的工作容积或重量又划分若干等级。摩托艇的竞赛有：①速度赛。在1千米、1英里、1海里或3海里的直航线上进行。②环圈赛。在闭合环圈航线上进行，环圈航线最小长度，舷外艇为1 500米，其他等级的艇为2 000米。③专项赛。不仅要求速度，还要求运动员完成规定的技术动作，以全面考察运动员的水平。

摩托艇的比赛场面

摩西 Moses　《圣经》人物。其生平在《旧约》中有详细记载。以色列人的祖先进入埃及数百年，繁荣兴旺，后遭到种种迫害。据载摩西受上帝之命，率领以色列人逃离埃及到西奈半岛，并创造许多奇迹。在西奈山上，上帝向摩西颁布十诫及其他律令。后摩西又设立宗教祭司与审判制度。自此犹太教有了完备的教义。摩西被视为古代以色列人的民族英雄和领袖。

磨合 running-in　在机器装配后、使用前为使配合件正常稳定运转而采取的一种技术措施。又称跑合、走合。机械零件的磨损过程一般包括磨合阶段、稳定磨损阶段和剧烈磨损阶段。磨合是一种有意安排的**磨损**过程。使用前摩擦副表面微观凹凸不平，实际接触面积很小，接触应力很大。在磨合过程中，较软的零件表面材料发生塑性流动，使接触面积扩大并形成加工硬化层。较硬材料表面高的微凸体被磨去，逐渐变得平坦而使接触面积增加。这些变化使以后的磨损率减小，达到磨合目的。磨合应由轻到重缓慢加载，并保持润滑油的清洁，在磨合过程中须严密注意运转情况（听声、测温等）。磨合结束后应仔细清洗，并换用新的润滑油。

磨具 abrasive tool　用以磨削、研磨和抛光的工具。自锐性是磨具的突出特点。按原料来源划分，有天然磨具和人造磨具两类。机械工业中常用的天然磨具只有天然油石。人造磨具按基本形状和结构特征划分，有砂轮、磨头、油石、砂瓦（以上统称固结磨具）和涂附磨具5类。习惯上也把研磨剂列为磨具的一类。表中列出人造磨具的种类和用途。

人造磨具的种类和用途

种类		主要特征	主要用途
固结磨具	砂轮	圆形中央有通孔，使用时高速旋转	各种磨削和切割
	磨头	带柄，使用时高速旋转	修磨型面的内外轮廓
	油石	条状	珩磨、超精加工和手工修磨
	砂瓦	块状，使用时由数块组成砂瓦组合体	平面磨削
涂附磨具		磨料粘附在布或纸上，可以挠曲	手工或机动打磨和砂带磨削
研磨剂		磨粒呈自由状态	研磨和抛光

固结磨具按所用磨料不同分为普通磨料固结磨具和超硬磨料固结磨具。前者用刚玉和碳化硅等普通磨料，后者用金刚石和立方氮化硼等超硬磨料制成。此外，还有一些特殊品种如烧结刚玉磨具等。

磨拉石 molasse　区域沉积地层单位，一种由浅海相和非海相沉积层序组成的楔形地质体。磨拉石旋回沉积主要由近滨海相砂岩和页岩、三角洲相砂岩和粉砂岩、河流与冲积扇相砂岩及砾岩、潟湖与沼泽相页岩，以及滨海沼泽、湖泊沼泽相页岩和煤层等组成。形成了下部海相、上部非海相的楔形沉积体，厚处可达数千米。磨拉石的砂岩中富次硬砂岩或岩屑砂岩，也发育长石质砂岩。砂岩层发育交错层理，但不发育粒级递变层理。其碎屑组分是较老地槽区岩石（包括复理石）的侵蚀产物，物源区为隆起的山脉。磨拉石作为构造岩相术语，表示不同造山带的不同造山期在复理石之后的一种普遍发育的构造岩相类型，如欧洲“老红大陆”的泥盆系、石炭系含煤地层，美国洛基山区一部分白垩系地层等。地质文献中常把磨拉石称为后造山相，形成于后造山期。在沉积建造中还划出磨拉石建造。磨拉石中可含煤系，也可形成厚的石油、天然气储层。磨拉石的特征与称为**复理石**的深水海相沉积截然不同。

磨损 wear　摩擦体接触表面的材料在相对运动中由于机械作用间或伴有化学作用而产生的不断损耗的现象。**摩擦学**研究的重要内容。分为黏着磨损、磨料磨损、表面疲劳磨损和腐蚀磨损四种主要类型。磨损一般来源于摩擦。影响磨损的因素很多，有环境因素（湿度、温度和介质等），润滑条件，工作条件（载荷、速度和运动方式等），摩擦体材料的成分、组织以及工作表面的几何因素和物理化学性质等。每一因素稍有变化都有可能改变磨损机理，使磨损量改变。一般来说，磨损随着载荷和滑动时间的增加而增加，硬的材料一般比软的材料磨损较少。减少磨损的措施有：①润滑，是减少磨损的重要措施。②正确选用材料。③适当的表面热处理，改善表层的物理力学性能，提高耐磨性。

蘑菇 *Agaricus bisporus*; white mushroom 真菌界伞菌科蘑菇属的一种。重要的食用菌。常指白蘑菇或称双孢蘑菇，又称洋蘑菇，有时也兼指大肥菇。

白蘑菇是世界上最早栽培的几种食用菌之一。1605年前后始在法国巴黎附近人工栽培，现70多个国家有人工栽培，美国、法国和中国产量居前列。白蘑菇子实体群生或丛生。菌盖为半球形，直径2～15厘米。菌肉肥厚白色。菌盖下有菌褶，离生、不等长。子实体成熟时，大量孢子（双核）由菌褶的子实层散落，在一定条件下萌发，形成菇蕾。白蘑菇为腐生性真菌。人工栽

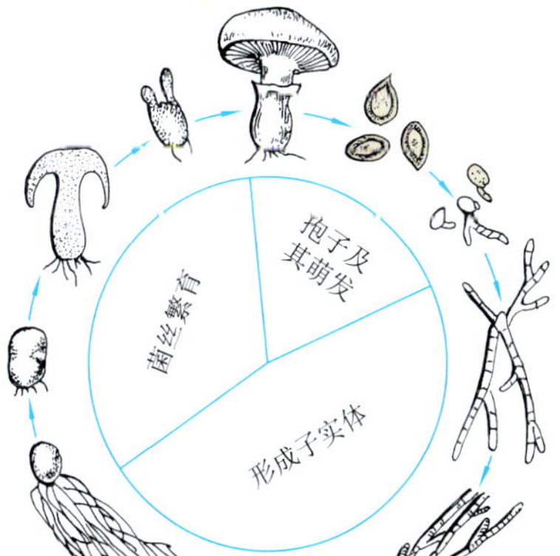

蘑菇生活史简图

培时全靠培养料中的营养物质生长发育。营养所需的碳源主要来自植物体的纤维素和木质素，氮源来自有机态氮或培养料中的化肥，还需适量的钾、磷、钙等必需元素。所需的温度和水分条件随不同的发育阶段而异。白蘑菇是高蛋白食品，含有全部人体必需氨基酸，其中亮氨酸、赖氨酸和缬氨酸的含量尤其丰富。此外，还含有除维生素A以外的多种维生素。白蘑菇有降血压、辅助治疗肝炎等功能，近还发现含有抗癌物质和抗细菌的广谱抗生素。

魔方 magic cube 一种变化多端的智力玩具。全称魔术立方体。又称鲁毕克方块。1974年由匈牙利建筑学教授E.鲁毕克发明，

三阶立方体魔方

20世纪70年代末80年代初开始风行全世界。用富弹性的硬塑料制成，种类较多，有二阶、三阶、四阶等各种立方体魔方，还有其他多面体魔方，面也可以是其他多边形。最常见的是三阶立方体魔方，6块表面由26个小方块组成，核心为一个三维十字的轴；小方块包括中心的6个（只一面有颜色），是固定不动的；另外，边角的8个（三面有色）和边缘的12个（两面有色）均可转动。立方体每个面纵横都分为3层，每层都可自由转动，通过层的转动改变小方块在立方体上的位置，各部分之间存在制约关系，没有2个小块是完全相同的。魔方的原始状态为：立方体同一个面各方块颜色相同，而各面间颜色都不同，一般为红、橙、黄、绿、蓝、白六种颜色。当某一面平动旋转时，具相邻的各面单一颜色便被破坏，组成新图案立方体，再转再变化成各色各样图案。人们可多种方法转动打乱的魔方，使其回复到原始状态；还可以通过颜色的搭配，使魔方的面呈现出不同图案，如L、U、工字、口字形等。这种智力玩具可以锻炼人的逻辑思维，培养空间想象能力及坚毅的意志品质。

魔幻现实主义 realismo mágico 20世纪60年代以来流行于拉丁美洲的文学流派。此词最早由德国文艺评论家F.罗在专著《魔幻现实主义，后期表现派，当前欧洲绘画的若干问题》(1925) 中提出。1943年，古巴作家A.卡彭铁尔提出“神奇的现实”的观点，认为拉丁美洲有神秘莫测的自然现象和激烈动荡的社会生活，本身就具有神奇性。拉丁美洲一些作家为了强调文学的民族性，有意识地吸收古代印第安文学中的神话和传说，使作品具有神奇和魔幻的色彩。哥伦比亚G.加西亚·马尔克斯的长篇小说《百年孤独》以离奇怪诞的情节和人物，浓烈的神话色彩和象征意识，使魔幻现实主义这一美术流派名词第一次被应用于拉丁美洲文学创作。魔幻现实主义的其他主要作品还有卡彭铁尔的《消逝的脚步》、危地马拉M.A.阿斯图里亚斯的《总统先生》(1946)、墨西哥J.J.鲁尔福的《佩德罗·帕拉莫》(1953) 等。

魔术 magic-illusion 杂技门类之一。是运用人为的隐秘技法，创造和表现超现实的自然与社会现象，从而将观众引入某种幻觉状态的表演艺术。

魔术起源于远古人类的宗教巫觋活动。古代埃及、西亚、中国、印度，曾是世界上最早的魔术古国和地区。古代中国称魔术为奇戏、鱼龙戏、幻术、戏术或戏法。魔术(magic) 一词，是随着近代外国魔术家来华演出而传入的外来语，已广为当代人接受。但生活中仍保留了“变戏法”的旧称，用以专指某些传统的手彩魔术，如古彩戏法。

现代魔术按技艺性质可分为手彩魔术、器械魔术、逃遁魔术、幻景魔术、心理魔术、滑稽魔术、黑戏、魔术剧等8类；以演出场地分，则有舞台魔术、广场（含圆场）魔术、近景魔术3大类。魔术是一种高技巧的、需要观众充分配合的艺术，要求演员熟练掌握“手、眼、身、法、步”五项基本要领，做好“漂、铺、亮、收”(意为交代原状、铺设悬念、亮出变化、强化效果）的表演程序，还要善于调动观众，做好护托（隐蔽）、领招（转移观众注意力），才能尽臻其妙。

中国魔术历史悠久。魔术与宗教、巫(法) 术有不解之缘。据《列子·周穆王》载，穆王（前976～前922年在位）时，“西极之国（长安以西地域）有化人（幻人，以神道面目出现的幻术师）来”，表演了“入水火、贯（穿）金石、反山川（山变为川，川变为山）、移城邑、乘虚不坠、触实不硋（受阻）”。汉刘歆《西京杂记》载，秦汉时有术士东海黄公“少时为（幻）术”，能“立兴云雾、坐成山河”。及至盛唐宫廷《圣寿乐》中的“字舞”、“更衣舞”，民间的“嘉兴绳技”、“瓮中遁人”等，已摆脱了宗教的影响，成为纯粹的魔术艺术。宋代民间更出现了藏掖、弄泥丸等大量手彩和器械的魔术。降至明清，民间戏法品类更多，如搬运法“罗圈当当”、“水碗出鱼”，猜测术“隔夜修书”、“耳朵听字”，丝法戏“相思棍”，剑、丹、豆、环“口吞宝剑”、“仙人栽豆”，以及扇戏、带绳术、巾旗术等。最早的两部魔术技法著作，即明陈继儒的《神仙戏术》和清唐再丰的《鹅幻汇编》(又称《戏法图说》)，也在这一时期出版。

西方魔术也有久远的历史。据1823年H.魏斯特卡尔发现的距今3 800～4 000年前的一本纸草手稿（藏于柏林国立博物馆）记载，约在4 500年前埃及胡夫法老在位时，曾有魔法师德迪为法老表演了鹅和公牛的断头术。中世纪的欧洲，已有江湖骗子在集市上表演惊世骇俗的血腥魔术。18～19世纪的启蒙运动和工业革命，给欧洲带来一批在沙龙中和舞台上表演的魔术家。美

国本无魔术传统，但就其现代魔术的创新、活跃和人才辈出的情况，在当代首屈一指。1900年，美国魔术历史上最负盛名的传奇人物H. 胡迪尼在伦敦表演逃遁术取得成功，此后历经无数极限的考验成为“逃遁大王”、“锁铐大王”。当代的D. 科波菲尔，善于运用电视媒体扩展舞台，因隐遁美国自由女神像、大型客机和穿越中国长城而声名远扬。

魔术文化的国际交流可谓久远。据《史记·大宛列传》载，中国汉代张骞出使西域归来时，大宛诸国曾派使者随来长安，“以大鸟卵及黎轩善眩人献于汉”。“黎轩”又作犛靬，即大秦、海西国，属古罗马帝国版图。“善眩人”即魔术师。西汉安帝、东汉桓帝时，罗马帝国和印度的魔术均曾经由西南掸国（今缅甸）或直接传入中国。其中有吞刀吐火、植树种瓜、屠人截马等。自三国至南北朝，由印度僧人和民间艺人传入的项目，又有钵中生莲、食针、卧剑上舞等。20世纪下半叶，日本奈良正仓院博物馆发现一本《唐傀会》(又称《信西古乐图》）画册，记录唐朝流入日本的杂技乐舞30余种，其中有魔术饮刀子舞（吞刀）、吐火舞、入壶舞（瓮中遁人）等。1868年明治维新后，日本形成了东西方合璧的、具有自己独特风格的魔术，又反过来一定程度地影响了中国魔术的发展。

欧洲的现代魔术大约于18世纪初传入美洲大陆。清同治年间（1862～1874），英国人瓦纳来上海演出，接着又有赖文提、戈定、尼古拉、却弗罗、柏拉蒙等纷至沓来。随后有不少中国艺人也远涉重洋，赴欧美流浪卖艺。当时蜚声海外的魔术家有同治年间赴欧渡美的天津杨柳青人朱连奎。此后又有河北滦县人韩秉谦（1910），河北吴桥人穆文庆（回族，1926），广东中山人张慧冲等带着中国魔术走向海外。他们回国后先后创办了多个中西结合的团体，积极探索中国魔术的现代化之路，使当代中国的魔术又有所发展。

魔芋 *Amorphophallus*; giant arum 天南星科魔芋属植物的统称。多年生草本植物。古名蒟蒻。以地下球茎供食用。原产东半球热带雨林和亚热带季风林地区。中国西南、华南、台湾等地栽培较多。

魔芋球茎扁球形。球茎侧芽可长成子球茎，上中部可长出根状茎，其顶端或中部发出新球茎，大如指头。先花后叶，即所谓花、叶不见面。叶一片，深绿色，二歧分裂。花为肉穗花序，淡黄色。喜温暖湿润，在年平均温度14～20℃、无霜期240天以上的地区均能种植。产区大面积栽培时多与玉米间作。以母球茎或子球茎繁殖，3月播种，10月可采收。

中国所产魔芋能食用者有花魔芋、东川魔芋、疏毛魔芋、疣柄魔芋。

魔芋含葡甘聚糖，有降低血清胆固醇的作用。其淀粉膨胀力达80～100倍，可加工成魔芋豆腐。此外，还可用作微生物的培养基，浆纱、造纸用的黏合剂，以及瓷器的涂料等。鲜球茎中所含有毒生物碱，医药上可外用，有解毒消肿功能。

抹香鲸 *Physeter macrocephalus*; sperm whale 哺乳纲鲸目抹香鲸科抹香鲸属的唯一现生种。世界现存数量20万～150万头。在全球海洋广泛分布，中国沿海见于黄海、东海、南海，为国家二级保护动物。最大

的齿鲸。成年雌性体长可达12米，成年雄性可达18米。头巨大，占体全长的四分之一到三分之一，从侧面看似方形。头内有充满鲸蜡油的鲸蜡器官和巨囊。呼吸孔在头部前端偏左。下颌狭窄，悬挂在头部下面。鳍肢宽而梢端圆。体背面有1个低而圆的背鳍，其后有一列圆突。仅下颌有20～28对齿，与上颌的一些凹穴相嵌合。体黑色到褐灰色，上唇和下颌白色。生殖区前的腹部和胁部常具不规则的带白色的大斑。

抹香鲸社群的基本成分是家庭单位，包含约12头雌鲸及其子女。单位的成员共同抵御敌害。主要食物是种类繁多的头足类，也有很多种鱼类。雄性约在20龄达性成熟。雌性约在9龄达性成熟，大致每5年产1仔。孕期14～16个月，每胎产1仔。初生抹香鲸体长3.5～4.5米。哺乳期约2年。

末 role of an old or middle-aged man in Chinese opera 中国戏曲表演行当之一。见**脚色行当**。

《末日审判书》 *Domesday Book* 英王威廉一世（征服者）下令进行的全国土地调查情况的汇编。又称《土地清丈册》、《最终税册》。目的在于了解王田及国王的直接封臣的地产情况，以便收取租税，加强财政管理，并确定封臣的封建义务。

1086年由国王指定的教俗封建主在全境进行广泛的土地调查。调查内容包括当地地产归属情况，每个庄园的面积、工具和牲畜数量，各类农民人数，以及草地、牧场、森林、鱼塘的面积，该地产的价值等。调查结果汇总整理，编定成册，称《末日审判书》(意指它所记录的情况不容否认，犹如末日审判一样）。现存的末日审判书共两卷：《大末日审判书》和《小末日审判书》。土地调查书具有极珍贵的史料价值，它体现了中世纪英国“没有无领主的土地”，全国土地最终领自国王的法律原则，而且确定全国大多数农民为耕种封建主土地的依附农民。

没骨 boneless painting style 中国画表现技法。指不用墨线为骨，直接以彩色或水墨描绘物象的方法。没骨画因直以墨色渍染而成形体，因此主要采用浓重的石色渲染或点染，造成形体转折阴阳和色彩变化。此法相传创自南朝张僧繇，唐代杨昇善用此法作画。五代，黄筌擅画工笔花鸟，勾勒细淡，设色浓丽，几乎隐去墨线，故有

恽寿平作《山水花鸟图册》（故宫博物院藏）

“没骨花枝”之称。北宋徐崇嗣效法黄筌，所作花卉直以彩色造型，画史称“没骨图”。另有用青、绿、朱、赭等色，染出丘壑树石山水画，称“没骨山水”。其后，明代孙隆、清代恽寿平擅用此法作花鸟（见图）。晚清居巢、居廉兄弟作画法恽寿平，又创“撞水”、“撞粉”法，是对没骨画法的发展。

没收财产 confiscation of property 将犯罪人所有财产的一部或者全部强制无偿地收归国有的刑罚。

没收财产与追缴犯罪所得的财物、没收违禁品和供犯罪使用的物品具有质的区别。追缴犯罪所得的财物、没收违禁品等不属于作为刑罚的没收财产。没收财产事实上是没收犯罪人合法所有并且没有用于犯罪的财产。

按照中国《刑法》分则的规定，没收财产只能附加适用，而不能独立适用。附加适用的方式有三种：①“并处没收财产”，即应当附加适用没收财产。②“可以并处没收财产”，即是否附加适用没收财产由审判人员根据案件具体情况决定。③“并处罚金或者没收财产”，即附加适用罚金还是附加适用没收财产，由审判人员择一判处。判处没收财产，必须指明是没收犯罪分子个人所有财产的一部还是全部。没收全部财产的，应当对犯罪分子个人及其扶养的家属保留必需的生活费用。在判处没收财产的时候，不得没收属于犯罪分子家属所有或者应用的财产。

没收财产由人民法院执行，在必要的

时候可以会同公安机关执行。没收财产以前犯罪分子所负的正当债务，需要以没收的财产偿还的，经债权人请求，应当偿还。

茉莉 *Jasminum sambac*; Arabian jasmine 木犀科茉莉花属的一种。常绿蔓性或直立灌木。又称茉莉花。花有香气，为芳香及观赏植物。原产印度、斯里兰卡，现中国各地都有栽培。枝条稍有棱，被短柔毛。叶对生，椭圆形或广卵圆形，嫩绿色，密生黄色细毛。花白色，每花序常有花三朵，有单瓣、双瓣和多瓣型，以双瓣型为主。6～11月开花，着生在新梢上，夜间开放。要求长日照和炎热、潮湿的气候条件，适栽于肥沃、微酸性的砂质壤土或轻黏土。生长旺季用扦插法繁殖，也可用压条法繁殖。应注意防治白绢病、大青虫及卷叶虫等病虫害。

除供观赏外，茉莉可熏制成花茶；提取芳香油，作茉莉浸膏；调制茉莉香精，用于香皂、香水等化妆品工业；用于妇女装饰。中医学上以花入药，可治外感发热、腹痛、疮毒等症。根有麻醉止痛功能。

茉莉芬事件 Madiun Affair 1948年印度尼西亚右派势力在茉莉芬市镇压印尼共产党人的事件。1948年印度尼西亚民族解放运动高涨，7月，美、荷帝国主义与印度尼西亚右派势力在爪哇茉莉芬策划“消灭红色分子的建议”。8月初，梭罗的丹·马拉卡集团武装组织野牛队暗杀了左派武装力量国军第4师师长苏达尔多。9月1日，驻梭罗的右派部队西利万吉师绑架印尼共产党人，并无故扣押前往营救的第4师军官，引起双方武装冲突。9月17日，驻梭罗的左派军队被右派军队赶出梭罗，退往茉莉芬。9月18日，茉莉芬驻军两派发生冲突，左派军队控制全市，当时州长出差在外，左派组织人民阵线推选副州长（共产党员）代理州长职务并电告中央政府。哈达政府闻讯立即声称印尼共产党在茉莉芬发动政变。9月20日，茉莉芬民族阵线政府成立。9月21日印尼共产党领袖慕梭撰文声明，茉莉芬政府是民主的印尼共和国的一部分。9月30日，政府军攻占茉莉芬。31日，慕梭在战斗中牺牲。11月，沙利佛丁等印尼共产党其他领导人被俘，12月被害。

在茉莉芬事件中，印尼共产党人和进步人士被捕者达3.5万人，其中1万人惨遭屠杀。茉莉芬事件不仅严重削弱印尼共产党力量，同时也使新生的印尼共和国元气大伤。

《茉莉花》 *Jasmine Flower Ditty* 中国汉族民歌。在全国各地有多种样式流传。其歌词内容大都以花拟人，借赞美茉莉花来表达对姑娘的爱慕之情。歌曲旋律因地域而有所不同，有的曲调还有多种相近似的变体。音乐风格也因地而异，南方委婉清秀，北方热情活泼。以江苏的《茉莉花》流行最广。

沫蝉 Cercopidae; spittlebug 同翅目沫蝉科昆虫的统称。全世界已知约2 000种，主要分布在热带、亚热带地区。小到中型，体色多鲜艳。体略呈卵形，背面隆起。前胸背板大，但不盖住中胸小盾片。前翅革质，常盖住腹部，爪片上2脉纹通常分离。后翅径脉近端部分叉。后足胫节有1～2个侧刺，端部有2列端刺；第1、2跗节上也有端刺。若虫腹部能分泌胶液，形成泡沫，盖住身体保护自己，故名沫蝉，又称吹沫虫或吹泡虫。多数危害木本植物，重要的种类如稻黑沫蝉危害水稻。

莫泊桑 Maupassant, Guy de (1850-08-05～1893-07-06) 法国作家。生于米洛梅尼尔堡（今费康），卒于巴黎。1869年到巴黎攻读法学，适逢普法战争爆发，应召入伍，亲身经历了法军的惨败。从1872年开始，先后在海军部和教育部任职。1880年，以É.左拉为首的6位主张自然主义的作家在梅塘别墅聚会后，以普法战争为背景的中短篇小说集《梅塘之夜》问世，莫泊桑以其《羊脂球》一举成名，从此开始了作家生涯。1880～1891年他创作发表了中短篇小说约300篇，长篇小说6部，游记3部，以及许多关于文学和时政的评论文章。

莫泊桑的短篇小说成就最为突出，有“短篇小说巨匠”的美称。题材分为普法战争、公务员生涯和诺曼底农村三个部分。他构思布局别具匠心，文字简洁、质朴，细节描写、人物语言和故事结尾都有独到之处。以普法战争为背景的一组作品，有《两个朋友》(1883)、《米隆老爹》(1883)、《蛮大妈》(1884)、《决斗》(1883)等，讴歌了普通人民打击侵略者的爱国主义精神。描写公务员的短篇小说中，主要有《一家人》(1881)、《我的叔叔于勒》(1883)、《项链》(1884)、《勋章到手了！》(1885)、《雨伞》(1884)等，也都是脍炙人口的名篇。描写诺曼底农村的短篇小说有《一个女雇工的故事》、《戴家楼》、《一个诺曼底人》、《瞎子》等，作家生动地描绘了法国北部滨海地区的自然风光和人情世态，反映了农民悲惨的贫困生活。

莫泊桑的6部长篇小说《一生》(1883)、《俊友》(1885)、《温泉》(1886)、《皮埃尔和若望》(1887)、《像死一般坚强》(1889)和《我们的心》(1890)成就也较高。《俊友》是莫泊桑一部最富有现实社会意义的长篇小说，它写退职的下级军官杜洛阿在报馆就业，依靠招摇撞骗，特别是勾引上流社会女子，走上飞黄腾达的道路。还揭示了法兰西第三共和国的内阁要员，蒙骗议会和公众，发动掠夺战争，暴露了资产阶级民主的虚伪性和资本主义政权扩张的本质。

从70年代开始莫泊桑长期为疾病所折磨，最后因精神病严重发作去世。

莫德格玛 Medegm-a (1941-12-25～) 中国蒙古族舞蹈家。生于内蒙古乌兰察布市。先后任内蒙古自治区歌舞团、东方歌舞团独舞演员。同年以独舞《盅碗舞》获第八届世界青年与学生和平友谊联欢节金质奖章。表演的代表作品有《酒盅舞》、《顶碗舞》、《灯舞》、《哈萨克圆舞曲》、《土尔扈特》、《蓝蓝的天》等。创作舞蹈作品多部，重要的有《绿洲的微笑》等。创编《蒙古舞蹈部位法》教材；整理、编演蒙古诸部族舞蹈，另有专著《蒙古舞蹈文化》、《蒙古部族舞蹈之发展》(蒙古文版）等。

莫迪利亚尼 Modigliani, Franco (1918-06-18～2003-09-25) 美籍意裔经济学家，新古典综合派主要代表人物。生于意大利罗马，卒于美国马萨诸塞州剑桥市。1939年获罗马大学法学博士学位。1940年移居美国。1944年毕业于纽约社会研究新学院，获社会科学博士学位；1967年获芝加哥大学哲学博士学位。1942～1944年任哥伦比亚大学讲师。1943～1948年执教于社会研究新学院。1949～1954年任考尔斯委员会研究顾问。1949年任伊利诺伊大学副教授，1950～1952年成为经济学教授。1952～1960年任卡内基理工学院（现卡内基-梅隆大学）经济学和工业管理教授。1960～1962年任西北大学经济学教授。1962～1988年担任麻省理工学院经济学和金融学教授。他是美国国家科学院院士。曾任美国财政部部长顾问、美国经济学联合会会长等职。1985年获得诺贝尔经济学奖。

莫迪利亚尼对经济学主要的一个贡献是，在1954年与美国经济学家R.布伦伯格发表《效用分析与消费函数》一文，从而标志着储蓄生命周期理论的开端。他们用数学模型提出了消费函数理论中的“储蓄生命周期假说”。莫迪利亚尼的另一个贡献是，与美国经济学家M.H.米勒1958年发表了《资本成本、公司财务与投资理论》一文，首次提出了公司资本成本定理，即“MM定理”。这一定理提出了在不确定条件下分析资本结构和资本成本之间关系的新见解，并在此基础上发展了投资决策理论。著有《国民收入与国际贸易》(合著)、《资本的构成问题》、《计划生产、存货和劳动力》(合著)、《稳定政策的争论》、《莫迪利亚尼文集》等。

莫尔 More, Thomas (1478－02－07～1535－07－06) 英国政治家、作家。生于伦敦，卒于伦敦。14岁入牛津大学深造。精通哲学，爱好音乐，对数学及天文学等也很有研究。历任议员、众议院院长、司法长官、法院院长、枢密院顾问官、大法官。因不承认亨利八世为教会首领，以叛逆罪被送上断头台。莫尔的英语作品有游戏短剧及小诗。拉丁语作品《乌托邦》(1516)分上下两部。上部揭露英国君主统治下社会的黑暗；下部则描写一个财产共有，没有贫穷，人民安居乐业，丰衣足食的美好社会。为第一部宣扬空想社会主义的著作，是后来科学社会主义思想的一个重要来源。《乌托邦》语言优美，讽刺深刻，有奇妙的情节、丰富的想象，表达了作者对社会改革的理想。

莫尔蒂耶 Mortillet, Gabriel de (1821－08－29～1898－09－25) 法国考古学家，旧石器时代年表的创立人。生于伊泽尔的梅朗，卒于圣日耳曼－昂莱。达尔文主义者，早年学

习过机械学、地质学和古生物学。1848年因参加二月革命被判刑。1863年刑满释放后致力于旧石器时代考古研究，当过博物馆馆长和人类学专科学校的教授。1866年倡议召开第一次国际人类学和史前考古学大会。1869年首次发表他的考古学年表，将法国旧石器文化从早到晚划分为舍利、阿舍利、莫斯特、梭鲁特、马格德林5期。后经法国考古学家H.步日耶等的调查研究，在莫斯特期和梭鲁特期之间又增加了奥瑞纳期，从而完备了这个成为世界旧石器时代分期标准的法国旧石器时代年表。主要著作有《根据人类文化而作的洞穴分类》、《人类的起源和远古》等。

莫尔加尼 Morgagni, Giovanni Battista (1682－02－25～1771－12－05) 意大利解剖学家。为病理学的确立作出很大贡献。生于弗

利，卒于帕多瓦。1701年获博士学位，并留校当瓦尔萨尔瓦的助手。1704年与他人合著《论人耳》；1705年发表论文《解剖杂录》，记录了气管内腺体、尿道内腺体等一些重要发现。1711年，他在帕多瓦大学任理论医学讲师，1715年任该大学解剖学教授。1761年发表他最重要的著作《疾病的位置与病因》。被誉为“病理学之父”。

莫尔纳尔 Molnár Ferenc (1878－01－12～1952－04－01) 匈牙利剧作家、小说家。生于布达佩斯，卒于美国纽约。1897年第一部短篇小说集《玛格多尔娜和其他短篇小说》出版。1902年第一部剧本《博士先生》上演。第一次世界大战中任战地记者，1930年移居瑞士，1940年侨居美国。他的剧作构思巧妙，对话精练、风趣，娱乐性较强。剧本《鬼》(1907)运用精神分析学说，揭露了一些妇女在性生活上的虚伪。《莉莉约姆》(1909)，运用自然主义和象征主义手法，反映了小人物的生活。《侍卫官》(1910)写一个演员假扮成侍卫官考验自己的妻子的故事。剧本《天鹅》(1920)和《奥林匹亚》(1928)一方面嘲笑过时的贵族生活方式，另一方面又把统治阶级的人物理想化。《和谐》(1923)讽刺了小市民的虚伪。《一、二、三》(1929)以曲折的情节展现了金钱万能的社会现象。《剧院》(1921)描写妇女和爱情问题，演出轰动一时。

莫尔斯 Morse, Samuel Finley Breese (1791－04－27～1872－04－02) 美国科学家，电报发明人。生于马萨诸塞州，卒于纽约市。1810年毕业于耶鲁大学。早期曾从事印刷和绘画。1837年在美国电学家J.亨利等帮助下，经过反复试验研制出最早的电磁式电报机。1838年在A.L.范尔的启示下创造了点划组合的莫尔斯电码，使电报机进入了实用阶段。后在美国国会的资助下，用了约两年时间建成从华盛顿到巴尔的摩全程64千米的电报线路，1844年5月24日开始通报，揭开了人类通信史新的一页。

莫尔兹比港 Moresby, Port 巴布亚新几内亚首都和最大港口。位于新几内亚岛东南部，濒珊瑚海的巴布亚湾。1873年莫尔兹比船长到此，建立居民点，并以他父亲费尔法克斯·莫尔兹比之名命名。1883～1884年被英国占领。1884年成为英属新几内亚的首府。第二次世界大战期间为盟军的重要海、空军基地。战后为澳大利亚统治下的巴布亚新几内亚首府。1975年巴布亚新几内亚独立后，定为首都。人口约40万(2006)，其中外国侨民约占十分之一。市中心区位于费尔法克斯湾东岸。工业有纺织、烟草、啤酒以及电力、造船等少数中小型工厂。规模较大的服务业企业，大多操控在欧洲人或澳大利亚人手中。由于后方山岭重叠，交通主要依靠海、空运输。港阔水深，可容大型轮船进出，并具有防止风浪影响的自然屏障。杰克逊国际机场位于近郊，是国内唯一的国际机场。输出产品有橡胶、椰子、咖啡以及少量的铜矿和黄金。市内有巴布亚新几内亚大学(1965)及师范、医学等专科学院。郊区分布着一些大种植园。

莫干山 Mogan Mountain 中国浙江省避暑胜地和游览区。位于省境西北德清县境内。天目山余脉。相传春秋时为莫邪、干将铸剑的地方，故名。莫干山中心区由花岗岩和流纹岩构成。峰峦起伏，绵延十几千米。主峰塔山，海拔719米，顶呈圆形，为观日出胜地。相传937年在山顶上建有宝塔，故名塔山。山多云海，变幻莫测。竹木葱郁，泉清谷秀。特产有莫干黄芽茶、竹器、笋干等。山上有别墅楼阁，环境幽静，清风凉爽，最高温度一般在30℃以下，被誉为“清凉世界”，是全国著名的游览避暑胜地。莫干山离杭州市80余千米，有公路直达。主要名胜有剑池瀑布、荫山街、芦花荡、塔山、天桥等。

莫霍界面 Mohorovičić discontinuity 地壳和地幔的分界面。1909年A.莫霍洛维奇分析克罗地亚的地震图，识别出这一间断面的存在。根据发现者的姓氏命名为莫霍洛维奇间断面，简称莫霍面或M面。地震波速度在通过莫霍面时不连续，界面以下的纵波速度一般为7.9～8.0千米/秒。莫霍面在大陆和海洋均存在，是一个全球性的界面，但其深度不一，大陆地区莫霍面深(平均约35千米)，海洋地区莫霍面浅(约7千米)。大陆各地区莫霍面的深度也不一，年轻造山带的莫霍面深度大，如青藏高原深达60多千米。莫霍面不是一个简单的平面，有一定的结构，呈薄层或多层薄层。

莫拉维亚 Moravia, Alberto (1907－11－28～1990－09－26) 意大利作家。生于罗马，卒于罗马。曾任国际笔会主席，《新论证》杂志主编等职。1929年发表处女作《冷漠的人们》使作者一举成名。这篇小说采用心理分析手法，暗喻资产阶级的伪善、冷漠是意大利法西斯主义滋长的土壤。小说问世不久即遭法西斯当局查禁。嗣后面世的《未曾实现的抱负》(1935)、《阿谷斯蒂诺》

(1944)、《违抗》(1948)、《随波逐流的人》(1951)等作品，作者塑造了一系列具有民族特征和时代特征的典型形象——精神空虚、庸俗自私、意志薄弱的“随波逐流的人”。短篇小说集《瘟疫集》(1944)运用大胆的想象和夸张，嘲讽资本主义社会的畸形现象。长篇小说《罗马女人》(1947)、短篇小说集《罗马故事》(1954)和《罗马故事新编》(1959)，是作家把目光投向下层社会、审视和批评资本主义社会的成果。长篇小说《愁闷》(1960)以及《天堂》(1970)等短篇小说集，表现了当代资产者无所适从、颓丧苦闷的精神危机。

莫雷洛斯 Morelos (y Pavón), José María (1765-09-30～1815-12-22) 墨西哥独立战争领袖、民族英雄。生于巴利亚多利德(今莫雷利亚)，卒于圣克里斯托瓦尔。1810年9月，墨西哥独立战争爆发后，参加M.伊达尔戈-科斯蒂利亚领导的起义部队。后被派往卡拉夸罗教区组织25名革命者发动起义，打击西班牙殖民者。1811年7月伊达尔戈-科斯蒂利亚牺牲，他整训军队，改变战术，继续同敌人展开游击战和运动战。到1813年几乎控制了整个墨西哥南部地区。1813年9月6日在奇尔潘辛戈召集各地代表举行国民议会，11月宣布墨西哥独立，建立共和国。1814年10月通过共和国宪法。他主张废除奴隶制，取消教会和军官特权，实行种族平等，分割教会和大庄园的地产，一半归政府，一半分给农民。1815年秋，西班牙统治者调集强大兵力围攻起义军，11月莫雷洛斯在战斗中被俘，12月22日被杀害。

莫里 Maury, Matthew Fontaine (1806-01-14～1873-02-01) 美国海洋学家、海洋学的奠基人。生于弗吉尼亚州的斯波特瑟尔韦尼亚，卒于弗吉尼亚州列克星敦。1825年加入海军，1826～1830年参加环球航行，1842年负责航海地图和航海仪器库（美国海军天文台和水道测量处前身）工作，1868年后担任弗吉尼亚军事学院教授。他是最早研究海洋与气象相互关系的学者，在海洋学与气象学上都有重要贡献：①1848年发表世界主要风区图，并根据海风和洋流资料编制了导航图。②促使第一届国际海运会议于1853年在布鲁塞尔召开。③1854年刊行《北大西洋水深图》，绘制了包括海深达7 300多米的等深线。还绘制太平洋、印度洋的海图。④1855年出版《海洋自然地理学》，是近代海洋学的第一部著作。同年还出版《航路指南》。⑤建立大气环流模式，最早记载了墨西哥湾流等现象。还改进海洋测深仪等。

莫里哀 Molière (1622-01-15～1673-02-17) 法国喜剧作家、演员、戏剧活动家。

生平　生于巴黎，卒于巴黎。本名让-巴蒂斯特·波克兰。1643年与朋友组成“光

耀剧团”，在巴黎演出。1644年起取艺名为莫里哀。1645年剧团倒闭，莫里哀因受到债主控告而被监禁。出狱后加入老艺人杜弗莱斯纳的剧团，到外省巡回演出13年。1658年返回巴黎，10月在卢浮宫为国王演出独幕喜剧《多情医生》(失传)。路易十四批准把王宫附近的小波旁剧场拨给他们使用。

莫里哀不仅是杰出的喜剧诗人、编剧、戏剧理论家，还是优秀的演员，饰演了许多重要的角色。作为法国最早的“导演”，为法国培养出一批有才能的青年演员。他的剧团成了今日**法兰西喜剧院**（又名莫里哀之家）的前身。长期紧张的工作使他积劳成疾，得了肺结核。在参加《心病者》演出后去世。

创作活动　莫里哀共留下33部剧作（其中1部与人合写）和8首诗。他的戏剧创作活动可分为3个时期。

①1658～1664年。莫里哀率剧团回到京城后，1659年公演的独幕喜剧《可笑的女才子》讽刺矫揉造作的风气，刺痛了贵族沙龙集团，因而一度被禁演。接着，莫里哀演出反对封建夫权思想、歌颂恋爱自由的社会问题喜剧《丈夫学堂》(1661)和《太太学堂》(1662)。后一部五幕诗体喜剧动摇了悲剧体裁的独尊地位，从而引起莫里哀同保守派文人长达两年以上的论战。这个戏被对手们加上了“有伤风化”、“诋毁宗教”等罪名。莫里哀写出《〈太太学堂〉的批评》(1663)和短剧《凡尔赛宫即兴》(1663)予以驳斥，同时提出演喜剧比演悲剧更难的观点。这场“喜剧之战”在法国舞台上开辟了喜剧和歌舞剧的新时代。

②1664～1666/1669年。1664年5月莫里哀演出的《伪君子》大胆讽刺了封建社会的基础之一——天主教会，被国王下令禁演。莫里哀经过5年的斗争，利用教皇颁布“教会和平”诏书的机会，使这个剧本以五幕诗体喜剧的形式于1669年公演。其间莫里哀还演出了揭露封建统治阶级的《唐璜》（又名《石宴》，1665）和《恨世者》(1666)。

③1666～1673年。这个阶段，莫里哀对喜剧形式作了多方面的探索。创作了《屈打成医》(1666)和《安菲特律翁》(1668)。在莫里哀一生的最后几年中，主要取笑对象是上层资产阶级，批判他们努力把自己贵族化的可笑企图，如《乔治·唐丹》(1668)。

《吝啬鬼》是莫里哀最深刻的“性格喜剧”之一，在该剧中致富的渴求和吝啬强有力地支配着阿巴公，在法语中阿巴公的名字已成了“吝啬鬼”的同义语。

莫里哀还写了几出芭蕾舞喜剧。《浦尔叟雅克先生》(1669)塑造了一个外省土地主滑稽可笑的形象，《贵人迷》(1670)则是莫里哀“风俗喜剧”代表作，描写庸俗的资产者想依仗金钱的势力跻身贵族行列的丑态。1673年莫里哀写出最后一部杰作《心病者》，谴责自私自利的资产者为了自己的健康而牺牲儿女美满的爱情。

艺术特点　莫里哀的喜剧在风趣、粗犷之中表现出严肃的态度。他采用漫画式的手法不仅在于逗笑，而是为了鲜明突出地塑造人物形象。对话俏皮、机智、紧凑，并运用了丰富多彩的民间词汇、谚语、格

《可笑的女才子》剧照

言等。他的喜剧闪耀着人民智慧的光芒。已成为典范性作品，影响了许多国家喜剧事业的发展。

莫里森 Morrison, Toni (1931-02-18～) 美国黑人小说家。原名C.A.沃福德。生于罗雷恩。曾就读于霍华德大学、康奈尔大学，获文学硕士学位。20世纪50年代起在

多所大学执教。处女作《最蓝的眼睛》(1970)探索了肤色在黑人心目中造成的审美困惑。此后，长篇小说《秀拉》(1973)、《所罗门之歌》(1977)、《柏油孩》(1981)、《宠儿》(1987)、《爵士乐》(1992)以及《天堂》(1998)等发表后，连获好评和奖项。这些作品均叙写美国黑人生活经历这一中心主题，从历史、文化、宗教等各个层面去探索黑人的生存状况。作品中所流淌的激情、哀婉，已不再是简单地按肤色来划分，作者对于种族问题的洞察已超越了种族的局限。在创作手法上，对于幻想、神话典故的运用，其文字所表现出的富有诗性的张力，更使小说具有一种厚重感，充满了活力和神韵。1993年获诺贝尔文学奖。

莫里斯 Morris, Charles William (1901-05-23～1979-02-15) 美国哲学家，符号学的重要代表人物。生于美国科罗拉多州丹佛市，卒于佛罗里达州的盖恩斯维尔。曾就读于威斯康星大学、西北大学；1925年获芝加哥大学哲学博士学位。1931～1958年任教于芝加哥大学。其间，从1951～1953年曾到哈佛大学讲学，1956～1957年曾在行为科学高级研究中心从事研究工作。1958年以后，长期任佛罗里达大学研究教授。曾担任美国哲学协会西部分会主席。莫里斯从美国实用主义哲学家G.H.米德关于行动或行为的理论出发，力图把实用主义和逻辑实证主义结合起来。他把这种结合而成的哲学称为“科学的经验主义”，并在此基础上系统地建立了一套关于符号即指号或记号的理论，他称之为“符号学”。他在指号学方面的工作对后来某些流派的哲学和语言学研究以及对逻辑学、数学、心理学、社会学等都有一定影响。主要著作有《关于心灵的六种理论》、《符号理论的基础》、《生活的道路》、《符号、语言和行为》、《意谓和意义》、《符号-价值-美学》等。

莫里亚克 Mauriac, François (1885-10-01～1970-09-01) 法国作家。生于波尔多，卒于巴黎。1909年发表第一部诗集《合手敬礼》；后陆续发表诗集《向少年时代告别》小说《戴锁链的孩子》(1912)、《白袍记》(1914)、《肉与血》(1920)等。

1922年发表《给麻风病人的吻》，引起普遍关注。之后发表《火流》(1923)、《吉尼特里克斯》(1923)、《爱的荒漠》(1925)、《黛莱丝·德斯盖鲁》(1927)、《蛇结》(1932)等小说。作品以细腻的心理描写见长，表现出古典主义文学传统和现代主义潮流两种对立倾向的矛盾和结合。第二次世界大战期间参加进步知识界的地下抵抗运动，发表了具有战斗性的短文集《黑皮手册》(1943)。1952年获诺贝尔文学奖。

莫里兹 Móricz Zsigmond (1879-06-29～1942-09-04) 匈牙利小说家。生于奥匈帝国匈牙利切柴，卒于布达佩斯。做过编辑，1918～1919年参加了匈牙利发生的两次革命。1809年发表短篇小说《七个铜板》，以内容和形式上的创新轰动文坛。

短篇小说《穷人》(1916)是当时反战小说的名篇。长篇小说《纯金》(1910)描写一生怀着善良愿望的人怎样被停滞僵化的旧秩序所埋没。其他主要作品还有中篇小说《火炬》(1917)、《一生做个好人》(1920)，长篇历史小说三部曲《爱尔德伊》(1922～1935)，长篇小说《通宵达旦》(1926)、《老爷的狂欢》(1928)、《亲戚》(1930)、《山盗》(1936)等。

莫力达瓦达斡尔族自治旗 Morin Dawa Daur Autonomous Banner 中国内蒙古自治区呼伦贝尔市辖自治旗。位于自治区东北部，大兴安岭东麓中段，嫩江西岸。面积10 500平方千米。人口28万(2010)，以达斡尔族为主体，还有汉、鄂温克、鄂伦春、蒙古等民族。莫力达瓦是达斡尔语，来源于境内西部的莫力达瓦山，汉译“只有骑马才能翻越的山岭”。古为东胡地。汉属匈奴左地，后汉为鲜卑东部，唐属黑水府辖地，五代为契丹属地，辽为上京道临潢府泰州领地，元归开元路管辖，明属奴尔干都司福余卫，清称布特哈。1931年改称布西县。1932年改为莫力达瓦旗。1958年成立莫力达瓦达斡尔族自治旗。属中温带湿润大陆性气候。矿产有煤、珍珠岩、玛瑙、萤石、硅石、石灰岩等。玛瑙储量3 183万吨，居全国之首。经济以农牧业为主，盛产大豆、玉米、小麦、谷子、水稻、马铃薯、烟叶等。工业以食品加工、建材为主。名胜古迹有纳文慕仁公园、金代边壕等。

莫利纳 Molina, Tirso de (约1584-03-09?～1648-03-21) 西班牙剧作家、诗人、散文家。见蒂尔索·德·莫利纳。

莫罗尼 Moroni 科摩罗首都和海港城市。位于大科摩罗岛西岸。科摩罗群岛中最大的居民点，人口约6.03万(2003)。热带海洋性气候。港口承运香草、可可、咖啡和石油等产品。工业产品有香精油、饮料、木制品、金属制品和水泥等。城市具有阿拉伯风格，市内有许多清真寺和朝圣中心。东南的卡尔塔拉火山，是世界著名活火山之一。北麓火山常年喷发含硫蒸气，附近云雾缠绕，周围植被茂密。科摩罗主要旅游胜地。公路北通哈海阿，南通米苏杰等沿海城镇。有国际机场。

莫洛托夫 Molotov, Vyacheslav Mikhailovich (1890-03-09～1986-11-08) 苏联党和国家领导人之一，政治家和外交家。生于俄国维亚特省诺林斯克卡尔卡镇(今基洛夫州)一个店员家庭，卒于莫斯科。原姓斯克里雅宾。1906年参加布尔什维克，改姓莫洛托夫。

1909年遭沙皇当局逮捕和流放。1912年，参加创办《真理报》。1917年为党中央俄罗斯局的领导人之一，参加了二月革命。十月革命期间，任彼得格勒苏维埃军事革命委员会委员。1918年任北方区国民经济委员会主席。1920年11月，当选为乌克兰共产党(布)中央委员会书记。1921年，当选为苏共中央政治局候补委员。1926年起任政治局委员。1921～1930年任党中央书记。20～30年代，他坚决支持J.斯大林，积极参加反对L.D.托洛茨基和N.I.布哈林的斗争。对30年代苏联大清洗运动的错误和罪行负有一定责任。1939年5月至1949年，兼任外交人民委员(后称外交部长)。1939年8月，谈判签订《苏德互不侵犯条约》。1941～1945年，任苏联国防委员会副主席。1950年被授予列宁勋章。1952～1957年，任苏共中央主席团委员。斯大林逝世后，1953～1956年，任苏联部长会议第一副主席，并兼任外交部长。因反对N.S.赫鲁晓夫的内外政策，1956年6月被免职。1957年7月被指控为“反党集团”成员，解除党和国家的领导职务，后被开除党籍。1984年3月，苏共中央决定恢复他的党籍。

莫奈 Monet, Claude (1840-11-14～1926-12-05) 法国画家，印象主义的代表。生于巴黎，卒于吉维尼。少年时代在勒阿弗尔度过。最初，受教于有革新精神的画家E.布丹。1859年到巴黎，在蒙马尔特区结识了画家J.B.戎金。布丹和戎金对他如何表现外光和海洋风光的课题颇多指点。1862年，进入巴黎C.格莱尔画室学习，和P.-A.雷诺阿、A.西斯莱、J.-F.巴齐耶同学，并结为莫逆之交。这些画家对格莱尔的学院派教学

图1 《鲁昂教堂》(1894，波士顿美术馆藏)

法深为不满，很快便离开这个画室到巴比松附近枫丹白露对景写生。在此期间，莫奈对G.库尔贝、É.马奈的艺术产生兴趣。他参加了青年艺术家在巴黎盖尔波瓦咖啡馆的定期会晤，是这些画家（后来成为印象派社团)的中坚人物。1870年莫奈访问伦敦，从J.M.W.泰纳的外光表现技巧中得到启示。归来后，在勒阿弗尔港创作风景画《日出·印象》。1874年，《日出·印象》在无名艺术家展览会上展出，整个展览会被称作“印象主义画家的展览会”，从此印象主义得名。1883年定居吉维尼，全力以赴地作风景画。1891年第二次访问伦敦，不久创作《草垛》、《鲁昂教堂》连作。在访问挪威后，他根据自己在吉维尼别墅花园中河塘的景色作系列连作《睡莲》。在创造新风格的绘画作品时，他借鉴了东方绘画的技巧。莫奈的一生精力主要用在外光的探索上。他用三棱镜来分解阳光，得到原色，用强烈的原色作画。在《巴黎，卡皮桑纳大街》、《圣拉扎尔车站》、《草垛》、《鲁昂教堂》、《泰晤士河景色》、《白杨树》等系列连作中，他对外光和空气的氛围作了淋漓尽致的描绘。这些风景忽视物象轮廓的写真，侧重用光线和色彩来表现瞬间的印象，追求光和色的独立的美。他对光色的追求在《睡莲》中达到高峰。《睡莲》技巧成熟，笔法纵横不羁，油彩涂抹厚薄自由，构图奔放，含有浓郁的诗意和音乐感，是油画中的大写意之作。

图2 《睡莲》(1905)

莫内 Monnet, Jean (1888-11-09～1979-03-16) 法国政治经济学家，欧洲联合的倡导者和创始人。出生于科涅克市一个酒商之家，卒于巴黎。第一次世界大战期间担任协约国间海事委员会法国代表。1919～1923年任国际联盟副秘书长，主管经济事务。第二次世界大战期间，先后担任法英经济协作委员会主席、英国供应委员会驻华盛顿代表、法兰西民族委员会和法国物资委员会驻美特派员。两次世界大战的经历使他萌生了欧洲联合的思想。在他的推动下，1952年欧洲煤钢共同体成立，他担任首届主席(1952～1955)，开创了欧洲一体化的事业，为1957年成立欧洲经济共同体的建立奠定了基础。1955年筹组欧洲合众国行动委员会，并任主席(1956～1975)。1976年，共同市场9国政府授予他“欧洲公民”称号，被誉为“欧洲之父”。

莫诺 Monod, Jacques (1910-02-09～1976-05-31) 法国分子生物学家。生于巴黎，卒于戛纳。1941年获巴黎大学自然科学博士学位。1953年任巴斯德研究所细胞生物化学部主任，1967年受聘为法兰西学院教授(兼)，1971年任该所所长。主要贡献在于发现和阐明了基因的表达和调控。1961年他和F.雅各布共同发表的《蛋白质合成的遗传调节机制》一文，是分子生物学发展史上的一个里程碑。这篇文章总结了他和雅各布、G.E.帕拉德共同研究细菌诱导酶生物合成调控机制的成果。1965年，莫诺、A.利沃夫和雅各布由于发现细菌细胞内酶活性的遗传调节机制而共同获得当年的诺贝尔生理学或医学奖。他们发现和阐明的调节基因、转录、操纵子、mRNA、调节蛋白等新概念，都是后来分子生物学发展的重要基石。莫诺1960年受聘为美国艺术与科学学院外籍名誉院士，1965年为德国自然科学院外籍名誉院士，1968年为英国皇家学会外籍会员。

莫奇卡文化 Mochica Culture 南美洲古典期印第安文化。又称早期奇穆文化。年代为公元200～700年。分布于秘鲁北部沿海地区，中心在莫奇卡河谷和奇卡马河谷。太阳金字塔和月亮金字塔即位于莫奇卡河谷，是南美古代印第安文化遗留下来的最为宏伟的两座宗教建筑。两座金字塔均用土坯砌成。太阳金字塔为阶梯状金字塔式台庙，台基基座底边宽136米，长228米，高18米。台庙坐落在基座的南部，边长103米，高23米，估计用土坯1.3亿块。后者依山而建，是一座有多层阶梯的平台式建筑。平台顶部有用于祭祀的庙堂式建筑和供台，在台顶发现用作牺牲的人骨架，还在台壁面发现宗教题材的壁画。

鱼形陶器（器形像一只小船，上坐一人作划船状）

莫奇卡文化农业发达，主要栽培玉米、豆类、马铃薯等。修筑有大规模的灌溉工程，从奇卡马河引出的水渠长达100余千米。陶器以马镫壶最为常见，还有漏斗形的钵和浅碗等。陶器上有丰富的绘画。还将陶器制成精巧的塑像，如各种动物、水果、房屋、人像等，极有特色，其中又以各种人像最多。此外，金、银、铜加工技术也具有较高水平。

莫奇利 Mauchly, John William (1907-08-30～1980-01-08) 美国电子数字计算机先驱者之一。生于俄亥俄州辛辛那提，卒于宾夕法尼亚安布勒。1925年入约翰斯·霍普金斯大学，1932年获物理学博士学位。1933～1941年在厄西纳斯大学任教。1941年夏，入宾夕法尼亚大学莫尔电气工程学院电子国防训练班学习，结业后留学院任教。1942年提出题为“利用高速电子管计算机进行计算”的备忘录。在美国陆军阿伯丁研究所资助下，由莫奇利任总设计师，J.P.埃克脱任总工程师，于1946年研制成功世界第一台通用电子计算机埃尼阿克(ENIAC)。这台电子计算机使用了18 000个电子管，重30吨，每秒可进行5 000次加法、500次乘法或50次除法运算，比一般手摇计算机快1 000倍，比人工计算约快20万倍。此后，莫奇利与埃克脱又共同研制成拜那克(BINAC)二进制自动计算机和第一台商用计算机尤尼瓦克-I(UNIVAC)等。1946年，莫奇利和埃克脱组建了自己的公司，是美国计算机公司斯派利公司的基础。1966年，他与埃克脱一起获哈里·古德纪念奖。

莫企逊 Murchison, Sir Roderick Impey (1792-02-19～1871-10-22) 英国地质学家。又译麦奇生、默奇森。生于苏格兰罗斯

郡塔拉达尔，卒于伦敦。早年受教于大马尔罗军事学院。获得牛津大学、剑桥大学名誉法学博士。1844年当选为法国科学院通讯院士。历任英国地质调查局局长、皇家矿业学院院长、伦敦应用地质博物馆馆长。1831年任伦敦地质学会主席。1846年被封为爵士。1827～1856年，周游欧洲进行地质考察。1835年在威尔士西南边区，根据古生物对比与地层上下关系，建立了广义的志留系，并汇集在巨著《志留系》中。与A.塞奇威克以英国西南部德文郡和康沃尔地区的老红砂岩层为主建立了泥盆系。1841年根据在俄罗斯乌拉尔地区的考察成果建立了二叠系。晚年趋于保守，否认C.R.**达尔文**的进化论，反对J.L.R.阿加西的冰川学说。立遗嘱提供资金，建立莫企逊奖章、莫企逊地质资金，由伦敦地质学会每年颁发。主要著作还有《俄罗斯欧洲部分和乌拉尔山脉地质》和《澳洲金矿预测》等。

莫塞莱定律 Moseley's law 反映各元素X射线标识谱规律的实验定律。1913年H.G.J.莫塞莱研究从铝到金的38种元素的X射线标识谱K和L线（见**X射线谱**），得出谱线频率的平方根$\sqrt{\nu}$与元素在周期表中排列的序号呈线性关系。他认识到这些X射线标识谱是由于内层电子的跃迁产生的。在此之前，化学元素周期表是按原子量的大小来排列的，表中尚有一些空缺，有些元素排列的位置也不尽如意，另外$Z=58\sim71$的所谓稀土元素具有非常类似的化学性质，而且其原子量也测得不准，很难决定它们的正确顺序。莫塞莱根据他测量的各元素X射线标识谱，把各元素按原子序数排列，与元素化学、物理性质周期律符合一致。

莫桑比克 Mozambique; Moçambique 非洲东南沿海国家。曾译莫三鼻给。陆疆与坦桑尼亚、马拉维、赞比亚、津巴布韦、南非和斯威士兰接壤，东濒印度洋，隔莫桑比克海峡与马达加斯加相望。海岸线长2 630千米。面积80.16万平方千米。人口2 200万（2010）。首都**马普托**。主要城市除首都外，有贝拉、克利马内、太特、纳卡拉和楠普拉等。

绝大多数居民为班图语系黑人，即班图尼格罗人种。主要有马夸人、聪加人、马拉维人、绍纳人等。葡萄牙人约占总人口的2%，还有少数亚洲人。32%居民信奉原始宗教，46%信奉天主教，20%信奉伊斯兰教，其余信奉印度教和其他宗教。葡萄牙语为官方语言。

地理 全境地形分内陆高原和沿海平原两部分。高原和山地约占国土面积近3/5，其余为平原。地势自西北向东南大致分为3级：西部和北部为高原山地，海拔600～1 000米，与津巴布韦交界处的宾加山海拔2 436米，为全国最高点；中部为丘陵台地，海拔200～600米；东部和南部为沿海平原，地势低平，海拔200米以下，为非洲最大平原之一。**赞比西河**以南平原宽达320千米，土地肥沃。海岸线漫长，北部岸线多石崖、岬角，形成天然良港。

热带草原气候，年平均气温22～27℃，北部山区相对偏低，可降至12℃。年降水量自西北向东南由1 420毫米降至500～700毫米。降水变率大，旱涝常见。年内雨旱季分明，10月至翌年3月为雨季，4～9月为旱季。

大小河流25条，最重要河流赞比西河，境内长820千米，流域面积达225 000平方千米。其他主要河流有**林波波河**、萨韦河。**马拉维湖**为莫桑比克同马拉维之间的界湖。赞比西河在太特以下河宽流缓，有500千米河段通航；太特以上滩多水急，富水力资源。

植被在西北部为稀树草原群落和灌丛，中部广布热带森林，沿海地区常见椰树和红树林。森林约占全国面积的1/4。野生动物资源丰富，有斑马、水牛、大象、长颈鹿、狮子、河马和鳄鱼等。辟有自然保护区，其中以戈龙戈萨国家公园最大、最著名。

矿产资源丰富多样。钽铁矿储量居世界首位，蕴藏量超过100亿吨；煤是重要资源；其他主要资源有金、铜、钛、铋、铝、石棉、云母、大理石和天然气等。

历史 原始居民是科伊桑人。约在1～4世纪，从事农耕的班图黑人开始南迁到赞比西河流域。7世纪阿拉伯、腓尼基、希腊人来此经商。13世纪，班图人的一支马绍纳人在现津巴布韦和莫桑比克一带建立莫诺莫塔帕王国，16世纪初国势渐衰。1505年葡萄牙殖民者入侵莫诺莫塔帕王国，侵占非洲东海岸，掠取黄金、象牙等资源。1700年成为葡萄牙的“保护国”。1752年沦为葡萄牙殖民地，当时称“葡属东非”。1951年为葡萄牙“海外省”。1962年6月，莫桑比克解放阵线（简称解阵）成立。1974年9月7日，解阵同葡萄牙政府签署了关于莫桑比克独立的《卢萨卡协议》，同年9月20日成立以莫桑比克解阵为主体的过渡政府。1975年6月25日正式独立，成立莫桑比克人民共和国，莫桑比克解阵主席M.萨莫拉·马谢尔任总统。1990年11月30日更名为莫桑比克共和国。2004年12月生效的现行宪法规定以多党制取代一党制；实行党政分开和司法独立；总统和议员均由全民直接选举产生，一切经过登记的政党都可以参加竞选；总统任期5年，只能连任2届。实行市场经济体制。莫桑比克议会称为共和国议会，是国家最高权力机关，行使立法权。莫桑比克政府称部长会议，为国家最高权力的执行机关。部长会议向共和国议会负责，总统为政府首脑，总理受总统的委托召集并主持部长会议。司法机构有最高法院，省、县、区级法院及共和国检察院，最高法院为最高司法机构。全国有20多个合法政党。有国防军1.1万人左右。总统兼任武装部队总司令。

经济 2009年国内生产总值99亿美元，人均国内生产总值882美元。在政府实施深化经济体制改革、加强宏观调控、改善投资环境、大力扶植农业及农产品加工业等措施下，21世纪初经济重现增长趋势。2009年国内生产总值增长率6.0%。货币名称为梅蒂卡尔。

图1　莫桑比克的村落

农业占国内生产总值约30%，76%的人口从事农业。现有耕地约占国土面积5%，大部耕地经营粗放。玉米是主要粮食作物，产量不能满足国内需求；其他粮食作物有木薯、水稻、高粱等。主要经济作物有椰子、花生、棉花、甘蔗、腰果、香蕉、柑橘等，曾都是重要出口作物。其中腰果、椰子曾居世界和非洲重要地位。渔业和林业是重要创汇部门，对虾、贝类和木材是主要出口产品。

工业占国内生产总值的比重大幅上升，以加工工业为主。矿业仅占国内生产总值的2%。制造业在私有化的刺激下，恢复发展加速。主要工业部门为电力和农产品加工业。赞比西河的卡布拉巴萨为非洲最大水电站之一，装机容量207.5万千瓦，电力大部分输往南非。农产品加工业有粮食和腰果加工、制糖、制茶、卷烟、榨油、纺织、木材加工等，其他工业有铝加工、车辆、木材加工、服装、橡胶、塑料等。工业主要集中于马普托、贝拉和楠普拉等城市。

交通运输以铁路和海洋运输为主。通过铁路和港口与邻国相连，国际货运曾是主要外汇收入来源之一。公路总长31 700千米。其中柏油路5 497千米，多为东西向，南北干线未修通。铁路总长3 372千米，其中有3条东西向国际线路，为邻国出海重要通道。2条国内线路。内河航线1 500千米。有马普托、贝拉、纳卡拉等15个出海港口，其中马普托港为非洲大港之一，年吞吐能力1 200万吨。贝拉港年吞吐能力500万吨。有机场16个，其中国际机场有2个。

财政收入主要靠出口和税收。主要出口对虾、腰果、原棉、糖和煤；主要进口粮食、燃料、原材料、设备和零配件等。与50多个国家和地区有贸易往来。

图2　戈龙戈萨国家公园一角

文化　小学实行义务教育。截至2009年，全国有小学12 604所，中学402所，高等院校38所。2008年文盲率38.7%。

艺术以传统的马孔代木雕和米杜朱（一种乔皮人的管弦乐）最为著名。20世纪中叶以来，先后有几名作家以其用葡萄牙文撰写的诗歌、小说和短篇小说而闻名世界。

主要传媒机构中有十余种全国性报刊，以《新闻报》、《莫桑比克日报》、《星期天报》、《时代》等影响最大。莫桑比克通讯社为国家通讯社。莫桑比克电台为官方电台，用英语、葡萄牙语和民族语广播。

旅游名胜以贝拉以北150千米的戈龙戈萨国家公园和1991年被联合国教科文组织列入《世界遗产名录》的莫桑比克岛吸引了大量游客。

对外关系　对外奉行独立不结盟政策，支持民族解放斗争，主张通过谈判解决冲突，主张各国全面裁军，支持把印度洋变为无核区与和平区的原则。重视同欧盟国家关系，与葡萄牙及意大利政治经济关系密切。与美国关系得到改善与发展。已与100个国家建立外交关系。1975年6月25日与中国建交。

莫舒舒　Məhwəshwe（约1786～1870-03-11）　非洲南部莱索托王国的开国君主。生于巴苏陀小酋长家庭，卒于巴苏陀塔巴博休。19世纪上半叶，欧洲殖民者侵入奥兰治河以北地区。莫舒舒向祖鲁人、科伊桑人和格里夸人提出非洲各民族统一行动共同抗敌的建议，并招集散布于奥兰治河和瓦尔河广阔土地上的巴苏陀人，以塔巴博休为中心地区，建立莱索托王国（又称巴苏陀王国）。他锐意改革，实行集权，采用火器，组建骑兵，并利用欧洲传教会力量大力发展教育事业，王国力量日臻强盛。

19世纪50年代，莫舒舒指挥巴苏陀军3次击败英布殖民者。1868年布尔人大举进攻，王国危在旦夕，莫舒舒要求英国保护。自此莱索托沦为英国的保护国。1871年莱索托王国被并入英国在开普的殖民地。

莫斯　Mauss, Marcel（1872-05-10～1950-02-10）　法国社会学家、民族学家，É.涂尔干的学术继承人。生于孚日省埃皮纳勒，卒于巴黎。曾在巴黎大学和波尔多大学学习哲学。1898年涂尔干创办《社会学年鉴》，莫斯负责该刊物宗教方面的研究与编辑。曾对宗教实践发生兴趣，后转向比较社会人类学研究，被尊为法国实地民族学派的创始人。1925年创办巴黎大学民族学研究所。1931～1939年在法兰西学院任教。

第一次世界大战前，学术成就主要在于对原始宗教和祭祀的研究，他在《早期的几种分类形式：对于集体表象的研究》和《关于爱斯基摩社会季节性变化的研究》中，提出了其在以后的著作中加以发展的关于社会物质条件和集体表象之间在功能上相互联系的观点。第一次世界大战后，将注意力转移到对古代社会的社会内聚力问题的研究。在《关于原始交换形式——赠予的研究》中，他分析了礼物交换这种带有经济、宗教和道德意义的社会现象，究竟是功利的还是符号的，认为交换系统保证了邻里之间的和睦，维护了社会结构的稳定和社会等级的合法性。

莫斯科　Moscow; Moskva　俄罗斯首都。中部联邦区驻地，莫斯科州首府。俄罗斯政治、经济、交通和文化中心。位于俄罗斯欧洲部分东欧平原中部，伏尔加河与奥卡河河间地西部，地跨莫斯科河及其支流亚乌扎河两岸。面积1 081平方千米，人口1 056万（2010）。

城市大部位于斯摩棱斯克－莫斯科丘陵，东南部属美谢拉河间低地。地势呈微波状起伏，平均海拔120米，城西南的列宁山（海拔253米）为全市最高点。莫斯科河由市西北向东南流经市区的西部和南部。温带大陆性气候。

莫斯科有850多年历史，是俄罗斯最古老城市之一。1147年为苏兹达尔大公领地的小城镇。1156年修筑起克里姆林城堡。1328年成为莫斯科大公国都城后向外扩展，15世纪成为俄罗斯的政治中心。1589年成为沙皇俄国首都和最大工商业城市。1592年及1638年两次向外扩大。1712年俄首都迁往圣彼得堡后，仍是全国的经济和文化中心。1812年俄法战争期间，大火烧毁了全城建筑物的2/3以上，1813年重建。1861年沙俄废除农奴制后，城市经济迅速发展，并成为最大交通枢纽。

十月革命后，1918年3月莫斯科成为俄罗斯苏维埃联邦社会主义共和国的首都。1922年12月成为苏联首都。1991年苏联解体后，成为俄罗斯联邦的首都。

莫斯科作为世界知名的特大城市之一，人口增长较快。1830年人口30.6万，1871年为60.2万。随着经济的发展，1915年人口增至198.37万。十月革命后除国内战争

图1 莫斯科城市俯瞰

时期人口出现短暂减少外，自20世纪30年代起直至80年代中期，以每10年增加100万人的速度递增。1990年起人口出现负增长。人口的文化素质较高。

俄罗斯最大的工业中心。2000年全市生产总值13 430亿卢布，占全国的21.4%。工业以机械、轻纺、电子信息、石油化工为支柱行业。机械电子工业占全市工业职工人数的一半以上，主要生产汽车、机床、精密机械、电气机械、电子通信设备、轻工机械及工具等。纺织服装、食品、橡胶、医药、日用化工等在全国也占有重要地位。

俄罗斯最大的商业中心。全国性的国家银行及保险机构的总部均在此。世界著名的旅游城市之一，其中国际游客数量居全国第一。

俄罗斯的综合运输枢纽。有11条铁路汇集于此，市内设有9个客运站、几十个货运站和11个车辆编组站，有小环形铁路与11条铁路相接，郊区有大环形铁路。莫斯科铁路枢纽每年运输货物7 000多万吨，旅客5.95亿多人次。市内有3个河港（希姆基、费里、纳加基诺），经莫斯科运河同波罗的海、白海、里海、亚速海、黑海相通。以莫斯科为中心有13条公路呈放射状通往俄罗斯各大城市及独联体各国。市区有三个航空港，其中谢列梅季耶沃2号机场为国际航空港。**莫斯科地下铁道**建于1931年，城市主要公共交通工具。

俄罗斯最大的科教文化中心。有高等教育机构264所，其中国立大学60所。建于1755年的**莫斯科大学**为世界著名大学之一。**俄罗斯科学院**及所属的80多个研究所、俄罗斯医学科学院、农业科学院及**俄罗斯国立图书馆**均分布于市内。全市有博物馆64个，其中著名的有克里姆林宫博物馆、历史博物馆等。有剧院114个，包括世界知名的国家大剧院和**莫斯科艺术剧院**。出版34种报纸。全市有大型体育场馆近92个，其中最大的是1980年举办夏季奥运会的卢日尼基文化公园奥运场馆。

图2 克里姆林宫、红场和历史博物馆

城市建设独具风格。由市中心向外依次为布里维雅特圈（包括**克里姆林宫**、中国城及白城）、花园圈、环形铁路圈和环形公路圈。这四个圈层同放射形的路网与城市广场相结合，形成了莫斯科城市空间结构的基本格局，反映了莫斯科不同时期的发展特色。

市中心区位于花园圈层以内，为全市行政、文化和商业中心。莫斯科红场、克里姆林宫均位于区内；大剧院、博物馆和文物古迹亦多集中于此。改造后的斯韦尔斯卡亚街（曾名高尔基大街）商业繁华，加里宁大街两侧高楼林立，阿尔巴特大街保留了许多古建筑物。莫斯科有50多个卫星城。

城市的东半部为工业较集中的地区。其中东北区与东区以机械工业为主；东南区有计算机中心和汽车制造厂，南区以轻纺工业较集中；西南区为高等学校与科研机构集中分布区，这里也是新发展的住宅区；西区与西北区以住宅区为主；北区为功能相对完整的新城区。

世界知名的花园城市。全市绿化总面积约占土地总面积的40%。

《莫斯科不相信眼泪》 *Moscow Does Not Believe in Tear* 苏联故事片。1979年莫斯科电影制片厂出品。编剧V.切尔内赫，导演V.V.缅绍夫；主演V.阿莲托娃、A.V.**巴塔洛夫**。影片围绕着女主人公两次身份的误解与认证敷演剧情，从事业、道德、幸福、人生观诸方面入手，生动地描绘了20世纪70年代时已步入中年的一代人的心态，成功地塑造了卡捷琳娜和果沙这两个富有时代特征的人物形象。该片公映后在苏联和国际上都引起观众的热烈反响，获1980年第53届**奥斯卡金像奖**最佳外语片奖。

莫斯科大公国 Grand Principality of Moscow 13世纪至17世纪末罗斯最大的封建国家。首都为**莫斯科**，故名。13世纪从弗拉基米尔－苏兹达尔公国分裂出来，第一位王公是达尼尔·亚历山大罗维奇（1283～1303年在位）。莫斯科大公国土地肥沃，水陆交通发达，较少受鞑靼人和立陶宛人侵袭，其经济和政治地位在14～15世纪不断得到提高，成为反抗鞑靼压迫、争取民族独立和消灭封建割据、统一东北罗斯的中心。伊凡一世·达尼洛维奇（1325～1340年在位）号称卡利达（钱袋），通过贿赂从**金帐汗国**获得了弗拉基米尔大公的封号，并把东正教罗斯教区总主教驻地从弗拉基米尔迁到莫斯科，为莫斯科的强盛奠定了基础。德米特里·顿斯科伊（1359～1389年在位）在库利科夫战役中，击败了马迈汗率领的鞑靼军队，确立了莫斯科大公国在罗斯各公国的领导地位。1480年，伊凡三世在乌格拉河战役中，迫使阿赫马特汗撤退，从而结束了鞑靼蒙古对罗斯人民历时两个多世纪的统治。1721年，以莫斯科公国为核心的俄罗斯统一集权国家正式形成，改名为俄罗斯帝国。

莫斯科城（13世纪）

莫斯科大剧院芭蕾舞团 Moscow Bolshoi Ballet 俄国芭蕾演出团体。世界著名古典芭蕾舞团。前身为创办于1776年的P.V.乌鲁索夫亲王和英国人M.密多克斯私人话剧和舞蹈团。舞团1780年独立，1825年迁入新建的莫斯科大剧院。首演了《堂吉诃德》（1869）、《**天鹅湖**》（1877）等古典芭蕾舞剧代表作，并逐步形成融民间舞、喜剧、哑剧、情节剧于一炉的主体风格。20世纪以后，舞团开始追求舞剧的戏剧性。这一时期基洛夫剧院芭蕾舞团的R.V.扎哈罗夫、L.M.**拉夫罗夫斯基**、Yu.N.**格里戈罗维奇**、M.谢苗诺娃、G.**乌兰诺娃**等相继加盟，芭蕾舞团实力大增。陆续创作演出了《红罂粟花》、《罗密欧与朱丽叶》、《宝石花》、《爱情的传说》、《斯巴达克》、《神驼马》、《安娜·卡列尼娜》等经典芭蕾舞剧。20世纪的优秀演员有M.M.普利谢茨卡娅、R.斯特鲁奇科娃、Y.马克西莫娃、N.别丝梅尔特诺娃、A.米哈里琴科、N.阿娜妮娅什维丽、N.法捷耶切夫、V.瓦西里耶夫、M.利耶帕、V.戈尔捷耶夫、A.戈杜诺夫和I.穆罕默多夫等。附属舞校在国际芭坛享有盛誉。

莫斯科大学 Moscow State University 俄罗斯规模最大、历史最久的一所综合性大学。全名国立莫斯科罗蒙诺索夫大学。1755年1月按M.V.罗蒙诺索夫倡议和设计而建立。最初设立3个系，10个教研室及两所允许接纳非贵族出身的学生的古典中学。全部学生先从哲学系开始学业，接受自然科学和人文科学的基础培训，然后再分别进入法律、医学以及哲学系继续学习。18世纪70年代起，莫斯科大学开始成为俄罗斯科学思想的主要中心。许多卓越的科学家，如“俄罗斯航天之父”N.Ye.茹科夫斯基、俄国实验物理奠基人A.G.斯托列托夫，俄国生理学学派创始人I.M.谢切诺夫，俄国地球化学和放射地质学奠基人V.I.维尔纳茨基等都曾在这所大学从事教学与科研活动。19世纪前后的许多著名学者、文学家也在这所大学学习或工作过，如俄国教育学创始人K.D.乌申斯基，作家I.S.屠格涅夫、A.I.赫尔岑和文学批评家V.G.别林斯基等。

1917年十月革命胜利后，莫斯科大学成为苏联国立大学。1991年苏联解体。1992年6月，俄罗斯总统签署命令，批准莫斯科大学拥有俄罗斯自治高等学校的地位，从而使莫斯科大学成为俄罗斯唯一一所直接接受国家最高权力机关领导的、由国家财政直接划拨经费并享有充分自治权的大学。

大学设有几十个系，十几个研究所，200多个实验科室，一个藏书超过900万册的大型图书馆。大学所属的一些研究所在国内外享有声誉，如P.K.施特恩贝格国家天文研究所，力学研究所，斯科别利岑核物理研究所，别洛泽尔斯基生物物理-生物化学研究所等。该校师生先后有十余人获得诺贝尔奖。

莫斯科地下铁道 Moscow subway 俄罗斯莫斯科第一条地铁线路始建于1931年，1935年正式通车。地铁线总长300多千米。日均运送乘客900万人次，最高日运送乘客1 200多万人次。一般线路平均运行间隔为2分钟。设计机车车辆运行速度90千米/时，平均营运速度41千米/时。莫斯科地铁以埋置最深，车站建筑宏伟而著称。20世纪60年代以前莫斯科地铁车站建筑式样都带有俄罗斯的民族风格，比较豪华；70年代建造的车站，站台宽敞明亮。地铁车站站台几乎全部是岛式，宽度一般在12～24米，长度约160～180米，最长可停靠8辆编组车。最大的换乘站分为4层。

莫斯科地铁站内

莫斯科广播电台 Moscow Radio 苏联对国外广播的主要广播电台。曾为世界上规模最大的国际广播电台。1929年10月开办。1940年7月1日开办华语广播。1991年用俄语和67种外语对世界各地每天广播230小时。各种语言节目均以新闻为主，还有新闻分析、评论、专题节目，以及音乐、体育和俄语教学等节目。总发射功率4万千瓦，世界各地都能收到。1991年底苏联解体后改名莫斯科国际广播电台。1993年12月莫斯科国际广播电台从公司分离出来，成立“俄罗斯之声”国家广播公司，作为俄罗斯对外广播机构。

莫斯科国际电影节 Moscow International Film Festival 世界上最重要的国际电影节之一。1959年由苏联电影部门创办，1991年苏联解体后由俄罗斯电影部门接办。两年一次，7月或8月举行，为期两周。自创办以来，规模不断扩大，参加国达90多个，放映影片数百部，参加人员1 000多人。电影节的主要目的是通过放映具有艺术价值和思想内容的影片，促进各国电影工作者交流经验和相互合作。主要活动项目有：①由3个评委会分别对故事片、儿童片、短片进行评奖；②举行会外映出和专场映出；③分别召开各种专题讨论会；④举办回顾展；⑤开设电影市场。奖项较多，主要有金质奖、银质奖、评委会特别奖。分别授予最佳影片、导演、男女演员等。首届时中国开始参加，并数次获奖。

莫斯科红场 Red Square 莫斯科市中心的广场。南北长695米，东西宽130米，总面积9.035万平方米，呈不规则长方形，是用长方形的黑色鹅卵石铺筑成，与克里姆林宫相毗连。17世纪中叶起称红场，俄语意为“美丽的广场”。十月革命后，红场成为人民举行庆祝活动、集会和阅兵的广场。红场的中心建筑是用红色花岗石和黑色大理石建造的列宁陵墓，墓背靠克里姆林宫的城墙，城墙和列宁墓之间整齐排列着有半身像的墓碑，碑下埋葬着已故苏联共产党和国家的领导人。城墙左右两侧对称耸立着斯巴斯克和尼古拉塔楼，上面日夜闪耀着红星。克里姆林宫通向红场的一座大门上方，有一幢高达10层的方形钟楼，钟楼上端有个巨大的自鸣钟。红场南端是著名的瓦西里升天教堂，离教堂不远处有一圆形高台，是沙皇政府宣读诏书、判决书并执行死刑的地方。红场北侧的马涅什广场上，有一座典型的俄罗斯风格的朱红色建筑物——历史博物馆。红场的东面是莫斯科最大的商业中心。红场是莫斯科最古老的广场，是莫斯科重大历史事件的见证场所，虽经多次改建，仍保持原来古朴庄严、肃穆的气氛，成为游客必游之地。

莫斯科会战 Moscow, Battle of 苏德战争中，苏军于1941年9月至1942年4月为保卫首都莫斯科而进行的一系列攻防战役。

1941年9月，德军在攻占斯摩棱斯克和基辅、进逼列宁格勒后，依据“台风”作战计划，动用180万人、1 700辆坦克和1.4万门火炮进攻莫斯科，企图在冬季到来前攻占莫斯科。苏军则集中125万人、990辆坦克和7 600门火炮组织防御，试图依托纵深梯次配置的三道防线阻止德军推进并予以大量杀伤，同时组织游击队在敌后作战，为转入反攻创造条件。

9月30日，德中央集团军群右翼首先向布良斯克发起进攻。苏军第一道防线很快被突破，并有7个集团军遭合围，至10月中下旬大部被歼，被俘达67万余人。至月底，德军突破苏军第二道防线。11月7日，苏联领导人J.斯大林照例在莫斯科红场举行庆祝十月革命24周年阅兵式，受阅部队通过红场后直接奔赴前线。11月中旬，德军再次发动进攻，至12月初在北翼和中路进到距莫斯科仅30多千米处。苏军以顽强反击击退德军进攻并展开全线反攻，至1942年1月初，解除了对莫斯科的威胁。而后，苏军乘势于1月8日发起总攻，至1月下旬对德中央集团军群形成深远包围。但2月初，德军得到增援后实施反突击，合围苏军部分兵力。苏军最高统帅部在战场形势持续恶化的情况下，于4月20日命令西方向部队转入防御，会战结束。

莫斯科街区森严壁垒

此战，德军损失50万人（其中冻死冻伤10万余人）、坦克1 300辆，火炮2 500门。会战中，苏军虽在初期作战失利，但及时调整部署，不断完善防御体系，加强对空和对坦克防御，重视战略预备队的组建和适时集中使用，善于组织炮兵火力突击及各军兵种和游击队的协同作战，扭转了战局，彻底粉碎德军对莫斯科的进攻，并向西推进100～350千米，使德军遭到大战爆发以来首次重大失败，宣告了希特勒闪击战的破产。

《莫斯科宣言》(1957) *Moscow Declaration of 1957* 1957年11月14～16日12个社会主义国家共产党和工人党的代表在莫斯科召开的庆祝十月革命40周年大会上发表的宣言。全称《社会主义国家共产党和工人党代表会议宣言》。主要内容：①分析了国际形势特点，阐明世界形势有利于社会主义，出现了社会主义向上发展而帝国主义走向衰退的趋势。②指出帝国主义是侵略战争的土壤。③战争与和平是世界政治的根本问题。争取和平的斗争是各国党的首要任务。④必须加强社会主义国家和各国共产党与工人党之间的团结。⑤社会主义国家间关系应建立在完全平等、尊重领土完整、尊重国家独立和主权、互不干涉内政的原则基础上。宣言概括了马列主义关于社会主义革命与社会主义建设的若干共同原则。要求各党根据历史条件创造性地加以运用。但其中一些提法，也对国际共运的发展带来一定的消极后果。

毛泽东出席社会主义国家共产党和工人党代表会议（1957）

莫斯科艺术剧院 Moscow Art Theatre 俄罗斯主要剧院之一。K.S.斯坦尼斯拉夫斯基和V.I.聂米罗维奇－丹钦科创建于1898年。以上演A.P.契诃夫与M.高尔基的剧作著称。1898年契诃夫的《海鸥》在剧院演出大获成功，飞翔着的海鸥形象也成了这家剧院的院徽。1987年后莫斯科艺术剧院一分为二，依旧留在旧址的剧团仍由O.N.叶弗列莫夫任总导演，剧院则改以契诃夫命名。

莫斯科音乐学院 Moscow P.I.Tchaikovsky State Conservatory 俄罗斯培养音乐人才的高等学府。全称莫斯科国立柴可夫斯基音乐学院。1866年由N.G.鲁宾斯坦创建并任院长。前身为俄罗斯音乐协会莫斯科分会开办的音乐班。设有理论、作曲、钢琴、乐队、声乐、师资进修和军乐指挥等系科以及研究生班。附设有歌剧工作室、音乐中等学校、儿童音乐学校。学院培养了许多享有国际声誉的音乐家，如S.V.拉赫玛尼诺夫、A.N.斯克里亚宾、A.I.哈恰图良、D.D.肖斯塔科维奇、D.奥伊斯特拉赫等。为世界上少数颁发博士学位的音乐院校之一。

莫斯科运河 Moscow Canal; Moskva Kanal 1947年以前称莫斯科－伏尔加运河。在俄罗斯首都莫斯科以北，连接莫斯科河与伏尔加河。起自伏尔加河右岸杜布纳附近的伊万尼科夫水库，向南抵达莫斯科西北的莫斯科河左岸。建于1932～1937年。长128千米，其中有19.4千米流经伊克申、佩斯托夫、皮亚洛夫、克利亚济明、希姆金5个水库，还建有9座水闸及水电站多座。该运河使莫斯科同下诺夫哥罗德、莫斯科同圣彼得堡间的水道航程分别缩短了110千米和1 100千米。

莫斯特文化 Mousterian Culture 欧洲、西亚、东北非旧石器时代中期文化。因最初发现于法国多尔多涅省莱塞济附近的勒穆斯捷岩棚中而得名。多数学者认为，此文化由勒瓦娄哇文化、克拉克当文化和阿舍利文化融合而成，其后为旧石器时代晚期的奥瑞纳文化和梭鲁特文化所代替。它的创造者是尼安德特人，时代为晚更新世，始于15万年前，盛行于8万～3.5万年前。莫斯特文化的石制品大多数属石片工具制作系统，勒瓦娄哇文化的影响明显，但石核体小成盘状，与勒瓦娄哇文化的不同。用石片精心制作的边刮器和三角形尖状器是此文化的典型器物，后者用于削皮和剥皮。此外，还存在带缺口的石器、用石灰岩制作的石球和用盘状石核制作的小型手斧。已使用骨质工具，有粗制的骨针。遗址中的大量兽骨证明狩猎的成功。而西亚卡尔迈勒山的一具木矛致伤的遗骸，则提供了当时使用木矛的证据。当时的人们在洞穴、岩棚或露天条件下生活，在俄罗斯西南部的莫尔多瓦，还发现有一种窝棚。发现有埋葬死者的习俗。伴存的哺乳动物多半是喜冷的，表明当时欧洲气候寒冷。

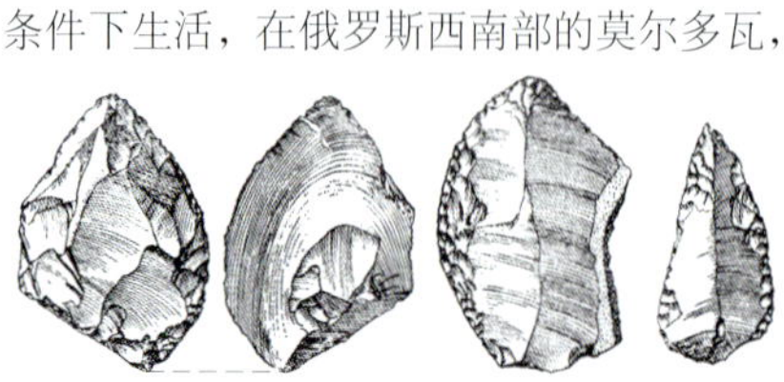
莫斯特文化的尖状和单边刮削器

莫脱 Mott, Nevill Francis (1905-09-30～1996-08-08) 英国物理学家。生于英国利兹，卒于剑桥。1927年在剑桥大学获硕士学位。历任曼彻斯特大学和剑桥大学数学讲师，布里斯托尔大学物理学教授，剑桥大学卡文迪什实验室教授和主任。退休后继续在剑桥大学进行研究工作。1936年当选为英国皇家学会会员。1962年英国政府授予爵士衔。

莫脱早期研究量子碰撞理论，并与H.S.W.马瑟合著《原子碰撞理论》(1933)，成为该专题的经典著作。后转入固体物理学研究，和H.琼斯、R.W.格尼合著《金属与合金性质的理论》(1936)以及和格尼合著《离子晶体中电子过程》(1940)两书，以鲜明的物理图像，从理论上综合阐明了固体物理现象，对现代固体物理学的形成和发展有重要的影响。第二次世界大战后，莫脱着重研究晶体缺陷及其对力学性质的影响，还提出后来被称为莫脱转变（金属—绝缘体转变）的最初概念。自20世纪60年代起，莫脱致力于发展无序体系及非晶态物质的电子理论，他在和E.A.戴维斯合著的《非晶态物质的电子过程》(1979，第二版）中总结了这个学科的发展。由于他对非晶态物质研究的贡献，他和P.W.安德森、J.H.范扶累克共获1977年诺贝尔物理学奖。

莫卧儿王朝 Mughal Dynasty 16～19世纪统治南亚次大陆绝大部分地区的伊斯兰教封建王朝。莫卧儿一词系蒙古的转音，因王朝建立者自称为蒙古人，故史称其王朝为莫卧儿王朝。

1526年，中亚封建主蒙古－突厥族后裔巴布尔入侵印度。在第一次帕尼巴特战争中战胜洛迪苏丹，宣布为印度斯坦皇帝，标志着莫卧儿王朝统治印度的开始。之后，巴布尔又经过1527年的坎努战役和1529年的戈格拉战役，统一了北印度。1530年，胡马雍(1530～1556年在位)继位。1540年，胡马雍在曲女城战役中为比哈尔阿富汗酋长舍尔沙击败，流亡波斯和阿富汗，莫卧儿王朝在印度的统治暂告中断。1555年，胡马雍重征印度平原，占领德里和阿格拉，恢复了莫卧儿王朝在印度的统治。1556年，阿克巴继位，实行了进步的内政改革，采取宽容的宗教政策，扩大了莫卧儿王朝统治印度的社会、政治基础。他建立中央集权制，开疆拓土，统一了次大陆广大地区，推动了印度社会经济的向前发展。到查汉杰尔（1605～1627年在位）和沙·贾汗（1628～1658年在位）时代，莫卧儿王朝国势日盛。文化艺术亦进入一个新的发展阶段。举世闻名的泰姬陵可以作为其典型代表。奥朗则布统治时期，向南印度进行军事扩张，王朝版图几乎囊括了整个南亚次大陆。但他强制推行政教合一的政治体制，并恢复对印度教臣民迫害的政策，因而引起拉杰普特封建主、锡克教徒及马拉特人的激烈反抗。奥朗则布死后，各省总督纷纷独立割据，莫卧儿帝国陷于四分五裂。1740～1761年期间，德里的莫卧儿皇帝先后成为入侵印度的波斯人、阿富汗人及马拉特封建王公的傀儡，莫卧儿王朝名存实亡。1764年，莫卧儿皇帝阿拉姆沙在布克萨尔战役中投降英国东印度公司，莫卧儿王朝沦为英国殖民者的附庸，名义上存在到1858年。

莫卧儿王朝通过阿克巴的内政改革，建立了君主专制的中央集权的军事官僚政治体制。莫卧儿王朝的行政制度实行军事化。从阿克巴开始，将所有文武官吏分为38级，按军事方式编制，其俸禄按品级高低领有大小不等的贾吉尔——军事封建领地。

莫卧儿时期有3种土地占有形式，即直属国王的封建领地、贾吉尔达尔的非世袭领地（贾吉尔）和柴明达尔的世袭领地。

莫卧儿社会仍以农业经济为主，农业中商品生产扩大，出现商品粮和棉花、生丝、蓝靛、烟草等经济作物的专业化产区，产品远销欧亚市场。手工业十分发达，主要手工业生产的技术水平超过当时欧洲先进国家。但尚未出现先进的工场手工业。商品经济的发展促使商业和外贸的发展。16～18世纪印度的一些主要城市已开始起着工商业中心的作用。孟加拉和古吉拉特则是对外贸易最发达的地区，商船往来欧亚非各地及中国。

莫卧儿细密画 Mughal miniatures 印度莫卧儿王朝（1526～1858）的宫廷细密画。是从波斯细密画移植而来的画种，以历史或文学抄本插图为主，线条工细，色彩富丽，属于宫廷艺术。莫卧儿帝国的开国皇帝巴布尔（1526～1530年在位）便喜爱波斯细密画。其子胡马雍流亡波斯期间（1540～1555）曾聘请细密画家为他绘制《哈姆扎传奇》抄本插图，复国时把两位波斯细密画家米尔·萨伊德·阿利和阿卜杜斯·萨马德带回印度，从此，波斯细密画被移植到莫卧儿宫廷。莫卧儿王朝第三代皇帝阿克巴（1556～1605年在位）正式创立了莫卧儿皇家画室，在画室中供职的既有穆斯林画家，又有印度教画家。这些画家分工合作，互相交流，把波斯细密画与印度传统绘画因素逐渐融合在一起。1580年果阿的葡萄牙人耶稣会传教使团赠送给阿克巴附有佛

《沙·贾汗1628年在阿格拉接见他的儿子们与阿沙夫·汗》 毕吉德尔（印）绘

拉芒铜版画插图的《圣经》，不久德国画家A.丢勒等人的版画陆续流入莫卧儿宫廷。阿克巴让莫卧儿画家临摹欧洲绘画，于是融合波斯细密画、印度传统绘画与西方写实绘画3种因素的折中风格的莫卧儿细密画逐渐形成。

阿克巴是莫卧儿细密画的奠基人。此时的莫卧儿细密画的最显著特征是崇尚活力。此期代表作有《阿克巴本记》抄本插图（约1590～1597）。阿克巴之子贾汉吉尔（1605～1627年在位）是莫卧儿王朝第四代皇帝，自幼爱好绘画，是绘画鉴赏家和收藏家。此时的莫卧儿细密画的最显著特征是逼肖自然，西方绘画的写实因素占主导地位。贾汉吉尔晚年的寓意画，综合运用了伊斯兰教、印度教与基督教艺术的象征性图像。此期代表作有阿布尔·哈桑与比尚·达斯合作的《想象的会见》（约1618）、比奇特尔的《宝座上的贾汉吉尔》（约1625）等。莫卧儿王朝第五代皇帝沙·贾汗（1628～1658年在位）酷爱珠宝饰物，因此，此时的莫卧儿细密画的最显著特征是装饰因素占据主导地位。此期代表作有《沙·贾汗本纪》抄本插图（约1630）、《沙·贾汗的3个儿子》（约1637）等。沙·贾汗的三子奥朗则布（1658～1707年在位）篡位以后不再热心赞助皇家画室，莫卧儿细密画日趋衰微。

莫西奥图尼亚瀑布 Mosi-oa-Tunya 非洲最大瀑布。原名维多利亚瀑布。位于赞比西河中游巴托卡峡谷区，赞比亚与津巴布韦两国接壤处。河流在此横切第三纪玄武岩露头，河床陡落，形成“Z”字形峡谷瀑布带，绵延97千米。瀑布宽约1 800米，被4个岩岛分隔成5股瀑布，最大落差128米，泻入宽仅400米的深潭。当地居民称“莫西奥图尼亚”，意为“雷鸣之烟”。瀑布平均流量1 400米^3/秒，雨季可达5 000米^3/秒，水力储量巨大。赞比亚一侧有1938年建成的卡里巴水电站，水库总库容1 840亿米^3，居世界前列。瀑布区下侧维多利亚瀑布城附近，辟有维多利亚瀑布国家公园，是著名游览地。1989年作为自然遗产被列入《世界遗产名录》。

莫西–格鲁西人 Mossi-Grusi 西非民族集团之一。因居住在沃尔特河流域，又称沃尔特人。主要分布在马里、布基纳法索、科特迪瓦、加纳、多哥和贝宁等国。包括塞努福人、洛比人、格鲁西人、莫西人、特姆人、巴尔古人，以及一些由邻近地区迁来的民族，约50个民族。有2 248万人（2002）。属尼格罗人种苏丹类型。各族几乎都有自己的语言，均属尼日尔–科尔多凡语系尼日尔–刚果语族，自成古尔语支。大多保持传统的自然崇拜和祖先崇拜，伊斯兰教影响较小。莫西–格鲁西人是沃尔特地区的原始居民。早在800多年前就已建立起一些比较强大的土邦。莫西人又是其中最大的民族，曾建立过强大的莫西王国。19世纪末，法国殖民者曾侵入。20世纪60年代，所在各国取得独立。主要从事农业，种植谷类、薯类和豆类。近几十年来，玉米日益成为重要作物。部分人从事畜牧业，主要饲养牛、羊、驴、马等牲畜。商业发达，集市遍及各地。一般是妇女经商，男子从事农业和畜牧。实行酋长制。盛行一夫多妻制，社会地位低下的铁匠和皮匠多行等级内婚。父系和母系并存。

莫言 Mo Yan（1955-02-17～ ） 中国作家。本名管谟业。山东高密人。1976年加入中国人民解放军。1984～1986年就读于解放军艺术学院文学系。1989～1991年就读于北京师范大学文学研究生班，获文学硕士学位。1991年离开部队到地方从事专业创作，在农村生活了20年。初期作品可以归入传统的现实主义。从1985年发表《透明的红萝卜》起，他追求天马行空式的写作，用自己独特的艺术感觉，发现并激活历史、现实与人物。他从G.G.马尔克斯的《百年孤独》和W.福克纳的《喧哗与骚动》那里多有借鉴，往往把幻觉和现实糅合在一起，叙事带有主观感受，同时打破情节之间的线性关系，造成电影“蒙太奇”式的时空交错效果。其作品恣肆汪洋，诡谲奇异，引起中国文坛的普遍关注，也有过争议。他创作颇丰，主要作品有：长篇小说《红

高粱家族》、《酒国》、《丰乳肥臀》、《檀香刑》、《第四十一炮》，中篇小说《欢乐》、《爆炸》、《透明的红萝卜》，短篇小说《民间音乐》、《白狗秋千架》、《枯河》，话剧电影文学剧本《红高粱》、《太阳有耳》、《霸王别姬》，散文随笔集《会唱歌的墙》、《清醒的记梦者》等。1996年出版了《莫言文集》(5卷)。

莫扎特 Mozart, Wolfgang Amadeus (1756-01-27～1791-12-05) 奥地利作曲家。生于萨尔茨堡一个宫廷乐师的家庭，卒于维也纳。

3岁即显露音乐才能，4岁随父学习钢琴，5岁作曲，6岁又随父学小提琴。1762年随父到慕尼黑、维也纳、普雷斯堡作了首次巡回演出，获得成功。1763～1773年，在欧洲各国作了为期10年的旅行演出。这使他有机会接触到意大利歌剧、法国歌剧、德国器乐，又结识了J.C.巴赫等，并跟他们学习作曲。这一时期，莫扎特出版了6首羽管键琴和小提琴（或长笛）的奏鸣曲，写作了3首交响曲和歌剧《虚伪的善意》、《巴斯蒂安与巴斯蒂娜》、《本都国王米特里达特》、《卢齐奥·西拉》等作品。1773年底，莫扎特返回萨尔茨堡，创作了大量的音乐作品。其中包括歌剧《假园丁》和《牧人王》。在1777年9月莫扎特又跟母亲进行了两年旅行演出。1779年1月返回萨尔茨堡。这一时期，莫扎特在曼海姆创作了2首长笛协奏曲、1首双簧管协奏曲、7首钢琴小提琴奏鸣曲、3首钢琴奏鸣曲，在巴黎创作了《巴黎》交响曲、交响协奏曲、管弦乐序曲、长笛和竖琴协奏曲、长笛弦乐四重奏、4首钢琴变奏曲、4首钢琴奏鸣曲等。第二次途经曼海姆时，又写了一些宗教音乐、3部交响曲、小提琴中提琴的交响协奏曲、小夜曲、嬉游曲、两架钢琴的协奏曲、3首风琴协奏曲等。1780年完成了歌剧《伊多梅纽》的创作。莫扎特这一时期的作品，在内容上反映了当时狂飙运动思潮的影响，在形式上出现了新的因素。

1781年，莫扎特因无法忍受大主教的凌辱，毅然辞职，到维也纳谋生。他是奥地利历史上第一个有勇气和决心摆脱宫廷和教会，维护个人尊严的作曲家。在维也纳的10年，是他创作中最重要的10年。1781年，写出了著名的歌剧《后宫诱逃》。此剧1782年7月首演，获得很大成功。莫扎特和当时正在维也纳的J.海顿结下了深厚的友谊，他向海顿学习了四重奏和交响曲创作的经验，并写了6首弦乐四重奏赠送给海顿。1785年他写了一部滑稽歌剧《剧院经理》(1786年演出)。1786年完成并上演《费加罗的婚姻》，获得很大的成功。1787年《唐璜》完成并上演。在维也纳，莫扎特发现了J.S.巴赫的作品，并对其复调技法进行了深入的学习和研究。这对他后期创作产生了重要影响。1789年4月，贫困中的莫扎特，由其学生卡尔·利希诺夫斯基公爵带到柏林、德累斯顿、莱比锡等地演出，虽然轰动一时，却未能解脱他的经济困境。1790年1月，他的歌剧《女人心》上演。1791年，他写了歌剧《狄多的仁慈》，未获成功。同年9月完成最后一部歌剧《魔笛》，并在重病中创作了大型宗教性作品《安魂曲》，未能全部完成，便与世长辞了。

幼年莫扎特在演奏（绘画）

莫扎特一生写了大量音乐作品，体裁形式涉及各个领域。歌剧是莫扎特的主要创作领域，在短暂的一生中，作20余部。其中《费加罗的婚姻》、《唐璜》和《魔笛》最具代表性。莫扎特一共写了约50部交响曲，最有代表性的交响曲有7部。其中《第三十一交响曲》(《巴黎》）是为巴黎交响乐团谱写的，具有巴黎音乐风格和丰富的音响；《第三十五交响曲》(《哈夫纳》）实际上是一首小夜曲；《第三十八交响曲》(《布拉格》）常被人们称作“没有小步舞曲的交响曲”，《第三十六交响曲》(《林茨》）反映了莫扎特受海顿交响曲创作的影响。莫扎特的最后3部交响曲：《第三十九交响曲》明朗愉快，充满了诗意；g小调《第四十交响曲》富有戏剧性，有海顿式的乐观情绪，被称为莫扎特的“英雄”交响曲；C大调《第四十一交响曲》(通常被称为《朱庇特》）宏伟豪迈，乐观向上。莫扎特的交响曲（尤其最后3首）是贝多芬之前的交响曲创作的最高成就。协奏曲是除歌剧以外，莫扎特在音乐创作上贡献最为突出的体裁之一。他一生写了50余部各种独奏乐器与乐队的协奏曲，钢琴协奏曲占有突出的地位，共写了27部，其中代表作有《d小调钢琴协奏曲》、《c小调钢琴协奏曲》、《A大调钢琴协奏曲》等。此外，还有7首小提琴协奏曲，其中G大调、A大调、D大调的3首比较突出。在管乐协奏曲方面，《A大调单簧管协奏曲》也很突出。其他是4首圆号协奏曲，1首《长笛、竖琴协奏曲》等。

莫扎特作有17部钢琴奏鸣曲、6部小提琴奏鸣曲和35部钢琴小提琴奏鸣曲等，确立了维也纳古典乐派3个乐章的奏鸣曲套曲形式。所作之23首弦乐四重奏中，最好的是献给海顿的6首，他的天才更表现在五重奏上，其中最突出的是《C大调弦乐五重奏》和《g小调弦乐五重奏》。宗教音乐在莫扎特的作品中占有很大部分。其中以他临终前创作的《安魂曲》最有代表性。除上述各种体裁外，莫扎特还写了大量的嬉游曲、小夜曲、舞曲等，它们大都具有轻松活泼的特点。其中《G大调弦乐小夜曲》影响较大。

莫兹利 Maudslay, Henry (1771-08-22～1831-02-14) 英国机械发明家，被誉为英国机床工业之父。生于肯特郡伍利奇，卒于伦敦。12岁起在兵工厂做工，对机械加工有特殊兴趣，1797年后自己开办工场。他以丰富的经验、高超的技术和入迷的钻研精神，于1797年制成第一台机动进给螺纹切削车床。它采用滑动刀架——莫氏刀架和导轨，可车削不同螺距的螺纹。他在1800年制造的车床，用坚实的铸铁床身代替三角铁棒机架，用惰轮配合交换齿轮对，代替更换不同螺距的丝杆来切削不同螺距的螺纹，并使用了变速齿轮组和精密导轨。这是现代车床的原型，它使机器制造技术面目一新，对英国工业革命具有重要意义。他采用手工铲点子的刮削法制成标准平板，用以检验平面的精度。他还制成精度达0.000 1英寸（1英寸＝25.4毫米）的千分尺。他兴趣广泛，还研究白布印花法、制币法、炮身镗削、青铜铸造设备和水压机等，并改进瓦特蒸汽机，采用了十字头直接驱动曲柄。莫兹利于1815年所制成的第一台紧凑的台式发动机，为船用发动机制造业的肇端。

秣市惨案 Haymarket Massacre 1886年5月4日美国芝加哥工人为争取八小时工作制在秣市广场举行集会遭到镇压而发生的惨案。1886年5月1日，美全国有35万工人举行争取八小时工作制的罢工游行。5月3日，芝加哥麦考密克农机制造厂及其附近的工人进行罢工，警察开枪镇压，打死4人，打伤多人。次日晚，6 000名罢工群众在秣市广场再次集会，抗议警察暴行。A.巴尔逊、A.斯皮斯、S.费尔登3位工人领袖到会发表演说。会议临近结束时，突遭180名警察弹压。一奸细乘乱投掷炸弹，当场炸死警察1人。警察立即向群众开枪。当局随即以“爆炸案”为借口逮捕8名工人领袖。次年，巴尔逊、斯皮斯、G.恩格尔和A.费舍尔被处绞刑。其余4人当中，1人死于狱中；3人被监禁，6年后在民主党人J.P.阿尔特吉尔德任州长时才获赦免。

为了纪念美国工人阶级的英勇斗争，1889年第二国际巴黎大会决定，自1889年起每年5月1日为国际劳动节。

漠河县 Mohe County 中国黑龙江省大兴安岭地区辖县。中国最北部的边境县。位于大兴安岭北麓，黑龙江上游右岸，北隔黑龙江与俄罗斯相望。面积18 367平方千米。人口8万（2010），有汉、满、蒙古、朝鲜、回、达斡尔等民族。古为东胡、山戎之域。清宣统元年（1909）设漠河总卡衙门。1914年改为漠河设治局，1917年改设漠河县。地处高纬度地带，属寒温带湿润大陆性季风气候，冬季漫长严寒，夏季短暂湿热，是全国最冷的地方之一；冬令夜长昼短，夏至长昼无夜，当地人称为“白夜”。年平均气温-4.5℃。矿产资源已开采利用的有黄金、煤等。森林覆盖率约90%，是全国重点开发的林区。农业以小麦、燕麦、大豆、马铃薯等为主。工业以黄金开采、煤炭、森工、建材、食品、饮料等为主。有北极村、北苑天然原始森林公园、胭脂沟、神仙洞、黑龙江源头、七星山、古城岛、月牙湖等旅游胜地。

漠土 desert soil 发育于干旱少雨、植被稀疏的荒漠地区的土壤。其主要特征是：土层薄，石砾多，石灰、石膏及水溶盐类含量高。广泛分布于亚洲、非洲、大洋洲、南美洲和北美洲。中国西北部的温带荒漠区，内蒙古、宁夏、青海等省（自治区）也有存在。漠土地区降水少、蒸发量大，植被覆盖稀疏、生物作用微弱，土壤有机质积累作用不明显。由于中国漠土地区处于温带及暖温带，日照长、热量足，只要有灌溉水源和设施并注意防治干旱、风沙和盐碱危害，可以建成肥沃的绿洲和优越的草场。其中灰漠土地区可进行农业生产，棕漠土和灰棕漠土地区则宜放牧骆驼等。

漠阳江 Moyang River 中国广东省西南部河流。发源于云浮市西南大云雾山南侧，初向西南行，流经阳春市马南山后，转90°折向东南，在阳江市的北津流入南海。干流长187千米，流域面积6 091平方千米。漠阳江谷地以雨量丰沛著称，多年平均流域年降水量2 172毫米，且暴雨强度大，是广东的暴雨中心。日暴雨量常达400～600毫米，致使河流径流系数大，暴雨径流特性非常突出，流量分配极不均匀。极端最大流量值出现的月份和月平均最大流量的月份不一致，各月流量的极端值和月平均值相差很大，月内最大流量与最小流量可相差40倍。受降雨季节分配不均匀影响，一年有两次主要洪峰出现，除夏季6、7月有一次外，9月再出现一次。

墨 China ink 一种固体研磨颜料。通常为黑色块状。文房四宝之一。用油烟、松烟、炭黑等制作的墨，呈块状者称为墨锭，呈液态者称为墨汁。广义的墨还包括用矿物颜料或化工颜料、名贵中药材等制作的彩墨、药墨、仿古墨等。主要用于书写、绘画、拓碑等。墨又是中国古代印刷的材料和中医药材。

简史 中国湖北云梦睡虎地秦代墓葬出土的古墨残块，是迄今能见到的、人工制作的固体墨的最早实物。秦汉时期制墨集中在隃麋、延州、扶风（今陕西千阳、延安、凤翔）等地。北魏贾思勰著《齐民要术》中第一次系统地记载墨的配方和制作工艺。唐末，易水墨工李廷珪利用黄山松树资源，制成丰肌腻理的墨锭，中国制墨工艺趋向成熟。至迟在南唐，出现模具制墨。宋代制墨全面成熟，名家迭起，并出现关于墨的专著。明代黄山一带徽州地区的徽墨自成工艺体系，被推为中国书画墨的代表品种。程君房、方于鲁等为时人和后世所推重，有《程氏墨苑》和《方氏墨谱》传世。明中期和清康熙、乾隆时期是中国古代制墨的全盛时期。清代徽州制墨业最有声望的有曹素功、汪近圣、汪节庵、胡开文，形成“徽墨四大家”。19世纪60～70年代，谢崧岱、谢崧梁借鉴传统制墨的配方和工艺生产液体墨汁，在北京开设一得阁。20世纪50年代后，上海墨厂（徽歙曹素功）、安徽歙县老胡开文墨厂、北京一得阁墨汁厂、安徽屯溪胡开文墨厂成为当代的墨苑名家。

制作 制墨的原料有基本原料和添加原料两类。①基本原料。包括色素和连接料。色素原料有用桐油配和其他油料、漆等炼成的油烟，用松树枝干熏炼成的松烟，用天然气或煤焦油炼成的色素炭黑，以及各种色彩的矿物和化工颜料。连接料是动物胶。②添加原料。包括麝香、冰片等香料，金箔，动物胆及其他数十种中草药。传统制墨工艺有炼烟、和料、制作、晒干、描金等。

使用 墨在砚中和水研磨成流体墨液供使用。新墨存放若干年后胶性平和，易磨，墨色醇和。墨汁不易久藏。

墨尔本 Melbourne 澳大利亚第二大城市，维多利亚州首府。19世纪时华侨曾称之为“新金山”。位于从巴斯海峡深入内陆的菲利普港湾沿岸，由横跨亚拉河的墨尔本市和周围60多个市镇组成。人口359.26万（2006年8月）。

市区面对的菲利普港湾是澳大利亚面积最大的封闭性港湾。海湾沿岸平原宽广。亚拉河和其他河流注入菲利普湾。北面约120千米处有基尔莫尔山口，为前往富饶的墨累河谷的天然通道。西北面的本迪戈等地分布有大型金矿，在19世纪中叶采金业繁荣时期，为墨尔本城市的早期发展提供了大量财富。地处温带，气候宜人。年平均气温14.8℃，平均年降水量659毫米。

墨尔本城市风光

1834年前后一些曾定居在塔斯马尼亚岛的欧洲移民来此向当地土著居民购买土地定居下来。1835年始建居民点，后以当时英国首相的姓氏命名为墨尔本。1842年设镇，1847年设市。19世纪50年代因附近发现金矿而迅速繁荣。1901～1927年澳大利亚联邦成立初期曾为临时首都。两次世界大战期间和1945年以后，制造业发展迅速。随着英国和欧洲移民的大量涌入，城市规模不断扩大，并发展成为澳大利亚重要的工业、贸易、金融和物流中心。

工业发达，主要有农业机械、矿山机械、铁路机车、汽车、飞机、电力设备、电器用具、化学、石油化工、建筑钢材等部门。工业企业的80%以上集中在城市中心附近地区，其中大部分重工业位于港湾北岸的南墨尔本市和墨尔本港市。20世纪60年代以后，大型工厂多向远郊城镇发展。

墨尔本港有约20千米长的泊位区，为重要的国际贸易港，并为澳大利亚东南部地区所产羊毛、肉类、水果、面粉和乳品的输出港。墨尔本是维多利亚州公路、铁路枢纽，与周边各州和州内主要城市都有高速公路和铁路相连接。位于市区西北的塔拉马林国际机场为全国第二大国际航空港。

市区中心位于亚拉河北岸，街道呈棋

盘状布局，道路宽广整齐，绿地分布很广。亚拉河南岸的皇家植物园以树种繁多著名。1956年第16届奥林匹克运动会在墨尔本举行。市区有奥林匹克体育场、皇家展览大厦、珍藏丰富的美术馆等文化场所。1853年建立的**墨尔本大学**是澳大利亚著名的高等学府。附近海滨游览地可以开展航海、钓鱼和冲浪运动。市区东南部的圣基尔达有大型海滨浴场。市区东面的亚拉河谷、丹迪隆山均为风景美丽的旅游休闲地。

墨尔本大学 University of Melbourne 澳大利亚综合性高等学校，校址在墨尔本。1853年创办。最初只设文科，后增设法学、工程与建筑学、医学等学院。20世纪60年代后成立原子科学和核工程研究委员会，应用经济研究所和印度、印度尼西亚及马来西亚研究所。1978年后，重点加强进修教育和研究生教育。设有农林、建筑、文艺、经贸、教育、工程、医学、法学、音乐、理学等学院，另有女王学院、圣玛丽学院和怀特利学院等校外附属学院和1所研究生院，1所维多利亚艺术学院和墨尔本大剧院。有70多个专业授予博士学位。各项课程中，医学、法律、商科、太阳能研究、音乐、物理治疗等较为突出。墨尔本大学的学生可以选择“单学位”和“双学位”。这所大学将培养“适应亚洲需要的人才”列为新的目标。

墨家 Mohist school 中国战国时**墨子**所创的学派。代表著作《墨子》。战国初墨子与弟子组成的学派称前期墨家。哲学观点见《墨子·尚贤》至《非命》等篇。墨子曾学儒，后不满儒学，创建对立的学派。墨子的**认识论**有**经验论**倾向。强调知识来源于众人耳目之实，把视听感觉作为判定有无的根据。认为知名与察实、取实结合，才是完全的知识。提出检验认知的三条经验标准（见**三表**）。强调认知要察知类别、辩明原故；重视方法、法则的探索；提倡以见知隐（从现象察知本质）；以往知来（从过去察知未来）。提出尚贤、尚同、**兼爱**、非攻、节用、节葬、天志、明鬼、非乐、非命十大政治哲学观点，主张结合实际情况运用。

战国中后期墨子后学组成的学派称后期墨家。哲学观点见《**墨经**》。《墨经》哲学是墨家哲学思想的新阶段：①用实证理性的自然观，取代墨子的有神论。汲取自然科学成果，规定和解释物、实、动、宇、久、有穷、无穷等范畴。②用感性理性并重的反映论认识论，取代墨子的经验论。主张感性、经验上升为理性、理论，从相传的手工业技巧中探求原故、概括法则，形成科学知识。把知识按来源、内容和程度分为“闻、说、亲、名、实、合、为”7种。其中第7种“为知”（自觉实践之知）是意志、动机与行动、功效的结合，对知识的形成和检验有重要作用。③从大量用例中总结“同异交得”（矛盾分析）和“两而无偏”（两面分析）的辩证方法。④由墨子的谈辩发展为逻辑理论。从百家争鸣论辩中总结“名、辞、说、辩”等思维形式，“譬、侔、援、推、止”等推论方式，“辞以故生、以理长、以类行”等论证原理。⑤表达与时俱进的思维发展观和进化历史观。提出“古今异时”的历史分析法。以“尧之义”和“尧善治”命题为典型事例，说明古今时代不同，实际各异，古今的仁义与善治也不等同。

墨家在先秦百家争鸣中独树一帜，战国到汉初，与儒家同为显学。汉武帝尊儒后此学派衰微不传，清末以来渐受重视。

《墨经》 *Mohist Classic* 中国战国时后期墨家著作。成书于公元前4至前3世纪间。名称首见《庄子·天下》。狭义指《墨子·经》上下和《经说》上下4篇，广义另含《大取》、《小取》2篇。今存最早版本载于明正统《**道藏**》。清中叶以来校释研究渐多，义理价值受到重视。《墨经》继续发挥论证**墨子**的**兼爱**主张，尚功利，重人为，并把**墨家**哲学推进到新阶段。

自然观　规定、解释物、实、动、宇、久、有穷、无穷等范畴。《经说上》说：“物，达也，有实必待之名也。”物是外延最大的属概念，世界上一切客观存在着的实际事物，都归属于“物”的范畴。宇即空间的定义，是“弥异所”，是东西南北等不同处所的概括。久（宙）即时间的定义，是“弥异时”，是古今旦晚等不用时段的概括。动即徙和行。《经说下》说：“行者必先近而后远。远近修也，先后久也。民行修必已久也。久：有穷；无穷。”认为物质、运动与时、空有必然联系，时、空有无穷和有穷两重性。用实证理性自然观，取代墨子的有神论。

认知论　研究了认知的目的、实质、能力、活动、过程和检验标准。指出认知的目的和实质是“摹略万物之然”与所以然。说明感性认知的特点，是用五种感官（五路）与事物相接触、相过从，以反映事物的面貌。理性认知的特点，是用思虑分析事物，以获得深切著明的知识。主张从感性、经验上升为理性、理论，从相传的手工业技巧中探求原因（求故）、概括规律（取法），形成科学知识。把知识按来源、内容和程度分为传授的“闻知”、推论的“说知”、亲身观察的“亲知”、概念的“名知”、实际的“实知”、概念与实际结合的“合知”、意志思想与行动效果结合的“为知”（自觉实践之知）等7种。

辩证法　《经上》说：“同异交得仿有无。”《经下》说：“权者两而无偏。”由大量用例概括矛盾分析和两面分析的辩证方法，广泛运用于分析自然、社会现象和百家争鸣辩论中提出的问题，如坚白（见**离坚白**）、利害的关系等。

逻辑学　从百家争鸣辩论中总结出名、辞、说、或、假、效、譬、侔、援、推、止等思维形式，“彼止于彼”、“不俱当，必或不当”、“或谓之是，或谓之非，当者胜也”等思维规律和规则。《大取》揭示“辞以故生，以理长，以类行”的推论原理。《小取》是墨家逻辑学的简明纲要。

历史观　《经下》和《经说下》以“尧之义”与“尧善治”命题为例，说明古今时代不同，实际各异，古今“仁义”、“善治”的名言也不等同。认为这种基于古今异时、名实不同的历史分析法有普遍应用价值，可依此类推（于是推之）。

《墨经》哲学有独特的价值和义理，是中国传统哲学的重要组成部分，对先秦、两汉和近现代都有重要和深刻的影响。

墨卡托 Mercator, Gerhardus (1512－03－05～1594－12－02) 16世纪地图学家。生于比利时亚珀尔蒙德，卒于德国杜伊斯堡。1532年毕业于比利时卢万大学，并获硕士学位。通晓数学、天文学、地理学、地形测量学，精通书法、雕刻图版、仪器制造等技术。曾任德国宫廷宇宙学者。一生致力于地理制图，先后绘制“巴勒斯坦地图”(1537)、“世界地图”(1538)和“佛兰德地图”(1540)等，制造地球仪和天球仪。1569年首次采用正轴等角圆柱投影编制航海图（世界图），使航海者能直线导航。这种投影后称墨卡托投影，至今为中纬度和低纬度航海图所采用。编制一部包括世界各地区的地图集，并采用古希腊神话中半神半人阿特拉斯(Atlas)的名字命名，这一地图集专名，一直沿用至今。墨卡托去世前只完成这个地图集的几个部分，他的儿子继续编制，整个地图集共107幅地图，于1595年出版，被称为《墨卡托地图集》。这本地图集代表了16世纪西方地图学的成就。墨卡托的工作是16世纪欧洲地图学的里程碑，影响地图发展数百年。

墨兰 *Cymbidium sinense*; China orchis 兰科兰属的一种。分布于中国安徽南部、江西南部、福建、台湾、广东、海南、广西、四川、贵州西南部至云南。印度、缅甸、泰国、越南、日本琉球群岛等地区也有分布。多年生草本。假鳞茎粗壮。叶4～5，丛生，直立，略向外弯，带形，长80厘米，宽2～3.5厘米，全缘。花莛直立较粗壮，常高出叶；有数花至近20余朵，花色多变，常为暗紫色和紫褐色，有时桃红色、白色或黄绿色，有香气；萼片狭披针形，有5脉纹；花瓣较宽短，向前稍合抱，唇瓣不明显3裂，淡黄色有紫斑，侧裂片直立，中裂片反卷，唇盘上有2纵褶片，黄色。花、果期3～6月。

习生森林下、灌木带中或山谷阴处，海拔300～2 000米。观赏花卉。

墨累–达令河 Murray-Darling River 澳大利亚规模最大的、唯一发育完整的水系。由墨累河及其数十条支流组成。达令河是其最长的支流。从达令河源头起算，总长3 750千米。水系贯穿大陆东南部中央低地区，流域面积约105.7万平方千米，包括昆士兰州南部、维多利亚州北部和新南威尔士州大部地区。发源于湿润多雨的东部山地，流向西部半湿润地区，然后再经半干旱的内陆平原南部，直流入海。其有效集水面积只有40万平方千米。入海处平均径流量715米^3/秒，年平均径流总量236亿立方米。

干流墨累河长2 600千米，发源于新南威尔士州南部科西阿斯科山西南。在峡谷间北流约200千米，渐转向西，经休姆水库至奥尔伯里，自此向西北流经支流众多、沼泽遍布的泛滥平原。在斯旺希尔与罗宾韦尔之间，马兰比吉河自右岸汇入，至文特沃思，达令河自右岸汇入，续向西进入南澳大利亚州境。自斯旺希尔以下，河流进入半干燥的桉树灌丛地区，过南澳大利亚州界至摩根突转向南，经亚历山德里娜湖注入因康特湾。

达令河自河源至墨累河汇流点长约2 700千米，发源于昆士兰州东南部大分水岭西坡。上游自芒金迪以上河道为昆士兰、新南威尔士两州分界，大部支流集中在芒金迪至伯克以上河段。自伯克以下，河道坡降平缓，周围是半干旱地区，除沃里戈、帕鲁两条间歇性河外，基本上无支流，主河道有时还形成分流，并在数百或数十千米外重合。在梅宁迪附近有一系列水洼，汇合成7个湖泊，已成为当地水利设施的一部分。

马兰比吉河自河源至与墨累河汇流点长1 690千米，发源于新南威尔士州雪山北段，南流又转北，纵贯首都直辖区，在亚斯以南折向西，至罗宾韦尔上游汇入墨累河。主要支流集中于上游和中游。

墨累–达令河鸟瞰

墨累–达令诸河径流大量用于灌溉，对干旱区的农牧业生产有着极重要的作用。各主要干支流上、中游大多建有水库，如墨累河的休姆水库和维多利亚湖水库（在南澳大利亚州界附近），达令河的梅宁迪湖水库和自芒金迪（在马钦太里河段）至文特沃思的一系列水库等。各水库总库容350亿立方米。

墨洛温王朝 Merovingian Dynasty 481～751年统治法兰克王国的第一个王朝。相传以创立者克洛维的祖父法兰克人酋长墨洛维（？～458）的名字命名。481年克洛维继其父希尔德里克一世（？～481/482）成为法兰克人酋长之一。486年克洛维在苏瓦松消灭了罗马在高卢的残余势力，王权开始确立。511年克洛维死后，4子分别以巴黎、奥尔良、苏瓦松和梅斯为中心平分王国领土。经过几个王国间长期争战，法兰克于558～561年在克洛塔尔一世统治下短期统一。后克洛塔尔一世诸子又将王国分为奥斯特拉西亚、纽斯特里亚与勃艮第3部分。613年复由克洛塔尔二世统一。639年国王达戈贝尔特（623～639年在位）死后，王国重告分裂。687年奥斯特拉西亚宫相赫里斯托尔的丕平统一全国，751年其孙宫相矮子丕平废墨洛温王朝末王希尔德里克三世（743～751年在位）自立，开创了加洛林王朝。

墨索里尼 Mussolini, Benito (Amilcare Andrea) (1883-07-29～1945-04-28) 意大利法西斯独裁者，国家法西斯党党魁，首相（1922～1943），第二次世界大战主要战犯。

生于弗利省普雷达皮奥，卒于朱利诺·迪梅泽格拉诺。自幼受布朗基主义和国家主义思想影响。1900年加入社会党，热衷于进行无政府主义和反对教权的宣传。1913年成为社会党领导人之一。1914年11月因力主意大利同英法一起参加第一次世界大战而被社会党开除。1919年3月在米兰组织了一个半军事性组织——法西斯战斗团。1921年11月正式成立意大利国家法西斯党，自称"领袖"。1922年10月纠集5万名法西斯党徒向罗马进军，迫使国王任命他为首相，攫取了国家的最高领导权。1925年1月3日公开宣布实行法西斯极权统治，将内阁中其他党派的成员逐出政府，集一切大权于一身，自称"政府首脑"。

在他统治的21年中，对内取消一切反对党，镇压工人和民主运动，宣传沙文主义和种族主义思想；对外大搞扩军备战，积极推行扩张政策，以"新凯撒"自诩，接连发动侵略战争。但其军事冒险连连失利，动摇了自己的法西斯统治。1943年7月25日被国王逮捕并软禁。同年9月12日被德军救出。9月23日在意大利北部德军占领区宣布成立所谓意大利社会共和国，成为德国的傀儡。1945年4月27日被游击队俘获，28日被枪毙。

墨脱地震 Mêdog Earthquake 1950年8月15日发生于中国西藏墨脱的巨大地震。波及印度阿萨姆邦。全球闻名的大地震之一。震级8.6级，震中烈度Ⅻ度。地震发生的瞬间，地面开裂，喷水涌沙，雪峰震裂，冰川跃动，山崩滚滚而下，壅阻江河。重破坏区有墨脱、米林、林芝、朗县、察隅等县。地震破坏面积约40万平方千米。有感范围最远距离达1 300千米。地震波及拉萨、昌都等地区。中国境内死亡3 300多人，印度境内死亡1 500多人。临震前曾看到高山上闪出巨大的火光和闪电，地光一过随即发生强烈地震。

墨脱县 Mêdog County 中国西藏自治区林芝地区辖县。位于自治区东南部边陲，南迦巴瓦峰以南，雅鲁藏布大峡谷。南邻缅甸。面积34 000平方千米。人口1万（2008），以门巴族和珞巴族为主，还有藏、汉等民族。1881年设立地东宗，后易名墨脱宗。1960年建立墨脱县。平均海拔约1 200米，四周群山环绕。属亚热带湿润性气候，暖热湿润，年平均气温20℃以上，平均年降水量2 358毫米。矿产有铁、云母等。经济以农业为主，产水稻、玉米、鸡爪谷、黄豆、芝麻、甘蔗、香蕉、茶叶等。山区原始森林类型众多，有"西藏的西双版纳"和"植被类型天然博物馆"之称。工业有水电、石器加工等。波密扎木至墨脱县城的墨脱公路已于2009年4月20日开工建设。名胜有世界第15高峰南迦巴瓦峰（海拔7 782米）和世界第一大峡谷雅鲁藏布大峡谷等。境内有墨脱国家自然保护区。

墨西哥 Mexico; México 拉丁美洲国家。位于北美洲南部，北邻美国，南接危地马拉、伯利兹，东临墨西哥湾和加勒比海，西南濒太平洋。面积1 964 375平方千米。人口1.067亿（2008）。印欧混血种人占总人口的90%，印第安人占10%。居民中89.7%信奉天主教，4.9%信奉基督教。官方语言为西班牙语。印第安人讲各种印第安语。首都墨西哥城。

地理 领土呈羊角形，全境5/6是高原和山地，平均海拔约1 800米。东、西、南三列马德雷山脉由东、西、南三面环抱墨西哥高原。东南部为地势平坦的**尤卡坦半岛**，沿海多狭长的平原。主要河流有北布拉沃河、巴尔萨斯河、亚基河。海岸线长11 122千米。

墨西哥全境都在北纬33°以南，地处亚热带和热带，北回归线横贯国土中部。沿海和东南部平原属热带气候。墨西哥高原终年气候温和。西北内陆为大陆性气候。形成大片荒漠和半荒漠。植物以多仙人掌为特色，被称为“仙人掌之国”。

矿业资源丰富，主要有石油、天然气、金、银、铜、铅、锌、砷、铋、汞、镉、锑、磷灰石、石墨、天青石、硫磺、萤石、重晶石等。截至2007年已探明石油储量480.41亿桶，天然气50万亿立方英尺。森林面积5 664万公顷。境内河网稀疏，源短流急，多不利通航。水力资源潜力约1 000万千瓦。海产主要有对虾、金枪鱼、沙丁鱼、鲍鱼等。

历史 墨西哥是美洲古印第安文明中心之一。形成奥尔梅克、特奥蒂瓦坎、玛雅、托尔特克、阿兹特克等印第安文化。1521年，沦为西班牙的殖民地。殖民者以墨西哥城为首府，设立了新西班牙总督区。1821年8月24日墨西哥宣布脱离西班牙而独立，1824年10月4日，成立墨西哥合众国。独立后，政局长期动荡，社会经济严重困难。1846年美国对墨西哥发动侵略战争，1848年2月强迫墨西哥签订《瓜达卢佩－伊达尔戈条约》，使墨西哥丧失230万平方千米的土地。1867年法国、英国、西班牙入侵者被赶出墨西哥。1910年爆发以推翻军事独裁统治为起点的**墨西哥资产阶级民主革命**。1929年诞生了后来通过选举连续执政71年的革命制度党。2000年7月，国家行动党

图1 墨西哥的一处印第安人村落

赢得大选，同年12月执政。2006年国家行动党再次在大选中获胜。

政治 立法、行政和司法三权分立，总统由直接普选产生，任期6年，终身不得再任。行政权属于总统，实行总统内阁制。联邦议会是最高立法机构，由参议院和众议院组成。

主要政党有国家行动党、革命制度党、民主革命党。此外，有劳动党、绿色生态党、社会主义人民党等。

经济 墨西哥是拉美地区经济比较发达的国家。居于世界新兴国家之列。1976～

1979年，墨西哥发现大量的新油田，经济出现以“石油繁荣”为特点的高涨时期，1982年爆发波及全拉丁美洲的债务危机后，经济连续多年保持中低速增长。1994年12月爆发墨西哥金融危机，经济陷入严重衰退。1996年政府采取措施，经济逐步复苏，并进入新的发展时期。2009年国内生产总值为118 230亿比索。货币名称比索。

工业是国民经济最重要的部门，2008年产值约占国内生产总值的34.7%。门类比较齐全，主要包括石油、电力、采矿、制造、建筑等部门。石油工业是经济的重要支柱，制造业是最主要的也是发展最快的部门。

农业具有悠久历史。全国可耕地面积3 560万公顷。农村人口占全国人口的1/4。种植业在农业中占重要地位，主要有玉米、小麦、水稻、高粱、棉花、菜豆、大豆、咖啡、烟草、甘蔗、剑麻。畜牧业仅次于种植业，在国内消费和出口创汇中占重要地位，全国牧场面积7 900万公顷，主要饲养牛、猪、羊、马、鸡等。养蜂业也比较发达。林业、渔业在国民经济中的比重较小。

旅游业较发达，是世界第八大旅游国。有墨西哥城、阿卡普尔科、蒂华纳、坎昆等著名旅游胜地。2008年旅游业创汇132亿美元。

交通运输业较发达，以公路交通和航空运输为主。公路总长约356 945千米(2006)。铁路总长26 662千米。全国共有大小港口97个，主要港口有阿尔塔米拉诺、韦拉克鲁斯、曼萨尼略和拉萨罗－卡德纳斯。全国建有29个国内机场、56个国际机场，同欧美、日本及中南美洲许多国家通航。

墨西哥自20世纪80年代初开始实施对外贸易开放政策。1986年正式加入“关贸总协定”。与200多个国家和地区有贸易关系，并与44个国家签订了自由贸易协定。2009年外贸总额达4 640.93亿美元。主要出口商品为原油、矿产品、汽车、汽车配件、咖啡豆、服装、蔬菜、钢材及化工、机械产品。进口商品为汽车材料、电器、化工产品、食品、饮料、纸浆、纺织、石化产品。主要贸易伙伴为美国、拉美地区国家、欧盟、加拿大、日本等。2006年吸收外国直接投资189.38亿美元。

文化 现行教育体制分基础教育、高中教育和高等教育。宪法规定从2008年开始实行从学前3年到初中的12年义务教育制。墨西哥国立自治大学是全国最大的综合性大学。有较完整、系统的科研体系。主要科研机构有科学院、石油研究所、农业研究所、核能研究所、国际玉米和小麦中心等。

图2 瓦哈卡的街头艺人

全国约有300家报纸和100多种全国性刊物。墨西哥通讯社为官方通讯社，属内政部。特莱维萨和阿兹特克为两大电视集团，拥有全国95%以上的电视观众。

对外关系 多年来坚持独立自主的多元化外交。以不干涉内政、民族自决、国际声援和谈判解决争端为外交政策原则。处理对外关系，包括对美关系，强调维护独立和尊严。墨、美间存在密切交往和联系。美国是墨西哥最大的贸易伙伴，投资国和债权国。拉美一体化运动的倡导者之一。亚太经合组织的成员国。同187个国家有外交关系。1972年2月14日，与中国建交。中墨交往渊源已久，墨西哥是在清朝即同中国建立外交关系的少数拉美国家之一。

墨西哥菜 Mexican cuisine 以玉米、红番椒、丁香、茴香、香草等为基本材料，做工自然，酸、辣口感强烈。玉米饼、豆泥、调味酱为墨西哥菜的三大要素。其中种类繁多的调味酱，是以各式奇特的天然香料调制而成。常见的菜品有玉米脆片、波丽多麦饼、铁板法喜他斯等。

墨西哥城 Mexico City; Ciudad de México 墨西哥首都，全国最大城市。位于中央高原南缘海拔2 230米的墨西哥谷地。面积1 525平方千米。联邦区及已越入墨西哥州的11个城区，称为大墨西哥，人口2 200万(2005)，为世界特大城市之一。

高原城市，东部有特斯科科湖，北、西、南三面为帕丘卡山、克罗塞斯山和阿胡斯科火山环绕，海拔均在4 000米以上。气候凉爽干燥，年平均气温15.2℃，1月和7月平均气温分别为12℃和17.6℃。平均年降水量711毫米。雨季5～9月，干季10月至翌年4月。

美洲最古老城市之一。1325年建市。曾为阿兹特克帝国首都和经济、军事、宗教中心。1521年被西班牙殖民者所毁，两年后殖民者在废墟上建起墨西哥城。1535年被定为新西班牙总督区首府。1821年墨西哥独立时定为首都，1824年设立联邦区，开始近代建设。第二次世界大战后，政府推行工业化政策，工业迅速发展，人口激增。20世纪50年代起，城区越过联邦区界线，向北、东、西方向扩展，进入墨西哥州境内，现成为一座繁华的现代化城市。

全国最大的经济中心。具有全国最完整的工业体系，制造业以化工、冶金、机械、电子、汽车制造、纺织、食品、制药、钢铁等最为重要。工业产值占全国的50%，

墨西哥独立纪念碑

商业占45%，服务业占52%，银行业占68%，对外贸易占62%。全国最大的交通枢纽。15条公路、4条铁路干线的交会点，与国内主要城市和港口相连接。有11条地下铁道，总长192千米。全国最大航空港，有20多条国际航线。

全国文化中心。集中全国75%的高等院校。墨西哥国立自治大学是拉丁美洲地区最古老、最大的高等学府。世界上最大的西班牙文出版中心，最大的西班牙语新闻传播和影视转播中心。有50多个博物馆、40多个艺术画廊、200多家电影院、30多家剧院、600多个公共图书馆以及一流的体育和运动设施。旅游名城。有40多座大小神庙以及豪华的宫殿，有阿兹特克文化大神庙遗址、特诺奇蒂特兰城的孪生古城特拉特洛尔科、宪法广场、墨西哥大教堂、国家宫、三种文化广场（又称马约尔广场）、查普特佩克公园、瓜达卢佩圣母大教堂、索切米尔科水上花园等名胜古迹。高142米、44层的拉丁美洲塔，为全城最高建筑物。特奥蒂瓦坎古城遗址于城市东北约40千米，其中太阳金字塔和月亮金字塔为古城遗址最大建筑。有国家重点保护文物1 400多处，每年接待国内外游客1 000多万。

墨西哥高原 Mexican Plateau; Altiplanicie Mexicana 墨西哥境内桌状高原。系山间高原向南的延伸部分。北起美墨边境，东、西、南三面为马德雷山脉所环绕。面积66.6万平方千米，约占全国面积1/3。高原海拔800～2 500米，自北向南逐渐升高。分为北部高原和南部高原。北部高原面积大，海拔800～1 000米，有许多被低山环绕的沉积盆地，地势平坦，干旱少雨。南部高原，海拔2 000～2 500米，因地处墨西哥中心，又称中央高原。有许多湖泊和山间谷地，土地肥沃、气候温和、雨量适中，聚集了墨西哥一半以上的人口，是全国主要经济区。有铅、锑、锌、汞、银、铜、铁等矿产资源。

墨西哥金融危机 Mexican Financial Crisis 1994年末爆发于墨西哥的一场金融风暴。又称墨西哥比索危机。1989年C.萨利纳斯政府执政后，推行"经济稳定化战略"，实行比索对美元的"爬行钉住"汇率制。进入20世纪90年代后，由于外资流入规模不断扩大，造成美元汇价下跌和比索升值，而政府所能容许的比索贬值的幅度又远远小于比索升值的幅度，因而比索估值过高现象日益严重。1994年初，比索累积升值已超过20%，严重影响了墨西哥出口商品的竞争力，刺激了进口的扩张，加上贸易开放政策的推动，墨西哥进、出口贸易不平衡局面日益加剧，账户赤字不断扩大。连年巨额赤字只能靠流入的外资弥补，从而对外资的依赖程度日益加深。到1994年12月新总统E.塞迪略就职时，金融稳定局面已无法维持，新政府不得不在12月20日宣布墨西哥比索对美元贬值15%（比索与美元的汇率从3.46∶1降到4∶1）。结果引起汇市和股市一齐剧烈动荡，出现了抛售比索、抢购美元的风潮，仅12月21日一天，就有25亿美元的资金流出墨西哥，从而爆发了震惊世界的墨西哥金融危机。次日，政府不得不让汇率自由浮动，比索与美元的汇率又进一步从12月20日的4∶1跌至12月27日的5.65∶1；墨西哥国际储备从1994年初的280亿美元减至1994年底的60亿美元，1995年1月初更减至55亿多美元，最低的时候只有35亿美元。由于美国政府调动本国和国际金融机构500多亿美元紧急抢救，墨西哥汇市才在1995年4月慢慢稳定下来，比索对美元的汇率基本稳定在6比索换1美元。经过一年多艰难的财政调整和付出的沉重的社会代价，塞迪略政府才基本克服了危机，国家经济开始恢复增长。

墨西哥湾 Gulf of Mexico 大西洋伸入北美大陆东南部的海湾。略呈椭圆形，周围大部分为美国和墨西哥领土环抱。古巴岛居湾口中部，其北侧的佛罗里达海峡与西侧的尤卡坦海峡分别沟通大西洋和加勒比海。东西长1 609千米，南北宽1 287千米，面积154.3万平方千米。平均水深1 512米，最深处锡格斯比深渊为5 203米。大陆架宽广，在佛罗里达半岛以西和尤卡坦半岛以北宽达200～280千米。沿岸皆为低平的沙质海岸，多沼泽和由沙洲、沙嘴、珊瑚礁阻蓄或封闭成的潟湖。北岸和西北岸分别有密西西比河和格兰德河（墨西哥称北布拉沃河）等注入。地处热带和亚热带，气候湿热，加以海域几乎近于封闭，故表水温度和盐度较高。夏季水温约28℃，近岸浅水区达30～31℃；冬季南北介于18～25℃。年平均盐度为36～36.9。潮差0.3～0.6米，为世界上潮汐最小的海域之一。加勒比海暖流经尤卡坦海峡注入墨西哥湾，形成顺时针环流；经佛罗里达海峡流入大西洋，称佛罗里达暖流；与安的列斯暖流汇合后，即为墨西哥湾暖流（湾流），流向东北。大陆架地区浅滩广，入湾河流带来许多悬浮物质和浮游生物，为重要渔场，产鲱鱼、鲻鱼、鲔鱼、小虾、牡蛎等。西北部、西部沿岸和附近大陆架富藏石油、天然气和天然硫磺。为世界上最早进行海洋石油勘探和开采的地区之一。沿岸主要港口：美国的休斯敦－加尔维斯顿、博蒙特－阿瑟港、新奥尔良、莫比尔、坦帕－圣彼得斯堡等，墨西哥的韦拉克鲁斯、坦皮科等，古巴的哈瓦那。

墨西哥湾流 Gulf Stream 从墨西哥湾发源的洋流。北大西洋副热带总环流系统中的西部边界流。简称湾流。

墨西哥资产阶级民主革命 Bourgeois Democratic Revolution in Mexico 1910～1917年墨西哥反帝反封建革命。P.迪亚斯独裁统治期间，人民的自由民主权利被残暴的恐怖统治所践踏，社会矛盾日益尖锐，工人罢工日益扩大，农民为夺取土地纷纷起义。

1910年，墨西哥总统大选，迪亚斯操纵选举。资产阶级和自由派地主代表F.马德罗于同年10月号召举行全国起义，推翻迪亚斯独裁政权。

革命旋即爆发。E.萨帕塔和P.比利亚分别在南方的莫雷洛斯州和北方的奇瓦瓦州组织农民军起义。革命运动很快席卷全国。5月24日，首都广大群众举行游行示威。迪亚斯被迫宣布辞职，逃亡法国。10月，马德罗当选总统。农民武装斗争在南方各州也广泛展开。1913年2月，在美国策划下，反动军官V.韦尔塔发动反革命政变，逮捕并杀害马德罗。在以农民为主力的革命力量打击下，韦尔塔政权于1914年7月被推翻。但政权落入宪政主义者V.卡兰萨手中。

卡兰萨掌握政权后，国内阶级矛盾激化，进一步发展成了大规模内战。1914年12月，萨帕塔和比利亚农民军开进首都。不久卡兰萨部将A.奥夫雷贡与"世界工人之家"达成协议，编组"红色大队"，控制了首都局势。

在工农运动的推动下，卡兰萨于1915年1月颁布土地改革法。1917年2月5日通过新宪法。1917年宪法以载有第27条关于土地问题和第123条关于工人权益问题等条文而著称，是一部激进的资产阶级宪法。革命推翻了迪亚斯和韦尔塔的独裁统治，沉重地打击了帝国主义、大庄园主、天主教会、反动军阀的统治，为墨西哥进一步发展民族经济创造了有利的条件。

墨西卡利 Mexicali 墨西哥西北边境城市，北下加利福尼亚州首府。人口65.31万（2005）。位于科罗拉多河支流纽河河畔，墨西卡利谷地中。气候干旱，日光充足，平均年降水量不足250毫米。1901年建城，其名取自墨西哥和美国加利福尼亚词首，与美国卡莱克西科相邻。1937年建成莫雷洛斯水坝，使周围成为美洲著名的灌溉农业区。为长绒棉、水果、蔬菜、粮食、苜蓿以及牲畜等农产品的集散地和加工中心。主要工业有棉花加工、面粉、植物油、肥皂、啤酒、运输设备等。交通方便，有铁路、公路、空中航线与国内各大城市及美国圣迭戈等联系。旅游业发达，街道商店设置颇具异国风貌。有下加利福尼亚自治大学。

墨子 Mozi（约前468～前376） 中国战国初墨家创始人。姓墨名翟。常居鲁。熟悉木工等手工业技巧，从手工业者上升为士。自比贱人，称"翟上无君上之事，下无耕农之难"。好学而博。曾就学于史官史角的后代，又曾"学儒者之业，受孔子之术"。后不满儒学，自创对立学派。他重视身体力行，日夜不休，以自苦为极，载书游说齐、卫、宋、楚，引证《诗》、《书》、《春秋》，上说下教，宣传学说。从事止楚攻宋郑、止齐攻鲁活动，实施非攻主张。劝卫畜士备御。劝齐项子牛停止伐鲁。献书楚惠王，辞绝封地。谢绝越王邀官许封。推荐门徒做官，推行政治主张。《墨子·尚贤》至《非命》和《耕柱》至《公输》等篇，载墨子的哲学思想。

提倡经验论的认知论。强调知识来源于众人耳目之实，以视听感觉为判定有无的根据。提出检验认知的三条经验标准（见三表）。认为知名与察实、取实结合，才能构成完整的知识。批评儒家命定论，认为"命者暴王所作，穷人所述，非仁者之言"，"足以丧天下"，"贼天下之人"。提倡积极发挥人力改造自然的作用，"赖其力者生，不赖其力者不生"，指出人兽之别在于能否用力生产劳动。

提出尚贤、尚同、兼爱、非攻、节用、节葬、非乐的政治哲学观点。主张任人唯贤，"虽在农与工肆之人，有能则举"，强调"官无常贵，而民无终贱"，反对任人唯亲。认为兼相爱、交相利，天下就没有强执弱、众劫寡、富侮贫、贵傲贱、诈欺愚和攻伐掠夺。批判厚葬靡财、奢侈逸乐。

在争鸣辩论中提出名、辩、类、故、法、悖等逻辑概念。要求名实相符，"能谈辩者谈辩"，将辩论技巧作为知识传授。要求辩论"察类，明故"，"无故从有故"，重视"方法"的探究。常用归谬法和归谬式类比推理揭露论敌的自相矛盾。对后期墨家建立古代逻辑体系起了启蒙和奠基的作用。

根据有人曾"见鬼神之物，闻鬼神之声"的错觉和古书对鬼神的讹传，得出鬼神存在的谬论，是其经验论的流弊。

墨子创立了与儒家对立的学派，积极参与当时政治、经济、文化、社会、学术、军事与外交活动，产生重大社会影响。从战国到汉初，与孔子齐名。墨子哲学是中国哲学史的重要一环。

默顿 Merton, Robert King（1910-07-04～2003-02-23） 美国社会学家，结构功能主义的代表人物之一。生于宾夕法尼亚州费城，卒于纽约。1931年获坦普尔大学学士

学位，后进入哈佛大学学习，1936年获博士学位，后留校任教。1939年起，先后在图雷因大学、哥伦比亚大学社会学系任教。曾任哥伦比亚大学应用社会研究所副所长，美国哲学、社会学、社会研究协会会员和主席，东部社会学会主席，美国国家科学院院士，科学社会学研究会主席，瑞典皇家科学院外籍院士。著有《17世纪英国的科学、技术与社会》、《社会理论与社会结构》、《理论社会学》等。默顿是继T.帕森斯之后结构功能主义的又一位杰出代表。他在批判帕森斯的理论过程中建立起经验功能主义，被L.A.科瑟尔等人誉为最精致圆熟的功能主义；他的中层理论在理论框架与经验研究之间、认识意义与实践意义之间架起了桥梁，并把以前认为是毫无联系的一些实际研究方向沟通起来，为社会学各种理论方法派别提供了一个相互会合的基础；他的科学社会学思想为该分支学科的形成和发展奠定了基础。他运用负功能和功能替代的观点对官僚机制的研究，对作为社会组织重要因素的职业问题，特别是对医学教育的社会学研究，以及根据社会的结构分析对社会失范和异常行为等问题的探讨，在学术界颇有影响。

默多克 Murdoch, Rupert（1931-03-11～ ） 跨国新闻传播业巨擘。美籍澳大利亚人。生于澳大利亚墨尔本。获英国牛津大学硕士学位。1954年返回澳大利亚，继承父业，接掌阿得雷德《星期日邮报》和《新闻报》，逐渐发展成为跨国报业集团，至1984年拥有资金14亿美元。在澳大利亚拥有《澳大利亚人报》、《每日电讯报》等10多种报刊。1969～1981年在英国购得《太阳报》、《泰晤士报》等。1974年定居美国，购得《圣安东快报》、《纽约》杂志等多种报刊。1985年9月加入美国籍，当年即购入6座电视台和20世纪福克斯影片

公司，后组成福克斯广播公司。以欧洲各国观众为对象、通过卫星传送的"空中电视台"，也属默多克集团所有。随后他又买下美国若干图书出版公司。1986年购进香港英文《南华早报》、《远东经济评论》周刊部分股权。1989年又购进英国的威廉·科林斯出版公司。1997年以30亿美元购买新世界通信集团的全部股权，从而成为美国拥有22个连续电视台的业主。

默拉皮火山 Merapi, Gunung 印度尼西亚爪哇岛上活动频繁的活火山。位于日惹以北32千米。火山口直径600米，海拔2 911米。1006年爆发的火山喷出物曾湮没附近婆罗浮屠、门突、普兰巴南等古迹。1006年以来有史可查的爆发共68次，以1867、1930年最猛烈，1930年爆发致使1 400多人丧生。仅20世纪就发生25次爆发，平均每10～15年有一次规模较大的喷发。最近一次发生在2006年5月15日，至今持续有喷发。火山接近马格朗、日惹和梭罗谷地，稻田和聚落从山麓往上分布到火山口附近，是世界上火山区农业密集型的典型。火山附近建有严密的监视设施，并兴建了40多处拦阻火山喷出物的堤坝。

默里 Murray, Sir John（1841-03-03～1914-03-16） 英国海洋学家，海洋科学奠基人。生于加拿大安大略省科堡，卒于英国西洛锡安。1851年移居苏格兰，后入爱

丁堡大学学习。1868年参加斯匹次卑尔根岛与扬马延岛附近北冰洋海域的生物采集和海洋学调查，1872～1876年参加英国"挑战者"号考察，1882～1894年领导苏格兰海域海洋生物学考察，1910年与挪威生物学家J.约尔特共同领导北大西洋调查。在"挑战者"号环球考察中，他负责仪器装备、测量绘图、生物学和海底沉积物调查等工作，作出重要贡献。在考察队领导人C.W.汤姆孙1882年去世以后，他负责整理和编辑出版了《H.M.S.挑战者号航行科学成果报告》，共50卷。他与A.F.勒纳尔分析了"挑战者"号采集的大量底质样品，首次发现深海生物软泥和红黏土，提出的深海沉积分类至今仍有意义，合著《深海沉积》一书。因此，默里被认为是海洋地质学的创始人。他还是把海洋浮游生物研究与海洋渔业调查紧密结合的先驱；对珊瑚礁特别是环礁和堡礁的成因提出独创见解；发现温度假潮现象等。主要著作还有《珊瑚礁和珊瑚岛的结构与成因》、《大洋深处》（与约尔特合著）、《海洋》等。获英国皇家学会的名誉学位和金质奖章。

默罗 Murrow, Edward (Egbert) Roscoe（1908-04-25～1965-04-27） 美国广播电视新闻工作者。生于北卡罗来纳州格林斯伯勒，卒于纽约波灵。毕业于华盛顿州立学院。1935年进入哥伦比亚广播公司，1937年开始主持公司欧洲办事处工作。

第二次世界大战期间，他从伦敦报道战况新闻，以客观、冷静的报道风格赢得了美国听众的信任。他报道新闻的第一句话"这里是伦敦"在美国流传很广。1945年返回美国，任哥伦比亚广播公司副总经理。1947年主持广播和电视节目。1954年，他在自己主持的"现在请看"电视节目中，持续地揭露了参议员J.R.麦卡锡侵犯人权的丑行，受到美国舆论界的赞赏，被誉为电视节目的开拓者。1956年他在缅甸仰光采访了中国总理周恩来。1961～1964年任美国新闻署署长。

貘 *Tapirus*; tapir 奇蹄目貘科貘属动物的统称。现生貘只有马来貘、南美貘（又称巴西貘）、山地貘和中美貘（又称贝氏貘）。是较原始的奇蹄类，曾遍及欧洲和亚洲，中新世开始迁入美洲。中国南方更新统地层中发现过貘属的化石，现在残存于亚洲南部的一些岛屿、中南半岛以及美洲。躯体粗壮笨重，体长近2米，体重200千克以

山地貘

上；皮肤厚韧，毛被稀少；鼻端向前突生，能自由伸缩；耳中等大小，卵圆形；尾极短；有1对乳头。性胆怯，嗅觉和听觉发达。不伤人，无自卫能力，遇敌即逃逸或跑到水中；极善游泳和潜水。平时独居，喜栖于热带山地丛林、沼泽地带。夜间行动时发出特殊的尖哨声或喷鼻声。以水生植物，各种嫩枝、嫩叶和果实为食。妊娠期390～400天，每胎1仔，偶得2仔。寿命20年以上。具有较高的科学研究价值和观赏价值。已被列为濒危物种予以保护。

牟宗三 Mou Zongsan (1909-06-12～1995-04-12) 中国新儒家代表人物。字离中。山东栖霞人，卒于台北。1933年毕业于北京大学哲学系。1942年起先后受聘于华西大学、中央大学、浙江大学。1949年迁居台湾后，先后任教于台湾师范大学和东海大学。1958年元月，与唐君毅、张君劢、徐复观联名发表《为中国文化敬告世界人士宣言》。1960年离台赴港，就教于香港大学和香港中文大学。1974年由香港中文大学退休后，仍奔走于台、港之间宣扬中国文化。他一生勤奋，著作等身，先后出版了《历史哲学》、《道德理想主义》、《政道与治道》、《才性与玄理》、《心体与性体》、《智的直觉与中国哲学》、《佛性与般若》等大量富有创见的哲学著作。先后提出了第三期儒学发展说、良知自我坎陷说等在新儒学中有影响力的理论，建构起了道德理想主义的形而上学体系。

模具 die; mould 在外力作用下将坯料成形为有特定形状和尺寸的制件的工具。在制造业中，广泛使用模具生产各种各样的工件。模具的种类很多，有生产模锻件的模具，如锤锻模、压力机锻模、平锻机锻模和冷、热挤压模等；生产板、壳冲压件用模具，如冲裁模、精密冲裁模、拉深和弯曲成形模及大型覆盖件冲压模等；有液态有色金属压力浇注的压铸模；还有生产非金属材料制件用的模具和粉末冶金模具。

组成 模具一般由两半组成，两半之间的结合面称为分模面。模具也可由三部分组成，左右两半密合形成凹模，另一部分是冲头，这时有两个相互正交的分模面。模具又分为整体式和组合式。组合式模具的工作型槽或工作部分制成镶块组装在模架上。

模具技术 包括3个方面。

①模具设计。主要是制定成形工艺过程，确定分模面位置和与每一工步相应的型槽的形状、尺寸和表面粗糙度。压铸件和注塑件模具还必须确定浇注系统和冷却系统。模具设计一般根据长期生产实践所积累的数据，采用经验设计的方法，或利用专家系统来进行计算机辅助设计。模具结构按其类别实行标准化设计。现代比较先进的方法是采用数值模拟的方法来确定工艺过程及设计模具。

②模具制造。按结构特点，模具分为平面的冲裁模和具有空间的型腔模。冲裁模可用电火花加工初成形，再用成形磨削、坐标磨削等方法进一步提高精度。型腔模型腔的加工，传统的方法是采用仿形铣，或用具有工件形状的石墨作为电极（对高精度模具则用铜代替石墨），模体作为另一极，进行电火花加工（见图），然后再经修磨和抛光。现代已用数控加工中心、数控机床，以及数控三坐标、四坐标测量机等现代化设备来进行加工，利用这类数控设备可实现模具的计算机辅助制造。

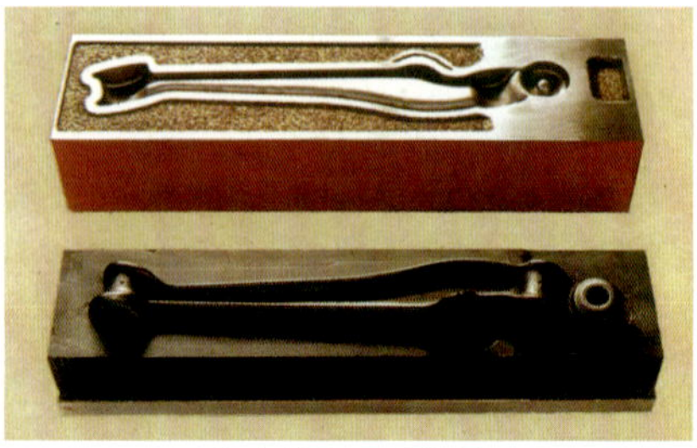

电火花加工的锻模

③模具材料。模具材料应具有良好的室温和高温耐磨性能。模具一般都要进行调质热处理，应具有良好的淬透性和回火稳定性，热处理时尺寸稳定，变形小。一般模具用合金工具钢来制造，对于冲裁生产批量特别大的模具可用硬质合金或钢结硬质合金等，生产橡胶制品等非金属材料用模具硬度则要求较低，可用贝氏体钢。

母亲节 Mother' s Day 流行于全世界的纪念母亲的节日。古代的母亲节起源于希腊，古希腊人在这一天向希腊神话中的众神之母赫拉致敬。17世纪中叶，母亲节流传到英国，英国人把封斋期的第四个星期天作为母亲节。美国的母亲节节期在每年5月的第二个星期日。起源于20世纪初，创始人是女教师安娜·扎维斯。第一个母亲节于1908年5月10日在西弗吉尼亚和宾夕法尼亚州举行，确定了康乃馨为献给母亲的花，并从此流传下来。1914年，美国总统正式宣布每年5月的第二个星期日定为母亲节。这一节日从此流传开来，现已成为影响范围最广的母亲节。

母权制 matriarchy 以母系血缘关系为纽带，结成原始社会基本单位的制度。又称母系氏族制。始于原始氏族公社的产生，终于父权制的确立。继存时间大体相当于旧石器时代中、晚期至新石器时代早、中期。1861年，瑞士人类学家J.J.巴霍芬在《母权论》一书中首先提出“母权”一词，论证了家庭史上母权制先于父权制存在并向父权制过渡。他认为，母权家庭的统治者是女人，财产由女人占有，各项事务由女人决定，亲属传袭依母系传递和计算。也有学者认为父权制是家庭的最初形式。有些学者甚至认为严格意义的母权制从未存在过。

牡丹 *Paeonia suffruticosa*; tree peony 芍药科芍药属的一种。落叶灌木。又称木芍药、洛阳花、鹿韭等。原产中国的传统名花。约于8世纪传至日本。1787年传入英国。此后辗转流传，成为世界性名花。花大而多变，色彩艳丽，富丽堂皇，被誉为“花中之王”。

牡丹具深根性肉质根。株高0.5～2米。枝多而粗壮。羽状复叶，小叶阔卵形至卵状长圆形，先端2～5裂，背面具白粉。春末开花。花单生枝顶，大型，白、红或紫色，花瓣5～10，雄蕊多数。蓇葖果。种子球形，黑色，有光泽。近代中国的分类系统依据雄蕊、雌蕊的瓣化将牡丹分为3类12型：①单瓣类。花瓣1～3轮。此类有1型即单瓣型（图1）。②重瓣类。可分为千层组和

图1 单瓣型

楼子组2组。千层组花瓣由自然增生为主，形成半重瓣和重瓣花，有荷花型（图2）、菊花型和蔷薇型3型。楼子组花瓣多轮，主

图2 荷花型

要由雄蕊瓣化而成，全花高起，呈楼台状，有托桂型、金环型、皇冠型和绣球型（图3）4型。③重台类（又称台阁类）。由2朵以上单花上下重叠而成，外观似一朵单花。又分为2组4型，即千层重台组的菊花重台型和蔷薇重台型，以及楼子重台组的皇冠重台型和绣球重台型。

性喜阳光充足、干燥温凉，夏无高温，

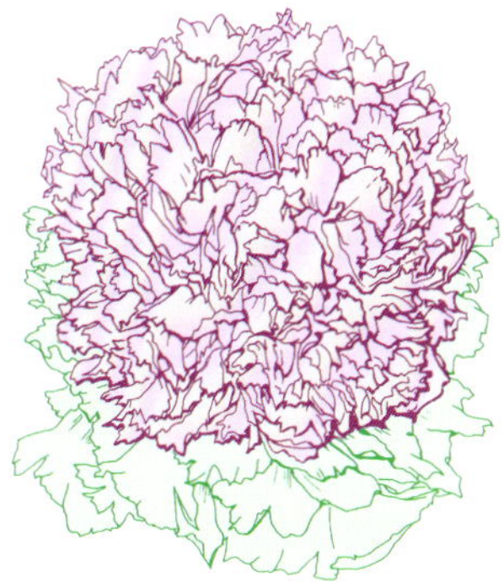

图3 绣球型

冬不甚寒之地。幼苗生长缓慢，经4～5年栽培始可开花。6～15年生牡丹长势最为健壮。用分株、压条、嫁接或播种繁殖。

牡丹雍容华贵，花大叶茂，适于庭院种植或花坛布置，可丛栽，也可孤植或盆栽。如成片群栽配以山石道路，则可成为牡丹园。根皮可加工成中药“丹皮”，有镇静作用。

牡丹江 Mudan River 中国松花江支流。满语称“牡丹乌拉”，意为“弯曲的江”。发源于吉林省敦化市牡丹岭北侧，向北流入黑龙江省，在依兰县依兰镇西附近汇入松花江。全长726千米，流域面积3.7万平方千米。上游干流奔行在张广才岭和老爷岭之间，河谷狭窄。在宁安市南部干流被火山熔岩流堵塞，形成镜泊湖。吊水楼瀑布以下至桦林为中游，河谷较宽，河谷盆地呈串珠状排列其间。五虎林河口以下为下游，河谷较狭窄，在依兰县长江屯以下进入平原区。牡丹江支流主要有黄泥河、尔站河、蛤蟆河、海浪河和乌斯浑河等。流域属湿润气候区，平均年降水量600毫米以上，多年平均年径流量84.3亿立方米。牡丹江流域是黑龙江省重要林区，是省内水电发展的重点地区。抗日战争时期，牡丹江流域曾是抗日联军战士活动的重要基地。乌斯浑河的关门嘴子即为八女投江殉国之地。镜泊湖和火山口地下森林及牡丹峰自然保护区均为旅游胜地。

牡丹江市 Mudanjiang City 中国黑龙江省辖地级市。位于省境东南部，牡丹江中游。南邻吉林省。东与俄罗斯接界。辖东安、阳明、爱民、西安4区和东宁、林口2县。代管绥芬河、海林、宁安、穆棱4市。面积40 435平方千米。人口280万（2010）。有汉、满、回、朝鲜、蒙古等20多个民族。1937年建市。矿产资源有花岗岩、大理石、宝石、黄金等。工业以电力、化工、机械、建材、食品、纺织、造纸、医药、冶金、酿造、橡胶等为主。农业主产小麦、水稻、大豆、高粱等。有鹿等特种养殖。林区富森林资源，森林覆盖率高达68%，木材总蓄积量约为2.4亿立方米。主要有红松、赤松、云杉、冷杉、水曲柳、黄菠萝、胡桃楸等珍贵树种。野生动物有东北虎、鹿、雪兔等。产人参、黄芪、木耳等。名胜古迹有镜泊湖、牡丹峰国家级森林公园、火山口地下森林和唐代渤海国遗址、威虎山剿匪遗址、八女投江英烈群雕等。

《牡丹亭》 *The Peony Pavilion* 中国明代戏曲作家汤显祖的传奇作品。有多种传本，1963年人民文学出版社出版了徐朔方、杨笑梅校注本。《牡丹亭》是汤显祖的代表作，也是其思想和艺术同臻于成熟时期的作品。剧写南安太守杜宝的女儿杜丽娘私游后花园，随后困倦入梦，在梦中和书生柳梦梅幽会。梦醒后回思梦境，对梦中情郎一往情深，从此一病不起，自画小像而逝。杜宝升官离任，在杜丽娘墓地造一梅花观。

《牡丹亭·写真》插图（明万历年间安徽歙县朱元镇校刻本）

柳梦梅进京赴试，借宿观中，适在后花园中拾得杜丽娘的自画像，终于和画中人的阴灵幽会，又掘墓开棺，杜丽娘得以起死回生，两人结为夫妇，同往临安。柳梦梅在临安会试高中状元，但杜宝强迫杜丽娘与柳梦梅离异。纠纷闹到皇帝面前，问题得到圆满解决。明代话本短篇小说《杜丽娘慕色还魂》为《牡丹亭》提供了基本的故事情节，汤显祖对此进行了创造性的改造，把小说中的传说故事同明代社会现实生活结合起来，使之成为一部表现时代风貌，具有浪漫主义精神的杰作。

《牡丹亭》表达了青年男女要求个性解放，要求爱情自由、婚姻自主的呼声，暴露了封建礼教对人们幸福生活和美好理想的摧残。其问世后所引起的当时和后来许多女性的强烈共鸣，在中国古代文学作品中是空前绝后的。扬州女子冯小青读《牡丹亭》绝句和汤显祖本人《哭娄江女子》的产生，以及清代《吴吴山三妇合评牡丹亭还魂记》的出现，就是其中有代表性的几例。《牡丹亭》在昆曲舞台上保持着历久不衰的魅力。有英、法、德、日等文字的译本。

牡蛎 Ostreidal; oyster 双壳纲牡蛎科动物的统称。又称蚝、蛎黄、海蛎子。世界性分布，中国已知20余种，已经养殖的有长牡蛎、近江牡蛎、褶牡蛎和大连湾牡蛎等。牡蛎两壳不等，左壳（又称下壳）大，凹陷，右壳（又称上壳）较平，铰合部无齿，有时具有结节状小齿。内韧带，闭壳肌位于中央或后方。外套痕不明显，成体无足和足丝，鳃与外套膜相结合。以左壳固着在海底岩石或贝壳等物体上生活，终生不能移动。借开闭右壳进行摄食、呼吸、排泄等活动。从潮间带到低潮线以下水深10多米的海底都有分布，有群居习性。滤食性，主要以微小的硅藻和有机碎屑为食。牡蛎繁殖有幼生型和卵生型两种。肉味鲜美，用煮肉的汤制成蚝油是极好的调味品。贝壳可烧石灰，亦可入药。是许多国家重要的人工养殖贝类。

褶牡蛎

拇外翻 hallux valgus 第一跖骨头向内偏移，拇趾向外移位的拇趾常见畸形。常伴有跖骨内收畸形，多与平足症并发（见图）。

拇外翻足形

临床表现为拇外翻，走路时疼痛。滑囊炎或跖趾关节退行性变发生后，静止时也有症状，疼痛多发生在滑囊炎处或拇趾根部，但也可发生在足底第1、2或2、3跖骨头之间。拇外翻引起疼痛时，宜穿宽大布鞋或用海绵垫保护突出处，避免摩擦。跖骨头下有胼胝时，可用横行足弓托以减少压力。有疼痛症状的拇外翻畸形可行手术治疗。主要在于纠正拇趾跖趾关节畸形，松解拇收肌挛缩，紧缩拇趾跖趾关节内侧；外侧则松解籽骨与拇收肌之间的韧带和筋膜，趾长屈、伸肌腱的挛缩亦需松解。

姆巴巴内 Mbabane 斯威士兰首府和最大城市。位于西北部高地。海拔1 163米。人口约6.1万（2007）。气候温暖宜人，雨量适中，附近森林茂密。始建于1902年，为英国人控制斯威士兰的据点。1964年，通往莫桑比克马普托港的铁路建成，随着铁矿石的开采和输出，成为政治、经济中心。现为旅游业和博彩业所替代。城区有豪华饭店和赌博场，30千米外山庄建有富丽堂皇的姆蓬多王宫。有全国唯一的综合性高等学府斯威士兰大学。

姆努什金 Mnouchkine, Ariane (1939-03-03～) 法国导演。1964年和一些大学生共同创办太阳剧社，以纽约外百老汇生活剧院的即兴表演为楷模，建立起自己的演出风格。1970～1973年，太阳剧社在姆努什金领导下，先后集体创作并演出了由她导演的《1789》和《1793》这两部以法国大革命历史为题材的戏剧。不久，又由她导演拍摄了影片《莫里哀》。她还编导了《黄金时代》和《梅菲斯托》(改编)。

80年代初，姆努什金改编数部W.莎士比亚的悲剧和喜剧，将《理查二世》、《第十二夜》、《亨利四世》串在一起演出。90年代以来，姆努什金创作方式有了不小的变化，对剧作家以及剧本在创作中的作用更为重视。先后上演了埃斯库罗斯的《阿伽门农及奠酒》(1990～1993)，莫里哀的《伪君子》(1995)以及女剧作家H.西克苏的《背誓之城》(1994)、《堤上鼓声》(1999)等。

姆韦尼·马塔帕王国 Mwene Matapa, Kingdom of 津巴布韦历史上王国之一。以石头建筑和黄金贸易闻名于世。又名莫诺莫塔帕王国，首都一度设在大津巴布韦。姆韦尼·马塔帕系绍纳语，原为该国最高统治者的称号，后来成为其国名。这个王国是绍纳人的一个分支卡兰加人所建。

15世纪末，津巴布韦王国分裂后，姆韦尼·马塔帕的第一代王穆托塔率领一部分人北迁，征服了津巴布韦北部地区的许多部落。其子马托帕在位时，逐渐将姆韦尼·马塔帕建成为一个强大王国。版图西自卡拉哈里沙漠东至印度洋，北起赞比西河南抵林波波河。16世纪初，由于内部分裂，国势渐衰。17世纪30年代一度为葡萄牙殖民主义者所控制。1917年，最后一个姆韦尼·马塔帕的酋长契约科被葡萄牙人杀害后，王朝统治家族的世系中断。

姆韦尼·马塔帕王国石筑堡垒废墟

木本植物 woody plant 地上茎中木质部发达，并发育为永久性的木质化组织的多年生植物。木本植物的木质细胞多，茎干直，硬挺，多年生，通常寿命几十年、近百年，有的可达千年甚至几千年。木本植物可以区分为乔木、灌木和半灌木。乔木的特点是通常有一个明显的主干，比较高大，如银杏、杨树等。灌木则没有一个明显的主干，常常从茎的基部产生数个茎或一丛茎，植物体比较低矮，如紫穗槐、黄刺玫等。半灌木更为矮小，地上茎的下部是木质的，上部则为草质，草质部分在冬季枯萎死亡，次年又从木质的茎上再生长新的草质茎，如草麻黄、苦参。

木鳖 *Momordica cochinchinensis*; cochinchina momordica 葫芦科苦瓜属的一种。分布于中国广东、广西、江西、湖南、四川等省区。越南、马来西亚也有分布。粗壮大藤本；根块状；茎无毛。卷须不分叉；叶柄长5～10厘米，顶端叶片基部有2～4个腺体。叶宽卵形，3～5中裂至深裂，边缘有波状小齿或全缘。花单性，雌雄异株，辐射对称；雄花花萼裂片5，宽披针形；花冠5裂，白色而稍带黄色，裂片卵状矩圆形，基部有黄色腺体，雄蕊3；雌花萼片5，花冠5裂，心皮3，子房下位，3室，侧膜胎座，子房密生刺状突起。瓠果卵形，长12～15厘米，生刺状突起；种子卵形，边缘有波状微裂；种子呈龟板状，得名木鳖子。

生长在山野，也有栽培。种子可入药，称土鳖或壳木鳖，有毒，功能消肿、攻毒，多外敷用；还可榨油，供工业用。

木材 wood 木本植物维管组织的次生木质部。大多数单子叶植物没有次生木质部，但竹和椰树茎部的初生木质部细胞增大、加厚且木质化，也有利用价值。双子叶植物中的草本植物虽有次生木质部，但其量甚微。木本植物的裸子植物和被子植物中的一部分双子叶植物，其次生维管形成层年复一年周期性活动，不断形成大量次生木质部，而初生木质部仅限在髓心附近。木材易于加工成各种形状，对电、热的绝缘性能好，并具有美丽的花纹和雅致的颜色；特别是经过防腐、阻燃、塑合等处理，可提高其材质和利用价值。

构造 因观察层次不同而分为粗视构造、显微构造和超显微构造等。①粗视构造。树干由树皮、形成层、木质部和髓心组成。在树干的中部，颜色较深称心材；在边部颜色较浅称边材。②显微构造。针叶树材主要由管胞、木射线和木薄壁组织组成；阔叶树材主要由导管、木纤维、木射线和木薄壁组织组成。③超微结构和化学组成。木材细胞壁由胞间层、初生壁和次生壁构成。胞间层主要为木质素；初生壁主要为半纤维素和木质素，纤维素仅含5%～10%；次生壁又分3层，主要是纤维素。

性质 ①物理性质。包括密度，吸湿性，胀缩性和声、电、热的传导性。②力学性质。指构件或结构木材能支承载荷的所有性质。木材作为一种各向异性材料，其力学性质要比均质材料复杂得多，木材的顺纹抗拉和抗压强度均较高，但横纹抗拉和抗压强度较低。③工艺性质。木材由于树种或构造的不同，及各种固有性质（物理、力学、化学）的差异，在加工过程中所表现的难易程度对加工工艺产生决定性影响，主要有切削性质、干燥性质、胶合性质、涂饰性质等。木材工艺性质对木材利用是一个不容忽视的问题。

分级 锯材按质量划分等级，通常按其表面可见的各种缺陷的大小和多少加以划分，称直观分级。为使木材利用简化和经济，将应力近似的锯材列为同一等级，称应力分级。木材质量和强度的无损检测需应用电子装置，根据测定木材的自振频率或传声速度，计算出木材的弹性模量，据此测出木材相关的抗弯或抗压强度。

用途 木材是森林的主产品，是当今世界四大材料（钢铁、水泥、塑料、木材）中唯一可再生的生物材料，具有强重比大、易于加工、对热和电的绝缘性好等优良特性，且在加工过程中对环境污染小、加工能耗低、废旧材料易于回收利用，是一种环境友善材料。随着科技的发展，木材加工技术不断提高，木材的利用范围越来越大。

木雕 wood carving 在木料上进行的雕刻，通常也指用木料雕刻成的雕塑工艺品。木雕的原料有硬木（紫檀、花梨、楠木）、龙眼木、黄杨木、樟木、柏木等。

沿革 公元前5300～前4800年的辽宁新乐文化遗址中出土的一件类似大鹏鸟形象的木雕，是迄今发现的最早的木雕。殷商时期的木雕，刻有饕餮纹，有的还髹漆。西周木雕品种有木俑、佛像、建筑装饰、墓葬祭祀品等。在湖南长沙、湖北江陵、河南信阳等地春秋时期的墓葬中，出土了大量的木俑、镇墓异兽木雕。秦汉时期，仍有不少墓葬木俑、车马、鸡、狗、猴座灯、独角兽等木雕。两晋南北朝，佛教盛起，木雕佛像开始流行。宋代，木雕造像更加兴盛。寺庙的木雕建筑装饰在唐代已很精细，至宋代更臻成熟。明清两代，木雕除佛像、庙宇建筑装饰外，在家宅、祠堂建筑装饰及木雕家具、小型圆雕陈设品等方面都有发展。

木雕遍布世界各国。古埃及时期的墓葬品，已有木雕的墓主和奴仆像。北美洲印第安人很早就制作木雕的图腾柱。在中世纪，欧洲木雕广泛用于教堂装修。欧洲文艺复兴后，木雕主要用于官邸和住宅的室内装饰及家具装饰。

品类　中国木雕主要有东阳木雕、黄杨木雕、金漆木雕、龙眼木雕，以及硬木雕刻、楷木雕刻、树根雕刻等。东阳木雕因产于浙江东阳而得名，以浮雕见长。黄杨木雕主要产于浙江温州、乐清，以小型圆雕人物作品为主。金漆木雕产于广东潮州，以镂雕见长，并饰以金箔。龙眼木雕产于福建，饰以髹漆。硬木雕刻以广州、苏州等地为主。楷木雕刻以山东曲阜著名，它以当地的楷木为原料，品种有手杖、人物等。

木蛾　Xyloryctidae; prochoryctis　鳞翅目木蛾科昆虫的统称。是体型相对较大的小蛾类昆虫。又称堆砂蛀蛾，因为其中有的种类蛀食植物枝茎，并在蛀孔周围吐丝结粪粒如堆砂状。世界已知有1 000余种，世界性分布，但印度-澳大利亚地区最丰富，已发现250多种。成虫头平滑，但有鳞毛；触角线状或部分呈栉状；下唇须长而向上弯

梅木蛾

曲，末节短。翅宽阔，前翅呈长方形，后翅不等边形。幼虫多卷叶或缀叶为害。典型种为梅木蛾（见图）。中国常见的种类是茶木蛾，在南方危害茶树、油茶和相思树。

木耳　*Auricularia auricula*; tree ear/wood ear　木耳科木耳属的一种。食用菌。又称黑木耳。中国常见的除黑木耳外，还有褐黄木耳、毛木耳和皱木耳。中国是木耳的主要生产国，产区主要分布在广西、云南、贵州、四川、湖北、黑龙江等地。

木耳的营养器官菌丝体无色透明；繁殖器官子实体可供食用，为富弹性的胶质，单生、聚生或簇生，耳状或贝壳状。木耳是腐生性真菌。人工栽培时靠培养基质中的纤维素、半纤维素和木质素为碳源，蛋白质等各种含氮物质为氮源生长。菌丝体生长的温度范围为5～35℃，最适温度为22～28℃；子实体发生的温度范围为16～32℃，适温为20～28℃。木耳喜湿润环境。小耳发生时要供水充足，空气相对湿度保持在90%～95%时生长发育快、耳片大、耳肉厚；低于80%会影响产量和质量。

木耳的蛋白质含量高达10%，且富含钙、磷、钾、铁等矿物质。除作蔬菜食用外，中国医药学认为具有益气强身、补血镇静等功效。木耳所含胶质有较强的吸附力，有清洁肠胃的作用，是纺织及矿山工人的保健食品。

木工机床　wood working machinery　从原木锯剖到加工成木制品过程中所用的各种切削加工设备。广义上属于机床范围。主要用于建筑、家具和木模等制造部门。按照加工方法和对象，木工机床主要分为木工锯机、木工刨床、木工车床、木工铣床、木工钻床、开榫机、榫槽机和木工砂光机，以及修整、刃磨木工刀具的辅机等。

木工机床一般由6个主要部分组成。①切削装置。用于使刀具作高速旋转运动。②进给装置。如滚筒、输送链等，用于送进木料或刀具。③导向和压紧装置。用于引导木料向刀具送进或压紧木料。④安全防护装置。⑤吸尘装置。⑥降低噪声装置。

木瓜　*Chaenomeles sinensis*; Chinese flowering-quince　蔷薇科木瓜属的一种。落叶灌木或小乔木。古称楂楂。常栽于庭园，树供观赏。中国山东、陕西和长江流域以南各地均有栽培。果实供药用，药材称光皮木瓜；也可蒸煮成蜜饯食用。株高5～10米。小枝紫红色或紫褐色。叶椭圆状卵形或椭圆状短圆形，有锯齿。花单生于叶腋，淡红色。梨果长椭圆形，淡黄色，味酸涩，有香气。种子多数。喜温暖湿润气候，忌严寒。用种子繁殖，培育8～10年后结果。10～11月果实成熟时采收。

同属植物贴梗木瓜，又称贴梗海棠。果实供药用，药材称皱皮木瓜。中国陕西和长江流域以南各地常见栽培，也有野生的。以分株和种子繁殖为主。培育5～7年后结果。9～10月果实转黄成熟时采收。趁鲜纵剖两片，蒸煮后晒干作中药，成分有皂苷、苹果酸、酒石酸、维生素C、黄酮类、单宁等。功能为和胃化湿、舒筋活络。主治吐泻腹痛、腓肠肌痉挛、湿痹、脚气、腰膝无力等症。

木荷　*Schima superba*; schima　山茶科木荷属的一种。常绿乔木。因花似荷花得名。又称荷树。木荷属约有30种，主要分布于印度、马来西亚。中国约有19种，分布于长江以南各省区1 500米以下山地。

树高可达30米，胸径约1米。叶革质，光滑无毛。两性花，白色，腋生或顶生。蒴果木质，扁球形。种子扁平，肾形，边缘有翅。适应亚热带气候。要求红壤、红黄壤、黄壤等酸性土壤，但以在肥厚、湿润、疏松的砂壤土生长良好。喜光，幼年树能耐庇荫。播种育苗造林，或天然下种更新。萌芽力强，也可萌芽更新。

木材结构均匀，加工容易，为纺织工业纱锭、纱管及其他镟刨细木工的上等用材；树皮和树叶可提制栲胶；叶片厚革质，可阻隔树冠火，南方林区多用作防火线树种。

木华黎　Muqali (1170～1223)　蒙古国开国功臣。札剌亦儿部人。世代为蒙古孛儿只斤氏贵族的臣仆。木华黎追随成吉思汗，参与统一蒙古高原各部的战争，累立战功。蒙古建国，木华黎被封为左手万户长。1211年后，随成吉思汗连年伐金，功勋卓著。1217年，成吉思汗准备西征，封木华黎为国王，命他统率札剌亦儿、弘吉剌、亦乞列思、忙兀、兀鲁兀、汪古等部及契丹、女真、汉军专门征金，连年向河北、山东、山西发起进攻。在这时期的军事行动中，木华黎改变了以往蒙古军春去秋来、一味屠杀抄掠的办法，决意长期占领，以汉族地主武装史天倪、史天泽驻真定，张柔驻满城，招降严实所据东平等五十四州县。1221年，与西夏联军攻陕西。1222年秋，又南下攻占山西未下诸州，渡河围攻长安、凤翔，因金兵固守，未克。1223年3月，回师山西，卒于闻喜县。

木屐　clogs　木底鞋。鞋面以麻、帛、棕或皮革制作，故又称帛屐、鞮屐等。见于世界许多国家和地区，主要流行于中国南方地区和日本。常见的木屐造型为鞋底前后各装一木齿（木条），形状有扁平、四方、圆柱等多种，起垫高鞋底的作用，防鞋底潮湿，又可行于泥地而不污脚。制作木屐可采用多种木质，硬木（胡桃木、水曲柳等）木屐造型美观，但因刚硬有损脚部皮肤；软木（桦木、杨木、桐木）木屐则养护双脚。中国木屐始于战国之前。最初为雨天用，后演变为一种便履，晴天亦可穿。无齿者称平底木屐。三国时，司马懿曾将平底木屐用于行军，可防蒺藜。晋代木屐盛行，男女皆穿。六朝兴穿齿屐（屐头分歧呈牙齿状）。南朝宋谢灵运创制的木屐，屐底前后装设活齿，上山去前齿、下山卸后齿，称谢公屐。唐代女子仍穿屐。宋代士人、百姓均穿木屐，妇女结婚时以屐为嫁妆，绘彩色图案，以五彩带系扎，此俗在南方一直延续到20世纪中叶（缠足女子不用）。哈尼、瑶等少数民族至今仍穿木屐。满族妇女所穿的木底旗鞋可算是一种特殊的木屐。

日本称木屐为下驮，音“咯哒”。鞋底为椭圆形木底，鞋面为人字形夹趾带，常与和服、达比足袋（分趾短袜）配穿。19世纪上半叶出现雪屐，木屐后部与屐底连为一体，前部用其他材料，宜用于雪地。16世纪，土耳其、意大利、西班牙出现高底鞋，底为跷状木跟，后来演变为高跟鞋。荷兰农民现在仍穿用整块木雕成的翘尖木鞋，造型朴拙，穿时配特制厚袜。英国爱尔兰的木屐舞（吉格舞）采用系带式木屐。

木槿　*Hibiscus syriacus*; shrub althea　锦葵科木槿属的一种。落叶灌木或小乔木。原产中国，全国大部分地区均有分布。常见

栽培观赏的变种有重瓣白木槿、重瓣紫木槿。木槿分枝多，稍披散。叶菱状卵形。夏秋季开花，花单性，腋生，花大，中型，单瓣或重瓣，有紫、粉红、白色。为暖地树种，喜光而稍耐阴，好水湿而又耐干旱，性喜湿润肥沃的中性土壤，微酸、微碱亦能适应。扦插繁殖简单易活。在园林中常用作花篱、绿篱，同时枝条柔软，作围篱可进行编制。也可丛植或单植点缀庭院，通过修剪可养成乔木形树姿。抗性强，可作有污染地区的绿化树种。

木卡姆 mukam 流传于中国维吾尔、乌孜别克、塔吉克族民间和国外阿拉伯地区的，具有统一调式体系的，以歌、舞、乐组合而成的传统古典大曲。15世纪已盛行于新疆各地。民间音乐家经常在习俗节日、喜庆婚礼和娱乐晚会里演唱。唱词多是民间歌谣、叙事诗，以及15世纪以来著名诗人纳瓦依、默罕买德·斯狄克的诗篇，内容多数是歌唱爱情，反映人民追求幸福生活的意愿等。

木刻 wood-cut 版画的一种，又称木版画。指用刀子或化学药品等在木板上雕刻或蚀刻后印刷出来的图画。

木兰科 Magnoliaceae; Magnolia family 双子叶植物纲一个较原始的科。广义的木兰科包括木兰亚科、八角亚科、五味子亚科、水青树亚科、鹅掌楸亚科等，狭义的木兰科指木兰亚科。共15属约260种，主要分布于北半球的亚洲东南部、北美东南部及中美。中国产11属约140种，主要分布于云南、广西、广东3省区。乔木或灌木，常绿或落叶。植物体具油细胞。单叶互生、全缘，稀分裂，托叶盔帽状包围顶芽，小枝具环状托叶痕。花两性，稀单性，单独顶生或腋生，萼片与花瓣6～21。聚合果的成熟心皮为蓇葖。种子1～10数颗。在中国北纬34°以南至海南岛是森林中主要上层树种。有些种类如合果含笑属，材质坚硬、刨面光滑、美观、抗虫耐腐强，为制造高级家具、重要建筑的上等木材。另有不少种类如香子含笑及野含笑的树皮、花、叶、果实的种子可供药用。还有一些种的叶、花芳香，可提香精浸膏、薰茶。木兰亚科种类花大艳丽、芳香，栽培供观赏。

《木兰诗》 *Narrative Poem of Mulan* 中国北朝长篇叙事民歌。又称《木兰辞》，《乐府诗集》列入《梁鼓角横吹曲》，云是“古辞”，并引陈释智匠《古今乐录》说：“木兰，不知名。”它的产生年代历来颇有争议。前人多认为隋唐间人作，而现代学者大多认为产生于北魏，创作于民间。

《木兰诗》记述了木兰女扮男装，代父从军，在战场上建立功勋，回朝后不愿做官，但求回家团聚的故事。诗中热情赞扬了这位奇女子勤劳善良的品质，保家卫国的热情，英勇战斗的精神，以及端庄从容的风姿。它对木兰的讴歌，显然冲击了封建社会重男轻女的偏见。它“事奇诗奇”（沈德潜《古诗源》），富有浪漫色彩，风格也比较刚健古朴。诗中用拟问作答来刻画心理活动，细致深刻；用铺张排比来描述行为情态，神气跃然；而运用精练的口语，不仅道出一个女子口吻，也增强了叙事的气氛，更显民歌的本色。它代表了北朝乐府民歌杰出的成就。《木兰诗》对后世影响深远。直到今天，舞台银幕上的木兰形象仍然激励人们的爱国情操。

木兰围场 Mulan Hunting Ground 中国清代皇帝狩猎之处。位于今河北省围场满族蒙古族自治县。木兰为满语哨鹿之意。原为蒙古喀喇沁、翁牛特等部牧地。康熙二十年（1681）辟为围场。环围1 300余里，东界昭乌达盟（今内蒙古赤峰），北邻克什克腾旗，西连多伦诺尔（今多伦），南接波罗河屯（今河北隆化）；北部为蒙古高原，中多丘陵，伊逊河流经其间，水草茂盛，林木参天，极宜于野兽繁殖孳生。围场设总管，沿围场边设卡伦（哨所），禁止民人入内。围场建立之后，康熙、乾隆、嘉庆三朝皇帝每年秋天来此围猎，谓之“木兰秋狝”。除随从之王公大臣、满汉兵丁外，内蒙古四十九旗、喀尔喀蒙古四部以及新疆天山北路之蒙古诸部及南路之维吾尔族首领，均轮班随围陪猎，谓之围班。行围之制甚严，既训练士卒，又联络蒙古各部。每次行围结束，例于张三营盛宴随围各部王公，并进行摔跤、赛马等活动，赏赐甚厚，视为盛典。道光以后，“秋狝大典”名存实亡，围场管理渐疏，树木多被砍伐，内地民人往往流入开垦种地。光绪二年（1876）就其地置围场厅。中华民国以后改厅为县。

《木兰秋狝图》（局部，避暑山庄博物馆藏）

木麻黄 *Casuarina equisetifolia*; horsetail beefwood 双子叶植物纲木麻黄科木麻黄属的一种。常绿乔木。又称短枝木麻黄。原产澳大利亚东北部、北部和太平洋诸岛及马来群岛等地的海滩和沙丘。中国于1902年引种于台湾恒春，现广东、广西、福建、浙江、海南及南海诸岛均有引种栽培。树高可达30米，胸径70厘米左右。树干通直，树皮深褐色，不规则条裂。小枝绿色，代替叶进行光合作用，称为叶状枝，节间短，长4～8毫米。叶退化呈鳞片状。花单性，同株或异株。聚合果椭圆形，小坚果具翅。喜光和炎热气候，并喜钙镁，耐盐碱、瘦瘠土壤。耐干旱，也耐潮湿。于碱性或中性的滨海潮积沙土生长最好。具根瘤，能固氮改良土壤。种子小，容器育苗造林效果较好。

材质坚重，经处理后，供建筑、家具用材和用作出海渔船的底板。也可制浆造纸。树皮含单宁8.8%～18%，为栲胶原料，也可制备染料。枝叶可喂养牲畜，种子可饲家禽。树冠塔形，姿态优雅，为庭园绿化树种。

木棉科 Bombacaceae; bombax family 双子叶植物纲五桠果亚纲的一科。有20属150种，是热带所特有的科。中国仅有木棉属1属2种。木棉，又称攀枝花，产云南、贵州、四川、广东、广西、福建、台湾等地；长果木棉，产云南西双版纳。通过引种已在中国栽培的有轻木属、吉贝属、榴莲属、瓜栗属、猴面包树属5属。乔木，茎干粗大，有粗刺或无刺，有黏液腔。叶互生，单叶或掌状复叶，托叶早落。花两性，萼在花芽中闭合，常有副萼；花瓣5枚或有时缺；雄蕊分离或合生，常有退化雄蕊；子房上位，2～5室。蒴果大，室背开裂或不裂；种子多数，包藏于果内壁所长出的毛茸中，种子有时有假种皮。

木棉科以其木材质地轻软而著名。如轻木为世界上木材中最轻的一种，供航空工业等用。木棉、长果木棉和吉贝等果实内富于棉毛纤维，但韧性差，无弹力，不能供纺织，常作为枕头、垫褥、救生器材等的填充料。榴莲是热带名果，有异味，可供食用。瓜栗属的瓜栗的果皮未熟时可食，种子可炒食。发财树为近年引进的观赏树。猴面包树的未成熟果皮可食。木棉因花大而艳，又称英雄树，在热带、南亚热带普遍栽培供观赏，中国广州市已选其为市花。

木乃伊 mummy 在人工或自然条件下长久保存的干尸。“木乃伊”一词源自波斯语，原意为蜡，欧洲人用以指古埃及涂抹防腐香料保存至今的尸体，中国自明代音译为木乃伊。古埃及宗教习俗极重视遗体保存，在第2王朝即开始制作木乃伊。方法是先将尸体内脏挖出，在腹腔填以乳香、桂皮等

埃及幼儿木乃伊

香料，缝合后把尸体浸入特制的防腐液中，70天后取出，再裹上麻布，填以香料，涂上树脂，遂成为完整的木乃伊遗体。木乃伊的制作表明，古埃及人已掌握医学、生理学、化学和解剖学等多方面的知识。保存了数千年的木乃伊，还为现代人了解当时人的身体情况和疾病流行的情形提供实物。埃及气候干燥，木乃伊极易保存，虽古王国金字塔中的法老木乃伊因盗掘破坏而无存，新王国以后的木乃伊存留至今的仍有不少，其中包括一些著名法老的遗体。类似埃及木乃伊的干尸在其他民族的墓葬中亦有发现，著名的有北亚**巴泽雷克冢**中的木乃伊，南美安第斯山区古印第安文明遗址的木乃伊（在马丘比丘遗址墓穴壁龛中曾发现木乃伊173具），中国新疆也发现有古代木乃伊。

《木偶奇遇记》 *Le Avventure di Pinocchio: Storia di un Burattino* 意大利作家C.科洛迪的一部童话作品。写于1880年。老木匠吉贝托从朋友那里得到一块能笑会哭的木头，把它做成小木偶，取名皮诺基奥（又译皮诺曹），当作自己的儿子。它刚学会走路，就从家里逃走了。警察帮忙找到了它，却把吉贝托关进监狱，他回家发现木偶的脚被烧坏，又重新给它做了一双脚。并买来识字课本，让儿子去上学。可皮诺基奥在上学的路上卖掉课本去看戏。在回家路上遇见了狡猾的狐狸和猫，被骗把剧院老板给他的金币拿到愚人国种金币。金币被狐狸和猫偷走，自己却被法官送入牢房。出狱后发现曾救过他性命的小仙女的墓碑；听说父亲准备过海寻找儿子。皮诺基奥看见大浪吞没了父亲的小船，纵身跳入大海相救。它游到一个岛上，又见到已长成大人的仙女，就认她为妈妈。在妈妈的教导下，他逐渐改正缺点，但它又被一个名叫“灯芯”的顽皮伙伴引上了歧途，变成了一头驴，被卖给了马戏团。最后还是仙女把它由驴重新变成木偶。木偶在海里被大鲨鱼吞食。它在鲨鱼肚子里意外见到父亲。他们寻找机会逃出来在海边的一间小屋住下。小木偶每天出去做工，挣钱养活父亲，晚上还读书学习。一天，他梦见仙女原谅了它从前调皮捣乱的行为。梦醒时发现自己不再是木偶而是一个真正的少年了。

作品想象丰富，情节惊险，风格幽默，极具可读性。木偶皮诺基奥是世界文学中不朽的艺术形象。

木偶戏 puppet show 表演者在幕后操纵木制（包括其他材质）偶人表演的戏剧形式。又称**傀儡戏**或人形剧。据文献记载、考古发现和现存原始部族的木偶艺术推断，木偶戏起源于原始偶像崇拜、宗教仪式。后来又与民俗紧密结合，最后才演变为一种大众的戏剧形式。

世界各地的木偶戏 中国、印度、希腊等文明古国，是木偶戏形成较早的区域。

中国早在西汉（公元前206～公元25）已经出现了由13根木条组成的活动大木偶（通高193厘米，山东莱西汉墓出土），当时已有能活动的木制乐舞俑。最晚在北齐（550～577）出现了表演代言体故事的木偶戏。唐宋时期中国木偶戏进入成熟期，各种类型的傀儡戏成为大众喜好的艺术，在宗教、民俗中也担任着重要角色。明清时期则成为遍布全国各地、异彩纷呈的地方戏曲的重要品种，它的多样性和高超的操纵技巧享誉海内外。

印度古代讲故事的人运用图画和傀儡表演作说明。写于公元前160～40年间的《大疏》中就有此类资料。有学者认为，木偶戏的表演与印度戏剧起源有关。在印度许多传说故事中有木偶人物，而它们的神奇本领反映了木偶技艺的精巧和神奇。古代印度的木偶艺人被称为修多罗达罗，意为引线匠。印度古典戏剧的舞台监督也被称为引线匠，有的研究者以此作为印度古典戏剧来自古代木偶戏的根据之一。现代印度的木偶戏像中国一样，各省都有自己的特色。

印度尼西亚的木偶戏亦很发达，1174年左右在东爪哇末末囊王国出现了用棕榈叶制成的用于表演的木偶，称为“瓦扬·塔尔”，后发展为“瓦扬·戈勒克”，至今仍活跃在巴厘岛上。瓦扬·戈勒克是三面体傀儡，木制，着彩色布衣，约1.5英尺高。所演故事主要来源于印度的《摩诃婆罗多》和《罗摩衍那》，从中可以看到印度的影响。

东南亚地区的泰国、缅甸、越南、高棉都有各具特色的木偶艺术，它们有的受印度和印度尼西亚的影响，有的则直接由中国传入，如越南有一种在水上表演的傀儡戏，源于中国的水傀儡，是亚洲偶戏中很独特的一种表演形式。

早期提线木偶头与掌中木偶头

日本17世纪出现古代演唱艺术与木偶表演结合的人形净琉璃剧，成为日本民族戏剧重要的一支。现代日本的木偶剧团以铜锣剧团和东京的影法师剧团较有名。

欧洲的木偶表演，在古希腊、罗马时代已经开始。中世纪意大利演出木偶戏的地方叫彭奇·裘狄戏院。英国、法国、德国的木偶戏在17世纪先后兴盛。当时有许多作家编写过木偶剧本，法国的**伏尔泰**，德国的J.W.von**歌德**都是木偶戏的爱好者。现代意大利西西里岛的木偶戏依然在表演中世纪的战争和游侠骑士的浪漫爱情故事。比利时的提线木偶是北欧独特的偶戏，以前主要在地下室的小剧场演出。捷克的木偶艺术亦很发达，是欧洲现代提线木偶文化的中心。非洲和美洲都有不同风格和表演方式的木偶戏。非洲马里有非洲最古老的提线/杖头偶戏，戏棚巨大。北美洲西北部的印第安人在宗教仪式中戴上面具舞蹈，同时利用绳索操纵傀儡表演。哈皮族印第安人崇拜的精灵叫卡奇纳，每年的卡奇纳仪式中，舞蹈者都要制作一个高约一尺的卡奇纳娃娃，在仪式中舞动。

木偶戏的操纵分类 作为人类一种驭物为灵的艺术，操纵技巧的高低是其艺术表现力的重要基础。根据木偶的结构和演员操纵方式的差异，世界各国木偶大体有提线木偶、杖头木偶和手套木偶三类，以提线木偶最为普遍。中国泉州的提线木偶发展最为完备，偶人的头、背、腹、手臂、手掌、脚趾等关节各缀丝线，最多36根，演员拉动丝线以操纵木偶的动作，故而又称线偶或线戏，古代也称悬丝傀儡。杖头木偶又称托偶、托棍木偶，在木偶头部及双手部位各装操作杆，头部为主杆，称命杆，双手为侧杆，称手杆。手套木偶的偶人高27～40厘米，头部中空，颈下缝合布内袋连缀四肢，外着服装，演员手掌伸入布袋内作为偶人躯干，食指、拇指、中指分别撑起头部和左右臂，操纵偶人做出各种惟妙惟肖的拟人动作，偶人双脚可用另一只手拨动，或任其自然摆动。20世纪30年代以后，木偶戏进入电影、电视，成为各国儿童喜爱的艺术。在中国、俄罗斯、捷克、斯洛伐克、保加利亚、法国、日本等国，都有著名的木偶艺术家。1929年，国际木偶协会成立，到80年代，其成员已有50多个国家，由其举办的国际木偶艺术节，是木偶艺术界的国际盛会。

木琴 xylophone 击奏体鸣乐器。主要流行于东南亚、非洲和中南美洲民间的旋律性打击乐器。木琴的基本结构是以若干不同长度的音条按钢琴的黑白琴键那样排列成两行。优良的木琴常用热带的红木和花梨木等硬质材料制成。演奏者双手执一对球形头的琴槌敲击，可发出音阶半音。槌头的软硬影响音色。管弦乐队中使用的木琴通常有一组固定在木条下面的金属管，起共鸣的作用。木琴的音域从中央C向上

木琴外形图

有3～4个八度，实际音高比记谱高1个八度。另外一种木琴是横排式，音条分4行排列成梯形，槌形似一把长柄勺。木琴最早在14世纪的非洲和爪哇的乐队中被发现，16世纪的欧洲被使用，但仅用于特殊效果。直到19世纪中叶，它主要是作为一件新奇的乐器由表演者用于音乐会上，很少在其他地方使用。19世纪后半叶，它进入大多数交响乐队的打击乐组。

木虱 Psyllidae; jumping plant louse 同翅目木虱科昆虫的统称。体小型，活泼，能跳。头短阔。有复眼，单眼3个。触角细长，10节。喙3节。前胸小，中胸背板大。前翅有1条3分支的脉纹，每支再分叉。后足基节腹面有1疣状突起；胫节有端刺；跗节2节；有中垫。渐变态。幼虫体极扁，体表覆被蜡质分泌物。多危害木本植物，重要的有危害梨树的中国梨木虱和危害桑树的桑木虱等。

木薯 *Manihot esculenta*; cassava 大戟科木薯属的一种。多年生亚灌木。又称树薯。为热带和亚热带地区重要的粮食和饲料作物，与马铃薯和甘薯并称为世界三大薯类作物。

木薯原产热带美洲。中国于19世纪20年代引种，现在淮河秦岭一线以南、无霜期在8个月以上、年平均气温16℃以上的地区多有栽培；而以广东、广西种植较多。

木薯茎直立，木质，高1～3米。块根肉质，圆锥形、圆柱形或纺锤形。叶互生，掌状深裂，裂片披针形、椭圆形或条形。圆锥花序顶生或腋生，单性花，雌雄同株，植后3～5个月始花，也有些品种不开花。蒴果球形，种子褐色，光滑有斑纹。适应性强，耐旱、耐瘠，在平原、荒坡、山地或丘陵，不论砂土或黏土都能生长。以气温25～29℃、年降水量1 000～1 500毫米且分布均匀的温暖湿润环境为最适。

一般用种茎扦插繁殖。中国多在2～4月间进行。株距0.8～1米。穴栽时平放、斜插或直插均可。鲜薯易变质腐烂，收获后应尽快加工成淀粉、干片、干薯粒等。

鲜薯（块根）含淀粉25%～35%，是热带地区的重要食粮，也可用以制浆料、酒精、果糖、葡萄糖、味精或塑料纤维、塑料薄膜、涂料和胶黏剂等。叶片营养丰富，可作猪、蚕、鱼等的饲料。鲜薯肉质部分经浸水、干燥等去毒处理后方可食用或饲用。

木糖 xylose 五碳单糖，木聚糖的一个组分，分子式$HOCH_2(CHOH)_3CHO$。木聚糖广泛存在于植物中。木糖也存在于动物肝素、软骨素和糖蛋白中。在自然界未发现游离状态的木糖。α-D-木糖味甜，呈细针状结晶；熔点153～154℃，有变旋现象，比旋光度$[\alpha]_D^{20}+92 \rightarrow +18.6$（16小时，10克/100毫升水）。α-L-木糖的熔点141～143℃，$[\alpha]_D -79 \rightarrow -19$；它一般由六碳糖经化学降解，或者由L-阿拉伯糖经差向异构化反应制得。玉米芯、花生壳等农产品废料，用8%硫酸煮沸，很容易析离α-D-木糖。木糖是生产木糖醇的原料，一般不能被通常的酵母发酵，而多种细菌能食用木糖，生成许多重要产物，如乳酸和乙酸。

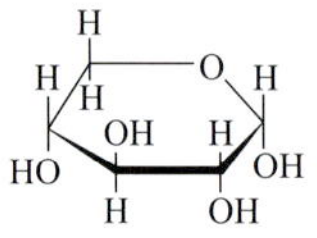

α-D-木糖(吡喃糖式)

木糖醇 xylitol 木糖衍生出的糖醇，分子式$C_5H_{12}O_5$。在自然界存在于木莓、草莓、菜花、菠菜等植物中，含量甚低。木糖醇是D-葡萄糖代谢的重要中间体。亚稳态结晶木糖醇的熔点61～61.5℃；稳定态结晶木糖醇的熔点93～94.5℃。木糖醇是内消旋体，是已知最甜的糖醇。工业生产木糖醇大都用含有木聚糖的玉米芯、甘蔗渣、棉子皮、桦木片等，以化学或微生物酶的方法水解制取D-木糖，再由D-木糖在压力下催化加氢制备。木糖醇的代谢通过葡萄糖醛酸途径，不需要胰岛素参与，因此适做糖尿病人的食品。食用木糖醇可减肥，还具有抗龋和防龋的特性。木糖醇结晶溶解时吸收热量，在嘴里有清凉感觉，能增加薄荷、柠檬、留兰香食品的风味。

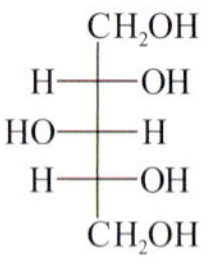

木通科 Lardizabalaceae; lardizabala family 双子叶植物纲木兰亚纲的一科。约50种，分布在喜马拉雅区至日本和智利。中国有40余种。主产秦岭以南各省区。木质藤本，稀为灌木。叶互生，掌状复叶，少数为羽状复叶，叶柄基部和小叶柄的两端常膨大为节状。花辐射对称，常排成总状花序；萼片6，花瓣状，排成2轮，有时3；花瓣缺，或为蜜腺状；雄蕊6；雌花中有退化雄蕊6或无；心皮3，有时6或9，分离，子房上位，1室。果实肉质，有时开裂。有些种类供观赏用；有的作食用或药用，如木通。

木通

木桶原理 wooden bucket theory; short-board effect 以木桶盛水道理来阐释的提高系统中最薄弱环节的水平，以发挥系统的整体优势的理论。木桶由若干木片组成；木桶最大容量，不是取决于最长的那块木片，而是取决于最短的那块木片。要想使木桶里的水盛得多一点，就应加长最短的木片或以长木片更换之。这一原理表明：①在制造木桶时，一定要考虑木板的长短关系，尽量将等长的木板组合在一起。②要想提高木桶的整体效益，就必须将较短的木板补齐。在企业管理方面，“木桶”不仅可象征一个企业、一个部门、一个班组，也可象征某一个员工，要想提高“木桶”的最大容量即整体实力和竞争力，必须提高“最短木板”的长度即最薄弱环节的水平，否则将徒劳无功。

木犀科 Oleaceae; olive family 双子叶植物纲菊亚纲的一科。共27属400余种，广布于温带和热带各地。中国有12属178种，分布于南北各地，主要有流苏树属、雪柳属、连翘属、梣属、素馨属、女贞属、木犀榄属、木犀属和丁香属等。常绿或落叶乔木或灌木，有时为藤本。叶对生，很少为互生（素馨属内少数种），单叶或羽状复叶，无托叶。圆锥花序、聚伞花序或花簇生，顶生或腋生，花辐射对称，两性或有时为单性（梣属、木犀属）；花萼通常4裂，花冠合瓣，4裂，有时缺；雄蕊通常2枚；子房上位，2室。果实为核果、蒴果、浆果或翅果。

木犀科有经济用途的种类很多，如供药用小叶白蜡树的树皮（秦皮），连翘、女贞的果实；桂花和素馨的花为优良的食用香料，常用作提取浸膏或香精。梣属中的几个种及女贞可放养白蜡虫，以取白蜡。木犀榄（即油橄榄）果实可榨油，供食用、药用或工业用。女贞、素馨、桂花、梣、丁香、连翘等属中的大多数种类，以及雪柳、流苏树等，均为常见的观赏和绿化树种。梣属中的许多种为著名的用材树种，如水曲柳，树干通直，边材黄白色，心材褐黄色，材质光滑，坚韧致密，纹理直，花纹美，是一种珍贵的用材，适用于制作上等家具、室内装修、仪器及航空、航海器材等。

木下顺二 Kinoshita Junji (1914-08-02～2006-10-30) 日本剧作家。生于东京。曾在东京大学英文科学习。1946年开始发表

作品。他的剧作可分为现代题材剧和民间故事剧两类。现代题材的作品有《山脉》(1949)、《暗淡的火花》(1950)、《蛙升天》(1951)、《在本国》(1959)、《被叫做奥托的日本人》(1962)、《冬天时代》(1964)等，一般都从正面剖析社会问题，力图使戏剧本身的内在规律与生活逻辑相统一。民间故事剧有《红战袍》(1947)、《三年寝太郎》(1947)、《夕鹤》(1949)等。《夕鹤》是日本战后最优秀的剧作之一，它保持了民间故事简洁明了、善恶分明的特点，又通过人物设计和情节安排上的巧妙构思使其更富于戏剧性，演出达千场以上，还被改编为歌剧和能剧。1978年，木下顺二整理发表了朗诵剧《子午线祭》，在演出中通过灯光变化描绘人物内心世界，推动情节，台词则亦文亦白，把话剧、能剧、狂言、歌舞伎等艺术结合在一起，是一出风格独特的作品。

木香 *Aucklandia lappa*; common aucklandia 菊科云木香属的一种。多年生草本植物。根供药用。原产印度。现主产于中国云南，又称云木香。四川、湖北、陕西、河北、山东等地亦有栽培。

主根粗壮，圆柱形。基生叶颇大，茎生叶较小。头状花序单生或数个丛生于花茎顶端或叶腋，夏季开花，花紫色。8～10月结条形瘦果。喜凉爽湿润气候，耐寒。苗期忌强光，需荫蔽。一般选择土层深厚、肥沃疏松的中性、微酸性土壤栽培。忌连作。用种子繁殖。第三年10月挖起根部，晒干后即可作药用。根含挥发油、树脂、广木香碱、菊糖等，有降压、解痉、抗菌作用，并有行气止痛、温中和胃功能，主治中寒气滞、胸腹胀痛、呕吐泄泻、痢疾等症。

木星 Jupiter 太阳系八行星之一。太阳系中最大的行星。中国古代称“岁星”，西汉之后始称“木星”。“冲日”时亮度达−2.9视星等（见星等），是夜空最亮恒星天狼星亮度的3.5倍。

公转和自转 木星与太阳之间平均距离约为5.2天文单位(AU)。木星公转轨道在小行星带外侧，是外太阳系中离太阳最近的一个行星。木星轨道偏心率e为0.05。与太阳距离的变化幅度是：近日距为4.95AU，远日距为5.45AU。公转轨道

从木卫一看木星

和黄道面的夹角1.30°，所以在天球上木星的运行轨迹与黄道的偏离很小。它的平均轨道速度13.06千米/秒，不及地球的(29.79米/秒)一半。公转周期是11.87个地球年，约为4 330个地球日。木星赤道面与公转轨道面的倾角很小，等于3.12°，在八行星中仅略大于水星的轨道交角。由于公转轨道和赤道与黄道的倾角都很小，所以在地球上总是以很小的视角侧看木星的极区。木星自转周期为9时50分至9时56分，是自转速率最快的一个大行星。

理化状况 木星是类木行星的典型代表。赤道半径71 492千米，约为地球的11.2倍。由于自转快，赤道半径明显大于极半径，椭率0.062。质量约为地球的318倍，超过除太阳外的太阳系其他天体质量的总和。在大气压1帕处的表面重力加速度24.8米/秒^2，逃逸速度约60千米/秒，也都是八行星中最大的。体积约为地球的1 318倍，超过其他三个类木行星（土星、天王星和海王星）。平均密度很低，仅为1.31克/厘米^3，不及地球的1/4。它与类地行星大不相同，成分主要是氢、氦等轻元素。木星大气厚达1 000千米，但和巨大的体积相比，仍只能算是薄层。大气中氢占89%、氦11%、甲烷0.2%。大气上层接受的太阳热量为地球的3.7%，气温约−140～−150℃。反照率为0.52。

“大红斑” 早在伽利略时代，天文学家即发现南北两半球上沿赤道带分布的、形态多变的条带状和斑纹状的云系，风暴的时速达300～500千米。1664年，旅法意大利天文学家G.D.卡西尼(1625～1712)首次用长焦距折射望远镜观测到位于木星南半球的椭圆形“大红斑”。“大红斑”的宽度相当恒定，约有14 000千米，但长度在几年内就能从30 000千米变到40 000千米。21世纪初，又观测到一个形体略小的红斑，称为“小红斑”。现公认“大红斑”和“小红斑”都是个风暴气旋。在八行星中，木星拥有最强的磁场，表面场强是地球的14倍，磁矩是地球的20 000倍。还有最强大的磁层、广袤的辐射带、壮丽的极光，并是很强的分米波和十米波射电源。推测核心处为一个半径约只有木星半径5%的铁−硅核，温度达30 000K。其外是厚度达木星半径60%的液态金属氢壳层，再往外是厚度占木星半径35%的液态分子氢壳层。金属氢和分子氢的过渡区温度约11 000K，压力达300万个地球大气压。最上层则是木星大气，厚度达1 000千米。

木星环 为“旅行者”1号行星际探测器于1979年飞掠木星时发现，是继土星和天王星之后，观测到的第三个拥有环系的行星。环系由亮环、暗环和尘环三部分组成，又窄又薄，离木星又近，绕转木星一周约需7小时。整个环系的宽度约9 000千米，约为木星半径的12%。

木星卫星 木星拥有成员众多的木卫族。最大的四个卫星是伽利略在1610年用他手制的折射望远镜首次观察木星时发现的，按与木星的距离由近及远，它们是木卫一(Io)、木卫二(Europa)、木卫三(Ganymede)和木卫四(Callisto)，后世称之为伽利略卫星。最大的木卫三（直径5 270千米）比水星还大。木卫四（直径4 800千米）和木卫一（直径3 640千米）虽比水星小些，但都大于月球。最小的木卫二（直径3 130千米）仍大于矮行星冥王星。木卫一离木星太近，在强大引力作用下变成椭球状，还不时有猛烈的火山喷发。木卫二的表面是一层冰水圈，或许有某种形态的生命。木卫三的地貌显示曾经历过激烈的板块活动，或许有过水，它也被视为可能具备生命诞生条件的天体。伽利略卫星因其质量大和体积大，称为行星型卫星。到21世纪初已知的木卫总数达63个。这些小木卫的轨道椭率大，与木星的赤道面夹角大，绕木星运行的方向既有逆行也有顺行，可能多是被木星俘获的小行星。

空间探测 迄今已有六个行星际探测器造访或顺访过木星。“伽利略”号木星探测器于1989年由航天飞机送入太空。1994年在驶向外太阳系之际，正值出现彗木碰撞事件，“伽利略”接受临时的额外任务，从地基天文台和哈勃空间望远镜都不可能有的视角，及时而出色完成观测使命。1995年飞抵木星区域，在成为第一个绕木星运行的人造天体的同时，将一个子探测器投下一路测量温度和气压，历时1小时多，行程610千米。“伽利略”探测器则按指令直到2001年初已取得了大量有关木星大气结构、云系动态、磁层环境等资料，以及伽利略卫星的近距离图像。

木雅语 Muya language 中国四川省自称“木雅”的藏族使用的语言。主要分布于甘孜藏族自治州和雅安地区环贡嘎山的康定、九龙、石棉等县。属汉藏语系藏缅语族羌语支。分东部和西部两个方言，差别较大，彼此不能通话。木雅语有50个声母，包括清、清送气、浊、鼻浊4套塞音和塞擦音，有小舌部位的塞音鼻音和擦音。有43个韵母，其中有27个单元音和16个复元音，单元音中分松紧和鼻化、非鼻化。有5个声调。西部方言有丰富的藏语借词，东部方言有较多的汉语借词。语法以黏着和屈折形态为主要表达手段，辅之以助词和词序。句子的基本语序为主语−宾语−谓语，名词、代词做修饰语时在中心词前，形容词、数量词做修饰语时在中心词后。

木鱼 fish-shaped woodblock 击奏体鸣乐器。主要用于中国戏曲、曲艺、民间器乐合奏及佛教音乐中。木鱼多用桑木或椿木

制作，其形制为团鱼状，中腹刳空，如鱼张巨口，以利共鸣，用圆头小木槌击奏发音。木鱼大小不一，一般直径7～16厘米不等。佛寺所用大木鱼，长约70厘米。民族管弦乐队所用的木鱼，为按五声、七声或十二平均律排列的编组木鱼。编组木鱼也常用于欧美伴舞乐队和爵士乐队。

木鱼原系佛教法器。相传佛家认为鱼昼夜不合眼，故刻木为鱼，敲击以警戒僧众昼夜修行。佛教所用木鱼有两种：一种是整条的长鱼形，僧众斋饭、集合时击用；一种是团鱼状，僧人诵经、礼佛时用。

木鱼歌 中国曲艺曲种。简称“木鱼”，又称“摸鱼歌”。流行于广东省珠江三角洲、西江、南路和邻近的广西壮族自治区东南一带。木鱼歌开始流行于明代晚期，进入清代后十分兴盛。早期的木鱼歌表演没有说白，均为粤语唱叙，唱词随演随编。后来受粤曲、南音和龙舟歌等影响，才穿插说白。节目通常分为若干回目，开头第一段叫冒头，叙说全书大意，介绍人物和背景；接着是正文，随着情节的发展，一直铺陈到故事告一段落，即是尾声。冒头和尾声都用四句曲词组成。演唱时多用二胡、古筝、琵琶、三弦伴奏；没有乐器时也可用竹板击节。有“正腔”与“苦喉”两种曲调。正腔曲调爽朗，适于表现欢快喜悦的情绪；苦喉曲调沉郁，适于表现缠绵悲恻之情。木鱼歌的曲本随着木鱼歌演出影响的增大而被广泛记录和传抄，甚至刊印成书，称为“木鱼书”。木鱼书的刊本和抄本很多，有记载可查的约有500部，内容多样而良莠杂陈。传统的木鱼书曾被按艺术水平及影响列出11部所谓的“才子书”，其中《花笺记》和《二荷花史》得到的评价最高，都曾被校订出版。

木原均 Kihara Hitoshi (1893-10-21～1986-07-27) 日本植物细胞遗传学家。生于东京，卒于横滨。1918年在北海道帝国大学农学系毕业后留校。1920年到京都大学任教。1924～1927年留学德国、英国和美国。1944年任日本遗传学会会长。木原均论证了普通小麦起源于二粒小麦与山羊草杂交后染色体的自然加倍。最先提出染色体组分析；并创用同源多倍体和异源多倍体两个术语，以区分多倍体中染色体组的不同来源。在植物的应用遗传学方面，他用人工四倍体西瓜与二倍体西瓜杂交制种，1951年创造出无子的三倍体西瓜。先后获得日本的学术奖赏和其他国家的许多荣誉学术称号。主编的著作有《小麦的研究》(1933)、《细胞遗传学》(1949)等。

木贼 *Equisetum hyemale*; common scouring rush 蕨类植物门木贼科木贼属的一种。多年生草本。分布于中国东北、河北、陕西、甘肃、新疆和四川等地。地上茎绿色，高40～100厘米，通常单一，偶基部有1～2分枝，具明显的节和节间，节间中空，粗糙。具地下根状茎，黑褐色。叶退化成鳞片状，轮生，侧向彼此联合成圆筒形叶鞘状。孢子叶穗长圆形，生于茎的顶端。孢子叶为特化的孢囊柄，孢子囊长筒形。孢子同型，外壁特化成弹丝。生于山坡湿地或疏林下。全草可药用，有收敛止血、利尿、发汗之效。还可作金工和木工的磨光材料。

目连戏 Mulian opera 题材取自佛经的戏曲。搬演目连救母故事。剧情大致为：傅相为善，广济孤贫，斋僧布道，死后升天。其妻刘青提不敬神明，违誓开荤，被打入地狱受苦。其子傅罗卜为罗汉下凡。西天佛祖嘉其孝义，许其皈依沙门，赐名大目犍连（即目连）。目连为救母出难，亲下地狱，遍寻十殿，历尽磨劫，终得重逢，共升天界。大目犍连是释迦牟尼十大弟子之一。西晋竺法护译《佛说盂兰盆经》有目连救母情节，但很简单。历经唐、五代变文的传讲、衍化，人物和故事都逐渐丰富，且将其中国化、世俗化。如现存敦煌写本《目连缘起》、《大目乾连冥间救母变文》、《目连变文》等，情节已渐完备。北宋时，都城开封已有连演七天的杂剧。其后，目连戏的演出一直绵延不绝，薪火相传。明代

明代徽州高石山房目连戏文雕版

有徽州庠生郑之珍(1518～1595)据民间演出本改编整理的100出《目连救母劝善戏文》传世。清乾隆时期，内廷编演的《劝善金科》有240出，10天演完。直到20世纪，安徽、湖南、福建、江苏、浙江、江西、四川、山西等地，还有目连戏班或能演出整本目连戏的戏班。成本大套的目连戏，实际上是以目连故事为主线，穿插许多小型节目，如《尼姑思凡》、《哑背疯》、《王婆骂鸡》、《无常》、《女吊》之类；也可以有一些以宣扬忠孝节义为主题的与目连故事并无直接关联的中型节目，如《蜜蜂头》、《攀丹桂》等；更有甚者，则可包括《岳飞传》、《封神榜》、《香山记》等大戏。目连戏的唱腔为高腔，以鼓击节，锣钹伴奏，保存了一些古老的曲牌和唱腔。演出时百戏杂陈，而舞台上下演员与观众的交流，更是灵活自由，花样百出，表现手段非常丰富。作为一种相当复杂的艺术现象，目连戏在20世纪80年代以来广为国内外研究界关注。

目录学 bibliography 研究文献目录工作形成和发展一般规律的科学，是目录工作实践经验的理论概括和总结。中国11世纪已有“目录之学”的称谓，当时称熟知文献、擅于利用目录增进学识的人为知目录之学。清乾隆时期是古典目录学的鼎盛时期，目录学被称为显学。宋代郑樵的《通志·校雠略》和清代章学诚的《校雠通义》是中国有关目录学的重要著作。在欧美，17～18世纪，逐步形成了近代书目与目录学的基本概念。目录学的内容，主要包括文献的揭示与记录，书目索引编制法，书目情报服务以及目录学史等。目录学的分支学科包括：普通目录学，研究目录学的一般原理，编制书目索引的基本方法；专科目录学，研究各学科文献的积累、整理和利用；比较目录学，研究中外目录学发展的特性。此外，还有侧重于对图书版本状况进行考证研究的分支学科，称版本目录学。

目瑙节 Munao Festival 中国景颇族传统节日。流行于云南德宏地区。原为区域性的带有宗教含义的活动，即为祭祀景颇族

景颇族载歌载舞欢度目瑙节

信仰的天神“木代”鬼而举行的仪式，后演变为大型群众性歌舞活动。节日时间一般在农历正月十五之后的9天之内，选双日举行，可延续2天、4天或6天。节日期间，在场地中央高竖目瑙柱，柱上画有象征景颇先民从西北高原南迁路线的图案及创世功绩的纹饰。柱前立活竹高竿，表示生命常青。欢庆的人群围绕着中心跳名为目瑙纵歌的舞蹈，场面壮观。如今的目瑙节增加了商品贸易，成为当地各民族的新春联欢盛会。在国外，缅甸的克钦人也有举行目瑙盛会的习俗。

仫佬语 Mulao language 中国仫佬族使用的语言。属汉藏语系壮侗语族**侗水语支**。**仫佬族**主要分布于广西壮族自治区罗城仫佬族自治县及其附近的柳城、忻城、宜山等县。无本民族文字，绝大多数人通汉语文。仫佬语清塞音、清塞擦音声母分不送气和送气两套。有腭化和唇化声母。元音音位多，部分元音有长短对立，有8个韵尾。有6个舒声调和两个促声调。虚词和词序为表达语法意义的主要手段。以名词或量词为中心的修饰词组，除数词在量词前、数量词组在名词前外，修饰成分多在中心词后。主语在谓语前，宾语在动词谓语后，补语一般在宾语后。有大量**汉语**借词。

仫佬族 Mulao 中国少数民族。分布在广西中北部的部分地区。人口207 352(2000)。使用**仫佬语**。大多数人兼通汉语，部分人会说壮语。无文字，通用汉文。源于古代的“僚”和“伶”的一支。“僚”在晋代就已出现，唐宋以后出现“伶”和“僚”同时活动。清代文献称“伶人又名僚，俗名姆佬”。中华人民共和国建立后通称仫佬。主要从事农业，以种植水稻为主，山区种植玉米、豆类、花生、棉花、瓜类等。仫佬山乡有煤乡之称。用煤渣和白沙混合烧制的各种瓦罐，成为独特的民族传统工艺品。善唱山歌，随编随唱。衣服尚青色。女穿大襟衣、长裤，梳辫结髻。男着对襟上衣、长裤。主食为稻米、玉米、薯类等。喜食酸辣食品。一般住泥墙瓦顶平房。男女一般在社交活动的“走坡”中相识，自由恋爱，自主成婚。实行土葬。特殊节日有婆王节、牛节、后生节、依饭节。以信奉道教为主，也信奉佛教，还有祖先崇拜、鬼神崇拜。1984年建立了罗城仫佬族自治县。

仫佬族女子

沐英 Mu Ying (1345～1392) 中国明代开国功臣，军事将领。字文英。定远（今属安徽）人。8岁时孤，朱元璋抚为子，改朱姓。洪武元年(1368)二月，从大军征福建，遂守闽中，三月，命复沐姓。三年授镇国将军，迁大都督府都督佥事，四年进都督同知。时开国初期，政务繁杂，沐英剖决如流。十年至十四年，多次西征北伐，屡立战功。寻拜征南右副将军，与永昌侯蓝玉、从将军**傅友德**进兵云南。后蓝玉、傅友德班师回，沐英留镇滇中。他好贤礼士，抚卒有恩，镇云南10年，百务俱举，各处叛乱次第宁息。又简守令，修水利，重农桑，均力役，定贡税，垦田百余万亩，民赖以安。以疾卒于滇。

牧草 forage plant 具有一定饲用价值的野生或栽培植物。以草本为主，也包括半灌木和灌木。牧草除作家畜的主要饲料外，对改良土壤理化性状、维持土壤肥力、防风固沙、保持水土、绿化环境和调节气候也有重要作用。

类型 中国天然草地的植被组成中约有牧草15 000种，以禾本科植物和豆科植物居多。在温带地区经常栽培的禾本科牧草30余属，豆科牧草约25属。通常按饲用价值分为四大类型：①禾本科牧草类。在草地群落组成中的出现率和丰富度均居首位。②豆科牧草类。分布广，蛋白质和矿物质（钙质）含量高。③莎草科牧草类。多分布于阴湿、沼泽化地区。④杂类草类。包括上述3类以外的其他草类，以阔叶性草为主。

牧草还有其他分类方法。根据生长年限可分为一年生、二年生和多年生。根据株丛形状和植株高度可分为上繁草、下繁草、半上繁草。根据分蘖的特性和营养繁殖的方式可分为根茎型、根蘖型、疏丛型、密丛型、根茎-疏丛型、匍匐型、鳞茎型、根茎型、莲座型、攀缘茎型等。根据对水分的需求情况可分为湿生牧草、旱生牧草、中生牧草。

特性 特性不同的牧草对环境有不同的适应性，也有不同的耐刈性、耐牧性和寿命。如苜蓿喜光，酢浆草耐阴，**苏丹草**喜热耐旱，而针茅耐寒，牛尾草耐湿等。禾本科牧草均具有不同程度的再生特性，因此是耐刈、耐牧的优良草种。多年生牧草的自然生长年限因种类而异，由3～4年（如高燕麦草）到20年以上（无芒雀麦）不等。

饲用价值 主要用牧草的化学成分、消化率和适口性等来衡量。

化学成分 牧草含水量为65%～85%。干物质化学成分分为两类：一类是细胞内含物，包括蛋白质、脂肪、糖类、淀粉、有机酸、果胶、水溶性矿物质和维生素、酶等，这类物质可全部消化或消化率达98%；另一类是消化率低的细胞壁部分，包括纤维素、半纤维素、木质素、单宁、角质和硅酸等。各种养分的含量因不同的牧草种类以及植株的不同部位、不同的生育阶段和生境条件等而有变化。如禾本科牧草富含碳水化合物，豆科牧草富含蛋白质，蛋白质的含量一般在生长前期较高，以后逐渐下降。粗纤维的含量则随植株的发育、成熟而逐渐增加。

消化率 牧草的消化率，即家畜所食牧草中可被消化吸收的部分占所食牧草总量的百分数，是决定牧草饲用价值高低的重要因素。牧草生长趋于成熟时，由于组成细胞壁的木质素、纤维素等含量增加，并形成不易分解的复合体，而细胞内含物则趋减少，消化率就下降。细胞壁开始木质化的过程因牧草种类而异，禾本科牧草自抽穗起，其他阔叶草类多在盛花期，越到后期，消化率越低。

适口性 家畜对某种牧草喜食的程度。适口性高的牧草能长期为家畜喜食，是营养价值高的标志。牧草的适口性可以按被喜食的程度分为不同的等级，也可以采用百分数表示。

牧歌 pastoral 表现牧人田园生活情趣的文学体裁。发源于古希腊，忒奥克里托斯是最早的牧歌作者。罗马诗人**维吉尔**在公元前37年发表他写的牧歌，用淳朴的诗句描写田园阿卡迪亚的淳朴生活，对后代文人创作牧歌影响深远。文艺复兴时代，牧歌成为受人喜爱的体裁，出现了牧歌主题的田园小说和戏剧，田园小说如意大利J.桑纳扎罗的《阿卡迪亚》、西班牙J.de蒙特马约尔的《狄安娜》，田园戏剧如W.**莎士比亚**的《皆大欢喜》等。J.**弥尔顿**的《利西达斯》则是牧歌体的悼亡诗。J.W.von **歌德**的长诗《赫尔曼与窦绿苔》是浪漫主义诗歌中牧歌体作品的代表。田园诗情调在近代音乐中也成为一种重要的主题。

牧师 pastor 基督教新教的神职人员。pastor一词出于拉丁文，意为“牧羊人”。这个称谓出于《新约圣经》喻信徒为羊群、**耶稣**为牧人之说。一般为专职宗教职业者，其职责是负责教会教务、主持宗教仪式等。一般要求供职者应具备较深的宗教学识，较高的灵性修养，以便在信仰和宗教生活方面给予信徒以各种帮助。成为牧师需经正式按立仪式。各教派按立牧师的方式不一，牧师在教会中的职责亦不完全相同。过去只有男信徒有机会成为牧师，现在许多教派中已有女牧师出现。

牧首 patriarch 东正教的最高教职。又称宗主教。东正教在历史上从未有过统一的中心和首脑，在拜占廷帝国灭亡之前，东正教的宗教日常事务由君士坦丁堡牧区、亚历山大牧区、安提阿牧区、耶路撒冷牧区的四大牧首共同管理，牧首制逐渐形成。16世纪时，俄国东正教也建立了牧首制，1653年俄罗斯正教会牧首尼康实行教会改革。1721年，俄国牧首制被沙皇彼得一世废除，直至1917年才恢复。目前东正教有9个牧首，分别领导君士坦丁堡、亚历山大、安提阿、耶路撒冷、莫斯科、格鲁吉亚、塞尔维亚、罗马尼亚以及保加利亚9个牧首区。其中君士坦丁堡牧首具有名誉上的首席地位，被称为“普世牧首”。

牧溪 Muxi 南宋画家法常的号。

牧野之战 Muye, Battle of 中国商朝末年，周武王为兴周灭商，统兵直捣商都朝歌（今河南淇县），与商军在牧野（今淇县南卫河以北地区）展开的决战。史称“武王伐纣”。

商朝末年，纣王（帝辛）统治在内外矛盾交织中逐渐走向崩溃，而崛起于商朝西面的周族方国图谋向东发展。周文王暗中积蓄力量，积极争取与国，各个击破商西部属国，奠定了灭商基础。周武王即位后加紧灭商准备，于继位后二年（前1048）在盟津（今河南孟津东北）与诸侯结盟，向朝歌派遣侦探，加紧灭商准备。

周武王即位后四年十二月，武王得知商军主力远征，朝歌空虚，即起兵攻商。进至盟津，与各方国部落军队及各反商诸侯军会合，兼程北上，于次年一月初四进抵牧野布阵，取得与商决战的战略主动。商纣王仓促率军开赴牧野迎战。初五（甲子日）凌晨，武王在阵前誓师，随即发起攻击，商军土崩瓦解。纣王见大势已去，仓皇逃回朝歌，于当晚登鹿台自焚而死。周军占领商都，商朝灭亡。此战作为中国早期车战的著名战例，展示了周人成功的谋略运用，标志着中国古代早期战略的形成。

钼 molybdenum 化学元素，元素符号Mo，原子序数42，原子量95.94，属周期系ⅥB族。1778年C.W.舍勒发现辉钼矿不同于铅矿和石墨，用硝酸处理时，得到钼酸及其盐。1782年P.J.耶尔姆从辉钼矿制得三氧化钼，并还原得到金属钼。钼的英文名称来自希腊文molybdos，原意是“铅”，这是由于早期化学家认为钼是铅的一种形式。钼在地壳中的含量为 $(1.0～1.5)\times10^{-4}\%$。自然界主要以化合物的形式存在于辉钼矿（MoS_2）、钼铅矿（$PbMoO_4$）、钼钨钙〔$Ca(MoW)O_4$〕及钼华（MoO_3）等各种矿物中。

块状钼为银白色，粉末状为黑色；熔点2 623℃，沸点4 639℃，密度10.22克/厘米^3（20℃）。室温下金属钼具有高强度和高硬度。高温时，钼仍能保留高强度和硬度，机械性能优异，成为重要的耐高温材料。加有少量钛、锆或铌等的钼合金具有高的热强度和更高的重结晶温度。钼的氧化态0、+1、±2、+3、+4、+5、+6，其中+6、+4、0比较稳定。室温下钼在空气中很稳定，当温度升至600℃时，迅速与氧反应，生成较易挥发的三氧化钼。800℃时钼与碳发生反应，生成碳化钼。室温下钼即与氟作用，与氯、溴、碘的反应温度分别为200、450和800℃。高温下，钼还与磷、硫、硒、碲、硅反应。钼不溶于盐酸、氢氟酸和稀硫酸，与硝酸接触后，很快被钝化。钼能缓慢溶解在王水及氢氟酸和硝酸的混合酸中。钼在常温下不与碱作用，但在加热时能被碱腐蚀。钼的重要化合物有钼酸盐、三氧化钼、二氧化钼。

将辉钼矿焙烧，可得粗三氧化钼，用氨水溶解，重结晶后得钼酸铵，再经脱水、煅烧得纯三氧化钼。在管状电炉中用氢气还原三氧化钼，可得金属钼。可用真空电子束熔炼法和区域熔炼法制取高纯金属。钼主要用于炼钢，掺入钼的合金钢具有高强度、高韧性、突出的耐热强度和抗腐蚀性能。金属钼在电子管、晶体管、整流器等电子器件方面有广泛应用。钼的化合物在化学和石油炼制工业上用作催化剂，也是一种微量元素化肥。

钼合金 molybdenum alloy 以钼为基加入其他元素组成的合金。能改善和保持纯钼的塑性和增加高温强度或提高再结晶温度。主要有4类：弥散强化的合金，固溶强化的合金，加有微量元素Si、Al和K的氧化物的高温钼（具有高的再结晶温度），含有稀土元素的合金。钼合金有焊接脆性，高温抗氧化性差，高温大气中使用应加以涂层保护。钼合金的塑性加工应在塑性-脆性转变温度以上进行。由于725℃以上钼的氧化物挥发，高温加工应采取环保防护措施。钼合金有良好的导热性和导电性，低的膨胀系数和良好的高温强度，且较钨材容易制作。主要用于电光源、电子管和高温炉中做支撑件、栅极、阳极、发热材料和隔热材料，金属加工工具（穿制不锈钢管坯的顶头、压铸模具等），化学工业中耐蚀材料和热交换器件。

钼铅矿 wulfenite 化学组成为$Pb[MoO_4]$，晶体属四方晶系的钼酸盐矿物。又称彩钼铅矿。成分中可有部分钨、钒、钙和稀土元素。变种有钒钼铅矿和钨钼铅矿。晶体呈板状或双锥状，集合体呈粒状或致密块状。颜色多种多样，黄色、橘红色、橙黄色，或带浅绿、浅褐色等。金刚光泽。莫氏硬度3。密度6.5～7.0克/厘米^3。解理完全。产于铅锌矿床氧化带，与白铅矿、磷氯铅矿、铬铅矿、钒铅矿等共生。大量聚集，可作为矿石开采，提取铅、钼元素。

募兵制 mercenary recruit system 中国古代兵制。自唐五代以后，募兵制取代征兵制，为封建时代兵制的一大变革。宋代一般都采用招募的办法。灾年招募流民和饥民当兵，防止灾年爆发农民起义，是宋代一项传统国策。此外军伍子弟、壮健的罪犯也是重要兵源。在兵源枯竭时，统治者也往往强行抓夫。宋太祖赵匡胤最早将强壮的军士选充兵样，用作招募的标兵。而实际招募时，以老弱病患者滥充强壮者，屡见不鲜。招募为兵者，必须在脸、臂或手部刺字，以防逃亡，这是当兵的耻辱标记。宋代对各级将士，都发放军俸。宋代军士大都携带家眷，居住兵营。宋代对各级军士每年或不定期地实行拣选。壮健骁勇的军士可依次升迁。不合格的军士则须降低军种和军级。因招刺太滥、缺乏训练，所以是一支素质甚差的庞大队伍。巨额的军费开支，常占据宋廷财政支出的十分之七八，造成严重的财政危机，大大加重人民的税役负担。

辽清宁四年（1058）三月，募天德、东胜等处武健者从军。金代亦有招募军士之举。元明两代，军户是军队的主要成分，但募兵依然存在。元初平江南，曾招募勇士组成答剌罕军。答剌罕，意即自在，许以军前所掠人口财物，归其自有。后该军解散，众兵四出剽掠。元代末年，曾在各处多次招募军士。

明建文年间，朱棣起兵“靖难”，曾募北平、保定、永平三府民为军。建文四年（1402）十二月罢。明景帝即位后，明军主力因土木之变丧失殆尽，故四出招募天下义兵。以后凡缺兵员，往往用募兵之法补充。该举虽增加了军费负担，但招募之兵战斗力远较军户为高。如戚继光募兵所建之戚家军，俞大猷募兵所建之俞家军，都堪称劲旅。清末新建陆军时，即实行募兵制，要求应募者年龄在20～25岁之间，身高1.60米以上，五官端正，体质强壮，没有犯罪记录，且须报明三代以内家人的情况。中华民国时期，军队亦多系招募而来。

募穴 front-mu point 中医学中五脏六腑之气聚集于胸腹部的特定穴。有12个，分别是：中府（肺募）、期门（肝募）、膻中（心包募）、巨厥（心募）、章门（脾募）、京门（肾募）、日月（胆募）、中脘（胃募）、天枢（大肠募）、关元（小肠募）、中极（膀胱募）、石门（三焦募）。募穴的分布较背俞穴更接近于相应脏腑。主要归属于任脉和肝、胆、肺、胃4经。募穴有压痛、酸胀时，可帮助诊断相应脏腑病症，如中脘有压痛为胃病。同时，募穴是治疗脏腑病的重要腧穴。如痢疾为大肠病，可取天枢穴针灸。在临床上，募穴常与背俞穴配伍，称为俞募配穴法。

墓志 epitaph 埋入墓中记述死者姓名、生平事迹及家世的文字材料。因志文后常有用韵语所作之铭，又称墓志铭。一般刻在石上，也有刻在砖上，还有个别用铁铸或瓷土烧制的。约起源于东汉中晚期，魏晋后盛行。

独孤信墓志（北周）

中国很早就有标志坟墓的习俗。东汉时期盛行在墓前立碑，同时在墓中出现石门题记、封记、墓记等石制品和砖制品，成为后世定型墓志的前身。魏晋时期官方禁碑促进了墓志的流行。山东益都出土的刘宋大明八年（464）《刘怀民墓志铭》与大致同时的“刘贤墓志”的出土，标志“墓志”这一名称正式出现。南北朝中后期，墓志逐渐定型：志石多呈方形，志盖多呈盝顶形，个别作龟形。墓志有盖在南北朝时期尚不普遍，但其形制、规格一般与墓主人身份等级有关。隋唐时，志盖相合成为定制，装饰日趋繁缛，墓志制度趋于完善。志文逐渐形成一种固定的文体：一般包括散文体的“志”和韵文体的“铭”两部分。墓志在不同时期的名称或有不同，南北朝时称墓志，唐代也称墓记、墓碣、玄堂志、墓版文，宋元时期常称圹志、圹刻等。墓志保存了丰富的历史资料，对研究当时社会的政治、经济、军事、文化、宗教、地理、风俗和书法等有重要意义。

幕府政治 bakufu politics; shogunate politics 日本封建武士通过幕府实行的政治统治。又称武家政治。幕府一词始自古代汉语，指出征时将军的府署。在日本，最初指近卫大将住所，转指武士首脑征夷大将军（简称将军）府邸，以后又称将军为首的中央政权为幕府。始于1192年镰仓幕府建立，中经室町幕府，至1867年江户幕府的德川庆喜还政于天皇，幕府政治结束。

1192年关东武士首领源赖朝被任命为征夷大将军，其幕府设在镰仓，史称镰仓幕府。镰仓幕府是以将军为首，御家人（武士）为骨干的武士政权，与天皇为首的朝廷并存，但握有实权。1221年，不满幕府存在的后鸟羽上皇发动讨幕战争，旋被打败。战后，幕府权力超过朝廷，甚至干预天皇的继承。1232年公布第一个武士政权成文法《贞永式目》，共51条，为武家法律之本，并逐渐成为全国性的法律，表明镰仓幕府的成熟与巩固。镰仓幕府后期，社会矛盾日益表面化，特别是在1274年和1281年的两次抗元战争之后，中小武士因未得赏赐，对幕府日益不满。1324年，后醍醐天皇举兵倒幕，1333年下野豪族足利尊氏响应，5月上野豪族新田义贞攻入镰仓，镰仓幕府灭亡。后醍醐天皇亲政，第二年改年号建武，是为建武中兴时期。

足利尊氏不满后醍醐天皇轻视武士利益的政策，于1335年起兵反叛，1336年攻占京都，立光明天皇为傀儡。11月仿镰仓幕府《贞永式目》制订《建武式目》，共17条。在京都开设幕府。12月，后醍醐天皇逃往京都以南的吉野，自称正统，形成南北两个朝廷的对立。至第三代将军足利义满时，幕府达到全盛，1378年在京都室町建成幕府新址，史称室町幕府。1392年合并南北朝，实现对全和的统治，朝廷名存实亡。第八代将军足利义政时，爆发应仁、文明之乱，从此进入室町幕府后期——战国时期。此后幕府与守护大名势力均一蹶不振，地方领主与武士则趁机发展势力，彼此混战。农民的反抗也更加激烈。至16世纪中叶，一些地方领主与武士已经发展成为控制一方的战国大名，幕府的控制范围仅限于近畿一带。在角逐中，织田信长的力量逐渐超过其他战国大名，1568年进入京都，1573年灭亡室町幕府，日本走上统一的道路。

织田信长死后，部将丰臣秀吉继承其事业，在1590年完成统一日本大业。但丰臣秀吉并未开设幕府，1585年被天皇任命为关白，次年兼任太政大臣，利用朝廷权威巩固自己的权利。1598年丰臣秀吉病死，德川家康推翻丰臣政权，重开幕府政治。

1603年，德川家康被任命为征夷大将军，在江户设幕府，史称江户幕府。至第三代将军德川家光时，幕府机构大体完备。幕府领地约占全国土地1/4，其余由大名（诸侯）领有，称藩国。幕府设巡见使及被称为目付的监察官监督各藩国，并采取大名参觐交代和大名改易等办法控制大名，但各藩国仍具有相对独立性。因此形成在德川将军控制下的各藩国分割统治的政治体制。为应付危机，幕府在18世纪中叶～19世纪40年代实行改革，但并未奏效。1854年日本开国后，民族危机又加剧了封建制危机。萨摩、长州等西南强藩，在改革派下级武士推动下，逐渐采取与幕府不同的政策，殖民兴业，抵抗外敌。在幕末农民起义和萨长等西南强藩为中心的倒幕运动压力下，第十五代将军德川庆喜于1867年末被迫宣布奉还大政。1867年12月9日倒幕派发动王政复古政变，宣布废除幕府制度。新成立的明治天皇政府经1868～1869年的戊辰战争，彻底打倒幕府势力。至此，日本的封建幕府政治结束。

睦邻政策 Good Neighbour Policy 美国第32任总统F.D.罗斯福在1933年3月4日的总统就职演说时提出的对拉丁美洲推行的外交政策。罗斯福就任后正式提出：“在对外政策方面，我将使本国遵循睦邻政策。”1936年年底在泛美特别会议上，美国正式宣布放弃武装干涉政策。其内容包括：不干涉拉美国家内政，撤回在拉美各国驻军，订立互惠贸易协定，对拉美各国实行经济援助。同时，罗斯福政府先后废除了干涉古巴的《普拉特修正案》，取消派军队去墨西哥的权利，从海地撤军，放弃干涉巴拿马和多米尼加的权利，同古巴等10多个拉美国家订立了互惠贸易协定等。美国和拉美关系的改善，有利于第二次世界大战期间西半球国家反法西斯统一战线的形成和美国在政治经济上控制拉丁美洲。事实上，美国并未停止对拉美各国的控制、干涉和颠覆活动，不过手段更为隐蔽而已。

慕尼黑 Munich; München 德国第三大城市，拜恩（巴伐利亚）州首府。位于巴伐利亚高原、多瑙河支流伊萨尔河畔。海拔528米。面积311平方千米。人口133.75万（2010）。属温带海洋性气候向温带大陆性气

马利亚广场的马利亚石柱
（背后是圣母教堂的双塔）

候的过渡类型。城市腹地广大，为全国主要农牧业区之一。城市东南的罗森海姆和特劳恩施太地区产盐。公元8世纪已建修道院，德语意即“僧侣之地”。1158年始建小镇。1180～1918年一直是巴伐利亚王室所在地。第一次世界大战后成为希特勒纳粹党巢穴，第二次世界大战中全市2/5建筑被毁。战后重建。20世纪下半叶南德经济迅猛发展，慕尼黑成为德国和欧洲微电子等高科技产业的基地和第三产业发达的城市。

工业部门多样。电子电器特别是微电子技术、精密仪器、光学仪器，及汽车、机械、服装、皮革、制鞋、啤酒、食品、出版印刷等都很发达。石印、雕刻、陶瓷等传统工艺享有盛名。西门子、宝马汽车等大公司总部所在地。商业兴盛，有欧洲最大的水果、蔬菜、畜产品批发市场之一。金融业发达。有多条铁路和高速公路与欧洲主要大城市相连，东北部有埃尔丁国际机场。

市内有豪华宫殿群、博物馆群及许多中世纪和文艺复兴时期的建筑，使慕尼黑有“伊萨尔河的雅典”之称，尤以12世纪的圣彼得教堂、15世纪的圣母教堂（又称双塔教堂）和宁芬堡宫、王宫、国家剧院、老市政厅等著名。文化设施众多，有古画馆、慕尼黑新画廊、德国科技博物馆（世界最大的科技博物馆）、巴伐利亚国家图书馆等。有慕尼黑大学、技术大学、音乐和艺术学院等。国际展览和会议中心。每年10月的慕尼黑国际啤酒节，盛况空前。有1972年成功举办奥运会的奥运村。

慕尼黑大学 University of Munich 德国综合性大学。校址在拜恩（巴伐利亚）州首府慕尼黑市，初建于1472年，原址在英格施达特，1800年迁至兰茨胡特，1826年再迁至慕尼黑。同时在格丁根大学和柏林大学办学观念的影响下迅速崛起，成为德国的学术中心之一。19世纪后半叶和20世纪初涌现了一批著名学者如物理学家W.K.伦琴、化学家A.von拜耳，先后有13位学者获诺贝尔奖。设有天主教神学院、新教神学院、法学院、国民经济学院、医学院、历史与艺术学院、哲学、科学理论与宗教学院、语言与文学学院、数学、信息与统计学院和物理学院等十几个学院。

慕尼黑国际啤酒节 Munich's Oktoberfest 德国拜恩（巴伐利亚）州首府慕尼黑市的民间传统节日。每年9月下半月（通常是9月18日）至10月初举行，故又称十月节。相传始于1810年。德国人喝啤酒十分普遍，特别是慕尼黑的居民，平均每人每年要消费220千克啤酒。慕尼黑啤酒清纯醇香，质量优良，享誉全世界。啤酒节第一天正午，慕尼黑市市长主持开幕式，在12响礼炮声中打开第一桶啤酒的木桶盖，宣告节日开始。随即，穿着传统服装的啤酒女郎将新鲜的啤酒用容积达一公升的单耳大杯，川流不息地送到早已迫不及待的饮客面前。街头张灯结彩，市内各大酒厂组成的游行队伍在街上载歌载舞，还有戏剧演出、民歌和音乐会助兴。节日的夜晚，方圆三四千米的啤酒节广场上五彩缤纷，数百个大小帐篷中，歌舞、游艺、饮食，应有尽有，人们摩肩接踵。这一天也是青年男女交往的日子。恋人们边饮啤酒，边谈情说爱，因而又被青年人称为“情人节”。

慕尼黑会议 Munich Conference 1938年9月29日至30日在德国慕尼黑举行的英、法、德、意四国以牺牲捷克斯洛伐克为代价，谋求相互妥协与勾结的国际会议。捷克斯洛伐克境内有约300万日耳曼人少数民族，多聚居在苏台德区。德国法西斯利用捷克斯洛伐克民族问题挑起事端，为侵略制造借口。英国表示将容忍德国“变更”欧洲秩序。美国政府始终支持与德国妥协。苏联在危机期间一再表示将履行1935年《苏法互助协定》和《苏捷互助协定》承担的义务。

经过幕后策划，后由意大利首相B.墨索里尼出面斡旋，英、法、德、意4国举行慕尼黑会议。9月30日凌晨签订《德国、联合王国、法国及意大利间的协定》，即《慕尼黑协定》。协定规定：1938年10月10日前将捷克斯洛伐克苏台德地区及同奥地利接壤的南部地区，连同上述地区的一切

慕尼黑会议前夕的张伯伦、墨索里尼和希特勒（左起第2、3、5人）

建筑和设施，移交给德国；日耳曼居民是否占多数尚不确定的地区，暂由国际委员会占领，通过公民投票，决定归属，最后划定边界；英、法对新国界提供保证，当捷克斯洛伐克境内的波兰和匈牙利少数民族问题解决之后，德、意才同意提供保证。会议期间发表了具有互不侵犯条约性质的《英德宣言》，不久法、德也签署了类似宣言。这些宣言实际上不过是一纸空文。

慕尼黑会议及协定粗暴地践踏了国际法和国际关系的基本准则，是大国主宰小国、牺牲弱小国家利益进行妥协的一次交易，是绥靖政策登峰造极的表现。慕尼黑会议及协定鼓励和助长了法西斯国家进一步发动侵略战争的野心。同年10～11月，德军占领苏台德区。1939年3月德吞并捷克斯洛伐克全部领土。

慕尼黑新画廊 Neue Pinakothek 德国美术馆。原是巴伐利亚国王路德维希一世为他同时代的艺术家所建。新画廊于1853年建成，展出欧洲19世纪的绘画和雕塑。在第二次世界大战中画廊被毁。战后它与现代艺术国家画廊一起暂时搬进艺术之家。慕尼黑现代艺术国家画廊收藏表现主义之后的绘画和雕塑，主要有青骑士社、桥社、包豪斯等画派及P.毕加索、S.达利、H.摩尔和M.马里尼等人的作品。

20世纪80年代，新画廊在原址对面重建，展出重点是法国印象派、英国18世纪绘画、德国浪漫主义和F.de戈雅的作品。其中有É.马奈的《小船》、V.凡高的《向日葵》(1888)及P.高更、C.D.弗里德里希、C.莫奈和A.勃克林等人的作品。

慕容垂 Murong Chui (326～396) 中国十六国时期后燕的创建者。字道明，原名霸，字道业。昌黎棘城（今辽宁义县西）人，鲜卑族。前燕主慕容皝第五子。在位13年。354年受封吴王，先后镇信都（今河北冀州）、龙城（今辽宁朝阳）、蠡台（今河南商丘）、鲁阳（今河南鲁山）。两次任司隶校尉，京城王公贵族为之敛迹。369年，晋桓温率军攻前燕，抵枋头后撤退，慕容垂追到襄邑（今河南睢县），大败晋军，从此威名益振。太傅慕容评忌妒排挤，密谋杀害，慕容垂被迫携妻子投奔苻坚。370年苻坚灭前燕。383年淝水之战秦军大败后，慕容垂纠合鲜卑、乌桓、丁零等各族兵力，企图复兴燕国。384年自称大将军、大都督、燕王，建元立国，史称后燕。遂率军20万围攻邺，长达年余。击退秦晋援军，夺据邺城。关东诸州背秦降燕。386年慕容垂称帝，定都中山（今河北定州）。394年，消灭同族慕容泓在河东建立的西燕政权。拓跋珪称魏王（386）后，势力逐渐强大。395年，慕容垂派太子宝率军攻魏，大败于参合陂（在今山西阳高境）。次年，亲率军伐魏，无功而还，死于途中。

慕容德 Murong De (326～405) 中国十六国时期南燕的创建者。后增一字名备德，字玄明。昌黎棘城（今辽中义县西）人，鲜卑族。前燕主慕容皝少子。慕容暐时封范阳王，为征南将军。369年，东晋桓温率军攻前燕，德与兄慕容垂一道大败晋军于襄邑。慕容垂奔投前秦主苻坚后，德连坐免

职。前秦灭前燕，被徙到长安。淝水之战后，慕容垂称王，建后燕，都中山。慕容宝继位，以慕容德为使持节都督冀、兖、青、徐、荆、豫六州诸军事，镇邺城，总管南境。397年，魏军攻下中山，慕容宝奔龙城，后燕被截为两部分。398年，慕容德率众自邺徙滑台（今河南滑县东南），自立为燕王，史称南燕。滑台处于北魏和东晋之间，南北两面受敌，南燕所能控制的不到十城，滑台还一度被魏军占领。于是慕容德东进夺取青州，400年称帝，于广固（今山东青州西北）建都。南燕境内豪门大族荫庇户口，影响政府的财源和兵源。慕容德下令检括，出荫户5.8万。德死，兄子超继位，410年为东晋刘裕所灭。

慕容皝 Murong Huang (297～348) 中国十六国时期前燕王。字元真，小字万年。慕容廆第三子。鲜卑族，昌黎棘城（今辽宁义县西北）人，在位约12年。333年嗣父廆位，东晋加封征北大将军，领平州刺史之职，337年自称燕王。以汉人封奕为国相，击溃后赵主石虎，献捷东晋，获燕王封号。342年迁都龙城（今辽宁朝阳）；344年大破鲜卑宇文部，拓地千余里。先后败鲜卑段氏，破高句丽，袭后赵幽冀之境，徙民于辽河流域。招徕流民，开荒垦殖，行曹魏屯田旧法，罢父时设侨郡、县，以渤海人为兴集县，河间人为宁集县，广平、魏郡人为兴平县，东莱、北海人为育黎县，吴人为吴县（今苏州），直隶于燕国。崇尚儒学，设东庠（学校）于旧宫，以大臣子弟为官学生，号高门生。汉文化修养很深，亲临官学讲授经典，考试优劣。著有《太上章》，又撰《典诫》15篇以教子弟。子儁继立后废燕王号，改称帝。

慕士塔格山 Mushitage Mountain 中国昆仑山脉西段高峰。位于新疆维吾尔自治区西南部，公格尔峰的西南，海拔7 509米。“慕士塔格”意为冰川之父。其周围的冰川共466条，面积898平方千米。雪线高度北坡一般在4 800米左右，南坡则为5 000～5 200米。冰川末端在北坡下垂至3 900～4 700米，南坡则也在5 000～5 200米。

慕田峪长城 Mutianyu Great Wall 中国明代军事防御工程。在北京市怀柔区怀柔镇以北20千米处山岭上。北连古北口，西接居庸关，位置险要，是明代拱卫京师北门的重要防线，与居庸关、镇边城等关口构成完整的防卫体系。始建于北齐，重修于明，关城建于永乐二年（1404）。隆庆年间，戚继光任总兵镇守蓟州后，加厚城墙，增筑空心敌台，巩固了北边防务。慕田峪边墙高5～7米，顶部马道宽约4米。墙身两侧用花岗岩条石垒砌，中间以乱石灰土堆填。顶部马道两侧有城砖砌筑的垛墙，上有射

慕田峪长城正关台

孔。这一带山势平缓，敌台林立，敌台间最近距离不足50米。空心敌台高、宽12米左右，分上下两层，下层为室，上层建望亭。主要关隘正关台，3座敌台并排矗立，气势雄伟，为长城建筑中所罕见。

穆巴拉克 Mubārak, Muhammad Hosnī (1928-05-04～) 阿拉伯埃及共和国总统(1981～2011)。生于尼罗河三角洲米努菲亚省卡米勒·米塞利赫村一个富裕农民家庭。

1950年毕业于空军学院并获硕士学位，入空军服役。1952～1959年任空军学院教官。1959～1963年，先后任空军轰炸机中队队长、旅长和空军基地司令等职。1964～1965年在苏联伏龙芝军事学院进修。1967年第三次中东战争中率轰炸机中队参战，打击以色列侵略军。因战功卓著，获得“杰出英雄”称号并荣获共和国勋章。1981年10月当选总统。1987、1992、1997、2005年连选连任。2011年2月11日因国内形势动荡被迫辞去总统职务。任内强调“民主、团结、稳定和发展”的方针，大力发展工农业生产，将萨达特时期经济上实行的“消费型开放”转变为“生产型开放”政策。对外坚持不结盟，发展同美国等西方国家的关系；调整对以色列的政策，在遵守《埃以和约》的同时，支持巴勒斯坦人民的合法民族权利。1976年以来曾多次访华。

穆旦 Mudan (1918-04-05～1977-02-26) 中国诗人、文学翻译家。原名查良铮，另有笔名梁真。祖籍浙江海宁。生于天津。1929年就读于天津南开学校并开始诗歌创作。1935年考入清华大学外文系，抗日战争全面爆发后随校迁往昆明，入读西南联合大学外文系。1940年毕业后留校执教，

曾赴缅甸抗日战场担任翻译工作。受西方现代诗人里尔克、叶芝、艾略特等人的影响，创作有意倾向现代主义，被视为九叶诗派中最具现代诗风的人。作品多带有对人生哲理的探索，注重内心的自省，诗风富于象征寓意和思辨色彩。把现代主义表现技巧同中国诗歌传统相结合，写出了许多含蕴深刻、风格独特的诗歌。相继出版《探险队》(1945)、《穆旦诗集(1939-1945)》、《旗》(1948）三部诗集。此外还有许多作品散见于当时的报刊。1948年8月，赴美国芝加哥大学攻读英美文学，1951年获硕士学位。1953年初，偕夫人返回祖国，任南开大学外文系副教授。1958年被错判为“历史反革命”，身心饱受摧残，从60年代起一直在大学图书馆工作。这期间，坚持写诗和译诗，先后翻译了G.G.拜伦、P.B.雪莱、W.布莱克、J.济慈、T.S.艾略特、A.S.普希金、朗费罗等人的大量作品，其译作流畅优美，脍炙人口。1979年冤案得以平反。

1986年，人民文学出版社出版了《穆旦诗选》，收入诗人1937～1976年的诗作。

穆德 Mott, John Raleigh (1865-05-25～1955-01-31) 美国卫理公会平信徒布道家，基督教新教国际组织领导人和活动家。生于纽约，卒于奥兰多。先后就学于艾奥瓦大学

和康奈尔大学。1895年倡导成立世界基督教学生同盟。相继任学生志愿赴国外传教运动主席、国际宣教协会主席、世界基督教青年会主席、世界基督教协会终身名誉主席。1913年主持在上海召开的中国基督教“全国大会”，并创建中国基督教中心机构中华续行委办会，1922年转为中华全国基督教协进会。1946年获诺贝尔和平奖。1948年参与创立世界基督教协进会。著有《征服世界的战略要点》、《未来教会之领导权》等。

穆夫提 mufti 伊斯兰教教职称谓。伊斯兰教教法说明官。早期系指对教法疑难问题发表个人见解的宗教学者。后教法法庭在裁判复杂案件时，常向权威教法学家递

呈概要，征询教法见解。此成为正式程序。一些国家和地区任命卓有声誉的教法学家担任官方或半官方的教法顾问，提供咨询性的教法见解。奥斯曼帝国曾设总穆夫提为最高宗教权威，享有教法的最终裁决权。其下有大穆夫提和穆夫提，为各地提供正式的教法见解（法特瓦），具有法律效力。在中国伊斯兰教的体制中，穆夫提是协助清真寺教长处理教法问题的助手。

《穆桂英挂帅》 *Mu Guiying Takes Command* 中国豫剧作品。宋词据传统剧《杨文广夺印》（又名《老征东》）改编。1956年洛阳市豫剧团首演。马金凤主演。北宋时，西夏犯境。辞朝隐居的佘太君闻讯，遣曾孙文广、曾孙女金花去京城探听。文广校场比武，夺回帅印。穆桂英深憾朝廷寡恩，不愿效力。佘太君责以国事为重，穆桂英乃挂帅出征。作品集中塑造穆桂英的英雄形象。《辞朝》、《挂帅》两场，苍劲悲壮，撼人心魄。1958年摄制成戏曲艺术片。1959年，梅兰芳将此剧搬上京剧舞台。

豫剧《穆桂英挂帅》剧照

穆罕默德 Muḥammad（约570～632-06-08） 伊斯兰教创传人。中国古代曾译摩诃末、马哈麻、谟罕蓦德等。属麦加古莱什部落哈希姆氏族。全名阿布·卡西姆·穆罕默德·本·阿卜杜拉·本·阿卜杜·穆塔里布·本·哈希姆。《古兰经》称穆罕默德和艾赫迈德，意即受到高度赞扬的人。传说出生于阿拉伯历史上的象年，推算为567～573年间，一般定为570年或571年。穆罕默德系遗腹子，6岁时母亲阿米娜病逝，相继由祖父阿卜杜·穆塔里布和伯父艾卜·塔里布抚育。12岁起随伯父往叙利亚经商，据说曾在归途中遇见基督教隐士贝希拉，被预言为未来的先知。成年后自谋生计，为人帮佣。25岁时受雇于麦加富孀赫蒂彻，代理经办商务，同年与她结婚。

穆罕默德婚后生活发生重大转折。35岁被族人誉为艾敏（忠实可靠者）。40岁常到麦加城北希拉山洞静居隐修，沉思冥想。据传610年某天夜晚，启示突然降临，他成为真主的使者。赫蒂彻的堂兄韦赖盖将他与穆萨（犹太教先知摩西）的经历相比，断定他将成为先知。此后，启示不断降临，令其向族人传警告、报喜讯，在至亲密友中传道。613年，聚集40多名以"年轻和贫弱"为特征的信徒，公开传播死者复活和末日审判的教义；主张以顺从真主的教胞情谊作为社会纽带，反对用金钱关系取代氏族血缘关系，抨击不顾氏族义务、排斥亲戚穷人、欺凌孤寡老弱、侵吞财产、唯利是图等罪恶；宣布审判日将清算个人的道德行为：信道及行善者将永居天园享受福乐，不信道及作恶者则被罚入火狱备受煎熬。615年，号召信奉独一真主，公开攻击多神崇拜，遭到以艾卜·贾赫勒和艾卜·苏富扬为首的古莱什部落贵族的反对和迫害。后来迫害虽然解除，但619年，赫蒂彻和艾卜·塔里布相继去世，他失去氏族的保护，被迫到麦加附近的游牧部落和塔伊夫谋求支持，遭到拒绝。此时，据称他由天使吉卜利勒带领，一夜之间从麦加旅行到耶路撒冷，并自那里登霄遨游，于黎明返回。耶路撒冷遂成为伊斯兰教的又一圣地。620年朝觐时，有6名麦地那人信教。后2年，麦地那人两次派代表前来立誓服从和保卫他，并邀请他前往麦地那。继麦加穆斯林分批迁居麦地那后，他和艾布·伯克尔于622年9月24日抵达麦地那，与麦地那各氏族订立协议，制定麦地那社团章程，建立以宗教信仰为基础的"乌玛"，确立超越部落之上的政治权威。自623年起，开始拦劫麦加商队，经白德尔、吴侯德、壕沟之战，逐渐取得军事优势。628年，率队去麦加朝觐，遇阻后与古莱什人签订侯德比亚协议。630年，因古莱什人破坏协议，而进军麦加，捣毁克尔白神殿的全部偶像，定麦加为伊斯兰教朝觐中心，赦免反对者，联手击败哈瓦津和赛基夫部落联盟。

在麦地那，最初为团结当地犹太人，曾以耶路撒冷为礼拜朝向，沿用一些犹太教习俗和仪式，如遵奉晌礼和阿术拉斋戒等。后与犹太人关系破裂而改变朝向，以易卜拉欣为克尔白建造者和朝觐发起人，定莱麦丹全月斋戒和朝觐麦加为正制，使伊斯兰教摆脱犹太教及基督教的影响，并在军事上逐步消除麦地那犹太部落的威胁。628年率军攻占北部的犹太人绿洲海巴尔，630年北征塔布克，降服北部的基督教和犹太教部落；同年，各地的阿拉伯部落纷纷派代表团前来归顺，整个阿拉伯半岛政治上趋于统一，并在朝觐时，派阿里前往宣布今后禁止非穆斯林朝觐。在麦地那时期，还以《古兰经》立法形式，推行婚姻制度、财产继承等一系列社会改革，推动部落社会向民族和国家过渡。632年3月，亲临麦加指导朝觐，发表辞朝演说，宣告伊斯兰教的胜利。返回麦地那后不久去世，葬于今"先知清真寺"内。

穆罕默德·阿布杜 Muḥammad 'Abduh（1849～1905-07-11） 埃及伊斯兰教现代主义思想家、法学家、宗教与社会改革家。生于尼罗河三角洲地区的下埃及农村，卒于亚历山大。少年时起接受传统宗教教育。1871年追随哲马鲁丁·阿富汗尼研究传统阿拉伯哲学与现实政治，并开始从事政治活动。1877年获得爱资哈尔大学"学者"学位，后在母校任教至1880年。同年担任政府公报编辑，宣传反抗英法政治侵略、改革社会与宗教等主张。1882年因参与阿拉比起义，流亡叙利亚。1884年在巴黎与阿富汗尼一起创办《坚柄》杂志。次年在贝鲁特大学任教。1888年重返爱资哈尔大学任教。1899年担任埃及大穆夫提（伊斯兰教法诠释官）。主要著作有《一神论》（1897，中译本名为《回教哲学》，马坚译）、《伊斯兰教、基督教与学术文化》（1902，中译本名为《回教、基督教与学术文化》，马坚译）与《智慧的〈古兰经〉注》（8卷）。

阿拉伯传统思想是阿布杜的宗教哲学基础，协调宗教与理性的关系是其哲学的核心。首先，他指出二者的关系是互为依存与相互补充的。其次，他强调伊斯兰教是理性的宗教，《古兰经》肯定在判定真伪方面理性具有最高权威。再次，他具体地提出了运用理性阐释宗教的方法。他指出，如果教法的词句不合理性，则应服从理性的阐释；如果某则"圣训"不合理性，则应根据语法规则予以重新阐释或存疑不用，由"安拉最后裁决"；如果某节经文的表义不合理性，则应取其隐义并根据上下文做出合乎逻辑的阐释，或者视其为"安拉的奥秘"。作为19世纪末20世纪初的穆斯林学者，阿布杜对推动埃及伊斯兰教的现代主义改革，使之适应现代文明，作出了积极的努力。

穆罕默德·阿里 Muhammad 'Alī（1769～1849-08-02） 奥斯曼帝国的埃及省督，阿里王朝（1805～1952）的奠基者。阿尔巴尼亚人。生于希腊卡瓦拉，卒于亚历山大。1805

年借助埃及人民的支持，成为埃及总督。为了建设一个阿拉伯人的帝国而进行了各种改革。这些改革大大促进了工农业生产的发展，为捍卫埃及民族独立创造了必要条件。1811～1814年，阿里对外参与镇压阿拉伯半岛瓦哈比派的起义和希腊人民的起义，入侵苏丹，之后又发动同奥斯曼帝国的战争。1839年6月阿里军队在色吉布战役中大败奥斯曼帝国军队后，乘胜占领巴勒斯坦、叙利亚及土耳其部分领土，逼近伊斯坦布尔，建立起一个地跨非、亚两洲的帝国。但这些战争也耗尽了埃及资财，大批士兵丧命，并引起各地人民的反抗和斗争。1840年，英、俄、奥、普、土5国召开伦敦会议，以武力胁迫阿里从国外撤回全部军队，仅保留埃及省督的世袭权和苏丹地区的终身管辖权。

穆罕默德二世 Mehmed Ⅱ (1432-03-30～1481-05-03) 奥斯曼帝国苏丹(1451～1481)。生于埃迪尔内。穆拉德二世(1421～1451年在位)之子。1444～1446年，穆拉德二世对政事厌倦，一度逊位于年幼的穆罕默德。1451年穆罕默德正式即位。1453年5月攻占拜占廷帝国都城君士坦丁堡，以其为首都，并改称伊斯坦布尔。穆罕默德二世以法蒂赫(征服者)著称，在位期间大事征战，扩张领土。穆罕默德二世重视发展文化教育事业，在伊斯坦布尔等地建立学校、图书馆、医院及清真寺多处。以其名义颁布的法典是帝国最早的法典。

穆罕默德五世 Muhammad Ⅴ (1909-08-10～1961-02-26) 摩洛哥王国苏丹(1927～1953)、国王(1957～1961)。本名希迪·穆罕默德·本·优素福。生于非斯，卒于拉巴特。1927年继承其父穆莱·优素福为摩洛哥苏丹。具有较强烈的民族主义思想。1950年提出要求修改法国对摩洛哥保护制度的条约，遭到法国拒绝。1953年8月，因拒绝在法国拟订的欺骗性"改革"法案上签字，被法国废黜并放逐到科西嘉，后又放逐到马达加斯加。此事激起摩洛哥全国人民的抗议，不少地区展开了武装斗争。法国被迫恢复其苏丹职位。1955年他从流放地马达加斯加回国，组织新政府和法国谈判。1956年法国承认摩洛哥独立。同年西属摩洛哥和丹吉尔也归还摩洛哥。1957年8月摩洛哥改为王国，他即国王位，称穆罕默德五世。

穆罕默德一世(阿斯基亚王朝的) Mohammed Ⅰ Askia of Songhai (?～1538) 桑海帝国阿斯基亚王朝的创立者(1493～1528年在位)，桑海帝国创始人桑尼·阿里之甥。1493年，从桑尼·阿里之子桑尼·巴罗手中夺取王位后，在原有水军的基础上，建立骑兵和步兵，进一步扩展了桑海帝国的版图。他建立了比较严密的行政制度；把帝国划分为10个省，派亲信治理；任命一些部长负责国内行政管理；在廷巴克图和杰内等重要城市派驻总督，重要港口还派有专门负责交通和税收的官员；完善税收制度，统一度量衡，改良农业。在他统治期间，桑海的政局比较稳定。1496年前后，曾赴麦加朝圣，其排场之盛大，堪与曼萨·穆萨媲美。老年后双目失明，1528年被废黜。

穆加贝 Mugabe, Robert Gabriel (1924-02-21～) 津巴布韦总统(1987～)。生于乡村木匠家庭。在南非的黑尔堡大学学院念书时开始接触民族主义政治。1963年协助N.西索尔牧师建立津巴布韦非洲民族联盟(简称民盟)，1964年以发表"颠覆性演讲"罪名被捕监禁10年。1975年获释，在发动游击战反对史密斯白人政府的内战(1975～1979)期间，与J.M.N.恩科莫共同领导了津巴布韦爱国阵线。1979年新的伦敦谈判结束了战争，并导致1980年2月在英国监督下选举。他获得压倒多数票成为总理。1984年8月和1989年12月连任民盟主席兼第一书记。1987年12月30日起任津巴布韦共和国总统，连选连任至今。1988年获国际反饥饿组织颁发的非洲杰出领导人奖。主张经济改革，实行一党制，对外奉行不结盟方针。

穆拉维 Jalāl-al-Dīn Moḥammad Moulavi (1207～1273) 波斯诗人。生于巴尔赫(今属阿富汗)。自幼受到父亲的教育和熏陶，精于文学和神学。主要文学成就是用"玛斯纳维"体写成的6卷本叙事诗集《玛斯纳维》，约5.2万行。广泛采用神话传说、寓言、民间故事和传闻轶事等，阐发苏非教义和神秘主义哲理，凝聚了诗人的全部智慧和学识，被称为"知识的海洋"。抒情诗集《沙姆斯丁·大不里士诗集》有3.6万余行。采用隐喻、暗示和象征等手法，呼唤自由、公正，抒发崇高理想。此外，他还有《隐语录》和《书信集》等散文作品传世。他的作品和思想在伊斯兰世界广为流传，影响深远。

穆鲁山国家公园 Gunung Mulu National Park 马来西亚六大国家公园之一，位于沙捞越州第四与第五两省，米里东南百余千米，靠近文莱边境，巴兰河上游梅尼瑙河畔，为一片原始热带林区。面积52.864公顷，穆鲁峰海拔2 376米，为东马第二高峰。1975年定为国家公园，从1977年开始，经过1978、1980、1984、1989、1990年几次大规模多学科考察，有惊人发现，特别是堪称世界之最的巨大洞穴群。迄20世纪末，仍有60%地区人迹未到，科考工作还在继续。已知的洞穴有20多个，原住民族穆鲁人住在洞中。最大的洞穴口宽2 000米、长1 000米、高250米，面积有16个足球场大，容积巨大；其他洞穴也有宽100米或深500米的。清水洞的"隧道"测量到25千米还未尽头，洞内有2条路，右路通圣女洞，洞中有天然形成的圣母玛利亚头像，左路边有清澈的小溪流淌。妙洞的石笋石钟乳形态奇特蔚为奇观，有如红磨坊大厅的帷幕、宝塔笋、蘑菇、页状珊瑚虫、鹿角珊瑚等。洞穴群拥有大群生物，除蝙蝠外有燕子、甲虫、蛾类等。为方便科考和旅游，雨林中修建有木板路，梅尼瑙河上有小艇。

穆尼夫 Munīf, ‘Abd ar-Rahmān (1933～2004-01-24) 沙特阿拉伯作家。生于约旦安曼，卒于大马士革。毕业于巴格达大学。曾在叙利亚、黎巴嫩、伊拉克等国工作。长篇小说《树木和马尔祖格的被杀》(1973)，因抨击阿拉伯国家统治者对人们自由的扼杀，强烈呼唤久已消失的自由，在文学界引起巨大反响。其他主要作品还有长篇小说《女拜火教徒的恋爱故事》、《地中海东岸》(1975)、《黑土地》等。

穆藕初 Mu Ouchu (1876-06-18～1943-09-19) 中华民国时期纺织实业家。名湘玥，以字行。生于上海浦东，卒于重庆。1900年考入江海关任办事员。1905年参加反对美国虐待华工斗争。1909年赴美留学，1913年入得克萨斯农工专修学校研究植棉、纺织和企业管理，1914年获农学硕士学位。回国后在沪创

办德大纱厂，任经理。曾翻译、推行美国《科学管理法》，取得显著效果。1916年在上海与人合办厚生纱厂。1919年在郑州创办豫丰纱厂，自任董事长兼总经理。同时，举办植棉试验场，致力改良棉种和推广植棉事业，著有《植棉浅说》。1920年任上海华商纱布交易所理事长。1922年秋，被北洋政府任命为出席“太平洋商务会议”首席代表。其间，因棉贵纱贱和外货倾销，国内棉纺业陷入困境，不得不在豫丰厂加入中国银行股本并由其派人管理。1928年后任国民政府工商部常务次长、实业部中央农业实验所筹备主任。上海一·二八事变时，多方募款，支援抗日。1938年后任行政院农产促进委员会主委，致力于抗战增产运动。

穆齐尔 Musil, Robert (1880-11-06～1942-04-15) 奥地利小说家。生于克恩滕克拉根福，卒于瑞士日内瓦。14岁入军校，后入布尔诺技术大学。1901年考为工程师。1908年获柏林大学博士学位。曾任大学助教、报纸主编、公务员。1938年流亡瑞士。1906年发表第一部长篇小说《学生特尔莱斯的困惑》。以他在军校的生活经历为素材，描写主人公在性成熟期对外部世界的感受、思考及心理变化。短篇小说集《社团》(1911)、《三女性》(1924)，剧本《醉心的人们》(1921) 都是以爱情与婚姻为主题的作品。最重要的作品是长篇小说《没有个性的人》。这部未完成的巨著共有1 672页，1930～1943年分三卷出版，再现了20世纪初奥匈帝国分崩瓦解的时代风貌。

穆青 Mu Qing (1921-03-15～2003-10-11) 中国新闻记者。原名亚才。回族。河南杞县人。卒于北京。1937年在山西临汾参加八路军学兵队。1940年6月赴延安，进鲁迅艺术学院学习。1942年任延安《解放日报》记者、编辑。1946年任《东北日报》采访部主任。1949年初调新华通讯社总社工作，历任记者、农村组组长、国内部主任、副社长，1982年以后任社长。穆青从事新闻工作40余年，发表的通讯报道产生很大影响，如《雁翎队》、《县委书记的榜样——焦裕禄》(合著) 等，都是脍炙人口的名篇。已结集出版的有《穆青散文选》、《新闻工作散论》等。

穆沙拉夫 Musharraf, Pervez (1943-08-01～) 巴基斯坦总统 (2001～2008)、陆军参谋长、上将、政府首席执行官。生于新德里。1947年移民巴基斯坦。1965年参加第二次印巴战争，并获“卓越”、“新月”等勋章。1995年8月出任陆军第1军军长。1998年10月出任陆军参谋长，晋升上将军衔。1999年10月12日被谢里夫罢免职务。同日，推翻谢里夫政府，军事接管政权，成立国家安全委员会和内阁，自任安委会主席、首席执行官并行使总理职权。2001年6月正式就任总统。2007年总统选举获胜，11月28日辞去军职，29日就任新一届总统。任内为发展农业生产、减少对外援的依赖而出台经济振兴计划，强调自力更生、反对腐败。坚决打击境内恐怖活动，取缔极端组织。在对外政策方面，强调巴中友好，并一直呼吁与印度对话。支持美国的反恐战争，改善美巴关系。为抵御来自外部的核威慑，坚持发展巴基斯坦自主发展核武器的计划。2008年8月18日被迫辞去总统职务。

穆施克 Muschg, Adolf (1934-05-13～) 瑞士德语小说家、剧作家。生于佐利孔。曾在苏黎世和英国剑桥大学学习。1959年获语言学博士学位。先后在德国格丁根大学、美国康奈尔大学、苏黎世理工学院任教。曾任宪法修改委员会委员。2003年起任柏林艺术学院院长。1965年出版第一部长篇小说《兔年的夏天》，以瑞士和日本之间的商业生活为题材。长篇小说《破魔之术》(1967)、《阿尔比塞的理由》(1974) 等以文笔辛辣、幽默为特色。短篇小说以《爱情故事集》(1972) 为代表，主要以夫妻间的不能沟通与不同辈分间的难于融洽为主题。主要剧作有《矮怪物》(1968)、《凯勒的晚宴》(1975) 等。

穆斯堡尔谱学 Mössbauer spectroscopy 通过γ射线的无反冲共振吸收研究固体微观结构的谱学技术。以1958年发现该效应的R.L.穆斯堡尔的姓氏命名。当自由原子核发射或吸收γ光子时，由于核的反冲使发射谱与吸收谱相距甚远，因此不易观察到共振吸收效应。但如果把发射核与吸收核分别牢固地束缚在放射源与吸收体所在的固体点阵中，就可能消除原子核的反冲，如用含有同类原子核的固体样品为吸收体，则能有一定的概率实现γ射线无反冲的发射和共振吸收，通常用无反冲因子f表示实现这种过程的概率。这种现象称为穆斯堡尔效应。为观察到穆斯堡尔效应，必须使$f>0.01$。由于吸收体和源中相同的穆斯堡尔原子核所处环境通常不同，因而其能量也不同，测谱时必须使源相对于吸收体以一定速度v往返运动，通过多普勒效应来调制所发生的γ射线的能量，同时测定γ射线的相对透射率，即可得到穆斯堡尔谱。

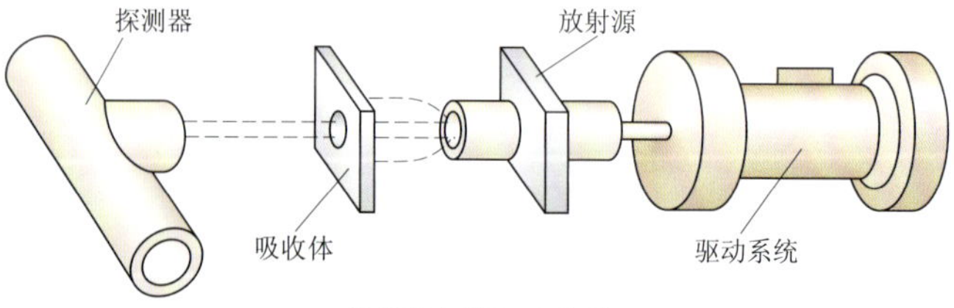

穆斯堡尔谱仪示意图

以^{57}Fe的能量$E=14.4$千电子伏的γ跃迁为例，所测线宽Γ为0.93×10^{-8}电子伏，其$\Gamma/E=6\times10^{-13}$。这表示可用该效应探测10^{-13}数量级的能量变化。可见穆斯堡尔效应具有极高的能量分辨率。利用穆斯堡尔核外电子的相互作用所提供的信息，可精确地测定晶格结构、缺陷、有序度和离子价态等特性。已观察到穆斯堡尔同位素有90余种，使用最广泛的为^{57}Fe和^{119}Sn。穆斯堡尔效应为当代重要科学发现。在很短时间内，它几乎渗入到所有自然科学研究领域。

穆斯林兄弟会 Muslim Brotherhood; al-Ikhwān al-Muslimūn 伊斯兰复兴运动的宗教性政治组织。哈桑·班纳1929年于埃及伊斯梅利亚正式创立。原为群众性的宗教社会组织，后演变为宗教性政治组织。1933年在开罗设立总部，并在50个地区建立分支组织。最高领导机构为训导局，哈桑·班纳任总训导师。1938年，兄弟会在第五次代表大会上提出新的政治纲领，决定由社会、文化活动转入政治斗争。20世纪40年代后期，其成员在埃及已达50万，遍布社会各阶层，相继在叙利亚、苏丹、约旦、巴勒斯坦和利比亚等地建立分部。其基本宗旨是：以《古兰经》、圣训和伊斯兰教法为基础，在现代社会复兴伊斯兰教，建立一个“公正、平等、理想的伊斯兰国家和伊斯兰制度”；以哈里发为统一象征，建立不分民族、不受地域限制的伊斯兰世界社团，摆脱外国援助，清除外来影响。1948年年底被法鲁克王朝政府取缔，哈桑·班纳于1949年被暗杀。1952年，兄弟会参加推翻法鲁克王朝的革命，随后与纳赛尔政府发生冲突，于1954年遭镇压。1970年纳赛尔去世后对萨达特政府持温和的反对派立场。1982年后，兄弟会放弃暴力活动，向合法的政党转化。

穆索尔斯基 Mussorgsky, Modest (Petrovich) (1839-03-21～1881-03-28) 俄罗斯作曲家。生于普斯科夫省托罗别茨县卡列

沃村，卒于圣彼得堡。父亲是庄园主。6岁起在母亲指导下学习钢琴。1849年入圣彼得堡的彼得罗帕甫洛夫学校。1852～1856年就读于近卫军士官学校，同时学钢琴，并尝试作曲。1856年毕业后去军队服役，先后结识了C.A.居伊、A.S.达尔戈梅日斯基、V.V.斯塔索夫和M.A.巴拉基列夫，这对他一生的艺术道路起了决定性的影响。1858年辞退军职，在巴拉基列夫指导下专事作曲，并成为“强力集团”中最激进的成员。50年代末至60年代初写了一些管弦乐曲、钢琴曲和歌曲，还为古希腊悲剧《俄狄浦斯王》(索福克勒斯原著）写配乐。1861年沙皇政府被迫宣布废除农奴制后，他回到家乡，将祖传的土地和家产分给农民。1863年返回圣彼得堡，进一步受到以N.G.车尔尼雪夫斯基为代表的俄国革命民主主义思想的影响，经历了深刻的思想转变，形成了进步的世界观与艺术观。穆索尔斯基的后半生在贫困中度过，精神上受到官方和保守势力的打击，物质上没有生活保障，靠替人弹钢琴伴奏、教书和当公务员糊口。

在穆索尔斯基的创作中，歌剧处于首要位置。他总共写了5部歌剧，但都没有完成，由后人续完。最初的两部歌剧《萨朗波》(根据G.福楼拜的小说，1863～1866）和《婚事》(根据N.V.果戈理喜剧改编，1868)，虽然尚不成熟，但是进行了有益的探索。他歌剧创作的最高成就体现在《鲍里斯·戈都诺夫》和《霍万斯基乱党》这两部歌剧中。《鲍里斯·戈都诺夫》(根据A.S.普希金的同名悲剧创作）是一部新型的历史歌剧，通过塑造人民群众的历史群像和刻画沙皇鲍里斯的内心矛盾，尖锐地反映了人民与暴君的对立冲突，同时又深刻地揭露了贵族统治阶级内部的争权夺利。整个歌剧的音乐语言具有鲜明的民族风格和作者独特的创作个性。《霍万斯基乱党》(根据斯塔索夫提供的史料自编剧本，1872年开始创作，死后由N.A.里姆斯基－科萨科夫续完，1886年首演）以17世纪末彼得一世时期射击军统领霍万斯基发动叛乱的史实为题材，形象地再现了俄国历史的画面。《索罗钦斯克集市》(根据果戈理原著，1916年居伊续完）是穆索尔斯基的1部喜歌剧，它综合了乌克兰歌唱旋律和口语音调，并以抒情和滑稽闹剧相结合的方式，再现了民间风俗生活，刻画了喜剧性的人物性格。

声乐浪漫曲和歌曲也是穆索尔斯基创作的重要领域。他总共写了《跳蚤之歌》等67首歌曲，包括多种的题材内容。在艺术手法上，注重音乐与语言结合的传统，创造了一种崭新的声乐朗诵旋律。他在器乐创作方面留下的作品不多，却富有独创性。其中最有代表性的作品是《荒山之夜》和《展览会上的图画》。取材于民间神话传说的交响音画《荒山之夜》(1867）是俄罗斯标题交响音乐的杰作，它以构思新颖、形象逼真和色彩浓郁而引人入胜。钢琴组曲《展览会上的图画》(1874）是有感于亡友、画家B.A.哈特曼的遗作展览而作。这部作品以鲜明的音乐语言将视觉形象复活，同时又抒发了作者的真切感情。

穆索尔斯基的创作具有揭露社会黑暗、反映人民疾苦的批判现实主义的倾向，在艺术风格上有浓郁的俄罗斯民族特点和独特个性，在音乐语言和艺术形式上有大胆的创新。不少著名的作曲家，如C.德彪西、M.拉威尔、L.亚纳切克、S.S.普罗科菲耶夫、D.D.肖斯塔科维奇等人的创作，都不同程度地受他的影响。

穆太奈比 Mutanabbī, al-（915～965-09-23） 阿拉伯阿拔斯王朝诗人。生于伊拉克库费，卒于代尔阿克尔。少年时代曾与游牧人一起生活。曾想以诗歌求取功名，未能遂愿。自称先知，鼓动并领导了一次小规模起义，因而被捕入狱。获释后，行吟于叙利亚地区。948年为阿勒颇王赛义夫·道莱所赏识，曾在埃及、伊拉克、波斯等地为众多王公歌功颂德。因遭遇伏击而死。他的诗有颂诗、挽诗、讽刺诗、情诗等，其中有80多首是专为赛义夫·道莱所写的颂诗，是他诗歌中的精华。他的诗富于哲理性，不少诗句已成为阿拉伯世界脍炙人口的格言和成语。

《穆天子传》 *Biography of the King Mu of Zhou Dynasty* 中国先秦时期的历史神话典籍。西晋初年，在汲郡（今河南卫辉）发现一座战国时期魏国墓葬，出土一大批竹简，均为重要文化典籍，通称“汲冢竹书”，其中有《穆天子传》、《周穆王美人盛姬死事》，后合并为至今流传的《穆天子传》。

《穆天子传》主要记载周穆王率领七萃之士，驾赤骥、盗骊等骏马，由造父御车，伯夭作向导，从宗周出发，越过漳水，经由河宗、阳纡之山、群玉山等地，西至于西王母之邦，和西王母宴饮酬酢的神话故事。其中的宗周，经学者研究，认为是指洛邑（今河南洛阳）；穆王的西行路线，当是从洛邑出发，北行越太行山，经由河套，然后折而向西，穿越今甘肃、青海、新疆，到达帕米尔地区（西王母之邦）。

《穆天子传》所提供的材料，除去神话传说和夸张的成分，有助于了解古代各族分布、迁徙的历史和他们之间的友好交往，及先秦时期中西交通路径以及文化交流的情况。它说明远在汉武帝刘彻派张骞通西域以前，中国内地和中亚之间就已有个人和团体的交往接触。这一点已有不少考古材料可资证明。晋郭璞为其作注。清檀萃有《穆天子传注疏》，其后有丁谦《穆天子传地理考证》、顾实《穆天子传西征讲疏》等作品。

穆瓦桑 Moissan, Henri（1852-09-28～1907-02-20） 法国无机化学家。生于巴黎，卒于巴黎。1872年入弗雷米实验室当助手，并旁听化学家们讲课。1877年获自然科学学士学位。1879年通过药剂师考试后被任命为巴黎药学院实验室主任。1880年获博士学位。1886年任无机化学教授。1891年当选法国科学院院士。1900年任巴黎大学无机化学教授。1886年6月26日制出了单质氟。为了制备这个当时被称为“不驯服的元素”的氟，许多化学家为之奋斗了70多年。穆瓦桑用低温电解氟氢化钾（KHF_2）的无水氢氟酸溶液的方法，取得成功。穆瓦桑还设计出一种用电弧加热的特殊电炉（穆瓦桑电炉），这种电炉被广泛用于加热难熔的氧化物，还原出大量的金属（钼、钽、铌等）；制取出不少的金属氮化物、硼化物和碳化物。他因制出单质氟和发明穆瓦桑电炉而获1906年诺贝尔化学奖。著有《氟及其化合物》和《电炉》。

穆祥雄 Mu Xiangxiong（1935～ ） 中国游泳运动员、国家级教练员。天津人。回族。1952年获全国游泳比赛100米和200米蛙泳冠军。1953年入选国家游泳队。1954年在第12届世界大学生运动会上获100米蛙泳季军。1955年获第2届国际青年友谊运动会100米蛙泳亚军、200米蛙泳季军。1956年出访匈牙利比赛中，获100米蛙泳（1′12″）和200米蛙泳（2′39″4）冠军。1958年在全国优秀运动员冬季游泳比赛中，以1′11″4的成绩打破100米蛙泳世界纪录。1959年在迎接第1届全国运动会游泳比赛中，以1′11″3打破由他本人保持的100米蛙泳世界纪录，在第1届全国运动会游泳比赛中，再以1′11″1的成绩打破100米蛙泳世界纪录。1959年获体育运动荣誉奖章。1961年后任国家游泳队教练。1997年任中华全国体育总会委员。

穆修 Mu Xiu（979～1032） 中国宋代散文家。字伯长。郓州（今山东东平）人。幼年好学，不事章句，从陈抟学《易》，又长于《春秋》之学。曾补颍州文学参军，徙蔡州，世称“穆参军”。性刚介寡合，好指斥时病，诋诮权贵，由是穷困潦倒。明道元年卒。当时杨亿、刘筠倡导**西昆体**，天下学者靡然从之，穆修独以古文称，力主恢复韩、柳古文传统，尝刻韩、柳文集，鬻于东京大相国寺。后世称宋代文风之变，始于穆修。穆修的文学成就主要在散文，以古朴拙直为上，不事文采，其《亳州魏武帝帐庙记》称赞曹操“伐谋制胜，料敌应变”的才能，卓有见识。《送李秀才归泉南序》、《祭第二子文》，章法与**韩愈**相近。庆历（1041～1048）间，祖无择访得穆修所著诗文数十篇，编为《穆参军集》3卷，今存宋抄本（涵芬楼影印）、明抄本、清康熙谭扬仲抄本、《四库全书》本等。

穆智台希德 Mujtahid 伊斯兰教教职称谓。原意为尽力而为者。伊斯兰教教法和教义的权威学者。系有权利根据经、训对教法和教义问题行使独立判断（伊智提哈德）的学者。**逊尼派**用以尊称教法学派的创始人和主要代表。在**什叶派**的十二伊玛目派，乌苏勒教法学派强调必须运用独立判断，故称权威的教法学家为穆智台希德。并规定信徒必须追随和仿效一位活着的穆智台希德，使他享有更大的社会影响。

N

《拿破仑法典》 *Code Napoléon* 资产阶级国家最早的一部民法典。对许多国家的民事立法有着重要影响。1804年颁布，经过多次修订，现仍在法国施行。最初称《法国民法典》，1807年改称《拿破仑法典》，1816年恢复原名，1852年又改称为《拿破仑法典》，1870年以后，习惯上通称《法国民法典》。

拿破仑三世 Napoléon Ⅲ (1808-04-20～1873-01-09) 法兰西第二共和国总统(1848～1851)、第二帝国皇帝(1852～1870)。即路易·拿破仑·波拿巴。路易·波拿巴之子，拿破仑一世之侄。生于巴黎，卒于英国奇斯尔赫斯特。第一帝国崩溃后，随母居住瑞士，就学于该国军校，后成为炮兵军官。1831年支持意大利烧炭党运动，并参与罗马地区起义。1832年拿破仑一世之子夭折后，成为波拿巴家族王位的觊觎者。1836年他在斯特拉斯堡发动军队暴动，反对七月王朝。失败后被流放到巴西、美国，不久回到欧洲。1839年留居英国。1840年在布洛涅再次冒险发起暴动，被判终身监禁。1846年越狱成功，出逃英国。

1848年革命爆发后回到法国，9月当选制宪议会议员。12月10日主要依靠农民选票当选共和国总统。1852年12月2日元老院宣布恢复帝国，路易·拿破仑·波拿巴为法兰西人的皇帝，称拿破仑三世。他利用民众对拿破仑一世的迷信，依靠工商业与金融资产者的支持，大力促进法国工业革命，使他得以执掌第二帝国政权达19年之久。执政期间参加克里木战争，又与奥地利开战，并发动侵略中国、越南、叙利亚和墨西哥的殖民战争。1870年普法战争中亲临前线，9月2日在色当战败投降。1871年5月10日法兰克福条约签订后被释放。

拿破仑一世 Napoléon Ⅰ (1769-08-15～1821-05-05) 法国政治家和军事家，法兰西共和国第一执政(1799～1804)，法兰西人皇帝(1804～1814，1815)。即拿破仑·波拿巴。习称拿破仑。生于科西嘉岛阿雅克肖一个律师家庭，卒于大西洋圣赫勒拿岛。法国大革命爆发后，1789年9月至1793年6月，3次回科西嘉，开展支持法国革命的运动。1793年在土伦战役中，击败英军，被破格授予准将军衔。1795年葡月13日(10月5日)在镇压王党暴乱中赢得声誉，10月16日擢升少将，26日担任内防军司令兼巴黎卫戍司令。1796年3月2日，督政府任命他为意大利军团司令。1797年进军维也纳，迫使奥地利签订《坎波福尔米奥和约》，粉碎了第1次反法联盟。1798年春，督政府批准他的远征埃及计划，委任他为东方军团司令。7月1日在埃及亚历山大港登陆，控制了埃及。1799年11月9～10日发动雾月政变。1799年12月至1804年5月建立执政府统治，自任第一执政。1804年11月6日，拿破仑·波拿巴成为法兰西人皇帝，称拿破仑一世。

1804年颁布民法典，1807年颁布商法典，1810年颁布刑法典，建立资产阶级法律规范。1800年创办法兰西银行，鼓励发展工商业。同时加强报刊审查制度。对雅各宾派的激进要求、城市平民和工人的风潮以及王党分子的叛乱活动一概加以镇压。他越来越倾向于同封建旧势力妥协，允许逃亡贵族回国，发还尚未出售的地产。分封新贵族，变相恢复世袭产业，建立一整套朝臣制度与宫廷仪式。

拿破仑一世执政后向英国和奥地利发出和平呼吁，遭到拒绝后，进行了马伦戈(1800)、奥斯特里茨(1805)、耶拿-奥尔施泰特(1806)、弗里德兰(1807)等战役并取得重大胜利，粉碎了第2、3、4次反法联盟，确立了法国在欧洲大陆的霸主地位。他的军队占领了从汉堡到柯尼斯堡的欧洲北部沿海地区。拿破仑一世权力达到高峰。1812年6月悍然进军俄国，9月初兵临莫斯科。由于严冬早至，拿破仑一世几乎全军覆灭。侵俄战争的失败促使形成新的欧洲反法联盟。1814年3月30日联军攻陷巴黎。4月6日，拿破仑一世退位，被放逐到地中海的厄尔巴岛。

1815年3月1日，拿破仑一世带领一队卫士冒险渡海。后再次登上皇位，开始“百日”统治(1815年3月20日至6月22日)。1815年6月18日在滑铁卢战败。6月22日拿破仑一世第二次退位，被囚禁在大西洋圣赫勒拿岛。

拿破仑一世留下大量口述的回忆录。有《拿破仑一世书信集》(32卷)和多种《圣赫勒拿回忆录》版本等传世。

拿破仑战争 Napoleonic Wars 拿破仑一世指挥法国军队对抗反法联盟的一系列战争。战场主要在欧洲大陆。

法国大革命开始后，欧洲各君主国企图对法国实行武装干涉。拿破仑于1797年1月在利沃利大败奥军，10月迫使奥地利签订《坎波福尔米奥和约》，粉碎第1次反法联盟。1799年11月9～10日(雾月18～19日)拿破仑发动政变，成立执政府。拿破仑任第一执政，后为终身执政。拿破仑执政后，开始进攻英国在欧洲的盟国，以孤立英国。1800年5月8日，拿破仑攻击意大利北部的奥军。1802年3月26日法英签订《亚眠条约》，第2次反法联盟解体。

1803年5月法英重开战端，拿破仑占领汉诺威。1804年拿破仑称帝，为拿破仑一世。同年英国首相W.皮特(小)组织第3次反法联盟。12月2日，拿破仑一世亲自指挥法军在奥斯特利茨与俄奥联军决战。12月26日双方签订《普莱斯堡和约》。第3次反法联盟解体。

1806年9月，英国、俄国、普鲁士、萨克森等建立第4次反法联盟。10月8日法普战争开始，法军投入19.5万人，普军投入17.5万余人。双方在耶拿和奥尔施泰特进行两次战役，普鲁士全军覆没。1807年6月19日，法军直驱涅曼河。俄军建议休战。7月7～9日，法国同俄、普先后签订《提尔西特和约》，第4次反法联盟瓦解。1809年1月，英国、奥地利结成第5次反法联盟。5月拿破仑一世进入维也纳。7月6日奥军在瓦格腊姆惨败，奥地利皇帝请求停战。10月14日双方签订《维也纳和约》。第5次反法联盟自行解体。

1812年拿破仑一世率51万大军远征俄国，9月15日深入俄境并占领莫斯科。10月19日拿破仑军队因饥寒所逼撤离。到12月损失兵力近45万人。1813年春，俄国、英国、普鲁士、西班牙、葡萄牙和瑞典等国组成第6次反法联盟。10月16～19日双方在莱比锡会战，法军惨败。1814年3月30日联军进入巴黎。4月6日拿破仑一世被迫退位。1815年2月26日拿破仑一世离开厄尔巴岛，3月20日晚进入巴黎，开始“百日”统治。这时英国、俄国、奥地利、普鲁士组织第7次反法联盟。6月18日拿破仑一世在滑铁卢大败，22日第2次退位，被流放到圣赫勒拿岛。

拿破仑战争前期主要是反封建的民族战争，具有进步性；后期转变为主要是掠夺奴役其他民族的侵略战争。拿破仑一世的军事艺术主要是集中优势兵力，以进攻为主要手段，以歼灭敌人兵力为主要目标。他的作战方法灵活，随机应变，不墨守成规。拿破仑的军事思想在军事史上占有重要地位。

拿撒勒 Nazareth 巴勒斯坦地区古城，基督教圣城之一。位于北部的加利利地区中央，是所谓“宗教圣迹区”的重要城市。地势高，海拔1 100米。西北距海法约30千米。人口约6.17万。公元初年建立，即为巴勒斯坦的重要城镇。公元70年罗马人占领耶路撒冷后，其中的犹太居民很多被迫移此。后为罗马人统辖，成为基督教徒的朝觐圣地，修有不少教堂和寺院。1947年英国委任统治结束后，经联合国划入阿拉伯区范围，不久被以色列占据，定为北部地区的首府。现为以色列境内最大的阿拉伯人城市，但1957年在城东的丘陵地带新建了市郊犹太区。加利利地区的主要商业中心。多名胜古迹。传说是耶稣的故乡，留有不少与耶稣和圣母马利亚有关的圣迹，如圣母井、圣母领报洞、约瑟的作坊等。圣母领报洞顶上，有1730年修建的大教堂。

拿骚 Nassau 巴哈马首都，全国第一大城市。位于巴哈马群岛中的新普罗维登斯岛东北海岸。人口22.2万。始建于17世纪

拿骚景观

60年代，初名查尔斯敦。1690年改用英国国王威廉三世的姓氏“拿骚”命名。气候温和，年平均气温20～28℃。风景秀丽，海滩优美，是世界著名旅游胜地。有海上公园，适宜观赏海洋生物和潜水；建于1787年的夏洛特要塞，曾用于抵御西班牙人和海盗的入侵。著名的国际金融中心，许多外国银行和信托公司在此设立分支机构。海空交通便利。天然良港，能停泊远洋巨轮。同美国、加拿大和英国等国家有定期航班。

那波利 Napoli 意大利重要港口城市和南部工业中心，旅游城市，坎帕尼亚区首府，那波利省首府。又称那不勒斯。位于第勒尼安海的那波利湾北岸。人口96万(2010)。

那波利(远处为维苏威火山)

地处那波利平原，城东南为丘陵山地，有著名的**维苏威火山**。那波利湾有军、商两用的天然良港。冬季温暖湿润，夏季炎热干燥。公元前6～前5世纪为古希腊殖民地，并在此建帕拉奥波利城。前326年被罗马征服后建新城，改今名。曾为罗马皇帝的避暑地。罗马帝国衰落后，相继被哥特人、诺曼人与拜占廷人占领。1266年为那不勒斯王国的都城。15～16世纪是阿拉贡王朝与西班牙的海外领地。18世纪先后为哈布斯堡家族与波旁王朝占有。1861年并入意大利王国。意大利南部工业中心。工业主要分布在城市郊区，钢铁、机械、化学、石油化工、造船、汽车与电子是主要部门，纺织、食品、制鞋、皮革和服装等传统工业也很重要。旅游业是城市经济的重要来源。著名的历史遗迹有：新城堡、圣洛伦佐大教堂、王宫建筑群以及仍保持原有风貌的西班牙街区。地中海主要港口之一，意大利南部最繁忙的客运港，铁路、公路与航空运输的枢纽。市郊有国际机场。有那不勒斯大学等高等学校、图书馆与美术馆。设博物馆和全国最大的海军基地。

那不勒斯 Naples 意大利重要港口城市和南部工业中心。又称**那波利**。

那达慕大会 Nadam Fair 蒙古族传统节日。又称蒙古游戏节。主要流行于中国内蒙古、甘肃、青海、新疆以及蒙古国。时间一般在农历七、八月，节期一至数日。“那达慕”为蒙古语，意为“娱乐”、“游戏”。源于古代一年一度的祭“敖包”仪式。据传始于汉代。“敖包”以石块堆积而成，原是道路和境界的标志，后来成为祭祀场所。最初带有宗教色彩，意在通过祭敖包，祈求吉祥多福、六畜兴旺，同时也举行一些体育娱乐活动，以后演变为那达慕大会，成为欢庆农业丰收和畜牧业兴旺的节日盛会。每年夏秋牧闲时节，由一旗或数旗联合举办那达慕大会。在具有特别重大意义的日子，如内蒙古自治区成立纪念日，也专门举行那达慕大会，以示庆祝。届时，牧民身着盛装，骑马、乘车赶来。传统那达慕盛会，要进行男子赛马、射箭和摔跤三项竞技；现在增添了马球、马术、田径、球类赛，文艺演出、电影放映、话剧演出等新内容，同时进行物资交流。大会期间，与会者相互邀请做客，敬酒祝愿。

蒙古国的那达慕大会在每年的7月11日举行，为蒙古国庆活动的一个主要组成部分。

那加人 Nagas 南亚印度共和国东北部的部落集团。人口约45万(2001)。主要分布在那加兰邦。另有部分人分布在缅甸西北部。属蒙古人种南亚类型。使用那加语，属汉藏语系藏缅语族。无文字。信万物有灵，基督教对其也有一定影响。自称祖先系从中国云南迁到缅甸，进而迁到那加山区。现分5大支系，即安加米人、阿奥人、塞马人、伦马人和洛塔人。下面又分16个小支。大小支系自成一体，语言不通，互不交往。各支都有自己的居住地区和村落，由民主选举的长老会管理本村事务。通常用赌咒发誓的办法判断是非，裁决纠纷。大都保留氏族组织。男女婚姻自由。主要从事农业，种植水稻及杂粮，大部分仍处于刀耕火种阶段；兼事采集和渔猎。以大米、高粱米等为主食。一般穿三角裤，系藤条，戴贝壳、手镯，喜欢全身刺染青色。

那加人男子

那烂陀寺 Nālandā 古印度佛教寺院及学术中心。意译为“施无厌”。位于今印度比哈尔邦巴腊贡地方。笈多王朝鸠摩罗笈多一世(414～455)时，此地即建立僧院弘扬学术。后经历代王家陆续扩建。7世纪时，**玄奘**、**义净**先后来学习时，那烂陀寺已成

为全印瞩目的大乘佛学中心。极盛时僧众常达万余，兼弘大小乘及五明。世亲以降之瑜伽行派大学者多数出自此院，如护法、戒贤及稍后之寂护、莲华戒等，均在此住持弘法。东亚各国的求法僧人自远而来者数百年间不断。寺中盛弘中观、瑜伽及密教，也讲习外学如胜论、数论、四吠陀等。寺内藏书之丰为五天竺闻名。

印度那烂陀寺遗址

12世纪末，该寺被毁，后遂湮没。1861年，欧洲学者于此作初步勘查发掘。20世纪初，英属印度政府又进行大规模的发掘。现遗址达100万平方米。中央是一座4层的砖石结构的大殿；东边是僧房，室内有石床、佛龛等；西边是佛塔、佛殿；西南有一大塔遗址。20世纪50年代，中印政府在那烂陀寺建玄奘纪念堂。

那曲地区 Nagqu Region 中国西藏自治区人民政府设立行政公署所管理的地区。位于自治区中北部，北邻青海省、新疆维吾尔自治区。辖那曲、嘉黎、比如、聂荣、安多、申扎、索、班戈、巴青、尼玛10县。面积450 537平方千米。人口46万（2010），以藏族为主，另有汉族、门巴族等。地区行政公署驻那曲县。明清时期称“哈喇乌苏”或“哈拉乌苏”，蒙古语意为黑河。因与黑龙江省黑河地区重名，1960年改称那曲专区。1970年改那曲地区。东南部为外流水系，地形切割破碎，高山峡谷相间；西北部内流水系，多湖泊。著名大湖有纳木错、色林错、当惹雍错、扎日南木错等。属高原亚寒带半干旱季风气候。草场资源丰富。畜牧业有牦牛、绵羊，农作物有青稞、元根等。矿产有石盐、芒硝、钾盐、天然碱、硼酸盐等。盛产冬虫夏草，还有贝母、麝香等贵重药材。野生动物有白唇鹿、野牦牛、藏野驴、藏羚、雪豹等。有青藏铁路和317国道过境。

那曲县 Nagqu County 中国西藏自治区那曲地区辖县。位于藏北高原的唐古拉山和

孝登寺

念青唐古拉山脉之间，怒江上源那曲河流域。面积15 305平方千米，人口约9万（2008），以藏族为主，还有汉族等民族。清乾隆十六年（1751）建立坎囊宗，1959年建立黑河县，1960年改为那曲县。属高原亚寒带半干旱季风气候，寒冷干燥，长冬无夏，基本没有无霜期。年平均气温－2℃。平均年降水量406毫米。矿产有煤、铁、铅、锌、锑、砂金等。畜牧业以牦牛、绵羊、山羊和马等为主，为自治区草地畜牧业示范县之一。工业有采矿、电力、皮革、地毯、服装和食品加工等，建有那曲肉类联合加工厂，为自治区最大的肉类食品加工企业之一。青藏公路、铁路穿过。名胜古迹有孝登寺、那曲草原自然风光等。

纳博科夫 Nabokov, Vladimir（1899－04－22～1977－07－02） 美籍俄裔小说家、评论家。生于俄国圣彼得堡，卒于瑞士蒙特勒。1922年毕业于剑桥大学三一学院。1940年移居美国，1945年入美国籍。先后在斯坦福大学、韦尔斯利大学、康奈尔大学等大学讲授英国文学名著，一生共有17部长篇小说，52部短篇小说，9部诗体和散文体剧作，400余首诗歌以及大量评论。初期创作有英文小说《塞巴斯蒂安·奈特的真实生活》（1941）和《左斜线》（1947）等。《洛丽塔》（1955）对主人公情欲的表现引起广泛的社会争议，为作者赢得了广泛的国际声誉。小说对于人物内心情感的把握以及它的语言结构都受到评论界极高的推崇。其他主要作品还有小说《普宁》（1957）、《幽暗的火》（1962）、《阿达》（1969）以及身后出版的《文学讲稿》（1980）等。

纳楚克道尔基 Nacagdorj, Dashdorjĭn（1906～1937） 蒙古国诗人、作家。生于土谢图汗部达尔汗亲王旗（今属蒙古国中央省）。1922年参加苏赫巴托尔俱乐部的活动。1923年任蒙古军事委员会秘书，1925年任团中央少先队工作局局长。1925年去列宁格勒军事学院学习。1926～1929年在德国莱比锡学习新闻。1930年回国，开始文学创作。作品采用新与旧、善与恶、愉快和痛苦等对比手法，表达鲜明爱憎。小说《浩沁夫》（1930）是他的代表作。主人公浩沁夫（意为旧时代的儿子）愚昧、无知，是革命使他觉醒，成为生活的主人。抒情长诗《我的祖国》（1933）是蒙古现代最有影响的诗歌之一，充满对祖国和新生活的热爱。其他主要作品还有歌剧《三座山》（1934）、小说《年节和眼泪》（1932）等。他的作品被译成多种文字。中国已翻译出版《我的祖国》（1955）和《三座山》（1959）。《三座山》曾改编为京剧上演。

纳粹党 Nazi Party 德国法西斯政党。即德意志民族社会主义工人党的简称。曾译为德国国家社会主义工人党（简称国社党）。纳粹是德语Nationalsozialist（民族社会主义者）一词的缩写词Nazi的汉语音译。前身为1919年1月5日由A.德莱克斯勒和C.哈勒建立的德国工人党。1920年9月30日，该党用德意志民族社会主义工人联盟的名义在慕尼黑登记。1921年6月29日，A.希特勒任党的主席。1946年9月30日被纽伦堡国际军事法庭宣判为犯罪组织。

纳粹党的理论是19～20世纪各种反动思想的混合，法西斯主义者通过狡诈的种族及社会煽动和民族主义与“社会主义”的欺骗宣传，散布对民主主义、马克思主义和犹太人的刻骨仇恨。纳粹党还竭力宣扬种族优劣论、个人独裁论和生存空间论，为其侵略扩张和战争政策制造理论根据。

纳粹党的成分十分复杂，既有经历过纳粹运动早期风险的亡命之徒、种族主义空谈家，也有殷实的资产阶级，还有一般店主、职员、工人和农民。纳粹党成立伊始，便培植对领袖的崇拜，编造关于希特勒的神话，贯彻对独裁者的绝对服从。纳粹党头目除希特勒外，还有G.施特拉塞、R.赫斯、H.戈林、P.J.戈培尔等。在州、区、乡设地方和基层组织，统归全国委员会领导。下辖组织有冲锋队、党卫军、盖世太保、纳粹党外事局、希特勒青年团、纳粹妇女联合会等。宣传喉舌为《民族观察家》、《进攻》、《民族社会主义通讯》。纲领性的读物为希特勒的《我的奋斗》。党旗上有红底白圆心、中间是一个卐字的图案。纳粹党徒声称红的象征社会主义，白的象征民族主义。党徽上亦有卐字图案。

纳迪尔沙 Nāder Shāh（1688～1747－06） 伊朗国王（1736～1747）。“沙”为国王称号。生于呼罗珊，卒于呼罗珊。出身于阿夫沙尔部落。1726年带亲兵投靠萨菲王朝的塔赫马斯普二世，支持塔赫马斯普二世夺回其父失去的王位和国土。1730年把阿富汗人全部逐出伊朗。1730～1736年打败入侵伊朗的土耳其军队。1732年废塔赫马斯普二世，立其婴儿为阿拔斯三世。1736年废阿拔斯三世，被贵族会议拥立为王，

改称纳迪尔沙，建立阿夫沙尔王朝（1736～1796）。1739年卡诺城一役，大破莫卧儿帝国军队。率军进入德里，抢掠大量珍宝财物。1739～1741年，远征信德、布哈拉与**花剌子模**，建立了庞大的军事帝国，定都于马什哈德。纳迪尔沙个性残暴，诛杀无度。1747年6月在呼罗珊城下军帐中被人刺杀。

纳迪尔沙 Nader Shah, Mohammed（1883-04-10～1933-11-08） 阿富汗国王（1929～1933）。生于印度台拉登，卒于喀布尔。1903年任近卫骑兵团指挥官。在**阿曼努拉汗**统治时期，是第三次抗英战争的杰出指挥官，后任国防大臣。1929年10月，率军打败哈比布拉军队，占领喀布尔，登上阿富汗王位。他上台后，颁布一系列法令，废除阿曼努拉汗实行的种种改革，制定新宪法，制定发展民族资本主义政策。1932年11月27日，纳迪尔沙发布《十点政策宣言》，主张禁酒，建立军事学校和近代化兵工厂。后在王宫遇刺身亡。

纳尔逊 Nelson, Horatio（1758-09-29～1805-10-21） 英国海军名将。生于英国诺福克郡一教区教长家庭，卒于西班牙特拉法尔加附近海上。1771年参加海军。1776年晋升为少尉。1778年任巡航舰舰长。1793年任战列舰舰长。1797年晋升为少将，在圣文森特海战后授爵士。1798年任地中海分舰队司令，在阿布吉尔湾海战后授男爵。1801年晋升为中将，任波罗的海舰队副司令，在哥本哈根海战后升任舰队司令，授子爵。1803年任地中海舰队司令。1805年在特拉法尔加海战中负重伤而死。纳尔逊曾在西印度群岛、北美、地中海参加过护航、封锁、登陆和保卫基地等海战。他作战勇敢，多次负伤，右眼失明和右臂截肢后仍坚持指挥作战。英国政府为纪念纳尔逊，在伦敦修建特拉法尔加广场，竖立纳尔逊铸像圆柱。

纳芙拉蒂洛娃 Navratilova, Martina（1956-10-18～ ） 美国女子网球运动员。生于布拉格。原籍捷克斯洛伐克。4岁半开始练球，8岁后开始参加各类比赛。左手持拍。1975年进入职业网坛，并移居美国，1981年加入美国籍。她是最早进行力量训练的女

子网球运动员之一，发球刁钻，扣杀凶狠，素有“网坛女金刚”之称。从1973～1994年漫长的职业网球生涯中，共赢得了170项单打冠军，取胜1 429场和128个女子双打冠军，取胜206场。在20世纪80年代缔造了一个不败神话。在1982～1984年期间，她取得了254胜6负的成绩。90年代曾一度退出网坛，43岁时再操球拍。2003年在46岁零3个月的时候夺得她的第58个大满贯冠军——澳网混双冠军，成为网球史上“最老的大满贯冠军”，多次排名世界第一。2000年7月入选世界网球名人堂。

纳吉·伊姆雷 Nagy Imre（1896-06-07～1958-06-16） 匈牙利人民共和国部长会议主席（1953～1955）。生于考波什堡一个贫农家庭，卒于布达佩斯。1918年参加俄共

（布）匈牙利小组。1945年当选为匈共中央委员、政治局委员。1953年7月任部长会议主席。1955年4月因“反马克思主义观点和派别活动”被开除出政治局和中央委员会，免去部长会议主席职务。同年12月被开除出党。1956年10月14日恢复党籍。**匈牙利事件**期间，10月24日至11月4日任联合政府总理，公开宣布要苏军立即撤退，匈牙利政府废止华沙条约并实行中立，请求联合国干预。1958年以“叛国罪”被处决。1989年5月，匈牙利社会主义工人党决定重新安葬纳吉，并于6月16日在布达佩斯举行重葬仪式。

纳伽尔朱那康达遗址 Nagarjunakonda 印度古代伊克斯瓦克王朝都城、佛教遗址。位于德干高原克里希纳河右岸的一座石头山顶上。发现于1926年，50～60年代发掘。都城建于2～3世纪。纳伽尔朱那是大乘佛教著名论师**龙树**名字的音译，“康达”意为山。因相传龙树曾在此生活而得名。2～4世纪，这里建立了30多座佛教寺院。每一个僧院由佛塔、支提殿和僧房三部分组成。雕刻材料采用白绿色石灰石，雕像风格和100千米外的阿默拉沃蒂的关系紧密，属于南印度雕刻艺术的一大流派——阿玛拉瓦蒂雕刻。这一地区同犍陀罗、马图拉并为贵霜时代的三大艺术中心。与阿默拉沃蒂雕刻相比，这里的浮雕构图更生动，人物形象更柔软苗条，空间安排更老练。纳伽尔朱那康达还发现20多块英雄石柱，一般高近3米，用来纪念逝去的重要人物，上面的雕刻为了解这一时期的艺术提供重要材料。

纳杰夫 An Najaf 伊拉克中部城市，伊斯兰教什叶派圣地，纳杰夫省首府。阿拉伯语意为“河谷中的高地”。海拔55米。北距巴格达140千米。人口约50万。公元791年兴建。10世纪后逐渐发展为什叶派穆斯林的圣城。市区布局颇具特色：由几个同心圆环环相套，形成现代居民与故去先人并存而世所罕见的“阴阳城”。第一个同心圆包括阿里清真寺和其中的伊斯兰教创始人穆罕默德的女婿阿里（600～661）的陵墓。阿里清真寺以周围陆续出现的建筑为依托，逐渐向外“辐射”，组成四周围以高墙的第二个同心圆。墙外是开阔地，构成又一个同心圆，朝圣者和商贩均在此聚集。阿里清真寺富丽堂皇，雄伟壮观，堪称阿拉伯文化和艺术的宝库。世界各地的什叶派宗教领袖和学者常常云集于此，讲经论道。新城即“阳城”，从东、南、西三方包围老城（“阴城”），其中有现代化的高楼、阿拉伯式的别墅、景色幽静的公园及各种服务设施。纳杰夫与其西北60千米的“姐妹城”卡尔巴拉，一向是伊斯兰教什叶派占居民大多数的城市（曾接待过伊朗的宗教领袖霍梅尼流亡达14年之久）。

纳拉扬 Narayan, Rasipuram Krishnaswami（1906-10-10～2001-05-13） 印度英语小说家。生于南印度马德拉斯（今金奈），卒于金奈。1930年在迈索尔的摩诃拉贾学院获文学士学位，

曾从事新闻工作。1935年始，发表了一系列以一个虚构的南印度小镇——摩尔古迪镇为背景的长篇小说，可以统称为“摩尔古迪小说”，如《斯瓦米和朋友们》（1935）、《摩尔古迪镇的食人者》（1962）等。作品具有浓郁的民族特色，笔调幽默诙谐。还写有大量短篇小说。纳拉扬为印度文学在英语国家的推广作出了重要贡献。

纳兰性德 Nalan Xingde（1655～1685） 中国清代满族词人。原名成德，字容若，号楞伽山人。先祖原为蒙古土默特氏，因攻占纳喇部，以地为氏，改姓纳喇，即纳兰。其父**明珠**为清康熙时大学士。纳兰性德自幼勤于修文习武。18岁中举，22岁赐进士出身。选授三等侍卫，后晋为一等，扈从于康熙身边。辑有《全唐诗选》和《词韵正略》。擅书法，精于书画鉴赏。词集《侧帽集》于康熙十七年（1678）问世，时年仅24岁。继而另一词集《饮水词》在吴中刊行。其词作“缠绵清婉，为当代冠”（郑振铎语），其思想深沉，风格清新，抒情状物不落窠臼、别开生面。**王国维**论及纳兰性德时说：“纳兰容若以自然之眼观物，以自然之舌言情。

此初入中原未染汉人风气，故能真切如此。北宋以来，一人而已。”不仅指出了他在中国词坛上的历史地位，而且概括了他的个人风格。著有《通志堂诗集》、《文集》、《渌水亭杂识》、《侧帽词》、《饮水词》。另刻有《通志堂经解》。

纳黎宣 Naresuan（1555～1605-04-25） 泰国阿瑜陀耶王朝国王（1590～1605年在位）。又称黑帝。生于彭世洛，卒于萨尔温江。泰国历史上著名的五位大帝之一。纳黎宣为彭世洛城行政长官坦马罗阇之子。原名帕那莱。14岁时曾被作为人质押在缅甸。1571年从缅甸赎回，立为储君。1584年，在孟肯宣布独立。1590年父王坦马罗阇去世，帕那莱正式即位为王，始称纳黎宣。在位时，废除许多亲王在边境地区的领地，将全国分为若干行省，由国王任命的长官管辖。奖励商业贸易，促进经济发展。

1591年和1593年两度入侵柬埔寨。1594年陷柬埔寨首都韦洛。1595年，纳黎宣的军队攻打缅甸首都勃固，由于阿拉干、清迈等援助缅甸，未能攻克。1599年纳黎宣发兵攻打东吁，由于后勤供应不济而回。1605年纳黎宣在攻打阿瓦时因痘疮并发而死。

原始宗教。官方语言为英语，通用阿非利坎语、德语和广雅语、纳马语及赫雷罗语。

纳米比亚 Namibia 非洲西南部国家。原称西南非洲。陆邻安哥拉、赞比亚、博茨瓦纳和南非，西濒大西洋，海岸线长1 600千米。面积824 269平方千米。人口210万（2008）。首都温得和克。2/3人口分布在北部奥万博兰和中央高地。主要城市除首都温得和克外，还有鲸湾港、奥沙卡蒂、翁丹瓜等。有多个部族，奥万博族是最大的部族，占总人口的50%，其他主要部族有卡万戈、达马拉、赫雷罗以及卡普里维、纳马、布须曼（萨恩）等。白人和有色人约占12%。90%的人信奉基督教，其余信奉原始宗教。官方语言为英语，通用阿非利坎语、德语和广雅语、纳马语及赫雷罗语。

地理 地形以高原为主，海拔多在1 000～1 500米，内陆高原广阔，属南非高原的西部。中部地势最高，为海拔1 500～2 400米的中央高地，并向四周降低。东部为海拔1 000米以下卡拉哈迪盆地，分布有卡拉哈迪沙漠。北部的奥万博兰海拔600～900米，是高原最低平处。南部受自北向南流的间歇河切割形成一些深谷。西部沿海地区较陡峭，呈阶梯状低降至500米以下，有纳米布沙漠，有蚀余高地和尖顶山，其中布兰德山海拔2 606米，为全境最高峰。大部属热带和亚热带干旱、半干旱气候。因内陆地势较高，沿海又有本格拉寒流流经，故不太炎热。年平均气温18～22℃。干旱为气候的主要特征，纳米布沙漠是世界最干旱的地区之一。由西南向东北，年降水量从不足10毫米渐增至500毫米。植被相应从荒漠、半荒漠过渡到干草原和稀树灌丛草原。境内河网稀疏。主要河流有界河奥兰治河、库内内河和奥卡万戈河。北部和东北部多盐沼，以北部的埃托沙盐沼最大。矿产资源丰富，有“战略金属储备库”之称。主要矿藏有：金刚石、铀、铜、铅、锌、金等。其中金刚石产量居非洲第五位，且以首饰金刚石为主。铀储量约12万吨，居非洲第三，仅次于南非和尼日尔。铅储量约100万吨，为非洲第一大产铅国。非洲沿海鱼类资源最丰富的国家之一。有肉质植物和百岁叶等稀有植物。

历史 公元12世纪后，科伊人、达马拉人、奥万博和赫雷罗人陆续从非洲中部迁入。15～18世纪，荷兰、葡萄牙、英国等殖民主义者先后侵入。1884年，德国占领沿海一带，1890年占领全境，沦为德属西南非洲。1915年7月，南非占领了西南非洲。1920年12月17日，国际联盟“委托”南非统治。1949年被南非吞并。1968年，根据西南非洲人民的意愿，联合国大会决定将西南非洲更名为纳米比亚。1978年，联合国安理会通过435号决议，终止南非的委任统治并支持纳实现独立。1989年，在联合国监督下举行制宪议会和总统选举，努乔马当选总统。1990年3月21日宣告独立，成立纳米比亚共和国。努乔马就任总

纳米比亚正在狩猎的布须曼人

统。现行宪法于1990年2月制定。宪法规定：实行三权分立、两院议会和总统内阁制，总统为国家元首、政府首脑兼武装部队总司令，每届任期5年，连任不得超过两届。议会由国民议会（下院）和全国委员会（上院）组成。国民议会拥有立法权，全国委员会拥有审议和驳回国民议会方案的权利。主要政党有西南非洲人民组织（执政党）、民主主义者大会党、特恩哈尔民主联盟、纳米比亚联合民主阵线。

奉行不结盟、睦邻友好的外交政策。已批准加入非盟。强调外交为经济建设服务，主张建立国际政治经济新秩序，加强南南合作。截至2010年，已与99国建立外交关系。与南非在沃尔维斯湾和附近几个岛屿的归属问题上有争议。1990年3月22日与中国建交。与西欧、北欧国家经贸联系密切。美国是主要援助国之一。

经济 非洲经济形势较好的发展中国家。2009年国内生产总值92.8亿美元，人均国内生产总值4 400美元。货币纳米比亚元（简称纳元）。实行混合经济体制，私人资本、外资和国有资本为国民经济主体。经济以矿业、渔业和畜牧业为主，旅游业发展迅速。制造业欠发达。主要行业有食品饮料、纺织服装、皮革加工、木材加工和建材化工等，90%以上为小规模私人企业。采矿业为主要创汇产业，90%的矿产品出口，主要生产氧化铀、金刚石、黄金等。金刚石主要用于首饰，产量居非洲前列。有西南非洲第一大铀矿。种植业以粮食种植为主。粮产不能自给。主要农作物为玉米、高粱、小米等。畜牧业较发达，是世界最大的紫羔羊（卡拉库尔羊）产地。畜牧业以牛、羊饲养为主，活牛和牛肉、羊肉及乳产品大部分出口南非和西欧。紫羔羊皮驰名世界。渔业资源丰富，海洋环境不断改善，捕鱼量位居世界十大产鱼国之列，主产鳕鱼、沙丁鱼、荚鱼、龙虾和蟹，还有海豹、贝藻等，其中90%供出口，出口值仅次于金刚石。旅游业占国内生产总值的7%左右，1997年被吸收为世界旅游组织成员，接待游客人数相当全国人口的1/4。交通运输基础较好。公路总长约6.4万千米，其中沥青路5 000千米。铁路总长2 600千米。联结国内矿山、城镇，并接南非。有鲸湾港（沃尔维斯湾港）和吕德里茨两个海港。纳米比亚航空公司国际和地区航线通往法兰克福、开普敦、约翰内斯堡、卢萨卡、哈拉雷、罗安达等城市。对外贸易为财政主要收入来源之一。主要出品矿产品、渔产品、农牧产品及初级加工产品，其中金刚石占出口总额的33%。绝大部分生产、生活资料需要进口。90%的进口商品来自南非。主要出口市场为英国、南非、西班牙等。主要援助国有德国、瑞典、挪威、美国等。

文化 独立后建立普及教育制度，规定6年免费义务小学教育。全国拥有近1 500所中小学校和特种学校。纳米比亚大学是唯一的综合性大学，另有10多所中等技术学校和师范学校。

新闻机构和组织有纳米比亚广播公司、纳米比亚通讯社等192家。报刊有《纳米比亚人报》、《共和者报》、《新时代报》、《温得和克广告者报》等十余种。纳米比亚广播公司下设广播电台和电视台。

温得和克是全国最大旅游中心，尽显欧洲城市风情。鲸湾港为独特的海滨旅游城市，有巨大的盐场、火烈鸟遍布的堰湖和海豹岛。纳米布沙漠是世界独一无二的海岸沙漠，以南段和北段旅游景点最集中，尤以北部的艾淘沙公园闻名世界。还有沙漠公园和自然保护区等，其中埃托沙禁猎区是世界上最大的野生动物保护区之一，也以埃托沙盐沼著称。

纳米布沙漠 Namib Desert 非洲西南部大西洋沿岸沙漠。纵贯纳米比亚西部沿海，长约1 300千米，宽80～130千米。为一带状沿海平原沙漠，属变质岩和花岗岩台地，海拔一般不超过500米，地势从沿岸向内陆呈阶梯状升高。北部受河流深切，多峡谷。南半部大多为流沙覆盖，有些沙丘长16～32千米，高60～240米。最南部沿海有风蚀基岩和许多移动性的新月形沙丘。气候干燥，年降水量一般不足50毫米，有的年份滴雨不降。水系不发达，仅北部的库内内河和最南部的奥兰治河等较大河流为常流河，其余均为干河，只在内陆高原降大雨时才形成地表径流。沿岸地带受本格拉寒流的影响，空气相对湿度较大，并多雾，成为"冷性沿岸沙漠"。沿海月平均最高气温19～20℃，比内陆低5～6℃以上；冬季偶有霜冻。植物稀少。沿岸地带有连片的低矮肉质植物，固定沙地有灌木和草类，较大河流沿岸有金合欢等树木。南部吕德里茨一带富金刚石矿。

纳米布沙漠的流动沙丘

纳米材料 nanometer material 在三维空间中至少有一维处于纳米尺度范围或由它们作为基本单元构成的材料。纳米尺度范围为1～100纳米（1纳米=10^{-9}米）。发展初期，纳米材料是指纳米微粒和由它们构成的纳米薄膜和纳米固体。按维数分类，纳米材料可分为4类：①零维，在空间三维尺度均为纳米尺度，如纳米尺度颗粒、原子团簇等。②一维，空间有两维处于纳米尺度，如纳米丝、纳米棒、纳米管等。③二维，在三维空间中有一维为纳米尺度，如超薄膜、多层膜、超晶格等。④三维，由零维或零维、一维、二维材料共同构筑的体材料。近年来，纳米材料的范围又有拓宽，把由纳米尺度孔洞构筑的高孔隙率材料也称纳米材料，通常称介孔固体。以它为载体，孔洞内填充异质纳米微粒或准一维纳米材料，这种体系又称纳米结构组装体。

纳米材料大部分是用人工制备的，属于人工材料。但自然界也存在着纳米材料，如陨石碎片，人体和兽类的牙齿都是由纳米材料构成的；又如自然界的矿物如膨润土、蒙托土、羊甘土、海泡石、电气石、硅灰石、硅藻土中都含有纳米材料。采用纳米插层技术和其他技术可以将自然界存在的纳米材料提取出来。20世纪70年代末到80年代初，人们开始对纳米粒子的结构、形态和特性进行了比较系统的研究。1984年，德国萨尔大学H.格莱特教授等人首次采用惰性气体凝聚法制备了具有清洁表面的纳米粒子。然后在真空室中原位加压成纳米固体，并提出了纳米材料界面结构模型。1991年，日本科学家首先发现了人工合成的纳米碳管，开始了准一维纳米材料的研究。纳米线、纳米电缆（芯部为纳米导体，外包纳米级非导体）相继问世。2000年底，美国王中林等首次制备了纳米带（宽和厚度为纳米量级，长度为几百微米）。

主要特性有：①金属纳米材料的电阻随尺寸下降而增大，而原绝缘体的氧化物达到纳米级时，电阻反而下降。②铁磁金属微粒（粒径10～25纳米）的矫顽力比相同的宏观材料大1 000倍，而当颗粒尺寸小于10纳米时，矫顽力变为零，表现为超顺磁性。③纳米材料（氧化物）对红外线、微波有良好的吸收特性。半导体硅材料通常是不发光的，而纳米硅却神奇般地发红光；多孔硅还出现蓝光发射现象。④纳米材料还出现常规材料无法相比的催化活性，30纳米的镍可把有机化学加氢和脱氢反应速度提高15倍。⑤纳米金属和合金的延展性可比常规金属和合金材料提高几十倍到几百倍。

利用纳米粒子的高度活性可制备活性

极高的催化剂。在火箭固体燃料中掺入铝的纳米微粒，可提高燃烧效率若干倍。利用铁磁纳米材料具有很高矫顽力的特点，可制成磁性信用卡、磁性钥匙，以及高性能录像带等。利用纳米材料等离子共振频率的可调性可制成隐身飞机的涂料。纳米材料的表面积大，对外界环境（物理的和化学的）十分敏感，可制成传感器。纳米材料在生物和医学中也有重要应用。

纳米化学 nanochemistry 研究至少一个维度的尺寸在100纳米以下的原子或分子的集合体的化学分支学科。主要研究**纳米材料**与其结构和化学制备方法，探索有限原子或分子体系的性质及反应规律。首要任务是发展各种纳米材料的化学合成方法。从化学的角度，纳米材料是原子数目在10^3～10^9的原子或分子的某种聚集体，合成必须对化学反应进行有效的限域，或有效地控制原子、分子水平的成核生长过程。已经建立了一些制备方法，如微乳液法、模板法、晶核生长法、溶剂热法、化学气相沉积法等。纳米化学的另一个重要内容是探索从纳米尺度的结构单元出发，自下而上地组装纳米材料和纳米结构的有效途径。纳米结构单元可以是功能性有机分子、C_{60}及其衍生物，也可以是碳纳米管、纳米线、纳米粒子等，而**氢键**、**配位键**、**范德瓦耳斯力**以及毛细管力、电场力、磁力等都是可资利用的组装推动力。自组装单分子膜（SAM）、LB膜、通过氢键或配位键等弱相互作用结合起来的**超分子**以及其他有序自组织体系均属于此范畴。

研究单个分子的性质以及有限个原子、分子体系的化学反应规律也是纳米化学的重要任务。这种单分子科学研究依赖于实验技术的进步，代表性的手段有扫描探针显微镜技术和光谱技术。此外，与传统材料相比，纳米材料的性质常常更强烈地依赖于材料的细微结构，因此结构与物性关系研究也是纳米化学的重要内容。

纳米技术 nanotechnology 在分子层面上控制、操纵最基本的单元体，并按照人们的意愿排布它们，使其构成具有特殊功能的材料的技术。这一技术是在纳米（1纳米=10^{-9}米）尺度内，通过对物质的反应、输运以及相互转换的控制，来创造新材料、新器件，并利用它们在纳米尺度内呈现的奇异特性，探索物质运动的新现象和新规律。

纳米空间处于以**原子**、**分子**为代表的微观世界和以人类主观活动为代表的宏观世界之间。**纳米材料**可被看作一种超分子，展现其特有的量子效应；相对于原子和分子，纳米材料亦可被看作一种宏观物质，表现出有别于原子、分子的奇异特性。保持界面的稳定性，在微米乃至宏观尺度集成纳米结构是纳米技术成功的应用。纳米尺度的新行为并不能从宏观体系获得的规律中简单地加以预测。最重要的变化是在纳米空间所观察到的新现象，包括尺寸限域、界面现象和量子机理等。一旦能够控制尺寸，就能够提高材料的性能和器件的功能。如结构的尺度缩小到纳米尺度，已经导致了碳纳米管、量子线、量子点、薄膜、基于DNA的结构以及激光发射器独特性质的出现。如果能够发现并完全利用这些潜在的基本规律，将预示着人类改造自然的能力已延伸至原子、分子水平，同时也标志着人类科学技术的新的飞跃。

扫描隧道显微镜（STM）将人类的视觉和触觉带到了纳米甚至原子世界。第一次使用这种仪器在原子级的固体表面上，实空间地观察到原子的规则排布。随后发明的**原子力显微镜**（AFM）和近场光学显微镜（SNOM）。还能够在纳米级物质的结构上进行操纵和加工。如1990年D.M.埃格勒等在低温条件下，成功地利用STM针尖操纵35个氙原子在Ni（111）单晶表面上排布出世界上最小的“IBM”字母图案，第一次实现人类看到并有意识地控制原子或分子的愿望。计算机运算能力的提高也使得模拟复杂的纳米材料的行为成为可能。

纳米技术发展出的分支有纳米电子学、纳米生物学、**纳米化学**、纳米材料学、纳米机械学、纳米摩擦学等。纳米电子学研究的深入将导致超高密度信息存储器件的产生，未来的巨型计算机会制成随身携带的袖珍计算机的大小。纳米机械和摩擦学的发展将创造世界上1微米以下的机器马达甚至微型智能机器人。纳米化学和纳米材料学将提供纳米技术所需的各种纳米材料。纳米生物学将为药物的传输提供新的方式和途径。纳米材料有非常广阔的应用前景。小到电冰箱内的表面涂层，大到制造火箭的耐热、耐磨损材料。由于纳米材料特有的光、电、磁、声、热、力、化学和生物学性能，可广泛应用于航天、国防工业、磁记录设备、计算机工程、环境保护、化工、医药、生物工程和核工业等多个领域。

纳木错 Nam Co 中国第二大咸水湖。世界海拔最高的大湖。纳木错藏语为“天湖”之意，蒙古语称“腾格里海”。位于藏北高原东南部，念青唐古拉山峰北麓，西藏自治区当雄县和班戈县境内。湖面海拔4 718米，长78.6千米，平均宽25千米，平均水深39.2米，储水量768亿立方米，湖水面积1 961平方千米，湖区面积1.061万平方千米。纳木错是第三纪喜马拉雅运动形成的构造断陷湖，呈西南—东北向。属微咸水湖，矿化度1 697～1 732毫克/升，为藏北湖群中矿化度最低的湖泊。pH为9，属重碳酸盐类钠组水。湖水主要靠冰雪融水和降水补给。汇入湖中的主要河流有波曲、昂曲、侧曲、你亚曲等。湖中盛产高原裸鲤。湖滨为优良牧场。

纳木错掠影

纳木那尼峰 Namunani Peak **喜马拉雅山**脉西段最高峰，海拔7 694米。位于中国西藏自治区西南部普兰县境，玛旁雍错、拉昂错以南。和冈仁波齐峰遥遥相对，系由前寒武纪变质岩系组成的孤立山峰，峰顶终年积雪，周围冰川发育。

纳赛尔 Nasser, Gamal Abdel（1918-01-15～1970-09-28） 埃及总统、武装部队最高统帅。生于亚历山大巴卡斯区一邮局职员家庭，卒于开罗。1937年入埃及皇家军事学院。1939年毕业后获少尉军衔，在驻苏丹的埃及军队服役。1942年进开罗军事学院任教。1945年参与组建以争取民族独立、推翻君主制度为宗旨的秘密革命团体“自由军官组织”。1948年参加第一次**中东战争**，因战功获“法卢加之虎”称号。1952年7月23日与89名“自由军官”组织成员发动政变，推翻法鲁克封建王朝。翌年埃及共和国成立后，任副总理兼内政部长，推举M.纳吉布为国家元首。1954年任革命指导委员会主席兼总理。纳吉布被免职后任代总统。1955年出席万隆会议。1956年1月颁布宪法，6月当选为总统，7月宣布苏伊士运河国有化。同年10月第二次中东

战争爆发后，领导埃及军民顽强抗击，迫使英、法、以停火并撤军。1958～1961年埃及和叙利亚组成阿拉伯联合共和国，他任总统。1962年任阿拉伯社会主义联盟最高执行委员会主席。1967年6月第三次中东战争爆发后，领导全国军民抗击以军，失败。总统任内，领导进行土地改革，限制个人占有土地；修建阿斯旺水坝，发展农村经济；重视培养知识分子，加快工业化步伐；反对贪污腐化，给予妇女更多的政治权利；外交上倡导并参加不结盟运动。著有《革命哲学》、《埃及的解放》等。

纳·赛音朝克图 Na. Sainchogtu; Na. Sainčortu (1914-02-23～1973-06) 中国蒙古族诗人。原名赛春嘎。内蒙古锡林郭勒盟正蓝旗人。生于牧民家庭，自幼喜爱文艺。中学毕业后入日本东京东洋大学留学。曾任内蒙古自治区文联副主席、作协内蒙古分会主席等职。纳·赛音朝克图继承了蒙古族古典诗词和民歌的凝练、整齐、音乐性强、对仗工整等特点。诗作铿锵动听，朗朗上口，自然优美，亲切感人。在35年的创作生涯中，有30多部蒙、汉文诗集出版。代表作品有诗集《我们雄壮的呼声》、《幸福和友谊》，叙事长诗《南迪尔和孙布尔》，抒情长诗《狂欢之歌》以及《纳·赛音朝克图诗选》等。

纳什 Nash, John Forbes (1928-06-13～) 美国数学家、经济学家，博弈论的奠基人之一。生于西弗吉尼亚州布鲁弗尔德市。1950年获普林斯顿大学数学博士学位。同年在普林斯顿大学任讲师；1951年夏季转到麻省理工学院数学系工作。1956～1957年因得到艾尔弗雷德·斯隆奖学金的资助而回到普林斯顿大学访问，后任普林斯顿大学数学系高级研究数学家。纳什是普林斯顿有名的数学天才，但是在1959年，由于患精神分裂症而辞去了麻省理工学院的教职。在随后的30年中几乎从学术界消失，但令人惊奇的是，在妻子艾莉西亚的精心照料下，他奇迹般地康复。与J.C.哈萨尼、R.泽尔滕共获1994年度诺贝尔经济学奖。

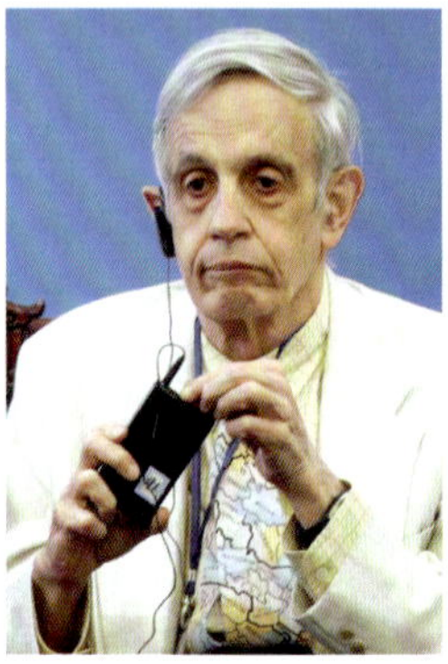

纳什的重要贡献在于首次区分了合作博弈与非合作博弈，并为非合作博弈创立了一种均衡概念。他把两人零和博弈的解概念一般化，也就是在注意多个局中人和偏好任意的情况下，给出了一个一般性的解概念。这种解概念后被命名为“纳什均衡”。在数学界，纳什更以黎曼流形嵌入定理、纳什-莫泽叠代法等著称。纳什均衡及其后续理论不仅影响了数学界，而且也改变了经济学乃至整个社会科学的面貌。纳什在非合作博弈方面的贡献集中体现在他的博士论文《非合作博弈》(1950) 中。论文后被整理成《n人博弈的均衡点》(1950) 和《非合作博弈》(1951)。

纳什维尔 Nashville 美国田纳西州首府。位于该州中北部，坎伯兰河畔。市区面积1 226平方千米，人口59.65万 (2008)；大都市区人口155.07万 (2008)。1779年始建居民点。1784年设镇。1806年设市。1843年定为州永久首府。19世纪50年代铁路通达。南北战争期间，是南方军司令部所在地。20世纪30年代以来，利用田纳西河流域水电站提供的电力，工业发展较快。主要工业产品有汽车玻璃、轮胎、服装、供暖和烹调设备等。数家大保险公司和金融公司总部所在地。美国的“音乐之都”，以乡村音乐和西部音乐闻名，音乐录制业和出版业发达。设有范德比尔特大学 (1873)、田纳西州立大学 (1912) 等17所高等院校。市内有不少希腊古典风格的建筑，如州议会大厦 (1855)、市郊百年纪念公园内仿希腊雅典帕提农神庙的建筑。A.杰克逊总统的故居和墓地在城东19千米处。

纳税人 tax payer 依照税法规定对国家负有纳税义务的人。又称纳税义务人。纳税人的权利包括：享受税法规定的减税、免税；依法申请收回多缴纳税款；在生产、经营发生重大困难时，依法申请分期、延期缴纳税款或申请减税、免税；对税务机关不正确的决定提出申诉；对税务机关及其工作人员的不法行为向其上级主管部门及国家监督、检察机关检举、揭发。纳税人的义务包括：按税法规定办理税务登记；按税法规定的期限和程序办理纳税申报，并按期缴纳税款；向税务机关及时提供会计、财务报表；接受税务检查，并如实反映和提供有关情况和材料。

纳斯达克股价指数 NASDAQ Stock Price Indexes 由美国全国证券交易商协会自动报价系统编制并公布的股票价格指数。美国全国证券交易商协会自动报价系统即纳斯达克证券市场。英文为The National Association of Securities Dealers Automated Quotation System，缩写为NASDAQ。它是1971年在美国首都华盛顿建立的全球第一个电子化股票市场，也是世界上最大的无形交易市场。纳斯达克股价指数共包括13种指数：纳斯达克综合指数、纳斯达克-100指数、纳斯达克金融-100指数、纳斯达克银行指数、纳斯达克生物指数、纳斯达克计算机指数、纳斯达克工业指数、纳斯

美国纽约街头的大型数字显示器
随时显示纳斯达克股价指数

达克保险指数、纳斯达克其他金融指数、纳斯达克通讯指数、纳斯达克运输指数、纳斯达克全国市场综合指数、纳斯达克全国市场工业指数。其中最主要和最具影响力的是以在纳斯达克证券市场上的所有上市公司股票为对象编制的纳斯达克综合指数。

纳斯卡文化 Nazca Culture 南美古代印第安文化。因纳斯卡河谷而得名。主要分布在今秘鲁南部沿海地区诸河谷。年代在公元前200～公元600年。以绚丽的彩陶和精美的纺织品而闻名。陶器以提梁壶和敞口碗最具代表性。纹饰色彩丰富，常见的有红、黑、白、灰、橘红等色，绘画题材有鸟、兽、虫、鱼、草木和各种宗教题材的怪物。绘画时先以黑线勾出轮廓，然后填以各种颜色。纺织品多发现于墓葬中，原料为棉花和驼毛，品种有刺绣、花毯、

纳斯卡文化中的彩绣

织锦、薄纱和条纹布等，制作精细。纳斯卡文化以农业为基础，但无大规模的灌溉系统，也无宏大的建筑物。最著名的遗迹是纳斯卡高地上的巨型图案，只有从高空才可看出形状，既有各种几何图案，也有蜘蛛、猿、蜂鸟等动物形状。这些图案的确切用途至今仍是一个谜。1994年，纳斯卡巨型图案作为文化遗产被列入《世界遗产名录》。

纳斯列丁·霍加 Nasreddin Hoca (1208～1284) 土耳其民间口头文学家。生于锡夫里希萨尔附近，卒于阿克谢希尔。当过村

里清真寺的领拜人，后成为伊斯兰教神学家、苏非派学者。他讲过许多笑话，这些笑话在民间流传的过程中不断丰富发展。18世纪时，霍加的笑话和轶事被编纂成书。他的故事反映了土耳其人民的聪明才智和幽默乐观的性格，在世界各地广泛流传。霍加（即阿凡提）也成为各国民间文学中的一个“世界性的形象”。

纳塔 Natta, Giulio (1903-02-26～1979-05-02) 意大利高分子化学家。生于热那亚附近因佩里亚，卒于贝加莫。1924年毕业于米兰工学院并获得工程博士学位。曾在米兰、都灵、帕多瓦和罗马等地的大学任教授。1938年回母校任教授兼工业研究所所长，1978年改为退职荣誉教授。1938年他由1-丁烯脱氢制得丁二烯，进一步发展了最早的合成橡胶方法。他于1954年从事规化聚合的研究，成功地从廉价的丙烯获得性能良好的，可用于塑料、纤维的等规聚丙烯。后来这一方法被成功地用到一般烯烃和双烯烃。他首先在乙烯-丙烯共聚合上使用的催化体系，被称为齐格勒-纳塔催化剂，用它可以制成种种立体规整结构的聚合物和共聚物。纳塔和他的助手共发表了1 200篇科学论文，其中以他个人名义发表的有540篇。取得约500项专利。他因对塑料领域内的高分子的结构和合成方面的研究而与K.齐格勒共获1963年诺贝尔化学奖。

纳塔尔 Natal 巴西东北部重要海港，北里奥格兰德州首府。位于大西洋岸波滕日河右岸。面积172平方千米。人口77.42万(2007)。气候炎热干燥，年平均气温26.2℃，平均年降水量1 547毫米。海拔31米。1597年由葡萄牙人始建。殖民地时期是附近和内地所产甘蔗、棉花、海盐的贸易中心。20世纪初经济逐渐发展。第二次世界大战期间成为海军基地。南美洲离非洲大陆最近的港口城市。码头总长400米，港口设施较完备。近海贸易发达，输出棉花、蔗糖、海盐、橡胶、皮革、食油、虾和矿物(钨)。有棉纺织、制糖、制革、服装、制盐、船舶修理等工业。铁路和公路交通便捷，有大型飞机场。离城20千米的黑人角海岸建有宇宙开发基地。海滨是诱人的娱乐场所。

纳吐夫文化 Natufian Culture 西亚中石器时代文化。年代约在公元前11000～前9300年。主要分布于叙利亚、巴勒斯坦和黎巴嫩等地。最早发现于巴勒斯坦的纳吐夫，故名。起源尚不清楚。后续文化是新石器时代初期的原始塔洪文化。纳吐夫文化的经济基础是采集和渔猎，并向着农耕的方向发展。早期遗存最为丰富。工具以半月形细石器为主，还有镰刀、石臼、石杵、石磨盘，以及骨刀等。可能已有畜牧的萌芽。人们过着定居生活，但住处简陋，多为茅棚或直接住在洞穴中。墓葬在居地之内。墓口常用碎石或大石覆盖。死者身上有时撒有红色赭石粉末。发现不少雕刻品，其中骨制镰柄上的动物头像、无头羚羊雕像以及爱神像都是十分生动的作品。遗址中发现有地中海角贝和红海贝壳，说明当时已有交换。

纳托尔普 Natorp, Paul (Gerhard) (1854-01-24～1924-08-17) 德国哲学家、教育家。新康德主义马尔堡学派的主要代表。生于杜塞尔多夫，卒于马尔堡。早年受教于柏林、波恩和斯特拉斯堡等大学，1885年起任马尔堡大学教授。纳托尔普是H.柯亨的追随者，其哲学思想特征是力图通过对先验方法的阐释，把I.康德和柏拉图的哲学观点结合起来。他抛弃了康德式的直观与思维的二元论，认为认识的过程不是对预先给予的感觉材料的制作过程，而是纯粹思维的无限创造过程。他力图把科学知识建立在纯粹逻辑的基础上，并把先验方法推广到社会科学领域，从而使康德哲学彻底唯心主义化。著有《精密科学的逻辑基础》等。

纳西语 Naxi language 中国纳西族使用的语言。属汉藏语系藏缅语族彝语支。分布于中国云南省丽江、香格里拉、永胜、宁蒗、兰坪、维西和四川省盐源、盐边、木里等县。分西部和东部两个方言。以西部方言为例，有44个声母，清浊对立，还有鼻冠音声母。韵母以单元音为主，有12个，无松紧对立。有4个声调。形容词用作修饰语时一般在被修饰词后面，如果加助词则在前。数量词修饰名词时在名词之后。动词的前面加动态助词，表示动作的情貌。

纳西族 Naxi 中国少数民族。主要分布在云南、四川和西藏的部分地区。人口308 839(2000)。使用纳西语，属汉藏语系藏缅语族彝语支。多数人通用汉语文。古时有过象形文字，称东巴文；另有一种文字为音节文字，称哥巴文。1957年创制了以拉丁字母为基础的拼音文字。族源上一部分属古代羌人向南迁徙的一支，其先民在晋代汉文史籍中被称为“摩沙夷”。唐代称“磨些蛮”。以经营农业为主。金沙江河套地带是林区。玉龙山区植物种类繁多，以“植物仓库”之称闻名。东巴经书卷帙浩繁，是研究纳西族社会历史发展、语言文学和宗教信仰的宝贵资料。白沙细乐和丽江古乐是著名的大型古典乐曲。男子着装和汉族相似。丽江地区的妇女穿宽腰大袖的大褂，外加坎肩，缀有刺绣的七星和日月。宁蒗地区的妇女着长可及地的多褶裙，短上衣，青布大包头，佩大银耳环。多以小麦、大米、玉米、荞麦、马铃薯为主食。住房多为瓦房，也有居住木楞房的。婚姻行一夫一妻制。在部分纳西族中，曾有过以女性为中心的家庭制度。人死后行火葬和土葬。传统节日有三朵节、祭干母女神节（俗称转山节）和祭天等。多信仰东巴教，相信万物有灵。1961年在云南建立了丽江纳西族自治县，并与其他民族先后建立了4个民族乡。

纳西族女子

纳训 Na Xun (1911～1989-12-27) 中国翻译家。名光政，字鉴恒，经名穆罕默德·努尔。回族。生于云南通海，卒于北京。童年时代接受经书并授的启蒙教育，后入昆明明德中学学习。1934年由该校保送入埃及爱资哈尔大学深造。其间，开始翻译《一千零一夜》全书。与此同时，他还把一些中国古今名著译成阿拉伯文，在埃及报刊上发表，如柳宗元的《捕蛇者说》，鲁迅的《风筝》，朱自清的《背影》，曹禺的《雷雨》等。1939年到伊斯兰教圣地麦加朝觐。抗日战争期间，虽身在异邦，仍积极参与抗日宣传活动。1947年回国后，主持昆明明德中学教务并兼任伊斯兰教刊物《清真铎报》主编。1950年起，先后在云南民族学院、云南省文联工作，从事阿拉伯文学的翻译。1960年调入北京人民文学出版社任编辑。他毕生致力于翻译《一千零一夜》。20世纪40年代初译成《天方夜谭》5册，由商务印书馆出版。从50年代起又新译此书，并更名为《一千零一夜》，先于1958年出版3卷选本，至1984年，全译6卷本由人民文学出版社出齐，总共230多万字，是直接译自阿拉伯原文的唯一中文全译本。

钠 sodium 化学元素，元素符号Na，原子序数11，原子量22.989 769 28，属周期系IA族，碱金属。英文名来源于氢氧化钠的别名caustic soda（苛性苏打）。1807年H.戴维电解熔融氢氧化钠制得钠。钠在地壳中的含量为2.36%，居第6位。海水、盐湖中存在大量氯化钠，其他矿物有岩盐

$NaCl$、芒硝 $Na_2SO_4 \cdot 10H_2O$、苏打（天然碱）$Na_2CO_3 \cdot 10H_2O$、**硼砂** $Na_2[B_4O_5(OH)_4] \cdot 3H_2O$。

钠是银白色金属，密度0.971克/厘米^3，莫氏硬度0.4，质软可用刀切割，熔点97.80℃，沸点883℃。主要氧化态+1。钠的化学性质极活泼，与空气接触后生成复杂的覆盖层而变灰暗。室温下与水反应激烈，生成氢氧化钠和氢气，反应放热使钠熔化并燃烧。金属钠须保存在液态石蜡或煤油中。在限量的不含二氧化碳的干燥空气中加热钠，可得到白色粉末状氧化钠；如果空气过量则生成淡黄色的过氧化钠。加热时钠与氢气反应生成氢化钠。加热与放电情况下钠与氮反应，在加热条件下钠与硫、碳、卤素、磷及大多数非金属反应。室温下与二氧化碳气体反应缓慢，但钠与干冰接触可发生爆炸。钠溶解在液氨中形成蓝色溶液。钠与一些不活泼金属化合物共热可还原出金属，如与四氯化钛反应制备金属钛。钠与汞生成合金钠汞齐，是还原剂。钠还能与钾、锡、锑等金属生成合金。挥发性钠盐的火焰呈黄色，可用以定性检测钠。钠着火时应使用干燥的碳酸钠、氯化钠、石棉灰等粉末灭火，禁止用水、泡沫灭火器、二氧化碳灭火器等。重要化合物有氟化钠、**氯化钠**、硫化钠、**氢氧化钠**、**碳酸钠**、**碳酸氢钠**、硝酸钠、硫酸钠、连二亚硫酸钠、**硫代硫酸钠**、**硅酸钠**、过氧化钠、氰化钠、氯酸钠等。

工业上常用电解熔融氯化钠法制备金属钠。冶金工业用金属钠作热还原反应的**还原剂**，制备钛、锆、铪、钽等金属。钠是制备氰化钠、过氧化钠、氢化钠和氨基钠的原料。钠在医药、染料、橡胶合成中用作还原剂或催化剂，用作有机溶剂的脱水剂。钠还可制作钠-硫电池的阳极材料、钠光灯、电缆、车辆轴承合金和用于原子能高速增殖炉的冷却剂等。钠是生命必需元素，人体含有0.14%的钠，是细胞间质和细胞外液中的主要阳离子，主要作用是维持渗透压和膜电势平衡以及体液中的电荷平衡。

乃堆拉山口 Naiduila Pass 位于中国西藏自治区**亚东县**与印度锡金邦的交界处。海拔4 545米。距拉萨460千米。曾是中印之间主要的陆路贸易通道。历史上，通过乃堆拉山口的贸易路线是“茶马古道”的一部分，亚东是这条线路上最大的商埠。20世纪初，这里的年交易额最高时约占当时中印边境贸易额的80%。但1962年中印边境冲突后，两国边贸停止。2006年，乃堆拉边贸市场正式开放。

乃颜 Nayan (?～1287) 中国元代蒙古宗王。成吉思汗幼弟铁木哥斡赤斤玄孙。乃颜继其父阿木鲁为斡赤斤分地之主。他信奉基督教。至元二十三年（1286），西北诸王**海都**、**笃哇**进攻按台山，元朝以重兵防御西境。乃颜见有机可乘，自恃军队众多，封土广大，于次年四月与哈撒儿（成吉思汗弟）后王势都儿、合赤温（成吉思汗弟）后裔胜纳哈儿、哈丹秃鲁干等结盟，举兵叛乱。在辽东，乃颜军南逼潢河（今辽河上游西拉木伦河）流域，迫使元军退至豪州（治今辽宁彰武）、懿州（今辽宁阜新东北）以西。五月，忽必烈以玉昔帖木儿领蒙古军，李庭领汉军，从上都北进，亲征乃颜。六月，乃颜集结重兵，与元军决战，溃败后出逃，在失烈门林（今地不详）为追兵所获，被忽必烈处死。乃颜叛乱平定后，忽必烈即将叛王的分民、财产没收，另分与他人；此后，东道诸王的势力大为削弱，受朝廷所置行省的节制。

奶茶 milk tea 蒙古、藏、哈萨克等民族传统饮料。奶和茶的混合制品。蒙古语称“苏台柴”。流行于中国的青海、西藏、新疆、内蒙古等地和蒙古国等国家。奶茶是这些民族的家庭必备饮料，也可用来待客。朋友或陌生人进入帐房，主人便会献上一碗奶茶，表示欢迎。制作奶茶时，先把砖茶放在锅里或茶壶里熬煮，然后将茶水倒入木桶，澄清或过滤掉茶叶后，再将茶水倒入锅或壶内添入牛奶、羊奶或骆驼奶，煮沸即成。饮用时可调入蜂蜜或食盐，味更鲜美。奶茶有解除疲劳、增强食欲、降低血压、防止动脉硬化等功效，尤其是能补充牧区因肉食多、植物性食物不足而造成的人体维生素C缺乏，是上乘的饮料和补品。

奶牛 dairy cattle 经高度选育而成的专门化乳用牛品种。其产品牛奶是适于饮用的营养食品，也是现代乳品工业的主要原料。

外形特征为头部轮廓清晰，略长。颈薄有皱褶。皮薄，毛细短，皮下脂肪少。全身结构匀称，细致紧凑，棱角清晰。后躯较前躯发达。乳房庞大，重可达11～28千克，乳静脉明显。初情期6～9月龄，发育良好的母牛15月龄即可配种。妊娠期278～288天，产后第一次发情时间多在30～75天。耐热性较差，高温时产奶量常下降。对饲养管理要求较高。

世界上奶牛品种有近百个。其中重要的大型品种为荷斯坦牛，小型品种为娟姗牛。其他较重要的品种还有更赛牛、爱尔夏牛等。18世纪末和19世纪初中国开始引入西方专门化奶牛品种。经用荷斯坦牛与中国黄牛杂交，并对其后代进行长期选育，已培育成中国荷斯坦奶牛品种。

氖 neon **化学元素**，元素符号Ne，原子序数10，原子量20.179 7，属周期系零族元素，**稀有气体**。1898年英国W.**拉姆齐**和M.W.特拉弗斯在蒸发液态氩时，收集了最先逸出的气体，用光谱分析法发现了比氩轻的氖。命名为neon，希腊文“新的”之意，即从空气中发现的新气体。空气中含氖0.001 8%。天然氖是三种稳定同位素的混合物，体积比为氖-20 (90.92%)、氖-21 (0.26%) 和氖-22 (8.82%)。

氖在通常条件下为无色、无臭、无味的气体，熔点－248.67℃，沸点－245.9℃，气体密度0.900 2克/升（0℃，100千帕），在一般情况下，氖不发生化学反应。

工业上利用分馏液态空气制备氖，液化空气最容易挥发的部分是由氦、氖和氮的混合物组成，在加压降温下用冷凝法，接着用深度冷却的活性炭吸附法除去氮气，用低温活性炭选择吸附法把氖与氦分离。处理88 000千克液态空气可得1千克氖。

在放电时氖能放出橘红色辉光，加入一些汞蒸气后又发射出蓝光，所以氖被广泛用来制造霓虹灯、信号灯，还用于荧光灯、气体导电灯和高电压测试仪中。氖还大量用于高能物理研究。

奈保尔 Naipaul, Vidiadhar Surajprasad (1932-08-17～) 印度裔特立尼达和多巴哥作家。生于特立尼达岛。1950年赴英国牛津大学学习，后定居英格兰。长篇小说《神秘的按摩师》(1957)、《埃尔维拉的普选》(1958) 以及短篇小说集《米格尔大街》(1959) 等，大都以特立尼达和多巴哥风情为背景。小说《毕什瓦的房子》(1961) 写主人公毕什瓦终其一生为建造属于自己的一所房子的故事，成为特立尼达和多巴哥人民寻求独立的一个象征。《河湾》(1979) 用冷峻反讽的笔调，探讨了非洲某国家暗淡迷惘的前途。奈保尔有小说、短篇小说集、政治散文集约20部。2001年获诺贝尔文学奖。

奈尔维 Nervi, Pier Luigi (1891-06-21～1979-06-09) 意大利工程师和建筑师，在变革建筑结构和施工工艺中、在创新空间形象方面作出贡献。生于意大利北部小镇桑德利奥，卒于罗马。1913年从博洛尼亚大学土木工程系毕业后，在博洛尼亚市混凝土学会工作两年。1915～1918年在意大利工程兵部队服役。1920年同奈比渥西合组工程公司。1932年起同巴托利合作组织奈尔维-巴托利工程公司。

奈尔维毕生致力于探索钢筋混凝土的性能和结构潜力，凭借他超群的结构直觉，运用他创造的钢丝网水泥和多种施工方法，

创造出风格独特、形式优美、有强烈个性的建筑作品。代表作为佛罗伦萨市体育场、都灵展览馆B厅、巴黎联合国教科文组织总部大厦会议厅、罗马小体育宫、米兰皮瑞里大厦、意大利都灵劳动宫等。

奈耳 Néel, Louis-Eugène-Félix (1904-11-22～2000-11-17) 法国物理学家。生于里昂，卒于科雷兹省的布里夫。1928年毕业于巴黎高等师范学校，1932年获法国国家博士学位，1937年起先后任法国斯特拉斯堡大学和格勒诺布尔大学教授，1953年被选为法兰西学院院士，1963年任国际纯粹与应用物理学联合会主席。曾任法国国家科研中心指导委员会成员，格勒诺布尔核研究中心主任，格勒诺布尔磁学实验室主任。建立和发展了反铁磁性(1932)、亚铁磁性(1948)和超反铁磁性(1961)的分子场理论，在热涨落和方向有序产生的磁化蠕移、微粉磁性、岩石磁性、磁畴和畴壁的理论，以及技术磁化和矫顽力理论等领域也都有突出贡献。因而反铁磁性转变温度被称为奈耳温度，他首先提出的一种畴壁结构被称为奈耳畴壁。由于在反铁磁性和铁氧体磁性方面的基础研究，获得1970年诺贝尔物理学奖。

奈良 Nara 日本历史名城，世界文化旅游城市，奈良县首府。位于本州岛近畿地区的中南部，西距大阪约30千米。面积211.6平方千米。人口约36.37万(2003)。三面为山脉与丘陵环抱。南面为平原。佐保川及其支流能登川等河流经市区。

奈良是日本古代政治、经济、文化中心。公元694年日本建都于奈良东南的腾原京，710年迁都平城(今奈良市西)，称平城京。710～784年最为繁荣，七代天皇之都，史称奈良时代。与中国唐朝文化往来频繁。平城京的建筑式样和街道布局完全模仿中国唐都长安。日本佛教文化在此萌芽。784年首都迁至长冈京后，奈良逐渐衰落。12世纪，奈良寺院和大部分市街被烧毁。13世纪修复。15世纪后重新繁荣。1898年设市。1950年定为国际文化城市。每年国内外游客达1 000多万人次。为日本著名的关西文化学术研究中心。

奈良是个具有特殊产业类型的城市。以商业、服务性行业为中心，第三产业占73%。工业以食品工业居多，其次是纤维和染织工业等，还有金属制品、电机业等。

东大寺

传统的轻工业发达，如笔、墨、漂白布、一刀雕等独具特色。交通方便。有通往大阪和名古屋的铁路和公路。

市内历史古迹和文物众多。主要有平城宫遗址、皇陵、寺院和神社等，著名寺院有东大寺和唐招提寺。其中东大寺系中国唐代高僧鉴真754年东渡日本后的传教之处，其大佛殿金堂的卢舍那佛坐像，是世界上最大的一座金铜佛像，定为日本国宝；而唐招提寺则是鉴真和尚创业和圆寂之地，寺内的鉴真干漆圆寂姿态的塑像，也为日本国宝。此外，还有药师寺、元兴寺、兴福寺、春日大社等。1998年奈良作为文化遗产列入《世界遗产名录》。

奈维乌斯 Naevius, Gnaeus (约前270～前204/前201) 古罗马剧作家、诗人。具有民主倾向，曾因在作品中抨击罗马当权人物被捕入狱，获释后继续抨击时政，最后被逐出罗马，卒于北非乌提卡。戏剧创作以喜剧为主，已知他编写过30多部喜剧，是依据古希腊中期喜剧和新喜剧改编的，同时吸收了意大利民间戏剧的成分，富有独创性。悲剧有依据希腊古典悲剧改编的神话剧和以罗马古代传说或历史事件为题材创作的历史剧。他是罗马历史剧的首创者，主要作品是《罗慕卢斯》和《克拉斯提狄乌姆》。在第一部罗马史诗《布匿战纪》中，将历史事件和神话传说穿插叙述。奈维乌斯的作品全部失传，现仅存残段。

耐火材料 refractories 能够在高温环境中满足使用要求的无机非金属材料。标准化组织规定其耐火度不小于1 500℃。用作热工设备的内衬结构材料，高温容器材料，高温装置中的元件、部件材料等。这类材料的主成分为高温氧化物、非氧化物和碳素。

种类 耐火材料品种繁多，通常可按其化学-矿物组成分为硅质制品、硅酸铝质制品、镁质和白云石质制品、碳质和碳化硅质制品、锆质制品、碳结合制品、特殊制品等；按化学特性分为以二氧化硅为主成分的酸性制品，以氧化镁、氧化钙为主成分的碱性制品，以氧化铝、氧化铬、碳为主成分的中性制品。此外，还可按耐火度高低、制品形状和尺寸、施工特点和制造工艺等特征进行分类。按耐火度高低分为普通耐火材料(1 580～1 770℃)、高级耐火材料(1 770～2 000℃)和特级耐火材料(2 000℃以上)。

耐火原料 可分为天然的和人工合成的两大类。天然耐火原料主要有以结晶或胶结硅石为主的硅质耐火原料，以硬质或软质黏土为主的耐火黏土，以高铝矾土为主的高铝原料。此外还有菱镁矿、白云石、铬铁矿、锆莫石、石墨等。

生产工艺 主要包括以下7项工序：①原料煅烧。多数天然耐火原料在用来制砖前需经过煅烧处理。这类原料主要有硬质黏土、高铝矾土、白云石、菱镁矿等。②原料加工。包括原料拣选、破碎、筛分和细磨等。将原料中的杂物拣选后，加工制备成具有一定粒度组成的颗粒，以供配料用。③泥料制备。包括配料、混合混练和困料等工序。将各种组合料、结合剂和少量添加剂等精确称量配合，混合混练均匀。④成型。借助外力(压力)将制备好的泥料制成一定形状、尺寸和密度的坯体。成型方法主要有机压成型、震动成型、静压成型、浇注成型和手工捣打成型等。⑤干燥。干燥的目的在于提高坯体强度，减少搬运和码坯时的破损以及避免由于砖坯水分过高而烧成开裂。干燥温度和时间随制品种类和尺寸而异。⑥烧成。砖坯的高温热处理，使其达到烧结。坯体在高温作用下密度和强度提高，形成高温稳定晶相，并产生体积变化。烧成设备目前多用隧道窑，产量小且多变化的产品则采用倒焰窑和梭式窑。⑦砖的后加工和浸渍处理。对少数特殊用途的砖，还需对烧后砖进行后加工，如切、铣、刨、车、钻、磨等，使其外形尺寸更为精确。此外，有时为了提高某些制品的抗侵蚀性，还需在真空-加压条件下浸渍沥青，以提高使用寿命。

应用 耐火材料是一种为高温技术服务的基础材料，广泛用于冶金、建材、机械、化工等工业炉窑内衬、部件和容器的制备。钢铁工业是耐火材料消耗大户，其用量一般占耐火材料总量的50%～55%，其中炼钢又占80%以上。耐火材料质量提高，品种俱全，将意味着炉窑寿命延长，停炉检修时间缩短，并可强化冶炼操作，有利于提高炉窑利用系数，确保生产正常进行。

萘 naphthalene 稠环芳烃，分子式$C_{10}H_8$。

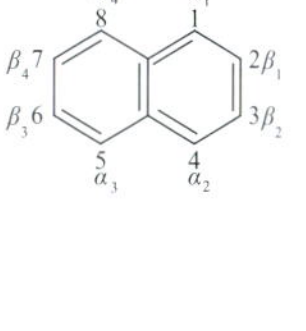

存在于煤焦油和石油中。无色有光泽的片状晶体。熔点80.5℃，沸点218℃，相对密度为0.962 5(100/4℃)。

易升华，能随水蒸气蒸馏。几乎不溶于水，易溶于苯、乙醚和热的乙醇。挥发性大。萘比苯容易起**取代反应**（卤代、硝化、磺化、酰化），一般生成α-和β-取代产物的混合物，两者的比例决定于试剂、催化剂、溶剂、温度和反应时间等因素。萘的许多取代产物是合成各种染料的中间体。萘在工业上由蒸馏煤焦油所得的中油馏分或石油产品裂化所得的高沸点馏分用结晶法分离获得。主要用于生产**邻苯二甲酸酐**。萘的许多取代产物是合成染料、树脂、药物等的中间体。萘进入人体后被缓慢吸收，易致溶血性贫血症。曾被用作驱虫剂、防蛀剂，现已禁用。

萘胺 naphthyl amine 萘分子中的一个氢原子被氨基取代生成的**胺**，分子式$H_2NC_{10}H_7$。

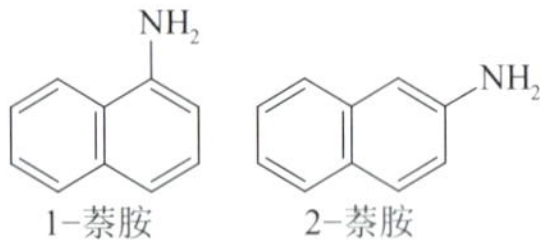

1-萘胺 2-萘胺

有1-萘胺（α-萘胺）和2-萘胺（β-萘胺）两种**同分异构体**。1-萘胺为无色针状晶体；熔点50℃，沸点300.8℃，相对密度1.122 9（25/25℃）；微溶于水，溶于乙醇、乙醚；具有不愉快的气味；在空气中逐渐氧化成红色，应避光密封保存。2-萘胺为白色至淡红色叶片状晶体；熔点113℃，沸点306.1℃，相对密度1.061 4（98/4℃）；溶于热水、乙醇、乙醚；随水蒸气挥发，应避光密封保存。萘胺的萘环上能发生亲电**取代反应**；萘胺的氨基与亚硝酸作用形成重氮盐，此盐能转变成多种萘的衍生物。1-萘胺由1-硝基萘还原制得；2-萘胺由2-萘酚制备。萘胺主要用作合成染料中间体，本身也曾用作色基。萘胺可经皮肤吸收，生成高铁血红蛋白，造成血液中毒。两种萘胺均为致癌物质，其中2-萘胺是烈性致癌物质，主要导致膀胱癌。

萘酚 naphthol 萘分子中的一个氢原子被羟基取代的化合物，分子式$C_{10}H_7OH$。

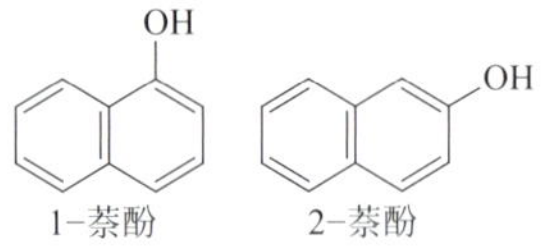

1-萘酚 2-萘酚

有两种**同分异构体**，即1-萘酚（α-萘酚）和2-萘酚（β-萘酚）。1-萘酚为无色晶体；熔点96℃，288℃升华，相对密度1.098 9（99/4℃）；有类似苯酚的气味；在光照下变成深棕色；溶于乙醇、乙醚、氯仿、苯和碱水溶液，微溶于水；可水汽蒸馏。2-萘酚为无色晶体；熔点123～124℃，沸点295℃，密度1.28克/厘米^3（20℃）。萘酚的化学性质与苯酚相似，也可发生芳环的亲电取代和酚羟基的反应。萘酚与苯酚不同，其羟基可被氨基取代生成**萘胺**。萘酚能与重氮盐发生偶联反应，这是制偶氮染料的基础。工业中常用不同的萘磺酸与氢氧化钠熔融得到相应的萘酚。萘酚是制取医药、染料、香料、合成橡胶抗氧剂等的原料，也可用作驱虫和杀菌剂。萘酚与局部皮肤接触可引起脱皮，甚至产生永久性色素沉着。

萘醌 naphthoquinone 分子式$C_{10}H_6O_2$。理论上可写出6种萘醌，但只有1,4-、1,2-和2,6-萘醌3种可以稳定制得：

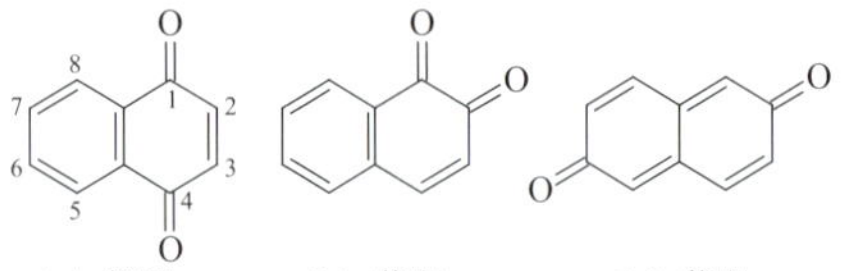

1,4-萘醌 1,2-萘醌 2,6-萘醌

萘醌通常指1,4-萘醌。1,4-萘醌为亮黄色针状晶体；熔点128.5℃，在100℃以下即可升华并能随水汽蒸馏；溶于醇、苯、醚中，不溶于水。萘醌对皮肤、黏膜有刺激作用，并能引起过敏性皮炎。由**α-萘酚**、**α-萘胺**甚至**萘**氧化皆可得到萘醌，工业上是用萘在五氧化二钒存在下催化氧化生产。萘醌也是**邻苯二甲酸酐**的生产过程中的副产品。萘醌是有机合成工业的原料。

南阿尔卑斯山 Southern Alps 大洋洲最高山脉。纵贯新西兰南岛中西部。因其风景壮观，与欧洲的**阿尔卑斯山脉**相似，故名。呈东北—西南走向，全长320千米。山脉的西坡非常陡峭，直入塔斯曼海。东坡较为平缓，由宽阔的山麓丘陵，渐降为坎特伯雷平原。大部分山岭巍峨高耸，有50座3 000米以上的高峰。最高点**库克峰**，海拔3 764米。许多高峰顶部终年积雪，有大小冰川360多处。以位于库克峰巅东侧的塔斯曼冰川最有名。地形崎岖，多U形谷和狭长的冰蚀湖。为南岛东部拉凯阿大多数河流的发源地。山脉的西南部形成宏伟壮观的峡湾，如密耳福湾。建有国家公园多处。旅游业发达。南阿尔卑斯山又是南岛东西部的气候分界线。西坡雨水充沛，森林茂密；东部位于背风雨影地区，降水较少，林木稀疏，低矮的山麓丘陵只能生长草本植物。山区多湖泊和急流瀑布，水力资源丰富。唯一横贯山区的铁路，穿越长达8千米的阿瑟山口大隧道，连接东岸的克赖斯特彻奇和西岸的格雷茅斯两个港口城市。

南奥塞梯 Jugo-Osetija 格鲁吉亚自治州。地处大高加索山脉南坡。面积3 900平方千米。建于1922年4月20日。人口约19万（2006）。其中2/3居民为奥塞梯人，其余多为格鲁吉亚人和俄罗斯人。首府茨欣瓦利。气候温和。1月平均气温-2～-6℃（山区），8月相应为20～13℃。年降水量500～1 000毫米。主要河流为库拉河的支流大、小利阿赫维河，多用于水力发电。最高峰哈拉察山海拔3 938米。森林覆盖率约48%。9%的土地已开垦，种植谷物、马铃薯、瓜菜、水果及葡萄。山地有牧羊业。工业以采矿（有色金属）、机械制造、木材加工、食品加工（罐头制品、奶制品、酿酒）为主。有利阿赫维自然保护区和贾瓦疗养地。南奥塞梯因要求独立并与俄罗斯境内的北奥塞梯合并，曾于20世纪90年代初与格鲁吉亚中央政府发生武装冲突，2004年8月以来形势迅速恶化，交火事件频繁发生。冲突各方曾于当年8月15日在茨欣瓦利签署了《停火议定书》。2008年8月，格鲁吉亚与俄罗斯在南奥塞梯爆发武装冲突，后在法国斡旋下实现停火，8月26日俄罗斯宣布承认南奥塞梯和阿布哈兹独立。

南北榜案 Case of South-North Palace Examinations 中国明初科举考试中的重大事件。又称春夏榜案。洪武三十年（1397）丁丑科，二月会试，以翰林学士刘三吾、王府纪善白信蹈为考试官，取录宋琮等51名，是为春榜。因所录51名全系南方人，故又称南榜。北方人一名未取，为历科所不见。会试落第的北方举人因此联名上疏，告考官刘三吾、白信蹈偏私南方人。明太祖朱元璋命于落第试卷中再择卷复阅，增录北方人入仕。但经复阅后上呈的试卷文理不佳，并有犯禁忌之语。有人上告说刘三吾、白信蹈等人故意以陋卷进呈。朱元璋大怒，对考试官严加治罪。六月，朱元璋亲自策问，取录任伯安等61名，是为夏榜。因所录61人全系北方人，故又称北榜。此事件开明朝分南北取士之先例，至洪熙以后遂成定制。

南北朝 Southern and Northern Dynasties 中国历史上从386年**北魏**建国到589年**隋朝**统一全国形成的南北对峙局面。南朝从420年刘裕代晋到589年陈亡，经历宋、齐、梁、陈四代。北朝从386年魏道武帝建立北魏开始，到534年分裂为**东魏**、**西魏**。后来**北齐**代东魏，**北周**代西魏，北周又于577年灭北齐。581年北周被隋所灭，北朝结束。589年隋灭陈和**后梁**，结束了西晋末年以后延续近三百年的南北分裂局面。见**南朝**、**北朝**。

南北对话 North-South dialogue 发展中国家为了改善各自的经济地位，改革不合理的国际经济秩序而同发达国家进行的地区性和全球性的谈判或对话。由于发展中国家大多在南半球，发达国家大多位于地球的北半部，分别称之为“南方”和“北方”。这种划分主要不是地理上的含义，而是指不同类型国家的经济发展水平。因此，发展中国家和发达国家之间的这种谈判或对话被称为“南北对话”。南北对话是在南方国家的迫切要求下，北方国家逐步对改善南北经济关系的重要性和紧迫性有了新的认识的基础上开展起来的。

南北对话酝酿于20世纪60年代初。当

时取得政治独立的发展中国家要求工业发达国家更多地提供援助和贷款，从而帮助发展中国家改善贸易条件，帮助稳定原料出口价格，并彻底改革国际经济的旧秩序。它们的强烈呼吁最终促成了联合国贸易和发展会议的召开，从而揭开了南北对话的序幕。1977年11月29日，成立了国际发展问题独立委员会，又称南北委员会，委员会就促进南北对话问题，从1977年12月起，多次举行会议，起草报告。此后，1980年的联大第11届特别会议、南北最高级别会议、1993年10月的“南北对话促进世界繁荣”大会等，会中有呼吁，会后有文件发表，但都没有实质性的东西出台。2003年6月1日，作为八国集团首脑会议的会中会，南北领导人非正式对话会议在法国的埃维昂举行。中国国家主席胡锦涛出席会议，并就加强国际合作、促进共同发展问题发表了《推动全面合作，促进共同发展》的重要讲话，提出了4点建议：采取有力措施，促进全球经济增长；倡导和睦相处，维护世界多样性；加强多边合作，推动建立国际经济新秩序；加大支持力度，充实南北合作的实质内容。12个发展中国家领导人同八国集团就世界经济和安全问题交换了意见。这在八国集团首脑会议的历史上还是首次。

发展中国家在斗争中逐渐认识到，要建立国际经济新秩序，要在国际交往中得到真正平等的待遇，必须对现存的国际经济秩序进行改革。第一，改革世界经济中的生产、消费和贸易的格局，改革发展中国家同发达国家间不平等、不合理的国际分工。第二，保证发展中国家对自己的自然资源拥有充分的主权，能对资源开发实行有效控制，能根据主权原则限制和监督跨国公司的活动。第三，改变发展中国家在国际经济事务中无权的地位，对现有的一些国际经济机构，包括国际货币基金组织和世界贸易组织等机构的体制和规章进行必要的调整，使发展中国家充分、平等地参与国际经济事务的决策过程。由于经济全球化趋势的不断发展，全球经济的不可分，南北关系日益相互依存，发展中国家的经济困难实际上也影响了工业国家经济的发展。没有南方普遍而切实的可持续发展，必然滞缓北方的发展速度和长远利益。要实现南方经济的快速发展，发展中国家的自身努力、发达国家的平等合作以及有效的援助是不可或缺的环节。因此，必须进行坦诚的合作，才能实现南北互惠的共同发展。由此可见，举行全球性南北对话的意义重大。

南北和谈 South-North Peace Talk 中华民国初期南北政府举行的两次议和谈判。①1911年12月至1912年2月，袁世凯在帝国主义列强支持下，胁迫南方革命政权进行的和平谈判。1911年10月武昌起义后，袁世凯出任清王朝内阁总理大臣，指挥北洋军攻陷汉口、汉阳，炮击武昌。11月26日英国驻汉口总领事葛福出面“调停”，12月2日南北双方达成武汉地区停战协定，12月18日南方总代表伍廷芳和袁世凯的全权代表唐绍仪，在上海英租界南京路市政厅举行首次会谈，达成了湖北、陕西、山西、安徽、江苏和奉天的停战协定。此后和谈的主要内容是秘密磋商关于清帝退位后的优待办法及孙中山辞职和袁继任总统等问题。2月12日清帝溥仪宣告退位，13日孙中山辞职，15日临时参议院选举袁世凯为临时大总统。这次南北和谈以袁世凯篡夺最高权力而告终。②1919年2～5月北京政府与南方军政府间的和谈。1917年，北洋军阀废弃国会和临时约法，驱走总统黎元洪。孙中山在广州召开国会非常会议，掀起护法旗帜，并成立护法军政府，反对北洋军阀政府，形成南北对峙的局面。次年5月桂系军阀排挤孙中山控制了南方政府。1919年2月北京政府徐世昌派朱启钤，广州军政府岑春煊派唐绍仪在上海举行和谈。4月上旬双方改为秘密谈判，表面上就恢复国会等问题进行讨论，实际上为划分地盘、争夺权力而争吵，到五四运动发生后，南北和谈以毫无结果而破裂。

南北石窟寺 Southern and Northern Caves 中国佛教石窟。包括南、北两处均在甘肃。北石窟寺位于庆阳市西峰区覆钟山下，现存窟龛295处，大小雕像2 100余躯；南石窟寺位于泾川县东的泾河北岸，仅1号窟保存完整。两处石窟相距约45千米，分别开凿于北魏永平二年（509）、三年。北石窟寺在西魏、北周、隋、唐、宋、清曾有续凿。1988年国务院公布北石窟寺、南石窟寺为全国重点文物保护单位。

窟龛数量以唐代最多，造像以北魏和唐代的最为精美。北石窟寺第165窟开凿于北魏，是二寺中规模最大的洞窟。七尊立佛大像形体高大，气势雄伟，在各地的北魏石窟中极为罕见。其中北壁三身立佛间雕菩萨像，佛像高8米，菩萨高4米。造像均面相圆润，体形雄壮，佛身穿褒衣博带式袈裟，与中原地区北魏石窟造像风格一致。南石窟寺1号窟与此窟形制、结构基本相同，也有七佛。唐武则天如意元年（692）修建的北石窟寺第32窟雕一佛二弟子二菩萨二力士像，体形优美，神态生动，是唐代造像的精品。

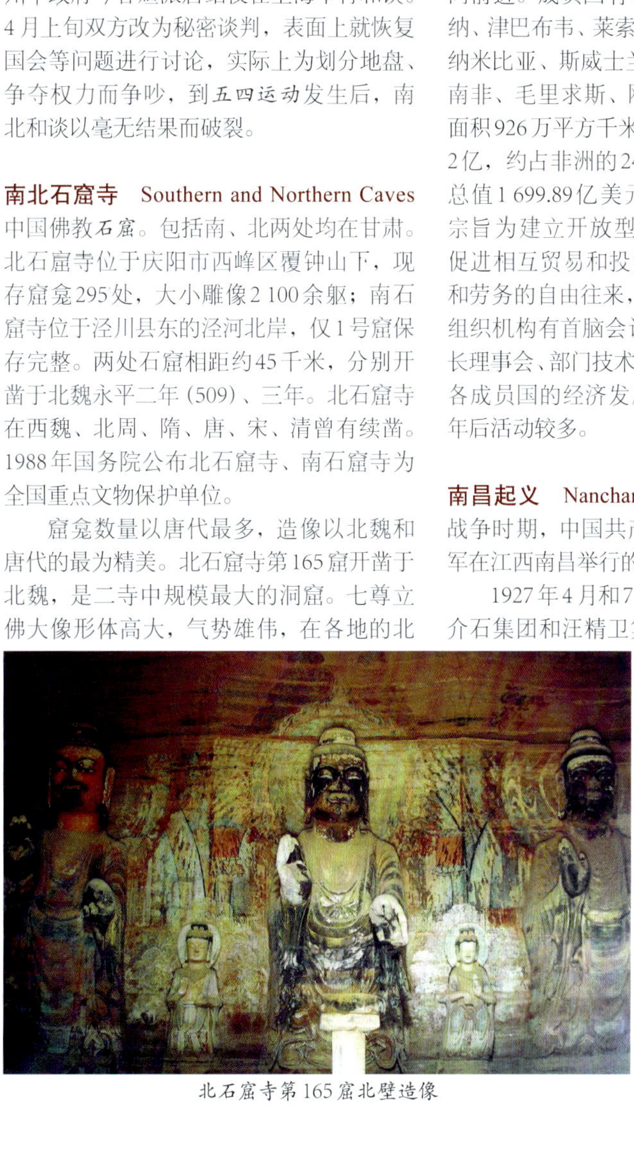
北石窟寺第165窟北壁造像

南北镇抚司 South-North Prison 中国明朝内廷的侦查机构锦衣卫下设的机构。见厂卫。

南北宗论 South-North painting schools, theory of 中国明代画家董其昌的重要绘画理论。

南部非洲发展共同体 Southern African Development Community; SADC 前身是1980年成立的南部非洲发展协会会议。1992年各成员国决定改变名称为南部非洲发展共同体，使其朝着地区经济一体化方向前进。成员国有14个：安哥拉、博茨瓦纳、津巴布韦、莱索托、马拉维、莫桑比克、纳米比亚、斯威士兰、坦桑尼亚、赞比亚、南非、毛里求斯、刚果（金）、塞舌尔。总面积926万平方千米，占非洲的28%。人口2亿，约占非洲的24.7%。1999年国内生产总值1 699.89亿美元，约占全非的30.8%。宗旨为建立开放型经济，打破关税壁垒，促进相互贸易和投资，并实行人员、货物和劳务的自由往来，逐步统一关税和货币。组织机构有首脑会议（一年召开一次）、部长理事会、部门技术委员会、常设秘书处等。各成员国的经济发展水平相差悬殊。1999年后活动较多。

南昌起义 Nanchang Uprising 土地革命战争时期，中国共产党领导部分国民革命军在江西南昌举行的武装起义。

1927年4月和7月，中国国民党内的蒋介石集团和汪精卫集团相继叛变革命，国民党与共产党的革命统一战线彻底破裂，国共两党合作进行的大革命归于失败。中共中央于7月下旬决定将自己掌握和影响的部队集中到南昌举行武装起义，然后南下广东，会合工农革命力量，重建广东革命根据地，再次北伐；并决定成立以周恩来为书记，李立三、恽代英、彭湃为委员的中共中央前敌委员会，领导南昌起义和起义后的斗争。

7月27日，周恩来到达南昌，与国民革命军第20军军长**贺龙**、第11军副军长**叶挺**、曾任第3军军官教育团团长的**朱德**、中共中央军事部派出的**刘伯承**等进行起义的准备工作。8月1日2时，在周恩来、贺龙、叶挺、朱德、刘伯承的组织领导下，国民革命军第二方面军第11军第10、第24师，第20军，第五方面军第3军军官教育团一部和南昌市警察武装，在南昌起义。起义军对驻南昌的第五方面军警备团等留守部队发起进攻，激战至拂晓，控制了南昌城。当日下午，驻九江马回岭的第二方面军第4军第25师两个多团，在中共中央军事部派到25师工作的**聂荣臻**和25师第73团团长周士第的率领下起义，2日到达南昌集中。起义军共2万余人。起义成功后，中共中央前敌委员会采取了下列措施：以"左派国民党"中央委员名义发表宣言；组织"中国国民党革命委员会"；由周恩来、贺龙、叶挺、刘伯承等组成革命委员会参谋团，刘伯承任参谋长；起义军仍沿用国民革命军第二方面军番号，贺龙兼任代总指挥，叶挺兼任代前敌总指挥，辖第11、第20、第9军。第11军叶挺任军长，聂荣臻任党代表，辖第10、第24、第25师；第20军贺龙任军长，廖乾吾任党代表，辖第1、第2、第3师；第9军朱德任副军长，朱克靖任党代表。

南昌起义爆发后，武汉国民政府急令驻江西部队进攻南昌。前敌委员会根据中共中央原定计划，命令起义军于8月3日开始撤离南昌，南下广东。革命委员会随军行动。8月25日至9月2日，起义军在瑞金、会昌地区受到国民党军截击，减员过半。此后，起义军取道闽西长汀进入广东东江地区，终因寡不敌众而失败。中共中央前敌委员会和革命委员会解散，部分起义军经朱德和第73团政治指导员**陈毅**、第74团参谋长王尔琢整编，参加湘南起义，并于1928年4月到达井冈山革命根据地，同毛泽东领导的湘赣边界秋收起义部队会合。

南昌起义打响了武装反抗国民党反动派的第一枪，标志着中国共产党独立领导人民创建军队、开展武装斗争的开始。南昌起义保存下来的部队，成为中国工农红军的骨干之一。8月1日后来成为人民军队的建军节。

南昌市 Nanchang City　中国江西省辖市、省会。位于省境中部偏北，赣江下游，鄱阳湖畔。辖东湖、西湖、青云谱、湾里、青山湖5区和南昌、新建、安义、进贤4县。面积7 372平方千米。人口504万（2010），有汉、回、满、蒙古、苗等民族。汉高祖六年（前201）析九江郡置豫章郡，并筑南昌城为治所。唐称洪州，明清称南昌。1926年北伐军攻克南昌后设南昌市。南昌历代都是郡、府、州和省府所在地，中华人民共和国建立后为江西省省会。

滕王阁

市境处鄱阳湖平原。属中亚热带湿润季风气候，年平均气温17.5℃，平均年降水量1 596毫米。矿产有花岗岩、石英石、石灰岩、陶瓷土、河沙等。森林覆盖率16.8%，常见树种为松、杉、樟等。野生动物480多种，其中国家级保护鸟类20余种，珍稀鸟类12种。农业特色明显，基本建成大米、油料、果品、瘦肉型猪、禽蛋、特种水产等基地，是全国重要的商品粮和农副产品生产基地。是江西省最大的工业城市，有飞机制造、汽车制造、机电、纺织、化工、医药等工业。土特产品有瓷器工艺品、象牙雕刻、玉器雕刻、瓷器画像等。

1927年中国共产党在此举行了震撼世界的**南昌起义**。旅游景点有滕王阁、大安寺、新四军军部旧址、南昌八一起义纪念塔，以及伏虎山绝壁飞瀑间的洪崖丹井、享有"小庐山"之誉的梅岭及古柏苍翠的西山万寿宫、绳金塔等。南昌是国家历史文化名城。

南朝 Southern Dynasties　5世纪初至6世纪末南北朝时期，在中国南方与北朝对峙而立的**宋**、**齐**、**梁**、**陈**4个朝代。宋由刘裕建立；齐由萧道成建立；梁由萧衍建立；陈由陈霸先建立。581年，隋灭**北周**，是为开皇元年。九年，隋灭陈，南北统一。南朝4个朝代都建都于**建康**。其疆土以刘宋时最广。宋明帝时，南朝疆土压缩到淮水以南。陈朝时，疆域最为狭小。

政治　刘裕、萧道成和萧衍建立军功后，主要依靠侨人及土著中出身寒门的谋士与武将，分别以军事重镇为根据，形成政治军事势力。然后乘前朝皇帝或昏庸暴虐，或年幼无能，进入首都建康，以禅让方式夺取政权。

陈朝疆土远比宋与梁为迫蹙，萧梁的残余势力尚存，来自北方齐周的威胁，南部境内的地方豪强，都使建康朝廷建立后不遑宁处。无论侨姓士族或江南士族，不仅政治上早已无所作为，社会声望和经济地位也都一落千丈，门阀制度已经没落到徒具躯壳了。开皇九年（589）陈为隋所灭，南北归于一统。

加强皇权　刘裕努力加强皇权，以巩固统治。宋齐梁朝较有作为的皇帝，大都继承了刘裕的传统，杜绝了外戚专权。南朝的中央官制，基本沿袭东晋。但宋齐两代皇帝主要倚靠中书通事舍人处理政务。凡臣下陈奏和皇帝诏令，都通过他们，实际上成为最接近也最能左右最高决策者皇帝的人。齐明帝时，诏命专出舍人之手，天下文簿版籍的副本也归他们掌管，俨然兼中书省与尚书省的长官于一身。梁武帝时，主要依靠明习吏事的低级士族。宋齐以来，中央的军事统帅权和武器的控制权，转移到寒人手中。但南朝中央朝廷所能支配的兵力，远不如地方兵力强大。地方官制如都督、刺史、太守等，亦同东晋。刘裕在地方行政方面巩固皇权、压抑世家大族的措施，是只命皇子或宗室诸王担任重要方镇。齐梁亦遵此惯例。南朝中央与地方势力之间亦即建康与上游诸州之间的矛盾，由东晋皇室与大族之间转化成皇室内部的矛盾。南朝时，异姓举兵反对建康朝廷的，都是寒庶或晚渡北人出身的武将。在政治和军事上，世家大族已经没有实力，所以南朝皇帝的防闲猜忌，也转向了在中央或地方掌握权势的宗室诸王。刘宋60年中，皇族被杀者100余人，南齐宗室也多被皇帝诛翦，宋齐两朝皇室内部的矛盾斗争异常激烈。

与北魏的战争　宋文帝元嘉年间和梁武帝统治前期天监、普通年间，南朝政治比较稳定，经济比较繁荣。这两个时期，南朝具有对北方进行战争的较强实力。宋文帝元嘉二十七年（450），宋军大举北进。宋军夺取碻磝（今山东茌平南），围攻滑台（今河南滑县）与虎牢（今河南荥阳西）之后撤退。柳元景从襄阳向北进军，到潼关后也退回。魏太武帝率北魏大军南攻至瓜步（今江苏六合），声言将要渡江，建康震动。宋明帝泰始三年（467）至五年，南朝失去徐、兖、青、冀四州与豫州的淮西之地。梁天监三年（504），临川王萧宏统军北伐，

南朝战马画像砖（河南邓州出土）

大败而回。六年，梁军进攻北魏。在钟离（今安徽凤阳）获得大胜。当时南北双方都不处于绝对优势或劣势，因而多次交战终无决定性结果。

侯景之乱与南朝的衰败　侯景之乱是对梁朝后期腐朽统治的沉重一击，南朝从此衰落不振。侯景攻占建康三年，称帝120天。建康和三吴富庶之区无事日久，遭战乱后人口凋敝，城邑残破。公侯富人在会稽者多南渡岭南，世家大族遭受沉重打击。侯景败亡后，益州刺史武陵王萧纪称帝于蜀。萧绎也称帝，定都江陵，是为元帝。元帝攻灭萧纪，而西魏乘机夺取了益州。他又和侄儿湘州刺史河东王萧誉、雍州刺史岳阳王萧詧内讧，攻杀萧誉，萧詧乞援于西魏。承圣三年（554），西魏军攻下江陵，杀元帝，俘衣冠士族男女数万口，驱入长安为奴婢。这是对南朝门阀士族又一次大打击。西魏立萧詧于江陵，是为后梁，实际乃西魏傀儡，而襄阳入于西魏。侯景之乱后，萧氏诸王兄弟叔侄自相屠杀，使南朝进一步大伤元气。

经济　南朝社会相对稳定，从而为经济的发展提供了较好的条件。南朝时，宗室高官与世家大族不仅拥有大量田地，而且封山固泽，垄断山泽的出产，剥夺百姓伐木打柴捕鱼捉虾的机会，也影响了政府的收入。以致刘宋大明初年朝廷不得不对占固山泽也作出限制的规定。到齐高帝时，又下诏禁止封略山湖。耕种小块土地的广大自耕农，是南朝租税徭役的主要负担者。租调之外，百姓还有苛捐杂税，以及其他临时性杂调与力役。宾客的赋役负担则更为沉重。由于北方大批劳动人手南渡，生产工具与技术发展，水利灌溉发达，南朝农业有了较大发展：荒地开发，农作物产量提高，品种增加。虽然主要手工业部门还是控制在官府之手，南朝的手工业仍有发展。青釉瓷器的烧制工艺和造型技巧，东晋南朝都有出色成就。社会生产发展，使农民的多余产品可以拿到市场出售。宗室、显宦、高门士族则经营邸舍（货栈），放高利贷，从事商业以牟暴利。建康从孙吴以来即是南方政治经济中心，亦为南朝最大商业城市，同时也是6世纪世界上罕见的大都会。此外的商业城市有江陵、成都等。襄阳、寿春是南北互市的主要地点，广州则是对外贸易的中心。

社会各等级、阶层与集团　南朝社会存在着士庶两个不同等级和侨人南人两个不同集团。士庶两大集团内部，又各自划分为不同阶层。

士族和庶族　士族的身份连同祖父两代的官爵，都登记在黄籍上，一般不服力役和兵役。同里伍庶族犯罪，士族不连坐，某些罪行的处罚，士族较庶族为轻，一般不受鞭笞。庶族只能入太学，而士族得入国学。南朝士族得以保持其优越门阀地位的经济基础，是占有广大田庄山泽和附属于土地上的大量依附人口。士族通过仕宦途径和婚姻关系网，来维护门阀制度，形成封闭性集团。

庶族的上层包括下列类型：①虽然富有而非世代官宦，缺乏文化教养传统的家族。②长期居住在地方，宗族强盛的地方豪强著姓。③商人。④手工业者。庶族一律要为政府服力役兵役。但在地方上有很多通过改注户籍冒充士族者。他们固然不为高门所承认，但也可享受高门士族的某些特权。

侨人和南人　侨姓士族的社会势力益加巩固以后，对南人公开排挤。来自北方的士族，渡江较晚者，也被视为伧荒受到歧视。南朝士族尽心力于维护门阀制度及家族利益，对于庶族冒充士族的，采取严厉手段加以制止，从户籍上加以纠正，称为却籍，谪戍远地。永明三年（485）冬，以图墓看风水为业的富阳庶族唐寓之利用人民怨恨，发动暴动。唐寓之称帝，国号为吴。由于三吴乏马，官兵骑军对唐军形成极大威慑，暴动很快失败。但政府也被迫停止检籍，放还谪戍边远的人民。

少数民族的融合　南方少数民族主要有蛮、傒、俚、僚、等。蛮族人数最多，占地最广。蛮族生产米谷、布绢，与汉人相似。不少蛮族酋帅拥有大量部曲。南朝政府设立郡县统治。这类郡县数目渐增，反映汉族与少数民族接触融合的范围日益扩大。南朝政府一般只从蛮族收纳米谷，不征徭役。地方官有时横征暴敛，加重对蛮人的剥削压迫，不断引起反抗。政府往往将被征服的蛮族迁出所居旧地，或谪为兵户，或役如奴隶。傒人分布于江湘两州南部和广州北部，以强悍善战著称。傒人汉化较早，如东晋陶侃、南齐胡谐之，已和汉族没有区别。俚人，亦称里人、俚僚，分布于交、广、越诸州。俚人地区物产富饶，有白银、珍珠、翡翠、犀象等。梁末及陈时所辖地域缩小，对这个地区的开发益加重视。僚人，为南蛮别支。在4世纪中叶自南而北进入巴蜀地区，分布于梁益两州。生产以农业为主，南朝朝廷剥削沉重，屡次起兵反抗。被俘的僚人，大都沦为奴隶。爨人主要分布在宁州（今云南地区）。东晋至梁，朝廷任命的宁州刺史见于记载者约30人。

文化　南朝的文化，在文学、史学、哲学、宗教以及艺术、科学等方面都具有特色，对后代影响较为深远。

文学　东晋诗风以玄言为主，淡泊寡味。刘宋以后，描写山水景物的诗盛行起来，谢灵运可为代表。南朝的乐府民歌清新生动，抒情小赋精巧细致，情思横溢，荡气回肠。五言诗的体裁南朝时已趋成熟，开始向七言发展。诗人多精练字句，整齐对偶，呈现出向律诗体裁过渡的趋势。尤其值得注意的是，系统的文学批评著作《文心雕龙》和《诗品》出于南朝文人刘勰、钟嵘之手，说明南朝文化发达。

史学　史学在南朝受到重视。正史编纂于南朝者，有《后汉书》、《宋书》、《南齐书》、梁陈二史也基本上成于南朝。宋裴松之注《三国志》，梁刘孝标注《世说新语》，以注的体裁荟萃史料，亦属南朝首创。南朝侨姓和江南大族的家谱族谱见于著录者甚多，说明南朝谱牒之学较北朝为盛。南朝史学著作的一个特点，是较有思想深度，每每试图从宏观考察说明历史发展之所以然。

玄学与宗教　南朝继东晋之后，玄学清谈仍然在士大夫中流行。梁范缜著《神灭论》以破佛家的因果论，引起一场争论。南朝经学以梁代为盛，对以往经学各派进行综合与取舍，学风比较自由开放。南朝重礼学，反映门阀世族的要求。治经方式上则受佛教讲经影响，成为介于义理与训诂之间的经学著作。佛教方面，陈代印度高僧真谛为鸠摩罗什以后玄奘以前的译经大师。道教方面，宋代道士陆修静整理道经，成《三洞经书目录》，为后代所遵用。梁陶弘景主张融合道家内丹外丹之说，兼顾养神与养形，并编造出新的神仙系统。南朝的道教思想往往把道教的炼形、佛教的澄神、儒家的养德融为一体。

艺术　随着山水诗的出现，长期以表现人物为主的绘画传统开始转变，山水景色也成为绘画的内容。南朝书法也名家辈出，王羲之后裔、由陈入隋的僧人智永所写千字文，是南朝名迹。

科技　南朝的科学也颇有成就。宋齐时人祖冲之在世界上第一个把圆周率的准确数值算到小数点后7位数字，即3.141 592 6和3.141 592 7之间。南朝时，历法有所改进，炼钢技术有所提高。

南朝陵墓石刻　Mausoleum Sculptures of Southern Dynasties　中国南朝的陵墓雕刻。分布在南朝的都城建康（今南京）周围及丹阳、句容、江宁等地，计有南朝宋、齐、梁、陈（5世纪初至6世纪）的帝王及王侯陵墓31处。每座陵墓前地表神道原都有石刻群。南朝陵墓石刻列置制度文献没有明确记载，从现存实物了解多为三种六件，即石兽（麒麟或石狮）一对、神道石柱一对、石碑一对。每对石刻相互对称，如石兽动势左右呼应对称，神道碑石额上的书体一反写，一正写，一顺读，一逆读。现已知帝王陵墓有12座，此外，还有宗室王侯，宋代萧嶷，梁代萧融、萧伟、萧秀、萧宏、萧憺等人墓及一些佚名墓共19处。31处陵墓石刻遗存总计73件，代表了南朝纪念性石刻的高度艺术成就。

宋代陵墓石刻仅存武帝刘裕陵和文帝刘义隆陵的石兽。刘裕陵前一对残损的石麒麟是南朝石刻早期作品的代表。两兽昂首突胸作迈步行进姿态，肩有双翼，气势雄浑，仍可见汉代石兽古朴遗风。

齐代石麒麟保存完好的属齐景帝萧道生修安陵。两兽形体高大，长2.9～3米，高2.42～2.75米，胸突腰耸，瞋目张口，长尾曳地。齐明帝萧鸾兴安陵前两兽虽已残损，但通体雕刻尚清晰，富于装饰意味，双翼如帚状的蜷曲长羽，脊背由头至尾有串珠状突起，躯体长毛在两侧对称呈帚状纹，整体和谐华美。

梁代陵前列置石刻布局完整的当属梁文帝萧顺之的建陵，计有石麒麟、方形石础、神道柱、石龟趺座各一对。梁代石兽有两种，陵前为麒麟，一只独角，一只双角；墓前为石狮、麒麟，一般身长3米左右，高2.8米左右，姿态与宋、齐两代大致相同，颌下长须漫卷，垂至胸际，两翼微翘，翼面前部多作卷云纹或螺纹，中间为细鳞羽，后有长翎，长尾垂地，雕刻手法洗练，有的蹯下有一小兽。麒麟颈长为身长之半，甚或超过，如武帝萧赜景安陵麒麟身长2.7米，而自头至脊为1.4米，头高昂，胸突起，四足似缓缓行进，在微带扭动的动势中蕴含着内在的韵律，形象颇为矫健。石狮形体一般都较麒麟略大，如萧绩墓石狮身长至3.85米，高3.4米，长鬣，有翼，翼上或作浪花纹，或作鳞羽纹，后为长翎，长尾及地，胸突腰耸，体态特别厚重雄健。萧憺墓石狮腹下横向伫立一小狮，构思巧妙。丹阳市后巷镇建山烂石垅南朝佚名墓前石狮作蹲坐像，为南朝陵墓石刻中所仅见。梁朝石兽以矫健雄浑而独具特色。神道石柱今尚存十多件，多有残损断裂风化。萧景墓前石柱保存最完好。柱础为衔珠双螭环伏座，柱身饰24道瓦楞纹，柱连接矩形石额，上镌"梁故侍中中抚将军开府仪同三司吴平忠侯萧公之神道"，楷字，反书，额下浮雕一组三力士，手承石额。其下有绳索纹及交龙纹饰，柱头置一覆莲圆盖，盖顶伫立一小石狮，石柱整体秀美。石碑形制仍沿用汉代造型，圭形圆首。顶饰盘状双龙纹，额穿一圆孔，下为龟趺座。萧宏墓前西侧石碑北侧有浮雕神怪、羽人、朱雀、青龙等八幅，为极罕见的装饰手法。

梁萧景墓石刻——石狮（江苏南京甘家巷）

陈代以文帝陈蒨陵前石麒麟最突出，姿态与周身雕饰大致如其他各陵，唯四爪用力翘起，显得更加威猛。

南充市 Nanchong City 中国四川省辖地级市。位于省境东北部，四川盆地东北部，嘉陵江中游。辖顺庆、高坪、嘉陵3区和南部、营山、蓬安、仪陇、西充5县，代管阆中市。面积12 479平方千米。人口628万(2010)，以汉族为主。汉置安汉县。隋开皇十八年(598)并安汉、巴西为南充县。宋置顺庆府。元置顺庆路。明、清复置顺庆府。

万卷楼

1950年析南充县置南充市(县级)。1993年撤销南充地区、县级南充市和南充县设立地级南充市。丝纺和食品工业较发达。顺庆大绸和其他绫罗绸缎久已盛誉国际市场，成为中国四大丝绸工业城市之一。石油和机械工业具有一定规模，是四川省重要的汽车配件产地。工业有机械、化工、食品、丝绸等。农业主产水稻、小麦、玉米、油菜子、棉花、蚕桑、蔬菜、水果、油桐等。特产有十里香冬菜和顺庆冬菜。嘉陵江航运上通广元，下达重庆。有班机可达成都、达州、重庆等地。南充是四川省文化中心之一。有西南石油大学、西华师范大学、川北医学院、南充职业技术学院等高等院校。名胜古迹有锦屏山、金城山森林公园、北湖公园、桓侯祠、七宝寺、清泉寺、诸葛寺石刻、大佛洞石刻、龙归院正殿、陈寿万卷楼遗址、宋代白塔、南部大佛等。

南川区 Nanchuan District 中国重庆市辖区。位于市境南部，与贵州省相邻。面积2 602平方千米，人口53万(2010)，元至元二十二年(1285)置南川县。1994年撤县设市，2006年撤市，设立重庆市南川区。矿产资源以煤、铝土矿丰富，次为黄铁矿、铀、锗、石棉、滑石等。农业以种植水稻、小麦、玉米、花生、豆类、烤烟等为主，山区产松、杉、柏和方竹笋及黄连、天麻等中药材。工业已形成了铝、食品、医药、能源、化工等支柱产业。名胜古迹有金佛山国家级风景名胜区及普泽寺、龙岩城、白净寺、东汉崖墓群、正阳桥等。

南传佛教 Southern Buddhism 以锡兰(今斯里兰卡)大寺为宗的上座部佛教，流行于东南亚各国。学说最接近原始佛教，故向以纯正著称。公元前3世纪传入锡兰。因从印度往南传播故称南传，又因从公元前1世纪起便以巴利文为经典语，故又称巴利佛教。奉行南传佛教的国家有斯里兰卡、缅甸、泰国、老挝、柬埔寨、越南等。

斯里兰卡的南传佛教 前3世纪，**阿育王**即位之初，佛教传入锡兰。传教使团由阿育王之弟（或说为子）摩哂陀所领导。之后200年，锡兰岛上始终存在上座部与印度教、大乘佛教和密教的斗争，8世纪密教一度盛行。9世纪至13世纪末，因南印度泰米尔人入侵而战乱频仍，佛教衰微。19世纪，锡兰佛教分3派：暹罗派、阿摩罗普罗派、罗曼那派。

缅甸的南传佛教 前2世纪，印度与东南亚的海上商路便已开辟。传说前3世纪，佛教传法使便到了金地国——指从下缅甸到马来半岛以至苏门答腊岛的广大地区。3世纪时的骠国首都室利差旦罗便是佛教的中心。9世纪骠国陷落，此期上缅甸流行阿利僧密教。**阿奴律陀**最终从下缅甸孟人完全接受南传佛教。之后的300年，缅甸僧伽因为戒法系统的争论分裂为前宗和后宗。后宗直续锡兰大寺戒系，终得达摩悉提王判定为合法。缅甸佛教派别今有善法派、瑞琴派和门派等。

泰国的南传佛教 9世纪之前，泰人逐步移居湄南河流域。12～13世纪时，开始接受大寺的僧伽罗佛教。13世纪时清迈与素可泰都曾建立泰人国家。14世纪，清迈从素可泰接受巴利语佛教。14世纪中，阿瑜陀泰人国家崛起，在征服了吴哥的高棉人后，从后者接过了上座部佛教与宫廷婆罗门教的混合传统。拉玛一世后的曼谷王朝以上座部佛教居主导地位。

老挝的南传佛教 11～12世纪时，老挝尚有大乘佛教。由于高棉人的影响，大乘佛教和南传佛教同时流行。1356年，法昂因其高棉妻子的要求从柬埔寨延请了传法比丘，南传佛教取得独霸地位。

柬埔寨的南传佛教 扶南（在今柬埔寨）在5世纪时流行大乘佛教与印度教。这一传统延续到6世纪时的真腊和9世纪时的吴哥王朝。真腊和吴哥的古代遗址显示湿婆、昆斯奴及大乘佛教都曾有过强大影响。12、13世纪之交的阇耶跋摩七世统治时期是吴哥的强盛时代。随其征服孟族国家，也便接受了后者的南传佛教。

越南的南传佛教　越南是东南亚唯一北传佛教和南传佛教并行的国家。南传佛教主要流行于与柬埔寨接壤的南方。北传佛教主要是禅与净土二宗。从中国传入的禅法分3家：灭喜派（6世纪）、无言通（9世纪）和草堂派（11世纪）。

南大洋　Southern Ocean　环绕南极大陆，北边无陆界的独特水域。由南太平洋、南大西洋和南印度洋各一部分，连同南极大陆周围的威德尔海、罗斯海、阿蒙森海、别林斯高晋海等组成。

联合国教科文组织（UNESCO）的政府间海洋学委员会（IOC）于1970年会议上建议把南极大陆到南纬40°的纬圈海域，即副热带辐合带的海域定义为南大洋。副热带辐合带平均地理位置随季节不同而变化于南纬38°～42°，故南大洋的面积也不固定，约为7 700万平方千米，占世界大洋总面积的22%左右。

地质地形　除威德尔海和罗斯海外，南极周围的陆架窄而深，常年承受厚达2 000～2 500米冰盖的重压，致使大陆边缘沉陷，陆架与陆坡间的坡折深达400～800米，较其他大洋坡折深度大。陆坡陡峭，坡度5%。洋底很深，由三条海岭分割成三大海盆。主要的为斯科舍海岭，呈弧形，在海面下连接了南极大陆与南美洲，露出海面的部分形成斯科舍岛弧，包括南佐治亚岛、南桑威奇群岛、南奥克尼群岛和南设得兰群岛。另两条是凯尔盖朗海岭和麦夸里海岭，都有露出海面的岛屿。三大海盆中的南极－大西洋－印度洋海盆，最大深度6 972米。另两个海盆为南印度洋海盆和东南太平洋海盆，最大深度分别为5 455米和6 414米。仅有的一条深海沟称南桑威奇海沟，最深处8 264米。

气候　洋区陆地少，气温水平差异小，等温线平直，几与纬线平行，气压场与风场接近行星风系。洋区大气运动的主要特征是强劲而稳定的纬向环流。南纬40°～60°气压梯度大，风向稳定，风力强劲，平均风速达每小时33～44千米，构成威胁航行的咆哮西风带。

水文　海流　南大洋表层环流，除南极沿岸一小股流速很弱的东风漂流外，其主流是自西向东运动的、巨大的南极绕极流。南北跨距在南纬35°～65°，与西风带平均范围一致，自海面到海底的整个水层。

水团　洋区海水按温盐结构可分为南极陆架水、南极表层水、亚南极表层水、南极中层水、南极深层水、南极底层水6个水团。

潮汐　潮波自东向西围绕南极大陆传播。以日潮型为主，间有混合潮。潮差不大，除南极半岛尖端处可达5.0米外，通常不及3.0米。

海冰　有两类：由海水冻结而成的海冰和由冰架前缘崩解入海而成的冰山。洋区南部海冰冰场广阔，大约有400万平方千米属永久封冻区，另有随季节生消的洋面冰盖约1 700万平方千米。冬季期间，最大冰盖面占南纬40°以南海洋面积约30%。南极大陆周围，海冰平均厚度为2米，在东风影响下向西漂移，方向偏于风向左侧约30°，大量积聚在岬角、冰舌和南极半岛东侧。夏季期间，冰盖面渐次缩小。南大洋冰山主要来源于罗斯海和威德尔海的冰架，颜色较白，密度较小，体积巨大，顶部扁平。常见的冰山长达8千米左右，但高度很少超过35米。曾经记录到的南大洋特大冰山约长150千米，宽40千米，露出水面高度约30米，吃水深度为露出水面高度的5～7倍。由于吃水深度大，冰山移动主要受海流影响。大多数冰山为流冰群阻塞在极锋带以南，少量随海流北移，抵达温度为0℃的表层水附近时开始缓慢融化。一般冰山寿命约4年。漂移的冰山威胁航行，融化的冰山给南大洋水团带来淡水，但消耗海水热量。

生物资源　生物种类少，耐严寒，脊椎动物个体大，发育慢。生物资源丰富，特别是磷虾和鲸。磷虾是世界上尚未开发的藏量最为丰富的生物资源，其蕴藏量约10亿吨。以磷虾为主要食料的须鲸是另一种重要的资源，出没于南大洋的须鲸有蓝鲸、长须鲸、黑板须鲸、巨臂须鲸、缟臂须鲸和南方露脊鲸等。此外，海豹、企鹅、鱼类、海鸟、龙虾、巨蟹和海草等资源也引人注意。

南岛语系　Austronesian family　分布于西自非洲东南的马达加斯加岛，东至智利的复活节岛，北自台湾和夏威夷岛，南至新西兰岛。又称马来－波利尼西亚语系。包括太平洋和印度洋中各大小岛屿以及亚洲中南半岛上的语言，共500余种。使用人口约2.5亿。按地域和语言特征可分为印度尼西亚、波利尼西亚、美拉尼西亚、密克罗尼西亚4个语族。

印度尼西亚语族分布在加里曼丹、苏门答腊、爪哇、菲律宾、中国台湾、苏拉威西、马都拉、安汶、帝汶、马达加斯加等岛和马来半岛。包括中国台湾少数民族的高山族语言，印度尼西亚的印度尼西亚语、爪哇语、巽他语、马都拉语、米南卡保语、亚齐语、巴塔克语、布金语、巴厘语，马来西亚的马来语，菲律宾的他加禄语、比萨扬语、伊洛卡诺语、比科尔语、邦板牙语、邦阿西楠语、伊戈罗特语、马罗瑙语，马达加斯加的马达加斯加语，越南的嘉莱语、拉德语，越南和柬埔寨的占语等。

波利尼西亚语族分布在国际日期变更线以东，太平洋中部和东部的新西兰、萨摩亚、汤加、纽埃、库克、土阿莫土、马克萨斯、瓦利斯、夏威夷、复活节岛等岛屿上。包括毛利语、萨摩亚语、乌维亚语、汤加语、纽埃语、拉罗通加语、塔希提语、土阿莫土语、马克萨斯语、夏威夷语、拉帕努伊语等100多种语言、方言和次方言。

美拉尼西亚语族分布在赤道以南，太平洋西南斐济群岛、新几内亚、俾斯麦、所罗门、圣克鲁斯、新喀里多尼亚、新赫布里底等岛屿上，包括斐济语、安布里姆语、利富语、莫图语、雅比姆语等。

密克罗尼西亚语族分布在赤道以北和国际日期变更线以西的马里亚纳、马绍尔、加罗林、关岛、吉尔伯特、特鲁克、波纳佩、帕罗、雅浦、瑙鲁、帛硫等岛屿上，包括马绍尔语、查莫罗语、吉尔伯特语、特鲁克语、波纳佩语、帕罗语、雅浦语、瑙鲁语、乌利蒂语、库赛语、塞班语、耶鲁脱语。

南岛语言属黏着型语言，主要构词和构形手段是词根添上附加成分和词根的重叠或部分重叠。常用词大多为双音节，音节构造较简单。大多数词根既能作名词，也能作动词。人名、普通名词、方位名词分别用不同的冠词。代词第一人称有“我们”和“咱们”的区别。数词有十进位的，还有五进位甚至四进位的。动词有式、时、体、态的范畴。词序往往随谓语的性质而变动，有的语言动词出现在主语之后，有的语言动词出现在句首。

南丁格尔　Nightingale, Florence（1820-05-12～1910-08-13）　英国护士。现代护理学奠基人。生于意大利佛罗伦萨，卒于英国伦敦。1850年赴德国进修护理。1853年克里木战争爆发，战争中英军伤员死亡率极高。次年，南丁格尔率领38名护士亲赴前线进行救护。她重组医院，改善伤员的营养和卫生条件，加强伤口护理，

半年内伤员死亡率由42%降至2%。1860年她用公众捐助的南丁格尔基金在圣·托马斯医院开办世界上第一所护士学校——南丁格尔护士学校。以后各医院相继成立护士学校。她还提出公共卫生护理思想，认为要通过社区组织从事预防医学；她一生培训护士1 000多人。主要著作有《医院笔记》、《护理笔记》等。1963年国际护士会决定以她的生日5月12日为国际护士节。

南方古猿　*Australopithecus*　早期人类化石。属名。从上新世延续到更新世初期的

一大类形态接近猿类的早期人科动物化石。又称作南猿。1925年根据在南非塔翁发现的化石定名。生活在距今约420万～140万年前的南非和东非。迄今已发现8种，大体可分为纤细型和粗壮型两个类型。其中，纤细型包括湖畔种、阿法种、非洲种和惊奇种；粗壮型包括埃塞俄比亚种、包氏种和粗壮种；另有羚羊河种。南方古猿生活于开阔林地和草原环境，不仅生活在热带，而且扩大到温带地区。发现的骨骼化石表明，南方古猿已采用两足直立的行走方式，身体各方面具备了一系列人的特征，如脑的结构与猿不同，基本上属于人的类型；同现代人一样有比较长的成熟期，表明已有比猿、猴远为复杂的行为，需要有较长的学习时期。一般认为，早期南方古猿在上新世与更新世之交分成两支发展。一支向粗壮型进化，至更新世中期绝灭；另一支向纤巧型进化，发展为能人。南方古猿的进化模式呈树丛状，往往同时有两种或多种并存于世。

南非 South Africa 非洲南部地区。东、西、南三面临印度洋和大西洋。通常包括马拉维、赞比亚、博茨瓦纳、斯威士兰、莱索托、马达加斯加、毛里求斯、莫桑比克、安哥拉、科摩罗、津巴布韦、南非、纳米比亚、圣赫勒拿（英）、留尼汪（法）等。面积654万平方千米，占非洲21.70%。人口13 641.7万（2002），占非洲16.2%。以班图语系的黑种人为主。官方语言主要为英语。多信拜物教，余信基督教、伊斯兰教、天主教和印度教。

南非 South Africa 非洲大陆南部国家。东、西、南三面临印度洋和大西洋，两大洋交汇于好望角附近的海域，海岸线长达3 000千米。陆疆与纳米比亚、博茨瓦纳、津巴布韦、莫桑比克、斯威士兰和莱索托接壤。面积1 219 090平方千米。人口4 999万（2010）。行政首都比勒陀利亚，立法首都开普敦，司法首都布隆方丹。南非是多种族、多部族的国家。有4个种族：黑种人、白种人、亚裔人和有色人（混血种人）。其中黑种人约占总人口的79.4%，分为9个部族：祖鲁族、科萨族、斯威士族、南索托族、北索托族、茨瓦纳族、聪加族、文达族和恩德贝莱族。白种人约占9.3%，其中操阿非利坎语的白人占57%，操英语的白人占39%，其余4%为操其他欧洲语言的白人。有色人约占8.8%。亚裔人占2.5%，主要是印度人和少数华人。英语和阿非利坎语为通用语言。

地理 地处非洲古地块南缘，地形以高原为主。全境3/4面积高于海拔600米，1/2面积海拔1 000米以上。内陆高原广阔，地势由东南向西、向北降低。中部最高部分

是高草原，海拔1 000～2 000米，地面平坦，土层较厚；再北为中草原，海拔600～1 200米；最北林波波河流域为低草原，海拔多低于1 000米；西部奥兰治河中游为海拔1 000～1 300米的半荒漠高原。内陆高原东、西、南三面由长达2 000千米的弧形大断崖所环绕，其中以德拉肯斯山脉地势最高。高原以西为沙漠所覆盖的卡拉哈里盆地。沿海地带东、西、南段为各具特色的丘陵、低地和平原。东部和南部沿海平原地势平缓，土地肥沃，是重要农耕区之一。奥兰治河和林波波河为南非主要河流，前者长2 160千米，为南部非洲最长河流之一。东南部多源出高山、独流入海的小河，多瀑布。图盖拉瀑布总落差948米，为非洲落差最大的瀑布。

气候类型多样，大部分地区属亚热带气候；西南部开普平原是地中海型气候；西北部为沙漠气候，干旱炎热。各地年平均气温12～22℃，日照充足，但多数地区降水量少，且地区间的变化大，只有20%的地区年降水量在760毫米以上，其中东南部沿海地区可达1 000～2 000毫米。

矿产资源极为丰富。黄金、铂族金属、锰、钒、铬、硅铝酸盐的储量居世界第一位，其中黄金36 000吨，占世界40.1%；铂族金属70 000吨，锰40亿吨，占世界80%（2007）。钛、蛭石、氟石、锆居第二位，锑、磷酸盐居第四位，铀、铅居第五位，煤、锌居第八位，铁矿石居第九位，铜居第十四位。

白人、大多数有色人和60%的黑人信奉基督教新教或天主教。亚裔人约60%信奉印度教，20%信奉伊斯兰教。部分黑人信奉原始宗教。

历史 南非次大陆是人类的发祥地之一。15世纪末欧洲殖民者到来之前，这里早就居住着桑人（布须曼人）、科伊人（霍屯督人）和班图人（尼格罗人）等。17世纪中期起，荷兰、英国先后入侵，并不断将殖民地向内地扩展。至19世纪中期，英国占有开普和纳塔尔两个殖民地，荷兰人的后裔布尔人拥有德兰士瓦和奥兰治自治邦。其后英国通过1899～1902年的英布战

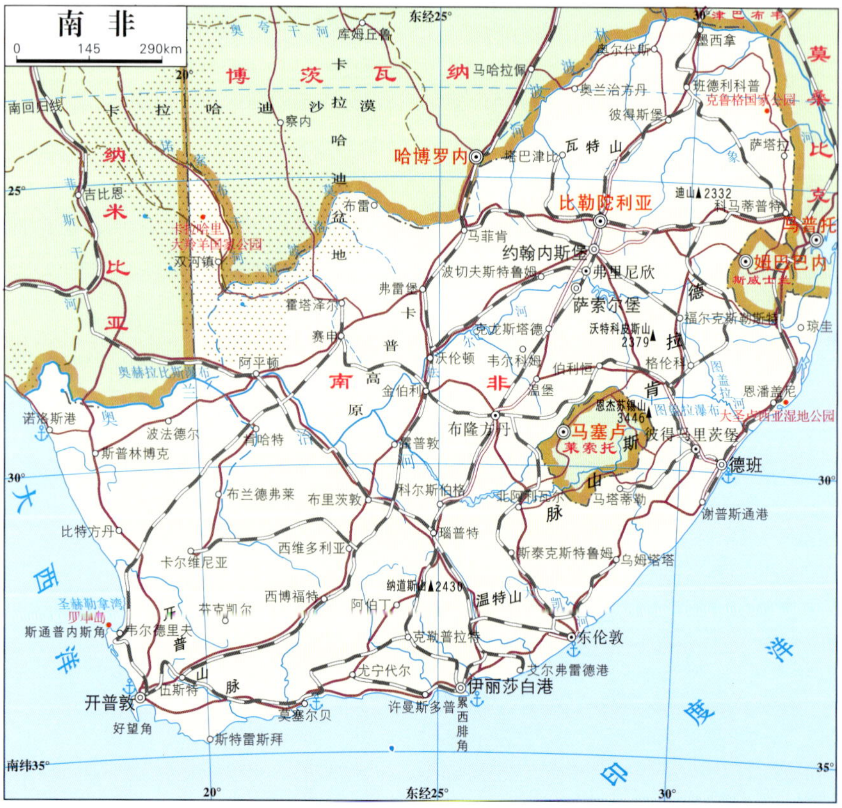

图1　南非立法首都开普敦（后为桌山）

争，囊括了布尔人拥有的疆土，并于1910年将各个殖民地和自治邦合并为南非联邦，成为英国的自治领地。1961年5月31日，南非退出英联邦，成立南非共和国。白人统治当局通过一系列的立法和行政手段，长期推行种族歧视和种族隔离政策。1948年国民党执政后，全面实施种族隔离政策。1989年F.W.德克勒克出任国民党领袖和总统后，推行政治改革，取消党禁，释放政治犯，包括黑人领袖N.曼德拉，南非开始了政治解决的进程。

1991年年底南非开始举行多党制宪谈判，非国大、南非政府、国民党等19方就政治解决南非问题进行两年的协商，并于1993年11月通过《过渡宪法草案》，就政治过渡安排达成协议。1994年4月26～29日，南非举行了历史上首次不分种族的大选，南非非洲人国民大会（简称非国大）、南非共产党、南非工会大会三方组成的联盟赢得62.65%的选票，曼德拉出任南非第一任黑人总统。1994年先后加入英联邦及有关国际组织。1999年6月，南非举行第二次不分种族的大选，非国大以66.35%的多数票再次获胜，非国大主席T.姆贝基出任总统。2008年宣布辞职，2009年4月，南非举行第四次大选，非国大领袖雅各布·祖马出任总统。

1991年11月通过多党谈判制定的临时宪法草案，是南非历史上第一部体现种族平等的宪法。1996年由制宪会议通过，并于1997年2月开始实施的《南非共和国宪法法案》，以体现种族平等、男女平等和保障公民广泛的基本权利为特征。新宪法规定实行多党民主制度，并规定在议会占有简单多数的党有权组阁。议会由两院组成，即国民议会和全国省级事务委员会（前身为参议院），任期5年。政府分为中央、省和地方三级。任期5年。实行总统内阁制。宪法法院为解释宪法的最高机构。最高法院为除宪法事务外的最高司法机构。

实行多党制。主要政党有：①**南非非洲人国民大会**，创立于1912年，1925年改为现名。该党主张建立统一、民主和种族平等的南非，领导了南非反种族主义的斗争。②民主联盟，为南非第一大的反对党，主要成员为白人。③因卡塔自由党，主要成员为夸祖鲁/纳塔尔地区的祖鲁族人，黑人民族主义政党。④南非共产党，为非国大重要政治盟友。⑤联合民主运动。⑥阿扎尼亚泛非主义者大会。

经济　南非属世界中等收入和非洲经济最发达、经济开放程度较高的国家。2009年国内生产总值3 133亿美元，人均国内生产总值为6 532美元。对外贸易额占全非的1/4左右。货币单位为兰特。基础设施良好，农矿资源丰富。矿业、制造业和农业是经济的三大支柱。

采矿业发达，深矿开采技术在世界处于领先地位。矿业雇佣劳动力约52万人。初级矿产品的出口额占全部出口收入的1/3，是世界五大矿产国之一。开采金属矿和非金属矿约70种，其中黄金是首要矿产。南非是世界最大的黄金生产国和出口国，如2006年黄金产量占世界黄金生产的11.8%。还是世界五大金刚石生产国之一，产品大部为首饰用金刚石，产值居世界第3，产量居世界第5。南非开采的其他重要矿产品还有铂族金属、煤、铁、锰、铬、钛、铜、锆等，其中煤炭探明储量310.22亿吨，产品除供国内需用外，部分出口，已成为仅次于黄金的第二大出口矿产品。

南非80%以上的能源生产和消耗来自煤炭。电力工业发达，总发电量占全非洲的2/3左右，主要是火力发电，已建成2个核反应堆。

制造业门类齐全，主要包括钢铁、机械、化工、电子、纺织服装、食品加工等多种部门。钢铁工业在制造业中占有重要地位，比勒陀利亚、纽卡斯尔等地建有6大钢铁公司，130多家钢铁企业。制造业在南非经济中的比重逐年增加，21世纪初已占国内生产总值1/4以上。

农业、林业、渔业就业人数占总人口的7%，向来是农产品净出口国。发达的商品农业与传统的自给性农业并存。可耕地约占国土面积的13%，其中灌溉面积达1 300万公顷。主要粮食作物有玉米和小麦。全国36%的耕地种植玉米。其他作物有大麦、高粱、花生、向日葵、甘蔗、马铃薯、烟草和水果。粮食自给有余。蔗糖、玉米和水果是主要出口农产品。拥有世界上较大的人工林，天然乔木林只占国土面积0.25%。畜牧业主要饲养牛、绵羊、山羊和猪等，肉类的自给率为85%；羊毛是重要的出口畜产品，是世界第四大羊毛出口国。有2.8万人从事海洋捕捞业，有捕捞船只500余艘。西海岸是主要捕鱼区。

拥有丰富的旅游资源和完备的旅游设施。旅游业产值约占国内生产总值的8%，是南非重要的就业部门之一和第三大外汇收入来源。

拥有现代化的交通运输系统。铁路是运输的主力，线路总长3.41万千米，其中电气化铁路约1.82万千米，干线铁路年客运量约230万人次，年货运量约1.75亿吨。公路分国家、省和城镇三级管理，年客运量约450万人次。从东北海岸经好望角至西南沿海依次分布的主要商港有德班、理查兹贝、东伦敦、纳尔逊曼德拉（伊丽莎白港）、莫塞尔贝、开普敦、萨尔达尼亚。港口设施先进，运行效率高，与非洲以外国家贸易的99%依靠海运，年吞吐总量约为12亿吨。航空业发展迅速，拥有各类航运飞机5 900多架，每周有600多个国内航班和70多个国际航班。约翰内斯堡、德班和开普敦设国际机场。南非通信和网络技术产业发展迅速。拥有固定电话数量占非洲的40%，卫星直播和网络技术水平较高。

对外贸易在南非的经济中占有重要地位。如20世纪80年代一度占国内生产总值的60%，2006年占49.7%。正常年份贸易为逆差。贸易对象主要是美国和西欧国家。主要出口黄金与其他金属及其制品、钻石、食品等，主要进口机械设备、交通设备、石油等。

文化　由于长期实施种族隔离制度，南非黑人受教育的机会远低于白人。1991年，黑人文盲率为68%，白人为7%。1995年1月起，南非实施7～16岁儿童免费义务教育。全国有21所大学，其中著名的有南非大学、开普敦大学、比勒陀利亚大学等。

报刊数量在非洲居第一位，拥有全国

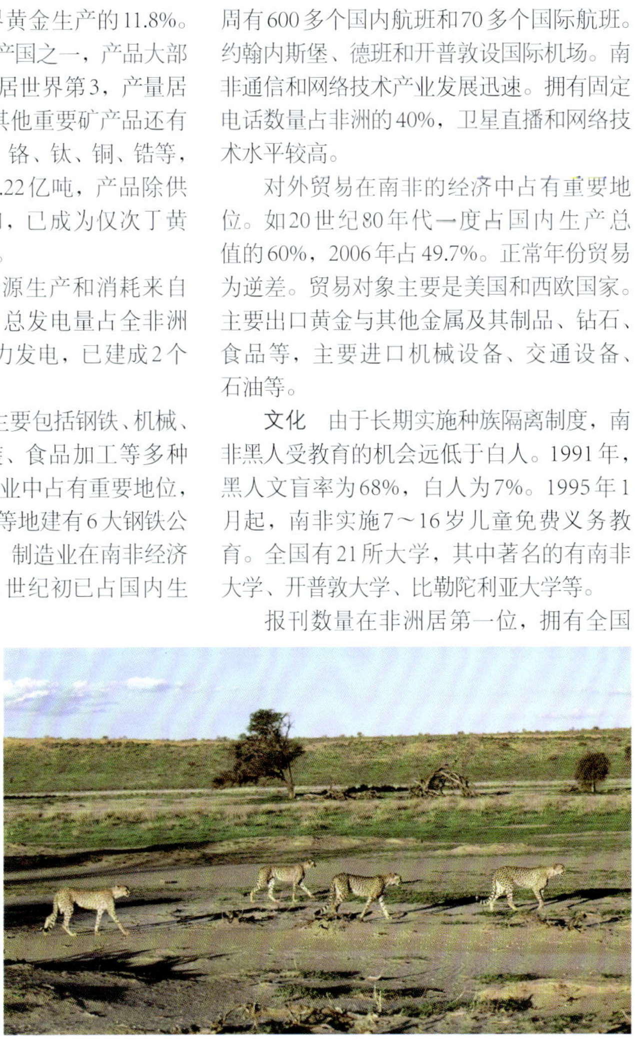

图2　南非稀树草原景观

性的日报19种，周报10余种，省级和地方性报刊200余种。其中发行量最大的日报有《索韦托人报》(英文)、《星报》(英文) 和《公民报》(英文) 等，发行量最大的周报有《星期日时报》(英文)、《报道报》(阿非利坎文) 等。南非通讯社是全国性通讯社。南非广播公司（SABC）下设广播电台和电视台，广播电台用11种语言对国内广播。

南非自然风光独特，文化古迹众多，生态旅游和民俗旅游是旅游业的主要增长点。重要名胜古迹有克鲁格国家公园、南非国立动物园、奥赫拉比斯瀑布、图盖拉瀑布、好望角自然保护区以及纳尔逊曼德拉（伊丽莎白港）等。大圣卢西亚沼泽公园、南猿人骨化石遗址、罗本岛、德拉肯斯山公园和马篷古布韦文化景观等先后被联合国教科文组织列入《世界遗产名录》。

对外关系 南非民族团结政府奉行独立自主的外交政策，主张在尊重主权、平等互利和互不侵犯内政的基础上，同一切国家保持和发展双边友好关系。2010年已与186个国家建立了外交关系。为联合国安理会非常任理事国 (2007～2008)、联合国人权理事会成员（至2010年)、核供应国集团主席国 (2007～2008)。

南非与中国于1996年11月27日建交，1998年1月1日建立大使级外交关系。中国是南非十大贸易伙伴之一，南非是中国在非洲的第一大贸易伙伴。

与美国关系密切，美国是南非重要投资国和贸易伙伴之一。1998年与美国实现军品贸易正常化。与西欧和北欧国家保持良好政治、经济关系。欧盟是投资和援助方。南非对欧盟出口占总出口值的35.6%，与欧盟签有自由贸易协定。与西欧、北欧国家间高层互访不断。与俄罗斯恢复大使级外交关系后，建立新型友好及伙伴关系，签有军事合作协议，设立双边经贸联委会。

南非大学 University of South Africa 世界上最大的远程教育大学。1873年建校，时名好望角大学，当时主要是一个考试机构。1916年改为现名，2年后迁址首都比勒陀利亚。1946年率先发起了远程高等教育运动，在保留其作为一个考试机构的职能的同时，主要从事函授教育，从而奠定了它作为一所远程教育大学的基础。学校除了在首都的校区外，在开普敦、德班等地还有5个省级中心、5个学习中心和1个卫星中心。设有6个学部：人文和社会科学学部、经济和管理科学学部、法学部、科学学部、教育学学部、神学和宗教研究学学部，以及一个商业管理研究生院。使用南非荷兰语和英语进行教学，提供国际承认的证书、文凭和学位课程，最高可授予博士学位。最高管理机构是理事会。校训是“困难虽在，希望不灭”。

南非非洲人国民大会 African National Congress of South Africa 南非共和国主要政党，南非最大的黑人民族主义政党。简称非国大 (ANC)。1912年建立，1925年改现名。1960年被白人政府宣布为“非法”组织，主要领导人O.坦博等流亡国外。1961年N.曼德拉等决定开展武装斗争，成立“民族之矛”军事组织，1962年，“民族之矛”司令曼德拉被捕。80年代，根据国

曼德拉在大选中投票

际形势变化，调整斗争策略，确定政治解决南非问题和灵活处理制宪谈判的战略。在1994年4月第一次全民大选中获胜，成为主要执政党。后连续执政。现主席为南非总统T.姆贝基。

南瓜 *Cucurbita*; squash 葫芦科南瓜属植物的统称。一年生草本植物。果实可供食用。栽培南瓜包括三个种：①中国南瓜，通称南瓜。②笋瓜 。③西葫芦（美洲南瓜)。三种南瓜都起源于美洲。现广泛分布全世界和中国各地。

根系强大，主根深，侧根多，分布广。茎蔓性，西葫芦则多为直立型。雌雄异花同株。花冠裂片大，黄色；雌花花萼裂片叶状。瓠果，有扁圆、球圆和长棒等形状。南瓜属喜温植物，三种南瓜对温度的要求不同。均属短日照植物。

中国南瓜成熟瓠果的淀粉含量可高达8%，每100克鲜重约含胡萝卜素0.57毫克，除作菜肴外，还可作糕点馅料。也可用作优良饲料。西葫芦多以嫩果供食用。笋瓜除作蔬菜或饲料用外，还有专供观赏用的品种。

南国社 South Society 中国文艺团体。1927年冬成立于上海，领导人田汉。

1924年，田汉等创办文艺刊物《南国半月刊》。1926年又创办南国电影剧社，从事电影的制作，同时开始演出话剧。1927年冬，南国电影剧社改组为南国社，拟从事文学、电影、音乐、戏剧、美术、出版等文艺活动。南国社成立后即开办南国艺

《潘金莲》剧照（南国社演出）

术学院，田汉任院长，田汉、徐悲鸿、欧阳予倩分任文学、美术、戏剧等科主任。以“培植能与时代共痛痒而又有定见实学的艺术运动人才”为办学宗旨。

南国社戏剧的演出以1930年为界线，分为前后两个时期。前期上演了田汉创作的《湖上的悲剧》、《江村小景》、《一致》以及根据O.王尔德同名独幕剧改编的《莎乐美》等。后期演出以田汉根据法国P.梅里美同名小说改编的《卡门》为代表。1930年9月，南国社被查封。社中绝大部分成员在田汉率领下加入左翼戏剧运动。

南国社的戏剧演出着眼于揭示内容和人物思想，在表演上摒弃文明戏遗留下来的装腔作势的程式化演技，朴素自然，富有生活气息，在中国话剧史上起着承前启后的重大作用。

南海 South China Sea; Nanhai Sea 中国最大的边缘海。又称南中国海。介于中国大陆、菲律宾群岛、加里曼丹岛、苏门答腊岛和中南半岛之间。北以福建、广东省交界的东山岛南端至台湾猫鼻头的连线与东海为界，东南至菲律宾的吕宋、民都洛及巴拉望等岛，南抵印度尼西亚的苏门答腊与加里曼丹之间的隆起地带，西南至越南和马来西亚等地，濒临中国的广东、广西、台湾和海南四省区 。南北长约2 970千米，东西宽约1 670千米，总面积约350万平方千米。

南海是一个较完整的深海盆地 。平均水深1 212米，最大深度5 559米。南海中部介于中沙群岛与南沙群岛之间，是一个呈东北—西南向的深海盆地，大部分水深超过3 600米。但南海大陆架仍有相当的规模，主要分布在西北和西南、南部 。珠江口大陆架宽达254千米，海南岛南部宽约90千米，西北部的北部湾和西部的泰国湾则全部位于大陆架上，只有东部大陆架狭小，台湾南部高雄一带只有14千

米。东部近岛弧内侧，有一系列海槽，自北向南依次为吕宋海槽、马尼拉海槽和巴拉望海槽等。南海所处纬度较低，年平均水温25～28℃，是热带性海域。适合于造礁珊瑚虫生长繁殖，在海岛高台上形成很多珊瑚礁岛。珊瑚岛、暗礁、暗沙在南海约有170多个。根据位置不同分为四群，即**东沙群岛**、**西沙群岛**、**中沙群岛**和**南沙群岛**，总称南海诸岛。

南海盛产热带鱼、虾。鱼种极多，其中产量较高、有捕捞价值的有马鲛鱼、沙丁鱼、金线鱼、马六甲鲱鲤、带鱼等；虾类中产量较大的是龙虾。西沙群岛还是中国海参产区，所产的梅花参个体大、产量高。南海表层海水盐度，多数海区32.0～34.0，局部海区可达35.0，沿岸一带在32.0左右，平均盐度约34.0。莺歌海盐场是中国南方最大的一个盐场。近年来，在中国沿海南海大陆架上，新的石油、天然气资源不断被发现和开采。南海海域开阔，有许多海峡联系着周围的海洋。通过东北部的台湾海峡与东海相连，通过巴士海峡、巴林塘海峡、巴布延海峡、苏禄海连接太平洋，穿过马六甲海峡与印度洋相通，南面的卡里马塔海峡是沟通爪哇海的渠道。位于南海西侧的中国沿海港口有广州港、黄埔港、湛江港、北海港、香港等，是中国与东南亚、南亚、非洲、欧洲、大洋洲等地区通商贸易的重要港口。

南海诸岛 Nanhai Islands 中国南海上岛屿的总称。北至北卫滩，南至曾母暗沙，南北跨纬度17°多，东西跨经度11°多。有暗滩、暗沙、暗礁、沙洲和岛屿250座以上，分东沙、中沙、西沙和南沙四大群岛。南海古称“涨海”。南海诸岛古称“涨海崎头”、“珊瑚洲”。宋以来泛称“千里长沙”、“万里石塘”等。西沙群岛曾发现中国人唐宋时在甘泉岛居住的遗址。南海诸岛资源丰富，位置重要，在交通、国防和海洋经济的发展上意义重大。现永兴岛设有西沙、南沙、中沙群岛办事处，直属海南省政府。

地貌　除个别火山外，南海诸岛都由珊瑚礁组成。主要有珊瑚岛34座、火山岛1座、沙洲13座，总面积约12平方千米。岛洲以小、低、平为特点，面积一般0.1～0.5平方千米，海拔2～6米。最高的是石岛，海拔不过15米；最大的是永兴岛，面积不过1.85平方千米；大于1.5平方千米的珊瑚岛还有东沙岛、东岛等。

南海诸岛的珊瑚礁以环礁为主，台礁（桌礁）次之。环礁内抱潟湖（礁湖），发育在环礁边缘的岛洲，外临深海，内濒浅湖。南海诸岛包括四大群岛：位置最北和最小的**东沙群岛**；位置居中的中沙群岛；岛屿最多的西沙群岛；南海诸岛中范围最广，暗礁、暗沙和暗滩最多的南沙群岛。

气候　南海诸岛属热带季风气候。年平均气温东沙为25.3℃，永兴岛26.5℃，太平岛27.9℃。冬夏交替盛行东北季风和西南季风。台风多夏秋（6～11月）发生，年平均约10次。平均年降水量，东沙岛1 459毫米，永兴岛1 505毫米，太平岛1 842毫米。降水多由西南季风和台风所致，日最大降水量永兴岛612.2毫米。年相对湿度82%～84%。

水文　受季风影响，表层海流夏季流向东北，冬季流向西南。冬季海水聚积于南海西南部浅海大陆架，难于全部宣泄，因而出现逆流，自南沙群岛西侧流向东北，渔民称为“北风南流”的“冲流”。一统暗沙至东沙岛一带冬季又有向东偏北流的南海暖流。太平洋黑潮暖流则终年影响及东沙岛一带，冬季更可影响至**海南岛**附近。局部海区如中沙大环礁东侧有上升流。

高温高盐的西太平洋水从巴士海峡流入南海，表层海水盐度自南海东北向西南递减，冬季31.5～34.0，夏季31～33。深海区有与西太平洋类似的水团，自上而下有：表层水（0～75米）、亚热带上层水（75～300米）、中层水（300～900米）、深层水（900～2 500米）和底层海盆水（2 500米以下）。底层水温2～3℃，与表层水温差20℃以上。潮汐为不规则的全日潮，潮差小，约1.5米。

生物　海洋生物种类繁多，深海上层有旗鱼、箭鱼、鲨鱼、金枪鱼等，中下层有灯笼鱼等深海鱼类。金带梅鲷常成群大片浮于海面。浮游动物生物量在深海上层较少。

南海诸岛珊瑚礁系由造礁石珊瑚和钙藻等构成。岛上植物具有耐盐、耐旱、喜钙、嗜肥的特征。草本植物多肉质，树木具有发达的储水薄壁细胞，叶面或长绒毛防止失水（如银毛树、海巴戟天），或披蜡质以反射强光。草海桐（羊角树）灌木丛广布各岛。岛上不能生长根深干大多层的热带雨林，只能发育珊瑚礁植被。

南汉 Southern Han 中国五代时十国之一。曾称大越国。刘隐、刘䶮兄弟所建。都广州番禺（今广东广州），称兴王府；盛时疆域有60州，约为今广东、广西两省及云南的一部分。历5主，共67年。

天祐二年（905），唐任刘隐为清海军（岭南东道）节度使。后梁开平元年（907）**朱温**封刘隐为大彭郡王；三年，改封南平王；四年，又进封南海王。

唐末，岭南士人云集，有的是为了避战乱，有的是被流放岭南的名臣后裔，还有因战乱阻隔不得北返的任满地方官。刘隐收用这三类士人为辅佐。他遣其弟刘䶮率兵平定岭南东西两道诸割据势力，控制了岭南；西与楚争容桂之地，攻占了容、邕两管（今广西西部、南部及广东部分地区）。后梁乾化元年（911）刘隐卒。刘䶮继立。后梁贞明三年（917）刘䶮称帝于番禺，国号大越，次年改为汉，史称南汉。大有十五年（942）刘䶮卒，其子刘玢嗣位。次年，玢弟刘晟杀玢自立。乾和六年（948）刘晟乘楚国内乱，派兵攻楚，至九年，得楚十余州。十六年（958），刘晟卒，其子刘鋹嗣位。刘鋹即位后，宦官垄断了大权，朝政更加腐败。宋开宝四年（971），宋兵攻占广州，南汉亡。

南汉世系表

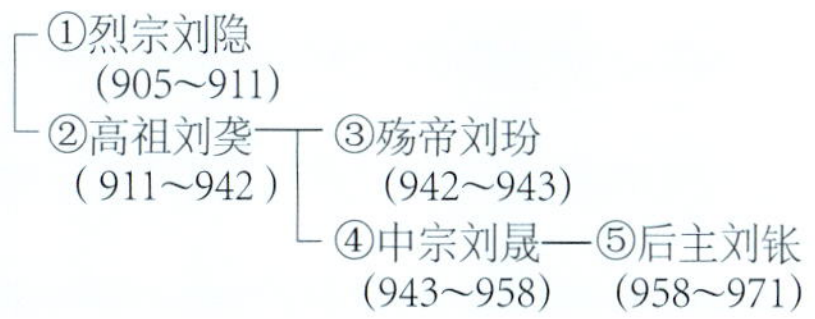

《南汉书》 *History of Southern Han* 记载中国五代时南汉国历史的**纪传体**（无志表）史书。18卷。清梁廷枏（楠）撰。有本纪6卷；类传12卷，依次为后妃、诸王公主、诸臣、杂传、女子、宦官、方外、叛逆、外传等9类。《南汉书》虽然晚出，但史料价值较高。该书广泛利用了新旧《唐书》、新旧《五代史》、《**宋史**》、《**资治通鉴**》等书，还引用了《九国志》、《十国春秋》、《五国故事》及广东地方志等近百种古籍，史料来源丰富。所载史事比较翔实、准确，可补正诸史之疏脱、谬误。

南河三 Procyon 小犬座α星（αCMi）。中文名南河三，史记中已有记载。南河三亮度为0.40等，呈黄白色，从地球到它的距离是11.4光年，为靠近太阳的恒星之一。它是全天第八颗亮星，光谱型为F5。它类似参宿七（猎户座β）靠近赤道，赤纬+5°，除南极外地球上各地都能看见它。它的表面温度7 000K，比太阳亮7倍，直径和质量是太阳的两倍。南河三和天狼星一样是一颗**双星**，且其伴星和天狼星的一样是**白矮星**，亮度10.3等，每41年公转一周。这颗伴星密度极大，约为水的12万倍。由于它与南河三十分接近，用大型天文望远镜才看得见。南河三与猎户座的参宿四及大犬座的天狼星构成“冬季大三角”，是冬天星空中重要的标记。

南华寺 Nanhua Temple 中国佛教**禅宗**寺院。位于广东韶关马坝乡。始建于南朝梁天监三年（504），初名宝林寺。唐代禅宗六祖**慧能**得五祖弘忍法衣，成法嗣后，潜伏岭南十余年。仪凤二年（677），慧能到曹溪，住持宝林寺，弘南宗顿悟之说。后此寺被奉为禅宗南宗祖庭，敕名为中兴寺、法泉寺。宋初赐名南华禅寺。今存山门及大雄宝殿等

建筑。寺内文物尚有唐之千佛袈裟、宋之木雕罗汉及六祖慧能真身像、灵照塔等。

南怀仁 Verbiest, Ferdinand (1623-10-09～1688-01-23) 旅居中国的比利时**耶稣会**传教士。字敦伯，一字勋卿。1641年入耶稣会。中国清代顺治十五年(1658)抵澳门。次年，被派往陕西传教。十七年，奉诏进京协助

黄道经纬仪

汤若望纂修历法。康熙八年(1669)，为钦天监监副，主持编制《时宪书》。奏请制造六件大型观象台天文仪器，即第谷式古典仪器——黄道经纬仪、天体仪、赤道经纬仪、地平经仪、象限仪(地平纬仪)、纪限仪(距度仪)，至十三年完成(现存北京古观象台)。十五年，任耶稣会中国省区会长。十七年撰《康熙永年历法》32卷，可预推数千年后年历，奉旨加通政使司通政使衔。十九年，奉旨铸造火炮320门，次年完成。康熙帝临卢沟桥观看试放。又作《神威图说》70卷，于二十一年进呈。是年，以制炮成功，特旨加工部右侍郎衔。二十二年，从康熙帝往盛京。二十六年坠马受伤，次年卒，赐谥勤敏。另著有《教要序论》1卷、《坤舆全图》。

南极 South Pole 地球自转轴与地球南半球表面的相交点。地理上的南极在南极洲罗斯陆缘冰以南约480千米，海拔2 830米处(海拔也经常变化)，冰盖厚度2 700米，每年有6个月完全为白天，6个月完全为黑夜。而罗盘磁针所指的南磁极则位于阿黛利海岸，约东经139° 06′、南纬66° 00′处，每年向西北位移约13千米。地球磁场南端的南地磁极也移动，20世纪90年代初约在东经108° 44′、南纬79° 13′处。

南极臭氧洞 ozone hole over the South Pole 南极地区臭氧层因臭氧损耗所形成的臭氧柱浓度小于200DU(等于千分之一厘米标准状态臭氧层厚度)的区域。此区域内的臭氧浓度在臭氧洞形成后较形成前减少30%以上。1985年，英国科学家J.法曼等人总结他们在南极哈雷湾观测站的观测结果，发现从1975年以来，那里每年早春(南极10月份)总臭氧浓度的减少超过30%。进一步的测量表明，在过去10～15年间，每到春天南极上空的平流层臭氧都会发生急剧的大规模耗损，极地上空臭氧层的中心地带近95%的臭氧被破坏。从地面向上观测，高空的臭氧层已极其稀薄，与周围相比，像是形成一个洞，南极臭氧洞因此得名。研究表明，人工生产的氯氟烃类和哈龙类物质是破坏臭氧层的主要原因，在南极地区特殊的大气物理条件下造成了臭氧洞的生成。

南极大磷虾 *Euphausia superba*; Antarctic krill 磷虾目磷虾科的一种。体长40～60毫米。身体较透明，具红褐色斑点；额板三角形(额角短)；头胸甲下缘有1对侧齿；大颚触须末节长比宽大7倍以上；雄交接器顶突基部弯曲，与末部成直角，末端渐尖并卷向前端。生活于南极冰下，常大量密集成群。主要滤食硅藻。为两年生的浮游动物。是须鲸类和许多鱼类的主要饵料，可供人类直接开发利用。

南极考察 Antarctic investigation 人类对南极地区进行的实地观察调查和科学研究活动。现代南极科学考察始于国际地球物理年(1957～1958)。为推进和协调各国的南极科学考察，1958年成立国际南极科学委员会(SCAR)，隶属于国际科学联合会。1959年12月1日，阿根廷、澳大利亚、比利时、智利、法国、日本、新西兰、挪威、南非、美国、英国和苏联等12国的政府代表在华盛顿签订《**南极条约**》。国际南极科学委员会和《南极条约》对加强国际合作、深入开展南极科学考察起了重要作用。

南极紧靠罗美尔海峡的岩峰

中国于1983年参加《南极条约》，1985年成为《南极条约》和国际南极科学委员会的协商国。20世纪60年代以后，南极地区科学考察的内容主要集中在：①南极冰盖和邻近海域海冰研究，以揭示世界气候长期变化规律，预测未来气候变化进程。②高空大气物理(包括宇宙射线、电离层、极光等)研究。③地质与地球物理研究，目的是找矿和揭示南极大陆的地质历史及其在全球构造中的地位。④南大洋生物资源调查，为开发南极磷虾和南大洋其他生物资源的可能性服务。开展的重大国际合作计划主要有国际南极冰川计划(IAGP)、南极实验(POLEX)、干谷钻探计划(DVDP)、罗斯冰架计划(RISP)、深海钻探计划(DSDP)、南大洋生态系统与生物资源调查计划(BIOMSS)等；1996年制定的与全球其他地区接轨的南极地区全球变化研究计划(GLOCHANT)正在实施中。在各个领域取得重要进展：①基本弄清南极大陆地质演化。②获取南极冰盖变化的大量资料。③进行南大洋生态系统和生物资源调查，如南极大磷虾约为10亿吨等。④获得南极冰盖16万年气候与环境变化记录。⑤至20世纪90年代，每年9～10月，南极地区上空的臭氧总量减少了近50%。即臭氧层减薄了一半，出现一个臭氧洞，面积超过南极大陆的2倍。这种变化引起全世界的重视。

《南极条约》 *Antarctic Treaty* 确定南极洲的国际法地位的国际条约。为解决各国围绕南极地区的领土主权产生的纷争和矛盾，1959年12月1日，阿根廷、澳大利亚、美国、苏联等12个国家在华盛顿签署了《南极条约》，1961年6月23日起生效。1983年5月9日，中国加入此条约。

条约共14条，主要规定：①南极洲只用于和平目的；禁止在南极洲采取任何军事性质的措施；禁止在南极洲进行任何核爆炸和处置放射性尘埃。②在南极洲促进科学调查方面的国际合作。③冻结各国对南极洲的领土主权权利和领土要求。④缔约各方有权指派观察员在任何时间进入南极洲任何一个或一切地区进行视察。⑤条约适用于南纬60°以南的地区，包括一切“冰架”。《南极条约》是关于南极地区法律地位的唯一条约，它既不否认也不承认缔约国对南极地区的领土主权要求。

人类共同继承财产原则应适用于南极地区。

南极洲 Antarctica 位于地球最南端的大陆及其周边岛屿。总面积1 366.1万平方千米。其中大陆面积1 190万平方千米，周围岛屿面积19.3万平方千米，冰架(又称陆缘冰)面积156.8万平方千米。南极大

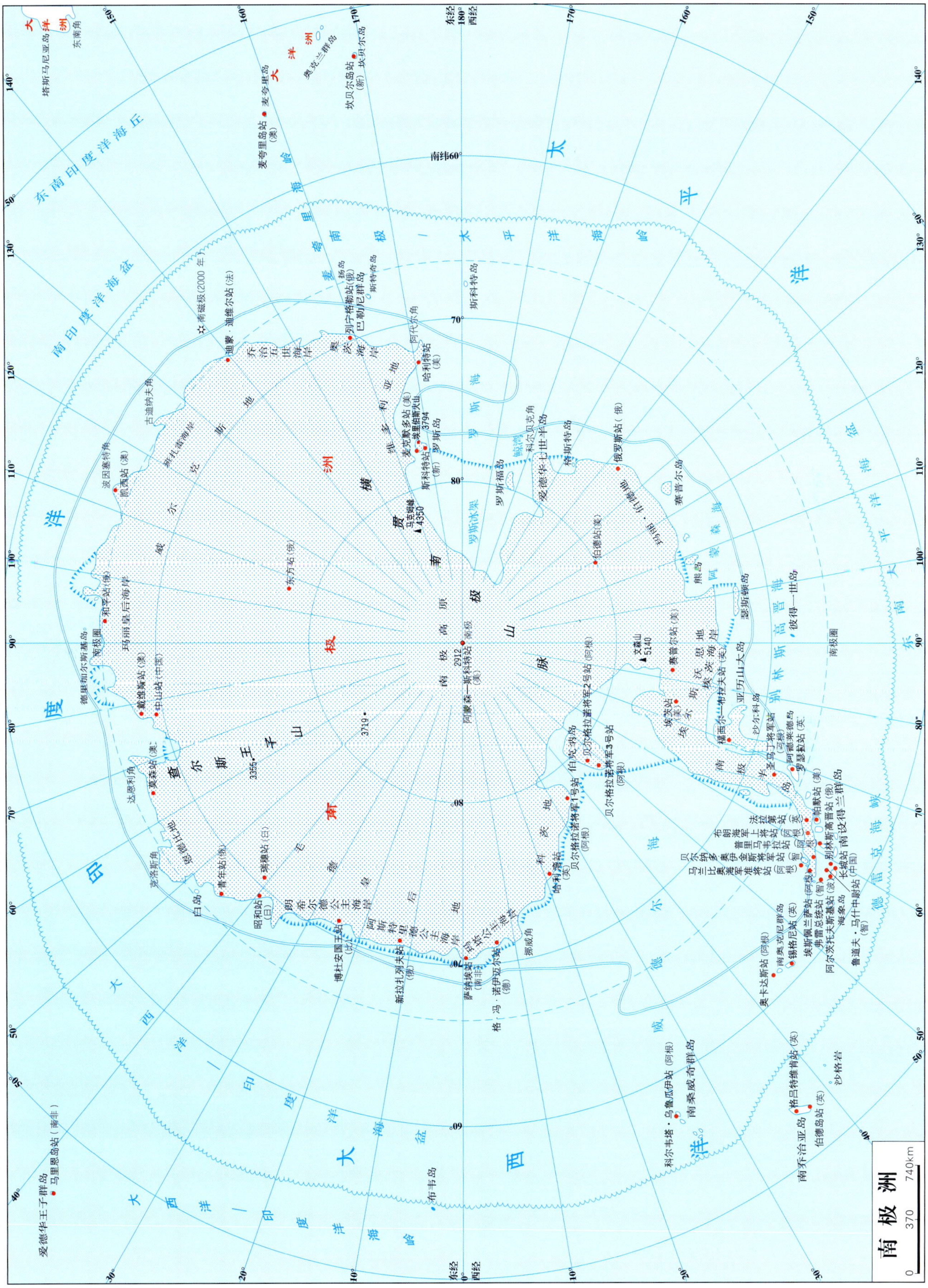
南极洲
0 370 740km
南极
南极洲
横贯南极山脉
南极高原
毛德皇后地
马丽伯德地
威尔克斯地
埃尔斯沃思地
乔治五世海岸
玛丽皇后海岸
罗斯海
罗斯冰架
罗斯岛
罗斯福岛
威德尔海
别林斯高晋海
阿蒙森海
戴维斯海
南极半岛
亚历山大岛
彼得一世岛
巴勒尼群岛
斯科特岛
南设得兰群岛
南奥克尼群岛
南乔治亚岛
南桑威奇群岛
布韦岛
麦夸里岛
坎贝尔岛
爱德华王子群岛
南印度洋海盆
东南印度洋海丘
太平洋－南极海岭
大西洋－印度洋海岭
大西洋－印度洋海盆
南太平洋海盆
德雷克海峡
太平洋
大西洋
印度洋
文森山 5140
马克姆峰 4350
埃里伯斯火山 3794
阿蒙森—斯科特站(美)
麦克默多站(美)
斯科特站(新)
长城站(中国)
中山站(中国)
东方站(俄)
和平站(俄)
戴维斯站(澳)
莫森站(澳)
凯西站(澳)
昭和站(日)
迪蒙·迪维尔站(法)
哈利湾站(英)
南磁极(2000年)

陆绝大部分位于南极圈内，被**南大洋**所环绕。

南极洲是世界上平均海拔最高的洲，平均高度2 440米。最高峰文森山海拔5 140米。整个大陆几乎为冰雪所覆盖，露岩只占0.4%，冰层平均厚度约2 160米，最大厚度4 776米。冰的总量为2 867.2万立方千米，占世界总冰量的90%，总淡水量的80%。横贯南极山脉把南极大陆分为东、西两部分。东南极洲，又称大南极洲，面积占整个大陆的3/4，地势较高，基本为冰雪覆盖的高原；西南极洲，又称小南极洲，面积占整个大陆的1/4，是一组被冰雪覆盖并与冰层连接在一起的山峦起伏的群岛，其北端为南极半岛，伸入大西洋。

南极洲气候独特，为世界上最寒冷、风暴最多的大陆。1983年7月21日苏联的东方站观测到－89.2℃的世界气温最低纪录。冬季（最冷月为7月），沿海地区平均温度为－20～－30℃，内陆为－40～－70℃。夏季（最暖月为1月）最高气温在南极半岛曾达15℃，沿海地区平均为0℃，内陆平均为－20～－40℃。南极洲还是世界上风力最大的大陆。大陆沿海地带盛行东风，内陆高原多暴风，特别是东南极，许多地方长年盛行10米/秒以上的大风，吹雪终年不断。1972年7月法国的迪蒙·迪维尔站记录到的最大风速为327千米/时。南极洲气候干燥，降水量少，有白色沙漠之称。南极高原平均年降水量只有50毫米，沿海地区平均为500毫米，几乎都是降雪。

南极洲的植物有800余种，其中地衣350余种，苔藓370余种，开花植物仅有3种。附近海域生长着大量浮游生物，其中以硅藻最丰富。鸟类有企鹅、海鸥、海燕等。哺乳动物有海豹、海豚、鲸等。南极磷虾在南极海域食物链中占有特殊地位，总贮量约10亿吨，是企鹅、海豹和鲸的主要食物，也是人类潜在的食品来源之一。南极洲拥有富饶的矿物资源，除金、银、铜、锑、铁、铅、钼、锡、锌等多种金属矿藏外，还蕴藏有丰富的煤、石油、天然气资源。东南极洲查尔斯王子山的条带状铁英岩，为世界上最大的铁矿床。

全洲没有人类定居，只有科学考察人员和捕捞船队在此活动。1772～1775年，英国船长J.库克的环南极航行是寻找该洲的第一次尝试，此后，许多国家先后到南极洲探险、考察，建立科学考察站。1958年成立南极研究科学委员会。1959年12个国家在美国签订《**南极条约**》。1983年中国成为《南极条约》缔约国，1985年成为协商国。20世纪80年代中后期，中国相继在南极洲建立了2个常年科学考察站——**中国南极长城站**和**中国南极中山站**。1984年以来，中国每年组织科学考察队赴南极开展综合科学考察。

南极洲一景

南极洲陨石 Antarctic meteorites 南极洲是陨石的天然保存库。1912年，澳大利亚探险队在南极洲阿黛利地找到了第1块陨石。截至2003年年底，各国在南极冰盖上总共回收了33 000多块陨石（其中日本16 858块，美国7 994块，中国4 480块），表明南极地区是富集陨石的特定小区域。

中国在南极收集陨石的工作从1998～1999年夏季考察发现找到陨石开始。2002～2003年第19次考察在格罗夫山地区冰碛中发现回收了4 448块陨石〔经鉴定有火星陨石（见图）〕。2005～2006年第22次

南极的火星陨石（中国南极考察队采自格罗夫山蓝冰区）

考察在格罗夫山地区找到5 282块陨石，并找到中国人发现的第一块月球陨石（重0.8克），使中国成为拥有南极陨石最多的国家之一，在日本与美国之后位居第三。工作证明格罗夫山地区是南极陨石最富集的地区之一，表明南极陨石的冰碛型与蓝冰型两种类型的存在，也使横贯南极山脉成为与毛德皇后地齐名的南极陨石“富矿区”。

南极之所以富集陨石，首先是因为这里极其寒冷和干燥的气候为陨石长期保存提供了极其有利的条件，使这些陨石的居地年龄可达几十万年，目前所知最大的居地年龄为230万年。其次，大约1 000万年来广大的南极地区覆盖了1 400万平方千米、平均厚达2 700米的冰盖，为接受与保存陨石提供了十分有利的条件。第三，南极存在一个有效的陨石富集机制。据估计，陨石在地球表面的年降落概率为每百万平方千米约40～60次。如果冰盖中的陨石没有被富集到很小的区域，发现陨石的概率就非常低，不可能找到大量的陨石，相当部分的陨石会随着冰盖流向海洋而沉入海底。而在有些地区，由于受到潜伏地形（如横贯南极山脉）的阻挡，冰流受阻，蓝冰在下降风的作用下快速消融，从而使深色的陨石在蓝冰上“搁浅”而非常显眼。

南麂列岛海洋自然保护区 Nanji Islands Marine Nature Reserve 中国海洋自然保护区。1990年建立的国家级自然保护区。位于浙江省温州湾东南平阳县，附近有大小岛屿23个，其中南麂岛面积最大。南麂列岛面积20 160公顷，这一带海域为台湾暖流和江浙沿岸流相互交汇和交替消长的区域，成为海洋生物栖息生长的良好场所。盛产鱼类、贻贝、紫菜等。主要保护对象是海洋贝藻类及其生境。

南迦巴瓦峰 Namjagbarwa Peak **喜马拉雅山脉**东端最高峰，海拔7 782米。曾称那木卓巴尔山，藏语意为“天上掉下来的石头”，有“众山之父”之称。位于**雅鲁藏布江**大拐弯的南侧，隔江与加拉白垒峰（7 294米）相望。南迦巴瓦峰为更新世以后强烈隆升形成的断块峰。雅鲁藏布江沿南迦巴瓦峰形成举世闻名的马蹄型大拐弯，高山成为气流的屏障，峡谷则成为孟加拉湾暖湿气流的北上通道。从墨脱附近的背崩到南迦巴瓦峰顶两地水平距离仅45千米，海拔相差近7 000米。山峰似利剑入云，峰顶终年积雪，云雾缭绕。南迦巴瓦峰地震、山崩、

雪崩、泥石流频繁，河流切割强烈。1950年曾发生过8.8级大地震，雅鲁藏布江曾因此而被堵断流。

南疆铁路 Nanjiang Railway 中国新疆维吾尔自治区内南疆地区通往北疆及内地的唯一**铁路**。于兰新铁路线上吐鲁番至喀什，途经库尔勒、轮台、阿克苏和阿图什，全长1 446千米。东端通过兰新线与全国铁路

网衔接，对促进塔里木盆地油气资源开发和南疆地区经济发展、加快自治区的对外开放、增强民族团结及巩固国防起到积极的作用。吐鲁番至库尔勒西站长476千米，穿越吐鲁番盆地，翻越天山山脉，1971年5月1日动工修建，1978年11月竣工，1980年开始运营。库尔勒西站至喀什站长970千米，位于天山南麓、塔里木盆地北缘，1996年9月6日开工，1999年12月6日通车运营。

南津关 Nanjinguan Pass 中国长江三峡东口。位于湖北省宜昌市夷陵区西部，长江北岸西陵峡东口，三峡尾端的天然门户。南津关两岸地势险要，陡壁直立，江面狭窄，犹如细颈瓶口，锁住滔滔大江，素有“雄关蜀道，巍巍荆门”之说。历来为兵家必争之地。长江一出南津关便急剧南折，两岸山势坦荡，江面骤然变宽，江流由飞旋汹涌而渐趋平缓，开始进入辽阔的长江中下游平原。

南京长江大桥 Nanjing Yangtze River Bridge 跨越长江，连接津浦和沪宁铁路、南京和浦口市区交通干道的公路、铁路两用钢桁架梁桥。位于中国南京市。是长江上第一座完全由中国设计和建造及采用国产材料的桥梁，也是当时中国规模最大的桥梁。1960年1月开工，1968年12月建成通车。正桥长1 576米，共有10孔。桥系双层式结构，上层公路面宽15米，每侧人行道各宽2.25米，下层为双线铁路桥面。两岸以桥头建筑作为正桥和引桥的分界，正桥桥头之后，铁路、公路引桥分别沿直线和弯道逐渐分岔。沿铁路桥面，桥全长6 772米，沿公路桥面，桥全长4 588米。

2001年3月26日南京长江二桥建成通车。二桥位于南京长江大桥下游11千米处，全长21.3千米，由南、北汊大桥和南岸、八卦洲及北岸引线组成。南汊大桥为钢箱梁斜拉桥，桥长2 938米，主跨为628米，建成时，该跨径仅次于日本多多罗大桥和法国诺曼底大桥，位居同类型桥中世界第三，中国第一；北汊大桥为钢筋混凝土预应力连续箱梁桥，桥长2 172米。2005年10月7日位于南京长江大桥上游约19千米处的南京长江三桥正式通车。三桥全长约15.6千米，其中跨江大桥长4 744米，主桥采用主跨648米的双塔钢箱梁斜拉设计，为国内第一座钢塔斜拉桥，也是世界上第一座弧线形钢塔斜拉桥。

南京大屠杀 Nanjing Massacre 抗日战争时期日军对中国实施的一次规模最大、持续时间最长的烧杀淫掠暴行。又称“南京惨案”。

1937年12月13日日军侵占南京，在日本华中方面军司令松井石根和第6师团长谷

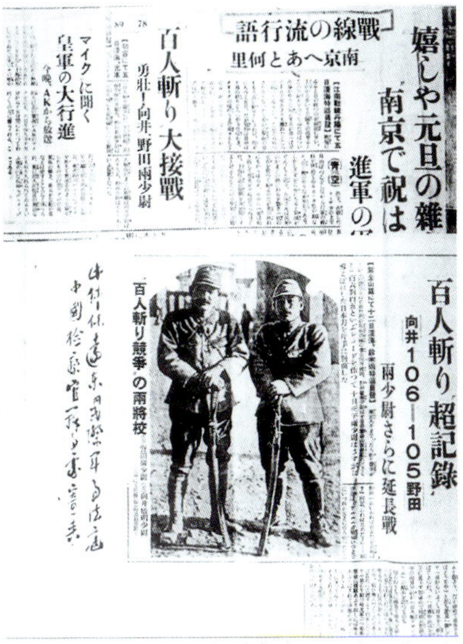
嬉しや元旦の雑
南京で祝は
進軍の
戰線の流行語
南京へあと何里
百人斬り大接戰
勇壯！向井、野田両少尉
マイクに聞く
皇軍の大行進
百人斬り超記錄
向井106－105野田
両少尉さらに延長戦
百人斬り競爭の両將校

1937年12月12日日本《东京日日新闻》刊登向井敏明、野田毅在南京紫金山麓继续进行“杀人比赛”的报道

寿夫的指挥下，对中国军民进行了长达40多天的大规模屠杀，杀害了无辜市民和已放下武器的士兵共30万人以上：据中国审判战犯军事法庭查证的集体屠杀并毁尸灭迹者，共28案，被害人数达19万多人；日军还普遍地分散进行屠杀，尸体经慈善团体掩埋者达15万余具。日军采取的手段极其残忍，除枪击外，还有砍头、剖腹、活埋、火烧、水溺、肢解四肢，等等。

日军除疯狂进行大屠杀外，还灭绝人性地奸淫妇女。从幼女到老妇，甚至孕妇都难以幸免，很多妇女在被蹂躏后又惨遭枪杀、刀戳和毁尸。在日军占领南京的一个月中，市内就发生了约2万余起强奸妇女的暴行。此外，日军所到之处，均遭大规模的抢劫，十室九空。抢劫之后，纵火焚烧，巨火浓烟，笼罩全城，全市被烧毁的房屋达1/3以上。

抗日战争胜利后，侵华日军在南京犯下的血腥暴行得到了清算，松井石根被远东国际军事法庭处以绞刑，谷寿夫被引渡给中国政府处死。为了纪念这场震惊世界的惨案，1985年，南京人民在当年日军集体屠杀中国人的现场遗址之一的江东门建立了一座侵华日军南京大屠杀遇难同胞纪念馆，并在展厅陈列了大量的资料、文献、图表、照片和实物，揭露了侵华日军占领南京后杀、烧、淫、掠的种种暴行。此外，还在其他屠杀现场如燕子矶、草鞋峡、中山码头、汉中门等遗址及遇难同胞尸骨丛葬地中华门外等处，建立了15块纪念碑。

南京大学 Nanjing University 中国综合性大学。属教育部。校址在南京。前身是1902年创建的三江师范学堂，1905年，校名改为两江师范学堂。1914年，在两江师范学堂原址成立南京高等师范学校。1921年，更名为国立东南大学。1927年，以国立东南大学为主体，组成国立第四中山大学。1928年2月，学校更名为国立江苏大学。同年5月，又改名国立中央大学。1937年抗日战争全面爆发，迁入四川。1946年迁回南京原址。1949年，更名为国立南京大学。1950年更名为南京大学。

设有20多个学院和60多个系。还设有研究生院、继续教育学院。有培养学士、硕士和博士的教学体系；有国家重点学科和国家重点实验室等。图书馆藏书量491万余册。学校占地面积240万平方米，包括鼓楼、浦口两个校区。出版物有《南京大学学报》等。

南京港 Nanjing, Port of 中国内河第一大港口。位于长江下游。距长江口347千米，有铁路网及公路网与全国相连，并有鲁宁输油管道连接胜利、中原、华北三大油田。是长江下游的江海、江河、水陆联运和水水中转的重要港口。三国时期吴国已把南京辟为军港和商港。元明两代是南粮北运的重要启运港之一。明朝航海家郑和七下西洋就以南京港为基地。1858年辟为通商口岸，相继建造了码头和仓库。1950年以来建设了一批机械化煤码头、原油中转码头，成为华东地区最大的能源中转港。南京港分长江干线港和地方港两部分。干线港辖下关、浦口、新生圩、栖霞山、仪征和正在建设的龙潭港区。2008年全港有生产用码头泊位297个（其中万吨级深水泊位43个）。2008年南京港完成吞吐量1.11亿吨，集装箱吞吐量129.21万标准箱。

南京国民政府 Nanjing National Government 中华民国时期，蒋介石及其追随者在南京建立的国民党中央政权机关。

1927年4月12日，蒋介石在上海发动反共政变，第一次国共合作宣告结束。15日，蒋介石、胡汉民、吴稚晖等少数国民党中央执监委员在南京举行“谈话会”，否认武汉国民政府的合法地位，决定另立国民政府，定都南京。18日，蒋介石一手操纵的奠都典礼在南京举行，由蔡元培代表国民党中央党部，向国民政府代表胡汉民授印，正式宣布成立南京国民政府。

南京国民政府初由蒋介石、胡汉民、李石曾等12名委员组成。以胡汉民为国民党中央政治会议主席，钮永建为国民政府秘书长，蒋介石为国民革命军总司令。先后设交通、财政、外交、司法、民政各部和大学院。1928年2月，增至49名委员，推举谭延闿、蔡元培、张静江、李烈钧、于右任为常务委员，谭延闿为国民政府主席，蒋介石为国民党中央政治会议主席兼军事委员会主席。新设内政、农矿、工商等部及最高法院、监察院、审计院、法制局等机关。6月占领京津后，开始实行五院

图1　国民政府建都南京时的政府成员留影

制。由国民党中央全会代表国民大会行使政权，由行政、立法、司法、考试、监察五院组成国民政府，总揽和执行国民党所付托的“治权”。行政院设内政、外交、军事、财政、教育、交通、工商、农矿等部，及建设、设计、侨务、蒙藏等委员会。同时推举蒋介石为国民政府主席兼陆海空军总司令，谭延闿为行政院长，胡汉民为立法院长，**王宠惠**为司法院长，**戴季陶**为考试院长，蔡元培为监察院长。五院制从此成为南京国民政府长期不变的组织形式。

图2　南京国民政府旧址

南京国民政府初期划分全国为江苏、浙江、安徽、江西、湖北、湖南、四川、西康、山东、山西、河南、河北、陕西、福建、广东、广西、云南、贵州、甘肃、青海、宁夏、新疆、绥远、察哈尔、热河、辽宁、吉林、黑龙江28个省（不包括日占台湾省），南京、上海、北平（今北京）、天津、青岛、西京（今西安）共6个行政院直辖市，东省、威海卫两个特别行政区，蒙古、西藏两个地方。1945年8月31日新设安东、辽北、松江、合江、兴安、嫩江6个省，10月25日收复台湾，增至35个省。1939年5月以后，又先后置重庆、哈尔滨、大连、沈阳、汉口、广州为行政院直辖市，增至12个市。对地方行政实行省、县两级制。省分县、市（省辖）、设治局。1941年8月，全国共有1 955县、17省辖市、58设治局。市划分为区、坊、闾、邻4级。1943年5月后改闾邻制为保甲制，改分为区、保、甲3级。蒙古分为盟、特别旗，直属于行政院，盟下分旗。西藏沿北洋政府时期旧制分宗，相当于内地的县。南京国民政府名为国际承认的中央政府，实际却难以在全国同时推行政令、军令，因为它从来没有真正统一过。

南京国民政府成立后，先是发动“二次北伐”，实现**东北易帜**，形式上统一了中国。继而又于1929～1930年，先后平定**李宗仁**、**冯玉祥**、**阎锡山**等军事集团或单独或联合发动的反蒋战争。1931年起，连续5次发动大规模内战，对江西等中共革命根据地和中国工农红军实施“围剿”。1932年一·二八事变后一度迁都洛阳，推举蒋介石为国民政府军事委员会委员长。1937年，**七七事变**爆发，国共再度携手，共同抗日。11月，南京国民政府决定迁都重庆。1939年1月，成立国防最高委员会，以蒋介石为委员长。1941年12月太平洋战争爆发后，宣布加入同盟国，正式对日、德、意宣战。1945年8月，取得抗日战争的胜利。次年5月5日，还都南京。6月，南京国民政府拒绝实行中共提出的成立联合政府、和平建国方针，挑起全面内战。11月，召开所谓“国民大会”，并于12月25日通过《中华民国宪法》。1948年3月29日，又召开所谓行宪“国民大会”，选举蒋介石为总统、**李宗仁**为副总统。次年1月21日，蒋被迫宣布“引退”，由李宗仁代行总统职权。4月23日，中国共产党领导的人民解放军攻占南京，宣告南京国民政府的覆灭。

南京临时政府　Nanjing Provisional Government　1912年1月1日，**孙中山**仿照美国政治制度在南京建立的中央政权机关。1911年10月10日，**武昌起义**爆发，清朝统治土崩瓦解。至11月底，已有15个省区宣告独立，相继建立了地方政权。12月3日，起义各省都督府代表会在武昌通过《中华民国临时政府组织大纲》。后转至南京选举孙中山为临时大总统，**黎元洪**为临时副总统。1912年元旦，孙中山在南京宣誓就职，宣布正式成立临时政府，定国号为“**中华民国**”，以红黄蓝白黑五色旗为国旗，同时改用阳历，结束了中国延续两千余年的封建帝制。

南京临时政府采用美国总统制，以临时大总统为最高行政首长，直接统辖陆军、海军、外交、内务、财政、司法、教育、实业、交通九部。南京临时政府的最高权力机关为临时参议院。它由起义各省都督府选派三名参议员组成，1912年1月28日正式成立于南京，选举**林森**为议长，**王正廷**为副议长。

1912年1月28日临时参议院举行成立大会

南京临时政府成立后，在除旧布新、保护私人财产、发展资本主义、改革教育、开放言论、保障人权等方面，颁布了许多政令，取得了一定成就。但清廷议和全权大臣袁世凯却对孙中山成立南京临时政府极为不满。帝国主义列强也以拒绝承认新政权的方式为袁助威。而南京临时政府内部的立宪派、旧官僚和同盟会妥协分子，则始终把革命成功的希望，寄托在**袁世凯**的“反正”上。孙中山不得不作出“如清帝实行退位，宣布共和”，将推袁自代的承诺。2月12日，清帝在袁世凯逼迫下，颁布退位诏书。13日，孙中山兑现承诺。15日，南京临时参议院选举袁世凯为临时大总统。3月10日，袁在北京宣誓就职。次日，孙中山颁布临时参议院此前议定的《中华民国临时约法》，规定政府改采责任内阁制，以限制袁世凯的权力。4月1日，孙中山正式解职。5日，临时参议院议决政府迁往北京，南京临时政府宣告结束。

南京路　Nanjing Road　中国上海市最繁华的商业大街，东西向重要干道之一。跨黄浦、静安2区。东濒黄浦江，西与延安路斜交。

上海南京路夜景

全长5 000多米，宽16～66米。1851～1862年分段辟筑。前身为外滩至抛球场之间的通道花园弄，后延长至今西藏路口。1865年英工部局正式命名为南京路。后一再延长，1862年把越界修筑的静安寺路也连接起来。20世纪初，沙逊大厦（今和平饭店）、永安公司（今永安百货）、大新公司（今上海市第一百货商店）已相继建立，再加上国际饭店、华侨饭店，形成高楼栉比、商店林立的商业街区。今南京东路段已改为步行街，西起上海市第一百货商店，东至河南中路地铁站。

南京路上好八连 Good Eighth Company on Nanjing Road 中国人民解放军上海警备区某部第八连的荣誉称号。八连1949年5月进驻上海南京路，担负警卫、巡逻任务。面对上海解放初期复杂的斗争环境，全连官兵自觉抵制资产阶级和残存敌对势力腐朽思想及其生活方式的侵蚀，拒腐蚀、永不沾，始终保持人民军队艰苦奋斗的本色。他们热爱人民，助人为乐，受到人民群众的高度赞扬。1963年4月25日，中华人民共和国国防部授予该连"南京路上好八连"荣誉称号。

南京师范大学 Nanjing Normal University 中国师范类高等学校。校址在南京。前身为1902年张之洞创办的三江师范学堂。1952年在原南京大学、金陵大学部分院系基础上组建南京师范学院。1984年改为南京师范大学。2000年南京动力高等专科学校并入。设有20多个院（部），有培养学士、硕士和博士的教学体系以及国家重点学科等。图书馆藏书230万册。出版物有《南京师范大学学报》。

南京市 Nanjing City 中国江苏省辖市、省会。简称宁，别称金陵。位于省境西南部，长江下游中段。辖玄武、六合、浦口、栖霞、下关、鼓楼、白下、建邺、秦淮、雨花台、江宁11区和溧水、高淳2县。面积6 501平方千米。人口800万（2010），有汉、回、满、壮、蒙古等民族。

春秋隶属吴、越。战国属楚，称金陵邑。东汉建安十七年（212）吴主孙权自京口（今镇江）迁都于此，称建业。此后又有东晋、南北朝的宋、齐、梁、陈等在此建都，史称六朝。明洪武元年（1368）建都南京，十一年（1378）改京师。永乐元年（1403）改称南京。清置江宁府。太平天国克江宁，定为国都称天京。1927年置南京市，成为国民政府首都，1928年改南京特别市。1930年改直辖市。1952年改为江苏省辖市、省会。

市域属北亚热带季风气候。年平均气温15.3℃，平均年降水量1 106.5毫米，夏秋多台风雨。自然植被属落叶阔叶、常绿阔叶混交林，马尾松、栎树林分布普遍。农作物以水稻、小麦、油菜为主，兼产玉米、大豆、甘薯、棉花、苎麻、蔬菜等。矿产有铁、锰、铜、铅、锌、锶、硫铁、白云石、石灰岩等。溧水县天青型锶矿，品位高，储量大，是中国第一大锶矿。六合区的凹凸棒黏土矿属国内首先发现的矿种，后来又发现宝石矿藏。中国重要的综合性工业基地之一。工业主要有电子、化工、机器制造、建材、采矿、冶金、造船、纺织、丝织、食品等。

中国东南地区水陆交通枢纽。津浦、沪宁、宁铜、皖赣铁路在此交会。宁沪、宁合、宁连几条高速公路把南京与全国各地联系起来。南京长江大桥和长江二桥沟通长江两岸。南京港是国内最大的江海相通港口，可长年停靠万吨级货轮。新生圩港为中国内河规模最大的外贸港区。南京禄口机场为现代化的航空港，有航线50多条，直通全国各主要城市，并直抵中国香港、日本。

中国重要的文教科研中心之一。有南京大学、东南大学、南京理工大学、河海大学等高校31所，科研机构200多所。南京图书馆和南京博物院历史悠久，规模较大，其中博物院的文物藏品达42万件（一级藏品1 059件），居全国第二位。

南京名胜古迹众多，有钟山、秦淮河、雨花台、牛首山、栖霞山等风景区。钟山南麓有雄伟的中山陵，陵墓四周为中山陵园。陵西有明孝陵，是明太祖朱元璋墓地；西有廖仲恺、何香凝墓。陵东有灵谷寺公园。中山陵、明孝陵和灵谷寺均为国家重点文物保护单位。此外，还有六朝陵墓石刻、狮子山阅江楼、栖霞山千佛岩、南唐二陵、明故宫遗址、太平天国天王府、太平天国历史博物馆、南京民族博物馆等。中华门外雨花台和市内梅园新村是著名革命纪念地。已建立雨花台烈士陵园、梅园新村纪念馆和渡江胜利纪念碑。南京是中国七大古都之一，国家历史文化名城。

南京秦淮河

南京受降 Surrender Ceremony in Nanjing 1945年蒋介石指派中国陆军总司令何应钦，代表中国战区最高统帅在南京接受侵华日军投降。1945年8月15日，日本天皇裕仁正式宣告日本无条件投降。当日，国民政府主席蒋介石在重庆中央广播电台发表《对日抗战胜利告全国军民及世界人士书》，说明胜利的意义及"以德报怨"政策。同日，蒋介石以中国战区最高统帅的名义，致电南京日本中国派遣军总司令官冈村宁次，指示投降原则。27日，国民政府派陆军副参谋长冷欣从芷江飞到南京，设立中国陆军总司令部前进指挥所。同日，国民党军先遣部队开始空运到南京、上海、北平、开封等地。9月8日，中国陆军总司令何应钦飞抵南京。9月9日上午9时，何应钦在南京陆军总部大礼堂主持受降典礼，冈村宁次在日本投降书上签字。仪式结束后，何应钦发表广播演说："中国战区日军投降签字已于本日上午9时在南京顺利完成。这是中国历史上最有意义的一个日子，这是八年抗战艰苦奋斗的结果。"

中国战区日军投降签字仪式

南京受降后，中国各战区受降主官及其部队亦分别到达指定地点受降，共接受日军投降官兵124万人，伪军95万人。从1945年冬至1946年夏，国民政府将日俘、日侨213万全部遣送回日本。

《南京条约》 *Treaty of Nanjing* 中国清代钦差大臣耆英与英国全权代表璞鼎查于1842年8月29日在南京签订的结束鸦片战争的条约。见鸦片战争。

南京猿人 *Homo erectus* from Nanjing 直立人化石。1993年出土于中国江苏南京汤山镇附近的葫芦洞。1号头骨包括一块带着额骨的颜面左部的骨骼。头骨眉脊粗壮，眼眶长方形，眶后较为缩狭；鼻梁高耸，鼻腔前口与眼眶之间骨面膨隆；颧骨高大；脑量估计为830毫升。形态特征与中国大多数化石一致，但是高耸的鼻梁和眼鼻之间的膨隆却与欧洲许多标本相似，这样的特征组合成为中国古人类连续进化附带杂交假说的证据。2号头骨是一个头盖骨，脑量比1号头骨大得多，形态也比较进步。没有文化遗物伴存。1号头骨年代，按伴生动物群估计距今30余万年，据铀系法测年距今50余万年。2号头骨估计为20万年前左右。根据古动植物等研究，南京猿人生活在中更新世的冰期中，气候干冷，年平均温度比现在低5～10℃。

南开大学 Nankai University 中国综合性大学。属教育部。校址在天津。1919年由张伯苓和严修创办，始为私立大学。初设文、理、商3科，后陆续增设工程系科及医预科。1937年南迁，与北京大学、清华大学组成长沙临时大学，1938年改国立西南联合大学。1946年迁回天津复校，遂改为国立大学。设文、理、工、商（又称经济）4个学院和经济、应用化学2个研究所。范文澜、竺可桢、汤用彤曾在校任教。培养了**周恩来**、**陈省身**、**吴大猷**、**曹禺**等杰出人才。1952年调整为文、理基础学科综合性大学。改革开放以后，进行学科结构调整。具有培养学士、硕士、博士及博士后的完整教育体系。设有文学、历史、日本研究、法学、周恩来政府管理、外国语、经济、国际商学、金融工程、数学、物理、化学、生命科学、信息技术科学、环境科学与工程、医学、软件、汉语言文化等20多个学院（系）。有培养学士、硕士和博士的教学体系；有一级学科国家重点学科和国家重点实验室等。

南开区 Nankai District 中国天津市辖区。位于市区西南部，东临海河。面积39平方千米。人口102万（2010），有汉、回等37个民族。1947年为十一区，1952年改为七区，1956年更名南开区。东马路为主要商业区。西北部为工业区，以机械、冶金、轻纺、电子仪表为主。中部和南部为天津市主要文教区，天津市社会科学院、天津图书馆、天津大学、南开大学等设于此。天津新技术产业园区建于此区。名胜古迹有天后宫、玉皇阁、广东会馆、古文化街、水上公园、文庙等，以及周恩来青年时代在津活动旧址。

南开新剧团 Nankai New Drama Troupe 中国早期话剧业余演出团体。1914年11月成立于天津南开学校。由张伯苓等倡导，团长时趾周，副团长张彭春。主要成员有尹劭询、伉鼐如、华午晴、马千里、周恩来等。南开新剧始于1909年。第一次演出张伯苓编导的《用非所学》，以后又演出了《华娥传》、《新少年》等。新剧团成立后，以培养人才和改良社会为宗旨，仅1914～1920年，就先后演出了《一元钱》、《恩怨缘》、《理想中的女子》等33个新剧。

南开新剧团在编剧上注重剧本创作，且具写实风格；在导演与表演上，坚持较正规的排演制度，努力塑造真实动人的人物形象。在戏剧理论建设上，剧团成员撰写了不少有精辟见解的戏剧论文。其中，周恩来的《吾校新剧观》对当时的新剧运动有重要的指导意义。

南康市 Nankang City 中国江西省辖市。古称南林。位于省境南部，赣江流域。面积1 845平方千米。人口80万（2008），有汉、畲、回、瑶、壮、彝、布依、黎、景颇等民族。秦汉称南野，三国吴嘉禾五年（236）设南安县，晋太康元年（280）置南康县。1995年撤县设市。由**赣州市**代管。矿产有金、钨、锡、稀土等。农业主产水稻、甘蔗、油料等，并大力发展甜柚、花生、药材、甲鱼、

南康市俯瞰

鳗鱼、牛蛙等特色产业。工业以机械、纺织、卷烟、冶金、食品、建材等为支柱。名胜古迹有独秀峰、旭岭书台、苏步名坊、文峰塔等。

《南柯太守传》 *Story of Nanke Prefect* 中国唐代传奇。**李公佐**撰。创作于唐德宗贞元十八年（802），写淳于棼家居广陵郡东十里，宅南有棵大古槐树。一天，他因醉酒梦入大槐安国，受到国王厚待，娶公主，任南柯太守，生五男三女。后来淳于棼带兵与檀萝国作战，败绩。公主又死，蜚声遂起。国王怀疑他，派人将他送回。淳于棼梦醒后才知大槐安国实际上是蚁穴。于是他栖心道门，绝弃酒色。此篇借梦境宣扬人生如梦的思想，同时，它对那些无德无能而窃居高位者加以讽刺。作者指出，所谓荣华富贵，皆如南柯一梦，不可恃以傲物凌人。《南柯太守传》流传甚广，李肇曾经为之作赞，唐人诗文中也用为典故。明代**汤显祖**演为《南柯记》传奇。

南凉 Southern Liang 中国古代十六国之一。河西鲜卑族秃发乌孤所建。都乐都（今属青海）。盛时控有今甘肃西部和宁夏一部。

南凉世系表

- ①烈祖武王秃发乌孤（397～399）
- ②康王秃发利鹿孤（399～402）
- ③景王秃发傉檀（402～414）

历3主，共18年。秃发即“拓跋”的异译。汉魏之际，拓跋氏的一支从塞北迁到河西，被称为河西鲜卑。在此居住约两个世纪，部众渐盛，除畜牧业外，兼事农业。至秃发乌孤时期，以廉川堡（今青海民和西北）为中心，势力不断发展。初附于后凉**吕光**，397年与后凉决裂，自称大将军、大单于、西平王。次年改称武威王，399年迁都于乐都。八月乌孤死，弟利鹿孤继立，徙都西平（今青海西宁）。401年改称河西王。402年利鹿孤死，弟傉檀继位，改称凉王，又迁回乐都。史称南凉。404年因后秦强盛，秃发傉檀向姚兴称臣。姚兴灭后凉，因凉州（治姑臧，今甘肃武威）不便控制，乃署傉檀为凉州刺史，入镇姑臧。408年，傉檀与姚兴决裂，复称凉王。从此为与邻国争夺河西走廊领导权而连年征战。先是夏出兵侵犯南凉北边，傉檀追击败归，南凉受到致命打击。后傉檀率5万骑兵攻打北凉，又大败而归。只得放弃姑臧，于410年迁还乐都。414年傉檀铤而走险，率7 000骑西掠吐谷浑乙弗部，**西秦**乘机袭取乐都。七月，傉檀降于西秦，南凉亡。

南岭 Nanling Mountain 中国南部最大山脉和重要自然地理界线。横亘在湘桂、湘粤、赣粤之间，向东延伸至闽南。东西长约600千米，南北宽约200千米。因南岭由越城、都庞、萌渚、骑田和大庾5条主要山岭所组成，故又称五岭。

地势不高，海拔仅1 000多米（最高峰是越城岭的猫儿山，海拔2 142米），地形较破碎。萌渚岭长约130千米，宽约50千米，最高峰山马塘顶海拔1 787米。都庞岭海拔800～1 800米，最高峰韭菜岭海拔2 009米。骑田岭最高峰海拔1 570米。岭间都有低谷分布，为南北交通要道。

南岭阻挡南北气流的运行，导致南北坡水热状况的差异，尤以冬温最为明显。但山地间的低谷和垭口是北方寒潮南侵的通道，故岭南冬季仍可受到寒潮影响。年降水量1 500～2 000毫米。南岭山区地势高差虽不悬殊，但仍存在气候的垂直差异。

地带性植被是亚热带常绿阔叶林，多分布在海拔800米以下。主要树种是樟科的樟树，其次是壳斗科的红椎、白椎、米椎、红缘、白缘等。海拔800米以上有香桦、漆树、红果槭、香枫、山毛榉、鹅耳枥等落叶阔叶树，构成山地常绿林。1 300米以上有广东松、福建柏、长苞铁杉、铁杉、三尖杉和罗汉松等构成的针阔叶混合林。在1 600～2 100米的山顶，植被多为矮林，以石柯、南烛、杜鹃、山柳、雪竹等为主。局部有草甸分布。

野生动物，兽类有华南虎、豹、豺、云豹、黄麂、麝、梅花鹿、苏门羚、灵猫、金猫、青鼬、穿山甲等；鸟类有叶鹎、白头翁、金丝禾谷、画眉、相思雀、雉鸡、银鸡等，其中不少属于国家保护动物；两栖爬行类有大头龟、金钱龟、大壁虎（即蛤蚧）、大鲵、蟾蜍、泥蛙及各种蛇类。

南岭地区是中国著名有色金属产地。其中钨、钼、锡、铅、锌等丰富。稀有元素矿物如钽、铍、锆、钇、铌、钪、钛等，

储量也较丰富。

南满洲铁道株式会社 South Manchuria Railway Company 日本在大连设立的对中国实行殖民侵略的机构。简称“满铁”。1904年日俄战争后，日本从俄国手中夺得中国中东铁路长春至大连段和经营抚顺煤矿等特权。1906年即在大连创立南满洲铁道株式会社，总资本2亿日元。次年4月开业，以经办铁路、开发煤矿、移民及发展畜牧业等为经营方针。同时握有经营及附属地区的行政权，俨然是中国东北地区的“国中之国”。它以后藤新平为大连总社第一任总裁，设分社于东京，出版发行《满铁月报》等刊物。1932年，将铁道附属地的行政权移交给“满洲国”。1938年，又将昭和制钢所等重工业及化学工业转让给满洲重工业开发株式会社。此后便集中全力于铁路、煤矿及调查情报工作，积极配合日本扩大侵华战争。1945年8月，日本投降大连总社停业时，总资产达42亿日元。1947年7月，满铁人员撤离东北，在华机构被中国政府接管。

南美洲 South America 全称南亚美利加洲。位于西半球的南部，东濒大西洋，西临太平洋，北滨加勒比海，南隔德雷克海峡与南极洲相望。大陆西北端通过巴拿马地峡与北美洲相连，以巴拿马运河为界。海岸线总长约28 700千米。面积1 797万平方千米，约占世界陆地面积的12%；其中岛屿面积15万平方千米，不及全洲面积的1%。除法属圭亚那和英国、阿根廷的争议地马尔维纳斯群岛外，共有12个独立国家。全洲人口3.573亿（2002），约占世界总人口的5.73%。南美洲各国普遍采用过去宗主国的语言为官方语言。除巴西（葡萄牙语）、圭亚那（英语）、苏里南（荷兰语）、法属圭亚那（法语）外，其他国家均通用西班牙语。在秘鲁和玻利维亚，印第安语和西班牙语同为官方语言。全洲90%以上居民信奉天主教，其次是基督教，还有少数居民信奉印度教、犹太教、伊斯兰教等。

地理 大陆北宽南窄，略似三角形。全洲地形大致分三部分：①东部高原，包括圭亚那高原、巴西高原和巴塔哥尼亚高原三大高原。②中部平原，由奥里诺科平原、亚马孙平原和拉普拉塔平原三大平原组成，约占大陆总面积的45%，海拔一般不足300米。③西部安第斯山区，以纵贯太平洋岸的安第斯山脉为主体，其北段支脉沿加勒比海岸向东伸至特立尼达岛，属中、新生代阿尔卑斯褶皱带。海拔6 000米以上的高峰有50多座，其中阿空加瓜山海拔6 960米，为南美洲最高峰。

图2 亚马孙平原鸟瞰

全洲矿产资源丰富。巴西高原和圭亚那高原的主要矿藏是铁、锰、铝土、水晶、云母及多种稀有金属。在巴西高原上，巴西的米纳斯吉拉斯州是最重要的矿藏富集区，该州中部以伊塔比拉为中心的“铁四边形区”，蕴藏着世界上最大的优质铁矿。圭亚那高原上，苏里南和圭亚那两国的铝土矿，委内瑞拉东部的铁矿和巴西阿马帕州的锰矿资源丰富。安第斯山区的主要矿藏是有色金属、石油、硝石、硫磺，还有大量鸟粪层堆积。在赤道至南纬35°之间有一条重要的含矿侵入带，形成巨大的多种有色金属矿富集区。最突出的是铜矿，矿区从秘鲁南部至智利中部，为世界最大的斑岩型铜矿床；其次是分布于玻利维亚境内东科迪勒拉的锡矿，储量仅次于东南亚；铅、锌、铋、钼、银、锑等也有丰富储藏，秘鲁的铋矿储量高居世界首位。石油主要分布在安第斯山脉北段的山间构造谷地或盆地中，如委内瑞拉的马拉开波盆地、哥伦比亚的马格达莱纳谷地等。中部平原矿藏种类贫乏，较重要的是奥里诺科平原东部和亚马孙平原西部的石油。全洲林业资源丰富，森林覆盖率达50%。南美多数国家濒临海洋，盛产鳀鱼、沙丁鱼、鳗鱼、鲈鱼等。秘鲁是最大的渔业国。

图1 巴塔哥尼亚高原风光

南美洲是一个温暖的大陆。冬无严寒，夏无酷暑。全洲除山地外，最冷月平均气温均在0℃以上，南回归线以北、占大陆面积主要部分的热带地区则超过20℃，最热月平均气温在南纬40°以南为8～20℃，南回归线以北为24～28℃。各地气温年较差很小，大陆性不显著。也是一个湿润的大陆。年降水量在1 000毫米以上的地区占大陆总面积的2/3。大陆的位置和形状，决定了热带气候类型区在全洲居绝对优势，约占大陆面积的2/3，其中赤道多雨气候和热带干湿季气候尤为突出。尤其是亚马孙平原，其赤道多雨气候在世界同类型区中面积最广。终年高温多雨，年降水量一般在1 500毫米以上。

全洲河流的年平均径流量为11 759立方千米，仅次于亚洲；平均径流深度661毫米，居各洲之首。安第斯山脉是南美大陆最重要的分水岭。安第斯山脉以东的大西洋流域，河流源远流长，水量丰富，河网稠密，拥有亚马孙、巴拉圭－巴拉那－拉普拉塔和奥里诺科三大水系。大西洋流域的径流量为10 370立方千米，约占全洲径流总量88.2%；流域面积1 515万平方千米，约占全洲总面积的85%。南美洲不仅没有大的湖群，单独的大湖也很少。面积在8 000平方千米以上的湖泊仅有玻利维亚高原上的的的喀喀湖、西北沿海的马拉开波湖和东南沿海的帕图斯潟湖。

南美洲植被－土壤类型的组成，基本上和气候类型一致，即以热带类型为主，热带常绿雨林－砖红壤和热带稀树草原－红壤无论是绝对面积或占大陆的比率，在世界各大洲中都非常突出。亚热带和温带类型面积狭小，在水平地带上缺失亚寒带针叶林－灰化土和极地苔原－冰沼土等类型。

南美洲是新热带动物区系的主要构成部分。动物区系首先表现种类成分的丰富

马那瓜
圣何塞
伊拉苏火山 3432
巴拿马城
加勒比海
哥伦比亚海盆
加伊纳斯角
瓜希拉半岛
小安的列斯群岛
5800▲哥伦布峰
加拉加斯
多巴哥岛
西班牙港
特立尼达岛
玻利瓦尔峰 5007
奥里诺科平原
西科迪勒拉山脉
中科迪勒拉山脉
东科迪勒拉山脉
圣菲波哥大
马里亚托角
马尔佩洛岛
普拉塞火山 4646
帕尔达奥斯高原
圭亚那高原
2810▲罗赖马山
乔治敦
帕拉马里博
卡宴
马拉卡岛
赤道
基多
亚马孙河口
马拉若湾
奥比杜斯
贝伦
马瑙斯
亚马孙平原
圣马科斯湾
圣路易斯
伊基托斯
帕里尼亚斯角
福塔莱萨
塞尔瓦斯林原
卡廷加斯林原
特鲁希略
瓦斯卡兰山 6768
波多韦柳
博尔博雷马高原
布朗库角
累西腓
利马
南美洲
帕雷西斯山
龙卡多尔山
巴西高原
伊皮奥山脉
迪亚曼蒂纳高原
萨尔瓦多
科罗普纳山 6425
6421▲伊廷普峰
阿尔马斯山 1804
库亚巴
阿雷基帕
拉巴斯
巴拉圭盆地
巴西利亚
圣克鲁斯
马托格罗索高原
阿里卡
苏克雷
秘鲁海盆
大查科平原
马拉卡茹山
巴列亚角
贝洛奥里藏特
阿塔卡马沙漠
圣佩德罗火山 6159
班代拉峰 2890
南回归线
里约热内卢
亚松森
圣保罗
拉普拉塔平原
巴拉那高原
库里蒂巴
圣费利克斯岛
圣安布罗西奥岛
圣米格尔
德图库曼
博内特峰 6872
圣卡塔琳娜岛
阿雷格里港
阿空加瓜山 6960
科尔多瓦
胡安－费尔南德斯群岛
圣地亚哥
鲁宾逊－克鲁索岛
亚历杭德罗－塞尔扣克岛
布宜诺斯艾利斯
蒙得维的亚
里奥格兰德海丘
多穆约火山 4709
潘帕斯平原
北角
塞夫顿礁
布兰卡港
加莱拉角
蒙特港
奇洛埃岛
圣马蒂亚斯湾
瓦尔德斯半岛
阿根廷海盆
乔诺斯群岛
泰陶半岛
圣豪尔赫湾
巴塔哥尼亚山脉
巴塔哥尼亚高原
梅达诺萨角
惠灵顿岛
马尔维纳斯群岛
(福克兰群岛)
阿根廷港
(斯坦利港)
麦哲伦海峡
蓬塔阿雷纳斯
德索拉西翁岛
火地岛
圣伊内斯岛
埃斯塔多斯岛
斯科舍海岭
纳瓦里诺岛
奥斯特岛
合恩角
德雷克海峡
斯科舍海
南乔治亚岛
太平洋
大西洋
高度表
(m)
5000
3000
2000
1000
500
200
0
200
1000
2000
3000
5000
科隆群岛
(加拉帕戈斯群岛)
伊莎贝拉岛
西经80°
70°
60°
50°
40°
30°
90°
0
325
650km
南美洲地形

南美洲政区

0 325 650km

多样性。在哺乳纲中，有袋目、翼手目、啮齿目、贫齿目、阔鼻亚目、食肉目等，种类繁多，爬行类、两栖类、淡水鱼类也非常丰富，最突出的是鸟类和昆虫的种类，在各大陆中具有绝无仅有的多样性。各科、各目的动物中，许多都是南美的特有种和固有种，动物区系的原始性仅次于大洋洲大陆。

历史 印第安人是南美洲的开拓者。安第斯山脉中段高原地带是南美洲古文明的发祥地。10世纪前后，居住在这一带的印第安人部落——印加人，建立了以秘鲁南部库斯科为中心的印加帝国。到15世纪鼎盛时期，其疆域北起厄瓜多尔北部，南达智利的塔尔卡，人口为900万～1 200万。16世纪初，葡萄牙、西班牙殖民者开始入侵。葡萄牙侵占了巴西，西班牙统治了除巴西以外的南美广大地区。16世纪末，英国、法国和荷兰殖民者经过激烈争夺，分割了圭亚那地区和近海一些岛屿。从此，全洲进入了长达300年的殖民统治时期。

南美洲人民为争取自由和解放，进行了长期英勇的斗争。1810年，武装起义遍及整个南美洲。到1826年，相继建立起10个民族独立国家。

独立后相当长的时期，许多南美国家，政局动荡，内战频仍。同时，多个国家之间由于争夺领土和资源发生武装冲突。其中最突出的是玻利维亚、秘鲁、智利之间的太平洋战争（1879～1883），玻利维亚、巴拉圭、巴西、阿根廷之间的大查科战争（1864～1870，1932～1935），以及阿根廷、智利为大陆南端领土边界的争端（1881）。内忧外患严重影响了一些国家的发展。19世纪后期起，英、美等国势力深入，逐步控制了许多南美国家的经济命脉。特别是美国，凭借其经济势力和有利的地理位置，成为南美洲的霸主。第二次世界大战以后，随着民族解放思潮的兴起，南美国家维护国家主权和独立，捍卫民族权益运动日益发展，争取民主的群众性斗争也不断深入。南美国家之间形成了团结合作、共同发展的共识，积极推行地区经济一体化。

经济 南美洲各国的经济发展水平和经济实力相差悬殊。2002年巴西几乎占全洲经济总产值的一半，在世界上居13位；其次是阿根廷，占全洲经济总产值的15.4%。委内瑞拉、哥伦比亚、智利和秘鲁4国为具有一定工业基础的中等发展水平国家，合计占全洲经济总产值的30.2%。南美洲各国都是美洲开发银行和拉美经济体系的成员国，同时各地域又分别组建了安第斯共同体（委内瑞拉、哥伦比亚、厄瓜多尔、玻利维亚和秘鲁）和南方共同市场（巴西、巴拉圭、阿根廷、乌拉圭）等经济合作组织，部分国家（圭亚那、苏里南）还是加勒比共同体的成员国。这些组织推动了南美洲地区经济一体化的进程。

采矿业是南美洲传统的产业部门。金、银、铜、锡等贵金属和有色金属开采有悠久的历史。按产值计，石油居各类矿产之首，委内瑞拉是全洲最大的产油国，也是世界主要产油国之一；其次是阿根廷、厄瓜多尔、哥伦比亚、秘鲁等国。其他开采量或出口量居世界前列的矿产有铁（巴西、委内瑞拉、秘鲁、智利）、铜（智利、秘鲁）、铝土（圭亚那、苏里南）、锡（玻利维亚、巴西）、铅和锌（秘鲁）、硝石（智利）等。南美洲多数国家制造业在国内生产总值中的比重为15%～25%，高于农业和矿业。巴西和阿根廷已建立起比较完整的工业体系，钢铁、汽车、石油加工、机械、电子、化工以及传统的食品、纺织等工业门类齐全，重工业比重超过轻工业。其次是智利和委内瑞拉，轻、重工业约各占一半。其他国家一般以轻工业为主。

南美洲农业开发历史悠久，是玉米、马铃薯等许多农作物的原产地。土地广阔，水热条件优裕，适宜多种农作物和畜牧业的发展。2001年全洲农业用地占总面积的36%，其中耕地和多年生作物土地12 676万公顷，永久草场51 563万公顷，且土地资源的开发潜力尚很大。种植业是南美洲农业的主导部门，又以经济作物占优势。咖啡、可可、香蕉、柑橘、甘蔗、大豆等的产量和出口量在世界上占有突出地位，巴西则是上述多数产品的最大生产国。粮食生产相对薄弱，以小麦、玉米、稻米为主，除阿根廷是世界上主要粮食生产国之一外，南美洲多数国家粮食不能自给，依赖进口。畜牧业以饲养牛、羊、猪为主。巴西、阿根廷和乌拉圭是南美洲畜牧业最发达的国家。

南美洲多数国家第三产业在国内生产总值中的比重已达1/2至2/3，包括各类生产性和生活性服务业、公用事业、交通通信、政府事业和各种智力密集型产业。

南门二 Rigil Kent 半人马座α（αCen）。全天第三亮星，目视星等为-0.01。用倍率不高的小望远镜就可看出它是光彩夺目的双星。实际上南门二是由甲、乙、丙三星组成的目视三合星（星等为-0.28c，c为多星组合星等）。它的一颗星等为11的伴星（比邻星）离地球只有4.2光年，是距离太阳系最近的恒星。甲、乙两星都是特亮星。丙星约11等，离甲星约2.2°。甲星是黄矮星，乙星是红矮星。南门二的光度、大小、质量均比太阳稍大（约10%），和太阳十分相似。天文工作者通过高能天文台2号卫星分别测得南门二甲星和乙星的0.15～3.0千电子伏波段X射线。有人认为这种X射线也许和星冕有关。

南明 Southern Ming 中国明朝灭亡后，明宗室先后在南方建立的一些地区性政权的统称。包括弘光政权、隆武政权、鲁王监国、绍武政权及永历政权。前后共历18年。

弘光政权 顺治元年（明崇祯十七年，1644）五月马士英、史可法等奉明福王朱由崧监国于南京。旋即皇帝位，年号弘光。朱由崧，明神宗朱翊钧之孙，福王朱常洵长子。崇祯十六年嗣封福王。马士英等以拥戴有功，把持朝政。顺治二年三月，宁南侯左良玉称奉太子密诏，入诛奸臣马士英以清君侧，率兵自武昌进至九江。时清

弘光通宝

军迅速南下，连续破徐州，渡淮河，下扬州。随后渡长江，克镇江。弘光帝出奔芜湖依黄得功营。五月十五日大臣赵之龙、王铎、钱谦益等献南京城投降；二十二日朱由崧被获，解北京处死。弘光政权覆灭。

隆武政权 顺治二年闰六月初七，明福建巡抚张肯堂、礼部尚书黄道周及南安伯郑芝龙、靖虏伯郑鸿逵等，奉唐王朱聿键称监国于福州。闰六月二十七日称帝，改福州为天兴府，以是年为隆武元年。朱聿键，明太祖朱元璋九世孙，端王朱硕熿之孙。崇祯五年嗣立唐王，九年因率兵勤王擅离南阳获罪，弘光时赦释。顺治二年五月避乱经杭州，适南都已亡，郑鸿逵等迎之入闽。然而军政大权掌握在地方实力派郑芝龙手里，隆武为其挟制，无所建树。三年七月，清军攻下浙东浙南，即挥师南下，郑鸿逵弃仙霞关逃回浦城。郑芝龙暗中与清军洽降，撤兵还安平镇。福建门户敞开，清军长驱直入，隆武帝出奔汀州，八月二十八日被清军追及擒杀，隆武政权灭亡。

鲁王监国 清顺治二年闰六月二十八日，在浙江余姚、会稽、鄞县（今宁波市鄞州区）等地抗清义军及故明官吏缙绅的扶持下，明鲁王朱以海监国于绍兴。朱以海，明太祖十世孙，鲁王朱寿镛第五子。崇祯十七年二月嗣王位。鲁王政权控制浙东绍兴、宁波、温州、台州等地。顺治三年六月初清军渡钱塘江，迅速攻占绍兴，平定浙东，鲁王大臣张国维、朱大典、孙嘉绩、王之仁等先后死，方国安、马士英、阮大铖等降清。政权建立不到一年即告灭亡。

绍武政权 顺治三年十一月初二，大学士苏观生、隆武辅臣何吾驺等于广州扶立朱聿键之弟唐王聿𨮁为帝，改元绍武。同年十二月十五日，清军李成栋部攻入广

州，朱聿𨮁等皆死。绍武政权仅存41天。

永历政权　顺治三年十一月十八日，明两广总督丁魁楚、广西巡抚瞿式耜等拥戴桂王朱由榔于肇庆称帝，以次年为永历元年。朱由榔，明神宗之孙，桂恭王朱常瀛少子。初封永明王。为人懦弱寡断，昏庸无能，只是在抗清名将何腾蛟、瞿式耜、堵胤锡、郑成功等的支持下，尤其是大顺、大西农民军与之联合抗清，永历政权才能生存下来，支撑台湾及中南、西南数省半壁江山。顺治四年底，联军大败清军于广西全州，声势颇大。次年春粉碎清军对桂林的围攻，收复了湘桂部分地区。至十二年三月，广东三州十八县和广西二州四县重为清军所陷，李定国退回南宁。十三年在清军压力下，李定国迎永历帝退驻昆明。十四年九月，孙可望以“清君侧”为名，调兵十几万进攻昆明，内战爆发。孙可望最后虽以失败降清告终，但永历政权也一蹶不振。

十五年四月，清军主力从湖南、四川、广西三路进攻贵州，年底进入云南。大西军精锐损失殆尽。十六年正月永历帝狼狈西奔，进入缅甸，李定国部撤至边境。十八年吴三桂率清军入缅，十二月永历帝被俘。次年四月，与其子等被吴三桂缢杀于昆明。南明最后一个政权覆灭。

南南合作　South-South cooperation　发展中国家之间的经济技术合作。发展中国家建立在互相尊重主权和平等互利基础上的新兴合作关系。由于发展中国家多位于地球的南半部，故称这一合作为南南合作。它是加强发展中国家经济独立和实现经济发展的重要工具，也是确保发展中国家公平而有效地参与新兴全球经济的办法之一。南南合作的指导方针是集体自力更生。

1955年举行的亚非会议不仅是第三世界兴起的标志，而且也是南南合作的开端。1961年不结盟国家第1次首脑会议呼吁发展中国家进行经济合作。1964年七十七国集团在联合国第1届贸发会议上代表发展中国家提出建立国际经济新秩序的要求。1970年第3次不结盟国家首脑会议首次提出集体自力更生的概念。此后，不结盟国家会议和七十七国集团会议通过一系列有关经济合作的文件，逐步确立南南合作的行动纲领。1979年5月七十七国集团第4次部长会议通过《阿鲁沙集体自力更生纲领》，提出南南合作的内容，涉及工业化、原料、粮食与农业、运输、通讯、贸易、货币与金融保险等领域。20世纪80年代，南南合作继续发展。1983年4月，在北京召开了第1次南南合作会议，有26个国家的68名政治家和学者出席，广泛讨论了南方国家的发展战略以及南南合作和推动南北对话问题。1986年9月不结盟国家哈拉雷会议作出的决议，推动了南南合作的发展。1987年6月9～14日在平壤举行了不结盟国家关于南南合作的部长级特别会议，进一步探讨了南南合作的必要性和可能性。1989年9月在南斯拉夫举行的第9次不结盟国家首脑会议期间，成立了亚非拉十五国集团，宗旨是促进南南合作，推动南北对话。2000年4月1～11日，首次南方首脑会议在古巴的哈瓦那召开。2003年2月23日，不结盟运动关于南南合作的商务论坛在吉隆坡举行。同年4月17日，七十七国集团在纽约召开会议讨论南南合作高峰会的准备工作。2000年建立的中非合作论坛就是促进南南合作的有效机制。

南南合作的主要形式是双边合作，合作的范围涉及工业、贸易、金融、技术等许多领域。南南合作主要表现在生产合作：建立各种开发组织，兴办工业合营企业，实行专业化生产，并出现了从区域组织合作到全球性经济生产合作的趋势。新的地区经济合作组织不断出现，原有的地区经济合作组织不断推出新的合作领域。与早期南南合作相比，全球化条件下的南南合作具有更加广阔的领域，包括经济领域、政治领域、科技和教育领域以及安全领域。南南合作的发展也面临许多困难和障碍，其实际进展离现有的纲领和规划尚远。

南尼　Nenni, Pietro Sandro (1891-02-09～1980-01-01)　意大利社会党领袖，反法西斯战士。生于意大利中部法恩扎农民家庭，卒于罗马。1921年参加意大利社会党。

1926年3月因反对B.墨索里尼的法西斯政权被判刑，流亡巴黎。流亡期间在国外开展反法西斯斗争。1936～1939年参加西班牙内战，任国际旅政委。西班牙共和国失败后流亡法国，1942年被法国当局逮捕，被引渡。1943年墨索里尼下台后获释。同年8月当选社会党总书记。1945年6月至1947年初，先后任政府副总理、制宪部长等职，为肃清法西斯残余势力、成立意大利共和国作出贡献。后被排挤出政府。1951年获斯大林和平奖金。1969年当选社会党国际副主席。1970年被任命为意大利终身参议员。同年当选社会党主席。曾任意中文化友好协会名誉主席团成员，1955年9月、1971年11月曾两次访问中国。

南宁市　Nanning City　中国广西壮族自治区辖市，首府。简称邕。位于自治区中南部。辖青秀、兴宁、西乡塘、良庆、邕宁、江南6区及武鸣、横县、宾阳、上林、隆安、马山6县。面积约22 189平方千米，人口666万（2010）。主要有壮、汉、瑶、苗、侗、仫佬等民族。秦始皇三十三年（前214）属桂林郡，西汉元鼎六年（前111）属郁林郡。东晋大兴元年（318）析郁林郡置晋兴郡，郡治晋兴（今南宁），为南宁作为行政中心之始。唐贞观六年（632）改为邕州。因有邕溪水流经，故南宁简称邕。明清为南宁府治。1912年废府留县，称南宁县，1914年改称邕宁县。1949年设南宁市。1958年为自治区首府。

青秀山美景

市区位于南宁盆地中心，横跨邕江两岸。属南亚热带季风气候。年平均气温21.6℃，平均年降水量1 300毫米。农业主产水稻、花生、蔬菜、西瓜、甘蔗等，盛产柑橙、龙眼、荔枝、杧果等水果。在开发区还发展了甜玉米、蘑菇、青刀豆、茶叶等作物。工业以纺织、制糖、食品、机械、化工等为主。南宁市为广西文化、科技中心，有高等学校9所，科研机构60多所。广西博物馆珍藏的古代铜鼓，在种类与数量上均居世界首位。南宁的名食有大华烧鸡、串烧金钱鸡、挂烧脆皮鸡（素称南宁“三鸡”），以及酸甜乳猪、状元糍粑、炒田螺、老友面、狗肉火锅等。邕江穿流市区中心，有通至广州、香港、深圳、梧州等内河航线。湘桂、黔桂、黎湛、南防、南昆等铁路过境。航空线直达北京、广州、昆明、郑州、桂林、北海、香港和越南等。风景名胜有南湖亚热带植物园、伊岭岩、明秀园、灵水、大明山、青秀山、南湖公园、白龙公园等。

南欧　South Europe　欧洲阿尔卑斯山脉以南的地中海沿岸地区和岛屿。包括巴尔干半岛上的塞尔维亚、黑山、斯洛文尼亚、克罗地亚、波斯尼亚和黑塞哥维那、马其顿、罗马尼亚、保加利亚、阿尔巴尼亚、希腊，亚平宁半岛上的意大利、梵蒂冈、圣马力诺，伊比利亚半岛上的西班牙、直布罗陀（英占）、葡萄牙、安道尔，以及地中海中部的马耳他。共18个国家和地区。面积166.51万平方千米，占欧洲总面积的16.4%；人口17 658.6万（2002），占欧洲总人口25.7%。

南平 Nanping 中国五代时十国之一。又称荆南。高季兴所建。都荆州（今属湖北）。疆域仅荆、归、峡三州（今湖北荆州、秭归、宜昌）。是十国中最小最弱之国。历5主，共57年。

南平世系表

①武信王高季兴（907～929）
- ②文献王高从诲（929～948）
- ③贞懿王高保融（948～960）
- ④荆南节度使高保勗（960～962）
- ⑤荆南节度使高继冲（962～963）

高季兴（858～929）为朱温部将。后梁开平元年（907），朱温派高季兴为荆南节度使。荆南旧辖诸州为邻道侵夺殆尽，高季兴仅得江陵一城。高季兴招集亡散军民，暗中准备割据。乾化四年（914），后梁封高季兴为渤海王。后唐同光元年（923），高季兴入朝洛阳。次年，受封为南平王。后唐灭前蜀以后，高季兴得归、峡二州。当时，南方诸国彼此势均力敌，南平成为诸强避免直接冲突的缓冲地带；加之，吴与南唐封锁江淮漕路，江陵便成为南方诸国进贡中原、南北贸易的陆上交通中枢和五代时最大的茶市。南平虽四面受敌，但一直未被吞并。南平生产不能自给，靠通商获得财物。国主奉中原朝廷年号，同时对南北称帝各国一概上表称臣，借以获得赏赐及维持商贸往来。

高季兴卒，后唐明宗追封他为楚王，故南平又称北楚。建隆四年（963），宋出兵湖南，假道江陵，高继冲归降，南平亡。

南平市 Nanping City 中国福建省辖地级市。位于省境北部，武夷山北段东南侧，闽、浙、赣三省交界处。辖延平区和顺昌、浦城、光泽、松溪、政和5县，代管邵武、武夷山、建瓯、建阳4市。面积26 278平方千米。人口265万（2010）。东汉建安元年置县。1956年置南平市。属中亚热带季风气候。杉木生产系中国南方三大产区之一。特产有笋干、香菇、棕片、松香、茶油、茶叶、柑橘等。矿产有锌、锡、铁、钨、铌、钽、白云母、重晶石、石灰岩、石英砂、白萤石等。工业有造纸、纺织、机械、电力、电子、化学、冶金、食品、建材等。陆路、水运发达。名胜古迹有茫荡山、梅山、龙山、九峰山、玉屏山、藏春峡，以及双石塔、双剑潭、明翠阁等。

南浦 Namp'o 朝鲜西海岸最大港口城市，平安南道特级市，首都平壤的外港。濒临西朝鲜湾大同江口，东北距平壤50千米。为扼守平壤的海上门户。曾称镇南浦，朝鲜语意为"南边的码头"。面积约1 000平方千米。人口约32.91万。原为小渔村。1897年辟为商港。1945年改为现名。1979年定为直辖市，2004年作为特级市重新隶属于平安南道。地处西部平原西部、大同江下游沿岸，地势低平，海拔仅44米。港阔水深，大同江口水深15～25米，2万吨级以上船舶可直接进港，但冬季封冻。广梁湾为朝鲜最大盐场。水利资源丰富，是朝鲜著名的岐阳水利灌溉网的源地。农业主产粮食、蔬菜、畜产、水果、蚕丝等。重要工业基地，朝鲜最大的有色金属冶炼和造船工业中心，还有机械、化学、采掘、建材、玻璃等工业。朝鲜西海岸渔业基地，为近海捕捞鱼类和贝类的集中地，有南浦水产研究所。有工业大学、农业大学、水产大学、师范大学等10余所高校。多历史文化遗迹，有5世纪高句丽时代的古城遗址、壁画和江西三古墓、德兴洞古墓等。

南普陀寺 Nanputuo Temple 中国佛教寺院。位于福建厦门五老峰下，始建于唐。初名普照寺，五代时释清浩改建，称泗洲院，后毁圮。宋治平年间（1064～1067）重建，复称普照寺，明末毁于兵火。清康熙年间（1662～1722），靖海将军施琅重建，因寺以奉祀观音为主，又在佛教四大名山之一

厦门南普陀寺

浙江普陀山之南，故称南普陀寺。1925年，此寺曾兴办闽南佛学院。1927年，当代高僧太虚曾任此寺住持，并兼任佛学院院长。20世纪80年代闽南佛学院重新开办。今寺之住持为中国佛教协会副会长圣辉大和尚。

《南齐书》 *History of Southern Qi* 记述中国南朝萧齐一代历史的纪传体史书。梁萧子显撰。全书60卷，现存59卷，含本纪8卷，志11卷，列传40卷，佚失的一卷大约是含有作书义例和目录的序录。某些传中有缺文。萧子显（487～535），字景阳，南兰陵郡南兰陵县（今江苏常州西北）人，南齐豫章王萧嶷子，齐高帝萧道成之孙，仕梁官至吏部尚书，以文才著称。旧史称《南齐书》为《齐书》或《齐史》，宋人曾巩等始加南字，以区别于李百药所写的《北齐书》。在萧子显撰写齐史之前，已有不少南齐旧史为《南齐书》所依据。《南齐书》州郡志每州之下除地理建置沿革外，还简略叙述风土人情，史料价值颇高。"幸臣传"反映了宋齐时皇帝重用寒庶掌握机要这一社会政治现象。

南麒北马关外唐 Zhou Xinfang in South, Ma Lianliang in North and Tang Yunsheng in Northeast China 中国京剧老生演员周信芳、马连良、唐韵笙的合称。周信芳（麒麟童）于辛亥革命后从北京返回上海演戏，20世纪20年代初，形成鲜明的艺术风格，世称"麒派"。学"麒"者遍及大江南北，特别是长江以南的京剧须生，大都集聚在"麒派"的旗帜下。马连良幼年坐科于北京富连成社科班，出科后自组扶风社，30年代已形成独具一格、影响很广的"马派"。1942年后，高庆奎、言菊朋、余叔岩先后作古，马连良在北京成为老生行中的群英之首。此时，刊物、报纸仿"南欧北梅"，出现了"南麒北马"一词，并逐渐流传开来。唐韵笙久在东北的大连、营口、哈尔滨、长春、沈阳等地演出，1926年后开始演唱自编的列国戏，在东北广大观众中赢得很好的名声。1927年春曾赴上海，与马连良、麒麟童同搭天蟾舞台合作演出。1947年受天蟾舞台邀请，再次赴沪，4个月之久的演出再度轰动上海滩。"南麒北马关外唐"之称即于此时出现。

南曲 southern tunes 中国最早的戏曲声腔之一，是南宋以来流传于南方各地的南戏所用的音乐。它与北方的北曲并列为中国最古老的两种戏曲声腔。南曲是以浙江温州一带的民间歌舞为基础，吸收宋词、唐宋大曲、诸宫调、唱赚、转踏等传统音乐中的曲调，发展形成的包含有多种音乐成分的戏曲声腔。

南曲在早期采取曲牌体的音乐结构形式，只是不像北曲那样严谨和成熟，还没有严格的宫调规范，唱词也不讲究平仄声律。发展到后期的南曲不但有了宫调规范，且不同于北曲的一套只用一个宫调，而在一套之中用两个至三个宫调，并一改北曲的"一人主唱"为各行脚色皆可歌唱，而在演唱形式上，既有独唱，也有二人以上的对唱，还有众人的合唱（齐唱）。南曲在发展过程中，大量引用北曲的曲调，创立了"南北合套"、"南北联套"等形式。来自民间的南曲，在其流布过程中，又与各地的民间音乐相结合，繁衍出许多新的戏曲声腔，海盐腔、余姚腔、弋阳腔、昆山腔等四大声腔的出现，就是这种结合的历史成果。

南拳 nanquan; southern-style boxing 中国武术流派之一。主要流传于中国南方各地的诸拳术的统称。其发源可追溯到400多年前，历史悠久，流传地域广阔。与北方拳派相比，别具风格。南拳内容丰富，各地流传的南拳往往自成体系，各具特色。主要有广东南拳、福建南拳、广西南拳、浙江南拳、湖南南拳、湖北南拳等。此外还有温州南拳、台州南拳、江苏南拳等。南拳类的器械主要有南棍、大杆、四门刀、梅花刀等。南拳各派有其共同特点：①手法多样，如拳谚所说“一势多手”、“一步几变手”，而且“多短拳”。手法有拳、掌、爪、钩、指以及各种肘法、桥法等。其中桥法是南拳特有的手法，亦即直臂或屈臂形成“桥”形，进行圈、盘、切等的手法。②动作紧凑，劲力刚健。发劲有3种形式：一为快速用力，二为短劲发力，三为匀速用力。③步法稳固，重心较低，十趾抓

南拳表演

地，落地生根，强调桩步为基本功，马步和弓步为南拳主要桩步。④快慢相间，长短并用，刚柔相济，以刚为主。快时迅速清晰，慢时沉稳有力。⑤身法做到吞吐浮沉，靠蹦闪转，腰腿身手贯串一致，做到手起肩随，腰催周身，完整一气。⑥气沉丹田，发声吐气。南拳常因势发出喊声，这有助于使动作饱满刚健，力、气合一，突出南拳的刚烈风格。⑦出手居中，注意门户，反应敏捷，如拳谚言“触即变，发如箭”。中华人民共和国建立后，于1960年将南拳列为武术竞赛重点项目之一，继之又纳入体育院校武术教材，在历年全国性武术表演赛中均占有重要地位。

南三行 Three Banks of South 中国的上海商业储蓄、浙江兴业、浙江实业三家私营银行的合称。它们以上海为基地，在经营上互相声援、互相支持，互派董事监事，虽没有联营或集团的组织形式，但实际上收到联合经营指臂相助的成效。

上海商业储蓄银行 成立于1915年。创办时资本仅10万元，总经理陈光甫。由于经营精明，管理严密，业务发展迅速，到1926年时，资产总额已超过4 700万元，存款超过3 200万元，资本也增加到250万元。1927年后，得到官僚资本银行的支持，业务进一步扩展，抗日战争前分支机构达到80个，职工2 775人，存款总额近2亿元，多数年份居私营银行的首位。

浙江兴业银行 成立于1907年，原由浙江铁路公司创议设立并为最大的股东。1914年浙江铁路公司收归国有，股份出让，承购者多为工商业者。辛亥革命后，业务发展迅速，1915年总行由杭州移至上海。1927年前存款总额常为私营银行的第一、第二位，1927～1937年期间退居第五、第六位。董事长长期由叶揆初担任，总经理先后为徐新六、项叔翔。

浙江实业银行 成立于1909年，原名浙江银行，由浙江地方政府和商人合资设立，1915年改名为浙江地方实业银行。1923年官股称浙江地方银行，在杭州设总行，商股称浙江实业银行，设总管理处于上海，由李铭（馥荪）担任总经理。该行着重于外汇业务和兜揽外商在华企业的存汇款，机构少，职工亦少，而存款甚多，拥有外汇资产亦多。

这三家银行的当权人物和一些主要投资人，几乎都是江浙核心层的成员。在1927年时，他们是扶植国民党上台夺取政权的主要经济力量，但后来官僚资本银行势力扩张迅速，“南三行”的优势地位被损害和排挤。中华人民共和国建立后，“南三行”在中国大陆的机构接受社会主义改造，1952年12月参加了全行业公私合营。

南森 Nansen, Fridtjof (1861-10-10～1930-05-13) 挪威北极探险家、海洋学家和社会活动家。生于克里斯蒂安尼亚（今奥斯陆）附近大弗罗恩，卒于奥斯陆附近的吕瑟克。1880～1882年就读于克里斯蒂安尼亚大学（今奥斯陆大学），1887年获博士学位。1896～1908年为该校动物学教授，1908年任海洋学教授。

1898年成为俄国彼得堡科学院名誉院士。1925年任苏格兰圣安德鲁斯大学校长。

1888年他首次徒步横越格陵兰南部，确证该区有大片连续冰盖。1893年6月至1896年8月乘船到北极地区探险，曾乘雪橇到达北纬86°14′的地方，这是当时人类所到达的最高纬度。探险考察证明了北极地区是一个深海盆，发现了北冰洋水温的异常现象。1896年提出北冰洋与格陵兰之间有一隆起的海岭，后被证实并被命名为南森海岭。通过实测资料证实了北极的冰群不受风向影响而向西漂流的理论，揭示了北冰洋水团配置及其形成条件，发现了地球自转对海冰的影响。1902年组建和领导克里斯蒂安尼亚海洋中心实验室。南森是国际海洋考察理事会（ICES）创建者和委员会成员。他研究了漂移船上测量海流的方法，发明了南森采水器，设计了精确的液体比重计等。主要著作有《格陵兰横越记》、《爱斯基摩人的生活》、《极北地区》、《1893～1896年挪威人的北极探险》、《在北方雾霭中》等。

南森还是社会活动家，积极参加挪威独立运动和许多国际活动。1922年获诺贝尔和平奖，并将奖金捐献给国际难民救济事业。

南沙群岛 Nansha Archipelago 中国南海诸岛中位置最南、岛礁最多、散布最广的岛群。中国最南疆界。旧称团沙群岛，古代有万里石塘、万里长堤、万里长沙等名称。中国人民早就在岛上从事各种生产活动。由海南省管辖。

海域广大，约82.3万平方千米。岛礁洲滩200多座，按其分布形势可分为中北群、东群、西群和南群。南群曾母暗沙（又称沙排）附近是中国领土最南点。

南沙群岛具有特殊的热带珊瑚岛的自然景观，属热带季风气候，风大干热，海洋生物丰富。植物耐旱耐盐，渔场宽广，水产丰富，盛产多种热带鱼类、海龟、海参、贝类、椰子等。岛洲海鸟主要有白腹褐鲣鸟和红脚鲣鸟，鸟粪堆积甚厚，为上等肥料和工业原料。群岛海区大陆架天然气蕴藏量约250亿立方米，石油约150亿吨，磷约37万吨。

南沙群岛居南海中央，处于航运中心枢纽地位。南沙群岛的地理位置，对于气象观测、台风预报和无线电通信都有特殊意义，尤具重大国防意义。1988年在距大陆740余海里的永暑礁上，应联合国教科文组织的要求，建起一座海洋观测站。此后，在赤瓜等岛礁上建立航标灯塔。

南设得兰群岛 South Shetland Islands 南极洲群岛。紧邻南极半岛的最北端，南隔布兰斯菲尔德海峡与南极半岛相望。延伸540千米，总面积3 687平方千米。包括乔治王岛和利文斯顿岛等9个较大的岛屿和

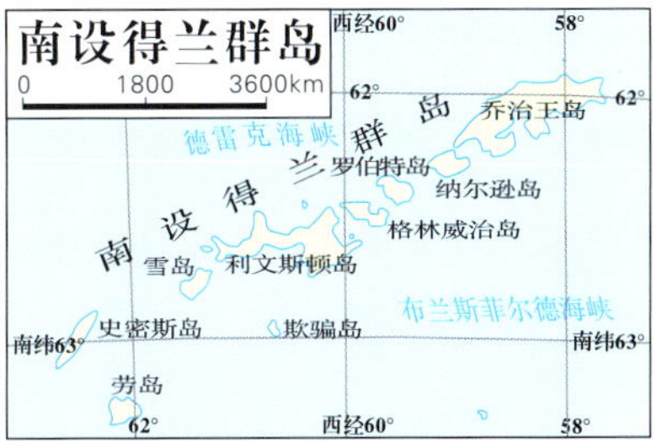

10多个小岛屿。其中欺骗岛为海底活火山，20世纪曾多次喷发，顶部露于海面，形似马蹄型，内为福斯塔湾，是天然良港。湾内温泉喷涌，是南极唯一能够进行海水浴的地方，成为南极的观光点之一。各岛多山，最高峰为史密斯岛的福斯特山，海拔2 105米。群岛约80%的地区被冰雪覆盖。1819年2月，英国的W.史密斯发现了这一群岛。19世纪和20世纪初先后为捕海豹者和捕鲸者的基地。10个国家在该群岛建立科学考察站，为南极科学考察的重要基地和南极观光旅游地。中国南极长城站位于群岛的乔治王岛上。

南社 Southern Society　中国近代文学团体。社名取"操南音不忘其旧之意"。发起人为高旭、陈去病和柳亚子。1909年11月13日成立，后活动中心移至上海。社员总数最多时达1 180余人。1923年解体，以后又有新南社和南社湘集、闽集等组织。前后延续30余年。

1906年高旭在上海创办健行公学，请柳亚子执教。同年，陈去病在徽州与黄宾虹成立黄社；1907年又与吴梅、刘季平在上海成立神交社，都为南社的建立打下基础。1908年1月，高旭、柳亚子、陈去病等在上海商议结社。1909年11月13日，南社在苏州虎丘、明末抗清志士张国维祠成立。陈去病、柳亚子等17人出席。

南社虎丘雅集

南社的历史大体可分为三个时期。

从成立到辛亥革命，为发展与兴盛期。1910～1911年，绍兴、沈阳、淮安、广州相继成立越社（鲁迅曾为其成员）、辽社、淮南社、广南社（又称粤社），均为南社分支。至武昌起义前夕，社员达228人。

1912～1916年，为壮大与转折期。民国初建，南社声望大增，迅速扩大。柳亚子、陈去病等继续反对袁世凯复辟。宋教仁、宁调元等社员在反袁斗争中牺牲。同时，随着革命"成功"的最初兴奋过去，不少社员日趋消沉。

1917～1923年，为分裂、解体期。1917年，社员闻宥、朱玺等和柳亚子因对同光体诗人意见不同而发生论争，柳亚子宣布将朱玺、成舍我逐出南社，成舍我则联合主持粤社的蔡守提出打倒柳亚子，暴露了南社内部政治意识与文学观念的混乱与分歧。自此柳亚子心灰意冷，1918年由姚光接任主任。1923年5月，柳亚子、叶楚伧与陈望道等组织新南社。他们鼓吹三民主义，提倡民众文学，是一个性质不同的新组织，并不是南社的继续，存在一年多即停止了活动。此后，1924年傅尃在长沙组织南社湘集，到抗战前还有活动；1943年，朱剑芒在福建永安设南社闽集，均为南社余波。

南社人数众多，文学思想比较复杂，但以文学振起"国魂"即启迪国民意识、振奋民族精神，同时从"爱国保种"出发，"共谋保存国粹"，则为大多数社员所认同。在文学变革方面，柳亚子等反对晚清文坛上同光体、六朝诗派、晚唐诗派等学古诗派及常州词派、桐城派。但主要是反对这些流派作家的思想倾向和遗老感情，创作上仍主张"形式宜旧，理想宜新"（《与杨杏佛论文学书》）。也有社员主张"唐宋元明都不管，自成模范铸诗才"（马君武《寄南社同人》）。还有些人是同光体、常州词派和桐城派的崇拜者，他们人数不多，但习染很深。在风格上，"振唐音"或"学宋诗"也不一致。

南社文学以诗文为主，创作主流表现了反封建民主革命精神和强烈的民族主义色彩。所创诗歌主流在传统形式中注入革命内涵，大都不同程度地使用新名词，有些作品，尤其以"歌"为名的歌行体诗，更趋解放、奔放，标志诗界革命发展为革命诗潮。但是，由于笼统地主张保存国学，创作实践中的一些新芽未能发展，在艺术形式上也没有进一步推进变革。

1917年曾出版《南社小说集》。南社作品除各家别集外，多保留于《南社丛刻》。1936年，柳亚子又将《南社丛刻》上的诗、词，按人名重新编排，出版《南社诗集》、《南社词集》。柳亚子还有《南社纪略》，1940年（上海）开华书局出版，为南社研究史料。

《南史》 *History of Southern Dynasties*　汇合并删节记载中国南朝历史的《宋书》、《南齐书》、《梁书》和《陈书》而编成的纪传体史书。唐李延寿撰。含宋本纪3卷、齐本纪2卷、梁本纪3卷、陈本纪2卷、列传70卷，共80卷。《南史》没有采取编年体，而是把南朝各史的纪传汇合起来，删繁就简，以便阅读。列传中不同朝代的父子祖孙，以家族为单位合为一卷，对于了解门阀制度盛行的南北朝社会提供了方便。对各朝正史以删节为主，但不少地方存在删削不当的问题。《南史》中也有沈约《宋书》、萧子显《南齐书》等书中所未载的材料。李延寿撰写《南史》、《北史》的体制是汇集正史的纪传，因而拘泥于原书，没有达到李延寿之父李大师横则沟通南北、纵则贯串几代、综合成为新著的意图。

南书房 Southern Study　中国清代特有的内廷机构。位于紫禁城内月华门之南，旧为康熙帝读书处。康熙十六年（1677）始设，命侍讲学士张英、内阁学士衔高士奇入值。此为选翰林文人入值南书房之始，即内廷词臣直庐。翰林入值南书房，初为文学侍从，随时应召侍读、侍讲。常侍皇帝左右，备顾问、论经史、谈诗文。皇帝每外出巡幸亦随扈。皇帝即兴作诗、发表议论等皆记注。因此，常代皇帝撰拟诏令、谕旨，参与机务。因接近皇帝，对于皇帝的决策，特别是大臣的升黜有一定影响力，故入值者位虽不显而备受敬重。雍正朝成立军机处后，撰拟谕旨为军机大臣等专职，南书房虽仍为翰林入值之所，但已不参与政务。有清一代士人，视之为清要之地，能入则以为荣。中国第一历史档案馆藏有《南书房记注》，系迄今发现的为数极少的南书房档案。

南水北调工程 South-to-North Water Diversion Project　从中国南方多水的长江流域及西南诸河引水到干旱缺水的西北、华北地区的跨流域调水工程。

沿革　20世纪50年代，黄河水利委员会和长江水利委员会在各自编制的流域综合利用规划报告中，将南水北调作为主要任务之一。国家在制订国民经济"七五"、"八五"、"九五"计划时，都对南水北调工程前期工作提出了具体要求。1995年，水利部组织南水北调工程论证工作，把生态建设与环境保护放在更加突出的位置，强调南水北调的根本目的，是逐步缓解黄淮海流域的缺水状况和因缺水而造成的生态与环境问题。2002年12月23日国务院正式批复《南水北调工程总体规划》。12月27日，南水北调工程开工典礼在北京人民大会堂和江苏省、山东省施工现场同时举行，标志着南水北调工程进入实施阶段。

工程方案　经多年的勘测、规划、研究，按照长江与北方缺水区之间的地形状况，分别在长江下游、中游和上游规划了三条调水线路，形成南水北调东线、中线和西线的总体规划布局。

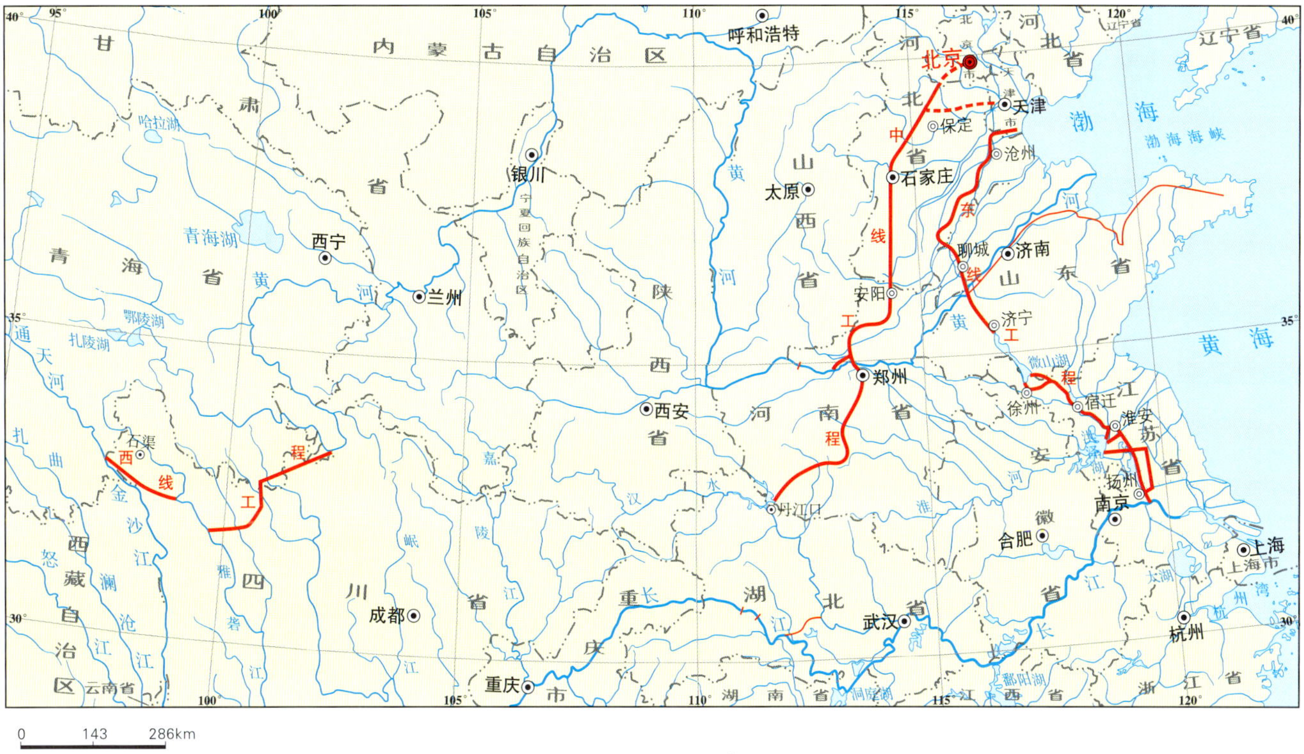

南水北调工程规划示意图

①西线工程。主要解决涉及青海、甘肃、宁夏、陕西、内蒙古和山西6省（自治区）的黄河上中游地区和渭河关中平原缺水问题；结合兴建黄河干流上的骨干水利枢纽工程，还可向邻近黄河流域的甘肃河西走廊地区供水；必要时向黄河下游补水，以缓解黄河下游断流等生态与环境问题。在长江上游通天河、支流雅砻江和大渡河上游筑坝建库，开凿穿过长江与黄河的分水岭巴颜喀拉山的输水隧洞，调长江水入黄河上游。总调水量170亿立方米，拟分三期实施。西线调水工程地处海拔3 000～4 500米，各引水坝址的河水面高程较调入黄河的水面高程低80～450米。根据地形、地质条件，研究了自流和抽水调水方案，需要修建100～300米的高坝和开挖30～130千米的超长隧洞。

②中线工程。调水目的是解决京津华北平原中西部及沿线湖北、河南部分地区的缺水问题。主要目标是以解决沿线城市生活和工业用水为主，兼顾农业及生态与环境用水。从长江中游北岸支流汉江丹江口水库引水，输水总干渠自陶岔渠首闸起，利用有利地形条件，经长江与淮河的分水岭——方城垭口，从河南省郑州西的孤柏嘴穿过黄河，经漳河进入河北，北上至西黑山分为两支，一支向北至终点北京，另一支向东到天津。中线工程调水线路全长1 246千米，总干渠跨长江、淮河、黄河、海河四大流域，可以向15万平方千米的受水区域自流供水，将优质水输送到京、津、华北地区。配合中线调水，汉江中下游兴建引江济汉工程。

③东线工程。目的是解决黄淮海平原东部地区的缺水问题。主要目标是提供沿线城镇居民生活和工业用水；提高现有灌区的供水保证率，改善灌溉条件；结合输水，恢复和提高京杭运河的通航能力；利用调水工程设施，提高沿线易涝地区的排涝能力。从江苏扬州附近抽引长江水，利用和扩建京杭运河及与其平行的河道为输水干线和分干线，逐级提水北送，并连通作为调蓄水库的洪泽湖、骆马湖、南四湖、东平湖，在山东省位山附近通过隧洞穿过黄河，经位临运河、卫运河、南运河，自流到天津。东线工程输水主干线全长1 150千米，其中黄河以南651千米，穿黄河段9千米，黄河以北490千米。从东平湖向东送水到山东半岛的威海市，输水线路长约690千米。全线最高处东平湖蓄水位与抽江水位之差为40米，共建13级梯级泵站，总扬程65米。分三期实施。

南斯拉夫 Yugoslavia 南斯拉夫王国、南斯拉夫联邦人民共和国、南斯拉夫社会主义联邦共和国的简称。地处东南欧巴尔干半岛的西北部。包括波斯尼亚-黑塞哥维那、黑山、克罗地亚、马其顿、斯洛文尼亚和塞尔维亚6个共和国。塞尔维亚共和国又包括科索沃和伏伊伏丁那两个自治省。南斯拉夫的西北部与意大利相邻，北部与奥地利和匈牙利交界，东北部同罗马尼亚为邻，东部与保加利亚接壤，南部与希腊和阿尔巴尼亚相接，西南部濒临亚得里亚海。面积为255 804平方千米，人口2 299.7万（1981）。民族除与共和国同名的6个主要斯拉夫民族外，还有阿尔巴尼亚人、匈牙利人等。宗教信仰主要有东正教、天主教、伊斯兰教。官方语言为马其顿语、塞尔维亚-克罗地亚语、斯洛文尼亚语、阿尔巴尼亚语。首都贝尔格莱德。

7世纪，斯拉夫人的一支定居巴尔干半岛，逐渐同土著居民融为一体，统称南部斯拉夫人。从14世纪始，奥斯曼帝国在塞尔维亚、马其顿、波斯尼亚-黑塞哥维那及黑山部分地区建立长达5个多世纪的统治。同时，克罗地亚、斯洛文尼亚、亚得里亚海沿岸分别被奥地利和威尼斯共和国所统治。1878年，黑山和塞尔维亚获得独立。1918年12月，塞尔维亚-克罗地亚-斯洛文尼亚王国建立，1929年10月3日，改名为南斯拉夫王国。

1941年3月25日，南斯拉夫王国政府参加德意日三国同盟，激起了广大人民群众的抗议示威，于3月27日推翻卖国政府，

铁托（中）在反法西斯战争中

成立了以D.西莫维奇将军为首的新政府。4月6日，德意法西斯军队入侵南斯拉夫。在民族存亡的关键时刻，南斯拉夫共产党肩负起组织和领导反对占领者和卖国贼的重任。1941年6月底，在南共领导下建立了各级军事委员会，成立了南斯拉夫人民解放游击队总司令部，J.B.**铁托**任总司令。1941年底，第一支正规军——无产者旅诞生。在反法西斯战争中经过4年的英勇斗争，南斯拉夫人民战胜了强大于己几倍的敌人，终于在1945年5月15日解放全国。同年11月29日宣布成立南斯拉夫联邦人民共和国。

1946年1月31日，通过第一部宪法。在战后的头几年，国民经济的主要方面得到了恢复，1948年，南斯拉夫经受了**共产党和工人党情报局**的政治压力与经济封锁的考验。在第1个五年计划（1947～1951）期间，南斯拉夫开始探索符合本国实际的建设社会主义的道路，即自治社会主义。1953～1963年是南斯拉夫经济大发展的十年。工业生产每年平均增长13.8%。1957年开始的第2个五年计划，于1960年提前一年完成。

1963年至70年代初工人自治发展为社会自治。1963年通过新宪法，扩大了各共和国和自治省的权限，并改国名为南斯拉夫社会主义联邦共和国。1965年进行全面经济改革，进一步扩大企业的权限，以使南斯拉夫经济成为开放型的经济。70年代以后，自治制度发展到第3个阶段，即自治的联合劳动阶段。1980年铁托逝世后，南斯拉夫党和国家的主要领导职务由各共和国和自治省选出的代表轮流担任，实行任期制。

共和国建立以后，南斯拉夫的经济得到迅速的发展。1979年，南斯拉夫按人口平均计算的国民收入居世界第36位，南斯拉夫从战前欧洲最落后的农业国跃入中等发达国家的行列。

1949年10月5日南斯拉夫承认中华人民共和国，1955年1月2日两国建交。1977年9月铁托总统访问中国，把两国友好关系推进到一个全面发展的新阶段。

1991～1992年**斯洛文尼亚**、**克罗地亚**、波斯尼亚和黑塞哥维那、**马其顿**相继宣布独立。1992年4月27日，南斯拉夫议会通过新宪法，宣布塞尔维亚和黑山两共和国联合成立南斯拉夫联盟共和国。2002年3月改国名为塞尔维亚和黑山。2006年5月**黑山**独立后，国名改为塞尔维亚共和国（见**塞尔维亚**）。

南四行 Four Banks of South 中国的上海商业储蓄银行、浙江兴业银行、浙江实业银行和新华信托储蓄银行的合称，中华民国时期南方的重要金融集团。这些银行成立于清末民初，除新华信托储蓄银行（1914年设于北京，初名新华储蓄银行）外，其他三行起初均设总行于上海。北洋军阀统治时期，上海商业储蓄、浙江兴业、浙江实业等三行一直采取定期聚会，通过代理汇兑、合放贷款、互相开户和清算票据等建立联系。为加强团结，它们还联合发起组织上海银行公会和银行俱乐部，形成以其为中坚的中国金融界南方首领江浙财团。金融界俗称为“南三行”。1927年南京国民政府成立后，它们以财力支持国民党政权，经销政府发行的公债。1931年新华储蓄银行改组为新华信托储蓄银行，总行迁至上海，成为江浙金融业的一支生力军，“南三行”由此变为“南四行”。抗日战争爆发后，它们继续以定期聚会方式加强业务交流，促进营业的发展。1952年底与其他行庄合组为公私合营银行。

南四湖 Four South Lakes 串联一起的南阳湖、独山湖、昭阳湖和微山湖的总称。是中国淮河流域第二大淡水湖。因位于山东省西南部的济宁以南，故名。原系古泗水流经之地。12世纪黄河南泛，侵夺了泗水河道，因排水不畅而潴积成湖。南北长约125千米，东西宽5.6～30千米，湖区面积1 225平方千米，储水量19.3亿立方米。环湖大小支流汛期洪水汇集后，南出韩庄运河与不牢河泄入中运河。南四湖所产四鼻孔鲤鱼、中华鳖、蟹以及野鸭、麻鸭、水貂皮等较著名。微山湖麻鸭所产青皮蛋制成的“龙缸松花蛋”是传统出口商品。主要经济植物有苇、菰、蒲、藕、芡实等。微山湖中微山岛上有殷微子墓和汉张良墓等古迹，沿湖有多处铁道游击队活动旧址。

南宋四大家 Four Poets in Southern Song 中国南宋前期四大诗人。见**中兴四大家**。

南酸枣 *Choerospondias axillaris*; axillary choerospondias **漆树科**南酸枣属的唯一种。落叶乔木。又称酸枣、五眼果。产于印度及中国南部。树高可达30米，胸径1米以上。树干端直。奇数羽状复叶。花杂性异株，单性花为圆锥花序，两性花为总状花序。核果黄色，果核顶端有五个小孔。喜光，适宜湿润、深厚、肥沃、疏松的山地黄壤及砖红壤性红壤生长。土壤瘠薄、干燥或排水不良立地生长不良。4～5月开花，8～10月果熟。人工育苗繁殖。

木材可作建筑、车辆、造船、家具和农机具等用材。果味酸甜，可食。茎皮纤维可制绳索。树皮和果实供药用。果核可制活性炭。

南唐 Southern Tang 中国五代时十国之一。李昪所建。都金陵（今江苏南京），称江宁府。盛时疆域35州，约为今江西全省及安徽、江苏、福建、湖北等省的一部分。历3主，前后约39年。

南唐世系表

①烈祖李昪—②元宗李璟—③后主李煜
(937～943)　(943～961)　(961～976)

吴自杨隆演嗣位后，大将徐温独掌大权。后梁贞明四年（918）起，徐温养子徐知诰开始掌管杨氏政权，他进用人才，作了一些改革，收取人心，有步骤地取代杨氏。吴天祚三年（937）徐知诰废吴帝杨溥，自称皇帝，国号大齐，年号昇元。次年，改

南唐栖霞寺舍利塔浮雕

姓名为李昪，改国号为唐，史称南唐。

李昪即位后，继续保境安民，不轻用兵。社会生产有所发展。由于兴科举、建学校，文化比别国昌盛。昇元七年（943）李昪死，子李景（初名景通）继位，改名李璟。保大三年（945），南唐乘闽内乱，出兵灭闽，俘王延政。当时，吴越出兵与南唐争地，战争的结局是：南唐得建（今福建建瓯）、汀（今福建长汀）、漳（今属福建）三州；吴越得福州（今属福建）；闽旧将留从效得泉州，南唐授留从效为清源军节度使，承认其割据。保大九年，南唐乘楚内乱，派兵灭楚，马希崇降。但不久，楚国故地为周行逢所据，南唐未能巩固所占之楚地。保大十三年至交泰元年（955～958），后周连续进攻南唐，李璟献江以北、淮以南14州，对后周称臣，去年号，后迁都洪州，称南昌（今属江西）府，自此国力低落。

宋建隆二年（961）李璟死，子李煜（初名从嘉，937～978）继位，复都金陵。李煜善文词，工书画，知音律，但政治上昏庸。开宝八年十一月二十七日（976年1月1日），宋军攻陷金陵，李煜被俘，南唐亡。

南唐二陵 Two Mausoleums of Southern Tang 中国五代南唐先主李昪及其妻宋氏的钦陵和中主李璟及其妻钟氏的顺陵。位于江苏省南京市江宁区牛首山南麓。1950～1951年发掘，1988年国务院公布为全国重点文物保护单位。

二陵相距50米，都是坐北朝南的多室墓。钦陵全长21.48米，分前、中、后3个主室及10个侧室。前、中室为砖筑，后室石砌，均为仿木结构。墓门和主室的壁面砌凿出柱、枋和斗栱，上有彩绘。中室北壁正门上方横额刻“双龙戏珠”，其下两侧各有一披甲持剑武士雕像。后室顶部绘天

南唐女舞俑

象，地面刻凿象征地理的河川。石棺座侧雕刻龙和各种花纹。顺陵全长21.9米，分前、中、后3个主室及8个侧室。全部是砖结构，没有天象、河川图像和武士等石刻。二陵早年被盗，遗留文物约600件，其中玉哀册残片是判定墓主的主要依据。二陵还出土大量男女陶俑，各种陶制的神怪、动物，及陶瓷器残片。陶俑造型已无唐俑的豪放气势，而有沉静妩媚的风致。

《南唐书》 *History of Southern Tang* 记载中国五代时南唐国历史的**纪传体**史书。有3部：①宋胡恢撰，已佚。②宋马令《南唐书》30卷，撰成于北宋徽宗崇宁四年（1105）。该书置先主（李昪）书、嗣主（李璟）书及后主（李煜）书，共5卷；人物列传17类22卷；灭国传2卷，略载南唐所灭之楚、闽二国及殷（王延政）政权事；谱1卷，其中建国谱叙地理，记南唐35州得失的情况，所记仅有军、州而无县；世裔谱考溯李昪之祖源。明嘉靖二十年（1541）姚咨抄本和嘉靖二十九年顾汝达刻本为现存最早的本子。③宋**陆游**《南唐书》18卷，内本纪3卷；人物列传14卷；浮屠、契丹、高丽列传总1卷。该书叙述简赅有法，极为后人推崇，刊印、校注者甚多。现存最早本为明嘉靖四十三年钱偲抄本。

马令、陆游两书，互有短长。马令《南唐书》史料来源丰富，叙述较为详备。陆游之书卷数、人物虽不及马令书之多，但史料多经考证，叙次简洁，实为南唐史之佳作。

《南特敕令》 *Édit de Nantes* 1598年4月13日，法国国王亨利四世（1589～1610年在位）为结束胡格诺战争（见**胡格诺派与胡格诺战争**）在南特城颁布的敕令。敕令规定，天主教还是法国国教，保证不追究胡格诺战争中的一切行为，胡格诺派获得信仰自由；在法律上享有公民的一切权利；在政治上与天主教徒一样，新教徒有权担任各种官职和向国王进谏；在军事上允许胡格诺教徒保留100多座城堡。这是欧洲历史上第一个保证宗教宽容的文献。1685年10月18日，法王**路易十四**废止《南特敕令》，导致数年内25万以上的新教徒逃往英格兰、普鲁士、荷兰和美洲。

南天竹 *Nandina domestica*; common nandina 小檗科南天竹属的一种。分布于中国江苏、浙江、安徽、江西、湖北、四川、广西、陕西等省区。日本也产。常绿灌木，全株无毛；叶互生，2～3回羽状复叶；小叶革质，近无柄，椭圆状披针形，全缘，冬季常变红色；叶柄基部有关节。顶生圆锥花序；花小，两性，白色；萼片多轮，每轮3片，外轮较小，内轮较大，逐渐变成白色花瓣状，蜜腺3～6；雄蕊6，花瓣状，花药纵裂；心皮1，子房上位，1室；花期5～7月。浆果球形，红色，内有2种子；种子扁圆形；果期9～11月。生长于山地疏林下和灌丛中。各地庭园栽培供观赏、绿化；

全株可供药用，果为镇咳药，根叶能强筋活络、消炎解毒；木材坚硬，可制作小型工艺品；种子含油12%。

南通市 Nantong City 中国江苏省辖地级市。位于省境东南部，黄海之滨，长江口北岸。辖崇川、港闸、通州3区和海安、如东2县，代管如皋、海门、启东3市。面积8 544平方千米。人口728万（2010）。五代周显德五年（958）置通州，北宋天圣五年（1027）改崇州，明属通州，1912年废州为南通县。1949年置市。平均年降水量1 078毫米，初夏有梅雨，夏秋之交有台风。农作物以棉花、水稻、玉米、元麦、大豆、花生、黄麻为主。养殖家禽、桑蚕、鳗鱼、蟹、鳖以及淡水鱼。海洋渔业发达，有吕四港、东凌港、小洋口港等著名渔港，盛产鲳鱼、带鱼、鲐鱼、梭子蟹等。沿海滩涂辽阔，产虾、海蜇、文蛤、泥螺、紫菜等。工业有纺织、机械、电子、化工、食品等。名特产有薄荷脑、柠檬酸、服装辅料、扎染制品、丝绸绣衣、蓝印花布、红木雕刻等。名胜古迹主要有以天宁寺、太平兴国教寺、曹顶墓等组成的濠河风景名胜区与狼山风景名胜区等。

南通市中心的十里护城河——濠河

南投县 Nantou County 中国台湾省辖县。位于台湾岛中部，是台湾唯一不靠海的县份。辖南投市和草屯、集集、竹山、埔里4镇和8个乡。面积4 100平方千米。人口约53万。县治南投市。原名南投社，为少数民族渔猎之地，1677年郑成功军屯垦开发。清康熙二十二年（1683）属诸罗县，雍正年间改属彰化县，乾隆年间福建大批汉族移民入垦，光绪年间曾隶云林县，旋归新设的台湾县。日本侵略者曾设南投厅，1945年光复后初属台中县，1950年设南投县。境内有全省最大湖——**日月潭**及最长河川——**浊水溪**。雷阵雨较多，以6～8月最频繁。年平均气温约19℃，最热的7月份23℃左右，是全省的避暑胜地。农产品主要有水稻、甘蔗、茶叶、蔬菜、花卉，以及荔枝、龙眼、菠萝、柳橙、苹果、梨、水蜜桃、葡萄等水果。有食品、酿酒、制糖、木竹加工、家具、纺织、塑料、金属制造、机械、电子等工业。南投县山清水秀，景点有著名的日月潭"双潭秋月"、全省最高峰的"玉山积雪"、赏樱胜地雾社等。还有埔里风景线、溪头森林游乐区、中部瀑布群和温泉区等。观光旅游业已成为县重要产业。埔里镇附近有台湾省地理中心碑（约24° N, 121° E）。

南乌江 Ou, Nam 湄公河在老挝境内的最大支流。老挝语意即乌江或乌河。发源于中国与老挝边境丰沙里省海拔1 400米的兰兑地方，自北往南流，于北乌（即乌江口）汇入湄公河，总长560千米，从源头至河口落差1 100米，流域面积25 800平方千米，一般河宽50～100米。平均流量每秒700～800立方米，最大3 800立方米。通航390千米，航船载重0.5吨（旱季）至3吨（雨季）。全流程皆在山区，河床坡降陡峻，河谷深邃，间夹有比较宽阔的谷间小盆地，如兰陶、孟乌再等是稻米产区。北乌南距琅勃拉邦城约30千米，上下游是深邃峡谷，石灰岩裸露，有许多洞穴。北乌对岸崖壁直立河畔，崖壁洞穴中供奉千余尊佛像，有的已历时千年以上。洞外还有佛寺、神仙足印等胜迹。过去，每年新春，国王来此拜佛，现在是老挝著名的文化旅游胜地。

南五祖 Five Patriarchs of Southern Sect of Taoism 中国道教全真道尊奉的南宗五位祖师，即张紫阳、石泰、薛式、陈楠、白玉蟾。据称张紫阳于北宋熙宁二年（1069）在成都遇异人授以金液还丹诀，后以金丹之道授石泰，泰授薛式，式授陈楠，楠授白玉蟾。此派于元初与北方的全真道合流，因活动于南方，故后世称为南宗，张紫阳等被奉为南五祖。五祖认为儒、道、释同源，三教一理。其修炼理论在道教内丹术中占有重要地位。

南戏 southern drama 中国宋代出现的戏剧样式。又称戏文、温州杂剧。其曲调由宋词、唱赚和民间小曲综合发展形成，在表演艺术上以民间歌舞戏为基础，间受宋杂剧的影响。流行于中国东南沿海一带。其产生年代有两说。明代祝允明《猥谈》记“南戏出于宣和之后，南渡之际”，徐渭《南词叙录》记“南戏始于宋光宗朝”，两说所记年代相差70年左右。到南宋末年大盛，元代继续流行，但那时的剧本完整流传至今的只有20本左右。

南戏的体制特点是比较自由灵活，一本戏的出数可长可短，无严格的宫调要求，“然曲之次第须用声相邻，以为一套”（《南词叙录》），一出中不限通押一韵。据徐渭《南词叙录》，南戏角色分为生、旦、外、贴、丑、净、末。登场角色都可歌唱，不限定一人主唱，可二人互歌，数人合唱。首一出通常叫“题目开场”，用诗或曲交代故事大纲。随着南戏的流行，在不同地区出现不同声腔，如弋阳腔、余姚腔、海盐腔和昆山腔等。与北曲杂剧相比，南戏的音调节奏大抵舒缓婉转。元明之际的南戏间有插用北曲。

南雄市 Nanxiong City 中国广东省辖县级市。位于粤北大庾岭南麓，邻江西省。面积2 361平方千米。人口32万（2010）。五代南汉乾亨四年（920）置雄州。宋开宝四年（971）改为南雄州，元设南雄路，明为南雄府，清嘉庆十二年（1807）设南雄直隶州，1912年废州设南雄县，1996年撤县设市。由韶关市代管。农产品有稻、甘薯、小麦、花生、豆类、黄烟等。特产香菇、板鸭、田七、柑橘等。林产有松木、毛竹、松香、白果、土纸等。矿藏有铀、钨、稀土、萤石、花岗石、铜、金等。工业有化肥、造纸、电力、采矿、卷烟等。名胜古迹有珠玑巷、钟鼓岩、大小梅关等。

南学会 South China Study Society 中国清末戊戌变法时期成立于湖南讲求新学的团体。由谭嗣同、唐才常等发起，得到湖南巡抚陈宝箴等的支持。筹议于1897年（光绪二十三年）冬，正式开会则在1898年2月21日。中日甲午战争后，谭嗣同等“思保湖南之独立”，使南中国“可以不亡”，组织此会，意在“群联通力”，发愤自强。长沙设总会，各府厅州县设分会。有议事会友、讲演会友、通讯会友，联络全省官僚士绅，讲求地方自治。主要活动是讲演，由谭嗣同、陈宝箴、皮锡瑞、黄遵宪、邹代钧等轮流主讲。对促进湖南推行新政、转变社会风气起了重要作用。南学会的设立，又促使湖南各地纷纷成立各种学会，如浏阳群萌学会、衡州任学会、郴州兴算学会、常德明达学会等。设会之初，曾想“以此为议院规模，利权尽归于绅”。由于南学会讲求“西学”、“合群”言强，遭到封建势力的诋毁和破坏。成立三个月，即行中辍。

南衙北司 Southern Command and Northern Offices 中国唐代以宰相为首的政府机构称为南衙，由宦官掌握的各种机构称为北司。朝官和宦官的斗争称为南衙北司之争。南、北本是由于这些机构在宫城和皇城中的位置而得名。宰相议政的政事堂及中书、门下二省在宫城内南部，尚书省及六部、九卿、三监则在宫城之南的皇城内。宦官的机构内侍省本在宫城的西南角，但宦官出入宫掖，常在宫城北部。唐初内侍省机构本来并不复杂，所领六局都是为皇帝及后妃生活起居服务的。但到后来，由于皇帝宠信，宦官逐渐掌握权力，干预政事。安史之乱以后，由宦官充任的官职逐渐增多，势力远在外廷朝官之上。当时，又和外廷机构相对应，设立了许多由宦官掌握的使职，通称为司，故有北司之称。宦官干政，自然引起朝官的不满和士人的反对，受宦官控制的皇帝也感到威胁，因而在唐代后期曾发生过多次南衙北司之争，如顺宗时的永贞革新、文宗时的甘露之变。特别是唐末农民大起义以后，中央权力机构已濒于瓦解，而这时在中央的宦官和朝臣的斗争却显得异常突出。他们各自拉拢一部分藩镇势力以相对抗。如昭宗时宰相崔胤勾结朱温，而宦官韩全诲等则拉拢韩建、李茂贞。斗争的结果是朱温引兵入关，打败李茂贞，尽诛宦官，结束了南衙北司之争。可是胜利者并不是崔胤等人，他们后来也被朱温诛杀，可说是南衙与北司势力同归于尽。

南亚 South Asia 亚洲南部地区。北以喜马拉雅山脉与亚洲主体部分相阻隔，东、西和南三面分别为孟加拉湾、阿拉伯海和印度洋所环绕。包括尼泊尔、不丹、巴基斯坦、印度、孟加拉国、斯里兰卡、马尔代夫以及克什米尔地区。面积约435万平方千米。人口约13.5亿。地理上呈半封闭态势和相对的独立性，故又称南亚次大陆。

南亚次大陆 South Asia Sub continent 亚洲大陆的一部分。因位于亚洲大陆的南部，地质结构和自然地理有其相对的独立性，故名。有时被不正确（不周延）地称为“印巴次大陆”；在特定（不被误解）的场合下，或仅以通名简称为“次大陆”。北部以喜马拉雅山为界，与亚洲大陆主体部隔开，东临孟加拉湾，西濒阿拉伯海。基本范围介于北纬8°～37°和东经61°～97°之间，但通常又从政治地理的角度着眼，把分布于南侧印度洋上的一些岛屿和串状环礁也包括在内，因而纬向范围最远可延伸至赤道以南。南亚次大陆包括印度、巴基斯坦、孟加拉国、尼泊尔、不丹、斯里兰卡和马尔代夫7个国家。在这种界定下，南亚次大陆和通常所指的“南亚”实际上没有什么差别。

南亚区域合作联盟 South Asian Association for Regional Cooperation; SAARC 南亚国家为加强经济、社会、文化和科学技术领域内的相互合作而成立的一个非政治性集团组织。简称“南盟”。1985年12月，孟加拉国、不丹、印度、马尔代夫、尼泊尔、巴基斯坦和斯里兰卡7国领导人在孟加拉国首都达卡举行首脑会议，签署《南亚区域合作宣言》和《南亚区域合作联盟宪章》，南盟正式宣告成立。

根据宪章，南盟的宗旨是改善南亚地区人民的福利状况，促进经济增长、社会进步和文化发展，推动和增强集体自力更生，加强各成员国之间的相互了解，促进南亚地区在各个领域的积极协作和互助，并加强南亚同世界上其他发展中国家和地区的合作。

南盟的主要机构包括首脑会议、部长理事会、常务委员会以及秘书处等。秘书处设在尼泊尔首都加德满都。

南盟自成立以来，通过了一系列宣言和文件，取得的最大成果是《南亚特惠贸易安排协定》的签署和实施（1995年12月）。

南亚语系 Austro-Asiatic family 分布于南亚和东南亚，如中南半岛，马来半岛，印度中部、东北部和尼科巴群岛，以及中国云南的西南部。约150种语言，其中多数语言各有许多方言。使用人口约7 000万。旧称澳斯特罗－亚细亚语系。南亚语系通常分4个语族：孟－高棉语族、蒙（扪）达语族、马六甲语族和尼科巴语族。

孟-高棉语族是4个语族中语言最多(约100种)、使用人数最多、地理分布最广的语族，分布于从印度东北部到柬埔寨和越南等东南亚许多地区。主要有**越南语**、**高棉语**、孟语、巴拿语、帕科语、克木语、**佤语**、**德昂语**、塞当语、奇劳语、比尔语、**布朗语**、户语、莽语等。中国学者一般将主要分布于中国境内的佤语、布朗语、德昂语（崩龙语）划入孟-高棉语族佤-德昂语支（原称佤-崩龙语支）。蒙（扪）达语族是南亚语系中的大语族之一，主要分布于印度中部和东北部。包括十余种语言，主要有桑塔利语、蒙达里语、库尔库语、喀里亚语。马六甲语族分布于马来西亚的大陆地区和泰国的最南端，其语言在地理上和南亚语系其他语言是隔绝的。包括十余种语言，主要有塞芒语、萨凯语、雅昆语、塞诺语。从前认为尼科巴语族只有一种语言——尼科巴语，现在有的语言学家则认为它包括近10种语言，但使用人口都很少。分布于安达曼群岛南部的尼科巴群岛和苏门答腊西南部。有卡尔语、乔拉语、特雷萨语等。

有学者将南亚语系诸语言分为孟-高棉语族、越芒语族、蒙达语族和尼科巴语族。南亚语系还有许多语言至今未被识别和调查研究。

语音方面，南亚语系诸语言的主要特点是辅音系统比较整齐。塞音清浊的对立比较普遍，有独立的清音送气系列。元音系统比较丰富，常区分为高、前、中、后4级，长元音很普遍。除越南语等少数语言有声调外，南亚语系诸语言通常都不是声调语言。语法方面，句子的一般语序为主语-动词-宾语，但蒙达诸语言却是主语-宾语-动词，形容词通常跟在它所修饰的名词后面，句法中也使用唯被动结构，多使用前置词。词汇方面，词的结构通常是一个主要音节，有时前面可再加上一个次要音节。大多数词根是单音节。南亚语系诸语言常常从邻近的或有影响的大语种借词。动物名称往往是禁忌词语，因而多使用别称。文字方面，孟语和高棉语的文字系统比较古老。字母和书写规则都来自印度文字。南亚语系大多数语言近百年来才有文字。

南燕 Southern Yan 中国古代十六国之一。鲜卑族**慕容德**所建。都广固（今山东青州西北）。盛时有今山东及河南的一部分。历2主，共13年。

南燕世系表

①世宗献武帝慕容德——②慕容超
(398～405)　　　　(405～410)

后燕慕容宝在位时，叔父慕容德镇守邺城。397年北魏攻后燕都城中山（今河北定州市），宝北奔龙城（今辽宁朝阳）。十月，北魏破中山，后燕被截为两部分。德以邺城难保，于398年率户四万南徙滑台（今河南滑县东南），自称燕王。399年滑台为北魏攻占，德用其尚书潘聪策，率众向东，攻取青、兖，入据广固。400年德改称皇帝，史称南燕。405年，德病死，兄子慕容超嗣位。超好游猎，委政宠幸，诛杀功臣，赋役繁多，百姓患苦。409年东晋刘裕率师北伐，次年二月攻下广固，超被俘斩，南燕亡。

南燕建国之初，鲜卑贵族即与汉族士大夫合作，共同统治。慕容德称帝，下诏承认旧士族特权；又建立学官，选公卿以下及二品士门子弟入太学，当地大族势力得以保存和发展。由于鲜卑贵族和汉族大姓竞相荫庇人口，严重影响国家的赋役征发。德采纳尚书韩谆建议，下令检括户口，出荫户5.8万。还立铁冶，置盐官，以增加国库收入。

南阳盆地 Nanyang Basin 中国河南省西南部。扇形盆地。三面环山，北为伏牛山地，东为桐柏山地，西为丹江和唐白河间的分水岭（蒲山与尖山）。盆地中部为海拔80～120米的平原。盆地内有唐河、白河、丹江等河流。气候温和，雨量充沛，土壤肥沃，适农耕。盛产小麦、杂粮、水稻和棉花、芝麻、烟叶等，是河南省商品粮、油、棉、烟基地之一。为南阳牛繁育基地。矿物资源有石油等。

南阳市 Nanyang City 中国河南省辖地级市。位于省境西南部，与湖北、陕西2省毗邻。辖卧龙、宛城2区，以及南召、方城、西峡、镇平、内乡、淅川、社旗、唐河、新野、桐柏10县，代管邓州市。面积26 591平方千米。人口1 026万（2010）。民族有汉、回、蒙古等。秦置宛县，为南阳郡治。因处于伏牛山以南、汉水以北，故名南阳。西汉时为全国六大都会之一。东汉时因光武帝刘秀发迹于此，故定为“陪京”，号称“南都”的“帝乡”。1948年设县级南阳市，隶属南阳地区行署。1994年撤区建地级市。以丹江口水库为渠首的南水北调中线起点和主要渠段流经地。属亚热带半湿润季风气候。矿藏天然碱、蓝晶石、红柱石、铜、铅、锌、银储量居全国前列，石墨、大理石、水泥灰岩、黄金、石油等均居全省前列。农作物主要有小麦、玉米、甘薯、棉花、芝麻、花生、油菜、烟叶、辣椒等。中药名产有山茱萸、辛夷花、裕丹参、唐半夏、蝎子、血琥珀等。其中，山茱萸产量约占全国80%，辛夷花年产量占全国的70%，成为中国最集中的中药材产地之一。工业以纺织、建材、机械、电子、化工、医药、冶金、食品等为主导产业。南阳丝绸、烙画畅销国内外。出口贸易居河南前列，具有进出口自营权。南阳机场可起降大型客机。有南阳理工学院、南阳师范学院等高校。名胜古迹有武侯祠、医圣祠、丹霞寺、香严寺、汉画像馆、张衡墓，以及宝天堎、太白顶2个国家级自然保护区。南阳盆地曾发现恐龙蛋化石群。南阳为中国历史文化名城。

南洋公学 Nanyang University 1896年12月，清大理寺少卿盛宣怀创设于上海。1897年4月开学，先设师范院，兼习中西各学，要求以“明体达用，勤学善诲”为培养目标，合格者选为公学中院、上院教习，此为中国师范教育的开端。同年秋，又设外院（附属小学堂），招生年龄为10～18岁。1898年春，继设中院（二等学堂）。1900年，续建上院（头等学堂），实现了四院并设的计划。其《章程》规划了一种新的学校制度：外、中、上三院学生各120名，每院学生按程度分4班，每班30人，每年依次升一班。外院结业递升中院，中院结业递升上院，上院四年学成给予毕业文凭。三院相衔接的教育制度的实行，便成为中国近代大、中、小学三级制的雏形。公学为培养自强人才而设，其重点为上院。教育内容主要“以通达中国经史大义厚植根柢为基础，以西国政治家日本法部文部为指归，略仿法国国政学堂之意”，为国家培养内政、外交、理财三方面的人才。其后因随政局的发展，办学目标渐有变化，明显表现在设科上。1901年设政治科，又设特班（以培训应经济科岁举者），1906年春改政治科为商务科，同年秋又添设铁路科，1907年夏停办商务科，始成为专办工科的大学。1907年以后以培养工业、交通等工科人才为主。1905年名为商部高等实业学堂，1906年名为邮传部上海高等实业学堂，1912年名为交通部上海工业专门学校，1921年与唐山工业专门学校、北京邮电学校、交通传习所合并调整，始名为交通大学。毕业生成绩优异者，送往日本、比利时、英国和美国留学或实习。

南洋兄弟烟草公司 Nanyang Brothers Tobacco Co., Ltd. 中国近代由华侨资本经营的最大的一家卷烟企业。创办人简照南(1870～1923)、简玉阶（1875～1957）兄弟为广东南海人。光绪三十一年（1905）在香

南洋兄弟烟草公司1916年在上海设立的制造厂

港开设广东南洋烟草公司，不久亏损歇业。1909年复业，更名南洋兄弟烟草公司。1916年在上海设分厂。1918年改组为南洋兄弟烟草股份有限公司，1919年向社会招股，资本增到1500万港元，股份的一半以上为简氏兄弟所有。先后在上海、香港、汉口等地设分厂，并开办锡纸厂、印刷厂和制罐厂，在烟叶产地设烤烟厂，销售机构遍布全国及东南亚各地。1927年实有资本近2 000万元。1927年以后，在帝国主义与官僚资本双重压迫下，公司营业衰退，1928～1930年出现连续亏损，资本锐减到1 125万元。1937年4月，官僚资本乘人之危，以低价收买该公司股票，并取得半数股权，由宋子文任董事长。中华人民共和国建立后，国内各厂于1951年公私合营，简玉阶任副董事长，简照南之子简日林任总经理；香港厂仍保留南洋兄弟烟草股份有限公司名称。

南音 中国曲艺曲种。“南音”本是福建地区一种综合性的音乐文化概念，包括俗称“南曲”、“南管”、“南乐”、“弦管”等的器乐演奏与声乐演唱类型，具体由“指”、“谱”、“曲”三大部分构成，其中“指”即“指套”，是一种有词有谱有琵琶弹奏，但以器乐演奏为主的套曲；“谱”是一种标题性的器乐弹奏套曲，内容多描绘四时景色和花鸟虫鱼等；“曲”即散曲，又称草曲，是一种以乐器伴奏的清唱曲。作为曲艺曲种的“南音”，就是指其中的“曲”，即散曲清唱。

南音发源于福建泉州，流行于福建晋江、龙溪等地以及厦门市和台湾省。在东南亚华侨旅居的地区也很盛行，华侨和港澳同胞名之为“乡音”。从所使用的曲调及其散曲清唱的方式看，南音至迟在元代当已形成。表演形式为一人两手执拍板，左手三块，右手两块，站立演唱，另有多人以三弦、二弦、琵琶、洞箫等乐器伴奏。历史上南音的演唱多为文人雅士的自娱形式，明清以来逐渐流入民间并出现通俗化的趋向。中华人民共和国建立后，除保留了传统业余的演唱活动方式外，泉州、厦门等地还建立了包括有南音演唱形式的专业南音乐团。

南越王宫殿 Nanyue King's Palace 中国西汉时期南越王的宫殿。遗址位于广东省广州市老城区儿童公园一带。属西汉前期，汉武帝元鼎六年（前111）占领南越国都城番禺时烧毁废弃。1995年发现。1996年国务院公布遗址为全国重点文物保护单位。已探明宫殿区范围4.8万平方米，发掘出石构水渠、曲流石渠、砖石走道、食水砖井和宫殿建筑基址等。石构水池在遗址东部，曲流石渠在遗址东南部，北面通过木构暗槽与石构水池相接。建筑基址在遗址中部。

石构水渠

出土大量建筑材料，如“万岁”瓦当、云纹瓦当、花纹和戳印文字铺地砖、踏步用空心砖、石质建筑构件，另有铁器、陶器和半两钱等。南越王宫殿遗址的发现，初步揭示出南越国颇具特色的宫殿建筑技术和造园艺术，并确定南越国宫殿和都城番禺的位置在今广州市老城区一带。

南越王墓 Nanyue King's Tomb 中国西汉时期南越国第二代王赵眜的陵墓。位于广东省广州市越秀山象岗上。1983年发掘。赵眜号“文帝”，即《史记》和《汉书》所载南越国第一代王赵佗之孙赵胡。继位于汉武帝建元四年（前137），死于元朔末或元狩初年（前122）前后。此墓为岭南地区迄今仅见的帝王陵墓，规模之大，出土物之丰富精美，为岭南地区汉墓之最。1996年国务院公布为全国重点文物保护单位。

玉角杯

此墓是凿山为藏的石室墓。先挖出深约20米的竖穴，后在穴前端向两侧掏洞建耳室，形成平面呈“士”字形的墓圹；再在墓圹内用750多块红砂岩砌筑墓室，顶部用大石块封盖并填土夯筑。这种结构反映了南越国特殊的葬俗。墓室南为墓道，长10.46米。墓室按前朝后寝布局分前、后两部分，前部3室，后部4室，全长10.68米。墓主尸体置于主棺室中，用一棺一椁盛殓。墓主赤身穿丝缕玉衣，带成组玉佩，腰部两侧分置10把铁剑。身上有印章9枚，其中“文帝行玺”金印、“帝印”玉印、“泰子”金印、“赵眜”玉印等可证墓主的身份。墓中有妃妾、侍御、杂役徒隶15人殉葬。多人殉葬，反映出西汉时期南越国独特的葬制。

随葬器物有1 000多件（套），包括青铜器、陶器、铁器、玉石器、金银器、象牙器、漆器、竹木器、丝织品等，其中尤以印章和玉器具有特色。印章23枚，质料有金、银、玉和绿松石等。其中的“文帝行玺”金印，是迄今首次发掘出土并且年代最早的帝玺实物。“泰子”印2枚，应是赵佗之子、赵眜之父的遗物。出土玉器244件，除玉衣外，大都是实用器物、礼仪用玉、佩饰品和工艺品，其数量、种类之多，造型、雕镂之精美，堪称空前。其中用整块半透明青玉雕成的犀角形玉杯、模仿铜器造型花纹的玉盖盒、以整块半透明浅蓝色玉雕成的高足杯等，是汉代玉器中的稀世珍品，为中原内地所未见。鎏金铜框玉杯和玉卮等，在汉代考古中属首次发现。所出青铜乐器、酒器、炊器、铜镜和熏炉等，分别具有中原汉文化、南方楚文化和本地越文化的特点。数量众多的铁器，反映出当时的岭南地区铁器已较普及。2件青铜印花凸版是已知最古老的套印工具，为研究古代印染工艺提供了珍贵实物。非洲象牙、西亚乳香、波斯银盒等舶来品，表明岭南地区海上交通发达，海外交流频繁。

南运河 South Canal 中国京杭运河的一段。又称御河。原为古老河道，后经人工开凿。见海河。

南诏 Nanzhao Kingdom (649～902) 中国唐朝时期西南地区的乌蛮联合白蛮建立的奴隶制边疆民族政权。乌、白蛮属今彝语支各族的先民。隋末唐初，在今云南大理的洱海周围及哀牢山、无量山北部地区，分布有乌、白蛮众多部族和部落，其中蒙舍诏（“诏”之意即王）地处各诏之南，故又称南诏。649年，蒙舍诏首领细奴逻建大蒙国，自称奇嘉王，臣属于唐。武则天时，其子逻盛亲自入朝。至唐玄宗时，逻盛之孙皮逻阁在唐的扶持下统一六诏迁都太和城，779年又迁羊（阳）苴咩城（今云南大理）。统一后，南诏向外扩张，与唐发生矛盾，南诏王阁罗凤遂背唐而附吐蕃，多次打败唐军，并乘安史之乱扩展疆土，控制今四川大渡河以南，包括今四川西南部、云南全部及贵州西北部的广大地区。阁罗凤孙

南诏世系表

（舍龙）——（龙伽独）——①独罗（又名细奴逻）（617～674）

②逻盛（674～？）——③盛逻皮（？～696）——④皮逻阁（697～748）——⑤阁罗凤（748～779）——凤伽异（未即位先死）

⑥异牟寻（780～808）——⑦寻阁劝（809）——⑧劝龙晟（810～816）

⑦寻阁劝——⑨劝利（817～823）

⑦寻阁劝——⑩劝丰祐（824～859）——⑪世隆（860～877）——⑫隆舜（878～897）——⑬舜化真（898～902）

异牟寻时南诏势力最盛，曾以20万兵力与吐蕃并力攻袭剑南西川。吐蕃以南诏为属国，向其征发兵赋，又派兵驻其境，南诏王异牟寻不堪其扰。794年，南诏终于与吐蕃决裂，与唐恢复盟好，并与唐联军大败吐蕃。异牟寻接受唐的南诏王的封号，但仍不时向周围地区发动战争。9世纪中叶，南诏对唐境的侵扰更为频繁，成为晚唐最严重的边患。

南诏政治制度深受中原影响，文化教育制度亦多模仿中原。南诏还从汉地吸收不少工农业生产技术。南诏王劝龙晟时佛教盛行。蒙氏王族不仅提倡佛教，而且信奉三宝。大理崇圣寺及三塔即为南诏时所建。

南诏晚期，由于频繁发动战争，赋役繁重，生产凋敝，各种矛盾激化。902年，权臣郑买嗣利用民怨沸腾之机，杀死南诏王舜化真，夺取王位，另建政权，南诏亡。

南诏德化碑 Monument of Nanzhao Kingdom's Moralization 中国唐代南诏国君臣赞颂国王阁罗凤业绩和南诏同唐政府关系的重要碑刻。在云南大理南诏太和城遗址内。此碑约立于阁罗凤赞普钟十四五年间（765～766）。碑高3.98米、宽2.27米。碑文残损过甚。明万历本《云南通志·艺文志》录有全文，共3 667字。碑文记述了南诏政权建立初期的一系列重要史实。碑阴职官题名反映了南诏初期的职官制度及许多民族参加南诏政权的情况，补充了文献记载之不足。碑文作者应为当时仕南诏为清平官（相当于宰相）的汉人王蛮盛。碑文书体在行楷之间，具有较高的艺术水平。此碑是研究南诏历史和南诏同唐政府关系的重要资料。1961年国务院公布为全国重点文物保护单位。

南诏德化碑局部拓片

《南征北战》 *Conquest in the South and Battles in the North* 中国故事片。上海电影制片厂1952年摄制。编剧沈西蒙、沈默君、顾宝璋，导演成荫、汤晓丹，摄影朱今明、顾温厚，主要演员陈戈、冯喆、项堃。影片正面描写了中国人民解放军的战斗生活，表现了华东野战军摩天岭阻击战的历史场面，以生动的人物形象和宏伟的战争场景，体现了人民解放战争中的伟大战略思想。该片是中华人民共和国建国初期很有影响的军事题材影片，历映不衰。

难产 dystocia 分娩进展受到阻碍的现象。产力、产道和胎儿是决定分娩结局的三个主要因素。

①产力异常。产力是将胎儿从子宫逼出的力量，以子宫收缩力为主。宫缩异常分为子宫收缩乏力和宫缩过强，又各有协调与不协调两种。常见协调性宫缩乏力，常由头盆不称、胎位异常、精神紧张、药物影响等几个综合因素引起。处理原则为除外头盆不称后加强宫缩。协调性宫缩过强的特点是宫缩强度过大，若头盆相称，分娩可在短时间内结束。产程过快，产道来不及扩张可造成宫颈和会阴裂伤；胎儿来不及适应外界压力变化，颅内血管会破裂造成颅内出血。

②产道异常。分骨产道和软产道异常。骨产道异常（骨盆异常）指骨盆的形状和径线过短，如均小骨盆、扁平骨盆和漏斗骨盆，通过骨盆测量可以诊断。骨盆明显狭窄者，宜在接近预产期剖宫产分娩。轻度狭窄者可酌情试产或直接剖宫产。软产道异常如盆腔肿瘤阻塞产道者，则常需手术分娩。

③胎位异常。胎儿因素造成的难产。常见者如胎位不正和胎头位置异常、臀位合并骨盆狭窄，需剖宫产；横位、足月活胎，必须剖宫产；胎头位置异常如持续性枕横位、枕后位，常需要进行阴道手术，如产钳或胎头吸引器助产；少见的胎儿畸形如脑积水造成产道梗阻者，常需要进行穿颅、碎胎等阴道手术。

难熔金属 refractory metal 熔点高于1 650℃并有一定储量的金属。包括钨、钽、钼、铌、铪、铬、钒、锆和钛。也有将熔点高于锆熔点（1 852℃）的金属称难熔金属。以这些金属为基体，添加其他元素形成的合金称为难熔金属合金。

钨、钽、钼和铌最重要的优点是有良好的高温强度。难熔金属还有良好的耐蚀性能和一些特有的物理性能，如高密度、电学和超导性能。最主要的缺点是高温抗氧化性能差。①低温脆性。钨、钽、钼和铌的晶体结构均为体心立方，存在从塑性到脆性转变的温度。温度对钨、钽、钼和铌的塑性影响见图。②抗氧化性。钨和钼分别在1 000℃和725℃以上出现氧化物挥发和液相氧化物，常称之为“灾害性”氧化；铌和钽在空气中加热分别高于200℃和280℃将有明显的氧化，温度再升高时，氧化皮层开裂和粉化，抗氧化性能变坏。因此，难熔金属在高温大气中制造和使用都必须加以防护。③耐蚀性。难熔金属有着较好的耐蚀性能，但不同金属又各有其特点。钽与铌、钨与钼的耐蚀性能相似。在金属中，除金属铂外，钽的化学性质最为稳定。常温下钛在氧化性、中性的介质中均有好的抗蚀性，但在还原性酸中易被腐蚀。而锆对还原性酸（如硫酸、盐酸等）有良好的耐蚀性。

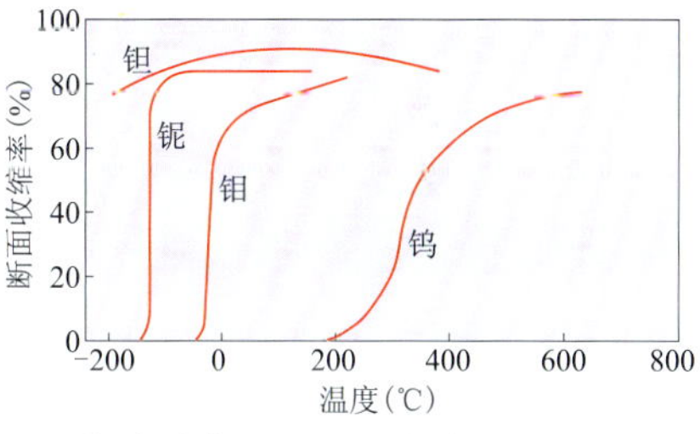

温度对钨、钽、钼、铌塑性的影响

用途：①用作钢铁和有色金属的添加剂。铌和钽在这方面的用量约占其总用量的4/5；②用于制造切削刀、矿山工具、加工模具等硬质合金。钨在这方面的用量约占其总用量的2/3，钽、铌和钼也是硬质合金的重要组成部分；③用作电子、电光源和电器等部门的灯丝、阴极、电容器、触头材料等。其中钽在电容器中的用量约占其总用量的2/3。此外，难熔金属还用于制造化工部门的腐蚀部件，高温高真空的发热体和隔热屏、穿甲弹弹心、防辐射材料、仪表部件、热加工工具和焊接电极等。

喃字文学 Chu Nom script literature 大约在13世纪初叶，越南人采用汉字的结构和形声、会意、假借等造字法，创造出一种新的方块字即喃字。喃字最初见于李朝的碑铭，陈朝时开始得到推广并被运用到文学创作中。18世纪至19世纪初喃字发展到了鼎盛时期。陈朝仁宗时的韩诠（原名阮诠，因奉旨作《祭鳄鱼文》驱散泸江鳄鱼有功，“帝以事类韩愈，赐姓韩”）用喃字谱平仄诗律，创造了韩律，是用喃字写诗的第一人。后世多有效仿，不乏成功之作。由于韩律对诗的格律要求十分严格，不易掌握，一些文人在此基础上大胆吸收口头流传的民歌、民谣的成分，创造出一种新诗体——六八体诗。这种诗体韵律比较简单，容易掌握，为喃字文学的发展创造了良好的条件。从14世纪朱文安的《国音诗集》、16世纪黎圣宗的《洪德国音诗集》，到18世纪大批著名诗人、作家和文学作品的出现，标志着喃字文学发展到了成熟阶段。其中，**阮攸**的《**翘传**》和女诗人胡春香的诗被视为喃字文学发展的巅峰。19世纪末法国入侵越南后，大力推行易学易掌握的拉丁化越南文，喃字退出了历史舞台。

楠木 namu 樟科楠属和润楠属树种的统称。主要有闽楠、滇楠、细叶楠、普文楠、白楠、华东楠、刨花润楠、润楠、利川润楠、滇润楠、红楠等。主要产于中国。

常绿乔木或大乔木，树干端直。单叶互生，圆锥状聚伞花序。浆果呈椭圆形或椭圆状卵形。喜温暖气候和肥沃、湿润酸性土壤。多与其他阔叶树混生成林，常见于山坡下部或溪边。幼苗和幼树耐阴，长大后喜光。可用种子繁殖。春播，幼苗需搭荫棚。也可天然更新。

木材优良，具芳香气，硬度适中，弹性好易于加工，很少开裂和反挠，为建筑、家具等的珍贵用材。楠木木材和枝叶含芳香油，蒸馏可得楠木油，是高级香料。

《难夫难妻》 *The Difficult Couple* 中国第一部无声短故事片。上海亚细亚影戏公司拍摄，1923年9月底首映。编剧**郑正秋**，导演**张石川**，由一班文明戏的男演员演出（女角色也由男演员扮演）。影片以广东潮州地区封建买卖婚姻习俗为题材，描写了一对互不相识的男女青年从由媒人撮合起，经过种种繁文缛节直到送入洞房的婚礼过程。该片拍摄时不仅有事先写好的剧本，也有了专职导演，是中国摄制故事片的开端。

难民 refugee 因有正当理由畏惧由于种族、宗教、国籍或有某种政治见解的原因遭受迫害而离开其原籍国，因而不能或不愿受该国保护的人。此外，也指由于战乱、冲突等人为灾难和自然灾害、饥荒等经济原因造成的流离失所者。难民问题在第一次世界大战后列入国际法。1951年缔结了《关于难民地位的多边公约》，1967年签订了有关难民地位公约的议定书。上述两文件对难民的法律地位作了规定。1951年成立了联合国难民事务高级专员

由于波黑战争而设在马其顿的难民营（1999）

公署，其宗旨是保护难民并促进找出解决问题的永久办法。

中国于1982年加入《关于难民地位的公约》和《关于难民地位的议定书》，但对其中的某些条款作了保留。

囊性肾疾病 cystic renal diseases 引起肾脏囊性病变的疾病。有以下两类。

单纯性肾囊肿 中老年人易发生。可为单个或多个囊肿，可单肾或双肾发生，大小可相对稳定也可逐渐增大。多无症状，仅在B超体检时发现囊肿。但是大囊肿有时也可引起腹部胀满不适，并触及腹部肿块。小囊肿无须治疗，定期复查B超即可；较大囊肿（直径4～8厘米）可在B超引导下穿刺，抽取囊液后注入硬化剂；大囊肿可行外科手术或腹腔镜手术将囊肿切除。

成人型多囊肾 多囊肾为遗传性疾病，分为婴儿型（常染色体隐形遗传）及成人型（常染色体显性遗传）两种，前者少见。病人多在30岁后出现肾囊肿，随年龄增长囊肿数目逐渐增多，囊肿逐渐增大，以致腹部可触及巨大肾肿块。常伴随高血压、镜下或肉眼**血尿**，并可继发囊肿感染（临床表现酷似急性肾盂肾炎），随囊肿增多增大肾功能逐渐减退，最后进入肾衰竭。多囊肾经常伴发多囊肝，并可伴发颅内动脉瘤及心瓣膜异常。多囊肾为遗传性疾病，至今无法有效阻止疾病进展，临床仅能对症治疗。

挠度 deflection 细长杆或薄物体在受力或受热后弯曲变形程度的度量。细长物体（如梁和柱）的挠度是指在变形时其轴线上各点在其轴线法平面内的位移量。薄板或薄壳的挠度是指中面上各点沿中面法线的位移量。

蛲虫病 enterobiasis 由蛲虫寄生于人体肠道而引起的**寄生虫病**。蛲虫头部钻入肠壁黏膜吸取营养。雌虫常在晚间移至肛门或会阴部皮肤产卵，引起局部皮肤的奇痒。蛲虫病易在儿童集体机构中传播。又常引起自身感染：患者（尤其是患儿）以手搔抓肛门或会阴部发痒处时手指常沾有虫卵，误食后可引起再感染，此为蛲虫病不易根治的原因。蛲虫一般不在肠内产卵，粪检中不易找到虫卵，需以肛门拭擦法查找虫卵。甲苯咪唑、阿苯哒唑、噻嘧啶等治疗有良效。

脑 brain 中枢神经系统的主要组成部分，位于颅腔内。低等脊椎动物的脑较简单。人和哺乳动物的脑特别发达，包括**大脑**、**小脑**、**脑干**等部分。有接受和处理体内外各种感觉信息，调节和影响躯体及内脏的运动，维持内环境的相对稳定，及多种行为、学习、记忆、思维等高级功能。

大脑是脊椎动物中枢神经系的最高级部分。又称端脑。由左、右两半球组成。人类的大脑占脑的绝大部分，是控制运动、产生感觉及实现高级脑功能的高级神经中枢。小脑位于大脑半球后方，由胚胎早期

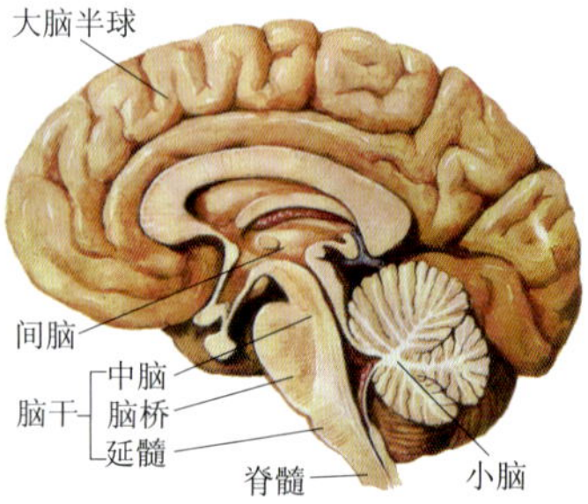

人脑结构图

的菱脑分化而来，是脑中仅次于大脑的第二大结构。人的小脑的生理功能主要是维持身体平衡、调节肌紧张和协调随意运动。脑干是位于脊髓和间脑之间的较小部分，位于大脑的下面。脑干自下而上由延髓、脑桥、中脑三部分组成。脑干的功能主要是维持个体生命，心跳、呼吸、消化、体温、睡眠等重要生理功能，均与脑干有关。

脑垂体 pituitary gland 脊椎动物体内最重要的内分泌腺。又称**垂体**。

脑电图 electroencephalogram; EEG 应用电子技术，引导、放大、记录大脑皮质神经细胞电位变化的一种波形图。已广泛应用于中枢神经系统疾病等的诊断、重危患者监测以及医学研究。此法无损伤性，对诊断**癫痫**、颅内占位性疾病、颅内感染、颅脑外伤及影响大脑生理代谢的疾病有一定的价值。随着电子技术的发展，出现了遥测脑电图、脑电位分布图、深部埋藏电极及计算机分析、24小时脑电监测等。基本内容包括：①频率。每秒钟出现的电位变化数目，以赫兹（Hz）来表示。又可分为α频带（8～13Hz）、θ频带（4～7Hz）、δ频带（0.5～3Hz）及β频带（14～30Hz）。②波幅。单位为微伏（μV）。③位相。在基线以上称负相，反之为正相。④波形。在一个波的周期内，电位变动的形式。如正弦样波、棘波、尖波及棘（尖）慢复合波等。⑤出现方式。⑥出现部位。综合分

析上述内容，判断脑电图的正常与否。正常人的脑电图与年龄、精神状态密切相关。清醒状态下正常成年人应以α频段为主，而新生儿以δ频段为主，3～4岁时以θ频段为主，7～8岁时α频段已占优势。

脑电图对大脑半球以及丘脑的突然或迅速进展的病变有较大的诊断意义。①发作性疾病。如癫痫。②中毒代谢性脑病。急性期多见弥散性高波幅慢波。三相波常见于代谢性脑病，肝性昏迷时三相波最典型。③昏迷。脑电图异常的程度与昏迷的程度有关，与昏迷的病因关系较少。④脑死亡。表现为电静息或没有超过2微伏的电活动。⑤急性髓鞘脱失性疾病。如亚急性硬化性全脑炎，表现为低平电活动的背景上周期性出现棘波，尖波或慢波爆发。⑥脑炎。典型的脑电图异常为广泛性δ波。

对大脑半球病变的早期或慢性进行性病变诊断意义一般。①肿瘤。80%的大脑半球肿瘤有限局性异常，典型的表现为限局性δ波，但定位常不精确，甚至可以出现远离肿瘤所在部位的限局性异常。合并颅内压增高时出现广泛性异常。②卒中。亦可以出现限局性异常。③颅脑外伤。④慢性硬膜下血肿。

脑干 brain stem 包括延髓、脑桥和中脑。也有人将间脑包括在内。

脑干的大体结构：中脑的横切面背侧中央有中脑水管，管的周围为中央灰质，它的背侧是四叠体（顶盖），腹侧部为大脑脚。大脑脚又被黑质分为背侧的被盖和腹侧的脚底两部。脑桥分基底和被盖两部。基底部位于腹侧，含有大量的横行纤维，被盖部在背侧，是延髓的直接延续。延髓除锥体外均属被盖。脑干的内部结构在不少方面仍保留脊髓的一般结构，如都有灰质和白质以及许多上行及下行纤维穿过其间。脑干的功能与它所处的位置和它与中枢神经系统各部分的联系是密切相关的。脑干是许多上、下行神经通路的中转站，控制头面部许多感觉与运动功能，还是许多重要的功能中枢所在地，如呼吸、心搏、血压的维持，都受脑干有关中枢的控制。脑干还与动物姿势的维持和翻正反射有关。脑干网状结构对于维持肌紧张和维持大脑的兴奋性也有着重要作用。

脑功能侧化 lateralization 大脑两半球在不同功能上表现出的专门化现象。1861年P.P.布罗卡发现一个能听懂他人说话、口咽肌肉正常、自己却不能讲话、后来被称为"布罗卡失语症"的病例。尸检发现，患者大脑左半球额下回后部（又称布罗卡区）有损伤，从而引起了对这种现象的深入研究。1874年C.维尔尼克发现，左半球颞上回后部（又称维尔尼克区）的损伤，会使病人在听觉和自主言语功能完好的情况下，听不懂他人和自己说的话。这种现象称为感觉性失语症，布罗卡失语症则称运动性失语症。随后的研究说明，大脑两半球的功能是不对称的，它们具有不同的认知风格。一般左半球对言语加工、逻辑分析等过程更为擅长；右半球则在形象思维、空间知觉等过程有优势。探测两半球功能特点的途径包括：把不同的视觉或听觉刺激分别呈现给左右视野或者左右耳，以推断两半球的加工特点；用裂脑人或者用异戊巴比妥麻醉一侧脑等。磁共振成像、正电子发射断层扫描或事件相关电位等脑成像技术使对正常人的大脑进行直接观察成为可能。大脑功能单侧化不是独立的，而是优势性的，即在两半球协作的基础上，一侧在某些任务中起更大的作用。这种优势是先天的还是环境造成的，需要进一步探讨。

脑积水 hydrocephalus 以脑脊液容积增加，伴随脑室扩张为特征的一组综合征。许多疾病可继发脑积水，其中包括先天性畸形、新生物、炎症、蛛网膜下腔出血等。脑积水的原因是脑脊液的分泌吸收障碍和循环障碍，主要由吸收障碍所致，常伴颅内压增高。脑积水的婴儿因颅缝尚未闭合，头颅常迅速增大。

病因 从脑脊液分泌到矢状窦旁蛛网膜颗粒的吸收，脑脊液循环上任何一部分出现阻塞都将引起脑脊液的过量及脑室和蛛网膜下腔的扩大。

脑积水可分为阻塞性和交通性两种形式。阻塞性脑积水见于脑脊液通路受阻，在受阻以上脑室系统扩大而无蛛网膜下腔的扩张。多见于先天性畸形，如中脑导水管畸形是婴儿脑积水的主要原因，出生时常有头颅偏大，而后是头颅呈进行性异常增大，头身不成比例，智力发育低下，甚至有痉挛性瘫痪。其次是肿瘤直接堵塞或压迫脑室系统的通道导致脑积水。交通性脑积水多为后天病变引起，如脑膜炎、蛛网膜下腔出血阻塞蛛网膜粒，引起脑脊液吸收功能障碍，使脑室系统和蛛网膜下腔扩张。

临床表现 在婴儿脑积水最重要的体征是头围进行性增大，此时因颅缝未闭合，故囟门扩大，张力高，颅缝裂开。由于颅内压高，静脉回流受阻，头皮静脉怒张。当叩诊患儿头部时常有一种空洞感和低沉的音响，称为破壶音（麦克尤恩氏征）。双眼球下旋，常落到下睑下方，称为落日征。以上为婴儿脑积水的特有体征。其他尚有头颈控制力差、腱反射增强、痉挛性瘫、斜视（第Ⅵ颅神经麻痹所致）、视觉障碍、眼震、共济失调和智能发育不全等。成人患脑积水时由于颅缝已闭合，故表现为颅内压增高及原发疾病的症状。

治疗 以手术治疗为主。保守治疗对症状较轻且稳定者适用，也可作为手术治疗后的辅助治疗。

脑脊膜 meninges 脑和脊髓的被膜的总称。包裹脑的称脑膜，包裹脊髓的称脊膜。自外向内由硬脑脊膜、蛛网膜和软脑脊膜三层被膜构成。软脑膜和蛛网膜还合称软-蛛网膜或软性膜。脑和脊髓分别位于颅腔和椎管内，脑脊膜就包衬在脑、脊髓与坚硬的骨套之间。硬膜厚而坚韧，衬在颅腔和椎管内面；它的深处为薄而透明的蛛网膜；最内则是紧贴脑、脊髓表面的软膜。三层被膜之间以及硬脊膜与骨膜之间都留有间隙。低等脊椎动物仅有一层未经分化的原脑膜。两栖和爬行动物出现了硬脑膜和软-蛛网膜。鸟类的软-蛛网膜可分为蛛网膜和软膜。哺乳动物，包括人明显地分出硬脑膜、蛛网膜和软脑膜。脑脊膜对脑和脊髓起支持和保护作用。

脑脊液 cerebrospinal fluid 脑室系统和脑、脊髓蛛网膜下腔内的无色透明液体。能缓冲外界的机械冲撞，保护脑和脊髓；同时，脑脊液中含有恒定的化学成分，能维持中枢神经系统的渗透压和酸碱平衡，使中枢神经系统保持一个稳定的化学内环境。此外，脑脊液还能运送营养物质到中枢神经系统并运走代谢产物，起到新陈代谢的传递作用。

提取 常用腰椎穿刺术及小脑延髓池穿刺术提取脑脊液。

检查 脑脊液检查包括如下内容。

颜色 正常情况下，脑脊液呈无色透明。在病理情况下可出现下列颜色：①淡红色或血性。若穿刺顺利，多提示颅内或脊髓蛛网膜下腔内有出血。②黄变症。脑脊液呈淡黄色或红黄色，提示脑或脊髓有出血，红细胞已破坏，血浆蛋白进入脑脊液。由于炎症、肿瘤，脑脊液循环受阻，脑脊液中蛋白质含量增高而呈黄色，甚至金黄色，其黄变程度与蛋白质含量成正比。在蛋白质含量极高的情况下，脑脊液流出后常自动凝结，称弗鲁万氏征。

透明度 若白细胞增多，则脑脊液混浊呈云雾状或毛玻璃状。结核性脑膜炎时，细胞数中度增多，呈毛玻璃样。化脓性脑膜炎时，细胞数极度增多，可呈脓样。

压力 成年人侧卧时，脑脊液压力为60～180毫米水柱。脑脊液压力过低，称为低颅压；高于200毫米水柱，则为颅内压增高。颅内占位病变或脑积水，电解质紊乱，内分泌失调或使用某些药物均可引起颅内压增高。

细胞成分 正常成年人脑脊液中，白

细胞计数为(0～6)×10^6个/升，主要为单核细胞或淋巴细胞。红细胞应不存在。细胞数超过10个/毫米^{3}即为异常。白细胞增多常提示中枢神经系统有炎症；红细胞增多提示有出血。急性细菌性感染早期，常出现多核白细胞增多，结核或真菌性脑膜炎时，常出现单核白细胞增多，但在早期也可出现多核白细胞增多。

蛋白质　成年人正常脑脊液蛋白质含量为150～450毫克/升。应进一步测定γ球蛋白和免疫球蛋白。蛋白质含量增高常提示中枢神经系统或多数神经根有炎症、蛛网膜粘连或占位病变。

糖　正常脑脊液糖含量应为血糖的60%～70%，约为2.5～4.5毫摩/升（45～80毫克/分升）。脑脊液糖过高，见于糖尿病，病毒感染；糖过低，见于中枢神经系统细菌性感染，如各种细菌性脑膜炎。真菌性脑膜炎时，脑脊液糖含量也明显降低。脑弥漫性肿物，如转移癌、脑膜癌时，脑脊液糖含量往往降低。

氯化物　正常脑脊液氯化物含量为119～129毫摩/升（700～760毫克/分升）。低氯见于某些细菌性脑膜炎，尤其是结核性脑膜炎。肾上腺皮质功能减退或剧烈呕吐时，因血氯下降而脑脊液氯含量也下降。

脑脊液细胞学检查　特殊染色可看到细菌、霉菌病原体，也可检出肿瘤细胞。

血清学及病毒检查　脑脊液隐球菌表面抗原可快速检出霉菌感染。有关梅毒以及麻疹、巨细胞病毒、疱疹病毒的免疫学检查确定脑炎、脑膜炎的性质。

特殊化学检查　如乳酸脱氢酶、儿茶酚胺的代谢产物有诊断价值。微量化学检查的进展将有更好的前景。

脑力劳动　mental labour　耗费的**劳动力**以人的脑智力和神经为主的劳动方式。又称智力劳动。同单纯的**体力劳动**相比是一种更高级的复杂劳动形式，是将人类现有的知识和科学成果用于社会生产和各项事业的劳动，是在现有知识和科学成果的基础上从事科学发现、科学发明的创造性劳动，是在科学总结实践经验的基础上认识自然界和人类社会内在规律性的劳动，是通过教育和培训传授科学文化知识的劳动。

在商品生产中，通过技术和产品的创新而创造具有更大价值的商品，或者在生产方法创新的基础上通过提高**劳动生产率**而实现更多的价值。在生产力发展和社会进步中，以脑力劳动为基础的创新，起着革命性的关键的作用。知识的作用，教育的作用，科学技术的作用，管理和经营的作用，战略和智谋的作用等，归根结底是脑力劳动或智力劳动的作用，是人的创造性劳动的作用；一切自然科学和社会科学都是脑力劳动的结晶。

脑膜炎　meningitis　软脑（脊）膜及蛛网膜的炎症性病变。又称脑脊膜炎。包括由细菌、病毒、真菌、螺旋体、立克次氏体、寄生虫及原虫等所致的感染性脑膜炎，以及由**白血病**、恶性肿瘤颅内转移、外伤及物理化学因素等所致的非感染性脑膜炎。

临床表现　发热、头痛、呕吐、脑膜刺激征和脑脊液白细胞增多。急性或亚急性起病，严重程度及预后不一。**病原体**可通过血液循环进入脑膜，也可由邻近组织的**感染**直接扩散而来，也可为脑内的结核瘤、**脑脓肿**向脑膜蔓延扩散而成，个别病例的病原体还可经腰椎穿刺或手术植入。

类型　有以下几种。

化脓性脑膜炎　由化脓菌如脑膜炎双球菌、肺炎链球菌、流感杆菌、变形杆菌、大肠杆菌等所致。除流行性脑脊髓膜炎在冬夏季流行外，脑膜炎的发病多无明显季节性。起病多呈急性，少数较隐袭。先出现畏寒、发热、全身不适及上呼吸道症状，随之出现头痛、呕吐、颈项强直、全身疼痛、羞明和躁动不安、意识模糊等。检查有脑膜刺激征或眼外肌麻痹、面瘫、失语、一侧或双侧病理征等。化脓性脑膜炎一经确诊，应即予抗生素治疗，并根据病原体选药。

结核性脑膜炎　常伴发于肺结核、支气管淋巴结核及粟粒性结核等。以儿童多见。起病缓慢，症状轻重不一。临床表现为低热、呕吐、食欲不振、视力模糊、颈项强直、克尔尼格氏征阳性、眼底视神经乳头水肿、眼肌麻痹、肢体瘫痪等。脑脊液薄膜或沉淀物涂片染色、培养或动物接种可找到结核菌。对拟诊病例进行试验性抗痨治疗有助于诊断。在抗结核药中首选链霉素和异烟肼，并可与利福平、吡嗪酰胺、乙胺丁醇等联合应用，治疗必须充分、彻底以减少可能的复发（见**结核病**）。

病毒性脑膜炎　多种类型病毒引起的非化脓性脑膜炎。病毒在侵害脑膜的同时，常不同程度地累及脑实质，故常称病毒性脑炎。急性或亚急性起病，表现为中度发热、头痛、呕吐、全身肌肉疼痛、倦怠无力、精神失常等。单纯疱疹病毒性脑膜炎病情多严重，预后较差，用无环鸟苷治疗。

真菌性脑膜炎　真菌侵害脑膜所致，脑实质往往同时受累，故又称真菌性脑炎。症状以头痛、呕吐、发热和脑膜刺激征为主。可有视乳头水肿、意识障碍、抽搐及瘫痪。脑脊液压力增高，细胞数增多，以淋巴细胞为主，蛋白质量增高，糖、氯化物减低，与结核性脑膜炎的脑脊液改变相似。治疗用药为二性霉菌B、庐山霉素等，大蒜口服或注射治疗也获得疗效。

虚性脑膜炎　见于一些发热性疾病，如中耳炎、肺炎、伤寒、疟疾等病程中。出现头痛、颈项强直和克尔尼格氏征阳性等脑膜刺激征。脑脊液压力增高，而细胞数不增多，故又称浆液性脑膜炎。随着原发病的恢复，脑膜刺激征亦消失。部分病例可能因矢状上窦血栓形成所致。

脑脓肿　brain abscess　细菌、真菌或寄生虫等病原体侵入脑实质引起的化脓性感染，并形成脓肿病变。脑实质内形成脓腔，临床上表现为颅内压增高症状、局部定位体征和感染性症状。

病因　绝大多数继发于体内某处的化脓性病灶。根据感染来源的不同，可分为5大类。

耳源性　约占全部脑脓肿的半数，并以化脓性中耳炎和乳突炎并发胆脂瘤引起的最多见。大约2/3发生在大脑颞叶，1/3发生在小脑半球。

鼻源性　少见。额窦、上颌窦、筛窦的化脓感染引起。

血源性　约占1/4。身体某个部位发生化脓性感染后，感染灶内脓性栓子脱落，随血流迁栖到脑白质，形成脑脓肿。腹腔、盆腔脓肿和泌尿系统感染。

外伤性　开放性颅脑损伤，早期清创不彻底或延迟清创，细菌、骨碎片和异物进入脑内，形成脓肿。

隐源性　感染源多不明显或隐蔽。此类脑脓肿病程长，症状体征似脑瘤，不易鉴别，常在术中穿刺出脓液才确定。

病理和临床表现　脑脓肿的形成经过三个阶段。

急性脑炎期　细菌刚侵入脑实质，可有全身炎症反应和局灶性脑炎，患者有发热、发冷、头痛、呕吐或颈抵抗等症状。

化脓阶段　此时软化坏死炎性灶形成脓液，许多坏死化脓灶逐渐融合成脓腔，脓腔逐渐增大。此阶段可称潜伏期。

包膜形成阶段　脓肿逐渐形成包膜，炎症表现减轻或消失，但脓肿逐渐增大，出现明显的占位效应，患者再度出现头痛、呕吐及视乳头水肿等颅高压表现，晚期可死于脑疝。

诊断　依靠一般脑部感染征象和局部症状，以及有关辅助检查。

治疗　在急性脑炎期和化脓期，主要用抗生素治疗、脱水疗法、全身支持疗法和调整好水电解质平衡，促使炎症消退或局限。脓肿包膜形成后应积极选择手术治疗，手术应尽早进行，避免发生脑疝。

脑桥　pons　由横行纤维构成的连接**小脑**左右两侧的桥样结构。**脑干**的中段，位于小脑下方**延髓**和**中脑**之间，前后缘有横沟为界，其腹侧面（基底部）显著凸出。

脑桥的内部有横行交叉的纤维束称斜方体，属听觉纤维。它将脑桥分成背腹两部，背侧部，称脑桥被盖，腹侧底部称脑桥基底部。被盖部为延髓被盖部的延续，是种系发生上比较古老的部分，结构复杂，上与中脑连接，内部含有脑干网状结构、上行和下行传导束及Ⅴ～Ⅷ对颅神经核；基底部在种系发生上较新，是随大脑与小脑半球建立联系后出现的，其膨大部分内含脑桥核及由此核发出的纤维，锥体束也在其中通过。

脑桥的生理功能还不完全清楚。已发现的有：①参加呼吸节律的控制。②参与对肌紧张和肌肉运动的调节。

脑疝 brain, hernia of　颅内压增高使一部分脑组织通过硬膜或颅骨孔道挤到压力低的部位的一种病理现象。颅内压增高的一种危急情况，常危及生命，又称颅高压危象，可造成重要的神经组织、血管、颅神经受压而产生相应的症征。

分类　常见者有三类：①小脑幕切迹疝。又称小脑幕裂孔疝、天幕裂孔疝、海马沟回疝。海马沟疝（前疝）、海马回疝（后疝）两者均出现则称全疝。以上均系下降型疝。小脑蚓疝则为上升型疝。②小脑扁桃体延髓疝（枕骨大孔疝）。③扣带回疝（大脑镰疝）。

临床表现　有两种类型。

小脑幕切迹疝　表现为：①急性颅内压增高症状。剧烈头痛及频繁呕吐。在急性病变不一定有视乳头水肿。②意识改变。嗜睡、浅昏迷至深昏迷，即将发生脑疝或脑疝早期的患者烦躁不安。③瞳孔改变。主要是动眼神经受压所致。④锥体束征。主要由于病变侧大脑脚受压所致。出现对侧中枢性面瘫、上下肢瘫、肌张力增高、腱反射亢进和病理反射等。中脑受损者则呈现四肢阵发性角弓反张样强直（去大脑强直）。⑤生命体征紊乱。体温升高，呈中枢性高热。呼吸慢而深。血压升高，脉慢而有力。到晚期则体温血压均下降，呼吸停止，心跳停止而死亡。

小脑扁桃体疝（枕骨大孔疝）　表现为：①颈部强直及枕下部疼痛。主要是疝下的扁桃体对上颈髓神经根造成的压迫所致。②生命体征改变。急性脑疝时变化较为严重。呼吸先变慢，很快出现潮式呼吸及呼吸骤停，继而脉快而弱，血压下降，心跳停止。③颅内压增高症状。由于第四脑室正中孔受阻颅内压更加增高，头痛剧烈，呕吐频繁（疝形成早期）。

治疗　找到造成脑疝的病因，及时去除。如颅内血肿、脓肿和肿瘤造成的脑疝，应及时手术。对一时未查明病因而怀疑后颅窝病变者可行脑室穿刺，行脑脊液外引流以缓解脑疝的进程，争取时间尽快检查确诊并及早治疗原发病变。

脑水肿 cerebral edema　脑内水分增加导致脑容积增大的病理现象。脑组织对各种致病因素的反应。可致颅内高压，损伤脑组织，临床上常见。

分类　根据病理形态及发病机理分为4类。

血管源性脑水肿　常见于脑肿瘤（尤其是脑转移瘤、恶性胶质瘤）、脑脓肿、脑血管意外、脑外伤等病。继发于血脑屏障的破坏，因脑血管通透性增加所致。

细胞毒性脑水肿　常见于缺血、缺氧和中毒性脑病。由于脑缺血或缺氧使细胞内ATP减少，钠泵不能正常工作，细胞内钠潴留，水分大量进入细胞内使细胞肿胀。

间质性脑水肿　临床上常见于各种原因所致的急或慢性梗阻性脑积水。由于脑脊液不能通过正常途径吸收，脑室扩大、室管膜扩张，脑室表面结构及通透性改变，部分脑脊液逸出脑室挤入附近的白质，故脑室内脑脊液压力的高低可直接影响脑水肿的程度。

渗压性脑水肿　实验及临床均发现此类脑水肿与急性水中毒、抗利尿激素分泌不足综合征、血浆低钠离子低渗透压有密切关系。发生机理是细胞外液的渗透压急性下降，为维持渗透压的平衡水分向脑细胞内转移。

以上各类脑水肿很少单独存在，多数情况是混合存在。如在血管源性脑水肿的基础上出现细胞代谢紊乱或血供障碍，于是就有细胞毒性脑水肿的成分参与。

临床表现　无特异性。颅内压增高，且常比原发病的症状更重要更突出。头痛、呕吐和视乳头水肿不一定全部出现。若婴儿的颅缝未闭，又有囟门，颅内压可缓解；老年人因脑萎缩颅腔生理间隙增大，脑水肿症状不明显。剧烈头痛常见于颅内压突然起伏或头位改变时。亦可出现惊厥、肌张力增高，血管运动中枢受刺激可出现代偿性血压升高，脑水肿不断加重或脑疝形成则可出现脑干功能障碍。

治疗　①凡存在可能影响脑水肿的全身因素均应首先纠正。保持呼吸道通畅，昏迷患者应做气管切开，纠正休克，提高血氧分压。②降低颅内压及解除脑疝。③消除脑水肿，主要靠降颅压及脱水利尿药物。④去除原发病因。如针对肿瘤、炎症、外伤等进行相应处理。

脑死亡 brain death　表现为脑组织不可逆地停止代谢活动，脑电图呈现一条直线的状态。确定死亡的新标志。传统的死亡指维持生命活动所必需的呼吸、循环功能停止活动，人体对外界的任何刺激均无反应。当确定脑死亡后即可停止复苏，脑死亡者的器官可供移植用。脑已死亡而血液循环尚未停止者的器官，移植的成功率高于人工营养液灌注低温保存的器官。维持脑死亡者的呼吸循环，需要花费人力、物力，因此脑死亡的确认又可避免大量卫生资源的浪费。

判定的先决条件　①昏迷原因明确。②排除了各种原因的可逆性昏迷。

临床判定　①深昏迷。②脑干反射消失。③无自主呼吸（靠呼吸机维持，自主呼吸激发试验证实无自主呼吸）。以上3项必须全部具备。

确认试验　①正中神经短潜伏期体感诱发电位（SLSEP）显示N9和（或）N13存在，P14、N18和N20消失。②脑电图显示电静息。③经颅多普勒超声显示颅内前循环和后循环呈振荡波、尖小收缩波或血流信号消失。以上3项中至少2项阳性。

判定时间　临床判定和确认试验结果均符合脑死亡判定标准者可首次判定为脑死亡。首次判定12小时后再次复查，结果仍符合脑死亡判定标准者，方可最终确认为脑死亡。

脑性瘫痪 cerebral palsy　早年发生的一组非进行性肌张力、运动及姿势障碍为主的病理现象。简称脑瘫。由各种不同病因所致脑部损害的综合征。

病因　与脑缺氧、感染、外伤、出血有关。可发生于妊娠期、出生时，也可发生于出生后。

临床表现　主要以运动障碍为主，特点为瘫痪。痉挛性脑性瘫痪为最常见，约占70%，其特点为肌张力增强，腱反射亢进，踝阵挛，步态异常（如剪刀样步态等），病理征阳性。大脑皮质运动区和锥体束受损为主。据受损程度可为偏瘫、单瘫、四肢瘫和截瘫。以锥体外系受损为主者表现为运动障碍型脑性瘫痪，占15%。主要系基底节受损，表现为不自主、不规则、不能控制、无目的的动作，睡眠时消失，常见手足徐动症伴舞蹈样动作。共济失调型脑性瘫痪约占5%，病变在小脑。表现为意向性震颤及共济失调，但眼震少见，预后较好。此外尚有智力障碍，癫痫等症状。也常见视力及听力障碍及性格异常等。

诊断　因小儿在个体及智力发育上有差异，早期诊断并非易事。可从患儿运动发育迟缓、姿势异常、反射异常、肌张力异常、智力低下和癫痫发作等特点诊断本病。

治疗和预后　无特殊的治疗方法，主要对症处理。应重视智力和心理的教育和调节。可用药物控制癫痫发作。进行选择性腰骶部脊神经后根部分切断术以解除局部肌肉痉挛。对锥体外系型试用立体定向手术。

脑血管疾病 cerebrovascular diseases　一组因血液供应障碍所致脑部疾病的统称。临床以急性脑血管疾病多见。病理变化为脑血管突然破裂或突然闭塞，从而造成该血管支配区域脑组织的功能障碍。临床表现为中风不语、偏瘫（半身不遂）等，称为卒中或中风。

病因 有下列几方面。

血管壁病变 动脉硬化和动脉粥样硬化；感染性或非感染性血管炎；风湿、结核病、寄生虫、结缔组织病等引起的血管壁病变；血管发育异常；颅脑外伤、手术、导管、穿刺等引起的血管壁损伤。

血液成分的改变 血液黏稠度增加、恶性肿瘤引起的高凝状态、各种血液病引起的出血倾向。

心脏疾病 心律失常、瓣膜病变、二尖瓣脱垂、心肌梗死、心脏黏液瘤、心脏手术等。

其他 服避孕药、药物中毒、药物过敏伴发血管病变，肿瘤、颈椎骨质增生压迫血管等。以上病因中以高血压及动脉硬化、动脉粥样硬化最为重要。

临床表现 起病急剧，多在数秒钟、数分钟或数小时内症状达高峰，呈完全性卒中。部分脑血栓形成和脑出血可于数日内进行性加重，此称进展性卒中。临床表现常因病变为缺血性或出血性，受累动脉部位以及病变的严重程度而异。

症状和体征 ①缺血性卒中。脑血栓形成多在安静状态或睡眠中发病，病前可有短暂性脑缺血发作的历史，发病当时多意识清楚。颈内动脉系统血栓形成的首发症状常为偏瘫，偏身感觉减退，上肢症状往往重于下肢。若病变在主侧半球（含言语中枢的半球），则常有失语。若病变范围较大，也可出现昏迷及完全偏瘫。检查时可见病灶对侧中枢性面、舌瘫及上下肢瘫。椎－基底动脉系统血栓形成的首发症状常为眩晕、恶心、呕吐，不敢睁眼和变换体位，严重者四肢瘫痪甚至昏迷。检查时常可见眼球震颤、构音不清、饮水呛咳、吞咽困难等。四肢亦可出现程度不等的中枢性瘫痪。若为短暂性脑缺血发作（TIA），则上述症状和体征在24小时内消失。TIA可反复发作，部分患者最终出现完全性卒中。

②出血性卒中。因血液骤然破入脑实质或颅腔，颅内压力骤然升高，继而出现一系列急性颅内压增高的症状，如头痛、恶心、呕吐、意识障碍等。

化验检查 脑脊液压力常常升高达180～200毫米水柱，外观呈粉红色，蛋白质含量可增高。如果血肿不大，或患者为70岁以上老年人（因脑萎缩明显），脑脊液压力可以不高。若血肿未破入脑室或蛛网膜下腔，则脑脊液可以不含血。原发或继发蛛网膜下腔出血时，脑脊液压力常常高于200毫米水柱，外观呈血性。

特殊检查 心脑电图、颅脑超声、经颅多普勒血管超声、放射核素区域性脑血流均可发现相应的异常。血管造影可发现病变的血管，如狭窄、闭塞、颅内动脉瘤或血管畸形，对手术或介入治疗提供重要参考。

诊断 诊断要点是：起病急，中老年居多。多有高血压、动脉硬化病史。可见失语、偏瘫等体征。结合脑脊液、脑血管造影、头颅CT扫描等不难诊断。

治疗 一般处理 ①安静卧床，切忌搬动患者，就近治疗。②保持呼吸道通畅。③加强护理，定期翻身、拍背、吸痰、清洁口腔和皮肤，防褥疮、肺部感染、泌尿系感染等。④保证营养和水电解质平衡。

药物治疗 缺血性卒中除严重者外，一般给予血管扩张药和抗血小板聚集药物，如罂粟碱、烟酸、川芎嗪、丹参、低分子右旋醣酐等。进行性加重者，可用抗凝药物，如肝素、双香豆素等，在有条件查凝血酶原活动度及严密监护的条件下使用。大面积梗塞早期、出血性卒中早期应给予脱水药，如甘露醇、山梨醇、甘油盐水、速尿等，严防电解质紊乱。

手术治疗 脑出血者若血肿限局，年龄适合，无严重并发症，则可行血肿清除术或减压术。

脑炎 encephalitis 一组广泛的炎症性脑病综合征。由病毒、细菌、霉菌、螺旋体、立克次氏体、支原体、寄生虫等感染，以及感染后免疫反应引起的变态反应性疾病。后者常归类于脱髓鞘疾病。通常多指病毒性脑炎。主要症状：急性发热、惊厥、谵妄、精神错乱、昏迷；失语或缄默；偏轻瘫，腱反射不对称，病理反射阳性；不自主运动、共济失调或肌阵挛发作；眼球震颤、眼肌或面肌瘫痪（见面神经麻痹）。脑脊液压力增高，细胞数增加，特别是白细胞数增高，蛋白质升高；依病原的不同可有糖及氯化物定量的变化。影像学检查可显示大脑皮质弥漫性水肿和坏死性（单纯疱疹性脑炎的额叶及颞叶坏死性改变）。

瑙鲁 Nauru; Naoero 南太平洋西部岛国。全称瑙鲁共和国。位于东经166°55′、南纬0°32′处。陆地面积21.1平方千米。水域面积32万平方千米。人口1.1万（2007）。其中瑙鲁人占58%，其他为南太平洋岛国人、华人和欧洲人后裔。居民50%信奉基督教新教，24%信奉天主教。瑙鲁语为国语，通用英语。不设首都，行政中心亚伦。

瑙鲁岛系密克罗尼西亚岛群中一个孤立的珊瑚礁岛，略呈椭圆形。曾有3/5的土地为鸟粪堆积形成的磷酸盐层覆盖。属热带雨林气候。长期的磷酸盐开采致使大部分绿色植被不复存在，留下了大面积裸露的地底岩石。淡水资源缺乏。

瑙鲁人世居岛上。1798年英国船“猎手”号曾抵达此岛。1888年并入德国马绍尔群

岛保护地。20世纪初英国人获准在此开采磷酸盐。1920年国际联盟将瑙鲁交由英国、澳大利亚和新西兰共管，由澳大利亚代表3国行使管辖权。1942～1945年被日本占领。战后成为澳、新、英托管地。1968年1月31日独立，同年11月成为英联邦特别成员。

实行总统制。总统由议会选举产生，议会由18名经普选产生的议员组成，任期均为3年。内阁由总统和总统挑选的4名议员组成。

磷酸盐产业为瑙鲁最重要的经济命脉。磷酸盐产品出口的巨额收入，使瑙鲁成为南太平洋地区最为富庶的国家之一。除磷酸盐产业和服务业部门之外，瑙鲁的其他产业部门基础都十分薄弱，饮用水和其他必需品全部需要进口。随着磷酸盐资源的逐渐枯竭，瑙鲁政府曾试图发展金融业等替代部门，但发展并不顺利，经济逐渐陷入困境，财政支出不得不严重依赖外援。通用澳大利亚元。2007年国内生产总值2 690万澳元。

实行免费义务教育。有小学3所、中学2所。学生在国外接受高等教育，费用由政府提供。办有双周刊《公报》，并有广播电台和通信卫星地面接收站。

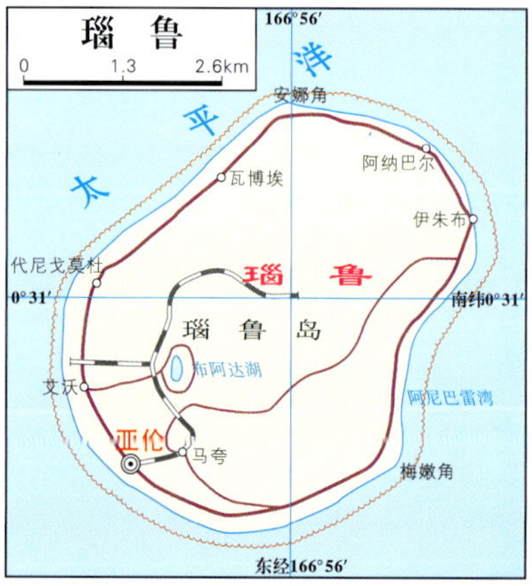

奉行不结盟政策，与英国、美国、日本、俄罗斯、澳大利亚、新西兰和其他南太平洋岛国有外交关系。同中国没有外交关系。

瑙罗吉 Naoroji, Dadabhai (1825-09-04～1917-06-30) 印度民族解放运动早期活动家，印度国民大会党奠基人之一。生于孟买，卒于孟买。在孟买艾尔芬斯顿学院毕业不久，被任命为该院数学和自然哲学教授，成为印度第一位教授。他是西印度地区资产阶级改良运动最早的领导人之一。1852年，他建立了孟买协会，创办《真理之声》杂志，开展启蒙活动。他还建立30余个社会和文化教育团体，大力倡导社会改革，主张推广西方教育。1855年后久居英国，建立伦敦印度协会，宣传改良主张，其分支扩展到印度国内。1867年，他在英国的一次讲演中第一次提出财富外流论，指出英国殖民统治者从印度榨取大量财富而没有任何补偿，是造成印度贫困的根本原因。瑙罗吉积极推动了印度各地区民族主义组织的联合。他参加1884年12月在马德拉斯举行的民族运动领导人会议，在这次会上决定建立全印政治组织——国民大会党。曾三次担任该党年会主席（1886，1893，1906）。

1892年，他在英国参加议会竞选，当选为第一位印度籍的下院议员。1905年印度民族运动出现高潮，为控制民族运动发展，温和派责成瑙罗吉主持1906年国大党年会。瑙罗吉虽持温和派立场，但他在年会上宣布，印度民族斗争的目标是争取自治。1907年10月起，瑙罗吉返回印度。第一次世界大战中，他积极支持开展斯瓦拉吉（自治）运动。

讷河市 Nehe City 中国黑龙江省辖县级市。位于省境西部，松嫩平原北端。邻接内蒙古自治区。面积6 664平方千米。人口63万(2010)，有汉、满、蒙古、回、壮、苗、朝鲜、达斡尔、鄂温克等25个民族。清宣统二年(1910)设讷河理事通判厅。1913年设讷河县。1992年撤县设市。由齐齐哈尔市代管。属中温带半湿润大陆性季风气候。矿产有黄黏土、高岭土、钾长石、石英砂等。工业以采矿、制糖、食品、饮料、机械、建材、酿造、乳品、陶瓷、粮油加工等为主。农业主产小麦、玉米、大豆、高粱、马铃薯、甜菜等，素有“北国粮仓”之称，又有“中国马铃薯之乡”的美称。名胜有茂山自然保护区、雨亭公园等。

内比都 Nay Pyi Taw 缅甸首都。曾名彬马都。位于中部锡当河谷的盆地内，西依勃固山脉，东邻本弄山脉，南距仰光390千米。2005年11月6日由仰光迁都于此。2006年3月改为今名。面积约6 450平方千米（规划面积），人口约92万。主要居民为缅族，另有掸、克钦、克伦、克耶、德努、勃朗、勃欧等少数民族。市郊农业和林业为主要产业，种植稻米、黄麻、柚木，以及蔬菜、水果等。有农业、林业和畜牧业3所大学。仰光—密支那铁路的中继站，已开通至仰光、密支那等主要城市的国内航班。建有内比都到仰光、曼德勒的高速公路。

内丹 internal alchemy 中国道教修炼方术。源于行气、导引、胎息等术。内丹之名，始见于南朝。隋唐之际，外丹盛行，内丹不著。至南宋，全真道南北二宗皆斥外丹。此后内丹术一直作为全真道之主要修炼术行世。

内丹家将人体比作炉鼎，以精、气、神为对象，掌握其运行方法，经过一定的炼养步骤，使精、气、神在体内凝聚成丹而致长生。他们认为，由太初无形无象的“道”生出真元一气，这气分化为阴阳，阴阳合成第三体，第三体又衍生出芸芸万物，是为顺行，即有生有死、生生不息的造化之道。内丹功夫则在逆而行之，力使万物合而为三（即精、气、神），三复化为二（即铅汞或坎离），二复归一（结成金丹），从而达到重返本源，常住永生。

精、气、神，乃指人体先天禀赋的元精、元气和元神。精是基础，气是动力，神是主宰。炼丹第一步是要求以神驭气，以神炼精，使精、气合而为“大药”。修炼过程一般分为筑基、炼精化气、炼气化神与炼神还虚四个阶段。筑基是基本功，重在填亏补虚。由于人生劳累心力，消耗精气，先天元精、元气和元神，殊多亏损，须先通过内丹修炼进行弥补，以达到精全、气全、神全。基础既固，方可炼精化气。其法初步是贯通任、督二脉，即用意念的力量使精化气，复使气自会阴、尾闾溯夹脊上达泥丸，再下降丹田，如此反复运转，称为“河车通”。以神为用，养形炼精，进而炼气化神，炼神还虚，最后使气、神互化互凝，结成金丹，由有入无，重返虚空。

内丹家以《周易参同契》和《悟真篇》为主要丹书。此外，著名内丹著作有张伯端《金丹四百字》、石泰《还源篇》、薛式《复命篇》、陈楠《翠虚篇》及陈致虚《金丹大要》等。

内分泌系统 endocrine system 神经系统以外的一个重要调节系统。包括弥散神经内分泌系统和固有内分泌系统。弥散神经内分泌系统可分为：①中枢部。包括下丘脑-垂体和松果体细胞。②周围部。包括分散在胃肠道、肺、脑、肝、心肌、泌尿生殖道、血管、血液等处散在的内分泌细胞。其功能是将体液信息物质传递到全身各细胞，发挥其对远处和相近的靶细胞的生物作用，参与调节机体各器官的新陈代谢、生长发育和生殖等活动，保持机体内环境的平衡和稳定。固有内分泌系统由无导管腺组成的固有内分泌器官构成，包括垂体、甲状腺、甲状旁腺、肾上腺、胰岛、松果体、胸腺、性腺、胎盘和后鳃体、尾垂体等，其分泌物为激素，激素透过毛细血管壁或血窦的壁经血液循环运送至全身特定的靶器官。它们的体积都较小，但对人体的新陈代谢、生长、发育、生殖等发挥重要的调节作用。

内分泌系统的作用方式一般分为三类：①内分泌。即由腺细胞产生的激素通过血液循环转运达靶器官。②旁分泌。即由腺细胞产生的激素经由细胞外液弥散至邻近细胞，并调节后者的功能。③神经内分泌。即由神经内分泌细胞产生的激素，经轴浆流动转运至分泌末梢，后者终止于或接近于血管，形成所谓神经血管器官。

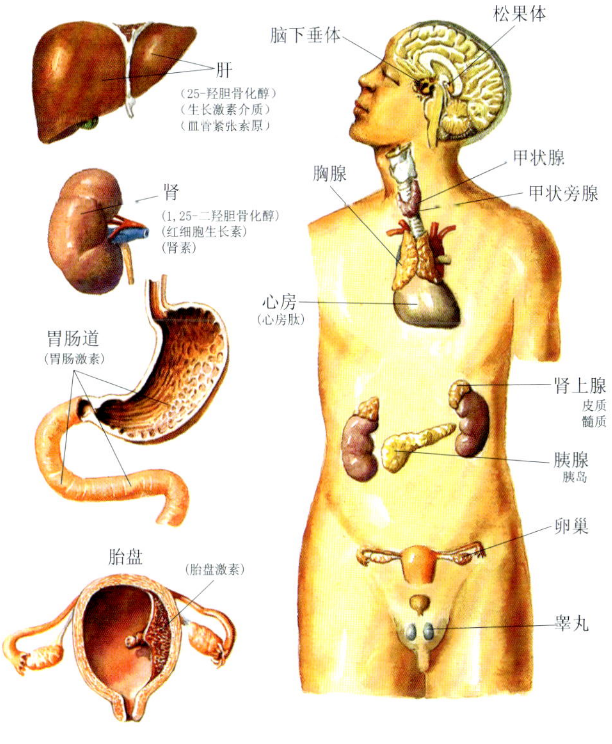

人体内分泌系统

内分泌系统的功能包括：①调节体内某些持续、缓慢的生理过程。包括代谢、生长、发育和生殖。例如，胰岛素调节糖、蛋白质和脂肪代谢，甲状腺激素可提高能量代谢。机体的生育能力和种族的繁殖也受到内分泌激素的调节。②维持内环境的相对恒定。例如，调节血糖、血钙、血钾、血钠、血量以及细胞外液的渗透压等。③适应外环境的变化。例如，在失血、休克、高烧、烧伤、冻伤、创伤、敌对状态、争斗等不利的环境中，肾上腺皮质和肾上腺髓质激素的分泌增加可以大大提高机体对不利环境的对抗和耐受能力。

内夫得沙漠 An Nafūd 沙特阿拉伯北部沙漠，也是阿拉伯大沙漠最偏北的部分。北接叙利亚沙漠，南连杰拜勒舍迈尔山区。北部较为宽阔，东西最长290千米，南北最宽230千米，面积6.6万平方千米。沙的颜色从白、淡红到褐色不等。常有沙暴肆虐，在风力作用下，形成大小、高低不等沙丘、沙脊或沙山。平均海拔900米，最高不逾千米。相当荒芜，即使阿拉伯语所谓的“瓦迪”(季节有水的旱谷或涸河)，也十分罕见。仅局部有水、草处，略适于农牧。自古为交通上的巨大障碍。现代的公路迄今也只能环边绕行，无法穿越。

内肛动物门 Entoprocta 动物界的一门。为低等三胚层假体腔动物。世界现有4科13属70种左右，中国已发现9种。

分为单体和群体两大类，大小一般均不超过5毫米。无坚硬的外骨骼。体躯由萼部和柄部构成。萼部稍侧扁，其凹面为腹面，凸面为背面。萼部自由缘有一圆形或椭圆形触手环。柄部是萼部的延伸，分枝状匍茎匍卧在基质上。假体腔内弥散许多阿米巴细胞和间叶细胞。雌雄异体，少数为雌雄同体。幼虫为担轮型。内肛动物能以出芽方式产生新的群体。柄萼虫科芽体由匍茎长出。

除单体的曲体虫类外，内肛动物都无活动能力，均营附着生活。除湖萼虫属生活于淡水水域外，其他内肛动物都分布在近海浅水区，通常附着在海藻、贝壳、多毛类栖管、海胆刺、水螅和苔藓动物上。

内阁 grand secretariat 中国明清两朝综理国家政务的最高行政机构。明洪武时为加强君主集权统治，废除丞相制度，仿宋制设华盖殿、武英殿、文渊阁、东阁等殿阁大学士。为皇帝侍从顾问，不直接参与政务。永乐初特简翰林院官员入文渊阁当直，参与机密重务，以其地处内廷，故称内阁。初仅专理诏册制诰，不置官署，诸司章奏也不通过内阁。后入阁诸臣渐升至学士或大学士。洪熙时，大学士加官至师、保及尚书、侍郎，其后多以尚书、侍郎授殿阁大学士。宣德、正统时，先后设东制敕房和西诰敕房，由中书官掌办文书，为内阁属吏。至此，阁制始备。代言拟旨，逐渐成为协助皇帝决策的中枢机构。明中叶以后，阁臣分为首辅、次辅、群辅，朝位班次列六部尚书之上。专责起草诏令，票拟批答。嘉靖至万历初，首辅更以相体自尊，独专票拟，阁权至重，六部如属吏。后期，宦官专权，一时以内阁为羽翼。清初改内三院为内阁，设大学士满、汉各二人，协办大学士满、汉各一人，并加殿阁衔。名义上仍为最高官署，实际已不再具有明内阁的中枢地位。清初有议政王大臣会议，裁决军国机要，康熙时又以南书房草拟诏旨，内阁渐成为处理例行政务及发布文告的机构。雍正时设军机处，内阁职权更轻。光绪后期废止题本，内阁更为闲曹。宣统三年(1911)改责任内阁，旧内阁即告废除。

内阁制 cabinet system 内阁总揽国家行政权力并对议会负责的政体形式。与总统制相对。由于内阁制政府具有对议会全权负责的特征，故又称责任内阁制、议会内阁制。内阁制的内阁是以议会为基础产生的。内阁首相（或总理）为政府首脑，通常由在议会中占多数席位的政党或政党联盟的领袖担任。首相从议员中挑选阁员人选，提请国家元首任命，组织内阁。由内阁代表国家元首对议会全权负责。内阁接受议会的监督。当内阁得不到议会信任时，其阁员必须集体辞职，或由内阁提请国家元首解散议会，重新举行议会大选。新议会如果仍对内阁表示不信任，内阁则必须总辞职，由国家元首任命新首相组织新政府。

内格罗河 Rio Negro 亚马孙河左岸主要支流。由发源于哥伦比亚东部山地的瓜伊尼亚河在圣卡洛斯附近汇合卡西基亚雷河后，始称内格罗河。流经巴西西北部，在马瑙斯以下17千米处注入主流。全长2 000千米，流域面积达100万平方千米。河道曲折蜿蜒，下游多沙洲。流域内炎热多雨，人烟稀少。

内涵和外延 intension and extension 概念的内涵和外延，在传统逻辑里称词项（命题的主谓项）或名称的内涵和外延。17世纪《波尔-罗亚尔逻辑》一书首次提出内涵和外延的区别。内涵是词项的所谓、含义，外延是词项的所指、对象。词项的内涵就是概念，它是对一类事物的特有属性的反映。词项的外延或者说概念的外延是它所指称的事物所组成的那个集合。对于同一类事物可以形成不同的内涵，但外延相同。词项“人”的外延是古往今来一切人所组成的那个集合，即人类。欧洲在长时期内认为“人”的内涵是“理性动物”，现在一般认为“人”的内涵是“能制造和使用生产工具的动物”。

传统逻辑有所谓内涵和外延的反变（反比）关系。例如“人”的外延比“动物”的外延窄，因为凡人都是动物，而其他动物不是人；“人”的内涵比“动物”的内涵深，因为“人”的内涵包涵“动物”，而“动物”的内涵不包括“能制造和使用生产工具”。但反变关系不是严格的数学规律。传统逻辑所谓概念间的关系，是指其外延间的关系，即集合间的关系；这是传统逻辑处理有关直言命题的推理的基础。传统逻辑在这个问题上的缺陷是只讨论非空非全的集合。另一个缺点是混淆了集合的关系（二元关系）与集合的运算（三元关系）。

现代逻辑发展了内涵和外延的理论。对于不同的可能世界，同一词项所指的对象即外延可以不同。词项的内涵唯一地决定它在各可能世界中所指的对象即外延。故内涵是一个函项（映射），其定义域是可能世界的集合，其值域是该词项在相应的可能世界中所指对象的集合（外延）。

内河航道 inland waterway 江河、湖泊、水库和渠道等内陆水域供船舶航行的通道。按航道尺度大小及组成不同水网的需要，航道分为不同等级，并分别规定有最小航道水深、宽度、弯曲半径及跨河建筑物水面以上的净空（净高、净跨）要求。为保证船舶安全航行，根据航道情况和水域条件，航道中设置有航标。航道分为天然航道和人工航道两类；按航道条件和河流特征又分有平原航道、山区航道、湖泊水库航道、渠化航道等。内河航道是重要的交通基础设施和交通线路，其开发利用对社会经济发展起到了巨大的促进作用。内河航道是可持续利用的运输资源，凡航道条件许可、腹地货源稳定的国家都对其加以优先开发和充分利用。中国内河航道总里程居世界第一。

内河航行权 inland navigation, right of 在本国江、河、湖水道上从事航行，不容任何外国侵犯的主权。鸦片战争以后，外商在华航运势力迅速扩张起来，中国的内河航行权受到严重侵犯。第二次鸦片战争后签订的中英《天津条约》使英国商船取得长江自汉口以下的通航特权。中俄《瑷珲条约》使沙俄取得黑、松、乌三江的通航权。1876年，中英《烟台条约》及1890年中英《烟台续约》使外船自上海至汉口的航行特权延伸到宜昌与重庆，长江主流的航权至此全部丧失。

中日甲午战争以后，据中日《马关条约》第6款规定，外船在长江航线上的航行已由主流扩展到支流。1902年中英《续议通商行船条约》导致两广内河航权几乎全被攫夺。此外，该条约附件丙《续议内港行轮修改章程》亦为外商在各地内河自由航行提供了口实。远在不平等条约签订以前，各条内河航线的航权事实上已经遭到侵略者的破坏。不平等条约中有关专款的规定把既成事实条约化，把非法活动合法化。1949年中华人民共和国建立后才收回了这项主权。

内华达山脉 Nevada, Sierra 美国西南部花岗岩断块山地。位于加利福尼亚州东部，北起拉森峰，南止蒂哈查皮山口，北北西—南南东走向，全长640千米。东坡大断崖拔立于东侧大盆地之上，西坡斜缓倾向加利福尼亚谷地，宽65～130千米，为北美洲科迪勒拉山系西缘山地的组成部分。山体连绵高峻，海拔1 800～3 600米，有10座海拔在4 300米以上的山峰，其中惠特尼山海拔4 418米，为美国本土的最高峰。西坡深受河流切割，多深邃的峡谷。西坡降水量较多，森林茂密，有黄松、糖松、道格拉斯冷杉、红杉等。费瑟、默塞德等10余条河流顺坡西流，注入加利福尼亚谷地的萨克拉门托河和圣华金河，是该地区农业灌溉和城市用水的重要水源。小湖泊众多，其中面积最大的塔霍湖（502平方千米）是美国第二深湖（501米）。东坡气候干旱，植被稀疏，以灌木和草类为主。湖泊、瀑布、峡谷、奇峰、森林、冰川等，构成山区独特的自然景色，辟有约塞米蒂等3个国家公园和许多州立公园、游览地。

内华达州 Nevada State 美国西部山区一州。北接俄勒冈州和爱达荷州，东界犹他州和亚利桑那州，西、南与加利福尼亚州相邻。面积286 352平方千米，居全国第七位；其中陆地面积284 397平方千米。人口260.02万（2008），其中白人占75.2%，黑人占6.8%，亚裔占4.5%，混血种人占11.8%。州府卡森城。

全州大部分位于内华达山脉以东的大盆地内，平均海拔1 700米。地形特征表现为一系列短窄断块山与干燥盆地相间分布，两者高差900～1 500米。西南部州界附近的邦德里峰海拔4 005米，为全州最高点。河网稀疏，除流经东南角的科罗拉多河外，均属内流河，流量有限，洪堡河是州内唯一横贯东西的较大河流。北部地处温带，中、南部为亚热带，气候干旱。自北向南，1月平均气温－4～4℃，7月21～30℃。年降水量100～250毫米，局部山区降水稍多。以荒漠和半荒漠为主，遍布旱生灌丛，森林覆盖率仅15%。

早期是印第安人居地。1776年西班牙传教士最先到此。此后成为西班牙殖民地新墨西哥的一部分。1821年墨西哥独立后该地成为其领土，1848年美墨战争后归属美国。1850年划归新成立的犹他领地。1859年发现金、银矿，移民大增。1861年建立内华达领地。1864年加入联邦，成为美国第36州。

矿业和牧业是州经济开发早期的基础产业。农业用地80%以上为牧场，农业收入的2/3以上来自畜牧业，主要饲养牛、羊。种植小麦、大麦、燕麦和各类草料，大部供牲畜饲用。传统的矿业已几经兴衰，现非燃料矿开采如金、银、铜、钨、锂、汞、重晶石等在全国仍名列前茅，产值仅次于亚利桑那州。制造业规模相对较小，主要有印刷、食品加工、建材、化工、金属加工等部门。该州大部分土地为联邦政府所有，除内利斯空军基地和佛伦海军航空站外，20世纪50年代起建立了大规模核试验基地，促成高科技研究与开发基地的创建，包括航空航天、微电子、生物医学等。旅游业为州经济的支柱产业，世界著名“赌城”拉斯维加斯和里诺是两大博彩娱乐中心。州内有大盆地国家公园和塔霍湖、米德湖等游览胜地，以及众多州立公园和国家野生动植物保护区。横贯大陆的铁路和高速公路通过本州。拉斯维加斯的麦卡伦国际机场年客运量居全国前列。有内华达大学等高等院校。

内环境 internal environment 细胞直接生活的环境。包括细胞周围的血浆、淋巴液、脑脊液、组织液等各种细胞外液。这一概念是19世纪法国生理学家C.贝尔纳提出的。他认为：高等生物的细胞生活在一个与体外环境不同的内部环境之中。多种动物的细胞外液不仅在成分上与体周围的水或空气不同，而且在外环境成分变动时，或食物等物质进入体内后仍能保持内环境的相对恒定性。内环境的恒定性是机体自由生存的必要条件。

内环境的最大特点是它的理化性质保持相对恒定，如温度、pH、渗透压及各种成分等。内环境不仅为细胞提供所需的氧和营养物质，还接受细胞排出的代谢产物，也为细胞的生存提供必要的理化条件，确保各种酶促反应和生理功能的正常进行。

内婚制 endogamy 在一定血缘或等级范围内选择配偶的一种婚姻规例。又称族内婚。产生于旧石器时代中、晚期。原始社会一个部落的不同氏族之间通婚，从部落来说就是族内婚。在阶级社会里，内婚制有各种不同的内容。通婚范围除与血缘有关之外，也与民族、宗教、等级、阶级等有关。有的民族不与外族通婚。信仰伊斯兰教、犹太教和印度教的，一般只在教徒内自相通婚。印度的种姓等级制度严格规定种姓内婚，允许两个上等种姓（婆罗门、刹帝利）男子从两个下等种姓（吠舍、首陀罗）娶妻，但禁止下等种姓男子从上等种姓娶妻。在某些社会中，贵族、平民与奴隶各行内婚。古代罗马禁止贵族与平民通婚。古代埃及和秘鲁，王室不得与其他贵族结婚，只在近亲内寻求配偶。古代日本的法律明文规定阶级内婚，皇室只在近亲内通婚。

内江市 Neijiang City 中国四川省辖地级市。位于省境东部，四川盆地中部，沱江下游。辖市中区、东兴区和威远、资中、

西林寺

隆昌3县。面积5 386平方千米。人口370万（2010），有汉、回等民族。夏、商为梁州地，周为雍州地，春秋战国时分属巴州、蜀州管辖，至北周置中江县，隋改称内江县。1951年划出内江县一部分设县级内江市，1985年升为地级市。工业以建材、机械、食品、化学（药品）为支柱，并辅以冶金、电力、制革、造纸、饲料加工、农副产品加工等。土地肥沃，物产丰富，为四川省粮食和经济作物重要产区，国家商品粮生产基地，重要棉、蔗产区和蔗糖工业中心，素有“甜城”之称。交通便利，成渝、内宜、隆泸、资成、内昆、隆黄等铁路，以及内宜、云川、内遂、隆内等高速公路和内乐、内泸、内南等高等级公路过境，沱江可通航。名胜古迹有重龙山、圣水寺、西林寺、安岳石刻、三岔湖、龙泉湖等。

内江猪 Neijiang pig 中国猪的地方品种。原产四川省内江地区。具有成熟早和适应性强等特点。头大嘴筒短，耳中等大而下垂。

额面皱纹深陷成沟，额皮中部隆起成块状，俗称“盖碗”。体躯宽深，背腰微凹，四肢粗壮，成年猪体侧及后腿皮肤有明显皱褶。胴体背膘较厚，皮厚，骨骼较重。被毛黑色，鬃毛粗长。在良好的饲养条件下，育肥猪6月龄体重可达90千克左右，胴体瘦肉率37%左右，肉质良好。与作为父本的杜洛克猪、兰德瑞斯猪、约克夏猪等杂交，杂种后裔的胴体瘦肉率增加，皮变薄，日增重也有明显提高。

《内经》 *Inner Canon* 中国中医学奠基之作，现存最早的中医理论经典著作。全称《黄帝内经》。共18卷，162篇。由《素问》与《灵枢》（各9卷）组成。《黄帝内经》之书名，最早见于刘向《七略》和班固《汉书·艺文志》。这是一部托名“黄帝”的著作，撰者已难以稽考。

《内经》将中国古代哲学中的阴阳五行学说贯穿于全书之中。全书不仅认为阴阳之间的对立、互根、消长运动是宇宙间的基本规律，而且提出了诊治疾病必须以阴阳为本的观点。对五行理论的运用，书中一方面按照五行属性类分自然界中众多的事物，从而将人体脏腑器官及其功能活动与天地四时紧密联系起来，并且还运用五行学说中的生、克、乘、侮理论来说明人体五脏间的相互关系，以其解释病机、预测传变、判断预后、确立治则。

《素问》自"上古天真论"、"四气调神篇"至"解精微论"(共81篇)，《灵枢》(又名《灵枢经》)自"九针十二原"、"本输"至"痈疽"篇（亦为81篇），内容大致包括摄生（养生、预防）、阴阳、脏象（脏腑之生理、病理反应，并包括五脏六腑、"奇恒之府"之功能)、经络（十二经、奇经八脉）、论治（包括治则和治法。治法如针、砭、灸、汤药、药酒、按摩、气功、温熨及贴药等方法)、药性理论、运气学说等。这些论述不仅奠定了中医学理论基础，对后世临床医学的发展也起到关键的作用。此书从总体上反映自战国到秦汉这一历史时期众多医家所积累和总结的学术经验，反映了时代的医学水平。《内经》所贯穿的统一整体观、发展变化观和恒动观等具有朴素唯物论和辩证法观点的学术思想，构成了中医学的特色。

在中国医学发展的过程中，《内经》在学术理论方面起到无可争议的骨干作用，并有十分深广的国际影响。在古代，日本、朝鲜、越南等国均将《内经》视为主要的医学经典著作。日本国最早的医事法令"大宝令"中就将《素问》、《黄帝针经》(即《灵枢》）列入医学生必读书目。

内窥镜术 endoscopy 应用可送入体腔、管道内的观察镜进行检查及治疗的技术。检查与外界相通的腔道（消化道、呼吸道、泌尿道等)，可在麻醉后直接将内窥镜插入，称为无创性内窥镜检查术；检查密闭的体腔（如胸腔、腹腔、关节腔等)，则需通过切口放入内窥镜，称为创伤性内窥镜术或腔镜术。在内窥镜检查的同时，若使用各种配件，尚可进行治疗。

分类　按结构分　①金属硬管式。又可分为微型低压灯泡型，由尖端的灯泡照明；半可曲式型，由硬、软管和其内的短棱镜组成。②纤维光导式。采用了纤维光束和强光源的冷光技术。③电子摄像式。应用电荷耦合器件等微电子技术显示图像，尚称电子内镜。另外还有融合内镜和腔内超声优点的超声内镜（EUS)。

按应用器官系统分　①消化道。食管镜、胃镜、十二指肠镜、小肠镜、结肠镜、乙状结肠镜、直肠镜、胆道镜。②泌尿生殖道。尿道镜、膀胱镜、肾输尿管盂镜、阴道镜、宫腔镜。③五官呼吸道。鼻镜、喉镜、气管镜、耳镜。④体腔。胸腔镜、腹腔镜、纵隔镜和关节镜等。

临床应用　用于诊断和治疗两方面。

内镜诊断　由于可直接观察腔、道内情况，必要时还可取活体组织检查，故广泛应用于消化、呼吸、妇产、泌尿等各系统疾病的诊断。

内镜治疗　①肿瘤的切除。②止血。③结石、异物取出。④狭窄管道扩张或置管。⑤内镜胃肠道造口术，如胃造口等。

自从开展腔镜外科后，其治疗范围逐年扩大，包括各种的良恶性病变，如腹腔镜胆囊切除、卵巢肿瘤切除；胸腔镜肺段切除以及泌尿外科经皮腔镜行后腹膜内肾上腺肿瘤切除等。

内陆海 inland sea 深入大陆内部，被大陆或岛屿、群岛所包围，仅通过狭窄的海峡与大洋或其他海相沟通的水域。又称地中海、封闭海。海洋水文特征受大陆影响显著，个性较强。在不同环境条件下，其个性特征有明显差异。按形态特征和水文特征，内陆海可分为陆间海和陆内海两种类型。陆间海位于几个大陆之间，面积较大，平均深度较深，海底地貌比较复杂。受大陆影响相对较小的海，又称陆间地中海或大地中海，如欧洲地中海、亚洲地中海、美洲地中海、北极地中海。陆内海深入一个大陆内部，面积较小，平均深度较浅，海底地貌较为单纯。受大陆影响相对较大的海，又称陆内地中海、小地中海，如渤海、波罗的海、红海、波斯湾、哈得孙湾等。

内罗毕 Nairobi 肯尼亚首都和最大城市，也是东非最大、最现代化、发展最快的城市之一。位于肯尼亚南部高地上，海拔1 680米。人口约300万(2004)。由于海拔高，年平均气温仅17.5℃，平均最低气温10～14℃，最高为22～26℃，气候凉爽宜人，被誉为"阳光下的绿城"。城市始建于1899年，1905年取代蒙巴萨成为英国"东非保护地"首府。1919年宣布为自治市。1963年肯尼亚独立后定为首都。肯尼亚的工业中心，有制革、制鞋、食品、纺织、服装、建筑材料、机械修配、通信、运输设备制造等工业，有东非最大的机车修理厂。咖啡、茶叶和剑麻的重要集散地。全国交通枢纽，公路、铁路四通八达。有输油管至蒙巴萨。肯雅塔国际机场距市区15千米，是非洲最现代化的国际航空站之一。文化教育体系完整，各级学校、大学、研究所、图书馆等设施完善，有内罗毕大学、肯雅塔大学、肯尼亚行政管理学院、肯尼亚综合技术学校和肯尼亚公立音乐学院。还有肯尼亚国家博物馆（以大量的自然历史收藏而著名)、麦克米伦图书馆、肯尼亚国立大剧院、索斯比美术陈列馆、国家档案馆等。许多国际组织和地区组织总部所在地，包括联合国环境规划署总部，东非共同体铁路、港口、航空等公司的总部。城市规划完善，注重功能分区，东南部为工业区；住宅区按集聚的亚洲人、非洲人或欧洲人而具不同建筑风格；还有精心规划的市中心区。市区多花园和公园，有"花之都"的美誉。南郊占地117平方千米的内罗毕国家公园，是世界唯一的城市野生动物园。

内罗毕城市一角

内蒙古大学 Inner Mongolia University 中国综合性大学。校址在呼和浩特。创建于1957年。建校初期，学校设有汉语、蒙古语、历史、数学、物理、化学、生物（动物、植物2个专业）7个系8个专业。设有几十个院系和科研机构。有培养学士、硕士和博士的教学体系；有中国少数民族语言文学、动物学等国家重点学科和部级重点实验室等。

内蒙古高原 Inner Mongolia Plateau 蒙古高原的一部分。位于阴山山脉之北，大兴安岭以西，北至国界，西至东经106°附近。东西长约1 000千米，南北宽300～500千米，面积约40万平方千米。广义的内蒙古高原还包括阴山以南的鄂尔多斯高原和贺兰山以西的阿拉善高原。一般海拔1 000～1 200米，南高北低，北部形成东西向低地，最低海拔降至600米左右，在中蒙边境一带是断续相连的干燥剥蚀残丘，相对高度约百米。高原地面坦荡完整，起伏和缓，古剥蚀夷平面显著，风沙广布，古有"瀚海"之称。戈壁、沙漠、沙地依次从西北向东南略呈弧形分布，高原西北部边缘为砾质戈壁，往东南为砂质戈壁，高原中部和东南部为伏沙和明沙。

夏季风弱，冬季风强，气候干燥，冬季严寒，日照丰富。

呼伦贝尔草原

年平均气温3～6℃，西高东低。年降水量分布东多西少，介于150～400毫米，6～8月集中年雨量的70%，降水年际变率大。中国多风地区之一，从东向西增大。高原西部，年沙暴日数达10～25天。风多而大对牧业生产不利，但却为高原上重要动力资源。高原无较大河流，无流范围广大。河流多为间歇河，春季成干谷，雨季有洪流。有些河流中途即消失成为无尾河，较大河流的末端往往形成尾闾湖。除尾闾湖外，还有风蚀湖、河迹湖和构造湖。内蒙古高原是中国湖泊较多的地区之一，常年有水的湖泊，水浅且面积小，或为雨季湖。额吉诺尔是著名盐湖。

内蒙古高原是中国重要的牧场，草原面积约占高原面积的80%，属欧亚温带草原区的一部分。植物种类以多年旱生中温带草本植物占优势，最主要为从生禾草，次为根茎禾草、杂类草及旱生小灌木和小半灌木成分。高原上草群的组成、高度、盖度、产量和营养成分也呈东西向变化。典型草原带的牧草高度在30～40厘米，是中国最大的绵羊及山羊放牧区。荒漠带草层高度15～50厘米，牧草质量差，是中国骆驼主要产区之一。

内蒙古高原是蒙古、达斡尔、鄂温克、鄂伦春和汉等族人民长期从事畜牧业生产活动地区。20世纪50年代以前牧民过逐水草而居的游牧生活，牧业生产十分落后。50年代以来，牲畜头数增长数倍。但因种种原因，草原的载畜量日渐加重，畜草茅盾日益加深。包头是重要的钢铁基地，呼伦贝尔市海拉尔区之南的伊敏河煤田是中国五大露天煤矿之一。

内蒙古自治区 Inner Mongolia Autonomous Region 简称内蒙古。位于中国北部边疆地区。东临黑、吉、辽3省，西与甘、宁2省区接壤，南靠冀、晋、陕3省，北部和东北部与蒙古、俄罗斯交界，国境线长4 221千米。辖3个盟，49个旗、17个县、3个自治旗、11个县级市和21个市辖区（见表）。面积约118万平方千米，占全国面积的12.3%，居全国第3位。人口2 471万(2010)。是多民族聚居区，有蒙古、汉、回、满、朝鲜、达斡尔、鄂温克、锡伯、鄂伦春、壮、藏、苗、土家等49个民族。其中，汉族人口在1 000万以上，蒙古族人口在300万以上，回、满族人口在20万以上。自治区人民政府驻呼和浩特市。

建制沿革 战国时期属赵、燕等国及中国北方少数民族匈奴、东胡之地。秦汉属匈奴、乌桓、鲜卑之地及五原、朔方、云中、辽西等郡。唐置丰、胜、云、营、灵、夏、凉、甘、肃9州。宋开禧二年（1206），蒙古各部在鄂嫩河畔举行大聚会，建立蒙古汗国，实行领户分封制度，推铁木真为全蒙古大汗。元属上都、集宁、全宁、净州、应昌等路(府)。清康熙三年（1664），满洲部落征服漠南（现中蒙边界以南）蒙古各部，称漠南为内蒙古、漠北为外蒙古。民国年间，内蒙古各盟旗曾被划属热河、察哈尔、绥远等省。1947年成立内蒙古自治区。

自然条件 地体呈显著带状镶嵌结构：中部由大兴安岭、阴山、贺兰山、龙首山等山脉组成脊梁；其北即为平均海拔千米左右、地表起伏平缓而开阔的内蒙古高原；东南是嫩江右岸及西辽河平原；南部为河套－土默特平原；西南一隅则为鄂尔多斯高原。东部地区是中国火山集中分布的地区之一。大致可分大兴安岭中段火山群、阿巴嘎火山群、达来诺尔火山群、乌兰哈达火山群、岱海火山群5群。

内蒙古地处中温带的大陆内部，降水稀少，自东南向西北递减。大兴安岭山地和西辽河流域的南部山区，平均年降水量450毫米以上，山脊地带超过500毫米。由此向西北内陆地区，降水量渐减。气温自大兴安岭向东南和西南递增。低温区分布于大兴安岭中山地带，年平均气温低于－5～－3℃，是中国最冷地区之一。夏季温凉短促，部分地区无夏季。

图1 内蒙古自治区锡林郭勒风力发电站

内蒙古河川径流总量约400亿立方米（黄河过境水除外）。外流河系流域面积约占总面积的3/5。内流区河系多数是无尾或径流消失在封闭的盆地或洼地中潴流成湖沼。高原上湖泊群众多，以呼伦湖、贝尔湖、达来诺尔、岱海、乌梁素海最大，亦为内蒙古著名渔场。地下水总量230多亿立方米，水资源总量为640多亿立方米，约占全国的1.5%。水资源82%在东部，西部地区缺水。

在中国自然区划中，自治区所辖分属于4个自然地理区：西辽河流域干草原区；内蒙古高原干草原荒漠草原区；鄂尔多斯高原干草原荒漠草原区；阿拉善高原温带荒漠区。它们分属于中国西北干旱区的内蒙古温带草原地区（前三者）和西北温带及暖温带荒漠地区（后者）。

图2 内蒙古自治区乌兰牧骑

经济概况 全区耕地主要分布在大兴安岭和阴山山脉以东、以南地区，即河套平原、土默川平原、西辽河平原、嫩江西岸平原和广大丘陵地区。以旱作农业一年一熟制为主。主要粮食作物有小麦、玉米、水稻、谷子、莜麦、高粱、大豆、马铃薯等。经济作物以甜菜和油料为主。许多独具内蒙古特色的农产品，如莜麦、荞麦、河套蜜瓜等，已进入国际市场。内蒙古自治区草场广阔，为中国主要的畜牧业生产基地。有著名的三河马、三河牛、草原红牛、乌珠穆沁肥尾羊、敖汗细毛羊、内蒙古细毛羊、鄂尔多斯细毛羊、阿里巴斯山羊、阿拉善双峰驼等优良的畜种资源。

内蒙古是国家重要的森林基地。主要用材林集中于大兴安岭林区，有兴安落叶松、樟子松、白桦、白杨、水曲柳、蒙古栎、黑桦等。从1978年起，开始启动被称为“绿色万里长城”和“世界生态工程之最”的“三北”防护林工程，已产生显著生态、经济、社会效益。

“东林西铁遍地煤”是内蒙古自治区资

内蒙古自治区行政区划表(2010)

呼和浩特市	阿鲁科尔沁旗	莫力达瓦达斡尔族自治旗	太仆寺旗　镶黄旗
新城区　回民区	巴林左旗　巴林右旗	**鄂尔多斯市**	正镶白旗　正蓝旗
玉泉区　赛罕区	克什克腾旗　翁牛特旗	东胜区　达拉特旗	**乌兰察布市**
托克托县　武川县	喀喇沁旗　敖汉旗	准格尔旗　鄂托克前旗	集宁区　丰镇市
和林格尔县　清水河县	**通辽市**	鄂托克旗　杭锦旗	卓资县　化德县
土默特左旗	科尔沁区　霍林郭勒市	乌审旗　伊金霍洛旗	商都县　兴和县
包头市	开鲁县　库伦旗	**兴安盟**	凉城县
昆都仑区　东河区	奈曼旗　扎鲁特旗	乌兰浩特市	察哈尔右翼前旗
青山区　石拐区	科尔沁左翼中旗	阿尔山市　突泉县	察哈尔右翼中旗
白云鄂博矿区	科尔沁左翼后旗	科尔沁右翼前旗	察哈尔右翼后旗
九原区　固阳县	**呼伦贝尔市**	科尔沁右翼中旗	四子王旗
土默特右旗	海拉尔区　满洲里市	扎赉特旗	**巴彦淖尔市**
达尔罕茂明安联合旗	扎兰屯市　牙克石市	**锡林郭勒盟**	临河区　五原县
乌海市	根河市　额尔古纳市	锡林浩特市	磴口县　乌拉特前旗
海勃湾区　海南区	阿荣旗	二连浩特市	乌拉特中旗　乌拉特后旗
乌达区	新巴尔虎右旗	多伦县　阿巴嘎旗	杭锦后旗
赤峰市	新巴尔虎左旗	苏尼特左旗	**阿拉善盟**
红山区　元宝山区	陈巴尔虎旗	苏尼特右旗	阿拉善左旗
松山区　宁城县	鄂伦春自治旗	东乌珠穆沁旗	阿拉善右旗
林西县	鄂温克族自治旗	西乌珠穆沁旗	额济纳旗

源与工业布局概貌。“东林”指自治区境内大兴安岭地区的森林工业；“西铁”即包头钢铁公司；“遍地煤”指煤矿分布广泛，主要有东胜煤田、准格尔煤田及东部三大露天煤矿等。区内矿产资源丰富，煤、铁、稀土、锌、铅、锡、铋、金，以及石油、天然气等在全国占有重要地位。稀土资源得天独厚。稀土氧化物储量丰富，居世界首位。世界级的大油气田——陕甘宁油气田的主体在自治区境内的鄂尔多斯盆地，开发潜力很大。内蒙古不仅是国家重要的能源、原材料工业重要基地，而且是国家重要的森工、畜产品加工基地。20世纪90年代以来，内蒙古自治区贯彻“林木为主，多种经营”的经济建设方针，工业得到较快发展，已经形成煤炭、纺织、冶金、机械、电力、食品、建材、森工、电子、皮革、皮毛、化工、医药、造纸、酿酒、服装等为支柱，门类比较齐全的工业体系。

铁路干线有京包、包兰、滨洲、集二、京通、大准等17条，14条支线，7条联络线。公路运输以国道、省道、干线公路为主，形成了“三横九纵十二出口”的公路网，并重点建设了呼包和京呼高速公路（呼老段）等重点工程。民用航空已形成了以呼和浩特为中心，包括包头、通辽、赤峰、锡林浩特、呼伦贝尔、乌兰浩特等在内的航空运输格局。

文教科技　内蒙古自治区高等教育发展迅速，有**内蒙古大学**、内蒙古民族大学、内蒙古工业大学、内蒙古农业大学、内蒙古师范大学、内蒙古医学院、呼伦贝尔学院、内蒙古科技大学等高等院校。锡林浩特还建有中国科学院草原生态系统定位研究考察站。建有文艺演出团体乌兰牧骑。

名胜古迹　主要有**成吉思汗陵**、响沙湾、昭君墓、元上都遗址、五塔寺、五当召、格根塔拉、稀拉穆仁、稀日塔拉、朱日河、阿尔山温泉、呼和诺尔、白音胡硕、呼伦湖、凤凰山庄、辉腾锡勒，以及海拉尔西山国家森林公园、大青沟自然保护区等。有国家历史文化名城呼和浩特。

内能　internal energy　热力学系统的热运动能量。广义地说，内能是由系统内部状况决定的能量。热力学系统内部的能量是全部微观粒子各种能量的总和，即微观粒子的动能、势能、化学能、电离能、核能等等的总和。由于系统在热力学过程中，物质的分子、原子、原子核的结构一般都不发生变化，即分子原子间相互作用能、原子内的能量、核能都保持不变，可作为常量扣除。因此，热力学系统的内能通常是指全部分子的动能以及分子间相互作用势能之和，前者包括分子平动、转动、振动的动能以及分子内原子振动的动能，后者是所有可能的分子对之间相互作用势能的总和。内能是态函数。真实气体的内能是温度和体积的函数。理想气体的分子间无相互作用，其内能只是温度的函数。但当在热力学研究中涉及化学反应时，需要把化学能包括到内能中。做功、传热，系统与外界交换能量都可使内能改变，其间的关系遵循热力学第一定律。

内燃机　internal combustion engine　使燃料在机器内部燃烧，将放出的热能直接转换为动力的热力发动机。一种**动力机械**。通常指活塞式内燃机。广义上的内燃机不仅包括往复活塞式内燃机、旋转活塞式发动机和自由活塞式发动机，也包括旋转叶轮式的**燃气轮机**和喷气式发动机。内燃机热效率高，功率和转速范围宽，配套方便，机动性好，可使用汽油、柴油和气体燃料等多种燃料。世界上内燃机的保有量在动力机械中居首位。

简史　1794年，英国人R.斯特里特提出从燃料的燃烧中获取动力，并且首次提出燃料与空气混合的概念。1833年，英国人W.L.赖特提出直接利用燃烧压力推动活塞做功的设计。

煤气机问世　1860年，法国人É.勒努瓦模仿蒸汽机的结构，设计制造出第一台实用的煤气机。1876年，德国发明家N.A.奥托创造成功第一台往复活塞式四冲程煤气机。1881年，英国工程师D.克拉克研制成功第一台二冲程煤气机。

汽油机诞生　1883年，德国的G.**戴姆勒**创制成功第一台立式汽油机。将内燃机的转速由200转/分提高到800转/分。1885～1886年汽油机作为汽车动力运行成功，大大推动了汽车的发展。不久汽油机又用作小船的动力。

柴油机的发明　德国工程师R.**狄塞尔**首创的压缩点火式内燃机（柴油机）于1897年研制成功，并以发明者的姓氏将其命名为狄塞尔引擎。后来这种内燃机大多以柴油为燃料，故又称为**柴油机**。1898年，柴油机首先用于固定式发电机组，1903年用作商船动力，1904年装于舰艇。1913年，第一台以柴油机为动力的内燃机车制成，大约在1920年开始用于汽车和农业机械。

旋转活塞式发动机的产生　早在往复活塞式内燃机诞生以前，人们曾致力于旋转活塞式内燃机的创制。直到1954年，德国工程师F.**汪克尔**解决密封问题后才于1957年研制成功旋转活塞式发动机，并被称为汪克尔发动机。这种发动机只在军用等特殊领域得到应用。

分类　按所用燃料可分为柴油机、汽油机和气体燃料发动机等机型。按一个工作循环的冲程数可分为二冲程和四冲程内燃机。按气缸冷却方式可分为水冷和风冷内燃机。按点火方式可分为火花点火式、压缩点火式和热泡式内燃机。按气缸排列可分为直列立式，直列卧式，星型，V型，W、X、I、王型内燃机。按转速和活塞平均速度可分为高速、中速和低速内燃机。按气缸数目可分为单缸、多缸内燃机。按进气方式可分为增压内燃机和自然吸气内燃机。按活塞运动可分为往复活塞式、旋

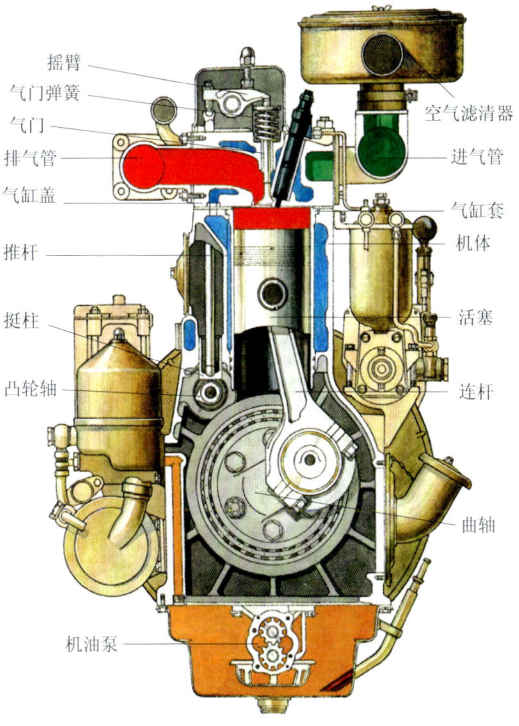

图1 内燃机结构图

转活塞式和自由活塞式内燃机。按用途可分为农机、汽车、工程机械、拖拉机、机车、船舶、航空、固定动力以及发电内燃机，等等。

基本组成 往复活塞式内燃机的基本组成部分主要有曲柄连杆机构、机体、气缸套、气缸盖、配气机构、供油系统、润滑系统、冷却系统、启动装置和增压系统等。

圆筒形气缸套设置在机体内，其顶端用气缸盖封闭，构成气缸。燃料在气缸内燃烧，产生的燃气动力推动活塞运动。由活塞、连杆、曲轴和飞轮组成的曲柄连杆机构是内燃机传递动力的主要部分（图1）。活塞销将活塞和连杆小头连接。连杆大头与曲轴的曲柄销相连。连杆工作时，小头端随活塞作往复运动，大头端随曲柄销绕曲轴轴线作旋转运动，连杆大小头间的杆身作复杂的摇摆运动。借此将活塞的往复运动转换为旋转运动，并将膨胀行程所做的功经安装在曲轴后端上的飞轮传递出去。

内燃机均设有供油系统。汽油机通过化油器将空气与汽油按一定比例（空燃比）混合后供入气缸，也可由汽油喷射装置将汽油喷入进气管或直接喷入气缸。由汽油机点火系统控制的电火花定时点燃。柴油机的燃油则通过柴油机喷油系统喷入燃烧室，在高温高压下自行着火燃烧。

工作循环 内燃机的工作循环由进气、压缩、燃烧、膨胀和排气等过程组成，其中只有膨胀过程对外做功。按实现一个工作循环的行程数，工作循环可分为四冲程和二冲程两类。

四冲程工作循环 在进气、压缩、膨胀和排气4个行程内，即在曲轴旋转两圈内完成一个工作循环。①进气行程。活塞由上止点下行到下止点，此时进气门开启，排气门关闭。空气或可燃混合气经进气门进入气缸。②压缩行程。活塞由下止点上行至上止点，此时进、排气门均关闭，气缸内气体受到压缩，压力增高，温度上升。③膨胀行程。在压缩上止点前即喷油或点火，使混合气燃烧，产生高温、高压的燃气推动活塞下行并做功，此时活塞由上止点下行至下止点。④排气行程。在活塞从下止点向上止点运动时推挤气缸内废气经排气门排出，此后再由进气行程开始，进行下一个工作循环。

二冲程工作循环 在两个行程，即曲轴旋转一圈内完成一个工作循环（图2）。当活塞在下止点时，进、排气口均开启，新鲜充量由进气口充入气缸，并扫除气缸内废气从排气口排出。活塞上行，将进、排气口均关闭，气缸内充量开始受到压缩，直至活塞接近上止点时点火或喷油使气缸内可燃混合气燃烧。气缸内燃气膨胀，推动活塞下行做功。当活塞下行使排气口开启时，废气即由此排出，进气口再开启时新鲜充量充入气缸并清除废气，活塞继续下行至下止点时完成一个工作循环。当活塞返回上行时即开始下一个工作循环。

性能参数 内燃机性能主要包括动力性能和经济性能。动力性能指内燃机发出的功率（扭矩），表示内燃机在能量转换中量的大小。标志动力性能的参数有扭矩功率和转速等。经济性能指发出一定功率时燃料消耗的多少，表示能量转换中质的优劣。标志经济性能的参数有热效率和燃料消耗率。

扭矩 燃料在气缸内燃烧后燃气膨胀所产生的功，除克服内燃机内各部分摩擦阻力和驱动本机辅助设备外，通过曲轴输出的力矩。

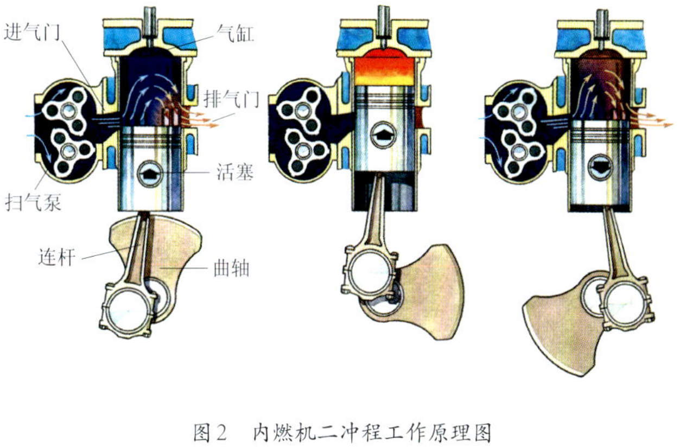

图2 内燃机二冲程工作原理图

有效功率 在单位时间内所输出的有效功，又称输出功率。内燃机铭牌上标明的功率称为标定功率，又称为额定功率。

有效热效率 转换成内燃机有效功的热量与所消耗燃料热量的比值。

燃料消耗率 内燃机为输出每1千瓦有效功率而在1小时内所消耗的燃料。

平均有效压力 在一个循环中单位气缸容积所发出的有效功。

升功率 相当于每1升气缸工作容积所发出的有效功率。

特性 按给定条件稳定运转时，主要性能参数（功率、燃料消耗率等）与工作状况的主要参数（转速、负荷）之间的变化规律。常用曲线表示。内燃机特性曲线用来评定内燃机在不同运转条件下的动力性能和经济性能。主要特性有负荷特性、速度特性、调速特性、推进特性和万有特性等。

发展趋势 主要发展趋势是：①改进燃烧过程，提高机械效率，减少散热损失，降低燃料消耗率。②开发和利用非石油制品燃料，扩大燃料资源。③减少排气中有害成分，降低噪声和振动，减轻对环境的污染。④采用高增压技术，进一步强化内燃机，提高单机功率。⑤采用电控技术控制内燃机，使之在最佳工况下运转，减少有害排放和提高动力经济性。⑥采用现代设计技术和加强结构强度研究，采用新材料，以提高工作可靠性和寿命，减轻质量。⑦研制未来型动力（如混合动力）。

内容与形式 content and form 揭示事物的内在要素和它的结构以及表现方式的范畴。内容是指构成事物的一切要素的总和。它包括事物的内在矛盾以及由这些矛盾所规定的运动过程和发展趋势。形式是把内容诸要素的结构、组织类型统一起来的内容的表现方式。

古希腊哲学家亚里士多德看到了事物具有质料和形式这两个方面，认为事物都是由质料和形式构成的。但是，他又认为存在着没有任何形式的质料和没有任何质料的形式，从而把形式和内容割裂开来。在近代哲学中，I.康德把内容理解为凌乱的感性材料的总和，把形式理解为用以整理、综合感性材料的主观框架，认为形式为人先天所固有，不依赖于内容。G.W.F.黑格尔不把形式理解为外在于内容的东西，而认为形式是内容的形式，主张质料和形式的统一。

内容和形式的关

系是辩证统一的。首先二者是对立的。它们属于事物发展过程中性质、地位和作用不同的两个方面。其次二者又是统一的。①内容和形式是不可分割的。②内容和形式相互作用。内容决定形式，形式反作用于内容。③内容和形式的区别是相对的，在一定条件下相互转化。④内容和形式的相互作用构成了它们的矛盾运动。内容是比较活跃易变的，形式则是相对稳定的。形式和内容是不断产生矛盾和不断解决矛盾的过程。

内三院 Three Palace Academies 中国清朝初年辅助皇帝处理政务的枢要机构。天聪三年（1629），清太宗皇太极在盛京设立文馆，命翻译汉文书籍及记注本朝得失。十年，改文馆为内三院，称内国史院、内秘书院、内弘文院。内国史院掌记注皇帝起居诏令，编纂史书及实录，撰拟表章并收藏御制文字；内秘书院掌撰外交文书及敕谕祭文并录各衙门疏状；内弘文院掌注释古今政事得失，向皇帝和皇子进讲并教诸亲王等。各院设大学士一人，掌领其事。顺治元年（1644），增设学士。二年，以翰林院官分隶内三院，称内翰林国史院、内翰林秘书院、内翰林弘文院。十五年，沿用明制，改内三院为内阁。大学士俱改内阁衔。仍分设翰林院。十八年，康熙帝幼年继位，鳌拜等四辅臣以恢复祖制旧章为名复改内阁为内三院，裁翰林院。康熙九年（1670），康熙帝亲政后，仍改内三院为内阁，另设翰林院。遂为定制。

内圣外王 儒家在道德修养方面的一种理念。“内圣”指人们在个人的道德修习上以圣人为标准，努力向着达到圣化的境地用功，即使不能成圣，也要做圣人之徒；“外王”指在“内圣”的基础上，将内在的圣德推而广之，及于社会，建立理想的王道政治。儒家所谓的修身、齐家、治国、平天下是内圣外王的必经阶段，即通过道德修养、实践，逐渐培养出一大批仁人君子，由他们创建理想的王道政治。

内水 internal waters 领海基线向陆一面的全部水域。一国的内水应包括港口、河流、湖泊、运河、内海、封闭性海湾和泊船处。

内水是沿海国领土的重要部分，和国家陆地领土具有同样的法律地位。沿海国对其内水享有完全的和排他的领土主权。沿海国对驶入其内水或在其港口内的外国商船和船员享有刑事和民事管辖权，但是，只要不妨碍和危及沿海国的安全、良好秩序和利益，一般不行使这两种管辖权。船内船员纪律及事项，主要由船旗国负责。对遇难船只通常给予一定程度的优待，例如沿岸国不对它们征收超过服务费用的港口税与同类性质的捐税。

中华人民共和国对其内水具有完全的、排他的领土主权。任何外国船舶未经许可，不得进入中国的内水。任何国际组织、外国组织或个人未经许可，不得在中国内水内从事科学研究或水上作业等活动。获准进入中国内水的外国船舶，应遵守中华人民共和国的法律、法规。

内斯特罗伊 Nestroy, Johann (Nepomuk Eduard Ambrosius) (1801-12-07～1862-05-25) 奥地利戏剧家。生于维也纳，卒于格拉茨。1822年以歌剧演员身份走红。1826年改当话剧演员并从事剧本创作。一生共写了83出喜、闹戏，扮演过800个角色。《恶鬼流浪汉》(1833)是他的成名作。具有社会批判色彩的剧作有《护身符》(1840)、《来自城郊的姑娘》(1841)。讽刺喜剧有《穷乡僻壤的自由》(1848)等。其他主要作品还有《平坦的土地和第一个桩子》(1835)、《他想对自己开个玩笑》(1842)、《分裂的人》(1844)、《微不足道的人》(1846)、《被保护的人》(1847)等。此外还有一些作品如《老夫少妻》、《我的朋友》等遭到查禁。内斯特罗伊的作品多姿多彩，具有持久的艺术生命力。

内塔尼亚胡 Netanyahu, Benjamin (1949-10-21～) 以色列政治家、总理。生于特拉维夫。美国麻省理工学院建筑和商业管理系毕业。1967～1972年在以国防军特种部队服役。1976～1988年在尤纳森反恐怖研究机构执委会任委员、主任。1982～1984年任以驻美国使团副团长。1984～1988年任以色列常驻联合国代表。1988年当选议员。1988～1991年，先后在沙米尔政府担任副外长、政府发言人、国防部副部长等职。1991～1992年任总理府副部长。1993年当选利库德集团主席。1996年在以第一次总理直选中当选总理。1998年兼任外长。1999年1月蝉联利库德集团主席，同年5月参加以总理竞选失败后辞去利库德领导人职务，宣布退出政坛。2002～2005年，先后任看守内阁外长、财政部长。2005年12月，第三次当选利库德集团主席，2007年8月再次连任。2009年3月31日，组阁成功，再度出任总理。

内务府 imperial household department 中国清代管理宫廷事务的机构。为清代特有，始设于顺治初年。至顺治十一年（1654）仿明制改内务府为十三衙门；十八年，裁十三衙门，复设内务府。自此遂为定制。内务府的组织渊源于满族社会的包衣（奴仆）制度，其主要人员分别由满洲八旗中的上三旗（即镶黄、正黄、正白旗）所属包衣组成。最高长官为总管内务府大臣，正二品，由皇帝从满洲王公、内大臣、尚书、侍郎中特简，或从满洲侍卫、本府郎中、三院卿中升补。凡皇帝家的衣、食、住、行等各种事务，都由内务府承办。内部主要机构有广储、都虞、掌仪、会计、营造、慎刑、庆丰七司，分别主管皇室财务、库贮、警卫扈从、山泽采捕、礼仪、皇庄租税、工程、刑罚、畜牧等事。另有上驷院管理御用马匹，武备院负责制造与收储伞盖、鞍甲、刀枪弓矢等物，奉宸苑掌各处苑囿的管理、修缮等事，统称七司三院。内务府还有三织造处等30多个附属机构。此外负责管理太监、宫女及宫内一切事务的敬事房也隶属总管内务府大臣管辖。1911年辛亥革命后，废帝溥仪仍居宫内，为皇帝服务的内务府也得以保留，直至1924年溥仪被驱逐出宫为止。

内酰胺 lactam 氨基酸分子内的氨基和羧基间失去一分子水而生成的环状化合物。

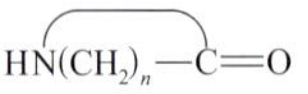

γ或δ－氨基酸易失水形成γ或δ－内酰胺，如γ－氨基丁酸易失水形成γ－丁内酰胺。γ－丁内酰胺又称四氢吡咯酮，它既具有微弱的碱性，能与盐酸形成盐酸盐；又具有微弱的酸性，能与氢氧化钠形成钠盐。γ－丁内酰胺进行烃化，可生成N－烃基四氢吡咯酮；与乙炔反应，生成N－乙烯基四氢吡咯酮，进一步聚合，生成聚乙烯基四氢吡咯酮。工业上γ－丁内酰胺用γ－丁内酯与氨在高温高压下反应制得；也可由丁二酰亚胺部分还原制得。δ－戊内酰胺又称六氢吡咯酮，可由δ－戊内酯与氨反应制得。小环内酰胺和大环内酰胺必须由间接方法制备。聚乙烯基四氢吡咯酮是血浆的代用品，是接受输血前的一种必要药物，也可作抗生素、局部麻醉药和激素等药物的延效赋形剂。在青霉素、头孢素等的结构中都含有β－内酰胺环，它是这类抗生素抗菌活性必须的结构成分。己内酰胺是制造尼龙6纤维的原料。

内消旋体 mesomer 分子中虽存在两个以上的手性原子，但因分子本身具有对称因素而失去旋光性的化合物。内消旋体往往是几个非对映体中一员，而不存在对映

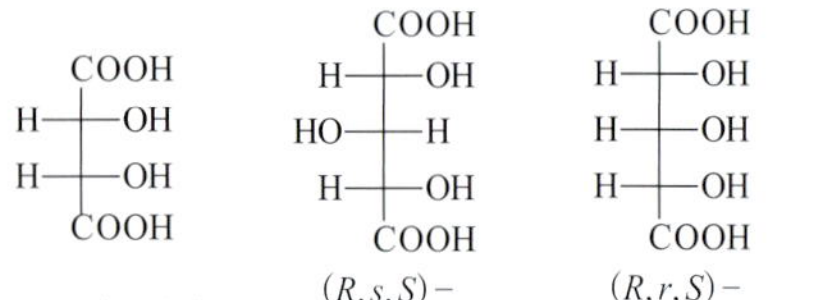

(R,S)－酒石酸　(R,s,S)－2,3,4－三羟基戊二酸　(R,r,S)－2,3,4－三羟基戊二酸

体，是非手性分子，用meso-表示。上页所列化合物是内消旋体。内消旋体的物理性质如熔点、溶解度和酸碱性等均与其非对映体有一定差异。

内行厂 Palace Depot 中国明代宦官掌管的侦缉机构。始置于正德三年（1508）。由宦官刘瑾所置，权势在东厂、西厂之上。五年，刘瑾被杀后罢。见厂卫。

内省法 introspective method 让被试对自己的内心活动进行观察、体验和陈述，以研究人的心理活动的心理学研究方法。又称自我观察法。心理学研究通常要求被试把自己的心理活动报告出来，然后通过分析报告资料得出某种心理学结论。构造心理学把心理学的研究对象定为直接经验，内省法便成为心理学研究的基本方法。行为主义心理学否定对意识经验的研究，把心理学定为研究行为的科学，主张用刺激-反应方法进行研究，完全否定了内省法。20世纪50年代后期，随着认知心理学的兴起，意识又被带回到心理学中，自我观察法重新受到心理学家的重视，并获得了新的发展。

内衣 underwear 贴身或近身的常用服装。中国在3 000年以前有衵、亵、袢、袢等内衣名称。现代内衣的品种多样。有的以卫生为主要目的，如汗衫、三角裤；有的以补整人体某部位达到美观为目的，如乳罩、束腰、束腹、全合一束身衣（见图）；还有

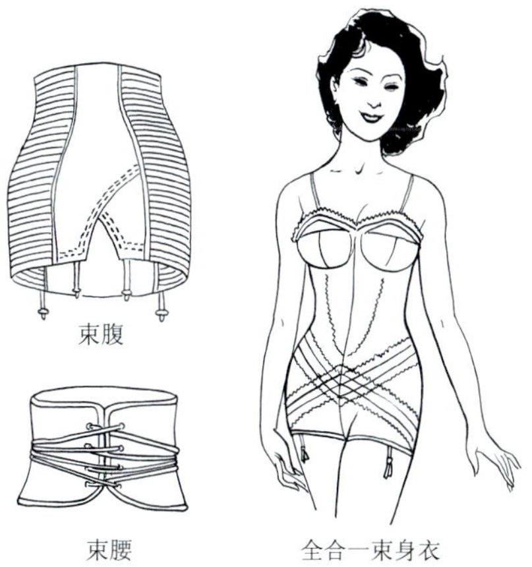

女用内衣示意

的以衬托外衣达到装饰效果为目的，如衬裤、衬裙等。①汗衫。贴身内上衣。中国汉代已有汗衫的称谓。现在的汗衫通常为圆领、短袖。无袖汗衫俗称背心。②三角裤。贴身短内裤。又称三角裤衩。有两种：一种是裤腰线低于肚脐的比基尼三角裤，另一种是裤腰线高于肚脐的普通三角裤。③乳罩。又称胸罩。有调整乳房位置从而防止乳房下垂和摆动的作用。1907年，巴黎时装设计师P.普瓦雷发明现代乳罩。乳罩通常形似一对杯状物，借助带子前后固定。常见的有无背型、低胸型、前扣型、离肩型、加垫型、无肩型等，还有便于哺乳的授乳型。④束腰。妇女用于补整腰部以突出身体曲线的内衣（见图）。有绑肚型、腰夹型、产妇型等。穿用束腰时，还常用系带束紧。⑤束腹。妇女用于束紧腹部的内衣（见图）。长度盖臀或及大腿，可附吊袜带。⑥全合一束身衣。将乳罩、束腰、束腹连成一体的内衣（见图）。较适合体胖的女子穿着，能保持外衣轮廓线条和便于突出人体的曲线。多为裤裆扣合式。⑦衬裤。起保暖及衬托、装饰作用的内裤。中世纪初，欧洲已有浅裆衬裤。常见的衬裤有长及小腿或踝部的紧贴型长衬裤，裤脚装松紧带的灯笼型衬裤，裤脚呈展开状的裙型衬裤，裤腿宽松、裤腰为松紧式的衬裤。⑧衬裙。穿于长裙内的装饰性内裙。起源于欧洲中世纪末。比外裙略短，裙脚和胸部通常采用花边和刺绣等装饰。也可在卧室内作睡裙用。

内因与外因 internal causes and external causes 关于事物运动发展的动力同条件之间关系的哲学范畴。内因是指事物发展变化的内在原因，即内部根据；外因是指事物发展变化的外部原因，即外部条件。

内因和外因的关系是辩证统一的。内因是事物发展的根本原因，是事物发展的源泉和动力。外因是事物发展第二位的原因，外因必须通过内因而起作用。内因是事物存在的基础，是该事物区别于他事物的内在本质，它规定事物发展的基本方向。内因对事物的发展起着主要的决定作用，但在一定条件下，外因对事物的发展起着暂时的决定作用。内因与外因在一定条件下相互转化。辩证唯物主义认为外因影响事物内部的矛盾关系，对事物的发展有加速或延缓的作用。形而上学只承认外因，否认内因，片面夸大外因的作用，从而导致外因论。

内扎米 Neẓāmī, Jamāl al-dīn Yousof（约1141～1203或1217） 波斯诗人。生于阿塞拜疆甘杰（今洛瓦巴德），卒于甘杰。自幼受过良好教育，学识渊博。平时深居简出，虔诚敬主。除去麦加朝觐和到大不里士作短暂旅行外，一生都在家乡度过。创作有抒情诗、四行诗、颂诗和叙事诗等，主要以长篇叙事诗著称。用"玛斯纳维"体创作的《五卷诗》，约5.6万余行，共分5卷，陆续发表后结集为一部著作，包括宗教劝喻故事诗《秘密宝库》(1175)，爱情故事诗《霍斯鲁与希琳》(1180)、《蕾莉与马杰农》(1189)和《七美人》(1197)，叙述作为国王和先知的亚历山大的生平和思想的《亚历山大传》(1120)。内涵丰富，思想深邃，语言典雅，委婉细腻，成为后世诗人效法的楷模。

内质网 endoplasmic reticulum 细胞质中由相互连接的管道、扁平囊和潴泡所组成的膜系统。主要功能是参与蛋白质和脂质的合成、加工、包装和运输，也是细胞内其他膜性细胞器，如高尔基体和溶酶体等的来源。

结构 所有真核细胞均有内质网，内质网膜可占整个细胞的膜成分的一半以上。内质网在细胞核周围密集，并形成复杂立体构筑，在细胞质内铺展成树枝状，并延伸到细胞突起中。

内质网分为糙面内质网和光面内质网两种类型。糙面内质网的膜表面附着许多颗粒状核糖体，由于表面粗糙而得名。分泌蛋白旺盛的细胞，如胰腺细胞和浆细胞的糙面内质网很丰富。光面内质网的膜表面不附着核糖体，很少有扁囊，常由分支小管或圆形小泡构成。与脂蛋白生成有关的光面内质网为肝细胞中的主要细胞器。

功能 内质网在细胞内建立大面积的膜系统，以便于许多酶的分布和各种生化过程的高效率完成。糙面内质网的主要功能包括蛋白质的合成、脂类合成、糖代谢和解毒作用等。光面内质网的主要功能包括细胞的解毒作用以及一些物质的合成和代谢等。

内治法 internal treatment 口服药物治疗疾病的中医治疗方法。内治法使用药物治疗疾病时，一般是将多种药物按一定的原则配合使用，也可用单一的药物（见方剂）。口服药物可以做成多种剂型使用，常用的剂型有汤剂、膏剂、丹剂、丸剂、散剂等。不同的剂型有不同的特点，临床上根据不同的病情使用不同的剂型。内治法根据药物或方剂的不同治疗作用，又有汗法、下法、吐法、和法、清法、祛湿、润燥、祛痰、消法、理气、理血、补法、固涩、安神、开窍、熄风等多种方法。内治法临床应用非常广泛，是中医治疗疾病的主要方法，内、外、妇、儿、耳鼻喉、眼等科疾病均可应用。内治法可单独使用，也可根据病情配合外治法使用。

内眦褶 inner canthus, fold of 人体眼内角的特殊皮肤褶皱。又称蒙古褶。通常是上眼睑褶皱的延续，与半月褶皱或残余的第三睑不同。有内眦褶的眼形是亚洲（蒙古）地理人种和非洲布须曼人的特征。中国人的内眦褶具有较高的出现率，如山东汉族达90%，海南岛的黎族为48.5%。内眦褶随年龄增长有很大的变化，如朝鲜人在20～25岁的年龄组中有92%具有内眦褶，在26～29岁的年龄组中有77%具有内眦褶，在40～50岁组中只有36%，而在50岁以上组

中仅有15%。

嫩江 Nenjiang River 中国松花江支流。蒙古语为“碧绿的江”。发源于大兴安岭伊勒呼里山中段南侧，自北而南流经黑龙江省、内蒙古自治区、吉林省，在三岔河汇入松花江。全长1 397千米，流域面积22.2万

嫩江沿岸风光

平方千米。水系发达，由30多条支流组成典型的羽状水系。西侧支流多且长，东侧支流较少。嫩江在门鲁河口以上具山溪性河流特征。由此至布西，干流侵蚀作用较强，含沙量增加，沿江两岸为高平原。自布西以下进入平原区，两岸地势开阔平坦，沼泽广布。嫩江流域属于半湿润地区，年降水量370～500毫米，上游多于下游。富拉尔基站多年平均年径流量215亿立方米；嫩江洪水凶猛，富拉尔基站最大洪峰流量超过10 000米^3/秒。干支流中上游是中国重要林区，中下游是农牧业基地，沿江及其支流建有布西、查哈阳、音河、引嫩干渠等水利工程。干流自齐齐哈尔以下夏秋间可通航。

能级 energy level 按照量子理论，微观粒子系统处于束缚态时其能量只能处于一系列不连续的、分立的状态。这些状态的能量取离散值。通常在能量图上将这些离散的能量值按大小用一系列水平线表示，因所得图形颇似梯级，故名。氢原子能级的公式为：

$$E_n=-\frac{2\pi^2k^2e^4m}{n^2h^2}\qquad n=1,2,3,\cdots$$

式中h和k分别是普朗克常数和静电力常数，e和m分别是电子的电量和质量，n是主量子数。其能级图如图所示。

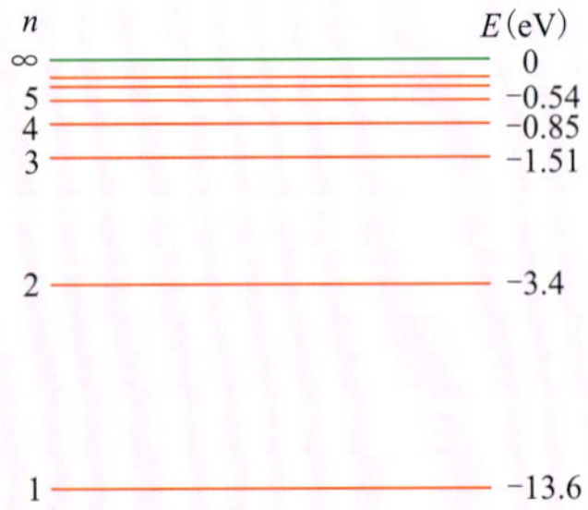

氢原子能级图（n为主量子数）

能力 ability 掌握和运用知识技能的条件并决定活动效率的一种个性心理特征。能力可分为认知能力和操作能力，也可按照能力的独创程度，把能力划分为再造性能力和创造性能力，还可把能力划分为一般能力和特殊能力。凡是为大多数活动所共同需要的能力，称之为一般能力，如观察力、记忆力、思维力、想象力、注意力等。凡是为某项专门活动所必需的能力，称之为特殊能力，如绘画能力、音乐能力、写作能力、体育能力、逻辑数学能力等。能力的另一种情况是，一个人在现有的发展条件下，经过进一步的学习和训练而达到更高水平的可能性，这种可能性称为能力倾向或性向，也称潜能。在实际工作中，一个人在绩效上表现出来的已经具备的能力称为胜任能力。素质是能力的自然前提，与能力的形成和发展有密切关系。但能力的形成和发展，主要还是决定于人的社会生活条件，特别是教育和长期从事的实践活动。此外，理想、信念、兴趣以及性格特征，也是影响能力的形成和发展的重要条件。

能力倾向测验 aptitude test 预测学习或训练成功水平的作用的心理能力测验。又称性向测验。即测验一些特殊能力的单个测验或成套测验。其目标是测量在某一特殊技能或职业领域里学习或训练的能力。如美国的区分能力倾向测验（DAT）以及学能测验（SAT）。

能力倾向测验就其所测量的能力数目来分，可分为单一能力倾向测验和多重能力倾向测验。前者是每一测验测量某一特殊能力倾向；后者是由测量不同能力倾向的分测验所组合的多重能力倾向测验，如区分能力倾向测验。按照应用领域可以分为用于教育、职业、军事以及一些特殊工作的能力倾向测验。

能量 energy 物质运动的一般量度。物质运动有多种形式，表现各异，但可互相转换，表明这些运动有共性，也有内在的统一的量度，即能量。能量以机械能、内能、电能、化学能等各种形式，出现在不同的运动中，并通过做功、传热等方式进行转换。能量的单位为焦耳、尔格、千瓦小时、电子伏（特）等，与功的单位相同。

能量这个词是T.杨1801年在伦敦国王学院讲自然哲学时引入的，他针对当时把质量与速度二次方之积称为“活力”或“上升力”的观点，提出用能量这个词表示上述乘积是妥当的，并和物体所做的功相联系。但并未引起重视，人们仍认为不同的运动中蕴藏着不同的力。直到能量守恒定律被确认后，才认识能量概念的重要意义。

在狭义相对论中，能量和另一个重要物理概念即质量联系在一起了，建立了质能关系公式，这个公式更深刻地阐明了能量的物质性，并为寻找新能源提供了重要线索。

能量代谢 energy metabolism 物质代谢过程中伴随发生的能量的贮存、释放、转移和利用。人体生理活动所需要的各种能量，包括用于维持体温的热能、肌肉收缩的机械能、神经传导兴奋的电能等，都是通过机体与外界不断进行物质交换，并通过物质代谢而获得的。

腺苷三磷酸（ATP）是体内能量转化和利用的关键物质。机体的组织细胞并不能直接利用食物的能量来进行各种生理活动。机体能量的直接提供者是ATP。ATP广泛存在于人体的各种细胞内，在线粒体中合成。

除ATP外，体内含高能磷酸键的物质还有磷酸肌酸（CP）等。CP由肌酸和磷酸结合而形成，它主要存在于肌肉组织中。当物质氧化生成的能量过剩时，过剩的能量可通过ATP转移给肌酸，并通过合成CP将能量贮存起来。而在ATP转化成ADP并释放能量后，CP可将其所贮存的能量再转移给ADP而生成ATP，以补充ATP的消耗。

体内由食物氧化所释放的能量在生成ATP的过程中，约50%以上的能量直接转化为热能以维持体温；当机体进行各种生理活动时，利用ATP释放的能量所做的各种功，包括化学功、机械功和转运功等，除骨骼肌收缩对体外物体做机械功外，其余部分最终都转变为热能。测定机体在一定时间内所产生的热量，即可测算出整个机体的能量代谢率（单位时间内所消耗的能量）。测定机体的能量代谢率的方法主要有直接测热法和间接测热法两种。

人在基础状态下的能量代谢称为基础代谢。在这种状态下，机体的能量消耗只限于维持心跳、呼吸等一些基本的生命活动，能量代谢比较稳定。在实际工作中，通常测定单位时间内的基础代谢，单位时间内相当于每平方米体表面积的能量消耗称为基础代谢率。

能量守恒定律 energy conservation law 一个封闭（孤立）系统的总能量保持不变。其中总能量已不再只是动能与势能之和，而是静止能量（固有能量）、动能、势能三者的总量。

焦耳热功当量实验是早期确认能量守恒的实验，而后在宏观领域内建立了能量转换与守恒的热力学第一定律。康普顿效应确认能量守恒定律在微观世界仍然正确，后又逐步认识到能量守恒定律是由时间平移不变性决定的，从而使它成为物理学中的普遍定律（见对称性和守恒定律）。在一个封闭的力学系统中机械能守定恒。机械能守恒定律是能量守恒定律的一个特例。

在保持总能量不变的前提下，固有能量、动能、势能之间可以相互转化。最典型的例子就是在正电子和负电子湮没成光子的过程中，正负电子的全部固有能量（对应于静止质量）转化成了光子能量即电磁辐射能（相应的质量为光子的动质量）。一个有多种成分组成的复合系统，其整体的固有能量（或静质量）是各组成部分的固有能量（或静质量）与相互作用势能的总和。例如，稳定原子核的静质量要比构成它的核子（质子和中子）的静质量之和为小，两者之差称为质量亏损，与之相应的能量就是原子核的结合能（来自核子之间的相互作用势能）；核能就是原子核反应过程中释放出来的原子核结合能，它是质能关系的直接证据。

能量守恒定律和动量（角动量）守恒定律成功应用的最典型事例是基本粒子实验中中微子的发现。中微子是一种静止质量微小、不带电且与物质相互作用极其微弱的粒子。20世纪20年代末30年代初，对原子核β衰变能谱的研究发现衰变后发射出的电子（即β射线）带走的能量比它按能量守恒定律所应带走的能量要小（似乎丢失了部分能量），而且原子核的自旋与电子的自旋不符合量子力学中的角动量合成规则。为了解释这种现象，要么放弃能量和角动量守恒定律，要么假定有一种未能观测到的粒子即中微子存在，以便保持这些守恒定律成立。物理学家最终选择了后者，并在其他的粒子物理实验证实了中微子（和反中微子）的存在，能量守恒定律和动量（角动量）守恒定律在这些过程中仍然有效。

上述狭义相对论能量、质量、动量的概念和定义，以及能量守恒定律和动量（角动量）守恒定律，或者更一般的能量－动量守恒定律（角动量守恒包含在其中），不仅适用于力学现象，而且适用于整个平直时空中的物理学。

能人 *Homo habilis* 早期人类化石。又译巧人。种名。L.S.B.利基等人在1960、1963年发现于非洲坦桑尼亚奥杜瓦伊峡谷。1964年定该种名，意为有技能的人。还发现于肯尼亚图尔卡纳湖以东地区、埃塞俄比亚的奥莫河谷地和南非斯特克方丹等处。其平均脑量大于南方古猿，小于直立人，男性700～800毫升，女性500～600毫升。上颌和下颌小于南方古猿，在直立人和智人的范围内。门齿和犬齿都相对较大；后齿仍大，但小于南方古猿，说明咀嚼力仍相当强。头后骨骼显示与南方古猿一样强壮有力，完全适于两脚直立行走。生存于240万～160万年前。能人是现知最早能制造工具的人类。会制造石器，建造小窝棚居住。已发现的最早石器在奥莫河谷和阿法低地古纳的250万年前的地层中，时代与能人一致（见奥杜韦文化）。

能斯特公式 Nernst equation 表示电池电动势和参与电池反应的各物质所处状态的关系式。又称能斯特方程。由德国化学家与物理学家W.H.能斯特1889年导出。对任一可逆电池，该电池的电动势E为：

$$E=E^{\circ}+\frac{RT}{nF}\ln\frac{\Pi a_i^{\nu_i}}{\Pi a_j^{\nu_j}}$$

式中E为电池电动势；E°为标准电动势（各物质都处在标准状态时的电池的电动势）；Π为连乘符号；a_i和a_j分别为反应中各反应物和各生成物的活度；ν_i和ν_j分别为反应方程式中各反应物和各生成物的化学计量数；n为反应中电子转移数；F为法拉第常数；R为摩尔气体常数；T为热力学温度。若各物质的活度已知，可直接用此式计算电池的电动势。例如电池Pt｜$H_2(p)$｜HCl(a)｜AgCl｜Ag的电池反应可写为：

$$H_2+2AgCl \longrightarrow 2HCl+2Ag$$

若把H_2视为理想气体，则其活度等于p/p°；AgCl和Ag为纯固体，它们的活度均等于1。因此$E=E^{\circ}+\frac{RT}{2F}\ln\frac{p/p^{\circ}}{a^2}$。式中$p$是$H_2$的压力，$a$是溶液中HCl的活度。

能源 energy source 可以直接或通过转换产生机械能、热能、光能、电磁能、化学能等供人类所需有用能量的自然资源。能源是人类社会发展和进步的物质基础，能源开发和利用方式的进步也推动社会的发展，甚至促进人类自身的进化。

人类利用能源的历史 火是能源利用的最简单的方式。人类利用的最古老的能源是柴草，后来随着社会发展和技术进步，人类利用的能源种类得到拓宽，能源的质量和效力也得到了提高，利用能源的这种革命性变化，也带来了世界性的工业革命。煤炭的大规模利用，引出了世界第一次工业革命，迎来了蒸汽机时代；电能的利用是人类对处在原始状态的一次能源（煤、石油等）利用方式的创造性变革，使人类社会迈进了高效、清洁能源的电气时代；人类除了通过燃烧在几亿年前大自然留下的化石燃料（煤、石油、天然气）和利用自然界赋存的水能、风能、太阳能、生物质能以外，还将眼光投向岩石中的金属（铀、钍等），这就是后来发现的核能的利用；随着科技高度发达，信息能的利用，更使人类社会运转更加高效和便捷。

能源利用的变革 人类利用能源的过程也经历了由表及里的革命，最早利用火只利用了碳与氧原子的外层电子交换，产生二氧化碳放出热能，每次获得的只有几或几十电子伏的能量，所以即使烧掉大量的煤炭或石油，所获得的热能也是极为有限的。直接利用化石燃料的燃烧，其能源利用效率很低，只不过百分之几。绝大部分燃料在燃烧过程中白白地被浪费掉。电的发明，是能源利用的一场革命，电能作为二次能源，它的利用效率大为提高，在火力发电中热转换成电的热效率可高达30%～40%。电可以通过电线输往千里之外，使用时只要打开开关即可应用，这就为提高工作效率提供了物质条件。

能源利用的变革还包括核能的利用，人类将视角延伸到原子核内的微观世界。原子内部深处蕴藏着更为巨大的能量。重原子核（如铀），经过中子轰击，会裂变成碎块，而且释放出惊人的能量（见核裂变）；氘和氚原子核在原子弹产生的高温高压的条件下，会聚合成较重的氦核，同时又放出了比核裂变能大得多的聚变能。

人类已经利用裂变能建成了可控的核电站，生产电能和热能。但是核聚变能的利用还只停留在热核武器的利用上，全世界科学家正在合力建造国际核聚变实验反应堆，试图实现受控核聚变的点火，争取早日实现受控核聚变的推广应用。

能源利用与生态环境和资源 能源的大量应用，虽然给人类带来了方便和舒适，使人类摆脱了繁重的体力劳动，交通四通八达，工作效率大为提高，实现了全面现代化。但是，大量使用能源也给社会带来了难以持续发展的问题。首先对于自然资源（如柴草、树木等）的大量采伐，使生态环境恶化，土地荒漠化加剧，森林和植被遭破坏，许多稀有物种灭绝，旱涝灾害增加，人类赖以生存的家园遭到破坏或威胁。能源的超常规模消费也使地球上蕴藏的化石燃料资源加速衰竭。

化石燃料直接粗放地燃烧排放的二氧化硫、一氧化碳、氮氧化物以及一些强致癌物质，对环境造成严重污染。环境污染有70%因燃烧化石燃料造成。燃烧化石燃料要向大气排放大量二氧化碳，会导致温室效应。温室效应造成的地球变暖，会带来许多不良后果。

化石燃料还是难得的化工原料，从综合利用的角度看，将化石燃料作为燃料烧掉是十分可惜的。

节能和开发新能源 能源革命的实质问题是要改变人们能源消费观念。对传统能源来说，要走洁净和高效之路，也就是要改变原有传统能源直接粗放燃烧的模式，采用先进的燃烧技术和一次能源的有效转换，变成洁净便利的二次能源（电能、煤气等），同时要厉行节约，要推广节能管理方法和各种节能技术，通过改变粗放的能源利用方式减少能源消费，采用先进的节能技术，提高能源利用效率，达到节约能源的目的。计算机与新兴信息传播技术的组合，采用多种能源系统协同，构成高效的能源供应系统。还要通过不懈的努力，寻找洁净、高效和环境友好的能源，开发新能源和可再生能源是能源开发利用的潮流。新能源是相对于常规能源（石油、天然气、煤等）而言的，泛指核能、水能、风能、太阳能、生物质能、地热能、海洋能、氢能等。

核能　首先是扩大开发新兴的核能技术，充分发挥核能不产生常规化石能源燃烧排放出的各种污染物和二氧化碳的优势，将形成地球时就留在地下的铀资源和钍资源利用起来，以核电方式供应电能，人们可从核电站得到电和热。此过程可比常规煤电站节省燃料的运输费用，还扩大了人类获取能源的领域。

受控核聚变技术可以利用海水中的氘和地球上富存的锂，实现人类能源的永续和洁净的供应。但因为难度太大，还须通过全世界科学家智慧的汇集和全世界资金聚合，共同建造国际受控核聚变反应堆，争取早日产业化。

水能　是人类利用最早的能源之一。现代利用**水力发电**极为普遍，世界上大多数国家都将发展水电放在首位。中国是水能资源丰富的国家之一，经济可开发的水能资源量为4亿千瓦，年发电量1.7万亿千瓦·时，其中5万千瓦及以下的小水电可开发资源量为1.25亿千瓦。发展水电是保证能源可持续供应的重要举措之一。开发水电应注意环境影响，发展与环境友好的水电是水电发展的方向。

风能　应用最古老的能源，早在7世纪，波斯人就用简陋的风车碾米。20世纪70年代，开始风力发电的应用。全球蕴藏的风能十分巨大，各国对风力发电都予以关注，风力发电年增长率达20%～30%，欧洲一些国家高度重视风力发电，对发展风电给予政策上的支持。风力发电技术由于有先进的设备和调控装备，已经可以制造出单机功率兆瓦级的大型机组，是新能源和可再生能源中技术进步最大、发展最快的新兴能源技术。见**风能**。

太阳能　包括太阳能热的利用和太阳能光伏发电两个领域。太阳能热的利用具有广泛应用范围，太阳能暖房就是农村用来取暖的好方法，应用十分普遍。真空管太阳能热水器的发明，突破了太阳能热水器冬天无法供暖的难关，推广了太阳能热水器的应用。

太阳能光伏发电是借助太阳能光电板接收光能，然后转换成电能。科技的进步提高了太阳能光电板的光电转换效率、节省了材料、降低了成本，将**太阳电池**推向市场。

太阳电池最早应用在人造卫星和太阳系探测飞船上作为电源，现在应用范围已扩大到地面，在一些阳光充足的沙漠上铺设大面积的太阳能光电板，可实现规模化生产太阳能电力。人类还将利用太阳能的眼光推向太空，在地球的同步轨道上建造太空**太阳能电站**，将太阳能发出的电能转变成微波能，发射回地面接收站，再将微波能转变成电能。

太阳电力新产品种类繁多，包括太阳能汽车、**太阳能飞机**、太阳能游船、太阳能自行车、太阳能空调机、太阳能冷藏库、太阳能冰箱、太阳能电子表等。

生物质能　又称绿色能源。人类利用的最古老的能源，人类的祖先从远古时代开始就以柴草为燃料取暖做饭，维持了千万年。高产和高效利用生物质能的技术，为绿色能源利用开拓了美好的前景。将有机物经厌氧消化而产生的**沼气**用作燃料，即在农业上采用的一种简便易行的、利用生物质能的技术。中国的沼气产量居世界前列，并建成了小型沼气电站。

能源农业和能源林业已经在全世界兴起，它是以科学地筛选、培育和引进高产、抗逆性强的能源植物来生产生物质能，甚至可生产出液体燃料。有两种种植液体燃料的办法：①种植甜高粱来制取乙醇。每16吨甜高粱茎秆可制取1吨燃料乙醇，留下的废渣还可制取500千克的生物柴油（指以生物质制成的类似于普通柴油的液体燃料）。也可通过种甘蔗和薯类作为制取乙醇的原料。②利用荒地或经过改造的盐碱地种植油料作物。已开发的油料植物有黄连木和麻疯树。生物柴油的生产可减轻因交通运输业的快速发展而造成的对液体燃料的压力，同时也免除了由于燃烧石油带来的对环境的污染。

垃圾是人类生活中产生的废弃物，垃圾回收利用，还可用来发电，这也属于绿色能源范畴。垃圾发电也受到世界各国重视。

地热能　**地热**是优质能源，地热开发不会像煤、石油、天然气燃烧、发电对环境造成污染。中、低温地热可直接被用来供暖，温泉浴还有保健效果。高温地热还可用于发电（见**地热电站**）。地热利用受到世界各国的重视，中国羊八井地热电站供拉萨市20%的电量。

海洋能　海洋中蕴藏着极为丰富的能源，是可再生能源，又不污染环境。**海洋能**包括潮汐能、波浪能、潮流能、海洋温差能、盐差能等。其中有的是机械能（如波浪能、潮汐能、潮流能），有的是热能（如温差能），有的是化学能（如盐差能）。波浪能蕴藏量十分丰富，巨浪可将万吨巨轮推上海岸，但人类还未将波浪能真正的利用起来。潮汐发电已得到开发，但规模并不大。潮流能、盐差能和温差能的开发都在研究之中。见**潮汐电站**。

氢能　最简单的化学燃料。因为氢在燃烧时只会产生水，而不释放任何污染物，以氢作为燃料的汽车，不会对空气造成污染，因此是理想的汽车燃料。

氢能是二次能源，它要从一次能源（化石燃料）或水中分离出来。制氢的方法有多种，氢能大规模应用的障碍在于如何制得廉价的氢。氢气体积大，如要将它作为汽车燃料，必须压缩在高压的钢瓶里，这就增加了储存设备的重量，增加运输成本，所以氢的利用还存在着氢的储备问题。

能乐　noh　日本古典假面音乐歌舞剧。因有浓厚的戏剧内容和发达的表现形式，又有能剧之称。

日本能乐表演

6～7世纪，日本从中国引进了伎乐、舞乐、散乐等艺术。这些艺术形式与日本民族固有的歌舞艺术相结合，形成了新的艺术派系，能乐就是其中之一。能乐产生于14世纪，观世弥和世阿弥父子不仅创建了这种艺术形式，而且创作了大量杰出而典型的剧本。

能乐的演员只是故事的“讲述者”而不是“扮演者”，演员以小巧玲珑的假面遮住自己的面孔，动作舒缓。演员的对话稀少，只是作为动作和音乐的框架。吟唱有诵经的风格，歌词是五步音与七步音交替的韵文。能乐由三部分构成，即担任杂技、舞蹈、谣曲的立方，担任伴唱的地谣，担任演奏乐器的杂子方。地谣有八九个人，伴奏乐队由笛、小手鼓、大手鼓和大鼓组成。舞台有尖形的屋顶，下面的四根柱子，除了起支撑作用之外，还能提示头戴假面的演员所处的舞台位置。

世阿弥关于能乐的“十分之七动用心智，十分之三动用身体”之说，则是能乐舞蹈最重要的美学准则。

尼安德特人　Neanderthal man　早期智人化石。简称尼人。1856年发现于德国杜塞

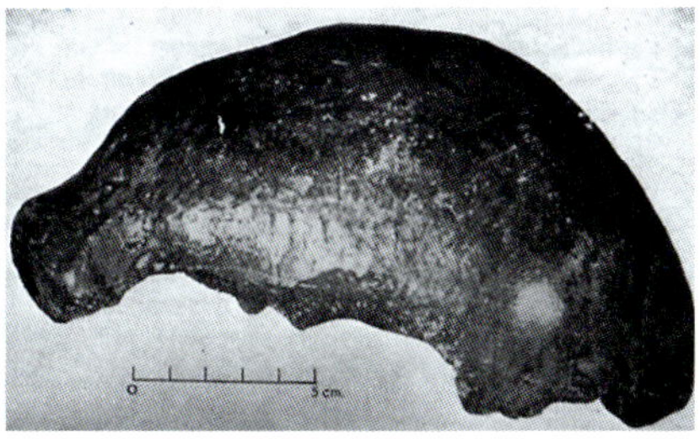

尼安德特人头骨化石

尔多夫附近尼安德特河谷的一个小洞里。1864年定名，成为一个独立种，但较多学者认为它是早期智人中的一类。尼人头骨低而长，眉脊粗大，颅顶和颅底成圆隆形交接，枕区有发髻状隆起，脑量略大于现代人。脸长，中面部特别是鼻部明显向前突出。牙齿粗大，与下颌支之间有大的空隙。四肢骨粗大。伴存的文化遗物有发达的**莫斯特文化**的石器。已有埋葬死者的习俗。伴生的动物化石有披毛犀、驯鹿、羚羊、斑鬣狗、土拨鼠、野马、野牛和狼等。时代距今10万～3万年。

在欧洲、近东、中亚发现大量尼人或类尼人化石，分为典型尼人和非典型尼人。前者主要分布于欧洲西部，后者在亚洲西部。前者的平均脑量可达1 500毫升以上，比现在的人还大。典型尼人身材粗短，小腿骨与大腿骨的比例比现代人小；非典型尼人则较与现代人接近。

《尼伯龙根之歌》 *Nibelungenlied* 德国英雄史诗。用中古高地德语写成。约产生于1198～1204年。作者可能是奥地利人，骑士出身。全诗共有39歌，2 379节，9 516行。分上下两部，上部称《齐格弗里德之死》，下部称《克里姆希尔特的复仇》。主要内容是尼德兰王子齐格弗里德有尼伯龙根族的宝物。勃艮第国王巩特尔在他的帮助下打败撒克逊人，娶得冰岛女王布伦希尔特为妻。齐格弗里德也得以同巩特尔的妹妹克里姆希尔特结婚。10年后，布伦希尔特得悉巩特尔是依靠齐格弗里德的力量才娶得自己，感到受了侮辱，唆使巩特尔的侍臣哈根杀死齐格弗里德。13年后，克里姆希尔特为了复仇，嫁给势力强大的匈奴国王埃采尔。又过了13年，她设计杀死巩特尔和哈根。她最后也死于部下之手。《尼伯龙根之歌》是中世纪德语文学中流传最广、影响最大的一部作品，已翻译成包括中文在内的多种文字。

尼泊尔 Nepal; Nepāl 南亚内陆国家。位于喜马拉雅山脉中段南侧，北邻中国，其余三面与印度交界。东西长约1 000千米，南北最宽256千米，最窄144千米，平均宽度不到200千米。面积147 181平方千米，人口2 700万（2007）。多民族国家，约80%为印欧语系的民族，其中尼泊尔族约占63%，占总人口的50%强。其余20%的人口为汉藏语系的民族。尼泊尔语为国语。上层社会通用英语。印度教为国教，其他还有佛教和伊斯兰教。首都**加德满都**。

地理 全境绝大部分属于喜马拉雅山系范围，山地约占国土面积的80%以上，海拔超过6 000米的山峰有250多座；全球14座8 000米以上高峰中有5座在尼泊尔边境线上，3座完全在尼泊尔境内。地势由北而南，在百余千米范围内急剧递降：由海拔8 000米以上的世界屋脊，到南面海拔百米的德赖平原。可依序分为3个横向自然地理区，即北部高山区。有大喜马拉雅山脉横亘，平均海拔超过7 000米，位于中尼边境上的萨加玛塔峰（珠穆朗玛峰，8 844.43米）是世界第一高峰。中部山区约占国土面积的65%，有默哈帕勒德岭和南侧的朱里亚岭（西瓦利克山脉在尼泊尔境内的名称）海拔1 500～3 000米；后者海拔不足1 000米。多宽广盆地，一般长30～60千米，宽10～30千米。南部德赖平原，即靠近尼、印边界的一狭长地带。与印度的恒河平原相接，宽15～30千米，海拔200～400米。占全国面积的16%。气候的水平地带性和垂直地带性均很明显。北部为高山气候，中部为温带气候，南部属亚热带气候。降水量各地悬殊，德赖平原东部平均年降水量2 000毫米，西部地区不到130毫米。平原低地季风季节洪泛严重。格尔纳利、喀利、孙科西、阿润等河流大多发源于中国西藏，南流入恒河。有很多山间湖泊，但面积很小。动植物种属繁多，有人誉为"应有尽有的天然动植物园"。森林覆盖率约为32%，大多集中在中部山区。有大型野生动物30多种，包括被尊为国宝的独角犀牛，以及野水牛、野象、麝香鹿、牡鹿、西藏鹿、大羚羊、豹、熊等。由于森林的滥伐和偷猎，野生动物已日渐减少，黑羚羊和野牦牛已经绝迹。为更好地保护自然环境，尤其是更有效地拯救濒危物种，已建立4个国家公园与多处自然保护区。矿藏主要有煤、铁、云母、铜、钴等。还有铝、锌、磷、石英、硫磺、褐煤、大理石、石灰石、菱镁矿等，均仅少量开采。水力资源丰富。

历史 公元前6世纪已建立王朝。公元4世纪初，开始与中国往来。1769年廓尔喀王朝统一全境。1814年英国入侵，强将尼南部1万平方千米的大片领土并入英属印度，并强签不平等条约。1950年10月英国放弃在尼泊尔的特权，仍称尼泊尔王国。

政治 1960年取缔政党，实行无党派评议会制。1990年，改行君主立宪的多党议会制。最高立法机构采取两院制，由上议院和下议院组成。大小党派70多个，主要有尼泊尔大会党、尼泊尔共产党（联合马列）、联合尼泊尔共产党（毛主义）。2008年5月尼泊尔制宪会议宣布废除君主制，将国体改为联邦民主共和国，取消国王贾南德

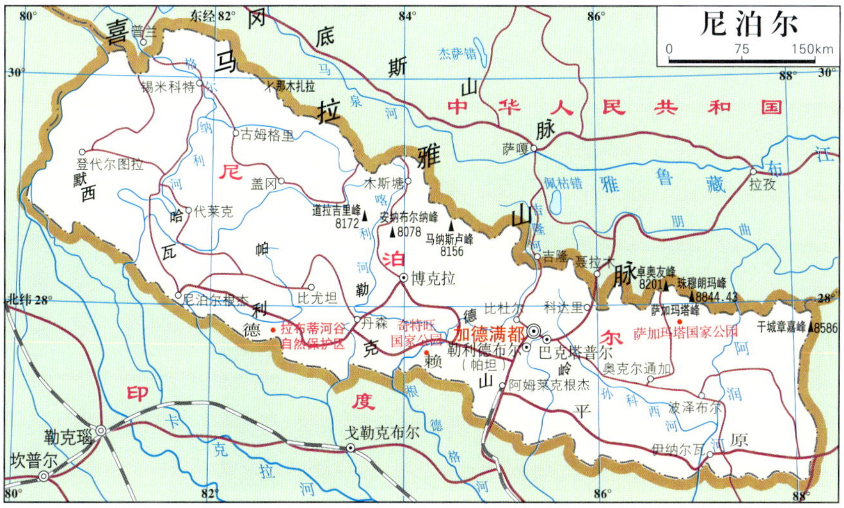

拉的特别待遇，将其变为平民。至此，已有239年历史的尼泊尔沙阿王朝宣告结束。根据尼泊尔各主要政党就未来政治安排达成的初步框架协议，尼泊尔在实行共和制后设立宪法总统，总理拥有行政权，相当于总理内阁制。法院分为三级：最高法院、上诉法院和县法院。

经济 尼泊尔为农业国，为联合国发布的“世界最不发达国家”之一。20世纪90年代初起，开始实行“自由、开放和出口型”经济政策，以吸引外国投资。但由于政局长期动荡，严重制约了国内经济建设的发展速度，经济状况日趋恶化。2008—2009财政年度的国内生产总值为132亿美元。国内生产总值增长率为4.7%。货币名称尼泊尔卢比。

工业基础薄弱，规模小，机械化水平低，发展缓慢。经过经济结构调整，其产值在国内生产总值中所占份额有了相当大的增长，已从20世纪80年代的5%左右上升到2008年的15.5%。从以农产品加工为主转向纺织业和地毯业。此外，凭借雄厚的水力资源，发展并输出水电电力。其他工业尚有粮、油、木材加工、制糖、卷烟、造纸、制革以及日用品、建材等。家庭手工业较发达，如藤竹制品、宰恩布尔的灯台、博克拉的壶瓶、巴尔巴和波泽布尔的宝剑等久负盛名。基本没有重工业。有耕地325.1万公顷，主要农产品为水稻、玉米、小麦、甘蔗、油料作物、马铃薯、黄麻。

旅游业发展迅速，成为创汇的主要来源。政府也积极鼓励向旅游业投资。游客中居前3位的依次为印度、英国和美国人。交通运输以公路和航空为主。截至2008年3月，公路总长17 982千米，其中沥青路面5 502千米。公路干线多循地势作西北—东南或西南—东北斜向延伸。有各类机场45个，直升机停机坪120个。加德满都设有国际机场，其余机场均较简易。2008—2009财年对外贸易总额1 807.78亿卢比。主要贸易伙伴有印度、美国、德国等。主要进口商品有煤、石油制品、羊毛、药品、机械、电器、化肥等，主要出口商品有服装、地毯、皮革、羊绒制品、手工艺品以及农产品等。

尼泊尔每年接受无偿援助和外国投资项目。主要援助国和国际组织有德国、法国、瑞士、荷兰、美国、加拿大、日本、印度、中国、沙特阿拉伯以及援尼财团（包括美、日、德、英、法等国）、联合国开发计划署、亚洲开发银行和世界银行等。

文化 教育不普及，居民（15岁以上）识字率为41.4%（男59.1%，女21.8%），这在南亚各国中是最低的。全国有5所大学：特里布文大学、马亨德拉梵文大学、加德满都大学、博克拉大学、东方大学。其中特里布文大学规模最大。主要报刊有官方所办的《廓尔喀报》和《新兴的尼泊尔》。尼泊尔国家通讯社为全国唯一的官办通讯社。用尼泊尔语和英语播送的官办尼泊尔广播电台和尼泊尔电视台各1家。还有4家私营电视台利用卫星传送节目。

对外关系 1947年英国撤出印度以后，开始与世界各国陆续建立外交关系，到2007年9月建交的国家已达127个。1955年12月4日加入联合国。是联合国许多国际组织的会员国、世界贸易组织的观察员国，还是南亚区域合作联盟的会员国。尼泊尔与中国于1955年8月1日建立外交关系。

尼泊尔语 Nepali language 尼泊尔的主要民族语言之一，尼泊尔的国语。属印欧语系印度－伊朗语族印度（又称印度－雅利安）语支。除分布于尼泊尔外，在印度和不丹也有数量不等的使用者。尼泊尔语古代的文学语言形成于14世纪。18世纪廓尔喀族崛起，形成了现代尼泊尔的基础，因此尼泊尔语有时又称廓尔喀语。尼泊尔语的语音仍保留着古代印度语言的某些重要特点。由于尼泊尔全国20%的人口使用藏缅语言，尼泊尔语受藏缅语言的影响很深，尤其在词汇方面。尼泊尔语的文字采用梵文天城体。

《尼布楚条约》 *Treaty of Nerchinsk* 中俄两国缔结的第一个条约。正式名称是中俄《尼布楚议界条约》。在挫败沙俄侵略的雅克萨之战后，康熙二十八年七月二十四（1689年9月7日）由清政府全权使臣索额图和沙俄全权使臣F.A.戈洛文签订于尼布楚（今俄罗斯涅尔琴斯克）。

条约共分6款，其中有关中俄两国东段边界的规定是：两国以流入黑龙江之额尔古纳河、格尔必齐河为界，再由格尔必齐河发源处沿外兴安岭“直达于海，亦为两国之界”。唯乌第河与外兴安岭之间的地方暂行存放待议。条约还就俄国撤出雅克萨、两国互不收纳逋逃、居民不得擅自越界、贸易互市等事宜作了具体规定。《尼布楚条约》明确规定了中俄两国的东段边界，从法律上肯定了黑龙江、乌苏里江流域的广大地区是中国的领土，俄国将其侵占的一部分领土交还中国；与此同时，俄国通过条约将中国让予的贝加尔湖以东尼布楚一举纳入它的版图，将乌第河与外兴安岭之间的地方划为待议地区，并获得重大的通商利益。《尼布楚条约》是双方经过谈判、中国政府作了让步的结果。条约的订立为中俄两国关系的正常化奠定了基础，使中国东北边疆获得了比较长久的安宁。

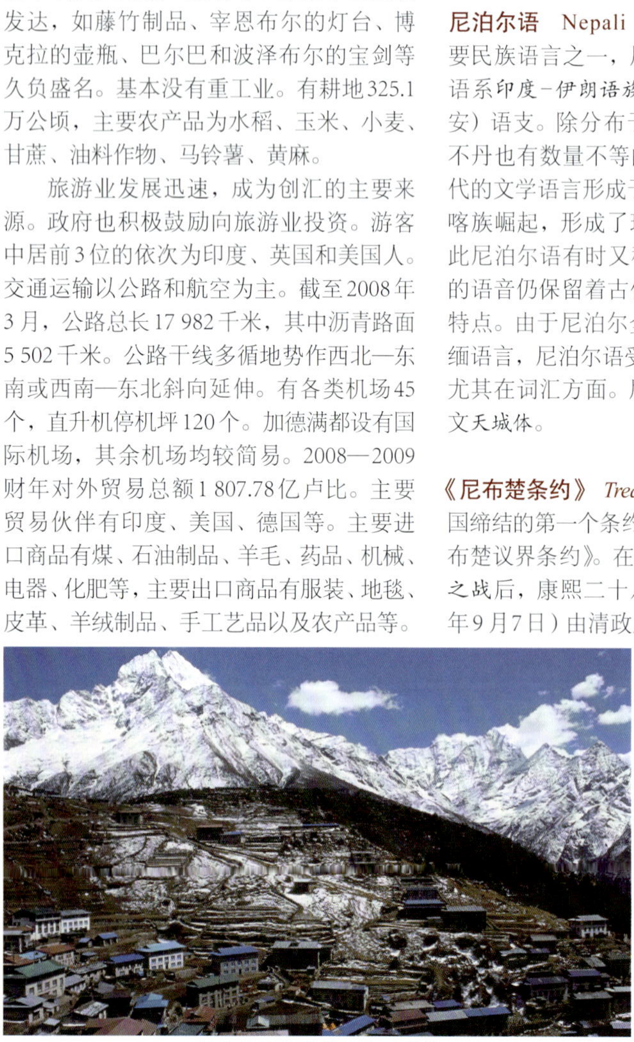

尼泊尔喜马拉雅山脚下村镇

尼布甲尼撒二世 Nebuchadrezzar Ⅱ（约前630～前562） 新巴比伦王国国王（约前605～前562）。王国开创者那波帕拉萨之子。即位前任王国的军事统帅，即位次年发兵出征叙利亚和巴勒斯坦，与埃及争夺势力范围。公元前601或前600年被埃及击败。公元前598年、前587年两度亲征犹太王国，前586年攻陷耶路撒冷，将犹太的国王、贵族及一般居民掳至巴比伦尼亚，史称“巴比伦之囚”。公元前567年远征埃及，掠得大量财富。他在国内大兴土木，在巴比伦城等地修建了很多宏伟的建筑物，其中马尔杜克神庙中的塔庙即是《旧约》中提到的“巴别塔”。巴比伦城门之一的伊丝塔尔门以其高大雄伟和表面装饰的彩色琉璃砖浮雕著称。为取悦其米底王妃，又在巴比伦的王宫中建空中花园，被誉为古代世界七大奇迹之一。尼布甲尼撒二世时期是新巴比伦的繁盛时代。

尼采 Nietzsche, Friedrich（1844-10-15～1900-08-25） 德国哲学家，唯意志论的主要代表。生于普鲁士萨克森的一个传教士家庭，卒于魏玛。1866年进波恩大学学习神学，不久改学古典语言学。1869年任瑞士巴塞尔大学古典语言学额外教授。1878～1879年患精神分裂症，辞去教职。著有《悲剧的诞生》、《人性的，太人性的》、《曙光》、《查拉图斯特拉如是说》、《善恶的彼岸》、《反基督教》和《权力意志》等。

哲学思想 尼采从A.叔本华的生存意志论出发，摆脱其消极悲观的倾向，使之变为积极行动的反叛哲学，从而创立了“权力意志说”和“超人哲学”。他认为贪得无厌的权力意志是万物的本原。提出了重新

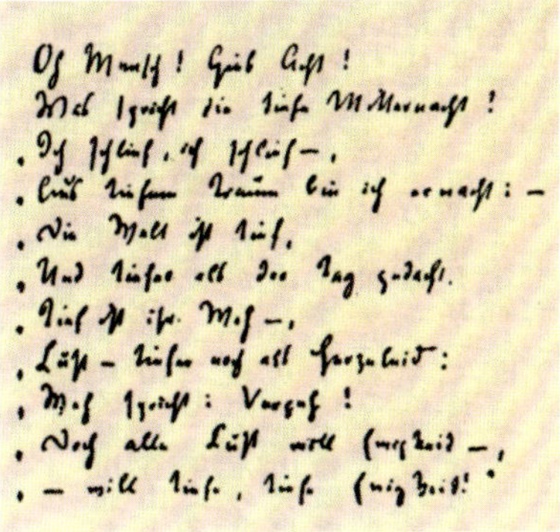

尼采手迹

估价一切价值的口号，认为传统的真善美观念抑制了生命的价值，实际上人并不具有真善美的本能，而只有权力意志的本能。强调要建立新的即权力意志的价值观。尼采是反理性主义的典型。他主张用意志、本能和直觉代替理性，真正的哲学家应当就是统治者和立法者。尼采从权力意志论和永恒轮回说出发提出了超人哲学，这是他哲学中的一个最重要主题。他主张以超人哲学取代基督教，断言人类的全部历史都是由天才创造的，认为人类生存的目的在于产生伟大的人物。他鼓吹战争，渴望战争到来，欢迎欧洲各国军国主义化，并把这看作是复兴人类的手段。他预言雅利安人种是统治欧洲的新种族，宣扬极端的种族主义。尼采既反对民主主义，又反对社会主义和无产阶级革命运动，认为对付日益高涨的革命运动的最可靠措施，就是建立新的“地球主人”所主宰的暴虐的专政。他的思想被后来的法西斯主义所利用和吸收，他本人也被法西斯主义者尊为思想先驱。

伦理思想　尼采的伦理思想继承了叔本华的非理性主义和唯意志论思想，并从其“权力意志说”出发，建立了西方伦理思想史上第一个非道德主义的理论体系。他认为，人的一切行为和欲望都是由追求权力意志的本能支配的，无限地追求权力是生命的最基本的普遍法则，也是道德的最高目的和价值标准。在他看来，自负、激情、兽性、酒色、冒险以及征服的本能、炽情的神化等，都是实现权力意志必需的，而权力意志的满足就是最大的快乐和幸福，就是最高的善。他把基督教和人道主义道德抨击为“软弱”，把理性主义伦理学说的普遍道德斥之为“怪诞不经”，把功利主义的“最大幸福论”蔑视为“虚伪”，攻击社会主义的平等价值观为“天真梦想”。他认为，一切道德归结起来只有两个基本类型，即奴隶道德（群氓道德）和主人道德（贵族道德）。认为强就是善，弱就是恶，只有使强者战胜弱者，才能增强权力意志，隐恶扬善。

尼采鼓吹人生的目的就是实现权力意志，扩张自我，成为驾驭一切的超人。超人是人的最高价值，人之所以有价值就在于他是培育超人的肥料和实现权力意志的工具。而超人则应当蔑视一切传统的道德价值，超然于一切传统善恶标准和道德要求之外，为所欲为，通过伤害和奴役弱者、群氓来实现自我。尼采特别反对男女平等、婚姻自由、妇女解放。

美学思想　他的美学思想受叔本华的影响。提出希腊悲剧具有阿波罗和狄奥尼索斯两种精神。阿波罗精神高踞奥林匹斯的神山上，俯瞰宇宙人生，把它当成一个梦境和意象去赏玩。希腊的雕刻和史诗，就是阿波罗型的艺术。狄奥尼索斯精神则是酒神的酩酊大醉，它在狂歌醉舞中忘记了人生的苦恼，从而感到生命的酣醉和欢悦。希腊的舞蹈和音乐，就是狄奥尼索斯型的艺术；而希腊的悲剧，则诞生于两种精神的结合。一方面，它是动的，像音乐一样，是苦闷从内心发出的呼号；另一方面，它又是静的，像雕刻一样，是一种光辉的形象。就在这二者的结合中，希腊悲剧在阿波罗的形象中拯救了狄奥尼索斯的痛苦；一些悲剧英雄如俄狄浦斯、普罗米修斯等，也从痛苦中得到提高。真正的悲剧精神就是用最大的痛苦去换取最高贵的人生。他认为科学与道德阻碍生活，艺术则发扬生活，肯定生活。

尼德兰资产阶级革命　Bourgeois Revolution in Netherlands　世界历史上第一次成功的资产阶级革命（1566～1609）。尼德兰意为低地，指中世纪欧洲西北部的历史地区（今比利时、荷兰、卢森堡和法国的东北部）。

尼德兰地区于1556年为西班牙哈布斯堡王朝所统治。自16世纪以来，尼德兰城乡资本主义有相当发展，但受到宗主国、西班牙封建专制统治的阻碍。16世纪60年代初，加尔文宗新教徒多次举行反对天主教会的武装暴动。1566年8月爆发反对天主教会的圣像破坏运动，是为革命的开端。西班牙国王腓力二世派F.A.de阿尔发为尼德兰总督，血腥镇压尼德兰革命者。尼德兰人民组成森林乞丐游击队和海上乞丐游击队，英勇反抗西班牙的暴政。

1572年北方各省举行大起义，威廉一世被推为北方各省执政。1576年11月8日，南北各省代表缔结《根特协定》，恢复南北统一，共同反对西班牙的统治。1579年1月23日南方贵族结成阿拉斯同盟，并与西班牙妥协。北方七省和南方部分城市为对抗西南几省贵族的背叛，于同年1月6日结成乌得勒支同盟。1581年由北方各省宣布成立联省共和国。由于荷兰省在联省中的经济和政治地位最重要，因此亦称荷兰共和国。1609年1月9日，西班牙被迫与荷兰签订停战协定，在事实上承认了荷兰的独立。

尼格里　Niggli, Paul（1888-06-26～1953-01-13）　瑞士结晶学家、矿物学家、岩石学家。生于措芬根，卒于苏黎世。1911年毕业于瑞士苏黎世联邦理工学院。1912年获苏黎世大学博士学位。1913年赴美国卡内基研究所地球物理实验室工作，后曾任教于莱比锡大学、蒂宾根大学、苏黎世大学。曾任瑞士矿物和岩石学学会主席等。1924年当选为苏联科学院通讯院士，同时又是西欧许多科学院的院士。尼格里将数学晶体学与实验X射线技术相结合，首先提出一套用X射线数据推定晶体空间群的完整方案，并一直用于空间群的确定。在火成岩分类和岩石化学计算方面，发展了传统的标准矿物计算法（CIPW计算法），提出了新的分子数值法，简化了火成岩化学和矿物成分的计算。指出挥发组分对岩浆中金属的聚集作用，研究了金属矿床的成因分类，利用物理化学原理解释金属矿床的矿物共生规律。在变质岩岩石学方面，他继承了瑞士学者J.U.格鲁本曼的基本思想和深度带分类法，在欧洲大陆有很深影响。主要著作有《岩石变质作用》、《矿物学和结晶化学教程》和《岩石和矿床》等。

尼格利罗人　Negrillo　非洲中部热带森林地区的种族集团。主要分布在刚果（金）、刚果（布）、加蓬、喀麦隆、中非、卢旺达、布隆迪、乌干达和安哥拉等国。属赤道人种古老支系。相信万物有灵，崇尚森林。历史上，曾是非洲中部地区的主要居民，在班图人大迁徙时一部分被同化，其余被排挤到热带森林深处。殖民者入侵后，遭到屠杀，人口锐减，估计仅存25万多。分为若干地区群体，主要有：①班布蒂人，下分埃费和阿卡等支系，居住在刚果（金）东北部伊图里河一带。②巴特瓦人，居住在刚果（金）境内开赛河和刚果河中游之间

中非尼格利罗人村落

地区，是最大的尼格利罗人群。居住在卢旺达、布隆迪和乌干达境内的也称巴特瓦人。③巴宾加人，居住在加蓬和刚果境内。另外，在加蓬境内还有三个小的尼格利罗人群；克维人、邦加人和科亚人。尼格利罗人男子狩猎，女子采集。过不定居的生活。用猎获物与邻族换取必需的农产品和手工业品。没有私有观念，财产归集体所有。血统按父系计算。严格实行一夫一妻制。中部非洲各国政府已相继采取措施，帮助尼格利罗人改变生活方式，走出森林，参加现代社会生活。

尼格利陀人 Negritos 东南亚古老居民之一。属尼格罗-澳大利亚人种尼格利陀类型。无统一语言，各支系有自己的语言或借用邻族语言，并受邻族文化影响。少数信仰伊斯兰教，属逊尼派；多数保持万物有灵和巫术信仰，有巫师。相传二三千年前曾广泛分布于东南亚各地。后受马来人排挤和同化，现仅存留于马来半岛泰国、马来西亚边境的密林深处，印度尼西亚苏门答腊和加里曼丹的沼泽地带，菲律宾吕宋、内格罗斯、巴拉望和棉兰老岛的偏僻山区，以及印度的安达曼群岛等地。包括塞芒人、库布人、阿埃塔人和安达曼人等支系。多以狩猎采集为生，由40～60人组成群体，在一定的地域内活动。住所系用竹竿或树枝搭成的简陋窝棚。部分人转向定居，从事刀耕火种农业，种植旱稻、玉米等；部分人从事捕鱼。

尼格罗人 Negroes 有两义：①泛指世界各地的黑人。②特指分布在非洲大陆撒哈拉以南的黑人居民。约有55 440万人（2002），约占非洲总人口的72%，分属36个国家和地区。体质特征为皮肤黝黑，头发卷曲，体毛极少，鼻扁唇厚，腭凸明显。语言多属尼日尔-科尔多凡语系和尼罗-撒哈拉语系，部分属阿非罗-亚细亚语系。大部分人保持传统信仰，相信万物有灵，崇拜祖先；西非、中非和东非很多人信奉伊斯兰教；也有人信奉基督教。按族源、历史、语言、文化和地域，可分两大支系，成为两大民族集团：苏丹尼格罗人和班图尼格罗人。此外，自16世纪起有大批非洲黑人被欧洲殖民者掠卖到美洲为奴，其后裔也属尼格罗人，通常称为美洲黑人。在美国约有3 100多万黑人（2002）。

尼格罗人妇女

尼格罗人种 Negroid race 世界四大人种之一。又称黑色人种，俗称黑种人。原分布于撒哈拉沙漠以南的非洲地区。16世纪起欧洲殖民者贩卖黑奴，他们分散到美洲等地区。典型体质特征是：肤色黝黑，头发卷曲，鼻扁平，唇厚，眼较大，上下颌前凸明显，体毛稀少等，表现出一系列适应热带环境的耐热性况。A_2型血型出现率高。CDe血型出现率高（约60%）。P血型系统中P_1血型出现率更高（超过80%）。分为非洲黑人和美洲黑人两大支系。非洲黑人包括身材高大的图西人（成年男子高200厘米）、身材矮小的尼格利罗人（成年男子高不超过150厘米）和以“肥臀”为特征的霍屯督人。下分西非黑人、东非黑人、南非黑人和尼格利罗人4个族群。美洲黑人又称美洲有色人种，一般分为两大族群：北美黑人，主要为欧洲白种人与非洲黑人混血种群，遗传基因主要来自黑人；南美黑人主要为南美印第安人与非洲黑人混血种群，遗传基因多来自黑人。有的学者主张还要分出中美黑人，主要分布于加勒比海地区。

尼格罗人种男性

《尼各马可伦理学》 *Nicomachean Ethics* 亚里士多德的伦理学著作。据传由其子尼各马可编纂，约成书于公元前335～前323年间。13世纪被译成拉丁文后传遍西欧，最早中译本名为《亚里士多德伦理学》，商务印书馆1933年出版。全书共10卷、132章，探讨了道德行为发展的各个环节和道德关系的各种规定等问题。该书是西方伦理学史上第一部伦理学专著，书中系统阐述的德性在于合乎理性的活动、至善就是幸福等观点，成为西方近现代伦理思想的主要渊源之一。

尼姑 Buddhist nun 出家后受过具足戒的女子。佛教比丘尼的俗称。印度之有比丘尼，最早始于释迦牟尼听许其姨母摩诃波阇波提出家，受具足戒，后有500位释迦族女子出家得度。据《比丘尼传》卷一载，西晋建兴年中（313～316），尼净检从沙门智山出家剃发，受十戒。《大宋僧史略》卷上载，（南朝）宋元嘉十一年（434），慧果、净音等300余人于建康南林寺戒坛从师子国比丘尼铁索罗等10人受具足戒，为中国比丘尼正式得戒之始。

尼古丁 nicotine 吡啶型生物碱烟碱的俗称。

尼古拉二世 NicholasⅡ（1868-05-18～1918-07-17） 俄国末代沙皇（1894～1917年在位）。生于圣彼得堡郊外的沙皇村（今普希金村），卒于叶卡捷琳堡。亚历山大三世的长子。1894年11月在其父临终前，签署诏书登基。他任命维特、斯托雷平为大臣会议主席，推进资本主义工农业发展。但社会内部矛盾重重。1904～1905年的日俄战争的失败更引发了俄国1905年革命。尼古拉二世虽镇压了这场革命，却不得不保留国家杜马，承认政党和工会可以合法地进行活动。他侵略中国，瓜分伊朗。1914年参加第一次世界大战，前线作战接连失利，后方经济濒于崩溃。1917年俄国二月革命推翻了专制统治。尼古拉二世被迫于3月15日退位，历时304年的罗曼诺夫王朝最终灭亡。翌年根据苏维埃决定，尼古拉二世的全家被枪杀。

尼古拉斯 Nikolais, Alwin（1912-11-25～1993-05-08） 美国现代舞演员、编导、作曲家，新先锋派舞蹈的重要人物。生于康涅狄格州绍辛顿，卒于纽约。1933年开始学习舞蹈，受M.魏格曼表现主义舞蹈影响甚大。1939年首次创作舞蹈作品《八路纵队》。在实践中，他提出“整体剧院”理论，即在舞台上，演员的表演不是唯一重要因素，灯光、道具、音乐音响等在作品中起同样重要的作用。因此他常自己设计灯光，使演员在舞台上产生变形；为演员设计各种奇异的服装和从头裹到脚的尼龙袋。他的作品大多自己作曲，多用电子音乐加上古怪的音响。他称自己的作品是“灯光、色彩、动态、音响组成的戏剧”。他认为，舞蹈动作不必依附于某种感情，应追求一种纯粹的动作表现。代表作为《面罩、道具和汽车》、《万花筒》、《图腾》、《意象》、《地狱的边缘》和《结构》等。

尼古拉斯（库萨的） Nicholas of Cusa（1401～1464-08-11） 文艺复兴初期的德国哲学家，罗马天主教会的高级教士。生于摩泽尔河畔的库萨村，父亲是一个渔业主。卒于意大利托迪。他先是被送到荷兰共同生活兄弟会办的学校念书，1416年进海德堡大学。1417年转入帕多瓦大学，1423年获教会法博士学位。1425年在科隆进修神学。1432年参加巴塞尔宗教会议，此后到罗马教廷任职。1437年作为罗马教廷使节赴拜占廷谈判东西方教会联合问题。1448年受封为枢机主教。1450年任布里克森主教。1458年回罗马教廷助理教务。

他是德国最早的人文主义学者之一。在处理教会事务之余，搜集、整理古典文献，开展数学和自然科学研究。他绘制了第一幅中欧和东欧地图，提出了改善历法的方案，致力于解决方圆问题。其主要哲学著作有《论有学问的无知》(1440)、《论推测》(1440)、《论智慧》(1450)等。

泛神论的自然哲学　建立起一种具有独创性和过渡性特色的哲学学说。他的哲学已开始摆脱正统神学的束缚，基本上按照泛神论观点解决对上帝和宇宙的认识问题，开辟了文艺复兴时期泛神论的自然哲学思潮的先河。

论上帝和宇宙　按照新柏拉图学派的“否定的神学”观点，他认为对于上帝不能用任何特殊的概念和名词予以规定。在他看来，上帝不是圣父、圣子和圣灵，而是无限，是绝对的极大。又认为，上帝是绝对极大、绝对统一，而宇宙则只是相对极大、相对统一。

尼古拉斯从宇宙是极大的、没有边际的这一观点出发，得出了同地心说相对立的结论：在世界这架大机器上面，似乎到处都是中心，没有一处是边界。

对立统一的理论　在基督教神学独断论长期统治下，他第一个明确提出了“对立一致”这一命题，并把它作为自己哲学的基本原理，认为在上帝和宇宙中对立面是一致、符合、统一的。上帝既是极大，也是极小。人性既是有限（作为形体），也是无限（作为精神）。

认识论　他的认识论同他的“有学问的无知”原理是紧密相联的。所谓有学问的无知，就是人对上帝的认识，归根到底是一种无知。人的认识都是通过已知和未知的比较而获得的，人的已知都是有限的，而上帝是绝对的无限。所以它在量的方面与人们的已知不成比例，在质的方面不可类比。不过这种无知不是一无所有的状态，而是饱学之士的结论。无限是对立面的统一，把握它要通过协调对立面、逐步上升的方法。它不同于亚里士多德的演绎推理方式，库萨的尼古拉斯称之为“非理解的方式”。他认为，有学问的无知要从“上帝亲手写的书中”去寻找，即从自然这本大书中去寻找。自然这本大书是用数学符号写成的，所以，对自然的数量关系认识得越多，便越接近上帝和宇宙对立统一的本质。

尼古拉斯是近代市民阶级新哲学思潮的先驱者之一，他的哲学成果对以后的G.**布鲁诺**、G.W.**莱布尼茨**以至F.W.J.von**谢林**和G.W.F.**黑格尔**等人思想的形成，都产生了深刻影响。

尼古拉耶娃-捷列什科娃，V.V.　Nikolayeva-Tereshkova, Valentina Vladimirovna (1937-03-06～　)　苏联航天员。世界第一名女航天员。生于雅罗斯拉夫尔州图塔耶夫区马斯连尼科沃村。1960年毕业于雅罗斯拉夫尔轻工业函授技术学校。1962年被选为航天员。1963年6月16日，她驾驶“东方”6号飞船与两天前入轨的“东方”5号飞船共同完成太空编队飞行，飞行70小时41分，绕地球48圈，航程约200万千米。这次飞行完成了生物医学和科学技术考察计划，证明妇女能在太空正常生活和工作，对载人航天的发展有深远意义。1969年在茹科夫斯基空军工程学院毕业。曾获列宁勋章、齐奥尔科夫斯基奖章和国际航空联合会“宇宙”金质奖章。月球背面一座环形山以她的姓氏命名。著作有《“海鸥”飞入第六大洋》和《宇宙——开阔的大洋》等。

尼古拉一世　Nicholas Ⅰ (1796-07-06～1855-03-02)　俄国皇帝（1825～1855年在位）。生于圣彼得堡，卒于圣彼得堡。保罗一世之子，**亚历山大一世**之弟。早年学习兵法，曾任工兵总监。1825年11月亚历山大一世暴卒，尼古拉被立为皇帝。他崇拜普鲁士的军事、警察制度，力图把一切政治机构都置于军队控制之下。设立宪兵团，加强警察宪兵的作用。设立专司政治调查的“第三厅”，以维持自己的统治。他残酷镇压十二月党人起义。实行严格的书刊检查制度，迫害A.S.**普希金**、T.G.**谢甫琴科**、M.Yu.**莱蒙托夫**和A.I.**赫尔岑**等自由思想家。他禁止农奴子弟进入中学和大学学习。竭力巩固贵族地主的地位，维护农奴制度。在对外政策上，维护欧洲君主制，充当欧洲宪兵，镇压波兰1830年起义和1848年匈牙利革命。为扩张领土，进行俄国-伊朗战争和俄土战争，夺取了东亚美尼亚和多瑙河河口及附近岛屿、高加索黑海沿岸（除巴统外）的土地，将塞尔维亚、希腊、摩尔多瓦和瓦拉几亚纳入俄国的势力范围。

1853年**克里木战争**爆发，俄军屡败，国库空虚，民怨沸腾。

尼赫鲁　Nehru, Jawaharlal (1889-11-14～1964-05-27)　印度民族主义运动领导人，**印度国民大会党**领袖，印度独立后首任总理(1947～1964)。生于联合省（今北方邦）阿拉哈巴德市一个婆罗门家庭，卒于新德里。1905年就读于英国剑桥大学，1912年携律师证书回到印度。1912年参加国大党年会。1916年在国大党年会上首次会见M.K.**甘地**。甘地的影响以及阿姆利则惨案的发生，促使尼赫鲁走上职业政治家的道路。先后两次担任国大党总书记(1924～1926,1928～1929)。1927年12月，国大党年会通过由他提出的关于给予印度完全独立的决议，以他和J.P.纳拉扬等人为核心的青年社会主义派主张采取灵活有力的斗争手段取得印度的独立。1928年11月，他和S.C.鲍斯组织印度独立同盟。1929年12月主持召开国大党拉合尔年会，再次通过争取印度完全独立的决议，并在甘地推荐下当选为国大党主席。从此，便以党内青年领袖的身份活跃在印度政治舞台上，多次担任国大党主席。尼赫鲁追随甘地，同他亲密合作，被公认为甘地的政治继承人。1933年以后，逐渐成为国大党内实际上的最高领袖。1921年12月至1945年6月，先后9次被捕，过了将近9年的铁窗生活。

第二次世界大战爆发后，提出以在战时成立印度国民政府、战后准予印度独立为条件支持英国作战的建议，得到国大党全国委员会的拥护，但遭到英国的拒绝。

在战后印度民族独立运动高涨的形势下，尼赫鲁一直是与英国代表团谈判主要的谈判者。1947年8月《**蒙巴顿方案**》实施，尼赫鲁任印度自治领总理兼外长等职务，1950年1月任共和国总理直到病逝。还兼任过原子能部部长、计划委员会主席等职。

任职总理期间，对国家官吏和军队进行整顿和扩充，实现了国家机构和军队的印度化。还用赎买和武力手段合并印度554个土邦，削弱封建势力，统一印度，并在此基础上按民族语言区重新划分邦界。此外，还实行土地改革。

尼赫鲁在政治上推崇英国的议会民主制度，但在经济上接受了苏联的计划经济和工业化思想。尼赫鲁的社会理想是建立社会主义类型社会。他所设想的“社会主义”是“国家财富平均分配”，但未能实现这个目标。

独立初，尼赫鲁曾力排众议，决定印度留在英联邦内。他积极反对殖民主义，但同时也承袭英国的特权，对周围的一些小国保持“宗主权”。尼赫鲁为**亚非会议**发起人之一。1954年访问中国，同周恩来总理共同倡导和平共处五项原则。1961年又同J.B.**铁托**、纳赛尔共同发起**不结盟运动**。

1947年10月，爆发了第一次**印巴战争**。尼赫鲁在印独立后积极靠拢美国和苏联的同时，默许印度反动分子参与、策划了1959年中国西藏农奴主叛乱。在国内反华逆流推动下，政治上急剧右转。1960年制定边界“前进政策”，最终挑起了中印边界武装冲突。

尼赫鲁 Nehru, (Pandit) Motilal (1861－05－06～1931－02－06) **印度国民大会党**活动家。J.**尼赫鲁**之父。生于克什米尔一个婆罗门种姓家庭，卒于勒克瑙。曾移居德里、阿拉哈巴德。在阿拉哈巴德读完大学后，进入法律界，成为著名律师。20世纪初参加民族运动，持温和派立场。第一次世界大战期间，加入印度自治同盟，任阿拉哈巴德分部主席。战后英国对印度的政策使他感到激愤，1919年当选为国大党年会主席。

1920年他的政治态度进一步发生变化。当M.K.**甘地**提出非暴力不合作策略时，他始而反对，继而积极支持。1921年被捕入狱。出狱后，和C.R.达斯一起反对国大党把自己的行动局限于实施建设性纲领的策略，主张参加未来的立法会议选举，从内部实行不合作。

1927年起，国大党内出现以J.尼赫鲁和S.C.**鲍斯**为代表的左翼，主张争取印度独立。对此，他态度消极。1928年在抵制西蒙调查团活动中，受各党派会议委托，主持起草《印度宪法原则草案》，即著名的《尼赫鲁报告书》。坚持以争取自治领为斗争目标，遭英国拒绝。此后积极参加甘地

尼赫鲁及其妻、子

发动的文明不服从运动（见**非暴力不合作运动**）。1930年6月入狱。

尼基什 Nikisch Arthur (1855－10－12～1922－01－23) 匈牙利指挥家。生于莱贝尼圣米克洛什，卒于德国莱比锡。11岁入维也纳音乐学院学习。1874年为维也纳宫廷

管弦乐团小提琴手。1877年任莱比锡歌剧院合唱排练，从此开始了指挥生涯。1879年任该院首席指挥。此后10年，他致力于排练新歌剧和恢复被埋没了的杰作。1885年，在李斯特协会的一次音乐会上，他背谱指挥了交响曲《浮士德》和《但丁》，震惊了莱比锡。此后，他历任**波士顿交响乐团**、**柏林爱乐乐团**、伦敦交响乐团等著名乐团的指挥。他是首先背谱指挥的指挥家之一，其指挥风度典雅，富有浪漫气质。

尼加拉瓜 Nicaragua 拉丁美洲国家。位于中美洲中部，是中美洲面积最大的国家。北邻洪都拉斯，南连哥斯达黎加，西濒太平洋，东临加勒比海，海岸线长820千米，面积121 428平方千米。人口574.2万（2009）。居民中印欧混血种人占69%，白人占17%，黑人占9%，印第安人占5%。85%居民信奉天主教，其余多信基督教。官方语言为西班牙语，东部大西洋沿岸地区也讲英语和印第安土语。首都**马那瓜**。

中北部为中央高原，约为国土面积的1/3，莫戈通峰海拔2 107米，为全国最高峰。东部是米斯基托斯海岸平原，地势低平，

多沼泽湖泊。西南部为平原、湖泊区，多火山。**尼加拉瓜湖**为中美洲最大湖泊，湖中有火山岛，素有“火山湖泊之国”的美称。国土40%被森林覆盖，多松木、栎木和桃花心木等贵重木材。地热和水电资源丰富，有金、银、锑、锌、铜、铅等矿藏。主要河流有科科河、马塔加尔帕大河、埃斯扎迪多河和圣胡安河。东部沿海属热带雨林气候，中西部高地为山地气候和热带草原气候。1～5月为干季，6～12月为雨季。年平均气温25.5℃。

原为印第安人居住地。1502年C.**哥伦布**航行抵此。1524年沦为西班牙殖民地。1821年9月15日宣告独立，曾加入中美洲联邦。1839年建立尼加拉瓜共和国。1909年起，美国曾3次武装干涉，并于1926年长期驻军。1927年C.A.**桑地诺**发动抗美游击战争，迫使美军在1933年撤离。1934年A.索摩查·加西亚杀害桑地诺，建立亲美独裁政权。1961年桑地诺民族解放阵线发动武装斗争，于1979年7月推翻索摩查政权，建立民族复兴政府。1990年大选，桑地诺民族解放阵线失败，全国反对派联盟得胜。1996年起，制宪自由党连续执政。2006年11月桑地诺民族解放阵线候选人D.奥尔特加·萨阿韦德拉在总统选举中获胜，2007年1月宣誓就职。

现行宪法1986年颁布，1995、2000和2004年三次修改，规定总统由直接选举产生，任期5年，不得连任。总统是国家元首、政府首脑、武装部队统帅。国民议会为一院制，5年一届，直接选举产生。主要政党有制宪自由党、桑地诺民族解放阵线、共和联盟等。

经济以农业、牧业为主，是拉美经济落后的国家之一。20世纪90年代以来，经济形势有所好转。2009年国内生产总值61.49亿美元。主要农作物有咖啡、棉花、香蕉、玉米、水稻和高粱。工业生产基础薄弱。近10年“客户工业”有较快发展。为拉美主要产金国之一。旅游业发展较快，成为国家创汇最重要的来源之一。马萨亚火山和尼加拉瓜湖为著名游览胜地。交通主要依靠铁路、公路和水路。有国际机场。科林托港和布卢菲尔兹分别为东西海岸主要港口。对外贸易在经济中居重要地位。2009年外

尼加拉瓜莱昂的市场一角

贸总额为63.14亿美元。主要出口咖啡、蔗糖、棉花、香蕉、牛肉、木材、海产品和金银等；进口石油及石油产品、工业原料、日用消费品、机械设备等。主要贸易伙伴是美国、德国、墨西哥和其他中美洲国家。经济严重依赖外援。2006年底外债总额达45.25亿美元。货币名称科多巴。

实行中小学义务教育，有国立自治大学、天主教大学等10余所大学。文盲率居中美洲各国之首。主要报纸有《新闻报》和《日报》。有广播电台144家，电视台8家。

20世纪90年代以来，恢复了同美国的密切关系，重新列入美国提供开发和贸易信贷的最惠国名单。改善和加强了同本地区国家的关系。接受西欧、日本的重要经济援助。1985年12月7日同中华人民共和国建交。1990年同台湾当局"复交"，中国宣布中止同尼加拉瓜的外交关系。

尼加拉瓜革命 Nicaraguan Revolution 尼加拉瓜人民在桑地诺民族解放阵线领导下进行的民主革命。索摩查家族40多年的独裁统治，激起了尼加拉瓜各阶层人民的强烈不满。1977年，全国爆发了反独裁的工人和学生运动，桑地诺民族解放阵线对几个城镇同时发动进攻。1978年8月22日，游击队攻占马那瓜的国民宫，迫使索摩查政府释放了一批被囚禁的民族解放阵线成员，其中包括被判30年徒刑的阵线领导人T.博尔赫·马丁内斯。1979年3月，桑地诺民族解放阵线的三派重新联合，成立了全国联合领导委员会，制定了共同纲领，实现了统一指挥。6月4日开始的全国性罢工配合了全国性起义。6月16日，桑地诺民族解放阵线宣布成立民族复兴临时政府，由参加反独裁斗争的各方面代表5人组成执政委员会。7月17日，A.索摩查·德瓦伊莱被迫下台。19日，首都马那瓜解放。桑地诺民族解放阵线领导的人民起义取得了完全胜利。20日，民族复兴政府内阁宣誓就职。1979年的尼加拉瓜革命彻底打碎了索摩查家族旧的国家机器，建立了民主政权。革命胜利后，尼加拉瓜在政治体制上实行以桑地诺民族解放阵线为主的多元政治。

尼加拉瓜湖 Nicaragua, Lago de 尼加拉瓜和中美洲最大湖泊。又称大湖。位于尼加拉瓜西南。湖区原为太平洋海湾，因火山喷发与海洋隔绝而成湖。呈椭圆形，长160千米，平均宽60千米，面积8 157平方千米。湖水经圣胡安河注入加勒比海。湖内有大小岛屿300多个。最大的奥梅特佩岛面积276平方千米，有两座火山锥，其一高达1 610米。萨帕特拉岛有印第安古庙遗迹和各种石雕神像。湖内可通航，沿岸多湖港和城镇。湖上火鸟云集，湖内多鱼、虾、鳄、鳖等，是世界上唯一有淡水海鱼的湖泊，淡水海鱼公牛鲨、海鲢和锯鱼举世闻名。

《尼凯女神像》(萨莫色雷斯的) *Nike of Samothrace* 希腊雕塑。作于公元前2世纪初希腊化时期。作者已无可考。尼凯即胜利女神。这尊大理石雕像现存部分高2.45米，1863年在爱琴海萨莫色雷斯岛发现。

《尼凯女神像》(卢浮宫博物馆藏)

这座雕像是为纪念萨莫色雷斯岛的征服者德米特里在一次海战中，战胜埃及王托勒密的舰队而建立的。雕像的头部和双臂已失，身躯部分基本完好。从当时钱币上的图案得知，女神是站立在船形的基座上，正吹起胜利的号角。女神挺胸展翼，迎风而立，那紧贴在身上如薄纱般的衣裙下透露出圆润结实的躯体。

尼康 Nikon (1605-05-07～1681-08-17) 俄罗斯正教会牧首。生于下诺夫哥罗德。先后作过修士、大司祭、主教。1652年出任全俄牧首。在此期间根据希腊文版修订俄文本《圣经》和礼文，统一教会仪式。其倡导的改革遭到反对，致使俄罗斯正教会分裂。又主张神权高于皇权，教会可干涉政务。因与沙皇发生冲突，被迫辞去牧首职，后又被贬为修士，并遭流放。1681年遇赦，在返回莫斯科途中去世。其所倡导的改革成果多被保留。

尼康公司 Nikon Corporation 日本照相机与光学仪器生产厂商。全称尼康株式会社。前身是1917年成立的日本光学株式会社，1920年其产品定名为"Nikko"，1932年其镜头注册为"Nikkor"。至1945年为止，主要为日本政府生产各种民用与军用的光学仪器与望远镜。1948年后开始生产照相机，并将产品命名为"Nikon"。此后商标的字体虽屡经变更，名称却一直沿用下来。

尼康是世界上少数几家从熔炼玻璃开始掌握全套镜头设计与制造技术的厂家，后发展成为世界知名的照相机、光学仪器与镜头制造厂商。主要产品有：传统相机(135、APS)与数码相机、各种镜头、显微镜、望远镜及其他光学仪器、胶片扫描仪、光学玻璃等。

尼科巴语族 Nicobarese group 南亚语系的一个语族。

尼科西亚 Nicosia 塞浦路斯首都和最大城市。位于国境中部的迈萨奥里亚平原上，海拔155米，北距地中海海岸38千米。人口39.1万。始建于公元前294年。13～14世纪成为地中海东部重要集市。1960年塞浦路斯独立后，发展迅速。旧城由1489年侵入的威尼斯人修建，其圆形城墙和11个棱堡保存至今，基本完好无损。全国宗教中心，清真寺和教堂众多，包括塞利姆清真寺、圣约翰正教教堂等以及东正教大主教驻节地。在旧城外扩展的新建筑区，面积倍于旧城，为政府机关、商店和娱乐场所所在地。工业主要分布在新市区，有棉纺织、服装、制革、陶器、卷烟、面粉、糖果、酿酒、纸箱、砖瓦、机床和汽车配件等工厂。商业繁荣，小麦、水果、牛、羊等贸易繁盛。无铁路，但公路交通发达，以放射形通向各地。地中海东部重要的国际航空港。全市严格划分为希腊族区和土耳其族区。

尼克松 Nixon, Richard Milhous (1913-01-09～1994-04-22) 美国共和党政治家，第37任总统（1969～1974）。生于加利福尼亚州的约巴林达村，卒于纽约。1934年毕业于惠蒂尔学院，1937年毕业于杜克大学法学院。同年回惠蒂尔当律师。曾一度在华盛顿的物价管理局任职。1942年8月加入海军，复员后两次选入美国众议院（1947，1949）。在1952年的竞选活动中成为D.D.艾森豪威尔的竞选伙伴。1953年任副总统。在1960年总统选举和1962年加利福尼亚州州长选举中被击败后，曾宣告退出政界，迁居纽约市当律师。1968年作为总统候选人重又进入政界，并击败民主党候选人H.H.汉弗莱，入主白宫。就职后前往关岛，宣布减少美国驻外部队，通过军事和经济援助使较小国家得以自卫，这就是后来的所谓尼克松主义。在内政方面，通货膨胀是尼克松总统长期面对的经济问题。起初他试图压缩联邦开支，但他的政府预算赤字每年增长。在1971年和1973年他的政府两次使美元贬值。1971年8月开始实行“新经济政策”，其中包括在和平时期对工资和物价的控制。在外交方面，最重要的行动是与中华人民共和国重新开始直接交往。1972年2月，他偕夫人以及大批随从人员对中国进行一次国事访问，并与周恩来总理在上海签署《中美联合公报》，打开了中美交流的大门。同年5月访问莫斯科，这是美国总统对莫斯科的第一次访问。1973年1月美国结束了对越南的战争。但尼克松总统的第二届任期却为水门事件丑闻所困扰。这一丑闻起于对争取总统连选连任委员会和争取总统连选连任财政委员会活动的调查，而随着调查的深入，牵涉的面越来越广。至1974年7月尼克松总统的一些最亲密的助手均被指控犯有罪行，其中数人并被判罪。同月众议院司法委员会投票通过弹劾尼克松的3条罪状。8月8日晚尼克松宣布辞职，成为美国历史上第一个辞职的总统。著有《六次危机》、《尼克松回忆录》等。

尼克松访华 Nixon's visit to China 1972年美国总统R.M.尼克松访问中华人民共和国，使两国之间长期敌对的关系得到缓和。中华人民共和国建立后，由于美国政府对中国采取敌视态度，造成了两国20余年的隔绝。20世纪60年代末至70年代初，国际形势发生重大变化，中美缓和的条件逐渐成熟。1969年尼克松就任美国总统后，多次表现出改善对华关系的意向。毛泽东注意到了这一变化，及时采取了相应措施。陈毅向中央提出了恢复中美大使级会谈、打开中美关系的建议。1969年12月，美国驻波兰大使馆官员向中国大使馆官员转达了尼克松希望对话的意愿。毛泽东、周恩来批准采取积极的措施。中美两国在波兰华沙恢复了长期中断的大使级会谈。1970年10月、12月，毛泽东两次会见美国记者E.斯诺，明确表示：如果尼克松愿意来，我愿和他谈，谈得成谈不成都行。同时，美国方面也分别通过巴基斯坦和罗马尼亚领导人带口信，向中国表达了希望派秘密使节访问中国的意愿。1971年4月，在日本举行的第31届世界乒乓球锦标赛期间，毛泽东决定邀请美国乒乓球队访华，打开了中美之间文化交流的大门。同年7月9～11日，美国总统特使H.A.基辛格秘密访问中国，同中国总理周恩来举行了会谈。中美双方发表公报宣布，尼克松总统将在1972年访问中国。这一消息在世界上引起巨大震动。1972年2月21日，尼克松一行抵达北京，对中国进行正式访问。当日，毛泽东会见尼克松，双方进行了友好的谈话，为中美关系走向缓和与发展定下基调。随后，周恩来和尼克松进行了多次会谈，2月28日在上海签署了举世瞩目的《中美联合公报》。虽然两国因台湾问题当时未能建交，但中美关系从此走向缓和，标志着美国以往企图孤立中国的政策宣告结束，中国的外交战略取得了重大突破，新的世界格局开始形成。

毛泽东会见尼克松

尼克索 Nexø, Martin Andersen (1869-06-26～1954-06-01) 丹麦作家。原名马丁·安德森。生于哥本哈根，卒于德国德累斯顿。8岁时随家迁居小城尼克索（又译讷克塞），遂以此为笔名。1893年开始文学创作。在俄国十月革命的影响下，走上无产阶级革命的道路，是丹麦共产党的创始人之一。1940年因参加反法西斯斗争而被捕入狱，在狱中开始创作《红色的莫尔顿》，后越狱流亡瑞典和苏联。后侨居、终老于民主德国。长篇小说《征服者贝莱》(1906～1910) 反映丹麦工人运动的兴起和发展，带有自传性质。1917～1921年，发表长篇小说《蒂特——人的孩子》(中译《蒂特：人的女儿》)。通过一个被遗弃的农村私生女的悲惨遭遇，对资本主义提出抗议。《红色的莫尔顿》(1945～1948) 是《征服者贝莱》的续篇，塑造了一个无产阶级英雄的形象。还著有长篇小说《铁器时代》(1929)，短篇小说集《黑鸟》(1930)、《破晓前》(1938) 等。

尼雷尔 Nyerere, Julius (Kambarage) (1922-04-13～1999-11-03) 非洲政治家，坦桑尼亚联合共和国首任总统(1964～1985)。生于坦噶尼喀穆索马区布蒂亚马村一酋长家庭，卒于英国伦敦。15岁时就读于塔波拉公立学校。1949年赴英国爱丁堡大学留学，1952年获得硕士学位。1953年当选为坦噶尼喀非洲人协会主席，1954年将该组织改组为坦噶尼喀非洲民族联盟（简称坦盟）。1960年9月坦噶尼喀建立责任政府，尼雷尔任首席部长。1961年12月坦噶尼喀独立，尼雷尔出任首任总理。1962年当选共和国总统。1964年坦噶尼喀同桑给巴尔合并后，又担任坦桑尼亚总统。执政期间，对内奉行自力更生原则，宣称要实行“乌贾马村”运动（农户集中居住，发展集体生产），推行一系列旨在巩固民族独立、增进民族团结和发展民族经济的措施；对外积极参加第三世界人民反对殖民主义、种族主义和霸权主义的斗争，坚持不结盟原则。曾多次访问中国，积极发展坦中人民的友好关系。

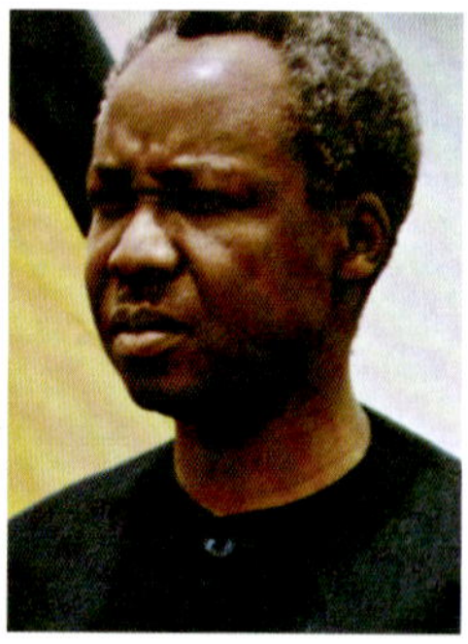

1977年坦盟与非洲设拉子党合并，组成坦桑尼亚革命党，尼雷尔任主席。1985年10月辞去总统职务，由阿里·哈桑·姆维尼继任。

尼龙 nylon 聚酰胺商品名的音译。可用于塑料与合成纤维。中国又将聚酰胺纤维称为耐纶、锦纶。主要品种有尼龙6、尼龙66。

尼罗河 Nile River 世界最长河流。自南向北穿越撒哈拉沙漠，流贯非洲东北部，注入地中海。习惯上，人们把白尼罗河作为尼罗河的主流。白尼罗河和青尼罗河在苏丹喀土穆附近汇合后称为尼罗河。以白尼罗河源流卡盖拉河源头算起，全长6 671

尼罗河一景

千米。干支流流经卢旺达、布隆迪、坦桑尼亚、肯尼亚、乌干达、刚果（金）、苏丹、埃塞俄比亚和埃及等国，是世界上流经国家最多的国际性河流之一。流域面积287.5万平方千米，占非洲大陆面积的1/9以上。入海年均流量2 300米^3/秒，年径流量约725亿立方米，年径流深24毫米，属非洲少水流域。

苏丹的尼穆莱以上河段为上游，长1 716千米。其中，河源段卡盖拉河由源出布隆迪南部的鲁武武河和源出卢旺达西南部的尼瓦龙古河汇合而成，蜿蜒向北，至乌干达边境，折向东流，注入维多利亚湖，全长400千米。湖水从北端流出，经基奥加湖向西流，称维多利亚尼罗河，注入艾伯特湖。出该湖后称艾伯特尼罗河，北流至苏丹边境的尼穆莱。上游段具热带湿润地区山地河流特征，水量丰富，有湖泊调节，水量季节变化较小；多急流、瀑布，富水力资源。

从尼穆莱至喀土穆为中游段，长1 930米，称为白尼罗河。其中马拉卡勒以上又称杰贝勒河，流经宽达400千米的苏丹冲积平原，地势平坦，比降只有1/139 000，地面沼泽密布，水生植物丛集壅塞，河道在此分汊漫流，因蒸发强烈，水量损失大半。在马拉卡勒附近接纳支流索巴特河后水量增加，河面展宽，沿途形成深厚的冲积土层并沼泽化。在喀土穆附近，青尼罗河自东南汇入，每当洪水期，两股水流颜色迥异，“青白分明”，涡流急旋，水量大增；白尼罗河和青尼罗河的年均流量分别为890米^3/秒和1 650米^3/秒。青尼罗河发源于**埃塞俄比亚高原**西北部海拔1 830米的塔纳湖。从该湖南端流出后，河谷深切，比降达1/1 160，水流湍急。入苏丹境内后，流贯于平原地区，河曲发育，水量较大，是尼罗河干流水量的主要供给者。但流量季节变化和年际变化大，7～9月洪水期的最大流量达5 610米^3/秒，4～5月枯水期的最小流量仅85米^3/秒。

喀土穆以下为下游段，长3 025千米，流经气候干旱的热带沙漠区。其中喀土穆至阿斯旺段，比降为1/6 000，由于河床基岩软硬不同，形成一系列的瀑布、峡谷，有著名的“尼罗六瀑布”。在阿特巴拉附近，尼罗河接纳最后一条支流——阿特巴拉河，出现全河最大流量值。自此往下，因降水稀少，蒸发强烈，加上渗漏和灌溉用水，河水流量渐减。在第一瀑布处建有**阿斯旺高坝**，形成巨大的纳赛尔水库。阿斯旺至开罗段，比降为1/14 000，切入砂岩和石灰岩地层，河谷狭窄，谷底平坦，沿岸分布狭长的河谷平原，是埃及的主要农业基地。开罗以下的河口段，河流分汊入地中海，形成面积约2.4万平方千米的河口三角洲。地面平坦，土层深厚，河渠稠密，沿海多潟湖和沙洲。由于阿斯旺高坝的修建，水流已被控制，纵贯三角洲的众多汊流主要经拉希德和杜姆亚特两条河道入海。尼罗河下游段，除阿特巴拉河外，没有支流汇入，河水全部来自中上游，从而形成著名的“客河”。河水随着沿途的蒸发和损耗，自上而下逐渐减少。

尼罗河对沿河各国的经济生活具有重要意义，其下游谷地和三角洲是世界古文明发祥地之一。尼罗河流域是非洲人口最密集、经济最发达的地区之一。

尼罗河三角洲 Nile Delta 世界主要大河三角洲之一。在埃及北部。范围大致从开罗北20千米向北呈扇形展开，南北长170千米，最大宽度250千米，面积2.5万平方千米。地表平坦，河网纵横，渠道密布，沿海多潟湖、沼泽和沙洲。有天然气田。尼罗河在此原有7大支汊分流入海。经长期人工疏导，尤其**阿斯旺高坝**的修建，水流已被控制，纵贯三角洲的众多汊流，现在主要经拉希德和杜姆亚特两条河道分流入海。土质肥沃，是非洲最重要的灌溉农业区。人口稠密，城市众多，工商业发达，交通便利。是世界古文明发祥地。

尼罗－撒哈拉语系 Nilo-Saharan family 分布于东非以及中部非洲以东地区的一组**语言**。使用人口约2 000万。包括4个语族和2种独立的语言：沙里－尼罗语族、撒哈拉语族、马巴语族、科马语族以及富尔语和桑海语。

沙里－尼罗语族又称大苏丹语族。按照美国语言学家J.H.格林伯格的区分法，沙里－尼罗语族分为4个语支：库纳马语支、伯尔塔语支、中苏丹语支和东苏丹语支。主要语言有卢奥语、努埃尔语、马萨依语、萨拉语和努比亚语。大多数都是声调语言，词和语法形式都由声调高低来区分。中苏丹诸语言一般只有开音节（词尾为元音），其他沙里－尼罗诸语言则既有开音节，又有闭音节（词尾为辅音）。许多语言分齿塞音、齿龈塞音或卷舌闭塞音，一些语言分内破裂音和破裂音。大多数语言的元音系统丰富，元音一般有7个或更多。许多语言元音有长短之分。中苏丹语支的一些语言有鼻元音。语法方面没有名词类别；有些语言有语法上的性。几乎所有沙里－尼罗语言的名词都有单复数之分，有些语言用前缀、大多数语言用后缀表示。东苏丹语支的一些语言用后缀，也用声调变化、元音的长短或不同的元音音质表示单复数。努比亚语从古代起就有文字。肯尼亚、乌干达和苏丹的一些沙里－尼罗语言采用以拉丁字母为基础的文字。

撒哈拉语族分布于乍得湖以北和以西广大地区。主要语言为卡努里语，通行于尼日利亚东北部。马巴语族和科马语族仅包括一些使用人数很少的语言，分别通行于乍得和埃塞俄比亚－苏丹边境地区。富尔语分布于苏丹西部。桑海语分布于马里的尼日尔河流域和尼日尔西南部。

尼罗特人 Nilotes 非洲民族集团之一。又称尼罗人。约2 890万人（2002）。主要分布在尼罗河上游及其支流的广阔地区，往南直达维多利亚湖，包括苏丹南部、乌干达北部、肯尼亚以及刚果（金）、坦桑尼亚、埃塞俄比亚和埃及等国。属尼格罗人种尼罗特类型。语言均属尼罗－撒哈拉语系沙里－尼罗语族，自成尼罗特语支。按照语言特点，可分为两大支系：一是丁卡人、努埃尔人、乔卢奥人等；二是巴里人、洛图科人、马萨伊人等。大多信原始宗教；部分人信奉伊斯兰教，属逊尼派。主要经营农牧混合经济，辅以捕鱼、狩猎和采集。以牛奶和谷物为主要食物。普遍养牛，并把牛视为财富的标志。普遍保存氏族部落结构。丁卡人和努埃尔人按父系续谱，有比较严密的政治机构。希卢克人曾建立王国。巴里人、洛图科人等也按父系续谱，

尼罗特人中的马萨伊武士

大多分为较小的政治群体，有按年龄结群的习俗，掌管土地的长老和求雨的巫师起领导作用。

尼玛·尤什吉 Nīmā Yūshīj (1896-11-12～1960-01-06) 伊朗诗人。原名阿里·埃斯梵迪亚里。生于马赞德朗。处女作《暗淡的故事》(1922，后改为《流血的心》) 约有上千行，述说了作者本人生活的不幸遭遇。最初的诗作均为古典格律诗，后着手探索新的诗歌创作方法。象征主义诗歌《阿弗萨内》(1923) 突破了古典格律诗的旧框框，以奇谲的构思、丰富的想象、独创的格式，令人耳目一新。现实主义诗作《士兵之家》(1927) 在思想内容和格律形式上均有创新。经过几十年的创作实践和理论探索，尼玛创立了在思想内容、语言修辞、表现手法和韵律格式等方面，均与古典格律诗迥然不同的自由体诗，史称“尼玛诗”。后发展成为伊朗现代诗歌的主要形式。

尼迈耶 Niemeyer, Oscar (1907-12-15～) 巴西现代建筑师，拉丁美洲现代主义建筑的倡导者。生于里约热内卢。1934年毕业于里约热内卢国立美术学院建筑系。1932年起

在巴西现代建筑先驱者L.科斯塔的事务所工作。1936～1937年参加巴西教育卫生部大厦的设计，被公认为巴西现代建筑的第一件杰作。勒·柯布西耶是该工程的顾问，尼迈耶直接受到他的影响。1937年尼迈耶在里约热内卢开设事务所。1939年与科斯塔合作设计了纽约世界博览会的巴西馆。1941年承接帕普哈建筑群的规划和设计工作，这个项目因其中许多建筑物采用了自由曲线而闻名。1947年他作为巴西代表参加了纽约联合国总部大厦的十人规划小组。1956～1961年任巴西新都巴西利亚的总建筑师，设计了三权广场以及广场上的总统府、巴西议会大厦、大教堂等建筑。1961年以后移居巴黎和以色列，1968年起在里约热内卢大学任教。代表作还有里约热内卢尼迈耶宅、巴西利亚大教堂、米兰的蒙达多里公司总部大楼、里约热内卢尼泰罗伊当代艺术博物馆等。尼迈耶的建筑设计创立了巴西现代民族建筑的独特风格，使巴西在世界现代建筑史上占有一席之地并成就了巴西利亚这一世界文化遗产。尼迈耶于1988年获普里茨克建筑奖。

尼米希依提 Nimšehit (1906～1972) 中国维吾尔族诗人。原名艾尔米叶·伊里·赛依

拉姆。爱国宗教人士，故又称艾尔米叶大毛拉。新疆拜城人。1933年因参加反对反动统治的斗争遭枪击未死，遂改名尼米希依提，意为半个牺牲者。曾先后被选为自治区人民代表大会代表、政治协商委员会委员。1930年开始诗歌创作，初以民歌体，后多用严谨的古典格律诗体写作。早期所写揭露旧社会贫富悬殊、黑暗统治的《巨大的妥协》等诗篇，均被国民党当局没收查禁。1942年，诗人写出气势雄浑的《伟大的祖国》，给人们以必胜的信念。中华人民共和国建立后，他又写了许多歌颂祖国、歌颂新生活的诗篇。他的诗深沉凝重，壮阔雄浑，运用古典格律，自然流畅，是维吾尔族古典诗歌向现代诗歌过渡的承先启后的诗人。其诗集有《祖国之恋》、《诗选》(维吾尔文)、《尼米希依提诗选》。

尼米兹 Nimitz, Chester William (1885-02-24～1966-02-24) 美国海军五星上将。生于得克萨斯州弗雷德里克斯堡，卒于加利福尼亚州伯克利。1905年毕业于美国海军军官学校。历任潜艇部队长、巡洋舰舰长、战列舰大队长兼第7特混舰队司令、航海局局长等职。1941年12月太平洋战争爆发后任美国太平洋舰队司令。

1942年4月任太平洋战区总司令，指挥珊瑚海海战、中途岛海战，使战局发生有利于盟军的转折。后指挥瓜达尔卡纳尔岛争夺战，使日军完全丧失战略主动权。1944年2月占领马绍尔群岛后，采用“越岛”战术，指挥所部绕过日军坚固设防的特鲁克岛，直取马里亚纳群岛并再次重创日本联合舰队，突破日军“绝对防御圈”，取得空袭日本本土的基地。10月指挥所部配合西南太平洋盟军发起菲律宾战役，取得莱特湾海战的胜利。12月晋升海军五星上将。1945年9月2日在“密苏里”号战列舰上，代表美国接受日本投降。12月出任美国海军作战部长。主张发展核潜艇，保留一支强大海军以支援海外作战。

“尼米兹”级核动力航空母舰 Nimitz class nuclear-powered aircraft carrier 美国建造的

美国“尼米兹”级核动力航空母舰

核动力多用途航空母舰。美国第二代核动力航空母舰。首制舰“尼米兹”号1975年5月建成服役。满载排水量91 487～102 000吨；舰长332.9米，宽40.8米，吃水11.3米；飞行甲板长与舰长相同，宽76.8米；最大航速33节，续航力710 000海里。编制舰员6 000余名，其中空勤人员2 800名。动力装置为2座加压水反应堆和4台蒸汽轮机，总功率194 000千瓦。可携载战斗机、攻击机、反潜机、电子战飞机、预警机、直升机等90架。舰上装八联装“海麻雀”舰空导弹防御系统3座、6管20毫米“密集阵”近程防御武器系统4座。主要电子设备有三坐标对空警戒雷达、远程搜索雷达、对海搜索与导航雷达、导弹制导火控雷达、航空管制/全自动着舰引导雷达、电子对抗系统、海军战术数据库系统、作战指挥控制系统、卫星通信系统和卫星导航系统等。

尼尼微古城 Nineveh 古代西亚新亚述帝国都城。遗址位于伊拉克摩苏尔市，底格里斯河东岸。城市始建于公元前8世纪末，前612年被米底和巴比伦联军毁灭。尼尼微之名见于《圣经》，阿卡德语为尼努瓦。1849年起发掘。20世纪50年代修复部分城墙、城门和王宫。城址形状不规则，占地约7.5平方千米，建筑多为亚述王西拿基立(前704～前681年在位) 移都这里后所建。城墙全长12千米，其设计可能参照了阿苏尔古城的城墙。墙为两重，外墙带有雉堞，较矮，间有城塔；内墙为土坯高墙。城墙外有壕沟。城门计有15个，其中5个已发掘，门前均有一对石兽保护。城内有西拿基立的西南宫和亚述巴尼拔的北宫。西南宫面积为180米×190米，内有71个房间，主要宫门前均有一对带翅的人面雄狮或公牛雕塑。北宫位于城北，其南有文字神那布神庙和护城女神伊丝塔尔神庙。城中还有动、植物园，武器库及排水设施。出土了大量文物，包括浮雕石板、铭文泥板和艺术品，其中以阿卡德王萨尔贡一世青铜像和国王猎狮图浮雕石板最为有名。

尼普尔古城 Nippur 美索不达米亚古代城市。遗址位于伊拉克希拉城东南81千米处的尼普尔。可能在苏美尔-阿卡德时期成为城市，是苏美尔人最重要的宗教中心，

绘有尼普尔地图的泥板

一直延续到巴比伦时代。此后帕提亚人入主此地。3世纪开始衰落，12～13世纪被彻底废弃。1889年起进行调查和发掘。遗址为一巨大的不规则土丘，长约0.8千米。城市分为东西两部。东部是庙宇和文化区，重要的建筑遗迹都集中在此。包括一座塔庙、恩利勒神庙、伊南娜神庙、居住址等。城中出土数万块楔形文字泥板，其中有许多是用苏美尔文字写的文学作品，年代多属古巴比伦时代。一块前1300年的泥板上绘出了尼普尔的城墙、门和主要的水道，和今天的考古发掘结果一致。此外还有青铜人像、石雕容器等。城市西部发掘不多。

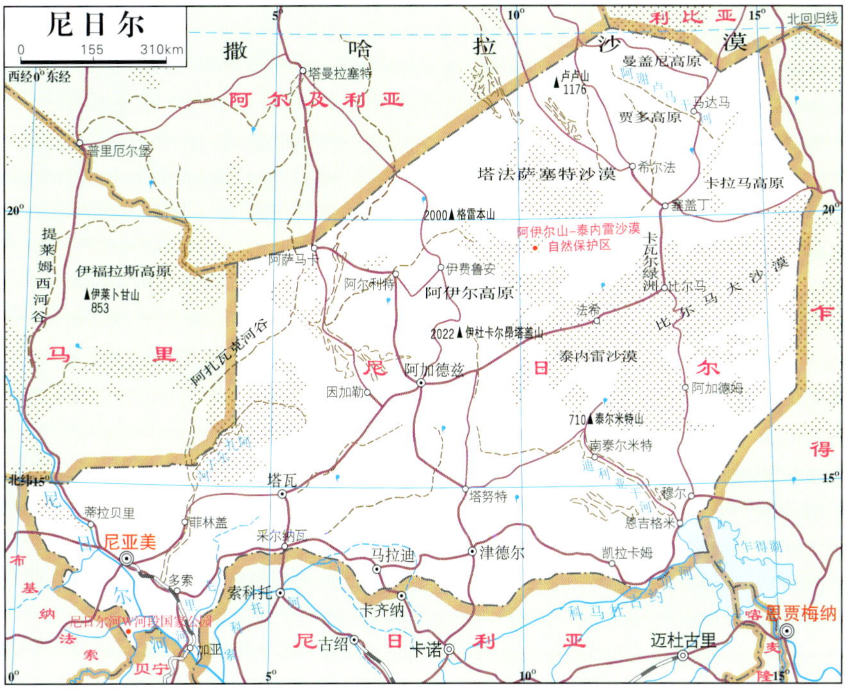

尼日尔 Niger

西非内陆国。位于撒哈拉沙漠南部，东与乍得交界，南与尼日利亚、贝宁相连，西与布基纳法索、马里为邻，北与阿尔及利亚和利比亚接壤。面积126.7万平方千米。人口1 530万（2009）。首都尼亚美。主要城市还有津德尔、阿尔利特、马拉迪等。主要民族有从事农耕的豪萨人、哲尔马人、桑海人和卡努里人，以及以牧业为主的富尔贝人和图阿雷格人。居民88%信奉伊斯兰教。通用豪萨语，官方语言为法语。

地理 国土由三部分组成。西南部为狭小的尼日尔河河谷平原，海拔300米以下；西部、南部和东部属低高原，海拔300～500米，占国土面积一半以上；中部和北部为高高原，海拔一般500～1 000米，有不少1 500米以上山峰，伊杜卡尔昂塔盖山海拔2 022米，为全国最高峰。国土五分之三以上被沙漠和石漠所占据。气候炎热干燥，南部边境地区属热带草原气候，其余为热带荒漠气候。年平均气温30℃以上。盛行干热的哈马丹风。平均年降水量从南部的550毫米，向北逐渐减到100毫米以下。除流经国土西南部的尼日尔河及其主要支流外，多干河谷和季节性河流。矿产资源丰富。铀矿探明储量约21万吨，占世界的11%，居世界第五位；磷酸盐矿储量12.54亿吨，居世界第四位；煤炭储量600万吨。此外还有锡、铁（1亿吨）、石膏、石油、黄金等矿藏。

历史 境内早先为豪萨人和哲尔马人定居区，后桑海人等其他非洲民族先后迁入。部分领土先后分属桑海帝国、博尔努帝国和豪萨城邦版图。15世纪在北部建立阿加德兹苏丹国。19世纪末法国人入侵，后沦为法国殖民地，并入“法属西非”。1957年获半自治地位。1958年12月改为法兰西共同体内的“自治共和国”。1960年7月退出法兰西共同体，8月3日正式独立，成立尼日尔共和国。根据1999年7月通过的第五共和国宪法，实行半总统制。总统为国家元首、行政首脑和武装力量最高统帅，任期5年，可连选连任一次。国民议会为最高立法机构。1990年后实行多党制，截至2006年，已有全国发展社会运动-纳萨拉、民主和社会大会-拉哈马党等约40个合法政党。国家武装力量由军队、宪兵、警察和共和国卫队组成。1974年7月20日与中国建交。

经济 经济以农牧业为主，农业人口占全国总人口的80%以上。2009年国内生产总值62亿美元，人均国民生产总值405美元。主要粮食作物有小米、高粱、稻谷、木薯，还有玉米、小麦和豆类。经济作物以花生、棉花和甘蔗为主。草场广阔，但质量差，载畜量低。牲畜以羊为主，其次是牛和骆驼等；活畜和畜产品是国家重要出口商品。非洲最大的铀矿生产国和出口国，年产量仅次于加拿大和澳大利亚。铀矿砂主要运往法国。此外，还有锡、煤、铜等矿藏的开采。加工制造业基础差，主要部门有农畜产品加工，包括榨油、碾米、面粉、屠宰、皮革加工、奶制品等，以及纺织、电力、食品、饮料、金属加工、日用化工等。境内无铁路。交通运输以公路为主，公路总长近14 660千米，其中沥青路3 760多千米。贝宁的科托努和尼日利亚的拉各斯是国家进出口货物的主要借道口

尼日尔村落中的谷仓

岸。有7个机场，尼亚美机场是全国最大的国际航空港。

文化 1983年以来实行国民义务任教制。2004年有小学7 532所，中学、师范及各类职业学校654所，高等学校有尼亚美综合大学和伊斯兰大学。全国有报社23家，其中国家报社2家；《萨赫勒报》是全国唯一的日报。尼日尔通讯社为官方通讯社。萨赫勒之声和萨赫勒电视台为国家广播电台和电视台。

主要旅游名胜有尼日尔W河段国家公园，尼日尔河谷、阿伊尔高原、阿加德兹图阿雷格族城、泰内雷沙漠。

尼日尔–刚果语族 Niger-Congo group 尼日尔–科尔多凡语系的两个语族之一（另一语族为科尔多凡语族）。

尼日尔河 Niger River 西非最大河流。发源于几内亚富塔贾隆高原东南坡，在西非腹地转了一个半圆形，流经几内亚、马里、尼日尔、贝宁和尼日利亚，注入几内亚湾。长4 200千米，在非洲仅次于尼罗河和刚果河，流域面积189万平方千米。

河源至库利科罗是上游段，长820千米，沿途接纳众多支流。上游水流湍急，富水力资源，有著名的索图巴急流段。年降水量1 500～2 000毫米。库利科罗至杰巴为中游段，长2 390千米。经马里西部冲积平原和北部沙漠区，进入尼日利亚西北部平原。中游大部属干旱和半干旱地区，蒸发与下渗强烈，虽有水量丰富的巴尼河从右岸汇入，干流水量仍为减少。排水不畅，尼日尔河大河湾以上的沿河低洼地和湖沼地带，滞洪积水可延续半年，形成著名的尼日尔河内陆三角洲。杰巴至河口为下游段，长950千米，流经雨水充沛地区，年降水量由北部的500毫米向南递增至河口达4 000毫米。河系发达，水量丰富。最大支流贝努埃河在洛科贾从左岸汇入，汇流处河宽近3千米，水深20余米，年平均流量6 100米^3/秒。入海流量6 340米^3/秒。尼日尔河三角洲自阿博展开，南北长240千米，底部宽320千米，面积约3.6万平方千米，是非洲最大的三角洲，地区内植被茂密，海滨遍布红树林，富藏石油。

尼日尔河是西非重要通航河流。通航河段占全河长度75%。有莫普提、尼亚美、洛科奥、奥尼查等河港。流域内水力蕴藏量约3 000万千瓦，已建最大工程为尼日利亚的卡因吉大坝（1969）。

尼日尔–科尔多凡语系 Niger-Kordofanian family 非洲最大的语系。分布地区从非洲西部的塞内加尔，穿过上几内亚高原区到东部的肯尼亚，然后向南直到大陆南端的好望角，约有1 000种语言。使用人口有1亿多。

尼日尔–科尔多凡语系是美国语言学家J.H.格林伯格于1963年提出来的划分概念，包括科尔多凡语族和尼日尔–刚果语族。前者只有几种语言，分布于苏丹科尔多凡省的努巴山区；后者是大语族，包括以下6个语支。

西大西洋语支 分布于塞内加尔、几内亚和塞拉利昂。最重要的语言有富拉尼语和沃洛夫语。主要语言特点是词尾、词首的辅音同时发生变化，以表示语法范畴，弗拉尼语尤其突出。

曼德语支 尼日尔–刚果语族中最小的语支，分布于马里、尼日尔、塞拉利昂和利比里亚等国。主要语言有班巴拉语、门德语和马林克语。主要语言特点：①分自由名词和依附名词两类，后者如亲属词或身体部位名称。②都是声调语言，但声调只区别话语意义而不是词的意义。

古尔语支 分布于布基纳法索和加纳北部地区。主要语言有莫西语、古尔马语、达戈姆巴语和塞努福语。主要语言特点：名词中各类别的变化通过同时添加前缀、后缀来表示，其中后缀最重要。在句子结构中用不同的后缀来区分部分动物名词和液体名词的类别。

库阿语支 分布于几内亚湾，从科特迪瓦往东，直到尼日利亚。主要语言有约鲁巴语、伊博语、特威语、埃维语和丰语。库阿诸语言各有各的特点，有的语言的有清楚的声调，有的语言则几乎完全失去声调。大多数语言的词通常都很短。名词以元音开始，专有名词往往很长。

阿达马瓦–东部语支 分布于从尼日利亚中部往东，经过喀麦隆、中非、民主刚果北部，直达苏丹西部的大片地区。主要语言是桑戈语，它是中部非洲的交际语。

贝努埃–刚果语支 它所包括的语言比上述语支的语言总数还要多，分布地区从西海岸的尼日利亚到东海岸的坦桑尼亚，远至南部非洲。班图诸语言是贝努埃–刚果语支最重要的分支；在“班图线”以南地区通行，这条线从西边的喀麦隆一直延伸到东边的肯尼亚。

尼日利亚 Nigeria 西非东部国家。位于尼日尔河中下游，南临几内亚湾；北接尼日尔，东临乍得和喀麦隆，面积923 768平方千米。人口1.404亿（2006），居非洲之首。实行联邦制，设联邦、州和地方三级政府。首都阿布贾，其他主要城市拉各斯、伊巴丹、卡诺。非洲第一人口大国。境内有250多个部族，其中人数较多的是北部的豪萨–富拉尼人（占全国人口29%）、西部的约鲁巴人（占21%）和东部的伊博人（占18%）。其余为埃多、努佩、卡努里、伊比比奥、蒂夫人等。豪萨语、约鲁巴语和伊博语通用范围较广。官方语言为英语。居民中50%信奉伊斯兰教，40%信奉基督教，10%信奉其他宗教。

地理 地质上介于西非地台和刚果地台之间，地形复杂多样。除东北与西北角分别为乍得湖盆地与索科托平原外，境内大致北高南低。中北部高原和山地，范围最广，包括乔斯、比乌高原、豪萨兰高平原和东部山地。其中乔斯高原平均海拔1 260米，最高峰谢雷山1 780米；东部山地平均海拔1 200米。向南是尼日尔河、贝努埃河谷地，海拔不足300米。再南为宽80～160千米的南部丘陵带，海拔300米上下。最南是沿海低地平原，海拔50米以下，其外缘尤其是尼日尔河三角洲分布有举世闻名的大范围红树林沼泽。

地处北纬4°～14°，南北气候、植被差异明显，具有西非多样性气候。北纬7°线以南为热带雨林气候，终年炎热多雨高湿。年平均气温27℃，年降水量1 770～2 500毫米。出产红木、柚木、胡桃木、非洲梧桐等热带木材，也是天然橡胶、油棕、可可等热带作物产区。北纬7°以北占国土面积80%地区为热带草原气候，年平均气温28℃左右，年降水量变化于500～1 500毫米。自然植被代表树种有猴面包（波巴布）树和牛油果树等。为主要耕作区。东北角乍得湖区为热带半荒漠气候（萨赫勒带），终年干热，年降水量200～510毫米，雨季3个月以下，植被稀疏，为粗放牧区。

境内水系发达。主要河湖为尼日尔河及其支流贝努埃河与乍得湖。其中尼日尔河为西非最大河流，境内流程1 271千米，占全长的31%；流域面积57.7万平方千米，1969年中游建成卡因吉水库，富航运、发电、灌溉和发展渔业之利。乍得湖流域面积18.1万平方千米，提供用水和渔业资源。贝努埃河是喀麦隆北部、尼日利亚东部的航运通道。

历史 8～9世纪乍得湖周围的扎格哈瓦游牧部落建立起卡涅姆–博尔努王国。10～

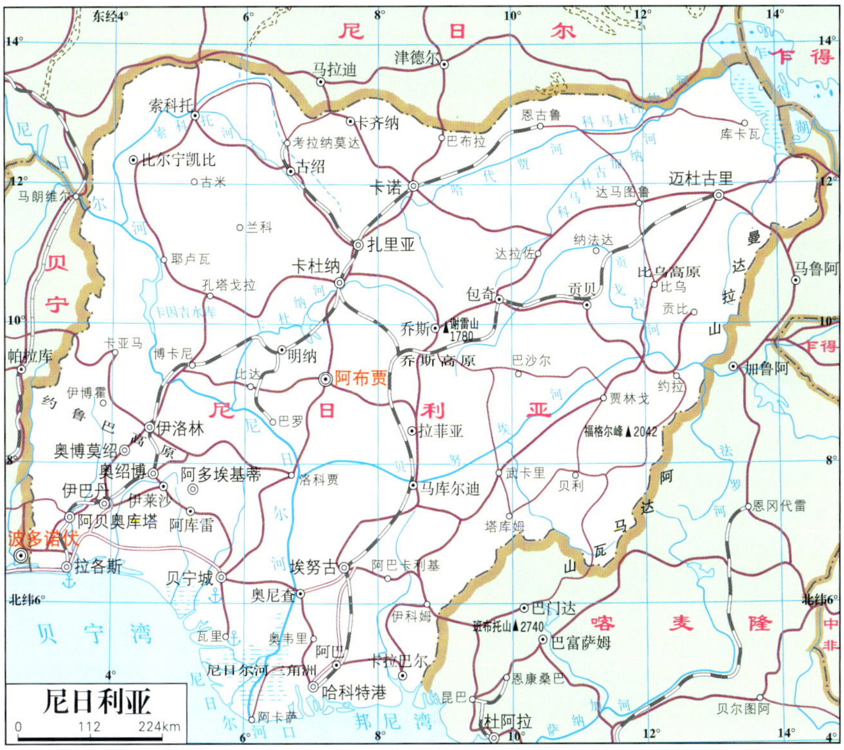

15世纪北方的豪萨族建立若干城邦国家，南方的约鲁巴人建立起伊费、奥约、贝宁等王国。16世纪初北方各国为桑海帝国所征服。1472年葡萄牙殖民者入侵，贩运奴隶。1553年英国殖民者控制沿海贸易，18世纪奴隶贸易猖獗一时，尼日利亚至贝宁沿海有奴隶海岸之称。1861年英国割取拉各斯并向内陆扩张。1914年英国占领全境，由英属南、北尼日利亚合并而成"尼日利亚殖民地和保护国"，1954年改称尼日利亚联邦。1960年10月1日宣告独立，成为英联邦成员。1963年10月1日成立尼日利亚联邦共和国。

按照1999年5月实施的宪法，国家实行联邦制和三权分立（三级政府）的政体，总统为最高行政长官；国民议会分参众两院，是国家立法机构，最高法院是最高司法机构。总统和国民议会由选举产生，总统任期4年，连任不得超过两届。现政党30多个，其中人民民主党（执政党）、全尼日利亚人民党和民主联盟是三大主要政党。对外奉行不结盟、睦邻友好和"以本国利益为中心"的多元外交政策。倡导南南合作、南北对话，要求建立国际政治经济新秩序。大力改善同西方关系。已与100多个国家建交。中尼于1971年2月建交。

图1　尼日利亚农村部落的成年仪式

经济　原为农业国，20世纪70年代石油工业起飞，跃居非洲最大产油国，工业产值成倍增长。但经济发展受石油生产和国际石油市场影响。曾因重视石油忽视其他产业，国民经济出现比例失调。1999年后政府推行自由化和私有化改革，紧缩财政货币，调整经济结构，扶持农业，加强矿业发展和基础设施建设，经济趋于好转。2009年国内生产总值1 590亿美元。

矿产、能源、农林各种资源丰富。主要矿藏有石油、天然气、锡、煤、石灰石等30多种，已探明石油储量362亿桶，2008年日产原油217万桶，为非洲第一、世界第11大产油国。已探明天然气储量5.3万亿立方米。煤炭储量约27.5亿吨，为西非唯一产煤国。森林覆盖率17%。

工矿业　石油、天然气开采是国民经济重要支柱。油田主要分布在东部、尼日尔河三角洲及近海大陆架，1958年开始开采，1971年参加石油输出国组织并建立国家石油公司，1979年历史最高产量1.15亿吨。尽管20世纪80年代国际石油危机造成经济损失，但90年代后石油出口仍占出口总值的95%以上。炼油厂建于哈尔科特、瓦里和卡杜纳，生产能力较低，石油产品供不应求，日益依赖进口。天然气开发利用不足，年加工能力72亿立方米的液化气厂正在扩建中，为非洲最大工业建设项目。

其他矿产开采有煤、锡、铌、锆石、石灰石、大理石等。是西非唯一产煤国，主要矿区埃努古所产煤炭主要用于国内铁路运输和发电。

加工工业主要为农矿原料加工，以传统小规模加工业为主，集中于拉各斯周围和南部铁路沿线。拉各斯、卡诺、卡杜纳和伊巴丹为主要工业中心。工业门类较多，纺织、榨油、饮料、卷烟、肥皂、洗涤剂、水泥等工业占加工工业总产值的60%。

农业　20世纪70年代以前，农业是经济主要部门，农业人口占总人口70%，生产方式以小农经济为主。70年代随着石油工业的崛起，农业遭到忽视，生产下降。粮食作物构成南北差异明显。北方以谷物为主，包括高粱、粟、水稻等，南方主要种植木薯等块根作物，中部兼具南北方作物。粮食不能自给。主要经济作物有可可、油棕、橡胶、花生、棉花。80年代后由农产品出口大国变为农产品进口大国。1999年制定并实施优先发展农业政策后，进一步开拓稻米、玉米、花生、可可、咖啡等农产品出口市场，并保障豆类、油棕、棉花、橡胶等产品的自给程度，生产形势好转。

交通运输　以公路为主，占国内客货运量的90%以上，已基本形成连接首都阿布贾和各州首府的公路网。公路总长19万千米，其中铺面公路6万千米。铁路总长3 500余千米，从沿海向内陆连接主要城市。内河航线总长3 000千米，尼日尔河及其支流贝努埃河是主要航道。全国有海港11个，包括拉各斯、哈科特等综合性大港和石油输出港；还有不可近岸的油轮浮筒泊位。全国主要机场37个，其中国际机场4个，设于拉各斯、阿布贾、卡诺和哈科特港。

对外经济关系　世界贸易组织（WTO）的成员国。对外贸易发展迅速。主要出口产品为石油、液化石油气、可可、橡胶、棕仁、棕油、棉花、菠萝，其中石油收入占外汇收入的95%。主要进口货物为机器、运输设备、原料（共占进口额61%以上），次为粮食、食品等消费品。主要出口对象为美国、西班牙、印度、法国、巴西、葡萄牙和科特迪瓦；进口来源国主要为中国、美国、法国、英国、德国、意大利、荷兰等国。与中国经贸往来日益增多。向中方出口石油、橡胶、木材，由中方进口缝纫机、自行车、摩托车、电视机、鞋类、茶叶、

图2 卡诺古城鸟瞰

医药等轻工业产品。

文化 素有"黑非洲文化摇篮"的美誉。2 000多年前就孕育了诺克、伊费、贝宁等文化。独立后，现代艺术、民间文学、音乐、舞蹈、绘画都有较快发展，著名小说家、戏剧家、诗人和艺术家不断涌现。体育事业发展迅速，足球运动普遍。1976年曾实行小学免费教育，因经济困难1985年改为收费，1999年恢复免费。有大专院校130余所，著名大学有拉各斯大学、伊巴丹大学和尼日利亚大学（恩苏卡）。中等专业学校和师范学校、商业学校约530所。

新闻和出版事业较发达。全国有报刊近百种，电台和电视台数十个。主要报纸有《笨拙报》(英文)、《卫报》(英文)、《新尼日利亚人报》(英文和豪萨文)、《民族和睦报》(英文）和《先锋报》。尼日利亚通讯社（NAN）成立于1978年。尼日利亚广播公司（FRCN）有35个广播电台，对外用英、法、斯瓦希里、豪萨语广播。尼日利亚国家电视台成立于1962年，有45个电视台，全国划为6个电视区。

旅游资源丰富，但开发不足。卡诺、卡齐纳、索科托等古城，名胜古迹众多，如卡诺的古城墙、王宫和全国最大的清真寺，卡齐纳的古王国的宫殿和清真寺等。风景名胜遍及全国。如拉各斯的维多利亚岛和水上风光、夸拉州和高原州的瀑布、博尔诺州的乍得湖寺院、克罗斯河州的大牧牛场、伊莫州的奥古塔湖、翁多州的温泉和包奇州的扬卡利动物园。

尼萨古城 Nisa 古代安息王国（公元前250～公元224）都城。遗址位于土库曼斯坦首都阿什哈巴德西北18千米的巴吉尔村。1930年起数次发掘。城址包括新旧尼萨两处。旧尼萨为安息王住地，面积约14公顷，四周有厚约10米的土坯城墙。城内建筑纪念性特点突出，布局分南北两部分。南部为宫殿和庙宇。北部有王室仓库和王陵。新尼萨位于旧尼萨南，面积约18公顷，土坯城墙，墙上有望楼。安息王国灭亡后，新尼萨曾于5世纪下半叶复兴，在11～12世纪作为呼罗珊的重要中心处于繁荣时期，16世纪后逐渐衰落。尼萨古城出土有大理石雕像、赤陶塑像、鎏金银像和象牙雕刻等艺术品。雕像多具希腊风格，也混有东方成分。象牙角杯（又名来通杯）尤为精致。出土的日用器物亦呈希腊风格。出土约2 800块酒坛碎片，其上关于税收的铭文可能是迄今所见最早的安息语文献。

尼斯 Nice 法国东南部地中海沿岸的旅游城市，滨海阿尔卑斯省首府。地处阿尔卑斯山地与地中海之间，背山面海，东西两侧是丘陵。西南距马赛港157千米。城市被帕隆河分为两部分，东为旧城和港口，西为新城。冬季温和多雨，夏季炎热干旱。市区人口35.24万（2007)。公元前5世纪，古希腊人在此建居民地时，称为尼开。公元前154年，罗马人入侵。16世纪成为尼斯伯爵领地。1860年归属法国。地中海沿岸的著名旅游地。市内多博物馆。1873年起，每年举办尼斯狂欢节。与旅游相关的产业尤为发达，并发展了电子、精密仪器等工业。对外联系方便，航空、铁路、公路运输发达，海上航线通科西嘉岛。

尼瓦尔人 Newars 南亚尼泊尔联邦民主共和国的民族之一。多居住在交通便利、商业发达的地方，尤以加德满都河谷最为集中。属蒙古人种南亚类型。使用尼瓦尔语，属汉藏语系藏缅语族。过去使用普金摩尔和兰查字母，现使用天城体字母。信仰印度教和佛教。民族来源至今尚未定论，有人认为来自中国西藏，有人认为系由土著居民与外来移民融合而成。成分十分复杂，由26个姓氏集团组成。实行种姓制度，最高为婆罗门，最低为清扫夫。佛教徒也实行种姓区分，最高为"古巴久"，最低为"贾普"。男人穿斜襟长摆衬衣，外罩深色西装上衣，下穿紧腿宽裆裤；妇女穿深色紧身胸衣，下着衬裙围纱丽。行一夫一妻制。人死后行火葬，骨灰抛入河中。下等种姓的人主要务农，种植水稻、小麦和谷子等；中等种姓的人多经营商业和手工业；上等种姓的人一部分在政府部门供职。铸、塑、雕、镂和佛塔寺庙建筑艺术造诣很高。

尼瓦尔人少女

尼西亚会议 Nicaea, councils of 在小亚细亚尼西亚城（今土耳其伊兹尼克村）举行的两次基督教公会议，即世界性主教会议。

第一次尼西亚会议是基督教会的第一次公会议。旨在解决阿里乌派在东方教会中所引起的论争。325年由罗马帝国皇帝君士坦丁一世主持召开。会议主要针对当时教会存在的三位一体派和阿里乌派的信仰分歧，制定了强制性的统一信条。该信条后成为唯一为天主教、东正教、英国圣公会和基督教新教主要派别共同承认的基督教信条。会议还讨论了统一复活节日期、制定教规以加强教会的管理和纪律等问题。这次会议标志着帝国政权控制了全国教会。

第二次尼西亚会议于787年由拜占廷帝国摄政的皇太后伊林娜召开。旨在解决726年发生的反圣像崇拜问题的论争。宣布恢复圣像崇拜。

尼雅遗址 Niya 中国汉晋时期西域诸国之一的遗址。位于新疆维吾尔自治区民丰县尼雅河北的塔克拉玛干沙漠中。1901年英籍学者A.斯坦因首次发现，此后外国探险家多次盗掘。1949年后中国学者多次发掘。1996年国务院公布为全国重点文物保护单位。多数学者认为，这里是《汉书·西域传》中精绝国和《大唐西域记》中尼壤的遗址。遗址分南北两部分，相距约5千米。共发现房屋数百幢，房外有牲畜棚舍。北部一寺院中有圆锥形土坯塔。寺院南2千米处有冶铁遗址。在居住址中出土富有地方特色的木家具、陶容器、工具、毛织物，以及来自内地的丝织品、五铢钱、铜镜和印范等。还有书写汉文、佉卢文的木简牍。遗址北边为一片墓地。一座东汉夫妇合葬墓出土棉布残片和棉布裤，被认为是中国迄今所见最早的棉织物。一座汉晋时期夫妇合葬墓出土"王侯合昏千秋万岁宜子孙"锦被，表明墓主的身份为统治者。另一墓出土"五星出东

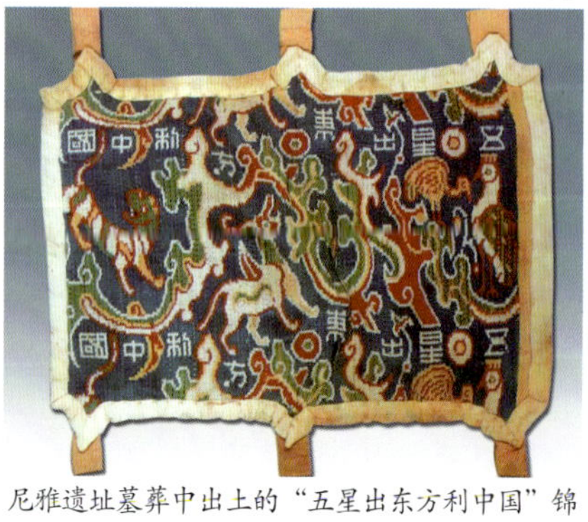

尼雅遗址墓葬中出土的"五星出东方利中国"锦

方利中国”锦。遗址的发现反映了古代中国、印度、希腊、罗马、伊朗和草原文化在塔里木盆地交会融合的历史。

尼亚加拉瀑布 Niagara Falls 位于北美洲伊利湖和安大略湖之间的尼亚加拉河上的大瀑布。该河全长56千米，落差99米。主航道中心线为加拿大和美国边界。从距伊利湖北岸32千米起，河道变窄，水流加速，在一个90°急转弯处，河水从所流经的石灰岩崖壁上骤然跌落，水势澎湃，声震似雷。在印第安语中，“尼亚加拉”意即“雷神之水”。宽大的水帘被居中的一座宽约328米的长形小岩岛戈特岛一分为二：东边美国

尼亚加拉瀑布俯瞰

境内部分称亚美利加瀑布，宽328米，落差57米；西边加拿大境内部分呈半环状，故名马蹄瀑布，宽670米，落差55米。瀑布年平均总流量6 740米^3/秒，其中马蹄瀑布流量约为亚美利加瀑布流量的9倍。加、美两国在瀑布附近河段上兴建了大型水电站。瀑布附近开辟尼亚加拉公园（美）和维多利亚女王公园（加），各种旅游设施齐全，交通便捷。

尼亚美 Niamey 尼日尔首都和最大城市。位于国土西南、尼日尔河左岸。人口100万(2006)。属热带草原气候，高温少雨，年平均最高气温36.2℃，绝对最高气温45.8℃；平均年降水量582毫米。原为小村庄，1926年殖民首府从津德尔迁来此地，城市从此兴起。第二次世界大战后城市发展迅速，成为殖民经济中心和交通中心。国家独立后定为首都。全国经济和交通中心。集中了全国主要工业部门，有食品、纺织、化工业、制鞋、建材、金属加工制造，还有皮革、轧花、榨油、面粉、碾米等农畜产品加工。连接国内主要城市的公路枢纽，北非、西非国际公路干线的交会点。尼日尔河重要河港之一，每年10月至翌年3月可季节性通航。有国内最大的国际航空港。城市以肯尼迪广场和共和国广场为中心呈半圆形向外扩展，南面为工业区，东南主要为住宅区。尼日尔的文化教育中心，集中了尼亚美大学、伊斯兰大学、国立行政管理学校、尼亚美高等教育中心等高等学校，还有国家博物馆和国家体育场，设有地质学、矿物学、人类学、热带森林、热带农业和兽医学等研究所。

尼扎里 Nizari (1776～1848) 中国维吾尔族诗人。本名阿布都热依木，尼扎里为笔名。生于新疆喀什。维吾尔批判现实主义思潮的重要代表作家，把维吾尔族叙事长诗的创作推向了一个新的高峰。青年时代曾在经学院求学，研习维吾尔文学和中亚各族文学重要代表作家的作品。他是多产作家，流传至今的作品有长达33 000行的《爱情长诗集》、哲理性诗作《济世宝珠》和组诗集《穆罕默斯集》。其中，写于1841～1842年的《爱情长诗集》，是维吾尔文学史上的一颗明珠。他的叙事长诗，大都取材于广为流行的民间传说。他善于发掘这些传统题材中反抗中世纪封建主义枷锁、控诉封建主义暴政的思想内容，并赋予它们以强烈的时代精神。中华人民共和国建立后，尼扎里的叙事长诗曾被多次整理出版，并有汉译本行世。

呢 suiting silk 采用基本组织和变化组织形成表面粗犷、具有毛型感的丝织物。质地丰厚，光泽柔和，表面呈现分布均匀而凹凸不很明显的小颗粒。宜制作秋冬季休闲服或外衣。呢的经纬丝一般均较粗，常采用经长丝与纬短纤维纱或经纬均采用长短丝并合加中捻度，以绉组织织造。分两类：毛型呢采用人造丝和棉纱或其他混纺纱并合加捻的纱线，用平纹或斜纹组织织制而成，织纹粗犷，毛茸少，手感丰满；丝型呢采用桑蚕丝、人造丝为主要原料，用绉组织、斜纹组织织制而成，光泽柔和，质地细密而松软。近年开发了表面具有桃皮绒似绒毛或呈现色丝忽显忽隐的呢面效果面料，毛型感强。

泥蜂 Sphecidae; digger wasp 膜翅目泥蜂科昆虫的统称。世界性分布，热带和亚热带地区种类和数量均多，已知约12 000种。

成虫中至大型，体长20～50毫米。体色暗，具红色或黄色斑纹。一些种类的头或体上由浓密的银色毛组成斑。口器咀嚼式。上颚发达。并胸腹节非常发达。前翅一般具3个亚缘室，少数1～2个。腹部具柄；雌性腹部末端螫刺发达。足细长，胫节和跗节具刺，以适应捕猎。幼虫无足，有些在胸部和腹部侧面具有小突起。完全变态。

大多数为捕猎性，少数为寄生性。成虫捕猎节肢动物，包括昆虫、蜘蛛、蝎子等。成虫捕到猎物后，用螯针将其麻痹，然后将猎物携回巢内封储，供子代幼虫食用。泥蜂大多数在土中筑巢，某些用唾液与泥土混合成水泥状坚硬的巢；有些在地上的自然洞穴内或利用其他昆虫的旧巢；少数在树枝内或竹筒内筑巢。泥蜂为重要的益虫，可捕猎各种害虫，并为植物传播花粉。但有少数种类是害虫，如大头泥蜂捕猎家养蜜蜂的工蜂以饲育幼虫。

泥蚶 *Tegillarca granosa*; blood clam 双壳纲蚶目蚶科蚶属的一种。俗称血蚶、瓦楞蛤。海产经济贝类。广泛分布于印度洋－西太平洋。中国南北沿海均产。

贝壳长3～5厘米，坚厚，卵圆形。两壳相等，极膨胀，尖端向内卷曲（见图）。

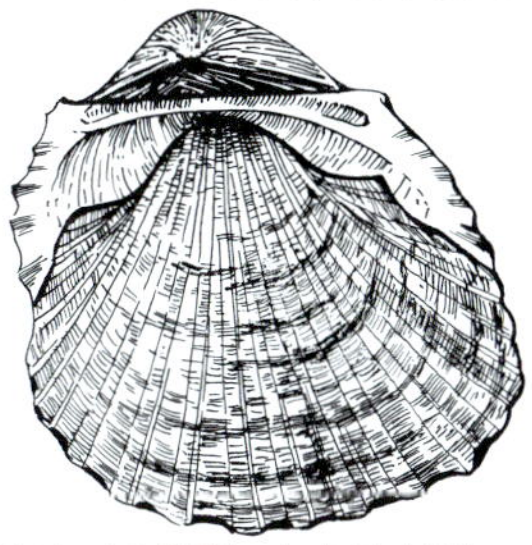

韧带面较宽，近菱形。壳表放射肋18～20条，自壳顶至壳缘渐粗大。壳面白色，被褐色壳皮。壳内面灰白色，铰合部直，齿细密。前闭壳肌痕小，后闭壳肌痕大。喜栖息在潮流畅通的有淡水注入的内湾软泥滩中。埋栖生活，移动能力不大。对盐度、温度的适应性较弱。滤食性，主食硅藻类和有机碎屑。雌雄异体，1～2年性成熟，生殖季节为7～10月。

养殖主要分为采苗培育和成蚶养殖两个阶段。中国多采用半人工采苗。成蚶多采用蚶田、蚶塘养殖或整滩、封滩护养。泥蚶生长缓慢，蚶苗发生后北方3～4年、南方2～3年才能达到商品规格。肉鲜红，味可口，可鲜食或腌渍加工；壳可入药，有消血块和化痰积的功效。

泥盆纪 Devonian Period 古生代的第四个纪。约开始于4.1亿年前，结束于3.54亿年前。这个时期形成的地层称泥盆系。该名源于英国南部的德文郡（Devon），由A.塞奇威克和R.I.莫企逊于1839年命名。“泥盆”一词是Devon的日文汉字音译。泥盆纪分为早、中、晚3个世，地层相应地分为下、中、上3个统。

泥盆纪的沉积物分布于世界各地。沉积地层一般划分为老红砂岩相、莱茵相和海西相，分别代表大陆环境、近岸和远岸的海相环境。属于泥盆纪的特殊岩石类型有老红砂岩、礁灰岩、黑色页岩和含锰硅质岩。

生物界最明显的特征是水生脊椎动物的发展，出现了盾皮鱼类、总鳍鱼类、肺

甲鱼类、肺鱼等，并由此演化出陆生四足动物，因此泥盆纪被称为“鱼类时代”。陆生植物开始繁盛是另一特点。原始石松甚为发达，楔叶和真蕨普遍出现，晚期乔木状植物已占相当优势。浅海无脊椎动物的数量和分异度明显增加。造礁生物大量发育，腕足动物、双壳类和腹足类的科属数量达到极盛。节肢动物中的板足鲎类在泥盆纪早期的海水和淡水中很常见，三叶虫逐渐减少。在奥陶纪、志留纪繁盛的笔石类延续至早泥盆世后期灭绝，取而代之的是头足类的菊石纲与漂浮的竹节石类占据着洋面。分类不明的牙形石动物，分布广泛，演化迅速，成为划分时间单位和国际对比的最好工具。

世界古生代**石油**和**天然气**约50%以上赋存于泥盆系。与**蒸发岩**有关的钾盐矿分布于加拿大萨斯喀彻温等地。乌拉尔中泥盆统含有丰富的**铝土矿**。很多晚泥盆世的黑色页岩与磷矿、铀矿有关。中国南部泥盆系矿产极为丰富：湖南有沉积型**赤铁矿**，锰矿和磷矿则多与盆地相硅质沉积密切相关，铅、锌、锡、黄铁矿等有色金属与礁相或礁后相石灰岩有关。

泥人张 Clay Figurine Zhang　中国近现代天津民间彩塑艺术世家的俗称。泥人张彩塑系用细泥，通过捏塑而成，作品一般高不逾尺，多取材民间传说、神话人物及中国古典戏曲、小说等文学作品，人物形象生动逼真，具有个性特征，色彩典雅、明快，深受人们的喜爱。泥人张自清代道光年间(1821～1850)由天津民间艺人张明山始创后，代代相传，至今已有百余年的历史。

张明山，祖籍浙江绍兴，生于天津，随父学艺，长于人物心理、性格的刻画，人称泥人张。代表作有《渔樵问答》、《孙夫人试剑》、《严振像》等。

子张兆荣，艺承家学，多表现平民生活和传统题材。注重刻画人物的生动性和情趣。代表作有《吹糖人》、《渔归》、《钟馗嫁妹》等。张景祜，为张兆荣之侄，第三代泥人张的代表人物。他的作品注重表现现实生活中的人物形象，亦扩展至少数民族人物，长于表现群像作品人物间的空间组合关系。代表作有《欢迎太平军》、《将相和》、《泼水节》等。

张明山作《孙夫人试剑》

泥石流 debris flow　产生于沟谷中或坡地上的饱含大量固体物质（泥、沙、石块和巨砾）的不均质的特殊洪流。具有暴发突然、历时短暂、来势凶猛、破坏力大等特点，是山区常见的一种自然灾害。

泥石流是泥沙石块和水相互作用的产物，其形成须同时具备3个条件：①流域内有丰富的松散固体物质，并能以滑坡、崩塌等块体运动方式转移到沟谷内。②流域内谷坡陡峻，沟床纵比降大，有利于水流的汇集和松散堆积物的崩落，并掺混为泥石流体迅猛下泻。③在沟谷的上、中游区，有暴雨洪水，或冰川积雪融水和湖泊、水库溃决等提供充沛的水源，凭借汇流地形，冲蚀掏挖谷坡或沟床松散物。

泥石流从上游到下游分为3个区段：①形成区，位于流域的上游，多为高山环抱的漏斗状，这里山高谷深，坡陡流急，重力侵蚀和坡面侵蚀强烈，是泥石流的发源地、泥石流的固体物质和水源主要供给地。②流通区，位于流域的中游，多为基岩峡谷地形，沟床纵坡大，常有陡坎、跌水或瀑布，是泥石流破山而出的通道。③堆积区，多位于流域的下游，泥石流到此摆动频繁，快速漫淤，形成扇形和锥形地貌。此处大小石块密集，地面垄岗起伏、坎坷不平，山区城镇、村寨、厂矿、铁路和公路等多布设于此，是遭受泥石流袭击的主要地区。

泥石流是高浓度的固液相颗粒流，固体物质的体积占30%～80%。泥石流与一般水流相比，有如下特点：①突发性和短暂性。泥石流是几年、十几年甚至几十年出现一次，突然暴发、瞬间即逝（一场泥石流历时几分钟至几个小时）、来势凶猛，常在顷刻之间造成巨大灾难。②多相性和不均质性。泥石流是泥沙石块和巨砾组成的不均质的固液两相流体，其成分从粉沙黏粒到大漂砾，大小悬殊。③脉动性和大冲淤量。泥石流暴发时，几乎以相等的时间间隔一阵一阵地流动，称为阵性运动或波状运动。泥石流冲淤量大得惊人，一次泥石流可将沟床切深几米至十几米，搬出山外的固体物质可达几十万、几百万至上千万立方米；搬出巨砾的重量，可达几百吨、几千吨至上万吨。

泥石流按照物质组成分为：①泥石流，由泥沙、石块、巨砾和水所组成的较黏稠的流体。②泥流，以细粒的泥沙为主，含有少量碎石岩屑的稠泥状流体，如黄土泥流、火山灰泥流。③水石流，由水与粗砂、石块和巨砾组成的特殊流体，其黏粒含量少于上述两类。按照结构-流变可分为：①稀性泥石流，水与固体物质分离，水为搬运介质。②黏性泥石流，水与固体物质融为一体，质体黏稠，水已不是搬运介质。③过渡性泥石流，介于上两者之间。

泥石流在山区广为分布，最活跃的地区是北回归线至北纬50°之间的山区。中国是世界上泥石流分布广泛、类型多样、活动频繁、危害较重的国家之一。

泥炭 peat　植物遗体在沼泽中和厌氧微生物不完全分解条件下，经生物化学作用而形成的松软、未经成岩的可燃有机质堆积物。又称泥煤或草炭。**煤**的前身。在上覆沉积物的压力和菌解作用下，经压实和脱水成岩而变为**褐煤**。泥炭呈浅棕色至黑褐色，水含量高；泥炭中的有机质为主要成分，含量为40%～60%，主要是纤维素、半纤维素、木质素、腐殖酸、沥青物质等；泥炭中的无机物主要是黏土、石英和其他矿物杂质。一般密度0.7～1.05克/厘米^3，容易燃烧，发热量为9.50～15.0兆焦/千克。

全球泥炭储量4 800多亿吨（至1988年），85%分布于纬度较高的温寒带湿润和半湿润气候区。中国的泥炭资源丰富，据1998年资料，全国泥炭资源量为124.96亿吨。泥炭矿床多发育在湖盆浅水地带，这类矿床约占全国泥炭资源的65%；河流两侧河漫滩洼地或废弃河道（包括牛轭湖）中的泥炭矿床约占20%；其他类型约占15%。

泥炭用途广泛，可用作民用燃料、农肥、制作腐殖酸类复合肥料的原料，还可用作鱼饲料、果木和蔬菜的培植土、花卉的营养钵等，工业上用来发电、酿酒、制陶，还可用于医药等。

泥炭藓 *Sphagnum palustre*; sphagnum　苔藓植物门泥炭藓科泥炭藓属的一种。广布于中国各地。亚洲其他地区、欧洲、美洲和大洋洲也有分布。植物体柔软，疏松丛生，灰白色带黄绿色，略呈淡红色。茎直立，高18～20厘米。枝丛疏生，每丛有2～3条倾立的强枝和1～2条下垂的弱枝。茎叶阔舌形，具宽的分化边缘。枝叶阔卵状莲瓣形，尖部边缘内卷。雌雄异株。颈卵器和精子器分别生于雌、雄株主茎顶端的不同枝上。孢子体的孢蒴球形，蒴柄极短，基足埋于雌配子体的组织内。只有假蒴柄。生于沼泽地，而且往往由于本种植物的大量生长形成大片沼泽。泥炭藓吸水力很强，约为其自身重量的20～25倍，可用以铺苗床或苗木保湿；植物体死亡后形成的**泥炭**可作肥料或燃料。

泥岩 mudstone 块状构造的泥质岩。由未固结和弱固结的黏土经压实作用、重结晶、黏土矿物转化、脱水作用等固结而成。岩石成分较复杂，除主要的黏土矿物高岭石、蒙脱石、伊利石及混层黏土矿物等之外，常含有细粒陆源碎屑矿物、自生矿物及有机质等。常见岩石类型有：①钙质泥岩。含适量碳酸钙，常见于大陆红色岩系和海洋、潟湖相的沉积岩层。②铁质泥岩。含较多的铁矿物，如赤铁矿、褐铁矿、针铁矿等，多见于红色岩层。③硅质泥岩。SiO_2含量较高，不含或极少含铁质和碳酸盐质物，常与铁质岩、硅质岩、锰质岩相伴生。泥岩具吸水、黏结、耐火等性能，可用于制砖瓦、制陶等。

铌 niobium 化学元素，元素符号Nb，原子序数41，原子量92.906 38，属周期系ⅤB族。1801年C.哈切特首先从哥伦比亚的一种矿石中发现铌元素，并称为钶（columbium）。1844年化学家H.罗泽从各种不同的铌铁矿和钽铁矿中分离出一种“新”的元素，因为它的性质很像1802年发现的元素钽，钽的名字来源于希腊神话中的英雄坦塔洛斯，并用其女儿尼俄珀（Niobe）的名字来命名它为niobium。直到1950年niobium才被国际纯粹与应用化学联合会采纳，但美国冶金界仍称之为columbium。铌在地壳中的含量为$2\times10^{-3}\%$。铌常以铌酸盐的形式存在于铌铁矿、铌铁矿－钽矿和烧绿石矿中。铌有时与稀土元素共存，有时也与铀矿物共存。

铌是有白色光泽的金属，质软且有延展性、室温下长时间放置于空气中会呈现一种浅蓝色；熔点2 477℃，沸点4 744℃，密度8.57克/厘米^3（20℃）。具有顺磁性。铌的氧化态－1、＋2、＋3、＋4、＋5。铌和钽的化学性质很相似，都很稳定。金属铌具有良好的抗腐蚀性，常温下，不被水和无机酸碱侵蚀，也不与王水反应，但能缓慢溶于氢氟酸。加热时，铌与氢氟酸反应迅速，也能溶于热浓硫酸和浓碱。铌在空气中200℃开始氧化，加热时表面失去光泽。在氯气流中，红热的铌剧烈地燃烧，成为五氯化铌。高温下，铌能与硫、氮、碳等元素直接化合，形成硫化物、氮化物和碳化物。铌同氢形成固溶体和氢化物。铌与多种金属（铁、钒、锆、钽、钨、钼、钯等）形成合金。重要的五价铌的化合物有五氧化二铌和五氯化铌。

含铌的复合矿物必须经过浮选、磁选、电选富集为精矿后，用化学冶金方法处理得到五氧化二铌。工业上金属铌的生产方法为：①五氧化二铌还原，有真空炭还原、铝热还原。②铌卤化物还原，如五氯化铌氢还原和金属还原。③铌熔盐电解还原。金属铌主要用于制造耐高温、耐腐蚀、高强度合金。可用作核反应堆的结构材料。铌还可用在喷气式引擎、火箭组件的合金中。铌锡合金Nb_3Sn具有超导性。Nb_2O_5常作为酯化反应和水解反应等的催化剂。Nb_2F_5和Nb_2Cl_5可以作为烷基化反应等的催化剂。

铌铁矿 columbite 氧化物矿物，化学组成为$(Fe,Mn)Nb_2O_6$，属正交（斜方）晶系。成分中常有锰替代铁，钽替代铌。当铁、铌含量分别高于锰、钽时，称铌铁矿；反之，

板状铌钽铁矿

称钽锰矿。当钽、铁含量分别高于铌、锰时，称钽铁矿；反之，称铌锰矿。铌铁矿与钽铁矿可形成完全类质同象系列，有铌钽铁矿之称。铌铁矿晶体呈板状、柱状或针状，双晶发育；集合体呈块状、放射状或晶簇状。褐黑至黑色。半金属光泽。具清晰的板状解理。莫氏硬度6。密度5克/厘米^3。随成分中钽含量的增高，硬度及密度值增大。含Nb_2O_5为47%～78.88%，是提取铌的主要矿物原料。产于火成碳酸岩、花岗岩、花岗伟晶岩和砂矿中。世界著名生产国有巴西、美国、俄罗斯、尼日利亚和刚果（金）等。中国广西恭城的栗木有特大型铌铁矿矿床，新疆阿尔泰曾产出重达数千克的铌铁矿晶体。

倪光南 Ni Guangnan（1939-08-01～ ） 中国计算机专家。浙江省镇海（现属宁波市）人。1961年于南京工学院（现东南大学）毕业。中国科学院计算技术研究所研究员、

博士生导师。1994年当选中国工程院院士。20世纪60年代参与中国自行设计的第一台电子管和晶体管计算机的研制。70年代起开拓汉字信息处理和模式识别研究，首创在汉字输入中应用联想功能。主持开发了联想汉字系统，1988年获国家科技进步奖一等奖。主持开发了联想系列微型计算机，1992年获国家科技进步奖一等奖。此后致力于在中国推广开放源代码的Linux操作系统和有自主核心技术的、非Intel架构的网络计算机。发表《计算机和汉字信息处理》、《一台手写文字识别机》、《联想式汉字图形微型机》、《联想系列微机研制报告》等学术论文。

倪尚达 Ni Shangda（1898～1988） 中国无线电和电子学教育家。生于上海，卒于南京。1919年毕业于南京高等师范学堂理化科。1921年赴美留学，1923年获麻省理工学院电机学士学位，1924年获哈佛大学理学硕士学位，后在匹兹堡威斯汀豪斯电气公司作研究。1926年回国。先后任职于杭州工专、上海南洋大学、天津北洋大学、南京中央大学和金陵大学、成都金陵大学和四川大学、南京金陵大学，1952年起任南京工学院物理系和电机系无线电教授。抗日战争期间，曾任国民政府航空委员会成都无线电厂、南京中央通讯社无线电总工程师和顾问等职。

20世纪20～30年代，倪尚达在中央大学最早设立短波无线电电台，在中国首创电化电容器、氧化铜整流器和倍压器。著有《无线电学》和《无线电工程名词》。

倪元璐 Ni Yuanlu（1593～1644） 中国明代书法家。字玉汝（一作汝玉），号鸿宝。浙江上虞人。天启二年（1622）进士。官至兵部右侍郎兼侍读学士。农民起义军攻陷北京，自缢死，谥文正。著有《倪文贞集》。工书画，擅长行、草书，风格侧重奇伟。他的书法突破了明末柔媚的书风，创作了具有强烈个性的书法作品，对清末民国初年的书风产生过一定影响。

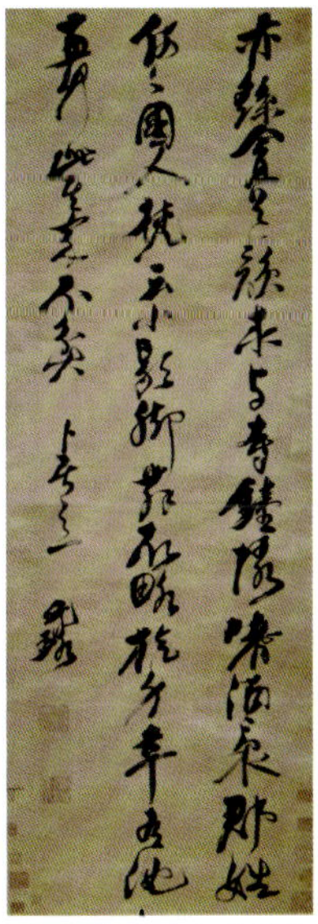

书法作品《自书诗》

倪瓒 Ni Zan（1301-02-27～1374-12-25） 中国元代画家。原名珽，字元镇，号云林，别号幼霞生、净名居士等。常州无锡（今江苏无锡）人。一生未仕，寄情山水诗画。性情孤僻狷介，爱洁成癖，自称“倪迂”。

倪瓒早年专意读书，家中所藏法书名画，亦悉心临学。所作诗文崇尚清新，有萧散清逸之趣。书法天然古淡、得自分隶。尤擅画山水、枯木、竹石，多以水墨为之，偶亦着色。崇尚疏简画法，以天真幽淡为趣，能脱出古法，别开蹊径。作品大多取材于太湖一带景色，好作疏林坡岸，浅水遥岭

《雨后空林图》

之景，章法极简，于简中寓繁；多用枯笔干擦，淡雅松秀，似嫩而实苍，风格萧散超逸，独树一帜，与**黄公望**、**吴镇**、**王蒙**并称“元四家”。在绘画理论方面，主张作品表现画家的“胸中逸气”，重视主观意兴的抒发，反对刻意求工、求似。传世作品有《水竹居图》、《江岸望山图》、《幽涧寒松图》、《雨后空林图》等。著有《清閟阁集》12卷传世。

倪征燠 Ni Zhengyu (1906～2003-09-03) 中国国际法学家。生于江苏吴江，卒于北京。1928年获上海东吴大学法学学士学位。1929年获美国斯坦福大学法学博士学位。

1929～1930年任美国约翰斯·霍普金斯大学法学研究所荣誉研究员。1931～1945年先后在上海东吴大学、大夏大学等校讲授法学课程。第二次世界大战后参加东京远东国际军事法庭对日本甲级战犯的审判工作，为维护民族尊严、伸张国际正义作出了贡献。1956～1981年任外交部条约法律司法律顾问。1982年起任外交部法律顾问。曾任中国人民政治协商会议第三、四、五、六届全国委员会委员，中国国际法学会、中国海洋学会会长等职。先后当选为联合国国际法委员会委员、联合国国际法院法官、国际法研究院院士。主要著作有：《法律的进化》(1929)、《法律的假设性》(1931)、《美国和英国的司法制度》(1947)、《国际法中的司法管辖问题》(1964)、《船舶碰撞事件中的法律问题》(1965)、《领海宽度问题的历史和现状》(1971)、《关于水域划分问题的实践》(1971)、《关于国际海底的法律制度》(1972)、《领海上空的法律地位》(1976)、《关于外层空间的国际法问题》(1982)等。

倪志福 Ni Zhifu (1933-05-22～) 中国共产党中央政治局委员，中华人民共和国全国人民代表大会常务委员会副委员长。江苏川沙（今属上海市）人。1950年进上海德泰模型厂当学徒。后入上海青工政治文化训练班学习。

1953年进北京永定机械厂当钳工。1958年加入中国共产党。1963年毕业于厂工业学校大专班。1953年创造发明三尖七刃麻花钻头，被称为“倪志福钻头”。1959年获全国先进生产者称号。1964年获国家科委发明证书。任厂技术科工程师、副总工程师、总工程师。1973年后任厂党委书记，北京市总工会主任，中共北京市委第二书记、市革命委员会副主任。1976年奉中央命令赴上海进行处理“四人帮”余党工作，后任中共上海市委第二书记、市革命委员会副主任，中共北京市委第二书记、市革命委员会副主任，中华全国总工会主席、党组书记，国务院机械工业委员会副主任，中共天津市委书记。当选为中共第九至十五届中央委员，中共第十届中央政治局候补委员，第十一、十二届中央政治局委员；第七、八届全国人大常委会副委员长。1986年获联合国世界知识产权组织颁发的金质奖章和证书。

霓虹灯 neon light 能制成各种形状和颜色以显示图案、文字和符号的电光源。多在城镇夜景照明中作为建筑物、标志性场所、商业街等的装饰显示照明光源，也用在文化娱乐场所和餐厅中作为装饰显示光源。现代的霓虹灯是在玻璃管内涂覆一层荧光粉，管内再充入汞蒸气。它的工作原理和**荧光灯**相似。改变荧光粉的成分，即可辐射出不同颜色的光。实用中至少有240多种颜色可供选择。这种涂覆荧光粉的霓虹灯亮度高，且颜色绚丽多彩。

《霓虹灯下的哨兵》 *Sentinels under the Neon Lights* 中国话剧作品。沈西蒙、漠雁、吕兴臣集体创作，沈西蒙执笔。1962年由中国人民解放军南京部队前线话剧团首演。剧本描写中国人民解放军一个连队在上海解放初期进驻繁华的南京路，在“冒险家的乐园”里与暗藏敌人的斗争中，坚持自身革命化的故事。反映了解放初期上海错综复杂的阶级斗争和社会关系。剧作自始至终贯串着炽热的革命斗争激情。1964年改编成同名电影，被上海天马电影制片厂搬上了银幕。

《霓裳羽衣》 *Rainbow-Coloured and Feathered Costumes* 中国唐代大型乐舞套曲。传为玄宗李隆基所作。作品着力渲染虚无缥缈的天外世界。据诗人**白居易**《霓裳羽衣舞歌》自注，全曲共分3部分：①散序。6小段，磬、箫、筝、笛次第发声，节奏自由舒缓，无舞。②中序。18小段，入拍起舞，舞姿刻画仙女形象，轻盈飘逸，服饰典雅华丽，上穿羽衣，下着彩虹般彩裙，饰珠翠。③入破。12小段，音乐节奏加快，舞蹈也渐促，最后音乐舞蹈在激烈的节奏中突然煞住。五代时，南唐李后主的昭惠皇后曾得到此曲残谱并加以整理。今存宋代姜夔记录的《霓裳中序第一》曲谱（**杨荫浏**译谱），为宋代流传此曲的片断。

拟步甲 Tenebrionidae; darkling beetle **鞘翅目**拟步甲科昆虫的统称。世界性分布，已知约25 000种，中国记载2 000余种。小到大型种类，形状各异，有椭圆形、卵圆形，有的身体后部膨大似琵琶形；有的生活在树皮下，身体很扁。体表面光滑，荒漠地区的种类则密生长毛，多黑色，亦有褐色的。口器发达，上颚较大。触角11节，少数10节，棒状、线状或念珠状。复眼突出，前缘凹。鞘翅覆盖腹部，有些种类鞘翅上有斑纹。足粗，有的较长，某些种类具棘或齿，如砚甲（见图）。幼虫体细长，背面骨化强，褐色与黑色，部分为乳白色。足4节，末端有跗爪。以在仓库中生活、为害的种类较为重要。多夜间活动，有伪死性。一部分生活在朽木中，后翅一般退化，少数种类可以飞翔，亦有客居于蚁巢的。

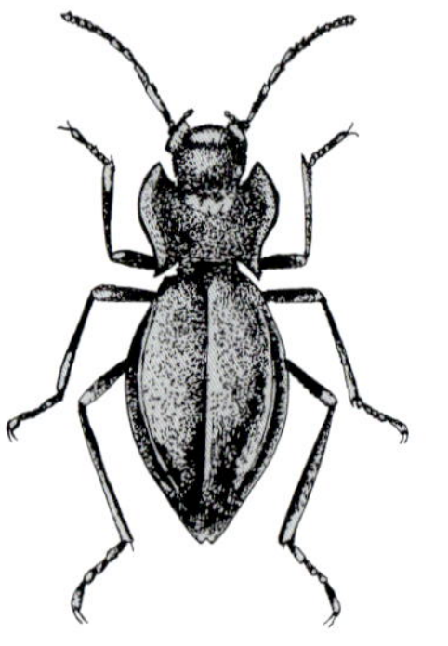

砚甲

拟话本 imitation work of script for story-telling 中国古代文人模仿**话本**形式编写的小说。**鲁迅**在《中国小说史略》中最早应用这一名称，指的是宋元时代产生的《大唐三藏法师取经记》和《大宋宣和遗事》等作品。它们的体裁与话本相似，都是首尾有诗，中间以诗词为点缀，词句多俚俗。但与话本又有所不同，“近讲史而非口谈，似小说而无捏合”，“故形式仅存，而精采遂逊”（《中国小说史略》）。鲁迅认为它们是由话本向后代文人小说过渡的一种中间形态。

中华人民共和国建立后，一些学术著作应用拟话本这一名称，专指明末文人模仿话本形式编写的白话短篇小说，即鲁迅称之为“拟宋市人小说”的作品，如“三言”中的部分小说，以及“二拍”、《西湖二集》、《清夜钟》、《石点头》、《醉醒石》、《幻影》等。这表明拟话本的含义已经发生了变化。

拟剧论 dramaturgical theory 用表演比喻和说明日常生活中人与人之间相互作用的一种符号互动理论。美国文学评论家K.伯克在《动机初阶》(1945)中最早将这一思想运用于社会科学。后来符号互动论者E.戈夫曼发展了拟剧论，试图从人与人之间的日常交往方面来解释人的社会行为。他的早期著作《日常生活中的自我表现》阐述了这一理论。

拟剧论把社会比作舞台，把全体社会成员比成在这一舞台上扮演不同角色的演员。他们都在社会互动中演戏和表现自己，努力把握自己给他人造成的印象，从而使自身的形象能最好地为自己要达到的目的服务。戈夫曼运用了“脚本”、“观众”、“表演者”、“表演”、“角色”、“前台”、“后台”、“面具”、“道具”等戏剧用语，说明人们在人际交往中如何集体表演或单独表演，如何使用道具、参照脚本、登上舞台并以不同角色活动于前台和后台之间。通过说明人们在日常生活中的自我表现，揭示出在人际交往中人们如何证实自我概念；如何以姿态、手势来表达意义，以便被他人理解；人们的服饰、语调和使用的词汇如何在人际交往中发生作用；人们如何界定不同的社会情境并与之相适应。

拟剧论有助于对人际交往进行社会心理分析。但一些社会学家认为，还不能肯定拟剧论究竟应单纯被作为一种分析社会互动作用的工具，还是被当成对意识的一种真实描述。

拟态 mimicry 一种生物在形态、行为等特征上模仿另一种生物从而获益的生态适应现象。在昆虫类和蜘蛛类中极为普遍，在脊椎动物和植物中也很常见。有贝茨氏拟态和米勒氏拟态两种。

贝茨氏拟态 可食性物种模拟不可食物种的拟态现象。1862年，H.W.贝茨首次以假警戒色假说来解释南美洲一些亲缘关系很远的蝶类之间在色斑上的相似性。他发现有些不可食蝴蝶与另一些分类地位相距很远的可食性蝴蝶具有相同的色斑，而这些色斑在被拟者所属的属中是典型的，在拟者所属的属中则是不典型的，这说明拟者的警戒色是假的，被拟者的才是真的。后来这种拟态现象就被称作贝茨氏拟态。贝茨氏拟态中的被拟者分布广、数量众多、显眼并具有不可食性或其他保护方式；被拟者的色斑通常是其所属分类群的典型色斑，而拟者的则相反；拟者和被拟者经常生活在同一地区和时间，这样捕食者便难以将二者分清；拟者与被拟者必须非常相似，否则易被自然选择所淘汰；拟者和被拟者的相似性仅限于可见的形态结构、色斑和行为等，不涉及解剖学特征；拟者的进化从一开始就需要一个大的表型的变化，所以大多数拟态图案是由单基因控制的；拟态发生的可能性不仅取决于原模型的存在和恰当的突变的产生，也取决于模拟同一原模型的拟态种的数目，在没有其他拟态种时，拟态容易建立。

米勒氏拟态 两种具有警戒色的不可食物种互相模拟的拟态现象。1879年，由F.米勒提出。

米勒氏拟态所涉及的所有物种都具有警戒色或其他保护方法；各个物种都是广布种，数量差异不会太大；物种间的相互模拟不必像贝茨氏拟态那样精确，因为模拟的目的不是要骗过捕食者，只是为增强警戒作用；具有米勒氏拟态的物种很少是多态的。

逆城市化 counterurbanization 大城市的人口和企业向中小城镇迁移而形成。见**城市化**。

逆反心理 psychological reactance 当个体知觉到自己的某一自由行为受到威胁或被取消时，所产生的要恢复此自由行为的**动机**状态。

逆反心理产生的内因是，个体按自己意愿行事的自主**需要**；外因是社会组织或个人对个体施加影响与控制，使个体感到对自己环境控制的可能性降低。当逆反心理产生时，个体会在认知、情感与行为上发生变化：①被威胁或取消的自由行为的吸引力增加。②直接从事被禁止的行为，但当风险太大时也会放弃。③通过做其他类似的行为或鼓励与自己有同样处境的人去从事被威胁或禁止的行为。④产生敌意与攻击性情感。影响个体逆反心理产生及强度的因素有：①个体对自由行为的期望值。只有当一个人本来认为自己有从事某一行为的自由但这一行为将被取消时，才会产生逆反心理。而且，一个人越是肯定自己应该拥有某种自由、这种自由又将被取消时，他所体验的逆反心理越强烈。②威胁的强度。一般说来，个体所受到的威胁越大，他所产生的逆反心理越强。③某种自由的重要程度。被取消或受威胁的自由对个体越重要，个体所体验到的逆反心理越强。对逆反心理的研究过去主要集中在发展心理学领域，即对青春期逆反心理的研究。发展心理学认为，生理上的生长发育使少年过分意识到自己已经“长大”，因此，非常想摆脱父母等的照顾和管束，追求自我的独立，常表现出对父母、社会的对抗。“逆反心理”在社会生活的各个领域如恋爱婚姻、政治宣传教育、消费中均有表现，是社会心理学的主要研究对象。

逆合成分析 retro-synthetic analysis 将一个具有一定复杂程度的化学分子（目标分子）进行一系列符合化学逻辑的分解操作（称为转化），最后简化为结构简单或商品化的化学原料的过程。又称反合成分析。这些经各种转化后产生的简单化学分子可以通过相应的**化学反应**进行装配，得到需要的目标分子。很多例子显示，一条优秀的合成路线往往具有独到的逆合成设计。逆合成分析针对化学分子中的**立体化学**、**官能团**以及几何结构关系等都已经总结出一套成熟的方法和经验规律。以官能团策略为例，可以进行官能团添加、官能团消除、官能团易位、官能团转化，以及官能团分析等操作。逆合成分析适用于目标分子导向的有机合成。

逆戟鲸 *Orcinus orca*; killer whale 鲸目海豚科逆戟鲸属的一种。又称虎鲸。广布于世界所有海洋，以距大陆800千米以内的海域最为丰富。雄性体长最大9.5米，重8吨，雌性7米，重7吨。背鳍极高而宽（达1.8米），

雄性为三角形，雌性为镰刀形。鳍肢宽，桨形。体色鲜明触目，亮黑色与浅黄色或白色区域之间界线分明。双眼后上方具白色卵形眼斑，背鳍后面具灰色斑，体背其余部分黑色。幼体出生时体长2.1～2.4米，重180千克。通常结成40头以下的小群，也有达到100头的群。虎鲸是食肉的齿鲸，其食物包括鱼类、其他鲸类、鳍足类、海獭类、鸟类、爬行类和头足类。属濒危动物，被列入《濒危野生动植物物种国际贸易公约》(CITES)附录Ⅱ(1996)。

逆向选择 adverse selection 因交易双方信息不对称导致一方蒙受不利而影响市场

效率的选择。又称不利选择。它是微观信息经济学或理论信息经济学的基本范畴之一。最早出现在美国经济学家G.A.阿克洛夫的柠檬市场原理中，意谓二手汽车市场中卖者对汽车质量拥有隐蔽信息，而买者并不知道汽车的真实质量，只能按平均质量付价，从而迫使高于平均质量的汽车退出市场，吸引低于平均质量的汽车进入市场，结果形成一种劣质车淘汰优质车的逆向选择。后来逆向选择的概念又被推广应用于委托代理理论中。这时逆向选择是指委托代理关系中代理方因拥有隐蔽的私人信息而在合同或契约签订前利用委托方不知情的信息劣势进行欺骗以谋私利的抉择行为。在委托代理理论中，逆向选择这个概念不是单独存在的，而往往是与合同或契约签订后出现的道德风险相并用的，旨在设计一种有效的激励机制，防止由于信息不对称而产生的上述两种机会主义行为。

溺水 drowning 人体淹没于水中，水堵塞呼吸道发生急性缺氧从而造成的急性窒息状态。严重者可因电解质平衡紊乱、呼吸循环功能衰竭而死亡。常见于游泳者或落水者缺乏或丧失游泳能力时。根据肺内有无水进入，可分为干式溺水和吸入水的溺水。

临床表现 症状的轻重与溺水持续时间长短及溺水量有关。常见面部肿胀，双眼充血，皮肤黏膜青紫或苍白，肢体发冷寒颤。牙关紧闭，下颌肌痉挛，惊厥，烦躁，昏迷。脉细数，血压不稳定，心音弱，心律不齐。呼吸频速表浅，不规则甚至暂停，两肺密布啰音，剧烈咳嗽，呼吸困难。腹部饱满，呕吐。溺淡水者有血性泡沫性痰；溺海水者明显口渴，尿少，尿闭，葡萄酒色尿。

诊断与急救 根据落水史诊断不难。急救原则是：①争分夺秒，立即抢救出水。②迅速松开或去除紧裹的内衣、胸罩、腰带等，清除口鼻腔内污物。恢复呼吸道畅通，将舌拉出。③用伏膝俯卧或抱腹法倒出呼吸道及胃内积水。④呼吸心跳停止者立即人工呼吸，心脏按压，在心肺复苏不中断的情况下立即送往医院。

治疗 原则是：①尽快恢复呼吸心跳，可气管插管，正压呼吸；有室颤者除颤。②早期吸高压氧、降温、脱水、防脑水肿。③抗泡沫疗法治疗肺水肿。④用抗生素防肺部感染。⑤纠正酸碱及电解质平衡的紊乱（溺淡水者输全血，溺海水者输血浆及5%葡萄糖液）。

预防 潜水前认真检查潜水装具，严格控制作业时间、水深及水温；游泳人员要注意安全要求；加强水面保障援救力量及宣传教育。

年 year 以地球绕太阳公转运动为基础的时间单位。地球公转运动在天球上的反映就是太阳的周年视运动。根据天球上不同参考点计量的太阳周年视运动，就有各种各样的“年”，以适应各种需要。回归年是太阳在天球上连续两次通过春分点所需要的时间间隔，长度为365.242 20平太阳日（见日）。现行的公历就是按回归年的长度制定的。为方便起见，历年取365或366平太阳日。恒星年是太阳在天球上连续两次通过某一恒星所需要的时间间隔，长度为365.256 36平太阳日。这是地球绕太阳的平均公转周期。近点年是地球连续两次经过近日点所需要的时间间隔，长度为365.259 64平太阳日，主要用于研究太阳运动。交点年（又称食年）是太阳在天球上连续两次经过月球轨道的升交点所需要的时间间隔，长度为346.620 03平太阳日。交点年对计算日食有重要作用。

年羹尧 Nian Gengyao (?～1726) 中国清朝康熙、雍正时名将。字亮工，号双峰。汉军镶黄旗人。康熙三十九年（1700）进士。四十八年，任四川巡抚。五十七年，升四川总督兼管巡抚事。六十年，改任川陕总督。曾多次督兵剿抚辖区内少数民族武装。蒙古准噶尔部的策妄阿拉布坦攻袭西藏，清廷以大军西征，又遣兵入藏。年羹尧以定西将军衔率军征剿，平定西藏。雍正元年（1723）授抚远大将军，青海蒙古台吉罗卜藏丹津叛乱，奉命进讨，督军至西宁，以功加太保，封公爵。次年，朝廷从年羹尧议，以岳钟琪等率兵四路进剿，大破叛军。罗卜藏丹津以残部两百余人遁入准部，青海平定。朝廷准年羹尧议，定青海善后事宜，加强中央政府对青海等地之统治。

年羹尧与雍正帝关系甚密，参与雍正帝在诸皇子争位过程中许多活动。复恃功骄纵，威权自恣，遭雍正帝猜忌。三年三月，以其在章奏中将“朝乾夕惕”写作“夕惕朝乾”，责其有意倒置。旋以其“怠玩昏聩”，调任杭州将军。又以众官交章劾奏，罢将军任，尽削其职、爵，逮至京师问罪。是年十二月（1726年1月），以92款罪被勒令自尽，其一子处斩，诸子年十五以上皆戍边。著有《治平胜算全书》、《年将军兵法》。

年号 reign title 中国古代帝王为表示自己统治纪年而定的一种名号。始于西汉武帝建元元年（前140）。此前，纪年或用甲子，或以帝王名号为称，如周成王二年、秦始皇元年。从武帝建元元年直至清宣统三年（1911）的两千多年间，凡新皇帝登基，或因某种事件的发生，或为避讳，改元建号制度一直延续下来，以表示“与民更始”。明代以前，关于皇帝改元建年号，并无定次。一般而言，一个皇帝可以有许多年号。其中最为典型的可算是武则天了，她在位15年，竟用了14个年号。自明太祖朱元璋始，直到清末，每个皇帝只有一个年号（只有明英宗因土木之变的发生，前后做了两次皇帝，而有两个年号）。故明清两代，一般都以年号作为皇帝或皇帝在位时该朝的称号，如乾隆皇帝、乾隆朝。年号的用字，也无定制。一般用两个字，如洪武，也有用三四个甚至六个字的，如西夏景宗的“天授礼法延祚”。历史上，农民起义所建政权或封建割据势力，也大多有年号。

年画 New Year picture 欢庆年节时装饰环境的绘画。年画是中国特有的民间美术形式，是适应人们庆贺年节的风俗活动而产生发展的。年画大约萌始于秦汉之际，至宋代，汴京（今河南开封）、临安（今浙江杭州）的岁末市场上有门神、钟馗等神像出售，供年节贴挂。随着城乡庆贺新年活动的丰富，此时年画扩展到表现美女、娃娃、风俗、戏曲等题材，并开始镂版雕印，加速了它的发展与普及。明中叶以后，雕版印刷中的彩色套印技术也趋向成熟，全国各地陆续出现了很多年画产地。其中，天津杨柳青年画、苏州桃花坞年画成为南北两大中心，其他如河南朱仙镇、河北武强、山东潍坊、陕西汉中和凤翔、四川绵竹和梁平、台湾台南等地所印制年画亦著称于世，艺术上形成不同的风格，题材也更为丰富多样。迄至清末，农村凋敝贫困，影响了木版年画的销路而渐呈衰微之势，但在上海、天津等城市中兴起了用石印及胶版印刷的年画，其中尤以月份牌年画最为流行。抗日战争时期，延安和太行山等地的革命美术工作者吸收民间年画形式创作了表现新内容的新年画，1949年以后，新年画继续得到发展，成为拥有广泛群众的画种之一。

年画作为年节装饰，以喜庆欢乐的内容、强烈的浪漫主义色彩及红火活泼的形式，构成其基本艺术特色。年画题材广泛，举凡带有吉庆内容的风俗生活、新闻轶事、传统戏曲小说的人物故事、仕女、婴儿、山水花鸟及吉祥图案等都有大量表现，一些新鲜事物也总能得到反映，较其他绘画形式更强调装饰性与娱乐性。木版年画适应各地区不同环境的装饰需要，创造了门画、历画、中堂、四扇屏、窗顶、窗旁、炕围子、

杨柳青年画《竹报平安》(清)

福字灯等多种样式。年画经常在描绘美好形象中运用为群众熟知的谐音寓意手法表现吉祥内容，如松、鹤、桃象征长寿，瓶中插牡丹寓意平安富贵等。年画还强调人物形象俊秀、标题吉利、色彩明快，务求赏心悦目，表现年节的欢乐情绪。

年画在发展中由于绘制印刷的生产方式不同而有多种形式。早期年画多为人工绘制，木版印刷年画最迟始于宋，明代以后流行水印套色，单纯强烈而艳丽，但有的地区年画在套色后还在人物头脸衣饰等部位以人工印染描绘，形成精致细腻的半印半画形式（如天津杨柳青年画）。石印、胶版年画是随现代印刷术的发展而产生的，可以将色彩复杂而丰富的绘画制版印刷，其中月份牌年画采用炭粉擦笔及水彩渲染，形成细腻逼真的效果而流行一时。1949年以后，年画吸收了中国画、油画、水粉画、彩色摄影等形式，展示了更为丰富多彩的面貌，曾兴盛于20世纪中期，到90年代以后，渐趋式微。

年鉴学派 Annales school 20世纪国际史坛影响较大的学派之一。主要由法国主持编纂《经济与社会史年鉴》的历史学家组成。

《年鉴》于1929年由法国历史学家M.布洛克和L.费弗尔创刊，其宗旨是提倡跨学科的综合研究，反对受实证主义影响的，以政治、外交史为中心的19世纪传统史学。布洛克和费弗尔在史学的比较研究、地理环境对人类历史发展的关系的探讨等方面作出了贡献，得到法国学术界承认，被誉为年鉴学派的第一代史学家。

1946年，刊物更名为《经济、社会和文化年鉴》，篇幅扩大了一倍，撰稿人也超出了法国的范围。1947年，法国高等实验研究院设立了第六部，由费弗尔主持，开展经济、社会、历史等学科的综合研究。1956年费弗尔病故，F.布罗代尔继任第六部的主持者和《年鉴》主编。布罗代尔是年鉴学派历史学家第二代中最有影响的代表。1970年第六部归入人文科学院，1975年又成为独立的社会科学高等研究院。年鉴学派进入了第三代。其代表人物有J.勒高夫、E.le R.拉迪里、M.费罗等人。这一代史学家特别注重对精神状态史即社会意识和民众心理的研究、对在短时段中起作用的历史事件的研究，而忽视对在长时段和中时段中起作用的自然、经济和社会因素的研究。20世纪70年代，年鉴学派第四代开始出现。他们倡导“问题史学”，主张历史研究就是要回答现实提出的各类问题。其代表人物有J.雷凡尔、R.夏尔提埃、A.布基耶尔等人。

年金 annuity 根据法律或条件规定的标准，在某些特定时间内，每间隔相同的时间（如一年、半年、一季、一月）收入或支出一定数的款项。年金的特点是长期、定期支付，数额固定。多用于退休金、残废金、抚恤金的计算和支付。但按期工资、租金、保险费等也可称为年金。地租、房租、债券利息、偿债基金定期缴款、分期付款购买耐用品每期缴款数等，亦称确定年金。年金有多种形式：凡收支发生在每期期末的年金，称为普通年金；凡收入支出发生在每期期初的年金，称为即付年金，或预付年金；凡收支发生在第一期末以后的某一时间的年金，称为递延年金；凡无限期继续收支的年金，称为永续年金。计算年金的终值和现值，通常都是采用复利形式。

年龄 age 一个人从出生时起到计算时止生存的时间长度，通常用岁来表示。年龄是一种具有生物学基础的自然标志。人口由不同年代出生的不同年龄的个人构成，各种人口现象如结婚、生育、死亡、就业、迁移等都与人的年龄密切相关。

主要有：①确切年龄。从出生之日起到计算之日止所经历的天数。能够非常精确地反映人们实际生存的时间。实际生活中，除对不满1周岁的婴儿，特别是不满1个月的新生儿按月、日计算年龄外，一般不按日计算年龄。②虚岁年龄。按出生后所经历的日历年头计算，即出生后就算1岁，以后每过一次新年就增加1岁，一般以农历新年算。这是中国传统习惯中计算年龄的方法，往往要比实际周岁年龄大1～2岁。③周岁年龄。从出生到计算时为止，共经历的周年数或生日数。例如，2000年7月1日零时进行人口普查登记，一个1999年12月15日出生的婴儿，按周岁计算不满1周岁，即0岁，而按虚岁计算则是2岁，实际上刚刚6个月，还未过1次生日。周岁年龄更能准确反映人们的实际生存年岁，是人口统计中最常用的年龄计算方法。

年轮 annual ring 木本植物主干由于季节变化生长快慢不同，在木质部的断面上显示出的环形纹理。又称生长轮或生长层。春天气温渐高，水分渐多，形成层细胞恢复分裂能力，分裂加快，生长也快，产生的细胞体积较大，细胞壁较薄，导管的直径较大，数目较多，纤维较少，形成的木材称为早材或春材。待从夏入秋时，情况与春季相反形成晚材或秋材。如此一年一度产生一轮早材和一轮晚材，二者构成一个年轮，年复一年就形成多个同心圆环样的年轮。根据年轮的数目可知道树木的生存时间。而根据年轮宽窄的情况，可以推测历年气候变化的情况，年轮宽时说明当年雨水较多，反之则比较干旱。例外的情况是，有的植物，如芸香科柑橘属，一年内可形成3个年轮。称为假年轮。另在气候反常时，如一年内忽寒忽热或发生虫害时，都会影响到形成层活动，产生假年轮。热带地区的树木，由于气候无四季之分，因此无年轮的产生。

年轮气候学 dendroclimatology 研究树木年轮宽度与气象条件关系，从而用来推断历史上气候变化的学科。是当今研究历史气候变化的重要方法之一。

树木年轮宽度与气候条件密切相关。在高温、多雨、高湿条件下年轮就宽，反之则窄。但在具体选取树木年轮样本时，要选择树木生长条件最受气候条件影响的树木。如在高山、高纬等热量条件不足地区，年轮宽度对温度反映最为灵敏；在半干旱地区或森林向草原过渡的林缘地区树木，则对降水量反映最为灵敏。还要采取多个样本，以保证年轮宽度变化的共同趋势。树木年轮宽度读数还需要进行生长量订正。

年轮气候学研究最早开展于20世纪初，30年代美国已成立专门实验室。中国在70年代后半期开始树木年轮气候学的研究，取得北方地区长达数百年的气温和降水量序列。近年来，年轮气候学研究还发展到测定年轮木质的密度。通过年轮法不仅可以了解气候的年际变化，还可以了解气候的季节变化。

年薪制 yearly salary system 以企业会计年度为时间单位确定经营管理者收益报酬的收入分配制度。年薪一般包括基薪和风险收入两部分，基薪依据企业规模和平均生活消费水平确定，风险收入依据企业经营的风险程度大小、经济效益和经营业绩的高低确定。基薪一般分月预付，风险收入按年度支付。

年薪制是国际上通行的一种风险收入分配制度，依靠激励与约束相互制衡的机制，把经营管理者的责任和利益、成果与所得紧密联系起来。实行年薪制的经营者必须按照规定缴纳风险抵押金，没有完成经营目标必须按规定扣减风险抵押金。年薪制是适应现代企业制度要求的一种对企业经营管理者的激励约束方式。

鲇 *Silurus asotus*; far east asian catfish 鲇形目鲇科鲇属的一种。又名土鲇、鲇拐。鲇亦作鲶，以体黏滑而得名。分布于亚洲东部中国黑龙江到珠江水系，俄罗斯、日本本州及朝鲜亦有。体重一般1～2千克，最重7～8千克。体长形，头略大而平扁。口宽大，斜向上方，后端可达眼前缘下方。眼小，被皮膜。体长至60毫米左右时开始消失。体无鳞。背鳍很小，无硬刺。脂背鳍缺如。胸鳍硬刺外缘锯齿明显。臀鳍很长，后端连于略凹的尾鳍。体色随栖息环境而有不同，通常呈绿褐乃至灰黑色，或有略暗云状斑块。主要生活在江河、湖泊、坑塘、水库的中下层。食物以小型鱼为主，也吃虾、水生昆虫等。肉质细嫩，少细刺，为常见食用鱼之一。

黏胶纤维 viscose fiber 将天然纤维素经反应制成可溶于稀碱溶液的纤维素酯，然后凝聚再生、纺制而成的一类再生纤维素纤维。是人造纤维中历史最悠久、产量最大、品种繁多和应用广泛的大品种。按结构和性能不同，分为普通纤维（长丝、短纤维）、高湿模量纤维（如富强纤维、高卷曲纤维等）和强力与高强力纤维。普通纤维的吸湿性、耐磨性优于棉纤维，强度、延伸性、耐光性、耐化学性则较差。富强纤维与棉纤维相似，改性后耐磨性和延伸性均有较大提高。强力纤维的耐磨性和延伸性均优于棉纤维。黏胶纤维广泛应用于织物、服装、工业用布等。高强力纤维可制帘子线，高湿模量纤维常与合成纤维混纺。

黏菌 slime mold 一类原始真核生物。与根肿菌、网柄菌、集孢菌，即广义上的黏菌共同隶属原生动物界，而与管毛生物界、真菌界统称为菌物。其生活环境与真菌相近，分类命名原则与真菌相同。黏菌以生活史分为原柄菌型、集孢菌型、真黏菌型、根肿菌型。

黏菌分布于湿冷阴暗的森林和草地的朽木、败叶和土壤中。营养体是一团多核、非细胞结构的原生质，有细胞质膜，无细胞壁，移动摄食有机物。营养体以分裂方式进行无性繁殖。从营养阶段转入繁殖阶段时，原质团转变为一个或一群非细胞结构的子实体，其表面和里面产生一个或多个孢子。

黏膜 tunica mucosa 由上皮组织、固有层和黏膜肌组成，覆于消化道、呼吸道、泌尿和生殖系统等的管腔内壁的组织。因上皮细胞具有吸收和分泌的机能，所以分泌的黏液为一层保护性的液体膜，对消化道、呼吸道等有保护功能。

黏弹性力学 viscoelasticity, theory of 研究既有弹性性质又有黏性性质的黏弹性物体，在外界因素作用下内部应力场、应变场和位移场分布规律的学科。又称黏弹性理论。力学的分支。线性黏弹性体的两种极端情况即为胡克体（遵循胡克定律）和牛顿流体（遵循牛顿黏性定律）。

19世纪下半叶，奥地利物理学家L.玻耳兹曼已给出三维线性等温黏弹性力学的框架，但一个世纪以后，随着高聚物复合材料的普遍使用，黏弹性理论才引起世人的重视，获得了长足的进步。成果广泛应用于材料、地质、生物和建筑等学科。

黏弹性理论的三组方程中，几何方程和运动方程这两组与弹性理论一致，所不同的是本构方程。因此，本构方程的建立和处理成为黏弹性理论的重要课题之一。由于应力与应变率有关，黏弹性体的变形除具有可恢复的弹性变形外，尚有蠕变、应力松弛、延滞和永久变形等形态。对于边界与时间无关的线性黏弹性力学问题，利用拉普拉斯变换，可得到解决。

黏土岩 clay rock 主要由黏土矿物（高岭石、蒙脱石、伊利石、水云母等）及细粒碎屑（粒径小于0.003 9毫米）组成的沉积岩。又称泥质岩。黏土物质多由母岩风化形成的黏土矿物经悬浮搬运、沉积而成，少量可由胶体凝聚沉积形成或由凝灰岩蚀变而成。未固结的称黏土。常见的质地较纯的黏土岩有高岭石黏土岩、蒙脱石黏土岩、伊利石黏土岩。

黏性 viscosity 流体抵抗变形或阻止相邻流体层产生相对运动的性质。当一部分流体受力的作用产生运动时，必然在一定程度上带动邻近流体，因此又可把黏性看成是分子间的内摩擦，这种内摩擦抵抗着流体内部速度差的扩大。如气体分子的速度由平均速度和热运动速度两部分叠加而成，前者是气体团的宏观速度，后者决定气体的温度，若相邻两部分气体团以不同的宏观速度运动，彼此间的分子相互交换带来动量的交换，使气体团的速度有平均化的趋势，这便是气体黏性的由来。表征流体黏性大小的量称为黏性系数或黏度。牛顿流体中引起流动的剪切应力τ与产生切应变速率或形变速率$\frac{du}{dy}$成正比，

$$\tau=\eta\frac{du}{dy}$$

式中比例常数η即为黏性系数，或称η为绝对黏度，单位是牛·秒/米^{2}或帕·秒，量纲是$L^{-1}MT^{-1}$。η随流体的种类、温度而变，随压力的变化较弱。将η除以流体密度ρ得

$$\nu=\eta/\rho$$

这就是运动黏性系数，或称运动黏度。在常温下，水和空气等气体的黏性系数相差很大，但其运动黏性系数却只差十几倍。

黏性流体 viscous fluid 黏性效应不可忽略的流体。流体由大量分子所组成，相邻两层流体作相对滑动或剪切变形时，由于流体分子间的相互作用，会在相反方向上产生阻止流体相对滑动或剪切变形的剪应力，称为黏性应力。由于流体存在黏性性质，流体的一部分机械能将会不可逆转地转化为热能，并使流体流动出现许多复杂现象，如边界层效应、摩阻效应、非牛顿流动效应等。自然界中各种真实流体都是黏性流体。与理想流体流动分析的理论模型相比，在分析黏性流体流动规律所建立的理论模型中，必须计入黏性输运或黏性耗散项。

捻翅目 Strepsiptera 昆虫纲的一目。小型寄生性有翅昆虫。通称蝙。体微小，雄体自由生活，前翅退化成棒状，后翅宽大扇形，雌体幼虫状，无足无翅，营内寄生生活的昆虫。雌雄异型，习性特殊。内寄生于其他昆虫。分为6科：原蝙科、蝽蝙科、蚁蝙科、蜂蝙科、栉蝙科和跗蝙科。世界已知约600种，中国记载23种。

雄蝙体小，长1.5～4毫米，色暗，头横宽，复眼大而小眼面分散，缺单眼。口器退化，不取食。前翅特化成棒状（拟平衡棒），后翅膜质宽大如扇，纵脉数条如扇骨。

雌蝙体长2～30毫米，色淡，大部膜质而柔软，在寄主体内，形状常不规则。翅退化，无足；亦无触角和眼，口器退化。少数自由生活的雌蝙体节分明，有触角、复眼和3对足，形状像臭虫。

寄主以膜翅目（蜂、蚁）和同翅目（叶蝉、飞虱）为主，而半翅目（蝽、土蝽）、直翅目（蚤蝼、螽斯）、螳螂目、蜚蠊目以及个别双翅目昆虫均发现有蝙寄主。原蝙寄生于低等昆虫缨尾目，其雌虫营自由生活。被寄生的昆虫体内外出现畸形，特别是生殖系统发育不全而不能繁殖，因此能抑制部分害虫的数量而对农林业有益。

捻军 Nian Army 中国近代太平天国时期北方的农民起义军。源于捻子（一称捻党）。“捻”为淮北方言，意即一股、一伙。捻子是民间的一个秘密组织，成员主要为农民和手工业者，经常在安徽、江苏、河南、山东间护送私盐，并与清政府发生武装冲突，后甚而起义攻城。清咸丰三年（1853），捻子在太平天国影响下发动大规模起义。起义后的“捻”，史学界称捻军。

捻军起义从1853年至1868年，分为两个阶段。自1853年春至1863年3月为前期捻军。1853年1月至3月，太平军连克武汉、安庆、南京，安徽、河南捻众纷纷起义响应。1855年秋，各路捻军在安徽亳州雉河集（今安徽涡阳）会盟，力量最大的当地捻军首领张乐行（张洛行）被推为盟主。联合后的捻军建立五旗军制，用黄白红蓝黑五色旗区分军队。每一旗主左右都有一个以宗族、亲戚、乡里关系结合起来的领导集团。由于互不统属，集团林立，不易离开本土，形成了它的分散性和落后性。

1857年春，张乐行率领捻军渡淮河南征，与太平天国陈玉成、李秀成军会师霍邱和正阳关。从此以听分封不听调用为条件，接受太平天国领导，配合太平军作战。年底，内部出现分歧，捻军分裂，大部分旗主返回淮北，只有张乐行、龚得等少数留在淮南，

与太平天国保持着较密切的关系。还有一部分如孙葵心、张宗禹等，转战南北，曾深入河南、山东，推动了当地人民以各种形式起义反清。在皖北、苏北，捻军或协同太平军或独立作战，屡破清军。1860年，张乐行被太平天国封为沃王。1861年9月和1862年（同治元年）5月，清军攻陷太平天国重镇安庆和庐州（今安徽合肥）后，捻军因而失去太平军的支持，处境困难。张宗禹等部自淮北西入河南、陕西，与远征西北的太平天国陈得才等军会合。1862年秋以僧格林沁为首的清军大举进攻皖北，次年3月攻陷捻军根据地雉河集，张乐行被叛徒俘获，送至清营遇害。

自1863年4月至1868年8月为后期捻军。前期捻军失败后，余部活动于豫、鄂、陕边区。1863年5月，张宗禹等在安徽桐城境与李秀成相会后，回到皖北。太平天国封张宗禹为梁王，捻军其他将领亦各有所封。天京（南京）陷落后，张宗禹与太平军将领赖文光将余部太平军和捻军合并为联军。赖文光被推为首领。联军以太平军军制重新整编，易步为骑，采用流动战术，奔驰豫、鲁、苏之间，声势复振。1865年5月，在山东曹州（今菏泽）高楼寨歼灭清精锐蒙古骑兵，击毙僧格林沁。清政府改派曾国藩督湘军、淮军镇压捻军。1866年9月，联军突破颍河上游贾鲁河防线。曾国藩因围剿不力被清廷撤免钦差大臣，李鸿章继其任。1866年10月起，联军分为东西两军。赖文光、任柱继续在中原地区活动，为东捻军；张宗禹、张琢进入陕西联络回民起义，为西捻军。6月东捻军经河南进入山东，被李鸿章淮军围困，突围失败，余部于次年1月在江苏扬州覆没，赖文光被俘就义。西捻军转战陕西后，1867年初至保定，威胁北京。旋退入河南，最后进入山东黄河以北、运河以东地区，被李鸿章、左宗棠军包围。1868年8月在茌平溃败，全军覆没，张宗禹渡徒骇河，不知所终。至此，捻军起义失败。

念白 spoken parts of Chinese opera 中国戏曲表演的艺术手段之一。戏曲的表演是唱、念、做、打诸种艺术手段的综合运用，合称为“四功”。其中做、打两功为形体表演，而唱、念则属于声音的艺术。戏曲舞台上的念白，是一种经过音乐化的加工的艺术语言。依据其加工程度，有如下的念白形式：①散白。与日常生活中的语言接近，但节奏、音调有所夸张，因而也更能体现各地方言的语音美。②韵白。与日常语言的距离已经较远，而更接近于歌唱。韵白多用于正剧（或悲剧）性的人物或场合，而散白则多用于喜剧性的人物或场合。戏曲中的念白与歌唱总是巧妙地结合成为一个和谐的整体，彼此呼应，相辅相成，各臻其妙。念白的技巧要求很高，常用“千斤白，四两唱”来形容。

念佛 chanting “Amitabha” 佛教教义与实践。“念”是“念诵”与“念想”。由念诵，有“称名念佛”；由念想，有“观想念佛”和“实相念佛”。前者指在实践上专心思念佛的相貌功德和国土；后者指思念“中道实相”、“非有非空”的道理。“念佛”法门很早就有。原始佛教时期，僧团中就有以释迦牟尼为对象的念佛。大乘佛教认为，三世十方有诸佛无量，有诸佛所居的无量净土。如果众生一心念佛，可以除去八十亿劫生死之罪，生时可以见到诸佛的相好功德，死后可以转生到极乐世界的庄严佛土。大乘的念佛，常见的是以阿弥陀佛为对象，也有以弥勒、大日佛、药师佛等为称念对象的。中国东晋时代的“白莲社”，由慧远在庐山组织，所实行的主要是观想念佛法门。净土宗的实际创始人善导，就专倡念称念或念诵“阿弥陀佛”名号，甚至一天念佛达七万声或十万声。念佛有极大的功德，这不仅在于它的禅定功能，可以使人达到心无杂念、不生情欲，还可以引发智慧。更重要的功德是，念佛之人临死时，若能虔诚念佛，就会有西方极乐世界的善士前来接引。无论是称名念佛、还是观想念佛，只要志诚意笃，就都可以达到三昧定境，见佛现前。佛教认为，念佛是最为简易、最有功德、最能受用的修行方法。

念青唐古拉山 Nyainqêntanglha Mountains 青藏高原主要山脉之一。雅鲁藏布江与怒江的分水岭。在西藏自治区中东部。“念青”藏语意为“次于”，即此山脉次于唐古拉山。近东西走向。西自东经90°处的冈底斯山尾闾起，向东北延伸，至那曲附近又随北西向的断裂带而呈弧形拐弯折向东南，接入横断山脉。全长1 400千米，平均宽80千米。海拔5 000～6 000米，主峰念青唐古拉峰海拔7 111米。山脉形成于燕山运动晚期，地质构造复杂，为一系列向东逆冲的褶皱山带，沿山带南侧均有深大断裂通过。

念青唐古拉山以山谷冰川为主的现代冰川发育，冰川面积7 536平方千米，为青藏高原东南部最大的冰川区。山脉东段受印度洋西南季风影响，降水多，雪线海拔低，约4 500米，冰川分布集中，占整条山脉冰川总面积的5/6，且有90%分布于南侧迎风坡上，为中国海洋性冰川集中地区之一。其中，易贡八玉沟的卡钦冰川长达33千米，是中国最大的海洋性冰川。山崩、滑坡及泥石流活动频繁，是西藏主要泥石流暴发区。山脉西段位于半干旱气候地区，发育有大陆性冰川，面积小、规模有限，雪线高度升高到5 700米。西段山脉是青藏高原上一条重要的地理界线，既是内外流水系分水岭，也是高原上寒冷气候带与温暖（凉）气候带的界线。

在山地自然景观垂直分异上，西段较简单，一般以高寒草原或草甸为基带，上接高山寒冻风化带，没有森林带；东段山脉的垂直带谱结构较复杂，属海洋性湿润型，以云杉、冷杉为主的山地寒温带暗针叶林带占优势，上限可达海拔4 400米。在海拔较低的易贡、通麦等暖热地区尚有以高山栎、青冈为代表的常绿阔叶林及铁杉林分布。青藏、川藏两条重要公路干线穿越念青唐古拉山。桑雄拉与安久拉分别为山脉西段与东段的主要山口。

念青唐古拉山景观

念珠菌病 candidiasis 一种常见的由念珠菌属（主要是白念珠菌）所致的真菌感染。在免疫低下个体可以侵犯皮肤、黏膜和内脏器官，表现为急性、亚急性和慢性炎症。在口腔黏膜上附着乳白色薄膜，基底鲜红者为口腔念珠菌病；白带呈豆渣样伴外阴瘙痒，有乳白色薄膜附着在阴道黏膜上者为念珠菌外阴阴道炎；阴茎包皮潮红伴瘙痒，有白色乳酪样斑点者为念珠菌性包皮龟头炎。发生在皮肤间擦部位如腋窝、乳房下、腹股沟等处，界限清楚红斑，表面糜烂，外周散在米粒大小丘疹，上覆细碎鳞屑者，称念珠菌性间擦疹；发生在3～4指（趾）间者称擦烂红斑；若念珠菌侵犯甲沟（或甲床）称为念珠菌性甲沟炎（甲床炎）；发生在肥胖儿童颈背部及成人会阴部者称为丘疹性皮肤念珠菌病。幼年发病，慢性经过，有先天免疫功能缺陷，侵犯口腔黏膜和皮肤，可出现肉芽肿性损害者称为慢性黏膜皮肤念珠菌病。若念珠菌侵犯内脏器官则称系统念珠菌病。保持皮肤清洁、干燥是治疗皮肤念珠菌病的重要措施，治疗内脏念珠菌病首先要去除各种诱发因素。单纯皮肤、黏膜念珠菌病一般以外用抗真菌药物为主。对皮肤、黏膜大面积感染和系统念珠菌病，必须全身应用抗真菌药物，包括氟康唑、伊曲康唑、制霉菌素、酮康唑、两性霉素B和5-氟胞嘧啶等。

娘子关 Niangzi Pass 中国古代太行山重要隘口。长城著名关隘。位于今山西省平定县东北45千米，河北、山西两省交界处。现存关城为明嘉靖二十一年（1542）所建，崇祯七年（1634）重修。关城南北长250米，东西宽100米左右。有东、南关门两座，东

城门为砖券门洞，上有平台约80平方米，可检阅士兵，瞭望敌情；南城门下为砖券门洞，上为门楼。城中现为居民区（称大口村）。娘子关居山腰，临桃河，靠绵山，陡壁如削，地势险要。南有绵山、亡命垴，北有阎治、凤葫芦岭，两山夹峙，重峦叠嶂，成为晋冀间的天然屏障。城下桃河，河谷宽80余米，水面宽35米，深0.5米。沿河谷向东15千米与古井陉相通，南9千米为固关（故关，今称新关），三关互为唇齿。古道穿城而过，为出入山西之咽喉，井陉西出之要冲。娘子关自古为戍守要地。今有石家庄—太原铁路和公路顺山谷穿过。

鸟 Aves; bird 脊椎动物亚门鸟纲动物的统称。世界已发现9 021种，分布几乎遍布全球。中国约有1 300种，约占总数的14%。生态多样。

鸟类是自古爬行类中的兽脚类恐龙或假鳄类进化而来，一方面继承了爬行类的某些结构，一方面又出现适应飞翔和恒温的新结构。

体表被羽。前肢骨骼简化和变形，后

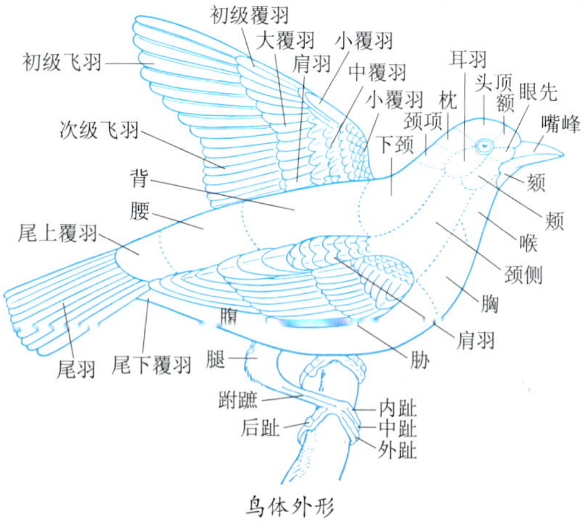

鸟体外形

缘着生一列大型飞羽，构成鸟类特有的飞翔器官——翼。翼的表面成流线型。鸟体的尾羽能在飞翔中起定向和平衡作用。

无牙齿。尾骨退化，愈合为尾综骨。无膀胱。躯干较短。在飞行时，重力适与两翅产生的升力平衡。大多数4趾。拇趾向后，有利于抓握树枝。头部前伸的上嘴和下嘴外包角质鞘，称为喙。颈长，运动极为灵活。

鸟类多营飞翔生活，大部分为昼行性。食性可分为食肉、食鱼、食虫和食植物等类型，还有很多居间类型和杂食类型。有些种类的食性因季节变化、食物多寡、栖息地特点以及其他条件而异。

性成熟期为1～5年。很多鸟类到性成熟表现为两性异型。绝大多数鸟类是单配制，由雌鸟和雄鸟共同承担繁育任务。企鹅、海鸟、猛禽、天鹅、鹦鹉及许多雀形目鸟类均属这种类型。有2%的鸟类是一雄多雌制，例如鸵鸟、松鸡、雉类等。鸟类中的极少数为一雌多雄制，如水雉、三趾鹑、瓣蹼鹬等。

鸟类产卵数目、卵的形状和颜色等不一致。某些大型猛禽每窝只产1卵；鸠鸽、雨燕等每窝产2卵；鸡和鸭类每窝常产5～12卵。隐蔽营巢种类的卵常为纯色；露天营巢种类的卵大多呈斑杂状。孵卵期一般从12～13天（如小型鸟类）到21～28天（雉、鸭），有些大型猛禽的孵卵期长达2个月。大多数鸟类每年换羽1次，也有1年2次，甚至多达4次的（如雷鸟），如在秋季换羽，一般全部更换；如在其他季节则只是部分更换。

鸟类在不同季节更换栖息地区，或是从营巢地移至越冬地，或是从越冬地返回营巢地，这种季节性现象称为**迁徙**。鸟类因迁徙习性的不同，可分为留鸟、夏候鸟、冬候鸟、旅鸟、迷鸟等几个类型。鸟类迁徙通常在春秋两季进行。鸟类迁徙时的飞行高度一般不超过1 000米。有些大型种类（如天鹅）能飞越珠穆朗玛峰，飞行高度达9 000米。小型鸟类的飞行高度一般不超过300米。

鸟类是大自然的组成部分，在维持生态系统的稳定性方面具有重要作用。大多数鸟类在消灭农林害虫和害鼠方面有特殊的贡献，是保护和净化环境、维持生态平衡的积极因素。有些鸟类（啄花鸟、太阳鸟、蜂鸟等）嗜食花粉和花蜜，能传播花粉；有些鸟类（如星鸦、斑鸠、鹎等）能传播植物种子；绝大多数鸟类在生活史的不同阶段以昆虫为主食。鸟类有时在局部地区可以造成危害，例如在机场附近可能发生的“鸟撞”；少数鸟类可传播人与家禽共患的传染病（例如**鹦鹉热**）等。这些危害均可在掌握其诱因和危害途径的情况下予以防止。

鸟巢 bird nest 鸟类为繁衍后代建造的临时场所。其功能是为成鸟提供孵化场所，为卵及发育中的雏鸟提供保护。

不同的鸟类所造的巢也多种多样，根据巢所处的位置以及结构特点，可以将其大致分为：①地面巢。鸟类直接在地面刨一个浅坑为巢（如鸵鸟、沙鸡等），在其内铺垫一些树叶、羽毛（如雉类、雁鸭类）。②水面浮巢。鸟类利用芦苇和水草在水面上构成简单的盘状巢，巢能随水面升降（如水雉等）。③洞巢。鸟类利用树洞（如啄木鸟、大山雀）、岩洞（如岩鸽）、地洞（如黄腹山雀、棕颈雪雀）、人类建筑物的洞状结构（如麻雀、楼燕），并在内以细枝、苔藓、兽毛、植物纤维等铺垫或编织成巢。④编织巢。大多数森林鸟类和灌丛鸟类可在枝桠上编织成盘状巢（如斑鸠、卷尾）、碗状巢（如伯劳、寿带）、球状巢（如喜鹊、短翅树莺）、瓶状巢（如攀雀）等。除此，还有一些特殊形式的鸟巢，如家燕、金腰燕等利用泥丸在建筑物的屋檐等处造巢，金丝燕则利用唾液在岩洞等处建成自己的巢。冢雉的巢更为特殊，它先在地面刨一个大坑，然后用土和树叶将坑填起来，利用植物酵解散发出的热量来孵化产于其中的卵。

鸟巢一般分为内、外两层，分别为内巢材和外巢材。外巢材比较粗糙，常由树枝、泥土等筑成，内巢材主要由树皮纤维、树叶、草茎、苔藓、毛发等构成。在树上或灌木上营巢的鸟类，会利用草茎将外巢材和树枝编织在一起，以增加巢的牢固性。巢材的收集、运送以及巢的编制大多由雌雄鸟共同来承担，少数鸟类由雌鸟或雄鸟单独完成。为了营巢，鸟类所携带和运送的巢材数量是非常大的。建成一个鸟巢所需的时间因种而异，主要取决于鸟类的繁殖习性、筑巢能力、巢的大小及复杂程度、巢与材料间距离等。在巢基本筑完以后，一些鸟类还会对巢进行进一步的修饰，它们或将苔藓和地衣覆盖在巢的外边，使巢被伪装后与周围环境协调一致（如山雀、蜂鸟）；或放置一些具有特殊气味的蒿或捣烂甲虫以驱赶天敌或寄生虫（如白胸鸭、北椋鸟）；或利用鲜艳的物体装饰巢，起到警戒色的作用以吓退来犯者（如憨鲣鸟、黑水鸡）。

鸟虫书 bird-and-insect script 中国古代汉字的一种书体。又称虫书、鸟书、鸟篆、鸟虫篆等。主要流行于春秋晚期至战国早期。古人称鸟为羽虫，鱼为鳞虫，所以虫书可以包括鸟书和鱼书。

鸟虫书是一种美术字体，起初只是为了美观，后来因为它笔画复杂、花样繁多、难于仿造，也用它写证件。大体以当时流

行的篆书字体为骨干，加以改造和装饰，开始是作一些鸟或虫的形状连缀在笔画上，常露出字形之外，不难辨认。后来逐渐发展成鸟虫在笔画之间，或即用鸟虫代替笔画。鸟虫的形状“随体诘诎”，与篆书字体很和谐，容易取得美观的效果。

中国青铜器时代末期，铜器上时用鸟虫书作为纹饰。

鸟岛 Bird Island 中国青海湖中的鸟类栖居地。位于湖西北隅，西距布哈河口5千米。鸟岛状似蝌蚪，头南而尾北。南端最高处高出湖面32米，宽约150米。向北地势趋低，宽度也大减。全岛南北长500米，面积0.46平方千米。每年5～9月，来此产卵育雏之鸟类可达10万只以上。其中数量最大者为斑头雁、天鹅、赤麻鸭、绿头鸭、鱼鸥、棕头鸥等。其时群鸟毕集，鸣声嘈杂，蔚为奇观。近年由于布哈河入湖水量减少，湖水受污染、鱼类遭滥捕、鸟类食物来源减少等原因，鸟类数量有减少趋势。1975

青海湖鸟岛

年建鸟岛自然保护区，包括鸟岛及周围湖区，面积78.5平方千米。1997年设青海湖国家级自然保护区。

鸟居龙藏 Torii Ryuzo（1870-04-04～1953-01-14） 日本民族学家、人类学家和考古学家。是最早对中国少数民族进行调查研究的日本学者。生于日本德岛县，卒于东京。从1887年起，在东京、德岛附近进行民族学、人类学、考古学调查。1892年进入东京大学人类学教研室负责管理标本，随后从事研究和教学。在1895年以后的50余年间，曾到东西伯利亚、萨哈林岛（库页岛）、千岛、朝鲜半岛，以及中国的东北、西南和台湾、内蒙古等地进行民族考察，写出多种调查报告和专著。1896～1899年先后4次对台湾少数民族进行调查，很多研究成果发表在《人类学杂志》上。1905年到湘、黔、滇、蜀对苗族、瑶族、彝族进行调查，出版了《中国西南部人类学问题》一书。1921年因《满蒙史前时代》一文，获东京帝国大学文学博士学位。历任东京大学副教授、国学院大学教授、上智大学教授。1939年应聘为燕京大学外籍教授。

鸟居龙藏被学术界认为是日本对东亚民族的历史、文化、民俗进行调查研究的创始人，为民族学、人类学、考古学开拓了道路。他对中国民族所做的调查报告，深为中国学术界所重视。主要论著有《史前期的日本》、《千岛阿伊努人》、《苗族调查报告》、《东北亚人类学人种学问题》、《极东民族》等。1975～1976年日本朝日新闻社出版《鸟居龙藏全集》12卷。

尿崩症 diabetes insipidus 因抗利尿激素（即血管加压素）的分泌性缺乏，致肾远曲小管和集合管对水的重吸收减少的一种内分泌病变。可见于任何年龄，以青年人多见，男女之比为2:1。

分类 ①按病情轻重分为部分性尿崩症（每日尿量约为5～10升）和完全性尿崩症（每日尿量多在10升以上）。②按病程持续情况分为暂时性（见于颅脑手术后）及永久性尿崩症。③按病变部位分下丘脑垂体性（中枢性）及肾性尿崩症。④按病因分为两类：下丘脑垂体性尿崩症（亦称中枢性尿崩症），又分原发性和继发性两类；肾性尿崩症亦可分为原发性和继发性两类。前者为遗传性疾病，属性连锁隐性遗传，通过女性遗传，患者多为男性；后者见于慢性肾功能衰竭、尿路梗阻、低钾血症及高钙血症引起的肾小管功能失常。

临床表现 患者排出大量低渗尿，并伴有口渴、多饮等水代谢紊乱。大多数患者起病缓慢，数日数周内病情逐渐明显。少数患者可述说出发病时间。患者尿量明显增加，一昼夜可达5～10升左右，尿比重低，多在1.001～1.005之间，尿渗透压在100～300毫摩/升之间，低于血渗透压。儿童患者多有夜间遗尿。

诊断 凡有多尿、烦渴、多饮者首先应检查有无糖尿病等（由于大量溶质排出）引起的渗透性利尿。若尿糖检查阴性，且尿比重很低，在1.001～1.005则应考虑尿崩症（包括中枢性以及肾性尿崩症）的可能性。测定禁水或静脉滴注高渗盐水、注射血管加压素前后，血、尿渗透压及血抗利尿激素水平的变化，可鉴别不同病因引起的尿崩症。

治疗 可用激素替代治疗。完全缺乏抗利尿激素的患者应长期补充抗利尿激素类制剂，有残存抗利尿激素释放功能的患者，可口服氯磺丙脲、安妥明等以刺激抗利尿激素的释放。继发性中枢性尿崩症首先考虑病因治疗。肾脏对抗利尿激素无反应的患者可适当补充水分；用非甾体类消炎药，噻嗪类利尿药联合咪吡嗪等。

尿毒症 uremia 各种肾脏病引起的终末期肾功能损害。其特征为体内代谢废物不能排出体外，水、电解质及酸碱平衡严重失调。见慢性肾功能衰竭。

尿路感染 urinary tract infection 致病微生物直接侵犯泌尿系统引起的炎症。包括上尿路感染（肾盂肾炎及输尿管炎）及下尿路感染（膀胱炎、尿道炎）。为常见病，女性发病率尤高。

病因及发病机制 常见病原体 革兰氏阴性杆菌，以大肠杆菌最常见（约占70%～80%）。粪链球菌、葡萄球菌等也能致病。

感染途径 ①上行途径。病原体经尿道口进入，上行至膀胱、输尿管、肾盂乃至肾实质引发炎症。这是尿路感染的最主要途径。②血行途径。病原体从体内其他部位感染灶进入血液，血行至肾脏引起肾盂肾炎。③其他途径。病原体通过淋巴管或邻近器官侵入尿路引起感染，十分罕见。

临床表现及诊断 上、下尿路感染，急、慢性病变表现不同。

急性尿路感染 典型的急性下尿路感染有明显尿路刺激症，即尿频、尿急及尿痛（见排尿异常），急性肾盂肾炎除有尿路刺激症外，还常有寒颤、发热（体温常达38.5℃以上）、腰痛及脊肋角叩痛。所以，有无寒颤、发热、腰痛及脊肋角叩痛可以作为临床上初步鉴别急性上、下尿路感染的依据。

尿常规化验可见尿中白细胞增多，有时还可见吞噬细胞（为吞噬细菌或细胞碎屑的白细胞）。

尿细菌培养可发现致病菌。现在提倡做耻骨联合上膀胱穿刺留尿标本，此标本不易被污染；如果是冲洗外阴后留中段尿做标本，则存在被污染的可能，此时一定要做细菌菌落计数，只有计数>10^5个/毫升才有意义。如果做抗体包裹细菌试验，对鉴别急性上、下尿路感染还有一定意义。

慢性肾盂肾炎 诊断标准是：①尿路感染患者影像学检查有肾脏结构改变，包括双肾大小不等、表面不平，肾盂肾盏有疤痕变形等。②尿路感染患者有肾小管功能持续性损害，如浓缩功能减退、出现肾小管酸中毒等。

在确诊尿路感染后，还应判断是复杂性或非复杂性尿路感染。尿路具有解剖（如畸形、梗阻等）或（和）功能（如膀胱输尿管反流）障碍者为复杂性尿路感染。慢性肾盂肾炎一般皆由复杂性尿路感染导致。

治疗　治疗原则是选择肾毒性小、血药浓度高的药物，参考药物敏感试验，尽可能单一、方便、短期用药，对病情复杂者可联合用药。

尿失禁　urinary incontinence　尿液不由意识控制地流出的病理现象。分尿道内或尿道外两种类型。

病因　一般为两个方面，即膀胱功能异常和尿道括约肌功能异常。此外还有认知障碍、活动受限、泌尿系感染、萎缩性阴道尿道炎、便秘和心力衰竭所致的水负荷等引起或加重尿失禁的症状，称为尿失禁的暂时因素，因这类因素所致的尿失禁为暂时性尿失禁。

分类　主要有以下几种。

急迫性尿失禁　由膀胱功能异常导致的逼尿肌过度活动，又称膀胱过度活动症。包括因神经原性逼尿肌反射亢进和非神经源性的逼尿肌不稳定，临床表现均为尿频、尿急和急迫性尿失禁。

压力性尿失禁　多见女性分娩后；男性前列腺手术所致。临床表现为咳嗽、大笑和跑步时出现溢尿，若同时伴有尿频和尿急，则可能为压力性和急迫性尿失禁混合。临床上常见这两种尿失禁混合存在，这种情况称为混合型尿失禁。

充盈性尿失禁　多为严重下尿路梗阻或逼尿肌收缩不能，导致膀胱极度涨满，膀胱内压力逐渐增高并超过尿道闭合压而导致尿失禁。临床表现为下腹部膨胀的膀胱，有大量的残余尿量，尿液不断自尿道口溢出。常见于男性良性前列腺增生患者。

真性尿失禁　又称完全性尿失禁。病因为尿道括约肌功能完全丧失或因手术损伤所致的尿道瘢痕化。临床表现为尿液自尿道口持续溢出，并有相应的损伤或手术史。

诊断　主要依靠病史，了解尿失禁的特征及其伴随症状，相关的疾病史、外伤或手术史。排泄性尿路造影和排尿尿道造影有助于了解上尿路功能和膀胱尿道形态的变化，尿动力学检查对了解膀胱逼尿肌功能、尿道功能以及潜在的尿失禁发病原因有诊断性意义。

治疗　有以下几类。

急迫性尿失禁治疗　包括排尿行为治疗、盆底肌训练、药物治疗，骶神经电刺激神经调节和外科手术治疗。对于病情严重，需手术治疗。

压力性尿失禁治疗　包括盆底肌训练、阴道内子宫托、药物、膀胱颈黏膜下垫充物注射、经耻骨后阴道前壁悬吊术及经阴道膀胱颈袖带式悬吊术等。

充盈性尿失禁治疗　着重于解除下尿路梗阻（见**泌尿系统梗阻**）。若系逼尿肌功能严重受损或逼尿肌无力所致，而膀胱顺应性良好者可考虑间歇导尿。若膀胱顺应性较差则治疗上以留置尿道或耻骨上膀胱穿刺造瘘引流为妥。

真性尿失禁治疗　比较困难，最理想的方法是安置人工尿道括约肌，但价格昂贵。部分患者可采用球部正常尿道黏膜下垫充物注射。男性患者不适合手术治疗者可采用外部集尿器，女性患者可采用经尿道留置尿管以缓解症状。

尿素　urea　分子式$CO(NH_2)_2$。又称脲、碳酰二胺、碳酰胺。1773年由尿中提取而得名。1828年F.维勒由氰酸铵加热得到尿素，这是第一个从无生命的无机物合成的有机化合物。尿素的人工合成在人类认识自然的历史上起着重大的作用，推翻了当时流行的“生命力学说”。尿素为白色晶体；熔点135℃，相对密度1.323 0（20/4℃）；易溶于水和乙醇。强热时分解成氨和二氧化碳。它是哺乳动物体内蛋白质代谢的最终产物。与亚硝酸反应，放出氮气和二氧化碳。在许多有机反应中，如**重氮化反应**，常加尿素以除去过量的亚硝酸。工业中尿素是由氨与二氧化碳在高温高压下直接合成。尿素是优良的化学肥料，也是制造药物和塑料的重要化工原料。尿素还可作为反刍动物牛、羊等的蛋白质补充饲料。

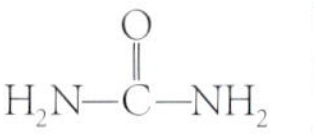

脲醛树脂　urea-formaldehyde resin　**尿素**与甲醛经**缩合聚合**制得的热固性**合成树脂**。又称脲甲醛树脂。英文缩写UF。脲醛树脂成本低廉、颜色浅、硬度高、耐油、抗霉，有较好的绝缘性和耐温性，但耐候性和耐水性较差。甲醛与尿素的摩尔比和反应介质的pH值决定了所得树脂的性能。要制得热固性树脂，此摩尔比必须大于1，一般范围为1.5～2。pH为7～8，能缩合聚合成线型或分枝结构的树脂水溶液，可直接用作胶黏剂。它能在酸性介质中固化。常用的固化剂有氯化铵、草酸、邻苯二甲酸、硫脲等。脲醛树脂主要用于制造塑料、涂料和胶黏剂。脲醛塑料制品主要制作电气照明设备和电话机零件等。脲醛树脂胶黏剂主要用于木材加工工业中胶合板和人造板的生产。

捏脊　chiropractic　中医以手捏拿患者背部脊中线皮肤以防治疾病的**推拿**方法。又称捏积。多用于治疗小儿疳积等病证。

未捏之前，先用手掌在其背上循捏脊部位轻轻由上而下，由下至上按摩数遍。操作方法有两种：一种称二指捏法，即术者分别以双手食指指甲分别紧靠患者脊柱两侧，手握成空拳状，用食指中节挠侧缘顶住皮肤，拇指罗纹面与食指中节用力捏拿住脊上皮肤，边捏边向上缓缓推进；另一种称三指捏法，即术者用其双手的拇、食、中三指撮捏背上皮肤向上推进，从脊骨尾端龟尾穴开始，沿脊柱向上至大推穴处为一遍。在操作时，每捻动三次，向上提一次，称为捏三提一法。一般每次可捏3～5次，每天或隔天1次，6次为1个疗程，慢性病在治疗一疗程后，稍事休息，再进行第二疗程。捏脊法有调整阴阳、健脾和胃、疏通经络、促进气血运行、改善脏腑功能的功效，适用于小儿积滞、疳证、腹泻、便秘等消化道疾病，对成人胃肠病及妇科病也有作用。

聂崇岐　Nie Chongqi（1903-10-09～1962-04-07）　中国历史学家。字筱珊。河北省蓟县（今属天津）人。1922年考入燕京大学，师从洪业（煨莲），1928年毕业。后进入燕京大学引得编纂处为编辑，1933年任副主任。1945年抗日战争胜利后，任燕京大学教授。1946年夏，代洪业任哈佛燕京学社北平办公处执行干事。1948年应邀赴美国哈佛大学讲学。1952年进入中国科学院近代史研究所任研究员。

聂崇岐学问广博，在古籍整理、宋史、中国古代官制、中国近代史研究等方面，都取得了显著成绩。除燕京时期编纂多种引得外，还编有《中法战争》、《中日战争》、《洋务运动》、《捻军资料别集》、《金钱会资料》等，并参与《资治通鉴》、《宋史》的点校工作。逝世后，中国科学院近代史研究所选辑其生前撰写的关于中国古代史方面的研究论文和札记题名为《宋史丛考》，由中华书局于1980年出版。其中《宋役法述》、《宋代府州军监之分析》、《论宋太祖收兵权》、《宋词科考》、《宋史地理志考异》、《中国历代官制简述》等都是很见功力的代表作。

聂耳　Nie Er（1912-02-15～1935-07-17）　中国音乐家。原籍云南玉溪。生于昆明，在日本藤泽市鹄沼海滨溺水而卒。少年时学习笛子、二胡等乐器，并参加学生音乐团活动。1927年入云南第一师范学习，并开始学习小提琴。1931年入**黎锦晖**主持的明月歌舞剧社任小提琴手。这时期他还自修了和声学、作曲法等作曲理论。1932年后在北平、上海参加左翼文艺活动，1933年开始为左翼电影、戏剧作曲。1934年先后入百代唱片公司音乐部、联华影业公司工作。1935年4月赴日

本。在不到两年的时间里，创作了37首歌曲，大多深刻地反映了当时劳动人民的思想感情，准确地塑造了工人、歌女、报童等劳动群众的音乐形象。在抗日救亡运动中，聂耳的这些歌曲，产生了广泛深远的影响。代表作有《义勇军进行曲》、《大路歌》、《码头工人》、《新女性》、《毕业歌》、《飞花歌》、《铁蹄下的歌女》、《卖报歌》、《梅娘曲》等。他的音乐创作具有鲜明的时代感、严肃的思想性、高昂的民族精神和卓越的艺术创造性。他的音乐创作为中国无产阶级革命音乐的发展明确了方向，树立了榜样。

聂绀弩 Nie Gannu (1903-01-28～1986-03-26) 中国散文家。曾用笔名耳耶、萧今度等。湖北京山人，卒于北京。15岁小学毕业后，因家贫走上社会谋生。1924年考入广州黄埔军校第二期，后到莫斯科中山大学学习，1927年回国。1932年参加**中国左翼作家联盟**，开始写作杂文和小说。抗战期间，与**夏衍**等人在桂林创办《野草》杂志，致力于杂文和散文创作。著有杂文集《历史的奥秘》、《蛇与塔》、《血书》和散文集《沉吟》、《巨像》等。他的杂文行文恣肆，用笔酣畅，反复驳难，淋漓尽致，在雄辩中时时显出俏皮。他的叙事抒情散文也具有雄奇劲健的斗士品格。1949年以后，历任香港《文汇报》总主笔、中国作家协会理事、人民文学出版社副总编辑等职，曾主持整理出版《**红楼梦**》、《**水浒传**》等名著，著有杂文集《寸磔纸老虎》、旧体诗集《散宜生诗》、回忆录《脚印》、论著《中国古典小说论集》、《高山仰止》(鲁迅论专集）等。

聂华苓 Nie Hualing (1925-01-11～) 中国台湾小说家。笔名思远。湖北武汉人。1940年跟随母亲和三个弟妹逃难到四川。中学毕业后，进入中央大学政治系。在南京时，发表小说习作《变形虫》。1949年，携母亲、弟妹一起到了台湾。曾任雷震主编的《自由中国》半月刊文艺版编辑，同时创作短篇小说。1962年应聘到台湾大学中文系讲学，同时兼任东海大学副教授。1964年赴美国参加保罗·安格尔领导的艾奥瓦大学“作家工作室”工作。1967年由她倡议的“国际作家写作室”正式成立。1977年保罗·安格尔退休后，接替保罗成为这个组织的主持人，通过开展各种学术活动，致力于促进中国大陆作家与台湾、香港和其他华人作家以及第三世界国家的作家的交流。1981年5月，获杜布克大学和科罗拉多州立大学授予的文学荣誉博士学位。她的小说创作始于在南京中央大学读书期间。1960年第一部长篇小说《失去的金铃子》出版。1971年在台湾《联合报》副刊连载关于当代中国人的放逐生活的长篇小说《桑青与桃红》，这部小说在香港《明报》全文连载，1976年在香港出版单行本。主要作品还有：小说集《葛藤》、《翡翠猫》、《台湾轶事》；散文集《梦谷集》；论文集《沈从文评传》、《三十年后——归人札记》；翻译《德莫福夫人》、《美国短篇小说选》等。

聂鲁达 Neruda, Jan (1834-07-09～1891-08-22) 捷克诗人、小说家。生于布拉格，卒于布拉格。1853年入查理大学文学院学习，不久因家境困难而辍学。当过教师和报刊编辑，同时从事文学创作。他写了大量诗歌，收集在《墓地的花朵》(1857)、《宇宙之歌》(1878)以及死后出版的《星期五之歌》(1896)中。其中一些名篇如《爱》、《再前进》等，在人们反对黑暗统治的长期斗争中经常被引用和传诵，还写了2 000多篇小品文和杂文。第一部小说集是《短篇集》(1864)，此后陆续发表了中篇小说《流浪汉》(1872)和短篇小说集《小城故事》(1878)等。《小城故事》包括13篇短篇小说，作者对小市民的狭隘、愚昧、庸俗、顽固作了辛辣的讽刺，同时寄予深切的同情。他的小说被认为是捷克现实主义散文创作的奠基作品。

聂鲁达 Neruda, Pablo (1904-07-12～1973-09-23) 智利诗人。原名内夫塔利·里卡多·雷耶斯·巴索阿尔托。生于帕拉尔，卒于黑岛（一说圣地亚哥)。读中学时开始写作。1917年第一次发表作品——《热情与恒心》。1920年起，正式使用巴勃罗·聂鲁达的笔名。1921年3月，到圣地亚哥教育学院学习法语。1923年出版第一部诗集《黄昏》，第二年成名作《二十首情诗和一支绝望的歌》问世，引起瞩目。不久又发表诗集《奇男子的引力》(1925)、《戒指》(1926)和小说《居民及其希望》(1926)。

1927年起在外交界供职。在马德里期间，主办了《绿马诗刊》。这时期的主要诗作是《大地上的居所》。第一卷发表于1933年，反映“一个移植到狂烈而又陌生的土地上的外来人的寂寞”。第二卷发表于1935年，色彩较以前鲜明。1936年6月，西班牙内战爆发。他坚定地站在西班牙人民一边，参加了保卫共和国的战斗。1937年发表不朽的诗篇《西班牙在心中》。1939年3月被任命为驻巴黎专门处理西班牙移民事务的领事，竭尽全力拯救集中营里的共和国战士，使数以千计的西班牙人来到拉丁美洲。反法西斯战争的洗礼改变了聂鲁达的诗风。

1945年他当选为国会议员，并于同年加入了智利共产党。1946年智利共产党被宣布为非法组织，聂鲁达被迫转入地下，继续从事创作。在此期间，他完成了《1948年纪事》和《漫歌》两部长诗的创作。

1949年2月他经阿根廷去苏联，并到巴黎参加世界和平大会。此后他到过欧、亚、美的许多国家，积极参加保卫和平运动，并继续从事诗歌创作。

聂鲁达的作品所描写的都是时代的重大题材，如西班牙内战、智利人民的斗争、苏联人民的卫国战争、拉丁美洲争取民族独立的斗争、各国人民保卫世界和平的斗争等。在将政治生活转化为诗歌的过程中，他注意保持语言和形象的艺术魅力，将现实的政治内容与他所熟悉的各种艺术形式结合起来，完美无瑕，酣畅淋漓，令人叹服。1971年获诺贝尔文学奖。

聂米罗维奇-丹钦科 Nemirovich-Danchenko, Vladimir Ivanovich (1858-12-23～1943-04-25) 苏联导演、戏剧理论家、教育家、剧作家。生于奥祖尔盖蒂（今属格鲁吉亚)，卒于莫斯科。1881年写出第一篇短篇小说《在驿站上》，1882年写出第一部喜剧《野蔷薇》。1898年他同**K.S.斯坦尼斯拉夫斯基**创立了**莫斯科艺术剧院**。在他主持剧院工作的45年中，共上演剧目113部，其中有58部是由他担任导演和艺术指导的，如《克里姆林宫的钟声》等。还与斯坦尼斯拉夫斯基共同执导了《**海鸥**》(1898)、《**底层**》(1902)、《**智慧的痛苦**》(1906)、《**钦差大臣**》等多部名剧。

十月革命后，他担任戏剧中心的领导工作，并于1919年创建了莫斯科艺术剧院音乐讲习所（1926年改称为聂米罗维奇－丹钦科音乐剧院）。其美学思想、创作原则和导演方法，已总结成为“聂米罗维奇－丹钦科学说”，成为“斯坦尼斯拉夫斯基演剧体系”的重要组成部分。

聂荣臻 Nie Rongzhen (1899-12-29～1992-05-14) 中国无产阶级革命家、军

事家，中国人民解放军的缔造者之一，中国共产党、国家和军队的重要领导人，国防科技事业和航天事业的重要奠基人，全国人大常委会副委员长，中华人民共和国元帅。生于四川江津，卒于北京。1919年底赴法国勤工俭学，1922年8月参加旅欧中国少年共产党（后改称中国社会主义青年团旅欧支部），次年春转入中国共产党。1924年10月到苏联学习。1925年8月回国后，历任黄埔军校政治部秘书兼政治教官，中共广东区委军委成员、军委特派员，中共湖北省委军委书记。后在中共中央军事委员会参与向北伐军派遣中共党员等工作。

1927年7月中旬任中共前敌军委书记，参加南昌起义后任起义军第11军党代表。同年12月，参与领导广州起义。1928年任中共广东省委军委书记，1930年初任中共顺直省委组织部部长，同年5月后在中共中央特科和中央军委工作，先后在香港、天津、上海等地坚持秘密斗争。1931年12月进入中央苏区，先后任中国工农红军总政治部副主任、第1军团政治委员，曾当选为中华苏维埃共和国中央执行委员。同年4月，作为红军东路军政治委员参与指挥漳州战役。1932年冬以后，与军团长**林彪**率部参加了第四、第五次反“围剿”。1935年，在遵义会议上支持**毛泽东**的主张。过金沙江后，任中央红军先遣队政治委员。曾率部参加直罗镇和东征、西征战役。1936年11月，参与指挥山城堡战役。

抗日战争爆发后，任八路军第115师副师长、政治委员，参与指挥**平型关战斗**，取得全国抗战开始后的第一个大胜利。1937年11月，任晋察冀军区司令员兼政治委员，在晋察冀三省边界地区创建了敌后第一个抗日根据地。1939年冬指挥雁宿崖、黄土岭战斗，击毙被日军称为名将之花的阿部规秀中将旅团长。1940年8月，在**百团大战**中，组织指挥部队在正太、津浦、平汉、北宁等铁路线进行破击战。1943年秋回延安参加整风运动。1945年部署晋察冀军区部队对日反攻作战。

解放战争时期，任华北军区司令员、中共中央华北局第二书记、中国人民解放军军事委员会副总参谋长、平津卫戍区司令、北平（今北京）市市长等职。先后参与指挥正太、清风店、石家庄、平津等战役。

1950年初任人民解放军代总参谋长，协助中央军委领导人部署人民解放军继续解放西南地区和东南沿海岛屿，肃清国民党残余武装和土匪。在**抗美援朝战争**中，参与组织中国人民志愿军出国的部署、训练、运输、供应、轮换等工作。曾参与组建各军兵种领导机构和一批军事院校，并组织制定军事条令、条例等。1954年任中央人民政府人民革命军事委员会副主席。1955年被授予中华人民共和国元帅军衔和一级八一勋章、一级独立自由勋章、一级解放勋章。1956年11月任国务院副总理。1958年兼任国务院科学技术委员会主任。1959年兼任国防部国防科学技术委员会主任，领导科技攻关，组织全国大协作，仅用5年时间就研制成功多种导弹和原子弹，不久又研制成功氢弹。

“文化大革命”期间，同林彪、江青反革命集团进行了斗争。1983～1988年任中央军事委员会副主席。是中共第七至十二届中央委员，第八（十一中全会补选）、十一和十二届中央政治局委员，第四、五届全国人大常委会副委员长。1988年7月被授予中国人民解放军一级红星功勋荣誉章。著有《聂荣臻回忆录》。

聂士成 Nie Shicheng（?～1900） 中国清末**淮军**将领。字功亭。安徽合肥人。出身行伍，初投袁甲三军营，同治初改隶淮军，随**刘铭传**镇压太平军、**捻军**，自把总累升至提督。1884年（光绪十年），**中法战争**期间，奉命率军赴台，参与抗法。1891年，调芦台统领淮、练诸军。次年，授山西太原镇总兵，仍留芦台治军。1894年，**中日甲午战争**爆发，随提督叶志超援朝，以功授直隶提督。时清政府创立武卫军，改其所统三十营为武卫前军，驻扎芦台。1900年，**义和团运动**在山东、直隶迅速发展。聂士成力主镇压。5月30日，奉命保护芦保、京津铁路，屠杀团民。6月13日，率所部守卫天津，抵抗**八国联军**侵略。他身先士卒，与侵略军浴血奋战，身中数弹，仍裹伤指挥杀敌。7月9日，中炮阵亡。著有《东征日记》等。

聂卫平 Nie Weiping（1952-06-17～ ） 中国围棋运动员、教练员。河北深县人。少年时即认师围棋界元老过惕生。13岁获十单位少年儿童围棋比赛儿童组冠军。1973年入选国家围棋集训队。曾先后数十次获得国内各种比赛的冠军，其中包括6次全国个人赛冠军、8次“新体育杯”赛冠军、6次“十强赛”冠军、4次“CCTV杯”赛冠军、2次“天元赛”冠军等，并先后3次获得世界围棋大赛的亚军。1982年被国家体委授予九段段位。1985～1988年在NEC中日围棋擂台赛4届比赛中创造11连胜的纪录，战功卓著，使中方连续3届获胜，被公认为“超一流”棋手，被日本围棋界誉为“聂旋风”。中国围棋协会授予他“棋圣”称号。他擅长利用劫棋取胜。先后任中国围棋协会副主席兼技术委员会主任等职。著有《我的围棋之路》、《围棋人生》等书。

聂毓禅 Nieh Vero Y (ü) C (h' an)（1903-05-11～1997-08-22） 中国现代护理学教育家。生于河北抚宁，卒于北京。1927年毕业于北京协和医学院护校。1929年先后被送到加拿大和美国哥伦比亚大学进修，获理科学士学位。1931年回国任北平协和医学院护理系教师及北平第一卫生事务所公共卫生护理主任。1936年到美国密歇根大学深造，获理科硕士学位。1938年回国，被聘为协和医学院护士学校第一任中国籍校长。1946年当选为中国护士学会理事长，1954年任解放军301医院副院长。1957年调安徽省立医院工作，组建护理部。1979年恢复301医院副院长职务。1988年任中国协和医科大学护理系名誉系主任。

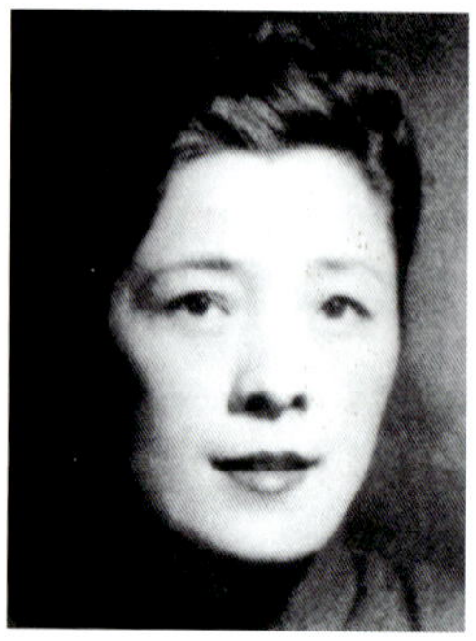

涅克拉索夫 Nekrasov, Nikolay Alekseyevich（1821-12-10～1877-01-08） 俄国诗人。生于乌克兰波多尔斯克，卒于圣彼得堡。1838年进入武备学堂，后因违背父亲的愿望投考大学失去家庭经济供给，靠给人抄稿、拟广告词度日。

19世纪40年代，写下了《在旅途中》（1845）等诗作，描述俄国下层人民的痛苦及其悲惨命运，逐渐确立了在文坛上的地位。1847年与I.I.帕纳耶夫合编《现代人》杂志，1866年被查封。长诗《谁在俄罗斯能过好日子》（1866～1877）代表其创作的最高成就。描写7个庄稼汉为了寻找“谁在俄罗斯能过好日子”的答案到处漫游。作者便以他们漫游的经历来描述俄罗斯的现实，揭露了1861年俄国农奴制改革的欺骗性。长诗画面广阔，规模宏大，结构缜密，语言简洁、生动。其他主要诗作还有《未收割的田地》(1854)、《大门前的沉思》(1858)、《货郎》(1861)、《铁路》(1864)等。

涅槃 nirvana 佛教术语。又译为“泥洹”、“泥畔”，“涅槃那”等，意译为“灭”、“灭度”、“寂灭”、“无为”、“圆寂”等。涅槃原指火的熄灭或风的吹散，后成为印度古代宗教通用术语。佛教创立后将其吸收进自身教义中，成为核心内容。佛教认为涅槃是对烦恼、欲望、生死诸苦的最后克服，是宗教修行的目标和结果。小乘佛教把涅槃分成两种：一是爱等烦恼已断，但前世留下的果报之身尚存，称有余涅槃；一是命终之时，五蕴离散，不复受生，称无余涅槃。大乘佛教对涅槃的理解更复杂一些，认为以往小乘的涅槃理想是“灰身灭智、捐形绝虑”，而自己的理想是无住涅槃，即为救度众生，既不以生死也不以涅槃为住处。大乘对涅槃特征有许多说法：《涅槃经》说有常乐我净的功德；《中论》说实相即是涅槃；中观派说空即涅槃，且世间与涅槃等同；也有说涅槃即法身、法界、如来藏等。在大乘佛教中，涅槃不仅是解脱境界，更成为存在的本体，与经验存在者相对待。

涅瓦河 Neva River 俄罗斯西北部重要河流。芬兰语意为沼泽河。源出拉多加湖，流入波罗的海芬兰湾。河长74千米，流域面积2.81万平方千米，大部位于列宁格勒州境内。圣彼得堡即位于河口三角洲的42个较大的岛屿上。河口处年平均流量为2 530米^3/秒，年平均径流量800亿立方米。当西南风和西风强劲时，常导致芬兰湾及涅瓦河下游海水倒灌，有时酿成水灾。河流结冰期从12月到翌年4月底5月初。为白海－波罗的海和伏尔加河－波罗的海航道的组成部分。在涅瓦河河源附近有彼得要塞市。

啮齿动物 Rodentia; rodents 哺乳纲啮齿目动物的统称。约占哺乳动物的40%～50%，个体数量远远超过其他全部类群数量的总和。据推测，全世界现存1 590～2 000种，分属28～34科。有人根据咀嚼器官的结构把啮齿类分为松鼠、豪猪和鼠3个亚目，也有人主张划分为山河狸、松鼠、鳞尾松鼠、睡鼠、鼠、豚鼠和豪猪7个亚目。在中国，自然分布的有11科62属约160种，人工饲养的有豚鼠科、海狸鼠科、毛丝鼠科的少数种类。共同特征是上下颌只有一对门齿，喜啮咬较坚硬的物体；门齿仅唇面覆以光滑而坚硬的珐琅质，磨损后始终呈锐利的凿状；门齿无根，能终生生长。均无犬齿，门齿与颊齿间有很大的齿隙。下颌关节突与颅骨的关节窝联结比较松弛，既可前后移动，又能左右错动，既能压碎食物，又能碾磨植物纤维。听泡较发达。盲肠较粗大。雌性具双角子宫，雄性的睾丸在非繁殖期间萎缩并隐于腹腔内。形态和生活习性差别很大。

啮齿类广泛分布全世界（除南极外）。许多种类营穴居生活，在地下挖掘比较复杂的洞道和巢穴。多数啮齿类在夜间或晨昏活动，但也有不少种类白昼活动。啮齿类生活的季节性变化比较突出。多数种类取食植物，有些也吃动物性食物。许多种类的繁殖能力都很强。少数种类只于每年春季繁殖1窝幼仔，多数则于春、夏、秋产3窝左右。多数种类的妊娠期短，仅20天到1个月左右。幼鼠生后20天左右就能单独寻食，一般3个月达性成熟，春季出生的个体能在当年秋季繁殖。但多数幼体于次年春季繁殖。少数大型种类寿命较长，在人工饲养条件下可活10年以上，但多数种类的自然寿命为2～5年。

啮齿类有的有益，有的有害，有的益害兼有，但总的说来是益少害多。松鼠、河狸、旱獭、毛丝鼠、海狸鼠、麝鼠等的毛皮都是国际市场上畅销的商品。一些较大型种类（如松鼠、豪猪、竹鼠、板齿鼠等），经防疫处理后可食用。少数动物可供观赏。一些种类在一定时期也吃少数害虫，它们的粪尿也可增加土壤肥力。几乎各种自然环境中都有某些啮齿类生存，它们以啮食植物为生，同时又是食肉动物赖以生存的条件，因而对保持生态平衡有重要作用。大白鼠、小白鼠、豚鼠、金仓鼠、长爪沙鼠等是重要的医学试验动物。

啮齿类对人类的危害是多方面的，由于它们一年四季啃食农作物与草本植物的根、茎、叶、花、果实和种子，以及树皮、树芽、枝叶和树根，给农、牧、林业带来极大危害。一些家栖鼠类经常咬坏室内的衣物、箱柜、各种设备和贮藏品。许多啮齿类能储存和传播鼠疫、流行性出血热、钩端螺旋体病、森林脑炎、恙虫病、土拉伦等许多种流行性传染病，对人类的生命和健康构成严重的威胁。

啮虫目 Psocoptera 昆虫纲的一目。小型有翅昆虫。统称啮虫。全世界已知41科约5 000种，多分布于温暖地带，但也有一些种类生活在较冷地区。常见的有啮虫科、书虱科和窃虫科。室内常见的种为书虱。

体小而脆弱，长1～10毫米。通常有翅或翅退化成小翅型，也有无翅的。有翅型一般体色浓，无翅型色淡。头大，能活动，成垂直位置，上方有明显的“Y”形蜕裂缝；触角丝状或鬃状；复眼大而突出。有翅个体常有3个单眼，无翅个体缺单眼。口器咀嚼式，上颚强大，具齿或磨擦面。有翅种类前胸缩小，无翅种类前胸增大。有翅型具膜质翅2对，前翅大，后翅小。前翅多有斑纹，并有翅痣，有的翅面有毛或鳞毛，

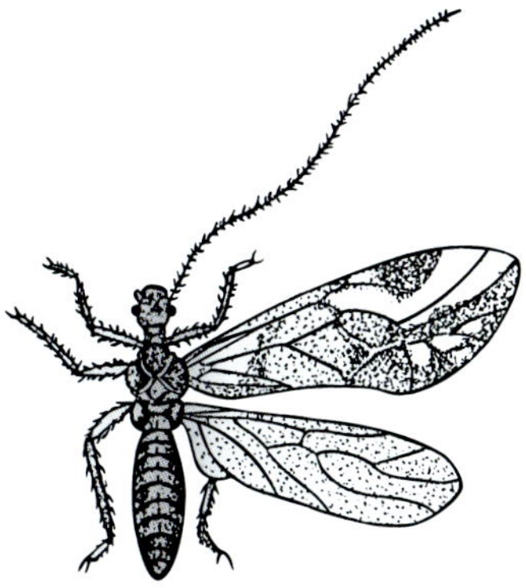

大啮虫半侧

休息时翅相叠于腹背上呈屋脊状。足3对，同形，多细长。无尾须。不完全变态。卵产于叶上或树皮上。1年1～3代。

啮虫多生活在树皮、篱笆、石块、植物枯叶间、鸟巢以及仓库等处，在潮湿阴暗或苔藓、地衣丛生的地方常见。有群居习性。爬行活泼，不甚飞翔。以地衣、苔藓或其他植物为食，有少数种类能捕食介壳虫和蚜虫。无翅种类多生活在室内，能危害书籍、谷物、衣服、动植物标本和木材等。具纺丝腺，能吐丝并织成薄膜，覆盖在卵块上或作为虫体的栖息处。

镍 nickel 化学元素，元素符号Ni，原子序数28，原子量58.693 4，属周期系Ⅷ族。1751年A.F.克龙斯泰德从瑞典的红砷镍矿中首先发现镍。元素的英文名称来源于德文Kupfernickel，含义是假铜。镍在地壳中的含量约为(1.0～2.0)×10^{-2}%。重要的含镍矿石包括镍黄铁矿[$(Ni,Fe)_xS_y$]、硅镁镍矿[$(Ni,Mg)SiO_3 \cdot nH_2O$]、针镍矿或黄镍矿(NiS)、红镍矿(NiAs)等。镍还存在于含有铁、钴、铜以及其他金属的矿石中。

镍是银白色金属，有金属光泽，质坚硬，有延展性、铁磁性、可锻性和特殊的抗腐蚀性，能导电和导热。熔点为1 455℃，沸点为2 913℃，密度为8.902克/厘米^3(25℃)。镍的氧化态－1、0、+1、+2、+3、+4，主要为+2。镍是不活泼金属，常温下致密的镍在水及空气中都很稳定，镍粉在空气中会自燃。镍板在空气中加热时表面氧化。镍可溶于稀硝酸，微溶于盐酸或硫酸，不与强碱发生作用，遇浓硝酸和铁一样呈钝态。镍与氟缓慢反应，与氯或溴在加热条件下化合，与磷、砷、碲也可化合。加热的镍可使氨分解。粉末状镍能吸收氢。化合物主要有氧化镍、硫酸镍、硝酸镍、卤化镍、碳酸镍、氢氧化镍、硫化镍、四羰基镍等。

约80%的镍是由铜镍硫化物矿石提取的。经过浮选、熔炼、氧化焙烧得NiO，再在电炉中还原得粗镍。由NiO或粗镍制备纯镍的方法主要有电解冶金、羰基化和化学还原法。镍主要用于生产不锈钢和各种抗腐蚀合金。镍合金可以制作电热合金、

电阻合金、耐蚀合金、磁性材料等。镍还可用于生产镍-镉和镍-氢可充电电池。此外，镍还用于制造硬币、电镀镍，以及氢化反应的催化剂。镍的化合物主要用于镀镍、催化剂、陶瓷制品、塑料添加剂、化学试剂等。

金属镍毒性不大，镍化合物对人畜有毒，应尽量避免摄入。某些镍化合物的水溶液对皮肤有轻度刺激性伤害。

镍合金 nickel alloy 以镍为基加入其他元素组成的合金。具有很高的强度、特殊的物理和化学性能。可用作电子管材料、磁性材料、精密电阻、耐高温合金、耐蚀合金和镍钛形状记忆合金等。①镍基磁性材料。主要作软磁材料，如坡莫合金（镍78%、铁22%，有时添加少量钼）。在低磁场下磁导率很高，大于150 000；矫顽力很低，小于0.03。②镍基精密合金。有较高的电阻率，较低而稳定的电阻温度系数，是精密仪表和精密电阻元件用合金。③镍基电子管材料。如用于封接和引线框架材料的膨胀系数与玻璃相近的Ni52Fe48合金，电子发射性能很高的含镁、钙活性金属的镍基热阴极材料。④镍基电热合金。最常用的是含铬20%的镍铬电热丝，可以在1 000～1 100℃下长期使用，是加热温度在1 100℃以下的电阻丝炉常用的发热体。⑤镍基高温合金。在镍80%、铬20%基础上添加少量难熔金属，以进一步提高镍铬合金的高温持久性能。

《孽海花》 *Flowers in the Evil Sea* 中国近代小说。共35回。见曾朴。

宁安市 Ning' an City 中国黑龙江省辖县级市。位于省境东南部，牡丹江上游谷地，邻接吉林省。面积7 870平方千米。人口44万（2010），有汉、回、朝鲜、满、蒙古等民族。古为肃慎属地，唐建渤海国。清设“宁古塔将军衙门”，后改为宁安府（见宁古塔）。1913年改为宁安县。1993年撤县，设立宁安市。由牡丹江市代管。矿产有铁、石灰岩、陶瓷黏土、煤、铜、金等。工业有采掘、建材、食品、冶金、机械、化工、电子、针织、皮革、造纸、印刷、陶瓷等。农业盛产水稻、大豆、小麦、玉米和蔬菜、烤烟、甜菜等。特种养殖以林蛙、蛇、七彩山鸡等为主。山区富红松、云杉、冷杉等林木，并拥有全国最大的红松母树林。镜泊湖盛产湖鲫、湖鲤、鳌花、红尾等鱼类资源。名胜古迹有镜泊湖、火山口国家森林公园、渤海国上京龙泉府遗址、兴隆寺、地下溶岩洞等。

宁巴山自然保护区 Mont Nimba, Réserve Intégrale du 西非跨国自然保护区，由几内亚东南洛拉省保护区和科特迪瓦西部达纳内省保护区组成。占地面积约17 130公顷。1981年作为自然遗产列入《世界遗产名录》。宁巴山主峰在国境上，海拔1 752米，是西非第四高峰。地处热带、降水丰富，海拔高度的变化，形成独特和复合型山地生态系统，动物种类繁多，不少是当地特有种。其中各种多足纲动物以及各种袋鼩动物、软体动物和昆虫，更以数量大著称。原始密林中还隐藏着一些濒临灭绝的动物，如獭鼩，世界上现存数量极少，仅生存在宁巴山中，极具保护价值。此外，保护区内还有会用石块制作工具的大猩猩，以及豹、疣猴、长尾猴、穿山甲、森林水牛、非洲羚羊、水獭等。在几内亚一侧，有著名的宁巴山铁矿，属含铁石英岩富铁矿，品位高达65%以上。

宁波港 Ningbo, Port of 中国外贸进口矿石、石油中转基地。位于浙江省东部杭州湾南岸，甬江出海处。由宁波、镇海、北仑及大榭4个港区组成。唐代以后宁波港曾长期是中国对外贸易和各国朝贡的口岸。宋代在甬设浙江市舶司。1844年开辟为通商口岸。但1974年前宁波港仅限于甬江内的港区，通航3 000～5 000吨级船舶。1974年围海造地，新辟镇海港区。1978年开始建设北仑深水港区，1982年建成中国第一个10万吨级矿石中转码头。2002年大榭港区建成并对外开放，建有原油、液化石油气等大型中转专用码头9座。2006年1月1日，宁波-舟山港的名称启用。2008年宁波-舟山全港共有生产泊位607座，万吨级以上泊位94座，完成吞吐量52 048万吨、集装箱吞吐量1 093.37万标准箱。

宁波市 Ningbo City 中国浙江省辖市。简称甬。位于省境东部，杭州湾南岸，东临东海，南濒三门湾。面积9 365平方千米。人口761万（2010）。辖海曙、江东、江北、镇海、北仑、鄞州6区，象山、宁海2县，代管奉化、余姚、慈溪3市。春秋时为越国地。秦置鄞、鄮、句章三县。唐武德四年（621）置鄞州，开元二十六年（738）置明州。南宋绍熙五年（1194）为庆元府，元改庆元路。明洪武十四年（1381）取“海定则波宁”之意，改为宁波府。1949年置宁波省辖市及宁波专区。1970年改宁波地区。1983年撤地区设宁波市。地处浙东低山东北部，宁绍平原东部和沿海丘陵平原北部。属亚热带季风气候。年平均气温16.1℃，1月平均气温5℃，7月平均气温28.1℃。平均年降水量1 400毫米。夏秋间多台风。矿产资源以非金属矿为主，有萤石、黄铁矿、明矾石、石膏、珍珠岩、石墨、石英、花岗石及石油、天然气等。金属矿有铁、铜、铅、锌等。

工业门类齐全，是省重要工业基地，有石油化工、机械、电力、纺织、丝绸、服装、皮革、电器、医药、冶金、建材、食品、工艺美术等行业。农业以产粮棉为主，多种经营。农产品有稻谷、小麦、甘薯、棉花、油菜子、茶叶、金橘等。奉化水蜜桃，余姚、慈溪杨梅，北仑金橘，余姚榨菜等为传统名产。沿海海水捕捞和养殖发达，海产品主要有黄鱼、带鱼、墨鱼、青蟹等，其中黄鱼、蚶、牡蛎、对虾等为海味珍品。宁波港为中国沿海中部重要良港，三江口为最早的宁波港。石浦港为著名渔港。

宁波山川秀丽，人文荟萃，旅游资源丰富。境内有国家级溪口-雪窦山风景名胜区、省级东钱湖风景名胜区和国家级天童森林公园。有重点文物保护单位214处，其中河姆渡文化遗址、天一阁藏书楼、鄞江它山堰、保国寺和上林湖越窑遗址等为国家级文物保护单位。

宁波三江口风光

宁德市 Ningde City 中国福建省辖地级市。位于闽东北的鹫峰山南麓。面积13 452平方千米。人口282万（2010），有汉、畲、苗、回、壮、京、满、维吾尔、土家、傣、黎、白、瑶、高山等民族。辖蕉城区，寿宁、霞浦、柘荣、屏南、古田、周宁6县，代管福安、福鼎2市。唐置感德场，后唐时升场为县，名为宁德。1999年设地级宁德市。中国重点产茶区之一。银耳、香菇产量均居全国首位。水果有四季柚、油柰、板栗、芙蓉李、水蜜桃、荔枝、龙眼等。畜牧业特产有福安杜花猪、福安水牛、古田黑番鸭、霞浦山羊等。森林覆盖率62.7%。矿产有铜、铁、钨、锰、花岗石、硅石、石英石、高岭土、紫砂土等。形成了粮食、茶叶、水果、食用菌、水产、竹材、畜禽、蔬菜、药材、花卉等农产品商品生产基地。工业有电机、食品、医药、冶金、船舶、建材等。名胜古迹有三都澳、霍童支提山、霍林洞天冠菩萨道场、南漈公园、福鼎太姥山、必龙际瀑布群、浦源鲤鱼溪等。

宁都县 Ningdu County 中国江西省赣州市辖县。位于省境东南部，梅江中上游。面积4 053平方千米。人口76万（2008），有汉、畲、壮、土等民族。三国吴嘉禾五年（236）析雩都县建阳都县，西晋太康元年（280）改宁都县，以安宁之意得名。矿产有钨、铀、铁、硫、煤、萤石、稀土等，其中桃山铀矿储量居全国第一。农作物有水稻、甘薯、大豆、花生、油菜等。森林覆盖率65.9%。工业以纺织、食品为支柱。名胜有翠微峰国家森林公园、凌云山自然保护区、莲花山、武华山、青莲古刹、水口塔，纪念地有“宁都起义”总指挥部旧址等。

宁古塔 Ningguta 中国清代东北边疆重镇。满语数之六为宁古，个为塔。相传清朝皇族先祖兄弟六人曾居此地，故名其地为宁古塔贝勒，简称宁古塔。有新旧二城，相距五十里。旧城位于牡丹江左岸支流海浪河南岸，今黑龙江省海林市旧街镇。康熙五年（1666）迁建新城于今黑龙江省宁安市城区。其地原为渤海故地，距上京龙泉府故址（今宁安市东京城）35千米。顺治十年（1653）设昂邦章京（意为总管）、副都统镇守。长期为清朝统治东北的重镇。每年六月，派出官员至黑龙江下游普禄乡，收受库页岛（今俄罗斯萨哈林岛）居民贡貂。17世纪中叶，俄国哥萨克侵扰黑龙江流域，清朝多次由此地派兵征讨。康熙元年（1662）更昂邦章京为镇守宁古塔等处将军。十年移副都统于吉林乌拉（今吉林市）城。十五年将军移驻吉林乌拉，复移副都统镇守此地。雍正五年（1727）置泰宁县，七年废。以其地还属宁古塔副都统。光绪二十九年（1903）设绥芬厅于宁古塔辖境内的三岔口。宣统元年（1909）裁宁古塔副都统，移绥芬厅治于宁古塔城，并升为绥芬府。1910年改为宁安府。1913年改为宁安县。1993年撤县为宁安市。

宁汉战争 War between Ning-Han 1927年10～11月，南京李宗仁与武汉唐生智在皖南、武汉一带所进行的战争。1927年9月，南京、武汉和西山会议派三方代表在南京成立国民党中央特别委员会，改组国民政府和国民党中央军事委员会。汪精卫不满桂系李宗仁和西山会议派把持特委会实权，随即返回武汉联合唐生智成立中央政治委员会武汉分会，反对南京特委会。唐生智占领芜湖，威胁南京。10月20日，南京特委会下令讨伐唐生智，宁汉战争爆发。讨唐军以李宗仁、程潜统率江左、江右两军沿长江西进，与在江西策应的朱培德部对唐军形成夹击之势。开战后，唐军迅速败退西撤，讨唐军先后占领芜湖、安庆、九江、武穴等地。11月12日，唐生智通电下野，13日双方下令停战。14日，讨唐军进驻武汉，唐军退往湖南，后被桂系收编。15日，南京特委会决定取消武汉政治分会，改设湘鄂临时政务委员会，以程潜为主席。宁汉战争导致桂系势力的迅速膨胀，对日后蒋桂矛盾的发展产生了直接影响。

宁河县 Ninghe County 中国天津市辖县。位于市境东部，蓟运河下游。面积1 414平方千米。人口42万（2010），有汉、回、壮、满等民族。明朝时为宝坻县地。清雍正九年（1731）析置宁河县。1959年并入汉沽区（今属滨海新区），属天津市。1960年复设宁河县。地热、煤、煤成气等地下资源比较丰富。有丰富的农牧名优品种，如优质小站稻、对虾、水貂、椒干、柳编制品等。宁河是小站稻发源地，自明代种植，历史悠久，稻米晶莹甜糯，蜚声中外。已建成小站稻生产基地、淡水鱼养殖基地、畜产品生产基地以及椒干、肉鸡、肉兔、蓖麻、水貂、对虾、柳编制品、海产品、工艺品等农副产品出口基地。工业主要有棉纺、酿造、化工、化肥、水泥、玻璃、制鞋、裸铜线等。名胜有天尊阁、田庄坨先秦遗址、于方舟故居等。

宁化县 Ninghua County 中国福建省三明市辖县。位于省境西部，与江西赣南地区接壤。面积2 381平方千米。人口23万（2010），

宁化县石壁村客家祖地牌坊

唐乾封二年（667）置镇，开元十三年（725）升县，天宝元年（742）更名宁化县。属中亚热带山地气候。森林覆盖率63%，林木蓄积量765万立方米。有15种国家保护的珍贵植物。国家一级保护的野生动物有华南虎、云豹、黑麂、苏门羚、金钱豹等。盛产大米、烤烟、油菜子、莲子、辣椒干、薏米、魔芋等，牛角椒驰名国内外。矿藏有钨、石灰岩、锡、煤、铁、稀土、大理石等。工业有冶金、电力、机械、建材、木材加工、造纸、印刷、食品、纺织、电子等。名胜有天鹅洞、龙王潭、客家祖地等。

宁玛派 Rnying-ma-pa 中国藏传佛教宗派。宁玛，藏语意为古、旧，因该派循前弘期所传之密宗，故名。该派僧人戴红色僧帽。该派教法在前弘期便已流传，但正式创立宗派是在11～12世纪的三素尔（即释迦迥乃、喜饶札巴和卓浦巴）时。其教法分三个来源：三素尔所传典籍、密教根本经典（根本续）所传和大圆满法承传。大圆满法为该宗根本正传。该宗以全部佛教为九乘。前三乘属显宗，即声闻、缘觉、菩萨三乘；后六乘为密宗，即事、方便、瑜伽、大瑜伽、随瑜伽及无极瑜伽六乘。14世纪后传入不丹、尼泊尔，20世纪中叶传入印度，70年代后传入西欧、北美。

宁懋石室 Ning Mao's Stone Chamber 中国北魏横野将军甄官主簿宁懋墓上祭祀宗祖的石室。约建于孝昌三年（527）。1931年2月在河南洛阳故城北半坡出土，流出国外，现藏美国波士顿美术博物馆。石室以数块石板及石质屋顶拼装而成，高1.38米，宽2米。石室仿木结构，为单檐悬山顶、进深二架椽、面阔三间的房屋。无门，下有基石。内外壁上以阴线刻满绘画。正面门外两侧各刻一金甲武将，执戟、剑，扬盾，武将装束，怒目扬眉、神采飞扬，是驱恶辟邪的守门神。门两边各刻有“孝子宁万寿”、“孝子宁双寿造”字样。两山墙面上分上下栏刻丁兰、舜、董永及董晏4组孝行、历史故事，画面均以独幅形式表现主要情节内容。内部正壁是3位贵族以及陪伴侍女像，左右山面分别刻有乘骑和牛车的出行行列，门内两侧刻绘在庭院间以屏帐围隔的庖厨图。在许多画面中表现的社会生活场景，再现了当时马具、车服、陈设、器用等形象。而在丁兰、舜、董晏及庖厨图中都画有庭院、房舍及帷帐，也较真实地表现出当时民居以及几种不同类型单体建筑的结构特点。画中布满山石、树木，有着“刷脉镂叶，多栖梧菀柳”的特定时代装饰风格。画中人物多属秀骨清像的类型。

宁懋石室线刻画（局部）

正壁3位贵族像，当系宁氏已故亲族，已脱离了类型化的表现，其形象饱满、神态飘逸，表现技法之纯熟已是隋唐人物画高度繁荣的先声。

宁夏回族自治区 Ningxia Hui Autonomous Region 简称宁。位于中国中部偏北黄河中上游地区及沙漠与黄土高原的交接地带。与陕西、内蒙古、甘肃等省区为邻。辖地级市5个、市辖区9个、县级市2个、县11个（见表）。面积约6.6万平方千米，其中引黄灌区占41%，南部山区占59%。人口630万(2010)。共有35个民族，主要有汉、回、满、东乡、蒙古等。自治区人民政府驻**银川市**。

建制沿革 距今3万年前的旧石器时代晚期已有原始人类活动于境内。秦代为抗御匈奴，屯垦戍边。汉武帝元狩年间曾大批移民于北地等郡（包括今宁夏），大规模开发引黄灌区。南北朝末期，这里已有“塞北江南”之誉。唐代，宁夏农牧业生产及经济日趋发达，北部引黄灌区再次得到较大规模开发，南部的固原地区成为全国养马业中心，宁夏成为中原与西北之间商旅的重要通道。11世纪初，党项族以宁夏为

宁夏回族自治区行政区划表(2010)

地级市	市辖区、县级市、县
银川市	兴庆区 金凤区 西夏区 灵武市 永宁县 贺兰县
石嘴山市	大武口区 惠农区 平罗县
吴忠市	利通区 红寺堡区 青铜峡市 盐池县 同心县
固原市	原州区 西吉县 隆德县 泾源县 彭阳县
中卫市	沙坡头区 中宁县 海原县

中心，建立大夏国（史称西夏），与宋、辽、金鼎立达200年之久，创造了灿烂的西夏文化。元初于北部设西夏中兴行省，后改中兴府路，属甘肃行省，并曾一度分设宁夏行省，宁夏由此得名。南部地区为开城府，隶属陕西行省。明代设宁夏卫，北部的宁夏镇和南部的固原镇均为“九边重镇”之一，军屯、军牧有较大发展。清设宁夏府。1929年成立宁夏省，辖现自治区除固原地区外的所有市、县及现内蒙古自治区的磴口县和阿拉善盟。1954年撤销省建制，原辖区分别划入甘肃省和内蒙古自治区。1958年成立宁夏回族自治区。

自然条件 宁夏地处中国地质、地貌“南北中轴”的北段，在华北台块、阿拉善台块与祁连山褶皱之间，为高原与山地交错带，大地构造复杂。从西面、北面至东面，由**腾格里沙漠**、**乌兰布和沙漠**和**毛乌素沙地**相围，南面与**黄土高原**相连。地形南北狭长，地势南高北低，西部高差较大，东部起伏较缓。地貌大体可分为：黄土高原，鄂尔

图1 宁夏回族自治区北部平原灌溉农业区

多斯台地，洪积冲积平原和六盘山、罗山、**贺兰山**南北中三段山地。平均海拔1 000米以上。全区从南向北表现出由流水地貌向风蚀地貌过渡的特征。从地貌类型看，南部以流水侵蚀的黄土地貌为主，中部和北部以干旱剥蚀、风蚀地貌为主。

宁夏位居内陆，受季风影响较弱，属温带大陆性半干旱气候，干旱少雨，风大沙多，夏少酷暑，冬寒漫长，日照充足。气温年、日较差大。气温由南向北递减，年平均气温5～9℃。年降水量180～680毫米，多集中于6～9月，且年变率大，故干旱威胁严重，是全国水资源较少省区。草原植被（草甸草原、干草原、荒漠草原）是宁夏自然植被的主体。荒漠草原和干草原是宁夏草原植被的代表。自南而北，森林草原－干草原－荒漠草原－荒漠水平分布。宁夏有国家一、二级保护动物51种。其中，一级保护动物有黑鹳、中华秋沙鸭、金雕、白尾海雕、胡兀鹫、大鸨、小鸨、金钱豹8种，二级保护动物有43种。能源、化工原料、建筑材料及其他非金属矿产资源丰富，金属矿产资源贫乏。矿产主要有煤炭、石膏、石灰岩、石英砂岩、黏土。

经济概况 宁夏农业以种植业为主体。区内北部平原与南部丘陵山区农业差异显著。北部平原是中国著名的灌溉农业区，盛产小麦、水稻及玉米，有“天下黄河富宁夏”之说。整个北部平原已建成完整的灌排系统，耕地面积仅占自治区耕地总面积的20%，但粮食产量占自治区粮食总产的70%以上，是中国西北地区商品粮基地之一。南部丘陵山区为自治区耕地分布最广的地区，但自然灾害频繁，产量低而不稳，约占自治区粮食总产量的30%。宁夏经济作物以油料作物胡麻为主。畜牧业以养羊业居重要地位，盛产裘皮，尤以滩羊皮与中卫山羊皮享有盛誉，是国内裘皮羊重要产区，在国际养羊业中占有突出地位。绵羊品种以滩羊为主，且质量最佳，是全国滩羊中心产区，主要分布在盐池、同心一带，所产滩羊“二毛皮”为国际市场上罕见的珍贵裘皮产品。中卫山羊系中国最优良的裘皮山羊品种之一，产于中卫市香山地区。滩羊皮与枸杞子、甘草、发菜和贺兰石（砚石）合称宁夏“五宝”，为宁夏回族自治区重要的出口物资。宁夏森林面积不大，森林覆盖率仅为6.08%。天然林主要分布于贺兰山、六盘山、罗山3大林区，以次生林居多。

1958年自治区成立以来，工业发展较为迅速。能源工业（煤炭、电力、石油）已占有相当比重，机械、冶金、化工、建材、轻纺、食品等工业也初具规模。出口商品由皮毛、枸杞等传统农畜、土特产，发展到煤炭、硅铁、机床、矿山机械、起重设备、轴承、仪器仪表、轮胎、陶瓷等工业品百余种，远销50多个国家和地区。能源工业是宁夏重要的工业部门。自治区内煤炭资源丰富，尤以汝箕沟无烟煤质量堪称中国之冠，为中国优质无烟煤（号称“太西煤”）重要出口基地。轻纺工业有毛纺织、棉纺织印染、亚麻纺织、合成纤维纺织和针织等部门。其中以毛纺织工业所占比重较大，所产提花毛毯、地毯、绒线、呢绒等畅销国内外。

图2 宁夏是中国药用枸杞产地，全国十大药材生产基地之一

交通运输初步形成以银川为中心，以包兰铁路为骨干，公路四通八达的交通运输网。高速公路有拉丹线和青银线等。民航已开通银川至国内各主要城市的数十条航线。

名胜古迹 宁夏旅游资源十分丰富。人文景观旅游区的主要景点有：银川市的西夏王陵、拜寺口双塔、海宝塔（俗称北塔）、承天寺塔（俗称西塔）、鼓楼、玉皇阁、南关清真寺、贺兰山岩画；在六盘山有战国秦长

城、须弥山石窟、六盘山红军长征纪念亭、西吉将台堡红军会师纪念碑；在银川市与灵武市、平罗县交界处的黄河两岸，有横城堡（西夏城）、明长城、横城汉墓群、水洞沟遗址、“黄河颂”雕塑。其他著名的人文景观有：一百零八塔、中卫高庙、石空寺石窟、同心清真寺、纳家户清真寺、牛首寺。宁夏有4大自然景观旅游风景区，即贺兰山自然保护区、六盘山自然保护区、沙湖风景区和沙坡头自然保护区。银川是国家历史文化名城。

宁夏之役 Ningxia Campaign 中国明朝万历二十年（1592）平定宁夏原副总兵哱拜叛乱之役。见**万历三大征**。

宁乡县 Ningxiang County 中国湖南省长沙市辖县。位于省境东北部，**湘江**支流沩水流域。面积2 906平方千米。人口117万（2010）。汉属益阳县地。三国吴置新阳县。隋并入益阳县，北宋太平兴国二年（977）置宁乡县，取“乡土安宁”之意。矿藏有煤、铁等。农作物有水稻、小麦、甘薯、油菜和豆类。林木有杉、松、油茶、茶叶等。宁乡县是闻名全国的“鱼米之乡”、“生猪之乡”和“茶叶之乡”。“宁乡猪”适应性强、早熟、屠宰率高，是国内著名良种猪。工业有煤炭、建材、机械、化工、食品等。灰汤温泉水温88℃，已用于发电、医疗等。纪念地有刘少奇故居、何叔衡故居，名胜有灰汤温泉、密印寺和云山学校（原名云山书院）等。

宁远之战 Ningyuan, Battle of 中国明朝天启六年（后金天命十一年，1626）正月，明朝名将**袁崇焕**率宁远（今辽宁兴城）军民击败后金汗**努尔哈赤**进攻的城邑保卫战。

天启三年九月，袁崇焕率兵驻防宁远，使宁远城成为控制辽西走廊、屏障山海关的军事重镇。十月，明廷用高第为辽东经略。高第命关外明军拆除防御设施，撤入山海关内。袁崇焕不从，表示誓守宁远。

六年正月，努尔哈赤亲率八旗军约6万人（号称13万）围攻宁远。时宁远已成孤城。袁崇焕采取坚壁清野之策，动员城外商民入城；派总兵满桂等分守四面，自己提督全城；稽查奸细，绝后金耳目，并号召全城军民共同守城。廿四日晨，后金军攻城。袁崇焕率领军民奋勇抵御，以西洋大炮击败后金军数度进攻。努尔哈赤经此兵败，郁愤而死（一说因炮伤）。

明宁远城楼

柠檬 *Citrus limon*; lemon 芸香科柑橘属的一种。常绿小乔木。原产中国西南和缅甸西南部或喜马拉雅山南麓东部地区，尚无定论。现在主产国为意大利、希腊、西班牙和美国。柠檬在中国栽培时间较晚，约在20世纪20年代，称洋柠檬，以区别中国原产的檬檬。树姿较开张，小枝多针刺，嫩叶和花均带紫红色，花单生或3～6朵成总状花序。柑果黄色有光泽，椭圆形或倒卵形，先端呈乳头状。皮厚不易分离，果汁味酸。种子卵圆形，多为单胚。柠檬是柑橘类中最不耐寒的种类之一。适宜于冬季较暖、夏季不酷热、气温较平稳的地方。**扦插**繁殖极易成活，但生产上多采用**嫁接**，以根系强大的粗柠檬（柠檬的一个杂种）为砧木。果实富含维生素C和**柠檬酸**。果皮油胞中含有具特殊香味的柠檬油，还含维生素P。耐贮运，除鲜食外可制各种饮料和提取柠檬油等。

柠檬醛 citral 无环单**萜**，分子式$C_{10}H_{16}O$。存在于枫茅油和山苍子油中，为下列4种化合物的混合物，其中主要为α-柠檬醛。

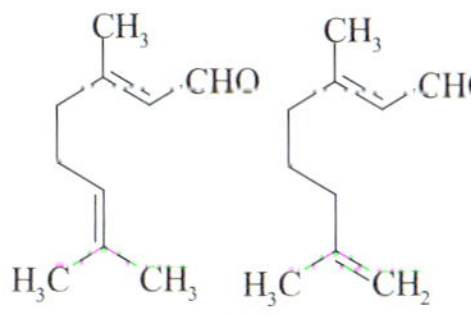

α-柠檬醛

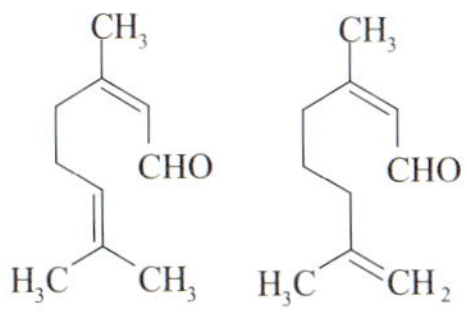

β-柠檬醛

α-柠檬醛（又称香叶醛）为带**柠檬**香气的无色油状液体，在空气中易氧化变黄；密度0.888 8克/厘米^3(20℃)，沸点229℃。β-柠檬醛（又称橙花醛）的沸点120℃（20毫米汞柱），密度0.886 9克/厘米^3(20℃)。α-柠檬醛用氨性氧化银氧化得香叶酸。工业上制取柠檬醛有3种方法：①从**精油**中分出。②从工业香叶醇（及橙花醇）用铜催化剂减压气相脱氢得到。③从脱氢芳樟醇在钒催化剂作用下合成。柠檬醛可用于制造柑橘香味食品香料，因易氧化并聚合变色，只用于中性介质中；还用于合成异胡薄荷醇、羟基香茅醛及维生素A的原料**紫罗兰酮**。

柠檬市场原理 lemon market, theory of 二手汽车市场上由于卖主与买主对汽车质量的信息不对称，使劣质车在价格竞争中把优质车排挤出市场，导致市场机制失效的理论。这一理论由美国经济学家G.A.**阿克洛夫**提出。柠檬市场指二手车或旧车市场，但也可扩大范围泛指其他的二手货或旧货市场。阿克洛夫经过细心观察和开创性研究，建立一个模型，反映在旧车质量均匀分布的假设下，因旧车的性能只有卖主知情而买主不知情，从而出现交易中旧车的平均价格与平均质量轮番下降，以致把好车逐出市场使坏车成交的逆向选择过程。这与古典经济学中“劣币驱逐良币”的原理相类似。柠檬市场原理的意义在于促使人们用非市场方法弥补因信息非对称所造成的市场本身的缺陷。

柠檬酸 citric acid 以淀粉或糖质为原料，经微生物发酵制成的一种重要的有机酸。又名枸橼酸。无色晶体，常含一分子结晶水，无臭，有很强的酸味，易溶于水，其钙盐在冷水中比热水中易溶解，此性质常用来鉴定和分离柠檬酸。结晶时控制适宜的温度可获得无水柠檬酸。

在植物如柠檬、柑橘、菠萝等果实和动物的骨骼、肌肉、血液中都含有柠檬酸。发酵法制取柠檬酸始于19世纪末。1923年美国建造了世界上第一家以黑曲霉浅盘发酵法生产柠檬酸的工厂。1952年美国迈尔斯试验室采用深层发酵法大规模生产柠檬酸。此后，深层发酵法逐渐建立，并成为柠檬酸生产的主要方法。

柠檬酸产量的70%用作食品加工的调味剂。一分子结晶水柠檬酸主要用作清凉饮料、果汁、果酱、水果糖和罐头等的酸性调味剂，也可用作食用油的抗氧化剂。无水柠檬酸大量用于固体饮料。柠檬酸的盐类如柠檬酸钙和柠檬酸铁是某些需要添加钙离子和铁离子的食品的强化剂。柠檬酸的酯类如柠檬酸三乙酯可作无毒增塑剂，制造食品包装用塑料薄膜。

柠檬烯 limonene 单环单**萜**，分子式为$C_{10}H_{16}$。不同的天然植物**精油**中含有右旋柠檬烯或左旋柠檬烯或它们的消旋体三种异构体。

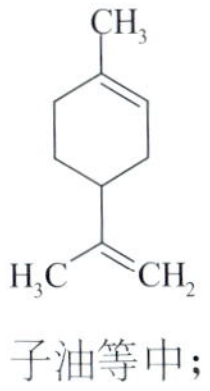

右旋柠檬烯存在于橙皮油、柠檬油、佛手油、莳萝油、黄蒿子油等中；熔点−74.3℃，沸点178℃，相对密度0.841 1(20/4℃)，比旋光度$[\alpha]_D^{20}$+125.6。左旋柠檬烯存在于俄罗斯松节油和白千层油等中；沸点177～178℃（755毫米汞柱），相对密度0.842 2(20/4℃)，$[\alpha]_D^{20}$

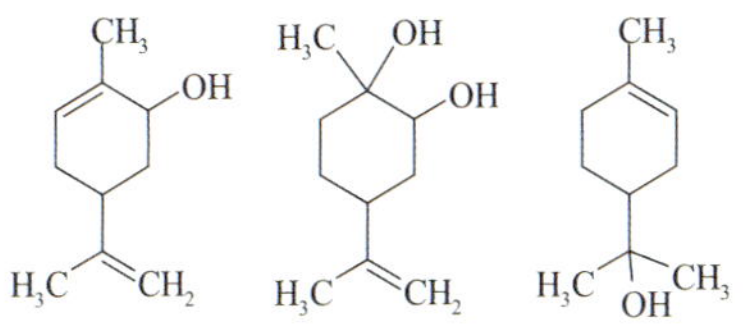

a　b　c

－122.1。消旋柠檬烯存在于西伯利亚松针油、柠檬草油、香草油等中；熔点－95.5℃，沸点178℃，相对密度0.840 2（21/4℃）。三者都是具有橘皮香气的无色液体。柠檬烯能在常压下蒸馏而不起变化，但暴露在空气中则很快氧化，生成两种化合物（见结构式a和b）。柠檬烯与稀酸作用生成α－松油醇（c），后者用于香料工业中。

凝固 freezing 物质由液态转变为固态的相变过程。在一定压强下，晶体熔液冷却到一定温度（凝固点）时才能凝固，在凝固过程中温度不变，释放热量（凝固热）。对于同一晶体，在一定压强下，其凝固点与熔点相同，凝固热与熔解热的数值相等。凝固点可随压强变化，若凝固时体积膨胀（或缩小），则凝固点随压强增大而降低（或升高）。非晶体物质的凝固并不在一定的温度下进行，无凝固点可言。

凝固热 solidification, heat of 单位质量的液态物质凝固成同温度的固体时所需放出的热量。在相同的压强下，同一种物质的凝固热与熔解热数值相等。液体开始凝固的温度称作该物质的凝固点，同一物质的凝固点等于该物质的熔解点。但若使液体与大气隔绝并在无扰动情况下缓慢地释放热量，则即使温度降到凝固点以下而仍不凝固，形成一种亚稳状态——过冷液体，如纯净的水可冷却到－15℃仍不结冰。不同压强下同一种物质的凝固点不同，如当压强超过1标准大气压时，如水的凝固点将低于0℃。溶液的凝固点比纯溶剂的为低，如海水的凝固点约为－2.5℃。发生凝固时物质的物理性质将发生跃变，如流动性消失、密度增加等。但少数物质如水却在凝固时密度减小，故冰总是浮在水面。

凝灰岩 tuff 火山碎屑岩的一个种属。由火山喷发形成的火山碎屑物经压紧、胶结而成。火山碎屑物含量大于50%，主要由粒径小于2毫米的晶屑、岩屑及玻屑组成。胶结物主要为火山灰和火山灰经分解后的某些化学物质。火山碎屑物常见的晶屑是石英、钾长石、酸性斜长石，其次是云母、角闪石、辉石。根据晶屑、玻屑、岩屑的含量凝灰岩可分为晶屑凝灰岩、玻屑凝灰岩、岩屑凝灰岩和复屑凝灰岩等。按碎屑的成分不同，又可分为玄武质凝灰岩、安山质凝灰岩、流纹质凝灰岩、粗面质凝灰岩等。按构造特征分为普通凝灰岩和熔结凝灰岩。常见的次生变化有脱玻化、沸石化、泥化、绿泥石化等。与凝灰岩有关的矿产主要有铜、铁、黄铁矿、铅、锌、钾、沸石、硼、黏土矿。一些多孔而坚硬的凝灰岩是较好的轻质建材。富玻屑的酸性凝灰岩是制作水泥的良好混合料。质地细腻致密蚀变凝灰岩，可成为优良的玉雕原料，如浙江的青田石、鸡血石等。凝灰岩经蚀变形成以蒙脱石为主的黏土岩，称膨润土，又称斑脱岩，具有良好的吸水性，吸水后体积可膨胀10～30倍，是钻探用的优质泥浆原料。

凝胶 gel 分散于溶剂中的胶体颗粒黏结形成细小的网状结构，溶剂充满网络之中，整体上失去流动性的特殊胶体。宏观上，凝胶或具有明显的弹性（如果冻），或接近固体（如硅胶），但微观结构则是胶体。

在一定条件下，凝胶可以吸收液体或蒸汽使其体积和重量明显增加，或析出一部分溶剂使其体积缩小，分别称为凝胶的膨胀和离浆。凝胶大多具有较强的吸附能力，可以用作干燥剂等。某些凝胶具有触变性，通常如固体一样保持一定的形状，但当受到剪切力时，则表现如同溶胶并可自由流动。

凝胶一般分为：①弹性凝胶。由柔性高分子化合物形成（如橡胶、琼脂、明胶等），具有弹性，脱水后体积收缩，吸收溶剂后又可以恢复原状。②刚性凝胶。由无机化合物颗粒形成（如二氧化硅、二氧化钛、三氧化二铝等），脱水后体积基本不变，且无法吸水恢复。

凝结 condensation 物质从气态转变为液态的相变过程。又称液化，是汽化的逆过程。凝结在温度降低或压强升高的条件下发生，会伴随着物质的一些物理性质（如密度、比热、声音在其中的传播速度等）的跃变。如水的密度约为其蒸汽的1 600倍。通过等温压缩不再能使气体液化的最低温度称为临界温度，与之相应的压强称作临界压强。水蒸气在空气中凝结时，必须有如尘埃或带电粒子等组成的凝结核（见过冷），否则会形成过冷的或过饱和蒸汽。但一旦在过饱和蒸汽中吹入细微的尘粒或出现带电粒子时，则会很快地发生凝结。即凝结核对于形成云层是至关重要的。单位质量的蒸汽液化为同温度的液体所放出的热量称为该种物质的凝结热，数值等于汽化热。

凝聚态化学 condensed state chemistry 研究化学体系在凝聚态中的物理化学行为及其反应的化学分支学科。凝聚态也称凝聚相，包括固态（相）、液态（相）、液晶中间态和介于液气之间转折的临界态。凝聚态化学为固体化学、材料化学、生物化学、地球化学提供重要信息。

固态物质在高压下，由于增强了邻接原子间轨道的重叠，而使轨道能级、电子状态以及各种光、电、磁等性质产生变异。例如，多种元素和几十种化合物在加压下能由绝缘体转化为导体；有机超导体在600～1 800兆帕压力下呈现超导性；铁在加压下产生铁磁性与抗磁性之间的转变；以乙二胺为配体的配位化合物因加压产生电子转移，从而具有新的化学活性。上述效应的发现推动了配位场理论、配位化学的发展。

液态物质结构研究的难度很高，所用的实验技术有X射线衍射、中子衍射、核磁共振、激光拉曼光谱、弛豫方法等。非线性激光光谱可在皮秒级时间水平上，提供溶质在溶剂中运动情况的信息，利用现代计算技术，可以对热力学数据进行预测；建立溶液结构模型，对分子在溶液中的运动和反应速率进行理论计算。

地球化学现象往往涉及复杂的多相凝聚体系。利用现代高温、高压技术可以进行地球核心的模拟研究，可更多地了解煤、石油等有机沉积物的起源和组分，对如何利用已有的矿藏和勘探新的化石燃料有重要意义。研究陨石可提供有关太阳系和银河的起源、演化与组成的信息，在某些陨石中发现的有机化合物，提供了存在生命前身化合物、星际分子和彗星物质的线索。

凝聚态物理学 condensed matter physics 研究凝聚态物质的宏观性质及其微观本质的物理学分支。凝聚态物质的共同特点是原子（或分子）的间距与原子（或分子）本身的线度有大致相同的数量级，因而原子（或分子）间有较强的相互作用，这使凝聚态物质表现出具有一定的体积和压缩率很小这些共同的宏观特征；在微观结构上则具有长程有序（晶体）或短程有序（液体）的特点。与气体相比，凝聚态物质具有迥然不同且更为多样化的属性。凝聚态物理学涉及范围极广的研究领域。自建立了量子理论后，晶态固体的一系列基本宏观性质得到了较好的理论解释，逐渐形成了较完整的晶态物理学基础。以后，晶态物理所研究的内容又有极大的扩展，如开始了对非晶态固体的研究，从完整的和纯净的晶体转移到对杂质和缺陷的研究，从体内性质扩展到表面和界面性质的研究，由平衡态转向瞬态、亚稳态和相变的研究，从常温常压条件转向极低温和超高压条件下的研究，以及从普通晶格扩展到超晶格（一种由不同单晶薄膜周期性地交替叠合而成的人工晶格）的研究，等等。所有这些构成了固体物理学这个宏大学科，按所研究的问题的不同，固体物理学又分出结晶学、金属物理学、半导体物理学、电介质物理、磁性物理学、表面物理学和超导物理学等分支学科。凝聚态物理学除上述内容外还包括对液态氦和液晶的研究内容。凝聚态物理学由于其实用性强，与其他自然科学领域联系紧密，已成为物理学发展的重点之一。

凝血因子 blood coagulation factor 一组参与血液凝固反应的分子。是血液中的固有成分，共有13种凝血因子（Ⅰ～ⅩⅢ）。

凝血是血液形成凝块的过程，它的形成可防止血管破裂后的大出血；在异常情况下，没有破裂的血管里，也可以形成凝血块，造成血管阻塞。凝血过程大致可包括凝血酶原的激活及凝胶状纤维蛋白的形成两个阶段。凝血因子Ⅱ、Ⅶ、Ⅸ、Ⅹ、Ⅺ和Ⅻ都是水解酶，正常情况下和凝血酶一样都是以酶原的形式存在。因子Ⅻ一旦被激活，这些蛋白水解酶的酶原经酶促激活反应级联放大，使凝血过程能在短时间迅速完成。凝血因子Ⅲ、Ⅴ和Ⅷ为辅助因子。因子Ⅰ形成凝胶，因子ⅩⅢ使凝胶交联。此外，凝血因子Ⅳ是无机的钙离子。血液凝固是非常复杂的过程。除了上述的凝血因子外，还有其他的蛋白质（如抗凝血酶Ⅲ、蛋白质C、蛋白质S以及vWF因子）、糖类（如肝素）、磷脂及血小板参与凝血的调控。

一些参与级联反应的凝血因子的基因缺陷，能引起疾病。例如A型（甲型）和B型（乙型）**血友病**，以及vWF因子缺乏症（血管性假血友病），分别与凝血因子Ⅷ、因子Ⅸ和vWF因子的缺陷有关。许多血纤维蛋白原突变可导致异常出血或容易发生血栓的倾向。抗凝血酶Ⅲ、蛋白质S和蛋白质C如有缺陷，临床上表现为静脉中血栓形成的倾向增加，及周期性肺部栓塞。

牛 cattle 偶蹄目牛科牛属和水牛属动物的总称。人型食草性反刍动物。牛在中国古代是牛亚科中不同种和不同属家畜的统称。通常指黄牛或普通牛和**水牛**，也包括牦牛和犎牛。具多种用途：肉和乳可供食用，皮属工业原料；牛还可提供役力和肥料等。生物特性依不同牛种（属）而异。其共同点为牙齿32枚，其中门齿8枚，上下臼齿24枚，无犬齿。上颚无门齿，只有齿垫。胃分瘤胃、网胃、瓣胃和皱胃等4室，以瘤胃最大。反刍。蹄分两半。鼻镜光滑湿润，如出现干燥，即为患病的征兆。单胎，双胎率一般仅占1%～2%。除高寒地区的牦牛因终年放牧，受气候影响，属季节性发情外，舍饲的牛一般均为常年多次发情，四季均可配种。发情周期基本相似，平均21天左右。

驯化的牛，最初以役用为主。以后，特别是18世纪以后，随着农业机械化的发展和消费需要的变化，除少数发展中国家的黄牛仍以役用为主外，普通牛经过不断的选育和杂交改良，均已向专门化方向发展。现代牛可分为乳用、肉用、兼用和役用4个生产类型。此外，有些国家还培育成一种强悍善斗的斗牛品种，主要供比赛用。除西班牙广泛饲养外，其他一些国家如墨西哥、秘鲁、葡萄牙等也有饲养。

牛蒡 *Arctium lappa*; edible burdock 菊科牛蒡属的一种。二年生草本植物。又称大力子。原产亚洲，中国从东北至西南均有野生分布。

肉质直根圆柱形，较长。茎粗壮。基生叶丛生，茎生叶互生，心脏形。头状花序，从生或排列呈伞房状、花筒状。瘦果，长纺锤形，暗灰色。喜温暖、湿润，较耐寒，又较耐热。喜较强光照。宜于土层深厚、质地疏松、富含有机质的砂壤土或壤土种植。常用品种有日本的柳川理想、山田早生等。用种子繁殖。条播或穴播。一般9月开始收获，直至翌年4月。

牛蒡肉质根含有糖类、胡萝卜素等营养物质。并具有促进血液循环、降血压、降血糖及壮阳补肾等功效。可去皮浸清水脱涩后凉拌、炒食、燉食、炸食，也可盐渍后食用。

牛顿 newton 国际单位制中表示力的导出单位。简称牛。符号为N。是千克米每二次方秒（$kg \cdot m/s^2$）的专门名称。为纪念英国物理学家、数学家**I.牛顿**而命名。定义为使质量为1千克的物体产生加速度为1米/秒^{2}的力，即1牛＝1千克·米/秒^2。这个单位在1900年第一次提出，当时定名为大达因，4年后改用牛顿。直到1938年被国际电工委员会正式采纳，并于1948年由第9届国际计量大会承认。1牛等于厘米克秒制中的10^5达因。

牛顿 Newton, Sir Isaac（1643-01-04－1727-03-31） 英国物理学家、数学家、自然哲学家和天文学家，经典物理学理论体系的建立者。生于英格兰林肯郡伍尔索普镇，卒于伦敦。

生平 出身于农民家庭。中学时爱读书，对自然现象有强烈的好奇心，但学习成绩并不出众。1661年以减费生的身份进入剑桥大学三一学院。在名师I.巴罗的教导下，牛顿学习了算术、三角、欧几里得的《几何原本》，读了J.开普勒的《光学》、笛卡尔的《几何学》和《哲学原理》、伽利略的《两大世界体系对话》，R.胡克的《显微图集》及早期的《哲学学报》等。1665年伦敦大疫，学校停课，牛顿返回故乡。在家乡居住的两年是牛顿重大科学思想孕育、萌发和形成的时期，他创立了级数近似法以及一般的二项式展开定理，创立了微分（正流数）法，研究了颜色理论和积分（反流数）法，成为微积分发明人之一。牛顿还开始研究重力问题，并把重力理论推广到月球的运行轨道上去。1667年，重返剑桥大学。1668年选为三一学院的正院侣。1669年接替巴罗教授，任卢卡斯讲座教授。写下了光学讲稿、算术和代数讲稿、《自然哲学的数学原理》(简称《原理》）的一部分及《宇宙体系》等手稿。1672年选为皇家学会会员，1703年为该学会主席。1699年任造币厂厂长，对英国造币及改革币制有功。1705年封为爵士。晚年研究宗教。牛顿逝世后，以国葬礼葬于伦敦西敏寺大教堂。

反射望远镜的发明和《光学》的发表 在牛顿前，折射式望远镜（开普勒和伽利略望远镜）早已发明并广泛用于天文观测，但都无法消除物镜的色差。1668年，牛顿发明了以金属磨成的反射镜为物镜，避免了物镜的色差。经改进后制成了放大率更大的第二架反射望远镜，为皇家学会作为珍贵科学文物保存。1666年，他开始用三棱镜来研究太阳光的色散现象并对此作出结论，即牛顿的色散理论，他关于白光由色光组成的发现为物理光学奠定了基础。1672年牛顿将结论送交皇家学会评审，竟引起一场尖锐论战，持光波动说的**C.惠更斯**和**R.胡克**均反对他。尽管牛顿通过牛顿环的观测研究首先发现了光的干涉，但却认为光波动说不能解释光的直线进行，而持光的微粒学说。双方争论持续多年，到19世纪20年代，由**T.杨**、**A.-J.菲涅耳**等人经光的干涉、衍射及偏振建立起来的理论，以及**A.H.L.斐索**测水中光速的实验结果，才完全推翻光的微粒说，确立了光的波动理论。20世纪初**A.爱因斯坦**从**光电效应**提出新的光微粒说——光量子理论。今已经明确，光具有波粒二象性。

牛顿的《光学》是物理学的巨著。书中涉及光学及物理学诸多其他方面的问题。1730年出版了牛顿生前校订过的《光

牛顿在做光学实验

学》第四版。现流行的1931年版本就是根据第四版重印的。

万有引力和《自然哲学的数学原理》 16世纪丹麦天文学家B.第谷对行星绕日运行作了长期的观测，记录了大量准确可靠的天文数据资料，他死后20年，由德国天文学家J.开普勒整理分析这些资料，总结出行星运动的三定律——开普勒定律。牛顿又在该定律的基础上总结提高，得到万有引力定律 。万有引力定律不但能解释行星的运动，还能解释其他天体的复杂运动及地球上的潮汐现象等。牛顿的万有引力理论一直用于天文学，直到广义相对论出现后才被修正。

1687年7月《自然哲学的数学原理》拉丁文版问世。1729年由A.莫特将其译成英文付印，即今所见流行的《原理》英文本。《原理》的开头和第一编介绍了力学的基本运动三定律与基本的力学量；其中质量的概念是由牛顿首先提出及定义的。第二编中讨论了物体在阻尼介质中的运动，提出阻力大小与物体速度的一次及二次方成正比的公式。还研究了气体的弹性和可压缩性，以及空气中的声速等问题。第三编题为宇宙体系，讨论了太阳系的行星、行星的卫星和彗星的运行，以及海洋潮汐的产生，涉及多体问题中的摄动。全书贯穿了牛顿和G.W.莱布尼茨分别独立发明的数学方法——微积分法，这是牛顿最伟大的成就之一。

牛顿集16～17世纪科学先驱者的大成，建立起一个完整的理论体系，以概括万物的运动规律。这是人类认识自然历史中第一次的理论大综合。牛顿力学是经典物理学、天文学、现代工程力学以及与之有关的工程技术的理论基础。这些成就，使以牛顿为代表的机械论的自然观，在整个自然科学领域统治长达了200年之久。

哲学、宗教及其他成就 牛顿的万有引力定律和运动三定律把天上的星体运动与地上的运动完全统一起来，实现了天地间的统一。这是牛顿在自然哲学上的伟大贡献。牛顿排斥了机械的以太观点，由万有引力而提出了超距作用的概念。尽管他本人并不认为这是最终解释，但此后质量间或电荷间的相互作用的超距性的观念一直占支配地位，直到J.C.麦克斯韦电磁场论的近距作用出现。

牛顿坚信一切来自实验和最终归回实验的现代科学唯物主义的精神，他关于实验的论述开启了实验科学的大门。爱因斯坦曾指出：“在牛顿之前还没有什么实际的结果支持那种认为物理因果关系有完全链条的信念。”牛顿是完整的物理因果关系的创始人，而因果关系正是经典物理学的基石。牛顿是崇信上帝的基督教徒。他科学成就虽很大，但有些认识却是唯心的，例如对太阳系的起源，他归因于“上帝的一击”。

牛顿环 Newton's rings 由一个透镜和一块平板玻璃（或两个透镜）所夹空气薄层所形成的等厚干涉条纹。最早由R.玻意耳和R.胡克各自观察到，后I.牛顿曾作过仔细的研究并试图用光的微粒说进行解释，正确的解释则归功于光的波动说的支持者T.杨。平凸透镜与平玻璃板间夹一层厚度不均的薄空气层，以单色平行光垂直入射。入射光在空气层上下两表面反射后，所得两束反射光在空气层附近叠加而产生等厚干涉条纹。

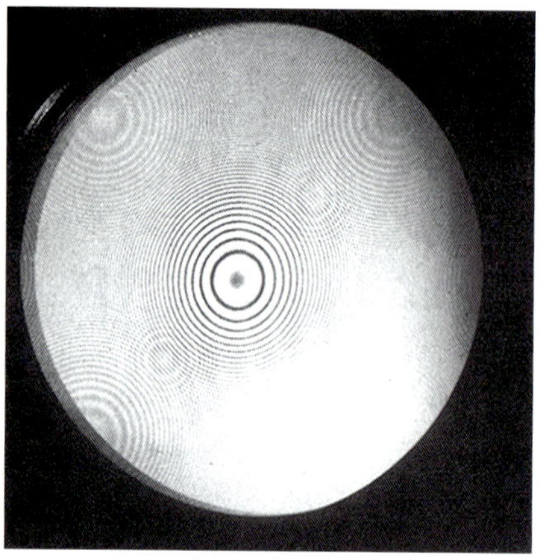

牛顿环（照片）

利用牛顿环可测量透镜表面的曲率半径，公式为

$$R=\frac{r_{k+N}^2-r_k^2}{N\lambda},$$

式中r_k和r_{k+N}为第k条和第$k+N$条暗（或明）纹的半径；λ为波长。牛顿环还可用来检验透镜的曲率半径是否符合设计要求或是否均匀一致。

牛顿力学 Newtonian mechanics 经典力学的组成部分，以牛顿运动定律为基础研究物体机械运动的规律。

牛顿运动定律 Newton's laws of motion 牛顿第一定律、牛顿第二定律、牛顿第三定律的总称 。发表于1687年出版的《自然哲学的数学原理》(简称《原理》) 中。它们把天体的运动和地面上物体的运动纳入统一的理论体系中，构成了经典力学的基础。牛顿运动定律适用于宏观、低速且在惯性系中运动的物体。

第一定律（惯性定律）：任何物体都保持静止或作等速直线运动，除非施加外力迫使其改变这种状态。第二定律（运动定律）：物体运动量的变化永远与所施加的力成正比，并沿该力作用线的方向发生。第三定律（作用与反作用定律）：对于每一个作用，总有一个大小相等方向相反的反作用；或者说，两个物体之间的相互作用总是大小相等方向相反。

牛轭湖 yoke lake 河曲被截后废弃的河道形成的湖泊。为平原河曲发展的产物，因形状似牛轭故名，又称弓形湖。平原地区河流，河曲发育，含沙量较少的表层水流冲向凹岸，含沙量较多的底层水流流向凸岸。随着流水的长期作用，凹岸冲刷塌陷，凸岸淤积扩散，河道更加曲折多弯，相邻两个弯道的凹岸逐渐接近；上下游水位差较大，遇到大水，就将漫滩冲开，导致河流自然截弯取直。河水由取直部位径直流去，原来弯曲的河道被废弃，废弃弯道的上口门与下口门先后被淤积堵塞，就形成与新河隔离的湖泊。牛轭湖的形成是河道弯曲衰亡的标志，对研究河道演变具有重要的意义。

牛肝菌 Boletales; bolete 牛肝菌目种类的统称。伞菌类大型真菌中的一类高等担子菌。有18科89属约有1 000余种，中国约有300种。分布世界各地，常出现在降雨量适合大多数伞菌类真菌生长的季节和地点，秋季是牛肝菌生长的季节。子实体生长于地面，形如雨伞，颜色分明，呈红、黄、褐、黑等，易腐烂。菌盖厚，菌柄生于菌盖中央，菌肉受伤时常变蓝色或其他颜色。子实层生于菌管内，担子无隔、棒状，担孢子在显微镜下多为长形，黄色、褐色等，光滑，或有纹饰。其形状、大小、颜色和纹饰为分类依据。

牛肝菌有重要的经济价值。许多种与林木共生形成外生菌根，如用厚环乳牛肝菌等接种油松，培育出良好的树苗。不少种可供食用和药用，如著名的美味牛肝菌、铜色牛肝菌和褐环乳牛肝菌等。见食用菌。

牛河梁遗址 Niuheliang 中国新石器时代红山文化祭祀建筑和积石冢群相结合的遗址。位于辽宁建平和凌源两县交界处牛河梁北山。1983年开始发掘。年代为公元前3600～前3000年。遗址以“女神庙”为中心，周围分布积石冢群。积石冢间有一座石砌圆形三层阶祭坛。“女神庙”由北、南两组半地穴式建筑构成。庙内出土的人物塑像具女性特征。其中一件彩塑“女神”头像面涂红彩，嵌淡青色圆形玉片为眼睛，额上的箍状物可能是发饰或顶冠，形象细腻生动。积石冢已发现20多座，冢内往往以一二座

“女神庙”泥塑女神头像

地位尊贵的大型墓为主墓，周围或上部附葬多座小墓。主墓随葬品多玉器，有猪龙形玉雕、钩云形玉佩、玉璧和玉龟等，种类和数量随墓的大小而异，小墓空无一物。积石冢反映的社会成员贫富和等级分化，显示出原始公社走向解体的迹象。牛河梁的“女神庙”、祭坛和积石冢，对探索中国文明的起源有重要价值。1988年国务院公布牛河梁遗址为全国重点文物保护单位。

牛街礼拜寺 Niujie Mosque 中国伊斯兰教清真寺。旧称岗上礼拜寺，又名西寺、大寺。位于北京西城区牛街。北宋至道二年（996）初建，历代均有续建，明成化十年（1474）奉敕赐名礼拜寺。建筑风格古朴，由礼拜殿、宣礼楼、望月楼、南北碑亭等组成。大殿五楹三进，由3个屋顶环以围廊构成勾连搭形式，18根立柱组成21个拱门。后部穹窿藻井为宋代建筑，两侧有阿拉伯文库法体书法的镂空雕窗。寺内有明弘治元年（1488）敕赐礼拜寺碑，弘治九年增修礼拜寺碑等。东南跨院内有两座宋末元初来寺讲学的两位中亚长老的坟墓，两块阿拉伯文墓碑仍然完好。

牛津 Oxford 英国英格兰南部牛津郡首府。文化古城，以**牛津大学**而闻名于世。位于伦敦西北恰尔韦尔河与泰晤士河交汇处。面积35.6平方千米。人口约14.93万（2009）。始建于10世纪。城市可分为两部分：一是以汽车制造为主体包括钢铁、机械和电子工业的现代工业城；二是建于12世纪中叶的牛津大学所在地。市内有教堂、城墙遗址等古迹。因多哥特式尖塔建筑而被称为“尖塔之城”。出版和印刷业发达，尤以出版英语教材和各类学术书籍闻名。

牛津大学 University of Oxford 英国最古老的大学。12世纪中叶创立于牛津城，因地得名。最初是贫苦学者合居读书之处，后来才发展为学习神学、人文科学、自然科学的学府。初期的几个学院成立于13世纪中叶。各个学院拥有各自的土地、产业、

牛津大学基督教堂学院

基金，在经济上和教学上都独立自主，院内事务由院士们所选的院长主持；大学本部只是各学院为了进行考试、授予学位、维持学生纪律以及调整学生与市政当局之间的关系而成立的联合行政机构，到19世纪职权才有所扩充。

牛津大学现有约40个学院和若干准学院（称为“永久性私人学堂”，为各宗教教派所办），此外还有继续教育学院以及坦普尔顿学院。各学院规模不等，但都在500人以下。

牛津大学的各个学院及其机构散布于牛津全城。有人类学和地理学学部，生物科学学部，临床医学学部，英语和文学学部，法学学部，经典、哲学和古代历史学部，数学学部等十几个学部。文科学部下一般不再分系，理科学部下又分成30多个系，有的学部还设一些中心和研究所。

牛津大学的研究力量雄厚，在其教师队伍中，有80多位皇家学会会员，100多位英国科学院院士。在数学、计算机科学、物理、生物学和医学等领域，学术水平都名列英国乃至世界前茅。至21世纪初，培养过4位英国国王和至少8位外国君主，56位**诺贝尔奖**得主，3位**费尔兹奖**得主，25位英国首相，28位外国总统和首相。

牛津大学的博德利图书馆是英国第二大图书馆（仅次于不列颠图书馆），藏书600万册。牛津的阿什莫尔博物馆建于1683年，是英国最古老的博物馆。牛津大学出版社已有500多年历史，是世界上最大的大学出版社。

牛郎织女传说 myth legend of Cowhand and Weaver Maid 中国民间传说。主人公牛郎和织女是从牵牛星和织女星的星名衍化而来。

汉魏间，牵牛织女两星开始人格化，民间便有了口头叙事作品。汉应劭《风俗通义》佚文引《岁华纪》载：“织女七夕当渡河，使鹊为桥。”南朝梁宗懔《荆楚岁时记》云：“天河之东有织女，天帝之子也。年年织杼劳役，织成云锦天衣。天帝哀其独处，许配河西牵牛郎。嫁后遂废织纴。天帝怒，责令归河东，唯每年七月七日夜渡河一会。”这大约是传说的较早面貌。后来故事中的天帝，被说成是王母娘娘，织女则成为她的外孙女，牛郎是人间的看牛郎。织女下凡与牛郎婚配，并生一男一女，最后王母将织女捉回，用发簪在她和牛郎之间划出一道天河。牛郎携儿女追逐，被河所阻，只能在每年七夕时靠喜鹊架桥相会。这天夜晚，妇女集于瓜棚下，还可听到他们相见时的哭声。

牛郎织女传说千余年来家喻户晓。牵牛织女之名，从《诗经·大东》中就可以看到，如“跂彼织女”、“睆彼牵牛”等。《**古诗十九首**》中的《迢迢牵牛星》中有关于它的歌咏。作品在流传演变中，由原来的隔河相望变成七夕鹊桥相会，融进了人们对牛郎织女的同情，增加了理想成分。这个作品在传承过程中还衍生出许多变异说法。

牛郎织女传说与七月七日的乞巧风俗结合非常紧密。《荆楚岁时记》较早记载这个传说对风俗的影响：“七月七日为牵牛织

民间年画《牛郎织女》（清末，山东高密）

女聚会之夜。是夕人家妇女，结彩缕，穿七孔针，或以金银石为针，陈瓜果于庭中以乞巧，有喜子网于瓜上，则以为符应。”

牛李党争 Struggle between the Li Party and the Niu Party 中国唐朝后期朝廷大臣之间的派系斗争。牛党的首领是牛僧孺。李党的首领是李德裕。也有学者认为牛李专指**牛僧孺**、**李宗闵**，而**李德裕**无党。

唐宪宗元和三年（808），牛僧孺、皇甫湜、李宗闵三人在对策中痛诋时政，引起宰相李吉甫的不满。因此宪宗将考官和审查考卷的翰林学士免职贬官，牛僧孺等三人也不予重用。事后颇有人上疏为牛僧

孺等鸣不平。宪宗又于同年出李吉甫为淮南节度使，初步形成两派对立的形势。元和年间两派争论的焦点是如何对待**藩镇割据**。宰相李吉甫、武元衡、裴度等主张武力平叛；另一派宰相李绛、韦贯之、李逢吉主张安抚妥协。由于宪宗和当权**宦官**支持前者，因此，主战派得势，反对派则利用舆论与之抗衡。李吉甫死后，主战派的中心人物是裴度，反对派的中心人物是李逢吉。

长庆元年（821），进士科考试中，前宰相段文昌向穆宗奏称贡举不公，翰林学士李德裕、元稹、李绅也都说段文昌所揭发是实情。李宗闵等人都因此被贬官。从此“德裕、宗闵各分朋党，更相倾轧，垂四十年”。双方各从派系私利出发，互相排斥。

此后在穆宗、敬宗、文宗三朝，除去大和九年（835）**甘露之变**前夕，牛李两党都被当时掌权的李训、郑注排斥朝外，大体上是两党交替进退，一党在朝，便排斥对方为外任。

开成五年（840），文宗死，牛党和他们依靠的**宦官**所支持的继承人未能继位，另一派宦官拥立唐武宗即位，牛党失势。李德裕自淮南节度使入为宰相，开始了李党独掌朝政的时期。李德裕虽在会昌年间讨平泽潞叛乱、破**回鹘**、废佛教等几个方面作出成绩，但他独断专行、排斥异己的作风不但为反对派所憎恨，也为宦官所不满。会昌六年（846）宣宗即位。宣宗早就厌恶李德裕，即位之后即贬之外任，李党纷纷被斥。牛党相继入相，牛僧孺、李宗闵也被召还朝（李宗闵不及还朝即死）。李德裕被贬为崖州（今海南琼山东南）司户，死于贬所。牛李两党之争终于以牛党获胜结束。

《牛虻》 *Gadfly* 英国女作家E.L.**伏尼契**所著小说。1897年发表。小说叙述了19世纪30年代初至1848年革命前夕意大利革命者反对奥地利统治者、争取独立和统一的斗争。主人公亚瑟（化名“牛虻”）出生在意大利的一个英国富商的家庭，但他的生父实际上却是当地神甫蒙太尼里。在严酷的现实教育下，他识破了天主教会的虚伪，愤然出走。经历无数磨难，成了一个坚定的革命者。被捕后英勇不屈，从容就义。蒙太尼里亲眼目睹儿子从容就义而精神失常，后猝死。小说的俄译本、中译本在苏联和中国都拥有大量读者。

牛皮癣 neurodermatitis psoriasis 以皮肤瘙痒，苔藓化，形如牛皮，坚硬顽固，难以治愈为特征的常见皮肤病。**银屑病**的俗称。此病在隋代《诸病源候论》称摄领疮，明代《外科正宗》命名为牛皮癣。此病虽名曰癣，其实并非癣菌引起，而是一种皮肤神经功能障碍性皮肤病。

牛皮蝇 *Hypoderma*; warble fly/cattle grub **双翅目**皮蝇科牛皮蝇属昆虫的统称。除新热带界外，其余各大动物地理区均有分布。成虫体长11～18毫米，形似蜂类。头部具长而密或较短的毛，触角第3节宽而平滑，

牛皮蝇雌蝇背面

发亮；复眼距离甚远，额宽大；喙退化。中胸盾片上的纵条很发达，亮黑色，小盾片背面常有直立的毛；后小盾片很发达。足的股节基部和中、后胫节中部明显增粗；爪垫发达。腹部常具淡色毛。

中国常见的有牛皮蝇和纹皮蝇两种。幼虫均寄生在牛背部皮下组织内，引起慢性的寄生虫病；偶尔寄生于人、马、驴、羊、鹿和野生动物。由于皮蝇幼虫的寄生，致使牛等的皮革质量降低，产乳量下降，患畜消瘦，幼畜发育不良，严重影响牧区畜牧业的发展。

牛僧孺 Niu Sengru（779～847） 中国唐朝穆宗、文宗时宰相。字思黯。安定鹑觚（今甘肃灵台）人。贞元二十一年（805）登进士第。唐宪宗元和三年（808），与李宗闵、皇甫湜应制科对策，三人策文指斥时政，触犯宰相李吉甫。僧孺授伊阙尉，在元和朝不得志。后来，僧孺、宗闵与**李德裕**（吉甫子）等纷争数十年，这次科场案为起因。

穆宗时因拒绝贿赂，获得穆宗赏识。长庆三年（823），为中书侍郎、同平章事。文宗大和三年（829），僧孺再次入相，德裕出为郑滑（今河南滑县东）节度使。五年，吐蕃维州（今四川汶川西北）守将悉怛谋降唐，剑南西川（今四川成都）节度使李德裕派兵入驻维州城，并奏陈用兵事宜。僧孺认为唐与吐蕃结盟，不宜违约开衅。文宗从僧孺议，命德裕撤退驻兵，送还降将。文宗后来对维州的处理不免后悔，僧孺也知文宗对他不满，便主动告退，出为淮南（今江苏扬州北）节度使，累迁东都留守、山南东道（今湖北襄阳）节度使。唐武宗即位后，李德裕当权，僧孺被罢为太子少师。会昌四年（844），又以交结泽潞（今山西长治）叛藩的罪名，贬为循州（今广东惠州）长史。宣宗即位后，李党尽被贬谪，大中元年（847），僧孺复原官太子少师。同年卒。僧孺好文学，著有传奇集《玄怪录》等。

牛市与熊市 bull market and bear market **股票市场**用语。牛市指**股票价格**看涨、发展前景看好的股市状态。“牛”在华尔街表示乐观主义者。股市行情能否向牛那样向上冲主要取决于本国经济是否繁荣稳定，就业人口和人均收入是否增加，企业利润是否增加，银行利率是否合理，政府的政策是否有变化，同时也受到国际及国内政治环境的影响。股票市场供求状况、大户买卖状况、广大投资者的心理状态等，也对股市行情的变化发生重大的影响和制约。

熊市指股票价格看跌、发展前景不妙的股市状态。“熊”在华尔街代表悲观主义者。股市行情向熊那样头朝下慢慢下行，主要发生在**经济危机**或萧条时期。国家政策发生重大变动，国内、国际政治动荡，机构大户带动广大投资者纷纷抛售股票，也会使股市由“牛”变“熊”。

牛属 Bos 牛亚科的一属。通称野黄牛。共有4种：①犍牛。分布在云南南部及印度、缅甸、泰国、中南半岛与马来半岛。②大额牛。见于印度阿萨姆和缅甸北部。③爪哇牛。产于爪哇、婆罗洲、苏门答腊和缅甸。④森林牛。仅产于柬埔寨。体格大小各异，一般体长2～3米，肩高1.4～2.2米，其中以犎牛最大，雄性身体比雌性强大；两性均具角，横切面呈圆形；有的种类颈下垂肉发达，有的不明显；雄性上体通常深棕褐色、灰褐色、棕黑色，雌性毛色略浅；腿的下部多白色。

栖息于阔叶林、竹林、稀树草地或丛林中，5～30头结群活动，白天喜在沟谷密林中隐蔽。冬季交配，8～9月份产仔，每胎多为1仔。

野黄牛与牛属其他动物交配，可得具有能育性的后代，在科学实验上具有一定的意义。

牛王节 Cattle King Festival 中国南方壮、侗、苗、土家、仫佬、仡佬、彝等少数民族传统节日。流行于广西、贵州等地。又称牛魂节、敬牛节、牛神节。主要内容是以各种形式为耕牛过节。各民族节庆时间不一，有的在春耕前后，有的固定在农历四月初八，有的则在六月初六或十六以至秋收后进行。各族节庆方式大同小异，一般是让牛休息，喂牛糯米饭等。四月初八是壮族牛王节。壮族人认为牛受到人的鞭打呵叱而失魂，所以要在春耕后牛王生日之时进行慰劳，为之招魂并让它休息。各家要由家长牵牛绕桌一周，然后喂糯米饭、甜酒、鸡蛋汤或绿豆汤等。小孩要在牛角上缠红纸，祝贺牛的生辰，大人还要打扫修整牛栏。苗族要用米粑或糯米饭喂牛，并把两块粑粑挂在牛角上，用酒抹鼻以示慰劳；土家族人盛装聚集在牛王庙，以酒、肉、米粑上供，吹唢呐、放鞭炮、跳摆手舞以娱乐牛王。

牛膝 *Achyranthes bidentata*; twotooth achyranthes 苋科牛膝属的一种。分布除中国东北外，几乎遍及全国。朝鲜半岛、俄罗斯、印度、越南、菲律宾、马来西亚、非洲也有分布。多年生草本。根圆柱形，土黄色。茎直立，高达1米，方形，节膨大。单叶，对生，长圆形或椭圆状披针形，全缘；叶柄长0.5～3厘米。穗状花序；花两性；花被片5，披针形，干膜质；雄蕊5，下部结合成短杯；心皮1，子房长椭圆形；花期5～6月。胞果矩圆形，包花被内，内有1种子，矩圆形，凸镜状；果期8～9月。生长在山坡林下。根及全草可入药，能活血行瘀、通利关节。

牛仔舞 jive 国际标准舞的一种。俗称爵士扭摆舞。起源于美国南部黑人的爵士乐和吉特巴格舞。

牛仔舞舞姿

这种4拍子节奏的扭摆舞，主要动律集中体现在舞者胯部的“扭”和“摆”上，但同其他也重扭摆的拉丁舞不同，牛仔舞的“扭摆”更加松弛自然，表现出随心所欲的美感。牛仔舞的服装则是地道的牛仔装。

牛仔装 cowboy suit 以牛仔布为主要面料缝制而成的套装。主要由牛仔夹克衫与牛仔裤或牛仔裙配套组成。此外还有牛仔衬衫、牛仔背心、牛仔泳装、牛仔帽、牛仔靴等品种。

沿革 牛仔装是以牛仔裤为基础发展起来的。1850年，德国人L.斯特劳斯用帆布裁制成工装裤在美国加利福尼亚矿区出售，并以美国西部传奇英雄“牛仔”命名。裤的两侧设斜插暗袋，后身设两个贴袋。1873年牛仔裤有所改进，在前后袋口两角铆有铜铆钉，右后袋上方铆有铜牌商标，门襟采用拉链，布料染成靛蓝色。1890年，斯特劳斯在美国建立利惠公司，生产利惠牌牛仔裤。20世纪以来，牛仔裤风行世界。60年代，美国和西欧一些国家在牛仔裤的基础上发展生产牛仔装，相继出现牛仔夹克衫、牛仔裙等产品。中国于80年代开始流行牛仔裤，并逐渐向牛仔装发展。

材料 大多以牛仔布为面料。牛仔布是一种坚固耐磨的低支纱斜纹棉布，又称坚固呢。现已开发出涤棉牛仔布、弹力牛仔布、毛涤牛仔布、真丝牛仔布等。在织造方面发展出正斜、破斜、色织、条格、提花、电子机绣、嵌金银丝等多种类型。在印染方面也由传统的靛蓝色拓展出浅蓝、白、煤黑、铁锈、孔雀绿、杏黄等多种颜色以及双色、印花等，但仍以靛蓝色最为流行。

制作 通常使用橘黄色粗线缝制，内缝线为链式结构套结缉缝，门襟用粗牙拉链，裤袋缝口处用金属铆钉铆合。把缝好的成衣和一定数量的浮石放入石磨水洗机，成衣与浮石反复摩擦，其表面产生一种退色磨毛的效果，使坚硬的布料变得柔软，通称石磨蓝。此外，还有酸洗、沙洗、喷砂和雪花洗等工艺，可使面料上呈现出美丽的色斑。制作牛仔装的专用设备有包缝机、裤腰机、钉扣机、铆钉机和锁结机等。

款式 除传统的紧身式外，还有宽松式。款式从保守走向夸张，装饰手法有钉珠、贴皮、花边、喷色、补丁、拼接、破洞等多种变化。传统型牛仔装强调配件和饰物，如牛仔领带、牛仔皮带、子弹袋、套马绳等；运动型牛仔装则注重简练、明快，不拔拄附件，穿着后便于活动。牛仔裤男女款式相同。儿童牛仔装还饰以彩色动物、卡通等图案。

纽埃 Niue 南太平洋中部岛屿，新西兰自治领。地处南纬19°、西经169°附近。属波利尼西亚岛群。面积约260平方千米。人口约1 514（2009），另有2万纽埃人居住在新西兰。属波利尼西亚人种。75%的居民信奉埃克利西亚纽埃教，10%信奉摩门教，5%信奉罗马天主教。通用纽埃语和英语。首府阿洛菲。

纽埃是一个正在上升中的珊瑚环礁。面积居世界同类型岛屿第二位，被称为“波利尼西亚之礁”。属热带海洋性气候。平均年降水量2 177毫米。年平均气温27℃。

1 000多年前，来自汤加和萨摩亚的波利尼西亚人在此定居。1900年成为英国保护地。1901年作为库克群岛的一部分归属新西兰。1974年10月19日实行内部自治。总理由立法会议选举产生。享有完全的行政和立法权力。防务和外交由新西兰负责。纽埃人民党是纽埃第一个政党。

自然资源贫乏。主要产业为农业、渔业和旅游业。主要出口芋头和蜂蜜。工业仅有小型水果加工厂。燃料、工业制成品需要进口。旅游业近年来得到一定的发展。公路全长128千米。1970年建成哈南国际机场。新西兰是纽埃最大援助国，援助额一般占纽埃国内生产总值的50%以上。货币为新西兰元。实行免费医疗。所有学校由政府管理，对5～14岁儿童实行义务教育。

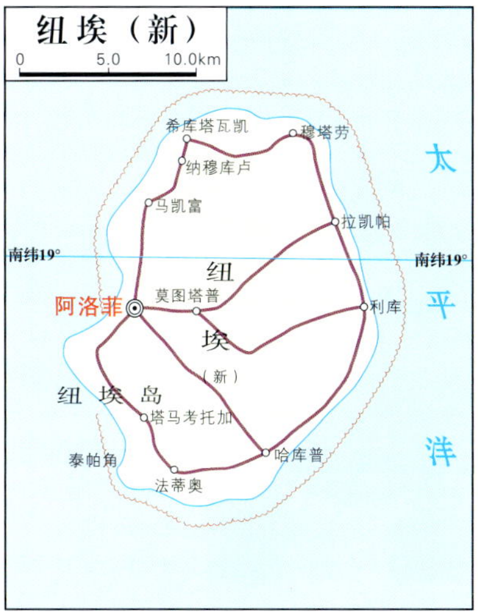

中国同纽埃无外交关系。纽埃同新西兰自由联系。

纽埃人 Niues 南太平洋中部纽埃岛的民族。为波利尼西亚人的一支，属南方蒙古人种和澳大利亚人种的混合类型。近百年来混有少数欧洲人的血统。使用纽埃语，与汤加语相近，属南岛语系波利尼西亚语族；部分人通用英语。相传其祖先早在1 000多年以前从汤加、萨摩亚和库克群岛陆续迁来。生活方式与周围其他波利尼西亚人相近。居住在沿海农村的，主要从事农业，种植芋薯、果树，饲养猪、羊、鸡和养蜂，编织草席、网袋。1900年受英国殖民统治，1901年后由新西兰管理。1974年实行内部自治。虽受到外来文化的影响，但仍保留较多的民族文化特点。

纽卡斯尔 Newcastle upon Tyne 英格兰东北部港口城市，泰恩–威尔郡首府。全称泰恩河畔纽卡斯尔。位于泰恩河下游北岸，东距北海13千米。面积112平方千米。人口28.43万（2009）。建于罗马时代。1080年威廉一世之长子罗伯特二世用木头筑一诺曼人新城堡，由此得名（纽卡斯尔，英语即新城堡）。1172～1177年改用石头重建。14世纪中叶城市周围建造了许多城堡。1882年建市。经济以服务业为主，其他为计算机部件、摩托车和家具生产等。修船业虽已衰落，但与其有关的重工业仍较重要。铁路、公路枢纽。多中世纪教堂等建筑。文化中心，有纽卡斯尔大学、拉塞福理工学院、教育学院等，还有考古博物馆、科技博物馆和艺术博物馆。

纽康 Newcomb, Simon（1835-03-12～1909-07-11） 美国天文学家。生于加拿大新斯科舍省沃拉斯，卒于华盛顿。1853年他迁居美国。1858年毕业于哈佛大学，后任海军学院教授。美国国家科学院院士。曾领导美国航海历书局的工作。他是美国天文学会创建者和第一任会长。纽康利用1677～1881年水星凌日的数据，求得水星近日点进动的超差为每世纪43″。又根据前两个世纪的4次金星凌日的数据，于1895年算出太阳视差是8.797″。他把此值与英国天文学家吉尔整理的数值88.02″综合起来，得出修正后的值为8.80″。这个太阳视差值，连同岁差常数、章动常数、光行差常数，为1896年在巴黎举行的国际基本恒星会议所采用。以后国际上又陆续决定采用其他一些天文常数，构成纽康天文常数系统。这个系统虽有其缺点，但是使用了数十年。纽康还于19世纪末整理了100多年来的观测记录，求得水星、金星、地球、火星和天王星、海王星等的摄动数据。它们成为以后数十年编算这些行星历表的根据。纽康的主要著作有《球面天文学纲要》（1906）以及编历著作8卷。他的《通俗天文学》一书曾被译成多种文字。纽康还是英国皇家学会会员，圣彼得堡科学院院士。

纽科门 Newcomen, Thomas（1663-02-24～1729-08-05） 英国工程师，蒸汽机发明人之一。生于达特茅斯，卒于伦敦。纽科门出生于商人家庭，仅受过初等教育，做过铁匠。17世纪80年代与手艺人J.卡利共同研制、并于1705年制成有活塞的蒸汽机，取得"冷凝进入活塞下部的蒸汽和把活塞与连杆连接以产生可变运动"的专利权。此后，纽科门继续改进蒸汽机，于1712年首次制成可供实用的大气式蒸汽机，被称为纽科门蒸汽机。后经改进，该蒸汽机被欧洲一些国家采用。纽科门蒸汽机被广泛采用60多年，在J.瓦特完善蒸汽机的发明后很长时间还在使用。纽科门蒸汽机是第一个可供实用的蒸汽机，为后来蒸汽机的发展和完善奠定了基础。

1712年的纽科门大气式蒸汽机

纽拉特 Neurath, Otto（1882-12-10～1945-12-22） 奥地利哲学家，经济学家，社会学家。逻辑实证主义维也纳学派的创始人之一。生于维也纳，卒于英国牛津。就学于柏林大学，获哲学博士学位，后任教于海德堡大学。他在维也纳学派中有其独特的哲学观点和体系，主要表现在：①他和R.卡尔纳普一起提出了物理主义或统一科学的主张，试图排除有关"精神实体"和"物质实体"的"伪问题"，以及"精神科学"和自然科学的对立。②建立了以贯通论为基础的真理观。③提出了整体论观点，认为科学假说的有效性，并不完全依赖于某些观察实验的结果，而依赖于这些结果与某个系统整体的正负关系。在社会学方面，他以创立图形统计社会学而闻名。著有《哲学论文》、《经验社会学：历史和政治经济学中的科学内容》等。

纽伦堡 Nuremberg; Nürnberg 德国拜恩州北部工商业中心。位于慕尼黑西北佩格尼茨河畔小盆地中，与美因河畔富尔达组成双连市。面积186.5平方千米。人口50.35万（2010）。1050年建城堡，1219年辟为自由市，遂发展成为商业中心。19世纪中叶，随铁路及运河相继建成，城市经济发展迅速。1945～1946年建立纽伦堡国际法庭，审判24名主要纳粹战犯。

地处德国经济最具活力的南部地区，是德国十大经济区之一，纽伦堡地区的科技力量在德国97个经济区中名列前5位。全球享有盛誉的西门子股份公司、克维莱公司、根德公司、斯丹茨公司等都在此设有分部。纽伦堡生产总值高达5 000亿欧元以上，出口比例高达40%。交通与物流技术设备、机电一体化产品、新材料、电子技术、医疗技术、能源与环保是该区的重点经济领域。以生产玩具、铅笔、胡椒蜂蜜饼闻名，有"世界玩具首都"之称。德国东南部交通中心。市北有飞机场。

老城跨佩格尼茨河两岸，教堂、博物馆、高等院校。老城区以北是新住宅区，以南是工业区。

纽伦堡审判 Nuremberg trials 1945～1946年欧洲国际军事法庭在德国纽伦堡对第二次世界大战期间纳粹德国的首要战争罪犯和犯罪组织进行的审判。国际军事法庭第一次审判于1945年10月18日在柏林举行。从1945年11月20日开始，移至德国纽伦堡城举行。经过216次开庭，于1946年10月1日结束。法庭对24名被告中的22人作了宣判：H.戈林、M.博尔曼、H.弗兰克、W.弗里克、A.约德尔、E.卡尔滕布龙纳、W.凯特尔、J.von里宾特洛甫、A.罗森贝格、F.绍克尔、A.赛斯-英夸特、J.施特赖歇尔12人被处绞刑。其中10人被执行（戈林刑前自杀，博尔曼被缺席审判）。W.冯克、R.赫斯、E.雷德尔3人被判无期徒刑，B.von希拉赫、A.施佩尔、K.邓尼茨、K.F.von纽赖特4人被判10～20年徒刑，H.弗里切、F.von巴本、H.G.H.沙赫特3人被释放。在被起诉的组织和团体中，党卫军、特别勤务队和盖世太保以及纳粹党元首兵团被宣布为犯罪组织。德国内阁、总参谋部和国防军最高统帅部以及冲锋队被判无罪。

美国军事法庭在纽伦堡城对在纳粹德国政治、经济和军事机构与组织中身居要职的177名被告进行了12项后续审判，即：①医生审判（针对在战俘和集中营囚犯身上做医学试验）；②米尔希审判（针对E.米尔希元帅）；③法官审判（针对利用法律迫害犹太人和纳粹党反对派的高级司法官员）；④波尔审判（针对党卫军集中营管理机构的领导人H.von波尔）。⑤弗里克审判（针对大量使用外国强制性劳工的F.弗里克总裁和他的康采恩）；⑥法本公司审判（针对法本公司在占领区的活动）；⑦杀害人质审判（针对在东南欧反游击战中杀害人质的将军）；⑧种族和移民局审判（针对党卫军的种族计划）；⑨党卫军特别行动部队审判（针对奥伦多尔夫及其他特别行动部队的指挥官）；⑩克虏伯审判（针对克虏伯康采恩及其领导人）；⑪威廉大街审判（针对外交部高级官员及几个政府部长的破坏和平罪）；⑫国防军最高统帅部审判（针对最高统帅部的高级军官）。后续审判判处24人死刑（其中12人被执行），释放35人，其余被判有期徒刑。但到1956年即全部被释放。

纽伦堡审判根据下述4条罪行起诉和定罪：①策划、准备、发动或进行战争罪。②参与实施战争的共同计划罪。以上两条罪行合起来被称为破坏和平罪。③战争罪（指违反战争法规或战争惯例）。④违反人道罪（指对平民的屠杀、灭绝和奴役等）。纽伦堡审判为以后对破坏和平罪的审判奠定了基础，标志着国际法的重大发展。

纽伦堡原则 Nuremberg principle 国际法委员会从纽伦堡国际军事法庭宪章和法庭判决书中归纳出的关于惩处战争罪犯的国际法原则。

纽伦堡国际军事法庭宪章及法庭对纳粹战犯的审判和判决是国际法上的创举，对确立战争犯罪的国际责任制度具有历史性作用。原则包括7项内容：①任何实施在国际法上构成犯罪的行为者，均应承担责任并受到惩罚。②任何实施按照国际法构成犯罪的行为者，不因其国内法不加处罚而免除行为人在国际法上应负的责任。③任何实施在国际法上构成犯罪的行为者，不因其作为国家元首或政府官员身份采取的行动而免除行为人在国际法上应负的责任。④根据政府或上级命令行事的人，如其实际上存在着进行道义上选择的可能，亦不得免除其在国际法上应负的责任。⑤被控犯有国际法罪行的人，有权受到依据事实和法律的公正审判。⑥违反国际法应受处罚的罪行是反和平罪、战争罪、反人道罪。⑦共同实施反和平罪、战争罪以及反人道罪的行为都属国际法上的犯罪行为。按照纽伦堡原则的规定，"反和平罪"是计划准备发动或实施侵略战争，或违反国际条约、协定或保证的战争，或参加为实现上述任何一种战争的共同计划或阴谋。"战争罪"是违反战争法规则或惯例，包括但并不限于屠杀、虐待、奴役或为其他目的而放逐属于占领区或在占领区的平民；屠杀或虐待战俘或海上人员，杀害人质，劫掠公私财产，肆意毁坏城镇乡村或从事并非基于军事需要的破坏。"反人道罪"是随任何反和平罪或战争罪而起或与之相关的，对任何一地平民的屠杀、灭绝、奴役、放逐及其他非人道行为，或基于政治、种族或宗教原因而实施的迫害。

在上述7项原则基础上又先后形成战争罪犯无权要求庇护和战争罪不适用法定时效两项原则。

纽马克 Newmark, Nathan Mortimore (1910-09-22～1981-01-25) 美国力学和结构专家。生于新泽西州普兰菲尔德，卒于伊利诺伊州尚佩恩。1930年毕业于拉特格斯大学。后在伊利诺伊大学任教授、土木工程系主任。

纽马克的主要贡献是对于承受地震、风力、海浪、爆炸冲击等的结构，提供了设计方法和标准。他参加了大量炸弹、核武器爆炸试验，以及风浪对结构作用的试验。在结构的抗地震研究、地震的反应谱理论方面作出了贡献。他参与设计的一些工程如墨西哥城拉蒂诺美洲大厦等，都出色地经受了地震考验。

纽马克发表了230篇论文和报告，并与他人合著了《多层钢筋混凝土房屋的抗震设计》和《地震工程基础》等书。1968年获美国国家科学勋章，1980年获大不列颠结构工程师协会的金质奖章。

纽曼 Newman, Arnold (1918-03-03～2006-06-06) 美国摄影家。生于纽约，卒于纽约。1936～1938年在迈阿密大学学习艺术课程。1939年在费城等城市的照相馆工作，1941年在纽约公元画廊举办个人摄影展览，开始专事以艺术家为对象的肖像摄影，年末在布鲁克林博物馆举办《照相机所摄的艺术家》个人摄影展。《生活》杂志多次把他的人物肖像作品用于封面。1957年他获得第一届摄影报道会议奖和福特汽车厂年度报告奖。1958年去非洲拍摄土著部落生活。1963年他的个人摄影展在威尼斯双年展获得金奖。1967年出版《荣耀的斯特拉文斯基》。1974年《意识的眼睛：阿诺德·纽曼肖像摄影照片》展览在美国各地巡回展出，1975年获得美国杂志摄影家协会的"摄影生活文献"奖。此后，纽曼不断获得各种奖项，作品在各国展出，备受好评。

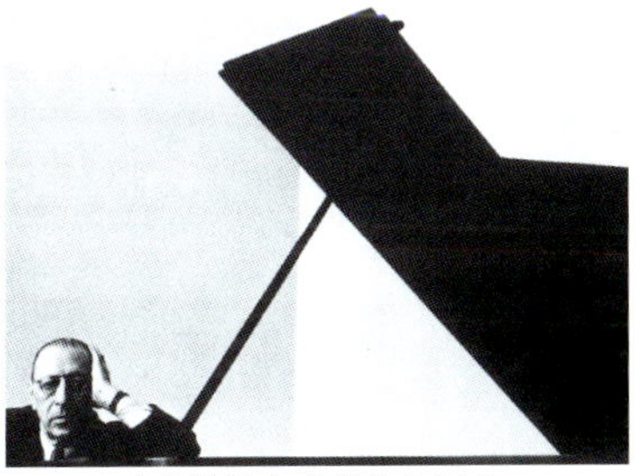

《斯特拉文斯基》(1946)

纽曼的作品涉及不同的领域，尤以世界著名艺术家为对象拍摄的人像作品最令人称道，他善于利用背景和现场的景物来突出人物个性，入微观察并深刻理解人物，构图严谨，从而使其作品显出与众不同的特色和魅力。

纽曼 Newman, John Henry (1801-02-21～1890-08-11) 英国神学家，英国国教会内牛津运动领导人之一。曾任国教会牧师。主编《时代书册》，并亲自撰写了其中24册，成为牛津运动发动者之一。呼吁英国教会恢复早期传统，维护圣事礼仪。1841年发表90号书册，强调圣公会与天主教的相近之处，使运动内部分化。1845年他退出圣公会转入天主教会，在英国国教会内造成极大反响。1879年被任命为红衣主教。曾撰文《为自己的一生辩护》，叙述其信仰变化经过。另著有《论基督教教义的发展》、《大学的理念》等。

纽曼 Newman, Paul (1925-01-26～2008-09-27) 美国电影演员、导演、制片人。生于俄亥俄州克利夫兰，卒于康涅狄格州韦斯特波特。曾求学于耶鲁戏剧学院。1952年参加纽约的演员讲习班。1953年在百老汇演出《野餐》，获得好评。同年出演第一部影片《银酒杯》。成名作是1958年与新婚妻子J.伍德沃德合演的《漫长的炎夏》(获戛纳电影节最佳男演员奖)。同年他的另一部影片《热铁皮屋顶上的猫》(又译《豪门巧妇》)使他获奥斯卡金像奖最佳男演员提名。此后又因《骗子》、《赫德》、《冷手卢克》和《裁决》等获6次奥斯卡金像奖最佳男演员提名。1963年到20世纪70年代中期，他一直是美国票房号召力最强的十大明星之一。1968年首次执导的影片《拉结，拉结》获纽约影评协会最佳导演奖。同一时期，他开始向制片方面发展，与他人合作组织了首艺公司。80年代因主演《金钱本色》获奥斯卡金像奖最佳男演员奖。

纽瓦克 Newark 美国新泽西州最大港口城市，纽约大都市区的一部分。位于该州东北部，帕塞伊克河河口，濒大西洋的纽瓦克湾，东距纽约曼哈顿区13千米。市区面积61.6平方千米，人口27.9万(2008)，其中黑人占一半以上。1666年建立移民定居地。1836年设市。1915年开港后，曾是美国主要造船基地之一。运输业在城市经济中占首要地位。纽瓦克港是纽约-新泽西综合港的主要组成部分，集装箱货运能力居美国各港前列。纽瓦克国际机场是纽约大都市区最繁忙的机场。工业部门多样，以中小企业为主，生产电子设备、皮革制品、汽车部件、化工产品、药品、纺织品、食品等。印刷、出版和保险业也占有重要地位，市内有世界最大的人寿保险公司。主要高等院校有新泽西理工学院(1881)等。市内多公园和文化设施，如军事公园、布鲁克公园、纽瓦克博物馆等。著名发明家T.A.爱迪生的研究所和故居辟为爱迪生国家历史纪念地。

纽形动物门 Nemertinea 动物界的一门。为无体腔的较低级的两侧对称三胚层动物。分无针纲和有针纲2个纲。约有750种，多生活在海底，少数生活在淡水或土壤中。

纽虫体为长形、圆柱状或背腹扁平呈

带状。头部不明显，前端常有眼点和其他感觉器官。口在近前端的腹面。前端有一吻孔，捕食时吻可由此翻出。消化管背方有一条能伸缩的吻，吻的末端有刺和毒腺，用以捕食小动物。皮肌囊包裹全身，后端具肛门。循环系统是闭管式的。多数纽虫雌雄异体，体外受精，少数体内受精。纽虫的发育有直接和间接两种。间接发育要经过帽状幼虫期。居住在隐蔽的地方，常有各种保护色。一些种类已过渡到寄生生活。纽形动物与扁形动物很接近，但从具肛门、有循环系统来看，它们在进化系统中比扁形动物高等。

纽约 New York　美国最大的城市和经济中心，世界特大城市之一，联合国总部所在地。位于美国东北部海岸，纽约州东南哈得孙河注入大西洋的河口处。市区面积785.8平方千米，由曼哈顿、布鲁克林、昆斯、布朗克斯和斯塔滕岛5个行政区组成；人口836.37万（2008）。纽约-北新泽西-长岛大都市区扩及纽约、新泽西、康涅狄格和宾夕法尼亚4州28个县，人口2 196.7万（2008）。居民种族构成复杂多样，白人占市区人口的44.7%（其中拉美裔占27%），黑人占26.6%，亚裔占9.8%，混血种人占18.3%，还有少数印第安人等。

纽约城区海岸曲折绵长，港汊纵横。地势低平，平均海拔26.5米。气候温和湿润。1月平均气温-0.3℃，7月24.9℃；平均年降水量1 200毫米，季节分配均匀，冬季多雪。

原是印第安人阿尔衮琴人的居住地。1524年意大利探险家G.da韦拉扎诺来到河口地区。1609年，受荷兰雇佣的英国航海家H.哈得孙沿河上溯勘察。1624年荷兰人在位于河口地区的曼哈顿岛和长岛建立定居点。1626年荷兰人以低价从印第安人手中购得曼哈顿岛，设立贸易站，命名新阿姆斯特丹。1664年该地被英国夺占，改名为纽约。1686年成为获得英王特许状的第一个殖民地城市。独立战争后，1785～1790年曾是美国临时首都，1789年第一次国会在此召开，同年4月首任总统G.华盛顿在

图2　纽约大都会艺术博物馆

此就职。

第三产业是城市经济的支柱。号称世界金融中心，证券交易、银行、保险、国际货币市场等在世界金融领域中有举足轻重的影响，纽约证券交易所雄踞世界首位，是西方经济的晴雨表。国内外名列前茅的大金融机构云集纽约，尤其在被称为“金融总汇”的曼哈顿华尔街。商业外贸、房地产、服务业、旅游业等均在城市经济中占突出地位。市内有各种商品交易所和期货市场，商贸繁盛，批发零售额居全国首位。有许多专门从事市场研究、广告、公共关系、管理咨询、工程设计的公司，提供各种专业服务。建筑业和房地产业也居全国领先地位。餐饮业发达，旅馆客房多达10余万间，并拥有众多现代化会议设施，旅游业颇盛。也是全国最大的广播电视、印刷出版和通信业中心，20世纪90年代成为巨大的电影制片业中心。制造业部门中以轻工业为主，企业规模较小，但专业化、现代化程度很高，其中服装业举世闻名，还有食品加工、纺织、皮革、制药等，重工业很少。高科技产业发展很快，包括微电子、计算机及软件、生物科技产品等，拥有大小高科技公司4 000家。纽约还是许多大企业总部的麇集地，全国500家最大工业公司中，有70多家总部设于此，如驰名全球的埃克森公司、莫比尔公司、IBM公司、美国电话电报公司等。

交通运输业发达。纽约港是世界著名天然良港。现代化装卸、仓储、干船坞等设施齐全，有各类专业化和集装箱码头泊位，140多条客货运航线通往世界各主要港口。美国重要铁路枢纽，多条铁路干线交会于此，以货运为主，有宾夕法尼亚站和大中央站两大火车站。**纽约地下铁道**有28条线路通连各行政区，长度居全国首位，成为城市交通的主干。城市交通还依靠轮渡和水底隧道。纽约国际机场建有3个现代化大型机场，均为名列前茅的美国主要航空港。

图1　纽约曼哈顿远眺（前为自由女神像）

全国最大的文化中心。博物馆、美术馆、图书馆等文化设施数以百计，大都会艺术博物馆是美国规模最大、收藏品最多的博物馆之一，美国自然史博物馆是世界最大的自然史陈列场所，现代艺术博物馆被誉为20世纪美术的圣地，还有古根海姆博物馆、惠特尼美国艺术博物馆、弗里克美术馆等。公共图书馆系统遍布全市，其中**纽约公共图书馆**（1895）的规模仅次于华盛顿国会图书馆，共有82个分馆。市内设有50多所高等院校，整个大都市区则达100多所，包括全国一流的哥伦比亚大学（1754），全国最大的私立院校纽约大学（1831），以及纽约市立大学、洛克菲勒大学、福尔特罕大学等。新闻出版、广播电视事业发达，《纽约时报》、《华尔街日报》、《时代》周刊、《读者文摘》等都是具有巨大国际影响的报刊杂志，也是美联社、合众国际社等驰名全球的通讯社和美国三大广播电视网——哥伦比亚广播公司、美国广播公司和全国广播公司——总部所在地。有纽约交响乐团、纽约歌剧院、纽约芭蕾舞团等全国第一流的艺术团体，众多的演出、娱乐场所也在国内首屈一指。

纽约地下铁道 New York subway　美国纽约第一条地铁建成于1904年，以后逐步形成IRT、BMT、IND三个地铁系统。纽约地铁只有60%在地下，另有40%在地面或在地上、河面“桥”上运行。车站分甲、乙两级，几乎全为岛式站台，最多拥有8条线，最长可停靠11节编组车。最繁忙的西四街/华盛顿广场站，1小时内可通过56列车。纽约地铁24小时营运，实行单一票价制。2005年纽约地铁共有28条线，日客运量超过380万人次。

纽约地铁站内

纽约公共图书馆 New York Public Library 美国最大的公共图书馆。1895年由阿斯特图书馆、伦诺克斯图书馆和蒂尔登信托公司合并而成。该馆经费主要来源于捐款。1911年竣工的宫殿式馆舍建筑具有新古典主义风格。2002年底馆藏5 500万册（件），包括图书、期刊、手稿、地图、图片等。馆藏中有英美文学名著的最早版本、知名作家的手稿及其他珍贵的古籍资料。该馆又是纽约公共图书馆系统的中心研究图书馆，管辖着分布在纽约3个区的3个研究图书馆和85个分馆。分馆的藏书总量超过1 160万册。该馆每年参观者和利用者达1 000多万人。出版物有《纽约公共图书馆通讯》、《科技新书》等。

纽约国际电影节 New York International Film Festival 世界主要电影节之一。1963年举行首届。每年9月底至10月初举行，为期两周。电影节的主要目的是正确评价世界各地优秀影片的艺术成就，加强世界各地电影工作者的经验交流，发现人才，鼓励有价值的新片，促使这些新片在电影院进行商业性发行放映。主要活动项目有：①放映世界各地的影片；②为电影专业人员、新闻记者举行专场映出；③举办回顾展；④召开有争议影片的研讨会；⑤开展商业性活动。电影节不举行比赛，也不发奖。20世纪70年代以后，中国开始参加。

纽约画派 New York school 20世纪40～50年代的美术思潮。最先出现于美国，影响波及欧洲各国。见**抽象表现主义**。

《纽约时报》 *The New York Times* 美国有影响的英文对开日报。H.雷蒙德于1851年9月18日创办。由纽约时报公司在纽约出版。原名《纽约每日时报》，1857年9月14日改用现名。1896年为A.S.奥克斯收买，同年10月25日首次刊出“社训”：“刊载一切适于发表的新闻”。1969年起从家族企业变为股份公司，成为拥有多家美国报纸、杂志、电视台、广播电台和国外联合企业的大报业集团。1918年因“全面而准确地”报道第一次世界大战而获**普利策奖**金质奖章。截至2008年，共98次获普利策奖。平日出80～100版，星期日140版。20世纪末发行量平日107万份，星期日162.7万份。

1992年4月发行俄文版。1995年上半年收购了《波士顿环球报》。这两家报纸均建有数据库，提供网络服务，使读者可以在线调阅任何报道。

纽约现代艺术博物馆 Museum of Modern Art; MoMA 美国收藏和陈列现代艺术品的博物馆。位于纽约曼哈顿区。建于1929年，1984年扩建。主要收藏19世纪以来的绘画

纽约现代艺术博物馆外景

和雕塑作品，尤以早期现代派艺术大师的作品为多。藏品数量达10万件，包括油画、雕塑、素描、印刷品、照片、建筑模型以及设计方案。20世纪30年代举办过一次大型的**P.塞尚**、**V.凡高**、**P.高更**和**G.修拉**等人的现代艺术作品展览会，对美国现代艺术的发展产生了深刻的影响。以后又继续举办了**P.毕加索**、**H.马蒂斯**、**H.卢梭**、**J.米罗**、P.克利等人的艺术回顾展。经常在国内组织展览和在世界各国巡回展出，出版艺术书刊是重要的中心工作。

纽约中央公园 New York Central Park 位于纽约市中心，面积350公顷。1854年F.L.奥姆斯特德与C.沃克斯合作，赢得中央公园的设计竞赛并完成建造。

公园采用自然式的布局形式，用树木、水面、草地和道路将公园组成各种自由变化的空间。奥姆斯特德在传统的英国风景园的布局形式与美国方格网型的城市道路系统之间寻得了恰当的处理方式，既改变了英国风景园那种纯自然主义或浪漫主义的气氛，又为人们逃避喧闹的城市创造了一处享受自然的天地。

公园内安排有各种活动设施，并有独立的交通路线，有自行车道、骑马道、步行道和穿越公园的城市公共交通路线。中央公园彻底改善了纽约市的卫生状况和环境面貌，把市民从令人疲惫不堪的城市生活中解脱出来，满足了休息与娱乐的愿望。中央公园建造以后，美国掀起了一场城市公园建造的高潮，在城市公园的建设方面走向了世界的前列。

奥姆斯特德设计的纽约中央公园

纽约州 New York State 美国大西洋沿岸中部区一州。别称“帝国州”。西、北以伊利湖—尼亚加拉河—安大略湖—圣劳伦斯河一线与加拿大相邻，东接佛蒙特州、马萨诸塞州和康涅狄格州，南连新泽西州和宾夕法尼亚州；东南一隅临大西洋，有长岛、曼哈顿岛、斯塔滕岛等。面积141 299平方千米，其中陆地面积122 308平方千米。人口1 949.03万（2008），仅次于加利福尼亚州和得克萨斯州；其中白人占67.9%，黑人占15.9%。有全国第一大城市**纽约**，以及**布法罗**、罗切斯特等。州府奥尔巴尼。

地形以高原山地为主。大致以东西向的莫霍克河谷为界，北部是阿迪朗达克山地，其中马西山海拔1 629米，为全州最高点；南部大部分属阿巴拉契亚高地，包括东部卡兹基尔山地和西部阿勒格尼高原。平原分布于州缘，包括西、北部的滨湖平原和圣劳伦斯谷地，东部的尚普兰湖—哈得孙河纵向谷地，以及东南端的大西洋沿岸平原。境内河网稠密。主要河流有哈得孙河及其支流莫霍克河，以及特拉华河、萨斯奎汉纳河等。与加拿大共有的尼亚加拉瀑布和圣劳伦斯河，水力资源丰富。湖泊广布，多冰川成因的条状湖泊。温带大陆性湿润气候，冬寒夏凉。自北向南，1月平均气温-9～1℃，7月19～25℃。平均年降水量1 000毫米左右，多阴湿天气。森林覆盖率61%。

原为印第安人居留地。1609年英人H.哈得孙和法国人S.de尚普兰先后到此探险。1604年荷兰人建立第一个永久性白人定居地奥兰治堡，1626年又建新阿姆斯特丹。1664年英国占领后，以约克公爵之名易名为“纽约”。1788年加入联邦，成为美国第11州。

北美经济最发达的州之一。金融、保险、房地产、商贸等是州经济的主导部门，在全国处领先地位。纽约是世界金融中心，也是美国许多大公司总部的所在地。制造业部门齐全，产品多样，比较突出的有印刷出版、仪表器械、电气和电子设备、化工、工业机械、制药、服装、食品加工等。工业主要分布在纽约大都市区，以及布法罗、罗切斯特等。属美国乳酪带农区。发展

乳用畜牧业和养禽业，各类乳品产量在国内名列前茅，占农业收入一半以上。种植饲料作物和水果、蔬菜，以盛产苹果、葡萄和枫糖浆著称。交通运输发达。地处连接五大湖和大西洋的枢纽位置，拥有稠密的运输网。主要铁路、公路干线沿莫霍克—哈得孙谷地分布，构成州内横贯东西和纵贯南北交通的大动脉。纽约肯尼迪国际机场入全国最繁忙航空港之列。纽约港年货物吞吐量逾亿吨，为美国及世界重要海港。在伊利运河基础上扩建的纽约州运河系统，将伊利湖、安大略湖与尚普兰湖、哈得孙河连为一体，奥尔巴尼、罗切斯特、布法罗为州内重要河、湖港。

州内河湖山林景色优美，有著名的尼亚加拉瀑布和萨拉托加温泉，近200处州立公园，以及许多历史名胜和文化遗址等。旅游业兴盛。文化教育发达。有哥伦比亚大学、康奈尔大学、纽约州立大学等高等院校，以及美国最古老的军事院校——西点军校（美国陆军军官学校）。

钮经义 Niu Jingyi（1920-12-26～1995-12-16） 中国生物化学家。生于江苏兴化，卒于上海。1942年毕业于西南联合大学化学系。1953年获美国得克萨斯大学哲学博士学位。后任得克萨斯大学生化所研究助教和研究助理、加利福尼亚大学伯克利分校病毒所研究助理。1956年回国后历任中国科学院生理生物化学研究所副研究员，中国科学院生物化学研究所副研究员、研究员，中国生物化学会理事，中国化学会理事。1980年当选为中国科学院生物学部委员（院士）。

钮经义的主要研究领域为天然有机物化学包括蛋白质和多肽的结构分析和化学合成。在美期间对烟草花叶病毒外壳蛋白亚基的结构测定提出了新见解，并测出病毒不同种属或菌株的羧基端排列次序。他肯定了植物病毒颗粒中蛋白质亚基的存在，阐明了病毒外壳的结构规律，同时还更正了当时搞错了的几种重要蛋白质如核糖核酸酶和卵白蛋白的羧端结构。

钮经义是人工合成结晶牛胰岛素研究的主要负责人之一，为中国于1965年在世界上首次用化学方法人工合成蛋白质作出重大贡献。他参与撰写的有关胰岛素合成的论文共20余篇。他还在具有重要临床及科研价值的人胰岛素原C肽的合成中作出新的成绩，并与协作单位共同研制出放射免疫测定药箱。

农本论 中国古代思想家用“本”的概念来表述农业在国计民生经济中的地位和作用的思想。即农本工商末的思想。战国时期的思想家为巩固和发展封建经济，提出以农为本的理由：①农业是衣食之源。“农事害”是“饥之本”，“女工伤”是“寒之源”。②农业是国家富裕和财政收入的源泉。“田野县鄙者，财之本也。”③农业能为进行统一战争提供充足的兵源。令民“归心于农”，“为主守战”。商鞅变法是重农抑商的典型事例。秦汉时期思想家，也从富国强兵、保证国家财政收入和为战争提供所需物资及兵源的角度，提出把发展农业放在经济之首。同时，还提出加强农业就必须抑制民间工商业，以保证农业所需劳动力的供给和提高农民生产积极性。司马迁则认为农、工、商、虞都是人民的衣食之源，上则富国，下则富家，不应有轻重之分。桑弘羊也指出富国也要靠发展官营工商业，而不是单靠农业。早期的重农抑商思想和政策，对巩固新兴的封建制度起了积极作用，但它也有阻碍商品经济发展的一面。因此，宋代以后，随着社会经济的发展，一些重农论者在强调农业的重要性时，也不再坚持重本必须抑末的传统思想。鸦片战争以后，农本论的重本抑末的传统教条愈益不能适应半殖民地半封建社会的新形势，进步思想家提出重商、重工以发展现代工商业的理论。郑观应认为应以商立国，农本商末只适用于古代社会。这一时期的思想家突破了农本思想的传统视野，赋予它以农业产业化的新含义，农本工商末的旧说被彻底抛弃。

农产品 agricultural products 人类通过农事活动获取的植物类产品和动物类产品。世界主要的大宗农产品有：农作物种植业生产的谷物、豆类、薯类、棉、油料、糖料、麻类、烟叶、蔬菜、瓜类以及茶叶、咖啡、可可、果类等；林业生产的林木、采集的林产品、砍伐的木材（中国将其中一部分划为森林工业产品）等；畜牧业生产的肉、蛋、奶、皮、毛等；渔业生产的鱼、虾、贝、藻等。

在同一农业生产过程中，一般可以得到两种以上的产品，其中属于主要生产目的的产品称为主产品，不属于主要生产目的的产品称为副产品。如果生产出的两种以上的产品都具有较大的经济价值，称为联产品。

农产品价格补贴 agricultural products, price subsidy of 由于政策原因国家对执行低于成本的农产品价格而造成亏损或经营困难的经营者给予的价差补偿，是价格补贴最重要的组成部分。对农产品生产经营实行补贴是一种国际性现象。

农产品价格补贴主要有三方面内容：①价差补贴。即在收购价格提高后，没有对销售价格作相应的调整而造成经营企业亏损，由国家财政给予的补贴。②超购加价补贴。国家向农民收购农产品分统购和超购。其中统购部分实行统购价格，超购部分在统购价格的基础上加一定的百分比构成，这种超购价格高于统购价格的差额就是超购加价。农产品经营单位由于超购农产品而增加的支出由中央财政给予的补贴为超购加价补贴。③企业亏损补贴。即对农产品经营企业由于购销价格倒挂或毛利不敷开支时，由财政给予企业的补贴，主要补贴企业的流通费用。

农产品价格补贴的积极作用在于：保证了城镇居民生活的安定，为经济体制改革、建立社会主义市场经济体制创造了稳定的政治环境；在一定程度上兼顾了农民利益，推动了农业生产的发展，保证了商品流通。其不利之处在于：难以从根本上解决农价偏低的政策所带来的农业发展缓慢、农产品供应紧张等问题；使财政负担日益加重。

农产品贸易 agricultural products, trade of 有关农产品买卖行为的总称。从流通环节看，可以分为批发贸易、零售贸易等；从交易形式看，可以分为现货贸易、期货贸易、易货贸易、集市贸易等；从流通范围看，可以分为地区贸易、跨地区贸易、边境贸易、国内贸易、国际贸易、单边贸易、多边贸易等。农产品贸易反映的是产销之间、批零之间、地区之间、国家之间、生产者与加工者之间、销售者与消费者之间等诸多方面将农产品作为商品的交换活动，因此，农产品贸易的开展状况反映了一个国家或一个地区的农产品生产能力、产品结构、消费结构、消费水平、市场发育阶段、仓储运输条件以及农产品生产、加工的科技水平和技术装备水平。

农村包围城市的革命道路 revolutionary road of encircling the cities from the countryside 以毛泽东为代表的中国共产党人在领导新民主主义革命实践中逐步摸索出来的具有中国特色的革命发展道路。其基本内容是，革命首先在敌人统治力量比较薄弱的农村，发动农民武装暴动，建立人民军队，建立革命根据地，把武装斗争、土地革命、建立政权结合起来，使之建成支持长期革命战争的战略基地。依托根据地积累发展革命力量，随着革命战争、人民武装和根据地的发展，逐步造成农村包围城市的战略态势，最后夺取全国胜利。

1927年大革命失败以后，中共中央在汉口召开了“八七会议”，确定了关于土地革命和武装反抗国民党反动派的总方针，使中国革命逐步进入以土地革命为中心的发展阶段。1927年秋，毛泽东在湘赣边界发动秋收起义，在进攻长沙受挫的情况下，率起义部队向反动统治力量薄弱的农村进军，在井冈山地区建立了第一个农村革命根据地。1928年10月和11月，毛泽东写了《中国的红色政权为什么能够存在?》和《井冈山的斗争》，总结了井冈山等地建立红色政权的经验，阐述了中国红色政权发生的原因及其存在和发展的条件，包括反动统治势力发展的不平衡、广泛的群众基础、革命形势的不断发展、相当力量的正规红军的存在、共产党组织的有力量和它的政策的不错误等五个方面。1930年1月，又写下了《星星之火，可以燎原》一文，对党在探索革命道路中的实践经验作了科学的理论概括，把建立红色区域和夺取全国政权联系起来，实际上形成了以农村包围城市，在农村地区先建立红色政权，待条件成熟后，再夺取全国政权的关于中国革命道路的理论。20世纪30年代中后期，毛泽东又先后发表了《中国革命战争的战略问题》、《战争和战略问题》、《中国革命和中国共产党》等文章，进一步发展丰富了农村包围城市的理论，使之更加系统和完善。在这些文章中，他强调：必须把落后的农村造成先进的巩固的根据地，造成军事上、政治上、经济上、文化上的革命阵地，借以反对利用城市进攻农村区域的凶恶敌人，在长期战斗中逐步地争取革命的全部胜利；以农村革命根据地为依托进行长期的革命斗争，其主要形式是在共产党领导下由武装农民为主要成分的革命军队进行游击战争。还指出，把武装斗争的重点放在农村，并不意味着可以放弃城市，相反，革命的最后目的是夺取作为敌人主要根据地的城市，没有充分的城市工作，就不能达到这一目的，农村根据地也就处于孤立的地位，革命就会失败。

农村包围城市、武装夺取政权的革命道路的开辟，成功地解决了在中国这样一个半殖民地半封建的东方大国如何领导武装革命走向胜利，并夺取全国政权的问题。

农村公社 village commune 原始社会解体过程中形成的以地域性和生产资料所有制的二重性，即同时存在私有制和公社所有制为特征的社会组织。狭义专指具有这一特征的农业公社；广义还包括具有这一特征的游牧公社和游猎公社。又称农民公社、毗邻公社、地域公社、农民村社，简称村社。

农村公社由家庭公社发展而来。由于生产的发展，金属工具的使用，提高了小集体乃至个体家庭的独立生产能力，于是从作为社会生产单位的家庭公社中，分化出作为生产单位的小家庭来，促进了私人占有制的产生和发展。公社成员的流动产生了不同血缘关系小家庭组成的杂居村落，从而形成了农村公社的地域性特征。

早期农村公社各家庭聚族而居，有公有的土地、牧场或习惯的游猎区域，还有共同的经济和共同的宗教祭祀活动。公社实行民主管理。耕地分配给社员耕种，并实行自然调配或定期重新分配。天然资源如森林、荒地、草场、渔场、水源等由社员共同利用。牲畜、生产工具、住宅等属社员私有。收获物、猎获物归耕者、猎者所有。公社发展到晚期，随着个体劳动和商品交换的发展，原属公社公有、社员耕种的土地也逐渐变成社员可以租佃和买卖的私有财产，雇佣劳动和有息借贷日益发展。公社社员分化为不同地位的阶层或等级。在商品货币经济的冲击下，农村公社逐渐解体并最终消亡。

农副产品加工 agricultural products and side products processing 对农业生产的动植物产品及其物料进行加工的工程技术。又称农业物料加工。农业生产的产物分为三类：一是经济价值较高的农产品，如作物的子粒、果实和畜禽的肉、蛋、奶等；二是经济价值稍次的副产品，如作物秸秆和畜禽的内脏、骨骼等；三是农业废弃物，如畜禽粪便和作物的枯枝烂叶等。这些农业产物经加工后，可增值为经济价值较高的产品。按加工工艺可分为机械加工、物理加工、化学加工、生物加工等。

农工商联合企业 agricultural-industrial-commercial integrated complex 农业生产、农产品加工和销售一体化的企业。有农业公司、农工联合公司、跨单位企业、农工综合体等多种名称。主要形成途径有：①农业企业经营范围扩大到农产品加工和销售。②从事同类农业生产的企业联合起来，扩大经营范围，成为产、加、销一体化企业。③分别从事产、加、销的企业联合起来，成为一体化企业。

农家 system bus 中国战国时注重农业生产的一个学派。诸子百家之一。《汉书·艺文志》认为“农家者流，盖出于农稷之官，播百谷，劝耕桑，以足衣食，故八政一曰食，二曰货。孔子曰：‘所重民食’。此其所长也。”著录有农家著作《神农》、《氾胜之书》等，已佚。《孟子·滕文公上》载有农家许行的言辞，说许行“为神农之言”，主张君主“与民并耕而食，饔飧而治”。表达了小农业生产者的观点。此外，《管子·地员》、《吕氏春秋》中《上农》、《任地》等篇，也是研究先秦农家的重要资料。

农历 Chinese traditional calendar 中国采用的一种传统历法。这种历法中安排有二十四节气，以指导农事活动，而且主要在广大农村中使用，因此称为农历。又名夏历、旧历、中历，民间也有称为阴历的。它用严格的朔望周期来定月，又用设置闰月的办法使年的平均长度与回归年相近，兼有阴历月和阳历年的性质，因此是一种阴阳合历。农历把日月合朔（太阳和月球的黄经相等）的日期作为月首，即初一。朔望月平均约长29.530 59日，所以有的月份是30日，称月大；有的月份是29日，称月小。月初所在的日期要根据太阳和月球的位置推算确定，而不是机械地安排。农历以12个月为一年，共354或355日，与回归年相差11日左右，所以隔3年要安插一个闰月，再过两年又安插一个闰月，平均19年有7个闰月。如何安插闰月，根据和季节、气候有密切关系的二十四节气来定。农历月份的名称按照“中气”而定，如含“雨水”的月份叫正月，含“春分”的月份叫二月等。不含中气的月份就定为闰月，用上个月的月份名称称闰某月。用这种办法置闰月，可使历月与节气相差不致过远。

农民运动讲习所 第一次国内革命战争时期中国共产党和孙中山领导的国民党合作举办的培养农民运动干部的机构。1924年7月至1926年9月，在广州举办了6届。共培养了近800名农民运动干部。北伐军占领武汉后，1927年3～6月，在武昌举办了中央农民运动讲习所，为湘鄂赣等17个省培养了800多名农民运动干部。在这一时期，其他许多地方也举办了农民运动讲习所或农民运动讲习班。彭湃、罗绮园、阮啸仙、谭植棠、毛泽东曾先后担任广州农民运动讲习所主任；邓演达、谭平山、毛泽东等曾为武昌中央农民运动讲习所的常务委员。广州农讲所的教育内容注意理论、历史、现状并重。具体可归纳为4类：①基础理论课，如《帝国主义》、《社会问题与社会主义》、《中国史概要》、《中国民族革命史》、《地理》等。②专业课，如《中国农民问题》、《海丰及东江农民运动状况》、《广宁高要曲江农民运动状况》、《农村教育》、《军事运动与农民运动》等。③革命文艺课，如《革命歌》、《革命曲》等。④军事课，包括理论教学、实际调查和军事操练3方面。广州农讲所主要教员有毛泽东、彭湃、周恩来、萧楚女、李立三等。农讲所对学员的教育，十分重视理论教学与社会调查、参加实际斗争相结合，采用启发教学法，联系学员实际，调动学员自觉主动的学习精神。还在学员中组织农民问题研究会，出版《农民问题丛刊》，调查农村的实际问题。武昌农讲所是广州农讲所的继续，招生规模扩充了，课程增设了《中国社会各阶级的分析》、《湖南农民运动考察报告》、《乡村自治》和《农村合作》；培养目标更明确，其使命就是要训练能领导农村革命的人才。农讲所的学员毕业后，深入农村艰苦奋斗，英勇战斗，成为革命队伍的骨干力量，为革命事业作出了贡献。

农奴制 serfdom 封建社会中封建领主在其领地上建立起来的剥削奴役农奴的经济制度。由于被剥削的主要对象是农奴，故名又称封建领主制。在这种制度下，少数封建领主或农奴主占有土地、山林、草原和河流等绝大部分生产资料，并部分占有农奴；农奴从农奴主手中分得一块份地，作为代价他们必须无偿耕种领主土地，服各种劳役，并上缴大部分劳动产品。农奴制的基本特征是农奴被束缚在土地上，不得不依附于农奴主。而农奴主则利用这种人身依附关系，对农奴实行超经济的强制剥削。农奴制的地租形式主要是劳役地租，辅以少量的实物地租和货币地租。典型的农奴制产生于中世纪的欧洲，是在罗马奴隶制的废墟上建立起来的；而直到19世纪，俄国和印度仍保持着农奴制，这些地区的农奴与农村公社有着密切的联系。中国历史上是否存在农奴制，学术界看法不一。民主改革前，中国少数民族中约有400万人生活在农奴制下。最为典型的是西藏的农奴制和西双版纳傣族封建领主制。

农轻重关系 proportional relations among agriculture, light industry and heavy industry **农业**、**轻工业**、**重工业**在工农业总产值、投资、**劳动力**三者中各占份额的对比或三者增长速度的对比关系。

农轻重关系既可以反映以重工业为一方，同以农业、轻工业为另一方的基本上属于两大部类的比例关系；又可以分析农轻重三个部门中每个部门以自身的两大部类产品同其他两个部门的两大部类产品相互交换而又相互制约的比例关系。农业、轻工业、重工业是社会的3个基本物质生产部门，农轻重关系是否合理，直接涉及社会再生产过程能否顺畅进行和国民经济的运转能否实现逐步扩大的良性循环。

农时节令 farming season solar terms 中国古代表达农业季节气候状况的一种方式。对传统农事季节、节气的统称。主要包括二十四节气、入梅出梅、三伏、九九等。农时节令按其划分依据大致可分为：根据日地关系（黄经或太阳高度）划分，如二十四节气；在节气的基础上根据较重要的农业气候现象出现和持续时间划分的，如入梅出梅、三伏、九九等。

《农书》 *Book on Agriculture* 中国元代综合性农书。作者王祯。《农书》37集本成书

《王祯农书》书影

于元仁宗皇庆二年（1313），明代初期被编入《**永乐大典**》。1981年出版了经过整理、校注的王毓瑚校本。全书约13万余字。内容包括3个部分：①《农桑通诀》6集，作为农业总论，体现了作者的农学思想体系。②《百谷谱》11集，为作物栽培各论，分述粮食作物、蔬菜、水果等的栽种技术。③《农器图谱》20集，占全书80%的篇幅，几乎包括了传统的所有农具和主要设施，堪称中国最早的图文并茂的农具史料，后代农书中所述农具大多以此书为范本。《农书》能兼论南北农业技术，对土地利用方式和农田水利叙述颇详，并广泛介绍各种农具，是一本很有价值的书籍。书后附录有《法制长生屋》和《造活字印书法》，对防火建筑和活字印刷有重要贡献。

农田 farmland 经开垦后用于种植农作物的土地。由纵横交错的道路、沟渠和林网等分割成块。见**耕地**。

农田排水 farmland drainage 排除与处理农田多余水量的措施。是调节农田水分、改善农业生产条件，保证作物高产稳产的重要措施之一。世界上排水面积在1亿亩以上的国家有美国、中国、巴西等。荷兰、日本、加拿大和埃及等国的排水事业都很发达。

任务 排除农田多余的地表水和土壤水，控制地下水位和防治盐碱化和沼泽化是农田排水总的任务。但不同地区，由于自然和农业生产条件各异，排水任务也不同。在湿润和半湿润地区，无论灌溉与否，均须及时排除地表水和地下水以控制地下水位。在土壤含盐量大或地下水矿化度高的地区，则须通过排水促进土壤脱盐，淡化地下水和防治土壤盐碱化。在干旱和半干旱地区，亦须修建排水系统，排除多余的灌溉退水、雨季地表径流和过多的地下水，控制地下水位，保持良好的土壤水盐动态。在旱涝交替或水资源缺乏的地区，应考虑排水的再利用，如采取蓄水措施，进行地下水回灌以及水质净化处理等。

排水形式 农田排水系统由田间排水网汇集多余的田间水量，通过干、支、斗3级沟道组成的输水沟系，或经蓄涝湖泊滞蓄后经排水闸或抽排站排入容泄区。田间排水主要有下列形式：①明沟（开敞式沟道）排水。其施工易、投资少，但占地多、交叉建筑物多，不利机械化耕作，边坡易坍塌，易生杂草，排水效果不如暗管排水和竖井排水。②暗管排水。系在地面以下一定深度埋设渗水暗管（有塑料管、水泥制品管、砖瓦管、竹管等），或开挖暗沟后加盖土垡或预制顶盖并覆土。暗管排水不占地，利于机耕，但使用暗管时建筑材料用量多、投资大，使用暗沟时易淤堵。此外，以拖拉机为动力牵引鼠道犁挤压土壤形成无防护洞道（鼠道）进行排水称鼠道排水，亦属暗管排水。其投资小，施工方便，但使用寿命较短。③竖井排水。即布设井群抽汲地下水，适于透水性较好的土层，可较大幅度地调控地下水位，减少田间排水沟道，但需耗费能源。

标准 排水工程的规模决定于排水标准。排水标准分两种：一是排除地表多余降雨径流的除涝标准；二是控制地下水位的治渍标准。在有防治盐碱化任务的地区，排水标准还应考虑控制和降低地下水位，满足防治土壤盐碱化的要求。

排水流量是确定各级排水沟道和其上建筑物的规模以及分析现有排水设施排水能力的主要依据。设计排水流量分地表水设计排水流量（又称设计排涝流量）和地下水设计排水流量（又称设计排渍流量）两种。前者用以确定排水沟道的断面尺寸，后者作为满足控制地下水位要求的依据，用以确定排水沟的沟底高程和排渍水位。

农田水利 farmland irrigation and drainage 发展灌溉排水，调节地区水情，改善农田水分状况，防治旱、涝、盐、碱灾害，以促进农业稳产高产的综合性科学技术。在国外一般称为**灌溉**和排水。

沿革 有文字记载的最早的灌溉工程，是公元前3400年左右美尼斯王朝修建在埃及孟菲斯城附近截引尼罗河洪水淤灌的工程。约前2200年，巴比伦在底格里斯和幼发拉底河河谷建造了当时世界上规模最大的奈赫赖万灌溉渠道。在《汉穆拉比法典》中已有灌溉管理的条款。中国、印度、古罗马、古波斯等国灌溉起源也都很早。20世纪30年代，印度开始应用现代工程技术修建大型自流灌溉工程，同时发展小型提水灌溉及井灌。20世纪以来，随着农业现代化的发展，一些发达国家的农田水利已实现了现代化的科学灌排。

中国在长江下游考古中，发现有新石器时代灌溉种稻的遗迹，约有5 000年的历史。公元前1600～前1100年中国实行井田制度，划分田块，利用沟洫灌溉排水。到西周时代，沟洫工程进一步发展，并出现了蓄水工程。约前600年，孙叔敖兴建期思雩娄灌区，是中国最早见于记载的灌溉工

程。春秋战国时代曾修建过多处大型自流灌溉工程，著名的有引漳十二渠、都江堰、郑国渠（见郑白渠）等。在此期间也已经使用桔槔提水灌溉。秦汉时期，灌溉排水及其他农田水利建设已由黄河、长江和淮河流域扩展到浙江、云南、甘肃河西走廊以及新疆等地。隋、唐、宋时期，中国农田水利进入巩固发展的时期。太湖下游兴修圩田、水网；黄河中下游地区大面积放淤。同时，水利法规渐趋完备：唐有《水部式》，宋有《农田水利约束》等。元、明、清时期，长江、珠江流域，特别是两湖、两广地区，农田水利得到了进一步开发。明天启年间《农政全书》问世，书中《水利》为中国农田水利学滥觞；《泰西水法》为介绍西方水利技术的最早著述。19世纪末，西方灌溉、排水科学技术开始在中国应用。20世纪30年代，陕西省建成泾惠、渭惠、梅惠等大型自流灌区。其他各省也相继举办了一些不同类型的农田水利工程。与此同时，从南方的广东、江苏到北方的陕西、宁夏等地，先后开展了一些灌溉、排水的科学研究工作。

中华人民共和国建立以后，灌溉排水事业得到了迅速发展。1950～2009年，全国灌溉面积由2.4亿亩增加到8.9亿亩，居世界首位；排水除涝面积达到3.2亿亩以上；得到改良利用的盐碱地面积达到9 000万亩以上。

基本内容　主要是灌溉和排水，兼及中小型河道整治，小型水库、塘坝及圩垸建设，低产田水利土壤改良，山区水土保持，土地整治、节水灌溉以及农牧供水等。

①灌溉。用人工设施将水输送到农业土地上，补充土壤水分，改善作物生长发育条件称为灌溉。首先要解决灌溉需水量，它是作物需水量扣除有效降雨，再考虑水的利用率后，需水源提供的水量。灌溉水源有地表水、地下水和其他水源。从水源到田间的输水系统有渠道系统和管道系统。灌溉水到了田间需用适当的灌水方法来补充农田水分。

②排水。其任务是除涝、防渍、防治土壤盐碱化，所以要排除农田地面水，也要降低地下水位，排除农田土壤水。整个排水系统由田间排水、骨干排水和容泄区组成。田间排水有明沟排水、暗管排水和竖井排水。骨干排水可以是各级排水明沟，也可以是管道。把水排到容泄区可用自流排，也可以用水泵抽排（见农田排水）。

灌溉和排水是互相联系的。除了要有畅通的灌溉排水系统和适当的灌排方法外，科学的灌溉排水管理是实现科学灌排的必要条件。

农田小气候　farmland microclimate　农田贴地气层、土层与作物群体之间的物理过程和生物过程相互作用所形成的小范围气候环境。包括作物层小气候、耕地小气候、水田小气候等。常以农田贴地气层中辐射、空气温度和湿度、风、二氧化碳浓度、土壤温度和湿度等要素的量值表示。是影响作物生长发育和产量形成的重要环境条件。

由于农田不同的农业耕作措施、不同的作物和作物群体动态变化的影响，不断改变着农田活动面的状况和各项物理特性，导致局部辐射平衡和热量平衡各分量的变化，从而形成各种不同类型的农田小气候特征。一定的农田小气候形成后，作为农作物生长的环境条件，又会反过来影响农作物的生长发育进程和产量的形成。

研究农田小气候的目的，是通过对农田小气候各要素的分布和变化特征的分析，寻找改善作物生长环境条件（即农田小气候条件）的措施，从而使这些小气候条件有利于作物的生长发育，提高农作物的产量和质量。

农药　pesticide　用于防治农业有害生物（害虫、害螨、线虫、病原微生物、杂草、鼠类等）和调节植物生长发育的化学药品。现代农药还包括改善药剂有效成分的理化性状、提高药效的各种农药助剂。

分类　农药的种类根据主要防治对象可分为：杀虫剂、杀螨剂、杀菌剂、除草剂、杀线虫剂、杀软体动物剂、杀鼠剂、植物生长调节剂。根据化学组成或化合物类型可分为：硫制剂、汞制剂、砷制剂、有机氯剂、有机磷剂、有机锡剂、氨基甲酸酯类、拟除虫菊酯类。此外，还有有机氮剂、有机氟剂、苯氧羧酸类、取代脲类、三氮苯类、酰胺类、醌类及杂环类等。根据来源不同又可分为：植物性药剂、无机和矿物药剂、农用抗生素。

施用与防护　通常根据防治对象的发生发展规律、环境因素、药剂的种类和剂型来选用施药器械和施药方法。施药方法主要有喷粉法、喷雾法、颗粒撒施法、种苗处理法、熏蒸法、烟雾法、涂抹法和飞机喷药法等。

全世界现有农药500多种，其中大量使用的有100多种。中国生产的化学农药有100多种。绝大多数农药都是有毒物质，对人畜均有不同程度的毒性。为防止农药在生产、运输、储存、配制和使用过程中致人急性中毒，应采取农药安全防护措施。

农药的安全防护主要采取隔离法。通常采用的工具有防护镜、防护面罩、防毒口罩、手套、防护服和长筒靴等。对有毒气体则使用带有滤毒罐的防毒面罩。对各种类型的农药应作出醒目标记，专人、专库存放和保管，有毒的农药应采用适当的警戒色。农药的包装材料应集中销毁。设置施药警戒区和规定禁牧时间。

农药污染　pesticide pollution　施用农药对环境和生物产生的有害影响。农药施用后，一部分附着在作物上，或被作物吸收，一部分落在土壤上（有的农药是直接施入土壤中的），还有一部分挥发和飘散到空气中，或随雨水流入江河湖泊。在其未完全分解以前，便构成了对植物、土壤、空气、水体等环境和食物链的污染，破坏生态平衡，危及人畜安全。

农药污染问题已为各国政府和人民所关注，并积极研究解决农药污染问题，包括通过研制高效低毒低残留品种，改进施药技术，限制药剂应用范围和施用时期，规定食品、饲料中残留的限量，大力推广生物农药等措施，来保障人畜的安全。

农业　agriculture　人类社会最基本的物质生产部门。即人类通过社会劳动，对植物、动物和微生物的生长繁殖过程及其所处的环境条件进行干预，从而取得生活所必需的食物和其他物质。

农业的内涵　农业是人类从采集植物、狩猎野生动物的活动中产生的。至今农业包括的范围，在不同国家、不同时期也不完全相同。在中国，狭义的农业指种植业或称农作物栽培，广义的农业包括农业（种植业）、林业、牧业、副业和渔业。在国外，农业通常包括种植业和畜牧业。随着现代农业的发展，有的经济发达国家的农业，还包括为农业提供生产资料的农业产前部门和农产品加工、储藏、运输、销售等农业产后部门。这说明，随着社会经济和自然科学的发展，人们对农业的认识将会进一步拓宽、深化。

农业是国民经济的基础　在人类的一切生活资料中，居首要地位的是食物。农业作为最基本、最主要的食物生产部门的职能，不可能为其他生产部门所取代。同时，许多工业如食品工业、纺织工业等的原料直接来自农业，而且工、商业赖以发展的市场和一部分资金来源也离不开农业。从人类发展历史看，随着农业生产力的发展和农业劳动生产率的提高，由于农民所生产的食物除满足自身需要之外逐渐有了剩余，才有可能使一部分人从农业中脱离出来，专门从事其他生产活动。这是手工业、工业、交通运输业、商业、服务业、科学文化卫生事业等得以产生和发展的根本前提。正是在这个意义上，马克思精辟地指出："超过劳动者个人需要的农业劳动生产率是一切社会的基础。"历史已经证明了这一论断的正确性。

当今经济发达国家，几乎都是农业技术比较先进、农业生产水平比较高的国家。也有少数国家农业不发达，但这些国家都必须进口农产品以满足发展本国经济的需求。中国是有13亿人口的大国，农业的极端重要性更加显而易见。事实表明，只有实现农业的稳定发展，才有全国政治、经济和社会的稳定，才会有整个国民经济的持续、协调发展。

农业的特点 农业生产与其他生产部门相比较，具有以下特点：①土地（包括水域）是农业的基本生产资料，土地参与农业的生产过程，在农业上的作用是不可替代的；②农业的主要劳动对象是生物体，农产品的数量、质量和劳动生产率，既取决于人类创造的满足动植物生长发育的条件，也取决于动植物的生物学特性；③农业生产受自然条件的影响较大，具有波动性和不稳定性，加上自然条件在各地还有明显差异，形成农业的地区性和不同农业类型；④农业生产时间和劳动时间不一致，生产劳动有明显的季节性，时忙时闲；⑤农业自然资源如土地、水、气候和生物资源，一般是可更新的，但如采取过度或掠夺式经营，有些资源可能退化、枯竭，甚至成为不可更新；⑥农业生产涉及复杂的生命现象和多种多样的自然因素与经济因素，并且农业生产比较分散，农产品大多易腐，运输和储藏不便，具有自然风险和市场风险。

农业的可持续发展 随着现代农业的发展，化肥、除草剂、杀虫剂、生长调节剂、土壤改良剂等农用化学品的用量成倍增长，造成环境与食品污染，特别是一些发达国家，由于滥用资源、过度耗能，导致农业成本的大幅度上升和农业补贴的显著增加，尤其是20世纪70年代石油危机爆发以后，更加促使对农业发展理论的广泛探讨。在这种背景下，一些农业发展替代模式相继出现。

有机农业 所谓有机农业，有人描述为："完全不用或基本不用人工合成的化肥、农药、生长调节剂和牲畜饲料添加剂的生产制度。"

生态农业 生态农业理论是1971年首先由美国学者提出来的，目的在于通过增加腐殖质、少施化肥、禁施农药，来改善土壤条件和避免环境污染。

持续农业 早在20世纪初叶，就有人提出"永久农业"的概念，以后又出现了上述有机农业、生态农业等诸多理论与模式，但在实际应用上均未取得令人满意的结果。在这种背景下，80年代初国际上提出并开始实施持续农业的新战略。对持续农业的研究，最初由于认识的角度不同，提出的概念和内涵也有不同的说法。农学家多从农业，特别是粮食的产出考虑，认为就是粮食产量的持续稳定增加；环境学家认为就是农业生产与生态环境的协调发展，实现对资源的永续利用；经济学家关注农业短期经济效益与长期效益的统一。随着理论和实践的发展，对持续农业的认识逐渐统一起来，主要集中在两方面：一是保护人类及其后代能够在地球上继续生存与发展；二是保持资源的供需平衡和环境的良性循环。这已成为当今世界农业发展的一大趋势。

依靠科学技术发展农业 现代农业科学技术的巨大进步，推动了农业生产力的迅速发展。据统计，自20世纪40年代到80年代初，在发达国家完成农业现代化过程中的农业技术革命和部分发展中国家推进的"绿色革命"，使农业进入高速发展时期，世界粮食单产由亩产68千克增至153千克，是19世纪末到第二次世界大战前年均增长量的28倍。在1948～1995年的47年间，世界耕地面积仅增长6.8%，但由于持续的技术进步，世界粮食产量增加了1.85倍，超过同期世界人口增加1.44倍的增长幅度，世界人均粮食产量从282千克上升至328千克。事实表明，技术进步已成为世界农业发展的根本动力。同时也是区分农业是否发达的重要标志。20世纪40年代末，发达国家在农业增产中，20%～30%靠技术进步实现，到70年代后，60%～80%归功于技术进步；发展中国家在农业增产中，只有10%～40%靠技术进步实现。70年代中期到90年代初期，发达国家的农业劳动生产率提高了3.3倍，发展中国家只提高1.4倍；发达国家每个农业生产者的国民抚养能力由15人提高到30～40人，发展中国家仍只有3～4人。技术进步的差距是发达国家与发展中国家农业发展两种结果的根本原因。当今世界科学技术正以前所未有的势头高速发展，未来农业的发展应主要建立在科技进步的基础上，进行一次新的农业科技革命，通过农业科学与生命科学等学科的交融和生物技术及信息技术的广泛应用，从深度和广度上大大推进农业科学的发展，并以技术创新为先导，带动农业和农村经济的全面发展。

中国农业的发展 中国是世界农业发源地之一，也是世界上历史最悠久的农业大国之一。中国古代农业生产经验丰富、农业文化遗产闻名于世，是世界传统农业发展的先驱。但两千多年的封建统治和近百年的帝国主义侵略，使中国农民生活十分贫困，农业生产手段极为落后，农村商品经济很不发达。

中华人民共和国建立后的农业发展史，是一部逐步推进农业现代化建设的历史。伴随着农业现代化的进程，中国农业经历了1949～1957年的农业生产能力迅速恢复和发展，1958～1978年的现代农业生产要素快速增长和农业缓慢增长，1979年改革开放以来的农业生产能力与农业生产同步高速发展三个阶段。60年来，中国农产品产量全面快速增长，2008年与1949年相比，粮食产量由11 318万吨增加至52 871万吨，增长3.7倍；棉花产量由44.4万吨增加至749.2万吨，增长15.8倍；油料产量由256.4万吨增加至2 952.8万吨，增长10.5倍；肉类（猪牛羊肉）由338.5万吨（1952）增加至5 614万吨，增长15.6倍；水产品由45万吨增加至4 894.9万吨，增长107.7倍。与此同时，农业总产值（农林牧渔）由461.0亿元（1952）增加至58 002.2亿元，增长124.8倍；农村人均收入由64.1元（1954）增加至4 760.6元，增长73.2倍。

中国是世界上人口最多的国家，人均农业土地只占世界7.1%，农业面积（包括可耕地、多年生作物用地、草原、可养殖水面）只占世界11.1%，却养活世界1/5的人口，是发展中的农业大国。与世界农业状况比较，根据联合国粮农组织2005年统计资料：人均农业面积，世界0.8公顷，发达国家1.34公顷，发展中国家0.66公顷，中国仅0.43公顷；农业增加值的年增长率1992～2003年期间，世界2.4%，发达国家1.2%，发展中国家3.1%，中国是3.6%；农业（作物和畜牧）产量的年增长率，如以1985～1994年平均与1995～2004年平均相比，世界由1.9%增加到2.5%，发达国家由0.1%增加到1.0%，发展中国家由3.4%降为3.3%，中国则由4.4%增加到4.8%。2006年，中国谷物、棉花、油菜子、花生、烟叶、肉类、水产品和水果等农产品产量均列世界首位；中国粮食（人均379.5千克）、棉花（人均5.2千克）、油料（人均23.3千克）、糖料（人均84.1千克）、肉类（人均48.9千克）、水产品（人均40.4千克）和水果（人均131.5千克）等主要农产品人均占有量均高于世界平均水平。

经过30年的改革与发展，中国农业和农村经济发生了历史性巨变，进入了一个新的发展阶段。其主要特征是：在供求关系上，主要农产品供给由长期短缺变成总量基本平衡、丰年有余，出现结构性、地区性相对过剩；在生产目标上，农业发展从追求产量最大化转向追求效益最大化；在增长方式上，从过去以传统投入为主向资本、技术密集集约经营方向转化；在农民增收途径上，从过去的主要依靠农产品，特别是粮食增产和提价，转向主要依靠多种经营和非农产业上；在国民经济的产业关系上，农业与其他产业日趋紧密，城乡二元经济结构开始向一元经济结构转变。与此同时，随着国民经济的进一步发展和扩大开放，特别是中国于2001年12月11日正式加入世界贸易组织，意味着国内市场与国际市场的对接与融合，农业资源由国内配置转向国内、国际双向配置，农业竞争也由国内竞争转向国内、国际双向竞争。

农业发展进入新阶段和农产品贸易格局的变化，使中国农业在政策基本稳定的基础上有所调整。调整的主题是：调整农业和农村经济结构，增加农民收入，提高农产品国际竞争力；调整的目标是：从追求农产品的数量转向追求质量提高，从解决温饱问题转向增加农民收入，从粗放型增长方式转向注重经济效益和可持续发展，从高度重视国内生产转向积极参与国际分工。

农业布局 agricultural allocation 农业生产的地域分布。又称农业配置。包括农林牧副渔各部门、各种农作物的地域分布和地域内各部门的相互关系两个方面。合理的农业布局要求农业各部门和农作物尽可能分布在条件最优越的地区，每个地区内部的农业各部门保持着合理的比例，能够有机结合、相互促进，以取得较高的经济效益和生态效益。研究内容包括农业生产条件评价、农业部门布局、区域农业总体布局。遵循的原则：因地制宜原则，综合考虑经济、社会、生态效益；有利于促进农业各部门的有机结合和共同发展原则；与农产品加工布局相适应原则；促进农业市场化发展原则；全面考虑国家、地方和农民生产、生活的需要原则。

农业产业化 agricultural integration 中国在农业现代化过程中出现的农业与相关的产业部门、企业、市场等非农业组织的联结关系。又称农业产业化经营。

农业产业化的特点是：①以市场为导向，按市场需求，发挥本地资源优势，形成本地主导产业。②以提高经济效益为核心，把农业的产前、产中、产后各环节联结成一个产业系统，提高农产品加工的附加值，实现农业的整体规模效益。③围绕主导产业，建成有一定规模的农产品生产基地和大宗农产品加工的专业村，形成生产、加工、销售的专业化与一体化经营。④用合同、契约等形式把农户和龙头企业、合作经济组织等联结起来，实行利益均沾、风险共担的收益分配。

具体形式主要有：①龙头企业牵动。由一个在农产品加工和销售中起带头作用的公司联结若干农户，围绕一种或几种农产品，实行生产、收购、加工、销售的一体化经营。又称“公司＋农户”。②服务组织联动。服务组织有各种专业技术协会、各种专业生产合作社、社区合作经济组织等。农户既可以是农产品生产者，又可以是各个协会或合作组织的成员。又称“服务组织＋农户”。③专业市场拉动。由农产品专业市场联结农户，形成专业化的农业生产区。又称“专业市场＋农户”。④经营能人带动。由一位或几位技术能人、经营能人牵头，组织农产品专业化生产和开拓市场，由能人的个人能力带动当地某一农业产业的发展。

农业法 agriculture law 调整国家对农业生产经营进行组织管理及农业产业经济调控管理活动中产生的各种社会关系的法律规范的总称。包括农业基本法和种植业、林业、畜牧业、渔业等行业及其相关服务业的单行法律法规。

世界上农业发达的国家和地区，都重视农业法制建设。日本1961年制定了《农业基本法》。20世纪30年代以来，美国陆续颁布了《农业调整法》、《土壤保护和国内生产分配法》等。

中国对农业问题作出全面规定的专门法律是《中华人民共和国农业法》，共13章99条。除总则和附则外，对农业生产经营体制、农业生产、农产品流通与加工、粮食安全、农业投入与支持保护、农业科技与农业教育、农业资源与农业环境保护、农民权益保护、农村经济发展、执法监督、法律责任等作了规定。

农业飞机 agricultural airplane 经过改装或专门设计用于农业和林业的飞机。

在防治农作物病虫害的过程中，农业飞机的作业高度1～10米（距作物顶端），作业速度100～180千米/时，喷幅可达20～30米宽。飞机需要在作业区超低空往返飞行，不断爬升、盘旋、下滑、拉平，有时还要飞越周围的障碍物。由于每次载药量有限，飞机要在简易跑道上频繁地起飞和着陆。

大多数农业飞机只装有一台气冷式活塞发动机或涡轮螺旋桨发动机，功率110～440千瓦（150～600马力）；仪表和无线电设备比较简单，只有一名驾驶员，飞机总质量3吨以下。多用途飞机装有一台或两台发动机，但功率不超过735千瓦（1 000马力），飞机总质量近6吨。农业飞机大多为下单翼，以便于在全翼展上固定喷洒装置。

农业飞机的最大平飞速度一般在300千米/时以下，有效载重可达飞机总质量的35%～40%。喷洒设备有喷液和喷粉两种。

大型收割机在淮北农林工贸公司大山林场作业

农业工程 agricultural engineering 用工程技术的理论和方法为农业生产和农村生活服务的综合性学科。它以土壤、肥料、农业气象、育种、栽培、饲养、农业经济等学科为依据，综合应用各种工程和新兴技术，为农业生产提供各种工具、设施和能源，以求创造最适于农业生产的环境，改善农业劳动者的工作生活条件，推进农业现代化的进程。

主要内容 农业工程的内容、范围随农村经济和科学技术的发展而不断变化和扩大，所涉及的内容主要包括：①农业机械化。用各种动力和机械设施装备农业的过程、方法及其组织管理、推广运用、维修配套和更新等。②农田水利工程。包括农田排灌和排水，蓄水设施的修建、运用及管理。③土地利用工程。根据国民经济发展的需要和农业生态平衡的原理，运用工程技术与生物技术，对不同地区、不同类型的土地进行开发、利用、治理与保护；改善土壤的水、肥、气、热等条件，调节土壤理化及生物性质，改善农业生态环境，合理安排生产，提高土地利用率和产出率，保持农业的可持续发展。④农业建筑和农业生物环境工程。利用各种建筑物和其他工程设施，为动植物的生长、繁育和农产品的储存保鲜提供良好的环境条件。⑤农副产品加工工程。为加工各种农副产品，改变其性状，提高其使用价值和经济价值所使用的各种机械设备、加工工艺和技术。⑥农村能源工程。合理开发和有效利用各种农村能源资源的工程设施和技术。⑦农业电气化。包括电能在农业生产和农村生活中的应用，农村电力资源的开发及电力的输送、调配等。⑧农业系统工程。运用系统工程的原理和方法研究农业系统组建和运行的工程技术，是农业工程和系统工程的交叉学科。⑨新技术在农业中的应用。科学技术的发展扩大了农业工程的领域，推动了农业工程技术的进步和发展。⑩农业工程经济。研究分析在一定条件下，农业工程的规划、建设项目、技术措施、技术方案和技术政策的可行性和经济效果。⑪农业工程管理。对农业工程项目的建设和运行进行管理，保证工程在使用中正常运行并充分发挥工程效益的手段和措施。

作用 农业工程技术及其理论的发展，对农业生产和农村经济起了推进作用，主要体现在：①实现农业生产集约化、农业机械化和电气化，提高农业劳动生产率，改善农业劳动条件。②增强抗御干旱洪涝等自然灾害和防止水土流失、动植物病虫灾害的能力，保证农业稳产高产。③减少农产品的产后损失，提高农产品的价值和增值水平。④促进水土、能源等农业自然资源的开发、利用和保护，以利于发展农业生产，保护生态环境，确保农业安全和可持续发展。

农业合作化 agricultural cooperativization 中国通过合作形式把农村个体经济转变为集体经济的农业社会主义改造道路。

中华人民共和国建立以后，完成了土地改革运动，一些个体农民为克服分散经营面临的生产力不发达、难以扩大再生产和抗御自然灾害等困难，在中国共产党领导下，按照自愿互利的原则，以合作劳动和少量产品共同分配的形式，组织起临时和常年互助组，少数地方还成立了实行土地入股、统一经营而有较多公共财产的半社会主义性质的初级农业生产合作社。1951年12月，中共中央下发《关于农业生产互助合作的决议（草案）》，肯定了这种引导全体农民走向社会主义的过渡方式，指出强迫命令和放任自流都是错误的。到1953年底，全国参加临时和常年互助组与农业合作社的农户有4 790万户，占全国农村总户数的43%；其中农业合作社有1.4万个，参加的有27.3万户。12月16日，中共中央通过《关于发展农业生产合作社的决议》，鼓励互助组向初级社转化，指出孤立的、分散的、守旧的、落后的个体经济限制农业生产力的发展，不适应社会主义工业化道路的需要，必须积极谨慎地把农民个体经济积极性引导到互助合作轨道上来，克服"资本主义自发势力的倾向"。至1955年夏季，全国已有初级农业生产合作社65万个，参加农户1 690万户，占全国农户总数的15%。1955年10月11日，中共七届六中全会通过《关于农业合作化问题的决议》，宣布全国农业合作化高潮正在全面到来，提出了全国合作化运动的速度和规划及进行整社工作和在少数民族地区暂时不进行合作化等政策。毛泽东主持编辑了《中国农村的社会主义高潮》一书，并写了104篇按语，指导合作化运动。由此，全国掀起了农业合作化运动高潮，各地初级社发展速度急剧加快。至1955年底，全国初级社已达190.5万个，入社农户有7 545.2万户，占全国农户总数的63.3%。同时，国家还鼓励初级农业生产合作社向生产资料完全公有制的高级农业生产合作社转化。到1956年底，全国参加农业生产合作社的农户已达1.2亿户，占全国农户总数的96%，其中参加高级社的占63.2%。中国对农村生产资料私有制的社会主义改造基本完成。在农业合作化高潮后期，由于要求过急、工作过粗、改变过快、形式也过于单一，遗留了一些问题。

农业机械 agricultural machinery 在种植业、林业、畜牧业、农村副业和渔业生产中应用的各种动力机械和作业机械的统称。

农业机械分农用动力机械和作业机械两大类。前者有内燃机和装有内燃机的拖拉机，以及电动机、风力机、水轮机和小型发电机组等。后者按作业类别分为农田建设、土壤耕作、种植、植保、排灌和供水、收获、营林、森林采伐、畜禽饲养、草场建设、水产养殖和捕捞、饲料加工、农产品加工、养蚕、养蜂、农业运输、农业航空等机械。按作业方式有固定式、行走式、移动式、连续作业式、间歇作业式等。按动力类型和使用操作方式有人力牵引手动或动力驱动型、人力手摇或脚踏式、人力携带手动或动力驱动型、畜力牵引地轮或动力驱动型、水力或风力驱动型、拖拉机配套式、手扶或乘坐自走式、内燃机或电动机等固定动力配套式等。

农业机械在田间、野外、场院、道路、室内、水上、水下、空中等不同场合下作业，其作业对象涉及各种农业生产资料，各种植物的根、茎、叶、花、果实、种子，各种动物的肉、皮、毛、蛋、奶、血等。由于作业场合和作业对象的复杂多样性，并经常处于泥水、尘土、恶劣气候等不利作业条件，从而对农业机械的设计、制造、使用、管理、维修等提出了不同于其他机械产品的特殊要求，如农机设计中机器和人身的安全防护以及防尘、防陷、减震、隔噪声等；防腐、耐磨、抗冲击等农机制造材料和工艺方法的选用；农机使用中机组的合理配套、正确的作业组织和安全监理等。

农业气象学 agrometeorology 研究农业与气象之间相互关系及其规律的科学。农业科学的基础学科之一，气象学科中应用气象学的重要分支。农业气象学研究的目的在于围绕农业的发展与现代化，不断认识和解决生产中的气象问题，提出促进农业生产的最优气象条件和措施。

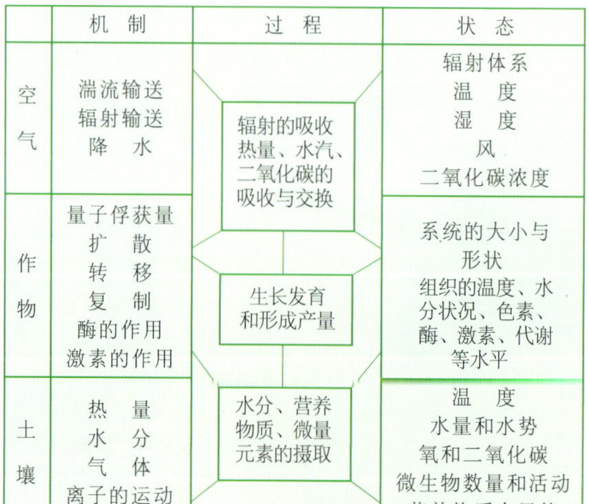

土壤－植物－大气系统（农业气象系统）示意图

气象条件与农业生产 农业生产对象所处的外界环境，垂直尺度并不大。就植物而言，其上部边界最高不过几十米，下部边界深入土壤只限几米。这一范围的环境条件与生物有机体相互联系、相互制约，成为一个土壤－植物－大气系统。这个系统内的状态和有关机制决定了植物的生长发育和产量形成（见图）。动物的参与形成了新的系统。通过对这个新的系统的调节与控制，最终形成动物产量。在这个系统中，太阳辐射、温度、水分、空气等气象因子既作为农业环境条件之一，影响农业生产；又为生物有机体的生长发育提供所必需的物质和能量，并通过影响自然环境中的其他因子间接地作用于农业。气象因子的不同组合对农业生产产生不同的影响。只有当这些因子的组合处于最优状态时，才能使农业产品获得最高的经济产量。反之，任何一个因子的不足或过量都会对农业造成损害。

农业生产也反过来影响气象条件。人们的生产活动是形成农业小气候的重要因子之一。很多农业气象灾害往往通过采取一定的农业措施得以减轻或防止。人类大规模地改造自然的工作，如大规模的水利建设、开垦荒地、防护林带的营造等都会影响一定地区内的天气、气候状况。由农业技术措施造成的影响有时甚至可以大于邻近地区天气、气候的自然差别。

研究内容与任务 按农业生产对象，可分为作物气象、畜牧气象、森林气象、渔业气象、蚕业气象、养蜂气象等。由于这些分支的建立与发展有先有后，与气象关系的密切程度也各有不同，在同一时期它们往往并不处在同一水平上。按农业气象学原理和应用的研究重点，还可分为农业气象学基本原理、农业气候、农业小气候、农业气象灾害、农业气象预报、农业气象观测试验等。

在具体实践中，农业气象研究工作大致有下列几方面：①鉴定农业生产的对象和过程对气象条件的要求及反应，以及它们对气象条件的反馈作用。②农业气候资源与区划，农业气候生产潜力及农业气候相似理论研究。③农业气象灾害规律及其防御措施的研究。④农业气象预报和农业气象情报。⑤农业小气候研究。⑥农业气象观测仪器与试验研究方法的研究。

随着人造卫星和电子计算机等新技术的广泛应用，大大提高了农业气象服务工作的质量和试验研究的水平，农业气象学的研究进入了一个新的阶段。

农业区 agricultural region 农业生产上具有类似的条件、特征和发展方向的一定区域。农业生产地域差异和地域分工的一种表现形式，具有区际差异性和区内共同性的特点，经济区的类型之一。农业区的性质、特点和发展方向，不仅取决于一定的社会生产方式，同时受自然、技术、经济条件的影响和制约；产生、形成和发展与社会生产力水平、农业商品化程度及农业生产地域分工的要求相联系。最早的农业区是农业自发的自然分区，以后根据各地自然资源和生产特点的区别，因地制宜地划分出各种农业区。每个农业区都是一个相对独立的农业生产地域综合体，具有一定的面积和农业结构，一定的层次和等级。

农业区划 agricultural regionalization 按照农业地域分异规律，科学地划分农业区。研究农业地理布局的一种重要方法。农业生产具有强烈的地域性和季节性，按照区内相似性和区际差异性来划分农业区，目的是为充分、合理开发利用农业资源，因地制宜，发挥地区优势，科学规划和指导农业生产，实现合理的农业地域分工，提供决策依据。农业区划的原则为：①农业自然条件和经济条件的相似性；②农业生产特征和发展方向的相对一致性；③农业生产存在问题和关键措施的类似性；④尽可能保持一定行政区界的完整性。农业区划是多部门、多层次和多目标的，具有一定的等级体系：在横向上，有为农业服务的各种自然区划、部门区划、技术改革区划、综合区划；在纵向上，有农业地带（或农业区）、农业亚地带（或农业亚区）、农业小地带（或农业小区）等。

中国领土辽阔，农业类型多样，农业区划取得丰硕成果。1981年编制的《中国综合农业区划》，根据地域分异规律和分级系统，分别阐明10个一级区和38个二级区的基本特点、农业生产发展方向和建设途径。

农业区位论 agricultural location theory 市场经济条件下农业布局的理论。由德国农业经济学家J.H.von屠能首创。又称古典农业区位论。是指以城市为中心，由内向外呈同心圆状分布的农业地带，因其与中心城市的距离不同而引起生产基础和利润收入的地区差异。现代农业区位论更多地注重研究农业决策，认为影响农业决策过程的不仅有社会、经济、技术和自然因素，还有农场主的行为因素；通过农业决策论的研究，不仅可以论证解释已有的农业区位，而且还可能预测它的变化。现代农业区位论广泛运用数学方法，如利用线性规划方法确定总生产费用最小而纯收益最大的农作物最优组合；博弈论研究面对种种不确定性和风险（如天气变化、市场变化等）的农场主如何作出生产上的最优决策，以争取最坏情况下的最好可能性；运用马尔可夫链研究生产革新的空间扩散等。

农业商品生产基地 commercial production base of agriculture 稳定地为国家大量提供某种商品农产品的集中产区。包括粮食作物、经济作物、热带作物、蔬菜、木材、畜产品、水产品等商品生产基地。

农业社 agricultural producers' cooperative 以从事农业生产为主的合作经济组织。又称农业合作社。全称**农业生产合作社**。

农业社会 agricultural society 自给自足的自然经济（农业）占统治地位的社会。与**工业社会**相比，具有以下基本特征：①以家庭或家族为社会的基本经济单位，从事农林牧副渔、手工业等生产，生产的目的主要是为了满足家庭或家族生活的需要，而不是为了进行商品交换，重生产轻经营，重农抑商。②土地是最主要的社会财富，个人被束缚在土地上，与外界很少联系或没有联系，生活方式比较封闭。③劳动分工不发达，社会分层程度较低，职业结构简单，分科执掌、分层负责的科层制组织不发达，家庭或家族承担了经济、政治、教育、宗教等几乎所有职能。④血缘关系和地缘关系在社会生活中占主导地位，土地、职业以及人口的社会流动性小，人际关系多受狭小地域的限制，人际交往直接而密切、范围狭窄，乡土意识浓厚。⑤社会控制除政权力量外，主要依靠风俗、习惯、道德和宗教等传统的社会文化规范来制约，人们的思想观念偏于保守。农业社会是人类社会的必经阶段，随着生产力的发展多已被工业社会所取代。

农业生产合作社 agricultural producers' cooperative 以从事农业生产为主的合作经济组织。又称农业合作社。简称农业社。在中国，主要指20世纪50年代由劳动农民在自愿互利的基础上组织的合作经济组织。实行统一经营，即统一计划，统一使用社员的土地、耕畜、农具等主要生产资料，统一安排和使用劳动力，统一分配产品。

高级社成立仪式

按照生产资料公有化程度，可分为半社会主义性质的初级农业生产合作社和社会主义性质的高级农业生产合作社。

初级农业生产合作社 建立在主要生产资料私有制基础上，社员将土地作价入股，统一经营；耕畜与大中型农机具等生产资料归社统一使用；社员参加社内劳动。又称土地合作社。简称初级社。

高级农业生产合作社 实现了土地等主要生产资料的公有和社员个人消费品的**按劳分配**。社员私有的土地无代价地转为集体所有；社员私有的耕畜、大中型农机具则按合理价格由社收买，或转为集体财产。简称高级社。高级社在计划分工和协作的基础上组织社员参加社内的劳动。高级社的总收入在扣除税金、生产费用、公积金和公益金以后，剩余部分根据按劳分配原则在社员之间进行分配。

1958年以后，农业生产合作社成为**人民公社**的生产队。

农业剩余劳动力 agricultural surplus labour force 在农业生产中，以就业不充分或过剩的形式表现出来的农业劳动力。

中国实行改革开放政策以后，出现农业剩余劳动力的原因主要是：①农业人口众多，可耕地面积相对较小，人均占有农地有限，不能吸纳全部农业劳动力。②在农业生产中，新技术、新手段、新设备的不断采用，提高了农业劳动生产率，使得生产所需的**劳动力**不断减少。③农业生产具有较强的季节性，造成农闲时的劳动力闲置。④农村的季节性雇工，也使一部分劳动力的就业情况呈现周期性波动。

农业剩余劳动力的转移途径，一是农民以外出务工、经商等形式，安排、使用自己的劳动力；二是农村的非农产业和小城镇的迅速发展，以吸纳农业剩余劳动力。

农艺 agronomy 农作物生产的技术与原理。内容主要包括大田作物的栽培、育种、土壤管理、施肥、病虫害防治、农机具应用、农田灌溉和排水、农产品的初步加工和贮藏以及农业生产的经营管理等。以经验和手工劳动为基础，以精耕细作为主要特点的中国传统农艺，在世界上居于先进地位。直至19世纪，随着生物学、化学、物理学以及其他自然科学的发展，传统农艺才逐渐成为一门科学，称为农艺学或农学。在以后的近100多年时间里，综合性的农艺学实际上已发生深刻的分化，形成了许多相对独立的学科，如土壤、肥料、农田水利、耕作栽培、作物育种、植物保护、农业气象、农业机械、农业工程、农业经济等。

农用土地使用权有偿转移 compensable transfer of use right for farming land 中国农户将自己承包经营的土地，以收取一定物质补偿的办法委托给他人经营的行为。是保持农村经济发展和社会稳定的重要措施。

人多地少是中国的基本国情。为了充分利用有限的土地资源，实现农用土地使用的规模经济，2002年8月通过的《中华人民共和国农村土地承包法》规定，"国家依法保护农村土地承包关系的长期稳定"，"保护承包方的土地承包经营权"。土地承包经营权（又称"农户承包地使用权"）的流转应建立在长期稳定家庭承包经营制度的前提下，按照依法、自愿、有偿的原则进行，承包方有权依法自主决定土地承包经营权是否流转和流转的方式。流转可采取转包、出租、互换、转让或者其他方式，土地承包经营权流转的转包费、租金、转让费等，应由当事人双方协商确定，流转的收益归承包方所有。

《农政全书》 *Complete Works on Agricultural Administration* 中国明代大型综合性农书。徐光启于天启五年（1625）开始撰著，到逝世时完成初稿。后经陈子龙（卧子）修订，于崇祯十二年（1639）刊行，世称平露堂本。至清代中叶以后有多种重刊本流传。现代整理的版本有1956年邹树文校点本和1979年石声汉校注本。全书60卷，约70万字。内容分农本、田制、农事、水利、农器、树艺、蚕桑、蚕桑广类、种植、牧养、制造和荒政12门，每门又各分若干子目。内容虽然大量摘录前代农书和有关文献，但经作者精心剪裁，取其要旨，并用夹注、旁注或评语等形式加入了许多作者自己的精辟见解和经验体会，使该书成为一个完整的农学体系。书中以大量篇幅阐述开垦西北荒地、兴修水利、救济灾荒的各种规划、建议和技术，为历代农书所少见，系作者企图针对明末朝政腐败、生产凋敝、农民无法生存的严重情况所提补救措施。

浓红银矿 pyrargyrite 硫盐矿物，化学成分为Ag_3SbS_3，晶体属三方晶系。又称深红银矿或硫锑银矿。含银量59.76%，是银的重要矿石矿物。暗红或暗樱红色，粉末呈暗红色。金刚光泽。莫氏硬度2～2.5。密度5.77～5.86克/厘米^3。解理完全。晶体呈两端不对称的异极短柱状，双晶常现。通常呈粒状、块状集合体产出。主要产于低温热液成因的铅锌银矿床中，与方铅矿、淡红银矿、自然银、辉银矿、银的硫盐、方解石、石英等矿物共（伴）生。中国许多铅锌银矿床中，常见浓红银矿。玻利维亚波托西和奥鲁罗、墨西哥帕丘卡、德国弗赖贝格萨克森、新西兰豪拉基、美国托诺帕等银矿床中有较多产出。

脓疱疮 impetigo 由金黄色葡萄球菌（或溶血性链球菌）所致的一种溃烂型皮肤病变。俗称黄水疮。多见于夏秋季，儿童多发，好发于面部、口周、鼻孔周围及四肢（见图）。

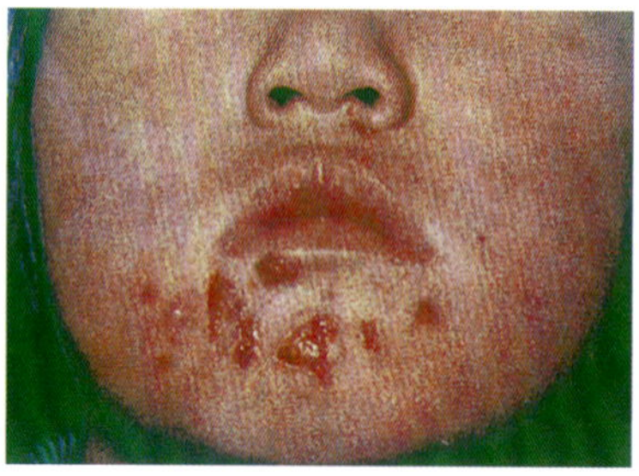

典型损害为成群分布的脓疱，疱壁薄，易破溃，破后成糜烂面，脓液干燥后形成蜜黄色结痂。自觉有不同程度的瘙痒。重症者可伴邻近淋巴结肿大，可有发热、畏寒等全身症状。治疗原则为杀菌、消炎、收敛、干燥、清洁，防止进一步扩散。

脓胸 empyema 不同病原体引起胸膜腔感染后产生的脓性渗出液在胸膜腔内积聚的病理现象。按其病理过程与病期，脓胸可分急性（病期少于6周）和慢性（病期超过6周）。

急性脓胸 多数继发于肺内或邻近组织（膈下或纵隔）的感染病灶，部分病例也可因胸部外伤、胸内手术或全身血源性感染所致。临床主要表现为胸膜腔急性炎症与积液的症状和体征。诊断性胸腔穿刺抽得脓液，并结合临床表现和影像学检查，可作出诊断。治疗原则包括全身支持治疗、控制感染及排除脓液。

慢性脓胸 常为急性脓胸治疗不及时或处理不当，胸内或邻近组织的原发感染病灶未能彻底控制，存在某些特异性感染，或胸内存有异物。病程在6周以上，临床表现有长期感染和慢性消耗的症状及慢性脓胸病理改变所引起的胸部体征。治疗原则是改善全身情况，消除致病因素及感染，消灭脓腔，尽量保存和恢复肺功能。

脓肿 abscess 组织或器官实质内局部脓液积聚的现象。化脓性菌侵入组织并繁殖，产生毒素，导致局部组织及细胞坏死，并出现以嗜中性粒细胞为主的炎症细胞及血液中的液体成分渗出。嗜中性粒细胞变性死亡（称脓细胞）后又释出大量溶蛋白酶，后者使坏死的细胞液化，终至形成含有大量变性坏死的嗜中性粒细胞、坏死组织碎片、纤维蛋白、渗出的液体成分及细菌等的脓液。数日内在脓液的周围出现早期肉芽组织，形成脓肿。在机体防御功能（以及药物）的作用下，细菌受到抑制或被杀死。小脓肿可以被吸收，经由肉芽组织阶段而愈合。若机体防御功能低下，细菌毒力较强，又未得到合理治疗，脓肿即可以逐渐扩大，直至伴发毒血症、败血症或脓毒血症，以及其他脏器产生多发性脓肿等。表浅脓肿可手术切开放脓或自发破溃到组织或器官外。如果脓肿持续数月或数年不愈时则成为慢性脓肿，其周围由大量致密的纤维组织包绕，并可有钙化。慢性脓肿愈合困难，有时需要外科手术切除（如某些肺部的慢性脓肿）。脓肿可在身体的不同部位发生。如肺脓肿、脑脓肿、肝脓肿、脓皮病。

《弄臣》 *Rigoletto* G.威尔第作曲的三幕歌剧。脚本由M.皮亚维根据V.雨果的讽刺戏剧《国王寻欢作乐》改编。完成于1851年，同年首演于威尼斯。主人公里戈莱托貌丑背驼，在宫廷里当一名弄臣。年轻英俊的曼图亚公爵专以玩弄女性为乐，而里戈莱托常为公爵出谋，帮他干勾引朝臣妻女的勾当，引起人们的愤恨。大家定计对他进行报复，让他不自觉地参加诱拐自己心爱女儿吉尔达的行动。里戈莱托发现自己竟将女儿交给公爵后，决定雇刺客杀死他。当他从刺客手中接过装有尸体的口袋，以为大功已成时，忽闻公爵高歌之声，急忙打开口袋，发现里面装的是奄奄一息的女儿，这使他痛苦万分。原来，这个获悉行刺计划的少女对虚情假意的公爵一往情深，甘愿为爱情而替公爵一死。作曲家注重加强歌剧的戏剧成分，用音乐手法将剧中人物内心的感情变化和人物性格表现得极为深刻。

弄蝶 Hesperiidae; skipper butterfly 鳞翅目弄蝶科昆虫的统称。已知3 500多种，世界分布，但新西兰尚未发现。中国已知212种。小型或中型的蝴蝶，颜色多暗，少数为黄色或白色。体较粗壮，类似蛾类。触角基部互相接近，并常有黑色毛块，端部略粗，末端弯而尖。前翅三角形。幼虫前胸细瘦成颈状，腹足趾钩2序或3序环状，腹末有一梳齿状骨片。常危害禾本科或豆科植物，幼虫吐丝缀叶取食，在所结苞中化蛹。常见的有直纹稻弄蝶（稻苞虫）、曲纹稻弄蝶、香蕉弄蝶等。